Handbuch des Staatskirchenrechts
der Bundesrepublik Deutschland

ERSTER BAND

Handbuch des Staatskirchenrechts der Bundesrepublik Deutschland

ERSTER BAND

Herausgegeben von

Joseph Listl und Dietrich Pirson

Zweite, grundlegend neubearbeitete Auflage

DUNCKER & HUMBLOT / BERLIN

Für die Zitierung des Handbuchs
des Staatskirchenrechts der Bundesrepublik Deutschland
wird die Abkürzung HdbStKirchR empfohlen

Die Deutsche Bibliothek – CIP-Einheitsaufnahme

**Handbuch des Staatskirchenrechts der Bundesrepublik
Deutschland** / hrsg. von Joseph Listl und Dietrich Pirson. –
Berlin : Duncker und Humblot.
   1. Aufl. hrsg. von Ernst Friesenhahn und Ulrich Scheuner
   ISBN 3-428-08030-0 Gewebe
   ISBN 3-428-03260-8 (1. Aufl.)
NE: Listl, Joseph [Hrsg.]; Friesenhahn, Ernst [Hrsg.]

Bd. 1-2., grundlegend neubearb. Aufl. – 1994
   ISBN 3-428-08031-9

Alle Rechte vorbehalten
© 1994 Duncker & Humblot GmbH, Berlin
Fremddatenübernahme und Druck:
Berliner Buchdruckerei Union GmbH., Berlin
Printed in Germany

ISBN 3-428-08030-0 (Gesamtausgabe)
ISBN 3-428-08031-9 (Bd. 1)

Dem Andenken
an die Herausgeber der ersten Auflage
des Handbuchs des Staatskirchenrechts
der Bundesrepublik Deutschland

Dr. iur. Dr. iur. h. c. Ernst Friesenhahn

o. Professor des Öffentlichen Rechts an der Universität Bonn
Bundesverfassungsrichter a. D.
26. Dezember 1901 — 5. August 1984

Dr. iur. Ulrich Scheuner

o. Professor des Öffentlichen Rechts an der Universität Bonn
24. Dezember 1903 — 25. Februar 1981

Vorwort zur zweiten Auflage

Das in den Jahren 1974 und 1975 von Ernst Friesenhahn und Ulrich Scheuner in Verbindung mit Joseph Listl erstmals herausgegebene „Handbuch des Staatskirchenrechts der Bundesrepublik Deutschland" hat, soweit ersichtlich, in der Fachwelt eine gute Aufnahme gefunden. Von vielen seiner Beiträge ist eine anregende und nachhaltige Wirkung ausgegangen, was aus der vielfältigen Berücksichtigung im wissenschaftlichen Schrifttum und in der Rechtsprechung sichtbar wird.

Die auf die einzelnen Materien des Staatskirchenrechts bezogenen Darstellungen in der ersten Auflage haben zum großen Teil bleibenden Wert als Beiträge zu den Grundlagen des deutschen Staatskirchenrechts und zu bestimmten Sachfragen. In einigen Teilbereichen und in vielen Details haben jedoch Änderungen der einschlägigen gesetzlichen Grundlagen die Aktualität der Beiträge gemindert. Seit dem Ende der achtziger Jahre hat sich der Gedanke einer Neubearbeitung nicht zuletzt auch deshalb aufgedrängt, weil das Werk seit Jahren vergriffen ist. Ferner hat auf verschiedenen Gebieten des Staatskirchenrechts — ausgelöst durch neuartige Fragestellungen aus der Praxis — eine deutliche Weiterentwicklung stattgefunden. Zu einer Konkretisierung der Rechtslage hat in vielen Punkten vor allem die Rechtsprechung beigetragen. Auch die theoretischen Bemühungen zur Klärung grundsätzlicher Fragen haben ihre Fortsetzung gefunden. Fragen der staatskirchenrechtlichen Ordnung sind in bemerkenswerter Weise auch Gegenstand einer öffentlichen Diskussion geworden, die namentlich durch die Medien vermittelt wird und in der vielfach sehr kritische, freilich oft auf Unverständnis beruhende Wertungen der überkommenen Institutionen des deutschen Staatskirchenrechts vernehmbar werden.

Die Herausgeber können mit Zufriedenheit feststellen, daß es wiederum gelungen ist, eine große Zahl namhafter Wissenschaftler und erfahrener Persönlichkeiten der Rechtspraxis aus den beiden großen christlichen Konfessionen für die Mitarbeit zu gewinnen. Die einzelnen Bearbeiter tragen für den Inhalt ihrer Beiträge die alleinige Verantwortung. Es wird daher gebeten, die Beiträge des Handbuchs jeweils unter dem Namen des Verfassers und mit der Abkürzung des Handbuchs wie folgt zu zitieren: „N.N., ..., in: HdbStKirchR, 2. Aufl., Bd. I, Berlin 1994, S. ...".

Der Plan für eine Neubearbeitung hatte bereits konkrete Gestalt angenommen, als die sich abzeichnende Wiedervereinigung Deutschlands längere Zeit eine gewisse Unsicherheit darüber entstehen ließ, ob und in welchem Umfang notwendig werdende Veränderungen im Grundgesetz für die Bundesrepublik Deutschland auch auf die staatskirchenrechtliche Ausgangslage Einfluß haben würden. Sobald erkennbar war, daß eine grundsätzliche Umgestaltung der staatskirchenrechtlichen Verfassungsbestimmungen nicht zu erwarten sei, wurde die Edition einer grundlegend neu bearbeiteten zweiten Auflage des Handbuchs in die Wege geleitet, zumal die Aufgabe, die Rechtsverhältnisse in den neuen Bundesländern neu zu ordnen, auch die Gestaltung des Verhältnisses von Staat und Kirche zu einem dringlichen und aktuellen Thema gemacht hat.

Das der ersten Auflage zugrunde liegende bewährte Konzept für die Darbietung der gesamten Materie des Staatskirchenrechts wurde im wesentlichen beibehalten. Neben wenigen einleitenden Beiträgen, welche die systematische Komponente des Staatskirchenrechts herausstellen oder dieses in einen größeren historischen und rechtstheoretischen Zusammenhang einzuordnen suchen, steht eine Fülle von Beiträgen zu einzelnen typischen Institutionen des deutschen Staatskirchenrechts und zu einzelnen Sachbereichen der Rechtsordnung, die auf kirchliche Belange Bezug nehmen oder für das Wirken der Kirchen wesentliche Bedeutung haben. Es hat sich hierbei als notwendig erwiesen, die Zahl der Einzelbeiträge gegenüber der Vorauflage erheblich zu vermehren, damit die Fülle der für die kirchliche Tätigkeit wesentlichen Rechtsverhältnisse wirklichkeitsgerecht erfaßt wird.

Die Herausgeber verantworten die zweite Auflage des Handbuchs im Hinblick auf die Gesamtkonzeption und die koordinierende Zusammenfügung der einzelnen Beiträge gemeinsam. Die redaktionelle Bearbeitung und die technische Durchführung der Edition erfolgte wiederum im Institut für Staatskirchenrecht der Diözesen Deutschlands, Bonn. Den Mitarbeitern des Instituts gilt der Dank der Herausgeber. Mit großem Engagement und viel Umsicht hat sich — ebenso wie bei der ersten Auflage — Herr Lothar Block, Bibliothekar und Bürovorsteher im Institut für Staatskirchenrecht der Diözesen Deutschlands, der nicht immer einfachen Aufgabe unterzogen, die einzelnen Beiträge in formaler Hinsicht zu koordinieren. Er hat dadurch zur Übersichtlichkeit und Brauchbarkeit des Werkes erheblich beigetragen. Die Herausgeber danken ferner Frau Margarete Floßdorf für die stets sorgfältige Erledigung der Schreibarbeiten.

Der abschließende zweite Band des Handbuchs, dessen Vorbereitung schon weit fortgeschritten ist, soll so bald wie möglich erscheinen. Er wird ein ausführliches Sachwortregister sämtlicher in den beiden Bänden behandelten Rechtsmaterien enthalten.

Der Dank der Herausgeber gilt schließlich Herrn Rechtsanwalt Professor Norbert Simon, dem Inhaber des Verlages Duncker & Humblot, der die zweite Auflage des Handbuchs mit großer Zuvorkommenheit in das Verlagsprogramm seines Hauses übernommen hat, sowie Herrn Dieter H. Kuchta von der Abteilung Herstellung des Verlages für die sorgfältige Betreuung des Handbuchs und für die stets harmonische Zusammenarbeit.

Die Unterzeichneten widmen das Werk dem Andenken der verstorbenen Herausgeber der ersten Auflage, den bedeutenden Bonner Staatsrechtslehrern der Nachkriegszeit, Ernst Friesenhahn und Ulrich Scheuner.

| Augsburg / Bonn | 1. Mai 1994 | München |
| *Joseph Listl* | | *Dietrich Pirson* |

Inhaltsverzeichnis

Erster Band

I. ABSCHNITT

Grundlagen des Verhältnisses von Staat und Kirche

§ 1 Die geschichtlichen Wurzeln des deutschen Staatskirchenrechts. Von *Dietrich Pirson* 3-46
I. Entstehung und Weiterentwicklung des Staatskirchenrechts im Rahmen der Verfassungsgeschichte der Neuzeit: 1. Staatskirchenrecht als Konsequenz aus dem neuzeitlichen Staatsverständnis S. 3. — 2. Periodisierung des neuzeitlichen Staatskirchenrechts S. 6. — 3. Nationales und territoriales Staatskirchenrecht S. 8. — 4. Kodifikationen S. 10. — 5. Begriffliche Kennzeichnung S. 10. — 6. Ertrag der geschichtlichen Entwicklung S. 12. — II. Die Themen des Staatskirchenrechts nach ihren historischen Bedingungen: 1. Die Kompetenz des staatlichen Gesetzgebers in religiösen Angelegenheiten S. 13. — 2. Staatliche Kirchenaufsicht S. 20. — 3. Zulassung und Rechtsform von Religionsgemeinschaften S. 24. — 4. Innerkirchliche Verfassung S. 30. — 5. Besetzung kirchlicher Ämter S. 33. — 6. Kirchliche Finanzen S. 36. — 7. Das individuelle Recht der Religionsausübung S. 39. — 8. Die staatliche Gesetzgebung auf herkömmlichen Tätigkeitsfeldern der Kirchen S. 43.

§ 2 Der heutige Verfassungsstaat und die Religion. Von *Axel Frhr. v. Campenhausen* 47-84
I. Wesen und Besonderheit des Staatskirchenrechts: 1. Staatskirchenrecht als Teil der Verfassung S. 47. — 2. Staatskirchenrechtliche Bestimmungen als ausfüllungsbedürftige Rahmenordnung S. 49. — II. Auslegung der staatskirchenrechtlichen Bestimmungen: 1. Allgemeine Auslegungsgrundsätze S. 52. — 2. Bedeutungswandel alter Artikel S. 55. — III. Elemente der staatskirchenrechtlichen Ordnung S. 57. — IV. Religionsfreiheit: 1. Fundamentale Bedeutung S. 58. — 2. Religionsfreiheit als Individualrecht, als kollektives Grundrecht, als korporatives Recht, als objektives Element der Verfassungsordnung S. 59. — 3. Das Recht zum Fernbleiben und das Recht der Religionsbetätigung S. 60. — 4. Toleranz S. 62. — 5. Aktuelle Probleme der Religionsfreiheit S. 63. — V. Trennung von Staat und Kirche: 1. Verbot der Staatskirche 1919 S. 63. — 2. Trennung von Staat und Kirche in den USA S. 65. — 3. Trennung von Staat und Kirche in Frankreich S. 66. — 4. Trennung im Totalitarismus S. 68. — 5. Trennung von Staat und Kirche im NS-Deutschland S. 69. — 6. Trennung von Staat und Kirche im Ostblock,

insbesondere in der DDR S. 70. — 7. Trennung von Staat und Kirche unter dem Grundgesetz S. 71. — VI. Parität S. 75. — VII. Die religiös-weltanschauliche Neutralität S. 77. — VIII. Das Staatskirchenrecht nach der staatlichen und kirchlichen Wiedervereinigung S. 79.

§ 3 Staat und Kirche in der Bundesrepublik Deutschland. Die politischen und gesellschaftlichen Grundlagen. Von *Hans Maier* .. 85-110

I. Die Wiederherstellung der öffentlichen Stellung der Kirchen nach 1945 S. 86. — II. Bewegungen in der Gesellschaft — Veränderungen in den Kirchen S. 92. — III. Die Kirchen im Zeichen der Wiedervereinigung S. 103.

§ 4 Das Verhältnis von Kirche und Staat nach der Lehre der katholischen Kirche. Von *Paul Mikat* 111-155

I. Theologische Grundfragen: 1. Die Kirche als heilsgeschichtlich-eschatologische Größe S. 111. — 2. Naturrecht und Geschichtlichkeit S. 113. — 3. Wandlungen und Zeitgebundenheit kirchlicher Staat-Kirche-Modelle S. 115. — II. Die politische Herrschaft in der Sicht des Neuen Testamentes: 1. Das biblische Fundament der katholischen Lehre zum Staat-Kirche-Verhältnis S. 119. — 2. Das Fehlen einer staatsphilosophischen und politischen Doktrin im Neuen Testament S. 123. — 3. Der Staat im Neuen Testament: eine vorläufige und eschatologische Größe S. 124. — III. Die geschichtliche Dimension der katholischen Doktrin zum Staat-Kirche-Verhältnis: 1. Das Ringen um die Eigenständigkeit der Kirche gegenüber dem Staat S. 126. — 2. Das ambivalente Verhältnis zwischen Staat und Kirche im mittelalterlichen Corpus Christianum. Die Zwei-Schwerter-Lehre S. 127. — 3. Die „Institutionen-Rivalität" zwischen Staat und Kirche im 19. Jahrhundert S. 131. — IV. Die Aussagen des Zweiten Vatikanischen Konzils über die Zuordnung von Kirche und Staat: 1. Die Weltbezogenheit der Konzilserklärungen S. 135. — 2. Die Gewähr individueller und korporativer Religionsfreiheit als Bestandteil der Verwirklichung des Gemeinwohls S. 135. — 3. Das Verhältnis von Kirche und Staat in den Konzilsaussagen S. 137. — 4. Die Ambivalenz einer „Theologie der Befreiung" S. 140. — 5. Zusammenfassung S. 141. — V. Das Verhältnis von Kirche und Staat im Codex Iuris Canonici vom 25. Januar 1983: 1. Der Strukturplan der Kirche im Codex Iuris Canonici S. 142. — 2. Kirchliches Verfassungs- und Ämterrecht S. 144. — 3. Glaubensverkündigung und Bildungswesen S. 148. — 4. Kirchliches und staatliches Eherecht S. 150. — 5. Kirchengut und kirchliche Vermögensverwaltung S. 151. — 6. Kirchliches Strafrecht und kirchliche Rechtsprechung S. 153. — 7. Zusammenfassung S. 154.

§ 5 Das Verhältnis von Kirche und Staat nach evangelischem Verständnis. Von *Martin Heckel* 157-208

I. Irritationen: 1. Umstrittenes politisches Engagement S. 157. — 2. Theologische Hintergründe S. 159. — 3. Weltabkehr oder Weltzuwendung? S. 159. — 4. Spektakuläre Aktionen S. 161. — 5. Autoritäts- und Vertrauenseinbußen S. 162. — 6. Ein Votum für die Demokratie S. 163. — II. Ideologieanfälligkeit?: 1. Die alten und die neuen Ideologien S. 164. — 2. Schillernde Leitbilder S. 165. — 3. Trübungen und Vermischungen S. 166. — 4. Fragwürdige Synthesen S. 167. — 5. Fremde Assoziationen und Wertwandel S. 168. — 6. Facetten der Friedensfrage S. 168. — 7. Auswirkungen des Ost-West-Konflikts S. 169. — 8. Folgen für das Staatskirchenrecht S. 171. — III. Identität und Kooperation: 1. Auszehrung der Volkskirchen S. 172. — 2. Sinnverluste als Gefährdung der Eigenständigkeit S. 172. — 3. Problematische Reformanstrengungen S. 173. — 4. Kontraste der kirchlichen Repräsentation S. 174. — 5. Rückwirkungen auf die Kompetenz und Kooperation im Staatskirchenrecht S. 175. — IV. Positionen: 1. Situationsbezogenheit der theologischen Konzeptionen S. 176. — 2. Verfremdungen der Zwei-Reiche-Lehre S. 177. — 3. Amalgamierung mit Geschichtsphilosophie und Nationalidee S. 178. — 4. Das Kriegs- und Kirchenkampferlebnis S. 179. — 5. Die Theologie der „Schöpfungsordnung" S. 180. — 6. Die christologische Staatslehre S. 181. — 7. Ausdifferenzierung gegensätzlicher Konzeptionen S. 183. — 8. Gemeinsamkeit in der Barmer Theologischen Erklärung S. 184. — V. Traditionen: 1. Das Manko der theologischen Begründung S. 185. — 2. Kirchenregiment der weltlichen Obrigkeit S. 186. — 3. Säkulare „Kirchenverfassungs"-Theorien S. 186. — 4. Das Episkopal-, Territorial- und Kollegialsystem S. 187. — 5. Summepiskopat und Trennung im 19. Jahrhundert S. 188. — VI. Stellungnahmen: 1. Das „Wächteramt": Kirchliche „Worte" S. 188. — 2. Die „Denkschriften" S. 189. — 3. Die geistliche und die weltliche Legitimation S. 190. — 4. Welches Kirchenverständnis? S. 191. — 5. Kirchliches Amt — weltliches Amt? S. 192. — 6. Die „Sachgemäßheit" S. 192. — 7. Ekklesiologische Versuchungen S. 193. — 8. Die „Schriftgemäßheit" S. 193. — 9. Ihr Verhältnis zueinander S. 195. — 10. Die schillernden Äquivokationen S. 196. — 11. Die rechte Zuordnung nur in der Unterscheidung S. 197. — VII. Unterscheidungen: 1. Die reformatorischen Distinktionen S. 198. — 2. Gottes Tat — menschliches Tun S. 198. — 3. Reich Gottes — Reich der Welt S. 199. — 4. Welt: Schöpfung und Fall S. 199. — 5. Geistliches und weltliches Freiheitsverständnis S. 200. — 6. Der Friede in Gott und der Weltfriede S. 201. — 7. Gesetz und Evangelium S. 202. — 8. Usus politicus legis S. 202. — 9. Usus theologicus legis S. 203. — 10. Die Einheit des göttlichen Gesetzes S. 203. — 11. Die geistliche und die weltliche Gerechtigkeit S. 204. — 12. Glaube und Werke S. 204. — 13. Die kirchliche Verkündigung und das weltliche Amt S. 205. — 14. Differenzierung in den Denkschriften S. 205. — Literaturübersicht zu Abschnitt „IV. Positionen" S. 206.

II. ABSCHNITT

Rechtsquellen

§ 6 Das Staatskirchenrecht als Gegenstand des Verfassungsrechts. Die verfassungsrechtlichen Grundlagen des Staatskirchenrechts. Von *Peter Badura* 211-251

A. Anspruch und Rechtfertigung der staatlichen Verfassung, die Grundlagen des Verhältnisses von Staat und Kirchen zu regeln: I. Religion und Kirche in der Staatsverfassung S. 211.

— II. Religion und Kirche im säkularen Verfassungsstaat S. 221. — B. Weimarer Reichsverfassung und Grundgesetz: I. Die Weimarer Kirchenartikel S. 229. — II. Die Inkorporation des Weimarer Staatskirchenrechts durch Art. 140 GG S. 236. — C. Das Staatskirchenrecht im Bundesstaat: I. Die deutschen Landesverfassungen S. 245. — II. Zulässigkeit und Notwendigkeit staatskirchenrechtlicher Garantien und Grundsätze in der Bundesverfassung S. 249.

§ 7 Die vertragsrechtlichen Grundlagen des Staatskirchenrechts. Von *Alexander Hollerbach* 253-287

I. Verträge zwischen Staat und Kirche in der Bundesrepublik Deutschland S. 253. — 1. Historische Entwicklung bis 1945 S. 254. — 2. Die Entwicklung nach 1945 S. 256. — 3. Aktueller Stand: Das Staatskirchenvertragsrecht im Zeichen der deutschen Wiedervereinigung S. 263. — II. Der Staatskirchenvertrag in der Ordnung des staatlichen und des internationalen Rechts: 1. Grundsätzliches: Zur Legitimation vertraglicher Koordination von Staat und Kirche S. 266. — 2. Der Rechtscharakter der Staatskirchenverträge S. 272. — 3. Staatskirchenverträge im System der staatlichen Rechtsquellen, insbesondere in ihrem Verhältnis zu Verfassung und Gesetz S. 275. — 4. Einzelfragen des allgemeinen Vertragsrechts in bezug auf die Verfassungsordnung der Bundesrepublik Deutschland S. 278. — III. Inhalt und Typologie der Staatskirchenverträge S. 285.

§ 8 Das Staatskirchenrecht als Gegenstand der einfachen Gesetzgebung in Bund und Ländern. Von *Jörg Müller-Volbehr* 289-313

I. Geschichtliche Entwicklung S. 289. — II. Typologie S. 291. — III. Modalitäten der Gesetzgebung S. 294. — IV. Rangverhältnis zwischen Gesetz und Kirchenvertrag S. 295. — V. Die Gesetzgebung im Geflecht der Aufgaben von Staat und Kirche S. 298. — VI. Schranken der Gesetzgebung S. 301. — VII. Bundesgesetze S. 303. — VIII. Landesgesetze S. 310.

§ 9 Europarecht und Kirchen. Von *Gerhard Robbers* 315-332

I. Voraussetzungen S. 315. — II. Die Europäische Menschenrechtskonvention S. 316. — III. Das Recht der Europäischen Gemeinschaft: 1. Die allgemeine Situation der Kirchen S. 318. — 2. Die Stellung der Kirchen S. 319. — 3. Einzelne Bereiche staatskirchenrechtlicher Relevanz des Gemeinschaftsrechts S. 326.

§ 10 Das Gewohnheitsrecht im Staatskirchenrecht. Von *Peter Landau* 333-343

I. Rechtshistorische Bestimmung und Begrenzung von Gewohnheitsrecht S. 333. — II. Gewohnheitsrecht im deutschen öffentlichen Recht, speziell im Staatsrecht S. 335. — III. Gewohnheitsrecht im Rechtsverständnis des Kirchenrechts S. 338. — IV. Gewohnheitsrecht im deutschen Staatskirchenrecht S. 340.

III. ABSCHNITT

Die Religionsgemeinschaften nach kirchlichem Verfassungsrecht

§ 11 Die Organisationsstruktur der katholischen Kirche. Von *Karl Eugen Schlief* 347-382
I. Die Diözesanverfassung der katholischen Kirche in der Bundesrepublik Deutschland: 1. Die Bistümer in der Bundesrepublik Deutschland S. 347. — 2. Die Neuumschreibung der Bistumsgrenzen in Deutschland S. 354. — 3. Die verfassungsrechtliche Grundlage der Organisationsstruktur der katholischen Kirche in Deutschland S. 356. — 4. Die deutschen Bistümer als Jurisdiktionsbezirke der Weltkirche S. 359. — 5. Die Stellung des Militärbischofs S. 360. — 6. Die Deutsche Bischofskonferenz S. 361. — 7. Der Verband der Diözesen Deutschlands S. 365. — 8. Das Zentralkomitee der deutschen Katholiken S. 368. — II. Die Organisation und Verwaltung des Einzelbistums: 1. Die bischöfliche Gewalt und ihre Teilhaber S. 369. — 2. Die territoriale Gliederung der Bistümer S. 374. — III. Die religiösen Ordensgemeinschaften: 1. Die rechtliche Struktur des Ordenswesens in der katholischen Kirche S. 378. — 2. Die Tätigkeit der Orden in der Bundesrepublik Deutschland S. 381.

§ 12 Die Organisationsstruktur der evangelischen Kirche. Von *Otto Frhr. v. Campenhausen* 383-415
A. Die organisatorische Grundgliederung S. 383. — B. Die Kirchengemeinden: I. Die rechtlichen Strukturen S. 386. — II. Die gemeindlichen Arbeitsstrukturen S. 388. — C. Die landeskirchlichen Zwischengliederungen: I. Strukturelle Zwischengliederungen S. 388. — II. Zweckverbände S. 389. — D. Die Landeskirchen: I. Die landeskirchlichen Gebiete S. 389. — II. Die landeskirchlichen Organe S. 390. — III. Besondere Arbeitszweige S. 392. — IV. Die zwischenkirchliche Zusammenarbeit S. 393. — E. Die Evangelische Kirche in Deutschland (EKD): I. Konstituierende Elemente und Aufgaben der EKD S. 396. — II. Die Organe der EKD S. 398. — III. Verwaltung der EKD S. 401. — IV. Gerichtsbarkeit und gerichtsähnliche Verfahren S. 401. — F. Die Mitgliedschaft in konfessionellen Bünden: I. Arbeitsgemeinschaft christlicher Kirchen (ACK) S. 403. — II. Europäische Ökumenische Kommission für Kirche und Gesellschaft (EECCS) S. 404. — III. Konferenz Europäischer Kirchen (KEK) S. 405. — IV. Lutherischer Weltbund (LWB) S. 405. — V. Reformierter Weltbund (RWB) S. 406. — VI. Ökumenischer Rat der Kirchen (ÖRK) S. 407. — G. Die kirchlichen Werke und Verbände einschließlich besonderer Arbeitszweige und Arbeitsgemeinschaften: I. Die Arbeitsfelder allgemeinkirchlicher Anbindung S. 407. — II. Die Arbeitsfelder in EKD-Anbindung S. 408.

§ 13 Die Organisationsstruktur der übrigen als öffentliche Körperschaften verfaßten Religionsgemeinschaften und ihre Stellung im Staatskirchenrecht. Von *Ernst-Lüder Solte* 417-436
I. Einleitung S. 417. — II. Die übrigen Religionsgemeinschaften mit dem Status einer Körperschaft des öffentlichen

Rechts im Überblick: 1. Die evangelischen Freikirchen S. 419. — 2. Weitere christliche Religionsgemeinschaften S. 424. — 3. Überkonfessionelle Formen der Kooperation zwischen den christlichen Religionsgemeinschaften S. 425. — 4. Die übrigen öffentlich-rechtlichen Religionsgemeinschaften S. 425. — III. Die kleinen Religionsgemeinschaften des öffentlichen Rechts im deutschen Staatskirchenrecht: 1. Die Stellung der kleinen öffentlich-rechtlichen Religionsgemeinschaften im Staatskirchenrecht der Gegenwart S. 428. — 2. Die Ausgestaltung ihres Status S. 429.

IV. ABSCHNITT

Verfassungsrechtliche Grundsatzentscheidungen für die Beziehungen zwischen Staat und Kirche

§ 14 Glaubens-, Bekenntnis- und Kirchenfreiheit. Von *Joseph Listl*   439-479

I. Das verfassungsrechtliche Grundverständnis der Religions- und Kirchenfreiheit in der Bundesrepublik Deutschland S. 439. — 1. Die extensive Auslegung des Begriffs der Religionsausübung S. 440. — 2. Kein Vorrang der negativen vor der positiven Religionsfreiheit S. 441. — 3. Toleranzgebot als eines der obersten Verfassungsprinzipien S. 442. — 4. Der wesensnotwendige Zusammenhang zwischen individueller Religionsfreiheit und institutioneller Kirchenfreiheit S. 444. — II. Inhalt und Schranken des Grundrechts der Religionsfreiheit: 1. Der Gesamtbestand der für die Religionsfreiheit bedeutsamen verfassungsrechtlichen Normativbestimmungen S. 446. — 2. Der Religionsbegriff des Grundgesetzes S. 449. — 3. Die Einzelelemente des Grundrechts der Religionsfreiheit im heutigen Verfassungsrecht S. 454. — 4. Die Schranken des Grundrechts der Religionsfreiheit S. 465.

§ 15 Gewissensfreiheit. Von *Matthias Herdegen* 481-504

I. Grundlagen: 1. Verhältnis der Gewissensfreiheit zur Glaubens- und Weltanschauungsfreiheit S. 481. — 2. Funktionen der Gewissensfreiheit S. 482. — II. Der Schutzbereich der Gewissensfreiheit: 1. Der Begriff der Gewissensentscheidung S. 486. — 2. Grundrechtsträger S. 489. — 3. Sachlicher Schutzbereich S. 491. — 4. Drittwirkung S. 492. — III. Die Gewissensbetätigungsfreiheit und ihre Schranken S. 493. — 1. Schrankenmodelle S. 494. — 2. Wohlwollensgebot und die Bereitstellung von Alternativen S. 497. — IV. Einzelne Problemfelder: 1. Abgabenverweigerung S. 498. — 2. Eidesleistung S. 499. — 3. Strafrecht S. 500. — 4. Sonderstatusverhältnisse S. 501. — 5. Vertragspflichten, insbesondere im Arbeitsrecht S. 503. — V. Europäische Menschenrechtskonvention S. 504.

§ 16 Kriegsdienstverweigerung aus Gewissensgründen. Von *Matthias Herdegen* 505-520

I. Bedeutung und systematische Einordnung des Grundrechts auf Kriegsdienstverweigerung: 1. Bedeutung des Grundrechts aus Art. 4 Abs. 3 GG S. 505. — 2. Das Grundrecht im verfassungsrechtlichen Kontext S. 507. — II. Der Schutzbereich des Grundrechts: 1. „Kriegsdienst mit der Waffe" S. 512. — 2. Die Gewissensentscheidung gegen den Kriegsdienst S. 514. — III. Der zivile Ersatzdienst: 1. Allgemeines S. 517. — 2. Dauer S. 518. — 3. Ersatzdienstverweigerung S. 519.

§ 17 Das Selbstbestimmungsrecht der Kirchen und Religionsgemeinschaften. Von *Konrad Hesse* 521-559

I. Begriff und Rechtsgrundlagen S. 521. — 1. Die Gewährleistung im Grundgesetz S. 522. — 2. Landesverfassungsrechtliche Gewährleistungen S. 526. — 3. Vertragsrechtliche Gewährleistungen S. 527. — II. Grundlagen und Grundlinien der Interpretation des Art. 137 Abs. 3 WRV S. 528. — 1. Das Selbstbestimmungsrecht der Kirchen und Religionsgemeinschaften als Sachproblem verfassungsmäßiger Gesamtordnung S. 529. — 2. Aufgabe und Funktion der Gewährleistung S. 531. — III. Geltungsbereich, Gegenstand und Reichweite des Selbstbestimmungsrechts der Kirchen und Religionsgemeinschaften S. 533. — 1. Berechtigte S. 534. — 2. Das selbständige „Ordnen und Verwalten" S. 535. — 3. Die „eigenen" Angelegenheiten der Kirchen und Religionsgemeinschaften S. 538. — IV. Die „Schranken des für alle geltenden Gesetzes": 1. Interpretationen der Weimarer Zeit S. 544. — 2. Neuere Interpretationen S. 545. — 3. Die Schrankenformel als Zuordnungsregelung S. 549. — V. Weitere Grenzen des Selbstbestimmungsrechts der Kirchen und Religionsgemeinschaften: 1. Durch Normen des Grundgesetzes selbst gezogene Grenzen S. 557. — 2. Vertragliche Grenzen S. 558.

§ 18 Die Ämterhoheit der Kirchen. Von *Ernst-Lüder Solte* 561-572

I. Einführung S. 561. — II. Die Ämterhoheit und ihre Schranken: 1. Der Gegenstand der Ämterhoheit und ihre Stellung im staatskirchenrechtlichen System S. 562. — 2. Die Schranken der Ämterhoheit S. 563. — III. Die Ausgestaltung der Ämterhoheit im Staatskirchenrecht: 1. Freie Entscheidung über die Voraussetzungen für die Übertragung des Amts S. 564. — 2. Freie Entscheidung über die Person S. 566.

§ 19 Grundrechtsbindung der Kirchen und Religionsgemeinschaften. Von *Hermann Weber* 573-587

I. Einleitung S. 573. — II. Staatskirchenrechtliche Ausgangspunkte: 1. Die Garantie des Selbstbestimmungsrechts der Religionsgemeinschaften und die Schranke des „für alle geltenden Gesetzes" S. 575. — 2. Die Bedeutung des Status der Kirchen und Religionsgemeinschaften als Körperschaften des öffentlichen Rechts S. 577. — 3. Beleihung von Religionsgemeinschaften mit Hoheitsfunktionen S. 578. — III. Folgerungen für die Grundrechtsbindung: 1. Folgerungen für alle Religionsgemeinschaften S. 579. — 2. Im besonderen: Die öffentlich-rechtlichen Religionsgemeinschaften S. 584.

§ 20 Die religionsrechtliche Parität. Von *Martin Heckel* 589-622

I. Die normativen Grundlagen S. 589. — II. Rechtscharakter S. 591. — III. Grundrechtsberechtigte S. 593. — IV. Grundrechtsverpflichtete S. 594. — V. Zur Judikatur des Bundesverfassungsgerichts S. 596. — VI. Zur inneren Struktur des Gleichheitssatzes S. 598. — VII. Der Privilegienabbau als Egalisierungsziel S. 601. — VIII. Egalitärer Verfassungsstatus „Gleichheit des Angebots" S. 605. — IX. Keine Gleichschaltung des Religiösen mit dem Säkularen S. 608. — X. Liberalisierung des Staatskirchenrechts. Differenzierungswirkung der Rechtsgleichheit S. 610. — XI. Gleichheit des säkularen Rahmens zur unterschiedlichen religiösen Sinnerfüllung S. 617.

§ 21 Das Gleichbehandlungsgebot im Hinblick auf die Religion. Von *Martin Heckel* 623-650

I. Allgemeines S. 623. — II. Zum Verbot der Benachteiligung und Bevorzugung S. 626. — III. Kein „Anknüpfungs"- bzw. „Differenzierungsverbot"! S. 635. — IV. „... wegen ... seines Glaubens, seiner religiösen ... Anschauungen ..." S. 640.

§ 22 Die Kirchen und Religionsgemeinschaften als Körperschaften des öffentlichen Rechts. Von *Paul Kirchhof* 651-687

I. Zuweisung einer Rechtsstellung im öffentlichen Leben: 1. Die freiheitliche Demokratie als Angebot S. 651. — 2. Die institutionelle Annahme des Angebots S. 653. — II. Die verfassungsrechtliche Grundlage des Art. 140 GG i.V.m. Art. 137 Abs. 5 WRV S. 656. — III. Die Körperschaft des öffentlichen Rechts als Stütze einer freiheitlichen Kulturordnung: 1. Die Entwicklung des Art. 137 Abs. 5 WRV S. 658. — 2. Status in einer freiheitsgestaltenden Verfassungsordnung S. 666. — IV. Der staatskirchenrechtliche Status einer Körperschaft: 1. Der verfassungsrechtlich gewährleistete Kerngehalt einer Körperschaft S. 670. — 2. Gesetzliche Verdeutlichung des Verfassungstatbestandes S. 675. — 3. Öffentlichrechtliche Bindung bei der Hoheitsausübung S. 676. — V. Verleihungsvoraussetzungen: 1. Erscheinungsformen S. 678. — 2. Religionsgemeinschaften und Weltanschauungsvereinigungen S. 680. — 3. Die Hoheitsfähigkeit S. 682. — 4. Die „Gewähr der Dauer" (Art. 137 Abs. 5 S. 2 WRV) S. 684. — 5. Verleihungsverfahren S. 686.

§ 23 Die Religionsgemeinschaften mit privatrechtlichem Rechtsstatus. Von *Josef Jurina* 689-713

I. Begriffsbestimmung S. 690. — II. Hinweise zu Größe und Zahl der Religionsgemeinschaften mit privatrechtlichem Rechtsstatus S. 695. — III. Religionsfreiheit und Selbstbestimmung der Religionsgemeinschaften mit privatrechtlichem Rechtsstatus S. 696. — IV. Der Erwerb der Rechtsfähigkeit nach staatlichem Recht S. 707.

V. ABSCHNITT

Kirchliches Personenrecht in der Staatsorganisation

§ 24 Personenstandswesen. Meldewesen. Datenschutz. Von *Dieter Lorenz* 717-742

    I. Allgemeine Bedeutung und Problemstellung: 1. Das Personenstandswesen S. 717. — 2. Das Meldewesen S. 718. — 3. Der Datenschutz S. 719. — II. Die Angabe der Religionszugehörigkeit: 1. Die Beschränkung des Fragerechts S. 720. — 2. Die Religionszugehörigkeit als Datum im Personenstandswesen S. 721. — 3. Die Religionszugehörigkeit im Meldewesen S. 724. — III. Das Informationsrecht der Kirchen und Religionsgemeinschaften: 1. Die staatskirchenrechtliche Grundlage S. 726. — 2. Kirchliche Informationsrechte im Personenstandswesen S. 729. — 3. Kirchliche Informationsrechte im Meldewesen S. 731. — IV. Religionsgemeinschaften und Datenschutz: 1. Die Geltung des Bundesdatenschutzgesetzes S. 734. — 2. Datenschutz in der Kirche S. 738. — 3. Datenübermittlung an die Religionsgemeinschaften S. 740.

§ 25 Kirchliches Archivwesen. Von *Hartmut Krüger* 743-753

    I. Die unterschiedliche historische Entwicklung des Archivwesens im Bereich der katholischen Kirche und im Bereich der evangelischen Kirche S. 743. — II. Das geltende Recht der kirchlichen Archive S. 746.

§ 26 Die staatskirchenrechtliche Bedeutung des kirchlichen Mitgliedschaftsrechts. Von *Axel Frhr. v. Campenhausen* 755-775

    I. Die staatskirchenrechtliche Bedeutung der Kirchenmitgliedschaft S. 755. — II. Die Kirchengliedschaft nach dem Recht der römisch-katholischen Kirche S. 758. — III. Die Kirchenmitgliedschaft nach dem Recht der evangelischen Kirche S. 762. — IV. Staatskirchenrechtliche Probleme der Kirchenmitgliedschaft S. 768.

§ 27 Der Austritt aus den Kirchen und Religionsgemeinschaften. Von *Axel Frhr. v. Campenhausen* 777-785

    I. Das Austrittsrecht als eigene Angelegenheit der Kirchen (Art. 140 GG i.V.m. Art. 137 Abs. 3 WRV) S. 777. — II. Der Austritt aus privatrechtlich organisierten Kirchen und Religionsgemeinschaften S. 779. — III. Der Austritt aus Kirchen und anderen Religionsgemeinschaften des öffentlichen Rechts S. 779. — IV. Die Wirkung des Kirchenaustritts S. 780. — V. Der Zeitpunkt der Wirkung des Kirchenaustritts S. 781. — VI. Der Kirchenübertritt S. 782. — VII. Anhang S. 783.

§ 28 Staatliches und kirchliches Eherecht. Von *Dietrich Pirson* 787-825

    I. Die Konkurrenz von weltlichem und kirchlichem Eherecht: 1. Die Ehe als Gegenstand rechtlicher Ordnung S. 787. — 2. Das Verhältnis von weltlichem und kirchlichem Eherecht in der Geschichte S. 788. — 3. Das Verhältnis von staatlichem und kirchlichem Eherecht im säkularen Staat der Gegenwart S. 798. — II. Kollisionsbereiche von staatlichem und kirchlichem Recht der Gegenwart S. 804. — 1. Eheschließung S. 805. — 2. Eheliche Lebensgemeinschaft S. 809. — 3. Elterliches Erziehungsrecht S. 812. — 4. Auflösung der Ehe S. 814. — III. Der verfassungsrechtliche Schutz der kirchlichen Ehe: 1. Selbstbestimmungsrecht der Kirchen (Art. 140 GG i.V.m. Art. 137 Abs. 3 WRV) S. 818. — 2. Glaubensfreiheit (Art. 4 Abs. 1 und 2 GG) S. 820. — 3. Institutionelle Garantie der Ehe (Art. 6 Abs. 1 GG) S. 824.

§ 29 Kirchliche Vereine in der staatlichen Rechtsordnung. Von *Stefan Muckel* 827-840

I. Aufgabe und gesellschaftliche Bedeutung kirchlicher Vereine S. 827. — II. Rechtliche Grundlagen kirchlicher Vereine: 1. Staatliches Recht S. 828. — 2. Kirchenrecht S. 829. — III. Bindungen kirchlicher Vereine an staatliches Recht S. 831. — 1. Der Grundsatz der Vereinsautonomie S. 832. — 2. Privilegierung kirchlicher Vereine aufgrund des kirchlichen Selbstbestimmungsrechts S. 833. — IV. Zusammenfassung S. 839.

§ 30 Die Ordensgemeinschaften und ihre Angehörigen in der staatlichen Rechtsordnung. Von *Joseph Listl* 841-863

Vorbemerkung S. 841. — I. Die Ordensgemeinschaften im innerkirchlichen Recht und im Staatskirchenrecht: 1. Die Ordensgemeinschaften im innerkirchlichen Recht S. 842. — 2. Die Ordensgemeinschaften im Staatskirchenrecht S. 845. — II. Rechtsstellung der Ordensgemeinschaften: 1. Rechtsfähigkeit S. 847. — 2. Gründungs- und Niederlassungsfreiheit. Vermögensgarantie. Selbstbestimmungsrecht S. 851. — 3. Betätigungsfreiheit S. 852. — 4. Staatspolitische Sonderbestimmungen für Ordensangehörige S. 854. — 5. Strafrechtlicher Schutz gegen den Mißbrauch des Ordenskleides S. 855. — III. Die Rechtsstellung der einzelnen Ordensangehörigen: 1. Keine Beschränkung des rechtlichen Status des einzelnen Ordensangehörigen S. 855. — 2. Tätigkeiten von Ordensangehörigen aufgrund von Gestellungsverträgen S. 857. — 3. Sozialversicherungsrechtliche Stellung von Ordensangehörigen S. 859.

VI. ABSCHNITT

Die finanziellen Angelegenheiten der Kirchen im staatlichen Recht

§ 31 Förderung der Kirchen durch den Staat. Von *Gerhard Robbers* 867-890

I. Der Bestand staatlicher Förderung S. 867. — II. Das historische und internationale Umfeld S. 871. — III. Die verfassungsrechtliche Begründung staatlicher Förderung der Kirchen S. 873. — IV. Grundsätze der Ausgestaltung S. 879. — V. Die Legitimität finanzieller Förderung der Kirchen durch den Staat S. 883.

§ 32 Die Verfassungsgarantie des kirchlichen Vermögens. Von *Karl-Hermann Kästner* 891-906

I. Bedeutung und Funktion der Kirchengutsgarantie: 1. Der rechtliche Schutz des Kirchenvermögens S. 891. — 2. Die Schutzfunktion der Kirchengutsgarantie S. 892. — 3. Konsequenzen der Kirchengutsgarantie S. 895. — II. Schutzsubjekte der Kirchengutsgarantie S. 896. — III. Der Schutzbereich der Kirchengutsgarantie: 1. Das „Kirchengut" S. 898. — 2. Religionsbezug der Kirchengutsgarantie S. 898. — 3. Schutz der verschiedenen Vermögensbestandteile S. 899. — 4. Grenzen der Kirchengutsgarantie S. 902. — IV. Rechtsschutzfragen: 1. Rechtsweg S. 904. — 2. Prüfungsreichweite der staatlichen Gerichte S. 905.

§ 33 Die Vermögensverwaltung und das Stiftungsrecht im Bereich der evangelischen Kirche. Von *Christian Meyer* 907-946

I. Zum Kirchenvermögensrecht: 1. Begriff und Arten des Kirchenvermögens S. 907. — 2. Verfassungsrechtlicher Schutz des Kirchenvermögens S. 914. — 3. Vermögensrechtliche Bestimmungen der Kirchenverträge mit evangelischen Landeskirchen S. 917. — 4. Kirchliches Vermögensrecht und kirchliche Selbstverwaltung S. 920. — II. Das Recht der kirchlichen Stiftungen S. 930. — 1. Rechtsgrundlagen S. 932. — 2. „Kirchliche Stiftung" S. 938. — 3. Teilnahme am allgemeinen Rechtsleben S. 941. — 4. Aufsicht über kirchliche Stiftungen S. 942.

§ 34 Die Vermögensverwaltung und das Stiftungsrecht im Bereich der katholischen Kirche. Von *Wolfgang Busch* 947-1008

A. Das Kirchenvermögen aus der Sicht des kirchlichen und staatlichen Rechts: I. Der Begriff des Kirchenvermögens S. 947. — II. Der Schutz des Kirchenvermögens S. 949. — B. Grundsätzliche Probleme des Kirchenvermögensrechts in der Bundesrepublik Deutschland: I. Das staatliche Interesse am kirchlichen Vermögens- und Stiftungsrecht und seine Grenzen S. 953. — II. Staatliche und kirchliche Gesetzgebung im Bereich des Kirchenvermögensrechts S. 954. — III. Staatliche Aufsichtsrechte über die kirchliche Vermögensverwaltung S. 957. — IV. Kirchliche Rechtsträger und staatliche Rechtsfähigkeit S. 958. — V. Die rechtliche Bedeutung kirchlicher Vertretungs- und Genehmigungsvorschriften im staatlichen Bereich S. 962. — C. Das Kirchenvermögens- und das Stiftungsrecht in seiner regionalen Ausprägung: I. Die Zersplitterung des Kirchenvermögens- und Stiftungsrechts S. 969. — II. Kirchenvermögens- und Stiftungsrecht in dem vorwiegend ehemals preußischen Rechtsbereich der alten Bundesländer: 1. Grundsätzliches S. 970. — 2. Das Kirchenvermögensrecht — derzeitiger Stand der Rechtsentwicklung S. 971. — 3. Das Stiftungsrecht — derzeitiger Stand der Rechtsentwicklung S. 985. — III. Kirchenvermögens- und Stiftungsrecht im bayerischen Rechtsbereich S. 990. — IV. Kirchenvermögens- und Stiftungsrecht im Rechtsbereich des Landes Baden-Württemberg S. 994. — V. Kirchenvermögens- und Stiftungsrecht in den Jurisdiktionsbezirken der neuen Bundesländer — derzeitiger Stand der Rechtsentwicklung S. 1000. — D. Vertretungsorgane ortskirchlicher

Rechtsträger und Pfarrgemeinderäte S. 1006. — E. Die Weiterentwicklung des Kirchenvermögens- und -verwaltungsrechts S. 1007.

§ 35 Staatsleistungen an die Kirchen und Religionsgemeinschaften. Von *Josef Isensee* 1009-1063

A. Zum historischen und teleologischen Verständnis der Verfassungsentscheidung über die Staatsleistungen: I. Staatsleistungen als Säkularisations-Ausgleich S. 1009. — II. Die zwiespältige Verfassungsentscheidung: Ablösungsauftrag und Bestandsgarantie S. 1015. — B. Das Rechtsinstitut der Staatsleistung: I. Begriff S. 1018. — II. Arten S. 1021. — III. Rechtsgrundlagen S. 1026. — C. Die Subjekte der Leistungsbeziehungen: I. Leistungsträger S. 1030. — II. Leistungsempfänger S. 1033. — D. Der Auftrag zur gesetzlichen Ablösung: I. Gegenstand und Wirkweise der Ablösung S. 1034. — II. Modalitäten der Abfindung S. 1036. — III. Zuständigkeit und Verfahren S. 1037. — IV. Geltung der Verfassungsdirektive S. 1042. — E. Der Bestandsschutz S. 1043. — I. Authentische Feststellung über Verfassungsmäßigkeit und Fortbestehen S. 1044. — II. Status-quo-Garantie auf Widerruf und vertragliche Ablösung S. 1048. — III. Verfassungsrechtlicher Bestandsschutz außerhalb des Art. 138 Abs. 1 WRV (Art. 140 GG) S. 1051. — F. Die Rechtslage in den neuen Bundesländern S. 1052. — I. Sowjetische Besatzungszone und Deutsche Demokratische Republik S. 1053. — II. Verfassungen der neuen Bundesländer S. 1055. — III. Rechtsschicksal einzelner Leistungstitel S. 1055. — G. Begründung neuer Staatsleistungen: I. Verfassungsrechtliche Sperre? S. 1057. — II. Neue Unterhaltszuwendungen S. 1058. — III. Neue Ausgleichsleistungen S. 1059. — IV. Förderung säkularer Gemeinwohldienste der Kirche und Förderung der Religion S. 1060. — Anhang: Auswahl-Bibliographie zum Recht der Staatsleistungen S. 1062.

§ 36 Steuer- und Gebührenbefreiungen der Kirchen. Von *Gerhard Hammer* 1065-1099

A. Vorbemerkungen S. 1065. — B. Steuerbefreiung zugunsten der Kirchen: I. Religionsgesellschaften des öffentlichen Rechts: 1. Öffentlicher Status als Anknüpfungsvoraussetzung S. 1067. — 2. Steuern auf das Einkommen und den Bestand des Eigentums S. 1068. — 3. Steuern auf die Verwendung von Einkommen S. 1073. — 4. Steuervergünstigungen für kirchlich gebundene Organisationen S. 1077. — 5. Steuervorteile für Leistungen Dritter zugunsten der Religionsgesellschaften des öffentlichen Rechts und der ihnen verbundenen privatrechtlichen Organisationen S. 1081. — II. Religionsgemeinschaften des Privatrechts: 1. Steuern auf das Einkommen S. 1084. — 2. Steuern auf die Verwendung von Einkommen S. 1085. — 3. Steuervorteile für Leistungen Dritter zugunsten einer Religionsgesellschaft des Privatrechts S. 1085. — C. Freiheit von Gerichts- und Verwaltungskosten: I. Kosten der Gerichtsbarkeit: 1. Regelungen des Bundes S. 1086. — 2. Vorschriften der Länder S. 1086. — II. Verwaltungsgebühren: 1. Regelungen des Bundes S. 1090. — 2. Vorschriften der Länder S. 1091. — D. Freiheit von Beiträgen S. 1094. — E. Bestandsschutz der Abgabenfreiheiten: I. Steuerbefreiungen S. 1096. — II. Gerichts- und Verwaltungskosten S. 1097. — F. Schlußbemerkung S. 1099.

§ 37 Das kirchliche Besteuerungsrecht. Von *Heiner Marré* 1101-1147
I. Einführung: 1. Die Geschichte der Kirchenfinanzierung in Deutschland S. 1101. — 2. Die einheitliche Kirchenfinanzierung im geeinten Deutschland S. 1103. — 3. Die europäische Einigung in ihrer Bedeutung für die Kirchensteuer in Deutschland S. 1104. — 4. Verwandte Kirchenfinanzierungssysteme in anderen europäischen Ländern S. 1106. — II. Der Begriff der Kirchensteuer S. 1108. — III. Die Rechtsquellen des Kirchensteuerrechts S. 1109. — 1. Das Verfassungsrecht des Bundes (Art. 140 GG i.V.m. Art. 137 Abs. 6 WRV) und der Bundesländer S. 1110. — 2. Staatskirchenverträge S. 1113. — 3. Das Kirchensteuerrecht der Bundesländer S. 1113. — 4. Die kirchenrechtlichen Grundlagen des kirchlichen Besteuerungsrechts; insbesondere die Steuerordnungen und Hebesatzbeschlüsse der Religionsgemeinschaften S. 1115. — IV. Die (Kirchen-)Steuergläubiger S. 1117. — V. Die Kirchensteuerpflichtigen: 1. Beginn und Ende der Kirchensteuerpflicht S. 1118. — 2. Ehegattenbesteuerung und kirchliche Besteuerung von in sogenannten glaubens- und konfessionsverschiedenen Ehen lebenden Eheleuten S. 1124. — 3. Die Familienbesteuerung S. 1128. — VI. Die Kirchensteuerarten: 1. Die Kirchensteuern als Zuschläge zu staatlichen (Maßstab-)Steuern S. 1130. — 2. Die Einkommensteuer als Maßstab der Kirchensteuer und das rechtsethische Prinzip der Besteuerung nach der wirtschaftlichen Leistungsfähigkeit S. 1131. — VII. Verwaltung der Kirchensteuer S. 1136. — VIII. Rechtsbehelfe und Rechtsmittel gegen die Heranziehung zur Kirchensteuer S. 1138. — IX. Einzelfragen des Kirchensteuerrechts: 1. Typisierende und pauschalierende (Kirchen-)Steuerverwaltung in Massenverfahren S. 1138. — 2. Erlaß, Stundung und Niederschlagung der Kirchensteuer S. 1143. — X. Die Kirchensteuer-Beschlußgremien in den Diözesen und Landeskirchen S. 1144.

Die Mitarbeiter des ersten Bandes 1149

Zweiter Band

VII. ABSCHNITT

Kirchengebäude und Friedhöfe

§ 38 Res sacrae. Von *Dieter Schütz*

§ 39 Baulast an Kirchengebäuden. Von *Hartmut Böttcher*

§ 40 Patronatswesen. Von *Alfred Albrecht*

§ 41 Staatliche Simultaneen. Von *Alfred Albrecht*

§ 42 Denkmalschutz und Denkmalpflege im Bereich der Kirchen. Von *Bernd Mathias Kremer*

§ 43 Bestattungswesen und Friedhofsrecht. Von *Hanns Engelhardt*

VIII. ABSCHNITT

Gewährleistung des öffentlichen Wirkens der Kirchen

§ 44 Der Öffentlichkeitsauftrag der Kirchen. Von *Klaus Schlaich*

§ 45 Verbindungsstellen zwischen Staat und Kirchen im Bereich der evangelischen Kirche. Von *Hermann E. J. Kalinna*

§ 46 Verbindungsstellen zwischen Staat und Kirchen im Bereich der katholischen Kirche. Von *Leopold Turowski*

§ 47 Die internationalen Beziehungen der Kirchen und das Recht auf freien Verkehr. Von *Otto Kimminich*

§ 48 Der Anspruch der Kirchen auf Präsenz in den öffentlich-rechtlichen und privatrechtlichen Massenmedien des Rundfunks und Fernsehens. Von *Christoph Link*

§ 49 Die gesetzlichen Regelungen der Mitwirkung der Kirchen in den Einrichtungen des Rundfunks und Fernsehens. Von *Christoph Link*

§ 50 Kirchliches Sammlungswesen. Von *Otto Luchterhandt*

§ 51 Der Sonntag und die kirchlichen Feiertage. Von *Karl-Hermann Kästner*

IX. ABSCHNITT

Gewährleistung kirchlicher Mitwirkung im Bildungswesen

§ 52 Das elterliche Erziehungsrecht im Hinblick auf Religion. Von *Matthias Jestaedt*

§ 53 Kirchen und staatliches Schulsystem. Von *Helmut Lecheler*

§ 54 Religionsunterricht. Von *Christoph Link*

§ 55 Kirchen als Schulträger. Von *Wolfgang Loschelder*

§ 56 Theologische Fakultäten und staatliche Pädagogische Hochschulen. Von *Alexander Hollerbach*

§ 57 Kirchliche Hochschulen. Von *Manfred Baldus*

§ 58 Erwachsenenbildung und Akademien. Von *Bernhard Losch*

X. ABSCHNITT

Kirchliche Betätigung in Karitas und Diakonie

§ 59 Die karitative Betätigung der Kirchen im Sozialstaat. Von *Josef Isensee*

§ 60 Finanzierung und Organisation der kirchlichen Krankenhäuser. Von *Otto Depenheuer*

§ 61 Die karitativen Werke und Einrichtungen im Bereich der katholischen Kirche. Von *Josef Schmitz-Elsen*

§ 62 Die karitativen Werke und Einrichtungen im Bereich der evangelischen Kirche. Von *Peter von Tiling*

§ 63 Kindergärten in kirchlicher Trägerschaft. Von *Burkhard Kämper*

XI. ABSCHNITT

Kirchliches Dienst- und Arbeitsrecht

§ 64 Das kircheneigene Dienstrecht der Geistlichen und Kirchenbeamten. Von *Dietrich Pirson*

§ 65 Das kirchlich rezipierte und adaptierte Dienst- und Arbeitsrecht der übrigen kirchlichen Bediensteten. Von *Wolfgang Rüfner*

§ 66 Individualrechtliche Aspekte des kirchlichen Dienst- und Arbeitsrechts — die besondere Loyalitätspflicht im kirchlichen Dienst. Von *Wolfgang Rüfner*

§ 67 Das kollektive kirchliche Dienst- und Arbeitsrecht. Von *Reinhard Richardi*

XII. ABSCHNITT

Militär-, Polizei- und Anstaltsseelsorge

§ 68 Seelsorge in Bundeswehr und Bundesgrenzschutz. Von *Rudolf Seiler*

§ 69 Polizeiseelsorge. Von *Markus Heintzen*

§ 70 Anstaltsseelsorge. Von *Susanne Eick-Wildgans*

XIII. ABSCHNITT

Die Kirchen im staatlichen Rechtsschutzsystem

§ 71 Schutz von Religion und Kirchen im Strafrecht und im Verfahrensrecht. Von *Albin Eser*

§ 72 Rechtsschutz der Kirchen und Religionsgemeinschaften durch staatliche Gerichte. Von *Hermann Weber*

§ 73 Zuständigkeit staatlicher Gerichte in kirchlichen Angelegenheiten. Von *Wolfgang Rüfner*

§ 74 Rechts- und Amtshilfe. Von *Dirk Ehlers*

Abkürzungsverzeichnis

a. A.	anderer Ansicht
AAS	Acta Apostolicae Sedis
Abg.	Abgeordnete(r)
abgedr.	abgedruckt(e, er, es)
Abh.	Abhandlung(en)
abl.	ablehnend(e, er, es)
ABl.	Amtsblatt
ABl.EKD	Amtsblatt der Evangelischen Kirche in Deutschland
Abs.	Absatz
Abschn.	Abschnitt
Abt.	Abteilung
ACK	Arbeitsgemeinschaft christlicher Kirchen
ADOV	Arbeitsgemeinschaft der deutschen Ordensobernvereinigungen
a. E.	am Ende
AEAO	Anwendungserlaß zur Abgabenordnung
ÄndG	Änderungsgesetz
AFG	Arbeitsförderungsgesetz
AG	Amtsgericht; Ausführungsgesetz
AGArchivG	Ausführungsgesetz zum Archivgesetz der Evangelischen Kirche der Union
AGBGB	Ausführungsgesetz zum Bürgerlichen Gesetzbuch
AG KED	Arbeitsgemeinschaft Entwicklungsdienst (ev.)
Ak.	Akademie
AK, Alt.-Komm.	Alternativ-Kommentar
allg.	allgemein(e, er, es)
ALR	Allgemeines Landrecht
Alt.	Alternative
Alt.-Komm.	s. AK
a. M.	anderer Meinung
amtl.	amtlich(e, er, es)
Anh.	Anhang
Anl.	Anlage(n)
Anm.	Anmerkung(en)
AnpG	Anpassungsgesetz
Anw.	Anweisung(en)
AO	Abgabenordnung
AöR	Archiv des öffentlichen Rechts
AP	Nachschlagewerk des Bundesarbeitsgerichts (vorher: Arbeitsrechtliche Praxis)
Apg	Apostelgeschichte
Apok	Apokalypse

APU	Altpreußische Union
ArbG	Arbeitsgericht
ArchKathKR	Archiv für katholisches Kirchenrecht
ARRG	Arbeitsrechts-Regelungsgesetz (ev.)
Art.	Artikel
AS	Amtliche Sammlung
Aufl.	Auflage
ausf.	ausführlich(e, er, es)
AusfBest.	Ausführungsbestimmung(en)
AusfVO	Ausführungsverordnung
Ausg.	Ausgabe
AVG	Angestelltenversicherungsgesetz
Aymans-Mörsdorf, KanR I	Kanonisches Recht. Lehrbuch aufgrund des CIC. Begr. von E. Eichmann, fortgef. von K. Mörsdorf, neu bearb. von W. Aymans. 13. Aufl. Bd. 1: Einleitende Grundfragen und Allgemeine Normen. Paderborn usw. 1991
Az.	Aktenzeichen
Bad.	Baden, badisch(e, er, es)
BadK	Badisches Konkordat vom 12. Oktober 1932
BadKV	Badischer Kirchenvertrag vom 14. November 1932
BadStGH	Staatsgerichtshof für das Land Baden
BadVerwZ	Zeitschrift für Badische Verwaltung und Verwaltungsrechtspflege
BadVGH	Badischer Verwaltungsgerichtshof
Bad.-Württ., BaWü, BW	Baden-Württemberg, baden-württembergisch(e, er, es)
Bad.-Württ. VBl.	Baden-Württembergisches Verwaltungsblatt
Bad.-Württ. Verf.	Verfassung des Landes Baden-Württemberg
BAG	Bundesarbeitsgericht
BAGE	Entscheidungen des Bundesarbeitsgerichts
BAnz.	Bundesanzeiger
BArbBl.	Bundesarbeitsblatt
BAT	Bundes-Angestelltentarifvertrag
BauGB	Baugesetzbuch
BaWü	s. Bad.-Württ.
BayBS	Bereinigte Sammlung des bayerischen Landesrechts
bayer.	bayerisch(e, er, es)
BayK	Bayerisches Konkordat vom 29. März 1924
BayKiStG	Bayerisches Kirchensteuergesetz
BayKV	Bayerischer Kirchenvertrag vom 15. November 1924
BayLSG	Bayerisches Landessozialgericht
BayMeldeG	Bayerisches Meldegesetz
BayObLG	Bayerisches Oberstes Landesgericht
BayObLGSt.	Sammlung von Entscheidungen des Bayerischen Obersten Landesgerichts in Strafsachen
BayObLGZ	Sammlung von Entscheidungen des Bayerischen Obersten Landesgerichts in Zivilsachen
BayRS	Bayerische Rechtssammlung
BayVBl.	Bayerische Verwaltungsblätter
BayVerf.	Verfassung des Freistaates Bayern
BayVerfGH	Bayerischer Verfassungsgerichtshof

Abkürzungsverzeichnis XXXI

BayVerfGHE n. F.	s. BayVGHE n. F.
BayVGH	Bayerischer Verwaltungsgerichtshof
BayVGHE n. F.	Sammlung von Entscheidungen des Bayerischen Verwaltungsgerichtshofs mit Entscheidungen des Bayerischen Verfassungsgerichtshofs, (ab 1951 auch:) des Bayerischen Dienststrafhofs und des Bayerischen Gerichtshofs für Kompetenzkonflikte (n. F. 1 = 64 der Gesamtfolge 1947/48 ff.). — BayVGHE n. F. bezieht sich auf Entscheidungen des Bayer. Verwaltungsgerichtshofs, BayVerfGHE n. F. bezieht sich auf Entscheidungen des Bayer. Verfassungsgerichtshofs
BB	Der Betriebsberater
BBesG	Bundesbesoldungsgesetz
BBG	Bundesbeamtengesetz
Bd(e).	Band, Bände
BDSG	Bundesdatenschutzgesetz
BeamtVG	Beamtenversorgungsgesetz
Bearb.	Bearbeiter(in), bearbeitet(e, er, es), Bearbeitung
Begr.	Begründer, begründet, Begründung
Beih.	Beiheft
Beil.	Beilage(n)
Bek.	Bekanntmachung
ber.	berichtigt(e, er, es)
Berl.	Berliner
BerlinVerf.	Verfassung von Berlin
bes.	besonders
Beschl.	Beschluß
betr.	betreffend, betreffs
BetrVG	Betriebsverfassungsgesetz
BeurkG	Beurkundungsgesetz
bez.	bezüglich
BFH	Bundesfinanzhof
BFHE	Sammlung von Entscheidungen und Gutachten des Bundesfinanzhofs
BGB	Bürgerliches Gesetzbuch
BGB-RGRK	Kommentar zum Bürgerlichen Gesetzbuch, hrsg. von Reichsgerichtsräten und Bundesrichtern
BGBl.	Bundesgesetzblatt
BGH	Bundesgerichtshof
BGHSt.	Entscheidungen des Bundesgerichtshofes in Strafsachen
BGHZ	Entscheidungen des Bundesgerichtshofes in Zivilsachen
BHO	Bundeshaushaltsordnung
bischöfl.	bischöflich(e, er, es)
BK	Bonner Kommentar zum Grundgesetz
Bl.	Blatt
BLG	Bundesleistungsgesetz
BMI	Bundesminister des Innern
BNr.	Beschwerdenummer (bei der EKMR)
BPersVG	Bundespersonalvertretungsgesetz
BR	Bundesrat
BrandenbVerf.	Verfassung des Landes Brandenburg
BR-Drucks.	Drucksache(n) des Bundesrates
BReg.	Bundesregierung

Brem.	Bremer, bremisch(e, er, es)
BremVerf.	Landesverfassung der Freien Hansestadt Bremen
BRRG	Beamtenrechtsrahmengesetz
BSG	Bundessozialgericht
BSGE	Entscheidungen des Bundessozialgerichts
BSHG	Bundessozialhilfegesetz
BStBl. I, II, III	Bundessteuerblatt (Teil I, II, III)
BT	Deutscher Bundestag
BT-Drucks.	Drucksache(n) des Deutschen Bundestages
Buchst.	Buchstabe(n)
BVerfG	Bundesverfassungsgericht
BVerfGE	Entscheidungen des Bundesverfassungsgerichts
BVerwG	Bundesverwaltungsgericht
BVerwGE	Entscheidungen des Bundesverwaltungsgerichts
BVP	Bayerische Volkspartei
BW	s. Bad.-Württ.
bzw.	beziehungsweise
c., can.	canon
ca.	circa
CA	Confessio Augustana
can.	canon
cap.	capitulum
cc.	canones
CCEE	Consilium Conferentiarum Episcopalium Europae
CCEO	Codex Canonum Ecclesiarum Orientalium
CDU	Christlich Demokratische Union
CIC	Codex Iuris Canonici
CIC/1917	Codex Iuris Canonici vom 27. Mai 1917
CIC/1983	Codex Iuris Canonici vom 25. Januar 1983
Clem	Clemensbrief
COMECE	Commissio Episcopatuum Communitatis Europaeensis
CSU	Christlich Soziale Union
d.	das, der, des, die
DA	Dienstanweisung für die Standesbeamten und ihre Aufsichtsbehörden
DB	Der Betrieb
DBest.	Durchführungsbestimmung(en)
DBK	Deutsche Bischofskonferenz
DDP	Deutsche Demokratische Partei
DDR	Deutsche Demokratische Republik
DEAE	Deutsche Evangelische Arbeitsgemeinschaft für Erwachsenenbildung
DEK	Deutsche Evangelische Kirche
dems.	demselben
DEMT	Deutscher Evangelischer Missionstag
ders.	derselbe(n)
d.h.	das heißt
dies.	dieselbe(n)
Disk. Beitr.	Diskussionsbeitrag
Diss.	Dissertation

DJZ	Deutsche Juristenzeitung
DM	Deutsche Mark
DNotZ	Deutsche Notar-Zeitschrift
DNVP	Deutschnationale Volkspartei
DÖV	Die Öffentliche Verwaltung
DP	Deutsche Partei
Dr.	Doktor
DR	Decisions and Reports (Sammlung der Entscheidungen und Berichte der EKMR)
DRiZ	Deutsche Richterzeitung
Drucks.	Drucksache(n)
DSchG	Denkmalschutzgesetz
DSG	Datenschutzgesetz
DStR	Deutsches Steuerrecht
DStZ	Deutsche Steuer-Zeitung
dt.	deutsch(e, er, es)
dtv	Deutscher Taschenbuch Verlag
DtZ	Deutsch-Deutsche Rechts-Zeitschrift
DÜ	Dienste in Übersee e. V. (ev.)
DÜV	Datenübermittlungsverordnung
DVBl.	Deutsches Verwaltungsblatt
DVO	Durchführungsverordnung
DVP	Deutsche Volkspartei
E	Entscheidung(en); Entwurf
EAGWM	Evangelische Arbeitsgemeinschaft für Weltmission
ebd.	ebenda
EECCS	European Ecumenical Commission for Church and Society
EFG	Entscheidungen der Finanzgerichte
EG	Einführungsgesetz; Europäische Gemeinschaft
EGBGB	Einführungsgesetz zum Bürgerlichen Gesetzbuch
EGMR	Europäischer Gerichtshof für Menschenrechte
EGV	Vertrag zur Gründung der Europäischen Gemeinschaft i. d. F. des Vertrages über die Europäische Union vom 7. Februar 1992 (Maastricht-Vertrag)
EGZGB	Einführungsgesetz zum Zivilgesetzbuch
EheG	Ehegesetz
Einl.	Einleitung
EKD	Evangelische Kirche in Deutschland
EKK	Evangelisch-katholischer Kommentar zum Neuen Testament
EKL[1]	Evangelisches Kirchenlexikon. Hrsg. von H. Brunotte u. O. Weber. 1. Aufl., 4 Bde., Göttingen 1956-1961
EKL[2]	Evangelisches Kirchenlexikon. Hrsg. von H. Brunotte u. O. Weber. 2. Aufl., 4 Bde., Göttingen 1961-1962
EKL[3]	Evangelisches Kirchenlexikon. Hrsg. von H. Brunotte u. O. Weber. 3. Aufl., Göttingen 1986 ff.
EKMR	Europäische Kommission für Menschenrechte
EKU	Evangelische Kirche der Union
ELKZ	Evangelisch-Lutherische Kirchenzeitung
EMRK	Europäische Konvention zum Schutz der Menschenrechte und Grundfreiheiten vom 4. November 1950
EMW	Evangelisches Missionswerk

Entsch.	Entscheidung(en)
entspr.	entsprechend(e, er, es)
Entw.	Entwurf
epd	Evangelischer Pressedienst
ErbStG	Erbschaftsteuer- und Schenkungsteuergesetz
ErgV	Ergänzungsvertrag
Erl.	Erläuterung(en)
erw.	erweitert(e, er, es)
EssGespr.	Essener Gespräche zum Thema Staat und Kirche. Begr. von J. Krautscheidt u. H. Marré, Münster / Westf. 1969 ff.
EStDV	Einkommensteuer-Durchführungsverordnung
EStG	Einkommensteuergesetz
EStR	Einkommensteuer-Richtlinien
ESVGH	Entscheidungssammlung des Hessischen und des Württemberg-Badischen Verwaltungsgerichtshofs
etc.	et cetera
EU	Europäische Union
EuGH	Gerichtshof der Europäischen Gemeinschaften
EuGRZ	Europäische Grundrechte-Zeitschrift
EuR	Europarecht
ev., evang.	evangelisch(e, er, es)
e. V.	eingetragener Verein
EVertr	Vertrag zwischen der Bundesrepublik Deutschland und der Deutschen Demokratischen Republik über die Herstellung der Einheit Deutschlands (Einigungsvertrag) vom 31. August 1990 (BGBl. II S. 889 ff.)
EvKomm	Evangelische Kommentare
ev.-luth.	evangelisch-lutherisch(e, er, es)
ev.-ref.	evangelisch-reformiert(e, er, es)
EvSozLex[7]	Evangelisches Soziallexikon. Begr. von F. Karrenberg. Hrsg. von T. Schober, M. Honecker, H. Dahlhaus. 7. Aufl., Stuttgart 1980
EvStL[1]	Evangelisches Staatslexikon. Hrsg. von H. Kunst u. S. Grundmann i. V. m. W. Schneemelcher u. R. Herzog. 1. Aufl., Stuttgart 1966
EvStL[2]	Evangelisches Staatslexikon. Hrsg. von H. Kunst, R. Herzog, W. Schneemelcher. 2. Aufl., Stuttgart 1975
EvStL[3]	Evangelisches Staatslexikon. Hrsg. von R. Herzog, H. Kunst, K. Schlaich, W. Schneemelcher. 3. Aufl., 2 Bde., Stuttgart 1987
EWG	Europäische Wirtschaftsgemeinschaft
EWGV	Vertrag über die Europäische Wirtschaftsgemeinschaft
EZE	Evangelische Zentralstelle für Entwicklungshilfe
f.	folgende (Seite); für
FamRZ	Zeitschrift für das gesamte Familienrecht
FAZ	Frankfurter Allgemeine Zeitung
FDP, F.D.P.	Freie Demokratische Partei
F. E. St.	Forschungsstelle der Evangelischen Studiengemeinschaft
Festg.	Festgabe
ff.	folgende (Seiten)
FG	Finanzgericht

FGG	Gesetz über die Angelegenheiten der freiwilligen Gerichtsbarkeit
FGO	Finanzgerichtsordnung
Fn.	Fußnote(n)
fortgef.	fortgeführt
FR	Finanz-Rundschau
Frhr.	Freiherr
FS	Festschrift
FSBZ	Frauenstudien- und -bildungszentrum der EKD
G	Gesetz
GABl.	Gemeinsames Arbeitsblatt
GBl.	Gesetzblatt
GBO	Grundbuchordnung
geänd.	geändert(e, er,es)
GebG	Gebührengesetz
Ged.Schr.	Gedächtnisschrift, Gedenkschrift
gem.	gemäß; gemeinsam(e, er, es)
GEP	Gemeinschaftswerk der Evangelischen Publizistik
ges.	gesammelt(e, er, es)
Gesch.	Geschichte
GeschZ	Geschäftszeichen
GewO	Gewerbeordnung
GewStG	Gewerbesteuergesetz
GewStR	Gewerbesteuer-Richtlinien
GG	Grundgesetz für die Bundesrepublik Deutschland vom 23. Mai 1949
GG-Alt.-Komm.	Alternativ-Kommentar zum Grundgesetz. 2. Aufl., 2 Bde., Neuwied 1989
ggf.	gegebenenfalls
GKG	Gerichtskostengesetz
GmbH	Gesellschaft mit beschränkter Haftung
GMBl.	Gemeinsames Ministerialblatt
GO EKD	Grundordnung der Evangelischen Kirche in Deutschland
GrdStVG	Grundstücksverkehrsgesetz
GrEStG	Grunderwerbsteuergesetz
GrStG	Grundsteuergesetz
GrStR	Grundsteuer-Richtlinien
GRUR	Gewerblicher Rechtsschutz und Urheberrecht
GS	Gesetzsammlung
GStVS	Satzung für die gemeindlichen kirchlichen Steuerverbände in den bayer. (Erz-)Diözesen
GVBl., GVOBl.	Gesetz- und Verordnungsblatt
GVM	Gesetze, Verordnungen, Mitteilungen (landeskirchliche Amtsblätter in Bremen und Hamburg)
GV NW	Gesetz- und Verordnungsblatt für das Land Nordrhein-Westfalen
GVOBl.	s. GVBl.
GVVO	Grundstücksverkehrsverordnung
H.	Heft(e)
Halbbd., Hbbd.	Halbband

Halbs.	Halbsatz
Hamb.	Hamburger, hamburgisch(e, er, es)
HambVerf.	Verfassung der Freien und Hansestadt Hamburg
Hbbd.	s. Halbbd.
Hdb.	Handbuch
HdbBayStKirchR	Handbuch des Bayerischen Staatskirchenrechts. Von O. J. Voll unter Mitwirkung von J. Störle, München 1985
HdbDStR	Handbuch des Deutschen Staatsrechts. Hrsg. von G. Anschütz u. R. Thoma. 2 Bde., Tübingen 1930-1932
HdbKathKR	Handbuch des katholischen Kirchenrechts. Hrsg. von J. Listl, H. Müller, H. Schmitz. Regensburg 1983
HdbStKirchR[1]	Handbuch des Staatskirchenrechts der Bundesrepublik Deutschland. Hrsg. von E. Friesenhahn u. U. Scheuner i. V. m. J. Listl, 1. Aufl., 2 Bde., Berlin 1974-1975
HdbVerfR	Handbuch des Verfassungsrechts der Bundesrepublik Deutschland. Hrsg. von E. Benda, W. Maihofer, H.-J. Vogel unter Mitwirkung von K. Hesse. Berlin, New York 1983
HdSW	Handwörterbuch der Sozialwissenschaften
hess.	hessisch(e, er, es)
HessErgV	Vertrag zwischen dem Land Hessen und den Bistümern Fulda, Limburg, Mainz sowie dem Erzbistum Paderborn vom 29. März 1974 zur Ergänzung des Vertrages vom 9. März 1963
HessKV	Hessischer Kirchenvertrag vom 18. Februar 1960
HessStGH	Hessischer Staatsgerichtshof
HessVerf.	Verfassung des Landes Hessen
HessVGH	Hessischer Verwaltungsgerichtshof
HGrG	Haushaltsgrundsätzegesetz
hist.	historisch(e, er, es)
Hist. Jb.	Historisches Jahrbuch
HK	Herder-Korrespondenz
hl.	heilig(e, er, es)
h. L.	herrschende Lehre
h. M.	herrschende Meinung
HRG	Handwörterbuch zur deutschen Rechtsgeschichte, Berlin 1971 ff.; Hochschulrahmengesetz
Hrsg.	Herausgeber, herausgegeben
HStR	Handbuch des Staatsrechts der Bundesrepublik Deutschland. Hrsg. von J. Isensee u. P. Kirchhof, Heidelberg 1987 ff.
HZ	Historische Zeitschrift
i. d. F.	in der Fassung
i. d. F. d. B. v.	in der Fassung der Bekanntmachung vom
i. d. F. d. G.	in der Fassung des Gesetzes
i. d. F. v.	in der Fassung vom
i. e. S.	im engeren Sinne
i. J.	im Jahre
insbes.	insbesondere
internat.	international(e, er, es)
IPO	Instrumentum Pacis Osnabrugense
i. S.	im Sinne
i. V. m.	in Verbindung mit
i. w. S.	im weiteren Sinne

Jb.	Jahrbuch
Jg.	Jahrgang
Jh.	Jahrhundert
JHG	Jugendhilfegesetz
JKostG	Justizkostengesetz
J.-Nr.	Journal-Nummer
JöR	Jahrbuch des öffentlichen Rechts der Gegenwart
JöR N. F. 1	Entstehungsgeschichte der Artikel des Grundgesetzes, bearb. von K.-B. von Doemming, R. W. Füßlein, W. Matz, in: JöR N. F. Bd. 1 (1951)
Joh	Evangelium nach Johannes
JR	Juristische Rundschau
jur.	juristisch(e, er, es)
JuS	Juristische Schulung
JVBl.	Justizverwaltungsblatt
JW	Juristische Wochenschrift
JWG	Jugendwohlfahrtsgesetz
JZ	Juristenzeitung
K	Konkordat
KABl.	Kirchliches Amtsblatt
KAG	Kirchenaustrittsgesetz; Kommunalabgabengesetz
Kan. Abt.	Kanonistische Abteilung
KAnz.	Kirchlicher Anzeiger
Kap.	Kapitel
kath.	katholisch(e, er, es)
KathKirchVermG	Preußisches Staatsgesetz über die Verwaltung des katholischen Kirchenvermögens vom 24. Juli 1924
KDO	Anordnung über den kirchlichen Datenschutz (kath.)
KDVNG	Gesetz zur Neuordnung des Rechts der Kriegsdienstverweigerung und des Zivildienstes
KED	Kirchlicher Entwicklungsdienst (ev.)
KEK	Konferenz Europäischer Kirchen
KG	Kammergericht
KGO, KirchGemO	Kirchengemeindeordnung
KGVBl., KiGVBl., KiGVOBl.	Kirchliches Gesetz- und Verordnungsblatt (der jeweils angesprochenen Landeskirche)
KiAustrG	Kirchenaustrittsgesetz
KiDSG	Kirchengesetz über den Datenschutz (ev.)
KiG, KirchG	Kirchengesetz
KiGVBl., KiG-VOBl.	s. KGVBl.
KlPfrWG	Gesetz zur Neuordnung des Pfründewesens (z.B. in der Erzdiözese München und Freising)
KirchBezO	Kirchenbezirksordnung
KirchE	Entscheidungen in Kirchensachen
KirchG	s. KiG
KirchGemO	s. KGO

kirchl.	kirchlich(e, er, es)
KirchO	Kirchenordnung
KirchVerf.	Kirchenverfassung
KiSt	Kirchensteuer
KiStG	Kirchensteuergesetz
KiStiAufsG	Kirchliches Stiftungsaufsichtsgesetz
KiStiftO	Ordnung für kirchliche Stiftungen
KiStiG	Kirchliches Stiftungsgesetz
KiStO	Kirchensteuerordnung
KiVVG, KVVG	(kirchliches) Gesetz über die Verwaltung (und Vertretung) des Kirchenvermögens
Kl.	Klasse
KMAO	Anordnung über das kirchliche Meldewesen
KMBl.	Amtsblatt des Bayerischen Staatsministeriums für Unterricht und Kultus
KME	Entschließung des Kultusministeriums (Bayerns)
KO	Konkursordnung
Komm.	Kommentar; Kommission
KostG	Kostengesetz
KostO	Gesetz über die Kosten in Angelegenheiten der freiwilligen Gerichtsbarkeit (Kostenordnung)
KPD	Kommunistische Partei Deutschlands
krit.	kritisch(e, er, es)
KritVj.	Kritische Vierteljahresschrift für Gesetzgebung und Rechtswissenschaft
KStG	Körperschaftsteuergesetz
KStZ	Kommunale Steuer-Zeitschrift
KSZE	Konferenz über Sicherheit und Zusammenarbeit in Europa
KV	Kirchenvertrag
KVVG	s. KiVVG
KWMBl.	Amtsblatt des Bayerischen Staatsministeriums für Unterricht, Kultus, Wissenschaft und Kunst
L	Land
LAG	Landesarbeitsgericht; Lastenausgleichsgesetz
lat.	lateinisch(e, er, es)
Lb.	Lehrbuch
LG	Landgericht
LGebG	Landesgebührengesetz
lipp.	lippisch(e, er, es)
LippKV	Lippischer Kirchenvertrag vom 6. März 1958
lit.	litera
Lit.	Literatur
LJHG	Landesjugendhilfegesetz
LJKG	Landesjustizkostengesetz
Lk	Evangelium nach Lukas
LkGaG	Landeskindergartengesetz
LKHG	Landeskrankenhausgesetz
LMedienG	Landesmediengesetz
Losebl.	Loseblatt(ausgabe, -sammlung)
LS	Leitsatz
LSA	Land Sachsen-Anhalt

LSG	Landessozialgericht
LStDV	Lohnsteuer-Durchführungsverordnung
LStR	Lohnsteuer-Richtlinien
lt.	laut
LT	Landtag
LT-Drucks.	Drucksache(n) des Landtages
LThK^2	Lexikon für Theologie und Kirche. 2. Aufl., 10 Bde. u. Reg.Bd., Freiburg i. Br. 1957-1967
LThK^2-Konzilskommentar	Lexikon für Theologie und Kirche. 2. Aufl., Das Zweite Vatikanische Konzil — Dokumente und Kommentare; 3 Bde. Freiburg i. Br., Basel, Wien 1967-1968
luth.	lutherisch(e, er, es)
LuthMH	Lutherische Monatshefte
LV	Landesverfassung
LVG	Landesverwaltungsgericht
LWB	Lutherischer Weltbund
m.	mit
M	Mark; Meinung
MABl.	Ministerialamtsblatt der bayerischen inneren Verwaltung
v. Mangoldt / Klein /...	Das Bonner Grundgesetz. Kommentar. Begr. von Hermann von Mangoldt, fortgef. von Friedrich Klein. 3., vollst. neubearb. Aufl. München 1985 ff. Bd. 1: Präambel, Art. 1-5. Von Chr. *Starck.* 1985 Bd. 14: Art. 136-146. Von A. Frhr. *v. Campenhausen.* 1991
maschinenschr.	maschinenschriftlich(e, er, es)
Matth.	Matthäus-Evangelium
m. a. W.	mit anderen Worten
MBl.	Ministerialblatt
MdB	Mitglied des Bundestages
MDR	Monatsschrift für Deutsches Recht
m. E.	meines Erachtens
Meckl.-Vorp. KV	Evangelischer Kirchenvertrag Mecklenburg-Vorpommern vom 20. Januar 1994
Meckl.-Vorp. Verf.	Verfassung des Landes Mecklenburg-Vorpommern
Mio.	Million(en)
MitbestG	Mitbestimmungsgesetz
Mk	Evangelium nach Markus
m. Nachw.	mit Nachweisen
Mrd.	Milliarde(n)
MRRG	Melderechtsrahmengesetz
MSV	Militärseelsorgevertrag vom 22. Februar 1957
Mt	Evangelium nach Matthäus
MThZ	Münchener Theologische Zeitschrift
m. w. N.	mit weiteren Nachweisen
n.	numero
Nachdr.	Nachdruck
Nachw.	Nachweis
NATO	North Atlantic Treaty Organization
NatVers.	Nationalversammlung
n. Chr.	nach Christus

ND, Neudr.	Neudruck
nds., niders.	niedersächsisch(e, er, es)
Nds. Rpfl.	Niedersächsische Rechtspflege
NEK	Nordelbische Evangelisch-Lutherische Kirche
neubearb.	neubearbeitet(e, er, es)
Neudr.	s. ND
n. F., N. F.	neue Fassung; neue Folge
nieders.	s. nds.
NiedersErgV	Ergänzungsvertrag vom 4. März 1965 zum Niedersächsischen Kirchenvertrag vom 19. März 1955
NiedersK	Niedersächsisches Konkordat vom 26. Februar 1965
NiedersKV	Niedersächsischer Kirchenvertrag vom 19. März 1955
NiedersVerf.	Niedersächsische Verfassung
NJW	Neue Juristische Wochenschrift
NJW-RR	Neue Juristische Wochenschrift Rechtsprechungs-Report
nordrh.-westf.	nordrhein-westfälisch(e, er, es)
Nr(n).	Nummer(n)
NRW, NW	Nordrhein-Westfalen
NS	Nationalsozialismus, nationalsozialistisch(e, er, es)
NVwZ	Neue Zeitschrift für Verwaltungsrecht
NVwZ-RR	Neue Zeitschrift für Verwaltungsrecht Rechtsprechungs-Report Verwaltungsrecht
NW	s. NRW
NWB	Neue Wirtschafts-Briefe für Steuer- und Wirtschaftsrecht
NWVBl.	Nordrhein-Westfälische Verwaltungsblätter
NWVerf.	Verfassung für das Land Nordrhein-Westfalen
NWVerfGH	Verfassungsgerichtshof für das Land Nordrhein-Westfalen
NZA	Neue Zeitschrift für Arbeitsrecht
o.	oben
O	Ordnung
o. ä.	oder ähnlich(e, er, es)
OCIPE	Office Catholique d'Information sur les Problèmes Européens
ÖArchKR	Österreichisches Archiv für Kirchenrecht
öff.	öffentlich(e, er, es)
ÖRK	Ökumenischer Rat der Kirchen
österr.	österreichisch(e, er, es)
OFD	Oberfinanzdirektion
Offb	Offenbarung
OFH	Oberster Finanzgerichtshof, Oberfinanzhof
o. J.	ohne Jahr
OK	Ordenskorrespondenz
OLG	Oberlandesgericht
OLGZ	Entscheidungen der Oberlandesgerichte in Zivilsachen einschließlich der freiwilligen Gerichtsbarkeit
Onr.	Ordnungsnummer
o. O.	ohne Ort
OVB	Oberhirtliches Verordnungsblatt (für das Bistum Speyer)
OVG	Oberverwaltungsgericht

OVGE	Entscheidungen der Oberverwaltungsgerichte für das Land Nordrhein-Westfalen in Münster sowie für die Länder Niedersachsen und Schleswig-Holstein in Lüneburg
OWiG	Gesetz über Ordnungswidrigkeiten
p.	pagina
P.	Parität (in § 20)
PDS	Partei des Demokratischen Sozialismus
PDS / LL	Partei des Demokratischen Sozialismus / Linke Liste
Petr	Petrusbrief
PfälzKV	Pfälzischer Kirchenvertrag vom 15. November 1924
Phil	Philipperbrief
phil.	philosophisch(e, er, es)
phil.-hist.	philosophisch-historisch(e, er, es)
phil.-theol.	philosophisch-theologisch(e, er, es)
preuß.	preußisch(e, er, es)
PreußALR	Allgemeines Landrecht für die Preußischen Staaten
PreußGKG, PrGKG	Preußisches Gerichtskostengesetz
PreußK	Preußisches Konkordat vom 14. Juni 1929
PreußKV	Preußischer Kirchenvertrag vom 11. Mai 1931
PreußOTr.	Preußisches Obertribunal
PreußOVG	Preußisches Oberverwaltungsgericht; zugleich Entscheidungen des Preußischen Oberverwaltungsgerichts
PreußVerf.	Preußische Verfassung
PreußVU	Preußische Verfassungsurkunde
PrGKG	s. PreußGKG
PrGS	Preußische Gesetzsammlung
PrGS NW	Sammlung des in Nordrhein-Westfalen geltenden preußischen Rechts. 1806-1945
Prof.	Professor
Prot.	Protokoll
PrVBl.	Preußisches Verwaltungsblatt
PStG	Personenstandsgesetz
R, RL	Richtlinie(n)
RAF	Rote-Armee-Fraktion
RAO	Reichsabgabenordnung
RdA	Recht der Arbeit
RdErl.	Runderlaß
RDH	Reichsdeputationshauptschluß
RdL	Recht der Landwirtschaft
Rdnr(n).	Randnummer(n)
rechtl.	rechtlich(e, er, es)
ref.	reformiert(e, er, es)
Reg.Bd.	Registerband
RegBl.	Regierungsblatt
RFH	Reichsfinanzhof
RG	Reichsgericht
RGBl.	Reichsgesetzblatt
RGG[3]	Die Religion in Geschichte und Gegenwart. 3. Aufl., 6 Bde. u. Reg.Bd., Tübingen 1957-1962

RGSt.	Entscheidungen des Reichsgerichts in Strafsachen
RGZ	Entscheidungen des Reichsgerichts in Zivilsachen
rhein.	rheinisch(e, er, es)
rheinl.-pfälz.	rheinland-pfälzisch(e, er, es)
Rheinl.-Pfälz. K	Rheinland-Pfälzisches Konkordat vom 29. April 1969
Rheinl.-Pfälz. KV	Rheinland-Pfälzischer Kirchenvertrag vom 31. März 1962
Rheinl.-PfalzVerf.	Verfassung für Rheinland-Pfalz
Rh.-Pf.	Rheinland-Pfalz
RK	Reichskonkordat vom 20. Juli 1933
RKEG	Gesetz über die religiöse Kindererziehung vom 15. Juli 1921
RL	s. R
RM	Reichsmark
RMBl.	Reichsministerialblatt
Röm	Römerbrief
röm.-kath.	römisch-katholisch(e, er, es)
Rpfleger	Der Deutsche Rechtspfleger
RRG 1992	Gesetz zur Reform der gesetzlichen Rentenversicherung vom 18. Dezember 1989
Rs.	Rechtssache
Rspr.	Rechtsprechung
RStBl.	Reichssteuerblatt
RStGB	Strafgesetzbuch für das Deutsche Reich
RuPrVBl.	Reichsverwaltungsblatt und Preußisches Verwaltungsblatt
RVerwBl.	Reichsverwaltungsblatt
RVO	Reichsversicherungsordnung
RWB	Reformierter Weltbund
s.	siehe
S.	Satz, Sätze; Seite(n)
saarl.	saarländisch(e, er, es)
SaarVerf.	Verfassung des Saarlandes
Sachs.-Anh. KV	Evangelischer Kirchenvertrag Sachsen-Anhalt vom 15. September 1993
Sachs.-Anh. Verf.	Verfassung des Landes Sachsen-Anhalt
SAE	Sammlung arbeitsrechtlicher Entscheidungen
sächs.	sächsisch(e, er, es)
SächsKV	Sächsischer Kirchenvertrag vom 24. März 1994
SächsVBl.	Sächsische Verwaltungsblätter
SächsVerf.	Verfassung des Freistaates Sachsen
Sb.	Sitzungsbericht(e); Sonderband
SBZ	Sowjetische Besatzungszone Deutschlands
schlesw.-holst.	schleswig-holsteinisch(e, er, es)
Schlesw.-Holst. KV	Schleswig-Holsteinischer Kirchenvertrag vom 23. April 1957
Schl.-H.	Schleswig-Holstein
Schl. Prot.	Schlußprotokoll
Schr.	Schreiben; Schrift(en)
SD, Sonderdr.	Sonderdruck
SED	Sozialistische Einheitspartei Deutschlands (DDR)
SG	Sozialgericht
SGB I	Sozialgesetzbuch. Buch I: Allgemeiner Teil
SGB V	Sozialgesetzbuch. Buch V: Gesetzliche Krankenversicherung

SGB VI	Sozialgesetzbuch. Buch VI: Gesetzliche Rentenversicherung
SGB VIII	Sozialgesetzbuch. Buch VIII: Kinder- und Jugendhilfe
SGV NW	Sammlung des bereinigten Gesetz- und Verordnungsblattes für das Land Nordrhein-Westfalen
Slg.	Sammlung
s. o.	siehe oben
sog.	sogenannt(e, er, es)
Sonderdr.	s. SD
Sp.	Spalte
SPD	Sozialdemokratische Partei Deutschlands
sq. (sqq.)	sequens (sequentes) = f. (ff.)
St.	Sankt
staatl.	staatlich(e, er, es)
StabG	Gesetz zur Förderung der Stabilität und des Wachstums der Wirtschaft vom 8. Juni 1967
StAnz.	Staatsanzeiger
StAZ	Zeitschrift für das Standesamtswesen
Sten. Ber.	Stenographische(r) Bericht(e)
Sten. Prot.	Stenographische(s) Protokoll(e)
StGB	Strafgesetzbuch
StGH	Staatsgerichtshof
StiftG, StiG	Stiftungsgesetz
StiftO	Stiftungsordnung
StiG	s. StiftG
StL^6	Staatslexikon. Recht, Wirtschaft, Gesellschaft. Hrsg. von der Görres-Gesellschaft. 6. Aufl., 11 Bde., Freiburg i. Br. 1957-1970
StL^7	Staatslexikon. Recht, Wirtschaft, Gesellschaft. Hrsg. von der Görres-Gesellschaft. 7. Aufl., 7 Bde. Freiburg i. Br., Basel, Wien 1985-1993
StPO	Strafprozeßordnung
st. Rspr.	ständige Rechtsprechung
s. u.	siehe unten
T., Th.	Teil
Teilabdr.	Teilabdruck
Teilbd.	Teilband
Th.	s. T.
theol.	theologisch(e, er, es)
ThExh	Theologische Existenz heute
ThSt	Theologische Studien
Thür.	Thüringen, Thüringer, thüringisch(e, er, es)
ThürKV	Thüringischer Kirchenvertrag vom 15. März 1994
ThürVBl.	Thüringer Verwaltungsblätter
ThürVerf.	Verfassung des Freistaats Thüringen
TierSchG	Tierschutzgesetz
Tim	Timotheusbrief
tit.	titulus
Tit	Titusbrief
TM	Transzendentale Meditation
TRE	Theologische Realenzyklopädie. Hrsg. von G. Krause u. G. Müller. Berlin, New York 1977 ff.

TU	Technische Universität
Tz.	Textzahl
u.	und; unten
u. a.	und andere; unter anderem
u. ä.	und ähnliche(s)
u. a. m.	und andere(s) mehr
UdSSR	Union der Sozialistischen Sowjetrepubliken
UnionsV	Vertrag über die Europäische Union („Maastricht-Vertrag")
UnivG	Universitätsgesetz
unv.	unverändert(e, er, es)
unveröff.	unveröffentlicht(e, er, es)
u. ö.	und öfter
Urt.	Urteil
US	United States (of America)
USA	United States of America
UStÄR	Umsatzsteuer-Änderungsrichtlinie
UStDV	Umsatzsteuer-Durchführungsverordnung
UStG	Umsatzsteuergesetz
usw.	und so weiter
u. U.	unter Umständen
v.	vom, von
V	Vertrag
VDD	Verband der Diözesen Deutschlands
VDO	Verband deutscher Ordensobern
VELKD	Vereinigte Evangelisch-Lutherische Kirche Deutschlands
verb.	verbessert(e, er, es)
VereinsG	Gesetz zur Regelung des öffentlichen Vereinsrechts
Verf.	Verfasser; Verfassung
VerfGH	Verfassungsgerichtshof
VerfUrkunde	Verfassungsurkunde
VergnStG	Vergnügungssteuergesetz
Verh.	Verhandlung(en)
Veröff.	Veröffentlichung(en)
VersG	Versammlungsgesetz
vervielf.	vervielfältigt(e, er, es)
VerwArch.	Verwaltungsarchiv. Zeitschrift für Verwaltungslehre, Verwaltungsrecht und Verwaltungspolitik
VerwRspr.	Verwaltungsrechtsprechung
Vfg.	Verfügung
VG	Verwaltungsgericht
VGH	Verwaltungsgerichtshof
vgl.	vergleiche
v. H.	vom Hundert
VO	Verordnung
VOB	Vereinigung der Ordensobern der Brüderorden und -kongregationen Deutschlands
VOBl.	Verordnungsblatt
VOD	Vereinigung der Ordensoberinnen Deutschlands
VO DSG-EKD	Verordnung zum Kirchengesetz über den Datenschutz (ev.)
vollst.	vollständig(e, er, es)

vorl.	vorläufig(e, er, es)
VStG	Vermögensteuergesetz
VStR	Vermögensteuer-Richtlinien
v. T.	vom Tausend
VVDStRL	Veröffentlichungen der Vereinigung der Deutschen Staatsrechtslehrer
Vw	Verwaltung
VwGebO	Verwaltungsgebührenordnung
VwGO	Verwaltungsgerichtsordnung
VwKostG	Verwaltungskostengesetz
VwV	Verwaltungsvorschrift
VwVfG	Verwaltungsverfahrensgesetz
WA	Martin Luther, Werke. Kritische Gesamtausgabe (Weimarer Ausgabe)
WACC	World Association for Christian Communication
WDR	Westdeutscher Rundfunk
WeimRV	s. WRV
westf.	westfälisch(e, er, es)
Wiss.	Wissenschaft(en)
WPflG	Wehrpflichtgesetz
WRV, WeimRV	Verfassung des Deutschen Reichs vom 11. August 1919 (Weimarer Reichsverfassung)
Württ.	Württemberg, württembergisch(e, er, es)
YB	Yearbook of the European Convention on Human Rights
ZaöRV	Zeitschrift für ausländisches öffentliches Recht und Völkerrecht
z. B.	zum Beispiel
ZBR	Zeitschrift für Beamtenrecht
ZDG	Gesetz über den Zivildienst der Kriegsdienstverweigerer (Zivildienstgesetz)
ZdK	Zentralkomitee der deutschen Katholiken
ZevEthik	Zeitschrift für evangelische Ethik
ZevKR	Zeitschrift für evangelisches Kirchenrecht
ZfkTh	Zeitschrift für katholische Theologie
ZfP	Zeitschrift für Politik
ZGB	Zivilgesetzbuch
Ziff.	Ziffer(n)
zit.	zitiert(e, er, es)
ZPO	Zivilprozeßordnung
ZRG Germ. Abt.	Zeitschrift der Savigny-Stiftung für Rechtsgeschichte, Germanistische Abteilung
ZRG Kan. Abt.	Zeitschrift der Savigny-Stiftung für Rechtsgeschichte, Kanonistische Abteilung
ZRP	Zeitschrift für Rechtspolitik
Zschr.	Zeitschrift
Zschr.ThK	Zeitschrift für Theologie und Kirche
z. T.	zum Teil
zust.	zuständig(e, er, es); zustimmend(e, er, es)
z. Zt.	zur Zeit

I. Abschnitt

Grundlagen des Verhältnisses von Staat und Kirche

§ 1

Die geschichtlichen Wurzeln des deutschen Staatskirchenrechts

Von Dietrich Pirson

I. Entstehung und Weiterentwicklung des Staatskirchenrechts im Rahmen der Verfassungsgeschichte der Neuzeit

1. Staatskirchenrecht als Konsequenz aus dem neuzeitlichen Staatsverständnis

Die Rechts- und Verfassungsentwicklung im christlichen Europa war von ihren Anfängen an durch ein Nebeneinander zweier Ordnungskräfte geprägt. Geistliche und weltliche Gewalt, sacerdotium und imperium, waren die bestimmenden Elemente in der als Corpus christianum verstandenen Gemeinschaft der christlichen Welt. Die in vorrationalen Verfassungsordnungen zu beobachtende Koinzidenz von religiöser und rechtlicher Autorität weist im Abendland eine dualistische Erscheinungsform auf. Die geistliche und die weltliche Repräsentation der öffentlichen Ordnung werden unterschieden, sind aber gleichzeitig wesensmäßig aufeinander bezogen. Bekannte bildliche und literarische Darstellungen wie auch theoretische Konzeptionen thematisieren und variieren jenes Ordnungsmodell. Aus dem Gegenüber von geistlicher und weltlicher Sphäre ergaben sich vielfältige konkrete Rechtsbeziehungen, aber auch Konkurrenzen und Konflikte sowie Bemühungen zu deren Lösung. Insoweit haben Rechtsbeziehungen zwischen Staat und Kirche eine reiche bis in die spätrömische Zeit zurückzuverfolgende Vorgeschichte.

Das, was man heute unter Staatskirchenrecht versteht, ist demgegenüber eine relativ junge Erscheinung. Staatskirchenrecht als ein von den übrigen Teilen der Rechtsordnung abgegrenztes Gebiet ist nach einem weitgehend übereinstimmenden Sprachgebrauch eine Sammelbezeichnung für die Gesamtheit der vom Staat gesetzten oder verantworteten Rechtsnormen, deren Gegenstand die Rechtsstellung von Religionsgemeinschaften oder die Rechtsstellung der Einzelnen im Hinblick auf die

Religion ist[1]. Voraussetzung eines Staatskirchenrechts in diesem Sinne ist die Befähigung des Staates, durch sein Recht religionsbezogene Rechtsbeziehungen zu begründen oder auf diese einzuwirken. Staatskirchenrecht ist nicht einfach mit dem Bestehen eines geregelten Verhältnisses zwischen den Repräsentanten weltlicher und geistlicher Autorität zu identifizieren. Das Entstehen von Staatskirchenrecht ist symptomatisch für die Abkehr von der dualistischen Ordnungsvorstellung. Indem der Staat kirchliche Rechtsverhältnisse seiner Rechtshoheit unterstellt, leugnet er gerade, daß die Beziehungen von weltlicher und geistlicher Sphäre einer dem staatlichen Gesetzgeber vorgegebenen rechtlichen Ordnung angehören oder an einer solchen auszurichten sind. Mit der Inanspruchnahme einer staatskirchenrechtlichen Kompetenz erweist sich ein Staat als „moderner Staat" oder neuzeitlicher Staat, der seine Aufgaben und hoheitlichen Befugnisse umfassend versteht und nicht gegenständlich begrenzt sieht, auch nicht durch einen der kirchlichen Gesetzgebung vorbehaltenen Bereich.

Die Tendenz des weltlichen Gesetzgebers, Staatskirchenrecht im erwähnten Sinne hervorzubringen, ist freilich nicht in der Neuzeit erstmalig in Erscheinung getreten. Da, wo weltliche Herrscher die Rechtsverhältnisse in ihrem Machtbereich einer planmäßigen Gestaltung unterwarfen und ihnen eine von kirchlicher Seite beanspruchte oder praktizierte Rechtsetzungskompetenz nicht im Wege stand, ist es zu staatskirchenrechtlicher Gesetzgebung schon in früheren Epochen gekommen, so daß mit einem gewissen Recht von spätrömischem oder byzantinischem Staatskirchenrecht oder auch von karolingischem Staatskirchenrecht gesprochen werden kann.

Die Etablierung des von weltlicher Autorität unabhängigen kanonischen Rechts hat die Entstehung eines vom staatlichen Gesetzgeber einseitig erlassenen Staatskirchenrechts hintan gehalten. Die Bedingungen hierfür ergaben sich erst seit Beginn der neuzeitlichen Entwicklung, und zwar in dem Maße, als es die Gesetzgeber in den Einzelstaaten im Zuge der allseits akzeptierten Souveränitätslehre vermochten, ihre Hoheit auf alle Rechtsangelegenheiten zu erstrecken. Wird die Gesetzgebung des Souveräns als letztverbindliche Entscheidung in allen Angelegenheiten des Gemeinwohls anerkannt, muß ihr auch der Bereich der Religion, soweit diese überhaupt einer Rechtsgestaltung zugänglich ist, als Betätigungsfeld offenstehen. Ein Vorbehaltsbereich für die kirchliche Gesetzgebung erwies sich als mit dem Selbstverständnis des souve-

---

[1] Zum Begriff „Staatskirchenrecht" vgl. *Alexander Hollerbach*, Grundlagen des Staatskirchenrechts, in: HStR VI, 1989, § 138, Rdnrn. 1-5; *ders.*, Staatskirchenrecht, in: StL⁷ V, 1989, Sp. 180 f.; *Inge Gampl*, Österreichisches Staatskirchenrecht. Wien, New York 1971, S. 1 ff.

§ 1 Die geschichtlichen Wurzeln des deutschen Staatskirchenrechts   5

ränen Staates unvereinbar. Eine entsprechende Auffassung von der staatlichen Rechtsgestaltungskompetenz fand in der Phase des Absolutismus in Deutschland als Postulat allgemeine Verbreitung und bestimmte die staatliche Praxis, ungeachtet dessen, daß von kirchlicher Seite, namentlich von seiten der katholischen Kirche, die Berechtigung des Staates zur Gesetzgebung in kirchlichen Angelegenheiten nicht oder nur partiell oder unter Vorbehalt anerkannt werden konnte.

Jene in der Staatstheorie allseits akzeptierte These von der Einheit und Einzigkeit der gesetzgebenden Gewalt, die beim Inhaber der Souveränität liegt[2], hat nicht zwangsläufig zur Folge gehabt, daß sich der staatliche Gesetzgeber veranlaßt sah, die kirchlichen Rechtsverhältnisse einer Neugestaltung gemäß seinem Willen und gemäß seinen Bedürfnissen zu unterwerfen. Das Interesse des Staates an der Behauptung seiner Souveränität auch im Blick auf die kirchliche Rechtsetzung wird teilweise nur als Postulat bedeutungsvoll, nicht unbedingt als Rechtstitel, mit dessen Hilfe man daran ging, die kirchlichen Rechtsverhältnisse grundlegend zu verändern. Der in Anspruch genommene Vorrang der staatlichen Gesetzgebungshoheit konnte auch in der Weise praktiziert werden, daß die Fortgeltung herkömmlicher kirchlicher Rechtsgestaltung geduldet oder staatlich sanktioniert wurde. Staatskirchenrecht als eine vom staatlichen Gesetzgeber nach eigenen Intentionen vorgenommene Rechtsgestaltung hat sich nur allmählich und in einzelnen Territorien in recht unterschiedlicher Weise und in unterschiedlichem Umfang entfaltet, je nachdem, ob staatliche Interessen oder staatlicherseits empfundene Aufgaben eine staatliche Einflußnahme angebracht erscheinen ließen. Die staatskirchenrechtliche Gesetzgebung machte von jeher in größerem Umfang von der Methode der Rezeption oder der Verweisung Gebrauch. Rechtsverhältnisse, die auf kirchliche Normen zurückgehen, wurden vielfach in der vom Staat gewährleisteten Rechtsordnung vorausgesetzt oder ausdrücklich in diese übernommen[3]. Staatskirchenrecht ist deshalb trotz seiner Herkunft aus dem spezifisch neuzeitlichen Staatsverständnis ein stark traditionsbezogenes Rechtsgebiet. Auch das Staatskirchenrecht der Gegenwart knüpft teilweise an Rechtsverhältnisse an, deren Gehalt durch eine lange geschichtliche Entwicklung geprägt oder von geschichtlicher Erfahrung beeinflußt ist. Das bedeutet nicht unbedingt, daß dem Staatskirchenrecht ein konservierender Grundzug immanent ist. Es gibt zahlreiche gesetzgeberische

---

[2] Vgl. hierzu *Helmut Quaritsch*, Staat und Souveränität. Frankfurt/M. 1970, S. 266 ff.
[3] Bezugnahmen auf das kanonische Recht finden sich z. B. noch in der auf Vollständigkeit hin angelegten Kodifikation des Bayerischen Landrechts (Codex Maximilianeus) von 1756, vgl. 1. Teil, 4. Kap., §§ 5 f.; 2. Teil, 1. Kap., § 2.

Maßnahmen mit innovativer Tendenz oder mit bewußt derogatorischer Wirkung, die aber ihrerseits jeweils nur aus den vorausliegenden Umständen voll zu erklären sind. Entscheidungen, die den partiellen Bruch mit der Vergangenheit proklamieren, reichen von der Suspendierung der bischöflichen Gewalt in den Gebieten der protestantischen Reichsstände durch den Augsburger Religionsfrieden bis zu dem plakativen Satz der Weimarer Reichsverfassung (Art. 137 Abs. 1): „Es besteht keine Staatskirche". Aber weil Staatskirchenrecht, sei es positiv, sei es negativ, auf die überkommenen Rechtszustände bezogen ist, erschließt sich der Sinn der staatskirchenrechtlichen Ordnung und ihrer normativen und institutionellen Einzelbestandteile nur dann, wenn die Rechtsgeschichte in die Betrachtung mit einbezogen wird und bei der Deutung des gegenwärtigen Rechts vor Augen steht.

2. Periodisierung des neuzeitlichen Staatskirchenrechts

Das Staatskirchenrecht hat seit seiner Entstehung in der Phase des die Souveränität betonenden und ausbauenden absoluten Staates eine Weiterentwicklung durchgemacht, die Veränderungen hinsichtlich der grundsätzlichen Stellung der Kirchen im Staat wie auch hinsichtlich zahlreicher Einzelheiten mit sich gebracht hat[4]. Jener Entwicklungspro-

---

[4] Die Entwicklung des deutschen Staatskirchenrechts und ganz allgemein der Beziehungen zwischen Staat und Kirche hat zahlreiche Darstellungen erfahren, teilweise nach Territorien und Perioden gegliedert, teilweise auch im Rahmen von thematisch weiter ausgreifenden Werken. Oft überwiegt dabei der ideengeschichtliche den institutionengeschichtlichen Aspekt. Hingewiesen sei auf *Emil Friedberg,* Die Gränzen zwischen Staat und Kirche und die Garantieen gegen deren Verletzung, Tübingen 1872; *Paul Hinschius,* Allgemeine Darstellung der Verhältnisse von Staat und Kirche, in: Heinrich Marquardsen (Hrsg.), Handbuch des Oeffentlichen Rechts der Gegenwart. Bd. 1, Freiburg i. B. 1887, S. 188 ff., bes. 190-220; *Godehard Josef Ebers,* Staat und Kirche in dem neuen Deutschland. München 1930, S. 2-107; *Martin Heckel,* Zur Entwicklung des deutschen Staatskirchenrechts von der Reformation bis zur Schwelle der Weimarer Verfassung, in: ZevKR 12 (1966/67), S. 1-39 (auch abgedr. in: ders., Gesammelte Schriften [= Jus ecclesiasticum, Bd. 38]. Bd. 1, Tübingen 1989, S. 366-401); *Ulrich Scheuner,* Kirche und Staat in der neueren deutschen Entwicklung, in: ZevKR 7 (1959/60), S. 225-273 (auch abgedr. in: ders., Schriften zum Staatskirchenrecht. Berlin 1973, S. 121-168); *Ernst Rudolf Huber,* Deutsche Verfassungsgeschichte seit 1789. Stuttgart, Berlin, Köln, Mainz 1957 ff. (Bd. 1, 2. Aufl. 1967, S. 42 ff., 387 ff.; Bd. 2, 3. Aufl. 1988, S. 185 ff.; Bd. 4, 2. Aufl. 1982, S. 645 ff.; Bd. 5, 1978, S. 871 ff.; Bd. 6, 1981, S. 864 ff.); *Wolfgang Reinhard,* Die Verwaltung der Kirche, in: Kurt G. A. Jeserich/Hans Paul/Georg Christoph von Unruh (Hrsg.), Deutsche Verwaltungsgeschichte. Bd. 1, Stuttgart 1983, S. 143-176; *Christoph Link,* Die Entwicklung des Verhältnisses von Staat und Kirche, ebd., Bd. 3, 1984, S. 527-559; ders., Kirchenrecht (= Staatskirchenrecht), in: HRG II, 1978, Sp. 783-824; *Peter Landau,* Die Entstehung des neueren Staatskirchenrechts in der deutschen Rechtswissenschaft der zweiten Hälfte des 19. Jahrhunderts, in: Religion und

zeß des Staatskirchenrechts ist nicht in esoterischer Abgeschiedenheit verlaufen, sondern stand in enger Wechselbeziehung zur Ideengeschichte und den damit zusammenhängenden Fragestellungen. Um die aus geschichtlichen Umständen herrührenden Motive und in geschichtlichen Umständen wurzelnden Elemente des Staatskirchenrechts vor Augen zu führen, läge es vielleicht nahe, die zeitliche Abfolge einzelner Entwicklungsphasen nachzuzeichnen. Denn es lassen sich bei genauerer Analyse der geschichtlichen Entwicklung durchaus unterschiedliche Perioden gemäß der unterschiedlichen Einschätzung der Kirche in der staatlichen Rechtsordnung und gemäß der unterschiedlichen Ausgestaltung ihrer Rechtsstellung ausfindig machen[5]. Nach einer Epoche, in der die reichsrechtliche Bewältigung der Religionsfrage noch im Vordergrund stand, war eine gewisse Zeitspanne durch die Idee der territorialen Kirchenhoheit bestimmt, eine andere durch die staatliche Kirchenaufsicht im Sinne der Korporationslehre der Aufklärung. Auch innerhalb der Epoche des Konstitutionalismus ließe sich eine Phase der Verselbständigung der Kirchen gegenüber dem Staatsorganismus und eine Phase der beginnenden verfassungsrechtlichen Sicherung der kirchlichen Selbstbestimmung auseinanderhalten, und es wäre schließlich darauf zu verweisen, daß durch die Anerkennung individueller Grundrechte wiederum eine neue Entwicklungsphase eingetreten ist. Doch gibt es keine eindeutigen Zäsuren, die solche Epochen klar voneinander abgrenzen, so daß man es vermeiden sollte, durch eine an Epochen orientierte Darstellung den Eindruck eines stufenförmig verlaufenden Prozesses in der Geschichte des Staatskirchenrechts zu vermitteln. Auch sind die jeweils charakteristischen Merkmale und Tendenzen in den einzelnen Territorien nicht gleichmäßig und oft zu recht unterschiedlichen Zeiten in Erscheinung getreten und haben gegenüber den einzelnen Konfessionen teilweise eine ganz unterschiedliche Auswirkung gehabt.

Gesellschaft im 19. Jahrhundert. Hrsg. von Wolfgang Schieder. Stuttgart 1993, S. 29-61. — Vorwiegend der Ideen- und Theoriengeschichte gewidmet sind folgende Untersuchungen: *Martin Heckel,* Staat und Kirche nach den Lehren der evangelischen Juristen Deutschlands in der ersten Hälfte des 17. Jahrhunderts, in: ZRG Kan.Abt. 42 (1956), S. 117-247, und 43 (1957), S. 202-308; *Joseph Listl,* Kirche und Staat in der neueren katholischen Kirchenrechtswissenschaft, Berlin 1978. — Zu nennen ist auch folgende umfassende Quellenpublikation: *Ernst Rudolf Huber/Wolfgang Huber* (Hrsg.), Staat und Kirche im 19. und 20. Jahrhundert, Berlin 1973-1988.

[5] Zu den Kriterien, die eine gewisse Periodisierung der Geschichte des Staatskirchenrechts erlauben, vgl. *Rudolf Smend,* Staat und Kirche nach dem Bonner Grundgesetz, in: ZevKR 1 (1951), S. 4-14; *Ulrich Scheuner,* Das System der Beziehungen von Staat und Kirchen im Grundgesetz, in: HdbStKirchR[1] I, 1974, S. 18-38.

Nun sind in der Geschichte des neuzeitlichen Staatskirchenrechts einzelne, die tatsächliche Entwicklung bestimmende und das öffentliche Bewußtsein prägende Ereignisse zu verzeichnen. Solch ereignishafte Bedeutung haben selbstverständlich die reichsrechtlichen Entscheidungen, die einen modus vivendi unter den Konfessionen herstellen sollten. Folgenreich war auch das Edikt von Nantes und seine Aufhebung. Viel beachtete, sogar regelrecht spektakuläre Geschehnisse aus der späteren Zeit sind die religionspolitischen Maßnahmen im Rahmen der Französischen Revolution, die Josephinische Religionspolitik und die Säkularisationen mit ihrem Höhepunkt im Gefolge des Reichsdeputationshauptschlusses und schließlich der Kulturkampf des 19. Jahrhunderts.

Diese Vorgänge haben aber nicht so sehr die Bedeutung, daß sie neue Themen für die Beziehungen zwischen Staat und Kirche geliefert oder neue Problemlagen hervorgebracht hätten. Es geht eher darum, Postulaten, die im Selbstverständnis des souveränen Staates angelegt sind und schon in die öffentliche Diskussion Eingang gefunden hatten, Geltung als politischen Realitäten zu verschaffen. Die nachfolgende Darlegung (s. unten II) zielt darauf ab, die historischen Komponenten der charakteristischen staatskirchenrechtlichen Institutionen und Regelungsmaterien hervortreten zu lassen. Deshalb wird bewußt davon abgesehen, den tatsächlichen Geschehensablauf ins Blickfeld zu rücken. Vielmehr wird eine thematische Gliederung zugrunde gelegt, die auf die die Geschichte des Staatskirchenrechts beherrschenden Sachfragen gerichtet ist.

3. Nationales und territoriales Staatskirchenrecht

Die Entwicklung der Beziehungen zwischen Staat und Kirche in Deutschland war, wie die Verfassungsgeschichte im übrigen, in besonderer Weise dadurch kompliziert, daß die charakteristischen Veränderungen der Verfassungsverhältnisse, die der Verwirklichung der Souveränitätsidee dienten, sowohl auf Reichsebene als auch auf der Ebene des Territorialstaats in Gang gesetzt wurden[6]. Erst nach dem Westfälischen Frieden war im wesentlichen Klarheit darüber hergestellt, daß die staatsrechtlichen Kompetenzen für den Aufbau der Staatskirchenhoheit bei den Territorialstaaten liegen werde[7]. Das Nebeneinander von reichsrechtlichen Vorgaben und landesrechtlichen Einzelentscheidungen war für das deutsche Staatskirchenrecht von Anfang an kennzeichnend. Die

---

[6] Vgl. *Michael Stolleis*, Geschichte des Öffentlichen Rechts. Bd. 1, München 1988, S. 170 ff.; *Christoph Link*, Herrschaftsordnung und bürgerliche Freiheit. Wien, Köln, Graz 1979, S. 67 ff.

[7] *Link*, Herrschaftsordnung (Anm. 6), S. 71, 87.

§ 1 Die geschichtlichen Wurzeln des deutschen Staatskirchenrechts   9

Verfassungsrechtslage im 19. Jahrhundert hat die Weiterentwicklung eines Staatskirchenrechts mit nationalem Geltungsanspruch nicht begünstigt. Der Deutsche Bund überließ die staatsrechtliche Kompetenz — abgesehen von der Paritätsforderung der Deutschen Bundes-Akte[8] — den Gliedstaaten. Die Reichsverfassung von 1871 hatte — anders als die Paulskirchenverfassung von 1848 — das Staatskirchenrecht als Regelungsgegenstand beiseite gelassen. Doch hat die nach 1871 in Gang gekommene Reichsgesetzgebung in mancher Hinsicht eine Annexwirkung für religiöse Belange und Handlungsmöglichkeiten der Kirchen und ihrer Amtsträger gehabt. So waren Religion und religiöse Vorstellungen durch strafrechtliche Vorschriften geschützt[9], ebenso die Amtstätigkeit der Geistlichen durch die gesetzliche Zuerkennung eines Zeugnisverweigerungsrechts[10]. Die im Jahre 1891 zustande gekommene Arbeitsschutzgesetzgebung war eine wichtige Voraussetzung für die bleibende Aufrechterhaltung der Sonntagsruhe[11]. Auch einzelne Vorschriften des Bürgerlichen Gesetzbuches hatten Auswirkung auf religiöse Belange und auf kirchliche Rechtsverhältnisse[12]. Vor allem die Übernahme der anläßlich der Personenstandsgesetzgebung im Jahr 1875 getroffenen Entscheidung, daß ausschließlich durch Erklärung vor dem Standesamt eine bürgerliche Ehe zustande komme, berührte die überkommene Stellung der Kirchen im sozialen Leben in erheblichem Maße. Die Unabhängigkeit der staatsbürgerlichen Rechte vom religiösen Bekenntnis war reichsrechtlich gesichert[13]. Das Recht zur religiösen Betätigung hat die Reichsgesetzgebung auch unmittelbar beschäftigt. Das in der Kulturkampfzeit für erforderlich gehaltene Verbot der Jesuiten und anderer Orden erging durch ein Reichsgesetz und wurde später durch Entscheidung des Bundesrats in seiner Wirkung abgeschwächt[14]. Im Zusammenhang mit einer Vorlage des Zentrums, dem sogenannten Toleranzantrag, hatte sich der Reichstag längere Zeit mit der Frage, ob durch Reichsgesetzgebung die Religionsfreiheit besser zu sichern sei, zu befassen[15]. Insoweit sind bei der Realisierung des Wunsches nach nationaler Rechtseinheit die kirchlichen Rechtsverhältnisse nicht völlig außer Betracht geblieben. Es bedeutete darum keinen ausgesprochenen Bruch

---

[8] Deutsche Bundes-Akte vom 8. Juni 1815, Art. 16.
[9] §§ 166, 167, 196, 243, 304, 306, 361, 366 RStGB.
[10] § 383 Abs. 1 Nr. 4 ZPO, § 53 Abs. 1 Nr. 1 StPO.
[11] § 105 a GewO.
[12] § 1588 BGB.
[13] Siehe unten II 7.
[14] Vgl. Reichsgesetz betreffend den Orden der Gesellschaft Jesu vom 4. Juli 1872, abgedr. bei *Huber/Huber,* Staat und Kirche (Anm. 4), Bd. 2, 1976, S. 545, 916.
[15] Vgl. *Huber/Huber,* Staat und Kirche (Anm. 4), Bd. 3, 1983, S. 6 ff.

mit der bisherigen Kompetenzordnung, als man sich 1919 bei der Verfassunggebung für die Weimarer Republik entschloß, in den Grundfragen des Staatskirchenrechts einheitliche Festlegungen für das gesamte Reich zu treffen.

4. Kodifikationen

Der sich über Jahrhunderte hinziehende Prozeß der Entstehung von Staatskirchenrecht, der in einzelnen Teilen Deutschlands unterschiedlich verlaufen ist, hat nicht zu einer systematisch angelegten, vollständigen Kodifikation des gesamten Staatskirchenrechts geführt, die als Richtpunkt für die Weiterentwicklung geeignet gewesen wäre. Ansätze für eine Systematisierung der für das Verhältnis zwischen Staat und Kirche maßgeblichen Regelungen und einer Zuordnung dieses Regelungsbereiches zum staatlichen Recht finden sich in landesrechtlichen Kodifikationen, vor allem im Preußischen Allgemeinen Landrecht von 1794[16] und im Bayerischen Religionsedikt aus dem Jahr 1818[17]. Diese Regelungen haben in Einzelbereichen bis in die Gegenwart andauernde Nachwirkungen hervorgerufen. Sie haben aber schon wegen ihrer Qualität als Landesrecht keine bleibende Bedeutung für die Systembildung gewonnen. Eine solche Wirkung haben auch nicht die Verfassungsartikel der Weimarer Reichsverfassung entfaltet, die gar nicht in deutlich kodifikatorischer Absicht erlassen worden sind. Der übergeordnete Gesichtspunkt, der hinter ihnen steht, muß eher darin gesehen werden, die Ausgliederung der Kirche aus dem Staatsorganismus und den Rückzug des Staates auf einen konfessionsneutralen Ausgangspunkt zu perfektionieren bei gleichzeitiger Gewährleistung und Sicherung der überkommenen öffentlichen Wirkungsmöglichkeiten, über die die Religionsgemeinschaften aufgrund der geschichtlichen Entwicklung verfügten.

5. Begriffliche Kennzeichnung

In der Epoche, in der Staatskirchenrecht in jenem Sinne zu einem bestimmbaren Element der staatlichen Rechtsordnung wurde, ist nicht gleichzeitig der Begriff „Staatskirchenrecht" geboren worden. Diese Begriffsbildung ist jüngeren Datums. Die Besonderheit des Staatskir-

---

[16] Moderne Ausgabe: Allg. Landrecht für die Preußischen Staaten von 1794. Einführung von Hans Hattenhauer. Bibliographie von Günter Bernert. 2 Bde., Frankfurt am Main/Berlin 1970.

[17] Edikt über die äußeren Rechtsverhältnisse der Einwohner des Königreichs Bayern in Beziehung auf Religion und kirchliche Gesellschaften vom 26. Mai 1818, abgedr. bei *Huber/Huber,* Staat und Kirche (Anm. 4), Bd. 1, 1973, S. 128.

chenrechts als Rechtsgebiet mit eigener Gesetzmäßigkeit trat verständlicherweise nicht hervor, solange die staatliche Gesetzgebung die kirchlichen Rechtsverhältnisse mit anderen Materien der öffentlichen Ordnung auf die gleiche Ebene stellte. Eine begriffliche Hervorhebung gegenüber dem sonstigen Staatsrecht lag nahe, als man damit begann, der Kirche eine rechtliche Qualifizierung im Sinne des Vernunftsrechts der Aufklärung zukommen zu lassen. Sobald die Kirche als besondere Korporation innerhalb des staatlichen Herrschaftsverbands gesehen wurde, mußte das staatliche Recht ihrer eigenartigen Zwecksetzung Rechnung tragen, aber gleichzeitig auch dafür sorgen, daß sie sich in die staatliche Rechtsordnung einfügte. Das für die Kirche bestimmte staatliche Recht stellte sich folglich als ein Rechtsgebiet mit Eigengesetzlichkeiten dar. Anfänglich fand der Begriff „Kirchenstaatsrecht" Verwendung. Die Bezeichnung „Staatskirchenrecht" hat sich dann erst im Verlaufe des 19. Jahrhunderts durchgesetzt[18]. Ihre Notwendigkeit und Unentbehrlichkeit wird deutlicher gesehen, seitdem die Unterschiedenheit der Kirche gegenüber anderen öffentlichen Verbänden zur Selbstverständlichkeit geworden ist.

---

[18] Zur Begriffsgeschichte vgl. *Klaus Schlaich*, Kollegialtheorie. Kirche, Recht und Staat in der Aufklärung. München 1969, S. 108, 252; *ders.*, Staatskirchenrecht, in: EvStL³ II, Sp. 3426 ff.; *Scheuner*, Kirche und Staat (Anm. 4), S. 235 = ders., Schriften (Anm. 4), S. 130 f. — In der wissenschaftlichen Literatur verwendet — soweit ersichtlich — das erste Mal *Robert von Mohl* den Begriff „Staatskirchenrecht" (Die Geschichte und Literatur der Staatswissenschaften. Bd. 1, Erlangen 1855, S. 489). Gleichzeitig spricht aber *von Mohl* gelegentlich noch von Kirchenstaatsrecht wie auch andere Autoren nach ihm. — Teilweise wird vorgeschlagen, wegen der dem Staat obliegenden Verpflichtung zur Gleichbehandlung aller Religionsgemeinschaften den Begriff „Staatskirchenrecht" durch „Religionsrecht" zu ersetzen (vgl. *Paul Mikat*, Zur rechtlichen Bedeutung religiöser Interessen, Düsseldorf 1973, S. 65, Fn. 9 = ders., Religionsrechtliche Schriften. Bd. 1, Berlin 1974, S. 306). Die Begriffsbildung braucht sich aber nicht an verfassungsrechtlichen Postulaten zu orientieren. Der Umstand, daß die historische Erfahrung der Beziehungen zwischen Staat und Religion in Europa durch die Berührung des Staates mit den Kirchen geprägt ist, stellt einen durchaus sinnvollen Anknüpfungspunkt für die Begriffsbildung dar. Über den Begriffsrealismus ist man im juristischen Denken ohnehin hinaus gekommen. Deshalb erscheint es auch wenig glücklich, wenn durch die Bezeichnung „sogenanntes Staatskirchenrecht" von vornherein ein polemisches Element in die Diskussion gebracht wird. So aber *Gerhard Czermak*, Staat und Weltanschauung. Eine Auswahlbibliographie juristischer sowie historischer und gesellschaftswissenschaftlicher Literatur mit kritischen Hinweisen und einer Abhandlung zu Entwicklung und Gegenwartslage des sogenannten Staatskirchenrechts. Berlin, Aschaffenburg 1993.

6. Ertrag der geschichtlichen Entwicklung

Die Erkenntnisse, die aus dem Entwicklungsprozeß, den das Staatskirchenrecht durchgemacht hat, gezogen werden können, lassen sich nicht in einer griffigen Formel wiedergeben. Von wesentlicher Bedeutung ist die Beobachtung, daß sich das Staatskirchenrecht an die Weiterentwicklung des Staatsverständnisses und des Verfassungsrechts anzupassen vermocht hat und daher im Verfassungsstaat der Gegenwart nicht als ein Fremdkörper wirken muß, der gleichsam als ein aus einer vergangenen Epoche mit anderen staatstheoretischen Voraussetzungen stammender erratischer Block übernommen worden ist.

Man kann die allgemeine Verfassungsgeschichte der Neuzeit als einen im wesentlichen zweistufigen Prozeß darstellen, in welchem in der ersten Phase die konstitutiven Merkmale der Staatsgewalt nach modernem Verständnis ausgebildet worden sind, während in einer zweiten Phase die Staatsgewalt auf die Gesamtheit der Bürger selbst als Träger übergegangen und ihre Ausübung im Interesse der Bürger an rechtsstaatliche Bedingungen und Grenzen gebunden worden ist. Dieser Prozeß hat verständlicherweise auch auf beiden Stufen entsprechende Rückwirkungen in dem Bereich des Staatskirchenrechts erzeugt, aber nicht in der Weise, daß eine regelrechte Parallelentwicklung in den innerkirchlichen Verfassungsverhältnissen in Gang gesetzt oder postuliert worden wäre. Ist jene Frühphase ersichtlich geprägt durch das Bestreben des Staates, die Einheit der Staatsgewalt auch im Hinblick auf die Religion zur Geltung zu bringen und diese an die Staatsräson anzupassen, so bedeutet das nicht, daß in der zweiten Phase die Kirchen wegen ihrer vorherigen Indienstnahme für staatliche Ordnungsaufgaben und wegen ihrer Zuordnung zu dem vom Staat beherrschten hoheitlichen Bereich nunmehr in den Prozeß der Umwandlung der Hoheitsgewalt einbezogen werden müßten. Hierin liegt ein weit verbreitetes, insbesondere durch den Liberalismus gefördertes Mißverständnis. Demokratische Legitimierung der Staatsgewalt und die rechtsstaatliche Determination ihrer Ausübung setzen gerade wegen des säkularen Charakters der Legitimierung und Aufgabenbestimmung voraus, daß das religiöse Element nicht im hoheitlichen Bereich, sondern im gesellschaftlichen Bereich seinen Platz hat.

Die Geschichte des Staatskirchenrechts ist darum nicht widersprüchlich verlaufen, weil sie zunächst bestimmt war von der Notwendigkeit, die religiösen Angelegenheiten in den Herrschaftsbereich des Souveräns einzubeziehen, später aber von der Notwendigkeit, die Religion aus dem Bereich hoheitlicher Gestaltung und Beurteilung auszugliedern. Es muß keine Korrektur der Geschichte vorgenommen werden. Denn jene Ausgliederung zwingt nicht zum Ignorieren der Religion. Die für den Staat nicht verfügbare soziale Relevanz der Religion erfordert nach wie vor ihre Berücksichtigung durch den für den sozialen Bereich umfassend verantwortlichen Staat — aber nicht durch lenkende und zweckbezogene Einwirkung, sondern eine Berücksichtigung im Rahmen der allgemeinen staatlichen Aufgabe, die Handlungsfreiheit der Gesellschaft zu gewährleisten und altruistische Impulse aus dem gesellschaftlichen Bereich zu schützen und zu fördern.

II. Die Themen des Staatskirchenrechts nach ihren historischen Bedingungen

1. Die Kompetenz des staatlichen Gesetzgebers in religiösen Angelegenheiten

Integrierender Bestandteil des staatlichen Selbstverständnisses, das sich in der Neuzeit durchsetzt, ist die Befähigung und die ausschließliche Berechtigung des Trägers der Souveränität, im Staatsgebiet über das geltende Recht zu verfügen. Wo die Souveränitätslehre Anerkennung findet — das geschieht in Deutschland seit dem 17. Jahrhundert[19] —, wird das staatliche Rechtsetzungsmonopol auch im Hinblick auf das Recht, das in der Kirche und für die Kirche gilt, zur Geltung gebracht.

Die Tendenz der Staaten, den Souveränitätsanspruch auch auf das Verhältnis von Staat und Kirche zu erstrecken, wird vielfach anhand der Verfassungsentwicklung in den evangelischen Territorien veranschaulicht. Dabei wird auf den Wandel in der theoretischen Erklärung der bischöflichen Stellung des Landesherrn verwiesen, der im Zusammenhang mit der allmählichen Ablösung der episkopalistischen Theorie durch die territorialistische Theorie sichtbar wurde. Die episkopalistische Lehre hatte die Stellung des Landesherrn als Bischof auf einen Rechtsvorgang außerhalb des einzelnen Territoriums zurückgeführt, nämlich auf eine reichsrechtliche Entscheidung. Demgegenüber erklärt die territorialistische Theorie jene Position des Landesherrn als Bischof der evangelischen Kirche aus dem Wesen der Territorialhoheit[20]. Sie hat also zur Voraussetzung, daß zur Herrschaft des Souveräns über das Staatsgebiet auch die Hoheit über die kirchlichen Angelegenheiten gehört[21]. Das dualistische Konzept der zwei nebeneinander stehenden

---
[19] Vgl. *Stolleis*, Geschichte, Bd. 1 (Anm. 6), S. 174 ff.
[20] Vgl. *M. Heckel*, Staat und Kirche (Anm. 4), Bd. 43, S. 202 ff.; *Klaus Schlaich*, Der rationale Territorialismus, in: ZRG Kan.Abt. 54 (1968), S. 269-340.
[21] Vgl. *Stolleis*, Geschichte, Bd. 1 (Anm. 6), S. 178, 183.

Rechtsquellen, die innerhalb des christlichen Gemeinwesens normative Wirkungen erzeugen, wird als antiquiert empfunden.

In den katholischen Territorien, in denen der Herrscher keine vergleichbare Position in der Kirchenverfassung erhalten hatte, setzte sich das typisch territorialistische Postulat, daß die allumfassende Kompetenz des Herrschers diesen auch zur Ordnung der kirchlichen Angelegenheiten befähige, gleichwohl durch. Für eine neuartige Konstruktion auf der Ebene des Kirchenverfassungsrechts, wie sie in der Stellung des protestantischen Herrschers als summus episcopus in Erscheinung trat, fehlten hier die Voraussetzungen. Ein Ausbau der Staatskirchenhoheit war nur durch Aktivierung überkommener landesherrlicher Befugnisse zu bewerkstelligen[22], die teilweise im kanonischen Recht ihren Ursprung hatten, wie das Patronatsrecht und das Vogteirecht[23]. Vor allem das „Placetum regium" wurde als Medium staatlicher Einflußnahme bedeutungsvoll. Die überkommene Praxis, daß bestimmte Angelegenheiten, namentlich solche, deren Qualität als „spiritualia" eindeutig war, von kirchlichen Gesetzgebungsorganen normativ zu ordnen seien, wurde nicht in Frage gestellt. Aber es wurde postuliert, daß ein Akt des kirchlichen Gesetzgebers nur aufgrund ausdrücklicher staatlicher Anerkennung, die vielfach in Form einer Publikationsbefugnis erteilt wurde, im Territorium rechtliche Verbindlichkeit erlangen könne.

Trotzdem konnte in jener Epoche, in der die Idee der staatlichen Allzuständigkeit in den öffentlichen Angelegenheiten das große Thema war, die in der abendländischen Tradition gewachsene Unterscheidung einer weltlichen und geistlichen Gewalt nicht gänzlich aus dem Bewußtsein verdrängt werden. Die bleibende Erkenntnis, daß das, was im Hinblick auf Religionsausübung vom staatlichen Gesetzgeber zu ordnen ist, sich von dessen sonstigen Aufgaben abhebe, klingt schon in der Kennzeichnung der staatlichen Kompetenz in religiösen Angelegenheiten als ius circa sacra an, ein Begriff, dem schließlich repräsentative Bedeutung für das Verständnis von Staatskirchenhoheit in der vorkonstitutionellen Entwicklungsphase zugekommen ist[24]. Freilich gab dieser Begriff unterschiedlichen Assoziationen Raum. Mit der Verwendung der

---

[22] Ein anschauliches Bild von der kirchenhoheitlichen Praxis katholischer Herrscher vermittelt die Darstellung von *Friedberg*, Gränzen (Anm. 4), S. 110 ff., 185 ff.

[23] Zur Umdeutung der Kirchenvogtei im Sinne einer zur Territorialhoheit gehörenden Befugnis vgl. *Dietmar Willoweit*, Rechtsgrundlagen der Territorialgewalt. Köln, Wien 1975, S. 223-248.

[24] Zur Frühgeschichte von Gedanke und Begriff des ius circa sacra vgl. *Johannes Heckel*, Cura religionis — Ius in sacra — Ius circa sacra, in: FS Ulrich Stutz zum siebzigsten Geburtstag (= Kirchenrechtliche Abhandlungen, H. 117/118), Stuttgart 1938, S. 224-297, bes. 291 f.

§ 1 Die geschichtlichen Wurzeln des deutschen Staatskirchenrechts 15

Formulierung ius circa sacra hat man nicht unbedingt und nicht von vornherein eine gegenständliche Beschränkung jener staatlichen Kompetenz zum Ausdruck gebracht. *Hugo Grotius,* der durch sein Werk „De imperio summarum potestatum circa sacra" (1648) ganz wesentlich zur allgemeinen Verbreitung jenes Begriffs beigetragen hat, betont, daß dem Herrscher das ius circa sacra zukommen müsse, weil die maiestas ihrem Wesen nach ungeteilt sei, weshalb dem Herrscher die sacra nicht vorenthalten bleiben könnten[25]. Der Zugriff des Staates auf die religionsrechtliche Ordnung im Sinne der territorialistisch verstandenen Kirchenhoheit stand mit der Umschreibung der entsprechenden herrscherlichen Rechte als iura circa sacra durchaus in Einklang. Andererseits hatte man im Begriff ius circa sacra eine Formel zur Verfügung, die es dem Staat später erlaubte, Konzessionen an die kirchliche Selbständigkeit ohne Preisgabe des Souveränitätsanspruchs zu machen. Die Einsicht, daß trotz der Ausdehnung der staatlichen Zuständigkeit auf den Bereich der Religion ein Bereich originärer kirchlicher Ordnungsgewalt bestehen bleibe, hat zu der bekannten und im 19. Jahrhundert allgemein gebräuchlichen Unterscheidung von ius circa sacra und ius in sacra Anlaß gegeben[26]. Für das Verlangen nach einem staatlichen Placet als Bedingung der Rechtsgeltung war freilich die Qualität eines Rechtssatzes als ius in sacra keine Schranke. Denn solange es eine selbstverständliche Prämisse der öffentlichen Ordnung war, daß das kirchliche Recht die allgemeine Rechtsordnung mitgestaltet, wäre es inkonsequent gewesen, die geistlich motivierten Ordnungselemente vom staatlichen Souveränitätsanspruch auszunehmen. In protestantischen Territorien oblag dem Landesherrn in seiner Eigenschaft als summus episcopus ohnehin auch die Ausübung des ius in sacra.

Die Erkenntnis, daß das kirchliche Handeln nicht unterschiedslos und nicht in allen Bereichen in gleicher Weise in das System staatlicher Herrschaftsausübung eingegliedert ist, wurde zum Ausgangspunkt zahlreicher theoretischer und praktischer Bemühungen, das Staatskirchen-

---

[25] Vgl. Cap. I 2 und 3 des im Text genannten Werkes von *Grotius* (hier zitiert nach der Ausgabe Frankfurt 1690). Nach Grotius ist das imperium im Bereich der sacra und im Bereich der profana in gleicher Weise durch die Bindung an göttliches Recht begrenzt. Eine Unterscheidung zwischen jenen Bereichen ergibt sich aber aus der Einsicht, daß dem imperium nur die actiones externae unterliegen. Zwar können Glaubensangelegenheiten, wie Verbot der Häresie, Gegenstand staatlicher Gesetzgebung sein; doch bleibt deren Wirkung auf das äußere Verhalten beschränkt. Das imperium circa sacra hat eine besondere Qualität nur im Hinblick auf den Modus der Ausübung, vgl. *Grotius,* ebd., bes. Cap. III 9; Cap. VI.

[26] Der kontrastierende Gebrauch von ius circa sacra und ius in sacra ist nicht von vornherein mit der Verwendung des Begriffes ius circa sacra verbunden gewesen, sondern erst allmählich aufgrund des Konzepts der Kollegialtheorie vermittelt worden, vgl. *Schlaich,* Kollegialtheorie (Anm. 18), S. 255 ff.

recht in einzelne regelungsbedürftige Punkte aufzugliedern und diese auf das ius circa sacra und auf das ius in sacra zu verteilen[27]. Dabei stand zu Beginn der neuzeitlichen Entwicklung das Bestreben im Vordergrund, die staatlichen Handlungsmöglichkeiten im Sinne der umfassenden staatlichen Kompetenzen auszudehnen. Im Verlauf der weiteren Entwicklung wurde jedoch die Tendenz erkennbar, die Fixierung der staatlichen Kompetenz auf den Bereich „circa sacra" als Beschränkung zu verstehen. Die Motive für ein limitierendes Verständnis des ius circa sacra sind vielschichtig. Die Korporationslehre der Aufklärung, die die Kirche als einen nach Zweck und Zustandekommen gegenüber dem Staat gesonderten Verband versteht, hat auch den Blick für die unterschiedliche Qualität des auf die Religion bezogenen Rechts geschärft, nämlich für den Unterschied zwischen Regelungen, die ausschließlich dem kirchlichen Zweck dienen und denen, mit denen ein letztlich staatlicher Zweck verfolgt wird. Eine Zurückhaltung in der Wahrnehmung der iura circa sacra steht selbstverständlich im Zusammenhang mit einem säkularisierten Verständnis des Staatszweckes, das aus dem aufkommenden Naturrechtsdenken der Aufklärung folgt und das die Sorge für das Seelenheil der Einwohner aus dem Aufgabenbereich des Staates ausklammert[28]. Jene Zäsur wurde freilich abgeschwächt und nicht gleich mit ihrer vollen Konsequenz bewußt, weil sich das aufklärerische Staatsdenken vielfach in Gestalt einer natürlichen Religion darbot[29], deren Förderung durchaus den neuen Vorstellungen vom Staatszweck entsprach. Als in der Staatslehre des späteren 18. Jahrhunderts die Begriffe Sicherheit und Wohlfahrt zur Kennzeichnung der typischen und berechtigten Staatszwecke üblich wurden, machte die Zuordnung der iura circa sacra zu einem jener beiden staatlichen Tätigkeitsfelder Schwierigkeiten[30], so daß sich auch von daher eine zurückhaltende und betont säkulare Interpretation der staatlichen Kompetenz in Religionsangelegenheiten nahelegte[31]. Zudem wird seit dem Ende des 18. Jahrhunderts erkennbar, daß die Rücksichtnahme auf eine schützenswerte Individualsphäre zur Vorsicht beim gesetzgeberischen Zugriff auf die Religion Anlaß gibt. Fast klassische Bedeutung hat die Formulierung des Preußischen Allgemeinen Landrechts gewonnen: „Die Begriffe der Einwohner des Staats von Gott und göttlichen

---

[27] Zur Praxis, Kataloge der Materien des ius circa sacra aufzustellen, vgl. *Schlaich*, ebd., S. 226 ff.

[28] Dies mit Deutlichkeit seit Pufendorf, vgl. *Link*, Herrschaftsordnung (Anm. 6), S. 294.

[29] Vgl. *Schlaich*, Kollegialtheorie (Anm. 18), S. 78 ff.

[30] Vgl. *Peter Breu*, Polizeibegriff und Staatszwecklehre. Göttingen 1983, S. 43, 143 ff., 178.

[31] Vgl. *Link*, Herrschaftsordnung (Anm. 6), S. 298 ff.

§ 1 Die geschichtlichen Wurzeln des deutschen Staatskirchenrechts 17

Dingen, der Glaube und der innere Gottesdienst können kein Gegenstand von Zwangsgesetzen seyn"[32]. Das Gewissen des Einzelnen wird als Grenze des staatlichen Handlungsbereiches erkannt. Man beginnt also, den Zusammenhang zwischen einem noch nicht expressis verbis gewährleisteten Grundrecht der Glaubensfreiheit und der Ausübung staatlicher Kirchenhoheit zu sehen[33]. Aber auch die Notwendigkeit, mehreren Konfessionen im Staat Existenz- und Entfaltungsmöglichkeit zu bieten, wie sie seit dem Westfälischen Frieden bestand, und die jedenfalls seit Gründung des Deutschen Bundes bestehende Verpflichtung, die unterschiedlichen Konfessionen im Lande paritätisch zu behandeln, fördert die Einsicht, daß staatliche Vorschriften in kirchlichen Angelegenheiten nicht auf derselben Ebene stehen können wie das Recht, dessen Beachtung die Kirchen um ihrer geistlichen Aufgabe willen verlangen.

Im 19. Jahrhundert fanden Formulierungen, die das staatliche Gesetzgebungsrecht im Interesse eines autonomen kirchlichen Handlungsbereiches beschränken, auch Eingang in Verfassungstexte[34], ohne daß durchgängig Begriff und Idee der Selbstverwaltung mit dem Rückzug des Staates aus den unmittelbaren religiösen Angelegenheiten in Verbindung gebracht wurden. Die Formulierung der Paulskirchenverfassung[35] war konzeptionell insofern eine Neuerung, als dort der Bereich der den Kirchen zu selbständiger Wahrnehmung überlassenen Angelegenheiten pauschal durch den Begriff „ihre Angelegenheiten" umschrieben wurde. Die Preußische Verfassung von 1850[36] hat diese Formulierung übernommen. Der Staat hat durch die ausdrücklich gewährleistete kirchliche Selbstverwaltung oder die Beschränkung seiner Gesetzgebung auf die anerkannten Staatszwecke der Sicherheit und der Wohlfahrt keineswegs die Einwirkungsmöglichkeit auf den innerkirchlichen Bereich ohne weiteres preisgegeben. Denn die Befugnis des Gesetzgebers, im Interesse jener Zwecke das Verhalten auch der Kirchen und ihrer Glieder zu beeinflussen, wurde nicht in Frage gestellt, teilweise

---

[32] PreußALR (Anm. 16), § 1 II 11.
[33] Vgl. *Schlaich*, Kollegialtheorie (Anm. 18), S. 177 ff., der darauf verweist, daß der kollegialistischen Theorie der Zusammenhang von Gewissensfreiheit und sachlichen Schranken des ius circa sacra von Anfang an gegenwärtig ist.
[34] So schon teilweise in den frühkonstitutionellen süddeutschen Verfassungsurkunden: Bayern (1818), Titel IV § 9; Württemberg (1819), VI § 71; Hessen (1820), Titel V § 39 (freilich nur andeutungsweise: „die innere Kirchen-Verfassung genießt auch den Schutz der politischen"). Ebenso die Verfassung von Kurhessen (1831), X § 132.
[35] § 147 S. 1: Jede Religionsgesellschaft ordnet und verwaltet ihre Angelegenheiten selbständig, bleibt aber den allgemeinen Staatsgesetzen unterworfen.
[36] Art. 15.

2 Handbuch, 2. A.

sogar ausdrücklich betont[37]. Es blieb insbesondere der weite Bereich der res mixtae, also der Angelegenheiten, an deren Regelung sowohl von staatlicher wie von kirchlicher Seite her ein Interesse besteht, staatlicher Direktion unterworfen. Und sobald die Befolgung kirchlichen Rechts das konfliktfreie Zusammenleben innerhalb der Bevölkerung zu gefährden schien, war der Grundsatz einer Nichteinmischung in innerkirchliche Angelegenheiten nachrangig. Ein anschauliches Beispiel liefern die Auseinandersetzungen um die Mischehenpraxis in Preußen[38].

Bemerkenswert ist immerhin, daß die zunehmende Erkenntnis der rein säkularen Zwecksetzung staatlicher Gesetzgebung und die Gewißheit, alle staatlichen Belange durch entsprechende Gesetzgebung wahren zu können, das hergebrachte Institut des Placets in den Hintergrund treten ließen. Während verschiedene Staaten am Erfordernis des Placets für alle normativen kirchlichen Verlautbarungen festhielten, haben andere Staaten vom Verlangen einer vorausgehenden Genehmigung kirchlicher Maßnahmen, die keine Auswirkung auf den außerkirchlichen Bereich haben konnten, Abstand genommen. In Preußen hat man in vollem Umfang auf das Placet verzichtet[39]. Es hat sich die richtige Erkenntnis Bahn gebrochen, daß bei striktem Durchhalten des Prinzips, daß kirchliches Handeln durch staatliches Recht beschränkt werde und kirchliches Recht im Konfliktfall hinter staatlichem Recht zurücktreten müsse, ein Bedürfnis nach staatlicher Zulassung kirchlicher Rechtsetzungsakte nicht bestehe, zumal ein staatlicher Akt solcher Art rechtswidrige Vorgänge aus dem kirchlichen Bereich nicht rechtmäßig machen könne[40].

In der Phase des Kulturkampfes kam dann in spektakulärer Weise zum Bewußtsein, daß der preußische Staat am potentiellen Vorrang des staatlichen Rechts vor dem kirchlichen Recht festhielt. Obwohl er auf die Beherrschung des kirchlichen Innenbereiches grundsätzlich verzichtet hatte, hielt er den prinzipiellen Anspruch aufrecht, in der Grenzsituation das Handeln der Kirche einschließlich ihrer Rechtsgestaltung an staatliches Recht binden und damit in die den staatlichen Erfordernissen entsprechende Richtung bringen zu können. Eine von staatlicher

---

[37] PreußVerf. von 1850, Art. 16.

[38] Eine ausführliche Darstellung findet sich bei *E. R. Huber,* Deutsche Verfassungsgeschichte (Anm. 4), Bd. 2, 3. Aufl. 1988, S. 185 ff.; vgl. auch *Huber/Huber,* Staat und Kirche (Anm. 4), Bd. 1, 1973, S. 309 ff.

[39] PreußVerf. von 1850, Art. 16 Satz 2; vgl. *E. R. Huber* Deutsche Verfassungsgeschichte (Anm. 4), Bd. 3, 3. Aufl. 1988, S. 117.

[40] Das fehlende Bedürfnis nach einer staatlichen Genehmigung kirchlicher Rechtssätze räumt auch *Friedberg,* Gränzen (Anm. 4), S. 800 ff., ein, obwohl er den glatten Verzicht auf das Placet durch die Preußische Verfassung von 1850 bedauert.

§ 1 Die geschichtlichen Wurzeln des deutschen Staatskirchenrechts 19

Seite unabhängige Autorität in Gestalt der katholischen Kirche, die diese zu freier Rechtsetzung gegenüber ihren Gliedern befähigte, wurde als Bedrohung empfunden. Es zeigte sich, daß der staatliche Gesetzgeber trotz seiner Ausrichtung an innerweltlichen Zwecken einen weiten Spielraum für gesetzliche Maßnahmen behalten hatte, mit denen er die Kirche an der Entfaltung nach ihren eigenen Zwecken behindern konnte. Gegenstände wie Vorbildung der Geistlichen, Stellenbesetzung, Kirchendisziplin, Vornahme kirchlicher Amtshandlungen, Errichtung und Bestand von Ordensniederlassungen berührten das staatliche Interesse und wurden unbedenklich als Materien staatlicher Gesetzgebung in Anspruch genommen. Ja sogar die Freiheit der Predigt wurde durch den sogenannten Kanzelparagraphen (§ 130a RStGB) beschränkt. Angesichts der damit von staatlicher Seite bewußt herbeigeführten Konfliktsituation mußte die Frage, ob nicht das Verfassungsrecht eine materiellrechtliche Wirkung zugunsten der kirchlichen Freiheit entfalte und ein entsprechender Verfassungsrechtssatz auch den Gesetzgeber binde, zum Thema werden[41]. Die Revision und sodann die gänzliche Aufhebung der die Religionsfreiheit betreffenden Verfassungsartikel der Preußischen Verfassung von 1850 ist die staatliche Reaktion auf den Versuch der Kirche, das Verfassungsrecht als Schranke staatlicher Gesetzgebung geltend zu machen. Auf diese Weise, nämlich durch die Anpassung der die Kirchen betreffenden Verfassungsbestimmung an die Zwecke der Kulturkampfgesetzgebung, ist das in Erscheinung tretende Problem, ob Glaubensfreiheit und Selbstbestimmungsrecht eine materiellrechtliche Wirkung zugunsten der Kirchen entfalten, vertagt worden.

Das Prinzip des Vorrangs der staatlichen Gesetzgebung und das Prinzip der Allzuständigkeit des staatlichen Gesetzgebers wurden durch Vereinbarungen zwischen Staat und Kirche über Gegenstände aus dem Bereich der staatlichen Kirchenhoheit, wie sie namentlich mit der katholischen Kirche getroffen wurden, nicht preisgegeben oder auch nur in Frage gestellt, weil — jedenfalls in staatlicher Sicht — die Rechtserheblichkeit des Vertragsinhalts nach dem Vorbild der zum Vollzug des Französischen Konkordats (1801) erlassenen Organischen Artikel (1802) durch einen besonderen Akt von seiten des staatlichen Gesetzgebers vermittelt wurde[42]. Das System der Staatskirchenhoheit erwies sich insoweit kirchenpolitisch als recht flexibel.

---

[41] Zur Kontroverse über eine den Gesetzgeber beschränkende materiellrechtliche Wirkung der Selbstverwaltungsgarantie des Art. 15 der PreußVerf. von 1850 vgl. *E. R. Huber*, Deutsche Verfassungsgeschichte (Anm. 4), Bd. 3, 3. Aufl. 1988, S. 116 f.

[42] Zum Verhältnis von staatlicher Souveränität und Konkordatspraxis vgl. *Klaus Obermayer*, Staatskirchenrechtliche Grundvorstellungen in den Konkordatstheorien des 19. Jahrhunderts, in: DÖV 1967, S. 505-515.

2. Staatliche Kirchenaufsicht

Will der souveräne Staat seine rechtliche Vorordnung auch gegenüber der im Staatsgebiet vorhandenen Kirche wirksam zur Geltung bringen, kann er sich nicht damit begnügen, das Recht zur letztverbindlichen gesetzgeberischen Entscheidung zu behaupten. Die Bindung der Kirchen an das vom Souverän in Geltung gesetzte Recht erfordert auch eine Befugnis, die Einhaltung jenes Rechts im Einzelfall, insbesondere im Konfliktfall, zu erzwingen. Es ist daher begreiflich, daß die staatliche Aufsicht über die Kirche zu den unverzichtbaren Themen des entstehenden Staatskirchenrechts gehörte. Anknüpfungspunkt war die Konstruktion einer auf die Beaufsichtigung des Kirchenwesens gerichteten Befugnis des Landesherrn, des ius inspectionis, das als Ausfluß der Territorialhoheit galt[43]. Die Kirchenaufsicht des absoluten Fürstenstaates wurde als umfassendes obrigkeitliches Recht gegenüber der Kirche im Land verstanden und war nicht strikt auf eine Kontrollbefugnis beschränkt. Soweit dem Landesherrn aufgrund jenes Titels die Sorge für die Einhaltung des Rechts durch die Kirchen und ihre Amtsträger oblag, war Maßstab nicht allein das vom staatlichen Gesetzgeber gesetzte Recht, sondern die gesamte, auch das kirchliche Recht selbst umfassende Rechtsordnung.

Das Rechtsinstitut, das die Inanspruchnahme einer Aufsichtsbefugnis des Staates besonders augenfällig macht, ist der recursus ab abusu, das Recht, staatliche Organe gegen kirchliche Rechtsanwendung anzurufen[44].

Das staatliche Eingreifen gegenüber mißbräuchlicher Rechtsanwendung von kirchlicher Seite ist seiner Natur nach eine Kontrolle am Maßstab des mißbräuchlich angewandten Rechts, also des kirchlichen Rechts. Am recursus ab abusu als dem typischen Instrument der Staatskirchenhoheit hat man aber auch noch festgehalten, als sich die Einsicht durchzusetzen begann, daß die kirchliche Rechtsordnung nicht am Maßstab der dem staatlichen Recht zugrunde liegenden Zwecksetzung beurteilt werden kann.

---

[43] Vgl. *Schlaich*, Kollegialtheorie (Anm. 18), S. 250 ff. mit Belegstellen aus der staatsrechtlichen und kirchenrechtlichen Literatur des 18. Jahrhunderts; *Scheuner*, System (Anm. 5), S. 19 f.

[44] Vgl. *Hans Erich Feine*, Kirchliche Rechtsgeschichte. Die katholische Kirche. 4. Aufl., Graz 1964, S. 499 f.; *Friedberg*, Gränzen (Anm. 4), S. 92 ff., S. 803 ff. — Der recursus ab abusu war in der Epoche des Frühkonstitutionalismus in einzelnen Ländern ausdrücklich vorgesehen, so in Bayern (Religionsedikt von 1820, § 52), im Großherzogtum Hessen (Verfassung von 1820, Titel V, Art. 42), in Kurhessen (Verfassung von 1831, X § 135 lit. e); vgl. *Ebers*, Staat und Kirche (Anm. 4), S. 74 f.; *Ulrich Scheuner*, Recursus ab abusu, in: RGG³ V, 1961, Sp. 855 f.

In einem etwas anderen Lichte erscheint die staatliche Kirchenaufsicht, sobald die Kirchen im Sinne der Korporationslehre der Aufklärung als Verbände mit einer gegenüber dem Staat selbständigen Zwecksetzung eingestuft werden. Die als Korporationsaufsicht verstandene Staatsaufsicht ist nicht ein Mittel, um die Staatsräson auch gegenüber dem Handeln der Kirche zur Geltung zu bringen. Sie hat vielmehr ihre Eigenart darin, daß die Kirchen in ihrer Eigenschaft als innerstaatliche Verbände einer Kontrolle unterworfen werden. Maßstab ist das staatliche Recht, damit freilich auch das gesamte, aus kirchlicher Tradition stammende Recht, dessen Geltung durch die Rechtshoheit des Souveräns vermittelt wird. Die Kirchenaufsicht wird zu einer Erscheinungsform der allgemeinen Gesellschaftsaufsicht[45]. Eine unterschiedliche Intensität der Aufsicht, je nachdem, ob sie gegenüber den im Lande etablierten Kirchen oder gegenüber sonstigen Religionsgemeinschaften ausgeübt wird, würde dem Grundgedanken einer Korporationsaufsicht nicht entsprechen.

Jenes reduzierte Verständnis von Kirchenaufsicht im Sinne einer bloßen Korporationsaufsicht hat sich aber nicht ohne weiteres durchgesetzt. Man ist von seiten der Staaten noch während des 19. Jahrhunderts ganz allgemein vom Erfordernis einer besonderen Staatsaufsicht gegenüber den Kirchen ausgegangen. Denn man hat eine Identität der Interessen von Staat und Kirche hinsichtlich der Prinzipien der öffentlichen Ordnung weiterhin unterstellt, ungeachtet der Einsicht in die unterschiedliche Zwecksetzung von Staat und Kirche. Die staatliche Verantwortung für die Wahrung jener Prinzipien rechtfertigte daher eine besondere Aufsicht gerade gegenüber den Kirchen, denen als Garanten der öffentlichen Ordnung gewissermaßen eine staatstragende Funktion zuerkannt wurde. Die besondere Kirchenaufsicht wird schon im 19. Jahrhundert als notwendige Folgerung aus der Zuordnung der herkömmlichen Kirchen zum Bereich des Öffentlichen, für den der Staat die letzte Verantwortung hat, hingestellt[46]. Die noch in der Weimarer Zeit kontrovers diskutierte Auffassung, die besondere staatliche Aufsicht über die Kirchen sei das Korrelat ihrer Eigenschaft als Körperschaften des öffentlichen Rechts[47], geht auf die Vorstellung zurück, daß jener öffentlich-rechtliche Status der Kirchen Ausdruck einer institutionell gewährleisteten Sachbeziehung von staatlichen und kirchlichen Aufgaben sei[48].

---

[45] *Schlaich*, Kollegialtheorie (Anm. 18), S. 252 ff.; *ders.*, Kirchenrecht und Vernunftrecht, in: ZevKR 14 (1968/69), S. 1 ff.

[46] Vgl. *Aemilius Richter/Richard Dove/Wilhelm Kahl*, Lehrbuch des katholischen und evangelischen Kirchenrechts. 8. Aufl., Leipzig 1886, S. 329.

[47] Eine ausführliche Darlegung des Diskussionsstandes findet sich bei *Ebers*, Staat und Kirche (Anm. 4), S. 299 ff.

Das herkömmliche Verständnis von staatlicher Kirchenaufsicht mußte im Hinblick auf Ziel und Maßstab fragwürdig werden, sobald den Kirchen ausdrücklich ein autonomer Handlungsbereich zugebilligt wurde[49]. Selbstverwaltung schließt eine Aufsicht mit dem Ziel der Übereinstimmung des kirchlichen Handelns mit ihrer eigenen Zwecksetzung und mit dem entsprechenden kirchlichen Recht aus. Deshalb kommt als Maßstab für die Beaufsichtigung nur noch solches Recht in Betracht, das auf die anerkannten Staatszwecke bezogen ist. Will also der Staat ein seinen Interessen entsprechendes Handeln der Kirche bei der Verfolgung ihrer geistlichen Zwecke sicherstellen, ist er gezwungen, spezielle Rechtsvorschriften zur Regulierung des kirchlichen Handelns zu erlassen, bevor er seine Kirchenaufsicht zur Geltung bringen kann[50]. Die Einsicht in jenen Zusammenhang steht hinter der forcierten Gesetzgebungstätigkeit in der Zeit des Kulturkampfes.

Aber auch die Frage, in welcher Hinsicht und in welchem Umfang die vorrangige staatliche Gesetzgebung das kirchliche Verhalten zu binden vermag, kam als Problem zum Bewußtsein. Vermag die staatliche Gesetzgebung auch auf die Rechtsverhältnisse einzuwirken, die dem innerkirchlichen Rechtsbereich angehören? Kann durch die Aufsicht die materielle Übereinstimmung von staatlicher und kirchlicher Rechtsordnung erzwungen werden? Die staatliche Praxis ging offenbar davon aus, daß kirchliche Rechtsetzung und kirchlicher Rechtsvollzug, soweit ein Widerspruch gegen staatliches Recht in Erscheinung tritt, nicht nur als unzulässiges Handeln zu beurteilen seien, sondern daß das vorrangige staatliche Recht solches kirchliches Handeln auch in seiner Qualität als Rechtsakt berühre und dessen Nichtigkeit zur Folge habe[51]. Das Bestehen auf einem derart vorrangigen Geltungsanspruch staatlichen Rechts war eine Kampfansage an die Rechtsauffassung der katholischen Kirche, für die die Befähigung, aus sich heraus nach den von ihr bestimmten Notwendigkeiten Recht zu setzen, unverzichtbar ist. Auch insoweit haben die Vorgänge im Zusammenhang mit dem Kulturkampf die Konsequenzen des staatlichen Souveränitätsanspruches in aller Deut-

---

[48] *Schlaich*, Kollegialtheorie (Anm. 18), S. 255, verweist darauf, daß schon *J. H. Boehmer* die Korrelation von besonderer Aufsicht und besonderer Stellung der Kirche als collegium publicum betont habe.

[49] Vgl. die Angaben zu Anm. 34.

[50] Unter diesem Gesichtspunkt rät *Hinschius*, Staat und Kirche (Anm. 4), S. 320 f., dem Staat zum „Ausbau seiner kirchenstaatlichen Gesetzgebung".

[51] Vgl. *Hinschius*, Staat und Kirche (Anm. 4), S. 282: „In den Staaten, in denen, wie in Preußen, das Placet nicht mehr in Kraft ist, steht die Staatsgewalt darum der katholischen Kirche nicht schwächer gegenüber. Sie kann hier die Anordnungen, welche über das kirchliche Gebiet hinausgehen, ebenfalls für nichtig erklären und ihre Durchführung hindern."

§ 1 Die geschichtlichen Wurzeln des deutschen Staatskirchenrechts 23

lichkeit vor Augen geführt. So begnügte sich der preußische Gesetzgeber im Zusammenhang mit seiner Einflußnahme auf die Besetzung kirchlicher Stellen nicht damit, die entgegen staatlichen Vorschriften bestellten kirchlichen Amtsträger faktisch an der Amtsausübung zu hindern; er hielt sich für befähigt, einen kirchlichen Rechtsakt der Stellenbesetzung für einen rechtlich unbeachtlichen Vorgang zu erklären[52]. Der Verstoß gegen staatliches Recht führte nach staatlicher Auffassung zur Nichtigkeit auch des kirchlichen Rechtsakts. Erst nach der bewußten Beendigung der Konfrontation wurde der Blick für die Konstruktion einer unterschiedlichen Sichtweise der Rechtsfrage frei. Man erkannte auf staatlicher Seite, daß der Kirche die Beurteilung der von ihr in Anspruch genommenen Angelegenheit nach eigenem Recht anheimgestellt werden könne. Die staatlichen Belange schienen gewahrt, wenn dem Vorrang des staatlichen Rechts auf der Ebene des tatsächlichen Verhaltens Rechnung getragen wurde. Eine in diese Richtung differenzierte Betrachtungsweise tritt das erste Mal augenfällig in Erscheinung in Gestalt des sogenannten Kaiserparagraphen (§ 1588 BGB). Indem der staatliche Gesetzgeber ausdrücklich bekundete, daß kirchliche Pflichten in derselben Materie unabhängig von dem, was staatliches Recht gebot, Bestand hätten, hat er eingeräumt, daß staatliches Recht eine abweichende Beurteilung der Rechtslage durch das kirchliche Recht nicht ausschließt.

Die Tendenz zur Ausklammerung der Kirchenaufsicht aus dem staatlichen Aufgabenkreis wurde durch die Bemühungen um eine systematische Klärung von Begriff und Erscheinung der Staatsaufsicht gefördert. Gegenüber dem früheren, wenig spezifischen Verständnis von Staatsaufsicht setzte sich ein prägnantes Verständnis durch, nach welchem der Begriff Aufsicht allein die kontrollierende staatliche Tätigkeit bezeichnet, durch welche die Übereinstimmung des Verhaltens eines Rechtssubjekts mit dem Gesetz oder einem anderen Maßstab überprüft und dementsprechend korrigiert wird[53]. Da ein anderer Maßstab, dessen Beachtung der Staat von der Kirche erwarten kann, wegen der Gewährleistung des Selbstverwaltungsrechts im Rahmen der für alle geltenden Gesetze nicht in Betracht kommt, bleibt als Kriterium für staatliche Aufsichtsmaßnahmen nur die Einhaltung des Rechts. Besondere Vorkehrungen und Einrichtungen einer Staatsaufsicht gegenüber den Kirchen erwiesen sich unter diesen Umständen zusehends als verzichtbar.

---

[52] Vgl. §§ 1, 17 Preuß. Gesetz über die Vorbildung und Anstellung der Geistlichen vom 11. Mai 1873, abgedr. bei *Huber/Huber,* Staat und Kirche (Anm. 4), Bd. 2, 1976, S. 594 ff.
[53] Bahnbrechend wirkte die Untersuchung von *Heinrich Triepel,* Die Reichsaufsicht. Berlin 1917, S. 120 f.

Der kirchliche Handlungsbereich, in dem staatliche Aufsicht lange Zeit praktische Bedeutung behielt, war die kirchliche Vermögensverwaltung[54]. Auch die Erkenntnis, daß die Qualität der Kirchen als Körperschaften des öffentlichen Rechts keine Beteiligung an der Wahrnehmung von Aufgaben des Staates nach sich ziehe[55], hat den Abschied von der herkömmlichen Staatsaufsicht gegenüber den Kirchen erleichtert.

3. Zulassung und Rechtsform von Religionsgemeinschaften

Der Staat der Neuzeit hat die Kirche gewissermaßen als tragende Säule der gesellschaftlichen Ordnung vorgefunden. Ihre Institutionen und ihre Organisation waren Bestandteil der vorhandenen und anerkannten Rechtsordnung. Der Anspruch des souveränen Staates, die Hoheit über das gesamte Recht im Territorium auszuüben, mußte sich in seiner Konsequenz auch auf die von der Kirche ausgehenden und im Handeln der Kirche wurzelnden Rechtsbeziehungen erstrecken. Daher war bei Anwendung einer theoretischen Betrachtungsweise das Postulat, daß die rechtliche Existenz von Religionsgemeinschaften in einer Entscheidung des Souveräns ihren Grund haben müsse, unausweichlich. Die Frage, welche Art Religion im Lande zulässig ist und welche Personen oder Institutionen aus dem kirchlichen Bereich zu rechtlichem Handeln befähigt sind, kann dem Anspruch auf Allzuständigkeit in öffentlichen Angelegenheiten nicht von vornherein entzogen bleiben.

Die Entwicklung, die die deutschen Territorialstaaten schließlich in die Lage versetzte, die Religionsangelegenheiten des Landes rechtlich zu beherrschen, ist freilich nicht allein mit der staatstheoretischen Neuorientierung im Zuge der Souveränitätslehre zu erklären. Die konfessionelle Spaltung und die Versuche zur rechtlichen Bewältigung der entstandenen Situation im Heiligen Römischen Reich haben hier ursächlich gewirkt, indem sie die Vorstellung gefördert haben, daß mit der Stellung eines Fürsten im Reich die Befugnis zu einer Entscheidung über die Religion im Territorium und über ihre rechtliche Existenzweise verbunden sei. Die Unmöglichkeit, die ungeklärte Religionsfrage mit Wirkung für das gesamte Reich zu lösen, hat bekanntlich zu der Entscheidung des Augsburger Religionsfriedens geführt, aus welcher ein ius reformandi der Reichsstände abgeleitet wurde. Jene Befugnis, um der

---

[54] So wird z. B. im Handwörterbuch des Bayerischen Staatskirchenrechts, hrsg. von E. Gierisch, H. Hellmuth u. P. Pachelbel (München, Berlin, Leipzig 1914), der Begriff der kirchlichen Aufsicht schlechtweg mit der Aufsicht über das kirchliche Vermögen identifiziert.

[55] Vgl. *Hermann Weber*, Die Religionsgemeinschaften als Körperschaften des öffentlichen Rechts im System des Grundgesetzes. Berlin 1966, S. 46 ff.

§ 1 Die geschichtlichen Wurzeln des deutschen Staatskirchenrechts   25

öffentlichen Ordnung im Territorium willen auch für geordnete religiöse Verhältnisse zu sorgen, erfuhr eine entscheidende Umdeutung durch das in den Sog der Souveränitätslehre geratende Verständnis der Territorialhoheit. Im Blickpunkt stand nicht mehr das aus der Reichsverfassung abgeleitete Recht der Landesherren, die alternative Entscheidung zwischen den zugelassenen Konfessionen zu treffen, sondern die Folge jenes Rechts, nämlich die Abhängigkeit der Kirche in ihrer rechtlichen Existenz von der Entscheidung des Landesherrn. Als notwendiger Bestandteil des ius reformandi galt dann bald auch die Befugnis, Status und Handlungsmöglichkeit der zugelassenen Konfession festzulegen. Jene Auswirkung des ius reformandi trat in den Vordergrund, seitdem der Westfälische Friede die Freiheit der Reichsstände, über die Konfession des Landes zu bestimmen, durch die Verpflichtung, unter bestimmten Voraussetzungen Minderheiten zuzulassen, abgeschwächt hatte. Als dann den Einzelstaaten durch die Verfassung des Deutschen Bundes die paritätische Behandlung der hergebrachten Konfessionen auferlegt worden war, verlor das ius reformandi den Charakter eines Rechts zu positiver Entscheidung in religiösen Angelegenheiten und verwandelte sich in eine vorwiegend organisationsrechtliche Kompetenz, kraft welcher es den Staaten oblag, die Religionsgemeinschaften im Lande für die Zwecke der Beteiligung am Rechtsverkehr zu qualifizieren und ihnen eine entsprechende Rechtsform vorzuschreiben oder zur Verfügung zu stellen. Sobald volle Religionsfreiheit anerkannt war, wurde das staatliche Recht auf Zulassung vollends zu einer formalen Befugnis, die keine religionspolitische Gestaltungsmöglichkeit einschloß[56].

Die den deutschen Landesherren zugewachsene Verfügungsmacht über die im Lande zugelassene und der öffentlichen Ordnung zugrundeliegende Religion äußerte sich vornehmlich in der Verantwortung für geregelte Verhältnisse im Hinblick auf die Religion, nicht so sehr in einer willkürlichen Gestaltungsbefugnis. Die anfänglich unterstellte Bindung des souveränen Gesetzgebers an leges fundamentales und die Vorgaben durch das Reichsverfassungsrecht haben radikale und willkürliche Veränderungen ohnehin nicht nahegelegt. Den Landesherren war anheimgestellt, insbesondere darüber zu entscheiden, in welchen Handlungseinheiten die Kirche zu verfassen sei, welche davon Vermögensfähigkeit besitzen sollten und wie ihr Wirkungsbereich abgegrenzt werden sollte, aber auch, welchen religiösen Verbänden im Lande rechtliche Betätigungsmöglichkeit gewährt werden sollte und in wel-

---

[56] Zum Prozeß der Umdeutung des ius reformandi vgl. *Burkhard von Bonin*, Die praktische Bedeutung des ius reformandi (= Kirchenrechtliche Abhandlungen, H. 1), Stuttgart 1902; *Martin Heckel*, Ius reformandi, in: EvStL³ I, Sp. 1416 ff.

cher Rechtsform. Nun hat sich für die Staaten freilich nicht ohne weiteres ein praktisches Bedürfnis zur rechtlichen Qualifizierung der im Lande vorhandenen religiösen Einheiten und Verbände ergeben. Die souveräne Verfügungsmacht schließt natürlich auch die Möglichkeit ein, insoweit an den Ertrag des geschichtlich Überkommenen anzuknüpfen und die von der kirchlichen Rechtsordnung als Rechtsträger ausgewiesenen Institutionen und Verbände auch als Rechtsträger in der staatlichen Rechtsordnung zu respektieren.

Die Neigung der Staaten, die Qualifizierung der Kirchen als Teilhaber der staatlichen Rechtsordnung in die Hand zu nehmen und sich insoweit vom kanonischen Recht unabhängig zu machen, war begreiflicherweise in den evangelischen Territorien stärker ausgeprägt als in den katholischen. Freilich war in nachreformatorischer Zeit noch nicht die Vorstellung vorhanden, daß die evangelischen Kirchen im Herrschaftsbereich eines Landesherrn insgesamt neu zu verfassende Einheiten seien; das bestimmende Thema war vielmehr die Bestellung und Legitimierung eines die bischöfliche Verfassung ersetzenden „Kirchenregiments". Anstöße zur Qualifizierung der Kirchen des Landes nach ihrer Rechtsform kamen von seiten der naturrechtlich orientierten Korporationslehre der Aufklärung, aber auch von den Bestrebungen nach einer umfassenden Kodifikation des Landes. Das Bemühen, die Kirche anhand ihrer natürlichen Merkmale, so wie sie sich bei einer auf ihre innerweltliche Erscheinung abstellenden Betrachtung darboten, zu würdigen und systematisch einzuordnen, hat die Qualifizierung als societas nahegelegt[57]. Charakteristisch für die abstrakte und unhistorische Betrachtungsweise jener Korporationslehre ist es, daß sie der Kirche nicht, wie dem Staat, die Eigenschaft einer societas inaequalis zubilligte, welche Hoheitsgewalt gegenüber ihren Gliedern ausüben kann, sondern daß sie die Kirche als societas aequalis einstufte, das heißt, als Verband von rechtlich Gleichgestellten, die sämtlich der staatlichen Hoheit unterworfen sind[58]. Angesichts der üblichen Aufteilung der Korporationen in öffentliche und private hat man die anerkannten Konfessionskirchen dem Typus der öffentlichen Korporation zugeordnet, weil ihre Qualität als anerkannte Religion auf eine Entscheidung der Staatsgewalt zurückzuführen war[59]. Jene theoretischen Bemühungen um eine Klassifizierung der Kirchen als Verbände fand erstmalig einen positivrechtlichen Nie-

---

[57] Zum vernunftrechtlichen Kirchenbegriff vgl. *Schlaich,* Kollegialtheorie (Anm. 18), S. 89 ff.

[58] Vgl. *Schlaich,* Kollegialtheorie (Anm. 18), S. 85 ff.; *Listl,* Kirche und Staat (Anm. 4), S. 60 ff., 73 ff.

[59] Vgl. *Alfred Endrös,* Entstehung und Entwicklung des Begriffs „Körperschaft des öffentlichen Rechts". Wien, Köln, Graz 1985, S. 12 ff., 57 ff.

§ 1 Die geschichtlichen Wurzeln des deutschen Staatskirchenrechts 27

derschlag im Preußischen Allgemeinen Landrecht[60], welches die Kirchen, freilich nur die kirchlichen Einheiten auf örtlicher Ebene, als Korporationen einstufte und ihnen Rechtsfähigkeit zuerkannte[61]. Dabei hat das Preußische Allgemeine Landrecht die Kennzeichnung der örtlichen Kirchen als öffentliche Korporationen nicht ausdrücklich vorgenommen, obwohl es ihren Bediensteten die Eigenschaft von mittelbaren Staatsbeamten zuerkannt hat[62]. Im Verlaufe des 19. Jahrhunderts wurde die Qualifizierung der Kirchen als öffentliche Körperschaften allgemein üblich[63].

Die Tendenz des staatlichen Gesetzgebers, die Kirchen nach den Grundsätzen des staatlichen Verbandsrechts zu bewerten, barg zwar die Gefahr in sich, daß die Verfassung der Kirchen heteronomen Elementen ausgeliefert werden könnte. Diese Gefahr hat sich nur teilweise realisiert. Konfliktsträchtig gegenüber der katholischen Kirche war die Qualifikation der örtlichen Kirchen als Körperschaften. Zwar konnte jene im staatlichen Recht enthaltene und dem Befund des kanonischen Rechts widersprechende Aussage als solche die Kirche nicht beeinträchtigen. Doch sobald von staatlicher Seite ein der Korporationsqualität entsprechendes Organ im Interesse der Handlungsfähigkeit der örtlichen Kirche im Rechtsverkehr verlangt wurde, wie es in Preußen im Rahmen der Gesetzgebung aus der Kulturkampfzeit[64], später aber auch in anderen Ländern[65] geschah, mußte die vom kirchlichen Recht abweichende Qualifizierung durch das staatliche Recht von der Kirche als Überfremdung empfunden werden.

In sachlichem Zusammenhang mit dem staatlichen Zugriff auf die Organisation der örtlichen Kirchenverbände steht die staatliche Einwir-

---

[60] Vgl. Anm. 16.
[61] *Endrös* sieht den Grund für jene Zurückhaltung des Preußischen ALR darin, daß es im Unterschied zum territorial ausgerichteten Staatskirchenrecht die Kirchen nicht als Einrichtungen zur Verwirklichung des Staatszwecks ansieht. Wenn das bayerische Religionsedikt von 1818 die Kirchen als öffentliche Korporationen qualifiziert, sei dies symptomatisch für die auf Stärkung der Staatskirchenhoheit gerichtete Tendenz dieses Gesetzes, vgl. *Endrös*, ebd., S. 110 ff.
[62] PreußALR (Anm. 16), § 19 II 11.
[63] Vgl. *Endrös*, Entstehung (Anm. 59), S. 149 ff.; *Weber*, Die Religionsgemeinschaften (Anm. 55), S. 52 f.
[64] Vgl. Preußisches Gesetz über die Vermögensverwaltung in den katholischen Kirchengemeinden vom 20. Juni 1875. Abgedr. bei *Huber/Huber*, Staat und Kirche (Anm. 4), Bd. 2, 1976, S. 662 ff.; vgl. auch die dortige Vorbemerkung S. 662.
[65] Vgl. das Württ. Katholische Pfarrgemeindegesetz vom 22. Juli 1906. Abgedr. bei *Huber/Huber*, Staat und Kirche (Anm. 4), Bd. 3, 1983, S. 91; ferner Bayerische Kirchengemeindeordnung vom 24. September 1912. Abgedr. bei *Huber/Huber*, ebd., S. 65.

kung auf die religiösen Zwecken dienenden Stiftungen. Der staatliche Gesetzgeber hat im Rahmen seiner Kodifikationstätigkeit auch hinsichtlich der Stiftungen die unbefriedigende Rechtslage gemäß gemeinem Recht abzulösen gesucht[66]. Da er seine Regelungskompetenz generell auf alle Stiftungen erstreckte, wurden auch die Rechtsverhältnisse der Stiftungen mit kirchlicher Zweckbestimmung und damit auch die ortskirchlichen Stiftungen und Pfründestiftungen durch staatliches Recht gestaltet und der Stiftungsaufsicht unterstellt. Das Erfordernis einer Genehmigungspflicht für die Errichtung und Veränderung von Stiftungen und die Einrichtung einer Stiftungsaufsicht, die die Einhaltung des Stiftungszwecks zu überwachen hatte, hatten zur Folge, daß die Verwirklichung kirchlicher Zwecke von staatlicher Entscheidung abhängig wurde[67].

Weniger stark hat sich die rechtliche Qualifizierung der Kirchen als Rechtsträger gemäß staatlichem Recht bei den überörtlichen kirchlichen Verbänden, also bei den Landeskirchen und Diözesen, als Quelle der Überfremdung ausgewirkt. Die Qualität dieser Verbände als Rechtsträger wurde nicht davon abhängig gemacht, daß sie sich in ihrer Verfassung einem vom weltlichen Recht geprägten Korporationstypus anpaßten. Die Frage, wer die Kirchen gegenüber dem Staat und innerhalb der staatlichen Rechtsordnung vertritt, hat man nicht durch entsprechende staatliche Rechtsvorschriften zu regeln versucht. Vielmehr hat man, was die katholische Kirche betrifft, grundsätzlich das Verhältnis der gemäß kanonischem Recht getroffenen innerkirchlichen Personalentscheidungen respektiert. Allerdings wirkte die teilweise bis ins 19. Jahrhundert geübte Praxis, den Wahlakt in Gegenwart eines staatlichen Kommissars vornehmen zu lassen, in gewissem Umfang als Verfahrenskontrolle[68]. Im Hinblick auf die katholische Kirche blieb folglich das kanonische Recht für die Rechtsvorgänge maßgeblich, die für die Herstellung der Handlungsfähigkeit in der staatlichen Rechtsordnung notwendig waren[69]. Die Organe, die für die im Verlauf des 19. Jahrhunderts allmählich selbständig werdenden evangelischen Kirchen zu handeln befugt waren, konnten wegen der Position der Landesherren als Inhaber der Kirchengewalt nur von diesen selbst autorisiert sein.

---

[66] Vgl. *Hans Liermann,* Handbuch des Stiftungsrechts. Bd. 1: Geschichte des Stifungsrechts. Tübingen 1963, S. 233 ff.

[67] Zu den bis heute verbliebenen staatsaufsichtlichen Rechten gegenüber kirchlichen Stiftungen vgl. in *diesem* Handbuch *Wolfgang Busch,* § 34 Die Vermögensverwaltung und das Stiftungsrecht im Bereich der katholischen Kirche; *Christian Meyer,* § 33 Die Vermögensverwaltung und das Stiftungsrecht im Bereich der evangelischen Kirche.

[68] Vgl. *Link,* Verhältnis von Staat und Kirche (Anm. 4), S. 534 ff.

[69] Vgl. *Johann Friedrich Schulte,* Die juristische Persönlichkeit der katholischen Kirche, ihrer Institute und Stiftungen, Gießen 1869.

§ 1 Die geschichtlichen Wurzeln des deutschen Staatskirchenrechts 29

Für die Struktur der evangelischen Landeskirchen, die in einem stufenweisen Prozeß gegenüber der Staatsorganisation verselbständigt wurden[70], war zwar die Ausgangslage des territorialen Staatskirchentums im mancher Hinsicht prägend, insbesondere hinsichtlich der Konstruktion der Kirchenleitung. Eine Anpassung an ein säkulares Verbandsmodell lag hierin nicht. Die Bereicherung der Kirchenverfassung durch synodale Mitwirkungsorgane ist eher als Konzession an eine in der Epoche des Konstitutionalismus aufkommende kritische Haltung gegenüber der bisherigen Erscheinungsform der Staatskirchenhoheit zu bewerten, weniger als Versuch zur Realisierung allgemeiner, dem Typus der Korporation immanenter Verfassungsprinzipien[71].

Die Bildung und Veränderung kirchlicher Einheiten, die in der staatlichen Rechtsordnung die Eigenschaft von juristischen Personen besaßen, wurde weitgehend staatlicher Mitwirkung unterworfen. Für die Zirkumskription der Diözesen, die durch kirchlichen Hoheitsakt erfolgte, wurde der Weg der Vereinbarung üblich[72]. Die Veränderungen im Bestand der evangelischen Landeskirchen waren angesichts der organisatorischen Verflechtung von Kirchenverwaltung und Staatsorganisation und jedenfalls wegen der Stellung des Landesherrn als summus episcopus lange Zeit die selbstverständliche Folge der Änderung territorialer Grenzen. Als bei den territorialen Veränderungen des Jahres 1866 der Bestand der Kirchen in den von Preußen einverleibten Territorien unberührt geblieben ist, war dieser Verzicht gerade als eine bewußt getroffene politische Entscheidung zu verstehen, so daß die konkrete Existenz einer evangelischen Landeskirche bis 1919 stets auf einer entsprechenden staatlichen Disposition beruhte[73].

Die Konkurrenz zwischen staatlicher und kirchlicher Gesetzgebung im Hinblick auf die Rechtspersönlichkeit und Rechtsfähigkeit kirchlicher Einheiten ist kaum Gegenstand von rechtssystematischen Überlegungen gewesen. Solange man davon ausging, daß die kirchlichen Rechtsverhältnisse Bestandteil der allgemeinen Rechtsordnung sind, konnte der Staat angesichts seines Anspruchs auf eine umfassende Kompetenz für alle Rechtsfragen die Rechtsfähigkeit kirchlicher Verbände nicht aus seiner gesetzgeberischen Verantwortung aussparen. Der Gedanke einer unterschiedlichen Beurteilung der Rechtsfähigkeit ge-

---

[70] Vgl. *Karl Rieker,* Die rechtliche Stellung der evangelischen Kirche Deutschlands in ihrer geschichtlichen Entwickelung bis zur Gegenwart. Leipzig 1893, S. 360 ff.; *Dietrich Pirson,* Universalität und Partikularität der Kirche. München 1965, S. 57 ff.
[71] Vgl. *Link,* Verhältnis von Staat und Kirche (Anm. 4), S. 531 ff.
[72] Vgl. *Feine,* Kirchliche Rechtsgeschichte (Anm. 44), S. 613 ff.; *Link,* Verhältnis von Staat und Kirche (Anm. 4), S. 529.
[73] Vgl. *Pirson,* Universalität (Anm. 70), S. 60.

mäß kirchlichem und gemäß staatlichem Recht lag unter diesen Umständen fern[74].

4. Innerkirchliche Verfassung

Solange der umfassende Kompetenz beanspruchende staatliche Gesetzgeber nicht durch ein verfassungskräftig zugestandenes Selbstverwaltungsrecht der Kirchen gebunden war, sondern allenfalls durch die Beschränkung seiner Maßnahme auf innerweltliche Zwecke, standen die kirchlichen Verfassungsverhältnisse als für die öffentliche Ordnung durchaus relevante Rechtsverhältnisse prinzipiell seinem normativen Zugriff offen. Initiativen in dieser Richtung haben die Staaten verständlicherweise in stärkerem Umfang gegenüber den evangelischen Kirchen ihres Landes entfaltet als gegenüber der katholischen Kirche, weil den evangelischen Landesherren die Verantwortung für die Ordnung des Kirchenwesens zugefallen war. Die katholischen Herrscher konnten schon wegen ihrer grundsätzlichen Entscheidung für die Beibehaltung der überkommenen Religion an einer prinzipiellen Neuordnung des Kirchenwesens in ihrem Gebiet nicht interessiert sein. Soweit ihnen daran lag, die Konformität kirchlichen Handelns zu gewährleisten, kam eine — zwangsläufig territorial begrenzte — Veränderung universalkirchlicher Verfassungsinstitutionen kaum in Betracht. Eine realistischere Zielsetzung war es, Einfluß auf die Auswahl kirchlicher Amtsträger und auf das Handeln der der kirchlichen Verfassung entsprechenden Organe in ihrem Lande zu gewinnen.

Der territorialen Ausrichtung der landesherrlichen Politik entspricht es, daß die im späten Mittelalter auch von seiten der weltlichen Herrscher verfolgte Zielsetzung, die Entscheidungsstrukturen der katholischen Kirche durch Belebung und Unterstützung des Konzilsgedankens zu verändern, in der Neuzeit keine Fortsetzung fanden[75]. Indem das Reich durch den Augsburger Religionsfrieden die Ordnungskompetenz für religiöse Angelegenheiten abgegeben hatte, hat es sich auch der Möglichkeit begeben, Einfluß auf die Kirchenverfassung im Interesse nationaler Belange zu nehmen, so daß es zur Etablierung eines Nationalkonzils nach französischem Vorbild nicht kommen konnte. Das Cor-

---

[74] Ein Ansatz in dieser Richtung findet sich in der Bayerischen Kirchengemeindeordnung von 1912. Dort heißt es in Art. 1 Abs. 3: „Die katholischen Kirchengemeinden und ihre Vertretungskörper sind nicht Einrichtungen der inneren Kirchenverfassung."

[75] Vgl. *Wilhelm Bertrams*, Der neuzeitliche Staatsgedanke und die Konkordate des ausgehenden Mittelalters. Rom 1950, S. 173 ff.; *M. Heckel*, Staat und Kirche (Anm. 4), S. 193 ff.

§ 1 Die geschichtlichen Wurzeln des deutschen Staatskirchenrechts 31

pus Catholicorum der deutschen Reichsstände im Reichstag war kein Organ, das kirchenrechtliche Befugnisse in Anspruch nahm. Bestrebungen, eine nationale Repräsentation des Klerus in Gestalt eines deutschen Primas herzustellen, fehlte es an Nachhaltigkeit. Die nationalkirchlichen Tendenzen im deutschen Episkopat im 18. Jahrhundert entstanden nicht aus einer Initiative von weltlichen Herrschern oder von seiten des Reiches[76].

Die Einwirkungen, die von staatlicher Seite auf die Verfassungsverhältnisse der evangelischen Kirche ausgingen, waren wesentlich folgenreicher. Dabei kann nicht von vornherein alles, was an kirchenverfassungsrechtlichen Elementen auf die Initiative der Landesherren zurückging oder landesherrlicher Sanktion bedurfte, als von staatlicher Seite aufgezwungene Überfremdung bewertet werden. Die Etablierung von kirchenleitenden Organen in Gestalt von Konsistorien[77] war ursprünglich eine spezifisch kirchlicher Zwecksetzung dienliche Maßnahme und wurde von den Landesherren in Wahrnehmung ihrer Stellung als Sachwalter kirchlicher Belange vorgenommen, ohne daß dabei ausgesprochen weltliche Interessen in den Vordergrund traten[78]. Zwar ist das Konsistorium eine Kollegialbehörde, der eine Verwurzelung in der kirchlichen Verfassungstradition fehlte und die dem Typus nach den fürstlichen Behörden des 16. Jahrhunderts in mancher Hinsicht entspricht. Doch ist das eigentümliche Organisationsmodell der reformatorischen Konsistorien, nämlich die paritätische Zusammensetzung mit Theologen und Juristen, allein aus deren spezifisch kirchlicher Aufgabe zu erklären. Die Annäherung der kirchenleitenden Behörden an das Vorbild der leitenden Staatsbehörden und ihre Einbeziehung in den staatlichen Behördenaufbau ist die Folge der typisch territorialistischen Einbeziehung des Kirchenwesens in die staatliche Zweckverfolgung und nicht schon in der Entscheidung für das Konsistorium als Organ zur Wahrnehmung kirchenleitender Aufgaben angelegt. Das konsistoriale Element in der Verfassung der deutschen Landeskirchen ist zwar, zieht man die tatsächliche Entwicklung in Betracht, ein Produkt der staatskirchlichen Vergangenheit dieser Kirchen. Da es aber nicht unbedingt als ein Fremdkörper in einer auf eigene Belange ausgerichteten kirchlichen Verfassung erscheinen muß, konnte es nach Wegfall der staats-

---

[76] Vgl. *Feine*, Kirchliche Rechtsgeschichte (Anm. 44), S. 564 ff. — Zu dem gelegentlich auftretenden Gedanken, der deutschen Reichskirche eine personelle Spitze zu geben, vgl. *Hubert Becher*, Der deutsche Primas. Kolmar 1943, S. 14 ff.; *Hans-Jürgen Becker*, Primas, in: HRG III, 1984, Sp. 1948 ff.
[77] Vgl. *Werner Heun*, Konsistorium, in: TRE, Bd. 19, 1990, S. 483 ff.
[78] Vgl. *Rieker*, Rechtliche Stellung (Anm. 70), S. 146 ff.; *Karl Müller*, Die Anfänge der Konsistorialverfassung im lutherischen Deutschland, in: HZ 102 (1909), S. 1–30.

kirchlichen Bindungen als Anknüpfungspunkt für eine eigenständige kirchliche Verfassung dienen und in eine solche integriert werden[79].

Ähnlich zu beurteilen ist das Entstehen des für die reformatorischen Kirchen in Deutschland typischen Instruments der kirchlichen Aufsicht. Auch hierfür war die jeweilige landesherrliche Autorität erforderlich. Es hat sich im wesentlichen ein gleichartiges Modell für die Organisation der Aufsicht durchgesetzt. Dabei hat die Visitation in Kursachsen in den Jahren seit 1528 weitgehend als Vorbild gewirkt. Es bestand die Notwendigkeit, die herkömmliche Konzentration der Aufsicht auf das Bischofsamt durch ein anderes System zu ersetzen. Zum Zwecke der Aufsicht über die lokalen Gemeinden und Amtsträger griff man auf das Instrument der Visitation zurück[80]. In diesem Zusammenhang steht auch die Bestellung besonderer Amtsträger, denen die Visitation als Aufgabe übertragen und für die die Bezeichnung Superintendent üblich wurde. Die Praxis der Visitation war keine Neuschöpfung der Reformationszeit, sie war damals gerade als Instrument der kirchlichen Aufsicht durchaus geläufig[81]. Ihr Anwendungsbereich war aber nicht allein die kirchliche Verwaltung. Im Blick auf die herkömmliche Bischofsverfassung wirkt jenes neue Aufsichtssystem als traditionslos und nicht als Realisierung spezifisch kirchlicher Prinzipien. Demgegenüber vermitteln die Kirchen, deren Verfassungen sich an Calvins „Ordonnances ecclésiastiques" (1541) orientieren und sich auf Ämter mit dem Anspruch biblischer Legitimation stützen, in viel stärkerem Maße den Eindruck genuiner Kirchlichkeit.

Der Umstand, daß man in den vom Luthertum geprägten Kirchen zur Organisation von Aufsicht und Leitung nicht auf Institutionen mit biblischer oder kanonistischer Tradition zurückgegriffen hat, ist nicht unbedingt auf den in jenen Kirchen stärker wirksamen staatlichen Einfluß zurückzuführen. Hier zeigt sich in erster Linie die Konsequenz des lutherischen Amtsverständnisses, nach welchem die Wahrnehmung der kirchlichen Aufgaben einem einzigen Amt anvertraut ist, das zugleich die Merkmale des Pfarramts und des Bischofsamts trägt, weswegen die notwendig werdenden übergemeindlichen institutionellen Vorkehrungen der rationalen Zweckmäßigkeit anheimzugeben waren. Freilich bot das Prinzip der Zweckmäßigkeit als Maßstab kirchenleitender Organisation einen günstigen Ansatzpunkt für staatliche Einflußnahme.

---

[79] Vgl. *Rudolf Smend*, Die Konsistorien in Geschichte und heutiger Bewertung, in: ZevKR 10 (1963/64), S. 134-143.

[80] Vgl. *Emil Sehling*, Geschichte der protestantischen Kirchenverfassung. Leipzig 1907, S. 7 ff.

[81] Vgl. *Feine*, Kirchliche Rechtsgeschichte (Anm. 44), S. 493 f.

§ 1 Die geschichtlichen Wurzeln des deutschen Staatskirchenrechts   33

Medium für eine Anpassung der protestantischen Kirchenverfassung an Gestaltungsformen aus dem weltlichen Bereich war nicht so sehr eine bestimmte Organisation der Aufsichtsinstanz und der Kirchenleitung, sondern das kirchliche Amt als solches. Unter den gegebenen staatskirchlichen Verhältnissen entstand eine strukturelle Verwandtschaft zwischen Staatsorganisation und Kirchenverfassung, die in der zentralen Stellung des Amtes hier und dort in Erscheinung trat[82]. Verbindliches Handeln in Staat und Kirche stellte sich als Ausübung eines öffentlichen Amtes dar. Es darf aber nicht übersehen werden, daß das staatliche Amt im ausgebauten absolutistischen System durch die Einfügung in eine hierarchische Stufenfolge und durch die betonte Gehorsamspflicht des Amtsträgers gegenüber Weisungen eine spezifische Ausprägung erhalten hat, die dem kirchlichen Amt nach protestantischer Auffassung wesensfremd ist. Wenn unter diesen Vorzeichen staatliches und kirchliches Amt als zwei Erscheinungsformen eines gleichen Amtsbegriffes gedeutet und auch in ein einheitliches Amtsrecht einbezogen wurden, wie es in Preußen seit dem Preußischen Allgemeinen Landrecht geschehen ist[83], entstand die Gefahr, daß auch die typische Funktionsweise der hoheitlichen Verwaltung in die Kirche Eingang finden könnte und das geistliche Element in den Beziehungen zwischen Kirchenleitung, Gemeinde und Amtsträger überlagert würde. Das heute noch vielfach vorwaltende Mißverständnis der rechtlich geordneten Kirche als sogenannter Amtskirche erweist sich als Folge der in der Zeit des Staatskirchentums von staatlicher Seite veranlaßten strukturellen Anpassung.

5. Besetzung kirchlicher Ämter

Das Interesse der weltlichen Herrscher an der Besetzung kirchlicher Ämter und die sich hieraus ergebende Konfliktsituation war seit den mittelalterlichen Auseinandersetzungen ein wesentlicher Teilaspekt der Beziehungen zwischen kirchlicher und weltlicher Gewalt. In der Epoche, in der sich die Staaten kraft ihres Souveränitätsanspruchs die Kirchen als Element der öffentlichen Ordnung der staatlichen Aufsicht zu unterwerfen anschickten, haben diese auch danach getrachtet, die Personalentscheidungen im Hinblick auf die kirchlichen Ämter bestim-

---

[82] Die Frage, inwieweit sich kirchliches und weltliches Amtsverständnis decken oder voneinander unterscheiden, ist bisher kaum thematisiert worden. Einzelne Bemerkungen hierzu finden sich bei *Rudolf Smend,* Verfassung und Verfassungsrecht (1928), in: ders., Staatsrechtliche Abhandlungen. Berlin 1955, S. 119-276, bes. S. 273 ff.; vgl. ferner *Ralf Dreier,* Das kirchliche Amt. München 1972, S. 115 ff.

[83] PreußALR (Anm. 16), §§ 19, 96 II 11.

men oder beeinflussen zu können. Doch hat das darauf gerichtete Bestreben die deutschen Fürsten nicht dazu veranlaßt, das Verfahren der Besetzung kirchlicher Ämter zum Gegenstand staatlicher Rechtsetzung zu machen und die Anwendung des kanonischen Rechts zu verhindern. Die Mittel der Territorialhoheit hätten hierfür nicht ausgereicht. Denn die Bischofssitze lagen im allgemeinen außerhalb der fürstlichen Territorien. Die Inhaber der Bischofssitze waren als Reichsfürsten den Landesherren reichsrechtlich gleichgestellt. Nicht die Entscheidung über die Person des Bischofs selbst, sondern nur die Ausübung der bischöflichen Gewalt innerhalb des eigenen Landes war einer Rechtsgestaltung aufgrund des ius territorii zugänglich [84]. Eine begrenzte Chance von regionaler Seite auf die Bestellung bischöflicher Amtsträger einzuwirken, war durch die Einschaltung der Domkapitel, die mit dem Reich durch das Wiener Konkordat (1438) vereinbart worden war, eröffnet worden.

Ohne Rückgriff auf staatskirchenhoheitliche Befugnisse stand den Herrschern der übliche Weg einer konkordatären Vereinbarung offen, um die Besetzung von Bischofsstühlen maßgeblich beeinflussen zu können. Von den deutschen Fürsten hatten aber bis zum Ende des alten Reiches nur die österreichischen Herrscher ein Nominationsrecht für die innerhalb ihres Territoriums gelegenen Bistümer ohne Reichsstandschaft erwirken können [85]. Das Konkordat von 1817 verschaffte dem bayerischen König das Nominationsrecht für die nunmehr säkularisierten Bistümer des Landes [86]. Den übrigen Staaten blieb auf Grund von im einzelnen umstrittenen Mitwirkungsmöglichkeiten die Möglichkeit, auf den Wahlvorgang in den Domkapiteln Einfluß zu nehmen und die Wahl nicht genehmer Kandidaten zu verhindern [87].

---

[84] Namentlich in Bayern war man im späteren 18. Jahrhundert bestrebt, durch extensive Deutung staatskirchenhoheitlicher Befugnisse den Anwendungsbereich des kanonischen Rechts einzudämmen. Zu diesen Tendenzen im Zusammenhang mit der „Osterwaldschen Reformgesetzgebung" vgl. *Feine,* Kirchliche Rechtsgeschichte (Anm. 44), S. 580 ff.; *Hans Rall,* Kurbayern in der letzten Epoche der alten Reichsverfassung 1745-1801. München 1952, S. 255 ff.

[85] Vgl. *Feine,* Kirchliche Rechtsgeschichte (Anm. 44), S. 496 ff.; *ders.,* Die Besetzung der Reichsbistümer vom Westfälischen Frieden bis zur Säkularisation 1648-1803 (= Kirchenrechtliche Abhandlungen, H. 97/98), Stuttgart 1905.

[86] Bayer. Konkordat vom 5. Juni 1817, abgedr. bei *Huber/Huber,* Staat und Kirche (Anm. 4), Bd. 1, 1973, S. 170; vgl. hierzu *Max von Seydel,* Bayerisches Staatsrecht. 2. Aufl., Bd. 3, Freiburg i. B., Leipzig 1896, S. 553 ff.

[87] Vgl. *Emil Friedberg,* Der Staat und die Bischofswahlen in Deutschland. 2 Bde., Leipzig 1874; *Adolf Rösch,* Der Einfluß der deutschen protestantischen Regierungen auf die Bischofswahlen, Freiburg i. Br. 1900; *Ulrich Stutz,* Der neuste Stand des deutschen Bischofswahlrechtes (= Kirchenrechtliche Abhandlungen, H. 58), Stuttgart 1909.

§ 1 Die geschichtlichen Wurzeln des deutschen Staatskirchenrechts   35

Ungeachtet der fehlenden hoheitlichen Verfügungsgewalt über das Recht der kirchlichen Stellenbesetzung konnten die Staaten versuchen, mißliebige kirchliche Amtsträger durch Maßnahmen zu behindern, die sich gegen die Amtsausübung im Territorium richteten oder die ihnen die Erzielung der für die Amtsausübung vorgesehenen Einkünfte erschwerte. Die Temporaliensperre war als Druckmittel und Sanktion durchaus geläufig[88]. Als planmäßiges Kampfmittel des Staates gegenüber dem Episkopat fand sie dann freilich nur im Rahmen des Kulturkampfes Verwendung[89].

Stärker waren die staatlichen Einwirkungsmöglichkeiten hinsichtlich der Besetzung der Klerikerstellen innerhalb des Territoriums[90]. Die Fürsten nahmen weitgehend ein Aufsichtsrecht für die Wahl der Inhaber von Prälatenstellen in Anspruch und konnten auch die Einweisung in die mit den Ämtern verbundenen Benefizien in Ausübung ihres Aufsichtsrechts beeinflussen. Ein Recht der Landesherren zur Vergabe von Pfarrstellen ließ sich am einfachsten mit dem Hinweis auf das Bestehen eines landesherrlichen Patronatsrechts begründen. Der Erwerb eines Patronatsrechts durch den Landesherrn war in vielen Einzelfällen nachweisbar. Verbreitet war die These, daß mit der Säkularisierung die Patronate der säkularisierten Stifter auf den Staat übergegangen seien. Teilweise wurde ein generelles Patronatsrecht aus der territorialhoheitlichen Stellung des Landesherrn abgeleitet. Ein derartiges, von einem Erwerbstitel unabhängiges Patronatsrecht lag noch im 19. Jahrhundert der Praxis in einzelnen Ländern zugrunde, war aber umstritten[91].

Die Freiheit der Kirche in der Stellenbesetzung ist schließlich noch durch eine staatliche Kontrolle hinsichtlich der Vorbildung von Stelleninhabern beschnitten worden. Auch das Erfordernis des Indigenats wurde bisweilen erhoben[92], um eine Stellenvergabe an ausländische Geistliche auszuschließen. Das in Preußen während des Kulturkampfes eingeführte sogenannte Kulturexamen als Bedingung für die Übernah-

---

[88] Vgl. *Wilhelm Kahl,* Über die Temporaliensperre, besonders nach bayerischem Kirchenstaatsrecht, Erlangen 1876; *Friedberg,* Gränzen (Anm. 4), passim.
[89] Vgl. *E. R. Huber,* Deutsche Verfassungsgeschichte (Anm. 4), Bd. 4, 2. Aufl. 1982, S. 697 ff.
[90] Zum Umfang und zu der vielfältigen rechtlichen Begründung der herrscherlichen Einwirkung auf die Stellenbesetzung in Bayern vgl. *Rall,* Kurbayern (Anm. 84), S. 300 ff.
[91] Vgl. *Paul Hinschius,* Das landesherrliche Patronatsrecht gegenüber der katholischen Kirche, Berlin 1856; *ders.,* Staat und Kirche (Anm. 4), S. 212, 294; zur komplizierten Rechtslage in Bayern vgl. *von Seydel,* Bayer. Staatsrecht (Anm. 86), Bd. 3, S. 558 ff.
[92] Vgl. *Hinschius,* Staat und Kirche (Anm. 4), S. 293 f.

me einer Pfarrstelle hat in vergleichbaren Maßnahmen katholischer Staaten durchaus Vorbilder[93].

6. Kirchliche Finanzen

Die Einnahmequellen der Kirchen und der Angehörigen des Klerus hatten, obwohl sie Regelungsgegenstand des kanonischen Rechts waren, schon im hohen Mittelalter die Aufmerksamkeit der weltlichen Herrscher gefunden, weil ohne eine Einwirkungsmöglichkeit auf diesen Sektor der kirchlichen Tätigkeit die Beherrschung des Landes recht unvollkommen geblieben wäre. Das staatliche Interesse an kirchlichen Einnahmen kann unter einem doppelten Aspekt stehen. Zum einen erwächst dem weltlichen Machthaber im Rahmen seiner Aufgabe, die geordnete Ausübung der Religion zu gewährleisten, die Verpflichtung, die kirchlichen Amtsträger wirtschaftlich zu sichern. Andererseits wurden die kirchlichen Einnahmen von weltlicher Seite kritisch beurteilt. Es entstand das Bedürfnis, die kirchlichen Einnahmen im Hinblick auf Rechtmäßigkeit und Umfang zu kontrollieren und gegebenenfalls einzudämmen. Denn das Volumen der kirchlichen Einnahmen war teilweise für die Wirtschaft eines Territoriums von erheblichem Gewicht und berührte schon deshalb die dem Herrscher anvertrauten Gemeinwohlbelange.

Die Staatsgewalt hat das allgemeine System der Einnahmeerzielung, auch die einzelnen Einkommensarten, nicht zu beseitigen versucht. Ihre Bestrebungen richteten sich meist darauf, die Erhebung bestimmter kirchlicher Abgaben zu verhindern oder von Bedingungen abhängig zu machen. Vielfach wurde eine Beteiligung an kirchlichen Abgaben durchgesetzt. Herkömmliche und im kanonischen Recht vorgesehene Steuerbefreiungen für Geistliche wurden öfters nicht anerkannt. Auch die Einführung von Sondersteuern zu Lasten des Klerus wurde bisweilen versucht. Größere Tragweite hatten die gesetzgeberischen Maßnahmen im Interesse einer sogenannten Amortisation, durch welche der unbegrenzten Ansammlung von Vermögenswerten bei kirchlichen Rechtsträgern und dem damit verbundenen Entzug dieser Vermögenswerte aus dem allgemeinen Wirtschaftsverkehr entgegengewirkt werden sollte[94].

---

[93] Vgl. insbesondere die Badische Landesherrliche Verordnung, die allgemeine wissenschaftliche Vorbildung der Geistlichen betreffend, vom 6. September 1867, abgedr. bei *Huber/Huber,* Staat und Kirche (Anm. 4), Bd. 2, 1976, S. 251; vgl. auch *von Seydel,* Bayer. Staatsrecht (Anm. 86), Bd. 3, S. 563. — Das sog. Kulturexamen beruht auf dem preußischen Gesetz über die Vorbildung und Anstellung der Geistlichen vom 11. Mai 1873, abgedr. bei *Huber/Huber,* ebd., S. 594.

Der Umstand, daß das kirchliche Vermögen im Laufe der Zeit zu einem gewichtigen Faktor für die wirtschaftlichen Ausgangsbedingungen in einem Lande geworden war, hat begreiflicherweise von seiten der Fürsten, die kraft ihrer Verantwortung für das Gemeinwohl das Territorium in vollem Umfang, auch in wirtschaftlicher Hinsicht, zu beherrschen bestrebt waren, den Wunsch entstehen lassen, über die Amortisation als Begrenzung des weiteren Vermögenszuwachses hinauszugehen und am Bestand des kirchlichen Vermögens regelrechte Korrekturen anzubringen. Das Mittel der Säkularisation, der Überführung von Vermögensmassen, die kirchlichen Zwecken dienten, in das Staatsvermögen, mußte unter diesen Umständen ins Blickfeld treten. Der Gedanke einer Säkularisation war dabei nicht von vornherein mit dem Odium eines Zugriffs auf fremdes Eigentum behaftet. Die jeweilige Kirche galt als integrierender Bestandteil der öffentlichen Ordnung, zu deren Wahrung der Staat sich berufen hielt. Bei dieser Prämisse ist der kirchliche Zweck, dem ein Vermögensgegenstand dient, ein öffentlicher Zweck neben anderen. Die Inanspruchnahme kirchlichen Vermögens für staatliche Zwecke kann als hoheitlich verfügte Änderung der Zweckbestimmung ausgegeben werden — eine Maßnahme, die vor allem dann mit dem Schein des Rechts umgeben werden konnte, wenn der ursprüngliche kirchliche Zweck nicht mehr realisierbar erschien. Unter diesem Aspekt waren von protestantischer Sicht aus die Säkularisationen im Gefolge der Reformation und im Vollzug des Westfälischen Friedens als unvermeidliche Maßnahmen hinzunehmen. Die von aufklärerischen Ideen bestimmten Säkularisationen des späten 18. Jahrhunderts in Österreich und Bayern und in Frankreich im Verlaufe der Revolution ließen sich ebenfalls als staatliche Fürsorge für eine zweckgerechte Verwendung funktionslos gewordenen kirchlichen Vermögens interpretieren, wenn man zugrunde legt, daß ein utilitaristischer Zeitgeist die herkömmlichen kirchlichen Zwecke diskreditiert und die Vorstellung gefördert hatte, daß ein Zweck gemäß einer nicht mehr sinnvollen Gemeinwohlvorstellung durch einen anderen am Maßstab der Vernunft zu messenden Zweck zu ersetzen sei[95]. Die die Säkularisierung ermöglichende Vorschrift des Reichsdeputationshauptschlusses (§ 35) hat dann freilich durch die bekannte Formulierung, das Kirchenvermögen könnten die Fürsten auch „zur Erleichterung ihrer Finanzen" verwenden, den rechtlichen Charakter der Säkularisierung als einer bloßen Anpassung in der Zweckbindung gänzlich preisgegeben.

---

[94] Vgl. *Friedberg*, Gränzen (Anm. 4), passim u. S. 793; *Feine*, Kirchliche Rechtsgeschichte (Anm. 44), S. 493; *Rall*, Kurbayern (Anm. 84), S. 318 f. — Zur Amortisationsgesetzgebung im 19. Jh. vgl. *Wilhelm Kahl*, Die deutschen Amortisationsgesetze, Tübingen 1879; *Emil Friedberg*, Lehrbuch des katholischen und evangelischen Kirchenrechts. 6. Aufl., Leipzig 1909, S. 556 ff.

[95] Vgl. *Liermann*, Handbuch des Stiftungsrechts (Anm. 66), S. 173 ff.

Das Mittel der Säkularisation war seiner Art nach nicht mehrfach zu wiederholen. Aber nicht nur deshalb hat es nach dem Reichsdeputationshauptschluß seine praktische Bedeutung verloren. Die Ausgliederung der Kirchen aus dem Staatsverband und die Einsicht in die Unterschiedlichkeit der Zwecke von Staat und Kirchen, die nicht einfach zwei Erscheinungsweisen eines einheitlichen öffentlichen Zweckes sind, hätten eine von staatlicher Seite mit hoheitlichen Mitteln herbeigeführte Säkularisation doch deutlich als einen rechtsvernichtenden staatlichen Übergriff erscheinen lassen. Die Säkularisationspolitik wurde seit dem 19. Jahrhundert nicht mehr aufgegriffen, zumal das Kirchenvermögen zum Gegenstand von verfassungsrechtlichen Gewährleistungen wurde[96]. Auch im Kulturkampf wurde der Bestand des kirchlichen Vermögens — sieht man von vereinzelten Einwirkungen zugunsten der Altkatholiken ab — nicht in Frage gestellt.

Trotzdem blieben kirchliches Vermögen und kirchliche Finanzen Gegenstand staatlicher Gesetzgebung. Die Säkularisationsgewinne hatten dem Staat die Verpflichtung auferlegt, die bisher aus den eingezogenen kirchlichen Vermögensmassen bestrittenen kirchlichen Bedürfnisse zu finanzieren, was zu vertraglich vereinbarten oder staatlicherseits festgelegten regelmäßigen Leistungen führte[97]. Auch gegenüber den evangelischen Kirchen wurde eine finanzielle Einstandspflicht des Staates angenommen, soweit die kirchlichen Bedürfnisse einschließlich des Aufwands für die Pfarrbesoldung nicht aus dem den Kirchen verbliebenen Pfründevermögen bestritten werden konnten. Die staatliche Verantwortung für eine den Bedürfnissen entsprechende Finanzausstattung der Kirchen, zumal der örtlichen Kirchengemeinden, bildete den Hintergrund für die seit Mitte des 19. Jahrhunderts einsetzende staatliche Kirchensteuergesetzgebung[98], durch die den Kirchen eine von der Hoheitsgewalt des Staates abgesicherte Finanzierungsquelle erschlossen

---

[96] Vgl. die folgenden Bestimmungen der Verfassungen in der Epoche des Frühkonstitutionalismus (abgedr. bei *E. R. Huber*, Dokumente zur deutschen Verfassungsgeschichte, 3. Aufl., Bd. 1, 1978, S. 155 ff.: Bayern (1818), Titel VI § 9; Baden (1818), II § 20; Württemberg (1819), Kap. VI § 70; Kurhessen (1831), Abschn. X § 138. Vgl. ferner Bayerisches Religionsedikt von 1818, § 47, abgedr. bei *Huber/Huber*, Staat und Kirche (Anm. 4), Bd 1, 1973, S. 132. — Vgl. hierzu *Johannes Heckel*, Kirchengut und Staatsgewalt, in: Rechtsprobleme in Staat und Kirche. FS für Rudolf Smend. Göttingen 1952, S. 103-143, bes. S. 116 ff.

[97] Vgl. in *diesem* Handbuch den Beitrag von *Josef Isensee*, § 35 Leistungen des Staates an die Kirchen; mit eingehenden Literaturhinweisen.

[98] Vgl. *Friedrich Giese*, Deutsches Kirchensteuerrecht (= Kirchenrechtliche Abhandlungen, H. 69-71), Stuttgart 1910; *v. Mangoldt/Klein/v. Campenhausen*, Art. 140 GG/Art. 137 WRV, Rdnrn. 183 ff.; *Huber/Huber*, Staat und Kirche (Anm. 4), Bd. 3, 1983, S. 27 ff.; *Wolfgang Huber*, Die Kirchensteuer als „wirtschaftliches Grundrecht", in: Wolfgang Lienemann (Hrsg.), Die Finanzen der Kirche. München 1989, S. 130-154.

§ 1 Die geschichtlichen Wurzeln des deutschen Staatskirchenrechts 39

wurde. Die Einführung einer Kirchensteuer, um den Kirchen laufende Einnahmen zu verschaffen, hat sich als eine Entscheidung von erheblicher Tragweite erwiesen, nicht nur wegen ihrer Bedeutung für die künftige Entwicklung des kirchlichen Finanzwesens. Sie hat auch das Staatskirchenrecht um einen Sektor besonders gestalteter Beziehungen zwischen Staat und Kirche bereichert und gleichzeitig kompliziert, indem es dem kirchlichen Handeln auf jenem Sektor der Abgabenerhebung den Charakter eines Handelns in Vollzug staatlicher Gesetze und kraft staatlicher Hoheitsgewalt vermittelt.

Im 19. Jahrhundert ging der staatliche Gesetzgeber ganz allgemein davon aus, daß kirchliche Abgaben in positiver wie in negativer Hinsicht seiner Kompetenz unterfallen[99]. Die Konkurrenz zwischen staatlicher und kirchlicher Gesetzgebung im kirchlichen Abgabenwesen ist auf staatlicher Seite erstmals als Problem bewußt geworden, als man es in Preußen gegen Ende des Jahrhunderts für notwendig hielt, die herkömmlichen Stolgebühren für kirchliche Amtshandlungen abzuschaffen, was schließlich durch die Koordinierung eines kirchlichen Gesetzes mit einem bestätigenden Staatsgesetz bewerkstelligt wurde[100].

Neben der Regulierung staatlicher Leistungen für den kirchlichen Bedarf ist die staatliche Aufsicht über die Verwendung kirchlichen Vermögens als Erscheinungsform staatlicher Kirchenhoheit erhalten geblieben, was wiederum von katholischer Seite als Übergriff in den kirchlicher Regelung vorbehaltenen Bereich empfunden wurde.

7. Das individuelle Recht der Religionsausübung

Die individuelle Freiheit in religiöser Hinsicht — ein unverzichtbarer Bestandteil einer rechtsstaatlichen Verfassung — hat vielfältige historische Wurzeln. Auch die Umwandlung der öffentlichen Ordnung, die durch die Reformation ausgelöst worden ist, kann aus der Ursachenkette nicht ausgegliedert werden. Trotzdem hat das staatliche Recht erst lange Zeit nach dem Bewußtwerden der konfessionellen Spaltung des Abendlandes die Freiheit des einzelnen zum unmittelbaren Gegenstand entsprechender Normierung gemacht. Der innere Zusammenhang zwischen dem für den Verfassungsstaat grundlegenden Freiheitsbegriff und dem Freiheitspostulat der reformatorischen Theologie, die die Freiheit des Gewissens als Basis und Folge des Glaubens propagiert, hat in der

---

[99] Vgl. z. B. §§ 14, 16 des Badischen Gesetzes über die Rechtsstellung der Kirchen und kirchlichen Vereine (abgedr. bei *Huber/Huber,* Staat und Kirche [Anm. 4], Bd. 2, 1976, S. 234 ff.).
[100] Vgl. *Huber/Huber,* Staat und Kirche (Anm. 4), Bd. 3, 1983, S. 30 ff.

Geschichtswissenschaft und in der Staatslehre vielfältiges Interesse und Behandlung gefunden[101]. Auf der Ebene des Rechts hat man die Rückwirkung der Zulassung unterschiedlicher Konfessionen auf die individuelle Freiheit zunächst nicht artikuliert. Die durch den Augsburger Religionsfrieden eröffnete konfessionelle Alternative erschien als Modifikation innerhalb der öffentlichen Ordnung des Reiches, nicht als Konzession an die Individualität — sieht man von dem wenig praktischen ius emigrandi ab. Die Sicherung der konfessionellen Minderheiten innerhalb eines Territoriums, wie sie durch die Regelungen des Westfälischen Friedens bewirkt wurde, berührt zwar eine subjektivrechtliche Komponente in der reichsrechtlichen Ordnung. Träger von Rechten waren aber allenfalls die Minderheiten als solche und die beiden Corpora der Reichsstände gleicher Konfession, nicht der einzelne hinsichtlich seiner individuellen Überzeugung.

Eine individualrechtliche Komponente wurde der bestehenden religionsrechtlichen Ordnung ansatzweise durch die Deutung beigelegt, die die Korporationslehre der Aufklärung den staatskirchlichen Verhältnissen im Territorium zukommen ließ. Die kollegialistische Erklärung der Kirche als Verband der Anhänger des gleichen Bekenntnisses gibt dem Einzelnen in seiner Eigenschaft als individuell Bekennender eine notwendige rechtliche Position in der Kirchenverfassung und somit nach den damaligen staatsrechtlichen Prämissen auch in der staatlichen Verfassung. Das Recht der Angehörigen der Konfessionskirche wird als Konzession an die Gewissensfreiheit empfunden — ein Begriff, der im 18. Jahrhundert gebräuchlich wird, wenn die Grenze des Staates gegenüber dem Einzelnen aufgrund des limitierten Staatszweckes gekennzeichnet wird. Gewissensfreiheit wird als Ausgangsbedingung für die Staatsbildung durch Vertragsschluß zu einem zentralen staatsrechtlichen Begriff. Jene Freiheit äußert sich nicht in konkreten Handlungen und Gestaltungsrechten, sondern in der Freiheit vor dem staatlichen Übergriff auf den staatlicher Gestaltung entzogenen Bereich. Das Preußische Allgemeine Landrecht hat ohne Bedenken die Konkordanz von negativer Gewissensfreiheit und staatlichem Anspruch auf Beherrschung der Kirche bekundet, indem es den Gewissensbereich von Zwangsgesetzen freistellte, aber gleichzeitig die Religionsgesellschaften für staatliche Zwecke zu instrumentalisieren suchte[102].

---

[101] Vgl. *Martin Heckel*, Zum Sinn und Wandel der Freiheitsidee im Kirchenrecht der Neuzeit, in: ZRG Kan.Abt. 55 (1969), S. 395 ff.; *ders.*, Die Menschenrechte im Spiegel der reformatorischen Theologie (= Abhandlungen der Heidelberger Akademie der Wissenschaften, Jg. 1987, Abh. 4), Heidelberg 1987 — beide Beiträge mit jeweils ausführlichen Hinweisen auf die einschlägige Literatur sind auch abgedr. in: ders., Gesammelte Schriften (Anm. 4), Bd. 1, S. 447 ff., bzw. Bd. 2, S. 1122 ff.

§ 1 Die geschichtlichen Wurzeln des deutschen Staatskirchenrechts 41

Auch in der Anfangsphase des konstitutionellen Staates blieb die Anerkennung der Religionsfreiheit ohne Folgen für die staatskirchenrechtliche Ordnung. Die in den Verfassungen verbürgte Freiheit in religiöser Hinsicht gab nur das Recht, zwischen den zur Religionsausübung zugelassenen Religionsgemeinschaften zu wählen und die Religion in der jeweils zugelassenen Form, nämlich öffentlicher Gottesdienst, privater Gottesdienst oder Hausandacht, auszuüben. Die ausdrückliche Gewährleistung von Freiheit im religiösen Bereich blieb daher zunächst auf die überlieferten Erscheinungsformen der Religion bezogen. Da diese Freiheit aber mit der Beschränkung des Staates auf innerweltliche Zwecke begründet wurde, war die Folgerung, daß auch ein beliebiges religiöses Bekenntnis, ja sogar Religionslosigkeit, zulässig sei, auf die Dauer nicht mehr aufzuhalten, auch wenn entsprechende Formulierungen der Religionsfreiheit in dieser Richtung unterblieben sind. Andererseits wird die Wirkung der Religionsfreiheit in bedenklicher Weise minimiert, wo sie ausschließlich mit der Inkompetenz des Staates in Gewissensangelegenheiten begründet wird und die Verpflichtung des Staates, für die Lebensmöglichkeiten der Einzelnen auch im immateriellen Bereich zu sorgen, außerhalb des Blickfelds bleibt. Bei jener im 19. Jahrhundert vorwaltenden Sicht wirkte Religionsfreiheit nicht als Recht, das den Rechtskreis der Bürger erweiterte. Sie veranlaßte den staatlichen Gesetzgeber auch nicht, bei der gesetzlichen Auferlegung von Rechten und Pflichten auf religiöse Bedürfnisse Rücksicht zu nehmen. Gesetzlichen Pflichten — so wird ausdrücklich betont[103] — kann man sich nicht unter Berufung auf die Religionsfreiheit entziehen[104].

Freilich war der Gesetzgeber nicht in jeder Hinsicht der Aufgabe enthoben, die Rechtsordnung in einzelnen Punkten mit dem Prinzip der Religionsfreiheit in Einklang zu bringen. In Vollzug einer in die deutsche Bundes-Akte von 1815 aufgenommenen Verpflichtung[105] sprachen die Landesverfassungen eindeutig aus, daß die staatsbürgerlichen Rechte nicht von der Zugehörigkeit zu einer bestimmten, im Lande zugelas-

---

[102] Vgl. §§ 1 und 13 II 1 PreußALR (Anm. 16).
[103] Nur mit einem solchen Vorbehalt wird die Religionsfreiheit in den Verfassungen von Hessen (1820), Art. 22, von Kurhessen (1831), § 30, und von Braunschweig (1832), § 29, gewährt; vgl. auch *von Seydel*, Bayer. Staatsrecht (Anm. 86), Bd. 3, S. 483.
[104] In spektakulärer Weise trat in Bayern der Konflikt zwischen Pflichten gegenüber dem Staat und Freiheit des Gewissens im sogenannten Kniebeugestreit in Erscheinung. Von staatlicher Seite wurde dabei zeitweise die Auffassung vertreten, daß die Einhaltung militärischer Disziplin Vorrang gegenüber Gewissensbedenken habe. Vgl. hierzu E. R. Huber, Deutsche Verfassungsgeschichte (Anm. 4), Bd. 2, 3. Aufl. 1988, S. 437.
[105] Deutsche Bundes-Akte vom 8. Juni 1815, Art. 16.

senen Konfession abhängig seien. Die völlige Lösung der staatsbürgerlichen Rechte vom individuellen Bekenntnis wurde durch die Paulskirchenverfassung proklamiert und dann in die Preußische Verfassung übernommen[106]. Für das deutsche Reich ist die Unabhängigkeit staatsbürgerlicher Rechte vom Bekenntnis in einem eigens diese Frage regelnden Gesetz des Norddeutschen Bundes aus dem Jahr 1869, das später in das Reichsrecht übernommen wurde, ausgesprochen worden[107].

Schließlich ließen die Wirkungen, die kirchliches Handeln für die Rechtsstellung der Bürger nach sich ziehen konnte, in bestimmter Hinsicht ein positives staatliches Handeln zum Schutz der individuellen Religionsfreiheit geboten erscheinen. Der mit der gewährleisteten kirchlichen Autonomie grundsätzlich verbundene Verzicht des Staates auf Überwachung der kirchlichen Amtshandlungen und Disziplinarmaßnahmen konnte für einzelne eine Belastung ihrer bürgerlichen Rechte mit sich bringen, soweit solche Rechte von kirchlichen Handlungen abhängig waren. Die Problematik einer Verflechtung von kirchlicher und staatlicher Rechtsordnung wurde an diesem Punkte sichtbar[108]. Solange man sich nicht entschließen konnte, die bürgerliche Rechtsstellung völlig von kirchlichen Amtshandlungen unabhängig zu machen, mußte man den umgekehrten Weg gehen und den kirchlichen Rechtsvollzug zum Schutz von Areligiösen und Dissidenten Beschränkungen unterwerfen.

Das Gebiet, auf dem es angesichts jener Ausgangslage schließlich zum offenen Konflikt kommen mußte, war das Mischehenrecht. Der staatliche Gesetzgeber hat sich im allgemeinen für befugt gehalten, die Frage der Religionszugehörigkeit von Kindern aus gemischten Ehen einseitig und abweichend vom kanonischen Recht zu regeln[109]. Die katholischen Geistlichen haben sich dessen ungeachtet bei ihren Amtshandlungen vielfach nach kanonischem Recht gerichtet, ein Verhalten, das in Preußen zu schwerwiegenden und länger anhaltenden Verwicklungen zwischen Staat und Kirche Anlaß gegeben hat. Das Engagement der preußischen Regierungen in dieser Angelegenheit erwuchs aus der Sorge um den inneren Frieden und wurde mit der staatlichen Verpflichtung

---

[106] PreußVerf. von 1850, Art. 12.

[107] Gesetz betreffend die Gleichberechtigung der Konfessionen in bürgerlicher und staatsbürgerlicher Hinsicht vom 3. Juli 1869, abgedr. bei *Huber/Huber,* Staat und Kirche (Anm. 4), Bd. 2, 1976, S. 428.

[108] Insbesondere *Friedberg* hat unter diesem Gesichtspunkt schwerwiegende — freilich übertriebene — Bedenken gegen den vollständigen Rückzug des Staates aus der Kirchenaufsicht geltend gemacht, vgl. *Friedberg,* Gränzen (Anm. 4), S. 426 ff., 789 ff.

[109] Z. B. Bayerisches Religionsedikt von 1818, §§ 12 ff.

begründet, die religiöse Freiheit der von der kirchlichen Praxis betroffenen Nichtkatholiken zu schützen[110].

Unter einem ähnlichen Gesichtspunkt erfolgte ein Eingriff des Staates in das kirchliche Mitgliedschaftsrecht im Zusammenhang mit der staatlichen Kirchenaustrittsgesetzgebung, zu der man sich im Rahmen des Kulturkampfes entschloß. Auch hier glaubte der Staat, die Religionsfreiheit derer, die sich von der katholischen Kirche lösen wollten, sei durch die Haltung der Repräsentanten der katholischen Kirche bedroht. Die Weigerung, eine Beendigung der Kirchenmitgliedschaft zur Kenntnis zu nehmen, konnte freilich den staatlichen Gesetzgeber nicht zu Reaktionen veranlassen, die das kirchliche Mitgliedschaftsrecht unmittelbar berührten, da religiös geprägte Beziehungen staatlicher Disposition nicht unterlagen. Deshalb hat sich der Gesetzgeber darauf beschränkt, die Annexwirkung einer kirchlichen Mitgliedschaft im Bereich des staatlichen Rechts seiner Regelung zu unterwerfen, wodurch er in bemerkenswerter Weise zur Förderung der Erkenntnis beigetragen hat, daß kirchliches Recht als solches dem normativen staatlichen Zugriff nicht zugänglich ist[111].

Zweifellos ist die staatskirchenrechtliche Thematik in konstitutioneller Zeit durch ein neues Element bereichert worden, indem jetzt auch in gewissem Umfang die Rechte der Einzelnen in religiöser Hinsicht den Gesetzgeber beschäftigten. Doch war der Schutz, den die Rechtsordnung damals der Individualität in religiöser Hinsicht angedeihen ließ, eine rechtliche Sicherung, die vornehmlich zugunsten von Minderheiten und Dissidenten wirkte, damit diese durch die Anforderungen der herkömmlichen, an der Mehrheitsreligion orientierten öffentlichen Ordnung nicht benachteiligt würden.

8. Die staatliche Gesetzgebung auf herkömmlichen Tätigkeitsfeldern der Kirchen

Die Eigenschaft der Kirchen als im wesentlichen selbstverantwortlich handelnde Kräfte, die der ständischen Struktur des aus dem Mittelalter überkommenen Ordnungssystems entsprochen hatte, konnte der moderne, an der Souveränitätsidee orientierte Staat auf die Dauer nicht hinnehmen, sofern er die seinem Selbstverständnis entsprechende Ver-

---

[110] Zum Mischehenstreit vgl. die Angaben zu Anm. 36, zur Motivierung der staatlichen Haltung insbes. die bei *Huber/Huber*, Staat und Kirche (Anm. 4), Bd. 1, 1973, Nr. 123 f., wiedergegebenen königlichen Verlautbarungen.
[111] Vgl. Preuß. Gesetz betreffend den Austritt aus der Kirche vom 14.5.1873, abgedr. bei *Huber/Huber*, Staat und Kirche (Anm. 4), Bd. 2, 1976, S. 610.

antwortung für die Gesamtheit der Belange des Gemeinwohls zur Geltung bringen wollte. Die Haltung des Staates gegenüber der Kirche mußte von dem Bestreben geleitet sein, diese um ihrer Autorität willen und weil sie Quelle vielfältiger sozialer Aktivitäten war, in das vom Willen des Souveräns bestimmte System zu integrieren. Dabei konnten sich die Staaten nicht damit begnügen, die Kirchen in ihrer Verbandsstruktur in den vom staatlichen Willen beherrschten Organismus einzugliedern und ihre Amtsträger dem staatlichen Einfluß zu unterwerfen. Entscheidend war, daß das Handeln, das aus der kirchlichen Sphäre kam und das das öffentliche Leben weitgehend mitbestimmte, an die vom Souverän festgelegten Staatszwecke angepaßt wurde.

Jenes Interesse, das Wirken der Kirche den Bedürfnissen der Staatsräson zu unterwerfen, war nicht für alle Handlungsbereiche der Kirche in gleichem Maße ausgeprägt. Vereinzelt wurden Ansätze gemacht, auch das gottesdienstliche Handeln der Kirchen, vornehmlich die Wortverkündigung, für die staatlichen Zwecke in Dienst zu nehmen; denn es lag nahe, die gottesdienstliche Versammlung, die einzige regelmäßige Zusammenkunft der Einwohner, zu nutzen, um auf diese im Sinne des herrscherlichen Willens Einfluß zu nehmen. Doch ist die Instrumentalisierung von Religion und Gottesdienst für die säkulare Zielsetzung nicht zu einer bleibenden und für die Zukunft des Staatskirchenrechts richtungweisenden Erscheinung geworden. Die Unangemessenheit einer solchen Methode mußte empfunden werden, seitdem sich die Erkenntnis Bahn brach, daß die übermäßige Bevormundung der Einwohner, vor allem die Bevormundung im persönlichen Bereich, den staatlichen Zielen abträglich sei. Die bekannte Formulierung, in der das Preußische Allgemeine Landrecht den Kirchen aufgab, ihre Glieder im Sinne staatsbürgerlicher Loyalität zu beeinflussen[112], ist nicht in konkreten Verpflichtungen in Erscheinung getreten.

Viel folgenreicher für die Weiterentwicklung und die Konkretisierung der Rechtsbeziehungen zwischen Staat und Kirchen war der Umstand, daß das kirchliche Handeln im außerkultischen Bereich, das sich vornehmlich in karitativ motivierten und in pädagogischen Aktivitäten äußerte, Gebiete berührte, für die der Staat kraft seiner Gemeinwohlverantwortung Kompetenz beanspruchen mußte. Das auf das Staatsverständnis der absolutistischen Epoche zurückgehende Staatskirchenrecht wird seinem Gegenstand nach nicht voll erfaßt, wenn man nur die staatlichen Normierungen in Betracht zieht, die die Kirche selbst, ihre Rechtsetzung, ihre Organe und ihr Vermögen betrafen. Eine Erscheinungsform des entstehenden Staatskirchenrechts waren auch die ho-

---

[112] PreußALR (Anm. 16), § 13 II 11.

§ 1 Die geschichtlichen Wurzeln des deutschen Staatskirchenrechts 45

heitlichen Maßnahmen, die in die herkömmlichen Handlungsfelder der Kirchen regulierend eingriffen. Der Staat nahm jetzt in weitem Umfang neue Aufgaben in die Hand, von denen manche bisher überhaupt nicht als Belange des Gemeinwohls ins Blickfeld getreten waren, manche aber von den weltlichen Herrschern deshalb nicht aufgegriffen worden waren, weil sie von anderen Ordnungskräften, vor allem von den Kirchen und kirchlichen Verbänden, wahrgenommen wurden[113]. Die Freiheit der Kirchen, nach eigener Beurteilung in den herkömmlichen Wirkungsbereichen tätig zu sein, wurde durch staatliche Lenkung und Eingriffe beschnitten. Betroffen von der Ausweitung staatlicher Aktivität und staatlicher Einflußnahme war in erster Linie das kirchliche Engagement auf sozialem Gebiet und im Erziehungswesen. Aber auch die bisher allein den Kirchen überlassene Aufgabe der Totenbestattung fand die staatliche Aufmerksamkeit. Selbst die alleinige Verfügung der Kirchen über die Feiertage wurde wegen der erheblichen praktischen Relevanz der Arbeitszeit für das gesellschaftliche Leben in Frage gestellt. Einen gewichtigen Einfluß hatten die Kirchen seit dem hohen Mittelalter für den gesamten Bereich des Eherechts und des Personenstandswesens. Aber auch auf diesem Gebiet verloren die Kirchen, namentlich in protestantischen Territorien, ihre ausschließliche Gestaltungsbefugnis und mußten die Anpassung des Eherechts und der Eherechtspraxis an weltliche Belange in unterschiedlichem Maße hinnehmen[114].

Das Ausgreifen staatlicher Fürsorge und des staatlichen Gestaltungswillens auf herkömmliche Tätigkeitsfelder der Kirchen äußerte sich nicht in der Weise, daß man staatlicherseits das Handeln der Kirchen zu unterbinden und durch staatliche Aktivitäten zu ersetzen suchte. Die Qualität der Kirche des Landes als ein maßgebliches Element des öffentlichen Lebens und als eine dem Gemeinwohl dienende Einrichtung wurde nicht in Frage gestellt und auch kaum faktisch gemindert. Vielmehr suchte der Staat seinen eigenen, vielfach utilitaristischen Vorstellungen dadurch Geltung zu verschaffen, daß er das kirchliche Handeln im Sinne seiner Vorstellungen beeinflußte und regulierte. Die staatlichen Maßnahmen zielten darum zunächst vornehmlich darauf, die Kirchen bei ihrem sozial relevanten Handeln in staatliche Abhängigkeit zu bringen. Insoweit unterschieden sich die staatlichen Einwirkungen

---

[113] Besonders augenfällig wird das Ausgreifen des verwaltenden Staates auf das kirchliche Tätigkeitsfeld in den Empfehlungen, die *Veit Ludwig von Seckendorff* in seinem Werk „Der teutsche Fürstenstaat" (1656) gibt, das großen Einfluß auf die Verwaltungspraxis im absoluten Staat ausgeübt hat, vgl. hierzu *Hans Maier*, Die ältere deutsche Staats- und Verwaltungslehre. 2. Aufl., München 1980, S. 162 ff.

[114] S. hierzu in *diesem* Handbuch *Dietrich Pirson*, § 28 Kirchliches und staatliches Eherecht.

in ihrer Methode nicht prinzipiell von denen, die gegenüber den herkömmlichen Einrichtungen der kommunalen und wirtschaftlichen Selbstverwaltung angewandt wurden. Das Handeln der Kirchen in manchen Bereichen, namentlich bei der Eheschließung und bei der Führung der Personenstandsangelegenheiten, gewann unmerklich den Charakter eines Handelns im staatlichen Auftrag. Die Freiheit kirchlichen Handelns wurde in unterschiedlichen Maßnahmen an staatliche Vorgaben gebunden und teilweise auch durch Verbote behindert. Einschneidend wirkte das staatliche Vorgehen freilich in den Tätigkeitsbereichen, in denen sich die herkömmliche kirchliche Praxis mit den staatlichen Vorstellungen von den Belangen des Gemeinwohls nicht harmonisieren ließ. Solche Konflikte in Motiven und Zielen sind vor allem auf dem Gebiet der Armenfürsorge hervorgetreten. Die wirtschaftspolitisch und polizeirechtlich orientierte Haltung gegenüber den Armen, die für den absoluten Staat charakteristisch ist, war mit der philanthropisch ausgerichteten karitativen Einstellung, die von kirchlichen Einrichtungen, namentlich von den Klöstern, geübt wurde, kaum in Einklang zu bringen.

Jener Prozeß der allmählichen Anpassung der kirchlich geprägten sozialen Aktivitäten an die staatlichen Zwecke hat sich im allgemeinen ohne spektakuläre Auseinandersetzungen vollzogen. Das Ausgreifen des staatlichen Interesses auf jene ursprünglich von den Kirchen beherrschten Sektoren hat durchwegs zur Folge gehabt, daß sich in verschiedenen Sachgebieten staatliche Aktivitäten — seien es auch nur rechtsgestaltende oder aufsichtliche Aktivitäten — und kirchliche Aktivitäten begegneten. So ist es verständlich, daß seit Ende des 18. Jahrhunderts die rechtliche Einordnung der res mixtae ein zentrales Thema der staatskirchenrechtlichen Diskussion geworden ist, wobei die gleichzeitige Betätigung von Staat und Kirche im gleichen Sachbereich zu einer Modifizierung der Aufteilung des für die Kirche maßgeblichen Rechts in iura circa sacra und iura in sacra Anlaß gab. Doch war die Abgrenzung eines besonderen Bereiches der res mixtae nicht Ausdruck der Rechtsauffassung, daß es sich hier um einen Bereich handele, in dem die staatliche Aufgabe im Interesse der kirchlichen Handlungsfreiheit eine nur begrenzte sei. Mit dem Begriff res mixtae wird vielmehr deklariert, daß jene Materien trotz der ihnen innewohnenden Beziehungen zur Religion und trotz teilweise bestehender kirchlicher Mitwirkungsmöglichkeiten gleichwohl der staatlichen Kompetenz unterfallen.

§ 2

Der heutige Verfassungsstaat und die Religion

Von Axel Frhr. v. Campenhausen

I. Wesen und Besonderheit des Staatskirchenrechts

1. Staatskirchenrecht als Teil der Verfassung

Deutschland kennt herkömmlich eine institutionelle Regelung der Beziehungen von Staat und Kirche. Im Kreise der europäischen Staaten ist dieses keine Einmaligkeit; auch andere Länder kennen solche Regelungen, deren Besonderheit darin liegt, daß sich die staatliche Ordnung im Verhältnis zu den Kirchen nicht auf die Gewährung der Religionsfreiheit und die Festlegung einer Trennung des staatlichen und religiösen Bereiches beschränkt. Hier kann man vom Staatskirchenrecht als einem besonderen Rechtsgebiet sprechen, in dem die Beziehungen zwischen Staat und Kirche durch staatliche Normen geordnet werden. Diese Regelung hat ihre Grundlage im öffentlichen Recht, weithin sogar im Verfassungsrecht des Bundes und der Länder. Sie ist vor allem durch die Verbürgung und die Verwirklichung der Religionsfreiheit bestimmt. Die organisatorische Trennung von Staat und Kirche einerseits, die Anerkennung einer Stellung der Religionsgemeinschaften im Bereich des Öffentlichen andererseits haben eine hervorgehobene Stellung der religiösen Gemeinschaften im staatlichen Recht und auf bestimmten Gebieten eine geregelte Verbindung von Staat und Kirche zur Folge. Diese in verschiedene Richtung weisenden und aus unterschiedlichen Epochen stammenden Elemente des Staatskirchenrechts stehen untereinander in enger Beziehung und finden durch ihre Ausdeutung in Rechtsprechung und Lehre ihre systematische Einheit.

Im Verhältnis zu anderen Bereichen des Verfassungsrechts weist das Staatskirchenrecht Besonderheiten auf. Eine augenfällige Eigenart besteht darin, daß es in starkem Maße von der geschichtlichen Entwicklung geprägt ist. Grundlegende Normen sind für längere Epochen der deutschen Entwicklung, und zwar meist im Verfassungsrecht, festgelegt worden. Hier sind Begriffe und Vorstellungen erhalten geblieben, die erst auf der Grundlage ihrer historischen Entstehung verständlich sind. Es handelt sich also um ein Rechtsgebiet, das zwar auf der einen Seite der Fortentwicklung offensteht, sogar in besonders sensibler Weise auf geistige und soziale Wandlungen reagiert. Grundbegriffe und Leitgedanken sind aber über längere Zeiträume hin wirksam geblieben.

Auch die epochale Abschaffung der Staatskirche (Art. 137 Abs. 1 WRV, heute i. V. m. Art. 140 GG) bedarf historisch erhellter Ausdeutung, gab es doch schon vor Erlaß der Reichsverfassung vor 1919 in Deutschland keine Staatskirchen mehr.

Auffällig ist dabei das Fortleben von Elementen des Rechts aus älteren Schichten des Staatslebens, die im übrigen abgestorben sind. Die gleichgebliebene Befriedungsaufgabe, einen Ausgleich zwischen den Institutionen von Staat und Kirche zu finden, hat dazu geführt, daß relativ alte bewährte Rechtsinstumentarien hier weiterhin in Gebrauch sind. Das erklärt das ins Auge fallende Alter der in das Grundgesetz übertragenen Artikel der Weimarer Reichsverfassung (Art. 140 GG i. V. m. Art. 136 ff. WRV). Sie waren auch 1919 nicht neu erfunden, sondern unter abermaliger Öffnung und Liberalisierung aus schon damals alten Verfassungsurkunden übernommen worden. Die Kontinuität der Aufgabe hat also die Kontinuität des Rechts gestützt. Das Fortleben alter Rechtsbestimmungen erfordert seinerseits ein gewisses Maß an historischem Wissen.

Verständnis läßt sich für diese in der Verfassung festgelegten staatskirchenrechtlichen Aussagen ohne einen geschichtlichen Ausblick nicht gewinnen. Hierin liegt ein besonderer Reiz des Staatskirchenrechts, für die Anwendung in der Gegenwart freilich zugleich auch eine Schwierigkeit. Wir leben in einer Epoche, deren Denken den geschichtlichen Grundlagen weithin abgewendet ist. Erblickten frühere Zeiten in dem Alter bewährter Rechtsinstitutionen und in der Tradition einen positiven Wert, so tendiert unsere Zeit eher dazu, das Erbe als hinderlich zu betrachten. Dem entspricht die Neigung, auch ältere Rechtsverhältnisse aus der Gegenwart heraus zu verstehen und ihr Lebensrecht aus aktueller Fragestellung zu beurteilen. Eine solche Grundeinstellung muß bei der Auslegung alter Verfassungsbestimmungen, die mehrfach in ihrem Zusammenhang umgesetzt worden sind, zu Problemen führen. Das erklärt die überragende Bedeutung der Rechtsprechung gerade auf staatskirchenrechtlichem Gebiet[1]. In den ersten Nachkriegsjahren ist sie der historischen Verwurzelung staatskirchenrechtlicher Verhältnisse oft

---

[1] Dazu die Rechtsprechungsberichte von *Alexander Hollerbach*, Das Staatskirchenrecht in der Rechtsprechung des Bundesverfassungsgerichts, in: AöR 92 (1967), S. 99-127; 106 (1981), S. 218-283.

§ 2 Der heutige Verfassungsstaat und die Religion

mit großem Verständnis nachgegangen. In den sechziger und siebziger Jahren wurde allerdings die Neigung stärker, ältere überlieferte Rechtsverhältnisse als obsolet zu betrachten, weil ihre Grundlagen mit der neuen Zeit weggefallen seien[2]. Die Eigenart des Staatskirchenrechts gebietet es demgegenüber, auf die starke historische Fundierung hinzuweisen und unbeschadet aktueller Zeitströmungen die Berücksichtigung dieser Gegebenheit zu fordern. Die geschichtsferne Grundeinstellung der Gegenwart läßt es allerdings auch geraten erscheinen, bei älteren Rechtseinrichtungen, welche nicht ohne weiteres verständlich zu machen sind, insbesondere auf vermögensrechtlichem Gebiet, durch Umstellung und Ablösung auf eine „Entrümpelung"[3] und Bereinigung[4] hinzuwirken.

2. Staatskirchenrechtliche Bestimmungen als ausfüllungsbedürftige Rahmenordnung

Das Staatskirchenrecht zeichnet sich durch eine besondere Offenheit zur Wirklichkeit hin aus. Weniger als andere Rechtsbereiche kann es vom Staat als geschlossene Ordnung normiert werden. Der Inhalt der Rechtsbestimmungen ergibt sich weithin nicht aus ihnen selbst, sondern erst durch die Einbeziehung der religiösen und kirchlichen Wirklichkeit, die gerade einer Regelung unterworfen werden soll. Diese Eigenart beruht nicht auf Willkür oder Zufall. Der säkulare, in neuer Terminologie der religiös-neutrale Charakter des freiheitlichen Staates verbietet es, den religiösen Bereich selbst zu definieren und zu ordnen. Die Trennung von Staat und Kirche, die Anerkennung der Grundrechte, insbesondere das der Religionsfreiheit, beschränken die staatliche Kompetenz auf den weltlichen Bereich. Dieser Umstand läßt staatskirchenrechtliche Regelungen in einem Maße als offen und ausfüllungsbedürftig erscheinen, daß ihnen etwas „Torsohaftes" anhaftet[5]. Die Regelungen

---

[2] So z. B. bei Kirchenbaulasten, wo zeitweilig angenommen wurde, daß sie wegen völlig veränderter Umstände in Wegfall gekommen seien. Dazu *Ulrich Scheuner*, Fortfall gemeindlicher Kirchenbaulasten durch völlige Änderung der Verhältnisse?, in: ZevKR 14 (1968 / 69), S. 353 ff. = ders., Schriften zum Staatskirchenrecht (= Staatskirchenrechtliche Abh., Bd. 3). Berlin 1973, S. 263 ff.; *Christoph Link*, Neuere Entwicklungen und Probleme des Staatskirchenrechts in Deutschland, in: Gampl / Link, Deutsches und österreichisches Staatskirchenrecht in der Diskussion (= Rechts- und Staatswissenschaftliche Veröffentlichungen der Görres-Gesellschaft, N. F., H. 10). Paderborn 1973, S. 32 f. Nachw. der später wieder zurücklenkenden Rechtsprechung bei *Axel v. Campenhausen*, Staatskirchenrecht. 2. Aufl., München 1983, S. 189 f.
[3] *v. Campenhausen*, ebd., S. 198.
[4] *Scheuner*, Fortfall gemeindlicher Kirchenbaulasten (Anm. 2), S. 354.
[5] *Martin Heckel*, der diese Besonderheit des Staatskirchenrechts nachdrücklich beschrieben hat: Die religionsrechtliche Parität, in: HdbStKirchR[1] I, S. 455

des Staatskirchenrechts haben die kirchliche Ordnung vor Augen und öffnen ihr durch die Anerkennung der Selbstbestimmung einen Raum. „Das Staatskirchenrecht setzt seitens des Staates den Rahmen, in dem sich das Leben der Religionsgesellschaften entfalten kann."[6]

Diese Besonderheit des Staatskirchenrechts ist nicht auf die Ebene der Verfassung beschränkt. Bezugnahme und Verweisungscharakter setzen sich auf der Ebene des einfachen Gesetzesrechtes fort, und zwar nicht zufällig, sondern notwendigerweise auf Grund der beschränkten Regelungskompetenz des säkularen Staates. Die Festlegung eines Rahmens staatskirchenrechtlicher Ordnung gehört zu seinen Aufgaben. Dabei spielen aber religiöse Begriffe, Vorgänge und Institutionen eine hervorragende Rolle. Die aus der Religionsfreiheit und der Trennung von Staat und Kirche resultierende Inkompetenz des Staates versagt es ihm, eine inhaltliche Bestimmung eben dieser Begriffe, Vorgänge und Institutionen vorzunehmen. Er ist bei der Regelung auf die säkulare Seite seiner staatskirchenrechtlichen Objekte begrenzt.

Solche sind die allgemein schulischen und organisatorischen Gesichtspunkte beim Religionsunterricht, die allgemein wissenschaftlichen und organisatorischen Fragen im Blick auf die theologischen Fakultäten, allgemeine kunsthistorische, architektonische und denkmalpflegerische Gesichtspunkte bei der Denkmalpflege von Sakralbauten, steuerrechtliche Rahmenfragen beim Kirchensteuerrecht, im Gegensatz zu den spezifisch religiösen Aspekten. Letztere sind die theologischen und religions-pädagogischen Gesichtspunkte im Schul- und Hochschulrecht, die liturgischen Aspekte bei kirchlichen Kulturdenkmälern, die Regelung der Kirchenzugehörigkeit im Kirchensteuerrecht usw.

Die genannten Gebiete müssen vom Gesetzgeber und von der Verwaltung bearbeitet werden. Alle sind sie aber nur teilweise deren Zugriff unterworfen. Das erklärt die Besonderheit der Mantel- und Rahmenbestimmungen im staatskirchenrechtlichen Bereich. Die inhaltliche religiöse Ausfüllung der Rechtsbegriffe und Rechtsnormen kann durch den Staat selbst nicht vorgenommen werden. Die Normen nehmen deshalb entweder auf die religiöse Seite Bezug oder sie verweisen über den Bereich des säkularen Rechts hinaus auf den religiösen Gehalt, auf den das weltliche Recht Bezug nimmt[7].

(503 ff.) = ders., Gesammelte Schriften, Bd. I (= Jus Ecclesiasticum, Bd. 38). Tübingen 1989, S. 284 ff.; ähnlich *Ulrich Scheuner,* Das System der Beziehungen von Staat und Kirchen im Grundgesetz. Zur Entwicklung des Staatskirchenrechts, in: HdbStKirchR[1] I, S. 5 (8 ff.)

[6] *Scheuner,* ebd., S. 8.

[7] Diese Erscheinung kommt, wenn auch nicht so ausgeprägt, auch in anderen Bereichen vor: Der Staat schützt Wissenschafts- und Kunstfreiheit und fördert die Kunst und die Wissenschaft, ohne sie zu definieren. Freilich ist er nicht gehalten, jeden Unfug als Kunst oder als Wissenschaft zu finanzieren. Er muß

§ 2 Der heutige Verfassungsstaat und die Religion

Das Kirchensteuerrecht bietet dafür ein besonders anschauliches Beispiel: Die weltlichen Normen nehmen auf kirchliche Normen Bezug. Letztere sind dabei nicht Aus- oder Durchführungsbestimmungen auf Grund staatlicher Ermächtigung. Vielmehr stehen sie als kirchliche Rechtsquelle gleichwertig neben dem Staatsgesetz. Beide zusammen erst bilden gemeinsam den staatlichen und kirchlichen Komplex des Kirchensteuerrechts. Kirchliche und staatliche Rechtsnormen sind aufeinander bezogen und ergänzen sich gegenseitig. Sie sind deshalb ein Schulbeispiel einer gemeinsamen Angelegenheit von Staat und Kirche[8].

Die Glaubensfreiheit des Art. 4 Abs. 1 GG gewährleistet Freiheit und Schutz des Glaubens. Sie überläßt es aber den Gläubigen oder Ungläubigen und der respektiven Glaubensgemeinschaft zu definieren, was dazu gehört. Art. 4 Abs. 2 GG garantiert die ungestörte Religionsausübung. Ob dazu nur Gottesdienst oder auch Unterricht, diakonische Betätigung, Prozessionen oder Speisevorschriften zählen, kann der Staat nur zur Kenntnis nehmen, nicht aber bestimmen. Art. 140 GG i. V. m. Art. 137 Abs. 3 WRV regeln das Selbstbestimmungsrecht in eigenen Angelegenheiten. Was dazu zählt, können die respektiven Religionsgemeinschaften nur selbst bestimmen. Der säkulare Staat kann den Kreis der „eigenen Angelegenheiten" nicht mehr selbst umschreiben, nachdem er mit der organisatorischen Trennung von Staat und Kirche und der Anerkennung der Religionsfreiheit die staatliche Aufsicht über die Kirchen verloren hat. Das gleiche Phänomen der Ergänzungsbedürftigkeit findet sich im Bereich des Kirchenguts, des Religionsunterrichts, der Lehrerbildung, im Recht der theologischen Fakultäten, beim Denkmalschutz, in der Krankenhaus-, Gefängnis- und Militärseelsorge, beim Friedhofsrecht usw.

Die Ausfüllungsbedürftigkeit der staatskirchenrechtlichen Normen soll sicherstellen, daß Gesetzgeber und Verwaltung sich nicht selbst an die inhaltliche Ausfüllung und Definition des religiösen Bereichs heranmachen. Was dem Staat bleibt, ist die Festlegung säkularer, religiös neutraler Schrankensetzung im Interesse der Gemeinverträglichkeit. Das meint die „Schranke des für alle geltenden Gesetzes" (Art. 140 GG i. V. m. Art. 137 Abs. 3 WRV)[9].

---

auch nicht Beliebiges als Religionsausübung anerkennen. Dazu in *diesem* Handbuch *Joseph Listl*, § 14 Glaubens-, Bekenntnis- und Kirchenfreiheit.

[8] Vgl. BVerfGE 19, 206 = ZevKR 12 (1966/67), S. 374 = KirchE 7, 338; *Paul Mikat*, Grundfragen des Kirchensteuerrechts unter besonderer Berücksichtigung der Verhältnisse in Nordrhein-Westfalen, in: Ged.Schr. Peters, Berlin u. a. 1967, S. 328 ff. = ders., Religionsrechtliche Schriften, Erster Halbbd., Berlin 1974, S. 547 ff.; *v. Mangoldt / Klein / v. Campenhausen*, Art. 140 GG / Art. 137 WRV, Rdnr. 191, und in *diesem* Handbuch *Heiner Marré*, § 37 Das kirchliche Besteuerungsrecht.

[9] Der Staat ist allerdings nicht gezwungen, beliebige, womöglich unsittliche Formen der Religionsausübung und mit dem ordre public nicht zu vereinbarende Grundsätze kirchlicher Selbstbestimmung mit Wirkung für den weltlichen Bereich zuzulassen oder anzuerkennen. Dazu in *diesem* Handbuch *Listl*, § 14 (Anm. 7), und *Konrad Hesse*, § 17 Das Selbstbestimmungsrecht der Kirchen und Religionsgemeinschaften.

Im Verweisungs- und Bezugnahmecharakter der staatskirchenrechtlichen Mantel- und Rahmenbestimmungen liegt die Notwendigkeit der zahlreichen Formen der Zusammenarbeit und Koordinierung von Staat und Kirche begründet. Es ist nicht eine Neigung zur Kumpanei mit der Kirche, sondern folgt aus dem säkularen Charakter des Staates, daß er als freiheitlicher, die Entscheidung der Staatsbürger und deren religiöse Option respektierender Staat zur Zusammenarbeit mit den religiösen Institutionen bereit ist und deren Selbstverständnis berücksichtigt. Nichts wäre hier verfehlter, als mit einer selbstgewählten „ekklesiologischen Farbenblindheit"[10] an die Wirklichkeit heranzugehen. Im Gegenteil entspricht es gerade dem säkularen und in seiner Ausfüllungsbedürftigkeit fragmentarischen Charakter des Staatskirchenrechts, das Selbstverständnis der Religionsgemeinschaften zu berücksichtigen. Seit der Lumpensammler-Entscheidung des Bundesverfassungsgerichts ist dies unbezweifelt[11].

II. Auslegung der staatskirchenrechtlichen Bestimmungen

1. Allgemeine Auslegungsgrundsätze

Für die Interpretation der Kirchenartikel gilt grundsätzlich nichts anderes als für andere Teile der Verfassung. Allerdings ist der Bestand der Bestimmungen durch eine verzettelte Plazierung innerhalb des Grundgesetzes einerseits, in den Landesverfassungen und zahlreichen gesetzlichen Regelungen andererseits nicht übersichtlich. Deshalb tritt auf den ersten Blick nicht deutlich hervor, daß es sich um eine geschlossene Materie handelt, deren Teile sowohl historisch wie systematisch in Zusammenhang stehen. Die Gesamtheit dieser Regelungen ist zweimal

---

[10] So aber *Hans Barion*, der das weltliche Recht für „ekklesiologisch notwendig farbenblind" erklärte: Ordnung und Ortung im kanonischen Recht, in: FS für Carl Schmitt, Berlin 1959, S. 1 (30) = ders., Kirche und Kirchenrecht. Paderborn u. a. 1984, S. 181 (210).

[11] BVerfGE 24, 236 (247 ff.) = ZevKR 14 (1968 / 69), S. 403 (nur LS) = KirchE 10, 181 (186 f.). Bei der Würdigung dessen, was im Einzelfall als Religionsausübung zu beachten ist, darf das Selbstverständnis der respektiven Kirche oder Religionsgemeinschaft nicht außer Betracht bleiben. Der Staat interpretiert die verfassungsrechtlichen Begriffe grundsätzlich nach neutralen, allgemeingültigen, gerade nicht konfessionell oder weltanschaulich gebundenen Gesichtspunkten. Wo aber in einer pluralistischen Gesellschaft die Rechtsordnung gerade das religiöse und weltanschauliche Selbstverständnis voraussetzt, würde der Staat die verfassungsrechtlich gewährte Eigenständigkeit und Selbständigkeit der Religionsgemeinschaft verletzen, wenn er bei der Auslegung der sich aus einem bestimmten Bekenntnis ergebenden Religionsausübung das respektive Selbstverständnis nicht berücksichtigen würde.

§ 2 Der heutige Verfassungsstaat und die Religion

in der deutschen Verfassungsgeschichte Gegenstand eines Verfassungskompromisses geworden. Ohne ihn wären die Weimarer Reichsverfassung 1919 und das Bonner Grundgesetz 1949 nicht zustande gekommen. Der Kompromiß, der deutlich den Charakter eines Ausgleichs trägt, bildet also ein konstitutives Element des gesamten Verfassungskonsenses. Veränderungen der zugrundeliegenden Anschauungen und der politischen Kräfte haben nur in wenigen Fällen äußere Umgestaltungen herbeigeführt[12]. Die dynamischen Bewegungen der zugrundeliegenden sozialen Entwicklung, der geistigen und politischen Anschauungen des theologischen und philosophischen Denkens konnten anders als im sozialen und wirtschaftlichen Bereich in viel stärkerem Maße ohne Normänderung aufgefangen und in den gleichbleibenden Verfassungstext eingefügt werden. Dies ist ein Umstand, der der Auslegung bei den zum Teil durch ehrwürdiges Alter ausgezeichneten Normen besondere Bedeutung verleiht. Inhaltlich gehören die räumlich in Artikel 140 so weit abgeschlagenen Kirchenartikel in die Nähe der Grundrechte. Die innere Verwandtschaft mit diesen war herkömmlich auch durch die Plazierung hervorgehoben. Zum grundrechtlichen Bestand zählten in früheren Verfassungsepochen neben individuellen Verbürgungen auch objektive Grundsätze und institutionelle Regelungen für das Gemeinschaftsleben[13]. Dieser Zusammenhang ist bei der Redaktion des Grundgesetzes verloren gegangen. Aus föderalistischen Rücksichten sollte zunächst von einer staatskirchenrechtlichen Regelung in der Bundesverfassung abgesehen werden. Später änderte man diese Meinung, brachte das Staatskirchenrecht aber nurmehr in Art. 140 GG unter. Der Sache nach gehört Art. 140 in den Grundrechtsteil. Dementsprechend ist das Grundgesetz heute so zu lesen, als stünde Art. 140 zwischen Art. 4 und Art. 5.

Unbeschadet dieser redaktionellen Besonderheiten und einer wegen ihrer rechtsfortbildenden Funktion gesteigerten Bedeutung der Auslegung müssen die allgemeinen Grundsätze der Verfassungsauslegung

---

[12] Wichtigstes Beispiel einer einschneidenden Veränderung mit weitreichenden Folgen war die Neuordnung der weltanschaulichen Ausrichtung der Schule mit Änderungen von fünf Landesverfassungen zwischen 1967 und 1969 mit Folgewirkungen für das Schulrecht, für die Kirchenverträge, die Lehrerausbildung. Dazu in *diesem* Handbuch *Helmut Lecheler*, § 53 Kirchen und staatliches Schulsystem.

[13] Die Art. 135 ff. (Religion und Religionsgesellschaften) bildeten in der Weimarer Reichsverfassung nach der Einzelperson (Art. 109 ff.) und dem Gemeinschaftsleben (Art. 119 ff.) den Dritten Abschnitt des Zweiten Hauptteils „Grundrechte und Grundpflichten der Deutschen". *Alexander Hollerbach*, Die Kirchen unter dem Grundgesetz, in: VVDStRL 26 (1968), S. 57 (60). In den Landesverfassungen ist dieser Zusammenhang besser erhalten geblieben, sofern sie staatskirchenrechtliche Bestimmungen enthalten. Dazu in *diesem* Handbuch *Listl*, § 14 (Anm. 7).

auch hier Geltung beanspruchen[14]. Wegen ihrer notorischen Gefährdung in staatskirchenrechtlichen Auseinandersetzungen sind sie besonders hervorzuheben: Der Gedanke der Einheit der Verfassung, das damit korrespondierende Prinzip der harmonisierenden Auslegung (Konkordanz-Prinzip), der Gedanke des inneren Zusammenhangs grundrechtlicher und institutioneller und organisatorischer Vorschriften und schließlich die Abstellung auf den objektiven Sinn der Verfassung im Gegensatz zum Rückgriff auf ihre Entstehungsgeschichte[15].

Der Grundsatz der Auslegung der Verfassung als Einheit schließt es aus, den Gesamtkomplex des Staatskirchenrechts unter einen speziellen Systemgedanken zu stellen und alles von hieraus zu deuten. Beispiele für die verfehlte Unterwerfung der Gesamtheit des staatskirchenrechtlichen Bestandes unter einen Lieblingsgedanken bieten die Auslegung allein aus dem Prinzip der Trennung von Staat und Kirche[16] oder aus dem Grundrecht der Religionsfreiheit, wobei dessen unbegrenzte Geltung der negativen Religionsfreiheit in individualistisch verengtem Sinn zugrunde gelegt wird und die angeblich unbegrenzte Geltung der individualistisch verengten negativen Religionsfreiheit vorausgesetzt wird[17].

---

[14] Dazu neben *Horst Ehmke,* Prinzipien der Verfassungsinterpretation, in: VVDStRL 20 (1963), S. 53 (61 ff.), *Konrad Hesse,* Grundzüge des Verfassungsrechts der Bundesrepublik Deutschland. 19. Aufl., Heidelberg 1993, S. 19 ff. m. w. N.

[15] BVerfGE 19, 206, 219 f. (Anm. 8) vertritt die These, daß die gegenwärtige staatskirchenrechtliche Ordnung nur aus dem Gesamtzusammenhang des Grundgesetzes verstanden werden kann. Diese richtige These rechtfertigt es allerdings nicht, die Historie so schroff zurückzuweisen, wie das BVerfG es tut. Dazu *Hollerbach,* Staatskirchenrecht (Anm. 1), S. 113 f.

[16] *Erwin Fischer,* Trennung von Staat und Kirche, 3. Aufl., Frankfurt a. M. 1984; *Wolfgang Keim,* Schule und Religion (= varia iuris publici, Bd. 49), 2. Aufl., Hamburg 1969, in verfehlter Übertragung von US-amerikanischen Versatzstükken auf die deutsche Rechtslage.

[17] Dazu das problematische Schulgebets-Urteil des Hessischen StGH v. 27.10.1965, in: ESVGH 16, 1 ff. = KirchE 7, 275 ff. In der Lit. ist die Rspr. des BVerfG zum korporativen Grundrecht der Religionsfreiheit und zum Selbstbestimmungsrecht der Kirchen in letzter Zeit grundsätzlich, soweit ersichtlich, nur von *Joachim Wieland,* Die Angelegenheiten der Religionsgesellschaften, in: Der Staat 25 (1986), S. 321-350, in Frage gestellt worden. Dabei wird von *Wieland* der notwendige Zusammenhang zwischen der individuellen Religionsfreiheit und dem korporativen Selbstbestimmungsrecht der Kirchen verkannt und die heute allgemein anerkannte Interpretation der Religionsfreiheit, wie sie in der Rspr. des BVerfG vorliegt, abgelehnt. *Wieland* greift auf Vorstellungen einer staatlichen Kirchenhoheit zurück, wie sie noch in den zwanziger Jahren vertreten, damals allerdings auch schon überwunden wurde, weil staatliche Kirchenhoheit und Trennung von Staat und Kirche sich gegenseitig ausschließen. Für die Weimarer Zeit grundlegend *Godehard Josef Ebers,* Staat und Kirche im neuen Deutschland. München 1930, S. 26 ff., 119 ff., 253 ff. Für die Gegenwart vgl. *Joseph Listl,* Die Religions- und Kirchenfreiheit in der neueren Rechtsprechung des Bundesverfassungsgerichts, in: Verantwortlichkeit und Freiheit. Die Verfas-

§ 2 Der heutige Verfassungsstaat und die Religion   55

Auch das in der Verfassung nicht erwähnte Prinzip der religiös-weltanschaulichen Neutralität und der geschichtsträchtige, heute ebenfalls nicht mehr erwähnte Begriff der Parität sind Grundsätze, welche der Auslegung staatskirchenrechtlicher Bestimmungen nicht als dominierender Leitgedanke vorgeordnet werden dürfen.

Keiner der genannten Gesichtspunkte darf allein die Auslegung bestimmen. Er liefe sonst Gefahr, als Hebel mißbraucht zu werden, mit dessen Hilfe andere von der Verfassung aufgenommene Bestimmungen de facto um ihre Geltung gebracht würden. Das kirchenpolitische System des Grundgesetzes ist aber gerade durch seinen ausgleichenden Charakter bestimmt. Es baut sich auf der historisch überkommenen kirchlichen, religiösen und sozialen Wirklichkeit auf und gibt dieser eine Ordnung, die staatliche Fremdbestimmung auf das Minimum beschränkt, welches für das Zusammenleben pluralistischer Kräfte und Gruppen in einem Staate erforderlich ist. Kompromißhaft geschieht dies dadurch, daß die Vielfalt der Erscheinungen nicht einem bestimmenden Prinzip untergeordnet worden sind. Vielmehr baut sich das staatskirchenrechtliche Gefüge aus einer Mehrheit von verfassungsrechtlichen Prinzipien und Entscheidungen auf, zu denen neben der umfassenden Religionsfreiheit und der organisatorischen Trennung von Staat und Kirche auch die Erhaltung des öffentlich-rechtlichen Status für Kirchen und Religionsgemeinschaften, die Erhaltung gemeinsamer Bereiche von Staat und Kirche und auch ungeschriebene Grundsätze wie die Toleranz zählen. Die staatskirchenrechtliche Systematik bildet eine untrennbare Einheit, die zahlreichen Bestimmungen und Prinzipien bringen nur jeweils verschiedene Aspekte zum Ausdruck, die in der Gesamtkonzeption alle zu einem schonenden Ausgleich gebracht werden müssen[18].

2. Bedeutungswandel alter Artikel

Nach Übernahme der kirchenpolitischen Artikel der Weimarer Reichsverfassung in das Grundgesetz ist eine reich dokumentierte wissenschaftliche Auseinandersetzung geführt worden, ob die tradierten Artikel einem Bedeutungswandel unterlegen seien. In einer berühmten Abhandlung, mit der die Zeitschrift für evangelisches Kirchenrecht begann, hat *Rudolf Smend* 1951 einen solchen Wandel der übernommenen Normen wie auch des staatskirchenrechtlichen Komplexes im gan-

---

sung als wertbestimmte Ordnung. FS für Willi Geiger zum 80. Geburtstag. Tübingen 1989, S. 539 ff.
[18] Ein Beispiel für das gebotene „Zusammensehen" von Verfassungsvorschriften komplexen Charakters und heterogener Elemente bildet das Förderstufen-Urteil, in: BVerfGE 34, 165 (182-185).

zen im Sinne einer größeren Nähe und einer Partnerschaft von Staat und Kirche unter dem Grundgesetz angenommen[19]. Diese Auffassung hat Zustimmung, aber auch Widerspruch erfahren, der sich jedoch zum Teil gegen die These von der neuen Nähe von Staat und Kirche richtete und nicht so sehr gegen die Möglichkeit des Bedeutungswandels als solchen[20]. In der Tat war Bonn auch in staatskirchenrechtlicher Hinsicht nicht Weimar. Das kirchenpolitische System von Weimar hatte schon in den wenigen Jahren der ersten Republik eine deutliche Entwicklung durchgemacht. Gewichtiger noch war die von einem grundsätzlichen Wandel des Verfassungsverständnisses begleitete „Auswechslung des verfassungsrechtlichen Hintergrunds"[21]. Das Verhältnis von Staat und Kirche war nach den Erfahrungen des Kirchenkampfes nicht mehr dasselbe. Im Ergebnis läßt sich festhalten, daß auch das Staatskirchenrecht unter gewandelten Umständen und beim Wechsel der prägenden Grundanschauungen Sinnänderungen unterliegen kann[22]. Eine gewandelte Verfassungs- und Bewußtseinslage läßt neue Sinngebung identischer Regelungen zu, soweit diese im Wege juristischer Auslegungsmethoden gewonnen werden. Es erscheint daher zutreffender, im

---

[19] *Rudolf Smend,* Staat und Kirche nach dem Bonner Grundgesetz, in: ZevKR 1 (1951), S. 4 ff. = ders., Staatsrechtliche Abh., 2. Aufl., Berlin 1968, S. 411 ff. Diese Auffassung ist nahezu Allgemeingut der Staatsrechtslehre geworden. Auch die Lit. hat sich dem fast durchwegs angeschlossen: *Hans Holtkotten,* in: BK, Anm. II 2 zu Art. 140; *Hermann v. Mangoldt,* Das Bonner Grundgesetz. 1. Aufl., Berlin u. a. 1953, S. 660 ff.; *Siegfried Grundmann,* Staat und Kirche in Bayern, in: BayVBl. 1962, S. 33 ff. = ders., Abh. zum Kirchenrecht. Köln u. a. 1969, S. 411 ff.; *Konrad Hesse,* Der Rechtsschutz durch staatliche Gerichte im kirchlichen Bereich (= Göttinger Rechtswissenschaftliche Studien, Bd. 19). Göttingen 1956, S. 52 ff.; *ders.,* Die Entwicklung des Staatskirchenrechts seit 1945, in: JöR N. F. 10 (1961), S. 3 ff. (10 ff.) = ders., Ausgewählte Schriften (= Freiburger Rechts- und Staatswissenschaftliche Abh., Bd. 45). Heidelberg 1984, S. 355 ff. (374 ff.); *Paul Mikat,* Kirchen und Religionsgemeinschaften, in: Bettermann / Nipperdey / Scheuner, Die Grundrechte, Vierter Bd., 1. Halbbd., Berlin 1960, S. 111 (134 ff.) = ders., Religionsrechtl. Schriften (Anm. 8), S. 29 (42 ff.); *Werner Weber,* Die Gegenwartslage des Staatskirchenrechts, in: VVDStRL 11 (1954), S. 153 (157 ff.) = ders., Staat und Kirche in der Gegenwart (= Jus Ecclesiasticum, Bd. 25). Tübingen 1978, S. 163 (167 f.); *Hans Peters,* Die Gegenwartslage des Staatskirchenrechts, in: VVDStRL 11 (1954), S. 177 (186 ff.); *Helmut Quaritsch / Hermann Weber* (Hrsg.), Staat und Kirchen in der Bundesrepublik. Staatskirchenrechtliche Aufsätze 1950-1967, Bad Homburg v. d. H. u. a. 1967. — Die Rspr. hat sich dem fast durchweg früh angeschlossen, vgl. vor allem BGHZ 12, 321 (323); BGH, in: VerwRspr. 13 (1961), Nr. 218.

[20] Einen Überblick über die Bemühungen um die Interpretation der in das Grundgesetz übernommenen Artikel der Weimarer Verfassung gibt der Sammelband von *Quaritsch / Weber,* Staat und Kirchen (Anm. 19).

[21] *Arnold Köttgen,* Kirche im Spiegel deutscher Staatsverfassung der Nachkriegszeit, in: DVBl. 1952, S. 485 (486) = Quaritsch / Weber, Staat und Kirchen (Anm. 19), S. 79 (80 ff.).

[22] *Scheuner,* System der Beziehungen (Anm. 5), S. 43.

Bereich der staatsrechtlichen Verfassungsnormen nicht von einem Bedeutungswandel, sondern von einem Interpretationswandel zu sprechen[23].

III. Elemente der staatskirchenrechtlichen Ordnung

Die hier skizzierten Prinzipien oder Grundsätze des Staatskirchenrechts sagen Wichtiges über die staatskirchenrechtliche Ordnung im ganzen aus. Zwei Vorbehalte müssen aber auch hier gemacht werden: Erstens verführen Prinzipien dazu, die Welt an ihnen zu messen. Das gilt besonders für die Grundsätze der Trennung von Staat und Kirche, der Religionsfreiheit und der religiös-weltanschaulichen Neutralität, die in Literatur und Rechtsprechung große Bedeutung gewonnen haben. Maßgeblich für die rechtliche Beurteilung ist indessen der Text der Verfassung, aus deren Bestimmung die Grundsätze gewonnen werden. Die genannten Begriffe gehen der Verfassung nicht voraus. Sie sind auch nicht die Elle, an denen die Verfassungsbestimmungen zu messen sind, sondern umgekehrt bestimmt die Verfassung die Rechtsordnung und damit den Umfang der daraus abgeleiteten Prinzipien[24]. Zweitens läßt das Hantieren mit den Grundsätzen, die die staatskirchenrechtliche Rechtslage veranschaulichen, das Besondere nicht erkennen. Das gilt es im Blick auf die institutionellen Regelungen des Art. 140 GG vor Augen zu haben. Mit seiner zugleich historisch ehrwürdigen und im Rahmen des modernen Staates „fortschrittlich" anmutenden institutionellen Einordnung der Religionsgemeinschaften in den Rahmen des öffentlichen Rechts und den damit gegebenen rechtlichen Gestaltungsmöglichkeiten wird der besondere Charakter der Verfassungsordnung in Deutschland hieraus gewonnen und nicht aus den Prinzipien, die aus ihnen ableitbar sind.

---

[23] *Christoph Link,* Verfassungsrechtliche Fragen zur Aufhebung der „Staatskirche", in: BayVBl. 1966, S. 297 (300), im Anschluß an *Johannes Heckel,* der schon eine Generation früher im Blick auf die staatskirchenrechtlichen Kompromißregelungen bemerkte, daß diese auf verschiedene Systeme mit verschiedenem Klang ansprechen, vgl. *Johannes Heckel,* Das staatskirchenrechtliche Schrifttum der Jahre 1930 und 1931, in: VerwArch. 37 (1932), S. 281 ff. = ders., Das blinde, undeutliche Wort „Kirche". Köln u. a. 1964, S. 590 ff.
[24] Vgl. statt vieler *Hermann Weber,* Die rechtliche Stellung der christlichen Kirchen im modernen demokratischen Staat, in: ZevKR 36 (1991), S. 253 (256 f.)

IV. Religionsfreiheit

1. Fundamentale Bedeutung

Der Religionsfreiheit kommt in der Ordnung des Grundgesetzes fundamentale Bedeutung zu [25]. Gleichwohl wäre es verfehlt, die Religionsfreiheit in der Weise zum Angelpunkt des staatskirchenrechtlichen Gesamtgefüges zu machen, daß das Staatskirchenrecht insgesamt aus Art. 4 GG entwickelt [26] und dem Staat jedes Tätigwerden im religiösen Bereich verwehrt und zugleich eine radikale Trennung von Staat und Kirche implizit vorausgesetzt wird [27]. Solche Interpretation würde gegen die Kunstregeln der Jurisprudenz verstoßen [28]. Im Ergebnis hätte sie die Verdrängung des Staatskirchenrechts in das staatliche Vereinsrecht als sedes materiae zur Folge, also gerade das, was der Verfassungsgeber 1919 und 1949 ausgeschlossen hat.

---

[25] BVerfGE 24, 236, 246 (Anm. 11). Dazu aus der Lit. *Axel v. Campenhausen*, Religionsfreiheit, in: HStR VI, § 136; *Joseph Listl*, Das Grundrecht der Religionsfreiheit in der Rechtsprechung der Gerichte der Bundesrepublik Deutschland (= Staatskirchenrechtliche Abh., Bd. 1), Berlin 1971.

[26] Zum Verhältnis von Art. 4 zu Art. 140 GG statt aller *v. Mangoldt / Klein / v. Campenhausen*, Art. 140 GG / Art. 137 Abs. 3 WRV, Rdnr. 26; *ders.*, Religionsfreiheit (Anm. 25), Rdnr. 91.

[27] Es ist verfehlt, Sachentscheidungen der Verfassung mit Hilfe vorgeordneter Prinzipien als Ausnahmen von einem Grundprinzip, womöglich als verfassungsmäßig konzedierte Unregelmäßigkeit zu disqualifizieren. So aber *Fischer*, Trennung (Anm. 16), und *Keim*, Schule und Religion (Anm. 16). Auf eine solche verdrängende Vorordnung der Religionsfreiheit zielten ab *Klaus Obermayer*, in: BK, Zweitbearbeitung 1971, Art. 140, Rdnr. 73, und *Fischer*, ebd., noch stärker in den Vorauflagen 1964 und 1971. Auch in der früheren Rspr. des BVerfG findet sich die Neigung, bei der Auslegung auf andere Normen nur zugunsten des Grundrechts der Religionsfreiheit Rücksicht zu nehmen, z. B. in: BVerfGE 19, 206, 219 f. (Anm. 8); 19, 226 (236) = ZevKR 12 (1966 / 67), S. 382 = KirchE 7, 310 (314); BVerfGE 32, 98 (108); BVerfGE 33, 23 (26 ff.) = ZevKR 17 (1972), S. 435 (nur LS) = KirchE 12, 410 (411 ff.); BVerfGE 35, 366 = ZevKR 20 (1975), S. 185 = KirchE 13, 315. Dazu *Hollerbach*, Staatskirchenrecht (Anm. 1), S. 112 ff., 231 ff., und mit „tieferem Unbehagen" *Michael Stolleis*, Eideszwang und Glaubensfreiheit — BVerfGE 33, 23, in: JuS 1974, S. 770 (774). Eine stärkere Betonung der Einordnung auch der Religionsfreiheit in die Gesamtheit der Verfassung dagegen in methodischer Strenge der Argumentation in den Entscheidungen zur sog. Nachbesteuerung, BVerfGE 44, 37 = ZevKR 22 (1977), S. 418 = KirchE 16, 47, und BVerfGE 44, 59 = ZevKR 22 (1977), S. 425 = KirchE 16, 41. Dazu *Hollerbach*, ebd., S. 254 ff. Kritisch zur Vorstellung einer hierarchischen Stufung der Verfassungsbestimmungen und einer grundgesetzlichen Wertordnung als Topos der Verfassungsauslegung *Ulrich Scheuner*, Pressefreiheit, in: VVDStRL 22 (1965), S. 1 ff., und *ders.*, Die Religionsfreiheit im Grundgesetz, in: DÖV 1967, S. 585 ff. = ders., Schriften (Anm. 2), S. 33 ff.

[28] Dazu die Auseinandersetzung der sechziger Jahre widerspiegelnd *Scheuner*, Religionsfreiheit (Anm. 27), S. 585 ff. = ders., Schriften, S. 33 f.

2. Religionsfreiheit als Individualrecht, als kollektives Grundrecht, als korporatives Recht, als objektives Element der Verfassungsordnung

Religionsfreiheit begründet nach heutigem Verständnis ein individuelles und ein kollektives Recht. In ihrem objektiven Gehalt ist sie ein wesentliches Element der offenen und freiheitlichen Ordnung des Grundgesetzes. Ihr kommt überragende Bedeutung zu. Die Gesamtheit des Verhältnisses von Staat und Kirche ist mit diesem einen Begriff aber nicht umrissen. Das Staatskirchenrecht ist ein komplexer Bereich von Beziehungen, der nicht von einem Begriff oder Schlagwort allein beherrscht wird. Die Religionsfreiheit, ein wesentlicher Bestandteil, wurde in Jahrhunderten entwickelt und ist in Deutschland erst mit der Weimarer Reichsverfassung 1919 zur vollen Entfaltung gelangt.

Das Grundgesetz vermeidet in Art. 4 den Begriff der Religionsfreiheit[29] und zählt stattdessen wesentliche Elemente des Grundrechts auf. Damit wird zum einen die Erinnerung an die schrittweise Ausweitung dieses Menschenrechts lebendig gehalten. Zum anderen wird nach den Eingriffen des NS-Staates hervorgehoben, daß Religionsfreiheit nicht auf interne und vermeintlich rein religiöse Aspekte eingeschränkt werden darf[30]. Art. 4 GG gewährleistet heute volle religiöse und, damit rechtlich gleichgestellt[31], weltanschauliche Freiheit, also auch die Freiheit des keiner Begründung bedürftigen Unglaubens. Die damit einhergehende Unabhängigkeit der bürgerlichen und der staatsbürgerlichen Stellung und des Zugangs zu den öffentlichen Ämtern ist zusätzlich gewährleistet[32]. Die hierin zum Ausdruck kommende Trennung weltanschaulicher Bezüge von der bürgerlichen Ordnung gehen in den Anfängen schon auf die Aufklärung zurück. Heute ist sie vollendet. Die staatliche Rechtsordnung nimmt am Bekenntnis des Staatsbürgers kein Interesse mehr, sofern nicht die Religionsfreiheit selbst in besonderen Zusammenhängen dessen Beachtung erheischt. Das ist z. B. der Fall bei den konfessionell gebundenen Staatsämtern[33] (Professoren der Theologie, Religionslehrer, Anstalts- und Militärseelsorger). Die Offenheit der

---

[29] Im Gegensatz zu Art. 140 GG i. V. m. Art. 136 Abs. 1 WRV.
[30] BVerfGE 24, 236 (245) = ZevKR 14 (1968 / 69), S. 403 (nur LS) = KirchE 10, 181.
[31] Art. 140 GG i. V. m. Art. 137 Abs. 7 WRV.
[32] Art. 3 Abs. 3, 33 Abs. 3 und 140 GG i. V. m. Art. 136 Abs. 1 und 2 WRV. Weitere Konkretisierungen der Religionsfreiheit finden sich in den Art. 6 Abs. 2 (Elternrecht), 7 Abs. 2 und 3 GG (Religionsunterricht).
[33] Dazu *Axel v. Campenhausen,* Das konfessionsgebundene Staatsamt, in: FS Maunz, München 1981, S. 27 ff. und m. w. N. *v. Mangoldt / Klein / v. Campenhausen,* Art. 140 GG / Art. 136 Abs. 2 WRV, Rdnr. 14 ff.

säkularen staatskirchenrechtlichen Normen für die religiösen und innerkirchlichen Sachverhalte ist kein Widerspruch zur Religionsfreiheit, sondern Ausdruck ihrer Anerkennung. Die staatskirchenrechtliche Ordnung Deutschlands vermeidet damit das verbreitete Mißverständnis, daß Religion in dem Sinne Privatangelegenheit sei, daß der Staat sie ignorieren dürfe.

Die Wirkung der Religionsfreiheit erschöpft sich nicht in der Sicherung der individuellen Freiheit. Sie schützt auch die kollektive religiöse Betätigung und die Freiheit der Kirchen- und Religionsgesellschaften selbst. Wie die anderen Grundrechte enthält auch Art. 4 GG Elemente objektiven Gehalts. Mit der Sicherung der Religionsausübung wird das religiöse Leben in der Gemeinschaft insgesamt geschützt. Der Versuch, Religion auf den Kultus und die private Erbauung zurückzudrängen, wäre mit dem Grundgesetz nicht vereinbar. Dieser in Art. 4 enthaltene Schutz tritt freilich deshalb weniger in Erscheinung, weil die in Art. 140 GG übernommenen Kirchenartikel diese Aspekte konkretisieren. In der gebotenen Berücksichtigung einschlägiger grundrechtlich geschützter Aktivitäten durch Art. 4 erkennt das Grundgesetz an, daß hier eine den individuellen Bereich übersteigende gesellschaftlich bedeutsame Kraft vorliegt, deren Gewicht der Staat aus langer Erfahrung kennt und bei der Abgrenzung seines weltlichen Bereichs im Auge hat. Hierin erweist sich die Religionsfreiheit als ein Grundstein eines freiheitlichen geistigen Lebens[34].

3. Das Recht zum Fernbleiben und das Recht der Religionsbetätigung

Herkömmlich ist die Religionsfreiheit als eine Schutznorm für Minderheiten, Abweichler und Dissidenten anzusehen gewesen. Diese Funktion ist in der geschichtlichen Entwicklung begründet. In den christlich geprägten Staaten Europas war nicht das Recht der Anhänger des herrschenden Bekenntnisses problematisch, sondern das Recht der abweichenden Gruppen und der Atheisten. Deshalb hat das Grundrecht sein Zentrum auch heute noch in seinem Charakter als Abwehrrecht[35].

Heute ist der Staat verweltlicht, hat seine religiöse Grundlage aufgegeben und das Bündnis mit der Kirche gelöst. Er befleißigt sich religiöser Neutralität. Da tritt neben die negative Seite der Religionsfreiheit

---

[34] *Scheuner,* System der Beziehungen (Anm. 5), S. 52, weist darauf hin, daß Art. 4 GG mit anderen grundrechtlichen Verbürgungen des geistigen Lebens in Kommunikation und Aktion, mit Art. 5, 7 und 9 GG in einer Reihe steht.

[35] *Alexander Hollerbach,* Grundlagen des Staatskirchenrechts, in: HStR VI, § 138, Rdnr. 109.

§ 2 Der heutige Verfassungsstaat und die Religion 61

deren positive Bedeutung stärker in den Vordergrund. Das Recht zur Fernhaltung ist selbstverständlich geworden[36]. Dagegen hat das Recht der ungestörten Religionsausübung und des Hineinwirkens in die Öffentlichkeit an Aktualität gewonnen[37].

Die negative und die positive Seite der Religionsfreiheit müssen im konkreten Fall gegeneinander abgewogen werden. Praktische Beispiele, in denen gruppenmäßige Verwirklichung und die individuelle Abstinenz der Glaubensfreiheit aufeinandertreffen, bilden das Schulgebet in den öffentlichen Schulen, Kruzifixe in öffentlichen Gebäuden und das Feiertagsrecht. Allgemein und undifferenziert läßt sich nicht sagen, daß die negative Form der Religionsausübung niemanden verletzen könne und deshalb unbegrenzte Geltung beanspruchen dürfe im Gegensatz zur positiven Religionsausübung, welche unterbleiben müsse, wenn sich Widerspruch erhebt[38]. Sofern religiöse Handlungen oder Symbole in staatlichen Räumen im Recht des Staates vorkommen, reicht die Freistellung des Fernbleibens oder die Nichtbeachtung des religiösen Zeichens aus. Nicht begründet ist die Forderung, wegen möglicher psychischer Belastung des Dissidierenden die religiöse Übung der anderen ganz zu unterbinden. Ein solcher Standpunkt beruht auf der verfehlten Absolutsetzung des individuellen Freiheitsrechts, mit religiös-weltanschaulichen Bekundungen nicht konfrontiert zu werden — zu Lasten erlaubter und ebenfalls schutzwürdiger Ausübung der Religionsfreiheit[39]. Hier wird anschaulich, „daß die Religionsfreiheit überhaupt

---

[36] Ausdrückliche Gewährleistung dieses Rechts zur Fernhaltung heute in Art. 140 GG i. V. m. Art. 136 Abs. 3 und 4 WRV.

[37] Zum Öffentlichkeitsauftrag der Kirche und seinen Grenzen in der modernen Demokratie *Dietrich Pirson*, Öffentlichkeitsanspruch der Kirche, in: EvStL³ II, Sp. 2278 ff.; *Paul Mikat*, Öffentlichkeitsauftrag der Kirchen, in: StL⁷ IV, 1988, Sp. 142 ff.

[38] So aber das verfehlte Schulgebets-Urteil des HessStGH v. 27.10.1965, in: ESVGH 16, 1 ff. (Anm. 17). Hier wurde die Einstellung des Schulgebets angeordnet mit Rücksicht auf den Einspruch eines Schülers, der sich trotz erlaubter Nichtbeteiligung und gestattetem Fernbleiben in seinem Recht, nicht zu bekennen, verletzt sah. Dazu m. w. N. *Ulrich Scheuner*, Auseinandersetzungen und Tendenzen im deutschen Staatskirchenrecht, in: DÖV 1966, S. 145 (151 f.) = ders., Schriften (Anm. 2), S. 193 (208 f.). Zum Komplex des Schulgebets und BVerfGE 52, 223 vgl. *Ernst-Wolfgang Böckenförde*, Religionsfreiheit und öffentliches Schulgebet, in: DÖV 1966, S. 30; ders., Zum Ende des Schulgebetsstreits, in: DÖV 1980, S. 323; *Ulrich Scheuner*, Nochmals: Zum Ende des Schulgebetsstreits, in: DÖV 1980, S. 513; *Konrad Hesse*, Zur Frage der Vereinbarkeit des Schulgebetes an öffentlichen Volksschulen mit Art. 4 I und II GG, in: ZevKR 25 (1980), S. 239 ff. = ders., Ausgewählte Schriften (Anm. 19), S. 548 ff.; *Hollerbach*, Staatskirchenrecht (Anm. 1), S. 262, 268 f.

[39] Sehr weit im Blick auf die individuelle Freiheit, nicht staatlichem Zwang zu religiöser Übung ausgesetzt zu werden, BVerfGE 35, 366 (373 ff.), wo allein das Vorhandensein eines Kreuzes im Gerichtssaal als Zwang angesehen wurde. Dazu kritisch *Wolfgang Rüfner*, Anmerkung, in: NJW 1974, S. 491 f.; *Ernst-*

nicht allein vom individuellen Recht her verstanden werden darf, soweit die individuelle Übung (oder auch Nichtübung) mit Wirkung nach außen die kollektive Situation berührt und das Zusammenleben verschiedener Gruppen miteinander betrifft."[40] Das Recht persönlicher Abwägung darf nicht zur Verdrängung religiöser Momente aus dem staatlichen Raum führen. Nicht Privilegierung der Religionslosigkeit zu Lasten des positiven Aspekts der Religionsfreiheit ist geboten, sondern ein schonender Ausgleich im Geist der Toleranz.

4. Toleranz

Toleranz ist im Verhältnis zur Religionsfreiheit mit Recht ein Komplementärprinzip genannt worden[41]. Diese ist nach heutigem Verständnis mehr als bloße Duldung von Religionen ohne deren rechtliche Gleichstellung und unter Erlaubnisvorbehalt[42]. Sie ist die Haltung der Offenheit und Achtung anderer Positionen, die gleiches Recht im Staate genießen. Unter dem Grundgesetz wird Toleranz von allen Staatsbürgern im Verhältnis zueinander erwartet. Der Staat ist Hüter der Toleranz.

Wolfgang Böckenförde, Kreuze (Kruzifixe) in Gerichtssälen?, in: ZevKR 20 (1975), S. 119 ff.; ähnlich BVerfGE 33, 23 (28 ff.), wo das Recht auf Eidesverweigerung aus Gewissensgründen anerkannt wurde ohne Rücksicht auf den religiösen Gehalt und eine religiöse Eidesformel. Dazu kritisch *Stolleis,* Eideszwang und Glaubensfreiheit (Anm. 27), S. 770 ff. und m. w. N. *Hollerbach,* Staatskirchenrecht (Anm. 1), S. 231 ff.; *Martin Heckel,* Säkularisierung. Staatskirchenrechtliche Aspekte einer umstrittenen Kategorie, in: ZRG Kan. Abt. 66 (1980), S. 1 (9 ff.) = ders., Gesammelte Schriften (Anm. 5), Bd. II, S. 773 (778 ff.).

[40] *Scheuner,* System der Beziehungen (Anm. 5), S. 54.

[41] *Listl,* Grundrecht (Anm. 25), S. 11 ff., 251. Dazu ferner *Achim Krämer,* Toleranz als Rechtsprinzip. Gedanken zu einem ungeschriebenen Verfassungsgrundsatz, in: ZevKR 29 (1984), S. 113 ff.; ferner *Martin Honecker / Udo Steiner,* Toleranz, in: EvStL³ II, Sp. 3621 ff.; *Hans-Jürgen Becker,* Toleranz, in: StL⁷ V, 1989, Sp. 485 ff.

[42] Damit unterscheidet sich das Verständnis der Toleranz heute von dem früherer Zeiten und dem der heutigen islamischen Staaten. Dort ermangelt es neutraler Distanz des Staates zur religiösen Wahrheit. Die staatliche Ordnung identifiziert sich mehr oder weniger mit dem Islam, wenn dort auf der Grundlage dezidierter Parteilichkeit nicht allgemeine Freiheit gewährt wird, sondern bedingte und widerrufbare Duldung der Christen und Juden, und nur dieser. Dazu m. w. N. aus der arabischen Lit. *Martin Forstner,* Das Menschenrecht der Religionsfreiheit und des Religionswechsels als Problem der islamischen Staaten, in: Kanon. Bd. 10: Kirche und Staat im christlichen Osten. Wien 1991, S. 105 ff. (120 f.).

5. Aktuelle Probleme der Religionsfreiheit

Die statistische Veränderung der Konfessionszugehörigkeit hat zwei Rechtsfragen der Religionsfreiheit besondere Aktualität verliehen: Einmal ist der Genuß der Religionsfreiheit der Muslime ein Problem, weil sie selbst nicht tolerant sind und, wo es möglich ist, die Religionsfreiheit unterdrücken. Zum anderen ist immer wieder umstritten, in welchem Maße ungewohnte Verhaltensweisen oder Betätigungen von Angehörigen neuer Religionsgemeinschaften den Schutz des Art. 4 GG genießen[42a].

V. Trennung von Staat und Kirche

1. Verbot der Staatskirche 1919

Trennung von Staat und Kirche ist nicht nur ein Schlagwort, sondern ein wesentliches Moment der staatskirchenrechtlichen Ordnung in vielen Ländern, auch in Deutschland. Der Begriff bezeichnet aber in verschiedenem Zusammenhang stark voneinander abweichende staatskirchenrechtliche Regime. Trennung von Staat und Kirche zielte in den USA, in Frankreich, den totalitären Regimen im Deutschland der NS-Zeit und der früheren DDR einerseits, unter der Reichsverfassung von 1919 und dem Grundgesetz andererseits auf unterschiedliche Ziele. Sollte sie hier die Religionsfreiheit sichern und den religiösen Kräften die Entfaltung erleichtern, so war es dort das erklärte Ziel, die Religionsausübung aus der Öffentlichkeit zu verdrängen und sie einzuschränken. Es muß also im Einzelfall geprüft werden, worum es sich handelt. Versatzstücke des Trennungssystems eines bestimmten Landes lassen sich trotz identischem Begriff nicht ohne weiteres in einem anderen verwenden[43]. Welcher Art Trennung ist also wo beabsichtigt?

[42a] Siehe dazu auch *Axel Frhr. v. Campenhausen,* Aktuelle Aspekte der Religionsfreiheit. Neue Religionen im Abendland II, in: ZevKR 37 (1992), S. 405 ff.

[43] Daran krankten Anläufe der Infragestellung des deutschen Staatskirchenrechts immer wieder. So die FDP-Kirchenpapiere 1973 / 74 mit ihren totalitären Schwächen, in: epd-Dokumentation Nr. 8 / 73, Die Jungdemokraten und die Kirche. Material zu den „Thesen zur Trennung von Kirche und Staat"; epd-Dokumentationen Nr. 36 / 73 und 39 / 73, Liberalismus und Kirche, Material zu den FDP-Thesen „Freie Kirche im freien Staat"; epd-Dokumentationen Nr. 1 / 74 Kirche und Staat und Nr. 50 / 74, Die F.D.P. riskiert den Streit mit den Kirchen; *Peter Rath* (Hrsg.), Trennung von Staat und Kirche. Dokumente und Argumente, Hamburg 1974; dazu *Alexander Hollerbach,* Liberalismus und Kirchen: Anfragen an die F.D.P., in: Kurt Sontheimer (Hrsg.), Möglichkeiten und Grenzen liberaler Politik (= Schriften der Kath. Akademie in Bayern, Bd. 70). Düsseldorf 1975, S. 83 ff.; *ders.,* Liberalismus und Kirchen: Fragen an die FDP,

Art. 137 Abs. 1 WRV war von Anfang an Gegenstand heftiger Kontroversen[44]. Einerseits klangen in der an der Paulskirchenverfassung angelehnten Formulierung[45] liberalistische und antikirchliche Töne an, welche auf eine radikale Trennung hinzudeuten schienen. Diese war aber durch andere Absätze desselben Artikels und weiterer Artikel der gleichen Reichsverfassung gerade ausgeschlossen. Art. 137 Abs. 1 WRV war insofern nur ein Teilaspekt einer Gesamtkonzeption. Andererseits gab es eine Staatskirche, wie sie im Preußischen Allgemeinen Landrecht verankert war[46], im Jahre 1919 schon lange nicht mehr. Die Formulierung war insofern besonderer Ausdeutung bedürftig.

Die Paulskirchenverfassung war zwar gescheitert. Preußen hatte aber wesentliche Grundzüge des kirchenpolitischen Programms der Paulskirche übernommen, insbesondere die Aufhebung des Staatskirchentums. Auf Grund der oktroyierten Verfassung von 1849, noch mehr durch die revidierte Verfassungsurkunde von 1850 war die Aufhebung des Staatskirchentums erreicht. Die Kirche war im Sinne einer grundsätzlichen Trennung vom Staat als ein von diesem unterschiedenes Gemeinwesen mit eigenem Wesen und Wirkungskreis anerkannt. Es bestand Religionsfreiheit, und dies als Menschenrecht, nicht nur als Bürgerrecht, und die Kirche genoß Autonomie.

Geblieben war nach 1849 das landesherrliche Kirchenregiment mit weitreichenden staatlichen Kirchenhoheits- und Kirchenaufsichtsrech-

---

in: Internat. kath. Zeitschrift „Communio" 4 (1975), S. 150-169. — Ähnlich von problematisch liberalem Ausgangspunkt aus *Erwin Fischer,* Trennung von Staat und Kirche. Die Gefährdung der Religionsfreiheit in der Bundesrepublik, München 1964. Dazu immer noch lesenswert die Rezension von *Erhard Denninger,* in: Zschr. für praktische Theologie und Religionspädagogik 2 (1967), S. 168-176. In der 2. und 3. Aufl. (1971, 1984) hat *Fischer* unter Beibehaltung des stark individualistischen Ansatzes in beachtlichem Maße der Kritik Rechnung zu tragen gesucht. Auf der Linie von *Fischer* und *Obermayer* (Anm. 27) mit der These eines kategorischen Verbots jeder organisatorischen Verbindung zwischen Kirche und Staat in jüngerer Zeit *Ludwig Renck,* Korporierte Bekenntnisgemeinschaften und öffentliches Recht, in: NVwZ 1991, S. 1038 (1040 ff.).

[44] Dazu *Link,* Verfassungsrechtliche Fragen (Anm. 23), S. 297 ff.

[45] Frankfurter Reichsverfassung v. 28.3.1849 (RGBl. 1849, S. 101) Abschn. VI Art. V § 147 Abs. 2: „...; es besteht fernerhin keine Staatskirche.", zit. nach *Ernst Rudolf Huber,* Dokumente zur deutschen Verfassungsgeschichte. 3. Aufl., Bd. 1, Stuttgart u. a. 1978, S. 375 (391). In den Auseinandersetzungen in der Paulskirche trat die Ambivalenz des Trennungsprinzips bereits deutlich hervor. Für die Linken, denen die Kirche als ein Hemmschuh der Zivilisation erschien, sollte durch die Trennung das, was Kirche genannt wird, überhaupt vernichtet werden. Mit den Freiheitsrechten wurde aber nicht die säkulare Inhaltsbestimmung allgemeinverbindlich normiert. Die Ausfüllung wurde den Staatsbürgern und den Kirchen überlassen. Der Staat wurde religiös indifferent. Zu den Auseinandersetzungen in der Paulskirche vgl. *Henning Zwirner,* Zur Entstehung der Selbstbestimmungsgarantie der Religionsgesellschaften i. J. 1848/49, in: ZRG Kan. Abt. 73 (1987), S. 210 ff.; *Heckel,* Säkularisierung (Anm. 39), S. 1 ff. (77 ff.) = ders., Gesammelte Schriften (Anm. 5), Bd. II, S. 773 (837 ff.).

[46] Tit. 11 Th. II PreußALR.

§ 2 Der heutige Verfassungsstaat und die Religion 65

ten. Ihre Aufhebung war das aktuelle Nahziel, das mit dem Verbot der Staatskirche 1919 angestrebt wurde. Die ganze Bedeutung des Art. 137 Abs. 1 WRV erschöpfte sich in diesem tagespolitischen Aspekt freilich nicht.

2. Trennung von Staat und Kirche in den USA

In den USA wurde die Trennung von Staat und Kirche im ersten Amendment zur amerikanischen Verfassung von 1791 zusammen mit der Religionsfreiheit festgelegt. Sie beruht auf der Erfahrung der Einwanderer, welche zum großen Teil als Glaubensverfolgte nach Amerika kamen. Gerade weil die Religion sich ungehindert sollte entfalten können, wurde die rechtliche Festlegung des Staates auf eine Kirche, die eine Benachteiligung anderer Bekenntnisse zur Folge gehabt hätte, ausgeschlossen. Angestrebt wurde von den Vätern der US-Verfassung also ein Regime, das ohne Verleugnung der religiösen Grundlagen der USA Unabhängigkeit und Zusammenarbeit von Staat und Kirche gewährleistet und jedem die Freiheit läßt, seine Religion völlig ungehindert auszuüben. Das ist der Grund, warum die amerikanische Bundesverfassung die Trennung von Staat und Kirche bestimmt. Deshalb darf keine Religion in irgendeiner Weise „established" werden[47]. In mancherlei Hinsicht entspricht das Bild, das die USA abgeben, nicht dem, was man von einem System radikaler Trennung von Staat und Kirche erwartet. Religion und Kirche werden als etwas für das politische Gemeinwesen Wesentliches betrachtet. Kirchen und Religionsgemeinschaften genießen Förderung in Gestalt von Steuerfreiheit. Geistliche sind vom Wehrdienst befreit. Der Kongreß hat seinen eigenen Pfarrer. Selbstverständlich gibt es staatliche Militärseelsorge. Die Bibel wird in den USA nach wie vor bei Eidesleistungen benutzt[48]. Religiöse Wohl-

---

[47] Die die Trennung begründenden Artikel der US-Verfassung haben einen bemerkenswerten Bedeutungswandel durchgemacht. Ursprünglich galt das Verbot des establishment of religion nur für den Bundesgesetzgeber und bewirkte damit einen Vorbehalt zugunsten der Einzelstaaten, wo z. T. staatskirchliche Verhältnisse herrschten. Erst 1868 wurde der Weg zur „Inkorporation" des 1. Amendments in die Einzelstaaten eröffnet und wirkte sich dadurch in einer der ursprünglichen Intention entgegengesetzten Richtung aus.

[48] Weitere Hinweise zu den USA bei *Klaus Schlaich*, Neutralität als verfassungsrechtliches Prinzip vornehmlich im Kulturverfassungs- und Staatskirchenrecht (- Tübinger Rechtswissenschaftliche Abh., Bd. 34) Tübingen 1972, S. 139 ff.; *Hermann-Wilfried Bayer*, Das Prinzip der Trennung von Staat und Kirche als Problem der neueren Rechtsprechung des United States Supreme Court, in: ZaöRV 24 (1964), S. 201 ff. (226 ff.); *v. Campenhausen*, Staatskirchenrecht (Anm. 2), S. 227 ff.; *Michael Quaas*, Staatliche Hilfe an Kirchen und kirchliche Institutionen in den Vereinigten Staaten von Amerika. Ein Beitrag zur historischen Entwicklung und Gegenwartsproblematik des Verhältnisses von

fahrtsorganisationen erhalten Unterstützung. Gerade hier hat eine radikalere Strömung in jüngerer Zeit für Auseinandersetzung gesorgt.

Auch in den USA ist der Sozialstaat mit einer immer weitergehenden staatlichen Durchdringung des gesellschaftlichen Lebens und einer immer umfangreicher werdenden Förderung inzwischen selbstverständlich geworden. Die in wachsendem Umfang vertretene Sicht einer geboten erscheinenden radikalen Trennung von Staat und Kirche hat dadurch eine ganz andere Qualität gewonnen. De facto droht sie sich in einer Benachteiligung von Kirchen und Religionsgemeinschaften auszuwirken, indem diese Gefahr laufen, im Gegensatz zu anderen Gruppierungen keine Förderung für allgemein nützliche Einrichtungen zu erhalten (Schulen, Krankenhäuser, Universitäten). So war das ursprünglich nicht vorgesehen gewesen. Auf Grund dieses Umstands hat sich eine reiche Rechtsprechung in den USA entwickelt. Dabei ging es insbesondere darum, die keineswegs auf Trennung und Religionsneutralität angelegte staatliche Wirklichkeit im Sinne einer strikten Trennung von Staat und Kirche umzubauen. Andererseits mußte im Interesse der Gleichbehandlung eine Förderung gesellschaftlich erwünschter Aktivitäten auch dann ermöglicht werden, wenn sie religiös motiviert war. Die Rechtsprechung sucht hier immer noch nach einem vernünftigen Maßstab, der die freien Initiativen auf religiöser Grundlage nicht unterdrückt und disqualifiziert. Die Ablehnung einer Verbindung von Staat und Kirche soll nicht dazu führen, daß mit der Ablehnung der Förderung von religiösen Gruppen der Zugang sogar zu Leistungen in der Daseinsvorsorge vom Schultransport über die Lehrmittelförderung bis zum Feuerwehrschutz versagt wird. Die Dinge sind hier im Fluß.

3. Trennung von Staat und Kirche in Frankreich

In ganz anderen Zusammenhang gehört die Einführung eines strengen Trennungsprinzips in Frankreich[49]. Seit der Französischen Revolution 1789 ist dies das klassische Land staatskirchenrechtlicher Experimente und Radikalkuren und des antiklerikalen Kulturkampfes. Im Rahmen der Entkonfessionalisierung des öffentlichen Lebens und der gewaltsa-

---

Staat und Kirche in den USA. Mit einem Vorw. von Ulrich Scheuner (= Staatskirchenrechtliche Abh., Bd. 6), Berlin 1977.

[49] Einzelheiten dazu bei *Axel v. Campenhausen,* Staat und Kirche in Frankreich (= Göttinger Rechtswissenschaftliche Studien, Bd. 41), Göttingen 1962; *ders.,* Die Beziehungen von Kirche und Staat in Frankreich 1905-1962, in: JöR N. F. 12 (1963), S. 101-143; *ders.,* Laizismus, in: EvStL³ I, Sp. 1951 f.; *René Metz,* Staat und Kirche in Frankreich. Auswirkungen des Trennungssystems — Neuere Entwicklungstendenzen, in: EssGespr. 6 (1972), S. 103 ff.

§ 2 Der heutige Verfassungsstaat und die Religion   67

men Verdrängung der Religion aus allen öffentlichen Bereichen sollte das sogenannte Trennungsgesetz vom 9. Dezember 1905 den erbitterten Auseinandersetzungen dadurch ein Ende setzen, daß es Staat und Kirche einer völligen Trennung unterwarf und mit den gemeinsamen Berührungspunkten die konfessionellen Streitpunkte aus der Welt schaffte. Auch dieses Gesetz galt als Freiheitsgesetz, indem es sowohl dem Staat als den Kirchen Freiheit voneinander bringen sollte. Es litt aber an innerem Widerspruch. Das zeigte sich insbesondere daran, daß es in direktem Gegensatz zu jeder Trennungsidee den Kirchen als Voraussetzung freier Religionsausübung ein bestimmtes Verfassungs- und Organisationsschema aufzwang. Es griff also in innere Angelegenheiten der Religionsgemeinschaften ein. Statt die Unabhängigkeit von Staat und Kirche zu stärken, wurde die Trennung als Instrument staatlicher Einmischung in das innere Gefüge der kirchlichen Ordnung mißbraucht. Das erinnert an ein System der Kirchenhoheit und der Aufsicht, die mit Trennung unvereinbar ist.

Unzulänglich war das Gesetz auch insofern, als es im Widerspruch zum Grundrecht der Religionsfreiheit und dem Prinzip der Trennung von Staat und Kirche das freie religiöse Leben von Staats wegen eindämmen sollte. Dementsprechend war das Verständnis der Religionsfreiheit, welches die Verdrängung des religiösen Moments aus dem öffentlichen Leben, vor allem aus der Schule für zulässig hielt bei gleichzeitiger Beherrschung der Schule durch eine antichristliche Weltanschauung. Deren religionssoziologisch zweifelsfrei religiöser Charakter wurde wegen des wissenschaftlichen Anstrichs nicht erkannt, und deshalb schien er mit der Trennung von Staat und Kirche und religiös-weltanschaulicher Neutralität des Staates vereinbar zu sein.

Die größten Mängel des Trennungsgesetzes von 1905 sind in einer interessanten Entwicklung dank der Rechtsprechung insbesondere des Conseil d'État abgestellt worden. Hand in Hand mit der Milderung der praktischen Probleme schritt die Läuterung der zugrundeliegenden geistigen und politischen Begriffe voran. Heute ist auch in Frankreich anerkannt, daß die religiös weltanschauliche Neutralität des Staates keinen negativen, die Wirklichkeit eliminierenden und diskriminierenden Charakter haben darf. Neutralität erfordert nicht, daß der Staat religiöse Tatsachen negiert, sondern lediglich, daß er sich nicht mit einer Religion identifiziert und keine bevorzugt.

Parallel dazu machte der das französische Trennungsregime bestimmende Begriff des Laizismus (Laicisme) eine entsprechende Wandlung durch. Ursprünglich bezeichnete dieser Schlüsselbegriff die weltanschauliche Forderung nach Lösung des öffentlichen Lebens in Staat, Gesellschaft, Recht, Wirtschaft, Kultur und Erziehung von Religion und

Kirche. Unter dem Einfluß der Rechtsprechung trat der ideologische Charakter allmählich zurück, ohne daß die Gesetze aufgehoben wurden. Allmählich setzte sich der vom Laizismus abgespaltene Grundsatz der staatlichen Laizität (Laicité) durch. Er bezeichnete die völlige Enthaltsamkeit des Staates in Weltanschauungsfragen. Der religiöse Bereich bleibt danach der privaten Sphäre überlassen. Der Staat gewährleistet Religions- und Kirchenfreiheit. Er übt Unparteilichkeit gegenüber allen Religions- und Weltanschauungsgruppen. Der unserer Neutralität ähnliche Begriff der Laizität hat den pseudoreligiösen kirchenfeindlichen Laizismus heute weitgehend abgelöst und ist seit 1946 Verfassungsgrundsatz. Die ursprünglich starke Neigung, die Trennung zu einem Mittel der Religionsbekämpfung und zur verfälschenden Ausfüllung der religiösen Freiheiten zu mißbrauchen, in den inneren Bereich der Kirchen und der religiösen Selbstbestimmung einzugreifen, ist auch in Frankreich heute im wesentlichen gebannt.

Heute gibt es auch in Frankreich staatlich organisierte Anstalts-, insbesondere Militärseelsorge und finanzielle Förderung der Religionsgemeinschaften, insbesondere der römisch-katholischen Kirche[50]. Im übrigen ist die Vorstellung einer radikalen Trennung von Staat und Kirche wie in den USA so auch in Frankreich gescheitert. Die ursprüngliche Hoffnung, daß mit der Durchführung einer Trennung von Staat und Kirche auch die Probleme, die notwendig zwischen ihnen immer wieder auftauchen, in Wegfall kommen würden, hat sich nicht erfüllt. Ein solches Schema kann deshalb nicht funktionieren, weil die Trennung von Staat und Kirche in einer freien pluralistischen Gesellschaft die Berührung der beiden Institutionen nicht beendet. Angesichts der Expandierung des modernen sozialen Leistungsstaats, der alle Bereiche des menschlichen Lebens bestimmt, ergeben sich neue Überschneidungen und Abstimmungsnotwendigkeiten zwischen den Institutionen, denen die meisten Staatsbürger als Religionsgenossen gleichzeitig angehören. Der Gedanke einer berührungslosen Scheidung ist deshalb eine Utopie. Jedenfalls ist eine Übertragung französischer Erfahrungen auf die Verhältnisse unter dem Grundgesetz nicht möglich, da die deutsche Verfassung den Ansatz des französischen Trennungssystems nicht nur nicht teilt, sondern ausdrücklich verworfen hat.

4. Trennung im Totalitarismus

Trennung von Staat und Kirche war schließlich in den totalitären Regimen im Deutschland der NS-Zeit und der früheren DDR eine gern

---

[50] Die in der Französischen Revolution enteigneten Kathedralen und Kirchen stehen im Staatseigentum und werden vom Staat unterhalten.

benutzte Vokabel. Beide Male diente die Trennung von Staat und Kirche als Räumgerät, um die Kirchen und andere religiöse Institutionen aus dem öffentlichen Leben auszuschalten.

5. Trennung von Staat und Kirche im NS-Deutschland

Bei der nationalsozialistischen Diktatur[51] liefen wie später bei der sozialistischen Diktatur der DDR staatskirchliche Bestrebungen und radikale Trennungsvorstellungen in nicht abgeklärter Form nebeneinander her. Der Kampf gegen die Kirchen wurde unter dem Schlagwort der Entpolitisierung und der Entkonfessionalisisierung des öffentlichen Lebens geführt. Der Totalitätsanspruch der herrschenden Partei dehnte sich auf alle Bereiche aus. Trennung bedeutete also Verdrängung der Kirche als Konkurrenz aus dem öffentlichen Bereich. Die Kirchen wurden nach und nach aus wichtigen Positionen verstoßen, in denen sie nicht unmittelbar solche kirchlichen Aufgaben der Wortverkündigung und Sakramentsverwaltung erfüllten, welche dem Regime als Religionsausübung noch akzeptabel erschienen. Trennungsparolen dienten dem Primat des völkischen Prinzips. Wo Gefahr für die Einheit der Volksgemeinschaft durch das Auftreten und Wirken der Kirchen drohte, wurde dies unterbunden. Praktisch zeigte sich das an dem Verbot der Doppelmitgliedschaft in kirchlichen Verbänden und in Zwangsorganisationen von Staat und Partei, in der Zwangsauflösung und im Betätigungsverbot für konfessionelle Jugendverbände, Gewerkschaften, akademische Vereinigungen etc. Die Entkonfessionalisierung geschah durch zielbewußte Kampfmaßnahmen. Die Kirchen wurden einem Schrumpfungsprozeß ausgesetzt, ihre Lebensmöglichkeit durch aktive Maßnahmen eingeengt. Die Verdrängung aus öffentlich-rechtlicher Stellung, die Zerstörung der kirchlichen Finanzordnung und die Überführung der Kirchen in privatrechtliche Verbände waren dabei wesentlich.

Hier war die Trennung also ein Mittel des weltanschaulichen Kampfes. Wie beim vorangehenden französischen Trennungsprinzip und der folgenden sozialistischen Phase in der DDR verbanden sich radikale Trennungsvorstellungen mit Rückgriffen auf das vergangene Regime staatlicher Kirchenhoheit und -aufsicht. Einzelheiten können hier übergangen werden. Festzuhalten ist, daß Trennung hier etwas anderes war, als in einem Staat, der individuelle Freiheitsrechte anerkennt, nämlich

---

[51] Zur Zeit des Nationalsozialismus statt aller: *Klaus Scholder,* Die Kirchen und das Dritte Reich, Bd. 1: Frankfurt / M. u. a. 1977, Bd. 2: Berlin 1985; *Christoph Link,* Staat und Kirchen, in: Jeserich / Pohl / v. Unruh (Hrsg.), Deutsche Verwaltungsgeschichte. Bd. 6: Das Reich als Republik und in der Zeit des Nationalsozialismus. Stuttgart 1985, S. 1002-1016 m. w. N.

ein Mittel der diskriminierenden Verstoßung aus der völkischen Gesamtordnung. Sie war hier gedacht als Mittel der Bekämpfung und Ausschaltung der Kirchen, Ersatz für die mißlungene Gleichschaltung und eine Vorform der endgültigen Vernichtung der Kirchen[52]. Deutlich ist, daß von solcherart Trennung nichts auf die Bundesrepublik Deutschland übertragbar ist.

6. Trennung von Staat und Kirche im Ostblock, insbesondere in der DDR

In den verschiedenen Staaten des früheren Ostblocks[53] konkretisierte sich die einheitliche sozialistische Unterdrückungspolitik gegenüber den Kirchen in unterschiedlicher Weise. In Deutschland, von dem hier nur die Rede ist, erinnerten manche Einzelheiten an das vorangehende nationalsozialistische Regime. Fast überall wurde die Religionsfreiheit formal ausdrücklich anerkannt und mit dem System radikaler Trennung von Staat und Kirche kombiniert. Das tragende Motiv war aber nicht die religiöse Indifferenz des staatlichen Partners, sondern die strikt religionsfeindliche Einstellung des weltanschaulich konkurrierenden Marxismus als staatstragende Weltanschauung. Er billigte den Kirchen im Grund kein Lebensrecht zu, auch dann nicht, wenn sie auf ihren Kernbereich zurückgedrängt waren. Anders als nach dem Demokratie- und Grundrechtsverständnis des Westens gab es in der Staatstheorie des Ostens[54] nur ein rechtmäßiges Interesse, welches vom Staat wahrgenommen wurde. Die Staatsführer waren die alleinigen Interpreten und Vollstrecker des Volkswillens mit der Folge, daß jeder Einfluß der Kirche als eine prinzipiell unzulässige Einmischung in die staatliche Herrschaftsausübung und damit als eine Verletzung der gebotenen Trennung von Staat und Kirche galt. Trennung erschien gesichert erst dann, wenn die Kirchen auf den Kultus zurückgedrängt keinen im

---

[52] *Heckel,* Säkularisierung (Anm. 39), S. 1 ff., 95 ff., 101. Dazu als zeitgenössische Quelle *Werner Weber* mit einem im Jahr 1941 gehaltenen Vortrag: Die staatskirchenrechtliche Entwicklung des nationalsozialistischen Regimes in zeitgenössischer Betrachtung, in: Rechtsprobleme in Staat und Kirche. FS für Rudolf Smend. Göttingen 1952, S. 365 ff. = ders., Staat und Kirche in der Gegenwart (Anm. 19), S. 114 ff.

[53] *Otto Luchterhandt,* Die Gegenwartslage der Evangelischen Kirche in der DDR (= Jus Ecclesiasticum, Bd. 28), Tübingen 1982; *ders.,* Neuere Entwicklungen der Religionsgesetzgebung in Osteuropa, in: ZevKR 35 (1990), S. 283-318; *Alexander Hollerbach,* Das Verhältnis zwischen Kirche und Staat in der Deutschen Demokratischen Republik, in: HdbKathKR, S. 1072-1081.

[54] *Ernst-Wolfgang Böckenförde,* Die Rechtsauffassung im kommunistischen Staat, München 1967; *Georg Brunner,* Das Staatsrecht der Deutschen Demokratischen Republik, in: HStR I, 1987, S. 385 ff., 393 ff. m. w. N.

weitesten Sinne politisch wirksamen öffentlichen Einfluß mehr auszuüben vermochten, also eine Kollision mit der staatlichen Weltanschauung des Marxismus ausgeschlossen war.

Die Praxis hat diesen Zustand vollkommener sozialistischer Theorie nie erreicht. Die angeblich radikale Trennung war durch allerlei Rückgriffe auf staatskirchliche Praktiken modifiziert, von denen die Existenz eines Staatssekretariats für Kirchenfragen und entsprechender Aufsichtsbehörden auf jeder staatlichen Ebene eine Anschauung geben. Staatsaufsicht, staatliche Eingriffe in die Kirchen und zahllose Genehmigungspflichten und die Nötigung der Kirchen zu bestimmten Entscheidungen waren geläufig. Im Gegensatz zu Trennungssystemen westlicher Art blieb den Kirchen auch nicht die Entfaltung in einem privaten Bereich zugestanden, weil es nach östlicher Theorie keinen relevanten Lebensbereich gab, der privat, also dem ausschließlichen Beherrschungsanspruch der marxistischen Ideologie entzogen war.

Trennung bedeutete hier also gerade nicht Freilassung, sondern sie diente dem Ziel einer vollständigen Verdrängung der Kirchen aus dem öffentlichen Bereich. Sie wurde mißbraucht als Mittel der Reduzierung kirchlichen Wirkens auf den „internen" Bereich des Gottesdienstes und transzendentaler Innerlichkeit. Dem dienten die mannigfaltigen Maßnahmen der Entkonfessionalisierung des öffentlichen Lebens, das staatliche Drängen zum Kirchenaustritt, die Unvereinbarkeit öffentlicher Ämter mit der Kirchenzugehörigkeit, die Störung religiöser Betätigung und Amtsausübung, die polizeiliche Verfolgung von Christen und die Beseitigung religiöser Symbole in der Öffentlichkeit[55].

Einzelheiten dieses der Vergangenheit angehörenden Unterdrückungsregimes können hier vernachlässigt werden. Festzuhalten ist, daß kein Teil östlicher Trennungsregime unter dem Grundgesetz beibehalten werden kann, weil der totalitär-sozialistische Ansatz in der Wurzel unvereinbar ist mit einer freiheitlich demokratischen Verfassungsordnung.

7. Trennung von Staat und Kirche unter dem Grundgesetz

Der Umstand, daß aus den klassischen oder berüchtigten Trennungsregimen nicht ohne weiteres Versatzstücke zur Interpretation des Grundgesetzes übernommen werden können, darf nicht zu dem Fehlschluß verleiten, daß Reichsverfassung und Grundgesetz nicht ebenfalls

---

[55] *Otto Luchterhandt*, Die Rechtsstellung der Religionsgemeinschaften im totalen Staat. Ein Vergleich zwischen Sowjet- und NS-Staat, in: ZevKR 24 (1979), S. 111 f. (139 ff., 145 ff.).

ein System der Trennung von Staat und Kirche hätten. Religionsfreiheit und Trennung von Staat und Kirche sind die zwei Grunddaten der freiheitlichen Verfassungsordnung schlechthin. Sie sind aber noch nicht das ganze, weil der deutsche Verfassungsgeber unbeschadet der organisatorischen Trennung von Staat und Kirche in den berühmten Verfassungskompromissen von 1919 und 1949 zweimal bewährte Elemente herkömmlicher Kulturverfassung erhalten hat. Die mit dem Körperschaftsstatus umschriebene Möglichkeit für die Kirchen, sich im öffentlichen Recht anzusiedeln, die Beibehaltung des Religionsunterrichts in öffentlichen Schulen, die Theologischen Fakultäten im Rahmen der staatlichen Universitäten, die auf das religiöse Bedürfnis von Anstaltsinsassen Rücksicht nehmende Anstaltsseelsorge sind vom Verfassungsgeber ebenso verfügt wie die Trennung. Die deutsche Verfassungsordnung ist also nicht ausreichend charakterisiert, wenn man sie als ein Trennungssystem beschreibt, ganz mißverstanden, wenn man den Trennungscharakter leugnet. Hier tritt die Ambivalenz des Trennungsbegriffs besonders deutlich hervor.

Seit der Paulskirchenverfassung erweist sich das Trennungssystem als Komplementärgarantie zur Religionsfreiheit. Wenn Religionsfreiheit das Recht zum Fernbleiben von religiöser Bindung und das Recht zur Entfaltung der Religion in der Öffentlichkeit gleichermaßen schützt, kann der Staat nicht gleichzeitig eine besondere Verbindung mit einer oder mehreren Religionsgesellschaften beibehalten. Trennung von Staat und Kirche ist dann eine selbstverständliche, allerdings auch notwendige Konsequenz. Die Zugehörigkeit zu einer Religion darf weder Vor- noch Nachteil zur Folge haben.

Im Blick auf konfessionelle Vorgaben hatte der Gedanke der Trennung von Staat und Kirche historisch gesehen eine polemische Frontstellung. Er wendet sich gegen die dem Staat verbundene oder verschwisterte Kirche. Das ist aber ein abgeschlossenes Kapitel der Geschichte. Geblieben ist die Funktion, die Unabhängigkeit des Staates und der Kirche zu gewährleisten. Insofern ist Trennung unter dem Grundgesetz Ausdruck und Erscheinungsform staatlicher und kirchlicher Selbständigkeit und Freiheit und eine sachlogische Konsequenz der Religionsfreiheit[56].

Die beiden Diktaturen im Deutschland des 20. Jahrhunderts haben mit ihrer Neigung zur zwangsweisen Entchristlichung des Volkes und zur Verwendung des Trennungsprinzips zur Verdrängung der Kirchen aus der Öffentlichkeit diese traditionelle Linie des Verfassungsrechts verlassen[57].

---

56 *Ernst-Wolfgang Böckenförde*, Staat — Gesellschaft — Kirche (= Enzyklopädische Bibliothek, Teilbd. 15). Freiburg u. a. 1982, S. 5 ff., 64.

§ 2 Der heutige Verfassungsstaat und die Religion 73

Die deutschen Reichs-, Bundes- und Landesverfassungen haben die Trennung als Instrument des Ausgleichs aufgenommen. Deshalb muß das Trennungsprinzip im Zusammenhang mit den Freiheitsrechten und als Ergänzung hierzu gesehen werden. Mit den Freiheitsrechten wurde eben nicht die Freiheit selbst in einem bestimmten säkularen Inhalt allgemeinverbindlich festgelegt. Die Ausfüllung wurde den Staatsbürgern und den von ihnen gewählten Religionsgesellschaften überantwortet. Der Staat wurde auf diese Weise nicht eine Art Überkirche, der die Freiheit definiert, statt dies den Staatsbürgern zu überlassen. Deshalb hat die Indifferenz des Staates gegenüber religiösen Standpunkten und Religionsgesellschaften in den Freiheitsrechten und der damit notwendig einhergehenden Trennung ihre Grundlage. Die Trennung von Staat und Kirche soll Freiheit durch Offenheit und Ausfüllungsbedürftigkeit erlauben. Sie wird in Deutschland also gerade nicht als Mittel staatlicher Herrschaft über die Kirchen eingesetzt. Sie soll die Kirchen und die religiösen Anliegen der Staatsbürger nicht aus der Öffentlichkeit verdrängen. Sie ist auch kein Mittel des staatlichen Eingriffs in die Kirchen mit Hilfe säkularer Freiheitsvorstellungen. Mit diesem auf Ausgleich und Konsens bedachten Ansatz hat das deutsche Staatskirchenrecht Freiheit und Rechtskontinuität verbürgt statt Zwang und Umbruch.

Mit dem Schlagwort Trennung allein ist also noch nicht alles geklärt[58]. Deshalb hat *Ulrich Stutz* schon in der Weimarer Zeit im Blick auf die Reichsverfassung anschaulich von einem System „,hinkender' Trennung"[59] gesprochen, einer Trennung also, die doch keine Trennung nach amerikanischem oder französischem Muster ist, andererseits aber doch eine Trennung, die der bis dahin für Deutschland charakteristischen Verbindung von Staat und Kirche ein Ende setzt. In Anlehnung an eine parallele französische Entwicklung sprach man in Deutschland auch von positiver Trennung[60] oder von einer balancierten Trennung

---

[57] Entsprechende Vorschläge wurden schon in den Nationalversammlungen 1848 f. und 1919 gemacht, aber abgelehnt. Nachw. bei *Heckel*, Säkularisierung (Anm. 39), S. 77 ff., 95 ff.

[58] *Martin Heckel*, Die Kirchen unter dem Grundgesetz, in: VVDStRL 26 (1968), S. 5 ff. (26 ff.) = ders., Gesammelte Schriften (Anm. 5), Bd. I, S. 402 ff. (421 ff.); *ders.*, Staat — Kirche — Kunst. Rechtsfragen kirchlicher Kulturdenkmäler (= Tübinger Rechtswissenschaftliche Abh., Bd. 22). Tübingen 1968, S. 194 ff.

[59] *Ulrich Stutz*, Die päpstliche Diplomatie unter Leo XIII. nach den Denkwürdigkeiten des Kardinals Domenico Ferrata. Einzelausgabe (aus: Abh. der preuß. Akademie d. Wiss., Jg. 1925, Phil.-hist. Kl., Nr. 3 / 4). Berlin 1926, S. 54.

[60] *René Rémond*, Evolution de la Notion de Laicité entre 1919 et 1939, in: Cahier d'Histoire 1959, S. 85; *v. Campenhausen*, Staat und Kirche in Frankreich (Anm. 49), S. 156; *Mikat*, Kirchen und Religionsgemeinschaften (Anm. 19), S. 111 (146) = ders., Religionsrechtl. Schriften (Anm. 8), S. 7 (64).

von Staat und Kirche[61]. *Scheuner* nannte das deutsche System ein solches der gelockerten Fortsetzung der Verbindung von Staat und Kirche[62], andere ein solches der Koordination[63]. Jede solche abkürzende Benennung bringt Treffendes zum Ausdruck, vernachlässigt jedoch andere Momente zugunsten der dem Autor jeweils besonders sympathischen. Dagegen ist nichts einzuwenden, sofern das subjektive Trennungsverständnis eines Autors nicht dazu führt, daß er die ihm weniger sympathischen Bestimmungen als „legale Verfassungswidersprüche" oder gar als „verfassungswidrige Verfassungsnormen" eliminiert, statt umgekehrt den Trennungsbegriff aus der kompromißhaften Vielfalt der Bestimmungen zu gewinnen[64].

---

[61] *Böckenförde,* Staat — Gesellschaft — Kirche (Anm. 56), S. 5 ff. (64).

[62] *Ulrich Scheuner,* Kirche und Staat in der neueren deutschen Entwicklung, in: ZevKR 7 (1959 / 60), S. 225 (245) = ders., Schriften (Anm. 2), S. 121 (141); ähnlich *Heckel,* Die Kirchen unter dem Grundgesetz (Anm. 58), S. 27 = ders., Gesammelte Schriften (Anm. 5), Bd. I, S. 402 ff. (422).

[63] *Mikat,* Kirchen und Religionsgemeinschaften (Anm. 19), S. 111 ff. (124 ff.) = ders., Religionsrechtl. Schriften (Anm. 8), S. 29 ff. (42 f.); *Hesse,* Rechtsschutz (Anm. 19), S. 81. Diese Sicht hat *Hesse* später aufgegeben. Vgl. *ders.,* Freie Kirche im demokratischen Gemeinwesen. Zur Gegenwartslage des Verhältnisses von Staat und Kirche in der Bundesrepublik, in: ZevKR 11 (1964 / 65), S. 337 (354) = ders., Ausgewählte Schriften (Anm. 19), S. 452 (465 f.) = Quaritsch / Weber, Staat und Kirchen (Anm. 19), S. 334 (348 f.). Dagegen mit Entschiedenheit *Helmut Quaritsch,* Kirchen und Staat. Verfassungs- und staatstheoretische Probleme der staatskirchenrechtlichen Lehre der Gegenwart, in: Der Staat 1 (1962), S. 175 (191 ff.); 289 (296 ff.) = Quaritsch / Weber, Staat und Kirchen (Anm. 19), S. 265 (278 ff., 289 ff.). Für ein koordinationsrechtliches Verhältnis von Staat und Kirche auch das Urteil des BGH vom 16. März 1961, in: BGHZ 34, 372. Die seinerzeit heftige Auseinandersetzung ist heute kaum noch verständlich, weil Unabhängigkeit und Eigenständigkeit von Staat und Kirche unbestritten sind und der Überschwang der Nachkriegszeit mit der staatlichen Schwäche Episode geblieben ist.

[64] So aber *Fischer,* Trennung von Staat und Kirche (Anm. 16), wiederholt unter dem Registerstichwort „Verfassungswidrigkeiten", *Keim,* Schule und Religion (Anm. 16), und wiederholt *Renck,* der im Grundgesetz „solche verfassungsmäßigen Durchbrechungen von Verfassungsprinzipien" findet. Hinter der Ablehnung einer solchen These steht seiner Meinung nach „meist die rechtspolitische Tendenz, solche (geschriebenen) Durchbrechungen zur Rechtfertigung von weiteren (ungeschriebenen) Durchbrechungen heranzuziehen". So zuletzt *Ludwig Renck,* Verfassungsprobleme des Ethikunterrichts, in: BayVBl. 1992, S. 519. Dagegen *Hollerbach,* Grundlagen (Anm. 35), Rdnr. 91 m. w. N. Von entgegengesetzten Standpunkten ausgehend unsicher und in Grundsatzfragen tastend einerseits *Otto J. Voll,* HdbBayStKirchR, S. 35 ff. Keinesfalls wird man mit *Voll* (S. 306) den Standpunkt einnehmen können, weder das Grundgesetz noch die Bayerische Verfassung kennten einen Rechtssatz dahingehend, daß zwischen Staat und Kirche Trennung bestehe und daß die Rede von der Trennung in der Lit. auf einen Verfassungsgrundsatz nur „de lege ferenda", also auf „ein staatskirchenpolitisches Ziel" verweise, „das von den Vertretern des sogenannten Trennungsprinzips angestrebt wird, das aber kein in der Verfassung vorgegebenes und niedergelegtes Prinzip darstellt." Über das Ziel hinausschießend, in Fortführung von Ansichten von *Fischer, Keim* und *Obermayer* andererseits auch die Kritik von

VI. Parität

Parität bezeichnet als Rechtsbegriff die Verbürgung prinzipieller rechtlicher Gleichordnung und Gleichbehandlung von religiösen Bekenntnissen und Religionsgemeinschaften auf der Grundlage ihrer Gleichwertigkeit und ihres Gleichranges im Rahmen der Verfassungsordnung[65]. Diese Gleichstellung läßt sich aus der Verwirklichung der Religionsfreiheit ableiten oder — mit der heute vorherrschenden Auffassung — als eine spezielle Ausprägung des allgemeinen Gleichheitssatzes entwickeln[66], die ihre Substanz aus der konkreten Verfassungsordnung gewinnt. Als „begleitendes Prinzip" nimmt sie ihre Fülle aus der Verbindung mit der materialen Entscheidung, insbesondere des Staatskirchenrechts[67].

Neben der aus dem Gefüge der verfassungsrechtlichen Ordnung des alten Reiches stammenden institutionellen Parität entwickelte sich im 19. Jahrhundert der Begriff einer bürgerlichen Parität. Er garantiert die

---

Ludwig Renck, Die Trennung von Staat und Kirche, in: BayVBl. 1988, S. 225 ff., und Besprechung zu *v. Mangoldt / Klein / v. Campenhausen,* in: BayVBl. 1992, S. 286 (288), insbesondere mit der schon früher vorgebrachten These, aus dem Trennungsprinzip sei die Folgerung abzuleiten, daß „auch der bekenntnisneutrale Staat, der über die engen Grenzen der grundgesetzlichen Ausnahmen hinaus, und sei es noch so wohlmeinend, die Kirchen begünstigt," die Verfassung verletze. Richtig dagegen *Renck,* ebd., S. 229, wo die Zulässigkeit der Zusammenarbeit des Staates mit Religionsgemeinschaften ausdrücklich hervorgehoben wird.

[65] Dazu grundlegend *Martin Heckel,* Parität, in: ZRG Kan. Abt. 49 (1963), S. 261-420 = ders., Gesammelte Schriften (Anm. 5), S. 106-226; *ders.,* Die religionsrechtliche Parität (Anm. 5), S. 445-544 = ders., Gesammelte Schriften, S. 227-323; *Hansjosef Mayer-Scheu,* Grundgesetz und Parität von Kirchen und Religionsgemeinschaften (= Sozialwissenschaftliche Bibliothek, Bd. 5), Mainz 1970; *Karl-Hermann Kästner,* Parität, in: HRG III, 1984, Sp. 1512-1516.

[66] Auf das Ergebnis hat die Ableitung deshalb keine Auswirkung, weil in der Religionsfreiheit auch die Gleichstellung der Religionsgemeinschaften eingeschlossen ist. Umgekehrt muß eine durch den allgemeinen Gleichheitssatz gestützte Auffassung bei der Anerkennung sachlich möglicher oder gebotener Differenzierungen auf das Staatskirchenrecht rekurrieren. *Scheuner,* System der Beziehungen (Anm. 5), S. 5 (59).

[67] BVerfGE 19, 1 (8) = KirchE 7, 183 (188 f.) betont, daß Parität auch unter dem Grundgesetz keine schematische Gleichbehandlung der Religionsgesellschaften durch den Staat erfordert, sondern Differenzierungen zulässig seien. „Dabei muß berücksichtigt werden, daß sich nicht abstrakt und allgemein feststellen läßt, was in Anwendung des Gleichheitssatzes sachlich vertretbar ist; vielmehr ist die Vertretbarkeit einer Regelung stets im Hinblick auf die Eigenart des konkreten Sachverhalts zu prüfen, der geregelt werden soll ... Aus dem Sachverhalt, den die differenzierende Regelung zum Gegenstand hat, muß sich gerade für sie ein sachlich vertretbarer Gesichtspunkt anführen lassen (BVerfGE 17, 122 [130 f.])." Die Entscheidung verweist auf *Konrad Hesse,* Schematische Parität der Religionsgesellschaften nach dem Bonner Grundgesetz?, in: ZevKR 3 (1953/54), S. 188 = ders., Ausgewählte Schriften (Anm. 19), S. 475.

rechtliche Gleichstellung der Staatsbürger, die Unabhängigkeit der bürgerlichen und staatsbürgerlichen Rechte vom religiösen Bekenntnis. Diese bürgerliche Parität hat im Grundgesetz an zahlreichen Stellen ihren Niederschlag gefunden[68].

Heute verbietet die Parität die rechtliche Bevorzugung bestimmter Bekenntnisse und Religionsgemeinschaften. Sie verbürgt gleiche Behandlung, soweit nicht durch sachlich begründete Verschiedenheiten eine differenzierte Regelung zulässig, womöglich geboten erscheint. Die Gleichzeitigkeit des Gebots und Verbots einer Differenzierung macht die Besonderheit des Paritätsprinzips aus. Diese Gleichzeitigkeit tritt in der Rechtsprechung des Bundesverfassungsgerichts hervor, wo das Gericht die Gleichbehandlungspflicht neben die Gestaltungsfreiheit des Gesetzgebers stellt[69]. Differenzierungen sind danach verfassungsgemäß, sofern sie durch tatsächliche Verschiedenheiten der Religionsgemeinschaften bedingt sind oder auf nicht willkürlichen und nicht sachfremden Gesichtspunkten beruhen. Formale Gleichstellung ist dort eine Konsequenz der Parität, wo sachliche Unterschiede der Struktur, der eigenen Glaubensgrundsätze oder der Größe zwischen den Religionsgemeinschaften nicht vorliegen.

Die Parität hat nicht ausgeschlossen, daß das institutionelle Staatskirchenrecht auf die großen Kirchen ausgerichtet ist. Es sollte gerade ihre volkskirchliche Struktur und Funktion erhalten. Parität unter dem Grundgesetz ist kein Instrument der Egalisierung, welches nur die personale Religionsfreiheit und ein modifiziertes Vereinsrecht vom Staatskirchenrecht übrig ließe. Diese Gefahr entsteht, wenn ein Gesichtspunkt oder ein Rechtsbegriff zur Obernorm gemacht wird, mit dessen Hilfe das materielle Verfassungsrecht nach dem Gutdünken der Interpreten eine Korrektur erfährt. Das ist mit Parität gerade nicht gemeint[70]. Die Besonderheit der staatskirchenrechtlichen Ordnung in Deutschland besteht also abermals darin, daß sie im Interesse sachgerechter Regelung eine Differenzierung der Parität gestattet. Diese ist

---

[68] Art. 3 Abs. 3, 33 Abs. 3, 140 GG i. V. m. Art. 136 Abs. 1 und 2, 137 Abs. 5 und 7 WRV.

[69] BVerfGE 19, 1 (7 f.) = KirchE 7, 183 (187 f.).

[70] *Heckel,* Die religionsrechtliche Parität (Anm. 5), S. 445 (481, 487) = ders., Gesammelte Schriften (Anm. 5), S. 227 (263 f., 268). Daß es keinen einheitlichen rechtlichen Status der Religionsgesellschaften gibt, zeigen schon Art. 137 Abs. 3, 4 und 5 WRV jeweils i. V. m. Art. 140 GG an. Dazu *Hesse,* Schematische Parität (Anm. 67), S. 188 ff. = ders., Ausgewählte Schriften (Anm. 19), S. 475 ff. Die eindeutige Verfassungslage schließt Polemik gegen „gestufte Parität" nicht aus. Vgl. aus der jüngeren Lit. mit dunklem Hinweis auf die zerbrochene vorkonstitutionelle Interessengemeinschaft von Thron und Altar *Renck,* Korporierte Bekenntnisgemeinschaften (Anm. 43), im Anschluß an *Fischer* (Anm. 16) und *Obermayer* (Anm. 27), Art. 140, Rdnr. 47.

deshalb verfassungsgemäß, weil die qualifizierten Stufen der Parität von jeder Religions- oder Weltanschauungsgemeinschaft nach objektiven Kriterien erreicht werden können und auch tatsächlich erreicht werden. Durch die Notwendigkeit der Konkretisierung und die Möglichkeit der Differenzierung bleibt das Gebiet der staatskirchenrechtlichen Parität ein Anwendungsfall für die Aktualisierung der religiösen Freiheit, insbesondere für ihre korporative Ausgestaltung. Sie läßt die innere Struktur und Eigenart jeder Glaubensgemeinschaft unberührt, stützt aber die gleichmäßige Distanz des Staates und seine neutrale Haltung gegenüber allen Gruppen ab.

VII. Die religiös-weltanschauliche Neutralität

Der Verfassungsgrundsatz der religiös-weltanschaulichen Neutralität findet sich im Text des Grundgesetzes und der Landesverfassungen nicht. Aber aus der Garantie der individuellen Glaubens-, Gewissens- und Bekenntnisfreiheit in Art. 4 GG, dem Verbot der Staatskirche in Art. 140 GG i. V. m. Art. 137 Abs. 1 WRV und der damit verfügten Trennung von Staat und Kirche und schließlich aus dem Verbot der Benachteiligung oder Bevorzugung des Bürgers aus religiösen Gründen (Art. 3 Abs. 3, Art. 33 Abs. 3 GG) ergibt sich, daß der Staat religiös neutral sein muß. Rechtsprechung und Literatur haben dies Prinzip als Element der staatskirchenrechtlichen Ordnung herausgearbeitet. Ähnlich wie der verfassungspolitische Begriff der Trennung von Staat und Kirche aber auch das Grundrecht der Religionsfreiheit, hat die religiös-weltanschauliche Neutralität verschiedene Aspekte und ist im Laufe der Geschichte in unterschiedlichem Sinne verwendet worden. Sie ist ein vielseitiges Prinzip, das je nach dem normativen Zusammenhang und dem Bezugspunkt der dem Staat aufgegebenen Neutralitätsentscheidung unterschiedliche Bedeutung haben kann[71].

Neutralität legt dem Staat Enthaltsamkeit auf. Er soll in religiös-weltanschaulichen Dingen weder eingreifen noch Partei nehmen. Das kann sich in einem abwehrenden oder in einem ausgrenzenden Sinne bewähren, kann aber auch seinen Ausdruck finden in der Gleichmäßigkeit der Berücksichtigung oder Förderung. Im Blick auf die individuelle staatsbürgerliche Stellung und den Zugang zu öffentlichen Ämtern ist verfassungsrechtlich verfügt, daß hier die Konfession keinen Vorteil oder Nachteil mit sich bringen darf. In anderem Zusammenhang dient

---

[71] Grundlegend dazu *Klaus Schlaich*, Neutralität (Anm. 48); *ders.*, Zur weltanschaulichen und konfessionellen Neutralität des Staates. Eine staatsrechtliche Problemskizze, in: EssGespr. 4 (1970), S. 9–44.

dieser Grundsatz der Sicherung individueller Freiheit dadurch, daß Rechtsbereiche (Ehe, Schule, Sozialhilfe) eine „neutrale" Ausgestaltung erfahren, die den Bürger nicht unter die Prinzipien einer fremden Konfession zwingt. Im Blick auf den weltanschaulichen Eifer, der in Diktaturen wie in freien Gesellschaften immer wieder durchbricht, ist festzuhalten, daß Neutralität keinerlei staatliche Nötigung zu individuellem Agnostizismus und Indifferentismus in sich schließt. Die religiöse und weltanschauliche Neutralität des Staates darf nicht mit religiöser oder weltanschaulicher Indifferenz gleichgesetzt werden. Der Staat hat die Bürger in religiös weltanschaulicher Hinsicht nicht zu erziehen, sie nicht von vermeintlichen oder wirklichen religiösen Vorurteilen abzubringen, sondern er hat deren Entscheidung bei der Regelung der sozialen und kulturellen Verwaltung zu respektieren.

Die Neutralität des Staates bewährt sich dabei darin, daß die allgemeine Rechtsordnung dem Bürger Raum und Freiheit läßt, sich in Beruf, Erziehung, Familie, Kultur und anderen Lebensbereichen zu entscheiden, und zwar gerade nicht im Sinne der religiös weltanschaulichen Neutralität, sondern im Sinne seines Bekenntnisses oder seiner Überzeugung. Hier zeigt sich die nur partielle Regelungszuständigkeit des Staates, welcher auf die respektiven Grundsätze der Kirchen und Religionsgemeinschaften Rücksicht nimmt, da er keinen eigenen Standpunkt in der Sache einzunehmen hat[72]. Die staatlichen Institutionen sind neutral, indem sie dafür offen sind und eine entsprechende Entscheidung nicht präjudizieren. „Konfessionelle Neutralität bedeutet deshalb nicht das Diktat eines Neutralismus im Sinne verordneter Standpunktlosigkeit und eines weltanschaulichen Vakuums, das den Christen (unter Aufgabe der Neutralität) offen oder insgeheim am Maß des Atheisten mißt"[73]. Art. 3 Abs. 3, 33 Abs. 3 GG verbieten in diesem Zusammenhang nur die Bevorzugung bzw. Benachteiligung wegen des Bekenntnisses, fordert aber nicht die Ignorierung oder Ausgrenzung des religiösen Elements aus dem staatlichen Recht. Der Staat bewahrt seine Unabhängigkeit vor dem religiösen Absolutheitsanspruch, hat aber kein eigenes Interesse daran, den Zusammenschluß der Bürger auf konfessioneller oder weltanschaulicher Basis zu unterbinden oder zu behindern.

Neutralität muß sich schließlich auch im Bereich des institutionellen Staatskirchenrechts bewähren (Art. 140 GG). Hier zeigt sich die Neutralität der staatlichen Verfassungsordnung daran, daß der Staat unbefangen auch mit konfessionellen Verbänden und freien Trägern zusammenarbeitet. Es gibt keinen Gesichtspunkt, der es geboten sein läßt, kosten-

---

[72] Vgl. oben I 2.
[73] *Heckel*, Staat — Kirche — Kunst (Anm. 58), S. 209.

trächtige Doppelarbeit zu veranstalten, nur weil ein bestimmter sozialer Dienst konfessionell vorgehalten wird, sofern kein staatsbürgerlicher Bedarf nach konfessionell anderem Angebot besteht[74].

Neutral ist die Bezugnahme auf kirchliche Grundsätze, wo der Staat mit den Kirchen zusammenstößt. Neutralität verlangt vom Staat, daß er das Kirchliche an den Kirchen nicht ignoriert und sie nicht behandelt, als wären sie keine Kirchen und als hätten sie keine kirchlichen Grundsätze. Historisch war es allerdings eine Überraschung und eine Enttäuschung für die Liberalen, daß mit der Einführung der Trennung von Staat und Kirche und der Säkularisierung oder Neutralisierung des Staates die verbandsmäßige Stellung der Kirchenleitungen in ihrer Unabhängigkeit verstärkt wurde und der Staat nicht umhin konnte, dies zu akzeptieren. Da die Verfassungsordnung sich für Unabhängigkeit, Freiheit, Anerkennung der kirchlichen, religiösen und weltanschaulichen Tätigkeit entschieden hat, umschließt die Neutralität die staatliche Enthaltsamkeit von jeder Einmischung in die Interna der Kirchen und Religionsgemeinschaften in Lehre, Liturgie, Verfassung und innertheologischer Auseinandersetzung[75].

Neutral ist der Staat schließlich im Blick auf die Förderung von Kirchen und Religionsgemeinschaften, d. h. daß Förderung nach sachlichen, also neutralen Gesichtspunkten erfolgt und nicht zum Mittel innerkirchlicher Einflußnahme oder ideologischer Präferenz vergeben werden darf.

Im staatlichen Denkmalrecht beispielsweise bewährt sich das Prinzip der Neutralität, indem der Staat sakrale Denkmäler ebenso wie profane Denkmäler schützt, und zwar unter Berücksichtigung ihres spezifischen liturgischen Charakters, und daß er die theologischen Prinzipien sakraler Kunst- und Denkmalpflege gerade als neutraler Staat nicht selbst entscheidet, sondern den kirchlichen Instanzen zur Entscheidung überläßt.

VIII. Das Staatskirchenrecht nach der staatlichen und kirchlichen Wiedervereinigung

Stimmen aus dem Beitrittsgebiet artikulieren die Sorge, daß Staat und Kirche in der Bunderepublik Deutschland nicht in gehörigem Maße getrennt seien und die Kirchen sich in eine zu unbefangene Zusammen-

---

[74] BVerfGE 22, 180 (199 ff.) = KirchE 9, 183 (189 ff.).

[75] Die Frage, ob eine Kirche Frauen mit kirchlichen Ämtern betraut, ob kirchliche Amtsträger durch Synoden gewählt oder hierarchisch ernannt werden, ist eine eigene Angelegenheit, die zu beurteilen der Staat sich enthalten muß — ein Ausdruck der Neutralität.

arbeit mit dem Staat hätten einbeziehen lassen[76]. Zentrale Institutionen des westdeutschen Staatskirchenrechts werden dabei oft als Überbleibsel eines in der DDR überwundenen Staatskirchentums mißverstanden. Dementsprechend erscheinen insbesondere die Korporationsqualität der Kirchen, der staatliche Kirchensteuereinzug, der Religionsunterricht an den staatlichen Schulen und die Militär- und Anstaltsseelsorge als Bedrohung einer mühsam behaupteten Eigenständigkeit und als Widerspruch zur Trennung von Staat und Kirche. Insbesondere der Militärseelsorgevertrag weckt den Verdacht, als solle an Stelle einer roten, vom Staat propagierten Weltanschauung eine christliche Ordnung von Staats wegen folgen. Dagegen erscheine es vordringlich, daß die Kirche nach dem Zusammenbruch der früher staatstragenden Partei nicht in den Verdacht gerate, zum Beispiel in Religionsunterricht oder Militärseelsorge die Funktion der bisherigen Staatsideologie zu übernehmen und deren Indoktrination unter anderem Vorzeichen fortzusetzen. Solche Befürchtungen lassen das Staatskirchenrecht des Grundgesetzes als problematisch erscheinen. Die Erinnerung an Umarmungsversuche des sozialistischen Gewaltstaats lassen es geradezu als Vermächtnis der besonderen Erfahrungen aus der untergegangenen DDR erscheinen, sich einer Vereinnahmung durch den freiheitlich demokratischen Staat zu entziehen.

Angesichts solcher Vorstellungen ist in Erinnerung zu rufen, daß die selbstverständliche Zusammenarbeit des Staates mit gesellschaftlichen Gruppen und freien Trägern, in unserem Zusammenhang mit Kirchen und Religionsgesellschaften, in einer freien Gesellschaft, deren Tätigkeiten gegenüber dem Staat grundrechtlich abgesichert sind, eine andere Bedeutung hat als in einem totalitären Regime. Kooperation und Absprachen sind hier nicht Ausdruck einer an sich verbotenen und problematischen Kungelei, sondern Niederschlag eines freien Kräftespiels in einem grundrechtlich gesicherten Bereich.

Trennung von Staat und Kirche bedeutet in einem ausgebauten Kultur-, Wirtschafts- und Sozialstaat von heute etwas anderes als im

---

[76] Im Zusammenhang mit der Wiedervereinigung der evangelischen Kirche in Deutschland und im Rahmen der Bemühungen um Verfassungen in den neuen Ländern sind solcherart Befürchtungen wiederholt geäußert worden. Dazu grundlegend *Martin Heckel,* Die Vereinigung der evangelischen Kirchen in Deutschland (= Jus Ecclesiasticum, Bd. 40), Tübingen 1990; *ders.,* Rechtsprobleme der kirchlichen Wiedervereinigung, in: ZevKR 36 (1991), S. 113-198; *ders.,* Zur kirchlichen Wiedervereinigung im Rahmen der EKD, in: NJW 1992, S. 1001-1007. Einen Eindruck solcher Vorstellungen vermitteln die epd-Dokumentationen Nr. 19/90, 20/90, 43/90, 13/91, 14/91 und die Zeitschrift „übergänge. Früher: Kirche im Sozialismus" 2/90 mit Beiträgen von *Werner Krusche, Johannes Weiß, Karl-Alfred Odin, Ehrhart Neubert, Helmut Zeddies.*

§ 2 Der heutige Verfassungsstaat und die Religion 81

totalitären Sozialismus mit seinem Monopolanspruch der Beherrschung jedes Lebensbereichs, aber auch etwas anderes als im liberalen Rechtsstaat von früher mit seiner eingeschränkten Betätigung. Heute trägt der Staat die Verantwortung für die Stabilität im sogenannten „magischen Viereck"[77]. Der Sozialstaat umfaßt auch die Sorge für die elementaren sozialen Voraussetzungen zur Verwirklichung von Freiheitsrechten. Die Steuerhoheit garantiert ihm die erforderliche Konzentration von Finanzmitteln. Es wäre eine „anachronistisch-retrospektive Ghettoisierung"[78], wollte man die erforderliche Zusammenarbeit mit dem Staat verweigern und auf Trennungsvorstellungen des 19. Jahrhunderts verharren, um sich so außerhalb der modernen sozial- und kulturstaatlichen Prozesse zu stellen.

Staat und Gesellschaft sind nicht nach Bereichen oder Sachgebieten getrennt, sondern in vielfältiger Weise miteinander verflochten. Es gibt keinen Bereich, keine Aktivität der freien Träger, in denen der Staat nicht fördernd, planend oder lenkend tätig wäre. Die staatliche Planung, Normierung, Kontrolle und Subvention umfaßt mit der Wohlfahrtspflege, den Krankenhäusern, Kindergärten und Altersheimen auch den Bereich, auf dem ein Schwerpunkt der kirchlichen Tätigkeit liegt[79]. Hierbei tritt noch einmal in Erscheinung, daß es die gleichen Menschen sind, die politisch zur Einheit und zum handlungsfähigen Subjekt verbunden den Staat bilden und die in der Gesellschaftssphäre ihres persönlichen familiären geselligen Lebens ihre berufliche, wirt-

---

[77] Stabilität des Preisniveaus bei gleichzeitigem hohen Beschäftigungsstand und außenwirtschaftlichem Gleichgewicht sowie stetigem angemessenem Wirtschaftswachstum, § 1 G zur Förderung der Stabilität und des Wachstums der Wirtschaft (StabG) v. 8.6.1967 (BGBl. I S. 582), zuletzt geändert durch G v. 18.3.1975 (BGBl. I S. 705), Art. 109 Abs. 2 GG. Dazu *Reiner Schmidt*, Öffentliches Wirtschaftsrecht. Allgemeiner Teil. Berlin u. a. 1990, S. 303 ff.

[78] *Heckel*, Die Vereinigung der evangelischen Kirchen in Deutschland (Anm. 76), S. 126.

[79] Zur kontinuierlich wachsenden Abhängigkeit der Freien Träger von staatlicher Förderung vgl. *Axel v. Campenhausen*, Freie Träger, in: EvStL³ I, Sp. 959-968; *ders.* (Hrsg.), Kann der Staat für alles sorgen? Zur Geringschätzung freier Initiativen durch die öffentliche Hand. Mit Beiträgen von *Axel v. Campenhausen, Otto Fichtner, Liselotte Funke, Renate Hellwig, Johannes Kessels, Erwin Krämer, Hans Maier, Hans Reschke, Theodor Schober, Rupert Scholz* und *Hans-Jochen Vogel* (= Schriften der Katholischen Akademie in Bayern, Bd. 72), Düsseldorf 1976; *ders.*, Staat — Kirche — Diakonie. Historische Bezüge und aktuelle Probleme, in: Axel v. Campenhausen/Hans-Jochen Erhardt (Hrsg.), Kirche, Staat, Diakonie. Zur Rechtsprechung des Bundesverfassungsgerichts im diakonischem Bereich. Hannover 1982, S. 9-54. In diesem Sammelband sind ferner u. a. abgedruckt: *Ulrich Scheuner*, Die karitative Tätigkeit der Kirchen im heutigen Sozialstaat. Verfassungsrechtliche und staatskirchenrechtliche Fragen, aus: Ess-Gespr. 8 (1974), S. 43-71, und *Michael Stolleis*, Sozialstaat und karitative Tätigkeit der Kirchen, aus: ZevKR 18 (1973), S. 376-404.

schaftliche, geistig kulturelle, aber auch religiöse Betätigung haben. Schon aus diesem Grunde stehen Staat und Gesellschaft nicht beziehungslos nebeneinander, wie es die Theorie einer strikten Trennung von Staat und Kirche wahrhaben möchte.

Ebensowenig gibt es nur einseitige Einwirkungen des Staates auf die Gesellschaft. Es ist im Gegenteil gerade Ausdruck der freiheitlichen Verfassung, daß auch von der Gesellschaft, also auch von den Kirchen Einflußnahmen auf den Staat und seine Organe ausgehen. In einer offenen Gesellschaft kann der Staat das nicht abblocken. Dies ist Ausdruck der offenen Willensbildung im politischen Prozeß. Dieser läuft von der Gesellschaft auf den Staat zu. Das politische Entscheidungshandeln der staatlichen Organe ist von diesem Prozeß nicht abgesetzt, sondern eingebunden und unterliegt zudem einer periodisch zu erneuernden demokratischen Legitimation[80].

Auch in sachlicher Hinsicht lassen sich ein staatlicher und ein kirchlicher Bereich nicht säuberlich trennen. Die Unterscheidung von geistlich und weltlich bezieht sich primär nicht auf Gegenstände, sondern auf die Ziel- und Zweckausrichtung. Weite Bereiche staatlicher und kirchlicher Tätigkeit betreffen „gemeinsame Angelegenheiten", die zugleich einen weltlichen und einen kirchlichen Bezug haben. Gewiß beansprucht der Staat auch hier die Regelungskompetenz für den weltlichen Teil der Angelegenheit. Die freiheitliche Verfassung beschränkt seine Zuständigkeit aber und macht ihm die Beachtung der Freiheitsrechte, hier also insbesondere der religiösen Entfaltungsrechte zur Pflicht. Die Kirchen und Religionsgemeinschaften haben wie alle gesellschaftlichen Kräfte von ihren Tätigkeits- und Freiheitsbereichen her stets die Möglichkeit, auf den Staat und die dort anstehenden Überlegungen, Maßnahmen und Entscheidungen einzuwirken. Die grundsätzliche Trennung von Staat und Kirche eröffnet insofern ein Feld grundrechtlich abgesicherter vielfältiger Zusammenarbeit. Kooperationsfeld und Konfliktfeld liegen dabei nahe beieinander.

Die modernen sozialstaatlichen Beziehungen und Verbindungen zwischen Staat und Religionsgesellschaften sind nicht mit den 1990 abgestreiften zu verwechseln. Sie sind auch nicht Ausdruck der Wertschätzung der christlichen Wahrheit, welche der Grund für die Privilegierung der Kirchen bis 1919 war. Es gilt vielmehr der Grundsatz, daß der Staat, sofern er bestimmte gesellschaftliche Aktivitäten fördert, kirchliche Rechtsträger von solcher Förderung nicht ausschließen darf. Mit der organisatorischen Trennung von Staat und Kirche und der Anerkennung der vollen Religionsfreiheit einschließlich der religiösen Vereini-

---

80 *Böckenförde,* Staat — Gesellschaft — Kirche (Anm. 56), S. 30 f., 48 ff., 50 ff.

§ 2 Der heutige Verfassungsstaat und die Religion

gungsfreiheit sind alle Religionen und alle Weltanschauungen rechtlich gleichgestellt. Der privilegierende Vorrang der früher herrschenden Kirchen ist aufgehoben.

Paradoxerweise machen Religionsfreiheit und Trennung von Staat und Kirche Absprachen, Kontakte und Kooperation von Staat und Kirche nicht überflüssig, sondern im Gegenteil unabweislicher als im früheren System staatlicher Kirchenhoheit. Heute kann der Staat in den Kirchen und Religionsgesellschaften nicht mehr aufsichtführend und steuernd Einfluß nehmen. Eine Veranstaltungsverordnung nach dem Vorbild der früheren DDR ist undenkbar. Will er bei seiner umfassenden Planungs- und Steuerungstätigkeit nicht ständig Gefahr laufen, das Religiöse selbst zu definieren und damit zu verfälschen, muß er sich zum respektiven kirchlichen Standpunkt in Beziehung setzen, d. h., daß er Stellungnahme der kirchlichen Instanz erfragen und berücksichtigen muß.

Die zahlreichen gesetzlichen Berücksichtigungsklauseln und Mitwirkungsrechte sind also nicht Folge einer verfassungsrechtlich verbotenen Verbindung von Staat und Kirche. Sie spiegeln vielmehr die Notwendigkeit der Kooperation eines freien Staates mit staatsfreien Religionsgesellschaften wider, die auf Gebieten tätig sind, auf denen sich auch der Staat bewegt[81].

Ausdruck dieses Abstimmungsbedürfnisses zwischen Staat und Religionsgesellschaften sind die Kirchenverträge. Sie spiegeln nicht Neigung zu Kungelei wider, sondern haben vielmehr ihre Ursache in der Kompetenzbeschränkung des Staates auf den weltlichen Bereich und auf den weltlichen Aspekt des Rechts und der zu regelnden Materie. Überschneidungen staatlicher und kirchlicher Tätigkeit sind alltäglich. Umfassende Planung, Lenkung und Finanzierung fast aller Lebensbereiche einerseits, grundrechtliche Sicherung der freien Beteiligung in erzieherischen, diakonischen und anderen Bereichen andererseits ma-

---

[81] Der religiös indifferente Staat kann, um Beispiele zu nennen, die in den neuen Ländern umstritten sind, nicht selbst den Inhalt evangelischen, römisch-katholischen oder muslimischen Religionsunterrichts bestimmen. Im Gegensatz zur Religionskunde ist für den Religionsunterricht die konfessionelle Bindung konstitutiv. Der Staat kann den Wunsch der Eltern und Schüler nach Religionsunterricht nicht kurzerhand ignorieren und den Religionsunterricht aus den Schulen verbannen. Denn es handelt sich für sie um ein verfassungsrechtlich garantiertes Recht; für den Staat besteht Anbietungspflicht (Art. 7 Abs. 3 GG). Also ist eine kontinuierliche Zusammenarbeit erforderlich, um einen konfessionellen Unterricht „in Übereinstimmung mit den Grundsätzen der Religionsgesellschaften" zu veranstalten. Entsprechendes gilt für das Recht des Staatsbürgers in Uniform. Die Militärseelsorge ist wie jede Anstaltsseelsorge nicht so sehr ein Recht der Kirche als ein solches der Staatsbürger auf religiöse Versorgung auch in der relativ abgeschlossenen Welt der betreffenden Anstalt.

chen vertragliche Abmachungen wünschenswert. Verträge vermitteln in einem Bereich immerfort notwendiger Abstimmung die Rechtsgrundlage einer für beide Partner notwendigen rechtsstaatlichen Berechenbarkeit und Konstanz bei sozial- und kulturstaatlicher Tätigkeit.

Selbstverständlich ist keine Religionsgemeinschaft gezwungen, ihren Mitgliedern Kenntnis der Grundlagen ihrer Religion in der Schule vermitteln zu lassen. Keine braucht ihren Nachwuchs an staatlichen Universitäten ausbilden zu lassen. Aus staatlicher Sicht muß keine für die religiöse Versorgung ihrer Konfessionsangehörigen in Krankenhäusern, Gefängnissen oder der Armee Sorge tragen. Keine Religionsgemeinschaft braucht den staatlichen Anteil an den Kosten von Krankenhäusern, Kindergärten usw. anzunehmen. Keine schließlich braucht von der Möglichkeit des staatlichen Kirchensteuereinzugs Gebrauch zu machen. Allemal handelt es sich um Angebote, die einem die Grundrechte der Staatsbürger ernstnehmenden Staat angemessen sind. Verfassungsrechtliche Gebote, die die Kirchen anzunehmen gezwungen wären, sind es nicht[82].

Für diejenigen Kirchen und Religionsgemeinschaften aber, die diese Aufgaben wahrnehmen wollen, ist eine Zusammenarbeit mit staatlichen Stellen unabweislich. Gerade die Beschränktheit staatlicher Kompetenz, der torsohafte Charakter der staatlichen Regelungsmöglichkeiten läßt es geraten erscheinen, über die Kooperationsfelder, die so schnell auch Konfliktfelder werden können, Vereinbarungen zu treffen. Dies ist die Funktion der staatskirchenrechtlichen Vereinbarungen, welche sich in der alten Bundesrepublik bewährt haben. Sie gelten nur zum Teil in den neuen Ländern. Aus diesem Grunde haben alle neuen Länder neue Verträge mit den Kirchen geschlossen, welche im Lauf des Jahres 1994 den Parlamenten vorgelegt werden sollen.

---

[82] Über die Chancen des deutschen Modells des Staatskirchenrechts in den neuen Ländern der Bundesrepublik Deutschland siehe die bedeutsame Abhandlung von *Christoph Link*, Ein Dreivierteljahrhundert Trennung von Kirche und Staat in Deutschland. Geschichte, Grundlagen und Freiheitschancen eines deutschen staatskirchenrechtlichen Modells, in: FS für Werner Thieme zum 70. Geburtstag. Köln, Berlin, Bonn, München 1993, S. 95-122.

§ 3

Staat und Kirche in der Bundesrepublik Deutschland
Die politischen und gesellschaftlichen Grundlagen

Von Hans Maier

Seit Jahrhunderten sind die Kirchen in Deutschland ein maßgebliches Element der öffentlichen Ordnung. Ihrerseits hängen sie aufs stärkste von der politisch-sozialen Verfassung des Gemeinwesens ab. Kirche und weltliche Ordnung waren im Alten Reich seit dem Augsburger Religionsfrieden (1555) territorial und konfessionell organisiert. Religionen wurden „in den Staat verwebt"[1]. Diese Ordnung öffnet sich seit dem 17. Jahrhundert einer behutsam fortschreitenden Praxis und Gesetzgebung der Toleranz. Kraft ihrer eigentümlichen Differenziertheit (konfessionelle „Purität" im Land, Parität der Konfessionen im Reich) hält sie aber das öffentliche Leben bis in die kleinen Sozialkreise hinein noch lange in Verbindung mit gemeinchristlichen Normen und Verhaltensweisen[2]. An die Stelle reichsrechtlicher und landesfürstlicher Sicherungen treten für die Kirchen im 19. und 20. Jahrhundert — abschließend 1919 — die Freiheitsgarantien des modernen Verfassungsstaates. Zunehmend sehen sich die christlichen Gemeinden angesichts säkularer Tendenzen auf eigene Antriebskräfte zurückverwiesen, vermögen aber den vom weltlichen Recht verbürgten Rahmen noch immer auszufüllen.

Diese Ordnung der Dinge bildet auch die Ausgangslage für die Entwicklung nach 1945. So tief der Einbruch des Nationalsozialismus und seiner kirchenfeindlichen Politik war, so unmerklich stellen sich zunächst im westlich besetzten Deutschland, der späteren Bundesrepublik, die alten Lebensbedingungen der Kirchen wieder her. Freilich mit charakteristischen Veränderungen, in denen soziale Umbrüche und eine verwandelte geistige und politische Szene sichtbar werden. So lösen sich

---

[1] *Georg Wilhelm Friedrich Hegel*, Die Verfassung des Deutschen Reichs. Hrsg. von Georg Mollat, Stuttgart 1935, S. 62.
[2] *Martin Heckel*, Parität, in: ZRG Kan.Abt. 49 (1963), S. 261-420; *Paul Mikat*, Parität, in: StL[7] IV, 1988, S. 294 ff.

in der riesigen Wanderungs- und Mischungsbewegung der deutschen Bevölkerung 1944-47 die alten konfessionell-territorialen Besitzstände auf, geschlossene Konfessionsgebiete verschwinden, die Diasporasituation wird nahezu überall zur Regel. Das Zeitalter des *Cuius regio eius religio* geht zu Ende. Insgesamt sehen sich die Kirchen in der Gesellschaft einem Dominanzverlust des Christlichen und einer zunehmenden Konkurrenz von Weltanschauungen gegenüber[3]; im Innern beginnen sich pluralistische Tendenzen zu verbreiten. Das einheitliche religiössoziale Selbstverständnis wird von außen und von innen relativiert. Doch schreitet dieser Prozeß nur sehr allmählich voran, und die Ergebnisse werden erst in Jahren sichtbar. Politische Kräfte, die ihn nachhaltig fördern, gibt es im Westen zunächst nicht, im Gegenteil: hier festigt sich in der ersten Nachkriegszeit aufs neue und fast ohne äußere Mithilfe die öffentliche Stellung der Kirchen.

I. Die Wiederherstellung der öffentlichen Stellung der Kirchen nach 1945

1. In dem geistigen und politischen Leerraum, den das Dritte Reich hinterlassen hatte, wurden die Kirchen rasch und selbstverständlich zu Bürgen der neuen demokratischen Staatlichkeit. Kirchenkampf und -verfolgung hatten die Erinnerung an manches anfängliche Schwanken gegenüber der Tyrannis in den Jahren 1933/34 ausgelöscht. Die Kirchen kehrten der Öffentlichkeit ihr in der Distanz zum NS-Staat geschärftes Profil zu. Zugleich boten sie, bedrängt von Zerstörung und sozialem Chaos, ein Bild der Solidarität mit dem deutschen Schicksal. So waren sie die einzigen Institutionen, die schon 1945 gegen verallgemeinernde Kollektivschuldthesen auftreten konnten. Die Schrecksekunde des Zusammenbruchs ließ viele Menschen bei christlichen Staats-, Wirtschafts- und Gesellschaftslehren Zuflucht suchen. Alte konfessionelle wie politische Trennungslinien verloren in dieser Lage ihre Schärfe. Der Reflex des Christlichen im Zeitbewußtsein war breit; er wuchs über den Kreis der Kirchentreuen weit hinaus. An vielen Orten nahmen Kirchen eine Art von politisch-moralischer Stellvertretung wahr, ähnlich wie Gewerkschaften, Lizenzparteien und -zeitungen und andere Kräfte des

---

[3] Vgl. *Klaus Hemmerle,* Was heißt Glaubenssituation? Theologische Gesichtspunkte und methodische Konsequenzen für eine Situationsanalyse, in: Befragte Katholiken — Zur Zukunft von Glaube und Kirche (Auswertungen und Kommentare zu den Umfragen für die Gemeinsame Synode der Bistümer in der Bundesrepublik Deutschland). Hrsg. von *Karl Forster,* Freiburg i. Br. 1973, S. 23 ff. (38); *Erich Feifel/Walter Kasper* (Hrsg.), Tradierungskrise des Glaubens, München 1987.

§ 3 Staat und Kirche in der Bundesrepublik Deutschland 87

vorpolitischen Raumes; das reichte von karitativer Hilfe und Verwaltungsdiensten in einer staatlosen Zwischenphase über gutachtliche Mithilfe bei der Entnazifizierung[4] bis zu öffentlichen Erklärungen zu politischen Themen wie Ernährung und Versorgung, Wiedervereinigung, Friedensvertrag und anderem mehr. Wenn in jenen Jahren Bischöfe und Kirchenpräsidenten wie *Dibelius* und *Faulhaber, Frings, Gröber, Lilje, Niemöller* zu Sprechern und Volkstribunen gegenüber den Besatzungsmächten wurden[5], so lag dies gewiß auch daran, daß die deutsche Politik noch nicht mit eigener Stimme und eigenen Institutionen sprechen konnte. Aber auch die Kirchen selbst waren politischer geworden: der nationalsozialistischen Herrschaft entgangen, übten sie ihre öffentliche Sprecher- und Vorsteherrolle in einem neuen Selbstbewußtsein aus, mit den kirchlichen Rechten zugleich Menschenrechte und bürgerliche Freiheiten verteidigend.

2. Es kam den Kirchen zugute, daß es in jenen Jahren im westlich besetzten Deutschland antikirchliche Stimmungen kaum gab. Das öffentliche Klima war freundlich, allenfalls neutral. Der Öffentlichkeitsanspruch der Kirchen setzte sich in einer von Existenznöten geschüttelten Gesellschaft und einem weithin entleerten staatlichen Bereich ohne Mühe durch. Abgesehen von der KPD, gab es unter den Lizenzparteien keine, die diesem Anspruch prinzipiell widersprochen hätte, mochten auch die liberalen Parteien und die SPD vor dem Godesberger Programm am traditionellen Konzept der Trennung von Staat und Kirche festhalten. Hierin war die Lage gänzlich anders als 1919, als der öffentlich-rechtliche Status der Kirchen politisch ernstlich gefährdet war[6]. Konnten damals die Kirchen, zumal die evangelische nach dem Wegfall des Landeskirchentums, nur durch einen Parteienkompromiß in ihrer bisherigen Stellung erhalten werden, so war ihr öffentlicher Status nach 1945 weit stärker. Als Kräfte vorpolitischer Integration waren sie in einer Zeit, in der sich politische Ideen, Parteien und staatliche Institutionen erst allmählich herausbildeten, de facto unan-

---

[4] *Clemens Vollnhals*, Evangelische Kirche und Entnazifizierung 1945-1949, München 1989 (dort weitere Lit.).

[5] Vgl. etwa *Otto Dibelius*, Ein Christ ist immer im Dienst. Erlebnisse und Erfahrungen in einer Zeitenwende. 2. Aufl., Stuttgart 1963; *Theophil Wurm*, Erinnerungen aus meinem Leben, Stuttgart 1953; *Hanns Lilje*, Schwerpunkte eines Lebens, Nürnberg 1973; *Joseph Kardinal Frings*, Für die Menschen bestellt. Erinnerungen des Alterzbischofs von Köln, Köln 1973. Als der Kölner Erzbischof in den harten Nachkriegswintern die Entnahme von Kohle in hausüblichem Umfang mit „Mundraub" gleichstellte, machte der Volkswitz daraus das Wort „fringsen"! Zum zeitgeschichtlichen Hintergrund: *Rudolf Morsey/Klaus Gotto*, Die Kirche in der Nachkriegszeit — ihr Beitrag zum Wiederaufbau, Trier 1986.

[6] *Rudolf Morsey*, Die Deutsche Zentrumspartei 1917-1923. Düsseldorf 1966, S. 217 ff.

greifbar; Ausfälle gegen sie, wie sie vereinzelt vorkamen[7], fielen auf die Urheber zurück.

3. Je mehr sich über die Stellung der Kirchen ein öffentlicher Konsens bildete, desto eher konnten diese eines speziellen parteipolitischen Anwalts entraten. Dies erklärt, weshalb man nach 1945 den Ausgang des politischen Katholizismus und entsprechender evangelischer Formen konstatieren kann. Der politische Prälat verschwand allmählich aus den Landtagen — und trat im Bundestag gleich gar nicht auf[8]. Die politischen Traditionen von Zentrum und Christlich-Sozialem Volksdienst verfielen trotz einzelner Wiederbelebungsversuche. Auch die christliche (katholische) Gewerkschaft wurde, wenigstens zunächst, zugunsten der Einheitsgewerkschaft aufgegeben[9]. In dem Maß, in dem christliche Ideen in die Gesellschaft einströmten, der Gedanke einer „politischen Diakonie" fruchtbar wurde, lösten sich ererbte politische Formen des Katholizismus und Protestantismus auf. Auch die Gründung einer evangelisch-katholischen Unionspartei wäre ohne die spezifischen Erfahrungen des Kirchenkampfes und seiner ökumenischen Nebenwirkungen nicht denkbar gewesen.

4. Im positiven Staatskirchenrecht fanden die Erfahrungen der Jahre 1933-45 und die neue öffentliche Stellung der Kirchen nur teilweise ihren Niederschlag. Hier lagen gegensätzliche Tendenzen, sei es der Wiederherstellung alter Ordnungen, sei es der Wandlung und Fortbildung des Staat-Kirche-Verhältnisses, im Widerstreit[10]. Die Beseitigung des NS-Staatskirchenrechts war noch ein Werk des Kontrollrats gewesen. Mit den kirchenpolitischen Artikeln der Länderverfassungen nahm

---

[7] So etwa bei *Kurt Schumacher,* der von der Kirche als der „fünften Besatzungsmacht" sprach *(Theodor Eschenburg,* Jahre der Besatzung 1945-1949, Stuttgart 1983, S. 181) oder bei *Thomas Dehler,* der die polemische Formel Guy Mollets vom „Vatikanischen Europa" beifällig übernahm *(Hans Maier,* Revolution und Kirche, 5. Aufl., Freiburg i. Br. 1988, S. 19).

[8] Hauptgrund auf katholischer Seite: das Reichskonkordat, das in Art. 32 Bestimmungen für ein Verbot parteipolitischer Tätigkeit von Geistlichen vorsah. Auf evangelischer Seite gab es keine vergleichbare Tradition. Hinter die Feststellung von *Wilhelm Hennis* „Lutherrock und Prälaten-Kragen gehören seit 1945 in Deutschland eindeutig in den politischen Vorraum" (Die mißverstandene Demokratie, Freiburg i. Br. 1973, S. 85 mit Anm. 22) ist freilich heute ein Fragezeichen zu machen, denn seit 1965 ist die Zahl evangelischer Geistlicher in parlamentarischen Positionen im Steigen begriffen, und die Wiedervereinigung hat diese Tendenz erneut verstärkt.

[9] *Jürgen Aretz,* Katholische Arbeiterbewegung und christliche Gewerkschaften, in: Anton Rauscher (Hrsg.), Der soziale und politische Katholizismus. Entwicklungslinien in Deutschland 1803-1963. Bd. 2, München 1982, S. 159 ff.

[10] *Paul Mikat,* Verfassungsziele der Kirchen unter besonderer Berücksichtigung des Grundgesetzes, in: Rudolf Morsey/Konrad Repgen (Hrsg.), Christen und Grundgesetz. Paderborn 1989, S. 33 ff.

der deutsche Gesetzgeber erstmals Einfluß auf die Neugestaltung der staatskirchenrechtlichen Ordnung. Bei aller Anlehnung an das Weimarer Staatskirchenrecht kam es dabei, je nach Lagerung der politischen Kräfte, zu kontroversen Entscheidungen, vor allem im Schul- und Unterrichtswesen, der Lehrerbildung und der Frage des Elternrechts zur freien Wahl der Schulform[11]. Auch das Grundgesetz klärte die Situation nicht grundsätzlich. Im Hinblick auf die Länderverfassungen und die vermeintliche Unübersehbarkeit der kirchenpolitischen Situation wich die Mehrheit der Parlamentarier in eine Übernahme der Weimarer Kirchenartikel aus. So setzten sich die neuen Sachverhalte des Staat-Kirche-Verhältnisses weniger in Gestalt neuer Bestimmungen als auf dem Weg der Neuinterpretation des übernommenen Rechtes durch: der staatskirchenrechtlichen Theorie[12] und der Rechtsfortbildung durch Verträge[13] kam dabei das entscheidende Wort zu. Die Kehrseite solcher Pragmatik war freilich die Gefahr eines Einbruchs in das Gefüge der Normen und Prinzipien im Falle einer möglichen erneuten „Auswechselung des verfassungsrechtlichen Hintergrunds"[14]; doch war davon in den Jahren nach dem Krieg noch kaum etwas zu spüren.

In der Zeit des Wiederaufbaus, bis hin zum Ende der fünfziger Jahre, trat das alte liberale Trennungsdenken zunehmend vor dem Gedanken einer ‚neuen Nähe' von Staat und Kirche zurück. Ein neues Freiheitsverständnis wurde innerhalb und außerhalb der Kirchen sichtbar. Wesentlich erschien nicht mehr die Emanzipation der Kirche vom Staat, das Abschütteln von Bindungen, sondern umgekehrt die Freisetzung der Kirchen zur Erfüllung ihrer öffentlichen Aufgaben. Gegenüber dem Organisatorischen und Finanziellen rückten Fragen der Bildung und Erziehung, des geistigen Lebens, der sozialen Zusammenarbeit in den Vordergrund. Staatlicherseits verblaßten die alten Aufsichts- und Kontrollrechte und mit ihnen die traditionelle Staatskirchenhoheit. Ein neuer öffentlicher „Gesamtstatus" der Kirchen, gesichert in Verfassungen und Verträgen, zeichnete sich ab. Insofern war das Bonner Staatskirchenrecht, obwohl es die Weimarer Kirchenartikel wörtlich über-

---

[11] *Mikat*, ebd., S. 49 ff., 66 ff.

[12] Grundlegend *Rudolf Smend*, Staat und Kirche nach dem Bonner Grundgesetz (1951), in: ders., Staatsrechtliche Abhandlungen. 2. Aufl., Berlin 1968, S. 411-422; *Konrad Hesse*, Der Rechtsschutz durch staatliche Gerichte im kirchlichen Bereich, Göttingen 1956; *Ulrich Scheuner*, Kirche und Staat in der neueren deutschen Entwicklung, in: ZevKR 7 (1959/60), S. 225-273.

[13] *Alexander Hollerbach*, Verträge zwischen Staat und Kirche in der Bundesrepublik Deutschland, Frankfurt/M. 1965; ferner in *diesem* Handbuch *ders.*, § 7 Die vertragsrechtlichen Grundlagen des Staatskirchenrechts.

[14] So *Arnold Köttgen*, Kirche im Spiegel deutscher Staatsverfassung der Nachkriegszeit, in: DVBl. 67 (1952), S. 486.

nommen hatte, nicht mehr einfach auf den Generalnenner der „Trennung" zu bringen; der Begriff der Koordination, der Gleich- und Zuordnung von Staat und Kirche bot sich als Kennzeichnung der veränderten Lage an.

5. Fragt man nach dem spezifischen Verhältnis der beiden christlichen Konfessionen zur Bundesrepublik Deutschland, so treten deutliche Unterschiede im Vergleich zur Weimarer Zeit hervor. Fast kann man von einem Wechsel der Positionen sprechen. Meinten evangelische Beobachter damals, die Zuwendung der Katholiken zur Weimarer Republik beschränke sich im Unterschied zur konkret-persönlichen Teilnahme evangelischer Christen auf eine Art von naturrechtlich fundiertem Konstitutionalismus[15], so hatten katholische Beobachter nach dem Zweiten Weltkrieg manchmal den umgekehrten Eindruck: daß nämlich gesamtdeutsche Rücksichten und eine gewisse Sorge vor rheinisch-süddeutsch-katholischer Dominanz die Protestanten daran hindere, sich vorbehaltlos mit dem Staatswesen Bundesrepublik zu identifizieren. Tatsächlich war die Ausgangslage verschieden. Die Katholiken, seit dem Kulturkampf in eine Minoritäts- und Defensivsituation versetzt, politisch vorwiegend im naturrechtlichen Vorhof der Sozial-, Familien- und Kulturpolitik tätig, überschritten nach dem Krieg die alten Zonen politischer Tätigkeit in die Rechts-, Verfassungs-, Außen- und Verteidigungspolitik hinein; dabei hat die Existenz eines numerisch annähernd gleich aus beiden Konfessionen zusammengesetzten Staatswesens und die im Zeichen der Europapolitik gebotene Möglichkeit der Anlehnung an das katholische West- und Südeuropa sicher erleichternd und motivierend gewirkt. So zeigt die katholische Aktivität im Staat Zeichen einer Pluralisierung, eines Vorstoßes in neue Bereiche — in traditioneller Arbeitsteilung von kirchlichem Amt und freier Laieninitiative. Demgegenüber mutet die evangelische Aktivität in den späten vierziger und den fünfziger Jahren stärker kirchen- und amtsgebunden an — ein Ergebnis der „Verkörperlichung" des evangelischen Kirchenbegriffs im Kirchenkampf des Dritten Reiches. Nicht nur, daß die Evangelischen die durch den Nationalsozialismus geschaffene Lage schärfer reflektiert haben als die Katholiken[16] — die unter großen Mühen erreichte Verfas-

---

[15] So z. B. *Rudolf Smend,* Protestantismus und Demokratie (1932), in: ders., Staatsrechtliche Abhandlungen (Anm. 12), S. 297 ff. (308): „Der Katholizismus hat der deutschen Demokratie den Dienst getan, ihr aus seiner naturrechtlichen Grundhaltung zum Staat heraus in ihrem Geburtsstadium auf die Bahn der verfassungsmäßigen Konsolidierung zu helfen, und er ist seitdem eine der stärksten und zuverlässigsten Stützen dieser Konsolidierung. Er hat ihr nicht geben können das Maß geistiger Homogenität, das die Voraussetzung einer innerlich angeeigneten Demokratie in einem entwickelten Kulturvolke ist, und ebensowenig die letzte Legitimität, die auch eine demokratische Verfassung in ihrer Weise bedarf."

§ 3 Staat und Kirche in der Bundesrepublik Deutschland 91

sungseinheit legte den Organen der Evangelischen Kirche in Deutschland (EKD), wenn sie im Namen des Ganzen sprachen, auch erheblich größere Rücksichten auf die unterschiedlichen theologischen und politischen Strömungen auf. Da die EKD die Gliedkirchen „in öffentlichen und gesamtkirchlichen Fragen" nach außen, gegenüber dem Staat, vertrat, mußten die (landschaftlich, bekenntnismäßig, später zunehmend auch politisch) nuancierten Meinungen innerhalb der Kirchen stetig integriert werden. Daraus ergaben sich behutsamere, doch zugleich verbindlichere Formen des kirchenamtlichen Sprechens[17]. Der Eindruck einer gewissen Zurückhaltung gegenüber dem Staatswesen Bundesrepublik rührt auch aus diesem Umstand her, ebenso aus der Tatsache, daß die „politische Diakonie" der Kirche zunächst ganz von der Aufarbeitung des Dritten Reiches und der Erhaltung der kirchlichen Einheit angesichts des Ost-West-Konflikts beherrscht war.

Später traten die aus der Kriegs- und Verfolgungszeit resultierenden Gesichtspunkte des „prophetischen Zeugnisses" und der „politischen Stellvertretung" für das Gesamtvolk bei beiden Kirchen zurück. Die Existenznotwendigkeiten der Bundesrepublik rückten stärker in den Vordergrund. Der Aufbau eines sozialen Rechtsstaats forderte die stetige konkrete Mitarbeit der Kirchen, nicht die Distanzhaltung allgemeinnormativer „Warnungen" und „Verwahrungen". Die weltpolitische Krisensituation ließ ein unbegrenztes Offenhalten der Optionen nicht mehr zu. So entwickelte sich, ungeachtet der Streitfragen deutscher Politik (Wehrbeitrag, Europapolitik, Wiedervereinigung), die im Kirchenvolk beider Konfessionen zu leidenschaftlichen Auseinandersetzungen führten, in den Landeskirchen und in der EKD eine regelmäßige, über das Verwaltungstechnische hinausgehende Zusammenarbeit mit staatlichen Organen. Hierbei spielten die kirchlichen Vertretungen bei Länderregierungen und Bundesregierung eine besondere Rolle. Sie gewannen durch personelle Kontinuität einen beträchtlichen Einfluß (in Bonn auf evan-

---

[16] Hierzu *Hans Maier*, Katholizismus und Demokratie. Freiburg 1983, S. 11 ff., 30 ff., 145 ff. Anzeichen für einen neugewonnenen evangelischen „Vorsprung" in der Staatskirchenpolitik (verglichen mit der stärker führenden Rolle der Katholiken im 19. Jahrhundert und bis 1919) sind die maßgebliche Beteiligung evangelischer Gelehrter an der Neukonzeption des Staat-Kirche-Verhältnisses und das Vorangehen der evangelischen Seite bei dessen vertragsrechtlicher Gestaltung (Loccumer Vertrag). In der Weimarer Republik waren die Staatskirchenverträge der evangelischen Seite noch ein paritätisches „Nachziehen" gegenüber katholischen Konkordaten gewesen; jetzt kehrte sich die Reihenfolge um.
[17] Es bedürfte einer genaueren Untersuchung politischer Äußerungen kirchlicher Amtsträger und Institutionen nach 1945, um festzustellen, wie sich Ton und Sprechweise gegenüber der Weimarer Zeit geändert haben. Im allgemeinen dürften die evangelischen Äußerungen zahlreicher, konkreter und detailbezogener sein als die katholischen. Der Blick auf die bischöflichen Wahlhirtenbriefe trügt!

gelischer Seite Bischof *Hermann Kunst;* auf katholischer Seite die Prälaten *Wilhelm Böhler, Heinrich Tenhumberg* und *Wilhelm Wöste).* In den kirchlichen Vertretungen drückte sich ein neuer, auf Dauer gestellter Charakter kirchlich-staatlicher Zusammenarbeit aus. Er reichte mittels zahlreicher hier lokalisierter Arbeits- und Gesprächskreise einerseits in die kirchlichen Laienorganisationen, anderseits in Politik, Verwaltung, Parlamente und Gesetzgebung hinein.

6. Ende der fünfziger Jahre hatten sich die Ausdrucks- und Wirkungsformen der Kirchen in der Gesellschaft der Bundesrepublik einander weitgehend angeglichen. Den überlieferten Katholikentagen (seit 1848!) waren seit 1949 die Deutschen Evangelischen Kirchentage an die Seite getreten, seit 1957 in zweijährigem Rhythmus mit den Katholikentagen alternierend, eine Laieninitiative mit dem Ziel innerkirchlicher Integration. Als Einrichtung in Permanenz (im Unterschied zu den Katholikentagen) erfüllte der Deutsche Evangelische Kirchentag unter seinen Präsidenten *von Thadden-Trieglaff* und *von Weizsäcker* zugleich Aufgaben kirchlicher Verbandskoordinierung, wie sie auf katholischer Seite das Zentralkomitee der deutschen Katholiken (gegründet 1868, neugestaltet 1952) unter seinem Präsidenten *Karl Fürst zu Löwenstein* (später *Albrecht Beckel* und *Bernhard Vogel)* wahrnahm. In den fünfziger Jahren wurden die Kirchen- und Katholikentage als Treffpunkte ost- und westdeutscher Christen zu Klammern des gesamtdeutschen Zusammenhalts: ihre Teilnehmerzahlen überschritten in einigen Fällen (Leipzig 1954) die Halbmillionengrenze. Umgekehrt übernahmen die Katholiken von den Evangelischen die Einrichtung kirchlicher Akademien. Sie dienten einer doppelten Aufgabe: die kirchliche Botschaft in freiem Gespräch in vor- und außerchristliche Räume der Gesellschaft zu tragen und zugleich der vielfach aufs Private eingeschränkten kirchlichen Verkündigung durch Kontakte mit Wissenschaft und Kunst und persönliche Begegnungen moderne Lebenssituationen und -probleme zu erschließen. Akademieleiter wie *Eberhard Müller* (Bad Boll) und *Karl Forster* (München) entwickelten hier einen neuen Stil des kirchlichen Zeitgespräches. Bei der Öffnung der Kirchen zur Gesellschaft haben die Akademien eine wesentliche Rolle gespielt und wichtige indirekte Wirkungen auf die Politik entfaltet.

II. Bewegungen in der Gesellschaft — Veränderungen in den Kirchen

1. In den ersten Nachkriegsjahren spielten religiöse Grundsatzfragen in der Diskussion der Kirchen nur eine geringe Rolle. Dringende Tagesaufgaben hielten von intensiver Selbstbefragung ab. In der zweiten Hälfte der sechziger Jahre jedoch begann, lange vorbereitet, ein Prozeß

der kritischen Selbstprüfung, der bis heute anhält. Er verwandelte die Erscheinung, noch mehr das Selbstverständnis der Kirchen tief — bis hin zur Zweifelsfrage nach ihrer Überlebenschance in der modernen Welt. Dabei wirkten innere und äußere Anstöße zusammen: von außen ein zunehmend schärferes säkulares Klima, das Annäherungen und Stellvertretungen zwischen Kirche und Gesellschaft, wie in der ersten Nachkriegszeit üblich, kaum mehr zuließ; von innen ein erschüttertes Selbstgefühl, das teils zu defensiver Abschließung, öfter aber zu übersteigerten Gegenbewegungen oder gewaltsamen Anpassungen an Zeittrends führte.

Veränderte Erfahrungen rückten Gesellschaft und Politik in neuer Weise, anders als in der unmittelbaren Nachkriegszeit, in den Gesichtskreis der Kirchen. Man kann sie mit drei Stichworten umreißen: Verdichtung der sozialen Beziehungen; Fundamentaldemokratisierung; Säkularismus. Nach Jahren des Ausgleichs, ja einer partiellen Interessenharmonie wurde das Verhältnis von christlichem Leben und gesellschaftlicher Existenz erneut dissonant; sozial vorgeformte Gewohnheiten traten gegenüber Situationen persönlicher Entscheidung zurück, mit dem Ergebnis, daß bei den Gläubigen ein Gefühl „kognitiv-affektiver Dissonanz" von Welt und Kirche[18] zurückblieb.

Zunächst machten die Kirchen die Erfahrung, daß die alten, vorwiegend rechtlichen und institutionellen Beziehungen zum Staat nicht mehr zureichten, um Präsenz und Mitwirkung im öffentlichen Leben zu sichern. Mit der zunehmenden Verdichtung der Sozialbeziehungen, der Entwicklung gemeinsamer Lebensformen jenseits nationaler und staatlicher Schranken und dem universellen Faktum des Wertpluralismus büßte der Einzelstaat seine umfassende Zuständigkeit und seine zentrale Steuerungsfunktion für das Leben der jeweiligen Gesellschaft ein. Jahrhundertelang war das Problem Kirche und Öffentlichkeit vor allem ein Rechtsproblem gewesen, zu dessen Bewältigung die Figur des Konkordats bereitstand. (Noch die Evangelische Kirche folgte mit der Initiierung der Kirchenverträge nach dem Zweiten Weltkrieg diesem Schema.) Jetzt, in der zweiten Hälfte des zwanzigsten Jahrhunderts, wurde es zu einem sozialen Problem. Wurden im völkerrechtlichen, diplomatischen, verfassungsmäßigen Bereich die Bindungen zwischen

---

[18] Vgl. *Milton J. Rosenberg*, Some Limits of Dissonance: Toward a Differentiated View of Counter-Attitudinal Performance, in: Shel Feldman (Hrsg.), Cognitive Consistency. New York, London 1966, S. 135 ff.; *Robert P. Abelson/Elliot Aronson* u. a., Theories of Cognitive Consistency: A Sourcebook, Chicago 1968; *Gerhard Schmidtchen* (Hrsg.), Zwischen Kirche und Gesellschaft. Forschungsbericht über die Umfragen zur Gemeinsamen Synode der Bistümer in der Bundesrepublik Deutschland. Freiburg i. Br. 1972, S. 56 f.; *ders.*, Ethik und Protest. Moralbilder und Wertkonflikte junger Menschen, Opladen 1992.

Staat und Kirche schwächer oder doch formaler, so wuchsen sie im Feld der Gesellschaft in die Breite und Tiefe — womit sich freilich die Berührungsflächen und Konfliktstellen zwischen Welt und Kirche vervielfachten, die alte historisch-politische Geschichtslast der Kirchen in verwandelter Form wiederkehrte.

Der zweite Vorgang hing mit dem ersten zusammen: es war der Prozeß der „Fundamentaldemokratisierung" *(Karl Mannheim),* mit dem die Kirchen theoretisch wie praktisch immer stärker konfrontiert wurden. Auch hier berührte der Vorgang nicht nur die staatlichen Institutionen, er reichte bis zum einzelnen und seiner konkreten Lebenssituation, seinem Bildungs-, Berufs- und Sozialstatus hinab. Lebensanspruch, Glücksverlangen, Emanzipationswille der Menschen begannen die ältere Sozial- und Herrschaftsordnung zu verändern, ja aufzulösen. Davon blieb auch die Existenz der Kirchen nicht unberührt. „Demokratisierung" wirkte nicht nur von außen auf sie ein, als Zwang zur Entwicklung neuer seelsorglicher Formen, sondern griff auf ihr Inneres selbst über. Demokratie begegnete den Kirchen auf allen Stufen ihrer Verkündigung und ihres Weltgesprächs. Der demokratische Staat entnahm das Maß seines Entgegenkommens gegenüber den Kirchen nicht mehr einer vorpolitischen christlichen Grundintention, sondern, von verfassungsrechtlichen Verpflichtungen abgesehen, einfach der geistig-sittlichen Mächtigkeit der christlichen Kräfte im öffentlichen Leben. Und die Kirchen erfuhren in den späteren sechziger Jahren, daß dort, wo diese Kräfte schwächer wurden, auch die Decke der Verfassungsgarantien zu reißen drohte. Das bedeutete Notwendigkeit und Pflicht zu Initiative und Organisation [19] — eine Tugend, die im institutionellen Gruppendenken nicht immer stark entwickelt war.

Die Auseinandersetzung wurde um so dringlicher, als die kirchenfreundliche Stimmung, die noch in den fünfziger Jahren selbstverständlich war, etwa seit 1964 einer Haltung der Skepsis und Kritik, ja streckenweise der Polemik zu weichen begann. Die rings um die Kirchen aufgerichteten Tabus zerbrachen. War schon zur Zeit der ersten Kirchenverträge, und vollends mit dem Militärseelsorgevertrag, eine beträchtliche Opposition entstanden, oft mit deutlich antikirchlichem oder doch antiklerikalem Unterton, so verstärkten sich diese Tendenzen, je

---

[19] Vgl. *Niklas Luhmann,* Die Organisierbarkeit von Religionen und Kirchen, in: Jakobus Wössner (Hrsg.), Religion im Umbruch. Soziologische Beiträge zur Situation von Religion und Kirche in der gegenwärtigen Gesellschaft. Stuttgart 1972, S. 245 ff. Die dort geforderte „Verschärfung der innerkirchlichen Systemdifferenzierung" (S. 285), vorgebildet bereits in der Dreiteilung Orden-Weltpriester-Laien und anderen geschichtlich überlieferten „Arbeitsteilungen", befindet sich freilich unter dem Druck synodaler und fundamentaldemokratischer Vorstellungen seit längerem auf dem Rückzug.

mehr das gesellschaftliche Engagement der Kirchen wuchs und die Reibungsflächen zwischen Kirche und Öffentlichkeit sich verbreiterten. Konfessionelle Lehrerbildung, Konfessionsschule, der meist überschätzte Einfluß der Kirchen auf die staatliche Gesetzgebung (etwa in der Strafrechtsreform, den Eherechtsnovellen, dem Bundessozialhilfegesetz) und auf Rundfunk und Fernsehen — dies waren neuralgische Punkte in der öffentlichen Diskussion. Erstaunlich schnell fiel die viele Jahre lang eifersüchtig verteidigte Bekenntnisschule in den sechziger Jahren dahin, ohne daß, von Ausnahmen abgesehen, freie kirchliche Initiativen im Bildungsbereich an ihre Stelle traten[20]. Neue Statusbefestigungen der Kirchen wie das Niedersachsen-Konkordat stießen bereits auf heftigen Widerstand und Massendemonstrationen. Kritische Stimmen in der Staatskirchenrechtslehre rückten den Gedanken der staatlichen Souveränität gegenüber den Kirchen wieder in den Vordergrund, und endlich machten eine Reihe von Gerichtsentscheidungen (Religionsunterricht, Schulgebet, Kirchensteuer) Veränderungen in der öffentlichen Position der Kirchen deutlich: die gewandelte öffentliche Stimmung wirkte auf die Auslegung der Normen zurück[21].

2. Was auf der staatlichen und rechtlichen Ebene vor sich ging, wies auf innere Vorgänge in Kirche und Gesellschaft zurück. Die sechziger und siebziger Jahre wurden zu einer Zeit kritischer Selbstprüfung der Kirchen. Dabei zeigte sich ein Überhang an Rechtssicherungen und Privilegien, der nicht selten soziale und religiöse Schwächen verdeckte: der Glaube füllte den Mantel der Institutionen nicht mehr aus.

Die religiöse Verhaltensforschung demonstrierte die wohlvertrauten, in allen Industrieländern gleichmäßig auftretenden Phänomene der Abständigkeit und des Abfalls breiter Bevölkerungskreise von Kirche und Religion. Sie legte diesen Prozeß in spezifischer Differenzierung nach Alter, Geschlecht, Herkunft, Beruf, sozialer Lage offen[22]. Das

---

[20] Vgl. *Mikat*, Verfassungsziele (Anm. 10), S. 63 f.

[21] *Helmut Quaritsch*, Neues und Altes über das Verhältnis von Kirchen und Staat (1966), in: Helmut Quaritsch und Hermann Weber (Hrsg.), Staat und Kirchen in der Bundesrepublik. Staatskirchenrechtliche Aufsätze 1950-1967. Bad Homburg v. d. H., Berlin, Zürich 1967, S. 358-381; *Ulrich Scheuner*, Auseinandersetzungen und Tendenzen im deutschen Staatskirchenrecht. Kirchenverträge und Gesetz, Kirchensteuern, Gemeinschaftsschule, Religionsfreiheit, in: DÖV 1966, S. 145 ff. = ders., Schriften zum Staatskirchenrecht, Berlin 1973, S. 193 ff.

[22] Die Lit. ist kaum übersehbar; zur methodischen Orientierung seien genannt: *Gabriel Le Bras*, Etudes de sociologie religieuse. 2 Bde., Paris 1955/56 (grundlegend für den Übergang von der älteren Religionssoziologie zur modernen, an religiöser Praxis orientierten Kirchensoziologie); für Deutschland vgl. *Dietrich Goldschmidt/Franz Greiner/Helmut Schelsky* (Hrsg.), Soziologie der Kirchengemeinde, Stuttgart 1960 (für die fünfziger Jahre); *Gerhard Schmidtchen*, Protestanten und Katholiken. Soziologische Analysen konfessioneller Kultur, Bern,

Ergebnis war nicht neu: die milieuspezifische Ferne zu den Kirchen nahm mit zunehmender Verflechtung in die industrielle Arbeitswelt zu; in industrieferneren Zonen trat sie dagegen zurück. Offensichtlich waren die Kirchen nicht in der Lage, für Arbeiter und Angestellte ähnlich praktikable Maximen des Verhaltens zu entwickeln, wie sie sie jahrhundertelang für die klassischen Berufsbilder entwickelt hatten. Verhaltensunsicherheit, latente und offene Normkonflikte waren die Folge.

Wie Forschungen über den Zusammenhang von Industriegesellschaft, sozialem Wandel und religiösem Verhalten zeigten, wurden die alten (sozialen, seelischen, umweltbestimmten) Prädispositionen zu Kirchlichkeit und Religiosität in der Gegenwartsgesellschaft immer mehr abgebaut. Glaube und Gesellschaft standen einander nicht mehr stützend und fundierend, sondern neutral, unter Umständen feindlich gegenüber. Für immer weniger Menschen in der westdeutschen Gesellschaft waren Religiosität, religiöse Praxis, ja selbst äußere Kirchenzugehörigkeit vorfindbare sozial-kulturelle Gegebenheiten; immer weniger Menschen wurden einfach in sie hineingeboren. Damit aber wurde das *persönliche* Moment der Glaubenszuwendung gegenüber den äußeren Milieuprägungen in solchem Maß bestimmend, daß Quantitätsverluste unvermeidlich wurden.

Der Verlust war aber zugleich qualitativer Natur. Denn der verbleibende Bevölkerungsausschnitt der Praktizierenden, Kirchentreuen (der in sich wieder viele Schattierungen aufwies) war, wie sich bei näherer Betrachtung herausstellte, nicht einfach eine verkleinerte Abbildung von Struktur und Schichtung der Gesamtbevölkerung, sondern zeigte in seinem Erscheinungsbild charakteristische Verschiebungen, die den Befund einer Dichotomie von Kirchlichkeit und Industriegesellschaft bestätigten. Bauern und Handwerker, also die Lebensformen der älteren Gesellschaft, stellten den größten Prozentsatz der Praktizierenden, während die Zahl bei den Arbeitern und Technikern, also den in den

---

München 1973 (mit umfassendem Umfragematerial). Vgl. ferner den in Anm. 18 erwähnten Forschungsbericht über die Synoden-Umfrage sowie die in Anm. 3 genannten Auswertungen und Kommentare; eine ähnliche Umfrage im VELKD-Bereich ist ausgewertet in: *Gerhard Schmidtchen,* Gottesdienst in einer rationalen Welt. Calw, Freiburg i. Br. 1973. — Zur Theoriebildung, die neuerdings vom isolierten „fait social" religiöser Praxis wieder stärker wegstrebt zu systematischen Erwägungen, seien genannt: *Helmut Schelsky,* Ist die Dauerreflexion institutionalisierbar? Zum Thema einer modernen Religionssoziologie, in: ders., Auf der Suche nach Wirklichkeit. Düsseldorf, Köln 1965, S. 250-275; *Thomas Luckmann,* Das Problem der Religion in der modernen Gesellschaft, Freiburg i. Br. 1963; *Friedrich H. Tenbruck,* Wissenschaft und Religion, in: Wössner, Religion im Umbruch (Anm. 19), S. 217-244; *Alois Hahn,* Religion und der Verlust der Sinngebung. Identitätsprobleme in der modernen Gesellschaft, Frankfurt/M. 1974.

§ 3 Staat und Kirche in der Bundesrepublik Deutschland   97

industriellen Prozeß am meisten Einbezogenen, rapid absank. Da aber diese Schichten den Kern der industriellen Gesellschaft bildeten, fehlte den Kirchen, von Ausnahmen abgesehen, gerade das Mittelstück der Gesellschaft, nämlich jene jungen Familien und vor allem jene Männer jungen und mittleren Alters, die sozial die heutige Arbeitswelt repräsentierten. Damit hing das bekannte Erscheinungsbild der Gottesdienste und der religiösen Praxis zusammen: mehr Frauen und Kinder als Männer, mehr Angehörige der ganz jungen und älteren als der jungen und mittleren Generation[23].

Der Verschiebung der Repräsentation in die soziologischen Zonen derer, die am industriellen Prozeß noch nicht, nicht in vollem Maß oder nicht mehr beteiligt waren, entsprach auf der gesamtgesellschaftlichen Ebene das, was man als „Segmentierung" des Religiösen bezeichnet hat *(Arnold Gehlen)*. Das Religiöse füllte nicht mehr das ganze Dasein aus, sondern stand in Konkurrenz zu anderen Lebensmächten (Arbeit, Sport, Kunst, Politik). Zwar betraf diese Segmentierung keineswegs nur — wie gelegentlich behauptet — die traditional legitimierten Mächte und Institutionen; sie erwies sich als ein Grundgesetz der modernen arbeitsteiligen Gesellschaft überhaupt, die ja auch in ihren Arbeitsvollzügen immer weniger den „ganzen Menschen" forderte. Aber Religion und Kirche wurden vom Prozeß der Segmentierung am stärksten getroffen, da ihnen der Rückzug auf ein nur partielles Ansprechen und Beanspruchen (im Sinne eines in die Nähe von Freizeitübungen gerückten Sonntagschristentums) nicht möglich war, ohne daß ihre Substanz gefährdet wurde.

Folgte man den Zahlen über den Rückgang religiöser Akte (Taufe, Begräbnis, Kommunion und Konfirmation), so ergab sich zwar kein beunruhigender Abbruch, aber doch ein Überwiegen formaler und traditioneller Kirchenzugehörigkeit vor bewußter und persönlicher Glaubenszuwendung[24]. Manche Theologen, orientiert an einem spiri-

---

[23] Der holländische Soziologe *Linus Grond* spricht in dem von ihm verfaßten Beitrag „Der Katholizismus in Europa" drastisch, aber zutreffend von einer „Feminisierung, Verkindung und Vergreisung des Pfarrvolkes" (HK 14 [1959/60], S. 463).

[24] Dies ist ein Ergebnis kirchensoziologischer Untersuchungen seit den fünfziger Jahren, in der französischen Literatur meist als „conformisme saisonnier" bezeichnet (man praktiziert nur zu Zeiten, in spezifischen Lebenssituationen oder Alterslagen). In der deutschen Literatur taucht neuerdings der Begriff Ritualismus auf, wobei die besonders starke ritualistische Komponente bei Jugendlichen Deutungsschwierigkeiten zu machen scheint (vgl. etwa *Ludwig Bertsch,* Die „Ritualisten" als Frage an die Riten und Symbole der Kirche, in: Befragte Katholiken [Anm. 3], S. 83-97). In Wahrheit muß man wohl davon ausgehen, daß auch im religiösen Bereich Einbeziehung in Handlungsgefüge und Kontrollen dem Aufbau der inneren Motivation vorausgehen; so auch *Schmidtchen,* Gottesdienst (Anm. 22), S. 274 f.

tuellen Kirchenbegriff, leiteten daraus schon in den sechziger Jahren die Forderung nach Tilgung aller volkskirchlichen Reste ab: aus den Großkirchen sollte eine „kleine Herde" von Entscheidungschristen werden[25]. Vor allem am Problem der Kirchenzugehörigkeit (Frühtaufe) und an der Kirchensteuerpflicht der Nichtpraktizierenden, aber zum formellen Austritt nicht Bereiten entzündete sich eine jahrelange, bis heute nicht abgeschlossene Diskussion. Dabei zeigte sich freilich, daß die Alternative Volkskirche („Milieuchristentum") — Gemeindekirche („Entscheidungschristentum") zu einfach war; denn die Vorstellung, Kirchenbildung sei ein ausschließlich von persönlichen Entscheidungsakten abhängiger, lückenlos dem „Individuum" zurechenbarer Vorgang, ging an der sozialen Realität vorbei.

3. Die Wirklichkeit war komplexer. Im Rückzug aus den mannigfachen Verflechtungen und Identifikationen mit Kultur, Umwelt, unmittelbarer Lebenserfahrung verschwand das Religiöse nicht einfach, wie die marxistische Religionskritik — und in anderer Weise die Säkularisierungsthese *Max Webers* — es wollten. Religion und Kirche machten vielmehr einen Formwandel durch. Sieht man einmal ab von der eigentümlichen Kompensation des zurückgedrängten Religiösen in dem die moderne Gesellschaft durchziehenden breiten Mäander von Aberglauben, Okkultismus und Magie (die man vielleicht daraus erklären kann, daß sich hier das gesellschaftlich nicht mehr gefaßte Numinose verselbständigt und dämonisiert hat)[26], so zeichneten sich vor allem zwei Vorgänge ab: eine eigentümliche (neue) Verflechtung der Kirchen mit Funktionen des modernen Leistungs- und Versorgungsstaates und eine mit zunehmender Komplexität der Lebensverhältnisse sich steigernde Neigung der Gesellschaft, die Kirchen in die Rolle einer moralischen Anwaltschaft für „den Menschen" zu drängen.

In dem Maße, in dem die Kirchen eine spezifische Repräsentanz für das Religiöse in der modernen Gesellschaft gewannen, wurden sie von der Gesellschaft in allen Bereichen religiöser (allgemeiner: kultureller und sozialer) Sorge für den Menschen eingefordert. An die Stelle des entlang den Rechtsabgrenzungen verlaufenden Gegenüber von Kirche und Staat trat eine Vielzahl spontaner, oft episodischer Kontakte von Kirche und Gesellschaft, wobei die Berührungen vermehrt, freilich auch die Reibungsflächen vergrößert wurden. Speziell in der Bundesrepublik Deutschland öffnete sich dem gesellschaftlichen Engagement der Kirche

---

[25] So z. B. *Norbert Greinacher* in vielen Schriften; Anklänge auch bei *Karl Rahner*, Konziliare Lehre der Kirche und künftige Wirklichkeit christlichen Lebens, in: ders., Schriften zur Theologie VI. Einsiedeln, Köln 1965, S. 480 f.
[26] Hinweise bei *Luckmann*, Religion in der modernen Gesellschaft (Anm. 22) und bei *Schmidtchen*, Protestanten und Katholiken (Anm. 22), S. 252, 307 ff.

ein breites Feld erzieherischer, fürsorgerischer, sozialer Aufgaben, das der Staat und die privaten Kräfte selbst dann nicht hätten ausfüllen können, wenn sie es gewollt hätten. Diese Vorgänge ließen sich kaum auf den Nenner der „Konfessionalisierung" bringen; entscheidend war vielmehr, daß die Kirchen in den erwähnten Bereichen der Erziehung, Fürsorge, Sozialhilfe über Traditionen und personelle Reserven verfügten, die der Staat nur noch mit dem Einsatz von Zwang (und auch dann nur auf Zeit) mobilisieren konnte[27]. Den Funktionsverlusten der Kirchen im Gesamt der Gesellschaft standen Funktionsgewinne in spezifischen sozialen Zonen gegenüber; hier wurde die Sozialverflechtung der Kirchen seit den sechziger Jahren vielfach stärker und intensiver.

So erklärt sich, daß man in der Bundesrepublik — gelegentlich in unwirsch-fordernder Form — den Kirchen eine Art von moralischem Hüter- und Wächteramt nicht so sehr zubilligte als vielmehr abverlangte: sei es, daß die Kirchen in die Rolle von Blockadebrechern gegenüber politischen Tabus versetzt wurden, sei es, daß man ihnen besondere Standfestigkeit gegenüber totalitären Praktiken zumutete und sie beim Ausbleiben lebensrettender Warnungen hart kritisierte, sei es, daß man sie ganz allgemein in eine Anwaltschaft für das bedrohte Humanum in der Industriegesellschaft drängte. Vieles erklärte sich aus solchen oft uneingestandenen Erwartungen, so die Heftigkeit, mit der vor allem in katholischen Kreisen seit den sechziger Jahren die Rolle der Kirche im Jahr 1933 diskutiert wurde[28], oder die weite Resonanz, die kirchliche Vorstöße in Sachen der Ostpolitik und des deutsch-polnischen Verhältnisses fanden, oder die wachsende Aufmerksamkeit für kirchliche Erklärungen zu Fragen allgemein-humanitären, nicht spezifisch-christlichen Inhalts. Dabei ging es nicht immer ohne Schizophrenie ab: die Kirchen sollten nicht politischen Einfluß nehmen dürfen, aber bösen Entwicklungen doch nach Kräften wehren; sie sollten heiße Eisen anfassen, während ihre seelsorgliche Weisung im Alltag oft als Störung empfunden wurde.

---

[27] Gewiß steckten in dem Angewiesensein der Öffentlichkeit auf kirchliche Dienste auch spezifische Gefahren für die Kirchen. Diese gerieten gelegentlich ins Licht reiner Wohlfahrtsinstitutionen oder büßten in sozialem Aktivismus ihre kontemplative Seite ein, so wie die stärker sozialisierten amerikanischen Kirchen seit langem die Tendenz zeigten, sich zu sozialen Konzernen auszuweiten.
[28] Ernstzunehmende Kritik, zumal unter innerkirchlichen Gesichtspunkten: *Ernst-Wolfgang Böckenförde,* Der deutsche Katholizismus im Jahre 1933 (1961), jetzt in: ders., Kirchlicher Auftrag und politische Entscheidung. Freiburg i. Br. 1973, S. 30 ff. Unzulänglich dagegen *Guenter Lewy,* The Catholic Church and Nazi-Germany, New York 1964 (dt. München 1965). Die Diskussion hat sich inzwischen durch die Quellenpublikationen und Darstellungen der Kommission für Zeitgeschichte versachlicht; vgl. *Ludwig Volk,* Katholische Kirche und Nationalsozialismus. Mainz 1987, S. 335 ff.

4. Zu Anfang der siebziger Jahre war die Lage der Kirchen in der Bundesrepublik wieder fast so offen wie unmittelbar nach dem Ende des Zweiten Weltkriegs. Die Kirchen verfügten in der Gesellschaft jedoch nicht mehr über das selbstverständliche Prestige, das sie unmittelbar nach dem Krieg besaßen; sie waren auf aktive Verteidigung durch ihre Glieder angewiesen. Anderseits waren die Erwartungen der Öffentlichkeit an sie möglicherweise noch höher als in den Jahren nach 1945. Im diffusen Chor der öffentlichen Meinung schienen sich heftige, oft maßlose Kirchenkritik und ebenso leidenschaftliche Erwartungen an eine neue, mit irdischen Hoffnungen gefüllte Kirche die Waage zu halten. Auf der einen Seite vehemente Angriffe gegen alle Formen institutioneller kirchlicher Öffentlichkeit, seien es Erklärungen kirchlicher Ämter und Personen zu politischen Fragen oder Mitwirkungsrechte der Kirchen im erzieherischen, sozialen, fürsorgerischen oder publizistischen Bereich: man lehnte die staatlich eingehobene Kirchensteuer ab, propagierte den Kirchenaustritt, kurz, man war bestrebt, den Öffentlichkeitsanspruch, die „Macht" der Kirchen zu mindern. Im gleichen Atemzug aber wurden diese Kirchen — die man in Gedanken schon zu Gemeindekirchen der „kleinen Herde" gemacht hatte — zu ungeheuren sozialen und politischen Engagements herausgefordert, für die die Macht eines mittelalterlichen Staatskirchentums kaum ausgereicht hätte. Man beklagte, daß sie „den Herrschenden" nicht in den Arm fielen, wo Unrecht geschehe, daß sie zu wenig für Bildung, Entwicklungshilfe, Friedensarbeit täten und sich nicht an gesellschaftlichen Umbrüchen und Revolutionen beteiligten; ja man forderte, die Kirchen dürften sich nicht damit bescheiden, die Wunden der Welt zu heilen, sie müßten verhindern, daß Wunden überhaupt geschlagen würden — ein offenkundiger Aufruf zur Errichtung der Theokratie. Es war kaum abzusehen, ob sich in diesen widersprüchlichen Äußerungen, noch unklar, eine neue Beziehung von Kirche und Gesellschaft ankündigte; einstweilen verrieten sie vor allem die Tendenz, Kirche einerseits aus dem Alltag zu verdrängen, sie anderseits als Rückversicherung in Krisenzeiten in Reserve zu halten.

Während sich nach 1966 im Schoß der Großen Koalition die Öffnung nach links vorbereitete, vollzogen sich in den Kirchen tiefgreifende Wandlungen und Neuorientierungen. In den Gemeinden verloren die überlieferten Strukturen an Form und Festigkeit. Die Generation des Kirchenkampfs trat ab. Das überlieferte Gemeindebewußtsein, erwachsen aus dem kirchlichen Aufbruch der Zwischenkriegszeit, verlor seine zusammenhaltende Kraft. Wo bisher die undiskutierte Einheit lag, begannen sich Unsicherheit und Zweifel zu verbreiten. Nicht nur das Zeitklima spielte dabei mit, die Erfahrung der Abwesenheit Gottes, der „Gottesfinsternis" *(Martin Buber);* auch innerhalb der Kirchen selbst

§ 3 Staat und Kirche in der Bundesrepublik Deutschland   101

war die Anfechtung im Glauben zu einem Element religiöser Erfahrung geworden. So offenbarten sich die Kirchen in den Kirchentagen von Hannover (1967) und Stuttgart (1969), den Katholikentagen von Essen (1968) und Trier (1970) in einem Zustand der Unsicherheit und Traditionsneurose; die inneren Gegensätze reichten bis zur wechselseitigen Aufkündigung der kirchlichen Gemeinschaft zwischen Fundamentalisten („Kein anderes Evangelium") und Progressisten; das kirchliche Amt steuerte zwischen den Fronten mühsam einen Weg der Formelkompromisse oder wich in pastorale Appelle aus. Zogen die „Stillen im Lande" sich in vermeintlich unerschütterte Kerngemeinden und eine subjektive Glaubensgewißheit zurück, so traten andere die Flucht nach vorn an: in die Schärfe innerkirchlicher Kritik, in gesellschaftliche und politische Aktionen, oft in eine Art von institutionalisierter Daueropposition[29].

Die Kirchen haben auf die Herausforderungen jener Jahre in verschiedener Weise reagiert. Der Prozeß ist noch nicht abgeschlossen. Es kann aber festgehalten werden, daß sich auf gesamtkirchlicher Ebene jene Kräfte nicht durchgesetzt haben, die auf eine „demokratisierte Kirche" im Sinn einer Gewaltenverschmelzung von Räten und Ämtern[30] oder gar einer Homogenität von Kirche und Politik[31] abzielten. Die Kirchen haben sich demokratischen Formen der Meinungs- und Willensbildung geöffnet. Gleichzeitig haben sie aber die gewaltenteiligen Balancen

---

[29] Aus der umfangreichen, z. T. verworrenen Literatur seien erwähnt: *Hans-Eckehard Bahr* u. a. (Hrsg.), Die sogenannte Politisierung der Kirche, Hamburg 1968; *Dietrich Lange* u. a. (Hrsg.), Kritische Kirche, eine Dokumentation. Gelnhausen, Berlin 1969. — Zur Kritik vgl. *Trutz Rendtorff/Heinz Eduard Tödt,* Theologie der Revolution. Analysen und Materialien. 2. Aufl., Frankfurt/M. 1968, und *Hans Maier,* Kritik der politischen Theologie, Einsiedeln 1970.
[30] Zum Problem vgl. *Joseph Ratzinger* und *Hans Maier,* Demokratie in der Kirche. Möglichkeiten, Grenzen, Gefahren, Limburg 1970. Die katholische Kirche hat im Anschluß an das Zweite Vatikanische Konzil das Laienapostolat neugeordnet (1967) und Laienräte auf Gemeinde-, Dekanats- und Diözesanebene eingerichtet. Sie hat jedoch der Versuchung widerstanden, bestehende Laiengremien, die traditionellerweise in weitgehender Unabhängigkeit vom kirchlichen Amt operieren, durch eine umfassende Einbeziehung in Synodalstrukturen zu veramtlichen. Ein ähnliches Bild bietet sich im evangelischen Bereich: Auch hier erwies sich die unvollkommene ekklesiologische Improvisation von 1948 als widerstandsfähige Mitgift des Kirchenkampfes und als Bürgschaft für eine freie Weiterentwicklung der Gliedkirchen. Obwohl *weniger* als Kirche im vollen Sinn theologischer und sakramentaler Gemeinschaft, war die EKD doch *mehr* als ein loser Bund bekenntnisbestimmter Landeskirchen. Und obwohl der Synode die Entscheidungskompetenz, dem Rat die Exekutivbefugnis gegenüber den Landeskirchen fehlte, haben doch beide die Stimme der evangelischen Christen in der Öffentlichkeit wirkungsvoll zur Geltung gebracht, ohne daß die Einheit der Kirche selbst in Krisensituationen ernstlich gefährdet gewesen wäre.
[31] Auf sie scheinen die verschiedenen „politischen Theologien" zwangsläufig, auch wider den Willen ihrer Verfechter, hinauszulaufen.

zwischen synodalen und exekutiven, geistlichen und laikalen Elementen in der Kirchenleitung neu befestigt. Auch bezüglich ihres politischen Auftrags sind die Kirchen den Empfehlungen zur Wahrnahme eines umfassenden politischen Mandats (das sie lückenlos in das politische System integriert hätte) nicht gefolgt; statt dessen haben sie in den folgenden Jahren verstärkt die Möglichkeit zu gezielten Positionsmeldungen gegenüber der Politik — oft gemeinsam [32] — wahrgenommen.

5. Waren die Kirchen in der unmittelbaren Nachkriegszeit starke Klammern der Einheit im zweigeteilten Deutschland gewesen, so begannen sich in den siebziger Jahren die alten Zusammengehörigkeiten zu lockern. Mauer und Stacheldraht der DDR schirmten die Deutschen beider Staaten immer stärker voneinander ab. Beiderseits der innerdeutschen Grenze begannen sich eigene Mentalitäten und Loyalitäten zu entwickeln. Nachdem die Führung der DDR mit der neuen Verfassung von 1968 die letzten Reste des gemeinsamen Weimarer Staatskirchenrechts beseitigt hatte [33], zerbrach 1969 auch die zwanzig Jahre lang mit Leidenschaft verteidigte Einheit der EKD an der Obstruktion der DDR-Behörden — der östliche Teil der EKD verselbständigte sich in Gestalt eines eigenen Kirchenbundes [34], auch wenn kein förmlicher Austritt der in der DDR liegenden Gliedkirchen aus der EKD erfolgte und die EKD den Kirchenbund nie rechtlich anerkannte [35]. Auch in der stärker in weltkirchliche Zusammenhänge eingebundenen katholischen Kirche waren Tendenzen zur Verselbständigung wirksam; doch behielt die Neuregelung der Bistumsverhältnisse in der DDR, da endgültige friedensvertragliche Regelungen ausstanden, bis zuletzt provisorischen Charakter. Im Juli 1973 wurden die drei bischöflichen Kommissare von Erfurt, Magdeburg und Schwerin zu Apostolischen Administratoren

---

[32] Hier ist die Zusammenarbeit in kirchlichen Werken zu erwähnen: *Misereor* und *Adveniat* auf katholischer, „Brot für die Welt" auf evangelischer Seite. Zu erinnern ist auch an gemeinsame Erklärungen zur Ostpolitik, zum Ehescheidungs- und Sittenstrafrecht, zur rechtspolitischen und ethischen Diskussion, zur Bodenrechtsreform usw.

[33] Sie wurden durch eine Generalnorm ersetzt (Art. 39 der Verfassung der DDR vom 6.4.1968), in der Religionsfreiheit gewährt, zugleich aber verfügt wurde: „Die Kirchen und anderen Religionsgemeinschaften ordnen ihre Angelegenheiten und üben ihre Tätigkeit aus in Übereinstimmung mit der Verfassung und den gesetzlichen Bestimmungen der Deutschen Demokratischen Republik". Daraus leitete die Führung der DDR das Gebot der Übereinstimmung von Staats- und Kirchengrenzen ab und verlangte die Auflösung der EKD als gesamtdeutscher Einrichtung.

[34] *Reinhard Henkys,* Bund der Evangelischen Kirchen in der DDR. Dokumente zu seiner Entstehung (= epd-Dokumentation, Bd. 1), Witten, Frankfurt, Berlin 1970.

[35] *Martin Heckel,* Die Wiedervereinigung der deutschen evangelischen Kirchen, in: ZRG Kan.Abt. 78 (1992), S. 401-516 (bes. S. 422 ff.).

ernannt, im Oktober 1976 erhielt die Berliner Ordinarienkonferenz probeweise auf fünf Jahre den Status einer Regionalkonferenz; zu weitergehenden Schritten (Errichtung von Diözesen, Ernennung eines Nuntius) kam es nicht, weil die westdeutschen wie ostdeutschen Bischöfe vor einer Veränderung des status quo warnten und Papst Paul VI. im August 1978 starb; seine Nachfolger haben das Projekt nicht mehr aufgegriffen[36].

Gleichwohl schufen die Ostpolitik der Regierung Brandt/Scheel und der Grundvertrag (1973) ein politisches Klima, in dem die Sorge um Einheit und Freiheit vor dem Bemühen um innerdeutschen Ausgleich und weltpolitische Entspannung immer mehr zurücktrat. Von vielen Seiten wurde der Verzicht auf die Wiedervereinigung als notwendiges „Friedensopfer" Deutschlands angesehen[37]. Vor allem die Friedensbewegung, die in den späten siebziger und in den achtziger Jahren in beiden Kirchen an Einfluß gewann, plädierte für eine radikale Abrüstung des Westens und für die Anerkennung der „weltpolitischen Realitäten", zu denen für sie auch die deutsche Teilung gehörte[38]. So konnte *Martin Heckel* die Diskussion in weiten Teilen der Evangelischen Kirche in den siebziger und achtziger Jahren in dem Satz zusammenfassen: „Das Thema des Friedens (wie man es verstand) hat das der politischen Freiheit und vollends das der nationalen Einheit bis zum Herbst 1989 aus der politischen Diskussion verdrängt".[39]

III. Die Kirchen im Zeichen der Wiedervereinigung

1. Das Ende des Ost-West-Konflikts und der deutschen Zweistaatlichkeit (1989/90) eröffnete für die Kirchen in Deutschland neue Perspektiven. Für beide, die Evangelische wie die Katholische Kirche, ging am 3. Oktober 1990 ein langes Kapitel Nachkriegszeit zu Ende. Mit dem Beitritt der DDR zur Bundesrepublik Deutschland erlangte die religionsrechtliche und staatskirchenrechtliche Ordnung des Grundgesetzes auch in den neuen Ländern Gültigkeit. Sie wurde damit vor eine historische Bewährungsprobe gestellt — der lange und komplizierte Prozeß der Anpassung ist noch nicht abgeschlossen.

---

[36] *Hanno Helbling,* Politik der Päpste. Der Vatikan im Weltgeschehen 1958-1978. Berlin 1981, S. 132 ff.; *Horst Osterheld,* Ein Kampf um die Einheit ... Ein Beteiligter erinnert sich, in: Die politische Meinung 36 (1991), H. 255/Februar 1991, S. 77 ff.
[37] So mit kritischem Akzent *Heckel,* Wiedervereinigung (Anm. 35), S. 405.
[38] *Jens Hacker,* Deutsche Irrtümer. Berlin 1992, S. 252 ff.
[39] *Heckel,* Wiedervereinigung (Anm. 35), S. 405.

Für die Evangelische Kirche in Deutschland endete mit der staatlichen Wiedervereinigung eine Zeit schmerzlicher geographischer und politischer Isolierung. Die „Stammlande der Reformation" kehrten in das gemeinsame Vaterland zurück; Eisleben und Wittenberg, Halle, Magdeburg und Eisenach gehörten wieder zum ganzen Deutschland, nicht mehr nur zum Teilstaat DDR. War die Teilung Deutschlands nach 1945 für den deutschen Protestantismus eine empfindliche Beeinträchtigung, ja eine Halbierung seiner Existenz gewesen, so schuf die staatliche Einheit neue günstige Voraussetzungen für die Präsenz der Evangelischen in der Öffentlichkeit. Eine doppelte Hypothek verschwand: im Westen ein seit den fünfziger Jahren immer wieder artikulierter protestantischer Vorbehalt gegenüber der Bundesrepublik und ihrem Kurs der Westintegration; im Osten die Gefahr der Vereinnahmung des Luther-Erbes durch den Staat im Zeichen einer sich schärfer ausprägenden DDR-Identität. Nicht zuletzt änderte sich durch die Wiedervereinigung auch die Zahlenrelation der Konfessionen in Deutschland: standen 1987 in der alten Bundesrepublik 25 413 000 Protestanten 26 232 000 Katholiken gegenüber, so wies das wiedervereinigte Deutschland eine protestantische Bevölkerungsmehrheit von rund drei Millionen auf[40]. Es war also kein Wunder, daß viele Beobachter angesichts der neuen Verhältnisse eine Verlagerung der politischen Schwergewichte nach Osten hin prophezeiten, daß sie Deutschland „protestantischer, nördlicher, östlicher" werden sahen[41]. Das Gefühl gewachsener Stärke im deutschen Protestantismus verband sich mit dem Stolz darüber, daß viele Protestanten in der DDR der friedlichen Revolution, die zum Einsturz der Mauer führte, mit Gottesdiensten und Gebeten, Prozessionen und Demonstrationen zum Durchbruch verholfen hatten.

In der Realität des Alltags wurden allzu euphorische Erwartungen freilich rasch gedämpft. Es zeigte sich, daß man im deutsch-deutschen kirchlichen Verhältnis nicht einfach dort anknüpfen konnte, wo man 1969 auseinandergegangen war. Denn trotz des unfreiwilligen Charakters dieser Trennung hatten sich in fast zwanzig Jahren selbständiger Existenz spezifische, stark voneinander abweichende Kirchenphysiognomien herausgebildet: in der DDR eine nach innen gerichtete Gemeinde- und Freiwilligkeitskirche, in der Bundesrepublik eine in die Öffentlichkeit ausgreifende kirchliche Großorganisation. Ein gewichtiger Teil derer, die gegen die alte DDR aufbegehrt hatten, hatten ursprünglich eine reformierte, eine „bessere" DDR im Auge. Sie waren

---

[40] *Michael J. Inacker*, Deutschland, protestantisch Vaterland?, in: Thomas Kielinger (Hrsg.), Wohin mit Deutschland?, Bonn 1991, S. 508 ff. (509).

[41] So eine rasch bekanntgewordene Formel des damaligen CDU-Generalsekretärs *Volker Rühe*.

nun, nach dem Beitritt, ohne den Rückhalt eines vertrauten Lebensraumes unmittelbar dem Anspruch einer westlich-pluralistischen Gesellschaft konfrontiert. So war es verständlich, daß die Wiedervereinigung der evangelischen Kirchen nur mühevoll und langsam in Gang kam und gegen erhebliche Widerstände anzukämpfen hatte, wobei kritische Stimmen übrigens nicht nur im Osten, sondern auch im Westen laut wurden[42].

Rechtlich war die erstmals in der Loccumer Erklärung vom 17. Januar 1990 geforderte Wiedervereinigung der evangelischen Kirchen Ost- und Westdeutschlands nach schwierigen Verhandlungen am 27. Juni 1991 abgeschlossen. Länger dauerte und dauert das „Zusammenwachsen" der Mentalitäten — das Ringen darum dürfte auch in Jahren noch nicht zu Ende sein. Im Prinzip gelten die ins Grundgesetz übernommenen Staatskirchenartikel der Weimarer Reichsverfassung inzwischen gleichermaßen in den alten und den neuen Ländern der Bundesrepublik Deutschland. De facto aber sind charakteristische Elemente des Systems — Kirchensteuer, Religionsunterricht, Anstalts- und Militärseelsorge — bis zur Stunde in den neuen Ländern nur in sehr unterschiedlichem Maße realisiert. Relativ unproblematisch war die Übernahme der Kirchensteuer (deren Einzug in den ersten Jahren der DDR noch im Sinn der Weimarer Reichsverfassung praktiziert worden war!). Das im Einigungsvertrag enthaltene Kirchensteuergesetz, das westdeutschen Mustern folgte, wurde mit dem 3. Oktober 1990 als Landesrecht in den neuen Bundesländern eingeführt. Obwohl es keine Verpflichtung zur Erhebung von Steuern enthielt, haben die Kirchen inzwischen durchweg von dieser Möglichkeit Gebrauch gemacht. Schwierigkeiten gab es zunächst bei der Mitwirkung der Meldebehörden, welche die Daten über die Religionszugehörigkeit zu erheben hatten: gegen sie bestanden aus der Zeit der SED-Herrschaft erhebliche Vorbehalte von seiten der Kirchenangehörigen. Inzwischen scheint sich das Verfahren eingespielt zu haben[43].

Erheblich schwieriger gestaltete sich die Einführung des Religionsunterrichts als eines ordentlichen Lehrfachs an den Schulen: hier wurde der rechtliche Rahmen bis heute noch nicht annähernd ausgefüllt — vor allem deshalb nicht, weil christliche Schüler in den neuen Bundesländern (sehr im Unterschied zur „alten" Bundesrepublik!) gegenüber der großen Zahl der Konfessionslosen meist eine Minderheit bildeten, und Gettobildungen und Spießrutenlaufen im Interesse der jungen Men-

---

[42] *Heckel,* Wiedervereinigung (Anm. 35), S. 409 ff.
[43] *Rupert Scholz,* Der Auftrag der Kirchen im Prozeß der deutschen Einheit; *Wolfgang Rüfner,* Deutsche Einheit im Staatskirchenrecht; beide in: EssGespr. 26 (1992), S. 7 ff. bzw. S. 60 ff.

schen tunlichst vermieden werden sollten. Außerdem fehlten die nötigen Religionslehrer. Ein flächendeckender Religionsunterricht schien unter solchen Umständen nur schwer realisierbar[44]. Der Rückzug auf die zu DDR-Zeiten erprobte und bewährte Gemeindekatechese war kein Ausweg — so nützlich dieses Angebot als Ergänzung zu schulischen Bemühungen sein mochte. Auch die „Flucht nach vorn" in einen mit religiösen Elementen versetzten lebenskundlichen Unterricht — aus den besonderen Umständen begreiflich — konnte kein Allheilmittel sein und stieß besonders dann, wenn der Religionsunterricht der Ethik/Lebenskunde eingeordnet oder nachgeordnet wurde, auf verfassungsrechtliche Bedenken[45]. Welche Formen der Religionsunterricht in den neuen Bundesländern schließlich annehmen wird, ist zur Stunde noch offen; sicher ist nur, daß bei seiner Einführung der Minderheitsstatus der Christen und die Realität der überwiegend glaubenslosen Umgebung stets mitbedacht werden müssen. — Zu keiner bundeseinheitlichen Lösung kam es in der Frage der Militärseelsorge; hier verdichtete sich eine starke innerprotestantische Opposition gegen den Militärseelsorge-Vertrag während der Verhandlungen über die Wiedervereinigung der Kirchen so sehr, daß die Frage ausgeklammert werden mußte[46].

Die Katholische Kirche in den neuen Bundesländern tat sich mit den Problemen der Kirchensteuer und der Militärseelsorge leichter, hatte jedoch, als „Minderheit in der Minderheit", gleichfalls erhebliche Schwierigkeiten mit dem Aufbau des schulischen Religionsunterrichts. Auch die Organisation des kirchlichen Verbandswesens und freier Laieninitiativen kam erst allmählich in Gang[47]. Bezüglich der Jurisdiktionsbezirke brachte die Wiedervereinigung den schon zu DDR-Zeiten sich ankündigenden Prozeß der Verselbständigung zum Abschluß: Magdeburg, Erfurt und Görlitz sollen künftig zu Diözesen erhoben werden; das Amt Schwerin soll Teil eines neuen Bistums Hamburg werden. Aus dem Erzbistum Berlin, den Diözesen Dresden-Meißen und Görlitz soll

---

[44] *Hans Joachim Meyer*, Geistige Voraussetzungen und Konsequenzen des Beitritts der DDR zur Ordnung des Grundgesetzes, in: EssGespr. 26 (1992), S. 112 ff.; ders., Der Wandel kirchlicher Aufgaben in der ehemaligen DDR, in: Manfred Spieker (Hrsg.), Vom Sozialismus zum demokratischen Rechtsstaat. Paderborn 1992, S. 171 ff. — Einen lokalen Situationsbericht gibt *Gerold Schneider*, Problemfall Religionsunterricht, in: Ost-West-Informationsdienst des Katholischen Arbeitskreises für zeitgeschichtliche Fragen, H. 176, 1992, S. 3 ff.

[45] So das Brandenburger Modell der Verbindung von „Lebenskunde/Ethik/Religion" in einem Fach. Vgl. dazu in *diesem* Handbuch *Christoph Link*, § 54 Religionsunterricht.

[46] *Scholz*, Auftrag der Kirchen (Anm. 43), S. 19; *Rüfner*, Deutsche Einheit (Anm. 43) S. 67.

[47] *Jürgen Kiowski*, Chancen und Grenzen christlicher Sozialverbände in der ehemaligen DDR, in: Spieker, Vom Sozialismus (Anm. 44), S. 149 ff.

§ 3 Staat und Kirche in der Bundesrepublik Deutschland 107

eine Kirchenprovinz Berlin gebildet werden, während die neuen Bistümer Magdeburg und Erfurt der Kirchenprovinz Paderborn angehören sollen[48].

2. Das wiedervereinigte Deutschland weist nicht nur ein anderes Zahlenverhältnis zwischen den Konfessionen auf als die alte Bundesrepublik. Der Einigungsprozeß hat auch die überlieferten volkskirchlichen Grundlagen des Staat-Kirche-Verhältnisses verändert. Zum ersten Mal in der deutschen Geschichte seit der Christianisierung sind in einem Drittel Deutschlands die Ungetauften gegenüber den Getauften in einer deutlichen Mehrheit. Die überlieferte christliche Kultur ist vielfach nur noch in Restbeständen vorhanden; christliche Erziehung und Bildung muß „vom Nullpunkt" her ansetzen. Das verbindet sich mit einer religiösen Lage im Westen, die gleichfalls seit mehr als zwanzig Jahren durch einen „Säkularisierungsschub", durch Glaubensschwund und Kirchenferne gekennzeichnet ist. „Die Glaubensentfremdung ist radikal, und sie wächst. Das Schlagwort 'Christus ja — Kirche nein' trifft unsere Situation nicht mehr. Viele Zeitgenossen brechen nicht nur mit den Kirchen, sondern überhaupt mit dem Glauben"[49].

Wie bei anderen kulturellen Vorgängen liegt der Bruch nicht in der Kriegs- und unmittelbaren Nachkriegszeit, die bezüglich des religiösen Verhaltens eine erstaunliche Kontinuität aufweist; er liegt später, und zwar ziemlich genau in der Mitte der sechziger Jahre. Damals, etwa von 1967-1973, kam es zu einem Erosionsprozeß, der im Westen Deutschlands in beiden Kirchen zu einem Absinken der religiösen Praxis um rund die Hälfte führte. Anfang der sechziger Jahre besuchten noch 55 Prozent der Katholiken und 15 Prozent der Protestanten regelmäßig den Gottesdienst; 1973 waren es nur noch 35 Prozent bzw. 7 Prozent, 1982 noch 32 Prozent bzw. 6 Prozent. Die Generationen, früher traditionell in Glauben und religiöser Praxis verbunden, lebten sich auseinander. Lediglich eine Minderheit der Jugendlichen erfährt heute im Westen wie im Osten Deutschlands den Glauben als vitale Kraft. Aus den Familien sind viele religiöse Traditionen, so das Tischgebet und das Kreuzzeichen, verschwunden. Immer weniger Eltern wirken positiv und aus eigener Überzeugung an der religiösen Erziehung ihrer Kinder mit. Immer mehr junge Menschen wachsen ohne Berührung mit Werten des Glaubens, religiösen Traditionen und einem auch nur bescheidenen religiösen Grundwissen heran[50].

---

[48] Pressedienst der Deutschen Bischofskonferenz — Dokumentation — vom 12. März 1992, S. 8-10, und vom 25. September 1992, S. 8 f.
[49] *Bischof Franz Kamphaus,* Evangelisation der Kirche, 1992 (nicht veröffentlicht), S. 1.
[50] *Renate Köcher,* Thesen zur Situation von Kirche und Religion in der säkularisierten Gesellschaft (Institut für Demoskopie Allensbach, Sept. 1985);

Die Tradierungskrise des Glaubens drückt sich besonders scharf im Verhältnis von Eltern und Kindern aus. Das ist ein internationales Phänomen; doch war bereits in der alten Bundesrepublik — wie die internationale Wertestudie von 1981 zeigte — im Ländervergleich die Übereinstimmung der Jugendlichen mit ihren Eltern weitaus am geringsten. Übereinstimmung in der Haltung zur Religion äußerten in der Bundesrepublik nur 39 Prozent der Jugendlichen (gegenüber 69 Prozent in den USA); bei der Einstellung zur Sexualität sank diese Zahl auf 14 Prozent (43 Prozent in den USA), in der Einstellung zur Moral insgesamt stimmten 77 Prozent der Jugendlichen in den USA mit ihren Eltern überein gegenüber nur 38 Prozent der Jugendlichen in der Bundesrepublik. Soziologisch ergibt sich also, daß in der Bundesrepublik Deutschland die Generationen wesentlich stärker als in den USA auseinanderstreben und sich nicht mehr in zentralen Wertvorstellungen treffen[51].

Damit stimmt die Beobachtung überein, daß in vielen deutschen Familien Konflikte, auch religiöse, nicht mehr ausgetragen werden. Jugendliche, die sich mit ihren Eltern nicht mehr verstehen, neigen dazu, einfach auszuziehen und sich von den Eltern zu trennen. Ähnliche Prozesse lassen sich auch bei Eheleuten feststellen, die nicht mehr um ihre Ehe kämpfen, sondern eher dazu neigen, sich vom Ehepartner zu trennen. Auf diesem Hintergrund wird verständlich, daß religiöse Werte nicht mehr wie früher selbstverständlich weitergegeben werden, weil viele Menschen kein Verhältnis mehr zu ihnen haben. Es zeigt sich, daß der christliche Glaube für viele Menschen kein existentielles Problem mehr ist.

Das Bild wäre jedoch nicht vollständig, würde man nicht auch die Gegenbewegungen verzeichnen. Es gibt in der deutschen Gesellschaft von heute nicht nur die Abwendung von Kirche und Religion, das Erlöschen religiöser Überlieferungen, es gibt auch breite Strömungen, die nach Lebenssinn und Glauben suchen, es gibt das Verlangen nach einer neuen, „weichen", die alten Formen überholenden Religion. Viele wollen religiös sein ohne Kirche[52], sie streben nach einer anderen, „sanfteren" Religion — einer Religion, die nicht auf Weltbemächtigung aus ist, sondern auf fromme Bewahrung und Verehrung des Universums. Das religiöse Spektrum zeigt hier eine erstaunliche Vielfalt, freilich auch Züge der Beliebigkeit. Dem „glimmenden Docht" des christlichen

---

Wolfhart Pannenberg, Christentum in einer säkularisierten Welt, Freiburg 1988; *Werner Simon/Mariano Delgado,* Lernorte des Glaubens, Berlin 1991.

[51] *Gerhard Schmidtchen,* Was den Deutschen heilig ist. Religiöse und politische Strömungen in der Bundesrepublik Deutschland. München 1979, S. 27 ff., 60 ff; *ders.,* Ethik und Protest (Anm. 18), S. 79 ff., 155 ff.

[52] *Karl Forster* (Hrsg.), Religiös ohne Kirche?, Mainz 1977.

Glaubens hilft das Wehen dieser neuen Religiosität jedenfalls kaum auf. Oft bleibt Religion im rein Erlebnishaften, wird zum Rückzugsgebiet vor den Zwängen der Alltagswelt, zu einem Spielfeld der Emotionen. So wenigstens in den europäischen Ländern — während anderswo, vor allem im Islam, die militanten Züge des Religiösen neue überraschende Kraft gewinnen: in heiligen Kriegen und leidenschaftlichen Fundamentalismen, in einem Himmel und Erde kurzschließenden „Gott will es!", das wenig Unterscheidungen gelten läßt und sich mit Geduld und Toleranz schwertut.

Das veränderte religiöse Klima in Deutschland wird deutlich, wenn man die Literatur der unmittelbaren Nachkriegszeit mit der heutigen vergleicht[53]. Damals traten — in ökumenischer Gemeinsamkeit — katholische und protestantische Autoren auf, die für eine christliche Literatur standen: Gertrud von le Fort, Elisabeth Langgässer, Rudolf Alexander Schröder, Edzard Schaper, Kurt Ihlenfeld, Reinhold Schneider, Werner Bergengruen. Heute sind solche Autoren, die das Christliche als einen literarischen Zusammenhang repräsentieren, selten geworden. Gleichwohl sind religiöse Motive in der deutschen Gegenwartsliteratur überraschend häufig, sowohl bei sozialkritisch gestimmten Schriftstellern der älteren Generation (Heinrich Böll, Carl Amery, Josef Reding, Kurt Marti) wie auch bei solchen, deren Schlüsselerlebnis das Jahr 1968 war, wie auch bei der jüngsten Generation, die sich im Zeichen einer „neuen Sensibilität" um eine Neubewertung des Poetischen bemüht.

Biblische Themen, oft verfremdet, haben seit den siebziger Jahren Hochkonjunktur, so die Weihnachtsgeschichte als Hintergrund der Sozial- und Zeitkritik bei Franz Xaver Kroetz und Peter Turrini oder die Apokalypse bei Christa Wolf, Günter Grass, Inge Merkel. Wie im modernen Film der Himmel und die Engel wieder erscheinen (Andrej Tarkowskij, Wim Wenders), so tauchen in Märchen, Sagen, Mythen — vom Kinderbuch bis zum Musikdrama — Elemente einer vielfach verschütteten Glaubenswelt empor. Den neuen Geschmack am Subjektiven, Biographischen bekunden katholische und protestantische Kindheiten, deren Zeugnisse inzwischen in die Hunderte gehen; verzückte Rückschau und traumatische Erinnerung halten sich darin die Waage. Christlich identifizierbare Abgründe von Bosheit, Schuld, Leid, Angst, Verzweiflung, Gottverlassenheit in der modernen Literatur können zweifellos auch dem säkularisierten Menschen Zugänge zu alten biblischen Erfahrungen öffnen — mag auch in vielen Texten der Gegenwart ein fragmentarisches, ja ruinöses Christentum vorherrschen.

---

[53] Zum folgenden: *Hans Maier,* Kirche, Religion, Kultur, in: Martin Broszat (Hrsg.), Zäsuren nach 1945. Essays zur Periodisierung der deutschen Nachkriegsgeschichte. München 1990, S. 131 ff.

3. Wer die empirischen Befunde des Glaubensverlustes in den Kirchen zur Kenntnis nimmt und sich zugleich von der Intensität einer kirchenungebundenen Religiosität in der Gesellschaft überraschen läßt, dem stellt sich die Frage nach dem Verbleib religiöser Traditionen im wiedervereinigten Deutschland. Wenn die religiöse Kraft schwindet, wenn die Religion weggeht — wo geht sie hin?

Am wenigsten wohl in einen dezidierten Atheismus und Agnostizismus und auch nicht in säkulare Sinnstiftungen und „Quasireligionen"[54]: ihnen fehlen heute — nach dem Zusammenbruch der säkularen Weltanschauungen — die Antriebe eines bürgerlichen oder proletarischen Fortschrittsbewußtseins; Kulturkämpfe gegen die Religion sind — zumindest in westlichen Demokratien — überholt. Am ehesten noch in eine neue außerkirchliche Religiosität, deren Elemente vielfältig und diffus sind: von wiederkehrenden Kosmologien (New Age) über neoanimistische Strömungen („Frieden mit der Natur") bis zu der weitverbreiteten lebensreformerischen Sehnsucht nach einer „asketischen Weltzivilisation". Was von diesen Konglomeraten Bestand hat oder sich wieder auflösen wird, ist schwer zu sagen — und ebenso, ob das neu Hervortretende die Bezeichnung „postchristlich" verdient oder ob es künftig in neue christliche Synthesen eingehen wird. Angesichts der Virulenz christlicher Ideen und Lebensformen in postkommunistischen Gesellschaften und in Ländern der Dritten Welt sind viele Entwicklungen denkbar. Und so werden auch die künftigen Beziehungen von Kirche und Gesellschaft im wiedervereinigten Deutschland offen und entwicklungsfähig sein — wie in den vergangenen Zeiten einer „freien Kirche im freien Staat".

---

[54] *Thomas Nipperdey*, Deutsche Geschichte 1866-1918. Bd. I: Arbeitswelt und Bürgergeist. München 1990, S. 516.

§ 4

Das Verhältnis von Kirche und Staat nach der Lehre der katholischen Kirche

Von Paul Mikat

I. Theologische Grundfragen

1. Die Kirche als heilsgeschichtlich-eschatologische Größe

Aus theologischer Sicht stellt das Verhältnis von Kirche und Staat nur einen Ausschnitt aus dem umfassenderen Beziehungskomplex „Kirche und Welt" dar;[1] es hat in diesem Beziehungskomplex von Anfang an einen zentralen Platz inne, da der Kirche im Staat in besonderer Weise die politische Macht begegnet, und nichts verdeutlicht das sinnvoller als die Tatsache, daß Jesus Christus den Kreuzestod gestorben ist. Das Kreuz Christi weist die Kirche zu allen Zeiten auf das staatliche Gerichtsforum hin, vor dem Jesus stand, es weist hin auf die politische Macht, die ihn zum Tode verurteilte. Gäbe es sonst keine einzige Aussage des Neuen Testamentes über die staatliche Gewalt, sondern nur den Bericht über den Kreuzestod Jesu, so wäre doch allein von daher schon deutlich, „daß das Problem ,Kirche und Staat' als solches ins Neue Testament hinein gehört"[2] und daß es ungeachtet aller geschichtlichen Entwicklungen für die Kirche eine bleibende heilsgeschichtliche

---

[1] Vgl. hierzu *Hans Maier,* Art. Kirche und Gesellschaft, in: StL[7] III, 1987, Sp. 459 ff.; *Paul Mikat,* Art. Kirche und Staat, ebd., Sp. 468 ff.; *Robert M. Grant* u. a., Art. Kirche und Staat, in: TRE, Bd. 18, 1989, S. 354-405; *Karl Rahner,* Art. Kirche und Welt, in: Sacramentum Mundi. Theologisches Lexikon für die Praxis, Bd. 2, Freiburg i. Br., Basel, Wien 1968, Sp. 1336 ff.; *Martin Honecker,* Art. Kirche und Welt, in: TRE, Bd. 18, 1989, S. 405-421, m. w. N.

[2] *Oscar Cullmann,* Der Staat im Neuen Testament. 2. Aufl., Tübingen 1961, S. 3; vgl. auch *Kurt Aland,* Das Verhältnis von Staat und Kirche in der Frühzeit, in: Aufstieg und Niedergang der römischen Welt. Geschichte und Kultur Roms im Spiegel der neueren Forschung. Hrsg. von Hildegard Temporini und Wolfgang Haase. II: Principat, Bd. 23.1, Berlin, New York 1979, S. 60-246 (bes. S. 163-226: V. Kirche und Staat nach dem Neuen Testament), sowie *Robert M. Grant* u. a., Art. Kirche und Staat I: Urchristentum und frühe Kirche, in: TRE, Bd. 18, 1989, S. 354-374, m. w. N.

Aktualität besitzt. Zugleich wird von daher auch die Problematik einer geschichtlichen Entwicklung im Abendland deutlich, in deren Verlauf die Kirche nicht nur verschiedene Formen der Staatsautorität nachgeahmt hat,[3] sondern selbst zur Trägerin staatlicher Gewalt wurde und nicht mehr nur als Gemeinschaft der Gläubigen innerhalb eines Staatsverbandes existierte. Die einseitige Zuspitzung sowohl der theoretischen Reflexion wie der praktisch-politischen Auseinandersetzung auf die rechtlich-institutionelle und machtpolitische Polarität „Kirche und Staat", die einen langen Zeitraum der abendländischen Geschichte geprägt hat, erweist sich — und das sei hier ohne jeden ahistorischen Schuldvorwurf festgestellt — zumindest in rückschauender Betrachtung heute nicht als Entfaltung, sondern als Verkürzung der biblischen Ausgangsposition. Als eschatologisch-heilsgeschichtliche Größe ist die Kirche zwar in der Welt, existiert aber doch im „Gegenüber" zur Welt, also auch gerade im „Gegenüber" zur politischen Macht.

Damit ist zunächst weder eine positive noch eine negative Bewertung des Staates gegeben. Die Kirche hat weder aus der Konfrontation Jesu mit der staatlichen Gewalt noch aus der ihr vorhergesagten Situation der Verfolgung durch die politischen Machthaber[4] die Konsequenz der Staatsverneinung gezogen. Damit ist aber wohl ausgesagt, daß es der Kirche verwehrt ist, selbst zum Staat zu werden und ihre Position des Gegenübers zum Staat preiszugeben; sie „darf also, trotz der realistischen Einsicht in das Weltsein ihrer geschichtlichen Existenz, nie der ‚Welt' gleichförmig werden."[5] Die der Kirche aufgegebene Verkündigung vom Reiche Gottes[6] relativiert den Staat und läßt Vorläufigkeit,

---

[3] Vgl. *Bonifac A. Willems*, Erlösung in Kirche und Welt. Freiburg i. Br., Basel, Wien 1968, S. 82 f.

[4] Mt 10,17 f.: „Nehmt euch aber in acht vor den Menschen; denn sie werden euch den Gerichten überliefern und euch in ihren Synagogen geißeln. Und vor Statthalter und Könige wird man euch schleppen um meinetwillen, zum Zeugnis für sie und die Heiden"; vgl. auch Mk 13,9 und Lk 21,12.

[5] *Arthur Rich*, Kirche und Demokratie, in: Kirche und moderne Demokratie. Hrsg. von Theodor Strohm und Heinz-Dietrich Wendland. Darmstadt 1973, S. 188; vgl. auch *Ernst-Wolfgang Böckenförde*, Staat — Gesellschaft — Kirche (= Christlicher Glaube in moderner Gesellschaft, Bd. 15), Freiburg, Basel, Wien 1982, sowie *Dieter Oberndörfer/Karl Schmitt* (Hrsg.), Kirche und Demokratie, Paderborn 1983; vgl. dort vor allem *Karl Forster*, Kirche in der Demokratie. Zur neueren Entwicklung des Verhältnisses von Kirche, Gesellschaft und Staat, S. 13-32.

[6] Vgl. *Paul Hoffmann*, Art. Reich Gottes, in: Handbuch theologischer Grundbegriffe. Bd. 2, München 1963, S. 414 ff., m. w. N., sowie *Åke v. Ström* u. a., Art. Herrschaft Gottes/Reich Gottes, in: TRE, Bd. 15, 1986, S. 172-244, m. w. N.; *Martin Hengel/Anna Maria Schwemer* (Hrsg.), Königsherrschaft Gottes und himmlischer Kult im Judentum, Urchristentum und in der hellenistischen Welt (= Wissenschaftliche Untersuchungen zum Neuen Testament, Bd. 55), Tübingen 1991, und *Marie-Theres Wacker/Magdalene Bussmann*, Art. Reich Gottes, in:

Endlichkeit und Begrenztheit der irdisch-politischen Macht gerade darum so deutlich in Erscheinung treten, weil sie Verkündigung von der endgültigen, ewigen und umfassenden Herrschaft Gottes ist. Doch wird der Staat durch diese Relativierung nicht abgewertet, er erhält vielmehr vom Gedanken der allumfassenden Königsherrschaft Jesu Christi her eine christozentrische Legitimation, die unabhängig von der Kirche gegeben ist, wie sie ihm denn auch unabhängig von der konkreten geschichtlichen Form des Staates oder auch unabhängig von der Frage zukommt, ob es sich um einen „christlichen" oder „heidnischen" Staat handelt.[7] Den christologischen Bezug, der jeder politischen Herrschaft objektiv eigen ist, hat *Alfons Auer* herausgestellt, wenn er im Hinblick auf die Vergänglichkeit institutioneller Formen die Unvergänglichkeit der vom Reich-Gottes-Gedanken bestimmten Aussage über das christliche Wesen der Macht und der Herrschaft dahingehend zusammenfaßt: „Herrschaft wurzelt unmittelbar in der Herrscherlichkeit des Kyrios, hat also eine originäre Sakralität, und Herrschaft ist nicht an eine spezifisch christliche Form politisch-institutioneller Verwirklichung gebunden, modern formuliert: Christliche Herrschaft gibt es auch im unchristlichen Staat."[8]

2. Naturrecht und Geschichtlichkeit

Der Hinweis auf den für die Kirche unverzichtbaren heilsgeschichtlich-eschatologischen Rahmen, in den ihr Verhältnis zum Staat gewiesen ist, erscheint nicht zuletzt deshalb notwendig, weil in den traditionellen katholischen Darstellungen des Verhältnisses von Kirche und Staat weithin eine naturrechtliche Argumentation vorwaltet, die zwar nicht im Gegensatz zur heilsgeschichtlich-eschatologischen Sicht steht, die aber nicht immer der Gefahr entgangen ist, die biblischen Aussagen über die staatliche Gewalt in naturrechtlichem Sinne zu interpretieren und den Blick für die geschichtlichen und auch für die modernen staatssoziologischen Entwicklungen einzuengen.[9] *Yves Congar* ist der

---

Neues Handbuch theologischer Grundbegriffe. Erw. Neuausgabe, Bd. 4, München 1991, S. 382-402.

[7] Wie problematisch es ist vom „christlichen" oder „nicht-christlichen" Staat zu sprechen, wird nicht zuletzt durch die christozentrische Legitimation jeder staatlichen Gewalt unterstrichen.

[8] *Alfons Auer*, Weltoffener Christ. 4. Aufl., Düsseldorf 1966, S. 277; vgl. insbes. auch die grundlegenden Ausführungen *Auers* zur Demokratie als einer spezifischen Bejahung der Schöpfungsordnung, ebd., S. 278 ff.

[9] Vgl. *Heinz Robert Schlette*, Die Aussagen des Neuen Testaments über „den Staat", in: ders., Der Anspruch der Freiheit. Vorfragen der politischen Existenz. München 1963, S. 22 f., der zutreffend darauf hinweist, daß das biblische, auch noch das neutestamentliche Denken im Gegensatz zum griechisch-philoso-

Ansicht, daß die Entfaltung eines christologischen Fundamentes der mittelalterlichen Königsmacht einerseits durch den Kampf des Priestertums und der weltlichen Macht um die Vorherrschaft, andererseits in der Epoche der Kanonisten und später der Scholastik durch die Idee des Naturrechts ungünstig beeinflußt worden sei und daß schließlich ein gewisser Mangel an historischem Sinn für die verschiedenen göttlichen Heilszeiten die Scholastiker daran gehindert habe, die Seinsweise der Königsherrschaft Christi vor der Parusie richtig zu verstehen.[10] *Alfons Auer* versieht den Hinweis *Congars* mit der ergänzenden Bemerkung, daß die Naturrechtslehre zwar faktisch unter Absehung von ihrem christologischen Fundament entwickelt wurde, daß jedoch für die theologische Integration der Naturrechtslehre dieses Fundament unerläßlich sei.[11]

Wenn in der gegenwärtigen katholisch-theologischen Diskussion über das Verhältnis von „Kirche und Welt" und „Kirche und Staat" Begriffe wie „Weltlichkeit der Welt" oder „Eigenständigkeit der irdischen Ordnungen" einen unüberhörbaren positiven Klang besitzen, wird daran ein Wandlungsprozeß deutlich, der auch die einschlägigen Konstitutionen des Zweiten Vatikanischen Konzils bestimmt hat. Die Entwicklung selbst war schon seit langem als geschichtsgestaltende Strömung erkennbar gewesen; zu ihren wichtigsten Ursprüngen müssen vor allem das Selbstverständnis des modernen säkularen Staates, insbesondere, wenn er dem freiheitlich-demokratischen Prinzip verpflichtet ist, sowie eine Veränderung der Mentalitätsfaktoren innerhalb einer politisch liberal verfaßten Industriegesellschaft gerechnet werden.[12]

Ausmaß und Tragweite der Entwicklung, die auf dem Zweiten Vatikanischen Konzil zumindest in entscheidenden Ansätzen lehramtlichen Niederschlag gefunden hat, lassen sich am ehesten auf dem Hintergrund

---

phischen Denken nicht darauf ausgerichtet ist, das Wesen einer Sache — hier des Staates — zu erkennen, sondern daß „die neutestamentlichen Hinweise über das Verhältnis des Christen zum Staat zunächst einmal nichts anderes im Auge haben als die konkrete Situation, in welcher die Urgemeinde dem Staat gegenüberstand".

[10] *Yves Congar*, Der Laie. Entwurf einer Theologie des Laientums. Stuttgart 1957, S. 132 ff.; vgl. auch *Peter Neuner*, Der Laie und das Gottesvolk, Frankfurt/M. 1988.

[11] *Auer*, Weltoffener Christ (Anm. 8), S. 277 mit Fn. 49.

[12] Vgl. zur theologischen Problematik der pluralistischen säkularen Situation der Gegenwart *Karl Rahner*, Theologische Reflexionen zum Problem der Säkularisation, in: ders., Schriften zur Theologie. Bd. 8, Einsiedeln, Zürich, Köln 1967, S. 637 ff.; siehe auch: *Martin Heckel*, Säkularisierung. Staatskirchenrechtliche Aspekte einer umstrittenen Kategorie, in: ZRG Kan. Abt. 97 (1980), S. 1-163, und den Sammelband von *Heinz-Horst Schrey* (Hrsg.), Säkularisierung (= Wege der Forschung, Bd. 424), Darmstadt 1981 mit Bibliographie S. 415-437.

§ 4 Kirche und Staat nach der Lehre der katholischen Kirche 115

der wechselvollen geschichtlichen Formen des Kirche-Staat-Verhältnisses sowie der traditionellen moraltheologischen und kanonistischen Darlegungen hierüber ermessen. Freilich sollte die Entwicklung auch nicht überbewertet werden. Die naturrechtliche Grundposition wird keineswegs preisgegeben, doch ist eine zunehmende Zurückhaltung gegenüber allen Versuchen zu bemerken, aus abstrakten naturrechtlichen Prinzipien durch Deduktion konkrete gegenwartsadäquate Gestaltungsnormen und Forderungen zu gewinnen.¹³ Die Ablehnung eines naturrechtlichen Deduktionismus legt den Kern des katholischen Naturrechtsdenkens wieder frei und rückt die Eigenfunktion des Naturrechts in den Vordergrund, die in der Kritik des unrichtigen positiven Rechts besteht. Zutreffend weist *Werner Schöllgen* darauf hin, daß die Grundsätze der katholischen Moraltheologie für die Beurteilung von Recht und Bedeutung des Staates einen relativ formalen Charakter tragen und übergeschichtlich und abstrakt sind, daß aber trotz allem ihre Bedeutung groß bleibt. „Sie richten Schranken und Warnungstafeln dort auf, wo Abgründe drohen oder die letzten Gesichtspunkte eines menschenwürdigen und Gottes Willen entsprechenden Gemeinschaftslebens mißachtet werden."¹⁴

3. Wandlungen und Zeitgebundenheit kirchlicher Staat-Kirche-Modelle

Jeder Versuch, die heutige katholische Lehre über das rechte Verhältnis von Kirche und Staat darzustellen, muß bei aller Bedeutung der naturrechtlichen Grundlagen berücksichtigen, daß angesichts der weltpolitischen wie auch der kirchlichen Umbruchsituation nur noch bedingt von einer in sich geschlossenen Lehre der katholischen Kirche über das Verhältnis von Kirche und Staat gesprochen werden kann, zumal das Zweite Vatikanische Konzil mehr zur Entfaltung einer breiteren theologischen Diskussion als zur positiv-rechtlichen Präzisierung und Zusammenfassung beigetragen hat und beitragen wollte.¹⁵ Die

---

¹³ Wenn *Helmut Thielicke*, Theologische Ethik. 2. Aufl., Bd. 2, T. 2, Tübingen 1966, S. 736, meint, der protestantische Ethiker könne sich nicht auf ein festliegendes und gegebenes System normativer Prinzipien berufen, das ihm erlaubte, alle Fälle unseres Daseins zu subsumieren und durch Deduktionen aus obersten Prinzipien zu konkreten Weisungen zu kommen, so gilt das in gleicher Weise auch für den katholischen Ethiker, wie der gegenwärtige Stand der Naturrechtsdiskussion in der katholischen Moraltheologie recht anschaulich zeigt. Vgl. etwa *Josef Fuchs,* Naturrecht oder naturalistischer Fehlschluß?, in: Stimmen der Zeit 206 (1988), S. 407-423.

¹⁴ *Werner Schöllgen,* Recht und Bedeutung des Staates im Lichte der katholischen Moraltheologie. Bonn 1954, S. 23.

¹⁵ In diesem Sinne heißt es im Schlußwort der für die heutige katholische Lehre über das Kirche-Staat-Verhältnis so wichtigen *Pastoralkonstitution* aus-

Aussagen des Konzils, wie sie vor allem in der Dogmatischen Konstitution über die Kirche „Lumen gentium"[16], in der Pastoralkonstitution über die Kirche in der Welt von heute „Gaudium et spes"[17], in der Erklärung über die Religionsfreiheit „Dignitatis humanae"[18], aber auch im Dekret über das Apostolat der Laien „Apostolicam actuositatem"[19] enthalten sind, besitzen zwar den Rang von authentischen Quellen des kirchlichen Lehramts, aber auch sie sind nicht isoliert, sondern im Zusammenhang mit den übrigen authentischen Quellen, vornehmlich dem geltenden kanonischen Recht (wie es im Codex Iuris Canonici enthalten ist) und dem Konkordatsrecht, zu sehen.[20]

Die Erschließung der historischen Dimension des Kirche-Staat-Verhältnisses, sei es in der jeweiligen politischen Wirklichkeit, sei es in Lehraussagen der Kirche, kann dazu beitragen, die Gegenwart als eigenständige geschichtliche Epoche in schärferen Konturen zu erfassen. Gerade wegen der heuristischen Bedeutung der Geschichte für die Fortentwicklung der kirchlichen Lehre ist vor einer unreflektierten Weitergabe traditioneller Argumentationen zu warnen. Dies bezieht sich vor allem auch auf bestimmte Begriffe, deren Inhalte vom zeitgeschichtlichen Kontext, in dem sie geprägt wurden und aufkamen, bestimmt sind. Solche Argumentationen müssen zunehmend unzulänglich werden, wenn sie keine Rücksicht auf die veränderten geschichtlichen Bedingungen nehmen. Eine immer komplexer werdende Welt, in die die Kirche hineingestellt ist und in der sie ihren umfassenden Auftrag wahrzunehmen hat, läßt es nicht nur politisch und soziologisch, sondern

---

drücklich: „Mit Rücksicht auf die unabsehbare Differenzierung der Verhältnisse und der Kulturen in der Welt hat diese konziliare Erklärung in vielen Teilen mit Bedacht einen ganz allgemeinen Charakter; ja, obwohl sie eine Lehre vorträgt, die in der Kirche schon anerkannt ist, wird sie noch zu vervollkommnen und zu ergänzen sein, da oft von Dingen die Rede ist, die einer ständigen Entwicklung unterworfen sind", in: LThK²-Konzilskommentar III, 1968, S. 241 ff., hier S. 587.

[16] Dogmatische Konstitution über die Kirche „Lumen gentium", ebd., I, 1967, S. 137 ff.

[17] Vgl. Anm. 15.

[18] Erklärung über die Religionsfreiheit „Dignitatis humanae", in: LThK²-Konzilskommentar II, 1967, S. 703 ff.

[19] Dekret über das Laienapostolat, ebd., S. 585 ff.

[20] Zum Verständnis der für die heutige Lehre des Kirche-Staat-Verhältnisses zur Verfügung stehenden Quellen vgl. *Hans Barion*, Art. Kirche und Staat (kath. Lehre), in: RGG³ III, 1959, Sp. 1336. *Barion*, bei dem übrigens jeglicher Hinweis auf biblische Aussagen fehlt, geht davon aus, daß methodisch die Fassung der heutigen katholischen Lehre über Kirche und Staat zunächst und vor allem auf dem positiven Recht aufbauen muß. Den Darstellungen der Auctores probati (z. B. *Thomas von Aquin*) erkennt er, formal völlig zu Recht, wissenschaftlich nur subsidiären Charakter zu. Das sollte jedoch nicht über die große Bedeutung dieser Darstellungen auch für das heutige Verständnis der Kundgebung des kirchlichen Lehramtes hinwegtäuschen.

§ 4 Kirche und Staat nach der Lehre der katholischen Kirche 117

vornehmlich auch theologisch schwieriger werden, die Stellung der Kirche in der säkularisierten Welt mit überkommenen Rechtsfiguren hinlänglich zu legitimieren. Auch die katholische Lehre über das rechte Verhältnis von Kirche und Staat kann sich nicht auf übergeschichtliche und abstrakte Normen beschränken, sie muß künftig stärker „sozialimmanente" Begründungen als wichtige Faktoren für eine tragfähige rechtspolitische Gestaltung des Verhältnisses von Kirche und Staat berücksichtigen.[21]

Die mitunter beklagte Unschärfe der konziliaren Aussagen eröffnet ohne Zweifel für unterschiedliche Interpretationen einen weiten Raum. Das sollte in der gegenwärtigen Situation nicht so sehr als Nachteil, sondern eher als Ausdruck der dialogischen Bemühungen der Kirche gewertet werden; denn das Zweite Vatikanische Konzil hat sich ausdrücklich als Konzil des Dialogs mit der modernen Welt verstanden.[22] Die Öffnung der Kirche für die Strukturen und Probleme der modernen Gesellschaft bedingt ein gewisses Zurücktreten rechtlich-institutioneller Normierungen. Hinzu kommt, daß die Aussagen des Konzils auch insofern „weltbezogener" sein mußten, als sie auf die höchst unterschiedlichen Lagen in den verschiedenen Kontinenten und Kulturen gleichermaßen Rücksicht zu nehmen hatten, wollten sie überhaupt verständlich sein.

Faßt man staatssoziologisch „die Kirche" als Institutionalisierung des christlichen Offenbarungsglaubens innerhalb einer geschichtlich und soziokulturell spezifizierten Umwelt auf,[23] so korrespondiert der histo-

---

[21] Vgl. hierzu *Paul Mikat*, Die religionsrechtliche Ordnungsproblematik in der Bundesrepublik Deutschland, in: HdbStKirchR¹ I, S. 107-141; ferner *ders.*, Zur rechtlichen Bedeutung religiöser Interessen, in: ders., Religionsrechtliche Schriften. Abhandlungen zum Staatskirchenrecht und Eherecht (= Staatskirchenrechtliche Abhandlungen, Bd. 5), Halbbd. 1, Berlin 1974, S. 303 ff.; daß eine „sozialimmanente" Begründung für die Kirche keine Aufgabe ihres „Propriums" und der theologischen Sinngebung bedeuten kann, sei auch hier eigens betont.

[22] Vgl. Pastoralkonstitution (Anm. 15), Art. 92, S. 589: „Die Kirche wird kraft ihrer Sendung, die ganze Welt mit der Botschaft des Evangeliums zu erleuchten und alle Menschen aller Nationen, Rassen und Kulturen in einem Geist zu vereinigen, zum Zeichen jener Brüderlichkeit, die einen aufrichtigen Dialog ermöglicht und gedeihen läßt", und ebd. ferner: „Der Wunsch nach einem solchen Dialog, geführt einzig aus Liebe zur Wahrheit ..., schließt unsererseits niemanden aus". Vgl. ferner *Paul Mikat*, Zum Dialog der Kirche mit der modernen Gesellschaft, in: ders., Religionsrechtliche Schriften (Anm. 21), Halbbd. 1, S. 237 ff.

[23] *Ernst-Wolfgang Böckenförde*, Die verfassungstheoretische Unterscheidung von Staat und Gesellschaft als Bedingung der individuellen Freiheit (= Rheinisch-Westfälische Akademie der Wissenschaften, Vorträge G 183), Opladen 1973, S. 22, bezeichnet Staat und Kirche als „organisierte Wirkeinheiten" und hebt sie zutreffend von Verbänden im landläufigen Sinne ab, „sie erfassen je bestimmte und nur bestimmte Verhaltensbereiche und Verhaltenssphären der einzelnen,

rischen Vielfalt einander ablösender Formen des Kirche-Staat-Verhältnisses in der Vergangenheit, die sich im Abendland seit den Tagen der Antike entwickelt haben, ein vielfältiges Nebeneinander unterschiedlicher Formen des Kirche-Staat-Verhältnisses unter divergierenden soziokulturellen und politischen Bedingungen in der Gegenwart. Weitaus stärker als die Missionstätigkeit haben die infolge der beiden Weltkriege eingetretenen politischen Umschichtungen die abendländisch-europäische Dimension der Kirche gesprengt. Hingewiesen sei in diesem Zusammenhang auf die durch den Ost-West-Gegensatz wesentlich geförderte nationalstaatliche Emanzipation zahlreicher früher kolonialabhängiger Völker in der Dritten Welt. In einer neuen, gemessen an der Vergangenheit erstmalig globalen Situation erfährt die Kirche gerade als „Weltkirche" ihren Diasporacharakter.[24] Sie hat in ihren Aussagen über ihr Verhältnis zum Staat ihre eigene Universalität spirituell und geschichtlich in einem wirklich weltbezogenen Maßstab zu sehen und so zu bestimmen, daß sie ihrer universellen heilsgeschichtlichen Aufgabe, den Völkern das Evangelium zu verkünden, unter den verschiedensten Bedingungen gerecht werden kann. Im Rahmen dieses Beitrags können die einleitend angeschnittenen theologischen und auch soziologischen Fragestellungen im einzelnen nicht näher verfolgt werden. Die Darlegungen müssen sich, eher referierend und zusammenfassend als im einzelnen kritisch wertend, darauf beschränken, die für das katholische Verständnis des Kirche-Staat-Verhältnisses tragenden Entwicklungslinien und Denkansätze herauszustellen, wobei den Aussagen des Zweiten Vatikanischen Konzils und dem Codex Iuris Canonici vom 25.1.1983, der die Dokumente des Zweiten Vatikanischen Konzils rezipiert, aus den bereits oben dargelegten Gründen besondere Bedeutung zukommt. Dies bedingt wiederum gleichermaßen den Verzicht auf eine gründlichere theologie- und geisteswissenschaftliche wie auch kanonistische Entfaltung der Thematik dieses Beitrags.[25]

---

organisieren und aktualisieren sie mit wechselnder Intensität zu einem planmäßigen und einheitlichen Verhalten".

[24] *Karl Rahner*, Art. Katholische Kirche, in: StL⁶ IV, 1959, Sp. 871, spricht davon, daß die Kirche heute überall in einer Diasporasituation ist, sie „darf und muß diese unbefangen als eine heilsgeschichtlich ‚seinmüssende' (nicht seinsollende) Situation betrachten, obwohl ihre Sendung immer darauf gerichtet ist, diese Situation aufzuheben, d. h. alle Menschen zu (ausdrücklichen) Christen zu machen".

[25] Desgleichen muß hier auch die geschichtliche Entwicklung des Kirche-Staat-Verhältnisses ausgeklammert bleiben; für einen ersten Überblick sei verwiesen auf *Mikat*, Art. Kirche und Staat (Anm. 1); ferner *ders.*, Kirche und Staat, in: Sacramentum Mundi (Anm. 1), Bd. 2, Sp. 1294 ff., vgl. dort insbes. Sp. 1328 ff. die bibliographischen Angaben. Zur Entstehung, Entfaltung und Bedeutung der kirchlichen Theorien von der potestas directa, indirecta und directiva vgl. *Yves Congar*, Heilige Kirche, Stuttgart 1966, S. 409 ff. und die dort angegebenen Quellen- und Literaturnachweise.

II. Die politische Herrschaft in der Sicht des Neuen Testamentes

1. Das biblische Fundament der katholischen Lehre zum Staat-Kirche-Verhältnis

Bei aller Bedeutung, die der naturrechtlichen Sicht und Begründung des Verhältnisses von Kirche und Staat in der katholischen Lehrtradition zukam und unbestrittenermaßen immer noch zukommt, darf doch nicht übersehen werden, daß auch die katholische Kirche hier wie sonst auf das Neue Testament verwiesen ist. Wenn *A. Rich* meint, der evangelische Theologe, der nicht, wie sein katholischer Kollege, auf naturrechtliche Gedanken zurückgreifen könne, müsse auf das zentrale Zeugnis der Bibel hören,[26] so wird damit zumindest die gegenwärtige katholische Position nicht zutreffend wiedergegeben. Die katholische Kirche kann sich keineswegs auf naturrechtliche Gedanken zurückziehen, auch sie ist von ihrem Ursprung und von ihrem Wesen her an das zentrale Zeugnis der Heiligen Schrift gebunden. Eine andere Frage freilich ist, ob in der Vergangenheit diese Bindung immer genügend deutlich geworden ist; eine Frage, die wohl leider zu verneinen ist, vor allem, wenn man an die Behandlung unserer Thematik in der Kanonistik oder in der katholischen Soziallehre denkt. Auch muß zugegeben werden, daß die biblischen Aussagen über den Staat vielfach in den Dienst naturrechtlicher Begründungen gestellt wurden, und daß schließlich die Interpretation der einschlägigen Schriftstellen zumeist durch ein methaphysisch-naturrechtliches Vorverständnis bestimmt war. Dies gilt vornehmlich von der berühmten „Staatsstelle" im Römerbrief des Apostels Paulus (Röm 13,1-7), die gerade zum locus classicus sowohl naturrechtlicher Bibelinterpretation als auch biblischer Naturrechtsbegründung wurde. Die so erreichte „Harmonisierung" zwischen abstrakter naturrechtlicher Normierung und neutestamentlicher Aussage ermöglichte die Entwicklung einer in sich geschlossenen katholischen Staatslehre, allerdings um den Preis einer Verkürzung der biblischen Sicht.[27] Nicht zu Unrecht meint *Ernst Käsemann* im Hinblick auf die katholische Interpretation von Röm 13,1-7 noch 1954: „Staunend und beinahe neidvoll blickt der protestantische Leser auf diesen theologischen Konsens, der, unerschütterlich und elastisch zugleich, durch alle Erschütterungen

---
[26] *Rich*, Kirche und Demokratie (Anm. 5), S. 187.
[27] Vgl. dazu *Rudolf Schnackenburg*, Die sittliche Botschaft des Neuen Testaments. Völlige Neubearb. (= Herders Theologischer Kommentar zum Neuen Testament, Supplementbde. I u. II), Bd. 1, Freiburg i. Br., Basel, Wien 1986, S. 259, der darauf hinweist, daß das semitische Denken sich auf das Geschichtlich-Konkrete und den von Gott gelenkten Ablauf der Geschichte richtet und daß uns der Zugang zum rechten Verständnis biblischer Aussagen (gerade auch von Röm 13,1-7) durch unser naturrechtliches, auf das Wesensmäßige und immer Gültige abgestelltes Denken erschwert wird.

der Zeit weitergereicht wird. Der Staat erscheint hier überall als Glied eines metaphysischen Seinsgefüges und ist als naturrechtliche oder schöpfungsmäßige Ordnung Ausdruck der Lex aeternae."[28] Doch *Käsemann* räumt ein, „daß in letzter Zeit zumindest die Fachexegeten Modifikationen an dem natürlich auch von ihnen festgehaltenen System vornehmen, jedenfalls der historischen Realität des Textes Rechnung tragen."[29]

Noch heute lebt in Begriffen oder Formeln wie „Koordination von Kirche und Staat", „Trennung von Kirche und Staat", ja selbst in den einzelnen Begriffen „Kirche" und „Staat" etwas von jener exklusiven, rechtlich-institutionellen Polarität, die weit mehr als tausend Jahre europäischer Geschichte bestimmte und die in vielen Staaten, sei es verfassungsrechtlich oder sei es in der politisch-gesellschaftlichen Wirklichkeit, noch heute anzutreffen ist. Wie ein Staat sich zur Kirche verhält, ob er ihre Freiheit und Eigenständigkeit anerkennt, ob er sie in den Kreis der tragenden Kräfte des öffentlichen Lebens einbezieht,[30]

---

[28] *Ernst Käsemann*, Röm 13,1-7 in unserer Generation, in: Zschr.ThK 56 (1959), S. 328; vgl. jetzt *Vilko Riekkinen*, Römer 13. Aufzeichnung und Weiterführung einer exegetischen Diskussion (= Annales Academiae Scientiarum Fennicae. Dissertationes Humanarum litterarum, Bd. 23), Helsinki 1980, sowie die ausführliche Darstellung der Wirkungsgeschichte bei *Ulrich Wilckens*, Der Brief an die Römer. Teilbd. 3: Röm 12-16 (= EKK, Bd. VI,3), Zürich, Einsiedeln, Köln, Neukirchen-Vluyn 1982, S. 43-66.

[29] *Käsemann*, Röm 13,1-7 (Anm. 28), S. 328. In neuerer Zeit setzt sich (wie vor allem die Entwicklung innerhalb der katholischen Moraltheologie zeigt, vgl. insbes. die grundlegende Untersuchung von *Richard Völkl*, Christ und Welt nach dem Neuen Testament, Würzburg 1961) über den Kreis der katholischen Bibelwissenschaft hinaus eine stärker von der neutestamentlichen Exegese her bestimmte Auffassung allmählich durch, die dem paränetischen Charakter und eschatologischen Vorbehalt von Röm 13,1-7 mehr Rechnung trägt und darauf verzichtet, aus Röm 13,1-7 eine „paulinische Staatslehre" zu konstruieren. Wenn *Rudolf Schnackenburg,* Neutestamentliche Theologie, München 1963, S. 67, feststellt, daß die katholischen Autoren sich in das lebhafte Gespräch über Jesu Beurteilung des Staates kaum eingeschaltet haben, so wird man bei der Beantwortung der Frage nach den Ursachen für solche Abstinenz sicherlich auch die Tatsache berücksichtigen müssen, daß die naturrechtliche Staatskonzeption, die vor allem in den einschlägigen päpstlichen Kundgebungen seit *Leo XIII.* dargelegt worden war, besonders in der Zeit unmittelbar nach 1945 wieder gesteigerte Aktualität und Bedeutung gewann, die sich in der Bundesrepublik Deutschland auch im politisch-gesellschaftlichen Bereich niederschlug und die für die katholische Bibelwissenschaft nicht sonderlich stimulierend wirkte. Ganz anders verlief die Entwicklung auf evangelischer Seite, wo die theologische Neuorientierung des Kirche-Staat-Verhältnisses nach 1945 zu einer vertieften Diskussion über die biblischen „Staatsstellen" führte und Impulse auslöste, die nicht auf den evangelischen Bereich beschränkt blieben; eine klare und ausgewogene Übersicht über den Stand der Diskussion vermittelt einerseits *Wolfgang Schrage*, Die Christen und der Staat nach dem Neuen Testament, Gütersloh 1971, und andererseits *Lutz Pohle*, Die Christen und der Staat nach Römer 13. Eine typologische Untersuchung der neueren deutschsprachigen Schriftauslegung, Mainz 1984.

§ 4 Kirche und Staat nach der Lehre der katholischen Kirche   121

ob er sie in die Sphäre des privaten Vereinsrechts verweist, ob er ihre Betätigung zu reglementieren versucht oder ob er sie gar unterdrückt, das sind nach wie vor wichtige Kriterien für das Selbstverständnis des Staates, für sein Verhältnis zur individuellen wie auch gesamtgesellschaftlichen Freiheit. Die moderne staatsrechtliche und staatssoziologische Dimension dieser Fragen ist dem Neuen Testament ebenso fremd wie unser heutiger Staatsbegriff oder die uns so geläufige Unterscheidung von Staat und Gesellschaft.[31] Das Neue Testament enthält weder eine Staatslehre[32] noch eine Theorie über das Verhältnis von Kirche und Staat, hat nicht einmal einen terminus technicus für „Staat",[33] spricht vielmehr in bezug auf die politische Gewalt von „obrigkeitlichen Gewalten" (Röm 13,1) von „Herrschern" (Mt 20,25; Apg 23,5; Röm 13,3, u. ö.), vom „Kaiser" (Mt 22,17), von „Königen" (1 Tim 2,2; 1 Petr 2,13.17), von „Statthaltern" (Lk 3,1) oder von „Vierfürsten" (Lk 3,1).[34] Ganz im Gegensatz zum griechischen Denken ist das Neue Testament überall da, wo es von der politischen Herrschaft spricht, konkret und situationsbezogen; nichts belegt das deutlicher als die Tatsache, daß der für das politische Denken der Griechen so zentrale Begriff „polis" im Neuen Testament zwar einhunderteinundsechzig mal vorkommt, aber nicht ein einziges Mal im politischen Sinn, und daß auch der Begriff „politeia", der nur zweimal (Apg 22,28; Eph 2,12) begegnet, nicht im abstrakten Sinn von „Staat" oder „Staatsverfassung" verwandt wird.[35] Sind dem Neuen Testament abstrakte staatstheoretische Erwägungen auch fremd, so tritt doch gerade in der Konkretheit, mit der es dem Phänomen des

---

[30] Vgl. *Ulrich Scheuner,* Die Religionsfreiheit im Grundgesetz, in: ders., Schriften zum Staatskirchenrecht (= Staatskirchenrechtliche Abhandlungen, Bd. 3), Berlin 1973, S. 33 ff.

[31] Vgl. dazu *Böckenförde,* Unterscheidung (Anm. 23), S. 9 ff. sowie die dort angegebene Lit.

[32] Zutreffend schreibt *Otto Kuss,* Paulus über die staatliche Gewalt, in: Theologie und Glaube 45 (1955), S. 333: „Es gibt keine christliche Lehre vom Staat im Neuen Testament; es gibt nur verschiedene und verschiedenartige Elemente, die einer solchen Lehre dienlich sein können und deren freilich keines für eine vollständige Synthese entbehrt werden kann." *Käsemann,* Röm 13,1-7 (Anm. 28), S. 329, fügt der Feststellung von *Kuss* die Bemerkung hinzu, hier begegne eine Exegese, „die nicht mehr als Gerichtsvollzieher der Systematik den schuldigen Tribut des Textes für die Doktrin einziehen will".

[33] Vgl. auch die knappe, aber instruktive Zusammenfassung von *Josef Blinzler,* Art. Staat in der Schrift, in: LThK² IX, 1964, S. 995 ff. (Lit.).

[34] Mit den hier angeführten Schriftstellen werden einige Beispiele, keineswegs ein vollständiger Nachweis gegeben.

[35] *Hermann Strathmann,* Art. polis, in: Theologisches Wörterbuch zum Neuen Testament. Bd. 6, Stuttgart 1959, S. 516 ff., hier S. 528 ff. und die dort angegebene Lit.; vgl. auch *Karl Ludwig Schmidt,* Jerusalem als Urbild und Abbild, in: ders., Neues Testament, Judentum, Kirche. Kleine Schriften, hrsg. von Gerhard Sauter, München 1981, S. 265-306.

Politischen begegnet, das hier in Rede stehende Kernproblem um so stärker in Erscheinung, das auch heute noch im Verhältnis von Kirche und Staat den entscheidenden Angelpunkt bildet: ob nämlich die Kirche frei und ungehindert das Evangelium verkünden kann und ob die politische Gewalt begrenzte Gewalt bleibt. Diese Frage war bereits für die Urkirche von höchster Aktualität in ihrem Verhältnis zum römischen Imperium. Nicht von ungefähr beschließt Lukas sein aus Evangelium und Apostelgeschichte bestehendes Gesamtwerk mit den — auf das Wirken des Apostels Paulus in Rom bezogenen — programmatischen Worten: „... er verkündigte das Reich Gottes und lehrte vom Herrn Jesus Christus mit allem Freimut ungehindert" (Apg 28,31).[36] Dabei ist natürlich entscheidend, *was* frei und ungehindert verkündet wird, es ist die Botschaft von der Königsherrschaft Gottes, die Botschaft, daß das Heil nicht vom Kaiser, nicht von einer irdisch-politischen Instanz, sondern von Jesus Christus als dem „Heil Gottes" (Apg 28,28) kommt. Verwehrt der Staat diese Freiheit der Verkündigung, erhebt er einen auf die Ganzheit der menschlichen Existenz gerichteten Totalitätsanspruch, beansprucht er für sich, was Gottes ist, dann ist der Konflikt unvermeidlich. Christliche und kirchliche Loyalität gegenüber dem Staat kann immer nur begrenzte Loyalität sein. Der vom Neuen Testament den Christen gebotene Gehorsam gegenüber der obrigkeitlichen Gewalt (Röm 13,1 f.; Tit 3,1; 1 Petr 2,13 f.) steht immer unter dem Vorbehalt „man muß Gott mehr gehorchen als dem Menschen" (Apg 5,29; vgl. Apg 4,19).[37] Apg 5,29 ist die Magna Charta des vom Christen und der Kirche geforderten Widerstands gegen den seine Grenzen überschreitenden Staat.

---

[36] Vgl. *Ernst Haenchen,* Die Apostelgeschichte (= Kritisch-exegetischer Kommentar über das Neue Testament, Bd. 3), 7. Aufl., Göttingen 1977, S. 688 ff.; *Rudolf Pesch,* Die Apostelgeschichte. 2. Teilbd.: Apg 13-28 (= EKK, Bd. V), Zürich, Einsiedeln, Köln, Neukirchen-Vluyn 1986, S. 305-313; *Paul Mikat,* Lukanische Christusverkündigung und Kaiserkult, in: ders., Religionsrechtliche Schriften (Anm. 21), Halbbd. 2, S. 827. Zur Entstehung des römischen Kaiserkults und zu seiner Abschaffung durch Kaiser *Konstantin* siehe den wichtigen Sammelband von *Antonie Wlosok* (Hrsg.), Römischer Kaiserkult (= Wege der Forschung, Bd. 372), Darmstadt 1978.

[37] Vgl. *Mikat,* Lukanische Christusverkündigung (Anm. 36), S. 810, 815; hingewiesen sei auch auf 1 Petr 2,17 („Ehret alle, liebet die Bruderschaft, fürchtet Gott, ehret den Kaiser"), siehe dazu *Norbert Brox,* Der erste Petrusbrief (= EKK, Bd. XXI), Zürich, Einsiedeln, Köln, Neukirchen-Vluyn 1979, S. 115-125, und *Karl Hermann Schelkle,* Die Petrusbriefe. Der Judasbrief (= Herders Theologischer Kommentar zum Neuen Testament, Bd. XIII/2). Freiburg i. Br., Basel, Wien 1961, S. 76 ff.

2. Das Fehlen einer staatsphilosophischen und politischen Doktrin im Neuen Testament

Die Frage nach dem Verhältnis von Kirche und politischer Gewalt muß primär die Frage nach dem Verhältnis von Jesus zur politischen Gewalt sein. Es hat nie an Stimmen gefehlt, nach denen Jesus ein politischer Revolutionär war, Anhänger der nationalistischen, antirömischen Zelotenbewegung,[38] aber die Evangelien sprechen eine andere Sprache; besonders in den Passionsberichten wird die antirevolutionäre Haltung Jesu übereinstimmend von allen Evangelisten bezeugt. Zwar wird Jesus in einem politischen Strafverfahren zum Tode verurteilt, die bei Lk 23,2 überlieferte Anklage, die gegen Jesus vor Pilatus erhoben wurde, war eine politische Anklage;[39] doch wird gerade auf diesem Hintergrund in den Passionsberichten um so klarer die Haltlosigkeit der Anklage und die Unschuld Jesu herausgestellt.[40] Nach Joh 18,36 bekennt Jesus von Pilatus: „Mein Reich ist nicht von dieser Welt", dem entspricht die Zurückweisung aller Versuche, „ihn zum König zu machen" (Joh 6,15).[41] Aber die antirevolutionäre Haltung Jesu darf nicht als unpolitische Haltung mißdeutet werden; mit Recht weist *J. Blank* darauf hin, daß gerade der nicht-welthafte Charakter der Königsherrschaft Jesu, die von Pilatus bezeugt wird, „die politische Sphäre an ihrer Wurzel tangiert und in Frage stellt"[42]. Für Jesus ist der Staat keine absolute, letzte Größe, er relativiert ihn und weist auf den Mißbrauch politischer Gewalt hin (vgl. die unüberhörbare Kritik bei Mk 10,42). Jesus verneint die politische Gewalt nicht, aber er bejaht sie auch nicht

---

[38] Daß Jesus kein Zelot war, hebt auch *Cullmann,* Staat (Anm. 2), S. 5 ff., hervor, der im übrigen aber der Zelotenfrage große Bedeutung für die Geschichte Jesu beimißt.

[39] Lk 23,2: „Wir haben gefunden, daß dieser unser Volk aufwiegelt und es davon abhält, dem Kaiser Steuern zu zahlen, und daß er behauptet, er sei der Messiaskönig."

[40] Das wird besonders deutlich bei *Lukas,* wo auf die von den Juden vorgebrachte politische Anklage mit Pilatus der Vertreter des römischen Imperiums selbst dreimal die Unschuld Jesu feststellt. Die apologetische Tendenz des lukanischen Berichts ist unverkennbar, doch schließt das nicht die Richtigkeit des von ihm überlieferten Anklageinhaltes aus.

[41] Der antizelotische Bezug von Joh 6,15 liegt sicherlich nahe. Zur Pilatusverhandlung vgl. auch *Heinrich Schlier,* Jesus und Pilatus nach dem Johannesevangelium, in: ders., Die Zeit der Kirche. Exegetische Aufsätze und Vorträge. Freiburg i. Br. 1956, S. 56 ff.; vgl. auch die umfassende Darstellung von *Josef Blank,* Die Johannespassion. Intention und Hintergründe, bei Karl Kertelge (Hrsg.), Der Prozeß gegen Jesus. Historische Rückfrage und theologische Deutung (= Quaestiones disputatae, Bd. 112), Freiburg, Basel, Wien 1988, S. 148-182.

[42] *Josef Blank,* Die Verhandlung vor Pilatus Joh 18,28 — 19,16 im Lichte johanneischer Theologie, in: Biblische Zeitschrift, N. F., 3 (1959), S. 70; siehe auch *ders.,* Die Johannespassion (Anm. 41).

vorbehaltlos, und diese kritische und distanzierte Haltung, die den Dienst in den politischen und gesellschaftlichen Bereichen nicht ausschließt, wohl aber begrenzt, ist von überzeitlicher, stets aktueller politischer Bedeutung, da sie auf Gott weist. In diesem Sinne ist auch Jesu Wort vom Zinsgroschen „Gebt dem Kaiser, was des Kaisers ist, und Gott was Gottes ist" (Mk 12,17 und Parallelstellen) zu verstehen,[43] bei dem ja zu fragen ist, *was* dem Kaiser und *was* Gott zukommt. Im Gegensatz zu allen (vornehmlich älteren katholischen) Interpretationen, die den Spruch im Sinne einer Trennung von geistlichem und weltlichem Bereich deuten, ist, um einem falschen Parallelismus zu wehren, darauf zu achten, daß der Hauptakzent auf dem zweiten Teil des Satzes liegt, also auf: „und Gott, was Gottes ist". Gottes Anspruch aber richtet sich auf die Ganzheit des Menschen, steht nicht neben dem Anspruch des Kaisers, sondern umgreift diesen; es sollte nicht übersehen werden, daß im engeren Kontext der Perikope vom Zinsgroschen die Perikope vom Hauptgebot (Mk 12,28-34) folgt, in der es heißt: „Du sollst den Herrn deinen Gott lieben aus deinem ganzen Herzen und aus deiner ganzen Seele und aus deinem ganzen Denken und aus deiner ganzen Kraft" (Mk 12,30). Auch hier ist der politische Bezug offenkundig: zwar schuldet der Mensch dem Kaiser Gehorsam, aber der Kaiser ist nicht Gott, ihm darf nicht gegeben werden, was Gottes ist; erhebt er Anspruch auf die Ganzheit des Menschen, so verliert sein Anspruch die Berechtigung; implizit besagt das Wort bei Mk 12,17 also auch dies: „Gebt dem Kaiser nicht *mehr,* als was ihm gebührt! Gebt ihm nicht, was Gottes ist".[44]

3. Der Staat im Neuen Testament: eine vorläufige und eschatologische Größe

Wie *Schrage* zutreffend feststellt, hält Jesu Wort vom Zinsgroschen „die Mitte zwischen den extremen Positionen der Rebellion und Revolution auf der einen Seite, der Mythisierung, Apotheose und Glorifizierung von Kaiser und Reich auf der anderen Seite"[45]. Dieses Urteil kann für das Neue Testament generell gelten, es wird auch nicht durch den angeblichen oder scheinbaren Widerspruch zwischen Röm 13,1-7 und Offb 13 aufgehoben.[46] Paulus fordert Gehorsam gegenüber der weltli-

---

[43] Vgl. dazu u. a. *Schnackenburg,* Sittliche Botschaft (Anm. 27), S. 132 ff.; *Wilhelm Schneemelcher,* Kirche und Staat im Neuen Testament, in: Kirche und Staat. FS für Hermann Kunst. Berlin 1967, S. 6 ff.; *Schrage,* Christen (Anm. 29), S. 30 ff. (dort reichhaltige Lit.).
[44] *Cullmann,* Staat (Anm. 2), S. 26.
[45] *Schrage,* Christen (Anm. 29), S. 39.
[46] Vgl. dazu *Schneemelcher,* Kirche und Staat (Anm. 43), S. 17 f.

chen Obrigkeit, doch er fordert nicht unbegrenzten Gehorsam; seine Mahnung ist eingebunden in einen entscheidenden eschatologischen Kontext, ohne den Röm 13,1-7 nicht gelesen werden sollte,[47] und im Philipperbrief heißt es: „Unser Staatswesen ist im Himmel" (Phil 3,20).[48] In der Apokalypse wird das Bild vom dämonischen Staat gezeichnet, was nicht bedeutet, daß der Staat dämonischen Ursprungs ist, sondern daß er, dämonischen Mächten ausgeliefert, seine Macht mißbraucht, für sich Anbetung und Verehrung fordert. Der Apokalyptiker zeichnet das Bild von der alles verschlingenden politischen Gewalt; zum zeitgeschichtlichen Hintergrund dieses Bildes gehört der Kaiserkult, der (im Osten des römischen Reiches ohnehin tief verwurzelt) seit der Zeit Domitians immer mehr offiziellen Charakter und politische Funktion erhielt. Er wurde schließlich zum Kriterium der politischen Loyalität des Bürgers gegenüber dem römischen Staatswesen. Führt man das in Offb 13 vorgestellte Bild[49] auf seine eigentliche Aussage zurück, so ergibt sich die klare Abweisung jeder totalitären politischen Gewalt und die Verwerfung des Staatskultes; in diesem Zusammenhang müssen auch die apokalyptischen Hymnen in Offb 12,10 („Jetzt ist das Heil und die Kraft und die Königsherrschaft unseres Gottes geworden und die Macht seines Christus") und Offb 19,1 („Das Heil und die Ehre und die Kraft sind unseres Gottes") gesehen werden.

Wie die politische Konsequenz des Zinsgroschenspruches so ist auch die Aussage in Röm 13,1-7 wie in Offb 13 für die Kirche von bleibender Aktualität, und nichts anderes gilt für die biblischen Mahnungen zum Gebet für die politische Gewalt (1 Tim 2,1 f.).[50] Diese Pflicht zum Gebet für den Staat ist unabhängig von einer bestimmten Staatsform, ja selbst unabhängig davon, ob der Staat die Kirche verfolgt oder nicht.[51]

Die Säkularisierung des modernen Staates sowie die Erfahrung und Konfrontation mit totalitären Staaten lassen die biblischen Aussagen

---

[47] Verwiesen sei auf Röm 13,11 ff.

[48] Zur Übersetzung des Begriffs „politeuma" (Staatswesen, Heimat, Gemeinwesen), der nur einmal, bei Phil 3,20, im Neuen Testament vorkommt, vgl. *Strathmann*, polis (Anm. 35), S. 535.

[49] Die geradezu drastische Ausmalung liegt ganz in der Linie der apokalyptischen Tradition, die Bildersprache ist typisch für die apokalyptische Literatur.

[50] In diesem Zusammenhang sei auch auf das große Gebet für Kaiser und Reich im 1. Clemensbrief (1 Clem 60,4; 61,1 — 3) verwiesen. Der Clemensbrief, verfaßt in Rom gegen Ende des 1. Jh. n. Chr., setzt bereits die Verfolgung voraus; vgl. *Paul Mikat*, Die Bedeutung der Begriffe Stasis und Aponoia für das Verständnis des 1. Clemensbriefes, in: ders., Religionsrechtliche Schriften (Anm. 21), Halbbd. 2, S. 750; ders., Zur Fürbitte der Christen für Kaiser und Reich im Gebet des 1. Clemensbriefes, ebd., S. 829 ff.

[51] "Weil der Christ nie den Staat als Institution ablehnt, wird er stets für ihn beten" bemerkt *Cullmann*, Staat (Anm. 2), S. 62, zu 1 Tim 2,1 f.

wieder in neuem, ursprünglicherem Licht erscheinen, und nicht zuletzt zeigt sich gerade hierin, daß unsere Zeit in vielfacher Weise an die vorkonstantinische Ausgangssituation der Kirche gemahnt.[52]

III. Die geschichtliche Dimension der katholischen Doktrin zum Staat-Kirche-Verhältnis

1. Das Ringen um die Eigenständigkeit der Kirche gegenüber dem Staat

Da die Zuständigkeit der Kirche in ihrem Bereich nicht im Staat und die Zuständigkeit des Staates in seinem Bereich nicht in der Kirche ruht, begegnen sich nach katholischer Auffassung Kirche und Staat als selbständige, souveräne Mächte eigenen Rechts. Entsprechend seinem natürlichen Ziel, das irdische Wohlergehen der Menschen zu fördern, besitzt der Staat im irdisch-politischen Bereich die Selbständigkeit, die Kirche hingegen ist selbständig bei der Wahrung ihrer Heilsaufgaben. Dieser Grundsatz ist von der katholischen Kirche stets als Rechtsgrundsatz verstanden worden, da sie beide, Kirche und Staat, als rechtlich verfaßte Einheiten ansieht. Mit dem Prinzip der Souveränität von Kirche und Staat sind Bestrebungen der Staatsgewalt, die Kirche dem Staat zu unterstellen und durch staatliches Recht die innere und äußere Ordnung der Kirche zu bestimmen, unvereinbar. Solche Bestrebungen waren charakteristisch für die verschiedenen Formen des Staatskirchentums, wie sie u. a. im Gallikanismus, Febronianismus und Josephinismus Ausdruck gefunden haben.[53]

Jede Epoche der abendländischen Geschichte hat entsprechend den jeweiligen theologisch-philosophischen Strömungen und geistigen Triebkräften ihr eigenes Staat-Kirche-Modell entwickelt, und so hat denn auch der Grundsatz der kirchlichen Selbständigkeit und Unabhängigkeit von der staatlichen Gewalt mannigfache Interpretationen und vor allem höchst unterschiedliche praktische Handhabungen erfahren. Der Sieg des Christentums im römischen Imperium beseitigte nicht die Vorstellung von der für die Existenz des Imperiums notwendigen Einheit zwischen religiöser und politischer Ordnung. Zwar hat vor allem im Westen die Kirche ihre Selbständigkeit innerhalb dieses Einheitsdenkens betont, aber sie hat nicht den Weg zu einer echten Dualität

---

[52] Vgl. dazu *Ulrich Scheuner,* Die Kirche im säkularen Staat, in: ders., Schriften zum Staatskirchenrecht (Anm. 30), S. 215.

[53] Vgl. hierzu im einzelnen bei *Joseph Listl,* Kirche und Staat in der neueren katholischen Kirchenrechtswissenschaft (= Staatskirchenrechtliche Abhandlungen, Bd. 7), Berlin 1978, S. 54 ff.

der Ordnungen gefunden (dafür waren freilich auch weder die politischen noch die religiösen Voraussetzungen gegeben), vielmehr kam es zu einer Intensivierung des religiös-politischen Einheitsdenkens, das erst in den Stürmen der Reformation und mit dem Aufkommen des modernen Staates vollends zerbrach. Entscheidende Bedeutung sollte *Augustins* Werk „De civitate Dei" erlangen, „das die Selbständigkeit, ja Überordnung der Kirche über den Staat für die Zukunft theologisch begründet hat. Denn *Augustins* ‚Gottesstaat' erfuhr im Laufe der Zeit mehr und mehr eine Gleichsetzung mit der Kirche, die hoch über der ‚civitas terrena' steht als dem Staat auf Erden, der ihrem Willen unterworfen sein soll ... Zugleich mußte sich die Forderung der Gottesherrschaft über die Welt im Sinne *Augustins* im Mittelalter beim Aufstieg des Papsttums in den Gedanken der Herrschaft des Stellvertreters Christi auf Erden umsetzen in das hierarchische System des mittelalterlichen Papalismus."[54]

2. Das ambivalente Verhältnis zwischen Staat und Kirche im mittelalterlichen Corpus Christianum. Die Zwei-Schwerter-Lehre

Im Anschluß an die von Papst *Gelasius I.* gegen Byzanz vorgetragene Lehre von den „Zwei Gewalten"[55] entwickelten sich die mittelalterlichen Theorien über das Verhältnis von Kirche und Staat, die z. T. zu äußerst extremen Auffassungen gelangten, so z. B. zur Lehre der „Potestas ecclesiae directa in temporalibus". Bei der Beurteilung dieser Theorien ist zu beachten, daß in der mittelalterlichen Welt, aufgrund der geschichtlichen Entwicklung und bedingt durch die philosophisch-theologische Vorstellung von der als „Ecclesia universalis" begriffenen einen Christenheit, die geistliche und weltliche Gewalt in einer umgreifenden metaphysisch begründeten Sicht zusammengefügt und miteinander verflochten waren.

---

[54] *Hans Erich Feine*, Kirchliche Rechtsgeschichte. Die katholische Kirche. 4. Aufl., Köln, Graz 1964, S. 77; zu Augustins „De civitate Dei" und seiner Staatslehre vgl. *Max Müller*, Art. Augustinus, in: StL⁶ I, 1957, Sp. 689 ff. (Lit.); ferner *Cornelius Mayer*, Art. Augustinus, in: StL⁷ I, 1985, Sp. 406 ff. (Lit.).

[55] Der Gelasius-Brief an Kaiser Anastasius vom Jahre 494 hat im wahrsten Sinne des Wortes Geschichte gemacht. *Hugo Rahner*, Kirche und Staat im frühen Christentum. Dokumente aus acht Jahrhunderten und ihre Deutung. München 1961, S. 227, urteilt: „Es ist der Brief mit der Lehre von den zwei Gewalten; ein ganzes Jahrtausend hat von diesen Worten gelebt. Was für Augustinus und sein Denken noch eine himmlische Ahnung war, wird von Gelasius irdisch greifbar gemacht: das Ideal vom kirchenhelfenden Staat, von den beiden Gewalten, deren friedvolles Zusammenwirken ‚die Welt regieren soll' ... Der Brief des Gelasius stößt alle Tore des kommenden Mittelalters auf."; bei *Hugo Rahner*, ebd., S. 254 ff. auch der Text (lat. u. deutsch) des Briefes.

Ausgehend von der Überlegung, daß diejenige Gesellschaft die höhere ist, die den höheren Zweck verfolgt, wurde für das Verhältnis der beiden Gewalten der Vergleich mit Gold und Blei oder Sonne und Mond gebraucht; im Unterschied zum Staat erstrebte nach dieser Vorstellung die Kirche das übernatürliche, ewige Wohl, woraus gefolgert wurde, daß ihr Zweck auch der höhere ist, und dieses Zweckdenken bestimmte weitgehend den politischen Kampf zwischen Regnum und Sacerdotium innerhalb des einen Corpus Christianum. Der Vergleich der beiden Gewalten mit Seele und Leib oder Himmel und Erde findet sich bereits bei den Kirchenvätern, so z. B. bei *Gregor von Nazianz* und *Johannes Chrysostomus,* von ihm her konnte eine grundsätzliche Überordnung der Kirche über den Staat philosophisch abgeleitet und praktisch-politisch postuliert werden. Im Investiturstreit kämpfte *Gregor VII.* nicht nur für die Freiheit der Kirche,[56] sondern zugleich für die Suprematie der Kirche innerhalb der „Ecclesia universalis"; der Weg führte über *Innozenz III., Gregor IX.* und *Innozenz IV.* hin zu *Bonnifaz VIII.,* in dessen Bulle „Unam sanctam" vom 18.11.1302 der kuriale Suprematieanspruch seine höchste Entfaltung zu einer Zeit fand, als die geschichtliche Entwicklung längst über die Realisierungsmöglichkeit eines solchen Anspruchs hinweggegangen war. Der Machtkampf, der in den Auseinandersetzungen zwischen den Päpsten und den Stauferkaisern gipfelte, führte sowohl zur Schwächung der Kirche wie zum Zerfall von Reich und Reichsidee, er begünstigte Aufkommen und Erstarken der europäischen Nationalstaaten sowie das Entstehen des Konziliarismus; an seinem Ende stand nicht die größere Freiheit, sondern größere Abhängigkeit der Kirche von der staatlichen Gewalt.

In diesem Kampf spielte die sog. „Zwei-Schwerter-Lehre" eine gewichtige Rolle, die im Anschluß an Lk 22,38 („Sie aber sprachen: Herr, siehe, hier sind zwei Schwerter. Er aber sprach zu ihnen: Es ist genug.") in den zwei Schwertern die beiden Gewalten versinnbildlicht sah. Während die kaiserliche Auffassung davon ausging, daß jedes Schwert unmittelbar von Gott, dem Papst bzw. dem Kaiser verliehen sei und

---

[56] Zum Gedanken der „Libertas Ecclesiae" vgl. *Gerd Tellenbach,* Libertas. Kirche und Weltordnung im Zeitalter des Investiturstreites. Stuttgart 1936, bes. S. 151 ff. Lateinischer und deutscher Wortlaut der Bulle „Unam sanctam" des Papstes *Bonifaz VIII.* vom 18.11.1302, in der die auf *Bernhard von Clairvaux* und die Patristik zurückgehenden Aussagen über die Zweischwerterlehre enthalten sind, bei *Heinrich Denzinger,* Kompendium der Glaubensbekenntnisse und kirchlichen Lehrentscheidungen. Verbessert, erweitert, ins Deutsche übertragen und unter Mitarbeit von Helmut Hoping hrsg. von Peter Hünermann. 37. Aufl., Freiburg i. Br., Basel, Rom, Wien 1991, S. 383 ff. Zu dem kontroversen Verständnis der Lehre von den zwei Schwertern als Ausdruck des Ringens um die Vorherrschaft zwischen Papsttum und Kaisertum im hohen Mittelalter siehe ferner *Paul Mikat,* Art. Zweischwerterlehre, in: HRG V (im Druck).

§ 4 Kirche und Staat nach der Lehre der katholischen Kirche 129

diese Gewalten auf ihren Gebieten daher selbständig seien, erklärte die päpstlich-kuriale Doktrin, die in der Mitte des 13. Jahrhunderts zur vollen hierokratischen Entfaltung gelangte, Gott habe beide Schwerter dem Petrus (und somit seinen Nachfolgern) gegeben, das geistliche (gladius spiritualis) behalte der Papst für sich, das weltliche (gladius materialis) leihe er dem Fürsten, der es im Dienst und auf Weisung der Kirche zu führen habe. Notwendigerweise müsse das weltliche Schwert dem geistlichen unterworfen sein, die Rangfolge bestimme sich nach der höheren Zweckordnung, die der Kirche eigen sei. Die Bulle „Unam sanctam" sieht im Papst die Quelle beider Gewalten, verkennt aber nicht ihre generelle Verschiedenartigkeit; auch die hierokratische Theorie bejahte eine eigenständige Jurisdiktionsgewalt des Staates und betonte die Verpflichtung des Papstes, das weltliche Schwert weiterzugeben. Ein Eingreifen des Papstes wurde nur „ratione peccati" für zulässig erachtet, wenn also durch Mißbrauch der weltlichen Gewalt das Seelenheil gefährdet würde. Da jedoch die „Kompetenz-Kompetenz", darüber zu befinden, wann der Gefährdungstatbestand gegeben war, beim Papst lag, konnte die Formel „ratione peccati" praktisch jeden politischen Eingriff des Papstes sanktionieren.

Thomas von Aquin sah in engem Anschluß an die Staatslehre[57] des *Aristoteles* im Staat eine Institution der Naturordnung und damit des Naturrechts, in der Kirche hingegen eine Institution der Offenbarungs- und Gnadenordnung. In seiner Staatslehre verband er biblisch-augustinische Gedanken mit der aristotelischen Staatsphilosophie und betonte den Ursprung beider Gewalten in Gott: „Beide Gewalten, die geistliche und die weltliche, stammen von Gott. Daher steht die weltliche Obrigkeit insofern unter der geistlichen, als sie von Gott ihr untergeordnet ist, nämlich in den Dingen, die das Heil der Seele betreffen, weshalb man in diesen Dingen mehr der geistlichen als der weltlichen Gewalt gehorchen muß. In denjenigen Dingen aber, die die bürgerliche Wohlfahrt betreffen, muß man mehr der weltlichen als der geistlichen Gewalt gehorchen."[58] Auch der Aquinate bejahte, wie *Martin Grabmann* mit Recht dargelegt hat,[59] die Superiorität der geistlichen Gewalt, doch ist

---

[57] Zur Staatslehre des *Thomas von Aquin* siehe *Peter Tischleder,* Ursprung und Träger der Staatsgewalt nach der Lehre des hl. Thomas und seiner Schule, Mönchengladbach 1923; vgl. auch *Franz-Martin Schmölz,* Art. Thomas von Aquin, in: StL⁶ VII, 1962, Sp. 977 ff. (bes. Lit. Sp. 981 ff.).

[58] Sent. II dist. 44 qu. 2 a 3 ad 4.

[59] Vgl. *Martin Grabmann,* Studien über den Einfluß der aristotelischen Philosophie auf die mittelalterlichen Theorien über das Verhältnis von Kirche und Staat (= Sitzungsberichte der Bayerischen Akademie der Wissenschaften, Phil.-Hist. Abt. Jg. 1934, H. 2), München 1934, S. 13 ff.; vgl. auch *Tischleder,* Ursprung (Anm. 57), S. 47.

diese Überordnung nicht absolut zu verstehen, sondern wird durch die Ausrichtung auf den übernatürlichen Endzweck (das ewige Leben) bestimmt und begrenzt, wobei der weltlichen Gewalt auf ihrem Gebiet weitgehende Selbständigkeit zugesprochen wird. Bei *Thomas* zeigt sich bereits eine stärkere Differenzierung des Zweckgedankens,[60] die später namentlich von *Bellarmin* weitergeführt und entscheidend für die Entwicklung der Theorie von der „potestas indirecta ecclesiae in temporalibus" wurde. Auch diese Theorie wurde aber letztlich weder dem Wesen der Kirche noch dem des Staates gerecht; sie betonte zwar, daß die Kirche nur in geistlichen Dingen Gewalt besitzt, konstruierte aber, wie die Theorie von der potestas directa, aus dem finis ultimus der Kirche das Recht des Papstes, im Interesse des übernatürlichen Zweckes (ratione peccati) auch im weltlichen Bereich jurisdiktionelle Akte vorzunehmen (z. B. Aufhebung eines staatlichen Gesetzes, Absetzung des Herrschers).

Sowohl die Theorie der potestas directa als auch die von der potestas indirecta (und schließlich auch die von der potestas directiva) verkannten das geistliche Wesen der kirchlichen Vollmacht. Aus der allumfassenden Königsherrschaft Christi kann kein analoger rechtlicher Anspruch der Kirche gefolgert werden.[61] Daß eine zu einseitige rechtliche Sicht und Anwendung des Begriffs „potestas" (und der in diesem Begriff gegenwärtigen römisch-rechtlichen Tradition) den Zugang zum geistlichen Wesen der Kirche und zu ihrem geistlichen Auftrag erschwerte, wurde in der theologischen Neuorientierung unserer Tage ebenso deutlich wie auf dem Zweiten Vatikanischen Konzil, das in seinen Aussagen über das Verhältnis von Kirche und Staat Abschied nicht nur von diesem Begriff, sondern mehr noch von seinem Inhalt nahm.[62]

---

[60] Vgl. dazu *Theodor Steinbüchel,* Der Zweckgedanke in der Philosophie des Thomas von Aquin, Münster 1912.

[61] Wie bereits früher angemerkt, gehört es „zu den bedenklichsten Fehlentwicklungen innerhalb der christlichen Theologie", daß versucht wurde, „aus der allumfassenden Königsherrschaft Christi auch eine analoge stellvertretende Herrschaft der Kirche abzuleiten". Vgl. hierzu *Paul Mikat,* Gegenwartsaspekte von Kirche und Staat in der Bundesrepublik Deutschland, in: ders., Religionsrechtliche Schriften (Anm. 21), Halbbd. 1, S. 261; vgl. bes. auch *Congar,* Kirche (Anm. 25), S. 425 f.

[62] Siehe unten IV 3: Das Verhältnis von Kirche und Staat in den Konzilsaussagen.

3. Die „Institutionen-Rivalität" zwischen Staat und Kirche im 19. Jahrhundert

Der Zerfall des mittelalterlichen Corpus Christianum, die theoretische Begründung und geschichtliche Entwicklung des auf dem Gedanken der umfassenden Staatssouveränität gründenden modernen Staates sowie die damit in Zusammenhang stehenden Erfahrungen der Kirche mit dem Staatskirchentum führten in der Neuzeit wieder zur stärkeren Betonung von Eigenständigkeit und Unabhängigkeit der beiden Gewalten. Staatskirchenrechtlich (d. h. aus der Sicht des staatlichen öffentlichen Rechts) ist, wie *Martin Heckel* zutreffend gezeigt hat, das Staat-Kirche-Verhältnis im 19. Jahrhundert durch Institutionen-Rivalität und gleichzeitig durch Institutionen-Paktieren zwischen Kirche und Staat gekennzeichnet.[63] Diese Rivalität zwischen Kirche und Staat, bei der die Kirche durchweg in der Defensive war, äußerte sich im Einsatz staatlich-hoheitlicher Exekutivmittel, die im wesentlichen seit dem 16. Jahrhundert vom Staat zur Beherrschung der Kirche ausgebildet worden waren und von deren Anwendung sich auch der Staat des Liberalismus im 19. Jahrhundert nur schwer trennen konnte. Zu den Exekutivmitteln gehörten vor allem das vom „ius advocatiae sive protectionis" abgeleitete „ius cavendi" (Abwehrmaßnahmerecht gegen eine Schädigung staatlicher Interessen durch die Kirche), das „ius inspiciendi" (Aufsichtsrecht), das „ius appellationis" (das Recht, gegen kirchliche Maßnahmen an den Landesherrn oder an staatliche Gerichte zu appellieren),[64] das landesherrliche Plazet (vom Staat beanspruchtes Recht, kirchliche Gesetze, Erlasse und Kundgebungen vor ihrer Veröffentlichung zu prüfen und zu genehmigen) sowie das Ausschließungsrecht bei Bischofswahlen und vereinzelt sogar bei Papstwahlen. Aus dem vom Staat beanspruchten und meist auch praktizierten Obereigentum am Kirchengut wurde der folgenschwere Anspruch des Staates zur Amortisationsgesetzgebung (Verbot des Grunderwerbs durch die Kirche) hergeleitet.

Im Ringen um die Befreiung der Kirche aus den Fesseln des fortwirkenden Staatskirchentums und der Staatskirchenhoheit entwickelte die katholische Theologie (und innerhalb des kanonischen Rechts die als Pendant bzw. Gegenüber zum Staatskirchenrecht seit dem Beginn des 19. Jahrhunderts aufkommende Disziplin des Ius Publicum Ecclesiasticum[65]) eine ursprünglich von philosophischen Vorstellungen ausgehen-

---

[63] Vgl. *Martin Heckel*, Die Kirchen unter dem Grundgesetz, in: VVDStRL 26 (1968), S. 11.
[64] Siehe unten V: Das Verhältnis von Kirche und Staat im Codex Iuris Canonici vom 25. Januar 1983.

de, ihrem Wesen nach jedoch theologische Lehre des Kirche-Staat-Verhältnisses, die die Selbständigkeit und Unabhängigkeit der beiden Gewalten betonte und die (auch von Art. 137 Abs. 3 Satz 1 WeimRV anerkannte) Eigenrechtsmacht der Kirche zur Regelung ihrer eigenen Angelegenheiten in den Vordergrund rückte. Ihren klassischen lehramtlichen Vertreter fand diese Lehre in Papst *Leo XIII.*, der mit seinen Enzykliken[66] die vornehmlich auch für den Codex Iuris Canonici vom 27.5.1917 entscheidende authentische Basis schuf,[67] die durch das Zweite Vatikanische Konzil zwar nicht preisgegeben, wohl aber einer tieferen gesamtgesellschaftlich bezogenen theologischen Durchdringung zugeführt wurde. Sie wird nicht mehr einseitig von der Polarität „Kirche-Staat" bestimmt. Nach der Lehre *Leos XIII.* stammt der Staat als naturrechtliche Institution unmittelbar von Gott,[68] Kirche und Staat sind autonome Gesellschaften mit eigenem, voneinander unabhängigem Recht, sind „societates perfectae"[69], beiden kommt auf je ihrem Gebiet Souveränität zu. In der Enzyklika „Immortale Dei" vom 1.11.1885 heißt es: „So hat Gott die Sorge für das Menschengeschlecht zwei Gewalten zugeteilt: Der kirchlichen und der staatlichen. Der einen obliegt die Sorge für die göttlichen Belange, der anderen für die menschlichen. Jede ist in ihrer Art die höchste: jede hat bestimmte Grenzen, innerhalb derer sie sich bewegt, Grenzen, die sich aus dem Wesen und dem nächsten Zweck jeder der beiden Gewalten ergeben."[70] Und in der Enzyklika „Sapientiae Christianae" vom 10.1.1890 heißt es: „Ohne Zweifel haben Kirche und Staat ihren eigenen Machtbereich; in ihren eigenen Angelegenheiten steht deshalb eine der anderen völlig frei gegenüber, selbstverständlich innerhalb der Grenzen, die durch den beiderseitigen Zweck bestimmt sind."[71] So wie *Leo XIII.* Unabhängigkeit und Selbständigkeit des Staates in allen rein bürgerlichen Angelegenheiten („res mere civiles") anerkennt, so verlangt er auch vom Staat Anerkennung und

---

[65] Hauptvertreter dieser kanonistischen Richtung war im 19. Jh. Kardinal *Felix Cavagnis* mit seinem Werk „Institutiones Iuris Publici Ecclesiastici", 4. Aufl., 3 Bde., Rom 1906. Vgl. hierzu im einzelnen *Listl,* Kirche und Staat (Anm. 53), S. 32 ff.

[66] Zur Staatslehre *Leos XIII.* nach wie vor grundlegend *Peter Tischleder,* Die Staatslehre Leos XIII., Mönchengladbach 1925. Die Enzykliken *Leos XIII.* werden hier zitiert nach *Emil Marmy* (Hrsg.), Mensch und Gemeinschaft in christlicher Schau. Dokumente, Freiburg/Schweiz 1945.

[67] Siehe unten V: Das Verhältnis von Kirche und Staat im Codex Iuris Canonici vom 25. Januar 1983.

[68] Vgl. Enzyklika „Immortale Dei" vom 1.11.1885, bei *Marmy,* Mensch (Anm. 66), S. 576.

[69] Zum Begriff „societas perfecta" siehe *Listl,* Kirche und Staat (Anm. 53), S. 104, 107 f., 124 ff., 179 f., 224 ff., 278.

[70] *Marmy,* Mensch (Anm. 66), S. 582.

[71] *Marmy,* Mensch (Anm. 66), S. 621.

§ 4 Kirche und Staat nach der Lehre der katholischen Kirche   133

Souveränität der Kirche in dem Bereich, der gemäß seiner Natur und seinem Zweck der übernatürlichen Ordnung zugewiesen ist. „Was also irgendwie in den menschlichen Dingen heilig ist, was immer auf das Heil der Seelen oder auf die Verehrung Gottes Bezug hat, sei es seiner Natur nach oder wegen des Zweckes, auf den es hingeordnet ist: dies alles untersteht der Macht und dem Urteil der Kirche. Alles Übrige aber, was in den Bereich des bürgerlichen und staatlichen Lebens fällt, das untersteht von Rechts wegen der staatlichen Gewalt."[72] In diesen im Lichte der Rechtsprechung des Bundesverfassungsgerichts zur Kirchenfreiheit[73] modern klingenden Aussagen ist das Problem, ob in und inwieweit die Kirche überhaupt eine Gewalt über Staat und Gesellschaft besitzen kann und mit welchen Mitteln sie ihre Prinzipien in der Welt durchsetzen kann und darf, näherhin überhaupt nicht erörtert. Die entscheidende Frage nach dem Wesen der kirchlichen Vollmacht in der Welt bleibt auch bei *Leo XIII.* weitgehend unbeantwortet.

Wenngleich verschieden in ihrer Zielsetzung, so treffen sich Kirche und Staat doch unmittelbar in ihren Gliedern. Daraus leitet *Leo XIII.* die Notwendigkeit ab, die Forderungen der beiden Gewalten aufeinander abzustimmen und zum Ausgleich zu bringen. Voraussetzung für ein geordnetes Zusammenleben ist die beiderseitige Bereitschaft, bei der Regelung der gemischten Angelegenheiten einander entgegenzukommen; die Kirche bevorzugt für diesen Ausgleich den Abschluß von Verträgen (Konkordaten), wobei es ihr in erster Linie um Anerkennung und Sicherung ihrer Freiheit und Eigenständigkeit geht. Unabhängig von allen konkordatären Abmachungen bleibt die Mindestforderung, die die Kirche an jeden Staat zu stellen hat: daß der Staat ihr die ungestörte Ausübung ihres Heilsauftrags ermöglicht, daß er seinen Bürgern die Freiheit läßt, den übernatürlichen Pflichten nachzukommen und daß die Forderungen, die der Staat in seinem Bereich stellt, nicht gegen das natürliche Sittengesetz und gegen das geoffenbarte göttliche Recht verstoßen.[74]

---

[72] "Immortale Dei" bei *Marmy,* Mensch (Anm. 66), S. 583. Strenge Begrenzung der staatlichen Gewalt auf den Bereich der natürlichen Ordnung gilt selbstverständlich für jeden Staat, gleichgültig, ob er von Christen oder Nichtchristen regiert wird.

[73] Grundlegende Entscheidung in: BVerfGE 18, 385 ff. Vgl. hierzu im einzelnen *Joseph Listl,* Die Religions- und Kirchenfreiheit in der neueren Rechtsprechung des Bundesverfassungsgerichts, in: Verantwortlichkeit und Freiheit. FS für Willi Geiger. Tübingen 1989, S. 539 ff. (m. w. N.).

[74] Auch für *Leo XIII.* ist die aristotelisch-thomistische Zwecklehre noch bedeutsam für die Bestimmung des Kirche-Staat-Verhältnisses. Die grundsätzliche Vorrangstellung der Kirche bedeutet jedoch nicht, daß bei einem Konflikt zwischen kirchlichem und staatlichem Gesetz dem kirchlichen stets der Vorrang zukommt. Im konkreten Einzelfall ist stets die moraltheologische Lehre von der Pflichtenkollision zu berücksichtigen. Der Grundsatz, daß das kirchliche Gesetz

Die Diskussion um die Forderung nach Trennung von Kirche und Staat wird heute auch innerhalb der katholischen Kirche von einer neuen theologischen und soziologischen Dimension bestimmt, in der es nicht mehr um „Einheit" oder „Trennung", sondern um Kooperation und Einbeziehung der Kirche in den Kreis der öffentlichen Kräfte der freien Gesellschaft zum Wohle der gesamtgesellschaftlichen Freiheit geht. Die liberale und sozialistische Forderung nach einer radikalen Trennung von Kirche und Staat[75] bezweckte die völlige Ausschaltung des kirchlichen Einflusses in der Öffentlichkeit; als Mittel des Kirchenkampfes zielte diese Forderung auf die totale Vernichtung der Kirche; ihr gegenüber konnte und kann die Kirche nur eine ablehnende Haltung einnehmen. In diesem Sinne sind die zahlreichen Kundgebungen der Päpste des 19. und 20. Jahrhunderts gegen die Trennung von Kirche und Staat zu verstehen. Wenn die Forderung nach Trennung von Kirche und Staat bedeutet, daß die Kirche im öffentlichen Leben so behandelt werden soll, als ob sie gar nicht existiere oder als ob sie lediglich eine private Angelegenheit der einzelnen Staatsbürger sei, denen das Recht zum organisierten Zusammenschluß als religiöse Gemeinschaft überdies noch verweigert wird, dann handelt es sich dabei nicht mehr um den Ausdruck der konfessionellen Neutralität des modernen Staates, sondern um eine Maßnahme, die unmittelbar gegen die Religion gerichtet ist. Von der radikalen Forderung nach Trennung von Kirche und Staat, die auf die Ausschaltung der Kirche aus der Öffentlichkeit zielt, ist jedoch die *verfassungsrechtliche Trennung* der beiden Gewalten zu unterscheiden, wenn sie der Kirche die Wahrnehmung ihres Heilsauftrags nicht verwehrt und sie von staatlicher Bevormundung frei hält[76].

---

vor dem staatlichen den Vorrang genießt, geht von der Voraussetzung aus, daß bei einer Pflichtenkollision auf der Seite der Kirche ein übernatürliches Interesse gegeben ist, dem auf der staatlichen Seite die Wahrung eines diesseitigen Wertes gegenübersteht. Ist aber diese Voraussetzung nicht gegeben, entfällt auch die Anwendung dieses Grundsatzes.

[75] Zur einschlägigen Gesetzgebung nach diesem Verständnis der Trennung von Kirche und Staat vgl. *Zaccaria Giacometti,* Quellen zur Geschichte der Trennung von Staat und Kirche, Tübingen 1926; vgl. ferner auch für die damalige staatstheoretische und politische Diskussion *Karl Rothenbücher,* Die Trennung von Staat und Kirche, München 1908.

[76] Vgl. *Albert Hartmann,* Toleranz und christlicher Glaube, Frankfurt/M. 1955, bes. S. 234 ff., m. w. N. Dem modernen Verständnis der beiden Gewalten widerspricht die Aufrechterhaltung überkommener staatlicher Aufsichtsrechte; als historische Relikte des Staatskirchentums sind sie mit dem kirchlichen Selbstbestimmungsrecht schlechthin unvereinbar. Vgl. hierzu im einzelnen *Listl,* Kirche und Staat (Anm. 53), S. 150 ff.

IV. Die Aussagen des Zweiten Vatikanischen Konzils über die Zuordnung von Kirche und Staat

1. Die Weltbezogenheit der Konzilserklärungen

Die Aussagen des II. Vatikanums über das Verhältnis von Kirche und Staat, wie sie vor allem in der Pastoralkonstitution über die Kirche in der Welt von heute „Gaudium et spes"[77], in der Dogmatischen Konstitution über die Kirche „Lumen gentium"[78], besonders aber in der Erklärung über die Religionsfreiheit „Dignitatis humanae"[79] enthalten sind, sind authentische Aussagen des kirchlichen Lehramts, die im Zusammenhang mit den übrigen authentischen Quellen, vornehmlich dem geltenden kanonischen Recht und dem Konkordatsrecht, zu sehen sind. Generell gilt für die einschlägigen Konzilsaussagen, daß sie auch insofern „weltbezogen" sein mußten, als sie auf die höchst unterschiedlichen Lagen in den verschiedenen Kontinenten und Kulturen gleichermaßen Rücksicht zu nehmen hatten, wollten sie überhaupt verständlich sein, ein Tatbestand, der sich auch in der Art und Weise der Formulierungen niederschlug. In einer neuen, gemessen an der Vergangenheit erstmalig globalen Situation erfährt die Kirche gerade als „Weltkirche" ihren Diasporacharakter. Sie hat in ihren Aussagen über das Verhältnis zum Staat ihre eigene Universalität spirituell und geschichtlich in einem wirklich weltbezogenen Maßstab zu sehen und so zu bestimmen, daß sie ihrer universellen heilsgeschichtlichen Aufgabe, den Völkern das Evangelium zu verkünden, unter den verschiedensten Bedingungen gerecht wird.

2. Die Gewähr individueller und korporativer Religionsfreiheit als Bestandteil der Verwirklichung des Gemeinwohls

Man wird die konziliaren Aussagen zum Problem der Religionsfreiheit als im Schnittpunkt zwischen weltlichem und kirchlichem Freiheitsverständnis stehend ansehen dürfen: Kirche der Verkündigung und säkularer Staat der Neuzeit sind hier mit den Kategorien ihres Selbstverständ-

---

[77] Pastoralkonstitution (Anm. 15), S. 241 ff. Zu den Aussagen des Zweiten Vatikanischen Konzils über die richtige Zuordnung von Kirche und Staat, insbesondere in der Pastoralkonstitution, siehe die ausführlichere Darstellung bei *Paul Mikat*, Das Verhältnis von Kirche und Staat nach der Lehre der katholischen Kirche, in: HdbStKirchR¹ I, S. 169 ff., 174 ff. und die dort zitierte umfangreiche Literatur.

[78] Dogmatische Konstitution über die Kirche (Anm. 16), S. 137 ff.

[79] Erklärung über die Religionsfreiheit (Anm. 18), S. 703 ff.; über die Aussagen des Zweiten Vatikanischen Konzils zum Verhältnis von Kirche und Staat vgl. die ausführlichen Darlegungen bei *Listl*, Kirche und Staat (Anm. 53), S. 208 ff.

nisses angesprochen, sie begegnen sich an jenem Punkt, an dem sich in der Geschichte ihres Verhältnisses nicht nur die Geister, sondern gelegentlich auch die Waffen getrennt haben. Nicht ohne inneren sachlogischen Grund hat deshalb das Konzil selbst in dieser Erklärung zur Religionsfreiheit den Ansatz dafür gesehen, „zugleich die Lehre der neueren Päpste über die unverletzlichen Rechte der menschlichen Person wie auch ihre Lehre von der rechtlichen Ordnung der Gesellschaft weiterzuführen."[80] Tatsächlich findet sich hier auch eine kundigere, nämlich auf die Heilige Schrift weisende „Staatstheologie" als in den einschlägigen Artikeln 73 bis 76 der Pastoralkonstitution. Diese Erklärung versäumt nicht, unter Berufung auf die Sozialnatur des Menschen auch für die Religionsgemeinschaften (und nicht nur für Individuen) Religionsfreiheit zu verlangen, aber auch deren Verwirklichung im sozialen Bereich angesiedelt zu sehen und die Rechte der profanen menschlichen Gesellschaft, das Gemeinwohl und die Pflichten der religiösen Gemeinschaften zu betonen: „Beim Gebrauch einer jeden Freiheit ist das sittliche Prinzip der personalen und sozialen Verantwortung zu beobachten: Die einzelnen Menschen und die sozialen Gruppen sind bei der Ausübung ihrer Rechte durch das Sittengesetz verpflichtet, sowohl die Rechte der andern als auch die eigenen Pflichten den andern und dem Gemeinwohl gegenüber zu beachten. Allen Menschen gegenüber muß man Gerechtigkeit und Menschlichkeit walten lassen."[81]

Daraus folgert das Konzil, daß die Staatsgewalt eine Pflicht zum Ausgleich konkurrierender religiöser Interessen habe: „Da die bürgerliche Gesellschaft außerdem das Recht hat, sich gegen Mißbräuche zu schützen, die unter dem Vorwand der Religionsfreiheit vorkommen können, so steht es besonders der Staatsgewalt zu, diesen Schutz zu gewähren; dies darf indessen nicht auf willkürliche Weise oder durch unbillige Begünstigung einer Partei geschehen, sondern nur nach rechtlichen Normen, die der objektiven sittlichen Ordnung entsprechen und wie sie für den wirksamen Rechtsschutz im Interesse aller Bürger und ihrer friedlichen Eintracht erforderlich sind, auch für die hinreichende Sorge um jenen ehrenhaften öffentlichen Frieden, der in einem geordneten Zusammenleben in wahrer Gerechtigkeit besteht, und schließlich für die pflichtgemäße Wahrung der öffentlichen Sittlichkeit. Dies alles gehört zum grundlegenden Wesensbestand des Gemeinwohls und fällt unter den Begriff der öffentlichen Ordnung. Im übrigen soll in der Gesellschaft eine ungeschmälerte Freiheit walten, wonach dem Menschen ein möglichst weiter Freiheitsraum zuerkannt werden muß, und

---

[80] Erklärung über die Religionsfreiheit (Anm. 18), Art. 1, S. 715.
[81] Ebd., Art. 7, S. 727.

sie darf nur eingeschränkt werden, wenn und soweit es notwendig ist".[82] In diesen Aussagen wird die Kontinuität zwischen naturrechtlicher Lehrtradition und konziliarer Lehre sichtbar, aber zugleich auch das Neuartige gegenüber der historischen, politisch-ideologischen Auseinandersetzung mit dem Staat deutlich gemacht: Die Kirche nimmt sich explizit selbst in die Pflicht gegenüber dem irdischen Gemeinwesen, was insbesondere hinsichtlich der besonderen Problematik ihrer Stellung zum demokratischen Staat der Gegenwart bedeutsam ist.

3. Das Verhältnis von Kirche und Staat in den Konzilsaussagen

Das gewandelte Selbstverständnis des modernen demokratischen Staates hat ein positives Verhältnis der Kirche zum religiös und weltanschaulich neutralen Staat möglich gemacht. Das institutionelle und geistige Auseinanderrücken von Kirche und Staat in der Demokratie bedeutet für die Kirche Angebot und Verpflichtung zugleich. Bei Anerkennung der pluralen gesellschaftlichen Kräfte, die nicht selten ihre Gruppeninteressen über das Gesamtinteresse stellen, ist für den Staat die Wahrung des Gemeinwohls schwieriger geworden, zumal die politischen Parteien wegen ihrer Abhängigkeit von den Wählerstimmen immer in Versuchung stehen, in die Abhängigkeit von organisierten Interessen zu geraten. Hier ist die Kirche gleichsam das öffentliche Gewissen; ihre Aufgabe ist es, die Verpflichtung des Staates und der Gesellschaft für das Gemeinwohl zu wecken, zu formen und zu akzentuieren. Kraft ihrer Sendung ist die Kirche Hüterin der sittlichen Ordnung, die sie sowohl den befehlenden wie den gehorchenden Menschen vor Augen zu stellen hat. Andererseits kann die Kirche aber auch in der pluralistischen Welt ihr eigenständiges Recht ungehindert wahrnehmen und auf eine gerechte Berücksichtigung ihrer Interessen zur freien Entfaltung der Glaubensüberzeugung ihrer Angehörigen in der staatlichen Gemeinschaft gegenüber abweichenden religiösen und weltanschaulichen Auffassungen wirken.

Die Pastoralkonstitution des II. Vatikanums bestätigt, daß die Kirche auch in ihrem Verhältnis zum Staat zu einem neuen Weltverständnis unterwegs und ohne falsche Fortschrittsfreudigkeit bereit ist, Staat und Mensch in ihrer diesseitigen Bindung als gottgewollt anzuerkennen und zugleich die innerweltliche Bindung des Menschen von dessen unverlierbarer Gotteskindschaft und heilsgeschichtlicher Einordnung in die Kirche Jesu Christi zu unterscheiden.[83]

---

[82] Ebd., Art. 7, S. 729.
[83] Die rechtswissenschaftliche Kommentierung der staats- und gesellschaftstheoretischen Abschnitte der Pastoralkonstitution hat bald nach deren Erschei-

138 Paul Mikat

Die Pastoralkonstitution stellt das heutige Verhältnis von Staat und Kirche in den Rahmen der pluralistischen Gesellschaft und unterscheidet zwischen dem, was die Christen als einzelne oder im Verbund im eigenen Namen als Bürger, die von ihrem christlichen Gewissen geleitet werden, und dem, was sie im Namen der Kirche zusammen mit ihren Hirten tun.[84] Sie betont, daß die Kirche in keiner Weise in ihrer Aufgabe und Zuständigkeit mit der bürgerlichen Gesellschaft zu verwechseln noch auch irgendeinem politischen System verpflichtet sei.[85] Damit wird die frühere Gleichsetzung oder zumindest Vermischung von kirchlichen und staatlichen Aufgaben endgültig ausgeschlossen. Die Verant-

---

nen auf innere Widersprüche, sogar auf bedenkliche Unwissenschaftlichkeit und fehlende Systematik aufmerksam gemacht. Siehe hierzu die Abhandlung des Kanonisten *Hans Barion*, „Weltgeschichtliche Machtform?" — Eine Studie zur politischen Theologie des II. Vatikanischen Konzils, in: Epirrhosis. Festg. für Carl Schmitt, Bd. 1, Berlin 1968, S. 13 ff., 25, 28, 30 u. ö.

Der allgemeine, gelegentlich leerformelhafte Charakter der Pastoralkonstitution kann nicht bestritten werden. Dieses Charakteristikum der Konzilsaussage resultiert nicht zuletzt daraus, daß hier ein Gremium von Theologen über außertheologische Sachfragen, eben „die Welt" in ihrer Ganzheit, sich geäußert hat, daß jedoch deren eindringliche Analyse objektspezifische wissenschaftliche Instrumente erfordert. Die Konsultation von Fachleuten war von einigen Vätern schon während des Konzils gefordert worden, z. B. für die Berücksichtigung militärtechnischer Fragen bei der Abstimmung über das „Schema XIII", das später zum Kapitel V der Pastoralkonstitution wurde und in dem u. a. die Verurteilung jeglichen Atomwaffengebrauchs zur Abstimmung stand; vgl. hierzu den textgeschichtlichen Beitrag von *Willem J. Schuijt*, in: LThK²-Konzilskommentar III, 1968, S. 542.

Was das Konzil an fachwissenschaftlicher Aussagenkompetenz zur Wirtschaftstheorie und Wirtschaftspolitik sich selbst zugesprochen hat (vgl. ebd., S. 484 ff.), muß — abseits aller inhaltlichen Kontroversen um die bezogenen Positionen (z. B. zum Streik oder zur Mitbestimmung) — doch gelegentlich als zumindest irrelevant bewertet werden. Vgl. z. B. die beiden Sätze über die Währungsfrage in Art. 70, ebd., S. 508 ff. (510). Hierzu hat *Oswald von Nell-Breuning* in seiner Kommentierung, in: Pastoralkonstitution, ebd., S. 487 ff. schlicht festgestellt, diese Aussagen seien „geradezu nichtssagend" (S. 509). „Unverkennbar ist das Konzil hier an eine Grenze gestoßen, vor der es mangels fachwissenschaftlicher Kompetenz sich genötigt sah, haltzumachen" (S. 509).

Im Zusammenhang mit dieser fachwissenschaftlichen Problematik, wie sie von *Barion, von Nell-Breuning* u. a. an jeweils verschiedenen Stellen der Konstitution angesprochen wird, soll hier lediglich auf die zentralen Aussagen und ihre Neuerungen gegenüber vorausgegangenen kirchlichen Lehrmeinungen hingewiesen werden, ohne daß in eine kritische Analyse der Details eingetreten werden könnte. Als Beispiel einer theologischen Kommentierung mit explizit soziologisch-sozialpolitischem Engagement ist der Kommentarband von *Guilherme Baraúna* (Hrsg.), Die Kirche in der Welt von heute. Untersuchungen und Kommentare zur Pastoralkonstitution „Gaudium et Spes" des II. Vatikanischen Konzils, Salzburg 1966, anzusehen. Diese Veröffentlichung wird von *Barion*, ebd., S. 21 ff., 31 u. ö., durchgehend beigezogen, als „progressistisch" charakterisiert und von ihm als unwissenschaftlich verworfen.

[84] Pastoralkonstitution (Anm. 15), Art. 76 Abs. 1, S. 529.
[85] Ebd., Art. 76 Abs. 2, S. 529.

§ 4 Kirche und Staat nach der Lehre der katholischen Kirche 139

wortung des Christen als Staatsbürger, in der er kraft persönlicher Entscheidung aus dem Glauben heraus frei handelt, wird von seinem Handeln als Glied der Kirche unter der kirchlichen Autorität unterschieden. Gegenseitige Unabhängigkeit und Selbständigkeit von bürgerlicher Gesellschaft und Kirche erkennt die Pastoralkonstitution ausdrücklich an, sie weist aber zugleich darauf hin, daß beide derselben persönlichen und sozialen Berufung des Menschen dienen.[86] Aufgabe der Kirche sei es vor allem, Gerechtigkeit und Liebe innerhalb und zwischen den Völkern weiter zu entfalten.

Stellt man dieser Äußerung die staatsphilosophische „Zwei-Gewalten-Lehre" *Leos XIII.* über das Verhältnis von Staat und Kirche gegenüber, so wird die Wandlung in der Sicht der Funktionen von Staat und Kirche vom Herrschafts- zum Dienstcharakter in Schärfe deutlich. Zu einer entschiedenen Absage an überlieferte Vorstellungen, nach denen der Staat die Kirche bei Erfüllung ihrer geistlichen Aufgaben zu unterstützen hat, bekennt sich das Konzil schließlich, wenn es in der Pastoralkonstitution heißt: „Doch setzt sie ihre Hoffnung nicht auf Privilegien, die ihr von der staatlichen Autorität angeboten werden. Sie wird sogar auf die Inanspruchnahme legitim erworbener Rechte immer dann verzichten, wenn feststeht, daß sonst die Lauterkeit ihres Zeugnisses in Frage gestellt ist, oder wenn veränderte Verhältnisse eine andere Regelung erfordern."[87] Die Bereitschaft der Kirche zum Verzicht auf überlebte Privilegien und wohlerworbene Rechte beweist, daß sie bereit ist, aus ihrem Bekenntnis zum Anderssein in der Nachfolge Christi in dieser Welt die Konsequenzen zu ziehen. Sie wendet sich ihrem geistlichen Auftrag zu, der sie zum Dialog mit der Welt befreit und verpflichtet. Für den Staat ist die Kirche damit in ihrer ganzen Existenz zu einem geistig-geistlichen Partner geworden, dessen er gerade wegen seiner religiösen und weltanschaulichen Neutralität bedarf. Die von ihrem christlichen Gewissen geleiteten Bürger sind es, die in staatsbürgerlich freier Entscheidung als persönliche Tugend christliche Werte im Staat vertreten und die Präsenz der Kirche Christi im säkularen Staat gewährleisten. Die Kirche steht dem Staat damit nicht als außerstaatliche Ordnungsmacht unmittelbar oder quasi völkerrechtlich gegenüber, sondern wirkt und lebt geistig in derselben Gesellschaft, die politisch den Staat hervorbringt, ohne sich mit dem Staat und der Gesellschaft zu identifizieren. Die Frage nach Koordination von Staat und Kirche stellt sich damit in neuer Sicht und erhält eine neue Akzentuierung, die nicht so sehr von Problemen einer institutionellen Abgrenzung bestimmt ist,

---

[86] Ebd., Art. 76 Abs. 3, S. 531.
[87] Ebd., Art. 76 Abs. 5, S. 533.

sondern von der Frage nach der funktionellen Zuordnung in der gemeinsamen Verantwortung für den Menschen.

Mit der gleichen Entschiedenheit, mit der in den Konzilsdokumenten und ebenso im Codex Iuris Canonici vom 25.1.1983 der Anspruch auf Unabhängigkeit und Eigenständigkeit der Kirche in ihren eigenen Angelegenheiten gegenüber dem Staat erhoben wird, bringt die Kirche auch ihre Bereitschaft zur Kooperation mit dem Staat zum Ausdruck. Auch hier steht das II. Vatikanum in ungebrochener Kontinuität zu früheren Aussagen des kirchlichen Lehramts und zur früheren Doktrin. Das Konzil bekundet diese Bereitschaft unabhängig von den in den einzelnen Staaten jeweils herrschenden politischen Systemen. Der ausschlaggebende Beweggrund für die Kirche ist dabei in jedem Fall die Sorge um das Wohl der Menschen, die zugleich Bürger des Staates und Glieder der Kirche sind. In diesem Sinne erklärt das Konzil, daß Staat und Kirche, wenn auch in durchaus verschiedener Begründung und Aufgabenstellung, der persönlichen und gesellschaftlichen Berufung desselben Menschen dienen. Diesen Dienst können beide — unter Berücksichtigung der jeweiligen Umstände von Zeit und Ort — „zum Wohle aller Menschen um so wirksamer leisten, je mehr und besser sie rechtes Zusammenwirken miteinander pflegen".[88] Damit hat sich das Konzil gegen jede Form einer radikalen Trennung von Staat und Kirche ausgesprochen. Unter Ablehnung sämtlicher Trennungsvorstellungen zwischen Staat und Kirche haben die Päpste des 19. und 20. Jahrhunderts und ebenso die Kirchenrechtswissenschaft stets in einer engen, aber freiheitlichen Kooperation zwischen den beiden Institutionen Staat und Kirche die auch unter günstigsten historischen Bedingungen immer nur in Annäherungswerten erreichbare „optimale" Form der Zuordnung von Staat und Kirche erblickt.[89]

4. Die Ambivalenz einer „Theologie der Befreiung"

Eine bedeutsame Fortführung der Aussagen der Dekrete des II. Vatikanums zum Verhältnis von Kirche und Staat bilden die Stellungnahmen der Kirche gegen verschiedene Formen einer „Theologie der Befreiung". Hierbei sind vor allem anzuführen die Enzyklika Papst *Pauls VI.* „Evangelii nuntiandi" über die Evangelisierung in der Welt von heute vom 8.12.1975,[90] ferner die Eröffnungsrede Papst *Johannes Pauls II.* vor

---

[88] Ebd., Art. 76 Abs. 3, S. 531.

[89] Vgl. hierzu *Joseph Listl,* Die Lehre der Kirche über das Verhältnis von Kirche und Staat, in: HdbKathKR, S. 1034 ff.

[90] Wortlaut in: AAS 68 (1976), S. 5–76 (= Verlautbarungen des Apostolischen Stuhles. Hrsg.: Sekretariat der Deutschen Bischofskonferenz, H. 2, Bonn 1976).

der Generalversammlung der Bischöfe Lateinamerikas in Puebla am 28.1.1979[91] und die Instruktionen der Kongregation für die Glaubenslehre über einige Aspekte der „Theologie der Befreiung" vom 6.8.1984[92] und vom 22. März 1986 über die christliche Freiheit und die Befreiung[93]. Während die erste Instruktion die Möglichkeit einer authentischen Theologie der Befreiung bejaht, warnt sie jedoch gleichzeitig bei gewissen Formen dieser Theologie vor Abweichungen und Gefahren, vor allem verurteilt sie die Anleihen beim Marxismus. Die zweite Instruktion bringt mehr dialogisch die Positionen der Theologie der Befreiung in Verbindung mit dem christlichen und neuzeitlichen Verständnis von Freiheit. Gemeinsam liegt den Stellungnahmen der Kirche gegen bestimmte Erscheinungsformen der Theologie der Befreiung die Auffassung zugrunde, daß der der Kirche eigene Auftrag in der Verkündigung der christlichen „Heilsbotschaft in ihrer Ganzheit" besteht, nicht jedoch in der Reform und Veränderung gegenwärtiger sozialer Strukturen. Dies bedeutet, daß die katholische Kirche den Staat als eine *weltliche* Institution betrachtet, über deren konkrete sozialpolitische Aufgaben und Ziele dem Evangelium Jesu Christi keine unmittelbaren Weisungen zu entnehmen sind.[94]

5. Zusammenfassung

Zusammenfassend lassen sich die Aussagen des II. Vatikanums über das Verhältnis von Kirche und Staat folgendermaßen kennzeichnen:

Entschiedener als in allen mittelalterlichen und neuzeitlichen Äußerungen des kirchlichen Lehramts ist die Orientierung an den Offenbarungsaussagen der Heiligen Schrift erkennbar; daraus leiten sich Konsequenzen für die Ortsbestimmung der Kirche in der modernen allgemeinen Welt und für ihr Verhältnis zur konkreten politischen Gemeinschaft („Staat") ab.

Die schöpfungstheologische Tradition kirchlicher Lehre wird durch eine christozentrische Teleologie erweitert; die naturrechtlichen Prinzipien der Personalität, Solidarität und Subsidiarität werden in ihrer

---

[91] Wortlaut in: AAS 71 (1979), S. 187-204.
[92] "Libertatis nuntius", Wortlaut in: AAS 76 (1984), S. 876-909 (= Verlautbarungen des Apostolischen Stuhles. Hrsg.: Sekretariat der Deutschen Bischofskonferenz, H. 57, Bonn 1984).
[93] "Libertatis conscientia", Wortlaut in: AAS 79 (1987), S. 554-599 (= Verlautbarungen des Apostolischen Stuhles. Hrsg.: Sekretariat der Deutschen Bischofskonferenz, H. 70, Bonn 1986).
[94] Vgl. hierzu *Michael Sievernich*, Art. Theologie der Befreiung, StL[7] V, 1989, Sp. 457-460.

gegenwartsbezogenen und zukunftsweisenden Bedeutung und Funktion herausgearbeitet.

Die historischen Konflikte und Antagonismen zwischen Staat und Kirche, wie sie insbesondere in der abendländischen Kirchengeschichte sich ereignet haben, sind nicht bestimmend geworden für die Formulierung der konziliaren Aussagen; vielmehr betont das Konzil ungeachtet der stets möglichen und gegebenen Konfliktsituationen die gemeinsame Verpflichtung von Kirche und Staat für den Dienst an der Welt.

Damit bestimmt sich die Stellung der Kirche in der modernen Welt allgemein und innerhalb der politischen Gemeinschaft aus einem veränderten, nämlich spirituellen Selbstverständnis der Kirche, das weniger institutionell und mehr personal- und sozialverpflichtet charakterisiert ist. Freiheit und Würde des Menschen sowie das Gebot zum Weltdienst begründen ein Staats- und Ordnungsverständnis der katholischen Kirche, das zugleich Ausdruck ihrer geistlichen heilsgeschichtlichen Sendung ist.

V. Das Verhältnis von Kirche und Staat im Codex Iuris Canonici vom 25. Januar 1983

1. Der Strukturplan der Kirche im Codex Iuris Canonici

Nach mehr als zwanzigjährigen intensiven Vorarbeiten und Beratungen ist das grundlegend neubearbeitete Kirchliche Gesetzbuch, der Codex Iuris Canonici, am 27.11.1983 in Kraft getreten. Der neue Kodex wurde von Papst *Johannes Paul II.* am 25.1.1983 durch die Apostolische Konstitution „Sacrae Disciplinae Leges" promulgiert. Damit trat der bis dahin geltende und durch die zwischenzeitlich erfolgte nachkonziliare päpstliche Gesetzgebung weithin überholte Codex Iuris Canonici vom 27.5.1917 außer Kraft. Der Codex Iuris Canonici vom 25.1.1983, der die einschlägigen Beschlüsse des Zweiten Vatikanischen Konzils (11.10.1962 - 8.12.1965) in weitem Umfang rezipiert und vom Geist des Konzils geprägt ist, besitzt nur im lateinischen Rechtskreis der katholischen Kirche Geltung.[95]

---

[95] Zur Entstehungsgeschichte, zu den Grundtendenzen und zur Systematik des CIC/1983 vgl. die zusammenfassende Darstellung von *Heribert Schmitz,* Der Codex Iuris Canonici von 1983, in: HdbKathKR, S. 33-57; ferner *Winfried Aymans,* Kanonisches Recht. Lehrbuch aufgrund des Codex Iuris Canonici. Begründet von Eduard Eichmann, fortgeführt von Klaus Mörsdorf, neubearbeitet von Winfried Aymans. 13. Aufl., Bd. 1, Paderborn, München, Wien, Zürich 1991, S. 48-57.

§ 4 Kirche und Staat nach der Lehre der katholischen Kirche   143

Für die katholischen Ostkirchen, die gegenüber der lateinischen Westkirche eigenständige kirchenrechtliche Traditionen aufweisen, wurde von Papst *Johannes Paul II.* am 18.10.1990 ein eigenes Kirchliches Gesetzbuch, das Kirchliche Gesetzbuch der Orientalischen Kirchen, der Codex Canonum Ecclesiarum Orientalium (CCEO), promulgiert. Dieses Gesetzbuch ist am 1.10.1991 in Kraft getreten.[96]

Der in sieben Bücher gegliederte Codex Iuris Canonici von 1983 enthält keine zusammenhängenden und systematischen Aussagen über das Verhältnis der katholischen Kirche zum Staat.[97] Im Codex Iuris Canonici als dem auf der ganzen Welt für die katholische Kirche des lateinischen Ritus geltenden Gesetzbuch finden sich aber im Sinne eines unverzichtbaren Minimalbestandes die Postulate der katholischen Kirche sowohl im Hinblick auf die individuelle Religionsfreiheit der Gläubigen als auch auf die korporative Religionsfreiheit der Kirche als rechtlich verfaßter Institution.[98]

Bereits im Jahre 1918, dem Jahre des Inkrafttretens des Codex Iuris Canonici vom 27.5.1917, veröffentlichte *Ulrich Stutz* sein Buch „Der Geist des Codex iuris canonici. Eine Einführung in das auf Geheiß Papst Pius X. verfaßte und von Papst Benedikt XV. erlassene Gesetzbuch der katholischen Kirche". In dieser ersten umfassenden Würdigung des neuen Kirchlichen Gesetzbuches findet sich nun die Feststellung: „Das Verhältnis von Staat und Kirche ist von dem Gesetzbuch ausgeschlossen, entsprechend der streng innerkirchlichen Aufgabe, in deren Dienst es steht. Jedenfalls aber aus Vorsicht. Man wollte es vermeiden, durch Aufrollung dieser Frage dem Werke Steine in den Weg zu legen. Vielleicht war man überdies der Meinung, es komme dabei doch vornehmlich auf den Einzelfall und die Praxis an ... Die Berührungen des Gesetzbuches mit dem Staat und seinem Rechte sind also gleichfalls nur gelegentliche, beiläufige, zum Teil mittelbare."[99] Das große wissen-

---

[96] Amtlich promulgiert in: AAS 82 (1990), S. 1045-1364. Vgl. hierzu *Alfred E. Hierold,* Die Systematik des Codex Canonum Ecclesiarum Orientalium, in: ArchKathKR 160 (1991), S. 338-345. Auf den CCEO kann im Zusammenhang dieses Beitrages nicht eingegangen werden. Hinsichtlich seiner grundsätzlichen Aussagen zum Kirche-Staat-Verhältnis steht er völlig im Einklang mit dem CIC.

[97] Über einen diesbezüglichen, bereits vor Beginn des Zweiten Vatikanischen Konzils vorbereiteten Entwurf, der jedoch nicht in die Konzilsberatungen miteinbezogen wurde, vgl. die Angaben bei *Joseph Listl,* Die Aussagen des Codex Iuris Canonici vom 25. Januar 1983 zum Verhältnis von Kirche und Staat, in: Ess-Gespr. 19 (1985), S. 9 mit Anm. 3. — Besondere Beachtung verdient jetzt die Abhandlung von *Gerald Göbel,* Das Verhältnis von Kirche und Staat nach dem Codex Iuris Canonici des Jahres 1983 (= Staatskirchenrechtliche Abhandlungen, Bd. 21), Berlin 1993.

[98] Vgl. hierzu *Mikat,* Kirche und Staat (Anm. 1), Sp. 480.

schaftliche Ansehen, das Stutz genoß, trug wesentlich dazu bei, daß diese Feststellung weithin in der einschlägigen Literatur übernommen wurde, und auch *Klaus Mörsdorf* hat sie in seinem im deutschsprachigen Raum führenden Lehrbuch des Kirchenrechts fest verankert.[100] Aber eine Zusammenstellung und Analyse aller Aussagen des Codex Iuris Canonici von 1917 zum Verhältnis von Staat und Kirche führen zu einem anderen Ergebnis, zeigen vielmehr, daß der Kodex weit mehr als nur verstreute Aussagen zum Kirche-Staat-Verhältnis enthält, in denen die Unabhängigkeit der Kirche vom Staat betont wird (vielfach mit den Wendungen wie „aufgrund göttlicher Anordnung", „unabhängig von jeder menschlichen Gewalt", „unabhängig von der staatlichen Gewalt" oder: „Die Kirche beansprucht das angeborene und eigene Recht"). Der Codex Iuris Canonici von 1917 enthält vielmehr den festgefügten, in sich geschlossenen, auf göttliche Anordnung zurückgehenden Strukturplan der Kirche. Kirchenbegriff und Kirchenverständnis des CIC bedingen das katholische Verständnis vom Verhältnis von Kirche und Staat. In diesem Sinne bezeichnet *Hans Barion* den CIC von 1917 als die Zusammenfassung aller grundsätzlichen kanonischen Normen zum Verhältnis von Kirche und Staat. Die Aussagen des Codex Iuris Canonici vom 25.1.1983 zum Kirche-Staat-Verhältnis stehen in einer vollen und ungebrochenen Kontinuität mit dem Kodex von 1917. Zwischen den beiden Gesetzbüchern besteht insoweit keinerlei Unterschied. Weithin sind die Aussagen des CIC/1983 zum Verhältnis von Kirche und Staat wortgleich mit denjenigen des CIC/1917.[101]

2. Kirchliches Verfassungs- und Ämterrecht

Die Interpretation der eher implizit als explizit enthaltenen Aussagen zum Verhältnis von Kirche und Staat im CIC/1983 hat heute im Lichte der entsprechenden Dokumente des II. Vatikanums zu erfolgen. Gegenüber dem CIC/1917 sind die Konturen zum Teil unschärfer geworden. Durch den Wegfall der sog. „Klerikerprivilegien", die im CIC/1917 noch postuliert wurden, sind im CIC/1983 einige längst fällige Korrekturen vorgenommen worden.[102] Diese tangieren jedoch nicht das Zentrum des

---

[99] *Ulrich Stutz*, Der Geist des Codex iuris canonici (= Kirchenrechtliche Abhandlungen, H. 92/93). Stuttgart 1918 (Neudr. Amsterdam 1961), S. 109 ff. Zu Ulrich Stutz s. *Paul Mikat*, Art. Stutz, In: StL⁶ VII, 1962, Sp. 821-823.

[100] *Klaus Mörsdorf*, Lehrbuch des Kirchenrechts auf Grund des Codex Iuris Canonici. 11. Aufl., Bd. 1, München, Paderborn, Wien 1964, S. 42.

[101] *Hans Barion*, Art. Kirche und Staat (kath. Lehre), in: RGG³ III, 1959, Sp. 1336.

[102] Zu diesen Klerikerprivilegien und ihrer Entstehungsgeschichte siehe die eingehende Darstellung bei *Johann Baptist Sägmüller*, Lehrbuch des katholi-

§ 4 Kirche und Staat nach der Lehre der katholischen Kirche   145

Kodexprogramms, nämlich den Rechtsgrundsatz, daß die katholische Kirche und der Apostolische Stuhl aufgrund göttlicher Anordnung den Charakter einer moralischen Person haben (c. 113 § 1 CIC).[103] Nach kanonischem Verständnis wird dadurch ausgesagt, daß Christus die Kirche frei und unabhängig von jeder weltlichen Autorität errichtet hat, die mit Eigenrechtsmacht ausgestattet über eine umfassende Leitungsgewalt (potestas regiminis oder iurisdictionis) verfügt (vgl. c. 129 CIC) und daß Christus ihr auch alle Rechte verliehen hat, die sie zur Erfüllung ihrer Aufgaben benötigt. Welche Rechte dies im einzelnen sind, kann die Kirche entsprechend ihrer Souveränität jeweils nur selbst verbindlich bestimmen. Der Begriff „Apostolischer Stuhl" bzw. „Heiliger Stuhl" wird in c. 361 näher bestimmt. Danach ist unter dieser Bezeichnung nicht nur der Papst zu verstehen, sondern auch, sofern sich nicht aus der Natur der Sache oder aus dem Kontext offensichtlich etwas anderes ergibt, das Staatssekretariat, der Rat für die öffentlichen Angelegenheiten der Kirche und andere Einrichtungen der Römischen Kurie, mithin alle obersten Organe der katholischen Kirche, die im Auftrag des Papstes handeln und deren sich der Papst bei der Verwaltung der Universalkirche bedient. Der Kodex von 1983 übernahm hierbei wörtlich die Formulierung des c. 100 § 1 CIC/1917.

Den Kernbereich des Verfassungsrechts der katholischen Kirche bilden die Bestimmungen über die beiden Träger der obersten Leitungsgewalt der Kirche, d. h. über den Papst und das Bischofskollegium. Sie regeln die rechtliche Vertretung der katholischen Kirche nach außen und damit die Beziehungen der Kirche zu den einzelnen Staaten. Der Papst als Bischof der Kirche von Rom und als Haupt des Bischofskollegiums, als Stellvertreter Christi und Hirte der Gesamtkirche hier auf Erden verfügt gemäß c. 331 über die höchste, unmittelbare und universale ordentliche Gewalt, die er immer frei ausüben kann.[104] Das Bi-

---

schen Kirchenrechts. 4. Aufl., Bd. 1, 3. Teil, Freiburg i. Br. 1930, S. 333-353; ferner *Listl*, Die Aussagen des Codex Iuris Canonici (Anm. 97), S. 20 f.

[103] Vgl. hierzu *Mikat*, Das Verhältnis von Kirche und Staat (Anm. 77), S. 165; *Heribert Franz Köck*, Die völkerrechtliche Stellung des Heiligen Stuhls dargestellt an seinen Beziehungen zu Staaten und internationalen Organisationen. Berlin 1975, S. 421 f. Zur Bedeutung der Begriffe „persona moralis" und „persona iuridica" im CIC/1983 vgl. *Helmut Schnizer*, Allgemeine Fragen des kirchlichen Vereinsrechts, in: HdbKathKR, S. 454 f. Die Bestimmung des c. 113 § 1 CIC/1983 findet sich in wortgleicher Form in c. 100 § 1 CIC/1917 und wurde von dort in den CIC/1983 übernommen.

[104] Diese Bestimmung des c. 331 findet sich nahezu wortgleich in den Texten des Zweiten Vatikanums, insbesondere in der Dogmatischen Konstitution über die Kirche „Lumen Gentium"; siehe hierzu die mit Quellenverweisen ausgestattete amtliche sog. „große" Ausgabe des CIC/1983: Pontificia Commissio Codici Iuris Canonici authentice interpretando (Hrsg.), Codex Iuris Canonici. Auctoritate Joannis Pauli PP. II promulgatus. Fontium annotatione et indice analytico-

schofskollegium, dessen Haupt der Papst ist, ist gleichfalls Träger höchster und voller Gewalt über die Gesamtkirche.[105] Damit ist die Befugnis, die katholische Kirche nach außen zu vertreten oder auf andere Weise in ihrem Namen rechtserhebliche Erklärungen abzugeben, ausschließlich dem Papst und dem Bischofskollegium vorbehalten.

Völlig im Einklang mit den diesbezüglichen Bestimmungen des CIC/1917 nimmt die Kirche für sich das Recht in Anspruch, unabhängig von jeder staatlichen Gewalt, und unter Berufung auf göttliche Anordnung, ihre Angelegenheiten selbständig zu ordnen und zu regeln. In c. 129 § 1 erklärt der Kodex, daß in der Kirche aufgrund göttlicher Einsetzung eine Leitungsgewalt — potestas regiminis — besteht, die auch als Jurisdiktionsgewalt — potestas iurisdictionis — bezeichnet wird. Bekanntlich kennt das kanonische Recht, da die gesamte oberste Leitungsgewalt beim Papst liegt, keine Gewaltentrennung; dadurch unterscheidet sich das kanonische Recht von der Gewaltenteilung in der heutigen repräsentativen Demokratie. Das Kirchenrecht kennt aber wohl eine Gewaltenunterscheidung. In dieser Hinsicht enthält c. 135 § 1 die bedeutsame Aussage: „Die Leitungsgewalt wird unterschieden in gesetzgebende, ausführende und richterliche Gewalt" („Potestas regiminis distinguitur in legislativam, exsecutivam et iudicialem"). Dies bedeutet in der Rechtspraxis, daß auch in der obersten Leitung der katholischen Kirche die verwaltende Tätigkeit und die Rechtsprechung, soweit deren Akte nicht ausnahmsweise vom Papst selbst vorgenommen werden, in den Händen getrennter Organe liegen.[106]

Zum Kernbereich auf dem Gebiete der Ämterbesetzung gehört das Recht der Kirche zur freien Besetzung der Bischofsstühle. Hierzu bestimmt c. 377 § 1: „Der Papst ernennt die Bischöfe frei oder bestätigt die rechtmäßig Gewählten." Bei den hier genannten „rechtmäßig Gewählten" ist in erster Linie an die katholischen orientalischen Kirchen zu denken, in denen seit jeher das Recht zur Wahl des Patriarchen den Bischöfen des Patriarchats zusteht. In ihnen werden auch die Bischöfe in der Regel von den zur Wahlsynode versammelten Residential- und Titularbischöfen des Patriarchats gewählt. Dabei obliegen die Vorbereitung und die Leitung der Wahl dem jeweiligen Patriarchen.[107]

---

alphabetico auctus, Roma 1989, c. 331; zur Rechtsstellung des Papstes im katholischen Kirchenrecht siehe *René Metz*, Der Papst, in: HdbKathKR, S. 252-266.

[105] Vgl. hierzu *Hubert Müller*, Die Träger der obersten Leitungsgewalt, in: HdbKathKR, S. 248-252; *Konrad Hartelt*, Das Ökumenische Konzil, ebd., S. 266-272.

[106] Über die drei Funktionen der Gesetzgebung, Verwaltung und Rechtsprechung als Bestandteile der einheitlichen Leitungsgewalt (potestas regiminis) der Kirche s. *Aymans-Mörsdorf*, KanR I (Anm. 95), S. 385-444.

§ 4 Kirche und Staat nach der Lehre der katholischen Kirche 147

In weithin wortgleicher Übereinstimmung mit den Aussagen des II. Vatikanums wendet sich der CIC/1983, ebenso wie auch der CIC/1917, gegen jede Einflußnahme der staatlichen Gewalt auf die Besetzung der Bischofsstühle. In dieser Hinsicht bestimmt c. 377 § 5 CIC, daß in Zukunft weltlichen Autoritäten keine Rechte und Privilegien in bezug auf Wahl, Nomination, Präsentation oder Designation von Bischöfen eingeräumt werden. In Deutschland steht dem Papst nur für die der Geltung des Bayerischen Konkordats unterliegenden Diözesen, d. h. mit Einschluß des Bistums Speyer, das Recht auf freie Bischofsernennung zu. Das in den übrigen deutschen Diözesen den Domkapiteln konkordatsrechtlich zugestandene Bischofswahlrecht steht jedenfalls zum Wortlaut des c. 377 § 5 nicht in Widerspruch, weil nach dieser Bestimmung nur *weltliche* Autoritäten für die Zukunft von der Zuerkennung dieses Rechts ausgeschlossen sind.[108]

Die katholische Kirche ist sich bewußt, daß sie bei der Realisierung ihrer Aufgabenerfüllung mit ihrem Rechtsanspruch in vielen Fällen sehr bald an diejenigen Grenzen stößt, die vom jeweiligen staatlichen Recht gezogen werden. Sie strebt daher nach Möglichkeit mit den Staaten eine vertragliche Regelung an. In dieser Hinsicht bestimmt c. 3 CIC, daß abgeschlossene Konkordate von den Bestimmungen des Codex Iuris Canonici nicht berührt werden. Diese Vorschrift erstreckt sich auch auf künftige konkordatäre Vereinbarungen, zu denen das II. Vatikanum Kirche und Staaten geradezu aufgerufen hat.

Auch im internationalen Rechtsverkehr tritt die Kirche als souveräne Macht auf; nach c. 362 CIC besitzt der Papst das „angeborene und unabhängige Recht", seine Gesandten zu ernennen, zu versetzen oder abzuberufen (sog. aktives und passives Gesandtschaftsrecht), allerdings unter Wahrung der Normen des internationalen Rechts, soweit es die

---

[107] Über die Wahl der Patriarchen in den katholischen orientalischen Kirchen s. cc. 63-77 CCEO, über die Wahl der Bischöfe cc. 180-189 CCEO; ferner *Hans Paarhammer,* Bischofsbestellung im CCEO. Patriarchen- und Bischofswahl und andere Formen der Bischofsbestellung, in: ArchKathKR 160 (1991), S. 390-407. Vgl. hierzu ferner *Klaus Mörsdorf,* Art. Bischof (III 5 b), in: LThK² II, 1958, Sp. 504; ferner auch die Untersuchung von *Wilhelm de Vries,* Rom und die Patriarchate des Ostens. Freiburg, München 1963, bes. S. 247-300: Die Haltung Roms gegenüber der Autonomie der Patriarchate im zweiten Jahrtausend.
[108] Über die Ernennung der Diözesanbischöfe im deutschsprachigen Raum vgl. *Heribert Schmitz,* Der Diözesanbischof, in: HdbKathKR, S. 337 ff.; ferner *Richard Puza,* Die Dom- und Stiftskapitel, ebd., S. 376-380. In neuerer Zeit mehren sich Stimmen, die eine Mitwirkung bzw. Einschaltung des Staates bei Bischofsernennungen für obsolet halten. Angaben hierzu bei *Joseph Listl,* Die Besetzung der Bischofsstühle. Bischofsernennungen und Bischofswahlen in Deutschland, in: Sendung und Dienst im bischöflichen Amt. FS für Josef Stimpfle, St. Ottilien 1991, S. 32 f. mit Anm. 6.

Entsendung und Abberufung von Gesandten bei Staaten betrifft. Nach heute sowohl in der Völkerrechtslehre als auch in der Völkerrechtspraxis durchweg herrschender Ansicht kommt es dem Apostolischen Stuhl zu, nicht nur mit anderen Staaten auf dem Boden der Gleichberechtigung Verträge (Konkordate) zu schließen, sondern auch in gleicher Weise wie die souveränen Staaten sich durch eigene Gesandte vertreten zu lassen (aktives Gesandtschaftsrecht) und dementsprechend auch Gesandte dieser Staaten bei sich in Rom zu akkreditieren (passives Gesandtschaftsrecht).[109]

3. Glaubensverkündigung und Bildungswesen

Die primäre Aufgabe der Kirche besteht in der Verkündigung des Evangeliums ihres Herrn Jesus Christus. Nach c. 747 CIC ist es ihr „angeborenes Recht, auch unter Einsatz der ihr eigenen sozialen Kommunikationsmittel, unabhängig von jeder menschlichen Gewalt, allen Völkern das Evangelium zu verkündigen". Hierfür beansprucht sie auch das Recht, über politische und soziale Verhältnisse zu urteilen: Der Kirche kommt es zu, immer und überall die sittlichen Grundsätze auch über die soziale Ordnung zu verkündigen wie auch über menschliche Dinge jeder Art zu urteilen, soweit Grundrechte der menschlichen Person oder das Heil der Seelen dies erfordern.[110]

Das vom Verkündigungsdienst der Kirche handelnde Buch III des CIC/1983 enthält auch eingehende Bestimmungen über das kirchliche Bildungs- und Erziehungswesen. Die Kirche verkennt hierbei nicht, daß diese Bestimmungen in weiten Teilen der Welt im Grunde nicht mehr als Postulate darstellen. Dies hält sie jedoch nicht davon ab, sich für die Freiheit ihrer Gläubigen einzusetzen. In dieser Hinsicht nimmt die Kirche unter Ablehnung jeglichen staatlichen Schulmonopols das Recht in Anspruch, „Schulen jedweden Wissenszweiges, jedweder Art und Stufe zu gründen und zu leiten (c. 800 § 1 CIC). Zu diesen Schulen gehören auch Berufsschulen und technische Schulen. Seit jeher nimmt die Kirche das Recht in Anspruch, auch Universitäten zu errichten und zu leiten (c. 807 CIC). Zum elterlichen Erziehungsrecht, für das die

---

[109] Einzelheiten zur Geschichte und zur gegenwärtigen Bedeutung der Apostolischen Nuntiaturen bei *Paul Mikat,* Die päpstlichen Gesandten, in: HdbKathKR, S. 295-301 (296).

[110] Diese Aussage des c. 747 § 2 CIC findet sich nahezu wortgleich in den Art. 40-45 und in Art. 76 der Pastoralkonstitution (Anm. 15), S. 425 ff. und 533; vgl. auch Art. 4 der Erklärung über die Religionsfreiheit (Anm. 18), S. 723. Zu c. 747 vgl. die zahlreichen Nachweise in der großen Ausgabe des CIC mit Anmerkungsapparat (Anm. 104).

§ 4 Kirche und Staat nach der Lehre der katholischen Kirche 149

Kirche sich seit jeher weltweit eingesetzt hat, erklärt der CIC/1983, daß die katholischen Eltern die Pflicht und das Recht haben, die Mittel und Einrichtungen zu wählen, mit denen sie je nach den örtlichen Verhältnissen besser für die katholische Erziehung ihrer Kinder sorgen können (c. 793 § 1 CIC). Zur Frage der staatlichen Subventionspflicht erklärt der Kodex in Übereinstimmung mit den Forderungen des Zweiten Vatikanischen Konzils, daß die Eltern auch das Recht haben, jene vom Staat zu leistenden Hilfen in Anspruch zu nehmen, die sie für die katholische Erziehung ihrer Kinder benötigen (c. 793 § 2 CIC).[111]

Den Religionsunterricht in der Schule betrachtet der Kodex in c. 761 eindeutig als eine Form der Verkündigung der Lehre Christi. Daraus folgt, daß der Religionsunterricht und die katholische religiöse Erziehung, die in den Schulen jeglicher Art vermittelt oder in verschiedenen sozialen Kommunikationsmitteln geleistet werden, der kirchlichen Autorität unterstehen (c. 804 CIC). Hieraus folgt ferner, daß, wer immer im Namen der Kirche eine Lehrtätigkeit in katholischer Religion ausübt, hierzu eines besonderen kirchlichen Lehr- bzw. Sendungsauftrags in der Form der Missio canonica bedarf. Wie c. 805 CIC erklärt, steht dem Diözesanbischof für seine Diözese das Recht zu, die Religionslehrer zu ernennen bzw. zu approbieren und sie, wenn es aus religiösen oder sittlichen Gründen erforderlich sein sollte, abzuberufen bzw. ihre Abberufung zu fordern. Dies ist ein allgemeiner Grundsatz, der weltweit Geltung besitzt.[112]

Auch sämtliche Lehrer der katholischen Theologie, unabhängig davon, ob sie an einer kirchlichen oder staatlichen Hochschule eine theologische Disziplin vertreten, bedürfen gemäß c. 812 CIC eines Auftrags — im weitesten Sinne des Wortes als *mandatum* bezeichnet — des zuständigen Diözesanbischofs. Dieses wird in der Bundesrepublik Deutschland kraft gemeindeutschen Staatskirchen- bzw. Konkordatsrechts durch den zuständigen Diözesanbischof gegenüber der jeweiligen staatlichen Kultusverwaltung in der Form des „*Nihil obstat*" erteilt.[113]

---

[111] C. 797 CIC basiert weithin auf der Erklärung über die christliche Erziehung „Gravissimum educationis" des Zweiten Vatikanischen Konzils. In Art. 6 dieser Erklärung wird im Interesse der Möglichkeit der Eltern, für ihre Kinder „die Schulen nach ihrem Gewissen wirklich frei wählen zu können", eine staatliche Subvention der freien bzw. kirchlichen Schulen gefordert. Wortlaut in: LThK²-Konzilskommentar II, 1967, S. 381. Nähere Angaben hierzu bei *Wilhelm Rees*, Der Religionsunterricht und die katechetische Unterweisung in der kirchlichen und staatlichen Rechtsordnung. Regensburg 1986, S. 118, 137, 186 f.

[112] Zum Religionsunterricht nach dem Verständnis des CIC/1983 vgl. die heute maßgebliche Darstellung von *Rees*, Der Religionsunterricht (Anm. 111); s. ferner *Joseph Listl*, Der Religionsunterricht, in: HdbKathKR, S. 590-605.

[113] Vgl. hierzu *Heribert Schmitz*, Studien zum kirchlichen Hochschulrecht (= Forschungen zur Kirchenrechtswissenschaft, Bd. 8), Würzburg 1990. Vgl. fer-

4. Kirchliches und staatliches Eherecht

Auf dem Gebiete des Eherechts hat sich in der Neuzeit im Laufe der geschichtlichen Entwicklung in vielen Staaten die staatliche Gesetzgebung von der früheren Bindung an das kirchliche Eherecht gelöst. Diese Tatsache kann freilich die katholische Kirche nicht daran hindern, an ihrem Eherecht für ihre Gläubigen nach wie vor unverändert festzuhalten.[114] Der Grund hierfür liegt darin, daß die Ehe nach der dogmatischen Lehre der katholischen Kirche eines der sieben von Jesus Christus eingesetzten Sakramente ist, über die die Kirche nicht verfügen kann. In diesem Sinne erklärt c. 1055 § 2 CIC, daß es zwischen Getauften keinen gültigen Ehevertrag geben kann, ohne daß dieser zugleich Sakrament ist. Sofern bei der Eheschließung ein Katholik beteiligt ist, verlangt die Kirche im Sinne einer Gültigkeitsvoraussetzung die Beobachtung der für den Eheabschluß vorgeschriebenen kanonischen Eheschließungsform. Danach muß der Abschluß der Ehe vor dem zuständigen trauungsberechtigten Kleriker als dem Vertreter der Kirche und zwei Zeugen erfolgen. In begründeten Ausnahmefällen kann von der Beobachtung dieser kanonischen Eheschließungsform allerdings durch den zuständigen Ortsordinarius Befreiung erteilt werden. Eine Zuständigkeit des Staates auf dem Gebiete des Eherechts wird von der katholischen Kirche nur hinsichtlich der rein bürgerlichen Wirkungen der Ehe anerkannt (vgl. c. 1059 CIC). Ehesachen der Getauften sind kraft eigenen Rechts der Kirche Sache des kirchlichen Richters (c. 1671 CIC), wobei ein auffallender Vorrang des kirchlichen Rechts in c. 1672 CIC zu beachten ist: „Streitfragen hinsichtlich der rein bürgerlichen Wirkungen einer Ehe gehören in die Zuständigkeit der weltlichen Behörde, außer das Partikularrecht bestimmt, daß diese Sachen vom kirchlichen Richter untersucht und entschieden werden können, falls sie auf dem Weg eines Zwischenstreites oder neben der Hauptklage zur Behandlung stehen."

Die sog. obligatorische Ziviltrauung, die sich im Gefolge der Französischen Revolution in einer Reihe von Staaten Mitteleuropas in der Form einer „obligatorischen zivilen Voraustrauung" durchgesetzt hat, wird

---

ner in *diesem* Handbuch *Alexander Hollerbach*, § 56 Theologische Fakultäten und staatliche Pädagogische Hochschulen; ferner ebenfalls in *diesem* Handbuch *Manfred Baldus*, § 57 Kirchliche Hochschulen.

[114] Zum kirchlichen Eherecht s. *Josef Prader,* Das kirchliche Eherecht in der seelsorglichen Praxis. 3. Aufl. mit Hinweisen auf die Rechtsordnungen der Ostkirchen. Bozen, Würzburg, Innsbruck, Wien 1991; ferner die einschlägigen Beiträge von *Matthäus Kaiser, Hartmut Zapp, Bruno Primetshofer, Heribert Heinemann, Karl-Theodor Geringer, Heinrich Flatten* sowie — zum staatlichen Eherecht — *Paul Mikat,* in: HdbKathKR, S. 730-836.

§ 4 Kirche und Staat nach der Lehre der katholischen Kirche 151

im Kirchlichen Gesetzbuch nicht ausdrücklich erwähnt. Es bedarf keiner besonderen Betonung, daß die freiheitlichere Praxis der fakultativen Ziviltrauung im angelsächsischen und nordamerikanischen Rechtsbereich dem kanonischen Recht mehr entspricht als die ursprünglich in kirchenfeindlichem Geiste geschaffene obligatorische Ziviltrauung. Diese betrachtet die Kirche lediglich als eine Erklärung hinsichtlich der rein bürgerlichen Wirkungen der Eheschließung.[115]

5. Kirchengut und kirchliche Vermögensverwaltung

Wie das Zweite Vatikanische Konzil erklärt hat, bildet auch das Recht, religiöse Gebäude zu errichten und zweckentsprechende Güter zu erwerben und zu gebrauchen einen wesentlichen Bestandteil des Grundrechts der Religionsfreiheit und der Kirchenfreiheit. Dieses Recht ist eine Grundvoraussetzung dafür, daß die Kirche in dieser Welt ihre Mission in Freiheit und ohne Diskriminierung ausüben kann. Gerade durch den Entzug ihres Vermögens und durch Behinderung der Verfügungsgewalt über das Kirchengut kann die Tätigkeit der Kirche in schwerwiegender Weise beeinträchtigt oder sogar weithin unmöglich gemacht werden.

Diese bitteren Erkenntnisse haben der Kirche immer wieder von neuem, wie *Listl* hierzu ausführt, staatliche Amortisationsgesetze, Säkularisationen, Konfiskationen, schikanöse Sammlungsverbote und andere staatliche Eingriffe in das Kirchengut und die kirchliche Vermögensverwaltung vermittelt. Aus diesem Grunde beansprucht die Kirche in dem einleitenden c. 1254 des V. Buches, das im CIC/1983 dem Kirchenvermögen gewidmet ist, das angeborene Recht, unabhängig von der staatlichen Gewalt Vermögen zur Verwirklichung der ihr eigenen Zwecke zu erwerben, zu besitzen, zu verwalten und zu veräußern. Als die vorrangigen eigenen Zwecke, zu deren Verfolgung Kirchengut erworben werden kann, nennt der Kodex an erster Stelle die geordnete Durchführung des Gottesdienstes, ferner die Sicherung des angemessenen Unterhalts des Klerus und der anderen Kirchenbediensteten und schließlich die Ausübung der Werke des Apostolats und der Karitas und vor allem die Fürsorge gegenüber den Armen.[116]

---

[115] Vgl. hierzu *Friedrich Wilhelm Bosch*, Staatliches und kirchliches Eherecht — in Harmonie oder im Konflikt? Insbesondere zur Entwicklung und zur gegenwärtigen Situation im Eheschließungsrecht (= Schriften zum deutschen und europäischen Zivil-, Handels- und Prozeßrecht, Bd. 122), Bielefeld 1988; ferner in *diesem* Handbuch *Dietrich Pirson*, § 28 Kirchliches und staatliches Eherecht.

[116] Zum kirchlichen Vermögensrecht auf der Grundlage des CIC von 1983 vgl. Handbuch des Vermögensrechts der katholischen Kirche, hrsg. von Hans Heimerl

Als rechtmäßige Träger bzw. Eigentümer von Kirchenvermögen nennt der Kodex die Gesamtkirche und den Apostolischen Stuhl, die Teilkirchen, d. h. vor allem die Diözesen, und die diözesanähnlichen Verwaltungseinheiten und schließlich jedwede öffentliche oder private juristische Person. Ihnen allen eignet gemäß c. 1255 CIC die Fähigkeit, nach den Bestimmungen des kirchlichen Rechts Kirchengut zu erwerben, zu besitzen, zu verwalten und zu veräußern.

Im Hinblick auf die „Einnahmeseite" der kirchlichen Finanzverwaltung erklärt c. 1260 CIC, daß die Kirche das angeborene Recht besitzt, von ihren Gläubigen diejenigen Zuwendungen zu fordern, die für die Verwirklichung der ihr eigenen Zwecke notwendig sind. Der kirchliche Gesetzgeber geht hierbei grundsätzlich davon aus, daß die Gläubigen der Kirche alle notwendigen finanziellen Mittel zur Verfügung stellen, und zwar gemäß den von den einzelnen Bischofskonferenzen erlassenen Normen. Für Ausnahmefälle wird dem Bischof im Gegensatz zu dem in der Bundesrepublik Deutschland bestehenden kirchlichen Besteuerungsrecht die Befugnis zur innerkirchlichen Besteuerung der Gläubigen zuerkannt. Dies bedeutet: unter bestimmten Voraussetzungen kann der Diözesanbischof den ihm unterstehenden öffentlichen juristischen Personen, worunter vor allem die Pfarreien zu verstehen sind, eine mäßige und den jeweiligen Einkünften entsprechende Steuer auferlegen. Hierunter versteht der kirchliche Gesetzgeber eine rein innerkirchliche Abgabe, deren Erhebung bzw. Eintreibung ohne Inanspruchnahme des staatlichen Finanzapparates erfolgt. Gewissermaßen in Extremfällen erkennt der Kodex dem Bischof das Recht zu, von den ihm unterstehenden natürlichen und juristischen Personen „eine außerordentliche und maßvolle Abgabe" zu fordern.[117] Schließlich erweist der kirchliche Gesetzgeber auch dem in der Bundesrepublik Deutschland bestehenden Kirchensteuersystem — im Unterschied zum CIC/1917 — in gewissem Sinne eine respektvolle Reverenz, wenn er in c. 1263 ausdrücklich anmerkt, daß hierbei diejenigen teilkirchlichen Gesetze und das Gewohnheitsrecht, die dem Bischof weitergehende Rechte — *potiora iura* — einräumen, in ihrer Geltung unberührt bleiben.[118]

---

und Helmuth Pree unter Mitwirkung von Bruno Primetshofer und Matthäus Kaiser, Regensburg 1993; ferner die Beiträge von *Winfried Schulz, Richard Potz, Alexander Hollerbach* und *Richard Puza*, in: HdbKathKR, S. 859-919.

[117] Vgl. hierzu *Listl*, Die Aussagen des Codex Iuris Canonici (Anm. 97), S. 26 f.

[118] Zum kirchlichen Besteuerungsrecht vgl. in *diesem* Handbuch *Heiner Marré*, § 37 Das kirchliche Besteuerungsrecht, m. w. N.

6. Kirchliches Strafrecht und kirchliche Rechtsprechung

In voller Übereinstimmung mit dem CIC/1917 nimmt die Kirche in c. 1311 das angeborene und eigene Recht — *nativum et proprium ius* — in Anspruch, straffällig gewordene Gläubige, mit den Mitteln des Strafrechts zurechtzuweisen.[119] Die Strafbestimmungen des Kodex richten sich vor allem gegen straffällig gewordene Kleriker. In der Vorrede zum CIC/1983 erklärt der kirchliche Gesetzgeber zur Legitimation des kircheneigenen Strafrechts, die Kirche könne als äußere, sichtbare und unabhängige Gesellschaft auf ein Strafrecht nicht verzichten.[120] Bemerkenswert in diesem Kontext ist ferner, daß die in ihren Ursprüngen aus dem Mittelalter stammende und noch in c. 2198 CIC/1917 enthaltene Bestimmung, in der die Kirche das Recht in Anspruch nahm, bei der Verfolgung von ausschließlich kirchlichen Straftaten, sofern sie dies für notwendig oder für angemessen hielt, sich der Hilfe des „weltlichen Armes" zu bedienen, im CIC/1983 nicht mehr enthalten ist. Ferner sind diejenigen Straftatbestände entfallen, die gegen Katholiken gerichtet waren, die an staatliche Instanzen appelliert hatten, in der Absicht, mit Hilfe des staatlichen Machtapparates Urteile kirchlicher Gerichte aufzuheben oder die Tätigkeit der Bischöfe und anderer kirchlicher Amtsträger zu behindern.[121]

Das kirchliche Strafrecht ist von der Tendenz bestimmt, Strafverfahren von vornherein möglichst zu vermeiden. C. 1341 CIC verpflichtet in dieser Hinsicht den Ordinarius, dafür zu sorgen, daß der Gerichts- oder der Verwaltungsweg zur Verhängung oder Feststellung von Strafen nur dann beschritten wird, wenn er sich überzeugt hat, daß weder durch mitbrüderliche Ermahnung noch durch Verweis noch durch andere pastorale Bemühungen ein Ärgernis hinreichend behoben, die Gerechtigkeit wiederhergestellt und der Täter gebessert werden kann.

---

[119] Zur Begründung des kirchlichen Strafanspruchs im einzelnen und ferner zum Strafensystem des CIC/1983 siehe *Wilhelm Rees,* Die Strafgewalt der Kirche. Das geltende kirchliche Strafrecht — dargestellt auf der Grundlage seiner Entwicklungsgeschichte (= Kanonistische Studien und Texte, Bd. 41), Berlin 1993.

[120] Siehe Codex Iuris Canonici, Praefatio, in: AAS 75 (1983), Pars II, S. XXXIII, und in sämtlichen Ausgaben des CIC/1983.

[121] Das heutige kirchliche Strafrecht kennt nur noch geistliche Strafen. Strafen rein weltlicher Art, wie sie im Früh- und Hochmittelalter und auch noch später von der Kirche nicht selten verhängt wurden, sind dem heutigen kanonischen Recht fremd. Vgl. hierzu u. a. *Richard A. Strigl,* Das Funktionsverhältnis zwischen kirchlicher Strafgewalt und Öffentlichkeit. München 1965, S. 64 ff.; vgl. ferner *ders.,* Grundfragen des kirchlichen Strafrechts, in: HdbKathKR, S. 925 ff.; *Klaus Mörsdorf,* Lehrbuch des Kirchenrechts. 11. Aufl., Bd. 3, München, Paderborn, Wien 1979, S. 313.

Ebenso wie ihr Recht, straffällig gewordene Gläubige mit dem Mittel des Strafrechts zurechtzuweisen, betrachtet die Kirche auch die Befugnis zu eigener Rechtsprechung als einen wesentlichen Bestandteil der ihr von ihrem Stifter übertragenen Leitungsgewalt.[122] In c. 1401 CIC erklärt der kirchliche Gesetzgeber, daß die Kirche kraft eigenen und ausschließlichen Rechts in Streitsachen, die geistliche Sachen und mit diesen verbundene Angelegenheiten zum Gegenstand haben, sowie ferner über die Verletzung kirchlicher Gesetze und über alle sündhaften Handlungen entscheidet, soweit es sich dabei um die Feststellung von Schuld im Zusammenhang mit der Verhängung von Kirchenstrafen handelt. Der Anspruch der Kirche auf Zuständigkeit auf dem Gebiete der Rechtsprechung ist denkbar umfassend: Er erstreckt sich auf die kirchliche Ehegerichtsbarkeit, Verwaltungsgerichtsbarkeit, Straf- und Disziplinargerichtsbarkeit. In letzter Instanz judizieren in kirchlichen Streitigkeiten die beiden päpstlichen Gerichtshöfe, die Apostolische Signatur, der höchste Gerichtshof des Apostolischen Stuhls, und die Römische Rota. Die Apostolische Signatur ist oberste Gerichtsverwaltungsbehörde und Revisionsinstanz für Verwaltungsstreitigkeiten unterschiedlichster Art. Sie ist ferner zuständig für die Entscheidung von Kompetenzstreitigkeiten zwischen Behörden der Römischen Kurie. Die Rota Romana ist ordentliches Berufungsgericht für die Lateinische Kirche in Streit- und Strafsachen. Als Gericht erster Instanz ist sie für die ihr im Gesetz ausdrücklich vorbehaltenen Sachen und für Verfahren zuständig, die ihr vom Papst zugewiesen werden.

7. Zusammenfassung

Neben den Beschlüssen des II. Vatikanums ist nunmehr der CIC/1983 die wichtigste authentische Quelle für die katholische Lehre des Verhältnisses von Kirche und Staat. Nicht zuletzt zeigt der CIC/1983, daß der durch das Konzil lehramtlich eingeleitete Entwicklungsprozeß nicht überschätzt werden darf. Die Konzilsaussagen dürfen nicht als Bruch mit der traditionellen Lehre, sondern müssen als Versuch einer Weiterführung angesehen werden. Zu fragen bleibt, ob der CIC/1983 nicht doch immer noch stark im Banne der geschlossenen traditionellen Lehre steht. Mag auch die Bezeichnung der Kirche als einer „societas perfecta" auf dem Konzil zugunsten theologisch-spiritueller Aussagen in den

---

[122] Zum kirchlichen Gerichtswesen und Verfahrensrecht vgl. die einschlägigen Beiträge von *Georg May, Paul Wirth, Heinrich Flatten, Gerhard Fahrnberger, Hans Paarhammer, Richard A. Strigl,* in: HdbKathKR, S. 953-1018; ferner *Klaus Lüdicke,* Kommentierung des Buches VI ([Straf-]Maßnahmen in der Kirche) und VII (Prozeßrecht) des CIC/1983, in: Klaus Lüdicke u. a. (Hrsg.), Münsterischer Kommentar zum Codex Iuris Canonici, Essen 1990 ff.

§ 4 Kirche und Staat nach der Lehre der katholischen Kirche   155

Hintergrund getreten sein, der Sache nach begegnet die mit diesem Begriff verbundene Konzeption im CIC/1983 letztlich doch ungebrochen wieder.

In seinen Aussagen zum Verhältnis von Kirche und Staat setzt der Codex Iuris Canonici vom 25.1.1983 einen Staat voraus, der seinen Bürgern die in der Allgemeinen Erklärung der Menschenrechte der Vereinten Nationen vom 10. Dezember 1948 enthaltenen Grund- und Freiheitsrechte nicht nur nach dem Buchstaben der Verfassung, sondern auch in der Staats- und Verwaltungspraxis effektiv gewährt.[123]

---

[123] In Art. 13 der „Erklärung über die Religionsfreiheit" betont das Zweite Vatikanische Konzil, daß die Kirche rechtlich und tatsächlich erst *dann* die gefestigte Stellung erhält, welche die Bedingung zur Unabhängigkeit darstellt, die für ihre göttliche Sendung nötig ist und wie sie die kirchlichen Autoritäten in der Gesellschaft mit immer größerem Nachdruck gefordert haben, „wenn der Grundsatz der Religionsfreiheit nicht nur mit Worten proklamiert oder durch Gesetzte festgelegt, sondern auch ernstlich in die Praxis übergeführt ist und in Geltung steht". In Art. 15 dieser Erklärung weist das Zweite Vatikanische Konzil darauf hin, daß es auch Regierungsformen gibt, „in denen die öffentlichen Gewalten trotz der Anerkennung der religiösen Kultusfreiheit durch ihre Verfassung doch den Versuch machen, die Bürger vom Bekenntnis der Religion abzubringen und den religiösen Gemeinschaften das Leben aufs äußerste zu erschweren und zu gefährden". Vgl. hierzu die Erklärung über die Religionsfreiheit (Anm. 18) S. 743 und 747. Über die weltweiten Bemühungen, die in der Gegenwart zur Sicherung der Religionsfreiheit, insbesondere durch internationale Konventionen, unternommen werden, siehe *Otto Kimminich*, Religionsfreiheit als Menschenrecht. Untersuchungen zum gegenwärtigen Stand des Völkerrechts (= Entwicklung und Frieden. Wissenschaftliche Reihe 52), Mainz und München 1990.

§ 5

Das Verhältnis von Kirche und Staat nach evangelischem Verständnis

Von Martin Heckel

I. Irritationen

1. Umstrittenes politisches Engagement

Die evangelische Kirche und Theologie tut sich schwer mit ihrem Verhältnis zum Staat[1]. Nach vierhundert Jahren gefestigter Tradition eines evangelischen Staatskirchentums im „christlichen" Staat — als Landeskirchen unter dem obrigkeitlichen Summepiskopat, in prinzipieller Bejahung der Obrigkeit, Autorität, Tradition sowie der nationalen Identifikation von Volkskirchlichkeit und Gesellschaftsstruktur — sind die evangelischen Kirchen mit dem Ende der Monarchie 1918 in innere und äußere Turbulenzen geraten. „*Ist die evangelische Kirche politisiert?*"[2] — dies ist seit 1945 für die evangelische Kirche zu einer Schicksalsfrage geworden, an der sogar die Einheit der Kirche zu zerbrechen drohte[3].

Ihre fundamentalen theologischen Probleme wurden davon bemerkenswert in den Hintergrund gedrängt: Die Auseinandersetzungen über das rechte Schriftverständnis, über die Bibelkritik und die Entmythologisierung, die menschliche und göttliche Natur Jesu Christi, die Pneumatologie und das Problem der Säkularisierung, das Verhältnis von Gesetz und Evangelium, die ökumenische

---

[1] Das Thema greift im Rahmen dieses Grundlagen-Abschnitts weit über die Spezialprobleme des geltenden Staatskirchenrechts hinaus. Deren Handhabung funktioniert in der Alltagspraxis der Juristen in den Kirchen- und Staatsbehörden im ganzen reibungslos in der vom GG gebotenen Distanz und gegenseitigen Koordinierung, vom Konsens beider Teile getragen, was einzelne Reformüberlegungen auf beiden Seiten nicht ausschließt.

[2] *Erwin Wilkens,* Ist die evangelische Kirche politisiert?, in: Kirche im Spannungsfeld der Politik. FS für Hermann Kunst. Göttingen 1977, S. 81 ff.

[3] Statt anderer *Gerhard Ebeling,* Kirche und Politik, in: ders., Wort und Glaube. Bd. 3, Tübingen 1975, S. 593 ff., 595; *Erwin Wilkens,* Glaube und Politik in der gegenwärtigen Friedensdiskussion, in: ders. (Hrsg.), Christliche Ethik und Sicherheitspolitik. Frankfurt 1982, S. 100.

Einheit der Kirche, das evangelische Bekenntnis als Glaubensdokument und Glaubensgeschehen, seine Verbindlichkeit und seine Weiterentwicklung, die Konkordie der lutherischen und reformierten Kirchen und ihre Abgrenzung vom römisch-katholischen Glaubensverständnis, das Verständnis des Amtes und der Gemeinde, der Ehe und Erziehung, das Verhältnis der Kirche zur Diakonie — all dies wurde überschattet von den Problemen der christlichen Ethik im Spannungsfeld von Kirche und Politik.

Die Antwort fällt sehr verschieden aus: In weiten Teilen der Öffentlichkeit, aber auch der evangelischen Gemeinden wird ihr politisches Engagement den evangelischen Theologen und Kirchenleitungen zum Vorwurf gemacht[4], teilweise auch das Befremden über einen vermeintlichen Linksruck der evangelischen Kirche geäußert[5]. Aus dem Raum der Kirchenleitungen wird die beklagte „Politisierung" vorsichtig in Abrede gestellt und auf die „politische Mitverantwortung der Kirche" verwiesen[6]. Von anderen Seiten aber wird der Kirche übergroße Zurückhaltung, Verantwortungsflucht, Versagen und Mitschuld an der Ungerechtigkeit der politischen und sozialen Verhältnisse, an der globalen Gefährdung des Lebens durch die militärischen Abschreckungsstrategien, an dem beängstigenden Verbrauch der natürlichen Lebensgrundlagen vorgeworfen.

„Das" evangelische Verständnis über das Verhältnis der Kirche zum Staat gibt es nicht[7]. Einstimmigkeit ist nicht zu erwarten, wo theologische und politische Einigkeit fehlt und man die Gegensätze im stetigen Konsensbemühen korrespondierend zum Ausgleich zu bringen sucht. Zu vielen Fragen ist deshalb aus den evangelischen Kirchen ein polyphoner Choral zu hören, immer wieder schrill übertönt vom Fortissimo dissonanter Solostimmen, gelegentlich zerfallend in die Kakophonie durch-

---

[4] Vgl. *Wilkens,* Ist die ev. Kirche politisiert? (Anm. 2), S. 81: „Die evangelische Kirche in der Bundesrepublik mische sich laufend in politische Angelegenheiten ein, ohne dafür von ihrem eigentlichen Auftrag legitimiert und ohne in politischen Fragen hinreichend sachkundig zu sein; sie vernachlässige dabei immer mehr die Grundfunktionen der Kirche in Gottesdienst, Verkündigung, Seelsorge und Gemeindedienst. Die Folge davon sei, daß sich die Kirche selbst in eine politische Anstalt verwandelt habe."

[5] Statt anderer *Rupert Scholz,* Staat und Kirche — Chancen für eine neue Partnerschaft?, in: Walter Bernhardt u. a. (Hrsg.), Glaube und Politik. Neumünster 1987, S. 63 ff.; *Roman Herzog,* Der deutsche Protestantismus und sein Verhältnis zur Demokratie, ebd., S. 13 ff.; *Helmut Schmidt,* Politik und Geist, in: EvKomm 14 (1981), S. 209 ff.

[6] *Wilkens,* Ist die ev. Kirche politisiert? (Anm. 2), S. 81.

[7] Die evangelischen Theologen und Kirchenmänner wirken in ihren disparaten Äußerungen oft wie ein aufgescheuchter „wilder Krähenhaufen", im Unterschied zu der „keilförmig angeordneten Flugformation unserer katholischen Mitbrüder", so *Manfred Jacobs,* Das Verhältnis von Staat und Kirche, in: Oswald Bayer/Heinrich Döring u. a. (Hrsg.), Zwei Kirchen — eine Moral? Regensburg 1986, S. 169 ff., 175.

§ 5 Kirche und Staat nach evangelischem Verständnis 159

einander schreiender Haufen. Diese Dissonanzen wirken durch die Medien sensationell verstärkt.

2. Theologische Hintergründe

Die — ob nun beklagte oder begrüßte — „Politisierung" der evangelischen Kirche wird in der Öffentlichkeit, und insbesondere von den damit konfrontierten Politikern und Juristen, oft ausschließlich als *politisches Phänomen* wahrgenommen. Doch darf man sich nicht täuschen: Die spektakulären Ereignisse und Denkumbrüche sind vielfach *die Folge,* jedenfalls die Begleiterscheinung *einer bestimmten Theologie.* Die uralten Grundfragen der christlichen Theologie und Existenz werden in den Erklärungen und Aktionen der evangelischen Kirchen und Gruppen unterschwellig, aber brisant aktuell, und zwar mit wechselnder Akzentuierung, Einseitigkeit und Auswahl[8].

So liegt das Gewicht wechselnd auf Gott als dem Schöpfer, dem Erhalter, dem Erlöser und dem Richter; auf der Welt als der geschaffenen oder gefallenen Schöpfung; auf dem Weltberuf ihrer pfleglich konservierenden Bewahrung oder radikal revolutionierenden Erneuerung; auf dem Weltablauf als Verfall an die prinzipielle Verfallenheit oder als Fortschreiten zur Verheißung; auf der Eschatologie als der künftigen Vollendung nach dieser Zeit des Harrens und Hoffens oder als dem gegenwärtigen Wachsen und Wirken des Reiches Gottes auf Erden; auf der Christologie der theologia crucis mit der Versenkung in Christi Opfergang, Gnadenwirkung, Nachfolge und Mitleiden mit der erlösungsbedürftigen, erniedrigten Kreatur oder auf der Pantokrator-Christologie des Weltenherrschers und -richters zur umgestaltenden Bewältigung der Welt. Vielfältig schwingt das reformatorische Wechselspiel von Gesetz und Evangelium, geistlichem und weltlichem Regiment, Glaube und Werken, Seele und Leib, Weltperson und Christperson in allen Auseinandersetzungen mit. Dabei überlagern sich die Vorstellungsweisen oft in verwirrenden Kombinationen, je nach der Vorstellung von Gott, Mensch, Welt und Zeit; die Schöpfung zu bewahren bedeutet für viele, ihre vorfindliche Form revolutionierend zu zerschlagen, um durch die Vorwegnahme der verheißenen Zukunft den gültigen Stand der Geschöpflichkeit hic et nunc zu erringen.

3. Weltabkehr oder Weltzuwendung?

Zwischen den zwei Polen der *scharfen Trennung* und der *engen Zuordnung* von Kirche und Staat, Kirche und Welt als Zielvorstellung schwanken und überlagern sich vielfältig die Positionen.

---

[8] Auswahl in Einseitigkeit hieß früher „Hairesis"; sie wurde als Kriterium theologischer Wahrheitsverfehlung definiert.

Einerseits wird die *Diastase,* die Abkehr der Kirche von der gegenwärtigen Welt erstrebt, die sich in vehementer Kritik am geltenden Gesellschafts- und Verfassungssystem entzündet und sich dabei kompromißlos auf das Vorbild der Urgemeinde und auf die wörtlichen Weisungen der Bergpredigt beruft. Auch staatskirchenrechtlich wird in diesen Kreisen eine scharfe Trennung von Staat und Kirche mit dem Rückzug aus den Formen des geltenden Staatskirchenrechts, der öffentlich-rechtlichen Korporationsqualität, des Religionsunterrichts und insbesondere des Kirchensteuerrechts gefordert; die Wiedervereinigung der ostdeutschen Kirchen mit der EKD hat dem Auftrieb gegeben. Das Konstantinische System der Verbundenheit von Thron und Altar soll nach anderthalb Jahrtausenden kirchenpolitischer Verirrung auch in seinen Restformen und Nachwehen beseitigt werden. Diese Diastase muß nicht wie bei manchen Gruppen zur Abkehr von der Welt, zu ihrer Überantwortung an säkulare Autonomie und Eigengesetzlichkeit und zum Rückzug in die Spiritualität „privater" bzw. konventikelhafter Bereiche führen, sondern kann sich mit neuartigen Formen der Weltzuwendung verbinden.

So wird andererseits die *Weltverantwortung* und speziell die politische Mitverantwortung der Kirche und der Christen von der evangelischen Theologie mit Heftigkeit angemahnt und praktiziert. Die Kirche wird als politische Gestaltungsmacht erfahren und eingesetzt, die in den weltlichen Formen politischer Meinungs- und Willensbildung die Lebensgrundlagen erhalten und bewahren, Frieden schaffen, Gerechtigkeit herstellen und dafür die bestehenden Verhältnisse verändern soll. Das aber drängt aufs Neue zur christlichen Weltgestaltung und kirchlichen Weltbemächtigung durch das Wort und seine Macht, den Glauben und die Tat. So soll das Konstantinische System des Bundes der Kirche mit den alten Gewalten fallen, aber mit neuen Zielen und mit neuen Mächten der Welt wiedererstehen bzw. fortgesetzt werden. Dabei kann es bisweilen als Definitionsfrage erscheinen, ob die Kirche sich nach einem theokratischen Leitmodell die Welt (gleichsam in einer neuen Woge der Klerikalisierung) unterwirft oder ob sie sich selbst einem umfassenden Säkularisierungsprozeß ausliefert und darüber ihren geistlichen Auftrag der Evangeliumsverkündung und Heilsvermittlung versäumt oder verkürzt — wenn sich die Kirche in der Welt „verweltlichen", d. h. im Sinne *Hegels* „verwirklichen" soll.

Die Diastase zur Welt und zum Staate in deren vorfindlicher Gestalt kann auf die theokratische bzw. säkularisierte *Synthese* von Kirche und Staat im eschatologischen Zukunftszugriff gerichtet sein[9].

---

[9] Das Schockerlebnis der NS-Diktatur und ihrer Herausforderung der Kirchen im Kirchenkampf hat der evangelischen Kirche wie nie zuvor bewußt gemacht,

§ 5 Kirche und Staat nach evangelischem Verständnis 161

4. Spektakuläre Aktionen

Äußere Vorkommnisse aus dem kirchlichen Raum wirken bisweilen spektakulär und polarisierend. Zwar haben die beiden großen Kirchen ihren unmittelbaren Einfluß auf die politischen Parteien durch Geistliche als führende Parteipolitiker zurückgenommen, wenn man das gegenwärtige parteipolitische Spektrum mit dem des Kaiserreiches in und nach dem Kulturkampf und in der Weimarer Republik vergleicht[10]. Um so stärker fallen politische Aktionen einzelner, oft keineswegs repräsentativer Christen und kirchlicher Gruppen (seltener einzelner Landeskirchen und ihrer Teile) in den Blick, die die Möglichkeiten der demokratischen Meinungsäußerung, Presse, Vereinigung und Aktion bis zur Grenze und darüber hinaus in Anspruch nehmen[11]. Die Kirchenleitungen mahnen ganz in der Regel zur Zurückhaltung, wie dies das geistliche Amt, die seelsorgerlichen Bedürfnisse der Gemeinde und das Pfarrerdienstrecht verlangen; Auswüchse aber pflegen sie meist mit Beschwichtigung, Berichtigung, Bezichtigung herunterzuspielen, damit (infolge ihrer „repressiven Toleranz") sich die Aktivisten nicht als Märtyrer hierarchischer Herrschsucht publikumswirksam in Szene setzen können. Indessen formen sich viele singuläre Züge in der Sicht der Öffentlichkeit zum grellen Mosaik, das die wirkliche Erscheinungsform der Kirche in den Schatten treten läßt, da sich die „normale" Schriftauslegung in der Predigt, das Abendmahl am Sterbebett, der vielfältige diakonische Dienst am Kranken und Behinderten nicht in die Schlagzeilen drängt.

Aufmerksamkeit erregten Äußerungen und Aktivitäten evangelischer Pfarrer und Kreise aus verschiedenen politischen Anlässen: So die sogenannten „Studentengemeinden" seit 1968, deren Studentenpfarrer der Landeskirchen sich alsbald im Bündnis mit den marxistischen Revolutionsgruppen als „Speerspitze der

---

daß auch das apolitische Verhalten politisch verheerend wirken kann und dann mitschuldig werden läßt. Vgl. unten S. 178 ff., 180 ff., 188 ff.

[10] Vgl. z. B. in BVerfGE 42, 312 zum Bremer Abgeordneten-Mandatsstreit (Beurlaubung von Pfarrern und Kirchenbeamten im Falle der Übernahme eines Abgeordnetenmandats). — Doch entfällt dadurch auch die disziplinierende Integrationswirkung und Mäßigung auf das Machbare, die die Einbindung in die Parteien, insbesondere in die großen Volksparteien, mit sich bringt. — Parteien wie das Zentrum gibt es heute nicht mehr, und auch in den christlichen Volksparteien ist das konfessionelle Profil durch eine überkonfessionelle, ja weltanschauliche Öffnung schon in den ersten Nachkriegsjahren weithin abgeschliffen worden.

[11] Dabei beruft man sich oft auf eine neuartig-extensive Interpretation der Glaubensfreiheit in Art. 4 Abs. 1 u. 2 GG, die das GG i. J. 1949 im Rückblick auf die Glaubensbedrängnisse der NS-Zeit ohne Schrankenvorbehalt an die Spitze des Katalogs der liberalen Grundrechte stellte, weil es von den bis dahin üblichen Formen des Gottes- und Nächstendienstes ausgegangen war.

Revolution"[12] gerierten; die Teilnahme kirchlicher Amtsträger auch im Talar an gewalttätigen Demonstrationen[13] vor den Kernkraftwerken und anderen industriellen Großanlagen; Aufrufe zum „zivilen Ungehorsam" und zu massierten Nötigungsaktionen; Aufrufe zur „Gewalt gegen Sachen"; Rechtfertigung rechtswidriger Hausbesetzungen in den verschiedensten Großstädten; moralische Unterstützung für die Hamburger „Hafenstraße"; Bau der Hüttenkirche auf der Frankfurter „Startbahn West"; Aufruf zur Kriegsdienstverweigerung, ja Wehrkraftzersetzung durch Gruppen evangelischer Pastoren; Werbung, nicht nur Beratung, zur Kriegsdienstverweigerung[14]; Aufruf an die Bundeswehr, im Fall des Einmarsches der Roten Armee als erstes die westalliierten Truppen zu entwaffnen und dann vor der angreifenden Sowjetarmee zu kapitulieren[15]; Aufrufe zur Verweigerung der Gebühren für Strom aus Atomkraftwerken; Empfehlungen zum „pazifistischen Steuerboykott"[16]; „Asylgewährung" für fahnenflüchtige Soldaten und abgelehnte Asylbewerber mit rechtskräftigem Abschiebungsbescheid durch Verbergen in kirchlichen Räumen gegen polizeilichen Zugriff; die Benützung gottesdienstlicher Gebetsform zur politischen Agitation[17], Werbestand für die terroristische RAF auf dem „Markt der Möglichkeiten" des Evangelischen Kirchentages noch des Jahres 1993. Sympathiebekundungen gegenüber Terroristen, die zum Teil aus behütetem evangelischem Familienmilieu heraus zur Aktion drängten, wurden in der Öffentlichkeit mit besonderer Verwunderung aufgenommen.

5. Autoritäts- und Vertrauenseinbußen

Die große Autorität und das breite Vertrauen, die die Kirchen aus dem Kirchenkampf und in der Nachkriegszeit in der westdeutschen

---

[12] So *Ludwig Raiser* als Präses der EKD-Synode und Mitglied des Rates der EKD bei einer Begegnung des Rates mit evangelischen Studentenpfarrern im Beisein des Verf. Anfang der siebziger Jahre.

[13] Vgl. *Wolf-Dieter Hauschild*, Kirche-Staat-Politik, in: Kirchliches Jahrbuch für die Evangelische Kirche in Deutschland 1985. Begr. von Johannes Schneider, hrsg. von Wolf-Dieter Hauschild und Erwin Wilkens. 112. Jg., Gütersloh 1988, S. 5, 80 ff.

[14] Vgl. *Hauschild*, Kirche-Staat-Politik (Anm. 13), S. 85 ff., etwa zum Aufruf von 26 Pastoren und kirchlichen Mitarbeitern der Nordelbischen Kirche vom Nov. 1984: „Damit gehen wir über die in Art. 4 Abs. 3 des Grundgesetzes vorgesehene Möglichkeit der Kriegsdienstverweigerung aus Gewissensgründen hinaus." Das Blatt ruft auf zum „bürgerlichen Ungehorsam", zum Widerstand gegen kommunale Straßenbauvorhaben im Blick auf ihre „mögliche militärische Verwendung", zur Aufdeckung militärischer Planungen, zur Verhinderung des Auftretens von Jugendoffizieren der Bundeswehr in den Schulen, zur Verweigerung der medizinischen Ausbildung von Schwestern, Schwesternhelferinnen und Ärzten für militärisch nutzbare Katastrophenmedizin u. a. m.

[15] So nach *Jacobs*, Das Verhältnis von Staat und Kirche (Anm. 7), S. 175, ein Aufruf des namhaften evangelischen Theologieprofessors *Helmut Gollwitzer*.

[16] So das Gutachten einer kirchlichen Forschungsstätte, eingeholt von einer westdeutschen Landeskirche und verbreitet in kirchlichen Gemeindeblättern. Vgl. Evangelisches Gemeindeblatt für Württemberg, 7. Febr. 1993, Nr. 6, S. 9.

[17] *Hauschild*, Kirche-Staat-Politik (Anm. 13), S. 89, 92.

Bevölkerung errungen hatten, sind durch solche Vorfälle in manchen Ortsgemeinden und Aktivgruppen viel stärker in Mitleidenschaft gezogen worden, als es den theologischen Insidern in ihren geschlossenen Kreisen bewußt zu sein scheint. Theologische Äußerungen zu Fragen der Verfassung, des Rechts, der Wirtschaft und Technologie, die theologisch plakativ aufgemacht, einseitig und ohne Sachkunde vertreten werden, wecken Zweifel an der Seriosität kirchlichen Wirkens und an der Überzeugungskraft ihrer Botschaft nicht nur in Sachen der Welt, sondern auch des Heils.

Das große Wort von der „öffentlichen Verantwortung der Kirche" wurde dadurch für viele Zeitgenossen in Mißkredit gebracht. Man wird sich keinen Täuschungen hingeben dürfen: Der relativ große Einfluß, der den Kirchen im Bereich der Öffentlichkeit — und auch speziell zu politischen Fragen — eingeräumt wird, resultiert viel weniger aus ihrer geistlichen Stärke und ihrer weltlichen Überzeugungskraft auf die Politiker und die weithin entkirchlichte Bevölkerung, als vielmehr aus der äußeren politischen Konstellation: aus der eigentümlichen Aufteilung der pluralistischen Gesellschaft in zwei etwa gleich große Weltanschauungsrichtungen und Parteigruppierungen, zwischen denen wenige Prozent von Wechselwählern für den Ausgang politischer Wahlen ausschlaggebend sind, die von öffentlichen Meinungsträgern wie den Kirchen eingestimmt und umgestimmt werden können. Alle politischen Richtungen fassen deshalb die Kirchen bisher mit Samthandschuhen an und bezeugen ihren Äußerungen ein Maß von Respekt, das hinter vorgehaltener Hand sich oft nicht unerheblich reduziert. Auch erstaunliche Äußerungen evangelischer Theologen finden deshalb durchweg behutsame, oft nur verhaltene Kritik der maßgeblichen politischen Personen und Gruppierungen, die es im Blick auf ihre Konkurrenz mit niemandem verderben wollen, auch wenn man sich mit Bitternis bewußt ist, daß noch nie ein Staat in Deutschland den Kirchen so viel Freiheit und Raum zur geistlichen und weltlichen Entfaltung einräumte und daß verantwortliche Politiker eines freien deutschen Verfassungsstaates noch nie in der Geschichte von evangelischen Geistlichen und Gruppen so diffamiert worden sind, wie dies auf manchen kirchlichen Tagungen, aber auch auf den großen evangelischen Kirchentagen immer wieder zu erleben war. Die Kirchen stehen politisch auf dünnem Eis.

6. Ein Votum für die Demokratie

Die Bejahung des freiheitlich-demokratischen Rechtsstaats durch den Protestantismus ist denn auch nicht nur in der Weimarer Epoche, sondern auch unter dem Grundgesetz bezweifelt worden[18]. Die wach-

---

[18] Vgl. *Rudolf Smend,* Protestantismus und Demokratie (1932), in: ders., Staatsrechtliche Abhandlungen. 2. Aufl., Berlin 1968, S. 297 ff. — Vgl. die Warnung des damaligen Bundespräsidenten *Karl Carstens* von 1981 vor dem Mißbrauch des seelsorgerlichen Amtes, wenn die Verkündigung vom politischen Engagement überschattet werde, in: Kirchl. Jahrbuch 108/109 (1981/82),

sende Beunruhigung führte zur Demokratie-Denkschrift[19], die auf der Trierer EKD-Synode vom November 1985 ausführlich und im breiten Konsens diskutiert, gutgeheißen und in hoher Auflage im evangelischen Raum verbreitet wurde. Aber verglichen mit der ungeheuren Erregung und den großen Massenaktionen, die die „Friedensfrage" in der Nachrüstungsdebatte und wiederum im Golfkrieg in breiten evangelischen Kreisen hervorrief, hat die Demokratie-Denkschrift die Gemeinden kaum bewegt[20]. Man wird das nur zum Teil damit erklären dürfen, daß ihre spät, aber um so nachdrücklicher erklärte Zustimmung zum freiheitlich-demokratischen sozialen Rechtsstaat zum unumstrittenen Gemeingut der evangelischen Theologen und ihres Kirchenvolks gehöre.

II. Ideologieanfälligkeit?

1. Die alten und die neuen Ideologien

Die „Ideologieanfälligkeit" der evangelischen Theologie und Kirche ist verschiedentlich von sensiblen Bischöfen und Mitgliedern evangelischer Kirchenleitungen[21] kritisch angesprochen worden.

S. 113 ff.; ferner *Karl Carstens,* Die Verantwortung des Christen in der heutigen Zeit — Kirche in der Demokratie, in: Bernhardt, Glaube und Politik (Anm. 5), S. 49; ähnlich kritisch der damalige Bundeskanzler *Helmut Schmidt* i. J. 1981, in: Kirchl. Jahrbuch 108/109, S. 113, sowie *ders.,* Politik und Geist (Anm. 5), S. 212, über die unzulässige „Einmischung" der kirchlichen „Amts- und Lehrautorität" in viele politische Fragen; im gleichen Tenor *Scholz,* Staat und Kirche (Anm. 5), S. 63 ff.; vgl. ferner *Hauschild,* Kirche-Staat-Politik (Anm. 13), S. 32 ff., mit weiteren Äußerungen von Bundeskanzler *Helmut Schmidt,* Bundespräsident *Richard von Weizsäcker,* Senator Prof. Dr. *Rupert Scholz,* MdB Dr. *Jürgen Schmude* und den „Anfragen evangelischer Christen in politischer Verantwortung an ihre Kirche" des Evangelischen Arbeitskreises der CDU/CSU v. 5. 6. 1981, ebd. S. 26.

[19] „Evangelische Kirche und freiheitliche Demokratie. Der Staat des Grundgesetzes als Angebot und Aufgabe". Hrsg. v. Kirchenamt im Auftrag des Rates der EKD, Gütersloh 1985. — Dazu *Hauschild,* Kirche-Staat-Politik (Anm. 13), S. 44 f., mit zahlreichen Stellungnahmen. — Die Trierer EKD-Synode machte sich die Denkschrift zu eigen und sprach förmlich ihre „Zustimmung zu unserer freiheitlichen, demokratischen Verfassung" aus, vgl. ebd., S. 67 ff.

[20] Sie ist nach der Einschätzung des Vorsitzenden der Kammer für öffentliche Verantwortung, *Trutz Rendtorff,* in kirchlichen Kreisen weitgehend unbekannt geblieben; *Hauschild,* Kirche-Staat-Politik (Anm. 13), S. 69. — Die Demokratie-Denkschrift der EKD fand ihre Ergänzung durch das umfangreiche Votum der Synode der EKU v. 9. 6. 1986: „Für Recht und Frieden sorgen. Auftrag der Kirche und Aufgaben des Staates nach Barmen V", Gütersloh 1986; vgl. dazu *Hauschild,* S. 70 ff.

[21] In den jährlichen Rechenschaftsberichten vor den Synoden kommt dies viel verhaltener zum Ausdruck als in seelsorglichen Gesprächen, Vermittlungsbemühungen und Briefen.

§ 5 Kirche und Staat nach evangelischem Verständnis 165

Damit ist in der Tat ein Charakterzug des Protestantismus seit 400 Jahren thematisiert. Zwar war die Reformation einst angetreten zum Kampf um die unverfälschte Reinheit des Evangeliums gegen die Verweltlichung der Kirche im päpstlichen Weltherrschaftsanspruch, kanonischen Recht und kurialen Finanzsystem, aber auch gegen die Verschmelzung mit der aristotelisch geprägten Philosophie der Scholastik. Doch schon seit dem 16. Jahrhundert geriet die evangelische Christenheit in eine Symbiose von proteushafter Wandelbarkeit mit den Mächten und dem Geist ihrer Zeit, mit der Staatlichkeit, Gesellschafts- und Wirtschaftsform schon in der frühen Neuzeit, mit ihrem Staats- und Sozialethos, vor allem aber ihren Geistesströmungen des Humanismus, des frühneuzeitlichen Stoizismus, später der Aufklärungsphilosophie, des deutschen Idealismus, des Historismus, und dann — seit den Befreiungskriegen von 1813 — des Nationalgedankens, des Liberalismus und der bürgerlichen Lebenswelt und Gesellschaftsformen. In diesen Kultursynthesen lag einerseits die Stärke, andererseits die Anfälligkeit des Protestantismus begründet, vor allem aber die Versuchung der Kirche, das Evangelium an die Mächte ihrer Zeit zu verlieren statt zu verkünden.

Die Abkehr von der Apotheose der Monarchie und Nationalidee, von der Staatsgläubigkeit und Verherrlichung der Staatssouveränität, des Krieges und des Gemeinschaftsopfers, vollends vom Nationalsozialismus wurde der Bekennenden Kirche im Kirchenkampf als ihre säkulare Herausforderung jäh bewußt. Aber im Urteil weiter Gemeindekreise wie einer nüchtern-kritischen Öffentlichkeit schien sich ein gewisser Teil der evangelischen Theologen alsbald erstaunlich unkritisch neuen ideologischen Strömungen zu öffnen.

So konnte insbesondere die „sozialistische" Ideologie verschiedenster Spielarten mit frappierender Faszination als säkulares Surrogat die christliche Verkündigung durchsäuern — sind doch viele sozialistische Grundideen als säkularisiertes Christentum über *Hegel, Feuerbach* und *Marx* zur historischen Gestalt geworden. Äußere Analogien erleichtern die Rezeption: Die Geschichte hat Sinn und Ziel im Eschaton der paradiesischen sozialistischen Zukunftsgesellschaft; in der Geschichte vollzieht sich das Weltgericht; Entbehrung, Leid und Kampf um die Herrschaft sind aufgehoben im herrschaftsfreien Endzustand.

2. Schillernde Leitbilder

Das Denken nicht weniger evangelischer Theologen hat sich so *ideologisch* changierend[22] *eingefärbt* und die Zentralbegriffe der evangelischen Verkündigung mit neuen weltanschaulichen Assoziationen angereichert. Freilich trifft dies nur jenen Teil, der sich laut in der Öffentlichkeit artikuliert. Die große Zahl der — älteren wie jüngeren — Diener am Wort, die sich ihrer geistlichen Aufgabe in ungeteilter und unverfälschter Treue hingeben, leidet hierunter.

Das *Geschichtsbild* wurde insoweit von einer prinzipiellen Veränderungsideologie, von drängendem Reformverlangen und von Revolutionsutopien erfaßt, während die Re-formation sich einst die Rückkehr zur wahren, gültigen Form des Evangeliums und der frühen Christenheit, nicht religiöse „Neuerung" (damals ein Schimpfwort) und innerweltlichen Fortschritt zum Ziel gesetzt hatte. Das alte Leitbild der Nation wurde überlagert von einer Vorstellung *des Volkes* im Sinne der sozialistischen Identifikationskette von Volk, Klasse, Klassenpartei, Klassenideologie — also nach dem richtigen Bewußtsein einer intellektuellen „Elite", deren Definition des Gemeinwohls anstelle des offenen demokratischen Willensbildungsvorgangs maßgeblich sein soll. Die *Gerechtigkeit* vor Gott im Sinne der reformatorischen Rechtfertigungstheologie droht dementsprechend hinter der sozialen Gerechtigkeit für den Nächsten zu verblassen. Das Ringen um das Seelenheil wird oftmals offen als privatistischer Egoismus diskreditiert und dem Kampf um die Gesellschaftsordnung hintangestellt. Die *Anthropologie* entfernt sich zum Teil weit vom biblischen Menschenbild. Der *Rechtsbegriff* wird leichthin aus einer Ordnung der Freiheit und des Ausgleichs der pluralistischen Kräfte und Interessen zum Instrument der Machtergreifung einer sendungsbewußten Ideologie. Der Konsens wird durch den *Konflikt* verdrängt. *Freiheit* wird nur als wahre Freiheit im richtigen Bewußtsein konzediert, das von der Ideologie autoritativ definiert und zugemessen wird. *Freiheitsrechte* werden so zu Gleichschaltungspflichten umfunktioniert; Nötigungsaktionen sollen als Mittel der Bewußtseinsbildung zu einem Akt der Befreiung des Genötigten selbst sublimiert erscheinen. Auch die *Gleichheit,* die als Grundidee und Triebkraft der sozialistischen Bewegung verstanden wird, soll nicht die in der Verfassungsordnung vorgesehene rechtliche Gleichheit aller Bürger sein, sondern die Gleichheit im richtigen Bewußtsein, dem die Gleicheren die Mindergleichen anzugleichen haben. Das *Sendungsgefühl* der sozialistisch motivierten Verkündigung will die Freiheit und Gleichheit der ideologischen Gegner als infames Ausbeutungsinstrumentarium entlarven, um über die eigene Herrschaft in der Zwischenzeit die herrschaftsfreie Eschatologie der wahren Freiheit und Gleichheit gläubig ins Werk zu setzen.

3. Trübungen und Vermischungen

Der Vorwurf der „Ideologieanfälligkeit" ist freilich präzisierend *einzuschränken.* Für den Protestantismus waren und sind Ideologien fast *nie in ihrer Reinkultur,* sondern in ihren versumpften Sedimenten bestimmend gewesen. Nicht die „reine", durchsichtige Heilslehre weltli-

---

22 Changieren heißt in der Reitersprache (lt. Duden) vom Rechtsgalopp in den Linksgalopp wechseln.

cher Weltanschauungen wird der evangelischen Kirche einst wie heute zur Gefahr, sondern die trübe, gefährlichere Vermischung, die die theologische Begrifflichkeit der Form nach äußerlich fortführt, aber ihren Inhalt in einseitiger Auswahl („häretisch") verkürzt und mit säkularen Gesetzlichkeiten und Utopien anreichert.

Im Dritten Reich hat es nur wenige „reine" Anhänger der nationalsozialistischen „Weltanschauung" in den evangelischen Kirchen gegeben, so breit und tief auch nationalistische, imperialistische, rassistische und nationalsozialistische Elemente in den Kirchen abgelagert waren. In der Nachkriegszeit hat es unter den evangelischen Geistlichen und Laienaktivisten nur wenige Mitglieder der kommunistischen Partei gegeben — auch dies kam vor in Hessen, wurde aber bald mit kirchenpolitischer Kombination von Konzessionen und Festigkeit der äußeren Form nach bereinigt. Und ebenso bildeten die „reinen" Verfechter der verschiedenen, mannigfach schillernden marxistischen Theorien stets eine verschwindende Minderheit in der evangelischen Kirche. Um so erstaunlicher ist die Breite der ideologiebeeinflußten Veränderung der Positionen und Stimmungen im evangelischen Raum.

4. Fragwürdige Synthesen

Die Gefühlswelt zahlreicher Theologen und Laien ist von eingesickerten marxistoiden Vorstellungen in ihrer Sicht der Welt und des gebotenen Weltverhaltens nicht unerheblich umgeformt worden. Dabei zeichnet sich eine schillernde Synthese aus Elementen neutestamentlicher Gedanken, altprotestantischer Traditionen und zeitgebundener Ideologien ab: Theokratische Staats- und Gesellschaftsmodelle (als „Königsherrschaft Christi" interpretiert) gewinnen ihre vordringliche Aktualität nach dem Sinn mancher sozialistischen Republikaner in der Forderung nach rigoroser Inzuchtnahme bzw. Ersetzung der („egoistischen") gewinnorientierten freien Marktwirtschaft durch den „Altruismus" der sozialistischen „Gerechtigkeit" und Planwirtschaft. In gleiche Richtung zieht oft das heimliche Heimweh nach der heilen vorindustriellen Agrargesellschaft, auf die ja einst die Sozialethik der lutherischen Reformation gegen den „Wucher" des Frühkapitalismus der frühen Neuzeit gemünzt war, welche nun auf die ganz anderen Verfassungs-, Sozial- und Wirtschaftsstrukturen der Gegenwart als wörtliche Weisung angewandt wird, statt sie in der Anstrengung des kritischen Denkens sinngerecht zu übersetzen und fortzubilden. Die Klassenkampf- und Befreiungskampfparolen gegen die Ausbeutung in der Industriegesellschaft, die geschichtsphilosophische Fortschrittsmetaphysik, die ideologische Instrumentalisierung von Recht und Freiheit und das Ideal der herrschaftsfreien Zukunftsgesellschaft werden damit amalgamiert und identifiziert.

5. Fremde Assoziationen und Wertwandel

Daraus ist weithin ein Konglomerat heterogenen Ursprungs erwachsen, das rational wenig stimmig und stichfest ist, aber radikal emotionalisierend wirkt und rasch mobilisierbare Assoziationen für Diskussionen und Aktionen jeder Art andient. Das hat die Wertwelt wie die Verhaltensmuster namhafter evangelischer Gruppen verändert und die herkömmlichen Inhalte der evangelischen Berufs- und Sozialethik überlagert, wenn man auch die Beständigkeit des reformatorisch geprägten evangelischen Gedankenguts in der Breite der lebendigen Gemeinden und wissenschaftlichen Theologie nicht unterschätzen darf.

Zum Teil verliert und verfestigt sich hier das Sündengefühl in Selbstbehauptung, das Glaubensleben in Tatendrang, das Heilsverlangen in Durchsetzungsvermögen, die Eschatologie in Utopie, die Freiheit in Herrschaftsfreiheit bis zur Anarchie, das vierte Gebot in Emanzipationsforderungen, der Gottesdienst in Weltdienst, die Nächstenliebe in Gesellschaftsreformforderungen, Selbstlosigkeit in Selbstverwirklichung, Bescheidenheit in Anspruchsdenken, Geduld in Protestpathos, Zufriedenheit in Neid, Leistungsbereitschaft in Verweigerungshaltung, Zuversicht in Angst, Geborgenheit in Unsicherheit, Beständigkeit in Veränderungsstreben, Traditionsgefühl in Zukunftsrausch.

Aus notwendiger Ergänzung wird dabei allzu leicht ein Gegensatz.

Das formt das Weltbild mancher medienwirksamer evangelischer Kreise: Das Recht erscheint hier vielfach nur als Zwang, Autorität als Unterdrückung, die freie Wirtschaftsordnung als großes Ausbeutungsinstrument, der Staat („die Bullen") als ihr Büttel, die freien Wahlen als Täuschung und Selbsttäuschung des Volkes, Gerechtigkeit als Farce, Gerichte als Willensvollstrecker eines unmenschlichen Systems, der Ausbau der Industrieanlagen als Frevel an der Schöpfung, die Sicherung des inneren und äußeren Friedens als Unterdrückung des Volkes und der anderen Völker und als Auflehnung gegen Gottes in der Bergpredigt kundgegebenes, Gewaltverzicht forderndes Gebot.

6. Facetten der Friedensfrage

Die Tiefe und Intensität der derzeit dominierenden Ideologieausrichtung nicht unbeträchtlicher evangelischer Kreise ist vor allem an der Friedensfrage abzulesen.

Von den vielfältigen Facetten des Friedensproblems ist der Friede mit Gott durch die Vergebung der Sünde, Versöhnung in der Gnade, Gewißheit des Heils, kurz der Friede der Seele fast aus der in der Öffentlichkeit diskutierten Thematik verschwunden. Auch der Friede in der Gemeinde wird zwar oftmals angesprochen, aber eher aufs Spiel gesetzt, ja aufgekündigt für den politischen Frieden — wie man ihn versteht[23]: Der Friede innerhalb des Staates gilt wenig, wenn die

---

[23] Wunderlich wirkt die kurze krause Logik zum Sicherheitsproblem nach der Parole „Frieden schaffen ohne Waffen", die Sicherheit durch den Verzicht auf

§ 5 Kirche und Staat nach evangelischem Verständnis 169

Zustände im freiheitlichen Rechts- und Sozialstaat als krasse Ungerechtigkeit erscheinen und die Veränderung der Verhältnisse als Christenpflicht eingefordert wird; die Beteiligung an Rechtsbrüchen im Dienste der höheren Gewissensforderung wird sogar in der (als systemkonform denunzierten) Demokratie-Denkschrift als legitimes christliches Verhalten verteidigt. Die Friedensaufgabe reduziert sich auf den Kampf gegen militärische Streitkräfte und Einsätze, die unter Berufung auf das absolute Gebot der Bergpredigt bedingungslos und jenseits von Gut und Böse im Sinne des Völker- und Verfassungsrechts, aber auch der politischen Moral der Kulturnationen verworfen werden. Die Praxis aber machte Unterschiede: Die gewaltsame undemokratische Eingliederung der Satellitenstaaten unter den sowjetischen Imperialismus, das militärische Eingreifen der Sowjetunion im Prager Frühling 1968, die kommunistische Eroberung Süd-Vietnams, Krieg und Genozid in Afghanistan, die beispiellose sowjetische Raketenbedrohung West-Europas hat keine kirchlichen Protestaktionen auf die Straße gebracht. Wohl aber formierten sich diese um so heftiger gegen die westliche Bereitschaft zur Selbstbehauptung und Gegenwehr in der NATO, gegen die Einlösung der amerikanischen Beistandspflichten für das angegriffene Süd-Vietnam, dann in der Nachrüstungsfrage und beim Vollzug der Friedensaktionen der Vereinten Nationen gegen die völkerrechtswidrige Aggression des Irak gegen Kuwait. In der emotional aufgeheizten Agitation gegen jede Initiative des Westens ist vielen medienrelevanten evangelischen Kreisen die Hauptaufgabe der internationalen Friedenswahrung aus dem Blick geraten, eine universale Friedensordnung mit supranationaler Verbindlichkeit zu schaffen und notfalls militärisch durchzusetzen. Das Schweigen zu den bestialischen Morden, Vergewaltigungen, Vertreibungen im zerfallenden Jugoslawien hat im nachhinein die Glaubwürdigkeit des christlichen Friedenszeugnisses der sogenannten Friedensbewegung in ihrer ideologiegeladenen Einseitigkeit erschütternd desavouiert.

7. Auswirkungen des Ost-West-Konflikts

Die Verschiebung des politischen Grundgefühls in weiten Kreisen des Protestantismus hängt nicht zuletzt mit der schwierigen Stellung der Kirche im Ost-West-Konflikt zusammen. Die östlichen Gliedkirchen der EKD in der sowjetisch besetzten Zone und späteren DDR hatten ein schwieriges und wechselvolles Verhältnis zum atheistisch-sozialistischen Weltanschauungsstaat zu bewältigen.

In einer ersten „antifaschistisch-demokratischen" Aufbau- und Entwicklungsphase von Kriegsende bis etwa 1951 kam es zur Reorganisation der evangelischen Landeskirchen. Unter den aufmerksamen Augen der Ökumene verzichtete das

---

Sicherungsvorkehrungen als reale Utopie verheißt. Danach verhindert die Abschaffung der Verteidigungskräfte den Krieg, der Polizei das Verbrechen, der Krankenhäuser die Krankheit, der Feuerwehr den Brand, des Blitzableiters den Blitz. Hier wird Ursache und Wirkung, Mittel und Ziel verwechselt, vor allem aber verkannt, daß Kriege die Folge politischer Spannungen sind, die weder durch Aufbau noch durch Abbau militärischer Macht allein, sondern durch durchsetzungsfähige politische Maßnahmen verhindert und überwunden werden müssen.

Regime auf die Realisierung der bolschewistischen religionsfeindlichen Vernichtungsstrategien der russischen Oktober-Revolution. Die Kirchen genossen zunächst relative Freiheit und den Schutz von Staatskirchenartikeln in den frühen Länderverfassungen und in der DDR-Verfassung vom 7. Oktober 1949, die fast wortgleich der Weimarer Verfassung nachgebildet waren, aber bald nicht mehr eingehalten wurden. Eine zweite Phase des Kirchenkampfes von 1951 bis 1958 wurde durch das Kommuniqué *Grotewohls* und Bischof *Mitzenheims* vom 21. Juli 1958 mit staatlichen Freiheitszusicherungen und kirchlichen Loyalitätserklärungen abgeschlossen. Es folgte eine dritte Phase der Spannungen und des Übergangs mit staatlichen Gleichschaltungsversuchen und kirchlichen Orientierungskrisen (Selbstverbrennung des Pfarrers *Brüsewitz*), bis eine vierte Phase nach dem Spitzengespräch zwischen *Erich Honecker* und den evangelischen Kirchenführern vom 6. März 1978 die „friedliche Koexistenz" zwischen Staat und Kirche eröffnen sollte.

Sie brachte eine gewisse Lockerung der staatlichen Beschränkungen und der atheistischen Propaganda gegen die Kirchen, deren öffentliche Mitverantwortung für „Friede, Entspannung und Völkerverständigung" dort programmatisch verkündet wurde. Das Regime hoffte, sie so in die weltweite kommunistische „Friedens"-Propaganda einzubeziehen, die die Breschnew-Doktrin und den sowjetischen Krieg in Afghanistan zu bemänteln hatte. Die östlichen Kirchen suchten nun den „schmalen Weg zwischen Opposition und Opportunismus, zwischen totaler Verweigerung und totaler Anpassung", um so in „kritischer Solidarität und mündiger Mitverantwortung" ihren Auftrag der Verkündigung und Diakonie ohne Verleugnung ihrer Botschaft in einer feindlichen, säkularisierten Staats- und Gesellschaftsordnung auszurichten[24].

Der Versuch, die Einheit der EKD[25] auch im Gebiet der DDR zu erhalten und die ständige Rücksichtnahme auf die vom kommunistischen Regime bedrängten östlichen Schwesterkirchen nötigten die evangelischen Kirchenleitungen und Theologen auch im Westen zu größter politischer Zurückhaltung. Eine Kritik des kommunistischen Systems und ein Bekenntnis zur freiheitlichen rechtsstaatlichen Demokratie wurde als subversive Hetze und Staatsgefährdung der DDR durch die „imperialistische NATO-Kirche" der EKD deklariert und den östlichen Gliedkirchen mit neuen Bedrängnissen vergolten. Die östlichen Kirchen aber mußten in bitteren Erfahrungen einsehen, daß die Fortsetzung des Kirchenkampfes die Erfüllung des kirchlichen Auftrags unverantwortlich gefährdete. Da sie nicht mehr mit dem Zusammenbruch der

---

[24] Paradigmatisch der große Rückblick von Altbischof Dr. Dr. *Werner Krusche* auf der Synode des Kirchenbunds v. 22.-24.2.1991, Synodalvorlage Nr. 4, S. 23 ff.

[25] Bis zu der durch das kommunistische System der DDR erzwungenen Sezession der östlichen Gliedkirchen aus der EKD und der Gründung eines eigenen Kirchenbundes in der DDR am 10.6.1969. Vgl. *Martin Heckel*, Die Wiedervereinigung der deutschen evangelischen Kirchen, in: ZRG Kan. Abt. 78 (1992), S. 401 ff., 406 ff., 413 ff.

kommunistischen Herrschaft rechneten, setzten sie ihre Hoffnung mehr und mehr auf die „Reformfähigkeit des sozialistischen Systems" und suchten als „Kirchen im Sozialismus" die christliche Weltverantwortung mit einer im christlichen Sinne interpretierten „Idee des Sozialismus" zu vereinen[26].

8. Folgen für das Staatskirchenrecht

Auch in ihren staatskirchenrechtlichen Vorstellungen sind die Landeskirchen aus den neuen Bundesländern stark durch ihr Schicksal in der atheistischen Weltanschauungsdiktatur gezeichnet. Das Einleben in die pluralistische Gesellschaft, in die Formen des freiheitlich-demokratischen Rechtsstaats und insbesondere in sein Staatskirchenrecht der positiven Neutralität, religionsfreundlichen Trennung und kooperativen Partnerschaft scheint ihnen Schwierigkeiten zu bereiten. Eigenartigerweise genießt dort das System einer radikalen Trennung von Kirche und Staat verführerische Sympathie[27], da sich die Kirchen dadurch im religionsfeindlichen Weltanschauungsstaat einigeln und eine gewisse Sonderstellung erkämpfen konnten. Die scharfe Trennung ermöglichte den Kirchen dort ein Maß an Selbstbehauptung und Publizität, Autorität und Vertrauen, das auf die freiheitlichen Verhältnisse nicht zu übertragen ist, da in der pluralistischen Gesellschaft die Selbstbehauptung allen Gruppen als Selbstverständlichkeit konzediert ist und weder Aufmerksamkeit noch Vertrauen verschafft. Aber die radikale Trennung bedeutet die Flucht ins Ghetto und präkludiert die Ausstrahlungswirkung der religiösen Freiheit im Raum der Gesellschaft, der zunehmend vom expandierenden Kultur- und Sozialstaat durch seine Planung, Normierung, faktischen Rahmendaten und Subventionierung okkupiert wird. Die Ideologie- und Situationsverhaftetheit der „sozialistischen" Trennungskonzeptionen im evangelischen Raum wird sich künftig auf das Verhältnis von Staat und Kirche problematisch auswirken. Die Diskussionen um den Religionsunterricht in Brandenburg zeigen die Spitze eines Eisbergs an.

---

[26] Die Prägung des Lebensgefühls durch die beiden so gegensätzlichen politischen und sozialen Systeme wurde den ost- und westdeutschen Landeskirchen mit Erstaunen bewußt, als sich nach 1989 die Wiedervereinigung der Kirchen als befremdlich schwierig herausstellte.
[27] Vgl. das genannte Referat von Altbischof Dr. Dr. *Krusche* (Anm. 24), S. 39; M. *Heckel*, Wiedervereinigung (Anm. 25), S. 408 f.

III. Identität und Kooperation

Unsicherheiten hinsichtlich der kirchlichen Gestalt wirken sich ebenfalls auf die Koexistenz und Kooperation der Kirche mit dem Staate aus.

1. Auszehrung der Volkskirchen

Äußerlich droht der *Mitgliederschwund* der großen Kirchen zunehmend die volkskirchlichen Strukturen zu unterspülen. Die traditionelle Übereinstimmung von Kirchenmitgliedschaft, Staatsbürgerschaft und gesellschaftlicher Formation zerfällt.

Die Taufen und kirchlichen Eheschließungen nehmen in der Bevölkerung ab. Auch hier ist die Entwicklung im Osten drastisch vorangeschritten. Damit wird auch die Rolle des Religionsunterrichts, des Kirchensteuerwesens, der christlichen Feiertage und die Erhaltung der theologischen Fakultäten an den Staatsuniversitäten zunehmend exponierter. Strukturreformen im Sinne strikter Trennung dürften freilich für Staat und Kirche wenig bessern. Der pluralistische, weltanschauungsneutrale freiheitliche Staat ist — nach einer viel zitierten Einsicht E.-W. *Böckenfördes* — auf geistige und sittliche Grundlagen angewiesen, die er selbst nicht zu schaffen vermag. Die Malaise der Volkskirche aber liegt nicht in der Belastung durch unpassende, zu enge oder zu weite Rechtsformen, sondern in der Auszehrung ihres geistlichen Gehalts, der mit rechtlichen Reformen kaum abzuhelfen ist. Die Abschaffung der Kirchensteuer (deren Einziehung dem Staat lukrativ vergütet wird) durch ein kircheneigenes Beitragssystem mit immens kostspieligem, bürokratischem Aufwand wird der Kirche sowenig geistliche Kraft zufließen lassen wie die Abschaffung des Religionsunterrichts in den Schulen, die die Wirkungsmöglichkeit der evangelischen Botschaft in einer säkularisierten Welt weiter verkürzen und verkümmern lassen wird.

2. Sinnverluste als Gefährdung der Eigenständigkeit

Problematischer sind die inneren Unsicherheiten über das Wesen der Kirche, ihre Aufgaben, Formen und Funktionen. Über *Sinn und Form der Volkskirche* ringt die Diskussion in der theologischen Wissenschaft und die Auseinandersetzung auf synodaler Ebene. Die Kirche strebt zwar zu Recht danach, über die Kerngemeinde hinaus die „Randsiedler" von den Straßen und Zäunen abzuholen. Aber das Bemühen gilt oft stärker manchen bunten Minderheiten als dem evangelischen Gemeindevolk. Das Stichwort der „latenten Kirche", der „Kirche von unten", der „Richtungsgemeinden" beschreibt eine Problematik der pastoralen Zuwendung, aber auch Fragen der angemessenen kirchenrechtlichen Gestalt im Recht der Sakramente, der Mitgliedschaft, der Kirchenwahlen.

Der Rückgang des Gottesdienstbesuches, die Verflüchtigung der Bibelkenntnis, der Verfall der Seelsorge, der Trend zu öffentlichen Veranstaltungen statt zu Hausbesuchen, die Überlagerung der Predigt mit Tagesaktualitäten, die Ablösung des bewährten Liedguts durch flache Texte und Leiermelodien, der Schwund der kirchlichen Unterweisung (die wenig Wissenswertes von *Martin Luther,* doch alles Wißbare über *Martin Luther King* vermittelt) — alldies wirkt sich (auf lange Sicht) auch auf die Wertung und rechtliche Behandlung der Religionsgesellschaften durch den weltlichen Kultur- und Sozialstaat aus.

Die innerkirchlichen Rechtsformen stehen in kommunizierendem Zusammenhang mit den darauf geeichten Formen des Staatskirchenrechts im konfessionsneutralen Staat. Daß die immense Ausdehnung der Diakonie mit dem Aussterben der Diakonissen zeitlich zusammenfällt, ist ein Alarmsignal. Wenn die Kirchen im Heer ihrer sozialen Aktivitäten ihr geistliches Proprium nicht mehr vernehmbar werden lassen, wenn in den evangelischen Kindergärten und Krankenhäusern das evangelische Wort, Lied und Gebet verstummt, wird auch der besondere Status der Religionsgemeinschaften gegenüber dem weltlichen Vereinsrecht in Frage gestellt. Die Eigenständigkeitsgarantie der Religionsgemeinschaften in Art. 140 GG i. V. m. Art. 137 Abs. 3 WRV wird sich nur halten und mit Leben füllen lassen, wenn die Kirchen in geistlicher Hinsicht Eigenständigkeit gegenüber den säkularen Phänomenen aller Welt beweisen.

3. Problematische Reformanstrengungen

Die breite Reformwelle, die die evangelische Kirche auf allen Ebenen seit Ende der sechziger Jahre ergriff, hat die Reformbedürftigkeit des geltenden Rechts mit harscher Kritik und breiter Resonanz propagiert, dadurch freilich auch das Vertrauen in die kirchlichen Normen und Leitungsorgane erschüttert und den Konsens in der Kirche strapaziert. Die überfrachteten Reformerwartungen aber wurden enttäuscht, da sich die Reformanstrengungen auf rechtliche Äußerlichkeiten konzentrierten, ohne aus den geistlichen Grundlagen innere Kraft für die Evangeliumsverkündigung zu gewinnen. So hat das Scheitern der großen EKD-Reform von 1974[28] damals nicht nur die mangelnde innere Einheit und Einigungsfähigkeit der evangelischen Kirche offenbart, sondern auch die Geltungskraft und Legitimität des bestehenden („reformunfähigen") kirchlichen Verfassungsrechts in weiten Teilen der evangelischen Theologen und Gemeinden in Zweifel gezogen[29].

---

28 Nach fünfjährigen, intensivsten Beratungen auf allen Ebenen der evangelischen Kirchen. Vgl. dazu *Herbert Frost,* Zu den Bemühungen um eine Reform der Grundordnung der EKD während der Jahre 1970-76, in: ZRG Kan. Abt. 65 (1979), S. 265 ff., 281, 291 f.

4. Kontraste der kirchlichen Repräsentation

Neue Formen von Kirchlichkeit neben der verfaßten Kirche haben die Unsicherheit über deren Wesen und Kompetenz gerade auch im Verhältnis zum Staat potenziert. So ist der große *Evangelische Kirchentag* zu einer in der Öffentlichkeit viel beachteten Größe mit eigenem theologischem und politischem Profil, mit eigenen Leitungspersönlichkeiten und Leitungsstrukturen neben den verfaßten Landeskirchen und gliedkirchlichen Zusammenschlüssen der EKD, EKU und VELKD erwachsen. Dies hat zu einer *Doppelrepräsentation* der evangelischen Kirche in der Öffentlichkeit geführt, ja von bedeutenden evangelischen Theologen und Publizisten (insbesondere des sich „progressiv" fühlenden Flügels) wird der Kirchentag als die eigentliche evangelische Kirche neben den — in ihren Augen versagenden — Landeskirchen und Kirchenleitungen angesehen.

Die evangelischen Kirchentage haben in der Tat seit der ersten Nachkriegszeit eine bedeutsame Ergänzung der herkömmlichen kirchlichen Strukturen von der Gemeinde bis zur Spitze der EKD gebracht. In ihren Großveranstaltungen ist ihnen vielfach ein bewegendes gemeinsames Zeugnis des Glaubens und des Gemeinschaftserlebens im Hören auf das Wort und in neuen Formen des Bekennens und Handelns gelungen, das Tausende von evangelischen Gemeindegliedern aus allen Regionen, aber auch von Außenstehenden zur mehrtägigen inneren Sammlung und weltlichen Aktivität vereinte. Die Integration von Millionen evangelischer Flüchtlinge und Vertriebener in den ersten Nachkriegsjahren wird durch diese neue Form des geistlichen Beistandes und Zusammengehörigkeitsgefühls wesentlich erleichtert worden sein. Aber die von kritischen Bischöfen und

---

[29] Diese leidigen Erfahrungen haben dazu geführt, daß man nach dem Zusammenbruch des kommunistischen DDR-Regimes nach einem einfachen und unanfechtbaren Weg zur erneuten Vereinigung der östlichen und westlichen Landeskirchen in der Organisationseinheit der EKD suchte und die kirchliche Wiedervereinigung nicht durch eine ins Ungewisse führende Reformdiskussion belasten wollte. Vgl. dazu *Martin Heckel*, Die Vereinigung der evangelischen Kirchen in Deutschland (= Jus Ecclesiasticum, Bd. 40). Tübingen 1990, S. 80 ff., 106 ff.; *ders.*, Wiedervereinigung (Anm. 25), S. 401-516. — Auch Altbischof Dr. Dr. *Krusche* äußerte sich in seinem großen Rückblicksreferat vor der letzten Kirchenbunds-Synode der DDR (Anm. 24), S. 10 ff., sehr kritisch darüber, daß die Kirchenreform auch die Kirchen der DDR „über jedes vertretbare Maß hinaus beschäftigte und ihre Kräfte beanspruchte und dabei die Gemeinden so gut wie nicht berührte ... Die Zeit und Kräfte raubenden Bemühungen um eine angemessenere Struktur der Kirchengemeinschaft haben zu nichts geführt. Sie haben Kräfte gebunden, die anderswo sehr viel nötiger und sinnvoller hätten eingesetzt werden können und müssen. Wir waren in einem enormen Maße mit uns selbst beschäftigt. Die Gemeinden haben an diesen ganzen Strukturbemühungen so gut wie keinen Anteil genommen und nichts von ihnen gehabt ... Die Lehre hieraus kann meines Erachtens nur sein: keine unnötigen — d. h. für die Gemeinde nichts austragenden — Strukturbemühungen und die unbedingt nötigen nicht komplizieren! Zeit und Kräfte für das Leben der Gemeinde einsetzen!"

§ 5 Kirche und Staat nach evangelischem Verständnis 175

Theologen selbst angesprochene „Ideologieanfälligkeit" des deutschen Protestantismus hat sich im Laufe der späten sechziger und dann der siebziger Jahre hier in besonders deutlichen Formen manifestiert. Im heterogenen Angebot des Kirchentagsprogrammes dominieren neben geistlichen Veranstaltungen die Themen der Welt, ja des Tages in einer Weise, die für viele Gemeindeglieder die kirchlichen Konturen in die Beliebigkeit („Markt der Möglichkeiten") aufgelöst hat. Die Diskrepanz zwischen dem Angebot des Kirchentages und dem Leben der Gemeinden entspricht dem Unterschied zwischen den Kirchentagsbesuchern und den sonntäglichen Gottesdienstbesuchern der Gemeinden. Infolge der Einladung durch die evangelischen Bischöfe wird der Kirchentag jedoch der Öffentlichkeit als Repräsentativversammlung der evangelischen Christenheit vorgestellt und werden seine Aktionen und Resolutionen auf die kirchliche Kappe genommen und autorisiert.

5. Rückwirkungen auf die Kompetenz und Kooperation im Staatskirchenrecht

Unsicherheiten über die kirchliche Gestalt und Aktionsweise haben ihre Rückwirkungen auf die *Funktionsfähigkeit des Staatskirchenrechts*. Der Staat ist darauf angewiesen, daß die Kirchen Berechenbarkeit und Verläßlichkeit in ihren rechtlich relevanten Verhaltensformen zeigen: daß sie das staatliche und ebenso ihr kirchliches Recht einhalten, in ihrer *Kompetenz* bleiben, ihre Zuständigkeiten achten und daß die Akte der zuständigen kirchlichen Organe innerkirchliche Verbindlichkeit und Respektierung genießen.

Nur dann ist eine sinnvolle und sachdienliche gegenseitige Abstimmung des staatlichen und kirchlichen Rechts und eine reibungslose *Kooperation* in den „gemeinsamen Bereichen" möglich, die wegen ihrer religiösen Natur bzw. Momente sowohl die Kirchen als „ihre Angelegenheit" im Sinne der Artt. 4 und 140 GG i. V. m. Art. 137 Abs. 3 WRV betreffen und zugleich der Ordnungsgewalt und pfleglichen Obhut des offen-pluralistischen Kultur-, Sozial- und Rechtsstaats anvertraut sind[30]. Denn die „gemeinsamen Angelegenheiten" — etwa die Pflege der

---

[30] Das Trennungsprinzip (Art. 140 GG i. V. m. Art. 137 Abs. 1 WRV) und die säkulare Natur des Staates zwingen den *Staat* hier zur Beschränkung seiner Kompetenz auf die *weltlichen* Aspekte, Maßstäbe und Funktionen, während die *Kirchen* gemäß der garantierten Religions- und Religionsgesellschaftsfreiheit (Artt. 4, 140 GG i. V. m. Art. 137 Abs. 3 WRV) jeweils die sie betreffenden *geistlichen* Aspekte und Maßstäbe frei und eigenständig zu bestimmen haben, aber dabei in den allgemeinen weltlichen Beziehungen und Aspekten den weltlichen Schrankengesetzen zum Schutz der weltlichen Gemeinwohlbelange unterliegen. Beide Partner aber sind — in peinlich getrennter Wahrung ihrer Kompetenzen — auf einvernehmliche *Kooperation* und gegenseitige *Berücksichtigung* der kompetenten Entscheidung des anderen Teils angewiesen. Gerade der säkulare freiheitliche Staat ist im System der Trennung stärker auf die Kooperation

theologischen Wissenschaft, der sakralen Kulturdenkmäler, die Erteilung des Religionsunterrichts, die Regelungen der weiten kirchlichen Sozialtätigkeit im Kranken-, Alten-, Kindergartenwesen, der Anstalts- und Militärseelsorge, des Kirchenguts und Kirchensteuerrechts, des Friedhofwesens, der Feiertage u. a. m. — bilden jeweils eine lebendige geistlich-weltliche Sinneinheit, die sich nicht nach Art des Urteils *Salomos* in eine geistliche und weltliche Hälfte zerteilen lassen, wie dies manche Konzeptionen der Trennung (als Bereichstrennung mißverstanden) intendieren.

Für die Notwendigkeit verläßlicher Koordinierung und Kooperation gerade im Trennungssystem aber fehlt teilweise der Sinn bei evangelischen Theologen nicht nur der jüngeren Generation. Protestantisches Protestpathos der Gegenwart verbindet sich mit der Erinnerung an den reformatorischen Kampf gegen die Gesetzlichkeit des spätmittelalterlichen kanonischen Rechts und kurialen Herrschaftssystems (nicht gerade die Sorge der evangelischen Christenheit heute!). Die traditionelle Institutionenfremdheit der Theologen (die man sich unter den Fittichen des jahrhundertelangen Staatskirchentums leisten konnte) verschmilzt mit spiritualistischen Tendenzen der Staatsabkehr und Rechtsablehnung[31] und insbesondere mit der skizzierten ideologischen Sicht des Rechts als Instrument der Unterdrückung bzw. des Herrschafts-(„Befreiungs"-)Kampfes.

Das Bild der Vielfalt und des Suchens bestätigt sich, wenn man aus den kirchenpolitischen Niederungen zur Höhenluft der wissenschaftlichen Theologie aufsteigt.

IV. Positionen

1. Situationsbezogenheit der theologischen Konzeptionen

Eine autoritative Staatslehre und Staatsformenlehre ist der evangelischen Theologie fremd; das hat sie mit dem Neuen Testament gemein. Aber aus den biblischen Aussagen über die Staatsgewalt als Gottes Anordnung, ihre Aufgaben, die Gehorsamsgrenzen, die Spannung zum Liebesgebot der Bergpredigt, die Deutung des Staates als apokalyptisches Tier (Röm. 13; Mt. 22, 21; 1. Petr. 2, 13; 1. Tim. 2, 2; Apg. 5, 29;

---

in exakt bemessenen Verbindungen mit den jeweils betroffenen Religionsgemeinschaften angewiesen als früher der christliche Staat, der die religiösen Aspekte in eigener Regie entschied und sich über Widerstände der kirchlichen Leitungsorgane aus eigener christlicher Verantwortung ohne Zimperlichkeiten hinwegzusetzen pflegte. Vgl. dazu in *diesem* Handbuch die Beiträge „§ 20 Die religionsrechtliche Parität" und „§ 21 Das Gleichbehandlungsgebot im Hinblick auf die Religion" von *Martin Heckel*, S. 589 ff., 623 ff.

[31] Etwa in der These Sohms: „Das Kirchenrecht steht mit dem Wesen der Kirche in Widerspruch", *Rudolf Sohm*, Kirchenrecht. 2. Aufl., Bd. 1, Berlin 1923, S. 1.

Mt. 5-7; Apok. 13) hat die evangelische Theologie von der Reformation bis zur Gegenwart sehr unterschiedliche Konzeptionen über den Staat und sein Verhältnis zur Kirche entwickelt, welche die kirchenpolitische Praxis stark und spannungsreich bestimmten, hier freilich nur schemenhaft zu skizzieren sind [32].

Ihre starke Situationsbezogenheit, ja -bedingtheit ist evident. Das Staatskirchentum und Landesherrliche Kirchenregiment, der Kirchenkampf und die kirchliche Neubesinnung und Neuordnung nach 1945 haben sie ebenso geprägt wie die philosophischen und geistesgeschichtlichen Strömungen und die politischen Schicksalserlebnisse der Nation. Der reformatorische Grundansatz ist dadurch vielfältig überlagert und divergierend fortgeführt worden.

2. Verfremdungen der Zwei-Reiche-Lehre

Die von *Luther*, aber auch von *Calvin* (Inst. Chr. Rel. IV, 20,1) vertretene Zwei-Reiche-Lehre folgt aus dem Kern der reformatorischen Lehre über die Rechtfertigung des Sünders, das Verhältnis von Gesetz und Evangelium, die Kirche als Gemeinschaft der Gläubigen, die Kirchengewalt, die Welt als Schöpfung, die weltliche Obrigkeit als Gottes Amt und Dienerin, den Dekalog und die Bergpredigt. Aber ihre Formulierungen sind zugleich bestimmt durch das zeitbedingte (und deshalb für die Gegenwartsrelevanz übersetzungsbedürftige) Obrigkeitsverständnis des frühneuzeitlichen Territorialstaats und durch die zeitenübergreifende doppelte Frontstellung gegen ein geistlich angemaßtes Weltherrschaftssystem einerseits wie gegen die Bestreitung der weltlichen Ordnung durch die religiöse Anarchie andererseits: Dem Papst wie den „Schwärmern" wird die Vermischung und Pervertierung des staatlichen und geistlichen Regiments, des Reiches Gottes und der Welt vorgeworfen, die sowohl die gottbefohlene Unterscheidung als auch Zuordnung der geistlichen und weltlichen Gewalt und der geistlichen und weltlichen Gerechtigkeit in der Vermischung von Gesetz und Evangelium verfehle.

Indessen wurde das reformatorische Verständnis der weltlichen Gewalt in der theologiegeschichtlichen Entwicklung des 19. und 20. Jahrhunderts folgenschwer im Sinne einer säkularisierten „Eigengesetzlichkeit" der weltlichen Lebensbereiche des Staates, des Krieges, der Wirtschaft und Gesellschaft umgedeutet. Die Zwei-Reiche-Lehre wurde so

---

[32] Eine umfassende monographische Darstellung fehlt. Ein orientierender Überblick über die hierzu erschienene umfangreiche Literatur ist diesem Beitrag als Anhang beigefügt.

— den Intentionen der Reformatoren strikt zuwider — im Sinne der strikten Scheidung eines weltlichen und eines geistlichen bzw. kirchlichen Bereiches mißverstanden, die zur säkularen Emanzipation der Welt von Gottes Gebot und Gnadenangebot und zum Rückzug der Kirche aus der Welt führen sollte. Das ließ die Wirkungen der kirchlichen Verkündigung in öffentlichen Dingen als weltlichen Übergriff erscheinen, während man zugleich die kirchlichen Formen zur religiösen Verbrämung der politischen Institutionen und Funktionen des christlichen Obrigkeitsstaats in Anspruch nahm.

3. Amalgamierung mit Geschichtsphilosophie und Nationalidee

Bis weit über 1918 hinaus blieb für die Staatsauffassung der evangelischen Theologie eine konservative, nationale und monarchistische Tendenz bestimmend. Dies war nicht nur die Folge des Landesherrlichen Kirchenregiments und der Personal-, Kultur- und Kirchenpolitik des christlich-monarchischen Obrigkeitsstaates in den theologischen Fakultäten, in der Lehrerbildung und im Religionsunterricht. Dies war vor allem die Reaktion auf die religionsfeindlichen Tendenzen der Aufklärung und insbesondere der Französischen Revolution mit ihren tausendfachen Priestermorden und ihrem säkularen Kampf gegen das Christentum. Im heiligen Aufbruch der Befreiungskriege gegen die Napoleonische Fremdherrschaft und dann in der konservativen Staatslehre der Gegenrevolution, in der Entwicklung der monarchischen Legitimitätsidee, der Heiligen Allianz und in der breiten kirchlichen Erweckungsbewegung des 19. Jahrhunderts entstand ein eigentümliches Amalgam aus heterogenen Elementen der Theologie (reformatorischer und moderner Provenienz), idealistischen Geschichtsphilosophie, dynastischen Loyalität und deutschen Nationalidee.

Der „Geist" der Erweckung und Erhebung wurde als lebendige geschichtliche Gestaltungskraft erfahren, die die rationalistischen, mechanistischen, individualistischen Sozial- und Normvorstellungen der Aufklärung hinwegfegte. Die Gesellschaftsvertragslehre im Staat und die Kollegialtheorie in der Kirche wurden durch den Organismusgedanken, die Volksgeistlehre, die idealistische Staatsphilosophie und das Nationalbewußtsein überwunden. Desgleichen wurde das Leben der Gemeinde statt auf anstaltlich obrigkeitliche Rechtsformen nun aus pietistischen Anstößen auf den lebendigen Geist des Glaubens und der Liebe in der Gemeinde begründet.

Im religiös sublimierten Nationalgefühl und Staatsbewußtsein verschmolzen so die philosophischen Ideen vom absoluten Geist mit den christlichen Traditionen vom Heiligen Geist zu einer machtvoll suggestiven Divinisierung des Staates. Sie entfaltete sich aufgrund der Vermischung von Offenbarung und Geschichte und deshalb auch von Staat und Kirche, die sich von den reformatorischen Unterscheidungen der Zwei Reiche weit entfernte. Der Staat erscheint bei *Hegel* als Träger der absoluten Sittlichkeit, als Offenbarung des objektiven Geistes, die Weltgeschichte als Weltgericht. Die Kirche soll deshalb nach den rechten Heglianern *(Richard Rothe)* im Staate aufgehen, der sich zum Reich der Sittlichkeit vervollkommnet und so die Sendung der Kirche in der Verwirklichung (d. h. „Verweltlichung") des göttlichen Geistes übernimmt. — Die organologischen Lehren der Romantik und das Geist-Verständnis des deutschen Idealismus führten auch im theologischen Denken zu einer verhängnisvollen Abwertung der positiv-rechtlichen Verfaßtheit des Staates („Nachtwächterstaates" im Sinne der Tatphilosophie *Fichtes)*, die durch die Traditionen der kantischen Rechtsstaatsidee nicht aufgefangen wurde.

Friedrich Julius Stahl hat sodann eine einflußreiche philosophische und theologische Begründung des „christlichen Staates" und der Monarchie im antirevolutionären Sinn entwickelt: Der Rechtsstaat soll sich als Repräsentation der göttlichen Ordnung auf der Grundlage des christlichen Bekenntnisses verstehen, das Bekenntnis zum Christentum als oberstes Verfassungsprinzip in Geltung stehen und so die christlichen Institutionen des Staates durchwalten, die wesensmäßig scharf von den säkularen Grundrechtsverbürgungen für die religiös emanzipierte Gesellschaft geschieden sind; die Trennung von Staat und Kirche wird als „ungeheures Ärgernis" und Ursache der völligen „Entchristianisierung" und „Diktatur des Volkes über die Religion" benannt.

Der theologische Liberalismus hat demgegenüber kein adäquates, in der Breite rezipiertes Gegenkonzept vom Staat und der Verfassung zu entwickeln vermocht. Er hat statt dessen den Gegensatz von Gesellschaft und Staat, Religion und staatlichem Zwang, Geistkirche und Rechtskirche apostrophiert und gegen die orthodoxen Verengungen eine Synthese des reformatorischen Erbes mit der Aufklärung und der historischen Wissenschaft des 19. Jahrhunderts propagiert. Dabei hat auch der liberale Kulturprotestantismus die religiösen Momente einer volkskirchlich verstandenen National- und Staatsidee bejaht.

4. Das Kriegs- und Kirchenkampferlebnis

Den Kriegsausbruch 1914 hat die evangelische Theologie und Kirche als religiöse und nationale Erhebung erlebt und den Krieg als Dienst für Gott, König und Vaterland verstanden (wie ja auch die Kirchen und Theologen der Gegnerstaaten in analoger Art). Die Niederlage von 1918, der Sturz der Monarchie und das Ende des Landesherrlichen Kirchenregiments wie der christlichen Staatsidee hat sie weithin tief verwundet.

Der Verlust ihrer privilegierten Stellung und die Gleichstellung mit allen anderen Religionsgesellschaften hielt ihre Sympathien für die Weimarer Republik und Verfassung in Grenzen; das minderte ihren Sinn für die Notwendigkeit der freiheitlichen, rechtsstaatlich-demokratischen Verfassungsinstitutionen und -garantien. Die Staats- und Parteienkrise der ausgehenden Weimarer Republik nährte zum Teil verhängnisvolle Hoffnungen auf eine nationale und religiöse Wiedergeburt und utopische Visionen im konservativ-christlichen Geist.

Erst das Erleben und Erleiden des totalitären Staates, der Kirchenkampf und der Zusammenbruch des Reichs, die Diskreditierung der überanstrengten Nationalidee haben die evangelische Theologie seit der NS-Zeit tief aufgerüttelt und nach 1945 zu einer tiefgreifenden Umkehr und Neubesinnung auch ihres Denkens über Geschichte, Staat und Politik geführt. In Abkehr von der Machtstaats- und Souveränitätsidee fand sie zunächst zur breiten Bejahung des Verfassungsstaats, der Demokratie und der internationalen Friedensordnung. Hierfür ein „Wächteramt" der Kirche, ihren „Öffentlichkeitsauftrag" bzw. „Öffentlichkeitsanspruch" geltend zu machen, wurde fortan als theologische Herausforderung und Verpflichtung erfahren und geübt.

Indessen: Die Teilung der politischen Systeme in Ost und West und die Entstehung der beiden deutschen Staaten 1949 bescherte der evangelischen Theologie wie der evangelischen Kirche — im Bemühen um die Erhaltung ihrer Einheit, Distanz und Freiheit — mit der Zeit neuerliche Loyalitätskonflikte. Sie ergaben sich einerseits durch die Gefahr ideologischer Allianzen bzw. Inanspruchnahmen und andererseits durch die Versuchung zu fragwürdiger Neutralität, ja Äquidistanz gegenüber dem freiheitlich säkularen Verfassungsstaat und der marxistischen Weltanschauungsdiktatur. Letzteres ist auch kennzeichnend für die problematischen Stellungnahmen der ökumenischen Gremien zur Menschenrechtsdiskussion gegenüber Ost und West geworden.

In holzschnittartiger Typisierung läßt sich gegenüberstellen:

5. Die Theologie der „Schöpfungsordnung"

Der Staat als Schöpfungsordnung wurde zunächst insbesondere von der Theologie des deutschen Neu-Luthertums im 19. und 20. Jahrhundert *(Emanuel Hirsch, Paul Althaus, Werner Elert)*, aber auch von reformierten Schweizer Theologen *(Emil Brunner)* hervorgehoben. Die deutsche Theologie der Ordnungen präsentierte sich als eine spezifische Geschichtstheologie, in der die geschichtliche Lebensform der Nation gleichsam als zweite natürliche Offenbarungsquelle neben dem göttlichen Gesetz und Evangelium erscheint: Familie, Volk, Rasse sind die „natürlichen Ordnungen", in denen Gottes Wille im Kairos der historischen Stunde verpflichtend wirkt.

Das organologische Volksverständnis der Romantik und Restauration, die idealistische Geschichtsphilosophie, politischer und theologischer Dezisionismus, visionäre Aufbruchsstimmung, pneumatische Prophetie flossen zusammen zur Forderung nach einer Überwindung des (die Sittlichkeit und den geschichtlichen Beruf des Volkes angeblich verfehlenden) demokratischen Systems von Weimar und seiner liberalen Bindungslosigkeit. Der von *W. Elert* und *P. Althaus* formulierte „Ansbacher Ratschlag" vom 11. Juni 1934 erhoffte sich ein autoritäres „gut Regiment" mit „Zucht und Ehre" durch den „Führer" als „frommen und getreuen Oberherrn" in der „nationalsozialistischen Staatsordnung" — um in der Folge ernüchtert und erschüttert hiervon abzurücken. Lutherische Theologen haben sich seither zunehmend von geschichtstheologischen politischen Prophetien abgewandt und die Bedeutung des Normativen im staatlichen Leben, insbesondere den Rechtsstaat nach dem Vorbild der skandinavischen Lutherforschung (Bischof *E. Berggrav)* zu schätzen gelernt.

6. Die christologische Staatslehre

Die christologische Staatslehre, wie sie im Kirchenkampf von *Karl Barth* entwickelt und von der Bekennenden Kirche weithin vertreten wurde, hat jene auf eine Geschichtsoffenbarung im Schicksal der Nation gegründete Theologie der Schöpfungsordnungen bekämpft und in der evangelischen Theologie überwunden. In *Barths* programmatischen Studien „Rechtfertigung und Recht" (1938) und „Christengemeinde und Bürgergemeinde" (1946) wird die Existenz und Funktion des Staates nicht aus der natürlichen Weltstruktur und Welterkenntnis und nicht aus einem allgemeinen Schöpfungs-, Geschichts- und Ordnungsglauben abgeleitet, sondern auf die Herrschaft Christi über die himmlischen und irdischen Mächte (in eigenwilliger Auslegung von Röm. 13 und der Deuteropaulinen) zurückgeführt: Der Staat und alle irdische Ordnung steht im Dienst der Person und des Erlösungswerkes Jesu Christi, im Dienst der Verkündigung der Kirche und der Rechtfertigung des Sünders und damit im Dienst des anbrechenden eschatologischen Gottesreiches. Diese evangelische Staatslehre will sich nicht mit dem (vermeintlichen) bloßen Nebeneinander von geistlicher und weltlicher Gewalt, geistlicher und weltlicher Gerechtigkeit, Kirche und Staat begnügen, wie es *Barth* der reformatorischen Zwei-Reiche-Lehre *Luthers* und *Calvins* zum Vorwurf macht. Sie sucht eine innere, christologische Beziehung zu finden, die das Recht auf die Rechtfertigung, die politische Gewalt auf die Gewalt Christi, die weltliche auf die geistliche Gerechtigkeit zu gründen vermag.

Damit wird die neuprotestantische Sicht der Eigengesetzlichkeit des Staates und der Politik verneint, vor allem aber die religionsähnliche Sublimierung, ja Vergöttlichung des Staates bestritten und insbesondere der totalitäre, sich als Religionsersatz verstehende Weltanschauungsstaat als widergöttlich bekämpft. So wird der Staat nüchtern auf die irdische Aufgabe der äußeren Rechts- und Friedenswahrung im Dienste des göttlichen Erlösungs- und Heilsgeschehens reduziert. Der Staat darf nicht zur Kirche werden, die Kirche sich nicht als Staat gerieren, sich ihm nicht als „Staat im Staate" verschließen und entziehen oder als „Staat über dem Staate" überordnen, wie es der Papstkirche und den Schwärmern vorgeworfen wird. Die „Vergötterung" wie die „Verteufelung" des Staates wird damit gleichermaßen verworfen.

Als ordinatio Dei hat die Kirche den Staat zu respektieren, ihm durch ihre Fürbitte und ihr Wächteramt zu dienen, die Erfüllung der bürgerlichen Pflichten in Steuer- und Militärdienst zu bejahen, die Wahrung des Rechts anzumahnen. Dem Rechtsstaat und der Demokratie wird auf dieser Grundlage eine besondere Affinität zum christlichen Denken bescheinigt. Im christologischen und eschatologischen Zusammenhang ist Christus und seine Herrschaft der Mittelpunkt sowohl des Staates wie der Kirche. Der irdische Staat wirkt auf seine Weise inmitten des einstweilen verborgenen Reiches Christi, ist Werkzeug der Gnade Gottes, weil er als Gottes Ordnung vor dem Chaos schützt und das Heilswerk der kirchlichen Verkündigung durch seine Freiheitsgarantie ermöglicht. Die Kirche besitzt deshalb politische Funktionen und hat ein politisches Wächteramt in geistlich-prophetischer Kundgabe auszuüben.

In „Christengemeinde und Bürgergemeinde" werden die Kirche als innerer, der Staat als äußerer Kreis der Herrschaft Christi bezeichnet. Die Bürgergemeinde wird deshalb als Gleichnis des von der Kirche verkündigten Reiches Gottes verstanden. Aus dieser „Gleichnisfähigkeit und Gleichnisbedürftigkeit des politischen Wesens" werden durch die Methode der Analogie problematische Konsequenzen für das politische Leben gezogen: Aus der Öffentlichkeit der Offenbarung Gottes und der kirchlichen Verkündigung folgert *Barth* die Absage an Geheimpolitik und Geheimdiplomatie, aus der Vielfalt der geistlichen Gaben die politische Gewaltentrennung, aus der Freiheit der Verkündigung die Zensurfreiheit der Meinungsäußerung und Presse, aus dem Vorrang der Gnade vor dem Zorne Gottes die Pflicht zur Vermeidung gewaltsamer Konfliktslösungen usw. Zwar betont auch *Barth*, daß die christliche Theologie nicht „die" christliche Lehre vom rechten Staat aufstellen könne, es keinen „christlichen Staat" und keine „christliche Partei" geben könne. Aber seine christologische Staatslehre enthält doch den Ansatz zu einer theokratischen Staatskonzeption, die sich in den Reigen der verschiedensten politischen Theologien seit *Eusebius von Caesarea* einreiht. Der Barthschen Konzeption ist denn auch die unreformatorische Vermischung von Gesetz und Evangelium *(G. Ebeling)* vorgeworfen worden. Und die Schülergeneration ist konsequenterweise in die „Barthsche Rechte" und die „Barthsche Linke" zerfallen und hat die politische Prophetie des großen Lehrers zu gegensätzlichen Konsequenzen getrieben.

7. Ausdifferenzierung gegensätzlicher Konzeptionen

Das Spektrum der theologischen Staatstheorien hat sich inzwischen breit ausdifferenziert.

Im lutherischen Lager wurden die christologischen Momente verbunden mit dem konservativen Verständnis des Staates als Erhaltungsordnung gegen die satanische Zerrüttung der Welt, deshalb die Grenzen der Volkssouveränität, der Bürgergehorsam und die Zuordnung der weltlichen und geistlichen Gewalt betont *(Walter Künneth)*. Andere Konzeptionen öffneten sich stärker der modernen Demokratie, sahen auch in ihr eine „Notverordnung Gottes" in eschatologischer Bestimmung und Begrenzung, bejahten aber die nationale Souveränität statt einer Weltstaats-Technokratie, wobei sich westlich-freiheitliche und traditionell deutsche Staatsideen verwoben *(Helmut Thielicke)*. Eine vertiefte, von modernen Mißverständnissen befreite dogmengeschichtliche Deutung galt der Zwei-Reiche-Lehre Luthers zu Staat und Recht *(Harald Diem, Franz Lau, Heinrich Bornkamm)*. Sie wurde auf den Spuren *Karl Barths* nun dezidiert im Sinne der „Königsherrschaft Christi" interpretiert *(Ernst Wolf)* und ihre Bedeutung für die Barmer Erklärung der Bekennenden Kirche aufgezeigt. Aus Kreisen der unierten Kirchen hat man die Barthsche Konzeption gegen deren lutherische Kritik *(Gerhard Ebeling)* in kritischer Sichtung des Bleibenden verteidigt, aber auch gegen gewisse Ausprägungen zeitgenössischer politischer Theologie abgegrenzt *(Eberhard Jüngel)*. Von juristischer Seite wurde der Zusammenhang der Zwei-Reiche-Lehre *Luthers* mit dem Verständnis des göttlichen Gesetzes in Dekalog und Bergpredigt sowie mit der verschiedenen Ausformung des weltlichen und kirchlichen Rechts originell und weiterführend untersucht *(Johannes Heckel)*. Nüchtern-kritische Würdigungen der theologischen Staatslehren betonten die begrenzte Aussagekraft mancher christologischen Ableitungen, warnten vor der Vermischung von Glaube und Politik, desgleichen von Eschatologie und Utopie, forderten die Anerkennung der weltlichen Ratio und der eigenständigen Sachgerechtigkeit bei kirchlichen Äußerungen zu weltlichen Fragen *(Martin Honecker)* und bemühten sich besonders um eine theologisch legitime Vermittlung zwischen den Grundpositionen der Reformation und den Entwicklungen der modernen Welt in Politik, Wirtschaft und Gesellschaft, manche Erkenntnisse der liberalen Theologie des 19. Jahrhunderts, etwa *Ernst Troeltschs*, eingeschlossen *(Trutz Rendtorff)*.

Konzeptionen einer „politischen" Theologie haben in marxistischer Inspiriertheit vielfach gewisse staatskritische und sozialistische Äußerungen des frühen *Barth* fortentwickelt, der sich als Schweizer über die nationalistische Kriegsbegeisterung seiner deutschen akademischen Lehrer 1914 entsetzt und sich als junger Pfarrer einer verelendeten Schweizer Arbeitergemeinde dem Schweizer religiösen Sozialismus angeschlossen hatte. Aber während die christologische Staatslehre *Barths* später die Herrschaft Christi in der evangelischen Kirche entschieden gegen die nationalistische und nationalsozialistische Verfälschung des Evangeliums zu bewahren suchte, verband sich nun hier die christliche Reich-Gottes-Idee mit dem internationalsozialistischen Geschichts- und Gesellschaftsverständnis des Marxismus zu einem theologischen Programm der Staats- und Sozialrevolution: Das kommende Reich Gottes sei mit dem Aufbruch zur Weltrevolution in der Veränderung der weltlichen Verhältnisse angebrochen. Säkularisierte Heilslehren wurden retheologisiert.

Die gegenwärtige politische und gesellschaftliche Struktur wird dabei radikal verneint und soll der Antizipation des eschatologischen Christusreiches auf Erden weichen, das unter sozialistischen Vorzeichen von der Kirche und den Christen zu erkämpfen sei. Biblische Eschatologie und sozialistische Utopie fließen ineinander. Daß der Aufruhr die Berufsethik des Christen sei *(Ernst Bloch)*, der Staat als überflüssig absterben habe, um durch den Sozialismus Frieden und Wohlstand in der klassenlosen Gesellschaft zu erringen, fand in sublimierten und trivialisierten Varianten zündende Resonanz in Teilen der jüngeren Theologenschaft. In der wissenschaftlichen Version (z. B. *Helmut Gollwitzers*) wurde kritisiert, *Barth* habe den Marxismus mißverstanden und verkannt, daß das Evangelium die Beseitigung der bürgerlichen Gesellschaftsordnung fordere. Die Parteinahme für die „permanente Revolution" „auf die konkrete Utopie hin" wurde als politische Verantwortung des Christen proklamiert. Die reformatorische theologia crucis verschwimmt dabei unter der Hand in eine Pantokrator-Christokratie, welche die Überwindung des Staates und doch zugleich wiederum seine Überhöhung im eschatologischen Vorgriff in sich schließt. — Die „Theologie der Revolution" hat sich im Gefolge der Studentenrevolte von 1968 in die verschiedensten anarchistischen und sozialistischen Ableger verzweigt. Obwohl sie evident in der Minderheit verblieben, haben sie doch das Gesamtspektrum der evangelischen Theologie und des kirchlichen Bewußtseins auch über den Zusammenbruch des internationalen Sozialismus 1989 hinaus eingefärbt. Die neutestamentliche Forschung zum Staatsproblem hat hier manche Entmythologisierung erbracht und noch zu leisten.

8. Gemeinsamkeit in der Barmer Theologischen Erklärung

Die Zwei-Reiche-Lehre und Königsherrschaft Christi in ihrem gegenseitigen Verhältnis zu bestimmen, wird der evangelischen Theologie und Kirche auch künftig aufgegeben sein. Zu Unrecht wird erstere dem Luthertum, letztere den Reformierten zugerechnet. Die Zwei-Reiche-Lehre hat auch *Calvin*, die Herrschaft Christi auch *Luther* in weiter Übereinstimmung hervorgehoben. Jene antithetische Zuschreibung entstammt der gegenwärtigen Theologie; sie wird gemeinhin vereinfacht als Position der lutherischen und der unierten Theologie bezeichnet. — In der *Barmer Theologischen Erklärung* von 1934, der heute weithin der Charakter einer Bekenntnisschrift zugemessen wird, kommt spannungsreich die Königsherrschaft Christi in der II. These zum Ausdruck: „Wir verwerfen die falsche Lehre, als gebe es Bereiche unseres Lebens, in denen wir nicht Jesus Christus, sondern anderen Herren zu eigen wären, Bereiche, in denen wir nicht der Rechtfertigung und Heiligung durch ihn bedürften". Die Zwei-Reiche-Lehre aber findet sich in der V. These: „Die Schrift sagt uns, daß der Staat nach göttlicher Anordnung die Aufgabe hat, in der noch nicht erlösten Welt, in der auch die Kirche steht, nach dem Maß menschlicher Einsicht und menschlichen Vermögens unter Androhung und Ausübung von Gewalt für Recht und Frieden zu sorgen. Die Kirche erkennt in Dank und Ehrfurcht gegen Gott die Wohltat dieser seiner Anordnung an. Sie erinnert an Gottes Reich, an Gottes Gebot und Gerechtigkeit und damit an die Verantwortung der Regierenden und Regierten. Sie vertraut und gehorcht der Kraft des Wortes, durch das Gott alle Dinge trägt. — Wir verwerfen die falsche Lehre, als solle und könne der Staat über seinen besonderen Auftrag hinaus die einzige und totale Ordnung menschlichen Lebens werden und also auch die Bestimmung der Kirche erfüllen. — Wir verwerfen die falsche Lehre, als solle und könne sich die Kirche über ihren besonderen Auftrag hinaus staatliche Art, staatliche Aufgaben und staatliche Würde aneignen und damit selbst zu einem Organ des Staates werden". — Die Interpretation von Barmen II und Barmen V durch das Votum des theologischen Ausschusses der EKU 1973 und 1986 hat eine weitere, vertiefte Diskussion notwendig werden lassen.

V. Traditionen

1. Das Manko der theologischen Begründung

Das nervös angespannte Fragen und Suchen der evangelischen Theologie und Kirche über den Staat und sein Verhältnis zur Kirche ist auch durch eine historische Aporie bestimmt: Ihre theologische Tradition läßt sie — die sich zu diesem Punkt bis in das 20. Jahrhundert als pointiert traditionsverpflichtete Kirche verstand — hier im Stich. Es gehört zu der Tragik der evangelischen Theologie und Kirchenbildung, daß die reformatorischen Grundpositionen zur Zwei-Reiche-Lehre und Ekklesiologie sich schon im 16. Jahrhundert nicht institutionell entfalten konnten, sondern durch die politischen und verfassungsrechtlichen Entwicklungen verschüttet wurden. Bis in das 20. Jahrhundert ist der evangelischen Kirche nicht die Entwicklung einer theologisch begründeten Kirchenverfassung und Kirchenverfassungstheorie gelungen. Sie ist deshalb ungerüstet in den Kirchenkampf gestolpert, als ihr erstmals nach den langen Jahrhunderten der christlich gesinnten Obrigkeiten ein feindselig-atheistischer Weltanschauungsstaat entgegentrat.

2. Kirchenregiment der weltlichen Obrigkeit

Der anstaltlich verstandene Summepiskopat widersprach dem evangelischen Begriff der Gemeinde und Kirche (als personaler Gemeinschaft der Gläubigen) und der geistlichen und weltlichen Gewalt; er hat sich als Produkt der Praxis des Reichs- und Territorialstaatsrechts im 16. Jahrhundert durchgesetzt und bis 1918 erhalten. *Luther* ist nicht der Ahnherr des Landesherrlichen Kirchenregiments *(Karl Holl, Johannes Heckel)*, geschweige denn des säkularen Religionsbanns der weltlichen Obrigkeit nach der Maxime cuius regio — eius religio. Die Reformation war zwar als tief geistliches Ringen um die rechte Buße, gegen den Ablaß und den falschen Bann, um die christliche Freiheit aus dem wahren Glauben, um das rechte Bekennen entstanden; sie hatte die Verweltlichung und Verrechtlichung der Kirchengewalt im Renaissancepapsttum und im Kanonischen Recht als ungeistliche Verfügung über das Evangelium und über die Freiheit des Christen bekämpft. Aber im Ergebnis führte dies zum rohen weltlichen Bestimmungsrecht der Staatsgewalt über die Landeskonfession und Landeskirche im Sinne ihrer säkularen Wahlfreiheit zwischen der evangelischen und der katholischen Konfession, zur „gesetzlichen" Auferlegung eines Zwangsbekenntnisses nach staatlichem Religionsdiktat.

3. Säkulare „Kirchenverfassungs"-Theorien

Was bis in die Gegenwart zu Unrecht als die drei „protestantischen Kirchenverfassungssysteme" des Episkopalsystems, des Territorialsystems und dann des Kollegialsystems bezeichnet wurde, sind nicht kirchliche, geschweige denn theologische, sondern rein *staatsrechtliche* Theorien gewesen[33]: Nicht die rechte, bekenntnisgemäße Begründung der Kirchenverfassung und des Kirchenrechts war ihr Ziel, sondern die Verteidigung der evangelischen Kirche an der juristischen Außenfront durch das Reichs- und Territorialverfassungsrecht, zudem die Einordnung in das juristische System. In den Stürmen der Gegenreformation war die Kirche ganz auf den Schutz durch die weltlichen Landesherren

---

[33] *Martin Heckel*, Staat und Kirche nach den Lehren der evangelischen Juristen Deutschlands in der ersten Hälfte des 17. Jahrhunderts (= Jus Ecclesiasticum, Bd. 6), München 1968; *ders.*, Religionsbann und Landesherrliches Kirchenregiment, in: Hans-Christoph Rublack (Hrsg.), Die lutherische Konfessionalisierung in Deutschland (= Schr. d. Vereins f. Reformationsgesch., Bd. 197). Gütersloh 1992, S. 130 ff.; *ders.*, Deutschland im konfessionellen Zeitalter, Göttingen 1983; *Klaus Schlaich*, Kollegialtheorie. Kirche, Recht und Staat in der Aufklärung (= Jus Ecclesiasticum, Bd. 8), München 1969; *ders.*, Der rationale Territorialismus, in: ZRG Kan. Abt. 54 (1968), S. 269 ff.

angewiesen. Die evangelischen Juristen haben sich darum nicht primär auf ein theologisch begründetes Widerstandsrecht gestützt, das die katholische Gegenseite nie anerkennen konnte und das deshalb in den Religionskrieg und evtl. in die Katastrophe trieb. Stattdessen haben sie eine paritätische Koexistenzordnung im Reich entwickelt, die (in ihrer unkonfessionellen bzw. doppelkonfessionellen Ausgestaltung) auch der katholischen Religionspartei vorteilhaft und akzeptabel war, weil sie den katholischen ebenso wie den evangelischen Territorialstaatsgewalten jeweils das dominante religiöse Entscheidungsrecht in ihren Territorien zusprach.

4. Das Episkopal-, Territorial- und Kollegialsystem

So leitete das *Episkopalsystem* aus der Suspension der katholischen Bischofsgewalt gegenüber den evangelischen Reichsständen durch § 20 des Augsburger Religionsfriedens von 1555 den Übergang der Iura Episcopalia auf diese ab, worunter es auch den weltlichen Bekenntnisbann und das Kirchenregiment inbegriffen sah. Für die evangelische Kirchenordnung im Territorialstaat wurden also befremdlicherweise katholische Begriffe und Normen einerseits sowie das Reichsrecht andererseits in konfessionsneutraler positivistisch-juristischer Argumentation bemüht, dabei jedoch jede Bezugnahme auf reformatorische Bekenntnislehren vermieden. Die beiden Rollen (die „*duplex persona*") des Landesherrn als Oberhaupt des Staates und als Summepiskopus der Landeskirche wurden dabei freilich unterschieden, während das frühe *Territorialsystem* des 16. Jahrhunderts — das ebenfalls rein säkular-juristisch und untheologisch argumentierte — das Kirchenregiment als Teil der Staatsgewalt ansah und so die Kirche und ihre Ordnung im Staat und seinem Recht aufgehen ließ: Es hat sich dabei (statt auf das Reichsrecht und Kanonische Recht) auf das neue Territorialverfassungsrecht, auf das rezipierte römische Recht des Cäsaropapismus und auf die Souveränitätslehren *Bodins* abgestützt und wurde so zur protestantischen Kirchenverfassungslehre des Absolutismus, die sich bis weit ins 19. Jahrhundert hielt. — Sie wurde seit dem 18. Jahrhundert ergänzt und dann ersetzt durch die *Kollegialtheorie*, die die Kirche als „Religionsgesellschaft" nach dem Modell weltlicher Korporationen verstand, die Kirchengewalt in Analogie zum Herrschaftsvertrag auf die Vereinsgenossen zurückführte, sich aber eben dadurch von der omnipotenten Version des Territorialismus löste. Die Kollegialtheorie — ein Kind der Aufklärung — ist vermöge ihrer säkularen konfessionsneutralen Ausgestaltung zur Grundlage des modernen pluralistischen Staatskirchenrechts der Religionsgesellschaften im säkularen Staat geworden. — Die kirchliche Restauration und Erweckung aber hat im 19. Jahrhundert wiederum auf das „altprotestantische Episkopalsystem" zurückgegriffen, das die monarchisch-konservative Staats- und Kirchenrechtslehre (*Friedrich Julius Stahl* u. a.) als „das kirchenrechtliche System der protestantischen Orthodoxie" mißverstand.

5. Summepiskopat und Trennung im 19. Jahrhundert

Mit Hilfe der repristinierten Episkopaltheorie gelang es, die monarchische Kirchenherrschaft bis 1918 fortzuführen und gegen die vorrückende Volkssouveränität und weltliche Verfassungsbewegung abzuschirmen: Die *Rolle des Monarchen* als Inhaber der *Staatsgewalt* (und damit seine Entmachtung durch die Verfassungsbindung, Gegenzeichnungspflicht der konstitutionellen Minister, Gesetzmäßigkeit der Exekutive) wurde strikt auf den Bereich des Staates (der „iura circa sacra") beschränkt und scharf von der Rolle des Summepiskopus als Inhaber der *Kirchengewalt* (der „iura in sacra") geschieden. Dieser konnte somit in der Kirche zunächst „absolutistisch" weiterregieren, bis er sein Kirchenregiment nach dem Erlaß von Kirchenverfassungen durch das Zusammenwirken mit Synoden und Konsistorien beschränkte.

Aber auch für diesen kirchlichen Mischverfassungstyp des späten 19. Jahrhunderts aus episkopalen, synodalen und konsistorialen Elementen wurde eine theologische Begründung und Begrenzung aus den reformatorischen Lehren von der Kirche, den beiden Reichen und Regimenten, Amt und Gemeinde nicht entwickelt; die neuprotestantische Theologie und Kirchenrechtswissenschaft hat die Einheit des reformatorischen Kirchenbegriffs verkannt, deshalb schlichtweg die „Geistkirche" von der „Rechtskirche" geschieden und erstere den Theologen, letztere den Juristen überlassen, welche die Kirchenverfassung gut positivistisch nach dem Modell der staatlichen Kommunalautonomie explizierten.

So hat sich erst im Kirchenkampf die evangelische Theologie und Kirche aus der Not der Stunde auf den untrennbaren Zusammenhang von Rechtfertigung und Recht, Verkündigung und Ordnung, Bekenntnis und Rechtsgestalt besonnen und damit den Grund zu einer biblisch-reformatorischen Sicht des Staates wie des Kirchenverfassungsrechts gelegt.

VI. Stellungnahmen

1. Das „Wächteramt": Kirchliche „Worte"

Ihr „Wächteramt" aus ihrer *„öffentlichen Verantwortung"* hat die evangelische Kirche nach 1945 zu einer Fülle öffentlicher Stellungnahmen veranlaßt, die ein Novum in ihrer Geschichte darstellen. Das Erlebnis des Unrechtsstaates und die Einsicht, daß Schweigen schuldig werden läßt, trieb sie nach dem Zusammenbruch Deutschlands zu der Stuttgarter Schulderklärung vom 18./19. Oktober 1945 — für sich und, solidarisch, stellvertretend, für das ganze Volk³⁴. Ihre Verkündigung und ihre Seelsorge für das Volk wie für den einzelnen erstreckt sich auf das gesamte Leben, damit auch auf die Politik; ihre Diakonie umschließt auch die politische Diakonie. Auch die Reformatoren haben ja einst in unzähligen Predigten und Traktaten, Briefen und Diskussionen sich immer wieder aus der Vollmacht des Verkündigungs- und Seelsorgeamtes zu den brennenden öffentlichen Fragen ihrer Zeit vernehmen lassen.

So sind nach 1945 eine Fülle von *kirchlichen „Worten"* vom Rat der EKD zu öffentlichen Themen verkündet worden³⁵. Aber diese kirchlichen „Worte", die sich kraft des Verkündigungsauftrags an die Gemeinden und die Welt richten, haben die Öffentlichkeit immer weniger erreicht; sie fielen mehr und mehr aus dem Diskussionsstil und -prozeß der pluralistischen Öffentlichkeit und demokratischen Meinungsbildung heraus; sie schienen auch dem Bedürfnis nach Information und Konkretheit des Argumentierens und Entscheidens zu wenig gerecht zu werden.

2. Die „Denkschriften"

Mit den „Denkschriften" hat sich seit 1962 ein neuer Typ kirchlichen Redens in den Vordergrund geschoben. Die Kirche sucht darin den Dialog mit der Welt ohne „klerikale Bevormundung", sucht die Nöte der Zeit in ihren komplizierten Sachzusammenhängen tiefer zu verstehen und sachgerechter zu würdigen. Die Denkschriften werden von den „Kammern" der EKD im Team von Theologen, Fachwissenschaftlern und Praktikern in eingehender Materialsammlung, Fachdiskussion und

---

34 „... Wir hoffen zu dem Gott der Gnade und Barmherzigkeit, daß er unsere Kirchen als ein Werkzeug brauchen und ihnen Vollmacht geben wird, sein Wort zu verkündigen und seinem Willen Gehorsam zu schaffen bei uns selbst und bei unserem ganzen Volk ... Wir hoffen zu Gott, daß durch den gemeinsamen Dienst der Kirchen dem Geist der Gewalt und der Vergeltung ... in aller Welt gesteuert werde und der Geist des Friedens und der Liebe zur Herrschaft komme, in dem allein die gequälte Menschheit Genesung finden kann ..."; abgedr. in: *Karl Alfred Odin*, Die Denkschriften der EKD. Neukirchen 1966, S. 213.

35 Vgl. *Odin*, Denkschriften (Anm. 34), S. 13 ff., auch S. 230 ff.; *Günter Heidtmann*, Hat die Kirche geschwiegen? Das öffentliche Wort der evangelischen Kirche aus den Jahren 1945-64. 3. Aufl., Berlin 1964. Die Thematik umfaßt u. a. Schuld, Buße, Neuanfang, die deutsche Spaltung und Wiedervereinigung, Entnazifizierung, Verhaftungen und Sozialisierungsmethoden in Mitteldeutschland, Frieden, Wiederbewaffnung, Militärseelsorge, Kriegsdienstverweigerung, Vietnam, Obrigkeitsstreit, Atomfragen, Lastenausgleich, Achtung jüdischer Friedhöfe, Umstellung der Landwirtschaft, Glücksspiel, Fragen der Ehe und der Schule und vieles andere mehr, neben den engeren kirchlichen Problemen etwa der Ökumene, des Schriftverständnisses, der Taufe und des Abendmahls, der Diakonie und äußeren Mission.

theologischer Besinnung erarbeitet und dann ggf. vom Rat der EKD veröffentlicht[36].

Die Denkschriften-Denkschrift von 1970 („Aufgaben und Grenzen kirchlicher Äußerungen zu gesellschaftlichen Fragen") will in 75 Thesen Rechenschaft hierüber geben. Vieles wird hier im Streben nach Abgewogenheit, Offenheit und Konsens verdeutlicht und in der Abgrenzung geklärt. Vieles aber wirft weitere zentrale Fragen auf: warum, wer, zu wem, wann, wie, nach welchen Kriterien und mit welcher Auswirkung hier redet und zu reden hat? Ein großer Spannungsbogen tut sich dabei auf[37].

3. Die geistliche und die weltliche Legitimation

Die Legitimation der Kirche zu politischen und gesellschaftlichen Äußerungen wird einerseits auf „ein umfassendes Verständnis" ihrer Verkündigung (8.) zurückgeführt, das „auf dem umfassenden Verkündigungs- und Sendungsauftrag ihres Herrn ... beruht" (10.). Entsprechend wird eine „mißverstandene Zwei-Reiche-Lehre" (19.) und die Berufung „auf Eigengesetzlichkeit und Sachzwänge des politischen, wirtschaftlichen und technischen Geschehens" (25.) zurückgewiesen und im Sinne von Barmen II christologisch „von dem kräftigen Anspruch Gottes auf unser ganzes Leben" gesprochen (19.), ja zur Beteiligung „an dieser Vorwegnahme des Reiches Gottes" (23.) aufgerufen. Andererseits wird betont, daß „die Heilige Schrift keine Weisungen über eine zeitlos gültige Ordnung der Gesellschaft enthält" (12.). Ein ganz anderer Legitimationsgrund für das kirchliche Handeln wird darum dann insofern aus der Erforderlichkeit des „Dialoges zwischen den gesellschaftlichen Kräften und Gruppen" (15.) gewonnen, der „in vernünftiger Argumentation" (12.) und „umfassender Sachkunde" (26.) „dafür offen" sein muß, „durch weitere Überlegungen überholt zu werden" (12.). Die

---

[36] Die Denkschriften „Eigentumsbildung in sozialer Verantwortung" (1962), „Teilzeitarbeit von Frauen" (1965), „Die Neuordnung der Landwirtschaft in der Bundesrepublik Deutschland als gesellschaftliche Aufgabe" (1965), „Die Lage der Vertriebenen und das Verhältnis des deutschen Volkes zu seinen östlichen Nachbarn" (1965), haben eine lange Reihe eröffnet, die insbes. mit der Friedensdenkschrift von 1981 („Frieden wahren, fördern und erneuern") und der Demokratiedenkschrift von 1985 die tiefgreifende Änderung des Verhältnisses der Kirche zur Politik seit 1945 neu dokumentiert. Vgl. Die Denkschriften der Evangelischen Kirche in Deutschland. Hrsg. vom Kirchenamt der Evangelischen Kirche in Deutschland, Bd. 1, 3. Aufl.: Friede, Menschenrechte, Weltverantwortung (T. 1: Gütersloh 1988, T. 2: Gütersloh 1991), Bd. 2: Soziale Ordnung, Wirtschaft, Staat (T. 1: 3. Aufl., Gütersloh 1991, T. 2-4: Gütersloh 1992).

[37] Zum Folgenden vgl. insbes. *Hans Schulze,* Ethik im Dialog. Kommentar zur Denkschrift der EKD „Aufgaben und Grenzen kirchlicher Äußerungen", Gütersloh 1972; *Wenzel Lohff,* Ein herrschaftsfreier Raum. Was heißt Dienst der Kirche an der Gesellschaft?, in: LuthMH 12 (1973), S. 661 ff.; *Gerhard Ebeling,* Kriterien kirchlicher Stellungnahme zu politischen Problemen, in: ders., Wort und Glaube (Anm. 3), S. 611 ff.; *Martin Honecker,* Kriterien öffentlicher Äußerungen der Kirche, in: ders., Sozialethik zwischen Tradition und Vernunft. Tübingen 1977, S. 63 ff.; *Reinhard Slenczka,* Kirchliche Entscheidung in theologischer Verantwortung. Grundlagen — Kriterien — Grenzen, Göttingen 1991.

Spannung zwischen der Verkündigung des Wortes Gottes einerseits und dem rationalen Sachdialog der weltlichen Argumente und Gruppen andererseits bleibt unaufgelöst. Sie wird verbal verdeckt durch die (im Protestantismus bislang ungewohnte) Novität eines vage erweiterten Verkündigungsbegriffs, der alles Wortgeschehen „in Gottesdiensten, Gemeindekreisen, Akademien, Fakultäten, ... Stellungnahmen zu gesellschaftlichen und politischen Fragen" insgesamt als „in alle Bereiche" dringende „Verkündigung" definiert (32.). Wer hier verkündigt wird und wer verkündigt, bleibt die große Frage.

4. Welches Kirchenverständnis?

So schwankt auch der *Begriff der Kirche* vexierbildartig zwischen dem alten theologischen Selbstzeugnis der Bekenntnisschriften (Confessio Augustana Art. VII) als „Congregatio sanctorum, in qua evangelium pure docetur et recte administrantur sacramenta" und einer modernen soziologischen Selbstdefinition der „Kirche als Verband unter Verbänden, als Körperschaft unter Körperschaften" (30.), deren „Beitrag zur öffentlichen Diskussion, Bewußtseins- und Meinungsbildung" (46.) lediglich „als Ratschlag" bzw. als „dialogischer Beitrag" verstanden und frei von „Klerikalisierung" (43.) sein will[38]. Ihre Besonderheit liege darin, daß sie nicht nur „wie andere Verbände zur Wahrung eigener Interessen vorstellig wird" (43.), sondern „aus christlicher Verantwortung" für das Wohl der Gesamtheit, für die ganze Welt zu reden hat, was (außerhalb des engeren „Rechts- und Geschäftsverkehrs", 30.) „nicht allein den kirchenamtlichen Organen wie Synoden und Kirchenleitungen vorbehalten, sondern ... allen ihren Ämtern und Gliedern" aufgetragen sei (32.). „Solche erweiterte öffentliche Wirksamkeit" wird auch „als Gruppenseelsorge oder auch als gesellschaftliche Diakonie bezeichnet" (13.), die in noblem solidarischem Weltdienst einzugreifen hat, „wenn die konkurrierenden gesellschaftlichen Gruppen zu sachgemäßen Analysen und Lösungen infolge übermäßiger Interessenbindung außerstande sind, wenn das erforderliche Handeln durch Wunschdenken blockiert ist, wenn eine Gruppe ihre Belange nicht zu Gehör bringen kann und dadurch gesellschaftlich benachteiligt wird oder wenn die ‚Berufenen' untätig bleiben" (60.).

---

[38] Wohlgemerkt: Dies ist hier als ekklesiologische Selbsteinschätzung der Kirche (ihres „Verkündigungsgeschehens") vorgebracht, nicht etwa nur als eine soziopolitologische Fremddefinition der Kirche Christi durch die säkularisierte Gesellschaft und Staatsverfassung ausgesagt, denen das geistliche Haupt und Wesen der Kirche Christi strukturnotwendig verborgen ist, weshalb sie dort nur als eine der vielen „Religionsgesellschaften" verstanden werden kann.

5. Kirchliches Amt — weltliches Amt?

Entsprechend schillert, ob und wie hierbei die Äußerungen *der Kirche* von den Äußerungen der *einzelnen Christen* abgegrenzt werden können, zumal wo es um deren rationalen Beitrag aus Sachverstand bzw. politischer Verantwortung im weltlichen Bereich und Beruf geht (32., 42.). Die Legitimität und Autorität der Äußerungen wird ja in der Öffentlichkeit wie in den Gemeinden verschieden eingeschätzt werden, je nachdem ob sie seitens der Kirche oder seitens gewisser Mitchristen (als „Weltperson") ergeht.

Auch ist ja das Ergebnis weltlicher Analysen wesentlich durch die personalpolitische Auswahl der Experten in den kirchlichen Kammern vorbestimmt und damit „politisch" vorgesteuert. In der Auswahl der Argumente und Kriterien nähern sich so die Denkschriften stark den Erklärungen der anderen politischen und gesellschaftlichen Parteien und Gruppierungen an, soweit es um den Dialog weltlicher Aspekte des Gemeinwohls in Wirtschaft, Gesellschaft, Politik und Kultur geht. Die Denkschriften-Denkschrift erkennt hier selbst die Gefahr des Verfließens der Kirche in die Welt; sie pocht deshalb darauf, daß die „Kirchlichkeit einer Äußerung" durch deren „Schriftgemäßheit" auch für den Außenstehenden erkennbar werden muß (29., 32., 43., 61. ff.).

„Schriftgemäßheit" und „Sachgemäßheit" werden deshalb als die entscheidenden Kriterien herausgestellt (32., 61. ff.) die in „einem wechselseitigen Zusammenspiel von Glaubenserkenntnissen und vernunftgemäßem Erfahrungswissen" für die konkrete Argumentation und Entscheidungshilfe fruchtbar werden müssen (62.). So kann „eine Entscheidung nur im Hin und Her zwischen theologischen und durch Sachanalyse geleiteten Erwägungen gewonnen werden" (64.).

6. Die „Sachgemäßheit"

Die „Sachgemäßheit" als Ziel und Kriterium hat der weltlichen Vernunft — gemäß dem reformatorischen („entklerikalisierten") Weltverständnis — im kirchlichen Reden und Dienst neu zu ihrem Recht verholfen; sie hat der Kirche Bodenhaftung und zeitgerechte Aufgeschlossenheit für die Probleme des späten 20. Jahrhunderts vermittelt und in der Zucht des Konkreten der „politischen Prophetie" jedweder Provenienz heilsam entgegengewirkt. Dies hat den Sinn dafür geschärft, daß die sozial-ethischen Weisungen der Reformation aus der Agrargesellschaft und Frühform der Territorialstaatlichkeit sowie der reichsständisch-feudal bestimmten Reichsverfassung des 16. Jahrhunderts nicht ohne übersetzendes Weiterdenken auf die Gegenwart anzuwenden sind. Die „Sachgemäßheit" öffnet der Kirche den Weg aus dem retrospektiven Konservatismus zur kritischen Bejahung des Fortschritts im Bereiche des Humanen und Institutionellen, der politischen Selbstbestimmung, Rechtsstaatlichkeit und Menschenrechte.

Die Sachgemäßheit kirchlicher Äußerungen hat deshalb — wo sie glückte — der Kirche im pluralistischen Gegeneinander der politischen

§ 5 Kirche und Staat nach evangelischem Verständnis   193

Parteiungen insgesamt eine übergreifende Publizität und Autorität eingebracht, wie sie den „kirchlichen Worten" nicht beschieden waren. Der dialogische Weltdienst der Kirche wurde weithin als lösendes Wort aus erstarrten politischen Fronten erfahren, was deshalb auch von den politischen Potenzen allseits pflichtschuldig mit Lob bedacht zu werden pflegt, zumal ja oft wenige Prozente von Wechselwählern wahlentscheidend werden können. Der Weltdienst der Denkschriften und der (immens ausgedehnten) Diakonie hat so der Kirche in dem sich zunehmend säkularisierenden Gesellschaftsgefüge und Sozialstaatssystem (das immer weitere früher staatsfreie Bereiche der Sozialordnung, Wirtschaft und Kultur absorbiert) ein Maß an öffentlicher Geltung verschafft, das freilich zum geringeren Teil in der gesellschaftlichen Akzeptanz ihrer geistlichen Zielsetzung und Substanz begründet ist.

7. Ekklesiologische Versuchungen

Für die Kirche erwächst daraus eine neue ekklesiologische Versuchung, sich zwar nicht mehr (wie einst im Obrigkeitsstaat) als „Staat im Staat" oder „Staat über dem Staat" zu gerieren, sondern als Partei über den Parteien, bzw. als Partei neben oder in den anderen Parteien zu verstehen, die dem weltlichen Gemeinwohl sine vi, sed verbo durch weltliche Argumente zum Siege zu verhelfen habe.

Den Weltdienst für die „weltweite wirtschaftliche und soziale Gerechtigkeit" zu versäumen, bedeute „der Häresie schuldig zu werden" (8. These, in Übereinstimmung mit der 4. Vollversammlung des Ökumenischen Rats der Kirchen in Uppsala des ideologieträchtigen Jahres 1968). So ist der Häresiebegriff zwar in der evangelischen Kirche ansonsten verpönt und längst aus den dogmatischen Auseinandersetzungen um Christologie, Ekklesiologie, Eschatologie, Sakramente, Verkündigungs- und Heilsgeschehen ausgemerzt worden, wird aber im politischen Weltdienst der Kirche in säkularer Unschuld proklamiert, zum Teil auch praktiziert.

Das Selbstverständnis der Kirche und das Verhältnis von Kirche und Welt sowie der geistlichen und weltlichen Gewalt wird somit durch die positiven Wirkungen der Denkschriftenpraxis im Grunde ebenso zu kritischer Besinnung herausgefordert wie durch die irritierenden Aktionen gewisser kirchlicher Gruppen und durch die provozierenden Prophetien gewisser politischer Theologien, die das nun kirchenoffiziell anerkannte (62.) „vernunftgemäße Erfahrungswissen" der Öffentlichkeit auf ihre Art tangieren.

8. Die „Schriftgemäßheit"

Was „Schriftgemäßheit" heißt und fordert, bleibt in der Denkschriften-Denkschrift freilich notwendig allgemein und vage und wird erst in den einzelnen Denkschriften jeweils auf ihre Art zum besonderen Thema konkretisiert. Die bloße Bezugnahme auf herausgegriffene Schriftstellen, um politische Positionen und Postulate damit untermauernd abzustützen, kann dafür nicht genügen. Schriftgemäßheit ist nicht mit formalem Biblizismus gleichzusetzen. Die Heilige Schrift ist kein Kompendium sozialethischer Handlungsanweisungen und politischer Aktionsmaximen, aus der für alle modernen Probleme der Innen- und Außen-, Wirtschafts- und Gesellschaftspolitik Patentrezepte abzuleiten wären.

Die Denkschriften-Denkschrift räumt dies ein, will andererseits „doch auch nicht in eine punktuelle Situationsethik" ausweichen, sondern beruft sich auf „biblische ‚Haltungsgrundlagen' (wie z. B. den Liebes-, Dienst- und Versöhnungsgedanken im Eintreten für den Nächsten)" sowie auf „verallgemeinerte... Richtlinien (als ‚mittlere Axiome')", die sich „aus der Verbindung von Glaubensaussagen und vernunftgemäßem Erfahrungswissen ergeben" sollen (63.). Hierbei wird die Bedeutung von „realen Utopien für eine weltweite verantwortliche Gesellschaft" in der ökumenischen Diskussion hervorgehoben (65.); wo „solche Konkretisierung geboten" ist, soll der „Vorwurf der Unzuständigkeit oder Parteilichkeit nicht gescheut" werden (66.).

Aber die richtige evangelische Schriftgemäßheit meint die Mitte der Schrift, d. h. *das Evangelium,* in dessen Dienst und Licht *das Gesetz* (im Dekalog und in der Bergpredigt) steht und zu verstehen ist. Schriftgemäßheit ist deshalb nur vom Evangelium her, nicht aber „gesetzlich" moralisierend (aus biblischen „Haltungsgrundlagen" und „verallgemeinerten Richtlinien", 63.) zu gewinnen. Durch die Heilige Schrift wird Gottes Schöpfungs- und Heilsgeschehen offenbart und zur geistlichen Wirksamkeit gebracht. „Schriftgemäßheit" nimmt darauf Bezug, indem sie die Welt als geschaffene und gefallene, zu erhaltende und zu erlösende Welt unter Gottes Gesetz und Evangelium begreift und von daher ihre Konsequenzen in den Konkretionen zieht. Um einem instrumentalisierten biblizistischen Mißverständnis vorzubeugen, wurde „Schriftgemäßheit" durch „Christlichkeit" zu ersetzen vorgeschlagen [39].

Jedoch: Bedenklich und befremdlich stimmt, daß in der Argumentation vieler Denkschriften — die daraufhin hier nicht im einzelnen durchzumustern sind — die theologische „Schriftgemäßheit" neben der weltlich-rationalen „Sachgemäßheit" vielfach eher beiläufig, den weltlichen Duktus der Argumentation paraphrasierend und religiös verbrämend, nicht aber eigentlich entscheidungserheblich, ja tragend verwendet wird [40].

---

[39] *Ebeling,* Kriterien (Anm. 37), S. 611 ff., 621 ff.; ihm folgend *Honecker,* Sozialethik (Anm. 37), S. 52, 69 ff., 87 ff.

[40] Vgl. *Gerhard Ebeling,* Usus politicus legis — usus politicus evangelii, in: ZschrThK 79 (1982), S. 323 ff., 341 f.: „Man mache einmal das Experiment und

9. Ihr Verhältnis zueinander

Sachgemäßheit — Schriftgemäßheit: Das wirft eben die Frage ihrer Zuordnung und wechselseitigen Interpretation auf. Meint „Sachgemäßheit" die Sache des Evangeliums (und in seinem Lichte des göttlichen Gebotes) oder die Sachen der sich hiervon emanzipierenden Welt? Die Sachlichkeit und Sachgerechtigkeit theologischer Äußerungen wird ja durch den theologischen Begriff der Welt und Weltlichkeit bestimmt, der dem zugrundeliegt. Und die Schriftgemäßheit ist durch das theologische Schriftverständnis bestimmt, das sich darin konkretisiert. Durch beide Kriterien wird — angesichts des breiten Spektrums der politischen und ideologischen Positionen einerseits und der theologischen Konzeptionen andererseits — weniger ein Entscheidungsmaßstab an die Hand gegeben, als das Problem weitergereicht, d. h. einem offenen Konsensbildungsprozeß in der gemischten geistlich-weltlichen Gremienarbeit anheimgegeben. Unter den Sachzwängen der aktuellen Frage und Notlage wird sich hierbei die Sicht der Schriftgemäßheit bei den beteiligten Theologen vielfach an der Sachgemäßheit in der Sicht der (entsprechend vorausgewählten) engagierten weltlichen Experten und Politiker orientieren, die in der Denkschrift von ihren Überzeugungen Zeugnis geben wollen.

Das Zeugnis der Kirche von der Schrift in dieser „Schriftgemäßheit" ihrer Denkschriften ist deshalb stark von der Aktualität der Stunde und des weltlichen Anlasses bestimmt — viel stärker, als es etwa das Zeugnis der Kirche von der Schrift in ihren Bekenntnisschriften des 16. Jahrhunderts ist, die zwar auch alle einst aus konkretem Anlaß für ihre Zeit schriftgemäß Zeugnis zu geben suchten, aber darin im magnus consensus fratrum et patrum generationenübergreifend in

---

streiche aus der Denkschrift (Friedensdenkschrift, d. Verf.) alle theologischen Aussagen samt den Berichten über das, was in der Kirche bisher dazu gesagt worden ist, und samt den Appellen, was von ihr dazu getan werden soll. Die eigentliche Substanz des Ganzen, würde ich meinen, bliebe dann dieselbe. Schon quantitativ überwiegen die theologieunabhängigen Informationen, Analysen und Strategievorschläge. Sie sind überdies das eigentlich Anregende und Bedenkenswerte, so sehr man auch im einzelnen anderer Meinung sein mag. Die theologische Begründung ist eingeflochten, ohne daß von ihr Entscheidendes abhänge. Ein auf vernünftige Überlegungen emotionsfrei ansprechbarer Politiker nichtchristlicher Observanz wird, vielleicht mit mancherlei Vorbehalten oder Einwänden, den Darlegungen im ganzen zustimmend folgen können und sich dabei durch die christlichen Einschübe nicht stören lassen." . . . „An diesem repräsentativen kirchlichen Dokument kann man also studieren, worin die entscheidende Verlegenheit besteht, die uns heute — selbstverständlich mit Ausnahmen! — überall in der kirchlichen Praxis begegnet, nicht selten in groben Erscheinungsformen . . . Das eigentliche Elend ist, daß weithin ein tragender theologischer Konsens und darum auch ein unmittelbar bedrängender theologischer Dissens fehlt und in das Vakuum anderes einströmt." „. . . daß das Evangelium dazu degradiert wird, nichts anderes als Norm und Antrieb in Moral oder Politik zu sein."

die Zukunft gerichtet waren und sind; die Barmer Theologische Erklärung von 1934 ist diesem Typ von Schriftgemäßheits-Aussagen durchaus zuzurechnen. In den Denkschriften aber droht die theologische Arbeit an der Schriftgemäßheit der kirchlichen Verkündigung (im „umfassenden Verständnis ihres Verkündigungsauftrags", 8., 10.) sich in der Dominanz der weltlichen Anlässe und Ziele kasuistisch und temporär aufzusplittern, statt aus der Mitte des Evangeliums zusammengefaßt und wiederum zum Kern der theologischen Aufgabe zurückgeführt zu werden.

10. Die schillernden Äquivokationen

Gleichklang — Mehrdeutigkeit — Sinnvertauschung: Das prekäre, schwebend ungeklärte Verhältnis zwischen der Schriftgemäßheit und der Sachgemäßheit sowie zwischen der Verkündigung (im theologisch präzisen Sinn) des Wortes Gottes und der ergebnisoffenen Diskussion weltlicher Themen und Argumente hat dazu geführt, daß auch *die biblisch- theologischen Zentralbegriffe* — bewußt und unbewußt — in *oszillierender Mehrdeutigkeit* verstanden und verwendet werden: Einerseits im strengen Sinne der *Gott-Mensch-Beziehung* im reformatorischen Verständnis von Rechtfertigung und Freiheit, Gesetz und Gnade, Schuld, Buße, Glaube und Versöhnung des Sünders mit Gott. Andererseits aber im Sinne des *innerweltlich-rationalen* Verständnisses der modernen Sozialbeziehungen, wie sie sich (zumindest) im Empfängerhorizont der säkularisierten Welt vom theologischen Sinn und Grund zum Teil weltenweit verselbständigt haben.

Dieser Gebrauch gleicher Begriffe (die „Äquivokationen") einerseits im theologischen, andererseits im politologisch-soziologisch-juristischen Doppelsinn zieht sich als roter Faden durch die meisten der EKD-Denkschriften hindurch, wie hier nicht aufzulisten und zu analysieren ist. Auf die Gefahr „sprachlicher Falschmünzerei" und „trügerischer Gleichschaltung", die einerseits die tiefgreifenden Unterschiede, andererseits den wahren Zusammenhang der Dinge „unterschlägt", ist in kritischer Sorge hingewiesen worden[41].

Diese Äquivokations-Methode bildet im übrigen geradezu die Strategie der politischen Theologien aller Schattierungen, von der alten national-konservativen Theologie der Schöpfungsordnungen bis zu den neuen international-sozialistischen Theologien der Weltrevolution. Aber auch sonst dient sie oftmals als Taktik: Einerseits läßt sich so leichter ein Dissens der theologischen Positionen durch den Konsens der politischen Wortbedeutung und Programme überspielen; das Ringen um die

---

[41] Vgl. u. a. *Ebeling*, Kirche und Politik (Anm. 3), S. 593 ff., 602; *ders.*, Usus politicus legis (Anm. 40), S. 339 ff.

Schriftgemäßheit erübrigt sich dann in weltlicher Aktionseinheit[42]. Andererseits wird ein Konsens in den theologischen Grundpositionen benützt, um über den Dissens zwischen den bestehenden politischen Gruppierungen hinwegzuschreiten und bestimmte politische, gesellschaftspolitische, wirtschaftspolitische Forderungen, die keineswegs allen weltlich einleuchten, als theologisch eindeutig und geboten zu proklamieren.

Die Mehrdeutigkeit, Sinnverschiebung, Sinnverschmelzung, Sinnverfälschung dessen, was „Gerechtigkeit" und „Freiheit", „Schuld" und „Versöhnung", „Friede" und „Kampf", „Vergebung" und „Gewaltlosigkeit", „Gericht" und „Widerstand", „Erneuerung" und „Umkehr", „Hoffnung" und „Zukunft" in den biblischen Texten und in den Bekenntnisschriften einerseits und im (partei)politischen und weltanschaulichen Diskussionsprozeß andererseits bedeuten, liegt auf der Hand. Politische Befreiungsbewegungen ziehen so ihre Rechtfertigung für den Gebrauch weltlicher Gewalt aus dem geistlichen Rechtfertigungsgeschehen, das dem Sünder sola fide und sola gratia die Freiheit von Schuld vor Gott verleiht; der (geistliche) Ruf zur Umkehr (im Sinne der Buße) wird als (weltlicher) Aufruf zur Veränderung der Verhältnisse (im Sinne der Weltrevolution), die Mahnung zur Versöhnung (mit Gott) als völkerrechtliche Pflicht zum Territorialverzicht verstanden, aus der Öffentlichkeit des kirchlichen Verkündigungsgeschehens werden Forderungen nach Transparenz und Demokratisierung der Verwaltung abgeleitet[43].

11. Die rechte Zuordnung nur in der Unterscheidung

Im Ergebnis kann die Kirche, wenn sie ihre öffentliche Verantwortung wahrnehmen und ihren geistlichen Auftrag in der heutigen Welt wirksam werden lassen soll, sich weder von der Welt abwenden und auf die „Sachgemäßheit" verzichten, noch in der Welt aufgehen und die „Schriftgemäßheit" versäumen. Sie kann beides auch nicht naiv trennen

---

[42] Spricht hier „die Kirche" oder eine Partei, in die die Gemeindeglieder weder durch Parteieintritt eingetreten sind, noch aus ihr ohne Verlust des kirchlichen Heilsangebotes austreten können, sondern für — ihnen fremde — politische Erklärungen und Aktionen gleichsam zwangsvereinnahmt werden und sich dadurch in ihrer geistlichen wie weltlichen Freiheit verletzt fühlen können?

[43] *Martin Honecker*, Politische Ethik und Ekklesiologie, in: ders., Sozialethik (Anm. 37), S. 35 ff.: „Eine trotz Wortgleichheit bestehende Sachverschiedenheit kann von dieser Methode a priori gar nicht bedacht werden. Die Doppelsinnigkeit bildet vielmehr erst die Brücke zwischen Theologie und Politik ... Ein solcher theologischer Argumentationsstil, wie er gar nicht selten ist, widerlegt zwar nicht prinzipiell das politische Wort der Kirche, aber er diskreditiert unstreitig bestimmte Formen seiner Wahrnehmung". Vgl. auch S. 239, 242 ff.

bzw. nur äußerlich kumulieren. Aber sie darf beides auch nicht changierend verschmelzen. Sie muß den inneren Zusammenhang zur Entfaltung kommen lassen, indem sie die rechte Unterscheidung wahrt:

VII. Unterscheidungen

1. Die reformatorischen Distinktionen

„Wer das zu unterscheiden weiß, ist ein guter Theologe" — den Geist vom Buchstaben, das Evangelium vom Gesetz[44]. Und: „Der Teufel ist ein König der Konfusion" *(Martin Luther)*[45]. Die evangelische Kirche dürfte in vielen Nöten ihrer Theologie wie der Politik nicht schlecht beraten sein, wenn sie sich an dem theologischen Tiefsinn und Weitblick ihrer reformatorischen Väter orientieren und in die Gabe der Unterscheidung einüben wollte[46]. — Die reformatorische Zwei-Reiche-Lehre will ja nicht als doktrinäre Konzeption des institutionellen Sozialaufbaus der Welt verstanden werden, sondern als Schlüssel, der dem Christen personal und existentiell — aus den biblischen Fundamentalaussagen über Schöpfung, Fall, Erhaltung und Erlösung der Welt — im Blick auf seinen Herrn und dessen unterschiedliche Herrschaftsweisen auch heute zum christlichen Weltverhalten helfen kann:

2. Gottes Tat — menschliches Tun

Am Anfang steht die Unterscheidung zwischen Gottes Handeln und der Menschen Handeln, gerade wenn des Menschen Handeln auf Gottes Handeln hin auszurichten ist. Die von Gott in Christi Erlösungstat ein für alle Mal geschehene Versöhnung ist zu unterscheiden von der

---

[44] Vgl. WA 55, 1, 1; 4, 25-27 (Erste Psalmenvorlesung, 1513/1515) sowie WA 39, 1; 552, 10-13 (Dritte Antinomerdisputation, 1538). — Aus der umfangreichen Literatur vgl. zum Folgenden insbes. *Gerhard Ebeling,* Das rechte Unterscheiden. Luthers Anleitung zu theologischer Urteilskraft, in: ZschrThK 85 (1988), S. 221; *ders.,* Leitsätze zur Zweireichelehre, in: ZschrThK 69 (1972), S. 331 ff.; *ders.,* Usus politicus legis (Anm. 40), S. 323 ff., 336 ff.

[45] WA 49; 223, 30-224, 3 (Pred. 1541, Ideo dicitur diabolus Rex et dominus confusionis ... Sic papa gemengt suum verbum cum divino verbo et suum ius cum divino); *Ebeling,* Das rechte Unterscheiden (Anm. 44), S. 250.

[46] Darf sie vergessen, daß der Teufel unter der Kanzel sitzt *(Franz Wieacker)* und das Wort von oben mit seinen Einflüsterungen von unten durcheinanderzubringen und umzukehren sucht? Fast scheint es, als ob ihre katholische Schwesterkirche, die den mittelalterlichen Weltherrschaftsanspruch des Papalsystems und Kanonischen Rechts und auch die klerikale Bevormundung im Syllabus von 1864 weit hinter sich gelassen hat, in manchen Fragen des Verhältnisses zum Staat reformatorischer lehrt und wirkt als sie.

Versöhnung, die der Mensch immer neu als immer wieder Strauchelnder Gott und seinen Nächsten schuldet. Der Friede, den Gott einst in der Geschichte und Heilsgeschichte durch Jesu Christi Person und Werk gestiftet hat, ist etwas anderes als der Weltfriede, den die Christen in der Familie, dem Rechtsstaat, dem Völkerrecht in ihrer friedlosen Gegenwart und Zukunft immer neu zu erringen haben. Das Handeln Gottes in der Vollendung der Geschichte durch sein Reich der vollkommenen Gerechtigkeit — die Eschatologie — ist scharf zu unterscheiden vom Handeln der Menschen nach den Zukunftsentwürfen ihrer Utopien, die gerade nicht das Ende, sondern einen neuen Anfang der Geschichte ins Werk setzen wollen. In der modernen Staats- und Sozialethik treten die alten Fragen der Selbstverwirklichung des Menschen in mancherlei menschlichen (zum Teil säkularisierten) Reich-Gottes-Konzeptionen wieder auf, die die reformatorische Theologie in ihrer doppelten Front gegen die „Schwärmer" und gegen das katholische System von einst auszutragen hatte.

3. Reich Gottes — Reich der Welt

Sodann die Unterscheidung des Reiches Gottes und des Reichs der Welt, wie sie in *Luthers* Schrift „Von weltlicher Obrigkeit, wie weit man ihr Gehorsam schuldig sei" im Jahre 1523 richtungweisend entwickelt und immer wieder neu beleuchtet worden ist. Sie führt zur Unterscheidung der *geistlichen* und der *weltlichen Gewalt* nach deren verschiedenem Wesen, Grund und Ziel. Die Lehre von den beiden Regimenten kann heute zwar nicht mehr wie im 16. Jahrhundert als Dyarchie im engen Verbund der christlichen Obrigkeit mit der Landeskirche verstanden werden, sondern ist im säkularen Staat und seiner Trennung von der Kirche in neuer Weise zu definieren und zu konkretisieren. Doch ist mit ihr der maßgebliche theologische Rahmen vorgegeben, aus dem sich die sachliche und rechtliche *Kompetenz der Kirche* für ihre Aktivitäten und ferner die Form und Grenze ihrer Äußerungen zu bemessen hat.

4. Welt: Schöpfung und Fall

Folgenschwer ist ferner die Unterscheidung im Verständnis der „Welt" als Gottes guter, bejahenswerter Schöpfung einerseits, als gefallener Welt der Sünde und Selbstzerstörungskraft andererseits, die innerlich der Erlösung durch das zu verkündigende Evangelium bedarf und äußerlich durch den Vollzug des Dekalogs seitens der weltlichen Gewalt in der Schärfe des weltlichen Rechts und Zwangs bis zum Ende ihrer Tage erhalten werden muß. Weltlichkeit hat deshalb einerseits den guten Klang der Gabe Gottes in seiner Schöpfungs- und Erhaltungsordnung, in der die weltliche Obrigkeit als Gottes Dienerin zu walten hat. Andererseits bezeichnet Weltlichkeit die prinzipielle Verfallenheit an Schuld und Tod und die Unfähigkeit zur Selbstheilung, was den Fortschrittsgedanken auf seine bescheidenen innerweltlichen Veränderungen relativiert, aber auch eine „Eigengesetzlichkeit" weltlicher Phänomene und Strukturen gegen Gottes Wort ausschließt. Welt und Weltlichkeit stellt sich in reformatorischer Unterscheidung somit als theologisch definierter Begriff dar, der seinen Grund und seine Grenze in Gottes Schöpfungs-, Erhaltungs- und Erlösungshandeln findet.

Als solcher steht er jedoch in scharfem Gegensatz zu dem ganz anderen (sei es philosophischen, sei es ideologischen) Verständnis von „Welt", das sich im Sinne der Emanzipation von Gottes Gebot und Gnade begreifen will. Die schillernde Rede von der „Weltlichkeit der Welt" im Rahmen des großen Säkularisierungsprozesses der Neuzeit zählt zu den schlimmsten Äquivokationen, mit denen die evangelische Theologie die Welt wie sich selbst betrügt, wenn sie dabei die reformatorischen Unterscheidungen vergißt oder verschweigt. Für ihre theologische Sozialethik kann dies diabolisch pervertierend wirken. Die Sachgemäßheit und Schriftgemäßheit ihrer „weltlichen" Argumentation muß die Kirche deshalb doppelt kritisch prüfen.

5. Geistliches und weltliches Freiheitsverständnis

Entsprechendes gilt für die Unterscheidung des Freiheitsbegriffs: Die Freiheit der Kinder Gottes ist — reformatorisch gesprochen — Gottes Geschenk, das aus dem Freispruch im Rechtfertigungsgeschehen dem Sünder in Buße und Glauben durch Gottes Gnade zuteil wird und ihn von der anklagenden Macht des Gesetzes und von der eigenen Schuld und Verdammnis befreit. Dies macht ihn frei zum wahren Gottes- und Nächstendienst, geistlich frei von der weltlichen, ichsüchtigen Selbstverwirklichung. Nur diese Freiheit ist in *Luthers* Traktat von der Freiheit des Christenmenschen (1520) aus biblischem Zeugnis entwickelt worden: als Freiheit, die die weltlichen Bindungen durchwaltet und unterläuft und die seit der Apostel Zeiten den Christen gerade auch in Banden frei, ja souverän sein läßt. — An dieser Freiheit der Kinder des Reiches Gottes ist das Freiheitsverständnis in der Kirche auszurichten, weshalb das Kirchenrecht nach Meinung der reformatorischen Väter keine gewissenverstrickende Gesetzlichkeit und keine hierarchischen Strukturen eines kanonischen Weltherrschaftsanspruchs verträgt. — Tief hiervon unterschieden ist für sie die Freiheit im Bereich der Welt und des weltlichen Rechts, weil sie dort an Gottes Erhaltungsordnung durch die Obrigkeit ihre Grenze findet. „Herrschaftsfreiheit", religiös geforderte Anarchie, wie sie von den Schwärmern staats- und gesellschaftszerrüttend (und damit freiheitszerstörend) ins Werk gesetzt wurde und 1968 nicht nur in jungen Theologenköpfen Urständ feierte, hat hiermit nichts gemein.

Vor allem aber gilt wie zum Begriff der „Welt": Eine von Gottes Evangelium und Gebot emanzipierte Freiheitsidee, die die Freiheit des Abfalls von Gottes Willen und Wahrheit meint, kann weder schriftgemäß noch sachgemäß als Freiheit (im theologisch legitimen Sinn) den kirchlichen Erklärungen und Aktionen zugrundegelegt werden, da sie nicht die Freiheit Gottes, sondern die Versklavung an die Mächte des Verderbens in sich birgt.

Vom reformatorischen Freiheitsbegriff unterscheidet sich deshalb auch die säkulare Wahlfreiheit zwischen verschiedenen Religionen (einschließlich der Religionslosigkeit), wie sie die Garantie der Religionsfreiheit im pluralistischen Staatsverfassungssystem umschließt. Sie stimmt mit jenem (in ihren weltlichen Auswirkungen, nicht in ihrem Grund und Wesen!) insofern überein, als sie den evangelischen Kampf gegen Glaubenszwang (Ketzerverbrennung) und Gewissensbedrückung auf weltliche Weise absichert. Dies ist ein hohes, heute gegen die säkularen Heilsideologien und Zwangsstaatssysteme verteidigungswertes Gut, das aber in den Vorhöfen des geistlichen Freiwerdens durch Gottes Wort verbleibt und nicht mit ihm in Konfusion geraten darf. — Die theologische Menschenrechtsdebatte[47] hat den Facettenreichtum des christlichen Freiheitsgedankens in der gebotenen Unterscheidung und Zuordnung noch kaum angemessen reflektiert, wenn sie (die Sünde und die Rechtfertigungsproblematik überspringend) sich auf die Gottebenbildlichkeit beruft, die schon die Schlange dem Sünderpaar im Paradiese verlockend in der höchsten (von Gott „emanzipierten") Form der Gottgleichheit verheißen hat.

6. Der Friede in Gott und der Weltfriede

Das gleiche gilt von den notwendigen Unterscheidungen im Friedensbegriff: Der Friede Gottes durch sein Versöhnungshandeln — durch das „Evangelium" — ist im reformatorischen Sinn nur christologisch als Teil der Rechtfertigung des Sünders zu begreifen. Hingegen ist der

---

[47] Vgl. (m. Lit.) *Martin Heckel*, Die Menschenrechte im Spiegel der reformatorischen Theologie (= Abh. d. Heidelberger Ak. d. Wiss., Phil.-hist. Kl., Jg. 1987), Heidelberg 1987; auch in: *ders.*, Gesammelte Schriften. Staat-Kirche-Recht-Geschichte. Bd. 2, Tübingen 1989, S. 1122 ff.

Weltfriede unter den Völkern und innerhalb des Staatsverbandes als Gottes Erhaltungsordnung — durch das „Gesetz" — streng davon zu sondern. Durch die verhängnisvollen Äquivokationen wird der Friede aus der Rechtfertigung des Sünders durch Gottes Gnadenhandeln weithin mißbraucht zur Rechtfertigung politischer „Friedensstrategien", die der Erhaltung des Friedens im Staat und zwischen den Staaten mit geradezu diabolischer Umkehrung abträglich, ja gefährlich sind. — Die kurzschlüssige Argumentation aus der Bergpredigt auf das Völker- und Staatsrecht zu „Friede" und „Gewaltlosigkeit" ist ein Erbe der Schwärmer, nicht der Reformatoren; sie hat die Friedensproblematik geistlich verquollen und vergiftet werden lassen und den geistlichen Friedensbegriff zum weltlichen Kampfmittel verfälscht.

7. Gesetz und Evangelium

Das hängt zusammen mit der mangelnden Fundamentalunterscheidung von Gesetz und Evangelium. Das Evangelium der Versöhnung, des Friedens und der Freiheit in Gottes Heilshandeln am Menschen findet sich vielfach mißverstanden und zur moralisierenden Gesetzespredigt für weltliche Verhaltensweisen, auch dubioser Art, denaturiert.

Die fundamentale Unterscheidung vom *zweifachen Brauch des Gesetzes* ist damit unlöslich verbunden. Die Kirche darf nicht auf die Predigt des göttlichen Gesetzes verzichten, wie die Auseinandersetzungen der Reformatoren mit den Schwärmern, dann mit den Antinomern und heute mit den säkularen Irrlehren verschiedenster Richtung gleichermaßen lehren, welche die „Eigengesetzlichkeit" der Welt oder andererseits die marxistische Staatsbekämpfung und Utopie des herrschaftsfreien kommunistischen Endzustands propagieren. — Aber die Kirche muß die fundamentale Unterscheidung des *usus politicus legis* vom *usus theologicus legis* im Auge halten. Gott handelt durch sein Gesetz eben auf zweierlei Weise:

8. Usus politicus legis

Der usus politicus des Dekaloges dient — im äußeren, weltlichen Vollzug durch das Recht und dessen Zwangsanwendung seitens der obrigkeitlichen Staatsgewalt — der äußeren Erhaltung der Welt bis zum Ende ihrer Tage. Gott wehrt dem Widerstand des sündigen Menschen in der gefallenen Welt durch die Obrigkeit als Gottes weltliche Dienerin. Im Dekalog haben die Reformatoren in ihrer zeitgebundenen Sicht so die „naturrechtliche" Grundlage der menschlichen Sozialordnung erblickt, in deren Grenzen sich die positiven Rechtsordnungen der Völker auszuformen haben. Der Christ ist dafür zur Mitverantwortung und Mitarbeit an Gottes Erhaltungshandeln gerufen. Im Bauernkrieg von 1525 und gegen die Schwärmer aller Zeiten haben die Reformatoren in hypertropher Schärfe angemahnt: Das Evangelium von der Liebe und Versöhnung löst das Gesetz in seinem äußeren Erhaltungsdienst an der Welt nicht auf. Aber es überhöht ihn auch nicht geistlich: So haben die Reformatoren den geistlich motivierten Aufruhr ebenso abgelehnt wie den Heiligen Krieg. Evangelische Theologen sollten deshalb auch nicht die alte Lehre vom „Gerechten Krieg" in eine neue vom „Gerechten Bürgerkrieg" zur Realisierung religiös firmierter Utopien umkehren.

9. Usus theologicus legis

Der usus theologicus legis aber öffnet dem Menschen die Augen für den verborgenen, geistlichen Sinn der Zehn Gebote als dem Gesetz der vollkommenen Gottes- und Nächstenliebe nach der radikalisierten Auslegung der Bergpredigt Christi, um ihn zur Erkenntnis seiner Verfehlung, Schuld, Erlösungsbedürftigkeit und damit zur rechten Buße zu führen: Aus ihr allein kann der Glaube an Christi stellvertretendes Opfer erwachsen, in dem allein der Sünder aus freier Gnade durch Gottes barmherzige Vergebung gerechtfertigt und freigesprochen wird, allein dadurch die Freiheit der Kinder Gottes erlangt. Der usus theologicus enthüllt den eigentlichen Sinn des göttlichen Gesetzes, den der Mensch aus eigener Kraft bei aller Anstrengung der Werke niemals erfüllen kann; er weist den Weg zur Umkehr, der auf das Evangelium hören und so die Glaubenden das Heil erlangen läßt.

Da die gottferne Welt dies nicht erkennt und nicht imstande ist, nach dem vollkommenen Liebesgebot zu leben, ja nicht einmal äußerlich Gottes Gebot einzuhalten, muß sie im Reich der Welt (als „Reich Gottes zur Linken") durch das weltliche Regiment im usus politicus zur äußeren Einhaltung des göttlichen Gesetzes gezwungen werden, damit die Welt erhalten und kraft des weltlichen Schutzes durch die Verkündigung des Evangeliums von ihrer Schuld erlöst und zum ewigen Heil errettet werden kann.

10. Die Einheit des göttlichen Gesetzes

Die Einheit des göttlichen Gesetzes zerfällt so in der Sicht der Reformatoren zwar nicht in zwei verschiedene Gesetze (bzw. eine „doppelte Moral" nach dem Vorwurf *Max Webers* und *Ernst Troeltschs)*, kommt aber durch den doppelten usus legis in *verschiedenem Erkenntnisgrad und Vollzug* zur Geltung.

Die Reformatoren sahen deshalb die Lehre vom usus theologicus legis teuflisch pervertiert, wenn im „gesetzlichen" Mißverständnis der Bergpredigt seitens der „Schwärmer" das Gebot der vollkommenen Gottes- und Nächstenliebe dahin verkehrt wird, daß Gottes Auftrag zur Wahrung der Zehn Gebote in der Welt aufgekündigt, ihrer Verletzung nicht entgegengetreten, der Nächste schutzlos Mördern und Räubern preisgegeben und so die Welt „gewaltfrei" den diabolischen Mächten überlassen, ja dies als Friedfertigkeit und Frieden im Sinne der Bergpredigt ausgegeben wird. — Weitere Unterscheidungen der reformatorischen Theologie, die hiermit grundlegend zusammenhängen, seien im Ausblick wenigstens genannt:

11. Die geistliche und die weltliche Gerechtigkeit

So existiert ein tiefer Unterschied zwischen der „geistlichen" Gerechtigkeit vor Gott aus der Rechtfertigung und der „leiblichen" bzw. „weltlichen" Gerechtigkeit in der Welt: Letztere betrifft im äußeren usus politicus legis nur das Recht im weltlichen Regiment, schafft nur den äußeren, zeitlichen, nicht den ewigen Frieden in Gott, sichert nur das irdische Wohl, nicht das himmlische Heil. Als Mittel der Erhaltung der Welt wird die weltliche Gerechtigkeit als Kleinod Gottes gepriesen, obgleich sie doch nur einen schwachen Abglanz des eigentlichen göttlichen Rechtswillens, den der usus theologicus legis lehrt, enthält. In der Zuordnung beider, die dem Christen aufgegeben ist, ist ihre Unterschiedlichkeit zu wahren, statt sie zu verkennen und zu vermengen. — Fundamental ist in reformatorischer Sicht hier die Unterscheidung zwischen der Situation des Menschen „coram Deo" und „coram mundo", die hier nicht zu entfalten ist.

12. Glaube und Werke

Aber auch die ur-reformatorische Unterscheidung zwischen Glaube und Werken ist im Verhältnis der Kirche zu Politik und Staat in neuer Weise aktuell geworden. Steht die Kirche nicht in Gefahr, das Heil der Welt, ja das Reich Gottes auf Erden durch ihre menschliche Werkgerechtigkeit erringen zu wollen, wenn die Schlußbotschaft der Ökumenischen Vollversammlung in Uppsala 1968 (23. These der Denkschriften-Denkschrift von 1970) dazu aufruft: „beteiligt Euch an dieser Vorwegnahme des Reiches Gottes und laßt heute schon etwas von der Neuschöpfung sichtbar werden, die Christus an seinem Tag vollenden wird"; fast klingt es so, als ob der Mensch in seinen Tagen ins Werk zu setzen habe, was Christus dann an seinem Tag abschließend krönen wird.

13. Die kirchliche Verkündigung und das weltliche Amt

Die reformatorischen Unterscheidungen dürften auch der Denkschriften-Praxis die schärfere Differenzierung zwischen dem geistlichen Wort der *Verkündigung des Evangeliums* einerseits und den rationalen *innerweltlichen Argumentationen und Aktionen* andererseits nahelegen, und zwar gerade auch dort, wo ersteres mit Recht der Grund, letzteres die Konsequenzen sind. — In der notwendigen Unterscheidung dieser Funktionen spiegelt sich die Unterscheidung der *Kompetenz der Kirche* und *des Christen* im Weltbezug: Gewiß muß und darf „*die Kirche*" ihre Verkündigung des Wortes Gottes gerade auch zu politischen Grundfragen öffentlich und effizient artikulieren und wird dabei manchmal weltlich Partei ergreifen müssen. Aber im Rahmen dessen, was „*dem Christen*" als „Weltperson" im weltlichen Amt des Bürgers wie des staatlichen Amtswalters zur rationalen Argumentation und Urteilsbildung aufgetragen ist, wird sie sich in ihrer Verkündigung bescheiden müssen und die Eigenständigkeit und Freiheit des Christen im weltlichen Beruf zu respektieren haben[48].

14. Differenzierung in den Denkschriften

Speziell bei den Denkschriften (aber auch sonst bei kirchlichen Äußerungen) wird deshalb nach Inhalt, Gewichtung und Geltungsanspruch zwischen ihren verschiedenen Teilen zu differenzieren sein: Soweit sie (wie die „kirchlichen Worte") echte Verkündigung des göttlichen Gesetzes und Evangeliums enthalten, sind sie als solche ernst zu nehmen und deshalb auch streng und kritisch auf ihre theologische Legitimation und Richtigkeit zu überprüfen. Die Kompetenz der Kirche hierfür muß außer

---

[48] Vgl. *Ebeling*, Kriterien (Anm. 37), S. 618: „Die kirchliche Institution ist jedoch keinesfalls ein gemeinsames Organ für sämtliche Aufgaben, welche die Christen in der Welt wahrzunehmen haben. Andernfalls müßten unter entsprechenden Umständen Kirchgemeinde und Bürgergemeinde, Partikularkirche und Staat identisch werden. Kriterium der rechten Kompetenzbestimmung offizieller kirchlicher Instanzen ist darum die grundsätzlich gewahrte Unterscheidung von der Kompetenz politischer Institutionen. — Stellungnahme zu politischen Problemen fällt nur dann in die Kompetenz offizieller kirchlicher Instanzen, wenn es sich um eine Äußerung handelt, die sich notwendig aus dem Verkündigungsauftrag ergibt. Kriterium dieser Notwendigkeit ist einerseits die Christlichkeit solcher Äußerungen, andererseits ihr Situationsbezug." . . . „Etwas anderes ist es freilich um die grundsätzliche Unterweisung über das Verhältnis von christlichem Glauben und politischer Wirklichkeit. Das gehört untrennbar zur christlichen Verkündigung". . . . „Davon ist zu unterscheiden, welche Möglichkeit und welche Pflicht die Christen zur Äußerung in der Öffentlichkeit haben, sei es durch Mitarbeit in politischen Gremien, sei es — als Gruppe oder als Einzelne — auf sich allein gestellt."

Frage stehen; es ist das Wort des Herrn, das darin der Welt und der Gemeinde vermittelt werden soll. — Hingegen sind die umfangreichen Partien der rationalen politischen Argumentationshilfen in den Denkschriften einerseits als Material zur Vorbereitung der Verkündigung (durch die gewissenhafte Feldanalyse der Welt von heute, damit sie durch die Verkündigung erreicht wird) anzusehen, andererseits als Entscheidungsunterlagen für die Christen als Weltperson. In beiden Fällen sind sie durchaus nicht „Verkündigung", schon gar nicht „des Evangeliums", auch nur zum (kleineren) Teil „des Gesetzes" Gottes. Aber — sofern sie der Versuchung zu ideologischer und gruppenspezifischer Parteilichkeit entgehen — können sie von und für Christen wie Nichtchristen als „Weltperson" eine wertvolle Handreichung und Hilfe für die Freiheit, Einsicht und Entscheidung im Willensbildungsprozeß der pluralistischen freiheitlichen Demokratie bieten: Sie dienen ihnen dann dazu, verantwortlich und gedeihlich den *usus politicus legis* zu verwirklichen[49]. Dies ist der nüchterne Ort, an dem nach reformatorischer Lehre Christen ihre öffentliche Verantwortung wahrzunehmen haben.

Literaturübersicht zu Abschnitt „IV. Positionen"

Zum orientierenden Überblick vgl. *Martin Honecker,* Evangelische Theologie vor dem Staatsproblem (= Rhein.-Westf. Ak. d. Wiss., Geisteswiss., 254). Opladen 1981, S. 7 ff.; auch *Manfred Jacobs,* Die evangelische Staatslehre (= Quellen zur Konfessionskunde, Reihe B, H. 5). Göttingen 1971, Einl., S. 7 ff. — Vgl. (in Auswahl) *Paul Althaus,* Staatsgedanke und Reich Gottes. 1. u. 2. Aufl., Langensalza 1923; *ders.,* Die deutsche Stunde der Kirche. 3. Aufl., Göttingen 1933; *ders.,* Theologie der Ordnungen. 1. Aufl., Gütersloh 1934; *ders.,* Obrigkeit und Führertum. Wandlungen des evangelischen Staatsethos, Gütersloh 1936; *Karl Barth,*

---

[49] *Ebeling,* Usus politicus legis (Anm. 40), S. 342: „Wenn dies so ist, dann ließe sich die Denkschrift (Friedensdenkschrift, d. Verf.), freilich anscheinend entgegen ihrem Selbstverständnis sowie unter Abzug gewisser theologischer Wendungen, als ein Beispiel rechten usus politicus legis auffassen: daß hier Christen nicht etwa aus der Offenbarung politische Motive und Ziele propagieren, sondern in vernünftiger Besonnenheit ein hochexplosives politisches Thema erörtern, wobei das Gegründetsein im Frieden Gottes für sie eine wesentliche Hilfe ist, für andere aber nicht die unerläßliche conditio ihrer Zustimmung darstellt." Und *Honecker,* Kriterien öffentlicher Äußerungen (Anm. 37), S. 96 ff. (jedoch m. E. im obigen Sinne differenzierend einzuschränken): „Aus dieser Feststellung ergibt sich ..., daß die Denkschriften überhaupt nicht selbst Verkündigung des Evangeliums und Vermittlung des Glaubens sein können. Sie sind vielmehr Vorbereitung der Verkündigung... Insofern tragen sie zu Recht einen argumentativen und analytischen, keinen kerygmatisch-dekretierenden Charakter". Sie sind „nicht Predigt und Glaubensruf". „Denkschriften sind daher argumentative Einübung in die ethische Forderung." „Zum Verständnis des Gesetzes gehört auch die ethische Reflexion der gesellschaftlich bedingten Ausprägungen des Gesetzes in Gestalt gesellschaftlicher und politischer Ansprüche."

Rechtfertigung und Recht. 1. Aufl. (= ThSt, H. 1), Zürich 1938; *ders.*, Christengemeinde und Bürgergemeinde (= ThSt, H. 20), Zürich 1946 — die beiden letztgenannten Titel zusammengebunden in 4. bzw. 2. Aufl. (= ThSt, H. 104), Zürich 1970; *ders.*, Politische Entscheidung in der Einheit des Glaubens (= ThExh, N. F., H. 34), München 1952; *ders.*, Die protestantische Theologie im 19. Jahrhundert, Zürich 1952; *Heinrich Bornkamm*, Luthers Lehre von den zwei Reichen im Zusammenhang seiner Theologie, Gütersloh 1958; *Emil Brunner*, Das Gebot und die Ordnungen. 4. Aufl., Zürich 1939; *Alfred Burgsmüller* (Hrsg.), Zum politischen Auftrag der christlichen Gemeinde (Barmen II) (= Veröff. des Theol. Ausschusses der EKU), Gütersloh 1974; *Oscar Cullmann*, Der Staat im Neuen Testament. 2. Aufl., Tübingen 1961; *Otto Dibelius*, Obrigkeit. Stuttgart, Berlin 1963; *Harald Diem*, Luthers Lehre von den zwei Reichen, untersucht von seinem Verständnis der Bergpredigt aus. München 1938; *Ulrich Duchrow*, Christenheit und Weltverantwortung, Stuttgart 1970; *Gerhard Ebeling*, Wort und Glaube. Bd. 1, Tübingen 1960, S. 50 ff., 255 ff., 407 ff.; *ders.*, Wort und Glaube. Bd. 3, Tübingen 1975, S. 574 ff., 593 ff., 611 ff.; *ders.*, Umgang mit Luther. Tübingen 1983, S. 101 ff., 131 ff., 164 ff.; *Werner Elert*, Morphologie des Luthertums. Bd. 1: München 1931, Bd. 2: München 1932; *ders.*, Zwischen Gnade und Ungnade. Abwandlungen des Themas Gesetz und Evangelium, München 1948; *ders.*, Grundlinien der lutherischen Ethik, Tübingen 1949; *ders.*, Ansbacher Ratschlag, in: Gerhard Niemöller, Die erste Bekenntnissynode der Deutschen Evangelischen Kirche zu Barmen. Bd. 1, Göttingen 1959, S. 144; *Hans Gerhard Fischer*, Evangelische Kirche und Demokratie nach 1945, Lübeck 1970; *Heinz Gollwitzer*, Vorüberlegungen zu einer Geschichte des politischen Protestantismus (= Sb. Rhein.-Westf. Ak. d. Wiss., Geisteswiss., 253), Opladen 1981; *Helmut Gollwitzer*, Ausgewählte Werke in 10 Bänden, München 1988 (daraus vor allem: Bde. 4 u. 5 [... daß Gerechtigkeit und Friede sich küssen, Aufsätze zur politischen Ethik]; sowie Bde. 6 u. 7 [Umkehr und Revolution, Aufsätze zu christlichem Glauben und Marxismus]); *Martin Greschat/Jochen-Christoph Kaiser* (Hrsg.), Christentum und Demokratie im 20. Jahrhundert, Stuttgart 1992; *Johannes Heckel*, Lex Charitatis. 2. Aufl., Köln, Wien 1973; *ders.*, Das blinde, undeutliche Wort „Kirche". Gesammelte Aufsätze. Köln, Graz 1964; *Gunnar Hillerdal*, Gehorsam gegen Gott und Menschen. Luthers Lehre von der Obrigkeit und die moderne evangelische Staatsethik, Göttingen 1955; *Emanuel Hirsch*, Deutschlands Schicksal. Staat, Volk und Menschheit im Lichte einer ethischen Geschichtsansicht, Göttingen 1920; *ders.*, Die Reich-Gottes-Begriffe des neueren europäischen Denkens, Göttingen 1921; *ders.*, Staat und Kirche im 19. und 20. Jahrhundert, Göttingen 1929; *ders.*, Geschichte der neuern evangelischen Theologie. 5 Bde., Gütersloh 1949-1954; *Karl Holl*, Gesammelte Aufsätze zur Kirchengeschichte. 4./5. Aufl., Bd. 1: Luther, Tübingen 1927; *Martin Honecker*, Konzept einer sozialethischen Theorie, Tübingen 1971; *ders.*, Sozialethik zwischen Tradition und Vernunft, Tübingen 1977; *Wolfgang Huber*, Kirche und Öffentlichkeit, Stuttgart 1973; *Wilhelm Hüffmeier* (Hrsg.), Für Recht und Frieden sorgen. Auftrag der Kirche und Aufgabe des Staates nach Barmen V (= Veröff. des Theol. Ausschusses der EKU), Gütersloh 1986; *Eberhard Jüngel*, Reden für die Stadt: zum Verhältnis von Christengemeinde und Bürgergemeinde, München 1979; *ders.*, Zum Wesen des Friedens, München 1983; *ders.*, Mit Frieden Staat zu machen, München 1984; *ders.*, Zum Verhältnis von Kirche und Staat nach Karl Barth, in: ZschrThK, Beih. 6 (1986), S. 76 ff.; *Eberhard Jüngel/Roman Herzog/Helmut Simon*, Evangelische Christen in unserer Demokratie, in: Beiträge aus der Synode der Evangelischen Kirche in Deutschland, Gütersloh 1986; *Jochen-Christoph Kaiser* (Hrsg.), Christentum und politische Verantwortung, Stuttgart 1990; *Walter Kreck,* Grundfragen christlicher Ethik. 2. Aufl., München 1979; *Walter Künneth,* Politik zwischen Dämon und Gott. Eine christliche Ethik des Politischen, Berlin 1954; *Franz Lau,* Luthers Lehre von den beiden Reichen, Berlin 1952; *Friedrich- Wilhelm Marquardt,* Theologie und Sozialismus. Das Beispiel Karl Barths. 3. Aufl., München 1985; Forschungsabteilung des Ökumenischen Rates für Praktisches Christentum (Hrsg.), Die Kirche und das Staatsproblem in der Gegenwart, Berlin 1935; *Alfred de Quervain,* Kirche, Volk, Staat, Zürich 1945; *Trutz Rendtorff/Karl Gerhard Steck,* Protestantismus und Revolution (= ThExh, H. 161), München 1969; *Trutz Rendtorff,* Christentum zwischen Revolution und Restauration. Politische Wirkungen neuzeitlicher Theologie, München 1970; ders., Politische Ethik und Christentum (= ThExh, H. 200), München 1978; ders., Ethik. 2. Aufl., 2 Bde., Stuttgart u. a. 1990-1991; *Joachim Rogge,* Kritik Calvins an Luthers Zwei-Reiche-Lehre?, in: FS für Walter Elliger. Witten 1968, S. 152 ff.; *Klaus Scholder,* Die Kirchen und das Dritte Reich. Bd. 1: Berlin 1977, Bd. 2: Berlin 1985; *Wolfgang Schrage,* Die Christen und der Staat nach dem Neuen Testament, Gütersloh 1971; *Heinz-Horst Schrey* (Hrsg.), Reich Gottes und Welt. Die Lehre Luthers von den zwei Reichen, Darmstadt 1969; *Reinhold Seeberg,* Die Kirche Deutschlands im 19. Jahrhundert. 3. Aufl., Leipzig 1910; *Joachim Staedtke,* Die Lehre von der Königsherrschaft Christi und den zwei Reichen bei Calvin, in: Kerygma und Dogma 18 (1972), S. 202 ff.; *Theodor Strohm/Heinz-Dietrich Wendland* (Hrsg.), Kirche und moderne Demokratie, Darmstadt 1973; *Helmut Thielicke,* Theologische Ethik. Bd. II/2, Tübingen 1958; *Friedrich Thimme/Ernst Rolffs* (Hrsg.), Revolution und Kirche. Zur Neuordnung des Kirchenwesens im deutschen Volksstaat, Berlin 1919; *Ernst Wolf,* Gottesrecht und Menschenrecht (= ThExh, N. F., H. 42), München 1954; ders., Die Königsherrschaft Christi und der Staat (= ThExh, N. F., H. 64), München 1958; ders., Ordnung und Freiheit: zur politischen Ethik der Christen, Berlin 1962; ders., Peregrinatio. Bd. 1: 2. Aufl., München 1962, Bd. 2: München 1965; ders. (Hrsg.)/*Ulrich Scheuner,* Der Rechtsstaat — Angebot und Aufgabe (= ThExh, N. F., H. 119), München 1964; ders., Barmen. 2. Aufl., München 1970; *Gunther Wolf* (Hrsg.), Luther und die Obrigkeit, Darmstadt 1972; *Horst Zilleßen,* Protestantismus und politische Form. Eine Untersuchung zum protestantischen Verfassungsverständnis, Gütersloh 1971; *Axel Frhr. von Campenhausen,* Wandel des Staatsverständnisses aus evangelischer Sicht, in: Schriften der Hermann-Ehlers-Akademie. H. 28, Kiel 1990, S. 7-21.

II. Abschnitt

Rechtsquellen

§ 6

Das Staatskirchenrecht als Gegenstand des Verfassungsrechts
Die verfassungsrechtlichen Grundlagen des Staatskirchenrechts

Von Peter Badura

A. Anspruch und Rechtfertigung der staatlichen Verfassung, die Grundlagen des Verhältnisses von Staat und Kirchen zu regeln

I. Religion und Kirche in der Staatsverfassung

1. Staatskirchenrecht

Das Verhältnis von Staat und Kirche, soweit es dem Recht zugänglich ist, ist heute zuerst das durch die Verfassung des Staates geordnete Rechtsverhältnis der Träger öffentlicher Gewalt zu den einzelnen, deren Glauben oder Unglauben, Weltanschauung oder Lebenssicht die Gemeinschaftsinteressen oder die Rechte anderer berühren kann. Das Verhältnis von Staat und Kirche erschöpft sich jedoch in dieser individualistischen, hauptsächlich durch die verschiedenen im Grundrecht der Religionsfreiheit zusammengefaßten Garantien bestimmten Rechtsbeziehung nicht. *Religion* ist in der geschichtlichen Erfahrung und in ihrer gegenwärtigen Wirksamkeit nach Ursprung und Wesen eine überindividuelle Sinngebung des Daseins, die in Gemeinschaft gefunden und bezeugt wird.

Mit dem Wort *„Kirche"* werden Geschichte und Tradition des Christentums aufgenommen, derjenigen Weltreligion, die Entwicklung und Kultur Europas und dann der europäisch beeinflußten Welt bestimmt hat. Die Emanzipation des seine Selbstbestimmung suchenden Menschen in Renaissance und Aufklärung, die Ausbildung des säkularen Staates und Auflösung der europazentrischen Welt haben die mittelalterliche Gleichsetzung von Religion und Kirche beseitigt, die Toleranz und dann die Gleichstellung jedes Glaubens herbeigeführt und schließlich die Abkehr von Transzendenz in Unglauben, Freidenkertum und „Weltanschauung" mit der Religion auf eine Stufe gestellt. Folgerichtig hätten die Religionsfreiheit in der allgemeinen Meinungsfreiheit und die Stellung der religiösen Gemeinschaften in der allgemeinen Vereinigungsfreiheit aufgehen können. Diesen Weg sind die Verfassungen bis heute nicht gegangen. Während die persönlichkeitsbegründende Freiheit selbstbestimmter Daseinsfindung durchweg den besonderen Schutz durch ein Grundrecht der Religionsfreiheit genießt, ist allerdings die Beziehung des Staates zu den Religions- und Weltanschauungsgemeinschaften und vor allem zu den großen christlichen Kirchen von Verfassung zu Verfassung durch eine große Vielfalt staatskirchenrechtlicher Systeme geprägt. *Staatskirchenrecht* ist das Recht des durch die Verfassung und die Gesetze des Staates und durch Vereinbarungen geordneten Verhältnisses des Staates zu den Kirchen, den sonstigen Religionsgesellschaften und den Weltanschauungsgemeinschaften[1].

Der neuzeitliche Staat und heute die *verfassunggebende Gewalt* des Volkes in der Demokratie nehmen das Recht in Anspruch, das Verhältnis von Staat und Kirche durch die Verfassung zu ordnen und die Stellung und Wirkungsmöglichkeit von Religion und Kirche in der staatlichen Rechtsgemeinschaft durch die Verfassung oder aufgrund der Verfassung durch Gesetz und Vertrag zu bestimmen. Der Staat als Garant der weltlichen Friedensordnung und Rechtsgemeinschaft unterwirft die auf Glauben oder Weltanschauung beruhenden Vereinigungen seiner Ordnungsgewalt, soweit sie in den allgemeinen Rechtsverkehr eintreten oder durch ihr Wirken das Gemeininteresse oder Rechte des

---

[1] *Werner Weber,* Staatskirchenrecht, in: HdSW, Bd. 9, 1956, S. 753; *Hugo Rahner* u. a., Kirche und Staat, in: StL[6] IV, 1959, Sp. 991; *Ulrich Scheuner / Hans Barion,* Kirche und Staat, in: RGG[3] III, 1959, Sp. 1327; *Konrad Hesse,* Die Entwicklung des Staatskirchenrechts seit 1945, in: JöR 10 (1961), S. 3; *Paul Mikat,* Das Verhältnis von Staat und Kirche in der Bundesrepublik, Berlin 1964; *Martin Heckel,* Zur Entwicklung des deutschen Staatskirchenrechts von der Reformation bis zur Schwelle der Weimarer Verfassung, in: ZevKR 12 (1966 / 67), S. 1; *ders.,* Die Kirchen unter dem Grundgesetz, in: VVDStRL 26 (1968), S. 5; *ders.,* „In Verantwortung vor Gott und den Menschen..." — Staatskirchenrecht und Kulturverfassung des Grundgesetzes 1949-1989, in: 40 Jahre Bundesrepublik Deutschland. 40 Jahre Rechtsentwicklung. Tübingen 1990, S. 1; *Helmut Quaritsch / Hermann Weber* (Hrsg.), Staat und Kirchen in der Bundesrepublik. Bad Homburg v. d. H., Berlin, Zürich 1967; *Hermann Weber,* Grundprobleme des Staatskirchenrechts. Bad Homburg v. d. H, Berlin, Zürich 1970; *Ulrich Scheuner,* Schriften zum Staatskirchenrecht, Berlin 1973; *Karl-Hermann Kästner,* Die Entwicklung des Staatskirchenrechts seit 1967, in: JöR 27 (1978), S. 239; *Axel Frhr. von Campenhausen,* Staatskirchenrecht, 2. Aufl., München 1983; *v. Mangoldt / Klein / v. Campenhausen,* Art. 140; *Paul Mikat* u. a., Kirche und Staat, in: StL[7] III, 1987, Sp. 468; *Alexander Hollerbach,* Grundlagen des Staatskirchenrechts, in: HStR VI, 1989, § 138, S. 471.

§ 6 Staatskirchenrecht als Gegenstand des Verfassungsrechts 213

einzelnen berühren². Ungeachtet der außerweltlichen Eigenständigkeit von Religion und Kirche und der letztlich unüberbrückbaren „Inkommensurabilität" der Lebensprinzipien von Staat und Kirche³ ist die Kirche in ihrer organisatorischen Existenz ein Teil der Welt und trifft sich mit dem Staat nicht nur von Fall zu Fall, sondern allgemein, als Rechtsgemeinschaft, auf einer gemeinsamen Ebene des Rechts als einer Ordnung sozialer Beziehungen⁴. „Die Kirche ist eben beides: Sie ist in der Welt und nicht von der Welt"⁵.

Die weltliche *Ordnungsfunktion des Staates,* die sich im Staatskirchenrecht geltend macht, verwirklicht sich in einer breiten Skala von kirchenpolitischen Systemen der Trennung oder Verbindung, der laizistischen Antikirchlichkeit⁶ oder eines konfessionalistischen Staatskirchentums. Auch wenn es der Staat ist, der durch sein Recht über seine Ordnungsaufgabe verfügt, wird das kirchenpolitische System, in dessen Rahmen die staatskirchenrechtlichen Rechtsgestaltungen und Rechtsbeziehungen eingefügt sind, ebenso durch Eigenart und „Selbstverständnis" der institutionellen Religion geformt. Die christlichen Kirchen folgen unterschiedlichen Linien der selbstbestimmten Organisation und der religiösen Bewertung ihrer Organisationsform, ihrer Ämter und ihres Kirchenrechts. Gemeinsam ist ihnen jedoch die Forderung nach kirchlicher Selbstbestimmung und nach Schutz und Anerkennung ihres christlichen Auftrags und ihres Wirkens in der Welt. Die staatskirchenrechtliche Ordnung kann deshalb nur eine „Ordnung des Ausgleichs und der Freiheit im politischen, gesellschaftlichen und geistigen Leben der Nation"⁷ sein; sie ist im Hauptpunkt nicht eine staatlich fixierte Ordnung der Abgrenzung von Religion und Welt. Sie schließt von Seiten des Staates die Anerkennung des *Kirchenrechtes* ein, als eines auf der Grundlage offenbarter und überlieferter Glaubenswahrheiten kraft au-

---

² *M. Weber,* Staatskirchenrecht (Anm. 1), S. 763; *Scheuner,* Kirche und Staat (Anm. 1), Sp. 1327; *Karl-Eugen Schlief,* Die Entwicklung des Verhältnisses von Staat und Kirche und seine Ausgestaltung im Bonner Grundgesetz. Diss. Münster 1961, S. 4 f., 155 ff.; *Ernst Rudolf Huber,* Deutsche Verfassungsgeschichte seit 1789. 2. Aufl., Bd. I, Stuttgart 1967, S. 388; *Martin Heckel,* Schlußwort, in: VVDStRL 26 (1968), S. 155.
³ *Helmut Ridder,* Kirche und Staat, in: StL⁶ IV, 1959, Sp. 1023 f.; *Rahner,* Kirche und Staat, ebd., Sp. 991 f.; *Scheuner,* Kirche und Staat (Anm. 1), Sp. 1331.
⁴ *Ulrich Scheuner,* Kirchenverträge in ihrem Verhältnis zu Staatsgesetz und Staatsverfassung, 1969, in: ders., Schriften (Anm. 1), S. 367.
⁵ *Heckel,* in: VVDStRL 26 (1968), S. 121. Siehe auch *Heckels* Hinweis auf das Diktum des Bischofs *Optatus von Mileve* (4. Jh.): ecclesia est in re publica (Schlußwort, ebd., S. 155).
⁶ *Axel Frhr. von Campenhausen,* Staat und Kirche in Frankreich, Göttingen 1962.
⁷ *Heckel,* Die Kirchen unter dem Grundgesetz (Anm. 1), S. 9.

tonomer Vollmacht gesetzten und für die Kirchenmitglieder verbindlichen Rechts der Kirchen. Die Anerkennung der Kirchen, Religionsgemeinschaften und Weltanschauungsgemeinschaften als selbständiger und in ihren Angelegenheiten vom Staat unabhängiger, aber der in der Verfassung begründeten Ordnungsfunktion des Staates unterworfener Rechtsgemeinschaften ist das Grundprinzip des deutschen Staatskirchenrechts.

Die Verfassung ist das Grundgesetz der staatlichen Gemeinschaft und demgemäß Rechtsgrund des Staatskirchenrechts. Diese Kennzeichnung bedarf hinsichtlich der *Vereinbarungen* zwischen dem Staat und den christlichen Kirchen — die Teil des Staatskirchenrechts sind — einer Ergänzung[8]. Die Konkordate mit dem heiligen Stuhl sind, soweit sie als völkerrechtliche Verträge zu betrachten sind, in ihrer Geltung durch das Völkerrecht bestimmt, auch wenn die innerstaatliche Verbindlichkeit ihres Inhalts durch (staatliches) Gesetz begründet wird. Durch Verfassungsänderung oder durch Gesetz kann diese innerstaatliche Geltung, nicht dagegen die vertragliche Bindung des Staates, geändert oder aufgehoben werden. Dasselbe gilt für die Bindungskraft der Kirchenverträge mit den evangelischen Landeskirchen, wenngleich diese ihre Rechtsgeltung nicht aus dem Völkerrecht ableiten können, sondern nur aus einer partikulären Rechtsgemeinschaft der Vertragsparteien[9].

2. Staat und Kirche in der Rechtsordnung der Bundesrepublik Deutschland

Die Regelung von Religion und Kirche im Grundgesetz, schon gesetzestechnisch auffällig, hat wegen ihrer scheinbaren Inkonsistenz Kritik auf sich gezogen[10]. Der Weimarer Kirchenkompromiß hat sich in einem weiteren Bonner Kompromiß fortgesetzt, konnte aber trotz aller Verlegenheiten und Mängel dem Verhältnis von Staat und Kirche in Deutschland und vor allem der Freiheit von Religion und Weltanschauung eine im ganzen verläßliche Grundlage bieten.

In deutlicher — und verstärkender — Abwandlung von Art. 135 WRV spricht Art. 4 GG die Garantie der Religionsfreiheit aus: „(1) Die

---

[8] Siehe in *diesem* Handbuch *Alexander Hollerbach,* § 7 Die vertragsrechtlichen Grundlagen des Staatskirchenrechts.

[9] *Scheuner,* Kirchenverträge (Anm. 4), S. 369 f., in Auseinandersetzung mit *Helmut Quaritsch,* Kirchenvertrag und Staatsgesetz, in: Hamburger FS für Friedrich Schack. Hamburg 1966, S. 125; *Dietrich Pirson,* Vertragsstaatskirchenrecht, in: EvStL³ II, Sp. 3814 (3822 f.).

[10] *Rudolf Smend,* Staat und Kirche nach dem Bonner Grundgesetz, in: ZevKR 1 (1951), S. 4.

Freiheit des Glaubens, des Gewissens und die Freiheit des religiösen und weltanschaulichen Bekenntnisses sind unverletzlich. (2) Die ungestörte Religionsausübung wird gewährleistet." Der in Art. 135 S. 3 WRV festgehaltene Vorbehalt: „Die allgemeinen Staatsgesetze bleiben hiervon unberührt" ist entfallen, mit der Folge, daß Einschränkungen der Religionsfreiheit durch Gesetz oder aufgrund Gesetzes nur zur Sicherung von Grundrechten Dritter und von verfassungsrechtlich anerkannten Gemeinschaftsgütern zulässig sind[11].

Ein als spezieller Gleichheitssatz gefaßtes Element der Religionsfreiheit ist das Diskriminierungs- und Privilegierungsverbot des Art. 3 Abs. 3 GG: „Niemand darf wegen ... seines Glaubens, seiner religiösen ... Anschauungen benachteiligt oder bevorzugt werden." In noch spezieller Zielrichtung gebietet Art. 33 Abs. 3 GG: „Der Genuß bürgerlicher und staatsbürgerlicher Rechte, die Zulassung zu öffentlichen Ämtern sowie die im öffentlichen Dienst erworbenen Rechte sind unabhängig von dem religiösen Bekenntnis. Niemandem darf aus seiner Zugehörigkeit oder Nichtzugehörigkeit zu einem Bekenntnisse oder einer Weltanschauung ein Nachteil erwachsen." Diesem Grundsatz[12] entspringt ein grundrechtsgleiches Recht (vgl. Art. 93 Abs. 1 Nr. 4 a GG). Die grundrechtliche Garantie des *Religionsunterrichts* (Art. 7 Abs. 2 und 3 GG), eingeschränkt durch die Bremer Klausel des Art. 141 GG, ist eine Ausprägung der Religionsfreiheit angesichts der staatlichen Bestimmungsgewalt über die Schule, zugleich aber ein — umkämpftes — Bestandsstück des Staatskirchenrechts.

Durch Art. 140 GG sind die *Weimarer Kirchenartikel* mit Ausnahme des Grundrechts der Religionsfreiheit (Art. 135 WRV) und der Klausel zugunsten der Angehörigen der Wehrmacht (Art. 140 WRV) dem Grundgesetz inkorporiert worden: „Die Bestimmungen der Artikel 136, 137, 138, 139 und 141 der deutschen Verfassung vom 11. August 1919 sind Bestandteil dieses Grundgesetzes." Das Grundgesetz hat sich damit dafür entschieden, von einer Neuordnung des Verhältnisses von Staat und Kirche abzusehen. Die Nichtübernahme des Gesetzgebungsrechts des Reichs für die Aufstellung von Grundsätzen für die Rechte und Pflichten der Religionsgesellschaften (Art. 10 Nr. 1 WRV), die Verstärkung des Grundrechts der Religionsfreiheit und Aufnahme der alten Kirchenartikel in eine neue Verfassunggebung unter veränderten ge-

---

[11] BVerfGE 52, 223 (246 f). — *Joseph Listl*, Das Grundrecht der Religionsfreiheit in der Rechtsprechung der Gerichte der Bundesrepublik Deutschland, Berlin 1971; *Peter Badura*, Der Schutz von Religion und Weltanschauung durch das Grundgesetz, Tübingen 1989.

[12] Hier besteht eine Überschneidung mit dem gemäß Art. 140 GG fortgeltenden Art. 136 Abs. 2 WRV.

schichtlichen und politischen Verhältnissen haben dennoch eine *Fortbildung des Staatskirchenrechts* zur Folge, mehr und anderes also als eine Versteinerung der Weimarer Verfassungsbestimmungen. Welchen Inhalt die mit unverändertem Wortlaut in eine neue Verfassung versetzten Vorschriften haben, ist Gegenstand der Auslegung und hat zu einem staatskirchenrechtlichen Grundsatzstreit geführt[13].

Gemäß Art. 140 GG ist auch die *religiöse Vereinigungsfreiheit* (Art. 137 Abs. 2 und Abs. 7 WRV) Bestandteil des Grundgesetzes geworden. Sie ist innerhalb des Regelungszusammenhangs des Art. 137 WRV unterschieden von der — staatskirchenrechtlich zentralen — Kirchenautonomie (Art. 137 Abs. 3 WRV). Als Bestandteil des Grundgesetzes erweist sich die religiöse Vereinigungsfreiheit einerseits als ein Element der Religionsfreiheit des Art. 4 Abs. 1 und 2 GG, andererseits als ein Sonderfall der in Art. 9 Abs. 1 GG garantierten Vereinigungsfreiheit, dessen Schranken (Art. 9 Abs. 2 GG) auch sie unterliegt[14]. Die Weimarer Reichsverfassung hatte die Freiheit der Vereinigung zu Religionsgesellschaften als staatskirchenrechtliche Garantie von dem Recht, religiöse Vereine und Gesellschaften zu bilden, unterschieden und dieses Recht der allgemeinen Vereinigungsfreiheit zugeordnet (Art. 124 Abs. 1 S. 3 WRV).

Die Weimarer Verfassungsnormen über „Religion und Religionsgesellschaften" sind mit den folgenden Rechtsvorschriften über „Bildung und Schule" Gegenstand des *Weimarer Kirchen- und Schulkompromisses*[15]. Die reichsverfassungsrechtliche Anerkennung und Garantie einer besonderen Stellung der Religionsgesellschaften, insbesondere derjenigen mit dem Status einer Körperschaft des öffentlichen Rechts, korrespondierte der festen Etablierung der Staatlichkeit des öffentlichen Schulwesens und der „Aufsicht des Staates" über das gesamte Schulwesen. Volksschulen als Bekenntnisschulen blieben möglich (Art. 146 Abs. 2 WRV), auf der anderen Seite wurde der Religionsunterricht als

---

[13] *Smend,* Staat und Kirche (Anm. 10); *Werner Weber / Hans Peters,* Die Gegenwartslage des Staatskirchenrechts, in: VVDStRL 11 (1954), S. 153, 177; *Ulrich Scheuner,* Kirche und Staat in der neueren deutschen Entwicklung, in: ZevKR 7 (1959/60), S. 225 (251 ff.); *Hesse,* Entwicklung des Staatskirchenrechts (Anm. 1), S. 22 ff.; *Helmut Quaritsch,* Verfassungs- und staatstheoretische Probleme der staatskirchenrechtlichen Lehre der Gegenwart, in: Der Staat 1 (1962), S. 175, 289; *H. Weber,* Grundprobleme (Anm. 1); *Martin Heckel / Alexander Hollerbach,* Die Kirchen unter dem Grundgesetz, in: VVDStRL 26 (1968), S. 5, 57; *Rudolf Smend,* Staat und Kirche nach dem Grundgesetz in der Sicht der deutschen Staatsrechtslehrer, in: ZevKR 13 (1967/68), S. 299, und zuvor der Diskussionsbeitrag, in: VVDStRL 26 (1968), S. 107 f.

[14] Zur komplizierten Architektur der Religionsfreiheit, religiösen Vereinigungsfreiheit und Kirchenautonomie siehe unten unter B II 3.

[15] Siehe unten B I 1.

§ 6 Staatskirchenrecht als Gegenstand des Verfassungsrechts 217

ordentliches Lehrfach nur mit Ausnahme der bekenntnisfreien (weltlichen) Schulen zugesichert (Art. 149 Abs. 1 S. 1 WRV). Eine beschränkte Privatschulfreiheit mit Einschluß eines ausdrücklich anerkannten religiösen Elternrechts für private Volksschulen wurde zugestanden (Art. 147 WRV). Die theologischen Fakultäten an den Hochschulen blieben erhalten (Art. 149 Abs. 3 WRV)[16]. Das Grundgesetz hat sich auf die Grundsatzregelung über die staatliche Schulaufsicht, die Privatschulfreiheit und den Religionsunterricht beschränkt (Art. 7 GG).

Die wesentliche verfassungspolitische Entscheidung auf dem Gebiet des Staatskirchenrechts ist die Aufnahme der Grundsätze des kirchenpolitischen Systems in die *Bundesverfassung*. Trotz des Wegfalls einer dem Art. 10 Nr. 1 WRV entsprechenden Grundsatzkompetenz des Bundes[17] ist damit der Landesgesetzgebung und dem Vertragskirchenrecht der Länder ein Rahmen gegeben, der sich als staatskirchenrechtliche Schutz- und Garantieordnung auswirkt. Die Landesverfassungen haben mit wenigen Ausnahmen eigene Bestimmungen über Religion und Religionsgemeinschaften aufgenommen, die sich mit einer gewissen Variationsbreite an die Weimarer Kirchenartikel anlehnen[18]. Die Gesetzgebung über die Beziehungen von Staat und Kirche spielt, abgesehen vom Schulrecht, eine untergeordnete Rolle. Um so bedeutsamer ist das *Vertragskirchenrecht,* beginnend mit den Konkordaten und Kirchenverträgen der Weimarer Zeit (Bayern, Preußen, Baden) und dem Reichskonkordat vom 20. Juli 1933, das unter Art. 123 Abs. 2 GG fällt[19], sodann in Gestalt der Konkordate und Kirchenverträge nach dem Kriege, in denen sich das geänderte Verständnis des Staatskirchenrechts manifestiert, besonders deutlich im Loccumer Vertrag Niedersachsens mit den Evangelischen Landeskirchen vom 19. März 1955[20]. Das Vertragskirchenrecht, in dem sich Zusammenarbeit und Ausgleich niederschlagen[21], steht im Staatskirchenrecht praktisch im Vordergrund[22].

---

[16] *Martin Heckel,* Die theologischen Fakultäten im weltlichen Verfassungsstaat, Tübingen 1986.

[17] Dem Bund ist die Kompetenz geblieben, Grundsätze für die Ablösung der Staatsleistungen an die Religionsgesellschaften durch die Landesgesetzgebung aufzustellen (Art. 140 GG i. V. m. Art. 138 Abs. 1 S. 2 WRV).

[18] Dazu unten unter C I.

[19] BVerfGE 6, 309.

[20] *Rudolf Smend,* Der niedersächsische Kirchenvertrag und das heutige deutsche Staatskirchenrecht, in: JZ 1956, S. 50; *Ulrich Scheuner,* Die staatskirchenrechtliche Tragweite des niedersächsischen Kirchenvertrages von Kloster Loccum, in: ZevKR 6 (1957 / 58), S. 1.

[21] *Dietrich Pirson,* Der Kirchenvertrag als Gestaltungsform der Rechtsbeziehungen zwischen Staat und Kirche, in: FS für Hans Liermann, Erlangen 1964, S. 177.

[22] *Werner Weber* (Hrsg.), Die deutschen Konkordate und Kirchenverträge der Gegenwart, 2 Bde., Göttingen 1961 / 71; *Hermann Weber* (Hrsg.), Staatskirchen-

3. Die Rechtsentwicklung seit dem 19. Jahrhundert

Die Kernstücke des Weimarer kirchenpolitischen Systems, die mit einem „Bedeutungswandel" Bestandteil des Grundgesetzes geworden sind, werden nur verständlich, wenn man sich die Entwicklung vergegenwärtigt, die sie teils fortführten, teils änderten[23]. Während die volle Verwirklichung der Religionsfreiheit für jeden Glauben und alle Bekenntnisse[24] in der zweiten Hälfte des 19. Jahrhunderts vollendet war, ist die „Epochenschwelle" des deutschen Staatskirchenrechts mit dem Sturz der Monarchie, dem Ende der staatlichen Kirchenhoheit und der Auflösung jener besonderen Verbindung des Staates mit den christlichen Großkirchen im Jahre 1918/19 anzusetzen[25].

Zu den Grundprinzipien der *Aufklärung* gehörten die Gedanken- und Gewissensfreiheit und die Vorstellung einer „natürlichen Religion", folgerichtig die Toleranz gegenüber den positiven Religionen und die staatliche Kirchenhoheit gegenüber den „Religionsgesellschaften", ungeachtet der korporativen Sonderstellung der christlichen Kirchen. Das *preußische Allgemeine Landrecht* von 1794 gewährte „eine vollkommene Glaubens- und Gewissensfreiheit" (§ 2 II 11) und privilegierte die drei großen christlichen Kirchen als öffentliche Korporationen, unterwarf aber die Vereinigung zu Religionsgesellschaften einer staatlichen Genehmigung (§ 10 II 11). Noch das Patent, die Bildung neuer Religionsgesellschaften betreffend, vom 10. März 1847 (GS S. 121) hielt an dem Konzessionssystem fest. Das Landrecht gab den Religionsgesellschaften,

---

verträge, München 1967; *Joseph Listl* (Hrsg.), Die Konkordate und Kirchenverträge in der Bundesrepublik Deutschland, 2 Bde., Berlin 1987. — Siehe *Hollerbach*, § 7 (Anm. 8).

[23] *Ernst Rudolf Huber / Wolfgang Huber*, Staat und Kirche im 19. und 20. Jahrhundert. 4 Bde., Berlin 1973, 1976, 1983, 1988. — *Hermann Fürstenau*, Das Grundrecht der Religionsfreiheit nach seiner geschichtlichen Entwicklung und heutigen Geltung in Deutschland, Leipzig 1891; *Eduard Kern*, Staat und Kirche in der Gegenwart. Hamburg, Berlin, Bonn 1951; *E. R. Huber*, Deutsche Verfassungsgeschichte (Anm. 2), Bd. I, 2. Aufl., 1967, S. 387 ff., Bd. II, 2. Aufl. 1968, S. 185 ff., 773 ff., Bd. III, 3. Aufl. 1988, S. 105 ff., 114 ff., Bd. IV, 1969, S. 645 ff.; *Bernd Jeand'Heur*, Der Begriff der „Staatskirche" in seiner historischen Entwicklung, in: Der Staat 30 (1991), S. 442; *Martin Heckel*, Die Neubestimmung des Verhältnisses von Staat und Kirche im 19. Jahrhundert (= Der Staat, Beih. 11), Berlin 1993.

[24] Die Emanzipation der Juden in Preußen war nach dem Edikt Hardenbergs vom 11.3.1812 (GS S. 17) erst mit der staatsbürgerlichen Gleichheit für alle preußischen Staatsuntertanen gemäß Art. 4 und 12 der Verfassungs-Urkunde von 1848/50 abgeschlossen, die bundes- und reichsrechtlich durch das Gesetz betr. die Gleichberechtigung der Konfessionen in bürgerlicher und staatsbürgerlicher Beziehung vom 3.7.1869 (BGBl. S. 292) in Geltung trat *(E. R. Huber*, Deutsche Verfassungsgeschichte (Anm. 2 u. 23), Bd. I, S. 198 ff., Bd. III, S. 105 ff.).

[25] *Heckel*, „In Verantwortung vor Gott ..." (Anm. 1), S. 8.

§ 6 Staatskirchenrecht als Gegenstand des Verfassungsrechts   219

die sich zulässigerweise zur öffentlichen Feier verbunden hatten, den Status von „Kirchengesellschaften"; sie waren in ihrer „privaten" und öffentlichen Religionsausübung der Oberaufsicht des Staates unterworfen (§§ 11, 32 II 11). Alle Kirchengesellschaften mußten sich „in allen Angelegenheiten, die sie mit andern bürgerlichen Gesellschaften gemein haben, nach den Gesetzen des Staates richten" (§ 27 II 11). Die staatliche Oberaufsicht *(Kirchenhoheit)* im Hinblick auf die äußeren Rechtsverhältnisse der Kirchen (iura circa sacra) war von den episkopalistischen Rechten des Landesherrn im Kirchenregiment der evangelischen Landeskirchen (iura in sacra) zu unterscheiden, die mit dem Fall der Monarchie zwangsläufig untergingen[26]. Das System der staatlichen Kirchenhoheit war zwar mit der Anerkennung eines autonomen Bereichs „rein geistlicher Gegenstände" verbunden[27], doch nahm der Staat das Recht in Anspruch, über die Reichweite seiner Aufsichtsbefugnisse und die Abgrenzung der kirchlichen Autonomie selbst zu entscheiden.

Der *Reichsdeputationshauptschluß vom 25. Februar 1803* hatte der Rechtsposition der geistlichen Reichsstände und auch der Religionspartei als einer Einrichtung der alten Reichsverfassung die Grundlage entzogen[28]. Nicht nur mußte die Kirchenorganisation in Deutschland neu geordnet werden, auch die Grundbeziehung von Staat und Kirche trat nun endgültig auf den von der Aufklärung bereiteten Boden, auch wenn § 63 RDH die „bisherige Religionsübung eines jeden Landes" schützte und Art. 16 Abs. 1 der Bundesakte von 1815 bei der Garantie der Rechtsgleichheit noch von den „christlichen Religionsparteien" sprach. Die weitere Entwicklung des Staatskirchenrechts war Sache der Länder.

In dem Religionsartikel der *Paulskirchen-Verfassung von 1848/49* hat das kirchenpolitische Programm des Liberalismus einen für die weitere verfassungsrechtliche Entwicklung richtungweisenden Ausdruck gefunden, ohne doch die volle Trennung von Staat und Kirche durchsetzen zu können[29]. Eingebettet in die Garantien der Glaubens-

---

[26] *Hans Liermann*, Landesherrliches Kirchenregiment, in: EvStL³ I, Sp. 1952; E. R. Huber, Deutsche Verfassungsgeschichte, Bd. I (Anm. 2), S. 394 ff.

[27] Vgl. Titel IV § 9 Abs. 5 Verfassungs-Urkunde des Königreichs Baiern vom 26. Mai 1818 sowie das die Beilage II der Verfassungs-Urkunde (zu Titel IV § 9) bildende Edikt über die äußern Rechtsverhältnisse der Einwohner des Königreichs Baiern, in Beziehung auf Religion und kirchliche Gesellschaften.

[28] *Klaus Dieter Hömig,* Der Reichsdeputationshauptschluß vom 25. Februar 1803 und seine Bedeutung für Staat und Kirche. Tübingen 1969, S. 78 ff.; *Jeand'-Heur*, Der Begriff der „Staatskirche" (Anm. 23), S. 450.

[29] *Karl Rieker*, Die Stellung des modernen Staates zu Religion und Kirche, Dresden 1895; *Henning Zwirner*, Zur Entstehung der Selbstbestimmungsgarantie der Religionsgesellschaften im Jahre 1848/49, in: ZRG Kan. Abt. 73 (1967), S. 210.

und Gewissensfreiheit bestimmt § 147 der Verfassung des Deutschen Reiches vom 28. März 1849: „(1) Jede Religionsgesellschaft ordnet und verwaltet ihre Angelegenheiten selbständig, bleibt aber den allgemeinen Staatsgesetzen unterworfen. (2) Keine Religionsgesellschaft genießt vor andern Vorrechte durch den Staat; es besteht fernerhin keine Staatskirche. (3) Neue Religionsgesellschaften dürfen sich bilden; einer Anerkennung ihres Bekenntnisses durch den Staat bedarf es nicht." Die Fassung, die § 147 Abs. 1 in der ersten Lesung erhalten hatte (damals Art. III § 14): „Jede Religionsgesellschaft (Kirche) ordnet und verwaltet ihre Angelegenheiten selbständig, bleibt aber, wie jede andere Gesellschaft im Staate, den Staatsgesetzen unterworfen", provozierte eine vom Mainzer Katholikentag am 6. Oktober 1848 beschlossene „Verwahrung an die deutsche Nationalversammlung". Die Nationalversammlung tilgte die Gleichsetzung der Religionsgesellschaften mit den anderen Gesellschaften und stärkte ihre Autonomie dadurch, daß sie nicht den Staatsgesetzen schlechthin, sondern nur den „allgemeinen Staatsgesetzen" unterworfen wurden [30].

Die *Verfassungs-Urkunde für den Preußischen Staat vom 31. Januar 1850* beseitigte das landrechtliche Konzessionssystem (Art. 12)[31], ließ aber die Bevorrechtigung der christlichen Religion bei denjenigen Einrichtungen des Staates fortbestehen, die mit der Religionsausübung im Zusammenhang standen (Art. 14)[32]. Art. 15 garantierte, daß die evangelische und die römisch-katholische Kirche, so wie jede andere Religionsgesellschaft ihre Angelegenheiten selbständig ordnet und verwaltet. Im Zuge des *Kulturkampfes* wurde der Garantie der Kirchenautonomie ausdrücklich hinzugefügt, daß die Kirchen und Religionsgesellschaften den Staatsgesetzen und der gesetzlich geordneten Aufsicht des Staates unterworfen bleiben[33], und wurde die Vorschrift zwei Jahre später insgesamt aufgehoben[34]. Die Religionsgesellschaften fielen hinfort unter das allgemeine Vereinsrecht, sofern sie nicht als öffentlich-rechtliche Körperschaften anerkannt waren, wie insbesondere die großen christlichen Kirchen.

---

[30] *E. R. Huber*, Deutsche Verfassungsgeschichte, Bd. II (Anm. 23), S. 703 f.; ders. / *W. Huber*, Staat und Kirche (Anm. 23), Bd. II, S. 32 f. — *H. Fürstenau*, Das Grundrecht (Anm. 23), S. 193 f., meint, die Nationalversammlung habe in der neuen Fassung keine sachliche Änderung gesehen.

[31] Zuvor schon Art. 11 der Verfassungs-Urkunde vom 5. Dezember 1848.

[32] *Gerhard Anschütz*, Die Verfassungs-Urkunde für den Preußischen Staat. Bd. 1, Berlin 1912, S. 183 ff.

[33] Gesetz, betr. die Abänderung der Artikel 15 und 18 der Verfassungsurkunde vom 31. Januar 1850, vom 5. April 1873 (GS S. 143).

[34] Gesetz über die Aufhebung der Artikel 15, 16 und 18 der Verfassungsurkunde vom 31. Januar 1850 vom 18. Juni 1875 (GS S. 259).

II. Religion und Kirche im säkularen Verfassungsstaat

1. Toleranz — Religionsfreiheit — Neutralität des Staates

Der moderne Staat geht aus den konfessionellen Bürgerkriegen nach der Reformation als ein *säkularer* Staat der weltlichen, die Sicherheit und Freiheit des Zusammenlebens garantierenden „Politik" hervor[35]. Die Toleranz, die eine bekenntnisgebundene Obrigkeit dem Andersdenkenden gewährt, wird abgelöst durch die Religionsfreiheit, deren staatskirchenrechtliches *Spiegelbild* die Neutralität des Staates und seines Rechtes gegenüber Religion und Kirche ist[36]. Die Radikalisierung des Individualismus in der Gedanken- und Gewissensfreiheit der Aufklärung[37] wendet sich schließlich gegen die „positiven" Religionen und ruft den Staat gegen den Glaubenszwang der Kirchen an. Die Vorrechte der Kirchen, besonders der katholischen Kirche[38], sehen sich dem Verdikt ausgesetzt, gleichheitswidrige Privilegien zu sein. Die Forderung der *Trennung von Staat und Kirche* wird von einem kirchenfeindlichen Liberalismus zu dem Programm zugespitzt, die Kirchen mit allen anderen Religions- und Weltanschauungsgemeinschaften auf eine Stufe zu stellen und in das Vereinsrecht zu verweisen. Eine bis zu diesem Punkt getriebene Säkularisierung des Staates[39], bei der Religion nur noch „Privatsache" wäre, würde die sittliche und geschichtliche Kraft der Kirchen zum Schaden des Gemeinwesens negieren[40]. In Deutschland ist das Trennungsprinzip, wie die Auseinandersetzungen und Entscheidun-

---

[35] *Roman Schnur*, Die französischen Juristen im konfessionellen Bürgerkrieg, Berlin 1962; *Ernst-Wolfgang Böckenförde*, Die Entstehung des Staates als Vorgang der Säkularisation, in: Säkularisation und Utopie. Ebracher Studien. FS für Ernst Forsthoff. Stuttgart, Berlin, Köln, Mainz 1967, S. 75.

[36] *v. Mangoldt / Klein / v. Campenhausen*, Art. 140, Rdnr. 18.

[37] *Christoph Link*, Christentum und moderner Staat. Zur Grundlegung eines freiheitlichen Staatskirchenrechts im Aufklärungszeitalter, in: Gerhard Dilcher / Ilse Staff (Hrsg.), Christentum und modernes Recht. Frankfurt am Main 1984, S. 110; *Martin Heckel*, Religionsfreiheit, in: StL[7] IV, 1988, Sp. 822 f.

[38] Siehe nur *Jean-Jacques Rousseau*, Discours sur l'inégalité, Dédicace. Hrsg. von Heinrich Meier, 2. Aufl., Paderborn, München, Wien, Zürich 1990, S. 13 mit Anm. 15.

[39] *Martin Heckel*, Säkularisierung. Staatskirchenrechtliche Aspekte einer umstrittenen Kategorie, in: ZRG Kan. Abt. 97 (1980), S. 1 (gekürzt: Korollarien zur Säkularisierung, Heidelberg 1981); *ders.*, Das Säkularisierungsproblem in der Entwicklung des deutschen Staatskirchenrechts, in: Dilcher / Staff, Christentum und modernes Recht (Anm. 37), S. 35.

[40] "Nicht ungestraft kann der Staat die gewaltige sittliche Macht ignorieren, deren Trägerin die Kirche in jeder ihrer Erscheinungsformen ist" *(Rudolf Sohm*, Das Verhältnis von Staat und Kirche aus dem Begriff von Staat und Kirche entwickelt. Tübingen 1873, S. 44). — Siehe zu den religionsfreundlichen und den kirchenfeindlichen Strömungen des Liberalismus *Karl Rothenbücher*, Die Trennung von Staat und Kirche. München 1908, S. 74 ff.

gen der Frankfurter Paulskirche, der Weimarer Nationalversammlung und des Bonner Parlamentarischen Rates bezeugen, nur in einer Gestaltung wirksam geworden, die der öffentlichen Bedeutsamkeit der Kirchen durch ihre öffentlich-rechtliche Organisation und durch die besonderen Rechtsbeziehungen des verfassungsrechtlich festgelegten Staatskirchenrechts gerecht wurde. *Religionsfreiheit* als staatlich garantiertes Grundrecht ist mit einem kirchenpolitischen System laizistischer Trennung von Staat und Kirche nicht vereinbar; pointiert gesagt, bedeutet die „Ignorierung der Religion durch den Staat" die Preisgabe der individualistischen Prinzipien des Liberalismus zugunsten der Allmacht des Staates[41].

Der säkulare *Verfassungsstaat,* der seit Renaissance und Aufklärung seine Herrschaftsgewalt durch die Aufgabe des Schutzes und der Wohlfahrtsförderung für die staatlich vergemeinschafteten Menschen legitimiert, bestimmt durch seine Verfassung und in deren Rahmen durch die Gesetze die öffentliche Ordnung und die Rechte und Pflichten der einzelnen und der Vereinigungen auf seinem Gebiet. Das staatskirchenrechtliche Subordinationsprinzip verbindet sich mit den Verfassungsgarantien der Religionsfreiheit und der Kirchenautonomie[42]. Eigenart und „Selbstverständnis" der Religion sind für den Inhalt und die Ausübung des Glaubens maßgebend, weil sonst keine Freiheit der Religion möglich wäre, sie binden aber den Staat nicht bei der Festlegung und Abgrenzung der verfassungsrechtlichen Garantien, also auch nicht bei der Auslegung, was als „Religion" oder „Weltanschauung" unter den Schutz der Verfassung gestellt ist[43]. „Der moderne Staat muß um der Einheit seiner Rechtsordnung und um der Freiheit und Gleichheit seiner Bürger willen in einer konfessionell gemischten Bevölkerung allgemeine Normen setzen, für deren einheitliche Interpretation und Auslegung einstehen und sie einheitlich vollziehen. Er darf das staatliche Recht nicht zur vertraglichen Disposition einer Religionsgemeinschaft stellen,

---

[41] *Rothenbücher,* Trennung (Anm. 40), S. 107 f., gegen den belgischen Staatsrechtler *F. Laurent* (L'Église et l'État, 2. Ausg., Paris 1866).

[42] *Heckel,* Entwicklung (Anm. 1), S. 19, 29; ders., Neubestimmung (Anm. 23), IV; *Hollerbach,* Die Kirchen unter dem Grundgesetz (Anm. 13), S. 59 f.; ders., Die verfassungsrechtlichen Grundlagen des Staatskirchenrechts, in: HdbStKirchR[1] I, S. 253; *H. Weber,* Grundprobleme (Anm. 1), S. 25 ff.; *Karl-Hermann Kästner,* „Säkulare" Staatlichkeit und religionsrechtliche Ordnung in der Bundesrepublik Deutschland, in: ZevKR 34 (1989), S. 272 ff.; *Jörg Haverkate,* Verfassungslehre. München 1992, S. 201.

[43] BVerfGE 24, 236 (247 f.); 83, 341 (353). — *Hollerbach,* Die verfassungsrechtlichen Grundlagen (Anm. 42), S. 257; *Ulrich Scheuner,* Das System der Beziehungen von Staat und Kirchen im Grundgesetz, in: HdbStKirchR[1] I, S. 40 f.; *Badura,* Schutz (Anm. 11), S. 49 ff.; *Winfried Kluth,* Die Grundrechte des Art. 4 GG, in: JURA 1993, S. 137 / 138.

§ 6 Staatskirchenrecht als Gegenstand des Verfassungsrechts 223

die nicht die demokratische Legitimation und Repräsentation für die Gesamtheit der Bürger besitzt"⁴⁴. Hier wie auch sonst ist aber der Spielraum zu beachten, den die Verfassung der politischen Gestaltung beläßt und innerhalb dessen sie verschiedene Formen des Verhältnisses der jeweiligen Kräfte zuläßt, die abstrakt als „Staat" und „Kirche" begriffen werden⁴⁵.

Das Staatskirchenrecht des säkularen Verfssungsstaates gibt der Religion die ihr angemessene Freiheit und Selbstbestimmung in den Formen des weltlichen Rechts, „Freiheit nach eigenem Ziel und Maß" *(Martin Heckel)*. Der *religiös-weltanschaulich neutrale Staat* ist mit seiner Rechtsordnung zugleich der Garant der Religionsfreiheit und Kirchenautonomie, zu deren Gewährleistung und Schutz er auch gegenüber privater und sozialer Intoleranz oder Verkürzung verpflichtet ist. Diese Deutung der Religionsfreiheit und der staatlichen Ordnungsaufgabe vom Standpunkt des staatlichen Verfassungsrechts wird dadurch bekräftigt, daß die grundlegende Lehräußerung des II. Vatikanischen Konzils zur Religionsfreiheit diese als staatliches Grundrecht und damit als rechtliche Freiheit der weltlichen Ordnung von der moralischen, inhaltlich bestimmten Freiheit des kirchlichen Verständnisses unterscheidet und trennt⁴⁶.

Die religiöse und weltanschauliche Neutralität des Staates ist ein Prinzip, in dem eine Grundlinie des heutigen Staatskirchenrechts zusammengefaßt ist⁴⁷. Sie basiert auf der weltlichen Legitimität des säkularen Verfassungsstaates, auf der Gleichheit vor dem Gesetz und auf der Religionsfreiheit. Die bürgerlichen und staatsbürgerlichen Rechte und Pflichten werden durch die Ausübung der Religionsfreiheit weder bedingt noch beschränkt; niemand darf wegen seines Glaubens

---

44 *Heckel*, „In Verantwortungg vor Gott . . ." (Anm. 1), S. 22 f.
45 *Konrad Hesse*, Diskussionsbeitrag, in: VVDStRL 26 (1968), S. 137 f.
46 Erklärung über die Religionsfreiheit („Dignitatis humanae") vom 7. Dezember 1965. — *Hans Maier*, Religionsfreiheit in den staatlichen Verfassungen, in: Karl Rahner u. a., Religionsfreiheit. Ein Problem für Staat und Kirche. München 1966, S. 24; *Ernst-Wolfgang Böckenförde*, Einleitung zur Textausgabe der „Erklärung über die Religionsfreiheit", in: Heinrich Lutz (Hrsg.), Geschichte der Toleranz und Religionsfreiheit, Darmstadt 1977, S. 401; *Walter Kasper*, Religionsfreiheit. II, in StL⁷ IV, 1988, Sp. 826 f. — Siehe auch *Joseph Listl*, Die Aussagen des Codex Iuris Canonici vom 25. Januar 1983 zum Verhältnis von Kirche und Staat, in: EssGespr. 19 (1985), S. 9.
47 *Klaus Schlaich*, Neutralität als verfassungsrechtliches Prinzip. Tübingen 1972, S. 21 ff., 129 ff.; *Joseph Listl*, Glaubens-, Gewissens-, Bekenntnis- und Kirchenfreiheit, in: HdbStKirchR¹ I, S. 379, 385 f.; *Scheuner*, System (Anm. 43), S. 61 ff.; *Hermann Weber*, Gelöste und ungelöste Probleme des Staatskirchenrechts, in: NJW 1983, S. 2541 / 2543; *Badura*, Schutz (Anm. 11), S. 80 ff.; *v. Mangoldt / Klein / v. Campenhausen*, Art. 140, Rdnrn. 16 ff.

oder seiner religiösen Anschauungen benachteiligt oder bevorzugt werden (Art. 140 GG i. V. m. Art. 136 Abs. 1 WRV, Art. 3 Abs. 3 GG). Die Staatsgewalt ist von der Organisation und den Ämtern der Kirchen getrennt (Art. 140 GG i. V. m. Art. 137 Abs. 1 WRV). In neuerer Zeit wird die religiöse und weltanschauliche Neutralität des Staates, der in der Tat die „Heimstatt aller Staatsbürger" sein muß[48], mit Vorstellungen des Pluralismus gleichgesetzt[49] und damit zu einer Erscheinungsform eines vermeintlich von der Verfassung gebotenen Wertrelativismus verengt. Die „Offenheit gegenüber dem Pluralismus weltanschaulich-religiöser Anschauungen"[50] zwingt den Staat, dessen Verfassung mit den Grundrechten und dem Staatsziel des sozialen Rechtsstaats materielle Wertentscheidungen getroffen hat und der als Schöpfer und Garant des Rechts auf ethische und kulturelle Standards angewiesen ist, nicht zur Indifferenz oder Blindheit gegenüber den übereinstimmenden sittlichen Grundanschauungen, die sich „bei den heutigen Kulturvölkern" im Laufe der geschichtlichen Entwicklung herausgebildet haben[51]. Die gebotene religiös-weltanschauliche Neutralität hindert den Staat in den Grenzen seiner legitimen Aufgaben nicht, nicht zuletzt zum Schutz der verfassungsrechtlich garantierten Rechte und Freiheiten des einzelnen, sich mit Religion und Weltanschauung zu befassen, durch Gesetz Gefahren und Mißbräuchen zu wehren, entsprechend dem Öffentlichkeitsauftrag der Regierung Wertungen oder Warnungen auszusprechen und auch durch Schutz und Förderung Einfluß auszuüben[52]. Derartige Regelungen und Maßnahmen sind verfassungsrechtlich nicht abstrakt und an einem allgemeinen Neutralitätsprinzip, sondern an den normierten Garantien der Religionsfreiheit und der Kirchenautonomie zu messen[53]. Dabei wird als Richtschnur zu dienen haben, daß die

---

[48] BVerfGE 19, 206 (216).

[49] *Hans-Martin Pawlowski,* Das Verhältnis von Staat und Kirche im Zusammenhang der pluralistischen Verfassung, in: Der Staat 28 (1989), S. 353; *Jörg Müller-Volbehr,* Staatskirchenrecht im Umbruch, in: ZRP 1991, S. 345.

[50] BVerfGE 41, 29 (50).

[51] BVerfGE 12, 1 (4). — Diese Formulierung wird in BVerfGE 41, 29 (50) in der Richtung abgeschwächt, daß das Grundgesetz nicht einen „ethischen Standard" im Sinne eines Bestandes von bestimmten weltanschaulichen Prinzipien festgelegt habe; dies war allerdings in BVerfGE 12, 1 (4), wo es um Inhalt und Schranken der Religionsfreiheit ging, nicht gemeint.

[52] *Martin Heckel,* Staat, Kirche, Kunst. Rechtsfragen kirchlicher Kulturdenkmäler. Tübingen 1968, S. 188 f.; *Wilhelm Kewenig,* Das Grundgesetz und die staatliche Förderung der Religionsgemeinschaften, in: EssGespr. 6 (1971), S. 9. — Zum Streit um das staatliche Handeln angesichts sog. Jugendsekten und esoterischer Kulte siehe BVerwGE 82, 76 (BVerfG, in: NJW 1989, S. 3269); BVerwG, in: NJW 1991, S. 1770; BVerwG, in: JZ 1993, S. 33 mit Anm. von *Peter Badura.*

[53] *Ulrich Scheuner,* Die Religionsfreiheit im Grundgesetz (1967), in: ders., Schriften (Anm. 1), Berlin 1973, S. 41 f.

Religionsfreiheit einem Leitbild der Persönlichkeit folgt, „das die Würde des Menschen als Quelle seiner ohne Zwang gefaßten weltanschaulichen Haltung ansieht und diese damit in einer tiefen Schicht menschlicher Verantwortung verwurzelt, nicht aber in der Beliebigkeit freien Handelns"[54].

Die seit der Französischen Revolution im Verfassungsdenken und im Staatskirchenrecht voranschreitende „Emanzipation des Staates von der Religion" mit dem Ziel, die säkulare staatliche Gemeinschaft als eine „Ordnung der Freiheit" zu etablieren, hat die von *Ernst-Wolfgang Böckenförde* schlagend formulierte Aporie entstehen lassen: „Der freiheitliche, säkularisierte Staat lebt von Voraussetzungen, die er selbst nicht garantieren kann"[55]. Auch der heutige Staat — und gerade der Staat der Demokratie — ist auf die moralische Substanz des einzelnen und die sittlich-kulturelle Gemeinschaftlichkeit seiner Bürger angewiesen, um als Friedensordnung, politische Organisation der Gesellschaft und sozialer Rechtsstaat existieren zu können. Er kann aber diese Voraussetzung nicht erzwingen, ohne, auf säkularisierter Ebene, in jenen Totalitätsanspruch zurückzufallen, aus dem er in den konfessionellen Bürgerkriegen hinausgeführt hat. Darin sollte man eine Aporie, also auch eine Frage sehen, nicht schon die Antwort. Der durch die Verfassung geordnete und gebundene Staat ist eine für Dasein und Freiheit des Menschen existentielle Lebensform.

Das Staatskirchenrecht mündet hier in die Staatsphilosophie und Politik. Die *Freiheit von Religion und Kirche* ist nicht nur die abwehrende Schutzgarantie gegen Unterdrückung oder Diskriminierung des Glaubens oder des Unglaubens, sie ist vielmehr der Rechtstitel freier Religion und freier Kirche in der staatlichen Gemeinschaft und als deren wirksamer und produktiver Teil, ist — wie *Herder* im Hinblick auf die Emanzipation der Juden sagte — eine „Staatsfrage": „Wiefern nur dies Gesetz und die aus ihm entspringende Denk- oder Lebensweise in unsre Staaten gehöre, ist kein Religionsdisput mehr, wo über Meinung und Glauben discurriert würde, sondern eine einfache Staatsfrage"[56].

2. Staat und „Religionsgesellschaften"

Das Staatskirchenrecht des Grundgesetzes spricht mit den Worten der Weimarer Reichsverfassung, die ihrerseits dem Wortgebrauch der

---
[54] *Scheuner*, ebd., S. 45.
[55] *Böckenförde*, Entstehung des Staates (Anm. 35), S. 93.
[56] *Johann Gottfried Herder*, Bekehrung der Juden, in: Adrastea. Vierten Bandes Erstes Stück. Leipzig 1802, S. 142 (145).

Paulskirchen-Verfassung und der Preußischen Verfassungsurkunde folgt, von den „*Religionsgesellschaften*" und verwendet das Wort „Kirche" nur in dem distanzierenden Satz „Es besteht keine Staatskirche" (Art. 137 Abs. 1 WRV) und in dem Verbot, jemanden zu einer „kirchlichen Handlung" zu zwingen (Art. 136 Abs. 4 WRV)[57]. Der Begriff der Religionsgesellschaft ist ein Geschöpf der Aufklärung, in dem die Kirchen und sonstigen religiösen Gemeinschaften als Korporationen weltlichen Rechts und unter Absehen von ihrem Selbstverständnis als außerweltlich begründete Glaubensgemeinschaften in die staatliche Ordnung eingefügt werden[58]. In der Entwicklung des deutschen Staatskirchenrechts ist der Begriff hauptsächlich durch die Religionsvorschriften des preußischen Allgemeinen Landrechts (§§ 1 ff. II 11) und deren Konzessionssystem geformt worden. Mit der Einführung der *religiösen Vereinigungsfreiheit* beschränkte sich der Begriff der Religionsgesellschaft auf diejenigen religiösen Vereinigungen, die sich als Bekenntnisgemeinschaften umfassend („allseitig") der Pflege und der Ausübung eines bestimmten Glaubens widmeten und sich dadurch von anderen religiösen Vereinen und Gesellschaften unterschieden[59]. Der Begriff der Religionsgesellschaft ist Ausdruck der Weltlichkeit und der religiös-weltanschaulichen Neutralität des Staates. Er zeigt zugleich die Ablösung vom Paritätsgrundsatz der alten Reichsverfassung mit ihren „Religionsparteien" und die Anerkennung religiöser Vereinigungsfreiheit, wenngleich zunächst noch unter staatlichem Genehmigungsvorbehalt. Religionsgesellschaften sind die christlichen Kirchen, dann die Sekten und Freikirchen, schließlich die nicht-christlichen Glaubensgemeinschaften; in Art. 137 Abs. 7 WRV werden folgerichtig den Religionsgesellschaften die Vereinigungen gleichgestellt, die sich die gemeinschaftliche Pflege einer Weltanschauung zur Aufgabe machen.

Die *grundrechtliche* Rechtsposition, die in der Vereinigungsfreiheit den Religionsgesellschaften zugewiesen wird und letztlich in der Religionsfreiheit wurzelt, unterscheidet sich von der *staatskirchenrechtlichen* Rechtsposition, die mit der Anerkennung oder Erlangung der „Korporationsrechte" (Art. 15 PreußVU) oder — wie Art. 137 Abs. 5 WRV eher mißverständlich formulierte — der Eigenschaft als „Körperschaft des öffentlichen Rechtes" entsteht. Die „Korporationsrechte" der

---

[57] Das Landesverfassungsrecht, obwohl es sonst ebenfalls weithin die Weimarer Kirchenartikel adaptiert, verwendet weithin den Ausdruck „Religionsgemeinschaften" und nennt vielfach auch die „Kirchen" als eine Form der Religionsgemeinschaften.

[58] *Heckel*, Neubestimmung (Anm. 23), VII.

[59] *Anschütz*, Verfassungs-Urkunde (Anm. 32), Art. 12, Anm. 5; *ders.*, Die Religionsfreiheit, in: HdbDStR II, S. 675 / 689; *E. R. Huber*, Deutsche Verfassungsgeschichte (Anm. 23), Bd. III, S. 105 f.

preußischen Verfassung bedeuteten die allgemeine Rechtsfähigkeit (vgl. Art. 31 PreußVU), während in der Weimarer Reichsverfassung die *Körperschaftsqualität* die Rechtsposition der als Körperschaften des öffentlichen Rechts bestehenden großen christlichen Kirchen und einer Reihe anderer Religionsgesellschaften fortführt — und für andere Religionsgesellschaften öffnet — und als Grundlage für das Besteuerungsrecht dient (Art. 137 Abs. 6 WRV). Damit ergab und ergibt sich eine Einschränkung von Rechtsfolgen, die möglicherweise nach dem Modell des Trennungsprinzps aus Art. 137 Abs. 1 WRV abgeleitet werden könnten, konnte und kann aber andererseits nicht angenommen werden, daß die Kirchen nach der Art verwaltungsrechtlicher Körperschaften des öffentlichen Rechts dem Staat organisationsrechtlich eingegliedert wären[60].

3. Demokratie und Religionsfreiheit

Der Staat, der die Religionsfreiheit in seiner Verfassung garantiert und den Kirchen und sonstigen Religionsgesellschaften durch seine Staatsorgane und seine Rechtsordnung gegenübertritt, gründet in der Demokratie seine Herrschaftsgewalt auf die politische Organisation der Gesellschaft nach dem Prinzip der *Volkssouveränität* (Art. 20 Abs. 2 GG). Aus dem somit gegebenen Staatsbild im Sinne der „‚Offenheit' des demokratischen Gemeinwesen" ist von *Konrad Hesse* für das Verhältnis von Staat und Kirche der Grundgedanke entwickelt worden, daß es sich als „freie Kirche im demokratischen Staat" darstellte[61]. An dem Vorgang der staatlichen Integration durch den permanenten demokratischen Prozeß der freien politischen Meinungs- und Willensbildung beteiligen sich die einzelnen — idem civis et christianus — als Mitglieder einer Religionsgemeinschaft ebenso wie die Religionsgemeinschaften selbst. Dieser Prozeß bedingt ein Zurücktreten institutioneller Positionen. Es geht in ihm nicht um Abgrenzung und Rangordnung, sondern um die Zuordnung von menschlichen Lebenszielen und die Art und

---

[60] *Gerhard Anschütz*, Die Verfassung des Deutschen Reichs. 14. Aufl., Berlin 1933, Art. 137, Anm. 8. — *Hermann Weber*, Die Religionsgesellschaften als Körperschaften des öffentlichen Rechts im System des Grundgesetzes, Berlin 1966 (bespr. von *Axel Frhr. von Campenhausen*, in: ZevKR 13 [1967 / 68], S. 211).

[61] *Konrad Hesse*, Freie Kirche im demokratischen Gemeinwesen, in: ZevKR 11 (1964 / 65), S. 337; ders., Grundzüge des Verfassungsrechts der Bundesrepublik Deutschland. 19. Aufl., Heidelberg 1993, Rdnrn. 382, 468. — *Hollerbach*, Die Kirchen unter dem Grundgesetz (Anm. 13), S. 99; ders., Entwicklungen im Verhältnis von Staat und Kirche, in: Hans-Peter Schneider / Rudolf Steinberg (Hrsg.), Verfassungsrecht zwischen Wissenschaft und Richterkunst. Heidelberg 1990, S. 73; *Klaus G. Meyer-Teschendorf*, Staat und Kirche im pluralistischen Gemeinwesen, Tübingen 1979.

Weise der Erfüllung dieser Aufgaben und um die freie geistige Auseinandersetzung und Wirksamkeit. Der geistliche Auftrag der Kirche ist eine Kraft der Kirche als Gemeinschaft der Gläubigen in der Demokratie. In diesem demokratischen Prozeß wird aber die prinzipielle Verschiedenheit der (weltlichen) Aufgaben des Staates und der (geistlichen) Aufgaben der Kirchen nicht eingeebnet.

Diese Anschauung beläßt den Religionsgemeinschaften die selbstbestimmte Entscheidung über Glauben, Bekenntnis und öffentlichen Auftrag, fügt sie aber in den demokratisch bestimmten Meinungs- und Willensbildungsprozeß des weltlichen, pluralistischen Gemeinwesens ein. Sie muß nicht als Nivellierung der Verschiedenartigkeit der in den weltlichen Rechtsverkehr eintretenden Kirchen und sonstigen religiösen oder weltanschaulichen Gemeinschaften verstanden werden und auch nicht als die Oktroyierung demokratischer Organisations- und Entscheidungsformen zu Lasten kirchlicher Rechtsstrukturen und Lebensprozesse[62]. Die umfassende Sozialgestaltungsfunktion, die der Staat in Anspruch nimmt und der zwangsläufig seine Ordnungsaufgabe ebenso umfassend verbunden ist, muß sich kraft Religionsfreiheit und Kirchenautonomie dem auf gleichem Felde wirkenden Theologischen und Kirchlichen öffnen[63]. "Staat und Kirche begegnen sich in den gleichen Menschen und Lebensbereichen: Die Gläubigen wollen ein ungeteiltes Leben ihrer Freiheit in der Welt, auch wo sie vom Staat geordnet wird, führen. Deshalb wird es darum gehen, in den Normen und Institutionen der staatlichen Ordnung in neutraler Weise Raum zu geben für die Entfaltung der religiösen Freiheit"[64]. Das Staatskirchenrecht des demokratischen Verfassungsstaates kann deshalb nicht unter Zurückdrängung des institutionellen Elements des selbständigen kirchlichen Auftrags und Wirkens nur auf die individuell bestimmte Religionsfreiheit gegründet werden[65].

---

[62] Siehe die vorsorgliche Verwahrung *Heckels*, Die Kirchen unter dem Grundgesetz (Anm. 1), S. 25.

[63] *Martin Heckel,* in: VVDStRL 26 (1968), S. 119, in Antwort auf kritische Einwände von *Hans Peter Ipsen* (ebd., S. 118) und *Dietrich Pirson* (ebd., S. 132 ff.).

[64] *Heckel,* Die Kirchen unter dem Grundgesetz (Anm. 1), LS 24, S. 52.

[65] Meiner Assistentin *Claudia Radl* habe ich für ihre verständige Hilfe bei der Vorbereitung des ganzen Beitrags, vor allem aber des Abschnitts A sehr zu danken.

B. Weimarer Reichsverfassung und Grundgesetz

I. Die Weimarer Kirchenartikel

1. Der Verfassungskompromiß

Der Sturz der Monarchie und die Entscheidung der die revolutionäre Umgestaltung bestimmenden politischen Kräfte für die parlamentarische Demokratie beseitigte für die evangelischen Landeskirchen, aber auch für die Ordnung der Beziehungen zwischen Staat und Kirche in Deutschland die Grundpfeiler des bisherigen kirchenpolitischen Systems. Die *verfassungspolitische Aufgabe der Neuordnung* mußte zwangsläufig zu einer Gesamtentscheidung über die Hauptfragen des Staatskirchenrechts führen, besonders über die Form der Trennung von Staat und Kirche, die öffentlich-rechtliche Stellung der Kirchen und die staatlichen Befugnisse angesichts der Kirchenautonomie. Gewicht und Überzeugungskraft der geschichtlich überkommenen Rechte und Rechtsbeziehungen stellten sich naturgemäß in den Augen der in der Nationalversammlung vertretenen Parteien ganz unterschiedlich dar[66]. Die Sozialdemokraten, auf deren Haltung es hauptsächlich ankam, hatten in ihrem Programm gefordert, die Religion zur Privatsache zu erklären, hinfort für die Kirchen keine öffentlichen Mittel aufzuwenden, die Kirchen als private Gesellschaften anzusehen, die ihre Angelegenheiten selbständig ordnen, und das ganze Schulwesen als Staatssache auszugestalten[67]. Das überlegte Zusammenwirken des Zentrums *(Mausbach, Gröber, Spahn)*, der Nationalliberalen *(von Delbrück, Düringer)* und der Volkspartei *(Kahl)*, dem sich *Friedrich Naumann* und die Demokraten anschlossen, und die Kompromißbereitschaft der Mehrheitssozialisten *(Meerfeld, Quarck, Katzenstein)*[68] ermöglichten einen

---

[66] Aufschlußreich und für das am Ende verabschiedete Ergebnis leitend waren die Verhandlungen bei der ersten Lesung des Grundrechtsteils, dessen Religions- und Schulartikel (Art. 30, 31 des Regierungsentwurfs) vorweg behandelt wurden, durch den Verfassungsausschuß vom 31. März bis 3. April 1919 (18. bis 21. Sitzung). Siehe die Verhandlungen der verfassunggebenden Deutschen Nationalversammlung, Bd. 336, Anlagen zu den Stenographischen Berichten, Aktenstück Nr. 391. Bericht des Verfassungsausschusses, 1920, S. 171-223, sowie die Beratungen des Plenums über den Abschnitt Religion und Religionsgesellschaften in der 59. Sitzung am 17. Juli 1919, Verhandlungen, Bd. 328, Stenographische Berichte, S. 1643-1664.

[67] Dazu die für den erfolgreichen Fortgang der Beratungen einflußreiche Rede des Mitberichterstatters *Meerfeld* (SPD) in der 19. Sitzung des Verfassungsausschusses (Verhandlungen [Anm. 66], Bd. 336, S. 188): „Wir wollen ... keine gewaltsame Trennung, sondern eine schiedlich-friedliche Einigung." Ähnlich *Quarck* (SPD), ebd., S. 193.

[68] *Carl Israël*, Geschichte des Reichskirchenrechts, Berlin 1922; *Jochen Jacke*, Kirche zwischen Monarchie und Republik. Der preußische Protestantismus nach

Ausgleich, der Religionsfreiheit und Kirchenautonomie sicherte, die überkommene Position der Kirchen, auch ihre Vermögenswerte, die Staatsleistungen und das Besteuerungsrecht, schonte und das kirchenpolitische System zugunsten aller Religionsgesellschaften und auch der Weltanschauungsgemeinschaften öffnete[69]. Die gefundene Lösung, im ganzen den Kirchen günstig[70], hat in der Weimarer Staatspraxis nur zum Teil volle Wirksamkeit erlangt und wurde hinsichtlich der großen christlichen Kirchen maßgeblich durch die Konkordate und Kirchenverträge komplettiert.

Der *Aufruf des Rats der Volksbeauftragten an das deutsche Volk vom 12. November 1918* (RGBl. S. 1303) bestimmte: „5. Die Freiheit der Religionsausübung wird gewährleistet. Niemand darf zu einer religiösen Handlung gezwungen werden." Ebenso verzichtete der Verfassungsentwurf von *Hugo Preuß,* den das Reichsministerium des Innern am 21. Februar 1919 der Nationalversammlung vorlegte[71], auf staatskirchenrechtliche Vorschriften. Er beschränkte sich — in Anlehnung an Art. 12 der Preußischen Verfassungsurkunde — in Art. 30 auf eine detaillierte Garantie der Glaubens-, Gewissens- und Kultusfreiheit sowie der religiösen Vereinigungsfreiheit. Demgegenüber hatte der im Deutschen Reichsanzeiger 1919 Nr. 15 veröffentlichte „Entwurf einer Verfassung des Deutschen Reichs" vom 20. Januar 1919 noch eine besondere staatskirchenrechtliche Klausel (§ 19 Abs. 3) enthalten:

„Jede Religionsgesellschaft ordnet und verwaltet ihre Angelegenheiten selbständig, ist aber den allgemeinen Gesetzen unterworfen. Keine Religionsgesell-

---

dem Zusammenbruch von 1918. Hamburg 1976, S. 119 ff.; *Kurt Nowak,* Evangelische Kirche und Weimarer Republik. 2. Aufl., Göttingen 1988, S. 72 ff.

[69] *Friedrich Giese,* Staat und Kirche im neuen Deutschland, in: JöR XIII (1925), S. 249; *Godehard Josef Ebers,* Staat und Kirche im neuen Deutschland, München 1930; *Schlief,* Die Entwicklung (Anm. 2), S. 38 ff.; *Werner Weber,* Das kirchenpolitische System der Weimarer Reichsverfassung im Rückblick, in: Festg. für Wolfgang Abendroth. Neuwied und Berlin 1968, S. 381; *E. R. Huber,* Deutsche Verfassungsgeschichte (Anm. 23), Bd. V, 1978, S. 1200 f., Bd. VI, 1981, S. 864 ff.; *Christoph Link,* Staat und Kirchen, in: Kurt G. A. Jeserich / Hans Pohl / Georg-Christoph von Unruh, Deutsche Verwaltungsgeschichte. Bd. 4, Stuttgart 1985, S. 450 / 455 ff.

[70] Siehe jedoch die Rechtsverwahrung der Fuldaer Bischofskonferenz vom November 1919 gegen einzelne Punkte der Verfassung des Deutschen Reichs vom 11. August 1919, die sich u. a. gegen die Schrankenklausel des Art. 137 Abs. 3 WRV wandte, wo dem Staat das Recht zugesprochen werde, eventuell in die Angelegenheiten der Kirche, „und seien es die innersten und wesentlichsten", einzugreifen *(Paul Mikat,* Verfassungsziele des Grundgesetzes, in: Rudolf Morsey / Konrad Repgen [Hrsg.], Christen und Grundgesetz. Paderborn 1989, S. 56 Anm. 72).

[71] *Heinrich Triepel,* Quellensammlung zum Deutschen Reichsstaatsrecht. 5. Aufl., Tübingen 1931, S. 27. — Zum „Entwurf einer Verfassung des Deutschen Reichs" vom 20. Januar 1919 vgl. ebd., S. 10.

§ 6 Staatskirchenrecht als Gegenstand des Verfassungsrechts   231

schaft genießt vor anderen Vorrechte durch den Staat. Über die Auseinandersetzung zwischen Staat und Kirche wird ein Reichsgesetz Grundsätze aufstellen, deren Durchführung Sache der deutschen Freistaten ist."

Die in Satz 1 aufgenommene und nur sprachlich etwas abgewandelte Formel der Paulskirchen-Verfassung für die *Kirchenautonomie* wurde in verschiedenen Anträgen im Verfassungsausschuß wiederholt[72] und wurde schließlich zum Inhalt der zentralen Garantie des Art. 137 Abs. 3 WRV.

Die ausschlaggebende Entscheidung über das Weimarer Staatskirchenrecht fiel mit dem Beschluß vom 17. März 1919, daß dem Reich das Recht zustehen sollte, im Wege der Gesetzgebung Grundsätze für die Rechte und Pflichten der Religionsgesellschaften aufzustellen (Art. 9 b Nr. 1, später Art. 10 Nr. 1 WRV). Diese *Kompetenzerweiterung zugunsten des Reiches* beließ den Ländern zwar die Gesetzgebungs- und Vertragszuständigkeit auf dem Gebiet des Staatskirchenrechts, gab aber dem Reich das Vorrecht für die Regelung der Grundlagen[73]. Die zweite ausschlaggebende Weichenstellung erfolgte dadurch, daß die vor allem von *Kahl* energisch vertretene Auffassung sich durchsetzte, daß die Hauptsätze des Staatskirchenrechts in der Reichs*verfassung* festzulegen seien und nicht einem Reichs*gesetz* überlassen werden dürften. Die dritte Grundsatzentscheidung — wiederum besonders von *Kahl* verfochten — war die Kennzeichnung der Kirchen und bestimmter anderer Religionsgesellschaften als *„Körperschaften des öffentlichen Rechts"* (Art. 137 Abs. 5 WRV), womit insbesondere der Unterschied gegenüber einer Qualifizierung der Kirchen als „Privatvereine" ausgesprochen wurde[74]. Auf einen erst in einem verhältnismäßig späten Stadium der Verhandlungen gestellten Antrag Katzenstein (SPD) / Ablaß (DDP)[75]

---

[72] Antrag *Quarck / Sinzheimer* (Nr. 89): Art. 30 Abs. 3 S. 4 (Verhandlungen [Anm. 66], Bd. 336, S. 173); Antrag *Kahl* und Genossen (Nr. 92): Art. 30 a (neu) (ebd., S. 176). Der Antrag *Gröber* und Genossen (Nr. 91): Art. 30 a (neu), wollte den Satz „Jede Religionsgesellschaft ordnet und verwaltet ihre Angelegenheiten frei und selbständig . . ." ohne die Schrankenklausel und unterschied sich hauptsächlich darin von dem Antrag *Kahl* (ebd., S. 176). Der in der 20. Sitzung eingebrachte Antrag *Meerfeld / Naumann* (Nr. 96): Art. 30 a, der für die endgültige Beschlußfassung bestimmend wurde, gab der Schrankenklausel die Fassung: „. . . innerhalb der Schranken des Gesetzes" (ebd., S. 199). *Gröber* schlug dazu vor, zu formulieren: „. . . innerhalb der Schranken des für alle geltenden Gesetzes", womit der Gedanke, der im Antrag Nr. 96 enthalten sei, wohl klarer zum Ausdruck komme (ebd., S. 206); so wurde es beschlossen (ebd., S. 207).
[73] *Israël*, Geschichte (Anm. 68), S. 13 ff.; *Anschütz*, Die Verfassung (Anm. 60), Art. 10, Anm. 3.
[74] *Kahl*, Verhandlungen (Anm. 66), Bd. 336, S. 195. Siehe auch *Gröber*, ebd., S. 200, sowie die weitere Debatte im Plenum der Nationalversammlung (Verhandlungen [Anm. 66], Bd. 328, S. 1644 f. *[Mausbach]*, S. 1647 f. *[Kahl]*, S. 1650 *[Quarck]*). — *Giese*, Staat und Kirche (Anm. 69), S. 303 f.
[75] Antrag Nr. 105, Verhandlungen (Anm. 66), Bd. 336, S. 205.

geht es zurück, daß dem staatskirchenrechtlichen Hauptartikel (Art. 30 a der damaligen Zählung) die Worte vorangesetzt wurden: „Es besteht keine Staatskirche", und zusätzlich gesagt wurde: „Den Religionsgesellschaften werden diejenigen Vereinigungen gleichgestellt, die sich die gemeinschaftliche Pflege einer Weltanschauung zur Aufgabe machen" (später Art. 137 Abs. 7 WRV)[76].

2. „Es besteht keine Staatskirche"

Eine „*Staatskirche*" hatte es auch in der konstitutionellen Monarchie nicht gegeben und das landesherrliche Kirchenregiment in den evangelischen Kirchen war mit der Monarchie entfallen[77]. So war der scharf klingende Satz des *Art. 137 Abs. 1 WRV* eher eine Proklamation, mit der die Grundlinie der Trennung von Staat und Kirche — die doch nach dem gesamten Weimarer kirchenpolitischen System nicht laizistisch oder sonst streng ausgebildet sein konnte[78] — bekräftigt wurde, und außerdem ein Verfassungsauftrag, der dem Landesgesetzgeber (Art. 137 Abs. 8 WRV) eine Direktive gab[79]. Die weitaus wichtigere Festlegung des Art. 137 Abs. 5 WRV sicherte den öffentlich-rechtlichen Status der Kirchen und hinderte den Gesetzgeber daran, die Kirchen in das private Vereinsrecht zu verweisen.

Auf der anderen Seite war nach herrschender Auffassung mit dem Charakter als Körperschaft des öffentlichen Rechts, der eine so beschaffene Rechtsperson „in ihren spezifisch weltlich-körperschaftlichen Daseinsäußerungen der Disziplin eines öffentlich-rechtlichen Ordnungssystems" einfügte, „in dem der Staat die übergeordnete Verantwortung" besaß[80], eine *besondere Staatsaufsicht* verbunden. „Diese Staatsaufsicht ist das notwendige Korrelat dazu, daß die Kirchengesellschaften öffentliche Korporationsfähigkeit haben..."[81]. Diese Auslegung konnte unter

---

[76] Der Antrag Nr. 96 wurde in Verbindung mit dem Eventualantrag *Gröber* und mit den Ergänzungen des Antrags *Katzenstein / Ablaß* als Art. 30 a angenommen (Verhandlungen [Anm. 66], Bd. 336, S. 207 f.). Darauf beruhten weitgehend die von der Nationalversammlung beschlossenen Art. 137, 138, 139 und 141 WRV.

[77] *E. R. Huber*, Deutsche Verfassungsgeschichte, Bd. VI (Anm. 69), S. 868.

[78] *Heckel*, Die Kirchen unter dem Grundgesetz (Anm. 1), S. 26 ff.; *ders.*, „In Verantwortung vor Gott..." (Anm. 1), S. 15; *von Campenhausen*, Staatskirchenrecht (Anm. 1), S. 67 ff.; *Link*, Staat und Kirchen (Anm. 69), S. 455 f.

[79] *Jeand'Heur*, Der Begriff der „Staatskirche" (Anm. 23), S. 455 ff.

[80] *W. Weber*, Das kirchenpolitische System (Anm. 69), S. 395.

[81] *Kahl*, in: Verhandlungen (Anm. 66), Bd. 328, S. 1647. — PreußOVG 82, 196 bezeichnet die aufrechterhaltene Kirchenhoheit des Staates als ein „der bevorrechtigten Stellung der Kirche entsprechendes besonders geartetes Staatsaufsichtsrecht".

§ 6 Staatskirchenrecht als Gegenstand des Verfassungsrechts   233

dem Grundgesetz nicht fortbestehen. Der staatskirchenrechtliche Begriff der Körperschaft des öffentlichen Rechts trägt keine organisationsrechtlichen Rechtsfolgen und gibt dem Staat keine weitergehenden Befugnisse, als sie mit der Kirchenautonomie (Art. 140 GG i. V. m. Art. 137 Abs. 3 WRV) vereinbar sind. Die Zuerkennung des Status einer öffentlich-rechtlichen Körperschaft gibt der Religionsgesellschaft die Fähigkeit, Träger öffentlicher Kompetenzen und Rechte zu sein. Die Eigenständigkeit und Unabhängigkeit der Kirche vom Staat sowie ihre originäre Kirchengewalt werden bekräftigt, die besondere Bedeutung der öffentlichen Wirksamkeit einer Religionsgesellschaft wird anerkannt, nicht aber wird sie dadurch in den Staat organisch eingegliedert oder einer besonderen staatlichen Kirchenhoheit unterworfen[82].

3. Die Kirchenautonomie „innerhalb der Schranken des für alle geltenden Gesetzes"

Der Vorsitzende des Verfassungsausschusses der Weimarer Nationalversammlung, *Haußmann* (DDP), stellte in der 33. Sitzung am 30. Mai 1919 zur Ausräumung von Zweifeln fest, daß mit dem Satz „... innerhalb der Schranken des für alle geltenden Gesetzes" in dem späteren *Art. 137 Abs. 3 WRV* nur Ausnahme-, d. h. Verbotsgesetze ausgeschlossen sind, nicht aber staatliche Vorschriften in Beziehung auf die Religionsgesellschaften[83]. Nach Wortlaut und Sinngehalt unterwarf Art. 137 Abs. 3 WRV die Angelegenheiten der Religionsgesellschaften insgesamt, also auch ihre eigenen, ihre „inneren" Angelegenheiten dem für alle geltenden Gesetz[84], aber eben nicht dem Staatsgesetz schlechthin, sondern nur dem „für alle geltenden" Gesetz. Den Religionsgesellschaften nachteilige Sondergesetze im Stil des preußischen Kulturkampfes waren — und sind auch unter dem Grundgesetz — damit ausgeschlossen. Die

---

[82] BVerfGE 18, 385 (386 f.); 19, 129 (133); 30, 415 (428).
[83] *Haußmann*, in: Verhandlungen (Anm. 66), Bd. 336, S. 383. — Zur Entstehungsgeschichte der Klausel siehe oben Anm. 72 und im Text.
[84] Sachlich übereinstimmend statuierte Art. 135 S. 3 WRV, daß die „allgemeinen Staatsgesetze" von der Garantie der Glaubens-, Gewissens- und Kultusfreiheit unberührt bleiben. Art. 135 WRV ist durch Art. 140 GG dem Grundgesetz nicht inkorporiert worden; die Freiheiten des Art. 4 Abs. 1 und 2 GG stehen nicht unter dem Vorbehalt der allgemeinen Staatsgesetze. — Abweichend nimmt E. R. Huber, Deutsche Verfassungsgeschichte, Bd. VI (Anm. 69), S. 876, an, daß die Religionsgesellschaften in ihren inneren Angelegenheiten von den Schranken des allgemeinen Gesetzes frei waren, und stützt sich dafür ohne Grund auf die Annahme, die Nationalversammlung habe zu einem Rechtszustand des § 27 II 11 ALR zurückkehren wollen. Wie hier *Werner Weber*, „Allgemeines Gesetz" und „für alle geltendes Gesetz" in: FS für Ernst Rudolf Huber. Göttingen 1973, S. 181, bes. S. 194.

Formel von *Johannes Heckel*, daß das für alle geltende Gesetz das Gesetz meine, „das trotz grundsätzlicher Bejahung der kirchlichen Autonomie vom Standpunkt der Gesamtnation als sachlich notwendige Schranke der kirchlichen Freiheit anerkannt werden muß; m. a. W. jedes für die Gesamtnation als politische, Kultur- und Rechtsgemeinschaft unentbehrliche Gesetz, aber auch nur ein solches Gesetz"[85], forderte eine Abwägung und wandte sich gegen die Korrelatentheorie. Sie bedeutete, daß ein für jedermann geltendes, nicht final auf die Religionsgesellschaften und ihren Selbstbestimmungsstatus bezogenes, den religionsgesellschaftlichen Selbstverwaltungsbereich nur wie alle anderen Normadressaten und gemeinsam berührendes Gesetz — entgegen der herrschenden Lehre[86] — nicht schon deshalb zulässig war, weil es sich als ein „für alle geltendes Gesetz" darstellte, sondern nur wenn es auch materiell der mit Heckels Formel gebotenen Abwägung standhielt. Diese den Religionsgesellschaften günstige Auslegung hat unter dem Grundgesetz die Oberhand gewonnen[87].

Die *Kirchenautonomie* darf nicht nur als eine den Eingriff und Zugriff des Staates abwehrende Garantie verstanden werden. Denn zu den „Angelegenheiten" der Religionsgesellschaften, jedenfalls der christlichen Kirchen, gehören auch ihr Wirken in dieser Welt und die Mitgestaltung der gesellschaftlichen und politischen Ordnung[88]. Das Trennungsprinzip setzt dem organisatorischen Einfluß der Kirchen auf das weltliche Gemeinwesen Grenzen und weiter muß im Rahmen des für alle geltenden Gesetzes ein Ausgleich gefunden werden[89].

4. Von der Parität der christlichen Kirchen zur Gleichstellung der Religionsgesellschaften und Weltanschauungsgemeinschaften

Die „Religionsparteien" des Heiligen Römischen Reiches Deutscher Nation, denen nach den Reichsgrundgesetzen des Augsburger Religionsfriedens von 1555 und des Westfälischen Friedens von 1648 *Parität* zustand, waren mit dem Ende des Reiches entfallen. Nach dem Sturz

---

[85] *Johannes Heckel*, Das staatskirchenrechtliche Schrifttum der Jahre 1930 und 1931, in: VerwArch. 37 (1932), S. 284.

[86] W. Weber, „Allgemeines Gesetz" (Anm. 84), S. 188.

[87] *Scheuner*, System (Anm. 43), S. 82; *von Campenhausen*, Staatskirchenrecht (Anm. 1), S. 77 ff.; *Jeand'Heur*, Der Begriff der „Staatskirche" (Anm. 23), S. 459 ff. — Zur Rechtsprechung des Bundesverfassungsgerichts siehe unten unter B II 2.

[88] *Heckel*, Entwicklung (Anm. 1), S. 34 f., Anm. 6; *ders.*, Die Kirchen unter dem Grundgesetz (Anm. 1), S. 40.

[89] Siehe die Kontroverse *Heckel — Böckenförde*, in: VVDStRL 26 (1968), S. 123, 125 f.

der Monarchie blieb zwar der öffentlich-rechtliche Status für die Kirchen und bestimmte altkorporierte Religionsgesellschaften erhalten, wurde dieser Status aber allen Religionsgesellschaften und den diesen gleichgestellten Weltanschauungsgemeinschaften zugänglich, sofern sie durch ihre Verfassung[90] und die Zahl ihrer Mitglieder die „Gewähr der Dauer" boten *(Art. 137 Abs. 5 S. 2 und Abs. 7 WRV).* Art, Inhalt und theologische oder sonstige Bedeutsamkeit des Glaubens oder der Weltanschauung sind damit für die Gewährung der Körperschaftsrechte unerheblich[91]. Auf die ausdrücklich an ihn gerichtete Frage *Naumanns,* ob das Recht der öffentlichen Körperschaft den bestehenden kleineren Kirchen, den Religionsgemeinschaften und Sekten, wie Methodisten, Baptisten, Altlutheranern usw. ohne weiteres zuteil werden soll — „Da es keine Staatskirche mehr gibt, so sind alle Nebenkirchen gleicher Ehre" —, antwortete *Hugo Preuß* als Vertreter des Reichsministeriums, daß Sinn und Bedeutung dieser Bestimmung für die Sekten und Freikirchen nur so aufgefaßt werden können, wie es der Herr Abgeordnete Naumann formuliert hat[92].

So wie die Religionsfreiheit seit ihrer Verbindung mit der Gewissens- und Gedankenfreiheit Religion und Weltanschauung gleichstellt, so sind im Staatskirchenrecht und insbesondere für die Kirchenautonomie Religionsgesellschaften und Weltanschauungsgemeinschaften gleichgestellt. Dennoch wird die geschichtliche und kulturelle Verschiedenheit und die unterschiedliche staatskirchenrechtliche Bedeutsamkeit der Kirchen, der sonstigen Religionsgesellschaften und der Weltanschauungsgemeinschaften durch die Verfassung nicht neutralisiert. Noch nach dem Kriege konnte gesagt werden: „Das ganze Problem des institutionellen Zusammenhangs von Staat und Kirche sowie der Teilhabe der Kirchen an der öffentlichen Ordnung erfüllt nur die Beziehungen zwischen dem Staat und den beiden großen Kirchen"[93]. Der allgemeine Wandel in den

---

[90] In der vom Verfassungsausschuß angenommenen Fassung des Art. 30 a wurde — neben der Zahl der Mitglieder — auf die Zeit des Bestehens der Religionsgesellschaft abgestellt. Erst in der 3. Lesung im Plenum wurde auf einen Antrag von *Heinze* die Gesetz gewordene Fassung gewählt, was *Kahl* als eine Verbesserung begrüßte, weil „das Kriterium für die Würdigkeit einer Religionsgesellschaft, öffentliche Korporation zu werden, nicht auf das zufällige äußere Moment der Zeit des Bestehens, sondern auf das tiefere Moment des Inhalts ihrer Verfassung abgestellt" sei (siehe *Israël,* Geschichte [Anm. 68], S. 35 ff., 49 f., 56 f.).

[91] *Hermann Weber,* Die Verleihung der Körperschaftsrechte an Religionsgemeinschaften, in: ZevKR 34 (1989), S. 352 f.

[92] Verhandlungen, Band 328 (Anm. 66), S. 1654 B, 1655 D.

[93] W. *Weber,* Staatskirchenrecht (Anm. 1), S. 754. — Siehe andererseits *Ernst Gottfried Mahrenholz,* Die Kirchen in der Gesellschaft der Bundesrepublik. 2. Aufl., Hannover 1972; *ders.,* Kirchen als Korporationen, in: ZevKR 20 (1975), S. 43.

religiösen und weltanschaulichen Vorstellungen, teils in den Kirchen selbst, vor allem aber darüber hinaus und in die überkommenen Institutionen sprengenden Bewegungen, und in Deutschland außerdem die mit der Wiedervereinigung einhergehende Änderung in der Basis des religiösen Lebens berühren die so umrissene Grundorientierung des Staatskirchenrechts.

II. Die Inkorporation des Weimarer Staatskirchenrechts durch Art. 140 GG

1. Entstehungsgeschichte

Der *Parlamentarische Rat,* der mit der von ihm verabschiedeten Verfassung für die Bundesrepublik Deutschland dem staatlichen Leben für eine Übergangszeit eine neue Ordnung geben wollte, verfolgte von Anbeginn die klare Linie, die Grundrechte des einzelnen als rechtlich wirksame Freiheiten und Garantien zu normieren und von „Lebensordnungen" und politischen Programmen nach Weimarer Muster abzusehen. Ein Abschnitt über Religion und Religionsgesellschaften hätte diese verfassungspolitische Linie verlassen. Außerdem bestand Einmütigkeit darin, daß das Staatskirchenrecht Landessache sein sollte. Dies hätte an sich die Konsequenz haben müssen, sich mit der Garantie der Religionsfreiheit zu begnügen. Dahin ging der Vorschlag des *Herrenchiemseer Verfassungskonvents,* dessen Entwurf in Art. 6 ausprach: „(1) Glaube, Gewissen und Überzeugung sind frei. (2) Der Staat gewährleistet die ungestörte Religionsausübung", sich aber jeglicher staatskirchenrechtlicher Regelungen und Garantien enthielt. Demgegenüber forderten die evangelischen Landeskirchen und die katholischen Bischöfe mit Eingaben vom Oktober und November 1948, die Unabhängigkeit des religiösen Lebens von staatlicher Bevormundung, die kirchliche Selbstbestimmung und die Vermögensrechte der Kirchen durch die neue Bundesverfassung zu schützen. Der Kompromiß des Art. 140 GG, mit dem die SPD *(Bergsträßer, Eberhard, Zinn)* und die FDP *(Heuss, Höpker-Aschoff)* den Anträgen der CDU / CSU *(Süsterhenn),* des Zentrums *(Wessel)* und der DP *(Seebohm)* in der Sache weitgehend nachgaben[94], hat in Verbindung mit der neugeformten Religionsfreiheit (Art. 4 Abs.

---

[94] JöR 1 (1951), S. 899 f. — *Schlief,* Die Entwicklung (Anm. 2), S. 65 ff.; *Hollerbach,* Die verfassungsrechtlichen Grundlagen (Anm. 42), S. 218 ff.; *ders.,* Grundlagen (Anm. 1), S. 482 ff.; *Klaus Gotto,* Die katholische Kirche und die Entstehung des Grundgesetzes, in: Anton Rauscher (Hrsg.), Kirche und Katholizismus 1945-1949. München, Paderborn, Wien 1977, S. 88; *Werner Sörgel,* Konsensus und Interessen. Opladen 1985, S. 179 ff.; *Mikat,* Verfassungsziele (Anm. 70), S. 42 ff.

§ 6 Staatskirchenrecht als Gegenstand des Verfassungsrechts   237

1 und 2 GG) die Position der Religionsgesellschaften über das Weimarer kirchenpolitische System hinaus bekräftigt[95].

Die Bestrebungen, in das Grundgesetz Mindestgarantien für die Stellung und die Rechte der Kirchen aufzunehmen, die von der CDU / CSU und der DP[96] unterstützt wurden, führten in der 24. Sitzung des Grundsatzausschusses am 23. November 1948 zu einer Auseinandersetzung über die Kernfrage, ob neben der Religionsfreiheit und der religiösen Vereinigungsfreiheit staatskirchenrechtliche Vorschriften Eingang in das Grundgesetz finden sollten. Der Vorschlag *Süsterhenns,* im Grundgesetz einige „Hauptgesichtspunkte in komprimierter Form als Leitsätze" für die Landesgesetzgebung festzulegen, stieß auf den Widerspruch von *Eberhard* und *Heuss,* die auf die Zuständigkeit der Länder verwiesen und eine Wiederbelebung der Weimarer Lebensordnungen ablehnten. In der 29. Sitzung des Grundsatzausschusses am 4. Dezember 1948 lag ein gemeinsamer Antrag der CDU / CSU, des Zentrums und der DP (Antrag Nr. 321) vom 29. November 1948 vor, der dann auch Gegenstand der Beratungen in der *22. Sitzung des Hauptausschusses am 8. Dezember 1948* war[97]. Der in dem Antrag formulierte Kirchenartikel, dessen Standort im Grundgesetz zunächst noch offen blieb, lautete in den ersten beiden Absätzen:

(1) Die Kirchen werden in ihrer Bedeutung für die Wahrung und Festigung der religiösen und sittlichen Grundlage des menschlichen Lebens anerkannt. Es besteht keine Staatskirche.

(2) Die Kirchen und Religionsgesellschaften ordnen ihre Angelegenheiten selbständig aus eigenem Recht. Sie haben das Recht, ihre Ämter ohne Mitwirkung des Staates und der politischen Gemeinden zu verleihen und zu entziehen."

Die Absätze 3 bis 6 behandelten die Körperschaftsrechte, das Besteuerungsrecht, den Schutz des Eigentums und anderer Rechte, die Staatsleistungen und die Gemeinnützigkeit der Wohlfahrts- und Erziehungseinrichtungen. In Absatz 7 hieß es: „Die am 1. Januar 1945 bestehenden Verträge mit den Kirchen bleiben in Kraft, bis sie durch neue, von den Ländern abzuschließende Vereinbarungen abgelöst sind." Die Diskus-

---

[95] Die Bischöfe erneuerten mit der Rechtsverwahrung gegen einzelne Artikel des Grundgesetzes vom 9. Januar 1950 ihre Erklärung von 1919 und wandten sich außerdem gegen die ungenügende Beachtung des religiösen Elternrechts und die „Bremer Klausel" in Art. 141 GG *(Mikat,* Verfassungsziele [Anm. 70], S. 56 f. mit Anm. 73).

[96] Ein Antrag der DP vom 19.11.1948 betonte die Eigenständigkeit der Kirchen und postulierte einen besonderen Schutz der Kirchen „in ihrer Bedeutung für die Bewahrung und Festigung der religiösen und sittlichen Grundlagen des menschlichen und staatlichen Lebens".

[97] Parlamentarischer Rat, Verhandlungen des Hauptausschusses. Bonn 1948 / 49, S. 255 ff.

sion über den Antrag verlief im wesentlichen in denselben Bahnen wie die Debatte in den beiden vorangegangenen Sitzungen des Grundsatzausschusses, griff aber auf Seiten der Gegner des Antrags neben dem allgemeinen Gesichtspunkt, daß die Regelung des Verhältnisses zwischen Staat und Kirche den Ländern vorzubehalten sei, auch eine Reihe von Einzelpunkten auf. Der Antrag verfiel mit 10 gegen 11 Stimmen (SPD, FDP, KPD) der Ablehnung.

Im Verlauf der Auseinandersetzung hatte sich *Heuss* gegen Neuregelungen und selbst Neuformulierungen in dieser komplexen Materie gewandt, aber auch gesagt: „Wir sind der Meinung, daß die rechtliche Ordnung, wie sie in der Weimarer Verfassung geschaffen wurde, auch in unserem Grundgesetz seinen Niederschlag finden soll." *Süsterhenn* griff diese Initiative der FDP sogleich nach Ablehnung des Antrags für einen neuen Kirchenartikel auf und beantragte nunmehr die Einfügung folgender Vorschrift (zunächst als Art. 139 cc):

„Die Bestimmungen der Artikel 137, 138 Absatz 2, 139 und 141 der Deutschen Verfassung vom 11. August 1919 werden aufrechterhalten.

Die am 8. Mai 1945 bestehenden Verträge mit den Kirchen bleiben in Kraft, bis sie durch neue von den Ländern abzuschließende Verträge ersetzt werden."

Der neue Antrag löste eine kontroverse Debatte zu der Frage der Fortgeltung des *Reichskonkordats* aus, deren ausdrücklicher Anerkennung sich auch die FDP widersetzte. Der Absatz 1 des Antrags wurde mit 12 gegen 9 Stimmen angenommen, der Absatz 2 dagegen mit 11 gegen 10 Stimmen abgelehnt. Absatz 2 wurde dann auf Antrag von *Heuss* mit 11 gegen 8 Stimmen in folgender Fassung angenommen:

(2) Die am 8. Mai 1945 bestehenden Verträge zwischen den Ländern und den Kirchen bleiben in Kraft, bis sie durch neue von den Ländern abzuschließende Verträge ersetzt werden."[98]

Vor der zweiten Lesung im Hauptausschuß befaßten sich der Allgemeine Redaktionsausschuß und der Organisationsausschuß mit dem am 8. Dezember 1948 formulierten Artikel. Die an sich irreguläre Inkorporation von Vorschriften einer nicht mehr geltenden Verfassung erschien letztlich als hinnehmbar, weil der Artikel in die Übergangsvorschriften aufzunehmen sei. Die zweite Lesung in der 39. Sitzung am 14. Januar 1919 und der 46. Sitzung am 20. Januar 1919, in der insbesondere *Zinn* mit ausführlicher Argumentation für die Streichung des Artikels (jetzt Art. 138 c-5) eintrat, endete ohne sachliche Beschlußfassung mit der Zurückverweisung an den Grundsatzausschuß[99]. *Zinn* verknüpfte den

---

[98] Die Frage der Fortgeltung des Reichskonkordats wurde später der Regelung in Art. 123 Abs. 2 GG zugewiesen, blieb also offen, bis sie durch BVerfGE 6, 309 ihre Lösung fand. — Näheres bei *Sörgel,* Konsensus (Anm. 94), S. 184 ff.

§ 6 Staatskirchenrecht als Gegenstand des Verfassungsrechts 239

kirchenpolitischen Streitpunkt mit der grundsätzlichen Frage der gesellschaftspolitischen Ausgewogenheit des Grundgesetzes: Der Kirchenartikel enthalte „einseitig verfassungsrechtliche Privilegien für Kirchen und ähnliche Gemeinschaften, während alle von der Weimarer Verfassung auf dem Gebiete der Wirtschafts- und Sozialordnung verfassungsrechtlich garantierten Rechte weggefallen seien". Es gelang dem Fünfer-Ausschuß *(Schmid, Menzel,* SPD; *von Brentano, Kaufmann,* CDU; *Höpker-Aschoff,* FDP), am 2. Februar 1949 für den Kirchenartikel (jetzt Art. 148 / 1) im Rahmen einer mehrere Hauptstreitpunkte in einem „Paket" erledigenden Lösung eine für alle Seiten annehmbare Fassung zu finden. In die als fortgeltend zu übernehmenden Weimarer Kirchenartikel wurde auch Art. 138 Abs. 1 WRV (Ablösung der Staatsleistungen) eingestellt und die Regelung über die Verträge mit den Kirchen wurde überhaupt gestrichen. Der Hauptausschuß folgte in seiner 51. Sitzung am 10. Februar 1949 in seiner dritten Lesung des Grundgesetzes diesem Vorschlag ohne weitere Debatte (gegen 2 Stimmen). Für die vierte Lesung schlug der Allgemeine Redaktionsausschuß vor, die Worte „... werden aufrechterhalten", zu ersetzen durch „... sind Bestandteil des Grundgesetzes", und außerdem den Art. 136 WRV in die Liste der zu inkorporierenden Vorschriften aufzunehmen. Der Art. 140 GG (noch als Art. 148 / 1) wurde daraufhin, diesem Vorschlag auf Antrag von Zinn folgend, in der 57. Sitzung des Hauptausschusses am 5. Mai 1949 angenommen[100].

Der Abgeordnete Dr. *von Brentano* hat in seinem Schriftlichen Bericht über den Abschnitt XI „Übergangs- und Schlußbestimmungen"[101] die Entstehungsgeschichte des Art. 140 GG nachgezeichnet und in den Grundgedanken erläutert. Er betont die im Grundrechtsteil sichtbare Abkehr von einem ausschließlich staatsbezogenen Denken, die auch für die Untersuchung der religions- und kirchenpolitischen Normen zu gelten habe; deren rechtlicher Gehalt könne sich heute erheblich anders darstellen, als er in der Zeit vor 1933 überwiegend aufgefaßt wurde. Beispielsweise schließe die Eigenständigkeit und Eigenwertigkeit der Kirchen, ungeachtet ihrer fortdauernden Eigenschaft als Körperschaften des öffentlichen Rechts, heute eine besondere Staatsaufsicht über

---

[99] Parlamentarischer Rat (Anm. 97), S. 482 ff., 599 ff. — Der Redaktionsausschuß hatte inzwischen vorgeschlagen, Absatz 1 wie folgt zu fassen: „Die Bestimmungen ... sind geltendes Bundesverfassungsrecht." Das fand keine Zustimmung.

[100] Parlamentarischer Rat (Anm. 97), S. 765.

[101] Parlamentarischer Rat, Bonn 1948 / 49. Schriftlicher Bericht zum Entwurf des Grundgesetzes für die Bundesrepublik Deutschland, Anlage zum stenographischen Bericht der 9. Sitzung des Parlamentarischen Rates am 6. Mai 1949, S. 61 (72 ff.)

die Kirchen aus. Weiter müsse die unbedingte Garantie der Religionsfreiheit in Art. 4 GG die Auslegung des Art. 136 und Art. 137 Abs. 3 WRV im Sinne einer Verstärkung der Freiheit und Kirchenautonomie beeinflussen. „Die rechtliche Bedeutung und Tragweite der zu Bestandteilen dieses Grundgesetzes erklärten Artikel der Weimarer Verfassung ist nicht richtig zu ermessen, wenn ihre Auslegung primär aus dem Blickpunkt der früheren Reichsverfassung erfolgen oder ihre Betrachtung isoliert vorgenommen würde. Sinn und Zweck, wie sie den Bestimmungen heute richtigerweise zukommt, ergibt sich vielmehr nur aus der Tatsache ihrer Einbettung in das gesamte Wertsystem des Grundgesetzes, ihres Einbezogenseins in den Rahmen der Gesamtentscheidung, dessen Ausdruck das Grundgesetz ist." Diese Maxime hat Anerkennung gefunden und ist zum Prinzip der Praxis des Staatskirchenrechts geworden[102].

2. Staat und Kirche unter dem Grundgesetz

Der in den ersten beiden Jahrzehnten nach Inkrafttreten des Grundgesetzes ausgetragene *staatskirchenrechtliche Grundsatzstreit*[103], der sich hauptsächlich an überzogenen oder mißverständlichen Vorstellungen einer „Koordination" von Staat und Kirchen entzündete, ging mit den kirchensteuerrechtlichen Entscheidungen des Bundesverfassungsgerichts vom Dezember 1965 und der Frankfurter Tagung der Staatsrechtslehrervereinigung von 1967 in eine weniger von abstrakten Kontroversen bestimmte Anschauung über, die Aufgabe und Verantwortung des Staates für das Gemeinwohl und die öffentliche Ordnung akzeptierte und auf diesem Boden einen Ausgleich der weltlichen Ordnungsfunktion des religiös-weltanschaulich neutralen Staates mit dem in der Religionsfreiheit begründeten, selbständigen Wirkungsfeld von Religion und Kirche suchte[104]. „Der Widerspruch gegenüber dem koordinationsrechtlichen Überschwang der Nachkriegszeit war begründet"[105].

---

[102] Siehe besonders BVerfGE 42, 312 (330 ff.)

[103] Siehe oben Anm. 13 und den Text.

[104] *Ulrich Scheuner*, Wandlungen im Staatskirchenrecht in der Bundesrepublik Deutschland (1968), in: ders., Schriften (Anm. 1), S. 237; *Listl*, Religionsfreiheit (Anm. 11); *Kästner*, Die Entwicklung (Anm. 1), S. 239; *Willi Geiger*, Die Rechtsprechung des Bundesverfassungsgerichts zum kirchlichen Selbstbestimmungsrecht, in: ZevKR 26 (1981), S. 156; *Alexander Hollerbach*, Das Staatskirchenrecht in der Rechtsprechung des Bundesverfassungsgerichts, in: AöR 92 (1967), S. 99, und 106 (1981), S. 218; *Axel Frhr. von Campenhausen*, Die Kirchen unter dem Grundgesetz 1949-1989, in: Morsey/Repgen, Christen und Grundgesetz (Anm. 70), S. 71; *Heckel*, „In Verantwortung vor Gott ..." (Anm. 1); *Hermann Weber*, Das Staatskirchenrecht in der Rechtsprechung des Bundesverwaltungsgerichts, in: FS für Horst Sendler. München 1991, S. 553.

§ 6 Staatskirchenrecht als Gegenstand des Verfassungsrechts   241

Das — seinerseits ausdrücklich in mehrere Schutzgarantien gegliederte — Grundrecht der Religionsfreiheit und die durch Art. 140 GG inkorporierten Kirchenartikel bilden einen *einheitlich* zu verstehenden *Regelungszusammenhang*. Als verfassungsrechtliche Hauptlinie des Schutzes von Religion und Weltanschauung ergibt sich dadurch, weitergehend als nach der Weimarer Reichsverfassung, eine durchgehende Orientierung der staatskirchenrechtlichen Grundnormen der religiös-weltanschaulichen Neutralität des Staates und der Kirchenautonomie[106] an der im individuellen Gewissen fundierten Würde des Menschen und freien Entfaltung der Persönlichkeit[107]. Dies darf jedoch nicht zu einer konturenlosen Einschmelzung der Kirchenartikel und des Staatskirchenrechts in ein nur individualistisch definiertes Freiheitsrecht führen. Die begriffliche Vereinfachung eines „Vorranges" des Grundrechts im Verhältnis zu den institutionellen Rechtsvorschriften[108] darf nicht mißverstanden werden. Ebenso bedeutet die religiös-weltanschauliche Neutralität des Staates nicht, daß dem Staat eine, auch finanzielle Förderung von Religion und Religionsgesellschaften verboten wäre[109] oder daß der Staat alle Religionsgesellschaften schematisch gleich behandeln müsse[110].

Der *Bedeutungswandel*, den die inkorporierten Kirchenartikel der Weimarer Reichsverfassung dadurch erleiden, daß sie „mit dem Grundgesetz ein organisches Ganzes" bilden[111], führt dazu, daß die in Art. 4 GG umfassend verbürgte Religionsfreiheit auch die *religiöse und weltanschauliche Vereinigungsfreiheit* einschließt und damit den normativen Gewährleistungsgehalt des Art. 140 GG i. V. m. Art. 137 Abs. 2 WRV mitumfaßt[112]. Die religiöse Vereinigungsfreiheit bleibt deshalb

---

[105] *Von Campenhausen*, Die Kirchen unter dem Grundgesetz (Anm. 104), S. 74; auch *v. Mangoldt / Klein / v. Campenhausen*, Art. 140, Rdnr. 11.
[106] BVerfGE 18, 385 (386); 19, 206 (216); 42, 312 (331 ff.); 44, 37 (52).
[107] Siehe besonders BVerfGE 32, 98 (Gesundbeter); 33, 23 (Eid); 35, 366 (Kreuz im Gerichtssaal).
[108] Dazu *Scheuner*, Wandlungen (Anm. 104), S. 249 f. — Das Bundesverfassungsgericht hat aus der verstärkten Tragweite des Grundrechts abgeleitet, daß Art. 136 WRV von Art. 4 Abs. 1 GG „überlagert" werde, so daß die Schranken der Religionsfreiheit sich allein aus Art. 4 GG ergeben (BVerfGE 33, 23 [30 f.]; 44, 37 [49 f.]).
[109] BVerfGE 44, 37 (56 f.).
[110] BVerfGE 19, 1 (8).
[111] BVerfGE 53, 366 (400).
[112] BVerfGE 19, 129 (132); 83, 341 (354 f.); BVerwGE 61, 152. — Da die Religionsfreiheit unter dem immanenten Vorbehalt der Grundreche Dritter und sonstiger verfassungsrechtlich anerkannter Güter steht, kann Art. 9 Abs. 2 GG auf Religions- und Weltanschauungsgemeinschaften entsprechend angewandt werden. Eine unmittelbare, wenn auch religionsrechtlich modifizierte Anwendung, wie sie offenbar in BVerwGE 37, 344 (Bund für Gotterkenntnis) zugelassen

16 Handbuch, 2. A.

auch nicht auf Religionsgesellschaften beschränkt; sie steht auch religiösen Gesellschaften und Vereinen zu, die sich nicht die allseitige, sondern nur die partielle Pflege des religiösen Lebens ihrer Mitglieder zum Ziel gesetzt haben, und ebenso Untergliederungen und Einrichtungen der Religionsgesellschaften[113]. Während sich im Fall der Vereinigungsfreiheit des Art. 137 Abs. 2 WRV eine „Überlagerung" — und Erweiterung — des Schutzgehalts durch Art. 4 GG ergibt, behauptet die *Kirchenautonomie* gegenüber dem Grundrecht eine relative Selbständigkeit. Es tritt allerdings eine Neubestimmung des Schrankenvorbehalts ein, dem das religionsgesellschaftliche Selbstbestimmungsrecht unterworfen ist (Art. 137 Abs. 3 WRV)[114].

Die überwirkende Gestaltungskraft der Religionsfreiheit für die staatskirchenrechtlichen Grundsätze, im besonderen für das Trennungsprinzip und die Kirchenautonomie vermittelt auch, daß das Grundrecht *das freie und selbstbestimmte Wirken der Kirchen* im öffentlichen Leben der staatlichen Gemeinschaft garantiert und schützt. Das Trennungsprinzip läßt sich demzufolge nicht als „Kampfbegriff" entfalten und der Bereich der kirchlichen Autonomie nicht allein gegenständlich, nach Sachgebieten, von dem der staatlichen Ordnungsaufgabe offenen Verantwortungsfeld abgrenzen. „Die Kirchen ... verstehen die Lösung vom Staat als Befreiung von Abhängigkeit, erkennen die Unentbehrlichkeit der staatlichen Ordnung und Autorität für die Gesellschaft an, beanspruchen ihre Unabhängigkeit bei der Erfüllung ihres geistlich-religiösen Auftrags, der nach ihrem Verständnis nicht nur das Jenseits betrifft, sondern auch ein Auftrag in dieser Welt ist. Für Staat und Kirche, die sich für dieselben Menschen, für dieselbe Gesellschaft verantwortlich fühlen, entsteht damit die Notwendigkeit verständiger Kooperation"[115]. Verschieden sind die weltliche Kompetenz und Aufgabe hier, die geistliche Kompetenz und Aufgabe dort, so daß die hier und dort geltenden — und verschiedenen — Maßstäbe beim Zusammentreffen beider Seiten auf demselben Feld das staatskirchenrechtliche Kriterium abgeben können[116]. Dies ist zu beachten, soweit der Staat bei der

---

wird, stößt auf das konstruktive Bedenken, daß das speziellere Grundrecht der Religionsfreiheit einschlägig ist *(Joseph Listl,* Verbots- und Auflösungsmöglichkeit von Religions- und Weltanschauungsgemeinschaften bei verfassungsfeindlicher politischer Betätigung, in: DÖV 1973, 181; *Thomas Würtenberger,* Zur Interpretation von Art. 4, 9 und 140 GG i. V. m. Art. 137 WRV, in: ZevKR 18 [1973], S. 67).

[113] BVerfGE 24, 236 (246 f.); 53, 366 (387 f.). — *Christian Schleithoff,* Innerkirchliche Gruppen als Träger der verfassungsmäßigen Rechte der Kirchen. Diss. München 1992.

[114] Dazu unten unter B II 3.

[115] BVerfGE 42, 312 (331). — Siehe oben unter A II 3.

§ 6 Staatskirchenrecht als Gegenstand des Verfassungsrechts 243

Festlegung der Reichweite seiner Verfassungsgarantien das „Selbstverständnis" der Kirchen in Rechnung zu stellen hat.

3. Kirchenautonomie und Religionsfreiheit

Die Religionsgesellschaften, denen der Staat zugesteht und garantiert, ihre Angelegenheiten selbständig innerhalb der Schranken des für alle geltenden Gesetzes zu ordnen und zu verwalten (Art. 140 GG i. V. m. Art. 137 Abs. 3 WRV), verkörpern die *gemeinschaftliche* Ausübung einer Religion in einer *frei gewählten Organisation,* eine Handlungsweise, die zugleich unter dem Schutz des Grundrechts der Religionsfreiheit (Art. 4 Abs. 1 und 2 GG) steht[117]. Dennoch geht die staatskirchenrechtliche Kirchenautonomie nicht in dem Grundrecht auf. Sie erweist sich vielmehr „als *notwendige,* wenngleich rechtlich selbständige Gewährleistung, die der Freiheit des religiösen Lebens und Wirkens der Kirchen und Religionsgemeinschaften die zur Wahrnehmung dieser Aufgaben unerläßliche Freiheit der Bestimmung über Organisation, Normsetzung und Verwaltung hinzufügt"[118]. Die Kirchenautonomie steht der Kirche für ihre körperschaftliche Organisation und ihre Ämter sowie für die kirchlichen Einrichtungen und Untergliederungen zu, mit denen sie ihren selbstbestimmten Auftrag religiösen Wirkens erfüllt[119].

Durch die verfassungsrechtliche Kirchenautonomie erkennt der Staat an, daß die Religionsgesellschaften bei der Ordnung und Verwaltung ihrer Angelegenheiten *selbständig aufgrund eigenen Rechts* handeln und eine *selbstbestimmte kirchliche Gewalt* ausüben. Diese zum geistlichen Wesen der Kirche gehörenden „innerkirchlichen" Handlungen, die den Schutz der Religionsfreiheit genießen, folgen nicht dem staatlichen Recht und unterliegen nicht der staatlichen Gerichtsbarkeit[120], es sei

---

[116] *Heckel,* „In Verantwortung vor Gott ..." (Anm. 1), S. 17.
[117] BVerfGE 83, 341 (Bahá'i) mißt die Anwendung vereinsrechtlicher Anforderungen an die Ausübung der Vereinsautonomie an Art. 4 Abs. 1 und 2 GG. LG Oldenburg (JZ 1992, S. 250) sieht demgegenüber in einem vergleichbaren Fall den einschlägigen Maßstab in der Kirchenautonomie. — *Werner Flume,* Vereinsautonomie und kirchliche oder religiöse Vereinigungsfreiheit und das Vereinsrecht, in: JZ 1992, S. 238.
[118] BVerfGE 53, 366 (401); 55, 220 (244). Die Formulierung knüpft an die Auslegung von *Konrad Hesse* (Das Selbstbestimmungsrecht der Kirchen und Religionsgemeinschaften, in: HdbStKirchR¹ I, S. 414) an.
[119] BVerfGE 46, 73 (86 f.) (Kirchenstiftung Goch); siehe Art. 138 Abs. 2 WRV.
[120] BVerfGE 18, 385 (Kirchenorganisation); BVerfG, in: NJW 1983, S. 2569, und NVwZ 1989, S. 452 (kirchliche Ämterhoheit); *Karl-Hermann Kästner,* Staatliche Justizhoheit und religiöse Freiheit, Tübingen 1991; *Martin Heckel,* Die staatliche Gerichtsbarkeit in Sachen der Religionsgesellschaften, in: FS für Peter Lerche. München 1993, S. 213. — Die Kirchen üben in ihren eigenen Angelegen-

denn, sie hätten — wie z. B. das liturgische Glockenläuten[121] — Auswirkungen in den Rechtsbeziehungen der staatlichen Gemeinschaft oder sie hätten Beeinträchtigungen der Grundrechte Dritter oder anderer verfassungsrechtlich anerkannter Rechtsgüter zur Folge. Mit derartigen Auswirkungen ihres religiösen Wirkens bleiben die Religionsgesellschaften nicht mehr „innerhalb der Schranken des für alle geltenden Gesetzes". Dies bezeichnet zugleich die Reichweite des dem Staat offenen Bereichs gesetzlicher Regelung der religiösen Betätigung von Religionsgesellschaften. Soweit die religionsgesellschaftliche Autonomieausübung durch ihre Auswirkungen den Normen des staatlichen Rechts — z. B. den Rechtsvorschriften des Arbeitsrechts — unterliegt, sind diese *nicht schlechthin eine Schranke* für die geschützte Regelungs- und Verwaltungsbefugnis. Vielmehr ist der „Wechselwirkung von Kirchenfreiheit und Schrankenzweck" durch entsprechende Güterabwägung Rechnung zu tragen und ist dabei dem Eigenverständnis der Kirchen, soweit es durch den Schutzzweck der Religionsfreiheit gesichert werden soll, Geltung zu verschaffen[122]. Ebenso bestimmt sich der Schutzgehalt der Kirchenautonomie, wenn der Staat durch Regelungen oder Entscheidungen das kirchliche Selbstbestimmungsrecht tangiert. Die Bedeutung des Art. 140 GG i. V. m. Art. 137 Abs. 3 WRV geht damit weit über das Verbot von Sondergesetzen zu Lasten der Religionsgesellschaften hinaus.

In welchen Fällen die Auswirkungen religionsgesellschaftlicher Selbstbestimmung in den Rechtsbeziehungen der staatlichen Gemeinschaft so erheblich sind, daß sie den „innerkirchlichen" Bereich verlassen, und nach welchen Kriterien es zu beurteilen ist, ob ein staatliches Gesetz kraft der Kirchenautonomie für die Kirche keine Schranke ihres Handelns bilden kann, ist vielfach nicht ohne weiteres greifbar. Das Bundesverfassungsgericht hat als Faustregel die Formel verwendet, daß zu den für alle geltenden Gesetzen nur solche Gesetze zu rechnen seien, die für die Kirche dieselbe Bedeutung haben „wie für den Jedermann": „Trifft das Gesetz die Kirche nicht wie den Jedermann, sondern *in ihrer Besonderheit als Kirche* härter, ihr Selbstverständnis, insbesondere ihren geistig-religiösen Auftrag beschränkend, also *anders* als den nor-

---

heiten keine öffentliche Gewalt aus und sind daher nicht an die Grundrechte des staatlichen Verfassungsrechts gebunden. Aus demselben Grund können ihnen auch nicht entgegen ihrer selbstbestimmten Entscheidung Strukturprinzipien des staatlichen demokratischen Gemeinschaftslebens aufgezwungen werden (LG Oldenburg, in: JZ 1992, S. 250).

[121] BVerwGE 68, 62.

[122] BVerfGE 42, 312 (330 ff.); 53, 366 (401); 66, 1 (22); 70, 138 (167); 72, 278 (289). — *Christoph Link / Heinrich de Wall*, Parlamentarisches Untersuchungsrecht und Kirchenfreiheit, in: JZ 1992, S. 1152.

§ 6 Staatskirchenrecht als Gegenstand des Verfassungsrechts 245

malen Adressaten, dann bildet es insoweit keine Schranke"[123]. Diese Formel kann die Güterabwägung in den Fällen, in denen die Kirche außerhalb des rein „innerkirchlichen" Bereichs betroffen ist oder aber der Staat durch seine Regelung oder Maßnahme seiner grundrechtlichen Schutzpflicht oder sonstigen verfassungsrechtlichen Garantiepflicht nachkommt, nicht entbehrlichen machen[124]. In den Problembereichen[125], bei denen die ihre eigenen Angelegenheiten — also nicht nur res mixtae oder staatlich verliehene Befugnisse — erledigende Religionsgesellschaft Rechtsgüter oder Rechtsbeziehungen *staatlicher Ordnungsfunktion und Verantwortung* berührt, muß sie die Schranke der zwingenden Erfordernisse des friedlichen, freien, gerechten und geordneten Zusammenlebens in der Rechtsgemeinschaft des religiös-weltanschaulich neutralen Staates beachten[126].

C. Das Staatskirchenrecht im Bundesstaat

I. Die deutschen Landesverfassungen

1. Verfassunggebung vor 1949

Die Verfassungen *Bayerns, Bremens, Hessens,* von *Rheinland-Pfalz* und des *Saarlandes* haben, in mehr oder weniger enger Anlehnung an die Weimarer Kirchenartikel, besondere Abschnitte über Religion und Religionsgemeinschaften, Kirchen und Religionsgesellschaften aufgenommen. Hessen und Bremen zeigen eine stärkere Betonung des Trennungsprinzips, in Rheinland-Pfalz und Bayern kommen die Verfassungsziele der christlichen Kirchen deutlicher zur Geltung. Ein vollständiges Bild des landesverfassungsrechtlichen Staatskirchenrechts kann nur gewonnen werden, wenn auch die Bestimmungen über Erziehung, Schule, Religionsunterricht und Hochschule berücksichtigt werden[127].

---

[123] BVerfGE 42, 312 (334); 66, 1 (20). — Siehe dazu die Kritik von *H. Weber*, Probleme (Anm. 47), S. 2552.
[124] *Paul Mikat*, Kirche und Staat (Anm. 1), Sp. 495 f. unter Bezugnahme auf BVerfGE 53, 366 (401). Diese Entscheidung kritisiert *Geiger*, Die Rechtsprechung (Anm. 104), S. 168 ff.
[125] *v. Mangoldt / Klein / v. Campenhausen,* Art. 140 / Art. 137 WRV, Rdnrn. 43 ff., gibt eine detaillierte Darstellung der für die großen christlichen Kirchen auftretenden Problemgruppen.
[126] *v. Mangoldt / Klein / v. Campenhausen,* Art. 140 GG / Art. 137 WRV, Rdnrn. 125, 132 f.
[127] *W. Weber / Peters*, Die Gegenwartslage (Anm. 13), S. 153, 177; *Schlief*, Die Entwicklung (Anm. 2), S. 118 ff.; *Bengt Beutler,* Das Staatsbild in den Länderverfassungen nach 1949, Berlin 1973; *Hollerbach*, Die verfassungsrechtlichen

Die *Landesverfassung der Freien Hansestadt Bremen* vom 21. Oktober 1947 stellt an die Spitze ihres Abschnitts über die Kirchen und Religionsgesellschaften[128] den strengen Satz: „Die Kirchen und Religionsgesellschaften sind vom Staate getrennt" (Art. 59 Abs. 1), übernimmt aber gleichwohl den öffentlich-rechtlichen Körperschaftsstatus. Dem für das Schulwesen ausdrücklich hervorgehobenen „Grundsatz der Duldsamkeit" (Art. 33 S. 1) korrespondiert die Regelung, daß die allgemeinbildenden öffentlichen Schulen Gemeinschaftsschulen sind „mit bekenntnismäßig nicht gebundenem Unterricht in Biblischer Geschichte auf allgemein christlicher Grundlage" (Art. 32 Abs. 1); dies ist Anlaß der clausula Bremensis des Art. 141 GG. *Die Verfassung des Landes Hessen* vom 1. Dezember 1946 zeigt darin eine Besonderheit, daß es ausdrücklich als Aufgabe von Gesetz oder Vereinbarung bezeichnet wird, die staatlichen und kirchlichen Bereiche klar gegeneinander abzugrenzen, und daß es den Kirchen, Religions- und Weltanschauungsgemeinschaften, wie dem Staat, in einer unklaren und schiefen Formulierung des Trennungsprinzips geboten wird, sich „jeder Einmischung in die Angelegenheiten des anderen Teiles zu enthalten" (Art. 50)[129].

Die *Verfassung des Freistaates Bayern* vom 2. Dezember 1947 folgt in den kirchenpolitischen Grundnormen ihres verhältnismäßig detaillierten Abschnitts über Religion und Religionsgemeinschaften[130] dem Weimarer Vorbild. Der Kirchenautonomie ist der Satz vorangestellt: „Kirchen und anerkannte Religionsgemeinschaften sowie solche weltanschauliche Gemeinschaften, deren Bestrebungen den allgemein geltenden Gesetzen nicht widersprechen, sind von staatlicher Bevormundung frei" (Art. 142 Abs. 3 S. 1). Die *Verfassung für Rheinland-Pfalz* vom 18. Mai 1947 bekräftigt die Freiheit der Kirchen und Religionsgemeinschaften und gibt überdies den Kirchen und ihrem selbstgestellten Öffentlichkeitsauftrag seine herausgehobene Stellung: „Die Kirchen sind an-

---

Grundlagen (Anm. 42), S. 230 ff.; ders., Kirche und Staat, in: StL⁷ III, Sp. 497 ff.; ders., Grundlagen (Anm. 1), S. 489 ff.

[128] *Hartwin Meyer-Arndt*, Kirchen und Religionsgemeinschaften, in: Volker Kröning u. a. (Hrsg.), Handbuch der Bremischen Verfassung. Baden-Baden 1991, S. 254.

[129] *Michael Stolleis*, Staatskirchenrecht, in: Hans Meyer / Michael Stolleis (Hrsg.), Hessisches Staats- und Verwaltungsrecht. 2. Aufl., Frankfurt am Main 1986, S. 458; *Erwin Stein* und *Hanns Engelhardt*, Erl. zu Art. 48 bis 54 (1990), in: Georg August Zinn / Erwin Stein, Verfassung des Landes Hessen, Bad Homburg v. d. H. 1963 ff.

[130] Siehe die Erläuterungen zu Art. 142 bis 150 BayVerf.: *Hans Nawiasky / Claus Leusser*, Die Verfassung des Freistaates Bayern. München, Berlin 1948; *Axel Frhr. von Campenhausen / Franz-Georg von Busse*, Erl. zu Art. 142 bis 150 (1976), in: Hans Nawiasky / Karl Schweiger / Franz Knöpfle, Die Verfassung des Freistaates Bayern. 2. Aufl., München 1993; *Theodor Meder*, Die Verfassung des Freistaates Bayern. 4. Aufl., Stuttgart, München, Hannover, Berlin 1992.

§ 6 Staatskirchenrecht als Gegenstand des Verfassungsrechts 247

erkannte Einrichtungen für die Wahrung und Festigung der religiösen und sittlichen Grundlagen des menschlichen Lebens" (Art. 41)[131].

2. Landesverfassungen nach dem Inkrafttreten des Grundgesetzes

Die Landessatzung für Schleswig-Holstein vom 13. Dezember 1949, nach einer Verfassungsrevision jetzt als *Verfassung des Landes Schleswig-Holstein* in der Fassung der Bekanntmachung vom 13. Juni 1990 geltend, die *Niedersächsische Verfassung* vom 19. Mai 1993, wie zuvor die Vorläufige Niedersächsische Verfassung vom 13. April 1951, und die *Verfassung der Freien und Hansestadt Hamburg* vom 6. Juni 1952 beschränken sich im wesentlichen auf ein Organisationsstatut und verzichten demgemäß auf eigene Regelungen des Staatskirchenrechts. Die *Verfassung von Berlin* vom 1. September 1950 enthält einen Grundrechtskatalog einschließlich der Gewährleistung ungestörter Religionsausübung (Art. 20 Abs. 1), jedoch keine staatskirchenrechtlichen Vorschriften.

Demgegenüber haben die *Verfassung des Landes Nordrhein-Westfalen* vom 28. Juni 1950 (Art. 22)[132] und die *Verfassung des Landes Baden-Württemberg* vom 11. November 1953 (Art. 5)[133] die Bestimmung des Art. 140 GG und damit die Weimarer Kirchenartikel ausdrücklich zum Bestandteil der Landesverfassung erklärt und so inhaltlich als Landesverfassungsrecht rezipiert, daneben aber einige weitere staatskirchenrechtliche Vorschriften aufgenommen. In beiden Verfassungen wird die Fortgeltung der auf das Staatsgebiet dieser neu gebildeten Länder bezogenen Kirchenverträge anerkannt. Baden-Württemberg spricht Kirchenfreiheit und Öffentlichkeitsauftrag besonders aus (Art. 4): „(1) Die Kirchen und die anerkannten Religions- und Weltanschauungsgemeinschaften entfalten sich in der Erfüllung ihrer religiösen Aufgaben frei von staatlichen Eingriffen. (2) Ihre Bedeutung für die Bewahrung

---

[131] *Adolf Süsterhenn / Hans Schäfer,* Kommentar zur Verfassung für Rheinland-Pfalz. Koblenz 1950, S. 186 ff.; *Fritz Dupré,* in: Franz Mayer / Carl Hermann Ule, Staats- und Verwaltungsrecht in Rheinland-Pfalz. Stuttgart 1969, S. 75 ff.
[132] *Klaus Schlaich,* Staatskirchenrecht, in: Dieter Grimm / Hans-Jürgen Papier (Hrsg.), Nordrhein-westfälisches Staats- und Verwaltungsrecht. Frankfurt am Main 1986, S. 704; *Martin Winkelmann,* Das Verhältnis der religionsrechtlichen Bestimmungen der nordrhein-westfälischen Landesverfassung zu den Regelungen des Grundgesetzes, in: DVBl. 1991, S. 791.
[133] *Klaus Braun,* Kommentar zur Verfassung des Landes Baden-Württemberg. Stuttgart, München, Hannover 1984, Erläuterungen zu Art. 4 bis 10; *Martin Heckel,* Staatskirchenrecht, in: Hartmut Maurer / Reinhard Hendler (Hrsg.), Baden-Württembergisches Staats- und Verwaltungsrecht. Frankfurt am Main 1990, S. 580.

und Festigung der religiösen und sittlichen Grundlagen des menschlichen Lebens wird anerkannt."

3. Landesverfassungen nach der Wiedervereinigung Deutschlands

Den erstgewählten Landtagen der mit Wirkung vom 3. Oktober 1990 auf dem Gebiet der ehemaligen DDR gebildeten Länder obliegt zugleich die Aufgabe einer verfassunggebenden Landesversammlung[134]. Auf dieser organisatorischen Grundlage ist eine vielfältige Bewegung neuer Verfassunggebungen in Gang gekommen, die sich nicht zuletzt durch einen großen Gestaltungsreichtum materieller Verfassungsnormen über Grundrechte, Staatsaufgaben und politische Ziele auszeichnet[135]. Die Regelungen der neuen Verfassungen über Religion und Kirche bleiben jedoch auf der Linie, die durch das Grundgesetz und die anderen Landesverfassungen vorgezeichnet ist, soweit nicht — wie in Sachsen-Anhalt und in Sachsen — die auch in Art. 140 GG aufgezählten Weimarer Kirchenartikel zum Bestandteil des Landesverfassungsrechts erhoben und nur ergänzende Bestimmungen aufgenommen werden.

Die *Verfassung des Freistaates Sachsen* vom 27. Mai 1992 (Art. 109)[136], die *Verfassung des Landes Sachsen-Anhalt* vom 16. Juli 1992 (Art. 32) und die *Verfassung des Landes Brandenburg* vom 20. August 1992 (Art. 36 Abs. 3)[137] erkennen — mit unterschiedlichen Wen-

---

[134] Siehe § 23 Abs. 2 Ländereinführungsgesetz vom 22. Juli 1990 (GBl. I Nr. 51 S. 955) und EVertr., Anlage II, Kap. II, Sachgebiet A, Abschn. II (BGBl. 1990 II S. 1150).

[135] *Peter Häberle,* Der Entwurf der Arbeitsgruppe „Neue Verfassung der DDR" des Runden Tisches (1990), Textanhänge III bis VII, in: JöR 39 (1990), S. 387 ff.; *ders.,* Das Problem des Kulturstaates im Prozeß der deutschen Einigung — Defizite, Versäumnisse, Chancen, Aufgaben, in: JöR 40 (1991 / 92), S. 291; *ders.,* Die Verfassungsbewegung in den fünf neuen Bundesländern, in: JöR 41 (1993), S. 69; *Klaus Vogelsang,* Die Verfassungsentwicklung in den neuen Bundesländern, in: DÖV 1991, S. 1045; *Johannes Dietlein,* Die Grundrechte in den Verfassungen der neuen Bundesländer, München 1993; *ders.,* Landesgrundrechte im Bundesstaat, in: JURA 1994, S. 57; *Konrad Hesse,* Der Beitrag der Verfassungen in den neuen Bundesländern zur Verfassungsentwicklung in Deutschland, in: KritVj. 1993, S. 7; *Michael Sachs,* Die Landesverfassung im Rahmen der bundesstaatlichen Rechts- und Verfassungsordnung, in: ThürVBl. 1993, S. 121; *Ute Sacksofsky,* Landesverfassungen und Grundgesetz — am Beispiel der Verfassungen der neuen Bundesländer, in: NVwZ 1993, S. 235.

[136] *Hans von Mangoldt,* Die Verfassung des Freistaates Sachsen — Entstehung und Gestalt, in: SächsVBl. 1993, S. 25; *Christoph Degenhart,* Grundzüge der neuen sächsischen Verfassung, in: Landes- und Kommunalverwaltung 1993, S. 33.

[137] *Michael Sachs,* Bericht zur Verfassung des Landes Brandenburg, in: Klaus Stern (Hrsg.), Deutsche Wiedervereinigung, Bd. II, T. 2. Köln, Berlin, Bonn, München 1992, S. 3; *ders.,* Zur Verfassung des Landes Brandenburg, in: Landes-

dungen — den Öffentlichkeitsauftrag der Kirchen, Religions- und Weltanschauungsgemeinschaften an und bekräftigen zugleich den Trennungsgrundsatz.

Die (vorläufige) *Verfassung des Landes Mecklenburg-Vorpommern* vom 23. Mai 1993 begnügt sich im wesentlichen mit einer Übernahme der Weimarer Kirchenartikel (Art. 9)[138]. Die *Verfassung des Freistaates Thüringen* vom 25. Oktober 1993[139] bleibt in dem Spektrum der Verfassungen der anderen neuen Bundesländer (Art. 39 bis 41).

II. Zulässigkeit und Notwendigkeit staatskirchenrechtlicher Garantien und Grundsätze in der Bundesverfassung

Die Weimarer Nationalversammlung entschied sich dafür, die Grundlinien des für Deutschland maßgebenden kirchenpolitischen Systems in der *Reichsverfassung* festzulegen und damit der Stellung und den Rechten der Kirchen eine Garantie zu verschaffen, die für die Länder bindend war[140]. Das *Grundgesetz* hat erneut diese grundlegende verfassungspolitische Entscheidung getroffen, die den Ländern die Gesetzgebungs- und Vertragsschließungsgewalt auf dem Gebiet des Staatskirchenrechts zuweist, aber die wesentlichen Elemente des kirchenpolitischen Systems durch die vorrangige Bundesverfassung vorwegnimmt. Durch Art. 140 GG sind die Länder gehindert, die Kirchen in ihrer Freiheit stärker zu beschränken, als es nach Bundesverfassungsrecht zulässig ist[141]. Der Bund hat, anders als das Reich unter der Weimarer Reichsverfassung, keine allgemeine Gesetzgebungskompetenz in den Materien des Staatskirchenrechts. Zufolge der Garantien des Art. 4 Abs. 1 und Abs. 2 und des Art. 140 GG hat der Bund aber durch das *Bundesverfassungsgericht* die Möglichkeit, den Inhalt des Staatskirchenrechts weitgehend zu bestimmen. Wie im Fall des Rundfunkrechts

---

und Kommunalverwaltung 1993, S. 241; *Helmut Simon,* Wegweisendes Verfassungsmodell aus Brandenburg, in: Neue Justiz 45 (1991), S. 427.

[138] Art. 9 der Verfassung enthält außerdem eine Klausel über die Möglichkeit, „Fragen von gemeinsamen Belangen" durch Vertrag zu regeln (Abs. 2), sowie eine Gewährleistung der theologischen Fakultäten (Abs. 3). — Siehe den Zwischenbericht der Verfassungskommission vom 30.4.1992 (LT-Drucks. 1/2000), mit dem der Entwurf der Verfassung vorgelegt wurde.

[139] *Häberle,* Das Problem (Anm. 135), S. 459 ff.; *ders.,* Verfassungsbewegung (Anm. 135), S. 260 ff. — *Christian Starck,* Verfassunggebung in Thüringen, in: ThürVBl. 1992, S. 10; GVBl. für das Land Thüringen 1993, S. 625-638; ThürVBl. Sonderheft 1993, B 1 ff.: Verfassung des Freistaates Thüringen.

[140] *Giese,* Staat und Kirche (Anm. 69), S. 251; *E. R. Huber,* Deutsche Verfassungsgeschichte, Bd. VI (Anm. 69), S. 908. — Siehe oben unter B I 1.

[141] BVerfGE 42, 312 (324); *Hollerbach,* Die verfassungsrechtlichen Grundlagen (Anm. 42), S. 247 ff.

ist es auch hier in die Hand des Bundesverfassungsgerichts gelegt, eine der Bundesgesetzgebung entzogene Materie entsprechend den Festlegungen des Bundesverfassungsrechts im einzelnen auszugestalten und damit die Länder in ihrer Kirchenpolitik zu binden. Auch durch Konkordate und Kirchenverträge können die zwingenden Garantienormen des Grundgesetzes nicht beschränkt oder abbedungen werden.

Landesverfassungsrecht, das in Abweichung vom Grundgesetz das Verhältnis des States zu den Kirchen regelt, ist gültig, aber unanwendbar (Art. 31 GG)[142]. Die staatskirchenrechtlichen Regelungen der Landesverfassung bleiben insoweit anwendbares Landesrecht, als sie als nähere Ausführung des Bundesverfassungsrechts angesehen werden können. Soweit durch Art. 4 Abs. 1 und 2 und Art. 140 GG hier eine abschließende Regelung getroffen worden ist, entfällt — unbeschadet der Aufrechterhaltung grundrechtlicher Garantien gemäß Art. 142 GG — eine Entscheidungsvollmacht der Länder. Für die Kirchen liegt darin die letztlich ausschlaggebende Garantie ihrer Stellung im weltlichen Rechtssystem.

Der *religions- und kirchenpolitische Ausgleich,* der im Weimarer Kompromiß gefunden worden war und der mit der Inkorporation der Weimarer Kirchenartikel in das Grundgesetz fortgebildet worden ist, ist nicht unangefochten[143]. Bestrebungen einer grundsätzlichen Neuordnung des Staatskirchenrechts im Sinn eines Abbaus der institutionellen Sonderstellung der Kirchen und sonstigen Religionsgemeinschaften, also letztlich der Reduktion auf das Grundrecht, haben im Zuge der Wiedervereinigung Deutschlands[144] neue Nahrung erhalten. Die aufgrund der Empfehlungen des Art. 5 Einigungsvertrag von Bundestag und Bundesrat eingesetzte Gemeinsame Verfassungskommission hat sich mit dem „geltenden Staatskirchenrecht im Umfeld zu Art. 140 GG" befaßt, von einer Empfehlung aber Abstand genommen[145]. Ein Antrag zur Änderung staatskirchenrechtlicher Vorschriften im Grundgesetz — Kommissionsdrucksachen Nr. 37 (Bündnis 90 / DIE GRÜNEN), Nr. 89 (PDS/LL) — verfiel mit großer Mehrheit der Ablehnung. Auch eine „redaktionelle Überarbeitung" wurde nicht in Betracht gezogen; sie

---

[142] BVerfGE 36, 342. — Eine eingehende Auseinandersetzung bei *Hollerbach,* Die verfassungsrechtlichen Grundlagen (Anm. 42), S. 247 ff.

[143] *Martin Heckel,* Gleichheit oder Privilegien? Der Allgemeine und der Besondere Gleichheitssatz im Staatskirchenrecht, Tübingen 1993.

[144] Die Kirchensteuer ist in dem Gebiet der früheren DDR durch das einen Bestandteil des Einigungsvertrages bildende Gesetz zur Regelung des Kirchensteuerwesens (EVertr/Anl. II Kap. IV Abschn. I Nr. 5 [BGBl. 1990 II, S. 1194]) eingeführt worden.

[145] Bericht der Gemeinsamen Verfassungskommission, in: BT-Drucks. 12/6000 (5. 11. 1993), S. 106 ff.

§ 6 Staatskirchenrecht als Gegenstand des Verfassungsrechts 251

hätte sich sehr rasch als eine nur durch sachliche Entscheidungen zu lösende Aufgabe erwiesen. Es verdient festgehalten zu werden, daß die Mehrheit der Gemeinsamen Verfassungskommission sich die in Art. 140 GG in Bezug genommenen Artikel der Weimarer Reichsverfassung nicht durch ausdrückliche Übernahme inhaltlich zu eigen machen wollte. Offenbar sollte davon abgesehen werden, anstelle der Verweisung des Art. 140 GG den Wortlaut der einzelnen Weimarer Kirchenartikel in das Grundgesetz zu übernehmen. Ein spezielleres Problem vertraten die Abgeordneten der SPD, die mit einer Protokollerklärung auf eine Änderung der Praxis des Bundesverfassungsgerichts zur staatskirchenrechtlichen Modifikation der Arbeitnehmer- und Gewerkschaftsrechte in kirchlichen Arbeitsverhältnissen hinwirken wollten. Das Schutzbedürfnis der Arbeitnehmer dürfe nicht durch die Überbetonung des Selbstbestimmungsrechts der Kirchen faktisch leerlaufen. Dieser Protokollerklärung wurde seitens der CDU/CSU-Mitglieder der Gemeinsamen Verfassungskommission ausdrücklich widersprochen. Die weitere Entwicklung wird zeigen, ob die Auffassung Bestand haben wird, daß Art. 140 GG und die darauf aufbauende Rechtsprechung des Bundesverfassungsgerichts „klar und eindeutig die Position der Kirchen in einem freiheitlichen, pluralistischen Gemeinwesen beschreibt"[146]. Ein Rückzug auf die Garantie der Religionsfreiheit oder gar der Gewissensfreiheit wäre die Abwendung von der verfassungsrechtlichen Gewährleistung des Staatskirchenrechts.

---

[146] So in dem Bericht der Gemeinsamen Verfassungskommission.

§ 7

Die vertragsrechtlichen Grundlagen des Staatskirchenrechts

Von Alexander Hollerbach

I. Verträge zwischen Staat und Kirche in der Bundesrepublik Deutschland[1]

Es gehört zur Eigenart des Staatskirchenrechts in der Bundesrepublik Deutschland, daß seine Regelungen nicht nur durch einseitige staatliche Rechtsetzung in der Form von Verfassung und Gesetz, sondern auch und gerade durch Verträge und sonstige Übereinkünfte mit Kirchen und Religionsgemeinschaften getroffen sind[2]. Sie bilden ein vergleichsweise

---

[1] Aus der älteren, in der Vorauflage (S. 267 f.) verzeichneten Literatur seien als grundlegend erneut angeführt: *Alfred Albrecht,* Koordination von Staat und Kirche in der Demokratie. Freiburg i. Br., Basel, Wien 1965; *Konrad Hesse,* Die Entwicklung des Staatskirchenrechts seit 1945, in: JöR N. F. 10 (1962), S. 3-121 = ders., Ausgewählte Schriften. Heidelberg 1984, S. 355-445; *Alexander Hollerbach,* Verträge zwischen Staat und Kirche in der Bundesrepublik Deutschland, Frankfurt a. M. 1965; *Ernst Rudolf Huber,* Verträge zwischen Staat und Kirche im Deutschen Reich, Breslau 1930; *Hans Reis,* Konkordat und Kirchenvertrag in der Staatsverfassung, in: JöR N. F. 17 (1968), S. 165-394; *Ulrich Scheuner,* Kirchenverträge in ihrem Verhältnis zu Staatsgesetz und Staatsverfassung, in: FS für Erich Ruppel. Hannover, Berlin u. Hamburg 1968, S. 312-328 = ders., Schriften zum Staatskirchenrecht. Berlin 1973, S. 355-372; *Rudolf Smend,* Der Niedersächsische Kirchenvertrag und das heutige deutsche Staatskirchenrecht, in: JZ 1956, S. 50-53. — Für die Zeit nach 1974 ist vornehmlich zu verweisen auf *Axel v. Campenhausen,* Staatskirchenrecht, 2. Aufl., München 1983; *Alexander Hollerbach,* Grundlagen des Staatskirchenrechts, in: HStR VI, 1989, S. 471-555 (bes. S. 497-515); *ders.,* Art. Konkordat, in: StL[7] III, 1987, Sp. 620-625; *ders.,* Art. Staatskirchenverträge, in: StL[7] V, 1989, Sp. 186-188; *Karl-Hermann Kästner,* Die Entwicklung des Staatskirchenrechts seit 1961, in: JöR N. F. 27 (1978), S. 239-296; *Dietrich Pirson,* Art. Evangelische Kirchenverträge, in: StL[7] II, 1986, Sp. 494-499; *ders.,* Art. Vertragsstaatskirchenrecht, in: EvStL[3] II, Sp. 3814-3827.

[2] Maßgebende Quellensammlung bei *Joseph Listl* (Hrsg.), Die Konkordate und Kirchenverträge in der Bundesrepublik Deutschland. Textausgabe für Wissenschaft und Praxis. 2 Bde., Berlin 1987. Hinweise auf verdienstliche ältere Sammlungen in der Vorauflage (S. 268 Anm. 2), insbesondere auf *Werner Weber* (Hrsg.), Die deutschen Konkordate und Kirchenverträge der Gegenwart, 2 Bde., Göttingen 1962/1971.

dichtes Netz von vereinbarten Normen. So machen erst Verfassungs- bzw. Gesetzesrecht und Vertragsrecht zusammen das maßgebende Corpus des deutschen Staatskirchenrechts aus.

Dessen vertragsrechtlicher Teilkomplex ist schon früh als „Vertragskirchenrecht"[3] bezeichnet worden. Mit Rücksicht darauf, daß es auch ein zwischen*kirchliches* Vertragsrecht[4] gibt, sollte man indes genauer von Vertrags*staats*kirchenrecht (oder, freilich weniger präzise: Staatskirchenvertragsrecht) sprechen[5].

Zur *terminologischen* Erfassung des Gesamtphänomens[6] vertraglich vereinbarten Rechts empfiehlt sich als Oberbegriff „Staatskirchenvertrag". Der historisch verwurzelte Begriff „Konkordat" sollte dem kodifikatorischen Vertrag mit dem Hl. Stuhl vorbehalten bleiben, also jenem Vertrag, der in feierlicher diplomatischer Form abgeschlossen wird und der dazu bestimmt ist, mit dem Ziele eines geordneten Zusammenlebens von Staat und katholischer Kirche alle Gegenstände gemeinsamen Interesses auf Dauer rechtlich zu ordnen. Für das Verhältnis zur evangelischen Kirche entspricht dem die Bezeichnung „Evangelischer Kirchenvertrag". Sonstige Abmachungen müssen je nach ihrem Inhalt konkret benannt werden, also etwa Schulvertrag, Finanzvertrag u. ä. Der Einheitlichkeit der Terminologie wäre es im übrigen dienlich, „Vertrag" nur solche Übereinkünfte zu nennen, die der parlamentarischen bzw. (im Fall der evangelischen Kirche) synodalen Zustimmung bedürfen. Soweit das nicht der Fall ist, wären die Ausdrücke „Vereinbarung" oder „Abkommen" angemessen.

1. Historische Entwicklung bis 1945[7]

Unbeschadet weiter zurückreichender Wurzeln hat in Deutschland das Konkordat als Regelungsinstrument für das Verhältnis von Staat

---

[3] Vgl. etwa *Johannes Heckel,* Der Vertrag des Freistaates Preußen mit den Evangelischen Landeskirchen vom 11. Mai 1931, in: Theologische Blätter 11 (1932), Sp. 193-204 = ders., Das blinde undeutliche Wort „Kirche". Gesammelte Aufsätze. Köln, Graz 1964, S. 572-589.

[4] Dazu *Volker Kaiser,* Zwischenkirchliche Verträge, Jur. Diss. Freiburg i. Br. 1972. Eine Fortschreibung dieser Arbeit wäre wohl lohnend.

[5] Dem trägt erfreulicherweise die Nomenklatur von EvStL[3] Rechnung: siehe den oben bei Anm. 1 angeführten Artikel von *Pirson.* In EvStL[2] von 1975 schrieb *Siegfried Grundmann* noch unter dem Titel „Vertragskirchenrecht" (Sp. 2757-2766).

[6] Zum folgenden näher *Hollerbach,* Verträge (Anm. 1), S. 68-74.

[7] Das gesamte Material bis 1933 jetzt in vorzüglicher Aufbereitung bei *Ernst Rudolf Huber/Wolfgang Huber,* Staat und Kirche im 19. und 20. Jahrhundert. Dokumente zur Geschichte des deutschen Staatskirchenrechts. 4 Bde., Berlin 1973-1988 (Bde. 1 u. 3 in 2. Aufl., 1990).

§ 7 Die vertragsrechtlichen Grundlagen des Staatskirchenrechts 255

und katholischer Kirche erstmals im 19. Jahrhundert eine spezifische Bedeutung erlangt[8]. Man kann von einer Epoche der Landeskonkordate sprechen; diese bildeten einen wesentlichen Bestandteil des kirchenpolitischen Systems der „vertragsgesicherten staatsgebundenen Kirche"[9]. Aber so wenig es zu einem umfassenden Vertragsregime gekommen ist, so groß blieb die Konkurrenz mit den Formen einseitiger staatlicher Rechtsetzung; so sehr blieb auch unausgetragen der Streit über die Geltungsgrundlagen konkordatärer Übereinkünfte[10].

Wie im Bereich des Verfassungsrechts, so ist auch im Bereich des Vertragsstaatskirchenrechts die Darstellung der Entwicklung der Weimarer Zeit unmittelbar mit der Erfassung des geltenden Rechts verknüpft. Es kam nämlich zur Schaffung von Verträgen, die z. T. bis heute fortgelten, ja es hat sich ein Staatskirchenvertragssystem von spezifischer Prägung herausgebildet, das noch heute maßgebend ist[11]. Durch die Konkordate mit den Ländern Bayern (29. März 1924), Preußen (14. Juni 1929) und Baden (12. Oktober 1932) wurden im größten Teil des deutschen Reichsgebietes wesentliche Sachbereiche des Staatskirchenrechts auf die Basis des Vertragsrechts gestellt. Der Abschluß dieser Verträge hatte in den jeweiligen Ländern entsprechende Verträge mit den evangelischen Landeskirchen zur Folge (Bayern 15. November 1924, Preußen 11. Mai 1931, Baden 14. November 1932), deren 1918 vollzogene Herauslösung aus der jahrhundertealten Notehe mit dem Staat damit vollends dokumentiert wurde. Damit hat sich ein paritätisches und föderales Staatskirchenvertragssystem gebildet.

Trotz früher Ansätze ist der Gedanke eines Reichskonkordats erst Wirklichkeit geworden, als die nationalsozialistische Revolution die Weimarer Verfassungsordnung schon aus den Angeln gehoben hatte[12]. Das am 20. Juli 1933 unterzeichnete Vertragswerk, das die Länderkon-

---

[8] Überblick bei *Hollerbach*, Art. Konkordat (Anm. 1).
[9] So *Ernst Rudolf Huber*, Deutsche Verfassungsgeschichte seit 1789. Bd. 1, Stuttgart 1957, S. 418.
[10] Vgl. dazu *Klaus Obermayer*, Staatskirchenrechtliche Grundvorstellungen in den Konkordatstheorien des 19. Jahrhunderts, in: DÖV 1967, S. 505-515.
[11] Vgl. dazu aus der zeitgenössischen Literatur neben der grundlegenden Monographie von *Huber*, Verträge (Anm. 1), und dem Aufsatz von *Heckel*, Vertrag (Anm. 3), noch *Hans Liermann*, Das evangelische Konkordat, in: AöR N. F. 13 (1927), S. 381-431; ders., Deutsches Evangelisches Kirchenrecht, Stuttgart 1933; *Ulrich Stutz*, Konkordat und Codex (= Sitzungsberichte der Preußischen Akademie der Wissenschaften, Philosophisch-historische Klasse XXXII), Berlin 1930.
[12] Grundlegend *Ludwig Volk*, Das Reichskonkordat vom 20. Juli 1933. Von den Ansätzen in der Weimarer Republik bis zur Ratifizierung am 10. September 1933 (= Veröffentlichungen der Kommission für Zeitgeschichte. Reihe B, 5), Mainz 1972.

kordate[13] aufrecht erhielt und in eine Gesamtordnung einfügte, war janusköpfig; es entsprach einerseits dem auf Länderebene praktizierten Modell, enthielt andererseits Elemente eines so nur mit einem autoritären Führerstaat möglichen Abkommens. Ein Evangelischer Reichskirchenvertrag wurde zwar gefordert und war anfänglich erwartet; doch konnte im Zeichen des Kirchenkampfes das Reichskonkordat keine solche Entsprechung mehr finden[14].

Ungeachtet dieser Inkongruenz war mit dieser Entwicklung das kirchenpolitische System der „vertrags- oder konkordatsgesicherten autonomen Trennungskirche"[15] befestigt, das als der Intention der Weimarer Verfassung und der betreffenden Landesverfassungen entsprechend angesehen werden konnte. Schon das Reichskonkordat hat aber deutlich gemacht, daß Verträgen mit den Kirchen im Zeichen einer neuen, ideologisch fundierten Staatskirchenhoheit ein anderer Stellenwert zukommt[16]. Im übrigen hat aber das Reichskonkordat trotz der „genetischen Last", die ihm anhaftet, und trotz der mangelnden Vertragstreue des staatlichen Partners als „pactum defensionis" eine nützliche Funktion gehabt. Es bildete für die katholische Kirche praktisch eine Art Verfassungsersatz.

2. Die Entwicklung nach 1945

Während die evangelischen Kirchenverträge und mit ihnen eine Reihe von Abkommen mit begrenzterer Tragweite unangefochten blieben, ist die unmittelbare Nachkriegszeit durchzogen von Streit und Unsicherheit über die Fortgeltung der deutschen Konkordate. Immerhin sind in einigen Landesverfassungen Klarstellungen erreicht worden[17]. Auch in der Praxis der Länder und der Kurie ist das *Landes*konkordatsrecht durchweg als fortgeltend behandelt worden. Es steht ebenso außer Streit wie das Recht der überkommenen evangelischen Kirchenverträge. Demgegenüber ist es dem Grundgesetzgeber nicht gelungen, eine allseits befriedende Lösung zu finden. Der heftige „Konkordatsstreit" im Parla-

---

[13] Neuere historische Arbeiten dazu: *Dieter Golombek,* Die politische Vorgeschichte des Preußenkonkordats (1929) (= Veröffentlichungen der Kommission für Zeitgeschichte, Reihe B, 4), Mainz 1970; *Susanne Plück,* Das Badische Konkordat vom 12. Oktober 1932 (= ebda., Reihe B, 32), Mainz 1984.

[14] Vgl. dazu *Klaus Scholder,* Die Kirchen und das Dritte Reich. Bd. 1, Frankfurt/M., Berlin, Wien 1977, S. 360.

[15] So *Stutz,* Konkordat (Anm. 11), S. 14.

[16] Exemplarisch *Ernst Rudolf Huber,* Verfassungsrecht des Großdeutschen Reiches. Hamburg 1939, S. 490-510.

[17] Vgl. Art. 182 BayVerf., Art. 23 Abs. 1 NWVerf., Art. 35 Abs. 2 SaarVerf., Art. 8 Bad.-Württ.Verf.

§ 7 Die vertragsrechtlichen Grundlagen des Staatskirchenrechts

mentarischen Rat, der sich vornehmlich auf das Reichskonkordat im Ganzen, insbesondere aber auf seine schulrechtlichen Regelungen bezog, konnte nur mit Hilfe des Formelkompromisses des Art. 123 Abs. 2 GG beigelegt werden[18]. Danach bleiben Staatsverträge des Reiches über nunmehrige Materien des Landesrechts bis zum Abschluß neuer Verträge in Kraft, freilich nur, „wenn sie nach allgemeinen Grundsätzen gültig sind und fortgelten", sowie „unter Vorbehalt aller Rechte und Einwendungen der Beteiligten". Es kam darüber zum Schwur, als 1954 in Niedersachsen ein Schulgesetz verabschiedet wurde, dessen Vereinbarkeit mit dem Reichskonkordat von der katholischen Kirche verneint wurde. In der prozessualen Einkleidung eines Verfassungsstreites zwischen dem Bund und dem Land Niedersachsen wurde die Auseinandersetzung zwischen Staat und Kirche vor dem Bundesverfassungsgericht ausgetragen[19]. Das Gericht hatte über die Frage zu befinden, ob das Land Niedersachsen mit dem Erlaß seines Schulgesetzes gegen das Reichskonkordat verstoßen und dadurch ein Recht des Bundes auf Beachtung der für ihn verbindlichen Verträge durch die Länder verletzt hat. Es hat darauf in seinem Urteil vom 26.3.1957[20] im wesentlichen die folgenden Antworten gegeben: Das Reichskonkordat ist als ein beide Teile verpflichtender Vertrag gültig zustande gekommen, zu innerstaatlichem Recht geworden und über den Zusammenbruch des Jahres 1945 hinaus in Geltung geblieben. In Anbetracht der Identität der Bundesrepublik Deutschland mit dem Deutschen Reich ist jene als Vertragspartner — auch bezüglich der Schulbestimmungen — an das Konkordat gebunden. Die Schulbestimmungen stehen nicht im Widerspruch mit Art. 4 GG. Art. 123 Abs. 2 GG sagt für diese nur aus, daß sie, sofern sie beim Inkrafttreten des Grundgesetzes noch galten, in Kraft bleiben, obwohl sie einem Vertrag entstammen, der nicht von den nunmehr zur Verfügung über den Gegenstand ausschließlich befugten Ländern geschlossen worden ist. Deshalb bedeutet diese Norm nicht, daß der Landesgesetzgeber an die Schulbestimmungen des Reichskonkordats gebunden ist, also kein entgegenstehendes Recht setzen darf. Das Vertragsrecht ist vielmehr dem Grundgesetz untergeordnet. Daraus ergibt sich, daß sich aus der durch das Grundgesetz geschaffenen verfassungsmäßigen Ordnung eine dem Bund gegenüber bestehende Pflicht der

---

[18] Vgl. dazu in *diesem* Handbuch *Peter Badura,* § 6 Das Staatskirchenrecht als Gegenstand des Verfassungsrechts. Die verfassungsrechtlichen Grundlagen des Staatskirchenrechts.
[19] Das gesamte Prozeßmaterial in: Der Konkordatsprozeß. In Zusammenarbeit mit Hans Müller hrsg. v. Friedrich Giese u. Friedrich August Frhr. v. d. Heydte, 4 Bde., München 1957-1959. Grundlegende historische Analyse jetzt bei *Konrad Repgen,* Der Konkordatsstreit der fünfziger Jahre. Von Bonn nach Karlsruhe (1949-1955/57), in: Kirchliche Zeitgeschichte 3 (1990), S. 201-245.
[20] BVerfGE 6, 309.

Länder, die konkordatären Schulbestimmungen in ihrer Gesetzgebung einzuhalten, nicht herleiten läßt. Einer solchen Pflicht steht die Grundentscheidung des Grundgesetzes entgegen, welche die Länder zum ausschließlichen Träger der Kulturhoheit gemacht hat; diese ist für den Bereich der bekenntnismäßigen Gestaltung des Schulwesens lediglich durch die Bestimmungen der Art. 7 und 141 GG begrenzt. Eine verfassungsrechtliche Pflicht der Länder ergibt sich auch nicht aus dem Grundsatz der Bundestreue oder der besonderen Völkerrechtsfreundlichkeit des Grundgesetzes. Das Grundgesetz hat es nämlich — ohne sich etwa von den Schulbestimmungen des Konkordats loszusagen — den Ländern überlassen, in eigener Verantwortung und freier Entscheidung darüber zu befinden, wie sie in Anbetracht der völkerrechtlichen Bindung der Bundesrepublik Deutschland an das Reichskonkordat ihr Schulrecht gestalten wollen.

Dieses Urteil weist, wie insbesondere anhand des Sondervotums der Richter Friesenhahn, Geiger und Federer nachvollzogen werden kann[21], einen erheblichen inneren Bruch auf. So ist es nicht verwunderlich, daß auch nach dem Urteil im wissenschaftlichen Schrifttum Kontroversen andauerten[22]. In der Staatspraxis aber sind seitdem die grundsätzliche Fortgeltung des Reichskonkordates und die Bindung des Bundes anerkannt, während sich die Länder bezüglich des Schulrechts dem Bund gegenüber als frei betrachten können; über ihre unmittelbare Verpflichtung dem Hl. Stuhl gegenüber ist nicht autoritativ befunden, so viele sachliche Gründe auch für die Annahme einer solchen unmittelbaren Verpflichtung sprechen mögen[23].

Für die Entwicklung des Vertragsstaatskirchenrechts in Deutschland ist es nun in hohem Maße eigentümlich, daß just in der Zeit, in der die katholische Kirche im Konkordatsstreit befangen war, und just in dem Land, dessen Schulgesetzgebung Anlaß zum Prozeß vor dem Bundesverfassungsgericht gegeben hatte, sich ein staatskirchenrechtlich modernes System von Verträgen einzelner Länder mit *evangelischen* Landeskirchen zu entwickeln begann[24]. Am 19. März 1955 wurde der bahnbre-

---

[21] *Ernst Friesenhahn,* Zur völkerrechtlichen und innerstaatlichen Geltung des Reichskonkordats, in: Ged.Schr. für Hermann Conrad, Paderborn 1979, S. 151-180; *Willi Geiger,* Abweichende Meinungen bei Entscheidungen des Bundesverfassungsgerichts. Tübingen 1989, S. 75-112.

[22] Vgl. die umfassenden Schrifttumsangaben bei *Listl,* Konkordate und Kirchenverträge (Anm. 2), Bd. 1, S. 32 u. S. 47 f.

[23] Vgl. dazu vor allem *Hermann Mosler,* Wer ist aus dem Reichskonkordat verpflichtet?, in: Ged.Schr. für Hans Peters, Berlin 1967, S. 350-374.

[24] Überblick bei *Pirson,* Art. Evangelische Kirchenverträge (Anm. 1). Vgl. auch *Alexander Hollerbach,* Verträge des Staats mit den evangelischen Kirchen in

§ 7 Die vertragsrechtlichen Grundlagen des Staatskirchenrechts 259

chende Vertrag des Landes Niedersachsen mit den Evangelischen Landeskirchen in Niedersachsen geschlossen[25]. Dem Modell dieses sog. Loccumer Vertrages folgten evangelische Kirchenverträge mit den Ländern Schleswig-Holstein (vom 23. April 1957)[26], Hessen (vom 18. Februar 1960)[27] und Rheinland-Pfalz (vom 31. März 1962)[28]. In diesen Zusammenhang gehören auch die Verträge des Landes Nordrhein-Westfalen mit den Evangelischen Kirchen im Rheinland und von Westfalen vom 9. September 1957[29] sowie mit der Lippischen Landeskirche vom 6. März 1958[30]. Mit dem Vertrag der Bundesrepublik Deutschland mit der Evangelischen Kirche in Deutschland zur Regelung der evangelischen Militärseelsorge vom 22. Februar 1957[31] hat diese Entwicklung schließlich auch auf der Ebene des Bundes ihren Niederschlag gefunden, soweit das von der Sache her möglich war.

Die evangelischen Kirchenverträge der Nachkriegszeit haben die Existenz eines paritätischen Vertragssystems endgültig befestigt. Aber, und das ist das Entscheidende, sie stellen nicht mehr bloße Folgeerscheinungen der Konkordate dar, sondern eigenständige, von der Konkordatsentwicklung unabhängige Faktoren, denen in der Fortbildung des deutschen Staatskirchenrechts jetzt die Führungsrolle zukam. Die Vertragspartner handelten, so ist es in der Präambel zum Niedersächsischen Kirchenvertrag formuliert, „im Bewußtsein der gemeinsamen Verantwortung für den evangelischen Teil der ... Bevölkerung", sie waren „geleitet von dem Wunsche, das freundschaftliche Verhältnis zwischen Land und Landeskirchen zu festigen und zu fördern". Insbesondere aber bekundeten sie ausdrücklich ihre „Übereinstimmung über den Öffentlichkeitsauftrag der Kirchen und ihre Eigenständigkeit" und stellten die Verträge in den Dienst der Aufgabe, das Staat-Kirche-Verhältnis „unter Wahrung der Rechte der Kirchen im Sinne echter freiheitlicher Ordnung fortzubilden". Im Rahmen dieses Koordinatensystems — für die evangelischen Kirchen letztlich eine Frucht des Kirchenkampfes und der damit verbundenen theologischen, insbesondere rechtstheologischen Erneue-

---

Deutschland, in: Politik und Konfession. FS für Konrad Repgen zum 60. Geburtstag. Berlin 1983, S. 565-582.

[25] Schrifttumshinweise bei *Listl*, Konkordate und Kirchenverträge (Anm. 2), Bd. 2, S. 110.

[26] Vgl. dazu *Irene Marie Matthiessen*, Der schleswig-holsteinische Kirchenvertrag vom 23. April 1957, Jur. Diss. Freiburg i. Br. 1986.

[27] Schrifttumshinweise bei *Listl*, Konkordate und Kirchenverträge (Anm. 2), Bd. 1, S. 802.

[28] Schrifttumshinweise ebd., Bd. 2, S. 487.

[29] Schrifttumshinweise ebd., Bd. 2, S. 316.

[30] Schrifttumshinweise ebd., Bd 2, S. 322.

[31] Schrifttumshinweise ebd., Bd. 1, S. 96.

rung — ist es gelungen, „die Rechtsbeziehungen zwischen Staat und Kirche auf vereinfachte, einheitliche, zeitentsprechende und gesicherte Grundlagen zu stellen"[32]. Demgemäß haben die Verträge einen wichtigen Beitrag zur „deutenden Positivierung des geltenden Staatskirchenrechts"[33] geleistet.

Während so Staat und evangelische Kirchen in der Vertragsentwicklung voranschritten, hat sich, was die konkordatären Beziehungen anlangt, das Verhältnis zur katholischen Kirche erst langsam entkrampft. Kurz vor dem Abschluß des Konkordatsprozesses kam es zwischen dem Land Nordrhein-Westfalen und dem Heiligen Stuhl am 19. Dezember 1956 zu einem das Preußische Konkordat ergänzenden Vertrag über die Gründung des Bistums Essen[34]. Für die Folgezeit ist dann eine ganze Reihe von Spezialabkommen zu verzeichnen. Hierunter ist als Beispiel einer mit Bischöfen abgeschlossenen Übereinkunft der Vertrag des Landes Hessen mit den katholischen Bistümern in Hessen zur Regelung finanzieller Angelegenheiten vom 9. März 1963 hervorzuheben[35]. Zu einem „großen", das Konkordatssystem im Grundsätzlichen berührenden Vertrag kam es in dieser Entwicklungsphase erst mit dem am 26. Februar 1965 abgeschlossenen Vertrag zwischen dem Heiligen Stuhl und dem Land Niedersachsen[36] — mit dem gleichen Land, das mit dem Konkordatsprozeß überzogen worden war und das mit dem Loccumer Vertrag die Führung in der Entfaltung des evangelischen Kirchenvertragsrechts übernommen hatte. Das staatskirchenpolitische Signum des Konkordats ist der Ausgleich in der Schulfrage, wobei die katholische Kirche unter Abkehr von bisher behaupteten Positionen erstmals in einem Vertrag das Grundprinzip des (niedersächsischen) Schulrechts akzeptiert hat, wonach die Gemeinschaftsschule die mit Vorrang ausgestattete Regelschule ist, während Bekenntnisschulen auf Antrag errichtet werden können. Damit entfiel auch die überkommene Zwergschulgarantie; andererseits sagte das Land für Grundschulen die Beachtung des konfessionellen Schüler-Lehrer-Proporzes zu und anerkannte weiter begünstigende Sonderregelungen für de-facto-Bekenntnisschulen.

---

[32] So zu Recht *Hesse*, Die Entwicklung (Anm. 1), S. 33.

[33] So die bekannte Formel von *Smend* (Anm. 1), S. 50.

[34] Schrifttumshinweise bei *Listl*, Konkordate und Kirchenverträge (Anm. 2), Bd. 2, S. 230; zu ergänzen: *Heiner Marré*, Die Errichtung des Bistums Essen und die Ernennung seines ersten Bischofs als staatskirchenrechtliche Ereignisse, in: Zeugnis des Glaubens — Dienst an der Welt. FS für Franz Kardinal Hengsbach zur Vollendung des 80. Lebensjahres. Mülheim a. d. R. 1990, S. 401-413.

[35] Schrifttumshinweise bei *Listl*, Konkordate und Kirchenverträge (Anm. 2), Bd. 1, S. 744 f.

[36] Schrifttumshinweise ebd., Bd. 2, S. 5.

§ 7 Die vertragsrechtlichen Grundlagen des Staatskirchenrechts

Das Niedersächsische Konkordat schließt einerseits eine Entwicklungsperiode ab, in der auch für das Verhältnis zur katholischen Kirche der Staatskirchenvertrag als Regelungsinstrument unter dem Vorzeichen der neuen Verfassungsordnung neu belebt wurde; andererseits steht es am Anfang einer unmittelbar danach einsetzenden Phase, in der es im Zuge der Neuordnung des Schul- und Hochschulwesens auch in anderen Ländern zu zahlreichen Einzelabkommen kam, die in engem Zusammenhang mit der Umgestaltung des jeweiligen Verfassungsrechts stehen. Das gilt insbesondere für Bayern, Rheinland-Pfalz und das Saarland[37]. In dieser Phase hat schließlich das Niedersächsische Konkordat selbst mit dem Vertrag vom 21. Mai 1973 eine erste ausdrückliche Änderung erfahren[38].

Auch in der weiteren Entwicklung des Staatskirchenrechts spielt das Vertragsrecht eine bedeutsame Rolle. Mehrfache Änderungen des Bayerischen Konkordats sind zu verzeichnen[39], ferner wichtige Vertragsabschlüsse in Rheinland-Pfalz[40] und im Saarland[41]. Hessen hat praktisch sein Landeskonkordat, nachdem der Bistumsvertrag von 1963 durch einen weiteren Vertrag vom 29. März 1974 ergänzt worden ist[42]. Die sog. Düsseldorfer Verträge vom 26. bzw. 29. März 1984[43] — sie betreffen Fragen der Theologischen Fakultäten und der Lehrerbildung — sind ebenfalls wichtige Zeugnisse für die unter Beachtung des Prinzips der Parität erfolgende Fortschreibung des Vertragsrechts.

Eine Sonderstellung in der neueren Vertragsgeschichte nehmen die Berliner Vereinbarungen zwischen Staat und Kirchen vom 2. Juli 1970 ein[44]. Mit Rücksicht auf die damalige staats- und völkerrechtliche Sonderlage Berlins wurden hier die Übereinkünfte „über die Regelung gemeinsam interessierender Fragen" in der Form von „abschließenden

---

[37] Vgl. dazu oben bei Anm. 17.
[38] Text bei *Listl*, Konkordate und Kirchenverträge (Anm. 2), Bd. 2, S. 88.
[39] Sie sind im einzelnen bei *Listl*, Konkordate und Kirchenverträge (Anm. 2), Bd. 1, S. 373 ff. dokumentiert. Dabei sah sich *Listl* veranlaßt, mit Stand vom 1.7.1987 eine „Bereinigte Fassung" herzustellen (S. 474 ff.).
[40] Texte ebd., Bd. 2, S. 422 ff.
[41] Texte ebd., Bd. 2, S. 553 ff. In grundsätzlicher Hinsicht kommt dem Vertrag zwischen dem Heiligen Stuhl und dem Saarland über die Ausbildung von Lehrkräften für das Fach Katholische Religion und über die Erteilung katholischen Religionsunterrichts an den Schulen im Saarland vom 12. Februar 1985 (S. 620 ff.) besondere Bedeutung zu.
[42] Vgl. insbesondere *Gisela Lenz*, Die Rechtsbeziehung zwischen dem Land Hessen und der katholischen Kirche unter besonderer Berücksichtigung der Bistumsverträge vom 9. März 1963 und 29. März 1974, Frankfurt a. M. 1987.
[43] Texte bei *Listl*, Konkordate und Kirchenverträge (Anm. 2), Bd. 2, S. 297 bzw. 380.
[44] Texte und Schrifttumshinweise ebd., Bd. 1, S. 625 bzw. 676.

Protokollen" getroffen, deren materieller Vertragscharakter aber außer Frage steht. Sie zielen auf ein „System des vereinbarten je einseitigen Handelns"[45], das sich vor allem in Absichtserklärungen des staatlichen Partners kundtut, die auf das Einbringen von Gesetzesanträgen, den Erlaß von Verwaltungsvorschriften bzw. Weisungen, den Abschluß von Verwaltungsvereinbarungen sowie auf Zusagen gerichtet sind. Von seinem sachlichen Gewicht her unterscheidet sich dieses „System" nicht von einer staatsvertraglichen Regelung. Auch hierzu gibt es mittlerweile Fortschreibungen[46].

Besonderes Interesse darf schließlich die Tatsache beanspruchen, daß das Vertragsrecht über den Kreis der Großkirchen hinausgewachsen ist. Auch hier ist das Land Niedersachsen konsequent vorangegangen und hat am 8. Juni 1970 mit der Freireligiösen Landesgemeinschaft Niedersachsen einen Vertrag abgeschlossen, der neben der Zubilligung einer Staatsleistung die Grundelemente eines Statusvertrages enthält[47]. Sodann sind die Berliner Übereinkünfte mit den Kirchen durch eine mit diesen strukturgleiche Vereinbarung zwischen dem Senat von Berlin und der Jüdischen Gemeinde zu Berlin vom 8. Januar 1971 ergänzt worden[48]. Hierzu gibt es neuere Zusatzvereinbarungen. Hinzuweisen ist ferner auf den am 11. November 1986 abgeschlossenen Vertrag zwischen dem Landesverband der Jüdischen Gemeinden im Lande Hessen und dem Land Hessen[49]. Aber auch andere Religionsgemeinschaften erscheinen neuerdings unter den Vertragspartnern, so (in Bayern) die Altkatholische Kirche und die Russisch-Orthodoxe Kirche[50], (in Niedersachsen) die Evangelisch-Methodistische Kirche[51], (in Nordrhein-Westfalen) die Griechisch-Orthodoxe Kirche[52].

Insgesamt wird man mit *Listl* in der Entwicklung des Vertragsrechts einen Beweis dafür finden, „daß das Staatskirchenvertragssystem keineswegs starr und unbeweglich ist". Vielmehr sind die Staatskirchenverträge „bei gutem Willen beider Partner in vorzüglicher Weise geeignet, sich dem ständigen Wandel der kirchlichen, politischen und kulturellen Verhältnisse anzupassen und auf die Dauer eine freiheitliche,

---

[45] So *Johannes Niemeyer*, zitiert nach *Roman Herzog*, Die Berliner Vereinbarung zwischen Staat und Kirche, in: ZevKR 16 (1971), S. 274.

[46] Texte bei *Listl*, Konkordate und Kirchenverträge (Anm. 2), Bd. 1, S. 642 ff. bzw. 698 ff.

[47] Text ebd., Bd. 2, S. 193.

[48] Text ebd., Bd. 1, S. 712.

[49] Text ebd., Bd. 1, S. 860.

[50] Text ebd., Bd. 1, S. 616 bzw. 619.

[51] Text ebd., Bd. 2, S. 200.

[52] Text ebd., Bd. 2, S. 394.

friedliche, vertrauensvolle und freundschaftliche Kooperation zwischen dem Staat und den Kirchen zu ermöglichen und sicherzustellen"[53]. Jedenfalls gehören in der Bundesrepublik Deutschland vertragliche Abmachungen zwischen Staat und Kirche zu den Erscheinungsformen der alltäglichen Rechtswirklichkeit[54].

3. Aktueller Stand: Das Staatskirchenvertragsrecht im Zeichen der deutschen Wiedervereinigung

Die vorstehende Skizze der Entwicklung seit 1945 hat die Teilung Deutschlands außer acht gelassen. Nachdem diese nun aber überwunden ist, können die aktuellen Probleme nicht zureichend verstanden werden, ohne daß der Blick in die Vergangenheit von Sowjetischer Besatzungszone und Deutscher Demokratischer Republik zurückgeht[55].

Schon in den Verfassungen der Länder der früheren SBZ und in der Volksrats-Verfassung der DDR von 1949 hat das Phänomen der Staatskirchenverträge keinerlei Niederschlag gefunden. Zwar hat das überkommene Vertragsregime in Gestalt des Reichskonkordats und der Preußischen Staatskirchenverträge weder förmliche Anerkennung noch förmliche Ablehnung gefunden, und insofern könnte man von einem durch Nichtanwendung gekennzeichneten Schwebezustand sprechen[56]. Aber die immer wieder betonte Behauptung einer absoluten Diskontinuität zwischen dem Deutschen Reich bzw. dem Land Preußen einerseits und der DDR bzw. ihren Ländern andererseits mußte das Fundament unsicher und brüchig machen. Auch die grundsätzliche Konzeption des marxistisch-leninistischen Weltanschauungsstaates ließ für Fortführung oder Neubegründung förmlicher vertraglicher Beziehungen zwischen dem Staat und den Religionsgemeinschaften keinen Raum. Daran änderte auch die Verfassung von 1968/1974 nichts. Scheinbar modern sagte sie zwar in Art. 39 Abs. 2 S. 2, Näheres — also in bezug auf Ordnung und Tätigkeit der Kirchen und Religionsgemeinschaften — könne durch Vereinbarung geregelt werden. Aber diese Klausel

---

[53] So *Listl*, ebd., Bd. 1, S. 23, im Rahmen der Einleitung.
[54] Diese schon 1965 formulierte Feststellung — siehe *Hollerbach*, Verträge (Anm. 1), S. 1 — trifft noch heute zu.
[55] Zum folgenden vgl. *Alexander Hollerbach*, Das Verhältnis von Kirche und Staat in der Deutschen Demokratischen Republik, in: HdbKathKR, S. 1072-1081. Siehe ferner *Gottfried Zieger* (Hrsg.), Die Rechtsstellung der Kirchen im geteilten Deutschland (= Schriften zur Rechtslage Deutschlands, 14), Köln 1989.
[56] So insbesondere *Joseph Listl,* Die Fortgeltung und die gegenwärtige staatskirchenrechtliche Bedeutung des Reichskonkordats vom 20. Juli 1933, in: FS für Louis Carlen zum 60. Geburtstag. Zürich 1989, S. 309-334 (S. 333 f.).

wurde in ihrem Wert erheblich dadurch relativiert, daß die Gewährleistung der Selbstbestimmung unter einen unspezifizierten globalen Gesetzes- und Verfassungsvorbehalt gestellt war, der seinerseits Ausdruck strikter Religions- bzw. Staatskirchenhoheit gewesen ist. So haben sich denn auch vertragliche Beziehungen in nennenswertem Umfang nicht entwickelt. Bekannt sind lediglich mehr technische Abmachungen in einem speziellen Bereich [57].

Mit der Wiederherstellung der deutschen Einheit sind nun auch die Voraussetzungen für eine vertragsrechtliche „restitutio in integrum", wenn man so sagen darf, und für die Fort- bzw. Neubildung des Vertragsstaatskirchenrechts geschaffen worden [58]. Das Reichskonkordat hat an der durch Art. 11 des Einigungsvertrags verfügten Geltungserstreckung teil, wenn man nicht davon ausgehen will, daß es, da zwischenzeitlich nie förmlich außer Kraft gesetzt, einfach wiederauflebt, daß also das „Ruhen" beendet ist. In Anbetracht von Art. 2 RK bedeutet dies, daß auch das Preußische Konkordat wieder gilt bzw. wieder anwendbar ist; denn mit dem Reichskonkordat, das sich nur subsidiäre Geltung zuschrieb, war auch der Fortbestand der davor abgeschlossenen Landeskonkordate garantiert. Zweifelhaft kann allenfalls die Fortgeltung des Preußischen Evangelischen Kirchenvertrages sein, da Preußen untergegangen ist und die neuen Ländern insoweit strikte Diskontinuität annehmen. Da indes nach Auffassung der Bundesrepublik Deutschland das Deutsche Reich fortbestanden hatte, kommen für Veränderungen innerhalb des ehemaligen Reichsgebiets die für das Vertragsstaatskirchenrecht entwickelten Grundsätze zum Zuge: Veränderungen innerhalb dieses Gebietes haben volle Rechts- und Pflichtennachfolge zur Konsequenz [59]. Es kommt hinzu, daß aus Gründen der Parität die evangelische Kirche hinsichtlich ihres vertragsrechtlichen Status nicht schlechter gestellt werden darf als die katholische.

---

[57] Angaben dazu bei *Hollerbach*, Das Verhältnis (Anm. 55), S. 1078 mit Anm. 40 u. 41.

[58] Vgl. dazu die beiden Sammelpublikationen: Die Kirchen und die deutsche Einheit. Rechts- und Verfassungsfragen zwischen Kirche und Staat im geeinten Deutschland. Hrsg. v. Richard Puza u. Abraham Peter Kustermann (= Hohenheimer Protokolle, 37), Stuttgart 1991, darin besonders *Hans v. Mangoldt*, Die Entfaltung staatskirchenrechtlicher Elemente im Verfassungsrecht der fünf neuen Bundesländer, S. 55-81; Die Einigung Deutschlands und das deutsche Staat-Kirche-System (= EssGespr., 26), Münster 1992, darin besonders *Wolfgang Rüfner*, Deutsche Einheit im Staatskirchenrecht, S. 60-87. Neuestens *ders.*, Geltung des Reichskonkordats, des Preußischen Konkordats und des Preußischen Kirchenvertrages im Beitrittsgebiet, in: FS für Werner Thieme zum 70. Geburtstag. Köln, Berlin, Bonn, München 1993, S. 343 - 352.

[59] Im einzelnen dazu *Hollerbach*, Verträge (Anm. 1), S. 287 f.

§ 7 Die vertragsrechtlichen Grundlagen des Staatskirchenrechts

Die bis jetzt verabschiedeten Landesverfassungen im Osten der Bundesrepublik nehmen zur Frage der Geltung überkommener Staatskirchenverträge nicht Stellung[60]. Zwei von ihnen enthalten aber im Hinblick auf die künftige Entwicklung bemerkenswerte Klauseln, in denen eine Ermächtigung zu Vertragsschlüssen gesehen werden kann. So wird in der Sächsischen Verfassung vom 27. Mai 1992 die Selbstbestimmungsgarantie mit der Formel verknüpft: „Die Beziehungen des Landes zu den Kirchen und Religionsgemeinschaften werden im übrigen durch Vertrag geregelt" (Art. 109 Abs. 2 S. 2). In der Verfassung von Sachsen-Anhalt heißt es: „Das Land und die Kirchen sowie ihnen gleichgestellte Religions- und Weltanschauungsgemeinschaften können Fragen von gemeinsamen Belangen durch Vertrag regeln" (Art. 32 Abs. 4).

Der Eintritt der neuen Bundesländer in die staatskirchenrechtliche Rahmen-Ordnung des Grundgesetzes hat alsbald auch vertragsrechtlichen Regelungsbedarf entstehen lassen. Zwar konnten sowohl auf evangelischer wie auf katholischer Seite die Probleme der kirchlichen Wiedervereinigung ohne staatliche Mitwirkung und ohne Berührung vertragsrechtlicher Positionen bewältigt werden[61]. Aber in den neuen Ländern ist fast zwangsläufig eine Bewegung in Gang gekommen, die auf Verträge des Staates mit den Kirchen abzielt. Am weitesten ist die Entwicklung in Sachsen-Anhalt in bezug auf einen Evangelischen Kirchenvertrag gediehen; am 15. September 1993 wurde dort der Wittenberger Kirchenvertrag feierlich unterzeichnet[61a]. Im Verhältnis zur katholischen Kirche wird zunächst auf der Grundlage von Art. 11 Reichskonkordat i. V. m. Art. 2 Preußisches Konkordat die Grundsatzfrage nach der Neuordnung der Jurisdiktionsbezirke zu lösen sein. Die Deutsche Bischofskonferenz hat an den Heiligen Stuhl gerichtete Empfehlungen beschlossen[62], die nur mit dem Instrument des Vertrages zu realisieren sein werden.

---

[60] Verfassung des Landes Brandenburg v. 22. April 1992 (GVBl. S. 121); Verfassung des Freistaates Sachsen v. 27. Mai 1992 (Sächsisches GVBl. S. 243); Verfassung des Landes Sachsen-Anhalt v. 16. Juli 1992 (GVBl. S. 601).

[61] Grundlegend dazu *Martin Heckel,* Die Vereinigung der evangelischen Kirchen in Deutschland, Tübingen 1990. Vgl. ferner *Heribert Schmitz,* Die Einheit der Katholischen Kirche in Deutschland, in: ArchKathKR 159 (1990), S. 623-634.

[61a] Dem Vertrag wurde durch Gesetz vom 3. Februar 1994 zugestimmt (GVBl. LSA 1994, S. 172).

[62] Die wesentlichen Elemente dieser Empfehlung sind: Bildung eines sog. Nordbistums mit Sitz in Hamburg, umfassend die Bereiche der katholischen Kirche in den Bundesländern Schleswig-Holstein und Freie und Hansestadt Hamburg sowie den Osnabrücker Anteil in Mecklenburg-Vorpommern; Bildung der Diözesen Erfurt, Magdeburg und Görlitz; Erhebung des Bistums Berlin zum Erzbistum; Bildung je einer Kirchenprovinz Berlin (mit Berlin, Dresden-Meißen und Görlitz) und Hamburg (mit Hamburg, Hildesheim und Osnabrück).

Für die Fortentwicklung des Vertragsrechts bedeutet die deutsche Wiedervereinigung einen kräftigen Impuls. Das Vertragsstaatskirchenrecht wird ein ebenso notwendiges wie lebendiges Element des deutschen Staatskirchenrechts bleiben. Versuche zu einem „Ausstieg" oder einer „Kurskorrektur" sind offenbar zum Scheitern verurteilt. Das gilt freilich nur, solange die Kirchen als Kirchen öffentliche Potenzen bleiben und spürbar geistliche Kraft entfalten.

II. Der Staatskirchenvertrag in der Ordnung des staatlichen und des internationalen Rechts

1. Grundsätzliches: Zur Legitimation vertraglicher Koordination von Staat und Kirche

Die Faktizität eines Staatskirchenvertragsrechts und die Fülle des Materials entheben den Betrachter nicht der Aufgabe, nach der Rechtfertigung dieses Teilelements des deutschen Staatskirchenrechts zu fragen. Für die Beantwortung dieser Frage dürften die folgenden Gesichtspunkte und Aspekte wesentlich sein:

Im Verfassungsstaat der Bundesrepublik Deutschland wird für den Bereich des politischen Gemeinwesens das Grundverhältnis von Religion, Kirche und Staat von der Verfassung bestimmt. Gemäß dieser Verfassung nimmt der Staat in Höchstzuständigkeit Gemeinwohlverantwortung mit dem Ziel integrativer Zusammenordnung aller Wirkkräfte und Sachbereiche im Dienst einer guten, menschenwürdigen Gesamtordnung wahr. Religion und Kirche sind zwar Phänomene, die sich als solche weder der Verfassung noch staatlichem Recht verdanken und die insofern als verfassungstranszendent gekennzeichnet werden müssen. Aber der religiöse, kirchlich gebundene Mensch als Bürger und die Kirche bzw. Religionsgemeinschaft als menschlich-irdischer Lebensverband im Gemeinwesen stehen unter der Autorität der Verfassung, soweit diese legitimerweise Bestimmungen darüber trifft. Der Begriff der Koordination, verstanden als rechtliche Gleichrangigkeit ohne die Möglichkeit verbindlichen einseitigen Befehlens, ist keine zutreffende Deutung dieses Grundverhältnisses, schon gar nicht, wenn man dabei von dem Vorstellungsbild des Gegenübers souveräner Mächte ausgehen wollte. Staat und Kirche leben in der Bundesrepublik Deutschland nicht in einem irgendwie vorausgesetzten Koordinationsverhältnis, sondern sie leben zusammen gemäß der Verfassung. Diese Verfassung läßt aber durchaus koordinative Rechtsgestaltung, d. h. vertragliche Rechtsbeziehungen zwischen Staat und Kirche, zu. Die Bundesverfassung enthält zwar weder eine spezifische Ermächtigungsnorm

§ 7 Die vertragsrechtlichen Grundlagen des Staatskirchenrechts   267

noch einen ausdrücklichen Vertragsauftrag. In Art. 140 GG i. V. m. Art. 138 Abs. 1 WRV und in Art. 123 Abs. 2 GG sind aber die grundsätzliche Möglichkeit und Zulässigkeit von Staatskirchenverträgen vorausgesetzt und damit anerkannt. So hat die letztere Bestimmung nach dem Ausweis der Entstehungsgeschichte in erster Linie, wenn nicht ausschließlich, das Reichskonkordat im Auge und reiht es in die Kategorie der „Staatsverträge" ein. Sie nimmt dabei auf das Reichskonkordat nicht nur als ein überkommenes Faktum Bezug, sondern verweist auf die Möglichkeit des Abschlusses neuer Verträge, also auch neuer Staatskirchenverträge, durch die nach dem Grundgesetz zuständigen Stellen.

Auch im Bereich des Landesverfassungsrechts sind grundsätzliche Möglichkeit und Zulässigkeit von Staatskirchenverträgen von Verfassungs wegen anerkannt. Das gilt für die Vertragsklauseln in Baden-Württemberg, Bayern, Nordrhein-Westfalen und dem Saarland, ferner jetzt in Sachsen und in Sachsen-Anhalt[63]. Besonders bemerkenswert ist, daß auch und gerade Art. 50 Abs. 1 der Hessischen Verfassung gleichrangig mit dem Gesetz „die Vereinbarung", d. h. den förmlichen Vertrag, als staatskirchenrechtliches Gestaltungsmittel nennt.

Über die Anhaltspunkte in positiven Verfassungstexten hinaus kann man sich darauf berufen, daß das Grundgesetz mit der Inkorporation der Weimarer Kirchenartikel auch eine Entwicklung prinzipiell akzeptierte und guthieß, die sich schon unter der Weimarer Verfassung vollzogen und dort schon zu einem paritätischen Vertragssystem geführt hatte. Es kann nicht angenommen werden, das Grundgesetz hätte hinter diesen 1933 erreichten Entwicklungsstand zurückgehen wollen. In Anbetracht einer jetzt mindestens 70-jährigen Übung, die unzweifelhaft einen „animus iuris" erkennen läßt, wäre es auch nicht von der Hand zu weisen, insoweit von Verfassungsgewohnheitsrecht zu sprechen[64].

Es darf mithin von einem Satz gemeindeutschen Verfassungsrechts ausgegangen werden, daß die Rechtsbeziehungen zwischen dem Staat und den Kirchen bzw. Religionsgemeinschaften durch Vertrag geregelt

---

[63] Vgl. dazu oben I 3.
[64] Zu den insoweit bestehenden Grundsatz-Problemen vgl. *Christian Tomuschat*, Verfassungsgewohnheitsrecht?, Heidelberg 1972. In diesem Zusammenhang darf auch mit Nachdruck an die Kommentierung von Art. 137 Abs. 8 WRV durch *Gerhard Anschütz*, Die Verfassung des Deutschen Reichs vom 11. August 1919. 14. Aufl., Berlin 1933, (ND Darmstadt 1960), S. 650, erinnert werden. Er hebt hervor, daß die den Ländern vorbehaltene „weitere Regelung" nicht nur durch einseitige staatliche Anordnung, sondern auch durch rechtsetzende Vereinbarung erfolgen könne. „Insbesondere sind Konkordate mit der katholischen Kirche und konkordatsähnliche Vereinbarungen mit dieser Kirche oder anderen Religionsgesellschaften, insbesondere mit den evangelischen Landeskirchen innerhalb des hier abgesteckten gegenständlichen Rahmens zulässig".

werden können. Demgemäß sind Staat und Kirche in der Lage, sich jeweils durch konkrete Verständigung zu koordinieren, mithin im Rahmen und unter dem Schutz der Verfassung eine Koordinationsrechtsordnung zu schaffen. Diese reicht deshalb aber auch nur so weit, wie sich Staat und Kirche im Wege des Vertrages koordiniert haben. Wenn jedoch der Weg der Koordination gewählt ist, dann sind die Partner den besonderen Gesetzlichkeiten des Vertragsrechts unterworfen.

Fraglich kann sein, ob nicht über das „Können" hinaus ein „Müssen" besteht, also eine verfassungsrechtliche Pflicht zur Einigung zwischen Staat und Kirche in der Form des Vertrages. Unter der Prämisse der vorstehend entwickelten Auffassung von der Rolle der Verfassung für das Staat-Kirche-Verhältnis muß die Antwort „grundsätzlich nein" lauten. Die Verfassung gibt keine genügenden Anhaltspunkte dafür, daß sie ein allgemeines Koordinationsverhältnis zwischen Staat und Kirche in dem Sinne voraussetzt, daß nur noch das Vertragsrecht die von Verfassungs wegen gebotene Basis für die gegenseitigen Beziehungen bilden könnte. Weder das Grundgesetz noch die Landesverfassungen können im Sinne der strengen Koordinationslehre interpretiert werden. Die grundsätzliche Verneinung einer Pflicht im Rechtssinne macht gleichwohl keineswegs die Behauptung des Bundesverfassungsgerichts richtig, wonach es „völlig im Belieben" des Staates stehen soll, ob und mit welchen Kirchen er Verträge abschließen wolle[65]. So kann es erstens aus Gründen der Parität eine in der Verfassung begründete Pflicht zum Vertragsschluß geben; zwar nicht automatisch, aber doch dann, wenn auf Paritätswahrung angetragen wird und die Gleichstellung sachlich begründet ist. Aus dem Vertragsrecht selbst ergibt sich zweitens jedenfalls für die Sphäre des rechtlichen „Dürfen" eine Pflicht zu vertraglicher Einigung, wenn es um Änderung oder Fortbildung eines bestehenden Vertrages geht. Weitergehend gibt es drittens Fälle, in denen der Staat aus Gründen des Verfassungsrechts an einseitiger Rechtsetzung gehindert ist, er also jedenfalls materiell der Zustimmung der Kirche bedarf, wenn er eine bestimmte Regelung treffen will. Das gilt für alle Verfassungsgarantien, die ein Angebot an die Kirchen darstellen, dessen Annahme der Staat aber nicht erzwingen kann[66]. So kann der Staat beispielshalber Theologische Fakultäten nur mit Einverständnis der Kirchen errichten, könnte er der Kirche das Kirchensteuersystem nicht

---

[65] BVerfGE 19, 1 (12). Ausdrückliche Zustimmung zu dieser These des Bundesverfassungsgerichts aber bei *Paul Mikat*, Staat, Kirchen und Religionsgemeinschaften, in: HdbVerfR, S. 1059 (1087).

[66] Auf dieser Linie zutreffend *Ernst-Lüder Solte*, Theologie an der Universität. Tübingen 1971, S. 118; ferner *Christoph Link*, Der Rechtsstatus der Theologischen Fakultäten, in: Theologische Rundschau 53 (1988), S. 415.

§ 7 Die vertragsrechtlichen Grundlagen des Staatskirchenrechts 269

aufdrängen, wenn sie kraft ihres Selbstbestimmungsrechts sich für eine andere Form der Finanzierung entschiede. Zwar wäre in diesen Fällen die Form des Vertrages nicht unabdingbar; der formell einseitige staatliche Rechtsetzungsakt müßte aber in einem qualifizierten Sinne paktiert sein, d. h. auf materieller Zustimmung beruhen und nicht bloß in einem auch sonst bei Gesetzen üblichen Sinne „abgesprochen" sein. In einer weiteren Fallgruppe geht es um die Frage der einverständlichen Ziehung der Grenzlinie zwischen kirchlicher Freiheit und staatlichem Einfluß, wenn diese Grenzlinie von der Verfassung nicht eindeutig fixiert ist. Sofern hier ein Spielraum gegeben ist, kann die Kirche Einflußrechte zugestehen, die der Staat kraft einseitiger Regelung nicht beanspruchen könnte. Insoweit wäre eine Berufung auf den Grundsatz „volenti non fit iniuria" möglich. Auf diese Weise kann sich die Kirche etwa auf die politische Klausel oder auf die Eidesleistung der Bischöfe vertraglich verpflichten und den Staat entsprechend berechtigen; unter der Herrschaft von Art. 140 GG i. V. m. Art. 137 Abs. 3 WRV könnte er sich solche Rechte indes nicht einseitig nehmen. Andererseits kann er sich nicht mehr zugestehen lassen als was die Verfassung eindeutig verbietet, und das wäre, bezogen auf den hier gewählten ersten Beispielsfall, sicherlich ein absolutes Vetorecht.

Nach alledem bleibt es bei der Grundsatzaussage, daß die Verfassung zwar Koordinierung zuläßt, sie aber nicht zwingend gebietet; es bleibt auch richtig, daß „Gesetz oder Vereinbarung", um mit der Verfassung des Landes Hessen zu reden, prinzipiell gleichberechtigt sind. Gleichwohl engen die vorstehend entwickelten Einschränkungen den Spielraum ganz erheblich ein, insbesondere wenn man sie auf den faktisch erreichten Zustand des Vertragsrechts bezieht und wenn man den Paritätsgrundsatz ins Gewicht fallen läßt. Dann nämlich geht die Tendenz auf eine Ermessensreduzierung auf Null. Auf diese Weise läßt sich begründetermaßen von einem tendenziellen Vorrang des Vertrages im Verhältnis zum Gesetz sprechen.

Dieser Befund wird durch weitere Grundsatzüberlegungen gestützt. Wenn der Staat in der Bundesrepublik Deutschland seit langem und immer noch für die Staat-Kirche-Beziehungen das Gestaltungsmittel des Vertrages bevorzugt, so beruht das sicher nicht nur auf Erwägungen der Praktikabilität. Es ist auch nicht nur als Ausdruck einer bestimmten politischen Option, etwa für Kirchenfreundlichkeit, zu erklären. Hier war und ist offensichtlich mehr im Spiel als bloße Pragmatik und (partei-)politisches Kalkül, nämlich die mit Argumenten aus der Verfassung selbst zu belegende Überzeugung, daß koordinationsrechtliche Ordnung im Verfassungsstaat eine besonders sachgerechte Form der Problemlösung darstellt und daß sie sich als förderliches „Instrument zur Realisierung freiheitlich demokratischer Staatlichkeit"[67] bewährt hat[68]. Im Spielraum der Möglichkeiten ist diese der Wirklichkeit des Verhältnisses von Staat und Kirche angemessener, wird der Sache besser gerecht, und insofern kann man hier durchaus von größerer Legitimität sprechen. Der Staat anerkennt nämlich in der Verfassung die eigenständige Existenz der Kirchen und Religionsgemeinschaften aus eigenem Recht, er anerkennt das hohe Gut der Religions- und Kirchenfreiheit und damit, bekräftigt durch das Verbot der Staatskirche, seine eigene Selbstbegrenzung als weltliche Ordnungsmacht. Daraus folgt ein striktes Einmischungsverbot. Deshalb wird gerade der säkulare Staat, um sich nicht dagegen zu verfehlen, die Vertragsform wählen. Es ist mithin der Kompetenzmangel des neutralen Staates in religiös-weltanschaulicher Hinsicht, der für das Vertragsstaatskirchenrecht spricht[69].

Für und nicht gegen koordinative Rechtsgestaltung spricht auch — unter rechtsstaatlichem Aspekt — ein entscheidendes Plus, das dem Vertrag gegenüber der paktierten Rechtsetzung zukommt. Er entspricht nämlich besser dem zentralen Gebot der Verantwortungs- und Formenklarheit. Solange die Kirchen wichtige Faktoren in der Wirklichkeit des politischen Gemeinwesens sind und deshalb die Notwendigkeit umfassender Regelungen besteht, müssen für die öffentliche Gesamtordnung des Verhältnisses von Staat und Kirche beide Partner zu ihrem Teil Veranwortung tragen, im Verhältnis zueinander wie zum Staatsbürger. Das muß sich auch nach außen manifestieren. Dafür ist der Vertrag ein vorzügliches Mittel. Der öffentliche Vertragsschluß zwingt beide Partner dazu, auf der Grundlage ihres Selbstverständnisses ihre Sachkonzeption klar zu entfalten; zudem eignet ihm wegen der besonderen Förmlichkeiten eine gesunde Warnfunktion. Er dient dazu, das reale Verhältnis der Kräfte und Tendenzen bewußt und sichtbar zu machen. Das ist gerade dann gefordert, wenn der Staat seine Beziehungen zu einem Verband normiert, der innerhalb der staatlich-territorialen Ordnung seine Wirksamkeit entfaltet, aber grundsätzlich nach eigenem, unabgeleitetem Recht lebt. Demgemäß haben die Verträge in Anbetracht der unter den Bedingungen in Deutschland notwendigen Regelungsdichte im Staatskirchenrecht in der Tat dazu beigetragen, graue Zonen zu vermeiden, und im grundsätzlichen wie im einzelnen möglichst klare Verhältnisse zu schaffen.

---

[67] So *Albrecht*, Koordination (Anm. 1), S. 157.

[68] Nachdrücklich in diesem Sinne auch *v. Campenhausen*, Staatskirchenrecht (Anm. 1): Der Vertrag ist ein „adäquates Mittel der Rechtsgestaltung" (S. 106); er ist „zu einer normalen und angemessenen Form der rechtlichen Regelung" geworden (S. 112).

[69] Mit Recht hervorgehoben von *v. Campenhausen*, ebd., S. 106.

§ 7 Die vertragsrechtlichen Grundlagen des Staatskirchenrechts

Es gibt indes den Einwand, der Staatskirchenvertrag sei unter dem Gesichtspunkt des Demokratieprinzips „zumindest suspekt"[70]. Wenn gesagt wird, aus dem Demokratiegebot des Grundgesetzes lasse sich eher eine Präferenz zugunsten des demokratischen Gesetzes herleiten[71], so wird man dem mit Nachdruck entgegenhalten müssen, daß Verträge wegen der Notwendigkeit parlamentarischer Zustimmung in Gesetzesform prinzipiell die gleiche demokratische Legitimation wie Gesetze besitzen[72]. Allerdings kommt Regierung und Exekutive wegen ihrer Prärogative in der Vertragsabschlußkompetenz eine im Verhältnis zum normalen Gesetzgebungsverfahren noch stärkere Stellung zu. Es darf auch in seiner Bedeutung nicht verkleinert werden, daß das Vertragsrecht in der Tat erhöhte Bindung mit sich bringt und damit Hemmung der Fähigkeit, auf neue Lagen rasch zu reagieren. Ein Gesetz läßt sich schneller ändern als ein Vertrag. In beiden Hinsichten gibt es aber Möglichkeiten der Verbesserung der Prozedur (etwa durch Beteiligung parlamentarischer Kräfte an den Vertragsverhandlungen) und des Instrumentariums (etwa durch Revisionsklauseln oder durch Aktivierung der traditionellen Freundschaftsklauseln).

Die These, das Vertragsrecht sei demokratisch suspekt, reicht freilich noch in eine tiefere Schicht der Begründung hinein. Sie ist Ausdruck einer vorwiegend an Souveränität und Dezision orientierten, prinzipiell antipluralen Demokratiekonzeption. Wenn aber Demokratie im Sinne des Grundgesetzes zu verstehen ist als Ordnung eines freien und offenen politischen Lebensprozesses[73], in dem gerade auch Eigenrechtsbereiche ihre Anerkennung finden, so fügt sich dem eine Sicht ein, für die sich „responsible government" in erster Linie in der Sachangemessenheit von Regelungen und nicht in der Wahrung formaler Souveränität bewähren muß. Zwar widerstreitet der Grundsinn der modernen Demokratie einer ständestaatlichen Kontraktualisierung und „Vermarktung" bei der Wahrnehmung der Gemeinwohlverantwortung. Wenn aber der demokratische Staat nach Maßgabe seiner Verfassung den Kirchen und Religionsgemeinschaften insoweit eine Sonderposition einräumt, so zieht er damit eine der Sache dienliche Konsequenz aus seiner inneren Selbstbegrenzung auf Säkularität und Neutralität und aus der damit gebotenen strikten Verpflichtung auf Wahrung der Religionsfreiheit und des religionsgemeinschaftlichen Selbstbestimmungsrechts. Es ist der

---

[70] So *Hermann Weber*, Grundprobleme des Staatskirchenrechts. Bad Homburg v. d. H., Berlin, Zürich 1970, S. 50.
[71] So *Weber*, ebd. Ganz auf dieser Linie *Helmut Quaritsch*, Kirchenvertrag und Staatsgesetz, in: Hamburger FS für Friedrich Schack. Hamburg 1966, S. 125 ff.
[72] So zu Recht *v. Campenhausen*, Staatskirchenrecht (Anm. 1), S. 111.
[73] Zu diesem Aspekt grundlegend *Konrad Hesse*, Grundzüge des Verfassungsrechts der Bundesrepublik Deutschland. 18. Aufl., Heidelberg 1991, S. 66 f.

Zusammenhang mit diesen maßgebenden Grundentscheidungen der Verfassung, welcher den Unterschied im Verhältnis des Staates zu Kirchen und Religionsgemeinschaften einerseits, zu Parteien, Gewerkschaften und anderen Verbänden des weltlich-säkularen Bereichs andererseits rechtfertigt. Man mag von „Privileg" sprechen; es handelt sich aber um eine sachlich begründete Position, durch die andere öffentliche Potenzen im Staat nicht diskriminiert werden.

Möglichkeit, Zulässigkeit und Angemessenheit koordinativer Rechtsgestaltung ergeben sich mithin nicht nur kraft Herkommens oder kraft positivrechtlicher Begründung. Sie entbehrt vielmehr keineswegs der inneren Rechtfertigung als förderliches Element einer freiheitlichen Staat-Kirche-Ordnung in Demokratie und sozialem Rechtsstaat, ja sie ist ein besonderes Markenzeichen für Freiheitlichkeit. Diese innere Rechtfertigung in Verbindung mit den Gesichtspunkten, die bei der Entscheidung der Frage „Gesetz oder Vereinbarung" zugunsten der letzteren Form einschränkend wirken bzw. tendenziell einen Vorrang des Vertrages begründen, läßt es als zulässig erscheinen, von einer im Einklang mit der Verfassung stehenden „Direktive" zu koordinationsrechtlicher Regelung zu sprechen.

2. Der Rechtscharakter der Staatskirchenverträge

Die Frage nach dem Rechtscharakter der Staatskirchenverträge kann heute für Konkordate und evangelische Kirchenverträge insoweit eindeutig übereinstimmend beantwortet werden, als sie echte, beide Parteien bindende Verträge sind. Es gilt — im Sinne der überkommenen Typologie[74] — die Vertragstheorie. Sowohl die kurialistische Privilegientheorie, wonach Konkordate dem Staat gewährte Privilegien darstellen, die der Papst frei widerrufen kann, als auch die etatistische Legaltheorie, wonach Konkordate „nur der Ausdruck eines juristisch irrelevanten Consenses der Kirche zu einem staatlichen Gesetzgebungsact"[75] sind, gehören als solche der Geschichte an. Ebenso ist überwunden die Auffassung, welche die evangelischen Kirchenverträge als Verwaltungsverträge qualifizierte und sie damit, sachlich übereinstimmend

---

[74] Aufschlußreich dazu *Obermayer*, Staatskirchenrechtliche Grundvorstellungen (Anm. 10), S. 505 ff.

[75] So mit besonderer Deutlichkeit *Rudolph Sohm*, Das Verhältnis von Staat und Kirche aus dem Begriff von Staat und Kirche entwickelt. Tübingen 1873 (ND Darmstadt 1965), S. 53. Auf dieser Linie dann auch *Wilhelm Kahl*, Lehrsystem des Kirchenrechts und der Kirchenpolitik. Freiburg i. Br. u. Leipzig, 1894, S. 303: „Konkordate sind an und für sich als Mittel der Verhältnisbestimmung zwischen Staat und Kirche zu verwerfen".

§ 7 Die vertragsrechtlichen Grundlagen des Staatskirchenrechts 273

mit der Legaltheorie, dem jederzeitigen Zugriff des Gesetzgebers preisgab[76]. Für die nähere Spezifikation des Rechtscharakters der Staatskirchenverträge auf der Grundlage der Vertragstheorie gibt es aber immer noch keine einhellig akzeptierten Lösungen. Die in der Wissenschaft vorherrschende, die Praxis bestimmende Auffassung unterscheidet zwischen Konkordaten und evangelischen Kirchenverträgen[77]. Jene werden als echte völkerrechtliche Verträge qualifiziert oder doch jedenfalls als quasi-völkerrechtliche Verträge, auf welche die Regeln des Völkervertragsrechts entsprechend angewendet werden[78]. Diesen wird der Charakter echter koordinationsrechtlicher Verträge zuerkannt, die weder dem Staatsrecht noch dem Völkerrecht zugehören, sondern gerade als Abgrenzung zwischen staatlichem und kirchlichem Bereich öffentliches Recht darstellen[79]. Nach dieser Auffassung unterscheiden sich evangelische Kirchenverträge allein dadurch von den Konkordaten, daß sie nicht dem internationalen Bereich zuzuordnen sind; ein sonstiger Wesens- oder Rangunterschied aber besteht nicht.

Es hat in den letzten Jahren nicht an Versuchen gefehlt, das Phänomen der Staatskirchenverträge rechtssystematisch anders zu erfassen als die herrschende Auffassung das tut[80]. Während diese z. B. einseitig an den Hauptverträgen orientiert ist und deshalb etwa für Bistumsverträge und den ganzen Komplex von Nebenabmachungen keinen Ort hat, bemühte man sich vornehmlich unter Hinweis auf den unterschiedlichen Legitimationsgrund von staatlichem bzw. internationalem und kirchlichem Recht sowie die Eigenart der Partner und des Vertragsinhalts darum, die Verträge unbeschadet interner sachlicher Differenzierungen einheitlich einem besonderen rechtssystematischen Bereich des Staat-Kirche-Rechts zuzuweisen, sie mithin als Verträge sui generis zu qualifizieren[81]. Dabei hat man den Grundsinn der Verträge dahin gekennzeichnet, daß sie eine „von Staat und Kirche verabredete und gemeinsam vollzogene kirchenrechtliche und staatskirchenrechtliche

---

[76] Vgl. dazu im Blick auf die Weimarer Entwicklung *Huber*, Verfassungsgeschichte (Anm. 9), Bd. 6, 1981, S. 903 ff.

[77] Überblick bei *Pirson*, Art. Vertragsstaatskirchenrecht (Anm. 1).

[78] Aus dem neueren deutschsprachigen Schrifttum ist hervorzuheben *Heribert Franz Köck*, Rechtliche und politische Aspekte von Konkordaten. Berlin 1983.

[79] In dieser Richtung besonders *Scheuner*, Kirchenverträge (Anm. 1).

[80] Aus dem deutschen Schrifttum dürfen genannt werden *Rudolf Smend*, Reichskonkordat und Schulgesetzgebung, in: JZ 1956, S. 265-267, 395 f = ders., Staatsrechtliche Abhandlungen, 2. Aufl., Berlin 1968, S. 487 ff.; *Hans Barion*, Ordnung und Ortung im kanonischen Recht, in: FS für Carl Schmitt, Berlin 1959, S. 1-34 = ders., Kirche und Kirchenrecht. Gesammelte Aufsätze. Hrsg. v. Werner Böckenförde, Paderborn 1984, S. 181-214; *Hollerbach*, Verträge (Anm. 1); *Wilhelm Wengler*, Völkerrecht. Bd. 1, Berlin 1964, S. 290 ff.

[81] Vgl. *Hollerbach*, Verträge (Anm. 1), S. 176.

18 Handbuch, 2. A.

Ordnung in dem gemeinsamen staatlich-kirchlichen Raum" schaffen[82]. Die spezifische Funktion des Staatskirchenvertragsrechts ist es danach, in Übereinstimmung mit der Verfassung ein wesentliches Stück des inneren Verfassungslebens unter gemeinsamer Verantwortung von Staat und Kirche auf Dauer zu regeln und diese Normenordnung als konsentierte Ordnung aller Kommunikation und Kooperation zugrunde zu legen[83]. Die Verpflichtungskraft bezieht dieses Recht aus dem gemeinsamen Willen der Vertragspartner, der wiederum dadurch normativ fundiert ist, daß es trotz des Auseinandertretens von staatlichem und kirchlichem Recht noch gemeinsame Wesenszüge der „beiden Rechte" gibt, die eine Kommunikation in foro iuridico ermöglichen. Im übrigen aber wird dieses Recht, das durch seine enge Vinkulierung an „Staatsverfassung" einerseits, „Kirchenordnung" andererseits gekennzeichnet ist, durch die konkreten Verträge als leges contractus konstituiert und trägt seine Gewähr in sich selbst.

Diese Lehre von der Eigenart und Einheitlichkeit der Staatskirchenverträge darf wohl auf der Ebene der Theorie die besseren Gründe für sich in Anspruch nehmen. Für die Praxis ist aber anzuerkennen, daß die Verträge mit dem Heiligen Stuhl, die in der Bundesrepublik in Geltung stehen, bewußt in den Formen eines völkerrechtlichen Vertrages abgeschlossen und von den Partnern als solche gewollt wurden. Auch für die theoretische Beurteilung kann im übrigen darauf verwiesen werden, daß das Maß der Anomalie, das in der Anerkennung des Heiligen Stuhles als Völkerrechtssubjekt liegt, heute nicht mehr so groß ist wie ehedem, nachdem das Völkerrecht sich nicht mehr nur als zwischenstaatliches System, sondern mehr und mehr als „universale Grundordnung der Völker und Menschen"[84] darstellt. Andererseits dürfte die Eigenart der staatlich-kirchlichen Vertragsbeziehungen auch auf der Ebene des Völkerrechts wieder dadurch unterstrichen worden sein, daß sich die Wiener Konvention über das völkerrechtliche Vertragsrecht vom 22. Mai 1969 eindeutig nicht auf das Konkordatsrecht bezieht, obwohl der Heilige Stuhl an der Konferenz teilgenommen hat.

Herrschende Auffassung und Eigenartstheorie lassen sich dann in gewisser Weise versöhnen, wenn man der völkerrechtlichen Qualifikation der Konkordate lediglich formale Bedeutung zuspricht. Dann könnte man sagen, das Konkordat sei über seinen eigentlichen, auf Staat und Kirche gemeinsamen Elementen des Rechts gegründeten

---

[82] So *Smend*, Reichskonkordat (Anm. 80), S. 266.

[83] So *Alexander Hollerbach*, Die Kirchen unter dem Grundgesetz, in: VVDStRL 26 (1968), S. 83.

[84] Schon früh hervorgehoben von *Ulrich Scheuner*, Die Stellung des ökumenischen Rates im internationalen Leben (1966), in: ders., Schriften (Anm. 1), S. 559.

§ 7 Die vertragsrechtlichen Grundlagen des Staatskirchenrechts   275

Rechtscharakter hinaus jedenfalls *auch* völkerrechtlicher Vertrag; dieses Superadditum, diese „Dreingabe" überlagere nur die materielle Gemeinsamkeit mit Bistumsverträgen und evangelischen Kirchenverträgen. Will man also nicht von vornherein Staatskirchenverträge als Verträge sui generis qualifizieren und sie einem besonderen Rechtsbereich des „Staat-Kirche-Rechts" zuweisen, so ist ihr gemeinsamer rechtssystematischer Ort doch jedenfalls das öffentliche Recht in dem traditionsbegründeten weiteren Sinne, der gerade das Verhältnis des Staates zu den Kirchen und Religionsgemeinschaften als öffentlichkeitsrelevanten Potenzen einschließt[85].

Zu betonen bleibt, daß Sachgrund für die koordinative Rechtsgestaltung im Zusammenwirken von Staat und Kirche weder deren Eigenschaft als Körperschaft des öffentlichen Rechts noch, hinsichtlich der katholischen Kirche, deren bzw. des Heiligen Stuhls Völkerrechtssubjektivität[86] ist. Sachgrund ist vielmehr die vom Staat respektierte und in der Verfassung normierte Eigenrechtsmacht der Kirchen, kraft deren sie als öffentliche Potenzen im politischen Gemeinwesen wirken. Orientiert man sich an diesem Kriterium, so steht nichts im Wege, daß auch Religionsgemeinschaften, die nicht Großkirchen sind, in den Kreis der Vertragspartner hineinwachsen. Eine Zuordnung zum öffentlichen Recht im weiteren Sinne kommt freilich nur in Betracht, wenn die betreffende Religionsgemeinschaft den Status einer Körperschaft des öffentlichen Rechts besitzt.

3. Staatskirchenverträge im System der staatlichen Rechtsquellen, insbesondere in ihrem Verhältnis zu Verfassung und Gesetz

Wie jeder Vertrag begründet der Staatskirchenvertrag als solcher zunächst nur Rechte und Pflichten zwischen den Partnern. Bürgerverbindlichkeit erlangt er erst dadurch, daß er — in der Regel in der Form des Gesetzes — dem staatlichen Rechtsquellensystem förmlich zugeordnet wird. Im damit verknüpften Streit zwischen Transformations- und Vollzugslehre[87] wird die Theorie der Staatskirchenverträge für die letztere Partei ergreifen. Das heißt: Das Staatskirchenvertragsrecht

---
[85] Zu dieser Konzeption insbesondere *Scheuner,* Kirchenverträge (Anm. 1).
[86] Vgl. dazu *Hollerbach,* Verträge (Anm. 1), S. 102.
[87] Zur allgemeinen Orientierung vgl. *Alfred Verdross/Bruno Simma,* Universelles Völkerrecht. 3. Aufl., Berlin 1984, S. 545 f. Aus dem Spezialschrifttum vgl. *Karl Joseph Partsch,* Die Anwendung des Völkerrechts im innerstaatlichen Recht. Überprüfung der Transformationslehre (= Berichte der Deutschen Gesellschaft für Völkerrecht, 6), Karlsruhe 1964; *Gerhard Boehmer,* Der völkerrechtliche Vertrag im deutschen Recht (= Beiträge zum ausländischen öffentlichen Recht und Völkerrecht, 43), Köln 1965.

wird nicht in Gesetzesgebote transformiert, sondern es wird als solches ohne Umschaffung seiner Geltungsqualität, also unter Wahrung des Vertragscharakters der Abrede, durch ein „ita ius esto", also durch einen Anwendungsbefehl der zuständigen Organe, im staatlichen Bereich anwendbar gemacht.

Was nun den Rang des Vertragsrechts im staatlichen Rechtsquellensystem anlangt, so kommt es darauf an, ob die Verfassung darüber eine Entscheidung trifft. Die Entscheidung kann, wie im Falle von Art. 8 der Baden-Württembergischen Verfassung geschehen[88], eine verfassungsrechtliche Kollisionsnorm zum Gegenstand haben, die bestimmt, daß im Falle eines Normenkonflikts zwischen dem Vertragsrecht und den sonstigen Vorschriften der Verfassung die Vertragsbestimmungen als leges speciales vorrangig anwendbar sind. Damit wird zwar nicht dem Vertragsrecht insgesamt ein höherer, sozusagen überkonstitutioneller Rang eingeräumt, wohl aber festgelegt, daß im Zweifels- und Konfliktsfall von Verfassungs wegen Vertrag vor Verfassung geht. A fortiori schließt das ein, daß Vertrag natürlich auch vor (späterem) einfachem Gesetz geht. Eine zweite Möglichkeit besteht darin, daß die Verfassung dem Vertragsrecht ausdrücklich Vorrang vor dem einfachen Gesetzesrecht zuerkennt, wie das in Art. 23 Abs. 2 Nordrhein-Westfälische Verfassung und in Art. 67 Hessische Verfassung zum Ausdruck kommt[89]. Danach wäre ein vertragswidriges späteres Gesetz nichtig. Wenn aber eine solche Rangbestimmung von Verfassungs wegen nicht besteht, geht die herrschende Auffassung mit Rücksicht auf die „Grundvorstellungen von der Hoheit des Staates und der ihm vom Volke anvertrauten Entscheidungsmacht"[90] von der im Völkerrecht gängigen deutlichen Unterscheidung zwischen Vertrags- und Gesetzesbindung aus und betont, der Kirchenvertrag könne einen Gegenstand nicht der gesetzgeberischen Verfügung entziehen. Der Staat *dürfe* zwar den Vertrag ohne vertragsbrüchig zu werden nicht verletzen, aber er *könne* es kraft seiner faktischen Macht, auch wenn dadurch seine Vertragsbindung grundsätzlich nicht berührt werde. Dadurch kann es dann zu einer dualistischen Spaltung zwischen Vertragsgeltung und Gesetzesgeltung kommen. Die vertragswidrige lex posterior wäre zwar gültig, bedeutete aber Ver-

---

[88] Vgl. dazu die Kommentierung von *Alexander Hollerbach*, in: Paul Feuchte (Hrsg.), Die Verfassung des Landes Baden-Württemberg. Kommentar, Stuttgart 1987, besonders Rdnr. 8 zu Art. 8.

[89] Nach Art. 23 Abs. 2 NWVerf. ist zur Änderung der Kirchenverträge und zum Abschluß neuer Verträge „außer der Zustimmung der Vertragspartner" ein Landesgesetz erforderlich. Nach Art. 67 S. 2 HessVerf. ist kein Gesetz gültig, das mit Regeln des Völkerrechts oder „mit einem Staatsvertrag" in Widerspruch steht.

[90] So *Scheuner*, Kirchenverträge (Anm. 1), S. 326.

§ 7 Die vertragsrechtlichen Grundlagen des Staatskirchenrechts 277

tragsbruch. Dieser Standpunkt wird auch von der Judikatur in der Bundesrepublik Deutschland geteilt, soweit sie Anlaß hatte, diese Frage zu entscheiden[91]. Das gilt insbesondere für das Bundesverfassungsgericht[92]. Demgegenüber hat die Auffassung, die unter Betonung der Eigenart und spezifischen Funktion des Staatskirchenvertragsrechts die Anwendung der lex-posterior-Regel für verfehlt hält, bislang keine Gefolgschaft gefunden. Umso mehr wird man die rechtspolitische Forderung erheben dürfen, dem einfachen Gesetzgeber auch das rechtliche Können zu versagen. Es ist mithin eine klare rangbestimmende Verfassungsnorm zu postulieren, die den Übergesetzesrang zumindest für staatskirchenpolitisch bedeutsame Verträge generell festlegt oder die den Zustimmungsgesetzgeber zu einer entsprechenden Rangeinstufung in concreto ermächtigt. Auf dieser Linie liegen immerhin in einfachen Gesetzen enthaltene Vertragsklauseln, die, wie z. B. § 81 Hochschulrahmengesetz, ausdrücklich festlegen, daß die Verträge mit den Kirchen durch das betreffende Gesetz nicht berührt werden. Das ist als Kollisionsnorm wie auch als Interpretationsmaxime zu verstehen.

Im Verhältnis von Staatskirchenvertrag und Verfassung wird es allerdings mit Rücksicht auf den Rang der letzteren als konstitutiver Grundordnung bei der Unterscheidung zwischen „dürfen" und „können" bleiben müssen, wie das die herrschende Lehre annimmt[93]. Sofern der verfassungsändernde Gesetzgeber im Blick auf seine Gemeinwohlverantwortung glaubt, einer bestehenden Vertragsbindung entgegenhandeln zu müssen, hat man das hinzunehmen; das vertragswidrige verfassungsändernde Gesetz kann aber nur innerstaatliche Geltung für sich beanspruchen, es läßt die Vertragsgeltung als solche unberührt und bedeutet Vertragsbruch. Auf den Bestand des Vertrages als solchen könnte legitimerweise durch Lossagung nur in den Fällen der clausula rebus sic stantibus eingewirkt werden, also wenn bei Wegfall der rechtlichen Voraussetzungen eine solche Veränderung eingetreten ist, daß dem Partner ein Festhalten am Vertrag nicht mehr zugemutet werden kann. Die mit Rücksicht auf die enge Verklammerung des Vertragsrechts mit Staatsverfassung und Kirchenordnung entwickelte

---

[91] VGH Baden-Württemberg, in: ESVGH 17, 172 (175); 17, 177 (180); 18, 23. Vgl. dazu auch *Hollerbach* in der oben Anm. 88 angeführten Kommentierung zu Art. 8 Bad.-Württ.Verf. (Rdnr. 11).

[92] So im Konkordatsurteil BVerfGE 6, 309 (363). Diese Position ist später im Verfahren zum Nordrhein-Westfälischen Schulrecht noch einmal bekräftigt und dabei die Möglichkeit bejaht worden, daß der Gesetzgeber innerstaatlich wirksam von einer Vertragsnorm abweicht: BVerfGE 41, 88 (120 f.). Vgl. dazu *Alexander Hollerbach*, Das Staatskirchenrecht in der Rechtsprechung des Bundesverfassungsgerichts, in: AöR 106 (1981), S. 218 (267 f.).

[93] Repräsentativ dafür die in Anm. 1 aufgeführte Arbeit von *Ulrich Scheuner*.

weitergehende These[94], daß Staat oder Kirche sich nach Ausschöpfung aller Möglichkeiten zu schiedlich-friedlicher Einigung dann mit einer Verfassungsänderung auch vom Vertrag lossagen können, wenn unverzichtbare letzte Lebensprinzipien auf dem Spiel stehen, hat bislang, soweit ersichtlich, keine Zustimmung gefunden.

4. Einzelfragen des allgemeinen Vertragsrechts in bezug auf die Verfassungsordnung der Bundesrepublik Deutschland

a) Abschlußkompetenz

Art. 32 GG hat nur die Beziehungen zu weltlichen Völkerrechtssubjekten zum Gegenstand; die Beziehungen zum Heiligen Stuhl werden von ihm nicht erfaßt[95]. Daraus folgt zwar nicht die verfassungsrechtliche Zulässigkeit von diplomatischen Vertretungen der Länder beim Heiligen Stuhl — dem steht Art. 87 Abs. 1 GG entgegen —[96], wohl aber die Tatsache, daß Länder für Konkordatsabschlüsse nicht von Verfassungs wegen der Zustimmung der Bundesregierung bedürfen[97]. Da Art. 32 somit nicht einschlägig ist und es auch keine besonders geartete „Staatskirchenvertragsgewalt" gibt, folgt mithin das Recht zum Abschluß von Staatskirchenverträgen den allgemeinen Regeln der innerstaatlichen Kompetenzverteilung (Art. 30, 70 GG). Insoweit sind Gesetzgebungs- und Vertragskompetenz identisch. Maßgebend ist deshalb auch in diesem Zusammenhang die Liste der staatskirchenrechtlich relevanten Bundeszuständigkeiten[98].

---

[94] *Hollerbach,* Verträge (Anm. 1), S. 158; deutlicher Einspruch dagegen bei *Scheuner,* Kirchenverträge (Anm. 1), S. 324 f., 327 = S. 369 f., 371 f.

[95] Einhellige Auffassung der Kommentar-Literatur. Im einzelnen dazu und zum folgenden eingehend *Ulrich Fastenrath,* Kompetenzverteilung im Bereich der auswärtigen Gewalt. München 1986, S. 93 f. Vgl. im übrigen zum Grundsätzlichen *Wilhelm G. Grewe,* Auswärtige Gewalt, in: HStR III, 1988, S. 958 ff.

[96] Speziell dazu *Hans-Georg Franzke,* Verfassungsrechtliche Zulässigkeit diplomatischer Vertretungen deutscher Bundesländer beim Hl. Stuhl, in: NWVBl. 1992, S. 345-347.

[97] Vgl. dazu im einzelnen die aus Anlaß des Niedersächsischen Konkordats entstandene Kontroverse, die sich in einem Briefwechsel zwischen dem Niedersächsischen Ministerpräsidenten und dem Bundesminister des Auswärtigen (Texte bei *Listl,* Konkordate und Kirchenverträge [Anm. 2], Bd. 2, S. 32 ff.) sowie literarisch in dem Aufsatz von *Werner Weber,* Zur Mitwirkung des Bundes beim Abschluß von Länderkonkordaten, in: DÖV 1965, S. 44 f., und der Entgegnung von *Dedo von Schenck,* Die Mitwirkung des Bundes beim Abschluß von Länderkonkordaten, in: DÖV 1966, S. 299, niedergeschlagen hat. Richtiger Auffassung nach ist das Land aber dem Bund gegenüber zu förmlicher Information verpflichtet.

[98] Vgl. dazu in *diesem* Handbuch *Peter Badura,* § 6 Das Staatskirchenrecht als Gegenstand des Verfassungsrechts. Die verfassungsrechtlichen Grundlagen des Staatskirchenrechts.

b) Organzuständigkeit

Weder Konkordate noch und erst recht nicht Staatskirchenverträge mit der evangelischen Kirche sind Verträge mit auswärtigen Staaten i. S. von Art. 59 Abs. 1 S. 2 GG[99]. Deshalb steht die Vertragsbefugnis insoweit verfassungsrechtlich nicht dem Bundespräsidenten, sondern der Bundesregierung zu. Der Bundespräsident kann jedoch in abgeleiteter Zuständigkeit aus Gründen der internationalen Courtoisie tätig werden; wie beim Militärseelsorgevertrag geschehen, ist dann aber der evangelische Partner gleich zu behandeln. Im Bereich der Länder gelten insoweit die im wesentlichen übereinstimmenden Regeln über den Abschluß von Staatsverträgen.

Soweit die vertraglichen Übereinkünfte zwischen Staat und Kirche nicht als bloße Verwaltungsabkommen qualifiziert werden können, bedürfen sie der parlamentarischen Zustimmung in der Form des Gesetzes. Das folgt für Verträge des Bundes aus Art. 59 Abs. 2 S. 1 GG. Nach dem Ausweis der Entstehungsgeschichte wurde diese Norm gerade im Blick auf Konkordate bewußt nicht auf Verträge mit auswärtigen Staaten beschränkt; vielmehr sollten auch „Verträge des außerstaatlichen Rechtes" erfaßt werden[100]. Art. 59 Abs. 2 S. 1 GG gilt demgemäß sicher für Verträge mit dem Heiligen Stuhl. Nach dem sachlichen Grundgedanken, der dahinter steht, muß diese Norm aber darüber hinaus auf alle Staatskirchenverträge, insbesondere auf Verträge mit der evangelischen Kirche, Anwendung finden. Im Bereich der Länder statuiert Art. 21 S. 2 Nordrhein-Westfälische Verfassung die Zustimmungsbedürftigkeit durch Landesgesetz ausdrücklich für Verträge mit den Kirchen. Sonst gelten auch hierfür die Regeln über Staatsverträge, die allesamt die parlamentarische Zustimmung verlangen. Bei Fehlen solcher Regeln kann man sich auf einen Satz gemeindeutschen Verfassungsrechts berufen, wonach die Regierung zum Abschluß von Verträgen, die sich auf Gegenstände der Gesetzgebung beziehen, der Zustimmung des Parlaments bedarf[101].

c) Vertragsinterpretation, Freundschafts- und Revisionsklauseln

Soweit es überhaupt spezifische Regeln für die Auslegung von Verträgen gibt[102], kann man sich auch für das Vertragsstaatskirchenrecht an

---

[99] Dazu und zum folgenden näher *Hollerbach*, Verträge (Anm. 1), S. 204 f.
[100] Im einzelnen dazu Gerhard Hans *Reichel*, Die auswärtige Gewalt nach dem Grundgesetz für die Bundesrepublik Deutschland vom 22. Mai 1949. Berlin 1967, S. 94 f., ferner *Fastenrath*, Kompetenzverteilung (Anm. 95), S. 102 f.
[101] BVerfGE 4, 250 (276).

den im Völkerrecht entwickelten Grundsätzen orientieren. Unter diesen steht die Maxime obenan, daß der wahre Wille der Parteien erforscht werden muß, da alle Verträge negotia bonae fidei sind. Ferner sind Abkommen so auszulegen, „daß die Vertragspartner einerseits das von ihnen gemeinsam angestrebte Ziel durch den Vertrag erreichen können, andererseits nicht über das gewollte Maß hinaus als gebunden angesehen werden dürfen"[103]. Eine authentische Interpretation könnte selbstverständlich nur durch beide Partner einvernehmlich erfolgen. Bei doppelsprachigen Konkordaten, deren beide Texte gleich authentisch sind, muß jene Auslegung gewählt werden, die mit beiden Texten verträglich ist[104].

Die Auslegungsproblematik weist besondere Züge hinsichtlich des Verhältnisses von Vertrag und Verfassung bzw. Gesetz auf. Besteht eine Mehrdeutigkeit auf der Seite des Vertrages, so wird man für das Verhältnis zum staatlichen Verfassungsrecht in Anlehnung an das Bundesverfassungsgericht[105] folgenden Leitsatz entwickeln können: Es muß grundsätzlich davon ausgegangen werden, daß die politischen Organe des Bundes oder eines Landes, die am Zustandekommen eines Staatskirchenvertrages beteiligt waren, nicht grundgesetz- oder landesverfassungswidrige Bindungen haben eingehen wollen, daß sie vielmehr die Vereinbarkeit mit dem staatlichen Verfassungsrecht geprüft haben und auch weiter auf eine verfassungsmäßige Auslegung und Anwendung des Vertrages achten werden. Solange und soweit die Auslegung offen ist, muß deshalb unter verschiedenen in Betracht kommenden Auslegungsmöglichkeiten derjenigen der Vorzug gegeben werden, bei der der Vertrag vor dem Grundgesetz bzw. der Landesverfassung bestehen kann. Kann man insofern von einem spezifisch gearteten Grundsatz der *verfassungs*konformen Auslegung sprechen, so gilt in anderer Richtung, bei Mehrdeutigkeit des Verfassungs- oder insbesondere des nachfolgenden Gesetzesrechts ein spezifisch gearteter Grundsatz der *vertrags*konformen Auslegung als Ausprägung des Prinzips der Harmonisierung[106]. Demgemäß sind staatliche Maßnahmen grundsätzlich so auszulegen,

---

[102] Grundlegend *Rudolf Bernhardt,* Die Auslegung völkerrechtlicher Verträge insbesondere in der neueren Rechtsprechung internationaler Gerichte (= Beiträge zum ausländischen öffentlichen Recht und Völkerrecht, 40), Köln 1963. Wichtig auch *Hermann Mosler,* Das Völkerrecht in der Praxis der deutschen Gerichte. Karlsruhe 1957, S. 25-30.

[103] So BVerfGE 4, 157 (168).

[104] Vgl. dazu die Spezialuntersuchung von *Hans Barion,* Über doppelsprachige Konkordate, in: Deutsche Rechtswissenschaft 5 (1940), S. 226-229; ferner *Jörg Manfred Mössner,* Die Auslegung mehrsprachiger Staatsverträge, in: Archiv des Völkerrechts 15 (1971/72), S. 273-302.

[105] BVerfGE 4, 157 (168); 36, 1 (14).

[106] Vgl. dazu *Mosler,* Völkerrecht (Anm. 102), S. 26.

§ 7 Die vertragsrechtlichen Grundlagen des Staatskirchenrechts

daß die vertraglichen Verpflichtungen erfüllt werden können; im Zweifel muß also angenommen werden, daß der Staat vertragstreu handeln wollte.

Im Verhältnis der Partner zueinander gilt der Grundsatz der amicabilis compositio, wie er gerade im neueren Vertragsstaatskirchenrecht mit besonderer Betonung immer wieder bekräftigt worden ist[107]. Danach verpflichten sich die Partner, Meinungsverschiedenheiten über die Auslegung von Vertragsbestimmungen „auf freundschaftliche Weise" zu beseitigen. Damit wird zwar nicht jede schiedsrichterliche oder gerichtsschutzförmige Streiterledigung ausgeschlossen; aber das Grundprinzip von umfassendem Geltungsanspruch ist damit zum Ausdruck gebracht: die Verträge tragen ihre Gewähr letztlich in sich selbst, und ihre Lebenskraft hängt von der immer wieder zu erneuernden Bereitschaft zur Verständigung ab; deshalb ist geboten die schiedlich-friedliche Beilegung von Meinungsverschiedenheiten durch loyale, im Geist der Freundschaft geführte Verhandlungen.

Die Geltungskraft der Freundschaftsklausel wird jetzt vielfach dadurch verstärkt, daß sich die Beteiligten verpflichten, im Sinne eines „institutionalisierten Partnergesprächs"[108] über „alle Fragen ihres Verhältnisses", insbesondere über solche, die sich aus dem jeweiligen Vertrag ergeben, „einen ständigen Kontakt" herzustellen[109]. In dieser Kontaktklausel spiegelt sich deutlich ein Grundprinzip des modernen Staatskirchenrechts wieder: die Bereitschaft zu freundschaftlicher Zusammenarbeit. Soweit die Verträge mehrere Kirchen bzw. Diözesen betreffen, dient dem auch die Bestellung von gemeinsamen Bevollmächtigten und die Einrichtung von Verbindungsstellen[110].

In diesen grundsätzlichen Zusammenhang gehören schließlich auch neuerdings häufiger werdende spezielle *Revisionsklauseln*. Sie beziehen sich entweder auf die Wahrung der Parität[111] oder etwa — in einem

---

107 Dazu und zum folgenden näher *Hollerbach*, Verträge (Anm. 1), S. 249-254.
108 So die immer wieder aufgegriffene Formel von *Konrad Müller*, Der Loccumer evangelische Kirchenvertrag als Spiegel der staatskirchenrechtlichen Lage in der Bundesrepublik, in: DÖV 1955, S. 423.
109 So Art. 19 Abs. 1 S. 1 NiedersK.
110 Vgl. dazu in *diesem* Handbuch *Hermann Kalinna*, § 45 Verbindungsstellen zwischen Staat und Kirchen im Bereich der evangelischen Kirche, und *Leopold Turowski*, § 46 Verbindungsstellen zwischen Staat und Kirchen im Bereich der katholischen Kirche.
111 Als Beispiel sei Art. VI des Hessischen Bistumsvertrags von 1963 zitiert: „Falls das Land den Evangelischen Landeskirchen in einer Vereinbarung über diesen Vertrag hinausgehende weitere oder andere Rechte oder Leistungen gewähren sollte, wird es den Inhalt dieses Vertrages einer Überprüfung unterziehen, so daß die Grundsätze der Parität gewahrt werden".

konkreten Sachbereich — auf Anpassungen „bei wesentlicher Änderung der derzeitigen Struktur der Lehrerbildung oder des öffentlichen Schulwesens"[112].

d) Vertragsbeendigung[113]

Ein Vertragsverhältnis kann im Einvernehmen der Partner beendigt werden; denkbar ist auch, sozusagen diesseits der endgültigen Vertragsbeendigung, die förmliche Erklärung beider Partner, Rechte und Pflichten aus einem Vertrag (einstweilen) ruhen zu lassen. Desweiteren gibt es als Endigungsgründe Kündigung und Befristung, sofern sie ausdrücklich im Vertrag verabredet sind. Normalerweise freilich werden Verträge unbefristet und unkündbar abgeschlossen. Dann kommt als Endigungsgrund nur die clausula rebus sic stantibus in Betracht[114]. Demnach ist eine einseitige Lossagung vom Vertrag dann möglich, wenn sich nach Vertragsschluß die zugrunde liegenden Umstände so tiefgreifend geändert haben, daß einer Partei die Erfüllung des Vertrages bona fide nicht mehr zugemutet werden kann. Naturgemäß gehen die Ansichten darüber, wann dies der Fall ist, auseinander[115]. Wer die besondere Verklammerung des Vertragsrechts mit der konkreten Verfassungsordnung hervorhebt, wird dafür eintreten, bei grundlegender Umgestaltung des staatlichen Partners im Sinne des Tatbestandes einer „civitas funditus novata"[116] einen clausula-Fall anzunehmen. Auf jeden Fall aber bedürfte es förmlicher Kündigung binnen angemessener Frist nach Eintritt des maßgebenden Ereignisses. Außerdem setzt die Berufung auf den clausula-Fall die Ausschöpfung aller durch das Prinzip der amicabilis compositio gegebenen Möglichkeiten voraus.

Der Einfluß *territorialer* Veränderungen auf den Bestand von Staatskirchenverträgen[117] ist differenziert zu beurteilen. Bei Veränderung der *kirchlichen* Gebietshoheit („Kirchensukzession") entspricht sowohl der Struktur der katholischen Kirche als auch der evangelischen Kirche in

---

[112] Beispielshalber Art. 19 Abs. 2 NiedersK i. d. F. des Vertrages vom 21. Mai 1973, bei *Listl*, Konkordate und Kirchenverträge (Anm. 2), Bd. 2, S. 90.

[113] Zum folgenden näher *Hollerbach,* Verträge (Anm. 1), S. 273-281.

[114] Vgl. Art. 62 Wiener Übereinkommen über das Recht der Verträge.

[115] Exponent einer betont restriktiven Auslegung ist *Scheuner,* siehe ders., Art. Evangelische Kirchenverträge, in: StL⁶ III, 1959, Sp. 171-176 (173); IX, 1969, Sp. 919-922, bzw. Art. Konkordat, in: EvStL¹, Sp. 1124-1130 (1127 f.) = ders., Schriften (Anm. 1), hier S. 339 bzw. 351.

[116] So die bekannte Formel von *Papst Benedikt XV.* in seiner Ansprache vom 21. November 1921 über das Schicksal der Konkordate nach dem Ersten Weltkrieg, in: AAS 13 (1921), S. 521.

[117] Dazu näher *Hollerbach,* Verträge (Anm. 1), S. 281-290.

Deutschland allein der Gedanke voller Kontinuität und Rechts- bzw. Pflichtennachfolge; der Partnerwechsel auf kirchlicher Seite bildet für den staatlichen Partner auch grundsätzlich keinen clausula-Fall[118]. Veränderungen *staatlicher* Gebietshoheit innerhalb eines Bundesstaates wie der Bundesrepublik Deutschland lassen ebenfalls die Vertragsverhältnisse grundsätzlich unberührt; in dieser Richtung ist jedenfalls die von der Überzeugung aller Beteiligten getragene Praxis der Nachkriegszeit zu deuten. Demgemäß gilt bei Gebietsveränderungen innerhalb eines bestehenden staatlichen Gesamtverbandes für staatlich-kirchliche Vertragsverhältnisse uneingeschränkt das Prinzip der vollen Rechtsnachfolge: pro suo territorio tritt der neue gliedstaatliche Verband als Partner und materiell Berechtigter wie Verpflichteter in das Vertragsverhältnis ein. Nur in Ausnahmefällen könnte hier ein Anknüpfungstatbestand für die clausula rebus sic stantibus gegeben sein.

Damit ist klargestellt, daß allenfalls Veränderungen der staatlichen Außengrenzen, die in den Rechtskreis des Völkerrechts hineinreichen, für eine Vertragsbeendigung relevant sind. Hierbei sind mehrere Tatbestände zu unterscheiden. Bei Erweiterung des Hoheitsgebiets eines vertraglich gebundenen Staates gilt nicht — gemäß dem allgemeinen völkerrechtlichen Prinzip der beweglichen Vertragsgrenzen — der Grundsatz automatischer Geltungserstreckung vorbehaltlich ausdrücklicher Verwahrung der Vertragspartner[119]; vielmehr könnten Staatskirchenverträge nur mit Zustimmung beider Partner auf neues Staatsgebiet ausgedehnt werden. Umgekehrt läßt die Schrumpfung des Staatsgebiets die Geltung des Vertragsverhältnisses im verbleibenden Territorium grundsätzlich unberührt; insoweit kommt das Prinzip der beweglichen Vertragsgrenzen zum Zuge. In dem abgetretenen oder losgetrennten Gebiet, das unter neue staatliche Herrschaft kommt, fällt allerdings nach allgemeinen völkerrechtlichen Regeln („res inter alios acta") das Vertragsverhältnis dahin, allerdings nicht automatisch, wohl aber dann, wenn der Erwerberstaat sich darauf beruft.

e) Rechtsschutz

Das Vertragsstaatskirchenrecht kennt für einzelne Sachverhalte von begrenzter Tragweite spezielle Schieds- und Gerichtsschutzklauseln[120].

---

[118] Dazu speziell *Carl Hermann Ule*, Über die Anwendung der clausula rebus sic stantibus auf Kirchenverträge, in: Festg. für Theodor Maunz. München 1971, S. 415 ff.
[119] So mit besonderem Nachdruck *Joseph H. Kaiser*, Die politische Klausel der Konkordate. Berlin 1949, S. 81 ff.
[120] Vgl. dazu im einzelnen *Hollerbach*, Verträge (Anm. 1), S. 255–261.

Soweit das der Fall ist, sind weitere Rechtsschutzmöglichkeiten ausgeschlossen. Davon abgesehen besteht aber für Streitigkeiten über vertragliche Rechte und Pflichten zwischen den Vertragspartnern Gerichtsschutz durch staatliche Gerichte insoweit, als der Staat ihn in seiner Rechtsordnung gewährt und die Kirche ihn, sich damit der Autorität des staatlichen Gerichts unterwerfend, in Anspruch nehmen will[121].

Der Beeinträchtigung vertraglicher Rechtspositionen durch Einzelmaßnahmen der staatlichen Exekutive kann der kirchliche Vertragspartner, sofern er unmittelbar davon betroffen ist, mit den Mitteln des verwaltungsgerichtlichen Rechtsschutzes entgegentreten. Das gilt auch für die Normenkontrolle nach § 47 VwGO, sofern das Landesrecht diese Form zugelassen hat. Vertragliche Normierungen begründen in der Regel eine Position, deren Verletzung einen „Nachteil" im Sinne der Vorschriften der VwGO bedeutet.

Was den Rechtsschutz vor dem Bundesverfassungsgericht anlangt, so ist offenkundig, daß den kirchlichen Vertragspartnern weder der Weg der abstrakten Normenkontrolle noch derjenige des Verfassungsstreits gem. Art. 93 Abs. 1 Nr. 4 GG offensteht. Dagegen kann unter den von der Rechtsprechung anerkannten Voraussetzungen das Mittel der Verfassungsbeschwerde eingesetzt werden[122]. Deren Zulässigkeit ist gegeben, wenn das Grundrecht gem. Art. 4 Abs. 1 und 2 GG tangiert ist; für die materiellrechtliche Prüfung kommen als Maßstab aber auch alle sich aus Art. 140 GG ergebenden Rechtspositionen in Betracht.

Schließlich sind gerade für den Bereich des staatlich-kirchlichen Vertragsrechts landesrechtliche Besonderheiten zu berücksichtigen. Zwei Landesverfassungen gewähren den Kirchen die Möglichkeit, zum Schutz ihrer verfassungsmäßigen Rechte ein Verfahren vor dem Staats- bzw. Verfassungsgerichtshof anzustrengen. Nach Art. 140 der Bremischen Verfassung kann auch eine „öffentlich-rechtliche Körperschaft des Landes Bremen" dem Staatsgerichtshof „Zweifelsfragen über die Auslegung der Verfassung und andere staatsrechtliche Fragen" zur Entscheidung vorlegen. Ähnlich kann nach Art. 130 Abs. 1 der Verfassung von Rheinland-Pfalz „jede Körperschaft des öffentlichen Rechts, die sich in ihren Rechten beeinträchtigt glaubt", die Entscheidung des Verfassungsgerichtshofs darüber beantragen, ob ein Gesetz, eine Gesetzesvorlage oder die Handlung eines Staatsorgans verfassungswidrig ist.

---

[121] Vgl. dazu im einzelnen *Hollerbach,* Verträge (Anm. 1), S. 261-268.
[122] Vgl. dazu *Hollerbach,* Grundlagen des Staatskirchenrechts (Anm. 1), S. 547-550. Siehe im übrigen jetzt die umfassende Erörterung der Grundsatzprobleme bei *Karl-Hermann Kästner,* Staatliche Justizhoheit und religiöse Freiheit, Tübingen 1991.

§ 7 Die vertragsrechtlichen Grundlagen des Staatskirchenrechts 285

Damit könnten Streitigkeiten über vertragliche Rechtspositionen, die verfassungsmäßige Gewährleistungen bekräftigen oder näher ausgestalten, unmittelbar der verfassungsgerichtlichen Kognition zugänglich gemacht werden.

Soweit in der Landes-Staatsgerichtsbarkeit der Rechtsbehelf der Verfassungsbeschwerde vorgesehen ist, steht er auch den Kirchen zu, und zwar ohne Beschränkung auf den Fall der Verletzung von Grundrechten im technischen Sinne. So kann nach saarländischem Recht auch die Verletzung von „sonstigen verfassungsmäßigen Rechten" durch die öffentliche Gewalt gerügt werden[123], ebenso in Bayern[124], jedoch wird hier ausdrücklich auf Exekutivmaßnahmen abgestellt.

Im Hinblick auf die zunehmende Ausdehnung des Europarechts darf unter den Rechtsschutzmöglichkeiten auch nicht der Weg zum Europäischen Gerichtshof vergessen werden, etwa zur Verteidigung von vertraglich begründeten Rechten, die nach Art. 234 EWGV grundsätzlich unberührt bleiben. Unter den Voraussetzungen von Art. 173 EWGV kann jede juristische Person, also auch eine Kirche, Klage erheben[125].

III. Inhalt und Typologie der Staatskirchenverträge

Der Inhalt des Vertragsstaatskirchenrechts kann hier weder im Ganzen wiedergegeben noch analysiert werden. Seine Regelungen betreffen grundsätzlich alle einzelnen Sachbereiche des deutschen Staatskirchenrechts, so daß insoweit auf die Problembehandlung am jeweiligen Ort verwiesen werden kann und muß. Hier sind lediglich einige prinzipielle Beobachtungen vorzutragen und Gesichtspunkte zur typologischen und systematischen Erfassung des Vertragsmaterials zu erörtern[126].

Unter den Staatskirchenverträgen heben sich die kodifikatorischen Verträge, die für die vertragsreifen Gegenstände eine Gesamtregelung des Verhältnisses von Staat und Kirche anstreben, eindeutig von Verträgen über Einzelmaterien ab. Während sich diese als Spezialabkommen

---

[123] §§ 9 Nr. 13, 55 Abs. 1 des Gesetzes über den Verfassungsgerichtshof vom 17. Juli 1958 i. d. F. v. 19. November 1982 (ABl. S. 917).
[124] Art. 120 BayVerf. i. V. m. Art. 2 Nr. 6, 51-54 des Gesetzes über den Verfassungsgerichtshof vom 10. Mai 1990 (GVBl. S. 122).
[125] Zu dem Gesamtkomplex vgl. *Alexander Hollerbach*, Europa und das Staatskirchenrecht, in: ZevKR 35 (1990), S. 250-283.
[126] Zum folgenden näher *Hollerbach*, Verträge (Anm. 1), S. 74-82. Eine Übersicht über den Inhalt von Verträgen auch bei *v. Campenhausen*, Staatskirchenrecht (Anm. 1), S. 110 f. und bei *Listl*, Konkordate und Kirchenverträge (Anm. 2), Bd. 1, S. 9 f.

oder „Nebenabmachungen" charakterisieren lassen, ist es das oberste Ziel jener „Hauptverträge"[127], den grundsätzlichen Rechtsstand der Kirche im Rahmen der Verfassungsordnung näher zu bestimmen und im einzelnen auszugestalten. Insofern stellen sie sich als *Statusverträge* dar, d. h. als Verträge, die in der ordnenden Zusammenfassung einzelner punktueller Rechtssätze eine prinzipiell auf Dauer angelegte Rechtsposition normieren und deren Standort im institutionellen Gefüge der Verfassungsordnung legitimierend kennzeichnen. Sie wollen die Norm bilden für die gegenseitigen Beziehungen. Die Sachregelungen der Statusverträge betreffen dabei inhaltlich vor allem *drei* Komplexe: (1) An erster Stelle stehen Abreden über die staatliche Gewährleistung der „libertas ecclesiastica" in bezug auf die allgemeine Religions- und Kultusfreiheit, die Freiheit kirchlicher Verkündigung, Lehre und Sakramentsverwaltung, die Ämter- und Organisationshoheit, das Kirchengut und die kirchliche Vermögensverwaltung. (2) Die Verträge normieren sodann die Zusammenarbeit von Staat und Kirche im Bereich der für Deutschland klassischen res mixtae: Religionsunterricht an öffentlichen Schulen, Theologische Fakultäten, Anstalts- und Militärseelsorge, Friedhofsrecht. Unabhängig von ihrer Qualifizierung als res mixtae im strengen Sinne ergibt sich die Notwendigkeit der Kooperation von Staat und Kirche in den Materien des öffentlichen und privaten Schulwesens einschließlich der Lehrerbildung, ferner des Eherechts und vor allem des Kirchensteuerrechts. Andere Vertragsmaterien dieser Art sind das Sammlungs- und das Denkmalschutzrecht; in den Kreis der Vertragsmaterien ist jetzt auch vorgedrungen die Erwachsenenbildung sowie der Schutz religiöser Empfindungen und die Berücksichtigung kirchlicher Belange in Rundfunk und Fernsehen[128]. (3) Einen dritten großen Sachkomplex bilden schließlich die aus der historischen Verflechtung von Staat und Kirche überkommenen Leistungsbeziehungen und deren Ablösung, also Vertragsabreden über Dotationen, Pfarrbesoldungszuschüsse, Baulasten, negative Staatsleistungen u. a.

Beschränken sich Spezialabkommen auf den zweiten oder dritten Sachkomplex aus dem Kreis der Vertragsmaterien, so kann man sie als *Kooperations-* bzw. *Leistungsverträge* kennzeichnen, unbeschadet der Tatsache, daß auch diesen Verträgen jeweils eine statusrechtliche Bedeutung zukommt.

Unter dem Blickpunkt des Verhältnisses von Vertragsrecht und Verfassungsrecht verdient schließlich noch besondere Aufmerksamkeit, daß

---
[127] So die Terminologie bei *W. Weber,* Konkordate (Anm. 2), Bd. 2, S. 9.
[128] Vgl. Art. 9, 10 NiedersK und entsprechend Art. 1, 2 ErgV zum NiedersKV. Fragen der Erwachsenenbildung auch in Abschnitt II der Berliner Vereinbarungen (Anm. 44).

§ 7 Die vertragsrechtlichen Grundlagen des Staatskirchenrechts

in einer ganzen Reihe von vertraglichen Abreden Verfassungsgarantien wiederholt, bekräftigt und zum Teil konkretisiert werden. Jedenfalls insoweit gehören die Staatskirchenverträge materiell dem Verfassungsbereich an. Das gilt insbesondere für die Gewährleistung der Religionsfreiheit und des Selbstbestimmungsrechts als zwei konstitutiven Grundelementen des heutigen Staatskirchenrechts, ferner für die Korporationsqualität[129]. Wenn hierbei bezüglich der Garantie des Selbstbestimmungsrechts auch die Schranken des für alle geltenden Gesetzes ausdrücklich in die vertragliche Übereinkunft aufgenommen sind[130], so kommt hierin das Grundsatzakzept der Kirche besonders sinnfällig zum Ausdruck, mit dem sie die Gemeinwohlverantwortung des säkularen Verfassungsstaates anerkennt. Sie vertraut dabei allerdings darauf, daß sie in diesem Staat keine Veranlassung haben wird, ihren letzten Gegenvorbehalt zur Geltung zu bringen, auf den sie nicht verzichten kann, dann nämlich, wenn das für alle geltende Gesetz „im Widerspruch steht zu dem Auftrag der Kirche"[131]. Aber abgesehen von diesem äußersten Konfliktsfall bildet die Konkordanz von Verfassungs- und Vertragsrecht in den fundamentalia eine tragfähige Basis für die weitere Entwicklung des deutschen Staatskirchenrechts. Dazu kann und wird auch das Vertragsrecht zu seinem Teil beitragen. Wenn Staatskirchenverträge unter Respektierung der Lebensprinzipien beider Partner betont in den Dienst der Gewährleistung kirchlicher Freiheit im säkularen Staat und der Ordnung sachlich begrenzter, fairer Kooperation gestellt werden, werden sie im freiheitlichen Verfassungsstaat der Bundesrepublik Deutschland ein unverzichtbares Element bleiben.

---

[129] Exemplarisch Art. 1 und 13 RK sowie Art. 1 Abs. 1 NiedersK einerseits, Art. 1 NiedersKV andererseits.
[130] Vgl. Art. 1 Abs. 2 RK und Art. 1 Abs. 2 NiedersKV.
[131] So exemplarisch § 3 Abs. 2 der Grundordnung der Evangelischen Landeskirche in Baden i. d. F. v. 12.7.1990 (GVBl. S. 146).

§ 8

Das Staatskirchenrecht als Gegenstand der einfachen Gesetzgebung in Bund und Ländern

Von Jörg Müller-Volbehr

Nach den verfassungsrechtlichen und mit den vertragsrechtlichen Grundlagen bilden einfache Gesetze in Bund und Ländern die wichtigste Rechtsquelle im Staatskirchenrecht. Die drei Quellenmassen greifen auf vielfältige Weise ineinander. In Erfüllung ihrer spezifischen Funktion konkretisieren Gesetze zum einen die staatskirchenrechtlichen Vorgaben des Grundgesetzes und der Länderverfassungen und vollziehen zum anderen die Staatskirchenverträge. Schließlich regeln sie vielfach Materien, die in den Verfassungen und Kirchenverträgen offengelassen sind, aber einer dauerhaften und allgemeinverbindlichen Normierung bedürfen, oder betreffen schlicht als „für alle geltendes Gesetz" i. S. von Art. 140 GG i. V. m. Art. 137 Abs. 3 WRV die Interessen der Religionsgemeinschaften auf mehr oder minder gravierende Weise und bergen deshalb eine womöglich erhebliche staatskirchenrechtliche Brisanz in sich.

I. Geschichtliche Entwicklung

Seit jeher bildete die Staatsgesetzgebung ein prägendes Element des Staatskirchenrechts. In der Neuzeit waren Reichsgrundgesetze und Gesetze der Territorialstaaten eine wichtige Rechtsquelle. Im Deutschen Bund, im Norddeutschen Bund und im Deutschen Reich enthielten zahlreiche Bundes- bzw. Reichsgesetze Normen für das seinerzeit sogenannte „äußere Kirchenrecht". Vor allem im 19. Jahrhundert unterlagen die Kirchen auch einer umfassenden landesherrlichen Gesetzgebung. Die extensiv praktizierte Staatskirchenhoheit stellte Inhalt und Umfang der sich über die Grenzen des ius circa sacra weit in den innerkirchlichen Bereich hinein erstreckenden Kirchenaufsicht ganz in das Ermessen des staatlichen Gesetzgebers. Nicht nur durch allgemeine, sondern auch durch Sondergesetze wurden die Kirchen zum Teil rigorosen Beschränkungen unterworfen (Säkularisierungen, Kulturkampf).

In den evangelischen Landeskirchen gehörte die gesetzgebende Gewalt zu den Rechten, die dem Landesherrn kraft seines Summepiskopates zustanden. Die Vermischung staatlicher und kirchlicher Gewalt in der Person des Landesherrn bewirkte, daß die die Kirchen betreffende Rechtsetzung als rein staatliche ausgeübt wurde. Bis in das 19. Jahrhundert hinein fehlte es überhaupt an einem juristischen Unterscheidungsmerkmal. Zunehmend wurde allerdings die Ausübung der rechtsetzenden Gewalt, soweit sie Fragen des inneren kirchlichen Lebens betraf, in Landeskirchen mit einer Synodalverfassung an die Zustimmung der Synode und sonst an den „Beirat" von Theologen gebunden. Auch in katholischen Ländern hatte die eine Beteiligung der Staatsgewalt an kirchlichen Dingen fordernde Lehre vom Territorialismus obsiegt und zu einer ausgedehnten Staatsgesetzgebung selbst über kirchliche Interna geführt (Josephinismus). Die Entwicklung verlief im einzelnen jedoch sehr unterschiedlich.

Bis in das 20. Jahrhundert hinein spielte die Staatsgesetzgebung in Kirchensachen die beherrschende Rolle. Verfassungsgarantien und Kirchenverträge besaßen noch nicht ihre heutige Bedeutung[1]. Auch nach dem durch Art. 137 Abs. 1 WRV vollzogenen Wegfall der staatlichen Kirchenhoheit ergingen noch infolge ihres Nachwirkens in den zwanziger Jahren staatliche Gesetze[2], die die Rechtsordnung der Kirchen weitgehend einer staatlichen Aufsicht unterwarfen. Ganz überwiegend hielt man den Staat zu einer solchen spezifischen Aufsicht für berechtigt, weil sie notwendiges Korrelat der öffentlich-rechtlichen Stellung der Kirchen sei (Korrelatentheorie)[3]. Diese zum Teil verfassungswidrigen Gesetze wurden infolge späterer Kirchenverträge wieder aufgehoben[4]. Nach 1949 ergingen solche Gesetze nicht mehr. Einzig das Würt-

---

[1] Dieses Rangverhältnis spiegelt deutlich die Gewichtung der Kapitel über die Rechtsquellen in der zeitgenössischen Literatur wider. Statt vieler: *Richter, Aemilius Ludwig/Dove, Richard/Kahl, Wilhelm,* Lehrbuch des katholischen und evangelischen Kirchenrechts. 8. Aufl., Leipzig 1886, S. 219 ff., 268 ff., 285 ff.; *Paul Schoen,* Das evangelische Kirchenrecht in Preußen. Bd. 1, Berlin 1903, S. 145 ff.; *Emil Friedberg,* Kirchenrecht. 6. Aufl., Leipzig 1909, S. 150 ff., 231, 298.

[2] Z. B. Badisches Ortskirchensteuergesetz v. 30. 6. 1922 (GVBl. S. 501); Württembergisches Gesetz über die Kirchen v. 3. 3. 1924 (RegBl. S. 93); Preußisches Gesetz betreffend die Kirchenverfassungen der Evangelischen Landeskirchen v. 8. 4. 1924 (GS S. 221); Preußisches Gesetz über die Verwaltung des katholischen Kirchenvermögens v. 24. 7. 1924 (GS S. 585).

[3] Näheres zu dieser besonderen Kirchenhoheit des Staates in der Weimarer Zeit bei *Godehard Josef Ebers,* Staat und Kirche im neuen Deutschland. München 1930, S. 299 ff.

tembergische Gesetz über die Kirchen vom 3.3.1924[5], seither mehrfach geändert, enthält bis in die heutigen Tage hinein eine umfassende staatskirchenrechtliche Kodifikation[6]. — In der Zeit der nationalsozialistischen Herrschaft dienten Gesetze als Mittel zur Durchsetzung der staatlichen Kirchenpolitik[7]. Aufgrund dieser Gesetze ergingen zahlreiche Verordnungen und Erlasse mit rechtsverbindlicher Kraft, die die Kirchenfrage einer „Endlösung" näherbringen sollten[8].

II. Typologie

1. Gesetze an die Adresse der Religionsgemeinschaften

Als erste zu nennen sind diejenigen Gesetze, die sich an die Religionsgemeinschaften als Adressaten wenden bzw. ausdrücklich Materien des Staatskirchenrechts regeln. Hierher gehören u. a. die Zustimmungs- und Vollzugsgesetze zu Staatskirchenverträgen ebenso wie die Kirchensteuergesetze und alle Einzelvorschriften, die für Religionsgemeinschaften Sonderregelungen enthalten.

2. Gesetze ohne ausdrückliche Benennung der Religionsgemeinschaften

Viele Normen der allgemeinen Rechtsordnung wirken in den kirchlichen Bereich hinein, ohne daß die Religionsgemeinschaften als Adressaten benannt wären. Es sind dies all jene Gesetze des bürgerlichen und öffentlichen Rechts, die für jedermann und daher auch für die im weltlichen Rechtsverkehr auftretenden Religionsgemeinschaften gelten. Sie können sogar regelrecht die Hauptbetroffenen sein (etwa im Privatschulrecht). Obwohl das Staatskirchenrecht in solchen Gesetzen keinen ausdrücklichen Gegenstand der Regelung bildet, müssen sie wegen ihrer großen Bedeutung für das gesamte Staat-Kirche-Verhältnis Erwähnung finden. Etliche tiefgreifende Kontroversen haben sich gerade auf dem

---

[4] So das Preußische Staatsgesetz v. 8.4.1924 infolge des Vertrages mit dem Hl. Stuhl v. 14.6.1929 und des Vertrages mit den Evang. Landeskirchen v. 11.5.1931.
[5] Vgl. Anm. 2.
[6] Abgedruckt bei *Günter Dürig* (Hrsg.), Gesetze des Landes Baden-Württemberg, Nr. 162. Manche Regelungen sind obsolet geworden bzw. werden nicht mehr praktiziert, sind aber nicht ausdrücklich außer Kraft gesetzt.
[7] Z. B. Bestätigendes Reichsgesetz v. 14.7.1933 zur Verfassung der DEK v. 11.7.1933, Gesetz zur Sicherung der DEK v. 24.9.1935.
[8] Vgl. im einzelnen *Klaus Scholder*, Art. „Kirchenkampf", in: EvStL[3] I, 1987, Sp. 1606 ff.

Hintergrund der Frage ergeben, ob und inwieweit weltliche Rechtsvorschriften gegenüber den Religionsgemeinschaften Verbindlichkeit beanspruchen (z. B. Arbeits- und Sozialrecht; Privatschulrecht; Hochschulrecht bezüglich der theologischen Fakultäten; wirtschaftliche Sicherung der Krankenhäuser und Regelung der Krankenhauspflegesätze). Eine umfangreiche Judikatur legt dafür ein eindrucksvolles Zeugnis ab.

3. Berücksichtigungsklauseln

Einige Gesetze enthalten Ausnahmevorschriften für Religionsgemeinschaften[9]. Mit dieser Entbindung vom staatlichen Recht trägt der Gesetzgeber dem Selbstbestimmungsrecht bzw. der Eigengearteheit der Religionsgemeinschaften im weltlichen Rechtsleben Rechnung. Derartige Normen begegnen in den verschiedensten Rechtsgebieten, u. a. im Bauplanungs-[10], Beamten-[11], Arbeits-[12] und Sozialrecht[13], im Verwaltungsverfahrens-[14], Prozeß-[15], Sammlungs-[16], Versammlungs-[17], Wehr-[18] und Hochschulrecht[19].

4. Zustimmungs- und Ausführungsgesetze

Besondere Bedeutung kommt der gesetzlichen Regelung bei der Einordnung der Staatskirchenverträge in das System der staatlichen Rechtsquellen zu. Nicht nur wenn Staatskirchenverträge Gegenstände der Gesetzgebung betreffen, sondern generell erfolgt eine Zustimmung durch Gesetz. Erst dadurch erlangt der Vertrag über seine Partner hinaus Allgemeinverbindlichkeit für Staat und Bürger. Solche Gesetze transformieren den Vertrag nicht in Gesetzesgebote. Kraft des staatlichen Gesetzgebungsbefehls wird das Staatskirchenvertragsrecht viel-

---

[9] Vgl. *Martin Heckel,* Die Kirchen unter dem Grundgesetz, in: VVDStRL 26 (1968), S. 45 f.
[10] §§ 1 Abs. 5 Nr. 6, 5 Abs. 2 Nr. 2 BauGB.
[11] § 135 BRRG, § 29 Abs. 1 BBesG, § 112 BPersVG.
[12] § 118 Abs. 2 BetrVG, § 1 Abs. 4 S. 2 MitbestG.
[13] §§ 10 Abs. 1, 93 BSHG, § 5 Abs. 1 Nr. 2 SGB II, § 6 Abs. 1 Nr. 4 und 7 SGB V, §§ 541 Abs. 1 Nr. 3, 1229 Abs. 1 Nr. 2 und 3 RVO.
[14] § 2 Abs. 1 VwVfG.
[15] § 383 Abs. 1 Nr. 4 ZPO, § 53 Abs. 1 Nr. 1 StPO.
[16] Freistellungen kirchlicher Sammlungen von Genehmigungspflichten in den Sammlungsgesetzen der Länder.
[17] § 17 VersG.
[18] § 11 Abs. 1 Nr. 1, 2 und 3, § 12 Abs. 2 WPflG.
[19] § 81 HRG enthält die Vertragsklausel, derzufolge Verträge mit den Kirchen durch das Hochschulrahmengesetz nicht berührt werden.

mehr im staatlichen Bereich für anwendbar erklärt[20]. Über die unmittelbaren Zustimmungsgesetze hinaus gibt es Ausführungs- und Vollzugsgesetze, die die jeweiligen Materien gemäß der kirchenvertraglichen Absprache näher ausgestalten bzw. Vertrags- und Gesetzesrecht harmonisieren (Kirchensteuer-, Friedhofs-, Denkmalschutzgesetze).

5. Paktierte Gesetze

Vielfach kommen Rechtsnormen als paktierte, d. h. als abgesprochene Gesetze zustande, wenn über den Inhalt zuvor mit den betroffenen Religionsgemeinschaften ein Einvernehmen hergestellt wurde bzw. das Gesetz die von ihrer Seite artikulierten Interessen entsprechend beachtet. Beispiele für solche Gesetze finden sich vor allem im Bereich der sog. gemeinsamen Angelegenheiten von Staat und Kirche (Kirchensteuergesetze). Je mehr Religionsgemeinschaften von einer gesetzlichen Regelung betroffen sind, desto schwerer wird sich allerdings ein Konsens finden lassen und desto weniger kann der Staat Sonderwünsche berücksichtigen. Es besteht auch keine Pflicht des Staates, den Vorstellungen der Religionsgemeinschaften in seinen Gesetzen Rechnung zu tragen. Soweit das kirchliche Selbstbestimmungsrecht (Art. 140 GG i. V. m. Art. 137 Abs. 3 WRV) respektiert bleibt, darf der Staat Gesetze ggf. selbst gegen den Willen der Religionsgemeinschaften erlassen.

Die Religionsgemeinschaften besitzen kein institutionalisiertes Recht auf Mitwirkung am Willensbildungsprozeß des Gesetzgebers. Hinsichtlich eventueller Initiativen oder Einsprüche haben sie vielmehr die gleiche Stellung inne wie andere gesellschaftlich relevante Gruppen (Interessenverbände der Wirtschaft und des Arbeitslebens, freie Träger der Wohlfahrtspflege). Nur in Bayern sind die Kirchen in die staatliche Organisationsstruktur integriert. Nach Art. 34, 35 Nr. 7 BayVerf. gehören dem Senat, dem u. a. Mitwirkungsrechte bei der Gesetzgebung zustehen, fünf Vertreter der Religionsgemeinschaften an, die von diesen bestimmt werden, Art. 36 Abs. 1 BayVerf.

---

[20] So der neueren Lehre im Völkerrecht folgend die Vollzugstheorie im Gegensatz zur Transformationstheorie. Vgl. zu diesem Theorienstreit im einzelnen *Ulrich Scheuner,* Kirchenverträge in ihrem Verhältnis zu Staatsgesetz und Staatsverfassung, in: FS für Erich Ruppel zum 65. Geburtstag. Hannover 1968, S. 312 (324); *Alexander Hollerbach,* Grundlagen des Staatskirchenrechts, in: HStR VI, 1989, § 138, Rdnr. 73.

III. Modalitäten der Gesetzgebung

1. Gesetzgeberisches Ermessen

Im Rahmen der verfassungsmäßigen Ordnung darf der Gesetzgeber alle Gegenstände des Staatskirchenrechts einseitig ordnen. Es liegt allein in seinem Ermessen, ob und inwieweit er von seiner Gesetzgebungshoheit Gebrauch macht. Insbesondere entscheidet der Staat nach freiem Belieben, ob er seine Beziehungen zu den Religionsgemeinschaften gesetzlich oder vertraglich regelt[21]. In den Jahren nach 1945 hat das Staatskirchenrecht allerdings, soweit es das Verhältnis zu den Großkirchen betrifft, durch den Kirchenvertrag eine charakteristische Prägung erfahren. Die meisten vertraglich geregelten Materien, vor allem im Bereich der sog. gemeinsamen Angelegenheiten von Staat und Kirche (Kirchensteuerrecht, Anstalts- und Militärseelsorge, Schul- und Hochschulwesen, Religionsunterricht, Religionslehrerausbildung, theologische Fakultäten, kirchliche Hochschulen)[22] könnten jedoch ebenso im Wege der Gesetzgebung einseitig ohne vorangegangene Absprache oder gar kirchenvertragliche Einigung ausgestaltet werden[23]. Dabei würde der Staat so lange nicht in Konflikt mit dem kirchlichen Selbstbestimmungsrecht geraten, wie er dessen Grenzen respektiert oder den Religionsgemeinschaften nur Freiräume erschließt und Vergünstigungen einräumt.

2. Pflichten zum Erlaß von Gesetzen

Zu unterscheiden sind aus dem Verfassungsrecht, aus einfachen Gesetzen sowie aus Staatskirchenverträgen resultierende Verpflichtungen. Vor allem aus dem Grundgesetz bzw. den Länderverfassungen ergeben sich Pflichten zum Erlaß gesetzlicher Regelungen. Aus Art. 4 Abs. 1 und 2 GG folgert etwa die Pflicht des Staates zum Erlaß von Kirchenaustrittsgesetzen zum Schutze des Grundrechts der negativen Religionsfreiheit, aus Art. 4 Abs. 1 und 2 GG i. V. m. Art. 7 Abs. 2 GG die Pflicht, die religiöse Kindererziehung einschließlich der Religionsmündigkeit Minderjähriger gesetzlich zu regeln. Einige Verfassungsnormen enthalten sogar eine ausdrückliche Aufforderung an den Gesetzgeber zum Tätigwerden, so etwa für den Landesgesetzgeber Art. 140 GG i. V. m.

---

[21] Vgl. auch unten zu IV.
[22] Dazu unten V 3.
[23] Bei einer Divergenz von Vertrag und Gesetz — zu einem ernsteren Konfliktsfall dieser Art ist es bislang nicht gekommen — gebührt dem Gesetz der Vorrang. Nur Gesetze, nicht aber Verträge führen zu einer Allgemeinverbindlichkeit für Staat und Bürger. Vgl. im einzelnen unten zu IV.

Art. 137 Abs. 6 WRV zur Ausgestaltung des Kirchensteuerrechts und Art. 140 GG i. V. m. Art. 137 Abs. 8 WRV zur weiteren Regelung, sofern die Durchführung der Bestimmungen des gesamten Art. 137 WRV es erfordert. Art. 50 Abs. 1 HessVerf. erklärt es zur „Aufgabe von Gesetz oder Vereinbarung, die staatlichen und kirchlichen Bereiche klar gegeneinander abzugrenzen". Außerdem kann, wenn der Staat im Wege der sog. positiven Religionspflege ein religionsförderndes Gesetz nur zugunsten einer oder weniger Religionsgemeinschaften erlassen hat, dem Grundsatz der Parität zufolge auch anderen Gemeinschaften ein Anspruch auf die gleiche gesetzliche Vergünstigung erwachsen, vorausgesetzt, es wäre eine Gleichbehandlung sachlich geboten, d. h. eine Differenzierung willkürlich. Der Erlaß eines religionsfördernden Gesetzes hat insoweit eine das freie Ermessen einschränkende Selbstbindung des Gesetzgebers aus Art. 3 Abs. 1 GG zur Folge.

In seltenen Fällen zwingen bestehende Gesetze zu weiterem gesetzgeberischem Handeln, wenn etwa ein Bundesgesetz durch Landesgesetz ausgefüllt bzw. ausgeführt werden muß[24]. Daneben gibt es Fälle, daß Gesetze ausdrücklich weitere gesetzliche Regelungen anheimstellen[25]. Schließlich begründen Staatskirchenverträge eine — indes bloß vertragliche — Pflicht zum Erlaß zustimmender bzw. ausführender Gesetze.

IV. Rangverhältnis zwischen Gesetz und Kirchenvertrag

Durchweg wird die Staatsgesetzgebung dem Range nach, zumindest was ihre praktische Bedeutung anlangt, hinter dem Kirchenvertragsrecht eingeordnet[26]. Mag zwar in den letzten Jahrzehnten die einvernehmliche Regelung im Vertragsweg ein typisches Gestaltungsmittel für das gesamte Staat-Kirche-Verhältnis geworden sein, so kann dieser Umstand doch nicht darüber hinwegtäuschen, daß in der Normenhierarchie der Rechtsquellen das Staatsgesetz vor dem Kirchenvertrag

---

[24] Z. B. § 19 Abs. 3 Satz 2 MRRG: Das Nähere über die Datenweitergabe an öffentlich-rechtliche Religionsgemeinschaften und die Sicherstellung ausreichender Datenschutzmaßnahmen beim Datenempfänger *ist* durch Landesrecht zu bestimmen.
[25] Z. B. § 19 Abs. 2 Satz 2 MRRG: Durch Landesgesetz *kann* bestimmt werden, daß auch andere als nur in Abs. 1 bezeichnete Daten an öffentlich-rechtliche Religionsgemeinschaften zu übermitteln sind.
[26] Das zeigt allein schon die Tatsache, daß zu diesem zahlreiche umfassende neuere Abhandlungen existieren, zur Rechtsquelle staatskirchenrechtlicher Gesetze, von der spezifischen Problematik des für alle geltenden Gesetzes im Sinne von Art. 140 GG i. V. m. Art. 137 Abs. 3 WRV einmal abgesehen, bislang keine einzige.

rangiert. Die gängige Betrachtungsweise läßt schon das große Gewicht all jener zahlreichen gesetzlichen Bestimmungen außer acht, die Materien des Staatskirchenrechts einseitig regeln, ohne daß es parallele vertragliche Abmachungen gibt. Das trifft etwa auf die meisten Normen des Bundesrechts zu. Zum anderen bedarf ohnehin jede Vertragsnorm, um gegenüber Staat und Bürger Allgemeinverbindlichkeit zu erlangen, nach gemeindeutschem Verfassungsrecht der Zustimmung durch den Gesetzgeber, nicht zuletzt weil meist politisch bedeutsame und der Gesetzgebungskompetenz unterfallende Materien abgesprochen werden. Wegen der Notwendigkeit dieses parlamentarischen Plazets in Gesetzesform besitzen die Verträge als solche keinesfalls die gleiche demokratische Legitimation wie die Gesetze selber[27]. Von einer hierarchischen Gleichberechtigung zwischen Gesetz und Vereinbarung kann ebensowenig die Rede sein[28] wie von einer verfassungsrechtlichen Direktive zur koordinationsrechtlichen zu Lasten einer gesetzlichen Regelung[29]. Bei der Wahl der Mittel läßt sich der Verfassung vielmehr im Blick auf das Demokratiegebot eher eine Präferenz zugunsten des Gesetzes[30] (Parlamentsvorbehalt) als umgekehrt zugunsten der kirchenvertraglichen Vereinbarung entnehmen.

Zweifellos bildet der Kirchenvertrag in Anbetracht der gebotenen Kooperation von Staat und Kirche ein angemessenes Regelungsinstrument. Problematisch ist allerdings, ob er Bindungen des kirchlichen Selbstbestimmungsrechtes zu begründen vermag, indem die Religionsgemeinschaften im Bereich ihres inneren Verfassungslebens unter Verzicht auf einen Teil ihrer Autonomie dem Staat Einwirkungsmöglichkeiten zusagen. Diese These wird immer wieder gerne angeführt, um den Vorteil einer vertraglichen gegenüber einer gesetzlichen Regelung zu demonstrieren[31]. Trotz aller Flexibilität eines Vertrages darf das gegenseitige Nachgeben aber nicht zu einer Beeinträchtigung verfassungsrechtlich unverzichtbarer Positionen von Staat und Kirche führen. Dazu zählt vor allem das kirchliche Selbstbestimmungsrecht, das keiner vertraglichen Disposition etwa nach dem Prinzip „volenti non fit iniu-

---

[27] So aber *Axel Frhr. v. Campenhausen,* Staatskirchenrecht. 2. Aufl., München 1983, S. 107.

[28] Wenn etwa Art. 50 Abs. 1 HessVerf. „Gesetz oder Vereinbarung" prinzipiell gleichstellt, so sind damit nur, ohne ein Rangverhältnis zum Ausdruck zu bringen, die beiden gängigen staatskirchenrechtlichen Regelungsinstrumente nebeneinander aufgezählt.

[29] In diesem Sinne jedoch *Hollerbach,* Grundlagen (Anm. 20), Rdnrn. 64, 67.

[30] So *Hermann Weber,* Grundprobleme des Staatskirchenrechts. Bad Homburg v. d. H., Berlin, Zürich 1970, S. 50.

[31] Vgl. *Werner Weber,* „Allgemeines Gesetz" und „Für alle geltendes Gesetz", in: FS für Ernst Rudolf Huber. Göttingen 1973, S. 191 = ders., Staat und Kirche in der Gegenwart (= Jus Ecclesiasticum, Bd. 25), Tübingen 1978, S. 352.

ria" unterliegt. Im Falle eines über die verfassungsrechtlichen Grenzen hinausreichenden Verzichtes zugunsten staatlicher Ingerenzen würde nicht nur gegen Art. 140 GG i. V. m. Art. 137 Abs. 3 WRV, sondern auch gegen das Prinzip der Trennung von Staat und Kirche verstoßen, Art. 140 GG i. V. m. Art. 137 Abs. 1 WRV. Auf diesem Hintergrund sind einige kirchenvertragliche Bestimmungen verfassungsrechtlich nicht ohne Zweifel (z. B. Zustimmungsrechte des Staates bei der Besetzung von Bischofsstühlen, politischer Treueid der Bischöfe gegenüber dem Staat).

Rangprobleme ergeben sich aus dem Verhältnis von Kirchenvertrag zu Gesetz und Verfassung insbesondere, wenn Gesetze von Staatskirchenverträgen abweichen. Entsprechend der im Völkerrecht gängigen Differenzierung zwischen Vertrags- und Gesetzesbindung ist davon auszugehen, daß Kirchenverträge die staatliche Gesetzgebungskompetenz für die betreffende Materie und die freie Verfügungsmacht des Gesetzgebers nicht einzuschränken vermögen. Ein vertragswidriges Gesetz besitzt demnach volle Gültigkeit, selbst wenn es einen Vertragsbruch beinhaltet. Kollidiert etwa eine lex posterior mit einer einem Staatskirchenvertrag zustimmenden oder ihn ausführenden lex prior, so geht trotz des Vertragsbruchs nach der Lex-posterior-Regel das spätere Gesetz vor. Es vermag allerdings den Vertrag selber nicht aufzuheben. Dieser behält nach wie vor seine volle Gültigkeit. Die gegenteilige Ansicht[32], vertragswidrige Gesetze seien in Anbetracht der Eigenart und spezifischen Funktion des Staatskirchenvertragsrechtes nichtig, hat sich nicht durchzusetzen vermocht.

Einige Landesverfassungen enthalten ausdrückliche Kollisionsnormen dahingehend, daß von Verfassungs wegen im Zweifels- und Konfliktsfall der Staatskirchenvertrag dem Gesetz vorgeht[33]. Kraft der höheren Norm der Landesverfassung wird der Gesetzgeber damit an die — insofern vorrangigen — Bestimmungen des Kirchenvertrages gebunden. Die Verfassungsmäßigkeit dieser Verfassungsnormen erscheint in Anbetracht des in einem demokratischen Rechtsstaat grundsätzlich unverzichtbaren Hoheitsrechts der Gesetzgebung und wegen des zwischen den Staatsgewalten der Legislative und Exekutive festgefügten

---

[32] *Alexander Hollerbach*, Verträge zwischen Staat und Kirche in der Bundesrepublik Deutschland. Frankfurt a. M. 1965, S. 158 ff.

[33] So Art. 67 S. 2 HessVerf. bezüglich aller Staatsverträge. Art. 8 Bad.-Württ. Verf. räumt den Vertragsbestimmungen als leges speciales einen Vorrang gegenüber sonstigen Vorschriften der Verfassung ein. Dieser Vorrang ist auf das Verhältnis gegenüber dem einfachen Gesetzesrecht zu erstrecken [argumentum a maiore ad minus]. Eingeschränkt ist auch Art. 23 Abs. 2 NWVerf. einschlägig, wonach zur Änderung der Kirchenverträge und zum Abschluß neuer Verträge „außer der Zustimmung der Vertragspartner" ein Landesgesetz erforderlich ist.

Prinzips der Gewaltenteilung, -trennung und -balancierung nicht unbedenklich.

V. Die Gesetzgebung im Geflecht der Aufgaben von Staat und Kirche

1. Angelegenheiten des Staates

Im Bereich ausschließlich staatlicher Kompetenzen ergehende Gesetze mit oder ohne Benennung der Religionsgemeinschaften können deren Interessensphäre mehr oder minder erheblich tangieren. Zu staatlichen Angelegenheiten mit Berührung kirchlicher Interessen zählen vor allem all jene Materien, die der Staat im Laufe der geschichtlichen Entwicklung in rechtlich zulässiger Weise an sich gezogen hat wie etwa das Eherecht, das Schul- und Personenstandswesen. Weiter werden die Religionsgemeinschaften von einer Vielzahl staatlicher Rechtsvorschriften betroffen, soweit es generell um ihren Rechtsverkehr im weltlichen Bereich geht. Trotz des unmittelbaren Eingriffs in die kirchliche Sphäre verbleiben die entsprechenden Gesetze aber im Bereich der rein staatlichen Angelegenheiten und avancieren nicht etwa zu gemeinsamen Angelegenheiten von Staat und Kirche. Solche „für alle geltenden Gesetze" im Sinne des Art. 140 GG i. V. m. Art. 137 Abs. 3 WRV begrenzen vielfältig die kirchliche Selbstbestimmung auf den Gebieten des bürgerlichen wie öffentlichen Rechts. Sie lassen sich nicht einmal erschöpfend aufzählen (u. a. Planungs-, Boden- und Baurecht; Grundstücksverkehrsrecht; Polizeirecht; Nachbarrecht; Umweltschutz; Arbeits- und Arbeitsschutzrecht)[34]. Konflikte mit dem kirchlichen Selbstbestimmungsrecht sind nur insoweit ausgeschlossen, als der Staat von der Schrankenziehungsbefugnis des Art. 137 Abs. 3 WRV verfassungskonformen Gebrauch macht[35]. Vielfach wird der Staat aber eine Abstimmung jedenfalls mit den Großkirchen als maßgebenden Formelementen in Staat und Gesellschaft suchen (christliche Gemeinschaftsschule, religiöse Kindererziehung, staatliches Kirchenaustrittsrecht).

2. Angelegenheiten der Religionsgemeinschaften

Ihre eigenen Angelegenheiten regeln die Religionsgemeinschaften kraft des Selbstbestimmungsrechtes eigenständig (Kultus und Lehre; Kirchenverfassung und Organisation; Diakonie und Caritas; kirchliche

---

[34] Vgl. im einzelnen W. *Weber,* „Allgemeines Gesetz" (Anm. 31), S. 181, 193 = S. 340, 353 f.

[35] Zu den Grenzen staatlicher Gesetzgebung vgl. unten VI.

Mitgliedschaft; Kirchendienst; Vermögensverwaltung). Eine staatliche Einwirkung kann jedoch ebenso wie durch eine einvernehmliche Regelung auch durch ein Gesetz erfolgen, das allerdings die Kriterien eines die kirchliche Selbstbestimmung einschränkenden „für alle geltenden Gesetzes" im Sinne von Art. 140 GG i. V. m. Art. 137 Abs. 3 WRV erfüllen muß [36]. Die Bindung an das „für alle geltende Gesetz" erstreckt sich grundsätzlich auf sämtliche eigenen Angelegenheiten und nicht nur auf Teile von ihnen. Staatliche Gesetze vermögen aber nur dort einzuschränken, wo kirchliches Wirken in den weltlichen Rechtsbereich übergreift. Rein innere Angelegenheiten ohne Bezug zum staatlichen Recht (Lehre und Kultus) bleiben seinen Einflüssen dagegen verschlossen. Staatliche und kirchliche Angelegenheiten grenzen sich im übrigen danach voneinander ab, was materiell, der Natur der Sache oder Zweckbeziehung nach als staatliche oder eigene Angelegenheit der Religionsgemeinschaften anzusehen ist, wobei deren Selbstverständnis maßgeblich mitberücksichtigt werden muß [37]. In Anbetracht dessen sind grundsätzlich die Grenzen des kirchlichen Aufgabenbereiches weit zu ziehen.

3. Gemeinsame Angelegenheiten von Staat und Kirche

Viele der das Staatskirchenrecht ausformenden Gesetze sind im Bereich der sog. gemeinsamen Angelegenheiten von Staat und Kirche angesiedelt (u. a. Anstalts- und Militärseelsorge, Religionsunterricht, theologische Fakultäten, Bestattungswesen, Kirchensteuer, Denkmalspflege). Bei diesen handelt es sich nicht um einen auf dem Hintergrund des Verfassungs- und einfachgesetzlichen Rechts fest fixierbaren Rechtsbegriff, sondern nur um einen systematischen Ordnungsrahmen, innerhalb dessen sich die partielle Zusammenarbeit von Staat und Kirche auf einzelnen Sachgebieten abspielt. Bei Bewältigung der z. T. fest institutionalisierten Kooperation stellt das Staatsgesetz ein wichtiges Gestaltungsmittel dar.

Die gemeinsamen Angelegenheiten machen kein Kondominium von Staat und Kirche aus [38]. Vielmehr regeln beide ihre Angelegenheiten

---

[36] S. auch unten zu VI.

[37] BVerfGE 18, 387; 42, 334; *Dirk Ehlers,* Die gemeinsamen Angelegenheiten von Staat und Kirche, in: ZevKR 32 (1987), S. 158, 161 ff.; *v. Campenhausen,* Staatskirchenrecht (Anm. 27), S. 81.

[38] Vgl. *Franz-Georg v. Busse,* Gemeinsame Angelegenheiten von Staat und Kirche nach der Bayerischen Verfassung. Diss. iur., München 1978; *v. Campenhausen,* Staatskirchenrecht (Anm. 27), S. 113 ff.; *Ehlers,* Die gemeinsamen Angelegenheiten (Anm. 37), S. 181; *Hermann Weber,* Benutzungszwang für Trauerhallen (Friedhofskapellen) und friedhofseigene Leichenkammern auf kirchlichen Friedhöfen, in: ZevKR 33 (1988), S. 15, 24.

jeweils selbständig. Das Besondere dieser „res mixtae"[39] liegt aber gerade darin, daß bei bestimmten Materien ein gemeinsames und gleichzeitiges Zusammenwirken von Staat und Kirche die notwendige Voraussetzung für die Wahrnehmung der betroffenen Angelegenheit bildet, weil staatliche und kirchliche Belange untrennbar miteinander verbunden sind[40]. Einheitliche inhaltliche Strukturprinzipien für die Wahrnehmung, die u. a. bei der gesetzlichen Ausgestaltung zu beachten wären, lassen sich indes nicht aufstellen. Dafür sind die jeweiligen Gegenstände zu unterschiedlich[41]. Die Titulierung als gemeinsame Angelegenheit will auch nur auf die zwingend gebotene Kooperation von Staat und Kirche hinweisen, ohne konkrete Maßstäbe oder auch nur allgemeine Kategorisierungen für ein bruchloses System vorzugeben. So erklärt sich die ganz uneinheitliche einzelgesetzliche Ausgestaltung auf den verschiedenen Gebieten[42].

Teils werden gemeinsame Angelegenheiten in staatlichen Einrichtungen vollzogen, indem der Staat die religionsunabhängigen Aspekte regelt und einen Organisationsrahmen für den religionsspezifischen Dienst der Kirchen schafft. Teils werden die Kirchen aufgrund einer Verleihung staatlicher Befugnisse tätig[43]. Der ersteren Gruppe sind gesetzliche Bestimmungen aus den Bereichen der Anstalts-[44] und Militärseelsorge[45], des Religionsunterrichts[46] und der theologischen Fakul-

---

[39] Dieser Begriff ist erst im 20. Jahrhundert im Staatskirchenrecht geläufig geworden. Zuvor war die Bezeichnung „gemischte" Angelegenheiten gebräuchlich. Im einzelnen *Ehlers,* Die gemeinsamen Angelegenheiten (Anm. 37), S. 171, m. w. N.

[40] Vgl. *v. Busse,* Gemeinsame Angelegenheiten (Anm. 38), S. 17; *Ehlers,* Die gemeinsamen Angelegenheiten (Anm. 37), S. 173.

[41] Darauf weist auch *Ehlers,* Die gemeinsamen Angelegenheiten (Anm. 37), S. 182 hin.

[42] Gleiches gilt im übrigen für die verfassungsrechtliche, staatskirchenvertragliche oder gewohnheitsrechtlich geregelte Wahrnehmung der gemeinsamen Angelegenheiten.

[43] Vgl. *v. Busse,* Gemeinsame Angelegenheiten (Anm. 38), S. 19; *Ehlers,* Die gemeinsamen Angelegenheiten (Anm. 37), S. 184.

[44] Zur Anstaltsseelsorge § 37 Abs. 4 BundesseuchenG; § 91 Abs. 2 S. 4 JugendgerichtsG; §§ 53-55 StrafvollzugsG; vgl. auch *v. Mangoldt/Klein/v. Campenhausen,* Art. 140 GG/Art. 141 WRV, Rdnrn. 19 ff. — Siehe auch in *diesem* Handbuch den Beitrag von *Susanne Eick- Wildgans,* § 70 Anstaltsseelsorge.

[45] § 36 SoldatenG; G über die Militärseelsorge v. 26.7.1957 (BGBl. II, S. 701); § 59 Abs. 1 BundesgrenzschutzG; Richtlinien des BMI v. 19.12.1966, in: Mitteilungsblatt für den Bundesgrenzschutz 1967, Nr. 1, S. 1; vgl. auch *v. Mangoldt/ Klein/v. Campenhausen,* Art. 140 GG/Art. 141 WRV, Rdnrn. 12 ff. — Siehe auch in *diesem* Handbuch *Rudolf Seiler,* § 68 Seelsorge in Bundeswehr und Bundesgrenzschutz.

[46] Bestimmungen enthalten die Schulgesetze der Länder, die Ausführungsgesetze zu den Kirchenverträgen sowie zahlreiche Verwaltungsvorschriften der

§ 8 Staatskirchenrecht als Gegenstand einfacher Gesetzgebung   301

täten[47] zuzurechnen, der letzteren Bestimmungen aus den Bereichen des Kirchensteuerrechts[48] und des Friedhofswesens[49].

VI. Schranken der Gesetzgebung

1. Verfassungsmäßige Ordnung

Die Gesetzgebung auf dem Gebiet des Staatskirchenrechts macht keine Ausnahme und unterliegt wie jede andere Rechtsetzung den Schranken der gesamten verfassungsmäßigen Ordnung (Art. 20 Abs. 3 GG). Das heißt zunächst, daß formell-rechtlich eine Gesetzgebungskompetenz vorliegen sowie das Gesetzgebungsverfahren ordnungsgemäß durchgeführt werden muß. In materiell-rechtlicher Hinsicht entfalten all die Verfassungsgebote der freiheitlichen Demokratie und des sozialen Rechtsstaates eine systemprägende Funktion. Der Gesetzgeber ist nicht zuletzt in besonderer Weise an die Grundrechte (Art. 1 Abs. 3 GG) und die einzelnen Strukturprinzipien des Rechtsstaatssatzes (Art. 20 Abs. 1 und 3 GG) gebunden (Bestimmtheit, Verhältnismäßigkeit, Sachgerechtigkeit, Rechtssicherheit, Vertrauensschutz). Selbst wenn Landesverfassungen keine parallelen Gewährleistungen beinhalten, gelten diese Bindungen über Art. 28 Abs. 1 Satz 1 GG (Homogenitätsprinzip) auch für Landesgesetze. Spezifische Schranken ziehen die über Art. 140 GG inkorporierten staatskirchenrechtlichen Gewährleistungen der Weimarer Kirchenartikel. Daß Gesetze z. B. nicht die rechtliche Entfaltung der Religionsgemeinschaften einengen (Art. 137 Abs. 2 und 4 WRV) oder gegen die Kirchengutsgarantie (Art. 138 Abs. 2 WRV) verstoßen dürfen, bedarf keiner weiteren Erläuterung. Als die praktisch bedeutsamsten Verfassungsschranken haben sich das Grundrecht der Religionsfreiheit (Art. 4 Abs. 1 und 2 GG) sowie das kirchliche Selbstbestimmungsrecht (Art. 140 GG i. V. m. Art. 137 Abs. 3 WRV) erwiesen. Auf sie soll eigens eingegangen werden. Gerade die das Staatskirchenrecht ausgestaltenden Gesetze unterliegen im übrigen ganz besonders der Notwendigkeit einer verfassungskonformen Auslegung. Angesichts der so allgemeinen

---

Länder. — Vgl. auch in *diesem* Handbuch *Christoph Link,* § 54 Religionsunterricht.

[47] Hochschulgesetze der Länder. — Siehe in *diesem* Handbuch den Beitrag von *Alexander Hollerbach,* § 56 Theologische Fakultäten und staatliche Pädagogische Hochschulen.

[48] S. unten zu VIII 1. — Vgl. ferner in *diesem* Handbuch *Heiner Marré,* § 37 Das kirchliche Besteuerungsrecht.

[49] Friedhofsgesetze der Länder, die im einzelnen regeln, daß Kirchen als Körperschaften des öffentlichen Rechts Friedhofsträger sein können, aber dem Polizeirecht unterliegen.

und variablen Rechtsbegriffe der „Religion" und „Weltanschauung", die in ihrer Unbeschriebenheit die offene Flanke jeder Interpretation staatskirchenrechtlicher Normen bilden, nimmt das Aufkommen immer neuer Konflikte sowohl bei der Verfassungs- als auch der Gesetzesauslegung nicht wunder.

2. Religionsfreiheit

Vor allem das Grundrecht der Religionsfreiheit (Art. 4 Abs. 1 und 2 GG) beinhaltet Grenzlinien, die jedes Gesetz respektieren muß, soll es nicht verfassungswidrig sein. Verstoßen werden kann gleichermaßen gegen die positive wie negative, gegen die individuelle Religionsfreiheit wie gegen Rechte der Religionsgemeinschaften als kollektive Grundrechtsträger. Den Gegenstand möglicher Verletzungen bilden all die in Art. 4 Abs. 1 und 2 GG enthaltenen grundrechtlichen Gewährleistungen nicht zuletzt in ihrer spezifischen Ausprägung durch die Rechtsprechung der vergangenen Jahrzehnte[50]. Darüber hinaus hat der Gesetzgeber die objektiven Verfassungsprinzipien zu beachten, die sich aus dem Zusammenspiel verschiedener Verfassungsbestimmungen, vor allem aber aus dem Grundsatz der Religionsfreiheit für die gesamte Rechtsordnung ergeben. In diesem Sinne prägen die Grundsätze der religiösen und weltanschaulichen Neutralität, der Toleranz und Parität ganz maßgeblich das Verhältnis des Staates zu den Religions- und Weltanschauungsgemeinschaften. Sie enthalten zugleich eine gewichtige Sperre auch für jedes gesetzliche Handeln.

3. Selbstbestimmungsrecht

Art. 140 GG i. V. m. Art. 137 Abs. 3 WRV untersagt dem Gesetzgeber, mit nicht „für alle" geltenden Gesetzen in das Selbstbestimmungsrecht der Religionsgemeinschaften einzugreifen. Die beiden Sachverhalte der Religionsfreiheit und des kirchlichen Selbstbestimmungsrechts decken sich weitgehend, so daß auch die sich für den Gesetzgeber aus Art. 4 Abs. 1 und 2 GG sowie aus Art. 140 GG i. V. m. Art. 137 Abs. 3 WRV ergebenden Schranken in weiten Teilen inhaltlich übereinstimmen[51]. Die Reichweite der „für alle" geltenden Gesetze ist nur außerordentlich schwer zu fixieren[52]. Das Selbstbestimmungsrecht der Religionsgemein-

---

[50] Vgl. die in diesem Zusammenhang besonders brisante Rechtsprechung zum Kirchensteuerrecht.

[51] Auf das Verhältnis der beiden Bestimmungen zueinander kann hier nicht näher eingegangen werden.

§ 8 Staatskirchenrecht als Gegenstand einfacher Gesetzgebung

schaften wird durch die Bindung jedenfalls an die allgemeine, für jedermann geltende, religionsneutrale Rechtsordnung nicht tangiert, wie sie etwa im Strafrecht, im Zivilrecht (z. B. Schuld- und Sachenrecht, Ehe- und Familienrecht, Personenstandswesen) und Öffentlichen Recht (z. B. Polizei- und Baurecht, Straßenverkehrsrecht) zum Ausdruck kommt. Zahlreiche gesetzliche Regelungen wurden schon von Verwaltungs- und Verfassungsgerichten auf ihren Einklang mit der Verfassungsschranke des Art. 140 GG i. V. m. Art. 137 Abs. 3 WRV hin überprüft. Dabei stand stets die Frage im Mittelpunkt, ob es sich noch um ein „für alle geltendes Gesetz" oder bereits um ein solches handele, das die Kirchen in verfassungswidriger Weise gegenüber jedermann ungleich besonders trifft und benachteiligt. Vor allem das kirchliche Pfarrer-, Dienst- und Versorgungsrecht bildet einen wichtigen Angriffspunkt staatlicher Gesetze. So erklärt sich die große Zahl der Verfahren gerade aus diesem Bereich zur Tragweite des kirchlichen Selbstbestimmungsrechts.

VII. Bundesgesetze

1. Das Staatskirchenrecht im System des Bundesstaates

Das Staatskirchenrecht ist ganz besonders von der Aufteilung der Gesetzgebungskompetenzen zwischen Bund und Ländern geprägt. Auszugehen ist von der Grundsatznorm des Art. 70 GG. Danach unterfallen alle Materien, für die das Grundgesetz nicht ausdrücklich eine Zuständigkeit des Bundes vorsieht, der Gesetzgebungskompetenz der Länder. Neben Art. 70 GG verweist Art. 140 GG i. V. m. Art. 137 Abs. 6 WRV für das Kirchensteuerrecht und Art. 140 GG i. V. m. Art. 137 Abs. 8 WRV generell für die Durchführung der vorstehenden staatskirchenrechtlichen Gewährleistungen auf die Kompetenz des Landesgesetzgebers. Auf das Staatskirchenrecht trifft die für die allgemeine Aufgabenabgrenzung zwischen Bund und Ländern häufig anzutreffende Aussage nicht zu, in Anbetracht der weitgespannten Bundeszuständigkeit beschränke sich die Länderkompetenz auf wenige Rand- und Restmaterien[53]. Wegen seiner Affinität mit der Kulturhoheit[54] bildet das Staatskirchenrecht vielmehr eine bedeutsame Domäne der Landesgesetzgebung. Neben dieser existieren dennoch zahlreiche Bundesgesetze mit

---

[52] Zu den näheren Einzelheiten in *diesem* Handbuch *Konrad Hesse*, § 17 Das Selbstbestimmungsrecht der Kirchen und Religionsgemeinschaften.
[53] Vgl. *Konrad Hesse*, Grundzüge des Verfassungsrechts. 17. Aufl., Heidelberg 1990, Rdnr. 244.
[54] S. unten zu VIII.

staatskirchenrechtlichem Inhalt, die sich gelegentlich auch auf eine Gesetzgebungskompetenz kraft Sachzusammenhangs stützen[55]. Die Gesetzgebungskompetenzen sind im übrigen weitgehend deckungsgleich mit der Sachzuständigkeit des Bundes bzw. der Länder zum Abschluß von Kirchenverträgen[56]

Der Bund kann mit dem Erlaß eines kompetenzgemäßen Gesetzes Landesrecht brechen (Art. 31 und 70 ff. GG) und dieses damit modifizieren oder ganz aufheben, also u. U. ignorieren, was die Länder den Kirchen konzediert haben. Ein solcher Konflikt ist zwischen einfachgesetzlichem Bundesrecht und Landesverfassungsrecht praktisch weniger denkbar, wenngleich theoretisch möglich. Die allgemein gehaltenen und meist nur das Grundgesetz wiederholenden staatskirchenrechtlichen Bestimmungen der Landesverfassungen werden nicht so leicht in Kollision mit Bundesgesetzen geraten. In der Praxis kommen solche Konflikte hingegen im Verhältnis zwischen einfachgesetzlichem Bundes- und Landesrecht eher vor. So kann der Bund in Ausübung einer Kompetenz der konkurrierenden oder der Rahmengesetzgebung unter den Voraussetzungen der Art. 74, 74 a, 75 und 72 GG in Bereiche vorstoßen, die bislang landesrechtlich ausgestaltet sind. Insbesondere können kirchenvertragliche Bindungen und entsprechende Zustimmungsgesetze der Länder davon betroffen werden, etwa auf den Gebieten des Krankenhaus- und Hochschulrechts, des Datenschutz- und Meldewesens sowie allgemein der Wohlfahrtspflege[57]. Es fragt sich allerdings, ob Art. 31 GG derartige Kollisionen überhaupt erfaßt oder ob sie sich nicht vielmehr allein nach den Sondervorschriften der Art. 70 ff. GG regeln[58].

2. Die Materien im einzelnen[59]

a) Staatsleistungen

Eine ausdrückliche Kompetenznorm zugunsten des Bundes stellt Art. 140 GG i. V. m. Art. 138 Abs. 1 WRV dar. Danach werden die Staatslei-

---

[55] Zur Rechtslage in der Frühzeit des Grundgesetzes *Hans Peters,* Art. 140 des Grundgesetzes und die Zuständigkeit des Bundes, in: Universitas — Dienst an Wahrheit und Leben. FS für Albert Stohr. Bd. 2, Mainz 1960, S. 223 ff.

[56] Darauf weist *Hollerbach,* Verträge (Anm. 32), S. 177 ff. hin.

[57] Dazu näher *Hollerbach,* Verträge (Anm. 32), S. 170.

[58] Zum Problemstand, der nicht weiter vertieft werden kann, *Manfred Gubelt,* in: Ingo v. Münch, Grundgesetzkommentar. 2. Aufl., Bd. 2, München 1983, Art. 31, Rdnr. 17 f., m. w. N.

[59] Nachfolgend können nicht sämtliche, das Staatskirchenrecht tangierende Bestimmungen des Bundesrechts aufgezählt werden. Es sollen vielmehr nur beispielhaft besonders typische Bereiche Erwähnung finden.

§ 8 Staatskirchenrecht als Gegenstand einfacher Gesetzgebung   305

stungen an die Religionsgesellschaften zwar durch die Landesgesetzgebung abgelöst. Die Grundsätze hierfür stellt aber das Reich bzw. der Bund als sein Rechtsnachfolger auf. Von dieser Grundsatzkompetenz hat weder der Reichs- noch der Bundesgesetzgeber Gebrauch gemacht. Im Ergebnis hat sich der Veränderungsauftrag des Art. 138 Abs. 1 WRV als Vehikel zur Garantie des Status quo erwiesen, weil sich die an der Legislative beteiligten Kräfte nicht auf einen Modus einigen konnten[60].

b) Arbeits- und Sozialrecht

Zu nennen sind die zahlreichen sich auf Art. 74 Nr. 12 GG stützenden Normen des Bundesrechts, die ausdrücklich die Geltung des Arbeitsrechts für den kirchlichen Dienst regeln, indem sie der arbeitsrechtlichen Regelungsautonomie der Kirchen Rechnung tragen: §§ 118 Abs. 2 BetrVG, 112 BPersVG, § 1 Abs. 4 S. 2 MitbestG[61].

Für den Bereich der Sozialhilfe besitzen, gestützt auf Art. 74 Nr. 7 GG, §§ 10 und 93 BSHG grundlegende Bedeutung. Dadurch ist klargestellt, daß die Stellung der Religionsgemeinschaften des öffentlichen Rechts als Träger eigener sozialer Aufgaben und ihre Tätigkeit zur Erfüllung dieser Aufgaben durch das Bundessozialhilfegesetz nicht berührt werden (§ 10 Abs. 1 BSHG). Die folgenden Absätze regeln die Einzelheiten der verfassungsrechtlich gebotenen Kooperation zwischen staatlichen Sozialhilfeträgern und den Kirchen sowie anderen Verbänden der freien Wohlfahrtspflege. — Im übrigen kennt das Sozialrecht, insbesondere das Sozialversicherungsrecht in der Kranken-, Renten- und Unfallversicherung, eine ganze Reihe sog. Berücksichtigungsklauseln[62]. Bei Auslegung und Anwendung dieser Vorschriften stellen sich immer wieder aufs neue Grundsatzfragen im Spannungsfeld letztlich zwischen staatlicher Sozialverfassung und kirchlicher Selbstbestimmung[63].

---

[60] Zu den entsprechenden Vorarbeiten in der Weimarer Zeit in *diesem* Handbuch *Josef Isensee*, § 35 Leistungen des Staates an die Kirchen.

[61] Hierzu im einzelnen *Reinhard Richardi*, Arbeitsrecht in der Kirche. Staatliches Arbeitsrecht und kirchliches Dienstrecht. 2. Aufl., München 1992, passim. Siehe außerdem in *diesem* Handbuch *ders.*, § 67 Das kollektive kirchliche Dienst- und Arbeitsrecht.

[62] S. oben zu II 3.

[63] Zu den Einzelheiten *Bertram Schulin*, Das Verhältnis zwischen Staat und Kirche im Bereich des Sozialversicherungsrechts, in: Im Dienst des Sozialrechts. FS für Georg Wannagat. Köln, Bonn, Berlin, München 1981, S. 521 ff.; *Wilhelm Wertenbruch* und *Hans Otto Freitag*, Das Kirchenamt im Recht der gesetzlichen Unfallversicherung (= Staatskirchenrechtliche Abhandlungen, Bd. 9), Berlin 1979.

c) Beamtenrecht

Auf dem Gebiet des Beamtenrechts schließen Art. 74 a GG sowie Art. 75 Nr. 1 GG ein in das Staatskirchenrecht hineinwirkendes Gesetzgebungsrecht ein. Vor allem ist § 135 S. 2 BRRG von Bedeutung. Diese Vorschrift überläßt es den Religionsgesellschaften, die Rechtsverhältnisse ihrer Beamten und Seelsorger dem Beamtenrechtsrahmengesetz entsprechend zu regeln und für sie den Verwaltungsrechtsweg in Anspruch zu nehmen[64]. Zu nennen sind weiterhin die Vorschriften des Besoldungs- und Versorgungsrechts, die der Tatsache Rechnung tragen, daß der öffentlich-rechtlich ausgestaltete Dienst in den Kirchen auch öffentlicher Dienst ist und beide Systeme harmonisiert werden müssen: § 29 Abs. 1 BBesG, §§ 11 Abs. 1 b und 53 Abs. 5 BeamtVG, § 112 BPersVG.

d) Bauplanungsrecht

Die §§ 1 Abs. 5 Satz 2 Nr. 6 und 5 Abs. 2 Nr. 2 BauGB enthalten wichtige Berücksichtigungsklauseln zugunsten der Religionsgemeinschaften. Die von ihnen festgestellten Erfordernisse des Gottesdienstes und der Seelsorge sind bei Aufstellung der Bauleitpläne nach § 1 Abs. 5 Satz 2 Nr. 6 BauGB zu berücksichtigen. Nach § 5 Abs. 2 Nr. 2 BauGB kann im Flächennutzungsplan die Ausstattung des Gemeindegebiets mit Kirchen sowie mit kirchlichen Zwecken dienenden Gebäuden und Einrichtungen dargestellt werden. Damit ist ein Ausgleich zwischen staatlichen und kirchlichen Belangen gesetzlich vorgegeben. Viele Einzelfragen vor allem in bezug auf Feststellung und Reichweite der abwägungsbeachtlichen kirchlichen Interessen sowie die flächenmäßige Zuordnung von Standorten entsprechend den kirchlichen Erfordernissen gelten planungsrechtlich allerdings noch weitgehend als ungeklärt[65].

---

[64] Ob dieses Justizgewährungsangebot des Staates aber der ausdrücklichen oder stillschweigenden Annahme durch die Kirchen bedarf, sofern eine Zuständigkeit staatlicher Gerichte begründet werden soll, ist im einzelnen strittig. Vgl. *v. Campenhausen,* Staatskirchenrecht (Anm. 27), S. 206; *Joseph Listl,* Das Grundrecht der Religionsfreiheit in der Rechtsprechung der Gerichte der Bundesrepublik Deutschland (= Staatskirchenrechtliche Abhandlungen, Bd. 1). Berlin 1971, S. 407 f. m. w. N. — Vgl. ferner in *diesem* Handbuch *Dietrich Pirson,* § 64 Das kircheneigene Dienstrecht der Geistlichen und Kirchenbeamten.

[65] Eingehend dazu unter besonderer Berücksichtigung auch der historischen Entwicklung des Kirchenbaurechts und der verfassungsrechtlichen Ausgangslage *Werner Hoppe* und *Martin Beckmann,* Zur Berücksichtigung kirchlicher Belange in der Bauleitplanung, in: DVBl. 1992, S. 188.

e) Strafrecht

Der strafrechtliche Religionsschutz stützt sich auf die Bundeskompetenz aus Art. 74 Nr. 1 GG. Im ganzen Strafgesetzbuch finden sich Normen, die dem Schutz des religiösen Friedens dienen. In §§ 166 und 167 StGB, die die Beschimpfung eines Bekenntnisses, einer Religions- oder Weltanschauungsgemeinschaft, die Störung eines Gottesdienstes oder einer Weltanschauungsfeier sowie das Verüben beschimpfenden Unfugs an derartigen Orten mit Strafe bedrohen, stellt der religiöse Frieden das unmittelbare und ausschließliche Schutzgut dar. Die §§ 167 a (Störung einer Bestattungsfeier) und 168 StGB (Störung der Totenruhe) sowie die §§ 119 Abs. 3 (grob anstößige und belästigende Handlungen) und 120 Abs. 1 Nr. 1 OWiG (Prostitution) schützen mittelbar das religiöse bzw. weltanschauliche Empfinden des einzelnen sowie den religiösen Frieden als Teil der Sittenordnung. Ferner ist ein Ehrenschutz für Religions- oder Weltanschauungsgemeinschaften und ihrer Glieder über die §§ 185 ff. StGB gewährleistet[66]. Zum auch von den Kirchen gewünschten Schutz dieser Rechtsgüter ist der Staat vor dem Hintergrund der von Art. 4 GG gebotenen positiven Religionspflege berechtigt und verpflichtet. Die Vorschriften sind vor allem im Zusammenhang mit der Gotteslästerung seit langem Gegenstand heftiger Auseinandersetzungen[67].

f) Kulturstaatliche Aufgaben, Bildungs- und Hochschulwesen

Gem. Art. 75 Nr. 1 a GG hat der Bund das Recht, Rahmenvorschriften für die allgemeinen Grundsätze des Hochschulwesens zu erlassen. Das sich auf diese Grundlage stützende Hochschulrahmengesetz hat auch status- und organisationsrechtliche Auswirkungen auf die Stellung der theologischen Fakultäten. Kirchliche Interessen werden zudem auf vielfältige Weise vom Ausbau und Neubau von Hochschulen (Art. 91 a Abs. 1 Nr. 1 GG) sowie dem gesamten System der Bildungsplanung und -förderung (Art. 91 b GG) tangiert. Bei diesen Gemeinschaftsaufgaben nimmt der Bund gewichtige Rechte zusammen mit den Ländern wahr. Er besitzt die Gesetzgebungskompetenz gem. Art. 91 a Abs. 2 GG sowie die Kompetenz zum Abschluß von Verwaltungsvereinbarungen (Art. 91 b GG).

---

[66] Vgl. im einzelnen in *diesem* Handbuch *Albin Eser*, § 71 Schutz von Religion und Kirchen im Strafrecht und im Verfahrensrecht.

[67] *Rainer Kiewitz*, Strafbarkeit der Gotteslästerung nach § 166 StGB und den Entwürfen zum StGB. Diss. jur., Saarbrücken 1969; *Werner Maihofer*, Die Gotteslästerung, in: Die Deutsche Strafrechtsreform. Hrsg. von Leonhard Reinisch. München 1967, S. 171.

Darüber hinaus fördert der Bund, vielfach auch ohne eine Verwaltungs-, geschweige denn eine Gesetzgebungskompetenz zu besitzen und ein entsprechendes Förderungsgesetz zu erlassen, im kulturstaatlichen Bereich mit Finanzzuweisungen kirchliche Institutionen[68]. Die Zuständigkeit hierfür wird teilweise auf das Recht zur Haushaltsgesetzgebung (Art. 110 Abs. 2 GG) gestützt[69]. Dieser Kompetenztitel vermag allerdings derartige Dotationen in Anbetracht des strengen Aufgabentrennungsprinzips zwischen Bund und Ländern und der Vermutung zugunsten der Länder verfassungsrechtlich kaum zu legitimieren. Erforderlich ist vielmehr gem. Art. 104 a Abs. 1 GG (Konnexitätsprinzip) zumindest eine Verwaltungskompetenz des Bundes[70]. Aber nur bei eindeutig überregionalen, den Interessenkreis der Länder überschreitenden Aufgaben läßt sich zugunsten des Bundes eine ungeschriebene Verwaltungs-, ggf. auch Gesetzgebungskompetenz kraft Sachzusammenhangs bzw. kraft Natur der Sache bejahen[71].

g) Datenschutz und Meldewesen

Das Bundesdatenschutzgesetz i. d. F. vom 20.12.1990 beansprucht keine Geltung gegenüber den als Körperschaften des öffentlichen Rechts verfaßten Religionsgemeinschaften, wohl aber gegenüber privatrechtlich strukturierten Gemeinschaften und Einrichtungen auch der Großkirchen. Ausdrücklich erwähnt lediglich § 15 Abs. 4 BDSG die öffentlich-rechtlichen Religionsgesellschaften als Stellen, an die personenbezogene Daten übertragen werden dürfen. Allerdings sind alle Religionsgemeinschaften im Rahmen von Art. 140 GG i. V. m. Art. 137 Abs. 3 WRV an das unmittelbar aus dem Grundgesetz, nämlich dem allgemeinen Persönlichkeitsrecht (Art. 2 Abs. 1 i. V. m. Art. 1 Abs. 1 GG) abgeleitete Datenschutzprinzip gebunden, das Verfassungsrang genießt. Daraus ergeben sich schon im Verfassungsrecht verankerte, im Bundesdatenschutzgesetz näher ausgestaltete Aufklärungs-, Auskunfts-

---

[68] So leistet er etwa Zuschüsse zur Sicherung und Betreuung jüdischer Friedhöfe in der Bundesrepublik, zum kirchlichen Suchdienst, für die kulturelle Auslandsarbeit der Kirchen, für entwicklungswichtige Vorhaben der Kirchen in Entwicklungsländern, für religiöse Großveranstaltungen wie den Evang. Kirchentag bzw. den Katholikentag, für die hier ansässige bischöfliche Verwaltung ehemaliger ostdeutscher Diözesen jenseits von Oder und Neiße sowie für kirchenregimentliche Zwecke der EKU in diesen Gebieten. Vgl. *Hollerbach*, Grundlagen (Anm. 20), Fn. 231.

[69] *Hollerbach*, Grundlagen (Anm. 20), Rdnr. 106.

[70] Vgl. *Herbert Fischer-Menshausen*, in: Ingo v. Münch, Grundgesetzkommentar. 2. Aufl., Bd. 3, München 1983, Art. 104 a, Anm. 4 ff. m. w. N.

[71] Zu den engen Voraussetzungen solcher Bundeskompetenzen *Hans Herbert v. Arnim*, Finanzzuständigkeit, in: HStR IV, 1990, § 103, Rdnrn. 55 ff.

und Leistungspflichten (u. a. §§ 6 Abs. 1, 19, 20 BDSG) sowie die Pflicht zur Kontrolle durch einen unabhängigen Datenschutzbeauftragten (§§ 24 ff. BDSG)[72]. Bereichsspezifische Gesetze des Arbeits-, Steuer-, Sozial- und Verwaltungsverfahrensrechts gehen dem allgemeinen Datenrecht vor. In diesem Sinne besitzt etwa § 19 MRRG bezüglich der Datenübermittlung an öffentlich-rechtliche Religionsgemeinschaften auf dem Gebiet des Meldewesens große Bedeutung.

h) Wirtschaftliche Sicherung der Krankenhäuser und Regelung der Krankenhauspflegesätze

Das auf Art. 74 Nr. 19 a GG basierende Gesetz zur wirtschaftlichen Sicherung der Krankenhäuser und zur Regelung der Krankenhauspflegesätze (Krankenhausfinanzierungsgesetz) hat mit seinen Regelungen für freigemeinnützige Krankenhäuser einschneidende Eingriffe in die kirchliche Krankenhauspflege zur Folge. Es bildet die rechtliche Grundlage für eine weitreichende staatliche Einflußnahme u. a. im Rahmen der Krankenhausbedarfsplanung und der Investitionslenkung bei der Krankenhausfinanzierung. Mit diesen rechtlich abgestützten Ingerenzen ist der auf dem Selbstverständnis christlicher Caritas und Diakonie beruhende Sonderstatus kirchlicher Krankenhäuser in Ausgleich zu bringen[73].

i) Personenstandswesen, Ehe- und Familienrecht

Die gesetzlichen Regelungen für alle auf den Gebieten des Personenstandswesens, des Ehe- und Familienrechts relevanten Vorgänge (Geburt, Adoption, Bekenntnisstand, Eheschließung, Ehescheidung, Tod) betreffen faktisch und rechtlich die Interessen der Religionsgemeinschaften ganz erheblich, obwohl sie mit Ausnahme einiger Sondernormen[74] nicht unmittelbare Adressaten dieser Vorschriften sind. Die Kenntnis personenstands- und familienrechtlicher Verhältnisse bildet die Voraussetzung für die Wahrnehmung kirchlicher Aufgaben in den Bereichen von Seelsorge und sozialer Betreuung, Kirchenverwaltung und Steuererhebung.

---

[72] Dazu eingehend *Dieter Lorenz*, Die Stellung der Kirchen nach dem Bundesdatenschutzgesetz 1990, in: ZevKR 37 (1992), S. 27; ferner in *diesem* Handbuch *ders.*, § 24 Personenstandswesen. Meldewesen. Datenschutz.
[73] Wegen des Näheren in *diesem* Handbuch *Otto Depenheuer*, § 60 Finanzierung und Organisation der kirchlichen Krankenhäuser.
[74] §§ 1588, 1779 Abs. 2 S. 2, 1784, 1888 BGB; §§ 14 Abs. 1 Nr. 8, 21 Abs. 1 Nr. 1, 37 Abs. 1 Nr. 1, 62 Abs. 1 Nr. 3, 63 Nr. 1, 67, 67a, 69a PStG.

j) Verteidigungswesen und Bundesgrenzschutz

Die Kompetenztitel des Art. 73 Nr. 1 und 5 GG schließen die Bundeszuständigkeit für das Geistlichenprivileg im Wehrrecht (§§ 11 Abs. 1 Nr. 1-3, 12 Abs. 2 WPflG) sowie die Unabkömmlichstellung kirchlicher Bediensteter (§ 13 Abs. 2 S. 2 WPflG) ebenso ein wie für die Militärseelsorge und die Seelsorge im Bundesgrenzschutz. Die in § 36 SoldatenG, im Gesetz über die Militärseelsorge und in § 59 Abs. 1 BundesgrenzschutzG[75] enthaltenen Regelungen beruhen auf einer Zuständigkeit kraft Sachzusammenhangs (Annexkompetenz).

k) Gerichtsverfassung und Prozeßrecht

Das in § 383 Abs. 1 Nr. 4 ZPO sowie § 53 Abs. 1 Nr. 1 StPO verankerte Zeugnisverweigerungsrecht von Geistlichen im gerichtlichen Verfahren trägt den Besonderheiten der kirchlichen Aufgabenerfüllung bei der Seelsorge Rechnung.

VIII. Landesgesetze

Außerhalb der für den Bund im Grundgesetz ausdrücklich benannten bzw. stillschweigend zugelassenen Zuständigkeiten besitzen die Länder die Gesetzgebungskompetenz. Häufig treten für das Staatskirchenrecht bedeutsame Landesgesetze neben Bundesgesetze und führen diese aus bzw. füllen den bundesrechtlich vorgegebenen Rahmen aus (Hochschul- und Datenschutzrecht, Meldewesen, Krankenhausgesetze). Vor allem haben aber die Länder kraft ihrer Kulturhoheit eigenständig eine Vielzahl von Gesetzen erlassen, die sich teilweise materiell auch mit den abgeschlossenen Kirchenverträgen decken. Diese Gesetze gestalten die verfassungsrechtlich gewährleistete Religionsfreiheit in den Einzelheiten aus und dienen insofern der sog. positiven Religionspflege, zu der der Staat aus Art. 4 Abs. 1 und 2 GG verpflichtet ist. Schwerpunkte der Landesgesetzgebung bilden die folgenden Gebiete:

1. Kirchensteuerrecht

Gemäß Art. 140 GG i. V. m. Art. 137 Abs. 6 WRV steht den Religionsgemeinschaften, soweit sie Körperschaften des öffentlichen Rechts sind, das Kirchensteuerrecht *gemäß den landesrechtlichen Bestimmungen* zu.

---

[75] S. oben Anm. 45.

Die einfachgesetzliche Konkretisierung dieses im Grundgesetz sowie den Landesverfassungen gewährleisteten und in den meisten Staatskirchenverträgen deklaratorisch wiederholten Steuerprivilegs hat ihren Niederschlag in einer Vielzahl von Landesgesetzen gefunden. Diese schaffen die Voraussetzungen für die Steuererhebung, sehen die Möglichkeit einer zwangsweisen Beitreibung vor und stecken den Rahmen ab, der durch kirchliche Steuerordnungen und Hebesatzbeschlüsse näher ausgeführt wird. Gerade im Kirchensteuerrecht stellt sich wegen der engen Verknüpfung der besonderen staatskirchenrechtlichen und der allgemeinen steuerrechtlichen Aspekte (Steuergerechtigkeit) auch das Problem der verfassungskonformen Gesetzesauslegung immer wieder von neuem. Hauptsächlich ging es bei den vielen Gerichtsentscheidungen in der Vergangenheit um die Vereinbarkeit der Kirchensteuererhebung mit der sog. negativen Religionsfreiheit (Art. 4 Abs. 1 und 2 GG) im Sinne einer negativen Finanzierungsfreiheit. Die Rechtsprechung hat diesem Grundsatz rigorose Geltung verschafft (u. a. Kirchenaustritt, konfessions- und glaubensverschiedene Ehen). Die Kirchensteuergesetze wurden immer wieder der Fortentwicklung angepaßt.

2. Schul- und Hochschulrecht

Die Schulgesetze der Länder gewähren in verschiedenem Umfang christlichen Wertvorstellungen Eingang und lassen kirchlichen Einfluß zu. Entweder ist als Regelschule das Modell der christlichen Gemeinschaftsschule — z. T. auch mit der Möglichkeit, davon abzuweichen — verwirklicht[76], oder die Gesetze kennen den Typus der weltanschaulich neutralen Gemeinschaftsschule. Der Durchführung des Religionsunterrichts als ordentliches Lehrfach (Art. 7 Abs. 3 Satz 1 GG) tragen gesetzliche Bestimmungen in Verbindung mit zahlreichen Verwaltungsvorschriften Rechnung. Im Rahmen der Privatschulgesetze können die Kirchen Schulen in eigener Trägerschaft führen und dort ihre schulischen Vorstellungen verwirklichen. Das Hochschulrecht der Länder ist durch eine starke Einbindung in das Bundesrecht geprägt. Bei Ausführung und Ausfüllung des Hochschulrahmengesetzes bleibt dem Landesgesetzgeber dennoch ein breiter Raum, die Pflege der Theologie an der Universität in den Einzelheiten zu ordnen und auch auf das kirchliche Hochschul- und Fachhochschulwesen Einfluß zu nehmen.

---

[76] So in der Mehrzahl der alten Bundesländer.

3. Medienrecht

Landesgesetzliche Bestimmungen über die fast ausschließlich privatrechtlich organisierten Massenmedien Presse und Film (Landespressegesetze) enthalten durchweg keine Sonderbestimmungen für Religionsgemeinschaften. Die Rundfunkgesetze hingegen bieten den Kirchen in den öffentlich-rechtlichen Rundfunkanstalten unterschiedlich ausgestaltete Einflußmöglichkeiten, die von kirchlichen Nachrichten-, Dokumentations- und Verkündigungssendungen bis hin zur institutionalisierten Vertretung in Rundfunkräten und Aufsichtsgremien reichen.[77]

4. Denkmalschutzrecht

Teils sind die Kirchen Adressaten, teils werden sie ohne ausdrückliche Benennung von den Denkmalschutzgesetzen betroffen. Religionsfreiheit und Selbstbestimmung ziehen gewichtige Grenzen, soweit es um in gottesdienstlichem Gebrauch stehende Kulturdenkmäler geht. Neuere Gesetze bemühen sich um einen differenzierten Ausgleich zwischen staatlicher Denkmalschutzhoheit und kirchlicher Autonomie sowie um eine verfahrensmäßige Kooperation von Staat und Kirche[78].

5. Friedhofsrecht

In den meisten Bundesländern ist das Recht der Religionsgemeinschaften, soweit sie Körperschaften des Öffentlichen Rechts sind, gesetzlich anerkannt, in eigener Verwaltung Friedhöfe zu unterhalten und auch neu anzulegen. Die Friedhofsgesetze einiger Länder kennen außerdem planungsrechtlich und gesundheitspolizeilich motivierte Genehmigungsvorbehalte bzw. Aufsichtsrechte zugunsten des Staates. Die staatlichen Gesetze verpflichten ferner zur Bestattung Verstorbener, die keiner oder einer anderen Religionsgemeinschaft angehört haben, wenn ein anderer Friedhof im Gemeindegebiet nicht vorhanden ist. Des weiteren schreiben die Gesetze z. T. vor, daß die Bestattungs- und Totengedenkfeiern sowie die Grabmalgestaltung das religiöse Empfinden der betreffenden Gemeinschaft nicht verletzen dürfen.[79]

---

[77] Vgl. zu diesem Bereich in *diesem* Handbuch *Christoph Link*, § 49 Die gesetzlichen Regelungen der Mitwirkung der Kirchen in den Einrichtungen des Rundfunks und Fernsehens.

[78] Richtungweisend § 11 DenkmalschutzG Bad.-Württ. — Vgl. in *diesem* Handbuch den Beitrag von *Bernd Mathias Kremer*, § 42 Denkmalschutz und Denkmalpflege im Bereich der Kirchen.

[79] Vgl. hierzu in *diesem* Handbuch *Hanns Engelhardt*, § 43 Bestattungswesen und Friedhofsrecht.

6. Sammlungsrecht

Die Sammlungsgesetze der Länder stellen die Kirchen weitgehend von staatlichen Genehmigungsvorbehalten sowie Aufsichtsrechten frei und respektieren damit das kirchliche Sammlungswesen als einen Teil der in Art. 4 Abs. 1 und 2 GG verbürgten Religionsausübung. Die Gesetze sehen z. T. nur Beschränkungen zum Schutze von ebenfalls im Verfassungsrang stehenden Rechtsgütern wie dem Jugendschutz vor.[80]

7. Stiftungsrecht

In den Stiftungsgesetzen der Länder werden die kirchlichen Stiftungen grundsätzlich der staatlichen Rechtsordnung unterstellt. Die Gesetze sehen eine staatliche Mitwirkung bei Bildung und Veränderung kirchlicher Stiftungen mit eigener Rechtspersönlichkeit vor, lassen den Kirchen aber einen großen Freiraum bei der Verwaltung und Aufsicht.[81]

---

[80] Siehe in *diesem* Handbuch den Beitrag von *Otto Luchterhandt*, § 50 Kirchliches Sammlungswesen.

[81] Vgl. hierzu in *diesem* Handbuch die Beiträge von *Christian Meyer*, § 33 Die Vermögensverwaltung und das Stiftungsrecht im Bereich der evangelischen Kirche, und *Wolfgang Busch*, § 34 Die Vermögensverwaltung und das Stiftungsrecht im Bereich der katholischen Kirche.

§ 9

Europarecht und Kirchen

Von Gerhard Robbers

I. Voraussetzungen

Die europäische Einigung stellt das Staatskirchenrecht vor neue Herausforderungen. Angesichts zunehmender Harmonisierung vieler Rechtsgebiete ist die Vielfalt der unterschiedlichen staatskirchenrechtlichen Systeme und Traditionen in Frage gestellt. Auf europäischer Ebene bestehen andere demographische Gesamtstrukturen als in den Einzelstaaten. Staatskirchenrechtliche Regelungen in kleineren Räumen mit ihrer Legitimation aus konkreten historischen Erfahrungen und bekenntnismäßigen Gegebenheiten müssen sich hier neu legitimieren. Protestantische Kirchen, in einzelnen Ländern Staatskirche oder jedenfalls mindestens gleich groß wie die katholische Kirche, sehen sich europäisch betrachtet gegenüber der katholischen Kirche in einer Minderheit. Der Islam besitzt europaweit erhebliche Bedeutung. Er würde in diesem Rahmen dramatisch an Gewicht gewinnen, sollte die Türkei Mitglied der Europäischen Union werden.

Bisher fehlen hier angemessene religionsrechtliche Strukturen. Sie zu entwickeln wird nicht gelingen, wenn sich die Kirchen dem europäischen Einigungsprozeß verweigern. Bei der zunehmend Gestalt gewinnenden europäischen Rechts- und Verfassungsordnung geht es nicht nur, nicht einmal in erster Linie um die eigene rechtliche Stellung der Kirchen und Religionsgemeinschaften. Vor allem geht es um die Verwirklichung richtiger Lebensordnung, zu der die Kirchen beizutragen haben. Das Engagement der Kirchen muß diesem Prozeß insgesamt gelten. Wenn sie sich selbst vom europäischen Einigungsprozeß abwenden und das Feld anderen Kräften überlassen, wird die Einigung ohne sie und ohne ihre kritische Begleitung vonstatten gehen. Eine rein wirtschaftlich orientierte Gemeinschaft würde etwa den Sonn- und Feiertagsschutz kaum in kirchlichem Sinne wahren. Der Europäische Gerichtshof hat zwar bisher die Regelung dieser Fragen den Mitgliedstaaten überlassen[1]. Er hat den gemeinschaftsrechtlichen Zugriff aber ausdrücklich nur für den damaligen Stand der Integration ausgeschlossen. Was hier an gemeinschaftsrechtlicher Rechtsangleichung auf dem Gebiet religiöser Interessen möglich bleibt, weist auf viele weitere bisher unbeachtete Felder möglicher Harmonisierung der Rechtsordnungen mit unmittelbarer Relevanz für genuin kirchliche Anliegen.

Auf europäischer Ebene sehen sich die Kirchen vor allem in zwei größeren Rechtskreisen eingebunden: in der Europäischen Menschenrechtskonvention einerseits und in dem Recht der Europäischen Gemeinschaften andererseits[2]. Der zeitweise auch für die Kirchen wesentliche Prozeß der Konferenz für Sicherheit und Zusammenarbeit in Europa, die KSZE, besitzt nach dem Zusammenbruch des Ostblocks nur noch eingeschränkte Bedeutung. Der Heilige Stuhl ist beim Europarat, in dessen Rahmen die Europäische Menschenrechtskonvention abgeschlossen worden ist, durch einen ständigen Beobachter vertreten. Er ist jedoch weder Mitglied des Europarates, noch ist er Signatarmacht der Europäischen Menschenrechtskonvention.

II. Die Europäische Menschenrechtskonvention

Die Europäische Konvention zum Schutze der Menschenrechte und Grundfreiheiten vom 4. November 1950 mit ihrem ausgefeilten und wirksamen Rechtsschutzsystem besonders in der Europäischen Kommission für Menschenrechte und dem Europäischen Gerichtshof für Menschenrechte garantiert in Art. 9 die Religionsfreiheit. Aber auch andere von der Europäischen Menschenrechtskonvention gewährleistete Menschenrechte wie das Recht auf Meinungsfreiheit oder die Versammlungs- und Vereinsfreiheit besitzen Relevanz für die Stellung der Kirchen.

Art. 9 EMRK schützt zunächst die Religionsfreiheit des Einzelnen. Er gewährleistet daneben aber andererseits auch die Religionsfreiheit als korporatives Grundrecht der Kirchen und Religionsgemeinschaften als solcher[3]. Die Europäische Kommission für Menschenrechte hat nach

---

[1] EUGH, in: NJW 1991, S. 626.

[2] Vgl. *Alexander Hollerbach,* Europa und das Staatskirchenrecht, in: ZevKR 35 (1990), S. 250 ff.; *Gerhard Robbers,* Die Fortentwicklung des Europarechts und seine Auswirkungen auf die Beziehungen zwischen Staat und Kirche in der Bundesrepublik Deutschland, in: EssGespr. 27 (1993), S. 81 ff.

[3] Vgl. *Nikolaus Blum,* Die Gedanken-, Gewissens- und Religionsfreiheit nach Art. 9 der Europäischen Menschenrechtskonvention (= Staatskirchenrechtliche Abhandlungen, Bd. 19). Berlin 1990, S. 170.

anfänglichem Zögern inzwischen anerkannt, daß Kirchen und Religionsgemeinschaften ein eigenes Beschwerderecht als Träger des Rechts aus Art. 9 EMRK besitzen. Allerdings wählt die Kommission eine dogmatisch problematische Konstruktion über eine Art Prozeßstandschaft: Erhebe eine Religionsgemeinschaft eine Beschwerde, so geschehe dies in Wirklichkeit im Namen ihrer Mitglieder[4]. Kirchen, die eine eigene Rechtspersönlichkeit besitzen, handeln dabei gemäß Art. 25 EMRK als nichtstaatliche Organisationen, auch wenn sie in der Bundesrepublik Deutschland Körperschaft des öffentlichen Rechts sind. Dieser Status gliedert sie nicht in die staatliche Organisation ein[5].

Aus der Religionsfreiheit der Kirchen nach Art. 9 EMRK folgt auch eine sich institutionell auswirkende Gewährleistung ihres Selbstbestimmungsrechts. Die freie Ausübung von Religion in Gemeinschaft von Gläubigen setzt Eigenständigkeit in der inneren Organisation, im Ämterrecht, in der Gestaltung des Kultus und in der Bestimmung der als Glaubensgebot verstandenen Aufgaben der Gemeinschaft notwendig voraus. Nach der Rechtsprechung der Europäischen Kommission für Menschenrechte umfaßt die Religionsfreiheit das Recht von Kirchen auf freie Organisation und Durchführung von Gottesdiensten, Unterricht und Ausübung religiöser Gebräuche[6].

Das kirchliche Selbstbestimmungsrecht wird in der Sache von der Kommission auch in der Entscheidung *Rommelfanger*[7] anerkannt, wenngleich dabei ein dogmatisch und sachlich problematischer Anknüpfungspunkt in der Meinungsfreiheit gem. Art. 10 EMRK gewählt wurde. *Rommelfanger* hatte als Arzt eines katholischen Krankenhauses in einem Leserbrief und in einem Fernsehinterview unter voller Berufsangabe Auffassungen zum Schwangerschaftsabbruch vertreten, die nach Auffassung des Arbeitgebers mit der katholischen Glaubenslehre unvereinbar waren. Die vom Bundesverfassungsgericht aus Gründen des kirchlichen Selbstbestimmungsrechts aus Art. 140 GG i. V. m. Art. 137 Abs. 3 WRV gutgeheißene Kündigung hatte auch vor der Europäischen Kommission für Menschenrechte Bestand. Dies freilich nach

---

[4] EKMR, E v. 5.5.1979 (BNr. 7805/77), in: DR 16, 68; vgl. auch EKMR, E v. 8.3.1976 (BNr. 7374/76), in: DR 5, 157; EKMR, E v. 8.5.1985 (BNr. 10901/84 — Prüssner/BRD), in: NJW 1987, S. 1131; vgl. zuvor jedoch EKMR, E v. 17.12.1968 (BNr. 3798/68), in: YB 12 (1969), S. 306.

[5] Vgl. *K. Rogge*, in: Internationaler Kommentar zur EMRK. Hrsg. von *Heribert Golsong u. a.*, 2. Lieferung, Köln 1992, Art. 25, Rdnr. 137; *Wolfgang Peukert*, in: Jochen Abr. Frowein/Wolfgang Peukert, EMRK-Kommentar. Kehl, Straßburg, Arlington 1985, Art. 25, Rdnr. 14.

[6] Vgl. *Blum*, Die Gedanken-, Gewissens- und Religionsfreiheit (Anm. 3), S. 175; EKMR, E v. 8.3.1976 (BNr. 7374/76), in: DR 5, 157.

[7] EKMR, E v. 6.9.1989 (BNr. 12242/86 — Rommelfanger/BRD).

Auffassung der Kommission deswegen, weil das Bundesverfassungsgericht dem Recht des Arbeitgebers auf freie Meinungsäußerung in nicht zu beanstandender Weise Raum gegeben habe. Ein Arbeitgeber könne sein Recht auf Meinungsäußerung nicht angemessen ausüben, wenn er nicht die Erfüllung entsprechender Loyalitätspflichten der Arbeitnehmer erwarten und gegebenenfalls durchsetzen könne.

III. Das Recht der Europäischen Gemeinschaft

1. Die allgemeine Situation der Kirchen

Von überragender Bedeutung für kirchliches Handeln erweist sich in zunehmendem Maße das Europäische Gemeinschaftsrecht. Allerdings besitzt die Europäische Union mit ihrer ursprünglichen Beschränkung auf wirtschaftspolitische Zuständigkeiten keine deutlichen Kompetenzen in staatskirchenrechtlichen Kernbereichen. Kirchlichkeit und Religion werden von den Gründungsverträgen der Europäischen Gemeinschaft als eigenständiger Lebensbereich nicht wahrgenommen. Gleichwohl bestehen auf zahlreichen Gebieten Zuständigkeiten der Europäischen Gemeinschaft, die die Kirchen mittelbar oder unmittelbar betreffen. Die Zersplitterung und bisweilen Undeutlichkeit dieser Kompetenzen aus der Sicht kirchlicher Lebensbereiche birgt die Gefahr unbemerkter oder zu spät entdeckter Überwucherung des gewachsenen Staatskirchenrechts der Bundesrepublik Deutschland durch staatskirchenrechtsblinde Regelungen in der Europäischen Union. Die Kirchen haben es auf dieser Ebene keineswegs mit einem kirchenfeindlichen, wohl aber mit einem kirchenindifferenten Normgeber zu tun. Mit der Gründung der Europäischen Union ist eine neue Phase der Entwicklung auch in staatskirchenrechtlicher Hinsicht eingeleitet. Die Vielfalt der vertraglichen Grundlagen läßt bisweilen die Zuordnung staatskirchenrechtlicher Fragen zur Europäischen Union einerseits, zu den drei Gemeinschaften andererseits schwierig erscheinen. Einige Grundbestimmungen finden sich im Vertrag zur Gründung der Europäischen Union, die als Dach die Europäischen Gemeinschaften und weitere Vertragswerke überwölbt; in Einzelfragen ist vornehmlich das Recht der Europäischen Gemeinschaft der früheren EWG mit dem Vertrag über die Europäische Gemeinschaft bedeutsam, aber auch das Sozialabkommen von elf Mitgliedstaaten.

2. Die Stellung der Kirchen

a) Der Schutz der Religionsfreiheit im Gemeinschaftsrecht und das Selbstbestimmungsrecht der Kirchen

Die Besonderheiten kirchlicher Existenz werden im Gemeinschaftsrecht vor allem durch die Religionsfreiheit gewahrt. Dieser individualrechtliche Ansatz entspricht der Verfassungsrechtslage in den meisten Mitgliedstaaten der Europäischen Union. Die Präambel des Vertrages über die Europäische Union („Maastricht-Vertrag" [UnionsV]) vom 7. Februar 1992 bestätigt das Bekenntnis der vertragschließenden Parteien zur Achtung der Menschenrechte und Grundfreiheiten.

Durch Art. F Abs. 2 UnionsV wird die Achtung der Grundrechte, wie sie in der Europäischen Menschenrechtskonvention gewährleistet sind und wie sie sich aus den gemeinsamen Verfassungsüberlieferungen der Mitgliedstaaten als allgemeine Grundsätze des Gemeinschaftsrechts ergeben, zum gemeinschaftsrechtlichen Gebot. Damit ist auch die in Art. 9 EMRK und in den anderen konventionsrechtlich gewährleisteten Grundrechten gesicherte Freiheit der Kirchen Bestandteil des primären Gemeinschaftsrechts.

Bereits bisher war die Religionsfreiheit im Gemeinschaftsrecht anerkannt. Ausprägungen sind im sekundären Gemeinschaftsrecht im Beamtenstatut der Gemeinschaft dergestalt gewährleistet, daß die Beamten der Europäischen Gemeinschaft ohne Rücksicht auf Rasse, Glaube oder Geschlecht ausgewählt werden[8]. Auf dieser Grundlage hat das Recht auf Religionsfreiheit vom Europäischen Gerichtshof nähere Ausfaltung erfahren. Die Europäische Union ist verpflichtet, bei der Ausgestaltung des Verfahrens zur Auswahl ihrer Beamten im Rahmen des Möglichen Rücksicht auf religiöse Feiertage zu nehmen, die einzelne Bewerber daran hindern mögen, sich an bestimmten Tagen Einstellungsprüfungen zu unterziehen[9].

Es ist Ausdruck staatskirchenrechtlich relevanter Interpretation der Religionsfreiheit, daß die Behörden der Gemeinschaft diese Rücksicht allen Religionen gegenüber üben müssen: als säkulare Einrichtung ist die Europäische Gemeinschaft zu staatskirchenrechtlicher Neutralität verpflichtet. Das Gebot der Nichtdiskriminierung nach dem individuellen Glauben weist auf die Verpflichtung zur Parität als Gleichbehand-

---

[8] VO 259/68 — 01 v. 29.2.1968, in: ABl. L 56/1 ff. mit späteren Änderungen.
[9] Vgl. EuGH, Rs. 130/75 (Prais/Rat), in: Slg. 1976, S. 1589; vgl. dazu *Hollerbach*, Europa und das Staatskirchenrecht (Anm. 1), S. 263 ff.; *Ingolf Pernice*, Religionsrechtliche Aspekte im Europäischen Gemeinschaftsrecht, in: JZ 1977, S. 777 ff.

lung der Religionsgemeinschaften. Endlich liegt der Überlegung, daß möglichste Rücksicht bei der Verfahrensgestaltung zu nehmen ist, die Pflicht zu positiver Toleranz gegenüber religiösen Überzeugungen zugrunde.

Die vielleicht wesentlichste gemeinschaftsrechtliche Grundlage besitzt das Recht auf Religionsfreiheit in dem Grundsatz der gemeinsamen Verfassungsüberlieferungen der Mitgliedstaaten der Europäischen Union. Diese Rechtsfigur erhebt gemeinsame Verfassungsüberlieferungen der Mitgliedstaaten zu Bestandteilen des Gemeinschaftsrechts selbst. Sie erstreckt sich keineswegs nur auf Grundrechte, hat hier aber ihre intensivste Bedeutung. Da die Religionsfreiheit unbeschadet einzelner Unterschiedlichkeiten in allen Mitgliedstaaten anerkannt ist, gehört auch sie zum Bestand des Gemeinschaftsrechts. Bei der näheren gemeinschaftsrechtlichen Ausgestaltung ist von dem höchsten in irgendeinem der Mitgliedstaaten geltenden Schutzstandard auszugehen [10].

Für staatskirchenrechtlich relevante Maßnahmen der Europäischen Gemeinschaft bedeutet dies, daß das aus der Religionsfreiheit als gemeinsamer Verfassungsüberlieferung der Mitgliedstaaten fließende Selbstbestimmungsrecht der Religionsgemeinschaften gewahrt bleiben muß. Art. 140 GG i. V. m. Art. 137 Abs. 3 WRV in der Gestalt, die die Selbstbestimmungsgarantie in der ständigen Rechtsprechung des Bundesverfassungsgerichts gefunden hat, muß als ein solcher allgemeiner Grundsatz des Gemeinschaftsrechts Anerkennung finden. Danach muß auch gemeinschaftsrechtlich gelten, daß jede Religionsgemeinschaft ihre Angelegenheiten selbständig innerhalb der Grenzen des für alle geltenden Gesetzes ordnet und verwaltet. Mag in einzelnen Randbereichen der Gehalt des Selbstbestimmungsrechtes über die Gewährleistung der Religionsfreiheit hinausgehen [11], die wesentlichen Bestandteile dieser Garantie folgen ebensowohl aus der Religionsfreiheit selbst [12].

Das Bundesverfassungsgericht hat erklärt, daß das durch Art. 140 GG i. V. m. Art. 137 Abs. 3 WRV gewährleistete Selbstbestimmungsrecht der Religionsgemeinschaften zwar rechtlich selbständig, für die durch Art. 4 Abs. 2 GG gewährleistete Freiheit des religiösen Lebens und Wirkens aber unerläßlich sei [13]. Verfassungsbeschwerden wegen Verletzung der

---

[10] EuGH, Rs. 29/69 (Stauder/Stadt Ulm-Sozialamt), in: Slg. 1969, S. 419 f.; Rs. 4/73 (Nold/Kommission), in: Slg. 1974, S. 491 ff.

[11] Vgl. *Axel Frhr. von Campenhausen*, Staatskirchenrecht. 2. Aufl., München 1983, S. 78.

[12] Vgl. *Joseph Listl*, Das Grundrecht der Religionsfreiheit in der Rechtsprechung der Gerichte der Bundesrepublik Deutschland (= Staatskirchenrechtliche Abhandlungen, Bd. 1). Berlin 1971, S. 572 ff.

[13] BVerfGE 72, 278 (289).

§ 9 Europarecht und Kirchen

Glaubensfreiheit aus Art. 4 Abs. 1, 2 GG hat das Bundesverfassungsgericht regelmäßig für zulässig erklärt, wenn ein Eingriff in das kirchliche Selbstbestimmungsrecht geprüft worden ist[14]. Der individuellen und kollektiven Glaubens- und Weltanschauungsfreiheit des Art. 4 Abs. 1 und 2 GG korrespondiert die Freiheit der Vereinigung zu Religionsgesellschaften (Art. 140 GG i. V. m. Art. 137 Abs. 2 WRV) und die Gewährleistung der Eigenständigkeit der Religionsgesellschaften (Art. 140 GG i. V. m. Art. 137 Abs. 3 WRV)[15].

Die Selbstordnungs- und Selbstverwaltungsgarantie kommt nicht nur den verfaßten Kirchen und deren rechtlich selbständigen Teilen zugute, sondern allen der Kirche in bestimmter Weise zugeordneten Einrichtungen ohne Rücksicht auf ihre Rechtsform, wenn sie nach kirchlichem Selbstverständnis ihrem Zweck oder ihrer Aufgabe entsprechend berufen sind, ein Stück des Auftrags der Kirche wahrzunehmen und zu erfüllen[16].

Bei rein inneren kirchlichen Angelegenheiten kann ein staatliches Gesetz für die Kirche überhaupt keine Schranke ihres Handelns bilden[17]. Aber auch in dem Bereich, in dem der Staat zum Schutze anderer für das Gemeinwesen bedeutsamer Rechtsgüter ordnen und gestalten kann, trifft ein dem kirchlichen Selbstbestimmungsrecht Schranken ziehendes Gesetz seinerseits auf eine ebensolche Schranke, nämlich auf die materielle Wertentscheidung der Verfassung, die über den für die Staatsgewalt ohnehin unantastbaren Freiheitsraum der Kirchen hinaus ihre und ihrer Einrichtungen besondere Eigenständigkeit gegenüber dem Staat anerkennt. Dieser Wechselwirkung von Kirchenfreiheit und Schrankenzweck ist durch entsprechende Güterabwägung Rechnung zu tragen. Dabei ist dem Selbstverständnis der Kirchen ein besonderes Gewicht beizumessen[18].

Art. 140 GG i. V. m. Art. 137 Abs. 3 WRV enthält nach allem eine in der Verfassungsüberlieferung der Bundesrepublik Deutschland zentrale Freiheitsgewährleistung. Sie ist in unterschiedlichem Umfang und andersgearteter rechtlicher Qualifikation auch Bestandteil der Verfassungsüberlieferungen der anderen Mitgliedstaaten. Auf die terminologische und verfahrensrechtliche Qualifizierung als verfassungsbeschwerdefähiges Grundrecht kommt es dabei unter gemeinschaftsrechtlichem Blickwinkel nicht an. Festzuhalten ist, daß das Selbstbestimmungsrecht

---

[14] BVerfGE 53, 366 (388).
[15] BVerfGE 42, 312 (332).
[16] BVerfGE 70, 138 (162).
[17] BVerfGE 42, 312 (334); 66, 1 (20); 72, 278 (289).
[18] BVerfGE 72, 278 (289) m. w. N.; 53, 366 (401); st. Rspr.

der Kirchen auf der Grundlage wertender Rechtsvergleichung und unter dem Gesichtspunkt des höchsten in irgendeinem der Mitgliedstaaten geltenden Schutzstandards im Sinne des Art. F Abs. 2 UnionsV als allgemeiner Grundsatz des Gemeinschaftsrechts besteht und anerkannt werden muß.

Soweit die Kirchen in ihrer institutionellen Position betroffen sind, muß allerdings die Rechtsfigur der auf möglichst hohes Schutzniveau hingeordneten gemeinsamen Verfassungsüberlieferungen der Mitgliedstaaten weiter differenziert werden. Als Institution stehen die Kirchen vielfältig in Situationen, die zu Grundrechtskonflikten führen können. Das Rechtsgut Religionsfreiheit der Kirchen kann etwa in Konflikt treten mit dem Rechtsgut der Meinungsfreiheit einzelner kirchlicher Mitarbeiter. Die rechtliche Lösung solcher Konfliktlagen muß zu einem Optimum der Grundrechtsverwirklichung aller Beteiligter, zu praktischer Konkordanz ihrer Grundrechte auch im Gemeinschaftsrecht führen[19].

Diese Zuordnung von rechtlich geschützten Interessen beruht auf Wertungen, die ihrerseits verständlich und für die Beteiligten akzeptabel sind nur auf dem Hintergrund konkreter historischer Erfahrung und oft jahrhundertealter Traditionen. Eine Aufnahme gemeinsamer Verfassungsüberlieferungen der Mitgliedstaaten wird deshalb nicht stets und nicht in erster Linie nivellierend vorgehen dürfen, sondern die mitgliedstaatlichen und regionalen Besonderheiten im Staatskirchenrecht gebührend berücksichtigen müssen. Dies gilt zumal angesichts der Tatsache, daß auch in einer Reihe von Mitgliedstaaten der Gemeinschaft unterschiedliche staatskirchenrechtliche Systeme in verschiedenen Regionen nebeneinander bestehen, wie dies besonders in Frankreich und Großbritannien der Fall ist.

Das in der Religionsfreiheit gegründete Selbstbestimmungsrecht der Religionsgemeinschaften findet auch aus gemeinschaftsrechtlichen Voraussetzungen heraus seine Begründung in der Sache selbst. Diese sachliche Begründung tritt neben die Verankerungen in den gemeinsamen Verfassungsüberlieferungen der Mitgliedstaaten. Die zunehmende normative und soziale Verdichtung der Europäischen Union verleiht ihr schon jetzt quasistaatliche Züge. Im Selbstbestimmungsrecht der Kirchen anerkennt die Union die Möglichkeit der Transzendenz. Sie relativiert damit staatliche und quasistaatliche Herrschaft. Indem sie das grundsätzliche Anderssein von Kirche und Religionsgemeinschaft re-

---

[19] Zum Grundproblem *Krück*, in: Hans von der Groeben/Jochen Thiesing/Claus-Dieter Ehlermann (Hrsg.), Kommentar zum EWG-Vertrag. 4. Aufl., Baden-Baden 1991, Art. 164, Rdnr. 24.

spektiert, schafft sie sich selbst Raum für ihre eigene Entwicklung. Dieser Raum ginge verloren, wollte sie die Art ihrer eigenen Existenz absolut setzen. Religiöse Bedürfnisse brauchen die Möglichkeit der Verwirklichung. Weder der Staat noch erst recht die Europäische Gemeinschaft können die Voraussetzungen hierfür schaffen. Sie vertreten ihr eigenes Selbstverständnis und die ihnen eigentümliche Legitimation. Die vollständige Leugnung kirchlicher Selbstbestimmung würde die Europäische Union im Ergebnis entweder selbst sakralisieren oder aber die Entscheidung für den Atheismus bedeuten. Beides wäre ein Verstoß gegen die Verpflichtung zur Neutralität. Die Europäische Union würde zudem die eigene kulturelle Verwurzelung in Frage stellen, wollte sie aus Indifferenz das Selbstbestimmungsrecht der Religionsgemeinschaften als historisch und kulturell gewachsenes Strukturprinzip europäischer Existenz leugnen.

b) Die Wahrung mitgliedstaatlicher Identität

Die mitgliedstaatlichen Besonderheiten im staatskirchenrechtlichen System besitzen eine weitere Sicherung in der gemeinschaftsrechtlichen Garantie mitgliedstaatlicher Identität. Art. F Abs. 1 UnionsV verpflichtet die Europäische Union, die nationale Identität ihrer Mitgliedstaaten zu achten. Zu den wesentlichen Strukturprinzipien der nationalen Identität gehören die Grundsätze der Beziehung zwischen Staat und Kirchen. Für die Bundesrepublik Deutschland gehören hierzu jedenfalls die Grundsätze der Neutralität, der Parität und der Toleranz, das Verbot der Staatskirche und das Selbstbestimmungsrecht der Religionsgemeinschaften.

c) Das Subsidiaritätsprinzip

Endlich sind mitgliedstaatliche Besonderheiten des Staatskirchenrechts gemeinschaftsrechtlich gewahrt in dem durch Art. 3 b EGV, Art. B UnionsV gewährleisteten Subsidiaritätsprinzip. Die Gemeinschaft wird hiernach in den Bereichen, die nicht in ihre ausschließliche Zuständigkeit fallen, nur tätig, sofern und soweit die Ziele der in Betracht gezogenen Maßnahmen auf der Ebene der Mitgliedstaaten nicht ausreichend und daher wegen ihres Umfanges oder ihrer Wirkungen besser auf Gemeinschaftsebene erreicht werden können. Die tiefe Verwurzelung grundsätzlicher staatskirchenrechtlicher Strukturen in den Traditionen und geschichtlichen Erfahrungen der einzelnen Mitgliedstaaten, besonders auch die Sprengkraft und Emotionsbezogenheit im Staatskirchenrecht virulenter religiöser Ideen, läßt deutlich erscheinen, daß hier in weitem Umfang bessere Zielverwirklichung auf mitgliedstaatlicher Ebene vollzogen werden kann.

d) Religion und Kirche im sekundären Gemeinschaftsrecht

Allerdings sind dies schon von ihrer rechtlichen Struktur her ausfüllungsbedürftige und Konkretisierung erfordernde Grundsätze, die keine Garantie des gegenwärtig bestehenden deutschen Staatskirchenrechts in einer zunehmend gemeinschaftsrechtlich geprägten Rechtsordnung bedeuten. Sie müssen durch die Normsetzungspraxis in Rat, Kommission und Parlament, besonders durch die Rechtsprechung des Europäischen Gerichtshofs näher ausgeformt werden.

Dabei gehört es zu den Grundschwierigkeiten staatskirchenrechtlicher Anliegen im Gemeinschaftsrecht, daß die Besonderheiten religiös geprägter Existenz und ihre institutionellen Ausformungen im primären Gemeinschaftsrecht keine ausdrückliche Berücksichtigung finden. Erst das sekundäre Gemeinschaftsrecht und dieses bisher auch nur in Ansätzen hat einen Blick für diese besonderen Bedürfnisse. Neben dem bereits erwähnten Beamtenstatut ist dies in der Fernsehrichtlinie von 1989 der Fall[20]. Danach darf weder die Übertragung von Gottesdiensten durch Werbung unterbrochen werden noch Sendungen von religiösem Inhalt von weniger als dreißig Minuten programmierter Sendezeit (Art. 11 Abs. 5). Die Fernsehwerbung darf religiöse Überzeugungen nicht verletzen (Art. 12 Buchst. c).

Die Europäischen Schulen, obwohl nicht unmittelbar im Gemeinschaftsrecht eingebunden, bieten einen weiteren Ansatz in dieser Richtung. In den Europäischen Schulen gehört der Religionsunterricht zu den ordentlichen Lehrfächern. Er ist weitgehend nach dem in Art. 7 Abs. 2 und 3 GG vorgebildeten Muster ausgestaltet. Der Religionsunterricht an den Europäischen Schulen wird nach den von den Religionsgemeinschaften aufgestellten Grundsätzen erteilt als Pflichtfach mit der möglichen Alternative der Teilnahme an einem Ethik-Unterricht.

e) Der Begriff der Kirche

Völlig offen ist bisher im Gemeinschaftsrecht der Begriff von Religionsgemeinschaft oder Kirche. Dieser institutionelle Ansatz rechtlicher Struktur ist dem grundsätzlich funktional ausgerichteten Gemeinschaftsrecht eher fremd. Zumeist kommen Kirchen bisher als Arbeitge-

---

[20] RL 89/552 EWG, in: ABl. 1989, Nr. L 298/23 ff.

ber, bisweilen als Wirtschaftsbetriebe in den Blick des Gemeinschaftsrechts, wenn sie nicht als kultische und karitative, diakonische Einrichtungen im Rahmen unentgeltlicher Tätigkeit noch aus dem Regelungsbereich dieses Rechtskreises ausgeklammert werden. Als Folge droht hier, daß die Besonderheiten kirchlicher Existenz verkannt werden. Damit ist auch der der Religionsfreiheit wesentliche Aspekt der Freiheit, sich religiösen Geboten entsprechend zu verhalten, unmittelbar bedroht, weil die religiösen Gründe bestimmter Verhaltensweisen von vornherein nicht in den Blick kommen. Für die zukünftige Rechtsstellung der Kirchen in der Europäischen Union wird von entscheidender Bedeutung sein, ob es gelingt, ihr Selbstbestimmungsrecht auch für ihre Organisationsstruktur und in Bezug auf die Reichweite ihrer Aufgabenstellungen gemeinschaftsrechtlich zu gewährleisten. Die Lösung dieses für die Kirchen zentralen Problems wird gemeinschaftsrechtlich zunächst durch die Gewährleistung der Religionsfreiheit und ihrer kollektiv-individuellen Dimensionen zu erfolgen haben.

Erste Ansätze, die über teilweise analoge Lebensbereiche auch für die Rechtsstellung der Kirchen im Gemeinschaftsrecht aufgegriffen werden könnten, finden sich in den Maastrichter Verträgen zur Stellung der Wohlfahrtsverbände und der politischen Parteien. Der neue Art. 138 a EGV anerkennt im 5. Teil „Die Organe der Gemeinschaft" die politischen Parteien als wichtige Faktoren der Integration in der Union. In einer den Maastrichter Verträgen als Bestandteil des Vertragswerks angefügten Erklärung werden die Träger der freien Wohlfahrtsverbände besonders erwähnt, und die Europäische Gemeinschaft bekennt sich zur Zusammenarbeit mit ihnen[21]. Bei aller Differenz im einzelnen kennt das Gemeinschaftsrecht hier institutionelle Ansätze der rechtlichen Strukturierung, die auch für die Religionsgemeinschaften fruchtbar gemacht werden können.

f) Kommunikationsstrukturen

Da auch die Grundlagen des Gemeinschaftsrechts in anhaltender Entwicklung begriffen sind, bestehen in dem Prozeß europäischer Rechtsbildung alle Chancen, aber auch Gefahren rechtspolitischer Wirksamkeit. Die hierfür erforderlichen Kommunikationsstrukturen sind in fortschreitendem Ausbau begriffen.

Die Evangelische Kirche in Deutschland betreibt ein Verbindungsbüro in Brüssel, das dem Kommunikationsprozeß zwischen Kirche und Gemeinschaftsorganen dient und organisatorisch der Dienststelle des

---

[21] Vgl. BGBl. II 1992, S. 1251 (1323).

Bevollmächtigten des Rates der EKD am Sitz der Bundesrepublik Deutschland angegliedert ist[22].

Für die katholische Kirche nimmt im Zusammenhang förmlicher diplomatischer Beziehungen zwischen der Europäischen Gemeinschaft und dem Heiligen Stuhl eine Apostolische Nuntiatur in Personalunion mit dem Nuntius beim Königreich Belgien die Interessen der katholischen Kirche wahr[23].

Im institutionellen System der Europäischen Gemeinschaft fehlt den Kirchen ein angemessener Platz. Dieses System ist seinen bisherigen Zielen und Strukturen gemäß auf die Repräsentation religiöser Bedürfnisse nicht zugeschnitten. So besteht etwa keine Vertretung kirchlicher Anliegen im Wirtschafts- und Sozialausschuß der Gemeinschaft. Möglicherweise bietet der Regionalausschuß Repräsentationschancen.

3. Einzelne Bereiche staatskirchenrechtlicher Relevanz des Gemeinschaftsrechts

a) Die kulturelle Dimension

Mit dem Unionsvertrag sind der Europäischen Gemeinschaft verstärkt Wirkungsmöglichkeiten im Kulturleben der Mitgliedstaaten eröffnet worden. Mit ihnen wird die Basis europäischer Einigung, die zunächst auf das Wirtschaftsgeschehen zugeschnitten war, wesentlich verbreitert. Das Bestreben der Europäischen Union, Wurzeln im kulturellen Leben zu schlagen, von dessen Verwirklichung die Zukunft der Gemeinschaft wesentlich abhängt, kann nur Früchte tragen, wenn auch die religiöse und kirchliche Dimension angemessen Berücksichtigung findet.

Die Präambel des Unionsvertrages verweist auf den Wunsch der vertragschließenden Parteien, die Solidarität zwischen ihren Völkern unter Achtung ihrer Geschichte, ihrer Kultur und ihrer Traditionen zu stärken. Geachtet werden sollen danach auch die geschichtlich gewachsenen und bedeutungsvollen, zur jeweils mitgliedstaatlichen Tradition zählenden und kulturell prägenden staatskirchenrechtlichen Strukturen

---

[22] Vgl. dazu in *diesem* Handbuch *Hermann E. J. Kalinna*, § 45 Verbindungsstellen zwischen Staat und Kirchen im Bereich der evangelischen Kirche. Vgl. auch „Das deutsche Staatskirchenrecht und die Entwicklung des Europäischen Gemeinschaftsrechts. Kirchliche Überlegungen des Rates der Evangelischen Kirche in Deutschland", in: EuR 1991, S. 375 ff.

[23] Hierzu und zu weiteren Verbindungsstellen der katholischen Kirche vgl. in *diesem* Handbuch *Leopold Turowski,* § 46 Verbindungsstellen zwischen Staat und Kirchen im Bereich der katholischen Kirche.

der Mitgliedstaaten. Gemäß Art. 128 Abs. 1 EGV leistet die Gemeinschaft einen Beitrag zur Entfaltung der Kulturen der Mitgliedstaaten unter Wahrung ihrer nationalen und regionalen Vielfalt sowie gleichzeitiger Hervorhebung des gemeinsamen kuturellen Erbes. Zu diesem, europäische Identität prägenden gemeinsamen kulturellen Erbe gehört ohne Zweifel das Christentum, dazu aber auch das Judentum und der Islam. Damit ist eine kulturpolitische Kompetenz der Gemeinschaft zur Förderung auch religiöser Lebensbedürfnisse begründet. Stets hat dies unter Wahrung der nationalen und regionalen Vielfalt auch der staatskirchenrechtlichen Systeme zu geschehen.

Mit Art. 128 EGV ist ein enger Kulturbegriff verbunden, der auf der Ebene von allgemeiner und beruflicher Bildung, von Denkmalschutz, Literatur, Architektur und Massenmedien, von künstlerischem und literarischem Schaffen angesiedelt ist. Soweit Kirchen in diesem Bereich tätig sind, kommen sie in den Rechtsraum der Europäischen Gemeinschaft in kultureller Hinsicht. Keineswegs sind sie jedoch lediglich Einrichtungen auf dem Gebiet der Kultur im Sinne des Art. 128 EGV.

Art. 128 Abs. 2 EGV entfaltet die hierbei möglichen fördernden, unterstützenden und ergänzenden Maßnahmen der Gemeinschaft näher. Für die Kirchen werden etwa der Denkmalschutz unter dem Aspekt der Erhaltung und des Schutzes des kulturellen Erbes von europäischer Bedeutung von Belang sein können, daneben aber auch die Förderung literarischer und künstlerischer Produktion, der nichtkommerzielle Kulturaustausch etwa hinsichtlich ökumenischer Bemühungen und der Verbesserung der Kenntnis und Verbreitung der Kultur und Geschichte der europäischen Völker auf religiösem Gebiet. Diese Tätigkeit steht unter der Einschränkung des Subsidiaritätsprinzips. Bei allen Maßnahmen zur Verwirklichung dieser Ziele ist die Harmonisierung der Rechts- und Verwaltungsvorschriften der Mitgliedstaaten ausgeschlossen (Art. 128 Abs. 5 EGV).

Die Gemeinschaft trägt dazu bei ihrer Tätigkeit aufgrund anderer Bestimmungen des EG-Vertrages den kulturellen Aspekten Rechnung. Es ist hierbei offen, ob hierin nicht doch eine Kompetenzöffnung oder eher eine Beschränkung von kulturellen Zuständigkeiten der Gemeinschaft liegt. Jedenfalls verpflichtet Art. 128 EGV die Gemeinschaft, den kulturellen Zusammenhang staatskirchenrechtlich relevanter Tätigkeit überhaupt wahrzunehmen und entsprechend zu berücksichtigen.

Die Gemeinschaft soll selbst einen Betrag zur Entfaltung der Kulturen der Mitgliedstaaten leisten, sie fördern und bewahren. Dabei gehört die Wahrung der nationalen und regionalen Vielfalt zu den ausdrücklichen Bedingungen dieser Tätigkeit. Unübersehbar gehören die religiösen Voraussetzungen und Ausprägungen europäischer Existenz zu den wesentlichen Bestandteilen dieser Kultur. Ihre nationalen und regionalen Besonderheiten zeigen sich gerade in den vielfältig unterschiedlichen staatskirchenrechtlichen Systemen in den Mitgliedstaaten. Sie in ihren je besonderen Grundstrukturen zu wahren, gehört deshalb zu den primärrechtlichen Verpflichtungen der Europäischen Gemeinschaft.

b) Arbeitsrecht

Die in Art. 48 EGV enthaltene Freizügigkeitsregel für Arbeitnehmer gilt auch für Arbeitnehmer der Kirchen. Wegen der unmittelbaren Drittwirkung der Norm sind unabhängig von ihrem rechtlichen Status auch die Religionsgemeinschaften in der Bundesrepublik Deutschland an diese Norm gebunden. Sie dürfen als Arbeitnehmer Staatsangehörige anderer Mitgliedstaaten nicht diskriminieren. Dies gilt grundsätzlich auch für das Ämterrecht der Kirchen. Arbeitnehmer im Sinne des Art. 48 EGV ist jeder, der Leistungen für einen anderen erbringt, dabei dessen Weisungen untersteht, und als Gegenleistung eine Vergütung erhält[24]. Daß kirchliche Amtsträger kultische und sakramentale Aufgaben erfüllen, berührt ihren gemeinschaftsrechtlichen Status als Arbeitnehmer nicht, weil es für das dabei allerdings erforderliche Merkmal der Teilnahme am Wirtschaftsleben nicht auf die Ziele des Arbeitgebers ankommt, sondern auf die Ausgestaltung des Innenverhältnisses. Bei Abschluß von Arbeitsverträgen besteht stets die Teilnahme am Wirtschaftsleben.

Zwar sieht Art. 48 Abs. 4 EGV eine Ausnahme für die öffentliche Verwaltung vor. Soweit deshalb Bereiche besonderer staatlicher Bindung wie die Militärseelsorge als gemeinsame Angelegenheit von Staat und Kirche betroffen sind, bleiben Ausnahmen vom Freizügigkeitsrecht der Arbeitnehmer möglich.

Im übrigen gehören die Kirchen aber auch in ihrem Status als Körperschaften des öffentlichen Rechts nicht zur öffentlichen Verwaltung im Sinne des Art. 48 Abs. 4 EGV. Sie sind nicht in der gemeinschaftsrechtlich vorausgesetzten Weise in den staatlichen Verband eingegliedert und erfüllen auch keine staatlichen Aufgaben.

Die in Konkordaten und evangelischen Kirchenverträgen noch enthaltenen Vereinbarungen über die Anstellungsvoraussetzung deutscher Staatsangehörigkeit für kirchliche Amtsträger und über das Erfordernis

---

[24] Vgl. EuGH, Rs. 66/85 (Lawrie-Blum/Land Baden-Württemberg), in: Slg. 1986, S. 2121 ff.; *Ulrich Wölker,* in: von der Groeben/Thiesing/ Ehlermann (Anm. 19), vor Art. 48–50, Rdnr. 22, 33.

der Ausbildung Geistlicher an deutschen Hochschulen bedürfen auf diesem Hintergrund der Überprüfung. Die Richtlinie über die Anerkennung von Hochschuldiplomen[25] läßt solche Beschränkungen des Ausbildungsganges im Blick auf Angehörige der Mitgliedstaaten nicht zu.

Ingerenzen gemeinschaftsrechtlicher Verpflichtungen in die arbeits-, dienst- und amtsrechtlichen Verhältnisse der Kirchen müssen sich aber an dem nunmehr vertragsrechtlich verankerten Grundrecht auf Religionsfreiheit messen lassen. Nur solche Maßnahmen der Gemeinschaft sind danach zulässig und hinnehmbar, die in die inneren Angelegenheiten der Religionsgemeinschaften nicht weiter eingreifen, als dies aus zwingenden Gründen des Gemeinwohls erforderlich ist.

Individualarbeitsrechtlich gilt auch für die Kirchen Art. 119 EGV mit unmittelbarer Drittwirkung[26]. Diese Norm sieht gleiches Entgelt für Männer und Frauen vor und bindet auch die Kirchen als Arbeitgeber.

Ebenfalls für die Kirchen relevant ist die Gleichbehandlungsrichtlinie, die für Männer und Frauen gleichen Zugang zu Beschäftigung, Berufsbildung, beruflichem Aufstieg und die Verwirklichung gleicher Arbeitsbedingungen vorsieht[27]. Eine Ausnahme von dieser Verpflichtung, die den Kirchen in ihrem Ämter- und Sakramentenrecht ausreichende Freiheit sichert, besteht für solche beruflichen Tätigkeiten, für die das Geschlecht aufgrund ihrer Art oder der Bedingungen ihrer Ausübung eine unabdingbare Voraussetzung darstellt. Letztlich ist es die Religionsfreiheit, die auch gemeinschaftsrechtlich für die Kirchen solche Art Freiräume sichert.

Über die Grundsätze, die aus den gemeinsamen Verfassungsüberlieferungen der Mitgliedstaaten folgen, läßt sich auch die Reichweite der den Arbeitnehmer gegenüber dem kirchlichen Arbeitgeber treffenden Loyalitätsobliegenheiten bestimmen. Die Rechtsprechung des Bundesverfassungsgerichts auf diesem Feld hat in der erwähnten Entscheidung *Rommelfanger* eine Bestätigung durch die Europäische Kommission für Menschenrechte erfahren[28]. In anderen Mitgliedstaaten der Europäischen Gemeinschaft wie in Frankreich, Italien, Spanien und den Niederlanden bestehen im Grundsatz ähnliche Loyalitätsobliegenheiten, die arbeitsvertraglich oder durch besondere gesetzliche Kündigungsrechte gesichert sind[29].

---

[25] RL 89/48 EWG, in: ABl. 1989, Nr. L 19/16 ff.
[26] Vgl. EuGH, Rs. 143/83, in: Slg. 1985, S. 427 ff.; *Thomas Oppermann, Europarecht*. München 1991, S. 609.
[27] RL 76/207, in: ABl. 1976, L 39/40 ff.
[28] Vgl. oben II mit Anm. 7.
[29] Vgl. *Joachim E. Christoph*, 2. Tagung über „Europäisches Gemeinschaftsrecht — kirchliches Dienst- und Arbeitsrecht", in: ZevKR 36 (1991), S. 395 ff.

Im Kollektivarbeitsrecht müssen sich die Gründe für den dritten Weg der Kirchen auch für das europäische Gemeinschaftsrecht bewähren. Nach einer Reihe von Entwürfen und Erklärungen[30] enthält das Sozialabkommen[31], das die Mitgliedstaaten mit Ausnahme von Großbritannien als Gemeinschaftsrecht geschlossen haben, eine Reihe von kollektivarbeitsrechtlich relevanten Kompetenznormen. Befugnisse der Gemeinschaft bestehen gem. Art. 2 Abs. 1, 3 Sozialabkommen hinsichtlich der Regelung von Unterrichtung und Anhörung der Arbeitnehmer, der Vertretung und der kollektiven Wahrnehmung der Arbeitnehmer- und Arbeitgeberinteressen einschließlich der Mitbestimmung.

Dagegen sind gem. Art. 2 Abs. 6 Sozialabkommen ausdrücklich ausgeschlossen Zuständigkeiten für das Koalitionsrecht, das Streikrecht, die Aussperrung und das Arbeitsentgelt. Die Wahrnehmung der Kompetenzen wird gem. Art. 1 Sozialabkommen der Vielfalt der einzelstaatlichen Gepflogenheiten besonders auf dem Gebiet der vertraglichen Beziehungen Rechnung tragen. Zu diesen mitgliedstaatlichen Gepflogenheiten müssen auch die Sonderbestimmungen gezählt werden, die die Kirchen für die Beteiligung ihrer Arbeitnehmer kennen. Sie müssen sich nunmehr allerdings im Rahmen der Religionsfreiheit auch an den gemeinschaftsrechtlich zu setzenden Standards messen lassen.

Das Sozialabkommen sieht im übrigen vor, daß die Entwicklung gemeinschaftsrechtlicher Standards im Wege freiwilliger Vereinbarungen zwischen den Sozialpartnern stattfinden kann (Art. 4 Abs. 1). Dies liegt auf derselben Linie wie Art. 118 b EGV. Gemäß dieser Bestimmung bemüht sich die Kommission darum, den Dialog zwischen den Sozialpartnern auf europäischer Ebene zu entwickeln, der, wenn diese es für wünschenswert halten, zu vertraglichen Beziehungen führen kann.

Soweit die Kirchen in Deutschland nicht, wie vereinzelt geschehen, tarifvertragliche Beziehungen herzustellen bereit sind, liegt in dieser Struktur des sozialpartnerschaftlichen Dialoges von Gemeinschaftsrechts wegen allerdings ein nur eingeschränkt gangbarer Weg, weil und soweit sie von prinzipiell bestehender Konfrontation und Konfliktbereitschaft zwischen den Parteien des Tarifwesens ausgeht. Das gesamte eigenständige Dienst- und Arbeitsrecht der Großkirchen in der Bundesrepublik Deutschland beruht im Kern auf der Idee einer christlich gegründeten Dienstgemeinschaft. Diese Idee stellt den Dienst unter

---

[30] Vgl. *Oppermann,* Europarecht (Anm. 26), S. 615.

[31] Abkommen zwischen den Mitgliedstaaten der Europäischen Gemeinschaft mit Ausnahme des Vereinigten Königreichs Großbritannien und Nordirland über die Sozialpolitik, in: Bulletin des Presse- und Informationsamtes der Bundesregierung 1992, Nr. 16, S. 175 ff.

Jesus Christus höher als Einzelinteressen oder Gruppenegoismen. Dies schließt aus religiösen Gründen Konfrontation und Kampf innerhalb der Dienstgemeinschaft als Mittel der Auseinandersetzung aus. Die Selbstbestimmung der Kirchen ist deshalb auch auf diesem Gebiet durch die Religionsfreiheit geschützt und muß gemeinschaftsrechtlich geachtet werden, wenn nicht die Religionsfreiheit wesentlich verkürzt werden soll. Die Idee der transzendent begründeten Dienstgemeinschaft muß hier erst noch zur Geltung gebracht werden.

c) Vertragsstaatskirchenrecht

Die zwischen Mitgliedstaaten der Europäischen Gemeinschaft und dem Heiligen Stuhl vor Abschluß der Gründungsverträge oder ihrer Änderungsverträge abgeschlossenen Konkordate haben gemäß Art. 234 EGV Bestand. Nach der ratio legis gilt die Norm auch für Verträge mit dem Heiligen Stuhl. Sie erstreckt sich auch auf Verträge der Bundesländer, erfaßt also auch die Länderkonkordate. Ebenso gebietet die ratio legis, die evangelischen Staatskirchenverträge in den Schutz der Norm einzubeziehen.

Soweit die Konkordate und konkordatären Vereinbarungen Bestimmungen enthalten, die mit Gemeinschaftsrecht im Widerspruch stehen, sind die Mitgliedstaaten verpflichtet, Unvereinbarkeiten durch Neuverhandlungen zu beheben. In geeigneten Fällen besteht eine Pflicht zur Rücksichtnahme der Europäischen Gemeinschaft, die zu Änderungen des sekundären Gemeinschaftsrechts oder zur Teilnahme an völkerrechtlichen Neuverhandlungen führen können[32].

Die Europäische Gemeinschaft kann über Art. 228 EGV Konkordate und konkordatäre Vereinbarungen mit dem Heiligen Stuhl abschließen.

Die aus Paritätsgründen und aus Neutralitätspflichten erforderliche Gleichbehandlung anderer Religionsgemeinschaften, die den Status als Völkerrechtssubjekt nicht besitzen, führt zur analogen Anwendung des Art. 228 EGV. Art. 211 EGV ermöglicht zudem den Abschluß öffentlich-rechtlicher Verträge durch die Gemeinschaft. Vor allem aber öffnet Art. 235 EGV den Weg zum Erlaß geeigneter Vorschriften und damit auch zum Abschluß von Verträgen[33] mit anderen Religionsgemeinschaften.

---

[32] Vgl. *Ernst-Ulrich Petersmann,* in: von der Groeben/Thiesing/Ehlermann (Anm. 19), Art. 234, Rdnr. 13.
[33] Vgl. *Ivo Schwartz,* ebd., Art. 235, Rdnr. 172.

d) Finanzierung der Kirchen

Das gegenwärtig bestehende System der Kirchenfinanzierung in Deutschland ist von gemeinschaftsrechtlichen Regelungen bisher kaum berührt. Staatsleistungen an die Kirchen gehören nicht zu verbotenen Beihilfen. Die Kirchensteuer läßt sich als Beitrag lediglich der Kirchenglieder ohne Schwierigkeiten auch in denkbaren gemeinschaftsrechtlichen Regelungen zur Angleichung der direkten Steuern einbauen. Allenfalls könnten eher marginale Änderungen des bestehenden Systems erforderlich sein. Schwerer könnten strukturelle Verschiebungen wiegen. Falls die Gemeinschaftskompetenz zur Angleichung der indirekten Steuern langfristig zu einer qualitativ bedeutsamen Verlagerung der Steuerquellen von den direkten zu den indirekten Steuern führen würde, müßte die gegenwärtige Koppelung der Kirchensteuer mit vornehmlich der Lohn- und Einkommensteuer neu überdacht und eventuell das Kirchgeld verstärkt zur Geltung gebracht werden. Gefährdet sein könnte das System allerdings durch gemeinschaftsrechtliche Regelungen auf zunächst entfernteren Rechtsgebieten wie dem Datenschutz, wenn solche Regelungen die Bedürfnisse des deutschen Staatskirchenrechts nicht zur Kenntnis nehmen und etwa aus gut gemeinten, aber nicht vollständig durchdachten Gründen religionsspezifische Daten von der Verarbeitung weitgehend ausschließen. Es zeigt sich auch hier, daß die Kirchen ihre Anliegen in der Europäischen Union nur bei engagierter, kritischer Teilnahme am Einigungsprozeß und durch die weitere Verstärkung der Kommunikation mit den rechtsbildenden Instanzen angemessen werden vertreten können.

§ 10

Das Gewohnheitsrecht im Staatskirchenrecht

Von Peter Landau

I. Rechtshistorische Bestimmung und Begrenzung von Gewohnheitsrecht

Der Begriff des Gewohnheitsrechts kann in seiner Bedeutung nur als komplementärer Begriff zum Gesetzesrecht erfaßt werden. Die Bildung eines solchen Begriffs setzt daher voraus, daß ein erheblicher, wenn nicht der überwiegende Teil der Rechtsordnung in Gesetzen, d. h. abstrakt-normativ formulierten Sätzen, die von einer hoheitlichen Instanz festgelegt wurden, seinen Ausdruck gefunden hat. Folglich kann es problematisch sein, den Begriff dort zu verwenden, wo das Recht in relativ archaischen Gesellschaften nur in Gerichtsentscheidungen jeweils aktualisiert und aufgrund oraler Traditionen ohne schriftliche Festlegung von Normen fortgebildet wird.[1] Eine solche Rechtsfortbildung nichtnormativen Rechts wird von manchen Rechtshistorikern für das deutsche Mittelalter vor dem Beginn des Einflusses der gelehrten Rechte angenommen.[2]

Auch für das klassische römische Recht, dessen Weiterbildung bis in die Kaiserzeit überwiegend durch den Prätor und die Rechtswissenschaft erfolgte, ist in der Literatur die These aufgestellt worden, daß der Begriff eines Gewohnheitsrechts als besondere rechtstheoretische Kategorie den Juristen unbekannt geblieben sei.[3] Es ist aber unbestrit-

---

[1] Zur historischen Dimension des Begriffs Gewohnheitsrecht vgl. den Band „Gewohnheitsrecht und Rechtsgewohnheiten im Mittelalter" (= Schriften zur Europäischen Rechts- und Verfassungsgeschichte, Bd. 6), Berlin 1992, mit Beiträgen von *Gerhard Dilcher, Heiner Lück, Reiner Schulze, Elmar Wadle, Jürgen Weitzel* und *Udo Wolter*.

[2] So vor allem *Karl Kroeschell*, Deutsche Rechtsgeschichte. 7. Aufl., Bd. 2 (1250-1650). Opladen 1989, S. 84-86; im selben Sinne *Gerhard Dilcher*, Mittelalterliche Rechtsgewohnheit als methodisch-theoretisches Problem, in: Gewohnheitsrecht (Anm. 1), S. 21-65, besonders S. 29 f.; *Jürgen Weitzel*, Dinggenossenschaft und Recht. Bd. 2, Köln 1985, S. 1344.

ten, daß dieser Begriff in den Kaisergesetzen der Spätantike zu finden ist, in denen zugleich Geltungsregeln für Gewohnheitsrecht entwickelt wurden, die aufgrund der Rezeption des römischen Rechts bis zur Gegenwart den Ausgangspunkt für Gewohnheitsrechtstheorien gebildet haben,[4] und daß darüber hinaus in der legistischen und kanonistischen Wissenschaft des Mittelalters die Begriffsbestimmung des Gewohnheitsrechts fortgeführt wurde, nachdem durch die Rezeption des Corpus Iuris Civilis und durch die Gesetzgebung der Päpste im kanonischen Recht die Frage sich ergeben mußte, ob neben diesem umfassenden Komplex von Gesetzen noch sonstiges Recht Bestand haben könne.[5] Die historische Entwicklung zeigt demnach, daß die theoretische Reflexion des Gewohnheitsrechts durch den Tatbestand der Konfrontation mit Gesetzen bedingt war.

Gewohnheitsrecht ist Recht, das sich ohne die Tätigkeit von Organen bildet, die in einer Rechtsgemeinschaft zur Rechtssetzung formell berufen sind. Die Entstehung von Gewohnheitsrecht wird nach der herrschenden Rechtsquellenlehre in der langandauernden Übung eines Rechtssatzes durch die Rechtsgemeinschaft aufgrund der Überzeugung der Gemeinschaft von der rechtlichen Qualität dieses Satzes gesehen. Umstritten war in der Geschichte der Gewohnheitsrechtsdoktrin, ob die Geltung von Gewohnheitsrecht auf einen stillschweigenden Zustimmungsakt des Gesetzgebers zurückgeführt werden müsse. Die in dieser Richtung zuerst von der mittelalterlichen Kanonistik entwickelte Lehre führte dazu, rechtsquellentheoretisch die Selbständigkeit des Gewohnheitsrechts gegenüber dem Gesetzesrecht überhaupt zu leugnen.[6]

---

[3] So *Werner Flume,* Gewohnheitsrecht und römisches Recht (= Rheinisch-Westfälische Akademie der Wissenschaften, Vorträge G 201), Opladen 1975. *Flumes* These hat in der romanistischen Forschung allerdings lebhaften Widerspruch erfahren; vgl. *Franz Wieacker,* Römische Rechtsgeschichte. Bd. 1 (= Rechtsgeschichte des Altertums III/1/1), München 1988, S. 499-502, besonders Anm. 43. *Wieacker* selbst vertritt die Ansicht, daß in der republikanischen Jurisprudenz der Begriff des Gewohnheitsrechts nicht vorhanden gewesen sei, er aber in der Zeit der hochklassischen Jurisprudenz (2. Jh. n. Chr.) Eingang gefunden habe. Vgl. auch *Gerhard Dulckeit/Fritz Schwarz/Wolfgang Waldstein,* Römische Rechtsgeschichte. 8. Aufl., München 1989, § 22 II 4 (S. 143 f.).

[4] Die wichtigsten Quellenstellen des römischen Rechts sind Dig. 1.3.32.1 (Julianus) und Cod. 8.52.2 (Konstantin I. ao. 319).

[5] Zum Gewohnheitsrecht im gelehrten Recht des Mittelalters grundlegend, wenn auch vielfach überholt: *Siegfried Brie,* Die Lehre vom Gewohnheitsrecht, Breslau 1899 (ND Frankfurt/M. 1968). Als neuesten Beitrag vgl. die Darstellung bei *Udo Wolter,* Die „consuetudo" im kanonischen Recht bis zum Ende des 13. Jahrhunderts, in: Gewohnheitsrecht (Anm. 1), S. 87-116.

[6] Hierzu einführend *Peter Landau,* Die Theorie des Gewohnheitsrechts im katholischen und evangelischen Kirchenrecht des 19. und 20. Jahrhunderts, in: ZRG Kan.Abt. 77 (1991), S. 156-196, hier S. 159 f. Die Theorie des tacitus

Demgegenüber vertraten in der deutschen historischen Schule zuerst *Savigny* und dann in systematischer Ausführung *Puchta* die Lehre, daß die Geltung der gesamten Rechtsordnung auf die Überzeugung der Rechtsgemeinschaft zurückgeführt werden müsse und sich daraus eine logische Priorität des Gewohnheitsrechts vor dem Gesetzesrecht ergebe — alles Recht entstehe auf die Weise, „welche der herrschende, nicht ganz passende Sprachgebrauch als Gewohnheitsrecht bezeichnet".[7] *Savigny* und *Puchta* bezeichneten den Sprachgebrauch als nicht passend, da sie die Entstehung von Gewohnheitsrecht ausschließlich auf die mit der opinio necessitatis verbundene Überzeugung der Rechtsgemeinschaft zurückführten und in der Übung nur ein Erkenntnismittel für das bereits vorher bestehende Gewohnheitsrecht sahen, folglich das Gewohnheitsrecht *ohne Gewohnheit* entstehen ließen. Geht man von dieser rechtstheoretischen Grundposition aus, die letztlich auch den Staat auf ein ihn begründendes Recht zurückführt und ein rein etatistisches Rechtsverständnis ausschließt, dann wird man auch für die Rechtsordnung des Grundgesetzes behaupten können, daß den im Verfassungstext ausgedrückten Imperativen des Verfassungsgebers die Überzeugung der Rechtsgemeinschaft vorgeordnet ist und damit im Verfassungsrecht ein nicht auf Gesetzgebungsakten beruhendes Überzeugungsrecht (= Gewohnheitsrecht) die fundamentalste Rechtsschicht bildet, deren Inhalt in der Formel von der „Wertordnung des Grundgesetzes" mitumfaßt wird.

II. Gewohnheitsrecht im deutschen öffentlichen Recht, speziell im Staatsrecht

Die Lehre vom Gewohnheitsrecht wurde rechtstheoretisch meist innerhalb der Zivilrechtsjurisprudenz entwickelt.[8] Jedoch ist die Bildung von Gewohnheitsrecht nicht auf ein Teilgebiet der Rechtsordnung einzugrenzen, so daß grundsätzlich auch für den Bereich des öffentlichen Rechts die Bildung von Gewohnheitsrecht anzuerkennen ist. So nimmt

---

consensus wurde in der Kanonistik des 12. Jahrhunderts entwickelt; vgl. auch *Wolter,* Consuetudo (Anm. 5), S. 105 f.

[7] Das Zitat bei *Friedrich Carl v. Savigny,* Vom Beruf unserer Zeit für Gesetzgebung und Rechtswissenschaft, Heidelberg 1814, S. 13 f. — zitiert nach der Ausgabe von *Jacques Stern,* Thibaut und Savigny, Berlin 1914 (ND Darmstadt 1959), S. 79. Zu *Puchtas* Begriff des Gewohnheitsrechts vgl. *Jan Schröder* bei Gerd Kleinheyer/Jan Schröder, Deutsche Juristen aus fünf Jahrhunderten. 3. Aufl., Heidelberg 1989, S. 216.

[8] Einen Überblick über die hierbei vertretenen Positionen seit *Gustav Hugo* und der historischen Schule gibt *Hans Mokre,* Theorie des Gewohnheitsrechts. Problementwicklung und System, Wien 1932 (ND Glashütten 1972).

im Verwaltungsrecht, das teilweise unkodifiziert blieb, Gewohnheitsrecht auch heute einen erheblichen Raum ein, so daß es insofern als eine „Nebenordnung" außerhalb des geschriebenen Rechts bezeichnet wurde *(H. J. Wolff).*[9] Auf Gebieten des Verwaltungsrechts, die für das Verhältnis von Staat, Kommunen und Kirchen relevant sind, spielt auch heute Gewohnheitsrecht in Einzelfragen (res sacrae, Baulast) eine erhebliche Rolle. Für den Bereich des Verfassungsrechts wird dagegen teilweise in der Literatur (besonders von *Tomuschat)* die Möglichkeit der Bildung von Verfassungsgewohnheitsrecht innerhalb der Rechtsordnung des Grundgesetzes bestritten, da für das öffentliche Recht die Grunderfahrung einer Trennung von Herrschenden und Beherrschten charakteristisch sei und damit die Normbildung auf den Gesetzesbefehl rückführbar sein müsse.[10] Bei dieser Einordnung wird allerdings von vornherein für die Normbildung im öffentlichen Recht generell ein Verständnis des Rechts als einer Summe von Imperativen vorausgesetzt. Die Ablehnung der Anerkennung von Verfassungsgewohnheitsrecht bei Tomuschat beruht auch darauf, daß er wie viele die Begriffe Gewohnheitsrecht und Richterrecht systematisch trennt, aber andererseits betont, daß sich verfassungsrechtliche Rechtsüberzeugungen nur unter Mitwirkung des Verfassungsgerichts bilden können, folglich richterrechtlich legitimiert sein müssen.[11] Hält man dagegen die Artikulation in Gerichtsentscheidungen für die regelmäßige Voraussetzung der Bildung einer Rechtsüberzeugung, so entfällt dieses Argument gegen die Anerkennung von Verfassungsgewohnheitsrecht.[12] Der ebenfalls bei Tomuschat vorge-

---

[9] *Hans J. Wolff/Otto Bachof,* Verwaltungsrecht I, 9. Aufl., München 1974, § 25 III (S. 125 f.). Sehr viel zurückhaltender in bezug auf die Bedeutung von Gewohnheitsrecht im Verwaltungsrecht *Fritz Ossenbühl,* Die Quellen des Verwaltungsrechts, in: Allgemeines Verwaltungsrecht. Hrsg. von Hans-Uwe Erichsen/Wolfgang Martens. 9. Aufl., Berlin, New York 1992, § 7 VII, Rdnrn. 71-76, S. 151-154.

[10] *Christian Tomuschat,* Verfassungsgewohnheitsrecht? Eine Untersuchung zum Staatsrecht der Bundesrepublik Deutschland (= Heidelberger rechtswissenschaftliche Abh., N. F., Bd. 27), Heidelberg 1972, S. 128. In der Tendenz ähnlich *Paul Kirchhof,* Rechtsquellen und Grundgesetz, in: Bundesverfassungsgericht und Grundgesetz. Hrsg. von Christian Starck, Bd. II. Tübingen 1976, S. 50-107, hier S. 92 f.

[11] *Tomuschat,* Verfassungsgewohnheitsrecht (Anm. 10), S. 51-56.

[12] Die Beteiligung der Gerichte bei der Bildung von Gewohnheitsrecht wird besonders betont bei *Josef Esser,* Richterrecht, Gerichtsgebrauch und Gewohnheitsrecht, in: FS für Fritz von Hippel. Tübingen 1967, S. 95-130. Für das Verfassungsrecht *Brun-Otto Bryde,* Verfassungsentwicklung. Stabilität, Verfassungsgewohnheitsrecht und Dynamik im Verfassungsrecht der Bundesrepublik Deutschland, Baden-Baden 1982, S. 450: Gewohnheitsrecht entstehe durch ganz bewußt und mit großer Publizität gesetzte Präzedenzfälle. Für *Ulrich Meyer-Cording,* Die Rechtsnormen, Tübingen 1971, S. 70 f., ist Gewohnheitsrecht generell nichts anderes als Richterrecht und daher als besonderer Begriff nicht mehr verwendbar.

brachte Einwand, Gewohnheitsrecht beruhe auf dem Vertrauen auf die Konstanz der Verhältnisse und müsse deshalb einem Verfassungssystem fremd sein, das die Rüge verfassungswidrigen Verhaltens von Verfassungsorganen institutionalisiert habe,[13] ist nur dann überzeugend, wenn man die Übung zum begriffsbestimmenden Kriterium für Gewohnheitsrecht macht.

Die herrschende Lehre der Staatsrechtswissenschaft hält daran fest, daß sich der Anwendungsbereich des Gewohnheitsrechts über die gesamte Rechtsordnung erstrecke und sowohl Rechtsprinzipien als auch Rechtsinstitute durch Gewohnheitsrecht geprägt seien.[14] Gewohnheitsrecht könne sich auch im Verfassungsrecht bilden; es habe primär lückenausfüllende Funktion; doch sei ausnahmsweise auch die Entstehung von Gewohnheitsrecht contra legem nicht ausgeschlossen.[15] Die ausdrückliche Formulierung in Art. 79 Abs. 1 S. 1 GG, daß das Grundgesetz nur auf dem Wege der Verfassungsgesetzgebung geändert werden könne, drückt allerdings ein Verfassungsprinzip aus, das die Bildung von Gewohnheitsrecht contra constitutionem unmöglich macht. Intra constitutionem ist dagegen Gewohnheitsrecht anzuerkennen, da das Grundgesetz auch nach dem Verständnis des Verfassungsgebers keine Kodifikation ist und seine Fortbildung durch die rechtsbildende ständige Verfassungspraxis der Staatsorgane in der Staatsrechtslehre anerkannt ist.[16] Rechtsbildend kann allerdings eine Verfassungspraxis eines Staatsorgans nur dann sein, wenn sie von dem Konsens der Rechtsgemeinschaft getragen wird oder akzeptiert ist.

Fraglich ist auch, wo die Grenzen zwischen der Neubildung von verfassungsrechtlichem Gewohnheitsrecht und der Gewinnung neuer Rechtssätze durch Interpretation der Verfassung verlaufen. Man wird

---

[13] *Tomuschat*, Verfassungsgewohnheitsrecht (Anm. 10), S. 138-141.
[14] So *Fritz Ossenbühl*, Gesetz und Recht — die Rechtsquellen im demokratischen Rechtsstaat, in: HStR III, 1988, § 61, Rdnr. 43 (S. 301). Wie viele andere Autoren unterscheidet *Ossenbühl* prinzipiell zwischen Gewohnheitsrecht und Richterrecht, so daß für das Gewohnheitsrecht ein schmaler Bereich übrigbleibt. Nach *Karl Heinz Friauf*, Art. „Gewohnheitsrecht", in: EvStL³ I, Sp. 1152, ist auch heute noch die Möglichkeit gewohnheitsrechtlichen Verfassungswandels anzuerkennen, doch habe das nur eine marginale Ergänzungsfunktion.
[15] Nach *Theodor Maunz/Reinhold Zippelius*, Deutsches Staatsrecht. 28. Aufl., München 1991, § 6 IV 2 (S. 49 f.), ist eine Verfassungsfortbildung contra constitutionem durch Art. 79 Abs. 1 S. 1 GG nahezu unmöglich gemacht; jedoch könne theoretisch die Veränderungssperre ihrerseits durch Gewohnheitsrecht außer Kraft gesetzt werden. *Bryde*, Verfassungsentwicklung (Anm. 12), hält Kompetenzverluste durch Nichtgebrauch entgegen dem Verfassungswortlaut für möglich, allerdings unwahrscheinlich.
[16] In diesem Sinne *Klaus Stern*, Das Staatsrecht der Bundesrepublik Deutschland. Bd. I, München 1977, § 4 I 6 b (S. 92).

hierzu generell darauf verweisen können, daß bei einem Verständnis der Verfassung als einer für Verfassungswandel prinzipiell offenen Ordnung die Herausbildung neuer, nicht systematisch abgeleiteter Verfassungsprinzipien auf dem Wege der Bildung von Gewohnheitsrecht nicht unzulässig sein kann. Folglich wird man in einer gegenüber einem Wertewandel offenen Verfassung die gewohnheitsrechtliche Herausbildung neuer Verfassungsprinzipien im Rahmen des Grundgesetzes nicht für ausgeschlossen halten können.

Trotz der Einordnung des Grundgesetzes als einer rigiden Verfassung ist die Anerkennung von Gewohnheitsrecht legitim und sogar notwendig, da das Rechtsverständnis des Grundgesetzes nicht von einem *Gesetzesabsolutismus* ausgeht, wie sich dies auch aus der Formel „Gesetz und Recht" in Art. 20 Abs. 3 GG erschließen läßt.[17]

III. Gewohnheitsrecht im Rechtsverständnis des Kirchenrechts

1. Katholisches Kirchenrecht

In der zweitausendjährigen Geschichte des katholischen Kirchenrechts ist das Verhältnis der Kirche zur Gewohnheit und zum Gewohnheitsrecht von großer Bedeutung gewesen. Einerseits hat die christliche Kirche im Bewußtsein der Einzigartigkeit der Botschaft des Evangeliums schon frühzeitig eine kritische Haltung zur positiven Bewertung der Gewohnheit eingenommen, die in einer Sentenz *Tertullians* zum Ausdruck kommt, daß Christus gesagt habe, er sei die Wahrheit, aber nicht die Gewohnheit.[18] Andererseits wird im 12. Jahrhundert von *Gratian* in der maßgebenden Sammlung des älteren Kirchenrechts der gesamte Rechtsstoff unter den Begriff der consuetudo gebracht und auch die Geltung des Gesetzes auf eine gewohnheitsrechtliche Rezeption zurückgeführt.[19] Bei der weiteren Entwicklung des Gewohnheitsrechts-

---

[17] Zur Formel „Gesetz und Recht" in Art. 20 Abs. 3 GG werden in der Staatsrechtslehre unterschiedliche Ansichten vertreten; für ein Verständnis des Begriffs „Recht" in dieser Formel im Sinne von ungeschriebenen Rechtsnormen *Roman Herzog*, in: Theodor Maunz/Günter Dürig/Roman Herzog/Rupert Scholz, Grundgesetz. Kommentar, München 1991, Art. 20 III, Rdnrn. 51, 53.

[18] Zu Tertullian vgl. *Wolter*, Consuetudo (Anm. 5), S. 96 f., ferner *Peter Leisching*, Prolegomena zum Begriff der ratio in der Kanonistik, in: ZRG Kan.Abt. 72 (1986), S. 329–337, hier S. 329 f.

[19] Dict. Gratiani p. Dist. 4, c. 3. Zu Gratians Rechtslehre gibt es eine umfangreiche Literatur; genannt seien *Carl Gerold Fürst*, Zur Rechtslehre Gratians, in: ZRG Kan.Abt. 57 (1971), S. 276–284, und *Jean Gaudemet*, La doctrine des sources du droit dans le Décret de Gratien, in: Revue de droit canonique 1 (1950), S. 1–31 (auch in: *ders.*, La formation du droit canonique médiéval, London 1980).

§ 10 Das Gewohnheitsrecht im Staatskirchenrecht   339

begriffs in der mittelalterlichen Kanonistik wurde die Möglichkeit der Bildung von Gewohnheitsrecht contra legem stets bejaht, eine solche Rechtsbildung aber an den stillschweigenden Konsens (tacitus consensus) des Gesetzgebers gebunden. Im kanonischen Recht wurde ferner festgelegt, daß Gewohnheitsrecht der ratio entsprechen und innerhalb einer bestimmten Frist in Übung gewesen sein müsse.[20] In der Kanonistik der frühen Neuzeit *(Francisco Suarez)* wurde dann gelehrt, daß Gewohnheitsrecht sogar der Approbation des Gesetzgebers bedürfe, die allerdings auch in einer gesetzlichen Generalklausel erteilt werden könne.[21] Auf diese Weise konnte auch das Gewohnheitsrecht auf einen Willensakt der höchsten kirchlichen Autorität zurückgeführt werden und erschien nicht mehr als prinzipiell selbständige Rechtsquelle. Obwohl diese spätscholastische Rechtstheorie aufgrund von Einflüssen der historischen Schule im 19. Jahrhundert in der Kanonistik teilweise aufgegeben wurde, setzte sie sich bei der Redaktion des CIC/1917 wiederum durch,[22] da es in diesem heißt, daß Gewohnheitsrecht in seiner Rechtsgeltung *unice* auf den Konsens des kirchlichen Oberen zurückzuführen sei (c. 25 CIC/1917). Demgegenüber unterscheidet der CIC/1983 zwei Momente, die die Bildung von Gewohnheitsrecht zur Folge haben: einmal die Einführung durch die Gemeinschaft der Gläubigen und zusätzlich die Approbation der Gewohnheit durch den Gesetzgeber, für die aber genügt, daß die Gewohnheit den Normierungen des Kodex entspreche. Mit dieser Formulierung ist im katholischen Kirchenrecht die Bildung von Gewohnheitsrecht contra legem ausgeschlossen, aber nicht mehr ein fiktiver Konsens des Gesetzgebers vorausgesetzt, vielmehr die Rechtsbildung durch die Überzeugung der communitas fidelium prinzipiell legitimiert.[23]

---

[20] Eine Gesamtdarstellung der Geschichte der kanonistischen Gewohnheitsrechtslehre gibt *René Wehrlé*, De la coûtume dans le droit canonique, Paris 1928.
[21] Hierzu *Landau*, Die Theorie des Gewohnheitsrechts (Anm. 6), S. 163–166.
[22] Zu dieser historischen Entwicklung in der katholischen Kanonistik, in der zeitweilig vor allem durch *Johann Friedrich v. Schulte* im 19. Jahrhundert die Gewohnheitsrechtstheorie der historischen Schule rezipiert wurde, vgl. *Landau*, Die Theorie des Gewohnheitsrechts (Anm. 6), S. 173–180 und 186–192.
[23] Für die gegenwärtige Rechtslage im katholischen Kirchenrecht vgl. außer *Landau*, Die Theorie des Gewohnheitsrechts (Anm. 6), noch *Michael Benz*, Die Mitwirkung des Gesetzgebers bei der Entstehung von Gewohnheitsrecht, in: ArchKathKR 155 (1986), S. 466–479; *Aymans-Mörsdorf*, KanR I, S. 197–204. *Aymans* geht allerdings davon aus, daß trotz Änderung des Gesetzestextes die Rechtskraft des Gewohnheitsrechts auch nach CIC/1983 nur auf der apostolischen Vollmacht des Gesetzgebers beruhe, also gegenüber 1917 keine sachliche Änderung erfolgt sei.

2. Evangelisches Kirchenrecht

Im evangelischen Kirchenrecht, das nach der Reformation nur sehr langsam eigene Prinzipien herausbildete, setzt eine intensive Auseinandersetzung mit dem Begriff des Gewohnheitsrechts erst mit *Justus Henning Böhmer* im 18. Jahrhundert ein. *Böhmer* vertritt die These, daß es in der Alten Kirche Gewohnheitsrecht zeitlich vor dem Gesetzesrecht gegeben habe; es entstehe im Gesellschaftsverband der Kirchenglieder ohne Konsens des Gesetzgebers.[24] Diese Lehre nimmt Elemente der Gewohnheitsrechtstheorie der historischen Schule vorweg, die dann im 19. Jahrhundert durch *Adolf v. Scheurl* auch im evangelischen Kirchenrecht Eingang fand. Nach *Scheurl* entsteht Gewohnheitsrecht im Gesamtbewußtsein der Kirche in einer Konsensbildung zwischen dem Lehrstand und den Laien, wobei den Theologen im wesentlichen die Rolle zufällt, die *Puchta* bei der Gewohnheitsrechtsbildung im weltlichen Recht den Juristen zuschreibt.[25] Das wurde später von *Wilhelm Kahl* in der Formel zusammengefaßt, daß sich Gewohnheitsrecht in der Sachübereinstimmung von Kirchenregiment (Kirchenleitung), Synoden und theologischer Wissenschaft bilde.[26] Da das gesetzlich normierte Recht der evangelischen Kirche überall auf gewohnheitsrechtlich rezipierte Rechtsschichten zurückweist, wird man die im 19. Jahrhundert entwickelte Gewohnheitsrechtstheorie auch zur Deutung des heutigen evangelischen Kirchenrechts heranziehen müssen.

IV. Gewohnheitsrecht im deutschen Staatskirchenrecht

Die Frage der Geltung gewohnheitsrechtlicher Sätze im Staatskirchenrecht ist in der Literatur bisher nur marginal behandelt worden; es fehlen auch eindeutige Festlegungen der Rechtsprechung. Da die in den durch Art. 140 GG rezipierten Artikeln der Weimarer Reichsverfassung enthaltene Regelung des Verhältnisses von Staat und Religionsgemeinschaften ein voll integrierter Teil der Verfassungsordnung der Bundesrepublik Deutschland ist, muß die Bildung von Verfassungsgewohnheitsrecht auch in diesem Bereich möglich sein. Da die Prinzipien der Verfassung auch hier volle Geltung haben, muß man die Möglichkeit

---

[24] Zu *Böhmers* Lehre vgl. *Landau*, Die Theorie des Gewohnheitsrechts (Anm. 6), S. 166-168.

[25] Zur Rezeption und Abwandlung der Gewohnheitsrechtslehre der historischen Schule durch *Scheurl* vgl. *Landau*, Die Theorie des Gewohnheitsrechts (Anm. 6), S. 180-184.

[26] *Wilhelm Kahl*, Lehrsystem des Kirchenrechts und der Kirchenpolitik. Bd. I, Freiburg i. Br., Leipzig 1894, S. 131 f.

§ 10 Das Gewohnheitsrecht im Staatskirchenrecht   341

von Verfassungsgewohnheitsrecht contra constitutionem auch im Staatskirchenrecht verneinen, jedoch Gewohnheitsrecht intra constitutionem für möglich halten. Aus der im Vergleich zu anderen Regelungsmaterien der Verfassung besonders starken Verwurzelung des Staatskirchenrechts in der deutschen Geschichte, die sich u. a. darin zeigt, daß das Grundgesetz hier über Art. 140 einen Bestand älterer Normen formell rezipiert hat, läßt sich der Schluß ziehen, daß Gewohnheitsrecht im Staatskirchenrecht besonderes Gewicht habe.[27] Ein volles Verständnis des Regelungsgehalts der Art. 136-139 und 141 WRV ist auch nach ihrer Übernahme durch das Grundgesetz nur dann möglich, wenn außer der Berücksichtigung der systematischen Stellung im Grundgesetz auch die Auslegung dieser Bestimmungen im Lichte inhaltlich und zeitlich präpositiver Rechtsgrundsätze erfolgt,[28] deren Geltung nur gewohnheitsrechtlich begründet werden kann und die im Verfassungstext nicht voll ausformuliert sind. Aus dem Gewohnheitsrecht ergeben sich im Verfassungsrecht nicht so sehr einzelne Rechte der Kirchen und Religionsgemeinschaften als vielmehr ein Gefüge von *Rechtsgrundsätzen*. Ohne Anspruch auf Vollständigkeit seien einige Rechtsgrundsätze hier genannt, auf die teilweise auch in der Literatur verwiesen wird, ohne daß dort bisher ein entsprechender Katalog zu finden ist.

1. Die Verfassung setzt voraus, daß nicht nur individuelle Religionsfreiheit garantiert ist, sondern daß die Bürger und die Gesellschaft durch das *öffentliche Wirken* der Religionsgemeinschaften erreicht und geprägt werden können. Dieses Prinzip läßt sich wohl aus der Präambel des Grundgesetzes und aus Art. 4 Abs. 1 und 2 GG ableiten[29] — es beruht aber sicher nicht auf einer Dezision des Verfassungsgebers, sondern ist im Sinne der deutschen Rechtstradition vorkonstitutionelles Gewohnheitsrecht.

2. Die staatskirchenrechtliche Verfassungsordnung setzt voraus, daß sich der Staat und die Kirchen bzw. Religionsgemeinschaften in einer

---

[27] Vgl. *Ulrich Scheuner*, Das System der Beziehungen von Staat und Kirchen im Grundgesetz. Zur Entwicklung des Staatskirchenrechts, in: HdbStKirchR¹ I, S. 42, der betont, daß die Heranziehung der Überlieferung bei der Auslegung der staatskirchenrechtlichen Verfassungsbestimmungen besonderes Gewicht habe, da Institutionen und Begriffe stark durch die Geschichte geformt seien. Wenn man von dieser Maxime ausgeht, wird man konsequenterweise gewohnheitsrechtlichen Prinzipien besondere Bedeutung zumessen.

[28] In diesem Sinne *Alexander Hollerbach*, Grundlagen des Staatskirchenrechts, in: HStR VI, 1989, § 138, Rdnr. 86 (S. 519), und vor allem BVerfGE 42, 312, 330, wonach Art. 140 GG in einer geschichtlichen Kontinuität steht, die zum Verständnis der Vorschrift herangezogen werden müsse. Hierzu auch *Alexander Hollerbach*, Das Staatskirchenrecht in der Rechtsprechung des Bundesverfassungsgerichts, in: AöR 106 (1981), S. 218-283, hier S. 237 f.

[29] Zur staatskirchenrechtlichen Bedeutung der Präambel des Grundgesetzes vgl. *Hollerbach*, Grundlagen (Anm. 28), Rdnrn. 80-85 (S. 516-518).

Beziehung der *Kooperation* verstehen. Die Regelung von Problemen, gemeinsamen Angelegenheiten und auch von Konflikten im Geist prinzipieller Kooperation zwischen Staat und Kirche ist historisch ein Ergebnis der Überwindung des Kulturkampfs, liegt vor der Dezision des Verfassungsgebers von 1919 und ist als ein die Verfassung beherrschendes Prinzip gewohnheitsrechtlich begründet.[30]

3. Aus der Geschichte der Kooperation von Staat und Kirchen in Deutschland läßt sich der Grundsatz ableiten, daß der Staat Grundfragen seines Verhältnisses zu den Kirchen vorrangig durch *Konkordate* und *Kirchenverträge* regelt, nicht durch Gesetze.[31] Die rechtliche Möglichkeit des Abschlusses von Konkordaten und Kirchenverträgen ist in Art. 138 Abs. 1 WRV vorausgesetzt. Der Grundsatz einer *Priorität* der Regelung gemeinsamer Angelegenheiten von Staat und Kirche auf vertraglichem Wege wurde vom Verfassungsgeber von 1919 anerkannt; auch hier kann die Begründung nicht dem Text der Verfassung entnommen werden und beruht auf Gewohnheitsrecht.

4. Als vorkonstitutionelles Verfassungsgewohnheitsrecht muß ferner der Rechtsgrundsatz bestimmt werden, daß das Verhältnis von Staat und Kirche unter Berücksichtigung *historisch erworbener Rechtstitel* geordnet wird.[32] Positivrechtlich wird die Respektierung historisch erworbener Rechte in Art. 137 Abs. 5 S. 1, Art. 138 Abs. 1 und Art. 139 WRV vorausgesetzt. In diesem Rechtsgrundsatz ist ein Gebot der *Kontinuität* bei Veränderungen des Rechtsstatus der Kirchen enthalten, das nicht bei einzelnen Rechtspositionen der Kirchen, z. B. im Bereich der Staatsleistungen, durchbrochen werden darf, sondern vom Staat nur durch verfassungsändernde Aufkündigung des gesamten staatskirchenrechtlichen Systems verändert werden könnte, das den Kirchen und Religionsgemeinschaften unter den gesellschaftlich relevanten Organisationen einen besonderen Status zuerkennt. Zur historisch begründeten Rechtslage gehört auch die *Differenzierung* innerhalb der Religions-

---

[30] In diesem Sinne vor allem *v. Mangoldt/Klein/v. Campenhausen,* Art. 140 GG, Rdnrn. 15 und 34-37 (S. 42 f. und 52 f.).

[31] Einen entsprechenden Rechtsgrundsatz entwickelt *Hollerbach,* Grundlagen (Anm. 28), Rdnr. 64 (S. 506 f.): der Kompetenzmangel des neutralen Staates in religiös-weltanschaulicher Hinsicht spreche für das Vertragskirchenrecht. Ein solcher Grundsatz kann auf eine zum Gewohnheitsrecht verfestigte Rechtspraxis zurückgeführt werden.

[32] Als historisch begründeter Rechtstitel der Kirchen, der sich auf der Grundlage von § 35 Reichsdeputationshauptschluß als gemeindeutsches Gewohnheitsrecht erhalten hat, ist die grundsätzliche Verpflichtung des Staates zu Staatsleistungen an die Kirchen zu betrachten. Für diese Verpflichtung sieht Art. 138 Abs. 1 WRV zwar eine Ablösung vor, schafft aber damit eine „Bestandsgarantie auf Widerruf" — so *Josef Isensee,* Staatsleistungen an die Kirchen und Religionsgemeinschaften, in: HdbStKirchR[1] II, S. 59.

gemeinschaften mit dem Status einer Körperschaft des öffentlichen Rechts nach Art. 137 Abs. 5 WRV zwischen den historischen großen Kirchen und den Körperschaften aufgrund besonderer staatlicher Statusgewährung. Die Differenzierung wird in Art. 137 Abs. 5 WRV vorausgesetzt. Die Zulässigkeit von Differenzierungen trotz der weltanschaulichen Neutralität des Staates wird auch als Prinzip der „*gestuften Parität*" bezeichnet. Es ist als Grundsatz des Staatskirchenrechts vorkonstitutionell und gewohnheitsrechtlichen Ursprungs.[33]

Die genannten Verfassungsprinzipien des deutschen Staatskirchenrechts sind wohl alle schon im vorkonstitutionellen Recht vor 1919 angelegt, aber haben sich vollständig erst in der Geschichte der Weimarer Republik und der Bundesrepublik Deutschland seit 1949 durch die damit übereinstimmende Rechtspraxis entfalten können.

Verfassungsgewohnheitsrecht im Staatskirchenrecht besteht im wesentlichen in Form von Rechtsgrundsätzen, nimmt seinen Ursprung in vorkonstitutionellem Gewohnheitsrecht vor 1919 und ist eine unentbehrliche Grundlage zur Interpretation der in der Verfassung enthaltenen einzelnen Rechtssätze des Staatskirchenrechts.

Gewohnheitsrecht spielt schließlich im Staatskirchenrecht auch heute eine erhebliche Rolle, insofern aus ihm Rechtsbegriffe, Rechtssätze und Rechtsansprüche auf dem Gebiet des Verwaltungsrechts für das Verhältnis der Kirchen zum Staat bzw. den Kommunen abgeleitet werden. So ist der Rechtsbegriff der „res sacrae" in der deutschen Rechtsordnung gewohnheitsrechtlich abgegrenzt, und teilweise beruhen die Rechtssätze in diesem Bereich auf Gewohnheitsrecht[34]; ferner bestehen regional und lokal Rechtstitel für Kirchenbaulasten vielfach auf der Grundlage von Gewohnheitsrecht.[35]

---

[33] Hierzu *v. Mangoldt/Klein/v. Campenhausen,* Art. 140 GG, Rdnrn. 27-32 (S. 47-51); Art. 140 GG/Art. 137 WRV, Rdnrn. 21-24 (S. 107-109).

[34] In diesem Sinne neuestens etwa *Ludwig Renck,* Grundfragen des Rechts der res sacra, in: DÖV 43 (1990), S. 333-336: die res sacra bestehe als eine Spezies der öffentlichen Sache im traditionellen Umfang kraft Gewohnheitsrechts fort. Sachherren einer res sacra (Kirchen und Friedhöfe mitsamt ihrem Zubehör und Mobilien) könnten nur Bekenntnisgemeinschaften in der Rechtsform einer Körperschaft des öffentlichen Rechts sein. Auch letzterer Rechtssatz dürfte auf Gewohnheitsrecht beruhen. Ebenso bereits *Bernhard Schlink,* Neuere Entwicklungen im Recht der kirchlichen öffentlichen Sachen und der res sacrae, in: NVwZ 6 (1987), S. 633-640, hier S. 637: Die normative Grundlage für die Qualität der res sacrae als öffentlichen Sachen liege im Gewohnheitsrecht.

[35] Vgl. *Hartmut Döttcher,* Art und Rechtsgrund kommunaler Kirchenbaulasten, in: Rechtsstaat, Kirche, Sinnverantwortung. FS für Klaus Obermayer zum 70. Geburtstag. München 1986, S. 155-164, hier S. 159 f.; ferner HdbBaySt-KirchR, S. 180-184, und *Nikolaus Wiesenberger,* Kirchenbaulasten politischer Gemeinden und Gewohnheitsrecht (= Staatskirchenrechtliche Abh., Bd. 14), Berlin 1981, mit dem Fallbeispiel der „Paderborner Observanz" als Gewohnheitsrecht im ehemaligen Hochstift Paderborn.

III. Abschnitt

Die Religionsgemeinschaften nach kirchlichem Verfassungsrecht

§ 11

Die Organisationsstruktur der katholischen Kirche

Von Karl Eugen Schlief

Die Diözesen sind Teilkirchen der römisch-katholischen Weltkirche. Der Codex Iuris Canonici vom 25. Januar 1983 bezeichnet die Diözese als denjenigen Teil des Gottesvolkes, der der Hirtensorge des Bischofs in Zusammenarbeit mit den Priestern anvertraut ist (c. 369)[1]. Die einzelnen Diözesanbischöfe haben als eigentliche, ordentliche und unmittelbare Hirten die Aufgabe, ihre Gläubigen im Namen des Herrn unter der Autorität des Papstes in Ausübung des ihnen übertragenen Lehr-, Priester- und Hirtenamtes zu betreuen.

I. Die Diözesanverfassung der katholischen Kirche in der Bundesrepublik Deutschland

1. Die Bistümer in der Bundesrepublik Deutschland[2]

Bei den Volkszählungen hatte die katholische Kirche in den alten Ländern der Bundesrepublik Deutschland am 13.9.1950 22 581 336

---

[1] Der CIC/1983 hat wörtlich die im „Dekret über die Hirtenaufgabe der Bischöfe in der Kirche" des Zweiten Vatikanischen Konzils enthaltene Definition der Diözese übernommen; deutsche Übersetzung, besorgt im Auftrag der deutschen Bischöfe, u. a. in: *Karl Rahner/Herbert Vorgrimler* (Hrsg.), Kleines Konzilskompendium. 23. Aufl. (= Herder-Bücherei, Bd. 270-273), Freiburg i. Br. 1991, S. 262. Die Diözesen sind Gebietskörperschaften, denen auf Grund des Territorialprinzips ein bestimmter Teil des Volkes Gottes angehört. Neben der ordentlichen Verfassungsstruktur der in Diözesen eingeteilten Kirche kann es entsprechend dem Personalprinzip auch eine außerordentliche Verfassungsstruktur in der Form kategorialer Seelsorgestrukturen geben (c. 372 § 2). Vgl. *Winfried Aymans*, Gliederungs- und Organisationsprinzipien, in: HdbKathKR, S. 246 f. Vgl. auch unten Abschn. I 3 u. Anm. 21.

[2] Eine hilfreiche Darstellung der deutschsprachigen Diözesen enthält das Werk von *Erwin Gatz* (Hrsg.), Geschichte des kirchlichen Lebens in den deutschsprachigen Ländern seit dem Ende des 18. Jahrhunderts. Die katholische Kirche. Bd. I: Die Bistümer und ihre Pfarreien. Freiburg, Basel, Wien 1991, S. 155-646. Historische Ausgangslage, Neuumschreibungen und viele Daten des kirchlichen Lebens aller heutigen deutschen, österreichischen und deutsch-schweizerischen Diözesen, aber auch solcher Bistümer, die früher zu Deutschland oder zu Öster-

(44,3% der Bevölkerung), am 6.6.1961 24 768 100 (44,1% der Bevölkerung) und am 27.5.1970 27 060 800 (44,6% der Bevölkerung) Mitglieder[3]. Anläßlich der Volkszählung am 25.5.1987 gaben 26 232 000 Personen an, der katholischen Kirche anzugehören (42,9% der Bevölkerung). Nach der Wiedervereinigung Deutschlands beträgt die Zahl der Gesamtbevölkerung in der Bundesrepublik Deutschland nach dem Stand vom Jahr 1993 80,275 Millionen. Das Statistische Jahrbuch 1993 für die Bundesrepublik Deutschland weist 28 198 000 Katholiken aus, d. h. 35,12% der Gesamtbevölkerung. Davon leben 1 093 000 in den neuen Bundesländern einschließlich Berlin[4].

Die katholische Kirche in den alten Bundesländern der Bundesrepublik ist in 5 Kirchenprovinzen mit 5 Erzbistümern und 16 zugehörigen Bistümern gegliedert. In den neuen Bundesländern gibt es 6 dem Heiligen Stuhl unmittelbar unterstehende Jurisdiktionsbezirke und zwar 2 Bistümer, 1 Apostolische Administratur und 3 Bischöfliche Ämter. Nach der in Vorbereitung befindlichen Neuumschreibung der Bistumsgrenzen[5] wird die katholische Kirche in der Bundesrepublik Deutschland 7 Kirchenprovinzen mit 7 Erzbistümern und 20 dazugehörigen Bistümern aufweisen (Stand der Beratungen bzw. Verhandlungen vom 1. März 1994).

a) In den alten Bundesländern umfassen die Bistümer im einzelnen folgende staatliche Gebiete:

aa) Kirchenprovinz Bamberg

Das *Erzbistum Bamberg* (819 000 Katholiken, 362 Pfarreien und Seelsorgestellen, 583 Geistliche): Teile der Regierungsbezirke Oberfranken, Mittelfranken, Unterfranken und Oberpfalz.

---

reich gehört haben, werden geschildert. — Die Bezeichnungen „Diözesen" und „Bistümer" werden synonym gebraucht und bedeuten der Sache nach dasselbe.

[3] Angaben bei *Franz Groner,* Trends in der katholischen Kirche im Bundesgebiet Deutschland nach dem Konzil, in: HK 28 (1974), S. 251 (= Soziographische Beilage Nr. 27).

[4] Zahlenangaben in den folgenden Übersichten: Statistisches Jahrbuch 1993 für die Bundesrepublik Deutschland, Wiesbaden 1993, S. 105 (als Quelle wird im Statistischen Jahrbuch angegeben: Sekretariat der Deutschen Bischofskonferenz — Referat Statistik, Bonn). — In der ehemaligen DDR wurde die Zugehörigkeit zu einer Kirche nicht in den staatlichen Melderegistern erfaßt; die kirchlichen Mitgliederkarteien konnten nur auf Grund von Angaben der Kirchenmitglieder selbst geführt werden. Korrekturen der Mitgliederzahlen in den Jurisdiktionsbezirken in den neuen Bundesländern sind zukünftig nicht auszuschließen. — Die Angabe über die Zahl der Geistlichen enthält die im jeweiligen Bistum wohnenden Weltgeistlichen — einschließlich der im Ruhestand lebenden — und die im Dienst des Bistums tätigen Ordenspriester.

[5] Vgl. unten Abschnitt I 2.

Das *Bistum Eichstätt* (450 000 Katholiken, 271 Pfarreien und Seelsorgestellen, 380 Geistliche): Teile der Regierungsbezirke Mittelfranken, Oberbayern, Oberpfalz und einen kleineren Teil des Regierungsbezirks Schwaben.

Das *Bistum Speyer* (671 000 Katholiken, 350 Pfarreien und Seelsorgestellen, 479 Geistliche): in Rheinland-Pfalz den pfälzischen Teil des Regierungsbezirks Rheinhessen-Pfalz und im Saarland den Landkreis Saarpfalz.

Das *Bistum Würzburg* (922 000 Katholiken, 615 Pfarreien und Seelsorgestellen, 698 Geistliche): nahezu den ganzen Regierungsbezirk Unterfranken. Die Region Meiningen des dem Heiligen Stuhl zur Zeit unmittelbar unterstehenden Bischöflichen Amtes Erfurt-Meiningen gehört zum Bistum Würzburg.

bb) Kirchenprovinz Freiburg

Das *Erzbistum Freiburg* (2 244 000 Katholiken, 1 086 Pfarreien und Seelsorgestellen, 1 468 Geistliche): in Baden-Württemberg den überwiegenden Teil der Regierungsbezirke Karlsruhe und Freiburg sowie einen Teil des Regierungsbezirks Tübingen.

Das *Bistum Mainz* (863 000 Katholiken, 344 Pfarreien und Seelsorgestellen, 624 Geistliche): in Hessen die Regierungsbezirke Darmstadt und Gießen, in Rheinland-Pfalz den Regierungsbezirk Rheinhessen-Pfalz ohne dessen pfälzischen Teil und in Baden-Württemberg die Pfarrei Bad Wimpfen.

Das *Bistum Rottenburg-Stuttgart* (2 099 000 Katholiken, 1 040 Pfarreien und Seelsorgestellen, 1 190 Geistliche): in Baden-Württemberg den überwiegenden Teil der Regierungsbezirke Stuttgart und Tübingen und geringe Teile der Regierungsbezirke Karlsruhe und Freiburg.

cc) Kirchenprovinz Köln

Das *Erzbistum Köln* (2 453 000 Katholiken, 812 Pfarreien und Seelsorgestellen, 1 549 Geistliche): in Nordrhein-Westfalen den überwiegenden Teil des Regierungsbezirks Köln und Teile des Regierungsbezirks Düsseldorf und in Rheinland-Pfalz Teile des Regierungsbezirks Koblenz.

Das *Bistum Aachen* (1 303 000 Katholiken, 548 Pfarreien und Seelsorgestellen, 789 Geistliche): in Nordrhein-Westfalen Teile der Regierungsbezirke Köln und Düsseldorf.

Das *Bistum Essen* (1 151 000 Katholiken, 327 Pfarreien und Seelsorgestellen, 774 Geistliche): in Nordrhein-Westfalen Teile der Regierungsbezirke Arnsberg, Düsseldorf und Münster.

Das *Bistum Limburg* (778 000 Katholiken, 367 Pfarreien und Seelsorgestellen, 452 Geistliche): in Hessen Teile der Regierungsbezirke Kassel, Gießen und Darmstadt und in Rheinland-Pfalz Teile des Regierungsbezirks Koblenz.

Das *Bistum Münster* (2 116 000 Katholiken, 689 Pfarreien und Seelsorgestellen, 1 353 Geistliche): in Nordrhein-Westfalen den größten Teil des Regierungsbezirks Münster sowie Teile der Regierungsbezirke Arnsberg, Detmold und Düsseldorf, in Niedersachsen Teile des Regierungsbezirks Weser-Ems und kleinere Grenzstreifen der Regierungsbezirke Hannover und Lüneburg[6].

Das *Bistum Osnabrück* (904 000 Katholiken, 369 Pfarreien und Seelsorgestellen, 564 Geistliche): einen Teil von Bremen (mit Ausnahme einiger dem Bistum Hildesheim zugehöriger Pfarreien und Seelsorgestellen), die Freie und Hansestadt Hamburg (mit Ausnahme des dem Bistum Hildesheim zugehörigen Bezirks Harburg-Wilhelmsburg), Schleswig-Holstein und in Niedersachsen den größten Teil des Regierungsbezirks Weser-Ems und Teile des Regierungsbezirks Hannover. Das dem Heiligen Stuhl unmittelbar unterstehende Bischöfliche Amt Schwerin ist Teil des Bistums Osnabrück.

Das *Bistum Trier* (1 726 000 Katholiken, 969 Pfarreien und Seelsorgestellen, 1 066 Geistliche): in Rheinland-Pfalz den größeren Teil des Regierungsbezirks Koblenz, den Regierungsbezirk Trier und das Saarland mit Ausnahme des Kreises Saarpfalz.

dd) Kirchenprovinz München und Freising

Das *Erzbistum München und Freising* (2 114 000 Katholiken, 755 Pfarreien und Seelsorgestellen, 1 299 Geistliche): den überwiegenden

---

6 Das Gebiet des früheren Großherzogtums Oldenburg, das durch die Bulle „De salute animarum" (s. unten I 4 mit Anm. 26) dem Bistum Münster zugeordnet ist, bildet auf Grund der Konvention von Oliva vom 5. 1. 1830 einen kirchlichen Verwaltungsbezirk besonderer Art und untersteht dem Bischöflichen Offizial in Vechta, der dem Bischof von Münster unmittelbar unterstellt ist. Vgl. dazu *Heinrich Börsting*, Art. Oldenburg, in: LThK^2 VII, 1962, Sp. 1142 f., m. w. N.; *Joseph Listl*, Die Neufestlegung der Diözesanzirkumskription im wiedervereinten Deutschland, in: Neue Bistumsgrenzen — neue Bistümer. Nouvelles circonscriptions des diocèses — nouveaux évêchés. Hrsg. von Louis Carlen (= Freiburger Veröffentlichungen aus dem Gebiete von Kirche und Staat, Bd. 37). Freiburg/Schweiz 1992, S. 16 Anm. 6; ferner *Walther Schücking,* Das Staatsrecht des Großherzogtums Oldenburg. Tübingen 1911, S. 396 ff.

Teil des Regierungsbezirks Niederbayern und einen geringfügigen Teil des Regierungsbezirks Schwaben.

Das *Bistum Augsburg* (1 560 000 Katholiken, 1 046 Pfarreien und Seelsorgestellen, 1 156 Geistliche): den überwiegenden Teil des Regierungsbezirks Schwaben, große Teile des Regierungsbezirks Oberbayern sowie einen Teil des Regierungsbezirks Mittelfranken.

Das *Bistum Passau* (532 000 Katholiken, 307 Pfarreien und Seelsorgestellen, 335 Geistliche): Teile der Regierungsbezirke Niederbayern und Oberbayern.

Das *Bistum Regensburg* (1 327 000 Katholiken, 747 Pfarreien und Seelsorgestellen, 1 079 Geistliche): einen beträchtlichen Teil des Regierungsbezirks Niederbayern, je einen kleinen Teil von Oberbayern und Oberfranken und nahezu den ganzen Regierungsbezirk Oberpfalz.

ee) Kirchenprovinz Paderborn

Das *Erzbistum Paderborn* (1 870 000 Katholiken, 775 Pfarreien und Seelsorgestellen, 1 336 Geistliche): in Nordrhein-Westfalen den Regierungsbezirk Detmold mit Ausnahme der Gemeinde Harsewinkel, Teile der Regierungsbezirke Arnsberg und Münster, in Hessen vom Regierungsbezirk Kassel einen Teil des Kreises Waldeck-Frankenberg, den Schwalm-Eder-Kreis und in Niedersachsen die Pfarrei Bad Pyrmont im Regierungsbezirk Hannover. Das dem Heiligen Stuhl unmittelbar unterstehende Bischöfliche Amt Magdeburg ist Teil des Erzbistums Paderborn.

Das *Bistum Fulda* (462 000 Katholiken, 242 Pfarreien und Seelsorgestellen, 393 Geistliche): in Hessen Teile der Regierungsbezirke Kassel und Gießen, geringe Teile des Regierungsbezirks Darmstadt sowie in Niedersachsen die Pfarrkuratie Bad Sachsa (Regierungsbezirk Hildesheim). Die Region Erfurt des dem Heiligen Stuhl unmittelbar unterstehenden Bischöflichen Amtes Erfurt-Meiningen gehört zum Bistum Fulda.

Das *Bistum Hildesheim* (740 000 Katholiken, 355 Pfarreien und Seelsorgestellen, 591 Geistliche): in Niedersachsen die Regierungsbezirke Lüneburg, Braunschweig, Hannover mit Ausnahme des Kreises Diepholz und des östlichen Teiles des Kreises Nienburg, vom Land Bremen die Bezirke Bremen-Nord und Bremerhaven und von Hamburg den Bezirk Harburg-Wilhelmsburg. Vier Kirchengemeinden liegen im Gebiet des Bischöflichen Amtes Magdeburg und je eine in den Gebieten der Bischöflichen Ämter Schwerin und Erfurt-Meiningen.

b) Die exemten Jurisdiktionsbezirke in den neuen Bundesländern

Die Entwicklung der politischen Verhältnisse nach dem Zusammenbruch im Jahre 1945 hatte auch in starkem Maße eine Veränderung der kirchlichen Organisationsstruktur in der Deutschen Demokratischen Republik und in den ehemals deutschen Gebieten östlich von Oder und Neiße zur Folge. Nach Abschluß der Ostverträge errichtete Papst *Paul VI.* am 28. Januar 1972 neue polnische Bistümer und schuf damit bleibende Strukturen[7]. Der Organisationsstruktur in der ehemaligen DDR ist dagegen Einmaligkeit und Vorläufigkeit eigentümlich[8]. Sie ist besonders dadurch gekennzeichnet, daß große Gebietsteile zu den Diözesen Fulda, Osnabrück, Paderborn und Würzburg gehören. Von der Erzdiözese Breslau ist nur die heutige Apostolische Administratur Görlitz[9] geblieben. Die einzelnen Jurisdiktionsgebiete sind exemt, d. h. sie sind unmittelbar dem Heiligen Stuhl unterstellt. Soweit sie zu einem westdeutschen Bistum gehören, wurde die rechtliche Einheit nicht aufgehoben, jedoch die Jurisdiktion des Diözesanbischofs zugunsten der Apostolischen Administratoren[10] suspendiert, die die gleichen Rechte und Pflichten wie residierende Bischöfe haben. Sie besitzen sie kraft päpstlicher Delegation. Die kirchlichen Bezirke bilden keine eigene Kirchenprovinz. Jedoch kam ihre Zusammengehörigkeit in der Berliner

---

[7] Einzelheiten und Nachweise bei *Alexander Hollerbach,* Rechtsprobleme der katholischen Kirche im geteilten Deutschland, in: Die Rechtsstellung der Kirchen im geteilten Deutschland. Symposium 1./3. Oktober 1987. Köln, Berlin, Bonn, München 1989, S. 129 f.; *ders.,* Das Verhältnis von Kirche und Staat in der Deutschen Demokratischen Republik, in: HdbKathKR, S. 1073 ff.; ferner *Joseph Listl,* Die Bistumsgrenzen in Deutschland, in: Pax et Justitia. FS für Alfred Kostelecky zum 70. Geburtstag. Berlin 1990, S. 247 ff.; *Heribert Schmitz,* Die Jurisdiktionsbezirke der katholischen Kirche — Region Ost, in: MThZ 1990, S. 241 ff.

[8] *Hollerbach,* Rechtsprobleme (Anm. 7), S. 132; *Listl,* Neufestlegung (Anm. 6), S. 21 ff., weist auf die beinahe erfolgreichen Bemühungen der Regierung der ehemaligen DDR hin, den Hl. Stuhl zur Abtrennung der auf ihrem Gebiet liegenden Jurisdiktionsbezirke von ihren bundesrepublikanischen Mutterdiözesen zu bewegen. *Listl* stützt sich dabei auf einen aufschlußreichen Beitrag von *Horst Osterheld,* der unter verschiedenen Titeln an mehreren Stellen erschienen ist *(Listl,* ebd., S. 23, Anm. 18).

[9] Eine „Apostolische Administratur" wird wegen besonderer und schwerwiegender Gründe vom Papst an Stelle einer Diözese errichtet und einem Apostolischen Administrator übertragen, der sie im Namen des Papstes zu leiten hat (c. 371 § 2 CIC).

[10] „Apostolischer Administrator" kann nicht nur den Leiter einer Apostolischen Administratur bezeichnen, sondern auch das Amt eines interimistischen Vorstehers, der aus besonderen Gründen als Stellvertreter des Papstes auf Zeit oder auf Dauer mit der Leitung einer vakanten oder besetzten Diözese oder eines Teils einer Diözese betraut ist. Vgl. *Hubert Müller,* Diözesane und quasidiözesane Teilkirchen, in: HdbKathKR, S. 335 Anm. 40.

§ 11 Die Organisationsstruktur der katholischen Kirche   353

Bischofskonferenz bis zu deren Auflösung am 24. November 1990 zum Ausdruck. Nach der Neuregelung der Diözesanverhältnisse in den Gebieten östlich von Oder und Neiße im Jahre 1972 und der Einsetzung Apostolischer Administratoren in der ehemaligen DDR am 23. Juli 1973 wurde die katholische Kirche in 6 Jurisdiktionsbezirke eingeteilt. Das im Rahmen des Einigungsvertrages vom 31. August 1990 erlassene „Gesetz zur Regelung des Kirchensteuerwesens" nennt die in der ehemaligen DDR im Bereich der katholischen Kirche bestehenden 6 Jurisdiktionsbezirke als Körperschaften des öffentlichen Rechts[11].

Die Bistümer und Jurisdiktionsbezirke in den neuen Bundesländern umfassen im einzelnen folgende staatliche Gebiete[12]:

aa) Das *Bistum Berlin* (417 000 Katholiken, 227 Pfarreien und Seelsorgestellen, 417 Geistliche): das Land Berlin, den größten Teil des Landes Brandenburg (mit Ausnahme der Niederlausitz), den östlichen Teil des Landes Mecklenburg-Vorpommern und einen kleinen Gebietsanteil mit der Stadt Havelberg im nordöstlichen Teil des Landes Sachsen-Anhalt.

bb) Das *Bistum Dresden-Meißen* (183 000 Katholiken, 170 Pfarreien und Seelsorgestellen, 220 Geistliche): im Freistaat Sachsen die Regierungsbezirke Chemnitz, Dresden und den größten Teil des Regierungsbezirks Leipzig sowie den östlichen Teil des Landes Thüringen.

cc) Die *Apostolische Administratur Görlitz* (43 000 Katholiken, 57 Pfarreien und Seelsorgestellen, 74 Geistliche): den südöstlichen Teil des Landes Brandenburg (Niederlausitz) und im Freistaat Sachsen den nördlichen Teil der Oberlausitz (ehemals Niederschlesien westlich der Lausitzer Neiße).

dd) Das *Bischöfliche Amt Erfurt-Meiningen* (220 000 Katholiken, 204 Pfarreien und Seelsorgestellen, 295 Geistliche): den größten Teil des Landes Thüringen mit Ausnahme einiger Landkreise in Ostthüringen.

ee) Das *Bischöfliche Amt Magdeburg* (165 000 Katholiken, 211 Pfarreien und Seelsorgestellen, 206 Geistliche): fast das gesamte Land Sachsen-Anhalt, im Land Sachsen Teile des Regierungsbezirks Leipzig, im Land Brandenburg die Altkreise Herzberg und Liebenwerda sowie einige Gemeinden.

ff) Das *Bischöfliche Amt Schwerin* (61 000 Katholiken, 61 Pfarreien und Seelsorgestellen, 68 Geistliche): den größten Teil des Landes Meck-

---

[11] EVertr, Anlage II, Kap. IV, Abschn. I, Ziff. 5: Gesetz zur Regelung des Kirchensteuerwesens, § 2 Ziff. 2 (BGBl. II S. 1194).
[12] Zu den angegebenen Mitgliederzahlen s. oben Anm. 4.

lenburg-Vorpommern mit Ausnahme des östlichen Landesteils und im Land Brandenburg geringfügige Teile von drei Landkreisen.

2. Die Neuumschreibung der Bistumsgrenzen in Deutschland

Bereits das Zweite Vatikanische Konzil hat in dem Dekret über die Hirtenaufgabe der Bischöfe den nationalen Bischofskonferenzen die Überprüfung der Diözesaneinteilung empfohlen und ihnen dafür Kriterien an die Hand gegeben[13]. Das Konzil forderte in dieser Hinsicht die Berücksichtigung der sozialen Strukturen sowie der staatlichen und sozialen Einrichtungen. Auch die Grenzen der staatlichen Verwaltungsbezirke sollten dabei — neben anderen wichtigen Faktoren — beachtet werden. Die größtenteils Anfang des neunzehnten Jahrhunderts im Anschluß an den Wiener Kongreß erfolgte Diözesanzirkumskription wird nämlich den Anforderungen des Zweiten Vatikanischen Konzils nicht gerecht. Sie entspricht in mancher Hinsicht nicht mehr den heutigen seelsorglichen Vorstellungen. Die Bistumsgrenzen decken sich vielfach nicht mit den Grenzen der jeweiligen Bundesländer und der staatlichen Verwaltungsstrukturen[14]. Die Deutsche Bischofskonferenz hat sich mit Neuordnungsfragen nicht befaßt[15]. Bis in jüngster Zeit sind auch keine ernsthaften Forderungen von Mitgliedern der Deutschen Bischofskonferenz, von Priestern und Gläubigen nach einer grundlegenden Änderung der Diözesanzirkumskription bekannt geworden. Dies ist angesichts der in mehr als tausend Jahren gewachsenen und bewährten kirchlichen Verhältnisse in Deutschland verständlich[16], wobei pastorale und soziokulturelle, aber auch ökumenische und politische Aspekte von Bedeutung sind.

Das Problem einer neuen Zirkumskription stellte sich jedoch sofort im Zusammenhang mit der deutschen Einheit, der durch die Auflösung der Berliner Bischofskonferenz und den Beitritt ihrer Mitglieder zur Deutschen Bischofskonferenz am 24. November 1990 die formelle Wiederherstellung der Einheit in der Kirche in Deutschland folgte. Der vorläufige und einmalige Charakter der kirchlichen Verhältnisse in der damaligen DDR verlangt nach einer normalen und bleibenden Verfas-

---

[13] *Rahner/Vorgrimler*, Kleines Konzilskompendium (Anm. 1), S. 269 ff.

[14] Die Sachkommission IX „Ordnung pastoraler Strukturen" hat sich während der Gemeinsamen Synode der Bistümer in der Bundesrepublik Deutschland (1971-1975) mit einer Neuumschreibung der Bistumsgrenzen befaßt. Angesichts der Teilung Deutschlands sah man jedoch von einer Beschlußvorlage ab; vgl. *Listl*, Bistumsgrenzen (Anm. 7), S. 233; *ders.*, Neufestlegung (Anm. 6), S. 29.

[15] *Listl*, Bistumsgrenzen (Anm. 7), S. 245 ff.

[16] *Listl*, Neufestlegung (Anm. 6), S. 29.

§ 11 Die Organisationsstruktur der katholischen Kirche 355

sungsstruktur. Die Deutsche Bischofskonferenz hat auf ihrer Frühjahrsvollversammlung vom 9. bis 12. März 1992 in Freising eine Empfehlung an den Apostolischen Stuhl zur Neuordnung der Jurisdiktionsbezirke und Kirchenprovinzen in den neuen Bundesländern verabschiedet, die in ihrer Herbstvollversammlung vom 21. bis 24. September 1992 in Fulda und in der Sitzung des Ständigen Rates am 25. und 26. April 1993 modifiziert worden ist[17]. Danach (Stand der Beratungen bzw. Verhandlungen vom 1. März 1994) wird ein Erzbistum Hamburg errichtet werden, das sich aus den bisherigen Gebieten des Bistums Osnabrück in Schleswig-Holstein, aus den bisherigen Gebieten der Bistümer Osnabrück und Hildesheim im Bereich der Freien und Hansestadt Hamburg und aus dem bisherigen Bischöflichen Amt Schwerin zusammensetzt. Es soll eine Kirchenprovinz Hamburg gebildet werden, der das neue Erzbistum Hamburg, das Bistum Hildesheim sowie das Bistum Osnabrück angehören. Im übrigen werden die Apostolische Administratur Görlitz als Bistum Görlitz sowie die Bischöflichen Ämter Erfurt-Meiningen und Magdeburg als Bistum Erfurt und als Bistum Magdeburg errichtet werden, wobei einige gebietliche Zuordnungen geändert werden sollen. Die neuen Bistümer Erfurt und Magdeburg sollen der Kirchenprovinz Paderborn angehören, während der neu zu bildenden Kirchenprovinz Berlin das Erzbistum Berlin und die Diözesen Dresden-Meißen und Görlitz zugeordnet werden. Die angestrebte Neuumschreibung der Bistumsgrenzen kann angesichts der in der Bundesrepublik Deutschland geltenden Konkordate in allen Fällen nur im gegenseitigen Einvernehmen zwischen den staatlichen Konkordatspartnern und der Kirche verwirklicht werden[18].

Nach der Neuumschreibung der Bistumsgrenzen in der Bundesrepublik Deutschland wird es folgende Kirchenprovinzen mit den dazugehö-

---

[17] Quelle: Pressedienst der Deutschen Bischofskonferenz — Dokumentation — vom 12. März 1992, S. 8-10, u. vom 25. September 1992, S. 8 f. — Der Beitrag von *Joseph Listl,* Der Wiederaufbau der staatskirchenrechtlichen Ordnung in den neuen Ländern der Bundesrepublik Deutschland, in: Die personale Struktur des gesellschaftlichen Lebens. FS für Anton Rauscher. Berlin 1993, S. 413 ff., enthält eine umfassende Schilderung des Wiederaufbaus der staatskirchenrechtlichen Ordnung in den neuen Bundesländern (bis 15. März 1993).

[18] Vgl. unten Abschn. I 4. Im Zeitpunkt des Abschlusses der Abfassung dieses Beitrags (Stand 1. März 1994) sind die Verhandlungen über die Errichtung der Bistümer Erfurt, Görlitz und Magdeburg sowie des Erzbistums Hamburg noch nicht abgeschlossen. Die erforderliche parlamentarische Zustimmung der im einzelnen zuständigen Landtage der Länder Brandenburg, Freie und Hansestadt Hamburg, Mecklenburg-Vorpommern, Sachsen, Sachsen-Anhalt, Schleswig-Holstein und Thüringen soll im Laufe des Jahres 1994 erfolgen. Die graphische Darstellung „Die deutschen Bistümer" auf S. 357 gibt die geplante Neuordnung der Diözesanzirkumskription in den neuen Bundesländern und im Norden Deutschland wieder.

23*

rigen Erzbistümern und Bistümern geben (Stand der Beratungen bzw. Verhandlungen vom 1. März 1994):

Kirchenprovinz Bamberg mit dem Erzbistum Bamberg und den Bistümern Eichstätt, Speyer und Würzburg,

Kirchenprovinz Berlin mit dem Erzbistum Berlin und den Bistümern Dresden-Meißen und Görlitz,

Kirchenprovinz Freiburg mit dem Erzbistum Freiburg und den Bistümern Mainz und Rottenburg-Stuttgart,

Kirchenprovinz Hamburg mit dem Erzbistum Hamburg und den Bistümern Hildesheim und Osnabrück,

Kirchenprovinz Köln mit dem Erzbistum Köln und den Bistümern Aachen, Essen, Limburg, Münster und Trier,

Kirchenprovinz München und Freising mit dem Erzbistum München und Freising und den Bistümern Augsburg, Passau und Regensburg,

Kirchenprovinz Paderborn mit dem Erzbistum Paderborn und den Bistümern Erfurt, Fulda und Magdeburg.

3. Die verfassungsrechtliche Grundlage der Organisationsstruktur der katholischen Kirche in Deutschland

Der Primat des Papstes und das Bischofsamt sind die beiden auf göttlicher Anordnung beruhenden Hauptelemente der Verfassung der katholischen Kirche. Das Zweite Vatikanum, das zwar den päpstlichen Jurisdiktionsprimat ausdrücklich bestätigt, hat aber der Lehre von der Kollegialität des Episkopats wieder Geltung verschafft[19], so daß der Codex Iuris Canonici die Feststellung enthält: der Papst ist „Haupt des Bischofskollegiums, Stellvertreter Christi und Hirte der Gesamtkirche ...; deshalb verfügt er kraft seines Amtes in der Kirche über höchste, volle, unmittelbare und universale ordentliche Gewalt, die er immer frei ausüben kann" (c. 331).

Die Gliederung in Bischofskirchen ist ein wesentliches Element der Kirchenverfassung[20]. Die verfassungsrechtliche Gliederung beruht

---

[19] *Hubert Müller*, Die Träger der obersten Leitungsvollmacht, in: HdbKathKR, S. 248 ff.

[20] *Klaus Mörsdorf*, Lehrbuch des Kirchenrechts. 11. Aufl., Bd. 1. München, Paderborn, Wien 1964, S. 338 f. Im Anschluß an Bischof Cyprian von Karthago weist auch das Zweite Vatikanische Konzil in Nr. 23 der Dogmatischen Konstitution über die Kirche „Lumen gentium" darauf hin, daß die Teilkirchen nach dem Bild der Gesamtkirche gestaltet sind und „in ihnen und aus ihnen" die eine und einzige katholische Kirche bestehe. Vgl. *Rahner/Vorgrimler*, Kleines Konzilskom-

Die deutschen Bistümer

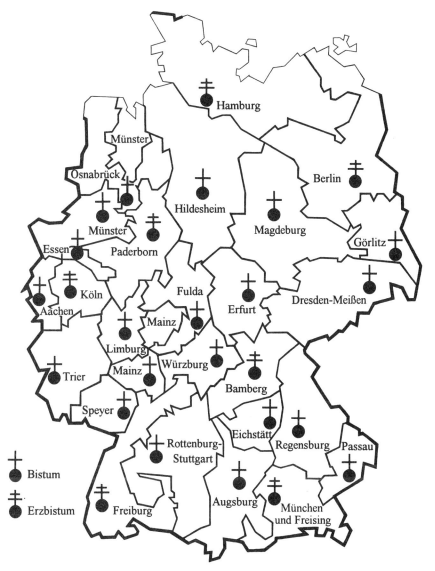

*Geplante Neuordnung der Organisationsstruktur
der katholischen Kirche in der Bundesrepublik Deutschland*
(Stand März 1994)

I. Errichtung der Bistümer Erfurt, Görlitz, Magdeburg, Erzbistum Hamburg.

II. Errichtung der beiden Kirchenprovinzen Berlin (mit Erzbistum Berlin, Suffraganbistümern Dresden-Meißen und Görlitz) und Hamburg (mit Erzbistum Hamburg und Suffraganbistümern Hildesheim und Osnabrück).

grundsätzlich auf dem Territorialprinzip, d. h. räumlich genau beschriebene Gebiete grenzen die Bereiche für die Ausübung der Leitungsgewalt gegeneinander ab[21]. Die verfassungsrechtlich grundlegenden und ausschließlich auf hoheitlicher Errichtung beruhenden kirchlichen Gebietskörperschaften sind die *Diözesen*[22]. Mehrere Diözesen sind in der Regel zu einer Kirchenprovinz zusammengeschlossen, über die ein Erzbischof als Metropolit eingesetzt ist[23]. Die Diözesen wiederum sind in *Pfarreien* unterteilt, d. h. in kleinere Gebietskörperschaften, denen jeweils ein Pfarrer mit eigenberechtigter, aber abgeleiteter Hirtengewalt vorsteht. Mehrere Pfarreien sind zur Erleichterung der Diözesanverwaltung und der Ausübung der bischöflichen Aufsicht zu Dekanaten zusammengefaßt[24].

Wesen und Funktion der Bistümer erschöpfen sich nicht darin, bloße Jurisdiktionsbezirke der katholischen Weltkirche zu sein. Der Codex Iuris Canonici 1983 hat den Bischöfen als Vorsteher der Teilkirchen umfassendere Befugnisse und eine größere Selbständigkeit verliehen und hat damit der Intention des Zweiten Vatikanischen Konzils entsprochen, die Kirchenverwaltung mehr zu dezentralisieren. Der Gedanke der Kollegialität unter den Bischöfen fand insbesondere Ausdruck in der Neuordnung der Strukturen und Aufgaben der nationalen Bischofskonferenzen. Die Deutsche Bischofskonferenz als Zusammenschluß der

---

pendium (Anm. 1), S. 23 mit Anm. 68. Vgl. hierzu *Klaus Mörsdorf,* Die Autonomie der Ortskirche, in: ArchKathKR 138 (1969), S. 392 mit Anm. 18.

[21] Das Personalprinzip, d. h. die grundsätzliche Befreiung von der Zuständigkeit des Ortsoberhirten und von der territorialen Gliederung der Kirchenorganisation (Pfarrei, Bistum, Kirchenprovinz), gilt für bestimmte Orden, Klöster und exemte priesterliche Verbände. Eine besondere Stellung nimmt seit dem Inkrafttreten des CIC/1983 die Personalprälatur ein (cc. 294 ff.). Das mit der Apostolischen Konstitution „Ut sit validum" vom 28. November 1982 errichtete Opus Dei (AAS 75 [1983], S. 423-425) ist bislang die einzige Personalprälatur. Im Bereich der Diözesen bilden die Einrichtungen einer exemten Militärseelsorge und die Zulassung von Personalpfarreien, vor allem in der Anstaltsseelsorge und für nationale Minderheiten, Ausnahmen vom Territorialprinzip. Vgl. *Aymans,* Gliederungs- und Organisationsprinzipien (Anm. 1), S. 246 f.

[22] Diözesanähnliche Teilkirchen sind die Gebietsprälatur und die Gebietsabtei (cc. 368, 370), das Apostolische Vikariat (c. 371 § 1) und die Apostolische Administratur (c. 371 § 2). Zur letzteren s. Anm. 9 und zum Begriff des Administrators Anm. 10. Vgl. *Müller,* Diözesane und quasidiözesane Teilkirchen (Anm. 10), S. 333 f.

[23] Von der Metropolitangewalt befreite und dem Hl. Stuhl unterstellte Diözesen werden als „exemt" bezeichnet (c. 431 § 2). — Dem Metropoliten kommen im wesentlichen nur einige wenige Aufsichtsrechte gegenüber den Suffraganbistümern zu (c. 436). Vgl. *Heinz Maritz,* Die Kirchenprovinz, Provinzialkonzil und Metropolit, in: HdbKathKR, S. 325 ff.

[24] Der Pfarrverband — ein Zusammenschluß einiger Pfarreien — ist lediglich ein Zweckverband, der dazu beitragen soll, das Gemeindeleben zu fördern; vgl. *Peter Krämer,* Der Pfarrverband, in: HdbKathKR, S. 429 ff.

Bischöfe in Deutschland, die bestimmte pastorale Aufgaben für die Gläubigen ihres Gebiets gemeinsam ausüben, erlaubt es, in zulässiger Weise von der „Katholischen Kirche in Deutschland" zu sprechen.

4. Die deutschen Bistümer als Jurisdiktionsbezirke der Weltkirche

Für die Errichtung, Veränderung, Aufhebung usw. von Kirchenprovinzen, Diözesen und diözesanähnlichen Gebietsgliederungen ist der Apostolische Stuhl ausschließlich zuständig[25]. Die Festlegung der Grenzen (Zirkumskription) der deutschen Bistümer erfolgte in ihrem historischen Verlauf jedoch nicht durch einseitige päpstliche Hoheitsakte. Dem Erlaß der sog. Zirkumskriptionsbullen gingen oft staatlich-kirchliche Absprachen voraus, in denen Vereinbarungen über die künftige Diözesanorganisation getroffen worden waren, oder es wurden konkordatsähnliche Verträge über den Inhalt der beabsichtigten päpstlichen Errichtungsurkunden geschlossen, die nachträglich vom Staat anerkannt wurden.

Die gegenwärtige Zirkumskription der deutschen Bistümer beruht noch weitgehend auf den zwischen dem Heiligen Stuhl und den deutschen Staaten nach dem Wiener Kongreß getroffenen Vereinbarungen, dem Konkordat mit Bayern vom 5. Juni 1817, den Zirkumskriptionsbullen *„De salute animarum"* vom 16. Juli 1821 für Preußen, *„Provida solersque"* vom 16. August 1821 für die oberrheinische Kirchenprovinz und *„Impensa Romanorum Pontificum"* vom 26. März 1824 für das Königreich Hannover[26]. Durch die Apostolische Konstitution *„Sollicitudo omnium ecclesiarum"* vom 24. Juni 1921 wurde Meißen als exemtes Bistum wiedererrichtet[27]. Der Bischofssitz wurde aufgrund des Dekrets der Bischofskongregation vom 15. November 1979 nach Dresden verlegt und der Name in Bistum Dresden-Meißen geändert[28].

Bedeutsame Änderungen der Diözesanorganisation brachte das Konkordat mit dem Freistaat Preußen vom 14. Juni 1929 und die im Anschluß daran erlassene Apostolische Konstitution *„Pastoralis officii Nostri"* vom 13. August 1930[29]. Durch die Bulle wurden u. a. die

---

[25] Cc. 373, 431 § 3.
[26] Wortlaut dieser Dokumente mit Quellennachweisen bei *Ernst Rudolf Huber/ Wolfgang Huber* (Hrsg.), Staat und Kirche im 19. und 20. Jahrhundert. Dokumente zur Geschichte des deutschen Staatskirchenrechts. Bd. 1. Berlin 1973, S. 170 ff., 204 ff., 246 ff., 299 ff.
[27] Vgl. AAS 13 (1921), S. 409 ff.
[28] *Gatz*, Geschichte des kirchlichen Lebens (Anm. 2), S. 251.
[29] Abgedr. einschließlich deutscher Übersetzung bei *Joseph Listl* (Hrsg.), Die Konkordate und Kirchenverträge in der Bundesrepublik Deutschland. Textausgabe für Wissenschaft und Praxis. Bd. 2. Berlin 1987, S. 740 ff.

Kirchenprovinzen Breslau und Paderborn errichtet, die Apostolische Delegatur Berlin zum Bistum erhoben und das Bistum Aachen wieder gegründet. Die im Vertrag zwischen dem Heiligen Stuhl und dem Lande Nordrhein-Westfalen vom 19. Dezember 1956[30] vereinbarte Errichtung des Bistums Essen erfolgte durch die Päpstliche Bulle „*Germanicae gentis*" vom 23. Februar 1957[31].

Die Errichtung der Apostolischen Administratur Görlitz und die damit verbundene Loslösung von der Erzdiözese Breslau in Folge der Neuordnung der kirchlichen Verhältnisse in den ehemals deutschen Gebieten östlich der Oder-Neiße-Linie stellt eine neue Zirkumskription im Sinne des c. 373 CIC dar. Dagegen ist die Einrichtung der Bischöflichen Ämter Erfurt-Meiningen, Magdeburg und Schwerin, deren rechtlicher Zusammenhang mit ihren Mutterdiözesen nicht aufgelöst wurde, lediglich eine außerordentliche Maßnahme des Heiligen Stuhls zur Gewährleistung der Seelsorge in diesen diözesanähnlichen Gebieten.

5. Die Stellung des Militärbischofs[32]

Die Einrichtung einer eigenen Militärseelsorge bildet eine Durchbrechung des Territorialprinzips[33], da sie gemäß Art. 27 des Reichskonkordates vom 20. Juli 1933[34] als exemte Seelsorge einzurichten war. Die Päpstlichen Statuten für den Jurisdiktionsbereich des Katholischen Militärbischofs für die Deutsche Bundeswehr vom 23. November 1989, die am 1. Januar 1990 in Kraft getreten sind, enthalten die näheren Bestimmungen für die katholische Militärseelsorge in der Bundeswehr[35]. Der Militärbischof steht dem Jurisdiktionsbereich des katholischen Militärbischofs für die Deutsche Bundeswehr vor[36]. Der Heilige Stuhl ernennt zum Militärbischof einen in der Bundesrepublik Deutsch-

---

[30] Abgedr. bei *Listl*, ebd., S. 230 ff. Vgl. dazu: *Heiner Marré*, Die Errichtung des Bistums Essen und die Ernennung seines ersten Bischofs als staatskirchenrechtliche Ereignisse, in: Zeugnis des Glaubens — Dienst an der Welt. FS für Franz Kardinal Hengsbach zur Vollendung des 80. Lebensjahres. Mülheim a. d. Ruhr 1990, S. 401 ff.

[31] Vgl. AAS 49 (1957), S. 993 ff.

[32] Zur Militärseelsorge vgl. auch in *diesem* Handbuch den ausführlichen Beitrag von *Rudolf Seiler*, § 68 Seelsorge in Bundeswehr und Bundesgrenzschutz.

[33] Vgl. oben Abschn. I 3 u. Anm. 21.

[34] Abgedr. bei *Listl*, Konkordate und Kirchenverträge (Anm. 29), S. 49 f.

[35] Veröffentlicht in: AAS 81 (1989), S. 1286 ff.; ferner in: Verordnungsblatt des Katholischen Militärbischofs für die Deutsche Bundeswehr 26 (1990), S. 3 ff.

[36] Zum Rechtscharakter s. *Alfred E. Hierold*, Die Statuten für den Jurisdiktionsbereich des Katholischen Militärbischofs für die Deutsche Bundeswehr, in: ArchKathKR 159 (1990), S. 94 ff. (97 f.). Vgl. auch *Ernst Niermann*, Zur Lage der katholischen Militärseelsorge, in: EssGespr. 23 (1989), S. 110 ff.

land residierenden Diözesanbischof[37]. Er besitzt alle Rechte und Pflichten eines Diözesanbischofs. Der Militärbischof übt danach eine ordentliche, aber nur personale Oberhirtengewalt über die Angehörigen der Bundeswehr aus. „Der Jurisdiktion des Militärbischofs unterstehen alle katholischen Soldaten[38] und jene katholischen Zivilisten, die nach den jeweils geltenden Gesetzen in die Streitkräfte integriert sind; desgleichen die Familienmitglieder der Berufssoldaten, der Soldaten auf Zeit und die oben genannten Zivilisten, auch wenn der Familienvater nicht katholisch ist"[39]. Der der Militärseelsorge unterstehende Personenkreis ist der zuständigen Gewalt des Ortsordinarius und des Ortspfarrers nicht entzogen, die Seelsorge darf jedoch von diesen nur subsidiär ausgeübt werden[40]. Die Militärseelsorge verfügt in einem eigenen bistumsähnlichen Verband mit einem eigenen bischöflichen Verwaltungsapparat über eigene Pfarreien unter der Leitung von Militärpfarrern.

6. Die Deutsche Bischofskonferenz

Bevor durch das Zweite Vatikanische Konzil die Einrichtung nationaler Bischofskonferenzen allgemein vorgeschrieben wurde[41], gab es in einzelnen Ländern bereits im 19. Jahrhundert nationale Bischofskonferenzen. Die bekannteste dieser Bischofskonferenzen war die Fuldaer Bischofskonferenz[42].

Die Bischofskonferenzen alter Ordnungen besaßen keinen kirchenrechtlichen Status. Sie konnten keine rechtlich verbindlichen Beschlüsse fassen. Die Mitglieder, die residierenden Ortsoberhirten, waren daher auch nicht an deren Beschlüsse gebunden. Diese mußten jeweils erst durch einen Rechtsetzungsakt der einzelnen Diözesanbischöfe in ihrer Diözese in Kraft gesetzt werden.

Der Codex Iuris Canonici von 1983 hat die Anordnung des Zweiten Vatikanischen Konzils über die Bischofskonferenzen weitgehend übernommen. Danach ist die Bischofskonferenz als ständige Einrichtung der Zusammenschluß der Bischöfe einer Nation oder eines bestimmten

---

[37] Art. 2 der Statuten für die kath. Militärseelsorge (Anm. 35).
[38] Soldaten sind die Berufs- und Zeitsoldaten sowie die Wehrpflichtigen (§ 1 S. 1 des Soldatengesetzes i. d. F. vom 13.6.1986).
[39] Art. 4 der Statuten für die kath. Militärseelsorge (Anm. 35).
[40] Ebd., Art. 3 S. 2.
[41] Zweites Vatikanisches Konzil, Dekret über die Hirtenaufgabe der Bischöfe in der Kirche, vgl. *Rahner/Vorgrimler*, Kleines Konzilskompendium (Anm. 1), S. 280 ff.
[42] *Georg May*, Die Deutsche Bischofskonferenz nach ihrer Neuordnung, in: ArchKathKR 138 (1969), S. 407.

Gebiets, die gewisse pastorale Aufgaben für die Gläubigen ihres Gebiets nach Maßgabe des Rechts gemeinsam wahrnehmen (c. 447). Die nationalen Bischofskonferenzen bilden damit kollegiale hierarchische Mittelinstanzen mit selbständigen Gesetzgebungs-, Verwaltungs- und Rechtsprechungskompetenzen zwischen dem Heiligen Stuhl und dem einzelnen Bistum[43]. Der Codex Iuris Canonici von 1983 schreibt die Organisationsstruktur und die Arbeitsweise der Bischofskonferenz vor und legt im einzelnen ihre Kompetenzen fest. Das Recht, Bischofskonferenzen zu errichten und aufzuheben, steht dem Heiligen Stuhl zu. Die einzelne Bischofskonferenz ist verpflichtet, sich Statuten zu geben, die bestimmte Materien zu regeln haben und der Approbation bedürfen.

Die Plenarkonferenz der Bischöfe der Diözesen Deutschlands (Fuldaer Bischofskonferenz) hat sich am 2. März 1966 das *Statut der Deutschen Bischofskonferenz* gegeben[44]. Die vorletzte Fassung des Statuts der Deutschen Bischofskonferenz vom 25. September 1990 trifft die Änderungen, die durch den Beitritt der Bischöfe der ehemaligen Berliner Bischofskonferenz erforderlich waren. Die jüngste Fassung des Statuts vom 22. September 1992 enthält neben geringen redaktionellen Überarbeitungen klarstellende Regelungen über das Sekretariat der Deutschen Bischofskonferenz und verweist die Bestimmungen über die Zentralstellen in die gleichfalls neu gefaßte Geschäftsordnung der Deutschen Bischofskonferenz[45].

---

[43] *Joseph Listl*, Plenarkonzil und Bischofskonferenz, in: HdbKathKR, S. 308; *Heribert Schmitz*, Tendenzen nachkonziliarer Gesetzgebung, in: ArchKathKR 146 (1977), S. 390 ff.

[44] Dieses Statut ist nicht veröffentlicht.

[45] Die Neufassung des Statuts vom 23. September 1976 ist veröffentlicht im Pressedienst der Deutschen Bischofskonferenz — Dokumentation — Nr. 27/76 vom 25. Oktober 1976; auch abgedr. in: ArchKathKR 145 (1976), S. 543 ff.; die Fassung vom 26. September 1984 ist veröffentlicht in Amtsblättern deutscher Diözesen, z. B. ABl. des Bistums Limburg 1986, S. 123 ff.; auch abgedr. in: ArchKathKR 155 (1986), S. 143 ff. Das Statut der Deutschen Bischofskonferenz vom 25. September 1990 und ihre Geschäftsordnung ist zusammen mit der Satzung, Geschäftsordnung und Haushalts-, Kassen- und Rechnungsordnung des Verbandes der Diözesen Deutschlands, jeweils vom 1. Dezember 1976, Geschäftsordnung der Gemeinsamen Konferenz vom 22. November 1976 und der Geschäftsordnung für das Kommissariat der Deutschen Bischöfe vom 24. September 1985 in einer Broschüre vom Sekretariat der Deutschen Bischofskonferenz herausgegeben worden. Die Fassung des Statuts vom 22. September 1992 ist veröffentlicht u. a. in: KABl. für die Diözese Mainz 135 (1993), S. 13 ff. — *Heribert Schmitz*, Die Einheit der katholischen Kirche in Deutschland, in: ArchKathKR 169 (1990), S. 623 ff., hat die Stadien der Deutschen Bischofskonferenz von ihrer Errichtung bis zur Herstellung der Einheit der Kirche in Deutschland einschließlich der Geschichte der Berliner Bischofskonferenz mit umfassenden Nachweisen nachgezeichnet.

§ 11 Die Organisationsstruktur der katholischen Kirche 363

Gemäß dem Statut der Deutschen Bischofskonferenz bildet diese den Zusammenschluß der Bischöfe der Teilkirchen und der übrigen Jurisdiktionsbezirke in Deutschland[46]. Die Aufgabenstellung der Deutschen Bischofskonferenz umfaßt das Studium und die Förderung gemeinsamer pastoraler Aufgaben, die gegenseitige Beratung, die notwendige Koordinierung der kirchlichen Arbeit und den gemeinsamen Erlaß von Entscheidungen sowie schließlich die Pflege der Verbindung zu anderen Bischofskonferenzen, vor allem zu den Bischofskonferenzen des deutschen Sprachgebiets, durch die Mitarbeit im Rat der Europäischen Bischofskonferenzen (CCEE) und in der Kommission der Bischofskonferenzen der Europäischen Gemeinschaft (COMECE)[47]. Mitglieder sind alle Diözesanbischöfe und die Apostolischen Administratoren, die Koadjutoren, die Diözesanadministratoren, die Weihbischöfe und die anderen Titularbischöfe, die ein besonderes, vom Apostolischen Stuhl oder von der Bischofskonferenz übertragenes Amt im Konferenzgebiet bekleiden[48]. Beratende Mitglieder sind die Vorsteher anderer katholischer Rituskirchen eigenen Rechts und die diesen rechtlich Gleichgestellten mit Sitz im Konferenzgebiet. Die Apostolischen Visitatoren von Breslau, Ermland und Schneidemühl sowie die Kanonischen Visitatoren von Glatz und Branitz sind bis auf weiteres beratende Mitglieder.

Die Organe der Deutschen Bischofskonferenz sind die Vollversammlung, der Ständige Rat, der Vorsitzende und die Bischöflichen Kommissionen. Der *Vollversammlung* gehören alle Mitglieder der Deutschen Bischofskonferenz an. Die Mitglieder der Vollversammlung wählen auf sechs Jahre den Vorsitzenden der Deutschen Bischofskonferenz und den stellvertretenden Vorsitzenden aus dem Kreis der Diözesanbischöfe oder der Apostolischen Administratoren. Der Vorsitzende vertritt die Bi-

---

[46] Durch die ausdrückliche Benennung „der übrigen Jurisdiktionsgebiete" gehören alle Diözesangebiete in der ehemaligen DDR dem Konferenzgebiet Deutschland an.

[47] Die Freisinger Bischofskonferenz, die Westdeutsche Bischofskonferenz u. a., die es gemäß Art. 24 des Statuts von 1966 gab, sind rechtlich keine Bischofskonferenzen, sondern nur Regionalkonferenzen zur Regelung besonderer Aufgaben ihres Gebiets.

[48] Die Mitglieder der ehemaligen Berliner Bischofskonferenz sind seit der Errichtung der Deutschen Bischofskonferenz als Mitglieder der Deutschen Bischofskonferenz angesehen worden. Das Statut vom 2. März 1966 nennt in Art. 2 als Mitglieder „alle Ortsoberhirten ... Deutschland". Vgl. weiter Art. 2 Abs. 1, letzter Satz des Statuts von 1976 (s. Anm. 45): „Kraft Entscheidung des Apostolischen Stuhls bilden die Mitglieder der bisherigen Berliner Ordinarienkonferenz die Berliner Bischofskonferenz als auctoritas territorialis mit eigenem Statut". Art. 2 Abs. 1 des Statuts von 1984 formuliert ähnlich. Durch das Inkrafttreten des Statuts vom 25. September 1990 sind die Mitglieder der Berliner Bischofskonferenz, die bis dahin an der Ausübung ihrer Rechte gehindert waren, Vollmitglieder geworden. Vgl. *Schmitz,* Einheit der katholischen Kirche (Anm. 45), S. 632 f.

schofskonferenz nach außen. Für Beschlüsse der Vollversammlung ist in der Regel eine Mehrheit von zwei Dritteln der anwesenden stimmberechtigten Mitglieder erforderlich; bei Beschlüssen, welche durch den Erlaß von allgemeinen Dekreten in die Regierung der einzelnen Diözesen eingreifen, ist die Zweidrittelmehrheit der stimmberechtigten Mitglieder und ferner die Zustimmung von zwei Dritteln der Diözesanbischöfe und der Apostolischen Administratoren, der Koadjutoren und der Diözesanadministratoren erforderlich. Zur Rechtskraft der zuletzt genannten Beschlüsse ist die Promulgation des Apostolischen Stuhls erforderlich. In bestimmten Angelegenheiten können Beschlüsse der Vollversammlung keine rechtsverbindliche Verpflichtung für die Diözesanbischöfe und Apostolischen Administratoren beanspruchen. Die Beschlüsse gelten dann als Empfehlung der Konferenz zur Förderung eines gemeinsamen oder gleichmäßigen Vorgehens.

Dem *Ständigen Rat* gehören alle Diözesanbischöfe und die Apostolischen Administratoren sowie die Diözesanadministratoren an. Die Vertretung durch einen Weihbischof oder, falls es keinen Weihbischof gibt, durch den Generalvikar, ist möglich. Dem Ständigen Rat obliegt im wesentlichen im Rahmen der von der Vollversammlung erlassenen Richtlinien die Bearbeitung der laufenden Aufgaben, die Koordinierung der Arbeit der Kommissionen und die Entscheidung in dringlichen Angelegenheiten, die keinen Aufschub bis zur nächsten Vollversammlung dulden.

Die Aufgabe der *Bischöflichen Kommissionen* besteht in der Bearbeitung von Fragen ihrer Sachbereiche. Der Vorsitzende und die Mitglieder einer Kommission werden von der Vollversammlung aus den Mitgliedern der Bischofskonferenz gewählt. Gegenwärtig bestehen dreizehn Bischöfliche Kommissionen: Glaubenskommission, Ökumenekommission, Pastoralkommission, Kommission für Geistliche Berufe und kirchliche Dienste, Liturgiekommission, Kommission für gesellschaftliche und soziale Fragen, Kommission für Erziehung und Schule, Kommission für Fragen der Wissenschaft und Kultur, Kommission für Publizistik, Kommission für weltkirchliche Aufgaben, Kommission für Ehe und Familie, Kommission für Jugend und Caritaskommission. Es gibt Unterkommissionen und Arbeitsgruppen. Einigen Bischöflichen Kommissionen sind *Zentralstellen* zugeordnet. Die Sekretäre der Kommissionen sind zugleich Referenten für den jeweiligen Sachbereich im Sekretariat der Bischofskonferenz. Bei der Deutschen Bischofskonferenz bestehen Zentralstellen für die Sachbereiche Pastoral, Bildung, Medien und weltkirchliche Aufgaben. Für den Sachbereich „gesellschaftliche Fragen" ist das Kommissariat der Deutschen Bischöfe (Bonn) und für den Sachbereich „Caritas und Soziales" der Deutsche Caritasverband zuständig.

Zur Unterstützung ihrer Tätigkeit und zur Wahrnehmung ihrer Aufgaben unterhält die Deutsche Bischofskonferenz das Sekretariat der Deutschen Bischofskonferenz mit Sitz in Bonn, das Kommissariat der deutschen Bischöfe (das Katholische Büro Bonn) sowie weitere Dienststellen für bestimmte Sachbereiche, zu denen die Zentralstellen gehören. Die Leitung des Sekretariates obliegt dem von der Vollversammlung gewählten Sekretär der Deutschen Bischofskonferenz.

7. Der Verband der Diözesen Deutschlands

Durch Vertrag vom 4. März 1968 haben sich die (Erz-)Diözesen mit Sitz in den westlichen Bundesländern der Bundesrepublik mit Wirkung vom 1. Juli 1968 zum Zwecke der Wahrnehmung von Aufgaben im rechtlichen und wirtschaftlichen Bereich zu einem „Verband der Diözesen Deutschlands" (Sitz in München) zusammengeschlossen und dazu eine Satzung und eine Geschäftsordnung erlassen[49]. Der Verband der Diözesen Deutschlands ist als Zusammenschluß der Bistümer Körperschaft des öffentlichen Rechts gemäß Art. 140 GG i. V. m. Art. 137 Abs. 5 WRV[50].

Damit ist für den Bereich der katholischen Kirche in der Bundesrepublik für überdiözesane rechtliche und wirtschaftliche Aufgaben, die

---

[49] Die Satzung des Verbandes der Diözesen Deutschlands ist veröffentlicht in sämtlichen Amtsblättern der Diözesen der Bundesrepublik, z. B. in: KAnz. für die Erzdiözese Köln 108 (1968), S. 261 ff.; auch abgedr. in: ArchKathKR 137 (1968), S. 544 ff. Am 1. Dezember 1976 hat die Vollversammlung eine neue Satzung, eine neue Geschäftsordnung und die Haushalts-, Kassen- und Rechnungsordnung für den Verband der Diözesen beschlossen, die am 1. Januar 1977 in Kraft getreten sind (Anm. 45). Nach § 23 der Satzung wird die Satzung in den Amtsblättern der den Verband bildenden (Erz-)Diözesen bekanntgemacht, z. B. in: KABl. für die Diözese Münster 111 (1977), S. 18 ff.; auch abgedr. in: ArchKathKR 145 (1976), S. 552 ff. Die Satzung vom 1. Dezember 1976 bedarf noch der Anpassung an den CIC/1983 und den Beitritt der Jurisdiktionsbezirke in den neuen Bundesländern.

[50] Vgl. dazu die „Bekanntmachung über die Gründung eines Verbandes der Diözesen Deutschlands" vom 21. August 1968, Nr. MBI-2/95 510, in: Amtsblatt des Bayerischen Staatsministeriums für Unterricht und Kultus, Nr. 14, ausgegeben in München am 2. September 1968, S. 281-283. Die Bekanntmachung hat folgenden Wortlaut: „Es wird festgestellt, daß der neue Verband auf Grund des Art. 140 GG in Verbindung mit Art. 137 Abs. 5 Satz 3 der Weimarer Verfassung die Rechtsstellung einer öffentlich-rechtlichen Körperschaft besitzt. Aufgaben und Vertretungsbefugnis der Verbandsorgane richten sich nach der Verbandssatzung, die nachfolgend (Anhang) im Auszug abgedruckt ist." — Unter der Überschrift „Bekanntmachung über die Gründung und Rechtsstellung des Verbandes der Diözesen Deutschlands" wurden der Wortlaut dieser Feststellung des Bayerischen Staatsministeriums für Unterricht und Kultus und die Satzung des Verbandes der Diözesen Deutschlands auch im Bundesanzeiger, Nr. 192 vom 11. Oktober 1968, S. 1, publiziert.

nicht als Angelegenheit einer einzelnen Diözese, sondern als gemeinsame Aufgaben aller Diözesen wahrgenommen werden, erstmals eine überdiözesane juristische Person des staatlichen Rechts geschaffen worden[51]. Nach der Wiederherstellung der Einheit der Kirche in Deutschland machten die Jurisdiktionsgebiete von der nach § 1 Abs. 1 Satz 2 der Verbandssatzung gegebenen Möglichkeit des Beitritts Gebrauch. Sie erklärten mit Wirkung vom 1. Januar 1991 ihren Beitritt zum Verband der Diözesen Deutschlands[52]. Zwischen der Deutschen Bischofskonferenz und dem Verband der Diözesen Deutschlands bestehen enge rechtliche und personelle Verschränkungen. Alle Diözesanbischöfe und die ihnen rechtlich Gleichgestellten sind zugleich Mitglieder der Vollversammlung des Verbandes der Diözesen Deutschlands. Der Vorsitzende der Deutschen Bischofskonferenz ist zugleich Vorsitzender der Vollversammlung des Verbandes der Diözesen Deutschlands, der den Verband gerichtlich und außergerichtlich vertritt. Geschäftsführer des Verbandes ist der Sekretär der Deutschen Bischofskonferenz, Geschäftsstelle des Verbandes ist das Sekretariat der Deutschen Bischofskonferenz.

Nach Art. 44 des Statuts der Deutschen Bischofskonferenz und entsprechend § 3 der Verbandssatzung werden die Aufgaben der Deutschen Bischofskonferenz im rechtlichen und wirtschaftlichen Bereich, die die Bischofskonferenz dem Verband der Diözesen Deutschlands übertragen hat, von diesem gemäß seiner Satzung wahrgenommen. Er ist damit zuständig für alle Rechts- und Wirtschaftsfragen und für die überdiözesanen Finanz- und Haushaltsangelegenheiten[53]. Vor allem ist dies die Beschlußfassung über den Verbandshaushalt und dessen Durchführung[54], der interdiözesane Finanzausgleich, die Gewährung von Darle-

---

[51] Einzelheiten bei *May,* Die Deutsche Bischofskonferenz (Anm. 42), S. 453 f. Die Fuldaer Bischofskonferenz besaß keinen kirchenrechtlichen Status und konnte deshalb auch nicht Träger von Vermögensrechten sein. Auch nach staatlichem Recht besaß sie keine Rechtsfähigkeit. „Die Fuldaer Bischofskonferenz besaß nicht die Eigenschaft einer juristischen Person. Die Vereinigung ihrer Mitglieder zur Erreichung eines gemeinsamen Zwecks durch Schaffung und Finanzierung der diesem dienenden Einrichtungen stellt eine Gesellschaft bürgerlichen Rechts im Sinne der §§ 705 ff. BGB dar." (OLG München vom 10.8.1955 — 6 U 633/55 — nicht veröffentlicht.) Vor der Gründung des Verbandes der Diözesen Deutschlands oblag die Abwicklung des überdiözesanen Haushalts der Finanzkammer der Kölner Kirchenprovinz in Münster. Über die Anfänge der überdiözesanen Aufgaben und ihre Finanzierung vgl. *Wilhelm Schwickerath,* Die Finanzwirtschaft der deutschen Bistümer. Breslau 1942, S. 216 ff.

[52] § 1 Abs. 1 S 2 der Satzung lautet: „Alle Diözesen und die ihnen gleichgestellten kirchlichen Gebietskörperschaften, deren Oberhirten Mitglieder der Deutschen Bischofskonferenz sind, haben das Recht, durch schriftliche Erklärung ihres Ordinarius dem Verband beizutreten." (Vgl. Anm. 49).

[53] *Listl,* Plenarkonzil und Bischofskonferenz (Anm. 43), S. 322.

[54] Der Haushalt des Verbandes 1993 hat ein Volumen von 474 Mio. DM. Die Einnahmen durch Umlagen betragen 449 Mio. DM (= 94,8 %), zweckgebundene

hen und Zuschüssen, der Abschluß von Verträgen über den Erwerb und die Vergabe von urheberrechtlichen Nutzungsrechten sowie die Gewährleistung von Verpflichtungen aus Anstellungsverträgen. Der Verband ist auch Rechtsträger von Dienststellen und Einrichtungen der Deutschen Bischofskonferenz. Die Organe des Verbandes sind die Vollversammlung, der Verbandsausschuß, der Verwaltungsrat, der Arbeitsausschuß und der Geschäftsführer.

Die *Vollversammlung* ist das oberste Organ des Verbandes der Diözesen Deutschlands. Stimmrecht haben in ihr nur die Diözesanbischöfe und die Apostolischen Administratoren oder — bei Vakanz des bischöflichen Stuhls — die zur interimistischen Leitung befugten Diözesanadministratoren. Der Vollversammlung obliegt vor allem die Verabschiedung des Haushaltsplanes, die Gewährung außerplanmäßiger Zuschüsse und Darlehen sowie die Festsetzung der Verbandsumlage, die sich aus dem Kirchensteueraufkommen der einzelnen Bistümer nach einem bestimmten Schlüssel errechnet. Bei Beschlüssen in wichtigen Angelegenheiten — z. B. Verabschiedung des Haushaltsplanes, Änderung der Satzung, bei der Errichtung neuer Dienststellen, Übernahme neuer oder Ausweitung bestehender Aufgaben — ist Einstimmigkeit der Mitglieder, im übrigen eine Mehrheit von zwei Dritteln der anwesenden Mitglieder erforderlich[55].

Dem *Verbandsausschuß* gehören der Vorsitzende und vier weitere Mitglieder an, die von der Vollversammlung aus ihrer Mitte berufen werden. Der Verbandsausschuß hat als ein Exekutivorgan der Vollversammlung vor allem die ihm von der Vollversammlung übertragenen Aufgaben wahrzunehmen, insbesondere den Haushaltsplan vorzuberaten, den Geschäftsführer zu überwachen und Entscheidungen in Fällen zu treffen, in denen eine rechtzeitige Beschlußfassung der Vollversammlung nicht möglich ist, sowie in Fällen von geringer Bedeutung.

In den *Verwaltungsrat* entsendet jedes Mitglied des Verbandes einen Vertreter. Es kann auch ein weiterer Vertreter entsandt werden. Jedes Mitglied hat aber nur eine Stimme. Der Verwaltungsrat hat vor allem

---

Zuschüsse aus öffentlichen Kassen 2,9 Mio. DM, die Entnahme zum Haushaltsausgleich aus den Rücklagen 9 Mio. DM. Rund 180 Mio. DM (= 38 %) sind für Hilfen an Empfänger außerhalb der Bundesrepublik bestimmt. Die Unterstützung für die Jurisdiktionsbezirke belief sich auf 160 Mio. DM (= 34 %) zuzüglich 80 Mio. DM über den interdiözesanen Finanzausgleich.

[55] Ist bei einem mit finanziellen Auswirkungen verbundenen Antrag Einstimmigkeit erforderlich, diese aber nicht zu erreichen, so ist zu versuchen, „Einmütigkeit dadurch zu erzielen, daß eine Mehrheit bereit ist, die dem Ausfall der ablehnenden Mitglieder entsprechende Mehrbelastung zu übernehmen, und daß die den Antrag ablehnende Minderheit demselben unter diesen Umständen zustimmt" (§ 7 Nr. 3 der Geschäftsordnung des Verbandes). Können diese Voraussetzungen nicht erreicht werden, so ist der Antrag abgelehnt.

die Aufgabe, die Vollversammlung zu beraten. Ihm kommt gleichwohl eine große Bedeutung zu, da er Beschlüsse der Vollversammlung, die der Einstimmigkeit bedürfen, entscheidungsreif vorzubereiten, also bei Meinungsverschiedenheiten einen Kompromiß zu suchen hat, um die Vollversammlung davon zu entlasten.

Der *Arbeitsausschuß*, dem der Geschäftsführer des Verbandes und zwei von der Vollversammlung zu bestimmende Mitglieder angehören, hat die Beratungen des Verbandsausschusses und des Verwaltungsrates zusammen mit der Geschäftsstelle vorzubereiten, insbesondere den Entwurf des Haushaltsplanes zu erstellen.

8. Das Zentralkomitee der deutschen Katholiken

Die Anfänge des heutigen Zentralkomitees der deutschen Katholiken gehen auf das Revolutionsjahr 1848 zurück, das das Assoziationsrecht — das Recht, Vereine zu bilden — brachte[56]. Vom 3. bis 6. August 1848 fand in Mainz die „Generalversammlung des katholischen Vereins Deutschland" statt, aus der sich dann die Katholikentage entwickelten. In der Zeit des sog. Dritten Reiches war dem Zentralkomitee eine öffentliche Wirksamkeit unmöglich. Schon bald nach dem Zweiten Weltkrieg lebten aber die Katholikentage wieder auf; 1952 erfolgte die Neugründung des „Zentralkomitees der deutschen Katholiken". Das heute gültige Statut vom 25. Oktober 1974, das die Ergebnisse des Zweiten Vatikanischen Konzils einbezieht, umschreibt die Stellung des Zentralkomitees der deutschen Katholiken so: „Das Zentralkomitee der deutschen Katholiken ist der Zusammenschluß von Vertreterinnen und Vertretern der Diözesanräte und der katholischen Verbände sowie von Institutionen des Laienapostolates und von weiteren Persönlichkeiten aus Kirche und Gesellschaft". Das Zentralkomitee ist von der Deutschen Bischofskonferenz als Organ im Sinne des Konzilsdekrets über das Apostolat der Laien zur Koordinierung der Kräfte des Laienaposto-

---

[56] Die nachkonziliare Entwicklung weist den sogenannten katholischen Laienwerken besondere Aufgaben zu, so daß die Laienorganisationen im Verhältnis zu den kirchlich verfaßten Ämtern nicht nur auf ein funktionales Zueinander angelegt sind, sondern als integrierende Bestandteile in der kirchlichen Struktur anzusehen sind. *Paul Becher* und *Alfred E. Hierold*, Katholische Organisationen, in: StL[7] III, 1987, Sp. 342 ff., geben einen anschaulichen Überblick über die katholischen Verbände und andere Organisationen, ihre Geschichte und gegenwärtige Bedeutung sowie ihre kirchenrechtliche und staatskirchenrechtliche Stellung. Das Zweite Vatikanische Konzil hat erstmals in amtlichen Dokumenten bedeutsame Aussagen über die Stellung und Aufgaben der Laien gemacht, vgl. *Rahner/Vorgrimler*, Kleines Konzilskompendium (Anm. 1): Die Dogmatische Konstitution über die Kirche „Lumen gentium" (S. 161 ff.), „Das Dekret über das Laienapostolat" (S. 389 ff.).

lats und zur Förderung der apostolischen Tätigkeit der Kirche anerkannt[57].

Es versteht sich nicht als die umfassende Gesamtvertretung aller deutschen Katholiken, sondern als die Zusammenfassung der Kräfte des Laienapostolats der Kirche. Seine wesentlichen Aufgaben sind es, die Entwicklungen im gesellschaftlichen, staatlichen und kirchlichen Leben zu beobachten, die Anliegen der Katholiken in der Öffentlichkeit zu vertreten, Anregungen für das apostolische Wirken der Kirche und der Katholiken in der Gesellschaft zu geben, die Arbeit der in ihm zusammengeschlossenen Kräfte abzustimmen und gemeinsame Initiativen und Veranstaltungen der deutschen Katholiken, wie die Deutschen Katholikentage, vorzubereiten und durchzuführen. Das Zentralkomitee berät die Deutsche Bischofskonferenz in Fragen des gesellschaftlichen, staatlichen und kirchlichen Lebens. Die Mitglieder des Zentralkomitees repräsentieren die große Breite des Laienapostolats. Die Diözesanräte, die Zentrale Versammlung der katholischen Soldaten im Jurisdiktionsbereich des katholischen Militärbischofs und die Arbeitsgemeinschaft der katholischen Verbände Deutschlands entsenden Vertreter und Vertreterinnen. Persönlichkeiten aus dem öffentlichen Leben und aus Institutionen des Laienapostolats werden von diesen gewählt. Organe sind die Vollversammlung, der geschäftsführende Ausschuß, das Präsidium und der Präsident. Auf Anregung der Gemeinsamen Synode der Bistümer in der Bundesrepublik (1971-1975) entstand die „Gemeinsame Konferenz", die aus je 15 Mitgliedern der Deutschen Bischofskonferenz und des Zentralkomitees der deutschen Katholiken besteht und Fragen berät, die sich der Deutschen Bischofskonferenz und dem Zentralkomitee der deutschen Katholiken gemeinsam stellen.

II. Die Organisation und Verwaltung des Einzelbistums

1. Die bischöfliche Gewalt und ihre Teilhaber

Dem Diözesanbischof als dem Oberhirten obliegt die Führung des Bistums. Er hat zur Ausübung seines Hirtendienstes alle ordentliche, eigentliche und unmittelbare Vollmacht, die in den hoheitlichen Funktionen der Gesetzgebung, Rechtsprechung und Verwaltung ausgeübt wird[58]. Der Bischof vereinigt diese drei Funktionen in seiner Hand. Bei

---

[57] Das Statut des Zentralkomitees der deutschen Katholiken vom 25. Oktober 1974 hat die Zustimmung durch die Deutsche Bischofskonferenz erfahren. Die letzte Änderung datiert vom 5./6. Mai 1989. Vgl. *Friedrich Kronenberg,* Zentralkomitee der deutschen Katholiken, in: StL[7] V, 1989, Sp. 1150 ff.

ihrer Ausübung unterstützen ihn der *Generalvikar* als sein allgemeiner Stellvertreter und der *Offizial* als sein Stellvertreter im Gericht. In der Ausübung der Weihegewalt stehen dem regierenden Bischof die *Weihbischöfe*[59] zur Seite.

a) Die *Ratskollegien des Bischofs*[60]. Der Codex Iuris Canonici schreibt für jede Diözese den *Priesterrat*, das *Domkapitel*[61] und den *Diözesanverwaltungsrat* vor. Dem Bischof stehen diese kirchenamtlichen Konsultationsorgane zur Seite, deren Rat oder Zustimmung für ein rechtswirksames Handeln Voraussetzung sind. Ein Diözesanpastoralrat soll in jeder Diözese gebildet werden, sofern die seelsorglichen Verhältnisse es anraten. Dem Priesterrat und dem Diözesanpastoralrat kommen eine besondere Bedeutung zu. Der *Priesterrat* ist die Repräsentanz des Presbyteriums und gleichsam der Senat des Bischofs. Das gleiche gilt für den *Diözesanpastoralrat,* dem Priester, Ordensleute und Laien angehören. Seine Aufgabe ist es, „unter der Autorität des Bischofs all das, was sich auf das pastorale Wirken in der Diözese bezieht, zu untersuchen, zu beraten und hierzu praktische Folgerungen vorzuschlagen" (c. 511).

Das *Domkapitel* ist eine geistliche Körperschaft eigenen Rechts. Dem Domkapitel obliegt die Durchführung des feierlichen Gottesdienstes an der Kathedralkirche, ferner die Wahrnehmung jener Aufgaben, die ihm vom Recht oder vom Diözesanbischof übertragen werden[62]. Bei Sedisva-

---

[58] C. 135 CIC/1983 stellt die Funktionentrennung, die im CIC/1917 nur ansatzweise zu erkennen ist, als Prinzip dar: „Die Leitungsgewalt wird unterschieden in gesetzgebende, ausführende und richterliche Gewalt". (Es handelt sich aber nicht um eine Gewaltentrennung i. S. der Staatsrechtswissenschaft.) Cc. 381-402 behandeln die Rechtsstellung der Diözesanbischöfe, ihre Rechte und Pflichten, s. auch *Mörsdorf,* Lehrbuch, Bd. 1 (Anm. 20), S. 415.

[59] Bischöfe, denen eine Diözese anvertraut ist, werden Diözesanbischöfe, die übrigen Titular- und Weihbischöfe genannt (c. 376). Letztere üben bischöfliche Aufgaben in verschiedenen Funktionen aus. Koadjutoren sind Weihbischöfe mit dem Recht der Nachfolge (c. 403 § 3)

[60] Ausführlich: *Heribert Schmitz,* Die Konsultationsorgane des Diözesanbischofs, in: HdbKathKR, S. 352 ff.

[61] In den deutschen Diözesen nehmen durch Beschluß der Deutschen Bischofskonferenz auf ihrer Herbstvollversammlung vom 19. bis 22. September 1983 in Fulda die Domkapitel die Aufgaben der vom CIC/1983 vorgesehenen Konsultorengremien wahr (c. 502 § 3); vgl. z. B. KABl. Münster 117 (1983), S. 163, und ABl. Köln 123 (1983), S. 204. Auch abgedr. bei *Heribert Schmitz/Franz Kalde,* Partikularnormen der deutschsprachigen Bischofskonferenzen. Metten 1990, S. 20.

[62] Der CIC/1983 vermindert zwar tendenziell die Bedeutung des Domkapitels. Die jedoch praktisch unveränderte Stellung der Domkapitel in Deutschland fußt auf der teilkirchenrechtlichen Situation und dem Konkordatsrecht, dem durch c. 3 CIC/1983 Vorrang zukommt. Vgl. *Richard Puza,* Die Dom- und Stiftskapitel, in: HdbKathKR, S. 376 ff.

kanz geht die Leitung der Diözese auf das Domkapitel über, das unverzüglich einen Diözesanadministrator, der die Diözese interimistisch zu leiten hat, zu wählen hat. Nach dem Codex Iuris Canonici von 1983 und konkordatsrechtlich kommt dem Domkapitel in bestimmtem Umfang eine Mitwirkung bei der Leitung der Diözese zu. Seine Mitglieder nehmen außerdem in der Regel an der Verwaltung des Bistums teil und bekleiden Ämter in der Diözesankurie. In den meisten Diözesen hat das Domkapitel auf Grund von Konkordaten darüber hinaus das Recht der Bischofswahl[63].

Diözesanverwaltungs- und *Diözesankirchensteuerrat* haben Aufgaben im Bereich der Finanz- und Vermögensverwaltung. Der *Diözesanverwaltungsrat* ist ein Verwaltungsorgan, dessen Mitglieder vom Bischof für fünf Jahre berufen werden. Er wirkt vornehmlich bei der Vermögensverwaltung mit und hat teils beratende, teils beschließende Funktion; letztere besonders insoweit, als der Bischof in bestimmten Fällen an die Zustimmung des Diözesanverwaltungsrates gebunden ist[64]. Die Befugnisse des *Diözesankirchensteuerrates* (Diözesansteuervertretung,

---

[63] Vgl. RK Art. 14 Abs. 1 (vgl. *Listl*, Konkordate und Kirchenverträge [Anm. 29], Bd. 1, S. 41); BadK Art. III (ebd., Bd. 1, S. 139); PreußK Art. 6 (ebd., Bd. 2, S. 715 f.). Zum Recht der Bischofswahl ausführlich mit zahlreichen Nachweisen: *Joseph Listl*, Die Besetzung der Bischofsstühle. Bischofsernennungen und Bischofswahlen in Deutschland, in: Sendung und Dienst im bischöflichen Amt. FS der Katholisch-Theologischen Fakultät der Universität Augsburg für Bischof Josef Stimpfle zum 75. Geburtstag. St. Ottilien 1991, S. 29 ff.

[64] Ein Anhörungsrecht besteht bei den Akten der ordentlichen Vermögensverwaltung, denen größere Bedeutung zukommt (c. 1277) und bei Ernennung des Ökonomen (c. 494). Die Zustimmung ist bei den Akten der außerordentlichen Vermögensverwaltung sowie bei Veräußerung von Vermögen der Diözese (c. 1277) und von Vermögen der dem Diözesanbischof unterstehenden öffentlichen juristischen Personen — das sind vor allem die Kirchengemeinden und Kirchenstiftungen — erforderlich (cc. 1291, 1295, 1297), vgl. dazu die von der Deutschen Bischofskonferenz auf ihrer Herbstsitzung vom 24. bis 27. September 1984 erlassenen Partikularnormen, Ziff. 13 und 14 (KABl. Münster 120 [1986], S. 136; auch abgedr. in: ArchKathKR 155 [1986], S. 488 ff.); Näheres dazu in *diesem* Handbuch bei *Wolfgang Busch*, § 34 Die Vermögensverwaltung und das Stiftungsrecht im Bereich der katholischen Kirche. Gemäß c. 493 hat der Diözesanverwaltungsrat die Aufgabe, den jährlichen Haushaltsplan aufzustellen und die Jahresrechnung zu billigen. Diese Aufgabe wird in Deutschland weitgehend von den Kirchensteuergremien wahrgenommen, weil die Kirchensteuereingänge den größten Teil der Einnahmen ausmachen (vgl. dazu in *diesem* Handbuch *Heiner Marré*, § 37 Das kirchliche Besteuerungsrecht). Die bayerischen Bischöfe haben auf ihrer Konferenz am 9.11.1983 hinsichtlich der Zuständigkeiten folgende Differenzierung getroffen: „Das nach c. 492 § 1 CIC in jeder Diözese einzurichtende ‚consilium a rebus oeconomicis' wird in den Bayerischen (Erz-)Diözesen gebildet durch den Diözesansteuerausschuß, soweit der Diözesanhaushalt aufgrund der Diözesansteuer betroffen ist und durch besondere Beratungskommissionen, die sich aus Fachleuten der Finanz- und allgemeinen Verwaltung der Diözese zusammensetzen, soweit es sich um andere Finanzmittel handelt" (s. ABl. München und Freising 1983, S. 403).

Kirchensteuervertretung, Diözesansteuerausschuß) sind in den einzelnen Diözesen unterschiedlich. In der Regel hat er ein Entscheidungsrecht über die Höhe der Kirchensteuern und deren Verwendung, häufig auch über den Haushalt des Bistums[65]. Überwiegend ist der Diözesankirchensteuerrat mit gewählten Mitgliedern besetzt. Der Bischof oder der Generalvikar haben in der Regel den Vorsitz.

Neben den genannten Gremien finden sich in den einzelnen Diözesen Räte und Kommissionen mit unterschiedlichen Beratungsaufgaben. In den im ehemals preußischen Gebiet liegenden Diözesen gibt es z. B. den *Geistlichen Rat*[66], der den Bischof vorwiegend in Angelegenheiten der allgemeinen Verwaltung berät. Genannt seien ferner als Beispiele der Ordensrat, das Diözesankomitee katholischer Verbände oder der Diözesanrat der Katholiken.

b) Die *Diözesankurie* ist die Zusammenfassung der bischöflichen Amtsstellen; sie „besteht aus jenen Einrichtungen und Personen, die dem Bischof bei der Leitung der ganzen Diözese helfen..." (c. 469 CIC). Die wichtigsten Amtsträger sind der *Generalvikar* für die allgemeine Verwaltung, der *Offizial* mit den Diözesanrichtern für die Rechtsprechung. Die Diözesankurie gliedert sich entsprechend den beiden herausragenden Amtsträgern in das Generalvikariat und das Offizialat, das in einigen Diözesen auch Konsistorium genannt wird. Die oft gebrauchte Bezeichnung „Bischöfliches Ordinariat" ist mehrdeutig. So kann „Ordinariat" den Komplex aller bischöflichen Kurialbehörden einschließlich der Gerichtsbehörde bedeuten, also für Diözesankurie stehen[67]. In manchen Diözesen entspricht es aber auch dem Generalvikariat[68].

Das *Bischöfliche Generalvikariat* wird vom Generalvikar geleitet[69]. Er ist allgemeiner Vertreter des Bischofs in den geistlichen Angelegenheiten und in der Verwaltung, jedoch nicht in der gesetzgebenden und

---

[65] Vgl. dazu in *diesem* Handbuch den Beitrag von *Heiner Marré,* § 37 Das kirchliche Besteuerungsrecht.

[66] Zu unterscheiden vom Allgemeinen Geistlichen Rat, den es früher in den bayerischen Diözesen gab und der eine besondere Abteilung in der Diözesankurie bildete (s. *Karl Eugen Schlief,* Die Organisationsstruktur der katholischen Kirche, in: HdbStKirchR¹ I, S. 319; *Matthäus Kaiser,* Domkapitel und Geistlicher Rat in der Diözese Passau seit der Säkularisation, in: ArchKathKR 136 [1967], S. 92 ff.).

[67] So z. B. das Erzbischöfliche Ordinariat München und das Bischöfliche Ordinariat Augsburg.

[68] So z. B. das Bischöfliche Ordinariat Limburg und das Bischöfliche Ordinariat Rottenburg; ebenso das Erzbischöfliche Ordinariat Freiburg, aber mit der Besonderheit, daß Vorsitzender der Erzbischof ist.

[69] Zur Stellung des Generalvikars s. *Hubert Müller,* Die Diözesankurie, in: HdbKathKR, S. 364 ff.

§ 11 Die Organisationsstruktur der katholischen Kirche 373

richterlichen Tätigkeit. Der Generalvikar ist mit ordentlicher stellvertretender Gewalt ausgestattet. Der Bischof ernennt ihn nach freiem Ermessen und kann ihn ebenso wieder abberufen. Der Generalvikar steht unmittelbar an der Seite des residierenden Bischofs und ist an dessen Weisung gebunden. In einigen Diözesen hat der Diözesanbischof *Bischofsvikare*[70] berufen, die als weitere mit ordentlicher stellvertretender Vollmacht ausgestattete Vertreter des Diözesanbischofs entweder für einen bestimmten Gebietsteil der Diözese, einen genau umschriebenen Geschäftsbereich oder für einen bestimmten Personenkreis zuständig sind. Die deutschen Generalvikariate bzw. Ordinariate im engeren Sinn haben durchweg einen reichgegliederten Behördenorganismus entwickelt[71].

Ihre Strukturen sind im Vergleich zu staatlichen Institutionen recht unterschiedlich und wenig einheitlich. Dies erklärt sich — abgesehen von fortwirkenden staatskirchenrechtlichen Einflüssen früherer Zeit — aus der hierarchisch-monarchischen Stellung eines jeden Ortsbischofs, dem der Codex Iuris Canonici in der konkreten Ausgestaltung der einzelnen Amtsstellen und des Geschäftsgangs viel Raum läßt. Auch die innere Organisation der Generalvikariate und die Bezeichnung der einzelnen Dienststellen sind keineswegs einheitlich. Deutliche Unterschiede lassen sich zwischen den Verwaltungen der bayerischen Diözesen und der übrigen deutschen Diözesen feststellen. Das Konkordat mit Bayern von 1817 hatte die Grundzüge einer Kurialverfassung vorgezeichnet[72]. Dies wird heute in der besonderen Stellung der (Erz-)Bischöflichen Finanzkammern und ihrer Leiter, der Finanzdirektoren, deutlich. Die Finanzkammern sind eigens eingerichtete Behörden für die kirchliche Vermögensverwaltung und die kirchliche Vermögensaufsicht[73]. Dagegen ist in den meisten deutschen Diözesen das Generalvikariat bzw. Ordinariat im engeren Sinne für die Erledigung sämtlicher Verwaltungsangelegenheiten einschließlich der Finanzverwaltung zu-

---

[70] Zur Stellung des Bischofsvikars s. *Müller*, ebd., S. 370 f.; *ders.*, Die rechtliche Stellung des Diözesanbischofs gegenüber Generalvikar und Bischofsvikar, in: ArchKathKR 153 (1984), S. 399 ff.

[71] Das Generalvikariat ist eine spezielle deutsche kirchliche Entwicklung. Vgl. *E. v. Kienitz*, Generalvikar und Offizial auf Grund des Codex Iuris Canonici, Freiburg i. Br. 1931.

[72] *Schlief*, Organisationsstruktur (Anm. 66), S. 318 f. mit Anm. 62.

[73] Vgl. Satzung für die gemeinschaftlichen kirchlichen Steuerverbände in den Bayerischen (Erz-)Diözesen (DStVS) in der Fassung vom 1. Juli 1988, Art. 10, u. a. in: ABl. München und Freising 1988, S. 330 ff.; auch abgedr. in: Ordnung für kirchliche Stiftungen, Satzungen und Wahlordnungen für die gemeindlichen und gemeinschaftlichen kirchlichen Steuerverbände in den bayerischen (Erz-) Diözesen. Hrsg. von Friedrich Fahr, Helmut Weber, Josef Binder. 13. Aufl., München 1988, S. 60.

ständig. Der unterschiedliche Aufbau der einzelnen Diözesanverwaltungen kann hier in Einzelheiten nicht dargestellt werden[74].

Das *Offizialat* bzw. das Konsistorium wird vom Offizial als dem Stellvertreter des Bischofs im Gericht geleitet. Der Offizial ist mit ordentlicher stellvertretender Gewalt ausgestattet. Er wird vom Bischof nach seinem Ermessen ernannt und kann von ihm abberufen werden. Die Amtsgewalt des Offizials ist eine jurisdiktionelle; in den meisten Diözesen vertritt er den Bischof auch in der Gerichtsverwaltung. Die Urteile bedürfen nicht der Bestätigung des Bischofs. Einzelne Rechtsfälle kann sich der Bischof zur eigenen Entscheidung vorbehalten. Die *Diözesanrichter* fungieren als Beisitzer des Offizials und des Vizeoffizials. Der *Kirchenanwalt* (promotor iustitiae) und der *(Ehe-)Bandverteidiger* sind selbständige Beamte der Gerichtsverwaltung. Sie können in bestimmten Fällen als Prozeßpartei auftreten und Rechtsmittel einlegen. In der weitaus überwiegenden Mehrheit der Fälle werden Ehenichtigkeitssachen verhandelt, über die ein Dreierkollegium entscheidet, bei dem ein Mitglied Laie (Mann oder Frau) sein kann. Bei Berufungen geht das Verfahren in zweiter Instanz an das Metropolitangericht. Die dritte Instanz ist das Apostolische Gericht der Rota Romana[75].

2. Die territoriale Gliederung der Bistümer

a) Das Dekanat

Zwischen Bistum und Pfarrei, der untersten territorialen Einheit, steht als verwaltungsmäßige Zwischengliederung das Dekanat[76]. Die Dekanate sind Unterbezirke des Bistums, in denen im Rahmen der

---

[74] Die erhöhten Anforderungen an die bischöflichen Verwaltungsbehörden, die nicht zuletzt durch die Schaffung der diözesanen Gremien und die Neuordnung der pastoralen Strukturen bedingt sind, haben in den meisten Diözesen eine Neuorganisation der Verwaltung veranlaßt. Vgl. z. B. Organisationsplan für das Bischöfliche Generalvikariat Münster, in: KABl. Münster 105 (1971), S. 171 ff. (Art. 272 ff.); Organisationsplan für das Erzbischöfliche Generalvikariat Köln, in: KAnz. Köln 114 (1974), S. 61 ff. Die Gemeinsame Synode der Bistümer in der Bundesrepublik Deutschland hatte mit dem Beschluß der „Rahmenordnung für die pastoralen Strukturen und für die Leitung und Verwaltung der Bistümer in der Bundesrepublik Deutschland" ein Organisations-Modell empfohlen, s. *Gemeinsame Synode der Bistümer in der Bundesrepublik Deutschland*. Beschlüsse der Vollversammlung. Offizielle Gesamtausgabe. Bd. I, 3. Aufl., Freiburg, Basel, Wien 1977, S. 679 ff. (706 ff.).

[75] Zur kirchlichen Gerichtsbarkeit vgl. HdbKathKR, Sechster Teil, S. 953–1018; insbesondere *Georg May*, Grundfragen kirchlicher Gerichtsbarkeit, S. 953 ff. und *Heinrich Flatten*, Das Eheverfahren, S. 984 ff.

[76] Cc. 553 ff. CIC/1983; *Karl-Theodor Geringer*, Das Dekanat, in: HdbKathKR, S. 382 ff.

§ 11 Die Organisationsstruktur der katholischen Kirche 375

Diözesanverwaltung eine Anzahl von Pfarreien unter dem Vorsitz des Dechanten zusammengefaßt ist. Sie dienen auch der Ausübung der örtlichen Aufsicht. In der Regel kommt dem Dekanat weder eine kirchliche noch eine staatliche Rechtsfähigkeit zu[77]. Eine Ausnahme bilden in dieser Hinsicht die Dekanate im Bistum Rottenburg-Stuttgart, die kirchliche Rechtspersönlichkeit besitzen und auch staatskirchenrechtliche Körperschaften des öffentlichen Rechts sind[78]. In einigen Bistümern ist eine Anzahl von Dekanaten zu größeren Bezirken zusammengefaßt, die die Bezeichnung Kreis- und Stadtdekanate, Kommissariate, Regionen[79] oder Bezirke führen. Der *Pfarrverband* ist keine verwaltungsmäßige diözesane Zwischengliederung wie das Dekanat, sondern eine neue Organisationsform auf pfarrlicher Ebene, um eine Zusammenarbeit mehrerer Pfarreien in bestimmten Seelsorgebereichen zu erreichen.

b) Die Pfarrei

Nach kanonischem Recht[80]: Jede Diözese oder andere Teilkirche muß in Pfarreien aufgeteilt sein. Die Pfarrei ist ein diözesaner Teilverband, ein Teil des Gottesvolkes, also eine Gemeinschaft von Gläubigen, die in einer Diözese oder sonstigen Teilkirche auf Dauer errichtet ist und deren Seelsorge einem Pfarrer als ihrem eigenen Hirten anvertraut ist. Die Pfarrei besitzt kirchliche Rechtspersönlichkeit und ist damit der unterste rechtlich selbständige kirchliche Teilverband[81]. Der Inhaber des Pfarramtes steht in Unterordnung unter den Ortsbischof der Pfarrgemeinde vor. Die Pfarreien sind Gebietskörperschaften mit der Folge, daß jedes Kirchenmitglied auf Grund seines Wohnsitzes einer bestimm-

---

[77] *Joseph Lammeyer*, Die juristischen Personen der katholischen Kirche. Paderborn 1929 (Neudr. München, Paderborn, Wien 1971), S. 196.
[78] § 24 a Abs. 1 i. V. m. § 24 Abs. 1 des Gesetzes über die Erhebung von Steuern durch öffentlich-rechtliche Religionsgemeinschaften in Baden-Württemberg (Kirchensteuergesetz — KiStG) i. d. F. vom 15. Juni 1978 (GBl. S. 370) eröffnet die Möglichkeit, auf Antrag die Dekanate als Körperschaften des öffentlichen Rechts anerkennen zu lassen. Hiervon hat die Diözese Rottenburg-Stuttgart Gebrauch gemacht (KABl. Rottenburg-Stuttgart, 88 [1981], S. 73 ff.). Die Erzdiözese Freiburg hat davon abgesehen (vgl. § 1 Abs. 5 des Statuts für die Dekanate im Erzbistum Freiburg v. 8. Januar 1980 (ABl. Freiburg 1980, S. 277).
[79] Die Gemeinsame Synode der Bistümer in der Bundesrepublik Deutschland (1971-1975) hat die Region als eine mögliche diözesane Untergliederung empfohlen: *Gemeinsame Synode*, Bd. I (Anm. 74), S. 700.
[80] *Hubert Hack*, Die Pfarrei, in: HdbKathKR, S. 384 ff.
[81] C. 515 § 3; *Hack*, ebd., S. 385. Nach dem CIC/1917 kam der Pfarrei als Gebietskörperschaft (der Pfarrgemeinde) keine Rechtspersönlichkeit zu, wohl aber der Pfarrei als Kirchenamt; *Claus Heinrichsmeier*, Das kanonische Veräußerungsverbot im Recht der Bundesrepublik Deutschland. Amsterdam 1970, S. 10; *Josef Lederer*, Art. Kirchengemeinde, in: LThK² VI, 1961, Sp. 208.

ten Pfarrei angehört. Die sog. kanonische Pfarrei, d. h. die vollständig errichtete Pfarrei, bildet die Regelform. Neben ihr findet sich als Übergangs- oder Ersatzform die Pfarrvikarie, die aus dem Verband der Mutterpfarrei ausgegliedert und verselbständigt, aber meist wegen vermögens- oder staatskirchenrechtlicher Hindernisse (noch) nicht zur kanonischen Pfarrei erhoben ist. Diese Form der Pfarrei findet sich sehr häufig und trägt in den einzelnen Diözesen unterschiedliche Bezeichnungen (Pfarrkuratie, Pfarrvikarie, Kuratiegemeinde, Rektoratsgemeinde, Pfarrverweserei o. ä.). Sie ist auch rechtlich und organisatorisch verschieden ausgestaltet (mit und ohne staatliche Anerkennung, mit und ohne eigene Vermögensverwaltung). Personalpfarreien stellen eine Durchbrechung des Territorialprinzips dar. Sie können jedoch dort errichtet werden, wo besondere Verhältnisse dies notwendig oder wünschenswert erscheinen lassen, z. B. als Sprach- und Nationalpfarrei oder als Anstaltspfarreien. Auch die Militärpfarreien, die sich entweder territorial oder personal abgrenzen, bilden eine Ausnahme von der allgemeinen Pfarrgliederung. Studenten- und Hochschulgemeinden sind in der Regel dagegen keine Personalpfarreien, sondern die Zusammenfassung seelsorglich besonders zu betreuender Gruppen von Kirchengliedern.

Nach Staatskirchenrecht: Im Gegensatz zum CIC/1983 erkannte der CIC/1917 zwar die Pfarrei als Kirchenamt, nicht aber die Pfarrgemeinde, d. h. die Gesamtheit der diesem Seelsorgebezirk angehörenden Kirchenmitglieder, als Rechtsperson an. In Deutschland hatte sich jedoch in dieser Hinsicht eine partikularrechtliche Sonderentwicklung vollzogen, die ihre Wurzeln im früheren Staatskirchentum hat. Die Institution der *Kirchengemeinde,* die für die evangelische Kirchenverfassung, die ein Kirchenamt mit Rechtspersönlichkeit nicht kennt, von grundlegender Bedeutung ist, hat über das Staatskirchenrecht Eingang auch in das katholische Kirchenrecht gefunden[82]. Der Staat hat im Zug der von ihm ausgeübten Aufsicht und im Bestreben einer möglichst einheitlichen Verwaltungspraxis aller ortskirchlichen Vermögensverhältnisse die Rechtsform der Kirchengemeinde auch auf die Gesamtheit der Angehörigen der katholischen Pfarreien übertragen und sie als juristische Person des staatlichen Rechts behandelt. Das heutige Partikularrecht der deutschen Diözesen hat sich dieser Entwicklung angepaßt[83]. Die Kirchengemeinden und Kirchengemeindeverbände sind nach Art. 140 GG i. V. m. Art. 137 Abs. 5 WRV und Art. 13 des Reichskonkordates Körperschaften des öffentlichen Rechts. Sie besitzen damit staatliche

---

[82] *Lederer,* ebd., Sp. 208.
[83] *Heinrichsmeier,* Veräußerungsverbot (Anm. 81), S. 11; *Lederer,* Kirchengemeinde (Anm. 81), Sp. 208.

Rechtsfähigkeit. Neue Kirchengemeinden und der Zusammenschluß von Kirchengemeinden zu Kirchengemeindeverbänden erlangen diese mit ihrer Errichtung durch den Diözesanbischof. Die anschließende Veröffentlichung der Errichtungsurkunde in einem staatlichen Publikationsorgan ist deklaratorisch und dient der Rechtssicherheit[84]. In den im ehemaligen Preußen gelegenen Diözesen verwaltet und vertritt der Kirchenvorstand das Ortskirchenvermögen[85]. In anderen Diözesen treten die Kirchengemeinden als ortskirchliche Steuerverbände in Erscheinung. Rechtsträger des Ortskirchenvermögens sind in vielen Diözesen die Kirchen- und Pfründestiftungen[86]. Die Mitglieder der Organe der gesetzlichen Vertretung und Verwaltung des Ortskirchenvermögens, die recht unterschiedliche Bezeichnungen tragen (Kirchenvorstand, Kirchenverwaltung, Verwaltungsrat, Kirchengemeinderat, Kirchenstiftungsrat o. ä.) werden durchweg gewählt. Vorsitzender ist der Pfarrer von Amts wegen. Dem Pfarrgemeinderat ist dagegen die Mitwirkung auf dem Gebiet der pfarrlichen Seelsorge zugewiesen[87]. Es gibt aber auch

---

[84] Vgl. die Regelungen in den neueren Staatskirchenverträgen, z. B. Vertrag zwischen dem Saarland und den Bistümern Speyer und Trier über Fragen der Rechtsstellung der Bistümer Speyer und Trier und ihrer Vermögensverwaltung vom 10. Februar 1977, Art. 2 *(Listl,* Konkordate und Kirchenverträge, Bd. 2 [Anm. 29], S. 595). Nach der Vereinbarung zwischen dem Land Nordrhein-Westfalen und den Diözesen im Land Nordrhein-Westfalen über die staatliche Mitwirkung bei der Bildung und Veränderung katholischer Kirchengemeinden vom 8./18./20./22./25. Oktober 1960, § 2, bedürfen die Bildung und Veränderung von Kirchengemeinden, um für den staatlichen Bereich rechtswirksam zu werden, der staatlichen Anerkennung *(Listl,* ebd., S. 248).

[85] *Lederer,* Kirchengemeinde (Anm. 81), Sp. 208; *Mörsdorf,* Lehrbuch (Anm. 20), Bd. 2, 1967, S. 323 f. Die Personalfonds im Gebiet des Preußischen Allgemeinen Landrechts, die bereits nach dem gemeinen Deutschen Recht juristische Personen waren, sind z. B. selbständige Rechtspersönlichkeiten geblieben und haben diese Eigenschaft auch nicht verloren. Vgl. *Joseph Wenner,* Kirchenvorstandsrecht, Paderborn 1954, S. 27 ff. Später entstandene Fonds konnten nur mit landesherrlicher Genehmigung staatliche Rechtsfähigkeit erlangen. Lag eine solche Genehmigung nicht vor, wurde die Kirchengemeinde Träger des betreffenden Vermögens.

[86] Die Regelungen sind in den einzelnen Ländern und auch innerhalb der Diözesen so vielfältig, daß hier auf den Beitrag „§ 34 Die Vermögensverwaltung und das Stiftungsrecht im Bereich der katholischen Kirche" von *Wolfgang Busch* in *diesem* Handbuch verwiesen werden muß.

[87] *Josef Lederer,* Pfarrgemeinderat und Pfarrverwaltungsrat, in: HdbKathKR, S. 425 ff. *Lederer* weist auf die Divergenzen zwischen c. 536 CIC/1983 und dem Satzungsrecht der deutschen Diözesen hin, das auf den Beschluß der Gemeinsamen Synode „Verantwortung des ganzen Gottesvolkes für die Sendung der Kirche" zurückgeht *(Gemeinsame Synode,* Bd. I [Anm. 74], S. 659 ff.; ebd., S. 660: „Für die besonderen Aufgaben der pfarrlichen Vermögens- und Finanzverwaltung bildet der Pfarrgemeinderat ein Gremium ...") Die Realisierung dieser Empfehlung war jedoch in den meisten Diözesen aus staatskirchenrechtlichen Gegebenheiten nicht möglich. Die „duale Lösung", die vorherrschend anzutreffen ist, entspricht dem CIC/1983, der für die beiden unterschiedlichen Aufgabenbereiche einen eigenen Rat vorsieht (cc. 536, 537).

entsprechend einer Empfehlung der Gemeinsamen Synode der Bistümer in der Bundesrepublik andere Lösungen der Mitwirkung auf der Ebene der Pfarreien. So kennt z. B. die Diözese Rottenburg-Stuttgart als einziges pfarrliches Gremium nur den Kirchengemeinderat, während in der Erzdiözese Freiburg der Stiftungsrat ein Ausschuß des Pfarrgemeinderates ist. Die Etatzuständigkeit liegt beim Pfarrgemeinderat.

III. Die religiösen Ordensgemeinschaften

1. Die rechtliche Struktur des Ordenswesens in der katholischen Kirche

Neben dem hierarchischen Aufbau der territorial in Diözesen und Pfarreien gegliederten katholischen Weltkirche stehen die in der Kirche seit jeher ein dynamisches Element bildenden religiösen Ordensgemeinschaften. Diese sind von der Kirche anerkannte und geförderte Zusammenschlüsse von Männern oder Frauen, die sich durch die Gelübde des Gehorsams, der Ehelosigkeit (Keuschheit) und der Armut (Verzicht auf persönliches Eigentum) im Dienste der Nachfolge Christi und der Kirche freiwillig zur Lebensweise nach den Bestimmungen ihrer Gemeinschaft verbunden und verpflichtet haben (vgl. c. 573 CIC)[88]. Das Ordenswesen der katholischen Kirche zeichnet sich durch eine große Vielfalt von Ordensgemeinschaften aus. Diese sind im Laufe der Geschichte der Kirche entstanden. Das für die Vielzahl der katholischen Orden geltende kirchliche Ordensrecht hat durch das Zweite Vatikanische Konzil[89] und durch das vom Geiste dieses Konzils bestimmte Kirchliche Gesetzbuch (Codex Iuris Canonici) vom 25. Januar 1983 gegenüber der früheren Rechtslage bedeutende Änderungen erfahren. Das universale, d. h. vom Papst als Gesetzgeber erlassene und auf der ganzen Welt geltende

---

[88] Zum Ordensrecht vgl. die Beiträge von *Hubert Müller,* Grundfragen der Lebensgemeinschaften der evangelischen Räte, in: HdbKathKR, S. 476 ff.; *Bruno Primetshofer,* Die Religiosenverbände, ebd., S. 486 ff.; *Rudolf Weigand,* Die Säkularinstitute, ebd., S. 511 ff.; *Hubert Socha,* Die Gesellschaften des apostolischen Lebens, ebd., S. 519 ff.; ferner *Bruno Primetshofer,* Ordensrecht auf der Grundlage des Codex Iuris Canonici 1983 unter Berücksichtigung des staatlichen Rechts der Bundesrepublik Deutschland, Österreichs und der Schweiz. 3. Aufl., Freiburg i. Br. 1988; *Rudolf Henseler,* Ordensrecht (cc. 573-746; Stand: Juli 1992), in: Münsterischer Kommentar zum Codex Iuris Canonici. Loseblattausg. Bd. 2, Essen 1985 ff.; sowie ferner in *diesem* Handbuch *Joseph Listl,* § 30 Die Ordensgemeinschaften und ihre Angehörigen in der staatlichen Rechtsordnung.

[89] Vgl. hierzu das Dekret des Zweiten Vatikanischen Konzils über die zeitgemäße Erneuerung des Ordenslebens „Perfectae caritatis". Wortlaut in: LThK²-Konzilskommentar II, 1967, S. 266 ff. mit Einführung und Kommentierung von *Friedrich Wulf,* ebd., S. 250 ff.; ferner bei *Rahner/Vorgrimler,* Kleines Konzilskompendium (Anm. 1), S. 311 ff.

Ordensrecht ist von einer Tendenz zur Vereinheitlichung gekennzeichnet. Beim Recht der religiösen Orden sind zu unterscheiden die *allgemeinen* Bestimmungen des Kirchlichen Gesetzbuchs, die für sämtliche Ordensgemeinschaften auf der Welt Geltung besitzen, und das jeweilige *besondere* bzw. *eigene* Recht (häufig als Konstitutionen oder Statuten bezeichnet) der einzelnen Ordensgemeinschaften. Das für den Gesamtbereich der katholischen Kirche weltweit geltende Ordensrecht ist ein weitgespannter verbindlicher Rahmen, den jede einzelne Ordensgemeinschaft gemäß ihrer besonderen Sendung, Zielsetzung, historischen Tradition und dem Charisma ihres Gründers bzw. ihrer Gründerin durch ihr jeweiliges Eigenrecht ausfüllen muß.

Der CIC/1983 behandelt das Recht der Ordensgemeinschaften unter der Gesamtüberschrift „Institute des geweihten Lebens und Gesellschaften des apostolischen Lebens" in den cc. 573-746. Nach der früheren Rechtslage unter dem CIC/1917 wurde im Ordensrecht zwischen Orden und Kongregationen auf der einen und Genossenschaften mit gemeinsamem Leben ohne öffentliche Gelübde und Säkularinstituten auf der anderen Seite unterschieden. Der Unterschied zwischen Orden und Kongregationen, dem im Ordensrecht auch heute noch Bedeutung zukommt, besteht darin, daß von den Mitgliedern der Orden grundsätzlich (im kirchenamtlichen Sinne) *feierliche,* von den Mitgliedern der Kongregationen (im kirchenamtlichen Sinne) *einfache* öffentliche Gelübde abgelegt werden; letztere können entweder dauernd (ewig) oder zeitlich (d. h. zeitlich begrenzt) sein. Unter *öffentlichen,* d. h. kirchenamtlichen Gelübden, werden im Gegensatz zu den Privatgelübden der Gläubigen jene verstanden, die im Namen der Kirche vom zuständigen kirchlichen Oberen entgegengenommen werden. Säkularinstitute (Weltinstitute) sind Vereinigungen von Männern oder Frauen, Priestern oder Laien, deren Mitglieder sich zur Beobachtung der drei evangelischen Räte in der Welt, d. h. grundsätzlich außerhalb einer klösterlichen Verbandsform, verpflichten (c. 710 CIC).

Im Unterschied zum CIC/1917 ist das Ordensrecht des CIC/1983 von der Grundunterscheidung zwischen den *Instituten des geweihten Lebens* und den *Gesellschaften des apostolischen Lebens* bestimmt. Die Mitglieder der Institute des geweihten Lebens verpflichten sich zum Stand der evangelischen Räte entweder durch öffentliche (d. h. kirchenamtliche) Gelübde, durch einen Eid oder durch eine andere Form der Bindung, die hinsichtlich ihres verpflichtenden Charakters den öffentlichen Gelübden rechtlich gleichgestellt ist. Zu den Instituten des geweihten Lebens gehören die *Ordensinstitute,* d. h. die Orden und Kongregationen im Sinne des CIC/1917 (cc. 607-709), und die *Säkularinstitute* (cc. 710-730). Den Instituten des geweihten Lebens werden im Kirchlichen Gesetzbuch die Gesellschaften des apostolischen Lebens gegenübergestellt, deren Mitglieder keine öffentlichen Ordensgelübde ablegen, sondern sich für ihren Dienst durch eine Weihe verpflichten (cc. 731-746).

Die Institute des geweihten Lebens können päpstlichen oder bischöflichen Rechts sein. Ein Institut des geweihten Lebens ist päpstlichen Rechts, wenn es vom Apostolischen Stuhl selbst errichtet oder durch ein förmliches Dekret anerkannt worden ist; es ist diözesanen Rechts, wenn es durch den Diözesanbischof oder durch den Vorsteher einer Teilkirche, der dem Diözesanbischof im Recht gleichgestellt ist, errichtet wurde und noch kein päpstliches Anerkennungsdekret erhalten hat (c. 589 CIC). Die Ordensinstitute päpstlichen Rechts unterstehen in bezug auf ihre innere Leitung und Rechtsordnung unmittelbar und ausschließlich dem Heiligen Stuhl (c. 593 CIC). Sie sind in der Sprache des früheren Ordensrechts „exemt", d. h. der Leitungsgewalt des jeweiligen Diözesanbischofs entzogen. Die Ordensinstitute diözesanen Rechts sind, unbeschadet der Autonomie ihres Lebens und ihrer Leitung, der besonderen Hirtensorge des Diözesanbischofs anvertraut (c. 594 CIC). Oberste zuständige kirchliche Behörde für alle Angelegenheiten der „Ordensleute" im weitesten Sinne des Wortes (lateinisch „religiosi") ist die Kongregation für die Institute des geweihten Lebens und die Gesellschaften des apostolischen Lebens (Congregatio pro Institutis vitae consecratae et Societatibus vitae apostolicae) in Rom.

Zu den älteren exemten Orden gehören die im Mittelalter entstandenen Männer- bzw. Frauenorden der Benediktiner, Zisterzienser, Trappisten, Kartäuser, Dominikaner, Franziskaner, Augustiner, Karmeliten, Serviten und der im Jahre 1540 gegründete Jesuitenorden (Societas Jesu — Gesellschaft Jesu). Zu den jüngeren Ordensgemeinschaften gehören die Salesianer, Redemptoristen, Maristenschulbrüder und die klerikalen Gemeinschaften ohne öffentliche Gelübde, wie die Vinzentiner, Pallotiner, Weiße Väter. Soweit Mitglieder von Ordensgemeinschaften im Dienste einer Diözese tätig sind, z. B. in der ordentlichen Pfarrseelsorge als Pfarrer oder Kapläne, unterstehen sie im Hinblick auf diese Tätigkeit ebenso der Weisungsbefugnis der Diözesanbischöfe wie die Diözesanpriester.

Das „Dekret über die zeitgemäße Erneuerung des Ordenswesens" des Zweiten Vatikanischen Konzils spricht in Art. 2 allen Ordensgemeinschaften (im weitesten Sinne des Wortes) gegenüber die Erwartung aus, daß sie „am Leben der Kirche teilnehmen und sich entsprechend ihrem besonderen Charakter deren Erneuerungsbestrebungen auf biblischem, liturgischem, dogmatischem, pastoralem, ökumenischem, missionarischem und sozialem Gebiet zu eigen machen und sie nach Kräften fördern". In Art. 20 dieses Dekrets fordert das Konzil die Orden auf, die ihrer jeweiligen besonderen Zielsetzung entsprechenden Tätigkeiten beizubehalten und sie unter Berücksichtigung des Wohles der Gesamtkirche und der Diözesen in einer den gewandelten Zeiten entsprechenden Weise fortzuentwickeln[90]. 1987 erließ der Heilige Stuhl Richtlinien über die gebotene und fruchtbare Zusammenarbeit zwischen den Ordensgemeinschaften (im weitesten Sinne des Wortes) und den Bischöfen[91].

Der Beitrag der Ordensgemeinschaften (im weitesten Sinne des Wortes), d. h. der Priester-, Brüder- und Frauenorden, für das gesamte Leben der katholischen Weltkirche ist ein überaus bedeutender. Nach dem Stand vom 31.12.1990 gab es auf der ganzen Welt 257 696 Diözesanpriester (Weltpriester), 145 477 Ordenspriester, 62 526 Ordensbrüder bzw. Brüdermönche und 882 111 Ordensschwestern[92].

2. Die Tätigkeit der Orden in der Bundesrepublik Deutschland

In der Bundesrepublik Deutschland gab es nach dem Stand vom 31. Dezember 1991 insgesamt 16 893 Diözesanpriester, 5 822 Ordenspriester, 2 125 Ordensbrüder bzw. Brüdermönche und 41 284 Ordensschwestern. Im Dienste der Diözesen standen neben den 16 893 Diözesanpriestern 2 545 Ordenspriester[93]. Die nicht in der Pfarrseelsorge bzw. im Dienste der Diözesen tätigen Ordenspriester widmen sich entsprechend der jeweiligen Zielsetzung ihrer Ordensgemeinschaft vielfältigen anderen Formen der Seelsorge und des geistlichen Lebens und sind in der Erziehung, im Unterricht, in der kirchlichen Publizistik und in der Pflege der theologischen Wissenschaften tätig. Bedeutende Theologen des Mittelalters und der Neuzeit bis zur Gegenwart gingen aus religiösen Orden hervor. Überragend war stets und ist auch in der Gegenwart der Anteil der Priester, Brüder und Schwestern aus religiösen Orden in den auswärtigen Missionen. Die zahlreichen Frauenorden, deren Mitgliederzahl in der Zeit nach dem Zweiten Weltkrieg infolge eines

---

[90] Wortlaut in: LThK²-Konzilskommentar II, 1967, S. 271 und 303; *Rahner/Vorgrimler*, Kleines Konzilskompendium (Anm. 1), S. 318 und 328.

[91] Leitlinien der Kongregation für die Ordensleute und Säkularinstitute und der Kongregation für die Bischöfe vom 14. Mai 1978 zu „Die Beziehungen zwischen Bischöfen und Ordensleuten in der Kirche". Hrsg. vom Sekretariat der Deutschen Bischofskonferenz (= Verlautbarungen des Apostolischen Stuhls, H. 8), Bonn 1979.

[92] Quelle: Annuarium Statisticum Ecclesiae 1990. Hrsg.: Secretaria Status. Rationarium Generale Ecclesiae. Roma, Libreria Editrice Vaticana 1992, S. 93.

[93] Quelle: Mitteilung des Referats Statistik der Deutschen Bischofskonferenz vom 16. September 1992.

allgemein festzustellenden Nachwuchsmangels eine stark rückläufige Tendenz aufweist, sind in den Bereichen Schule und Erziehung, in Krankenanstalten und den vielfältigen Einrichtungen der Caritas, zum Teil auch in der Seelsorge tätig. Von den 811 katholischen Schulen in freier Trägerschaft stand 1991 knapp die Hälfte (374) in der Trägerschaft von Ordensgemeinschaften. Die Zahl der Mitglieder der kontemplativen Frauenorden weist in jüngster Zeit eine deutlich steigende Tendenz auf.

Die Priesterorden in der Bundesrepublik Deutschland haben sich zum Zwecke der Verfolgung gemeinsamer kirchlicher und rechtlicher Interessen zur „Vereinigung Deutscher Ordensobern" (VDO) zusammengeschlossen, deren Sekretariat sich gegenwärtig in Bamberg befindet. Die Vertretung der Frauenorden bildet die „Vereinigung der Ordensoberinnen Deutschlands" (VOD). Die General- und Provinzialobern der deutschen Brüderorden haben sich zur „Vereinigung der Ordensobern der Brüderorden und -kongregationen Deutschlands" (VOB) zusammengeschlossen. Seit 1959 bilden die Vorstände dieser drei Ordensobern-Vereinigungen die „Arbeitsgemeinschaft der deutschen Ordensobernvereinigungen" (ADOV). In ihrem Auftrag erscheint seit 1960 in Köln als Organ der deutschen Ordensobern-Vereinigungen die „Ordenskorrespondenz. Zeitschrift für Fragen des Ordenslebens".

Die Gründungs-, Niederlassungs- und Betätigungsfreiheit sowie das Eigentum der Orden und religiösen Genossenschaften ist konkordatsrechtlich gewährleistet in Art. 15 RK[94], Art. 2, 9 und 13 § 2 BayK[95], Art. V Abs. 1 mit Schlußprotokoll zu Art. V BadK[96] und in Art. 17 mit Abschließendem Sitzungsprotokoll zu Art. 17 NiedersK[97].

---

[94] Wortlaut bei *Listl,* Konkordate und Kirchenverträge (Anm. 29), Bd. 1, S. 42 f.
[95] *Listl,* ebd., S. 476, 491, 497 f.
[96] *Listl,* ebd., S. 141 und 147.
[97] *Listl,* ebd., Bd. 2, S. 18 und 31.

§ 12

Die Organisationsstruktur der evangelischen Kirche

Von Otto Frhr. v. Campenhausen

A. Die organisatorische Grundgliederung

Die evangelische Kirche ist stark von einer parochial-volkskirchlichen Ordnung geprägt: Grundsätzlich bestimmt der Wohnsitz des evangelisch Getauften die Zugehörigkeit zu der dieses Gebiet umschließenden evangelischen Kirchengemeinde (Parochie).[1] Hierbei wird heute nicht mehr von einer personalen Identität zwischen bürgerlicher und kirchlicher Gemeinde ausgegangen, gleichwohl verstehen die Kirchengemeinden ihren Auftrag volkskirchlich, d. h. auf alle Menschen ihrer Region ausgerichtet, und nicht nur innerkirchlich. Mit der Bestimmung eines solchen Aufgabenkreises wächst den Kirchengemeinden die Aufgabe zu, Mitverantwortung für die Angelegenheiten der Allgemeinheit in ihrem Gebiet wahrzunehmen und den Gesamtbereich von Volk, Staat und Gesellschaft mit einzubeziehen, soweit ein sachlicher Zusammenhang mit dem kirchlichen Auftrag besteht[2]. Diese sich daraus entwickelnde Weite der Wirkung führt notwendigerweise über den Rahmen der Ortskirchengemeinde hinaus, so daß man Kirche auch in einer Vielzahl verschiedener „Zusammenschlüsse" und in gebündelten Aktivitäten begegnet[3]. Dabei ist darauf hinzuweisen, daß die notwendige Einordnung jeder örtlichen Kirchengemeinde in die umfassende Gesamtheit der christlichen Kirchen zum Grundprinzip des kirchlichen Verfassungsaufbaues gehört. Weder das strenge „Gemeindeprinzip", das nur die örtliche Gemeinde als Verkörperung der Kirche zuläßt und

---

[1] *Werner Hofmann,* Gemeinde (in der Kirche). II, in: EvStL³ I, Sp. 1045; *Herbert Frost,* Strukturprobleme evangelischer Kirchenverfassung. Göttingen 1972, S. 32 ff.; *Wilfried Härle,* Kirche (Teil VII: Dogmatik), in: TRE, Bd. 18, 1989, S. 277 ff. (303). Vgl. auch in *diesem* Handbuch *Axel von Campenhausen,* § 26 Die staatskirchenrechtliche Bedeutung des kirchlichen Mitgliedschaftsrechts.

[2] *Christoph Link,* Volkskirche, in: EvStL³ II, Sp. 3903 ff. (3906); *Härle,* Kirche (Anm. 1), S. 293 ff.

[3] *Heinz Brunotte,* Grundsatzfragen zu einer evangelisch-lutherischen Kirchenverfassung, in: ZevKR 8 (1961/1962), S. 137 ff.

in jeder übergreifenden Kirchenorganisation nur eine helfende Verwaltungsinstanz sieht, noch das strenge „Kirchenprinzip", das die Ortsgemeinde lediglich als Teilfunktion der als eigentliche geistliche Größe verstandenen Kirche betrachtet, wird der evangelischen Kirche gerecht. Beide, Kirche und Kirchengemeinde, sind aufeinander angewiesen und nicht ohne einander denkbar[4].

Ausgehend von diesem Kirchenverständnis kann man die einzelnen Kirchengemeinden zur „Basis" der Organisationsstruktur erheben. Sie sind rechtlich eigenständig und besitzen den Status von Körperschaften des öffentlichen Rechts.[5] Meist sind sie zu besonderen Verwaltungseinheiten auf Kirchenkreisebene zusammengefaßt und ergänzen ihren Dienst durch die Tätigkeit übergemeindlicher Werke und Einrichtungen. Die Kirchengemeinden sind fast ausnahmslos einer der 24 territorial- und bekenntnisbestimmten Landeskirchen der Bundesrepublik Deutschland zugeordnet. Auch diese stellen Körperschaften des öffentlichen Rechts dar. Die Landeskirchen wiederum haben sich föderativ in der Evangelischen Kirche in Deutschland (EKD) zusammengeschlossen[6]. Auch sie ist eine Körperschaft des öffentlichen Rechts. Innerhalb

---

[4] *Hofmann,* Gemeinde (Anm. 1), Sp. 1046.

[5] *Hermann Weber,* Die Verleihung der Körperschaftsrechte an Religionsgemeinschaften in: ZevKR 34 (1989), S. 337 ff. Vgl. auch in *diesem* Handbuch *Paul Kirchhof,* § 22 Die Kirchen und Religionsgemeinschaften als Körperschaften des öffentlichen Rechts.

[6] *Erwin Wilkens,* Die Evangelische Kirche in Deutschland, in: EvStL³ I, Sp. 826 f. — Gliedkirchen der EKD sind (Sitz der Kirchenleitung/Gemeindezahl/Seelenzahl aufgrund kirchlicher Erhebungen, Stand 31. 12. 1991, z. T. geschätzte Zahlen):
— Evangelische Landeskirche Anhalts (Dessau/196/120 000)
— Evangelische Landeskirche in Baden (Karlsruhe/548/1 375 000)
— Evangelisch-Lutherische Kirche in Bayern (München/1 522/2 685 000)
— Evangelische Kirche in Berlin-Brandenburg (Berlin/1 769/1 763 000)
— Evangelisch-lutherische Landeskirche in Braunschweig (Wolfenbüttel/390/497 000)
— Bremische Evangelische Kirche (Bremen/69/308 000)
— Evangelisch-lutherische Landeskirche Hannovers (Hannover/1 562/3 369 000)
— Evangelische Kirche in Hessen und Nassau (Darmstadt/1 201/2 037 000)
— Evangelische Kirche von Kurhessen-Waldeck (Kassel/966/1 051 000)
— Lippische Landeskirche (Detmold/70/223 000)
— Evangelisch-Lutherische Landeskirche Mecklenburgs (Schwerin/393/323 000)
— Nordelbische Evangelisch-Lutherische Kirche (Kiel/679/2 553 000)
— Evangelisch-Lutherische Kirche in Oldenburg (Oldenburg/124/494 000)
— Evangelische Kirche der Pfalz (Speyer/429/671 000)
— Pommersche Evangelische Kirche (Greifswald/356/200 000)
— Evangelisch-reformierte Kirche (Leer/138/200 000)
— Evangelische Kirche im Rheinland (Düsseldorf/833/3 242 000)
— Evangelische Kirche der Kirchenprovinz Sachsen (Magdeburg/2 209/596 000)
— Evangelisch-Lutherische Landeskirche Sachsens (Dresden/1 136/1 279 000)
— Evangelisch-Lutherische Landeskirche Schaumburg-Lippe (Bückeburg/23/64 000)
— Evangelische Kirche der schlesischen Oberlausitz (Görlitz/72/80 000)
— Evangelisch-Lutherische Kirche in Thüringen (Eisenach/1 365/679 000)
— Evangelische Kirche von Westfalen (Bielefeld/654/2 922 000)
— Evangelische Landeskirche in Württemberg (Stuttgart/1 418/2 474 000).

§ 12 Die Organisationsstruktur der evangelischen Kirche 385

Die Gliedkirchen der Evangelischen Kirche in Deutschland (EKD)

Die Evangelische Brüder-Unität in Deutschland und der Bund evangelisch-reformierter Kirchen Deutschlands haben sich der EKD in vertraglich lockerer Form angeschlossen; vgl. die diesbezüglichen Vereinbarungen vom 22./28. Dezember 1948, in: ABl. EKD 3 (1949), S. 3, und vom 18. Dezember 1959, in: ABl. EKD 14 (1960), S. 115; beides auch abgedr. in: *Detlef Dahrmann* (Hrsg.), Das Recht der Evangelischen Kirche in Deutschland. Rechtsquellensammlung. 5. Aufl. Hannover 1990, unter der Onr. 2.1 bzw. 2.2.

der EKD bestehen noch weitere zwischenkirchliche Zusammenschlüsse unterschiedlicher Rechts- und Kirchenqualität. Zu nennen sind hier: Die Vereinigte Evangelisch-Lutherische Kirche Deutschlands (VELKD), die Evangelische Kirche der Union (EKU), die Arnoldshainer Konferenz, die Konföderation Evangelischer Kirchen in Niedersachsen und der Reformierte Bund.[7]

B. Die Kirchengemeinden

I. Die rechtlichen Strukturen

1. Die etwa 29 Millionen umfassende Zahl evangelischer Christen in den 24 Landeskirchen der Bundesrepublik Deutschland verteilt sich auf etwa 18.100 rechtlich selbständige Kirchengemeinden, der kleinsten kirchlichen Organisationseinheit[8]. Die Aufteilung der Verantwortungsbereiche zwischen der gemeindlichen und landeskirchlichen Ebene ist unterschiedlich und folgt theologischen, geschichtlichen oder praktischen Erwägungen. Das Recht zur Festsetzung der Organisationsstrukturen, die Kompetenz-Kompetenz, liegt meist bei den Landeskirchen und hat oft einen zentralisierenden Organisationsaufbau zur Folge[9]. In den vom reformierten Bekenntnis bestimmten Landeskirchen kommt den Kirchengemeinden eine selbständigere Stellung als in den lutherischen zu; die Übergänge sind jedoch fließend[10]. Im kirchlichen Verfassungsrecht findet dies seinen Niederschlag in unterschiedlichen Normierungen über die Aufgaben der Kirchengemeinden, über die Zuordnung zur Landeskirche und über Inhalt und Ausmaß geistlicher und rechtlicher Aufsicht der Landeskirchen über die Kirchengemeinden.

---

[7] In diesen zwischenkirchlichen Zusammenschlüssen, soweit sie sich auch noch auf ein gemeinsames Bekenntnis beziehen, ist die kirchlich-theologische Zusammenarbeit oft intensiver als im EKD-Rahmen.

[8] Das hier angeführte Zahlenmaterial weist den Stand 1. Januar 1992 aus.

[9] *Walter Hammer,* Die Organisationsstruktur der evangelischen Kirche, in: HdbStKirchR[1] I, S. 327; *Axel von Campenhausen,* Kirchenverwaltung in heutiger Zeit, in: Verwaltende Kirche. Lebendige Kirche. FS für Walter Hammer. Bielefeld 1989, S. 190 ff. (193).

[10] Von den 24 Gliedkirchen der EKD folgen 10 dem lutherischen Bekenntnis (Bayern, Braunschweig, Hannover, Mecklenburg, Nordelbien, Oldenburg, Sachsen, Schaumburg-Lippe, Thüringen und Württemberg), 12 bezeichnen sich als uniert (Anhalt, Baden, Berlin-Brandenburg, Bremen, Hessen und Nassau, Kurhessen-Waldeck, Pfalz, Pommern, Rheinland, Kirchenprovinz Sachsen, Schlesische Oberlausitz und Westfalen) — verbinden also auf je eigengeartete Weise Elemente des lutherischen und des reformierten Bekenntnisses —, während Lippe und Ev.-ref. Kirche (Bayern und Nordwestdeutschland) sich als reformiert verstehen.

§ 12 Die Organisationsstruktur der evangelischen Kirche   387

2. Die Kirchengemeinden handeln durch ihre Organe. Die Organeigenschaft kann personengebunden einzelnen Amtsträgern oder in gemeinsamer Verantwortung kollegialen Organen zugewiesen werden. Die Kirchengemeinden bzw. die Kirchengemeindeordnungen regeln die jeweiligen Aufgabenbereiche. Organschaftlicher Charakter kommt auch dem Gemeindepfarrer (Pastor) zu, der — basierend auf den unterschiedlichen Kirchengemeindeordnungen bzw. landeskirchlichen Normen — in unterschiedlicher Weise mal durch Gemeindewahl, mal durch Besetzung seitens der landeskirchlichen Verwaltung seinen Dienst in der Gemeinde versieht. Er nimmt die geistlichen Aufgaben wie Wortverkündigung, Sakramentsverwaltung und Seelsorge in weitgehender Unabhängigkeit wahr[11]. In Angelegenheiten eher verwaltender Art obliegt die Leitung der Kirchengemeinde unter der Mitwirkung des Pfarrers meist einem kollegialen Leitungsorgan (Gemeindekirchenrat, Kirchgemeinderat, Presbyterium, Kirchenvorstand, Ältestenrat o. ä.), das sich im weiteren aus für 6 bis 8 Jahre gewählten Vertretern (Kirchenvorsteher, Presbyter, Älteste) zusammensetzt und dessen Vorsitz dem Pfarrer nicht in allen Kirchengemeindeordnungen angetragen werden kann oder muß. Die Größe dieses Leitungsorgans richtet sich nach der Seelenzahl der Kirchengemeinde, auch sehen einige Ordnungen die Ergänzung durch Berufene vor. Oft ist dem Pastor, zum Teil gemeinsam mit einem weiteren Mitglied des Kollegialorgans, die Außenvertretung gegenüber kommunalen und staatlichen Stellen übertragen. Die Beschlüsse des Kollegialorgans, das zu regelmäßigen Tagungen — meist einmal pro Monat — zusammentritt, sind für die Kirchengemeinde rechtlich verbindlich. Die Arbeit dieses Leitungsgremiums wird oftmals durch weitere kirchliche Gremien beratender Art auf Gemeinde- oder Kirchenkreisebene unterstützt.

In vielen Kirchengemeindeordnungen wird der Gemeindeversammlung, zu der alle Gemeindeglieder über 18 Jahre (teilweise auch jünger) geladen sind, eine beratende Beteiligung bei wichtigeren Fragen (wie z. B. größere Neubauten, Änderung der Kirchgemeindegrenzen oder der Seelsorgebezirke, Vorbereitung der Pfarrwahl) eingeräumt. Oft ist die Einberufung einmal im Jahr in der kirchlichen Ordnung verpflichtend vorgeschrieben[12].

---

[11] *Hofmann*, Gemeinde (Anm. 1), Sp. 1047.
[12] Vgl. im einzelnen dazu: *Hofmann*, Gemeinde (Anm. 1), Sp. 1048, und *Herbert Frost*, Kirchenverfassung, in: EvStL³ I, insbesondere Sp. 1725.

II. Die gemeindlichen Arbeitsstrukturen

Versehen in einer Kirchengemeinde mehrere Pfarrer ihren Dienst, werden in der Regel Seelsorgebezirke gebildet, oder die Arbeitsbereiche werden funktional aufgeteilt. Daneben erfordert die Komplexität der kirchlichen Arbeit in den Kirchengemeinden oftmals die Übertragung besonderer Aufgaben an speziell ausgebildete Personen, die z. T. auch übergreifend für mehrere Gemeinden auf Kirchenkreisebene tätig sind[13]. Auch Formen des Gemeindelebens neben den Ortskirchengemeinden, wie z. B. Anstalts-, Studenten- und besondere Personengemeinden müssen betreut werden. Für diese gelten in der Regel spezifische Ordnungs- und Organisationsformen, dieses gilt in besonderem Maße für die Struktur der (jetzigen) Militärseelsorge.[14]

C. Die landeskirchlichen Zwischengliederungen

I. Strukturelle Zwischengliederungen

In fast allen Landeskirchen finden sich strukturelle Zwischengliederungen, z. T. als untere Verwaltungs- und Amtsbezirke (Kirchenkreise), darüber hinaus in einigen größeren Landeskirchen auch als eine weitere zusätzliche mittlere Ebene (Sprengel). Zunächst bilden die Kirchengemeinden eines überschaubaren Bezirkes, der bisweilen dem staatlichen Kreis entspricht, den Kirchenkreis (Kirchenbezirk, Dekanat, Superintendentur, Propstei). Diesem — in der Regel als Körperschaft des öffentlichen Rechts verfaßt — obliegt die Aufsichtspflicht über die Kirchengemeinden und die Wahrnehmung überörtlicher Aufgaben[15].

Die Organe des Kirchenkreises bestehen aus den von den Kirchenvorständen (Presbyterien) und von der Pfarrerschaft gebildeten Kreissynoden (Dekanatssynode, Kreiskirchentag), dem Superintendenten (Dekan,

---

[13] *Hammer*, Organisationsstruktur (Anm. 9), S. 339; *Jürgen Clauss*, Geschichte und Gegenwartsgestaltung des Rechts der Zusammenarbeit benachbarter Kirchengemeinden und Kirchenkreise. Diss. Köln 1970, S. 1 ff.; *Härle*, Kirche (Anm. 1), S. 304 ff.

[14] *Hofmann*, Gemeinde (Anm. 1), Sp. 1048. Zur Zeit wird in einer Arbeitsgruppe des Rates der EKD untersucht, auf welche Weise man zu einer gemeinsamen Regelung bezüglich der Militärseelsorge kommen kann, um die in der gegenwärtigen Lage noch unterschiedliche Wahrnehmung dieser Aufgabe im Bereich der alten und neuen Bundesländer einer gemeinsamen Regelung zuzuführen. Vgl. in *diesem* Handbuch Susanne *Eick-Wildgans*, § 70 Anstaltsseelsorge, *Markus Heintzen*, § 69 Polizeiseelsorge, und *Rudolf Seiler*, § 68 Seelsorge in Bundeswehr und Bundesgrenzschutz.

[15] *Clauss*, Geschichte und Gegenwartsgestaltung (Anm. 13), S. 1 ff.

Propst) und den von den Kreissynoden gewählten Kirchenkreisvorständen (Kreiskirchenvorstand, -synodalausschuß).

In den flächenmäßig großen Landeskirchen bilden zudem zusätzlich oft mehrere Kirchenkreise einen Kirchensprengel (Prälatur, Kirchenkreis, Landessuperintendentur), an dessen Spitze steht ein Landessuperintendent (Prälat, Kreisdekan, Propst), dem überwiegend Aufgaben der geistlichen Leitung und nur in geringerem Umfang Verwaltungsaufgaben aufgetragen sind. Diese Sprengel besitzen in der Regel keinen kirchlichen Körperschaftsstatus[16].

II. Zweckverbände

Angesprochen werden muß in diesem Zusammenhang die stark verbreitete Tendenz, Zweckverbände für eine kirchengemeindliche Zusammenarbeit auf begrenzten Teilbereichen, wie etwa der Finanzverwaltung, zu bilden. Diese Zweckverbände haben zum Teil eigene Organe, so daß sie den strukturellen kirchlichen Zwischengliederungen sehr ähnlich sind. In Form von Parochial-, Stadtsynodal- oder Gesamtverbänden unterstützen oder entlasten sie die Kirchengemeinden bei bzw. von schwierigen und umfangreichen Verwaltungsarbeiten (Erstellen der Haushaltspläne, Planung und Verwaltung von kirchlichen Werken und Einrichtungen). Vergleichbaren Aufgaben dienen ebenso die mancherorts eingerichteten kirchlichen Rentämter[17].

D. Die Landeskirchen

I. Die landeskirchlichen Gebiete

Als ein besonderes Merkmal des bei uns bestehenden Landeskirchentums ist die grundsätzliche Begrenzung auf ein bestimmtes Gebiet und die Prägung durch ein bestimmtes Bekenntnis (lutherisch, reformiert oder uniert) bis heute erhalten geblieben. Ihre Ursprünge gehen auf die Reformation zurück, als das kirchliche Leben in den weltlichen Territorien neu geordnet und in ihnen das lutherische und das reformierte Bekenntnis zugrunde gelegt wurde; 1815 kam das unierte Bekenntnis hinzu. Die Grenzen der heutigen 24 Territorialkirchen stimmen nicht mehr mit denen der gegenwärtigen Bundesländer (Ausnahme Bayern)

---

[16] *Hammer*, Organisationsstruktur (Anm. 9), S. 338; *Axel Streiter*, Das Superintendentenamt, Diss. Köln 1970.
[17] *Karl Wagenmann*, Die kirchliche Verwaltung. 2. Aufl. Gütersloh 1964, S. 32 f.

überein, die parochial-territoriale Grundstruktur ist jedoch im übrigen unverändert geblieben[18].

Ausgangspunkt für die heutigen Grenzen der Landeskirchen sind im allgemeinen die Grenzen, die die deutschen Staaten in der Zeit von 1815 bis 1866 besaßen; in dieser Zeit begann der Prozeß der rechtlichen Verselbständigung der Landeskirchen. Die späteren Veränderungen der Staatsgebiete wurden im kirchlichen Bereich meist nicht nachvollzogen, auch erfolgte keine Anpassung an die nach 1945 zum Teil neu gebildeten Bundesländer.[19]

Änderungen gegenüber dem ursprünglichen kirchlichen Gebietsstand erfolgten jedoch infolge des Zusammenschlusses mehrerer Landeskirchen. Zu nennen sind hier die Bildung der Evangelisch-Lutherischen Kirche in Thüringen (1919), die Angliederung der Landeskirche von Waldeck-Pyrmont an die Landeskirche von Kurhessen (1934), die Zusammenlegung der Landeskirchen in Hessen-Darmstadt, Nassau und Frankfurt/Main zur Evangelischen Kirche in Hessen und Nassau (1945) und die Bildung der Nordelbischen Kirche durch den Zusammenschluß der Kirchen in Hamburg, Schleswig-Holstein, Eutin und Lübeck (1977)[20].

II. Die landeskirchlichen Organe

Unterschiedliche Bekenntnisse, abweichende Kirchenverständnisse, anders verlaufene geschichtliche Entwicklungen, besondere landsmannschaftliche Mentalitäten und erhebliche Größenunterschiede von 65.000 (Evangelisch-Lutherische Landeskirche Schaumburg-Lippe) bis 3,3 Millionen Gemeindegliedern (Evangelisch-lutherische Landeskirche Hannovers) haben in den einzelnen Gliedkirchen der EKD Organe entstehen lassen, die rechtlich und personell unterschiedlich an der jeweiligen Kirchenleitung im weiteren Sinne beteiligt sind.

1. In allen Kirchen gibt es eine „Synode", die in der Bremischen Evangelischen Kirche den Namen „Kirchentag" trägt[21]. Den Landes-

---

[18] *Hammer*, Organisationsstruktur (Anm. 9), S. 334; *Hans Liermann*, Landesherrliches Kirchenregiment, in: EvStL³ I, Sp. 1952 ff.; *Ernst- Viktor Benn*, Entwicklungsstufen des evangelischen Kirchenrechts im 19. Jahrhundert, in: ZevKR 15 (1970), S. 2 ff.; *Konrad Müller*, Staatsgrenzen und evangelische Kirchengrenzen. Tübingen 1988, S. 1 ff. (181 ff.).

[19] *Dietrich Pirson*, Landeskirche, Landeskirchentum, in: EvStL³ I, Sp. 1955 ff. (1957/58).

[20] *Pirson*, ebd., Sp. 1959; *Horst Güldner/Klaus Blaschke*, Verfassung der Nordelbischen Evangelisch-Lutherischen Kirche. Kiel 1978, S. 1 ff.; *Klaus Blaschke*, Die Verfassung der Nordelbischen Evangelisch-Lutherischen Kirche, in: ZevKR 22 (1977), S. 254 ff.

synoden obliegt die Kirchengesetzgebung einschließlich der Verabschiedung des Haushalts, sie nehmen Tätigkeitsberichte der Kirchenleitungen (i. w. S.) und verschiedener kirchlicher Arbeitszweige entgegen, beraten über allgemeine und besondere Bereiche kirchlicher Arbeit, erteilen durch Beschlüsse den Kirchenleitungen und -verwaltungen Aufträge oder Weisungen und verabschieden öffentliche Verlautbarungen zu kirchen- und gesellschaftspolitischen Themen, entsprechend den jeweils landeskirchlich festgelegten Aufgabenzuweisungen zwischen Synode und Kirchenleitung. Des weiteren sind die Synoden in der Regel bei der Berufung der Kirchenleitung und der leitenden hauptberuflichen kirchlichen Amtsträger beteiligt. Zwischen den Synodaltagungen, die meist zweimal im Jahr stattfinden, werden die Rechte der Synode oftmals von einem besonderen Ausschuß, dem ständigen Synodalausschuß, wahrgenommen[22].

2. Ihrer Struktur nach stellt die Kirchenleitung — bisweilen auch als Kirchenregierung, Landeskirchenrat, Kirchensenat oder ähnlich bezeichnet — entweder mehr ein Gegenüber zur Synode dar und steht dann in größerer Nähe zur kirchlichen Verwaltung, oder sie entspricht eher einem qualifiziert zusammengesetzten Synodalausschuß[23]. Innerhalb ihrer Kirche trägt sie die Verantwortung für die laufenden Geschäfte, ihr obliegt ferner die Aufsicht über die landeskirchliche Verwaltung. Je nach Vorsitz der Kirchenleitung kann man einen bischöflichen (Bischof, Landesbischof) und einen präsidialen Typus (Kirchenpräsident, Präses, Landessuperintendent) unterscheiden. Der Vorsitzende der Kirchenleitung ist — neben dem Vorsitzenden der Synode — Repräsentant seiner Landeskirche, ihm obliegt die geistliche Leitung und seelsorgerliche Betreuung der Pfarrer seiner Kirche[24].

3. Die landeskirchlichen Verwaltungsstellen (Landeskirchenamt, Landeskirchenrat, Oberkirchenrat, Konsistorium, Kanzlei, Kirchenverwaltung), oft als eigenes Organ der Landeskirche ausgestaltet (ohne solchen Rang in Bayern, Bremen, Hessen und Nassau, Thüringen, eingeschränkt im Rheinland), führen die laufenden Geschäfte der übrigen kirchlichen Organe nach deren Weisung durch und nehmen die ihnen zur selbstän-

---

[21] Vgl. Art. 2 ff. der Verfassung der Bremischen Evangelischen Kirche, abgedr. in: Rechtssammlung für die Bremische Evangelische Kirche, Onr. II A 1.
[22] *Frost,* Kirchenverfassung (Anm. 12), Sp. 1733 f.; *Joachim Hägele,* Das Geschäftsordnungsrecht der Synoden der evangelischen Landeskirchen und gesamtkirchlichen Zusammenschlüsse (= Jus Ecclesiasticum, Bd. 18), München 1973.
[23] *Siegfried Grundmann,* Kirchenverfassung, Lutherische Kirche, in: EvStL[1], Sp. 1017 ff. (1021 und 1024).
[24] *Frost,* Kirchenverfassung (Anm. 12), Sp. 1735; *Hermann Gallhoff,* Pfarrer und höchste geistliche Amtsträger in der evangelischen Kirche. Heidelberg 1968, S. 40 ff.

digen Erledigung übertragenen Aufgaben unter Aufsicht, insbesondere der Kirchenleitung, wahr[25]. Ihre innere Struktur gleicht der eines Kollegiums; es setzt sich überwiegend aus theologischen und juristischen Mitgliedern (Landeskirchenräte, Oberlandeskirchenräte) zusammen, den Vorsitz führt in Personalunion der Vorsitzende der Kirchenleitung oder ein eigener Vorsitzender (Präsident, Vizepräsident) der Verwaltungsstelle. Die Ausgestaltung ist jedoch auch hier aufgrund der regional-kirchlichen Gegebenheiten recht unterschiedlich[26].

4. Als Verfassungsorgan i. w. S. versteht man auch die landeskirchliche Gerichtsbarkeit. Sämtliche Landeskirchen verfügen über Disziplinar- und Amtszuchtgerichte. Diese sind erstinstanzlich für den eigenen Bereich ausgeformt, als zweitinstanzliche Institution teilen sie sich in drei Rechtskreise (EKD, EKU und VELKD) auf, abhängig von der rechtlichen Verweisung der landeskirchlichen Disziplinarordnungen zu einer dieser übergeordneten Rechtsinstanzen. Daneben werden in den Gliedkirchen der EKD Verfahren zur Amtszucht, Lehrzucht- oder Lehrbeanstandungen in zum Teil gerichtsähnlicher, weitgehend aber seelsorglich ausgestalteter Art durchgeführt. In ihnen wird untersucht, ob die Verkündigung des Pfarrers mit dem Bekenntnis der Kirche vereinbar und ob seine weitere Tätigkeit für die Kirche tragbar ist[27].

Nahezu alle Landeskirchen verfügen darüber hinaus über eine in ihren Grundstrukturen übereinstimmende Verwaltungs- und Verfassungsgerichtsbarkeit, deren Gerichtsverfahren eine weitgehende Ähnlichkeit mit dem staatlichen Prozeßrecht aufweist[28].

III. Besondere Arbeitszweige

Eine verstärkte Bedeutung kommt in der jüngsten Zeit den von den Landeskirchen getragenen besonderen Arbeitszweigen zu, die heute das Bild der Kirche in entscheidendem Maße mitbestimmen. Hier befinden sich in unterschiedlichen Rechtsformen und kirchlichen Zuordnungs-

---

[25] *Wagenmann*, Verwaltung (Anm. 17), S. 14 ff. und S. 21 ff.; *Wilhelm Maurer*, Verwaltung und Kirchenleitung, in: FS für Erich Ruppel. Hannover 1968, S. 105 ff.; *Erich-Viktor Benn*, Zur Stellung und Aufgabe der landeskirchlichen Behörden, ebd., S. 197 ff.

[26] *Maurer*, Verwaltung und Kirchenleitung (Anm. 25), S. 108 ff.

[27] *Heinrich Gehring*, Das Lehrzuchtverfahren in der evangelischen Kirche. Diss. Göttingen 1968, S. 1 ff., und *Frost*, Kirchenverfassung (Anm. 12), Sp. 1736.

[28] *Hartmut Maurer*, Die Verwaltungsgerichtsbarkeit der evangelischen Kirche. Göttingen 1958, S. 1 ff.; *ders.*, Grundprobleme der kirchlichen Gerichtsbarkeit, in: ZevKR 17 (1972), S. 48 ff.; *Albert Stein*, Probleme evangelischer Lehrbeanstandung. Bonn 1967, S. 1 ff.

verhältnissen beispielsweise kirchliche Hoch- und Fachhochschulen, Evangelische Akademien, Rüstzeitheime, Pastoralkollegs, Predigerseminare, Anstalten und Arbeitszentren, Evangelische Studentengemeinden und -pfarrämter, die Polizei-, Telefon- und Anstaltsseelsorge, bis hin zur landeskirchlichen Frauen-, Männer-, Jugend-, Schüler-, Suchtgefährdeten-, Asyl- und Flüchtlingsarbeit und Schwangerschafts- und Konfliktberatungsstellen. Daneben nehmen die missionarischen und insbesondere die zahlenmäßig bedeutsamen diakonischen Dienste einen entscheidenden Platz ein.

IV. Die zwischenkirchliche Zusammenarbeit

Die Landeskirchen sind auf vielfältige Weise und in unterschiedlicher Organisationsstruktur aus historischen und konfessionellen Gründen, als Vorstufe zum Zusammenschluß zu einer Kirche oder zur gemeinsamen Wahrnehmung regionaler Aufgaben, verbunden. Diese Zusammenschlüsse innerhalb der EKD besitzen eigene Organe, die zum Teil mit Rechtsetzungsbefugnis, mit eigener Gerichts- und Verwaltungsfunktion ausgestattet sind. Jeder dieser Zusammenschlüsse bedeutet damit auch zugleich eine Aufgabe des eigenen universal-kirchlichen Verwirklichungsauftrags[29].

1. Die Vereinigte Evangelisch-Lutherische Kirche Deutschlands (VELKD) als Körperschaft des öffentlichen Rechts hat die innerkirchliche Rechtsform einer Bundeskirche und umfaßt gut 12 Millionen Gemeindemitglieder. Ihre Organe — die Generalsynode, die Bischofskonferenz mit dem Leitenden Bischof, die Kirchenleitung und das Lutherische Kirchenamt mit Sitz in Hannover — können im Rahmen der ihnen in der Verfassung zugewiesenen Aufgaben unmittelbar auf das Rechtsgefüge ihrer Gliedkirchen einwirken[30]. Von dieser seit Gründung der VELKD im Jahre 1949 in der Verfassung verankerten Befugnis wurde bisher nur zurückhaltend Gebrauch gemacht, doch hat sie in den Bereichen Dienstrecht, Lebensordnung und Agende stark integrierend gewirkt. Die VELKD geht auf ein mehr als hundertjähriges Einigungsbestreben im deutschen Luthertum zurück, ihr gehören mit den acht Landeskirchen von Bayern, Braunschweig, Hannover, Mecklenburg, Nordelbien, Sachsen, Schaumburg-Lippe und Thüringen bis auf Olden-

---

[29] *Frost*, Kirchenverfassung (Anm. 12), Sp. 1736 f.; *Hammer*, Gedanken über die Zuordnung und Zusammenarbeit kirchlicher Werke und Verbände. Detmold 1969, S. 1 ff.
[30] *Friedrich-Otto Scharbau*, Vereinigte Evangelisch-Lutherische Kirche Deutschlands, in: EvStL[3] II, Sp. 3706 ff.; *Frost*, Kirchenverfassung (Anm. 12), Sp. 1737.

burg und Württemberg alle evangelisch-lutherischen Landeskirchen an[31].

2. Die Evangelische Kirche der Union (EKU) — ein Zusammenschluß der sieben unierten Landeskirchen von Anhalt, Berlin-Brandenburg, Pommern, Rheinland, Kirchenprovinz Sachsen, Schlesische Oberlausitz und Westfalen — ist als Körperschaft des öffentlichen Rechts nach ihrer innerkirchlichen Rechtsform als ein Kirchenbund zu qualifizieren. Sie umfaßt rund 9 Millionen Gemeindeglieder und trägt seit 1953 ihren heutigen Namen. Auch von der EKU geht eine starke integrative Wirkung aus. Sie ist aus der ehemaligen Landeskirche der älteren Provinzen Preußens, der späteren Kirche der Altpreußischen Union (APU), hervorgegangen und reicht bis in das Jahr 1817 zurück, dem Versuch des preußischen Königs Friedrich-Wilhelm der Dritte, die seit der Reformation bestehende inner-evangelische Spaltung in lutherisch und reformiert (calvinistisch) zu überwinden[32]. Die Verfassungsorgane Rat und Synode werden verwaltungsmäßig von der Kirchenkanzlei mit Sitz in Berlin unterstützt. Besonders auf liturgischem Gebiet und auf dem Gebiet des Arbeitsrechts bestehen einheitliche Ordnungen, ferner bei den Ausbildungsbestimmungen für Pfarrer und bezüglich der Lehrbeanstandung. Die EKU besitzt zudem eine eigene Verwaltungs- und Disziplinargerichtsbarkeit. Den Verwaltungsgerichtshof der EKU als Berufungsinstanz sehen auch einige nicht zur EKU gehörige Landeskirchen als Rechtsmittelinstanz vor[33].

3. Die Arnoldshainer Konferenz entstand 1967 als Folge der vom Rat der EKD initiierten theologischen Arbeit speziell zur Frage der Abendmahlsgemeinschaft zwischen den lutherischen und reformierten Kirchen[34]. Sie ist ein arbeitsgemeinschaftlicher Zusammenschluß von Vertretern kirchenleitender Organe aus 16 Landeskirchen der EKD, ihr gehören Vertreter der Kirchenleitungen von Anhalt, Baden, Berlin-Brandenburg, Bremen, Hessen und Nassau, Kurhessen-Waldeck, Lippe, Oldenburg, Pfalz, Pommern, Rheinland, Sachsen, Schlesische Oberlausitz, Westfalen, der Evangelisch-reformierten Kirche und der EKU an, gastweise nehmen Württemberg und der Reformierte Bund teil. Als Organe sieht die Geschäftsordnung von 1972 einen theologischen und

---

[31] *Erwin Wilkens,* Zur Vorgeschichte der VELKD, in: ELKZ 10 (1956), S. 1 ff.

[32] *Johann Friedrich Gerhard Goeters,* Evangelische Kirche der Union, in: EvStL³ I, Sp. 810 ff. (812).

[33] *Walter Elliger* (Hrsg.), Die Evangelische Kirche der Union. Witten 1967, S. 1 ff.; *Joachim Rogge,* Evangelische Kirche der Union, in: TRE, Bd. 10, 1982, S. 677 ff.

[34] *Hans-Wolfgang Heidland,* Der Weg der Arnoldshainer Konferenz, in: Kirche in diesen Jahren. FS für Joachim Beckmann. Neukirchen-Vluyn 1971, S. 54 ff.

einen juristischen Ausschuß vor, die die Beschlüsse, die von der Vollversammlung gefaßt werden, vorbereiten. Die Konferenz besitzt weder nach kirchlichem noch nach staatlichem Recht eigene Rechtspersönlichkeit, ihre Beschlüsse haben für die Gliedkirchen nur empfehlenden Charakter, gleichwohl kommt ihr eine bedeutende Integrationswirkung innerhalb der EKD zu. Die Geschäftsführung der Konferenz wird von der Kirchenkanzlei der EKU wahrgenommen[35].

4. Die Konföderation evangelischer Kirchen in Niedersachsen stellt einen regionalen Zusammenschluß der lutherischen Landeskirchen von Hannover, Braunschweig, Oldenburg und Schaumburg-Lippe sowie der Evangelisch-reformierten Kirche (Synode der evangelisch-reformierten Kirchen in Bayern und Nordwestdeutschland) dar mit dem Ziel einer verstärkten Kooperation, einer weitgehenden Rechtsvereinheitlichung und einer gegenseitigen Unterstützung in Personal- und Verwaltungsangelegenheiten[36]. Sie besitzt den Status einer öffentlich-rechtlichen Körperschaft, eine von den beteiligten Landessynoden durch Wahl gebildete Synode und einen von den Kirchenleitungen beschickten Rat. Im Gegensatz zu den Landeskirchen von Schleswig-Holstein, Hamburg, Lübeck und Eutin, die sich zur Überwindung der herkömmlichen Grenzen 1977 zu der neuen Landeskirche Nordelbien vereinigten, stellt die 1971 gegründete Konföderation der evangelischen Kirchen in Niedersachsen eine bewußte Entscheidung für einen weniger engen Zusammenschluß dar. Sie hat innerkirchlich die Rechtsform einer Bundeskirche. Die Geschäftsstelle befindet sich beim Landeskirchenamt der Landeskirche Hannovers.

5. Der Reformierte Bund stellt einen freien Zusammenschluß von ca. 400 Kirchengemeinden, Kirchenverbänden, Synodalverbänden, Kirchen und Einzelpersonen reformatorischen Bekenntnisses dar und gilt als ein gliedkirchlicher Zusammenschluß innerhalb der EKD; er besitzt die Rechtsform eines eingetragenen Vereins. Oberstes Organ ist die Hauptversammlung des Bundes, die alle zwei Jahre tagt. Die zwischenzeitliche Leitung des Bundes obliegt dem sog. Moderamen, das aus 24 Mitgliedern besteht und dem ein Generalsekretär beigeordnet ist. Zwölf Mitglieder werden von der Hauptversammlung gewählt, drei kooptiert, neun als Vertreter der verbundenen Kirchen (zur Zeit die Evangelischreformierte Kirche -Synode der evangelisch-reformierten Kirchen in Bayern und Nordwestdeutschland- und die Lippische Landeskirche, der

---

[35] *Frost,* Kirchenverfassung (Anm. 12), Sp. 1738.
[36] *Johann Frank,* Konföderation evangelischer Kirchen in Niedersachsen, in: Die territoriale Bindung der evangelischen Kirche in Geschichte und Gegenwart. Hrsg. von Karlheinrich Dumrath u. Hans-Walter Krumwiede. Neustadt a. d. Aisch 1972, S. 109 ff.

Bund Evangelisch-reformierter Kirchen in der Bundesrepublik Deutschland und die Evangelisch-altreformierte Kirche in Niedersachsen) entsandt[37].

E. Die Evangelische Kirche in Deutschland (EKD)

I. Konstituierende Elemente und Aufgaben der EKD

Umfassender Ausdruck des deutschen Gesamtprotestantismus ist die 1945 als Rechtsnachfolgerin der bisherigen Gesamtzusammenschlüsse von sämtlichen deutschen Landeskirchen und der EKU gegründete Evangelische Kirche in Deutschland (EKD). Dies hat sich mit der im Juni 1991 vollzogenen Wiederherstellung der organisatorischen Einheit der evangelischen Landeskirchen nach einer über 22jährigen Trennung in einen Ost- und einen West-Bereich noch verstärkt. Die dramatischen Veränderungen im Herbst 1989 in der DDR mit dem friedlich verlaufenen Sturz des SED-Regimes und der staatlichen Wiedervereinigung haben die 1969 zerbrochene Einheit mit den acht Landeskirchen Anhalt, Berlin-Brandenburg (Region Ost), Mecklenburg, Pommern (damalige Kurzbezeichnung Greifswald), Kirchenprovinz Sachsen, Sachsen, Schlesische Oberlausitz (damalige Kurzbezeichnung Görlitz) und Thüringen wieder aufleben lassen[38].

Wesentliches Rechtsdokument für die EKD ist die Grundordnung aus dem Jahre 1948. Vorausgegangen war ihr die „Vorläufige Ordnung der EKD", die auf der vom 27. bis 31. August 1945 in Treysa (Bezirk Kassel) tagenden Kirchenversammlung mit Vertretern aller damaligen 27 Landeskirchen beschlossen worden war. Sie sah die Einsetzung eines vorläufigen Rates der EKD — als einzigem Organ — vor. Er besaß die Befugnis beschränkter gesetzgeberischer und verwaltender Tätigkeit, im übrigen bestand seine Hauptaufgabe in der verfassungsmäßigen Neuordnung der EKD[39].

---

[37] *Joachim Guhrt,* Reformierter Bund, in: EvStL³ II, Sp. 2946; *Frost,* Kirchenverfassung (Anm. 12), Sp. 1738 f.

[38] Zum Ganzen vgl. *Martin Heckel,* Die Vereinigung der evangelischen Kirchen in Deutschland, Tübingen 1990; *ders.,* Zur kirchlichen Wiedervereinigung im Rahmen der EKD, in: NJW 1992, S. 1001 ff. Siehe auch das Kirchengesetz der Evangelischen Kirche in Deutschland vom 24. Februar 1991 zur Regelung von Fragen im Zusammenhang mit der Herstellung der Einheit der Evangelischen Kirche in Deutschland, in: ABl. EKD 45 (1991). S. 89 ff. und 233 f. — Vgl. in diesem Zusammenhang auch *Holger Kremser,* Der Rechtsstatus der evangelischen Kirchen in der DDR und die neue Einheit der EKD (= Jus Ecclesiasticum, Bd. 46), Tübingen 1993.

[39] Einzelheiten über den Verlauf der Kirchenversammlung sind dokumentiert bei *Fritz Söhlmann* (Hrsg.), Treysa 1945, Lüneburg 1946, und bei *Joachim*

§ 12 Die Organisationsstruktur der evangelischen Kirche 397

Wie die Kirchengemeinden, die Gliedkirchen und die gliedkirchlichen Zusammenschlüsse[40] ist die EKD nach staatlichem Recht eine Körperschaft des öffentlichen Rechts, kirchenrechtlich stellt sie die Gemeinschaft ihrer 24 weithin selbständigen lutherischen, reformierten und unierten Gliedkirchen dar[41]. Aufgabe der EKD ist es insbesondere, sich um eine Festigung und Vertiefung der Gemeinschaft unter den Gliedkirchen zu bemühen und darauf hinzuwirken, daß in den wesentlichen Fragen des kirchlichen Lebens und Handelns nach übereinstimmenden Grundsätzen verfahren und auf allen Gebieten des öffentlichen Lebens ein einheitliches Handeln in der evangelischen Kirche erreicht wird[42]. Vor allem soll die EKD alle Aktivitäten fördern und unterstützen, die für den ganzen Protestantismus bedeutsam sind, insbesondere in den Bereichen Mission, Diakonie und theologische Forschung. Daneben soll sie auch Verantwortung für die mehr als 170 deutschsprachigen evangelischen Gemeinden im Ausland tragen.[43]

Sie vertritt die gesamtkirchlichen Anliegen gegenüber allen Inhabern öffentlicher Gewalt. Der Aufgabenkatalog der seit 1948 kaum veränderten Grundordnung[44] ist breit angelegt und läßt außer einigen den Gliedkirchen vorbehaltenen Bereichen — wie Lehre, Gottesdienst, Amtsfragen und Finanzhoheit — kaum ein kirchliches Arbeitsfeld aus.

Beckmann (Hrsg.), Kirchliches Jahrbuch 1945 bis 1948, Gütersloh 1950. Zum Ganzen vgl. auch *Heinz Brunotte,* Die Grundordnung der Evangelischen Kirche in Deutschland. Ihre Entstehung und ihre Probleme. Berlin 1954, S. 3 ff.; *Wolf-Dieter Hauschild,* Evangelische Kirche in Deutschland, in: TRE, Bd. 10, 1982, S. 656 ff. (669 f.).

[40] Einen umfassenden Überblick über die Rechtsstellung der Kirchen und Religionsgemeinschaften gibt *Axel von Campenhausen,* Staatskirchenrecht. 2. Aufl., München 1983, S. 103 ff.; vgl. ferner *Weber,* Körperschaftsrechte (Anm. 5), S. 337 ff.

[41] Den theologischen Streit, ob die EKD selbst Kirche ist, hat die im Zusammenhang mit der Herstellung der Einheit der EKD 1991 vorgenommene Änderung des Art. 1 der Grundordnung der Evangelischen Kirche in Deutschland (GO EKD) dahingehend entschärft, daß sich die EKD nunmehr als „die Gemeinschaft ihrer lutherischen, reformierten und unierten Gliedkirchen" betrachtet und „sich als Teil der einen Kirche Jesu Christi" versteht; vgl. im weiteren: *Brunotte,* Grundordnung (Anm. 39), S. 118 ff.; *Hauschild,* Evangelische Kirche (Anm. 39), S. 670.

[42] Art. 19 GO EKD.

[43] Vgl. insbesondere die Art. 7, 15, 16 und 17 der GO EKD.

[44] Die GO-Änderung aus dem Jahre 1974 fand nicht die erforderliche Zustimmung sämtlicher Gliedkirchen der EKD, so daß die gewünschten Änderungen nicht in Kraft treten konnten. Gleichwohl sind auf Teilgebieten geringfügige Reformen durchgeführt worden; vgl. zum Ganzen: *Werner Hofmann,* Bemühungen um die Reform der Grundordnung der Evangelischen Kirche in Deutschland nach 1981, in: ZevKR 29 (1984), S. 83 ff., und *Walter Hammer,* Neuere Entwicklungen in der Amtsstellen-Struktur der Evangelischen Kirche in Deutschland, in: ZevKR 29 (1984), S. 91 ff.; *Hauschild,* Evangelische Kirche (Anm. 39), S. 675 f.

Eine genauere Untersuchung läßt jedoch erkennen, daß diese Befugnisse gegenüber ihren Gliedkirchen gleichwohl begrenzt sind[45]. Neben der Richtlinienkompetenz für bestimmte Aufgaben, von der die EKD nur spärlich Gebrauch macht, liegt das eigentliche Schwergewicht in fördernder und beratender Tätigkeit, insbesondere in der Bearbeitung und Wahrnehmung aller nach außen gerichteten kirchlichen Aufgaben. Hierzu hat die EKD eine große Zahl ehrenamtlich arbeitender Kammern, Kommissionen und Ausschüsse geschaffen oder Beauftragte bestellt[46].

II. Die Organe der EKD

Synode, Kirchenkonferenz und Rat bilden die Leitungsorgane der EKD. Eine „Gewaltenteilung" im strengen Sinne wird nicht praktiziert, dies würde dem evangelischen Kirchenverständnis widersprechen[47]. Die in den Organen der EKD tätigen Personen sind alle neben- oder ehrenamtlich tätig[48].

1. Die Synode

Der Synode gehören zur Zeit 160 Synodale an, wovon 134 nach einem bestimmten Verteilerschlüssel von den jeweiligen zuständigen Organen der Gliedkirchen gewählt und 26 Mitglieder vom Rat der EKD berufen werden[49]. Geleitet wird die Synode von einem siebenköpfigen Präsidium, dem ein Präses vorsteht. Die Synodalen sind an keine Weisungen gebunden, ihre Amtszeit beträgt sechs Jahre; die Zahl der Theologen darf nicht überwiegen. Die Synode wählt gemeinsam mit der Kirchen-

---

[45] *Brunotte,* Grundordnung (Anm. 39), S. 154 ff. (160).

[46] Die aktuellen Zahlen (1992) lauten: 7 Kammern, 38 Kommissionen, Ausschüsse und Arbeitsgruppen.

[47] *Siegfried Grundmann,* Verfassungsrecht in der Kirche des Evangeliums, in: ZevKR 11 (1964/65), S. 9 ff. (47 ff.); *Erhard Stiller,* Die Verordnung als Form kirchlicher Rechtsetzung, in: ZevKR 15 (1970), S. 361 ff. (377); *Ulrich Scheuner,* Der Dienst in der kirchlichen Verwaltung. SD der Lutherischen Verlagsgesellschaft, Kiel 1968, S. 18; *Hammer,* Die Verantwortung der Kirche, in: Kirche in diesen Jahren (Anm. 34), S. 47 ff. (50).

[48] Vorstöße, z. B. einen Teil der Ratsmitglieder hauptamtlich (auf Zeit?) zu berufen, haben sich bisher nicht durchgesetzt.

[49] Man verfolgt die Absicht, insbesondere zur besseren Arbeitsfähigkeit der Synode, die Zahl der Synodalmitglieder wieder auf 120 zu reduzieren. Ob sich dies für die kommende Legislaturperiode (ab 1997) umsetzen läßt, bleibt abzuwarten. Bezüglich gewisser übereinstimmender und unterscheidbarer Elemente von Kirchensynoden und Parlamenten auf staatlicher Ebene vgl. die Ausführungen von *Gustav Heinemann,* Das Verhältnis von Synode und Parlament, in: Emder Synode 1571-1971, Neukirchen-Vluyn 1973, S. 285 ff.

§ 12 Die Organisationsstruktur der evangelischen Kirche   399

konferenz den Rat der EKD, dem sie für seine Arbeit Richtlinien geben kann. Ihr obliegt die Gesetzgebung in allen die EKD betreffenden Angelegenheiten, einschließlich des Haushalts. Sie kann ferner öffentliche Kundgebungen beschließen und berät Anträge und Eingaben[50]. In der Regel tritt die Synode einmal im Jahr zu einer mehrtägigen Tagung zusammen und befaßt sich dabei — neben der Erledigung der laufenden Geschäfte — regelmäßig mit einem Schwerpunktthema, das von einem eigens dafür eingesetzten Ausschuß vorbereitet wird. Der Tagungsort wechselt von Jahr zu Jahr.

2. Die Kirchenkonferenz

Die Kirchenkonferenz ist das föderale Organ, in dem alle 24 Gliedkirchen vertreten sind, ihre Mitglieder werden aus den Leitungsgremien der Landeskirchen entsandt. Gliedkirchen mit mehr als zwei Millionen Kirchenmitgliedern haben zwei Stimmen, die sie jedoch nur einheitlich abgeben dürfen[51]. Der Kirchenkonferenz ist keine Amtsperiode vorgegeben, sie tagt in der Regel drei- bis viermal im Jahr. Den Vorsitz führt der Ratsvorsitzende der EKD. In der Kirchenkonferenz werden die Arbeit der EKD und die gemeinsamen Anliegen der Gliedkirchen beraten, von ihr gelangen Vorlagen und Anregungen an die Synode und an den Rat der EKD. Bei der Gesetzgebung und bei der Wahl des Rates wird ihr gemäß Art. 28 Abs. 1 S. 2 GO EKD ein Mitwirkungsrecht eingeräumt, so daß die direkte Mitverantwortung und Mitgestaltung der Landeskirchen für den Weg der EKD ihren Niederschlag finden[52].

3. Der Rat

a) Der Rat bildet das zentrale Leitungsorgan der EKD, ihm gehören mit einer sechsjährigen Amtszeit gegenwärtig 19 Mitglieder[53], Laien und Theologen, an. Auch dieses gewichtige Amt wird ausschließlich neben- oder ehrenamtlich versehen.

---

[50] Vgl. zum Ganzen die Art. 23 bis 27 GO EKD.
[51] Siehe im einzelnen dazu das „Kirchengesetz über die Verteilung der Stimmen in der Kirchenkonferenz" vom 10. Januar 1949, i. d. F. vom 10. November 1977, in: ABl. EKD 32 (1978), S. 1; abgedr. auch in: *Dahrmann*, Recht der EKD (Anm. 6), Onr. 1.4.
[52] *Hammer*, Organisationsstruktur (Anm. 9), S. 330.
[53] Art. 30 Abs. 1 GO EKD. Auch hier ist man bestrebt, für die 1997 beginnende neue Amtsperiode des Rates wieder die ursprüngliche Größe von 12 Mitgliedern einschließlich des Präses der Synode zu erreichen, wie sie bis zur Vereinigung mit den Kirchen aus den neuen Bundesländern bestand.

18 Ratsmitglieder werden gemeinsam von Synode und Kirchenkonferenz gewählt, der Präses der EKD-Synode ist Mitglied kraft seines Amtes. Synode und Kirchenkonferenz gemeinsam wählen wiederum aus der Mitte der Ratsmitglieder den Vorsitzenden und dessen Stellvertreter; der Ratsvorsitzende gilt — neben dem Präses der Synode und dem Präsidenten des Kirchenamtes der EKD — als Hauptrepräsentant und Sprecher der EKD.

b) Die umfassende Verwaltungs-, Leitungs- und Repräsentationsfunktion des Rates, die nur durch eine ausdrückliche Aufgabenzuweisung an andere Organe begrenzt ist, beinhaltet damit die Vertretung der evangelischen Christen in der Öffentlichkeit und die Stellungnahme zu Fragen des religiösen und gesellschaftlichen Lebens. Hierzu bedient sich der Rat u. a. der Formen der Denkschrift, der Studie und der Grundsatzerklärung[54]. Insbesondere bei grundlegenden Äußerungen zieht er oftmals sachverständige Persönlichkeiten des öffentlichen und kirchlichen Lebens zu Rate und bildet jeweils parallel zu seiner Amtszeit Kammern, Kommissionen und Ausschüsse als Beratungsgremien, die im Auftrag des Rates tätig werden.

Bei Fragen gesamtkirchlichen Interesses werden u. a. auch Gemeinsame Erklärungen zusammen mit der katholischen Deutschen Bischofskonferenz erarbeitet.

Der Rat tritt in der Regel monatlich zusammen und besitzt für den Fall, daß eine Angelegenheit keinen Aufschub duldet, ein begrenztes Notverordnungsrecht (Art. 29 Abs. 2 GO EKD). Dieser so erlassene Rechtsakt muß der Synode auf ihrer nächsten Tagung vorgelegt werden, sie kann ihn billigen, ändern oder aufheben[55].

c) Zur Vertretung gegenüber der Bundesregierung hat der Rat einen Bevollmächtigten am Sitz der Bundesrepublik Deutschland berufen und seiner Dienststelle auch die Vertretung gegenüber der Europäischen Gemeinschaft in Brüssel zugeordnet. Des weiteren bedient er sich zur Wahrnehmung spezifischer Aufgaben Beauftragter. So gibt es neben dem Fernsehbeauftragten, dem Filmbeauftragten und dem Sportpfarrer weitere Beauftragte u. a. für agrarsoziale Fragen, für Fragen des Umwelt- und des Datenschutzes, der Kriegsdienstverweigerung und Gefängnisseelsorge sowie für Umsiedler- und Vertriebenenfragen.

---

[54] An einer Zusammenstellung in mehreren Bänden, chronologisch geordnet, unter dem Titel „Kundgebungen, Worte und Dokumente" wird zur Zeit gearbeitet. Hierin soll eine umfassende Dokumentation für die Jahre 1945 bis in die Gegenwart geschaffen werden.

[55] Vgl. Art. 29 Abs. 2 GO EKD.

§ 12 Die Organisationsstruktur der evangelischen Kirche 401

Der Bevollmächtigte und die Beauftragten vertreten die EKD im Namen des Rates aufgrund der ihnen erteilten Vollmacht nach Maßgabe besonderer Weisungen; sie unterstehen der unmittelbaren Dienstaufsicht des Rates und sind gehalten, auf ihrem Tätigkeitsgebiet eng mit den Amtsstellen zusammenzuarbeiten[56].

III. Verwaltung der EKD

Das Kirchenamt (früher: Kirchenkanzlei) führt die Verwaltung aller Arbeitsgebiete der EKD und die laufenden Geschäfte des Rates, insbesondere unterstützt es die Synode und die Kirchenkonferenz in der Erfüllung ihrer Aufgaben und nimmt für beide die Aufgaben einer Geschäftsstelle wahr, auch sorgt es für die Geschäftsführung in den Kammern, Kommissionen und Ausschüssen von EKD und Synode.

Das Kirchenamt mit Sitz in Hannover und seine Außenstelle in Berlin[57] werden von einem Kollegium unter dem Vorsitz des Präsidenten des Kirchenamtes geleitet. Es gliedert sich in drei Hauptabteilungen mit jeweils mehreren Unterabteilungen und Referaten.[58]

IV. Gerichtsbarkeit und gerichtsähnliche Verfahren

1. Disziplinargerichtsbarkeit

Das Disziplinargesetz der EKD gilt für die eigenen Dienststellen und für die Gliedkirchen, soweit sie dies übernommen haben. Für die jeweiligen Bereiche sind bei der EKD bzw. in den Gliedkirchen Disziplinarkammern gebildet. Der Disziplinarhof der EKD ist Berufungsgericht, soweit nicht auf eine andere Rechtsmittelinstanz verwiesen wird, und gliedert sich in einen lutherischen, einen reformierten und einen unierten Senat. Die Organisation der Gerichte sowie das Verfahren entsprechen weitgehend den diesbezüglichen staatlichen Gerichten. Die

---

[56] *Hammer*, Organisationsstruktur (Anm. 9), S. 330 f. Vgl. auch in *diesem* Handbuch *Hermann Kalinna*, § 45 Verbindungsstellen zwischen Staat und Kirchen im Bereich der evangelischen Kirche.

[57] Der Amtssitz des ehemaligen Kirchenbundes der evangelischen Kirchen in der ehemaligen DDR ist stark reduziert. Die hier neu eingerichtete Außenstelle der EKD umfaßt zur Zeit sieben Referate und ist der Hauptabteilung I des Kirchenamtes in Hannover zugeordnet.

[58] Die Hauptabteilung I (Recht und Verwaltung) hat vier Unterabteilungen mit 21 Referaten; die Hauptabteilung II (Theologie und öffentliche Verantwortung) gliedert sich in drei Unterabteilungen mit 15 Referaten und die Hauptabteilung III (Ökumene und Auslandsarbeit) besitzt wiederum drei Unterabteilungen mit 19 Referaten.

Besonderheiten des kirchlichen Disziplinarwesens liegen in dem spezifischen, materiell-rechtlichen Disziplinarrecht (Amtszuchtrecht), was insoweit auch zu einer besonderen Disziplinarrechtsprechung geführt hat[59].

2. Schiedsgerichtshof der EKD

Die Bedenken, die gegen eine „echte" Gerichtsbarkeit im kirchlichen Bereich bestehen, haben auch bei der EKD zur Bildung eines eigenen Schiedsgerichtshofes geführt. Ihm obliegt die Entscheidung über Meinungsverschiedenheiten und Streitigkeiten innerhalb der EKD und die Begutachtung von Rechtsfragen, er entscheidet durch verbindlichen Schiedsspruch[60]. Der Unterschied zur „echten" Gerichtsbarkeit besteht insbesondere in der größeren Freiheit der Verfahrensgestaltung. Ein Schiedsspruch darf jedoch nicht ergehen, wenn in ihm über eine Bekenntnisfrage entschieden werden müßte. In diesem Fall kann nur ein Gutachten erstattet werden[61].

Die Gliedkirchen der EKD können darüber hinaus mit Zustimmung des Rates die Zuständigkeit des Schiedsgerichtshofes der EKD für Rechtsangelegenheiten ihres eigenen Bereichs begründen und regeln[62].

3. Schlichtungsausschuß

Sowohl das Arbeitsrechts-Regelungsgesetz (ARRG) aus dem Jahr 1976 als auch das Mitarbeitervertretungsgesetz aus dem Jahre 1972 sehen die Bildung eines Schlichtungsausschusses als Streitentscheidungsorgan vor. Für den EKD-internen Bereich existiert bisher nur für den letzteren

---

[59] *Hans v. Arnim,* Das Disziplinargesetz der Evangelischen Kirche in Deutschland vom 11. März 1955, Berlin 1960. Zu grundsätzlichen Erwägungen über das kirchliche Disziplinarwesen und über das Amtszuchtgesetz der VELKD vgl. *Hartmut Maurer,* Die Aufgabe disziplinarischen Handelns in der Kirche, in: NVwZ 1993, S. 609 ff.

[60] § 5 Abs. 1 des Kirchengesetzes über die Bildung eines Schiedsgerichtshofes der Evangelischen Kirche in Deutschland vom 13. Januar 1949, in: ABl. EKD 3 (1949), S. 25; abgedr. auch in: *Dahrmann,* Recht der EKD (Anm. 6), Onr. 1.9.

[61] § 5 Abs. 2 des obigen Kirchengesetzes (Anm. 60); *Hartmut Maurer,* Gerichtsbarkeit, Kirchliche, in: EvStL³ I, Sp. 1087.

[62] Von dieser Möglichkeit hat die Bremische Evangelische Kirche Gebrauch gemacht, indem sie den Schiedsgerichtshof der EKD als Rechtsmittelinstanz gegen Entscheidungen ihres kirchlichen Verwaltungsgerichts bestimmt hat, vgl. § 2 des Gesetzes über die Verwaltungsgerichtsbarkeit in der Bremischen Evangelischen Kirche vom 24.3.1988, abgedr. in: Rechtssammlung für die Bremische Evangelische Kirche, Onr. X A 1.

ein solcher Ausschuß, für Streitfragen aus dem ARRG müßte ein solcher ad hoc gebildet werden[63].

4. Verwaltungsgericht

Für die Einrichtung eines gemeinsamen kirchlichen Verwaltungsgerichtes auf EKD-Ebene mit einer Spruchkammer für Streitigkeiten aus dem Mitarbeitervertretungsrecht werden zur Zeit die gesetzlichen Bestimmungen erarbeitet[64].

F. Die Mitgliedschaft in konfessionellen Bünden

Die deutschen evangelischen Landeskirchen und ihre Zusammenschlüsse arbeiten auf vielfältige Weise mit den bestehenden kontinentalen und weltweiten Kirchenverbindungen zusammen. Diese nehmen in unterschiedlichem Maße Einfluß auf die binnenkirchlichen Bereiche, ohne daß damit die kirchliche Souveränität aufgegeben wird. Zu nennen sind hier folgende kirchliche Verbindungen:

I. Arbeitsgemeinschaft christlicher Kirchen (ACK)

Mit anderen christlichen Kirchen arbeiten die EKD und — durch sie vermittelt — die Landeskirchen in der ACK zusammen. Sie stellt eine wirksame Plattform für den gegenseitigen Erfahrungsaustausch zu einem Verständigungs- und Annäherungsprozeß unterschiedlicher Glaubensrichtungen dar, der von theologischen Studienarbeiten begleitet und durch die Geschäftsstelle, die Ökumenische Centrale in Frankfurt/Main und die Außenstelle in Berlin, koordiniert wird. Mitglieder sind seit der Gründung im Jahr 1948 die EKD, die Altkatholische Kirche und die meisten evangelischen Freikirchen. Durch den 1974 erfolgten Beitritt der römisch-katholischen Kirche (Verband der Diözesen Deutsch-

---

[63] Vgl. dazu im einzelnen § 12 des ARRG, abgedr. in: *Dahrmann*, Recht der EKD (Anm. 6), Onr. 4.11 und § 43 des Mitarbeitervertretungsgesetzes, abgedr. ebd., Onr. 4.18.

[64] Zum Ganzen vgl. *Arno Schilberg*, Rechtsschutz und Arbeitsrecht in der evangelischen Kirche, Frankfurt a. M., Berlin, Bern, New York, Paris, Wien 1992; *Gerhard Struck*, Entwicklung und Kritik des Arbeitsrechts im kirchlichen Bereich, in: NZA 1991, S. 249 ff. Das am 1. Januar 1993 für die EKD in Kraft getretene neue Mitarbeitervertretungsgesetz vom 6. November 1992 statuiert in seinem § 63 den kirchlichen Verwaltungsrechtsweg gegen Beschlüsse der Schlichtungsstelle (des Schlichtungsausschusses), abgedr. in: ABl. EKD 46 (1992), S. 445 ff., vgl. ferner ABl. EKD 47 (1993), S. 515 ff.

lands) und der Griechisch-orthodoxen Metropolie von Deutschland existiert bei ihr eine große ökumenische Spannkraft, sie stellt die umfassendste ökumenische Zusammenarbeit im deutschen Bereich dar. Ihr oberstes Leitungsorgan ist die Mitgliederversammlung, die jährlich dreimal tagt; diese wird von einem auf drei Jahre gewählten Vorstand geleitet. Die ACK besitzt die Rechtsform eines eingetragenen Vereins.[65]

II. Europäische Ökumenische Kommission für Kirche und Gesellschaft (EECCS)

Sie ist eine nach belgischem Recht als internationale gemeinnützige und kulturelle Vereinigung verfaßte kirchliche Institution mit Sitz in Brüssel[66]. Ihre Anfänge gehen auf das Jahr 1964 zurück. Seit dieser Zeit ist die EKD Mitglied. Das Schwergewicht ihrer Aufgabe liegt darin, die 14 Mitgliedskirchen[67] bei ihrer Verantwortung für und bei ihrem sozialethischen christlichen Beitrag zu den gesellschaftlichen, kulturellen,

---

[65] Die Satzung des ACK ist abgedr. in: *Dahrmann,* Recht der EKD (Anm. 6), Onr. 10.5.

[66] Die englische Bezeichnung, von der die Abkürzung EECCS stammt, lautet: European Ecumenical Commission for Church and Society.

[67] Dies sind die Kirchen (Stand Juni 1992):
— British Council of Churches
— Church of England
— Church of Scotland
— Irish Council of Churches
— Evangelische Kirche in Deutschland
— Schweizerischer Evangelischer Kirchenbund
— Fédération Protestante de France
— Raad van Kerken in Nederland
— Gereformeerde Kerken in Nederland
— Eglise Protestante Unie de Belgique
— Federatione delle Chiese Evangeliche in Italia
— Conselho Portugues de Igrejas Christas
— Iglesia Evangelica Espanola
— Evangelische Kirche Augsburgischen und Helvetischen Bekenntnisses in Österreich.
Beratend nehmen an den Arbeiten des EECCS teil:
Ökumenische Vereinigung für Kirche und Gesellschaft, Ökumenische Vereinigung der Akademien und Tagungszentren in Europa, Europäische Arbeitsgemeinschaft Kirche und Industriegesellschaft, Ausschuß der Kirchen für Ausländerfragen in Europa, Internationaler Verband für Innere Mission und Diakonie, Nordisches Ökumenisches Institut, Heilsarmee.
Als Gäste:
Ökumenischer Rat der Kirchen (ÖRK), Konferenz Europäischer Kirchen (KEK), Kommission der Bischofskonferenzen der Europäischen Gemeinschaft (COMECE), Katholisches Sekretariat für Europäische Fragen (OCIPE), Rat der Quäker für Europäische Angelegenheiten, Europäische Ökumenische Entwicklungsorganisation (EECOD), Konferenz der Kirchen am Rhein, Konferenz Protestantischer Kirchen in Lateineuropäischen Ländern.

wirtschaftlichen, ordnungs- und sicherheitspolitischen Fragen der Weiterbildung Europas, besonders der Europäischen Union und des Europarates, zu unterstützen, den Dialog mit diesen europäischen Institutionen zu führen und entsprechende Informationen weiterzugeben. Dazu bestehen in Brüssel und Straßburg je ein Sekretariat, die die laufenden Geschäfte wahrnehmen. Die weiteren Organe der EECCS sind die regelmäßig einmal im Jahr zusammentretende Vollversammlung, in die die EKD sieben Vertreter entsendet, und das Exekutivkomitee, das etwa viermal im Jahr zusammentritt.

Seit 1990 hat die EKD in Abstimmung mit der EECCS ein eigenes Büro vornehmlich zur Rechtsbeobachtung eingerichtet, das die Entwicklung des Gemeinschaftsrechts in allen Bereichen verfolgt und insbesondere über die Bereiche, die von kirchlichem Belang sind, die zuständigen EKD-Stellen unterrichtet[68].

III. Konferenz Europäischer Kirchen (KEK)

Diese seit 1958 im gesamteuropäischen Raum bestehende selbständige Arbeitsgemeinschaft orthodoxer, protestantischer, anglikanischer und altkatholischer Kirchen — eine Dachorganisation von etwa 250 Millionen Christen aus 123 Kirchen in mehr als 30 west- und osteuropäischen Staaten — sucht einen intensiven Meinungsaustausch und eine gemeinsame theologische Arbeit zu betreiben. Der KEK kommt insbesondere die Bedeutung eines wichtigen Bindeglieds zwischen Ost- und Westeuropa zu, sie hält enge Verbindung mit dem Ökumenischen Rat der Kirchen. Ihre Organe sind die Vollversammlung, das achtköpfige Präsidium und der zur Zeit aus 35 Delegierten bestehende Zentralausschuß, in den von deutscher Seite vier Vertreter gewählt sind. Die ständige Geschäftsführung liegt beim Sekretariat in Genf. Mit der römisch-katholischen Kirche besteht — obgleich nicht Mitglied der KEK — eine doppelte Koordination durch die Teilnahme katholischer Beobachter an den Vollversammlungen und durch die regelmäßigen Konsultationen des Europäischen Rates der Bischofskonferenz mit dem Präsidium der KEK.

IV. Lutherischer Weltbund (LWB)

Alle lutherischen Gliedkirchen der EKD, die unierte Pommersche Evangelische Kirche, die reformierte Lippische Landeskirche (wahrge-

---

[68] Auch das Diakonische Werk der EKD hat im gleichen Haus in Brüssel ein Büro errichtet, um das Geschehen auf EU-Ebene für seinen Bereich wirkungsvoll beobachten zu können.

nommen durch die Lutherische Klasse) und die VELKD sind Mitgliedskirchen des Lutherischen Weltbundes, dem weltweit mehr als 55 Millionen Lutheraner aus 115 Kirchen in über 80 Ländern angehören. Durch seine Gründung im Jahre 1947 in Lund als Nachfolgeorganisation des Lutherischen Weltkonvents wollten die Lutheraner vor allem die Isolation einzelner lutherischer Kirchen beseitigen, ein wirksames Instrument zum gemeinsamen Zeugnis und Dienst zur Verfügung stellen, den verwaisten Missionen, dem weltweiten Flüchtlingselend und den notleidenden Glaubensbrüdern und -kirchen besser beistehen können. Heute zeigt sich in fast allen Arbeitsbereichen des LWB eine starke ökumenische Dimension[69].

Oberste Instanz des LWB ist seine Vollversammlung, die sich aus den Delegierten aller Gliedkirchen zusammensetzt und normalerweise alle sechs Jahre abgehalten wird. In der Zwischenzeit leiten ein von der Vollversammlung gewählter Präsident und das gleichfalls von der Vollversammlung gewählte Exekutivkomitee die Geschäfte des Weltbundes. Der vom Exekutivkomitee gewählte Generalsekretär sorgt für die Durchführung der von der Vollversammlung oder dem Exekutivkomitee getroffenen Entscheidungen. Die Hauptgeschäftsstelle befindet sich in Genf mit einem Stab von ca. 100 Mitarbeitern.

V. Reformierter Weltbund (RWB)

Der Reformierte Weltbund, dem die reformierten Gliedkirchen der EKD angehören, ist der erste konfessionelle Weltbund und die erste internationale Organisation von Kirchen, seine Gründung geht auf das Jahr 1895 in London zurück. Er förderte schon früh die ökumenische Begegnung und stellt insofern keinen rein konfessionellen Kirchenbund dar. Das gemeinsame Bemühen um Antworten auf die großen Herausforderungen der Gegenwart wie etwa Rassismus, Gemeinschaft von Mann und Frau, Mission und Evangelisation im Kontext verschiedener Kulturen, Frieden und Menschenrechte, wie es insbesondere in dem Studiendokument „Ihr werdet meine Zeugen sein" von 1983 zum Ausdruck kommt, standen stets im Vordergrund seiner Arbeit. Im RWB sind weltweit etwa 175 reformierte, presbyterianische und kongregationalistische Kirchen mit insgesamt ca. 60 Millionen Mitgliedern zusammengeschlossen. Oberstes Organ ist die alle fünf Jahre tagende Generalversammlung, die ein Leitungsgremium aus den Mitgliedern wählt, außer-

---

[69] *Siegfried Grundmann*, Der Lutherische Weltbund. Köln, Graz 1957, S. 1 ff.; *Harding Meyer*, Lutherischer Weltbund, in: EvStL³ I, Sp. 2045 ff.; *Günther Gaßmann*, Lutherischer Weltbund, in: TRE, Bd. 21, 1991, S. 616 ff.

dem das Präsidium und den Generalsekretär mit mehreren Abteilungsvorsitzenden, der seinen Sitz im Gebäude des Ökumenischen Rates der Kirchen in Genf hat[70].

VI. Ökumenischer Rat der Kirchen (ÖRK)

Ein umfassender organisatorischer Ausdruck der Christenheit ist der 1948 nach einer längeren Vorbereitungsphase gegründete Ökumenische Rat der Kirchen, dem gegenwärtig 322 Kirchen mit mehr als 400 Millionen Christen aus allen Kontinenten angehören. Die römisch-katholische Kirche zählt sich jedoch nicht hierzu. Alle deutschen Landeskirchen sind zugleich Gliedkirchen des ÖRK, wobei einige in einem unmittelbaren Mitgliedschaftsverhältnis zum ÖRK stehen, während andere ihre Mitgliedschaftsrechte mittelbar durch die Organe der EKD wahrnehmen lassen. Organe des ÖRK sind die Vollversammlung, das Präsidium und der Zentralausschuß. Die Geschäftsführung obliegt dem Exekutivausschuß und dem Generalsekretariat unter Leitung eines Generalsekretärs. Dienstsitz ist wiederum Genf. Funktional konzentrieren sich die Bemühungen des ÖRK in den drei Aufgabengruppen der Anbahnung weitgehender Einheit der Weltchristenheit, der Unterstützung von Mission und Evangelisation sowie der Förderung von Gerechtigkeit, Frieden und Bewahrung der Schöpfung[71].

G. Die kirchlichen Werke und Verbände einschließlich besonderer Arbeitszweige und Arbeitsgemeinschaften

I. Die Arbeitsfelder allgemeinkirchlicher Anbindung

Die kirchliche Organisationsstruktur erschöpft sich nicht in dem, was der grundordnungsmäßig verfaßten Kirche unmittelbar inkorporiert ist. Hierzu gehören vielmehr die im wesentlichen während des 19. Jahrhunderts (Erweckungsbewegung) aber auch in neuerer Zeit neben den verfaßten Kirchen in verschiedenen Rechtsformen entstandenen Werke und Verbände. Teilweise wurden sie später unbeschadet ihrer Rechtsform (eingetragener Verein, rechtsfähige Stiftung usw.) in den kirchlichen Organisationsaufbau einbezogen, teilweise blieben sie relativ eigenständig. So ist eine Fülle älterer und jüngerer Werke, Verbände und

---

[70] *Joachim Guhrt,* Reformierter Weltbund, in: EvStL³ II, Sp. 2947 ff.
[71] *Günther Gaßmann,* Ökumenische Bewegung, in: EvStL³ II, Sp. 2289 ff; die Verfassung des Ökumenischen Rates der Kirchen ist abgedr. in: *Dahrmann,* Recht der EKD (Anm. 6), Onr. 10.4.

Aktivitäten zu verzeichnen, die in unterschiedlichen Rechtsformen und organisatorischer Nähe zur verfaßten Kirche auf allen Ebenen der kirchlichen Arbeit tätig werden[72].

Beispiele für solche Formen kirchlicher Tätigkeit — bei denen oft eine gemeindliche oder landeskirchliche Anbindung besteht — finden sich u. a. in Bereichen wie der Diakonie, Mission und Diaspora-Arbeit, insbesondere auch in der Jugend-, Frauen-, Männer-, Studenten-, Akademiker- und Erwachsenenbildungsarbeit. Einige evangelische Akademien und kirchliche Ausbildungsstätten gehören ebenso hierher wie z. B. der Deutsche Evangelische Kirchentag, die kirchlichen Darlehns- und Kreditgenossenschaften und die verschiedenen kirchlichen Versicherungsvermittlungs-, -beratungsdienste und -genossenschaften. Auf Anregung der EKD hat sich eine Konferenz kirchlicher Werke und Verbände gebildet, die eine engere Zusammenführung dieser Aktivitäten und eine bessere Wirksamkeit innerhalb der EKD anstrebt.

Im Bereich kirchlicher Organisationsstrukturen spielen die evangelischen Kommunitäten und Brüder- und Schwesternschaften (z. B. der Johanniter-Orden, die Evangelische Michaelsbruderschaft, die Gemeinschaften der Diakonissen und Diakone in Mütter- und Brüderhäusern) eine unterschiedliche Rolle. Ihre organisatorische Stellung innerhalb der Kirche entspricht etwa derjenigen, den die nicht inkorporierten Werke und Verbände innehaben[73].

II. Die Arbeitsfelder in EKD-Anbindung

Daneben haben die grundordnungsmäßige Zuständigkeit, eine besondere glied- oder gesamtkirchliche Gesetzgebung oder eine vertragliche Regelung, oft auch nur die Veränderung der Verhältnisse für die EKD im Laufe der Zeit zu einer Fülle von neuen Aufgabenzuweisungen geführt. Hier sollen nur wenige Bereiche angesprochen werden, von denen manche in der praktischen Organisationsstruktur eine stärkere Rolle spielen als es ihre Rechtsform und ihre kirchenrechtliche Einordnung vermuten lassen.

---

[72] *Hammer*, Organisationsstruktur (Anm. 9), S. 340; *Günter Wasse*, Kirchliche Werke in: EvStL¹, Sp. 2482 ff.

[73] *Siegfried von Kortzfleisch*, Evangelischer Orden, in: EvStL¹, Sp. 1406 ff.; *Hendrik Rust*, Evangelischer Orden, in: EvStL³ II, Sp. 2335; zum Ganzen vgl. auch *Hammer*, Organisationsstruktur (Anm. 9), S. 340.

1. Diakonie

Das Diakonische Werk der EKD, entstanden 1957 aus dem Zusammenschluß des Centralausschusses für die Innere Mission der Deutschen Evangelischen Kirche mit dem 1946 ins Leben gerufenen Evangelischen Hilfswerk[74], ist einer der Spitzenverbände der Freien Wohlfahrtspflege in der Bundesrepublik Deutschland. Es gliedert sich als sozial-diakonisches Instrument aller EKD-Gliedkirchen sowie der evangelischen Freikirchen in entsprechend viele Landes- und Fachverbände. Das Diakonische Werk vertritt die diakonische Arbeit der EKD und der ihr angeschlossenen Verbände gegenüber der Bundesrepublik sowie in der Öffentlichkeit und gegenüber sonstigen in- und ausländischen Organisationen.

Es wird als ein rechtlich selbständiges Werk in der EKD, in der Form eines eingetragenen Vereins, von Organen geleitet, in denen Rat, Kirchenkonferenz und Synode der EKD ebenso vertreten sind, wie die Repräsentanten der evangelischen Freikirchen, der Landesverbände und der Spezialisten aus den diakonischen und missionarischen Fachverbänden. Oberstes Organ ist die Diakonische Konferenz. Im Rahmen ihrer Beschlüsse koordiniert der Diakonische Rat die Arbeiten des Diakonischen Werkes. Der Hauptgeschäftsstelle mit Sitz in Stuttgart obliegt die Durchführung der von den leitenden Organen gefaßten Beschlüsse.[75]

Auch das wichtige ökumenische Entwicklungs- und Hilfsprogramm der EKD „Brot für die Welt", das 1959 ins Leben gerufen wurde und die bisher größte Spendenaktion im deutschen Protestantismus darstellt, wird vom Diakonischen Werk verwaltet.

2. Mission und Evangelisation

Auf der Weltkonferenz kam es 1961 in Neu-Delhi zur Fusion des Internationalen Missionsrates mit dem Ökumenischen Rat der Kirchen (ÖRK), 1963 zur Gründung der Evangelischen Arbeitsgemeinschaft für Weltmission (EAGWM), die erstmals eine organisatorische Verbindung zwischen der EKD und den durch den Deutschen Evangelischen Missionstag (DEMT) vertretenen freien Missionsgesellschaften herstellte.

---

[74] *Karl-Heinz Neukamm*, Diakonisches Werk, in: EvStL³ I, Sp. 610 ff. (614). Vgl. auch in *diesem* Handbuch *Peter von Tiling*, § 62 Die karitativen Werke und Einrichtungen im Bereich der evangelischen Kirche.
[75] Im weiteren vgl. die Satzung des Diakonischen Werkes vom 6.6.1975, abgedr. in: *Dahrmann*, Recht der EKD (Anm. 6), Onr. 6.1.

Im Zuge einer verstärkten Kooperation entstanden nach 1970 eine Reihe von regionalen Missionswerken bzw. Missionszentren, in denen die Landeskirchen und die Missionsgesellschaften als Partner der Jungen Kirchen in Übersee gemeinsam ihre Verantwortung für den Sendungsauftrag der Kirche wahrnehmen. Die Zweigleisigkeit von EAGWM und DEMT wurde 1975 beendet, als die EKD, eine Reihe evangelischer Freikirchen sowie zahlreiche regionale Missionswerke und freie missionarische Verbände das Evangelische Missionswerk im Bereich der Bundesrepublik Deutschland und Berlin West e. V. (EMW) gründeten. Seit 1991 gehört die Arbeitsgemeinschaft evangelischer Missionen in der DDR (AGEM) dazu. Beide zusammen bilden das Evangelische Missionswerk in Deutschland (EMW).

Dem EMW sind übergreifende Aufgaben im Bereich der missionarischen Verkündigung, der Missionswissenschaft sowie der Aus- und Weiterbildung zu missionarischen Diensten übertragen. Das EMW arbeitet mit regionalen und kontinentalen Kirchen- und Christenräten zusammen und beteiligt sich an Aufgaben der Weltbibelhilfe und der ärztlichen Mission. Es ist Mitglied der Kommission für Weltmission und Evangelisation beim Ökumenischen Rat der Kirchen.

Dem EMW gehören (1993) 24 korporative Mitglieder an; weitere zehn Missionsorganisationen nehmen als sog. Vereinbarungspartner seine Dienste in Anspruch.

Das EMW ist ein eingetragener Verein. Seine Organe sind die Mitgliederversammlung, der Vorstand und die Geschäftsstelle, die sich in Hamburg befindet.[76]

3. Kirchlicher Entwicklungsdienst

Der Kirchliche Entwicklungsdienst (KED) ist die Antwort der evangelischen Christenheit in der Bundesrepublik Deutschland auf die weltweite Herausforderung durch Hunger, Krankheit, Unwissenheit und soziale Ungerechtigkeit.

Er entstand 1968 als Gemeinschaftsaufgabe der EKD und geht zurück auf einen Beschluß der EKD-Synode, die die EKD-Gliedkirchen aufrief, zusätzliche Haushaltsmittel für Entwicklungsaufgaben bereitzustellen, um die von Spenden getragene Arbeit von „Brot für die Welt" zu ergänzen. Weitere Einrichtungen der EKD zur Durchführung von Ent-

---

[76] Vgl. im einzelnen die Satzung des EMW vom 19. September 1975, in: ABl. EKD 29 (1975), S. 720; abgedr. auch in: *Dahrmann*, Recht der EKD (Anm. 6), Onr. 6.2.

wicklungsaufgaben in den Ländern der Dritten Welt sind die Dienste in Übersee e. V. (DÜ) und die Evangelische Zentralstelle für Entwicklungshilfe e. V. (EZE), die zweckgebundene Mittel vom Bundesministerium für wirtschaftliche Zusammenarbeit erhält.

Als Koordinationsgremium für diese gesamten entwicklungsbezogenen kirchlichen Dienste wurde 1970 die Arbeitsgemeinschaft Kirchlicher Entwicklungsdienst (AG KED) geschaffen. Sie stellt darüber hinaus die Mitwirkung der ökumenischen und überseeischen Partner am Entscheidungsprozeß über die Vergabe der Mittel durch Konsultation und gemeinsame Planung sicher und fördert die Stärkung der Entwicklungsverantwortung im eigenen Land[77].

4. Ausländerarbeit

Nachdem seit den fünfziger Jahren zunehmend Ausländer, größtenteils mit ihren Familien, in die Bundesrepublik kamen, hat die EKD eine eigene Ausländerarbeit aufgebaut. Die soziale Betreuung liegt beim Diakonischen Werk. Für die seelsorgerliche Betreuung der fremdsprachigen evangelischen Christen (Koreaner, Finnen, Niederländer, Afrikaner usw.) wurden in Zusammenarbeit mit den Gliedkirchen der EKD und den Heimatkirchen eigene Gemeinden gebildet; orthodoxe Gemeinden und Kirchen (Griechen, Serben, Kopten, Äthiopier u. a.) werden unterstützt. Darüber hinaus bemüht sich die EKD um die rechtliche Stellung und die gesellschaftliche Integration der ausländischen Mitbürger, Asylbewerber und Flüchtlinge, unabhängig davon, ob sie Christen sind oder anderen Religionen angehören. Mit der islamischen Bevölkerung sucht sie eine offene, missionarisch verantwortliche Begegnung.

5. Kirchliche Publizistik

Aufgabe der kirchlichen Publizistik in all ihren Formen ist es, durch Information, Argumentation und Diskussion die Präsenz evangelischen Glaubens, Denkens und Handelns in der Öffentlichkeit zu fördern und so auf eine spezifische Weise an der Verkündigung des Evangeliums teilzunehmen. Dieser Aufgabe dient das Gemeinschaftswerk der Evangelischen Publizistik (GEP), das 1974 mit dem Ziel geschaffen wurde,

---

[77] Vgl. im weiteren dazu die entsprechenden Richtlinien des Rates der EKD, abgedr. in: *Dahrmann*, Recht der EKD (Anm. 6), Onr. 6.13 sowie die Geschäftsordnung für den Ausschuß „Kirchliche Mittel für Entwicklungsdienst", abgedr. in: *Dahrmann*, Recht der EKD (Anm. 6), Onr. 6.14.

verschiedene publizistische Einrichtungen im Bereich der EKD unter inhaltlichen und organisatorischen Gesichtspunkten zusammenzufassen. Mit der Form eines eingetragenen Vereins wurde ein ausgewogenes Verhältnis zwischen kirchlicher Bindung und publizistischer Freiheit geschaffen. Die leitenden Organe des GEP sind Mitgliederversammlung und Vorstand. Im „Ökumenischen Arbeitskreis für Information in Europa" und in der „Weltvereinigung für christliche Kommunikation (WACC)" ist die Evangelische Publizistik in unserem Land am internationalen Informations-, Material- und Erfahrungsaustausch beteiligt[78].

6. Erziehung, Bildung und Wissenschaft

Die evangelische Kirche ist seit den Anfängen der Reformationszeit im Bildungs- und Erziehungsbereich unmittelbar tätig gewesen. Heute ist sie Trägerin von Kindergärten, allgemein- und berufsbildenden Schulen, von Schulen für Behinderte, von Fachhochschulen und Ausbildungsstätten für diakonische, religionspädagogische, missionarische, soziale und sozialpädagogische Berufe, von kirchlich-theologischen Hochschulen, Aus- und Fortbildungseinrichtungen.

Zunehmende Bedeutung für das Leben der Kirche hat in den letzten Jahren die Weiterbildung für Erwachsene gewonnen. Träger der Erwachsenenbildung der evangelischen Kirche sind schwerpunktmäßig die Kirchengemeinden, deren Aktivitäten in diesem Bereich ergänzt werden durch die Tätigkeit der regionalen Bildungszentren, Heimvolkshochschulen, Familienbildungsstätten und Akademien. Alle Gruppen, Werke, Einrichtungen und Verbände, die im Bereich der EKD Erwachsenenbildung betreiben, sind in der „Deutschen Evangelischen Arbeitsgemeinschaft für Erwachsenenbildung" (DEAE) zusammengeschlossen.

7. Institute und Einrichtungen der EKD

Von besonderer Bedeutung sind die folgenden rechtlich unselbständigen Institute und Einrichtungen:

a) Das Institut für Kirchenrecht mit Sitz in Göttingen fördert auf vielfältige Weise die evangelische Kirchenrechtswissenschaft. Dies geschieht zum einen auf den jährlich vom Institut durchgeführten Tagun-

---

[78] Weiteres ist zu ersehen in der Satzung des GEP vom 10. Dezember 1987, in: ABl. EKD 42 (1988), S. 378; auch abgedr. in: *Dahrmann*, Recht der EKD (Anm. 6), Onr. 6.16. Die englische Bezeichnung, von der die Abkürzung WAAC stammt, lautet: World Association Christian Communication.

§ 12 Die Organisationsstruktur der evangelischen Kirche   413

gen für die Kirchenrechtslehrer und für die Juristen im kirchlichen Dienst, zum anderen durch die Herausgabe der Zeitschrift für evangelisches Kirchenrecht (ZevKR) seit 1951. Das Institut bemüht sich um Fortbildung des juristischen Nachwuchses für den kirchlichen Dienst. Es steht der EKD, den Gliedkirchen und anderen kirchlichen Stellen in kirchen- und staatskirchenrechtlichen Fragen zur Verfügung, insbesondere auch zur Beratung und zur Erstattung von Gutachten [79].

b) Das Institut für Kirchenbau und kirchliche Kunst der Gegenwart in Marburg, das aufgrund Vertrages eng mit der Theologischen Fakultät der dortigen Universität zusammenarbeitet, wirkt auf seinem Gebiet als wissenschaftliche Forschungsstätte, besitzt ein Zentralarchiv und pflegt den wissenschaftlichen Kontakt zwischen den Disziplinen der Architekten und der Theologen. [80]

c) Das Sozialwissenschaftliche Institut mit Sitz in Bochum hat die Aufgabe, durch sozialwissenschaftliche und sozialethische Studienarbeit zu wirklichkeitsnahem Zeugnis und Dienst der Kirche in der modernen Gesellschaft beizutragen. Dazu arbeitet es mit weiteren kirchlichen Einrichtungen im Bereich der EKD zusammen und erfüllt Studien- und Beratungsaufträge der EKD und ihrer Gliedkirchen. [81]

d) Die Evangelische Zentralstelle für Weltanschauungsfragen in Stuttgart beobachtet die religiösen und weltanschaulichen Strömungen der Zeit, sie koordiniert und betreibt wissenschaftliche Arbeit auf diesem Gebiet und wertet die Ergebnisse für die Arbeit in Kirche und Öffentlichkeit aus, insbesondere durch Publikationen. [82]

e) Das Evangelische Zentralarchiv in Berlin archiviert alle kirchlich relevanten Zeitdokumente aus dem Bereich von EKD und EKU und wird von beiden Verbänden gemeinschaftlich getragen. [83]

---

[79] An der Erstellung einer Ordnung für das Kirchenrechtliche Institut wird zur Zeit gearbeitet.
[80] Siehe im einzelnen dazu die Ordnung des Rates der Evangelischen Kirche in Deutschland für das Institut für Kirchenbau und kirchliche Kunst der Gegenwart vom 1. September 1961/Neufassung vom 25. Januar 1990, in: ABl. EKD 44 (1990), S. 45; auch abgedr. in: *Dahrmann*, Recht der EKD (Anm. 6), Onr. 6.5.
[81] Vgl. dazu die Ordnung des Sozialwissenschaftlichen Instituts der EKD vom 20. April 1979, in: ABl. EKD 33 (1979), S. 573; auch abgedr. in: *Dahrmann*, Recht der EKD (Anm. 6), Onr. 6.10.
[82] Die diesbezügliche Ordnung des Rates der EKD für die Evangelische Zentralstelle für Weltanschauungsfragen vom 3. Juli 1964, in: ABl. EKD 19 (1965), S. 25; gleichfalls abgedr. in: *Dahrmann*, Recht der EKD (Anm. 6), Onr. 6.8.
[83] Vgl. die diesbezügliche „Ordnung für die Benutzung des kirchlichen Archivgutes (Benutzungsordnung)" vom 15. Mai 1987, in: ABl. EKD 41 (1987), S. 281; abgedr. auch in: *Dahrmann*, Recht der EKD (Anm. 6), Onr. 8.4. Im weiteren vgl. die „Richtlinien der Evangelischen Kirche in Deutschland zum Schutze des

f) Die Evangelische Arbeitsstelle Fernstudium für kirchliche Dienste mit Sitz im Kirchenamt der EKD in Hannover betreibt anhand von schriftlichem Studienmaterial Erwachsenenbildung für bestimmte Arbeitsfelder ehrenamtlich oder hauptberuflich Tätiger.[84]

g) Die Gemeinsame Arbeitsstelle für gottesdienstliche Fragen mit Sitz im Kirchenamt der EKD in Hannover wurde im Benehmen mit den Gliedkirchen der EKD und der Lutherischen Liturgischen Konferenz gegründet und fördert das Verständnis des Gottesdienstes in allen seinen Aspekten. Sie steht den Organen und Amtsstellen der Gliedkirchen, den gliedkirchlichen Zusammenschlüssen und der EKD zur Beratung und für Auskünfte und Ausarbeitungen zur Verfügung[85].

h) Das Frauenstudien- und -bildungszentrum (FSBZ) der EKD mit Sitz in Gelnhausen ist im Aufbau begriffen. Es hat nach der vom Rat der EKD beschlossenen Ordnung die Aufgabe, Studien- und Bildungsarbeit von Frauen für Frauen wahrzunehmen sowie Dokumentations- und Öffentlichkeitsarbeit zu leisten, es soll Bedarf und Impulse aus der kirchlichen Praxis aufgreifen, einen Beitrag zur Erneuerung der Kirche leisten und helfen, mehr Gerechtigkeit für Frauen in der Kirche zu schaffen[86].

8. Einrichtungen in gemeinsamer Trägerschaft

In gemeinsamer Rechtsträgerschaft und Finanzierung beteiligt sich die EKD zusammen mit ihren Gliedkirchen u. a. an den Arbeiten der „Forschungsstelle der Evangelischen Studiengemeinschaft" (F.E.St.) mit Sitz in Heidelberg und des „Comenius-Instituts" mit Sitz in Münster, beide sind eingetragene Vereine.

Die F.E.St. hat die Aufgabe, als interdisziplinär arbeitendes wissenschaftliches Institut Grundlagenforschung zur Theologie und den Korrespondenzwissenschaften zu betreiben, um so „der Kirche bei ihrer Auseinandersetzung mit der Welt zu helfen" und „die Grundlagen der Wissenschaft in der Begegnung mit dem Evangelium zu klären", wie es in der Satzung formuliert ist.

---

kirchlichen Archivgutes" vom 10. Dezember 1982, in: ABl. EKD 34 (1983), S. 38; abgedr. auch in: *Dahrmann,* Recht der EKD (Anm. 6), Onr. 8.7.

[84] Vgl. im weiteren die diesbezügliche „Ordnung der Evangelischen Arbeitsstelle Fernstudium für kirchliche Dienste" vom 1. April 1976, in: ABl. EKD 30 (1976), S. 345; auch abgedr. in: *Dahrmann,* Recht der EKD (Anm. 6), Onr. 6.9.

[85] Einzelheiten finden sich in der „Ordnung für die Gemeinsame Arbeitsstelle für gottesdienstliche Fragen" vom 14. Dezember 1984, in: ABl. EKD 39 (1985), S. 1; abgedr. auch bei: *Dahrmann,* Recht der EKD (Anm. 6), Onr. 6.6.

[86] Näheres findet sich in der o. g. Ordnung, abgedr. in: ABl. EKD 46 (1992), S. 209 f.

Das „Comenius-Institut" orientiert sich an einer kirchlichen Bildungsarbeit und Bildungspolitik und hat gemäß seiner Satzung die Aufgabe, „aus evangelischer Verantwortung die theologische Erkenntnis und die praktische Lösung gegenwärtiger Erziehungs- und Schulprobleme zu fördern".

Ferner unterhält die EKD in gemeinsamer Trägerschaft mit dem Evangelischen Bund zur Erforschung von Lehre und Leben der christlichen Kirche in Geschichte und Gegenwart das „Konfessionskundliche Institut" (e.V.) in Bensheim (Bergstraße). Ziel ist die Förderung einer Verständigung unter der getrennten Christenheit. Ständiger Beobachtung unterliegen dabei innerhalb des römischen Katholizismus, der Orthodoxie und der protestantischen Ökumene u. a. folgende Themen: Konfessionsverschiedene Ehe, Abendmahlsgemeinschaft, Kirchen-, Amts- und Sakramentsverständnis und das gemeinsame sozialethische Zeugnis der Kirchen.

§ 13

Die Organisationsstruktur der übrigen als öffentliche Körperschaften verfaßten Religionsgemeinschaften und ihre Stellung im Staatskirchenrecht

Von Ernst-Lüder Solte

I. Einleitung

Neben der katholischen und der evangelischen Kirche gibt es in der Bundesrepublik zahlreiche weitere Religionsgemeinschaften, die über die Rechtsstellung einer Körperschaft des öffentlichen Rechts verfügen. Die Zahl der Mitglieder dieser sog. kleinen Religionsgemeinschaften[1] läßt sich nicht exakt ermitteln. Während 1987 von den knapp 57 Mio. Einwohnern der alten Bundesrepublik 51,7 Mio. der Römisch-katholischen und der Evangelischen Kirche angehörten, hatten die übrigen Religionsgemeinschaften 1,6 Mio. Mitglieder, von denen wiederum 372 000 den evangelischen Freikirchen und 20 655 der jüdischen Religionsgemeinschaft angehörten. Diese Religionsgemeinschaften besitzen ganz überwiegend den Rechtsstatus einer Körperschaft des öffentlichen Rechts[2].

Die Mehrzahl der kleinen Religionsgemeinschaften sind protestantischen Charakters und haben ihre historischen Wurzeln in den in Distanz zu den Landeskirchen entstandenen Erneuerungs- und Erweckungsbe-

---

[1] Die Terminologie ist nicht einheitlich. Das Staatskirchenrecht kennt sowohl den Begriff der Religionsgemeinschaft wie der Religionsgesellschaft. In dieser Arbeit wird der Begriff „Kleine Religionsgemeinschaft" verwendet, wobei sich das „klein" auf die Mitgliederzahl bezieht. S. zu den terminologischen Fragen *Gottfried Held*, Die kleinen öffentlich-rechtlichen Religionsgemeinschaften im Staatskirchenrecht der Bundesrepublik (= Jus Ecclesiasticum, Bd. 22). München 1974, S. 19, und *v. Mangoldt/Klein/v. Campenhausen*, Art. 140 GG/137 WRV, Rdnr. 18; *Hans Schwarz*, Art. Freikirchen, in: TRE, Bd. 11, 1983, Sp. 550.

[2] Daten des Statistischen Bundesamts nach dem Ergebnis der Volkszählung 1987. Eine publizierte vollständige Aufzählung aller Religionsgemeinschaften in der Bundesrepublik mit dem Status einer Körperschaft des öffentlichen Rechts existiert nicht. Hingewiesen sei jedoch auf die Übersicht in der 1974 erschienenen Arbeit von *Held*, Die kleinen Religionsgemeinschaften (Anm. 1), S. 149 ff.

wegungen des 19. Jahrhunderts. Einige gehen auf das 18. Jahrhundert zurück oder haben ihre geistige Grundlage im Zeitalter der Reformation wie die verschiedenen Täuferbewegungen. Der Augsburger Religionsfriede von 1555, der die rechtliche Form für die politische Koexistenz der konfessionellen Machtblöcke schuf, kannte neben der katholischen nur die lutherische Religionspartei. Zu beiden Kirchen traten 1684 im Westfälischen Frieden noch die Reformierten hinzu. Der Friedensvertrag verbot ausdrücklich die Anerkennung oder Toleranz einer weiteren Religion[3]. Die Verbreitung der Gedanken des Naturrechts und der Aufklärung bewirkte dann allerdings in der Folgezeit, daß das Sektenverbot des Westfälischen Friedens nicht überall eingehalten wurde, und die Landesherren in ihren Territorien neben den drei anerkannten Bekenntnissen weitere religiöse Gemeinschaften duldeten. Mit der Auflösung des Heiligen Römischen Reichs fielen dann endgültig die reichsrechtlichen Schranken für eine selbständige Kirchenpolitik der deutschen Staaten.

Mehrere dieser Staaten nahmen das Recht zum Zusammenschluß in ihre Verfassungen auf. Dabei differenzierte das Staatskirchenrecht zwischen den anerkannten Kirchen, den mit Korporationsqualität ausgestatteten Religionsgemeinschaften und den Religionsgemeinschaften ohne Korporationsqualität. Dieses System wurde mit der Weimarer Reichsverfassung von 1919 durch ein Staatskirchenrecht abgelöst, das mit Art. 137 Abs. 5 S. 2 WRV allen Religionsgemeinschaften die Möglichkeit bot, die Rechte einer Körperschaft des öffentlichen Rechts zu erwerben. Diese durch Art. 140 in das Grundgesetz rezipierte Norm kennzeichnet noch heute die Stellung der kleinen Religionsgemeinschaften im Staatskirchenrecht der Bundesrepublik Deutschland.

Im folgenden Teil II wird ein Überblick über die Religionsgemeinschaften mit Korporationsstatus und deren Organisationsstruktur gegeben. Im Teil III wird dann ihr staatskirchenrechtlicher Status untersucht. Im Vordergrund stehen dabei ihre Stellung im staatskirchenrechtlichen System, die Bedeutung der Körperschaftsqualität für die Religionsgemeinschaften und die Ausgestaltung ihres Rechtsstatus.

---

[3] Art. VII § 2 IPO.

II. Die übrigen Religionsgemeinschaften mit dem Status einer Körperschaft des öffentlichen Rechts im Überblick

1. Die evangelischen Freikirchen

a) Die Vereinigung Evangelischer Freikirchen

Neben den in der Evangelischen Kirche in Deutschland zusammengeschlossenen Landeskirchen gibt es unter den evangelischen Religionsgemeinschaften eine Reihe von sog. Freikirchen, die überwiegend im Gegensatz zu einer Landeskirche entstanden sind und von denen eine Reihe in der Vereinigung Evangelischer Freikirchen zusammengeschlossen sind[4]. Zweck der Vereinigung ist die Förderung gemeinsamer Aufgaben, die Vertiefung zwischenkirchlicher Beziehungen und die Vertretung gemeinsamer Interessen nach außen. Ihre Mitglieder sollen in einem kurzen Überblick dargestellt werden.

Die *Evangelisch-Methodistische Kirche*[5] hat ihren Ursprung in den Erweckungs- und Heiligungsbewegungen zu Beginn des 18. Jahrhunderts in den angelsächsischen Kirchen. Im Mittelpunkt der methodistischen Lehre, deren Grundlage die Heilige Schrift ist, steht die Erlösung des Menschen von Sünde und Schuld. Ohne über eine autoritativ formulierte und anerkannte Glaubenslehre zu verfügen, legt der Methodismus besonderen Nachdruck auf die Universalität der Sünde, die Universalität der göttlichen Gnade, die Rechtfertigung allein durch den Glauben, die Aufforderung zur Annahme der göttlichen Heilsgnade, die persönliche Heilsgewißheit und das ernsthafte Streben nach Heiligung. Das gesetzgebende Organ der Evangelisch-Methodistischen Kirche ist die Zentralkonferenz, die sich aus Pastoren- und Laiendelegierten der

---

[4] Der Vereinigung gehören an die Evangelisch-Methodistische Kirche, der Bund Evangelisch-Freikirchlicher Gemeinden in Deutschland, der Bund Freier evangelischer Gemeinden in Deutschland, die Heilsarmee in Deutschland, die Arbeitsgemeinschaft Mennonitischer Gemeinden in Deutschland, der Christliche Gemeinschaftsverband Mülheim a. d. Ruhr und die Kirche des Nazareners. Einen Gaststatus haben die Europäisch-Festländische Brüder-Unität und der Bund Freikirchlicher Pfingstgemeinden.
[5] Dazu *E. G. Freudenberg*, Der Aufbau und die Organisation der Methodistischen Kirche in Deutschland, Jur. Diss. Würzburg 1963; *Konrad Algermissen*, Konfessionskunde. 8. Aufl., Paderborn 1969, S. 614 ff.; *Karl Steckel* (Hrsg.), Geschichte der Evangelisch-Methodistischen Kirche, Stuttgart 1992; *Horst Reller/Manfred Kießig*, Handbuch Religiöse Gemeinschaften. 3. Aufl., Gütersloh 1985, S. 74 ff. Hingewiesen sei auf die Erklärung zur Kanzel- und Abendmahlsgemeinschaft zwischen der Evangelisch-Methodistischen Kirche und der Vereinigten Evangelisch-Lutherischen Kirche von 1986/87, über die *Erwin Fahlbusch*, Zwischenkirchliche Vereinbarungen und Texte, in: Kirchliches Jahrbuch für die Evangelischen Kirchen in Deutschland 114 (1987). Gütersloh 1990, S. 31 ff., 36 informiert.

Jährlichen Konferenzen aus den vier Konferenzgebieten zusammensetzt. Sie wählt aus den Reihen der ordinierten Ältesten einen Bischof, der den Vorsitz in den Konferenzen führt, Ordinationen vollzieht und die Kirche nach außen vertritt. Die Führung der laufenden gesamtkirchlichen Verwaltungsgeschäfte obliegt dem Kirchenvorstand, der von der Zentralkonferenz berufen wird und aus dem Bischof als Vorsitzendem und einer gleichen Anzahl von Pastoren und Laien besteht[6]. 1990 hatte die Kirche, zu der sich 1968 die Bischöfliche Methodistenkirche Deutschland und die Evangelische Gemeinschaft zur Evangelisch-methodistischen Kirche in Deutschland zusammengeschlossen hatten, in der Bundesrepublik Deutschland 69 500 Mitglieder in 660 Gemeinden.

Der *Bund Evangelisch-Freikirchlicher Gemeinden in Deutschland*[7] ist aus einem Zusammenschluß der Baptisten, Darbysten und Elim-Gemeinden entstanden. Die Baptisten haben in Deutschland ihren Ursprung zu Beginn des 19. Jahrhunderts. Sie bekennen sich zur Heiligen Schrift als Grundlage für Lehre, Leben und Ordnung der Kirche. Ihr Glaubensbekenntnis gilt als Ausdruck und Zeugnis der Übereinstimmung der Gemeinden im Glauben, nicht selbst als Gegenstand des Glaubens oder bindendes Glaubensgesetz. In der Gemeindepraxis nimmt die Taufe eine hervorragende Stelle ein. Sie wird auf der Basis eines persönlichen Glaubensbekenntnisses vollzogen. Die einzelnen Ortsgemeinden des Bundes Evangelisch-Freikirchlicher Gemeinden sind selbständig. Sein Zweck ist die Förderung der gemeinsamen missionarischen, diakonischen und sozialen Aufgaben sowie die theologische Ausbildung der Mitarbeiter. Die einzelnen Gemeinden entsenden Abgeordnete in den Bundesrat, das oberste Organ des Bundes. Er wählt Pastoren und Nichtpastoren in die Bundesleitung, der jedoch keine kirchenregimentlichen Befugnisse eingeräumt sind. Der Bund verfügt über 900 Gemeinden und Zweiggemeinden mit etwa 87 000 Mitgliedern[8].

Zum *Bund Freier evangelischer Gemeinden in Deutschland* schlossen sich 1874 in Wuppertal eine Reihe von Gemeinden zusammen, die nach 1848 in Deutschland entstanden waren und ihre Wurzeln im Pietismus hatten. Über ein für alle Gemeinden verbindliches Glaubensbekenntnis verfügen die freien evangelischen Gemeinden nicht. Grundlage der Verfassung des Bundes ist die Selbständigkeit der Einzelgemeinden. An seiner Spitze steht die Bundesleitung mit einem Bundesvorsteher. Die

---

[6] Art. 7 der Verfassung der deutschen Evangelisch-Methodistischen Kirche.
[7] Dazu *Algermissen,* Konfessionskunde (Anm. 5), S. 793 ff., und *Günter Balders* (Hrsg.), Ein Herr, ein Glaube, eine Taufe. 150 Jahre Baptistengemeinden in Deutschland. 3. Aufl., Wuppertal 1989.
[8] Quelle: Konjunktur der Sekten?, in: ideaspektrum 1992, H. 8, S. 2.

§ 13 Die übrigen öffentlich-rechtlichen Religionsgemeinschaften 421

Bundeskreise fördern die Ortsgemeinden im Kreisgebiet und berufen die Mitglieder zum Bundesrat. Dieser berät und entscheidet über die laufenden Arbeitsfragen, soweit dafür nicht Bundestag, Bundeskreise oder Bundesleitung zuständig sind. Die Gemeinden werden durch einen Ältestenkreis geleitet. Ihre Prediger werden im Einvernehmen mit der Bundesleitung berufen. Über wichtige Gemeindefragen entscheidet die Gemeindeversammlung. Der Bund umfaßt in der Bundesrepublik 290 Ortsgemeinden mit über 25 000 Gemeindemitgliedern[9].

Die *Heilsarmee* ist eine überkonfessionelle Erweckungs- und Heiligungsbewegung, die in der 2. Hälfte des 19. Jahrhunderts in England entstanden ist[10]. Im Mittelpunkt der vom Methodismus geprägten Lehre steht die Bekehrung und Heiligung. Die Heilsarmee, die in Analogie zu militärischen Organisationsformen aufgebaut ist, leistet mit ihren 2 000 Mitgliedern eine umfangreiche Sozialarbeit.

In der *Europäisch-Festländischen Brüder-Unität* sind eine Reihe von Brüdergemeinden zusammengeschlossen, die ihre Ursprünge im Pietismus des 18. Jahrhunderts haben. Die Brüder-Unität legt Wert auf die Gemeinschaft unter ihren Mitgliedern, in deren Zentrum Jesus Christus als Retter und Erlöser steht. Ihr Bekenntnis ist so durch eine christokratische Zielrichtung gekennzeichnet[11]. Die Gemeinden der Unität sind über die gesamte Bundesrepublik verstreut[12].

Die deutschen *Mennonitengemeinden*[13] gliedern sich in mehrere Gruppen: die Arbeitsgemeinschaft Mennonitischer Gemeinden in Deutschland, die über den Status einer Körperschaft des öffentlichen Rechts verfügt, die Arbeitsgemeinschaft zur geistlichen Unterstützung in Mennonitengemeinden (Gemeinden von Aussiedlern aus der ehemaligen UdSSR), den Bund Taufgesinnter Gemeinden (ebenfalls Aussiedlergemeinden) und die Arbeitsgemeinschaft mennonitischer Brüdergemeinden in Deutschland. Darüber hinaus gibt es eine Reihe einzelner

---

[9] Quelle: Adreßbuch der evangelischen Kirchen 1990. Frankfurt a. M., S. 826.
[10] Zur Heilsarmee s. *Algermissen*, Konfessionskunde (Anm. 5), S. 768 ff.; *Reller/Kießig*, Handbuch Religiöse Gemeinschaften (Anm. 5), S. 125 ff.; *Oswald Eggenberger*, Die Kirchen, Sondergruppen und religiösen Vereinigungen. 5. Aufl., Zürich 1990, S. 75 ff.
[11] Zu Bekenntnis und Verfassung s. *Algermissen*, Konfessionskunde (Anm. 5), S. 761 ff.
[12] Brüdergemeinden mit Körperschaftsrechten gibt es in Baden-Württemberg (Europäisch-Festländische Brüder-Unität, Evangelische Brüdergemeinde Korntal und Evangelische Brüdergemeinde Wilhelmsdorf), Niedersachsen (Europäisch-Festländische Brüder-Unität) und Rheinland-Pfalz (Evangelische Brüdergemeinde Neuwied).
[13] Zu den Mennoniten s. *Eggenberger*, Die Kirchen, Sondergruppen (Anm. 10), S. 56 ff.

Gemeinden. Die Mennoniten haben ihren Ursprung in der Täuferbewegung der Reformationszeit. Zu ihren Grundsätzen gehören die Taufe auf das Bekenntnis des Glaubens, Freiwilligkeit und Geschwisterlichkeit bei der Gestaltung des Gemeindelebens, die Unabhängigkeit der Gemeinden von staatlicher Bezuschussung und das gewaltlose Friedenszeugnis. Die Gemeinden regeln ihre Angelegenheiten selbst. Hierarchische Ordnungen fehlen ebenso wie ein übergemeindliches Lehramt. Die Zahl aller Mennonitengemeinden wird auf etwa 100 Gemeinden, die Zahl der Glieder auf 25 000 geschätzt.

b) Die Selbständige Evangelisch-Lutherische Kirche

Zur *Selbständigen Evangelisch-Lutherischen Kirche* haben sich 1972 drei lutherische Freikirchen zusammengeschlossen, die im 19. Jahrhundert auf dem alten preußischen Territorium entstanden sind, um die bekenntnisgebundene lutherische Kirche im Verbreitungsgebiet der Preußischen Union in Abwehr des in den evangelischen Landeskirchen herrschenden Rationalismus und Liberalismus zu erhalten[14]. Ihre Verfassung regelt eine Grundordnung, die auch das Ziel des Zusammenschlusses der lutherischen Freikirchen beschreibt, „ihre Einigkeit im Glauben und in der Lehre, wie sie sie in der Vergangenheit errungen haben, zu bekräftigen und die Aufgaben einer evangelisch-lutherischen Kirche wirksam zu erfüllen"[15]. Ihre Grundlagen bilden die Heilige Schrift des Alten und Neuen Testaments als das unfehlbare Wort Gottes und die Bekenntnisschriften der evangelisch-lutherischen Kirche[16]. Sitz der Kirche, der sich 1991 die Evangelisch-Lutherische (altlutherische) Kirche auf dem Gebiet der ehemaligen DDR angeschlossen hat, ist Hannover. Ihre Organe sind der Bischof, das Kollegium der Superintendenten, die Kirchenleitung, der Allgemeine Pfarrkonvent und die Kirchensynode. Ihren geistlichen Nachwuchs bildet sie an der 1947 gegründeten und vom Land Hessen als wissenschaftliche Hochschule anerkannten Lutherischen Theologischen Hochschule Oberursel aus[17].

---

[14] Die drei lutherischen Freikirchen waren neben der Evangelisch-lutherischen (altlutherischen) Kirche, deren Hauptverbreitungsgebiet die Gebiete der ehemaligen altpreußischen Union waren, die Evangelisch-Lutherische Freikirche mit ihren Ursprüngen in Nassau und Sachsen und die Selbständige Evangelisch-Lutherische Kirche, die einen Zusammenschluß mehrerer im Bereich der Bundesrepublik liegender lutherischer Freikirchen nach 1945 mit Diözesen in den Ländern Hamburg, Niedersachsen, Hessen und Baden-Württemberg darstellte. Zur Verfassung dieser Kirchen s. *Albrecht Lückhoff,* Die lutherischen Kirchenverfassungen in Deutschland, Jur. Diss. Freiburg 1960.

[15] Art. 1 Abs. 2 der Grundordnung.

[16] Art. 3 Abs. 1 der Grundordnung.

Die Kirche hat 185 Gemeinden mit etwa 41 500 Gemeindemitgliedern, die von 148 Pfarrern betreut werden.

c) Die reformierten Freikirchen und Gemeinden

In der Bundesrepublik gibt es neben der der EKD angehörenden Evangelisch-reformierten Kirche in Nordwestdeutschland und der überwiegend reformierten Lippischen Landeskirche eine Reihe *reformierter Freikirchen und Gemeinden,* die über die Rechte einer Körperschaft des öffentlichen Rechts verfügen[18]. Genannt sei hier die aus dreizehn Gemeinden mit etwa 6 700 Gliedern bestehende *Evangelisch-reformierte Kirche in Niedersachsen.* Dazu kommen noch weitere, über die Bundesrepublik verstreute reformierte Einzelgemeinden. Diese Gemeinden richten sich in Lehre und Leben nach der Heiligen Schrift. Ihre Bekenntnisse sind der Heidelberger Katechismus, die Confessio Belgica und die fünf Dordrechter Lehrsätze. Organisiert sind die reformierten Gemeinden nach der Presbyterialverfassung. Die überwiegende Zahl gehört dem Bund Evangelisch-reformierter Gemeinden in der Bundesrepublik an, der über den Körperschaftsstatus verfügt. Aufgabe des Bundes ist bei Wahrung der Freiheit und Selbständigkeit seiner Mitglieder vor allem die Vertretung der Mitgliedsgemeinden mit ihren 15 000 Gliedern in der Evangelischen Kirche in Deutschland und die Pflege von Kontakten zum reformierten Bund, zum reformierten Weltbund und zu anderen Kirchen.

d) Freikirchen, Evangelische Kirche in Deutschland und Landeskirchen

Die Geschichte der evangelischen Freikirchen kennzeichnet eine Tendenz zur Überwindung ihrer Isolierung. Dies findet seinen Ausdruck in einer verstärkten Zusammenarbeit mit der EKD und den Landeskirchen sowie durch Zusammenschlüsse untereinander[19]. Die Grundordnung der Evangelischen Kirche in Deutschland eröffnet bekenntnisverwand-

---

[17] An der von der Selbständigen Ev.-Luth. Kirche getragenen Hochschule kann Theologie mit dem Ziel studiert werden, Pfarrer zu werden. Im Sommersemester 1991 studierten an ihr siebenundvierzig Studenten, für die fünf hauptamtliche Lehrkräfte zur Verfügung standen.

[18] S. dazu *Berend Heinrich Lankamp,* Die Altreformierte Kirche in Niedersachsen, in: Ulrich Kunz, Viele Glieder — ein Leib. Stuttgart 1953, S. 44 ff.

[19] Zur Zusammenarbeit und zu den Verbindungen der Freikirchen untereinander s. *Ulrich Doose,* Die rechtliche Stellung der evangelischen Freikirchen in Deutschland. Jur. Diss. Marburg 1962, S. 236 ff.

ten kirchlichen Gemeinschaften die Möglichkeit, sich ihr anzuschließen[20]. Von diesem Angebot haben die Evangelische Brüderunität und der Bund Evangelisch-reformierter Kirchen in Deutschland Gebrauch gemacht.

2. Weitere christliche Religionsgemeinschaften

a) Die altkatholische Kirche

Unmittelbarer Anlaß für die Entstehung der *altkatholischen Kirche*[21] war die Verkündigung der Dogmen der Unfehlbarkeit und des Jurisdiktionsprimats durch Papst Pius IX. auf dem Ersten Vatikanischen Konzil im Jahr 1870. Die Gegner dieser Dogmen schlossen sich im Kampf für die alte katholische Kirche zusammen und wählten 1873 ihren ersten Bischof für das Katholische Bistum der Alt-Katholiken. Dieses Bistum, das sich bis heute als die rechtmäßige Diözese innerhalb der Einen, Heiligen, Katholischen und Apostolischen Kirche versteht, hält am Glauben der alten Kirche fest, wie er in den ökumenischen Symbolen und in den allgemein anerkannten dogmatischen Entscheidungen der ökumenischen Synoden der Kirche des 1. Jahrtausends ausgesprochen ist. Entscheidungen von westlichen Konzilien des 2. Jahrtausends werden nur insoweit anerkannt, wie sie mit dem Glauben der Kirche des 1. Jahrtausends im Einklang stehen. Geleitet wird das Katholische Bistum der Alt-Katholiken in Deutschland durch den Bischof unter Mitwirkung und Mitentscheidung der aus drei Geistlichen und vier Laien bestehenden Synodalvertretung. Gewählt wird der Bischof von einer Synode, die sich aus ihm, der Synodalvertretung, den ständigen Geistlichen des Bistums und den von jeder Gemeinde gewählten Laienvertretern zusammensetzt. Die Synode befaßt sich mit allen Fragen des kirchlichen Lebens. Die Pfarrer werden von der Gemeinde gewählt und bedürfen der Bestätigung und Einsetzung durch den Bischof. Die ökumenischen Bemühungen der Altkatholiken dokumentiert eine Vereinbarung mit der Evangelischen Kirche in Deutschland über eine gegenseitige Einladung zur Teilnahme an der Feier der Eucharistie[22].

Die altkatholische Kirche besteht aus sechzig Pfarrgemeinden mit insgesamt etwa einhundert weiteren Gottesdienststationen. Die rund

---

[20] Art. 21 Abs. 4 Grundordnung der EKD. Der Anschluß erfolgt durch Vereinbarung, die der Bestätigung durch ein Kirchengesetz bedarf.

[21] Zur altkatholischen Kirche s. *Algermissen,* Konfessionskunde (Anm. 5), S. 570 ff.; *Urs Küry,* Die altkatholische Kirche, Stuttgart 1966.

[22] Vereinbarung v. 29.3.1985, wiedergegeben bei *Fahlbusch,* Zwischenkirchliche Vereinbarungen (Anm. 5), S. 32 ff.

31 000 Mitglieder des Bistums werden von achtundachtzig Geistlichen betreut.

b) Die orthodoxen Kirchen

In der Bundesrepublik gibt es zwei *orthodoxe Kirchen* mit Korporationsstatus. Die Russisch-Orthodoxe Kirche im Ausland (Russisch-Orthodoxe Diözese der Orthodoxen Metropolie von Deutschland) mit Sitz in München ist eine Emigrantenkirche mit Körperschaftsrechten in fast allen Ländern[23]. Körperschaftsrechte in den meisten Ländern hat auch die für die griechischen Gastarbeiter eingerichtete Griechisch-Orthodoxe Metropolie in Deutschland.

3. Überkonfessionelle Formen der Kooperation zwischen den christlichen Religionsgemeinschaften

Die christlichen Kirchen in der Bundesrepublik arbeiten in der *Arbeitsgemeinschaft christlicher Kirchen in der Bundesrepublik* zusammen. Diese dient der ökumenischen Zusammenarbeit und Entwicklung durch Information und Förderung des theologischen Gesprächs mit dem Ziel der Klärung und Verständigung, der Behandlung besonderer Anliegen einzelner Glieder, der Beratung und Vermittlung bei Meinungsverschiedenheiten zwischen einzelnen Mitgliedern sowie der Vertretung gemeinsamer Anliegen und Aufgaben nach außen und in der Öffentlichkeit. Mitglieder oder Gastmitglieder sind neben den großen Kirchen und der Griechisch-Orthodoxen Metropolie von Deutschland auch eine Reihe evangelischer Freikirchen mit Körperschaftsstatus.

4. Die übrigen öffentlich-rechtlichen Religionsgemeinschaften

Neben den oben aufgeführten Religionsgemeinschaften mit Körperschaftsstatus gibt es in der Bundesrepublik eine Vielzahl weiterer Religionsgemeinschaften mit Körperschaftsstatus, die sich zusammenfassend durch eine größere Distanz zum Bekenntnis der oben genannten Kirchen und Religionsgemeinschaften kennzeichnen lassen. Sie können in diesem Beitrag nur in aller Kürze dargestellt werden.

---

[23] S. zu dieser Kirche *Jürgen Lehmann*, Die kleinen Religionsgesellschaften des öffentlichen Rechts im heutigen Staatskirchenrecht. Oldenstadt 1959, S. 31 f., sowie *Werner Günther*, Die Rechtsverhältnisse der Russischen-Orthodoxen Kirche in Deutschland, in: ÖArchKR 39 (1990), S. 342 ff.

Unter ihnen ist mit 430 000 Mitgliedern[24] die größte die *Neuapostolische Kirche*. Ihren Ursprung hat sie in den katholisch-apostolischen Gemeinden Englands in der ersten Hälfte des 19. Jahrhunderts. Die Neuapostolische Kirche hält sich für die auserwählte Schar und die allein wahre Kirche[25]. Diesen Anspruch leitet sie aus dem Apostelamt ab. Oberster Leiter ist der Stammapostel, der von der Apostelversammlung gewählt oder von seinem Vorgänger bestimmt wird. Die richtige Auslegung der Heiligen Schrift und die Erkenntnis neuer göttlicher Wahrheiten ist nur durch den Stammapostel und die übrigen Inhaber des Apostelamts möglich. Die Bedeutung dieses Amts wird aus der engen Verbindung seines Inhabers mit Christus hergeleitet.

Die *jüdischen Gemeinden* und ihre Landesverbände mit ihren 32 000 Mitgliedern haben ihre überregionale Vertretung im Zentralrat der Juden in Deutschland, einer Körperschaft des öffentlichen Rechts[26]. Der Zentralrat hat die Aufgabe, die religiösen und kulturellen Aufgaben der jüdischen Gemeinden und ihrer Landesverbände zu pflegen und deren gemeinsame Interessen zu vertreten[27]. Seine Mitglieder sind die sechzehn Landesverbände. Oberstes Organ ist die Ratsversammlung, in die die Landesverbände Delegierte entsenden. Die Ratsversammlung gibt dem Direktorium Richtlinien für seine Arbeit. Der Zentralrat ist Träger der Hochschule für Jüdische Studien in Heidelberg[28].

Die aus 45 000 Mitgliedern[29] bestehende Gemeinschaft der *Siebenten Tags-Adventisten* bildete sich in den vierziger Jahren des 19. Jahrhunderts in den USA[30]. Sie bezeichnet sich als Adventsbewegung. Kennzeichen ihrer Lehre sind die Erwartung der unmittelbar bevorstehenden persönlichen Wiederkunft des Herrn, die Rettung durch den Glauben an ihn als den Sohn Gottes und Erlöser und das Halten der Gebote als Liebes- und Vertrauensgehorsam in der Nachfolge Jesu. Das Bekenntnis zur Gnade Gottes erfolgt durch die Taufe.

---

[24] Quelle: Konjunktur der Sekten? (Anm. 8), S. 1 ff., 2.

[25] Zur Neuapostolischen Kirche s. *Reller-Kießig*, Handbuch Religiöse Gemeinschaften (Anm. 5), S. 311 ff.; *Eggenberger*, Die Kirchen, Sondergruppen (Anm. 10), S. 150 ff.; *Kurt Hutten*, Seher, Grübler, Enthusiasten. 6. Aufl., Stuttgart 1960 S. 22 ff., und *Algermissen*, Konfessionskunde, (Anm. 5), S. 785 ff.

[26] Zum Rechtsstatus der jüdischen Kultusgemeinden *Jan-Baldem Mennicken*, Einige Probleme der Gesetzgebung über die jüdischen Kultusgemeinden, in: DVBl. 1966, S. 15 ff.

[27] § 2 der Satzung des Zentralrats der Juden in Deutschland.

[28] Zu dieser Hochschule siehe unten III 2 c bb.

[29] Quelle: Konjunktur der Sekten? (Anm. 8).

[30] S. dazu *Algermissen*, Konfessionskunde (Anm. 5), S. 814 ff.; *Hutten*, Seher, Grübler, Enthusiasten (Anm. 25), S. 28 ff., und *Reller/Kießig*, Handbuch Religiöse Gemeinschaften (Anm. 5), S. 221 ff.

§ 13 Die übrigen öffentlich-rechtlichen Religionsgemeinschaften 427

Die *Christliche Wissenschaft* mit ihren 5 500 Mitgliedern[31] wurde 1879 gegründet. Sie vertritt eine Religion, die sich auf die Worte und Werke Jesu beruft. Gründerin und Entdeckerin der Christlichen Wissenschaft ist Mary Baker Edy. Kennzeichnend für die Lehre dieser Religionsgemeinschaft ist die Auffassung, daß sowohl körperliche Krankheit wie Sünde nur durch das Gebet geheilt werden könnten[32].

Die aus 15 000 Mitgliedern[33] bestehende *Christengemeinschaft* hat ihre geistige Grundlage im Gedankengut Rudolf Steiners, der sie 1922 gemeinsam mit Friedrich Rittelmeyer gründete[34]. Ihre Lehre läßt sich kennzeichnen durch die Überwindung des Gegensatzes von Glauben und Wissen durch ein neues „geisteswissenschaftliches" Erkennen, die Verwendung der Anthropologie als Hilfe zum Erschließen der übersinnlichen Welt und zum Verständnis der Bibel und durch die zentrale Stellung von Kult und Sakramenten. Sie wird geleitet von sechs Oberlenkern, von denen einer als Erzoberlenker den Vorsitz führt. In den Einzelgemeinden tragen die Pfarrer die Verantwortung[35].

Der *Bund freireligiöser Gemeinden in Deutschland* stellt eine Sammelbewegung der Freireligiösen in Deutschland dar, die ihren Ursprung u. a. in den deutschkatholischen Strömungen des 19. Jahrhunderts hat. Ein gemeinsames „Glaubensbekenntnis" gibt es unter den Freireligiösen nicht. Oberster Grundsatz ist die Selbstbestimmung des Menschen auf der Grundlage einer dogmenfreien Weltanschauung.

Eine vollständige Aufzählung aller Religionsgemeinschaften, die in den Ländern der Bundesrepublik über die Korporationsqualität verfügen, ist in diesem Beitrag nicht möglich. Erwähnt seien abschließend nur noch die Zeugen Jehovas, die Deutschen Unitarier und die Mormonen.

---

[31] Nach Konjunktur der Sekten? (Anm. 8).
[32] S. zu dieser Kirche *Reller/Kießig,* Handbuch Religiöse Gemeinschaften (Anm. 5), S. 235 ff. Über Körperschaftsrechte verfügt sie in Bayern, Berlin, Hamburg und Niedersachsen.
[33] Nach Konjunktur der Sekten? (Anm. 8).
[34] Dazu *Hutten,* Seher, Grübler, Enthusiasten (Anm. 25), S. 393 ff.; *Algermissen,* Konfessionskunde (Anm. 5), S. 711 ff., und *Reller/Kießig,* Handbuch Religiöse Gemeinschaften (Anm. 5), S. 239 ff.
[35] S. dazu *Eggenberger,* Die Kirchen, Sondergruppen (Anm. 10), S. 202 ff.

III. Die kleinen Religionsgemeinschaften des öffentlichen Rechts im deutschen Staatskirchenrecht

1. Die Stellung der kleinen öffentlich-rechtlichen Religionsgemeinschaften im Staatskirchenrecht der Gegenwart

Die verfassungsrechtliche Grundlage für den Status der kleinen Religionsgemeinschaften bildet das Normengefüge des Art. 140 GG i. V. m. Art. 137 WRV. Dabei differenziert das Grundgesetz zwischen solchen Religionsgemeinschaften, die über den Status einer Körperschaft des öffentlichen Rechts verfügen, und denjenigen, die sich privatrechtlich organisiert haben. Diesen gewährt Art. 140 GG i. V. m. Art. 137 Abs. 5 WRV einen Anspruch auf „gleiche Rechte", „wenn sie durch ihre Verfassung und die Zahl ihrer Mitglieder die Gewähr der Dauer bieten". Diejenigen Religionsgemeinschaften, die Körperschaften des öffentlichen Rechts sind, werden in ihrem Bestand garantiert. Das Grundgesetz kennt damit keinen prinzipiellen Unterschied im Rechtsstatus zwischen den Religionsgemeinschaften mit Körperschaftsstatus. Allen Religionsgemeinschaften gewährleistet die Verfassung in Art. 140 GG i. V. m. Art. 137 Abs. 3 WRV unabhängig von ihrem Rechtsstatus das Recht, ihre eigenen Angelegenheiten selbständig zu verwalten und zu ordnen.

Der Anspruch auf Verleihung „gleicher Rechte" hat alle Rechte zum Gegenstand, die den „altkorporierten" Religionsgemeinschaften in ihrer Eigenschaft als Körperschaften des öffentlichen Rechts zustehen. Unter diesen ist das Recht, Steuern zu erheben, in Art. 140 GG i. V. m. Art. 137 Abs. 6 WRV ausdrücklich genannt. Befugnisse und Gestaltungsmöglichkeiten, über die die großen Kirchen aufgrund ihres besonderen, geschichtlich gewachsenen Verhältnisses zum Staat verfügen und wie sie etwa in den Staatskirchenverträgen vereinbart worden sind, können die anderen Religionsgemeinschaften für sich nicht mit dem Hinweis auf Art. 140 GG i. V. m. Art. 137 Abs. 5 S. 2 WRV in Anspruch nehmen, wohl aber unter Berufung auf den Grundsatz der Parität. Dieses Prinzip verpflichtet den Staat allerdings nicht zu schematischer, Unterschiede zwischen den einzelnen Religionsgemeinschaften negierender Gleichbehandlung[36]. Die prinzipielle Statusgleichheit aller Religionsgemeinschaften gestattet deshalb eine Differenzierung bei der Ausgestaltung ihres Verhältnisses zum Staat nur dann, wenn diese durch die tatsächliche Verschiedenheit der einzelnen Religionsgemeinschaften bedingt ist[37]. Zu berücksichtigen ist in diesem Zusammenhang, daß viele privat-

---

[36] BVerfGE 19, 1 (8); s. dazu weiter etwa *Axel v. Campenhausen*, Staatskirchenrecht. 2. Aufl., München 1983, S. 103; *v. Mangoldt/Klein/v. Campenhausen*, Art. 140 GG/137 WRV, Rdnr. 151.

[37] So BVerfGE 19,1 (8).

rechtlich organisierte Religionsgemeinschaften in einer bewußten Distanz zum Staat und seinen Institutionen leben, die für sie einen öffentlich-rechtlichen Status von vornherein ausschließt.

2. Die Ausgestaltung ihres Status

a) Allgemeines

aa) Die Bedeutung der Körperschaftsrechte für die kleinen öffentlich-rechtlichen Religionsgemeinschaften

Die Verfassung überläßt den Religionsgemeinschaften nicht nur die Entscheidung darüber, ob sie von dem Angebot des Korporationsstatus Gebrauch machen wollen[38]. Sie können auch dann, wenn sie Körperschaften des öffentlichen Rechts sind, autonom darüber befinden, welche der mit diesem Status verbundenen Rechte sie in Anspruch nehmen. Tatsächlich ist dies je nach Nähe oder Distanz zum Staat und seinen Institutionen in sehr unterschiedlicher Weise erfolgt. Während einige Religionsgemeinschaften das Angebot des Körperschaftsstatus nahezu voll ausschöpfen und sich insoweit von den Großkirchen nicht unterscheiden[39], haben sich andere mit dem schlichten Rechtsstatus begnügt, ohne die vielfältigen Förderungen, die mit diesem Status verbunden sind, in Anspruch zu nehmen[40]. Dieser Befund legt die Frage nahe, welche Bedeutung der Korporationsstatus für die kleinen Religionsgemeinschaften neben der durch diesen Status vermittelten Einbeziehung in das System staatlicher Religionsförderung hat. Dabei spielt sicher der Prestigeaspekt eine Rolle. Ansehen und „Dignität" einer Religionsgemeinschaft wachsen mit dem „etwas rätselhaften Ehrentitel"[41] „Körperschaft des öffentlichen Rechts" und der mit diesem verbundenen „amtlichen" Bescheinigung einer in Verfassung und Mitgliederzahl begründeten „Gewähr der Dauer". Von größerer Bedeutung als das Prestige dürfte allerdings die durch den Korporationsstatus vermittelte Rechtsfähigkeit sein. Die Religionsgemeinschaften mit dem Status einer Körperschaft des öffentlichen Rechts sind für den Erwerb dieser Fähigkeit nicht auf das Vereinsrecht des bürgerlichen Rechts angewiesen. Der Korporationsstatus ermöglicht so in den Schranken des für alle gelten-

---

[38] S. dazu *Martin Heckel*, Die religionsrechtliche Parität, in: HdbStKirchR[1] I, S. 445 (503).

[39] So das Katholische Bistum der Alt-Katholiken und die Selbständige Evangelisch-Lutherische Kirche.

[40] Ein Beispiel hierfür sind die Mennoniten.

[41] So die oft zitierte Bezeichnung von *Rudolf Smend*, Staat und Kirche nach dem Bonner Grundgesetz, in: ZevKR 1 (1951), S. 4 ff., 9.

den Gesetzes Organisationsstrukturen, die unter dem Aspekt des Demokratieprinzips der Verfassung für die Willensbildung in Staat und Verbänden nicht gestattet wären[42]. Von Bedeutung ist dies insbesondere für diejenigen Religionsgemeinschaften, die wegen ihres hierarchischen Aufbaus von diesen Strukturen weit entfernt sind[43]. Der Korporationsstatus schafft so die Voraussetzungen dafür, daß die Religionsgemeinschaft von ihrem Selbstbestimmungsrecht wirksamer Gebrauch machen kann, als dies bei einer privatrechtlichen Organisationsform möglich wäre.

bb) Die kleinen Religionsgemeinschaften im Recht der Staatskirchenverträge

Staat und kleine Religionsgemeinschaften nutzen in wachsendem Umfang die Möglichkeit, ihre gemeinsamen Angelegenheiten auf der Ebene des Koordinationsrechts zu regeln[44]. Dabei lehnen sich die Berliner Vereinbarung mit dem Vorstand der Jüdischen Gemeinden zu Berlin, der Vertrag des Landes Niedersachsen mit der Freireligiösen Landesgemeinschaft und in einigen Regelungsbereichen auch der Vertrag zwischen dem Land Hessen und dem Landesverband der Jüdischen Gemeinden in Hessen in Aufbau und Inhalt an die traditionellen Staatskirchenverträge an, wenn sie Regelungen treffen über die Anstaltsseelsorge[45], Staatszuschüsse[46], die Berücksichtigung der Interessen der Religionsgemeinschaft im Schul-, Hochschul- und Rundfunkwesen und in

---

[42] Hierauf hat das Bundesverfassungsgericht in BVerfGE 83, 341 (357) hingewiesen.

[43] Dies gilt etwa für die Neuapostolische Kirche mit ihrer starken Betonung des Apostelamts.

[44] Die von *Joseph Listl* herausgegebene zweibändige Textausgabe der Konkordate und Kirchenverträge (Die Konkordate und Kirchenverträge in der Bundesrepublik Deutschland, Berlin 1987) enthält acht Vereinbarungen mit den in diesem Beitrag dargestellten Religionsgemeinschaften.

[45] Nr. III der Vereinbarung zwischen dem Vorstand der Jüdischen Gemeinde zu Berlin und dem Senat von Berlin zur Regelung gemeinsam interessierender Fragen v. 8.1.1971; abgedr. bei *Listl,* Die Konkordate und Kirchenverträge (Anm. 44), Bd. 1, S. 713.

[46] Art. 1 des Vertrags zwischen dem Land Hessen und dem Landesverband der Jüdischen Gemeinden in Hessen v. 11.11.1986 (GVBl. I S. 395, abgedr. auch bei *Listl,* Die Konkordate und Kirchenverträge (Anm. 44), Bd. 1, S. 860); § 7 des Vertrags zwischen dem Land Niedersachsen und der Freireligiösen Landesgemeinschaft Niedersachsen v. 8.6.1970 (GVBl. S. 505, bei *Listl,* Bd. 2, S. 194); § 1 des Vertrags zwischen dem Land Niedersachsen und der Evangelisch-methodistischen Kirche in Nordwestdeutschland v. 26.1.1978 (Nieders. MBl. S. 899, bei *Listl,* Bd. 2, S. 200); Nr. VIII i. d. F. der Änderungsvereinbarung zwischen dem Vorstand der Jüdischen Gemeinde zu Berlin und dem Senat von Berlin v. 20.9.1982, bei *Listl,* Bd. 1, S. 721.

§ 13 Die übrigen öffentlich-rechtlichen Religionsgemeinschaften 431

der Erwachsenenbildung[47], und wenn sie die traditionelle Freundschaftsklausel enthalten[48]. Inhalt der anderen Verträge sind Spezialmaterien des Staatskirchenrechts wie der Religionsunterricht[49], dessen Vergütung[50], Staatsleistungen in der Form von Zuschüssen zu den Personalkosten der Kirchengemeinden[51] oder allgemeine Zuschüsse für die religiösen und kulturellen Bedürfnisse[52].

b) Die mit der Korporationsqualität verbundenen Befugnisse und Gestaltungsmöglichkeiten und ihre Bedeutung für die kleinen Religionsgemeinschaften

Die mit dem Korporationsstatus verbundenen Rechte[53] sind für die Mehrzahl der Religionsgemeinschaften ohne größere Bedeutung. Wichtiger sind neben der durch den Korporationsstatus vermittelten Rechtsfähigkeit die vielfältigen Formen des Schutzes und der Förderung, die der Gesetzgeber ex lege mit diesem Status verbindet wie etwa das Geistlichenprivileg im Wehrrecht, das sich einige der kleinen Religionsgemeinschaften mit Hilfe der Gerichte erkämpfen mußten[54]. Zu erwähnen sind weiter die Befreiung von Umsatzsteuer[55] und Gebühren[56], das

---

[47] §§ 2, 3 u. 4 des Vertrags zwischen dem Land Niedersachsen und der Freireligiösen Landesgemeinschaft Niedersachsen v. 8.6.1970, bei *Listl*, Bd. 2, S. 193.

[48] Nr. VIII Abs. 3 der Berliner Vereinbarung mit dem Vorstand der Jüdischen Gemeinde (Anm. 45) bei *Listl*, Bd. 1, S. 717; Art. 6 des Hessischen Vertrags mit dem Landesverband der Jüdischen Gemeinden (Anm. 46), bei *Listl*, Bd. 1, S. 861.

[49] Vereinbarung zwischen der Griechisch-Orthodoxen Metropolie von Deutschland und der Unterrichtsverwaltung des Landes Nordrhein-Westfalen über die Einführung griechisch-orthodoxen Religionsunterrichts v. 3.7.1985, abgedr. bei *Listl*, Bd. 2, S. 394.

[50] Vereinbarung zwischen dem Freistaat Bayern und der Altkatholischen Kirche in Bayern über die Pauschalvergütung für die Erteilung des Religionsunterrichts v. 22.10.1986/28.4.1987 (bei *Listl*, Bd. 1, S. 616 ff.) und Vereinbarung zwischen dem Freistaat Bayern und der Russisch-orthodoxen Diözese des orthodoxen Bischofs von Berlin und Deutschland über die Pauschalvergütung für die Erteilung des Religionsunterrichts v. 10.11.1986/28.4.1987 (bei *Listl*, Bd. 1, S. 619 ff.).

[51] Vertrag zwischen dem Land Niedersachsen und der Evangelisch-methodistischen Kirche in Nordwestdeutschland v. 26.1.1978 (Anm 46).

[52] Vertrag zwischen dem Land Niedersachsen und dem Landesverband der Jüdischen Gemeinden von Niedersachsen v. 28.6.1983, abgedr. bei *Listl*, Bd. 2, S. 184.

[53] Dazu in *diesem* Handbuch *Paul Kirchhoff*, § 22 Die Kirchen und Religionsgemeinschaften als Körperschaften des öffentlichen Rechts.

[54] So die Zeugen Jehovas, s. BVerwGE 7, 66; 14, 318; 24, 1.

[55] § 2 Abs. 3 Umsatzsteuergesetz. Zur Verfassungsmäßigkeit der Beschränkung dieser Befreiung auf die Religionsgemeinschaften, die über den Korporationsstatus verfügen, s. BVerfGE 19, 129 (133 f.).

Zeugnisverweigerungsrecht der Geistlichen, die Vorrechte im Konkurs- und Zwangsvollstreckungsverfahren und die Berücksichtigung kirchlicher Belange bei der Bauleitplanung. Von dem mit dem Körperschaftsstatus untrennbar verbundenen Recht, aufgrund der bürgerlichen Steuerlisten nach Maßgabe der landesrechtlichen Bestimmungen Steuern zu erheben, haben das Katholische Bistum der Alt-Katholiken in Deutschland, die jüdischen Glaubensgemeinschaften sowie einzelne freireligiöse Gemeinden Gebrauch gemacht.

Nur wenige der korporierten Religionsgemeinschaften nutzen das Recht, öffentlich-rechtliche Dienstverhältnisse mit ihren Mitarbeitern zu begründen, so das Katholische Bistum der Alt-Katholiken und die Selbständige Evangelisch-Lutherische Kirche. Beschäftigen die Religionsgemeinschaften Kirchenbeamte oder Geistliche in einem öffentlich-rechtlichen Dienstverhältnis, sind sie aufgrund der ihnen durch den Körperschaftsstatus eingeräumten Disziplinargewalt befugt, ein Disziplinarrecht zu schaffen und mit diesem mit Wirkung für den weltlichen Bereich Sanktionen zu ergreifen, um den Amtsträger zur Beachtung seiner Dienstpflichten anzuhalten. Auch dieses Recht wird nur sehr selten in Anspruch genommen[57]. Dies gilt auch für das Recht, die in ihr Gebiet zuziehenden Personen des gleichen Bekenntnisses mit Wirkung für das staatliche Recht aufgrund der Wohnsitznahme als Mitglied zu erfassen (Parochialrecht)[58]. Für die Mehrzahl der kleinen Religionsgemeinschaften mit ihren weit verstreut lebenden Mitgliedern ist dieses Recht allerdings ohne große Bedeutung.

c) Weitere Formen staatlicher Förderung

Über die durch den Korporationsstatus vermittelten Befugnisse und Gestaltungsmöglichkeiten hinaus sind die kleinen Religionsgemeinschaften in die Förderung religionsgesellschaftlicher Interessen durch den Staat einbezogen durch finanzielle Leistungen der Länder, Bereitstellung des staatlichen Amts für die Wahrnehmung der Interessen der Religionsgemeinschaften, die Mitwirkung im Rundfunk und die Ausbildung von für den Religionsunterricht geeigneten Lehrern.

---

[56] S. dazu BVerfGE 19,1.
[57] Von den Altkatholiken, Altlutheranern und den Methodisten.
[58] S. dazu *Hermann Weber,* Die Verleihung der Körperschaftsrechte an Religionsgemeinschaften. Grundsätzliche und aktuelle Probleme, in: ZevKR 34 (1989), S. 337 ff., 359.

aa) Staatsleistungen

Während das Staatskirchenrecht bei den sog. negativen Staatsleistungen in der Form von Befreiungen von Steuern, Gebühren und Kosten die Religionsgemeinschaften mit Korporationsstatus in der Regel schematisch gleich behandelt, differenziert bereits die Verfassung bei den Zuwendungen des Staates an die Religionsgemeinschaften in der Gestalt von Staatsleistungen[59]. Wie die Großkirchen nehmen aber auch eine Reihe von kleinen Religionsgemeinschaften staatliche Zuschüsse in Anspruch. Gewährt werden diese Zuwendungen sowohl für die Deckung des allgemeinen Aufwands der Religionsgemeinschaft[60] wie auch für spezielle Aufgaben wie die Vergütung des von ihren Geistlichen erteilten Religionsunterrichts an öffentlichen Schulen[61]. Gewährt werden weiter Zuschüsse zu den Personalkosten der Kirchengemeinden[62] und für die Erwachsenenbildung[63]. Neben diesen vertraglich vereinbarten Zuwendungen fördern viele Länder auch ihren kleinen Religionsgemeinschaften durch freiwillige, nicht auf Rechtsverpflichtungen beruhende Zuwendungen nach Maßgabe des Staatshaushaltsplans.

---

[59] S. dazu in *diesem* Handbuch *Josef Isensee*, § 35 Leistungen des Staates an die Kirchen.

[60] S. Vertrag zwischen dem Land Hessen und dem Landesverband der Jüdischen Gemeinden in Hessen vom 11.11.1986 (GVBl. I S. 395, bei *Listl,* Die Konkordate und Kirchenverträge (Anm. 44), Bd. 1, S. 860); Vertrag zwischen dem Land Niedersachsen und dem Landesverband der Jüdischen Gemeinden von Niedersachsen v. 28.6.1983 (Nieders. GVBl. S. 306, bei *Listl,* Bd. 2, S. 184).

[61] Vgl. die Vereinbarung zwischen dem Freistaat Bayern und der Altkatholischen Kirche in Bayern über die Pauschalvergütung für die Erteilung des Religionsunterrichts v. 22.10.1986/28.4.1987 (bei *Listl,* Bd. 1, S. 616); Vereinbarung zwischen dem Freistaat Bayern und der Russisch-orthodoxen Diözese des orthodoxen Bischofs von Berlin und Deutschland über die Pauschalvergütung für die Erteilung des Religionsunterrichts vom 10.11.1986/28.4.1987 (bei *Listl,* Bd. 1, S. 619).

[62] S. Vertrag zwischen dem Land Niedersachsen und der Evangelisch-methodistischen Kirche in Nordwestdeutschland vom 26.1.1978 (Nieders. MBl. S. 899, bei *Listl,* Bd. 2, S. 200); Nr. VII der Vereinbarung zwischen dem Vorstand der Jüdischen Gemeinde zu Berlin und dem Senat von Berlin zur Regelung gemeinsam interessierender Fragen vom 8.1.1971 (bei *(Listl,* Bd. 1, S. 715); § 7 des Vertrags zwischen dem Land Niedersachsen und der Freireligiösen Landesgemeinschaft v. 8.6.1970 (Nieders. GVBl. S. 505, bei *Listl,* Bd. 2, S. 194).

[63] Vereinbarung v. 16.10.1974 zwischen dem Vorstand der Jüdischen Gemeinde zu Berlin und dem Senat von Berlin zur Änderung der Vereinbarung vom 8.1.1971 (bei *Listl,* Bd. 1, S. 718).

bb) Entfaltungsfreiheit in den staatlichen Institutionen

Die Förderung der Religionsgemeinschaften in der Weise, daß der Staat ihnen seine Institutionen, insbesondere sein Amt für die Wahrnehmung ihrer Aufgaben zur Verfügung stellt, ist kein Privileg der großen Kirchen. Mehrere der kleinen Religionsgemeinschaften haben deshalb auch von diesem Angebot Gebrauch gemacht.

Das gilt etwa für den *Religionsunterricht* in der Staatsschule als ordentlichem Lehrfach, den Art. 7 Abs. 3 GG auch für die kleinen Religionsgemeinschaften garantiert, wenn eine Mindestzahl von Schülern diesen Unterricht begehrt. Dabei wird der Religionsunterricht in der Mehrzahl der Fälle nicht durch staatliche Beamte, sondern, in der Regel gegen Vergütung[64], durch eigene Lehrkräfte erteilt.

Im *Hochschulbereich* ist von den kleinen Religionsgemeinschaften das Bistum der Alt-Katholiken mit dem Altkatholischen Seminar und einer Professur an der Universität Bonn vertreten. Für die Freireligöse Landesgemeinschaft in Niedersachsen wird die wissenschaftliche Vorbildung für den religionskundlichen Unterricht im Hochschulbereich durch einen Lehrauftrag für Religionswissenschaft und Didaktik des religionskundlichen Unterrichts an der Pädagogischen Hochschule Niedersachsen in Hannover zugesichert[65].

Bund und Länder fördern die Hochschule für Jüdische Studien in Heidelberg. Aufgabe dieser staatlich anerkannten Hochschule ist es, mit Forschung, Lehre und Studium der Pflege und Entwicklung der jüdischen Geisteswissenschaften und der ihnen verwandten Disziplinen zu dienen und auf alle beruflichen Tätigkeiten der jüdischen Gemeinschaft vorzubereiten, die die Anwendung wissenschaftlicher Erkenntnisse und Methoden erfordern[66].

---

[64] S. Vereinbarung zwischen dem Freistaat Bayern und der Altkatholischen Kirche in Bayern über die Pauschalvergütung für die Erteilung des Religionsunterrichts v. 22.10.1986/28.4.1987 (bei *Listl*, Bd. 1, S. 616); Protokoll über die Vereinbarung zwischen der Griechisch-Orthodoxen Metropolie von Deutschland und der Unterrichtsverwaltung des Landes Nordrhein-Westfalen über die Einführung griechisch-orthodoxen Religionsunterrichts vom 3.7.1985 (bei *Listl*, Bd. 2, S. 394); Vereinbarung zwischen dem Freistaat Bayern und der Russisch-orthodoxen Diözese des orthodoxen Bischofs von Berlin und Deutschland über die Pauschalvergütung für die Erteilung des Religionsunterrichts vom 10.11.1986/28.4.1987 (bei *Listl*, Bd. 1, S. 619).

[65] § 3 des Vertrags zwischen dem Lande Niedersachsen und der Freireligiösen Landesgemeinschaft Niedersachsen (Anm. 46).

[66] § 1 der Satzung. Zur Geschichte, Rechtsform und Lehrangebot der Hochschule s. *Helmut G. Meier* und *Hermann Josef Schuster,* Die Hochschule für jüdische Studien in Heidelberg, in: Wissenschaftsrecht, Wissenschaftsverwaltung, Wissenschaftsförderung, Beih. 8 (1983), S. 122 ff.

§ 13 Die übrigen öffentlich-rechtlichen Religionsgemeinschaften 435

Das mit dem Korporationsstatus verbundene Recht auf *Anstalts- und Militärseelsorge* (Art. 140 GG i. V. m. Art. 141 WRV) wird nur von wenigen Religionsgemeinschaften in Anspruch genommen. Eine Ausgestaltung hat es in der Berliner Vereinbarung zwischen dem Vorstand der Jüdischen Gemeinde zu Berlin und dem Senat von Berlin zur Regelung gemeinsam interessierender Fragen erhalten[67].

cc) Sonstige Förderung

Über diese Möglichkeiten der Mitwirkung hinaus kennt das Recht der kleinen Religionsgemeinschaften noch eine Vielzahl weiterer Formen der Förderung ihrer Interessen durch den Staat. So sind die jüdischen Feiertage in Bayern und Nordrhein-Westfalen besonders geschützt, und wie andere gesellschaftlich relevante Gruppen wirken auch die kleinen Religionsgemeinschaften bei den öffentlichen Aufgaben mit, bei denen der Staat die Gesellschaft einbezieht. So entsenden die Israelitischen Kultusgemeinden einen Vertreter in den bayerischen Senat[68]. In Organen der Rundfunkanstalten sind vertreten der Zentralrat der Juden in Deutschland[69] und die Jüdischen Gemeinden[70]. Ein Vertreter der Freikirchen und sonstigen anerkannten Religions- und Weltanschauungsgemeinschaften mit Korporationsstatus hat einen Sitz im Rundfunkrat des Süddeutschen Rundfunks[71]. Vertreten sind die kleinen Religionsgemeinschaften auch in den Medienräten, die vor allem für die Sicherung der

---

[67] Vgl. Anm. 45.

[68] Art. 7 des bayer. Gesetzes über den Senat.

[69] In den Rundfunkräten des Zweiten Deutschen Fernsehens und der Deutschen Welle/Deutschlandfunk.

[70] In den Rundfunkräten des Bayerischen Rundfunks (§ 6 Abs. 3 Nr. 4 RundfunkG), des Hessischen Rundfunks (§ 5 Abs. 2 Nr. 5 Gesetz über den Hessischen Rundfunk), des Norddeutschen Rundfunks (§ 17 Abs. 1 Nr. 5 Staatsvertrag über den Norddeutschen Rundfunk), des Saarländischen Rundfunks (§ 16 Abs. 1 Nr. 6 LandesrundfunkG), des Senders Freies Berlin (§ 6 Abs. 3 Nr. 2 Satzung der Rundfunkanstalt „Sender Freies Berlin"), des Süddeutschen Rundfunks (§ 4 Abs. 2 Nr. 3 der Satzung für den „Süddeutschen Rundfunk Stuttgart"), des Westdeutschen Rundfunks (§ 15 Abs. 3 Nr. 3 WDR-Gesetz), des Mitteldeutschen Rundfunks (§ 19 Abs. 1 Nr. 5 Staatsvertrag über den Mitteldeutschen Rundfunk), des Ostdeutschen Rundfunks Brandenburg (§ 16 Abs. 2 Nr. 3 Gesetz über den „Ostdeutschen Rundfunk Brandenburg"), des Senders Radio Bremen (§ 5 Abs. 2 Nr. 11 Gesetz über die Errichtung und die Aufgaben einer Anstalt des öffentlichen Rechts — Radio Bremen).

[71] § 4 Abs. 2 Nr. 4 der Satzung für den Süddeutschen Rundfunk Stuttgart. Zur Verfassungskonformität einer Regelung, nach der nur bedeutsamen weltanschaulichen Gruppen ein Recht auf Berücksichtigung eingeräumt wird, s. OVG Hamburg, Urt. v. 14.3.1984 (KirchE 22, 26), und den diese Entscheidung bestätigenden Beschluß des Bundesverwaltungsgerichts v. 16.8.1985 (KirchE 23, 161).

Meinungsvielfalt im Bereich des Rundfunks in den Ländern eingerichtet worden sind[72]. Erwähnt sei abschließend noch die Mitwirkung in den Organen der Jugendfürsorge und Sozialhilfe[73].

---

[72] Vertreten sind die israelitischen Kultusgemeinden in folgenden Organen: Medienrat des Landes Baden-Württemberg (§ 65 Abs. 1 Nr. 3 LandesmedienG), Medienrat des Freistaats Bayern (Art. 12 Abs. 1 Nr. 4 Medienerprobungs- und EntwicklungsG), Landesrundfunkausschuß der Bremischen Landesrundfunkanstalt (§ 39 Abs. 1 Nr. 1 b LandesmedienG), Vorstand der nach dem Hamburgischen Mediengesetz eingerichteten öffentlich-rechtlichen Anstalt (§ 55 Abs. 2 Nr. 1 MedienG), Versammlung der Hessischen Landesanstalt für privaten Rundfunk (§ 39 Abs. 1 Nr. 5 PrivatrundfunkG), Versammlung des niedersächsischen Landesrundfunkausschusses (§ 30 Abs. 1 Nr. 5 LandesrundfunkG), Veranstaltergemeinschaft und Rundfunkkommission nach § 26 Abs. 1 Nr. 3 und § 55 Abs. 3 Nr. 3 LandesrundfunkG Nordrhein-Westfalen, Versammlung der Landeszentrale für private Rundfunkveranstalter in Rheinland-Pfalz (§ 26 Abs. 1 Nr. 4 LandesrundfunkG), Saarländischer Landesrundfunkausschuß (§ 54 Abs. 2 Nr. 5 LandesrundfunkG), Anstaltsversammlung der schleswig-holsteinischen Landesanstalt für das Rundfunkwesen (§ 42 Abs. 2 Nr. 3 LandesrundfunkG), Landesrundfunkausschuß der Landesrundfunkzentrale in Mecklenburg-Vorpommern (§ 39 Abs. 1 Nr. 2 RundfunkG), Versammlung der Sächsischen Anstalt für privaten Rundfunk und neue Medien (§ 29 Abs. 1 Nr. 6 PrivatrundfunkG), Versammlung des Landesrundfunkausschusses in Sachsen-Anhalt (§ 32 Abs. 1 Nr. 6 Gesetz über den privaten Rundfunk in Sachsen-Anhalt), Versammlung der Thüringer Landesanstalt für privaten Rundfunk (§ 45 Abs. 1 Nr. 3 PrivatrundfunkG). Die Freikirchen sind im Medienrat des Landes Baden-Württemberg vertreten (§ 65 Abs. 1 Nr. 4 LandesmedienG).

[73] S. dazu *Held*, Die kleinen Religionsgemeinschaften (Anm. 1), S. 84 f.

IV. Abschnitt

Verfassungsrechtliche Grundsatzentscheidungen für die Beziehungen zwischen Staat und Kirche

§ 14

Glaubens-, Bekenntnis- und Kirchenfreiheit

Von Joseph Listl

I. Das verfassungsrechtliche Grundverständnis der Religions- und Kirchenfreiheit in der Bundesrepublik Deutschland

Für die individuelle und ebenso für die korporative Religionsfreiheit, d. h. für die Freiheit der Kirchen und übrigen Religionsgemeinschaften, in der Bundesrepublik Deutschland ist es kennzeichnend, daß die Bestimmung des Inhalts dieses Grundrechts nicht in erster Linie durch Akte der Gesetzgebung, sondern ganz überwiegend durch Entscheidungen der Gerichte, und hier in letzter und oberster Instanz durch das Bundesverfassungsgericht, erfolgt ist. Die Judikatur, die seit dem Ende des Zweiten Weltkriegs von Gerichten aller Gerichtszweige und Instanzen in Religions- und Kirchensachen entwickelt wurde, zeigt das Ausmaß der dynamisierenden Macht, die den Gerichten in der Bundesrepublik Deutschland übertragen ist. Es gehört zu den großen Leistungen des Bundesverfassungsgerichts, durch seine auf dem Gebiete der Religions- und Kirchenfreiheit ergangenen Entscheidungen eine auf festen, tragenden Grundsätzen beruhende, rational nachvollziehbare, konstante, im Ergebnis überzeugende und daher Zustimmung verdienende Rechtsprechung entwickelt zu haben. Diese Rechtsprechung zum Grund- und Menschenrecht der Religionsfreiheit verlief von ihren Anfängen an kontinuierlich und weist keine Zäsuren oder Brüche auf. Die Konstanten dieser Judikatur haben in der bisherigen, mehr als vierzig Jahre umfassenden Rechtsprechung des Bundesverfassungsgerichts keine inhaltlichen Veränderungen erfahren. Sie ergeben sich unmittelbar aus dem Grundgesetz als der freiheitlich-demokratischen Grundordnung der Bundesrepublik Deutschland.[1]

---

[1] Zum Grundrecht der individuellen und korporativ-institutionellen Religionsfreiheit ist insbesondere zu verweisen auf: *Gerhard Anschütz,* Die Religionsfreiheit, in: HdbDStR II, S. 675–689; *Nikolaus Blum,* Die Gedanken-, Gewissens- und Religionsfreiheit nach Art. 9 der Europäischen Menschenrechtskonvention (= Staatskirchenrechtliche Abhandlungen, Bd. 19), Berlin 1990; *Axel Frhr. von Campenhausen,* Religionsfreiheit, in: HStR VI, 1989, § 136 (S. 369–434); *ders.,*

1. Die extensive Auslegung des Begriffs der Religionsausübung

Ausgehend von der Erwägung, daß die Religionsfreiheit — ebenso wie alle übrigen Grund- und Freiheitsrechte — in erster Linie zum Schutz ihrer positiven Inanspruchnahme gewährleistet ist, beruht die Gesamtjudikatur des Bundesverfassungsgerichts zum Grundrecht der individuellen und der korporativ-institutionellen Religionsfreiheit bzw. zur Religions- und Kirchenfreiheit auf dem Grundsatz, daß der Begriff der *Religionsausübung* in Art. 4 Abs. 2 GG gegenüber seinem historischen Inhalt, wie später im einzelnen ausgeführt wird, extensiv ausgelegt werden muß.[2]

Zur Religionsausübung rechnet das Bundesverfassungsgericht neben den jeweiligen Formen herkömmlicher individueller und gemeinschaftlicher Religionsausübung auch die Verwirklichung der christlichen Karitas und Diakonie mit Einschluß der Krankenpflege.[3] Aufgrund dieser

---

Staatskirchenrecht. 2. Aufl., München 1983; *Walter Hamel,* Glaubens- und Gewissensfreiheit, in: Bettermann/Nipperdey/Scheuner (Hrsg.), Die Grundrechte. Bd. IV/1, Berlin 1960, S. 37-110; *Roman Herzog,* Art. 4, in: Maunz/Dürig/Herzog, Grundgesetz (Stand: 1988), 81 S.; *Alexander Hollerbach,* Grundlagen des Staatskirchenrechts, in: HStR VI, 1989, § 138 (S. 471-555); ders., Das Staatskirchenrecht in der Rechtsprechung des Bundesverfassungsgerichts I und II, in: AöR 92 (1967), S. 99 ff., und 106 (1981), S. 218 ff.; *Joseph Lecler,* Geschichte der Religionsfreiheit im Zeitalter der Reformation, (= Histoire de la Tolérance au siècle de la Réforme, Paris 1955, dt.), 2 Bde., Stuttgart 1965; *Joseph Listl,* Religionsfreiheit, in: HRG IV, Berlin 1990, Sp. 862-869; ders., Die Religions- und Kirchenfreiheit in der neueren Rechtsprechung des Bundesverfassungsgerichts, in: Verantwortlichkeit und Freiheit. FS für Willi Geiger zum 80. Geburtstag. Tübingen 1989, S. 539-579; ders., Die neuere Rechtsprechung des Bundesverfassungsgerichts zur Religions- und Kirchenfreiheit in der Bundesrepublik Deutschland, in: Auf dem Weg zur Menschenwürde und Gerechtigkeit. FS für Hans R. Klecatsky. Teilbd. 1, Wien 1980, S. 571-590; ders., Glaubens-, Gewissens-, Bekenntnis- und Kirchenfreiheit, in: HdbStKirchR¹ I, S. 363-406; ders., Das Grundrecht der Religionsfreiheit in der Rechtsprechung der Gerichte der Bundesrepublik Deutschland (= Staatskirchenrechtliche Abhandlungen, Bd. 1), Berlin 1971; *Heinrich Lutz* (Hrsg.), Zur Geschichte der Toleranz und Religionsfreiheit (= Wege der Forschung, Bd. 246), Darmstadt 1977; *Hermann Mirbt,* Artikel 135 und 136. Glaubens- und Gewissensfreiheit, in: Die Grundrechte und Grundpflichten der Reichsverfassung. Hrsg. von Hans Carl Nipperdey. Bd. 2, Berlin 1930, S. 319-360; *Ulrich Scheuner,* Die Religionsfreiheit im Grundgesetz, in: ders., Schriften zum Staatskirchenrecht. Berlin 1973, S. 33-54; *Christian Starck,* Art. 4, in: v. Mangoldt/Klein/Starck, S. 418-488 (Lit.); *Reinhold Zippelius,* Art. 4, in: BK (Drittbearbeitung; Stand: Dezember 1989), 71 S.

[2] Vgl. hierzu die Leitentscheidung des BVerfG im sog. „Lumpensammlerfall", in: BVerfGE 24, 236 ff.; ferner *Ulrich Scheuner,* Zum Schutz der karitativen Tätigkeit nach Art. 4 GG. Rechtsgutachten, in: ders., Schriften (Anm. 1), S. 55-64; *Listl,* Die neuere Rechtsprechung (Anm. 1), S. 574 ff.

[3] BVerfGE 24, 236 (246). Ebenso Beschl. des BVerfG v. 25.3.1980 über die Verfassungsmäßigkeit des Krankenhausgesetzes des Landes Nordrhein-Westfalen, in: BVerfGE 53, 366 (392 f.); vgl. auch *Ulrich Scheuner,* Die karitative

extensiven Interpretation des Begriffs der Religionsausübung, die sämtliche Erscheinungsformen religiöser Betätigung und Zwecke sowohl des Einzelnen und der religiösen Vereinigungen als auch der Kirchen und übrigen Religionsgemeinschaften selbst unter Berücksichtigung ihres jeweiligen Selbstverständnisses umfaßt, wird das Bundesverfassungsgericht dem Wesen der christlichen Religion, die nicht nur auf die Verkündigung und die theoretische Aneignung der Glaubenslehre, sondern auch auf deren Verwirklichung im praktischen gesellschaftlichen Leben ausgerichtet ist, in vollem Umfang gerecht.

2. Kein Vorrang der negativen vor der positiven Religionsfreiheit

Eine zweite verfassungsrechtliche Determinante der Rechtsprechung des Bundesverfassungsgerichts zum Religionsrecht bildet die Feststellung, daß das Grundrecht des Art. 4 Abs. 1 und 2 GG keine Prävalenz der sog. „negativen" vor der „positiven" Religionsfreiheit zuläßt. Wie das Bundesverfassungsgericht in seiner Schulgebetsentscheidung erklärt hat, begegnet — unter der Voraussetzung völliger Freiwilligkeit der Teilnahme — die Zulassung des religiösen Elements „Schulgebet", bei dem der Staat der positiven Religionsfreiheit in einem Bereich Raum gibt, den er ganz in seine Vorsorge genommen hat und in welchem religiöse und weltanschauliche Vorstellungen von jeher relevant gewesen sind, durch die Länder in einer von ihnen nicht ohne religiöse Bezüge gestalteten Gemeinschafts(pflicht)schule grundsätzlich keinen verfassungsrechtlichen Bedenken.[4] In dieser eingehend und überzeu-

---

Tätigkeit der Kirchen im heutigen Sozialstaat. Verfassungsrechtliche und staatskirchenrechtliche Fragen, in: EssGespr. 8 (1974), S. 43 (46 f., 58).

[4] BVerfGE 52, 223 (240). Ausgelöst wurde die staatskirchenrechtliche Erörterung des Verhältnisses von positiver und negativer Religionsfreiheit durch das sog. „Schulgebetsurteil" des Hessischen Staatsgerichtshofs vom 27.10.1965, in: ESVGH 16, 1 = NJW 1966, S. 31 = DÖV 1966, S. 51 = DVBl. 1966, S. 29 = KirchE 7, 275. Im Gegensatz zur Rechtsauffassung des HessStGH hat das BVerfG durch Beschluß vom 16.10.1979 die Veranstaltung eines freiwilligen überkonfessionellen Schulgebets außerhalb des Religionsunterrichts für grundsätzlich zulässig erklärt. Vgl. hierzu BVerfGE 52, 223 = EuGRZ 1980, S. 13 = NJW 1980, S. 575 = DVBl. 1980, S. 548 = DÖV 1980, S. 333 mit abl. Stellungnahme von *Ernst-Wolfgang Böckenförde*, ebd., S. 323; mit zust. Stellungnahme von *Ulrich Scheuner*, ebd., S. 513; mit krit. „Schlußwort" von *Ernst-Wolfgang Böckenförde*, ebd., S. 515; vgl. ferner *Christoph Link*, Die Schulgebetsentscheidung des Bundesverfassungsgerichts, in: JZ 1980, S. 564-566; *Listl*, Die neuere Rechtsprechung (Anm. 1), S. 576 ff. m. w. N.

Einen ähnlichen religionsrechtlichen Sachverhalt betrifft auch der Beschluß des BVerwG vom 23.7.1975 (VII B 114.74), in: DÖV 1976, S. 273 mit zust. Anm. von *Joseph Listl*, in dem dieses Gericht die Befragung von Patienten nach ihrer Religionszugehörigkeit bei der Aufnahme in kommunale Krankenanstalten zum Zweck der Ermöglichung der Anstaltsseelsorge für verfassungsrechtlich zulässig

gend begründeten Entscheidung zur Zulässigkeit der Veranstaltung eines Schulgebets auch bei Widerspruch eines oder mehrerer Schüler hat das Bundesverfassungsgericht durch seine Interpretation der Verfassung endgültig klargestellt, daß in das Grundgesetz auf dem Gebiete des Religions- und Staatskirchenrechts nicht Vorstellungen eines laizistischen Trennungsmodells hineingetragen werden dürfen. Das Grundgesetz gestattet vielmehr auch in Fällen, in denen dies nicht ausdrücklich in der Verfassung vorgesehen ist, wie z. B. im Schulbereich, eine Förderung religiöser Bezüge. Unter Berufung auf die negative Religionsfreiheit kann die positive Ausübung dieses Grundrechts nicht unterbunden werden. Der erforderliche Ausgleich zwischen kollidierenden Erscheinungsformen und Ansprüchen der positiven und der negativen Religionsfreiheit kann, wie das Bundesverfassungsgericht wiederholt entschieden hat, nur unter Beachtung des grundgesetzlichen Toleranzgebotes gefunden werden. Der hierbei notwendigerweise zu erzielende Kompromiß darf sich jedoch nicht am niedrigsten gemeinsamen Nenner orientieren, sondern muß, da die Grundrechte um ihrer Ausübung willen gewährleistet sind, ein Optimum an positiver Freiheit ermöglichen.[5] Allein diese Lösung entspricht dem freiheitlichen Geist des Grundgesetzes.

3. Toleranzgebot als eines der obersten Verfassungsprinzipien

Einen weiteren obersten Grundsatz der Rechtsprechung des Bundesverfassungsgerichts zum Religionsrecht enthält die Feststellung, daß das dem Grundrecht der Religionsfreiheit immanente Gebot zu religiöser Toleranz zu den ungeschriebenen obersten Verfassungsprinzipien zählt. Eine zentrale Rolle erkannte das Bundesverfassungsgericht dem Toleranzgebot zu in den drei am 17.12.1975 ergangenen Entscheidungen über die verfassungsrechtliche Zulässigkeit der in den Bundesländern Baden-Württemberg („christliche Gemeinschaftsschule im überlieferten badischen Sinn"), Bayern und Nordrhein-Westfalen bestehenden spezifischen Form der christlichen Gemeinschaftsschule.[6] Die Problematik,

---

erklärt hat. Eine gegen diesen Beschluß des BVerwG erhobene Verfassungsbeschwerde hat das Bundesverfassungsgericht am 25.10.1977 (1 BvR 323/75) wegen mangelnder Aussicht auf Erfolg nicht zur Entscheidung angenommen (BVerfGE 46, 266).

[5] In diesem Sinne zutreffend *Erwin Stein,* Die Religionsfreiheit im Grundgesetz, in: Begegnung und Vermittlung. Erziehung und Religionsunterricht im gesellschaftlichen Wandel. Ged.Schr. für Ingeborg Röbbelen. Dortmund 1972, S. 237 (260 f.).

[6] Vgl. die Entscheidungen des BVerfG, in: BVerfGE 41, 29 (51), 65 (78), 88 (108); außerdem BVerfGE 32, 98 (108 ff.); 47, 46 (77); 52, 223 (251). Einzelheiten bei *Listl,* Die neuere Rechtsprechung (Anm. 1), S. 581 ff.

§ 14 Glaubens-, Bekenntnis- und Kirchenfreiheit   443

der sich das Gericht bei diesen auf Verfassungsbeschwerden hin ergangenen Entscheidungen gegenübersah, liegt darin, daß diese „christlichen Gemeinschaftsschulen" auch von einer Minderheit von Schülern besucht werden *müssen,* die bzw. deren Erziehungsberechtigte keinem christlichen Bekenntnis angehören. Das Bundesverfassungsgericht hat die Schulform der „christlichen Gemeinschaftsschule" dennoch für verfassungsgemäß erklärt und in ihrer Existenz keine Verletzung des Grundrechts der Religionsfreiheit der nichtchristlichen Schüler erblickt. Wie das Gericht hierzu ausgeführt hat, schließt Art. 4 GG einerseits das Recht der Eltern ein, „ihrem Kind die von ihnen für richtig gehaltene religiöse oder weltanschauliche Erziehung zu vermitteln". Andererseits sei es Aufgabe des demokratischen Landesgesetzgebers, das im Schulwesen unvermeidliche Spannungsverhältnis zwischen „negativer" und „positiver" Religionsfreiheit nach dem Prinzip der „Konkordanz" zwischen den verschiedenen verfassungsrechtlich geschützten Rechtsgütern zu lösen.

Auch die Frage der Zulässigkeit von Kreuzen in Gerichts- und Schulsälen ist nach dem Prinzip der „Konkordanz" zwischen negativer und positiver Religionsfreiheit zu lösen. Im Kern handelt es sich hierbei letztlich um ein Toleranzproblem.[7] Die Toleranz bildet im Verhältnis zur Religionsfreiheit ein verfassungsrechtliches Komplementärprinzip.[8]

---

[7] Zur Frage der Zulässigkeit eines Kreuzes in einem Gerichtssaal s. die Entscheidung des BVerfG vom 17.7.1973, BVerfGE 35, 366 = NJW 1973, S. 2196 mit abl. Anm. von *Wolfgang Rüfner,* in: NJW 1974, S. 491 f.; kritisch zu dieser Entscheidung auch *Ulrich Scheuner,* Das System der Beziehungen von Staat und Kirchen im Grundgesetz. Zur Entwicklung des Staatskirchenrechts, in: HdbStKirchR[1] I, S. 54 mit Anm. 149. Zur Frage der Zulässigkeit der Anbringung von Kreuzen in Schulsälen oder Klassenzimmern s. die zutreffende Entscheidung des VG Regensburg vom 1.3.1991, in: BayVBl. 1991, S. 345 mit abl. Anm. von *Ludwig Renck;* ebenso BayVGH, Beschl. v. 3.6.1991, in: BayVBl. 1991, S. 751. Nach einer Entscheidung des OVG Münster, Beschl. v. 15.9.1993 (19 B 1933, 1934/93), in: DVBl. 1994, S. 172 (nur LS), dürfen die Klassenräume nordrhein-westfälischer Gemeinschaftsschulen seitens der Schulträger mit Kreuzen ausgestattet werden, solange die Schule Raum lasse für eine sachliche Auseinandersetzung in Offenheit auch für andere (nicht-christliche) religiös-weltanschauliche Überzeugungen.

Die Religionsfreiheit ist als Teil des grundrechtlichen Wertsystems dem Gebot der Toleranz zugeordnet und insbesondere auf die in Art. 1 Abs. 1 GG garantierte Würde des Menschen bezogen, die als oberster Wert das ganze grundrechtliche System beherrscht. Vgl. hierzu BVerfGE 32, 98 (108 ff.). Auch in der Entscheidung über die verfassungsrechtliche Zulässigkeit einer Sexualerziehung in der Schule erkannte das Bundesverfassungsgericht dem Toleranzgebot eine maßgebende Bedeutung zu. Wie das Gericht hierzu ausgeführt hat, können die Eltern bei der Durchführung der Sexualerziehung aufgrund der Vorschriften des Grundgesetzes (Art. 4, 3 Abs. 3, 33 Abs. 3 S. 2 GG) *die gebotene Zurückhaltung und Toleranz verlangen.* Die Schule muß jeden Versuch einer Indoktrinierung der Schüler mit dem Ziel unterlassen, ein bestimmtes Sexualverhalten zu befürworten oder abzulehnen. Sie hat das natürliche Schamgefühl der Kinder zu achten

4. Der wesensnotwendige Zusammenhang zwischen individueller Religionsfreiheit und institutioneller Kirchenfreiheit

Grundlegend für die Rechtsprechung des Bundesverfassungsgerichts zur Religions- und Kirchenfreiheit ist ferner seine zutreffende Verfassungsinterpretation, daß zwischen dem Grundrecht der Religionsfreiheit in Art. 4 Abs. 1 und 2 GG und dem in Art. 140 GG i. V. m. Art. 137 Abs. 3 WeimRV gewährleisteten institutionellen Selbstbestimmungs- und Selbstverwaltungsrecht der Kirchen und übrigen Religionsgemeinschaften ein wesensmäßiger innerer Zusammenhang besteht.[9]

Wie das Bundesverfassungsgericht hierzu ausgeführt hat, erweist sich die Garantie freier Ordnung und Verwaltung der eigenen Angelegenheiten durchaus als „notwendige, wenngleich rechtlich selbständige Gewährleistung, die der Freiheit des religiösen Lebens und Wirkens der Kirchen und Religionsgemeinschaften die zur Wahrnehmung dieser Aufgaben unerläßliche Freiheit der Bestimmung über Organisation, Normsetzung und Verwaltung hinzufügt".[10]

Auf der anderen Seite ergibt sich gerade im Hinblick auf das in Art. 137 Abs. 3 WeimRV gewährleistete Selbstbestimmungs- und Selbstverwaltungsrecht der Kirchen die Notwendigkeit des Rückbezugs auf das Grundrecht der Religionsfreiheit in Art. 4 Abs. 1 und 2 GG. Dies bedeutet, daß bei Eingriffen in das kirchliche Selbstbestimmungsrecht die Kirchen in ihrem Status und in ihrem Grundrecht der Religionsfreiheit aus Art. 4 Abs. 1 und 2 GG verletzt sind. Bei der Interpretation der Schrankenklausel ist dem „Selbstverständnis" der Kirchen ein besonderes Gewicht zuzumessen, soweit es den Bereich der durch Art. 4 Abs. 1 GG als unverletzlich gewährleisteten Glaubens- und Bekenntnisfreiheit betrifft und sich in der durch Art. 4 Abs. 2 GG geschützten Religions-

---

und muß allgemein Rücksicht nehmen auf die religiösen oder weltanschaulichen Überzeugungen der Eltern, soweit sie sich auf dem Gebiet der Sexualität auswirken. Vgl. hierzu BVerfGE 47, 46 (LS 2 und S. 76 f.).

[8] Vgl. im einzelnen bei *Listl,* Das Grundrecht (Anm. 1), S. 11 f., 251; zust. *Hollerbach,* Grundlagen (Anm. 1), Rdnr. 110 mit Anm. 242. Nach *Scheuner* ist das Toleranzgebot „ein echtes an den Staat wie auch an die einzelnen gerichtetes *Rechtsgebot*", das als „weitere objektive Inhaltsbestimmung des Art. 4 GG" in engem Zusammenhang mit der auf eine pluralistische Wirklichkeit bezogenen religiösen Neutralität steht. Vgl. hierzu *Scheuner,* Das System der Beziehungen (Anm. 7), S. 64 mit Anm. 184, m. w. N.; in diesem Sinne auch BVerwGE 44, 196 (200).

[9] Vgl. hierzu BVerfGE 53, 366 (401); nachdrücklich zustimmend *Hollerbach,* Grundlagen (Anm. 1), Rdnr. 108; ebenso *v. Campenhausen,* Religionsfreiheit (Anm. 1), Rdnr. 2; *Josef Isensee,* Anwendung der Grundrechte auf juristische Personen, in: HStR V, 1992, § 118, Rdnrn. 38-40.

[10] BVerfGE 53, 366 (401).

§ 14 Glaubens-, Bekenntnis- und Kirchenfreiheit

ausübung verwirklicht.[11] Aus diesem unlösbaren Zusammenhang zwischen dem Grundrecht des Art. 4 GG und den Gewährleistungen aus Art. 140 GG folgt, daß den Kirchen und übrigen Religionsgemeinschaften als solchen ungeachtet ihres Rechtsstatus als Körperschaften des öffentlichen Rechts zur Verteidigung ihrer Grundrechte der Rechtsbehelf der Verfassungsbeschwerde zum Bundesverfassungsgericht zusteht.[12]

---

[11] In diesem Sinne *Hollerbach*, Grundlagen (Anm. 1), Rdnr. 108 unter Bezugnahme auf BVerfGE 53, 366 (401); vgl. ferner BVerfGE 42, 312 (322 f.); 46, 73 (83); s. hierzu im einzelnen bei *Listl*, Die neuere Rechtsprechung (Anm. 1), S. 586 ff. m. w. N.; *ders.*, Das Grundrecht (Anm. 1), S. 372 ff.

[12] Dies hat das BVerfG in mehreren neueren Entscheidungen ausdrücklich hervorgehoben. Vgl. hierzu BVerfGE 70, 138 (160 ff.); 42, 312 (322 f.); 46, 73 (83); 53, 366 (387 f.); 57, 220 (240 f.); ferner 61, 82 (102 f.); 68, 193 (207); 75, 192 (196 f.); vgl. außerdem *v. Campenhausen*, Religionsfreiheit (Anm. 1), Rdnr. 78; *Hollerbach*, Grundlagen (Anm. 1), Rdnr. 108; *Wolfgang Rüfner*, Grundrechtsträger, in: HStR V, 1992, § 116, Rdnrn. 40 f.; *ders.*, Grundrechtsadressaten, ebd., § 117, Rdnrn. 50 ff.
Eine grundsätzliche und radikale Bestreitung der Rechtsprechung des BVerfG zum korporativ-institutionellen Grundrecht der Religionsfreiheit und zum Selbstbestimmungsrecht der Kirchen findet sich in jüngerer Zeit in der staatskirchenrechtlichen Literatur, soweit ersichtlich, nur bei *Joachim Wieland*, Die Angelegenheiten der Religionsgesellschaften, in: Der Staat 25 (1986), S. 321-350. *Wieland* bestreitet und verkennt den inneren wesensmäßigen Zusammenhang zwischen der individuellen Religionsfreiheit und dem Selbstbestimmungsrecht der Kirchen und übrigen Religionsgemeinschaften in ihren eigenen Angelegenheiten. Er steht auch der vom BVerfG entwickelten extensiven Interpretation des Begriffs der ungestörten Religionsausübung ablehnend gegenüber. Diese Ausführungen *Wielands* sind im Ergebnis der Versuch der Repristination einer anachronistischen staatlichen Kirchenhoheit, wie sie in der deutschen Staatsrechtslehre während des 19. Jahrhunderts und der Kulturkampfzeit und fortwirkend noch während der Weimarer Zeit und in der Lehre allenfalls bis 1945 vertreten und praktiziert worden ist. Bereits *Godehard Josef Ebers* hat in seinem epochemachenden und nach wie vor unverändert aktuellen Werk „Staat und Kirche im neuen Deutschland", München 1930, S. 26 ff., 119 ff., 253 ff., nachdrücklich und überzeugend dargelegt, daß diese auch unter der Herrschaft der Weimarer Reichsverfassung noch von einigen prominenten Staatsrechtslehrern, wie z. B. von *Gerhard Anschütz*, vertretenen Auffassungen schon damals sowohl mit dem ausdrücklichen Wortlaut als auch mit dem freiheitlichen Geist der Weimarer Reichsverfassung in Widerspruch standen. Gegen diesen staatskirchenrechtlichen Grundansatz *Wielands* auch *Hollerbach*, Grundlagen (Anm. 1), Rdnr. 122.

II. Inhalt und Schranken des Grundrechts der Religionsfreiheit

1. Der Gesamtbestand der für die Religionsfreiheit bedeutsamen verfassungsrechtlichen Normativbestimmungen

a) Bedeutung der Stellung des Staates zur Kirche

Die Gewährleistung umfassender Religionsfreiheit, d. h. der Religionsfreiheit als von einzelnen oder gemeinschaftlich ausgeübtes Individualgrundrecht und als korporative bzw. institutionelle Betätigungsfreiheit der Religions- und Weltanschauungsgemeinschaften, bildet eine Grundvoraussetzung für ein freies Geistesleben und damit eine Vorbedingung für die Existenzmöglichkeit eines menschenwürdigen und freiheitlichen Staates. Wirkliche Religionsfreiheit herrscht in einem Staatswesen nur dann, wenn nicht nur der Einzelne für sich seine Religion frei wählen und ausüben kann, sondern wenn auch den Religionsgemeinschaften effektiv eine volle und uneingeschränkte Betätigungsmöglichkeit gewährleistet ist. *Forsthoff* hat hierzu festgestellt, „daß der Staat seinem Wesen nach determiniert wird durch seine Stellung zur Kirche".[13] Die Richtigkeit dieser Aussage *Forsthoffs* beweisen z. B. in der jüngeren Geschichte anschaulich und eindrucksvoll die menschenverachtenden und religionsfeindlichen Herrschaftssysteme des Nationalsozialismus und des marxistisch-leninistischen Kommunismus in seinen sämtlichen Spielarten.

Die Verfassungsgarantie der Religionsfreiheit in ihren sämtlichen individualrechtlichen und korporativen Bezügen ist eine unmittelbare Ausprägung der in Art. 1 Abs. 1 GG für unantastbar erklärten Würde des Menschen, die als oberster Wert das gesamte Wertsystem der Grundrechte und des Grundgesetzes beherrscht.[14]

b) Art. 4 Abs. 1 und 2 GG als „Magna Charta" der Religionsfreiheit

Die zentrale grundrechtliche Gewährleistung, die „Magna Charta"[15] der Religionsfreiheit, findet sich in den Bestimmungen des Art. 4 Abs. 1 und 2 GG:

---

[13] *Ernst Forsthoff,* Die öffentliche Körperschaft im Bundesstaat. Tübingen 1931, S. 111. Dieses bekannte Wort *Forsthoffs* hat *Rudolf Smend* in der Aussprache bei der Tagung der Vereinigung der Deutschen Staatsrechtslehrer 1967 in Frankfurt aufgegriffen und zustimmend zitiert. Vgl. VVDStRL 26 (1968), S. 108.

[14] BVerfGE 32, 98 (108); 35, 366 (376), m. w. N. = NJW 1973, S. 2196 mit krit. Anmerkung von *Wolfgang Rüfner,* in: NJW 1974, S. 491 f.; *Zippelius,* Art. 4 (Anm. 1), Rdnr. 56, der darauf hinweist, daß die Bestimmungen des Art. 4 Abs. 1 und 2 GG den Sinngehalt des Art. 1 Abs. 1 GG näher erhellen und ihrerseits ihre Sinndeutung wiederum aus Art. 1 GG erfahren.

[15] *Stein,* Die Religionsfreiheit (Anm. 5), S. 239.

(1) Die Freiheit des Glaubens, des Gewissens und die Freiheit des religiösen und weltanschaulichen Bekenntnisses sind unverletzlich.

(2) Die ungestörte Religionsausübung wird gewährleistet.

Weitere *einzelne* Aspekte religionsfreiheitlicher Ausdrucksformen werden in den Bestimmungen des Art. 140 GG i. V. m. Art. 136 WeimRV und in den die Kirchenfreiheit regelnden Bestimmungen des Art. 140 GG i. V. m. Art. 137 Abs. 1-3 WeimRV *in besonderer Weise* hervorgehoben. Bei diesen Bestimmungen handelt es sich um zu speziellen Anspruchsnormen ausgestaltete notwendige Determinationen, Konkretisierungen und Verdeutlichungen des damit zu seiner vollen Aktualisierung und Ausformung gelangten Grundrechts der Religionsfreiheit des Art. 4 Abs. 1 und 2 GG in seiner komplexen gleichermaßen individualrechtlichen und korporativ-institutionellen Ausprägung.[16]

c) Erziehungsrecht. Religionsunterricht. Parität

Von großer praktischer Lebensbedeutung sind ferner das in Art. 6 Abs. 2 GG den Eltern gewährleistete Erziehungsrecht, zu dem auch das religiöse Erziehungsrecht gehört[17], und das in Art. 7 Abs. 2 GG den Erziehungsberechtigten garantierte Grundrecht, über die Teilnahme ihrer Kinder am Religionsunterricht zu bestimmen.[18]

Der für das Zusammenleben von Angehörigen verschiedener Konfessionen und Glaubensgemeinschaften im selben Staatsverband bedeutsame und als konstituierendes Prinzip des religiös-neutralen Staates anzusprechende Grundsatz der individualrechtlichen und der korporativ-institutionellen religiösen Parität findet in den sich hinsichtlich ihres rechtlichen Gehalts weithin deckenden Bestimmungen der Art. 3 Abs. 3, 33 Abs. 3 und 140 GG i. V. m. Art. 136 Abs. 1 und 2 WeimRV verfassungsrechtlichen Ausdruck.[19]

---

[16] *Hollerbach,* Grundlagen (Anm. 1), Rdnr. 108; vgl. hierzu ferner *Listl,* Das Grundrecht (Anm. 1), S. 372 ff.

[17] Vgl. hierzu in *diesem* Handbuch *Matthias Jestaedt,* § 52 Das elterliche Erziehungsrecht im Hinblick auf Religion.

[18] Vgl. hierzu in *diesem* Handbuch *Christoph Link,* § 54 Religionsunterricht. Art. 7 Abs. 3 GG muß in Verschränkung mit Art. 4 GG gesehen werden. Deshalb bildet vom Verständnis des Art. 4 GG her die *Sicherung des Religionsunterrichts* ein begrenztes und begründetes Maß an Kooperation zwischen dem Staat und den in der Bevölkerung lebenden Anschauungen. Vgl. hierzu die „Gutachtliche Äußerung zu verfassungsrechtlichen Fragen des Religionsunterrichtes", die von einer vom Rat der EKD eingesetzten Kommission für Fragen des Religionsunterrichts erarbeitet worden ist, in: Die evangelische Kirche und die Bildungsplanung. Eine Dokumentation. Gütersloh und Heidelberg 1972, S. 120 ff.

[19] Vgl. hierzu in *diesem* Handbuch *Martin Heckel,* § 20 Die religionsrechtliche Parität; *ders.,* § 21 Das Gleichbehandlungsgebot im Hinblick auf die Religion.

Auch verschiedene Länderverfassungen enthalten umfassende Garantien der individuellen und der korporativ-institutionellen Religionsfreiheit. Die vorkonstitutionellen Verfassungen übernehmen weithin das Religions- und Staatskirchenrecht der Weimarer Reichsverfassung, andere Verfassungen sind dagegen in bezug auf ihre religions- und staatskirchenrechtlichen Bestimmungen eher abstinent. Die Verfassungen der neuen Bundesländer Freistaat Sachsen und Sachsen-Anhalt dagegen übernehmen weithin die Religions- und Kirchenartikel des Grundgesetzes.[20]

d) Internationale Erklärungen und Konventionen

Ebenso wie Art. 18 der Allgemeinen Erklärung der Menschenrechte der Vereinten Nationen vom 10.12.1948, Art. 18 des Internationalen Pakts über bürgerliche und politische Rechte vom 19.12.1966[21] und Art. 9 der Europäischen Menschenrechtskonvention[22] gewährleistet Art. 4 Abs. 1 und 2 GG die Religionsfreiheit nicht nur als deutsches Bürgerrecht, sondern als Menschenrecht, das allen Personen, die sich im Geltungsbereich des Grundgesetzes aufhalten, unabhängig von ihrer Staats- und Religionszugehörigkeit zusteht. Das Grundgesetz gewährleistet damit für jedermann einen Rechtsraum, in dem er sich auf dem Gebiet der Religion die Lebensform geben kann, die seinen religiösen Überzeugungen entspricht. Es mag sich dabei um ein religiöses Bekenntnis oder auch um eine irreligiöse — religionsfeindliche oder religionsfreie — Weltanschauung handeln.[23]

Rechtssystematisch bildet der umfassende Begriff „Religionsfreiheit", der als solcher im Grundgesetz nur an einer einzigen Stelle, nämlich in Art. 140 GG i. V. m. Art. 136 Abs. 1 WeimRV vorkommt, ein „Gesamt-

---

[20] Vgl. hierzu z. B. Art. 107, 136, 142 ff. BayVerf.; über die Länderverfassungen im einzelnen s. *Hollerbach,* Grundlagen (Anm. 1), Rdnrn. 30-47; *Hans von Mangoldt,* Die Verfassungen der neuen Bundesländer. Einführung und synoptische Darstellung. Sachsen, Brandenburg, Sachsen-Anhalt, Verfassungskommission für Mecklenburg-Vorpommern. Berlin 1993; ferner *Joseph Listl,* Der Wiederaufbau der staatskirchenrechtlichen Ordnung in den neuen Ländern der Bundesrepublik Deutschland, in: FS für Anton Rauscher. Berlin 1993, S. 413-436, und in *diesem* Handbuch *Peter Badura,* § 6 Das Staatskirchenrecht als Gegenstand des Verfassungsrechts. Die verfassungsrechtlichen Grundlagen des Staatskirchenrechts.

[21] S. hierzu *Otto Kimminich,* Religionsfreiheit als Menschenrecht. Untersuchung zum gegenwärtigen Stand des Völkerrechts (= Entwicklung und Frieden. Wiss. Reihe 52). Mainz und München 1990, S. 92 ff., 101 ff., 191 ff., 206 ff., und Art. 9 der EMKR.

[22] Vgl. *Blum,* Europäische Menschenrechtskonvention (Anm. 1), S. 53 ff.; *Listl,* Das Grundrecht (Anm. 1), S. 34 ff.

[23] BVerfGE 12, 1 (3); 32, 98 (106).

grundrecht", das im Sinne der Tradition des deutschen Staats- und Religionsrechts die Einzelelemente der Glaubens-, Gewissens- und Bekenntnisfreiheit sowie das Recht der freien und ungestörten Religionsausübung in ihren sämtlichen individualrechtlichen, gemeinschaftlichen und korporativ-institutionellen Erscheinungsformen und Bezügen als Einzelgrundrechte und integrierende Bestandteile in sich enthält.[24]

2. Der Religionsbegriff des Grundgesetzes

a) Religion. Weltanschauung. „Jugendreligionen"

Jeder Versuch einer inhaltlichen Bestimmung des Begriffs „Religion" oder „Weltanschauung" muß methodisch von der Tatsache ausgehen, daß es dem zu religiöser, konfessioneller und weltanschaulicher Neutralität verpflichteten Staat[25] untersagt ist, den Glauben oder Unglauben seiner Bürger zu bewerten.[26] Dem Staat ist damit jede wertende Beurteilung der einzelnen Bekenntnisse unter der Rücksicht des Wahrheitsgehalts ihrer Lehre und damit jede auf einem solchen Urteil gründende Bevorzugung oder Benachteiligung einer Religion, Konfession oder Weltanschauung verboten. Das schließt jedoch keineswegs aus, daß die Organe des Staates nicht nur berechtigt, sondern sogar dazu verpflichtet sind, sich ein Urteil darüber zu bilden, ob es sich bei einzelnen religiösen Gruppierungen tatsächlich um Religions- und Weltanschauungsgemeinschaften im Sinne des Grundgesetzes handelt, die den Schutz des Art. 4 Abs. 1 und 2 GG und des Art. 140 GG i. V. m. Art. 137 Abs. 3 WeimRV in Anspruch zu nehmen berechtigt sind. Der Staat ist im Rahmen seiner Gemeinwohlverantwortung verpflichtet, einen Mißbrauch der Religionsfreiheit zu verhindern. Diese Pflicht obliegt ihm z. B. bei denjenigen Vereinigungen, die sich zwar als Religionsgemeinschaften bezeichnen, deren ganz überwiegendes Interesse aber erwiesenermaßen auf den Betrieb wirtschaftlicher Unternehmen und auf Gewinnerzielung ausgerichtet ist, oder die verfassungsfeindliche Ziele verfolgen oder in verschiedener Hinsicht jugendgefährdend sind. Hierbei sind „Religion" und „Weltanschauung" im Rahmen der Verfassungsordnung durchaus rechtlich bestimmbare und damit auch justitiable „Abgrenzungsbegriffe", über deren Auslegung und Anwendung die zuständigen Organe des Staates, d. h. der Gesetzgeber, die Exekutive

---

[24] Wie hier auch *Herzog*, Art. 4 (Anm. 1), Rdnrn. 5 ff.; *v. Campenhausen*, Religionsfreiheit (Anm. 1), Rdnrn. 36 ff.
[25] Zum Begriff der religiösen Neutralität vgl. BVerfGE 18, 385 (386); 19, 1 (8); 206 (216); 24, 236 (246); 32, 98 (106).
[26] BVerfGE 12, 1 (4).

und letztlich die Gerichte, zu befinden haben.[27] Dies hat jedoch stets unter Beachtung der bereits erwähnten obersten religionsrechtlichen Interpretationsmaxime zu geschehen, daß der Begriff der Religionsausübung extensiv auszulegen ist.

In Anwendung dieses Grundsatzes hat das Bundesverwaltungsgericht eine Warnung vor „Jugendreligionen/Jugendsekten" durch die Bundesregierung zu Recht für zulässig erklärt.[28]

Dagegen hält das Bundesverwaltungsgericht eine *Förderung* von Vereinen zur Bekämpfung der sog. „Jugendreligionen" oder „Jugendsekten" aus Haushaltsmitteln des Bundes oder einer Kommune für unzulässig. Wie das Bundesverwaltungsgericht hierzu ausgeführt hat, werde eine Gemeinschaft nicht durch das Grundrecht der Religions- und Weltanschauungsfreiheit geschützt, wenn ihre religiösen oder weltanschaulichen Lehren nur als Vorwand für die Verfolgung wirtschaftlicher Ziele dienen. Dagegen entfalle der *Schutz* dieses Grundrechts nicht schon dann, wenn sie sich „überwiegend" wirtschaftlich betätige. Nach den Ermittlungen des Oberverwaltungsgerichts Münster könne den Lehren Osho-Rajneeshs der Charakter einer Religion oder Weltanschauung nicht abgesprochen werden. Es lasse sich nicht feststellen, daß diese Lehren nur als Vorwand für eine wirtschaftliche Betätigung dienten. Die Kläger seien Träger des Grundrechts der Religions- und Weltan-

---

[27] Vgl. hierzu die zutreffenden Ausführungen bei *Peter Badura*, Der Schutz von Religion und Weltanschauung durch das Grundgesetz. Verfassungsfragen zur Existenz und Tätigkeit der neuen „Jugendreligionen". Tübingen 1989, S. 90, und die Rezension dieses Buches durch *Joseph Listl*, in: DÖV 1990, S. 579 f.; vgl. hierzu ferner die positive Würdigung in der Rezension von *Axel Frhr. von Campenhausen*, in: Der Staat 29 (1990), S. 628-632; ferner *Thomas Fleischer*, Der Religionsbegriff des Grundgesetzes. Zugleich ein Beitrag zur Diskussion über die „neuen Jugendreligionen" (= Bochumer juristische Studien, Nr. 74), Bochum 1989, mit positiver Würdigung durch *Wolfgang Rüfner*, in: AöR 116 (1991), S. 298 f.; ferner *Tillo Guber*, „Jugendreligionen" in der grundgesetzlichen Ordnung. Wirtschaftsgebaren, Sozialschädlichkeit und Förderungswürdigkeit aus verfassungsrechtlicher Sicht, München 1987, mit positiver Würdigung durch *Joseph Listl*, in: DVBl. 1989, S. 380 f.

[28] BVerwG, Urt. vom 23.5.1989, in: BVerwGE 82, 76-97, im Falle der Bewegung der „Transzendentalen Meditation" (TM), bestätigt durch BVerfG, Beschl. v. 15.8.1989 (1 BvR 881/89), in: NJW 1989, S. 3269; ebenso BVerwG, Beschl. vom 13.3.1991 (7 B 99/90), in: NJW 1991, S. 1770, im Falle der sog. „Osho-Bewegung"; ferner BVerwG, Beschl. v. 4.5.1993 (7 B 149/92), in: NVwZ 1994, S. 162, im Falle der von dem Inder Osho-Rajneesh (früher „Bhagwan") gegründeten Osho-Bewegung. Vgl. hierzu ferner *v. Campenhausen*, Religionsfreiheit (Anm. 1), Rdnr. 73; *Jörg Müller-Volbehr*, Die sogenannten Jugendreligionen und die Grenzen der Religionsfreiheit, in: EssGespr. 19 (1985), S. 111-140; *Rainer Scholz*, „Neue Jugendreligionen" und Grundrechtsschutz nach Art. 4 GG, in: NVwZ 1992, S. 1152-1155; *ders.*, „Neue Jugendreligionen" und Äußerungsrecht. Zur Zulässigkeit privater und behördlicher Äußerungen zur Förderung „sektenkritischer" Organisationen, in: NVwZ 1994, S. 127-133.

schauungsfreiheit. Mit der Förderung von Vereinen, die „Jugendreligionen/Jugendsekten" bekämpfen, greife die Bundesregierung in die Grundrechte der Kläger aus Art. 4 GG ein. Die Förderung sei ähnlich wie die eigenen Äußerungen der Bundesregierung zum Thema „Jugendreligionen/Jugendsekten" darauf gerichtet, die Öffentlichkeit vor Gefahren zu warnen, die mit dem Wirken bestimmter Religions- und Weltanschauungsgemeinschaften verbunden seien. Eine derartige Förderung dürfe die Bundesregierung nur auf der Grundlage einer gesetzlichen Eingriffsermächtigung gewähren; an einer solchen Ermächtigung fehle es jedoch. Die Tatsache, daß sich die Bundesregierung *selbst* zum Thema „Jugendreligionen/Jugendsekten" in der Öffentlichkeit warnend äußern dürfe, rechtfertige nicht die Förderung eines im gleichen Sinne tätigen *privaten Vereins*. Diese Förderung sei mit speziellen Freiheitsrisiken verbunden, da der geförderte Verein nicht in derselben Weise zur Sachlichkeit und Zurückhaltung verpflichtet sei wie die Bundesregierung.[29]

b) Begriff des Gewissens

Bei der Erörterung des Gewissensbegriffs („gegen sein Gewissen") gemäß Art. 4 Abs. 3 GG hat es das Bundesverfassungsgericht mit Recht

---

[29] BVerwG, Urt. vom 27.3.1992 (7 C 21.90), in: BVerwGE 90, 112 = NJW 1992, S. 2496 = DVBl. 1992, S. 1038 = JZ 1993, S. 33 mit abl. Anm. von *Peter Badura*. In einem Urteil vom selben Tag hat das BVerwG mit ähnlicher Begründung die Förderung eines auf örtlicher Ebene tätigen Vereins zur Bekämpfung der sog. „Jugendreligionen" oder „Jugendsekten" durch die Stadt Essen für rechtswidrig erklärt (7 C 28.90), nicht veröffentlicht. Vgl. hierzu ferner *Thomas Discher*, Mittelbarer Eingriff, Gesetzesvorbehalt, Verwaltungskompetenz: Die Jugendsekten-Entscheidungen — BVerwGE 82, 76; BVerwG, NJW 1991, 1770; 1992, 2496; BVerfG, NJW 1989, 3269, in: JuS 1993, S. 463-471.
Diese Beschränkung gilt jedoch nicht für Kirchen und andere Religionsgemeinschaften. Das auch den Religionsgemeinschaften zustehende Grundrecht aus Art. 4 Abs. 2 GG umfaßt den gesamten Bereich öffentlicher religiöser Betätigung einschließlich des Rechts zu kritischen, warnenden und für konkurrierende Religionsgemeinschaften abträglichen Äußerungen zu Fragen des religiösen und weltanschaulichen Lebens, des Werbens und der Propaganda (Missionsfreiheit). In diesem Sinne zutreffend BayVGH, Beschl. v. 27.5.1993 (7 CE 93.1650/1697), in: BayVBl. 1993, S. 692. Bestätigt durch BVerfG, 1. Kammer des Ersten Senats, Beschl. vom 13.7.1993 (1 BvR 960/93), in: BayVBl. 1993, S. 683 = DVBl. 1993, S. 1204 = NVwZ 1994, S. 159 (Glaubensgemeinschaft Universelles Leben gegen die Evangelisch-Lutherische Kirche in Bayern und deren Sektenbeauftragten).
Ebenso sind private Vereinigungen berechtigt, öffentlich vor der Tätigkeit von Religionsgemeinschaften zu warnen und auf die Sozialschädlichkeit ihrer Aktivitäten hinzuweisen: OLG Karlsruhe, Urt. v. 25.2.1993 (9 U 289/92), nicht veröffentlicht. Vgl. hierzu *Martin Huff*, Verein durfte vor „Scientology Church" warnen. Oberlandesgericht weist Klage ab. „Tarnorganisation", in: FAZ vom Dienstag, 2.3.1993 (Nr. 51), S. 10; vgl. hierzu ferner: OLG München, Urt. v. 13.8.1993 (21 U 1717/93), in: NVwZ 1994, S. 203 im Falle der Scientology Church.

vermieden, bei der von ihm zu beurteilenden Fragestellung in Auseinandersetzungen mit theologischen und philosophischen Lehren über Begriff, Wesen und Ursprung des Gewissens einzutreten. Das Gericht hat sein Vorgehen damit begründet, daß eine solche Prüfung die Kompetenz des Richters überschreiten würde und andererseits auch rechtlich unergiebig wäre, weil über viele der in diesem Zusammenhang auftretenden Probleme in den zuständigen Disziplinen tiefgreifende Meinungsunterschiede bestünden. Das Bundesverfassungsgericht versteht unter Gewissen „ein (wie immer begründbares, jedenfalls aber) real erfahrbares seelisches Phänomen ..., dessen Forderungen, Mahnungen und Warnungen für den Menschen unmittelbar evidente Gebote unbedingten Sollens sind".[30]

c) Begriff der Religion

Gleiches gilt hinsichtlich der Bestimmung des Begriffs „Religion". Der staatlichen Rechtsordnung darf kein nach den Vorstellungen einer bestimmten Theologie, Konfession, Kirche oder Weltanschauung geprägter, spezifisch konfessioneller oder auch rationalistisch-agnostischer oder antireligiöser Religionsbegriff zugrunde gelegt werden. Ebensowenig darf sich das Staats- und Verfassungsrecht bei der Bestimmung des Begriffs „Religion" an den Aussagen einzelner Vertreter der Religionswissenschaft über Wesen und Entstehung der Religion(en) orientieren.[31]

d) Umfassender Schutzbereich religiöser bzw. weltanschaulicher Betätigung

Das Grundgesetz schützt vielmehr *jede freie Betätigung der Religion hinsichtlich der Form und des Inhalts, der Teilnahme und der Art der Ausübung* — in der Familie, im Haus und in der Öffentlichkeit —, *soweit sie sich im Rahmen gewisser übereinstimmender sittlicher Grundanschauungen der heutigen Kulturvölker hält.*[32] Der Schutzbe-

---

[30] BVerfGE 12, 45 (54 f.).

[31] In dieser Hinsicht deshalb methodisch bereits im Ansatz verfehlt das Bemühen, „unabhängig vom Selbstverständnis der Religions- und Weltanschauungsgemeinschaften die Begriffe Religion und Weltanschauung zu bestimmen". So aber *Erwin Fischer,* Trennung von Staat und Kirche. Die Gefährdung der Religions- und Weltanschauungsfreiheit in der Bundesrepublik. 3., neu bearb. Aufl. unter Mitarbeit von *Gerhard Härdle.* Frankfurt a. M. 1984, S. 28; modifizierend ders., Volkskirche ade! Trennung von Staat und Kirche. Die Gefährdung der Religions- und Weltanschauungsfreiheit in der Bundesrepublik Deutschland, 4., völlig neu bearbeitete Aufl., Berlin-Aschaffenburg 1993, S. 58.

[32] In dieser Hinsicht grundlegend BVerfGE 12,1 (4); 24, 236 (246).

§ 14 Glaubens-, Bekenntnis- und Kirchenfreiheit 453

reich des Art. 4 Abs. 1 und 2 GG und damit auch des Art. 140 GG i. V. m. Art. 137 Abs. 3 WeimRV geht damit über das Verständnis der Glaubensfreiheit im westlichen oder abendländisch-christlichen Sinn hinaus. Er umfaßt alle großen Kulturbereiche der Welt und muß sich an dem universellen menschenrechtlichen Verständnis der Religionsfreiheit orientieren, das dem Art. 18 der Allgemeinen Erklärung der Menschenrechte der Vereinten Nationen zugrunde liegt.[33]

Diesem freiheitlichen Geist des Grundgesetzes entspricht es auch, die grundrechtliche Gewährleistung des Art. 4 Abs. 1 GG im Hinblick auf den Begriff „Weltanschauung" ebenfalls in einem weiten Sinn zu interpretieren.[34] Im Rahmen einer privatschulrechtlichen Entscheidung, bei der es um die Zulassung einer Weltanschauungsschule gemäß Art. 7 Abs. 5 GG ging, sah sich das Bundesverwaltungsgericht veranlaßt, den Begriff „Weltanschauung" im Sinne des Art. 4 Abs. 1 GG einer näheren Klärung zuzuführen. Wie das Bundesverwaltungsgericht in Übereinstimmung mit der Vorinstanz, dem Bayerischen Verwaltungsgerichtshof, zutreffend ausführt, werden in der verfassungsrechtlichen Literatur, ausgehend von dem philosophischen Begriffsverständnis „als Weltanschauung solche Gedankensysteme bezeichnet, die sich mit einer Gesamtsicht der Welt oder doch mit einer Gesamthaltung zur Welt bzw. zur Stellung des Menschen in der Welt befassen". Ein Gedankensystem, das im Sinne dieser grundrechtlichen Gewährleistung Weltanschauung sein wolle, werde sich mit Fragen nach dem Sinnganzen der Welt und insbesondere des Lebens der Menschen in dieser Welt befassen und zu sinnentsprechenden Werturteilen hinführen. Die aus der individuellen Wahrheitsüberzeugung von der Sinn- und Wertordnung erwachsenen subjektiv verbindlichen Gewißheiten seien es, die den besonderen Schutz des Art. 4 GG genössen und seinen Schutzbereich aus dem anderer Grundrechte heraushöben.[35]

---

[33] In diesem Sinne zutreffend *Ulrich Scheuner,* Pressefreiheit, in: VVDStRL 22 (1965), S. 48 mit Anm. 138. Zum Schutzbereich der freien Tätigkeit der Kirchen gehört auch der Schutz ihres Namens. Die katholische Kirche genießt deshalb für die Bezeichnungen „römisch-katholisch" und „katholisch" Namensschutz, soweit sie zur namensmäßigen Kennzeichnung der Zugehörigkeit von Einrichtungen und Veranstaltungen zur katholischen Kirche verwendet werden. Vgl. BGH, Urt. v. 24.11.1993 (XII ZR 51/92I, in: NJW 1994, S. 245.

[34] Das BVerwG hat deshalb zu Recht in BVerwGE 37, 344 (366) auch dem Bund für Gotterkenntnis (Ludendorff) e. V. den Charakter einer Weltanschauungsgemeinschaft zuerkannt. Vgl. hierzu *Joseph Listl,* Verbots- und Auflösungsmöglichkeit von Religions- und Weltanschauungsgemeinschaften bei verfassungsfeindlicher politischer Betätigung, in: DÖV 1973, S. 181 (184) mit Anm. 25. Zum Verständnis des Begriffs „weltanschauliches Bekenntnis" in der Rechtsprechung vgl. bei *Listl,* Das Grundrecht (Anm. 1), S. 362 mit Anm. 35.

[35] BVerwG, Urt. v. 19.2.1992 (6 C 5.91), in: BVerwGE 89, 368 (370 f.) = DVBl. 1992, S. 1033 = DÖV 1992, S. 921 = NVwZ 1992, S. 1192. In diesem Sinne auch *Starck,* Art. 4 (Anm. 1), Rdnrn. 3 und 19; *Theodor Maunz,* in: Maunz/Dürig/

3. Die Einzelelemente des Grundrechts der Religionsfreiheit im heutigen Verfassungsrecht

Die Begriffe „Gedanken-, Gewissens- und Religionsfreiheit", die in dieser Zusammensetzung im angelsächsischen, insbesondere im nordamerikanischen Rechtsraum geläufig sind und von dort her Eingang in Art. 18 der Allgemeinen Erklärung der Menschenrechte der Vereinten Nationen und in Angleichung an den Wortlaut dieser Bestimmung auch in den Art. 9 Abs. 1 der Europäischen Menschenrechtskonvention gefunden haben, stellen ihrem rechtlichen Gehalt nach weitgehend Synonyme dar, deren exakte begriffliche Abgrenzung voneinander kaum möglich erscheint.[36] Auch in Art. 4 Abs. 1 und 2 GG bestehen zwischen den Einzelbestandteilen des Grundrechts der Religionsfreiheit, nämlich der Glaubensfreiheit, der Gewissensfreiheit, der religiösen und weltanschaulichen Bekenntnisfreiheit und der ungestörten Religionsausübung inhaltliche Überlagerungen und Überschneidungen. Diese machen es unmöglich, die Einzelgewährleistungen des *Gesamtgrundrechts* der Religionsfreiheit, das als solches, wie bereits erwähnt, im Grundgesetz nur an einer einzigen Stelle, nämlich in Art. 140 GG i. V. m. Art. 136 Abs. 1 WeimRV begegnet, ihrem rechtlichen Gehalt nach mit Schärfe voneinander abzuheben und abzugrenzen.[37] Ungeachtet dessen legen es der objektive Wortlaut des Grundgesetzes und die Entstehungsgeschichte dieser Bestimmungen im Lichte der deutschen religionsrechtlichen Verfassungstradition nahe, in diesen Einzelgewährleistungen hinsichtlich der Aktualisierung und des Vollzugs dieser Freiheitsrechte und vor allem auch im Interesse ihres rechtlichen Schutzes verschiedene Einzelbereiche, Stufen und Schichten des Gesamtgrundrechts der Religionsfreiheit mit Deutlichkeit voneinander abzuheben.

Herzog, Grundgesetz, Art. 140 GG, Rdnr. 20; *v. Campenhausen*, Religionsfreiheit (Anm. 1), Rdnr. 43. Vgl. hierzu ferner die reiches Material enthaltende instruktive Untersuchung von *Bernhard Spieldiener,* Weltanschauung und Weltanschauungsgemeinschaften im Recht der Bundesrepublik Deutschland. Jur. Diss., Freiburg 1990.

[36] *Hamel,* Glaubens- und Gewissensfreiheit (Anm. 1), S. 44 ff.; *Georg Jellinek,* Die Erklärung der Menschen- und Bürgerrechte, in: Roman Schnur (Hrsg.), Zur Geschichte der Erklärung der Menschenrechte. Darmstadt 1964, S. 1 ff. m. w. N.; *Listl,* Das Grundrecht (Anm. 1), S. 73 ff. m. Anm. 38 f.

[37] Aufschlußreich in dieser Hinsicht die Beratungen des Parlamentarischen Rates zu Art. 4 GG, in: *Klaus-Berto von Doemming/Rudolf Werner Füßlein/ Werner Matz,* Entstehungsgeschichte der Artikel des Grundgesetzes, in: JöR N. F. 1 (1951), S. 73 ff.; *Hamel,* Glaubens- und Gewissensfreiheit (Anm. 1), S. 47 f.

a) Glaubensfreiheit

In dieser Hinsicht bildet die *Glaubensfreiheit* den uneinschränkbaren Kernbereich des Grundrechts der Religionsfreiheit. Sie ist weithin ein reines Internum.[38] Einer rechtlichen Regelung ist die Glaubensfreiheit nur insofern zugänglich, als es dem zu religiöser Neutralität verpflichteten Staat schlechthin verwehrt ist, auf die *Bildung von Glaubensüberzeugungen* Einfluß zu nehmen.[39] Im Gegensatz zum Religionsrecht des alten Deutschen Reichs der Nachreformationszeit, in dem unter der Gewähr der „Glaubensfreiheit" der Verzicht des Landesherrn auf seine Religionshoheit, d. h. auf das ihm reichsrechtlich zustehende „ius reformandi" — das Recht, über den Glauben seiner Untertanen zu bestimmen —, verstanden wurde,[40] besteht die Glaubensfreiheit heute in dem Grundrecht, unbeeinflußt vom Staat und ebenso auch von gesellschaftlichen Gruppen und Mächten, einen beliebigen Glauben zu haben, diesen Glauben zu wechseln oder auch keinen Glauben zu haben. Gleiches gilt von den weltanschaulichen Überzeugungen. Zur Glaubensfreiheit gehört notwendig auch die *Glaubenswahlfreiheit* mit ihren sämtlichen Vorstadien, wie der Befugnis, sich einer Glaubensgemeinschaft suchend zuzuwenden, Informationen über sie zu sammeln und sich mit ihrer Lehre vertraut zu machen.[41] Das Grundrecht der Glaubensfreiheit besteht auch gegenüber dem eigenen Ehegatten,[42] es richtet sich jedoch nicht gegen die eigene Kirche im innerkirchlichen Bereich.[43]

---

[38] Der Parlamentarische Rat hat im Gegensatz zu dem Vorschlag des Bonner Staatsrechtslehrers *Richard Thoma* bewußt auch die „innere Seite" der Religionsfreiheit in den Schutzbereich des Art. 4 Abs. 1 GG miteinbezogen. Vgl. *von Doemming/Füßlein/Matz*, Entstehungsgeschichte (Anm. 37), S. 73 und 74 mit Anm. 11. Den Grund hierfür bildeten die massiven Verletzungen der Glaubensfreiheit durch den nationalsozialistischen Staat, der seinem Selbstverständnis nach ein „Weltanschauungsstaat" war.

[39] *Zippelius*, Art. 4 (Anm. 1), Rdnr. 39; *Theo Mayer-Maly*, Zur Sinngebung von Glaubens- und Gewissensfreiheit in der Verfassungsgeschichte der Neuzeit, in: ÖArchKR 5 (1954), S. 238 (247 mit Anm. 43).

[40] *Anschütz*, Religionsfreiheit (Anm. 1), S. 676 ff.; *Hans Peters*, Auslegung der Grundrechtsbestimmungen aus der Geschichte, in: Hist. Jb. 72 (1953), S. 470.

[41] Dieses Grundrecht besteht auch in dem Sonderstatusverhältnis der Strafhaft: OLG Saarbrücken, in: NJW 1966, S. 1088 (nur LS) = KirchE 7, 308.

[42] BVerfGE 17, 302 (305); vgl. zum Ganzen, *Listl*, Das Grundrecht (Anm. 1), S. 308 ff. m. w. N.

[43] *Gerhard Anschütz*, Die Verfassung des Deutschen Reichs vom 11. August 1919. 14. Aufl., Berlin 1933, Art. 135 ff. (S. 618 ff.); *Rudolf Smend*, Glaubensfreiheit als innerkirchliches Grundrecht, in: ZevKR 3 (1953/1954), S. 113 ff.; *Stein*, Die Religionsfreiheit (Anm. 5), S. 243 ff.; *Wolfgang Rüfner*, Die Geltung von Grundrechten im kirchlichen Bereich, in: EssGespr. 7 (1972), S. 9 ff.; *ders.*, Grundrechtsadressaten (Anm. 12), Rdnrn. 50 f.; *Konrad Hesse*, Grundrechtsbindung der Kirchen?, in: Im Dienst an Recht und Staat. FS für Werner Weber. Berlin 1974, S. 447 ff.

Ausfluß des Grundrechts der Glaubensfreiheit ist auch die Freiheit der Eltern, über die religiöse Erziehung ihrer Kinder zu entscheiden und über deren Aufnahme in eine Religionsgemeinschaft bereits im frühesten Kindesalter zu bestimmen. Staatliche Regelungen, welche die Möglichkeit, Mitglied der Kirche zu werden, an das Erreichen der Religionsmündigkeit knüpfen wollten, verletzten das Grundrecht der Glaubensfreiheit und wären schlechthin verfassungswidrig.[44] Bei der Bestimmung der Religionszugehörigkeit ihrer Kinder handeln die Eltern „kraft ihrer Elternverantwortlichkeit für das Kind", das ihrer Hilfe bedarf, um sich zu einer eigenverantwortlichen Persönlichkeit innerhalb der sozialen Gemeinschaft zu entwickeln.[45]

b) Bekenntnisfreiheit

Die *Bekenntnisfreiheit* gewährt im Unterschied zu der mehr die „innere" Seite des Grundrechts der Religionsfreiheit umfassenden Glaubensfreiheit die grundrechtliche Befugnis, religiöse sowie religiös motivierte Überzeugungen überall in der Öffentlichkeit zu vertreten. Nach *Anschütz* bedeutet „bekennen" nicht nur das „Haben und Fürwahrhalten" (confiteri), sondern auch das Äußern und Aussprechen (profiteri) einer Glaubensüberzeugung. Die Bekenntnisfreiheit gewährt somit auch das Recht, zu sagen, was man glaubt oder nicht glaubt, und zu verschweigen, daß und was man glaubt.[46] Das in Art. 140 GG i. V. m. Art. 136 Abs. 3 WeimRV ausdrücklich gewährleistete Recht, die religiöse Auffassung zu verschweigen, ist eine verfassungsdeklaratorische Ausgestaltung und Verdeutlichung der in Art. 4 Abs. 1 GG gewährleisteten „negativen" Bekenntnisfreiheit, des sog. „Schweigerechts".[47]

---

[44] Tendenzen dieser Art in der Religionspolitik des Nationalsozialismus. Vgl. *Paul Gürtler,* Nationalsozialismus und evangelische Kirchen im Warthegau. Trennung von Staat und Kirche im nationalsozialistischen Weltanschauungsstaat. Göttingen 1958, S. 49. Inhaltlich gleiche Bestrebungen in den „Forderungen der Jungdemokraten zur Trennung von Kirche und Staat" vom 25./26. 8. 1973. Vgl. hierzu *Silke Gerigk-Groht* und *Ingrid Matthäus,* Trennung von Kirche und Staat. Dokumentation. Hrsg.: Deutsche Jungdemokraten, Landesverband NRW. Düsseldorf 1973, S. 21 ff. Diese Forderungen sind in These 3 des von einer Kommission der F.D.P. erarbeiteten Grundlagenpapiers zum Verhältnis von Staat und Kirche, abgedr. u. a. unter dem Titel „Freie Kirche im freien Staat", in: „liberal" 15 (1973), S. 694 ff. (696). Vgl. hierzu in *diesem* Handbuch, *Axel Frhr. von Campenhausen,* § 26 Die staatskirchenrechtliche Bedeutung des kirchlichen Mitgliedschaftsrechts.

[45] BVerfGE 30, 415 (424).

[46] *Anschütz,* Die Verfassung (Anm. 43), Art. 135, Erl. 4 (S. 619).

[47] Vgl. *Theodor Maunz/Reinhold Zippelius,* Deutsches Staatsrecht. 28. Aufl., München 1991, § 24 II 1 (S. 192). Vgl. hierzu auch die Schulgebetsentscheidung des BVerfG, in: BVerfGE 32, 223 ff. und die Ausführungen in *diesem* Beitrag oben

§ 14 Glaubens-, Bekenntnis- und Kirchenfreiheit   457

Die Bekenntnisfreiheit hat die Glaubensfreiheit begrifflich und inhaltlich zur Voraussetzung. Der Begriff der Bekenntnisfreiheit war dem Religionsrecht des alten Deutschen Reichs unbekannt. Er begegnet weder in den vertraglichen Bestimmungen des Westfälischen Friedens noch in der Weimarer Reichsverfassung. Die Bekenntnisfreiheit entstammt dem anglo-amerikanischen Rechtsdenken und fand über Frankreich erst während des 19. Jahrhunderts Eingang in die Verfassungen verschiedener deutscher Staaten. Sie wurde in Art. 11 der oktroyierten Preußischen Verfassung vom 5.12.1848 als Grundrecht anerkannt und von dort als Art. 12 in die revidierte Preußische Verfassungsurkunde vom 31.1.1850 übernommen.[48]

Das Grundrecht der Bekenntnisfreiheit gewährleistet die Ausübung der Religion in *jeder* Form, privat und öffentlich, allein oder in Gemeinschaft. Sie umfaßt auch die Freiheit der Werbung für den eigenen und der Abwerbung von einem anderen Glauben, die sog. *Missionsfreiheit,* und damit auch die Glaubens*abwerbung* unabhängig von einer Glaubens*werbung.* Ein Strafgefangener, der unter den besonderen Bedingungen der Strafhaft unter seinen Mitgefangenen für den Kirchenaustritt wirbt, indem er ihnen für den Fall der Erklärung des Kirchenaustritts die Beschaffung von Genußmitteln in Aussicht stellt, mißbraucht im Sinne der hier dargelegten Terminologie die durch den Wortlaut des Grundgesetzes vorgegeben ist, nicht seine Glaubens-, sondern seine *Bekenntnisfreiheit.*[49]

---

bei Anm. 4. In Vollzug der Bestimmung des Art. 136 Abs. 3 WeimRV verlangt das BVerfG in BVerfGE 52, 223 (248 ff.), daß ein Schüler, der am Schulgebet nicht teilnehmen will, in der Lage sein müsse, der Teilnahme „in zumutbarer Weise" auszuweichen.

[48] *Hamel,* Glaubens- und Gewissensfreiheit (Anm. 1), S. 45 ff.; *Gerhard Anschütz,* Die Verfassungs-Urkunde für den Preußischen Staat vom 31. Januar 1850. Berlin 1912, S. 183 ff.

[49] Vgl. BVerfGE 12, 1 (LS und S. 4). Das BVerfG verwendet hier den Begriff „Glaubensfreiheit" nicht in einem exakt terminologischen, sondern in einem weiteren Sinne. Unschärfen zeigt auch die Begrifflichkeit der Entscheidung in BVerfGE 32, 98 (106), in welcher das Gericht unter unzutreffender Verweisung auf die Entscheidung in BVerfGE 24, 236 (245), wo nicht von der Glaubensfreiheit allein, sondern zutreffend von der *Glaubens-* und *Bekenntnisfreiheit* und von dem Grundrecht der *ungestörten Religionsausübung* die Rede ist, ausführt, die *Glaubensfreiheit* umfasse „nicht nur die (innere) Freiheit zu glauben oder nicht zu glauben, sondern auch die äußere Freiheit, den Glauben zu manifestieren, zu bekennen oder zu verbreiten". Hier wird der terminologisch und sachlich vorgegebene Unterschied zwischen der ein Internum bildenden *Glaubensfreiheit* und der *Bekenntnisfreiheit,* die die *Freiheit der ungestörten Religionsausübung* mit umfaßt, völlig verwischt. Wie hier *Herzog,* Art. 4 (Anm. 1), Rdnrn. 81 ff.

c) Gewissensfreiheit

Das Grundrecht der *Gewissensfreiheit* des Art. 4 Abs. 1 GG hat sich im Laufe der geschichtlichen Entwicklung der letzten 250 Jahre gegenüber allen anderen Einzelgewährleistungen der Religionsfreiheit von seiner ursprünglichen reichsrechtlichen Bedeutung am weitesten entfernt. Die Gewissensfreiheit gewährte nach dem Religionsrecht des alten Deutschen Reichs im damaligen Konfessionsstaat im Unterschied zur Hauptkonfession des betreffenden Territoriums, der allein das Recht auf die öffentliche Religionsausübung, das sog. *exercitium religionis publicum*, zustand, die Befugnis, die eigene Religion auf die eingeschränktest mögliche Weise, nämlich in der Form der privaten Hausandacht, der sog. *devotio domestica simplex*, d. h. ohne die Berechtigung zur Beiziehung oder Teilnahme eines Priesters oder Predigers des eigenen Bekenntnisses, auszuüben.[50] Das Recht der „Gewissensfreiheit" war eine Form erster minimaler religiöser Toleranz gegenüber dem früheren rigorosen ius reformandi, wie es vor dem Westfälischen Frieden bestanden hatte. Dieses *ius reformandi* gewährte, wie bereits bemerkt, dem Landesherrn das Recht, in seinem Territorium den Glauben seiner Untertanen zu bestimmen, denen damit nur die Wahl blieb zwischen der Annahme der Konfession des Landesherrn oder der Auswanderung bzw. der Vertreibung. Die Gewissensfreiheit in der Form der privaten Hausandacht wurde durch den Westfälischen Frieden allen Bewohnern des Deutschen Reichs, allerdings eingeschränkt auf die drei reichsrechtlich anerkannten Bekenntnisse, d. h. das römisch-katholische, das evangelisch-lutherische und das reformierte Bekenntnis, zugestanden.[51]

Erst in den Religions- und Toleranzpatenten der Aufklärungszeit wurde das Recht der Gewissensfreiheit in einzelnen Staaten auch auf die Anhänger verschiedener kleinerer Religionsgemeinschaften und

---

[50] Weitergehend war die Berechtigung, einen Hausgottesdienst in Form der *devotio domestica qualificata* zu feiern, d. h. unter Beteiligung eines Priesters oder Predigers der eigenen Konfession.

[51] In diesem Sinne schreibt *Johann Jacob Moser*, Von der Teutschen Religions-Verfassung. Franckfurt und Leipzig 1774, S. 36 f.:

„§ 2 Die Gewissensfreyheit bestehet überhaupt darinn, wann der Mensch in Religionssachen denken und handlen darf, wie er will; ohne von der geistlichen oder weltlichen Obrigkeit darinn verhindert, oder deßwegen bestrafet zu werden.

Eine solche unumschränckte Gewissensfreyheit aber ist unserer Teutschen Reichsverfassung nicht gemäß; wie ich bishero erwiesen zu haben glaube.

§ 3 Wohl aber haben wir in Teutschland eine umschränckte und gemäßigte Gewissensfreyheit; krafft deren Jedermann, vom Höchsten biß zum Nidrigsten, sich zu der Evangelisch-Lutherisch- oder Reformirten, oder zu der Römisch-Catholischen Religion bekennen, und einer solchen Person nichts wider die Grundsäze ihrer Religion zugemuthet werden darff."

§ 14 Glaubens-, Bekenntnis- und Kirchenfreiheit

Sekten ausgedehnt.⁵² Auch das ganz im Geiste König *Friedrichs II. von Preußen* abgefaßte Allgemeine Landrecht für die Preußischen Staaten von 1794 gewährte auf dem Gebiete des Religionsrechts in § 2 II 11 keineswegs jedem Bewohner Preußens die allgemeine öffentliche Religionsausübung, sondern lediglich die allerdings nicht mehr auf die drei reichsrechtlich anerkannten Religionsparteien oder Bekenntnisse eingeschränkte *Glaubens- und Gewissensfreiheit,* die durch die Bestimmung des § 2 II 11 PreußALR, daß jeder Hausvater seinen häuslichen Gottesdienst nach Gutdünken anordnen könne, streng auf den Bereich der Familie beschränkt blieb.⁵³

Erstmals gewährte im Deutschen Reich die Weimarer Reichsverfassung in Art. 135 allen Bewohnern des Reiches nicht nur die volle Glaubens- und Gewissensfreiheit, sondern ausdrücklich auch die ungestörte, d. h. auch öffentliche Religionsausübung und stellte diese ausdrücklich unter den Schutz des Staates. Spätestens mit dem Inkrafttreten der Weimarer Reichsverfassung hat daher das Grundrecht der Gewissensfreiheit seine ursprüngliche Bedeutung als Recht auf die Hausandacht im Sinne des Religionsrechts des alten Reiches endgültig verloren.⁵⁴

---

⁵² In Preußen im sog. Wöllnerschen Religionsedikt vom 9.7.1788. Das Wöllnersche Religionsedikt ist abgedr. u. a. bei *Carl Ludwig Heinrich Rabe,* Sammlungen Preußischer Gesetze und Verordnungen. Bd. I, VII. Abt. (1782-1789), Halle 1823, S. 726 ff., und bei *Max Lehmann,* Preußen und die katholische Kirche seit 1640. Nach den Acten des Geheimen Staatsarchives. Th. 6: Von 1786 bis 1792 (= Publicationen aus den K. Preußischen Staatsarchiven, Bd. 53). Stuttgart 1893 (ND Osnabrück 1965), S. 250 ff.; vgl. dazu *Fritz Valjavec,* Das Woellnersche Religionsedikt und seine geschichtliche Bedeutung, in: Hist. Jb. 72 (1953), S. 386 ff. Zum Wöllnerschen Religionsedikt s. ferner *Heribert Raab* (Hrsg.), Kirche und Staat. Von der Mitte des 15. Jahrhunderts bis zur Gegenwart (= dtv-Taschenbuch, Bd. 238/239). München 1966, S. 67 f.
⁵³ Zum Religionsrecht des Preußischen Allgemeinen Landrechts vgl. u. a. *Wilhelm Kahl,* Lehrsystem des Kirchenrechts und der Kirchenpolitik. Freiburg/Br. und Leipzig 1894, S. 191 f. Vgl. hierzu ferner *Hans-Wolfgang Strätz,* Das staatskirchenrechtliche System des preußischen Allgemeinen Landrechts, in: Civitas 11 (1972), S. 156 ff.
⁵⁴ Nach der Beendigung des Kulturkampfes forderte die Reichstagsfraktion der Deutschen Zentrumspartei im sog. „Toleranzantrag" für die katholische Kirche in sämtlichen Bundesstaaten des Deutschen Reichs volle Religions- und Kirchenfreiheit. Der Wortlaut des umfangreichen Toleranzantrags ist abgedruckt in: *Franz Heiner* (Hrsg.), Der sog. Toleranzantrag oder Gesetzentwurf über die Freiheit der Religionsübung im Deutschen Reiche, enthaltend die betr. Reichstags- und Kommissionsverhandlungen, nebst einer Zusammenstellung der bestehenden Reichs-, Bundes- und Landesgesetzgebungen über die Religionsübung in Deutschland, abgedr. in: ArchKathKR 82 (1902), 2. Quartalheft, S. 1-515, und 84 (1904), 3. Quartalheft, S. 517-849 (auch separat erschienen). Vgl. hierzu *Matthias Erzberger,* Der Toleranzantrag der Zentrumsfraktion des Reichstages, Osnabrück 1906; vgl. hierzu auch *Karl Bachem,* Vorgeschichte, Geschichte und Politik der Deutschen Zentrumspartei. Bd. 6, Köln 1929, S. 101 ff.; vgl. hierzu

Seither sind die Auffassungen über den Inhalt und den Schutzbereich des Grundrechts der Gewissensfreiheit des Art. 4 Abs. 1 GG in der Staatsrechtswissenschaft kontrovers. Wie *Bethge* hierzu zutreffend ausführt, bereitet die Bestimmung des Verhältnisses zwischen Glaubens- und Gewissensfreiheit erhebliche Schwierigkeiten. Einerseits hat sich die Gewissensfreiheit aus ihrer nach dem früheren Verständnis ausschließlich religiösen Verortung gelöst; bei den nicht religiös motivierten Gewissenstatbeständen greift schon tatbestandsmäßig das Grundrecht der Glaubensfreiheit nicht ein. Andererseits sind jedoch Gewissensbildung und -entfaltung häufig auch glaubensmäßig, d. h. religiös, fundiert. Beide Grundrechte gelten daher in diesem Fall zwar als selbständig nebeneinanderstehend, greifen aber praktisch dennoch ineinander über. Der Glaubensfreiheit ist dann der Vorrang einzuräumen, wenn und weil sie zugleich die Möglichkeit eröffnet, kollektive Grundrechtsbetätigungen zu schützen sowie die nicht unmittelbar grundrechtsorientierten Weimarer Kirchenartikel (Art. 140 GG) „verfassungsbeschwerdefähig" zu machen.[55]

d) Ungestörte Religionsausübung

Das *Grundrecht der ungestörten Religionsausübung* war in Art. 135 S. 2 WeimRV gewährleistet und wurde von dort in den Art. 4 Abs. 2 GG übernommen. Dieses Grundrecht verweist, wie bereits angemerkt, religionsgeschichtlich auf das *exercitium religionis publicum*, die sog. Kultusfreiheit des Religionsrechts des alten Deutschen Reichs. Nur den drei durch den Westfälischen Frieden reichsrechtlich anerkannten Religionsparteien konnte vom Landesherrn dieses Recht der öffentlichen Religionsübung zugestanden werden. In der Regel war in den einzelnen Territorien nur die Hauptreligion des Landes öffentlich anerkannt und zum öffentlichen Gottesdienst berechtigt. Nur in seltenen Fällen wurde die öffentliche Religionsausübung auf zwei oder auf sämtliche drei reichsrechtlich anerkannten Bekenntnisse ausgedehnt.[56] Durch Art. 135

---

ferner die abl. Stellungnahme von *Wilhelm Kahl,* Die Bedeutung des Toleranzantrags für Staat und evangelische Kirche, Halle 1902; vgl. ferner *Joseph Listl,* Die Religionsfreiheit als Individual- und Verbandsgrundrecht in der neueren deutschen Rechtsentwicklung und im Grundgesetz, in: EssGespr. 3 (1969), S. 61 f.

[55] Vgl. hierzu *Herbert Bethge,* Gewissensfreiheit, in: HStR VI, 1989, § 137, Rdnr. 21; zustimmend in *diesem* Handbuch *Matthias Herdegen,* § 15 Gewissensfreiheit; vgl. hierzu ferner *Listl,* Glaubens-, Gewissens-, Bekenntnis- und Kirchenfreiheit (Anm. 1), S. 389 mit Anm. 103. Zur Bedeutung des Grundrechts der Gewissensfreiheit im heutigen Staatsrecht s. ferner *Josef Isensee,* Gewissen im Recht — Gilt das allgemeine Gesetz nur nach Maßgabe des individuellen Gewissens?, in: Gerhard Höver/Ludger Honnefelder (Hrsg.), Der Streit um das Gewissen. Paderborn, München, Wien, Zürich 1993, S. 41-61.

§ 14 Glaubens-, Bekenntnis- und Kirchenfreiheit   461

S. 2 WeimRV wurde die Kultusfreiheit, das Recht der öffentlichen ungestörten Religionsausübung, erstmals unterschiedslos allen Religions- und Weltanschauungsgemeinschaften gewährleistet. Spätestens mit dem Inkrafttreten der Weimarer Reichsverfassung geht damit, wie das Bundesverfassungsgericht zutreffend feststellt, die Freiheit der Religionsausübung inhaltlich in der Bekenntnisfreiheit auf. Die ungestörte öffentliche Religionsausübung, die Kultusfreiheit, ist somit heute nur noch Bestandteil der dem einzelnen wie jeder Religions- oder Weltanschauungsgemeinschaft zustehenden Bekenntnisfreiheit.[57]

Die besondere Gewährleistung der gegen Eingriffe und Angriffe des Staates geschützten *Religionsausübung* erklärt sich, abgesehen von historischen Überlegungen, die mit der Vorstellung des erwähnten *exercitium religionis publicum* im Zusammenhang stehen, als entschiedene Abwehrhaltung und als Reaktion der Mitglieder des Parlamentarischen Rates auf die Störungen der Religionsausübung in der Zeit der nationalsozialistischen Gewaltherrschaft. Art. 4 Abs. 2 GG hat unter dem Grundgesetz — und darin liegt heute seine wirkliche Bedeutung — vor allem auch den Sinn einer Klarstellung dahin, daß Träger dieses Grundrechts auch eine Gemeinschaft sein kann, deren religiöses Daseins- und Betätigungsrecht hinsichtlich der Form und des Inhalts, der Teilnahme und der Art der Ausübung sowohl in Haus und Familie als auch in der Öffentlichkeit geschützt ist, soweit sie sich im Rahmen gewisser übereinstimmender sittlicher Grundanschauungen der heutigen Kulturvölker hält.[58] Insbesondere ergibt sich aus Art. 4 Abs. 2 GG positivrechtlich die bedeutsame verfassungsrechtliche Tatsache, daß die Religionsfreiheit nicht nur ein Individualrecht, sondern auch ein korporatives Recht ist, somit ein „Doppelgrundrecht", das ein Bekennen und auch ein Handeln in der religiösen und weltanschaulichen Gemeinschaft einschließt.[59]

Der *Religionsausübung* kommt für jeden Glauben und jedes Bekenntnis zentrale Bedeutung zu. Deshalb muß dieser Begriff, wie das Bundes-

---

[56] Vgl. *Carl Mirbt* (Hrsg.), Quellen zur Geschichte des Papsttums und des römischen Katholizismus. 5. Aufl., Tübingen 1934, S. 380 f.; *Karl Zeumer,* Quellensammlung zur Geschichte der Deutschen Reichsverfassung in Mittelalter und Neuzeit. 2. Aufl., Tübingen 1913, S. 415; *Raab,* Kirche und Staat (Anm. 52), S. 177.

[57] BVerfGE 24, 236 (245) unter Berufung auf *Hamel,* Glaubens- und Gewissensfreiheit (Anm. 1), S. 62, 54. Diese Auffassung bereits früher bei *H. Mirbt,* Glaubens- und Gewissensfreiheit, (Anm. 1), S. 341; zust. *Scheuner,* Religionsfreiheit (Anm. 1), S. 44; *ders.,* Auseinandersetzungen und Tendenzen im deutschen Staatskirchenrecht, in: ders., Schriften (Anm. 1), S. 211.

[58] Vgl. BVerfGE 24, 236 (245 f.), unter Bezugnahme auf BVerfGE 19, 129 (132).

[59] *Stein,* Religionsfreiheit (Anm. 5), S. 241.

verfassungsgericht erklärt hat, „gegenüber seinem historischen Inhalt *extensiv* ausgelegt werden". Aus der Erwägung, daß es nicht gerechtfertigt sei, die Kultusfreiheit enger auszulegen als die Glaubens- und Bekenntnisfreiheit, rechnet das Bundesverfassungsgericht im Anschluß an *Scheuner* zur Religionsausübung „nicht nur kultische Handlungen und Ausübung sowie Beachtung religiöser Gebräuche wie Gottesdienst, Sammlung kirchlicher Kollekten, Gebete, Empfang der Sakramente, Prozession, Zeigen von Kirchenfahnen, Glockengeläute, sondern auch religiöse Erziehung, freireligiöse und atheistische Feiern sowie andere Äußerungen des religiösen und weltanschaulichen Lebens" mit Einschluß religiös-karitativer Sammlungen.[60]

Aus dem religiös-neutralen Charakter des Staates folgt, daß der Staat schlechthin daran gehindert ist, von sich aus Festlegungen über den Inhalt der Glaubens- und Bekenntnisfreiheit zu treffen. Ebensowenig kann der Staat allein von sich aus bestimmen, was im Einzelfall als Ausübung von Religion und Weltanschauung zu betrachten ist. Der Staat, der über keine eigene religiöse oder weltanschauliche Grundlage verfügt, ist hier vielmehr auf das Selbstverständnis der einzelnen Religions- und Weltanschauungsgemeinschaften verwiesen. Wie das Bundesverfassungsgericht hierzu zutreffend ausgeführt hat, würde der Staat die den Kirchen und übrigen Religions- und Weltanschauungsgemeinschaften durch das Grundgesetz gewährleistete Eigenständigkeit und ihre Selbständigkeit in ihrem eigenen Bereich verletzen, wenn er bei der Beurteilung der sich aus den Lehren eines bestimmten Bekenntnisses oder einer Weltanschauung ergebenden Religionsausübung deren Selbstverständnis nicht berücksichtigen würde.[61]

Herzog befürchtet, die Berücksichtigung des Selbstverständnisses der Religions- und Weltanschauungsgemeinschaften in dieser Frage könnte gerade in Zeiten, in denen neue weltanschauliche Systeme wie Pilze aus dem Boden schössen, zu einer Verlagerung der „Kompetenz-Kompetenz" führen, die der moderne Staat seit Generationen über die Gesellschaft beanspruche; und ferner, Art. 4 Abs. 2 GG könnte auf diese Weise leicht zu einer den Art. 2 Abs. 1 GG und die dort verbürgte allgemeine Handlungsfreiheit „überrollenden Spezialvorschrift" werden[62]. Hierbei läßt *Herzog* jedoch außer acht, daß dem Staat nach wie vor die schwierige Aufgabe verbleibt, gegen eine mißbräuchliche Inanspruchnahme des

---

[60] BVerfGE 24, 236 (246 ff.). Zum Ganzen vgl. *Scheuner,* Zum Schutz der karitativen Tätigkeit (Anm. 2), S. 55 ff., bes. S. 60 ff.; ders., Religionsfreiheit (Anm. 1), S. 45. Zur extensiven Auslegung des Grundrechts der Religionsfreiheit vgl. in *diesem* Beitrag oben bei Anm. 2 f.

[61] BVerfGE 24, 236 (247 f.).

[62] *Herzog,* Art. 4 (Anm. 1), Rdnrn. 104 f.

Art. 4 Abs. 2 GG einzuschreiten, vor gemeinwohlgefährdenden Aktivitäten bestimmter Religions- und Weltanschauungsgemeinschaften zu warnen und exzessive Forderungen und Ansprüche einzelner Religions- und Weltanschauungsgemeinschaften und religiöser Gruppierungen, die mit entgegenstehenden Ansprüchen anderer Gruppen unvereinbar sind, auf der Grundlage des alle Beteiligten verpflichtenden Toleranzgebots zu mäßigen und zu beschränken.[63]

Im übrigen bestimmt sich die Entscheidung darüber, ob einzelne religiös bestimmte Handlungs- und Verhaltensweisen als Religionsausübung anzusprechen sind, im Sinne einer äußersten Grenze danach, ob sie sich mit den übereinstimmenden sittlichen Anschauungen der heutigen Kulturvölker auf dem Gebiete der Religionsausübung im Einklang befinden.[64] Andere Beurteilungsmaßstäbe stehen dem freiheitlich-demokratischen und religiös-neutralen modernen Staat in dieser Hinsicht nicht zur Verfügung. Wie die Rechtspraxis der letzten Jahre gezeigt hat, ist das Instrumentarium, das den Organen des Staates zur Abwehr mißbräuchlicher Erscheinungsformen der Inanspruchnahme des Grundrechts der ungestörten Religionsausübung aus Art. 4 Abs. 2 GG zur Verfügung steht, durchaus ausreichend.[65]

e) Religiöse Vereinigungsfreiheit

Die *religiöse Vereinigungsfreiheit* ist ein ungeschriebener weiterer integrierender Bestandteil des Gesamtgrundrechts der Religionsfreiheit. Sie folgt, wie *Mikat* ausführt, aus der „individuellen Religionsfreiheit, der Glaubens- und Gewissensfreiheit", und gewährt das uneingeschränkte Grundrecht, sich zum Zwecke gemeinsamer Betätigung der religiösen Überzeugung zu einem eigentlichen Religionsverband, einer *Religionsgemeinschaft,* zusammenzuschließen.[66] Unter Religionsge-

---

[63] In dieser Hinsicht hat das BVerwG in seinem Urteil vom 14.11.1980, in: BVerwGE 61, 152 (160 f.), zu Recht festgestellt, daß eine rein wirtschaftliche, d. h. gewerbsmäßige Betätigung nicht in den Schutzbereich des Art. 4 GG fällt.

[64] BVerfGE 12, 1 (4); 24, 236 (246).

[65] S. hierzu *v. Campenhausen,* Religionsfreiheit (Anm. 1), Rdnrn. 72 f.; *ders.* Neue Religionen im Abendland. Staatskirchenrechtliche Probleme der Muslime, der Jugendsekten und der sogenannten destruktiven religiösen Gruppen, in: ZevKR 25 (1980), S. 135 ff., 165 ff.; ebenso *Guber,* „Jugendreligionen" (Anm. 27), S. 107 ff.

[66] *Paul Mikat,* Kirchen und Religionsgemeinschaften, in: ders., Religionsrechtliche Schriften. Abhandlungen zum Staatskirchenrecht und Eherecht. Hrsg. von Joseph Listl (= Staatskirchenrechtliche Abhandlungen, Bd. 5). 1. Halbbd., Berlin 1974, S. 68 f. Zur Entstehungsgeschichte vgl. *Karl-Eugen Schlief,* Die Entwicklung des Verhältnisses von Staat und Kirche und seine Ausgestaltung im Bonner Grundgesetz. Jur. Diss., Münster 1961, S. 70 ff.

meinschaft ist dabei im Gegensatz zu den religiösen Vereinigungen und Gesellschaften und auch zu den kirchlichen Ordensgemeinschaften, denen hinsichtlich der Pflege des religiösen und weltanschaulichen Lebens ihrer Mitglieder nur eine *partielle* Zielsetzung zukommt[67], ein Verband von Angehörigen eines und desselben Bekenntnisses zu verstehen, der sich die *allseitige* Erfüllung der durch das gemeinsame Bekenntnis gestellten Aufgaben zum Ziel gesetzt hat. Das Wesen einer Religionsgemeinschaft — in der religionsrechtlichen Terminologie des Preußischen Allgemeinen Landrechts und noch fortwirkend auch in der Weimarer Reichsverfassung als „*Religionsgesellschaft*" bezeichnet — liegt in ihrem jeweiligen „besonderen Bekenntnis".[68] Durch dieses Bekenntnis unterscheidet sie sich von allen übrigen Religionsgemeinschaften. Wie *von Campenhausen* hierzu anmerkt, kann von einer Religions- oder Weltanschauungsgemeinschaft nur gesprochen werden, wenn der Schwerpunkt der Tätigkeit einer solchen Gruppierung „auf der Pflege und Förderung eines religiösen oder weltanschaulichen Bekenntnisses liegt". Wirtschaftsunternehmungen und politische Gruppierungen werden nicht dadurch zu Religions- und Weltanschauungsgemeinschaften, daß sie sich als solche bezeichnen.[69] Einer Religionsgemeinschaft, die sich überwiegend wirtschaftlich betätigt, kann daher ohne Verletzung von Art. 4 GG nach § 43 Abs. 2 BGB die Rechtsfähigkeit entzogen werden.[70] Eine Gemeinschaft, die überwiegend politische Ziele verfolgt

---

[67] Vgl. hierzu in *diesem* Handbuch *Joseph Listl,* § 30 Ordensgemeinschaften und ihre Angehörigen in der staatlichen Rechtsordnung; ferner *Christian Schleithoff,* Innerkirchliche Gruppen als Träger der verfassungsmäßigen Rechte der Kirchen. Jur. Diss., München 1992.

[68] *Anschütz,* Religionsfreiheit (Anm. 1), S. 689; *Anschütz,* Die Verfassungs-Urkunde (Anm. 48), S. 202 ff.

[69] *v. Campenhausen,* Religionsfreiheit (Anm. 1), Rdnr. 73; vgl. hierzu *Rainer Scholz,* Rechtsfragen bei der wirtschaftlichen Betätigung von „neuen Jugendreligionen", in: NVwZ 1993, S. 629-631; ders., Probleme mit Jugendsekten. Ein Ratgeber für Eltern, Erzieher und Betroffene sowie Behörden, Gerichte und Berater (= dtv-Band 5633), München 1993.

[70] *v. Campenhausen,* ebd. mit Anm. 240. Das VG Stuttgart hat durch Urteil vom 30.9.1993 (8 K 697/92), bisher nicht veröffentlicht, die Entscheidung des Stuttgarter Regierungspräsidenten bestätigt, der Religionsgemeinschaft „Neue Brücke, Mission der Scientology Kirche e.V." die Rechtsfähigkeit zu entziehen. Das VG Stuttgart befand, der Schwerpunkt der Tätigkeit dieses Vereins seien entgeltliche Dienstleistungen und Literaturverkauf. Da der Verein sich weigere, Geschäftsbilanzen vorzulegen, müsse angenommen werden, daß er Überschüsse erziele. Vgl. hierzu auch den Bericht „Niederlage für Scientology-Verein. Rechtsfähigkeit entzogen", in: FAZ vom Samstag, 22.1.1994 (Nr. 18), S. 7. *Rüfner* macht jedoch darauf aufmerksam, daß nach geltendem Recht für die Verfolgung religiöser Zwecke nicht nur der Idealverein, sondern auch Aktiengesellschaft und Gesellschaft mit beschränkter Haftung unbeschränkt zur Verfügung stehen. Man kann deshalb nicht ohne weiteres sagen, einer bekenntnisfremden, nur auf wirtschaftliche Ziele ausgerichteten juristischen Person stehe die Berufung auf Art. 4 GG nicht zu. Vgl. hierzu *Rüfner,* Grundrechtsträger (Anm. 12), Rdnr. 41.

und auf eine Veränderung von Staat und Gesellschaft hinarbeitet, kann sich nicht auf Art. 4 GG berufen, sondern ist auf die Inanspruchnahme anderer einschlägiger Grundrechte zu verweisen.[71]

Die in Art. 4 Abs. 1 GG als ungeschriebener Bestandteil enthaltene religiöse Vereinigungsfreiheit hat in Art. 140 GG i. V. m. Art. 137 Abs. 2 WeimRV noch eine besondere ausdrückliche Hervorhebung erfahren.[72] Sie bildet gegenüber dem allgemeinen Assoziationsrecht des Art. 9 Abs. 1 GG ein *eigenständiges* Grundrecht der Religionsgemeinschaften. Das Grundrecht der allgemeinen Vereinigungsfreiheit des Art. 9 Abs. 1 GG ist daher wegen der speziellen Regelung des Art. 4 Abs. 1 GG und des Art. 140 GG i. V. m. Art. 137 Abs. 2 WeimRV nicht einschlägig. Auch die Religions- und Weltanschauungsgemeinschaften unterliegen aber den Beschränkungen — und damit auch der Auflösungsmöglichkeit — des Art. 9 Abs. 2 GG.[73]

4. Die Schranken des Grundrechts der Religionsfreiheit

*a) Grunderfordernisse für die Beschränkung der Religions-
ausübungsfreiheit*

Im Gegensatz zu Art. 9 Abs. 2 EMRK, der einen ausdrücklichen Schrankenvorbehalt enthält[74], kennt das Grundrecht der Glaubens-, Gewissens- und Bekenntnisfreiheit des Art. 4 Abs. 1 und 2 GG mangels eines ausdrücklichen Gesetzesvorbehalts keine Einschränkungsmöglichkeit durch einfaches Gesetz. Wegen der Einbettung des Grundrechts der Religionsfreiheit in den Gesamtzusammenhang der Verfassung kann aber auch die Ausübung dieses Grundrechts nicht unbeschränkt gewährleistet sein; es weist vielmehr zahlreiche *immanente* Beschränkungen auf. Das folgt bereits aus der Erwägung, daß die modernen demokratischen Staaten und die sie tragende Gesellschaft keineswegs homogen sind und der Einzelne seine Religionsfreiheit nur innerhalb dieser religiös gespaltenen Gemeinschaft ausüben kann. Derartige Beschrän-

---

[71] *Müller-Volbehr*, Die sog. Jugendreligionen (Anm. 28), S. 111 (117 f.).
[72] *Hollerbach*, Staatskirchenrecht I (Anm. 1), S. 125.
[73] BVerwGE 37, 344 ff.; *Listl*, Verbots- und Auflösungsmöglichkeit (Anm. 34), S. 181 (184) mit Anm. 25. Zum Verständnis des Begriffs „Weltanschauliches Bekenntnis" in der Rechtsprechung vgl. *Listl*, Das Grundrecht (Anm. 1), S. 362 mit Anm. 35
[74] Einzelheiten bei *Blum*, Europäische Menschenrechtskonvention (Anm. 1), S. 108 ff.; im Hinblick auf die Gewissensfreiheit, ebd., S. 154 ff. Dieser umfangreiche Schrankenvorbehalt ist der Grund dafür, daß Art. 9 EMRK in der Rechtsprechung der deutschen Gerichte kaum Beachtung findet, weil nach allgemeiner Auffassung der Gewährleistungsumfang des Art. 9 EMRK weit hinter dem des Art. 4 Abs. 1 und 2 GG zurückbleibt.

kungen ergeben sich aus der Zielrichtung jedes einzelnen Grundrechts.[75] Die Notwendigkeit der Beschränkung bestimmter, auf religiösen Überzeugungen beruhender Betätigungsformen zeigt sich insbesondere in denjenigen Fällen, in denen der Anspruch auf freie Religionsausübung mit Grundrechten Dritter und mit anderen mit Verfassungsrang ausgestatteten Rechtswerten kollidiert, die mit Rücksicht auf die Einheit der Verfassung und die von ihr geschützte Wertordnung imstande sind, auch formell uneinschränkbare Grundrechte in einzelnen Beziehungen zu begrenzen.[76] Niemand darf sich z. B. unter Berufung auf die Glaubens- und Gewissensfreiheit ohne weiteres seiner Steuerpflicht entziehen oder sonst den allgemeinen Gesetzesgehorsam verweigern, andere Menschen nötigen und betrügen oder dergleichen.[77] Aus der Schrankentrias der allgemeinen Handlungsfreiheit des Art. 2 Abs. 1 und 2 GG oder aus der Schrankenklausel des Art. 5 Abs. 2 GG können Grenzen für das „klassische Grundrecht der Religionsfreiheit" nicht hergeleitet werden. Der Grund hierfür liegt darin, daß sich die Religionsfreiheit von den genannten beiden Grundrechten ihrem *Wesensgehalt* nach unterscheidet und daß das spezielle Grundrecht dem allgemeineren vorgeht.[78]

Bei der Interpretation eines Grundrechts ist zunächst die materielle Substanz des Grundrechts zu ermitteln; erst danach sind unter Beachtung der grundsätzlichen Freiheitsvermutung und des Verfassungsgrundsatzes der Verhältnismäßigkeit und Zumutbarkeit die rechtsstaatlich vertretbaren Schranken der Grundrechtsausübung zu fixieren.[79] Die Grundrechte bilden ihrer Zielrichtung nach abgegrenzte Verstärkungen des rechtlichen Schutzes für bestimmte Rechte und Freiheiten. Nur auf diese Weise kann der Kernbereich und die Wesensgarantie eines Grundrechts von seiner historisch-verfassungsrechtlichen Sinngebung her bestimmt werden.[80]

---

[75] Vgl. BVerfGE 30, 173 (193) zur Kunstfreiheit des Art. 5 Abs. 3 GG; ferner *Stein*, Religionsfreiheit (Anm. 5), S. 245; zu den Schranken der Religionsfreiheit s. *v. Campenhausen*, Religionsfreiheit (Anm. 1), Rdnrn. 79-85.

[76] BVerfGE 28, 243 (261); 32, 98 (108).

[77] Zutreffend *Martin Kriele*, Grundrechte und demokratischer Gestaltungsspielraum, in: HStR V, 1992, § 110, Rdnr. 73.

[78] *Stein*, Religionsfreiheit (Anm. 5), S. 241 und 246, unter Bezugnahme auf BVerfGE 6, 32 (36 ff.); 23, 50 (55 f.); 32, 98 (107 f.); in diesem Sinne auch *Scheuner*, Religionsfreiheit (Anm. 1), S. 46 f.

[79] *Josef Isensee*, Das Grundrecht als Abwehrrecht und als staatliche Schutzpflicht, in: HStR V, 1992, § 111, Rdnr. 45 unter Bezugnahme u. a. auf BVerfGE 32, 54 (72): Altkleidersammlung als Religionsausübung.

[80] *Scheuner*, Pressefreiheit (Anm. 33), S. 50 mit Anm. 144; *Listl*, Das Grundrecht (Anm. 1), S. 61 mit Anm. 33. Zum Diskussionsstand s. *Peter Lerche*, Grundrechtsschranken, in: HStR V, 1992, § 122, Rdnrn. 20 ff., 25 ff., 29 ff.

§ 14 Glaubens-, Bekenntnis- und Kirchenfreiheit 467

Ebenso wie die Schranken der Kunstfreiheit des Art. 5 Abs. 3 GG[81] dürfen auch die Grenzen der Religionsfreiheit nur von der Verfassung selbst festgelegt werden. Da die Religionsfreiheit keinen Vorbehalt für den einfachen Gesetzgeber enthält, darf sie weder durch die allgemeine Rechtsordnung noch durch eine unbestimmte Klausel relativiert werden, welche ohne verfassungsrechtlichen Ansatzpunkt und ohne ausreichende rechtsstaatliche Sicherung eine Gefährdung der für den Bestand der staatlichen Gemeinschaft notwendigen Güter genügen läßt. Konflikte im Bereich der Religionsfreiheit sind zu lösen nach Maßgabe der grundgesetzlichen Wertordnung durch eine Verfassungsauslegung, die die Einheit dieses grundrechtlichen Wertsystems als vorrangiges Interpretationsprinzip anerkennt, wobei die in Art. 1 Abs. 1 GG gewährleistete Würde des Menschen als oberster Wert zu gelten hat.[82]

Soweit die Festlegung der Schranken der Religionsfreiheit nicht unmittelbar durch die Verfassung vorgenommen wird, ist die Abgrenzung, wie sie z. B. im Gesetz über die religiöse Kindererziehung vom 15.7.1921 (RGBl. S. 939) in einer auch heute noch allgemein anerkannten Weise erfolgt ist, Aufgabe des Gesetzgebers oder der konkretisierenden Entscheidungen der Gerichte, insbesondere der Verwaltungsgerichte. Dem Gesetzgeber ist dabei, worauf *Stein* aufmerksam macht, eine „authentische Interpretation" der Verfassung verwehrt. Versuche ein Gesetz, den Gehalt des Grundrechts mit eigenen Worten verdeutlichend zu umschreiben, geschehe dies auf die Gefahr, daß dieser Interpretationsversuch mit der Verfassung in Widerspruch gerate.[83]

Bei der Festlegung der Schranken der vorbehaltlos gewährleisteten Grundrechte muß deren „sachlicher Grundwertgehalt" in jedem Falle respektiert werden. Auf das komplexe und mehrschichtige Grundrecht der Religionsfreiheit bezogen bedeutet diese Feststellung des Bundesverfassungsgerichts, daß der uneinschränkbare Kernbereich der Religionsfreiheit, der in der *Glaubensfreiheit* — Glauben verstanden als innere religiöse Überzeugung — und in der *Glaubenswahlfreiheit* als deren Vorstadium zu sehen ist, jedem Zugriff staatlich-hoheitlicher Gewalt entzogen sein muß.[84] Gleiches gilt von der *Gewissensfreiheit*,

---

[81] BVerfGE 30, 173 (193).
[82] BVerfGE 32, 98 (108); 30, 173 (193) m. w. N.
[83] *Stein*, Religionsfreiheit (Anm. 5), S. 246 unter Verweisung auf BVerfGE 12, 45 (53). Vgl. hierzu auch BVerfGE 7, 377 (403). Vgl. hierzu ferner *Meinhard Fehlau*, Die Schranken der freien Religionsausübung, in: JuS 1993, S. 441-447.
[84] Deshalb ist es z. B. wie das OLG Saarbrücken, in: KirchE 7, 308 = NJW 1966, S. 1088 (LS), entschieden hat, unzulässig, einem katholischen Strafgefangenen den Briefverkehr mit der Religionsgemeinschaft der Mormonen zu untersagen; über einschlägige Entscheidungen der Europäischen Menschenrechtskom-

deren Gegenstand, das Gewissen, als innere Überzeugung von der Existenz und der verpflichtenden Kraft eines Sittengesetzes verstanden werden kann.[85] Bestandteil der Gewissensfreiheit ist dabei auch die *Gewissensbildungsfreiheit,* d. h. das jedermann gewährleistete Recht, bei der Bildung religiös-moralischer Wert- und Unwertbegriffe unbeeinflußt von staatlichem Zwang oder sozialem Druck seinen eigenen Vorstellungen zu folgen und diese im Rahmen der verfassungsmäßigen Ordnung zu verwirklichen.

Für eine Reihe besonders bedeutsamer Fälle hat das Grundgesetz selbst den materialen Geltungsgehalt des Grundrechts der Religionsfreiheit festgelegt, wie in Art. 3 Abs. 3, 33 Abs. 3, 140 GG i. V. m. 136 Abs. 3 S. 1 und Abs. 4 WeimRV, ferner in Art. 7 Abs. 3 GG. In diese Bereiche, in denen sich die Religionsfreiheit absolut entfaltet, darf der Staat nicht eingreifen.[86]

Anderes gilt dagegen für die *Ausübung* des Grundrechts der Religionsfreiheit in der Form der Bekenntnisfreiheit und der ungestörten Religionsausübung, d. h. der Kultusfreiheit. Das Grundrecht der Gewissensfreiheit enthält auch die Freiheit der Gewissensverwirklichung. Diese kann sich gleichermaßen in der Unterlassung gesetzlich vorgeschriebener Handlungen[87] wie auch in der Nichtbeachtung gesetzlich vorgeschriebener Unterlassungen aktualisieren. Die Religionsausübung kann in der Konkurrenz mit Grundrechten Dritter und anderen mit Verfassungsrang ausgestatteten Rechtswerten vielfältigen unvermeidbaren und zwingenden *modalen,* d. h. nicht den Inhalt des Bekenntnisses und der Religionsausübung, sondern nur deren örtliche und zeitliche Umstände regelnden Beschränkungen unterliegen. In entsprechender Anwendung der vom Bundesverfassungsgericht im Apothekenurteil zum Grundrecht der Berufsfreiheit entwickelten Grundsätze[88] ist dabei

---

mission s. bei *v. Campenhausen,* Religionsfreiheit (Anm. 1), Rdnr. 80 mit Anm. 267; ferner bei *Listl,* Das Grundrecht (Anm. 1), S. 65 ff. Zur Religionsfreiheit in der Strafhaft s. ferner OLG Koblenz, Beschl. v. 28.9.1987, in: ZevKR 33 (1988), S. 464, und BVerfG, Beschl. v. 12.11.1987, ebd., S. 469. Dazu s. *Albert Stein,* Glaubensfreiheit im Strafvollzug, ebd., S. 446-450. Dagegen steht die Religionsfreiheit dem Visumszwang für einen Ausländer nicht entgegen, der in der Bundesrepublik Deutschland als Imam einer islamischen Religionsgemeinschaft tätig sein will. Vgl. hierzu BVerwG, in: DVBl. 1983, S. 1000 (1001) = KirchE 21, 115 (116). Hierbei handelt es sich nicht um das Grundrecht der Glaubensfreiheit, sondern um die Religionsausübungsfreiheit.

[85] Vgl. *Maunz/Zippelius,* Deutsches Staatsrecht (Anm. 47), § 24 II 1 (S. 191).
[86] *Stein,* Religionsfreiheit (Anm. 5), S. 245.
[87] Ein islamischer Strafgefangener kann z. B. nicht verpflichtet werden, sich in Gegenwart anderer völlig zu entkleiden, weil ihm dies das verbindliche islamische Recht verbietet. Vgl. OLG Koblenz, Beschl. v. 2.10.1985, in: NJW 1986, S. 1887 (nur LS); vollst. abgedr. in: NStZ 1986, S. 238 = KirchE 23, 199.
[88] BVerfGE 7, 377 (405).

in Hinsicht auf die notwendigen Beschränkungen der freien Religionsausübung zu fordern, daß die staatlichen Organe jene Form der Beschränkung der Ausübung der Bekenntnis- und Kultusfreiheit zu wählen haben, die diese Freiheitsrechte im geringstmöglichen Umfang beeinträchtigt.

b) Einzelfälle der Rechtsprechung

aa) Beschränkungen der freien Religionsausübung bzw. Relevanz der Religionszugehörigkeit in der Deutschen Bundeswehr, während der dienstlichen Tätigkeit eines Beamten, im Bereich der Schule (Schulsport) und in der Strafhaft

Zu den durch Art. 4 Abs. 1 und 2 GG generell nicht geschützten Verhaltensweisen rechnet der Bundesgerichtshof neben den „bekannten groben Verirrungen eines religiösen Aberglaubens", wie Menschenopfer, Witwenverbrennung, Hexenverfolgungen und dergleichen, auch heute noch anzutreffende Arten von Eingriffen in die Lebenssphäre oder das sittliche Empfinden anderer, wie die Fernhaltung ärztlicher Hilfe von einem lebensgefährlich verletzten oder erkrankten Schutzbefohlenen, Polygamie (bei Mormonen) und die Diskriminierung Andersdenkender.[89]

Aus der Zielsetzung bestimmter Sonderstatusverhältnisse ergeben sich unvermeidbare Beschränkungen der Religionsausübung. Es liegt auf der Hand, daß Soldaten und andere Angehörige der Bundeswehr während ihrer Dienstzeit an religiösen Veranstaltungen und Gottesdiensten nur zu den dafür in den Dienstvorschriften vorgesehenen Zeiten teilnehmen können. Auch die Teilnahme von Strafgefangenen an gottesdienstlichen Veranstaltungen unterliegt den in den Strafvollzugsvorschriften vorgesehenen notwendigen Beschränkungen.[90] Unter den *besonderen* Verhältnissen der Strafhaft stellt es einen Mißbrauch der Religionsausübung in der Form der Bekenntnisfreiheit dar, wenn ein Strafgefangener seine Mitgefangenen durch das Versprechen von Genußmitteln zum Kirchenaustritt zu bewegen sucht.[91]

Mit der beamtenrechtlichen Stellung eines bayerischen Polizeivollzugsbeamten, der in einem kleinstädtisch-dörflichen Milieu eingesetzt

---

[89] BGHZ 38, 317 (321).
[90] BayVerfGH 18, 124 = KirchE 7, 299. Zu allen Fragen der Seelsorge im Strafvollzug vgl. im einzelnen *Susanne Eick-Wildgans,* Anstaltsseelsorge. Möglichkeiten und Grenzen des Zusammenwirkens von Staat und Kirche im Strafvollzug (= Staatskirchenrechtliche Abhandlungen, Bd. 22), Berlin 1993, S. 201 ff.; ferner *dies.* in diesem Handbuch, § 70 Anstaltsseelsorge.
[91] BVerfGE 12, 1 ff.

ist, erscheint es im Interesse der Notwendigkeit der Vermeidung von Pflichtenkollisionen unvereinbar, daß der Beamte innerhalb der engen Grenzen seines eigenen Dienstbezirks, wo er allgemein bekannt ist, während der dienstfreien Zeit durch Hausbesuche Glaubenswerbung für die Religionsgemeinschaft der Zeugen Jehovas betreibt. Diese missionierende Tätigkeit war ihm deshalb von der Landpolizeidirektion Oberfranken untersagt worden.[92] Das Bundesverwaltungsgericht erblickte jedoch in der Untersagung eine unzulässige Einschränkung der Glaubenswerbung mit der Begründung, der Beamte habe in Zivilkleidung missioniert und von seinem Grundrecht keinen exzessiven Gebrauch gemacht. Aus diesem Grunde sei der Staat nicht genötigt, hier einzugreifen.[93]

Ein Lehrer des Faches „Kunsterziehung" darf seine Unterrichtsstunden auch dann nicht zu politischer Propaganda umfunktionieren, wenn dies aus Beweggründen geschieht, die auf einer echten weltanschaulichmissionarischen Überzeugung beruhen.[94]

Ebenso kann der Dienstherr einem Lehrer untersagen, im Unterricht „bhagwantypische rote bis orangerote Kleidung und die Mala mit dem Bildnis des Bhagwans" zu tragen. Das Grundrecht der Bekenntnisfreiheit steht dem nicht entgegen.[95] Gegenüber der Durchsetzung der Schulpflicht ist weder eine Berufung auf das elterliche Erziehungsrecht[96] noch auf das Grundrecht der Glaubens- und Gewissensfreiheit gerechtfertigt.[97]

Ausgehend von der Erwägung, daß durch das Grundrecht der Religionsfreiheit nicht nur die Befolgung imperativer Glaubenssätze, sondern auch Überzeugungen geschützt sind, die für bestimmte Lebenssituationen eine ausschließlich religiöse Reaktion für adäquat halten, weil sich andernfalls die Glaubensfreiheit nicht voll entfalten könnte[98],

---

[92] Die Klage gegen dieses Verbot wurde vom BayVGH durch Urteil vom 3.7.1964 (158 III 63; nicht veröffentlicht) als unbegründet abgewiesen. Vgl. zum Ganzen *Listl,* Das Grundrecht (Anm. 1), S. 68 ff.

[93] BVerwGE 30, 29 ff.

[94] Disziplinarhof Rh.-Pf., Beschl. v. 15.11.1963, in: ZBR 1964, S. 92; dazu *Listl,* Das Grundrecht (Anm. 1), S. 74 ff.

[95] OVG Hamburg, Beschl. v. 26.11.1984, in: DVBl. 1985, S. 456 ff. = NVwZ 1986, S. 406; a. A. *Hans W. Alberts,* Neue Religionen und Beamtenrecht — Sannyasin als Lehrer?, in: NVwZ 1985, S. 92-95; übereinstimmend mit OVG Hamburg BayVGH, Beschl. v. 9.9.1985, in: BayVBl. 1985, S. 721 = NVwZ 1986, S. 405; BVerwG, Beschl. v. 8.3.1988, in: DVBl. 1988, S. 698 = NVwZ 1988, S. 937.

[96] BVerwG, Beschl. v. 15.11.1991, in: BayVBl. 1992, S. 184; ebenso BayVGH, Beschl. v. 16.3.1992, in: BayVBl. 1992, S. 343.

[97] BayVGH, ebd.

[98] Vgl. BVerfGE 32, 98 (106).

gaben deutsche Gerichte wiederholt den Klagen islamischer Schülerinnen auf Befreiung vom Schulsport aus religiösen Gründen[99] bzw. vom koedukativen Schwimmunterricht in der Grundschule wegen entgegenstehender Bekleidungsvorschriften des Korans[100] bzw. vom koedukativ erteilten Sportunterricht[101] statt. Ähnlich auch im Falle einer Schülerin, die der sog. „Palmarianischen Kirche" angehört — einer rigoristischen Glaubensgemeinschaft, die sich von der katholischen Kirche abgespalten hat —, und ebenfalls Befreiung vom Turnunterricht aus „religiösen Gründen" beantragt hatte.[102]

Dagegen wies das VG Würzburg die Klage einer christlichen Mutter, welche aus Gewissensgründen die Befreiung ihrer achtjährigen Tochter vom schulischen Schwimmunterricht beantragt hatte, als unbegründet ab. Die Mutter hatte sich auf 1 Timotheus berufen, wo es heißt, „daß die Frauen sich in würdiger Haltung mit Schamhaftigkeit und Sittsamkeit schmücken" sollen. Das Gericht erklärte die Klage für nicht begründet mit dem bemerkenswerten Argument, daß es sich bei der genannten Stelle aus dem Neuen Testament nach Ansicht von Bibelexperten um eine liturgische Anweisung „für den rechten Vollzug des Gottesdienstes" handele.[103]

Mit der Begründung, es handele sich hierbei um einen unmittelbaren Ausfluß des Grundrechts der Religionsfreiheit hat das Verwaltungsge-

---

[99] OVG Lüneburg, Beschl. v. 26.4.1991, in: NVwZ 1992, S. 79.
[100] OVG Münster, Urt. v. 12.7.1991, in: NVwZ 1992, S. 77.
[101] OVG Münster, Urt. v. 15.11.1991, in: NWVBl. 1992, S. 136. Vom Gericht wurde die beantragte Befreiung vom koedukativen Sportunterricht auf den Schwimmunterricht eingeschränkt. Weitergehend hat das BVerwG entschieden, daß die staatliche Schulverwaltung gehalten ist, alle organisatorischen Möglichkeiten (z. B. getrennter Unterricht) auszuschöpfen, um den Schülerinnen islamischen Glaubens eine Teilnahme am Sportunterricht zu ermöglichen, ohne sie einem unzumutbaren Glaubens- und Gewissenskonflikt auszusetzen. Solange dies nicht geschieht, haben die Schülerinnen einen Anspruch auf Befreiung vom koedukativen Sportunterricht. In den beiden entschiedenen Fällen hatten die Schülerinnen ihre Gewissenskonflikte hinreichend dargelegt. Die Schulverwaltung hatte dem nicht in zumutbarer Weise Rechnung getragen und einen nach Geschlechtern getrennten Sportunterricht nicht angeboten. Es mußte deshalb eine Befreiung gewährt werden. Vgl. BVerwG, Urteile vom 25.8.1993 (6 C 8.91 [in: DVBl. 1994, S. 163] und 6 C 30.92 [bisher nicht veröffentlicht]). Noch weitergehend VG Freiburg, Urt. v. 10.11.1993 (2 K 1739/92), bisher nicht veröffentlicht, das eine religionsmündige Schülerin islamischer Religionszugehörigkeit aus religiösen Gründen nicht nur vom koedukativen, sondern von jeder Art Sportunterricht befreit erklärt hat. Eine mit der Schulpflicht in Konflikt stehende Glaubensüberzeugung muß hinreichend objektivierbar sein, um eine Befreiung von der Schulpflicht oder von einzelnen Unterrichtsfächern (hier: Schwimmunterricht in koedukativer Form) zu rechtfertigen: BVerwG, Urt. v. 25.8.1993 (6 C 7.93), in: DVBl. 1994, S. 168.
[102] BayVGH, Urt. v. 6.5.1987, in: NVwZ 1987, S. 706.
[103] VG Würzburg, Urt. v. 27.11.1991 (Az.: W 3 K 91.1329, nicht veröffentlicht).

richt Wiesbaden entschieden, daß einer Angehörigen des islamischen Glaubensbekenntnisses auf Verlangen Ausweispapiere mit Lichtbildern auszustellen seien, die sie mit Kopfbedeckung zeigen.[104] Aber auch eine sich ernsthaft zum christlichen Glauben bekennende Frau hat aufgrund ihrer Religionsfreiheit Anspruch auf Ausstellung eines Personalausweises mit einem Lichtbild, das sie mit Kopfbedeckung zeigt.[105]

Ein Wehrpflichtiger islamischen Bekenntnisses hat keinen Anspruch auf Zurückstellung vom Wehrdienst mit Rücksicht auf seine Rechte, den religiösen Speisevorschriften nicht zuwiderhandeln zu müssen.[106] Ebensowenig hat ein mohammedanischer Lehrer einen Anspruch auf Fernbleiben vom Dienst zwecks Teilnahme am Freitagsgebet in der Moschee.[107]

Maßstab einer einem Beamten zu gewährenden Dienstbefreiung zum Zwecke der Religionsausübung sind allein die dienstlichen Belange, in die die gesamte Tätigkeit des betreffenden Beamten eingebunden ist. Aus diesem Grunde hat ein Oberstudienrat, der Mitglied der Ambassador-Kulturstiftung ist, die von der Weltweiten Kirche Gottes (Worldwide Church of God) getragen wird, keinen Anspruch auf Dienstbefreiung, um vom 4. bis 12. Oktober eines jeden Jahres das von seiner Religionsgemeinschaft als „heilige" Tage begangene Laubhüttenfest zu feiern.[108]

Desgleichen besteht kein Rechtsanspruch für einen Beamten auf Erteilung von Sonderurlaub zur Teilnahme an einer Tagung einer privatrechtlichen Religionsgemeinschaft (hier: Johannische Kirche).[109] Für den Reformationstag besteht in Berlin — im Gegensatz zu Fronleichnam und Allerheiligen — kein Anspruch auf vollständige Dienstbefreiung.[110]

---

[104] VG Wiesbaden, Urt. v. 10.7.1984, in: NVwZ 1985, S. 137. Das Urteil ist rechtskräftig geworden. Hinweis in: NVwZ 1985, S. 864. Im wesentlichen mit derselben Begründung hat der BayVGH den Übertritt zum Islam als wichtigen Grund für eine Änderung des Vornamens angesehen. Vgl. BayVGH, Urt. v. 3.6.1992 (5 B 92.162), in: NJW 1993, S. 346.

[105] VG Berlin, Urt. v. 18.1.1989, in: NVwZ 1990, S. 100.

[106] BVerwG, Urt. v. 10.1.1979, in: BVerwGE 57, 215.

[107] EKMR, Entscheidung vom 12.3.1981, in: EuGRZ 1981, S. 326 = NJW 1981, S. 2630 (nur LS); ebenso ist das entschuldigte Ausbleiben eines jüdischen Angeklagten am jüdischen Neujahrsfest grundsätzlich rechtmäßig, weil ein gläubiger Jude am jüdischen Neujahrsfest aus religiösen Gründen nicht an einem Gerichtstermin teilnehmen darf. Vgl. OLG Köln, Beschl. v. 26.1.1993 (Ss 569/92), in: NJW 1993, S. 1345.

[108] BayVGH, Beschl. v. 2.10.1990, in: NJW 1991, S. 1319.

[109] BVerwG, Urt. v. 13.11.1984, in: NVwZ 1987, S. 699. Vgl. hierzu die abl. Stellungnahme von *Ludwig Renck*, Sonderurlaub für Veranstaltungen von Bekenntnisgemeinschaften, in: NVWZ 1987, S. 669-671.

[110] OVG Berlin, Beschl. v. 31.10.1989, in: NJW 1990, S. 2269.

§ 14 Glaubens-, Bekenntnis- und Kirchenfreiheit   473

In der deutschen Bundeswehr darf auf Soldaten keinerlei — sei es auch nur ein mittelbarer — Druck zur Teilnahme an Veranstaltungen der Militärseelsorge ausgeübt werden.[111] Auf dem Marsch zum Standortgottesdienst ist der erteilte Befehl „Rührt Euch, ein Lied" rechtmäßig.[112]

bb) Beschränkung der freien Religionsausübung
bzw. Relevanz religiös motivierter Gewissensentscheidungen
im Bereich des Arbeits- und Sozialrechts

Nach einer Entscheidung des Bundesverfassungsgerichts verliert ein arbeitsloser anerkannter Kriegsdienstverweigerer seinen Anspruch auf Arbeitslosengeld, wenn er eine ihm vom Arbeitsamt angebotene rüstungsbezogene Arbeit aus Gewissensgründen (Art. 4 Abs. 1 GG) ablehnt. Wie das Gericht hierzu ausgeführt hat, sei in diesem Fall einerseits zu berücksichtigen, daß die Gewissensbeeinträchtigung, die dem Beschwerdeführer im Falle der Arbeitsaufnahme gedroht hätte, nur aus mittelbaren Zusammenhängen abzuleiten gewesen wäre und ihn nicht schlechthin im *Kernbereich des Grundrechts* betroffen hätte. Andererseits sei es ein sozialstaatliches Gebot, die Funktionsfähigkeit der Arbeitslosenversicherung zu gewährleisten, deren finanzielle Grundlage auf den Beiträgen aller Versicherten beruhe.[113]

Das Sozialgericht Frankfurt sprach einem Arbeitslosen, der ein Arbeitsangebot in einer US-Kaserne aus Gewissensgründen abgelehnt hatte, einen Anspruch auf Arbeitslosengeld zu.[114]

Ein Polizeibeamter auf Probe, der den Gebrauch der Schußwaffe aus religiösen Gründen verweigert, begeht ein Dienstvergehen. Ob dieses Verhalten eine fristlose Entlassung rechtfertigt, hängt von den besonderen Umständen des Einzelfalls ab.[115] Eine bei Verlängerung der Fahrer-

---

[111] BVerwGE 73, 247.
[112] BVerwG, Beschl. v. 31.3.1976, in: DÖV 1977, S. 449 = Militärseelsorge 20 (1978), S. 130 ff. mit zust. Anm. von *Joseph Listl*, ebd., S. 138-140.
[113] BVerfG (Vorprüfungsausschuß), Beschl. v. 13.6.1983, in: NJW 1984, S. 912. Zugleich Bestätigung des Urt. des BSG vom 23.6.1982, in: NJW 1983, S. 701. Vgl. hierzu *Rainer Pitschas*, Mittelbare Wehrdienstverweigerung und Arbeitsförderungsrecht, in: NJW 1984, S. 889-896. In einem vergleichbaren Fall hat das OLG Schleswig zum Anspruch auf eine von der Gemeinschaftsverpflegung abweichende Beköstigung für ethische Vegetarier während der Wehrdienstzeit zu Recht entschieden, die Behauptung, ethischer Vegetarier zu sein, und eine ärztliche Bestätigung, sich seit mehreren Jahren vegetarisch zu ernähren, genügen nicht den Anforderungen an die Glaubhaftmachung einer Gewissensentscheidung i. S. des Art. 4 Abs. 1 GG. Vgl. hierzu OLG Schleswig, Urt. v. 10.2.1993 (3 M 86/92), in: NVwZ 1993, S. 702.
[114] SG Frankfurt, Urt. v. 22.9.1983, in: NJW 1984, S. 943.
[115] VG Sigmaringen, Urt. v. 7.10.1990, in: NVwZ 1991, S. 199. Das Gericht ging davon aus, daß bei einem Dienstvergehen, das — wie im vorliegenden Fall

laubnis zur Fahrgastbeförderung vorgeschriebene Blutuntersuchung ist rechtmäßig. Wird die Blutuntersuchung aus Glaubensgründen verweigert, wird die Verlängerung der Fahrerlaubnis zu Recht versagt.[116]

Einem Lehrherrn ist es untersagt, im Rahmen des zwischen ihm und den von ihm auszubildenden Lehrlingen bestehenden Autoritäts- und Abhängigkeitsverhältnisses eine *nachdrückliche* Glaubenswerbung bzw. Glaubensabwerbung zu betreiben.[117]

Gegen einen Sozialhilfeträger besteht kein Rechtsanspruch auf Unterbringung in einem konfessionell geprägten Pflegeheim (hier Altenheim mit „anthroposophischer Glaubensausrichtung"), wenn damit unverhältnismäßig hohe Pflegekosten verbunden sind.[118]

cc) Beschränkung der freien Religionsausübung durch gewerberechtliche Bestimmungen und die allgemeine Steuerpflicht

Wie das OLG Hamburg im Falle der Scientology-Church festgestellt hat, wird der Schutz aus Art. 4 GG nur dem zuteil, der für religiöses oder weltanschauliches Ideengut erkennbar eintritt und wirbt. Daraus folgt, daß der Schutz des Art. 4 GG dann hinter die Bestimmungen des Wegerechts zurücktritt, wenn der aus religiösen oder weltanschaulichen Gründen Handelnde nach außen als Gewerbetreibender in Erscheinung tritt und z. B. Straßenwerbung für Bücher und entgeltliche Teilnahme an Kursen der Scientology-Church betreibt.[119] Aus diesem Grunde ist ein Verein mit dem Ziel der „Pflege und Verbreitung der Scientology-Religion und ihrer Lehre" verpflichtet, bestimmte von ihm ausgeübte Tätigkeiten als Gewerbe im Sinne von § 14 GewO anzuzeigen.[120]

Weder das Grundrecht der Religionsfreiheit noch das kirchliche Selbstbestimmungsrecht stehen einer steuerstrafrechtlichen Durchsu-

---

— die Tatbestandsvoraussetzungen des § 43 Abs. 1 Nr. 1 BadWürttBG erfüllt, „eine Entlassung regelmäßig geboten" ist, hob aber den Entlassungsbescheid auf, weil im konkreten Fall besondere Umstände weitere Ermessenserwägungen nahelegten, die jedoch nicht angestellt worden seien (S. 200).

[116] VG Frankfurt, Beschl. v. 28.3.1988, in: NJW 1988, S. 1864.
[117] BVerwGE 15, 134.
[118] BVerwG, Urt. v. 11.2.1982 (Az.: 5 C 85.80), in: BVerwGE 65, 52 = NJW 1983, S. 2586.
[119] OLG Hamburg, Beschl. v. 4.3.1986, in: NJW 1986, S. 2841; ebenso VGH Kassel, Urt. v. 21.9.1993 (2 UE 3583/90): Erfordernis einer Sondernutzungserlaubnis für die Scientology Church bei Straßenwerbung, in: NVwZ 1994, S. 189.
[120] VG Hamburg, Urt. v. 11.12.1990, in: NVwZ 1991, S. 806; ebenso OVG Hamburg, Urt. v. 6.7.1993 (Bf VI 12/91), nicht rechtskräftig, in: NVwZ 1994, S. 192. Das VG Stuttgart hat durch Urteil vom 30.9.1993 (8 K 697/92), bisher nicht veröffentlicht, die Entscheidung des Stuttgarter Regierungspräsidenten bestätigt, der Religionsgemeinschaft „Neue Brücke. Mission der Scientology Kirche e.V." die Rechtsfähigkeit zu entziehen (vgl. Anm. 69).

§ 14 Glaubens-, Bekenntnis- und Kirchenfreiheit

chung der Verwaltungsräume einer Religionsgemeinschaft entgegen. Unabhängig davon, ob sich die Beschwerdeführerin, bei der es sich um eine sog. „neue Religion" handelte, überhaupt auf diese Verfassungsnormen berufen könne, fänden jedenfalls die daraus abzuleitenden Rechte dort ihre Grenze, wo sie mit anderen mit Verfassungsrang ausgestatteten Gemeinschaftsinteressen in Widerspruch gerieten.[121]

Ein Stromabnehmer eines Energieversorgungsunternehmens, das auch aus Kernenergie gewonnenen Strom liefert, ist nicht berechtigt, unter Berufung auf sein Grundrecht auf Gewissensverwirklichung die Stromrechnung zu kürzen und zu einem Stromzahlungsboykott aufzurufen. Damit überschreitet die Grundrechtsausübung des Stromabnehmers ihre Grenzen und wird unzulässig.[122]

Auch die Zahlung von Steuern kann nicht unter Berufung auf Art. 4 Abs. 1 GG verweigert werden. Eheleute, die beide der „Religiösen Gesellschaft der Freunde" (Quäker) angehören, hatten gegenüber der Finanzbehörde erklärt, daß sie die Anwendung kriegerischer Gewalt grundsätzlich ablehnten und es deshalb mit ihrem Gewissen nicht länger vereinbaren könnten, mit ihren persönlichen Steuern zur militärischen Rüstung unseres Landes beizutragen. Sie beantragten deshalb, gem. § 227 AO 1977 die Einkommensteuerschuld 1983 um 8,33 % herabzusetzen. Dieser Prozentsatz der Einkommensteuer auf Vermögen sei 1983 für Rüstungszwecke ausgegeben worden. Der Bundesfinanzhof wies die Klage als unbegründet ab und erklärte, die Zahlung von Steuern könne nicht aus Gewissensgründen abgelehnt werden.[123] Eine gegen diese Entscheidung des Bundesfinanzhofs erhobene Verfassungsbeschwerde blieb erfolglos. Das Bundesverfassungsgericht erklärte, die Beschwerdeführer hätten zwar eine Gewissensentscheidung im Sinne des Art. 4 Abs. 1 GG getroffen, also eine ernste sittliche, d. h. an den Kategorien von „Gut" und „Böse" orientierte Entscheidung, die sie als für sie bindend und unbedingt verpflichtend innerlich erführen. Eine Gewissensentscheidung, die Organisation und Finanzierung der Landesverteidigung ablehne, berühre jedoch grundsätzlich nicht die Pflicht zur Steuerzahlung. Die Steuer sei ein Finanzierungsinstrument des Staates, aus dessen Aufkommen die Staatshaushalte allgemein — und ohne jede Zweckbindung — ausgestattet würden. Über die Verwendung dieser Haushaltsmittel entscheide allein das Parlament (Art. 110 Abs. 2

---

[121] BVerfG (Vorprüfungsausschuß), Beschl. v. 8.8.1984 (2 BvR 938/84), bisher nicht veröffentlicht. Vgl. hierzu *Listl*, Die Religions- und Kirchenfreiheit (Anm. 1), S. 571.
[122] OLG Hamm, Urt. v. 1.7.1981, in: NJW 1981, S. 2473; übereinstimmend mit der Vorinstanz, LG Dortmund, Urt. v. 10.10.1980, in: NJW 1981, S. 764.
[123] BFH, Urt. v. 6.12.1991, in: NJW 1992, S. 1407.

und 3 GG). Die Pflicht zur Steuerzahlung lasse mithin den Schutzbereich der Gewissensfreiheit des Art. 4 Abs. 1 GG unberührt.[124]

dd) Asylrechtliche Relevanz der Religionszugehörigkeit und der freien Religionsausübung

Eine große Bedeutung kommt der Religionszugehörigkeit bzw. dem Grundrecht der freien Religionsausübung im Bereich des Asylrechts zu. Mit diesen Fragen hatten sich deutsche Gerichte in zahlreichen Fällen zu befassen. Dabei handelte es sich zum Teil um Einzelverfolgungen, zum Teil aber auch um Gruppenverfolgungen. Das Bundesverfassungsgericht hat sich in drei Entscheidungen mit den Anforderungen des Nachweises „gruppengerichteter Verfolgung aus religiösen Gründen" befaßt, und zwar im Falle türkischer Staatsangehöriger jezidischer Glaubensangehörigkeit[125], ferner im Falle in Syrien wegen des Verdachts der Zugehörigkeit zur Moslembruderschaft politisch Verfolgter[126] und im Falle politischer Verfolgung syrischer Staatsangehöriger christlichen (syrisch-orthodoxen) Glaubens.[127] In Kenntnis der dort entwickelten Grundsätze, die es allerdings als für die Praxis nicht brauchbar bezeichnet hat, hat das Verwaltungsgericht Ansbach das Asylbegehren einer Gruppe türkischer Staatsangehöriger jezidischer Religionszugehörigkeit ohne abschließende Prüfung der vom Bundesverfassungsgericht genannten Voraussetzungen für begründet erklärt.[128]

Auf zwei Verfassungsbeschwerden hin hat der Zweite Senat des Bundesverfassungsgerichts unter Aufhebung entgegenstehender Urteile mehrerer Verwaltungsgerichte entschieden, daß Angehörigen der Ahmadiyya-Glaubensgemeinschaft, die im Falle ihrer Rückkehr nach Pakistan wegen ihrer Zugehörigkeit zu dieser Glaubensgemeinschaft asylrelevante Verfolgungen zu gewärtigen hätten, ein Anspruch auf Asyl gemäß Art. 16 Abs. 2 S. 2 GG zustehe.[129]

---

[124] BVerfG, Beschl. des Zweiten Senats (3. Kammer) v. 26.8.1992, in: DVBl. 1992, S. 1589. Das BVerfG verweist hierbei auf die Entscheidung in BVerfGE 13, 45 (55).

[125] BVerfG, Beschl. v. 23.1.1991, in: NVwZ 1991, S. 768 = EuGRZ 1991, S. 109.

[126] BVerfG, Beschl. v. 8.1.1990, in: NVwZ 1991, S. 772.

[127] BVerfG. Beschl. v. 7.12.1990, in: NVwZ 1991, S. 773.

[128] VG Ansbach, Urt. v. 18.5.1990 (rechtskräftig), in: BayVBl. 1991, S. 474.

[129] Beschl. v. 1.7.1987, in: BVerfGE 76, 143 = NVwZ 1988, S. 237 ff. = DVBl. 1988, S. 45 mit Anm. von *Michael Bertrams*. Zu den Voraussetzungen einer Gruppenverfolgung im Falle von Angehörigen der Ahmadiyya-Glaubensgemeinschaft in Pakistan s. BVerwG, Urt. v. 18.2.1986, in: NVwZ 1986, S. 569; im Falle von Jeziden in der Türkei s. BVerfG, Beschl. v. 4.3.1993 (2 BvR 1440/92 u. a.), in: DVBl. 1993, S. 599 = NVwZ-RR 1993, S. 511.

§ 14 Glaubens-, Bekenntnis- und Kirchenfreiheit 477

Ebenso stellt die Zwangsbeschneidung eines christlichen türkischen Wehrpflichtigen während des Wehrdienstes eine politische Verfolgung im Sinne einer Gruppenverfolgung gemäß Art. 16 Abs. 2 S. 2 GG dar.[130]

Nach einer Entscheidung des Bundesverwaltungsgerichts vom 6.4.1992 stellt eine nach Intensität und Schwere asylerhebliche Verfolgung, die an die bloße Tatsache der Heirat eines Menschen mit anderer Religionszugehörigkeit oder an die Gestattung einer christlichen Kindererziehung anknüpft, wenn die Ehe des Asylbewerbers nach dem Verlassen seines Heimatstaates geschlossen wurde, einen „asylrechtlich erheblichen subjektiven Nachfluchtgrund" dar. In dem gegebenen Fall handelte es sich um die Ehe zwischen einem iranischen Moslem und einer polnischen Katholikin.[131]

Auch für das Zuweisungsverfahren von Asylbewerbern kann der Religionsfreiheit Bedeutung zukommen. Die Zuweisung von Asylbewerbern, die Angehörige der Glaubensgemeinschaft der Jeziden sind, in eines der neuen Bundesländer, ist rechtswidrig, wenn dort die Möglichkeit der Religionsausübung in der Gruppe nicht gegeben ist.[132]

Dagegen entbindet das Grundrecht der Religionsfreiheit nicht von der Visumspflicht. Aus diesem Grunde benötigt, wie bereits erwähnt, ein Ausländer, der sich im Bundesgebiet gegen Entgelt als Imam betätigen will, für die Einreise einen Sichtvermerk. Es verstößt nicht gegen die Religionsfreiheit aus Art. 4 Abs. 1 und 2 GG, wenn ihm die Ausländerbehörde wegen Verletzung des Sichtvermerkzwanges die nach der Einreise beantragte Aufenthaltserlaubnis versagt und er folglich die Tätigkeit eines Imam nicht ausüben darf.[133]

---

[130] BVerwG, Urt. v. 5.11.1991, in: BVerwGE 89, 162 = DVBl. 1992, S. 828. Die Voraussetzungen einer politischen Gruppenverfolgung sah das BVerwG auch gegeben im Falle syrisch-orthodoxer Christen aus dem Südosten der Türkei, Urt. v. 2.8.1983, in: BVerwGE 67, 314 = NJW 1983, S. 2588; einschränkend BVerwG, Urt. v. 22.4.1986, in: BVerwGE 74, 160.

[131] BVerwGE 90, 127. Eine Asylrelevanz ist nach der Rechtsprechung des BVerwG auch gegeben im Falle einer als politische Verfolgung zu qualifizierenden Bestrafung wegen religiöser Betätigung in der Öffentlichkeit des Heimatstaates (Pakistan). Vgl. BVerwG, Urt. v. 13.5.1993 (9 C 49.92), in: BVerwGE 92, 278 = NVwZ 1993, S. 788. Zur Frage der Verfolgungsgefahr bei privater Religionsausübung von pakistanischen Angehörigen der Ahmadiyya-Glaubensgemeinschaft s. BVerfG, Beschl. vom 25.5.1993 (2 BvR 1550/92 u. a.), in: DVBl. 1993, S. 833.

[132] VG Berlin, Beschl. v. 19.9.1991, in: NVwZ 1992, S. 91. Der Beschl. des VG Berlin wurde durch Beschl. des OVG Berlin v. 11.12.1991, in: NVwZ 1993, S. 296, aufgehoben, weil die Antragsteller ihre Angaben, in Berlin existiere eine Gemeinschaft ihres Glaubens, nicht beweisen konnten.

[133] BVerwG, Beschl. v. 6.5.1983, in: DVBl. 1983, S. 1000.

ee) Religionsausübung und gesetzliche Eidespflicht

Im Hinblick auf die Leistung eines gesetzlich vorgeschriebenen Eides haben der Bundesgerichtshof[134] und das Bundesverfassungsgericht übereinstimmend erklärt, daß der ohne Anrufung Gottes geleistete Eid keine sakrale Handlung darstelle bzw. nach der Vorstellung des Verfassunggebers keinen religiösen oder in anderer Hinsicht transzendenten Bezug aufweise. Wenn das Bundesverfassungsgericht trotzdem zu dem Ergebnis gelangt, auch der ohne Anrufung Gottes geleistete Zeugeneid könne unter Berufung auf Art. 4 Abs. 1 GG verweigert werden, erscheint diese Argumentation nicht schlüssig und sogar in sich widersprüchlich. Das Gericht hat mit dieser Entscheidung dem Grundgedanken des Art. 140 GG i. V. m. Art. 136 Abs. 1 WeimRV, wonach die bürgerlichen und staatsbürgerlichen Rechte und Pflichten durch die Ausübung der Religionsfreiheit weder bedingt noch beschränkt werden, nicht hinreichend Rechnung getragen.[135]

In einer Entscheidung vom 25.10.1988 hat das Bundesverfassungsgericht seine frühere Rechtsprechung zur Eidesverweigerung aus Glaubens- und Gewissensgründen weiter entwickelt und unter Aufhebung der entgegenstehenden Entscheidungen des Verwaltungsgerichts München und des Bayerischen Verwaltungsgerichtshofs entschieden, daß auch bei Übernahme eines Kommunalmandats der gesetzlich vorgeschriebene Eid aus religiösen Gründen verweigert werden könne.[136] Das Bundesverfassungsgericht wiederholt und bekäftigt darin seine frühere Auffassung, daß eine Glaubensüberzeugung, die auch den ohne Anrufung Gottes geleisteten Zeugeneid aus religiösen Gründen ablehne, durch die Glaubensfreiheit des Art. 4 Abs. 1 GG geschützt sei, und führt diese Linie fort mit der Begründung, daß in solchen Fällen bereits durch die Rechtspflicht zur Eidesleistung in die Glaubens- und Gewissensfreiheit eingegriffen werde, auch wenn diese Verpflichtung im Falle eines Mandatsträgers — im Unterschied zum Zeugeneid — nicht erzwingbar sei.[137] Hier ist, wie es scheint, das Bundesverfassungsgericht in einer

---

[134] BGHSt 8, 301.

[135] BVerfGE 33, 23 ff. = JZ 1972, S. 515 mit abl. Anm. von *Karl Peters,* der darauf hinweist, daß es vom Eidesverständnis des BVerfG aus nahegelegen hätte, die Verpflichtung zur Eidesleistung zu bejahen. Vgl. hierzu auch bei *Listl,* Glaubens-, Gewissens-, Bekenntnis- und Kirchenfreiheit (Anm. 1), S. 396 f. m. w. N. Die Rechtsprechung der deutschen Gerichte zur Eidesleistung im Zusammenhang mit dem Grundrecht der Religionsfreiheit ist bis zum 1. Juli 1971 dargestellt bei *Listl,* Das Grundrecht (Anm. 1), S. 81 ff.

[136] BVerfG, Beschl. v. 25.10.1988 (2 BvR 745/88), in: BVerfGE 79, 69 = EuGRZ 1988, S. 566 = NJW 1989, S. 827 = JZ 1989, S. 292 mit Anm. von *Hartmut Maurer* = BayVBl. 1989, S. 207 mit abl. Anm. von *Walter Rzepka.* Bedenken gegen diese Entscheidung auch bei *Listl,* Religionsfreiheit (Anm. 1), S. 577 f.

[137] BVerfGE 79, 69 (76).

von Art. 136 Abs. 1 WeimRV nicht mehr gedeckten und vom Grundrecht der Religionsfreiheit des Art. 4 Abs. 1 GG nicht gebotenen Weise zu Lasten der Rechtsordnung vor einer exzessiven subjektivistischen Forderung zurückgewichen.

Die beiden Entscheidungen des Bundesverfassungsgerichts führen auf dem Gebiete der Eidespflicht mit einer zwangsläufigen inneren Logik dazu, generell an Stelle des Diensteides für diejenigen, die unter Berufung auf das Grundrecht der Glaubens- und Gewissensfreiheit jede Eidesleistung ablehnen, ein Gelöbnis einzuführen. Eine Ausnahme bildet hierbei vorerst lediglich noch der in Art. 56 und 64 Abs. 2 GG vorgeschriebene Amtseid des Bundespräsidenten und der Mitglieder der Bundesregierung.[138]

ff) Religionsausübung und Rundfunkfreiheit.
Zeugnisverweigerungsrecht der Geistlichen

Begrenzt wird die Religionsausübungsfreiheit auch durch die Rundfunkfreiheit des Art. 5 Abs. 1 S. 2 GG sowie durch diejenigen grundrechtlich geschützten Rechtsgüter, die durch eine Störung eines Funkverkehrs gefährdet sind. Daher ist das strafbewehrte Verbot mit Erlaubnisvorbehalt für den Betrieb eines Rundfunksenders verfassungsgemäß. Das gilt auch für die Übertragung von Gottesdiensten mittels eines Rundfunksenders.[139]

Die Gewissensentscheidung eines Geistlichen, das Zeugnis gemäß § 53 Abs. 1 Nr. 1 StPO zu verweigern, kann für die Beurteilung von Bedeutung sein, ob ihm etwas „in seiner Eigenschaft als Seelsorger" bekanntgeworden ist und ihm deshalb ein Zeugnisverweigerungsrecht zusteht.[140]

---

[138] Vgl. hierzu die Ausführungen bei *Ulrike Marga Dahl-Keller*, Der Treueid der Bischöfe gegenüber dem Staat. Geschichtliche Entwicklung und gegenwärtige staatskirchenrechtliche Bedeutung (= Staatskirchenrechtliche Abhandlungen, Bd. 23), Berlin 1994, S. 29.
[139] BVerfG (3. Kammer des Ersten Senats), Beschl. v. 20. 7. 1992 (1 BvR 1000/91), in: NJW 1993, S. 1190.
[140] BGH, Beschl. v. 20. 7. 1990, in: NJW 1990, S. 3283.

§ 15

Gewissensfreiheit

Von Matthias Herdegen

I. Grundlagen

1. Verhältnis der Gewissensfreiheit zur Glaubens- und Weltanschauungsfreiheit

Die Grundrechtsgewährleistung des Art. 4 Abs. 1 GG spiegelt im Normtext den historischen Zusammenhang der Gewissensfreiheit mit der Glaubens- und Weltanschauungsfreiheit wider. Gleichzeitig tritt die Gewissensfreiheit hier als eigenständiges Grundrecht in Erscheinung. Das Grundgesetz löst die Gewissensfreiheit vom staatskirchenrechtlichen Komplex, in den das Grundrecht noch unter der Weimarer Reichsverfassung eingebunden war (Art. 135 WRV). Die „Emanzipation" der Gewissensfreiheit von ihren religiösen und weltanschaulichen Bezügen hat der Verfassungsgeber in bemerkenswerter Wortkargheit vollzogen. Mit dem schlichten Bekenntnis zur „Unverletzlichkeit" des Gewissens überläßt das Grundgesetz Inhalt und Schranken des Grundrechts in hohem Maße seinen Exegeten. Die geringe Regelungsdichte des Grundgesetzes nährt ein breites Spektrum möglicher Deutungen der Gewissensfreiheit, welches von der Krone des Grundrechtssystems und einem Fundament der demokratischen Ordnung bis zur möglichen Selbstpreisgabe des positiven Rechts und seines Geltungsanspruches reicht[1].

Die Abkopplung von der Glaubens- und Weltanschauungsfreiheit bestimmt die Schutzrichtung des Grundrechts: In den Vordergrund tritt die Orientierung des Einzelnen an einer höchstpersönlichen Wertentscheidung. Die Einbindung in ein religiöses oder weltanschauliches Gedankengebäude ist für den Schutz der individuellen Haltung ohne

---

[1] Siehe etwa *Herbert Bethge*, Gewissensfreiheit, in: HStR VI, 1989, § 137 Rdnrn. 1 ff.; *Dietrich Franke*, Gewissensfreiheit und Demokratie. Aktuelle Probleme der Gewissensfreiheit, in: AöR 114 (1989), S. 7 ff.; *Matthias Herdegen*, Gewissensfreiheit und Normativität des positiven Rechts. Berlin, Heidelberg, New York 1989, S. 176 ff. und passim.

Belang. Diese geistesgeschichtliche Offenheit des Gewissensschutzes bedeutet keine Absage an den definitorischen Zugriff des Staates. Vielmehr verstärkt sich gerade dadurch die Notwendigkeit, der Gewissensentscheidung insbesondere im Hinblick auf ihre affektive Komponente klare begriffliche Konturen zu geben.

2. Funktionen der Gewissensfreiheit

a) Schutz der psychischen Integrität und personale Identität

Die Gewissensfreiheit zielt in erster Linie auf den Schutz psychischer Integrität durch die Achtung von Persönlichkeitsstrukturen, die nach dem Selbstverständnis des Einzelnen die Identität prägen[2]. Als Schutzgut der Gewissensfreiheit erscheint so die in den tieferen Schichten der Persönlichkeit angesiedelte Selbstkontrolle, die dem Einzelnen eine konsistente Selbstdarstellung ermöglicht. Im Konflikt zwischen dem Rechtsbefehl einerseits und als unbedingt verpflichtend empfundenen Verhaltensgeboten dieser internen Instanz andererseits soll die Gewissensfreiheit den Einzelnen vor der Preisgabe seelischer Substanz bewahren. Diese Sicht trägt ein weites Verständnis vom Umfang des Grundrechts. Danach bewahrt Gewissensfreiheit nicht nur die Innensphäre der Persönlichkeit vor manipulatorischen Eingriffen, sondern schützt auch die Umsetzung innerer Verhaltensmaßstäbe.

Vom Schutz der seelischen Integrität geht auch die Rechtsprechung aus, wenn sie das Bewußtsein einer unentrinnbaren inneren Verpflichtung und den Gewissenskonflikt mit der Gefahr einer seelischen Schädigung der Persönlichkeit in den Vordergrund stellt[3].

Für den Schutz gewissensgeleiteter Persönlichkeitsstrukturen spielt die Bereitstellung von gewissensschonenden Alternativen eine zentrale Rolle[4]. Klassische Beispiele bilden der Zivildienst bei der Wehrdienstverweigerung oder an die Stelle des Eides tretende Beteuerungsformeln. Im Staate des Grundgesetzes ist die Aufgabe der Gewissensschonung durch Alternativen zunächst Aufgabe des parlamentarischen Gesetzgebers. Dabei ist erstaunlich, mit welcher Distanz zu der hierin liegenden Problematik oft verbindliche Handlungsanweisungen für die Ausgestal-

---

[2] Grundlegend zur identitätswahrenden Funktion des Gewissens: *Niklas Luhmann*, Die Gewissensfreiheit und das Gewissen, in: AöR 90 (1965), S. 257 ff. (264 ff.); hieran anknüpfend etwa *Ernst-Wolfgang Böckenförde*, Das Grundrecht der Gewissensfreiheit, in: VVDStRL 28 (1970), S. 33 ff. (67 ff.).

[3] BVerfGE 12, 45 (54 ff.); BVerwGE 7, 242 (246 f.). Siehe auch unten II 1.

[4] *Luhmann*, Gewissensfreiheit (Anm. 2), S. 274 f.; *Böckenförde*, Grundrecht (Anm. 2), S. 61 f.

tung bürgerlicher Pflichten aus der Gewissensfreiheit abgeleitet werden.

Diese Unbefangenheit hat in der Landesverfassung von Brandenburg (Art. 13 Abs. 4) beredten Ausdruck gefunden: „Kann der Bürger staatsbürgerliche Pflichten nicht erfüllen, weil sie seinem Gewissen widersprechen, soll das Land ihm im Rahmen des Möglichen andere, gleichbelastende Pflichten eröffnen. Dies gilt nicht für Abgaben."[5]

Die Systemtheorie *Luhmanns* weist der Gewissensfreiheit bei der Wahrung personaler Identität eine präventive Funktion zu. Der Einzelne soll im Vorfeld möglicher Gewissenskonflikte durch die Eröffnung von Handlungsalternativen an den Konflikten vorbeigelotst werden, um die Enttäuschung von Verhaltenserwartungen zu vermeiden und die gesellschaftliche Ordnung so gegen Störungen durch Gewissenssprüche abzuschirmen[6]. Hierin liegt keine brauchbare verfassungsrechtliche Aussage, sondern allenfalls eine zutreffende Beschreibung der Rechtswirklichkeit im modernen Industriestaat, der seine Bedürfnisse weitgehend über Abgaben deckt und in dem die für eine größere Zahl von Bürgern „gewissenssensiblen" Handlungspflichten längst durch noch verbleibende Alternativen abgemildert sind.

b) Entmoralisierung von Rechtspflichten und Identifikationsverzicht des Staates

Mit der Gewährung der Gewissensfreiheit zollt das positive Recht der Eigenverantwortlichkeit des Individuums Tribut. Die Rechtsordnung anerkennt die Orientierung des Einzelnen an höchst persönlichen Wertvorstellungen als Wert an sich. Zugleich verzichtet der Staat darauf, Rechtspflichten mit einem metaphysischen Geltungsanspruch zu sichern oder in Tiefenschichten der Persönlichkeit zu verankern. Einen Sonderfall bildet dabei der Eid, der sich — trotz aller Verweltlichung — noch als Relikt einer „Einverseelung" von Rechtspflichten begreifen läßt[7].

---

[5] Mit dieser Vorschrift ließ sich der brandenburgische Verfassungsgeber wohl vom DDR-Verfassungsentwurf des „Runden Tisches" (Demokratie und Recht 1990, S. 216 ff.) inspirieren. Dieser Entwurf enthält in Art. 11 Abs. 2 für den Gewissenskonflikt geradezu zutraulich formulierte Ansinnen an Bürger und Staat: „Widerstreitet das Gewissen staatsbürgerlichen oder bürgerlichen Pflichten, so muß der Bürger, wenn er diese Pflichten nicht erfüllen will, andere Leistungen anbieten und der Staat andere, gleich belastende Pflichten eröffnen".

[6] *Luhmann*, Gewissensfreiheit (Anm. 2), S. 274 f.; hierzu kritisch *Heinrich Scholler*, Gewissensspruch als Störung, in: Jenseits des Funktionalismus. Arthur Kaufmann zum 65. Geburtstag. Heidelberg 1989, S. 186 ff.

[7] Hierzu unten IV 2.

Bei der Gewissensfreiheit findet das Prinzip der „Nichtidentifikation" des religiös und weltanschaulich neutralen Staates[8] Niederschlag. In die geschichtliche Entwicklung ist dieses Prinzip (als Ausprägung der Glaubensfreiheit) geradezu als klassischer Ausdruck des Verzichts des Staates darauf, für sich selbst und seine Zwecke einen absoluten Wert zu reklamieren, eingegangen. In diesem Sinne hat die Formel vom Primat der Gewissensfreiheit unter den Grundrechten[9] ihre Berechtigung. Unter der Geltung des Grundgesetzes trifft der Spruch des Gewissens (verstanden als interne Kontrollinstanz) auf einen Staat, der die Absicherung bürgerlicher Loyalität durch ein in sich geschlossenes Wertsystem verwirft. Der Geltungsanspruch des Gesetzesbefehls wurzelt nicht im Anspruch auf überzeitliche Maßstäbe der Richtigkeit und Wahrheit, sondern liegt in der verfassungsrechtlich begründeten Regelungsautorität. Hierin liegt die demokratische und grundrechtliche Fortentwicklung der Lehren des Thomas Hobbes (*„auctoritas, non veritas facit legem"*[10]). Der vom Gewissen geleitete Dissens des Einzelnen gegenüber der Mehrheitsentscheidung trägt nicht das Brandmal des Irrtums. Der auf Identifikation des Bürgers mit sich verpflichtende Staat kennt kein „irrendes Gewissen"[11]. Umgekehrt rechtfertigt gerade die in der Glaubens- und Weltanschauungsfreiheit sowie in den anderen Grundrechten angelegte Selbstbeschränkung des Staates gewisse Zumutungen an das Gewissen. Im weltanschaulich neutralen Staat des Grundgesetzes haftet der Hochstilisierung der Gewissensfreiheit zum Schlußstein des Grundrechtssystems und zum „Seismographen" für die Freiheitlichkeit der Rechtsordnung etwas angestaubtes Pathos an.

c) Schutz der politischen „Mitverantwortung" des Einzelnen

Das geringe Potential für Gewissenskonflikte unter der Geltung des Grundgesetzes[12] und eine gewisse Distanz zum Loyalitätsanspruch des parlamentarischen Gesetzgebers in (wirklichen oder angeblichen) Schicksalsfragen des Gemeinwesens hat in jüngerer Zeit einer breiten Strömung in der Literatur Nahrung gegeben, welche der Gewissensfreiheit besondere Funktionen in politischen Auseinandersetzungen zuweisen will[13]. Die einzelnen Versuche, die Gewissensfreiheit als Vehikel

---

[8] Hierzu *Herbert Krüger*, Allgemeine Staatslehre. 2. Aufl., Stuttgart 1966, S. 178 ff.

[9] *Carl Schmitt*, Verfassungslehre. Berlin, München 1928, S. 158.

[10] *Thomas Hobbes*, Leviathan. Oxford 1909 (Nachdr. von 1958), Kap. 25.

[11] Vgl. *Hans Welzel*, Vom irrenden Gewissen, Tübingen 1949.

[12] Hierzu auch oben bei Anm. 6.

[13] Siehe etwa *Rainer Eckertz*, Die Kriegsdienstverweigerung aus Gewissensgründen als Grenzproblem des Rechts. Baden-Baden 1986, S. 279 ff.; *Franke*,

eines wachen Bewußtseins im politischen Meinungskampf zu aktivieren, zeichnen sich durchweg durch ein hohes Maß an begrifflicher Unschärfe aus und lassen sich daher schwer voneinander trennen. Die Äußerungen aus diesem vielstimmigen Chor kreisen um das Leitthema der politischen Mitverantwortung des Bürgers in der Demokratie und um die Aufladung der Gewissensfreiheit mit einer kollektiven Dimension[14]. Dabei geht es sowohl um Mitwirkung bei der öffentlichen Meinungs- und Willensbildung als auch um den Dissens gegenüber der einmal verbindlich gefällten Entscheidung politischer Organe[15].

Bei diesen Auffassungen verdrängt die Faszination durch alte und neue Theorien der Gerechtigkeit, des zivilen Ungehorsams oder der modernen Diskursethik das Bemühen um eine grundrechtsdogmatische Absicherung[16]. Vor allem verschwimmen die Grenzen zwischen der Grundrechtssphäre und dem staatsorganschaftlichen Bereich. Die Konkurrenz zu den Kommunikationsgrundrechten (Meinungs- und Versammlungsfreiheit) und zum Widerstandsrecht des Art. 20 Abs. 4 GG bleibt im Dunkeln. Die Berufung auf die staatsbürgerliche Mitverantwortung des Einzelnen verkennt auch, daß das Grundrecht der Gewissensfreiheit nicht als Bürgerrecht ausgestaltet ist, sondern jedermann zusteht. Die meisten dieser Positionen sind von der Sorge über konkrete politische Entscheidungen (etwa im Bereich der Verteidigungs- und Energiepolitik) inspiriert und lassen sich nicht mit letzter Konsequenz für beliebige Szenarien durchhalten. Schließlich nimmt die Instrumentalisierung der Gewissensfreiheit für die politische Auseinandersetzung dem Gewissensbegriff faßbare Konturen. Wenn es um den Schutz politischer Minderheiten oder die Rücksicht auf die Mitverantwortung des Einzelnen angesichts der subjektiven Diagnose politischer Fehlentwicklungen in der Demokratie gehen soll, ist nicht recht einzusehen, warum dieser Schutz irgendeinen affektiven Bezug zu den Tiefenschichten der einzelnen Persönlichkeit haben soll.

Nicht bedacht werden auch die Gefahren, die aus einer derart weitgespannten Funktion der Gewissensfreiheit für das Grundrecht selbst erwachsen. Die Ablösung der Gewissensfreiheit vom höchstpersönlichen

---

Gewissensfreiheit (Anm. 1), S. 16 ff., 40 ff.; *Ulli Rühl*, Das Grundrecht auf Gewissensfreiheit im politischen Konflikt, Frankfurt a. M., Bern 1987; *Ekkehart Stein*, Gewissensfreiheit in der Demokratie, Tübingen 1971; *Paul Tiedemann*, Gewissensfreiheit und Demokratie, in: Der Staat 26 (1987), S. 371 ff.; vgl. auch *Peter Häberle*, Diskussionsbeiträge, in: VVDStRL 28 (1970), S. 110 f., 117 f.

14 Besonders prononciert etwa *Stein*, Gewissensfreiheit (Anm. 13), S. 48 ff. (zusammenfassend S. 74 ff.).
15 Siehe etwa die Hinweise bei *Franke*, Gewissensfreiheit (Anm. 1), S. 16 ff., 32 ff., 40 ff.; *Herdegen*, Gewissensfreiheit (Anm. 1), S. 185 ff., 190 ff.
16 Siehe etwa die Kritik bei *Herdegen*, Gewissensfreiheit (Anm. 1), S. 185 f.

Schutz psychischer Integrität drängt zu begrifflichen Schranken, die beim Inhalt der Gewissensposition ansetzen. Damit würde die Gewissensfreiheit einer Bewertung nach bestimmten materiellen Kriterien unterworfen werden, die mit dem Schutz der individuellen Selbstbestimmung und der weltanschaulichen Neutralität des Staates kaum in Einklang zu bringen ist. Letztlich geht es bei der Instrumentalisierung der Gewissensfreiheit für den politischen Konflikt um eine Aufblähung des Grundrechts zu einer allgemeinen Meinungsbetätigungsfreiheit, deren Konturen sich in einem begrifflichen Brei verlieren.

II. Der Schutzbereich der Gewissensfreiheit

1. Der Begriff der Gewissensentscheidung

Das Grundgesetz setzt in Art. 4 Abs. 1 und Abs. 3 das Gewissen als ein der Rechtsordnung vorgelagertes und in diesem Sinne „natürliches" Phänomen voraus[17]. Der Rechtsbegriff des Gewissens baut auf der normativ begründeten Annahme auf, daß hinter der Gewissensentscheidung — bei allen Unsicherheiten des empirischen Befundes — justitiable Vorgänge im Innenleben der einzelnen Persönlichkeiten stehen. Der Staat kann sich hier nicht einfach auf Anleihen bei der Psychologie und ihren Nachbardisziplinen zurückziehen oder auf seine Definitionsmacht zugunsten des individuellen Selbstverständnisses verzichten[18].

Seine normative Struktur gewinnt der Gewissensbegriff vor allem aus der identitätswahrenden Funktion des Grundrechts[19]. Wegen des bezweckten Schutzes seelischer Substanz kommen der Gewissensentscheidung und dem Gewissenskonflikt eine Schlüsselrolle bei der Bestimmung des Schutzbereiches zu. Grundlage der Gewissensentscheidung bildet die Orientierung an internalisierten Wertvorstellungen, die sich zu einem Gewissensgebot verdichten. Die Gewissensentscheidung wird so von einer kognitiven und einer affektiven Komponente getragen. Nach der Rechtsprechung des Bundesverfassungsgerichts ist als Gewissensentscheidung „jede ernste sittliche, d. h. an den Kategorien von ‚Gut‘ und ‚Böse‘ orientierte Entscheidung anzusehen, die der Einzelne in einer bestimmten Lage als für sich bindend und unbedingt verpflich-

---

[17] Vgl. BVerfGE 12, 45 (54).

[18] Hierzu und zu den empirisch faßbaren Komponenten des Gewissens m. Nachw. *Herdegen*, Gewissensfreiheit (Anm. 1), S. 136 ff.; für ein Privileg der Selbstdefinition zugunsten des Einzelnen dagegen Sondervotum des Richters *Martin Hirsch*, in: BVerfGE 48, 127 (185).

[19] Hierzu oben I 1 a.

tend innerlich erfährt, so daß er gegen sie nicht ohne ernste Gewissensnot handeln könnte"[20].

Wegen der weltanschaulichen Neutralität des Staates und dem Schutz des Gewissens als höchstpersönlichem Phänomen kann es auf eine nähere Qualifikation der hinter einer Gewissensentscheidung stehenden Wertmaßstäbe nicht ankommen. Ob die individuelle Haltung von religiösen Vorstellungen oder aber von einer radikal existentialistischen Sicht (mit dem Verweis auf eine autonom gesetzte Moral) geprägt wird, entzieht sich staatlicher Beurteilung. Das Gewissen mag vielleicht für den Einzelnen als Einfallstor für allgemeine Gerechtigkeitsideale oder den kategorischen Imperativ Kants fungieren. Für die verfassungsrechtliche Begriffsbestimmung kann es darauf nicht ankommen. Deshalb darf (entgegen einer — inzwischen wieder etwas relativierten — Rechtsprechung des Bundesverwaltungsgerichts zu Art. 4 Abs. 3 GG [21]) nicht verlangt werden, daß sich der Einzelne aus seiner Sicht von universell gültigen Maximen leiten läßt, an denen er auch das Verhalten seiner Mitmenschen mißt[22].

Es gehört zur Problematik des Gewissensbegriffes, daß sich das vielfach beschworene Merkmal der „sittlichen" Entscheidung über den Verweis auf die Kategorien von „Gut" und „Böse" oder von „Recht" und „Unrecht" hinaus nicht konkretisieren läßt. Von vornherein ausgrenzen lassen sich lediglich bloße Gefühle der Unlust und reine Zweckmäßigkeitserwägungen; solche Vorstellungen tragen auch keine hinreichend starke affektive Aufladung. Der hinter einer Gewissensentscheidung stehende Gedankengang darf von den Gerichten nicht auf seine innere Schlüssigkeit oder Rationalität hin überprüft werden[23]. Jedoch wird man fordern müssen, daß sich der Einzelne im Rahmen seiner persönlichen Einsichtsfähigkeit mit den ihm zumutbaren Verhaltensalternativen und der Unausweichlichkeit einer bestimmten Haltung aus-

---

[20] BVerfGE 12, 45 (55); 23, 191 (205). Für das BVerwG bildet das Gewissen „eine im Inneren vorhandene Überzeugung von Recht und Unrecht und die sich daraus ergebende Verpflichtung zu einem bestimmten Handeln oder Unterlassen", vgl. BVerwGE 7, 242 (246). Die h. L. folgt dem begrifflichen Ansatz von BVerfG und BVerwG, vgl. *Herdegen*, Gewissensfreiheit (Anm. 1), S. 243 ff.; *Roman Herzog*, in: Maunz/Dürig, Grundgesetz-Kommentar. München, (Stand: 1991), Art. 4, Rdnr. 127; *Ulrich Preuß*, in: Alternativ-Kommentar zum Grundgesetz für die Bundesrepublik Deutschland. Hrsg. von Rudolf Wassermann, 2. Aufl., Bd. 1, Neuwied, Frankfurt a. M. 1989, Art. 4 Abs. 1, 2 Rdnr. 38; *v. Mangoldt/Klein/Starck*, Art. 4, Rdnr. 36; *Reinhold Zippelius*, in: BK, Art. 4 (Drittbearbeitung 1989), Rdnrn. 34 ff.
[21] BVerwGE 64, 369 (373); abschwächend BVerwG, in: NVwZ 1985, S. 493.
[22] *Herdegen*, Gewissensfreiheit (Anm. 1), S. 159, 248 f.
[23] BVerfGE 12, 45 (56); BVerwGE 23, 98 (99).

einandergesetzt hat[24]. Nur so läßt sich auch die notwendige intersubjektive Vermittelbarkeit einer Gewissensentscheidung[25] gewährleisten.

Eine wichtige Filterfunktion erfüllt der affektive Druck, der einer Gewissensentscheidung innewohnen muß und der bei einer Mißachtung des Gewissensspruches einen ernsten Gewissenskonflikt auszulösen droht („Gewissensnot"[26]). Bloße Gewissensbedenken, welche das Selbstverständnis des Einzelnen nicht erschüttern, genügen nicht[27]. Allerdings dürfen an das Vorliegen eines derartigen Gewissenszwanges keine überspannten Anforderungen gestellt werden, die in Richtung eines pathologischen Befundes (Zwangsneurose) weisen[28]. Kein konstitutives Merkmal der Gewissensentscheidung kann die (individuell unterschiedliche) Bereitschaft zum Leiden oder zur Inkaufnahme erheblicher Nachteile sein. Die „lästige" Ausgestaltung gewissensschonender Alternativen[29] als Gewissensprobe oder Beweisersatz[30] ist deswegen mit Skepsis zu betrachten. Die „lästige Alternative" läßt sich nur als funktionelles Surrogat für die verdrängte Rechtspflicht und mit dem Gedanken der bürgerlichen Lastengleichheit rechtfertigen[31].

Die Weite des verfassungsrechtlichen Gewissensbegriffes bringt es mit sich, daß das Feld möglicher Gewissensentscheidungen von seinem Gegenstand her kaum einer Eingrenzung zugänglich ist. Das Gewissen kann sich fast jeden beliebigen Verhaltens bemächtigen, so daß das Potential von Konflikten zwischen Gewissensentscheidung und Rechtsbefehl schier unerschöpflich ist. Wie die Praxis der Rechtsprechung zeigt[32], vermag das Erfordernis der Ernsthaftigkeit der gewissensbestimmten Haltung die Berufung auf die Gewissensfreiheit nur in beschränktem Umfang einzudämmen. Um einer inflationären Inanspruchnahme der Gewissensfreiheit und einer Abwertung der Gewissensfreiheit zur kleinen Münze des Alltags entgegenzuwirken, plädiert eine

---

[24] Siehe etwa BVerwG, in: Buchholz 448.0, § 25 WPflG Nr. 26; *Herdegen*, Gewissensfreiheit (Anm. 1), S. 251.

[25] *Richard Bäumlin*, Das Grundrecht der Gewissensfreiheit, in: VVDStRL 28 (1970), S. 3 ff. (18); *Herdegen*, Gewissensfreiheit (Anm. 1), S. 251.

[26] BVerfGE 12, 45 (55).

[27] *Böckenförde*, Grundrecht (Anm. 2), S. 64 f.

[28] BVerwGE 81, 239 (241). Außerordentlich strikt in diesem Punkt die frühere Rspr. des BVerwG zur Kriegsdienstverweigerung, vgl. BVerwGE 7, 242 (247); BVerwG, in: NVwZ 1982, S. 675; kritisch hierzu *Paul Tiedemann*, Der Gewissensbegriff in der höchstrichterlichen Rechtsprechung, in: DÖV 1984, S. 61 ff. (65 f.).

[29] Hierzu *Böckenförde*, Grundrecht (Anm. 2), S. 61; *Luhmann*, Gewissensfreiheit (Anm. 2), S. 274 ff., 282 ff.; *Adalbert Podlech*, Das Grundrecht der Gewissensfreiheit und die besonderen Gewaltverhältnisse. Berlin 1969, S. 32 ff.

[30] BVerfGE 69, 1 (36).

[31] *Herdegen*, Gewissensfreiheit (Anm. 1), S. 218, 310.

[32] Zur gerichtlichen Fallpraxis unten IV.

§ 15 Gewissensfreiheit

neuere Lehre für einen Begriff der (geschützten) Gewissensentscheidung, der in einem objektivierbaren Bezug zum persönlichen Verantwortungsbereich des Einzelnen steht[33]. Demnach liegt eine Gewissensentscheidung nur dann im Schutzbereich des Art. 4 Abs. 1 GG, wenn sich die zugrundeliegende Wertung auf Faktoren erstreckt, die sich unter Berücksichtigung der grundgesetzlichen Wertordnung noch dem Verantwortungsbereich des Einzelnen zuordnen lassen. In diesem Sinne schließt die grundrechtlich geschützte Orientierung des Einzelnen an höchstpersönliche Wertmaßstäbe im Sinne der Eigenverantwortlichkeit nur die unmittelbaren Wirkungen persönlichen Verhaltens mit ein. Der Zurechnungszusammenhang endet dann, wenn die gewissensrelevanten Folgen nicht mehr unmittelbar auf das gewissengeleitete Verhalten des Einzelnen zurückzuführen sind, sondern erst durch Hinzutreten der Kausalbeiträge staatlicher Organe oder anderer Dritter bewirkt werden und wenn so die Herbeiführung des von der Gewissensentscheidung erfaßten Erfolges oder Zustandes in den Kompetenzbereich eines Staatsorgans fällt oder ganz von der grundrechtlich geschützten Lebensgestaltungsfreiheit eines Dritten abgedeckt wird. Die Gewissensfreiheit deckt damit nicht den Übergriff in den verfassungsrechtlich abgesteckten Verantwortungsbereich staatlicher Organe oder in die grundrechtlich geschützte Lebensgestaltung anderer[34]. Dieses Konzept ermöglicht schon auf Schutzbereichsebene eine griffige Bewältigung vieler Problemfälle. Danach deckt die Gewissensfreiheit beispielsweise nicht mehr die Steuerverweigerung, die mit der Verwendung eines Teils des Steueraufkommens für militärische Zwecke begründet wird[35]. Auch viele Fälle der Arbeitsverweigerung aus Gewissensgründen[36] lassen sich damit einer klaren Lösung zuführen.

2. Grundrechtsträger

a) Natürliche Personen

Das Grundrecht der Gewissensfreiheit schützt jedermann. Kinder können sich auf die Gewissensfreiheit gegenüber Rechtspflichten nach Maßgabe ihrer Einsichtsfähigkeit berufen. Im Verhältnis zwischen Kind und Eltern deckt das elterliche Erziehungsrecht aus Art. 6 Abs. 2 S. 1 GG auch die Einwirkung auf die Gewissensformation. Andererseits ist

---

[33] *Herdegen*, Gewissensfreiheit (Anm. 1), S. 257 ff.
[34] Dieser Gedanke klingt auch in der Rspr. des BVerfG an, vgl. BVerfG (Vorprüfungsausschuß), in: NJW 1984, S. 1675.
[35] Hierzu unten IV 1.
[36] Hierzu unten IV 5.

bei der elterlichen Vertretung des Kindes gegenüber hoheitlicher Gewalt die Gewissensentscheidung des (einsichtsfähigen) Kindes zu berücksichtigen. In Anlehnung an die Vorschrift des § 5 RKEG ist in der Literatur der Vorschlag gemacht worden, dem Kind ab dem 14. Lebensjahr (in Parallele zum Selbstbestimmungsrecht in Glaubensfragen) den Vorrang einzuräumen und die Eltern auf eine bloß beratende Rolle zu verweisen[37]. Aus dieser Parallele mag man im Regelfall eine gewisse Richtschnur gewinnen. Aber der Schutz der psychischen Integrität entzieht sich stärker als die religiöse Autonomie des Kindes der Unterwerfung unter eine starre Altersgrenze.

b) Juristische Personen und andere Personenmehrheiten

Als Gewährleistung der individuellen Integrität und der konsistenten Selbstdarstellung des Einzelnen hat die Gewissensfreiheit höchstpersönlichen Einschlag. Das Grundrecht sperrt sich damit gegen eine mögliche Zuordnung zu Personenmehrheiten als Grundrechtsträger[38]. Zu einem anderen Ergebnis gelangt die (Minder-)Meinung, welche die Gewissensfreiheit für den politischen Diskurs und für den Schutz politischer Minderheiten fruchtbar machen will[39]. Für diese Ansicht steht die kollektive Dimension der Gewissensfreiheit im Vordergrund. Nach der neueren Rechtsprechung des Bundesverfassungsgerichts ist das Grundrecht der Gewissensfreiheit gemäß Art. 19 Abs. 3 GG „nach seinem Wesen" auf juristische Personen jedenfalls dann nicht anwendbar, wenn diese wirtschaftliche Zielsetzungen verfolgen[40].

---

[37] *v. Mangoldt/Klein/Starck,* Art. 4 Abs. 1, 2 Rdnr. 39.

[38] *Bäumlin,* Grundrecht (Anm. 25), S. 18; *Böckenförde,* Grundrecht (Anm. 2), S. 65; *Bethge,* Gewisssensfreiheit (Anm. 1), Rdnr. 5; *Herzog* (Anm. 20), Art. 4, Rdnr. 35; *Karl-Hermann Kästner,* Individuelle Gewissensbindung und normative Ordnung, in: ZevKR 37 (1992), S. 127 ff. (133); *Ingo von Münch,* in: Ingo von Münch/Philip Kunig (Hrsg.), Grundgesetz-Kommentar. 4. Aufl., Bd. 1, München 1992, Art. 4, Rdnr. 11; *v. Mangoldt/Klein/Starck,* Art. 4 Abs. 1, 2 Rdnr. 40; *Zippelius* (Anm. 20), Art. 4, Rdnr. 73.

[39] *Franke,* Gewissensfreiheit (Anm. 1), S. 18; *Stein,* Gewissensfreiheit (Anm. 13), S. 47, 74 f.; siehe hierzu oben I 1 c.

[40] BVerfG (Kammerbeschluß), in: NJW 1990, S. 241 = EuGRZ 1990, S. 195; hierzu mit schroffer Kritik *Willi Geiger,* Zum Stil einer verfassungsgerichtlichen Entscheidungsbegründung, seinen Hintergründen und seinen Folgen, in: EuGRZ 1990, S. 173 ff. In diesem Fall ging es um die Verfassungsbeschwerde einer Kapitalgesellschaft wegen der Verpflichtung zur Lohnfortzahlung an eine Arbeitnehmerin nach vorangegangenem Schwangerschaftsabbruch aufgrund einer sozialen Notlage. Ablehnend zur Grundrechtsberechtigung von Kapitalgesellschaften auch BVerwGE 64, 196 (199).

3. Sachlicher Schutzbereich

a) Schutz des forum internum

Die Gewissensfreiheit schützt zunächst die mit einer Gewissensentscheidung verbundenen Abläufe in den Tiefenschichten der Persönlichkeit. Der Schutzbereich des Grundrechts erstreckt sich insoweit auf die freie Bildung und das Innehaben einer Überzeugung, die sich als Gewissensentscheidung darstellt[41]. Zu denken ist hier an den Schutz vor manipulatorischen Eingriffen des Staates, mit denen das Bewußtwerden einer Gewissensentscheidung (beispielsweise durch den Einsatz von Psychopharmaka) verhindert werden soll oder eine Fremdbestimmung über Gewissensinhalte angestrebt wird. Dabei flankiert die Gewissensfreiheit den Schutz der Innensphäre, der sich schon aus der Garantie der Menschenwürde, anderen Grundrechten sowie dem Rechtsstaatsprinzip ergibt. Der Schutz der Innensphäre umfaßt auch das nach außen dringende Bemühen, in den tieferen Schichten der Persönlichkeit angesiedelte Konflikte aufzuarbeiten[42].

Das Verbot dirigistischer Fremdverfügung über Gewissensinhalte nimmt dem Staat nicht die Möglichkeit, für bestimmte rechtlich positivierte Werte zu werben und so auf das Bewußtsein seiner Bürger einzuwirken[43]. Weltanschauliche Neutralität darf nicht mit Wertindifferenz des Staates gleichgesetzt werden. Der Staat des Grundgesetzes braucht sich nicht völlig passiv auf das Vertrauen zurückzuziehen, daß sich unter seinem Dach Gruppen und Individuen zusammenfinden, die ihn mit ihren Wertvorstellungen tragen. Dem Staat ist nicht verwehrt, im Wettstreit der Meinungen die Präferenz für normativ begründete Wertungen deutlich zu machen. Dies gilt insbesondere für öffentliche Bildungseinrichtungen. Auch der Einsatz staatlicher Symbole (und deren strafrechtlicher Schutz) sind zulässige Mittel, mit denen auf den Sozialisationsprozeß der einzelnen Persönlichkeit Einfluß genommen werden kann.

b) Freiheit der Gewissensbetätigung

Seit einiger Zeit hat sich die Ansicht durchgesetzt, daß das Grundrecht der Gewissensfreiheit auch die Umsetzung von Gewissensent-

---

[41] *Herzog* (Anm. 20), Art. 4, Rdnr. 130; *Preuß* (Anm. 20), Art. 4 Abs. 1, 2 Rdnr. 41; *Zippelius* (Anm. 20), Art. 4, Rdnr. 41;

[42] Siehe zu den Tagebuchaufzeichnungen eines Triebtäters *Knut Amelung,* Der Grundrechtsschutz der Gewissenserforschung und die strafprozessuale Behandlung von Tagebüchern, in: NJW 1988, S. 1002 ff. (1004).

[43] Hierzu etwa *Herdegen*, Gewissensfreiheit (Anm. 1), S. 271 ff.

scheidungen nach außen durch Tun oder Unterlassen schützt[44]. Zwar wäre auch der bloße Schutz der Innensphäre angesichts der Erfahrungen mit manipulatorischen Eingriffen des totalitären Staates nicht ohne Sinn[45]. Aber die Schutzrichtung der Gewissensfreiheit als Schutz der konsistenten Selbstdarstellung fordert die Erstreckung des Grundrechts auf die freie Gewissensbetätigung.

4. Drittwirkung

Ebenso wie andere Grundrechte entfaltet die Gewissensfreiheit als Ausdruck einer objektiven Wertentscheidung mittelbare Drittwirkung im Privatrechtsverkehr[46]. Dabei wirkt die Gewissensfreiheit vor allem über die Generalklauseln und andere konkretisierungsbedürftige Vorschriften des Zivilrechts auf die Rechtsbeziehungen unter Privaten ein. Im Bereich der unerlaubten Handlungen spielt die Gewissensfreiheit kaum eine Rolle. Denn das Grundrecht erlaubt grundsätzlich keine Übergriffe in deliktsrechtlich geschützte Rechtsgüter anderer[47].

Bei vertraglichen Schuldverhältnissen haben Leistungsstörungen, die durch die Berufung einer Partei auf eine Gewissensentscheidung ausgelöst worden sind, zunehmend an Bedeutung gewonnen[48]; dies gilt vor allem für Arbeitsverhältnisse. Viele dieser Konfliktfälle lassen sich schon auf der Ebene des Schutzbereichs dadurch lösen, daß es an einem hinreichend engen Zusammenhang zwischen der verweigerten Leistungspflicht und dem Verantwortungsbereich des Einzelnen fehlt. In anderen Fällen läßt sich ein Leistungsverweigerungsrecht bei einer psychischen Zwangslage mit der herkömmlichen Zivilrechtsdogmatik unabhängig von einem Rückgriff auf die Gewissensfreiheit begründen. Bei der Durchsetzung von Leistungsansprüchen im Wege der Zwangsvollstreckung kann der Gewissensbefehl ein Hindernis für die Erzwin-

---

[44] Nahezu einhellige Meinung: BVerfGE 78, 391 (395); *Bethge*, Gewissensfreiheit (Anm. 1), Rdnr. 114; *Böckenförde*, Grundrecht (Anm. 2), S. 53 ff.; *Herdegen*, Gewissensfreiheit (Anm. 1), S. 235 ff.; *Herzog* (Anm. 20), Art. 4, Rdnr. 135; *von Münch* (Anm. 38), Art. 4, Rdnr. 27; *Preuß* (Anm. 20), Art. 4 Abs. 1, 2 Rdnr. 41; *v. Mangoldt/Klein/Starck*, Art. 4, Abs. 1, 2 Rdnr. 37; offengelassen von *Zippelius* (Anm. 20), Rdnr. 44 ff.; kritisch dagegen Claus Eiselstein, Das „forum externum" der Gewissensfreiheit — ein Weg in die Sackgasse, in: DÖV 1984, S. 794 ff.

[45] *Karl Doehring*, Das Staatsrecht der Bundesrepublik Deutschland. 3. Aufl., Frankfurt a. M. 1984, S. 301 f.

[46] *Herzog* (Anm. 20), Art. 4, Rdnr. 146; *v. Mangoldt/Klein/Starck*, Art. 4 Abs. 1, 2 Rdnr. 71. Für unmittelbare Wirkung im Verhältnis unter Privaten dagegen *Preuß* (Anm. 20), Art. 4 Abs. 1, 2 Rdnr. 48; *Zippelius* (Anm. 20), Art. 4, Rdnr. 77.

[47] Zur Schranke der allgemeinen Gesetze unten III 1 b.

[48] Hierzu unten IV 5.

§ 15 Gewissensfreiheit 493

gung einer unvertretbaren Handlung darstellen. Außerdem dürfte eine
Vollstreckungsmaßnahme, die den Schuldner in eine unzumutbare seeli-
sche Zwangslage treibt, schon aus Rücksicht auf das allgemeine Persönlichkeitsrecht (Art. 1 Abs. 1 i. V. m. Art. 2 Abs. 1 GG) verboten sein.

III. Die Gewissensbetätigungsfreiheit und ihre Schranken

Die Frage nach dem Umfang der Gewissensbetätigungsfreiheit bildet
nicht nur ein Zentralproblem des Grundrechts selbst. Das Verhältnis
von Gewissensspruch und Gesetzesbefehl rührt auch an den Nerv der
positiven Rechtsordnung und ihres Geltungsanspruches gegenüber dem
Einzelnen. Dabei darf auch die Integrationsfunktion der Gewissensfreiheit innerhalb der Rechtsgemeinschaft nicht außer Betracht bleiben.
Soweit die Gewissensfreiheit auch die Verwirklichung des Gewissensspruches durch Tun oder Unterlassen schützt, bewahrt sie den Einzelnen davor, in die innere Emigration oder zur Auswanderung getrieben
zu werden[49].

Das grundrechtsdogmatische „Dilemma" liegt darin, daß der Primat
des Gewissensspruches gegenüber dem Rechtsbefehl sich nur durch eine
Pflicht des parlamentarischen Gesetzgebers zur Rücksichtnahme auf
beliebige Gewissenspositionen oder aber über eine Durchbrechung des
Gesetzesbefehls verwirklichen läßt. Wenn das Gesetzesrecht dem Gewissensspruch weichen soll, läßt sich dies nur durch Freistellung von
gesetzlichen Anordnungen oder aber durch die Eröffnung gewissens-
neutraler Alternativen realisieren. Will man dem parlamentarischen
Gesetzgeber die stetige Rücksicht auf alle denkbaren Gewissenseinwän-
de nicht ansinnen, bleibt nur die gewissensschonende Gesetzesanwendung (im Rahmen gesetzlich begründeter Flexibilität) oder aber die
schlichte Gesetzesdurchbrechung durch Verwaltung und Justiz.

Von großer Bedeutung in diesem Zusammenhang ist im Widerstreit
zwischen Gewissensentscheidung und Rechtsbefehl die Möglichkeit einer Konfliktlösung, welche einerseits die Geltung des Gesetzes gegenüber dem Gewissensspruch aufrecht erhält und andererseits zu einer
gewissensschonenden Anwendung des Gesetzes (insbesondere im Hinblick auf administrative Gestaltungsspielräume oder den Verzicht auf
Sanktionen) gelangt.

---

[49] Zur Auswanderung als letztem Ausweg bei der Verweigerung elementarer
Rechtspflichten *Bethge*, Gewissensfreiheit (Anm. 1), Rdnr. 43.

1. Schrankenmodelle

a) Verfassungsrechtliche Güterabwägung

Die Vorschrift des Art. 4 Abs. 1 GG enthält keine ausdrücklichen Schranken für das Grundrecht der Gewissensfreiheit. Die herrschende Lehre behandelt die Gewissensfreiheit (und damit auch den Schutz der Gewissensbetätigung) ebenso wie andere vorbehaltlos gewährleistete Grundrechte und will die Gewissensfreiheit nur verfassungsimmanenten Schranken unterwerfen. Danach können Eingriffe in die Gewissensfreiheit nur durch den Schutz kollidierender Grundrechte anderer oder sonstiger Rechtsgüter von Verfassungsrang gerechtfertigt werden[50]. Die Rechtsprechung des Bundesverfassungsgerichts folgt diesem Güterabwägungsmodell jedenfalls für die Glaubens- und Weltanschauungsfreiheit[51]. Gerade bei der Gewissensfreiheit ist dieses Abwägungsmodell mit außerordentlich großen Schwierigkeiten befrachtet, welche seine Tauglichkeit für die Gewinnung von Grundrechtsschranken ernsthaft in Frage stellen.

Bei einer konsequenten Durchführung dieses Schrankenmodells steht nahezu jede Verhaltenspflicht unter einem potentiellen Gewissensvorbehalt, der sich nur durch die Abwägung mit gegenläufigen Belangen von Verfassungsrang neutralisieren läßt. Das unübersehbare Spektrum möglicher Gewissensentscheidungen muß hier der inflationären Tendenz Auftrieb geben, im Grundgesetz auch außerhalb des Grundrechtsbereichs (insbesondere in den Kompetenzbestimmungen) verfassungsrechtliche „Wertentscheidungen" zu entdecken, die der Gewissensfreiheit entgegengesetzt werden können. Die Folge ist eine Abwägungskasuistik mit beachtlicher Rechtsunsicherheit. Innerhalb der herrschenden Lehre schlägt sich das Unbehagen an diesem Dilemma in der Forderung nieder, daß die Gewissensfreiheit jedenfalls hinter den existentiellen Belangen des Staates und der Erhaltung seiner wesentlichen Funktionen — etwa bei der Steuerverweigerung — zurückstehen müsse[52].

---

[50] In diesem Sinne etwa *Bethge*, Gewissensfreiheit (Anm. 1), Rdnr. 23 ff.; *von Münch* (Anm. 38), Art. 4, Rdnr. 54; *Preuß* (Anm. 20), Art. 4 Abs. 1, 2 Rdnrn. 44 ff.; *v. Mangoldt/Klein/Starck*, Art. 4 Abs. 1, 2 Rdnr. 50; *Udo Steiner*, Der Grundrechtsschutz der Glaubens- und Gewissensfreiheit (Art. 4 I, II GG), in: JuS 1982, S. 157 ff. (162 ff.). Für eine nuancierte Heranziehung der Schranken des Art. 2 Abs. 1 GG *Herzog* (Anm. 20), Art. 4, Rdnrn. 148 ff. Zur Einschränkung vorbehaltlos gewährter Grundrechte allein durch andere mit Verfassungsrang ausgestattete Rechtswerte BVerfGE 28, 243 (261); 30, 173 (193).

[51] BVerfGE 32, 98 (107 f.); 52, 223 (246 f.). Siehe zur Versagung von Arbeitslosenhilfe (Verhängung einer Sperrzeit nach § 119 Abs. 1 des Arbeitsförderungsgesetzes) BVerfG (Vorprüfungsausschuß), in: NJW 1984, S. 912; zu dieser Problematik auch BSGE 54, 7.

Dieser Rückzug auf einen speziellen Gemeinwohlvorbehalt ohne genau faßliche Konturen macht das ihm zugrundeliegende Schrankenmodell nicht überzeugender. Hinzu tritt ein weiteres schwerwiegendes Bedenken. In der Konsequenz des geschilderten Schrankenmodells läge es, daß der parlamentarische Gesetzgeber bei der Normierung von Rechtspflichten ständig auf das Potential möglicher Gewissenskonflikte und die Eröffnung gewissensschonender Alternativen oder Freistellungen Bedacht zu nehmen hat. Wenn man hier den parlamentarischen Gesetzgeber selbst als das mit der Gewissensschonung betraute Organ ansieht, stellt sich ständig die Frage nach der Verfassungswidrigkeit von Gesetzen wegen eines möglichen Konflikts mit Gewissensentscheidungen. Kaum attraktiver scheint die hierzu bestehende Alternative: die Durchbrechung der allgemeinen Verbindlichkeit des Gesetzes durch Richterspruch in den Fällen, in denen der Gesetzgeber nicht selbst der Gewissensfreiheit (als nur anderen Verfassungsgütern weichendem Grundrecht) ausreichend Gewicht beigemessen hat und auch sonst keine gewissensschonende Gesetzesanwendung möglich ist. Die bürgerliche Gleichheit vor dem Gesetz erleidet damit eine empfindliche Einbuße. Diese Problematik stellt sich hier mit größerer Schärfe als bei anderen vorbehaltlos gewährleisteten Freiheitsrechten, weil die Gewissensfreiheit weder gegenständlich noch instrumental oder von den die persönliche Haltung bestimmenden Wertvorstellungen her irgendwie begrenzbar ist[53].

Kein brauchbares Vehikel zur Einschränkung der Gewissensfreiheit bilden der allgemeine Gleichheitssatz (Art. 3 Abs. 1 GG) und der damit in Verbindung gebrachte Grundsatz der bürgerlichen Lastengleichheit[54]. Denn soweit die Gewissensfreiheit Freistellungen von bürgerlichen Pflichten gebietet (oder auch nur gestattet), liegt hierin zugleich die Rechtfertigung einer Ungleichbehandlung.

b) Vorbehalt der allgemeinen Gesetze

Überzeugender als das Modell einer Schrankenziehung durch andere Belange von Verfassungsrang ist ein Verständnis der Gewissensfreiheit, welches das Grundrecht unter den Vorbehalt allgemeiner (d. h. nicht gegen eine bestimmte Gewissensposition gerichteter, religiös und weltanschaulich neutraler) Gesetze stellt[55]. Diese Vorbehaltslehre ist der

---

[52] *Bethge*, Gewissensfreiheit (Anm. 1), Rdnr. 43; *v. Mangoldt/Klein/Starck*, Art. 4 Abs. 1, 2 Rdnr. 63.
[53] Anders *Kästner*, Individuelle Gewissensbindung (Anm. 38), S. 147 f.
[54] Vgl. demgegenüber BVerfGE 48, 127 (168 f.); 69, 1 (24, 34 f.).

herrschenden Ansicht nicht nur wegen ihrer Berechenbarkeit und Griffigkeit überlegen. Sie läßt sich auch dogmatisch überzeugend begründen.

Der Rechtsgedanke, daß die Berufung auf persönliche Wertvorstellungen allgemein geltende Rechtspflichten nicht aufzuheben vermag, findet in der (durch Art. 140 GG in das Grundgesetz inkorporierten) Vorschrift des Art. 136 Abs. 1 WRV deutlich Ausdruck[56]. Danach werden die „bürgerlichen und staatsbürgerlichen Rechte und Pflichten durch die Ausübung der Religionsfreiheit weder bedingt noch beschränkt". Für die Weimarer Staatsrechtslehre fand die Schrankenbestimmung des Art. 136 Abs. 1 WRV auch auf die Gewissensfreiheit wegen des engen systematischen Zusammenhanges mit der Glaubensfreiheit Anwendung[57]. Dieser Zusammenhang ist in Art. 4 Abs. 1 GG (ebenso wie vorher in Art. 135 WRV) erhalten geblieben. Allerdings lehnt das Bundesverfassungsgericht mit wenig überzeugendem Hinweis auf die Eigenständigkeit des Art. 4 Abs. 1 GG eine Heranziehung des Art. 136 Abs. 1 WRV auf die dort gewährleisteten Freiheitsrechte ab[58]. Diese Auslegung setzt sich über die Verfassung als Einheit hinweg und stuft letztlich die inkorporierte Vorschrift des Art. 136 Abs. 1 WRV zur irrelevanten Verfassungsvorschrift herab[59].

Daneben ist die Parallele zwischen dem Schutz der seelischen Integrität in Art. 4 Abs. 1 GG einerseits und der Gewährleistung physischer Unversehrtheit andererseits (Art. 2 Abs. 2 S. 1 GG) zu beachten, die unter einem Gesetzesvorbehalt (Art. 2 Abs. 2 S. 3 GG) steht. Die Gleichwertigkeit beider Rechtsgüter sollte auch die Schrankenziehung bestimmen[60].

Schließlich sieht das Grundgesetz nur in einem einzigen Fall vor, daß sich der Spruch des Gewissens gegen eine allgemeine Verhaltenspflicht

---

[55] In diesem Sinne *Herdegen*, Gewissensfreiheit (Anm. 1), S. 287 ff.; ähnlich *Hans Heinrich Rupp*, Verfassungsprobleme der Gewissensfreiheit, in: NVwZ 1991, S. 1033 (1036).

[56] *Herdegen*, Gewissensfreiheit (Anm. 1), S. 288; *Hans Hugo Klein*, Gewissensfreiheit und Rechtsgehorsam, in: Staat und Völkerrechtsordnung. FS für Karl Doehring. Berlin, Heidelberg, New York 1989, S. 479 ff. (490). Für eine Anwendung des Art. 136 Abs. 1 WRV auf die Glaubens- und Weltanschauungsfreiheit, nicht aber auf die Gewissensfreiheit *v. Mangoldt/Klein/Starck*, Art. 4 Abs. 1, 2 Rdnrn. 46 ff.

[57] Siehe hier m. Nachw. *Herdegen*, Gewissensfreiheit (Anm. 1), S. 288; *Klein*, Gewissensfreiheit (Anm. 56), S. 490.

[58] BVerfGE 33, 23 (30 f.).

[59] Kritisch auch *Klein*, Gewissensfreiheit (Anm. 56), S. 490 f.

[60] *Herdegen*, Gewissensfreiheit (Anm. 1), S. 290; zustimmend *Rupp*, Verfassungsprobleme (Anm. 55), S. 1036.

durchsetzt: beim Recht auf Wehrdienstverweigerung aus Gewissensgründen (Art. 4 Abs. 3 GG). Dies trägt einen Umkehrschluß in dem Sinne, daß im übrigen bei der Regelung von Verhaltenspflichten die Entscheidung des parlamentarischen Gesetzgebers den Primat vor dem Gewissen beansprucht[61].

Demnach bleibt für die Verwirklichung der Gewissensfreiheit gegenüber Rechtspflichten nur im Rahmen der Gesetzesanwendung Raum. Besondere Bedeutung kommt hier neben der gesetzlichen Eröffnung von Verhaltensalternativen einer grundrechtsfreundlichen Ausübung von Gestaltungsermächtigungen zugunsten von Verwaltung und Rechtsprechung zu.

2. Wohlwollensgebot und die Bereitstellung von Alternativen

Bei der Eröffnung von Freiräumen zur Gewissensschonung und der Bereitstellung von Alternativen hat der parlamentarische Gesetzgeber einen weiten Spielraum. Auch ein Wandel von Wertungsvorstellungen in der Gesellschaft vermag dem legislatorischen Gestaltungsspielraum kaum justitiable Grenzen zu ziehen, sofern das Gesetz nur verfassungsrechtlich begründeten Schutzpflichten gegenüber bestimmten Rechtsgütern angemessen Rechnung trägt. Im Widerstreit zwischen beharrenden Kräften einerseits und Wandelungstendenzen andererseits behält der Gesetzgeber die Möglichkeit der Dezision. In dem breiten Spektrum, in dem die Gewissensfreiheit eine Ungleichbehandlung der Normadressaten zwar nicht gebietet, wohl aber zu rechtfertigen vermag, zieht auch der allgemeine Gleichheitssatz der parlamentarischen Regelungsfreiheit kaum Grenzen. Problematisch wird eine Ungleichbehandlung erst dann, wenn sie sich nicht mehr auf für die meisten Normadressaten nachvollziehbare und plausible Gründe stützen läßt und deshalb die Bereitschaft zur Erfüllung von Rechtspflichten nachhaltig erschüttert wird (etwa bei der ersatzlosen Freistellung von Steuerpflichten aus Gewissensgründen)[62].

Im Rahmen der gesetzlichen Regelung wirkt die Gewissensfreiheit als „Wohlwollensgebot" zugunsten gewissensschonender Gesetzesanwendung[63]. Diese Rücksichtnahme spielt einmal bei der Konkretisierung

---

[61] In diesem Zusammenhang ist auch zu bedenken, daß sogar eine völlige Beschränkung der Gewissensbetätigungsfreiheit auf die im Grundgesetz ausdrücklich geschützten Verwirklichungsformen (Art. 4 Abs. 3 GG) methodisch vertretbar wäre, *Zippelius* (Anm. 20), Art. 4, Rdnr. 47.
[62] Vgl. *Herdegen,* Gewissensfreiheit (Anm. 1), S. 255, 292.
[63] BVerfGE 23, 127 (134).

unbestimmter Rechtsbegriffe und der Ausübung von Ermessen eine Rolle. Zum anderen trägt das „Wohlwollensgebot" aus Art. 4 Abs. 1 GG die gewissensschonende Handhabung von Sanktionsregeln insbesondere im Strafrecht gegenüber Gewissenstätern[64]. Nach der Rechtsprechung des Bundesverfassungsgerichts sind hier jeweils die Bedeutung der Strafnorm „für die Ordnung des Staates und die Autorität des gesetzten Rechts auf der einen und die Stärke des Gewissensdruckes und die dadurch geschaffene Zwangslage auf der anderen Seite" zu beachten und gegeneinander abzuwägen[65].

IV. Einzelne Problemfelder

1. Abgabenverweigerung

Der Steuerzahlung kann nicht der Einwand entgegengehalten werden, daß die Verwendung des Steueraufkommens für bestimmte Zwecke (etwa die Verteidigung) gegen das Gewissen des Steuerpflichtigen verstoße. Nach der hier vertretenen Konzeption fehlt es schon am hinreichenden Bezug zum Verantwortungsbereich des Einzelnen und damit an einer grundrechtlich geschützten Gewissensentscheidung. Insoweit bestehen gewisse Berührungspunkte zur jüngeren Rechtsprechung des Bundesverfassungsgerichts. Danach berührt die Pflicht zur Steuerzahlung wegen der alleinigen Verantwortung des Haushaltsgesetzgebers angesichts der strikten Trennung von Steuererhebung und Verwendungsentscheidung des Parlaments nicht einmal den Schutzbereich des Grundrechts der Gewissensfreiheit[66]. Auch die Rechtsprechung anderer Gerichte und die absolut herrschende Staatsrechtslehre stehen einem Recht zur Steuerverweigerung aus Gewissensgründen ablehnend gegenüber[67]. Das breite Spektrum der zur Begründung angestellten Erwägungen ist ein Beleg für die Unsicherheiten, die mit dem vorherrschenden Modell verfassungsimmanenter Schranken verbunden sind. So werden

---

[64] Hierzu unten IV 3.

[65] BVerfGE 23, 134.

[66] BVerfG (Kammerbeschluß), in DVBl. 1992, S. 1589 f.; in diesem Fall hatte das Gericht über eine Verfassungsbeschwerde zu entscheiden, die sich gegen die Heranziehung der Beschwerdeführer zur Einkommensteuer auch mit dem Teil ihrer Steuerschuld richtete, der prozentual dem Anteil des Verteidigungshaushalts am Bundeshaushalt entspricht. Das BVerfG verneinte auch einen verfassungsrechtlichen Anspruch auf Steuererlaß wegen einer unbilligen Härte, ebd., S. 1590. Siehe zu diesem Fall auch BFH, in: NJW 1992, S. 1407.

[67] Siehe hierzu m. Nachw. etwa *Franke*, Gewissensfreiheit (Anm. 1), S. 32 ff. Die Gegenmeinung beschränkt sich auf vereinzelte Stimmen, etwa *Paul Tiedemann*, Steuerverweigerung aus Gewissensgründen, in: StuW 1988, S. 69 ff.

hier etwa die Budgethoheit der Volksvertretung und die Funktionsfähigkeit der gesetzgebenden Körperschaften[68], die Unzulässigkeit eines individuellen Herrschaftsanspruchs über Etatentscheidungen[69], die fehlende Äquivalenzbeziehung zwischen der Steuer und einem bestimmten Handeln des Staates[70] oder die existentielle Bedeutung der Steuereinnahmen für den Staat[71] ins Feld geführt. Bei der Annahme eines allgemeinen Gesetzesvorbehalts gelangt man auf einfachem Wege zum gleichen Ergebnis.

Die Gewissensfreiheit bildet auch keine Grundlage für einen Anspruch des Abgabenpflichtigen darauf, daß das erzielte Abgabenaufkommen nicht einer bestimmten Verwendung zugeführt wird. Im Zusammenhang mit der Klage eines Krankenkassenmitglieds gegen die Finanzierung von Schwangerschaftsabbrüchen ohne medizinische Indikation hat das Bundesverfassungsgericht klargestellt, daß allgemeine Rechtsnormen oder ihre Anwendung nicht an den Gewissens- oder Glaubensüberzeugungen einzelner Beitragspflichtiger zu messen sind[72].

2. Eidesleistung

Das Bundesverfassungsgericht hat aus der Glaubens- und Gewissensfreiheit ein Recht auf Verweigerung des Eides auch in seiner säkularisierten Form (also ohne religiöse Beteuerungsformel) abgeleitet[73]. In einer jüngeren Entscheidung hat das Bundesverfassungsgericht eine landesrechtliche Regelung über die Ableistung eines Eides vor Antritt eines kommunalen Ehrenamtes über den Wortlaut des Gesetzes hinaus um eine Glaubens- und Gewissensklausel (Ersetzung durch eine andere Beteuerungsformel) ergänzt[74]. In der Eröffnung einer solchen Alternative sah das Gericht eine die Gewissensüberzeugung des Beschwerdeführers respektierende und zugleich für die staatliche Gemeinschaft „hinnehmbare" Alternative. Mit der Verfassungswidrigkeit der Eidesregelung wegen des Fehlens einer ausdrücklichen Ausnahmevorschrift hat

---

[68] BFH, in: NJW 1992, S. 1407.
[69] *Franke*, Gewissensfreiheit (Anm. 1), S. 36.
[70] *Preuß* (Anm. 20), Art. 4 Abs. 1, 2 Rdnr. 46.
[71] *v. Mangoldt/Klein/Starck*, Art. 4 Abs. 1, 2 Rdnr. 63; ähnlich *Bethge*, Gewissensfreiheit (Anm. 1), Rdnr. 43.
[72] BVerfGE 67, 26 (37).
[73] Grundlegend BVerfGE 33, 23 (28 ff.) zum aus Glaubensgründen verweigerten Zeugeneid.
[74] BVerfGE 79, 69 (76 f.); hierzu *Herdegen*, Gewissensfreiheit (Anm. 1), S. 275 f.; *Hartmut Maurer*, Entscheidungsanmerkung, in: JZ 1989, S. 294 f.; *Walter Rzepka*, Entscheidungsanmerkung, in: BayVBl. 1989, S. 209.

sich das Gericht nicht auseinandergesetzt. Aus dieser Entscheidung wird man nicht ohne weiteres ein richterliches Mandat ableiten können, gesetzliche Verhaltenspflichten im Hinblick auf Art. 4 Abs. 1 GG um gewissensschonende Optionen zu ergänzen. Denn die Besonderheit liegt darin, daß die Pflicht zur Eidesleistung trotz der „Säkularisierung" des Eides[75] transzendenten Bezügen verhaftet bleibt. Sie zielt gerade auf eine Verpflichtung, die in den Tiefenschichten der Persönlichkeit angesiedelt ist. Mit diesem Versuch der „Einverseelung" einer Verpflichtung greift der Staat letztlich auf das *forum internum* des Einzelnen zu. In diesem Sinne ist die Eidespflicht nicht von vornherein völlig gewissensneutral. Nur deshalb begründet die Gewissensfreiheit in diesem Falle ausnahmsweise die Verpflichtung des Gesetzgebers zur Bereitstellung einer Alternative oder trägt zumindest die Durchbrechung des allgemein geltenden Gesetzesbefehls.

3. Strafrecht

Das Strafrecht mit seinem „fragmentarischen" Charakter schützt in erster Linie wesentliche staatliche Funktionen sowie Leben, Gesundheit und andere elementare Individualinteressen, die meist auch grundrechtlich abgesichert sind. Deswegen läßt sich dem Geltungsanspruch strafrechtlich begründeter Verhaltensgebote (auf der Ebene der Rechtswidrigkeit) grundsätzlich nicht die Berufung auf eine Gewissensentscheidung entgegenhalten[76]. Bei politisch motivierten Akten der Nötigung (etwa durch Sitzblockaden) liefert die Sorge um das Gemeinwohl im Sinne einer uneigennützigen politischen Motivation jedenfalls unter dem Gesichtspunkt der Gewissensfreiheit keine Rechtfertigungsbasis[77]. In diesem Sinne liegt der Übergriff in die Freiheitssphäre anderer im Dienste des „zivilen Ungehorsams" und außerhalb des Schutzbereiches von Art. 4 Abs. 1 GG.

Auf der Schuldebene kann ein Gewissenskonflikt zur Unzumutbarkeit normgemäßen Verhaltens führen und einen Entschuldigungsgrund

---

[75] Vgl. BVerfGE 33, 23 (27 f.).

[76] Hierzu etwa *Ulrich Bopp,* Der Gewissenstäter und das Grundrecht der Gewissensfreiheit, Karlsruhe 1974; *Matthias Herdegen,* Gewissensfreiheit und Strafrecht, in: Goltdammer's Archiv für Strafrecht 133 (1986), S. 97 ff.; *Claus Roxin,* Die Gewissenstat als Strafbefreiungsgrund, in: FS für Werner Maihofer zum 70. Geburtstag. Frankfurt a. M. 1988, S. 389 ff.; *Hans-Joachim Rudolphi,* Die Bedeutung eines Gewissensentscheides für das Strafrecht, in: FS für Hans Welzel zum 70. Geburtstag. Berlin 1974, S. 605 ff.; *v. Mangoldt/Klein/Starck,* Art. 4 Abs. 1, 2 Rdnrn. 52 ff.; *Zippelius* (Anm. 20), Art. 4, Rdnr. 51.

[77] Hierzu oben, I 2 c; vgl. auch BGH, in: NJW 1988, S. 1739 (1741). Anders *Franke,* Gewissensfreiheit (Anm. 1), S. 43 f.

darstellen. Im Falle eines Zeugen Jehovas, der es aus religiösen Gründen abgelehnt hatte, seine sich in lebensbedrohlichem Zustande befindende Ehefrau (die dem gleichen Glauben anhing) zur Inanspruchnahme ärztlicher Hilfe zu bewegen, hat das Bundesverfassungsgericht in der Verurteilung wegen unterlassener Hilfeleistung zu Recht einen Verstoß gegen Art. 4 Abs. 1 GG gesehen[78]. Den hier angenommenen strafrechtlichen Privilegierungsgrund hat das Gericht nicht näher qualifiziert. Im übrigen folgt aus dem allgemeinen „Wohlwollensgebot" gegenüber Gewissenstätern[79], daß einer Straftat zugrundeliegende Gewissensgründe bei der Strafzumessung als schuldmindernde Umstände berücksichtigt werden[80].

In dem speziellen Fall der mehrfachen Verweigerung des zivilen Ersatzdienstes (Straftatbestand der Dienstflucht) durch Zeugen Jehovas hat das Bundesverfassungsgericht eine neue prozessuale Lösung entwickelt, deren Folgerungen noch nicht völlig ausgelotet sind. Nach dieser Rechtsprechung steht bei der Verweigerung des Ersatzdienstes aus Gewissensgründen nach Verurteilung wegen Dienstflucht das Verbot der Doppelbestrafung (Art. 103 Abs. 3 GG) einer nochmaligen Bestrafung wegen fortgesetzter Verweigerung entgegen[81]. Die Bindung des Betroffenen an eine einmal getroffene und fortwirkende Gewissensentscheidung gegen den zivilen Ersatzdienst soll die Dienstverweigerung vor und nach der erstmaligen Verurteilung zu einer Tat im Sinne von Art. 103 Abs. 3 GG verklammern. In diesem Zusammenhang hat das Gericht auch auf das „besondere Gewicht" der Gewissensentscheidung im Lichte von Art. 4 Abs. 1 GG abgestellt[82].

4. Sonderstatusverhältnisse

Die Gewissensfreiheit begründet grundsätzlich keinen Anspruch gegen die verfassungsrechtlich begründete Einbindung in einen besonderen Rechtsstatus. So gibt die Berufung auf die Gewissensfreiheit den Eltern eines Kindes nicht die Freiheit, die Anmeldung ihres Sohnes zum Besuch der Grundschule zu unterlassen[83]. Insoweit steht der Gewissens-

---

[78] BVerfGE 32, 98 (108 f.).
[79] BVerfGE 23, 127 (134).
[80] Siehe etwa BayObLG, in: Strafverteidiger 1981, S. 74.
[81] BVerfGE 23, 191. Siehe auch zum Widerruf der Aussetzung einer wegen Dienstflucht gegen einen Zeugen Jehovas verhängten Strafe BVerfGE 78, 391. Zur Ersatzdienstverweigerung unten, s. in *diesem* Handbuch *Matthias Herdegen*, § 16 Kriegsdienstverweigerung aus Gewissensgründen, III 3.
[82] BVerfGE 23, 205.
[83] BVerfG, in: JZ 1986, S. 1019.

vorbehalt hinter dem verfassungsrechtlichen Ausbildungsauftrag (Art. 7 Abs. 1 GG) zurück. Im Beamtenverhältnis kann die Gewissensfreiheit weder der Pflicht zur Verfassungstreue noch dem Treueversprechen entgegengehalten werden[84]. Die Vorschriften des Art. 33 Abs. 2 und 3 GG verbieten insoweit eine mit höchstpersönlichen Wertvorstellungen begründete Privilegierung[85]. Innerhalb des Sonderstatusverhältnisses setzen sich Verpflichtungen, die durch funktionelle Notwendigkeiten begründet sind, gegen den Gewissensspruch durch[86]. Die Verbindlichkeit dienstlicher Weisungen steht grundsätzlich nicht unter einem Gewissensvorbehalt. Jedoch kann bei Anordnungen, die nicht zwingenden Bedürfnissen der inneren Ordnung dienen, die Rücksichtnahme auf den Gewissenskonflikt durch Freistellung oder Eröffnung von Alternativen angezeigt sein[87].

Im Hochschulbereich haben sich die Gerichte in der jüngeren Vergangenheit wiederholt mit (wirklichen oder angeblichen) Gewissenskonflikten von Medizinstudenten auseinandersetzen müssen, die sich auf die Gewissensfreiheit gegenüber der obligatorischen Teilnahme an Tierversuchen berufen hatten[88]. Sofern Tierversuche mit Notwendigkeiten der praktischen Anschauung gerechtfertigt sind, kann der einzelne Student hier keinen Anspruch auf eine versuchsfreie Ausbildung geltend machen. Einzelne gegenläufige Äußerungen zur Gewissensfreiheit als Grundlage eines derartigen Leistungsanspruchs[89] lassen den derart ausgeweiteten Grundrechtsschutz (unabhängig von der Lehrfreiheit des

---

[84] Hierzu m. Nachw. *von Münch* (Anm. 38), Art. 4 Rdnr. 57; *v. Mangoldt/Klein/ Starck,* Art. 4 Abs. 1, 2 Rdnr. 61.

[85] Vgl. VG Freiburg, in: NJW 1981, S. 2829 mit kritischer Anm. von *Felizitas Fertig;* ablehnend hierzu auch *Bodo Pieroth/Bernhard Schlink,* Christen als Verfassungsfeinde?, in: JuS 1984, S. 345 ff.

[86] Zu dieser Problematik *Podlech,* Grundrecht (Anm. 29), S. 134 und passim; siehe etwa BVerwGE 56, 227 (228 f.) zur Ausrüstung von weiblichen Kriminalbeamten mit einer Schußwaffe.

[87] Siehe etwa zum Anspruch einer Schülerin auf Befreiung von Sportunterricht im Falle eines Glaubens- und Gewissenskonfliktes BayVGH, in: BayVBl. 1987, S. 592 f. Recht weitgehend zur Beschränkung der Gehorsamspflicht eines Soldaten unter Rücksicht auf eine Gewissensentscheidung BVerwGE 83, 358 (360 f.): „Unter Umständen kann im Konflikt mit anderen Verfassungsbestimmungen in der konkreten Lage, in der es innerlich unabweisbar wird, sich zu entscheiden, dem Grundrecht der Freiheit des Gewissens nach Art. 4 Abs. 1 GG gegenüber einem Befehl das höhere Gewicht zukommen mit der Folge, daß der Befehl unverbindlich ist".

[88] BayVGH, in: DVBl. 1989, S. 110 (111); VGH Kassel, in: NJW 1992, S. 2373; VGH Mannheim, in: NJW 1984, S. 1832.

[89] VGH Kassel, in: NJW 1992, S. 2373; VG Frankfurt a. M., in: NJW 1991, S. 768 (769 f.); *Klaus Brandhuber,* Kein Gewissen an deutschen Hochschulen?, in: NJW 1991, S. 725 ff.

Dozenten nach Art. 5 Abs. 3 Satz 1 GG) in die Nähe des Grotesken geraten.

5. Vertragspflichten, insbesondere im Arbeitsrecht

Der Konflikt zwischen einer vertraglichen Leistungspflicht und einer Gewissensentscheidung kann unter dem Gedanken der Unzumutbarkeit ein Verweigerungsrecht begründen[90]. Vorab ist zu prüfen, ob überhaupt eine geschützte Gewissensentscheidung vorliegt. Nicht auf einen Gewissenskonflikt berufen kann sich etwa beim Stromzahlungsboykott der Kernkraftgegner, der zwar nicht den Stromverbrauch verweigert, aber die Gegenleistung ablehnt[91]. Dabei wirkt die Gewissensfreiheit auf die Konkretisierung des Grundsatzes von Treu und Glauben (§ 242 BGB) ein. Hier kommt es auf eine konkrete Abwägung der Interessen der Vertragspartner an. Im Rahmen einer Risikozurechnung wird bei einem für den Schuldner vorhersehbaren Gewissenskonflikt ein Leistungsverweigerungsrecht ausscheiden. In Betracht kommen mag hier allenfalls eine Befreiung von der primären Leistungspflicht und ihre Ersetzung durch die Zahlung von Schadensersatz (in Anlehnung an die Grundsätze der zu vertretenden Unmöglichkeit).

Gegenstand einer reichen Kasuistik sind Gewissenskonflikte im Arbeitsverhältnis geworden[92]. Gewissensprobleme können sich hier schon bei der Übernahme in das Arbeitsverhältnis ergeben. Nach der Rechtsprechung des Bundesverwaltungsgerichts kann ein kommunaler Krankenhausträger bei der Anstellung eines Chefarztes die Bereitschaft zur Durchführung indizierter Schwangerschaftsabbrüche voraussetzen[93]. Dabei weist das Gericht darauf hin, daß zu den durch Art. 33 Abs. 2 GG untersagten Kriterien für die Auswahlentscheidung auch die „individuelle Gewissensprägung" des Bewerbers gehöre[94].

---

[90] Hierzu etwa *Arwed Blomeyer*, Gewissensprivilegien im Vertragsrecht?, in: JZ 1954, S. 309 ff.; *Friedrich Wilhelm Bosch/Walter Habscheid*, Vertragspflicht und Gewissenskonflikt, in: JZ 1954, S. 213 ff.; *Uwe Diederichsen*, Gewissensnot als Schuldbefreiungsgrund?, in: FS für Karl Michaelis zum 70. Geburtstag. Göttingen 1972, S. 36 ff.; *v. Mangoldt/Klein/Starck*, Art. 4 Abs. 1, 2 Rdnrn. 71 ff.; *Franz Wieacker*, Vertragsbruch aus Gewissensnot, in: JZ 1954, S. 466 ff.
[91] AG Stuttgart, in: NJW 1980, S. 1108; abwegig (im Sinne eines Zurückbehaltungsrechts nach § 273 BGB) AG Stuttgart, in: NJW 1979, S. 2047 mit krit. Anm. von *Gerhard Lüke*.
[92] Hierzu etwa *Erhard Denninger/Karl-Heinz Hohm*, Arbeitsverweigerung aus Gewissensgründen, in: Die Aktiengesellschaft 1989, S. 145 ff.; *Horst Konzen/Hans Heinrich Rupp*, Gewissenskonflikte im Arbeitsverhältnis, Köln, Berlin 1990; *Dieter Reuter*, Das Gewissen des Arbeitnehmers als Grenze des Direktionsrechts des Arbeitgebers, in: BB 1986, S. 385 ff.; *Wolfgang Rüfner*, Gewissensentscheidung im Arbeitsverhältnis, in: RdA 1992, S. 1 ff.
[93] BVerwG, in: JZ 1992, S. 525 mit krit. Anm. von *Theo Mayer-Maly*.

Bei einem nicht vorhersehbaren Gewissenskonflikt muß der Arbeitgeber bei Ausübung seines Direktionsrechtes (§ 315 Abs. 1 BGB) im Rahmen des für ihn Zumutbaren auf den Gewissenskonflikt des Arbeitnehmers Rücksicht nehmen und sich um gewissensschonende Alternativen bemühen[95]. Für die Interessenabwägung stellt die Rechtsprechung (neben der Vorhersehbarkeit) auf aktuelle betriebliche Erfordernisse und die Wiederholungswahrscheinlichkeit ab[96]. Jenseits der Zumutbarkeit bleibt dem Arbeitgeber die Möglichkeit der Kündigung aus einem in der Person des Arbeitnehmers liegenden Grund.

V. Europäische Menschenrechtskonvention

Die Europäische Menschenrechtskonvention verbürgt für jedermann den Anspruch auf „Gedanken-, Gewissens- und Religionsfreiheit" (Art. 9 Abs. 1). Zugleich bestimmt Art. 9 Abs. 2 EMRK, daß die Ausübung religiöser und weltanschaulicher Überzeugungen nur „vom Gesetz vorgesehenen Beschränkungen" unterworfen werden darf, „die in einer demokratischen Gesellschaft notwendige Maßnahmen im Interesse der öffentlichen Sicherheit, der öffentlichen Ordnung, Gesundheit und Moral oder für den Schutz der Rechte und Freiheiten anderer sind". In der Entscheidungspraxis der Straßburger Konventionsorgane hat sich die Leitlinie herausgebildet, daß Gewissensentscheidungen grundsätzlich hinter allgemein geltenden Verhaltenspflichten stehen müssen, welche auf einer weltanschaulich oder religiös neutralen Gesetzgebung beruhen[97]. Der Schutz der Gewissensfreiheit nach dem Grundgesetz dürfte damit jedenfalls nicht hinter dem Standard der Europäischen Menschenrechtkonvention zurückbleiben.

---

[94] BVerwG, in: JZ 1992, S. 526.
[95] Siehe etwa BAG, in: NJW 1990, S. 203; ArbG Köln, in: NJW 1991, S. 1006.
[96] BAG, in: NJW 1990, S. 205.
[97] Hierzu m. Nachw. *Nikolaus Blum,* Die Gedanken-, Gewissens- und Religionsfreiheit nach Art. 9 der Europäischen Menschenrechtskonvention (= Staatskirchenrechtliche Abhandlungen, Bd. 19). Berlin 1990, S. 154 ff.; *Herdegen,* Gewissensfreiheit (Anm. 1), S. 126 ff. Siehe auch *Jochen Abr. Frowein,* Freedom of Religion in the Practice of the European Commission and Court of Human Rights, in: ZaöRV 46 (1986), S. 249 ff.; *ders.,* in: Jochen Abr. Frowein/Wolfgang Peukert, EMRK-Kommentar. Kehl, Straßburg, Arlington 1985, Art. 9, Rdnr. 23.

§ 16

Kriegsdienstverweigerung aus Gewissensgründen

Von Matthias Herdegen

I. Bedeutung und systematische Einordnung des Grundrechts auf Kriegsdienstverweigerung

1. Bedeutung des Grundrechts aus Art. 4 Abs. 3 GG

a) Allgemeines

Der Schutz der Gewissensentscheidung gegen den Kriegsdienst nach Art. 4 Abs. 3 GG gehört verfassungsgeschichtlich zum Kernbestand des Grundgesetzes. Das Grundrecht auf Kriegsdienstverweigerung aus Gewissensgründen ist der Verfassungsentscheidung für die Aufstellung von Streitkräften (Art. 87 a Abs. 1 GG) sowie der Einführung der allgemeinen Wehrpflicht vorausgegangen. Dieses Grundrecht spiegelt die Achtung des Einzelnen als eigenverantwortliche Persönlichkeit (Art. 1 Abs. 1 i. V. m. Art. 2 Abs. 1 GG) wider und knüpft an die Unverletzlichkeit des Gewissens gemäß Art. 4 Abs. 1 GG an[1]. Damit gewährleistet das Grundgesetz in „bemerkenswert weitgehender Weise" den Vorrang einer höchstpersönlichen Wertentscheidung auch in elementaren Bewährungsproben der staatlichen Gemeinschaft[2]. Hier lockert die Verfassung den Zusammenhang von staatlichem Schutz und staatsbürgerlicher Einstandspflicht zugunsten der Autonomie des Einzelnen. Die einzige existentielle Pflicht, welche die deutsche Rechtsordnung kennt, steht damit unter Gewissensvorbehalt. In letzter Konsequenz stellt die Verfassung die Gewissensdisposition des Einzelnen über das Selbstbewahrungsinteresse des Staates.

Das Recht auf Kriegsdienstverweigerung schützt den Einzelnen vor der Verpflichtung, im Rahmen einer militärischen Auseinandersetzung

---

[1] Siehe BVerfGE 48, 127 (163).
[2] Vgl. BVerfGE 12, 45 (54); 69, 1 (22 f.); siehe auch *Ernst-Wolfgang Böckenförde,* Das Grundrecht der Gewissensfreiheit, in: VVDStRL 28 (1970), S. 33 (71 ff.).

entgegen seinem Gewissen Waffen mit dem Ziel der Tötung von Menschen zu bedienen oder zu führen[3]. Die Garantie des Art. 4 Abs. 3 GG hat ausschließlich den Schutz des Einzelnen vor einem Gewissenskonflikt zum Gegenstand. Die politische Auseinandersetzung über Verteidigungsfragen liegt völlig außerhalb des Regelungsbereiches der Vorschrift[4].

b) Das Verweigerungsrecht als verfahrensabhängiges Grundrecht

Die Vorschrift des Art. 4 Abs. 3 S. 1 GG ist mehr als ein bloßer, an den Gesetzgeber gerichteter Programmsatz und wirkt unmittelbar als Grundrecht[5]. Allerdings ist das Grundrecht notwendig auf Vollzug durch den Gesetzgeber angelegt. Es bedarf der Aktualisierung durch ein gesetzlich geregeltes Verfahren, in dem über die Anerkennung des Verweigerungsrechts entschieden wird[6]. In diesem Sinne handelt es sich um ein verfahrensabhängiges Grundrecht. Seine Grundlage findet das Anerkennungsverfahren gegenwärtig im Gesetz zur Neuordnung des Rechts der Kriegsdienstverweigerung und des Zivildienstes (KDVNG) von 1983[7].

c) Das Recht auf Kriegsdienstverweigerung aus rechtsvergleichender und völkerrechtlicher Sicht

Das Recht auf Kriegsdienstverweigerung aus Gewissensgründen gehört trotz seiner zunehmenden Anerkennung in der Staatengemeinschaft noch nicht zum menschenrechtlichen Standard des Völkergewohnheitsrechts[8]. Trotzdem hat der Bundesgerichtshof (bei einer auf

---

[3] BVerfGE 12, 45 (56 f.); 48, 127 (136 f.); 69, 1 (54).

[4] So deckt Art. 4 Abs. 3 GG nicht die Agitation eines Soldaten gegen eine verteidigungspolitische Maßnahme, vgl. BVerwGE 83, 358 (361 f.).

[5] BVerfGE 12, 45 (53); *Herbert Bethge*, Gewissensfreiheit in: HStR VI, 1989, § 137 Rdnr. 46; *Roman Herzog*, in: Maunz/Dürig, Grundgesetz-Kommentar, München, Art. 4 (Zweitbearbeitung 1988), Rdnr. 177; *Reinhold Zippelius*, in: BK, Art. 4 (Drittbearbeitung 1989), Rdnr. 121.

[6] BVerfGE 69, 1 (24 f.).

[7] Hierzu etwa *Roland Fritz/Peter Baumüller/Bernd Brunn*, Kommentar zum Kriegsdienstverweigerungsgesetz, 2. Aufl., Neuwied, Darmstadt 1985; *Carsten Peter/Ralf Ludwig*, Das Grundrecht auf Kriegsdienstverweigerung, in: MDR 1991, S. 1105 ff.; siehe auch *Joseph Listl*, Gewissen und Gewissensentscheidung im Recht der Kriegsdienstverweigerung, in: DÖV 1985, S. 801 ff.

[8] BVerfGE 28, 243 (258 ff.); *Karl Doehring*, Kriegsdienstverweigerung als Menschenrecht?, in: Staatsrecht — Völkerrecht — Europarecht. FS für Hans-Jürgen Schlochauer zum 75. Geburtstag. Berlin, Heidelberg, New York 1981, S. 45 ff.; *Matthias Herdegen*, Gewissensfreiheit und Normativität des positiven

das Grundgesetz abstellenden Betrachtung) die Auslieferung eines Kriegsdienstverweigerers als unzulässig angesehen, wenn diesem in seinem Heimatstaat der gewissenswidrige Zwang zum Dienst mit der Waffe droht[9]. Nach der Rechtsprechung des Bundesverwaltungsgerichts kann eine das Recht auf Asyl begründende Verfolgung darin liegen, daß jemand in seinem Heimatstaat wegen der Kriegsdienstverweigerung aus Gewissensgründen einer Bestrafung ausgesetzt ist[10], wenn dahinter eine politische Verfolgungstendenz steht.

Die Europäische Menschenrechtskonvention gewährleistet nach der Spruchpraxis der Europäischen Kommission für Menschenrechte mit der Gewissensfreiheit (Art. 9 Abs. 1 EMRK) nicht das Recht, den Wehrdienst aus Gewissensgründen zu verweigern[11]. Dabei entnimmt die Kommission der Vorschrift des Art. 4 Abs. 3 lit. b EMRK zu Recht, daß die Konvention die Anerkennung eines Rechts auf Kriegsdienstverweigerung dem Regelungsermessen der Vertragsstaaten anheimstellt.

2. Das Grundrecht im verfassungsrechtlichen Kontext

a) Grundrechtsschranken

Das Grundrecht auf Kriegsdienstverweigerung aus Gewissensgründen steht nicht unter einem Gesetzesvorbehalt. Nach Art. 4 Abs. 3 S. 2 GG obliegt es dem Gesetzgeber, „das Nähere zu regeln". Dieser Regelungsvorbehalt bezieht sich auf die verfahrensrechtlichen Voraussetzungen für die Anerkennung als Kriegsdienstverweigerer. Damit wird der Gesetzgeber nicht zu materiellen Beschränkungen des Grundrechts ermächtigt. Vielmehr findet das Grundrecht seine Grenzen allein in „verfassungsimmanenten" Schranken, die durch Abwägung mit kollidierenden Belangen von Verfassungsrang zu konkretisieren sind[12].

Rechts. Berlin, Heidelberg, New York 1989, S. 126, 129, 131 m. Nachw. Vgl. demgegenüber BVerwGE 7, 242 (250): „allgemeines Menschenrecht". Für eine Einstufung des Rechts auf Kriegsdienstverweigerung aus Gewissensgründen als Menschenrecht im Sinne von Art. 1 Abs. 2 GG v. *Mangoldt/Klein/Starck*, Art. 4 Abs. 3, Rdnr. 100.

[9] BGHSt 27, 191 (193 ff.). Hierzu *Torsten Stein*, Auslieferung und Wehrdienstverweigerung, in: NJW 1978, S. 2426 ff.

[10] BVerwGE 69, 320.

[11] Europäische Kommission für Menschenrechte, BNr. 5591/72, in: Collection of Decisions 43, S. 161; kritisch hierzu *Nikolaus Blum*, Die Gedanken-, Gewissens-, und Religionsfreiheit nach Art. 9 der Europäischen Menschenrechtskonvention. Berlin 1990, S. 162 ff.

[12] BVerfGE 28, 243 (261): Beschränkungen nur aus „Rücksicht auf die Einheit der Verfassung und die von ihr geschützte gesamte Wertordnung"; *Herzog* (Anm. 5), Art. 4, Rdnr. 178; *Otto-Ernst Kempen*, in: Alternativ-Kommentar zum Grund-

Die Annahme verfassungsimmanenter Schranken fügt sich in das allgemeine Verständnis vorbehaltlos gewährter Grundrechte ein. Außerordentlich problematisch ist jedoch die Handhabung dieses Schrankenmodells durch die Rechtsprechung. Das Bundesverfassungsgericht leitet aus einer Gesamtschau der Bestimmungen der Art. 12 a, 73 Nr. 1, 87 a Abs. 1 S. 1, 115 b GG eine verfassungsrechtliche Grundentscheidung für die militärische Landesverteidigung ab und setzt diesen Verfassungsbelang einschränkend dem Grundrecht gegenüber[13]. Damit wird etwa begründet, daß ein Soldat nach seinem Antrag auf Anerkennung als Kriegsdienstverweigerer bis zum Abschluß des Anerkennungsverfahrens zum Wehrdienst herangezogen werden kann[14].

Die Heranziehung der Funktionsfähigkeit der Bundeswehr als grundrechtsbegrenzender Verfassungswert ist schon deswegen problematisch, weil hier Kompetenznormen und Ermächtigungsvorschriften eine ihnen ursprünglich nicht zugedachte Zielrichtung erhalten[15]. Schwerer ins Gewicht fällt der Einwand, daß das Bundesverfassungsgericht als grundrechtsbeschränkenden Belang gerade diejenige Staatsfunktion bemüht, welcher das Freiheitsrecht aus Art. 4 Abs. 3 GG vorgeordnet ist[16]. Der Konflikt zwischen dem Schutz des Gewissens einerseits und der Landesverteidigung andererseits ist bereits mit dem Grundrecht aus Art. 4 Abs. 3 GG zugunsten des Gewissens gelöst[17]. Diese Verfassungsentscheidung darf daher nicht durch eine nochmalige Abwägung zwischen beiden Belangen verwässert und verdunkelt werden. Der Sonderfall des bereits Wehrdienst leistenden Verweigerers läßt sich schlicht damit lösen, daß die Inanspruchnahme des Grundrechts eine verfahrensgebundene Anerkennung voraussetzt[18].

Daneben zieht das Bundesverfassungsgericht die Funktionsfähigkeit der Bundeswehr als Rechtsgut mit Verfassungsrang (zusammen mit dem Gedanken der „Wehrgerechtigkeit") heran, um Mindestanforderungen an die Plausibilität der Gewissensentscheidung (im Sinne einer Gewissensprüfung oder Gewissensprobe) zu begründen[19].

---

gesetz für die Bundesrepublik Deutschland. Hrsg. von Rudolf Wassermann. 2. Aufl., Bd. 1, Neuwied, Frankfurt a. M., Art. 4 Abs. 3, Rdnr. 1; *Ingo von Münch,* in: Ingo von Münch/Philip Kunig (Hrsg.), Grundgesetz-Kommentar. 3. Aufl., Bd. 1, München 1992, Art. 4, Rdnr. 78.

[13] BVerfGE 28, 243 (261); 32, 40 (46);
[14] Ebd.
[15] Siehe etwa das Sondervotum der Richter *Ernst Gottfried Mahrenholz* und *Ernst-Wolfgang Böckenförde,* in: BVerfGE 69, 1 (59 ff.).
[16] Sondervotum der Richter *Mahrenholz* und *Böckenförde,* in: BVerfGE 69, 1 (59 ff.); *Bethge,* Gewissensfreiheit (Anm. 5), Rdnr. 49.
[17] Vgl. im Sinne des Vorrangs der Gewissensentscheidung auch BVerfGE 69, 1 (54).
[18] Ähnlich *Bethge,* Gewissensfreiheit (Anm. 5), Rdnr. 49.

b) Das Verhältnis des Grundrechts zur allgemeinen Wehrpflicht

Sieht man vom Sonderfall des den Kriegsdienst verweigernden freiwilligen Soldaten ab, erlangt das Recht auf Kriegsdienstverweigerung gemäß Art. 4 Abs. 3 GG erst dann Aktualität, wenn der Gesetzgeber die allgemeine Wehrpflicht eingeführt hat. Dabei ist die verfassungsrechtliche Entscheidung für die Landesverteidigung durch die Aufstellung von Streitkräften (Art. 87 a Abs. 1 GG) von der Wehrpflicht zu trennen. Denn aus verfassungsrechtlicher Sicht kann der Verteidigungsauftrag auch durch eine Berufsarmee erfüllt werden[20]. Der Gesetzgeber ist insoweit frei, von der Ermächtigung in Art. 12 a Abs. 1 GG Gebrauch zu machen. Die Ansicht des Bundesverfassungsgerichts, die Einführung der allgemeinen Wehrpflicht aktualisiere eine in der Verfassung enthaltene Grundentscheidung[21], vermag daher nicht zu überzeugen.

Die allgemeine Wehrpflicht hat ihre Wurzeln in der Französischen Revolution und der Reformzeit in Deutschland zu Beginn des 19. Jahrhunderts[22]. Dabei ist jedoch zu berücksichtigen, daß die militärische Massenerhebung (*„levée en masse"*) nicht zum Kernbestand des revolutionären Gedankenguts gehört, sondern ebenso wie der Aufruf der preußischen Krone zu den Waffen in den Napoleonischen Befreiungskriegen von militärischer Notwendigkeit bestimmt worden ist[23]. Für das Bundesverfassungsgericht liegt der allgemeinen Wehrpflicht im demokratisch verfaßten Staat der enge Bezug von grundrechtlich fundiertem Schutz durch den Staat einerseits und bürgerlicher Einstandspflicht für den Erhalt des Staates andererseits zugrunde[24]. In diesem Zusammenhang erscheint dann die allgemeine Wehrpflicht als „Ausdruck des

---

[19] BVerfGE 48, 127 (162); 69, 1 (21 ff.).
[20] BVerfGE 48, 127 (160).
[21] BVerfGE 48, 127 (161).
[22] Siehe BVerfGE 48, 127 (161); 69, 1 (22).
[23] *Kempen* (Anm. 12), Art. 4 Abs. 3, Rdnr. 3.
[24] BVerfGE 48, 127 (161): Der allgemeinen Wehrpflicht „liegt die Vorstellung zugrunde, daß es Pflicht aller männlichen Staatsbürger ist, für den Schutz von Freiheit und Menschenwürde als den obersten Rechtsgütern der Gemeinschaft, deren personale Träger auch sie selbst sind, einzutreten. Sie findet ihre Rechtfertigung darin, daß der Staat, der Menschenwürde, Leben, Freiheit und Eigentum als Grundrechte anerkennt und schützt, dieser verfassungsrechtlichen Schutzverpflichtung gegenüber seinen Bürgern nur mit Hilfe eben dieser Bürger und ihres Eintretens für den Bestand der Bundesrepublik Deutschland nachkommen kann. Mit anderen Worten: Individueller Schutzanspruch und gemeinschaftsbezogene Pflicht der Bürger eines demokratisch verfaßten Staates, zur Sicherung dieser Verfassungsordnung beizutragen, entsprechen einander". Siehe auch die Äußerung des Abgeordneten Dr. *Theodor Heuss* im Parlamentarischen Rat, in: JöR N. F. 1 (1951), S. 77: „Die allgemeine Wehrpflicht ist das legitime Kind der Demokratie".

allgemeinen Gleichheitsgedanken"[25]. Der zivile Ersatzdienst nach Art. 12 a Abs. 2 GG bildet für das Bundesverfassungsgericht eine Ausnahme von der „primären" Dienstpflicht in den Streitkräften (oder im Bundesgrenzschutz oder in einem Zivilschutzverband), nicht etwa eine selbständig neben dem Wehrdienst stehende Alternativpflicht[26].

Das Verfahren zur Freistellung vom Wehrdienst und die Ausgestaltung des zivilen Ersatzdienstes mißt das Bundesverfassungsgericht am Maßstab der „Wehrgerechtigkeit", die Art. 3 Abs. 1 i. V. m. Art. 4 Abs. 3, 12 a Abs. 1 und Abs. 2 GG entnommen wird[27]. Aus dem Grundsatz der Wehrgerechtigkeit leitet das Bundesverfassungsgericht Anforderungen an die Anerkennung von Kriegsdienstverweigerern ab.

Das vom Bundesverfassungsgericht entwickelte Konzept der Wehrgerechtigkeit steht auf schwankendem dogmatischem Grund[28]. Die sachliche Rechtfertigung für die Freistellung vom Wehrdienst aus Gewissensgründen und die damit verbundene Ungleichbehandlung des Kriegsdienstverweigerers gegenüber dem Wehrpflichtigen liegt im Grundrecht aus Art. 4 Abs. 3 GG selbst. Deshalb ist es problematisch, wenn das Bundesverfassungsgericht die allgemeine Wehrpflicht als „Ausdruck des allgemeinen Gleichheitsgedankens" qualifiziert[29]. Der Rechtsprechung des Bundesverfassungsgerichts ist jedoch insoweit zuzustimmen, als die Ausnahmen von der Wehrpflicht auf Grund von Art. 4 Abs. 3 GG zumindest in dem Maße von Anzeichen für eine Gewissensentscheidung gegen den Kriegsdienst (im Sinne eines „Plausibilitätssockels") getragen sein müssen, daß die Ungleichbehandlung nicht als willkürlich erscheint. Nur dann liefert das Grundrecht aus Art. 4 Abs. 3 GG die Basis für eine sachgerechte Differenzierung. Ein einfaches Wahlrecht zwischen Wehrdienst und zivilem Ersatzdienst würde den allgemeinen Gleichheitssatz verletzen. Das aus einer Zusammenschau von Art. 4 Abs. 3, 12 a Abs. 2 und Art. 3 Abs. 1 GG gewonnene Konstrukt der Wehrgerechtigkeit ist dabei entbehrlich. Die Vorschriften des Art. 4 Abs. 3 GG einerseits und des Art. 12 a Abs. 1 GG andererseits stehen nicht etwa in einem Spannungsverhältnis, das durch Abwägung nach dem Grundsatz der Lastengleichheit aller Bürger aufzulösen ist[30]. Viel-

---

[25] BVerfGE 48, 127 (162).
[26] BVerfGE 80, 354 (359); vgl. auch BVerfGE 69, 1 (24).
[27] BVerfGE 48, 127 (162 ff.); 69, 1 (21 ff.).
[28] Kritisch etwa Sondervotum des Richters *Martin Hirsch*, in: BVerfGE 48, 127 (186 ff.); *Wilfried Berg*, Das Grundrecht der Kriegsdienstverweigerung in der Rechtsprechung des Bundesverfassungsgerichts, in: AöR 107 (1982), S. 585 ff. (601); *Herdegen*, Gewissensfreiheit (Anm. 8), S. 218 ff.; *Kempen* (Anm. 12), Art. 4 Abs. 3, Rdnrn. 14 f.
[29] BVerfGE 48, 127 (162).

mehr findet der Konflikt zwischen Wehrpflicht und Gewissensspruch gegen den Kriegsdienst seine abschließende Lösung in Art. 4 Abs. 3 S. 1 GG selbst. Eine andere Frage ist, ob der Gesetzgeber zur Einführung eines zivilen Ersatzdienstes nach Art. 12 a Abs. 2 GG verpflichtet ist. Die Bewältigung des Problems der Lastengleichheit ist außerhalb von Art. 4 Abs. 3 GG zu suchen, nämlich in der Zusammenschau von Art. 12 a Abs. 1 und Abs. 2 GG[31]. Für die verfassungsrechtliche Begründung der Belastungsgleichheit von Wehrdienst und zivilem Ersatzdienst leistet der Rückgriff auf die Wehrgerechtigkeit ebenfalls wenig. Für das Gleichgewicht der Belastung von Wehr- und Ersatzdienstleistenden als verfassungsrechtliches Gebot findet sich nur in der Vorschrift des Art. 12 a Abs. 2 S. 2 GG ein griffiger Maßstab.

c) Verhältnis zur allgemeinen Gewissensfreiheit nach Art. 4 Abs. 1 GG

Das Grundrecht auf Kriegsdienstverweigerung bildet eine Konkretisierung der allgemeinen Gewissensfreiheit nach Art. 4 Abs. 1 GG mit der Besonderheit, daß hier der Gewissensentscheidung ausdrücklich der Vorrang gegenüber einer allgemeinen Rechtspflicht eingeräumt wird. Für die Heranziehung zum Wehrdienst und zum Ersatzdienst äußert Art. 4 Abs. 3 GG als Spezialvorschrift eine Sperrwirkung gegenüber der Vorschrift des Art. 4 Abs. 1 GG[32]. Darüber hinausgehend sieht das Bundesverfassungsgericht in Art. 4 Abs. 3 GG eine abschließende Regelung für den gesamten Bereich der Kriegsdienstverweigerung und lehnt insbesondere bei der Verweigerung des Ersatzdienstes aus Gewissensgründen den Rückgriff auf Art. 4 Abs. 1 GG ab[33]. Abschließend regelt Art. 4 Abs. 3 GG im gesamten Bereich der Wehrpflicht jedoch nur das Verhältnis von Gesetzesbefehl und Gewissensentscheidung, nicht aber die wohlwollende Berücksichtigung des Gewissensspruches bei den Sanktionen für eine Pflichtverletzung[34]. In der Konsequenz der Rechtsprechung des Bundesverfassungsgerichts liegt es auch, daß dem nicht anerkannten Kriegsdienstverweigerer beim gewissensgeleiteten Verstoß gegen militärische Anordnungen der Grundrechtsschutz aus Art. 4 Abs.

---

[30] So aber *Rupert Scholz,* in: Maunz/Dürig (Anm. 5), Art. 12 a (Zweitbearbeitung 1984) Rdnr. 95.
[31] Hierzu unten III 1.
[32] BVerfGE 12, 45 (53 f.); 19, 135 (138); 23, 127 (132).
[33] BVerfGE 23, 127 (132). Zur Ersatzdienstverweigerung unten III 3.
[34] *Adolf Arndt,* Entscheidungsanmerkung, in: NJW 1965, S. 2195 f.; *Berg,* Grundrecht (Anm. 28), S. 599; *Böckenförde,* Grundrecht (Anm. 1), S. 77 f.; *Dietrich Franke,* Gewissensfreiheit und Demokratie. Aktuelle Probleme der Gewissensfreiheit, in: AöR 114 (1989), S. 23 ff., 28 ff.; *Kempen* (Anm. 12), Art. 4 Abs. 3, Rdnr. 22.

1 GG auch auf der Ebene der strafrechtlichen Reaktion abgesprochen wird[35]. Damit ergibt sich für Wehrdienstverweigerer ein „alles oder nichts" in dem Sinne, daß sie entweder nach Art. 4 Abs. 3 GG anerkannt werden oder sich bei einer Heranziehung zum Wehrdienst überhaupt nicht auf die Gewissensfreiheit (und sei es auch nur im Sinne eines strafrechtlichen Privilegierungsgrundes) berufen können. Diese radikale Alternative spielt vor allem bei „situationsbezogener" Kriegsdienstverweigerung[36] eine Rolle. Bei der restriktiven Rechtsprechung des Bundesverfassungsgerichts kommt es im übrigen zu einem Wertungswiderspruch zur möglichen Berufung von freiwillig dienenden Soldaten auf eine Gewissensentscheidung gegen einen Befehl, die das Bundesverwaltungsgericht in einem erstaunlichen Umfang anerkennt[37].

II. Der Schutzbereich des Grundrechts

1. „Kriegsdienst mit der Waffe"

Nach der Rechtsprechung des Bundesverfassungsgerichts schützt das Grundrecht aus Art. 4 Abs. 3 S. 1 GG in seinem „Kernbereich" nur vor dem gewissenswidrigen Zwang, in einer Kriegshandlung einen anderen töten zu müssen[38]. Die Formel vom „Kernbereich" ist mißverständlich. Hier geht es schlicht um den Schutzbereich des Grundrechts auf Kriegsdienstverweigerung bei isolierter Betrachtung, also in Abgrenzung zur Regelung des zivilen Ersatzdienstes nach Art. 12 a Abs. 2 GG (welche auch den waffenlosen Wehrdienst ausschließt und insoweit weiter geht als Art. 4 Abs. 3 S. 1 GG). Der Sinngehalt des Art. 4 Abs. 3 S. 1 GG fordert ein weites Begriffsverständnis des Waffendienstes. Angesichts der hochgradigen Technisierung und Anonymisierung des modernen Waffeneinsatzes bewahrt das Verweigerungsrecht nicht nur vor dem eigenhändigen Töten. Der Kriegsdienst mit der Waffe umfaßt vielmehr jegliche Mitwirkung an militärischen Maßnahmen, die unmittelbar gegen das Leben von Menschen zielen (unter Einschluß von Nachrichtendiensten, Munitionsnachschub oder der Wartung von Waffen)[39]. Nicht mehr im unmittelbaren Zusammenhang mit Tötungsmechanismen steht

---

[35] BVerfG (Vorprüfungsausschuß), in: NJW 1983, S. 1600 zur Befehlsverweigerung; kritisch hierzu *Albert Krölls*, Mehrfachbestrafung nichtanerkannter Wehrdienstverweigerer, in: NJW 1983, S. 1593 ff.

[36] Hierzu unten II 2 a.

[37] BVerwGE 83, 358 (360 f.).

[38] Siehe Anm. 3.

[39] BVerfGE 69, 1 (56); *Herzog* (Anm. 5), Art. 4, Rdnr. 181 f.; *v. Mangoldt/Klein/Starck*, Art. 4 Abs. 3, Rdnr. 93; *Zippelius* (Anm. 5), Art. 4, Rdnr. 98.

§ 16 Kriegsdienstverweigerung aus Gewissensgründen 513

etwa die Mitwirkung am Verpflegungsnachschub oder an der Militärverwaltung[40]. Derartige Tätigkeiten werden vom Schutzbereich des Art. 4 Abs. 3 S. 1 GG nicht erfaßt. Problematisch ist die Qualifizierung des Sanitätsdienstes in der Bundeswehr. Nach Ansicht des Bundesverwaltungsgerichts leisten Sanitätssoldaten keinen „Kriegsdienst mit der Waffe"[41]. Soweit der Sanitätssoldat eine Waffe nur zur Selbstverteidigung trägt und nicht auch zum Waffeneinsatz verpflichtet werden kann, erscheint diese Auffassung überzeugend[42]. Wegen der Vorschrift des Art. 12 a Abs. 2 S. 2 GG, die für anerkannte Verweigerer jeglichen Dienst in den Streitkräften ausschließt, kommt es darauf aber bei Wehrpflichtigen nicht an[43].

Die Vorschrift des Art. 4 Abs. 3 S. 1 GG läßt nicht klar erkennen, ob das Grundrecht den Verweigerer auch vor dem Dienst mit der Waffe in Friedenszeiten schützt[44]. Die militärische Ausbildung von Verweigerern dürfte angesichts ihres Anspruchs auf Freistellung vom Waffendienst im Ernstfall meist wenig Sinn haben[45]. Dies gilt vor allem, wenn man das Grundrecht an eine kategorische Ablehnung des Waffeneinsatzes knüpft. Andererseits ist das Gewissen keine völlig unwandelbare Größe. Der Zweck des Grundrechts aus Art. 4 Abs. 3 GG liegt darin, den Einzelnen vor dem gewissenswidrigen Zwang zu Tötungshandlungen im Kriege zu schützen. Dafür spricht auch, daß in Art. 4 Abs. 3 S. 1 GG nicht vom „Wehrdienst", sondern vom „Kriegsdienst" die Rede ist. Gegenwärtig hat die Frage nur akademische Bedeutung. Denn aus der später ins Grundgesetz eingefügten Vorschrift des Art. 12 a Abs. 2 ergibt sich, daß der Kriegsdienstverweigerer nur zu einem Ersatzdienst außerhalb der Streitkräfte verpflichtet werden darf[46]. Damit ist die völlige Freistellung vom Wehrdienst verfassungsrechtliches Gebot. Unter Berufung auf die Funktionsfähigkeit der Streitkräfte läßt das Bundesverfassungsgericht jedoch in eng umgrenzten Sonderfällen die Heranziehung

---

[40] *Herzog* (Anm. 5), Art. 4, Rdnr. 182.
[41] BVerwGE 72, 241 ff. zur Wehrdienstverweigerung von Ärzten, die sich freiwillig zum Sanitätsdienst in der Bundeswehr verpflichtet haben; ablehnend *Bernd Brunn/Roland Fritz*, Kriegsdienstverweigerung und/oder Sanitätsdienst — Wird das Grundrecht aus Art. 4 III GG ausgehöhlt?, in: NVwZ 1986, S. 722 ff.; anders *Ulrich Daum*, Ausschluß des Kriegsdienstverweigerungsrechts für Sanitätsoffiziere?, in: NVwZ 1986, S. 1002 ff. Das Bundesverfassungsgericht sieht im Sanitätsdienst ein Beispiel für den „waffenlosen Dienst in der Bundeswehr", vgl. BVerfGE 69, 1 (56).
[42] *Herzog* (Anm. 5), Art. 4, Rdnr. 183.
[43] BVerwGE 80, 62 (64 ff.).
[44] Hierzu etwa *Herzog* (Anm. 5), Art. 4, Rdnrn. 187 ff.; *v. Mangoldt/Klein/Starck*, Art. 4 Abs. 3, Rdnrn. 93 f.
[45] BVerfGE 12, 45 (56).
[46] BVerfGE 48, 127 (164).

33 Handbuch, 2. A.

von Kriegsdienstverweigerern zum Wehrdienst in einem zeitlich oder sachlich beschränkten Umfang zu. So können Soldaten, die erst nach ihrer Einberufung die Anerkennung als Verweigerer beantragt haben, bis zum Abschluß des Anerkennungsverfahrens weiter zum Wehrdienst verpflichtet werden[47]. Ungediente Wehrpflichtige können kurzfristig im Spannungs- und Verteidigungsfall trotz des Antrags auf Anerkennung als Kriegsdienstverweigerer zum Wehrdienst einberufen werden. Das Grundrecht aus Art. 4 Abs. 3 GG gebietet hier eine verfassungskonforme Auslegung von § 8 S. 2 KDVNG in dem Sinne, daß dabei nur ein waffenloser Dienst in der Bundeswehr in Betracht kommt[48].

2. Die Gewissensentscheidung gegen den Kriegsdienst

a) Der Begriff

Der Vorschrift des Art. 4 Abs. 3 S. 1 GG liegt der gleiche Gewissensbegriff zugrunde wie der allgemeinen Gewährleistung der Gewissensfreiheit in Art. 4 Abs. 1 GG. Geschützt ist jede „an den Kategorien von ‚Gut' und ‚Böse' orientierte Entscheidung . . ., die der Einzelne in einer bestimmten Lage als für sich bindend und unbedingt verpflichtend innerlich erfährt, so daß er gegen sie nicht ohne ernste Gewissensnot handeln könnte"[49]. Die Rechtsprechung des Bundesverwaltungsgerichts ist in jüngerer Zeit von allzu rigorosen Anforderungen an die Intensität des Gewissenskonfliktes und vom Kriterium eines seelischen „Zerbrechens" abgerückt[50].

Ein höchst heikles Problem liegt im Versuch, die grundrechtlich geschützte Gewissensentscheidung gegenständlich zu begrenzen, um einem befürchteten Mißbrauch der Berufung auf Art. 4 Abs. 3 S. 1 GG entgegenzuwirken. Der Bundesgesetzgeber verlangt eine Gewissensentscheidung gegen die „Beteiligung an *jeder* Waffenanwendung zwischen den Staaten" (§ 1 KDVNG; früher § 25 S. 1 WPflG). Mit der Beschränkung der Kriegsdienstverweigerung auf eine prinzipielle, kategorische Ablehnung des Waffeneinsatzes soll die sog. „situationsbezogene" Verweigerung ausgefiltert werden. Das Bundesverfassungsgericht hat in ständiger Rechtsprechung die Unterscheidung zwischen absoluter Verweigerung einerseits und auf die konkreten Umstände bezogener Ablehnung des Waffeneinsatzes andererseits für verfassungsgemäß angesehen

---

[47] BVerfGE 28, 243 (260 ff.).
[48] BVerfGE 69, 1 (54 ff.).
[49] BVerfGE 12, 45 (55); allgemein zum Begriff der Gewissensentscheidung in *diesem* Handbuch *Matthias Herdegen,* § 15 Gewissensfreiheit, II 2.
[50] BVerfGE 81, 239 (241). Nachw. zur Judikatur bei *Herdegen,* (Anm. 49), II 1.

und die hierin liegende Begrenzung des Schutzbereiches von Art. 4 Abs. 3 S. 1 GG bestätigt. Danach kann sich auf das Grundrecht nicht derjenige berufen, „der geltend macht, sein Gewissen verbiete ihm nicht den Kriegsdienst mit der Waffe schlechthin, sondern lediglich die Teilnahme an bestimmten Kriegen, etwa am Kriege gegen bestimmte Gegner, unter bestimmten Bedingungen, in bestimmten historischen Situationen, mit bestimmten Waffen[51]. Dahinter steht die Erwägung, daß sich bei der „situationsbezogenen" Kriegsdienstverweigerung die Gewissensentscheidung nicht allgemein gegen das Töten im Kriege richtet, sondern gegen eine verteidigungspolitische Entscheidung in einem bestimmten Konfliktfall. Diese Entscheidung ist vielfach auf Ablehnung gestoßen[52]. Der Kritik wird man zugeben müssen, daß Gewissenskonflikte mit dem damit verbundenen affektiven Druck stark an konkrete Situationen gebunden sind[53]. Der Wortlaut des Art. 4 Abs. 3 S. 1 GG läßt nicht eindeutig erkennen, ob die Kriegsdienstverweigerung eine kategorische Ablehnung des Waffeneinsatzes voraussetzt. Für die von Gesetzgeber und Bundesverfassungsgericht vorgenommene Distinktion spricht letztlich, daß die Vorschrift des Art. 12 a Abs. 2 GG eine völlige Freistellung vom Wehrdienst für Kriegsdienstverweigerer begründet. Bei einer Einbeziehung der „situationsbezogenen" Verweigerung in den Schutzbereich des Art. 4 Abs. 3 GG läge es nahe, Kriegsdienstverweigerer in Friedenszeiten der allgemeinen Wehrpflicht nach Art. 12 a Abs. 1 GG zu unterwerfen, um sie später zu solchen Kriegshandlungen heranzuziehen, die sie nach den konkreten Umständen nicht mißbilligen[54].

b) Die Gewissensprüfung

Ungeachtet aller Schwierigkeiten, die mit dem Nachweis seelischer Vorgänge verbunden sind, erfordert schon der allgemeine Gleichheits-

---

[51] BVerfGE 12, 45 (57); 23, 191 (204); 69, 1 (23). In dieser Hinsicht hat das BVerwG durch Urt. vom 8.11.1993 (6 B 48/93), in: NJW 1994, S. 603 f., entschieden, die Möglichkeit eines Einsatzes von deutschen Soldaten außerhalb des Bundesgebietes rechtfertige keine Anerkennung als Kriegsdienstverweigerer, wenn im übrigen keine Gewissensgründe gegen den Kriegsdienst mit der Waffe vorgetragen werden.
[52] Siehe etwa das Sondervotum der Richter *Mahrenholz* und *Böckenförde*, in: BVerfGE 69, 1 (77 ff.); *Berg*, Grundrecht (Anm. 28), S. 605 f.; *Rainer Eckertz*, Die Kriegsdienstverweigerung aus Gewissensgründen als Grenzproblem des Rechts. Baden-Baden 1986, S. 354 ff.; *Franke*, Gewissensfreiheit (Anm. 34), S. 23 ff.; *Herzog* (Anm. 5), Art. 4, Rdnr. 198. Zustimmend dagegen *Listl*, Gewissen (Anm. 7), S. 806 ff.; *v. Mangoldt/Klein/Starck*, Art. 4 Abs. 3, Rdnr. 96.
[53] Vgl. BVerfGE 12, 45 (55).
[54] BVerfGE 69, 1 (23); *Listl*, Gewissen (Anm. 7), S. 807.

satz (Art. 3 Abs. 1 GG), daß sich die Befreiung vom Wehrdienst auf ein Mindestmaß an Indizien für eine Gewissensentscheidung stützen muß[55]. Bei der Festlegung von Glaubwürdigkeitskriterien verfügt der Gesetzgeber über einen weiten Spielraum. Ein besonderes Prüfungsverfahren, welches die Darlegung einer echten Gewissensentscheidung durch den Verweigerer zum Gegenstand hat, ist grundsätzlich zulässig, auch wenn es dabei zu einer Ausleuchtung der Innensphäre kommt[56]. Das ursprünglich vorgesehene Anerkennungsverfahren mit Prüfungsgesprächen machte letztlich die Vertrautheit des Probanden (mit der nicht immer leicht durchschaubaren) Kasuistik der verwaltungsgerichtlichen Rechtsprechung zum Gegenstand der Inquisition[57]. Dabei ist das Bundesverwaltungsgericht wiederholt der Neigung entgegengetreten, im Prüfungsverfahren bei der Diskussion von Grenzsituationen oder von Alltagsrisiken in etwas rabulistischer Manier auf das Fehlen einer „echten" Gewissensentscheidung gegen das Töten von Menschen zu schließen[58].

Das Bundesverfassungsgericht entnimmt der „Wehrgerechtigkeit" das Gebot, „daß nur solche Wehrpflichtige als Kriegsdienstverweigerer anerkannt werden, bei denen mit hinreichender Sicherheit angenommen werden kann, daß in ihrer Person die Voraussetzungen des Art. 4 Abs. 3 S. 1 GG erfüllt sind"[59]. Damit unvereinbar ist eine Regelung, welche die nur durch die Bereitschaft zum Ersatzdienst substantiierte Berufung auf eine Gewissensentscheidung genügen läßt, wenn sich der Ersatzdienst nach Dauer und Wahrscheinlichkeit der Heranziehung nicht als gleichbelastende Alternative zum Wehrdienst darstellt[60]. Das gegenwärtige Anerkennungssystem (KDVNG von 1983) verlangt für die Anerkennung von ungedienten Wehrpflichtigen als Kriegsdienstverweigerer eine konkrete Darlegung der Gewissensgründe (§ 2 Abs. 2 S. 3 KDVNG) und verzichtet für die Anerkennung auf eine persönliche Anhörung, wenn das Vorbringen des Antragstellers plausibel erscheint und keinen Zweifeln im Hinblick auf den Wahrheitsgehalt unterliegt (§ 5 Abs. 1 KDVNG). Die Ernsthaftigkeit der vorgebrachten Gewissensentschei-

---

[55] Hierzu oben I 2 b.

[56] BVerfGE 28, 243 (259); 48, 127 (166). Anders das Sondervotum des Richters *Hirsch*, in: BVerfGE 48, 127 (188 f.).

[57] Vgl. *Berg*, Grundrecht (Anm. 28), S. 607; zur verwaltungsgerichtlichen Kasuistik *v. Mangoldt/Klein/Starck*, Art. 4 Abs. 3, Rdnr. 106.; *Herzog* (Anm. 5), Art. 4, Rdnr. 199.

[58] Zur Tötung eines Angreifers BVerwGE 65, 57 (59 f.); zur schuldlosen Tötung im Straßenverkehr BVerwGE 84, 191 (193).

[59] BVerfGE 48, 127 (168).

[60] BVerfGE 48, 127 (149 ff.) zur Änderung des Wehrpflichtgesetzes von 1977 („Postkartenlösung").

dung soll dadurch indiziert werden, daß der Ersatzdienst einige Monate länger dauert als der Grundwehrdienst (ursprünglich fünf Monate, jetzt nur noch drei Monate gemäß § 24 Abs. 2 ZDG). Das Bundesverfassungsgericht sieht in dieser Ausformung des Ersatzdienstes (bei einer hohen Wahrscheinlichkeit der Einberufung) eine taugliche „Probe auf das Gewissen"[61]. Die Beibehaltung des herkömmlichen Prüfungsverfahrens bei bereits gedienten Wehrpflichtigen hat das Bundesverfassungsgericht mit der Funktionsfähigkeit der Bundeswehr als verfassungsrechtlichem Belang begründet[62].

III. Der zivile Ersatzdienst

1. Allgemeines

Die mögliche Einführung eines zivilen Ersatzdienstes außerhalb der Streitkräfte und des Bundesgrenzschutzes sieht die Bestimmung des Art. 12 a Abs. 2 GG vor. Die Vorschrift des Art. 12 a GG fand durch die „Notstandsgesetzgebung" von 1968 in das Grundgesetz Eingang. Die Regelungen über die Begründung einer allgemeinen Wehrpflicht (Art. 12 a Abs. 1 GG) und den zivilen Ersatzdienst (Art. 12 a Abs. 1 S. 1 GG) sind als „Kann"-Vorschriften formuliert. Der Gesetzgeber kann jedoch die Option für die Einführung von Wehr- und Ersatzdienstpflicht nur einheitlich ausüben[63]. Aus dem Zusammenhang von Art. 12 a Abs. 1 und Abs. 2 GG ergibt sich, daß der zivile Ersatzdienst das Pflichtenkorrelat zur allgemeinen Wehrpflicht bildet. Könnte der Gesetzgeber trotz allgemeiner Wehrpflicht auf die Einführung des Ersatzdienstes verzichten, wäre die Heranziehung von Kriegsdienstverweigerern zu einem Wehrdienst in Friedenszeiten folgerichtig. Hierin läge aber ein Wertungswiderspruch zu der Bestimmung des Art. 12 a Abs. 2 S. 3 GG, welche die organisatorische Trennung des Ersatzdienstes von den Streitkräften vorschreibt. Deshalb steuert die Entscheidung für die Wehrpflicht zugleich die Ausübung des gesetzgeberischen Regelungsermessens nach Art. 12 a Abs. 2 GG und verpflichtet den Gesetzgeber dann auch zur Einführung des zivilen Ersatzdienstes.

---

[61] BVerfGE 69, 1 (25 ff.).
[62] BVerfGE 69, 1 (41).
[63] So etwa *Herzog* (Anm. 5), Art. 4, Rdnr. 206; *Scholz* (Anm. 30), Art. 12 a, Rdnr. 92.

2. Dauer

Der Ersatzdienst darf gemäß Art. 12 a Abs. 2 S. 2 GG nicht länger dauern als der Wehrdienst. Dabei handelt es sich um eine Konkretisierung des Gebotes, daß die gesetzliche Ausgestaltung des Zivildienstes den Verweigerer nicht von der Inanspruchnahme des Grundrechts aus Art. 4 Abs. 3 S. 1 GG abschrecken darf[64]. Bei der Dauer des Wehrdienstes sind auch die neben dem Grundwehrdienst abzuleistenden Wehrübungen (§§ 4 Abs. 1, 6 WPflG) zu berücksichtigen. Dabei ist außerordentlich umstritten, ob die gesetzliche Grenze für die Dauer von Wehrübungen (§ 6 Abs. 2 WPflG) oder aber die tatsächliche Heranziehung in der Praxis maßgeblich ist. Das Bundesverfassungsgericht stellt auf die rechtlich zulässige Höchstdauer des gesamten Wehrdienstes ab[65]. Das Gericht begründet dies mit der Freiheit des Gesetzgebers, den zivilen Ersatzdienst im Vergleich zum Wehrdienst gleich belastend auszugestalten und zu einer tauglichen Gewissensprobe zu machen sowie eine typisierende Regelung zu treffen. Diese Rechtsprechung liest in Art. 12 a Abs. 2 S. 2 GG das Merkmal der Belastungsgleichheit hinein und sprengt damit die Grenzen der Auslegung. Im übrigen ist die abstrakt von der Höchstdauer des Wehrdienstes ausgehende Judikatur schwer damit zu vereinbaren, daß das Bundesverfassungsgericht im Zusammenhang mit der Tauglichkeit des Ersatzdienstes als Gewissensprobe die Bedeutung der tatsächlichen Verhältnisse (insbesondere die Heranziehungswahrscheinlichkeit) herausgestrichen hat[66]. Die stärkere zeitliche Gewichtung des Wehrdienstes im Vergleich zum zivilen Ersatzdienst wirkt sich dann zugunsten eines Kriegsdienstverweigerers bei der zeitlichen Anrechnung aus, wenn dieser bereits den gesamten Grundwehrdienst geleistet hat[67].

---

[64] Vgl. BVerfGE 69, 1 (32); 80, 354 (358).
[65] BVerfGE 69, 1 (28 ff.); zustimmend etwa *Scholz* (Anm. 30), Art. 12 a, Rdnr. 120. Für die tatsächliche Wehrdienstdauer als entscheidendes Kriterium dagegen Sondervotum der Richter *Mahrenholz* und *Böckenförde*, BVerfGE 69, 1 (66 ff.); *Harald Dörig*, Gewissensfreiheit und Diskriminierungsverbot als Grenzen einer Neugestaltung des Zivildienstes nach Art. 12 a Abs. 2 GG. Baden-Baden 1981, S. 122; *Manfred Gubelt*, in: Ingo von Münch/ Philip Kunig (Hrsg.), Grundgesetz-Kommentar (Anm. 12), Art. 12 a, Rdnr. 11; *Knut Ipsen/Jörn Ipsen*, in: BK, Art. 12 a (Erstbearbeitung 1976), Rdnr. 130; *Kempen* (Anm. 12), Art. 4 Abs. 3, Rdnr. 33; *v. Mangoldt/Klein/Starck*, Art. 4 Abs. 3, Rdnr. 111.
[66] BVerfGE 48, 127 (171 ff.).
[67] BVerfGE 78, 364 (370 ff.); siehe jetzt § 24 Abs. 2 S. 2 ZDG.

3. Ersatzdienstverweigerung

Die Verweigerung des zivilen Ersatzdienstes aus Gewissensgründen (vor allem durch Zeugen Jehovas, daneben auch durch sog. „dogmatische Pazifisten") hat immer wieder die Strafjustiz und das Bundesverfassungsgericht beschäftigt. Aus dem Umkehrschluß aus Art. 4 Abs. 3 S. 1 GG ergibt sich, daß der zivile Ersatzdienst nicht unter Berufung auf eine Gewissensentscheidung verweigert werden kann[68]. Die Verweigerung des Ersatzdienstes erfüllt demnach auch den Tatbestand einer Zivildienstflucht (§ 53 ZDG), wenn sie von einer Gewissensentscheidung bestimmt wird. Die Vorschrift des Art. 4 Abs. 3 GG steht einem Rückgriff auf die allgemeine Gewissensfreiheit (Art. 4 Abs. 1 GG) nur insoweit entgegen, als es um die Geltung der Dienstpflicht ungeachtet einer Gewissensentscheidung geht. Hier setzt sich der Gesetzesbefehl gegenüber dem Gewissensspruch durch. Dagegen bleibt der Schutz der Gewissensbetätigung nach Art. 4 Abs. 1 GG bei den „sekundären" Rechtsfolgen einer Ersatzdienstverweigerung im Rahmen der Gesetzesanwendung beachtlich. Dies gilt vor allem für strafrechtliche Sanktionen im Rahmen einer Güterabwägung, die zu einer erheblichen Minderung des Schuldvorwurfs oder zu sonstigen Privilegierungen führen kann.

Das Bundesverfassungsgericht dehnt die Sperrwirkung von Art. 4 Abs. 3 GG gegenüber dem Grundrecht aus Art. 4 Abs. 1 GG auf den gesamten Bereich des Wehr- und Ersatzdienstes aus, gelangt aber trotzdem auf verschlungenen Pfaden zu einer wohlwollenden Berücksichtigung von Gewissensentscheidungen. Das „Wohlwollensgebot" gegenüber Gewissenstätern im Bereich der Ersatzdienstverweigerung entnimmt das Bundesverfassungsgericht wegen der Sperrwirkung von Art. 4 Abs. 3 GG der Gewissensfreiheit nicht als subjektives Recht, sondern als „wertentscheidende Grundsatznorm"[69]. So soll der mehrfachen Bestrafung wegen einer wiederholten Verweigerung des Ersatzdienstes aufgrund einer „ein für allemal getroffenen Gewissensentscheidung" das Verbot des Art. 103 Abs. 3 GG entgegenstehen, denn die Gewissensentscheidung lasse die hiervon geleitete, mehrfache Verweigerung als ein und dieselbe Tat im prozessualen Sinne erscheinen[70].

---

[68] BVerfGE 19, 135 (138); 23, 127 (132); a. A. *Kempen* (Anm. 12), Art. 4 Abs. 3, Rdnr. 22.
[69] BVerfGE 23, 127 (134) = NJW 1968, S. 979 m. Anm. von *Adolf Arndt*.
[70] BVerfGE 23, 191 (205)= NJW 1968, S. 982 m. Anm. von *Adolf Arndt;* zur Problematik dieser Entscheidung m. Nachw. *Matthias Herdegen*, Gewissensfreiheit und Strafrecht, in: Goltdammer's Archiv für Strafrecht 133 (1986), S. 97 ff. (103 ff.).

Bei der Verurteilung eines Ersatzdienstverweigerers wegen Dienstflucht zu einer auf Bewährung ausgesetzten Freiheitsstrafe darf das Strafgericht die Strafaussetzung nicht wegen einer erneuten Verweigerung widerrufen, wenn der Haltung des Verweigerers erkennbar eine auf Dauer getroffene Gewissensentscheidung zugrunde liegt[71]. Die etwas diffuse Begründung des Bundesverfassungsgerichts vermengt in unglücklicher Weise unter dem Gesichtspunkt des Vertrauensschutzes des Verweigerers die Vorschriften des Art. 4 Abs. 3 und Art. 12 a Abs. 2 GG mit dem Rechtsstaatsprinzip[72]. Hier geht es schlicht darum, daß der Schutz seelischer Substanz nach Art. 4 Abs. 1 GG hinter dem Strafverfolgungsinteresse des Staates zurücksteht.

Bei Ersatzdienstverweigerern, die nicht zu den Zeugen Jehovas gehören, ist die Rechtsprechung mit einer strafrechtlichen Privilegierung recht zurückhaltend[73]. In den Fällen, in denen sich die Gewissensentscheidung nicht gegen den Ersatzdienst als solchen richtet, sondern gegen irgendwelche mißbilligten Folgewirkungen (finanzieller oder infrastruktureller Art), dürfte schon das Vorliegen einer nach Art. 4 Abs. 1 GG geschützten Gewissensentscheidung zu verneinen sein, denn dort bezieht sich die Verweigerungshaltung auf Faktoren, die dem Verantwortungsbereich des Einzelnen weit entrückt sind[74].

Einen wesentlichen Beitrag zur Entschärfung der Verweigerungsproblematik hat der Gesetzgeber mit der Vorschrift des § 15 a ZDG geleistet. Danach kann an Stelle des zivilen Ersatzdienstes auf freiwilliger Grundlage ein Arbeitsverhältnis in einem Krankenhaus oder anderen Einrichtungen zur Pflege und Betreuung geleistet werden.

---

[71] BVerfGE 78, 391 (396). Siehe zur Versagung der Strafaussetzung zur Bewährung bei den Ersatzdienst verweigernden Zeugen Jehovas OLG Oldenburg, in: NJW 1989, S. 1231; zur Bewährungsauflage, einer erneuten Einberufung zum Zivildienst zu folgen, bei einer Ersatzdienstverweigerung aus Gewissensgründen LG Köln, in: NJW 1989, S. 1171.

[72] BVerfGE 78, 396.

[73] Siehe etwa BayObLG, in: Strafverteidiger 1983, S. 369 mit abl. Anm. von *Günter Werner;* OLG Düsseldorf, in: NJW 1985, S. 2429. Kritisch hierzu *Franke*, Gewissensfreiheit (Anm. 34), S. 30.

[74] *Herdegen,* Gewissensfreiheit (Anm. 8), S. 266; vgl. BVerfG (Vorprüfungsausschuß), in: NJW 1984, S. 1675 (1676). Zum Zusammenhang zwischen Schutz der Gewissensentscheidung und persönlichem Verantwortungsbereich bei *Herdegen,* (Anm. 49), II 1.

§ 17

Das Selbstbestimmungsrecht der Kirchen und Religionsgemeinschaften

Von Konrad Hesse

I. Begriff und Rechtsgrundlagen

Als Selbstbestimmungsrecht wird das Recht der Kirchen und Religionsgemeinschaften bezeichnet, „ihre" Angelegenheiten in den „Schranken des für alle geltenden Gesetzes" frei von staatlicher Einwirkung zu ordnen und zu verwalten[1]. Seit dem Jahre 1848 zum festen Bestand des deutschen Staatskirchenrechts gehörend[2], ist dieses Recht in der Gegenwart eines der Fundamente der rechtlichen Ordnung des Verhältnisses von Staat, Kirchen und Religionsgemeinschaften.

---

[1] Die gelegentlich synonyme Verwendung der Bezeichnung „Autonomie" (etwa BGHZ 34, 372 [373]; 46, 96 [110]) weicht von dem üblichen juristischen Gebrauch des Begriffes ab. „Autonomie" ist die rechtlich verliehene Fähigkeit, verbindliche Sätze objektiven Rechts zu schaffen; sie enthält also nur die Befugnis zur Setzung abgeleiteten Rechts, und sie umfaßt nicht das Recht zur selbständigen Verwaltung der eigenen Angelegenheiten. Dieses enthält wiederum nicht ohne weiteres die Befugnis zur Rechtsetzung, so daß auch der Begriff der Selbstverwaltung — ganz abgesehen von weiteren grundsätzlichen Bedenken gegen eine Übertragung auf das Verhältnis des Staates zu den Kirchen und Religionsgemeinschaften — das, was er in diesem Zusammenhang bezeichnen müßte, nur in einer mit der üblichen Verwendung unvereinbaren Bedeutung zum Ausdruck bringen könnte.

[2] Art. 12 der Preußischen Verfassung von 1848 (hier noch ohne den Vorbehalt der „allgemeinen Staatsgesetze"), § 147 Abs. 1 der Reichsverfassung von 1849, Art. 15 der Preußischen Verfassung von 1850, Art. 137 Abs. 3 der Reichsverfassung von 1919. Zur Geschichte vgl. *Joseph Listl*, Staat und Kirche in Deutschland. Vom Preußischen Allgemeinen Landrecht bis zum Bonner Grundgesetz, in: Civitas (1967), S. 117 ff., bes. S. 144 f. m. w. N.; *Gerhard Anschütz*, Die Verfassungs-Urkunde für den Preußischen Staat. Bd. 1, Berlin 1912, S. 282 ff.; *Ulrich Scheuner*, Begründung, Gestaltung und Grenzen kirchlicher Autonomie, in: Autonomie der Kirche. Symposion für Armin Füllkrug. Neuwied und Darmstadt 1979, S. 4 ff.; *Henning Zwirner*, Zur Entstehung der Selbstbestimmungsgarantie der Religionsgesellschaften i. J. 1848/49, in: ZRG Kan.Abt. 73 (1987), S. 210 ff.

1. Die Gewährleistung im Grundgesetz

Bundesverfassungsrechtlich wird das Selbstbestimmungsrecht in der überkommenen Form durch den gemäß Art. 140 GG in das Grundgesetz inkorporierten Art. 137 WRV gewährleistet. Die ungewöhnliche Art der Regelung — Ergebnis eines Kompromisses im Parlamentarischen Rat[3] — ändert nichts daran, daß es sich um vollgültiges Verfassungsrecht handelt; die inkorporierten Artikel der Weimarer Verfassung stehen gegenüber anderen Artikeln des Grundgesetzes nicht etwa auf einer Stufe niederen Ranges[4]. Fragen etwaiger Konkurrenzen oder Überschneidungen mit anderen Garantien des Grundgesetzes lassen sich daher nicht als Rangprobleme erfassen oder lösen. Sie sind vielmehr Fragen der sachlichen Reichweite dieser Garantien einer-, des Art. 137 Abs. 3 WRV andererseits.

a) Eine Übereinstimmung oder doch zumindest weitgehende Überschneidung könnte zunächst mit dem Grundrecht der *allgemeinen Vereinigungsfreiheit* (Art. 9 Abs. 1 GG) angenommen werden. Dieses ist nicht nur Individualrecht, sondern auch korporative Garantie; es schützt nicht nur die Freiheit der Gründung und des Beitritts, sondern auch die Freiheit der Vereinstätigkeit. Es könnte also als Grundbestimmung verstanden werden, die bereits alles enthält, was Art. 137 Abs. 1-4 WRV gewährleisten, während Besonderheiten lediglich für die öffentlich-rechtlichen Religionsgesellschaften gelten (Art. 137 Abs. 5 und 6 WRV). Dann wären der Status der Kirchen und Religionsgemeinschaften im Prinzip nichts anderes als der privatrechtliche Vereinsstatus, ihre Freiheit die allgemeine Freiheit jedes Verbandes, ihre besonderen Rechte als Körperschaften des öffentlichen Rechts nur Modifikationen dieses primären Grundstatus. Das einem solchen Verständnis korrespondierende Modell des Verhältnisses von Staat, Kirchen und Religionsgemeinschaften wäre das eines strikten Trennungssystems innerhalb eines scheinbar konsequent pluralistischen Gemeinwesens, in dem namentlich die historische Sonderstellung der großen Kirchen prinzipiell eingeebnet und — wenn auch in Abschwächung durch fortbestehende Privilegien — ersetzt wird durch die Gleichheit aller Zusammenschlüsse ohne Rücksicht auf ihre Größe, Bedeutung, weltliche oder geistliche Zwecksetzung.

Eine solche Annahme verbietet das Grundgesetz. Sie stünde nicht in Einklang mit dem Grundsatz der Einheit der Verfassung, nach dem

---

[3] Vgl. JöR N. F. 1 (1951), S. 899 ff. und die Nachw. bei *Hermann Weber,* Grundprobleme des Staatskirchenrechts. Bad Homburg v. d. H., Berlin, Zürich 1970, S. 11 f. mit Anm. 5.

[4] BVerfGE 19, 206 (219), st. Rspr.; vgl. noch BVerfGE 70, 138 (167) m. w. N.

Verfassungsbestimmungen so zu interpretieren sind, daß Widersprüche nach Möglichkeit vermieden werden[5]. Sie widerspräche dem Grundsatz, daß Verfassungsbestimmungen im Zweifel eine selbständige Bedeutung haben und, so lange dies möglich ist, in einem solchen Sinne auszulegen sind. Wenn das Grundgesetz in Art. 4 das geistliche Leben der Kirchen und Religionsgemeinschaften schützt, und wenn es darüber hinaus in Art. 140 Sonderbestimmungen für die Kirchen und Religionsgemeinschaften trifft, so zeigt das, daß es diese in Übereinstimmung mit ihrem Eigenverständnis als ein aliud gegenüber weltlichen Verbänden betrachtet. Ihre Zwecke und Aufgaben liegen jenseits derer des weltlichen Gemeinwesens, so daß der allgemeine Vereinsstatus nicht der angemessene wäre. Bestätigt wird dies durch den historischen Befund: die Kirchen und Religionsgemeinschaften sind im deutschen Staatskirchenrecht nie auf den allgemeinen privaten Vereinsstatus verwiesen worden. Auch die Weimarer Verfassung hat ein solches Modell, wie es der Regierungsentwurf in Art. 30 enthalten hatte, nicht in ihre Kirchenartikel aufgenommen[6].

Aus diesen Gründen kann Art. 9 Abs. 1 GG weder umittelbar noch subsidiär für die Kirchen und Religionsgemeinschaften gelten[7]. Es ist Ausdruck dieser Verfassungsrechtslage, wenn § 2 Abs. 2 Nr. 3 des Vereinsgesetzes Religionsgemeinschaften und Vereinigungen, die sich die gemeinschaftliche Pflege einer Weltanschauung zur Aufgabe machen, nicht unter den Begriff des „Vereins" fallen läßt. Konkurrenzen oder Überschneidungen von Art. 9 Abs. 1 GG und Art. 137 Abs. 3 WRV können daher nicht entstehen. Als — gegebenenfalls ergänzende — verfassungsrechtliche Grundlage des Selbstbestimmungsrechts kommt Art. 9 Abs. 1 GG nicht in Betracht.

b) Näher liegt es, die verfassungsrechtliche Wurzel des Selbstbestimmungsrechts — zumindest auch — in der Gewährleistung der *Glaubens-, Bekenntnis- und Kultusfreiheit* durch Art. 4 Abs. 1 und 2 GG zu suchen, die heute in der Rechtsprechung des Bundesverfassungsgerichts als Gewährleistung allgemeiner religiöser Freiheit betrachtet wird und insoweit als korporatives Grundrecht nicht nur den Schutz des Glaubens, des Bekennens und der Ausübung des Kultus, sondern schlechthin jede unmittelbar oder mittelbar den Aufgaben der Religionsgesellschaf-

---

[5] BVerfGE 1, 14 (32 f.), st. Rspr.; vgl. noch BVerfGE 49, 24 (56) m. w. N.

[6] Vgl. dazu etwa *Godehard Josef Ebers,* Staat und Kirche im neuen Deutschland. München 1930, S. 108 ff.

[7] So auch *Joseph Listl,* Verbots- und Auflösungsmöglichkeit von Religions- und Weltanschauungsgemeinschaften bei verfassungsfeindlicher politischer Betätigung, in: DÖV 1973, S. 186 f.; *ders.,* Das Grundrecht der Religionsfreiheit in der Rechtsprechung der Gerichte der Bundesrepublik Deutschland. Berlin 1971, S. 367.

ten dienende Betätigung einschließlich der Gewährleistung der religiösen Vereinigungsfreiheit (Art. 140 GG i. V. m. Art. 137 Abs. 2 WRV) umfaßt[8].

Die Differenz von „grundrechtlichem" und „institutionellem" Verständnis der Freiheit der Kirchen und Religionsgesellschaften, in der die Grundlage dieser Ausweitung der Religionsfreiheit und die Wurzel der Problematik erblickt worden ist[9], ermöglicht keine Klärung der Frage. Denn sie bezeichnet, wie *Alexander Hollerbach* mit Recht hervorgehoben hat[10], keinen Gegensatz, sondern nur Akzentuierungen in der Gewährleistung verfassungsrechtlicher Freiheiten, die stets, wenn auch in unterschiedlichem Maße, sowohl subjektiv-rechtliche als auch Elemente objektiver Ordnung enthalten[11]. Gerade die Religionsfreiheit trägt als Gewährleistung der religiösen und weltanschaulichen Neutralität des Staates „institutionelle" Züge, wie umgekehrt das Selbstbestimmungsrecht auch ein subjektives Freiheitsrecht der Kirchen und Religionsgemeinschaften enthält. „Grundrechtliche" und „institutionelle" Aspekte rechtlich gewährleisteter Freiheit gehören zusammen. Sie

---

[8] BVerfGE 19, 129 (132), 206 (215); 24, 236 (245 f.); 83, 341 (354); Beschl. des Zweiten Senats (1. Kammer) v. 28.2.1992, in: DVBl. 1992, S. 1020 (1021). Dazu kritisch: *Joachim Wieland*, Die Angelegenheiten der Religionsgesellschaften, in: Der Staat 25 (1986), S. 323 ff. Vgl. näher in *diesem* Handbuch *Joseph Listl*, § 14 Glaubens-, Bekenntnis- und Kirchenfreiheit. — Zur Verteidigung des Grundrechts aus Art. 4 Abs. 1 und 2 GG können die Kirchen und Religionsgesellschaften Verfassungsbeschwerde erheben (BVerfGE 70, 138 [161] m. w. N.), während nach Art. 93 Abs. 1 Nr. 4a GG die Behauptung einer Verletzung des Art. 140 GG dazu nicht berechtigt (BVerfGE 19, 129 [135]). Doch ist das BVerfG nach der ständigen Rechtsprechung seines Zweiten Senats bei der materiellrechtlichen Prüfung einer zulässigen Verfassungsbeschwerde nicht darauf beschränkt zu untersuchen, ob die gerügte Grundrechtsverletzung vorliegt. Es kann die angegriffenen Entscheidungen vielmehr unter jedem in Betracht kommenden Gesichtspunkt auf ihre verfassungsrechtliche Unbedenklichkeit hin prüfen (BVerfGE 70, 138 [162] m. w. N.), also auch an Hand des Maßstabs des Art. 140 GG i. V. m. Art. 137 Abs. 3 WRV. Dies ist der Schlüssel, welcher der umfangreichen Rechtsprechung des BVerfG auch zum kirchlichen Selbstbestimmungsrecht im Verfahren der Verfassungsbeschwerde die Tür öffnet.

[9] Vgl. dazu etwa *Martin Heckel*, Die Kirchen unter dem Grundgesetz, in: VVDStRL 26 (1968), S. 12 und 126 f. (Diskussion), abgedr. auch in *ders.*, Gesammelte Schriften. Bd. 1, Tübingen 1989, S. 402 ff., mit Angabe der Seitenzahlen der Erstveröffentlichung. Ähnliches gilt für die Bemerkung des BVerfG, es gebe Tatbestände innerhalb des Bereichs der Kirche, die zugleich als wesentliche Bestandteil der Kirchenverfassung zur staatskirchenrechtlichen Ordnung (Art. 140 GG) rechnen und in ihrer funktionalen Bedeutung auf Inanspruchnahme und Verwirklichung des Grundrechts der kollektiven Bekenntnis- und Kultfreiheit (Art. 4 GG) angelegt seien (BVerfGE 42, 312 [322]).

[10] *Alexander Hollerbach*, Die Kirchen unter dem Grundgesetz, in: VVDStRL 26 (1968), S. 60 und 128 (Diskussion).

[11] *Konrad Hesse*, Grundzüge des Verfassungsrechts der Bundesrepublik Deutschland. 19. Aufl., Heidelberg 1993, Rdnrn. 279 ff.

lassen sich nur um den Preis der Verfälschung dieser Freiheit voneinander isolieren und dürfen vollends nicht gegeneinander ausgespielt werden.

Es handelt sich vielmehr um ein Problem der sachlichen Reichweite beider Garantien. Diese war relativ leicht zu bestimmen, solange die Glaubens- und Bekenntnisfreiheit in der neueren Geschichte des Grundrechts als Freiheit des individuellen Glaubens und Bekennens, die Gewährleistung ungestörter Religionsausübung, auch in ihrer Gestalt als korporatives Grundrecht, als Freiheit der Kultusausübung verstanden wurde[12]. Darin trat die Verschiedenheit des Inhalts dieser Freiheiten und des Selbstbestimmungsrechts ebenso hervor wie deren innerer Zusammenhang, der in der Weimarer Verfassung mit der Aufnahme beider Gewährleistungen in den 3. Abschnitt („Religion und Religionsgesellschaften") des 2. Hauptteils auch in der Systematik des Textes zum Ausdruck gelangte.

Umfaßt nach heutigem Verständnis die Anerkennung religiöser und weltanschaulicher Freiheit durch den säkularen freiheitlichen Staat in Art. 4 Abs. 1 und 2 GG das gesamte Leben und Wirken der Kirchen und Religionsgemeinschaften, so wird die Gewährleistung zu einer allumfassenden Grundlage der staatskirchenrechtlichen Ordnung[13]. Doch kann auch dann nicht davon ausgegangen werden, daß Art. 4 Abs. 1 und 2 GG einer-, Art. 140 GG i. V. m. Art. 137 Abs. 3 WRV andererseits gleichen Inhalts seien, dies jedenfalls, solange die Möglichkeit einer Interpretation besteht, bei der beiden Regelungen selbständige Bedeutung zukommt. Das ist sowohl hinsichtlich des Inhalts wie der Grenzen der Religionsfreiheit und des Selbstbestimmungsrechts der Fall: die Religionsfreiheit sichert in ihrer heutigen weiten Bedeutung auch den eigentlichen geistlichen „Kern" der Selbstbestimmung der Kirchen und Religionsgemeinschaften. Die Garantie freier Ordnung und Verwaltung der eigenen Angelegenheiten vervollständigt diese Sicherung religiöser Freiheit als „notwendige, rechtlich selbständige Gewährleistung, die der Freiheit des religiösen Lebens und Wirkens der Kirchen und Religions-

---

[12] *Gerhard Anschütz*, Die Verfassung des Deutschen Reichs. Neudr. der 14. Aufl., Darmstadt 1960, Anm. 5 zu Art. 135 (S. 620 f.); *Ebers*, Staat und Kirche (Anm. 6), S. 154; *Hermann Mirbt*, Artikel 135 und 136. Glaubens- und Gewissensfreiheit, in: Die Grundrechte und Grundpflichten der Reichsverfassung. Hrsg. von Hans Carl Nipperdey Bd. 2, Berlin 1930, S. 341.

[13] Zur verfassungsrechtlich gewährleisteten Religionsfreiheit als einer offenen, *säkularen Rahmenform* im freiheitlich-pluralistischen, religiös-neutralen Staatskirchenrecht des modernen Kultur- und Sozialstaats grundlegend: *Martin Heckel*, Die Vereinigung der evangelischen Kirchen in Deutschland. Tübingen 1990, S. 132 ff.; in weitgehender Übereinstimmung hiermit auch *Alexander Hollerbach*, Grundlagen des Staatskirchenrechts, in: HStR VI, 1989, § 138, Rdnr. 95.

gemeinschaften (Art. 4 Abs. 2 GG) die zur Wahrnehmung dieser Aufgaben unerläßliche Freiheit der Bestimmung über Organisation, Normsetzung und Verwaltung hinzufügt"[14]. Entsprechend der größeren oder geringeren Nähe des einen oder anderen Bereichs zu jenem „Kern" finden die Freiheiten des Art. 4 Abs. 1 und 2 GG ihre Grenze nur in der Verfassung selbst[15], die Freiheit des Art. 137 Abs. 3 WRV dagegen auch in den „Schranken des für alle geltenden Gesetzes". Religionsfreiheit und Selbstbestimmungsrecht stehen mithin in einem Verhältnis notwendiger gegenseitiger Ergänzung, weshalb das Selbstbestimmungsrecht mit Recht als „notwendiges Korrelat" des in Art. 4 GG normierten Neutralitätsprinzips bezeichnet worden ist[16]. In Grenzfällen mag die Abgrenzung größere Schwierigkeiten bereiten als bisher. Aber das spricht nicht gegen die prinzipielle Notwendigkeit, die in Art. 4 GG gewährleistete Religionsfreiheit und das in Art. 137 WRV gewährleistete Selbstbestimmungsrecht im Sinne einer selbständigen Bedeutung beider Garantien auseinanderzuhalten. Der enge Zusammenhang zwischen ihnen ist bei der Auslegung zu beachten. Bundesverfassungsrechtliche Grundlage des Selbstbestimmungsrechts ist indessen allein Art. 140 GG i. V. m. Art. 137 Abs. 3 WRV.

2. Landesverfassungsrechtliche Gewährleistungen

Soweit die Verfassungen der deutschen Länder Bestimmungen über das Verhältnis von Staat und Kirche enthalten[17], regeln sie das Selbstbestimmungsrecht ebenfalls im Anschluß an Art. 137 Abs. 3 WRV[18], zum Teil ganz oder nahezu im gleichen Wortlaut, zum Teil auch mit geringfügigen Modifikationen[19], deren Bedeutung sich freilich darin erschöpft,

---

[14] BVerfGE 72, 278 (289) m. w. N. Vgl. auch *Scheuner*, Begründung (Anm. 2), S. 14; *Paul Mikat*, Staat, Kirchen und Religionsgemeinschaften, in: HdbVerfR., S. 1063 f.

[15] BVerfGE 33, 23 (29) m. w. N., unter ausdrücklicher Ablehnung des Versuchs, diese Rechtslage durch den Rückgriff auf Art. 2 Abs. 1 GG zu überspielen.

[16] *Alexander Hollerbach*, Das Staatskirchenrecht in der Rechtsprechung des Bundesverfassungsgerichts, in: AöR 92 (1967), S. 108.

[17] Auf eine Regelung haben verzichtet die Verfassungen von Berlin, Hamburg, Niedersachsen und Schleswig-Holstein.

[18] Verfassungen von Bayern, Art. 142 Abs. 3, S. 2 und 3; Brandenburg, Art. 36 Abs. 2; Bremen, Art. 59 Abs. 2; Hessen, Art. 49; Nordrhein-Westfalen, Art. 19 Abs. 2; Rheinland-Pfalz, Art. 41 Abs. 2 und 3; Saarland, Art. 35 Abs. 2; Sachsen, Art. 109 Abs. 2; Sachsen-Anhalt, Art. 32 Abs. 2. Die Bad.Württ.Verf. erklärt in Art. 5 den Art. 140 GG zum Bestandteil der (Landes-)Verfassung; ebenso neuerdings die Verfassung von Thüringen (Art. 40) und, der Sache nach, der mit Art. 140 GG wortgleiche Art. 9 Abs. 1 der Verfassung von Mecklenburg-Vorpommern.

§ 17 Das Selbstbestimmungsrecht der Kirchen

die bestehende Rechtslage näher zu verdeutlichen. Für die Frage, ob diese Bestimmungen neben Art. 140 GG i. V. m. Art. 137 Abs. 3 WRV weiter gelten[20], ist Art. 31 GG („Bundesrecht bricht Landesrecht") maßgebend. Wird die aufhebende Wirkung dieses Artikels auf mit dem Bundesrecht inhaltlich unvereinbares Landesrecht beschränkt, so ist sie zu bejahen; erfaßt Art. 31 GG dagegen auch inhaltsgleiches Landesrecht, so ist sie zu verneinen[21]. In keinem Falle können Bestimmungen des Landesverfassungsrechts etwas an dem Vorrang der bundesverfassungsrechtlichen Regelung ändern. Im vorliegenden Zusammenhang kommt ihnen daher selbständige Bedeutung nicht zu.

3. Vertragsrechtliche Gewährleistungen

Zu den verfassungsrechtlichen Gewährleistungen des Selbstbestimmungsrechts treten im Verhältnis des Staates zu den Kirchen weithin vertragsrechtliche. In Art. 1 Abs. 2 des Reichskonkordats hat das Deutsche Reich das Recht der katholischen Kirche anerkannt, innerhalb der Schranken des für alle geltenden Gesetzes ihre Angelegenheiten selbständig zu ordnen und zu verwalten und im Rahmen ihrer Zuständigkeit für ihre Mitglieder bindende Gesetze und Verordnungen zu erlassen. Ähnliche Bestimmungen finden sich in neueren evangelischen Kirchenverträgen, und zwar in Art. II Abs. 1 des Badischen Kirchenvertrags, Art. 1 Abs. 2 S. 1 des Niedersächsischen Kirchenvertrags, Art. 2 Abs. 1 des Schleswig-Holsteinischen Kirchenvertrags, Art. 1 Abs. 2 und 3 des Hessischen, Art. 2 Abs. 1 und 2 des Rheinland-Pfälzischen Kirchenvertrags und Art. 1 Abs. 2 des Vertrags zwischen dem Land Mecklenburg-Vorpommern und der Ev.-Luth. Landeskirche Mecklenburgs und der Pommerschen Evangelischen Landeskirche. Für diejenigen Landeskirchen, die nicht Partner dieser Verträge sind, fehlt es an einer vertragsrechtlichen Regelung.

Wenn in diesem Umfang das Selbstbestimmungsrecht auch auf vertraglicher Grundlage beruht, so ist diese von durchaus anderer Art als die des Bundes- oder Landesverfassungsrechts, nicht nur, weil es sich

---

[19] So, wenn in Art. 41 Abs. 2 Rheinl.-PfalzVerf. die Formel von den „Schranken des für alle geltenden Gesetzes" fehlt, dafür aber in Abs. 3 eine Bindung der Kirchen und Religionsgemeinschaften an die „für alle geltenden Pflichten" normiert wird. Ähnlich Art. 35 Abs. 2 SaarVerf.

[20] Sie hat praktische Bedeutung nur für die Möglichkeit, wegen einer Verletzung des Selbstbestimmungsrechts ggf. die Staats- oder Verfassungsgerichtsbarkeit der Länder anzurufen.

[21] Dazu näher in *diesem* Handbuch *Peter Badura*, § 6 Das Staatskirchenrecht als Gegenstand des Verfassungsrechts.

um vereinbartes gegenüber einseitig gesetztem Recht handelt, sondern auch, weil der Bereich, dem dieses Recht angehört, den des staatlichen Rechts transzendiert. Die hieraus sich ergebenden Fragen der Bindung der staatlichen und kirchlichen Organe, im besonderen des staatlichen Gesetzgebers, sind hier nicht zu erörtern; sie werden an anderer Stelle behandelt[22]. Ebenso muß hier die Frage auf sich beruhen, ob oder inwieweit diese vertragsrechtlichen Regelungen nach den gleichen Grundsätzen und Regeln auszulegen sind wie die entsprechenden einseitig-staatlichen Regelungen, ob vor allem die für die Interpretation des staatlichen verfassungsrechtlich gewährleisteten Selbstbestimmungsrechts heranzuziehenden systematischen Gesichtspunkte auch der Auslegung der vertragsrechtlichen Bestimmungen zugrunde gelegt werden können und wer gegebenenfalls über diese Auslegung zu entscheiden hat. Die folgenden Ausführungen beschränken sich im wesentlichen auf die Problematik der verfassungsrechtlichen Gewährleistung des Selbstbestimmungsrechts, für die, wie gezeigt, Art. 140 GG i. V. m. Art. 137 Abs. 3 WRV maßgeblich ist. Dies erscheint um so eher gerechtfertigt, als die staatlichen Organe, im besonderen die staatlichen Gerichte, in keinem Falle von dieser Bestimmung, an die sie gebunden sind, absehen können.

II. Grundlagen und Grundlinien der Interpretation des Art. 137 Abs. 3 WRV

Die Frage nach Bedeutung und Inhalt des in Art. 137 Abs. 3 WRV gewährleisteten Selbstbestimmungsrechts der Kirchen und Religionsgesellschaften ist eine Frage der Verfassungsinterpretation. Eine zureichende Antwort setzt eine angemessene Erfassung sowohl der geregelten Problematik wie der zu interpretierenden Norm voraus[23].

---

[22] Vgl. in *diesem* Handbuch *Badura*, § 6 (Anm. 21), und *Alexander Hollerbach*, § 7 Die vertragsrechtlichen Grundlagen des Staatskirchenrechts.
[23] Beides sind Fragen des „Vor-Verständnisses", das, soll es nicht ein beliebiges sein, die Aufgabe theoretischer Begründung stellt, die ihrerseits in ständigem Geben und Nehmen der Bestätigung oder der Korrektur durch die konkrete Praxis der Normanwendung bedarf (vgl. dazu etwa *Horst Ehmke*, Prinzipien der Verfassungsinterpretation, in: VVDStRL 20 [1963], S. 56; *Hesse*, Grundzüge [Anm. 11], Rdnrn. 62 ff.) Diese Begründung, im besonderen das Verständnis des „Staates" und der „Kirche", kann im Rahmen dieses Beitrages nicht näher entfaltet werden. Vgl. dazu *Konrad Hesse*, Freie Kirche im demokratischen Gemeinwesen, in: ZevKR 11 (1964/65), S. 337 ff. = Helmut Quaritsch/Hermann Weber (Hrsg.), Staat und Kirchen in der Bundesrepublik. Staatskirchenrechtliche Aufsätze 1950-1967. Bad Homburg v. d. H., Berlin, Zürich 1967, S. 334 ff.; *ders.*, Art. Kirche und Staat, in: EvStL³ I, Sp. 1546 f.

1. Das Selbstbestimmungsrecht der Kirchen und Religionsgemeinschaften als Sachproblem verfassungsmäßiger Gesamtordnung

Art. 137 Abs. 3 WRV regelt einen wesentlichen Teilaspekt des Verhältnisses von Staat und Kirche in der Bundesrepublik. Die Problematik dieses Verhältnisses läßt sich durch die überkommenen, vorwiegend formalen Grundtypen kirchenpolitischer Systeme, der Verbindung oder Trennung von Staat und Kirche, der staatlichen Kirchenhoheit oder der Koordination nicht erfassen. Es handelt sich vielmehr um eine Frage sachlicher Zuordnung von konkret-geschichtlichen Bereichen menschlichen Lebens und Wirkens, die in Staat und Kirche weithin Sache derselben Menschen sind und sich deshalb vielfältig überlagern: es geht darum, den politischen Prozeß und das Tätigwerden der staatlichen Gewalten, in denen der „Staat" Wirklichkeit gewinnt, der Aktualisierung von Glauben und Bekenntnis zuzuordnen, in der Gemeinschaft im Glauben und damit „Kirche" entsteht und wirksam wird. Diese Zuordnung hat von der prinzipiellen Verschiedenheit der weltlichen Aufgaben des Staates und der geistlichen Aufgaben der Kirchen auszugehen.

Diese Problemlage ist für die Interpretation des Art. 137 Abs. 3 WRV von ausschlaggebender Bedeutung.

Sie schließt es zunächst aus, das Wesentliche der Bestimmung in einer Antwort auf die in jüngerer Zeit vielfach in den Vordergrund gerückte abstrakte Frage zu suchen, ob der Staat den Kirchen und Religionsgemeinschaften über- oder gleichgeordnet sei[24].

Sie schließt es ferner aus, die Funktion des Art. 137 Abs. 3 WRV in einer äußeren Abscheidung von Bereichen zu erblicken, hier eines Bereichs des Religiösen, der der Einwirkung des religiös und weltanschaulich neutralen Staates entzogen ist, dort eines weltlichen Bereichs, in dem Glaube, Bekenntnis und Kirche nichts zu suchen haben. Ein derart vereinfachendes Schema mag für die Ausgrenzung eines Kernbe-

---

[24] Davon abgesehen wäre die Antwort unabhängig von dem Ergebnis der hierzu angestellten Erwägungen jedenfalls für die Interpretation des Art. 137 Abs. 3 S. 1 WRV ohne praktischen Belang (anders offenbar *Willi Geiger*, Die Rechtsprechung des Bundesverfassungsgerichts zum kirchlichen Selbstbestimmungsrecht, in: ZevKR 26 [1981], S. 159). Denn die staatlichen Gewalten — einschließlich der rechtsprechenden Gewalt — sind an das staatliche Verfassungsrecht und die ergänzenden (verfassungsmäßigen) Regelungen des Verhältnisses von Staat und Kirche gebunden, ohne Rücksicht darauf, ob die Kirchen und Religionsgemeinschaften diese als für sich verbindlich anerkennen oder nicht. Sie haben daher ihre verfassungsmäßigen Kompetenzen auch dann wahrzunehmen, wenn es an einer solchen Anerkennung fehlt oder wenn diese aufgekündigt wird. Vgl. zum Ganzen *Hesse*, Freie Kirche (Anm. 23), S. 348 ff. mit Anm. 36 = Quaritsch / Weber, Staat und Kirchen (Anm. 23), S. 344 f.

reichs des Religiösen seine Berechtigung haben[25]. Die vielfältigen Überlagerungen und Verzahnungen, die sich darüber hinaus in der Wirklichkeit staatlichen und kirchlichen Wirkens notwendig ergeben, würde es nicht erfassen können und darum die Aufgabe verfehlen, die Ordnung des Wirkens der Kirchen und Religionsgemeinschaften als Ordnung innerhalb — nicht jenseits — des gesamten Gemeinwesens verständlich zu machen[26].

Aus diesem Grunde ist es schließlich auch nicht zulässig, die durch Art. 140 GG konstituierte staatskirchenrechtliche Ordnung von der durch das Grundgesetz geschaffenen verfassungsrechtlichen Gesamtordnung zu isolieren. Mit Recht hat das Bundesverfassungsgericht ausgesprochen, daß die inkorporierten Artikel der Weimarer Verfassung einbezogen sind in die Gesamtentscheidung der Verfassung, die nur als Einheit begriffen werden kann[27]. Die staatskirchenrechtliche Ordnung ist in der freiheitlichen demokratischen Ordnung des Grundgesetzes nicht nur eine Frage einzelner staatskirchenrechtlicher Artikel, sondern auch eine Frage der verfassungsmäßigen Gesamtordnung[28]. Es ist daher notwendig, die einzelne Verfassungsnorm stets im Blick auf die Gesamtverfassung, im Einklang mit den Grundentscheidungen der Verfassung und frei von einseitiger Beschränkung auf Teilaspekte zu konkretisieren.

Dieser Notwendigkeit ist in der bisherigen Behandlung des Art. 137 Abs. 3 WRV vielfach nicht im ausreichenden Maße Rechnung getragen worden, die ihren Blick auf die unmittelbaren rechtlichen Regelungen des Verhältnisses von Staat und Kirche und die geschichtliche Entwicklung dieses Verhältnisses beschränkt hat. Gewiß hat historische Interpretation auf einem Rechtsgebiet, das wie das Staatskirchenrecht in besonderem Maße durch seine Geschichte geprägt ist, auch ihre besondere Bedeutung[29], namentlich bei Bestimmungen wie Art. 138 Abs. 2 WRV. Aber die Grundannahme, daß das Grundgesetz historisch überkommene Deutungen festgeschrieben habe, würde das Staatskirchenrecht zum Fremdkörper innerhalb der Verfassung werden lassen und es darum unvermeidlich entwerten. Normative Kraft kann die staatskir-

---

[25] *M. Heckel,* Kirchen unter dem Grundgesetz (Anm. 9), S. 34.
[26] *M. Heckel,* ebd., S. 34 f., 45; *ders.,* Die Vereinigung (Anm. 13), S. 135 f.
[27] BVerfGE 19, 206 (219), 226 (236); 33, 23 (27); 53, 336 (400); 66, 1 (22); 70, 138 (167). Vgl. auch *Hollerbach,* Grundlagen (Anm. 13), Rdnrn. 86, 92 ff.
[28] Dazu näher *Hesse,* Freie Kirche (Anm. 23), insbes. S. 353 = Quaritsch / Weber, Staat und Kirchen (Anm. 23), S. 348 f.
[29] *Christoph Link,* Neuere Entwicklungen und Probleme des Staatskirchenrechts in Deutschland, in: Deutsches und Österreichisches Staatskirchenrecht in der Diskussion. Paderborn 1973, S. 31 ff.

§ 17 Das Selbstbestimmungsrecht der Kirchen

chenrechtliche Ordnung des Grundgesetzes auf die Dauer nur entfalten, wenn sie als Ordnung für ein gegenwärtig-aktuelles, sich ständig fortentwickelndes Zusammenleben von Staat und Kirche, als Ordnung eines Prozesses verstanden wird[30].

2. Aufgabe und Funktion der Gewährleistung

Wird die Problematik, um deren Regelung es in Art. 137 Abs. 3 S. 1 WRV geht, und werden die Konsequenzen, die sich daraus für die Interpretation der Bestimmung ergeben, in der dargelegten Weise gesehen, so läßt sich der normative Inhalt des verfassungsrechtlich gewährleisteten Selbstbestimmungsrechts der Kirchen und Religionsgemeinschaften im Prinzip wie folgt bestimmen:

Das Grundgesetz sucht mit dieser Garantie die Problematik sachlicher Zuordnung staatlicher und kirchlicher Aufgaben und des beiderseitigen Wirkens in einer Weise zu regeln, die der Ordnung eines freiheitlichen Gemeinwesens allein gemäß ist. Es gewährleistet in ihr einen neben der Religionsfreiheit des Art. 4 weiteren wesentlichen Bestandteil des Lebens und Wirkens der Kirchen und Religionsgemeinschaften, indem es die Freiheit der Organisation sowie des Ordnens und Verwaltens ihrer Angelegenheiten von Verfassungs wegen garantiert. Zugleich schafft es, wie bei allen verfassungsrechtlich gewährleisteten Freiheiten, durch den Vorbehalt der „Schranken des für alle geltenden Gesetzes" die verfassungsrechtlichen Voraussetzungen einer Zuordnung dieser Freiheit zu anderen für das Leben des Gemeinwesens wesentlichen Freiheiten und Rechtsgütern[31], und es stellt diese Zuordnung in die Verantwortung des an die Verfassung gebundenen staatlichen Gesetzgebers.

a) Der Freiheitsgewährleistung kommt dabei eine doppelte Bedeutung zu. Sie enthält einerseits die Anerkennung der Kirchen als eigenständige Institutionen, „die ihrem Wesen nach unabhängig vom Staate sind und ihre Gewalt nicht von diesem herleiten"[32], sowie im Zusammenhang damit eine Garantie der Freiheit des Wirkens der Kirchen und Religionsgemeinschaften. Auf diese Weise dokumentiert Art. 137 Abs. 3 WRV ebenso wie Art. 4 GG den prinzipiellen Unterschied von weltli-

---

[30] Zur Unzulässigkeit einseitig historischer Interpretation vgl. auch *H. Weber,* Grundprobleme (Anm. 3), S. 34 f. Eine eindringende Würdigung der Problematik bei *Klaus Schlaich,* Neutralität als verfassungsrechtliches Prinzip. Tübingen 1972, S. 154 ff.
[31] Vgl. auch BVerfGE 66, 1 (19) m. w. N.
[32] BVerfGE 18, 385 (386).

chen und geistlichen Aufgaben, die Beschränkung des Staates auf weltliche Aufgaben und das Verbot, auf die Wahrnehmung kirchlicher und religiöser Aufgaben Einfluß zu nehmen. Anderseits bedeutet die Anerkennung der Eigenständigkeit der verfaßten Kirchen nicht, daß sie und ihr Wirken für die Ordnung des Gemeinwesens ohne spezifisches Interesse seien. Wäre dies der Fall, dann hätte es auch für die Kirchen und Religionsgemeinschaften bei der Garantie der allgemeinen Vereinigungsfreiheit sein Bewenden haben müssen. Wenn neben ihrem durch die Religionsfreiheit geschützten Wirken auch das Ordnen und Verwalten ihrer Angelegenheiten verfassungsrechtlich besonders gewährleistet wird, so zeigt sich auch hier, daß es trotz grundsätzlicher Verschiedenheit der beiderseitigen Aufgaben nicht um bloße Ausgrenzung oder abwehrende Distanzierung, sondern um ein Verhältnis sachlicher Bezogenheit geht, daß auch diese Seite der Freiheit der Kirchen und Religionsgemeinschaften um ihrer — positiv bewerteten — Aktualisierung willen geschützt wird.

b) Die Zuordnung des durch diese Gewährleistung geschützten Wirkens der Kirchen und Religionsgemeinschaften zu anderen Freiheiten und Rechtsgütern wird häufig, wenn nicht in erster Linie Sache der Kooperation zwischen Staat, Kirchen und Religionsgemeinschaften sein und auf diese Weise am schonendsten, zuverlässigsten und wirksamsten erreicht werden können. Solcher Kooperation, deren Formen von der politischen Verständigung bis zum Staatskirchenvertrag reichen können, gibt Art. 137 Abs. 3 WRV Raum. Er begründet indessen nicht eine — etwa der Pflicht zum bundesfreundlichen Verhalten vergleichbare — verfassungsrechtliche Pflicht zur Kooperation, hat also insoweit den Charakter eines Rahmens, der unterschiedliche Lösungen der Aufgabe zuläßt, unverfügbar jedoch die Zuordnung durch den staatlichen Gesetzgeber vorbehält.

Wenn diesem durch den Passus der „Schranken des für alle geltenden Gesetzes" die Aufgabe der Zuordnung von Verfassungs wegen gestellt ist, so werden darin Grund und Reichweite seiner Kompetenz deutlich. Es handelt sich nicht um die Statuierung einer abstrakten und allgemeinen Staatshoheit über die Kirchen und Religionsgesellschaften, mit der Folge, daß jedes staatliche Gesetz, sofern es nur ein „für alle geltendes" ist, die Freiheit ihres Ordnens und Verwaltens ohne weiteres rechtens beschränken könnte. Indem Art. 137 Abs. 3 WRV die Kompetenz des staatlichen Gesetzgebers um der Aufgabe jener Zuordnung willen begründet, gewinnt diese den Primat gegenüber dem Mittel ihrer Wahrnehmung, der staatlichen Hoheitsgewalt: die Sachaufgabe, die dem Gesetzgeber gestellt ist, bestimmt und begrenzt Inhalt und Reichweite seiner Kompetenz.

c) Entscheidend an der doppelgliedrigen Gewährleistung des Selbstbestimmungsrechts ist hiernach, daß ihre beiden Glieder, die Freiheitsgarantie einer-, der Schrankenvorbehalt anderseits eng aufeinander bezogen sind und darum eine innere Einheit bilden. Erst aus dieser kann sich im konkreten Falle die praktische Tragweite der Gewährleistung ergeben. Weder läßt sich in der praktischen Anwendung der reale Umfang kirchlicher Freiheit ohne Beachtung des „für alle geltenden Gesetzes" bestimmen noch läßt sich die Frage verfassungsmäßiger gesetzlicher Schrankenziehung ohne Beachtung der Garantie kirchlicher Freiheit beantworten, weil die sachliche Zuordnung der gesetzlich zu schützenden Freiheiten oder Rechtsgüter zur kirchlichen Freiheit stets den Blick auf *beide* erfordert[33].

Deshalb wird es von vornherein nicht Aufgabe einer Konkretisierung des Art. 137 Abs. 3 WRV sein können, eine allgemeine Formel zu entwickeln, die der praktischen Rechtsanwendung nur dann eine sichere Hilfe sein könnte, wenn es möglich wäre, mit ihr alle in Betracht kommenden Tatbestände in der gebotenen Weise zu erfassen[34]. Ebensowenig ist es jedoch notwendig, sich auf einen allgemeinen Zusammenarbeits- und Abwägungsappell zu beschränken. Die Aufgabe der konkreten Anwendung des Art. 137 Abs. 3 WRV ist die gleiche wie die der Anwendung anderer unter dem Vorbehalt gesetzlicher Beschränkung stehender Freiheitsrechte, die bei näherem Zusehen die gleiche Struktur aufweisen. Für diese sind namentlich in der verfassungsgerichtlichen Rechtsprechung Maßstäbe entwickelt worden, die eine dogmatisch verläßliche Anwendung ermöglichen. Es kommt darauf an, diese Maßstäbe auch für die Interpretation des Art. 137 Abs. 3 WRV fruchtbar zu machen.

III. Geltungsbereich, Gegenstand und Reichweite des Selbstbestimmungsrechts der Kirchen und Religionsgemeinschaften

Gegenstand des Selbstbestimmungsrechts der Kirchen und Religionsgemeinschaften ist die selbständige Ordnung und Verwaltung ihrer Angelegenheiten (Art. 137 Abs. 3 S. 1 WRV) sowie die selbständige Verleihung ihrer Ämter (Art. 137 Abs. 3 S. 2 WRV). Satz 2 erweist sich dabei als — freilich besonders wichtiger — Unterfall des in Satz 1 allgemein gewährleisteten Selbstbestimmungsrechts. Er ist im Rahmen

---

[33] Vgl. auch *M. Heckel,* Kirchen unter dem Grundgesetz (Anm. 9), S. 43 f.
[34] Ähnliche Bedenken etwa bei *M. Heckel,* Kirchen unter dem Grundgesetz (Anm. 9), S. 47 f.; *Link,* Neuere Entwicklungen (Anm. 29), S. 35.

der Themenstellung dieses Beitrags nicht näher zu behandeln[35]. Zu fragen bleibt, wer sich auf das Selbstbestimmungsrecht berufen kann und was die Gewährleistung selbständigen Ordnens und Verwaltens „ihrer" Angelegenheiten in Satz 1 im einzelnen bedeutet.

1. Berechtigte

„Religionsgesellschaft" im Sinne des Art. 137 Abs. 3 WRV — nach der heute üblichen Terminologie eine Kirche oder Religionsgemeinschaft — ist ein die Angehörigen eines und desselben Glaubensbekenntnisses für ein Gebiet zusammenfassender „Verband zu allseitiger Erfüllung der durch das gemeinsame Bekenntnis gestellten Aufgaben"[36]. Hiervon zu unterscheiden sind „religiöse Vereine und Gesellschaften", also Zusammenschlüsse, denen das Merkmal der „allseitigen Erfüllung" fehlt — nach Art. 124 Abs. 1 S. 3 WRV zählten sie zu den durch die Vereinigungsfreiheit geschützten Vereinen und Gesellschaften, nicht zu den Religionsgesellschaften.

Grundsätzlich kommt mithin das Selbstbestimmungsrecht des Art. 140 GG i. V. m. Art. 137 Abs. 3 WRV nur „Religionsgesellschaften" zu, im kirchlichen Bereich also den verfaßten Kirchen und deren rechtlich selbständigen Untergliederungen. Nach der Rechtsprechung des Bundesverfassungsgerichts umfaßt es indessen auch „alle der Kirche in bestimmter Weise zugeordneten Einrichtungen ohne Rücksicht auf ihre Rechtsform, bei deren Ordnung und Verwaltung die Kirche grundsätzlich frei ist, wenn sie nach kirchlichem Selbstverständnis[37] ihrem Zweck oder ihrer Aufgabe entsprechend berufen sind, ein Stück Auftrag der Kirche in dieser Welt wahrzunehmen und zu erfüllen"[38]. Unter diesen

---

[35] Vgl. dazu in *diesem* Handbuch *Ernst-Lüder Solte*, § 18 Die Ämterhoheit der Kirchen.

[36] *Anschütz*, Reichsverfassung (Anm. 12), Anm. 2 zu Art. 137 (S. 633).

[37] Vgl. dazu aus neuerer Zeit die Entscheidung des Bundesverfassungsgerichts vom 5. Februar 1991 (BVerfGE 83, 341 [353]), die einen Fall der religiösen Vereinigungsfreiheit betrifft. Danach können allein die Behauptung und das Selbstverständnis, eine Gemeinschaft bekenne sich zu einer Religion und sei eine Religionsgemeinschaft, für diese und ihre Mitglieder die Berufung auf die Gewährleistung der religiösen Vereinigungsfreiheit nicht rechtfertigen; vielmehr muß es sich auch tatsächlich nach geistigem Gehalt und äußerem Erscheinungsbild um eine Religion und Religionsgemeinschaft handeln. Dies im Streitfall zu prüfen und zu entscheiden, obliegt — als Anwendung einer Regelung der staatlichen Rechtsordnung — den staatlichen Organen, letztlich den Gerichten.

[38] BVerfGE 46, 73 (LS 1, 85 ff.), st. Rspr.: vgl. noch BVerfGE 70, 138 (162) m. w. N. — Zur Begründung hat das Gericht auch auf Art. 138 Abs. 2 WRV zurückgegriffen, in dem der Begriff „Religionsgesellschaft" keinen anderen Inhalt haben könne als in Art. 137 Abs. 3 WRV. Art. 138 Abs. 2 WRV gehe nach seinem klaren Wortlaut davon aus, daß zu den Religionsgesellschaften auch *ihre*

Voraussetzungen können sich auch diakonische und karitative Einrichtungen oder Vereine auf das Selbstbestimmungsrecht berufen, die sich nicht die allseitige, sondern nur die partielle Pflege des religiösen oder weltanschaulichen Lebens ihrer Mitglieder zum Ziel gesetzt haben[39]. Von praktischer Bedeutung ist diese Erweiterung vor allem für kirchliche Krankenhäuser, Schulen und Einrichtungen der Wohlfahrtspflege, deren diakonische und karitative Tätigkeit in den Geltungsbereich des Art. 137 Abs. 3 WRV einbezogen worden ist.

2. Das selbständige „Ordnen und Verwalten"

a) mit der Gewährleistung selbständiger „Ordnung" schützt Art. 137 Abs. 3 S. 1 WRV die Freiheit der Rechtsetzung der Kirchen und Religionsgemeinschaften. Dies war und ist unbestritten[40]. Den staatlichen Organen ist jegliche Einwirkung auf die kirchliche Rechtsetzung untersagt; das Inkrafttreten kirchlicher Rechtssätze darf im besonderen nicht von einer vorherigen Vorlage, vollends von staatlicher Genehmigung (Placet) abhängig gemacht werden[41]. Das schließt nicht aus, daß für kirchliche Regelungen bestimmter Fragen eine Vorlage vertraglich vereinbart wird[42], doch ist dann Grundlage der kirchlichen Verpflichtungen allein die vertragliche Absprache.

„Anstalten, Stiftungen und sonstiges Vermögen" gehörten (BVerfGE 46, 73 [86]). — Zum Ganzen kritisch: *Wieland,* Die Angelegenheiten (Anm. 8), S. 332 f., 342 ff., nach dessen Auffassung es sich dort, wo die Religionsgesellschaften ihre karitativen Einrichtungen nicht selbst betreiben, sondern sie von einer juristisch selbständigen Organisation betreiben lassen, ihr Personal nicht selbst stellen, sondern entsprechende Arbeitsverträge schließen und zur Finanzierung ihrer karitativen Arbeit auf den Staat zurückgreifen, nicht mehr um Angelegenheiten der Religionsgesellschaften im Sinne des Art. 137 Abs. 3 WRV handle (S. 345). Grundsätzliche Einwände gegen *Wielands* Position bei *Hollerbach,* Grundlagen (Anm. 13), Rdnr. 122.

[39] BVerfGE 46, 73 (86 f.), unter Berufung auf BVerfGE 24, 236 (246 f.).

[40] Vgl. etwa *Anschütz,* Reichsverfassung (Anm. 12), Anm. 4 zu Art. 137 (S. 635); *Ebers,* Staat und Kirche (Anm. 6), S. 255; *ders.,* Artikel 137, 138, 140, 141. Religionsgesellschaften, in: Die Grundrechte und Grundpflichten, Bd. 2 (Anm. 12), S. 388; *Paul Mikat,* Kirchen- und Religionsgemeinschaften, in: Die Grundrechte. Handbuch der Theorie und Praxis der Grundrechte. Hrsg. von Bettermann / Nipperdey / Scheuner. Bd. IV / 1, Berlin 1960, S. 173; *Josef Jurina,* Der Rechtsstatus der Kirchen und Religionsgemeinschaften im Bereich ihrer eigenen Angelegenheiten. Berlin 1972, S. 68 f.

[41] Vgl. auch Art. 4 Abs. 2 RK, der systematisch zutreffend auf Art. 1 Abs. 2 Bezug nimmt.

[42] So etwa für kirchliche Gesetze, Notverordnungen und Satzungen, die die vermögensrechtliche Vertretung der Kirchen, ihrer öffentlich-rechtlichen Verbände, Anstalten und Stiftungen betreffen: Art. 2, 3 PreußKV; Art. 10 Niedersachsen-KV; Art. 12 Schlesw.-Holst. KV; Art. 3 HessKV; Art. 4 Rheinl.-Pfälz. KV; Art. 8 Abs. 2 Meckl.-Vorp. KV.

Die Frage, wie das in dieser Weise frei gesetzte kirchliche Recht unter dem Blickwinkel der staatlichen Rechtsordnung zu qualifizieren sei, wurde in der Weimarer Zeit im Sinne einer prinzipiellen Einordnung als privates Verbandsrecht beantwortet[43]. Öffentlich-rechtliche Bedeutung und Wirksamkeit erhielt das Kirchenrecht der damaligen Auffassung nach dadurch, daß der Staat einer Kirche die Eigenschaft einer Körperschaft des öffentlichen Rechts (Art. 137 Abs. 5 WRV) beließ oder beilegte[44]; daß dies für die großen Kirchen nicht von konstitutiver, sondern nur deklaratorischer Bedeutung im Sinne einer Anerkennung ursprünglicher Herrschafts-, im besonderen Gesetzgebungsgewalt sei, war die These, die namentlich von *Godehard Josef Ebers* mit großem Nachdruck vertreten wurde[45].

Eine solche Qualifizierung nimmt der Gewährleistung freier Rechtsetzung in Art. 137 Abs. 3 WRV ihre selbständige Bedeutung. Sie unterliegt dem Grundeinwand, daß sie die sachlich und rechtlich wesentliche Differenz, nämlich die von weltlichem und kirchlichem Recht außer acht läßt.

Mit Recht hat das Bundesverfassungsgericht den grundsätzlichen, auf der Eigenständigkeit der Kirchen beruhenden Unterschied ihrer Wirksamkeit gegenüber derjenigen anderer gesellschaftlicher Gebilde betont, dem Art. 137 Abs. 3 S. 1 WRV dadurch Rechnung trägt, daß die Kirchen als Institutionen anerkannt werden, die ihrem Wesen nach unabhängig vom Staat sind und ihre Gewalt nicht von ihm herleiten[46]. Wenn das Grundgesetz den Staat als religiös und weltanschaulich neutralen Staat konstituiert, für den Glaube, Bekenntnis und Kirche jenseits seiner Aufgaben liegen, so kann kirchliches Recht nur als Ordnung eigener Art verstanden werden, die sich nicht den Kategorien des staatlichen Rechts einordnen läßt. Es ist diese Eigenständigkeit kirchlicher Rechtsordnung, die in Art. 137 Abs. 3 S. 1 WRV von Verfassungs wegen anerkannt und gewährleistet wird. Dagegen erhält Art. 137 Abs. 3 S. 1 WRV keine Regelung der Frage, ob und inwieweit das Recht zu selbständiger Ordnung dieser Angelegenheiten Bestandteil einer *öffentlichen* Rechtsstellung in und gegenüber dem Staat und seiner Rechtsordnung ist. Maßgebend für die Antwort auf diese Frage ist Art. 137 Abs. 5 WRV[47].

---

[43] *Anschütz*, Reichsverfassung (Anm. 12), Anm. 4 zu Art. 137 (S. 635); *Ebers*, Staat und Kirche (Anm. 6), S. 255.

[44] *Anschütz*, Reichsverfassung (Anm. 12), Anm. 4 zu Art. 137 (S. 635).

[45] *Ebers*, Staat und Kirche (Anm. 6), S. 255 ff.

[46] BVerfGE 18, 385 (386 f.), st. Rspr.: vgl. BVerfGE 66, 1 (19) m. w. N.

[47] Vgl. dazu BVerfGE 18, 385 (387), wo die kirchliche Gewalt im Anschluß an die *Ebers*che Lehre als (ursprünglich) öffentliche, aber nicht staatliche Gewalt bezeichnet wird. Ferner BVerfGE 19, 129 (133).

§ 17 Das Selbstbestimmungsrecht der Kirchen

b) Neben dem „Ordnen" umfaßt die Garantie des Selbstbestimmungsrechts der Kirchen und Religionsgemeinschaften das „Verwalten" der eigenen Angelegenheiten. Im Blick auf die Aufgabe und Funktion der Garantie ist der Begriff des „Verwaltens" weit auszulegen. Er bezeichnet nicht nur die Verwaltung im engeren Sinne, sondern auch die Leitung der Kirchen und Religionsgemeinschaften, einschließlich der Bestimmung über die Organisation. Daneben ist auch die Selbständigkeit kirchlicher Rechtsprechung als gewährleistet anzusehen[48], doch ändert das nichts daran, daß den Entscheidungen kirchlicher Gerichte nur kirchliche Wirkung zukommt. In diesem Umfange ist die Tätigkeit der Kirchen und Religionsgemeinschaften von einer speziellen staatlichen Einflußnahme oder Mitwirkung frei. Eine durch einfache staatliche Gesetze begründete Staatsaufsicht über die Verwaltung der eigenen Angelegenheiten ist nach heute übereinstimmender Auffassung verfassungsrechtlich ausgeschlossen[49]. Unbenommen bleiben auch hier vertragliche Vereinbarungen, die in der Praxis des geltenden Vertragsrechts eine wesentliche Rolle bei der Festlegung der kirchlichen Organisation spielen[50].

---

[48] *Ebers*, Staat und Kirche (Anm. 6), S. 257; *Mikat*, Kirchen und Religionsgemeinschaften (Anm. 40), S. 147; *H. Weber*, Grundprobleme (Anm. 3), S. 42 f.

[49] Vgl. etwa *Mikat*, Kirchen und Religionsgemeinschaften (Anm. 40), S. 169 ff. m. w. N.; *Axel von Campenhausen*, Staatskirchenrecht. 2. Aufl., München 1983, S. 79 f.; *H. Weber*, Grundprobleme (Anm. 3), S. 59, und insbes. BVerfGE 18, 385 (386 f.); 30, 415 (426). — Die Frage des Fortbestands einer besonderen staatlichen Kirchenhoheit über die Religionsgesellschaften des öffentlichen Rechts im Sinne der Befugnis zum Erlaß besonderer, nur für Religionsgesellschaften oder einzelne von ihnen bestimmter Gesetze und zur Begründung einer spezifisch gestalteten Staatsaufsicht als Korrelat der den Kirchen gewährten öffentlich-rechtlich gehobenen Stellung — Hauptdifferenzpunkt der Weimarer Staatskirchenrechtslehre — ist damit heute gegenstandslos. Zu ihr einerseits *Anschütz*, Reichsverfassung (Anm. 12), Anm. 5 zu Art. 137 (S. 636 ff.), andererseits *Ebers*, Staat und Kirche (Anm. 6), S. 299 ff.; *ders.*, Religionsgesellschaften (Anm. 40), S. 401 ff., beide mit umfassenden Nachweisen.

[50] Art. 11 RK, Art. 12 BayK, Art. 2 PreußK, Art. II BadK, Art. 2, 12, 13 NiedersK, §§ 1-4 des Vertrages des Landes Nordrhein-Westfalen mit dem Hl. Stuhl vom 19.12.1956 (GVBl. S. 19), Vereinbarung zwischen dem Lande Nordrhein Westfalen und den Diözesen im Lande Nordrhein-Westfalen über die staatliche Mitwirkung bei der Bildung und Veränderung katholischer Kirchengemeinden vom 8./18./20./22. und 25.10.1960 (GVBl. S. 426), Art. 4 PreußKV, Art. 11 NiedersKV, Art. 7 des Nieders. Ergänzungsvertrages vom 4.3.1965 (GVBl. 1966, S. 4), Art. 13 Schlesw.-Holst. KV, Art. 4 HessKV, Art. 5 Rheinl-Pfälz. KV, Art. 8 Abs. 1 Meckl.-Vorp. KV.

3. Die „eigenen" Angelegenheiten der Kirchen und Religionsgemeinschaften

Das den Kirchen und Religionsgemeinschaften durch Art. 137 Abs. 3 S. 1 WRV gewährleistete Recht zur Ordnung und Verwaltung bezieht sich nur auf „ihre" Angelegenheiten. Es ist die Frage, wie der Kreis dieser Angelegenheiten zu bestimmen ist.

a) Hierzu sind in der *Weimarer Zeit* im wesentlichen drei Auffassungen vertreten worden.

In Übereinstimmung mit der älteren Lehre von *Gerhard Anschütz*[51] hat das Preußische Oberverwaltungsgericht, freilich ohne nähere Begründung, die These vertreten, darüber, was im einzelnen als eigene Angelegenheit der Kirchen und Religionsgemeinschaften anzusehen sei, bestimme der Staat; die nähere Abgrenzung obliege insoweit nach Art. 137 Abs. 8 WRV dem Landesrecht[52].

Demgegenüber ist die durch den *Anschütz*schen Kommentar zur Reichsverfassung repräsentierte Auffassung dahin gegangen, daß der Umfang des Selbstbestimmungsrechts durch die Reichsverfassung selbst normiert, daher durch Auslegung zu ermitteln und gegebenenfalls von den staatlichen Gerichten verbindlich festzulegen sei: Gegenstand des Selbstbestimmungsrechts seien die den Religionsgesellschaften eigenen Angelegenheiten. Welche hiermit gemeint seien, sei eine Frage, die im Streitfalle vom Richter in unabhängiger Auslegung des Abs. 3 zu entscheiden sei; diese Auslegungsfreiheit könne durch Landesgesetze, die nach Abs. 8 zur Durchführung des Art. 137 WRV ergingen, nicht beschränkt werden. Auf dieser Grundlage sind als unstreitige Gegenstände das Selbstbestimmungsrechts hervorgehoben worden die Glaubenslehre (Dogma), die Kultusordnung (Liturgie), Verfassung und Verwaltung der Religionsgesellschaften und ihrer Unterverbände (Kirchengemeinden usw.), die Rechte und Pflichten der Mitglieder der Religionsgesellschaften, die Rechtsverhältnisse der Geistlichen und anderen kirchlichen Amtsträger und das kirchliche Finanzwesen, insbesondere die Vermögensverwaltung (nicht aber das Besteuerungsrecht)[53].

Einen anderen Weg hat schließlich die dritte, namentlich von *Ebers* vertretene Lehrmeinung gesucht: nach ihr ist die gegenständliche Reichweite des Selbstbestimmungsrechts der Kirchen und Religionsgemeinschaften nicht durch die Verfassung selbst normiert, sondern sozusagen

---

[51] *Anschütz*, Verfassungs-Urkunde (Anm. 2), S. 307.
[52] PreußOVG 82, 196 (204 f.).
[53] *Anschütz*, Reichsverfassung (Anm. 12), Anm. 4 zu Art. 137 (S. 635 f.).

vorausgesetzt und in diesem vorausgesetzten Umfang gewährleistet. Die Abgrenzung dürfe nicht nach subjektiven, sondern sie müsse nach objektiven Gesichtspunkten vorgenommen werden. Eigene Angelegenheiten könnten deshalb nicht mehr diejenigen sein, welche der Staat formell als solche bezeichne oder die die Religionsgesellschaften in Anspruch nähmen, sondern sie müßten sich rein *materiell* bestimmen lassen. Als einziger Maßstab einer solchen Bestimmung bleibe die „Natur der Sache", die Zweckbeziehung oder Zweckbestimmung der jeweiligen Angelegenheit[54]. Auf dieser Basis hat *Ebers* ihrer primären Zweckbestimmung nach im wesentlichen die gleichen Materien wie die von *Anschütz* aufgeführten als eigene Angelegenheiten der Religionsgesellschaften angesehen, freilich in stärkerer Differenzierung und in einer gewissen Erweiterung[55].

b) Diese Auffassungen werden auch im heutigen Schrifttum vertreten. Für die Praxis maßgebend ist freilich die Rechtsprechung des Bundesverfassungsgerichts.

Dieses hat sich zunächst in der Entscheidung vom 17. Februar 1965[56] der *Ebers*schen Lehre angeschlossen: Soweit nicht eine Vereinbarung zwischen Kirche und Staat erfolgt sei, komme es darauf an, „was materiell, der Natur der Sache oder Zweckbestimmung nach als eigene Angelegenheit der Kirche anzusehen ist". Im Blick auf den engen Zusammenhang zwischen (weit verstandener) Religionsfreiheit und Selbstbestimmungsrecht[57] ist das Gericht in seiner neueren Rechtsprechung einen anderen Weg gegangen. Maßgebend für die Qualifizierung einer Angelegenheit als eigene im Sinne des Art. 137 Abs. 3 WRV sind danach Auftrag und Selbstverständnis der Kirchen und Religionsgemeinschaften: „‚Ordnen' und ‚Verwalten' im Sinne des Art. 137 Abs. 3 Satz 1 WRV meint das Recht der Kirchen, alle eigenen Angelegenheiten gemäß den spezifischen kirchlichen Ordnungsgesichtspunkten, d. h. auf der Grundlage des kirchlichen Selbstverständnisses rechtlich gestalten zu können"[58]. Welche kirchlichen Grundverpflichtungen hierfür bestimmend sind, richtet sich nach den von der verfaßten Kirche anerkannten Maßstäben; dagegen kommt es weder auf die Auffassung der einzelnen betroffenen kirchlichen Einrichtungen noch auf diejenige breiter Kreise unter den Kirchengliedern oder gar einzelner Mitarbeiter

---

[54] *Ebers*, Staat und Kirche (Anm. 6), S. 258; *ders.*, Religionsgesellschaften (Anm. 40), S. 389.
[55] *Ebers*, Staat und Kirche (Anm. 6), S. 261 ff.; *ders.*, Religionsgesellschaften (Anm. 40), S. 391 ff.
[56] BVerfGE 18, 385 (387).
[57] Oben I 1 b; BVerfGE 42, 312 (332).
[58] BVerfGE 70, 138 (165), st. Rspr.: vgl. insbes. BVerfG 66, 1 (19).

an[59]. Auch etwaige Veränderungen des kirchlichen Selbstverständnisses sind von der staatlichen Rechtsordnung zu respektieren[60].

Entwickelt ist diese Rechtsprechung vor allem in Entscheidungen über die exemplarische Frage der Tragweite des Selbstbestimmungsrechts für die diakonische und karitative Betätigung der Kirchen, welche im Sozialstaat des Grundgesetzes weitgehend in das heutige Sozialsystem einbezogen ist, mit der Folge einer Überlagerung und Konkurrenz kirchlichen und staatlichen Wirkens[61]. Hierfür ist sie von größter praktischer Bedeutung, nicht nur dadurch, daß, wie gezeigt[62], auf diesem Gebiet der Geltungsbereich des Art. 137 Abs. 3 WRV — auch hier nach Maßgabe des kirchlichen Eigenverständnisses — auf organisatorische Einheiten und Einrichtungen ausgedehnt worden ist, die nicht „Religionsgesellschaften" im überkommenen Sinne sind[63], sondern auch durch die sachliche Reichweite, welche dem Selbstbestimmungsrecht beigemessen wird. Insoweit umfaßt das Selbstbestimmungsrecht „alle Maßnahmen, die in Verfolgung der vom kirchlichen Grundauftrag her bestimmten diakonischen Aufgaben zu treffen sind, z. B. Vorgaben struktureller Art, die Personalauswahl und die mit all diesen Entscheidungen untrennbar verbundene Vorsorge zur Sicherstellung der ‚religiösen Dimension' des Wirkens im Sinne kirchlichen Selbstverständnisses"[64].

c) Damit hat die neuere Verfassungsrechtsprechung einen Weg eingeschlagen, der es allein ermöglicht, die Bestimmung von Inhalt und Umfang des Selbstbestimmungsrechts der Kirchen und Religionsgemeinschaften in der staatskirchenrechtlichen Ordnung des Grundgesetzes tragfähig zu begründen: Der *Anschütz*schen, auch im heutigen Schrifttum vertretenen Lehre[65], Art. 137 Abs. 3 S. 1 WRV regle selbst, welches die „eigenen" Angelegenheiten der Kirchen und Religionsgemeinschaften seien, so daß der Inhalt des Begriffs „ihre Angelegenheiten" sich durch Auslegung ermitteln lasse, kann das nicht gelingen, weil es an einer solchen Regelung im Rahmen der staatskirchenrechtlichen Ordnung des Grundgesetzes — notwendigerweise — fehlt. Art. 137 Abs. 3 WRV ist, wie gezeigt, Ausdruck der prinzipiellen Scheidung von geistlichen und weltlichen Aufgaben: das Grundgesetz läßt durch diese

---

[59] BVerfGE 70, 138 (166) — dort für kirchliche Arbeitsverhältnisse.
[60] BVerfGE 42, 312 (344).
[61] *M. Heckel*, Die Vereinigung (Anm. 13), S. 127.
[62] Vgl. oben III 1.
[63] Freilich mit der auch auf das Selbstbestimmungsrecht zutreffenden Einschränkung von BVerfGE 83, 341 (353). Vgl. oben Anm. 37.
[64] BVerfGE 57, 220 (243) m. w. N.
[65] *Wieland*, Die Angelegenheiten (Anm. 8), S. 346.

Bestimmung Raum für die Wahrnehmung von Aufgaben, die jenseits der Aufgaben des religiös und weltanschaulich neutralen Staates liegen, die aber als wesentlich für das Leben des von ihm konstituierten Gemeinwesens angesehen werden. Welches diese Aufgaben sind, entscheidet es nicht. Würde es dies tun, so würde es sich mit sich selbst in Widerspruch setzen; denn indem es über Aufgaben der Kirchen und Religionsgemeinschaften befände, würde es deren Eigenständigkeit negieren und damit die Aufgabe der Gewährleistung kirchlicher und religionsgesellschaftlicher Freiheit schon im Ansatz verfehlen. Was nicht geregelt ist, kann auch nicht durch Auslegung ermittelt werden.

Wenig anders verhält es sich mit der noch in der frühen Rechtsprechung des Bundesverfassungsgerichts übernommenen Formel von *Ebers,* nach der es darauf ankommen soll, was materiell, der Natur der Sache oder der Zweckbestimmung nach als eigene Angelegenheit der Kirche anzusehen ist. Ganz abgesehen von der Problematik jeder Argumentation aus der „Natur der Sache" unterliegt die Grundvoraussetzung dieses Weges: eine materiell-objektive, den staatlichen und kirchlichen Bereich übergreifende Rechtslage, dem Einwand, daß es eine solche Rechtslage angesichts der prinzipiellen Scheidung von geistlichem und weltlichem Wirken nur dort geben kann, wo ein Konsens erzielt ist, nicht jedoch, wenn es an einem solchen fehlt. Es hängt damit zusammen, daß dieser Weg dort versagen muß, wo es für das praktische Zusammenleben von Staat und Kirchen auf die Entwicklung von Maßstäben ankommt, nämlich im Streitfalle. Hier muß eine Lehre von den „eigenen" Angelegenheiten eine Antwort auf die Frage geben können, wessen Auffassung maßgebend sein soll. Darauf enthält weder die „Natur der Sache" noch die Zweckbestimmung eine Antwort.

Wenn die Verfassung damit den Inhalt und Umfang der „eigenen" Angelegenheiten der Kirchen und Religionsgesellschaften nicht selbst bestimmt, wenn auch eine vorausgesetzte „objektive Rechtslage" für die Klärung dieser Frage nicht maßgebend sein kann, so bleiben als in Betracht zu ziehende Möglichkeiten nur die Bestimmung durch staatliche Organe, im besonderen den Gesetzgeber, oder die Maßgeblichkeit des Verständnisses der Kirchen und Religionsgemeinschaften selbst.

Die erste Möglichkeit hat auszuscheiden. Wo die Verfassung selbst nicht entschieden hat, kann der staatliche Gesetzgeber oder Richter ebensowenig entscheiden[66], insofern ist die Bestimmung von Inhalt und Umfang der eigenen Angelegenheiten, wie *Anschütz* im Ergebnis zutreffend dargelegt hat, der durch Art. 137 Abs. 8 WRV begründeten Kompe-

---

[66] So aber *Jurina,* Rechtsstatus (Anm. 40), S. 61 ff.

tenz des Landesgesetzgebers entzogen[67]. Es ist, wie das Bundesverfassungsgericht mit Recht entschieden hat, das Verständnis der Kirchen und Religionsgemeinschaften, das für die Qualifizierung einer Angelegenheit als eigenen im Sinne des Art. 137 Abs. 3 WRV maßgebend ist[68]. Nur diese Lösung entspricht im Hinblick auf die durch das Grundgesetz konstituierte religiöse und weltanschauliche Neutralität des Staates der Verfassung. Sie wird bestätigt durch die für die Glaubens- und Kultusfreiheit anerkannte Rechtslage. Der weltanschaulich neutrale Staat darf den Inhalt dieser Freiheit nicht näher bestimmen, weil es ihm verwehrt ist, den Glauben oder Unglauben seiner Bürger zu bewerten[69].

Nur auf der Grundlage dieser Selbstbestimmung der Kirchen und Religionsgemeinschaften über die „eigenen" Angelegenheiten läßt es sich auch ohne Widerspruch erklären, daß der Staat nicht gehindert ist, Vereinbarungen mit den Kirchen einzugehen, in denen sich diese ihm gegenüber in der Wahrnehmung einzelner eigener Angelegenheiten binden. Der Satz „volenti non fit iniuria", der gemeinhin zur Rechtfertigung dieses Tatbestandes herangezogen wird[70], müßte versagen, wenn die durch das Selbstbestimmungsrecht gewährleistete kirchliche Freiheit nicht zur Disposition der Kirchen und Religionsgemeinschaften gestellt wäre, da über grundrechtliche Freiheiten nicht ohne weiteres vertraglich zugunsten des Staates verfügt werden kann. Art. 137 Abs. 3 WRV steht Verträgen zwischen Staat und Kirche nicht entgegen. Er ermöglicht daher weitgehende Kooperation, die angesichts der praktischen Unmöglichkeit oder zumindest Unzuträglichkeit strikter Scheidung von staatlichen und kirchlichen „Bereichen" das weitaus bessere Mittel einer sachgemäßen Zuordnung ist als einseitige Grenzziehungen.

In welchem Umfang Staat und Kirche von dieser Möglichkeit Gebrauch gemacht haben, zeigt ein Blick in die Konkordate und Kirchenverträge, in denen die Kirchen sich weithin gegenüber dem Staat in der Wahrnehmung von Kompetenzen gebunden haben, die unstreitig ihrem

---

[67] Deshalb mit Art. 137 Abs. 3 WRV unvereinbar und gemäß Art. 31 GG aufgehoben Art. 50 Abs. 1 Hess.Verf., soweit er die Aufgabe des Gesetzes normiert, die staatlichen und kirchlichen Bereiche klar gegeneinander abzugrenzen.

[68] *M. Heckel*, Kirchen unter dem Grundgesetz (Anm. 9), S. 48. Ferner etwa: *v. Campenhausen*, Staatskirchenrecht (Anm. 49), S. 81; *v. Mangoldt/Klein/v. Campenhausen*, Art. 140 GG / Art. 137 WRV, Rdnr. 30; *Hollerbach*, Grundlagen (Anm. 13), Rdnr. 116; *Paul Mikat*, Kirche und Staat, in: StL[7] III, 1987, Sp. 495; *Geiger*, Rechtsprechung (Anm. 24), S. 61 (hier allerdings als Auswirkung des Koordinationssystems von Staat und Kirche). S. auch *Klaus Meyer-Teschendorf*, Staat und Kirche im pluralistischen Gemeinwesen. Tübingen 1979, S. 103 ff.; *Martin Morlok*, Selbstverständnis als Rechtskriterium. Tübingen 1993, bes. S. 431 ff.

[69] BVerfGE 12, 1 (4); 33, 23 (30).

[70] Vgl. dazu *H. Weber*, Grundprobleme (Anm. 3), S. 47 f m. w. N.

§ 17 Das Selbstbestimmungsrecht der Kirchen

Selbstbestimmungsrecht unterliegen[71], in denen umgekehrt der Staat sich zu Vereinbarungen über Angelegenheiten bereitgefunden hat, die eindeutig zur Kompetenz staatlicher Organe gehören[72], in denen schließlich Vereinbarungen über Angelegenheiten getroffen worden sind, deren Zuordnung zu einem „Bereich" zweifelhaft sein kann wie etwa kirchliche Einrichtungen der Erwachsenenbildung.

Dort, wo über die „eigenen" Angelegenheiten der Kirchen und Religionsgemeinschaften ein traditioneller oder vertraglicher Konsens besteht, führt die Verpflichtung der staatlichen Organe, die Auffassung der Kirchen und Religionsgemeinschaften darüber zu respektieren, was sie als „ihre" Angelegenheiten verstehen, zu keinem anderen Ergebnis als die überkommenen Lehren. Insoweit ist die Bestimmung der gegenständlichen Reichweite des Selbstbestimmungsrechts unproblematisch, und dies gilt für die weitaus überwiegende Zahl der Aufgaben. Wo ein solcher Konsens nicht besteht, müssen die staatlichen Organe die Auffassung der Kirchen und Religionsgemeinschaften als maßgeblich ansehen[73]. Doch bleibt die Aufgabe, die so bestimmte Freiheit anderen verfassungsrechtlich geschützten Freiheiten und Rechtsgütern zuzuordnen, davon unberührt. Art. 137 Abs. 3 S. 1 WRV begründet für sie durch die Formel von den „Schranken des für alle geltenden Gesetzes" die Kompetenz des staatlichen Gesetzgebers, der auf Grund *dieser* Kompetenz gegebenenfalls befugt ist, das Selbstbestimmungsrecht der Kirchen und Religionsgemeinschaften zu beschränken[74]. Hierbei hat er nicht über Glaubensinhalte und kirchliche Aufgaben zu entscheiden, was ihm

---

[71] Beispiele oben unter 2 a und b.

[72] Z. B. Art. 15 Schlesw.-Holst. KV (Kirchensteuer).

[73] Für die Berufung einer Kirche oder Religionsgesellschaft auf ihr Selbstverständnis gilt das Gleiche wie für die Inanspruchnahme des Status einer „Religionsgesellschaft" (BVerfGE 83, 341 [353], vgl. oben Anm. 37): Eine bloße Behauptung reicht nicht aus. Es bedarf vielmehr schlüssiger Darlegung und ggf. des Beweises. Die Prüfung und Entscheidung obliegt im Streitfall den staatlichen Organen, die allerdings darauf beschränkt sind, das tatsächliche Vorhandensein des Selbstverständnisses festzustellen; eine inhaltliche Prüfung ist ihnen versagt.

[74] Deshalb liegt in der Inhaltsbestimmung des Begriffs „ihre Angelegenheiten" durch die Kirchen und Religionsgesellschaften selbst keine Preisgabe der verfassungsrechtlichen Kompetenz-Kompetenz des Staates (vgl. dazu etwa *Helmut Quaritsch*, Kirchen und Staat, in: Der Staat 1 [1962], S. 189 ff. = Quaritsch / Weber, Staat und Kirchen [Anm. 23], S. 277 ff.; *Meyer-Teschendorf*, Staat und Kirche [Anm. 68], S. 109). Ebensowenig führt eine solche Bestimmung zu einem „konfessionellen Auseinanderfallen" jenes Begriffs *(Meyer-Teschendorf*, ebd., S. 104). Der formale und offene Begriff „ihre Angelegenheiten" kann als „säkulare Mantel- und Rahmenbestimmung" zwar unterschiedliche religiöse Inhalte erfassen. Aber solche Weite und Offenheit eines Rechtsbegriffs ist nichts Ungewöhnliches; sie nimmt dem Begriff nicht seine staatlich-rechtliche Einheitlichkeit *(Martin Heckel*, Die religionsrechtliche Parität, in: HdbStKirchR¹ I, S. 504 f.; ders., Die Vereinigung [Anm. 13], S. 133; ihm folgend *Meyer-Teschendorf*, Staat und Kirche [Anm. 68], S. 104 ff.).

durch Art. 137 Abs. 3 WRV verwehrt ist, sondern über dem Staat obliegende Aufgaben. Gewiß kann diese Entscheidung, ebenso wie die (richterliche) Entscheidung über die Verfassungsmäßigkeit der jeweiligen Zuordnungsregelungen nicht ohne Würdigung der eingeschränkten Selbstbestimmung über die „eigenen" Angelegenheiten der Kirchen und Religionsgemeinschaften getroffen werden. Aber auch diese Würdigung hat von dem Verständnis der Kirchen und Religionsgemeinschaften auszugehen.

Insgesamt eröffnet Art. 137 Abs. 3 S. 1 WRV also durch die Gewährleistung selbständiger Ordnung und Verwaltung „ihrer" Angelegenheiten den Kirchen und Religionsgemeinschaften einen Freiheitsbereich, dessen inhaltliche Bestimmung und Ausfüllung ihnen überlassen bleibt, der indessen im Interesse sachgemäßer Zuordnung der beiderseitigen Aufgaben von Staats wegen durch das „für alle geltende Gesetz" begrenzt werden kann. Für die Tragweite des Art. 137 Abs. 3 WRV kommt diesem ausschlaggebende Bedeutung zu.

IV. Die „Schranken des für alle geltenden Gesetzes"

1. Interpretationen der Weimarer Zeit

Die vorherrschende Richtung in der Zeit der Weimarer Republik hat die Formel von den „Schranken des für alle geltenden Gesetzes" im wörtlichen Sinne interpretiert. Unbestritten war, daß das Wort „alle" nicht adjektivisch (i. S. von „alle Religionsgesellschaften"), sondern sustantivisch zu verstehen sei, daß also das für „alle" geltende Gesetz das für jedermann geltende Gesetz bedeute[75]; die Formel bezeichne das für alle Personen verbindliche Recht, mögen sie einzeln oder in Verbänden zusammengeschlossen erscheinen, insbesondere das allgemeine Vereinsrecht[76].

---

[75] *Anschütz*, Reichsverfassung (Anm. 12), Anm. 5 zu Art. 137 (S. 636); RGZ 114, 220 (224).

[76] *Ebers*, Staat und Kirche (Anm. 6), S. 292 f.; *ders.*, Religionsgesellschaften (Anm. 40), S. 399. Der wesentliche Gegensatz der Auffassungen bestand in der Frage, ob und in welchem Umfang darüber hinaus besondere, nur für Religionsgesellschaften oder einzelne von ihnen bestimmte Gesetze zulässig seien, namentlich zur Begründung von über das allgemeine Vereinsrecht hinausgehenden Aufsichtsbefugnissen des Staates. Soweit in diesem Sinne an einer besonderen staatlichen Kirchenhoheit festgehalten wurde, wurde diese jedoch nicht aus Art. 137 Abs. 3, sondern aus Art. 137 Abs. 5 WRV hergeleitet (Korrelatentheorie). Wie bereits gezeigt, ist diese Lehre — nach heute übereinstimmender Auffassung — mit Art. 137 Abs. 3 S. 2 WRV unvereinbar (oben III 2 b mit Anm. 49).

Diese herrschende Lehre hat im letzten Jahr der Republik die Kritik *Johannes Heckels* gefunden: sie habe übersehen, daß es sich bei den „Schranken des für alle geltenden Gesetzes" um eine sinnvariierende Formel handele, die je nach dem systematischen Zusammenhang, in dem sie gebraucht werde, trotz desselben Wortlauts eine verschiedene Bedeutung besitze. Die herrschende Auslegung setze eine individualistisch-liberale Sicht des Verhältnisses von Staat und Religionsgesellschaften voraus. Die Einschränkung der Freiheit der Religionsgesellschaften auf das für alle Vereine maßgebende Gesetz sei nur sinnvoll, wenn ihre Autonomie ein Unterfall der allgemeinen bürgerlichen Freiheit sei. Im Verhältnis von Kirche und Staat gehe es aber nicht um bürgerliche Gleichheit und Freiheit, sondern um die Grenzziehung zwischen gewaltigen öffentlichen Gemeinwesen, die den Staat vor die Frage stellten, wie weit der religiösen Machtgruppe Selbständigkeit eingeräumt werden dürfe, ohne daß der Staat Schaden leide. Hier habe die Reichsverfassung unter dem Nachhall der Erfahrungen des Kulturkampfes die Grenze der kirchenpolitischen Gesetzgebungskompetenz des Staates enger gezogen als früher. Wenn dabei die veritas legis jetzt dadurch garantiert werden solle, daß das Gesetz „für alle" gelte, so sei dies das Gesetz, das auf die Allgemeinheit in prägnantem Sinne zugeschnitten sei, nämlich auf die deutsche Nation: „für alle geltendes Gesetz" sei ein Gesetz, das trotz grundsätzlicher Bejahung der kirchlichen Autonomie *vom Standpunkt der Gesamtnation*[77] als sachlich notwendige Schranke der kirchlichen Freiheit anerkannt werden müsse; mit anderen Worten jedes für die Gesamtnation als politische, Kultur- und Rechtsgemeinschaft unentbehrliche Gesetz, aber auch nur ein solches Gesetz[78].

2. Neuere Interpretationen

a) Rechtsprechung und Lehre unter dem Grundgesetz haben im Anschluß an *Rudolf Smends* einflußreichen Versuch einer grundsätzlichen Neubestimmung des Verhältnisses von Staat und Kirche[79] ganz über-

---

[77] Hervorhebung im Original.
[78] *Johannes Heckel,* Das staatskirchenrechtliche Schrifttum der Jahre 1930 und 1931, in: VerwArch. 37 (1932), S. 282 ff. = (auszugsweise) *ders.,* Das blinde undeutliche Wort „Kirche". Gesammelte Aufsätze. Hrsg. von Siegfried Grundmann. Köln, Graz 1964, S. 590 ff. Vgl. auch *ders.,* Melanchthon und das heutige deutsche Staatskirchenrecht, in: Festg. für Erich Kaufmann. Stuttgart und Köln 1950, S. 95 ff. = ders., Gesammelte Aufsätze, S. 320 ff.
[79] *Rudolf Smend,* Staat und Kirche nach dem Bonner Grundgesetz, in: ZevKR 1 (1951), S. 4 ff., bes. S. 12 = Quaritsch / Weber, Staat und Kirchen (Anm. 23), S. 34 ff.

wiegend diese *Heckel*sche Bestimmung der „Schranken des für alle geltenden Gesetzes" aufgenommen und fortgeführt[80]. Der Bundesgerichtshof hat sie sich mit gewissen Modifikationen zu eigen gemacht: unter dem „für alle geltenden Gesetz" sei nicht jede staatliche Vorschrift zu verstehen, die mit dem Anspruch auf Allgemeinverbindlichkeit auftrete; vielmehr könnten heute nur diejenigen Normen, die sich als Ausprägungen und Regelungen grundsätzlicher, für unseren sozialen Rechtsstaat unabdingbarer Postulate darstellten, die kirchliche Autonomie einengen. Das seien aber Sätze, die entweder jedes Recht, auch das kirchliche Recht mit Notwendigkeit enthalte, oder die vom kirchlichen Recht stillschweigend oder ausdrücklich bejaht und in Bezug genommen würden[81].

b) Andere Wege ist die Rechtsprechung des Bundesverfassungsgerichts gegangen. Sie nimmt ihren Ausgang von dem schon erwähnten Beschluß vom 17. Februar 1965. Nach diesem erkennt der Staat mit den Bestimmungen des Art. 140 GG i. V. m. Art. 137 Abs. 3 WRV die Kirchen als Institutionen mit dem Recht der Selbstbestimmung an, die ihrem Wesen nach unabhängig vom Staat sind und ihre Gewalt nicht von ihm herleiten. Die Folge sei, daß der Staat in ihre inneren Verhältnisse nicht eingreifen darf[82]. Diese von der Verfassung anerkannte Eigenständigkeit und Unabhängigkeit der kirchlichen Gewalt würde geschmälert werden, wenn der Staat seinen Gerichten das Recht einräumen würde, innerkirchliche Maßnahmen, die im staatlichen Bereich keine unmittelbaren Rechtswirkungen entfalteten, auf ihre Vereinbarkeit mit dem Grundgesetz zu prüfen. Insoweit seien deshalb die Kirchen im Rahmen ihrer Selbstbestimmung an das „für alle geltende Gesetz" im Sinne des Art. 140 GG i. V. m. Art. 137 Abs. 3 WRV nicht gebunden[83]. An dieser Auffassung hat das Gericht in seiner späteren Rechtsprechung festgehalten[84], in der Entscheidung vom 21. September 1976 mit dem Zusatz, daß eine Regelung, die keine unmittelbaren Rechtswirkungen in den staatlichen Zuständigkeitsbereich habe, auch dann eine „innere kirchliche Angelegenheit" bleibe, wenn sie dorthin mittelbare Auswirkungen habe[85].

---

[80] Nachweise bei *Hermann Weber*, Die Religionsgemeinschaften als Körperschaften des öffentlichen Rechts im System des Grundgesetzes. Berlin 1966, S. 39, und *Konrad Hesse*, Die Entwicklung des Staatskirchenrechts seit 1945, in: JöR N. F. 10 (1961), S. 26 Anm. 28; *Jurina*, Rechtsstatus (Anm. 40), S. 42 ff. — auch zum folgenden.
[81] BGHZ 22, 383 (387 f.); 34, 372 (374).
[82] BVerfGE 18, 385 (386).
[83] BVerfGE 18, 385 (387 f.).
[84] BVerfGE 42, 312 (334 f.); 66, 1 (20); 72, 178 (189).

§ 17 Das Selbstbestimmungsrecht der Kirchen

Soweit hiernach die Formel der „Schranken des für alle geltenden Gesetzes" auf das Ordnen und Verwalten eigener Angelegenheiten anwendbar ist, kann sie, wie in der Entscheidung vom 21. September 1976 ausgesprochen worden ist, nicht im Sinne des allgemeinen Gesetzesvorbehalts in einigen Grundrechtsgarantien oder der „allgemeinen Gesetze" im Sinne der Schranken der Meinungsfreiheit (Art. 5 Abs. 2 GG) verstanden werden[86]. „Zu den für alle geltenden Gesetzen können nur solche Gesetze rechnen, die für die Kirche dieselbe Bedeutung haben wie für den Jedermann. Trifft das Gesetz die Kirche nicht wie den Jedermann, sondern *in ihrer Besonderheit als Kirche* härter, ihr Selbstverständnis, insbesondere ihren geistig-religiösen Auftrag beschränkend, also *anders als* den normalen Adressaten, dann bildet es insoweit keine Schranke"[87].

In der Entscheidung vom 25. März 1980 hat das Gericht schließlich einen weiteren Grundsatz entwickelt, der seitdem bei der Anwendung der Schrankenklausel des Art. 137 Abs. 3 S. 1 WRV im Vordergrund steht. Danach gewährleistet diese Bestimmung in Rücksicht auf das zwingende Erfordernis friedlichen Zusammenlebens von Staat und Kirche sowohl das selbständige Ordnen und Verwalten der eigenen Angelegenheiten durch die Kirchen als auch den staatlichen Schutz anderer für das Gemeinwesen bedeutsamer Rechtsgüter. Dieser Wechselwirkung sei durch entsprechende Güterabwägung Rechnung zu tragen. Doch sei dabei dem Eigenverständnis der Kirchen, soweit es in dem Bereich der durch Art. 4 Abs. 1 GG als unverletzlich gewährleisteten Glaubens- und Bekenntnisfreiheit wurzele und sich in der durch Art. 4 Abs. 2 GG geschützten Religionsausübung verwirkliche, ein besonderes Gewicht beizumessen[88].

c) Auch das neuere Schrifttum hat sich von der *Heckel*schen Formel abgewendet. Es lassen sich im wesentlichen drei Grundrichtungen unterscheiden, welche sich partiell mit der verfassungsgerichtlichen Rechtsprechung decken, in wichtigen Punkten jedoch auch von ihr abweichen.

---

[85] BVerfGE 42, 312 (334 f.). Zur neueren Rechtsprechung der anderen Gerichte vgl. die Zusammenstellung bei *Karl-Hermann Kästner*, Staatliche Justizhoheit und religiöse Freiheit. Tübingen 1991, S. 201 mit Anm. 11.
[86] BVerfGE 42, 312 (333).
[87] BVerfGE 42, 312 (334). Diese in offenkundigem Gegensatz zu der früher herrschenden Lehre (oben Anm. 75) stehende Deutung ist in der weiteren Rechtsprechung des BVerfG zurückgetreten, findet sich indessen noch einmal in der Entscheidung vom 13.12.1983 (BVerfGE 66, 1 [20]). Zur Kritik vgl. unten Anm. 112.
[88] BVerfGE 53, 366 (401); 66, 1 (22); 70, 138 (167); 72, 278 (289).

Der vorherrschenden Lehre der Weimarer Zeit entspricht die Auffassung, Art. 137 Abs. 3 WRV wolle den staatlichen Gesetzgeber nicht in seiner Regelungskompetenz einschränken. Er verbiete lediglich Sonderrecht gegen die Kirchen; das „für alle geltende Gesetz" habe mithin die gleiche Bedeutung wie das „allgemeine Gesetz" im Sinne des Art. 5 Abs. 2 GG[89].

Den Gefahren eines Verzichts auf rationale Abgrenzung, der Preisgabe staatlicher Souveränität sowie der Auflösung klarer und fester juristischer Maßstäbe zugunsten unkontrollierbarer Wertungen sucht eine Richtung zu begegnen, welche ebenfalls zu der herrschenden Lehre der Weimarer Zeit zurückkehrt, freilich mit der Maßgabe, daß das „für alle geltende Gesetz" nur insoweit Geltung beanspruchen könne, als das Handeln der Kirchen und Religionsgemeinschaften nach außen wirke, während das für alle geltende Gesetz in ihrem inneren Bereich nicht gelte und nie gegolten habe[90]. In diesem Sinne bezeichnet *Helmut Quaritsch* als „für alle geltendes Gesetz" neben der Verfassung selbst jede vom staatlichen Parlament oder — im Rahmen parlamentarischer Ermächtigung — von der staatlichen Exekutive geschaffene *verfassungsmäßige*[91] Rechtsnorm; das Erfordernis der Verfassungsmäßigkeit der begrenzenden Rechtsnorm, insbesondere ihrer Übereinstimmung mit Art. 4, 140 GG, 136 ff. WRV schließe dabei eine Unterdrückung der Religionsgesellschaften aus[92].

Diese Deutung ist als unzureichend betrachtet worden, weil und soweit sie die innere Sachbeziehung zwischen Freiheitsgarantie und

---

[89] *Ulrich Preuß*, in: Kommentar zum Grundgesetz für die Bundesrepublik Deutschland (Alternativkommentar). Bd. 2, Neuwied, Darmstadt 1984, Art. 140 GG / Art. 136-139, 141 WRV, Rdnrn. 27 f.

[90] *Quaritsch*, Kirchen und Staat (Anm. 74, S. 295 = Quaritsch / Weber, Staat und Kirchen (Anm. 23), S. 288 f.

[91] Hervorhebung im Original.

[92] *Quaritsch*, Kirchen und Staat (Anm. 74), S. 299 mit Anm. 100 = Quaritsch / Weber, Staat und Kirchen (Anm. 23), S. 279. Im Ergebnis übereinstimmend (mit scharfer Kritik der Rechtsprechung des BVerfG): *Wieland*, Die Angelegenheiten (Anm. 8), S. 350. Insgesamt vorsichtiger, aber in der Bestimmung des „für alle geltenden Gesetzes" und des durch Art. 137 Abs. 3 WRV absolut geschützten Kernbereichs ebenso *H. Weber*, Grundprobleme (Anm. 3), S. 43 ff. Vgl. auch *dens.*, Die Grundrechtsbindung der Kirchen, in: ZevKR 17 (1972), S. 418, wo die Notwendigkeit von Abwägungen bei der Auslegung des „für alle geltenden Gesetzes" ausdrücklich hervorgehoben wird. Von einer anderen Grundposition zum gleichen Ergebnis gelangend: *Mikat*, Kirchen und Religionsgemeinschaften (Anm. 40), S. 187 f.; aus neuerer Zeit: *ders.*, Kirche und Staat (Anm. 68), Sp. 494 f. (unter Hervorhebung der Wechselbeziehung zwischen kirchlicher Freiheit und staatlicher Gemeinwohlverantwortung). Ähnlich auch *Jurina*, Rechtsstatus (Anm. 40), S. 155 f. (nach Fallgruppen differenzierend und die Notwendigkeit hervorhebend, die Wechselwirkung von Kirchenfreiheit und Schrankenvorbehalt zu beachten).

„für alle geltendem Gesetz" verfehle. Dieser Zusammenhang nötige zu einer Güterabwägung, welche kirchliche Eigenständigkeit und Freiheit kirchlichen Wirkens einer-, staatliche Gemeinwohlverantwortung anderseits in der Weise zueinander in Beziehung setze, daß um des friedlichen Zusammenlebens von Staat und Kirche willen das rechte Maß zwischen kirchlicher Freiheit und staatlicher Ingerenz gefunden werde. Für alle geltendes Gesetz, das dem kirchlichen Selbstbestimmungsrecht Schranken ziehe, sei demgemäß dasjenige, aber auch nur dasjenige, das *zwingenden*[93] Erfordernissen des friedlichen Zusammenlebens von Staat und Kirche im religiös und weltanschaulich neutralen politischen Gemeinwesen entspreche. Dabei könne die Aufgabe solcher Abwägung zu Schwierigkeiten führen; diese seien jedoch nicht unüberwindbar, sondern aus der Rechtsprechung zu Art. 5 GG geläufig[94].

3. Die Schrankenformel als Zuordnungsregelung

In Begründungen und Ergebnissen zeigt damit die gegenwärtige Problemerörterung ein uneinheitliches Bild, in dem eine „herrschende" Auffassung kaum auszumachen ist, in dem es indessen bei allen Gegensätzen auch an wesentlichen Übereinstimmungen und Lösungsansätzen nicht fehlt. Zu verfassungsrechtlich unbedenklichen Ergebnissen vermögen diese Ansätze freilich nicht durchweg zu führen.

a) Wenn sich die Formel *J. Heckels* und die an diese anknüpfende des Bundesgerichtshofs den Einwänden nicht hinreichender Bestimmbarkeit sowie der Gefahr einer Bindung der Kirchen und Religionsgemeinschaften durch Rechtssätze ausgesetzt sehen, die für die staatliche Ordnung zwar unentbehrlich, die aber der theologisch begründeten Eigenstruktur der Kirchen ganz unangemessen sind[95], so sind damit bei aller Berechtigung dieser Einwände noch nicht die zentralen Bedenken

---

[93] Hervorhebung im Original.
[94] *Alexander Hollerbach,* Verträge zwischen Staat und Kirche in der Bundesrepublik Deutschland. Frankfurt 1965, S. 122; *ders.,* Kirchen unter dem Grundgesetz (Anm. 10), S. 61; *ders.,* Grundlagen (Anm. 13), Rdnrn. 117 ff.; *v. Campenhausen,* Staatskirchenrecht (Anm. 49), S. 88 f.; *v. Mangoldt / Klein / v. Campenhausen,* Art. 140 GG / Art. 137 WRV, Rdnrn. 132 f. In ähnlicher Weise erblickt auch *Martin Heckel* den normativen Gehalt der Schrankenformel in der Notwendigkeit eines Ausgleichs. Das Schrankengesetz habe — in der Wechselwirkung zwischen Staatsgesetz und Freiheit — die geistliche Freiheit der Kirche zu berücksichtigen und zu respektieren. Dieser Ausgleich sei nur durch Abwägung zu finden: Kirchen unter dem Grundgesetz (Anm. 9), S. 42 ff., 54; *ders.,* Staat, Kirche, Kunst. Tübingen 1968, S. 230 f.; *ders.,* Die Vereinigung (Anm. 13), S. 135 f. Ebenso: *Schlaich,* Neutralität (Anm. 30), S. 174 f. Vgl. auch *Werner Weber,* „Allgemeines Gesetz" und „für alle geltendes Gesetz" in: FS für E. R. Huber. Göttingen 1973, S. 198.
[95] *Hollerbach,* Verträge (Anm. 94), S. 121.

getroffen. Diese liegen eher in dem Begriff der „Nation als politische, Kultur- und Rechtsgemeinschaft", der in der Gegenwart — wenn auch sicher nicht erst in dieser — problematisch geworden ist. Sie liegen vor allem darin, daß hier der Zusammenhang der staatskirchenrechtlichen Regelungen der Verfassung mit der Gesamtverfassung nicht nur unberücksichtigt bleibt, sondern gänzlich zerschnitten wird. Gerade wenn die Schrankenformel eine sinnvariierende ist, die in verschiedenen geschichtlichen Verfassungen verschiedene Inhalte haben kann, ist es notwendig, sie im Zusammenhang mit anderen Freiheitsbegrenzungen des geltenden Verfassungsrechts zu sehen, vollends, wenn dessen Interpretation sich von dem Prinzip der Einheit der Verfassung leiten zu lassen hat. Die Freiheitsrechte des Grundgesetzes gewährleisten nicht nur „bürgerliche" Freiheit und damit etwas anderes als die Freiheit religiöser „Machtgruppen", so daß für diese ein anderes Verständnis notwendig wäre; sondern die Freiheit des Grundgesetzes ist in allen seinen Bestimmungen die unteilbare rechtlich bestimmte und begrenzte Freiheitlichkeit des gesamten Gemeinwesens, ohne die es auch „bürgerliche" Freiheit nicht geben kann. Dies verbietet es, Begrenzungen der kirchlichen Freiheit prinzipiell anders zu verstehen als andere Freiheitsbegrenzungen und steht heute einer — wenn auch möglicherweise modifizierten — Übernahme der *Heckel*schen Formel entgegen.

b) Dem gleichen Einwand unzureichender Berücksichtigung des systematischen Zusammenhanges unterliegt auch die Wiederaufnahme des herrschenden Verständnisses der Schrankenformel in der Weimarer Zeit. Wenn danach jenseits des „inneren Bereichs" jede vom Parlament geschaffene oder von ihm ermächtigte verfassungsmäßige Rechtsnorm in der Lage sein soll, einseitig und vorbehaltlos das Selbstbestimmungsrecht der Kirchen und Religionsgemeinschaften zu begrenzen, so wird übersehen, daß die anderen Freiheitsgewährleistungen beigefügten Gesetzesvorbehalte nirgends ohne die Berücksichtigung des inneren Zusammenhangs zwischen Freiheitsgarantie und begrenzender Norm interpretiert werden dürfen, dies, obwohl es sich hier wie dort um Zuordnungsprobleme handelt.

Dem soll freilich durch die Ausgrenzung jenes „inneren" Bereichs Rechnung getragen werden, in dem das „für alle geltende Gesetz" nicht gelte und nie gegolten habe. Aber diese Lösung entspricht nicht der Problemlage; sie trägt in den Art. 137 Abs. 3 S. 1 WRV eine Spaltung, die mit dem Text nicht in Einklang steht, und sie führt zu gleichen Schwierigkeiten der praktischen Anwendung wie die *Heckel*sche Formel.

Sie verfehlt die Problemlage, weil jedes religiöse und kirchliche Wirken Wirken in der einen Welt ist, das immer Menschen betrifft, die

§ 17 Das Selbstbestimmungsrecht der Kirchen

zugleich Bürger sind. Gewiß läßt sich jenes Wirken nach seiner größeren oder geringeren Nähe zum geistlichen Kern der Kirchen und Religionsgemeinschaften differenzieren; aber das ist etwas anderes als der Versuch, in später Anknüpfung an die ältere, seit langem als unzureichend erkannte Unterscheidung von „inneren" und „äußeren" Kirchenangelegenheiten einen „inneren" Bereich des „verfassungs- und gesetzesfreien Selbstgesprächs" der Kirchen von einem „äußeren" Bereich ihres Wirkens zu scheiden, in dem staatliche Aufgabenbereiche berührt werden[96]. Eine solche Scheidung läßt sich in den vielfältigen Überlagerungen und Verzahnungen der Wirklichkeit staatlichen und kirchlichen Wirkens vielfach nicht durchführen; sie verkennt die Eigenart des in seiner Wahrnehmung verfassungsrechtlich geschützten kirchlichen Auftrags, der nicht nur auf ein Selbstgespräch beschränkt ist; sie setzt die Möglichkeit voraus, das, was heute „staatliche Aufgabe" ist, mit hinreichender Deutlichkeit zu bestimmen. Es hat deshalb seinen guten Sinn, wenn Art. 137 Abs. 3 S. 1 WRV in unzweideutiger Wortfassung den Begriff „ihre Angelegenheiten" als einen einheitlichen normiert. Dies schließt es aus, den Begriff in einen „Kernbereich" aufzuspalten, in dem jede gesetzliche Regelung schlechthin unzulässig ist, und in einen jenseits liegenden Bereich, in dem jegliche gesetzliche Regelung vorbehaltlos zulässig ist, sofern sie nur allgemeine Geltung hat. Der geistliche Kern der Kirchen und Religionsgemeinschaften: Glaube, Bekenntnis und Kultus ist, unabhängig davon, ob staatliche Aufgabenbereiche berührt werden oder nicht, entweder — ohne die Möglichkeit gesetzlicher Beschränkung — durch Art. 4 GG gewährleistet; er fällt insoweit überhaupt nicht in den Normbereich des Art. 137 Abs. 3 S. 1 WRV[97]. Oder er unterfällt, sofern er sich im „Ordnen und Verwalten" äußert, dem Art. 137 Abs. 3 S. 1 WRV und damit ohne Freistellung dem „für alle geltenden Gesetz"[98]. Die Aufgabe besteht darin, in differenzierendem Vorgehen dem verfassungsrechtlichen Schutz dieses Kernes gerecht zu werden[99]. Mit allgemeinen Ausgrenzungen läßt sie sich nicht lösen.

---

[96] Kritisch zu Bereichsscheidungen auch *Scheuner*, Begründung (Anm. 2), S. 19, 21; *M. Heckel*, Kirchen unter dem Grundgesetz (Anm. 9), S. 40 f.; *Schlaich*, Neutralität (Anm. 30), S. 176 f.; *v. Campenhausen*, Staatskirchenrecht (Anm. 49), S. 89 f.; *v. Mangoldt / Klein / v. Campenhausen*, Art. 140 GG / Art. 137 WRV, Rdnr. 128; *Hollerbach*, Staatskirchenrecht in der Rechtsprechung (Anm. 16), S. 108 f.; *Meyer-Teschendorf*, Staat und Kirche (Anm. 68), S. 190 f.; *Kästner*, Staatliche Justizhoheit (Anm. 85), S. 252 ff.; *Preuß*, Alternativkommentar (Anm. 89), Art. 140 GG / Art. 136-139, 141 WRV, Rdnr. 27.
[97] Vgl. oben I 1 b.
[98] Vgl. auch *Peter Häberle*, Kirchliche Gewalt als öffentliche und „mittelbar" staatliche Gewalt, in: ZevKR 11 (1964 / 65), S. 401, und *W. Weber*, „Allgemeines Gesetz" (Anm. 94), S. 194.
[99] Vgl. auch *M. Heckel*, Kirchen unter dem Grundgesetz (Anm. 9), S. 47 f.

Die Problematik einer Scheidung von Handlungen, die nur nach „innen" von denen, die nach „außen" wirken, begründet zugleich die Schwierigkeiten einer praktischen Anwendung der auf dieser Unterscheidung beruhenden Lehre. Sie kann ihrem Anspruch größerer Klarheit und Rationalität[100] nicht gerecht werden, weil sie die praktisch allein wesentliche Problematik der Grenzen staatlicher Einwirkung nur auf die Bestimmung jenes innerkirchlichen Bereichs verlagert. Diese Bestimmung dürfte für die staatlichen Organe noch schwieriger sein als die Bestimmung dessen, was für den Staat „unentbehrlich" ist — wofür rationale Argumente in der Tat nicht leicht zu finden sind[101].

c) Den Notwendigkeiten einer Berücksichtigung des inneren Zusammenhanges zwischen Freiheitsgarantie und „für alle geltendem Gesetz" und demgemäß einer differenzierenden Betrachtungsweise trägt die dritte der hier dargestellten Richtungen Rechnung. Wenn hier indessen die Notwendigkeit einer Güterabwägung ins Zentrum gerückt wird, so trägt eine solche Lösung die Gefahr aller Abwägungsformeln in sich[102]: des Einfließens nicht hinreichend kontrollierter und normativ begründeter subjektiver Wertungen, auf deren Grundlage dem einen Gut vorschnell der Vorrang vor dem anderen gegeben wird. Die Aspekte *zwingender* Erfordernisse friedlichen Zusammenlebens von Staat und Kirchen einer-, der „Wechselwirkung" von Kirchenfreiheit und Schrankenzweck anderseits mögen diese Gefahr mindern. Doch muß der darin liegende Gedanke eines Ausgleichs in den Vordergrund gestellt werden, wenn die in der Praxis immer wieder deutlich werdenden Gefahren von „Güterabwägung" im Rahmen des Möglichen vermieden werden sollen.

d) Bei allen Differenzen und ungeachtet der im vorangehenden dargelegten Bedenken zeigen sich im Verständnis der Schrankenformel des Art. 137 Abs. 3 S. 1 WRV auch Übereinstimmungen, die auf einer allen Auffassungen gemeinsamen Einsicht beruhen: daß die Tragweite des Art. 137 Abs. 3 S. 1 WRV sich nicht auf ein Verbot von Ausnahmerecht gegen die Kirchen und Religionsgemeinschaften beschränkt und daß es darum geht, einen Maßstab zu finden, der eine Aushöhlung oder übermäßige Beschränkungen des Selbstbestimmungsrechts der Kirchen und Religionsgemeinschaften, im besonderen solche aus sachlich nicht gerechtfertigtem Anlaß, ausschließt; so die *Heckel*sche Formel, wenn sie nicht jedes, sondern nur das für die Gesamtnation als politische, Kultur-

---

[100] *Quaritsch,* Kirchen und Staat (Anm. 74), S. 290 f. = Quaritsch / Weber, Staat und Kirchen (Anm. 23), S. 285; *H. Weber,* Grundrechtsbindung der Kirchen (Anm. 92), S. 417.

[101] *Quaritsch,* Kirchen und Staat (Anm. 74), S. 291 = Quaritsch / Weber, Staat und Kirchen (Anm. 23), S. 285.

[102] Vgl. dazu *Helmut Quaritsch,* in: VVDStRL 26 (1968), S. 113 (Diskussion); *Konrad Hesse,* ebd., S. 138 (Diskussion).

§ 17 Das Selbstbestimmungsrecht der Kirchen

und Rechtsgemeinschaft unentbehrliche Gesetz als geeignet ansieht, die kirchliche Freiheit zu begrenzen, so die Lehre von dem dem „für alle geltenden Gesetz" verschlossenen „Innenbereich", so auch die Auffassung, welche im konkreten Falle eine Abwägung für notwendig hält. Auch in der Entwicklung des Maßstabs selbst deuten sich Annäherungen an. Die Feststellung solcher Annäherungen enthebt freilich nicht der Aufgabe einer voll tragfähigen Interpretation. Diese erscheint nur möglich, indem die Bedeutung der Schrankenformel in Bindung an den Text des Art. 137 Abs. 3 S. 1 WRV von ihrer Aufgabe und Funktion im Zusammenhang der verfassungsrechtlichen Gesamtordnung des Grundgesetzes her entwickelt wird, wie sie oben[103] dargestellt wurde.

Wenn diese Aufgabe und Funktion des Art. 137 Abs. 3 S. 1 WRV übereinstimmend mit anderen unter Gesetzesvorbehalt stehenden Freiheitsrechten in der sachlichen Zuordnung der durch beide Glieder der Bestimmung verfassungsrechtlich geschützten oder zu schützenden Rechtsgüter besteht und der reale Bestand kirchlicher Freiheit und Bindung deshalb nur im Blick auf diese beiden Glieder zu erfassen ist, so läßt sich von hier aus die Bedeutung der Schrankenformel in drei Grundthesen bestimmen:

(1) Der Aufgabe freiheitlicher Zuordnung kann niemals durch Ausnahmerecht gegen Kirchen und Religionsgemeinschaften entsprochen werden. Art. 137 Abs. 3 S. 1 WRV schließt durch die Worte „für alle" von vornherein und schlechthin jede staatliche Rechtsetzung aus, die sich allein gegen das selbständige Ordnen und Verwalten „ihrer" Angelegenheiten durch die Kirchen und Religionsgemeinschaften richtet. Kulturkampfgesetze, Gesetze zur Einrichtung staatlicher Finanzabteilungen[104], aber auch Gesetze, die eine besondere Staatsaufsicht über Kirchen und Religionsgemeinschaften begründen[105], sind mit dem Grundgesetz unvereinbar, ohne daß es noch auf Weiteres ankäme. Nicht ausgeschlossen wird es durch dieses Verbot, in einem „für alle geltenden" Gesetz sachlichen Besonderheiten Rechnung zu tragen, die sich aus der Eigenart der Kirchen und Religionsgemeinschaften ergeben. Solche Regelungen unterwerfen die Kirchen und Religionsgemeinschaften keinen Sonderbeschränkungen; sie können gegebenenfalls sogar durch die in Art. 137 Abs. 3 S. 1 WRV gestellte Aufgabe sachlicher Zuordnung gefordert sein[106].

---
[103] Vgl. oben II 2.
[104] Vgl. die 15. Verordnung zur Durchführung des Gesetzes zur Sicherung der Deutschen Evangelischen Kirche vom 25.6.1937 (RGBl. I S. 697).
[105] Vgl. Anm. 49.
[106] Vgl. dazu *Ernst Rudolf Huber*, Rezension von Ebers, Staat und Kirche (Anm. 6), in: AöR N. F. 21 (1932), S. 306; *Heckel*, Kirchen unter dem Grundgesetz (Anm. 9), S. 45 f.; *W. Weber*, „Allgemeines Gesetz" (Anm. 94), S. 197.

(2) Zur Begrenzung des Selbstbestimmungsrechts der Kirchen und Religionsgemeinschaften im Rahmen sachlicher Zuordnung ermächtigt Art. 137 Abs. 3 S. 1 WRV den staatlichen *Gesetzgeber* — nur diesen, nicht die vollziehende oder rechtsprechende Gewalt. Insoweit gilt für die Begrenzung des Selbstbestimmungsrechts nichts anderes als für andere Freiheitsrechte, denen ein Gesetzesvorbehalt beigefügt ist. Begrenzungen bedürfen daher nicht nur stets gesetzlicher Grundlage, sondern das Schrankengesetz muß auch hinreichend bestimmt sein, so daß die Befugnis zur Begrenzung nicht ganz in das Verwaltungs- oder richterliche Ermessen gestellt ist[107].

(3) Unter den Voraussetzungen allgemeiner Geltung und hinreichender Bestimmtheit ist jedes staatliche Gesetz in der Lage, das kirchliche Selbstbestimmungsrecht zu begrenzen. Doch ist der Gesetzgeber nicht zu *beliebiger* Begrenzung ermächtigt. Auch hier gilt, was für alle Begrenzungen verfassungsrechtlicher Freiheit gilt: weil die auf Einheit hin angelegte Verfassung in Art. 137 Abs. 3 S. 1 WRV sowohl das selbständige Ordnen und Verwalten ihrer Angelegenheiten durch die Kirchen und Religionsgemeinschaften als auch den Schutz anderer für das Leben des Gemeinwesens wesentlicher Freiheiten und Rechtsgüter normiert, ist es unzulässig, kurzerhand das eine auf Kosten des anderen zu realisieren. Es geht vielmehr um die Herstellung und Erhaltung eines Ordnungszusammenhangs, in dem *beide* Wirklichkeit gewinnen können. Wo Kollisionen entstehen, stellt das Prinzip der Einheit der Verfassung die Aufgabe einer Optimierung: beiden Gütern müssen Grenzen gezogen werden, damit beide zu optimaler Wirksamkeit gelangen können[108]. Die Grenzziehungen dürfen nicht weitergehen als es notwendig ist, um die Konkordanz beider Rechtsgüter herzustellen. Es bedarf also verhältnismäßiger Zuordnung, wobei „Verhältnismäßigkeit" in diesem Zusammenhang eine Relation variabler Größen bezeichnet, nicht das Verhältnis variabler Mittel zu einem konstanten Zweck[109]. Das Verfahren ist kein anderes als dasjenige, in dem das Bundesverfassungsgericht im Hinblick auf die „Wechselwirkung" von Meinungsfreiheit und allgemeinen Gesetzen zunächst bei der Interpretation des Art. 5 GG[110], seitdem jedoch in ständiger Rechtsprechung bei der Interpretation der Grenzen aller Freiheitsrechte vorgegangen ist[111]. Es ist nicht nur für den Gesetz-

---

[107] Vgl. etwa BVerfGE 20, 150 (157 ff.) m. w. N.; 21, 73 (79 f.); 34, 165 (192 f.); 41, 251 (262 f.); 45, 393 (399).

[108] Hierzu allgemein: *Ulrich Scheuner,* in: VVDStRL 20 (1963), S. 125 (Diskussion); ders., Pressefreiheit, in: VVDStRL 22 (1965), S. 53; *Peter Lerche,* Übermaß und Verfassungsrecht. Köln, Berlin, München. Bonn 1961, S. 125 ff.

[109] Dazu *Hesse,* Grundzüge (Anm. 11), Rdnrn. 72, 317 f., 472.

[110] BVerfGE 7, 198 (208 f.).

[111] Nachweise bei *Hesse,* Grundzüge (Anm. 11), Rdnr. 319.

geber, sondern auch für die Interpretation von Schrankengesetzen durch den Verwaltungsbeamten oder Richter maßgebend[112].

In ihrer Orientierung an dem Prinzip der Einheit der Verfassung, der Aufgabe und der Funktion des Art. 137 Abs. 3 S. 1 WRV trägt eine solche Interpretation den oben[113] dargelegten Notwendigkeiten und Grundsätzen Rechnung. Sie schließt auch ohne — unzureichende — Bereichsscheidungen staatliche Einwirkungen auf den geistlichen Kern der Kirchen und Religionsgemeinschaften aus, weil diese niemals „verhältnismäßig" sein können, während gesetzliche Begrenzungen des Selbstbestimmungsrechts in den „Randzonen" möglich, aber nicht vorbehaltlos zulässig sind[114]. Sie bewirkt darum einen wirksameren verfassungsrechtlichen Schutz als die Beschränkung auf das Allgemeinheitserfordernis. Sie bietet schließlich eine höhere Gewähr sachgemäßer praktischer Anwendung als die übrigen heute zur Auslegung der Schrankenformel vertretenen Auffassungen. Gewiß vermag sie ebensowenig wie diese eine „Formel" zu bieten; aber sie verlangt von denjenigen, denen die Anwendung der Schrankenformel und der be-

---

[112] Die in den vorstehenden Grundthesen zusammengefaßte Auffassung stimmt weithin mit der Rechtsprechung des BVerfG ebenso wie mit den oben IV 2 c dargestellten Lehren überein. Sie folgt allerdings nicht der Lehre von der Nicht-Geltung der Schranken des für alle geltenden Gesetzes im „innerkirchlichen" Bereich (vgl. oben IV 2 b), und der „Jedermann-Formel" der Entscheidung des BVerfG vom 21. September 1976 (BVerfGE 42, 312 [334], vgl. oben IV 2 b mit Anm. 87). Diese ist im Schrifttum auf begründete Kritik gestoßen, weil der säkulare Staat um seiner Gemeinwohlverantwortung willen unter bestimmten Umständen zu Einschränkungen greifen können muß, mit denen er sein Selbstverständnis an die Stelle des kirchlichen Selbstverständnisses setzt (*Alexander Hollerbach*, Das Staatskirchenrecht in der Rechtsprechung des Bundesverfassungsgerichts II, in: AöR 106 [1981], S. 239, 245; *ders.*, Grundlagen [Anm. 13], Rdnr. 118); vgl. ferner *v. Campenhausen*, Staatskirchenrecht (Anm. 49), S. 87 f.; *v. Mangoldt / Klein / v. Campenhausen*, Art. 140 GG / Art. 137 WRV, Rdnr. 129; *Scheuner*, Begründung (Anm. 2), S. 21; *Wieland*, Die Angelegenheiten (Anm. 8), S. 331.
Ebenso erscheint es nicht bedenkenfrei, wenn das BVerfG in seiner neueren Rechtsprechung die Notwendigkeit hervorhebt, bei der gebotenen Güterabwägung dem Eigenverständnis der Kirchen, soweit es in dem Bereich der durch Art. 4 Abs. 1 GG als unverletzlich gewährleisteten Glaubens- und Bekenntnisfreiheit wurzele und sich in der durch Art. 4 Abs. 2 GG geschützten Religionsfreiheit verwirkliche, ein besonderes Gewicht beizumessen (oben Anm. 88). Das Erfordernis, Art. 4 Abs. 1 und 2 GG in ihrer hohen Bedeutung und mit ihnen das Selbstverständnis der Kirchen und Religionsgemeinschaften zu berücksichtigen, ist bereits in der Aufgabe verhältnismäßiger Zuordnung enthalten. Ein „besonderes" Gewicht kann dem Aspekt nicht zukommen. Auf ihn sollte daher zur Vermeidung von Mißverständnissen verzichtet werden.

[113] Vgl. unter II.

[114] Dazu auch *Scheuner*, Begründung (Anm. 2), S. 21 f. — Fragen staatlicher Einwirkung auf den geistlichen Kern werden zudem in der Regel solche des Art. 4 GG sein, so daß bereits aus diesem Grunde eine gesetzliche Begrenzung nicht zulässig ist.

schränkenden Gesetze obliegt, nichts anderes als das, was im Umgang mit den Freiheitsrechten ohnehin ihr tägliches Brot ist und ihnen deshalb vertraut sein muß.

Indem diese Interpretation es notwendig macht, den Blick nicht nur auf die von Staats wegen durch ein „für alle geltendes Gesetz" zu schützenden oder geschützten Rechtsgüter, sondern auch auf die in ihrem Umfang durch Konsens oder das Eigenverständnis der Kirchen und Religionsgemeinschaften bestimmte Freiheit des Ordnens und Verwaltens zu richten, schließt sie allerdings die Aufgabe einer Würdigung auch dessen ein, was „eigene Angelegenheit" der Kirchen und Religionsgemeinschaften ist. Doch verlangt diese Würdigung keine Entscheidung darüber, ob es sich um eine „eigene" oder gar eine „innerkirchliche" Angelegenheit handelt[115], sie darf nicht einmal zu einer solchen Entscheidung führen; sondern sie hat von jenem Konsens oder von dem Verständnis der Kirchen und Religionsgemeinschaften auszugehen. Sie führt also nicht zu der Notwendigkeit theologischer Erwägungen, die jenseits der Kompetenz einer staatlichen Stelle liegen würden. Das schließt nicht aus, daß im Verfahren verhältnismäßiger Zuordnung Auswirkungen des Eigenverständnisses der Kirchen und Religionsgemeinschaften auf das geordnete Zusammenleben innerhalb des von der Verfassung konstituierten Gemeinwesens zu berücksichtigen sind, das in die Verantwortung des Staates gestellt ist.

e) Jenseits ihrer „eigenen" Angelegenheiten sind die Kirchen und Religionsgemeinschaften dem Staat und dem staatlichen Recht genauso eingeordnet wie jeder weltliche Verband. Wo ihr Wirken mit ihrem besonderen, durch ihre Eigenständigkeit geprägten Status in keinem Zusammenhang steht, entfallen die Voraussetzungen der in Art. 137 Abs. 3 S. 1 WRV gewährleisteten Freiheit und wäre darum eine weitergehende Unabhängigkeit als diejenige anderer Verbände nicht gerechtfertigt. Da die, wie gezeigt maßgeblichen, Auffassungen der Kirchen und Religionsgemeinschaften über das, was „ihre" Angelegenheit ist, differieren können, können auch die Bindungen unterschiedliche sein, hier an das „für alle geltende Gesetz", dort schlechthin an die staatliche Rechtsordnung. Schwierigkeiten ergeben sich daraus jedoch ebensowenig wie in den — häufigen — Fällen, in denen eine Gemengelage besteht: einzelne Elemente eines Rechtsverhältnisses können dem Selbstbestimmungsrecht der Kirchen und Religionsgemeinschaften unterliegen, während andere Sache der allgemeinen Rechtsordnung oder „staatliche Angelegenheit" sind. Das ist namentlich der Fall bei den „gemeinsamen Angelegenheiten", etwa der Verwaltung kirchlicher Friedhöfe oder der

---

[115] Vgl. jedoch oben Anm. 73.

§ 17 Das Selbstbestimmungsrecht der Kirchen

Einrichtung und dem Wirken theologischer Fakultäten[116]. Hier beschränkt sich die Unabhängigkeit der Kirchen und Religionsgemeinschaften auf die spezifisch kirchlichen Bezüge und bedarf es zur Begrenzung dieser Unabhängigkeit gegebenenfalls eines „für alle geltenden Gesetzes". Im übrigen ist das staatliche Recht uneingeschränkt verbindlich.

V. Weitere Grenzen des Selbstbestimmungsrechts der Kirchen und Religionsgemeinschaften

1. Durch Normen des Grundgesetzes selbst gezogene Grenzen

Neben den Grenzen, die dem Selbstbestimmungsrecht der Kirchen und Religionsgemeinschaften durch Bundes- oder Landesgesetze als „für alle geltende Gesetze" gezogen sein können, kann sich auch aus Bestimmungen der Verfassung selbst eine Begrenzung ergeben. Auch hier handelt es sich, wie bei allen Grundrechten, um ein Problem verhältnismäßiger Zuordnung. Es kommt deshalb darauf an, einen Ausgleich zu finden, welcher der Bedeutung des Selbstbestimmungsrechts als verfassungsrechtlich geschütztem Rechtsgut ebenso Rechnung trägt wie dem Verfassungsrechtsgut, zugunsten dessen es begrenzt wird. Soweit Konflikte auftreten, lassen sich diese nach der ständigen Rechtsprechung des Bundesverfassungsgerichts „nur lösen, indem ermittelt wird, welche Verfassungsnorm für die konkret zu entscheidende Frage das höhere Gewicht hat. Die schwächere Norm darf nur soweit zurückgedrängt werden, wie das logisch und systematisch zwingend erscheint; ihr sachlicher Grundwertgehalt muß in jedem Falle respektiert werden"[117].

Unter diesem Aspekt können namentlich einzelne rechts- und sozialstaatliche Erfordernisse auch ohne Konkretisierung durch ein „für alle geltendes Gesetz" geeignet sein, das Selbstbestimmungsrecht der Kirchen und Religionsgemeinschaften zu begrenzen, dies freilich nur unter der Voraussetzung, daß sie nicht nur eine Richtlinie oder einen Auftrag für den Gesetzgeber enthalten, weshalb es in der Regel nicht möglich sein wird, unmittelbare Bindungen durch das Sozialstaatsprinzip anzunehmen. Aus Erfordernissen der demokratischen Ordnung des Grundgesetzes können solche Grenzen dagegen nicht hergeleitet werden, auch

---

[116] Vgl. hierzu in *diesem* Handbuch *Hanns Engelhardt*, § 43 Bestattungswesen und Friedhofsrecht, und *Alexander Hollerbach*, § 56 Theologische Fakultäten und staatliche Pädagogische Hochschulen.

[117] BVerfGE 28, 243 (260 f.). — Um Fragen der Logik wird es sich freilich kaum handeln. Vgl. etwa noch BVerfGE 12, 1 (4); 19, 135 (138); 30, 173 (193 ff.).

dann nicht, wenn „Demokratie" im Sinne des Grundgesetzes nicht nur als Prinzip staatlicher, sondern auch gesellschaftlicher Ordnung verstanden wird. Denn das Demokratiegebot des Grundgesetzes ist jedenfalls auf die weltliche Ordnung beschränkt, so daß die einschlägigen Normen des Grundgesetzes von vornherein als Begrenzungsnormen des Selbstbestimmungsrechts nicht in Betracht kommen. Nicht ohne weiteres vermögen auch die Grundrechte das Selbstbestimmungsrecht des Art. 137 Abs. 3 S. 1 WRV unmittelbar zu begrenzen; das wird nur für das auch andere als die staatlichen Gewalten bindende Grundrecht der Koalitionsfreiheit (Art. 9 Abs. 3 GG) angenommen werden dürfen, das freilich im Sinne des oben Dargelegten seinerseits Grenzen an dem Selbstbestimmungsrecht der Kirchen und Religionsgemeinschaften findet[118].

2. Vertragliche Grenzen

Anderen verfassungsrechtlichen Grenzen unterliegt das Selbstbestimmungsrecht der Kirchen und Religionsgemeinschaften nicht. Für die Kirchen bleibt noch hinzuweisen auf diejenigen Grenzen, die sich aus den Konkordaten und Kirchenverträgen ergeben.

a) Das Reichskonkordat und die neueren Kirchenverträge gewährleisten, wie oben[119] gezeigt, auch vertragsrechtlich das kirchliche Selbstbestimmungsrecht in den „Schranken des für alle geltenden Gesetzes".

Diese Gewährleistungen dürften inhaltlich weder Erweiterungen noch Beschränkungen des verfassungsrechtlichen Selbstbestimmungsrechts enthalten, auf das sie offenbar Bezug nehmen. Sie sind gleichwohl keineswegs bedeutungslos. Denn sie stellen zum einen das Selbstbestimmungsrecht in den Schranken des für alle geltenden Gesetzes auf eine weitere rechtliche Grundlage und führen insofern zu einer zusätzlichen Sicherung der Kirchen gegen weitergehende Beschränkungen, deren Wert allerdings letztlich von der Antwort auf die Frage nach dem Verhältnis von staatskirchenrechtlichem Vertragsrecht zum staatlichen Verfassungsrecht abhängt, besonders bei Verfassungsänderungen[120]. Zum anderen dokumentieren diese vertragsrechtlichen Gewährleistungen die Übereinstimmung zwischen den vertragschließenden Kirchen

---

[118] Zur Frage der Grundrechtsbindung der Kirchen und Religionsgemeinschaften, die hier nicht weiter verfolgt werden kann, vgl. in *diesem* Handbuch *Hermann Weber,* § 19.

[119] Vgl. oben I 3.

[120] Zu dieser hier nicht zu verfolgenden Frage vgl. in *diesem* Handbuch *Hollerbach,* § 7 (Anm. 22).

und dem Staat über die Maßgeblichkeit des „für alle geltenden Gesetzes" für die Kirchen. Wenn die Kirchen diese Grenze ihres Selbstbestimmungsrechts rechtlich verbindlich anerkennen, so ist das von wesentlicher Bedeutung für die Ordnung des Verhältnisses von Staat und Kirche, die sich nur in einer Atmosphäre beiderseitiger Loyalität als eine freiheitliche bewähren kann; dies setzt voraus, daß jeder Partner die Aufgaben des anderen respektiert und daß Konflikte, in denen der Staat das „für alle geltende Gesetz" einseitig gegen den Widerstand der Kirchen durchzusetzen hat, nach Möglichkeit vermieden werden. — Entsprechendes gilt, wenn auch ohne rechtliche Verbindlichkeit, für die übrigen evangelischen Landeskirchen, die das „für alle geltende Gesetz" unabhängig von einer vertraglichen Anerkennung stets als legitime Grenze ihres Selbstbestimmungsrechts betrachtet haben und betrachten.

b) Daneben enthalten alle Konkordate und Kirchenverträge Bestimmungen, in denen sich die vertragschließenden Kirchen zu weiteren verbindlichen Einschränkungen ihres Selbstbestimmungsrechts bereitgefunden haben. Diese gehen inhaltlich über die „Schranken des für alle geltenden Gesetzes" hinaus. Auf einige von ihnen wurde schon hingewiesen[121]. Weitere sind enthalten etwa in den Bestimmungen über die territoriale Organisation der Kirchen[122], über die politische Klausel[123] sowie über Anforderungen an Staatsangehörigkeit und Vorbildung der Geistlichen, insbesondere das Triennium[124]. Solchen freiwillig vereinbarten zusätzlichen Beschränkungen des kirchlichen Selbstbestimmungsrechts steht, wie oben gezeigt wurde[125], Art. 137 Abs. 3 S. 1 WRV nicht entgegen.

---

[121] Vgl. oben III 2 a und b.
[122] Z. B. Art. 11 RK.
[123] Z. B. Art. 14 Abs. 2 Nr. 2 RK.
[124] Z. B. Art. 14 Abs. 2 Nr. 1 RK.
[125] Vgl. oben III 3 c.

§ 18

Die Ämterhoheit der Kirchen

Von Ernst-Lüder Solte

I. Einführung

Im Anschluß an die Garantie des Selbstbestimmungsrechts in Art. 140 GG i. V. m. Art. 137 Abs. 3 S. 1 WRV sichert die Verfassung den Religionsgemeinschaften das Recht zu, ihre Ämter ohne Mitwirkung des Staates oder der bürgerlichen Gemeinde zu verleihen. Mehrere Staatskirchenverträge bestätigen diese Garantie[1], die sich die Kirchen in der langen Geschichte ihres Kampfes um die Befreiung von staatlicher Umklammerung und Bevormundung erstritten haben, bis ihnen die Weimarer Reichsverfassung zusammen mit der allgemeinen Freiheitsgarantie für die Religionsgemeinschaften auch die Freiheit von staatlicher Einflußnahme auf die Besetzung ihrer Ämter zusicherte[2]. Daß der Verbürgung der Ämterhoheit in diesem Handbuch eine besondere Untersuchung gewidmet wird, ist im staatskirchenrechtlichen System des Grundgesetzes begründet. Dieses geht nicht von einer strikten Trennung von Staat und Kirche aus, sondern gestattet bei Wahrung der gegenseitigen Unabhängigkeit und Entfaltungsfreiheit eine gegenseitige Einflußnahme[3]. Hiervon ist das kirchliche Amt nicht ausgeschlossen. Dabei

---

[1] Art. 14 RK; Art. IV Abs. 2 BadK; Art. 1 Abs. 3 HessKV; Art. 2 Abs. 2 Rheinl.-Pfälz. KV.

[2] Mit der Garantie des freien Ämterbesetzungsrechts in der WRV kam der Emanzipationsprozeß zum Abschluß, in dem die Kirchen sich von den Fesseln des Systems der Staatskirchenhoheit allmählich befreien und dabei auch den staatlichen Einfluß auf die Besetzung ihrer Ämter zurückdrängen konnten. Einen Markstein in dieser Entwicklung stellte für Preußen Art. 18 der Verfassungsurkunde von 1850 dar, mit dem die staatlichen Ernennungs-, Vorschlags-, Wahl- und Bestätigungsrechte bei der Besetzung kirchlicher Stellen aufgehoben wurden. Zu den geschichtlichen Grundlagen der Ämterhoheit s. *Godehard Josef Ebers*, Staat und Kirche im neuen Deutschland. München 1930, S. 77 ff., und *Gerhard Anschütz*, Die Verfassung des Deutschen Reichs vom 11. August 1919. 14. Aufl., Berlin 1933, S. 639 ff.

[3] S. dazu *Martin Heckel*, Die theologischen Fakultäten im weltlichen Verfassungsstaat (= Jus Ecclesiasticum, Bd. 31). Tübingen 1986, S. 30.

kennt das Staatskirchenrecht sowohl Einflußrechte des Staates auf das Kirchenamt wie auch der Kirche auf das Staatsamt, wenn dessen Inhaber im Fall des kirchlich gebundenen Staatsamts eine Aufgabe für die Kirche wahrnimmt. Die Untersuchung der verfassungsrechtlichen Legitimation, aber auch der verfassungsrechtlichen Grenzen staatlicher Einflußnahme auf das Kirchenamt wird den Schwerpunkt dieses Beitrags bilden.

II. Die Ämterhoheit und ihre Schranken

1. Der Gegenstand der Ämterhoheit und ihre Stellung im staatskirchenrechtlichen System

Nach ihrer Stellung in der Verfassung ist die Garantie der freien Ämterverleihung ein Unterfall des in Art. 140 GG i. V. m. Art. 137 Abs. 3 S. 1 WRV verbürgten Selbstbestimmungsrechts. Sie erfaßt das kirchliche Amt mit allen seinen staatskirchenrechtlich relevanten Regelungsbereichen: Seine Errichtung im Rahmen der kirchlichen Organisationshoheit[4], seine rechtliche Ausgestaltung im kirchlichen Dienstrecht[5], die Ausbildung der Amtsträger in eigener Verantwortung und die Entscheidung darüber, welcher Person das Amt verliehen werden soll. Bestandteil des kirchlichen Selbstbestimmungsrechts ist schließlich auch die Regelung des Verfahrens, in dem die Kirche einen Konflikt mit dem Inhaber ihres Amts austrägt[6].

Während die Freiheit der Kirchen, Ämter zu errichten und aufzuheben, Gegenstand der allgemeinen Garantie des kirchlichen Selbstbestimmungsrechts in Art. 140 GG i. V. m. Art. 137 Abs. 3 S. 1 WRV ist, bezieht sich die spezielle Verbürgung in Satz 2 auf die personelle Seite des Amts. Sie sichert die autonome Entscheidung darüber, welcher Person die Kirche eine Funktion übertragen will, die einen Bezug zu ihren Aufgaben hat. Die Ämterhoheit garantiert dabei zunächst entsprechend ihrer historischen Zielsetzung, die auf das geistliche Amt bezogenen staatlichen Einspruchs- und Bestätigungsrechte aufzuheben, die staatsfreie Verleihung dieses Amts. Sie erstreckt sich darüber hinaus jedoch auch auf die Besetzung aller Ämter, deren Inhaber für die Kirchen eine Aufgabe wahrnehmen, deren autonome Erfüllung die

---

[4] S. dazu in *diesem* Handbuch *Konrad Hesse*, § 17 Das Selbstbestimmungsrecht der Kirchen und Religionsgemeinschaften.

[5] S. dazu in *diesem* Handbuch *Dietrich Pirson*, § 64 Das kircheneigene Dienstrecht der Geistlichen und Kirchenbeamten.

[6] S. dazu in *diesem* Handbuch *Wolfgang Rüfner*, § 73 Zuständigkeit staatlicher Gerichte in kirchlichen Angelegenheiten.

Verfassung durch Art. 140 GG i. V. m. Art. 137 Abs. 3 S. 1 WRV schützt. Der Amtsbegriff der Ämterhoheit ist deshalb entsprechend dem Wortlaut der Norm, die nicht zwischen geistlichen und anderen Ämtern differenziert, weit auszulegen. Dabei sichert die Verfassung die autonome Entscheidung darüber, welcher Person die Kirche eine Funktion übertragen will, unabhängig von deren organisatorischer Zuordnung. Denn frei ist die Kirche bei der Besetzung ihrer Ämter erst dann, wenn in die Freiheitsgarantie über das der Kirche organisatorisch zugeordnete Amt hinaus jedes Amt einbezogen wird, dessen Inhaber einen auf die Kirche bezogenen Auftrag wahrnimmt. Der Amtsbegriff der Ämterhoheit ist deshalb funktional zu verstehen und umfaßt so auch das kirchlich gebundene Staatsamt mit seinen spezifisch religiös-kirchlichen Aspekten[7]. Zwar ist der Inhaber dieses Amts Beamter im staatsrechtlichen Sinn. Auf der anderen Seite nimmt der Inhaber dieses Staatsamts (auch) eine kirchliche Funktion wahr. Wenn die Kirche einen entprechenden Anspruch erhebt, ist sie deshalb dazu berechtigt, unter spezifisch kirchlichen Aspekten in den Personalangelegenheiten des kirchliche Aufgaben wahrnehmenden Staatsbeamten mitzuwirken.

2. Die Schranken der Ämterhoheit

Die Schranke des kirchlichen Selbstbestimmungsrechts begrenzt auch die Ämterhoheit der Kirchen als spezifische Ausprägung der allgemeinen Kirchenfreiheitsgarantie. Darüber hinaus kann es heute Einschränkungen des Rechts der freien Ämterverleihung nur noch auf der Grundlage vertraglicher Vereinbarungen mit dem Staat geben[8]. Dabei setzt die Verfassung dem freien Paktieren Grenzen, da Vereinbarungen zwischen Staat und Kirchen die staatskirchenrechtlichen Grundentscheidungen des Grundgesetzes nicht aus den Angeln heben dürfen[9]. Verletzt sind die Grenzen vertraglicher Konkretisierung dieser Grundentscheidungen dann, wenn die Partner der Staatskirchenverträge auf die Unabhängigkeit und Entfaltungsfreiheit in den ihnen von der Verfassung zur eigenverantwortlichen Gestaltung aufgegebenen Bereichen verzichten und das Selbstbestimmungsrecht in seinem unverzichtbaren

---

[7] Anders *Paul Mikat,* Kirchen und Religionsgemeinschaften, in: Bettermann/Nipperdey/Scheuner (Hrsg.), Die Grundrechte. Bd. IV, 2. Halbbd., Berlin 1962, S. 111 ff., 183, und *Ulrich K. Preuß,* in: Kommentar zum Grundgesetz für die Bundesrepublik Deutschland. 2. Aufl., Bd. 2, Neuwied 1989, Art. 140/Art. 136-139, 141 WRV, Rdnr. 49.
[8] S. *v. Mangoldt/Klein/v. Campenhausen,* Art. 140 GG/Art. 137 WRV, Rdnr. 33.
[9] Dazu *Ernst-Lüder Solte,* Theologie an der Universität (= Jus Ecclesiasticum, Bd. 13). München 1971, S. 196.

geistlichen Kern nicht mehr gewährleistet wird[10]. Ein die Kirche absolut bindendes Einspruchsrecht gegen eine Übertragung des kirchlichen Amts kann es deshalb unter dem Grundgesetz nicht mehr geben[11]. An diesem Maßstab werden die zum Traditionsgut des deutschen Staatskirchenvertragsrechts gehörenden Rechte und Forderungen des Staates in Bezug auf das Kirchenamt zu messen sein.

III. Die Ausgestaltung der Ämterhoheit im Staatskirchenrecht

1. Freie Entscheidung über die Voraussetzungen für die Übertragung des Amts

Ämterfreiheit bedeutet für die Kirchen zunächst die autonome Definition der Kriterien für die Qualifikation derjenigen, denen sie ihr Amt übertragen wollen, und die Freiheit, ihre Amtsträger in eigener Verantwortung auszubilden[12]. Bindungen bei den Voraussetzungen für die Übertragung des Amts sind die Kirchen bei ihren geistlichen Ämtern eingegangen. Sie dürfen diese Ämter nur denjenigen übertragen, die die deutsche Staatsangehörigkeit und ein zum Studium an einer deutschen Universität berechtigendes Reifezeugnis besitzen sowie ihre philosophisch-theologische Ausbildung an einer deutschen staatlichen Hochschule absolviert haben[13]. Das Erfordernis der deutschen Staatsangehörigkeit hat seine historischen Wurzeln in der Zeit der Staatskirchenhoheit, in der das kirchliche Amt noch als öffentliches Amt verstanden wurde[14]. Die Forderung nach der Zugangsberechtigung zum Universitätsstudium folgt aus der von den Kirchen vertraglich zugesicherten Ausbildung ihrer Geistlichen an einer staatlichen Hochschuleinrichtung.

Die rechtliche Grundlage für die mit der Inanspruchnahme der theologischen Fakultäten für die Ausbildung des eigenen Nachwuchses verbundene Einschränkung der Ämterhoheit im deutschen Staatskir-

---

[10] S. *Heckel*, Die theologischen Fakultäten (Anm. 3), S. 97.

[11] So auch *Christoph Link*, Staatskirchenrechtliche Probleme der nicht-akademisch vorgebildeten Geistlichen, in: ZevKR 17 (1972), S. 256 ff., 273.

[12] So *Anschütz*, Die Verfassung des Deutschen Reichs (Anm. 2), S. 363; *Martin Heckel*, Organisationsstrukturen der Theologie in der Universität (= Staatskirchenrechtliche Abhandlungen, Bd. 18). Berlin 1987, S. 68.

[13] Art. 18 RK; Art. 13 § 1 BayK; Art. 9 Abs. 1 PreußK; Art. VII Abs. 1 BadK; Art. 26 BayKV; Art. 19 PfälzKV; Art. 8 Abs. 1 PreußKV; Art. V Abs. 1 BadKV; Art. 8 Abs. 1 Nieders. KV; Art. 11 i. V. m. Art. 10 Schlesw.-Holst. KV; Art. 10 i. V. m. Art. 9 Abs. 1 LippKV; Art. 11 i. V. m. Art. 10 HessKV; Art. 12 i. V. m. Art. 11 Abs. 1 Rheinl.-Pfälz. KV.

[14] S. *Ebers*, Staat und Kirche (Anm. 2), S. 77.

chenvertragsrecht bildet das *Triennium.* Dieses verpflichtet die Kirchen dazu, ausschließlich solchen Theologen das geistliche Amt zu übertragen, die ein mindestens dreijähriges Studium an einer staatlichen Fakultät absolviert haben[15]. Die Staatskirchenverträge lassen allerdings heute weitgehende Ausnahmen zugunsten der Hochschuleinrichtungen der Kirchen zu[16].

Ihre staatskirchenrechtliche Legitimation findet diese staatliche Ingerenz in die Ausbildung der Geistlichen[17] heute in der Tatsache, daß die Kirchen die staatlichen theologischen Fakultäten als Stätten für die Ausbildung ihres geistlichen Nachwuchses anerkannt haben. Der Staat hat ein Interesse daran, daß diese Einrichtungen von den Kirchen in Anspruch genommen werden. Zwar garantieren Selbstbestimmungsrecht und Hochschulrecht des Staates das Recht, eigene Ausbildungsstätten zu unterhalten[18]. Die Freiheit zur Errichtung und Unterhaltung eigener Hochschulen findet jedoch ihre Grenzen in der vertraglich zugesicherten Existenz der theologischen Fakultäten[19]. Diese Verträge hindern die Kirche daran, ihr eigenes Hochschulwesen in einer Weise ausbauen, die die Existenz der theologischen Fakultäten gefährdet[20]. Weiter unterliegen die Kirchen bei der Unterhaltung eigener Hochschulen dann Bindungen, wenn sie für diese die staatliche Anerkennung anstreben, auf die die kirchliche Hochschuleinrichtung dann einen Anspruch hat, wenn sie den Anforderungen des Rechts der wissenschaftlichen Hochschulen in nichtstaatlicher Trägerschaft an die Gleichwertigkeit ihrer Ausbildung (sog. Homogenitätsprinzip gerecht zu werden vermag. Auch hat der zu Schutz und Pflege des wissenschaftlich-kulturellen Lebensbereichs verpflichtete Staat ein auch heute noch verfassungsrechtlich legitimes Interesse an einem hohen Ausbildungsstand der Geistlichen[21]. Aus diesen Gründen ist der mit der Vereinba-

---

[15] Zum Triennium und seiner staatskirchenrechtlichen Problematik s. *Link,* Staatskirchenrechtliche Probleme (Anm. 11), S. 262 ff., und *Ernst-Lüder Solte,* Die evangelischen kirchlichen Hochschulen in der neueren Rechtsentwicklung, in: Wissenschaftsrecht, Wissenschaftsverwaltung, Wissenschaftsförderung, Beih. 8 (1983): Hochschulen der Religionsgemeinschaften, S. 18 ff.

[16] Dazu *Solte,* ebd., S. 20.

[17] Zum geschichtlichen Hintergrund s. *Link,* Staatskirchenrechtliche Probleme (Anm. 11), S. 257 ff.

[18] S. § 70 Abs. 1 HochschulrahmenG. Zur kirchlichen Hochschulfreiheit als Teil des kirchlichen Selbstbestimmungsrechts s. *Solte,* Die evangelischen kirchlichen Hochschulen (Anm. 15), S. 1 ff.; *Heckel,* Die theologischen Fakultäten (Anm. 3), S. 364 ff., sowie in *diesem* Handbuch *Manfred Baldus,* § 57 Kirchliche Hochschulen.

[19] S. zum folgenden *Solte,* Die evangelischen kirchlichen Hochschulen (Anm. 15), S. 17 f.

[20] S. dazu *Solte,* ebd., S. 17 ff.

[21] Dazu *Solte,* Theologie an der Universität (Anm. 9), S. 102.

rung des Trienniums verbundene Verzicht auf eine uneingeschränkte Ausübung der Ämterhoheit trotz der Grenzen, die der Anwendung des Grundsatzes „volenti non fit iniuria" im Staatskirchenrecht gesetzt sind, mit den staatskirchenrechtlichen Grundentscheidungen der Verfassung vereinbar. Eine größere Bedeutung kommt diesen Verpflichtungen in Bezug auf den Zugang zum kirchlichen Amt nicht mehr zu, nachdem heute fast alle Staatskirchenverträge[22] die Möglichkeit eines Dispenses bei kirchlichem und staatlichem Einverständnis kennen. Im übrigen stößt die Forderung nach der deutschen Staatsangehörigkeit für die Geistlichen auf Bedenken hinsichtlich der in Art. 48 EWGV gewährten Freizügigkeit der Arbeitnehmer innerhalb der Gemeinschaft[23].

Hingewiesen sei noch auf die Verpflichtung der Kirchenleitungen, die Besetzung ihrer geistlichen Ämter dem Staat anzuzeigen[24]. Diese Verpflichtung wird z. T. allgemein mit den Staatsleistungen an die Kirchen, z. T. speziell unter Hinweis auf die Bezüge der Geistlichen begründet. Ein staatliches Einspruchsrecht ist mit dieser Mitteilungspflicht nicht verbunden. Sie stößt deshalb auch auf keine staatskirchenrechtlichen Bedenken unter dem Aspekt der Ämterhoheit.

2. Freie Entscheidung über die Person

a) Staat und Kirchenamt

Von Bedeutung für die Kirchen ist ihr Recht auf freie Besetzung ihrer Ämter vor allem für die Entscheidung über die Person, der sie ihr Amt verleihen wollen. Einschränkungen dieser Freiheit kennt das Staatskirchenvertragsrecht bei der Besetzung der *Bischofsstühle*. So gehören zum Traditionsgut der Vereinbarungen zwischen Staat und Kirche die Normen über die Einbeziehung von Organen der Diözesen der katholischen Kirche in das Verfahren der Bestellung der Bischöfe und die Mitwirkung des Staates bei der Bestellung der Bischöfe beider Kirchen in der Gestalt der Politischen Klausel[25]. Dabei kennen die Verträge, mit denen

---

[22] Ausnahmen bilden nur das BayK und der BayKV.

[23] Hierauf hat *Gerhard Robbers*, Die Fortentwicklung des Europarechts und seine Auswirkungen auf die Beziehungen zwischen Staat und Kirche in der Bundesrepublik Deutschland, in: EssGespr. 27 (1993), S. 81 ff., 89 f. hingewiesen.

[24] Art. 10 Abs. 2 PreußK; Art. VII Abs. 2 BadK; Art. 9 Abs. 2 PreußKV; Art. 11 Abs. 4 Rheinl.-Pfälz. KV; Art. VI BadKV; Art. 8 Abs. 5 NiedersKV; Art. 10 Abs. 2 LippKV; Art. 10 Abs. 4 Schlesw.-Holst. KV.

[25] S. hierzu aus der Fülle der Literatur *Werner Weber*, Die politische Klausel in den Konkordaten. Staat und Bischofsamt, Hamburg 1939; *Joseph H. Kaiser*, Die Politische Klausel der Konkordate. Berlin, München 1949; *Eugen H. Fischer*, Die politische Klausel des Reichskonkordates und ihre rechtliche Tragweite, in:

§ 18 Die Ämterhoheit der Kirchen   567

der Anspruch des Papstes auf freie Bischofsernennung[26] beschränkt wird, keine einheitliche Regelung des Verfahrens für die Bischofskür. Verschieden ist die *Einbeziehung der Domkapitel* in dieses Verfahren. Deren Mitwirkung bei der Bischofsbestellung garantieren das Preußische und das Badische Konkordat[27]. Danach haben die Kapitel nach Erledigung des Bischofsstuhls dem Heiligen Stuhl eine Liste kanonisch geeigneter Kandidaten einzureichen. Unter Würdigung dieser Listen benennt der Heilige Stuhl dem Domkapitel drei Kandidaten[28], aus denen dieses in freier und geheimer Abstimmung den Bischof zu wählen hat. Bei der Auswahl der Kandidaten ist der Papst nicht an die eingereichten Listen gebunden[29]. Die Bestellung des Bischofs obliegt dem Heiligen Stuhl.

Nicht von den Kapiteln gewählt werden nach dem bayerischen Konkordat die Bischöfe der Kirchenprovinzen München und Bamberg einschließlich des Bischofs der Diözese Speyer. Dort haben bei Erledigung eines erzbischöflichen oder bischöflichen Sitzes die beteiligten Kapitel dem Heiligen Stuhl eine Liste von Kandidaten zu unterbreiten, die für das bischöfliche Amt würdig und für die Leitung der erledigten Diözese geeignet sind[30]. Die Freiheit des Heiligen Stuhls bei der Ernennung der Bischöfe, die das Konkordat ausdrücklich bestätigt, ist allerdings insoweit eingeschränkt, als er an die Liste des beteiligten Kapitels sowie an

---

Theologische Quartalschrift 134 (1954), S. 352 ff.; *Matthäus Kaiser,* Besetzung der Bischofsstühle. Erfahrungen und Optionen, in: ArchKathKR 158 (1989), S. 69 ff.; *ders.,* Die Bestellung der Bischöfe in Geschichte und Gegenwart, in: Eine Kirche — ein Recht? Hrsg. v. Richard Puza und Abraham P. Kustermann (= Hohenheimer Protokolle, Bd. 34). Stuttgart 1990, S. 47 ff.; *ders.,* Dem Bischofsamt angemessen? Kritik der gegenwärtigen und Option für eine angemessene Bestellungspraxis, ebd., S. 73 ff.; *Johann Schima,* Bischofsbestellung und Konkordat: Einige Überlegungen, in: ÖArchKR 39 (1990), S. 135 ff.; *Gerhard Hartmann,* Der Bischof: seine Wahl und Ernennung. Geschichte und Aktualität (= Grazer Beiträge zur Theologiegeschichte und Kirchlichen Zeitgeschichte, Bd. 5). Graz, Wien, Köln 1990; *Joseph Listl,* Die Besetzung der Bischofsstühle. Bischofsernennungen und Bischofswahlen in Deutschland, in: Sendung und Dienst im bischöflichen Amt. FS für Josef Stimpfle zum 75. Geburtstag. St. Ottilien 1991, S. 29 ff.; *ders.,* Aufgabe und Bedeutung der kanonistischen Teildisziplin des Ius Publicum Ecclesiasticum, in: Fides et Ius. FS für Georg May zum 65. Geburtstag. Regensburg 1991, S. 455 ff., 470 f.; *Alexander Hollerbach,* Staat und Bischofsamt, in: Gisbert Greshake (Hrsg.), Zur Frage der Bischofsernennungen in der römisch-katholischen Kirche. München, Zürich 1991, S. 51 ff.

[26] C. 377 § 1 CIC/1983.
[27] Art. III Abs. 1 BadK; Art. 6 PreußK.
[28] In Baden muß mindestens einer der drei vom Papst Benannten der Freiburger Erzdiözese angehören (Art. III Abs. 1 S. 3 des BadK mit Schlußprotokoll).
[29] S. *Hollerbach,* Staat und Bischofsamt (Anm. 25), S. 56; *Listl,* Die Besetzung der Bischofsstühle (Anm. 25), S. 43.
[30] Art. 14 § 1 S. 2 BayK.

die von den bayerischen Bischöfen und Kapiteln vorgelegten Triennallisten gebunden ist[31].

Die Staatskirchenverträge verpflichten weiter dazu, vor der Ernennung des Bischofs durch Anfrage bei der Landesregierung festzustellen, ob Bedenken politischer Art gegen den Kandidaten bestehen[32]. Diese sog. *Politische Klausel* hat in der Zwischenzeit auch in die Staatskirchenverträge mit den evangelischen Landeskirchen Eingang gefunden[33], wird allerdings nur bei der Besetzung der leitenden geistlichen Ämter der Evangelisch-Lutherischen Kirche in Bayern, der Pfälzischen und der Badischen Landeskirche relevant, weil die Verträge mit den anderen Landeskirchen diese Klausel zwar kennen, ihre Anwendung bei leitenden geistlichen Ämtern, deren Besetzung auf einer Wahl oder Berufung durch eine Synode beruht, jedoch ausschließen[34]. In diesen Fällen hat sich der Staat mit der Verpflichtung zur Mitteilung der Vakanz und der Unterrichtung über die Person des neuen Amtsträgers begnügt.

Die Partner der Staatskirchenverträge haben sich um eine Erläuterung des Begriffs „Politische Bedenken" bemüht. Danach werden die politischen Bedenken auf staatspolitische Bedenken beschränkt und kirchliche oder parteipolitische ausgeschlossen[35]. Ein Recht, mit der Geltendmachung der Bedenken die Bischofsbestellung zu verhindern, haben die Kirchen dem Staat nicht eingeräumt[36].

---

[31] S. *Kaiser,* Besetzung der Bischofsstühle (Anm. 25), S. 76.

[32] Art. 14 RK; Art. 14 § 1 BayK; Art. III Abs. 2 BadK; Art. 6 Abs. 1 PreußK. Diese Bestimmung findet auch auf die Besetzung der Bischofsstühle in Niedersachsen Anwendung (s. Präambel zum NiedersK, die vom Fortgelten des PreußK ausgeht). Art. 3 Abs. 2 NiedersK erstreckt die Politische Klausel auch auf den Offizial von Vechta als den ständigen Stellvertreter des Bischofs von Münster in dem in Niedersachsen gelegenen Teil des Bistums.

[33] Art. 29 BayKV; Art. II Abs. 2 BadKV.

[34] Für das Amt des Bischofs der Evangelischen Kirche in Berlin-Brandenburg wird im Abschließenden Protokoll über Besprechungen zwischen Vertretern des Evangelischen Konsistoriums in Berlin (West) der Evangelischen Kirche in Berlin-Brandenburg und des Senats von Berlin über die Regelung gemeinsam interessierender Fragen v. 2. Juli 1970 (bei *Joseph Listl,* Die Konkordate und Kirchenverträge in der Bundesrepublik Deutschland. Bd. 1, Berlin 1987, S. 676 ff.) im Abschn. XII von der Kirche darauf hingewiesen, daß die Politische Klausel in Art. 7 PreußKV nach dem geltenden kirchlichen Verfassungsrecht gegenstandslos sei.

[35] Art. II Abs. 2 BadKV; Art. 7 Abs. 2 NiedersKV; Art. 9 Abs. 2 HessKV.

[36] Für die Politische Klausel im RK wird dies im Schlußprotokoll zu Art. 14 RK klargestellt. Diese Bestimmung geht der Regelung in Art. 6 PreußK vor, wonach der Hl. Stuhl zum Erzbischof oder Bischof niemand bestellen wird, von dem nicht das Kapitel nach der Wahl durch Anfrage bei der Preußischen Staatsregierung festgestellt hat, daß Bedenken politischer Art gegen ihn nicht bestehen. Das Zusatzprotokoll zu Art. III Abs. 2 BadK garantiert in dem Fall, in dem bei Geltendmachung von Bedenken allgemeinpolitischer Art eine Einigung

§ 18 Die Ämterhoheit der Kirchen 569

Neben dem Kapitelwahlrecht und Politischer Klausel kennt das Konkordatsrecht mit dem *Bischofseid* der katholischen Bischöfe eine dritte Form staatlicher Mitwirkung bei der Besetzung der Bischofsstühle. Danach hat der Bischof, bevor er von seiner Diözese Besitz ergreift, in die Hand des zuständigen Ministerpräsidenten einen Treueschwur zu leisten[37].

Über einen Sonderstatus verfügen die Militärbischöfe[38]. Für die katholische Militärseelsorge ist der Heilige Stuhl bei der Bestellung des Militärbischofs, der zugleich Diözesanbischof ist, auf das Einvernehmen mit der Bundesrepublik angewiesen[39]. Bei der Ernennung des Militärbischofs der Evangelischen Kirche in Deutschland hat sich der Staat mit der Verpflichtung des Rats der EKD begnügt, sich vor der Ernennung mit der Bundesregierung in Verbindung zu setzen, um sich zu vergewissern, daß vom staatlichen Standpunkt aus gegen den für das Amt des Militärbischofs vorgesehenen Geistlichen keine schwerwiegenden Einwendungen erhoben werden[40].

Für eine staatskirchenrechtliche Bewertung dieser vertraglich vereinbarten Bindungen der Kirchen bei der Besetzung der Bischofsstühle und der Mitwirkung des Staates in diesem Verfahren ist entscheidend, ob und in welchem Umfang der Staat in kirchlichen Angelegenheiten mitwirken und die Kirche die Mitwirkung des Staates und damit einen Verzicht auf ihre Freiheit bei der Besetzung ihrer Ämter gestatten darf. Einem solchen Verzicht setzt die Verfassung die oben dargestellten Grenzen, die auch nicht unter Berufung auf den Rechtsgrundsatz „volenti non fit iniuria" überschritten werden dürfen[41]. Überschritten worden sind diese Grenzen in den Verträgen, die die Kapitelwahl vorschreiben. Die geschichtliche Grundlage für die Beschränkung der päpstlichen Entscheidungsfreiheit zugunsten eines deutschen Kollegial-

---

nicht erzielt wird, die Freiheit des Heiligen Stuhls, die Besetzung des Erzbischöflichen Stuhls zu vollziehen.

[37] Art. 16 RK. S. dazu *Philipp Hofmeister,* Der Bischofseid gegenüber dem Staat, in: MThZ 6 (1955), S. 195 ff.; *Alexander Hollerbach,* Zur Problematik des staatlichen Treueids der Bischöfe, in: Rechtsstaat, Kirche, Sinnverantwortung. FS für Klaus Obermayer. München 1986, S. 193 ff., 201; *Ulrike Marga Dahl-Keller,* Der Treueid der Bischöfe gegenüber dem Staat. Geschichtliche Entwicklung und gegenwärtige staatskirchenrechtliche Bedeutung (= Staatskirchenrechtliche Abhandlungen, Bd. 23), Berlin 1994.

[38] Dazu *Hollerbach,* Staat und Bischofsamt (Anm. 25), S. 69 ff.

[39] Art. 27 RK.

[40] Art. 11 Abs 1 MSV.

[41] Auf diesen Rechtsgrundsatz hat sich allerdings die Regierungsbegründung zum BadK für die Rechtfertigung der mit der Kapitelwahl verbundenen Einschränkung der Ämterhoheit berufen. S. Regierungsbegründung zum BadK bei *Listl,* Die Konkordate und Kirchenverträge (Anm. 34), Bd. 1, S. 151 ff., 163.

organs sind entfallen, und der religiös neutrale Staat hat kein Recht, die Kirche in einem Vertrag hinsichtlich des Verfahrens für die Besetzung des leitenden geistlichen Amts zu binden. Die staatliche Norm in der Gestalt des das Konkordat transformierenden Gesetzes, mit dem die Kapitelwahl vorgeschrieben wird, steht damit in Widerspruch zur Verfassung.

Nach dem Recht der katholischen Kirche ist ebenso wie das Kapitelwahlrecht auch das Recht des Staates, gegen einen zu ernennenden Bischof politische Bedenken vorzutragen, eine Einschränkung ihrer Ämterhoheit. Dementsprechend verbietet das Kirchenrecht, den weltlichen Autoritäten Rechte in Bezug auf die Bischofsbestellung einzuräumen[42]. Das Recht, politische Bedenken gegen eine Bischofsernennung vorzutragen, schränkt die Ämterhoheit nicht in deren Kern ein und ist deshalb mit dem Grundgesetz vereinbar[43]. Dies gilt auch für den Treueid, den die katholischen Bischöfe zu leisten haben, weil elementare Strukturprinzipien der Verfassung trotz der verfassungsrechtlich bedenklichen Imparität gegenüber den evangelischen Landeskirchen[44] durch diesen Eid nicht beeinträchtigt werden.

b) Das kirchlich gebundene Staatsamt

Die Ämterhoheit in den Personalangelegenheiten garantiert die Freiheit der Kirchen auch für den Inhaber des kirchlich gebundenen Staatsamts[45]. Ein solches Amt, dessen Inhaber kraft staatlichen Rechts dazu verpflichtet ist, bei der Ausübung seines staatlichen Amts zugleich eine kirchliche Aufgabe wahrzunehmen, kennt das Staatskirchenrecht bei der Seelsorge in der Bundeswehr, beim Bundesgrenzschutz, im Krankenhaus, im Strafvollzug, für den Religionsunterricht an öffentlichen Schulen, für die Theologie an staatlichen Hochschulen und in der Gestalt der sog. Konkordatsprofessuren. Während die Verfassung für

---

[42] C. 377 § 5 CIC/1983.

[43] S. *Alexander Hollerbach,* Der verfassungsrechtliche Schutz kirchlicher Organisation, in: HStR VI, 1989, § 139, S. 568; *Ernst- Lüder Solte,* Staatskirchenrecht und Kirchenkonflikte, in: Eine Kirche — ein Recht? (Anm. 25), S. 155 ff., 168.

[44] Hierauf hat *Hollerbach,* Zur Problematik des staatlichen Treueids (Anm. 37), S. 201 aufmerksam gemacht.

[45] Allgemeine Hinweise zu diesem Amt, das auch als konfessionsgebundenes oder konfessionelles Staatsamt bezeichnet wird, bei *Solte,* Theologie an der Universität (Anm. 9), S. 120 ff.; *Axel Frhr. von Campenhausen,* Das konfessionsgebundene Staatsamt, in: FS für Theodor Maunz. München 1981, S. 27 ff.; v. *Mangoldt/Klein/v. Campenhausen,* Art. 140 GG/Art. 136 WRV, Rdnrn. 14 ff.; *Heckel,* Die theologischen Fakultäten (Anm. 3), S. 67 ff.

§ 18 Die Ämterhoheit der Kirchen 571

den Zugang zum allgemeinen Staatsamt jede Differenzierung nach dem religiösen Bekenntnis verbietet[46], gestattet und fordert sie bei der Besetzung dieser Ämter die Mitwirkung der Religionsgemeinschaft, soweit diese die spezifisch religiös-kirchlichen Aspekte des Amts zum Gegenstand hat. Die staatskirchenrechtlichen Grundentscheidungen für die Trennung von Staat und Kirche, die Ämterhoheit als Teil des allgemeinen Selbstbestimmungsrechts und die religiös-weltanschauliche Neutralität verlangen, daß Staat und Kirche bei der Errichtung des Amts, dessen Besetzung und dessen Ausgestaltung die spezifisch religiös-kirchlichen und die säkularen Aspekte des Amts und der Institution berücksichtigen. Das hierfür gefundene staatskirchenrechtliche Modell, das in den Staatskirchenverträgen ausgestaltet worden ist, kann wie folgt gekennzeichnet werden: Die Kirche entscheidet darüber, ob sie ein Amt des Staates für ihre Aufgaben in Anspruch nehmen will[47]. Sie entscheidet über die Eignung des zu berufenden Amtsinhabers hinsichtlich der religiös-kirchlichen Aspekte des Amts, und sie kann verlangen, daß der Amtsinhaber sein Amt in Übereinstimmung mit ihren Anforderungen an Lehre und ethisches Verhalten ausübt[48]. Der Staat hat deshalb dafür zu sorgen, daß der Inhaber des kirchlich gebundenen Staatsamts seine auf die Kirche bezogene Funktion verliert, wenn er nach der Auffassung der Kirche diese unter spezifisch kirchlich-religiösen Aspekten nicht mehr ausüben kann. Dabei sind die in der Verfassung und im Beamtenrecht begründeten Rechte des Amtsinhabers zu wahren.

Das Staatskirchenvertragsrecht wird der kirchlichen Freiheit bei der Besetzung dieser Ämter in weitem Umfang gerecht. So sichern die Vereinbarungen der Kirchen mit der Bundesrepublik und den Ländern die Mitwirkungsrechte der Kirchen bei den Ämtern in der Bundeswehr[49]

---

[46] Art. 33 Abs. 2 und 3 GG.

[47] Aktuell wurde dieses Problem im Zusammenhang mit der Errichtung wissenschaftlicher Betriebseinheiten „Evangelische und Katholische Theologie" an der Universität Frankfurt a. M. S. dazu *Heckel,* Organisationsstrukturen der Theologie (Anm. 12).

[48] S. dazu das Urteil des VG Aachen v. 27.6.1972, in: DVBl. 1974, S. 57 mit Anm. *von Joseph Listl,* das Verleihung und Entzug der kirchlichen Lehrerlaubnis dem kirchlichen Selbstbestimmungsrecht zuordnet und eine Überprüfung durch die staatlichen Gerichte ausschließt.

[49] S. in *diesem* Handbuch dazu *Rudolf Seiler,* § 68 Seelsorge in Bundeswehr und Bundesgrenzschutz. Im Gegensatz zu den Militärbischöfen, die nicht in einem staatlichen Anstellungsverhältnis stehen, sind die Militärgeistlichen Beamte des Bundes. Sie werden auf Vorschlag des Militärbischofs ernannt (Art. 18 Abs. 1 MSV) und bei Verlust der durch die Ordination erworbenen Rechte oder bei dienststraflicher Entfernung aus dem kirchlichen Amt entlassen (Art. 23 Abs. 1 Nr. 1 MSV). Nach Art. 2 des Gesetzes über die Militärseelsorge vom 26.7.1957 (BGBl. II S. 701; abgedr. auch bei *Listl,* Die Konkordate und Kirchenverträge

und im Bundesgrenzschutz[50], in den Krankenhäusern, Strafanstalten und sonstigen öffentlichen Einrichtungen[51] sowie in den Personalangelegenheiten des Religionslehrers[52] und des Hochschultheologen[53]. Dabei gewährleisten die Konkordate die Ämterhoheit bei der Besetzung dieser Ämter in der Weise, daß die Kirche Einwendungen gegen Lehre und Lebenswandel vorbringen kann, die der Staat zu respektieren hat. Weiter ist der Staat dazu verpflichtet, den Inhaber des kirchlich gebundenen Staatsamts unter Wahrung seines Beamtenstatus aus diesem Amt dann zu entfernen, wenn er seinen kirchlichen Auftrag im Staatsamt nicht mehr wahrnehmen kann[54]. Bei den an die evangelische Kirche gebundenen Staatsämtern sind die Mitwirkungsrechte der Landeskirchen bei den einzelnen Ämtern unterschiedlich ausgestaltet. Sie reichen von einem den Staat bindenden Votum in Fragen des Glaubens und dem Recht, bei Mißachtung der Anforderungen an Lehre und sittliches Verhalten die Entfernung aus dem Amt zu verlangen[55], bis zu einem bloßen Gutachtenrecht bei der Berufung in das Amt im Fall des evangelischen Hochschultheologen. Hingewiesen sei darauf, daß dieses Gutachtenrecht und die fehlende Möglichkeit einer Beanstandung bei Verlust der Eignung für die Theologenausbildung der Landeskirche den Anforderungen des Staatskirchenrechts nicht gerecht zu werden vermögen[56].

[Anm. 34], Bd. 1, S. 94) sind diese Normen auf Geistliche der katholischen Militärseelsorge, die das RK in Art. 27 garantiert, sinngemäß anzuwenden.

[50] S. hierzu die Vereinbarung über die evangelische Seelsorge im Bundesgrenzschutz v. 20.-23.7./12.8.1965 (GMBl. 1965, S. 374) und die Vereinbarung über die katholische Seelsorge v. 29.7./12.8.1965 (GMBl. 1965, S. 377). Die Grenzschutzgeistlichen und Angestellte des Bundes, die, worauf die Verträge in § 2 Abs. 2 ausdrücklich hinweisen, ein kirchliches Amt wahrnehmen. S. zur Rechtsstellung der Grenzschutzgeistlichen in *diesem* Handbuch *Seiler*, § 68 (Anm. 49).

[51] Dazu in *diesem* Handbuch *Susanne Eick-Wildgans*, § 70 Anstaltsseelsorge.

[52] S. dazu in *diesem* Handbuch *Christoph Link*, § 54 Religionsunterricht.

[53] Dazu in *diesem* Handbuch *Alexander Hollerbach*, § 56 Theologische Fakultäten und staatliche Pädagogische Hochschulen.

[54] S. für den Religionsunterricht Art. 22 RK.

[55] So bei den bayerischen Religionslehrern an öffentlichen Schulen (Art. 6 BayKV i. d. F. des Änderungsvertrags v. 12. 9. 1974, bei *Listl*, Die Konkordate und Kirchenverträge [Anm. 34], Bd. 1, S. 566 ff.) und den Militärgeistlichen.

[56] S. aus der Vielzahl von Voten zu diesem Problem *Jörg Müller-Volbehr*, Staat und Kirche — Universität und Theologie, in: ZevKR 24 (1979), S. 1 ff.; 19 ff.; *Ernst-Lüder Solte*, Art. Fakultäten, theologische, in: TRE, Bd. 10, 1982, Sp. 788 ff., 794; *Heckel*, Die theologischen Fakultäten (Anm. 3), S. 94 ff.

§ 19

Grundrechtsbindung der Kirchen und Religionsgemeinschaften

Von Hermann Weber

I. Einleitung

Unter „Grundrechtsbindung der Kirchen und Religionsgemeinschaften" (künftig: Grundrechtsbindung der Religionsgemeinschaften) versteht man die Frage, ob und wie weit Kirchen und andere Religionsgemeinschaften kraft staatlichen Rechts an die staatlichen Grundrechte gebunden (also Grundrechts*verpflichtete* — oder Grundrechts*adressaten* — dieser Grundrechte) sind. Davon zu unterscheiden sind zwei weitere Probleme: die — heute ausgetragene, in positivem Sinne zu beantwortende — Frage, ob sich auch die Kirchen und anderen Religionsgemeinschaften *als solche,* als *Organisationen* (und nicht nur ihre *Glieder),* auf den Grundrechtskatalog der staatlichen Verfassung berufen können, also Grundrechts*träger* dieser Grundrechte sind (Frage der Grundrechts*geltung für* die Religionsgemeinschaften)[1], und die — für jede Religionsgemeinschaft aufgrund ihres eigenen Rechts zu beantwortende — Frage, ob und in welchem Umfang nach *innerkirchlichem Recht* Grundrechte oder grundrechtsähnliche Gewährleistungen existieren (oder existieren sollten)[2]. Beide Probleme sind hier nicht zu behandeln.

---

[1] BVerfGE 42, 312 (321 f.) = KirchE 15, 320 (321 f.); *Klaus Stern,* Das Staatsrecht der Bundesrepublik Deutschland. Bd. III/1: Allgemeine Lehren der Grundrechte. München 1988, S. 1152 f., m. Nachw.; zur Geltendmachung von Grundrechtsverletzungen durch die Kirchen im verfassungsgerichtlichen Verfahren vgl. in *diesem* Handbuch *Hermann Weber,* § 72 Rechtsschutz der Kirchen durch staatliche Gerichte.

[2] Vgl. dazu für die ev. Kirche *Dietrich Pirson,* Grundrechte in der Kirche, in: ZevKR 17 (1972), S. 358 ff.; *Winfried Stolz,* Menschenrechte und Grundrechte im evangelischen Kirchenrecht, in: ZevKR 34 (1989), S. 238 ff.; *Herbert Ehnes,* Die Bedeutung des Grundgesetzes für die Kirche, insbesondere Grundrechte in der Kirche, in: ZevKR 34 (1989), S. 382 ff.; für die katholische Kirche *Matthäus Kaiser,* Die rechtliche Grundstellung der Christgläubigen, in: HdbKathKR,

Die Grundrechtsbindung der Religionsgemeinschaften ist in der Literatur vor allem in den siebziger Jahren intensiv diskutiert worden[3]. In der (gerichtlichen) Praxis hat sie nur eine geringe Rolle gespielt[4]: Für einige Teilbereiche der Tätigkeit der öffentlich-rechtlichen Religionsgemeinschaften, in denen diese nach allgemeiner Auffassung von staatlich verliehener Hoheitsgewalt Gebrauch machen (Kirchensteuerrecht, Friedhofsrecht), hat die Rechtsprechung die Grundrechtsbindung ohne weiteres bejaht[5]. Im Gegensatz dazu ist die Frage, ob die Kirchen bei der Regelung der Rechtsverhältnisse der Geistlichen und Kirchenbeamten in öffentlich-rechtlichen Dienstverhältnissen zumindest an einen Grundbestand staatlicher Grundrechte gebunden sind, bis heute offen geblieben: Die Rechtsprechung hat insoweit in der Regel zwar eine — hypothetische — Grundrechtsprüfung vorgenommen, die Grundsatzfrage, ob eine Grundrechtsbindung überhaupt gegeben ist, aber offen gelassen, weil nach Auffassung der Gerichte in den entschiedenen

---

S. 171 ff. (173 ff.); *Winfried Aymanns,* Kirchliche Grundrechte und Menschenrechte, in: ArchKathKR 149 (1980), S. 389 ff.; *Hans F. Zacher,* Grundrechte und Katholische Kirche, in: Rechtsstaat, Kirche, Sinnverantwortung. FS für Klaus Obermayer zum 70. Geburtstag. München 1986, S. 325 ff., jeweils m. Nachw.; knapp zusammenfassend zuletzt *Heinrich Gehring,* in: Das Bürgerliche Gesetzbuch mit besonderer Berücksichtigung der Rechtsprechung des RG und des BGH. 12. Aufl., 68. Lieferung, Berlin 1992, Anh. III § 630 — Kirchenarbeitsrecht, Rdnrn. 35 ff.

[3] Vgl. *Horst Säcker,* Die Grundrechtsbindung der kirchlichen Gewalt, in: DVBl. 1969, S. 5 ff.; *Wolfgang Rüfner,* Die Geltung von Grundrechten im kirchlichen Bereich, in: EssGespr 7 (1972), S. 9 ff.; *Hermann Weber,* Die Grundrechtsbindung der Kirchen, in: ZevKR 17 (1972), S. 386 ff.; *Konrad Hesse,* Grundrechtsbindung der Kirchen?, in: Im Dienst an Recht und Staat. FS für Werner Weber zum 70. Geburtstag. Berlin 1974, S. 447 ff.; *Karl Hermann Kästner,* Die Geltung von Grundrechten in kirchlichen Angelegenheiten, in: JuS 1977, S. 715 ff. (die vier zuletzt genannten Abhandlungen sind auch abgedr. in: *Paul Mikat* [Hrsg.], Kirche und Staat in der neueren Entwicklung. Darmstadt 1980, S. 174 ff., 199 ff., 287 ff., 474 ff.); zusammenfassend aus neuerer Zeit vor allem *Stern,* Das Staatsrecht (Anm. 1), S. 1210 ff., und — mit den hier vertretenen Positionen durchweg übereinstimmend — *Hans Heimerl-Helmuth Pree,* Handbuch des Vermögensrechts der Katholischen Kirche, Regensburg 1993, S. 672 ff.; ferner — knapp — *Wolfgang Rüfner,* Grundrechtsadressaten, in: HStR V, 1992, § 117, S. 548 f.; *Gehring,* BGB (Anm. 2), Rdnrn. 41, 42.

[4] Nicht selten wird denn auch die praktische Relevanz der Fragestellung überhaupt in Zweifel gezogen; vgl. etwa *Werner Weber,* „Allgemeines" und „für alle geltendes Gesetz", in: FS für Ernst Rudolf Huber. Göttingen 1973, S. 181 ff. (199), unter Verweis auf *Rüfner,* Geltung von Grundrechten (Anm. 3), S. 26.

[5] Vgl. zur Kirchensteuer die st. Rspr. seit den Kirchensteuerurteilen des BVerfG aus dem Jahre 1965 (insbes. BVerfGE 19, 206 [215 f.] = KirchE 7, 338 [343]); s. ferner noch BVerwG, in: KirchE 10, 91 (94 f.); zum Friedhofsrecht BVerwG, in: KirchE 16, 266 (268 f.); OVG Lüneburg, in: KirchE 16, 130 (136); mit methodisch abweichender Begründung auch VG Hamburg, in: KirchE 16, 153 (158); ebenso für öffentlich-rechtliche Benutzungsverhältnisse kirchlicher Kindergärten OVG Lüneburg, in: ZevKR 30 (1985), S. 426 (434).

Fällen auch bei Zugrundelegung einer Grundrechts*bindung* eine Grundrechts*verletzung* stets zu verneinen war[6].

II. Staatskirchenrechtliche Ausgangspunkte

Staatskirchenrechtlich kann eine Bindung der Religionsgemeinschaften an die (staatlichen) Grundrechte in doppelter Weise begründet werden: entweder als Unterfall der Begrenzung des kirchlichen Selbstbestimmungsrechts durch das „für alle geltende Gesetz" (Art. 140 GG i. V. m. Art. 137 Abs. 3 WRV) oder als Folge der Wertung von Kirchengewalt (bzw. von Teilen der Kirchengewalt) als grundrechtsgebundene öffentliche Gewalt in Auslegung des Art. 140 GG i. V. m. Art. 137 Abs. 5 WRV. Damit wird deutlich, daß Grenzlinien hinsichtlich der Grundrechtsbindung nicht — wie die Überschrift nahelegen könnte — zwischen „Kirchen" und (anderen) „Religionsgemeinschaften" zu ziehen sind; Unterschiede bestehen vielmehr zwischen den Religionsgemeinschaften (unter Einschluß der Kirchen), denen nach Art. 137 Abs. 5 WRV die Eigenschaft als Körperschaft des öffentlichen Rechts verliehen ist, und den privatrechtlichen Religionsgemeinschaften.

1. Die Garantie des Selbstbestimmungsrechts der Religionsgemeinschaften und die Schranke des „für alle geltenden Gesetzes"

Grundpfeiler des staatskirchenrechtlichen Systems des Grundgesetzes und gleichzeitig die für das Problem der Grundrechtsbindung in erster Linie maßgebliche Bestimmung ist die Garantie des Selbstbestimmungsrechts der Religionsgemeinschaften (Art. 137 Abs. 3 WRV), die heute ergänzt und mitbestimmt wird durch die Freiheitsrechte, insbesondere die Religions- und Bekenntnisfreiheit (Art. 4 Abs. 1, 2 GG) der Religionsgemeinschaften als juristischer und ihrer Mitglieder als natürlicher Personen. Bei Auslegung des Art. 137 Abs. 3 WRV ist — entgegen aller Kritik an dieser von der Rechtsprechung und von Teilen des Schrifttums nach wie vor vertretenen „Bereichslehre"[7] — daran festzu-

---

[6] So schon BVerwGE 28, 345 (351 f.) = KirchE 9, 306 (311 f.); aus neuerer Zeit etwa BVerwGE 66, 241 (250) = KirchE 20, 208 (216 f.); BVerwG, in: NJW 1983, S. 2582 = KirchE 20, 217 (223); beide bestätigt durch BVerfG (Vorprüfungsausschuß), in: NJW 1983, S. 2569, Nr. 1 und 2 (= KirchE 21, 132 und 171).

[7] Zur Begründung der Bereichslehre *Hermann Weber*, Grundprobleme des Staatskirchenrechts. Bad Homburg v. d. H., Berlin, Zürich 1970, S. 43 ff.; *ders.*, Gelöste und ungelöste Probleme des Staatskirchenrechts, in: NJW 1983, S. 2541 (2551 f.), m. ausf. Nachw. aus der Rspr.; krit. zuletzt *Karl-Hermann Kästner*, Staatliche Justizhoheit und religiöse Freiheit. Tübingen 1991, S. 85 ff.

halten, daß das Selbstbestimmungsrecht der Religionsgemeinschaften den kirchlichen Innenbereich, das forum internum der Religionsgemeinschaften, von jeder staatlichen Ingerenz freistellt. In diesem Bereich gibt es kein „für alle geltendes Gesetz" (und darf es von Verfassungs wegen kein solches Gesetz geben): Was maßgebliche Lehre der jeweiligen Religionsgemeinschaft ist, welche religiösen Pflichten den Mitgliedern der Religionsgemeinschaft gegenüber der Religionsgemeinschaft, aber auch der Gemeinschaft gegenüber ihren Mitgliedern obliegen, unter welchen Voraussetzungen bestimmte religiöse Amtshandlungen (etwa: Taufe, kirchliche Trauung oder Beerdigung) zu gewähren bzw. zu versagen sind, welche kirchlichen Ämter existieren und welche Pflichten die kirchlichen Amtsträger treffen, das alles (und vieles weitere) ist ausschließlich Angelegenheit der fraglichen Religionsgemeinschaft, in die der Staat regulierend (und judizierend) nicht eingreifen darf. Der Verzicht auf staatliche Ingerenz in den kirchlichen Innenbereich entspricht nicht nur der Garantie der Religionsfreiheit; in ihm kommt auch der säkulare Charakter des Staats zum Ausdruck. Er bewirkt, daß Fragen wie die Gewährung oder Versagung von Sakramenten, die Ordnung des Gottesdienstes oder die Gestaltung religiöser Lebensordnungen aus dem Regelungsbereich des staatlichen Rechts (und der von ihm geprägten Leitbilder) herausfallen. Das alles schließt nicht aus, daß von Handlungen im Innenbereich der Religionsgemeinschaften im Einzelfall Wirkungen nach außen ausgehen und daß die Religionsgemeinschaften sich darüber hinaus bei Erfüllung ihrer Aufgaben in vielfältiger Form der weltlichen Rechtsordnung bedienen und bedienen müssen: In allen diesen Fällen verlassen sie den staatlicher Ingerenz unzugänglichen Innenbereich und begeben sich in den Bereich staatlicher Rechtsordnung, in dem das „für alle geltende Gesetz" auch kirchlichen Betätigungen Grenzen zieht (und nach Art. 137 Abs. 3 WRV Grenzen ziehen darf).

Damit ist das Problem der Geltung staatlichen Rechts gegenüber den Religionsgemeinschaften aber nicht abschließend umschrieben: Ohne daß die damit verbundenen schwierigen Fragen hier eingehend erörtert werden könnten[8], bleibt doch folgendes festzuhalten: Die Bindung der Religionsgemeinschaften an das „für alle geltende Gesetz" gilt auch ihrerseits nicht uneingeschränkt. Schon aus dem Verbot jeder staatlichen Ingerenz in den kirchlichen Innenbereich folgt, daß das „für alle geltende Gesetz" in seiner Anwendung auf die Religionsgemeinschaften stets so zu interpretieren ist, daß dieser Bereich unberührt bleibt; bei Auslegung des „für alle geltenden Gesetzes" im übrigen ist der verfassungsrechtlichen Gewährleistung kirchlicher Selbstbestimmung im Wege der Güterabwägung Rechnung zu tragen[9].

---

[8] Vgl. *H. Weber*, Grundprobleme (Anm. 7).

2. Die Bedeutung des Status der Kirchen und Religionsgemeinschaften als Körperschaften des öffentlichen Rechts

Neben die Garantie der Eigenständigkeit und Selbstverantwortung der Religionsgemeinschaften als Gewährleistung des *status negativus* tritt mit der Zuerkennung der Eigenschaft als Körperschaften des öffentlichen Rechts (Art. 137 Abs. 5 WRV) ein *status positivus*: Den Religionsgemeinschaften wird die Möglichkeit eingeräumt, von einem Kernbestand traditioneller öffentlich-rechtlicher Befugnisse (Besteuerungsrecht, Dienstherrenfähigkeit, Disziplinargewalt, Autonomie zur selbständigen Regelung dieser Gebiete mit öffentlich-rechtlicher Wirkung) Gebrauch zu machen. In diesem Teilbereich ihres Wirkens treten die Religionsgemeinschaften kraft des staatlich verliehenen status ihren Mitgliedern (und darüber hinaus z. T. auch Außenstehenden) öffentlich-rechtlich gegenüber und üben sie unter Gebrauchmachen von staatlichen Zwangsmöglichkeiten echte Hoheitsgewalt aus. Die Religionsgemeinschaften brauchen von diesen Möglichkeiten keinen Gebrauch zu machen; bedienen sie sich aber der vom Staat zur Verfügung gestellten Rechtsformen, dann bewegen sie sich im Bereich des (staatlichen) öffentlichen Rechts und unterliegen den damit verbundenen Bindungen.

Art. 137 Abs. 5 WRV ermöglicht es den begünstigten Religionsgemeinschaften, sich in Teilbereichen ihrer Tätigkeit durch Rückgriff auf hoheitliche Gestaltungsformen den Beschränkungen des allgemeinen Rechts (also z. B. des Dienstvertragsrechts des BGB, des Arbeits- und Sozialrechts oder des bürgerlichen Vereinsrechts) zu entziehen. Damit agieren sie aber nicht im rechtsfreien Raum; es tritt lediglich an die Stelle des auf alle Verbände normalerweise anzuwendenden Privatrechts das öffentliche Recht mit den ihm eigenen Befugnissen und Bindungen. Soweit Art. 137 Abs. 5 WRV darüber hinaus eine Garantie staatsabgeleiteter Autonomie zur Einzelgestaltung der überlassenen Rechtsformen enthält, erlaubt er es den Religionsgemeinschaften zusätzlich, ohne Bindung an staatlicherseits ausgeformte Rechtsgestaltungen ein ihren Bedürfnissen entsprechendes eigenes Recht (etwa ein kirchliches Beamten- und Disziplinarrecht) zu schaffen. Hält das kirchliche Recht sich in den Grenzen der Ermächtigung (Art. 137 Abs. 5 WRV) und beachtet es die Schranken, die jeder hoheitlichen Rechtssetzung kraft Verfassung gesetzt sind, dann tritt es an die Stelle des bei privatrechtlichem Handeln anwendbaren „für alle geltenden Gesetzes"

---

[9] Insoweit z. T. abweichend noch *H. Weber*, Grundrechtsbindung (Anm. 3), insbes. S. 397 ff. Für eine Kombination von Bereichsscheidung und Güterabwägung auch *Walter Leisner*, Karitas — innere Angelegenheit der Kirchen, in: DÖV 1977, S. 475 ff. (insbes. 482 ff.); s. auch schon *Hermann Weber*, Staatliche und kirchliche Gerichtsbarkeit, in: NJW 1989, S. 2217 ff. (2221, 2224).

(Art. 137 Abs. 3 WRV) — etwa des allgemeinen Arbeits- und Sozialrechts —, bindet die Religionsgemeinschaften aber nicht weniger als dieses[10].

Aus diesem Verständnis der Korporationsqualität folgt gleichzeitig ein weiteres: Art. 137 Abs. 5 WRV bedeutet keine Qualifizierung der Tätigkeit der Religionsgemeinschaften im Innenbereich: Mit ihm ist weder eine generelle Wertung der Kirchengewalt als öffentliche Gewalt noch eine allgemeine Einordnung des Kirchenrechts in das (staatliche) öffentliche Recht verbunden. Die den Religionsgemeinschaften in Art. 137 Abs. 5 WRV angebotene Hoheitsgewalt und die Autonomie im technischen Sinne treten vielmehr neben die innere Kirchengewalt und das innere Kirchenrecht; deren Staatsunabhängigkeit und verfassungskräftige Immunität gegenüber staatlicher Einflußnahme finden ihren Standort nicht in Art. 137 Abs. 5, sondern in Art. 137 Abs. 3 WRV.

Die Korporationsqualität ändert auch nichts an der Gewährleistung des kirchlichen Selbstbestimmungsrechts (Art. 137 Abs. 3 WRV) und der Freistellung der inneren Kirchenbereichs von staatlicher Ingerenz. Auch die aus Art. 137 Abs. 5 WRV abzuleitenden öffentlich-rechtlichen Bindungen der Religionsgemeinschaften sind daher stets so zu interpretieren, daß dieser Bereich unberührt bleibt; auch bei Auslegung dieser Bindungen im übrigen ist — in Parallele zur Auslegung des „für alle geltende Gesetzes" — auf dem Wege der Güterabwägung der Verfassungsgarantie kirchlicher Selbstbestimmung Rechnung zu tragen[11].

3. Beleihung von Religionsgemeinschaften mit Hoheitsfunktionen

Nicht übersehen werden darf, daß Religionsgemeinschaften (ebenso wie andere Privatrechtssubjekte) in Einzelfällen ohne Rücksicht darauf, ob sie Körperschaften des öffentlichen Rechtes sind, mit der Wahrnehmung von Staatsaufgaben — und in diesem Zusammenhang mit der Wahrnehmung öffentlicher Gewalt — beliehen werden können (und in der Praxis auch beliehen werden). Als solche Beleihung wird herkömmlicherweise die Verwaltung öffentlich zugänglicher kirchlicher Friedhöfe (zumindest aber die Regelung der an solchen Friedhöfen bestehenden Nutzungsverhältnisse) angesehen[12]. Ein weiteres Beispiel bietet das

---

[10] Ausführliche Begründung dieses Verständnisses der Korporationsqualität bei *Hermann Weber*, Die Religionsgemeinschaften als Körperschaften des öffentlichen Rechts im System des Grundgesetzes. Berlin 1966, S. 91 ff., 108 ff., 138 ff.

[11] Auch insoweit z. T. abweichend noch *H. Weber*, Grundrechtsbindung (Anm. 3), insbes. S. 411 ff.

Privatschulrecht. Auch Religionsgemeinschaften — einschließlich der Religionsgemeinschaften des privaten Rechts — können Privatschulen unterhalten, die als Ersatzschulen staatlich anerkannt sind oder denen darüber hinaus — etwa nach bayerischem Recht — der Charakter öffentlicher Schulen verliehen worden ist. Bei Verwaltung dieser Schulen üben die Religionsgemeinschaften in bestimmtem Umfang (im Fall der anerkannten Ersatzschulen im Bereich des *Berechtigungswesens,* im Fall der Ersatzschulen, denen öffentlicher Charakter verliehen ist, mit der Ordnung des *gesamten Schulverhältnisses)* als „beliehene Unternehmer" staatsabgeleitete hoheitliche Gewalt aus[13]. Soweit die Beleihung reicht, unterliegen sie wie andere beliehene Unternehmer über die Bindung an das „für alle geltende Gesetz" hinaus allen Bindungen, die der staatlichen Hoheitsgewalt gezogen sind. Auch hier ist freilich zu beachten, daß diese Bindungen im Einzelfall nicht zu einer unzulässigen staatlichen Ingerenz in den kirchlichen Innenbereich führen dürfen.

III. Folgerungen für die Grundrechtsbindung

1. Folgerungen für alle Religionsgemeinschaften

a) Eine Grundrechtsbindung im *inneren Bereich* der Religionsgemeinschaften besteht nicht, auch nicht in einem — wie auch immer — eingeschränkten Sinne. Jeder Versuch, für diesen Bereich eine Bindung an staatliche Grundrechte zu installieren, müßte das kirchliche Selbstbestimmungsrecht in seinem Kern treffen. Verdeutlichen läßt sich das am Beispiel der Glaubens- und Gewissensfreiheit, die zu den grundlegendsten Gewährleistungen des staatlichen Grundrechtskatalogs gehört, die aber, wenn sie den Kirchen von außen — also kraft staatlichen Rechts — für den inneren Kirchenbereich aufgezwungen würde, ebenso sicher das Recht kirchlicher Selbstbestimmung und gleichzeitig die Religionsfreiheit in ihrem Kern treffen müßte. Hinsichtlich der anderen Grundrechte liegt der Sachverhalt nur graduell anders.

b) Nehmen die Religionsgemeinschaften kraft staatlicher Verleihung *Staatsaufgaben* wahr, kann sich der Bürger der von ihnen ausgeübten staatlichen Gewalt gegenüber in gleicher Weise auf Grundrechte berufen wie gegenüber dem Staat selbst. Die Satzungen öffentlich zugängli-

---

[12] Eingehend dazu *Hermann Weber,* Benutzungszwang für Trauerhallen (Friedhofskapellen) und friedhofseigene Leichenkammern auf kirchlichen Friedhöfen, in: ZevKR 33 (1988), S. 15 ff. (24 ff.).
[13] H. *Weber,* ebd., S. 30 f.

cher kirchlicher Friedhöfe, insbesondere kirchlicher Monopolfriedhöfe, dürfen Andersgläubige gegenüber den Kirchenangehörigen bei der Friedhofsnutzung daher nicht benachteiligen (Art. 3 GG)[14]; die Kirchen als Verwalter solcher Friedhöfe dürfen ebensowenig grundrechtswidrige Benutzungsgebote für Friedhofseinrichtungen festlegen[15] oder grundrechtswidrige Anforderungen an die Gestaltung von Grabdenkmalen stellen[16] wie kommunale Körperschaften. Fragen, die den religiösen Charakter der Beerdigung betreffen (etwa die Gewährung und Gestaltung des kirchlichen Begräbnisses) bleiben dagegen eine rein innerkirchliche Angelegenheit, für die eine Grundrechtsbindung von vornherein ausscheidet[17]. Auch Berechtigungen im Privatschulwesen dürfen nicht von grundrechtswidrigen Voraussetzungen abhängig gemacht werden: So ist die Versagung des Abiturzeugnisses einer kirchlichen Privatschule, weil der Betroffene sich vom Religionsunterricht abgemeldet hat, offensichtlich unzulässig. Anders stellt sich die Frage, ob ein Schüler aus dem gleichen Grund von der Schule entfernt werden darf: Da hier nicht das öffentlich-rechtliche Berechtigungswesen (und damit auch nicht — wenn nicht im Einzelfall der Schule über die Anerkennung als Ersatzschule hinaus öffentlicher Charakter verliehen ist — der Bereich von der Kirche wahrgenommener Staatsaufgaben), sondern das — privatrechtlich zu wertende — Grundverhältnis betroffen ist, sind die aus der Staatszuordnung des Berechtigungswesens gezogenen Folgerungen insoweit nicht anwendbar. Auf den Fall wird später zurückzukommen sein.

c) Schwieriger zu beantworten ist die Frage nach einer Grundrechtsbindung der Religionsgemeinschaften in der Sphäre kirchlichen Tätigwerdens „nach außen", im *Regelungsbereich der weltlichen Rechtsord-*

---

[14] Das führt etwa zu einem Anspruch Andersgläubiger auf Beerdigung auf kirchlichen Monopolfriedhöfen, vgl. BVerwGE 25, 364 (369) = KirchE 8, 254 (258).

[15] *H. Weber,* Benutzungszwang (Anm. 12), insbes. S. 33 ff.

[16] In BVerwGE 25, 364 (368 f.) = KirchE 8, 254 (258) war auf diese Frage nicht einzugehen, da es dort bereits an einer die streitige Grabmalgestaltung ausschließenden Friedhofssatzung fehlte, ein Verbot dieser Gestaltung auch aus dem Friedhofszweck nicht abzuleiten war und es damit auf grundrechtliche Grenzen für solche Regelungen nicht ankam. Indessen kann nicht bezweifelt werden, daß der Senat von seinen Ausgangspunkten aus die fragliche Grundrechtsbindung der Kirche ebenfalls bejaht hätte. — Wie hier auch *Otto Bachof,* Rechtsnatur, zulässiger Inhalt und gerichtliche Anfechtung von Friedhofsordnungen (dargestellt am Kunststeinverbot). Ein Rechtsgutachten, in: AöR 78 (1952), S. 86 (92); a. A. *Winfried Jung,* Staat und Kirche im kirchlichen Friedhofswesen. Diss. Göttingen 1966, S. 111 ff., m. Nachw.; einschränkend BVerwG, in: NJW 1990, S. 2089 (für einen Friedhof, der nur der Bestattung der Mitglieder der fraglichen Religionsgemeinschaft diente).

[17] *H. Weber,* Benutzungszwang (Anm. 12), S. 25, 34 f.

§ 19 Grundrechtsbindung der Kirchen und Religionsgemeinschaften   581

nung (oder des „für alle geltenden Gesetzes"). Das Ergebnis für diesen Bereich soll in einer pointierten Formulierung vorweggenommen werden: Eine Grundrechtsbindung der Religionsgemeinschaften besteht insoweit — nicht anders als die Gesetzesbindung überhaupt — in gleicher Weise wie für alle anderen Rechtssubjekte auf dem Staatsgebiet[18]; das Problem der „Drittwirkung der Grundrechte"[19] stellt sich damit für sie nicht anders als für sonstige Teilnehmer am allgemeinen Rechtsverkehr.

Mit diesen abstrakten Formulierungen ist freilich wenig mehr als ein Ausgangspunkt gewonnen. Ein deutlicheres Bild der Wirkungsweise der Grundrechte im hier fraglichen Bereich setzt Klarheit in einem weiteren Punkt voraus, der in der älteren Diskussion um die „Drittwirkung der Grundrechte"[20] eher verdunkelt als erhellt worden ist: Im Bereich privater Gleichordnung hat es der Einzelne in aller Regel kaum jemals nötig, sich direkt auf die Grundrechtsgarantien zu berufen, um die Sicherung der ihm grundrechtlich gewährleisteten Positionen „in der dritten Dimension" (also gegenüber gleichgeordneten Rechtssubjekten des Privatrechtsverkehrs) zu erreichen — das deswegen, weil die Sicherung dieser Grundrechtspositionen und ihre Abgrenzung gegenüber gegenläufigen Grundrechtspositionen Dritter durch ein vielfältiges und genau aufeinander abgestimmtes System gesetzlicher Regelungen geleistet wird: So bewirkt etwa der Rechtsgüterschutz des Strafrechts gleichzeitig einen Schutz der unterschiedlichsten Grundrechte des Einzelnen gegenüber Dritten. Um das zu verdeutlichen, bedarf es nur eines kurzen Hinweises auf den strafrechtlichen Schutz des Lebens, der körperlichen Unversehrtheit, des Vermögens und der allgemeinen (einschließlich der sexuellen) Entschließungsfreiheit, mit denen die Grundrechte auf Leben und körperliche Unversehrtheit (Art. 2 Abs. 2 GG), auf Eigentum (Art. 14 GG) und freie Entfaltung der Persönlichkeit (Art. 2 Abs. 1 GG) abgedeckt werden. Nichts anderes gilt für das Zivilrecht, das unter anderem einen umfassenden negatorischen Schutz gegenüber Eingriffen in (auch grundrechtlich geschützte) Rechtspositionen bereitstellt.

Vor diesem Hintergrund erscheint es keineswegs verwunderlich, daß in der allgemeinen Grundrechtslehre die Frage aufgeworfen worden ist,

---

[18] Ebenso im Ansatz *Rüfner*, Grundrechtsadressaten (Anm. 3), S. 548; *Gehring*, BGB (Anm. 2), Rdnr. 42.
[19] Vgl. dazu zusammenfassend zuletzt *Stern*, Das Staatsrecht (Anm. 1), S. 1509 ff.; *Rüfner*, Grundrechtsadressaten (Anm. 3), S. 550 ff., jeweils m. Nachw.
[20] Vgl. dazu allg. vor allem die gegenteiligen Positionen von *Hans-Carl Nipperdey*, Grundrechte und Privatrecht, Krefeld 1961, einerseits, und *Günter Dürig*, Grundrechte und Zivilrechtsprechung, in: Vom Bonner Grundgesetz zur gesamtdeutschen Verfassung. FS für Hans Nawiasky zum 75. Geburtstag. München 1956, S. 157 ff., andererseits.

ob nicht die Ausgangspunkte der älteren Drittwirkungsdiskussion überhaupt verfehlt waren und ob nicht allein an dem Denkmodell eines Wegfalls der genannten strafrechtlichen und zivilrechtlichen Schutzbestimmungen deutlich wird, daß den Grundrechten generelle Wirkung auch unter Privaten zukommt: eine Wirkung freilich, die in aller Regel vom Staat durch seine Gesetzgebung konkretisiert wird und sich damit — unter der Voraussetzung der Verfassungsmäßigkeit dieser Gesetzgebung — im konkreten Fall ohne Rückgriff auf das Grundgesetz direkt aus dem einfachen Recht ergibt[21]. Diese Frage, die in zentrale Probleme der allgemeinen Grundrechtsdogmatik führt, kann hier nicht vertieft werden. Festzuhalten bleibt aber, daß der Schutz grundrechtlicher Positionen gegenüber Eingriffen gleichgeordneter Rechtssubjekte im Rahmen des allgemeinen Rechtsverkehrs in aller Regel nicht durch die Grundrechtsgarantien des Grundgesetzes, sondern durch vielfältige Regelungen des einfachen Rechts geleistet wird[22] (die gleichzeitig auch die in Frage stehenden grundrechtlichen Positionen gegenüber entgegenstehenden Grundrechten Dritter abgrenzen). Versagt das staatliche Recht grundrechtlichen Positionen gröblich den Schutz, so verstößt das in Frage stehende Gesetz (bzw. das entsprechende Unterlassen des Gesetzgebers) und verstoßen die auf ihm basierenden Vollzugsakte (etwa das ein gerichtliches Einschreiten ablehnende Urteil) gegen die Verfassung: Ein Gesetz, das einen lebenslänglichen Verzicht auf bürgerliches Eigentum zuließe, wäre daher ebenso verfassungswidrig wie ein Gerichtsurteil, durch das vertragliche Vereinbarungen sanktioniert würden, die einem Vertragspartner gewisse Meinungsäußerungen generell und in jeder Form auf Dauer untersagen.

Eine unmittelbare Grundrechtswirkung — wie sie etwa Art. 9 Abs. 3 GG aufgrund ausdrücklicher Verfassungsregelung zukommt — bildet demgegenüber die Ausnahme: Solche Wirkungen bestehen, soweit gegeben, auch gegenüber den Religionsgemeinschaften (die also z. B. einen Zusammenschluß ihrer Bediensteten — einschließlich der Geistlichen — zu Koalitionen oder den Gewerkschaftsbeitritt ihrer Arbeitnehmer dulden müssen)[23]. Nur in einem solchen Fall wirkt das Grundrecht selbst als „für alle geltendes Gesetz" (Art. 137 Abs. 3 WRV). Ansonsten aber werden auch den Religionsgemeinschaften gegenüber die Grundrechte Dritter in erster Linie durch einfache staatliche Gesetze geschützt. Hier liegt eine der entscheidenden Legitimationen für die nach wie vor gegebene Bindung der Kirchen an das „für alle geltende Gesetz": Dieses

---

[21] *Jürgen Schwabe*, Die sogenannte Drittwirkung der Grundrechte. München 1971, passim, insbes. S. 9 ff.

[22] Wie hier *Hesse*, Grundrechtsbindung (Anm. 3), S. 456.

[23] *Hesse*, ebd., S. 457.

§ 19 Grundrechtsbindung der Kirchen und Religionsgemeinschaften   583

Gesetz — in aller Regel einfaches Recht — schützt nicht zuletzt die Grundrechte derer, die in rechtlichen Kontakt mit den Religionsgemeinschaften kommen. So verbietet das allgemeine Arbeitsrecht ungerechtfertigte Unterscheidungen von Männern und Frauen, die im kirchlichen Dienst in einem privatrechtlichen Beschäftigungsverhältnis abhängige Arbeit leisten; das bürgerliche Recht schließt die weltliche Wirkung eines beim Eintritt in einen klösterlichen Orden erklärten Verzichts auf die Möglichkeit, künftig Vermögen zu erwerben, ebenso aus wie die Wirksamkeit kirchlicher Zölibatsverpflichtungen als weltlich-rechtliche Eheverbote. Soweit das staatliche Recht im Einzelfall keine eindeutigen Abgrenzungen der Grundrechtssphären enthält, läßt es Raum für Güterabwägungen des Interpreten. In diesem Rahmen ist sowohl bei der Auslegung unmittelbar anwendbarer Grundrechte (Art. 9 Abs. 3 GG) als auch bei der Auslegung des „für alle geltenden Gesetzes" im übrigen der verfassungsrechtlichen Gewährleistung kirchlicher Selbstbestimmung Rechnung zu tragen[24].

In den Bereich mittelbarer Grundrechtsbindung gehört auch der Grundrechtsschutz über die Generalklauseln des allgemeinen, insbesondere des bürgerlichen Rechts. Anders als bei Regelungen, die den Umfang des Grundrechtsschutzes (und die gegenseitige Abgrenzung der betroffenen Grundrechtssphären) präzis vorzeichnen, verzichtet der Gesetzgeber bei der Festlegung solcher Generalklauseln bewußt auf abschließende Grenzziehungen und läßt dem Interpreten breiten Spielraum für eigene Abwägungen und Wertungen. Ein typisches Beispiel liefert der Bereich des Vertragsrechts: Die Grenzen der Verbindlichkeit von Verträgen werden weithin über die bürgerlich-rechtlichen Generalklauseln, insbesondere die §§ 138, 242 BGB, definiert. Bei der Auslegung dieser Klauseln und den für sie notwendigen Abwägungen und Wertungen sind die Grundrechte — und zwar nicht nur die jeweils in Anspruch genommenen, sondern auch ihnen entgegenstehende Positionen (darunter gegebenenfalls auch die Kirchenfreiheit) — in die Betrachtung einzubeziehen. Von diesen Grundsätzen aus ist der oben zurückgestellte Privatschulfall zu lösen: Eine Schulverweisung des Schülers, der sich vom Religionsunterricht abgemeldet hat, kommt nur in Betracht, wenn sie von dem Vertrag zugelassen wird, der dem Schulverhältnis zugrunde liegt; ob das der Fall ist, ist auf dem Wege einer sorgfältigen, alle Umstände berücksichtigenden Vertragsauslegung zu ermitteln. Mit der Bejahung vertraglicher Zulässigkeit des Ausschlusses ist das Problem aber nicht abschließend beantwortet, da nun die Frage der Gültigkeit derartiger Vertragsklauseln und damit die Grundrechtsbindung (konkret: die Bindung der Kirche als Schulträger

---
[24] *Hesse,* ebd.

an die negative Religionsfreiheit des Schülers) akut wird. Ob sie die fragliche Vertragsbestimmung als ungültig erscheinen läßt, ist anhand des § 138 BGB zu ermitteln. Dabei ist nicht nur das Grundrecht des Schülers in Betracht zu ziehen, sondern auch die Kirchenfreiheit, die auch die bewußt konfessionelle Gestaltung kirchlicher Privatschulen deckt. Im Ergebnis kommt man so zu unterschiedlichen Abwägungsergebnissen je nach den Umständen des Einzelfalls (etwa Gegebensein der Möglichkeit, ohne einschneidende Nachteile auf eine andere Schule überzuwechseln)[25].

Die Aufgabe des „für alle geltenden Gesetzes" beschränkt sich freilich nicht darauf, *grundrechtliche* Positionen im eigentlichen Sinne zu sichern; speziell für die kirchlichen Dienst- und Arbeitsverhältnisse hat das „für alle geltende Gesetz" neben (und vor) der Aufgabe des Grundrechtsschutzes auch die (mit ihr verwandte) Funktion, einen gewissen *sozialen Mindeststandard* zu gewährleisten[26]. Dieser soziale Mindeststandard läßt sich allerdings — anders als manche grundrechtliche Positionen — kaum zwingend direkt aus dem Grundgesetz ableiten; er bedarf der Konkretisierung durch staatliches Gesetz. Soweit ein solches Gesetz vorliegt und die Kirchen nicht zulässigerweise kraft der bei ihnen bestehenden besonderen Verhältnisse von einzelnen Regelungen ausnimmt (oder aber die Interpretation des Gesetzes unter Berücksichtigung des kirchlichen Selbstbestimmungsrechts ergibt, daß einzelne Regelungen für sie nicht gelten), ist die Sanktion einfach: Das Gesetz ist gegenüber den Kirchen anwendbar; seine Einhaltung — etwa die Einhaltung der Verpflichtung, Sozialversicherungsbeiträge für kirchliche Arbeiter zu leisten — kann von dem betreffenden Kirchenbediensteten im staatlichen Rechtsweg (hier im Sozialrechtsweg) erzwungen werden. Fehlt es an einem solchen Gesetz, lassen sich in aller Regel direkt aus der Verfassung keine sanktionsfähigen Rechte ableiten.

2. Im besonderen: Die öffentlich-rechtlichen Religionsgemeinschaften

Grundsätzlich anders liegen die Dinge, soweit Religionsgemeinschaften, die nach Art. 137 Abs. 5 WRV Körperschaften des öffentlichen Rechts sind, von den ihnen mit der Korporationsqualität angebotenen

---

[25] Vgl. die parallelen Abwägungen bei LG Freiburg, in: KirchE 15, 84 (Kündigung des Schulvertrags einer kirchlichen Ersatzschule wegen politischer Betätigung — hier: öffentliche Polemik gegen § 218 StGB); LG Düsseldorf, in: KirchE 16, 5 (Kündigung des Ausbildungsvertrags wegen Kirchenaustritts).

[26] Vgl. hierzu auch *Rüfner,* Geltung von Grundrechten (Anm. 3), S. 23 f., der das Problem unter dem Stichwort „soziale Grundrechte" erörtert.

§ 19 Grundrechtsbindung der Kirchen und Religionsgemeinschaften 585

öffentlich-rechtlichen Gestaltungsmöglichkeiten Gebrauch machen. In diesem Bereich handeln sie — ebenso wie bei der Wahrnehmung von Staatsaufgaben — öffentlich-rechtlich im traditionellen Sinne, nehmen sie staatsabgeleitete Hoheitsgewalt wahr und treten sie ihren Mitgliedern, in bestimmten Bereichen auch Außenstehenden in einem echten Unter- und Überordnungsverhältnis gegenüber, das sich vom Verhältnis Staat-Bürger nicht grundsätzlich unterscheidet. Damit entfällt gleichzeitig in weiten Bereichen — soweit nämlich die Religionsgemeinschaften kraft der ihnen mit der Korporationsqualität verliehenen Autonomie eigene, auch weltlich wirksame öffentlich-rechtliche Regelungen schaffen — die Bindung an das bei privatrechtlicher Gestaltung einschlägige „für alle geltende Gesetz". Der Grundrechtsschutz und der Schutz des sozialen Mindeststandards Dritter, die mit der Kirche in Kontakt treten, muß dann auf andere Weise, durch Bindung der kirchlichen Hoheitsgewalt an die Grundrechte (und darüber hinaus an gewisse soziale Mindeststandards), gewährleistet werden.

Insoweit, aber nur insoweit gilt auch für die Kirchen die Grundrechtsbindung des öffentlichen Rechts, die sich von der Grundrechtsbindung im Rechtsverkehr unter Gleichgeordneten nach dem Gesagten allerdings weniger in ihrer Intensität als dadurch unterscheidet, daß der Grundrechtsschutz insoweit in aller Regel durch unmittelbaren Rückgriff auf Grundrechtsnormen und nicht mittelbar über das allgemeine Gesetz geleistet wird. Auch im Bereich öffentlich-rechtlichen Handelns der Kirche ist ein mittelbarer Grundrechtsschutz über einfaches Recht freilich nicht von vornherein ausgeschlossen: So konkretisiert etwa § 40 VwGO die im Bereich hoheitlicher Tätigkeiten auch den öffentlich-rechtlichen Religionsgemeinschaften gegenüber anwendbare Rechtsweggarantie des Art. 19 Abs. 4 GG[27]; der Sicherung eines sozialen Mindeststandards dienen die Regelungen des Sozialrechts, nach denen Amtsträger auch der Kirchen in öffentlich-rechtlichen Dienstverhältnissen nach einem Ausscheiden ohne Versorgungsansprüche in der Rentenversicherung nachzuversichern sind[28].

Im Ergebnis sind also die Religionsgemeinschaften bei öffentlich-rechtlich wirksamen Maßnahmen — etwa bei Steuerbescheiden oder bei Gehaltsregelungen im kirchlichen Beamtenrecht — über die Bindung an einschlägige öffentlich-rechtliche Regelungen hinaus an Grundrechte gebunden wie Hoheitsträger des weltlichen Rechts. Auch hier gilt freilich — wie bei der Definition der Bindung an das „für alle geltende

---

[27] Vgl. dazu *Hermann Weber,* Der Rechtsschutz im kirchlichen Amtsrecht, in: NJW 1987, S. 1641 ff. (1642); sowie *ders.,* Gerichtsbarkeit (Anm. 9), S. 2223.
[28] Vgl. dazu das sehr sorgfältig begründete Urteil des LSG Nordrhein-Westfalen, in: KirchE 6, 267 ff.

Gesetz" —, daß durch die Maßgeblichkeit staatlichen Rechts (hier der Grundrechte) für die Religionsgemeinschaften das kirchliche Selbstbestimmungsrecht und die mit ihm gewährte Freistellung des kirchlichen Innenbereichs von staatlicher Ingerenz nicht ausgehebelt werden dürfen; dem ist Rechnung zu tragen durch richtige Abgrenzung des inneren Kirchenbereichs einerseits, des Bereichs weltlicher Rechtsgeltung andererseits und darüber hinaus durch Berücksichtigung des kirchlichen Selbstbestimmungsrechts bei der Auslegung der Grundrechtsbindungen im Wege der Güterabwägung.

All dies läßt sich besonders anschaulich verdeutlichen am Beispiel der — hinsichtlich der Grundrechtsfragen besonders neuralgischen — öffentlich-rechtlichen Dienstverhältnisse der Religionsgemeinschaften: Die Korporationsqualität und die in ihr enthaltene Ermächtigung zur Schaffung eines autonomen kirchlichen Beamtenrechts ermöglichen es den begünstigten Religionsgemeinschaften, die Geltung des Arbeitsrechts für ihre Geistlichen und Kirchenbeamten auszuschließen und ein ihren Bedürfnissen angemessenes öffentlich-rechtliches Dienstrecht zu schaffen. Da der Staat sich durch eine solche Übertragung von Regelungsbefugnissen aber nicht von seiner Aufgabe dispensieren kann, die Grundrechtspositionen (und den sozialen Mindeststandard) seiner Bürger zu schützen, kann die den Religionsgemeinschaften mit der Korporationsqualität gewährte Autonomie nicht unbegrenzt sein; sie wird eingegrenzt durch die Grundrechtsbindung[29] und durch die — praktisch wohl noch wichtigere — Bindung an einen Kernbestand typusprägender Grundsätze des öffentlich-rechtlichen Dienstrechts (wie sie für das weltliche Beamtenrecht in Art. 33 Abs. 5 GG garantiert sind)[30].

Grundrechtsbindung und Bindung an die typusprägenden Grundsätze des öffentlich-rechtlichen Dienstrechts gelten aber nicht uneingeschränkt: Auch auf dem Wege solcher Bindungen darf der Staat nicht

---

[29] Ausführliche Darstellung bei *Hermann Weber,* Die Rechtsstellung des Pfarrers, insbesondere des Gemeindepfarrers, in: ZevKR 28 (1983), S. 1 ff. (17 ff.); im Ansatz ebenso aus neuerer Zeit z. B. *v. Mangoldt/Klein/v. Campenhausen,* Art. 140 GG/Art. 137 WRV, Rdnr. 135; *v. Mangoldt/Klein/Starck,* Art. 1, Rdnr. 158; *Gehring,* BGB (Anm. 2), Rdnr. 41.

[30] Eingehend zu diesem „Typenzwang" (Ausdruck von *Axel v. Campenhausen*) z. B. *Hermann Weber,* Rechtsprobleme eines Anschlusses der Pfarrer und Kirchenbeamten an die gesetzliche Rentenversicherung der Angestellten, in: ZevKR 22 (1977), S. 346 ff. (364 ff.), m. Nachw.; zur neueren Lit. *ders.,* Gerichtsbarkeit (Anm. 9), S. 2225 m. Fn. 95; übereinstimmend aus neuerer Zeit *v. Mangoldt/ Klein/v. Campenhausen,* Art. 140 GG/Art. 137 WRV, Rdnr. 160. Die Rechtsprechung lehnt eine Bindung der Kirchen an die Grundsätze des Art. 33 Abs. 5 GG dagegen seit jeher ab (vgl. zuletzt BVerwGE 66, 241 [250] = KirchE 20, 208 [216]; BVerwG, in: NJW 1983, S. 2582 [2583] = KirchE 20, 217 [222 f.]), hält eine Grundrechtsbindung aber immerhin für möglich (Nachw. in Anm. 6).

in den Innenbereich kirchlicher Tätigkeit eingreifen; auch hier ist bei Auslegung der Bindungen im übrigen dem Selbstbestimmungsrecht der Kirche (Art. 137 Abs. 3 WRV) im Wege der Güterabwägung Rechnung zu tragen. Anhaltspunkte für die danach vorzunehmenden Abwägungen bietet bei Pfarrern und anderen Geistlichen die Unterscheidung zwischen dem — keiner staatlichen Ingerenz zugänglichen — geistlichen Amtsverhältnis und dem weltlich-rechtlichen Dienstverhältnis, das — unter Berücksichtigung des kirchlichen Selbstbestimmungsrechts — den genannten Bindungen unterliegt. Bei Fragen, in denen es ausschließlich um das geistliche Amtsverhältnis (z. B. um die Gewährung oder um die Gültigkeit der Ordination oder Priesterweihe) geht, scheiden Bindungen an die staatlichen Grundrechte daher von vornherein aus; in Fragen des weltlich-rechtlichen Dienstverhältnisses sind sie im Grundsatz gegeben, bei ihrer Auslegung im einzelnen aber ist auf das kirchliche Selbstbestimmungsrecht Rücksicht zu nehmen: So darf die Kirche das Fortbestehen auch des Dienstverhältnisses eines Geistlichen selbstverständlich von der Aufrechterhaltung der Kirchenangehörigkeit und der Bekenntnisbindung abhängig machen, ohne daß sich der Betroffene demgegenüber mit Erfolg auf seine Religions- oder Gewissensfreiheit berufen kann. Eine ähnliche Unterscheidung ist nicht möglich bei den Kirchenbeamten im engeren Sinne (etwa einem kirchlichen Friedhofsinspektor oder einem Studienrat im Kirchendienst). Hier gilt die Grundrechtsbindung prinzipiell für das gesamte Dienstverhältnis; auch hier ist freilich bei ihrer Auslegung im einzelnen das kirchliche Selbstbestimmungsrecht zu berücksichtigen. Das bedeutet, daß die Kirche auch den Kirchenbeamten — nicht anders als Arbeitnehmern in privatrechtlichen Arbeitsverhältnissen — religiöse Loyalitätspflichten (etwa die Pflicht zur Aufrechterhaltung der Kirchenzugehörigkeit) auferlegen kann, ohne insoweit an staatliche Grundrechte gebunden zu sein. Eine Regelung dagegen, die männliche und weibliche Beamte im Kirchendienst unterschiedlich behandeln (etwa eine unterschiedliche Entlohnung für gleiche Tätigkeit vorsehen) würde, wäre im Hinblick auf Art. 3 Abs. 3 GG unzulässig.

§ 20

Die religionsrechtliche Parität

Von Martin Heckel

I. Die normativen Grundlagen

1. Der Allgemeine Gleichheitssatz als Normgrundlage im Staatskirchenrecht

Die Grundnorm der traditionsreichen[1] Gleichheit, richtiger: Gleichberechtigung[2] der (höchst verschiedenen) Religionsgemeinschaften im Staat („Parität") ist mit der ganz herrschenden Judikatur[3] und Literatur[4] heute im Allgemeinen Gleichheitssatz des Art. 3 Abs. 1 GG zu

---

[1] Zur Geschichte des Paritätssystems im Alten Reich vgl. *Martin Heckel,* Parität, in: ZRG Kan. Abt. 49 (1963), S. 262–420; auch in: ders., Gesammelte Schriften. Staat, Kirche, Recht, Geschichte. Bd. 1, Tübingen 1989, S. 106–226.

[2] *Martin Heckel,* Die religionsrechtliche Parität, in: HdbStKirchR¹ I, S. 445 ff.; auch in: ders., Ges. Schriften (Anm. 1), S. 227 ff.

[3] Seit BVerfGE 12, 1 (4); 18, 385 (386 f.); 19, 1 (8), 129 (131), 206 (216); 24, 236 (246); 30, 415 (422); 32, 98 (106); 33, 23 (28); 35, 366 (375); BVerwGE 14, 318 (322).

[4] Vgl. *Johannes Heckel,* Kirchengut und Staatsgewalt, in: FS für Rudolf Smend. Göttingen 1952, S. 108 f., 119, 132; *Rudolf Smend,* Zur Gewährung von Körperschaftsrechten an Religionsgesellschaften, in: ZevKR 2 (1952/1953), S. 374 ff.; *Konrad Hesse,* Schematische Parität der Religionsgesellschaften nach dem Bonner Grundgesetz?, in: ZevKR 3 (1953/1954), S. 189 ff., 193; *Werner Weber,* Die Gegenwartslage des Staatskirchenrechts, in: VVDStRL 11 (1954), S. 172 ff.; *Ekart Beulke,* Bonner Grundgesetz und die Parität der Kirchen, in: ZevKR 6 (1957/58), S. 127 ff., 138 ff.; *Ulrich Scheuner,* Kirche und Staat in der neueren deutschen Entwicklung, in: ZevKR 7 (1959/60), S. 270 f.; *ders.,* Auseinandersetzungen und Tendenzen im deutschen Staatskirchenrecht, in: DÖV 1966, S. 149, jetzt auch in: ders., Schriften zum Staatskirchenrecht. Berlin 1973, S. 165 f., 204; *Alexander Hollerbach,* Urteilsanm., in: JZ 1965, S. 612, und 1966, S. 271 f.; *ders.,* Das Staatskirchenrecht in der Rechtsprechung des Bundesverfassungsgerichts, in: AöR 92 (1967), S. 111 f.; *Hermann Weber,* Die Religionsgemeinschaften als Körperschaften des öffentlichen Rechts im System des Grundgesetzes. Berlin 1966, S. 43; *Martin Heckel,* Staat, Kirche, Kunst. Rechtsfragen kirchlicher Kulturdenkmäler. Tübingen 1968, S. 212; *Hansjosef Mayer-Scheu,* Grundgesetz und Parität von Kirchen und Religionsgemeinschaften. Mainz 1970, S. 13 ff.; *Klaus Schlaich,* Neutralität als verfassungsrechtliches Prinzip. Tübingen 1972, S. 208 f.; *ders.,* Besprechung von Mayer-Scheu, Parität, in: ZevKR 19 (1974),

sehen. Eine eigene generelle P.-Norm des Staatskirchenrechts — wie sie die Paulskirchenverfassung[5] enthielt — fehlt im Grundgesetz.

2. Seine Maßstabs-Spezifizierung durch andere Verfassungsnormen

Spezielle P.-Maßstäbe ergeben sich z. B. aus Artt. 3 Abs. 3, 33 Abs. 2 und 3 GG, 140 GG i. V. m. Artt. 136 Abs. 1 und 2, 137 Abs. 5 S. 1 und 2 sowie Abs. 7 WRV und aus der tatbestandlich[6] generellen Gewährleistung der Religionsfreiheit (Art. 4 Abs. 1 und 2 GG) und Religionsgesellschaftsfreiheit (Art. 140 GG i. V. m. Art. 137 Abs. 2 und 3 WRV) sowie aus den besonderen religionsrechtlichen Verfassungsgarantien (z. B. in Art. 140 GG i. V. m. Artt. 137 Abs. 4 und 6, 138 Abs. 1 und 2, 139, 141 WRV und in Art. 7 Abs. 3 und 4 GG).

Alle staatskirchenrechtlichen P.-Elemente sind heute auf Art. 3 Abs. 1 GG als Grundnorm bezogen und deshalb nur aus der Interpretation des Allgemeinen Gleichheitssatzes in der Lehre[7] und Rechtsprechung zu erfassen.

S. 195. — Aus der neueren Diskussion vgl. die kurzen Stellungnahmen von *Axel von Campenhausen,* Staatskirchenrecht. 2. Aufl., München 1983, S. 69, 103, 235; *v. Mangoldt/Klein/v. Campenhausen,* Art. 140 GG, Rdnrn. 27 ff., S. 47 ff.; *Alexander Hollerbach,* Grundlagen des Staatskirchenrechts, in: HStR VI, 1989, § 138, Rdnr. 89, S. 521; *Hermann Weber,* Die rechtliche Stellung der christlichen Kirchen im modernen demokratischen Staat, in: ZevKR 36 (1991), S. 260 ff.; ferner *Martin Heckel,* Staatskirchenrecht und Kulturverfassung des Grundgesetzes 1949-1989, in: Knut Wolfgang Nörr (Hrsg.), 40 Jahre Bundesrepublik Deutschland — 40 Jahre Rechtsentwicklung. Ringvorlesung der Juristischen Fakultät der Universität Tübingen 1989. Tübingen 1990, S. 17 ff.

[5] Verfassung des Deutschen Reichs v. 28.3.1849, § 147 Abs. 2: „Keine Religionsgesellschaft genießt vor anderen Vorrechte durch den Staat; es besteht fernerhin keine Staatskirche."

[6] Dazu unten S. 606 f.

[7] Vgl. (in Auswahl) *Konrad Hesse,* Der Gleichheitsgrundsatz im Staatsrecht, in: AöR 77 (1951), S. 167 ff.; *Hans Peter Ipsen,* Gleichheit, in: Neumann/Nipperdey/Scheuner (Hrsg.), Die Grundrechte. Bd. 2, Berlin 1954, S. 111 ff.; *Adalbert Podlech,* Gehalt und Funktionen des allgemeinen verfassungsrechtlichen Gleichheitssatzes, Berlin 1971; *Günter Dürig,* Art. 3 Abs. 1 GG (1973), in: Maunz/Dürig, Kommentar zum GG. Bd. 1, München o. J.; *Michael Kloepfer,* Gleichheit als Verfassungsfrage. Berlin 1980, S. 11 ff.; *Christoph Link* (Hrsg.), Der Gleichheitssatz im modernen Verfassungsstaat. Symposion zum 80. Geburtstag von Gerhard Leibholz, Baden-Baden 1982; *Konrad Hesse,* Der Gleichheitssatz in der neueren deutschen Verfassungsentwicklung, in: AöR 109 (1984), S. 174 ff.; *v. Mangoldt/ Klein/Starck,* Art. 3 Abs. 1 GG, S. 257; *Manfred Gubelt,* Art. 3, in: Ingo von Münch (Hrsg.), Grundgesetz-Kommentar. Bd. 1, 3. Aufl., München 1985; *Ekkehart Stein,* Art. 3 GG, in: Kommentar zum Grundgesetz (Alternativkomm.). 2. Aufl., Neuwied 1989, S. 306 ff. — Ferner die Berichte und Begleitaufsätze der Tübinger Staatsrechtslehrertagung vom Okt. 1988: *Reinhold Zippelius/Georg Müller,* Der Gleichheitssatz, in: VVDStRL 47 (1989), S. 7 ff., 37 ff., 63 ff. (Diskus-

II. Rechtscharakter

1. Rechtsnorm — nicht Rechtspolitik

Das P.-Gebot des Staatskirchenrechts ist unmittelbar geltendes Verfassungsrecht des Staates gemäß Art. 1 Abs. 3 GG.

Es unterscheidet sich von den divergenten kirchenpolitischen und kulturpolitischen P.-Vorstellungen der Gesellschaft, insbesondere der Parteien und der Religionsgemeinschaften.

2. Subjektives und objektives Recht

Art. 3 Abs. 1 GG enthält ein Grundrecht als subjektives öffentliches Recht[8], nicht einen bloßen Rechtsreflex objektiven Rechts. Zugleich gilt Art. 3 Abs. 1 GG auch als Element des objektiven Rechts, in dem die — wie auch immer definierte — „objektive Wertordnung" des Grundgesetzes verkörpert ist.

3. Geltung von Art. 3 Abs. 1 GG im institutionellen Staatskirchenrecht

Durch Art. 3 GG sind nunmehr auch die institutionellen Beziehungen der Religionsgesellschaften zum Staat voll erfaßt und über Art. 19 Abs. 3 GG in die aktualisierte Grundrechtsgeltung gemäß Art. 1 Abs. 3 GG einbezogen. Die objektivrechtlichen Gleichheitskriterien aus dem institutionellen Staatskirchenrecht der rezipierten Weimarer Kirchenartikel sind so über die Mantelbestimmung des Art. 3 GG *„subjektiviert"* worden. Verstöße gegen Gleichheitsregeln des institutionellen Staatskirchenrechts (Art. 140 GG) enthalten deshalb zugleich Grundrechtsverletzungen des Art. 3 Abs. 1 GG und können von den Religionsgesellschaften durch die Verfassungsbeschwerde bekämpft werden, auch

---

sion); *Christoph Gusy*, Der Gleichheitssatz, in: NJW 1988, S. 2505 ff.; *Paul Kirchhof*, Gleichheit vor dem Grundgesetz, in: NJW 1987, S. 2354 ff.; *Rainald Maaß*, Die neuere Rechtsprechung des BVerfG zum allgemeinen Gleichheitssatz — Ein Neuansatz?, in: NVwZ 1988, S. 14 ff.; *Gerhard Robbers*, Der Gleichheitssatz, in: DÖV 1988, S. 749 ff.; *Michael Sachs*, Der Gleichheitssatz, in: NWVBl. 1988, S. 295 ff.; *Friedrich Schoch*, Der Gleichheitssatz, in: DVBl. 1988, S. 863 ff.; *Rupert Stettner*, Der Gleichheitssatz, in: BayVBl. 1988, S. 545 ff.; *Rudolf Wendt*, Der Gleichheitssatz, in: NVwZ 1988, S. 778. — Nach Fertigstellung dieses Beitrags erschienen *Paul Kirchhof*, Der allgemeine Gleichheitssatz, in: HStR V, 1992, § 124, S. 837 ff., und *Wolfgang Rüfner*, Art. 3 Abs. 1 GG, in: BK, 67. Lieferung, 1992, S. 1 ff.

[8] So die ganz herrschende Lehre und Praxis.

wenn neben dem Gleichheitsverstoß kein anderes Grundrecht (z. B. Artt. 4, 19 Abs. 3 GG) verletzt ist. Andererseits ist Art. 3 Abs. 1 GG keineswegs aus dem Bereich des institutionellen Staatskirchenrechts in Art. 140 GG ausgeschlossen[9] und deshalb nicht auf einen davon abgegrenzten Rechtsbereich staatlicher „Gewährleistungen", Subventionen usw. an die Religionsgesellschaften beschränkt.

4. Erschließung von Gerechtigkeits- und Sachgerechtigkeitsaspekten

Der Gleichheitssatz dient als „Schlüsselbegriff", welcher Gerechtigkeitsfragen „erschließt"[10]. Mit seiner Hilfe wird entschieden, welche Lebenssachverhalte ihrer inneren Sachgerechtigkeit entsprechend gemeinsam oder verschieden behandelt werden sollen. Seine Interpretation ist gebunden an die in der Verfassung niedergelegte Objektivierung der verschiedenen Gerechtigkeitsprinzipien, die im Grundkonsens der Rechtsgemeinschaft ihre Anerkennung gefunden haben; das Bundesverfassungsgericht bezieht sich mit Recht auf die „fundierten allgemeinen Gerechtigkeitsvorstellungen der Gemeinschaft"[11].

---

[9] So aber die Grundthese von *Mayer-Scheu,* Grundgesetz und Parität (Anm. 4), S. 89-93 u. passim, bes. S. 181 f., 275 ff., 301 ff.: Art. 3 sei durch Art. 140 GG kraft „Spezialität" ausgeschlossen; entsprechend wird die Spezifizierung des Art. 3 durch Art. 140 GG i. S. der konkretisierenden Inhaltsbestimmung des allgemeinen Gleichheitssatzes durch die besonderen Normen des Staatskirchenrechts verkannt. Diese „Lösung" muß zu einer rohen, äußerlichen „Bereichsscheidung" zwischen Art. 140 GG („Bereich der Statusrechte") und Art. 3 GG („Bereich staatlicher Gewährungen") greifen. Vgl. allgemein gegen solche beliebten, sach- und systemwidrigen „Bereichsscheidungen" *Martin Heckel,* Die Kirchen unter dem Grundgesetz, in: VVDStRL 26 (1968), S. 31 ff., 34 ff., 40 ff., 44 ff.; *Ulrich Scheuner,* ebd., S. 108 f.; *Schlaich,* Neutralität (Anm. 4), S. 176, 179; *Werner Weber,* „Allgemeines Gesetz" und „für alle geltendes Gesetz", in: FS für Ernst Rudolf Huber. Göttingen 1973, S. 194 ff.; auch in: ders., Staat und Kirche in der Gegenwart. Tübingen 1978, S. 354 ff.; *Konrad Hesse,* Das Selbstbestimmungsrecht der Kirchen, in: HdbStKirchR[1] I, S. 417, 433, bes. S. 436; *Karl-Hermann Kästner,* Staatliche Justizhoheit und religiöse Freiheit. Tübingen 1991, S. 85 ff., 201 ff., 254 ff.

[10] Dazu *Zippelius,* Der Gleichheitssatz (Anm. 7), S. 23 f., 111 f.; *Ernst-Wolfgang Böckenförde,* in: VVDStRL 47 (1989), S. 95; jetzt allgemein *Kirchhof,* Der allg. Gleichheitssatz (Anm. 7), Rdnrn. 86 ff., 153, 193, 205 ff., 209, 244, 250, 253.

[11] Vgl. *Zippelius,* Der Gleichheitssatz (Anm. 7), S. 25; *Böckenförde* (Anm. 10), S. 95; BVerfGE 9, 338 (349); 32, 260 (268); 42, 64 (72).

§ 20 Die religionsrechtliche Parität

III. Grundrechtsberechtigte

1. Alle natürlichen Personen

Grundrechtsträger sind alle natürlichen Personen. Abstufungen zwischen Deutschen und Ausländern sind zwar nach Art. 3 Abs. 1 und 3 GG im allgemeinen erlaubt. In den religionsrechtlichen Statusrechten sind sie jedoch unzulässig, da die Religionsfreiheit und Religionsgesellschaftsfreiheit in Artt. 4 und 140 GG universal für alle Menschen garantiert sind. Hingegen kann die staatliche Förderung religiöser Aktivitäten und Einrichtungen aus kulturellen und sozialpolitischen Gründen (nicht aus religiösen Gründen, vgl. Art. 3 Abs. 3 GG) auf inländische Personen und Einrichtungen beschränkt werden, da eine Differenzierung nach der Ausländereigenschaft nicht durch Art. 3 Abs. 3 GG verpönt ist.

2. Juristische Personen gemäß Art. 19 Abs. 3 GG

Grundrechtsträger des Art. 3 GG sind auch inländische juristische Personen, soweit das Gleichheitsgrundrecht ihrem Wesen nach auf diese anwendbar ist (Art. 19 Abs. 3 GG). Da die Religionsgesellschaften nach ihrem durch Art. 140 GG i. V. m. Art. 137 Abs. 3 WRV garantierten geistlichen Selbstverständnis und Recht die religiösen Belange ihrer Mitglieder zur Geltung bringen, ist im „Durchgriff"[12] auch auf sie Art. 3 i. V. m. Art. 4 GG anzuwenden.

3. Nichtrechtsfähige Einheiten

Auch nichtrechtsfähige und teilrechtsfähige Personengruppen können Grundrechtsträger von Art. 3 GG sein. Dies gilt insbesondere für nichtrechtsfähige Vereine, die die Pflege des religiösen Lebens in Verbindung mit der Kirche als Vereinszweck haben und dieser zur Erfüllung karitativer, kirchlicher Aufgaben dienen[13].

---

[12] *Dürig*, in: Maunz/Dürig (Anm. 7), Art. 19 Abs. 3 GG, Rdnrn. 1-7, 41 ff.; BVerfGE 21, 362 (369).
[13] Vgl. BVerfGE 24, 236 (246); vgl. auch 3, 383 (391); 15, 256 (261); vgl. ferner 46, 73 (85); 53, 366 (386, 391).

IV. Grundrechtsverpflichtete

1. Rechtsetzungs- und Rechtsanwendungsgleichheit als Bindung aller öffentlichen Gewalten

Der Gleichheitssatz bindet alle öffentliche Gewalt, in erster Linie die Legislative, in ihrem Gefolge die Exekutive und Justiz[14]. Rechtsetzungsgleichheit verlangt mithin Gleichheit des Gesetzesinhalts im Sinne der gerechten und sachgerechten Gleichbehandlung der disparaten Religionsgemeinschaften, Verzicht auf die Privilegierung und Diskriminierung der religiösen Gehalte, gleiche Abstinenz der Staatsgewalt sowohl von religiöser bzw. ideologischer Intervention als auch von diskriminierender Ignorierung und Eliminierung des Religiösen im öffentlichen Wesen und Recht. Parität, Neutralität und Nichtidentifikation des Staates gegenüber den Religionsgemeinschaften werden deshalb in der Rechtsprechung wie in der Lehre meist in einem Atemzug genannt. Erst diese (sach)gerechte unparteiische Rechtsetzungsgleichheit ermöglicht eine Rechtanwendungsgleichheit der Exekutive und Justiz.

2. Keine Grundrechtsbindung der Gesellschaft

Grundrechtsadressaten sind somit der Staat und die ihm eingegliederten Träger der öffentlichen Gewalt, nicht die Gesellschaft (inklusive der Religionsgesellschaften). Die Grundrechte sind gegen den Staat gerichtet; sie gewährleisten der Gesellschaft einen Status gleicher Freiheit zur autonomen und pluralistisch-divergenten Selbstbestimmung.

3. Keine Grundrechtsbindung der Religionsgesellschaften

Die Grundrechtsbindung der Religionsgesellschaften[15] scheidet deshalb grundsätzlich aus. Die Trennung von Staat und Kirche und die Gewährleistung des religionsgesellschaftlichen Selbstbestimmungsrechts, das Neutralitäts- und Nichtidentifikationsgebot verbieten die Vereinnahmung und Gleichschaltung durch das politische System des

---

[14] Statt anderer *v. Mangoldt/Klein/Starck,* Art. 3 Abs. 1 GG, Rdnrn. 2, 164 ff.; *Dürig,* Art. 3 Abs. 1 GG (Anm. 7), Rdnr. 262 ff.; *Zippelius,* Der Gleichheitssatz (Anm. 7), S. 11 ff.; *Kirchhof,* Gleichheit vor dem GG (Anm. 7), S. 2354: „Gleichheit vor dem Grundgesetz".

[15] Vgl. *Wolfgang Rüfner,* Die Geltung von Grundrechten im kirchlichen Bereich, in: EssGespr. 7 (1972), S. 9 ff.; *Konrad Hesse,* Grundrechtsbindung der Kirchen?, in: FS für Werner Weber. Berlin 1974, S. 447 ff.; *Karl-Hermann Kästner,* Die Geltung von Grundrechten in kirchlichen Angelegenheiten, in: JuS 1977, S. 715 ff.; *v. Mangoldt/Klein/v. Campenhausen,* Art. 140 GG/Art. 137 WRV, Rdnr. 134; *Rüfner,* Art. 3 Abs. 1 GG (Anm. 7), Rdnr. 161.

säkularen Staates, desgleichen den Oktroi eines Freiheits- und Gleichheitsbegriffs, der den Glaubensabfall und die Glaubenstreue in der Kirche selbst ebenso gleichbehandelt wissen will wie im Staat. Die Grundrechte sind die Konstitutionsprinzipien des säkularen pluralistischen Staates, nicht der Religionsgesellschaften; sie haben deshalb weder unmittelbare Verfassungsgeltung für dieselben, noch sind sie generell als staatliche Schrankengesetze im Sinne des Art. 140 GG i. V. m. Art. 137 Abs. 3 WRV anzusehen.

Der Staat als „Heimstatt aller Bürger"[16] schützt zwar den objektiven Wertgehalt der säkularen Grundrechte (z. B. der negativen Religionsfreiheit in Art. 4 Abs. 1 und 2 GG) auch gegen die Religionsgemeinschaften durch die staatlichen Schrankengesetze (z. B. die staatlichen Kirchenaustrittsgesetze), die der kirchlichen Rechtsgewalt im weltlichen Rechtskreis Grenzen setzen. Die Grundrechte des einzelnen aus Art. 3 Abs. 1 und 3 sowie aus Art. 4 Abs. 1 und 2 GG richten sich aber hier nicht unmittelbar gegen die Kirche (und gelten deshalb nicht im innerkirchlichen Recht), sondern gegen den Staat, der dem einzelnen den Schutz vor kirchlichem Übergriff mit den Mitteln des weltlichen Rechts im weltlichen Rechtskreis zu gewährleisten hat.

4. Ihr öffentlich-rechtlicher Körperschaftsstatus kein Grund zur Grundrechtsbindung

Auch der öffentlich-rechtliche Körperschaftsstatus läßt Religionsgemeinschaften *nicht* der Grundrechtsbindung unterfallen. Die öffentlich-rechtlichen Rechtsformen aus Art. 137 Abs. 5 WRV werden den Religionsgesellschaften zur Erfüllung ihrer eigenen Aufgaben nach Art. 137 Abs. 3 WRV angeboten; wenn sie davon Gebrauch machen, erfüllen sie nicht mittelbare Staatsaufgaben durch staatlich verliehene Gewalt. Sie unterfallen darum nicht wie andere öffentlich-rechtliche Rechtsträger der umfassenden Einbindung, Staatsaufsicht und Gerichtskontrolle im weltlichen Staat.

Die Verfassungsgarantie des Selbstbestimmungsrechts und insbesondere der Ämterfreiheit der Religionsgemeinschaften erstreckt sich ja auf den Gesamtbereich „ihrer Angelegenheiten" und Funktionen; sie umfaßt insbesondere die öffentlich-rechtlichen Akte des kirchlichen Organisations-, Amts- und Dienstrechts. Art. 137 Abs. 3 WRV wird durch Art. 137 Abs. 5 WRV ergänzt, der nicht als Sondernorm einen Sonderbereich aus der Selbstbestimmungsgarantie ausgegrenzt[17].

---
[16] BVerfGE 19, 206 (216).
[17] *Hesse*, Grundrechtsbindung (Anm. 15), S. 451 ff., 458; *Rüfner*, Geltung (Anm. 15), S. 11 f.; *Kästner*, Geltung (Anm. 15), S. 719 ff.; a. A. *Hermann Weber*,

5. Grundrechtsbindung delegierter Staatsgewalt

Der Grundrechtsbindung unterliegen die Religionsgemeinschaften jedoch insoweit, als sie kraft staatlicher Delegation („beliehenen Unternehmern" vergleichbar) übertragene staatliche Hoheitsgewalt ausüben, die den Kreis ihrer „eigenen Angelegenheiten" (Art. 137 Abs. 3 WRV) und Rechtsgewalt überschreitet. Außer im Kirchensteuerrecht ist dies teilweise im Recht der kirchlichen Privatschulen und Friedhöfe der Fall[18].

V. Zur Judikatur des Bundesverfassungsgerichts

1. Beschränkter Sinn der Willkürformel

Die berühmte Willkürformel[19] sucht den Gleichheitssatz nicht in seinem positiven Gehalt für den Gesetzgeber, sondern von der negativen Kontrollfunktion der Verfassungsgerichtsbarkeit her zu erfassen und nur jene äußerste Grenze zu markieren, deren Überschreitung verfassungsgerichtlich durch die Nichtigkeitsfolge bzw. Ausgleichsgebote zu sanktionieren ist.

2. Achtung legislatorischer Gestaltungsfreiheit

Auch in den anderen, die Willkürprüfung modifizierenden Formeln hat das Bundesverfassungsgericht in ständiger Rechtsprechung die Gestaltungsfreiheit des Gesetzgebers betont: Zu dessen originären Kompetenzen gehöre die Auswahl der als gleich zu bewertenden Sachverhalte und der Gleichbehandlungsmaßstäbe, die Abgrenzung der betroffenen Personenkreise und Fälle, die Bestimmung des gesetzlichen Regelungs-

---

Die Grundrechtsbindung der Kirchen, in: ZevKR 17 (1972), S. 396 ff., 411 ff. — Vgl. auch BVerfGE 18, 385 (386 ff.); 30, 415 (422, 428); 42, 312 (321, 333 ff.); 53, 366 (387); 61, 82 (102).

[18] *Hesse*, Grundrechtsbindung (Anm. 15), S. 458; *Kästner*, Geltung (Anm. 15), S. 718; *Rüfner*, Geltung (Anm. 15), S. 7, 13 f.; *Hermann Weber*, Benutzungszwang für Trauerhallen (Friedhofskapellen) und friedhofseigene Leichenkammern auf kirchlichen Friedhöfen, in: ZevKR 33 (1988), S. 20 ff., 30 ff. Hier ist jedoch genau zu differenzieren, ob es sich nach Landes- bzw. Lokalrecht um die Erfüllung kirchlicher Aufgaben im Rahmen staatlicher Schrankengesetze der Schulaufsicht, Gesundheitspolizei, des Bestattungswesens (dann keine Grundrechtsbindung!) oder um delegierte staatliche Aufgabenerfüllung (mit Grundrechtsbindung des „Beliehenen") handelt.

[19] St. Rspr. seit dem Südweststaats-Urteil: BVerfGE 1, 14 (52), 208 (247); 46, 55 (62); 49, 192 (209); 65, 141 (148); 71, 39 (53); 76, 256 (329); 83, 89 (108).

systems, seines Anwendungsinstrumentariums und seiner zeitlichen Geltung[20]. Dies gilt auch für die ebenso prägnant formulierte wie inhaltlich unbestimmte „Kurzformel" des Willkürverbots: Der Gesetzgeber darf „weder wesentlich Gleiches willkürlich ungleich noch wesentlich Ungleiches willkürlich gleich behandeln"[21].

3. Kritisches zur Willkürformel

Die Willkürformel stieß auf vielfache, zum Teil sich widersprechende Kritik. In der Tat hat sich die Willkürformel in der Rechtsprechung des Bundesverfassungsgerichts weithin zu einem allgemeinen Auffangtatbestand verselbständigt und teilweise aus dem Rahmen des Art. 3 GG gelöst; bei manchen Willkür-Entscheidungen geht es nicht mehr um die spezielle Willkür bei der Gleichbewertung und Gleichbehandlung, sondern um anderweitige Willkürverstöße gegen fundamentale Gerechtigkeitsprinzipien, Denkgesetze, Sachgesetzlichkeiten[22]. In der Wissenschaft werden darum neuerdings der Gleichheitssatz und das Willkürverbot scharf unterschieden[23].

4. Die „neue Formel"

Die „neue Formel" des Ersten Senats vom 7. Oktober 1980 ist zu einer inneren Präzisierung gelangt, die das Vergleichen in den Mittelpunkt der Auslegung und Anwendung des Art. 3 Abs. 1 GG stellt[24]. Der

---

[20] BVerfGE 3, 58 (135), 162 (182); 12, 326 (333); 13, 181 (202); 18, 121 (124), 288 (298 f.); 21, 12 (26 f.); 25, 269 (292); 26, 302 (310); 50, 177 (186, 191), 386 (391 f.); 54, 11 (25 f.); 55, 72 (89 f.); 68, 287 (301); 71, 39 (53); 74, 9 (28 ff., 30 — Sondervotum von *Dietrich Katzenstein*); 76, 256 (330 f.); 81, 108 (118); 84, 348 (359).

[21] BVerfGE 4, 144 (155); 42, 64 (72); 46, 55 (62); 76, 256 (329).

[22] Vgl. das Sondervotum von Verfassungsrichter *Willi Geiger*, in: BVerfGE 42, 64 (79 ff., 81); *ders.*, in: Link (Hrsg.), Der Gleichheitssatz (Anm. 7), S. 101; *Hesse*, Der Gleichheitssatz (Anm. 7), in: AöR 109 (1984), S. 192; *Schoch*, Der Gleichheitssatz (Anm. 7), S. 875; vgl. auch die von Art. 3 verselbständigten Willkür-Entscheidungen in: BVerfGE 4, 1 (7); 42, 64 (72, 74); 58, 163 (167 f.); 62, 189 (192); 80, 48 (51); 83, 82 (84).

[23] *Dürig*, Art. 3 Abs. 1 GG (Anm. 7), Rdnrn. 305, 337; *Müller*, Der Gleichheitssatz (Anm. 7), S. 43.

[24] BVerfGE 55, 72 (88), st. Rspr.: „Diese Verfassungsnorm gebietet, alle Menschen vor dem Gesetz gleichzubehandeln. Demgemäß ist dieses Grundrecht vor allem dann verletzt, wenn eine Gruppe von Normadressaten im Vergleich zu anderen Normadressaten anders behandelt wird, obwohl zwischen beiden Gruppen keine Unterschiede von solcher Art und solchem Gewicht bestehen, daß sie die ungleiche Behandlung rechtfertigen könnten."

einzelne Willkürfall wird damit nicht isoliert und kasuistisch-emotional behandelt, sondern in den Gruppenvergleich gestellt, der die Gruppen der betroffenen Normadressaten, Sachverhalte, Rechtsbeziehungen erfassen und die Regelungsziele, Unterscheidungskriterien und Gleichheitsmaßstäbe nach der Sachgesetzlichkeit des einschlägigen Sachbereichs erhellen soll. — Die „neue Formel" wurde auch vom Zweiten Senat übernommen und mit der alten Variante der Willkürformel kombiniert[25].

Die Rechtsprechung zu Art. 3 GG wirft weiterhin viele Fragen[26] auf, die wesentlich durch die Struktur des Gleichheitssatzes bedingt sind.

VI. Zur inneren Struktur des Gleichheitssatzes

1. Gleichheit als partielle Relation: Abstrahieren von irrelevanten Verschiedenheiten

Gleichheit bezeichnet „ein Verhältnis, in dem Verschiedenes zueinander steht"[27]. Es gibt nur eine *relative* Gleichheit verschiedener Größen in bestimmten Beziehungen, je nach den gewählten Merkmalen und Maßstäben. Sie setzt *Verschiedenheit* voraus, darin unterscheidet sie sich von Identität. Die Gleichbehandlung *abstrahiert* jeweils von gewissen vorhandenen Verschiedenheiten — doch nur soweit, wie die Gleichheitsrelation gezogen wird. Auch rechtlich ist Gleichheit stets nur partielle, relative Gleichheit; Gleichheit hängt mit Verschiedenheit intrikat zusammen. Durch Rechtsgleichheit werden Verschiedenheiten zwar einerseits (als für die Gleichheitsrelation irrelevant) ignoriert, andererseits aber (durch die Abgrenzung der gleichbehandelten Tatbestände von allen anderen) neu geschaffen. Alle Käufer (Männer wie Frauen) werden gleich, aber anders behandelt als die Mieter. Jede Norm *differenziert*, indem sie ihre Adressaten und Sachverhalte nach Tatbestand und Rechtsfolge anders behandelt als die anderen Normen.

---

[25] BVerfGE 65, 377 (384); 71, 39 (59); 75, 108 (158); 76, 256 (329); 78, 249 (287); *Böckenförde* (Anm. 10), S. 96.

[26] Vgl. statt anderer *Hesse*, Der Gleichheitssatz (Anm. 7), in: AöR 109 (1984), S. 189 ff.

[27] *Wilhelm Windelband,* Über Gleichheit und Identität. Heidelberg 1910, S. 8; *Hesse,* Der Gleichheitsgrundsatz (Anm. 7), in: AöR 77 (1951), S. 172 ff.; *Podlech,* Gehalt (Anm. 7), S. 29 ff., 85; *M. Heckel,* Die religionsrechtl. Parität (Anm. 2), S. 477 ff.; *Kloepfer,* Gleichheit (Anm. 7), S. 15 ff.; *Kirchhof,* Der allg. Gleichheitssatz (Anm. 7), Rdnrn. 17 ff.; *Rüfner,* Art. 3 Abs. 1 GG (Anm. 7), Rdnrn. 6 ff.

2. Rechtsgleichheit und Differenzierung

Ja weiter: Rechtsgleichheit *bewirkt* weithin *Verschiedenheit* selbst in der Gruppe der Gleichbehandelten, weil diese die gleichen Rechte nach ihren unterschiedlichen Fähigkeiten, Möglichkeiten und Absichten mit unterschiedlichem faktischem und rechtlichem Erfolg gebrauchen; ihre gleichen Rechte werden den gleichbehandelten Rechtssubjekten ja zur Entfaltung ihrer eminent verschiedenen Eigenart und Interessen gewährt. Gleichheitsnormen führen deshalb bei ungleichen Voraussetzungen zu *ungleichen Wirkungen*. Gleiche Freiheitsnormen sind wegen der ungleichen Freiheitsziele doppelt auf Differenzierung angelegt. Ungleichheit wird durch die rechtliche Gleichheit oft nicht nur ungewollt bewirkt, sondern geradezu bezweckt.

3. Der Gleichheitssatz kein Nivellierungsgebot Differenzierungskompetenz des Gesetzgebers

Rechtsgleichheit enthält mithin Verschiedenheit in sich, baut darauf auf und bringt sie selbst hervor. Die Gesetzgebungskompetenz ermächtigt generell *zur Differenzierung*, die stets die Kehrseite der (ob nun enger oder weiter gezogenen) Gleichbehandlung bildet und die allein den unterschiedlichen Gegebenheiten und Gesetzgebungszielen gerecht werden kann[28]. Auch im Staatskirchenrecht enthält Art. 3 Abs. 1 GG (und Art. 3 Abs. 3 GG!) keinen Verfassungsauftrag zur „Planier-Parität". Nur Gleiches ist gleich, Ungleiches aber ungleich zu behandeln, dabei freilich nach gleichen Maßstäben differenzierend. „Mark gleich Mark" gilt nicht in der Inflationsgesetzgebung, so wenig wie Studenten und Hochschullehrer in der Universitätsstruktur, Kläger und Richter im Prozeß gleichzustellen sind. Art. 3 GG enthält weder die Regel noch die Beweisregel, daß eine Gleichbehandlung niemals, eine Ungleichbehandlung aber stets gerechtfertigt werden müsse[29]; Art. 3 GG kennt kein „in dubio pro aequalitate".

Der Gleichheitssatz trägt einen Januskopf der Egalisierung *und* der Differenzierung. Diese Verschlungenheit von Gleichheit und Verschiedenheit in Norm und Normwirkung wirft zumal im Staatskirchenrecht seit Jahrhunderten verwirrende Fragen auf.

---

[28] *Erich Kaufmann*, Die Gleichheit vor dem Gesetz im Sinne des Art. 109 WRV, in: VVDStRL 3 (1927), S. 9; *Ipsen*, Gleichheit (Anm. 7), S. 141.

[29] *Dürig*, Art. 3 Abs. 1 GG (Anm. 7), Rdnrn. 320 ff., auch Rdnr. 204, Anm. 2 gegen *Podlech;* vgl. auch *Klaus Stern*, Das Gebot zur Ungleichbehandlung, in: FS für Günter Dürig. München 1990, S. 207 ff., 212; BVerfGE 13, 46 (53); 84, 133 (158).

4. Unbestimmtheit des Gleichheitsmaßstabs

Art. 3 Abs. 1 GG ist — isoliert genommen — weitgehend „*inhaltsleer*" und offen; er bestimmt nicht, welche Tatbestände in welcher Hinsicht durch welche Kriterien nach welchen Maßstäben gleich bzw. ungleich zu behandeln sind. Juristisch vollziehbar wird der Gleichheitssatz erst dadurch, daß ihm von *anderen* Normen der Ansatz und *Maßstab* des Gleichheitsschlusses vermittelt wird. Erst sie bestimmen, was, wie und wieweit gleich behandelt werden soll. Der Gleichheitssatz hat weitgehend *eine Bezugnahmefunktion* auf normative Maßstäbe außerhalb seiner selbst.

5. Maßstabsbestimmung durch das Verfassungssystem

Die Maßstäbe für Art. 3 GG ergeben sich aus dem Kontext der Verfassung[30]: aus ihren materialen Bestimmungen, insbesondere im Grundrechtsteil, und aus ihren Kompetenzregeln zur Setzung materialer Maßstäbe durch die Verfassungsorgane. Die Verfassung enthält eine Fülle von Differenzierungsverboten, Differenzierungsgeboten und Differenzierungserlaubnissen, letzteres vor allem in den allgemeinen Gesetzesvorbehalten zur differenzierenden Einschränkung der gleichen Grundrechtsgarantien nach den Grundsätzen der Erforderlichkeit und Verhältnismäßigkeit[31].

---

[30] *Ipsen*, Gleichheit (Anm. 7), S. 120, 137, 162 ff., 183 ff.; *Dürig*, Art. 3 Abs. 1 GG (Anm. 7), Rdnrn. 28 ff.; *M. Heckel*, Die religionsrechtl. Parität (Anm. 2), S. 479 ff.; *v. Mangoldt/Klein/Starck*, Art. 3 Abs. 1 GG, Rdnrn. 12 ff.; *Zippelius*, Der Gleichheitssatz (Anm. 7), S. 29 ff.; *Müller*, Der Gleichheitssatz (Anm. 7), S. 45; *Kirchhof*, Der allg. Gleichheitssatz (Anm. 7), Rdnrn. 22, 85, 94; *ders.*, Gleichheit in der Funktionenordnung, in: HStR V, 1992, § 125, Rdnr. 31; *Rüfner*, Art. 3 Abs. 1 GG (Anm. 7), Rdnrn. 44 ff., 66 ff.
Hingegen kann das unterverfassungsmäßige Recht nicht in gleicher Weise wie die Verfassungsnormen als Maßstab des Art. 3 GG gelten, da der Gesetzgeber sich vor dem Gleichheitssatz zu verantworten hat und nicht über seinen Inhalt verfügen kann. *Hans-Peter Ipsen*, in: VVDStRL 47 (1989), S. 88; *Klaus Stern*, ebd., S. 91; gegen *Reinhold Zippelius*, ebd., S. 29 ff.; vertiefend dazu *Kirchhof*, Der allg. Gleichheitssatz (Anm. 7), Rdnrn. 222 ff. Doch ist das einfache Gesetz als Maßstab anzuwenden, soweit die Verfassung keine materialen Maßstäbe setzt und dies der Kompetenz des Gesetzgebers überträgt.

[31] Dazu *Dürig*, Art. 3 Abs. 1 GG (Anm. 7), Rdnr. 17, und insbes. *v. Mangoldt/Klein/Starck*, Art. 3 Abs. 1 GG, Rdnrn. 15 ff.; *Kirchhof*, Der allg. Gleichheitssatz (Anm. 7), Rdnrn. 157, 171, 279. Vgl. auch unten S. 614 ff. Anm. 59, 60.

6. Beschränkte Kompetenz der Judikative

Hier droht die Gefahr einer „Überhöhung der richterlichen Gewalt" gegenüber der Gesetzgebung, wenn sie durch willkürliche Anwendung der „Willkürformel" ihre Verfassungsbindung sprengt und die Gleichheitsregelungen des Gesetzes durch eigenmächtige Konkretisierungen des Gleichheitssatzes im Sinne „der" Gerechtigkeit mißachtet und ersetzt[32].

Der elementare Zusammenhang von Gleichheit und Gerechtigkeit ermächtigt die Gerichtsbarkeit einschließlich der Verfassungsgerichtsbarkeit keineswegs, ihre eigenen kultur-, sozial- und kirchenpolitischen Vorstellungen als geltendes Verfassungsrecht auszugeben.

7. Rechtsgleichheit als Mittel der Freiheit oder der Angleichung?

Der *Sinn* des Allgemeinen Gleichheitssatzes ist umstritten. Gleichheit im Sinne der Verfassung gilt überwiegend nur als Instrument der Freiheit[33]: Gleichheit bezwecke gleiche Freiheit zur Entfaltung der Eigenart und Selbstbestimmung, mithin auch der Verschiedenheit der Menschen und Institutionen. — Von anderen wird Art. 3 Abs. 1 GG als Verfassungsgebot zur realen Angleichung verstanden, die nicht nur rechtliche Privilegierungen und Diskriminierungen, sondern auch die faktischen sozialen Ungleichheiten und Ungerechtigkeiten beseitigen soll[34].

VII. Der Privilegienabbau als Egalisierungsziel

1. Keine faktische Angleichung der Religionen

Sinn und Ziel des Art. 3 Abs. 1 GG ist jedenfalls im Staatskirchenrecht nicht die faktische Angleichung, geschweige denn Gleichmacherei der religiösen, religionssoziologischen und kirchenrechtlichen Verschiedenheiten der Konfessionen. Das Trennungsgebot und die Garantie der Religions- und Religionsgesellschaftsfreiheit schließen aus, die großen Religionsgemeinschaften staatlicherseits in das Prokrustesbett der klei-

---

[32] Vgl. insbes. die Warnungen *Ipsens,* Gleichheit (Anm. 7), S. 155 ff., 169 ff., 184 ff.; auch *Kirchhof,* Der allg. Gleichheitssatz (Anm. 7), Rdnrn. 22 ff., 86 ff., 93.
[33] *Dürig,* Art. 3 Abs. 1 GG (Anm. 7), Rdnr. 135 ff.; *v. Mangoldt/Klein/Starck,* Art. 3 Abs. 1 GG, Rdnrn. 3 ff., 209, 257.
[34] Dazu differenzierend *Zippelius,* Der Gleichheitssatz (Anm. 7), S. 13 ff.; *Müller,* Der Gleichheitssatz (Anm. 7), S. 52 ff.

nen zu zwängen, die kleinen zu deren Größe aufzutreiben und ihre Unterschiede faktisch einzuebnen. „Gleichheit vor dem Gesetz" will gleiches Recht, nicht gleiches Glück verschaffen, eröffnet damit Freiheit zum Wettbewerb ohne die Garantie des gleichen Erfolges. Gleiches Glück würde zudem in religiösen Dingen gleiches Heil und also gleiche Gnade durch den gleichen wahren Glauben in sich schließen, die der säkulare Staat heute seinen Bürgern nicht mehr in der geistlichen Daseinsvorsorge der alten cura religionis zu vermitteln sucht[35]. Der oft gehörte „Privilegienvorwurf" geht fehl, soweit er unterschwellig aus dem faktischen „Übergewicht" der großen Volkskirchen infolge ihrer Mitgliederzahl und Weltzuwendung resultiert, welches zwar nicht den kleinen (angeblich „unterprivilegierten") Freikirchen, wohl aber manchen Religionsgegnern als Ärgernis erscheint.

2. Strikte Gleichheit des Verfassungsstatus

Aber die Egalisierung des verfassungsrechtlichen Status sowohl der Bürger als auch der Religionsgesellschaften wurde durch Artt. 4, 140 GG nach langer, komplizierter Vorgeschichte klar und scharf sanktioniert: Nicht faktische, doch strikte rechtliche Gleichheit des Verfassungsstatus war schon seit 1919 ein primäres Verfassungsziel. Im Staatskirchenrecht ist Gleichheit ein Eigenwert und nicht nur ein Instrument der Religionsfreiheit, die ja im liberalen 19. Jahrhundert schon weiter als die religiöse Gleichberechtigung gewährleistet war.

Diese Egalisierung im Staatskirchenrecht ist Teilstück und Schlußstein der umfassenden Ablösung des Ancien régime. Die liberale Verfassungsbewegung des 19. Jahrhunderts kämpfte zumal gegen das absolutistische Staatskirchentum und die vielfältige Privilegierung der beiden Großkirchen durch den Westfälischen Frieden und durch das Staatskirchenrecht der alten Territorien und der neuen Bundesländer seit 1815.

3. Das Stufensystem vor 1919

Vor der Neuordnung des Staatskirchenrechts durch die Weimarer Reichsverfassung im Jahre 1919 galt in den deutschen Einzelstaaten ein in den Grundzügen übereinstimmendes System der *Stufen-P.*: Der Staat

---

[35] Auch die „Chancengleichheit" — vgl. m. Nachw. v. *Mangoldt/Klein/Starck*, Art. 3 Abs. 1 GG, Rdnrn. 28 ff.; *Dürig*, Art. 3 Abs. 1 GG (Anm. 7), Rdnrn. 106 ff.; *Schoch*, Der Gleichheitssatz (Anm. 7), S. 880 ff. — ist angesichts des Trennungsgebots kein Rechtstitel zur faktischen Nivellierung der realen religiösen Lebenswelt durch den Staat.

suchte der unterschiedlichen Bedeutung der Großkirchen, der Freikirchen und der Sekten durch eine starke *Differenzierung* seines P.-Systems gerecht zu werden, also Ungleiches je nach seiner Verschiedenheit in gleichmäßiger Abstufung ungleich zu behandeln.

Die Rechtsstellung der Religionsgesellschaften war in die *drei Gruppen* der beiden Großkirchen, der anderen öffentlich-rechtlich Korporierten und der kleinen Religionsgesellschaften des Privatrechts abgestuft[36]. Diese Abstufung war prinzipiell und deshalb eine Statusfrage, nicht eine Folge sachgerechter Regelung von Einzelfragen aus berechtigtem Grunde wie nach Art. 3 GG. Die beiden Großkirchen waren einerseits neben ihrem öffentlich-rechtlichen Körperschaftsstatus durch erhebliche Vorrechte im Bereich der staatlichen Organisation, der Erziehung, der Kultur privilegiert, unterstanden andererseits der besonderen staatlichen Kirchenaufsicht, die katholischerseits weithin als diskriminierend empfunden wurde.

Mit den beiden Großkirchen praktizierte der Staat ein System enger institutioneller Verbundenheit, die übrigen öffentlich-rechtlichen Religionsgesellschaften genossen ein System begrenzter öffentlich-rechtlicher Bevorzugung und Kontrolle, den Religionsgesellschaften des Privatrechts gegenüber herrschte das System der Trennung von Kirche und Staat.

4. Seine unterschiedlichen Gleichheitsformen

Das P.-System *vor 1919* benützte dementsprechend verschiedene Gleichheitsformen in komplizierter Kombination. Für die Großkirchen galt eine Form der (differenzierten) Gleichheit im Sinne der angemessenen *Berücksichtigung* der religiösen Momente und Funktionen im staatlichen Recht; für die kleinen Religionsgesellschaften hingegen galt die P.-Variante der gleichmäßigen *Ignorierung* der religiösen Belange.

Der Staat behandelte dabei auch die katholische und evangelische Kirche verschieden nach dem Maße, in dem sie ihm verschieden gefährlich bzw. staatstragend-dienlich schienen, mit ihm verschieden verflochten waren und nach ihrem Selbstverständnis ein unterschiedliches Verhältnis zu ihm suchten: Die katholische Kirche wollte Freiheit „vom" Staat durch Lockerung der staatlichen Kirchenaufsichtsrechte, die evangelische Kirche aber suchte im ganzen gesehen die enge Verbundenheit mit dem Staat, die Erhaltung der christlichen Staatsidee und des landesherrlichen Kirchenregiments, also die Entfaltung „im" Staat durch dessen Schutz und Förderung.

---

[36] Zum Folgenden vgl. *M. Heckel*, Die religionsrechtl. Parität (Anm. 2), S. 454 ff.

5. Maßstabaporien des Staates infolge seiner Säkularisierung

Die Maßstabfrage bildete dabei das schwierigste P.-Problem, dessen allseits befriedigende Lösung kaum je gelang. Der Staat, der sich (wenn auch verblassend) durchaus als „christlicher Staat" verstand, behauptete die Kompetenz zu einer aktiven *Religionspolitik* nach eigenen „christlichen" Maßstäben, auch soweit dies das geistliche Selbstverständnis der Religionsgemeinschaften beschränkte und korrigierte.

Im Gesamtergebnis wurden meist die frühere Landeskonfession direkt oder indirekt begünstigt, das konkurrierende Großbekenntnis in etwa gleichgestellt und alle anderen Religionsgesellschaften entsprechend ihrem (etatistisch beurteilten) religiösen Wahrheits-, Seriositäts- und Dignitätsgehalt geregelt. Den öffentlich-rechtlichen Körperschaftsstatus erhielten in Preußen z. B. die Altkatholiken als Lohn für ihre Haltung zum Ersten Vatikanischen Konzil und im Kulturkampf, nicht aber die Altlutheraner, als Quittung für ihren Widerstand gegen die Altpreußische Union.

Die Maßstabfrage wurde im 19. und 20. Jahrhundert immer problematischer. Die religiösen Kompetenzen und religionsrechtlichen Regelungen paßten nicht mehr zum weltlichen Charakter des Staates, der seinen Grund in einer christlichen Staatsidee zunehmend verlor. Das ausdifferenzierte System der Stufenparität büßte an Legitimität ein, ja erschien vielen als willkürlich.

6. Nachwirken präkonstitutioneller Leitbilder

Trotzdem hat sich das Leitbild der dreistufig differenzierten Parität in der staatskirchenrechtlichen Praxis und Lehre der Weimarer Zeit behauptet und galt noch unter dem Grundgesetz zwei Jahrzehnte lang als herrschende Meinung[37]. Dieser Überhang der präkonstitutionellen Denkfiguren erscheint historisch verständlich; er verfehlt jedoch das Wesen des staatskirchenrechtlichen Neuansatzes von 1919 und 1949.

---

[37] *Johannes Heckel*, Das staatskirchenrechtliche Schrifttum der Jahre 1930 und 1931, in: VerwArch 37 (1932), S. 290 f., 292; *ders.*, Kirchengut (Anm. 4), S. 108 f., 132; *Smend*, Zur Gewährung (Anm. 4), S. 376 f.; *Hesse*, Schematische Parität (Anm. 4), S. 189 ff., 193; *W. Weber*, Die Gegenwartslage (Anm. 4), S. 172 ff.; dazu *M. Heckel*, Die religionsrechtl. Parität (Anm. 2), S. 471.

VIII. Egalitärer Verfassungsstatus „Gleichheit des Angebots"

Die *Weimarer Reichsverfassung* hat die traditionelle Drei-Stufen-P. durch ein System der *prinzipiellen Statusgleichheit* aller Religionsgesellschaften abgelöst und sogar die Weltanschauungsvereinigungen darin einbezogen (Art. 137 Abs. 7 WRV). Das Grundprinzip wird beispielhaft erhellt durch die spezielle P.-Lösung in Art. 137 Abs. 5 WRV wie auch durch den Systemzusammenhang.

1. Mehrstufigkeit und Durchlässigkeit der Paritätsform in Art. 137 Abs. 5 WRV

Diese *einzige explizite P.-Norm* der Weimarer Reichsverfassung (Art. 137 Abs. 5) war sich im Ziel des Privilegienabbaus mit der Paulskirchenverfassung[38] einig. Aber statt die großen Religionsgemeinschaften aus dem öffentlichen Recht zu „verstoßen" und auf den privatrechtlichen Vereinsstatus der kleinen zu „degradieren", hat sie *auch den kleinen* den öffentlich-rechtlichen Status angeboten[39] — falls sie dies wünschten und gewisse weltliche Mindestvoraussetzungen der Größe und Konsistenz erfüllten, die für den Verleihungstatbestand und seine Rechtsfolgen unabdingbar schienen. Welcher Stufe eine Religionsgesellschaft zugehörte, hing nicht mehr von der staatlichen Entscheidung, sondern von ihrer eigenen Entfaltung und Entschließung ab. Das neue P.-System war zwar nicht einstufig, sondern mehrstufig, aber durchlässig.

2. Gleiche liberale Entfaltungsfreiheit statt religiöser Reglementierung

Der *Charakter* des P.-Systems veränderte sich entscheidend trotz der Kontinuität seiner äußeren Form: Es wurde *formalisiert, schematisiert und säkularisiert*. Es suchte die Gleichheit nicht („materialparitätisch") durch gleichmäßige Differenzierung je nach den inneren und äußeren Verschiedenheiten, sondern („formalparitätisch") durch die Zurverfügungstellung gleicher Rechtsformen zu erzielen. Statt der religiösen Maßstäbe und Wertungen galt nun die religiöse Abstinenz der Staatsgewalt. Das traditionelle System der obrigkeitlichen Reglementierung der Religionsverhältnisse wurde durch das der liberalen Selbstbestimmung

---

[38] Vgl. oben I 1 Anm. 5.
[39] Vgl. statt anderer *Mausbach* als Berichterstatter in der Nationalversammlung, in: Verh. d. Verfassungsgeb. Deutschen Nationalvers., Bd. 328, Berlin 1920, S. 1645.

und Entfaltungsfreiheit überwunden. Die „Gleichheit des Gebots" verwandelte sich in die „*Gleichheit des Angebots*"[40].

3. Aufhebung des Privilegiencharakters

Die alten Vorrechte der Großkirchen wurden also im Prinzip nicht aufgehoben, aber ihr Privilegiencharakter beseitigt; damit änderte sich die Rechtsnatur auch derjenigen Rechte, die bestehen blieben. Der oft gehörte „Privilegien"-Vorwurf ist auch in rechtlicher Hinsicht unhaltbar. Gleichheit ist hier durch Potentialität gewahrt. Ob Religionsgesellschaften vom Angebot des Staatskirchenrechts Gebrauch machen, ist „ihre Angelegenheit" gemäß Art. 140 GG i. V. m. Art. 137 Abs. 3 WRV, je nach der Eigenart ihrer Weltzuwendung oder Weltabkehr.

4. Staatskirchenrecht als säkulares Rahmenrecht

Die Dominanz der formalparitätischen und säkularen Momente der P. bestimmt nicht nur Art. 137 Abs. 5 S. 2 WRV, sondern auch die anderen Weimarer Staatskirchenrechtsartikel[41]. Die Begriffe, Institute und Leitprinzipien des Staatskirchenrechts haben sich *theologisch* vollständig *entleert* und auf einen säkularen Rahmen reduziert: Modernes Staatskirchenrecht ist *säkulares Rahmenrecht* geworden[42]!

5. Relativierung des theologischen Gehaltes

Die Garantie der Religions- und Religionsgesellschaftsfreiheit in Artt. 4 und 140 GG i. V. m. Art. 137 WRV verwendet in diesem Sinn den *Religionsbegriff*[43] vollständig relativiert als säkulare Sammel- und Rahmenbezeichnung für die Religionen und Religionsgemeinschaften aller

---

[40] *Smend*, Zur Gewährung (Anm. 4), S. 375: „virtuelle P."; *Hollerbach* (Anm. 4), in: JZ 1966, S. 272.

[41] Daran hat ihr — in den frühen Jahren der Bundesrepublik vielfach betonter — „Bedeutungswandel" nichts geändert. Die einst im „christlichen Staat" verfassungsrechtlich verbürgte Vorrangstellung und Höherwertigkeit der Großkirchen als früherer Landeskirchen wurde durch keine Verfassungsrevision wiederhergestellt und auch die Kirchenverträge sind nicht in diesem Sinne zu verstehen. Vgl. *M. Heckel*, Staatskirchenrecht und Kulturverfassung (Anm. 4), S. 6 ff., auch S. 12 ff., 15 ff., 23 ff.

[42] Vgl. *Martin Heckel*, Säkularisierung. Staatskirchenrechtliche Aspekte einer umstrittenen Kategorie, in: ZRG Kan. Abt. 66 (1980), S. 1 ff., 8 ff., 127 ff., 149 ff.; auch in: ders., Ges. Schriften (Anm. 1), S. 773 ff., 777 ff., 880 ff., 899 ff.

[43] Vgl. etwa BVerfGE 83, 341 (353 ff.); BVerwGE 61, 152 (156); VGH Mannheim, in: NVwZ 1989, S. 279.

Welt, aller Art und aller Ausübungsformen, einschließlich der Religionslosigkeit und Religionsgegnerschaft, ohne jede inhaltliche Definition, Bewertung und Differenzierung seitens der Verfassung.

Die generelle Tatbestandsformulierung in Artt. 4, 7 Abs. 3, 140 GG i. V. m. Artt. 137-139 und 141 WRV gewährt so allen gleiche Rechte: Die Gründungs- und Vereinigungsfreiheit, die Eigenständigkeit und Selbstbestimmungsgarantie, das Ämterrecht, die Garantie des staatlichen Religionsunterrichts, der Militär- und Anstaltsseelsorge sind allen Religionsgemeinschaften gleichmäßig zuerkannt. Von allen hält der Staat nach Art. 137 Abs. 1 WRV in schematisch gleicher Weise Distanz. Der Gesetzesvorbehalt wird allen gegenüber in gleicher Weise mit der formalparitätischen Musterformel „des für alle geltenden Gesetzes" formuliert. Auch der Körperschaftsstatus und das Kirchensteuerrecht werden ihnen allen unter gleichen Mindestvoraussetzungen angeboten, ohne zwischen Landeskirchen, Freikirchen, Sekten und sonstigen speziellen religiösen Vereinigungen zu unterscheiden.

6. Säkularisierte Leitprinzipien

Die Leitprinzipien des Staatskirchenrechts bekräftigen den formalparitätischen und säkularen Charakter dieser P.-Maßstäbe. So insbesondere die Grundsätze der weltanschaulich-religiösen Neutralität[44], der Nichtidentifikation[45], der Toleranz[46], des Pluralismus[47], der Säkularisierung[48], des Laizismus[49].

So heißt es im Sinne jenes allgemeinen Religionsbegriffs: Die Glaubensfreiheit des Grundgesetzes umfaßt gleichermaßen „ein religiöses Bekenntnis oder eine irreligiöse — religionsfeindliche oder religionsfreie — Weltanschauung", „insofern ist die Glaubensfreiheit mehr als religiöse Toleranz"[50]. „Der religiös-neutrale Staat" habe seine „verfassungsrechtlichen Begriffe nach neutralen, allgemeingültigen, nicht konfessio-

---

[44] Vgl. BVerfGE 18, 385 (386); 19, 1 (8), 206 (216); 24, 236 (246); 30, 415 (422); 32, 98 (106); 33, 23 (28); 35, 366 (375); 42, 312 (330); vgl. *Schlaich,* Neutralität (Anm. 4), S. 131 ff., 192 ff.

[45] BVerfGE 30, 415 (422); 35, 366 (375); 41, 29 (52); 52, 223 (237); *Herbert Krüger,* Allgemeine Staatslehre. 2. Aufl., Stuttgart u. a. 1966, S. 178 ff., auch 92 f., 160 f., 541, 762 f., 808, 865.

[46] BVerfGE 41, 29 (50, 62); 47, 46 (77); 52, 223 (251).

[47] BVerfGE 41, 29 (50).

[48] BVerfGE 41, 29 (57); 42, 312 (330); 46, 73 (92); *M. Heckel,* Säkularisierung (Anm. 42), S. 8 ff., 127 ff.

[49] BVerfGE 46, 73 (92).

[50] BVerfGE 12, 1 (3); 24, 236 (246).

nell oder weltanschaulich gebundenen Gesichtspunkten zu interpretieren"[51]. — Der Staatscharakter, die Kompetenzen und Funktionen der Staatsgewalt werden entsprechend definiert: Dem Staat „als Heimstatt aller Bürger" ist durch das Neutralitätsgebot „die Einführung staatskirchlicher Rechtsformen" und „die Privilegierung bestimmter Bekenntnisse" versagt[52]. — Aus Artt. 4 GG, 3 Abs. 1 und 3 GG, 140 GG i. V. m. Art. 137 Abs. 1 und 3 WRV wird das verfassungsrechtliche Verbot einer aktiven religiös bestimmten Religionspolitik des Staates abgeleitet[53]. Die materiell-rechtlichen Konsequenzen für das Bildungswesen und den Kulturstaatsbereich sind weitreichend[54]. Auch der Sinngehalt alter religiöser Rechtsformen, Funktionen und Symbole wird entscheidend verflüchtigt, verallgemeinert und beschränkt[55].

IX. Keine Gleichschaltung des Religiösen mit dem Säkularen

1. Staatskirchenrecht als Sonderrechtsgebiet

Indessen: Die Egalisierung hat *Grenzen*. Das Staatskirchenrecht wurde 1919 *nicht* mit radikal-laizistischer Perfektion als Sonderrechtsgebiet beseitigt und in die allgemeinen weltlichen Freiheitsrechte *aufgelöst:* Die Bundesverfassung behandelt die Glaubensäußerungen anders als die Meinungsäußerungen, die Religionsausübung anders als die Berufsausübung, den Religionsunterricht anders als den weltlichen Unterricht, das Kirchengut anders als das weltliche Eigentum, die Religionsgesellschaften anders als die Privatvereine und sonstigen öffentlich-rechtlichen Korporationen, die Kirchensteuer anders als andere Steuern.

2. Gleichheit im Religiösen — Verschiedenheit vom Außerreligiösen

Gleichheit korrespondiert stets mit Verschiedenheit; die ausgedehnte Gleichheit im Religiösen verzichtet nicht auf die Abgrenzung von außerreligiösen Phänomenen. Die janusköpfige Ambivalenz des Gleichheitssatzes im Sinne der Egalisierung *und* Differenzierung gilt auch für das Staatskirchenrecht. Seine Verfassungsnormen behandeln zwar alle Reli-

---

[51] BVerfGE 24, 236 (246, 247 f.); 12, 45 (54); 19, 226 (238 ff.).
[52] BVerfGE 19, 206 (216).
[53] BVerfGE 12, 1 (4); 33, 23 (29); 42, 312 (330).
[54] BVerfGE 41, 29 (61), 65 (84 f.); 52, 223 (237).
[55] BVerfGE 35, 366 (375); 33, 23 (26 ff.); dazu *M. Heckel,* Säkularisierung (Anm. 42), S. 8 ff.

gionsgesellschaften gleich, aber anders als andere Vereinigungen, die religiösen Phänomene gleich, aber anders als ihre weltlichen Entsprechungen. Die Verfassung enthält selbst die genannten Differenzierungen, aus denen sich für die Gesetzgebung und Verwaltung ihrerseits teils Differenzierungsgebote, teils Differenzierungserlaubnisse ergeben, soweit die religiösen Freiheitsgarantien in ihrer „Ausstrahlungswirkung" für die gesetzliche und administrative Regelung von Sondermaterien einschlägig sind[56]. Deshalb ist zu betonen:

3. Keine gleichmäßige Ausschaltung des Religiösen

Aus Art. 3 Abs. 1 GG ergibt sich kein Gebot zur gleichmäßigen Ausschaltung des spezifisch Religiösen bzw. zu seiner schematischen Gleichstellung mit dem Säkularen im Sinne einer laizistischen, religionsfeindlichen Gleichheitsidee[57].

Art. 3 Abs. 1 GG ist eben diesbezüglich inhaltsleer und offen. Die Maßstäbe zu seiner inhaltlichen Ausfüllung sind nicht kasuistisch nach Belieben („willkürlich") festzusetzen, sondern aus dem Staatskirchenrecht zu entnehmen. Das aber hat die Freiheitsentfaltung und Berücksichtigung des Religiösen in seinen Grundrechtsgarantien (an erster Stelle und ohne Schrankenvorbehalt!) und in seinen institutionellen Regelungen gewährleistet, hingegen ihre Ignorierung, Ausschaltung, Gleichschaltung untersagt, da die Verfassung 1919 und 1949 die radikalen Trennungskonzepte verworfen hat. Art. 3 Abs. 1 GG (und Art. 3 Abs. 3 GG!) darf nicht in kontextisolierter Auslegung nach dem subjektiven Vorverständnis der Lehre bzw. Gerichtsbarkeit dazu verwendet werden, ein verfassungsfremdes kirchenpolitisches Leitmodell als geltendes Verfassungsrecht auszugeben und dessen Normen auszuheben (bzw. „umzufunktionieren").

---

[56] Vgl. BVerfGE 24, 236 (245, 251); 32, 98 (108); 53, 366 (399, 401); 66, 1 (22); 70, 138 (163 ff., 167 ff.); 83, 341 (356 ff.). — Das Bundes- und Landesrecht kennt eine Fülle von Berücksichtigungs- und Kooperationsgeboten hinsichtlich der religiösen Bedürfnisse, Aspekte und Entscheidungen der Religionsgesellschaften, z. B. im Recht der theologischen Fakultäten, des Religionsunterrichts, der kirchlichen Kunstdenkmäler, der Bauplanung und -ordnung, der Jugendwohlfahrt, Sozialhilfe, des Medienwesens. Vgl. *M. Heckel*, Die Kirchen unter dem Grundgesetz (Anm. 9), S. 45; *W. Weber*, „Allgemeines Gesetz" (Anm. 9), S. 197, Anm. 31; *Hesse*, Selbstbestimmungsrecht (Anm. 9), S. 438 f., Anm. 108. Vgl. auch unten S. 614 f.

[57] Dies ist auch keineswegs der Sinn und Wortlaut des Art. 3 Abs. 3 GG, wie im folgenden Beitrag *dieses* Handbuchs zu zeigen ist.

4. Atheismus nicht Richtmaß der Gleichheit

Als Maßstabregelung hat das Grundgesetz damit die Gleichheit der Individuen nicht nach dem Maß des Atheismus und Indifferentismus festgesetzt und die religiösen Phänomene und Aspekte nicht aus der staatlichen Rechtsordnung ausgeschlossen, sondern ihnen in Gesamtzuschnitt und Detail der Staatskirchenartikel Rechnung getragen, was bei der Anwendung des Art. 3 Abs. 1 GG zu respektieren ist. Die Forderung nach strikter „gleichmäßiger" Ignorierung und Nivellierung des Religiösen ist unvereinbar mit dem liberalen Grundcharakter des Grundrechtsteils, unvereinbar mit der Differenziertheit des Föderalismus in den unterschiedlichen Landesverfassungen und Landesgesetzen, unvereinbar auch mit den Aufgaben einer differenzierten Kultur- und Sozialstaatlichkeit nach der Sachgesetzlichkeit religiös qualifizierter Lebensgebiete, etwa des Religionsunterrichts, der Theologie und der sakralen Kunstdenkmäler.

X. Liberalisierung des Staatskirchenrechts Differenzierungswirkung der Rechtsgleichheit

1. Freiheit und Gleichheit im Zusammenspiel

Neben dieser Egalisierung ist die Liberalisierung zum beherrschenden Grundprinzip des Staatskirchenrechts seit 1919 geworden. Auch seine Normen sind deshalb durch das Wider- und Zusammenspiel von Freiheit und Gleichheit geprägt.

Freiheit und Gleichheit[58] stehen nach den historischen Erfahrungen der Französischen Revolution nicht nur in *Übereinstimmung*, sondern auch in *Spannung*. Die Verfassung sorgt deshalb für ihre gegenseitige *Begrenzung* und *Ergänzung*: Sie gewährt gleiche Freiheit für alle in den dafür erforderlichen allgemeinen Garantien und allgemeinen Schranken. Desgleichen gewährleistet sie die Gleichheit jedem einzelnen zur individuellen Freiheit innerhalb der Grenzen des Allgemeinverträglichen. Durch die Freiheit kann sich die Ungleichheit entfalten, und das wird durch die Gleichheit allen gleichermaßen garantiert. In ihrer Korrelativität sind Freiheit und Gleichheit aufeinander angewiesen, setzen einander voraus und sollen sich gegenseitig sichern, stärken, optimieren.

---

[58] Zu diesem vielbehandelten Thema vgl. statt anderer *Dürig*, Art. 3 Abs. 1 GG (Anm. 7), Rdnrn. 120 ff., 135 ff., 166; *Martin Kriele*, Freiheit und Gleichheit, in: HdbVerfR, S. 129 ff.; *Kloepfer*, Gleichheit (Anm. 7), S. 45 ff.; jetzt auch *Kirchhof*, Der allg. Gleichheitssatz (Anm. 7), Rdnrn. 104, 158 ff., 168, 227.

Aber die Dialektik reicht weiter:

2. Verschiedenheit durch Rechtsgleichheit

Die Gleichheit im Sinne der Verfassung wird durch die Freiheit zur Ungleichheit nicht nur äußerlich begrenzt, das Ungleiche wird der Gleichheit also nicht nur äußerlich durch die Freiheit abgerungen: Die Rechtsgleichheit bringt vielmehr selbst — aus ihrem eigenen Schoß — durch ihre spezifische Funktionsweise ungleiche Wirkungen im faktischen wie auch im rechtlichen Ergebnis hervor. *Rechtsgleichheit differenziert!* Das gilt für Freiheitsrechte wie für Eingriffsnormen — sie wirken verschieden je nach den Zwecken und nach dem geistigen und materiellen Vermögen derer, die sie gebrauchen bzw. durch sie belastet werden. Das wird von der Rechtsordnung zum Teil in Kauf genommen, zum Teil sogar intendiert.

Die *Generalisierung der Rechtsnormen* wird gerade im Staatskirchenrecht — wie ja auch im gesamten Kulturverfassungsrecht, Presse- und Medienrecht sowie Parteienrecht — als *Instrument der Differenzierung* der Lebensverhältnisse eingesetzt. Formalgleiche Normen führen weder faktisch noch rechtlich zur Nivellierung, sondern zur Differenzierung, wenn sie mit ungleichen Voraussetzungen, Zielen und Kräften angewandt werden.

3. Privilegienabbau ohne Nivellierung

Das Staatskirchenrecht fügt sich hier in das allgemeine Bild: Die Rechtsgleichheit als Grundprinzip der liberalen Reformen *(vom Steins, Hardenbergs, Montgelas')*, welche im frühen 19. Jahrhundert die moderne bürgerliche Gesellschaft des freien, gleichen Wettbewerbes schufen, hat zwar die Statusunterschiede und Privilegien der Stände des Ancien régime beseitigt, aber nicht zur faktischen Gleichheit der Sozialverhältnisse und Geisteskultur geführt, sondern — in der typischen Automatik formalgleicher Normen — die eminente Differenzierung der rechtsgleichen bürgerlichen Gesellschaft in unterschiedliche Klassen, Parteien, Weltanschauungen und Religionen bewirkt.

4. Rechtsgleichheit ohne Gleichmacherei im Staatskirchenrecht

Vor allem im Staatskirchenrecht hat so die Egalisierung des Verfassungsstatus keineswegs eine Nivellierung der Religionsgemeinschaften bewirkt, sondern ihre *Differenzierung in der Gegenwart erhalten und für die Zukunft gesichert,* ja vertieft. Die großen Verschiedenheiten der Religionsgemeinschaften nach ihrer Theologie und Verfassung, Größe und Kraft, Traditionsgebundenheit und Zukunftsoffenheit, Sozialstruktur und Sozialbetätigung wurden weder von der Revolution noch von der Weimarer Verfassung eingeebnet, welche ja nicht die faktische, sondern die rechtliche Gleichheit proklamierte. Die Ungleichheit der faktischen Voraussetzungen muß ferner dazu führen, daß die formalgleichen Weimarer Staatskirchenartikel für die verschiedenen Religionsgemeinschaften jeweils eine höchst *unterschiedliche Bedeutung entfalten:*

5. Unterschiedliche Wirkung gleicher Garantien

Das Verbot der Staatskirche in Art. 140 GG i. V. m. Art. 137 Abs. 1 WRV trifft letztlich nur die großen Kirchen, die früher Staatskirchen waren und nach Größe, Geist und Form wiederum Staatskirchen hätten werden können. Die Eigenständigkeits- und Selbstbestimmungsgarantie in Art. 140 GG i. V. m. Art. 137 Abs. 3 WRV wirkt für die katholische Weltkirche — mit ihrer Verfassungsorganisation, Mitgliederzahl, Weltverantwortung, Eigenständigkeitsbehauptung (als „societas perfecta"), eingespielten Kooperation mit den staatlichen Stellen — politisch und rechtlich ganz anders als für eine kleine Sekte mit introvertierter Weltabkehr, dürftiger Ausstattung und knapper Vereinssatzung. Die formalparitätische Garantie des Religionsunterrichts wirkt sich nur zugunsten derjenigen Religionsgemeinschaften aus, die auch die materiellen Voraussetzungen hierfür (Mindestschülerzahlen, Kooperationseignung und -bereitschaft im Rahmen der Schulorganisation und Lehrerausbildung) erfüllen. Die Garantie theologischer Fakultäten (durch die Weimarer Reichsverfassung bzw. durch Landesverfassungen i. V. m. Art. 3 Abs. 1 und 3 GG!) kommt nur den Religionsgesellschaften zugute, die eine wissenschaftliche Theologie besitzen und sie dem Staat zur universitären Pflege anvertrauen.

6. Respektierung der Differenzierungswirkung der Gleichheitsgarantien

Das *ungleiche Ergebnis* (faktischer und rechtlicher Art), das die Differenzierungswirkung der Rechtsgleichheit notwendig nach sich zieht, ist in den Freiheitsgarantien der Verfassung angelegt und durch sie *legitimiert.* Es ist deshalb von der Theorie nicht als „suspekt" zu diskreditieren und durch die Praxis der Gesetzgebung und Gerichtsbarkeit nicht im Gegenzug zu nivellieren, sondern zu respektieren.

§ 20 Die religionsrechtliche Parität   613

Daß andere Religionsgesellschaften Entsprechendes für sich ablehnen, macht eben den öffentlich-rechtlichen Körperschaftsstatus, das Amts- und Dienstrecht und die Kirchensteuer der öffentlich-rechtlichen Religionsgesellschaften nicht zum Gleichheitsverstoß („Privileg"). Der Betrieb von Krankenhäusern und Kindergärten steht allen Religionsgesellschaften ebenso wie allen anderen freien Trägern frei; wer dies nicht leistet, kann die hierfür vorgesehenen Subventionen weder für sich fordern, noch den anderen streitig machen. Die staatliche Denkmalpflege an den Kirchen handelt nicht deshalb gleichheitswidrig, weil viele Religionsgesellschaften keine Kunstdenkmäler besitzen bzw. keine für die Behörden maßgeblichen liturgischen Prinzipien (etwa über die Stellung des Altars) entwickelt haben.

7. Unterschiedliche Regelungsbedürfnisse für unterschiedliche Lebensverhältnisse

Der Staat verletzt nicht Art. 3 Abs. 1 und 3 GG, wenn er — je nach den unterschiedlichen Lebensverhältnissen und Regelungsbedürfnissen — mit der katholischen Weltkirche ein Konkordat zur Regelung der besonderen Ordnungsaufgaben abschließt, die sich aus der freien Entfaltung „ihrer Angelegenheiten" als Volkskirche für Kirche, Volk und Staat ergeben (Religionsunterricht, Geistlichenvorbildung, theologische Fakultäten, Fragen der Staatsleistungen, des Kirchenguts, der Ämterbesetzung, der Anstalts- und Militärseelsorge u. a. m.).

Art. 3 Abs. 1 und 3 GG verlangt, daß der Staat sich zum Abschluß eines nach Inhalt und rechtlichem Rang *gleichwertigen* (nicht inhaltsgleichen!) Vertragswerkes mit einer anderen Religionsgemeinschaft bereitfindet, wenn bei ihr entsprechende Regelungsbedürfnisse auftreten; dies ist z. B. in den evangelischen Kirchenverträgen verwirklicht worden. Durch die Verbindung von Freiheit und Gleichheit in Artt. 3, 4, 140 GG ist es dem Staat verwehrt, die evangelische Kirche (des allgemeinen Priestertums) über den katholischen Leisten (der hierarchischen Hirtengewalt) zu schlagen oder die katholische Kirche (wie in den formalparitätischen Kulturkampfgesetzen) „gleichmäßig" nach protestantisch inspirierten Modellen zu behandeln oder aber beiden Kirchen säkulare Korporationsmuster zu oktroyieren.

Es verstößt nicht gegen Art. 3 Abs. 1 und 3 GG, wenn ein Kirchenvertrag nicht mit den kleineren Religionsgemeinschaften zustande kommt, bei denen keine entsprechenden Regelungsbedürfnisse anfallen, weil sie z. B. keinen Religionsunterricht, keine theologische Wissenschaft, keine Wohlfahrtspflege usw. betreiben wollen oder können.

8. Schrankendifferenzierung durch das Übermaßverbot

Die gleichen, „für alle geltenden" Gesetzesschranken (Art. 140 GG i. V. m. Art. 137 Abs. 3 WRV) wirken verschieden für Rechtstreue und Rechtsbrecher, die je nach ihrem unterschiedlichen Verhalten differenziert zu behandeln, nicht aber über einen Kamm zu scheren sind.

Auch hier harmoniert die Gleichheit mit der Freiheit: Die Freiheitsrechte sind nur im Rahmen des *Erforderlichen* und *Verhältnismäßigen* beschränkbar; das Übermaßverbot zwingt deshalb zur Differenzierung im Rahmen der *Freiheits*beschränkungen — wie andererseits die Differenzierung im Rahmen der *Rechtsgleichheit* sich zwingend aus dem ungleichen Verhalten der gleichberechtigten Grundrechtssubjekte ergibt. Die Maßstäbe hierfür sind aus dem Kontext der Verfassung, d. h. in religiösen Dingen aus den Freiheitsgarantien der Artt. 4, 140 GG und ihrer „Ausstrahlungswirkung" auf die Gesamtrechtsordnung[59] zu entnehmen, die einen generellen Ausschluß der religiösen Bedürfnisse und Phänomene im Sinne des strikten Trennungsprinzips und einer antireligiösen („laizistischen") Emanzipations- und Gleichheitsidee verbieten, wie das Gesamtkonzept der staatskirchenrechtlichen Verfassungsentscheidung erkennen läßt.

9. Verschiedene Formen der Gleichheitswahrung im Staatskirchenrecht

Der Gesetzgeber realisiert und konkretisiert das Gleichheitsgebot in der Regel durch formalgleiche Normen seiner Kulturstaats- und Sozialstaatsgesetze, die der „Ausstrahlungswirkung" des Religiösen gemäß Artt. 4, 140 GG durch allgemeine Tatbestandsformulierungen im Sinne von Art. 3 Abs. 1 und 3 GG zu genügen suchen[60]: so etwa in den allgemeinen Schrankennormen, daneben aber auch durch Subsidiaritätsbestimmungen[61], durch Berücksichtigungsgebote für das religionsgesellschaftliche Selbstbestimmungsrecht[62], durch gleichmäßige finan-

---

[59] Zur differenzierenden „Wechselwirkung" zwischen Religions(gesellschafts)freiheit und Schrankengesetz vgl. BVerfGE 24, 236 (245 ff.); 32, 98 (108 f.); 33, 23 (28 ff.); 42, 312 (334 ff.); 46, 73 (95 ff.); besonders 53, 366 (401) und 66, 20 (22) sowie 70, 138 (167); 83, 341 (356 ff., 362). Zum Übermaßverbot vgl. die bahnbrechende Monographie von *Peter Lerche,* Übermaß und Verfassungsrecht. Köln, Berlin, München, Bonn 1961, S. 19 ff., 29 ff., 98 ff., 130 ff.; ders., Grundrechtsschranken, in: HStR V, 1992, § 120, Rdnrn. 16 ff.

[60] BVerfGE 19, 1 (8): „Allerdings gebietet das Grundgesetz nicht, daß der Staat die Religionsgesellschaften schematisch gleichbehandelt...". Auch BVerfGE 42, 312 (331, 333).

[61] §§ 10 Abs. 4 BSHG; 4 Abs. 2 SGB VIII; 3 Abs. 1 bad.-württ. LKHG; früher auch 5 Abs. 3 S. 2 JWG; 3 Abs. 2 bad.-württ. LKGaG.

§ 20 Die religionsrechtliche Parität 615

zielle Förderungsangebote[63] und durch Kooperationsregelungen[64]. — Diese rechtsgleichen Normen entfalten ihrerseits wiederum eine Differenzierungswirkung im Einzelfall, da die Verwaltung mit den verschiedenen Religionsgesellschaften jeweils verschieden zu verfahren hat, wenn diese die generellen Tatbestandsvoraussetzungen im konkreten Fall unterschiedlich erfüllen.

Manche Gesetze aber sind nicht generell, sondern speziell auf einen engeren Kreis der Religionsgesellschaften (z. B. mit öffentlich-rechtlicher Korporationsqualität[65]) abgestellt oder betreffen nur eine einzige Religionsgesellschaft, wie die Normen der Konkordate bzw. Kirchenverträge, die die singulären Verhältnisse der Vertragspartner (z. B. das Nihil obstat für katholische Theologen nach Art. 19 Reichskonkordat) regeln. Auch letzteres verstößt nicht gegen Art. 3 Abs. 1 und 3 GG, sofern entsprechende Verhältnisse bei anderen Religionsgesellschaften nicht existieren; dem Gleichheitssatz wird hier durch die Bereitschaft zu vergleichbaren Sonderregelungen gemäß der besonderen Sachgesetzlichkeit und dem Selbstbestimmungsrecht der anderen Religionsgemeinschaften (z. B. für die evangelisch-theologischen Fakultäten) entsprochen.

10. Einstufigkeit oder Mehrstufigkeit des Staatskirchenrechtssystems?

Der Streit um die Charakterisierung des P.-Systems als „dreistufig", „zweistufig" oder „einstufig" erscheint als müßiges und Mißverständnisse weckendes Definitionsproblem.

Einstufigkeit besteht insofern, als alle Religionsgemeinschaften prinzipiell den gleichen Rechtsstatus durch die Weimarer Reichsverfassung und das Grundgesetz erhielten. *Zweistufig*, aber mit potentieller Überwindbarkeit der Stufung, ist die Unterscheidung zwischen den Religionsgemeinschaften des öffentlichen und des privaten Rechts. *Dreistufig* mag die Unterscheidung zwischen den Gruppen der beiden Großkir-

---

[62] Z. B. §§ 10 Abs. 1 BSHG; 1 Abs. 5 S. 6, 5 Abs. 2 S. 2 BauGB; 1 Abs. 2, 2 Abs. 3 bad.-württ. LKHG; 96 bad.-württ. SchulG; 140 bad.-württ. UnivG; 11 Abs. 1 bad.-württ. DSchG; 15 Abs. 2 S. 2, 54 bad.-württ. LMedienG; 8 Abs. 1, 9 Abs. 1 u. 2 RundfunkV; früher 3 Abs. 1 JWG.

[63] §§ 10 Abs. 3 BSHG; 4 Abs. 3 SGB VIII; JHG; 10 bad.-württ. LKHG; 8 bad.-württ. KGaG; früher 7 ff. JWG.

[64] §§ 10 Abs. 2 u. 3 BSHG; 4 Abs. 1 SGB VIII; früher 5 Abs. 3, 14 Abs. 1 S. 6 JWG; 4 Abs. 3 S. 2 bad.-württ. LJHG; 11 Abs. 1 u. 2 bad.-württ. DSchG; 97 ff. bad.-württ. SchulG.

[65] Vgl. BVerfGE 19, 1 (7 ff.), 129 (134) zur Berechtigung und Begrenzung dieser Differenzierung.

chen, der anderen öffentlich-rechtlichen und der privatrechtlichen Religionsgemeinschaften betitelt werden, weil ihre eminent verschiedene Entfaltung und deren differenzierende Berücksichtigung in den Spezialgesetzen, Kirchenverträgen und Verwaltungsentscheidungen zur Selbstverständlichkeit des Rechtsalltags gehören.

In diesem Sinn ist auch die *Heraushebung der „Kirchen"* aus den übrigen Religionsgesellschaften in vielen Landesverfassungen weder als „verfassungswidrig" und unerheblich zu qualifizieren[66], noch ist dadurch ihre „Gleichstellung" seitens der Weimarer Reichsverfassung durch den „nivellierenden Allgemeinbegriff ‚Religionsgesellschaften'" „verbraucht"[67]. Der für das Staatskirchenrecht primär zuständige Landesgesetzgeber hat so mit Landesverfassungsrang konstituiert, daß die überragende kulturelle und soziale Bedeutung der großen Kirchen nicht zu ignorieren bzw. zu nivellieren, sondern in sachgerechter Differenzierung zu berücksichtigen ist, wenn und soweit sich die großen Volkskirchen in der Entfaltung ihrer gleichen Statusrechte durch besondere Anstrengungen für Volk und Staat vor anderen Religionsgesellschaften verdient machen. Die formale Egalisierung des Rechtsstatus wird durch die materielle Differenzierung im Gebrauch der Verfassungsnormen nicht aufgehoben, sondern mit Leben erfüllt.

11. Verschiedenheit der Religionsgesellschaften

Dabei ist nicht zu verkennen: Der *Abstand* zwischen den beiden großen Kirchen ist seit 1919, vollends seit 1949 bedeutend geringer, zwischen ihnen und den anderen Religionsgesellschaften aber eher größer geworden.

Die beiden großen Kirchen haben eine vergleichbare selbständige Organisationsstruktur mit einheitlicher Außenrepräsentation und gegliedertem Verfassungsaufbau. Beide bejahen heute die demokratische Staatsverfassungsform, die noch im Jahre 1864 von *Pius IX.* im Syllabus apodiktisch verworfen worden war, desgleichen die Rechtsstaatlichkeit, Kulturstaatlichkeit und vor allem das Sozialstaatsprinzip, in dessen säkularem Rahmen sie sich mit den immensen Aktivitäten der Caritas und Diakonie als der größte Arbeitgeber der Gesellschaft betätigen und dadurch den Sozialstaat und den Steuerzahler enorm entlasten.

---

[66] So *Mayer-Scheu,* Grundgesetz und Parität (Anm. 4), S. 317.
[67] So *W. Weber,* Die Gegenwartslage (Anm. 4), S. 172; *Hans Peters,* Die Gegenwartslage des Staatskirchenrechts, in: VVDStRL 11 (1954), S. 187; *J. Heckel,* Kirchengut (Anm. 4), S. 106.

§ 20 Die religionsrechtliche Parität

Das Feld der Freikirchen und Sekten aber ist seit 1919 und 1949 viel heterogener und unübersichtlicher geworden. Die neuen „Jugendreligionen" haben die traditionellen Konturen weiter zerfließen lassen und mit gewissen Aktivitäten neuartige Rechtsprobleme aufgeworfen[68]. Den meisten dieser kleinen Religionsgemeinschaften liegt eine Gleichstellung mit den Großkirchen fern, da sie sich als Gegenbild zur Kirche, aber auch zur „Welt" verstehen, im Ganzen dezidiert dem Trennungsprinzip huldigen, sich auf ihre Kerngemeinde konzentrieren, die volkskirchliche Solidarität, Mitverantwortung und Mitgestaltung in der Gesellschaft ablehnen und die wechselseitige Koordinierung und Kooperation mit dem Staat nach Art der Kirchen meiden.

XI. Gleichheit des säkularen Rahmens zur unterschiedlichen religiösen Sinnerfüllung

1. Generelle, religiös abstrahierte Normen zur Pflege religiöser Eigenart und Unterschiede

Zwar sind die staatskirchenrechtlichen Begriffe und Normen — wie aufgezeigt — heute durchweg generalisiert und entleert vom religiösen Sinngehalt im Sinne der vordem herrschenden Staatskonfessionen; Art. 3 Abs. 1 und 3 GG abstrahiert deshalb systemgerecht von den religiösen Sinngehalten und Verschiedenheiten[69]. Aber das geschieht eben nicht

---

[68] Vgl. zur Warnung vor Jugendsekten BVerfG, Beschl. v. 15.8.1989, in: NJW 1989, S. 3269; BVerwGE 82, 76; BVerwG, Beschl. v. 13.3.1991, in: NJW 1991, S. 1770; VGH Mannheim, Urt. v. 29.8.1988, in: NVwZ 1989, S. 279; BVerwGE 90, 112 (zur staatlichen Finanzierung eines Aufklärungsvereins über neue religiöse Bewegungen). Zu den Rechtsproblemen der sog. Jugendreligionen vgl. (m. Nachw.) *Wolfgang Franz*, Zu Rechtsfragen im Zusammenhang mit sogenannten Jugendreligionen, in: NVwZ 1985, S. 81 ff.; *ders.*, Zu Rechtsfragen im Zusammenhang mit sogenannten Jugendreligionen, in: DVBl. 1987, S. 727 ff.; *Wolfgang Schatzschneider*, Rechtsordnung und „destruktive Kulte", in: Bay.VBl. 1985, S. 321 ff., und die Vorträge von *Reinhart Hummel*, „Die sogenannten Jugendreligionen als religiöse und gesellschaftliche Phänomene", und *Jörg Müller-Volbehr*, „Die sogenannten Jugendreligionen und die Grenzen der Religionsfreiheit", mit Diskussion in: EssGespr. 19 (1985), S. 64 ff., 112 ff.; *Peter Badura*, Der Schutz von Religion und Weltanschauung durch das Grundgesetz. Tübingen 1989, S. 1 ff., 44 ff., 58.

[69] Der staatskirchenrechtliche Begriff der Freiheit und Gleichheit unterscheidet sich deshalb zutiefst von der „Freiheit des Christenmenschen" und der „Gleichheit des allgemeinen Priestertums" im evangelischen Kirchenrecht, welche die Freiheit und Gleichheit der Christen im soteriologischen Zusammenhang von Buße, Glaube, Gnade, Befreiung von Sünde, Schuld und vom Fluch des göttlichen Gesetzes und Verdammungsurteils meinen; in diesem Sinn ist Freiheit und Gleichheit etwa in den evangelischen Lehrordnungen für die Träger des geistlichen Amtes nicht mit der säkularen Religionsfreiheit zu verwechseln, die

zum Zwecke der Eliminierung des Religiösen wie in den atheistischen Weltanschauungsstaaten, sondern zu seiner ungehinderten Entfaltung.

2. Beschränkung auf das Immanente — Öffnung zum Transzendenten

Der Staat, der heute weder eine Staatsreligion noch eine antireligiöse Staatsideologie besitzt, beschränkt sich auf das Immanente — nicht um das Transzendente zu leugnen oder zu unterdrücken, sondern um dessen Freiheit nicht anzutasten und antasten zu lassen. Der Staat lebt heute aus der Einsicht, daß er die Pilatus-Frage nicht beantworten kann; gerade deshalb ist die Pilatus-Frage im Staatskirchenrecht nicht als zynische Antwort zu verstehen, sondern als Frage ernstgenommen und allen Menschen und Religionsgemeinschaften in Freiheit und Selbstverantwortung anheimgegeben. Indem sich die staatliche Rechtsform auf das Immanente beschränkt, öffnet sie sich, ja dient sie dem Transzendenten.

3. Relativierung der Norm im Dienst des Absoluten

Auch die Relativierung des religiösen Absolutheitsanspruchs, die dem säkularen formalgleichen P.-System zugrundeliegt, ist nicht gegen die — absolute — Botschaft der Religionen gerichtet, die ja der weltliche Staat nicht mit einer eigenen Staatsideologie bekämpft. Die Garantie der *positiven* Religionsfreiheit für jedermann im Sinne des von ihm selbst für wahr, ja absolut befundenen Glaubens schließt notwendig die *negative* Religionsfreiheit zur Abwendung von allen anderen Religionsgemeinschaften ein. Das Staatskirchenrecht muß, wenn es jeder Religion die Freiheit zur Verkündigung ihres Absolutheitsanspruchs und den freien Zugang ihrer Glieder sichern will, insoweit den Absolutheitsanspruch jeder Religion relativieren, d. h. begrenzen und ihnen den Zugriff auf Nichtmitglieder verwehren[70]. Die staatliche Rechtsform öffnet sich, ja dient — vermöge ihrer Relativität — dem Absolutheitsanspruch des Religiösen.

---

auch die Freiheit zum Glaubensabfall umfaßt. Vgl. dazu *M. Heckel,* Die theologischen Fakultäten im weltlichen Verfassungsstaat. Tübingen 1986, S. 168 f., auch S. 127 ff., 150 ff.

[70] BVerfGE 19, 206 (216), 226 (235 ff.) und 242 (247).

4. Keine Verabsolutierung der negativen Religionsfreiheit und Religionsgleichheit

Aber die negative Religionsfreiheit und Religionsgleichheit darf nicht verabsolutiert und als Kampfinstrument gegen die positive Religionsfreiheit verwendet werden; sie ist nach Text und Sinn des Art. 4 GG wesentlich als Komplementärgarantie der positiven Religionsfreiheit zu verstehen. Wie sich Art. 4 GG nicht auf die negative Religionsfreiheit reduzieren läßt, ist auch Art. 3 GG nicht zum Gebot gleichmäßiger Ausschaltung des Religiösen zu verengen. Wer nicht (mehr) glaubt, hat nicht ein Gleichheitsrecht darauf, daß auch die anderen ihren Glauben verlassen oder verleugnen; Art. 4 GG hat nicht den Glaubenslosen bzw. Glaubensgegner als Maßfigur für den Gleichheitssatz zur gleichmäßigen Ausschaltung des Glaubens aus der allgemeinen Rechtsordnung erwählt.

5. Einheitliche Interpretation als Gleichheitsfolge

Die einheitliche und gleiche Interpretation und Anwendung der staatskirchenrechtlichen Normen ist durch Art. 3 GG als objektives Wertprinzip der Verfassung geboten[71]. Der Staat als „Heimstatt aller Staatsbürger" muß gewährleisten, daß sich nicht eine „herrschende" Gruppierung von Religionsgesellschaften bzw. Weltanschauungsgemeinschaften der staatskirchenrechtlichen Begriffe bemächtigt, als „Glaube", „Religionsausübung", „Religionsgesellschaft" und „ihre Angelegenheiten" nur gelten und schützen läßt, was ihrer Konzeption von „wahrer" Glaubenslehre, Religionsausübung, Religionsgemeinschaft, Amts- und Kirchengutsauffassung entspricht und so die anderen religiösen Gruppierungen und Phänomene aus dem Schutzbereich der weltlichen Verfassung verdrängt.

6. Kein Mißbrauch religiöser Formen

Der säkulare, konfessionsneutrale Staat muß deshalb sehr wohl seinen eigenen — *staatlichen* — *(Rahmen-)Begriff* von „Religion" und „Religionsgesellschaft" usw. zu Artt. 4, 140 GG bilden und vor Falsch-

---

[71] Vgl. BVerfGE 24, 236 (247 f.); 10, 59 (83); 12, 45 (54); auch 19, 1 (5); *Scheuner,* Kirche und Staat (Anm. 4), S. 257 f., auch in: ders., Schriften (Anm. 4), S. 153, Anm. 92; *Roman Herzog,* Art. 4, Rdnr. 104 (1971), in: Maunz/Dürig (Anm. 7); *Schlaich,* Neutralität (Anm. 4), S. 203 ff.; *Klaus Meyer-Teschendorf,* Staat und Kirche im pluralistischen Gemeinwesen. Tübingen 1979, S. 75 ff., 109; *Müller-Volbehr,* Die sog. Jugendreligionen (Anm. 68), S. 112 ff.

münzerei durch Religions- und Weltanschauungsparteien, aber auch durch dubiose Wirtschaftsunternehmungen schützen. Die Scheingründung einer „Religionsgesellschaft" zu Erwerbszwecken, um durch Berufung auf Artt. 4, 140 GG zahlreiche Schranken des Zivil- und Verwaltungsrechts[72] zu unterlaufen, kann vom Staat nicht anerkannt werden, da dies zu undemokratischen, rechtsstaatswidrigen Privilegierungen und Exemtionen führen würde. Die profitable Findigkeit mancher „Sekten" hat die Gerichte vor neuartige Auslegungsschwierigkeiten gestellt[73]. Jedoch:

7. Bezugnahme der säkularen staatlichen Rahmenform auf die freie religiöse Sinnbestimmung

Die eigene *Bestimmung des religiösen Inhalts* seiner ausfüllungsbedürftigen Rechtsbegriffe und -formen ist dem säkularen Staat *versagt*, da er wegen des Verbots der Staatskirche, wegen der religiösen Freiheitsgarantien in Artt. 4 und 140 GG und wegen des Neutralitäts- und P.-Prinzips keine Staatsreligion besitzt und keine aktive Religionspolitik treiben darf.

Seine säkularen, religiös neutralen Rahmenbegriffe und Mantelbestimmungen haben darum einen *Bezugnahme-, ja Verweisungscharakter* auf die religiösen Gehalte der Religionsgesellschaften, die das staatliche Recht in seinen äußeren weltlichen Formen beschützt, beschränkt und fördert. Die Gleichheit der säkularen, hohlen Rahmenform dient zur freien Selbstbestimmung des Religiösen, aber auch zu seiner weltlichen Beschränkung, da letztere um der geistlichen Freiheit aller anderen und um der weltlichen Allgemeinbelange willen unentbehrlich ist.

8. Maßgeblichkeit des religiösen Selbstverständnisses

Die Maßgeblichkeit des religiösen Selbstverständnisses der Religionsgesellschaften ist in der Rechtsprechung und Literatur sporadisch-

---

[72] Etwa des Handelsrechts, Gesellschaftsrechts (Gläubigerschutz!) und Wettbewerbsrechts, des Gewerberechts, Arbeits- und Betriebsverfassungsrechts, der Sammlungsgesetze, des Versammlungsgesetzes und des Hochschulrechts.

[73] Vgl. BVerfGE 83, 341 (353). Vgl. auch die in Anm. 68 zit. Lit. u. Rspr. Zu vereinsrechtlichen Spezialproblemen *Ferdinand Kopp*, Religionsgemeinschaften als wirtschaftliche Vereine i. S. von § 22 BGB?, in: NJW 1989, S. 2497 ff.; dagegen *Axel von Campenhausen*, Religiöse Wirtschaftsbetriebe als Idealvereine?, in: NJW 1990, S. 887 ff.; *Müller-Volbehr*, Die sog. Jugendreligionen (Anm. 68), S. 112 ff., mit Diskussion S. 141 ff.; auch *Badura*, Schutz (Anm. 68), S. 44, 49 ff., 53 ff., 59 ff.

pragmatisch aus der Notwendigkeit des Einzelfalls erkannt und zum Prinzip entwickelt worden[74]. Das widerspricht keineswegs der Pflicht zur einheitlichen Interpretation der staatlichen Begriffe[75]: Nur der — generelle und inhaltlich abstrahierte — weltliche Rahmen ist durch den Staat einheitlich und säkular für alle Religionsgemeinschaften zu bestimmen; über diesen Rahmen kann das Selbstverständnis der Religionsgesellschaften nicht verfügen. Die Rahmennatur aber verweist gleichmäßig auf die theologische Inhaltserfüllung durch das freie, verschiedene Selbstverständnis der Religionsgemeinschaften. Beide sind strukturnotwendig aufeinander bezogen, ja angewiesen.

9. Säkulare Heimstatt — ohne Säkularisierung

Daß der Staat die säkulare Heimstatt für alle Bürger und Religionen der pluralistischen Gesellschaft zu sein hat, bedeutet *nicht*, daß er diese (totalitär bzw. zwangsemanzipatorisch) *säkularisieren* müßte oder dürfte. Und ebenso: Das Neutralitätsprinzip verpflichtet den Staat, die eigene Nichtidentifikation und Unabhängigkeit zu wahren und das religiöse Selbstverständnis in seiner Eigenart neutral zu respektieren: Neutralität bedeutet, daß er dieses *nicht* in zwangsemanzipatorischer Vereinnahmung *neutralisieren* darf, sondern sich auf seinen weltlichen Rahmen beschränken muß.

10. Die religiöse Differenzierungswirkung der einheitlichen säkularen Rahmenformen

Die formalparitätische Abstraktion der staatlichen Rahmenformen von den religiösen Gehalten wirkt deshalb wiederum eminent differenzierend: Was für die Religionsgesellschaften gemäß Artt. 4 und 140 GG jeweils zum „Glauben" und zu „ihren Angelegenheiten" in Dogma und Kultus, Diakonie und Weltverantwortung gehört, was sie zu ihren Sakramenten und Ämtern zählen, zur Aufgabe ihres diakonischen Welt-

---

[74] Vgl. BVerfGE 24, 236 (247 f.); 30, 415 (424); 32, 98 (108 ff.); 33, 23 (28 ff.); 42, 312 (334); 46, 73 (84 ff., 95); 53, 366 (391 ff., 399, 401); 66, 20 (22); 70, 138 (166 ff.); 83, 341 (354 ff.); BVerwGE 61, 152 (156); VGH Mannheim, in: NVwZ 1989, S. 279. Aus der Literatur vgl. *M. Heckel*, Die Kirchen unter dem Grundgesetz (Anm. 9), S. 41 ff.; ders., Die religionsrechtl. Parität (Anm. 2), S. 505 ff.; *Schlaich*, Neutralität (Anm. 4), S. 205; *Hesse*, Selbstbestimmungsrecht (Anm. 9), S. 428; *Müller-Volbehr*, Die sog. Jugendreligionen (Anm. 68), S. 114 ff., und ebd. die Diskussion S. 141 ff.

[75] Vgl. die charakteristische Gegenüberstellung (zwar ... aber ...) in BVerfGE 24, 236 (247 f.).

dienstes oder ihrer asketischen Weltabkehr machen, ist jeder Religionsgesellschaft als eigene Angelegenheit in eigener Kompetenz und Entscheidung anheimgestellt.

Die unbeholfenen Definitionsversuche der Lehre[76], aus „der Natur der Sache", nach „objektiven", „nicht subjektiven" Maximen über den Kopf der Religionsgesellschaften hinweg zu bestimmen, was „ihre eigenen" Angelegenheiten sein sollen, verfehlen den Sinn der Freiheitsgarantien und die Funktionsweise der Rechtsgleichheit im modernen Staatskirchenrecht.

11. Die Einheit, Gleichheit und Differenziertheit des Paritätssystems

Überall zeigt sich das gleiche Bild: Durch religiös abstrahierte Formen erfolgt die (gleiche) Verweisung des staatlichen Rechts auf die (verschiedenen) religiösen Prinzipien und kirchenrechtlichen Strukturen der Religionsgemeinschaften, sei es nun in dem theologischen Fakultätenwesen, der Lehrerbildung, dem Religionsunterricht, der kirchlichen Denkmalpflege, dem Kirchensteuerrecht, dem Friedhofsrecht, der Wohlfahrtspflege. Der Staat regelt die säkularen Rahmenbedingungen einheitlich und gleichmäßig und entscheidet über die weltlichen Kultur- und Sozialaspekte; die Religionsgemeinschaften normieren und betreuen eigenständig und divergent je nach ihrem Bekenntnis die spezifisch religiöse Seite, die in der Gleichheit und Allgemeinheit des staatlichen Rahmens jeweils in Freiheit und Verschiedenheit zur Entfaltung kommt. Durch ihren Verweisungscharakter entsteht aus den formalparitätischen, inhaltlich abstrahierten staatlichen Rahmennormen ganz einfach ein hochdifferenziertes P.-Gefüge von großer Vielgestaltigkeit und religiöser Eigenart, welches das kompliziert-verzweigte Stufensystem der Kirchenhoheit vor 1919 an Differenziertheit übertrifft.

---

[76] Vgl. die Definitionen in den Kommentaren der Weimarer Zeit und zum GG. Darüber zu Art. 137 Abs. 3 WRV etwa *Hesse*, Selbstbestimmungsrecht (Anm. 9), S. 424 ff.

§ 21

Das Gleichbehandlungsgebot im Hinblick auf die Religion

Von Martin Heckel

I. Allgemeines

1. Normative Grundlagen

Rechtsgrundlage des Besonderen Gleichheitsgebotes und -rechtes ist Art. 3 Abs. 3 GG, modifiziert durch weitere Spezialbestimmungen in Art. 33 Abs. 3 GG, aber auch in Artt. 7 Abs. 3 GG, 140 GG i. V. m. Art. 136 Abs. 1 u. 2, 137 Abs. 2, 4, 5 und 7, 139, 141 WRV, 142 GG i. V. m. religionsrechtlichen Garantien der Landesverfassungen.

2. Rechtscharakter

Seiner Rechtsnatur nach ist das Besondere Gleichheitsrecht ein subjektives Grundrecht und zugleich ein objektives Rechtsprinzip der Verfassung[1].

Art. 3 Abs. 3 GG ist *lex specialis* gegenüber Art. 3 Abs. 1 GG, freilich nicht als separate, von Art. 3 Abs. 1 GG getrennte Sondervorschrift, sondern als konkretisierende Maßstabregelung des Allgemeinen Gleichheitssatzes[2].

---

[1] *Günter Dürig,* Art. 3 Abs. 3 GG (1973), in: Maunz/Dürig, Kommentar zum GG. Bd. 1, München o. J., Rdnrn. 1 ff.; *v. Mangoldt/Klein/Starck,* Art. 3 Abs. 3 GG, S. 394 ff., Rdnr. 256; *Michael Sachs,* Besondere Gleichheitsgarantien, in: HStR V, 1992, § 126, S. 1017 ff., Rdnrn. 21, 117.

[2] *Dürig,* Art. 3 Abs. 3 GG (Anm. 1), Rdnr. 1; *v. Mangoldt/Klein/Starck,* Art. 3 Abs. 3 GG, Rdnrn. 253, 254; *Hans Peter Ipsen,* Gleichheit, in: Neumann/Nipperdey/Scheuner (Hrsg.), Die Grundrechte. Bd. 2, Berlin 1954, S. 145, 161, 178 ff., 184 ff.; *Martin Heckel,* Die religionsrechtliche Parität, in: HdbStKirchR[1] I, S. 513; auch in: ders., Gesammelte Schriften. Staat, Kirche, Recht, Geschichte. Bd. 1, Tübingen 1989, S. 293 ff.

3. Das Verhältnis des Allgemeinen zu den Besonderen Gleichheitssätzen

Der Allgemeine Gleichheitssatz des Art. 3 Abs. 1 GG bleibt jedoch auch in den durch Art. 3 Abs. 3 GG genannten Materien bei allen Fragen anwendbar, die nicht tatbestandsmäßig von Art. 3 Abs. 3 GG erfaßt werden — wenn also keine (1.) „religiöse" (2.) „Benachteiligung" bzw. „Bevorzugung" vorliegt. Ist eine Regelung nach Art. 3 Abs. 3 GG zulässig, so kann sie doch unter allgemeinen Gesichtspunkten gem. Art. 3 Abs. 1 GG als willkürlich und verfassungswidrig anzusehen sein[3].

Art. 3 Abs. 3 GG wird seinerseits durch die spezielle Maßstabnorm des Art. 33 Abs. 3 GG verdrängt. Artt. 3 Abs. 3 und 33 Abs. 3 GG sind ihrerseits unanwendbar, soweit besondere Verfassungsnormen des Bundes bzw. des Landes im Rahmen der Bundes- bzw. Landeskompetenzen konfessionell geprägte Einrichtungen mit dafür wesensnotwendigen konfessionsbedingten Staatsämtern bzw. Rechtsverhältnissen garantieren, wie dies durch die Spezialvorschriften der Artt. 7 Abs. 3, 140 GG i. V. m. Artt. 138, 139, 141 WRV und in analogen Garantien der Landesverfassungen der Fall ist[4].

4. Maßstäbe aus dem Verfassungszusammenhang

Der *Sinn und Inhalt* des Art. 3 Abs. 3 GG ergibt sich ebenfalls[5] nur aus dem Kontext der Verfassung. Als Maßstab-Spezifikation des Art. 3 Abs. 1 GG besitzt Art. 3 Abs. 3 GG die Rechtsnatur einer Ergänzungsnorm des Art. 3 Abs. 1 GG. Auch Art. 3 Abs. 3 GG ist deshalb nur aus der wechselseitigen Verbundenheit von Freiheit und Gleichheit zu verstehen, die das System und Telos der Grundrechtsgarantien der Verfassung beherrscht[6]. Wie Art. 3 Abs. 1 ist auch Art. 3 Abs. 3 GG als ergebnisoffenes („modales") Grundrecht inhaltlich durch die religiösen Freiheitsgarantien in Artt. 4, 140 GG geprägt[7].

---

[3] Vgl. *Adalbert Podlech,* Gehalt und Funktionen des allgemeinen Gleichheitssatzes. Berlin 1971, S. 96, 137; *M. Heckel,* Die religionsrechtl. Parität (Anm. 2), S. 514; *v. Mangoldt/Klein/Starck,* Art. 3 Abs. 3 GG, Rdnrn. 200, 254; a. A. *Dürig,* Art. 3 Abs. 3 GG (Anm. 1), Rdnrn. 3 ff.; *ders.,* Art. 3 Abs. 1 GG, ebd., Rdnr. 257; *Ipsen* , Gleichheit (Anm. 2), S. 156; einschränkend *Sachs,* Besondere Gleichheitsgarantien (Anm. 1), Rdnrn. 18.

[4] *Dürig,* Art. 3 Abs. 3 GG (Anm. 1), Rdnrn. 2 ff., 16, 23, auch 97 ff.; *ders.,* Art. 3 Abs. 1 GG, ebd., Rdnrn. 261, 263; *v. Mangoldt/Klein/Starck,* Art. 3 Abs. 3 GG, Rdnrn. 254, 281 f., 290 ff.; *Sachs,* Besondere Gleichheitsgarantien (Anm. 1), Rdnrn. 16 ff., 114 ff., 129 ff.; BVerwGE 19, 252 (261); BVerfGE 39, 334 (368).

[5] Vgl. oben S. 600.

[6] Vgl. oben S. 610 ff.

[7] Der Besondere Gleichheitsatz des Art. 3 Abs. 3 GG ist in das Gleichheits- und Freiheitssystem der Verfassung (oben S. 610) eingefügt, das der freien

§ 21 Das Gleichbehandlungsgebot im Hinblick auf die Religion

Art. 3 Abs. 3 GG wird in sein Gegenteil verkehrt, wenn das religiöse Diskriminierungsverbot zur Diskriminierung des Religiösen verwendet wird[8].

5. Rechtliche, nicht faktische Gleichheit

Art. 3 Abs. 3 GG betrifft wie Art. 3 Abs. 1 GG nur die rechtliche, nicht die faktische Gleichheit hinsichtlich der Religionen und Religionsgemeinschaften. Aus ihm folgt kein Verfassungsauftrag an die Staatsorgane zur faktischen Angleichung der verschiedenen Religionsgesellschaften in quantitativer und qualitativer Hinsicht, auch kein Gebot zu kompensatorischen Maßnahmen in diesem Sinn[9].

6. Grundrechtsberechtigte und -verpflichtete

Grundrechtsträger sind in Art. 3 Abs. 3 ebenso wie in Art. 3 Abs. 1 GG natürliche, juristische und nichtrechtsfähige Personen bzw. Personeneinheiten[10]. Grundrechtsadressaten sind bei Art. 3 Abs. 3 wie bei Art. 3 Abs. 1 GG alle Träger der öffentlichen Gewalt, nicht aber die

---

Entfaltung des Religiösen dienen und der „Ausstrahlungswirkung" der Religionsfreiheit für alle Religionen und Religionsgemeinschaften Rechnung tragen will (S. 609 Anm. 56). Es stellt ihnen deshalb — in der durch Artt. 3, 4, 140 GG i. V. m. Art. 137 Abs. 1 WRV gebotenen Distanz zwischen Staat und Kirche — offene säkulare Rahmenformen (oben S. 606 ff., 620 ff.) zur Verfügung, die jede Religionsgemeinschaft nach dem verfassungsrechtlich garantierten „Selbstverständnis" (oben S. 620 ff.) ihrer eigenen Glaubensüberzeugung zur freien Religionsausübung in Wort und Tat mit Leben füllen kann. Vgl. passim in *diesem* Handbuch *Martin Heckel*, § 20 Die religionsrechtliche Parität, bes. S. 598 ff., 605 ff., 608 ff., 610 ff., 617 ff., 621 ff. m. Nachw. der umfangreichen Judikatur des BVerfG.

[8] Dies aber ist die Quintessenz der verbreiteten Theorie des „Anknüpfungsverbots", „Ignorierungsgebots" und „Differenzierungsverbots" hinsichtlich der in Art. 3 Abs. 3 GG aufgeführten Merkmale.

[9] Vgl. oben S. 601. Deshalb kann hier im Rahmen des Art. 3 Abs. 3 GG die Frage auf sich beruhen, ob aus Art. 3 Abs. 2 GG (als angeblicher lex specialis gegenüber dem Privilegierungsverbot des Art. 3 Abs. 3!) eine verfassungsrechtliche Pflicht zur faktischen Besserstellung der Frauen und die Ermächtigung zur entsprechenden Benachteiligung der Männer abzuleiten sei. Dazu OVG Münster, in: NJW 1989, S. 2560, und DVBl. 1991, S. 118; *Ulrich Maidowski*, Umgekehrte Diskriminierung, Quotenregelungen zur Frauenförderung. Berlin 1989, S. 44 ff., 109 ff., 137 f.; *Klaus Lange*, Quote ohne Gesetz?, in: NVwZ 1990, S. 135 ff.; *Ulrich Battis*, „Frauenquoten" und Grundgesetz, in: DVBl. 1991, S. 1165 ff.; a. A. die bisher h. M. von der inhaltlichen Identität des Art. 3 Abs. 2 und Art. 3 Abs. 3 GG, vgl. *Dürig*, Art. 3 Abs. 3 GG (Anm. 1), Rdnrn. 1, 4, 36; *v. Mangoldt/Klein/ Starck*, Art. 3 Abs. 3 GG, Rdnrn. 207, 257; *Sachs*, Besondere Gleichheitsgarantien (Anm. 1), Rdnr. 79. Zum Kompensationsgedanken vgl. etwa BVerfGE 74, 163 (180).

[10] Vgl. oben S. 593; auch *Dürig*, Art. 3 Abs. 3 GG (Anm. 1), Rdnrn. 161 ff., 166, 167; *v. Mangoldt/Klein/Starck*, Art. 3 Abs. 3 GG, Rdnr. 259.

Religionsgemeinschaften bei der Wahrnehmung ihrer Angelegenheiten gemäß Artt. 4, 140 GG i. V. m. Art. 137 Abs. 3 WRV, auch soweit sie dabei die Formen der Körperschaft des öffentlichen Rechts gebrauchen. Nur bei der Wahrnehmung übertragener Staatsaufgaben kommt eine eingeschränkte Grundrechtsbindung der Religionsgesellschaften wie bei Art. 3 Abs. 1 GG in Frage[11].

II. Zum Verbot der Benachteiligung und Bevorzugung

Nach Text, Genesis, Sinn und Systemzusammenhang ist die Maßstab-Spezifizierung des Art. 3 Abs. 3 GG tatbestandsmäßig scharf umrissen: (1.) Nur *Diskriminierungen* und *Privilegierungen* sind durch Art. 3 Abs. 3 GG versagt, und nur wenn sie (2.) *aus religiösen* bzw. *weltanschaulichen* Gründen und Zielen („wegen . . .") geschehen.

1. Nur Diskriminierungs- und Privilegierungsverbot
Kein Indifferenz- und Nivellierungsgebot

Nur Benachteiligungen und Bevorzugungen in religiöser Hinsicht sollen verwehrt sein:

a) Historischer und systematischer Sinn

Das ergibt sich klar aus dem Wortlaut des Art. 3 Abs. 3 GG, desgleichen aus der historischen Entwicklung[12] und speziell aus der Genesis des Grundgesetzes. Im Gegensatz zum NS-System wurde jede Diskriminierung und Privilegierung aus rassischen Gründen verworfen, die strikte Gleichberechtigung der Geschlechter zum Abbau der Benachteiligung der Frauen proklamiert und jede Diskriminierung der Religion untersagt: Deren Bekämpfung und Verdrängung aus dem öffentlichen Leben und Recht sollte mit Ende des Kirchenkampfes ausgeschlossen sein, ohne die illiberale und undemokratische Privilegienstellung der Großkirchen aus dem christlichen Obrigkeitsstaat vor 1918 zu restaurieren. Dasselbe folgt aus dem systematischen und teleologischen Zusammenhang der Freiheits- und Gleichheitsgarantien, des Trennungs-, Neutralitäts- und Nichtidentifikationsprinzips, die zwar religiöse Wertungen des Staates ausschließen sollen, aber die Freiheit und Verschieden-

---

[11] Vgl. oben S. 594 ff.; *Dürig*, Art. 3 Abs. 3 GG (Anm. 1), Rdnrn. 170 ff.; *v. Mangoldt/Klein/Starck*, Art. 3 Abs. 3 GG (Anm. 1), Rdnrn. 260 f.

[12] Vgl. oben S. 602 ff., 605 ff.

heit der Religionen zur Entfaltung bringen und sie keineswegs gleichschalten oder ausschalten wollen[13].

b) Komplementärgarantie zur Religionsfreiheit

Auch Art. 3 Abs. 3 GG hat insoweit den Rechtscharakter einer Komplementärgarantie zur Religionsfreiheit; er sichert deren gleiche Geltung und Wirkung für jedermann, indem er (auch indirekte) Nachteile oder Vorteile wegen des Glaubens und der Religionsausübung auszuschließen sucht. Nur dies! Art. 3 Abs. 3 GG hat *keine Nivellierungsziele*[14], verpflichtet den Staat keineswegs zur Undifferenziertheit, Indifferenz und Ignoranz — als ob Benachteiligungen und Bevorzugungen nur durch undifferenziertes Ignorieren der spezifischen Eigenart in der pluralistischen Gesellschaft zu vermeiden seien. Im Gegenteil muß gerade der konfessionell neutrale Staat die Verschiedenheiten der Religionen gemäß ihrer verfassungsrechtlich garantierten Eigenständigkeit und Freiheit respektieren und in seinen Normen im erforderlichen Umfang berücksichtigen, damit er sie nicht diskriminierend über den Leisten eines fremden konfessionellen bzw. eines ideologischen Leitmodells schlägt und so die Allgemeinheit und Gleichheit des Verfassungsgebots partikular verengt[15]. Art. 3 Abs. 3 GG mißbilligt nicht die Eigenart und Verschiedenheit der Parteien und Religionen, aber er verbietet jegliche Bevorzugung bzw. Benachteiligung durch die „Parteibuch-" bzw. „Gesangbuch-Protektion", weil sie die Gleichheit wie die Freiheit kränkt.

c) Keine sachfremde Rollenverknüpfung

Das Verbot sachfremder Rollenverknüpfung ist mithin der Kardinalpunkt des Art. 3 Abs. 3 GG: Sein Sinn läßt sich nur aus dem verwickelten Zusammenspiel der (1.) Rollendifferenzierung, (2.) Rollengeneralisierung, (3.) freien Rollenwahl und (4.) freien Rollenkombination im freiheitlichen demokratischen Verfassungsstaat verstehen[16].

---

[13] Vgl. oben S. 607 ff., 609 ff., 611 ff., 617 ff., 620 ff.

[14] Vgl. oben S. 608, 611 ff., 621 f.

[15] Vgl. oben S. 594 zur Rechtsetzungsgleichheit, S. 604 ff. zu den Gleichheitsverzerrungen des Kulturkampfes und S. 620 ff. zur Maßgeblichkeit des religiösen Selbstverständnisses. Art. 3 Abs. 3 GG verpflichtet den Staat keineswegs zur „ekklesiologischen Farbenblindheit", vgl. *Martin Heckel*, Die Kirchen unter dem Grundgesetz, in: VVDStRL 26 (1968), S. 21 ff., 27 ff., 53 ff.

[16] Vgl. dazu in Anknüpfung an *Simmel, Durkheim, Talcott Parsons: Niklas Luhmann*, Grundrechte als Institution. Berlin 1965, S. 48, 87, 138, 162 ff., 178 ff.; ihm folgend *Podlech*, Gehalt (Anm. 3), S. 181 ff. — Vgl. auch oben S. 611 und 621.

Die kompakten Statusverhältnisse der altständischen Gesellschaft sind seit 1789 durch *„Rollentrennung"* in eine Vielzahl von Einzelbeziehungen zerlegt worden; die „Rollen" der Mitgliedschaft des einzelnen in der Kirche, der Familie, dem Staat, dem Stand, der Zunft, dem öffentlichen Amt, der Partei, dem Beruf, den Korporationen wurden getrennt und jeweils in sich generalisiert. Die Mitgliedschaft in der Kirche, dem Stand, den führenden Familien usw. privilegierte nicht mehr für das öffentliche Amt, für die Handwerksmeisterschaft, die Einheirat, den Erwerb ritterschaftlichen bzw. städtischen Grundbesitzes u. a. m. Die *„Rollengeneralisierung"* hat jedermann den gleichen Zugang nach gleichen Voraussetzungen zu den gewählten (spezialisierten und getrennten) Rollen eröffnet; damit wurde die Tradition und Protektion durch Sachlichkeit und Gerechtigkeit überwunden. Alle Rollen sollen seither allen nach allgemeinen, gleichen, sachgerechten Voraussetzungen offenstehen. Die Freiheit der *„Rollenwahl"* und der individuellen *„Rollenkombination"* hat die hochgradige Individualisierung der modernen Kultur- und Arbeitswelt erreicht.

Fehldeutungen lassen sich so vermeiden: Art. 3 Abs. 3 GG soll die Rollengeneralisierung durch exakte Rollentrennung garantieren und damit die gleiche Möglichkeit der Rollenwahl und Rollenkombination für jedermann gewährleisten, nichts anderes! Der Mißbrauch der Religion, Abstammung usw. durch sachfremde Rollenverknüpfungen mit korrumpierenden Maßstabverzerrungen soll ausgeschlossen sein.

2. Begriffsklärungen

Ob eine Benachteiligung oder Bevorzugung vorliegt, ist oft schwierig und nur aus einer vergleichenden Gesamtbewertung des einschlägigen Lebens- und Rechtsverhältnisses zu ermitteln.

a) Gleichwertigkeit als maßgebliches Kriterium

Richtpunkt ist dabei die Gleichwertigkeit des einzelnen in seiner Menschenwürde[17]. Das schließt es aus, bestimmte Personen bzw. Personengruppen wegen der genannten personalen Eigenart ihrer Rassen-, Geschlechts-, Religionszugehörigkeit als höher- bzw. minderwertig zu bewerten und zu behandeln. Dies wird durch die verbreitete Terminologie von den „verpönten Merkmalen" des Art. 3 Abs. 3 GG eher verdunkelt. Verpönt sind nicht die in Art. 3 Abs. 3 GG genannten Eigenschaf-

---

[17] *Dürig*, Art. 3 Abs. 3 GG (Anm. 1), Rdnr. 1; *v. Mangoldt/Klein/Starck*, Art. 3 Abs. 3 GG, Rdnr. 254.

ten, sondern die *Diskriminierung* wegen dieser Eigenschaften, deren Lebensberechtigung und Ausprägung in den verschiedenen Rassen und Religionen dadurch geschützt, nicht aber verpönt bzw. ignoriert werden sollen.

Die Interpretation des Art. 3 Abs. 3 GG muß deshalb Umgehungsversuchen kritisch entgegentreten[18], doch darf sie nicht das Kind mit dem Bade ausschütten.

b) *Ermittlung durch Vergleich*

Als Benachteiligung ist eine größere Belastung bzw. geringere Begünstigung, *als Bevorzugung* eine größere Begünstigung bzw. geringere Belastung zu verstehen[19]. Entscheidend ist hierfür der Vergleich der durch eine staatliche Handlung oder Unterlassung[20] Betroffenen gegenüber vergleichbaren Personen und Personengruppen. Der Vergleich muß umfassend auf die Gesamtheit der in Frage kommenden Vergleichsrelationen angelegt sein; er darf sich nicht auf einzelne herausgegriffene Beziehungen beschränken. Er muß ohne Voreingenommenheit in Distanz und Neutralität gezogen werden und den Sachgesetzlichkeiten und der Systemgerechtigkeit („Folgerichtigkeit") der Normstrukturen des einschlägigen Lebensbereiches gerecht werden. Problematisch kann die gegenseitige Verrechnung von Belastungen und Begünstigungen einer Maßnahme sein, wenn sie sich nicht als einheitlicher Komplex zusammenfassen und bewerten lassen.

c) *Betroffenheit*

Art. 3 Abs. 3 GG setzt die Betroffenheit voraus. Ist jemand nicht betroffen von einer Maßnahme, so kann von einer Benachteiligung bzw. Bevorzugung keine Rede sein. Für die Betroffenheit ist die Berührung schutzwürdiger Interessen, nicht aber die Verletzung subjektiver Rechte

---

[18] Das ist das vorbehaltlos zu billigende Grundanliegen der materialreichen und scharfsinnigen Monographie von *Michael Sachs*, Grenzen des Diskriminierungsverbots, München 1987, auch wenn ihre Konstruktion eines rigorosen „Differenzierungs-" und „Anknüpfungsverbotes" nicht überzeugt, da sie einerseits die (besonders üblen und zynischen) Diskriminierungen durch undifferenzierte Normen nicht bekämpft, andererseits die unumgängliche unterschiedliche Behandlung verschiedener Religionen auch dort nivellierend ausschließt, wo keine Bevorzugung und Benachteiligung stattfindet.
[19] *Ipsen*, Gleichheit (Anm. 2), S. 159 f., 178 ff.; *Sachs*, Grenzen (Anm. 18), S. 295 ff., 289 ff.
[20] *Ipsen*, Gleichheit (Anm. 2), S. 160; *v. Mangoldt/Klein/Starck*, Art. 3 Abs. 3 GG, Rdnrn. 265, 168; a. A. *Sachs*, Grenzen (Anm. 18), S. 78.

erforderlich[21]. Ob die Interessen berührt sind, läßt sich vielfach nur nach dem religiösen Selbstverständnis der betroffenen Religionsgemeinschaften und Personen beurteilen, das deren Selbstbestimmung und Eigenständigkeit gemäß Artt. 4, 140 GG i. V. m. Art. 137 Abs. 3 WRV anheim gegeben ist[22].

d) Vergleichbarkeit

Die Gleichwertigkeit und Vergleichbarkeit aller Religionen ist von den Staatsorganen im konfessionsneutralen staatlichen Recht strikt zugrunde zu legen, da Art. 3 Abs. 3 GG jede Bevorzugung und Benachteiligung aus religiösen Gründen und Zielen untersagt. Dieser relativistische Ansatz entspricht den Prinzipien der Trennung, religiös-weltanschaulichen Neutralität und Nichtidentifikation des säkularen pluralistischen Staates und Rechts[23], mag dies auch dem Absolutheitsanspruch vieler Religionen widerstreiten, welche ihr Bekenntnis und ihre Verkündigung der göttlichen Offenbarung für schlechthin unvergleichlich halten. Eine Bevorzugung der Großkirchen ist nicht damit zu rechtfertigen, daß ihre Lehren und Einrichtungen nach ihrer bedeutenden religiösen Tradition und Substanz mit denen anderer, unter Umständen dubioser Religionsgemeinschaften nicht vergleichbar seien[24].

3. Die beiden Formen der Gleichbehandlung

Zwei Formen der Gleichbehandlung sind auch im Rahmen des Besonderen Gleichheitssatzes des Art. 3 Abs. 3 GG zulässig, was sich in zwei sehr verschiedenen Formen von Benachteilung bzw. Bevorzugung äußern kann.

a) Formalparität durch inhaltsgleiche Regelung

Die Gleichbehandlung einerseits durch *formal gleiche* („formalparitätische") Normen stellt Gleichheit durch das Absehen von Unterschieden

---

[21] *Ipsen*, Gleichheit (Anm. 2), S. 159 ff.; *Sachs*, Grenzen (Anm. 18), S. 266 ff.

[22] Keine Belastung für Nichtchristen durch Kreuze dominanter Größe im Gerichtssaal? Vgl. etwa OLG Nürnberg, in: KirchE 8, 125 (130); BayVerfGH, in: BayVGHE n.F . 20, 87 (93 f.); dagegen BVerfGE 35, 366 (374 ff.); vgl. aber auch BVerfG, in: NVwZ 1992, S. 52; VGH München, in: NVwZ 1992, S. 1099; sowie *Sachs*, Grenzen (Anm. 18), S. 253, 269, 276 ff.

[23] Vgl. oben S. 605 ff., 607 ff., 617 ff., 622 ff.

[24] So schließlich BVerwGE 34, 291 (297 ff.); 61, 152 (157 ff.); 77, 237 zur Erstreckung der Wehrdienstbefreiung für Geistliche der Kirchen auf die der Zeugen Jehovas.

und folglich durch den Ausschluß von Differenzierungen her. Diese Form der Gleichheit (im Sinne eines sog. „Differenzierungsverbotes") ist in der Tat der häufigste Anwendungsfall des Besonderen Gleichheitssatzes im Hinblick auf die Rasse und das Geschlecht (nicht freilich auf die Religion). Gleichwertigkeit ist jedoch auf diese Weise dann nicht zu erzielen, wenn die formale Gleichbehandlung gerade zu den durch Art. 3 Abs. 3 GG verpönten Bevorzugungen und Benachteiligungen führt: Wenn alle Soldaten oder Krankenhauspatienten und -bediensteten Schweinefleisch essen sollen, werden sich Juden und Muslime religiös diskriminiert fühlen.

b) Materialparität durch gleichwertige Differenzierung

Deshalb ist Gleichbehandlung andererseits durch die („materialparitätische") *Verschiedenbehandlung* des Verschiedenen, aber nach gleichen Maßstäben unter strikter Wahrung der Gleichwertigkeit auch im Rahmen des Art. 3 Abs. 3 GG zulässig, ja teilweise geboten[25]. Gleichheit wird dabei nicht durch inhaltsgleiche (formalgleiche) Normen, sondern durch diejenige Differenzierung der Regelungen erzielt, die allen vergleichbaren Personen und Gruppen gegenüber gleichwertig ihr suum cuique wahrt. Dies suum cuique ist freilich streng nach den materialen Maßstäben der demokratischen und liberalen Gleichheitsidee von heute zu bemessen[26]. Denn die traumatischen Erfahrungen der Geschichte lehren:

c) Diskriminierung auch durch Formalparität?

Auch die *einheitliche* („formalgleiche") Behandlung kann eine durch Art. 3 Abs. 3 GG verbotene Benachteiligung oder Bevorzugung enthalten, wenn sie inhaltlich nach einseitigen bzw. parteiischen Prinzipien „ungleich" angelegt ist und dadurch die formal gleich betroffenen Adressaten in der Sache teils privilegiert, teils diskriminiert werden[27].

---

[25] A. A. *Sachs*, Grenzen (Anm. 18), S. 36 ff., 47, 71 ff., 244 ff., 253, 260, 266, 289, 329, 428 ff.; *ders.*, Besondere Gleichheitsgarantien (Anm. 1), Rdnrn. 23 ff., aufgrund seiner Konstruktion eines strikten Unterscheidungsverbots.

[26] Die Parole „suum cuique" diente einst der ständisch gegliederten Privilegiengesellschaft dazu, den Adel und den Pöbel, die Landeskirche und die Sekten nach Traditionsmaßstäben eben nicht als gleichwertig anzusehen und jeweils entsprechend zu privilegieren. — Das freilich ist passé. Aktueller aber dürfte künftig die laizistische Diskriminierung des Religiösen durch seine schrittweise Verdrängung aus dem öffentlichen Leben werden.

[27] *M. Heckel*, Die religionsrechtl. Parität (Anm. 2), S. 518; a. A. *Sachs*, Grenzen (Anm. 18), S. 42, 251 ff., weil der Tatbestand des Art. 3 Abs. 3 GG (in seiner

Art. 3 Abs. 3 GG will Diskriminierungen ja nicht nur nach der Form, sondern der Sache nach ausschließen. Wenn alle ohne Unterschied nach den Prinzipien einer herrschenden Religions- bzw. Weltanschauungspartei behandelt werden, sind deren Anhänger privilegiert und alle anderen diskriminiert. Gerade die Diskriminierungen durch diese einheitlichen, undifferenzierten Normen haben seit der großen Glaubensspaltung im Konfessionellen Zeitalter wie im Kulturkampf des 19. und im Kirchenkampf des 20. Jahrhunderts einerseits die besonders rücksichtslosen, andererseits die infam verschleierten Fälle der Diskriminierung im Staatskirchenrecht gebildet[28].

d) Diskriminierung durch „separate but equal"?

Die Bereitstellung *getrennter* Einrichtungen gleicher Art für verschiedene Rassen, Geschlechter, Religionen kann — je nach Lebens- und Wertungszusammenhang — eine Diskriminierung (bzw. Privilegierung) oder aber eine durch Art. 3 Abs. 3 GG zugelassene, ja gebotene Gleichbehandlung sein: Rassengesetze über die getrennte Benützung von Verkehrsmitteln, Telefonzellen, Toiletten sind diskriminierend, da sie nach den Maßstäben der Rasseüberlegenheit die Gleichbehandlung als Ausdruck der Gleichwertigkeit vorenthalten sollen; „separate but equal"[29] ist hier eine krasse Form der Diskriminierung. Hingegen ist die getrennte, aber gleichwertige Einrichtung des katholischen und evangelischen Religionsunterrichts, der Religionslehrerausbildung, Theologenfakultäten usw. so wenig ein Verstoß gegen Art. 3 Abs. 3 GG wie die Trennung gewisser Lokalitäten für die Geschlechter. Männer sind nicht „benachteiligt", wenn ihnen der Zutritt zur Damentoilette in den Amtsgebäuden oder zum Bahnabteil „Mutter und Kind" für die stillenden Mütter versagt bleibt. Schüler sind nicht benachteiligt im Sinne des Art. 3 Abs. 3 GG, wenn sie zum Religionsunterricht der fremden statt der eigenen Konfession nur mit deren Einverständnis zugelassen werden[30].

Auslegung als „Unterscheidungsverbot") nicht berührt sei, wenn es an einer Unterscheidung fehle.

[28] *Martin Heckel,* Itio in partes, in: ZRG Kan. Abt. 64 (1978), S. 180-308, auch in: ders., Ges. Schriften (Anm. 2), S. 636-736. — Schulbeispiele der konfessionellen bzw. ideologischen Diskriminierung durch einheitliche, formalparitätisch verschleierte Kampfnormen gegen die katholische Kirche bietet der Kulturkampf, gegen beide Kirchen der Kirchenkampf des Dritten Reiches.

[29] Vgl. *Winfried Brugger,* Grundrechte und Verfassungsgerichtsbarkeit in den Vereinigten Staaten von Amerika. Tübingen 1987, S. 150 ff.; *Sachs,* Grenzen (Anm. 18), S. 289 ff., 300 f. m. Nachw.

[30] Vgl. *Christoph Link/Armin Pahlke,* Religionsunterricht und Bekenntniszugehörigkeit, in: Joseph Listl (Hrsg.), Der Religionsunterricht als bekenntnisgebundenes Lehrfach. Berlin 1983, S. 13 ff., 22 ff., 46; *Ulrich Scheuner,* Die Teil-

4. Unterschiedliche Normsituation bei Rasse, Geschlecht und Religion

So dürfen Wertungen und Konstruktionen zum Merkmal der Rasse oder des Geschlechts nicht blindlings generalisiert und auf das Merkmal der Religion übertragen werden. Die Rechtsprobleme zu Geschlecht und Rasse lassen sich mit denen der Religion nur zum Teil (und dann nur begrenzt) vergleichen, da die Bevölkerung nicht bundesweit in Geschlechtsgemeinschaften und Rassegemeinschaften (mit eigenen Dogmen, Kultformen, Verfassungsorganisationen, Spitzenämtern, internen Rechtsordnungen, Mitgliedschaftsverhältnissen) organisiert ist, die wie die großen Religionsgemeinschaften mit den Staatsbehörden in „gemeinsamen Angelegenheiten" vielfältig in gegenseitiger Abstimmung zusammenarbeiten und mit detaillierten verfassungsrechtlichen Garantien des konfessionell-neutralen Staates (Artt. 4, 140 GG i. V. m. Art. 137 WRV) staatlich anerkannt und abgesichert sind.

Die Lebenswirklichkeit wie die Ordnungsaufgaben und Ordnungsprinzipien sind deshalb hier wie dort ganz unterschiedlicher Art; davon ist die Sachgesetzlichkeit und Systemgerechtigkeit des Staatskirchenrechts passim geprägt. Es gibt keine Rassenstunden und keine Rassensteuer, aber Religionsstunden und die Kirchensteuer. Auch ist das Freiheitsmoment hier wie dort verschieden, da die Religionszugehörigkeit in der Hand der Grundrechtsträger liegt, deren freie religiöse Entscheidung deshalb respektiert und im Staatskirchenrecht differenziert berücksichtigt wird.

5. Gleichheitsformen im Staatskirchenrecht

Auch innerhalb des Staatskirchenrechts ist Gleichbehandlung gemäß Art. 3 Abs. 3 GG nur in manchen Rechtsbereichen durch undifferenzierte („formalparitätische") Normen geboten, in anderen Rechtsbereichen jedoch nur durch differenzierte, aber gleichwertige („materialparitätische") Normen zu erreichen.

a) *Formalparität durch Abstrahieren von der Religion*

Zum ersten Bereich gehört etwa das Gebiet des staatlichen Beamtenrechts, der bürgerlichen und staatsbürgerlichen Rechte, der Zivilehe,

---

nahme von Schülern anderer Konfessionen am Religionsunterricht, ebd., S. 57 ff., 60, auch 63 ff., 72; *Joseph Listl*, Zur Frage einer Öffnung des ... Religionsunterrichts, ebd., S. 73 ff., 77.

des Kirchenaustrittsrechts. Die Einheit der Rechtsordnung, die Freiheit der Bürger (besonders im Ausgleich der positiven und negativen Religionsfreiheit beim Kirchenaustritts- und -übertrittsrecht) und die Gleichheit der Religionen zwingt hier zum Abstrahieren von der Religion und vom Religionsunterschied[31]. Es ist der Bereich der sogenannten *„bürgerlichen Parität"*, die sich schon im frühen 19. Jahrhundert bald aus dem umfassenden staatskirchenrechtlichen Paritätsproblem herausgelöst und verselbständigt hat. Aber dies ist nur eine Teilform in Teilbereichen des öffentlichen Rechts, die nicht als alleingültig verabsolutiert und keineswegs als die historische „Krönung"[32] der Paritätsentwicklung in Deutschland bezeichnet werden kann.

Diese (formalgleiche) Gleichbehandlungsform durch Absehen von den religiösen Unterschieden ist in den *Sonderausprägungen* des Besonderen Gleichheitssatzes (in Artt. 33 Abs. 1, 2 und 3 GG, 140 GG i. V. m. Art. 136 Abs. 1 und 2, zum Teil auch mit Art. 137 Abs. 2, 4, 5 und 7 WRV) verbürgt worden. Als leges speciales schränken sie die in Art. 3 Abs. 3 GG verbliebenen Differenzierungsspielräume weiter ein; in ihnen sind echte Anknüpfungs- und Differenzierungsverbote in Bezug auf Religion und Religionsverschiedenheit enthalten, wie sie dem Diskriminierungsverbot von Art. 3 Abs. 3 GG nicht unterschoben werden dürfen.

b) *Materialparität durch gleichwertig differenzierte Berücksichtigung der religiösen Eigenart*

Anderes gilt auf den klassischen Gebieten des Staatskirchenrechts: Das scharfe („laizistische") Trennungssystem nach französischem, amerikanischem oder sowjetisch-staatssozialistischem Vorbild wurde hier 1848, 1919 und 1949 bewußt abgelehnt und die Differenzierung zwischen religiösen und außerreligiösen Phänomenen, Korporationen und Rechtsinstituten zum Grundansatz des Staatskirchenrechts gemacht[33].

---

[31] Die Voraussetzungen und Folgen der Staatsangehörigkeit, des aktiven und passiven Wahlrechts, der Beamtenernennung und der Amtsführung weltlicher Ämter, der Eheschließung und Ehescheidung, des Zugangs zum Bildungswesen und zu den weltlichen Berufen erfordern, daß jedermann nach den jeweils einschlägigen sachgerechten Tatbestandsvoraussetzungen und Wirkungen dieser weltlichen „Rollen" gleich behandelt wird, ohne durch seine Religionszugehörigkeit privilegiert oder diskriminiert zu werden. Vgl. oben S. 627 f. — *M. Heckel*, Die religionsrechtl. Parität (Anm. 2), S. 457 ff.

[32] Vgl. *Sachs*, Grenzen (Anm. 18), S. 95 ff., 122 ff., 142, 145, 302 ff., 311 ff., 491; *ders.*, Besondere Gleichheitsgarantien (Anm. 1), Rdnrn. 59 ff., 92. Diese historischen Analysen sind einseitig und ergänzungsbedürftig, da sie die Kerngebiete des Staatskirchenrechts und die Probleme der gelockerten Trennung bzw. Verbindung zwischen Staat und Kirche im 19. und 20. Jh. ausblenden.

[33] Vgl. *M. Heckel*, § 20 (Anm. 7), S. 608 ff.

Die strikte Gleichbehandlung gemäß Art. 3 Abs. 3 GG ist deshalb hier nur durch differenzierende Normen und Einrichtungen des Staates möglich: Der Staat differenziert hier generell zwischen „Religion" und „Außerreligiösem", und er differenziert speziell zwischen den verschiedenen Religionsgemeinschaften, wo er mit deren religiösen Verschiedenheiten (in ihrer Lehre und Liturgie, hierarchischen bzw. synodalen Organisationsstruktur und Organisationsgewalt, Mitgliedschaftsregelung und Außenrepräsentation) zu tun hat und dies als Ausstrahlung der Religionsfreiheit und Religionsgleichheit gemäß Artt. 4 und 3 Abs. 1 und 3 GG berücksichtigen muß.

6. Selbstbenachteiligung kein Verstoß gegen Art. 3 Abs. 3 GG

Nur die Benachteiligung und Bevorzugung *durch den Staat* ist durch Art. 3 Abs. 3 GG verworfen: Eine Selbstbenachteiligung durch Grundrechtsträger — Bürger oder Religionsgesellschaften — ist dadurch nicht verwehrt[34]. Wenn eine Religionsgesellschaft keine Krankenhäuser, keinen Religionsunterricht an den staatlichen Schulen, keine Theologie an der Universität betreiben lassen will oder kann, ist sie nicht im Sinne des Art. 3 Abs. 3 GG — durch den Staat — benachteiligt[35], den nach Art. 3 Abs. 3 GG keine paternalische Pflicht zur Erfolgsgleichheit trifft.

III. Kein „Anknüpfungs"- bzw. „Differenzierungsverbot"!

1. Zum „Anknüpfungsverbot"

Ein „Anknüpfungsverbot" bzw. „Ignorierungsgebot"[36] in Bezug auf Religiöses wird zu Unrecht in Art. 3 Abs. 3 GG hineingelesen.

---

34 Vgl. ebd., S. 602 ff., 605 ff., 617 ff., auch S. 606 ff., 610 ff.
35 Vgl. ebd., S. 612 f., 616 ff.; unten S. 646.
36 *Ipsen,* Gleichheit (Anm. 2), S. 180; *Sachs,* Grenzen (Anm. 18), S. 36, 329, 396 ff., 408, 421 ff., 428 ff. (m. Nachw.); *ders.,* Besondere Gleichheitsgarantien (Anm. 1), Rdnrn. 70 ff.; dazu *Dürig,* Art. 3 Abs. 3 GG (Anm. 1), Rdnr. 135; *M. Heckel,* Die religionsrechtl. Parität (Anm. 2), S. 515 f., 532. Zur anknüpfenden Berücksichtigung des Bekenntnisses vgl. z. B. BVerfGE 24, 236 (246 f.); 44, 37 (49 ff.); 53, 366 (392 ff., 399, 402, 406), des „Selbstverständnisses" einer Religionsgemeinschaft vgl. BVerfGE 83, 341 (356); „anknüpfend" auch z. B. BVerwGE 25, 339 (340); 34, 291 (297 ff.); 61, 152 (156); 77, 237 (238); BVerwG, in: NVwZ 1992, S. 66. Es trifft nicht zu, daß dieses „Anknüpfungsverbot" von der Rspr. generell zugrunde gelegt werde oder werden könnte.

a) Anknüpfungen in der Verfassung

Ein Anknüpfungsverbot hat keinen Anhalt im Text der Verfassung und widerstreitet ihrem System und Sinn: Die Verfassung selbst hat vielfältig an das Religiöse normativ „angeknüpft", es an der Spitze ihres Grundrechtskataloges ohne Schrankenvorbehalt unter ihren besonderen Schutz gestellt und durch ein ausdifferenziertes institutionelles Staatskirchenrecht zu fördern angeboten[37]. Und wenn dann an diese Besonderheit des Religiösen (in seiner konfessionellen Eigenart) durch die Spezialbestimmungen des Schulrechts, Hochschulrechts, Denkmalrechts, Stiftungsrechts, Bauplanungsrechts, Arbeitsrechts, Jugendwohlfahrtsrechts, Sozialhilferechts, Rundfunkrechts usw. in behutsamen Bezugnahmen, Verweisungsnormen, Kooperationsregeln und Subsidiaritätsbestimmungen „angeknüpft" wird[38], ist dies keineswegs durch Art. 3 Abs. 3 GG verboten.

b) Sinnverkehrung des Staatskirchenrechtssystems

Durch die Hintertür dieser Verfassungsinterpretation wird sonst ein striktes Trennungssystem eingeschleust, das der Verfassungsgeber 1919 und 1949 in bewußter Ablehnung der französischen, amerikanischen und sowjetischen Trennungssysteme verworfen hat.

Dies ist auch deshalb anachronistisch und systemfremd, weil der Staat das altliberale Modell der Trennung von Staat und Gesellschaft heute durchweg aufgegeben hat und als Kulturstaat, Sozialstaat und wirtschaftslenkender Staat vielfältige neue Verbindungen mit der früher staatsfreien Gesellschaft eingegangen ist. Die großen Kirchen sind mit ihren Kulturgütern, wissenschaftlichen und erzieherischen Potenzen und ihren riesigen diakonischen Aktivitäten voll — und ohne Diskriminierung — in dieses staatliche System einbezogen, wofür die Regelung des Krankenhauswesens beispielhaft ist[39].

---

[37] Vgl. *M. Heckel,* § 20 (Anm. 7), S. 608.

[38] Vgl. ebd., S. 614 f. — Auch S. 609 Anm. 56, 620 ff.

[39] Vgl. dazu *Martin Heckel,* Staatskirchenrecht und Kulturverfassung des Grundgesetzes 1949-1989, in: Knut Wolfgang Nörr (Hrsg.), 40 Jahre Bundesrepublik — 40 Jahre Rechtsentwicklung. Tübingen 1990, S. 17. Das Trennungsprinzip ist freilich in den neuen Berührungen und Verbindungen zwischen Staat und Kirche keineswegs obsolet und überholt: Es gilt hier aber *nicht* durch *Trennung von Bereichen,* sondern in scharfer *Trennung der Kompetenzen* und Verantwortung von Staat und Kirche. So hat sich der Staat auf die weltlichen, die jeweils betroffene Religionsgemeinschaft auf ihre geistlichen Kompetenzen und Maßstäbe zu beschränken, wo sie sich treffen und zusammenwirken. Diese Maßstabregelung ist der Schlüssel zur Lösung der komplizierten staatskirchenrechtlichen

c) Anknüpfungsverbot als Gleichheitsverstoß

Ein Anknüpfungsverbot bzw. Ignorierungsgebot bezüglich religiöser Phänomene und Prinzipien dürfte vielmehr seinerseits *gegen Art. 3 Abs. 3 GG verstoßen*, da darin eine unzulässige Benachteiligung religiöser gegenüber weltlichen Gegebenheiten aus weltanschaulichen Gründen zu erblicken ist. Sowohl (1.) der diskriminierende Ausschluß als auch (2.) die säkularisierende Ignorierung des Religiösen verletzt Art. 3 Abs. 3 GG[40].

So darf der Staat die Theologie nicht wegen der bekenntnismäßigen Qualifiziertheit ihres Wissenschaftscharakters gegenüber anderen Wissenschaften benachteiligen und in weltanschaulicher Verengung des Kulturstaatsauftrags aus dem staatlichen Universitätsgefüge und -recht verbannen. Desgleichen darf er die kirchlichen Kulturdenkmäler, die den größten und wertvollsten Teil der Baudenkmäler darstellen, nicht wegen ihres sakralen Sinngehalts und ihrer gottesdienstlichen Funktionen aus dem staatlichen Denkmalschutz und Denkmalpflegewesen ausschließen und dem Verfall oder dem kulturfeindlichen Zugriff preisgeben. Andererseits ist ihm auch durch Art. 3 Abs. 3 (und Art. 4) GG verwehrt, die geistig-geistliche Sinneinheit der religiösen Phänomene innerlich aufzusprengen und die religiösen Sinnbezüge durch deren diskriminierende Ignorierung auszumerzen, d. h. sie damit säkularisierend zu nivellieren: Etwa die Theologie in säkulare Religionswissenschaft und ideologische Religionskritik umzuwandeln, oder die kirchlichen Kulturdenkmäler nach dem Muster sowjetischer Kirchenmuseen innerlich zu profanieren. Gleiches gilt hinsichtlich der kirchlichen Pri-

---

Spezialprobleme. — Sie ist durch viele Spezialgesetze und Kirchenvertragsregelungen im weiten Sozial- und Kulturbereich näher ausgestaltet worden; sie hat zu den verschiedensten Berücksichtigungspflichten, Kooperationsgeboten und Vorrangklauseln hinsichtlich der geistlichen Aspekte und Maßstäbe der „gemeinsamen Angelegenheiten" geführt. Dies gilt nicht nur auf traditionellen Feldern wie im Religionsunterricht und Kirchensteuerrecht, sondern auch im staatskirchenrechtlichen Neuland der Wohlfahrtspflege, der Krankenversorgung und des Rundfunkrechts.

[40] Vgl. *Martin Heckel*, Staat, Kirche, Kunst. Rechtsfragen kirchlicher Kulturdenkmäler. Tübingen 1968, S. 52 ff., 101 ff., 129 ff., 173 ff.; ders., Die theologischen Fakultäten im weltlichen Verfassungsstaat. Tübingen 1986, S. 29 ff., 49 ff., 114 ff., 201 ff.; *Friedrich Müller*, Das Recht der Freien Schulen nach dem Grundgesetz. 2. Aufl., Berlin 1982, S. 60 ff., 74, 321 ff.; *Ulrich Scheuner*, Karitative Tätigkeit der Kirchen im Sozialstaat, in: EssGespr. 8 (1974), S. 43 ff., 57 ff.; *Ernst Friesenhahn*, Kirchliche Wohlfahrtspflege, in: FS für Klecatsky. Wien 1980, S. 247 ff., 252 ff., 262 ff.; *Roman Herzog*, Kirchen und Massenmedien, in: HdbStKirchR[1] II, S. 417 ff., 418, 432 f.; *Christoph Link/Armin Pahlke*, Kirchliche Sendezeiten in Rundfunk und Fernsehen, in: AöR 108 (1983), S. 248 ff., 253, 267 ff., 272.

vatschulen und kirchlichen Hochschulen, der diakonischen und caritativen Einrichtungen und Aktivitäten, der kirchlichen Sendungen im öffentlich-rechtlichen wie privatrechtlichen Rundfunk.

2. Zum „Differenzierungsverbot"

Ein Differenzierungsverbot[41] steht ebenfalls *nicht* in Art. 3 Abs. 3 GG.

*a) Gleichwertige Respektierung
religiöser Verschiedenheit und Freiheit*

Nicht jede Differenzierung stellt eben eine Benachteiligung bzw. Bevorzugung dar. Die *gleichwertige* Differenzierung wird vielmehr dem Recht auf Gleichheit in Freiheit paradigmatisch gerecht. Es erscheint als „Willkür", das Diskriminierungsverbot der Verfassung zum Differenzierungsverbot auszuweiten bzw. zu verkürzen. Daß verschiedene Religionsgesellschaften und Bürger jeweils nach ihrer religiösen Eigenart gleichmäßig und gleichwertig *verschieden* behandelt werden, ist durch Art. 3 Abs. 3 GG dem Staat weithin gerade zur Pflicht gemacht: Die religiöse Freiheits- und Selbstbestimmungsgarantie und das Verbot der Staatskirche in Artt. 4, 140 GG i. V. m. Art. 137 Abs. 1 und 3 WRV verwehren dem Staat die religiöse Gleichschaltung der Bürger und Religionsgesellschaften auf eine Staatskonfession bzw. -ideologie; da aber die Bekenntnisse verschieden sind und sich frei entfalten dürfen, muß der freiheitliche Staat ihre Verschiedenheiten — in gleicher Weise — rechtlich berücksichtigen, wo er mit seinen weltlichen Normen und Vollzugsakten auf das Religiöse und seine weltliche „Ausstrahlungswirkung" trifft.

Der Religionsunterricht, die Religionslehrerausbildung, das theologische Fakultätenrecht, die Militärseelsorge, Anstaltsseelsorge, Caritas und Diakonie sind je nach der dogmatischen, liturgischen und organisa-

---

[41] *Ipsen,* Gleichheit (Anm. 2), S. 180. — *Dürig,* Art. 3 Abs. 3 GG (Anm. 1), Rdnr. 99, aber auch Rdnr. 107; *v. Mangoldt/Klein/Starck,* Art. 3 Abs. 3 GG, Rdnrn. 253 ff.; *Peter Badura,* Staatsrecht. München 1986, Rdnr. C 45 (aber i. S. eines Diskriminierungsverbots); *Sachs,* Grenzen (Anm. 18), S. 36 ff., 93 ff., 221 ff., 244 ff., 429 ff., 490 ff.; *ders.,* Besondere Gleichheitsgarantien (Anm. 1), Rdnrn. 20 ff., 37 ff., 59 ff. (mit Lit.). — Aus der Rechtsprechung insbes. BVerfGE 3, 225 (240 f.). — A. A. *M. Heckel,* Die religionsrechtl. Parität (Anm. 2), S. 515; *ders.,* Art. 3 III GG, in: Das akzeptierte Grundgesetz. FS für Günter Dürig. München 1990, S. 241 ff.; *Link/Pahlke,* Religionsunterricht (Anm. 30), S. 46; *Hermann Weber,* Die rechtliche Stellung der christlichen Kirchen im modernen demokratischen Staat, in: ZevKR 36 (1991), S. 261; BVerwG v. 15.11.1990, in: NVwZ 1991, S. 774 (777).

torischen Eigenart und Selbstbestimmung der Religionsgemeinschaften vom staatlichen Recht in gleichwertiger Differenziertheit zu normieren und zu vollziehen. Der Staat darf weder die katholischen Theologenfakultäten über den Leisten der evangelischen schlagen, noch vice versa die katholischen im evangelischen Sinn „befreien" bzw. verfremden, noch beiden ein antireligiöses säkulares Wissenschaftsmodell entgegen ihrem Selbstverständnis als Theologie oktroyieren.

b) Differenzierter Vollzug formalgleicher Normen

Dies wird durch die generelle Fassung der gesetzlichen Bestimmungen äußerlich weithin verdeckt; Art. 3 Abs. 3 GG gilt jedoch nicht nur für die Normen, sondern erst recht für den Verwaltungsvollzug. Die generalisierten Normen aktualisieren im konkreten Vollzug ein enormes Differenzierungspotential[42]. Die rechtsgleichen Normen werden konfessionell verschieden vollzogen, sind sie doch hier auf die gleichwertige Differenzierung angelegt und müssen von der Verwaltung sachgerecht differenzierend angewandt werden. Die Freiheitsgarantien der Verfassung, das Diskriminierungs- bzw. Privilegierungsverbot des Art. 3 Abs. 3 GG und die innere Sachgesetzlichkeit der einschlägigen Kultur- und Sozialstrukturen stimmen hierin überein.

c) Unpräzise Terminologie in der Judikatur

In der Terminologie — nicht in der Sache — erscheint die höchstrichterliche Judikatur etwas schwankend: Das Bundesverfassungsgericht spricht in vielen neueren Entscheidungen zwar korrekt vom „Diskriminierungsverbot" und von der Unzulässigkeit der „Benachteiligung" wie der „Bevorzugung" und vermeidet dabei sorgfältig den irreführenden Ausdruck „Differenzierungsverbot"[43]. Andere, namentlich ältere Entscheidungen aber verwenden auch die unpräzisere Bezeichnung „Differenzierungsverbot", insbesondere um die traditionelle Benachteiligung der Frau im Familienrecht gemäß der scharfen Maßstabregelung des Art. 3 Abs. 3 GG aufzuheben[44]. Eine gleichwertige Differenzierung, wie

---

[42] Rechtsgleichheit differenziert! Vgl. oben S. 611 ff.
[43] Vgl. BVerfGE 2, 266 (206); 11, 277 (281); 37, 217 (244); 39, 335 (367); 44, 125 (143); 48, 327 (337); 51, 1 (30); 59, 128 (157, 160); 63, 266 (281, 302 ff.); 64, 135 (157); 75, 40 (69 f.); 83, 341 (354 ff.). Ausdrücklich BVerfG, in: NJW 1992, S. 964 (965): Nach dem „Diskriminierungsverbot des Art. 3 III GG" ... „verstößt nicht jede Ungleichbehandlung, die an das Geschlecht *anknüpft*, gegen Art. 3 III GG. *Differenzierende* Regelungen können vielmehr zulässig sein" (Hervorhebungen vom Verfasser).

sie dem Staat zwischen den verschiedenen Religionsgemeinschaften gemäß deren Freiheit und Selbstverständnis geboten ist[45], steht in diesen Urteilen gar nicht zur Diskussion und Entscheidung an[46].

IV. „... wegen ... seines Glaubens, seiner religiösen ... Anschauungen ..."

1. Die umfassende Glaubensäußerung als Schutzgut des Art. 3 Abs. 3 GG

Der „Glaube" und „die religiösen Anschauungen" umfassen ihre Äußerung und äußere Entfaltung in allen spontanen Manifestationen und institutionell verfestigten Objektivationen der Grundrechtsträger als Individuen und als Glieder ihrer Religionsgemeinschaften; darin sind die Statusverhältnisse der Mitgliedschaft (Taufe, Konfirmation bzw. Firmung etwa in Bezug zur „Jugendweihe"), Priesterweihe bzw. Ordination, Amtsträgerschaft und dergleichen eingeschlossen. Die Garantie der Religionsgleichheit in Art. 3 Abs. 3 GG stellt eine Komplementärgarantie zur Garantie der Religionsfreiheit in Art. 4 Abs. 1 und 2 GG dar, die aus ihrem Sinn und Zweckzusammenhang ebenfalls „extensiv ausgelegt werden muß"[47].

---

[44] Vgl. BVerfGE 3, 225 (240 f.); 6, 389 (422, 424); 9, 124 (128 f.); 10, 59 (74); 15, 337 (344 f.); 21, 329 (343); 26, 265 (277); 31, 1 (6); 39, 169 (186); 43, 213 (225); 48, 346 (365); 52, 369 (374); 57, 335 (342, 345); auf die Zulässigkeit der Differenzierung zwischen den Geschlechtern nach biologischen und „funktionalen" Kriterien wird dabei vielfach hingewiesen — eben weil es sich insofern nicht um eine Benachteiligung bzw. Bevorzugung von Männern oder Frauen, sondern um die gleichwertige Differenzierung zwischen Mann und Frau gemäß ihren Verschiedenheiten handeln soll; in analoger Weise ist den Verschiedenheiten der Religionsgemeinschaften entsprechend ebenfalls deren gleichwertige Differenzierung erlaubt. Zum Gleichwertigkeitserfordernis bei der Bewertung von familiärer Erziehungsarbeit und Erwerbsarbeit vgl. *Paul Kirchhof*, Der allgemeine Gleichheitssatz, in: HStR V, 1992, § 124, Rdnrn. 44 ff.

[45] Vgl. statt anderer BVerfGE 83, 341 (354).

[46] Herrschend blieb im Staatskirchenrecht die Linie der frühen verfassungsgerichtlichen Judikatur, daß eine „schematische Gleichbehandlung" der Religionsgesellschaften — worauf ein striktes Differenzierungsverbot in Art. 3 Abs. 3 GG hinausliefe — nicht geboten sei. BVerfGE 19, 1 (8); vgl. *M. Heckel*, § 20 (Anm. 7), S. 589 Anm. 3; S. 608 ff., bes. S. 614 Anm. 59; auch BVerwG, in: NVwZ 1991, S. 774 (777).

[47] Vgl. BVerfGE 24, 236 (246); 32, 98 (106); 83, 341 (354); allg. M. — Erst recht ist auch die Verdichtung der Glaubensentscheidung in religiösen Statusverhältnissen wie der katholischen Priesterweihe, evangelischen Ordination und entsprechenden Ausprägungen von Art. 3 Abs. 3 GG erfaßt. Das Geistlichenprivileg nach §§ 11 Abs. 1 WPflG, 10 Abs. 1 ZDG verstößt darum gegen Art. 3 Abs. 3 GG. A. A. *v. Mangoldt/Klein/Starck*, Art. 3 Abs. 3 GG, Rdnr. 281, der nicht Art. 3 Abs. 3 GG, sondern nur Art. 3 Abs. 1 GG für verletzt hält, weil nicht an den

2. Gemäß dem religiösen Selbstverständnis

Dabei stellt Art. 3 Abs. 3 GG tatbestandsmäßig jeweils auf die *besonderen* religiösen Bewandtnisse der *betroffenen* Personen und Religionsgemeinschaften ab, und zwar nach deren religiösem Selbstverständnis, da es dem Staat verwehrt ist, „den Glauben oder Unglauben zu bewerten"[48]. Äußerlich gleichartige Maßnahmen können Menschen verschiedener Religion in ihrer religiös gebundenen Lebensform sehr verschieden treffen und verletzen, was die Kultformen und Gebetsriten, Speise- und Kleidervorschriften, die Wahrung heiliger Zeiten, Orte, Kultgeräte u. a. m. betrifft. Art. 3 Abs. 3 und Art. 4 GG stimmen auch hier inhaltlich zusammen. Wie der Staat gemäß Art. 4 GG die Religionen prinzipiell gleichwertig zur Entfaltung kommen lassen muß, so muß er auch gemäß Art. 3 Abs. 3 GG religiös begründete Verhaltensweisen (unbeschadet ihrer Verschiedenheit) als gleichwertig respektieren, soweit es der Schutz anderer Verfassungsgüter erlaubt.

Gleichmacherei wird freilich auch hier von der Verfassung nicht erfordert. Die Befreiung vom Schächtverbot und von der Schulpflicht am Sabbat ist jüdischen Metzgern bzw. Kindern gegenüber geboten, aber auch auf Mitglieder anderer (z. B. der islamischen) Religionsgemeinschaften mit vergleichbaren Kultvorschriften zu erstrecken[49] — nicht jedoch auf christliche und glaubenslose Metzger[50] bzw. Kinder.

3. Rechtstechnische Formen

Rechtstechnisch lassen sich Diskriminierungen auf verschiedene Weise vermeiden: Durch eine allgemeine Fassung der gesetzlichen Tatbestände, die alle religiösen Verschiedenheiten in sich schließt; sodann durch die verfassungskonforme Auslegung und Anwendung zu eng gefaßter Tatbestände[51]. Genügt dies nicht, so kann die Schaffung von

---

„Glauben", sondern an Amt bzw. Stand des Geistlichen angeknüpft werde. Indessen richtet sich der Bes. Gleichheitssatz in Geschichte und Sinngehalt gerade gegen die geistlichen Standesprivilegien und andere institutionalisierte Vorrechte.

[48] BVerfGE 12, 1 (4); 33, 23 (29). Vgl. *M. Heckel*, § 20 (Anm. 7), S. 608 Anm. 53 und S. 621 Anm. 74.

[49] Vgl. BVerwGE 42, 128 (131); *Sachs*, Grenzen (Anm. 18), S. 252, 415. — Das Ermessen nach § 4 a Abs. 2 Ziff. 2 TierSchG ist deshalb verfassungskonform zu reduzieren.

[50] So aber *Sachs*, Grenzen (Anm. 18), S. 258, 389, weil das „Unterscheidungsverbot" eine einheitliche Regelung erfordere.

[51] Vgl. BVerfGE 19, 1 (8, 16); BVerwGE 25, 338 (339 f.); 34, 291 (297); 61, 152 (158); 77, 237 (238).

Befreiungstatbeständen von gesetzlichen Pflichten — freilich nur in Grenzen — geboten sein, desgleichen die Gewährung von Alternativen[52], um Diskriminierungen, aber auch („rollenfremde") Privilegierungen „wegen" der Religion auszuschließen.

4. Kausalitäts- oder Finalitätskriterien?

Das *„wegen"* wird in den Definitionsansätzen der Judikatur und Literatur mit den Begriffen *„Kausalität"*[53] bzw. *„Finalität"*[54] bzw. mit deren *Kombination*[55] oder mit deren präzisierender *Einschränkung*[56] bestimmt. Indessen sollten sich Praxis und Theorie hier nicht in rechtstechnische Konstruktionen verlieren und die entscheidenden Wertungsaufgaben versäumen.

Kausalitätstheorien dürfen nicht isoliert und mit sinnverkehrtem Ergebnis Verwendung finden. Sie taugen zur Erfassung von Handlungsabläufen, nicht zur Lösung komplexer Bewertungsprobleme. Im Sinn der äquivalenten (unter Umständen auch der adäquaten) Kausalitätstheorien ist die religiöse Anschauung des Fanatikers zwar ursächlich („kann nicht hinweggedacht werden ...") für seinen Schuß, den Tod des Opfers, die Verurteilung und die Bestrafung. Aber das Diskriminie-

---

[52] Vgl. Dürig, Art. 3 Abs. 3 GG (Anm. 1), Rdnrn. 110, 111. Durch die alternativen Eidesformeln, die Abmeldung vom Religionsunterricht und Einrichtung eines Ethikunterrichts, den Zivildienst, die Wahrung des Beamtenstatus unter Überführung beanstandeter Theologieprofessoren in eine andere Fakultät u. a. m. ist Art. 3 Abs. 3 GG spezialgesetzlich vielfältig ausgeformt worden. Vgl. auch zur Kopfbedeckung auf dem Paßbild für Ordensschwestern, erstreckt auf Muslimfrauen, OVG Berlin v. 20.3.1991, Az. 1 B 21.89; BVerwG v. 24.10.90, Az. 1 B 98/90; zur Befreiung vom Schwimm- und Sportunterricht für islam. Mädchen OVG Münster, in: NVwZ 1992, S. 77; OVG Lüneburg, in: NVwZ 1992, S. 79; VGH München, in: NVwZ 1987, S. 706.

[53] Dazu *Dürig*, Art. 3 Abs. 3 GG (Anm. 1), Rdnrn. 134 ff., 151 ff.; *v. Mangoldt/Klein/Starck*, Art. 3 Abs. 3 GG, Rdnr. 264; *Sachs*, Besondere Gleichheitsgarantien (Anm. 1), Rdnrn. 67 ff.; ders., Grenzen (Anm. 18), S. 390 ff., 405 ff., 415 ff. m. Nachw. zur schwankenden Judikatur seit BVerfGE 2, 266 (286); 59, 128 (157).

[54] *Dürig*, Art. 3 Abs. 3 GG (Anm. 1), Rdnr. 154; *Sachs*, Besondere Gleichheitsgarantien (Anm. 1), Rdnr. 68; ders., Grenzen (Anm. 18), S. 393 ff., 407 ff., 420 ff. m. Nachw.; vgl. BVerfGE 19, 119 (126); 39, 334 (368); BVerwGE 52, 313 (329); 75, 86 (96).

[55] Vgl. dazu etwa *Dürig*, Art. 3 Abs. 3 GG (Anm. 1), Rdnr. 154; *Sachs*, Grenzen (Anm. 18), S. 396 ff., und BVerfGE 39, 334 (368) hinsichtlich der Kombination von Kausalität, Finalität und Anknüpfungstheorie.

[56] Mit der Forderung, daß die Benachteiligung bzw. Bevorzugung „gerade" oder „ausschließlich" bzw. „allein" auf dem in Art. 3 Abs. 3 GG verworfenen Grund oder Ziel beruhen muß. Vgl. BVerfGE 2, 266 (267); 17, 302 (305 f.); 43, 213 (225 f.); 57, 335 (342, 345); *Sachs*, Grenzen (Anm. 18), S. 399 ff., 411 ff., 423 ff. m. Nachw.

rungs- und Privilegierungsverbot des Art. 3 Abs. 3 GG würde auf den Kopf gestellt, wenn (wegen des Vorrangs der Verfassungsnorm des Art. 3 Abs. 3 GG vor dem einfachen Strafgesetz) die kausal-effektive Entfaltung religiöser Anschauungen generell zu privilegierenden Immunitäten und Exemtionen vom für jedermann geltenden Recht führen müßte. Der Besondere Gleichheitssatz, wie er heute in Art. 3 Abs. 3 GG enthalten ist, ist ja gerade zur Beseitigung der Privilegien und Exemtionen der Geistlichkeit von der Steuerpflicht, staatlichen Gerichtsbarkeit usw. geschaffen worden.

Finalitätsaspekte werden deshalb heute zu Recht zur Begrenzung uferloser Kausalitätsargumentationen bemüht. Doch werden offene Diskriminierungsabsichten dem Gesetzgeber selten nachzuweisen sein. Vor allem aber sind auch unbeabsichtigte Diskriminierungswirkungen nach Art. 3 Abs. 3 GG unzulässig, der nicht auf das subjektive Wollen der Staatsorgane abstellt, sondern auf die Diskriminierungsfolgen für den Grundrechtsträger.

Die *Kombination* von Kausalität und Finalität bringt wenig Präzisierung, zumal die Kriterien ineinander fließen. — *Einschränkungen* der Kausalität, die Art. 3 Abs. 3 GG nur für „ausschließliche" bzw. überwiegende Gründe gelten lassen, stellen zu Recht auf die Notwendigkeit einer Wertung ab, schieben das Problem jedoch nur weiter. — Und diese Problematik läßt sich nicht in Bausch und Bogen durch ein „Anknüpfungsverbot"[57] abschneiden, das weder dem Wortlaut, noch dem Sinn des Art. 3 Abs. 3 GG gerecht zu werden vermag.

5. Wertungsaufgaben bei Konkurrenzproblemen

Das „wegen ..." wirft Wertungsprobleme insbesondere bei Grundrechtskonkurrenzen und bei der gebotenen Berücksichtigung der Gemeinschaftsbelange auf. Zu ihrer Lösung wird sich auf dem Boden der konfessionell-weltanschaulichen Neutralität, Nichtidentifikation und Respektierung der Selbstbestimmung der Grundrechtsträger mit der gebotenen kritischen Sachlichkeit ein breiter, einleuchtender Konsens finden lassen.

---

[57] So *Sachs*, Besondere Gleichheitsgarantien (Anm. 1), Rdnrn. 70 ff.; *ders.*, Grenzen (Anm. 18), S. 421 ff., 428 ff.; a. A. *Dürig*, Art. 3 Abs. 3 GG (Anm. 1), Rdnr. 135; *M. Heckel*, Die religionsrechtl. Parität (Anm. 2), S. 515; *ders.*, Art. 3 III GG (Anm. 41), S. 241 ff.

a) Gleicher Schutzbereich des religiösen Freiheits- und Gleichheitsrechts

Die Reichweite des religiösen Benachteiligungsverbots ist nur aus dem Zusammenhang der Freiheits- und Gleichheitsgarantie des Religiösen zu lösen: Für jedermann ist gemäß Art. 4 Abs. 1 und 2 GG das gleiche Freiheitsrecht zur Entfaltung seines Glaubens und seiner Religionsausübung in der Welt garantiert, deren Ausstrahlungswirkung in der allgemeinen Rechtsordnung zu berücksichtigen ist [58]. In gleichem Umfang und Intensitätsgrad wirkt das Gleichheitsrecht gegen religiöse Diskriminierungen: Insoweit darf gemäß Art. 3 Abs. 3 GG niemand — auch aus den religiösen Minderheiten — wegen seines Glaubens benachteiligt werden und müssen deshalb seine religiösen Verhaltensweisen im staatlichen Recht gleichwertig respektiert werden. Auch der Besondere Gleichheitssatz darf deshalb nicht als Pflicht zur gleichmäßigen Ausschaltung des Religiösen mißverstanden werden [59].

b) Gleiche Grenzen des religiösen Freiheits- und Gleichheitsrechts

Aber das Religionsfreiheitsrecht und das religiöse Gleichheitsrecht entsprechen sich auch in den *Grenzen* [60]. Aus religiösen Gründen ist zwar das Schächten zu gestatten, nicht aber das Morden (aufgrund des „Todesurteils" einer Hierarchie oder durch Witwenverbrennung), da die Religionsfreiheit dem Tierschutz vorgeht, aber durch den Lebensschutz in Art. 2 Abs. 2 GG begrenzt wird. Entsprechend kann aus religiösen Gründen nur am Sabbat (bzw. Freitag), nicht aber schlechthin von der Schulpflicht befreit werden. Die Religionsfreiheit und das Diskriminierungsverbot entbinden weder von der Pflicht zur Achtung fremder Rechte noch von der Pflicht zur Erfüllung der grundlegenden Gemeinwohlanforderungen — aus religiösen Gründen kann man sich nicht über die Pflicht zur Zahlung von Steuern und Gebühren, die Impfpflicht, die Strafgesetze und die Polizeipflichtigkeit hinwegsetzen. Der einzelne wird weder durch Art. 4, noch durch Art. 3 Abs. 3 GG zum Souverän.

---

[58] Vgl. *M. Heckel*, § 20 (Anm. 7), S. 609 Anm. 56; S. 610 ff., 614 f. Anm. 59–64.

[59] Vgl. oben S. 624 f., 627 ff., auch *M. Heckel*, § 20 (Anm. 7), S. 600, 619, 620 ff.

[60] Vgl. BVerfGE 33, 23 (29); 44, 37 (50); *v. Mangoldt/Klein/Starck*, Art. 4, Rdnrn. 45 ff.; *Axel von Campenhausen*, Religionsfreiheit, in: HStR VI, 1989, § 136, Rdnrn. 82 ff. Die Grenze wird überschritten vom VG Berlin, in: NVwZ 1992, S. 91; richtig dagegen BVerwGE 63, 215 (218); vgl. auch z. B. VGH München und OVG Hamburg, in: NVwZ 1986, S. 405 (406), 406 (408) über Unterricht von Lehrern in Bhagwan-Kleidung.

§ 21 Das Gleichbehandlungsgebot im Hinblick auf die Religion 645

Die Kehrseite des Diskriminierungsverbots ist das Privilegierungsverbot! Die Wehrdienstbefreiung für geistliche Amtsträger ist ebenso verfassungswidrig wie dies Steuerbefreiungen für sie wären[61].

So dient der Gleichheitssatz aus Art. 3 Abs. 3 GG auch zur Beschneidung der Auswüchse („sektiererischer") religiöser Freiheitsentfaltung zu Lasten anderer und der Allgemeinbelange: Der Staat darf niemand wegen religiöser Verhaltensweisen diskriminieren, aber auch nicht privilegieren, sondern hat — in der gleichwertigen Respektierung ihrer religiösen Verschiedenheiten — in Distanz und Neutralität die Rechte aller zu schützen und die Gemeinwohlbelange durchzusetzen.

6. Weltliche Rechtfertigungsgründe für abstufende Differenzierungen

Aus *nichtreligiösen — säkularen — Gründen* und Zielen ist nach Art. 3 Abs. 3 GG sogar eine abstufende Differenzierung keineswegs verboten: *Bevorzugungen* und *Benachteiligungen* sind zwischen Religionsgesellschaften selbst in religiösen Materien zulässig, wenn sie aus weltlichen Gründen und nicht wegen „der Religion" erfolgen.

---

[61] Vgl. zum Problem, das hier nicht auszubreiten ist, *M. Heckel*, Die religionsrechtl. Parität (Anm. 2), S. 533 ff.; *Günther Dopjans*, Allgemeine Wehrpflicht und Geistlichenprivileg im sozialen Rechtsstaat. Diss. Münster 1972; *ders.*, Die Wehrdienstbefreiung der Geistlichen und der allgemeine verfassungsrechtliche Gleichheitssatz, in: DVBl. 1976, S. 893; *Klaus Obermayer*, Zur Verfassungsmäßigkeit des Geistlichenprivilegs, in: DÖV 1976, S. 80; *Axel von Campenhausen*, Aktuelle Probleme des Geistlichenprivilegs, in: DVBl. 1980, S. 578; *Ferdinand Kopp*, Aktuelle Probleme des Geistlichenprivilegs, in: DVBl. 1980, S. 826; *ders.*, Geistlichenprivileg für Sekten?, in: NVwZ 1982, S. 178; *Günter Assenmacher*, Die Wehrpflichtbefreiung der Geistlichen, Berlin 1987; ferner BVerwGE 34, 291 (297); 61, 152 (157 ff.); 77, 237 (239). Zwar sind (1.) zwischen den beiden Großkirchen und (2.) zwischen diesen und den anderen Religionsgemeinschaften die Privilegierungsprobleme ausgeräumt durch die Erstreckung und säkularisierende theologische Entleerung des ursprünglich an der katholischen Kirche gewonnenen Geistlichenbegriffs zum säkularen Rahmen- und Mantelbegriff des staatlichen Rechts. Aber die Geistlichen werden (3.) im Verhältnis zu weltlichen Staatsbürgern wegen ihres geistlichen Standes mit einem typischen verfassungswidrigen Standesprivileg bevorzugt. Es ist verfassungswidrig, da die Geistlichen aller Religionsgemeinschaften ja wie jedermann den Wehrdienst verweigern könnten und auf diese Weise etwaigen religiösen Bedenken gegen den Waffendienst ohne Diskriminierung und Privilegierung Rechnung getragen wird; zumal durch die Befreiung vom Zivildienst sind sie infolge ihres religiösen Status zusätzlich, anrüchig privilegiert. — Art. 3 Abs. 3 GG wäre hingegen nicht verletzt, wenn Geistliche nicht generell wegen ihres geistlichen Standes vom Wehrdienst befreit, sondern im konkreten Bedarfsfall zur Versorgung der Zivilbevölkerung wie Ärzte, Techniker u. a. unabkömmlich gestellt würden; die seelsorgerliche Betreuung der Gemeinden darf ja nach Art. 3 Abs. 3 GG nicht schlechter behandelt werden als Tätigkeiten für das leibliche Wohl durch andere Berufe.

a) Gleichbehandlung mit weltlichen Verbänden

In diesen Fällen greift Art. 3 Abs. 3 GG tatbestandlich nach Text, Sinnzusammenhang und Zweck nicht ein; deshalb erlaubt der Allgemeine Gleichheitssatz des Art. 3 Abs. 1 GG dem kompetenten Organ, nach sachgerechten Differenzierungszielen und Differenzierungskriterien das Gleiche gleich und das Verschiedene verschieden zu behandeln.

Die Religionsgesellschaften stehen in ihren weltlichen Vergleichsbeziehungen den anderen weltlichen Verbänden gleich. Als Kulturstaat und Sozialstaat kann und darf der Staat die verschiedenen Religionsgesellschaften — ebenso wie die weltlichen Verbände — unterschiedlich behandeln[62], wenn und soweit sie im kulturellen und sozialen Sektor für die Gesellschaft nach Quantität und Qualität Verschiedenes leisten und bedeuten und auch den Staat dadurch von eigenen Aktivitäten und Aufwendungen sehr unterschiedlich entlasten. Den Staatsorganen ist also durch Art. 3 Abs. 3 GG zwar die abstufende Bewertung des spezifisch religiösen Sinns und Wahrheitsgehalts, nicht aber der kulturellen und sozialen Bedeutung und Leistung der verschiedenen Religionsgesellschaften verwehrt[63].

b) Säkulare Gründe der Förderung und Beschränkung

So werden die großen Kirchen zwar bevorzugt, wenn der Staat im Rahmen seiner kulturstaatlichen Pflicht zur Wissenschafts- und Kunstförderung die Theologie und die Sakralkunstwerke durch enorme Aufwendungen in staatlichen Institutionen pflegt. Aber diese staatliche Förderung geschieht *nicht aus spezifisch religiösen Gründen* — etwa wegen ihrer jeweils richtigeren Rechtfertigungslehre, korrekteren Christologie, tiefsinnigeren Mariologie, wirksameren Sakramentenlehre —, sondern wegen der eminenten Bedeutung dieser christlichen Kulturphänomene für die nationale und universale Kultur, die ihrerseits nicht aus religiösen oder politischen Gründen gemäß Art. 3 Abs. 3 GG diskrimi-

---

[62] Vgl. zur Verwirklichung im Besonderen Verwaltungsrecht *M. Heckel*, § 20 (Anm. 7), S. 612 ff., 614. Wie z. B. für Schulen, Turnhallen, Sportanlagen und Museen nach ihren besonderen baulichen Bedürfnissen die erforderlichen Abweichungen von den Höhenfluchtlinien vorzusehen sind, gilt dies auch für die Kirchenräume und -türme schon gem. Art. 3 Abs. 1 GG, wird aber hier durch die Spezialvorschrift des Art. 3 Abs. 3 GG gesichert, der eine religiöse Diskriminierung durch die staatliche Mißachtung der besonderen liturgischen Gegebenheiten des Kirchenbaus verbietet. Aktuell dürfte dies künftig beim Bau von Moscheen werden. Die Konstruktionen eines Differenzierungsverbots und Ignorierungsgebots führen eben auf einen Holzweg.

[63] Vgl. *M. Heckel*, § 20 (Anm. 7), S. 605 f., 607 f., 616 f.

niert werden dürfen. Wenn für die kleineren Religionsgemeinschaften kein Religionsunterricht an den staatlichen Schulen eingerichtet wird, darf diese Benachteiligung nicht — wie einst im System des christlichen Staates und der Staatskirchenhoheit vor 1918 — wegen der Minderwertigkeit ihrer religiösen Inhalte erfolgen, wohl aber weil sie die Mindestschülerzahlen und anderen organisatorischen Mindestvoraussetzungen des Religionsunterrichts, der Lehrerbildung u. a. m. nicht erfüllen.

Staatliche Förderungsmaßnahmen, institutionelle Kooperationsformen in den „gemeinsamen Angelegenheiten" und partizipatorische Mitwirkungsrechte in pluralistisch zusammengesetzten Gremien dürfen ein bestimmtes Maß an Mitgliederzahlen und regionaler Verbreitung, an Kulturniveau und volkskirchlichem Sozialengagement, an innerem Organisationsgrad und an Leistungskraft einer Religionsgemeinschaft als Tatbestandsvoraussetzung staatlicher Vergünstigung und Zusammenarbeit verlangen[64].

7. Rechtliche Folgen der Säkularisierung

Der große *Säkularisierungsprozeß* sowohl des Staates als auch der Gesellschaft hat dazu geführt, daß die meisten „Bevorzugungen" der großen und „Benachteiligungen" der kleinen Religionsgesellschaften aus solchen „weltlichen", sozio-kulturellen Gründen und Zielen erfolgen; sie sind nicht — bzw. nicht mehr — durch spezifisch religiöse Ursachen, Motive und Auswirkungen bedingt.

a) Säkulare Kompetenzen, Funktionen und Kriterien der Staatsorgane

Die staatlichen Ziele, Kompetenzen, Organisationsstrukturen, Ämter, staatsbürgerlichen und bürgerlichen Rechte sind seit 1918 *säkular auf das Immanente beschränkt*[65]. Privilegierungen und Diskriminierungen wegen der Religion werden heute vom demokratischen Gesetzgeber so gut wie ganz vermieden, wie der Vergleich mit den kirchen- und kulturpolitisch erregten Epochen der Verfassungsgeschichte des 19. und noch des 20. Jahrhunderts lehrt.

---

[64] Vgl. *M. Heckel,* Die religionsrechtl. Parität (Anm. 2), S. 519 ff.
[65] Auch wenn der Staat in den „gemeinsamen Angelegenheiten" geistlich-weltlicher Art — wie Religionsunterricht, theologische Fakultäten, Kulturdenkmäler, Anstalts- und Militärseelsorge — mit den Religionsgemeinschaften zusammenarbeitet, ist die Kompetenz der staatlichen Instanzen strikt auf die weltlichen Aspekte und Maßstäbe beschränkt, während den kirchlichen Instanzen die Kompetenz für die geistlichen Aspekte und Maßstäbe anheimgegeben ist. Vgl. *M. Heckel,* Staatskirchenrecht (Anm. 39), S. 17.

*b) Kultur- und sozialpolitischer Charakter
ehemals religiöser Rechte und Förderungen*

Ehemals religiös begründete Normen und Formen aus dem christlichen Obrigkeitsstaat haben ihren *religiösen Charakter* längst *abgestreift* und einen „offenen" säkularen Sinn und Grund im weltanschaulich-religiös-neutralen Verfassungssystem gewonnen: Die Feiertage[66] etwa sind seit 1919 nicht mehr (tragend) religiös mit dem Dekalog, sondern sozial und kulturell mit dem Bedürfnis nach „Arbeitsruhe" und „seelischer Erhebung" begründet. Anhängern nichtchristlicher Religionen, die ihre religiösen Bedürfnisse nicht innerhalb der so säkular-verallgemeinerten Feiertage erfüllen können, ist in vergleichbar begrenzter Weise durch Alternativen (Sabbat-Schulbefreiung u. a.) entgegenzukommen. — Ein anderes Beispiel für die Säkularisierung der Rechtsinstitute bietet der nichtreligiöse Eid[67], aber auch die christliche Gemeinschaftsschule[68].

Weltliche, nicht spezifisch religiöse Gründe der allgemeinen Kultur-, Sozial- und Finanzpolitik liegen auch den zahlreichen Förderungsmaßnahmen, Gebühren- und Steuerbefreiungen zugrunde, die den Religionsgesellschaften, zumal denen des Öffentlichen Rechts, eingeräumt werden[69].

---

[66] Vgl. *M. Heckel,* Die religionsrechtl. Parität (Anm. 2), S. 523; *Peter Häberle,* Feiertagsgarantien als kulturelle Identitätselemente des Verfassungsstaats. Berlin 1987, S. 13 ff., 18 ff., 52 ff., 57; *ders.,* Der Sonntag als Verfassungsprinzip. Berlin 1988, S. 62 ff., 68 ff., 73 ff.; *Philip Kunig,* Der Schutz des Sonntags im verfassungsrechtlichen Wandel, Berlin 1989.

[67] Dazu *Martin Heckel,* Säkularisierung. Staatskirchenrechtliche Aspekte einer umstrittenen Kategorie, in: ZRG Kan. Abt. 66 (1980), S. 9 ff.; auch in: *ders.,* Ges. Schriften (Anm. 2), S. 778 ff.

[68] Vgl. *M. Heckel,* § 20 (Anm. 7), S. 608 Anm. 54; *ders.,* Säkularisierung (Anm. 67), S. 14 ff.; auch in: *ders.,* Ges. Schriften (Anm. 2), S. 782 ff. — Die vormals religiöse Privilegierung der christlichen Religion ist dadurch säkularisierend abgebaut worden. Daß die christliche Tradition des deutschen Kultur- und Sprachraums stärker als die muslimische bzw. fernöstliche in den deutschen Schulen gelehrt wird, ist zwar eine Bevorzugung des „Deutschen", die aber nach Art. 3 Abs. 1 GG im deutschen Erziehungssystem sachgerecht und objektiv unbeanstandbar ist und nach Art. 3 Abs. 3 GG keine religiöse Diskriminierung enthält.

[69] Vgl. *M. Heckel,* Die religionsrechtl. Parität (Anm. 2), S. 523 ff., 526 ff.; *Hansjosef Mayer-Scheu,* Grundgesetz und Parität von Kirchen und Religionsgemeinschaften. Mainz 1970, S. 313 ff., 332.
Hinsichtlich der Förderungsmaßnahmen ist hervorzuheben, daß Art. 3 Abs. 3 GG eine *allgemeine Förderung „des Religiösen"* insgesamt ebenso wie eine Förderung des religiös geprägten historischen Traditionsguts in Museen, Bauten, Ausstellungen keineswegs verwehrt, wenn sie in allgemeiner kultureller Aufgeschlossenheit geschieht und darin nicht eine spezifisch religiöse Privilegierung und Diskriminierung für bzw. gegen einzelne Religionen enthalten ist. Große

Die Anknüpfung an die öffentlich-rechtliche Korporationsqualität enthält heute ebenfalls keinerlei religiöse Privilegierung mehr, da die Verleihung heute allen Religionsgemeinschaften von gewisser Größe und Verfaßtheit ohne religiöse Bevorzugung und Benachteiligung offensteht[70].

8. Varianten der Säkularisierung im staatlichen Recht

Im Verbot religiöser Privilegierung und Diskriminierung spiegeln sich die Entwicklungsstadien und Wirkungsformen der Säkularisierung[71]: Die Herkunft vieler weltlicher Phänomene und Formen aus religiösen Ursprüngen, die Abwehr und der Abbau früherer kirchlicher Privilegierung und Herrschaft über die Welt, sodann die Emanzipation des Weltlichen aus den religiösen Bindungen. Säkularisierung bedeutet insofern „Verweltlichung" im Sinne der Verflüchtigung des Religiösen und der zunehmenden Entleerung des ursprünglichen theologischen Gehaltes der staatskirchenrechtlichen Begriffe und Rechtsformen, die heute zu weltlichen Rahmenformen geworden sind.

Ausstellungen über die „Ars Sacra" der mittelalterlichen Kirchenkunst, über Leben und Wirken Martin Luthers zum Reformationsjubiläum 1983, Ankauf und Exposition des Reliquiars Heinrichs des Löwen, des Quedlinburger Domschatzes u. a. m. sind unbedenklich zulässig. Im Gegenteil verstieße es gegen Art. 3 Abs. 3 GG, derartige Aktivitäten wegen ihres mitschwingenden religiösen Momentes aus dem Schutz und der Förderung der Kulturstaatlichkeit auszuschließen. Das religiöse Diskriminierungsverbot darf nicht zu einer laizistischen Kulturkampfparole „umfunktioniert" werden. Seit 1919 hat sich die „positive Religionspflege" neutralisiert und verallgemeinert zur Förderung „des Religiösen" als eines kulturell und sozial wertvollen Phänomens innerhalb der pluralistischen Gesellschaft. Das Prinzip der religiösen und weltanschaulichen Nichtidentifikation des Staates *(Herbert Krüger)* darf nicht i. S. einer Identifikationspflicht mit religiösem Nihilismus mißverstanden werden.

[70] Vgl. BVerfGE 19, 1 (7, 11 f.); *M. Heckel*, Die religionsrechtl. Parität (Anm. 2), S. 524 ff. — Sonderurlaub für Tagungen nur der öffentlich-rechtlichen Religionsgesellschaften ist unbedenklich, wenn er aus allgemeinen „weltlichen" Gründen, etwa zur ressortübergreifenden Erörterung der öffentlichen Belange, zur Förderung der allgemeinen kulturellen und sozialen Aufgaben, zur Vertiefung der ethischen und politischen Bewußtseinsbildung u. a. m. bewilligt wird — bedenklich hingegen, wenn dies aus spezifisch religiösen Gründen und Zielen, etwa nur zu bestimmten Meditationsrüstzeiten und Exerzitien, geschieht. BVerwG, in: BayVBl. 1986, S. 216; *Siegfried Zängl*, Sonderurlaub für kirchliche Tagungen, in: BayVBl. 1986, S. 198; a. A. *Michael Sachs*, Sonderurlaub für kirchliche Tagungen, ebd., S. 193 ff., auf Grund seiner Thesen vom Anknüpfungs- und Differenzierungsverbot.

[71] Dazu vgl. *M. Heckel*, Säkularisierung (Anm. 67), S. 62; ebd. zu den verschiedenen Varianten des Säkularisierungsbegriffs (1.) im Staatskirchenrecht, S. 3, 7 ff., 127 ff., (2.) in der kirchenpolitischen und theologischen Diskussion, S. 34 ff., 123 ff. und (3.) in der philosophischen und kulturpolitischen Auseinandersetzung, S. 60 ff., 74 ff.; auch in: ders., Ges. Schriften (Anm. 2), Bd. 2, (1.) S. 773, 777 ff., 880 ff., (2.) S. 800 ff., 876 ff. und (3.) S. 822 ff., 834 ff.

Aber diese säkularen Rahmenbegriffe und Rahmenformen dienen so zur freien Aufnahme — nicht zum laizistischen Ausschluß — der religiösen Lebensäußerungen in den Schutz der rechtsstaatlichen Freiheitsgarantien und der kulturstaatlichen und sozialstaatlichen Förderung des Gemeinwohls. Die weltlichen Lebensformen können dadurch ohne Herrschaft und Privileg offen bleiben für den Dienst des Glaubens an der Welt — offen für die „Verweltlichung" des Religiösen im Sinne seines Wirksamwerdens, seines „Wirklichwerdens" in der Welt, um mit einem Worte *Georg Wilhelm Friedrich Hegels* zu schließen[72].

---

[72] *Georg Wilhelm Friedrich Hegel,* Vorlesungen über die Geschichte der Philosophie, in: ders., Sämtliche Werke. Hrsg. von Hermann Klockner. 4. Aufl., Bd. 19, Stuttgart-Bad Cannstatt 1965, S. 107.

§ 22

Die Kirchen und Religionsgemeinschaften als Körperschaften des öffentlichen Rechts

Von Paul Kirchhof

I. Zuweisung einer Rechtsstellung im öffentlichen Leben

1. Die freiheitliche Demokratie als Angebot

Der Staat ist mehr als seine freiheitliche Verfassung garantieren kann. Er nimmt in den universalen Menschenrechten Gewährleistungen von Würde und Freiheit des Menschen auf, die „als Grundlage jeder menschlichen Gemeinschaft" „unverletzlich und unveräußerlich" (Art. 1 Abs. 2 GG), in ihrer Geltung und Unantastbarkeit also jeder politischen Ordnung vorgegeben sind. Als Demokratie ist er auf eine ständige Legitimation und Beeinflussung der Staatsgewalt durch die Staatsbürger angelegt[1]. Im Verhältnis zu den Kirchen versteht sich der moderne Staat als weltanschaulich neutral, will also nicht letzte Antworten auf die Frage nach Ursprung und Ziel der menschlichen Existenz geben, nicht den Sinn menschlichen Lebens bestimmen. Seitdem die Rechtsgemeinschaft sich religiöser Wahrheiten nicht mehr gewiß ist, kann der Staat nicht „Heilsgemeinschaft" sein, nicht mehr das überzeitliche Heil und auch nicht das innerweltliche Glück seiner Bürger verantworten. Er überläßt die Suche nach Glück und Heil den Bürgern und gewährleistet ihnen dafür rechtliche Freiheit.

Ein freiheitlicher Staat bietet den Berechtigten die Eigengestaltung ihrer Lebensverhältnisse an, baut allerdings auch darauf, daß dieses Angebot angenommen wird. Die staatliche Ordnung geht davon aus, daß die Grundrechtsberechtigten Ehen und Familien gründen, sich beruflich anstrengen, ihre Fähigkeiten zu Kunst und Wissenschaft entfalten, die Frage nach dem Transzendenten stellen und die Kraft zur Unterscheidung zwischen Gut und Böse entwickeln. Je mehr die Staatsgewalt sich in Fragen sinngebender Bewußtseinsbildung zurücknimmt und das Su-

---

[1] Vgl. BVerfG, in: EuGRZ 1993, S. 429 (434) — Maastricht.

chen und Finden des Lebenssinns dem freiheitsberechtigten Bürger überläßt, desto mehr ist der Staat darauf angewiesen, daß seine Bürger die Fähigkeit und Bereitschaft zu Anstand, Sitte und Moralität entwickeln und verwirklichen. Auch der freiheitliche, weltanschaulich neutrale Staat wurzelt in einer sinnstiftenden Wertordnung; er baut aber darauf, daß diese Ordnung durch die freiheitsberechtigten Bürger verläßlicher als durch hoheitliche Anordnung hergestellt wird.

Wenn der Staat somit die Bedingungen von Zusammenhalt und Einheit, von Frieden und Bereitschaft zum Recht nur teilweise selbst schaffen soll, zu anderen Teilen aber bei seinen Bürgern voraussetzen muß, so wird deren Befindlichkeit zu einem zentralen Anliegen des Staates. Der Staat kann auf Dauer nicht bestehen, wenn die Bürger nicht Redlichkeit in das Rechtsleben, Rechtschaffenheit in das Erwerbsleben, Bindungsfähigkeit in das Familienleben und letztlich eine Verantwortlichkeit jenseits von Politik und Wirtschaftsleben mitbringen. Das Grundgesetz anerkennt diese Voraussetzungen eines freiheitlichen, demokratischen Rechtsstaates in der Unantastbarkeit und Unverletzlichkeit der Menschenwürde, in den Freiheitsrechten, die ihren Ursprung vor der positiven Verfassunggebung haben, und in der durch die Präambel hervorgehobenen „Verantwortung vor Gott und den Menschen"[2]. Das Verständnis des Menschen als „Persönlichkeit" (Art. 2 Abs. 1 GG) betont die sittliche Eigenschaft, die zur Freiheit befähigt[3]; die Deutung des Art. 2 Abs. 1 GG im Sinne der allgemeinen Handlungsfreiheit erweitert den Gewährleistungsinhalt des Grundrechts, widerspricht aber nicht diesem Kern verfassungsrechtlicher Garantie[4]. Die Freiheit des Gewissens schirmt die Wirkungs- und Entwicklungsmöglichkeiten einer innermenschlichen Instanz ab, die unabhängig vom Willen des Menschen nach dem Maßstab einer als richtig erkannten, innerlich als verbindlich erfahrenen Norm über das gegenwärtige oder vergangene Verhalten ein Urteil spricht[5]. Die Gebundenheit aller staatlichen Gewalt an „Gesetz und Recht" (Art. 20 Abs. 3, Art. 1 Abs. 3 GG) steht nicht zur Disposition staatlicher Machtträger (Art. 79 Abs. 3 GG). Das demokratische Erfordernis einer Legitimation der Staatsgewalt (Art. 20 Abs. 2 GG) verlangt für Staat und Recht eine Rechtfertigung außerhalb staatlich begründeter Legalität. Auch das die Gesetzesbin-

---

[2] Vgl. dazu *Alexander Hollerbach,* Grundlagen des Staatskirchenrechts, in: HStR VI, 1989, § 138, Rdnr. 81.

[3] Vgl. *Immanuel Kant,* Kritik der praktischen Vernunft (1788), in: Kants Werke. Hrsg. von der Königlich-Preußischen Akademie der Wissenschaften. Bd. V, Berlin, Leipzig 1913, 1, 1, 3 (S. 71 f.).

[4] Vgl. BVerfGE 54, 148 (153); 65, 1 (41); 67, 213 (228); 71, 183 (201); 72, 155 (170).

[5] Vgl. BVerfGE 12, 45 (56); 69, 1 (82 f.).

dung übersteigende Erfordernis eines Amtsethos im öffentlichen Dienst (Art. 33 Abs. 4 GG) weist auf einheitsbildende und ordnungschaffende Grundlagen eines freiheitlichen Staates, die allein durch Staat und Recht nicht hergestellt werden können. Soweit elementare Wertungen und Grundregeln der staatlichen Gemeinschaft jedem Einfluß entzogen sind, übersteigt ihr Geltungsgrund die Grenzen innerweltlichen, menschlich beeinflußbaren Wirkens und verweist er in diesem unverfügbaren Ursprung der Grundwerte auch des staatlichen Lebens auf den Bereich der Transzendenz[6]. Diese formal allgemeine Ausrichtung des Denkens und Erlebens, die in einem weltanschaulich neutralen Staat viele Deutungen des Transzendenten erlaubt, erfährt eine konkrete, auf die Gegenwart der freiheitlichen Demokratie bezogene Ausprägung durch die Kirchen[7]. Den Kirchen kommt damit im staatlichen Rechtskreis die Aufgabe zu, die geistige Mitte eines Orientierungs- und Ordnungsgefüges anzubieten und Menschen zu repräsentieren, die nach endgültigen Wahrheiten suchen.

2. Die institutionelle Annahme des Angebots

Grundsatzwertungen und geistige Orientierung können nicht von jedem einzelnen in isolierter Freiheit empfunden und erdacht werden, sondern entwickeln sich in der Kontinuität von Institutionen, die generationenübergreifend Erfahrungen, Sichtweisen und Deutungsmöglichkeiten menschlicher Existenz erfassen, in Sprache und Verhaltensgewohnheit weitergeben, durch Organisation und personelle Repräsentation festigen und in ihren Entwicklungsmöglichkeiten sichern. In der Tradition europäischer Kultur und damit auch deutschen Verfassungslebens kommt den christlichen Kirchen die Aufgabe zu, als nunmehr 2000 Jahre bestehende Institutionen christliche Lehre, Moral und sozialen Dienst zu bewahren, weiterzugeben und in der jeweiligen Gegenwart zur Wirkung zu bringen. Dazu bedarf es einer Organisation, die für kirchliche Lehre und die daraus sich ergebende Verhaltensordnung steht, die ihr zugehörenden Menschen mitgliedschaftlich zusammenfaßt und repräsentiert, kirchliches Leben zur Entfaltung bringt, den einzelnen in Erziehung und Verkündigung anspricht, durch Einrichtungen, Lebensformen und Symbole religiöse Gedanken, Erlebnisse und Empfindungen für jedermann sichtbar macht. Die Kirchen bieten in einer Gesellschaft des Meinungs- und Gesinnungspluralismus eine elementare

---

[6] *Karl Lehmann*, Die Funktion von Glaube und Kirche angesichts der Sinnproblematik in Gesellschaft und Staat heute, in: ders., Glauben bezeugen, Gesellschaft gestalten. Freiburg i. Br., Basel, Wien 1993, S. 15 (25 ff.).

[7] *Lehmann*, ebd., S. 24 f.

Lebensorientierung, die Gewißheit kirchlicher Wahrheit und moralischer Klarheit, die Geborgenheit in einer festgefügten Gemeinschaft. Sie setzen in einer Rechtsordnung der Aufklärung und individuellen Freiheit neben das Wissen das Gewissen, erfassen den Menschen nicht nur im Erkennen und Wollen, sondern in seiner „Seele", machen Wahrheit und Moral in Bildern und Vorbildern begreifbar.

Das Grundgesetz bewahrt deshalb ein eigenes Staatskirchenrecht. Dieses ist in seiner geschichtlichen Entwicklung aus dem Verhältnis des Staates zu den großen christlichen Kirchen erwachsen und auch in der Gegenwart primär auf diese Kirchen bezogen[8]. Die christlichen Kirchen halten im Bewußtsein, daß für das politische Leben auf letzte Gewißheiten verzichtet werden muß, daß Gott als oberste Autorität gegenüber jeder staatlichen Herrschaft eine Existenz ohne Menschenfurcht ermöglicht, daß dem Gläubigen in seiner Verantwortlichkeit vor Gott eine staatsfreie Sphäre verbleibt, die jeden staatlichen Totalitätsanspruch abwehrt. Die christlichen Kirchen vermitteln den Gedanken des Menschen als „Ebenbild Gottes", der jedermann Personalität und Würde zuspricht und insoweit auch einen strikten Gleichheitssatz enthält. Die Kirche bindet das Gewissen an Maßstäbe jenseits des Politischen, nimmt damit politischen Zielsetzungen jeden Ausschließlichkeitsanspruch, entschärft die politischen Auseinandersetzungen und verbietet, den Widersacher als Feind zu definieren. Die Tätigkeiten der Kirchen in ihrem religiösen Auftrag und ihrer theologischen Eigenart haben für den Staat die Wirkung[9], daß die Frage nach dem Sinn des Lebens und der menschlichen Gemeinschaft öffentliche Bedeutung behält, das Gewissen des einzelnen und sein Normbewußtsein, damit die Fähigkeit zur Freiheit gebildet wird, der Zusammenhalt der Rechtsgemeinschaft in ihren Grundwerten gefestigt wird. Die in Freiheitsrechten angelegte Selbstbezogenheit kann über die rechtliche Sozialpflichtigkeit hinaus für eine Bindung an Aufgaben, eine Orientierung an Leitbildern und das Ideal der Selbstlosigkeit geöffnet werden. Das Wissen um die Fehlbarkeit des Menschen und die Verbesserungsbedürftigkeit allen menschlichen Strebens mäßigt in einer um Skandalisierung und Entlarvung bemühten politischen Welt das Urteil über den anderen, verhindert eine Entfremdung politischer Gruppen entgegen der gemeinsamen Verbundenheit in einer auf Menschenwürde aufbauenden Staatsverfassung, erleichtert den Umgang mit Schicksal, Not und Enttäuschung. Soweit die Rechtsordnung die Staatlichkeit zurücknimmt und die freiheitliche Selbstbestimmung in den Vordergrund rückt, damit den Men-

---

[8] *Ernst Friesenhahn*, Die Kirchen und Religionsgemeinschaften als Körperschaften des öffentlichen Rechts, in: HdbStKirchR[1] I, S. 545.
[9] Vgl. dazu *Lehmann*, Die Funktion von Glaube und Kirche (Anm. 6), S. 27 f.

§ 22 Die Kirchen als Körperschaften des öffentlichen Rechts

schen auf sich selbst und seine Verantwortung verweist, löst die Kirche diese Freiheit aus ihrer Individualisierung und trägt dazu bei, sie in einen kulturellen Zusammenhang zurückzuführen. Nur auf dieser Grundlage wird Freiheit nicht dem Selbstbewußten und Selbstgewissen vorbehalten, sondern in der Geborgenheit der Gruppe und in der Orientierung gemeinsamer Werte für jedermann Realität; ohne Gemeinschaftsgebundenheit wäre Freiheit Zumutung und unerträgliche Last[10].

Das Grundgesetz weist in dieser Unverzichtbarkeit für das Gemeinschaftsleben den Kirchen eine Stelle im öffentlichen Leben zu und tritt damit einem Säkularisierungsprozeß entgegen, der Glauben und Religion allein der privaten Innerlichkeit des einzelnen überlassen und sie öffentlich für unerheblich erklären will, sie damit auf Dauer aus der Wirklichkeit des Staatslebens verdrängen würde. Wenn das Grundgesetz bestimmte Religionsgemeinschaften als „Körperschaften des öffentlichen Rechts" qualifiziert (Art. 140 GG i. V. m. Art. 137 Abs. 5 WRV), so bestätigt es die Bedeutung der Kirchen für den Staat und die Rechtsordnung und erfaßt sie in einem Status der Zuordnung und der Distanz: Die Kirchen sind als selbstbestimmte, aber öffentlich-rechtliche Körperschaften zugleich aus der Staatsorganisation ausgegrenzt, den Gemeinwohlaufgaben eingegliedert und der staatlichen Mächtigkeit nebengeordnet. Sie sind zuvörderst rechtlich aus der Staatsorganisation ausgegliedert[11]: Eine Staatskirche ist verboten, es besteht keine Kirchenhoheit des Staates, die Religionsgemeinschaften besitzen Selbstbestimmungsrecht, Religionsgemeinschaften und ihren Mitgliedern steht die Religionsfreiheit zu. Als Grundrechtsberechtigte beanspruchen die Kirchen Distanz vom Staat, ohne aber ihrerseits in ihrem Wirken vom Staat getrennt zu sein. Sie entfalten und beleben die geistige Kultur, in der das politische Gemeinwesen wurzelt, pflegen in einer ganzheitlichen Wahrheits-, Wert- und Tugendordnung Grundlagen des Rechtsstaates und der Demokratie, gestalten in ihrem religiösen Auftrag und ihrem gemeinnützigen Wirken die Gesellschaftsordnung mit. Insofern ist die Kirche eine parallel zum Staat wirkende Institution, der die Verfassung ein Bündnis zwischen verschiedenen, ihr Wirken aufeinander abstimmenden Mächten anbietet. Im Rahmen dieses Bündnisses räumt der Staat den Kirchen Hoheitsrechte ein, schirmt ihren geistigen und gemeinnützigen Wirkungsbereich rechtlich ab, leistet Organisations- und Finanzhilfe.

---

10 Vgl. *Karl Lehmann*, Fundamentalismus als Herausforderung, in: Die personale Struktur des gesellschaftlichen Lebens. FS für Anton Rauscher. Berlin 1993, S. 585.
11 BVerfGE 18, 385 (386 f.).

Die rechtliche Qualifikation der Kirchen als öffentlich-rechtliche Körperschaften ist somit eine sinnvolle, wenn auch nicht eine notwendige Konsequenz ihrer öffentlichen Bedeutung[12]. Staat und Kirche werden nicht voneinander getrennt, sondern von Verfassungs wegen zur Fortsetzung ihrer Zusammenarbeit verpflichtet[13]. Die Kirchen sind herrschaftlich-genossenschaftliche, nicht auf Privatautonomie beruhende, mitgliedschaftlich bestimmte und gebietsorientiert handelnde Lebensverbände und deshalb Körperschaften. Ihre Verselbständigung als Korporation gewährleistet ihre Eigenständigkeit und Unabhängigkeit vom Staat[14]. Ihr öffentlich-rechtlicher Charakter begründet ein rechtliches Band zwischen Staat und Kirche in jeweils eigenständiger, aber aufeinander bezogener Zusammenarbeit und unterscheidet die Kirchen von privatrechtlichen Vereinigungen — etwa den Parteien oder den Gewerkschaften. Die Kirchen sollen nicht auf dem Kampffeld „liberaler Selbstbehauptung"[15], sondern in dem verfassungsrechtlichen Status der Körperschaft zur Wirkung kommen.

II. Die verfassungsrechtliche Grundlage des Art. 140 GG i. V. m. Art. 137 Abs. 5 WRV

Alle Religionsgemeinschaften genießen Religionsfreiheit. Die Glaubens-, Bekenntnis-, Kultus- und religiöse Vereinigungsfreiheit (Art. 4 Abs. 1 und 2 GG)[16] bildet zusammen mit dem Selbstbestimmungsrecht der Religionsgemeinschaften[17] (Art. 140 GG i. V. m. Art. 137 Abs. 3 WRV)[18] das tragende Fundament des geltenden Staatskirchenrechts[19].

---

[12] *Hollerbach*, Grundlagen (Anm. 2), Rdnr. 130; BVerfGE 19, 129 (133).

[13] *v. Mangoldt / Klein / v. Campenhausen*, Art. 140 GG / Art. 137 WRV, Rdnr. 148.

[14] BVerfGE 30, 415 (428); *Hollerbach*, Grundlagen (Anm. 2), Rdnr. 130; *v. Mangoldt / Klein / v. Campenhausen*, Art. 140 GG / Art. 137 WRV, Rdnr. 149.

[15] *Werner Weber*, Das kirchenpolitische System der Weimarer Reichsverfassung im Rückblick, in: Heinz Maus / Heinrich Düker / Kurt Lenk / Hans-Gerd Schumann (Hrsg.), Gesellschaft, Recht und Politik. Neuwied a. Rh., Berlin 1968, S. 381 (384 ff.); *Hollerbach*, Grundlagen (Anm. 2), Rdnr. 128.

[16] Siehe in *diesem* Handbuch *Joseph Listl*, § 14 Glaubens-, Bekenntnis- und Kirchenfreiheit.

[17] Die Begriffe „Religionsgemeinschaft" und „Religionsgesellschaft" sind bedeutungsgleich. Während die Weimarer Reichsverfassung in Anlehnung an das Preußische Allgemeine Landrecht von „Religionsgesellschaften" spricht, wird hier in Übereinstimmung mit dem Sprachgebrauch des Grundgesetzes (vgl. Art. 7 Abs. 3 S. 2) der Ausdruck „Religionsgemeinschaften" gebraucht. Siehe dazu auch *Hollerbach*, Grundlagen (Anm. 2), Rdnr. 21.

[18] Dazu in *diesem* Handbuch *Konrad Hesse*, § 17 Das Selbstbestimmungsrecht der Kirchen und Religionsgemeinschaften.

§ 22 Die Kirchen als Körperschaften des öffentlichen Rechts

Es besteht keine Staatskirche (Art. 140 GG i. V. m. Art. 137 Abs. 1 WRV).

Die Absage an die Staatskirche verbannt Religion und Kirche jedoch nicht aus dem öffentlichen Leben. Vielmehr schützt das Grundgesetz die Religionsgemeinschaften in einem „weltlich-rechtlichen Kleid"[20] und hält für sie neben der privatrechtlichen Vereinigung (Art. 140 GG i. V. m. Art. 137 Abs. 4 WRV)[21] auch die öffentlich-rechtliche Organisationsform bereit. Nach Art. 137 Abs. 5 WRV, der gemäß Art. 140 GG Bestandteil des Grundgesetzes ist, bleiben die Religionsgemeinschaften „Körperschaften des öffentlichen Rechtes", soweit sie solche bisher waren. „Anderen Religionsgesellschaften sind auf ihren Antrag gleiche Rechte zu gewähren, wenn sie durch ihre Verfassung und die Zahl ihrer Mitglieder die Gewähr der Dauer bieten. Schließen sich mehrere derartige öffentlich-rechtliche Religionsgesellschaften zu einem Verbande zusammen, so ist auch dieser Verband eine öffentlich-rechtliche Körperschaft"[22]. Art. 140 GG i. V. m. Art. 137 Abs. 7 WRV ergänzt: „Den Religionsgesellschaften werden die Vereinigungen gleichgestellt, die sich die gemeinschaftliche Pflege einer Weltanschauung zur Aufgabe machen". Nach Art. 140 GG i. V. m. Art. 137 Abs. 8 WRV obliegt die weitere Regelung der Landesgesetzgebung.

Die Qualifikation als „Körperschaft" in Art. 137 Abs. 5 WRV hat nicht die Funktion, die Religionsgemeinschaften der Staatsverwaltung einzugliedern[23]. Art. 137 Abs. 5 WRV bezeichnet mit „Körperschaft" nicht eine verwaltungsrechtliche Institution der mittelbaren Staatsverwaltung[24], sondern erfaßt in einem eigenen staatskirchenrechtlichen Begriff[25] die Kirchen als verfassungserhebliche, in ihrem geistigen Bereich selbstbestimmte und unabhängige, zu geistiger Leitung berufene Lebensverbände.

---

[19] *Hollerbach*, Grundlagen (Anm. 2), Rdnr. 19; siehe auch in *diesem* Handbuch *Peter Badura*, § 6 Das Staatskirchenrecht als Gegenstand des Verfassungsrechts. Die verfassungsrechtlichen Grundlagen des Staatskirchenrechts.
[20] *Hollerbach*, Grundlagen (Anm. 2), Rdnr. 125.
[21] Dazu in *diesem* Handbuch *Josef Jurina*, § 23 Die Religionsgemeinschaften mit privatrechtlichem Rechtsstatus.
[22] Zu den übrigen, neben katholischer und evangelischer Kirche als öffentlich-rechtliche Körperschaften organisierten Religionsgemeinschaften s. in *diesem* Handbuch *Ernst-Lüder Solte*, § 13 Die Organisationsstruktur der übrigen als öffentliche Körperschaften verfaßten Religionsgemeinschaften und ihre Stellung im Staatskirchenrecht. S. auch unten V 1.
[23] BVerfGE 18, 385 (386 f.); 42, 312 (321); 53, 366 (387); *Friesenhahn*, Die Kirchen und Religionsgemeinschaften (Anm. 8), S. 548 f.
[24] Vgl. BVerfGE 18, 385 (386 f.).
[25] *Hollerbach*, Grundlagen (Anm. 2), Rdnr. 132.

42 Handbuch, 2. A.

Der Tatbestand „Körperschaft des öffentlichen Rechtes" hebt einzelne Religionsgemeinschaften aus dem verfassungsrechtlichen Grundstatus aller Religionsgemeinschaften hervor[26]. Als Körperschaften sind die Kirchen mitgliedschaftlich verfaßte, vom Wechsel der Mitglieder unabhängige, auf Dauer wirkende Personenvereinigungen. Die Zuordnung dieser Körperschaften zum öffentlichen Recht anerkennt die Gemeinwohldienlichkeit von Aufgabe und Tätigkeit der Kirchen und weist ihnen hoheitsrechtliche Befugnisse zu. Als konkrete Befugnisnorm regelt das Grundgesetz ausdrücklich nur das Steuererhebungsrecht (Art. 140 GG i. V. m. Art. 137 Abs. 6 WRV). Im übrigen gewinnt der verfassungsrechtlich gewährleistete öffentlich-rechtliche Status durch einfachgesetzliche Regelung schärfere Konturen[27]. Rechtfertigungsgrund für die Zuweisung tradierter Hoheitsbefugnisse ist jeweils die Gemeinwohlaufgabe der Kirchen, die gemeinnützige Art der Aufgabenerfüllung und ihre Nähe zu der im Grundgesetz angelegten oder vorausgesetzten Konzeption einer Rechts- und Gesellschaftsordnung.

III. Die Körperschaft des öffentlichen Rechts als Stütze einer freiheitlichen Kulturordnung

1. Die Entwicklung des Art. 137 Abs. 5 WRV

Art. 140 GG inkorporiert den „Weimarer Kirchenkompromiß" in das Grundgesetz. Die Weimarer Reichsverfassung vollzog nach dem Untergang des landesherrlichen Kirchenregiments die Trennung von Staat und Kirche und stellte die religiöse Neutralität des Staates sicher, garantierte aber gleichzeitig mit dem Körperschaftsstatus den Religionsgemeinschaften deren status quo auf der Grundlage des bisherigen Landesrechts[28]. Art. 137 WRV sichert die Religionsgemeinschaften gegen kirchenferne Landesgesetzgebung, beschränkt damit den institutionellen Entscheidungsspielraum der Länder[29] und verpflichtet die Länder als konfessionell neutrale, jedoch nicht religiös indifferente Staaten[30], die rechtliche Stellung der Kirchen im öffentlichen Leben zu bestätigen und in ihrer Entfaltung zu stützen.

---

[26] *Hollerbach*, Grundlagen (Anm. 2), Rdnr. 126.

[27] Vgl. im einzelnen unten IV 2.

[28] *Ernst Rudolf Huber*, Deutsche Verfassungsgeschichte seit 1789. Bd. 6, Stuttgart, Berlin, Köln, Mainz 1981, S. 869. Zu den Entwicklungsstufen des Verhältnisses zwischen Staat und Kirche s. *Hollerbach*, Grundlagen (Anm. 2), Rdnrn. 6 ff.; in *diesem* Handbuch *Dietrich Pirson*, § 1 Die geschichtlichen Wurzeln des deutschen Staatskirchenrechts.

[29] *Ernst Forsthoff*, Die öffentliche Körperschaft im Bundesstaat. Tübingen 1931, S. 111.

§ 22 Die Kirchen als Körperschaften des öffentlichen Rechts 659

a) Ursprünge vor 1919

Der Ausdruck „Körperschaft" (corpus) erscheint in der Geschichte des deutschen Staatskirchenrechts erstmals im Zusammenhang mit der durch die Reformation herbeigeführten „Glaubenszweiheit"[31]. Auf ihrem Konvent zu Heilbronn bezeichnen sich die evangelischen Reichsstände 1633 selbst als „Corpus Evangelicorum" im Gegensatz zum „Corpus Catholicorum"[32]. Wenig später garantieren die Religionsbestimmungen des Westfälischen Friedens von 1648 die Wiederherstellung der Religionsausübung in den gemischten Bistümern so, wie sie im Jahre 1624 „öffentlich angenommen" war[33].

Das Preußische Allgemeine Landrecht von 1794 führt unter dem Einfluß der Aufklärung die Religionsfreiheit ein[34], unterscheidet aber in Anknüpfung an die hergebrachten Begriffe zwischen den vom Staat aufgenommenen (Teil II Titel 11 § 17) und den vom Staat lediglich genehmigten Kirchengesellschaften (§ 20)[35]. Den aufgenommenen privilegierten Corporationen wird durch besonderen Schutz ihrer Gebäude und durch das Recht, kirchliche Beamte zu haben (§§ 18 f.), eine Stelle im öffentlichen Leben angewiesen[36]; bloß genehmigte Kirchengesellschaften hingegen dürfen weder Glocken läuten noch öffentliche Versammlungen abhalten (§ 25). Beide Formen der Kirchengesellschaft unterliegen der Staatsaufsicht (§ 32). Die Sonderstellung aufgenommener Kirchen wird damit gerechtfertigt, daß der Staat „seine durch die geschichtliche Entwickelung gegebene Verbindung mit den christlichen

---

[30] *Forsthoff,* ebd.

[31] *Gerhard Anschütz,* Die Religionsfreiheit, in: HdbDStR II, 1932, § 106, S. 675 (676).

[32] *Johann Jacob Moser,* Von der teutschen Religions-Verfassung, in: Neues teutsches Staatsrecht. Bd. 7, Frankfurt, Leipzig 1774, Neudr. Osnabrück 1967, S. 341 ff.; siehe dort auch die Erläuterung auf S. 343: „Ein jegliches Reich oder Republic ist ein Corpus morale; nichts desto weniger wird auch eine jede sich im selbigen Reich oder Republic befindliche Provinz, eine jede Stadt, ja ein jegliches Dorff, eine jegliche Zunfft etc. die ihre besondere Verfassung, gemeine Rechte, gemeines Interesse, für sich absonderlich hat, ein besonderes Corpus genannt und dafür gehalten."

[33] Art. V § 23 Instrumentum Pacis Osnabrugense: „palam receptum permissumque"; Art. VII § 2: „publice recepta".

[34] Zur Bedeutung des Preußischen Allgemeinen Landrechts für die staatskirchenrechtliche Entwicklung s. *Anschütz,* Die Religionsfreiheit (Anm. 31), S. 677 ff.

[35] Zum System der Stufenparität s. *Martin Heckel,* Gleichheit oder Privilegien? Der Allgemeine und der Besondere Gleichheitssatz im Staatskirchenrecht. Tübingen 1993, S. 31 ff.

[36] *Ulrich Scheuner,* Das System der Beziehungen von Staat und Kirchen im Grundgesetz, in: HdbStKirchR[1] I, S. 5 (22).

Hauptkirchen nicht aufgiebt, vielmehr das besondere ethische Interesse an denjenigen Religionsgemeinschaften, welche als die beharrlichen Pflanzstätten der religiös-sittlichen Anschauung seines Volkes sich darstellen", bekundet. „Denn jene staatsrechtlich bevorzugte Stellung räumt er ihnen ein nicht auf Grund eines ihm nicht zukommenden Urtheils über die religiöse Wahrheit, sondern auf Grund der geschichtlichen Beschaffenheit seines Volkes"[37]. Die Religionsgemeinschaften sollen ihren Mitgliedern „Ehrfurcht gegen die Gottheit, Gehorsam gegen die Gesetze, Treue gegen den Staat und sittlich gute Gesinnung" einflößen[38].

Im Konstitutionalismus erhält die „öffentliche Körperschaft" als Institution der bürgerlichen Freiheitsgewähr und Partizipation[39] einen staatsrechtlich-politischen Sinn. Das Bürgertum sichert sich in den Gemeinden, Berufs-, Handwerks-, Handelskammern und Universitäten Sphären der Freiheit und Mitbestimmung. Diese Institutionen sind keine rein privaten Körperschaften, keine privatrechtlichen Gesellschaften und Vereine, aber auch nicht Teil des monarchischen Staates: Sie sind nicht „staatliche", sondern „öffentliche" Korporationen. Indem der Staat ihnen den Titel der öffentlichen Körperschaft verleiht, erkennt er an, daß sie dem Interesse des staatlichen Organismus an sich selbst, an seiner Erhaltung und Fortbildung dienen[40]. In dieser Anerkennung liegt zugleich die Rechtfertigung für die Verleihung von Hoheitsrechten an die öffentlichen Körperschaften, aber auch für deren Beaufsichtigung durch den Staat. Die als Körperschaften anerkannten Kirchen haben auf dieser Grundlage die zunehmend erfolgreiche bürgerliche Emanzipationsbestrebung genutzt, um ihre eigene Unabhängigkeit vom Staat zurückzugewinnen.

Als dann das Bürgertum selbst den Staat erobert, entfallen „die polemischen Bezüge zwischen Staat und Gesellschaft"; auch die Freiheiten, autonomen Rechte und garantierten Eigengesetzlichkeiten verlieren den Charakter politischer Kampfbegriffe[41]. Die öffentlichen Körperschaften des Bürgertums wandeln sich zu staatlichen Hoheitsträgern[42], zu „öffentlich-rechtlichen Körperschaften". Diese Entwicklung

---

[37] *Aemilius Ludwig Richter*, Lehrbuch des katholischen und evangelischen Kirchenrechts. 8. Aufl., Leipzig 1886, S. 324.

[38] *Erich Foerster*, Die Entstehung der Preußischen Landeskirche unter der Regierung König Friedrich Wilhelms des Dritten. 2. Teil, Tübingen 1905, S. 24.

[39] *Forsthoff*, Die öffentliche Körperschaft (Anm. 29), S. 8 ff.

[40] *Richter*, Lehrbuch (Anm. 37), S. 322; *Forsthoff*, Die öffentliche Körperschaft (Anm. 29), S. 17.

[41] Vgl. auch *Forsthoff*, ebd., S. 10.

[42] Siehe BVerfGE 61, 82 (103 ff.) — Sasbach — und BVerfGE 83, 37 (53 f.) — Ausländerwahlrecht Schleswig-Holstein.

stellt weniger die Verschiedenheit von Staat und Kirchen in Frage, sondern relativiert eher den Gegensatz zwischen Staat und bürgerlicher Gesellschaft.

Der Wandel von der „öffentlichen" zur „öffentlich-rechtlichen Körperschaft" formt eine Realität zu einem Rechtsstatus[43]: Während „öffentlich" in seiner ursprünglichen Bedeutung ein Zustand des tatsächlichen Offenseins, einer allgemeinen Wahrnehmbarkeit oder Zugänglichkeit im Gegensatz zum Geheimen oder Verborgenen bezeichnet, verdrängt der Begriff „öffentlich" im Laufe des 18. Jahrhunderts das Wort „gemein" im Sinne des zu dieser Zeit beim Staat monopolisierten Gemeinwohls. Im Laufe des 19. Jahrhunderts schließlich nimmt „öffentlich" auch die Bedeutung von „Publikum", von „bürgerlicher Gesellschaft" auf. Dementsprechend anerkennt der „öffentlich-rechtliche" Status der Kirchen deren Sichtbarkeit in Staat und Gesellschaft, ihre Gemeinwohlaufgabe bei grundrechtlicher Distanz zum Staat. Die Kirchen haben an der staatsbezogenen Sonderrechtsordnung des öffentlichen Rechts[44] teil, weil sie nach Aufgabe, innerer Gebundenheit und Repräsentation dem Gesamtsystem der öffentlich-rechtlichen Ordnung entsprechen[45] und weil staatliche Kirchenhoheitsbefugnisse rezipiert und ein Hoheitssystem der Trennung und Koordination zwischen Staat und Kirchen begründet werden sollen[46].

b) Die Weimarer Reichsverfassung

Der Begriff der öffentlichen Körperschaft im Sinne des Art. 137 Abs. 5 WRV ist von Anfang an mehrdeutig: Aus den Verhandlungsprotokollen der verfassunggebenden Deutschen Nationalversammlung[47] ergibt sich der Kompromißcharakter des Art. 137 Abs. 5 WRV. Eine aus DVP, DNVP und Zentrum bestehende Gruppierung im Verfassungsausschuß der Nationalversammlung setzt sich mit ihrem Ziel durch, den traditionellen Kirchen den Status als öffentlich-rechtliche Körperschaft einschließlich der zugehörigen Hoheitsrechte auf der Grundlage des bisherigen Landesrechts zu erhalten[48]. Die von der SPD eingebrachte Formel „Religion ist Privatsache", die den Einfluß der Kirchen auf

---

[43] Vgl. *Alfred Rinken*, Art. „Öffentlichkeit", in: StL⁷ IV, 1988, Sp. 138 f.
[44] Vgl. *Wolfgang Martens*, Öffentlich als Rechtsbegriff. Bad Homburg v. d. H., Berlin, Zürich 1969, S. 135; auch *Peter Häberle*, Öffentliches Interesse als juristisches Problem. Bad Homburg 1970, S. 31 f.
[45] Vgl. *W. Weber*, Das kirchenpolitische System (Anm. 15), S. 395 f.
[46] *W. Weber*, ebd., S. 394 f.
[47] Anlagen zu den Sten. Ber., Bd. 336, S. 188 ff.
[48] *Huber*, Deutsche Verfassungsgeschichte (Anm. 28), S. 869.

Staat und Gesellschaft zurückdrängen soll, ist damit zurückgewiesen. Andererseits setzen die Abgeordneten der SPD und der DDP ihr Anliegen durch, die traditionellen Kirchen nicht gegenüber anderen Religionsgemeinschaften und Weltanschauungsvereinigungen zu „privilegieren"; insoweit wird der Einfluß des Staates auf die Religionsgemeinschaften gemäßigt. Die Vertreter der Status-quo-Garantie betonen, bei den christlichen Kirchen handle es sich traditionell um öffentlich-rechtliche Gebilde, die man nicht ausschließlich nach Privatrecht behandeln könne[49]. Man wolle keinen neuen Kulturkampf[50], keine Revolution, sondern Evolution[51]. Rechtfertigen lasse sich der Status der Körperschaft durch die religiösen und sittlichen Aufgaben der traditionellen Kirchen[52], durch ihre sittlichen und sozialen Leistungen im Volksleben[53]. Der Einwand des Reichsministers des Inneren Dr. Preuß/DDP[54], der Körperschaftsbegriff sei unscharf und dürfe deshalb nicht in den Verfassungstext aufgenommen werden, bleibt unbeachtet. Man einigt sich in dem Gedanken, wesentliches Merkmal des Körperschaftsbegriffs seien nicht die obrigkeitlichen Befugnisse, sondern der gemeinnützige Charakter[55]. Der Umfang der Rechte und Pflichten einer Körperschaft des öffentlichen Rechts hänge vom Verleihungsakt ab. Deshalb richte sich der Inhalt des Körperschaftsbegriffs nach dem Landesrecht[56].

Nach Art. 137 Abs. 3 WRV ordnet und verwaltet jede Religionsgemeinschaft ihre Angelegenheiten selbständig und ist dabei nur an die Schranken des für alle geltenden Gesetzes gebunden. Es war die Absicht des Verfassunggebers, „die Kirchen von jeder Bevormundung des Staates und den ihre Selbstbestimmung materiell und formell einengenden staatlichen Beschränkungen zu befreien, eine freie Kirche im freien Staat zu schaffen"[57]. Dennoch wird in der Staatsrechtslehre der Weimarer Epoche die Auffassung vertreten, die Kirchen seien im Status einer Körperschaft des öffentlichen Rechts einer starken, über eine allgemeine Vereinsaufsicht hinausgehenden, besonderen Staatsaufsicht unterworfen. Nach der Korrelativität von Recht und Pflicht könne der Staat, wenn er einer Religionsgemeinschaft den Status der öffentlich-rechtli-

---

[49] Abgeordneter *Dr. Heinze* / DVP, Anlagen (Anm. 47), S. 200.
[50] Abgeordneter *Dr. Beyerle* / BVP, ebd., S. 201.
[51] Abgeordneter *Dr. Kaas* / Zentrum, ebd., S. 194.
[52] Abgeordneter *Dr. Kahl* / DVP, ebd., S. 191.
[53] Abgeordneter *Dr. Mausbach* / Zentrum, ebd., S. 191.
[54] Ebd., S. 198.
[55] Abgeordneter *Dr. Delbrück* / DNVP, ebd., S. 197.
[56] Geheimer Regierungsrat *Zweigert*, ebd., S. 201.
[57] *Godehard Josef Ebers*, Staat und Kirche im neuen Deutschland. München 1930, S. 302.

§ 22 Die Kirchen als Körperschaften des öffentlichen Rechts 663

chen Körperschaft und damit öffentlich-rechtliche Machtbefugnisse und sonstige Vorrechte gewähre, für diese besonderen Rechte auch besondere Pflichten auferlegen. Der Staat dürfe die Verleihung des Körperschaftsstatus von Einschränkungen und Bedingungen, insbesondere von einer Beaufsichtigung der so verliehenen Machtstellung abhängig machen (Korrelatentheorie)[58]. Teilweise wird diese Staatsaufsicht sogar als notwendiges Korrelat der öffentlich-rechtlichen Stellung der Kirchen verstanden[59]. Die staatskirchenrechtliche Praxis hat jedoch anerkannt, daß die Weimarer Reichsverfassung das frühere System der Staatskirchenhoheit verabschiedet und ein Selbstbestimmungsrecht der Kirchen garantiert, das mit einer besonderen, über das für alle geltende Gesetz hinausgehenden Staatsaufsicht unvereinbar ist[60]. Vor allem die damals abgeschlossenen Konkordate und Kirchenverträge ersetzen die frühere Praxis einseitiger staatskirchenrechtlicher Staatsgesetzgebung durch Vereinbarungen und entsprechen insoweit dem Koordinationssystem[61].

Die Gesamtwürdigungen der damaligen staatskirchenrechtlichen Körperschaften des öffentlichen Rechts betonen die Bedeutung der Kirchen für das staatliche Leben, tragen andererseits der Eigenständigkeit der Kirchen Rechnung. *Ernst Forsthoff*[62] hebt hervor, daß sich in der staatlichen Verleihung eines öffentlichen Status an die Religionsgesellschaften das Erhaltungs- und Fortbildungsinteresse des Staates an sich selbst dokumentiere; die als öffentlich anerkannten Körperschaften seien daher Teil der öffentlichen Ordnung und insofern polizeirechtlich geschützt. Demgegenüber deutet *Carl Schmitt*[63] den „dilatorischen Formelkompromiß" in zwei Grundlinien: einerseits dürfe es eine „Staatskirche" nicht geben (Art. 137 Abs. 1 WRV); andererseits seien Staat und Kirche aber auch nicht getrennt, da bestimmte Religionsgemeinschaften weiterhin Körperschaften des öffentlichen Rechts seien. Die Frage, ob das öffentliche Leben in Deutschland wie bisher einen ausgeprägt christlichen Charakter behalten soll, werde nicht klar verneint, die Frage der finanziellen Trennung nicht entschieden. Nach den Bestimmungen der Weimarer Verfassung werde der Staat zwar von der Kirche

---

[58] Vgl. *Gerhard Anschütz*, Die Verfassung des Deutschen Reichs vom 11. August 1919. 10. Aufl., Berlin 1929, Art. 137, S. 551 ff. Sowie die Darstellung bei *Ebers*, Staat und Kirche (Anm. 57), S. 302 ff.
[59] *Paul Schoen*, Der Staat und die Religionsgesellschaften in der Gegenwart, in: VerwArch. 29 (1922), S. 1 (20 f.); Gutachten der Leipziger Juristenfakultät aus dem Jahr 1921, in: Sächsische LT-Drucks. 1928, Nr. 74, S. 8 f.
[60] Vgl. *Ebers*, Staat und Kirche (Anm. 57), S. 324 f. m. w. N.
[61] *W. Weber*, Das kirchenpolitische System (Anm. 15), S. 397.
[62] Die öffentliche Körperschaft (Anm. 29), S. 14 ff.
[63] Verfassungslehre. München, Leipzig 1928, S. 32 ff.

getrennt und ferngehalten, also seines Einflusses beraubt, nicht aber umgekehrt die Kirche vom Staat getrennt[64]. *Werner Weber*[65] stellt rückblickend fest, daß in der Weimarer Republik das System der staatlichen Kirchenhoheit allmählich durch ein Koordinationssystem verdrängt worden sei.

c) Das Grundgesetz

Nach heutigem Verständnis des Art. 137 Abs. 5 WRV bilden die inkorporierten Artikel der Weimarer Reichsverfassung mit den übrigen Grundgesetzbestimmungen ein organisches Ganzes; sie sind auch im Geltungsgrund und Anwendungsrang des Art. 140 GG den anderen Artikeln des Grundgesetzes gleichgestellt[66]. Art. 140 GG stützt die Glaubensfreiheit institutionell und modifiziert sie in der Freiheitsvoraussetzung der Glaubensgemeinschaft. Systematisch ist Art. 140 GG so zu lesen, als ob er an Art. 4 GG angefügt wäre[67]. Der Status der öffentlich-rechtlichen Religionsgemeinschaften spiegelt Unabhängigkeit und gemeinwohlverpflichtete Verantwortlichkeit der Kirchen[68]: Er „soll die Eigenständigkeit und Unabhängigkeit der Kirche vom Staat sowie ihre originäre Kirchengewalt bekräftigen. Durch sie wird die Kirche weder in den Staat organisatorisch eingegliedert noch einer besonderen staatlichen Kirchenhoheit unterworfen"[69]. Nach dem kirchenpolitischen System des Grundgesetzes werden die Kirchen in ihrer Eigenständigkeit und ihrer originären Verantwortlichkeit dem Verfassungsstaat zugeordnet. Jede Religionsgemeinschaft ordnet und verwaltet ihre Angelegenheiten selbständig innerhalb der Schranken des für alle geltenden Gesetzes (Art. 140 GG i. V. m. Art. 137 Abs. 3 S. 1 WRV)[70]. Der Staat erkennt die Kirchen als Institutionen mit dem Recht der Selbstbestimmung an, die ihrem Wesen nach unabhängig vom Staat sind und ihre Gewalt nicht von ihm herleiten[71]. Die Kirchen als Körper-

---

[64] Ebd., S. 34.
[65] Das kirchenpolitische System (Anm. 15), S. 356 f.
[66] BVerfGE 19, 206 (219); 19, 226 (236); 53, 366 (400); dem steht nicht entgegen, daß die inkorporierten Artikel der WRV „im Lichte der gegenüber früher (vgl. Art. 135 WRV) erheblich verstärkten Tragweite des Grundrechts der Glaubens- und Gewissensfreiheit auszulegen" sind, s. BVerfGE 33, 23 (31).
[67] *Alexander Hollerbach*, Die Kirchen unter dem Grundgesetz, in: VVDStRL 26 (1968), S. 57 (60); *Axel Frhr. v. Campenhausen*, Religionsfreiheit, in: HStR VI, 1989, § 136, Rdnr. 35.
[68] BVerfGE 66, 1 (19 ff.).
[69] BVerfGE 30, 415 (428) unter Hinweis auf BVerfGE 18, 385 (386 f.).
[70] BVerfGE 66, 1 (19).
[71] BVerfGE 66, 1 (19) unter Hinweis auf BVerfGE 18, 385 (386); 19, 1 (55); 30, 415 (428); 42, 312 (321 f., 332); 46, 73 (94); 57, 220 (244).

schaften des öffentlichen Rechts sind angesichts der religiösen und konfessionellen Neutralität des Staates nicht mit anderen öffentlich-rechtlichen Körperschaften zu vergleichen, die in den Staat organisch eingegliederte Verbände sind[72]. Ihr öffentlich-rechtlicher Status bedeutet nur eine Heraushebung über andere Religionsgemeinschaften, weil der Anerkennung als Körperschaft des öffentlichen Rechts die Überzeugung des Staates von der besonderen Wirksamkeit dieser Kirchen, von ihrer gewichtigen Stellung in der Gesellschaft und der sich daraus ergebenden Gewähr der Dauer zugrunde liegt (Art. 137 Abs. 5 WRV)[73]. Eine Einschränkung des Selbstbestimmungsrechts ist damit nicht verbunden. Die Garantie freier Ordnung und Verwaltung der eigenen Angelegenheiten erweist sich auch hier als notwendige, rechtlich selbständige Gewährleistung, die der Freiheit des religiösen Lebens und Wirkens der Kirchen die zur Wahrnehmung ihrer Aufgaben unerläßliche Freiheit der Bestimmung über Organisation, Normsetzung und Verwaltung hinzufügt[74].

Der staatskirchenrechtliche Status einer öffentlich-rechtlichen Körperschaft gewährleistet somit den vom Grundgesetz vorgefundenen rechtlichen status quo der traditionellen christlichen Kirchen und eröffnet ähnlich wirkenden Religionsgemeinschaften den Zugang zu einer entsprechenden Rechtsstellung. Zugleich fügt die Statuszuweisung die Religionsgemeinschaften in eine freiheitsgestaltende Verfassungsordnung ein, in der Freiheit mit Bindung korrespondiert, staatlicher und kirchlicher Auftrag aufeinander bezogen sind, das wechselseitige Angewiesensein beider Organisationen anerkannt wird.

Kennzeichen einer Körperschaft des öffentlichen Rechts ist die Pflege von Gemeinschaftsinteressen im Bereich des Öffentlichen[75]. Die öffentliche Aufgabe legitimiert den öffentlich-rechtlichen Status der Religionsgemeinschaften; die Anerkennung als öffentliche Körperschaft gilt einer dem Staat parallel wirkenden[76], die Realität einer freiheitlichen Demokratie stützenden Ordnungsmacht. So sucht das Staatskirchenrecht des Grundgesetzes einen Mittelweg zwischen Trennung und Einheit von Staat und Kirche, ein Modell der partnerschaftlichen Zuordnung von wesensverschiedenen, aber koordinierten Mächten[77].

---

[72] BVerfGE 66, 1 (20) unter Hinweis auf BVerfGE 18, 385 (386); 19, 1 (5); 30, 415 (428); 42, 312 (321 f., 332).
[73] BVerfGE 66, 1 (20) unter Hinweis auf BVerfGE 10, 305 (307); 19, 129 (134).
[74] BVerfGE 66, 1 (20) unter Hinweis auf BVerfGE 42, 312 (332); 53, 366 (401); 57, 220 (244).
[75] *Friesenhahn*, Die Kirchen und Religionsgemeinschaften (Anm. 8), S. 549 ff.
[76] *Friesenhahn*, ebd., S. 563.
[77] *Huber*, Deutsche Verfassungsgeschichte (Anm. 28), S. 872.

Der Status der Kirchen als öffentlicher Korporationen begründet Sonderaufgaben und Sonderbefugnisse, aber auch die „öffentliche" Erwartung an eine gesellschaftsdienliche Aufgabenstellung, das moralisch-ethische Mandat und den Sozial- und Kulturauftrag[78]. Die Religionsgemeinschaften sind als Körperschaften des öffentlichen Rechts hervorgehoben, weil sie die Kultur beleben sollen, in der das politische Gemeinwesen wurzelt[79]. Dieser Körperschaftsstatus bleibt im Rahmen der weltanschaulichen Neutralität des Staates. Wenn er sich auch entsprechend den Funktionsunterschieden deutlich vom öffentlichen Status der Parteien, Gewerkschaften und Arbeitgeberverbände und ebenso von der mittelbaren Staatsverwaltung durch berufsständische und soziale öffentlich-rechtliche Körperschaften abhebt, so dient der verfassungsrechtlich begründete und gesetzlich ausgestaltete Status doch hier wie dort jeweils einer Verselbständigung und rechtlichen Zuordnung nichtstaatlicher Mächtigkeit im Rahmen der Staatsverfassung. Der Status einer öffentlich-rechtlichen Körperschaft gewährleistet eine Eigenständigkeit[80] und bindet deren Ausübung in seinem Geltungsgrund, der verfassungsrechtlichen Ordnung.

2. Status in einer freiheitsgestaltenden Verfassungsordnung

Alle Religionsgemeinschaften leiten ihren Rechtsstatus im politischen Gemeinwesen aus dem staatlichen Recht ab und sind diesem unterworfen. Das Grundgesetz beansprucht, alle in der Staatsgemeinschaft wirkende Hoheitsgewalt rechtlich zu begründen, zu mäßigen und zu begrenzen. Deshalb beruhen die Dienstherrenfähigkeit und die Steuergewalt der Kirchen nicht auf einem Rechtsstatus außerhalb des Staatsrechts, der ähnlich wie beim völkerrechtlichen Vertrag im Grundgesetz auf die Staatsgewalt abgestimmt würde; vielmehr leitet sich das rechtliche Kleid der vom Staat vorgefundenen Kirchen aus dem staatlichen Recht ab[81].

---

[78] *Klaus G. Meyer-Teschendorf*, Der Körperschaftsstatus der Kirchen. Zur Systemadäquanz des Art. 137 V WRV im pluralistischen Gemeinwesen des Grundgesetzes, in: AöR 103 (1978), S. 289 ff.

[79] *Josef Isensee*, Verfassungsgarantie ethischer Grundwerte und gesellschaftlicher Konsens. Verfassungsrechtliche Überlegungen zu einer sozialethischen Kontroverse, in: NJW 1977, S. 545 (551).

[80] A. A. *Gerd Schmidt-Eichstaedt*, Kirchen als Körperschaften des öffentlichen Rechts? Eine Überprüfung des öffentlich-rechtlichen Status von Religions- und Weltanschauungsgemeinschaften. Köln, Berlin, Bonn 1975, S. 56, 83 ff.; ders., Die Körperschaftsqualität der Kirchen — Wegbereiter für ein neues öffentliches Verbandsrecht?, in: Der Staat 21 (1982), S. 423 (427, 431 f.).

[81] Weitergehend *Helmut Quaritsch*, Kirchen und Staat. Verfassungs- und staatstheoretische Probleme der staatskirchenrechtlichen Lehre der Gegenwart, in: Der Staat 1 (1962), S. 175 ff., 289 ff.

§ 22 Die Kirchen als Körperschaften des öffentlichen Rechts   667

Der verfassungsrechtliche Ausgangsbefund aller Religionsgemeinschaften ist durch die Religionsfreiheit und die weltanschaulich-religiöse Neutralität des Staates geprägt. Trotz ihres Körperschaftsstatus können öffentlich-rechtliche Religionsgemeinschaften eigene Rechte gegen den Staat geltend machen, sind sie grundrechtsberechtigt und zur Verfassungsbeschwerde befugt[82].

Der Körperschaftsstatus erfaßt die Kirchen sodann als ein zur Teilnahme am Rechtsverkehr befähigtes Rechtssubjekt und als eine mitgliedschaftlich bestimmte, verstetigte, zu einheitlichem Handeln befähigte Personengemeinschaft. Die Zuordnung zum öffentlichen Recht schließlich richtet die Kirchen auf das Staatsvolk aus, verwurzelt sie im öffentlichen Leben und erlaubt die Wahrnehmung von Hoheitsbefugnissen. Der öffentlich-rechtliche Status nimmt die Gemeinnützigkeit der jeweiligen Religionsgemeinschaften und ihres Handelns auf. In ihrer Gemeinnützigkeit greifen die Kirchen über die bloße Mitgliederdienlichkeit eines privatnützigen Vereins hinaus und fördern selbstlos das Gemeinwohl[83]. Das Grundgesetz anerkennt bei den kirchlichen Körperschaften die Gemeinnützigkeit ihres moralisch-ethischen Mandats und ihres Sozial- und Kulturauftrags. Mit der Verleihung des Körperschaftsstatus aufgrund des Art. 140 GG i. V. m. Art. 137 Abs. 5 S. 2 WRV bringt der Staat rechtsförmlich zum Ausdruck, daß die betroffene Religionsgemeinschaft den im Grundgesetz angelegten Kultur- und Sozialauftrag miterfüllt und daß er eine entsprechende Mitgestaltung für die Zukunft erwartet.

Das institutionelle Merkmal der Religionsgemeinschaft und der Weltanschauungsvereinigung entspricht dem individualrechtlichen Tatbestand des Art. 4 GG und grenzt vor allem solche Vereinigungen aus, deren Handeln auf politisches Wirken oder wirtschaftliche Betätigung gerichtet ist. Im Kriterium der Dauer klingt allerdings ein gewisses Vertrauen in ein grundsätzlich gesellschaftsdienliches und damit im Interesse des Staates liegendes Tätigwerden an. Dem Grundgesetz liegt die „institutionalisierte Verfassungserwartung"[84] zugrunde, daß auf Dauer gefestigte Religionsgemeinschaften zur gesellschaftlichen Einheitsbildung beitragen, indem sie eine den ganzen Menschen erfassende Wahrheits-, Wert- und Tugendordnung entwerfen, verbreiten und einfordern. Eine Religionsgemeinschaft bietet durch ihre Verfassung und

---

[82] BVerfGE 3, 383 (390); 42, 312 (322); 53, 366 (387); vgl. auch 83, 341.

[83] So auch das Gutachten der unabhängigen Sachverständigenkommission zur Prüfung des Gemeinnützigkeits- und Spendenrechts. Bonn 1988, S. 93 ff.; zur Kritik am davon abweichenden Gemeinnützigkeitsbegriff der §§ 51 ff. AO s. dort S. 80 ff.

[84] *Meyer-Teschendorf*, Der Körperschaftsstatus (Anm. 78), S. 318 ff.

die Zahl ihrer Mitglieder die Gewähr der Dauer als Grundlage für den Status einer öffentlich-rechtlichen Körperschaft, wenn eine stetige Mitgestaltung des Kultur- und Sozialauftrages des Grundgesetzes zu erwarten ist. Die Verfassung begründet zwar einen weltlichen Staat[85], eine Friedens- und Freiheits-, keine Wahrheits- und Tugendordnung[86], setzt aber mit den Freiheitsangeboten Gemeinschaften voraus, in denen die Fähigkeit zur Freiheit vermittelt, institutionell verfestigt und fortgebildet wird. In dieser Funktion sucht Art. 137 Abs. 5 WRV die traditionellen christlichen Kirchen und für die Zukunft auch ähnlich wirkende Religionsgemeinschaften zu erfassen.

Die Gemeinwohlerwartung rechtfertigt die Übertragung von Hoheitsrechten und die staatliche Förderung durch Finanz- und Organisationshilfen. Eine Beleihung mit öffentlich-rechtlichen Befugnissen setzt allerdings voraus, daß die betroffene Religionsgemeinschaft zur Ausübung von Hoheitsgewalt geeignet und bereit ist[87]. Der staatskirchenrechtliche Status der Körperschaft baut auf ein Mindestmaß an „Amtlichkeit", an Kooperationsfähigkeit mit einem freiheitlich-demokratischen Rechtsstaat[88]. Wenn freiheitsberechtigte Vereinigungen und Parteien verboten werden können, falls sie sich gegen die freiheitlich-demokratische Grundordnung richten (Art. 9 Abs. 2, Art. 21 Abs. 2 GG)[89], so darf der zur Hoheitsausübung berechtigende und insoweit freiheitsverpflichtete Status einer Körperschaft des öffentlichen Rechts nicht verliehen werden, wenn von der Religionsgemeinschaft keine Mitwirkung an der im Grundgesetz angelegten und von ihm vorausgesetzten Kultur zu erwarten ist. Dies gilt um so mehr, als die Religionsgemeinschaften im Bereich ihrer Angelegenheiten (Art. 137 Abs. 3 S. 1 WRV) weder grundrechtsgebunden sind noch staatlicher Justizhoheit unterliegen[90].

Die sich unter dem Grundgesetz entfaltende Kultur ist offen für geistige und religiöse Vielfalt. Deutschland ist ein kulturoffener, aber

---

[85] *Josef Isensee*, Staat und Verfassung, in: HStR I, 1987, § 13, Rdnrn. 50 ff., 58 ff.; in *diesem* Handbuch *Axel Frhr. v. Campenhausen*, § 2 Der heutige Verfassungsstaat und die Religion.

[86] *Hollerbach*, Grundlagen (Anm. 2), Rdnr. 80, mit Hinweis auf *Ernst-Wolfgang Böckenförde*, Die Rechtsauffassung im kommunistischen Staat. München 1967, S. 91.

[87] Vgl. *Quaritsch*, Kirchen und Staat (Anm. 81), S. 289 ff.

[88] *Hollerbach*, Grundlagen (Anm. 2), Rdnrn. 135 f.; vgl. auch *Friesenhahn*, Die Kirchen und Religionsgemeinschaften (Anm. 8), S. 536; *Hermann Weber*, Die Verleihung der Körperschaftsrechte an Religionsgemeinschaften, in: ZevKR 34 (1989), S. 337 (356).

[89] Die Religionsfreiheit kann allerdings nicht verwirkt werden, Art. 18 S. 1 GG.

[90] Dazu unten IV 3.

nicht ein multikultureller Staat. Das Grundgesetz vergewissert sich gerade mit der Anerkennung der Kirchen als Körperschaften des öffentlichen Rechts wesentlicher geistiger Grundlagen der geltenden Rechtsordnung. Die Verfassung kann die Freiheit für andere Kulturen und Religionen anbieten, weil sie sich ihrer Identität und der Verläßlichkeit ihrer geistesgeschichtlichen Bedingtheit sicher ist. Würde sie hingegen ihre eigenen Aussagen einem „Wettbewerb der Kultursysteme" unterwerfen, so gäbe sie ihren Geltungs- und Gestaltungsanspruch auf. Das Grundgesetz würde nicht mehr bestimmen, was Recht ist, sondern würde die jeweilige Ordnung den wechselnden Machthabern und ihren Wertvorstellungen überlassen.

Die freiheitlich-demokratische Verfassung des Grundgesetzes garantiert die Freiheit vom Staat, setzt damit aber anderweitige Quellen für die Entscheidungen in Wahrnehmung der Freiheit voraus. Eine freiheitliche Verfassung wurzelt in der Realität eines Staates, in dem das Staatsvolk durch Familie, Religion, Sprache, Kultur, Wirtschaft und tradierte Gepflogenheiten des Zusammenlebens geprägt ist. Das Freiheitsprinzip erwartet und gewährleistet auf dieser Grundlage, daß mit wachsender Entscheidungsfähigkeit diese Bedingtheit individueller Freiheit überdacht, aber auch in bewußter Bindung bestätigt wird. Jedenfalls muß die Verfassungsvoraussetzung einer Kultur- und Wertordnung so gefestigt sein, daß die Verfassungsgrundlagen nicht durch wechselnde Mehrheiten abgelöst werden, die deutsche Rechtsordnung nicht im Wettbewerb der Kultursysteme der jeweils obsiegenden Macht ausgeliefert wird. Andernfalls könnte es eine im Prinzipiellen andere Ordnung geben, die die Rückbindung von Freiheit und Demokratie ausschlösse. Die Verfassungsordnung des Grundgesetzes handelt nicht von einem umkämpften Grenzland im Überschneidungsbereich verschiedener Kulturen, sondern ruht in der christlich-abendländischen Rechtskultur, im Denken der Aufklärung und in den Erfahrungen eines sozialgebundenen Wirtschaftsliberalismus. Diese Ordnung schließt eine Übernahme neuer Werte aus anderen Kulturkreisen nicht aus, gibt aber den in der Wertordnung des Grundgesetzes verkörperten Grundkonsens[91] nicht auf, sucht diesen vielmehr durch institutionelle Vorkehrungen und kulturelle Handlungsprogramme zu festigen. In diesem Rahmen und unter diesen Vorbedingungen erweitert und festigt das Grundgesetz die Wirkungsmöglichkeiten bestimmter Religionsgemeinschaften im Status einer Körperschaft des öffentlichen Rechts.

---

[91] Vgl. *Hartmut Maurer*, Diskussionsbeitrag, in: EssGespr. 20 (1986), S. 142.

IV. Der staatskirchenrechtliche Status einer Körperschaft

1. Der verfassungsrechtlich gewährleistete Kerngehalt einer Körperschaft

Der Tatbestand der „Körperschaft des öffentlichen Rechts" enthält einen Mantelbegriff[92], dessen verfassungsrechtlicher Gehalt sich aus den Aufgaben der jeweiligen Religionsgemeinschaften, aus einer ausdrücklichen verfassungsrechtlichen Gewährleistung des Steuererhebungsrechts (Art. 137 Abs. 6 WRV) und aus hergebrachten Rechtspositionen ergibt.

Die grundrechtlich und statusrechtlich von Verfassungs wegen geschützte Eigenständigkeit der Kirche[93] führt im Status der öffentlichrechtlichen Körperschaft zur Organisationsgewalt, zur Dienstherrenfähigkeit, zur öffentlich-rechtlichen Rechtsetzungsbefugnis, zum Parochialrecht und zur vermögensrechtlichen Widmungsbefugnis.

Schon die allgemeine religiöse Vereinigungsfreiheit gewährleistet die rechtliche Existenz der Vereinigung in der deutschen Rechtsordnung einschließlich der Teilnahme am allgemeinen Rechtsverkehr[94]. Diese rechtliche Existenz und Teilhabe am Rechtsverkehr formt der Körperschaftsstatus zur Rechtsfähigkeit für die gesamte staatliche Rechtsordnung. Die Körperschaft ist Träger von Rechten und Pflichten, kann im Rechtsverkehr als selbständiges Rechtssubjekt handeln und tritt in der Rechtsgemeinschaft unter einem rechtlich geschützten Namen und in rechtlich gesicherter Organisation in Erscheinung.

Der öffentlich-rechtliche Korporationsstatus begründet sodann die Organisationsgewalt als Kompetenz zur Bildung, Errichtung, Einrichtung, Änderung und Aufhebung öffentlich-rechtlicher Untergliederungen und sonstiger öffentlich-rechtlicher Rechtssubjekte. Die Kirchen können weitere Institutionen mit Rechtsfähigkeit bilden (Körperschaften, Anstalten und Stiftungen), damit insbesondere auch eine mittelbare Kirchenverwaltung begründen[95]. Darüber hinaus berechtigt die Organisationsgewalt die Kirchen, die kirchlichen Organisationen fortzuentwickeln und etwa kleine Organisationseinheiten mit einem punktuellen kirchlichen Auftrag oder überregionale Kooperations- und Versorgungseinrichtungen zu schaffen[96]. Wird einer Religionsgemeinschaft der

---

[92] BVerfGE 83, 341 (357).
[93] *Friesenhahn,* Die Kirchen und Religionsgemeinschaften (Anm. 8), S. 565, vermeidet den Begriff „Autonomie", da diese Eigenständigkeit nicht staatlich verliehen, sondern vom Staat anerkannt sei.
[94] BVerfGE 83, 341 — Bahai.
[95] Vgl. *v. Mangoldt / Klein / v. Campenhausen,* Art. 140 GG / Art. 137 WRV, Rdnr. 163; *Hollerbach,* Grundlagen (Anm. 2), Rdnrn. 16 f.

§ 22 Die Kirchen als Körperschaften des öffentlichen Rechts 671

Status einer Körperschaft des öffentlichen Rechts zuerkannt, umfaßt dieser auch deren kirchenverfassungsrechtlich notwendige Institutionen. Besitzen diese nach Kirchenrecht eigene Rechtsfähigkeit und sind damit selbständige Vermögensträger, erstreckt sich der öffentlich-rechtliche Status auch auf diese Rechtsträger[97].

Mit dem Status einer öffentlich-rechtlichen Körperschaft ist auch die Dienstherrenfähigkeit verbunden, also die Befugnis, Beamte zu haben und Dienstverhältnisse öffentlich-rechtlicher Natur zu begründen, die nicht dem Arbeitsrecht und dem Sozialversicherungsrecht unterliegen. In der Anerkennung des kirchlichen Dienstes als öffentlichen Dienst sind auch das Disziplinarrecht und in seinem Rahmen ein Vereidigungsrecht angelegt.

Organisationsgewalt und Dienstherrenfähigkeit werden ergänzt durch die öffentlich-rechtliche Rechtsetzungsbefugnis, die den Kirchen erlaubt, in dem durch den Körperschaftsstatus umfaßten Rechtsbereich öffentlich-rechtliche Verbindlichkeiten zu begründen. Während den sonstigen Religionsgemeinschaften nur die in ihrer kirchlichen Eigenständigkeit angelegte interne Rechtsetzungsgewalt zusteht, sie aber am weltlichen Rechtsverkehr ausschließlich in den staatlich bereitgehaltenen Rechtsformen teilnehmen, gestattet die öffentlich-rechtliche Rechtsetzungsbefugnis den staatskirchenrechtlichen Körperschaften, sich im Rahmen des Körperschaftsstatus eine auf die Religionsfreiheit (Art. 4 GG) und die kirchliche Eigenständigkeit (Art. 140 GG i. V. m. Art. 137 Abs. 3 WRV) zugeschnittene Ausgestaltung ihrer Rechtsform zu schaffen.

Die im Status einer öffentlich-rechtlichen Körperschaft angelegte Hoheitsgewalt kommt gebietsbezogen im Parochialrecht zum Ausdruck, das die Zugehörigkeit jedes Mitglieds einer korporierten Religionsgemeinschaft zu einer Kirchengemeinde allein durch seinen Wohnsitz begründet. Das Mitglied braucht der Gemeinde also nicht beizutreten, sondern wird zugehörig allein durch den Zuzug. Die so begründete Zugehörigkeit zu einer Kirchengemeinde ist auch für das staatliche Recht, insbesondere für die Kirchenbesteuerung, verbindlich. Da das Parochialrecht den gebietsbezogenen öffentlich-rechtlichen Status aufnimmt, dieser sich aber aus Bundesverfassungsrecht und sodann aus Landesrecht ableitet, bieten insoweit die Gebietsgrenzen von Bund und Ländern Orientierungsgrößen auch für kirchliche Raumstrukturen.

---

[96] *v. Mangoldt / Klein / v. Campenhausen*, Art. 140 GG / Art. 137 WRV, Rdnrn. 163 f.
[97] *Friesenhahn*, Die Kirchen und Religionsgemeinschaften (Anm. 8), S. 567.

Eine staatskirchenrechtliche Körperschaft kann zudem durch Widmung kirchliche öffentliche Sachen schaffen, für die das staatliche öffentliche Sachenrecht gilt. Die betroffenen Gegenstände sind mit einer öffentlich-rechtlichen Dienstbarkeit belastet, so daß die Sache nur im Dienst der kirchlichen Zweckbestimmung genutzt werden darf. Allerdings dürfte bereits das Grundrecht der freien Religionsausübung (Art. 4 Abs. 2 GG) kirchliche Vermögensgegenstände, die unmittelbar gottesdienstlichen Zwecken dienen, besonders schützen. Diese res sacrae — vor allem vasa sacra, Glocken, Kirchengebäude und Friedhöfe — genießen einen grundrechtlichen Schutz, den jede Religionsgemeinschaft in Anspruch nehmen kann. Darüber hinaus können öffentlich-rechtliche Körperschaften weitere kirchliche Vermögensgegenstände, z. B. Kindergärten, Krankenhäuser, Pflegeheime, Schulen, Archive, Bibliotheken oder Pfarrhäuser, dem öffentlichen Sachenrecht unterstellen und damit dessen Schutzwirkung in Anspruch nehmen[98].

Die ausdrücklich in der Verfassung benannte Rechtsfolge des öffentlich-rechtlichen Körperschaftsstatus ist das Recht, aufgrund der bürgerlichen Steuerlisten nach Maßgabe der landesrechtlichen Bestimmungen Steuern zu erheben (Art. 137 Abs. 6 WRV)[99]. Das kirchliche Besteuerungsrecht ist im 19. Jahrhundert als ein Instrument zur Verselbständigung der Kirchen gegenüber dem Staat eingeführt worden. Das Beitragsrecht jeder Religionsgemeinschaft wird zum Besteuerungsrecht, wenn der Staat die hoheitliche Beitreibung aufgrund einseitiger Festsetzung gewährleistet. Den generell zur Selbstfinanzierung durch Mitgliedsbeiträge berechtigten Religionsgemeinschaften wird im Status der Körperschaft zugesichert, daß der Staat die von den Religionsgemeinschaften festgesetzten Beiträge durch seine Organe als Steuern im Wege des Verwaltungszwangs ermittelt, festsetzt und vollstreckt[100]. Das Zusammenwirken von Staat und Kirche in der gemeinsamen Angelegenheit der Kirchensteuererhebung[101] hat zur Folge, daß jeder Akt kirchlicher Besteuerung an die verfassungsmäßige Ordnung gebunden ist und insbesondere das Staatskirchenrecht und die Grundrechte beachten muß[102]. Die Kirchenbesteuerung „aufgrund der bürgerlichen Steuerli-

---

[98] v. Mangoldt / Klein / v. Campenhausen, Art. 140 GG / Art. 137 WRV, Rdnrn. 165 f.

[99] Die in den Kirchensteuergesetzen (z. B. § 24 KiStG BW) vorgesehene „Anerkennung" von Kirchengemeinden als Körperschaften des öffentlichen Rechts berührt nicht deren staatsrechtlichen Status, sondern betrifft allein die Frage nach dem Steuergläubiger; näher zu den Landes- und Ortskirchensteuern *Hanns Engelhardt*, Die Kirchensteuer in der Bundesrepublik Deutschland. Bad Homburg v. d. H., Berlin, Zürich 1968, S. 51 ff.

[100] BVerfGE 19, 206 (217).
[101] BVerfGE 19, 206 (217).

§ 22 Die Kirchen als Körperschaften des öffentlichen Rechts 673

sten" verpflichtet den staatlichen Gesetzgeber, die Bemessung nach staatlich bereitgehaltenen Besteuerungsgrundlagen zu ermöglichen und eine zwangsweise Beitreibung vorzusehen[103]. Nachdem amtliche Zusammenstellungen zu den Veranlagungsergebnissen bei Bundes-, Landes- und Gemeindesteuern[104] nicht mehr verwendet werden, übernimmt heute die Einkommensteuer — neben den Grundsteuern[105] — die Funktion einer kirchensteuerrechtlichen Maßstabsteuer; die Kirchensteuer wird als Zuschlagsteuer zur Einkommensteuer erhoben. Dabei knüpft die Kirchensteuer grundsätzlich[106] nicht an die einkommensteuerliche Bemessungsgrundlage, sondern an die Einkommensteuerschuld an und übernimmt so alle gesellschaftspolitischen und wirtschaftslenkenden Interventionstatbestände des staatlichen Einkommensteuerrechts[107], also auch kirchensteuerfremde Maßstäbe. Wenn demgegenüber der Staat einerseits verpflichtet ist, bei der Bereitstellung einer Maßstabsteuer einen Mitgestaltungsanspruch der Kirchen anzuerkennen[108], andererseits ein Interventions- und Lenkungszweck auch der Einkommensteuer verfassungsrechtlich zulässig ist[109], wird im Rahmen der staatlich-kirchlichen „gemeinsamen Angelegenheit" zu überprüfen sein, inwieweit ein Auseinanderklaffen von finanzierender und intervenierender Einkommenbesteuerung eine kirchengerechte Annexsteuer gefährdet und deshalb die staatliche Einkommensteuer wieder primär als Finanzierungssteuer ausgestaltet werden muß; allenfalls als äußerste Abhilfe wäre zu erwägen, die Kirchensteuer an der Bemessungsgrundlage vor Berücksichtigung der Interventionstatbestände anzuknüpfen. Die Garantie der Kirchensteuer hat außerdem zur Folge, daß das staatliche Steuerrecht die Verminderung der individuellen Leistungsfähigkeit des Steuerschuldners durch Zahlung der Kirchensteuer aufnehmen muß; dieses geschieht gegenwärtig durch Abzug der Kirchensteuerschuld als Sonderausgabe im Rahmen der Einkommensteuer und durch das Gemeinnützigkeitsrecht.

---

[102] BVerfGE 18, 396 f.; 19, 218 f.
[103] BVerfGE 19, 206 (217 f.).
[104] Vgl. zu diesem Begriff der bürgerlichen Steuerlisten *Anschütz*, Verfassung (Anm. 58), S. 560.
[105] Vgl. im einzelnen *Engelhardt*, Die Kirchensteuer (Anm. 99), S. 134 f.; *Jörg Giloy / Walter König*, Kirchensteuerrecht und Kirchensteuerpraxis in den Bundesländern. 2. Aufl., Wiesbaden 1988, S. 45 f.
[106] Vgl. § 51a EStG und dazu *Karl Eugen Schlief*, in: Paul Kirchhof / Hartmut Söhn (Hrsg.), Einkommensteuergesetz. Kommentar. Heidelberg 1986 ff. (1990), § 51a.
[107] Vgl. *Paul Kirchhof*, Die Einkommensteuer als Maßstab für die Kirchensteuer, in: DStZ 1986, S. 25 f.
[108] *Kirchhof*, ebd., S. 28.
[109] Vgl. § 3 Abs. 1 S. 1, 2. Halbs. AO.

43 Handbuch, 2. A.

Der verfassunggestaltende Gesetzgeber kann darüber hinaus die Eigenständigkeit kirchlicher Körperschaften des öffentlichen Rechts und ihren Anspruch auf ungestörte Religionsausübung in Gewährleistungsinhalt und Gewährleistungsfolge näher ausgestalten. Zu diesen Regelungen, die teilweise Verfassungsrecht nachzeichnen, teilweise auch den verfassungsrechtlichen Schutz verwaltungsrechtlich erweitern, gehört der Schutz für kirchliche Amtsbezeichnungen, Titel, Würden, Amtskleidung und Amtsabzeichen, die steuerrechtliche Entlastung kirchlicher Verbände im Status der Gemeinnützigkeit, die Freistellungen im Kosten- und Gebührenrecht, der Schutz kirchlichen Eigentums und die Sicherung ungestörter Religionsausübung sowie das Recht, amtliche Beglaubigungen auch mit Verbindlichkeit für den weltlichen Rechtsverkehr vorzunehmen[110]. Soweit diese Vorschriften über die Verdeutlichung des verfassungsrechtlichen Körperschaftsstatus hinausgreifen oder auch den Gewährleistungsinhalt des Art. 4 GG ausgestalten, brauchen die Rechtsfolgen nicht auf die Körperschaften des öffentlichen Rechts beschränkt zu sein.

Mit dem Körperschaftsstatus ist auch eine Öffentlichkeitsgarantie verbunden, die den kirchlichen Körperschaften ein öffentliches Auftreten und Wirksamwerden über die nach Art. 4 Abs. 1 und 2 GG enthaltene Gewährleistung der Religionsausübung hinaus sichert. Die Garantie eines Wirkens in die Öffentlichkeit ist gegenwärtig etwa bei dem Streit um das kultische Glockengeläut als eine Jahrhunderte alte kirchliche Lebensäußerung[111] zu beachten.

Der Status der Körperschaften nach Art. 137 Abs. 5 WRV ist im übrigen in das gesamte, die Kirchen betreffende Staatsrecht eingebettet. Bestimmungen wie der Schutz von Sonntag und Feiertag (Art. 139 WRV), die Kirchengutsgarantie (Art. 138 Abs. 2 WRV), die Garantie von Staatsleistungen (Art. 138 Abs. 1 WRV) oder der Seelsorge in öffentlichen Einrichtungen (vgl. Art. 141 WRV) ergänzen deshalb den Körperschaftsstatus und bestimmen teilweise seine gesetzliche Ausprägung. Daneben berücksichtigt die geltende Rechtsordnung kirchliche Interessen insbesondere im Baurecht[112], im Konkurs-[113] und Zwangsvollstreckungsrecht[114] sowie im Gemeinnützigkeitsrecht[115]. Religiöse Kör-

---

[110] Vgl. dazu *v. Mangoldt / Klein / v. Campenhausen*, Art. 140 GG / Art. 137 WRV, Rdnrn. 78 f.

[111] Vgl. BVerwGE 68, 62 (67 ff.).

[112] § 1 Abs. 5 S. 2 Nr. 6 BauGB; dazu *Wilhelm Söfker*, in: Werner Ernst / Willy Zinkahn / Walter Bielenberg (Hrsg.), Baugesetzbuch. Bd. 1, 5. Aufl., München (Losebl.), § 1 (Stand 1989), Rdnrn. 139 ff.

[113] § 61 Abs. 1 Nr. 3 KO.

[114] § 882a Abs. 3 ZPO.

§ 22 Die Kirchen als Körperschaften des öffentlichen Rechts

perschaften sind auch als Träger der freien Jugendhilfe anerkannt. Die Formen der Einflußnahme öffentlich-rechtlicher Religionsgemeinschaften auf das Handeln staatlicher Stellen reichen von Anhörungs- und Mitentscheidungsrechten bei Behördenentscheidungen bis zur ständigen Mitwirkung in Beiräten bei Ministerien und in Kuratorien öffentlich-rechtlicher Anstalten und Stiftungen. Beispiele im kulturellen Bereich bieten die Rundfunkräte, die Bundesprüfstelle für jugendgefährdende Schriften und die Landesschulbeiräte, Beispiele im karitativen Bereich die Jugendhilfeausschüsse und die Sozialausschüsse bei den Sozialhilfeträgern[116].

Insgesamt eröffnet das Verfassungsrecht den Kirchen mit der Zuordnung zum öffentlichen Recht rechtliche Gestaltungsmöglichkeiten, die ihre personen- und gebietsbezogene Hoheitsstruktur aufnehmen, ihrer die freiheitliche Staatsverfassung stützenden und ergänzenden Aufgabenstellung entsprechen und die kirchliche Eigenständigkeit in Parallele zum Staat organisieren. Das öffentliche Recht wird den Kirchen und ihren Handlungsweisen besser gerecht als das Privatrecht.

2. Gesetzliche Verdeutlichung des Verfassungstatbestandes

Der verfassungsrechtliche Tatbestand „Körperschaft des öffentlichen Rechts" ist darauf angelegt, durch Landesrecht ausgestaltet und verdeutlicht zu werden[117], beschränkt aber in seinem rechtlichen Kern die Regelungsfreiheit der Länder[118]. Der verfassungsrechtliche Gehalt des Körperschaftsstatus „bleibt" den bisher in diesem Status bestehenden „geborenen"[119] öffentlich-rechtlichen Religionsgemeinschaften unmittelbar kraft Grundgesetzes erhalten (Art. 140 GG i. V. m. Art. 137 Abs. 5 S. 1 WRV); die Garantie der gleichen Rechte für andere Religionsgemeinschaften (Art. 137 Abs. 5 S. 2 WRV) nimmt diesen Rechtsstatus in seinem verfassungsrechtlichen Kern und in seiner jeweiligen gesetzlichen Ausprägung auf und bietet ihn den begünstigten Religionsgemeinschaften an, die dann zu „gekorenen" öffentlich-rechtlichen Religionsgemeinschaften kraft Verleihung werden. Der staatskirchenrechtliche

---

[115] Vgl. insbesondere § 54 Abs. 1 AO; zur Besteuerung der Religionsausübung s. BVerfGE 19, 129 (133).
[116] Dazu *Peter von Tiling*, Die Mitwirkung der Kirchen im staatlichen Bereich. Diss. Göttingen 1968.
[117] S. oben III 1.
[118] *Forsthoff*, Die öffentliche Körperschaft (Anm. 29), S. 111; BVerfGE 42, 312 (324 f.).
[119] Vgl. *Friesenhahn*, Die Kirchen und Religionsgemeinschaften (Anm. 8), S. 554 f.

Körperschaftsstatus weist die Religionsgemeinschaften nicht umfassend dem öffentlichen Recht und ihr Handeln nicht insgesamt der öffentlichen Gewalt zu; vielmehr begründet ihr öffentlich-rechtlicher Status und die daraus sich ergebende Rechtsfähigkeit einzelne Aufgaben, Kompetenzen und Befugnisse, welche die Eigenstruktur der Kirche rechtlich stützen und gestalten, die finanzielle Eigenständigkeit und Unabhängigkeit sichern und hergebrachte Rechte bewahren[120].

Die Zuständigkeit der Länder für das Staatskirchenrecht hat allerdings zur Folge, daß der räumliche Bezugsrahmen für die Garantie „gleicher Rechte" begrenzt ist und deshalb die mit dem Körperschaftsstatus verknüpften Rechte von Bundesland zu Bundesland verschieden sein können. Insoweit gewährleistet die Rechtsgleichheit einen gleichen Mindestbestand bundesverfassungsrechtlich garantierter Rechte und daneben eine Gleichheit je nach den darüber hinausgreifenden, landesgesetzlich gewährten Rechten. Auch innerhalb eines Landes bezieht sich der Gleichheitsanspruch auf die im Körperschaftsstatus angelegten Rechte, nicht jedoch auf jede mit diesem Status im übrigen verbundene Rechtsposition. Art. 137 Abs. 5 S. 1 und 2 WRV verlangen nicht eine absolute Gleichstellung aller öffentlich-rechtlichen Religionsgemeinschaften in allen Rechten und Pflichten[121]; vielmehr sind Bund und Länder jenseits der Garantie der „gleichen Rechte" lediglich an die Beachtung des allgemeinen Gleichheitssatzes gebunden[122].

3. Öffentlich-rechtliche Bindung bei der Hoheitsausübung

Die Religionsgemeinschaften üben Hoheitsrechte nicht kraft eigener Souveränität, sondern aufgrund staatlicher Beleihung aus. Deshalb sind sie insoweit grundsätzlich grundrechtsgebunden und auch nicht schlechthin vom staatlichen Rechtsschutz gegen Hoheitsmaßnahmen ausgenommen.

Soweit die Kirchen ausschließlich kraft ihrer ihnen nicht vom Staat verliehenen Kirchengewalt tätig werden, besteht keine Grundrechtsbindung[123]. Nehmen sie hingegen staatlich verliehene Hoheitsrechte in Anspruch, üben sie also nicht Kirchenhoheit, sondern dem Staat entlehnte Hoheitsgewalt aus, so überschreiten sie den Kreis ihrer Angelegenheiten (Art. 137 Abs. 3 WRV) und eigenen Rechtsgewalt und sind an

---

[120] *v. Mangoldt / Klein / v. Campenhausen*, Art. 140 GG / Art. 137 WRV, Rdnr. 154.
[121] BVerfGE 19, 1 (8).
[122] Siehe unten V 3.
[123] *Heckel*, Gleichheit (Anm. 35), S. 17 f.

§ 22 Die Kirchen als Körperschaften des öffentlichen Rechts 677

die Grundrechte gebunden[124]. Dies gilt insbesondere für die Erhebung der Kirchensteuer[125]. Bei der Anwendung der Grundrechte ist allerdings stets ein schonender Ausgleich mit der verfassungsrechtlichen Garantie kirchlicher Eigenständigkeit zu suchen[126].

Dementsprechend gilt auch die Rechtsschutzgewähr des Art. 19 Abs. 4 GG insoweit, als die Religionsgemeinschaften staatlich verliehene Hoheitsgewalt ausüben[127]. Diese staatliche Justizgewähr ist wiederum dann zu modifizieren, wenn die Sphäre der eigenen Angelegenheiten berührt wird[128].

Im Gegensatz zu den Grundrechten gilt das Demokratiegebot des Grundgesetzes lediglich als Staatsform, nicht als Organisationsstatut für alle Wahrnehmung von Hoheitsrechten[129]. Das demokratische Prinzip begrenzt insoweit nicht das kirchliche Selbstbestimmungsrecht[130].

Trotz Hoheitsausübung und Dienstherrenfähigkeit der staatskirchenrechtlichen Körperschaften gilt das Verfassungsrecht des öffentlichen Dienstes (Art. 33 Abs. 2 bis 5 GG) grundsätzlich nicht für kirchliche Beamte[131]. Die kirchlichen Bediensteten stehen bei der Ausübung hoheitsrechtlicher Befugnisse nicht in einem Dienst- und Treueverhältnis zum Staat im Sinne des Art. 33 Abs. 4 GG; vielmehr binden ihre Dienst- und Loyalitätspflichten sie an den kirchlichen Dienstherrn. Die staats-

---

[124] *Hollerbach*, Die Kirchen unter dem Grundgesetz (Anm. 67), S. 61 f.; *v. Mangoldt / Klein / v. Campenhausen*, Art. 140 GG / Art. 137 WRV, Rdnr. 135; *Heckel*, Gleichheit (Anm. 35), S. 28.

[125] BVerfGE 19, 206, 226, 242, 248, 253, 268, 282, 288; 73, 388; vgl. im übrigen *Joseph Listl*, Das kirchliche Besteuerungsrecht in der neueren Rechtsprechung der Gerichte der Bundesrepublik Deutschland, in: Staat, Kirche, Wissenschaft in einer pluralistischen Gesellschaft. FS für Paul Mikat. Berlin 1989, S. 579 f.

[126] BVerwG, in: NJW 1983, S. 2580; BVerwG, in: NJW 1981, S. 1972 f.; vgl. ferner die Rechtsprechungshinweise bei *Karl-Hermann Kästner*, Staatliche Justizhoheit und religiöse Freiheit. Tübingen 1991, S. 240; *Heckel*, Gleichheit (Anm. 35), S. 17 ff.

[127] BVerfGE 18, 385 (386 ff.); 42, 312 (334); 66, 1 (20); 70, 138 (165); 72, 278 (290). *Wolfgang Rüfner*, Rechtsschutz gegen kirchliche Rechtshandlungen und Nachprüfung kirchlicher Entscheidungen durch staatliche Gerichte, in: HdbStKirchR¹ I, S. 759 (761 f.).

[128] S. die Rechtsprechungsübersicht bei *Kästner*, Staatliche Justizhoheit (Anm. 126), S. 240.

[129] Zur Modifikation des Demokratieprinzips selbst bei fremder Wahrnehmung staatlicher Hoheitsbefugnisse durch die Europäische Union vgl. jüngst BVerfG, in: EuGRZ 1993, S. 429 (437 f.).

[130] *Konrad Hesse*, Das Selbstbestimmungsrecht der Kirchen und Religionsgemeinschaften, in: HdbStKirchR¹ I, S. 409 (434 f.).

[131] *Ferdinand Matthey*, in: Ingo v. Münch, Grundgesetz-Kommentar. Bd. 2, 2. Aufl., München 1983, Art. 33, Rdnr. 21; *Theodor Maunz*, in: Maunz / Dürig, Grundgesetz. Kommentar. Losebl. München, Art. 33 (Stand 1966), Rdnr. 15.

kirchenrechtlichen Körperschaften dürfen ein autonomes, ihrem theologischen Anliegen entsprechendes Beamtenrecht schaffen. Dabei sind sie berechtigt, sich öffentlich-rechtlicher Gestaltungsformen zu bedienen[132] und sich an die hergebrachten Grundsätze des Berufsbeamtentums (Art. 33 Abs. 5 GG) anzulehnen[133], zugleich aber die unmittelbare Geltung des staatlichen Arbeits- und Sozialversicherungsrechts zu vermeiden[134]. Allerdings setzt die Verleihung öffentlich-rechtlicher Hoheitsbefugnisse eine Mindesthomogenität zwischen kirchlichem Handeln und staatlichem Verfassungsrecht voraus[135]; deshalb begründet die Eigenständigkeit staatskirchenrechtlicher Körperschaften und eine Treuepflicht ihnen gegenüber niemals einen prinzipiellen Kontrast zum Grundgesetz, sondern ordnet selbstbestimmtes Handeln und hoheitsrechtliche Betroffenheit im Rahmen verfassungsrechtlicher Gewährleistungen einander zu.

V. Verleihungsvoraussetzungen

1. Erscheinungsformen

Im Bereich der alten Bundesländer besitzen zur Zeit[136] neben der Römisch-Katholischen Kirche und den in der Evangelischen Kirche in Deutschland (EKD) zusammengefaßten Lutherischen, Reformierten und Unierten Landeskirchen folgende weitere Religionsgemeinschaften und Weltanschauungsvereinigungen den öffentlich-rechtlichen Status: In allen alten Bundesländern anerkannt sind die Evangelisch-Methodistische Kirche, die Neuapostolische Kirche, die Gemeinschaft der Siebenten-Tags-Adventisten und die Jüdische Religionsgemeinschaft; in annähernd allen die Alt-Katholische Kirche, der Bund Evangelisch-Freikirchlicher Gemeinden (Baptisten), die Christengemeinschaft, die Russisch-Orthodoxe Kirche im Ausland und die Griechisch-Orthodoxe Metropolie von Deutschland; in mindestens je einem Land der Bund freier evangelischer Gemeinden, die Heilsarmee in Deutschland, die

---

[132] *Kästner*, Staatliche Justizhoheit (Anm. 126), S. 122.
[133] *Johann Frank*, Dienst- und Arbeitsrecht, in: HdbStKirchR¹ I, S. 669 (686 ff.); *v. Mangoldt / Klein / v. Campenhausen*, Art. 140 GG / Art. 137 WRV, Rdnr. 157, Fn. 47, spricht von nur eingeschränkter Geltung des Art. 33 Abs. 5 GG. Offen bleiben insbesondere die Fragen nach der Staatsangehörigkeit des Beamten und nach dem Begünstigten der Treuepflicht (Staat oder Religionsgemeinschaft?).
[134] *v. Mangoldt / Klein / v. Campenhausen*, Art. 140 GG / Art. 137 WRV, Rdnr. 155.
[135] Vgl. dazu unten V 3.
[136] Stand Ende 1993.

§ 22 Die Kirchen als Körperschaften des öffentlichen Rechts 679

Europäisch-Festländische Brüder-Unität (Herrnhuter Brüdergemeinde), die Vereinigung der Mennoniten-Gemeinden, die selbständigen, nicht der EKD angehörenden Evangelisch-Lutherischen und Reformierten Kirchen, die Christliche Wissenschaft, der Bund freireligiöser Gemeinden, die Deutschen Unitarier, die Kirche Jesu Christi der Heiligen der letzten Tage (Mormonen), der Bund freikirchlicher Pfingstgemeinden, die Johannische Kirche in Berlin, die Französische Kirche zu Berlin (Hugenottenkirche), die Evangelisch-Bischöfliche Gemeinde in Hamburg, die Dänische Seemannskirche in Hamburg, die Wallonisch-Niederländische Gemeinde Hanau, die Russisch-Orthodoxe Kirche (Moskauer Patriarchat) sowie der Bund für Geistesfreiheit in Bayern und die Freigeistige Landesgemeinschaft Nordrhein-Westfalen.

Ungeklärt ist, welchen Status die Kirchen in der DDR vor 1990 besaßen. Der Körperschaftsbegriff ist durch die Verfassung von 1968 aus dem staatlichen Recht getilgt worden. Die Kirchen wurden im Zivilrechtsverkehr ohne förmliche Anerkennung eines Korporationsstatus als „andere rechtlich selbständige Organisationen und Vereinigungen" behandelt (Art. 11 Abs. 3 ZGB). Ihre Dienstherrenfähigkeit und Organisationsgewalt übten sie weiterhin stets öffentlich-rechtlich aus — vom Staat geduldet und im staatlichen Recht berücksichtigt. § 2 des Kirchensteuergesetzes der DDR von 1990, der gemäß Art. 9 Abs. 5 Einigungsvertrag als Landesrecht gilt, zählt nunmehr die Körperschaften mit öffentlich-rechtlichem Status auf und stellt damit ihren Status klar. Demnach besitzen die Römisch-Katholische Kirche, die Evangelischen Landeskirchen und die Jüdische Religionsgemeinschaft den Korporationsstatus. Inzwischen[137] sind in einzelnen neuen Bundesländern außerdem die Evangelisch-Methodistische Kirche, die Evangelisch-Reformierte Gemeinde Dresden, die Neuapostolische Kirche, die Gemeinschaft der Siebenten-Tags-Adventisten und die Christengemeinschaft anerkannt worden.

Im Bereich der Römisch-Katholischen Kirche besitzen die Diözesen und Pfarreien[138], im Bereich der Evangelischen Kirche die Landeskirchen und die Gemeinden den Körperschaftsstatus. Während die Evangelische Kirche in Deutschland (EKD)[139] als Dachverband der Landes-

---

[137] Stand Ende 1993.
[138] Die nach kanonischem Recht selbständigen Kirchenfabriken und -stiftungen sind staatskirchenrechtlich den Pfarreien zuzuordnen, vgl. *Friesenhahn*, Die Kirchen und Religionsgemeinschaften (Anm. 8), S. 569.
[139] Zur Vereinigung des Bundes der Evangelischen Kirchen der DDR und der Evangelischen Kirche in Deutschland s. *Joseph Listl*, Der Wiederaufbau der staatskirchenrechtlichen Ordnung in den neuen Ländern der Bundesrepublik Deutschland, in: FS für Anton Rauscher (Anm. 10), S. 413 (417 f.).

kirchen gemäß Art. 137 Abs. 5 S. 3 WRV von Verfassungs wegen eine öffentlich-rechtliche Körperschaft ist, hat die Deutsche Bischofskonferenz[140] auf den Erwerb der Rechtsfähigkeit nach staatlichem Recht verzichtet[141], sich aber in Gestalt des Verbandes der Diözesen Deutschlands eine Trägerinstitution mit dem Status einer Körperschaft des öffentlichen Rechts geschaffen, um sich im Interesse ihrer pastoralen Aufgaben von wirtschaftlichen und juristischen Fragen zu entlasten, die Verwaltung des überdiözesanen Haushalts zu erleichtern und den Abschluß privatrechtlicher Verträge zu ermöglichen[142]. Uneinheitlich ist das Bild bei den Dekanaten und Kirchenbezirken. In der Diözese Rottenburg-Stuttgart sind die Dekanate und Dekanatsverbände als Körperschaften anerkannt; in anderen Diözesen haben sie diesen Status bisher nicht angestrebt. Der öffentlich-rechtliche Korporationsstatus erstreckt sich infolge der sich aus ihm ergebenden Organisationsgewalt[143] auch auf solche kirchenverfassungsrechtlich notwendige Institutionen, die nach Kirchenrecht eigene Rechtsfähigkeit besitzen und damit selbständige Vermögensträger sind[144]. Beispiele aus dem Bereich der Römisch-Katholischen Kirche sind die Bischöflichen Stühle und die Kathedral-Kapitel[145]. Auch bei den religiösen Orden stellt sich die Frage nach dem Erwerb des Körperschaftsstatus[146].

2. Religionsgemeinschaften und Weltanschauungsvereinigungen

Die Verleihung des Körperschaftsstatus setzt nach Art. 137 Abs. 5 und Abs. 7 WRV voraus, daß der Antragsteller eine Religionsgemeinschaft oder eine Weltanschauungsvereinigung ist. Diese Voraussetzung erfüllt jeder Zusammenschluß von Personen innerhalb eines zum Geltungsbereich des Grundgesetzes gehörenden Gebietes, die das Weltganze universell zu begreifen und die Stellung des Menschen in der Welt aus dieser umfassenden Weltsicht zu erkennen und zu bewerten suchen[147]

---

[140] Zum Beitritt der Berliner Bischofskonferenz der DDR zur Deutschen Bischofskonferenz s. *Listl*, ebd., S. 414 ff.

[141] *Alexander Hollerbach*, Der verfassungsrechtliche Schutz kirchlicher Organisation, in: HStR VI, 1989, § 139, Rdnr. 17.

[142] *Joseph Listl*, Der Verband der Diözesen Deutschlands, in: Stimmen der Zeit, Bd. 195 (1977), S. 337 ff.; *Josef Homeyer*, Ein Verband für die Diözesen Deutschlands, in: FS für Franz Hengsbach. Bochum 1980, S. 242 ff.

[143] S. oben IV 1.

[144] *Friesenhahn*, Die Kirchen und Religionsgemeinschaften (Anm. 8), S. 567.

[145] Dazu *Friesenhahn*, ebd., S. 568 mit Fn. 68.

[146] Vgl. *Friesenhahn*, ebd., S. 566, Fn. 62; vgl. hierzu im einzelnen in *diesem* Handbuch *Joseph Listl*, § 30 Die Ordensgemeinschaften und ihre Angehörigen in der staatlichen Rechtsordnung.

§ 22 Die Kirchen als Körperschaften des öffentlichen Rechts

sowie diese Übereinstimmung umfassend bezeugen und danach handeln wollen[148]. Bestimmend für die Religionsgemeinschaft ist „das Vorhandensein eines Bekenntnisses ..., das den Menschen nicht lediglich aus innerweltlichen (immanenten) Bezügen begreift, sondern ihn in eine den Menschen überschreitende und umgreifende (transzendente) Wirklichkeit einfügt"[149]. Der Gottesfrage kommt zentrale Bedeutung zu[150]. Demgegenüber besitzen die Weltanschauungsvereinigungen die Eigenart, daß sie den Menschen lediglich aus innerweltlichen, nicht aus transzendentalen Bezügen heraus begreifen[151] und „eine außerweltliche oder überirdische Bindung, insbesondere den Glauben an Gott, negieren oder für gleichgültig erklären"[152]. Die unscharfe[153] Grenze zwischen Religion und Weltanschauung braucht allerdings nicht tatbestandlich verdeutlicht zu werden, weil Art. 4 Abs. 1 GG die Freiheit des religiösen und weltanschaulichen Bekenntnisses schützt und Art. 137 Abs. 7 WRV die Weltanschauungsvereinigungen für den gesamten Regelungsgehalt des Art. 137 WRV den Religionsgemeinschaften gleichstellt[154]. Insoweit[155] bildet die Weltanschauungsvereinigung einen Auffangtatbestand, der alle Vereinigungen umfaßt, deren Grund und Ziel die sinnstiftende Überzeugung von einer gemeinsamen Weltsicht mit einem daraus abgeleiteten Verständnis des Menschen und seiner Verhaltensweisen ist[156].

[147] Vgl. *Anschütz*, Verfassung (Anm. 58), S. 560; *Hollerbach*, Grundlagen (Anm. 2), Rdnr. 137.

[148] Vgl. BVerwG, in: NJW 1981, S. 1460; *Anschütz*, Verfassung (Anm. 58), S. 560; *Klaus Obermayer*, in: BK. Heidelberg, Zweitbearbeitung 1971, Art. 140, Rdnrn. 39 ff.; *Maunz*, in: Maunz / Dürig (Anm. 131), Art. 140 (Stand 1973), Rdnr. 19.

[149] *Peter Badura*, Der Schutz von Religion und Weltanschauung durch das Grundgesetz. Tübingen 1989, S. 37, unter Hinweis auf BVerwGE 61, 152 (156).

[150] *Gottfried Held*, Die kleinen öffentlich-rechtlichen Religionsgemeinschaften im Staatskirchenrecht der Bundesrepublik. München 1974, S. 112.

[151] *Anschütz*, Verfassung (Anm. 58), S. 560; *v. Mangoldt / Klein / v. Campenhausen*, Art. 140 GG / Art. 137 WRV, Rdnr. 216; *Badura*, Der Schutz von Religion und Weltanschauung (Anm. 149), S. 30 f.; vgl. *Paul Stelkens*, in: Paul Stelkens / Heinz Joachim Bonk / Michael Sachs, Verwaltungsverfahrensgesetz. 4. Aufl., München 1993, § 2, Rdnr. 30.

[152] *Badura*, Der Schutz von Religion und Weltanschauung (Anm. 149), S. 38.

[153] BVerwG, in: NJW 1981, S. 1460 — Scientology.

[154] Vgl. *Anschütz*, Verfassung (Anm. 58), S. 560; *Hollerbach*, Grundlagen (Anm. 2), Rdnr. 137; *v. Mangoldt / Klein / v. Campenhausen*, Art. 140 GG / Art. 137 WRV, Rdnrn. 219 f.

[155] Die Unterscheidung bleibt bedeutsam für Art. 7 Abs. 3 GG sowie für das Geistlichenprivileg bei der Kriegsdienstverweigerung, *v. Mangoldt / Klein / v. Campenhausen*, Art. 140 GG / Art. 137 WRV, Rdnr. 217 mit Fn. 3; *v. Mangoldt / Klein / Starck*, Art. 4, Rdnr. 18; BVerwGE 61, 152 (156); Art. 9 Abs. 2 GG und dazu *Joseph Listl*, Verbots- und Auflösungsmöglichkeiten von Religions- und Weltanschauungsgemeinschaften bei verfassungsfeindlicher politischer Betätigung, in: DÖV 1973, S. 181 ff.

Vom Gewährleistungsinhalt des Art. 137 WRV ausgenommen sind demnach Vereinigungen, die sich in ihrem tatsächlichen Wirken auf politisches Handeln oder wirtschaftliche Betätigung[157] oder auf die Pflege ethischer oder sprachlicher Gemeinsamkeiten ausrichten[158]. Zwar kann auch die Religionsausübung und das weltanschauliche Bekenntnis politisches und wirtschaftliches Handeln umfassen[159], sofern dieses Handeln in einem religiösen oder weltanschaulichen Selbstverständnis wurzelt und der organisatorische Zusammenhang zu Religion und Weltanschauung greifbar ist[160]. Eine politische oder wirtschaftliche Vereinigung wird aber nicht durch das bloß abstrakte Bekenntnis zu einer religiösen oder sinnstiftenden Leitidee zu einer Religions- oder Weltanschauungsgemeinschaft[161]; vielmehr muß die Vereinigung in ihrem äußeren Erscheinungsbild, ihrem geistigen Gehalt und ihrem stetigen Handeln religiös oder weltanschaulich geprägt sein. Dies im Streitfall zu prüfen und zu entscheiden, obliegt — als Anwendung einer Regelung der staatlichen Rechtsordnung — den staatlichen Organen, letztlich den Gerichten[162]. Werden Existenz und Wirken einer Vereinigung durch ihr politisches Handeln oder ihre wirtschaftliche Betätigung bestimmt, handelt es sich nicht um eine Religionsgemeinschaft, auch wenn sie selbst sich als eine solche versteht[163].

3. Die Hoheitsfähigkeit

Die Offenheit des Körperschaftsstatus für Religionsgemeinschaften und Weltanschauungsvereinigungen unabhängig vom Inhalt ihrer Lehren bestätigt die religiös-weltanschauliche Neutralität des Staates, eröffnet andererseits nicht die Befugnis, Hoheitsrechte für beliebige Zielsetzungen und Wirkungsweisen einzuräumen. Wenn Art. 137 Abs. 7 WRV religionsfreie Weltanschauungen (Atheismus, Materialismus, Monismus) umfaßt[164], aber auch andere, um eine umfassende Deutung von Ursprung, Sinn und Ziel der Welt und des Menschen bemühte Gedan-

---

[156] Vgl. *Hans-Diether Reimer,* Art. „Weltanschauungsgemeinschaften", in: EvStL³ II, Sp. 3963; *Hollerbach,* Grundlagen (Anm. 2), Rdnr. 137.

[157] *Badura,* Der Schutz von Religion und Weltanschauung (Anm. 149), S. 89.

[158] *Wolfgang Loschelder,* Der Islam und die religionsrechtliche Ordnung des Grundgesetzes, in: EssGespr. 20 (1986), S. 149 (162).

[159] *Badura,* Der Schutz von Religion und Weltanschauung (Anm. 149), S. 54.

[160] Vgl. *Badura,* ebd., S. 54 f. m. w. N.; BVerfGE 24, 236 — Lumpensammler.

[161] BVerwG, in: NJW 1981, S. 1460 (1461) — Scientology.

[162] BVerfGE 83, 341 (353) — Bahai.

[163] *Badura,* Der Schutz von Religion und Weltanschauung (Anm. 149), S. 54 f.

[164] *Anschütz,* Verfassung (Anm. 58), S. 560; *Hollerbach,* Grundlagen (Anm. 2), Rdnr. 137.

§ 22 Die Kirchen als Körperschaften des öffentlichen Rechts 683

kensysteme wie den Marxismus in den Tatbestand der Weltanschauungsvereinigung einbezieht[165], so stellt sich die Frage, ob der Gleichstellungsanspruch des Art. 137 Abs. 7 WRV neben der Freiheit vom Staat stets auch die Einräumung von Hoheitsbefugnissen im Status der Körperschaften des öffentlichen Rechts zur Folge hat. Die Hoheitsbefugnisse werden von dem nach dem Grundgesetz verfaßten Staat verliehen; dieser Verleihungsakt unterliegt als Ausübung von Staatsgewalt den verfassungsrechtlichen Bindungen und darf deshalb jedenfalls nicht die generelle und prinzipielle Verfassungsgebundenheit aller in Deutschland ausgeübten Hoheitsgewalt[166] gefährden. Sobald eine Körperschaft mit öffentlich-rechtlichen Befugnissen ausgestattet wird, wechselt diese insoweit aus der Freiheitsberechtigung des Grundrechtsträgers in die Freiheitsverpflichtung gegenüber dem durch Hoheitsausübung Grundrechtsbetroffenen. Auch wenn dieser Pflichtenstatus sodann um der Freiheit und Eigenständigkeit der Religionsgemeinschaften und Weltanschauungsvereinigungen willen modifiziert werden muß, darf der Status eines Hoheitsberechtigten jedenfalls nur gewährleistet werden, wenn die Vereinigung grundsätzlich zur grundgesetzkonformen Wahrnehmung der Hoheitsrechte fähig und bereit ist und auch ihre Organisations-, Dienstherren- und Rechtsetzungsgewalt im Rahmen des Art. 140 GG gebunden weiß. Die Verleihung des Körperschaftsstatus ist in ihren Voraussetzungen staatskirchenrechtlich verfaßt, so daß jedenfalls die Prinzipien von Neutralität, Säkularität, Parität und Toleranz von den Antragstellern anerkannt werden müssen; einer die maßgebenden Grundlagen der staatlichen Ordnung prinzipiell ablehnenden Religionsgemeinschaft muß der Körperschaftsstatus versagt werden[167].

Das Grundgesetz organisiert oder toleriert bei der Gewährung von Hoheitsbefugnissen nicht einen Wettbewerb der Kultursysteme mit beliebigem Ergebnis, sondern wahrt seine Identität gegenüber allen Angriffen (vgl. Art. 79 Abs. 3, 9 Abs. 2, 18, 21 Abs. 2 GG). Im Art. 140 GG stützt es seine freiheitliche Verfassung durch Kulturträger, die in Distanz zum Staat den Sinn für Würde und Personalität des Menschen

---

[165] So *v. Mangoldt / Klein / v. Campenhausen*, Art. 140 GG / Art. 137 WRV, Rdnr. 216.
[166] Vgl. dazu BVerfG, in: EuGRZ 1993, S. 429 (LS 7 und S. 435) — Maastricht.
[167] Vgl. hierzu *Konrad Müller*, Die Gewährung der Rechte einer Körperschaft des öffentlichen Rechts an Religionsgesellschaften gem. Art. 137 Abs. V S. 2 WRV, in: ZevKR 2 (1952 / 53), S. 139; *Rudolf Smend*, Zur Gewährung der Rechte einer Körperschaft des öffentlichen Rechts an Religionsgesellschaften gem. Art. 137 WRV, in: ZevKR 2 (1952 / 53), S. 374 f.; *Eberhard Bopp*, Zur Gewährung der Rechte einer Körperschaft des öffentlichen Rechts an Religionsgemeinschaften gem. Art. 137 WRV, in: ZevKR 3 (1953 / 54), S. 184 f.; *Hollerbach*, Grundlagen (Anm. 2), Rdnr. 136.

und die Fähigkeit zur Freiheit entfalten. Die religiös-weltanschauliche Neutralität des Staates und die Freiheit vom Staat bleiben bei dieser Prüfung der Verleihungsvoraussetzungen gewahrt, weil der Körperschaftsstatus den Religionsgemeinschaften und Weltanschauungsvereinigungen lediglich angeboten, nämlich nur auf Antrag verliehen wird (Art. 137 Abs. 5 S. 2 WRV). Die Eignung des Körperschaftsstatus für die innere Organisation und das interne Handeln des Antragstellers hat dabei grundsätzlich der Antragsteller und nicht der Staat zu prüfen[168].

Die Hoheitsfähigkeit ist bei den bisherigen Antragstellern praktisch kein Problem gewesen. Insoweit genügte der Hinweis, daß Religionsgemeinschaften und Weltanschauungsvereinigungen sich bei ihrer Betätigung im Rahmen der geltenden staatlichen Rechtsordnung zu halten haben und daß sie gemäß Art. 9 Abs. 2 GG verboten werden können, wenn sich ihre Zwecke oder ihre Tätigkeit gegen die verfassungsmäßige Ordnung richten[169]. Diese Schranken gelten aber der freiheitlichen Betätigung im Staat; die Voraussetzungen für die Wahrnehmung staatlich verliehener Hoheitsbefugnisse sind demgegenüber enger durch den verfassungsrechtlichen Pflichtenstatus bestimmt.

4. Die „Gewähr der Dauer" (Art. 137 Abs. 5 S. 2 WRV)

Weitere Voraussetzung für die Verleihung des Körperschaftsstatus ist nach Art. 137 Abs. 5 S. 2 WRV, daß die Religionsgemeinschaften „durch ihre Verfassung und die Zahl ihrer Mitglieder die Gewähr der Dauer bieten". Das Tatbestandsmerkmal der Gewähr der Dauer soll nicht nur sicherstellen, daß die betreffende Religionsgemeinschaft sich bei Verleihung des Körperschaftsstatus bereits im Kreis der vorhandenen Religionsgemeinschaften eigenständig eingerichtet hat und aus dem Gründungsstadium deutlich herausgewachsen ist. Die Gewähr der Dauer bietet eine Religionsgemeinschaft vielmehr nur dann, wenn sie als ein stetiger Rechtsträger mit klaren Organisationsformen, Willensbildungsverfahren und Organen bestimmt werden kann, die eine langfristige Fähigkeit zur Kooperation mit dem freiheitlich demokratischen Rechtsstaat gewährleisten.

---

[168] Vgl. BVerfGE 83, 341 (357) zur Verwirklichung einer hierarchischen Struktur im Körperschaftsstatus.

[169] *v. Campenhausen,* Religionsfreiheit (Anm. 67), Rdnr. 83 m. w. N.; *Listl,* Verbots- und Auflösungsmöglichkeiten (Anm. 155), S. 185; vgl. auch BVerwGE 37, 344 (363 f.) — Ludendorff; *H. Weber,* Die Verleihung der Körperschaftsrechte (Anm. 88), S. 356; *Hollerbach,* Grundlagen (Anm. 2), Rdnr. 136.

a) „Verfassung"

Eine „Verfassung", die diese Gewähr dauernder Kooperationsfähigkeit bietet, ist nicht bloßes Organisationsstatut[170], sondern bezeichnet den rechtlich greifbaren Gesamtzustand der Religionsgemeinschaft. Im einzelnen muß die Verfassung eine rechtlich faßbare Organisation in Form einer Verwaltungsgemeinschaft mit nach außen vertretungsberechtigten Organen[171] schaffen, eine hinreichende Finanzausstattung belegen[172], einen genügenden Zeitraum des Bestehens[173] ausweisen, ein intensives religiöses oder weltanschauliches Leben fördern, das sich in regelmäßigen Zusammenkünften der Mitglieder und in einem Mindestmaß an lokaler Gemeindeorganisation zeigt[174], eine angemessene Versorgung mit gottesdienstlichen und seelsorgerischen Diensten[175] gewährleisten und eine gewisse Bedeutung im öffentlichen Leben dokumentieren[176].

Die Gewähr der Dauer kann auch fehlen, wenn die Religionsgemeinschaft oder die Weltanschauungsvereinigung nach ihrem Selbstverständnis nicht auf längere Dauer angelegt ist[177], sie etwa zu einem bestimmbaren, in näherer Zukunft liegenden Zeitpunkt den Weltuntergang erwartet. Eine starke eschatologische Ausrichtung, wie sie auch der christlichen Kirche in ihren Anfängen eigen war[178], hindert allerdings nicht eine langfristige Zusammenarbeit zwischen Staat und Kir-

---

[170] *Müller*, Die Gewährung der Rechte (Anm. 167), S. 157; *Hollerbach*, Grundlagen (Anm. 2), Rdnr. 135.

[171] *H. Weber*, Die Verleihung der Körperschaftsrechte (Anm. 88), S. 350 f.

[172] Vgl. BVerfGE 19, 129 (134); 66, 1 (24).

[173] *Held*, Die kleinen öffentlich-rechtlichen Religionsgemeinschaften (Anm. 150), S. 117; *Müller*, Die Gewährung der Rechte (Anm. 167), S. 166: 30 bis 50 Jahre; *Engelhardt*, Kirchensteuer (Anm. 99), S. 49: ein Generationswechsel; OVG Berlin, in: AS 10, 105 (110): 30 bis 40 Jahre bzw. eine Generation; *Lehmann*, Die Funktion von Glaube und Kirche (Anm. 6), S. 50: zwei Generationswechsel bzw. 70 bis 80 Jahre; *H. Weber*, Die Verleihung der Körperschaftsrechte (Anm. 88), S. 351: ein Generationswechsel bzw. 30 Jahre.

[174] *H. Weber*, Die Verleihung der Körperschaftsrechte (Anm. 88), S. 352.

[175] *Axel Frhr. v. Campenhausen*, Neue Religionen im Abendland. Staatskirchenrechtliche Probleme der Muslime, der Jugendsekten und der sog. destruktiven religiösen Gruppen, in: ZevKR 25 (1980), S. 135 (145).

[176] Vgl. BVerfGE 66, 1 (24); zweifelnd *H. Weber*, Die Verleihung der Körperschaftsrechte (Anm. 88), S. 353 f.; ablehnend *Müller*, Die Gewährung der Rechte (Anm. 167), S. 159, und *Held*, Die kleinen öffentlich-rechtlichen Religionsgemeinschaften (Anm. 150), S. 122.

[177] *Paul Mikat*, Kirchen und Religionsgemeinschaften, in: Die Grundrechte. Bd. IV / 1, Berlin 1960, S. 111 (157).

[178] *Jürgen Lehmann*, Die kleinen Religionsgesellschaften des öffentlichen Rechts im heutigen Staatskirchenrecht. Oldenstadt 1959, S. 48 f.

che und steht damit der Gewähr der Dauer nicht entgegen. Im übrigen hat sich der Staat religiös und weltanschaulich neutral zu verhalten und deshalb auf eine Bewertung theologischer Grundlagen zu verzichten.

b) „Mitgliederzahl"

Die Mitgliederzahl belegt die dauernde Kooperationsfähigkeit nur, wenn der Vereinigung in einer gewissen Beständigkeit ein personelles Gewicht zukommt[179] und die Alterszusammensetzung sowie die örtliche Zugehörigkeit der Mitglieder eine gewisse Stetigkeit erwarten läßt[180].

Die Verleihungspraxis der Länder verlangt, daß in der Regel mindestens jeder tausendste Einwohner des betreffenden Landes Mitglied der jeweiligen Religionsgemeinschaft ist[181]. Die mit dem Körperschaftsstatus verliehenen Hoheitsbefugnisse und die Vertretungsbefugnis in der Öffentlichkeit machen es erforderlich, daß die betreffende Religionsgemeinschaft klare Regeln über Erwerb und Verlust der Mitgliedschaft besitzt[182]. Die Staatsangehörigkeit der Mitglieder kann bei der Gesamtwürdigung der Dauerhaftigkeit berücksichtigt werden[183], ist jedoch kein eigenes Verleihungskriterium. Anstaltlich betriebenen Einrichtungen fehlt eine stabile mitgliedschaftliche Struktur und damit die für die Verleihung des Körperschaftsstatus vorausgesetzte Gewähr der Dauer[184].

5. Verleihungsverfahren

Der Status einer Körperschaft des öffentlichen Rechts wird nur auf Antrag verliehen (Art. 137 Abs. 5 WRV). Zuständig sind die Länder.

In Bremen wird der Körperschaftsstatus aufgrund des Art. 61 S. 2 der Landesverfassung in Form eines Gesetzes verliehen. Auch Nordrhein-Westfalen wählt traditionell die Gesetzesform. Für Hamburg verlangt § 1 Abs. 1 des Gesetzes über die Verleihung der Rechte einer Körperschaft an Religionsgesellschaften und Weltanschauungsvereinigungen

---

[179] *H. Weber*, Die Verleihung der Körperschaftsrechte (Anm. 88), S. 355.
[180] *H. Weber*, ebd., S. 354; zusammenfassend OVG Berlin, in: AS 10, 105 (111).
[181] *H. Weber*, ebd., S. 354 f. m. w. N.
[182] *H. Weber*, ebd., S. 355; *v. Campenhausen*, Neue Religionen (Anm. 175), S. 143 f.
[183] *H. Weber*, Die Verleihung der Körperschaftsrechte (Anm. 88), S. 355.
[184] So auch *Loschelder*, Der Islam (Anm. 158), S. 163, im Hinblick auf islamische Gebets- und Versammlungsstätten und Koranschulen. Der Islam kennt allgemein kein parochiales Ordnungs- und Zuordnungsprinzip, vgl. *Alfred Albrecht*, Religionspolitische Aufgaben angesichts der Präsenz des Islam in der Bundesrepublik Deutschland, in: EssGespr. 20 (1986), S. 82 (95).

§ 22 Die Kirchen als Körperschaften des öffentlichen Rechts

vom 15. Oktober 1973[185] eine Rechtsverordnung des Senats. In Baden-Württemberg, Berlin, Hessen, Niedersachsen, Rheinland-Pfalz und im Saarland genügt ein Beschluß der Landesregierung, in Bayern und Schleswig-Holstein eine Entscheidung des Kultusministers[186]. Derartige von einem Organ der Exekutive ausgesprochene Verleihungen sind statusbegründende Verwaltungsakte[187].

Der Verleihungsakt ist ein „überregionaler Akt"[188], der über das verleihende Bundesland hinaus Wirkungen entfaltet und die im Körperschaftsstatus enthaltene Rechtsfähigkeit mit bundesweiter Verbindlichkeit begründet[189]. Die mit dem Körperschaftsstatus verliehenen Hoheitsbefugnisse dürfen die betreffenden Religionsgemeinschaften nur in dem jeweils verleihenden Bundesland wahrnehmen[190].

---

[185] Hamb.GVBl. 1973, S. 434.
[186] Vgl. *Johann Störle*, Urteilsanmerkung zu Bayer. VG München, Urteil v. 13.10.1982, in: ZevKR 29 (1984), S. 628 (633, Fn. 4).
[187] Bayer. VG München, Urteil v. 13.10.1982 — Nr. M2784 VII 80 (rechtskräftig), in: ZevKR 29 (1984), S. 628 ff.; *Müller*, Die Gewährung der Rechte (Anm. 167), S. 167 f.; *Störle*, Urteilsanmerkung (Anm. 186), S. 634; a. A. *Held*, Die kleinen öffentlich-rechtlichen Religionsgemeinschaften (Anm. 150), S. 131: Rechtsverordnung.
[188] *Maunz*, in: Maunz / Dürig (Anm. 131), Art. 140 GG / Art. 137 WRV (Stand 1973), Rdnr. 29.
[189] *Friesenhahn*, Die Kirchen und Religionsgemeinschaften (Anm. 8), S. 576; *Held*, Die kleinen öffentlich-rechtlichen Religionsgemeinschaften (Anm. 150), S. 133 ff.; *Störle*, Urteilsanmerkung (Anm. 186), S. 635.
[190] Bayer. VG München (Anm. 187), S. 630; *Held*, Die kleinen öffentlich-rechtlichen Religionsgemeinschaften (Anm. 150), S. 135; *Störle*, Urteilsanmerkung (Anm. 186), S. 635; a. A. *Friesenhahn*, Die Kirchen und Religionsgemeinschaften (Anm. 8), S. 576.

§ 23

Die Religionsgemeinschaften mit privatrechtlichem Rechtsstatus

Von Josef Jurina

Neben den großen Kirchen und zahlreichen kleineren Religionsgemeinschaften, die — sei es in allen, sei es in einzelnen Bundesländern — Körperschaften des öffentlichen Rechts sind, bestehen in der Bundesrepublik Deutschland eine große Zahl anderer, meist kleiner Religionsgemeinschaften, die den Status von rechtsfähigen oder von nicht rechtsfähigen Vereinen haben.

Die Rechtsstellung dieser Religionsgemeinschaften ist damit jedoch nur teilweise gekennzeichnet. Von größerer Bedeutung als dieser für die Teilnahme am allgemeinen Rechtsverkehr maßgebende Rechtsstand ist es, daß auch sie an den verfassungsrechtlichen Gewährleistungen teilhaben, die das Grundgesetz für alle Religionsgemeinschaften vorsieht. Trotz aller Unterschiede hinsichtlich Größe und faktischer Bedeutung haben diese Religionsgemeinschaften denselben verfassungsunmittelbaren Rechtsstatus, der allen Kirchen und Religionsgemeinschaften nach dem Grundgesetz eignet. Er gründet sich auf das Grundrecht der Religionsfreiheit, auf das Verbot der Staatskirche und auf die Gewährleistung des Selbstbestimmungsrechts innerhalb der Schranken des für alle geltenden Gesetzes. Auch diese Religionsgemeinschaften sind daher, ohne „Kirchen" im Sinne des nunmehr allgemein akzeptierten verfassungsrechtlichen Sprachgebrauchs zu sein, Gegenstand des Staatskirchenrechts der Bundesrepublik Deutschland[1]. Die Unterschiede gegenüber den öffentlich-rechtlich korporierten Kirchen und Religionsgemeinschaften ergeben sich erst auf der (systematisch nachrangigen) Stufe des Rechtsstandes im weltlichen Recht.

In praktischer Hinsicht hat in den vergangenen Jahren die Bedeutung dieser Religionsgemeinschaften zugenommen. So ist z. B. der Islam mittlerweile zur drittstärksten Religionsgemeinschaft in der Bundesre-

---

[1] Vgl. hierzu statt aller *Alexander Hollerbach*, Grundlagen des Staatskirchenrechts, in: HStR VI, 1989, § 138, Rdnrn. 126 f., 88 ff., 108 ff.

publik geworden. Auch die Verbreitung der neuen oder „Jugend"religionen schafft einen Sachverhalt, der die Befassung mit den nicht öffentlich-rechtlichen Religionsgemeinschaften zunehmend wichtig macht[2].

I. Begriffsbestimmung

Zum Kreis der im folgenden zu behandelnden Religionsgemeinschaften gehören alle Vereinigungen, die dem Begriff der „Religionsgesellschaft" des Art. 140 GG i. V. m. Art. 137 Abs. 3 WRV unterfallen, ohne gemäß oder aufgrund Art. 140 GG i. V. m. Art. 137 Abs. 5 WRV den Status einer Körperschaft des öffentlichen Rechts innezuhaben. Gemäß dem neueren, für die Eigenart religiöser Gemeinschaften geschärften staatskirchenrechtlichen Verständnis wird dieser Begriff der „Religionsgesellschaft" im folgenden durch den auch in Art. 7 Abs. 3 GG verwandten Begriff „Religionsgemeinschaft"[3] ersetzt. Religionsgemeinschaften sind durch folgende Merkmale gekennzeichnet:

1. Es muß sich um eine Vereinigung, d. h. um einen freiwilligen Zusammenschluß von mindestens zwei natürlichen Personen, handeln. Dieser Zusammenschluß bedarf eines Minimums organisatorischer Strukturen. Er muß mit dem Ziel längeren Bestehens begründet worden sein[4].

2. Diese Vereinigung muß im Geltungsbereich des Grundgesetzes bestehen[5]. Dies ist für Angehörige einer traditionell zunächst im Ausland existierenden Religionsgemeinschaft (Muslime, Buddhisten) von Bedeutung: Religionsgemeinschaft im Sinn des Grundgesetzes ist nicht diese ausländische Vereinigung, selbst wenn einzelne oder viele ihrer Angehörigen für längere Zeit oder für Dauer in der Bundesrepublik leben. Es bedarf vielmehr eines selbständigen Zusammenschlusses dieser oder doch einzelner Anhänger dieses Bekenntnisses in der Bundesrepublik. Ohne einen solchen Zusammenschluß kann nicht die korporative Rechtsstellung einer Religionsgemeinschaft, sondern — von den einzelnen Anhängern des jeweiligen Bekenntnisses — lediglich das Individualgrundrecht der Religionsfreiheit in Anspruch genommen werden.

---

[2] Vgl. die Hinweise bei *Alexander Hollerbach,* Der verfassungsrechtliche Schutz kirchlicher Organisation, in: HStR VI, 1989, § 139, Rdnrn. 6 und 7 m. w. N.
[3] Vgl. *Klaus Obermayer,* Art. 140 GG, in: BK (Zweitbearbeitung), Rdnr. 69.
[4] *Obermayer,* ebd., Rdnr. 39.
[5] *Obermayer,* ebd.; *Konrad Hesse,* Religionsgesellschaften, in: EvStL³ II, Sp. 2974.

3. Gemäß dem Wortgehalt des Begriffs „Religionsgemeinschaft" folgt weiter, daß Anlaß und Zweck dieser Vereinigung eine gemeinsame „Religion" ihrer Mitglieder sein muß. Dies könnte den Schluß nahelegen, daß zur Klärung des verfassungsrechtlichen Status der Religionsgemeinschaften eine — verfassungsrechtliche! — Definition von „Religion" vonnöten ist. Eine solche Begriffsbestimmung, die angesichts der religionsphilosophischen, religionswissenschaftlichen und (religions-)theologischen Problematik dieses Begriffs[6] abschließend nicht gelingen kann, ist indes in unserem Zusammenhang nicht erforderlich.

„Religionsgemeinschaft" bzw. „Religionsgesellschaft" ist ein Begriff des deutschen Staatskirchenrechts[7]. Er bezeichnete — nach Auflösung der einen Kirche in die verschiedenen Bekenntnisse und ihrer Umdeutung in „Gesellschaften" — jene Vereinigungen, die sich — im Gegensatz zum sich zunehmend „weltlich" verstehenden Staat — auf das gemeinsame Bekenntnis zu Gott gründeten und diesem Bekenntnis in kultischen Akten Ausdruck verliehen. Gemäß der christlichen Tradition des Abendlandes waren „Religionsgesellschaften" zunächst die christlichen Kirchen sowie die „Sekten"[8]. So hatte der Begriff der Religion einen festen Kern: Er meinte eines der christlichen Bekenntnisse, den Glauben an den personalen Gott des Christentums[9]. Im Maße der Verbreitung nichtchristlicher Bekenntnisse und der Erstreckung der Religionsfreiheit auf sie ergab und ergibt sich die Notwendigkeit, diesen Begriff der Religion bzw. der Religionsgemeinschaft, der seine Herkunft aus dem christlichen Verständnis nicht zu verleugnen braucht, gewissermaßen analog auf alle Gemeinschaften zu übertragen, die sich zu einem „Heiligen", einer außerweltlichen Wirklichkeit bekennen und ihr in kultischen Akten Verehrung erweisen, ohne Rücksicht darauf, ob es sich um christliche oder um nichtchristliche „Religionen" handelt[10]. Es besteht hier eine Analogie zur Definition von „Glauben" im Sinn der Glaubensfreiheit des Art. 4 Abs. 1 GG: Diese umfaßt nach heute wohl gesicherter Lehre „nach ihrem geistesgeschichtlichen Gehalt nicht das Fürwahrhalten jedes beliebigen Meinungsinhalts, sondern nur Glauben in jenem engeren Sinn, den Kant fides sacra genannt hat"[11]. Objekt des

---

[6] Vgl. *Jörg Splett,* Religion, in: StL[7] IV, 1988, Sp. 792 ff. und *Horst Bürkle,* Religionen, ebd., Sp. 799 ff.
[7] Vgl. *Inge Gampl,* Religionsgesellschaften, Religionsgemeinschaften, in: StL[7] IV, 1988, Sp. 833 ff.
[8] Zu diesem Begriff *Godehard König,* Sekten, in: StL[7] IV, 1988, Sp. 1147 ff.
[9] Hieran knüpfte noch die unter der WRV übliche Definition von Religionsgesellschaften an, vgl. *Obermayer,* Art. 140 GG (Anm. 3), Rdnr. 37.
[10] Vgl. *Reinhold Zippelius,* Art. 4 GG, in: BK (Drittbearbeitung), Rdnrn. 30, 32.
[11] *Zippelius,* ebd.

Glaubens im Sinn des Art. 4 GG ist also wie beim Begriff der Religionsgemeinschaften eine — wie auch immer geartete — Gottesvorstellung bzw. die auf einer solchen Gottesvorstellung aufbauenden metaphysischen und ethischen Vorstellungen.

So ist Religionsgemeinschaft heute ein weitgefaßter Begriff: Er ist anwendbar auf alle Vereinigungen, die sich auf einen Konsens ihrer Mitglieder über ein außermenschliches Sein, eine außermenschliche Kraft, über einen „Glauben" an ein „Heiliges" gründen, auf Überzeugungen also, die dem modernen, weltanschaulich religiös neutralen Staat verschlossen sind[12].

Es ist nicht erforderlich, daß der Glaube einer Religionsgemeinschaft in einem dogmatisch fixierten Glaubensbekenntnis formuliert ist, oder, daß er sich von dem Bekenntnis einer anderen Religionsgemeinschaft unterscheidet. Auch Gemeinschaften gleichen Bekenntnisses sind, wenn sie nur organisatorisch unterschieden werden können, jede für sich Religionsgemeinschaften, nicht etwa nur diejenige, die älter ist als die anderen. Selbst ein mehrfacher Wandel des Bekenntnisses hebt die Existenz einer Religionsgemeinschaft nicht auf[13].

Mit dieser Erweiterung des Begriffs Religionsgemeinschaft sind allerdings zugleich seine Grenzen fließend geworden: Es ist in der Tat in einer Reihe von Fällen schwer oder unmöglich geworden, zwischen Religion und Weltanschauung, damit zwischen Religions- und Weltanschauungsgemeinschaft, zu unterscheiden[14]. In diesen Grenzfällen kommt es aber auf die Zuordnung zu der einen oder anderen Kategorie auch nicht mehr an, da kraft ausdrücklicher verfassungsrechtlicher Bestimmung (Art. 140 GG i. V. m. Art. 137 Abs. 7 WRV) der verfassungsrechtliche Grundstatus von Religions- und Weltanschauungsgemeinschaften grundsätzlich gleich ist. Dennoch sollte die Unterscheidung von Religions- und Weltanschauungsgemeinschaft nicht als unvollziehbar aufgegeben werden[15]. Berücksichtigt man den geschilderten historischen Hintergrund, wird es nach wie vor eine Vielzahl von Gemeinschaften geben, die man zweifelsfrei als Religionsgemeinschaft bezeichnen kann, ja denen man Unrecht täte, wenn man sie angesichts ihres Selbstverständnisses von Weltanschauungsgemeinschaften nicht unterschiede.

---

[12] Vgl. *Obermayer*, Art. 140 GG (Anm. 3), Rdnr. 43; *Hermann Weber*, Die Verleihung der Körperschaftsrechte an die Religionsgemeinschaften, in: ZevKR 34 (1989), S. 337-382, 346; *Jörg Müller-Volbehr*, Die sogenannten Jugendreligionen und die Grenzen der Religionsfreiheit, in: EssGespr. 19 (1985), S. 114 ff.

[13] Vgl. m. w. N. *Weber*, Körperschaftsrechte (Anm. 12), S. 348.

[14] *Obermayer*, Art. 140 GG (Anm. 3), Rdnr. 42.

[15] Dies ist die Tendenz von *Obermayer*, ebd.

§ 23 Die Religionsgemeinschaften mit privatrechtlichem Rechtsstatus

In einem so verstandenen Begriff der Religionsgemeinschaft ist im übrigen das von *Schnorr* aufgestellte „materielle" Begriffsmerkmal einer „weitestgehenden Unabhängigkeit vom staatlichen Macht- und Rechtsbereich"[16], wenn man darunter die wesensgemäße Verschiedenheit religionsgemeinschaftlicher und staatlicher Aufgaben im weltanschaulich religiös neutralen Staat versteht, ohne weiteres mit umfaßt. Sofern freilich *Schnorr* diese Selbständigkeit in organisatorischer Hinsicht als „völlig unabhängige Selbstverwaltung ihrer (sc. der Religionsgemeinschaften) inneren Angelegenheiten"[17] versteht, verwechselt er Ursache und Folge: Verfassungsrechtlich ist es Folge der Zugehörigkeit zum Kreis der Religionsgemeinschaften, daß diese organisatorische Unabhängigkeit vom Staat besitzen. Diese Freigabe des Internbereichs zu eigener Entscheidung kann daher nicht ein Merkmal des Begriffs der Religionsgemeinschaft sein[18]. Erst recht ist es nicht möglich, auf diesem Weg kleinen Religionsgemeinschaften — „Sekten" — die verfassungsrechtliche Rechtsstellung als Religionsgemeinschaft zu versagen und sie in die Reihe der einfachen Vereine nach Art. 9 GG zu verweisen.

4. Die als Religionsgemeinschaft klassifizierte Vereinigung muß schließlich auf eine umfassende Erfüllung der aus dem Bekenntnis folgenden Aufgaben und Forderungen gerichtet sein[19]. Eine erschöpfende Kennzeichnung der sich hiernach ergebenden Betätigungen einer Religionsgemeinschaft ist nicht möglich, da, wie *Obermayer* zutreffend hervorhebt, „unterschiedliche Konsense unterschiedliche Konsensbezeugungen"[20] bedingen. Wesentlicher und in irgendeiner Form immer vorhandener Teil der Lebensvollzüge einer Religionsgemeinschaft ist jedoch die Vornahme kultischer Handlungen[21]. Keine Religionsgemeinschaften sind deshalb Vereinigungen, die sich lediglich partiellen Gesichtspunkten des betreffenden Bekenntnisses widmen, etwa der Erfüllung karitativer oder wirtschaftlicher Aufgaben. Diese Vereinigungen sind allenfalls „religiöse Vereine"[22]. Sie genießen freilich besonderen Schutz dadurch, daß auch sie das Grundrecht der Religionsfreiheit in Anspruch nehmen können[23]. Falls sie im Sinn der neueren Rechtspre-

---

16 *Gerhard Schnorr*, Öffentliches Vereinsrecht. Köln, Berlin, Bonn, München 1965, § 2 VereinsG, Rdnr. 38.
17 Ebd.
18 Ebenso *Weber*, Körperschaftsrechte (Anm. 12), S. 348 f.
19 *Obermayer*, Art. 140 GG (Anm. 3), Rdnr. 41; ebenso *Weber*, Körperschaftsrechte (Anm. 12), S. 346.
20 *Obermayer*, Art. 140 GG (Anm. 3), Rdnr. 41.
21 Vgl. *Paul Mikat*, Kirchen und Religionsgemeinschaften, in: Bettermann / Nipperdey / Scheuner, Die Grundrechte. Bd. IV / 1, Berlin 1960, S. 148 f.
22 *Obermayer*, Art. 140 GG (Anm. 3), Rdnrn. 48 ff.; *Hesse*, Religionsgesellschaften (Anm. 5), Sp. 2972.
23 BVerfGE 24, 246 f.

chung des Bundesverfassungsgerichts darüber hinaus einer Religionsgemeinschaft konkret „zugeordnet" werden können, erstreckt sich das Selbstbestimmungsrecht dieser Religionsgemeinschaft auch auf solche Vereine wie auf andere zu ihr gehörende Einrichtungen[24].

5. Auch hinsichtlich der Religionsgemeinschaften stellt sich die Frage, wer im Streitfall darüber entscheidet, ob eine bestimmte Vereinigung eine Religionsgemeinschaft ist oder nicht. Das Bundesverfassungsgericht hat hierzu festgestellt, nicht allein die Behauptung und das Selbstverständnis, eine Gemeinschaft bekenne sich zu einer Religion und sei eine Religionsgemeinschaft, könne für diese und ihre Mitglieder die Berufung auf die Freiheitsgewährleistung des Art. 4 Abs. 1 und 2 GG rechtfertigen. Vielmehr müsse es sich „auch tatsächlich, nach geistigem Gehalt und äußerem Erscheinungsbild, um eine Religion und Religionsgemeinschaft handeln". Dies im Streitfall zu prüfen und zu entscheiden, obliege — als Anwendung einer Regelung der staatlichen Rechtsordnung — den staatlichen Organen, letztlich den Gerichten, die dabei freilich keine freie Bestimmungsmacht ausübten, sondern den von der Verfassung gemeinten oder vorausgesetzten, dem Sinn und Zweck der grundrechtlichen Verbürgung entsprechenden Begriff der Religion zugrunde zu legen hätten[25]. Wie der vom Bundesverfassungsgericht konkret entschiedene Fall zeigt, ist es dann nicht nötig, den Charakter eines Glaubens als Religion und einer Gemeinschaft als Religionsgemeinschaft im einzelnen zu prüfen, wenn, wie es bei der Bahai-Gemeinschaft der Fall ist, die Zuordnung einer Vereinigung zu den Religionsgemeinschaften „nach aktueller Lebenswirklichkeit, Kulturtradition und allgemeinem wie auch religionswissenschaftlichem Verständnis offenkundig ist"[26].

Auf diese Weise werden sich viele Zuordnungsfragen problemlos lösen lassen. Einige Schwierigkeiten bereitet dagegen die Beantwortung der Frage, ob die in den letzten Jahren vermehrt aufgetretenen „neuen" Religionen, insbesondere die sogenannten „Jugendreligionen", Religionsgemeinschaften im Rechtssinne darstellen oder nicht. Angesichts der Weite des für das Verfassungsrecht maßgebenden Religionsbegriffs wird man den meisten dieser Gemeinschaften die Qualifizierung als Religionsgemeinschaft kaum versagen können[27]. Auf der anderen Seite ist es hier von Bedeutung, daß die Glaubens- und Bekenntnisfreiheit des

---

[24] BVerfGE 46, 73; vgl. auch *Hollerbach*, Grundlagen (Anm. 1), Rdnrn. 120 f.
[25] BVerfGE 83, 353.
[26] Ebd.
[27] Vgl. *Müller-Volbehr*, Jugendreligionen (Anm. 12), S. 118; *Axel Frhr. von Campenhausen*, Religionsfreiheit, in: HStR VI, 1989, § 136, Rdnr. 42.

§ 23 Die Religionsgemeinschaften mit privatrechtlichem Rechtsstatus

Grundgesetzes nicht das Fürwahrhalten jedes beliebigen Meinungsinhalts, sondern nur den Glauben in einem engeren Sinn, der auf eine Gottesvorstellung ausgerichtet ist oder auf ethische oder metaphysische Vorstellungen von gewisser Geschlossenheit, schützt[28]. Entsprechendes gilt dann auch für die Frage, ob eine Gruppierung eine Religionsgemeinschaft darstellt oder nicht. Dies muß im Einzelfall geprüft werden. Nach der Bahai-Entscheidung des Bundesverfassungsgerichts besteht aber die Möglichkeit, trotz gegenteiliger Behauptung einer Gruppierung ihr den Charakter als Religionsgemeinschaft nicht zuzuerkennen. Es trifft also nicht mehr zu, daß Gefahren, die von der Betätigung einer solchen Gemeinschaft ausgehen können, erst mit Hilfe der Bestimmung von Schranken der Religionsfreiheit begegnet werden kann[29].

II. Hinweise zu Größe und Zahl der Religionsgemeinschaften mit privatrechtlichem Rechtsstatus

Es ist nicht möglich, über die Zahl und die Größe der Religionsgemeinschaften mit privatrechtlichem Rechtsstatus genaue Angaben zu machen, da entsprechende Statistiken nicht vorliegen. So kann nur versucht werden, Hinweise auf ungefähre Größenordnungen zu geben.

1. Nach dem Statistischen Jahrbuch 1993 gehörten im Jahr 1991 etwa 57 Millionen der Bewohner der Bundesrepublik einer der großen Kirchen und im Jahr 1992 etwa 37.000 Menschen der jüdischen Religion an. Gemessen an einer Bevölkerung von rund 80 Millionen verbleiben etwa 23 Millionen, die einer anderen oder keiner Religionsgemeinschaft angehörten, davon etwa 11-12 Millionen in den neuen Bundesländern. Da die mitgliederstärksten der anderen Religionsgemeinschaften solche mit öffentlich-rechtlichem Status sind und bei der Volkszählung 1987 rund 1,6 Millionen Angehörige der islamischen Religionsgemeinschaft gezählt wurden, wird man schließen dürfen, daß die Zahl der Mitglieder der Religionsgemeinschaften mit privatrechtlichem Rechtsstatus bei etwa 2 bis 2,5 Millionen liegt[30].

---

[28] *Zippelius*, Art. 4 GG (Anm. 10), Rdnr. 30; *Roman Herzog*, Glaubens-, Bekenntnis- und Gewissensfreiheit, in: EvStL³ I, Sp. 1154 f.
[29] So aber — nach der Bahai-Entscheidung des Bundesverfassungsgerichts! — BVerwG, Urt. vom 27.3.1992, in: NJW 1992, S. 2498. Auf der anderen Seite ist es aber eine Frage der Schranken der Religionsfreiheit, nicht des Status als Religionsgemeinschaft, wenn sich Handlungen einer Religionsgemeinschaft gegen fundamentale Verfassungsnormen richten; anders *Müller-Volbehr*, Jugendreligionen (Anm. 12), S. 132.
[30] Statistisches Jahrbuch für die Bundesrepublik Deutschland 1993. Hrsg. vom Statistischen Bundesamt. Wiesbaden 1993, S. 105-107, 68.

2. Eine Aufzählung der Religionsgemeinschaften mit privatrechtlichem Rechtsstatus scheitert daran, daß jedenfalls so lange, als eine Religionsgemeinschaft nicht die Eintragung in das Vereinsregister beantragt, keinerlei Registrierungspflicht gegeben ist. So sind nur einzelne Hinweise möglich[31].

Privatrechtlich organisiert sind in einzelnen Bundesländern Religionsgemeinschaften, die in anderen Bundesländern Körperschaftsstatus haben. Hierzu gehören etwa in Baden-Württemberg die Baptisten, in allen Ländern außer Hessen und Niedersachsen die Evangelisch-Lutherische Freikirche, in Bremen, im Saarland und in Schleswig-Holstein die Mennoniten, in allen Ländern außer Berlin und Hessen die Mormonen.

Ausschließlich privatrechtlich organisiert sind die Zeugen Jehovas, die Altbuddhisten, die Bahai-Vereinigung, die Buddhisten, die Erste Kirche Christi, die Evangelisch-Johannische Kirche nach der Offenbarung St. Johannis, die Griechisch-Katholische Kirche, die Muslime, die Quäker, die Russisch-Orthodoxe Kirche (Moskauer Patriarchat), die Serbische Orthodoxe Kirche.

III. Religionsfreiheit und Selbstbestimmung der Religionsgemeinschaften mit privatrechtlichem Rechtsstatus

Es wurde bereits ausgeführt, daß auch die Religionsgemeinschaften mit privatrechtlichem Rechtsstatus in vollem Umfang am konstitutionellen Grundstatus aller Kirchen und Religionsgemeinschaften gemäß dem Grundgesetz partizipieren, d. h. an den Garantien, die sich aus dem Grundrecht der Religionsfreiheit, dem Verbot der Staatskirche und der Gewährleistung des Selbstbestimmungsrechts innerhalb der Schranken des für alle geltenden Gesetzes ergeben. Ebenso also, wie die Körperschaftsstellung der großen Kirchen und der anderen öffentlich-rechtlich korporierten Religionsgemeinschaften deren staatskirchenrechtliche Rechtsstellung lediglich partiell, ja nicht einmal in den wesentlichen Punkten beschreibt, ist auch die Rechtsstellung der Religionsgemeinschaften mit privatrechtlichem Rechtsstatus erst in zweiter Hinsicht durch deren bürgerlich-rechtlichen Status bestimmt. Von größerer, weil grundsätzlicherer Bedeutung sind vielmehr die staatskirchenrechtlichen Grundnormen, die den verfassungsrechtlichen Status aller Religionsge-

---

[31] Diese stützen sich auf *Obermayer*, Art. 140 GG (Anm. 3), Rdnrn. 44 u. 45, und für Baden-Württemberg auf eine Auskunft des Ministeriums für Kultus und Sport.

§ 23 Die Religionsgemeinschaften mit privatrechtlichem Rechtsstatus 697

meinschaften, der großen Kirchen wie der kleinen Religionsgemeinschaften, festlegen. Allen Religionsgemeinschaften ist also gleichermaßen das Recht freier Religionsausübung wie die rechtliche Eigenständigkeit gegenüber dem Staat zuerkannt und gewährleistet[32]. Hinsichtlich der Religionsgemeinschaften mit privatrechtlichem Rechtsstatus ergeben sich darüber hinaus, wie noch zu zeigen sein wird, aus der verfassungsrechtlichen Rechtsstellung wichtige Modifikationen der auf sie prinzipiell anwendbaren vereinsrechtlichen Regelungen.

Mit dieser Gleichheit des konstitutionellen Grundstatus aller Religionsgemeinschaften ist älteren Unterscheidungen zwischen „anerkannten" und „zugelassenen", „aufgenommenen" und „geduldeten" Religionsgemeinschaften endgültig der Boden entzogen, selbst wenn einige Landesverfassungen und einfache Gesetze den Begriff der „anerkannten" Religionsgemeinschaft noch verwenden. Selbstverständlich verbleibt es bei der verfassungsrechtlich verfügten Unterscheidung von öffentlich-rechtlichen und privatrechtlichen Religionsgemeinschaften, und unbestritten ist der Staat berechtigt, die Größe der Religionsgemeinschaften in verschiedener Hinsicht, auch bei rechtlichen Regelungen, die die Stellung einer Religionsgemeinschaft oder Kirche im Staat betreffen, zu berücksichtigen. Bezogen auf den konstitutionellen Grundstatus aller Religionsgemeinschaften erweist sich aber die Qualifizierung einer Religionsgemeinschaft als Körperschaft oder als Verein als lediglich partielle Aussage über den Rechtsstatus dieser Religionsgemeinschaft, welche die jeder Religionsgemeinschaft von Verfassungs wegen zukommende Freiheit zu ergänzen und hinsichtlich einzelner Befugnisse zusätzlich abzusichern, nicht aber grundsätzlich zu begründen oder zu schmälern vermag[33].

1. Die „Kirchenfreiheit" aller, auch der Religionsgemeinschaften mit privatrechtlichem Rechtsstatus, ist grundgelegt im Grundrecht der Religionsfreiheit, das kraft Art. 19 Abs. 3 GG auch den Religionsgemeinschaften selbst zusteht[34]. Es sichert ihnen Glaubensfreiheit sowie das Recht freier Religionsausübung.

a) Kraft Art. 4 GG sind die Religionsgemeinschaften frei in der Bildung ihrer Religion, in der Definition ihrer Lehre, im Verständnis „ihres" Gottes[35]. Jeglicher Eingriff des Staates in diesen Bereich freier

---

[32] Vgl. statt aller *Hollerbach*, Grundlagen (Anm. 1), Rdnrn. 124 ff.; *Hesse*, Religionsgesellschaften (Anm. 5), Sp. 2973.
[33] Vgl. statt aller *Hesse*, ebd., Sp. 2973 f.
[34] Vgl. in *diesem* Handbuch *Joseph Listl*, § 14 Glaubens-, Bekenntnis- und Kirchenfreiheit.
[35] *Zippelius*, Art. 4 GG (Anm. 10), Rdnr. 55; gegen eine Anwendung von Art. 4 Abs. 1 GG auf juristische Personen *Herzog* (Anm. 28), Sp. 1166.

Entscheidung der Religionsgemeinschaften ist ausgeschlossen. Dies ist auch eine Folge des Verbots der Staatskirche gemäß Art. 140 GG i. V. m. Art. 137 Abs. 1 WRV und der darin ausgesagten „Scheidung in der Wurzel" zwischen säkularem Staat und Kirchen bzw. Religionsgemeinschaften. Das bedeutet etwa, daß der Staat nicht mehr, wie er es noch im Allgemeinen Landrecht Preußens versuchte[36], Mindestanforderungen an den Inhalt religiöser Lehren, die er zuläßt, formulieren kann. Es ist vielmehr Sache allein der Religionsgemeinschaften, ihre Religion zu definieren. Dabei spielt auch die zahlenmäßige Stärke oder soziale Relevanz eines bestimmten Bekenntnisses keine Rolle. Vielmehr ist die Gemeinschaft von „Außenseitern", die „Sekte", ebenso geschützt wie der einzelne „Sektierer"[37].

b) Die Religionsfreiheit garantiert den Religionsgemeinschaften ferner die freie Religionsausübung (Art. 4 Abs. 2 GG). Wie das Bundesverfassungsgericht betont hat, ist die Funktion dieser Grundrechtsbestimmung gerade darin zu erblicken, daß sie das religiöse „Daseins- und Betätigungsrecht" der Religionsgemeinschaften selbst schützt[38]. Wirkungsbereich und Geltung dieses Grundrechts unterscheiden nicht danach, ob es sich um große oder kleine Religionsgemeinschaften, Kirchen oder Sekten, öffentliche oder private Religionsausübung handelt[39]. Das Grundrecht gemäß Art. 4 Abs. 2 GG steht vielmehr allen Religionsgemeinschaften gleichermaßen, in Form eines inhaltlich gleichen „Angebots" des Staates, zu, sichert ihnen die freie Ausübung je ihrer Religion.

Im Hinblick auf die allgemeine Geltung des Grundrechts der Religionsfreiheit ist es ferner von fundamentaler Bedeutung, daß das Bundesverfassungsgericht sich für eine inhaltlich extensive Auslegung des Grundrechts der freien Religionsausübung entschieden hat[40]. Da Religionsausübung sich hiernach nicht mehr nur auf die ungehinderte Vornahme kultischer Handlungen beschränkt, sondern alle Verhaltensweisen umfaßt, die nach der Lehre einer Religionsgemeinschaft von ihren Mitgliedern gefordert sind, also das Recht der Gemeinschaft und ihrer Mitglieder geschützt ist, in vollem Umfang nach ihrem Glauben zu leben, gewinnen auch die kleinen Religionsgemeinschaften unter dem Grundgesetz eine Freiheit des Handelns, die ihnen nach dem älteren Staatskirchenrecht so nicht zustand.

Von Bedeutung ist es schließlich, daß das Bundesverfassungsgericht für die Beantwortung der Frage, was zur Religionsausübung gehört, eine

---

[36] II. Teil, 11. Titel, § 13 und § 14 PreußALR.
[37] Vgl. BVerfGE 33, 28 f.
[38] BVerfGE 24, 345 f.
[39] BVerfGE 24, 246.
[40] Ebd.

§ 23 Die Religionsgemeinschaften mit privatrechtlichem Rechtsstatus 699

Berücksichtigung des Selbstverständnisses der einzelnen Gemeinschaft für unumgänglich gehalten hat[41]. Nicht der Staat allein kann also darüber befinden, welche Handlungen Religionsausübung sind oder nicht. Es wird danach nur in Grenzfällen möglich sein, einem nach dem Selbstverständnis einer Religionsgemeinschaft als religiös zu qualifizierenden Tun die Anerkennung als Religionsausübung zu versagen.

Hieraus folgt im einzelnen:

aa) Die Religionsgemeinschaften mit privatrechtlichem Rechtsstatus haben volle Kultusfreiheit, sind in der Vornahme aller kultischen Handlungen und der Beachtung aller kultischen Bräuche geschützt, die ihrer Religion entsprechen. Ihnen stehen also freie Wortverkündigung und Sakramentsverwaltung zu, die Freiheit der Lehre und des Kultes, der Seelsorge und des Gottesdienstes. Eine Entscheidung über Übereinstimmung oder Nichtübereinstimmung einer bestimmten Lehraussage mit dem Bekenntnis der betreffenden Religionsgemeinschaft liegt allein bei dieser. Die Freiheit der Religionsausübung gilt nicht nur für die Religionsausübung im „geschlossenen" Kreis der Religionsgemeinschaft selbst, sondern auch für die Vornahme kultischer Handlungen und andere Äußerungen der Religionsausübung in der Öffentlichkeit. Auch „Sekten" dürfen also öffentliche Gottesdienste und Gebetsversammlungen veranstalten, Prozessionen und Umzüge halten, äußere Zeichen ihrer Gemeinschaft wie Fahnen oder kultische Kleidung zeigen, Glocken läuten. Sie sind berechtigt, Kirchen oder andere Kultbauten zu errichten[42]. Die denkmalschutzrechtlichen Sonderregelungen für Kulturdenkmale, die dem Gottesdienst dienen, gelten auch für Religionsgemeinschaften mit privatrechtlichem Status[43].

bb) Die Religionsgemeinschaften mit privatrechtlichem Rechtsstatus dürfen ihr Bekenntnis verkünden, Mission treiben[44]. Auch hierbei sind sie nicht auf den privaten Raum beschränkt. Sie sind vielmehr zu öffentlicher Verkündigung und öffentlicher Glaubenswerbung ebenso befugt wie die großen Kirchen. Diese Verkündigung kann auch die „Öffentlichkeit", den Staat ansprechen, aus der Inanspruchnahme eines dem eigenen Selbstverständnis entsprechenden „Wächteramtes" gegenüber dem Staat geschehen. Wenigstens insoweit haben also auch die Religionsgemeinschaften mit privatrechtlichem Rechtsstatus eine Chance des öffentlichen Wirkens, einen „Öffentlichkeitsanspruch"[45]. Dies

---

[41] BVerfGE 24, 247 f.; dazu *Hollerbach,* Grundlagen (Anm. 1), Rdnr. 95.
[42] *Roman Herzog,* Art. 4 GG, in: Maunz / Dürig / Herzog, Grundgesetz, München 1971, Rdnr. 101; *Alexander Hollerbach,* Freiheit kirchlichen Wirkens, in: HStR VI, 1989, § 140, Rdnrn. 1 ff.
[43] Vgl. z. B. § 11 des bad.-württ. Denkmalschutzgesetzes.
[44] Vgl. BVerfGE 12, 3.

darf freilich nicht mißverstanden werden: Eine Anerkennung eines solchen „Öffentlichkeitsanspruchs" besagt noch nichts darüber, welchen Wert und welche Bedeutung der Staat dieser Verkündigung zumißt. Der Staat ist also nicht gehindert, dem öffentlichen Auftreten der verschiedenen Religionsgemeinschaften verschiedenes Gewicht zuzumessen; er darf daher einigen unter ihnen z. B. Beteiligungen an öffentlichen Einrichtungen gewähren, die er anderen Gemeinschaften versagt. Wesentlich ist aber, daß der Staat auch den Religionsgemeinschaften mit privatrechtlichem Rechtsstatus jedenfalls die Chance öffentlicher Wirksamkeit nicht von vornherein abschneiden darf. Er muß es auch hinnehmen, daß eine solche Gemeinschaft mit dem Ziel der Beeinflussung der öffentlichen Meinung auftritt und dabei das Handeln des Staates aus ihrem religiösen Selbstverständnis einer kritischen Betrachtung unterzieht. Als Beispiel mögen pazifistische, gegen eine Wehrpflicht gerichtete Aussagen einer Religionsgemeinschaft dienen.

cc) Den Religionsgemeinschaften mit privatrechtlichem Rechtsstatus steht wie den Kirchen das Recht zu, im Zusammenhang mit Bestattungen gottesdienstliche Handlungen und die seelsorgliche Betreuung der Hinterbliebenen vorzunehmen. Für den Regelfall der Bestattung auf einem Kommunalfriedhof ergibt sich dies aus Art. 140 GG i. V. m. Art. 141 WRV[46].

dd) Auch für den Bereich der sog. „Anstaltsseelsorge" bestehen grundsätzlich gleiche Rechte für alle, auch die kleinen Religionsgemeinschaften. Dies ergibt sich schon aus dem Wortlaut des Art. 140 GG i. V. m. Art. 141 WRV, der die Zulassung aller „Religonsgesellschaften" zur Vornahme religiöser Handlungen im Heer, in Krankenhäusern, Strafanstalten oder sonstigen öffentlichen Anstalten vorschreibt. Dies steht Sonderregelungen, wie sie mit den großen Kirchen z. B. hinsichtlich der Militärseelsorge vereinbart sind, nicht entgegen. Insbesondere in Krankenhäusern, Altenheimen und anderen Einrichtungen der Wohlfahrtspflege sowie im Strafvollzug stehen den Religionsgemeinschaften mit privatrechtlichem Rechtsstatus jedoch prinzipiell gleiche Seelsorgsmöglichkeiten zur Verfügung wie den großen Kirchen[47].

ee) Zur freien Religionsausübung gehört ferner das Recht zu ungehinderter religiöser Erziehung[48], das auch für die Religionsgemeinschaften mit privatrechtlichem Rechtsstatus gilt. Hieraus folgt freilich nicht

---

[45] Vgl. zu dieser Problematik *Hollerbach*, Grundlagen (Anm. 1), Rdnrn. 97 ff.
[46] *Hollerbach*, Kirchliches Wirken (Anm. 42), Rdnr. 8.
[47] *Hollerbach*, ebd., Rdnrn. 10 ff. Für den Strafvollzug vgl. §§ 53, 54 sowie 157 des Strafvollzugsgesetzes.
[48] Vgl. *Hollerbach*, Kirchliches Wirken (Anm. 42), Rdnrn. 28 ff.

automatisch das Recht zur Abhaltung von Religionsunterricht in den öffentlichen Schulen. Die Berechtigung hierzu hängt davon ab, ob die in den einzelnen landesrechtlichen Regelungen jeweils vorgeschriebenen Mindestzahlen der Anhänger eines Bekenntnisses in einer Schule erreicht werden. Ist dies der Fall, gilt jedoch auch für diesen Religionsunterricht die Garantie des Art. 7 Abs. 3 S. 2 GG[49].

ff) Auch andere Aktivitäten, die eine Religionsgemeinschaft zu der ihr gemäßen religiösen Selbstverwirklichung zählt, sind durch Art. 4 Abs. 2 GG jedenfalls prinzipiell geschützt. Bekanntlich ist dieser grundrechtliche Schutz durch das Bundesverfassungsgericht für die karitative Tätigkeit der Kirchen bejaht worden[50]. Es bestehen keine Bedenken, die Grundsätze dieses Urteils auf die kleineren Religionsgemeinschaften, auch die mit privatrechtlichem Rechtsstatus, zu übertragen.

2. Hinsichtlich der Schranken der Religionsfreiheit ergeben sich für die Religionsgemeinschaften mit privatrechtlichem Rechtsstatus keine grundsätzlichen Besonderheiten, weshalb auf die Ausführungen an anderer Stelle dieses Handbuchs verwiesen werden kann[51]. Bei manchen dieser Gemeinschaften, vor allem den „Jugendreligionen", entstehen jedoch praktische Fallkonstellationen, die der Bestimmung der Schranken der Religionsfreiheit neue Aktualität geben. Dies auch deshalb, weil es in vielen Fällen nicht möglich sein wird, den Status dieser Gemeinschaften als Religionsgemeinschaften in Zweifel zu ziehen. Die Bestimmung notwendiger Grenzen der Betätigung dieser Gemeinschaften ist dann nur durch den Aufweis von Schranken der Religionsausübung möglich[52].

3. Art. 4 GG garantiert den Religionsgemeinschaften jedoch nicht nur freie Religionsausübung. Nach der Rechtsprechung des Bundesverfassungsgerichts ist die in Art. 4 GG verbürgte Religionsfreiheit umfassend zu verstehen. Keines der religiösen Freiheitsrechte, die in der Weimarer Verfassung Anerkennung gefunden hatten, sollte nunmehr ausgeschlossen sein. Zu diesen religiösen Freiheitsrechten gehörte auch die religiöse Vereinigungsfreiheit. Die Garantie der freien Religionsausübung wäre ohne Wert, wenn nicht auch das Recht der Gründung von Religionsgemeinschaften denselben grundrechtlichen Schutz wie die Religionsausübung genießen würde. So ist mit dem Bundesverfassungsgericht und

---

[49] Vgl. *Hollerbach*, ebd., Rdnrn. 41 ff.
[50] BVerfGE 24, 247 ff. Vgl. ferner die kritischen Bemerkungen von *Herzog*, Art. 4 GG (Anm. 42), Rdnrn. 102 ff.
[51] Vgl. *Listl*, § 14 (Anm. 34).
[52] Vgl. *Müller-Volbehr*, Jugendreligionen (Anm. 12), S. 123 ff.; ferner VG Hamburg, Urt. vom 11.12.1990, in: NVwZ 1991, S. 806 ff., zur Pflicht einer Religionsgemeinschaft, bestimmte Aktivitäten als Gewerbe anzuzeigen.

der überwiegenden Meinung in der Literatur anzunehmen, daß auch die religiöse Vereinigungsfreiheit, wie sie in Art. 140 GG i. V. m. Art. 137 Abs. 2 WRV gewährleistet wird, vom Grundrecht der Religionsfreiheit gemäß Art. 4 Abs. 1 und 2 GG mitumfaßt wird[53]. Die religiöse Vereinigungsfreiheit gewährleistet das uneingeschränkte Grundrecht, sich zum Zweck gemeinsamer Betätigung der religiösen Überzeugung zu einer Religionsgemeinschaft zusammenzuschließen. Es liegt damit gegenüber Art. 9 GG eine Sonderregelung vor.

Diese Feststellungen gelten in vollem Umfang auch für die Religionsgemeinschaften mit privatrechtlichem Rechtsstatus[54]. Obwohl diese also innerhalb der staatlichen Rechtsordnung die Rechtsgestalt privatrechtlicher Rechtspersonen haben, ist das Recht zu ihrer Gründung nicht durch Art. 9 GG, sondern wie bei allen Religionsgemeinschaften durch Art. 4 GG geschützt. Ferner zeigt sich gerade bei diesen Religionsgemeinschaften die praktische Bedeutung der genannten Zuordnung der religiösen Vereinigungsfreiheit: Art. 9 Abs. 1 GG gewährt die Vereinigungsfreiheit nicht jedermann, sondern nur Deutschen. Dagegen schützt Art. 4 GG auch religiöse Zusammenschlüsse ausländischer Staatsangehöriger, garantiert also insbesondere die Bildung von Religionsgemeinschaften durch nichtdeutsche Angehörige ausländischer Bekenntnisse. Dies ist angesichts der aktuellen Öffnung der Grenzen für Ausländer von erheblicher praktischer Relevanz.

Auch hier ist freilich zu beachten, daß die religiöse Vereinigungsfreiheit nur die Gründung von Gemeinschaften garantiert, die alle Merkmale einer Religionsgemeinschaft aufweisen. Insbesondere muß es sich, wie oben ausgeführt, um Verbände von Angehörigen ein und desselben Bekenntnisses handeln, die sich die allseitige Erfüllung der durch das gemeinsame Bekenntnis gestellten Aufgaben zum Ziel gesetzt haben. Sofern demgegenüber ein Zusammenschluß mit nur partieller, wenn auch religiös bestimmter Ziel- oder Zwecksetzung vorliegt, beruht der grundrechtliche Vereinigungsschutz nicht auf Art. 4 GG, sondern auf Art. 9 GG[55].

4. Das Grundgesetz schützt die Religionsgemeinschaften durch Art. 140 GG i. V. m. Art. 137 Abs. 3 WRV schließlich auch als selbständige Rechtsgemeinschaften. Sie haben das Recht, ihre Angelegenheiten selbständig, freilich innerhalb der Schranken des für alle geltenden Gesetzes, zu ordnen und zu verwalten. Nach der Rechtsprechung des

---

[53] BVerfGE 83, 354; *von Campenhausen*, Religionsfreiheit (Anm. 27), Rdnrn. 74 f.
[54] *Von Campenhausen*, ebd., Rdnr. 75.
[55] *Von Campenhausen*, ebd., Rdnr. 74.

§ 23 Die Religionsgemeinschaften mit privatrechtlichem Rechtsstatus

Bundesverfassungsgerichts handelt es sich um eine „notwendige, wenngleich rechtlich selbständige Gewährleistung, die der Freiheit des religiösen Lebens und Wirkens der Kirchen und Religionsgemeinschaften die zur Wahrnehmung dieser Aufgaben unerläßliche Freiheit der Bestimmung über Organisation, Normsetzung und Verwaltung hinzufügt"[56].

Über den Inhalt des kirchlichen Selbstbestimmungsrechts und seine Schranken besteht heute kein grundsätzlicher Streit mehr. Wie das Bundesverfassungsgericht ausgeführt hat, erkennt mit dem Recht der Selbstbestimmung der Staat die Kirchen und Religionsgemeinschaften als Institutionen an, „die ihrem Wesen nach unabhängig vom Staat sind und ihre Gewalt nicht von ihm herleiten"[57]. Die Kirchen und Religionsgemeinschaften besitzen also Eigenrechtsmacht, Eigenständigkeit und Unabhängigkeit in ihrem Eigenrechtsbereich. Sie besitzen unabgeleitete Vollmacht, nicht bloß im Sinn von Autonomie ausgesparte oder verliehene Religions- bzw. Kirchengewalt. Die Kirchen und Religionsgemeinschaften nehmen ihr Recht nicht vom Staat; sie sind vielmehr rechtlich selbständige Institutionen, die in ihrem Eigenbereich vom Staat anerkannte Unabhängigkeit von diesem genießen[58]. Zur Wahrung seiner Gemeinwohlverantwortung behält sich der Staat indes die Schrankenziehung durch das „für alle geltende Gesetz" vor. Darin müssen die Eigenrechtsmacht der Kirchen und Religionsgemeinschaften einerseits und die Eigenrechtsmacht des Staates andererseits zum Ausgleich gebracht werden[59]. Dies ist von Bedeutung insbesondere in den Fällen, in denen Kirchen und Religionsgemeinschaften bei Besorgung einer „eigenen Angelegenheit" zugleich in den weltlichen Rechtsbereich eintreten, sich seiner Formen und Rechtsinstitutionen bedienen. Art. 140 GG i. V. m. Art. 137 Abs. 3 WRV gewährleistet den Kirchen und Religionsgemeinschaften ferner das Recht, den Bereich der eigenen Angelegenheiten selbständig zu verwalten, d. h. die zur Gestaltung der Interna notwendigen Einzelakte zu setzen. Schließlich sichert diese Vorschrift die Befugnis, in den Grenzen des Art. 92 GG eine eigenständige kirchliche bzw. religionsgemeinschaftliche Gerichtsbarkeit ins Leben zu rufen.

All dies gilt in gleicher Weise und in gleichem Umfang auch für die hier behandelten Religionsgemeinschaften mit privatrechtlichem Rechtsstatus. Sofern also Religionsgemeinschaften mit privatrechtlichem Rechtsstatus von der durch Art. 140 GG i. V. m. Art. 137 Abs. 3 WRV

---

[56] BVerfGE 42, 332; 53, 401.
[57] BVerfGE 18, 386.
[58] Vgl. statt aller *Hollerbach*, Grundlagen (Anm. 1), Rdnrn. 114 ff.
[59] *Hollerbach*, ebd., Rdnrn. 117 ff.

anerkannten eigenständigen Rechtsetzungsbefugnis Gebrauch machen und ihre eigenen Angelegenheiten rechtlich regeln, handeln sie nicht als bürgerlich-rechtliche Vereine, sondern kraft ihres Status als Religionsgemeinschaften. Sie erlassen eigenständiges Recht, das Geltung und Bestandskraft nicht staatlicher Verleihung, sondern originärer, vom Staat anerkannter Regelungsbefugnis verdankt. Dies impliziert auch das Recht freier Entscheidung der einzelnen Religionsgemeinschaft, ob und inwieweit sie überhaupt rechtliche Regelungen treffen will und in welchen Formen dies geschieht. Hierbei wäre es unzulässig, den Charakter eigenständigen Rechts nur systematisierten, in Rechtssatzform gefaßten Regelungen zuzuerkennen. Die Anerkennung eigenständigen Rechts wird vielmehr überall dort möglich sein, wo ein Wille zur rechtlichen Ordnung erkennbar ist und dieser Wille seinen Niederschlag in (auch nicht geschriebenen) Regeln gefunden hat, die als verbindlich beachtet und angewandt werden. Insbesondere wird es für Religionsgemeinschaften, die in anderen als europäischen Kulturkreisen beheimatet sind, von Wichtigkeit sein, bei der Qualifizierung einer Aussage als Rechtsregel nicht die Maßstäbe abendländischer Rechtstradition anzulegen, die bei den christlichen Kirchen ohne weiteres angewandt werden können, da ja diese Rechtstradition gerade auch von ihnen entscheidend mitgeprägt worden ist. Das bedeutet im einzelnen:

a) Die rechtliche Regelung der „Verfassung" einer Religionsgemeinschaft mit privatrechtlichem Rechtsstatus, d. h. insbesondere die Grundsatzaussagen über die geistlichen Ämter, die sonstigen Leitungsorgane und ihre Befugnisse sowie die Stellung der Mitglieder der Religionsgemeinschaft, sind eigenständiges religionsgemeinschaftliches Recht und selbst bei gegebenem Vereinsstatus der privatrechtlichen Religionsgemeinschaft keine Vereinssatzung im Sinn von § 25 BGB. Die Inhalte dieses Rechts dürfen nicht an den Grundsätzen des staatlichen Rechts gemessen werden. Es bleibt vielmehr den Religionsgemeinschaften überlassen, an welchen Grundsätzen sie sich orientieren wollen.

Auch die Frage, welche Organe zum Erlaß der betreffenden religionsgemeinschaftlichen Regelungen zuständig sind, beantwortet sich nach der eigenen, vom Selbstverständnis bestimmten Auffassung der Religionsgemeinschaft und nicht etwa nach Vorschriften des staatlichen Vereinsrechts.

b) Die Besetzung der Ämter der betreffenden Religionsgemeinschaft ist allein ihrer Entscheidung nach den von ihr entwickelten Maßstäben überlassen. Es gibt keinerlei Einflußmöglichkeiten des staatlichen Rechts in diesem Bereich[60].

---

[60] Dies besagt schon Art. 140 GG i. V. m. Art. 137 Abs. 3 S. 2 WRV.

c) Die Religionsgemeinschaften mit privatrechtlichem Rechtsstatus befinden frei über die Regelung ihres Mitgliedschaftsrechts[61]. Sie entscheiden also darüber, welche Voraussetzungen sie für den Erwerb der Mitgliedschaft fordern und welche Formen sie hierfür vorsehen. Insbesondere ist der Erwerb der Mitgliedschaft durch kultische Akte (Taufe oder andere Initiationsriten) und ohne Rücksicht auf die privatrechtliche Geschäftsfähigkeit durch Entscheidung der Eltern, für die die Vertretungsregeln des bürgerlichen Rechts nicht maßgebend sind, zulässig. Ebenso ist es statthaft, daß eine Religionsgemeinschaft — unbeschadet der noch zu erörternden Austrittsmöglichkeit nach staatlichem Recht — wie etwa auch die katholische Kirche die grundsätzliche Unverlierbarkeit einer einmal erworbenen Mitgliedschaft annimmt[62].

d) Wie die großen Kirchen, so sind auch die Religionsgemeinschaften mit privatrechtlichem Rechtsstatus befugt, ihre eigenen Dienste und somit auch ihr eigenes Dienst- und Arbeitsrecht als „eigene Angelegenheit" nach ihrem Selbstverständnis entstammenden Grundsätzen selbständig zu regeln. Wo sie religionsgemeinschaftlichen Diensten die Gestalt eines Arbeitsverhältnisses geben, gelten für sie die vom Bundesverfassungsgericht hervorgehobenen rechtlichen Folgen dieser „Rechtswahl". Allerdings ist hier wie auch sonst bei der Anwendung der über die Schrankenklausel ins Spiel kommenden staatlichen Gesetze die Zuordnung dieser Arbeitsverhältnisse zu den eigenen religionsgemeinschaftlichen Angelegenheiten zu beachten[63].

Das religionsgemeinschaftliche Selbstbestimmungsrecht ist auch für den Bereich des kollektiven Arbeitsrechts einschlägig. Deshalb nimmt § 118 Abs. 2 BetrVG von seiner Geltung zu Recht nicht nur die großen Kirchen, sondern insgesamt die Religionsgemeinschaften, also auch die mit privatrechtlichem Rechtsstatus, aus.

Das Recht zu eigener Ordnung bezieht sich ferner auf den Bereich des Vermögens und der Finanzwirtschaft der Religionsgemeinschaften mit privatrechtlichem Rechtsstatus, wiederum freilich unter Beachtung der hier besonders wichtigen Schranken der für alle geltenden staatlichen Gesetze. Auch die — im Blick auf die Religionsgemeinschaften mit privatrechtlichem Rechtsstatus fälschlicherweise so genannte — „Kirchengutsgarantie" des Art. 140 GG i. V. m. Art. 138 Abs. 2 WRV findet auf die Religionsgemeinschaften mit privatrechtlichem Rechtsstatus Anwendung.

---

[61] BVerfGE 30, 422.
[62] Vgl. hierzu *Hollerbach*, Kirchliche Organisation (Anm. 2), Rdnrn. 32 f.
[63] Vgl. *Josef Jurina*, Kirchliches Dienst- und Arbeitsrecht, in: StL[7] III, 1987, Sp. 520 ff. m. w. N.

e) Art. 140 GG i. V. m. Art. 137 Abs. 3 WRV umfaßt auch das Recht zur Durchführung des eigenständigen Rechts und zu sonstigen Einzelmaßnahmen. Bereits hervorgehoben wurde das in Art. 140 GG i. V. m. 137 Abs. 3 S. 2 WRV ausdrücklich genannte Recht der freien Ämterbesetzung, das auch den Religionsgemeinschaften mit privatrechtlichem Rechtsstatus zusteht. Aber auch andere, das eigene religionsgemeinschaftliche Recht ausführende Akte sind Vollzugsakte des eigenständigen Rechtsbereichs, keine Vereinsakte.

f) Im Geltungsbereich des eigenständigen Rechts besitzen die staatlichen Gerichte keine Jurisdiktion gegenüber Religionsgemeinschaften[64]. Diesen Rechtskreis betreffende Klagen sind also auch dann, wenn es sich um eine Religionsgemeinschaft des Privatrechts handelt, als unzulässig abzuweisen. Die Religionsgemeinschaften besitzen für den Bereich des eigenständigen Rechts das Recht zur Einsetzung eigener Gerichte.

g) Wie bereits mehrfach erwähnt, gelten für die Religionsgemeinschaften mit privatrechtlichem Rechtsstatus mit dem ihnen gewährleisteten Selbstbestimmungsrecht ebenfalls die Schranken des für alle geltenden Gesetzes. Hinsichtlich der Einzelheiten kann auf die Ausführungen an anderer Stelle des Handbuchs verwiesen werden[65]. Besonders hervorgehoben werden soll als wichtiger Anwendungsfall solcher staatlichen Schranken die trotz eigenständiger Regelung des Mitgliedschaftsrechts im Hinblick auf Art. 4 GG auch gegenüber den privatrechtlichen Religionsgemeinschaften gebotene Annahme eines Rechts zum Austritt aus dieser Religionsgemeinschaft[66]. Staatliche Regelungen dieses Austrittsrechts fehlen allerdings. Deshalb kann bei Religionsgemeinschaften mit privatrechtlichem Rechtsstatus hier § 39 BGB herangezogen werden. Die dort genannten Fristen sind freilich im Hinblick auf Art. 4 GG und die Rechtsprechung des Bundesverfassungsgerichts zum Kirchenaustritt zu lang[67]. Ebenso können für den Austritt selbst bei Anwendung von § 39 BGB für die Bestimmung der Altersgrenze nicht die Regeln über die Geschäftsfähigkeit zugrunde gelegt werden. Die Altersgrenze ist vielmehr unter dem Gesichtspunkt der „Grundrechtsmündigkeit" und in Entsprechung zu den Rechten Jugendlicher nach den Kirchenaustrittsregelungen zu bestimmen[68].

---

[64] Vgl. *Hollerbach*, Grundlagen (Anm. 1), Rdnr. 149.
[65] Vgl. in *diesem* Handbuch *Konrad Hesse*, § 17 Das Selbstbestimmungsrecht der Kirchen und Religionsgemeinschaften.
[66] Vgl. *Hanns Engelhardt*, Der Austritt aus der Kirche. Frankfurt / M. 1972, S. 39 ff.
[67] *Engelhardt*, ebd., S. 76.
[68] *Engelhardt*, ebd., S. 60 f.

IV. Der Erwerb der Rechtsfähigkeit nach staatlichem Recht

Gemäß Art. 140 GG i. V. m. Art. 137 Abs. 4 WRV erwerben die Religionsgemeinschaften, soweit sie nicht gemäß Art. 140 GG i. V. m. Art. 137 Abs. 5 WRV Körperschaften des öffentlichen Rechts sind oder werden, die Rechtsfähigkeit nach den allgemeinen Vorschriften des bürgerlichen Rechts. Diese Regelung kommt für die hier behandelten Religionsgemeinschaften zur Anwendung, da sie die Voraussetzungen für den Erwerb der Körperschaftsrechte im allgemeinen nicht erfüllen.

1. Durch die Einordnung in die Typologie bürgerlich-rechtlicher Rechtspersonen erhält die Religionsgemeinschaft ein „weltlich-rechtliches Kleid", das ihr einen konkreten Rechtsstand im weltlichen Recht gibt und sie in Stand setzt, sich am allgemeinen Rechtsverkehr in gesicherter Weise beteiligen zu können[69]. Deshalb ist die Frage, nach welchen Bestimmungen eine Religionsgemeinschaft eine Rechtsgestalt in der staatlichen Rechtsordnung erwerben kann, von großer praktischer Bedeutung. Das Bundesverfassungsgericht hat hierzu festgestellt[70], daß der Gewährleistungsinhalt der religiösen Vereinigungsfreiheit auch die Freiheit umfaßt, aus gemeinsamem Glauben sich zu einer Religionsgesellschaft zu „organisieren". Schon der Begriff der Religionsgesellschaft weise darauf hin, daß ein Zusammenschluß auf dem Boden der staatlichen Rechtsordnung gemeint sei und nicht etwa nur eine rein geistliche Kultgemeinschaft. Damit sei zwar kein Anspruch auf eine bestimmte Rechtsform gemeint, etwa die des rechtsfähigen Vereins oder einer sonstigen Form der juristischen Person. „Gewährleistet ist die Möglichkeit einer irgendwie gearteten rechtlichen Existenz einschließlich der Teilnahme am allgemeinen Rechtsverkehr[71]".

Als Organisationsform einer nicht öffentlich-rechtlich korporierten Religionsgemeinschaft im staatlichen Rechtskreis wird in der Regel der nichtwirtschaftliche Verein des § 21 BGB in Betracht kommen. Dem in Art. 140 GG i. V. m. Art. 137 Abs. 4 WRV genannten Zweck des Erwerbs der Rechtsfähigkeit wird durch Eintragung dieses Vereins gemäß den §§ 55 ff. BGB entsprochen werden. Aber auch die Rechtsstellung des nicht rechtsfähigen Vereins gemäß § 54 BGB wird im Hinblick darauf, daß die Rechtspraxis solchen Vereinen mittlerweile jedenfalls partielle Rechtsfähigkeit zuerkennt, nicht von vornherein ausscheiden. Andere

---

[69] Vgl. *Hollerbach*, Grundlagen (Anm. 1), Rdnrn. 125 f.
[70] BVerfGE 83, 355 f.
[71] Ebd., S. 355. Vgl. auch *Axel Frhr. von Campenhausen*, Religiöse Wirtschaftsbetriebe als Idealvereine?, in: NJW 1990, S. 887 f., mit wichtigen grundsätzlichen und historischen Ausführungen.

Organisationsformen werden demgegenüber zurücktreten. Immerhin ist wohl die Stellung als bürgerlich-rechtliche Stiftung gemäß den §§ 80 ff. BGB möglich[72]. Im Hinblick darauf, daß es sich bei der Wahl einer Organisationsform für eine Religionsgemeinschaft immer um eine Rechtsperson handeln muß, die dem für eine Religionsgemeinschaft konstitutiven Gesichtspunkt einer allseitigen Pflege der Religion entsprechen kann, kommt die Gründung eines wirtschaftlichen Vereins bzw. einer Handelsgesellschaft nicht in Betracht, da solche Rechtspersonen zwar durchaus für Teilaktivitäten einer Religionsgemeinschaft stehen, aber eben nicht als Organisationsform der Religionsgemeinschaft im ganzen betrachtet werden können. Allerdings hindert eine — auch erhebliche — (erwerbs-)wirtschaftliche Betätigung einer Religionsgemeinschaft nicht deren Konstituierung als Idealverein. Auf der anderen Seite kann Art. 140 GG i. V. m. Art. 137 Abs. 4 WRV nur zum Zuge kommen, wenn es sich überhaupt um eine Religionsgemeinschaft handelt. Sollte die fragliche Vereinigung unter „religiöser Drapierung" rein wirtschaftliche Interessen verfolgen, sind die staatskirchenrechtlichen Regelungen nicht einschlägig[73].

Von besonderem Interesse ist es in diesem Zusammenhang, daß das Bundesverfassungsgericht in seiner Bahai-Entscheidung unter Art. 140 i. V. m. Art. 137 Abs. 4 WRV auch solche Vereine fallen läßt, die in dieser Rechtsform nicht die gesamte Religionsgemeinschaft oder eine ihrer örtlichen Gliederungen organisieren, sondern nur ein kollegiales Leitungsorgan, im Fall der Bahai-Religion den sog. örtlichen „Geistigen Rat"[74]. Im Hinblick darauf, daß dem „Geistigen Rat" die Gesamtzuständigkeit für die Belange der örtlichen Bahai-Gemeinde zukommt, ist diese Auffassung sicher vertretbar, wenngleich es sich um einen Grenzfall handeln dürfte.

2. Bei der Organisation einer Religionsgemeinschaft als Verein ergeben sich Spannungen zum Eigenrechtsverständnis dieser Gemeinschaft, die des Ausgleichs bedürfen. Es handelt sich der Sache nach um dasselbe Problem, das bei den öffentlich-rechtlich korporierten Kirchen und Religionsgemeinschaften zu der Aussage geführt hat, sie seien Körperschaften „sui generis"[75]. Das Bundesverfassungsgericht hat in

---

[72] Vgl. den Hinweis bei *Hollerbach*, Grundlagen (Anm. 1), Rdnr. 127, sowie *Axel Frhr. von Campenhausen*, Schlußwort: Religiöse Wirtschaftsbetriebe als Idealvereine?, in: NJW 1990, S. 2670, mit dem Hinweis, daß für die Wahl der Rechtsform (auch) das Selbstverständnis der betreffenden Religionsgemeinschaft wichtig ist.

[73] *Von Campenhausen*, ebd., S. 2670.

[74] BVerfGE 83, 357 ff.

[75] Vgl. *Hollerbach*, Grundlagen (Anm. 1), Rdnrn. 130, 132.

der Bahai-Entscheidung hierzu ausgeführt, die Religionsgemeinschaften hätten zwar wie jedermann die allgemeinen Vorschriften des bürgerlichen Rechts hinsichtlich des Erwerbs der Rechtsfähigkeit zu beachten. Die religiöse Vereinigungsfreiheit gebiete allerdings, „das Eigenverständnis der Religionsgesellschaft, soweit es in dem Bereich der durch Art. 4 Abs. 1 GG als unverletzlich gewährleisteten Glaubens- und Bekenntnisfreiheit wurzelt und sich in der durch Art. 4 Abs. 2 GG geschützten Religionsausübung verwirklicht, bei der Auslegung und Handhabung des einschlägigen Rechts, hier des Vereinsrechts des Bürgerlichen Gesetzbuchs, besonders zu berücksichtigen". Das bedeute nicht nur, daß die Religionsgesellschaft Gestaltungsspielräume, die das dispositive Recht eröffnet, voll ausschöpfen darf. „Auch bei der Handhabung zwingender Vorschriften sind Auslegungsspielräume, soweit erforderlich, zugunsten der Religionsgesellschaft zu nutzen". Unvereinbar mit der religiösen Vereinigungsfreiheit wäre deshalb ein Ergebnis, das eine Religionsgesellschaft im Blick auf ihre innere Organisation von der Teilnahme am allgemeinen Rechtsverkehr gänzlich ausschlösse oder diese nur unter Erschwerungen ermöglichte, die unzumutbar sind[76].

Diese Grundsätze kommen zur Anwendung, wenn die Vereinssatzung einer Religionsgemeinschaft nicht in allen Punkten den Anforderungen entspricht, die an die Eintragungsfähigkeit der Satzung eines weltlichen Vereins gestellt werden. Hinsichtlich zulässiger Abweichungen unterscheidet das Bundesverfassungsgericht nach Satzungsbestimmungen, die ausschließlich die innere Organisation des Vereins betreffen und solchen, die im Interesse der Sicherheit und Klarheit des Rechtsverkehrs die nach außen wirkenden Angelegenheiten und Rechtsverhältnisse regeln[77]. Das Vereinsrecht des Bürgerlichen Gesetzbuchs läßt es nach Ansicht des Bundesverfassungsgerichts jedenfalls zu, jenen besonderen Anforderungen an die innere Organisation Rechnung zu tragen, die sich aus der Eigenart solcher religiöser Vereine ergeben, die Teilgliederungen einer Religionsgesellschaft sind oder mit ihr in besonderer Verbindung stehen. Es sei im Rahmen des Vereinsrechts des Bürgerlichen Gesetzbuchs möglich und verfassungsrechtlich geboten, die glaubensbedingten Anforderungen an die innere Organisation solcher religiöser Vereine besonders zu berücksichtigen[78]. So läßt das Gericht besondere Regelungen hinsichtlich des Zustandekommens der Mitgliedschaft, des Ausschlusses von der Mitgliedschaft, der Auflösung des Vereins, der Erfordernisse einer Satzungsänderung und der Abgrenzung der Aufga-

---

[76] BVerfGE 83, 355 f.
[77] Ebd., S. 358.
[78] Ebd., S. 356, 357 f.

ben des Vereins zu[79]. Dem stehe auch nicht der im Vereinsrecht des Bürgerlichen Gesetzbuchs nicht ausdrücklich festgelegte Grundsatz der Vereinsautonomie entgegen. Die Autonomie in der Bildung und Organisation eines religiösen Vereins könne dahin betätigt werden, daß „als Zweck des Vereins gewollt wird, eine Teilgliederung einer Religionsgemeinschaft zu sein und sich in deren religionsrechtlich bestimmte Struktur einzufügen". Die Grenze sei erst dort erreicht, wo Selbstbestimmung und Selbstverwaltung des Vereins nicht nur in bestimmten Hinsichten, sondern darüber hinaus in weitem Umfang ausgeschlossen würden und der Verein dadurch nicht mehr vornehmlich vom Willen der Mitglieder getragen, sondern „zur bloßen Verwaltungsstelle oder einem bloßen Sondervermögen eines anderen" werden würde. Das Vereinsrecht lasse es hingegen zu, bei einem religiösen Verein, der sich als Teilgliederung einer Religionsgesellschaft konstituiert, Einschränkungen der autonomen Auflösungs-, Ausschließungs- oder Betätigungsbefugnis von außen vorzusehen, „sofern sie der Sicherung der Einordnung in die größere Religionsgemeinschaft im Rahmen der bestehenden religionsrechtlichen Verknüpfung ... dienen und sich darauf begrenzen"[80].

Durch diese Entscheidung des Bundesverfassungsgerichts sind viele Streitfragen hinsichtlich der Vereinssatzung von Religionsgemeinschaften geklärt. Wie bei anderen Materien des Staatskirchenrechts gilt es auch hier, sowohl aus dem staatlichen Recht sich ergebende wie aus dem Selbstverständnis der Religionsgemeinschaft folgende Gesichtspunkte zu einem sachgerechten Ausgleich zu bringen. Dies ist für die vom Bundesverfassungsgericht behandelten Fragen überzeugend gelungen. Zur Abgrenzung von weitergehenden Fragestellungen ist allerdings zu berücksichtigen, daß sich die Entscheidung des Bundesverfassungsgerichts ausschließlich auf die Anforderungen an die Satzung eines Vereins bezieht, der die Religionsgemeinschaft als solche im Rahmen des staatlichen Rechts organisieren soll. Folgerungen für die Satzung eines sonstigen religiösen Vereins, der als Teil einer Religionsgemeinschaft bestimmte ihrer Aktivitäten organisieren soll, können hieraus nicht ohne weiteres gezogen werden[81].

Vor allem aber sei nochmals festgehalten, daß auch die Rechtsprechung des Bundesverfassungsgerichts die grundsätzliche Geltung des Vereinsrechts für den Erwerb der Rechtsfähigkeit einer Religionsgemeinschaft nach vereinsrechtlichen Vorschriften keineswegs aufhebt.

---

[79] Ebd., S. 358 f.
[80] Ebd., S. 358-361.
[81] Vgl. aber ähnliche Überlegungen wie in der Entscheidung des BVerfG im Beschluß des OLG Köln vom 20.9.1991, in: NJW 1992, S. 1048, hinsichtlich eines einer Kirche zugeordneten Vereins.

§ 23 Die Religionsgemeinschaften mit privatrechtlichem Rechtsstatus 711

Das Vereinsrecht bleibt vielmehr gemäß Art. 140 GG i. V. m. Art. 137 Abs. 4 WRV der Rahmen, in dem sich die Zuerkennung der weltlichrechtlichen Rechtsfähigkeit an eine Religionsgemeinschaft vollzieht. Es muß allerdings gemäß den vom Bundesverfassungsgericht entwickelten Grundsätzen jeweils geklärt werden, von welchen vereinsrechtlichen Anforderungen bei Religionsgemeinschaften abgesehen werden kann[82].

Das bedeutet z. B.: Auch für Religionsgemeinschaften gelten für den Erwerb der Rechtsfähigkeit durch Eintragung in das Vereinsregister jedenfalls die formalen Vorschriften der §§ 55 ff. BGB. Gegen die Anwendung von § 56 BGB, der eine Mindestmitgliederzahl von sieben vorsieht und von § 73 BGB, der bei Absinken der Mitgliederzahl unter drei den Entzug der Rechtsfähigkeit vorschreibt, bestehen deshalb keine Bedenken. § 57 BGB fordert die Vorlage einer Vereinssatzung, § 58 BGB nennt — gegebenenfalls dispensable — Mindestinhalte dieser Satzung. Hier wird in jedem Fall den Vorschriften über die rechtsgeschäftliche Vertretung besondere Aufmerksamkeit zu schenken sein. Da diese sich nach Vereinsrecht bestimmt, hat auch eine Religionsgemeinschaft als Grundlage der Eintragung entsprechende vereinsrechtlich akzeptable Satzungsbestimmungen vorzulegen. Keinen Bedenken begegnet schließlich auch die Anwendung von § 58 Nr. 2 BGB, wonach die Mitteilung der Beitragsregelung bzw. einer finanziellen Basis des Vereins zu den regelmäßigen Eintragungsvoraussetzungen gehört. Ohne materielles Substrat kann auch eine Religionsgemeinschaft nicht am Rechtsverkehr teilnehmen. Es ist daher sachgerecht und zulässig, von ihr bei Eintragung in das Vereinsregister eine entsprechende Satzungsbestimmung zu verlangen.

3. Religionsgemeinschaften, die nicht in das Vereinsregister eingetragen sind, haben im allgemeinen Rechtsverkehr die Stellung von nicht rechtsfähigen Vereinen. Sie sind vom Rechtsverkehr also nicht ausgeschlossen. Kraft Art. 140 GG i. V. m. Art. 137 Abs. 4 WRV haben sie im übrigen — bei Erfüllung der soeben erörterten Eintragungsvoraussetzungen — einen Rechtsanspruch auf Erwerb der vollen Rechtsfähigkeit. Art. 84 EGBGB, der dem Landesrecht die Möglichkeit vorbehält, den Erwerb der Rechtsfähigkeit durch Religionsgemeinschaften gesetzlich, d. h. abweichend von den allgemeinen Vorschriften, zu regeln, ist damit gegenstandslos geworden.

4. Obwohl Religionsgemeinschaften keine Vereinigungen im Sinne von Art. 9 Abs. 1 GG sind[83], gilt auch für sie die Regelung des Art. 9

---
[82] Vgl. auch *von Campenhausen*, Religiöse Wirtschaftsbetriebe (Anm. 71), S. 887.
[83] Vgl. *Rupert Scholz*, Art. 9 GG, in: Maunz / Dürig / Herzog / Scholz, Grundgesetz, München 1979, Rdnr. 76.

Abs. 2 GG[84]. Sie unterliegen also dem Verbot und der Auflösung gemäß dieser Verfassungsnorm, wenn ihre Zwecke oder ihre Tätigkeit den Strafgesetzen zuwiderlaufen oder sich gegen die verfassungsmäßige Ordnung oder gegen den Gedanken der Völkerverständigung richten. Art. 140 GG i. V. m. Art. 137 WRV enthält zwar keine dem Art. 9 Abs. 2 GG entsprechende Verbotsvorschrift. Wie aber das Bundesverwaltungsgericht ausgeführt hat, ist Art. 137 WRV gegenüber Art. 9 GG eine Spezialregelung nur insoweit, als etwas Besonderes sich aus dem Wesen der Religionsgemeinschaften notwendigerweise ergibt. Es sei aber kein Grund ersichtlich, „der es ausschließen würde, solche Gemeinschaften erforderlichenfalls zu verbieten und aufzulösen, wenn sie sich gegen die verfassungsmäßige Ordnung richten". Dem stehe auch § 2 Abs. 2 Nr. 3 des Vereinsgesetzes nicht entgegen. Der Bundesgesetzgeber habe hier lediglich die ihm durch Art. 9 Abs. 2 GG eröffnete Regelungsbefugnis gegenüber den Religionsgemeinschaften nicht voll ausgeschöpft[85].

Nach *Müller-Volbehr* soll aber aus Art. 9 Abs. 2 GG keine Verbotsmöglichkeit einer Religionsgemeinschaft als solcher hergeleitet werden können, weil sich diese Vorschrift nur auf den Status nach bürgerlichem Recht beziehe. Religionsgemeinschaften, die bürgerlich-rechtliche Vereine sind, seien daher von einem Verbot nur bezüglich dieser Rechtsstellung betroffen[86]. Diese Unterscheidung überzeugt nicht. Art. 9 Abs. 2 GG erfaßt wie Abs. 1 dieser Vorschrift auch nicht rechtsfähige Vereine. Wegen der oben geschilderten Elemente des Begriffs „Religionsgemeinschaft" wird man davon auszugehen haben, daß immer dann, wenn begrifflich eine Religionsgemeinschaft gegeben ist, auch (wenigstens) ein nicht rechtsfähiger Verein vorliegen wird, gegen den sich dann die Verbotsverfügung richten kann. Natürlich kann ein solches Verbot nicht die „Religion" der betreffenden Religionsgemeinschaft verbieten. Das Verbot erfaßt aber immer die gesamte Religionsgemeinschaft als Rechtsgebilde auch des weltlichen Rechtskreises.

5. Die Beschreibung des Status einer nichtchristlichen Religionsgemeinschaft im staatlichen Recht stößt immer wieder auf jenes grundsätzliche Problem, das *Loschelder* paradigmatisch für die Rechtsstellung des Islam unter dem Grundgesetz ausgeführt hat: Das Grundgesetz fußt nach wie vor auf Wertvorstellungen und Denkformen, die sich aus

---

[84] Vgl. statt aller *von Campenhausen*, Religionsfreiheit (Anm. 27), Rdnr. 83 m. w. N. — A. A. *v. Mangoldt / Klein / Starck*, Art. 4 GG, Rdnr. 49, der wegen des Vorbehalts des Gesetzes eine Verbotsverfügung nur aufgrund gesetzlicher Regelung für zulässig hält.

[85] BVerwGE 37, 364 f. Im Urteil vom 27. 3. 1992 (Anm. 29) hat das BVerwG die Aussage der Entscheidung im 37. Band ausdrücklich bestätigt.

[86] *Müller-Volbehr*, Jugendreligionen (Anm. 12), S. 130 f. und 146.

christlicher Kontinuität herleiten. Die hinsichtlich der nichtchristlichen Religionsgemeinschaften entstehenden Fragen sind daher „Ausdruck abweichender Koordinatensysteme", nicht lediglich Übergangsschwierigkeiten. Sie sind Prüfsteine für das religionsrechtliche Gefüge des Grundgesetzes. Die jeweils gefundenen Lösungen müssen sowohl den Koordinaten der verfassungsrechtlichen Ordnung wie — in dem dadurch gegebenen Rahmen — der eigenen Gesetzlichkeit der jeweiligen Religionsgemeinschaft entsprechen[87].

---

[87] *Wolfgang Loschelder,* Der Islam und die religionsrechtliche Ordnung des Grundgesetzes, in: EssGespr. 20 (1986), S. 150 und 173.

V. Abschnitt

**Kirchliches Personenrecht
in der Staatsorganisation**

§ 24

Personenstandswesen. Meldewesen. Datenschutz

Von Dieter Lorenz

I. Allgemeine Bedeutung und Problemstellung

1. Das Personenstandswesen

Versteht man unter Personenstand die durch die Zugehörigkeit zu einer Familie bestimmte rechtliche Stellung eines Menschen innerhalb der staatlichen Ordnung[1], so meint Personenstandswesen die Gesamtheit der auf jene Stellung bezogenen rechtlichen Regelungen. Diese erfassen somit in materieller Hinsicht sämtliche Vorgänge, die für den familienrechtlichen Status relevant sind (Geburt, Tod und Eheschließung sowie hierauf bezogene Tatsachen wie Adoption oder Ehescheidung)[2]. Diese materiell-rechtlichen Beziehungen und die faktischen oder rechtlichen Ereignisse, die sie begründen oder verändern, sind jedoch — unbeschadet ihrer unbestreitbaren staatskirchenrechtlichen Relevanz — nicht Gegenstand der folgenden Darstellung. Diese beschränkt sich vielmehr auf die Behandlung des Personenstandswesens im engeren, rein formellen Verständnis als Gesamtheit der Regelungen über die Beurkundung des Personenstandes[3]. Diese Aufgabe, die ursprünglich von kirchlichen Amtsstellen wahrgenommen worden war, gelangte seit dem Ende des 18. Jahrhunderts allmählich in den Bereich staatlichen Interesses[4]. Erst mit Inkrafttreten des Personenstandsgeset-

---

[1] Vgl. Gerd *Pfeiffer / Hans-Georg Strickert*, Personenstandsgesetz. Komm. Berlin 1961, § 1, Rdnr. 3; *Walther J. Habscheid*, Personenstandsrecht, in: StL[7] IV, 1988, Sp. 359.

[2] *Pfeiffer / Strickert*, Personenstandsgesetz (Anm. 1), § 1, Rdnr. 3; *Habscheid*, Personenstandsrecht (Anm. 1), Sp. 359.

[3] Im gleichen Sinn etwa *Pfeiffer / Strickert*, Personenstandsgesetz (Anm. 1), § 1, Rdnr. 2; *Günther Beitzke / Alexander Lüderitz*, Familienrecht. 26. Aufl., München 1992, S. 25 ff.

[4] Vgl. zur Entwicklung besonders *Hogräfe*, Kirchenbücher und Standesregister in ihrer geschichtlichen Entwicklung, in: StAZ 1924, S. 231 ff.; *K. Eckhardt*, Die geschichtliche Entwicklung der Personenstandsurkunde, in: StAZ 1935, S. 28 ff.;

zes vom 6.2.1875[5] wurde die Beurkundung des Personenstandes eine rein staatliche Angelegenheit (vgl. §§ 1 Abs. 1, 51 PStG[6]), an deren Wahrnehmung die Kirchen aktuell praktisch nicht mehr mitwirken.

Entbehren die Kirchen und sonstigen Religionsgemeinschaften somit weitgehend unmittelbar eigener Kompetenzen im Personenstandswesen, so liegt dieses doch nicht außerhalb ihres Interesses. Mittelbar ist dieses angesprochen hinsichtlich des Inhalts der zu erfassenden Daten, konkret in der Frage, ob hierzu auch die Zugehörigkeit zu einer Religionsgemeinschaft rechnet; aus der Wahrnehmung bestimmter Aufgaben, etwa in den Bereichen seelsorgerischer und sozialer Betreuung, der Kirchenverwaltung oder auch der Steuererhebung, resultiert ferner ein unmittelbares kirchliches Interesse an der Kenntnis von personenstandlichen Verhältnissen und damit am Zugang zu den Aufzeichnungen hierüber in den Personenstandsbüchern.

2. Das Meldewesen

Anders als das Personenstandswesen lag das Meldewesen von vornherein in staatlicher Hand. Es diente ursprünglich dem allein sicherheitspolizeilichen Interesse, die jederzeitige Erreichbarkeit des Bürgers für den Staat sicherzustellen, ist aber im Zuge moderner sozialstaatlicher Entwicklung, über diese Zielsetzung weit hinausweisend, zu einem Instrument der Sammlung und Aufbewahrung allgemeiner personenbezogener Daten geworden[7]. Mit dieser Zielsetzung trifft das Meldewesen, das heute seine Rechtsgrundlage im Melderechtsrahmengesetz (MRRG)[8] und den ergänzenden Landesmeldegesetzen findet, wiederum auf ein evidentes Interesse der Religionsgemeinschaften. Auch hier stellt sich die Frage, ob die Religionszugehörigkeit zu den Daten einer zulässigen behördlichen Personenerfassung gehört; und ebenso besteht eine Parallele hinsichtlich des kirchlichen Interesses an Informationsgewinnung aus den jeweiligen Registern[9]. Diese weitgehende Entsprechung von

---

Günther Beitzke, 100 Jahre deutsches Personenstandswesen, in: StAZ 1975, S. 177 ff.; vgl. auch *Hubert Lenz,* Die Kirche und das weltliche Recht. Köln 1956, S. 294 ff.; OLG Frankfurt, in: StAZ 1964, S. 248; OLG Oldenburg, in: StAZ 1966, S. 290.

[5] RGBl. S. 23.

[6] Personenstandsgesetz i. d. F. v. 8.8.1957 (BGBl. I S. 1125).

[7] Vgl. Amtl. Begr. zum Entwurf eines Melderechtsrahmengesetzes (MRRG), in: BT-Drucks. 8/3825, S. 5 ff.; ferner *Klaus Medert / Werner Süßmuth / Elisabeth Dette-Koch,* Melderecht des Bundes und der Länder. Komm. Köln 1981 (1991), Einf., Rdnrn. 7 ff.

[8] Vom 16.8.1980 (BGBl. I S. 1429).

[9] Vgl. dazu *Axel von Campenhausen,* Staat und Kirche im Meldewesen, in: Im Dienst an Recht und Staat. FS für Werner Weber zum 70. Geburtstag. Berlin

Personenstands- und Meldewesen in der hier interessierenden Beziehung läßt es zweckmäßig erscheinen, zunächst die relevanten Problemkreise im grundsätzlichen gleichlaufend zu behandeln.

3. Der Datenschutz

Ein wesentliches, übereinstimmendes Strukturmerkmal beider vorgenannter Rechtsbereiche ist ferner das Anliegen eines informationellen Schutzes der Persönlichkeitssphäre. Ihm wird durch das gegenüber den besonderen Bedrohungen im Zuge der modernen Informationstechnik entwickelte *Datenschutzrecht* Rechnung getragen.

a) Der allgemeine Persönlichkeitsschutz

Nach allgemeiner Auffassung genießt der einzelne hinsichtlich seines Interesses an der Geheimhaltung der zu seinem persönlichen Lebensbereich gehörenden Umstände prinzipiell den grundrechtlichen Schutz des Art. 2 Abs. 1 i. V. m. Art. 1 Abs. 1 GG[10]. Einschränkungen dieses Rechts auf „informationelle Selbstbestimmung", die allerdings infolge der Sozialbezogenheit des Bürgers unumgänglich sind, bedürfen deshalb sowohl materiell als auch formell hinreichender Legitimation: Sie sind nur zulässig, soweit überwiegende Gründe des Gemeinwohls bei Beachtung des Übermaßverbotes sie erfordern, und sie müssen sich auf eine hinreichend bestimmte gesetzliche Grundlage stützen können[11]. Dieser Schutz der Persönlichkeitssphäre wirkt auch gegenüber der Weitergabe und sonstigen Verwendung (Verarbeitung, Nutzung) einmal erhobener personenbezogener Daten. Auch sie stellen prinzipiell „Informationseingriffe" in die geschützte Privatsphäre dar und müssen deshalb den hierfür bestehenden Schutzanforderungen genügen[12]. Dabei kommt an-

---

1974, S. 478 f., 481; *Klaus Meyer-Teschendorf,* Die Weitergabe von Meldedaten an die Kirchen, in: EssGespr. 15 (1981), S. 10 ff.

[10] Vgl. BVerfGE 27, 344 (351); 32, 373 (379); 33, 367 (376); 34, 205 (208); 35, 202 (220); 44, 353 (372); 65, 1 (42); BVerwGE 35, 225 (229 f.); *Günter Dürig,* in: Maunz / Dürig, Komm. zum Grundgesetz. München 1973, Art. 1, Rdnr. 37; zusammenfassend *Dieter Lorenz,* Art. Datenschutz, in: StL[7] I, 1985, Sp. 1168 f.

[11] Vgl. dazu BVerfGE 65, 1 (43 ff.).

[12] Vgl. BVerfGE 65, 1 (43); *Ruprecht Kamlah,* Right of Privacy. Köln, Berlin, Bonn, München 1969, S. 131; *ders.,* Datenüberwachung und Bundesverfassungsgericht, in: DÖV 1970, S. 363; *Ulrich Seidel,* Datenbanken und Persönlichkeitsrecht. Köln 1972, S. 61 ff.; *Wilhelm Steinmüller u. a.,* Grundfragen des Datenschutzes. Gutachten im Auftrag des Bundesministeriums des Innern, in: BT-Drucks. VI / 3826, Anl. 1, S. 114; *Walter Schmidt,* Die bedrohte Entscheidungsfreiheit, in: JZ 1974, S. 241; *Dieter Lorenz,* Das Melderegister als Informationsquelle, in: DÖV 1975, S. 152; *Spiros Simitis,* Die informationelle Selbstbestim-

gesichts der Bestimmung des Dateneingriffs durch den jeweiligen Verwendungszweck und damit auch der Abhängigkeit seiner Zulässigkeit von diesem dem Verbot der Zweckentfremdung von Daten *(Zweckbindungsgrundsatz)* zentrale Bedeutung zu[13].

b) Das Datenschutzrecht

Diese verfassungsrechtlichen Vorgaben werden durch das gesetzliche Datenschutzrecht umgesetzt, das den eigenständigen Schutz des Persönlichkeitsrechts des einzelnen beim Umgang mit seinen personenbezogenen Daten bezweckt (§ 1 Abs. 1 BDSG). Neben der übergreifenden Regelung im Bundesdatenschutzgesetz vom 20.12.1990[14], für den landes*staatlichen* Bereich ergänzt durch entsprechende Datenschutzgesetze der Länder, bestehen zahlreiche, auf die Besonderheiten spezieller Rechtsmaterien abgestellte und insofern vorrangige Vorschriften eines bereichsspezifischen Datenschutzes. Zu ihnen gehören auch das Personenstands- und Meldewesen, deren Betrachtung deshalb zugleich, ja eigentlich in erster Linie, den datenschutzrechtlichen Aspekt umfassen muß.

Demgegenüber werden die Kirchen und sonstigen Religionsgemeinschaften durch die allgemeine Datenschutzproblematik in doppelter Weise angesprochen: Einerseits hinsichtlich ihrer grundsätzlichen Bindung an das staatliche Datenschutzrecht und dessen interner Verwirklichung[15], andererseits bezüglich der Teilhabe am staatlichen Datenpotential, also der Datenübermittlung an kirchliche Stellen[16].

II. Die Angabe der Religionszugehörigkeit

1. Die Beschränkung des Fragerechts

Die Zugehörigkeit zu einer Religionsgemeinschaft unterliegt als personenbezogenes Datum ohne weiteres dem allgemeinen persönlichkeitsrechtlichen Geheimnisschutz. Wenn daneben Art. 140 GG i. V. m. Art. 136 Abs. 3 S. 2 WRV eine behördliche Frage nach der Religionszugehörigkeit, d. h. der rechtlichen Zugehörigkeit zu einer Religionsgesell-

---

mung — Grundbedingung einer verfassungskonformen Informationsordnung, in: NJW 1984, S. 398 ff.

[13] Vgl. BVerfGE 27, 344 (351); 65, 1 (65 f.).
[14] BGBl. I S. 2954.
[15] Vgl. unten IV 1, 2.
[16] Vgl. unten IV 3.

schaft, nur zuläßt, soweit davon Rechte und Pflichten abhängen oder eine gesetzlich angeordnete statistische Erhebung dies erfordert, so liegt darin einmal eine Verstärkung des Persönlichkeitsschutzes in bezug auf dieses besonders sensitive Datum. Zugleich wird jedoch eine (formelle) Ermächtigung zur Vornahme entsprechender Einschränkungen erteilt, die deshalb einer zusätzlichen gesetzlichen Grundlage prinzipiell nicht mehr bedürfen.

Freilich kann dies nur gelten, soweit zwischen der Erforschung der Religionszugehörigkeit und dem verfassungsrechtlich zugelassenen Zweck eine unmittelbare Verbindung besteht; die Beschränkung des Art. 136 Abs. 3 S. 2 WRV liefe leer, wollte man diesbezügliche Erhebungen schon bei Erfüllung der Zweckbestimmung an irgendeiner Stelle des Staatsapparates zulassen[17]. Das allgemeine Erfordernis spezieller gesetzlicher Grundlage für die Durchführung von Fremderhebungen[18] gilt also auch hier. Denn da die Feststellung der Religionszugehörigkeit nie Selbstzweck, sondern nur Mittel zur Verwirklichung anderer zugelassener Zielsetzungen ist[19], kann die von Art. 136 Abs. 3 S. 2 WRV verlangte Zweckbezogenheit im Fall der Fremderhebung nur durch zusätzliche gesetzliche Bestimmung hergestellt werden. Dagegen reicht Art. 140 GG i. V. m. Art. 136 Abs. 3 S. 2 WRV als Grundlage für die Feststellung und Verwertung der Tatsache einer Religionszugehörigkeit (oder -nichtzugehörigkeit) aus, wenn die Befragung durch die für die Erfüllung der materiellen Verwaltungsaufgabe unmittelbar zuständige Behörde erfolgt.

2. Die Religionszugehörigkeit als Datum im Personenstandswesen

a) Angabe in den Personenstandsbüchern

Während die Personenstandsgesetze vom 6.2.1875 und vom 3.11.1937[20] die Eintragung der Zugehörigkeit oder Nichtzugehörigkeit zu einer Religionsgemeinschaft in die Personenstandsbücher — freilich aus durchaus unterschiedlichen Motiven[21] — zwingend vorsahen, schloß

---

[17] So aber für das frühere Melderecht z. B. OVG Münster, in: DÖV 1956, S. 375.
[18] Vgl. dazu auch *Adalbert Podlech*, Datenschutz im Bereich der öffentlichen Verwaltung. Berlin 1973, S. 55.
[19] Vgl. *Gerhard Anschütz*, Die Verfassung des Deutschen Reichs vom 11. August 1919. Komm. 14. Aufl., Berlin 1933, Art. 136, Anm. 4; OLG Köln, in: StAZ 1967, S. 295.
[20] RGBl. I S. 1146.
[21] Die Amtl. Begr. zum Gesetz von 1937 sah die Bedeutung der Religionsangabe besonders in der Möglichkeit rassischer Einordnung, vgl. *Kurt Emig*, Personenstandsgesetz. 2. Aufl., München, Berlin 1938, § 11, Anm. 7; vgl. auch *Otto Stölzel*, Personenstandsgesetz. 5. Aufl., Berlin 1939, § 11, Erl. 8, § 2, Erl. 49.

die Novelle vom 11.6.1920[22] eine Aufnahme des Religionsvermerks aus[23]. Das derzeit geltende Personenstandsgesetz verfolgt eine mittlere Linie; es läßt eine Angabe über die Religionszugehörigkeit in den Personenstandsbüchern zu, macht sie aber vom Einverständnis der Beteiligten abhängig (§§ 11 Abs. 1 Nr. 1, 12 Abs. 2 Nr. 1, 21 Abs. 1 Nr. 1, 37 Abs. 1 Nr. 1 PStG).

Ist damit eine Verletzung des allgemeinen Geheimnisschutzes von vornherein ausgeschlossen, so gilt unter dem speziellen Aspekt des Art. 140 GG nichts anderes. Denn da (bei korrekter Handhabung) vor einer entsprechenden Eintragung zunächst das Einverständnis als solches festzustellen ist, bleibt die Freiwilligkeit der Offenlegung der Religionszugehörigkeit in jedem Fall gewahrt[24]. Da aus Art. 4 Abs. 1 und 140 GG i. V. m. Art. 136 Abs. 3 S. 1 WRV nur ein Recht, nicht aber eine Pflicht folgt, die religiöse Einstellung zu verschweigen, greift bei freiwilliger Kundgabe auch die Beschränkung des Schweigerechts durch Art. 136 Abs. 3 S. 2 WRV[25] nicht ein. Auch aus dem Trennungsprinzip lassen sich Bedenken nicht herleiten[26], da dieses dem Staat ja nicht etwa jegliches Tätigwerden im religiösen Bereich oder eine Unterstützung kirchlicher Agenden untersagt[27]. Ebenso kann es kaum als sachwidrig angesehen werden, die Angabe der Religionszugehörigkeit, die ursprünglich Anknüpfungspunkt, dann zwingendes Merkmal personenstandlicher Erfassung war, im Sinne einer gleitenden Überleitung wenigstens noch fakultativ zuzulassen, so daß sich die Regelung insgesamt als verfassungsgemäß erweist[28].

Der Grundsatz der Freiwilligkeit verlangt freilich strikte Beachtung. Positive Eintragungen über die Religions(nicht)zugehörigkeit, die auf-

---

[22] RGBl. S. 1209.

[23] Vgl. zur Rechtsentwicklung im einzelnen *Werner Weber,* Staat und Kirche im Personenstandswesen, in: Staatsverfassung und Kirchenordnung. Festg. für Rudolf Smend zum 80. Geburtstag. Tübingen 1962, S. 401 ff.

[24] Gegenteilig jedoch *Erwin Fischer,* Trennung von Staat und Kirche. 3. Aufl., München 1984, S. 109 f. Wie hier für die vergleichbare Frage nach der Religionszugehörigkeit im Krankenhaus BVerwG, in: DÖV 1976, S. 273 m. Anm. von *Joseph Listl;* BVerfGE 46, 266.

[25] So BVerfGE 30, 415 (426); vgl. auch *Anschütz,* Verfassung (Anm. 19), Art. 136, Anm. 4.

[26] So aber offenbar *Fischer,* Trennung (Anm. 24), S. 109 f.

[27] Vgl. *Theodor Maunz,* in: Maunz / Dürig (Anm. 10), Art. 140, Rdnr. 52; Art. 140 GG / Art. 137 WRV, Rdnr. 6; *v. Mangoldt / Klein / v. Campenhausen,* Art. 140 GG / Art. 137 WRV, Rdnr. 13; *Axel von Campenhausen,* Staatskirchenrecht. 2. Aufl., München 1983, S. 72 ff.

[28] Ebenso *Pfeiffer / Strickert,* Personenstandsgesetz (Anm. 1), § 1, Rdnr. 21; *Hermann Feneberg / August Simader,* Personenstandsgesetz. München 1958, § 11, Erl. 1e; *W. Weber,* Personenstandswesen (Anm. 23), S. 412, 423.

grund der früher obligatorischen Angabe erfolgten, sind deshalb auf Antrag zu beseitigen, ohne daß es darauf ankäme, ob die ursprüngliche Regelung verfassungswidrig war[29].

b) Die Führung von Namenslisten

Durch § 69a Abs. 2 S. 4 PStG ist die Führung von Namenslisten vorgeschrieben. Sie werden auf der Grundlage von Zählkarten erstellt, in die bei der Beurkundung eines Personenstandsfalls Angaben über die rechtliche Zugehörigkeit oder Nichtzugehörigkeit zu einer Kirche, Religionsgesellschaft oder Weltanschauungsgemeinschaft aufzunehmen sind, § 69a Abs. 2 S. 2 PStG. Insoweit besteht Auskunftspflicht, § 69a Abs. 2 S. 3 PStG. Diese Angaben sind jedoch für eine gesetzlich angeordnete[30] statistische Erhebung erforderlich und können deshalb auch nach Art. 140 GG i. V. m. Art. 136 Abs. 3 S. 2 WRV verlangt werden[31].

c) Informationen über die Religionszugehörigkeit

Nach dem Zweckbindungsgrundsatz[32] unterliegt die Verwertung der Angaben über die (Nicht)Zugehörigkeit zu einer Religions- oder Weltanschauungsgemeinschaft den gleichen Anforderungen wie ihre erstmalige Erhebung und muß deshalb die in Art. 136 Abs. 3 S. 2 WRV genannten Zwecksetzungen beachten.

Für Mitteilungen über die Religionszugehörigkeit aus den *Personenstandsbüchern* gelten danach angesichts der hier bestehenden Freiwilligkeit der Angabe keine Besonderheiten. Die Beschränkung der Verwertung solcher Angaben auf Zwecke der Bevölkerungsstatistik (§ 69a Abs. 2 S. 1 PStG) entbehrt also zumindest der verfassungsrechtlichen Notwendigkeit[33] — davon abgesehen freilich auch der praktischen Einsichtigkeit, sind doch Statistiken auf der Basis unvollständiger Unterlagen wertlos[34].

---

[29] So OLG Köln, in: StAZ 1967, S. 294 f.
[30] § 4 des Gesetzes über die Statistik der Bevölkerungsbewegung und die Fortschreibung des Bevölkerungsstandes i. d. F. v. 14.3.1980 (BGBl. I S. 308).
[31] Ebenso *Pfeiffer / Strickert*, Personenstandsgesetz (Anm. 1), § 69a, Rdnr. 6; *Ludwig Frauenstein*, Aktuelle Entwicklungen im Personenstandsrecht, in: StAZ 1984, S. 186; OLG Köln, in: StAZ 1967, S. 295.
[32] Vgl. oben I 3 a.
[33] Anders W. *Weber*, Personenstandswesen (Anm. 23), S. 422.
[34] Zutreffend *Fischer*, Trennung (Anm. 24), S. 110.

Nicht von der Verwertungsbeschränkung des § 69a Abs. 2 S. 1 PStG erfaßt werden dagegen die aufgrund obligatorischer Angabe der Religionszugehörigkeit ausgefüllten *Zählkarten und Namenslisten* (§ 69a Abs. 2 S. 2-4), da diese nicht als Personenstandsbücher anzusehen sind (§ 1 Abs. 2 PStG). Insoweit läßt aber Art. 140 GG i. V. m. Art. 136 Abs. 3 S. 2 WRV eine Verwertung der Religionsangabe in den Zählkarten nur zu statistischen Zwecken oder zur Geltendmachung von Rechten und Pflichten zu. Dementsprechend sieht § 399 DA[35] eine Auswertung der Zählkarten grundsätzlich nur für statistische Zwecke vor; eine Offenlegung der Religionszugehörigkeit gegenüber sonstigen Behörden[36] wäre dagegen unzulässig.

Unbedenklich, wenn auch ohne große praktische Bedeutung, ist schließlich die Information der Religions- und Weltanschauungsgemeinschaften aus den Namenslisten gemäß § 69a Abs. 2 S. 5 PStG. Auskunft wird erteilt nur über die *rechtliche* (Nicht)Zugehörigkeit und nur hinsichtlich der Mitglieder bzw. der als solche in Anspruch genommenen Personen[37]. In bezug auf diese geht es aber um die Verwirklichung von Rechten und Pflichten, nicht nur im Bereich der Kirchensteuer-Erhebung, sondern auch und vor allem umfassend in der Aktualisierung der aus der Kirchenzugehörigkeit folgenden Mitgliedstellung. Zu deren Klärung beizutragen, ist der Staat deshalb durch Art. 140 GG i. V. m. Art. 136 Abs. 3 WRV nicht gehindert[38].

3. Die Religionszugehörigkeit im Meldewesen

a) Die Erfassung der Religionszugehörigkeit

Auch im Meldewesen ist eine behördliche Erfassung der Religionszugehörigkeit, außer zu statistischen Zwecken[39] nur insoweit zulässig, als davon Rechte und Pflichten abhängen[40]. Eine solche unmittelbare Zweckbestimmung kommt der melderechtlichen Datenerfassung nicht zu[41], dient diese doch zunächst nur einer zweckneutralen Einwohnerre-

---

[35] Dienstanweisung für die Standesbeamten und ihre Aufsichtsbehörden v. 23.11.1987; Beil. zu BAnz. Nr. 227a v. 4.12.1987.
[36] Z. B. Gesundheitsamt, Kriminalpolizei; vgl. §§ 568 f. DA i. d. F. v. 17.1.1958.
[37] *W. Weber,* Personenstandswesen (Anm. 23), S. 419; *von Campenhausen,* Meldewesen (Anm. 9), S. 484. Vgl. allgemeiner auch BVerfGE 30, 415 (421 f.).
[38] Vgl. OLG Köln, in: StAZ 1967, S. 259; *W. Weber,* Personenstandswesen (Anm. 23), S. 423 f.
[39] Vgl. dazu BVerfGE 65, 1 (38 ff.).
[40] Vgl. auch OLG Karlsruhe, in: DVBl. 1972, S. 506.
[41] Vgl. BVerfGE 65, 1 (64); *Reiner Belz,* Meldegesetz für Bad.-Württ. 3. Aufl., Stuttgart 1987, Einl., Rdnr. 44.

§ 24 Personenstandswesen. Meldewesen. Datenschutz

gistrierung (§ 1 Abs. 1 MRRG), auf deren Grundlage in einer Art „Zulieferfunktion" vornehmlich dritten Stellen des öffentlichen Bereichs Informationshilfe geleistet werden soll. Nach den zuvor getroffenen Feststellungen reicht deshalb Art. 140 GG i. V. m. Art. 136 Abs. 3 S. 3 WRV als Grundlage für die Ermittlung der Religionszugehörigkeit nicht aus, sondern bedarf es hierfür einer speziellen, den Erhebungszweck tragenden gesetzlichen Ermächtigung.

Eine solche ist in Ausführung der §§ 2 Abs. 1 Nr. 11, 4 Abs. 1 MRRG heute [42] in den Meldegesetzen aller Länder erteilt. Sie beschränkt sich unter Ausschluß von Weltanschauungsgemeinschaften auf die rechtliche Zugehörigkeit zu einer Religionsgemeinschaft, dies jedoch unabhängig von deren öffentlich- oder privatrechtlichem Status [43]. Da im letzteren Fall mangels eines Besteuerungsrechts keine im Staatsbereich relevanten Rechte oder Pflichten ersichtlich sind, kann sich das Fragerecht insoweit lediglich auf eine statistische Zwecksetzung stützen [44]. Demgegenüber dient die Erhebung der Religionszugehörigkeit bei öffentlich-rechtlichen Religionsgesellschaften daneben — verfassungsgeboten — der Schaffung der diesen nach Wegfall der bürgerlichen Steuerlisten (Art. 140 GG i. V. m. Art. 137 Abs. 6 WRV) *bekanntzugebenden* Besteuerungsunterlagen [45], ferner — verfassungsermächtigt [46] — der Feststellung ihres Mitgliederbestandes als erste Voraussetzung [47] für die Entfaltung ihres öffentlich relevanten und als solchen anerkannten Wirkens. Der damit zwischen Staat und Kirche bestehende melderechtliche Informationsverbund ist angesichts der dem einzelnen Kirchenmitglied innerkirchlich obliegenden Meldepflicht [48] unbedenklich. Unter deren Einbe-

---

[42] Zum früheren Rechtszustand vgl. *Dieter Lorenz*, Personenstands- und Meldewesen, in: HdbStKirchR¹ II, S. 730.

[43] Vgl. demgegenüber noch § 2 Abs. 1 Nr. 10 Entwurf eines Bundesmeldegesetzes, in: BT-Drucks. 7/1059.

[44] Vgl. auch *Medert u. a.*, Melderecht (Anm. 7), MRRG, § 2, Rdnr. 21; *Wolfhard Böttcher*, Paß-, Ausweis- und Melderecht in Bayern. München 1992, BayMeldeG, Art. 2, Rdnr. 13 Ziff. 11.

[45] Vgl. *von Campenhausen*, Meldewesen (Anm. 9), S. 478 ff.; *Meyer-Teschendorf*, Weitergabe (Anm. 9), S. 22 f.; *Medert u. a.*, Melderecht (Anm. 7), MRRG, § 2, Rdnr. 18; vgl. auch OVG Münster, in: NJW 1976, S. 1550.

[46] Vgl. *Wolfgang Schatzschneider*, Kirchenautonomie und Datenschutzrecht. Heidelberg 1984, S. 49.

[47] Vgl. Amtl. Begr. zu § 19 MRRG Entw. (Anm. 7), S. 33; *Hans-Ulrich Evers*, Probleme des Datenschutzes zwischen Staat und Kirche, in: ZevKR 25 (1980), S. 198.

[48] Vgl. §§ 2 f. Kirchenmeldewesenanordnung (KMAO) v. 5.12.1979; § 16 KiG über die Kirchenmitgliedschaft v. 10.11.1976, beide abgedr. in EssGespr. 15 (1981), S. 185, 197, und dazu *Christian Meyer*, Bemerkungen zum Kirchenmitgliedschaftsrecht, in: ZevKR 27 (1982), S. 234 f.; *Rainer Rausch*, Die mitgliedschaftliche Erfassung Zuziehender, in: ZevKR 36 (1991), S. 383.

ziehung rechtfertigt Art. 140 GG i. V. m. Art. 136 Abs. 3 S. 2 WRV die behördliche Erhebung der Religionszugehörigkeit ganz allgemein auch zur Feststellung der Kirchenmitgliedschaft[49] und damit zugleich die Übermittlung und Verwendung dieses Datums ohne Beschränkung auf kirchensteuerliche Zwecke[50].

b) Informationen über die Religionszugehörigkeit

Gesetzlicher Regelung bedarf nach dem oben Gesagten auch die weitere Verwendung des Datums der Religionszugehörigkeit. Diesem Erfordernis trägt das geltende Melderecht Rechnung. Es sieht Mitteilungen hierüber generell nur im Zuge der Rückmeldung an eine bisher zuständige Meldebehörde vor (§ 17 Abs. 1 S. 1 und 2 MRRG) und läßt im übrigen lediglich eine strikt aufgabenbezogene Datenübermittlung an Behörden und sonstige öffentliche Stellen zu (§ 18 Abs. 2 MRRG). Diese Voraussetzung dürfte hinsichtlich der Religionszugehörigkeit praktisch nur im Zusammenhang mit der Ausstellung der Lohnsteuerkarte zutreffen, die ebenfalls der Meldebehörde obliegt (vgl. §§ 39 EStG, 2 Abs. 2 Nr. 2 MRRG), wobei die Angabe dieses Datums[51] in § 51a EStG, Art. 140 GG i. V. m. Art. 136 Abs. 3 S. 2 WRV eine unmittelbare Grundlage findet. Eine Bekanntgabe im Rahmen einer Melderegisterauskunft an Private ist gänzlich ausgeschlossen (§ 21 MRRG).

Eine besondere Beurteilung erfordern allerdings Informationsbegehren von Religionsgemeinschaften, denen deshalb nunmehr in größerem Zusammenhang nachzugehen ist.

III. Das Informationsrecht der Kirchen und Religionsgemeinschaften

1. Die staatskirchenrechtliche Grundlage

Weder Personenstandsbücher noch Melderegister sind freier Kenntnisnahme zugänglich[52]. In erster Linie für den Behördengebrauch be-

---

[49] Ebenso *Wolfgang Schatzschneider*, Legitimation und Grenzen staatlichkirchlicher Kooperation im Meldewesen, in: NJW 1983, S. 2556.

[50] Ebenso *Meyer*, Kirchenmitgliedschaftsrecht (Anm. 48), S. 234 f. Allgemeiner dazu unten IV 2 b.

[51] Vgl. dazu BVerfGE 49, 375; vgl. auch BayVerfGHE n. F. 20, 171 (181).

[52] Zur beschränkten Öffentlichkeit der Personenstandsbücher vgl. *Franz Massfeller / Werner Hoffmann / Reinhard Hepting / Erich Mergenthaler*, Personenstandsgesetz. Ordner III, Frankfurt / M. 1981 (1977), § 61, Rdnrn. 6 ff.; *Heiko*

stimmt, stehen sie für Informationen an Private nur unter der einengenden Voraussetzung eines rechtlichen (§ 61 Abs. 1 S. 3 PStG) oder berechtigten (§ 21 Abs. 2 MRRG) Interesses offen. Das legt die Frage nahe, ob Religionsgesellschaften mit dem Status einer Körperschaft des öffentlichen Rechts an jenem behördlichen Informationsvorrecht teilhaben oder bloß wie Private behandelt werden.

Die Reichweite des Behördenbegriffs im Hinblick auf die Einbeziehung kirchlicher Stellen kann allerdings, je nach der konkreten gesetzlichen Entscheidung, verschieden sein[53], so daß sich allgemeingültige Festlegungen nicht treffen lassen. Umgekehrt beeinflußt die grundsätzliche Bedeutung der kirchlichen Stellung das Verständnis des gesetzlichen Behördenbegriffs, wenn dieser nicht näher präzisiert erscheint.

§ 61 Abs. 1 S. 1 PStG läßt sich, nicht anders als § 18 Abs. 1, 2 MRRG, als Statuierung einer Hilfspflicht gegenüber Behörden zur Unterstützung von deren (staatlicher) Tätigkeit[54] begreifen und stellt sich damit systematisch als Anwendungsfall der Amtshilfe *(Informationshilfe)* dar[55]. Diese hat ihren Grund in der Zweckeinheit staatlichen Tätigwerdens[56] und beschränkt sich deshalb auf den Bereich staatlicher Organisation, bezieht also insbesondere kirchliche Stellen nicht ohne weiteres ein[57]. Etwas anderes folgt auch nicht aus der öffentlichen Bedeutung der Kirchen. Denn die Erfüllung öffentlicher Aufgaben als solche vermittelt jenen ebensowenig wie sonstigen öffentlichen Verbänden eine Teilhabe an den Möglichkeiten organisierter Staatlichkeit.[58] Immerhin ist der Staat insoweit gehalten, die außerstaatlich bewirkte Erfüllung öffentlicher Aufgaben, auch durch etwa erforderliche Informationen[59],

---

Thomsen, Das Recht auf Benutzung der Personenstandsbücher, in: StAZ 1959, S. 142.

[53] Vgl. *W. Weber,* Personenstandswesen (Anm. 23), S. 415 f.; *Hermann Weber, Die Religionsgemeinschaften als Körperschaften des öffentlichen Rechts im System des Grundgesetzes.* Berlin 1966, S. 127; OLG Braunschweig, in: FamRZ 1962, S. 195.

[54] Verfehlt OLG Braunschweig, in: FamRZ 1962, S. 195 f., das auf „allgemeine" Interessen abstellt.

[55] Vgl. auch *Pfeiffer / Strickert,* Personenstandsgesetz (Anm. 1), § 61, Rdnr. 2.

[56] Vgl. *Maunz,* in: Maunz / Dürig (Anm. 10), Art. 35, Rdnr. 5; *Martin Dreher, Die Amtshilfe.* Göttingen 1959, S. 37 ff.; *Bernhard Schlink, Die Amtshilfe.* Berlin 1982, S. 34 ff.

[57] Vgl. *Maunz,* in: Maunz / Dürig (Anm. 10), Art. 35, Rdnr. 5; *Dreher,* Amtshilfe (Anm. 56), S. 83 f.; *H. Weber,* Religionsgemeinschaften (Anm. 53), S. 135; *Meyer-Teschendorf,* Weitergabe (Anm. 9), S. 27 ff.

[58] Sie kann, wie bei den politischen Parteien (vgl. BVerfGE 20, 56 [100 ff.]; 73, 40 [66]; 85, 264 [287]), verfassungsrechtlich sogar ausgeschlossen sein.

[59] Näher dazu *Lorenz,* Melderegister (Anm. 12), S. 154 f.; vgl. auch OVG Münster, in: NVwZ 1989, S. 1177.

zu unterstützen. Diese allgemeine Hilfspflicht muß folgerichtig auch den Kirchen zugute kommen[60].

Von der Bedeutung des öffentlich-*rechtlichen* Status hängt es ab, inwieweit die Kirchen darüber hinausgehend Vorrechte organisierter Staatlichkeit beanspruchen können. Ihre Stellung als öffentlich-rechtliche Körperschaft ist jedenfalls nicht im Sinne einer Eingliederung in den Bereich der mittelbaren Staatsverwaltung zu verstehen[61]. Die Verleihung dieses Status bedeutet vielmehr materiell die staatliche Anerkennung kirchlicher Eigenständigkeit und Öffentlichkeitsbedeutung, formell die Schaffung einer Grundlage für öffentlich-rechtliches Tätigwerden bei der Wahrnehmung eigener oder staatlich delegierter Aufgaben[62]. Dagegen folgt hieraus noch nicht eine öffentlich-*rechtliche* Einordnung prinzipiell der gesamten kirchlichen Tätigkeit[63]. Der *formell* öffentlich-rechtliche Status der Kirchen kann sich vielmehr zu einer entsprechenden *materiell-inhaltlichen* Stellung mit den hieraus folgenden Bindungen und Privilegien nur dort aktualisieren, wo der für das öffentliche Recht kennzeichnende Bezug auf den Staat[64] besteht, wo also von den Kirchen entweder staatlich delegierte Befugnisse ausgeübt oder aber eigene Aufgaben aufgrund des staatlichen „Angebots"[65] im Gewand des öffentlichen Rechts erfüllt werden. Im übrigen reduziert

---

[60] *Wilhelm Kewenig,* Das Grundgesetz und die staatliche Förderung der Religionsgemeinschaften, in: EssGespr. 6 (1972), S. 25 ff.; *ders.,* Zur Frage, ob und in welchem Umfang die Kirchen öffentliche Aufgaben i. S. des Entwurfs eines Bundesmeldegesetzes wahrnehmen. Rechtsgutachten, erstattet dem Bischöflichen Generalvikariat Münster, (1972), S. 63 ff.; *Meyer,* Kirchenmitgliedschaftsrecht (Anm. 48), S. 234; *Thomas Hoeren,* Kirchen und Datenschutz. Essen 1986, S. 95; a. M. *Meyer-Teschendorf,* Weitergabe (Anm. 9), S. 30 ff., 44.

[61] Vgl. BVerfGE 18, 385 (386 f.); 30, 415 (428); BVerwGE 68, 62; *von Campenhausen,* Staatskirchenrecht (Anm. 27), S. 96; *Meyer-Teschendorf,* Der Körperschaftsstatus der Kirchen, in: AöR 103 (1978), S. 293.

[62] Vgl. BVerfGE 18, 385 (386 f.); 19, 129 (133); 30, 415 (428); BVerwGE 68, 62; *v. Mangoldt / Klein / v. Campenhausen,* Art. 140 GG / Art. 138 WRV, Rdnrn. 146 ff.; *H. Weber,* Religionsgemeinschaften (Anm. 53), S. 91 ff.; *Klaus Meyer-Teschendorf,* Staat und Kirche im pluralistischen Gemeinwesen. Tübingen 1979, S. 119 ff.

[63] Vgl. *von Campenhausen,* Staatskirchenrecht (Anm. 27), S. 98; *H. Weber,* Religionsgemeinschaften (Anm. 53), S. 85 ff.; a. M. etwa *Heiner Marré / Karl Eugen Schlief,* Der öffentlich-rechtliche Gesamtstatus der Kirchen, in: NJW 1965, S. 1515; *Ludwig Renck,* Korporierte Bekenntnisgemeinschaften und öffentliches Recht, in: NVwZ 1991, S. 1038 ff.

[64] Vgl. *Hans J. Wolff / Otto Bachof,* Verwaltungsrecht I. 9. Aufl., München 1974, § 22 II c; *Christian Pestalozza,* „Formenmißbrauch" des Staates. München 1973, S. 172 ff.

[65] Vgl. dazu *Paul Mikat,* Das Verhältnis von Kirche und Staat in der Bundesrepublik. Berlin 1964, S. 19; *H. Weber,* Religionsgemeinschaften (Anm. 53), S. 95 f.; *Alexander Hollerbach,* Grundlagen des Staatskirchenrechts, in: HStR VI, 1989, § 138, Rdnr. 134.

sich die Bedeutung der öffentlich-rechtlichen Stellung im konkreten Fall auf die Anerkennung des materiellen Öffentlichkeitsstatus. Verfassungsrechtlich anerkannte Eigenständigkeit[66] und Universalität ihrer Aufgabenstellung unterscheiden die Kirchen gleichwohl von sonstigen Verbänden mit öffentlicher Bedeutung.

Insgesamt ergibt sich damit eine Abstufung der kirchlichen Position: Nur soweit die Kirchen Aufgaben in öffentlich-rechtlicher Gestalt wahrnehmen, haben sie die Stellung von (staatlichen) Behörden. Außerhalb dieses Bereichs erscheinen sie quasi als „Private"[67], doch kann hier der materielle Öffentlichkeitsstatus zu einer inhaltlichen Begründung eines rechtlichen bzw. berechtigten Interesses führen. Erst wenn die Voraussetzungen keiner dieser beiden Stufen vorliegen, etwa im Fiskalbereich, ist das kirchliche Interesse als das eines Privaten anzusehen, dessen Informationsrecht von besonderen Voraussetzungen abhängt.

Auf dieser allgemeinen Grundlage sind nunmehr die speziellen Regelungen des Personenstands- und Melderechts zu entfalten.

2. Kirchliche Informationsrechte im Personenstandswesen

a) Auskünfte aus den Namenslisten

Eine ausdrückliche Regelung hat die Informationsbeziehung zwischen Kirche und Staat nur in § 69a Abs. 2 S. 5 PStG gefunden. Danach ist Kirchen, Religionsgesellschaften und Weltanschauungsgemeinschaften aus den Namenslisten Auskunft darüber zu geben, ob eine bestimmte Person ihnen angehört oder nicht angehört[68]. Das Informationsrecht kann damit zwar personell unbeschränkt ausgeübt werden[69], ist aber sachlich eng begrenzt; ausgeschlossen sind nicht nur laufende und Sammelmitteilungen, wie sie im Melderecht begegnen[70], sondern auch Auskünfte hinsichtlich sonstiger Daten sowie Informationen über dritte Personen, an denen (etwa wegen enger familienrechtlicher Bindungen zu einem Mitglied) ein besonderes Informationsinteresse besteht.

---

[66] Vgl. BVerfGE 18, 385 (387); *Ulrich Scheuner*, Auseinandersetzungen und Tendenzen im deutschen Staatskirchenrecht, in: DÖV 1966, S. 145; *Rudolf Smend*, Grundsätzliche Bemerkungen zum Korporationsstatus der Kirchen, in: ZevKR 16 (1971), S. 244.

[67] Ebenso W. *Weber*, Personenstandswesen (Anm. 23), S. 422.

[68] Vgl. zur Berichtigung des ungenauen Wortlauts W. *Weber*, Personenstandswesen (Anm. 23), S. 419.

[69] So zutreffend OLG Braunschweig, in: FamRZ 1962, S. 196, gegenüber *Fischer*, Trennung (Anm. 24), S. 111.

[70] Vgl. unten III 3 b.

b) Informationen aus den Personenstandsbüchern

Wesentlich weiter geht das Informationsrecht der Behörden, das sich gemäß § 61 Abs. 1 S. 1 PStG auf Einsicht in die Personenstandsbücher, Durchsicht dieser Bücher sowie Erteilung von Personenstandsurkunden erstreckt, und dessen Ausübung nur durch den allgemein zu beachtenden Rahmen der Zuständigkeit begrenzt wird. Einen hinreichend sicheren Schluß auf die Reichweite dieses behördlichen Rechts lassen weder Wortlaut noch Entstehungsgeschichte, noch historische Entwicklung des Personenstandsgesetzes zu. Zur Beurteilung der den Kirchen insoweit zukommenden Stellung erscheint es deshalb hilfreich, auf die oben entwickelten, allgemeinen Grundsätze zurückzugreifen. Danach wird die Ausübung des Informationsrechts infolge seiner bloß instrumentalen Bedeutung[71] maßgeblich durch die Gestalt der zu erfüllenden materiellen Aufgaben bestimmt. Zu undifferenziert ist es deshalb, die Behördeneigenschaft der öffentlich-rechtlichen Religionsgemeinschaften *generell* entweder zu bejahen[72] oder zu verneinen[73]. Entscheidend ist vielmehr, ob das geltend gemachte Informationsrecht einer Aufgabe dient, hinsichtlich deren Erfüllung sich die Kirchen durch die Wahl öffentlichrechtlicher Form an die staatliche Organisation anschließen. Ist das der Fall, so können sie sich auf das Behördenprivileg des § 61 Abs. 1 PStG berufen, ohne deswegen schon allgemein zu „Behörden" zu werden.

Nicht gefolgt werden kann demgegenüber der Meinung, die das Auskunftsrecht der Religionsgemeinschaften in § 69a Abs. 2 S. 5 PStG speziell geregelt sieht und deshalb die Inanspruchnahme des behördlichen Einsichtsrechts ablehnt[74]. Allein der Umstand, daß nur § 69a Abs. 2 PStG die Religionsgemeinschaften erwähnt, ist hierfür nicht aussagekräftig, da diese Bestimmung die Verwertung der (zu statistischen Zwecken angefertigten) Zählkarten und Namenslisten regelt, dagegen für eine abschließende Normierung der kirchlichen Informationsinteressen keinen Anhaltspunkt liefert. Auch stellt das Gesetz zwischen den Regelungen der §§ 69a Abs. 2 und 61 Abs. 1 PStG keine Verbindung

---

[71] Vgl. oben II 1.

[72] So die h. M., vgl. *Massfeller u. a.*, Personenstandsgesetz (Anm. 52), § 61, Rdnr. 16; *Pfeiffer / Strickert*, Personenstandsgesetz (Anm. 1), § 61, Rdnr. 2; *Feneberg / Simader*, Personenstandsgesetz (Anm. 28), § 61, Erl. 1a; *Thomsen*, Personenstandsbücher (Anm. 52), S. 142; *Kewenig*, Öffentliche Aufgaben (Anm. 60), S. 91; OLG Braunschweig, in: FamRZ 1962, S. 195 f.; im gleichen Sinn die Amtl. Begr. zum PStG 1957, in: BT-Drucks. II / 848, Nr. 49 i. V. m. BT-Drucks. zu 848; § 86 Abs. 1 Nr. 1 DA.

[73] So *W. Weber*, Personenstandswesen (Anm. 23), S. 418 ff.; *Fischer*, Trennung (Anm. 24), S. 111; wohl auch *H. Weber*, Religionsgemeinschaften (Anm. 53), S. 128.

[74] So vor allem *W. Weber*, Personenstandswesen (Anm. 23), S. 418 ff.

her, die auf ein Spezialitätsverhältnis schließen lassen könnte. Entscheidend ist jedoch, daß § 69a Abs. 2 PStG lediglich die Bekanntgabe der Religionszugehörigkeit aus behördeninternen Unterlagen betrifft, während es in § 61 PStG um den Zugang zu allgemeinen Daten in einem beschränkt öffentlichen Register geht; es ist aber kein Grund ersichtlich, aus dem dieser allgemeine Zugang durch eine anderweitig eröffnete Informationsmöglichkeit über spezielle Daten ausgeschlossen sein könnte[75].

Im Ergebnis genießen also die (öffentlich-rechtlichen) Religionsgemeinschaften insoweit den Behördenvorzug, als die Erfüllung der materiellen Aufgabe dem öffentlichen Recht untersteht. Im übrigen haben sie zwar formell lediglich die Stellung von Privaten gemäß § 61 Abs. 1 S. 3 PStG, jedoch kann ihr materieller Öffentlichkeitsstatus zur Annahme eines rechtlichen Interesses an der Registereinsicht auch dann führen, wenn die Kenntnis der Personenstandsdaten nicht im strengen Sinn „zur Verfolgung von Rechten oder zur Abwehr von Ansprüchen erforderlich ist"[76], sondern etwa im Rahmen allgemeiner öffentlichkeitsrelevanter kirchlicher Tätigkeit benötigt wird.

3. Kirchliche Informationsrechte im Meldewesen

a) Rechtliche Grundlagen

Entsprechend der Zwecksetzung des Melderegisters unterscheidet das geltende Melderecht zwischen der Datenübermittlung einerseits an Behörden und sonstige öffentliche Stellen, andererseits an Personen und andere nicht-öffentliche Stellen (§ 1 Abs. 2 S. 3 MRRG) und erklärt jene grundsätzlich spezifisch aufgabenakzessorisch (§§ 17, 18 MRRG), diese nach Maßgabe des Bestehens eines berechtigten Interesses (§ 21 MRRG) für zulässig.

Für die Datenübermittlung an *öffentlich-rechtliche Religionsgesellschaften* ist die ursprünglich geplante Gleichstellung kirchlicher und staatlicher Behörden[77] (vgl. auch § 15 Abs. 4 BDSG) nicht Gesetz geworden. Vielmehr trifft § 19 MRRG eine Sonderregelung. Danach können die in § 19 Abs. 1 aufgelisteten Daten der *Mitglieder* sowie die in § 19 Abs. 2 genannten, gegebenenfalls kraft Landesrechts weitere Daten von *Familienangehörigen* der Mitglieder übermittelt werden. Ergänzend

---

[75] Im Ergebnis ebenso OLG Braunschweig, in: FamRZ 1962, S. 196.
[76] So die Definition etwa bei *Massfeller u. a.*, Personenstandsgesetz (Anm. 52), § 61, Rdnr. 21.
[77] Vgl. Amtl. Begr. zu § 1 Abs. 3 BMG Entw. (Anm. 43).

ist vielfach in *Kirchen*verträgen ein kirchliches Auskunftsrecht für Zwecke der Erhebung der Kirchensteuer vorgesehen[78]. Für Religions- und Weltanschauungsgemeinschaften *privaten* Rechts besteht dagegen nur die Möglichkeit einer (allgemeinen) Melderegisterauskunft gemäß § 21 MRRG.

b) Das kirchliche Auskunftsrecht

Ist die Behördenqualität kirchlicher Stellen damit irrelevant, so bleibt die Reichweite zugelassener *Übermittlungszwecke* zu klären. Denn § 19 Abs. 1 MRRG läßt die Datenübermittlung an die öffentlich-rechtlichen Religionsgesellschaften nicht pauschal, sondern unter Verweisung auf die für Behörden geltenden Voraussetzungen des § 18 Abs. 1 MRRG nur zur rechtmäßigen Erfüllung ihrer Aufgaben zu[79]. Diese umfassen außer dem kirchlichen Besteuerungswesen und sonstigen Agenden unter Inanspruchnahme staatlicher Hoheitsgewalt alle Tätigkeitsbereiche, in denen die Kirchen ihren genuinen Auftrag erfüllen. Demgemäß ist eine Datenübermittlung auch für seelsorgerische, karitative, kulturelle oder missionarische Zwecke zulässig[80]; ausgeschlossen sind lediglich Informationen zu rein privaten, insbesondere fiskalischen Zwecken[81]. Dieses weite Verständnis zulässiger Datenübermittlung verstößt nicht gegen das allgemeine Zweckentfremdungsverbot[82], da bereits die Erhebung der Daten unter dem Aspekt einer — zulässigen — Informationshilfe für die öffentlich-rechtlichen Religionsgemeinschaften erfolgte[83].

c) Daten von Familienangehörigen

Dagegen kann Datenwünschen in bezug auf Nichtmitglieder, denen gegenüber auch Hoheitsbefugnisse nicht bestehen[84], nur in engen Gren-

---

[78] Vgl. z. B. das Schlußprotokoll zu Art. 7 Abs. 1 HessErgV; dazu *von Campenhausen*, Meldewesen (Anm. 9), S. 481.

[79] Vgl. zu diesem Verständnis *Medert u. a.*, Melderecht (Anm. 7), MRRG, § 19, Rdnrn. 27 f.

[80] Ebenso *Medert u. a.*, Melderecht (Anm. 7), MRRG, § 19, Rdnrn. 26, 34; *Kewenig*, Öffentliche Aufgaben (Anm. 60), S. 71 ff., 76; *ders.*, Zum Umfang des Anspruchs der Kirchen auf Datenübermittlung nach den §§ 1 Abs. 1 und 17 Abs. 1 des Entwurfs eines Gesetzes über das Meldewesen. Rechtsgutachten, erstattet dem Bischöflichen Generalvikariat Münster. O. J. (1974), S. 4; *von Campenhausen*, Meldewesen (Anm. 9), S. 483, 487 f.; vgl. auch Amtl. Begr. zu § 1 BMG Entw. (Anm. 43), S. 14.

[81] Vgl. *Medert u. a.*, Melderecht (Anm. 7), MRRG, § 19, Rdnrn. 26, 34; *Belz*, Meldegesetz (Anm. 41), § 30, Rdnr. 12.

[82] Vgl. oben I 3 a.

[83] Vgl. oben II 3 a.

zen Rechnung getragen werden. Danach können das kirchliche Interesse an der Klarstellung des Familienverbandes der Mitglieder sowie kirchensteuerliche Zwecke eine Datenübermittlung über Familienangehörige grundsätzlich rechtfertigen[85], doch bleibt andererseits das besondere Geheimhaltungsinteresse des Außenstehenden zu beachten. § 19 Abs. 2 S. 3 MRRG läßt deshalb die Übermittlung eines eingeschränkten Datensatzes zu, gesteht jedoch dem Betroffenen, vorbehaltlich landesrechtlicher Statuierung einer Übermittlungs*pflicht* für Zwecke der Steuererhebung, ein *Widerspruchsrecht* zu. Dieses erscheint gegenüber dem Erfordernis positiver Zustimmung verfassungsrechtlich ausreichend, nachdem hierüber individuell (§ 19 Abs. 2 S. 3 MRRG) und zum Teil kraft Landesrechts in regelmäßigen Zeitabständen generell zu belehren ist[86]. Die weitere kirchliche Datenverarbeitung ist jedenfalls, auch wenn in § 19 MRRG nicht auf § 18 Abs. 5 MRRG verwiesen ist, auf die genannten Übermittlungszwecke beschränkt.

d) Realisierung des Auskunftsrechts

Wie schon nach bisherigem Recht wird eine laufende Unterrichtung der Kirchen über melderechtliche Vorgänge praktiziert. Eine solche regelmäßige Datenübermittlung bedarf, anders als an Behörden gemäß § 18 Abs. 4 MRRG, keiner speziellen Rechtsgrundlage, ist aber zum Teil ausdrücklich vorgesehen[87]. Sie rechtfertigt sich aus dem verfassungsgarantierten Recht der Kirchen auf Bereitstellung vollständiger und aktueller Besteuerungsunterlagen sowie aus dem zwischen Staat und Kirche in der Ausformung durch §§ 2 und 19 MRRG bestehenden melderechtlichen Informationsverbund[88]. Voraussetzung einer Datenübermittlung ist das Bestehen ausreichender Datenschutzmaßnahmen beim Empfänger, § 19 Abs. 3 MRRG. Damit wird auf allgemeine Anforderungen des Datenschutzes verwiesen, die im folgenden Abschnitt zu erörtern sind.

---

84 Vgl. BVerfGE 19, 206 (216 f.); 30, 415 (421 f.).
85 Vgl. dazu *Medert u. a.*, Melderecht (Anm. 7), MRRG, § 19, Rdnrn. 36 ff.
86 Vgl. §§ 30 Abs. 2 S. 5 bad.-württ.MeldeG; 30 Abs. 2 S. 3 nieders.MeldeG, 32 Abs. 2 S. 3 rheinl.-pfälz.MeldeG.
87 Vgl. Art. 32 bayer.MeldeG i. V. m. § 11 MeldeDÜV; § 32 nieders.MeldeG i. V. m. § 10 MeldeDÜV; § 27 schlesw.-holst.MeldeG i. V. m. Nr. 27.2 VwV/MeldeG.
88 Vgl. oben II 3 a.

IV. Religionsgemeinschaften und Datenschutz

Nachdem sich schon bei der Behandlung des Personenstands-[89] und Meldewesens deren stark datenschutzrechtliche Prägung gezeigt hat, bleibt im folgenden der Datenschutz in seiner allgemeinen Bedeutung für die Religionsgemeinschaften zu klären.

1. Die Geltung des Bundesdatenschutzgesetzes

Dabei stellt sich zunächst die grundsätzliche Frage nach dem Geltungsanspruch des staatlichen Rechts.

a) Geltung für die Kirchen

Das Bundesdatenschutzgesetz gilt gemäß §§ 1 Abs. 2 und 2 für die Datenverarbeitung einerseits durch Behörden und sonstige öffentliche Stellen des Staates oder von Trägern mittelbarer Staatsverwaltung, andererseits durch Personen und Vereinigungen des privaten Rechts. Gehören die Kirchen als Körperschaften des öffentlichen Rechts eigener Art[90] weder zur einen noch zur anderen Kategorie, so sind sie durch „beredtes Schweigen" von der Geltung des Gesetzes ausgenommen[91]. Dies war unter der Gesetzesfassung von 1977 kaum streitig[92] und kann auch für das insoweit sinngemäß übereinstimmende, nunmehr geltende Gesetz nicht mit dem Hinweis auf Entstehungsgeschichte, eine veränderte verfassungsrechtliche Ausgangssituation sowie völkerrechtliche Anforderungen in Zweifel gezogen werden[93]. Die Gegenmeinung ver-

---

[89] Vgl. dazu *Joachim Schweinoch,* Datenschutz im Standesamt, in: StAZ 1981, S. 133.

[90] Vgl. oben III 1 b.

[91] *Michael Stolleis,* Staatliche und kirchliche Zuständigkeiten im Datenschutzrecht, in: ZevKR 23 (1978), S. 233.

[92] Vgl. *Ulrich Dammann,* in: Spiros Simitis / Ulrich Dammann / Otto Mallmann / Hans-Joachim Reh, Komm. zum Bundesdatenschutzgesetz. 3. Aufl., Baden-Baden 1981, § 7, Rdnr. 9; *Evers,* Probleme (Anm. 47), S. 176; *Dieter Lorenz,* Datenschutz im kirchlichen Bereich, in: EssGespr. 15 (1981), S. 90 ff.; anders *Hans-Ullrich Gallwas,* Zum Verhältnis von staatlichem und kirchlichem Datenschutzrecht, in: BayVBl. 1980, S. 423.

[93] So aber *Ulrich Dammann,* Die Anwendung des neuen Bundesdatenschutzgesetzes auf die öffentlich-rechtlichen Religionsgesellschaften, in: NVwZ 1992, S. 1147; demgegenüber *Dieter Lorenz,* Die Stellung der Kirchen nach dem Bundesdatenschutzgesetz 1990, in: ZevKR 37 (1992), S. 29 f.; *Alfred Büllesbach,* Das neue Bundesdatenschutzgesetz, in: NJW 1991, S. 2596; *Thomas Hoeren,* Die Kirchen und das neue Bundesdatenschutzgesetz, in: NVwZ 1993, S. 650 ff.; wohl auch *Gerold Lehnguth,* Kirchliche Einrichtungen und Datenschutz, in: DVBl 1986, S. 1085 f.

kennt in letzterer Hinsicht den Stellenwert des kirchlichen Datenschutzrechts[94] und übersieht in verfassungsrechtlicher Beziehung, daß die durch das Volkszählungsurteil klargestellte Grundrechtsqualität des Datenschutzes unmittelbar nur gegenüber staatlicher Tätigkeit wirkt, sich aber im übrigen, so auch in bezug auf die Religionsgemeinschaften, nur qua staatlicher Schutzpflicht mit dem dieser eigenen weiten Gestaltungsspielraum aktualisiert[95].

Über die Interpretation der gesetzgeberischen Motivation mag man streiten; die dem Wortlaut nach eindeutig getroffene Regelung[96] entspricht jedenfalls den verfassungsrechtlichen Vorgaben des Staatskirchenrechts. Danach wären die mit dem Bundesdatenschutzgesetz einhergehenden, nachhaltigen materiellen und organisatorischen Beschränkungen[97] des kirchlichen Selbstbestimmungsrechts nur zulässig, wenn jenes sich *materiell*, d. h. ungeachtet seines beschränkten formellen, die Kirchen ausnehmenden Regelungsgehalts[98], als ein für alle geltendes Gesetz darstellte (Art. 140 GG i. V. m. Art. 137 Abs. 3 WRV). Hierfür kommt es darauf an, ob eine gesetzliche Beschränkung auch unter Beachtung des hohen Stellenwerts kirchlicher Eigenständigkeit im überwiegenden Allgemeininteresse unumgänglich ist[99]. Eine solche Notwendigkeit ist indes nur hinsichtlich des unerläßlichen Minimums eines grundsätzlichen informationellen Persönlichkeitsschutzes anzuerkennen. Nur das verfassungsrechtlich verfestigte *Datenschutzprinzip* als solches ist deshalb in seiner inhaltlichen Ausprägung und den Anforderungen an eine organisatorische und verfahrensmäßige Sicherung für die Kirchen verbindlich[100]. Dagegen ist kein hinreichender Grund ersichtlich, diese gerade auch auf die konkrete gesetzliche Umsetzung des Verfassungsauftrags festzulegen. Vielmehr gebietet die Garantie kirchlicher Eigenständigkeit und erlaubt die verfassungsrechtli-

---

[94] Vgl. sogleich sub 2 a.
[95] Vgl. schon *Lorenz*, Stellung (Anm. 93), S. 38 m. w. N.
[96] So auch *Dammann*, Anwendung (Anm. 93), S. 1148.
[97] Vgl. dazu näher *Stolleis*, Zuständigkeiten (Anm. 91), S. 234 ff.; *Lorenz*, Datenschutz (Anm. 92), S. 100 f.; *Schatzschneider*, Kirchenautonomie (Anm. 46), S. 24 ff.; sie werden geleugnet u. a. durch *Wolfgang Heyde*, Einbeziehung der Kirchen und ihrer Einrichtungen in ein neues Bundesdatenschutzgesetz?, in: Verantwortlichkeit und Freiheit. FS für Willi Geiger zum 80. Geburtstag. Tübingen 1989, S. 651.
[98] Vgl. dazu *Lorenz*, Datenschutz (Anm. 92), S. 96.
[99] Vgl. BVerfGE 53, 366 (400 f.); 66, 1 (20 f.); 72, 278 (289 f., 294). Grundsätzlich dazu *Alexander Hollerbach*, Die Kirchen unter dem Grundgesetz, in: VVDStRL 26 (1968), S. 62; *v. Mangoldt / Klein / v. Campenhausen*, Art. 140 GG / Art. 137 WRV, Rdnrn. 123 ff.
[100] Vgl. *Lorenz*, Datenschutz (Anm. 92), S. 98 f.; *ders.*, Stellung (Anm. 93), S. 37; zust. *Schatzschneider*, Kirchenautonomie (Anm. 46), S. 24 ff.; abl. *Dammann*, Anwendung (Anm. 93), S. 1149.

che Zielsetzung des Datenschutzes, den Kirchen einen eigenen Weg zu dessen Verwirklichung offenzuhalten[101]. Ganz allgemein hat ja eine vorsichtige Rückbesinnung eingesetzt, um das durch einen euphorisch ausgeweiteten Datenschutz verdrängte, grundrechtlich geschützte Informationsinteresse des Bürgers (Art. 5 Abs. 1 S. 1 GG) wieder stärker zur Geltung zu bringen[102]. Um so mehr ist diesem Interesse bei den Kirchen Rechnung zu tragen, die als personalbestimmte Gemeinschaften auf die Verbindung zu ihren Gliedern und das Wissen um diese angewiesen sind und für deren Wirken freie innerkirchliche Kommunikation deshalb essentiell ist[103].

Die gesetzliche Freistellung der Kirchen betrifft grundsätzlich alle kirchlichen Tätigkeitsbereiche[104]. Sie sollte — und durfte — aber nicht zur Entstehung eines datenschutzfreien Raums innerhalb der Kirchen führen. Leitend war ersichtlich die — zutreffende[105] — Erwartung, daß diese alternativ ein gleichwertiges Datenschutzrecht selbst schaffen würden. Diese Motivation ist jedoch nicht zum Gesetz erhoben worden. Das Bundesdatenschutzgesetz tritt vielmehr voraussetzungslos zurück und kommt deshalb auch bei etwaigen Regelungslücken des kirchlichen Rechts nicht als gleichsam subsidiäre staatliche Norm automatisch zur Geltung[106].

b) Kirchliche Einrichtungen privaten Rechts

Zur Kirche gehören auch ihre rechtlich selbständigen Einrichtungen (vgl. Art. 140 GG i. V. m. Art. 138 Abs. 2 WRV). Demzufolge erstreckt sich das Selbstbestimmungsrecht gemäß Art. 140 GG i. V. m. Art. 137 Abs. 3 WRV auf „alle der Kirche in bestimmter Weise zugeordneten Einrichtungen ohne Rückicht auf ihre Rechtsform, wenn sie nach kirchlichem Selbstverständnis ihrem Zweck oder ihrer Aufgabe entsprechend" zur Mitwirkung an der Erfüllung des kirchlichen Auftrags

---

[101] Vgl. *Dieter Lorenz*, Aktuelle Probleme des Datenschutzes, in: ZevKR 29 (1984), S. 429 f.; grundsätzlich BVerfGE 53, 366 (405).

[102] Vgl. *Hans-Ullrich Gallwas*, Der allgemeine Konflikt zwischen dem Recht auf informationelle Selbstbestimmung und der Informationsfreiheit, in: NJW 1992, S. 2785; *Margit Langer*, Informationsfreiheit als Grenze informationeller Selbstbestimmung. Berlin 1992, S. 65, 140 ff.

[103] Vgl. auch *Meyer*, Kirchenmitgliedschaftsrecht (Anm. 48), S. 237.

[104] Vgl. *Lorenz*, Datenschutz (Anm. 92), S. 92 ff.; *Evers*, Probleme (Anm. 47), S. 183 f.; *Lehnguth*, Einrichtungen (Anm. 93), S. 1086; a. M. etwa *Dammann*, Anwendung (Anm. 93), S. 1149.

[105] Vgl. unten sub 2 a.

[106] Unzutreffend *Hoeren*, Kirchen (Anm. 60), S. 64 ff.; abl. auch *Dammann*, Anwendung (Anm. 93), S. 1149.

berufen sind[107]. Die hierdurch vorgezeichnete Folgerung einer Unanwendbarkeit des Bundesdatenschutzgesetzes auch auf privatrechtliche kirchliche Einrichtungen, soweit für diese kirchliches Datenschutzrecht besteht[108], wird jedoch von der herrschenden Meinung, u. a. unter Berufung auf den besonderen gesetzlichen Schutzzweck und das Fehlen ausdrücklichen Tendenzschutzes, grundsätzlich abgelehnt[109].

In der Tat stellen privatrechtlich organisierte kirchliche Krankenhäuser, Schulen, Heime, Rechenzentren usw. nicht-öffentliche Stellen (§ 1 Abs. 2 Nr. 3 BDSG) dar, die geschäftsmäßig Daten verarbeiten und deshalb den Tatbestand des § 27 Abs. 1 BDSG erfüllen. Auch für das Datenschutzrecht ist jedoch die verfassungsrechtlich garantierte Einheit der Kirche mit ihren Einrichtungen maßgebend. Erfüllen diese die genannten Voraussetzungen, so unterliegen sie der kirchlichen Autonomie, deren Ausübung *durch Schaffung eigenständigen kirchlichen Datenschutzrechts* das staatliche Gesetzesrecht zurücktreten läßt, und zwar unabhängig davon, ob dieses einen entsprechenden Vorbehalt statuiert[110]. Entgegen dem scheinbar unbeschränkten Geltungsanspruch des Bundesdatenschutzgesetzes steht den Kirchen deshalb die datenschutzrechtliche Regelung hinsichtlich ihrer Einrichtungen offen.

c) Privatrechtliche Religionsgemeinschaften

Die Datenverarbeitung durch privatrechtlich organisierte Religionsgemeinschaften unterfällt ohne weiteres den Bindungen der §§ 27-38 BDSG, sofern sie geschäftsmäßig betrieben wird oder, bei bestimmten neuen Formen religiöser Gemeinschaften nicht von der Hand zu weisen[111], beruflichen oder gewerblichen Zwecken dient. Allerdings kommt Art. 140 GG i. V. m. Art. 137 Abs. 3 S. 1 WRV auch privatrechtlichen Religionsgemeinschaften zugute, so daß diese unter Berufung auf das Selbstbestimmungsrecht ebenfalls Freistellung vom staatlichen Datenschutzrecht begehren könnten[112]. Indes können auch hier die Regelungen des Bundesdatenschutzgesetzes nur insoweit zurücktreten, als ver-

---

[107] BVerfGE 46, 73 (85 f.); vgl. ferner BVerfGE 53, 366 (402); 57, 220 (242); 70, 138 (162).
[108] So *Stolleis*, Zuständigkeiten (Anm. 91), S. 237 ff.; *Lorenz*, Stellung (Anm. 93). S. 38 f.; *Hoeren*, Kirchen (Anm. 60), S. 68 f.
[109] Vgl. *Dammann* (Anm. 92), § 7, Rdnr. 9, § 10, Rdnr. 68; *Evers*, Probleme (Anm. 47), S. 176 ff.; *Gallwas*, Datenschutzrecht (Anm. 92), S. 424; *Lehnguth*, Einrichtungen (Anm. 93), S. 1087; *Heyde*, Einbeziehung (Anm. 97), S. 642 ff.
[110] Vgl. auch BVerfGE 70, 138 (164 f.).
[111] Vgl. dazu VG Hamburg, in: NVwZ 1991, S. 806.
[112] So *Schatzschneider*, Kirchenautonomie (Anm. 46), S. 58 ff.; vgl. dazu auch *Alexander Hollerbach*, Disk.Beitr., in: EssGespr. 15 (1981), S. 127.

bandsintern der verfassungsrechtlich unverzichtbare Datenschutz rechtsverbindlich sichergestellt ist. Eine solche Gewähr besteht aber im Fall einer Statuierung durch private Vereinigungen grundsätzlich nicht[113], sondern ist nur bei bzw. unter der Verantwortung von Körperschaften des öffentlichen Rechts gegeben, soweit deren Normsetzung staatlicher Gesetzgebung strukturell vergleichbar ist.

2. Datenschutz in der Kirche

Die kirchenrechtliche Regelung und Handhabung des Datenschutzes hat über den innerkirchlichen Bereich hinaus in doppelter Hinsicht Relevanz für das Staatskirchenrecht. Einerseits hängt der staatliche Regelungsverzicht[114] teils aktuell, teils auf längere rechtspolitische Sicht, von der kirchlichen Sicherstellung eines datenschutzrechtlichen Mindeststandards ab, zum andern ist Voraussetzung für eine staatliche Datenübermittlung an die Kirchen[115] daß diese — weitergehend — ausreichende Datenschutzmaßnahmen getroffen haben (§ 15 Abs. 4 BDSG).

a) Kirchliches Datenschutzrecht

Die christlichen Großkirchen haben — außerhalb des speziellen Melde- und Kirchenmitgliedschaftsrechts[116] — allgemeine Datenschutzregelungen erlassen. Im Bereich der Katholischen Kirche besteht die Anordnung über den kirchlichen Datenschutz (KDO)[117], für die Evangelische Kirche und die Gliedkirchen gilt das Kirchengesetz über den Datenschutz (KiDSG)[118]. Beide Regelwerke suchen zugleich den strengeren Anforderungen für den Schutz staatlich übermittelter Daten zu genügen und lehnen sich mehr oder weniger eng an das staatliche Vorbild an. Hierauf gestützte kritische Fragen nach der Eigenart kirchlich bestimmten Datenschutzes sind (schon deshalb) unberechtigt[119]. Im übrigen ist den Kirchen der Schutz menschlicher Persönlichkeit in der besonderen Vertraulichkeit des gesprochenen Wortes seit jeher ein

---

[113] Vgl. auch *Gallwas*, Datenschutzrecht (Anm. 92), S. 425.
[114] Vgl. oben IV 1 a, b.
[115] Vgl. dazu unten 3.
[116] Vgl. oben II 3 b.
[117] Vom 5.12.1977; mit Fundstellenverzeichnis abgedr. in: EssGespr. 15 (1981), S. 188; dazu *Hoeren*, Kirchen (Anm. 60), S. 185 ff.
[118] Vom 10.11.1977 i. d. F. v. 7.11.1984, in: ABl.EKD, S. 507, nebst Verordnung v. 21.3.1986 (VO DSG-EKD), in: ABl.EKD, S. 117.
[119] Vgl. dazu *Dieter Lorenz*, Buchbesprechung zu Hoeren (Anm. 60), in: ZevKR 37 (1992), S. 456 f.

eigenes Anliegen, dem der Staat durch prozessuale Informationsbeschränkungen Rechnung trägt (vgl. §§ 383 Abs. 1 Nr. 4 ZPO, 53 Nr. 1 StPO).

b) Staatlich übermittelte Daten

Hinsichtlich des Umgangs mit personenbezogenen Daten ist allerdings danach zu unterscheiden, ob diese originär im kirchlichen Bereich entstanden sind oder vom Staat übermittelt wurden und deshalb dessen besonderer Schutzpflicht unterstehen[120]. Demgemäß gilt für erstere, wie gezeigt, allein kirchliches Datenschutzrecht, während letztere durch § 15 Abs. 4 i. V. m. Abs. 3 BDSG nunmehr auch hinsichtlich der weiteren Verarbeitung oder Nutzung unmittelbar dem *Zweckbindungsgrundsatz* unterstellt sind. Allerdings erklärt § 11 Abs. 2 KiDSG insoweit ohnehin staatliches Recht für anwendbar; demgegenüber können in der katholischen Kirche infolge der Technik eigenständiger Regelung des Datenschutzes Divergenzen auftreten.

Für den praktisch wichtigsten Bereich der Übermittlung von *Meldedaten* ergibt sich daraus keine Einschränkung. Denn sie dient, wie die Datenerhebung, über eine (kirchen)steuerliche Zwecksetzung hinaus auch der kirchlichen Dokumentation des Mitgliederbestandes[121] und erlaubt damit jede Verwendung, die den Kirchen auch bei eigener Erhebung, die durch das staatliche Meldewesen ja obsolet wird, gestattet wäre. Insoweit bewendet es also bei dem auch kirchenrechtlich geltenden allgemeinen Prinzip aufgabenorientierter Datenverarbeitung.

Für sonstige Bereiche ist eine regelungsspezifische Beurteilung erforderlich. So dient die Mitteilung des *Kirchenaustritts,* der außer in Bremen vor einer staatlichen Stelle (Standesbeamter, Amtsgericht) zu erklären und dann von dieser der betreffenden Kirche bekanntzugeben ist[122], ungeachtet der zum Teil kirchensteuerrechtlichen Einkleidung, in erster Linie der Klarstellung des kirchlichen Mitgliederbestandes. Denn auch der gegenüber dem Staat zu erklärende Kirchenaustritt beendet nicht etwa bloß eine „Kirchensteuermitgliedschaft", sondern bewirkt insgesamt die nach staatlichem Recht wirksame Lösung von der Kirche und richtet sich deshalb der Sache nach in erster Linie an diese[123].

---

[120] Vgl. dazu *Lorenz,* Datenschutz (Anm. 92), S. 116; *Gallwas,* Datenschutzrecht (Anm. 92), S. 426.

[121] Vgl. oben II 3 a.

[122] Vgl. § 1 Abs. 3 preuß. G, betr. den Austritt aus den Religionsgesellschaften öffentlichen Rechts; ferner z. B. §§ 26 Abs. 3 bad.-württ.KiStG, 2 Abs. 3 nieders. KiAustrG, 5 Abs. 2 nordrh.-westf.KiAustrG.

[123] Vgl. *von Campenhausen,* Staatskirchenrecht (Anm. 27), S. 157. Zur Einheitlichkeit der Mitgliedschaft vgl. *Heiner Marré,* Die Kirchenfinanzierung in Kirche

Vereinzelt sieht das Landesrecht eine Mitteilung außer an die für die Kirchensteuer auch an die für Mitgliedschaft zuständige Stelle vor[124].

Im Ergebnis wie im Melderecht und wie im Fall einer eigenen Zuständigkeit der Kirche zur Entgegennahme der Austrittserklärung erfolgt die staatliche Übermittlung dieses Datums, das nicht durch eine besondere Erhebung gewonnen wurde, ohne spezifische Zweckbindung. Damit richtet sich aber auch seine weitere Verarbeitung oder Nutzung grundsätzlich allein nach der kirchlich bestimmten Erforderlichkeit zur Wahrnehmung kirchlicher Aufgaben (§§ 10 Abs. 1 S. 1, 11 Abs. 1 KDO; § 11 Abs. 2 KiDSG i. V. m. § 15 Abs. 1 BDSG), wobei freilich schutzwürdige Belange des Betroffenen nicht beeinträchtigt werden dürfen. Liegen diese Voraussetzungen vor, so ist eine Übermittlung dieser Information an andere kirchliche Stellen und ihre Nutzung durch diese zulässig. In diesem Rahmen ist auch eine Bekanntgabe an Dritte (z. B. Angehörige des Ausgetretenen; Mitglieder der Pfarrei bzw. Kirchengemeinde), selbst wenn sie öffentlich erfolgt[125], nicht zu beanstanden[126].

3. Datenübermittlung an die Religionsgemeinschaften

a) Übermittlung an kirchliche Stellen

§ 15 Abs. 4 BDSG läßt eine Datenübermittlung durch öffentliche Stellen an Stellen öffentlich-rechtlicher Religionsgemeinschaften entsprechend § 15 Abs. 1-3 zu, sofern sichergestellt ist, daß beim Empfänger ausreichende Datenschutzmaßnahmen getroffen werden.

Materielle Voraussetzung der Datenübermittlung ist danach zunächst, daß diese für die Aufgabenerfüllung des Empfängers erforderlich ist. Dabei werden die Aufgaben der Kirchen aufgrund ihrer Autonomie nach Maßgabe ihres Selbstverständnisses eigenverantwortlich festgelegt. Sie sind grundsätzlich umfassend zu verstehen und beschränken sich insbesondere nicht auf seelsorgerische oder sonstige im engeren Sinn religiöse Zielsetzungen[127]; in dieser Hinsicht ist praktisch nur eine formale Überprüfung (Plausibilitätskontrolle) durch die übermittelnde

---

und Staat der Gegenwart. 3. Aufl., Essen 1991, S. 45; *Uwe Kai Jacobs*, Der Kirchenaustritt vor dem Standesbeamten, in: StAZ 1993, S. 137 ff.; vgl. auch OLG Zweibrücken, in: StAZ 1993, S. 297.

[124] Vgl. § 4 Abs. 2 hamb.KiAustrG; Nr. 18 Bek. über den Kirchenaustritt v. 27.7.1976 (bayer.MABl., S. 689).
[125] Vgl. auch den Fall des LG Bonn, Urt. v. 23.3.1985, in: KirchE 23, 50.
[126] Ebenso *Meyer*, Kirchenmitgliedschaftsrecht (Anm. 48), S. 237.
[127] Ebenso *Hans-Joachim Ordemann / Rudolf Schomerus / Peter Gola*, Bundesdatenschutzgesetz. 5. Aufl., München 1992, § 15, Anm. 6.3; vgl. auch schon *Lorenz*, Datenschutz (Anm. 92), S. 113.

§ 24 Personenstandswesen. Meldewesen. Datenschutz 741

Stelle (vgl. § 15 Abs. 2 BDSG) möglich[128]; da es sich um Datenhilfe zur Unterstützung bestimmter Aufgaben handelt, müssen diese jedoch, abweichend von § 19 Abs. 1 MRRG, bei bestimmten kirchlichen Stellen lokalisierbar sein. Eine weitere inhaltliche Voraussetzung ergibt sich aus der Bindung an die Zwecke der (staatlichen) Erhebung bzw. Speicherung des Datums (§ 15 Abs. 1 i. V. m. § 14 BDSG).

Formell ist die Datenübermittlung nur unter der Voraussetzung ausreichender Datenschutzmaßnahmen zulässig. Sie brauchen nicht mit dem staatlichen Recht übereinzustimmen, müssen aber einen diesem vergleichbaren Schutzeffekt erzielen[129]. Die hierfür erforderlichen Vorkehrungen wurden durch das kirchliche Datenschutzrecht und dessen Vollzug, z. B. durch Bestellung von Datenschutzbeauftragten, getroffen.

Von erheblicher, bislang freilich nur abstrakt-theoretischer Brisanz sind dagegen die staatlichen *Kontrollmöglichkeiten* hinsichtlich der Einhaltung der normativen Bindungen[130]. Hier begegnet die allein in Art. 25 Abs. 2 bayer. DSG vorgesehene Regelung verfassungsrechtlichen Bedenken[131], weil eine nach Art. 140 GG i. V. m. Art. 137 Abs. 3 WRV unzulässige Kirchenaufsicht auch nicht als Folge der Inanspruchnahme staatlicher Leistungen installiert werden darf[132].

b) Kirchliche Einrichtungen privaten Rechts

§ 15 Abs. 4 BDSG begünstigt lediglich (unselbständige) Stellen der öffentlich-rechtlichen Religionsgemeinschaften und schließt damit deren selbständige Einrichtungen, insbesondere des privaten Rechts, vom Übermittlungsprivileg aus. Sie sind deshalb, nicht anders als im Bereich des § 19 MRRG, darauf verwiesen, Datenwünsche als nicht-öffentliche Stellen gemäß § 16 BDSG geltend zu machen.

Dies verstößt nicht gegen die verfassungsrechtliche Einheit der Kirche mit ihren Einrichtungen[133]; denn es geht hier nicht um das Selbstbe-

---

[128] Vgl. zum gleichlautenden § 19, Abs. 1 MRRG Medert u. a., Melderecht (Anm. 7), MRRG, § 19, Rdnr. 27.
[129] Vgl. *Ordemann u. a.*, BDSG (Anm. 127), § 15, Anm. 6.4; *Dammann* (Anm. 92), § 10, Rdnr. 79.
[130] Vgl. dazu *Lorenz*, Datenschutz (Anm. 92), S. 116 f.; *Schatzschneider*, Kirchenautonomie (Anm. 46), S. 51 ff.
[131] Eingehend *Schatzschneider*, Kirchenautonomie (Anm. 46), S. 55 ff.; ferner schon *Evers*, Probleme (Anm. 47), S. 189 f.; *Lorenz*, Datenschutz (Anm. 92), S. 117; *Hoeren*, Kirchen (Anm. 60), S. 58; a. M. *Gallwas*, Datenschutzrecht (Anm. 92), S. 425.
[132] Vgl. dazu *Lorenz*, Datenschutz (Anm. 92), S. 117; *Isensee*, Disk.Beitr., in: EssGespr. 15 (1981), S. 141.
[133] Vgl. oben IV 1 b.

stimmungsrecht der Kirchen, sondern um die Erbringung staatlicher Leistungen, die von der besonderen Qualität des Empfängers als öffentlich-rechtliche Körperschaft abhängig gemacht werden können. Die Frage der für die weitere Verwendung der so erlangten Daten maßgeblichen Vorschriften (staatlichen oder kirchlichen Rechts) wird dadurch nicht präjudiziert[134].

c) Privatrechtliche Religionsgemeinschaften

Für Religionsgemeinschaften privaten Rechts gilt keine Besonderheit. Durfte das Datenprivileg gemäß § 15 Abs. 4 BDSG vom Bestehen eines öffentlich-rechtlichen Rechtsstatus abhängig gemacht werden[135], so sind mangels eines solchen nur die einer nicht-öffentlichen Stelle gemäß § 16 BDSG zukommenden Ansprüche gegeben[136]. Das kirchliche Selbstbestimmungsrecht (Art. 140 GG i. V. m. Art. 137 Abs. 3 S. 1 WRV) ist hierdurch nicht angesprochen.

---

[134] Vgl. oben IV 1 b.
[135] Vgl. allgemein oben II 1.
[136] Ebenso *Schatzschneider*, Kirchenautonomie (Anm. 46), S. 61; *Ordemann u. a.*, BDSG (Anm. 127), § 15, Anm. 6.1.

§ 25

Kirchliches Archivwesen

Von Hartmut Krüger

I. Die unterschiedliche historische Entwicklung des Archivwesens im Bereich der katholischen Kirche und im Bereich der evangelischen Kirche

1. Die Entwicklung des Archivwesens im Bereich der katholischen Kirche

In der katholischen Kirche hat das Archivwesen eine ehrwürdige Tradition. Die ältesten Zeugnisse für die Existenz eines päpstlichen Archivs reichen bis in das 3. und 4. Jahrhundert zurück. Klösterliche und bischöfliche Archive sind seit dem frühen Mittelalter bezeugt und von Anfang an Gegenstand kirchenrechtlicher Regelung gewesen.[1] Seit dem 5. Jahrhundert sammelt die Römische Kurie die für ihre auf Rechtssätzen bestehende Gemeinschaft konstitutiven Dokumente systematisch. Klöster und Stifte des frühen Mittelalters mußten als Herrschafts- und Wirtschaftsgebiete ihre Rechte jederzeit durch Urkunden beweisen, um sie verteidigen zu können. Die Bischöfe als Träger der kirchlichen Gerichtsbarkeit hatten für die Kontinuität der Rechtsprechung zu sorgen. Aus diesen Gründen entstanden kirchliche Archive mit der Aufgabe, Dokumente, die wichtige Rechtsverhältnisse fixieren, gesichert aufzubewahren und nachzuweisen.[2]

In Deutschland wurde die Masse der Stifts- und Klosterarchive entweder in der Reformation oder im Zuge der Säkularisierungen zu Beginn des 19. Jahrhunderts in die staatlichen Archive übernommen Mit der Aufhebung der geistlichen Territorialstaaten gelangten nach 1803 auch große Teile des erzbischöflichen und bischöflichen Archivguts in die Staatsarchive der weltlichen Nachfolgestaaten.[3] Im Zusammenhang

---

[1] Zur Geschichte des älteren kirchlichen Archivwesens vgl. *Henricus A. Hoffmann*, De archivis ecclesiasticis, imprimis dioecesanis, secundum Iuris Canonici Codicem..., Rom 1962 (passim).
[2] *Gerhard Schäfer,* Archivwesen, Kirchliches, in: TRE, Bd. III, 1978, S. 687.
[3] *Schäfer,* Archivwesen, Kirchliches (Anm. 2), S. 687.

mit diesen Vorgängen kam es in großem Umfang zur Vernichtung und Verschleuderung von wertvollem Archivmaterial.[4]

Rechtsverordnungen zum Archivwesen der katholischen Kirche existieren seit dem Konzil von Trient (1545-1563). Das Archivwesen wurde zunächst durch Einzelerlasse und Verordnungen geregelt. Im Codex Iuris Canonici von 1917 finden sich grundsätzliche Bestimmungen für das kirchliche Archivwesen, die auf die Konstitution „Maxima vigilanta" Papst *Benedikts XIII.* vom 14.6.1727 zurückgehen. Die Bestimmungen des kirchlichen Archivwesens wurden aus dem Codex Iuris Canonici von 1917 in den Codex vom 25.1.1983 weitgehend übernommen.[5]

Für das deutsche katholische Archivwesen sind ferner von großer Bedeutung die Erlasse und Empfehlungen, die von der Bundeskonferenz der kirchlichen Archive in Deutschland und ihrer Vorgängerin, der Bischöflichen Hauptkommission und späteren Bischöflichen Fachkommission für die kirchlichen Archive in Deutschland, der Deutschen Bischofskonferenz vorgeschlagen und von dieser beschlossen worden sind.[6] Das Archivrecht der Diözesen beruht inhaltlich auf den von der Deutschen Bischofskonferenz in Übereinstimmung mit den Normen des Kodex beschlossenen Erlassen und Empfehlungen.

2. Die Entwicklung des Archivwesens im Bereich der evangelischen Kirche

Die evangelische Kirche hat erst im 20. Jahrhundert ein eigenes Archivrecht entwickelt. Der Grund für diese im Vergleich zur katholischen Kirche späte Befassung mit dem kirchlichen Archivwesen und dessen rechtlicher Ordnung ist darin zu sehen, daß die evangelische

---

[4] Vgl. die Angaben zu den einzelnen Bistumsarchiven in: Bundeskonferenz der kirchlichen Archive in Deutschland (Hrsg.), Führer durch die Bistumsarchive der katholischen Kirche in Deutschland. 2. Aufl., Siegburg 1991, S. 64-203.

[5] *Gerhard Sander,* Kirchliche Gesetze zum Archivwesen und Empfehlungen zur Archivführung, in: Führer durch die Bistumsarchive (Anm. 4), S. 41. Die wichtigsten Bestimmungen des CIC über die Schriftgutverwaltung enthalten folgende Canones: cc. 482 § 1, 486 §§ 1-3, 487 §§ 1-2, 488, 489 § 1, 491 §§ 1-3, 535 §§ 4-5, 1283, 1284 § 1, 1284 § 2,9°; Anlage, Führung und Verwahrung verschiedener Akten und Amtsbücher regeln folgende Canones: cc. 173 § 4, 382 § 4, 458 § 1, 474, 483 §§ 1-2, 535 §§ 1-3, 876-878, 895, 955 §§ 3-4, 958, 1053-1054, 1081-1082, 1121-1123, 1133, 1182, 1208, 1283 § 3, 1284 § 2,7°, § 3, 1339 § 3, 1472, 1474-1475, 1685, 1706, 1719.

Von den neueren päpstlichen Verlautbarungen zum Archivwesen hat einen besonderen Stellenwert für das gesamte kirchliche Archivwesen der Erlaß für die „Ordinarien und Ordensoberen Italiens über die Verwaltung der Archive" vom 5. Dezember 1960 (AAS 52 [1960], S. 1022 ff.).

[6] Die Erlasse und Empfehlungen der Deutschen Bischofskonferenz sind abgedruckt in: Führer durch die Bistumsarchive (Anm. 4), S. 47-62.

Kirche in Deutschland bis zum Jahre 1918 mehr oder minder eine Staatskirche war, ihre Konsistorien waren Staatsbehörden. Auf diese Weise ist ihr Schriftgut viele Jahrhunderte lang in die Staatsarchive gelangt. Die katholische Kirche ist dagegen im Laufe ihrer zweitausendjährigen Geschichte im wesentlichen staatsfrei gewesen. Das hat sie von Anfang an veranlaßt, sich ein eigenes Archivwesen auszubauen.

Das eigenständige Archivwesen in der evangelischen Kirche in Deutschland ist ein Ausfluß der Loslösung der Kirche vom Staat. Art. 137 Abs. 1 der Weimarer Reichsverfassung („Es besteht keine Staatskirche") hat unmittelbar die Gründung kirchlicher Archive zur Folge gehabt. In diesem Zusammenhang darf nicht unerwähnt bleiben, daß im Gegensatz zu den Landeskirchen, die Staatskirchen waren, eine evangelische Freikirche in Deutschland, die Herrnhuter Brüdergemeine, seit 1764 ein eigenes Archiv in Herrnhut unterhält, das in einem 1889 eigens für diesen Zweck — zum großen Teil aus freiwilligen Beiträgen — errichteten Gebäude bis auf den heutigen Tag in Herrnhut untergebracht ist. Ebenso ist es bedeutsam, daß im Rheinland, wo als Erbe der rheinischen Kirche unter dem Kreuz sich stets ein freikirchliches Bewußtsein erhalten hat, bereits im Jahre 1853 durch einstimmigen Beschluß der Provinzialsynode ein Provinzialarchiv in Koblenz errichtet wurde.

Die Aufgabe, für ein eigenes Archivwesen zu sorgen, ist den evangelischen Landeskirchen mit dem Inkrafttreten der Weimarer Reichsverfassung aufgrund ihrer staatsfreien Stellung gleichsam von selbst zugewachsen.[7]

Alle größeren Landeskirchen haben nach der Trennung vom Staat landeskirchliche Archive eingerichtet. Kleine Landeskirchen deponieren auch heute noch ihre Akten überwiegend oder in größeren Teilen in den regional zuständigen Staatsarchiven.[8] Die Deutsche Evangelische Kirche schuf ein eigenes Archiv und im Jahre 1939 ein Archivamt, das zentral Vorschriften für das Archivwesen in der Evangelischen Kirche erließ. Seit 1945 liegt die alleinige Verantwortung für das Archivwesen bei den Landeskirchen, die Kirchenkanzlei der Evangelischen Kirche in Deutschland gibt nur noch Richtlinien in Gestalt von Empfehlungen. Neben den Archiven in landeskirchlicher Trägerschaft unterhalten auch die Evangelische Kirche in Deutschland, die Evangelische Kirche der Union sowie die Vereinigte Evangelisch-Lutherische Kirche Deutsch-

---

[7] *Hans Liermann,* Kirchliches Archivwesen und evangelisches Kirchenrecht, in: Handbuch des kirchlichen Archivwesens. Bd. I, Neustadt an der Aisch 1965, S. 6 f.

[8] *Schäfer,* Archivwesen, Kirchliches (Anm. 2), S. 689.

lands Archive. In der früheren DDR unterhielten die Landeskirchen Archive, diese waren aber seit 1951 der Weisungsbefugnis der Hauptabteilung Archivwesen beim Ministerium des Innern unterstellt. Seit der Wiedervereinigung Deutschlands hat sich die Rechtslage des Archivwesens in den Landeskirchen im Beitrittsgebiet dem Recht der Landeskirchen in der früheren Bundesrepublik Deutschland angeglichen.

Die seit 1936 bestehende Arbeitsgemeinschaft der landeskirchlichen Archivare hat sich im Jahr 1961 als Arbeitsgemeinschaft für das Archiv- und Bibliothekswesen in der evangelischen Kirche neu organisiert. Die Arbeitsgemeinschaft hat durch die Erarbeitung von Ordnungen für das kirchliche Archivwesen Wesentliches zur Herausbildung eines detaillierten Archivrechts in der evangelischen Kirche beigetragen.[9]

II. Das geltende Recht der kirchlichen Archive

1. Das Recht der Archive der katholischen Kirche

Im Codex Iuris Canonici vom 25.1.1983 ist ein detailliertes „Recht der Kirchenarchive" normiert worden[10], das die Grundlage bildet für die Erlasse und Empfehlungen der Deutschen Bischofskonferenz[11] im Bereich des kirchlichen Archivwesens. Das Partikularrecht der Diözesen stimmt mit dem CIC und mit den „rahmenrechtlichen" Empfehlungen und Erlassen der Deutschen Bischofskonferenz überein. In den Diözesen im Beitrittsgebiet hat sich seit der Wiedervereinigung eine schnelle Rechtsangleichung vollzogen, so daß ein gesondertes Eingehen auf das Archivwesen in diesem Gebiet nicht erforderlich ist.

Der CIC trifft unterschiedliche Regelungen für Diözesanarchive und Pfarrarchive, wobei letztere unter der Aufsicht des Diözesanbischofs oder seines Beauftragten stehen.[12] Für Diözesen normiert der CIC, daß in jeder Kurie ein Kanzler zu bestellen ist, dessen vornehmliche Aufgabe, falls das Partikularrecht nichts anderes vorsieht, darin besteht, für die Ausfertigung und Herausgabe der Akten der Kurie und ihre Aufbewahrung im Archiv der Kurie Sorge zu tragen.[13] Alle Dokumente, die sich auf die Diözese oder auf Pfarreien beziehen, müssen mit größter Sorgfalt verwahrt werden.[14] In jeder Kurie ist an einem sicheren Ort

---

[9] *Schäfer*, ebd.
[10] Vgl. die Angaben in Anm. 5.
[11] Vgl. Anm. 6.
[12] Can. 535 § 4.
[13] Can. 482 § 1.
[14] Can. 486 § 1.

§ 25 Kirchliches Archivwesen

ein Diözesanarchiv, d. h. eine Urkundensammlung der Diözese, einzurichten, in dem Dokumente und Schriftstücke, die sich auf die geistlichen und zeitlichen Angelegenheiten der Diözese beziehen, in bestimmter Weise geordnet und sorgfältig verschlossen aufbewahrt werden.[15] Von den Dokumenten, die sich im Archiv befinden, ist ein Inventarverzeichnis anzufertigen.[16] Auch für den Zugang zu dem Archiv, für seine Benutzung und für die Sicherung des Archivgutes trifft der CIC detaillierte Regelungen. Das Archiv muß verschlossen sein; den Schlüssel dazu dürfen nur der Bischof und der Kanzler haben; niemandem ist der Zutritt erlaubt, wenn nicht die Erlaubnis des Bischofs oder des Kanzlers vorliegt.[17] Denjenigen, die es angeht, wird das Recht zugestanden, von den Dokumenten, die ihrer Natur nach öffentlich sind und die sich auf den eigenen Personenstand beziehen, eine authentische Abschrift oder eine Fotokopie in eigener Person oder über einen Vertreter zu erhalten.[18] Es ist nicht erlaubt, Dokumente aus dem Archiv herauszugeben, es sei denn für nur kurze Zeit und mit Zustimmung des Bischofs oder zugleich der des Moderators der Kurie und des Kanzlers.[19] Weiter muß es laut CIC in jeder Diözese zwei besondere Archive neben dem „allgemeinen" Diözesanarchiv geben. In der Diözesankurie muß es ein Geheimarchiv geben, wenigstens aber einen eigenen Schrank oder ein eigenes Fach im allgemeinen Archiv, das fest verschlossen und so gesichert ist, daß man es nicht vom Ort entfernen kann; in ihm müssen die geheimzuhaltenden Dokumente mit größter Sorgfalt aufbewahrt werden.[20] Weiter hat der Diözesanbischof dafür zu sorgen, daß in seiner Diözese ein historisches Archiv eingerichtet wird und daß Dokumente, die historische Bedeutung haben, in ihm sorgfältig aufbewahrt und systematisch geordnet werden.[21] Für die Benutzung dieser Spezialarchive sind die vom Diözesanbischof erlassenen Regelungen maßgeblich.[22]

Der Diözesanbischof hat dafür zu sorgen, daß die Akten und Dokumente auch der Archive der Kathedral-, Kollegiat- und Pfarrkirchen sowie der anderen in seinem Gebiet befindlichen Kirchen sorgfältig aufbewahrt werden und daß Inventarverzeichnisse bzw. Kataloge in zweifacher Ausfertigung abgefaßt werden, von denen ein Exemplar im eigenen Archiv und das andere Exemplar im Diözesanarchiv aufzube-

---

[15] Can. 486 § 2.
[16] Can. 486 § 3.
[17] Can. 487 § 1.
[18] Can. 487 § 2.
[19] Can. 488.
[20] Can. 489 § 1.
[21] Can. 491 § 2.
[22] Can. 491 § 3.

wahren ist.²³ Schließlich normiert der CIC, daß in jeder Pfarrei eine Urkundensammlung, d. h. ein Archiv, vorhanden sein muß, in der die pfarrlichen Bücher aufzubewahren sind zusammen mit den Briefen der Bischöfe und anderen Dokumenten, die notwendiger- oder zweckmäßigerweise aufzuheben sind; dies alles ist vom Diözesanbischof oder seinem Beauftragten bei der Visitation oder zu einem anderen geeigneten Zeitpunkt einzusehen; der Pfarrer hat dafür zu sorgen, daß die Dokumente nicht in die Hände Unbefugter gelangen.²⁴ Auch die älteren pfarrlichen Bücher sind ebenfalls sorgfältig gemäß den Vorschriften des Partikularrechts aufzubewahren.²⁵

Das Recht des kirchlichen Archivwesens, das der CIC für die ganze katholische Weltkirche normiert, findet in Deutschland eine wichtige Ergänzung und Konkretisierung durch Erlasse und Empfehlungen der Deutschen Bischofskonferenz. Grundlegend sind insbesondere die „Richtlinien für die Erhaltung und Verwaltung der kirchlichen Archive in Deutschland"²⁶, das „Muster einer Archivordnung"²⁷, die Erlasse über die „Vervielfältigung von kirchlichen Archivalien"²⁸ und über „Aufbewahrungsfristen"²⁹ sowie die „Anordnung über die Sicherung und Nutzung der Archive der Katholischen Kirche"³⁰. Das Partikularrecht der Diözesen weicht von den genannten Richtlinien und Erlassen, die ihrerseits mit dem CIC übereinstimmen, nicht ab. Daher kann ungeachtet kleiner Abweichungen in den textlichen Fassungen des diözesanen Partikularrechts von weitgehend einheitlichen kirchenrechtlichen Regelungen des kirchlichen Archivwesens in Deutschland die Rede sein.

Die rechtliche Regelung des Archivwesens der katholischen Kirche beruht auf dem von ihr betonten Grundsatz, ihre Angelegenheiten selbständig zu ordnen und zu verwalten.³¹ Aufgrund des in Art. 140 GG i. V. m. Art. 137 Abs. 3 S. 1 WRV gewährleisteten Selbstbestimmungsrechts der Kirchen ist die katholische Kirche kraft Verfassungsrechts befugt, auch ihr Archivwesen eigenständig zu regeln.³² Das Selbstbe-

---

²³ Can. 491 § 1.
²⁴ Can. 535 § 4.
²⁵ Can. 535 § 5.
²⁶ Führer durch die Bistumsarchive (Anm. 4), S. 47-48.
²⁷ Führer durch die Bistumsarchive (Anm. 4), S. 48-49.
²⁸ Führer durch die Bistumsarchive (Anm. 4), S. 51 und 57.
²⁹ Führer durch die Bistumsarchive (Anm. 4), S. 51-57.
³⁰ Führer durch die Bistumsarchive (Anm. 4), S. 58-61.
³¹ Anordnung über die Sicherung und Nutzung der Archive der Katholischen Kirche § 1 Ziff. 1 (Anm. 30).
³² Dies wird betont in § 1 Ziff. 1 S. 2 der Anordnung über die Sicherung und Nutzung der Archive der Katholischen Kirche (Anm. 30).

stimmungsrecht der Kirchen läßt es auch bedenkenfrei erscheinen, daß die katholische Kirche den Zweck und die Benutzung ihrer Archive nach eigenen Maßstäben regelt. Die Archive der katholischen Kirche dokumentieren deren Wirken; sie dienen der Verwaltung der Kirche und der Erforschung ihrer Geschichte. Die kirchlichen Archive sind nicht verpflichtet, Nutzungswünschen Dritter zu entsprechen. Im Interesse der geschichtlichen Wahrheit werden die kirchlichen Archive nach bestimmten Maßgaben für eine Nutzung geöffnet.[33] Für die Nutzung kirchlichen Archivguts gelten folgende Regelungen:

Abliefernde Stellen haben das Recht, das bei ihnen entstandene Archivgut zu nutzen. Das gilt auch für deren Rechtsnachfolger.[34] Jeder Betroffene hat das Recht, zur Führung von Standesnachweisen authentische Abschriften oder Ablichtungen zu erhalten. Dem Betroffenen kann auf Antrag eine Nutzung nicht gesperrten kirchlichen Archivguts gewährt werden, soweit es Angaben zu seiner Person enthält. Dies gilt nicht, wenn einer Nutzung überwiegende berechtigte Interessen des Archiveigners, des Archivablieferers oder eines Dritten entgegenstehen.[35]

Bei berechtigtem Interesse kann auf Antrag an das zuständige Archiv eine Nutzung kirchlichen Archivguts durch Dritte erlaubt werden. Voraussetzung für die Nutzung von Archivgut durch Dritte ist, daß der betreffende Bestand geordnet ist, das Archivgut nicht schadhaft ist oder durch eine Nutzung keinen Schaden nimmt, der Antragsteller in der Lage ist, das Archivgut unabhängig von Hilfeleistungen durch das Archiv zu benutzen, das Nutzungsanliegen des Antragstellers in einem angemessenen Verhältnis zum Arbeitsaufwand des Archivs steht.[36] Weiter darf das von Dritten benötigte Archivgut keiner Sperrfrist unterliegen. Grundsätzlich ist Archivgut, dessen Schlußdatum weniger als 40 Jahre zurückliegt, von einer Nutzung durch Dritte ausgeschlossen, sofern es nicht bereits veröffentlicht ist. Einzelne Aktengruppen und Aktenstücke können von der Benutzung durch Dritte ausgenommen werden (z. B. Kanonisationsakten). Besondere Sperrfristen gelten für folgendes Archivgut: Archivgut des Bischöflichen Geheimarchivs (60 Jahre); bischöfliche Handakten und Nachlässe (60 Jahre); Personalakten und personenbezogenes Archivgut (30 Jahre nach Tod bzw. 120 Jahre nach Geburt der betroffenen Person); Archivgut, für das der Ablieferer spezielle Regelungen angeordnet hat.[37]

---

[33] § 1 Ziff. 2 der Anordnung über die Sicherung (Anm. 30).
[34] § 4 der Anordnung über die Sicherung (Anm. 30).
[35] § 5 der Anordnung über die Sicherung (Anm. 30).
[36] § 7 der Anordnung über die Sicherung (Anm. 30).
[37] § 8 der Anordnung über die Sicherung (Anm. 30).

Eine Verlängerung der Sperrfrist ist aus wichtigem Grunde möglich. Dies gilt insbesondere für Archivgut, durch dessen Nutzung das Wohl der Kirche, schutzwürdige Belange Dritter oder Interessen Betroffener gefährdet oder Persönlichkeitsrechte, Regelungen des staatlichen oder kirchlichen Datenschutzes oder das Steuergeheimnis verletzt würden. Falls der Zweck dieser Vorschriften auch durch Auflagen für die Nutzung und Verwertung (etwa durch Anonymisierung) erreicht wird, kann dieses Archivgut zur wissenschaftlichen Benutzung freigegeben werden.[38] Für wissenschaftliche Forschung kann in begründeten Ausnahmefällen eine Sondergenehmigung zur Nutzung von Archivgut erteilt werden, das noch einer Sperre unterliegt. Für eine Sondergenehmigung ist ein schriftliches Gesuch über das zuständige kirchliche Archiv an den Ortsordinarius zu richten. Der Leiter des Diözesanarchivs übernimmt die Vorprüfung des Gesuches. Er kann seinerseits Sachverständige beiziehen. Nach Abschluß der Vorprüfung fällt der Ortsordinarius die Entscheidung über das Gesuch. Der Bescheid wird dem Gesuchsteller durch das Archiv eröffnet.[39]

Ein berechtigtes Interesse Dritter liegt unter anderem vor, wenn mit der Nutzung amtliche, wissenschaftliche, heimatkundliche, familiengeschichtliche oder pädagogische Zwecke verfolgt werden. Die Nutzung des Archivgutes erfolgt in der Regel im Archiv. Sie geschieht durch Vorlage der Originale oder durch Bereitstellung von Abschriften, Kopien, Fotografien, Mikrofilmaufnahmen oder Mikrofiches von den Originalen oder durch Erteilen von Auskünften über den Inhalt von Archivgut. Ein Anspruch auf Abschriften oder Kopien besteht nicht. Editionen und Reproduktionen von Archivgut bedürfen einer eigenen Genehmigung durch das zuständige Archiv. Bei der Verwertung von Archivgut hat der Benutzer berechtigte Interessen und die Persönlichkeitsrechte Dritter sowie die Vorschriften des Urheberrechtes zu beachten.[40] Für das Personal der Archive gilt, daß die Diözesanarchive und die Archive von überörtlicher Bedeutung nur solchen Personen anvertraut werden dürfen, die entsprechende Fachkenntnisse für die ordnungsgemäße Verwaltung derselben nachweisen können.[41] Schließlich hat das Archiv im Rahmen seiner Möglichkeiten die Aufgabe, das in seiner Obhut befindliche Archivgut selbst zu erforschen bzw. Forschungen anzuregen.[42]

---

[38] § 8 Ziff. 4 der Anordnung über die Sicherung (Anm. 30).
[39] § 9 der Anordnung über die Sicherung (Anm. 30).
[40] § 6 Ziff. 2-4 der Anordnung über die Sicherung (Anm. 30).
[41] Ziff. 6 der Richtlinien für die Erhaltung und Verwaltung der kirchlichen Archive in Deutschland (Anm. 26).
[42] § 3 Ziff. 8 der Anordnung über die Sicherung (Anm. 30).

2. Das Recht der Archive der evangelischen Kirche

Die rechtlichen Regelungen für die Archive der evangelischen Landeskirchen beruhen größtenteils auf Empfehlungen und Musterordnungen, die von der Arbeitsgemeinschaft für das Archiv- und Bibliothekswesen in der evangelischen Kirche erarbeitet worden sind. Die meisten Regelungen in den Kirchengesetzen und Kirchenordnungen zur Verwaltung, Sicherung und Nutzung kirchlicher Archive im Bereich der evangelischen Kirchen entsprechen denjenigen Normen, die für die Archive der katholischen Kirche erlassen worden sind.[43] Diese weitgehende Übereinstimmung beruht auf sachbedingten Erfordernissen des Archivwesens, die konfessionelle Ausprägungen nicht zulassen. Im Bereich der evangelischen Kirche gibt es keine Bischöflichen Geheimarchive und aufgrund der Glaubensüberzeugungen auch keine Kanonisationsakten. Auch der Landesbischof hat — im Gegensatz zum Diözesanbischof — keine besonderen Befugnisse im Archivwesen. Auch im Bereich der evangelischen Kirche ist es der Zweck des Archivwesens, das kirchliche Archivgut zu sichern, zu erhalten und zu erschließen.[44] Die rechtliche Regelung des Archivwesens ist Ausdruck der Eigenständigkeit der Kirche im Sinne von Art. 140 GG i. V. m. Art. 137 Abs. 3 WRV.[45] Das kirchliche Archivgut dient der kirchlichen Arbeit und der Forschung.[46] Kirchliches Archivgut darf durch Dritte erst 30 Jahre nach seiner Entstehung benutzt werden.[47] Bezieht es sich auf Personen, darf es erst 30 Jahre nach dem Tode der Betroffenen benutzt werden.[48] Den Landeskirchlichen Archiven kommt eine Unterstützungsfunktion für alle kirchlichen Körperschaften in Archivfragen zu.[49] Sie haben darüber hinaus auch Aufsichtsfunktionen über kleinere Archive wahrzunehmen.[50] Weiter veranstalten die Landeskirchlichen Archive Arbeits- und Fortbildungstagungen für das nebenamtliche und ehrenamtliche Archivpersonal, das die Archive von Pfarrgemeinden und Kirchenkreisen

---

[43] Diese Aussage stützt sich auf einen Vergleich der Regelungen in Archivgesetzen und -ordnungen der evangelischen Kirche mit den Regelungen, die in Abschn. II Ziff. 1 dieser Darstellung skizziert und nachgewiesen sind.

[44] Vgl. für den Bereich der Evangelischen Kirche der Union das Kirchengesetz zur Sicherung und Nutzung von kirchlichem Archivgut (Archivgesetz) vom 30. Mai 1988 (ABl.EKD 1988, S. 266; KABl. der EKU 1989, S. 176), § 1 Abs. 1.

[45] § 1 Abs. 2 Archivgesetz (Anm. 44).

[46] § 2 Abs. 1 Archivgesetz (Anm. 44).

[47] § 5 Abs. 1 Archivgesetz (Anm. 44).

[48] § 5 Abs. 2 Archivgesetz (Anm. 44).

[49] § 11 Abs. 3 des Ausführungsgesetzes zum Archivgesetz der Evangelischen Kirche der Union (AGArchivG) vom 16. November 1989 (KABl. der Evangelischen Kirche von Westfalen 1989, S. 178).

[50] § 11 Abs. 3 AGArchivG (Anm. 49).

betreut.[51] Die Benutzung der Kirchenarchive richtet sich nach der Archivbenutzungsordnung.[52] Die Benutzung kann jedem gewährt werden, der ein berechtigtes Interesse glaubhaft macht, insbesondere ein kirchliches, wissenschaftliches, rechtliches oder familiengeschichtliches Interesse.[53] Für Dienststellen, die nicht zur evangelischen Kirche gehören, ist die amtliche Benutzung nur zulässig, wenn die Gegenseitigkeit gewährleistet ist.[54] Besondere Regelungen bestehen für die Benutzung von Kirchenbüchern.[55] Aufgrund des kirchlichen Selbstbestimmungsrechts besteht kein einklagbares subjektives öffentliches Recht für Dritte auf Zugang zu kirchlichen Archiven. Auch das Grundrecht der Wissenschaftsfreiheit (Art. 5 Abs. 3 GG) gibt kein Recht auf Zugang gegen den Willen der Kirche.

3. Der Umfang und die Voraussetzungen einer Auskunfts- und Beurkundungspflicht nach staatlichem Recht aus Kirchenbüchern

Kirchenbücher sind amtliche Register zur kirchlichen Beurkundung kirchlicher Amtshandlungen, insbesondere von Taufen, Trauungen und Begräbnissen. Da seit dem Inkrafttreten des Reichspersonenstandsgesetzes vom 6.2.1875, d. i. seit dem 1.1.1876, die Kirchenbücher die Funktion staatlicher Standesamtsregister verloren haben, unterliegt die Kirchenbuchführung ausschließlich kirchlicher Verantwortung.[56] Nach staatlichen Vorschriften besteht eine Auskunfts- und Beurkundungspflicht aus Kirchenbüchern über Eintragungen hinsichtlich Geburten, Eheschließungen und Sterbefällen für die Zeit nach Einführung des staatlichen Personenstandswesens nicht. Über Eintragungen in Taufregistern, aus denen allein der Erwerb der Mitgliedschaft in öffentlich-rechtlichen Religionsgemeinschaften bewiesen werden kann, sind die kirchlichen Dienststellen, die Kirchenbücher in Verwahrung haben,

---

[51] § 4 Abs. 3 der Ordnung für die Pflege kirchlicher Archive (Archivpflegeordnung) vom 19. Dezember 1989 (KABl. der Evangelischen Kirche von Westfalen 1990, S. 1).

[52] Vgl. die Muster-Ordnung für die Benutzung kirchlichen Archivgutes (Muster-Archivbenutzungsordnung) vom 19. Dezember 1989 (KABl. der Evangelischen Kirche von Westfalen 1990, S. 5; 1993, S. 160).

[53] § 1 Abs. 2 Muster-Archivbenutzungsordnung (Anm. 52).

[54] § 1 Abs. 3 Muster-Archivbenutzungsordnung (Anm. 52).

[55] § 7 Muster-Archivbenutzungsordnung (Anm. 52).

[56] Vgl. dazu *Axel Frhr. von Campenhausen*, Zur Frage der Verfügungsgewalt der Kirchen hinsichtlich der Kirchenbücher, in: ders., Münchener Gutachten. Kirchenrechtliche Gutachten in den Jahren 1970-1980, erstattet vom Kirchenrechtlichen Institut der Evangelischen Kirche in Deutschland (= Jus ecclesiasticum, Bd. 30), Tübingen 1983, S. 178 ff.; *Joseph Listl*, Zur Auskunfts- und Beurkundungspflicht aus Kirchenbüchern, in: ArchKathKR 143 (1974), S. 101 ff.

§ 25 Kirchliches Archivwesen

gegenüber staatlichen Behörden im Rahmen deren Zuständigkeit und gegenüber allen Personen, die daran ein rechtliches Interesse geltend machen können, zur Auskunftserteilung und auf Verlangen zur Beurkundung dieser Auskünfte verpflichtet.[57]

Für die Zeit vor dem Inkrafttreten des Reichspersonenstandsgesetzes (d. h. vor dem 1.1.1876) stehen Eintragungen in Kirchenbüchern über Geburten, Eheschließungen und Sterbefälle „inländischen Personenstandsurkunden" gleich. Alle kirchlichen Behörden und Dienststellen, die Kirchenbücher aus der Zeit vor dem 1.1.1876 verwahren, sind verpflichtet, in gleichem Umfang wie die staatlichen Standesämter Auskunft zu erteilen und Beurkundungen auszustellen. Die kirchlichen Behörden sind berechtigt, für ihre Tätigkeit Gebühren in derselben Höhe zu verlangen wie die staatlichen Standesämter. Die Gebühren sind öffentlich-rechtlicher Natur.[58]

---

[57] Von Campenhausen, Zur Frage der Verfügungsgewalt (Anm. 56), S. 193; Listl, Zur Auskunfts- und Beurkundungspflicht (Anm. 56), S. 112.

[58] Die öffentlich-rechtliche Rechtsnatur der Gebühren folgt aus dem Status der öffentlich-rechtlichen Religionsgemeinschaften. Für personenstandsrechtliche Auskünfte etc. ist der Status der Religionsgemeinschaften zudem mit der Rechtsposition eines „Beliehenen" zu vergleichen, dem durch Gesetz staatliche Aufgaben übertragen worden sind. Für die Erteilung „staatlicher" Auskünfte sind öffentlich-rechtliche Gebühren zu entrichten. Vgl. zur Höhe der Gebühren z. B. die Gebührenordnung des Bischöflichen Zentralarchivs der Diözese Regensburg, in: ABl. für die Diözese Regensburg 1992, S. 125.

§ 26

Die staatskirchenrechtliche Bedeutung des kirchlichen Mitgliedschaftsrechts

Von Axel Frhr. v. Campenhausen

I. Die staatskirchenrechtliche Bedeutung der Kirchenmitgliedschaft

Welcher Religionsgemeinschaft sich jemand seiner subjektiven Überzeugung nach zugehörig fühlt, ist seine höchstpersönliche Angelegenheit, nach der der Staat zu fragen nicht befugt ist. „Niemand ist verpflichtet, seine religiöse Überzeugung zu offenbaren" (Art. 140 GG i. V. m. Art. 136 Abs. 3 S. 1 WRV)[1]. Etwas anderes gilt für die Tatsache der *rechtlichen* Zugehörigkeit zu einer bestimmten Religionsgemeinschaft, welche sich mit der persönlichen Überzeugung nicht zu decken braucht. Sie darf zwar zu keiner Bevorzugung oder Benachteiligung des Staatsbürgers aus religiösen Gründen von seiten des Staates führen (Art. 3 Abs. 3, 33 Abs. 3, 140 GG i. V. m. Art. 136 Abs. 1 und 2 WRV). Gleichwohl kann sie von derart rechtlicher Bedeutung sein, daß der Staat sie gerade wegen seiner religiös-weltanschaulichen Neutralität berücksichtigen muß[2]. Selbst für solche Staaten, die ein Regime strikter Trennung von Staat und Kirche kennen, trifft dies zu. Sofern die Konfessionszugehörigkeit einer Person Voraussetzung ist, z. B. um in den Genuß einer entsprechend festgelegten Stiftung oder Vermögenszuwendung oder in ein konfessionsgebundenes Amt zu gelangen, kann der

---

[1] Dazu *Gerhard Anschütz*, Die Verfassung des Deutschen Reichs vom 11.8.1919. 14. Aufl., Berlin 1933, Art. 136, Erl. 4; *Hermann Mirbt*, Die Glaubens- und Gewissens- bzw. Bekenntnisfreiheit, in: Hans Carl Nipperdey (Hrsg.), Die Grundrechte und Grundpflichten der Reichsverfassung. Bd. 2, Berlin 1930, S. 328 (338); das Schweigerecht ergibt sich schon aus Art. 4 GG: *v. Mangoldt / Klein / Starck*, Art. 4, Rdnr. 78; *Axel v. Campenhausen*, Religionsfreiheit, in: HStR VI, § 136, Rdnr. 56. Aus der Rspr. BVerfGE 12, 1 (LS 1) = ZevKR 8 (1961 / 62), S. 436 = KirchE 5, 256; BVerfGE 30, 415 (426) = ZevKR 16 (1971), S. 218 (nur LS) = KirchE 12, 101 (110); BVerfGE 65, 1 (39) (Urt. zum VolkszählungsG).

[2] BVerfGE 24, 236 (247 f.) = ZevKR 14 (1968 / 69), S. 403 (nur LS) = KirchE 10, 181 (186 f.).

Staat diese Frage nicht als religiöse Privatangelegenheit von der Berücksichtigung im weltlichen Bereich ausschließen. Die Konfessionszugehörigkeit kann für den weltlichen Rechtsverkehr und damit auch für den Staat von Bedeutung sein.

1. Das Interesse des Staates als Hüter des religiösen Friedens an der Kenntnis der Konfessionszugehörigkeit

Das staatskirchenrechtliche Interesse an der Kenntnis der Konfessionszugehörigkeit hat seine ausdrückliche verfassungsrechtliche Anerkennung in Art. 140 GG i. V. m. Art. 136 Abs. 3 S. 2 WRV gefunden. Die Behörden haben danach das Recht, nach der Zugehörigkeit zu einer Religionsgemeinschaft zu fragen, soweit davon Rechte und Pflichten abhängen oder eine gesetzlich angeordnete statistische Erhebung dies erfordert. Selbstredend kann es sich hier wie in den oben angeführten Bereichen staatlichen Interesses an der Konfessionszugehörigkeit nur um die formale rechtliche Zugehörigkeit handeln und nicht um die davon zu unterscheidende wahre Überzeugung des einzelnen. Diese darf keine staatliche Stelle erforschen; der einzelne kann sie verschweigen.

2. Die staatliche Regelungskompetenz für die Zugehörigkeit zur Religionsgemeinschaft

Die Regelung des Mitgliedschaftsrechts einschließlich der Voraussetzungen und Formen für Eintritt, Austritt und Ausschluß sowie des Inhalts der Mitgliederrechte und -pflichten zählt zu den „eigenen Angelegenheiten" der Religionsgemeinschaften (Art. 140 GG i. V. m. Art. 137 Abs. 3 WRV), die diese nach ihrem jeweiligen theologischen Selbstverständnis ordnen[3]. All das gehört zu dem verfassungsrechtlich geschützten Autonomiebereich der Religionsgemeinschaften. Danach „bestimmt die Kirche für den Staat verbindlich, was kraft innerkirchlichen Verfassungsrechts rechtens ist". Soweit es bei der Entscheidung einer staatlichen Stelle auf das innerkirchliche Recht ankommt, hat sie diese Ordnung einfach hinzunehmen[4]. Dies entspricht dem Gebot staatlicher Neutralität im kirchlichen Bereich[5]. Die Pflicht des Staates, eine kir-

---

[3] BVerfGE 30, 415 (422) = ZevKR 16 (1971), S. 218 (nur LS) = KirchE 12, 101 (106); v. Mangoldt / Klein / v. Campenhausen, Art. 140 GG / Art. 137 Abs. 3 WRV, Rdnr. 43 m. w. N.

[4] BGH, Urt. v. 18.2.1954, in: BGHZ 12, 321 (323 f.) = ZevKR 3 (1953 / 1954), S. 407 (409 f.); OLG Frankfurt / M., 13. Zivilsenat Darmstadt, Beschl. v. 22.11.1971 — 13 W 96 / 71, in: ZevKR 17 (1972), S. 303 = NJW 1972, S. 776.

[5] BVerfGE 30, 415, 422 (Anm. 3).

chenrechtliche Regelung für den weltlichen Rechtsbereich anzuerkennen, besteht jedoch nicht grenzenlos, sondern nur im Rahmen der Schranken des für alle geltenden Gesetzes (Art. 140 GG i. V. m. Art. 137 Abs. 3 WRV). Als solches kommt in erster Linie das Grundrecht der (negativen) Glaubens- und Bekenntnisfreiheit (Art. 4 GG) in Betracht. Dieses schließt die staatliche Anerkennung solcher Mitgliedschaftsregelungen von Religionsgemeinschaften aus, die Menschen gegen deren Willen als Religionsgenossen in Anspruch nehmen oder keinen Austritt zulassen. Das staatliche Recht kann mit anderen Worten nur solche Regelungen anerkennen, die auf den freien Willen des Betroffenen abstellen und diesen nicht einseitig „ohne Rücksicht auf seinen Willen ... eingliedern"[6]. Für den internen Bereich bleibt es den Religionsgemeinschaften unbenommen, auch solche Personen als Religionsgenossen zu behandeln, die davon nichts wissen oder nichts wissen wollen[7].

Soweit die Zugehörigkeit zu einer Religionsgemeinschaft weltlichrechtliche Wirkung entfalten soll, steht dem Staat als dem Herrn der weltlichen Rechtsordnung eine Regelungskompetenz zu. Der deutsche Gesetzgeber hat davon im Mitgliedschaftsrecht nur zurückhaltenden Gebrauch gemacht. Lediglich da, wo staatliche Regelung unabweislich geboten schien, ergingen staatliche Gesetze, so insbesondere für den Austritt aus den Kirchen und Religionsgemeinschaften[8]. Für den Erwerb der Mitgliedschaft hat der Staat auf die Normierung verzichtet und der religionsrechtlichen Regelung insoweit Rechtsverbindlichkeit auch für den weltlichen Bereich zuerkannt. Steht die Zugehörigkeit zu einer Religionsgemeinschaft in Frage, so verweist die staatliche Norm kurzerhand auf die kirchenrechtlichen Bestimmungen oder wiederholt diese. So statuieren z. B. die staatlichen Kirchensteuergesetze die Kirchensteuerpflicht für die Mitglieder oder Angehörigen der steuerberechtigten Religionsgemeinschaften, ohne ihrerseits zu sagen, wer dazu zu rechnen ist[9]. Auf diese Weise ist sichergestellt, daß der Staat den

---

[6] BVerfGE 30, 415, 425 (Anm. 3); 19, 206 (217) = ZevKR 12 (1966/67), S. 374 (376) = KirchE 7, 338 (345). Beispiele dafür in: *v. Mangoldt / Klein / v. Campenhausen,* Art. 140 GG / Art. 137 WRV, Rdnrn. 45, 58 ff.

[7] *Christoph Link,* Kirchenrechtliche und staatskirchenrechtliche Fragen des kirchlichen Mitgliedschaftsrechts, in: ÖArchKR 22 (1971), S. 299 (311); *Axel v. Campenhausen,* Staatskirchenrecht. 2. Aufl., München 1983, S. 143; *v. Mangoldt / Klein / v. Campenhausen,* Art. 140 GG / Art. 137 WRV, Rdnr. 45.

[8] Dazu in *diesem* Handbuch *Axel Frhr. v. Campenhausen,* § 27 Der Austritt aus den Kirchen und Religionsgemeinschaften.

[9] Z. B. § 3 Abs. 1 G über die Erhebung von Steuern durch öffentlich-rechtliche Religionsgemeinschaften in Bad.-Württ. (KirchensteuerG — KiStG) i. d. F. v. 15.6.1978 (GBl. S. 370), geänd. durch G v. 19.7.1991 (GBl. S. 470): Landeskirchensteuerpflichtig ist, wer der steuerberechtigten Religionsgemeinschaft ange-

Kirchen und Religionsgemeinschaften nicht Mitglieder aufzwingt, die den kirchlichen Voraussetzungen nicht genügen. Auch für die staatlichen Behörden und Gerichte ist also grundsätzlich die innerkirchliche Ordnung zugrunde zu legen, soweit die Kirchenzugehörigkeit in Frage steht[10].

II. Die Kirchengliedschaft nach dem Recht der römisch-katholischen Kirche

1. Problemstellung

In der Geschichte der römisch-katholischen Theologie sind bis in die neueste Zeit unterschiedliche Antworten auf die Frage nach der Kirchenzugehörigkeit gegeben worden. Im 20. Jahrhundert hat das II. Vatikanische Konzil eine Neubesinnung eingeleitet, welche auch der ökumenischen Dimension Rechnung trägt[11].

2. Lehrtradition in der Gliedschaftsfrage

Die Ausschließlichkeit der einen und einzigen Kirche Christi und ihre Konkretisierung allein in der römisch-katholischen Kirche einerseits, die Anerkennung jeder rechtswirksam gespendeten Taufe andererseits erlaubten, den Schwerpunkt des Mitgliedsrechts unterschiedlich zu setzen. Eine kanonistische Traditionslinie stellt auf sakramentales Tauf-

---

hört und in ihrem Bereich einen Wohnsitz oder den gewöhnlichen Aufenthalt hat. — § 3 G über die Erhebung von Kirchensteuern im Land Nordrh.-Westf. i. d. F. d. B. v. 22.4.1975 (GVNW. S. 438), zuletzt geänd. durch G v. 17.12.1985 (GVNW. S. 766): Kirchensteuerpflichtig sind alle Angehörigen der Katholischen Kirche und der Evangelischen Kirche, die ihren Wohnsitz im Land Nordrhein-Westfalen haben. — § 1 G über die Erhebung von Steuern durch die Kirchen, Religions- und Weltanschauungsgemeinschaften im Lande Hessen (KirchensteuerG) i. d. F. d. B. v. 12.2.1986 (GBl. I, S. 90), geänd. durch ÄndG v. 20.11.1991 (GVBl. I, S. 339): Die Kirchen, die Körperschaften des öffentlichen Rechts sind, können von ihren Angehörigen, die einen Wohnsitz oder ihren gewöhnlichen Aufenthalt im Lande Hessen haben, auf Grund von Kirchensteuerordnungen Kirchensteuern als öffentliche Abgaben erheben. — Art. 9 Abs. 5 EVertr i. V. m. § 4 G zur Regelung des Kirchensteuerwesens der DDR (BGBl. II 1990 S. 1194): Die Angehörigen der in § 2 Nr. 1 und 2 genannten Kirchen sind verpflichtet, öffentlich-rechtliche Abgaben (Kirchensteuern) zu entrichten.

10 BVerfGE 30, 415, 422 (Anm. 3).

11 *Klaus Mörsdorf*, Die Kirchengliedschaft nach dem Recht der katholischen Kirche, in: HdbStKirchR¹ I, S. 615 ff.; *Peter Krämer*, Die Zugehörigkeit zur Kirche, in: HdbKathKR, S. 162 ff.; *Winfried Aymans*, Die kanonistische Lehre von der Kirchengliedschaft im Lichte des II. Vatikanischen Konzils, in: ArchKathKR 142 (1973), S. 397-417.

geschehen ab, das alle Christen verbindet. Eine andere bezeichnet nur diejenigen als Glieder der Kirche, die sich tatsächlich zur römisch-katholischen Kirche bekennen[12]. Angesichts der Spannung zwischen diesen Betrachtungsweisen hat *Mörsdorf* „zwei verschiedene Schichten ... unterschieden: die konsekratorische und die tätige Gliedschaft"[13]. Die durch die Taufe begründete konsekratorische Gliedschaft kann weder vom Getauften noch von der Kirche aufgegeben werden (character indelebilis). Die tätige Gliedschaft besteht darin, daß der Getaufte in freier Entscheidung die mit der Taufe gegebenen Aufgaben zu erfüllen sucht. Die konsekratorische Gliedschaft teilen alle Christen. Ihre Entfaltung in der römisch-katholischen Kirche setzt Rechten und Pflichten Grenzen.

3. Die Gliedschaftslehre des II. Vatikanischen Konzils

Das II. Vatikanische Konzil hat keine Definition der Gliedschaft gegeben, sich mit diesem Problemkreis aber eingehend befaßt, insbesondere in der Dogmatischen Konstitution über die Kirche „Lumen gentium" vom 21.11.1964. Hier werden die Getauften unterschieden, je nachdem, ob sie in der vollen Gemeinschaft der (römisch-katholischen) Kirche stehen oder ob sie das (als Glieder anderer Kirchen) nicht tun: „Jene werden der Gemeinschaft der Kirche voll eingegliedert, die, im Besitz des Geistes Christi, ihre ganze Ordnung und alle in ihr eingerichteten Heilsmittel anerkennen und in ihrem sichtbaren Verband mit Christus, der sie durch den Papst und die Bischöfe leitet, verbunden sind, und dies durch die Bande des Glaubensbekenntnisses, der Sakramente und der kirchlichen Leitung und Gemeinschaft"[14].

4. Die Kirchenzugehörigkeit nach dem Codex Iuris Canonici 1983

Heute ist der Codex Iuris Canonici von 1983 maßgeblich. Auf der Grundlage der Lehre des II. Vatikanischen Konzils geht er davon aus, daß der Mensch durch die Taufe der Kirche Christi als Person mit Rechten und Pflichten eingegliedert wird (c. 96). Diese Eingliederung

---

[12] Vgl. aus der älteren Lit. *Klaus Mörsdorf*, Die Kirchengliedschaft im Lichte der kirchlichen Rechtsordnung, in: Theologie und Seelsorge 1 (1944), S. 115-131; ders., Persona in Ecclesia Christi, in: ArchKathKR 131 (1962), S. 345-393; *Karl Rahner*, Die Zugehörigkeit zur Kirche nach der Lehre der Enzyklika Pius' XII. Mystici Corporis Christi, in: ZfkTh 69 (1947), S. 129-188.
[13] *Mörsdorf* mehrmals, zuletzt in: Kirchengliedschaft (Anm. 11), S. 615 ff., 618.
[14] Art. 14 Abs. 2 Dogmatische Konstitution über die Kirche „Lumen gentium", in: AAS 57 (1965), S. 5 (18 f.).

geschieht anfanghaft zwar, aber unwiderruflich. Da alle Kirchen taufen, wird des weiteren differenziert. C. 205 spricht von denen, die voll in die Kirchengemeinschaft eingegliedert sind im Unterschied zu anderen, die das nicht sind, obwohl sie die Taufe empfangen haben. Der Codex bringt das dadurch zum Ausdruck, daß er neben der Konstituierung des Menschen als Person mit Rechten und Pflichten (c. 96) von der Kirche Christi sagt, daß diese in der katholischen Kirche verwirklicht ist (c. 204 § 2)[15]. C. 205 beschreibt dies, wenn er in Unterscheidung von der im sakramentalen Taufgeschehen grundgelegten Zugehörigkeit zur Kirche auf die Entfaltung der Kirchenzugehörigkeit zur römisch-katholischen Kirche abhebt: „Voll in der Gemeinschaft der katholischen Kirche in dieser Welt stehen jene Getauften, die in ihrem sichtbaren Verband mit Christus verbunden sind, und zwar durch die Bande des Glaubensbekenntnisses, der Sakramente und der kirchlichen Leitung".

Gemäß c. 96 können Rechte und Pflichten Einschränkung erfahren, insofern jemand sich nicht in der vollen kirchlichen Gemeinschaft befindet oder eine rechtmäßig verhängte (kirchliche) Strafe dem entgegensteht. C. 96 liegt damit auf der Linie des alten c. 87 CIC/1917, in dem eine Beeinträchtigung der vollen Kirchenzugehörigkeit auf Grund einer Sperre angesprochen wurde. Eine von der Kirche verhängte Strafe zieht eine im einzelnen unterschiedlich bemessene Rechtsminderung nach sich. Bei einer Sperre kommt es allein darauf an, ob rechtlich feststellbare Umstände vorliegen, welche der vollen kirchlichen Einheit im Wege stehen. Die Sperre trifft alle Christen, die einer Kirche der Ökumene angehören, also nicht in der „plena communio" der römisch-katholischen Kirche stehen, ohne daß ihnen daraus ein Schuldvorwurf gemacht wird. Neu gegenüber der früheren Rechtslage ist es, daß die Christen, die in anderen Kirchen getauft sind, durch rein kirchliche Gesetze nicht mehr in Pflicht genommen werden. Gemäß c. 11 werden durch rein kirchliche Gesetze nurmehr diejenigen verpfichtet, die in der römisch-katholischen Kirche getauft oder in diese aufgenommen worden sind. Der Rechtsminderung der außerhalb Getauften, die der römisch-katholischen Kirche nicht angehören, entspricht heute also auch eine Minderung der Pflichten[16].

Der Kirchenaustritt nach staatlichen Kirchenaustrittsgesetzen führt ebenfalls zu einer Beeinträchtigung der vollen innerkirchlichen Kirchenzugehörigkeit. Er stellt kirchlich gesehen eine schwere Verfehlung

---

[15] Haec Ecclesia ... subsistit in Ecclesia catholica ... Dazu *Krämer*, Zugehörigkeit (Anm. 11), S. 166 m. w. N.

[16] Insofern unterscheidet sich der heutige c. 96 CIC/1983 von dem alten c. 87 CIC/1917, der eine Rechtsminderung vorsah, nicht aber eine Minderung der Pflichten.

gegenüber der kirchlichen Gemeinschaft dar. Der Betreffende kann am sakramentalen Leben nicht teilnehmen. „Der Austritt hat nicht nur Wirkungen im staatlichen Bereich, sondern auch in der Kirche. Die Ausübung der Grundrechte eines katholischen Christen ist untrennbar von der Erfüllung seiner Grundpflichten. Wenn also ein Katholik seinen Austritt aus der Kirche erklärt — aus welchen Gründen auch immer — so stellt dies eine schwere Verfehlung gegenüber der kirchlichen Gemeinschaft dar. Er kann daher am sakramentalen Leben erst wieder teilnehmen, wenn er bereit ist, seine Austrittserklärung rückgängig zu machen..."[17].

Die Taufe begründet die Zugehörigkeit zur Kirche Christi. Christen, die nicht der römisch-katholischen Kirche angehören, werden in ihre Kirche eingegliedert. Ihre Kirchengliedschaft verwirklicht sich dort. Davon geht nun auch das römisch-katholische Kirchenrecht aus. Es folgt damit dem Ökumenismusdekret, wo es heißt, daß die „getrennten Kirchen und Gemeinschaften trotz der Mängel, die ihnen nach unserem Glauben anhaften, nicht ohne Bedeutung und Gewicht im Geheimnis des Heiles" sind, denn der Geist Christi hat sich gewürdigt, sie als Mittel des Heils zu gebrauchen[18].

Die Zugehörigkeit zur römisch-katholischen Kirche konkretisiert sich in der Zugehörigkeit zu einer bestimmten Teilkirche (Diözese) und innerhalb derselben in der Zugehörigkeit zu einer bestimmten Pfarrei sowie zu einem bestimmten Ritus. Die Zugehörigkeit zu einer Teilkirche ist durch Wohnsitzwechsel jederzeit veränderbar. Der Wohnsitz wird erworben durch Aufenthalt im Gebiet einer Pfarrei oder wenigstens einer Diözese, der entweder mit der Absicht verbunden ist, dort ständig zu bleiben, sofern kein Abwanderungsgrund eintritt, oder sich über einen Zeitraum von fünf vollen Jahren erstreckt hat, c. 102 § 1. Wohnsitz und Nebenwohnsitz gehen verloren durch den Wegzug vom Ort mit der Absicht, nicht zurückzukehren, c. 106.

---

[17] Erklärung der Diözesanbischöfe in der Bundesrepublik v. Dezember 1969 zu Fragen des kirchlichen Finanzwesens, in: ArchKathKR 138 (1969), S. 557 ff. (558); *Krämer,* Zugehörigkeit (Anm. 11), S. 169.

[18] Art. 3 Abs. 4 Dekret über den Ökumenismus „Unitatis redintegratio", in: AAS 57 (1965), S. 90 (93).

III. Die Kirchenmitgliedschaft nach dem Recht der evangelischen Kirche

1. Grundlagen

„Innerhalb der Evangelischen Kirche in Deutschland wird nach herkömmlichem evangelischem Kirchenrecht die Kirchenmitgliedschaft durch die Taufe, durch evangelischen Bekenntnisstand (Zugehörigkeit zu einem in der Evangelischen Kirche in Deutschland geltenden Bekenntnis) und durch Wohnsitz in einer Gliedkirche der Evangelischen Kirche in Deutschland begründet. Der evangelische Bekenntnisstand ergibt sich in der Regel aus der Taufe in einer Gemeinde evangelischen Bekenntnisses, bei Taufen außerhalb der evangelischen Kirche aus der Erziehung in einem evangelischen Bekenntnis nach dem Willen der Erziehungsberechtigten oder aus der Aufnahme in die evangelische Kirche"[19]. Hinter dieser klaren und auf geltenden Grundsätzen beruhenden Rechtslage verbergen sich zahlreiche Probleme und kirchenrechtliche Regelungsschwächen, welche jetzt als geklärt gelten dürfen. Sie haben ihre Ursache in dem Ineinandergreifen rechtlicher und theologischer Gesichtspunkte und in besonderen historischen Umständen. Denn das Mitgliedschaftsrecht ist von ekklesiologischer, innerkirchlicher, zwischenkirchlicher und staatskirchenrechtlicher Relevanz. Es spiegelt das kirchliche Selbstverständnis wider. Jede Unklarheit über das rechtliche Verhältnis der Partikularkirche zur unsichtbaren Kirche des Dritten Artikels und zu anderen Kirchen tritt hier wie an keiner anderen Stelle des Kirchenrechts zutage. Seit dem Inkrafttreten der Mitgliedschaftsvereinbarung 1970 und dem Mitgliedschaftsgesetz der EKD 1976 gibt es in der Evangelischen Kirche in Deutschland mitgliedschaftsrechtliche Normen, welche korrespondierende, sachlich aufeinander bezogene Einzelbestimmungen der Landeskirchen abgelöst haben. Seither kann von einem kodifizierten Rechtsbestand ausgegangen werden. Die früher aktuelle Gefahr der Mißverständnisse und der Mißdeutungen ist damit vorbei[20].

---

[19] Abschn. I der Vereinbarung über die Kirchenmitgliedschaft in der Evangelischen Kirche in Deutschland v. 27./28.11.1969 (ABl. EKD 1970, S. 2 f.) und entsprechend § 1 Abs. 1 KirchG über die Kirchenmitgliedschaft, das kirchliche Meldewesen und den Schutz der Daten der Kirchenmitglieder v. 10.11.1976 (ABl. EKD S. 389).

[20] Dazu zuletzt und umfassend *Rainer Rausch,* Die mitgliedschaftliche Erfassung Zuziehender, in: ZevKR 36 (1991), S. 337 - 394 (342).

2. Einheitliche Regelungen der Kirchenzugehörigkeit bei partikularer Kirchenordnung

Die Gliedkirchen der Evangelischen Kirche in Deutschland bilden rechtlich eine konfessionell gegliederte Einheit mit einheitlichem Mitgliedschaftsrecht[21]. Von der Basis der Mitgliedschaftsvereinbarung finden die Fragen des kirchlichen Mitgliedschaftsrechts, die in der Vergangenheit immer wieder praktische, vor allem aber theoretische Schwierigkeiten gemacht haben, ihre Lösung. Die gerade auch im staatskirchenrechtlichen Bereich häufigen Probleme hatten ihre Ursache insbesondere in zwei Umständen, ohne deren Kenntnis das evangelische Mitgliedschaftsrecht unverständlich ist.

Erstens entbehrte die fundamentale Frage der Kirchenzugehörigkeit bis an die Schwelle unseres Jahrhunderts überhaupt einer erschöpfenden rechtlichen Regelung. Zweitens wurde die Rechtslage des evangelischen Kirchenwesens durch den beherrschenden Einfluß des Staatskirchenrechts zusätzlich kompliziert. Mit der Reformation reichte die Taufe als mitgliedschaftsvermittelnder Faktor nicht mehr aus[22]. Die daraus resultierende Nötigung, weitere Kriterien für die Zugehörigkeit zur jeweiligen Kirche zu entwickeln, wurde jedoch zunächst nicht empfunden. Hieraus erklären sich manche Besonderheiten früherer Gesetze und die Lückenhaftigkeit der Normierung[23].

Die Rechtslage ist über die Lückenhaftigkeit der Normierung hinaus zweitens dadurch noch zusätzlich kompliziert worden, daß die evangelischen Kirchen ihren Verantwortungsbereich nicht nur territorial abgegrenzt haben, sondern daß das Recht der Reichsstände, den territorialen Bekenntnisstand zu bestimmen (ius reformandi), auch noch zu konfessionellen Differenzierungen führte. Während der Katholik in jeder Diözese unzweifelhaft dieselbe Römische Kirche vorfand, traf der Protestant auf rechtlich weithin selbständige Kirchen, deren Bekenntnisstand lutherisch, reformiert, später auch uniert war, so daß die Frage

---

[21] Vgl. § 1 Abs. 1 KirchG über die Kirchenmitgliedschaft (Anm. 19).

[22] Zum folgenden auch *Dietrich Pirson*, Universalität und Partikularität der Kirche. Die Rechtsproblematik zwischenkirchlicher Beziehungen (= Jus Ecclesiasticum, Bd. 1). München 1965, S. 50 ff., 106 ff., 152 ff.; ders., Die Mitgliedschaft in den deutschen evangelischen Landeskirchen als Rechtsverhältnis, in: ZevKR 13 (1967 / 68), S. 337 (348).

[23] *Wilhelm Maurer*, Zur theologischen Problematik des kirchlichen Mitgliedschaftsrechtes, in: ZevKR 4 (1955), S. 337 ff. = ders., Die Kirche und ihr Recht. Gesammelte Aufsätze (= Jus Ecclesiasticum, Bd. 23). Tübingen 1976, S. 493 ff.; *Rudolf Smend*, Zum Problem des kirchlichen Mitgliedschaftsrechts, in: ZevKR 6 (1957 / 58), S. 113 ff.; *Axel v. Campenhausen*, Mitgliedschaft in der Volkskirche, in: Pastoraltheologie 55 (1966), S. 8 ff.; *Pirson*, Mitgliedschaft (Anm. 22), S. 340 ff. Alle m. w. N.

aufgeworfen werden konnte, ob es überhaupt „ein evangelisches Bekenntnis" gebe und ob nicht jeder Umzug in eine andere Landeskirche als eine „Möbelwagenkonversion" zu qualifizieren sei[24].

Kirchenrechtliche Undeutlichkeiten waren infolgedessen im deutschen evangelischen Kirchenrecht bis vor kurzem zahlreich[25] und wurden auch als Mangel empfunden[26]. Die Überwindung des kirchenrechtlichen Positivismus und die Wendung zum Grundsätzlichen[27] haben jedoch dazu geholfen, auch die Regelung der kirchlichen Mitgliedschaft im evangelischen Kirchenrecht in vergleichsweise kurzer Zeit auf eine neue Ebene zu heben[28]. Eine ganz ideale kirchenrechtliche Lösung wird es jedoch nicht geben, solange die Zerrissenheit der Christenheit andauert.

3. Konkretisierung der Kirchenzugehörigkeit durch Mitgliedschaftsvereinbarung und Mitgliedschaftsgesetz

Ausgangspunkt für die kirchenrechtliche Regelung des Mitgliedschaftsrechts ist die theologische Grundlage; denn die Mitgliedschaft ist gegründet auf die Taufe, orientiert am Bekenntnis. Sie ist ein Abbild des Verhältnisses von Partikularkirche und Weltchristenheit einerseits, der deutschen evangelischen Landeskirchen zueinander andererseits.

Nach evangelischem Verständnis steht die Zugehörigkeit des einzelnen Christen zur Kirche in einem mehrfachen Bezug; dementsprechend sind folgende Ebenen zu unterscheiden[29]: Die deutschen evangelischen

---

[24] Nachw. zu früher aktuellen Problemen bei *Axel v. Campenhausen,* Die Kirchenmitgliedschaft nach dem Recht der evangelischen Kirche, in: HdbStKirchR¹ I, S. 637, und *dems.,* Staatskirchenrechtliche Probleme der Kirchenmitgliedschaft, ebd., S. 653.

[25] Die Schwierigkeiten waren nicht so sehr praktischer Natur, weil die deutschen Landeskirchen sich de facto als eine Einheit verhielten. Desto offenkundiger waren theoretische Schwächen.

[26] *Hans Liermann,* Die kirchliche Mitgliedschaft nach geltendem evangelischen Kirchenrecht, in: ZevKR 4 (1955), S. 382 ff.; *Smend,* Zum Problem (Anm. 23), S. 113 ff.

[27] Grundlegend *Johannes Heckel,* Initia iuris ecclesiastici Protestantium, München 1950, jetzt in: ders., Das blinde, undeutliche Wort „Kirche". Gesammelte Aufsätze. Köln u. a. 1964, S. 132 ff.; ders., Lex charitatis. Eine juristische Untersuchung über das Recht in der Theologie Martin Luthers. 2. Aufl., Köln u. a. 1973, S. 269 ff.; auf dieser Grundlage *Siegfried Grundmann,* Der Lutherische Weltbund. Köln u. a. 1957, S. 30 ff., 39 ff.; *Erik Wolf,* Ordnung der Kirche. Frankfurt / M. 1961, S. 502 ff.

[28] Vgl. den Art. „Kirchengliedschaft. I. Evangelisch. B. Juristisch" von *Christoph Link,* in: EvStL³ I, Sp. 1595 ff.

[29] *Johannes Heckel,* wiederholt, insbes. „Die zwo Kirchen". Eine juristische Betrachtung über Luthers Schrift „Von dem Papsttum zu Rome", in: ELKZ 10

Landeskirchen sind rechtlich organisierte, territorial umgrenzte in der Evangelischen Kirche in Deutschland zusammengeschlossene Teile (ecclesiae particulares) der Weltchristenheit (ecclesia universalis), die als Welttaufgemeinschaft greifbar, in ihrer Vielfalt jedoch keine rechtliche Einheit bildet. Die Weltchristenheit und die Partikularkirchen sind die irdische Schauseite der geistlichen Kirche des Dritten Artikels (ecclesia spiritualis), jener unsichtbaren Gemeinschaft der Gläubigen, die über die Welt verstreut als wahre Kirche Christi durch die Konfessionen hindurchgeht. Dementsprechend unterscheidet das evangelische Kirchenrecht zwischen der geistlichen Gliedschaft in der Kirche Christi und der rechtlichen Mitgliedschaft in einer bestimmten Partikularkirche[30]. Beide sind nicht voneinander ablösbar, sondern stehen zueinander im Verhältnis dialektischer Zuordnung.

Geistliche Gliedschaft und rechtliche Mitgliedschaft werden durch die *Taufe* begründet. Der geistlichen Kirche (ecclesia spiritualis) wird der Mensch durch Glaube und Taufe eingegliedert. Da nur Gott des Menschen Herz kennt, entzieht es sich menschlicher Beurteilung, wer dazu gehört. Jeder Getaufte, der sich nicht öffentlich von Christus losgesagt hat, ist deshalb als Glied der Kirche, d. h. als Christ, zu behandeln. Durch die Taufe, „das Sakrament des Christenstandes", wird auch die Gliedschaft in der ecclesia universalis begründet, d. h. in der „für menschliche Augen allein erkennbaren Wirklichkeit der geistlichen Kirche Christi"[31]. Die Taufe vermittelt schließlich zugleich die Mitgliedschaft in einer rechtlich organisierten Teilkirche und einer Kirchengemeinde derselben. Ihre Anerkennung als primäre Voraussetzung der Mitgliedschaft ist eine der wenigen theologisch und rechtlich unbestrittenen Gemeinsamkeiten der Ökumene. Trotz unterschiedlicher Tauflehren und Taufliturgien, begleitender Taufriten und Deutungen erkennen die christlichen Kirchen die trinitarisch gespendeten Taufen gegenseitig als gültig an[32]. Es besteht im deutschen evangelischen

---

(1956), S. 221 ff., jetzt in: ders., Das blinde, undeutliche Wort „Kirche" (Anm. 27), S. 111 ff. (121-125); *Siegfried Grundmann,* Verfassungsrecht in der Kirche des Evangeliums, in: ZevKR 11 (1964 / 65), S. 9 (36 ff.), jetzt in: ders., Abhandlungen zum Kirchenrecht. Köln u. a. 1969, S. 68 ff. (96 ff.); *Link,* Kirchengliedschaft (Anm. 28), Sp. 1595 f.

[30] Die Terminologie schwankt. Der Terminus Gliedschaft unterstreicht den Gegensatz zwischen einer vereinsrechtlichen Mitgliedschaft und der Zugehörigkeit zum geistlichen Leib Christi, *Grundmann,* Verfassungsrecht (Anm. 29), S. 35 = ders., Abhandlungen (Anm. 29), S. 95 f.

[31] *Heckel,* „Die zwo Kirchen" (Anm. 29), S. 121; *Link,* Kirchengliedschaft (Anm. 28), Sp. 1596.

[32] Das gilt auch für die römische Kirche; *Edmund Schlink,* Die Lehre von der Taufe. Kassel 1969, S. 168 ff.; *Christine Lienemann-Perrin* (Hrsg.), Taufe und Kirchenzugehörigkeit. Studien zur Bedeutung der Taufe für Verkündigung, Gestalt und Ordnung der Kirche, München 1983.

Kirchenrecht Einvernehmen, daß es rechtliche Kirchenmitgliedschaft ohne Taufe in keiner Landeskirche gibt[33].

Die weiteren Kriterien der Mitgliedschaft in den deutschen evangelischen Landeskirchen sind das evangelische *Bekenntnis* und der *Wohnsitz*.

Unter dem evangelischen Bekenntnis ist jedes in einer Gliedkirche der Evangelischen Kirche in Deutschland geltende Bekenntnis zu verstehen[34]. Sie bilden die in der Evangelischen Kirche in Deutschland „praktizierte Bekenntnisgemeinschaft im Sinne der gemeinreformatorischen Einheit in der Vielfalt der reformatorischen Sonderbekenntnisse"[35], welche in der Kirchengemeinschaft innerhalb der Evangelischen Kirche in Deutschland ihren sichtbaren, auch rechtlichen Ausdruck gefunden hat[36].

---

[33] Fast alle Kirchenverfassungen nennen die Taufe ausdrücklich als Primärerfordernis des Mitgliedschaftserwerbs. Ältere Nachweise bei *v. Campenhausen*, Kirchenmitgliedschaft (Anm. 24), S. 640.
Keine Ausnahme bilden Art. 5 Abs. 2 Verf. der Ev.-luth. Landeskirche Hannovers i. d. F. v. 1.7.1971 (KABl. S. 189), zuletzt geänd. durch KirchO v. 14.12.1989 (KABl. S. 139), Art. 9 Abs. 1 Verf. der Ev.-luth. Landeskirche Braunschweig v. 6.2.1970 (ABl. S. 46) in der Neufassung v. 7.5.1984 (ABl. S. 14), zuletzt geänd. durch KirchG v. 9.2.1991 (ABl. S. 10) und § 7 Abs. 1 Grundordnung der Ev. Landeskirche in Baden i. d. F. v. 12.9.1990 (KGVBl. S. 146), wenn sie ungetauften Kindern evangelischer Eltern zeitweilig bestimmte Rechte zugestehen. Rechtlich werden diese Kinder dadurch keine Kirchenmitglieder. Durch die Problematik des Taufaufschubs hat sich die Bedeutung dieser Bestimmungen erhöht.

[34] Abschn. I Abs. 1 der Vereinbarung über die Kirchenmitgliedschaft (Anm. 19).

[35] *Günther Wendt*, Bemerkungen zur gliedkirchlichen Vereinbarung über das Mitgliedschaftsrecht in der EKD, in: ZevKR 16 (1971), S. 23 (29); *Link*, Mitgliedschaftsrecht (Anm. 7), S. 306 f.

[36] Die Grundordnung der EKD bezeichnete diese bis zum Jahre 1991 als einen Bund lutherischer, reformierter und unierter Kirchen. Im Zusammenhang mit der kirchlichen Wiedervereinigung wurde Art. 1 der Grundordnung dahingehend geändert, daß die Evangelische Kirche in Deutschland die Gemeinschaft ihrer lutherischen, reformierten und unierten Gliedkirchen ist, § 1 Abs. 1 KirchG der EKD zur Regelung von Fragen im Zusammenhang mit der Herstellung der Einheit der EKD v. 24.2.1991 (ABl. S. 89). Zur Umformulierung der Grundordnung der EKD vgl. *Traugott Koch*, Die „Evangelische Kirche in Deutschland" — Kirche Jesu Christi? Ein Zwischenruf, in: ZevKR 37 (1992), S. 40-47; *Christoph Link*, Grundordnungsreform und reformatorisches Kirchenverständnis — eine Erwiderung auf den „Zwischenruf" Kochs, ebd., S. 48-52. Nach Abs. 2 besteht zwischen den Gliedkirchen Kirchengemeinschaft im Sinne der Konkordie reformatorischer Kirchen in Europa (Leuenberger Konkordie). Die evangelischen Kirchen haben damit die Konsequenz aus dem geistlichen Verständigungsprozeß durch die Annahme der Leuenberger Konkordie (1973) gezogen. Sie sind zu einer engeren kirchlichen Gemeinschaft zusammengewachsen, in der volle Kanzel- und Abendmahlsgemeinschaft und eine unmittelbare Zugehörigkeit aller Kirchenmitglieder zur EKD besteht. Die EKD kann deshalb heute mit Fug und Recht selbst

Das dritte Kriterium der Kirchenmitgliedschaft ist der Wohnsitz oder gewöhnliche Aufenthaltsort. Das hier in Erscheinung tretende Territorialprinzip ist ein Ausdruck des volkskirchlichen Charakters der Landeskirchen, denen normalerweise noch heute jeder evangelische Einwohner angehört.

Die früher beim Umzug aus einer Landeskirche in die andere auftretenden rechtlichen Schwierigkeiten sind ausgeräumt: „Innerhalb der Evangelischen Kirche in Deutschland setzt sich bei einem Wohnsitzwechsel in den Bereich einer anderen Gliedkirche die Kirchenmitgliedschaft in der Gliedkirche des neuen Wohnsitzes fort"[37]. Sie geht damit von der in der Evangelischen Kirche in Deutschland von Anfang an praktizierten, theologisch vertieften Gemeinschaft aus[38]. „Die sich daraus für das Kirchenmitglied ergebenden Rechte und Pflichten gelten im gesamten Bereich der Evangelischen Kirche in Deutschland"[39].

Für die staatskirchenrechtliche Praxis ist die jetzt bestehende Klärung hilfreich, daß beim Umzug nicht Untergang und Neubegründung des Mitgliedschaftsrechts eintreten, sondern daß die gleiche Kirchenmitgliedschaft in der gegliederten Gemeinschaft der deutschen evangelischen Christenheit fortbesteht und sich in der Landeskirche des jeweiligen Wohnsitzes konkretisiert. Auch die sich früher aus der konfessionellen Gliederung bei Umzügen ergebenden Fragen haben im neuen Kirchenrecht dadurch eine klare Antwort gefunden, daß dieses von den in der Evangelischen Kirche in Deutschland zusammengeschlossenen Gliedkirchen als einer konfessionell gegliederten Einheit ausgeht. Damit ist die Vermutung ausgesprochen, daß der jeweilige objektive Bekenntnisstand aller deutschen Gliedkirchen dem subjektiven Bekenntnisstand des umziehenden Protestanten entspricht — unbeschadet liturgischer Unterschiede und unterschiedlicher konfessioneller Tradition[40].

Die Vermutung ausreichender Konkordanz kann jedoch aus besonderen Umständen des Einzelfalls durch Ausübung des *votum negativum* widerlegt werden. Dies ist das rechtstechnische Mittel, mit dem das Territorialprinzip schon längere Zeit aufgelockert worden ist: „Zuziehende Evangelische haben das Recht, innerhalb eines Jahres zu erklären, daß sie einer anderen im Gebiet der Gliedkirche bestehenden

---

als Kirche bezeichnet werden. So *Grundmann* schon 1966, zuletzt m. w. N. *Martin Heckel*, Rechtsprobleme der kirchlichen Wiedervereinigung, in: ZevKR 36 (1991), S. 113 (153 f.).
[37] Abschn. III der Vereinbarung über die Kirchenmitgliedschaft (Anm. 19).
[38] S. Anm. 36.
[39] Abschn. II Abs. 1 S. 3 der Vereinbarung über die Kirchenmitgliedschaft (Anm. 19).
[40] Dazu eingehend *Rausch*, Erfassung (Anm. 20), S. 351 ff.

evangelischen Kirche oder Religionsgemeinschaft angehören. Die Erklärung hat die Wirkung, daß die Mitgliedschaft vom Zeitpunkt des Zuzugs an nicht fortgesetzt wird"[41]. Da die Mitgliedschaft in der Landeskirche des früheren Wohnsitzes beim Umzug erlischt, eine landeskirchliche Mitgliedschaft in der Landeskirche des neuen Wohnsitzes aber nicht entsteht, hat das votum negativum die Wirkung eines innerkirchlich geregelten Kirchenaustritts. Es ist allerdings durch das Erfordernis der Option für eine andere im Gebiet der Landeskirche des neuen Wohnsitzes bestehende evangelische Kirche eingeschränkt. Mit dem votum negativum ist der Kirchenübertritt ohne vorausgehenden Kirchenaustritt nach staatlichem Recht eröffnet[42]. Damit ist sichergestellt, daß das umziehende Kirchenglied nicht in seiner subjektiven Bekenntnishaltung vergewaltigt wird.

4. Ende der Kirchenzugehörigkeit

Die Kirchenmitgliedschaft endet regelmäßig mit dem Tode. Die Mitgliedschaft in einer Gliedkirche der EKD findet aber auch durch den Verlust des Wohnsitzes oder gewöhnlichen Aufenthaltsorts im Bereich einer deutschen Gliedkirche ein Ende, ebenso schließlich durch den Übertritt zu einer anderen Religionsgemeinschaft. Das Kirchenrecht knüpft an den Kirchenaustritt nach Maßgabe der staatlichen Vorschriften, welche die Erklärung enthält, kirchliche Rechte und Pflichten nicht mehr wahrnehmen zu wollen, den Verlust aller Rechte nach kirchlichem Recht[43]. Infolge des character indelebilis der Taufe bedeutet dies keine Auflösung des Bandes der Taufe. Für die Zugehörigkeit zur geistlichen Kirche (ecclesia spiritualis) hat der Kirchenaustritt keine konstitutive Bedeutung.

IV. Staatskirchenrechtliche Probleme der Kirchenmitgliedschaft

Die Anknüpfung der weltlichen Rechtsordnung an die religionsrechtliche Regelung ist im Regelfall unproblematisch. In Einzelfällen kann

---

[41] Abschn. III Abs. 2 der Vereinbarung über die Kirchenmitgliedschaft (Anm. 19).

[42] Dazu grundlegend und umfassend *Gerhard Robbers,* Kirchenrechtliche und staatskirchenrechtliche Fragen des Kirchenübertritts, in: ZevKR 32 (1987), S. 19-46; *Christian Meyer,* Zur Übertrittsregelung in Niedersachsen, in: ZevKR 24 (1979), S. 340-345; *Wendt,* Bemerkungen (Anm. 35), S. 34.

[43] So in allen deutschen evangelischen Kirchen mit Ausnahme von Schaumburg-Lippe, wo eine ausdrückliche Regelung fehlt.

§ 26 Staatskirchenrechtl. Bedeutung des kirchl. Mitgliedschaftsrechts 769

es jedoch zu Kollisionen kommen mit der Folge, daß weltliche und innerkirchliche Rechtsordnung auseinandertreten. In der Praxis sind Schwierigkeiten insbesondere bei der Anknüpfung der Mitgliedschaft an die Kindertaufe und an die Abstammung sowie im Zusammenhang mit der parochialrechtlichen Erfassungsautomatik aufgetreten.

1. Die verfassungsrechtliche Zulässigkeit der Anknüpfung des staatlichen Rechts an die Kindertaufe

Die verfassungsrechtliche Zulässigkeit der Anknüpfung an die Kindertaufe ist in einem spektakulären, alle Instanzen durchlaufenden und schließlich vom Bundesverfassungsgericht abgeschlossenen Prozeß bestritten worden. Die Rechtsprechung hat die überkommene Rechtslage indessen bestätigt[44]. Die damals zahlreichen Stimmen der Literatur stimmten fast einhellig zu[45]. Das Bundesverfassungsgericht hat ausgesprochen, daß es keinen verfassungsmäßigen Bedenken unterliegt, daß „staatliche Behörden und Gerichte angehalten werden, ... die innerkirchliche Ordnung zugrunde zu legen, soweit sie die entscheidungserheblichen Rechtsbegriffe und Rechtsverhältnisse aus dem kirchlichen Bereich prägt". Insbesondere hat es darin keine verfassungswidrige Identifizierung des Staates mit der Kirche gesehen[46]. Das auf Taufe, Bekenntnis und Wohnsitz gegründete Mitgliedschaftsrecht der christlichen Kirchen genügt dem Erfordernis der Eindeutigkeit, insbesondere dem steuerrechtlichen Grundsatz der Tatbestandsmäßigkeit[47]. Mit dem Begehren der Taufe setzt das Kirchenrecht eine eindeutige Willenserklärung des Kirchengliedes voraus. Sie wird bei der Kindertaufe regelmäßig von den Erziehungsberechtigten als den gesetzlichen Vertretern

---

[44] OVG Lüneburg, Urt. v. 25.10.1967, in: ZevKR 14 (1968/69), S. 390 m. Anm. v. *Rudolf Weeber* = KirchE 9, 257; BVerwG, Beschl. v. 19.7.1968, in: ZevKR 14 (1968/69), S. 391 (Teilabdr.), wies die Beschwerde gegen die Nichtzulassung der Revision zurück, im wesentlichen mit der Begründung, daß die Rechtsfragen durch das Urt. v. 9.7.1965 (BVerwGE 21, 330), geklärt seien. Die Verfassungsbeschwerde gegen diesen Beschluß wurde zurückgewiesen durch Beschl. v. 31.3.1971 (BVerfGE 30, 415 [Anm. 3]).
Im gleichen Sinne BVerfG (Vorprüfungsausschuß), in: NJW 1984, S. 969: Die Anknüpfung der Kirchensteuer an innerkirchliche Regelungen, wonach die Kirchenmitgliedschaft von der Taufe abhängig gemacht wird, ist verfassungsmäßig. Ebenso BFH, in: JZ 1984, S. 49 m. Anm. von *v. Campenhausen*.
[45] Nachw. bei *v. Campenhausen*, Probleme (Anm. 24), S. 645 f.
[46] BVerfGE 30, 415, 422 (Anm. 3); 24, 236 (247 f.).
[47] *Hanns Engelhardt*, Die Kirchensteuer in der Bundesrepublik Deutschland. Berlin 1968, S. 25 f.; *Axel v. Campenhausen*, Kircheneintritt — Kirchenaustritt — Kirchensteuer nach staatlichem und kirchlichem Recht, in: DÖV 1970, S. 806; *v. Mangoldt/Klein/v. Campenhausen*, Art. 140 GG/Art. 137 WRV, Rdnrn. 58 und 201; *Link*, Mitgliedschaftsrecht (Anm. 7), S. 308.

49 Handbuch, 2. A.

des Täuflings abgegeben. Diese Praxis ist rechtlich unbedenklich; sie garantiert die Freiwilligkeit des Kirchenbeitritts.

Die geltende Regelung der Kirchenmitgliedschaft verletzt keine Grundrechte des Kindes. Im Taufalter können Säuglinge keine wertende religiöse Meinung bilden. Deshalb können sie auch das Recht der Glaubens- und Gewissensfreiheit nicht selbständig ausüben. Das Kind wird hier wie in jeder anderen Hinsicht von den sorgeberechtigten Eltern vertreten[48]. Diese bedürfen zur Vornahme der Taufe und des damit verbundenen Kircheneintritts keiner vormundschaftsgerichtlichen Genehmigung im Sinne der §§ 1643 Abs. 1, 1822 Nr. 5 BGB[49]. Daran ändert auch der Umstand nichts, daß das Kind, sofern es vermögend ist, mit der Kirchenmitgliedschaft finanzielle Leistungspflichten übernimmt. Denn auf Grund des Gesetzes über die religiöse Kindererziehung kann das Kind nach der Vollendung des 14., in Bayern und im Saarland des 18. Lebensjahres aus der Kirche austreten[50]. Die Taufe begründet damit keine für den Täufling unausweichlichen, länger als ein Jahr über die Vollendung des 18. Lebensjahres hinaus wirkenden Leistungspflichten[51].

Da Taufe und nachfolgende religiöse Erziehung nicht ohne entsprechendes Verlangen erteilt werden, garantieren staatliche Gesetze, die auf die kirchlichen Gliedschaftsordnungen verweisen, bei gleichzeitig gewährleisteter Möglichkeit des Kirchenaustritts die Freiheit des Gewissens und der Religionsausübung für jedermann.

---

[48] Nach Maßgabe des ReichsG über die religiöse Kindererziehung v. 15. 7. 1921 (RGBl. S. 939). Das religiöse Erziehungsrecht ist durch Art. 6 Abs. 2 (Elternrecht) und 4 Abs. 1 GG (Erziehungsfreiheit als Ausdruck der Glaubens- und Gewissensfreiheit) grundrechtlich verankert. *Alexander Hollerbach,* Staatskirchenrechtliche Aspekte der Kindertaufe, in: Walter Kasper (Hrsg.), Christsein ohne Entscheidung oder Soll die Kirche Kinder taufen? Mainz 1970, S. 225 (233); *Link,* Mitgliedschaftsrecht (Anm. 7), S. 309; aus der Rspr. z. B. BFH, in: KirchE 23, 283 (286).

[49] BVerfGE 30, 415, 424 (Anm. 3).

[50] Zu dieser Besonderheit s. *v. Campenhausen,* Der Austritt aus den Kirchen und Religionsgemeinschaften, in: HdbStKirchR¹ I, S. 661 Anm. 8. Zum Problem ferner: *Thomas Würtenberger,* Religionsmündigkeit, in: Rechtsstaat, Kirche, Sinnverantwortung. FS für Klaus Obermayer zum 70. Geburtstag. München 1986, S. 113 ff.

[51] Wie hier OVG Lüneburg (Anm. 44), S. 393; *Engelhardt,* Kirchensteuer (Anm. 47), S. 78; *v. Campenhausen,* Kircheneintritt (Anm. 47), S. 807; *v. Mangoldt / Klein / v. Campenhausen,* Art. 140 GG / Art. 137 WRV, Rdnrn. 59 f. m. w. N.; *Link,* Mitgliedschaftsrecht (Anm. 7), S. 308.

2. Kein Erwerb der Mitgliedschaft durch Geburt oder Abstammung

Ist eine staatsrechtliche Bestimmung, wonach die Kirchenzugehörigkeit mit der Geburt erworben wird, wegen Verstoßes gegen die Kirchenfreiheit (Art. 4 GG i. V. m. Art. 137 Abs. 3 WRV) verfassungswidrig, so verstößt umgekehrt eine religionsrechtliche Regelung, welche nicht auf einen freiwilligen Beitrittsakt, sondern auf die blutsmäßige Abstammung oder andere objektive Kriterien abstellt, die nicht in der Verfügungsgewalt des Betroffenen liegen, gegen das religiöse Selbstbestimmungsrecht des Staatsbürgers (Art. 4 GG).

Ein Mitgliedsrecht, wonach eine Kirche die Getauften aller christlichen Konfessionen ohne Rücksicht auf deren Willen für sich in Anspruch nähme und eine Austrittsmöglichkeit nicht anerkennte, könnte danach im staatlichen Rechtsbereich keine Anerkennung finden, weil es gegen Art. 4 GG, also ein „für alle geltendes Gesetz" verstieße[52]. Deshalb kann einer Bestimmung wie dem früheren bis 1983 geltenden c. 87 CIC / 1917, wonach alle Getauften der römischen Kirche oder „in irgendeiner Weise" dem Papste[53] angehören, keine Rechtswirksamkeit im weltlichen Bereich zukommen.

Die Rechtsprechung hatte über solche Fragen wiederholt zu entscheiden, insbesondere bei israelitischen Kultusgemeinden[54]. Diese stellen für die Zugehörigkeit zu sich auf die blutsmäßige jüdische Abstammung und auf den Wohnsitz im Bezirk der betreffenden Gemeinde ab. Das führt dazu, daß diese Gemeinden auch solche Personen gegen deren erklärten Willen sich einverleiben und besteuern, die sich keinem der Taufe vergleichbaren, eine Willenserklärung voraussetzenden Eintrittsakt unterzogen haben. Das Bundesverwaltungsgericht hat eine solche Regelung anerkannt, weil dem Erfordernis der Freiwilligkeit und der

---

[52] *Reinhold Zippelius*, in: BK, Drittbearbeitung, Heidelberg 1989, Art. 4, Rdnr. 115; *Ulrich Scheuner*, Die Religionsfreiheit im Grundgesetz, in: DÖV 1967, S. 585 ff.; *Engelhardt*, Kirchensteuer (Anm. 47), S. 63 f.; *Klaus Obermayer*, Anm. zum Beschluß des OLG Oldenburg v. 29.1.1970, in: NJW 1970, S. 1645; *Hollerbach*, Kindertaufe (Anm. 48), S. 234; *Link*, Mitgliedschaftsrecht (Anm. 7), S. 308; *v. Campenhausen*, Staatskirchenrecht (Anm. 7), S. 150.

[53] So Papst *Pius IX.* in seinem Schreiben v. 7.8.1873 an Kaiser Wilhelm I. Der Briefwechsel ist abgedruckt bei *Ernst Rudolf Huber / Wolfgang Huber* (Hrsg.), Staat und Kirche im 19. und 20. Jahrhundert. Dokumente zur Geschichte des deutschen Staatskirchenrechts. Bd. 2, Berlin 1976, S. 616 ff.

[54] BVerwGE 21, 330 = ZevKR 12 (1966/67), S. 403 = KirchE 7, 218; ferner VG Frankfurt, Urt. v. 26.8.1970, in: KirchE 11, 274 = ZevKR 16 (1971), S. 218 (nur LS). Der Rechtsstreit wurde durch Vergleich beendet. Vgl. auch die Entscheidung des Österr. VGH v. 22.5.1964, in: ÖArchKR 17 (1966), S. 356; VG Frankfurt, Urt. v. 12.8.1982, in: KirchE 20, 97 ff.

negativen Religionsfreiheit durch die Möglichkeit des Austritts Genüge getan sei[55]. Dem kann nicht zugestimmt werden. Daß die Verweisung auf die nachträgliche Austrittsmöglichkeit eine vorangehende Zwangsvereinnahmung nicht rechtmäßig werden läßt, war schon in der Weimarer Zeit in der Literatur anerkannt[56]. Etwas anderes könnte selbst dann nicht gelten, wenn der Austritt aus einer Religionsgemeinschaft die Mitgliedschaft rückwirkend beseitigen würde. Das ist bekanntlich aber nicht der Fall. Deshalb verdient das Urteil des Verwaltungsgerichts Frankfurt vom 26.8.1970[57] Zustimmung, wenn es die Austrittsmöglichkeit für untauglich hält, um die mit der unfreiwilligen Vereinnahmung begründete Synagogenmitgliedschaft zu rechtfertigen[58].

---

[55] BVerwGE 21, 330 (334) = ZevKR 12 (1966 / 67), S. 403 (407)= KirchE 7, 218 (222 f.).

[56] *Rudolf Oeschey,* Der Erwerb der Kirchenmitgliedschaft nach dem Staatskirchenrecht des Deutschen Reichs, in: AöR 55 (1929), S. 1 (41). Nicht so die Praxis, welche (wie das BVerwG) die Zugehörigkeit zur Synagogengemeinde kraft Abstammung von jüdischen Eltern anerkannte, vgl. Urt. des PreußOVG v. 18.4.1918, in: PreußOVGE 74, 338.

[57] S. Anm. 54. In dem Frankfurter Rechtsstreit war ein aus der Emigration zurückkehrender Jude, der in den USA nicht Mitglied einer Synagoge gewesen und in Deutschland einer solchen auch nicht beigetreten war, mit Synagogensteuer in beträchtlicher Höhe belastet worden. Die Auskunft des BVerwG, daß der Betroffene ja austreten könne, hätte hier wenig geholfen, weil der Austritt nur für die Zukunft wirkt. Das Urt. des VG Frankfurt v. 26.8.1970 geht zutreffend davon aus, daß BVerwGE 21, 330 durch die Rspr. des BVerfG, insbes. durch BVerfGE 19, 206, überholt sei, wonach eine einseitige, vom Willen des Betroffenen unabhängige Eingliederung unzulässig ist. Verfehlt ist die Argumentation des VG Frankfurt im entgegengesetzten Urt. v. 12.8.1982 (Anm. 54), dem religiös neutralen Staat sei es verwehrt, den Erwerb der Mitgliedschaft in einer Religionsgemeinschaft von einem „zusätzlichen Akt" abhängig zu machen. Es geht nicht um zusätzliche Akte, sondern darum, daß überhaupt eine freiwillige Willensbekundung der betreffenden Person oder ihres gesetzlichen Vertreters erforderlich ist, an der sich der Wille, Mitglied zu werden, zweifelsfrei feststellen läßt. Daran fehlt es bei einem pauschalen Hinweis auf die Abstammung. Die Anerkennung allein der Abstammung als Mitgliedschaftskriterium durch die staatliche Rechtsordnung würde die durch BVerfGE 19, 206 (216) und 30, 415 (423) gerade ausgeschlossene hoheitliche Zwangsbefugnis der Religionsgemeinschaften zur Folge haben, sich Personen ohne Rücksicht auf deren Wunsch und Willen einzugliedern.
Wie hier *Engelhardt,* Kirchensteuer (Anm. 47), S. 74 ff.; *ders.,* Der Austritt aus der Kirche. Frankfurt / M. 1972, S. 35; *ders.,* Rezension, in: ZevKR 16 (1971), S. 103 f.; *Obermayer,* Anm. zum Beschluß (Anm. 52), S. 1646; *Link,* Mitgliedschaftsrecht (Anm. 7), S. 310 f.; *v. Campenhausen,* Staatskirchenrecht (Anm. 7), S. 151; a. A. *Joseph Listl,* Das Grundrecht der Religionsfreiheit in der Rechtsprechung der Gerichte der Bundesrepublik Deutschland (= Staatskirchenrechtliche Abh., Bd. 1). Berlin 1971, S. 187.

[58] Wie hier schon das Urt. des BadVGH v. 29.12.1896, in: BadVerwZ 1897, S. 87. Ferner Urt. des HessVGH v. 11.3.1965, in: VerwRspr. 17, S. 542 = KirchE 7, 180, die Mitgliedschaft in einer Freireligiösen Gemeinde betreffend.

Die religionsrechtliche Ordnung ist auch in diesem Fall durch die staatliche Nichtanerkennung in ihrer innerkirchlichen Wirkung nicht berührt. Der staatliche Gesetzgeber versagt ihr nur die Wirksamkeit im weltlichen Bereich und seine Rechtshilfe; kirchliche und staatliche Ordnung treten hier sichtbar auseinander.

3. Erfassungsautomatik der Mitglieder durch das Parochialrecht

Schwierigkeiten sind schließlich auch aufgetaucht bei der Anknüpfung der staatlichen Rechtsordnung an die kirchenrechtliche Mitgliedschaftsregelung des Parochialrechts, und zwar beim Umzug deutscher Protestanten und beim Zuzug von Ausländern. Das Parochialrecht besteht darin, daß der in den Verantwortungsbereich einer Kirche (Diözese) zuziehende Bekenntnisgenosse dem kirchlichen Verband nicht beizutreten braucht, sondern ihm mit der Begründung des Wohnsitzes automatisch angehört[59].

4. Rechtsprobleme beim Umzug innerhalb Deutschlands

Für Katholiken, die innerhalb Deutschlands umziehen, ergeben sich keine Probleme, weil die verschiedenen Diözesen Teile der mundial organisierten römischen Kirche sind.

Für deutsche Protestanten gilt dasselbe, sofern sie einer Gliedkirche der Evangelischen Kirche in Deutschland angehören. Diese bilden eine territorial und konfessionell gegliederte Einheit. Die kirchliche Mitgliedschaft ist zugleich auf die Ebene der Evangelischen Kirche in Deutschland und die der Landeskirchen bezogen, wo die Zugehörigkeit zu der in der Evangelischen Kirche in Deutschland zusammengeschlossenen evangelischen Christenheit sich jeweils konkretisiert. Die Vereinbarung über die Kirchenmitgliedschaft (1970) und das Kirchengesetz über die Kirchenmitgliedschaft der EKD (1976) haben die aufeinander bezogenen Einzelregelungen der Landeskirchen zugunsten einer einheitlichen Regelung innerhalb der EKD abgelöst. Die Rechtslage hat sich dadurch nicht wesentlich geändert, aber sie ist klarer und dadurch gegen Fehldeutungen und Mißverständnisse[60] besser geschützt. Die

---

[59] *Hermann Weber*, Die Religionsgemeinschaften als Körperschaften des öffentlichen Rechts im System des Grundgesetzes (= Schriften zum öffentlichen Recht, Bd. 32). Berlin 1966, S. 110; *v. Campenhausen,* Staatskirchenrecht (Anm. 7), S. 153 f. Beide m. w. N.

[60] Nachw. für diesen früher erheblichen Problemkomplex bei *v. Campenhausen,* Kirchenmitgliedschaft (Anm. 24), S. 637 Anm. 8; *dems.,* Probleme, ebd., S. 645 ff. Zu der durch Kirchengesetzgebung vereinfachten Rechtslage nunmehr

Rechtsprechung trifft heute insofern auf eine von ihr leichter zu überblickende kirchenrechtliche Situation[61].

Deutsche, die es — in Kenntnis der Rechtslage — nützlich finden, als Konfessionsangehörige geführt zu werden, ohne Absicht, der betreffenden Kirche zugerechnet zu werden, können die Vermutung der Zugehörigkeit nicht einfach bestreiten. Denn wer sich nach außen so verhält, daß er für einen Religionsgenossen gehalten werden muß (z. B. durch ausdrückliche Konfessionsangabe), der kann sich nicht rückwirkend gegen die entsprechende Beanspruchung durch die Religionsgemeinschaft wehren. Insbesondere kann nicht rückwirkend geltend gemacht werden, daß Kirchensteuer zu Unrecht geleistet worden sei oder eingefordert werde. Ein Kirchenaustritt erübrigt sich nur dann, wenn zweifelsfrei keine Religionszugehörigkeit vorgelegen hat.

5. Rechtsprobleme beim Zuzug aus dem Ausland

Die Praxis hat zuziehende Ausländer früher nicht anders behandelt als umziehende Deutsche: Sie hat die Konfessionsangabe ausreichen lassen, um die automatische Erfassung und Heranziehung zur Kirchensteuer zu begründen.

a) Zuzugsprobleme bei der römisch-katholischen Kirche

Bei römischen Katholiken ist dies Verfahren insofern unproblematisch, als sie ohne Zweifel immer Glieder der einen mundial organisierten Konfessionskirche sind.

---

umfassend *Rausch,* Erfassung (Anm. 20), S. 337 ff. Dazu auch *Klaus Obermayer,* Der automatische Erwerb der Kirchenmitgliedschaft nach evangelischem Kirchenrecht, in: NVwZ 1985, S. 77 ff., und *Hanns Engelhardt,* Kirchensteuer bei Zuzug aus dem Ausland, in: NVwZ 1992, S. 239 ff. Beide messen das kirchliche Mitgliedschaftsrecht an der Elle des Vereinsrechts und bezweifeln die Rechtmäßigkeit der Rechtslage. Unzutreffenderweise fordern sie eine ausdrückliche Erklärung für den Erwerb der Kirchenmitgliedschaft, wo das Recht sie gerade erübrigt. Denn: „Auch im geltenden Recht gibt es weder eine bundesrechtliche Vorschrift noch einen allgemeinen Grundsatz des öffentlichen Rechts, daß die Mitgliedschaft zu einer Religionsgemeinschaft nur durch eine ausdrückliche Beitrittserklärung erworben werden könne", OVG Lüneburg, in: ZevKR 14 (1969), S. 390 (394) m. w. N. Dazu zutreffend *Christian Meyer,* „Zuziehende Evangelische". Kirchenmitgliedschaft nach dem Recht der EKD, in: ZevKR 33 (1988), S. 313 (318 ff.); *Rausch,* ebd., S. 349 ff., und BVerwG, Urt. v. 12.4.1991, in: ZevKR 36 (1991), S. 403 (407) = DVBl. 1991, S. 1325 (nur LS).

[61] Vgl. BVerwG (Anm. 60), LS. Danach verletzt eine innerkirchliche Regelung, die hinsichtlich des Erwerbs der Kirchenmitgliedschaft an Taufe, Bekenntnis und Wohnsitz anknüpft, keine Grundrechte.

b) Zuzugsprobleme bei evangelischen Kirchen

Bei Angehörigen rechtlich selbständiger evangelischer Kirchen verfuhr das Preußische Oberverwaltungsgericht ebenso[62]. Heute wird demgegenüber schärfer erkannt, daß die Rechtfertigung der automatischen Mitgliedschaft zuziehender ausländischer Bekenntnisverwandter in der Beziehung der Kirchen untereinander liegt. Die Kriterien für die Übereinstimmung und den Grad derselben zu bestimmen, ist Ausfluß des Selbstbestimmungsrechts der Kirchen[63]. Maßgeblich ist die Konkordie reformatorischer Kirchen in Europa, die sog. Leuenberger Konkordie von 1973, welche zwischen den beteiligten Kirchen Kirchengemeinschaft begründet[64].

Rechtlich besteht auch gegenüber Ausländern, die aus solchen ausländischen Kirchen zuziehen, die ihrerseits Kirchensteuern erheben, keine besondere Aufklärungspflicht über die kirchensteuerrechtlichen Folgen der Kirchenmitgliedschaft[65]. Ebensowenig ist eine die mitgliedschaftliche Erfassung regelnde, die Kirchen des bisherigen und des neuen Wohnsitzes gleichermaßen bindende normative Grundlage erforderlich[66].

---

[62] Nachw. der älteren Rspr. dazu bei *v. Campenhausen*, Probleme (Anm. 24), S. 655 ff.

[63] *Wendt*, Bemerkungen (Anm. 35), S. 31; *Rausch*, Erfassung (Anm. 20).

[64] Zur rechtlichen Bedeutung der Leuenberger Konkordie *Axel v. Campenhausen*, Verantwortete Partikularität. Mitgliedschaftsvereinbarung und Leuenberger Konkordie, in: FS für Ulrich Scheuner zum 70. Geburtstag. Berlin 1973, S. 53 ff.; *Rausch*, Erfassung (Anm. 20), S. 374. Ihre Mitgliedschaft vermittelnde Funktion liegt dem Urt. des BVerwG v. 12.4.1991 (vgl. Anm. 60) zugrunde. Ablehnend dagegen *Engelhardt*, Kirchensteuer bei Zuzug (Anm. 60), S. 240 f.

[65] BVerwG (Anm. 60), S. 403 (407) entgegen der von *v. Campenhausen*, Probleme (Anm. 24), S. 656, angenommenen besonderen Aufklärungspflicht gegenüber zuziehenden Ausländern.

[66] BVerwG (Anm. 60), S. 403 (407); *Rausch*, Erfassung (Anm. 20), S. 393; a. A. *Obermayer*, Der automatische Erwerb (Anm. 60), S. 77 (79 ff.).

§ 27

Der Austritt aus
den Kirchen und Religionsgemeinschaften

Von Axel Frhr. v. Campenhausen

I. Das Austrittsrecht als eigene Angelegenheit der Kirchen (Art. 140 GG i. V. m. Art. 137 Abs. 3 WRV)

Das Austrittsrecht aus Kirche oder Religionsgemeinschaft[1] ist ein Teil des Mitgliedschaftsrechts und wie dieses eine eigene Angelegenheit im Sinne von Art. 140 GG i. V. m. Art. 137 Abs. 3 WRV[2]. Wer nicht oder nicht mehr Mitglied ist, bestimmt sich nach dem Recht der jeweiligen Religionsgemeinschaft. Während die staatliche Rechtsordnung für die Frage des Erwerbs der Mitgliedschaft in der Regel an die kirchen- bzw. religionsrechtliche Rechtslage anknüpft[3], liegen für das Ausscheiden umfassende staatliche Gesetze vor. Der Grund für den unterschiedlichen Umfang staatlicher Normierung ist darin zu sehen, daß einige Religionsgemeinschaften die Möglichkeit eines Kirchenaustritts nicht kennen. Damit ist für den staatlichen Gesetzgeber die Anknüpfung an kirchenrechtliche Regelungen ausgeschlossen. Da das Grundrecht der Religionsfreiheit (Art. 4 GG) auch das Recht umfaßt, keinen Glauben zu haben oder die Religion zu wechseln und die Kirche oder Religionsgemeinschaft zu verlassen, muß der Staat gewährleisten, daß der Staatsbürger von diesem Recht Gebrauch machen kann. Das gilt um so mehr, als die Verfassung im Jahr 1919 den Kirchen die Rechtsstellung einer Körperschaft des öffentlichen Rechts belassen, anderen Religionsgemeinschaften die Möglichkeit zur Erlangung dieser Rechte eröffnet hat.

---

[1] Staatliche Gesetze sprechen in herkömmlicher Redeweise z. T. vom Kirchenaustritt, meinen jedoch auch den Austritt aus anderen öffentlich-rechtlichen Religionsgemeinschaften.

[2] BVerfGE 30, 415 (422) = ZevKR 16 (1971), S. 218 (nur LS) = KirchE 12, 101 (106).

[3] BVerfGE 30, 415, 422, 424 (Anm. 2). Vgl. in *diesem* Handbuch *Axel Frhr. v. Campenhausen,* § 26 Die staatskirchenrechtliche Bedeutung des kirchlichen Mitgliedschaftsrechts.

Dadurch hat die Zugehörigkeit zu einer Religionsgemeinschaft unmittelbare rechtliche Auswirkungen. Der Austritt auf Grund der staatlichen Vorschriften bewirkt, daß die betreffende Person — unbeschadet der Rechtslage nach innerkirchlichem Recht — vom Staat und seinen Behörden nicht mehr als Angehöriger der betreffenden Religionsgemeinschaft angesprochen, gezählt und behandelt wird[4]. Selbstverständlich gilt das für alle Bereiche, in denen die Konfessionszugehörigkeit eine Rolle spielt, und nicht nur für die Kirchensteuer, an die der Austretende vielfach allein denkt. Welche inneren Beweggründe eine Person veranlassen, den Kirchenaustritt zu erklären, ist gleichgültig. Die staatliche Behörde ist durch Art. 4, 140 GG i. V. m. Art. 136 Abs. 3 WRV daran gehindert zu erforschen, ob der Austrittswillige sich mit der Austrittserklärung seiner Gesinnung nach von seiner Religionsgemeinschaft scheiden will oder ob der Austritt im Gegenteil als ein Zeichen kirchlichen Engagements gemeint ist. Die Austrittsgesetze machen den Kirchenaustritt nicht von einer bestimmten Haltung abhängig[5].

---

[4] Heute unbestritten. Tatsächlich besteht die Freiwilligkeit der Religionszugehörigkeit nicht darin, daß aktuelle subjektive Überzeugungen und der rechtliche Mitgliedsstatus sich decken (was freilich die Norm ist und sein soll), sondern daß man die vom Rechtsstatus abweichende subjektive Haltung auf rechtlich geordnetem Wege durch Aus- oder Eintritt nach außen verbindlich werden lassen kann. BVerfGE 30, 415 (426): „Der staatlich geregelte Kirchenaustritt ist nicht darauf gerichtet, Wirkungen im innerkirchlichen Bereich herbeizuführen, sondern soll nur Wirkungen im Bereich des staatlichen Rechts auslösen".
Dazu aus der Lit. *Paul Mikat,* Grundfragen des staatlichen Kirchenaustrittsrechtes, in: FS für Hermann Nottarp. Karlsruhe 1961, S. 197 = ders., Religionsrechtliche Schriften. Abhandlungen zum Staatskirchenrecht und Eherecht. Erster Halbbd. (= Staatskirchenrechtliche Abh., Bd. 5). Berlin 1974, S. 483 ff.; *Axel v. Campenhausen,* Kircheneintritt — Kirchenaustritt — Kirchensteuer nach staatlichem und kirchlichem Recht, in: DÖV 1970, S. 801 (803 ff.); *v. Mangoldt / Klein / v. Campenhausen,* Art. 140 GG / Art. 137 Abs. 3 WRV, Rdnrn. 49 ff.; *Dietrich Pirson,* Zur Rechtswirkung des Kirchenaustritts. Eine Erwiderung auf den Beitrag von J. Listl in JZ 1971, 345 ff., in: JZ 1971, S. 608 ff.; *Christoph Link,* Kirchenrechtliche und staatskirchenrechtliche Fragen des kirchlichen Mitgliedschaftsrechts, in: ÖArchKR 22 (1971), S. 299 ff. (316 ff.); *Hanns Engelhardt,* Der Austritt aus der Kirche. Frankfurt / M. 1972, S. 18 ff., 36 ff.; *Joseph Listl,* Die Rechtsfolgen des Kirchenaustritts in der staatlichen und kirchlichen Rechtsordnung, in: Recht als Heilsdienst. FS für Matthäus Kaiser. Paderborn 1989, S. 160 ff.

[5] So mit Recht *Joseph Listl,* in: Theol. Revue 87 (1991), S. 224 (Rezension) gegen *Klaus Lüdicke,* Wirtschaftsstrafrecht in der Kirche? Kanonistische Anmerkungen zu einem Kirchenaustritt, in: Vermögensverwaltung in der Kirche. FS für Sebastian Ritter zum 70. Geburtstag. 2. Aufl., Thaur / Tirol 1988, S. 275 ff.

II. Der Austritt aus privatrechtlich organisierten Kirchen und Religionsgemeinschaften

Der Austritt aus privatrechtlich organisierten Religionsgemeinschaften regelt sich nach § 39 BGB: „Die Mitglieder sind zum Austritt aus dem Vereine berechtigt. Durch die Satzung kann bestimmt werden, daß der Austritt nur am Schlusse eines Geschäftsjahrs oder erst nach dem Ablauf einer Kündigungsfrist zulässig ist; die Kündigungsfrist kann höchstens zwei Jahre betragen."

III. Der Austritt aus Kirchen und anderen Religionsgemeinschaften des öffentlichen Rechts

Für den Austritt aus Kirchen und anderen Religionsgemeinschaften, die die Rechte einer Körperschaft des öffentlichen Rechts genießen, liegen besondere staatliche Gesetze vor[6]. Der Kirchenaustritt wird von dem Austrittswilligen[7] mündlich zur Niederschrift der zuständigen Behörde[8] oder in öffentlich beglaubigter Form erklärt[9]. Zuständige

---

[6] Die Rechtsquellenlage ist dadurch kompliziert, daß in den einzelnen Landesteilen der nach 1945 gebildeten Bundesländer das jeweils überkommene Kirchenaustrittsrecht fortgilt. Die Regelungen sind zusammengestellt in VII. Anhang.

[7] Die Fähigkeit zur Abgabe der Austrittserklärung (Religionsmündigkeit) richtet sich nach dem ReichsG über die religiöse Kindererziehung v. 15.7.1921 (RGBl. S. 939, 1263). Nach diesem Gesetz steht einem Kind nach Vollendung des vierzehnten Lebensjahres allein die Entscheidung zu, auch gegen den Willen der Eltern, aus der Kirche auszutreten (§ 5 S. 1). Hat das Kind das zwölfte Lebensjahr vollendet, so kann es nicht gegen seinen Willen in einem anderen als dem bisherigen Bekenntnis erzogen werden (§ 5 S. 2). Die Eltern können dann den Kirchenaustritt für das Kind nicht gegen dessen Willen erklären. Die Zustimmung dazu kann nur das Kind selbst abgeben.
Anstelle des vierzehnten tritt das vollendete achtzehnte Lebensjahr in Bayern (Art. 137 Abs. 1 Verf.) und im Saarland (Art. 29 Verf.). Die genannten Landesverfassungen ergingen vor dem Grundgesetz, deshalb konnten sie damals Reichsrecht abändern.
Für den Kirchenaustritt entmündigter und infolgedessen geschäftsunfähiger Personen gelten die allgemeinen Regeln. Besondere Vorschriften sind ergangen in: § 2 S. 2 KAG Hamburg; Verwaltungsvorschrift des Innenministeriums v. 8.2.1985 (KABl. Wü S. 357 = GABl. BaWü S. 370); § 1 KAG Niedersachsen. Dazu *Engelhardt,* Austritt (Anm. 4), S. 64.

[8] Preußen: § 1 Abs. 1 S. 2, 1. Teils., 1. Alt. KAG; Baden-Württemberg: § 26 Abs. 1 S. 2, 1. Alt. KiStG; Bayern: Art. 2 Abs. 3 KiStG; Bremen: § 10 Abs. 1, 2 S. 1 KiStG; Hamburg: § 3 S. 1 und 2 Halbs. 1 KAG; Hessen: Art. 3 Abs. 3 S. 1 KAG; Niedersachsen: § 1 KAG.

[9] Preußen: § 1 Abs. 1 S. 2, 1. Teils., 2. Alt. KAG; Baden-Württemberg: § 26 Abs. 1 S. 2, 2. Alt. KiStG; Bayern: Art. 2 Abs. 3 S. 2 KiStG; Bremen: § 10 Abs. 2 S. 1 KiStG; Hamburg: § 3 S. 1 und 2 Halbs. 2 KAG; Hessen: Art. 3 Abs. 3 S. 2 KAG; Niedersachsen: § 2 KAG. Zur Beglaubigung sind bundesrechtlich nur noch

Behörde ist — außer in Bremen[10] — das Amtsgericht[11] oder das Standesamt[12]. Nicht überall ist das Kirchenaustrittsverfahren gebührenfrei[13]. Meist sehen die Gesetze die Benachrichtigung der betreffenden Religionsgemeinschaft durch die Kirchenaustrittsbehörde[14] und die Erteilung einer Bescheinigung an den Ausgetretenen vor[15].

IV. Die Wirkung des Kirchenaustritts

1. Nach staatlichem Recht

Hinsichtlich der Wirkung des Kirchenaustritts ist die Ebene des weltlichen und des kirchlichen Rechts zu unterscheiden. Das staatliche Kirchenaustrittsrecht regelt lediglich die Frage, ob ein Staatsbürger im weltlichen Rechtsbereich als Glied einer bestimmten Religionsgemeinschaft zu betrachten ist. Ob durch den Kirchenaustritt das Band der Taufe gelöst wird, ist für den Staat ohne Interesse, da er für solche Fragen inkompetent ist.

---

die Notare und in einzelnen Ländern die Ortsgerichtsvorsteher (vgl. *Paul Jansen*, FGG. G über die Angelegenheiten der freiwilligen Gerichtsbarkeit mit Nebengesetzen und bundes- und landesrechtlichen Ergänzungs- und Ausführungsvorschriften. Bd. 3, Berlin 1971, Rdnrn. 4-6 zu § 63 BeurkG) zuständig.

[10] Vgl. unten VII. Anhang.

[11] Preußen, Hessen (Geschäftsstelle).

[12] Baden-Württemberg, Bayern, Hamburg, Niedersachsen.

[13] Nicht z. B. in Baden-Württemberg oder Bayern. Bedenken dagegen unter dem Gesichtspunkt, daß die Ausübung von Grundrechten nicht von Gebühren abhängig gemacht werden dürfe, bei *Engelhardt*, Austritt (Anm. 4), S. 82 f. Die Bedenken sind unbegründet. Wie hier *Mikat*, Grundfragen (Anm. 4), S. 197 (220 ff.), und *Hanns Engelhardt*, Die Kirchensteuer in der Bundesrepublik Deutschland. Bad Homburg v. d. H. u. a. 1968, S. 95.

[14] Baden-Württemberg: § 26 Abs. 4 KiStG; Bayern: § 2 Abs. 1 AusfVO zum KiStG; Preußen: § 1 Abs. 3 KAG; Hamburg: § 4 Abs. 2, 1. Halbs. KAG; Hessen: Art. 3 Abs. 6 KAG; Niedersachsen: § 4 Abs. 1 KAG.

Gegen die Bekanntgabe des Kirchenaustritts im Gottesdienst bestehen keine verfassungsrechtlichen Bedenken. Auch aus Art. 140 GG i. V. m. Art. 136 Abs. 3 WRV läßt ein Anspruch auf Geheimhaltung sich nicht ableiten, denn es handelt sich hierbei nicht um die Offenbarung religiöser Überzeugung, sondern die Bekanntgabe der Beendigung eines Rechtsverhältnisses. Wie hier *Engelhardt*, Austritt (Anm. 4), S. 79 f.

[15] Baden-Württemberg: § 26 Abs. 3 KiStG; Preußen: § 1 Abs. 3 KAG; Bremen: § 4 Abs. 3 ev. KAG; § 117 S. 3 Ev.-meth. Verfassung und Ordnung; Hamburg: § 4 Abs. 2, 2. Halbs. KAG (auf Antrag); Hessen: Art. 3 Abs. 6 S. 2 KAG; Niedersachsen: § 4 Abs. 2 KAG; Schleswig-Holstein: § 4 Abs. 1 KAG.

2. Nach kirchlichem Recht

Die innerkirchliche Seite des Kirchenaustritts ist zeitweilig bei den Austrittsfällen in das Blickfeld getreten, in denen der Austrittswillige bei der zuständigen staatlichen Stelle seinen Austritt aus der Kirche — Diözese — in ihrer Eigenschaft als kirchensteuerberechtigte öffentlich-rechtliche Körperschaft erklärt, diese Erklärung aber ausdrücklich nicht auf die Zugehörigkeit zur Kirche als Glaubensgemeinschaft bezogen hat[16]. Inzwischen sind solche Zusatzerklärungen ausdrücklich verboten worden. Entsprechende Erklärungszusätze werden von der Kirchenaustrittsbehörde nicht mehr protokolliert[17]. Ein entsprechendes Rechtsschutzinteresse liegt nicht vor. Gerichte haben keine Veranlassung, gleichzeitig den Austritt und die andauernde (innerkirchliche) Zugehörigkeit zu protokollieren, unerachtet der Frage, was das Kirchenrecht dazu vorsieht.

V. Der Zeitpunkt der Wirkung des Kirchenaustritts

Die rechtlichen Wirkungen des Kirchenaustritts treten sofort ein. Frühere von Rechtsprechung und Literatur gebilligte gesetzliche Regelungen, welche die rechtliche Wirkung später eintreten ließen und eine Überlegungsfrist vorsahen[18], sind nach der neueren Rechtsprechung des

---

[16] Von theoretischem Interesse ist die damit aufgeworfene Frage auch heute noch, nicht nur wegen der seinerzeit verbreiteten Mode, Erklärungen mit erläuternden Zusätzen abzugeben. Nach anfänglichen Rechtszweifeln hatten mehrere Gerichte Zulässigkeit und Rechtswirksamkeit solcher Erklärungen bestätigt. Diese Entscheidungen verdienten Zustimmung. Lit. und Rspr. zu dieser seinerzeit umstrittenen Rechtsfrage bei *Axel v. Campenhausen*, Der Austritt aus den Kirchen und Religionsgemeinschaften, in: HdbStKirchR[1] I, S. 663 f., und *v. Mangoldt / Klein / v. Campenhausen*, Art. 140 GG / Art. 137 Abs. 3 WRV, Rdnrn. 65 ff.

[17] Vgl. z. B. Nordrhein-Westfalen (unten VII. Anhang): § 3 Abs. 4 ausdrücklich: „Die Austrittserklärung darf keine Vorbehalte, Bedingungen oder Zusätze enthalten."; Bayern (Anm. 6): § 2 Abs. 3 S. 3 der VO zur Ausführung des KiStG: „Der Austritt darf nicht unter einer Bedingung, einer Einschränkung oder einem Vorbehalt erklärt werden." BayVGH, in: DVBl. 1976, S. 908 m. Anm. von *Peter Weides* = ZevKR 22 (1977), S. 431 (nur LS); BVerwG, 2 Urteile v. 23.2.1979: BVerwG, in: NJW 1979, S. 2322 = ZevKR 25 (1980), S. 71, und BVerwG 7 C 32.78 (nicht veröff.); wie hier *Christoph Link*, „Kirchengliedschaft. I. Evangelisch. B. Juristisch", in: EvStL[3] I, Sp. 1595, 1599 f.; hierzu auch *Joseph Listl*, Verfassungsrechtlich unzulässige Formen des Kirchenaustritts, in: JZ 1971, S. 345 ff.; *ders.*, Rechtsfolgen (Anm. 4), S. 160, 177; *v. Mangoldt / Klein / v. Campenhausen*, Art. 140 GG / Art. 137 Abs. 3 WRV, Rdnr. 66.

[18] Überblick über den früheren Rechtszustand bei *Axel v. Campenhausen*, Staatskirchenrecht. 2. Aufl., München 1983, S. 148 f., und *v. Mangoldt / Klein / v. Campenhausen*, Art. 140 GG / Art. 137 Abs. 3 WRV, Rdnrn. 49 ff.

Bundesverfassungsgerichts mit dem Grundgesetz nicht vereinbar[19]. Da es zur Religionsfreiheit gehört, frei von staatlichen Zwängen über die Zugehörigkeit zu einer Kirche oder Religionsgemeinschaft zu entscheiden[20], können Gedanken der allgemeinen Rechtsordnung sowie einfache Gesetze diese Freiheit des Art. 4 GG nicht relativieren[21]. Etwas anderes gilt für die Kirchensteuerpflicht insofern, als hier in der verfassungsrechtlichen Garantie der Kirchensteuer eine Einschränkung des Art. 4 GG gegeben ist, die verfassungsgerichtlicher Überprüfung standgehalten hat. Eine nach vernünftigen Grundsätzen gesetzlich geregelte Abwicklungsfrist darf nach der Rechtsprechung des Bundesverfassungsgerichts allerdings nicht länger dauern als bis zum Ablauf des auf die Austrittserklärung folgenden Kalendermonats[22].

VI. Der Kirchenübertritt

Die Entwicklung der ökumenischen Beziehungen läßt es nicht mehr angemessen erscheinen, dem Übertrittswilligen zunächst eine Kirchenaustrittserklärung abzufordern. Die Überzeugung, daß ein Übertritt mit öffentlich-rechtlicher Wirkung auch ohne Austritt, nur auf Grund zwischenkirchlicher Vereinbarung erfolgen könne, beginnt sich durchzusetzen[23]. Die römisch-katholische Kirche steht solchen Übertrittsregelungen zurückhaltend gegenüber. Sie setzen in der Tat eine Anerkennung anderer Kirchen oder Religionsgemeinschaften als grundsätzlich gleichwertig voraus, wie das etwa in der Leuenberger Konkordie zum Ausdruck kommt, welche über siebzig aus der Reformation hervorgegangene Kirchen in Europa zu einer Kirchengemeinschaft verbindet. Für die römisch-katholische Kirche bleibt Übertritt Abfall, also Schisma und Häresie. Sie möchte dementsprechend den bloßen Anschein vermeiden, als würde sie auch nur in Betracht ziehen, eine Übertrittsvereinbarung

---

[19] BVerfGE 44, 37 (49 ff.) = ZevKR 22 (1977), S. 418 (419 ff.) = KirchE 16, 47 (50 ff.). Dazu *Alexander Hollerbach*, Das Staatskirchenrecht in der Rechtsprechung des Bundesverfassungsgerichts (II), in: AöR 106 (1981), S. 218 (253 f.).

[20] BVerfGE 30, 415, 423 (Anm. 2).

[21] BVerfGE 44, 37, 53 (Anm. 19).

[22] BVerfGE 44, 37 LS 1 (Anm. 19).

[23] Dazu grundlegend und umfassend *Gerhard Robbers*, Kirchenrechtliche und staatskirchenrechtliche Fragen des Kirchenübertritts, in: ZevKR 32 (1987), S. 19 ff.; *Christian Meyer*, Zur Übertrittsregelung in Niedersachsen, in: ZevKR 24 (1979), S. 340 ff.; *Günther Wendt*, Bemerkungen zur gliedkirchlichen Vereinbarung über das Kirchenmitgliedschaftsrecht in der EKD, in: ZevKR 16 (1971), S. 23 ff.; *Hanns Engelhardt*, Staatliches Kirchenaustrittsrecht und zwischenkirchliche Übertrittsvereinbarungen, in: DVBl. 1971, S. 543 ff.

§ 27 Der Austritt aus den Kirchen und Religionsgemeinschaften 783

mit einer evangelischen Kirche zu schließen²⁴. Für die evangelischen Kirchen ist das Interesse an einer solchen Übertrittsbestimmung offenkundig. Es erscheint nicht angemessen, daß der Übertrittswillige zunächst gezwungen wird, mit der Austrittserklärung eine Haltung anzudeuten, die seiner Einstellung nicht entspricht. Eine Kirchenaustrittserklärung bringt nach wie vor die Abwendung von der Kirche im ganzen zum Ausdruck. Sie wird objektiv als Lossagung von der Kirche gewertet. Das ist die Absicht eines Protestanten z. B. bei Eheschluß mit einem Partner einer anderen protestantischen Konfession gerade nicht. Es ist beschwerlich und seelsorgerlich bedenklich, wenn wegen der Ordnung im staatlichen Recht das Kirchenglied vor der begehrten Aufnahme in die Kirche, zu der es sich künftig halten will, zur förmlichen Erklärung des Kirchenaustritts vor dem Standesbeamten genötigt wird. Staatliche Gesetze folgen hierbei kirchlichen Bestimmungen²⁵. Die Praxis verfährt zum Teil schon ebenso²⁶.

VII. Anhang

Die Rechtsquellenlage für den Austritt aus Kirchen und anderen Religionsgemeinschaften des öffentlichen Rechts ist kompliziert. Es gilt in den einzelnen Landesteilen der nach 1945 gebildeten Bundesländer das jeweils überkommene Kirchenaustrittsrecht wie folgt fort:

Das preuß. G betr. den Austritt aus den Religionsgesellschaften des öffentlichen Rechts v. 30.11.1920 (GS 1921, S. 119; GVBl. Rh.-Pf. 1968, Sondernr. v. 20.12.1968, S. 16; GVBl. Hessen II 71-12) gilt im *Saarland* ganz und in den *ehemals preuß. Landesteilen von Hessen* (i. d. F. d. G zur Vereinheitlichung der Verfahrensvorschriften über den Austritt aus einer öffentlich-rechtlichen Religionsgemeinschaft v. 31.5.1974, GVBl. I S. 281) und *Rheinland-Pfalz* sowie in *Bremerhaven*. Im übrigen gilt folgendes Landesrecht:

---

[24] Dazu *Meyer,* Übertrittsregelung (Anm. 23), S. 341, mit Hinweis auf die Entstehungsgeschichte der betreffenden Bestimmungen.

[25] Vgl. § 5 Abs. 1 S. 1 NdsKiAustrG: „Wer aus einer Kirche, Religionsgemeinschaft oder Weltanschauungsgemeinschaft, die die Rechte einer Körperschaft des öffentlichen Rechts besitzt, in eine andere derartige Körperschaft übertreten will, kann anstelle des Austritts bei der aufnehmenden Körperschaft den Übertritt erklären". Vorbedingung hierfür ist freilich, daß „die beteiligten Körperschaften den Übertritt durch Vereinbarung zugelassen haben". Die Regelung des § 5 ist insofern vorbildlich, als das staatliche Recht das Selbstbestimmungsrecht des § 140 GG i. V. m. Art. 137 Abs. 3 WRV ernst nimmt und übereinstimmendem kirchlichem Mitgliedschaftsrecht den Vorrang einräumt.

[26] *Alexander Hollerbach,* Der verfassungsrechtliche Schutz kirchlicher Organisation, in: HStR VI, § 139, Rdnr. 36.

Baden-Württemberg: § 26 KiStG i. d. F. v. 15.6.1978 (GBl. S. 370), geänd. durch G v. 9.7.1991 (GBl. S. 470).

Bayern: § 2 Abs. 3 KiStG i. d. F. d. B. v. 15.3.1967 (GVBl. S. 317), zuletzt geänd. durch G v. 21.3.1991 (GVBl. S. 80), i. V. m. § 2 VO zur Ausführung des KiStG v. 15.3.1967 (GVBl. S. 320, ber. S. 381), zuletzt geänd. durch VO v. 5.5.1982 (GVBl. S. 243).

Berlin (ehemals West): G über den Austritt aus Religionsgemeinschaften des öffentlichen Rechts v. 30.1.1979 (GVBl. S. 183).

Berlin (ehemals Ost): Gem. Art. 9 Abs. 1 S. 1 EVertr gelten die VO über den Austritt aus den Religionsgemeinschaften öffentlichen Rechts v. 13.7.1950 (GBl. DDR S. 660) sowie die Erste DBest. zur o. g. VO v. 20.3.1952 (GBl. DDR S. 324) als Landesrecht fort.

Brandenburg: s. Berlin (ehemals Ost).

Bremen (ohne das ehemals preuß. Bremerhaven): § 10 G über die Erhebung von Steuern durch Kirchen, andere Religionsgemeinschaften und Weltanschauungsgemeinschaften in der Freien Hansestadt Bremen (KirchensteuerG — KiStG) v. 18.12.1974 (Brem. GBl. S. 345). Die genannte Bestimmung regelt Form und Wirksamkeit der Erklärung. Weiteres wird den Religionsgemeinschaften zur Normierung überlassen. Die das staatliche Recht ergänzenden und ausfüllenden Bestimmungen der Religionsgemeinschaften sind: KirchG über den Austritt aus der Ev. Kirche i. d. F. v. 21.3.1978 (GVM 1978 Nr. 1 Z. 2 = ABl. EKD S. 439). Die röm.-kath. Gemeinde in Bremen hat keine entsprechende Bestimmung erlassen, folgt aber in der Praxis dem ev. KirchenaustrittsG, vgl. *Engelhardt,* Austritt (Anm. 4), S. 53. Schriftliche Austrittserklärung sehen auch andere Religionsgemeinschaften vor, dazu *ders.,* ebd., S. 54, Abdruck entsprechender Bestimmungen S. 96 ff.

Hamburg: G betr. den Austritt aus Religionsgesellschaften des öffentlichen Rechts v. 5.3.1962 (Hamb. GVBl. I S. 65), zuletzt geänd. durch G v. 14.11.1977 (Hamb. GVBl. I S. 357).

Hessen, soweit nicht ehemals preuß. Gebietsteile (s. o.) einschließlich Waldecks (preuß. VO über die Einführung preuß. Gesetze, Verordnungen und Verwaltungsvorschriften im ehem. Gebiete des Freistaates Waldeck v. 25.3.1930, GS S. 41), für den Anteil des ehemaligen Volksstaates Hessen: Hess. G, die bürgerlichen Wirkungen des Austritts aus einer Kirche oder Religionsgemeinschaft betreffend v. 10.9.1878 (Reg. Bl. S. 113, GVBl. II 71-5), zuletzt geänd. durch G v. 31.5.1974 (GVBl. I S. 281); daneben G, den Austritt aus den israelitischen Religionsgemeinden betreffend v. 10.9.1878 (Reg. Bl. S. 116; GVBl. II 71-6), zuletzt geänd. durch G v. 31.5.1974 (GVBl. I S. 281). Alle Gesetze heute i. V. m.

§ 27 Der Austritt aus den Kirchen und Religionsgemeinschaften

§ 5 Abs. 2 Nr. 3 G über die Erhebung von Steuern durch die Kirchen, Religions- und Weltanschauungsgemeinschaften im Lande Hessen (KirchensteuerG) i. d. F. v. 12.2.1986 (GVBl. I S. 90), geänd. durch ÄndG v. 20.11.1991 (GVBl. I S. 339) hinsichtlich der Beendigung der Kirchensteuerpflicht.

Mecklenburg-Vorpommern: s. Berlin (ehemals Ost).

Niedersachsen: G über den Austritt aus Religionsgemeinschaften des öffentlichen Rechts (KirchenaustrittsG — KiAustrG) v. 4.7.1973 (GVBl. S. 221), geänd. durch G v. 20.4.1978 (GVBl. S. 329).

Nordrhein-Westfalen: G zur Regelung des Austritts aus Kirchen, Religionsgemeinschaften und Weltanschauungsgemeinschaften des öffentlichen Rechts v. 26.5.1981 (GV NW S. 260).

Rheinland-Pfalz, soweit nicht ehemals preuß. Gebietsteile: In den ehemals hess. Gebietsteilen gilt das hessische Recht (s. o. unter Hessen). Das preuß. KirchenaustrittsG gilt auch in dem bis 1937 oldenburgischen Landesteil Birkenfeld auf Grund der preuß. RechtseinführungsVO vom 18.3.1938 (GS S. 40). Im ehemals bayer. Regierungsbezirk Pfalz gelten die heute in Bayern aufgehobenen bayer. Bestimmungen fort, nämlich die Bek. über den Vollzug des § 17 Abs. 3 der Verfassungsurkunde des Freistaates Bayern (Austritt aus einer Religionsgesellschaft) v. 16.1.1922 (GVBl. S. 15), dank § 2 Nr. 2 des Zweiten LandesG zur Bereinigung des Rechts im Lande Rheinland-Pfalz (RechtsbereinigungsG Pfalz) v. 22.7.1965 (GVBl. S. 157).

Sachsen: s. Berlin (ehemals Ost).

Sachsen-Anhalt: s. Berlin (ehemals Ost).

Schleswig-Holstein: G über den Austritt aus Religionsgemeinschaften des öffentlichen Rechts in Schleswig-Holstein (KirchenaustrittsG — KiAustrG) v. 8.12.1977 (GVOBl. Schl.-H. S. 491).

Thüringen: s. Berlin (ehemals Ost).

§ 28

Staatliches und kirchliches Eherecht

Von Dietrich Pirson

I. Die Konkurrenz von weltlichem und kirchlichem Eherecht

Rechtsvorschriften, die eine Ordnung der Ehe bezwecken oder an die Ehe Rechtsfolgen knüpfen, sind in der Vergangenheit sowohl vom weltlichen wie auch vom kirchlichen Gesetzgeber erlassen worden. Auch in der Gegenwart ist die Ehe Gegenstand sowohl des staatlichen wie auch des kirchlichen Rechts, jedenfalls des Rechts der römisch-katholischen Kirche. Welcher der beiden Gesetzgeber, der staatliche oder der kirchliche, berechtigterweise die Kompetenz für die Materie des Eherechts in Anspruch nehmen kann, war ein Thema jahrhundertelanger Kontroversen, die auch heute noch in der eherechtlichen Diskussion und in einzelnen Vorschriften des staatlichen und des kirchlichen Eherechts Nachwirkungen zeigt.

1. Die Ehe als Gegenstand rechtlicher Ordnung

Wenn man die Frage stellt, ob es eine Lösung jenes Konflikts geben kann, die dem heutigen Verhältnis von Staat und Kirche angemessen ist, so muß man folgende Grundbedingungen für das Verhältnis von Ehe und Recht im Auge behalten:

Die Ehe als die typische Form einer Geschlechtsgemeinschaft und als die Basis für die Familie ist nicht das Ergebnis einer bewußten und zielgerichteten Rechtsgestaltung. Sie ist ein sozialer Tatbestand, der auf einer bestimmten gesellschaftlichen Entwicklungsstufe in fast allen Kulturen zu registrieren ist[1]. Sie ist aber auch nicht unabhängig von normativen Elementen gewissermaßen in einem rechtsfreien Raum entstanden. Die normative Relevanz der Ehe, die vor allem im Verbot des Ehebruchs sichtbar wurde, war von jeher ein Wesensmerkmal der Ehe.

---

[1] Vgl. *Wolfram Müller-Freienfels,* Ehe und Recht. Tübingen 1962, S. 1 ff.

Ihre Einbeziehung in die Ordnung des Gemeinschaftslebens erfolgte in einem Entwicklungsstadium, in dem die Autorität, die dem Recht in der Gemeinschaft Geltung verschafft, und die religiöse Autorität nicht voneinander zu unterscheiden waren. Die normativen Elemente der Ehe sind im Recht der Gemeinschaft und gleichzeitig in der Religion der Gemeinschaft verwurzelt. Die Ehe hat offenbar schon von ihren Anfängen her einen religiösen Bezug[2]. Die Frage, ob der kirchlichen oder der weltlichen Gesetzgebung die Sachkompetenz für die Ordnung der Ehe zukommt, läßt sich jedenfalls nicht durch den Hinweis auf eine geschichtliche Ausgangslage eindeutig entscheiden.

Für die christliche Kirche ist die Ehe als Lebensform nicht erst im Verlauf ihrer Geschichte zum Thema geworden. Die sittlichen Anforderungen an die Lebensführung, die der christlichen Botschaft entnommen wurden, haben die Ehe der Christen einbezogen.

Die Ehe war aber auch Gegenstand von Regeln der Rechtsgemeinschaft, in der die Christen lebten. Deshalb war im Grunde genommen das Verhältnis von christlicher Ehevorstellung und staatlichem Eherecht von jeher ein Problem. Für dieses Verhältnis sind ganz unterschiedliche Gestaltungen denkbar, die im Verlaufe der Geschichte, wenn auch oft nur partiell und tendenziell, ihre Realisierung gefunden haben. Kirchliche Gebote, die die Ehe oder die eheliche Lebensführung zum Gegenstand haben, können unvermittelt neben den im staatlichen Recht festgelegten Bedingungen und Anforderungen stehen. Es ist aber auch dazu gekommen, daß die Kirche mit gewissem Erfolg ihre Postulate im Hinblick auf die Ehe im weltlichen Recht zur Geltung zu bringen versucht hat, oder daß sich weltliches Eherecht kirchlichen Einflüssen geöffnet hat. Die Kirche konnte auch zeitweise die Ordnungskompetenz für die Ehe selbst übernehmen. Denkbar ist es schließlich auch, daß der staatliche Gesetzgeber die Kirche zwingt, säkulare Ehezwecke und Ehevorstellungen auch in ihrem Bereich als verbindlich anzuerkennen.

2. Das Verhältnis von weltlichem und kirchlichem Eherecht in der Geschichte

Die mit der unterschiedlichen Ausgestaltung des Verhältnisses von staatlichem und kirchlichem Eherecht verbundenen Probleme und Konflikte lassen sich am besten durch einen kursorischen Rückblick auf die einzelnen Entwicklungsphasen des kirchlichen Eherechts veranschaulichen:

---

[2] Vgl. *Carl-Heinz Ratschow,* Art. Ehe I, in: TRE, Bd. 9, 1982, Sp. 308 ff.

§ 28 Staatliches und kirchliches Eherecht

In der Frühzeit des Christentums, in der sich die Kirche auf dem Boden des Römischen Reiches bewegte, boten die besonderen Anforderungen, die sie an die Ehe ihrer Glieder stellte, keinen Anlaß zum Konflikt mit dem staatlichen Recht. Die Kirche respektierte das Eherecht der Rechtsgemeinschaft, in der die Christen lebten, und zog die Kompetenz der weltlichen Obrigkeit zur Rechtsgestaltung im Hinblick auf die Ehe nicht in Frage[3], zumal das weltliche Recht die Ehe, die es als soziale Tatsache voraussetzte, nur in einzelnen Beziehungen erfaßte[4]. Aber wie in anderen Bereichen der Lebensführung stand auch das Verhalten der Christen in der Ehe und die Einschätzung der Ehe unter der besonderen Verpflichtung, die sich aus der Gefolgschaft gegenüber Christus ergab. Solcherart glaubensgeprägte Verhaltenspflichten standen unabhängig neben den Geboten des weltlichen Rechts und wirkten in anderer Weise und viel intensiver als jene auf die Lebensführung des Einzelnen ein[5]. Der Gedanke an eine Konkurrenz von kirchlichen und weltlichen Geboten trat unter diesen Umständen noch nicht in Erscheinung. Trotzdem kann man bereits in der kirchlichen Frühzeit Ansätze der späteren kirchlichen Rechtsentwicklung entdecken, die vor allem im Gebot, die Unauflöslichkeit der Ehe ernst zu nehmen, in Erscheinung traten. Die Kirche hat auch besondere Hinderungsgründe für das Eingehen einer Ehe aufgestellt, hat aber andererseits ständisch bedingte Hinderungsgründe in ihrer Berechtigung in Zweifel gezogen[6]. Das verbreitete Vorkommen von sittlichen Anforderungen solcher Art rechtfertigt es nicht ohne weiteres, die Ehe der Christen in jener Epoche als ein eigenständiges Rechtsverhältnis des kirchlichen Rechts zu bezeichnen[7].

---

[3] *Adhémar Esmein,* Le mariage en droit canonique. 2e édition par *Robert Génestal.* Tome 1, Paris 1992, p. 2 sqq.; *Willibald M. Plöchl,* Geschichte des Kirchenrechts. 2. Aufl., Bd. 1, Wien 1960, S. 89, 224 f.; *Korbinian Ritzer,* Formen, Riten und religiöses Brauchtum der Eheschließung in den christlichen Kirchen des 1. Jahrtausends. 2. Aufl., Münster 1981, S. 38 f.; *Kenneth Stevenson,* Nuptial Blessing. New York 1983, S. 9 ff.

[4] Vgl. *Müller-Freienfels,* Ehe und Recht (Anm. 1), S. 4 ff.

[5] Vgl. *Jean Dauvillier,* Les temps apostoliques (= Histoire du Droit et des Institutions de l'Eglise en Occident, Tome 2). Paris 1970, p. 363 sqq.; *Ritzer,* Formen (Anm. 3), S. 29 ff.; *Othmar Heggelbacher,* Geschichte des frühchristlichen Kirchenrechts bis zum Konzil von Nizäa 325. Freiburg / Schweiz, 1974, S. 172 ff. — Zu den auf die Ehe bezogenen Geboten der apostolischen Kirchenordnungen vgl. *Herbert Preisker,* Christentum und Ehe in den ersten drei Jahrhunderten. Berlin 1927, S. 178 ff., 227 ff.

[6] Die Unverbindlichkeit ständischer Schranken für die Ehen im christlichen Sinne wird deutlich ausgesprochen durch den römischen Bischof *Calixt* (218-222), vgl. *Hans Lietzmann,* Geschichte der Alten Kirche. 3. Aufl., Bd. 2, Berlin 1961, S. 254; *Heggelbacher,* Geschichte (Anm. 5), S. 174.

[7] Insoweit finden sich unterschiedliche Akzentuierungen bei *Dauvillier* einerseits, der deutlich von Ansätzen einer eigenständigen kirchlichen Rechtsentwicklung spricht (Les temps [Anm. 5], p. 363, 414 sq.), und in der Darstellung von

Statusrechtliche Elemente hat das frühkirchliche Eherecht — soweit man für die damalige Zeit überhaupt von einem solchen sprechen kann — allem Anschein nach nicht ausgebildet. Wohl wurden besondere gottesdienstliche Handlungen im Zusammenhang mit einer Eheschließung üblich[8], weil die vom weltlichen Recht geforderte Form der Eheschließung angesichts der besonderen Bezüge der Ehe zum christlichen Glauben als nicht ausreichend empfunden wurde[9]. Die schon früh nachweisbaren Benediktionen aus Anlaß einer Trauung wurden aber offenbar nicht als Vorgänge mit rechtsbegründender Wirkung verstanden[10].

Eine partielle Anpassung des weltlichen Eherechts an christliche Vorstellungen erfolgte durch die Gesetzgebung der späteren Kaiserzeit[11]. Für die Repräsentanten der Kirche lag es näher, auf die Durchdringung des weltlichen Rechts mit christlichen Gehalten hinzuwirken, als die Ausbildung eines verselbständigten kirchlichen Rechts anzustreben. Für die Versuche einer Harmonisierung weltlicher und kirchlicher Anforderungen an die Ehe bestand insofern eine günstige Voraussetzung, als sowohl nach römisch-rechtlicher Tradition als auch nach der christlichen Eheauffassung dem Willen der Partner konstitutive Bedeutung zukam[12]. Die Formel „consensus facit nuptias"[13] wurde zum Ausdruck einer wesentlichen Gemeinsamkeit von kanonischem und römischem Recht.

Zu einer wesentlich anderen Haltung gegenüber dem weltlichen Eherecht sah sich die Kirche veranlaßt, nachdem sie sich im germanisch beherrschten Rechtskreis ausgebreitet hatte[14]. In frühmittelalterlicher

---

Esmein / Génestal (Le mariage [Anm. 3], p. 2 sqq.), die den vorrechtlichen Charakter der entsprechenden Regeln hervorhebt.

[8] Vgl. *Plöchl,* Geschichte, Bd. 1 (Anm. 3), S. 80 f.; *Ritzer,* Formen (Anm. 3), S. 52 ff.; *Emil Joseph Lengeling,* Ehe. A. Theologie und Liturgie II, in: Lexikon des Mittelalters. Bd. 3, München und Zürich 1986, Sp. 1619 f.

[9] Vgl. *Stevenson,* Nuptial Blessing (Anm. 3), S. 21.

[10] Vgl. *Ritzer,* Formen (Anm. 3), S. 53 ff., 70 ff.; *Josef Duss-von-Werdt,* Theologie der Ehe, in: Johannes Feiner / Magnus Söhrer (Hrsg.), Mysterium salutis. Bd. IV / 2, Einsiedeln, Zürich, Köln 1973, S. 422 ff.

[11] *Max Kaser,* Das römische Privatrecht, in: Handbuch der Altertumswissenschaft, 10. Abt., Bd. 3, 2. Abschn., 2. Aufl., München 1975, S. 162 ff.; *Jean Gaudemet,* La formation du droit séculier et du droit de l'église aux IVe et Ve siècles. 2e édition, Paris 1979, p. 213 sq., 220 sq.

[12] *Kaser,* Römisches Privatrecht (Anm. 11), S. 169 ff.; *Jean Gaudemet,* La définition romano-canonique du mariage, in: Speculum iuris et ecclesiarum. FS für Willibald M. Plöchl, Wien 1967, S. 107 ff.

[13] Dig. 35, 1, 15; 50, 17, 30.

[14] Zur Entwicklung des kirchlichen Eherechts im Mittelalter vgl. insbesondere die Darstellungen bei *Esmein / Génestal,* Le mariage (Anm. 3), p. 10 sqq.; *Joseph Freisen,* Geschichte des canonischen Eherechts. 2. Aufl., Paderborn 1893; *Edgar*

Zeit suchte sie auf verschiedenartige Weise, je nach den Umweltbedingungen und nach ihren Einflußmöglichkeiten, den christlichen Grundsätzen des Eherechts, vor allem dem Grundsatz der Unauflöslichkeit der Ehe[15], Anerkennung zu verschaffen. Die kirchlichen Aktivitäten auf diesem Gebiet stehen im Zusammenhang mit dem Jahrhunderte währenden Kampf gegen die drohende Überfremdung des christlichen Glaubens und Lebens durch die in den germanischen Ländern bodenständigen Kultur- und Rechtstraditionen. Die Unverträglichkeit zwischen christlicher und weltlicher Vorstellung von der Ehe mußte im germanischen Bereich stärker empfunden werden, weil dort die personalen Züge der Ehe im Recht kaum in Erscheinung traten und dem beiderseitigen Willen der Ehepartner keine Rechtserheblichkeit zuerkannt wurde. Zwar vermochte die Kirche im Frankenreich, namentlich in der Karolingerzeit, die weltliche Gesetzgebung zu Konzessionen an die christliche Ehevorstellung zu bewegen[16], was dazu führte, daß dem Willen der Frau bei der Eheschließung eine gewisse Beachtung beigemessen[17], die Praxis der einseitigen Verstoßung eingedämmt[18] und kirchlichen Ehehinderungsgründen rechtliche Bedeutung zuerkannt wurde[19]. Die von der weltlichen Macht durchaus zugelassene Tätigkeit kirchlicher Gerichte hat die Entwicklung in jener Richtung begünstigt[20]. Die Kirche mußte am weltlichen Recht auch insoweit Anstoß nehmen, als dieses unterschiedliche Formen für das Zustandekommen einer Ehe und demzufolge unterschiedliche Typen von Geschlechtsgemeinschaften zuließ. So war die Ausschließlichkeit der Ehe als rechtlich zugelassene Form der Geschlechtsgemeinschaft durch die Praxis der sogenannten Friedelehe, aber auch der monogamische Charakter der Ehe, insbesondere durch die Möglichkeit von sogenannten Kebsehen, in Frage gestellt[21].

Loening, Geschichte des deutschen Kirchenrechts. Bd. 2, Straßburg 1878, S. 540 ff.; *George Hayward Joyce*, Die christliche Ehe, Leipzig 1934; *Plöchl*, Geschichte (Anm. 3), Bd. 2, 1955, S. 267 ff.; *Dieter Schwab*, Grundlagen und Gestalt der staatlichen Ehegesetzgebung in der Neuzeit bis zum Beginn des 19. Jahrhunderts. Bielefeld 1967, S. 33 ff.; *Paul Mikat*, Ehe, in: HRG I, 1971, Sp. 809 ff.

[15] Vgl. *Rudolf Weigand*, Ehe. B. Recht. II. Kanonisches Recht, in: Lexikon des Mittelalters. Bd. 3, München und Zürich 1986, Sp. 1623.

[16] Vgl. *Esmein / Génestal*, Le mariage (Anm. 3), p. 10 sqq.; *Joyce*, Christliche Ehe (Anm. 14), S. 200 f.; *Plöchl*, Geschichte Bd. 1 (Anm. 3), S. 399.

[17] Vgl. *Mikat*, Ehe (Anm. 14), Sp. 819.

[18] Vgl. *Loening*, Geschichte (Anm. 14), S. 617 ff.; *Freisen*, Geschichte (Anm. 14), S. 775 ff.; *Mikat*, Ehe (Anm. 14), Sp. 825 f.

[19] Vgl. *Loening*, Geschichte (Anm. 14), S. 542 ff.; *Mikat*, Ehe (Anm. 14), Sp. 823 f.

[20] *Esmein / Génestal*, Le mariage (Anm. 3), p. 15 sqq.; *Joyce*, Christliche Ehe (Anm. 14), S. 201 ff.

[21] Vgl. *Mikat*, Ehe (Anm. 14), Sp. 816 ff.; *Hans-Wolfgang Strätz*, Kebsehe, in: HRG II, 1978, Sp. 695 f.; *Klaus Dieter Schott*, Ehe. B. Recht. VI. Germanisches

Das kirchliche Interesse erstreckte sich im Mittelalter auch auf den Vorgang der Eheschließung[22]. Ansatzpunkt für eine kirchliche Einflußnahme bot die herkömmliche Praxis der öffentlichen Trauung, bei welcher eine Beteiligung eines Priesters üblich wurde. Dadurch wurde die Ehe als ein zur kirchlichen Lebensweise hinzugehörendes Rechtsverhältnis dargestellt; die kirchlichen Ehehindernisse mußten stärkere Berücksichtigung finden; der von den Brautleuten erklärte Konsensus erfuhr, weil er in der Gegenwart des Priesters gesprochen wurde, eine Aufwertung.

Die partielle Einwirkung auf die weltliche Gesetzgebung in Ehesachen und auf die überkommenen Gewohnheiten hatte sich offenbar als nicht ausreichend erwiesen, um der christlichen Auffassung von der Ehe im Recht eine einheitliche und dauernde Geltung zu sichern. Auch die im Hochmittelalter einsetzenden Bemühungen der Kirche, die Ehegesetzgebung in die Hand zu bekommen, standen in einem zeitlichen und sicher auch sachlichen Zusammenhang mit den innerkirchlichen Reformbestrebungen, die von der Kirche die Gefahr der Verweltlichung abzuwehren suchten und eine spezifisch christliche Lebensweise propagierten. Während jener Periode ihrer Entwicklung, die der Kirche eine immense Steigerung ihres Einflusses brachte, hat sie auch eine deutliche Prärogative in der Kompetenz zur Ordnung der Eheangelegenheiten erlangt, ohne daß der diesbezügliche Vorgang nach dem bisherigen Stand der Forschung im einzelnen erkennbar wäre. Als nach dem Abschluß jener Reformperiode seit dem 12. Jahrhundert die kirchlichen Rechtssätze gesammelt und auf dieser Grundlage ein geschlossenes System des kirchlichen Rechts entwickelt wurde, hat man die Ehe unter Hinweis auf ihre im göttlichen Recht wurzelnde Grundstruktur mit einer gewissen Selbstverständlichkeit als eine der kirchlichen Rechtshoheit unterstehende Einrichtung behandelt. *Gratians* vielzitierte Formulierung „matrimonia hodie reguntur iure poli non iure fori"[23] hat als Richtschnur gedient. Die Qualifizierung der Ehe als ein Sakrament, die sich in jener Zeit durchsetzte, hat wesentlich dazu beigetragen, daß die Ehe als geistliche Angelegenheit anerkannt wurde, weshalb auch ihre Zuordnung zum kirchlichen Regelungsbereich als sachgerecht empfunden wurde.

Eine weltliche Ehegesetzgebung war dadurch nicht gänzlich ausgeschlossen. Entscheidend war die Beurteilung der Relation von kirchlichem und weltlichem Recht, die sich hieraus ergab. *Thomas von Aquin*

---

und deutsches Recht, in: Lexikon des Mittelalters. Bd. 3, München und Zürich 1986, Sp. 1629 f.

[22] Vgl. *Schwab*, Grundlagen (Anm. 14), S. 15 ff.
[23] Dict. Grat. c. 7. C. 2 qu. 3.

hat in seinen Äußerungen zu jener Kompetenzfrage der weltlichen Funktion durchaus Beachtung geschenkt und dem Herrscher eine Gesetzgebungsgewalt in Ehesachen zugestanden; die weltlichen Gesetze sollten jedoch an den Rahmen des göttlichen und kirchlichen Rechts gebunden bleiben und der kirchlichen Approbation unterworfen sein.

Das Ergebnis dieser Entwicklung ist nicht ohne Kritik geblieben. Zwar respektierte die mittelalterliche Rechtswissenschaft die Eherechtskompetenz der Kirche. Doch die kirchenpolitische Opposition des späteren Mittelalters, namentlich *Marsilius von Padua* und *Wilhelm Ockham,* haben in entschiedener Weise die Hoheit der Kirche über die dem weltlichen Bereich zugehörenden Eheangelegenheiten bestritten[24]. Diese kritische Beurteilung, die sich in vielen Punkten bei den Reformatoren wiederfindet, zielte weder auf die Wiederherstellung der Rechtsverhältnisse, wie sie vor der Christianisierung bestanden hatten, noch wurden moderne Auffassungen über den säkularen Charakter der ehelichen Gemeinschaft vorweggenommen. Es wurde nicht bezweifelt, daß die aus der kirchlichen Tradition stammenden Anforderungen notwendige Elemente der Ehe sind; lediglich die Ordnungskompetenz wurde der weltlichen Gewalt zuerkannt.

Nachdem das kirchliche Recht durch das Konzil von Trient eine Vervollständigung erfahren hatte, vor allem durch Festlegung einer bestimmten Eheschließungsform als Voraussetzung für eine wirksame Ehe[25], stand für die Bewältigung der säkularen Ordnungsaufgabe ein geeignetes kirchliches Eherecht zur Verfügung. Trotzdem war nur ein Teil der europäischen Mächte bereit, dem kirchlichen Recht ohne weiteres für den weltlichen Bereich Verbindlichkeit zuzuerkennen[26]. Seit Beginn der Neuzeit traten neue Tendenzen für die Verhältnisbestimmung von kirchlichem und weltlichem Eherecht in Erscheinung. In unterschiedlicher Intensität bemühten sich die Einzelstaaten im Zuge des virulent werdenden Strebens nach Souveränität darum, die Regelungskompetenz für die Voraussetzungen der Ehe an sich zu ziehen, sich

---

[24] Vgl. *Schwab,* Grundlagen (Anm. 14), S. 41 f.; *Joyce,* Christliche Ehe (Anm. 14), S. 212 f.
[25] Zur Bedeutung des Konzils von Trient für das Eherecht vgl. *Hermann Conrad,* Das Tridentinische Konzil und die Entwicklung des kirchlichen und weltlichen Eherechts, in: Georg Schreiber (Hrsg.), Das Weltkonzil von Trient, Bd. 1, Freiburg 1951, S. 297-324; *Hubert Jedin,* Geschichte des Konzils von Trient. Bd. 3: Freiburg 1970, S. 141 ff., Bd. 4/2: Freiburg 1975, S. 96 ff., 140 ff.
[26] Zur Rezeption des Konzils von Trient vgl. die Beiträge bei *Schreiber* (Hrsg.), Weltkonzil (Anm. 25), Bd. 2, Freiburg 1951; *Jean Bernhard,* Les Procédures, in: Gabriel Le Bras / Jean Gaudemet (Hrsg.), Histoire du Droit et des Institutions de l'Église en Occident. Tome 14: L'époque de la Réforme et du concile de Trente, Paris 1990, p. 408 sqq.

in der Gestaltung der Rechtsfolgen der Eheschließung vom Inhalt des kirchlichen Rechts unabhängig zu machen und die kirchlichen Organe, soweit sie in den Vorgang der Eheschließung oder in die Ehegerichtsbarkeit eingeschaltet blieben, der staatlichen Direktion zu unterwerfen.

In protestantischen Territorien ergab sich die Jurisdiktion des Herrschers in Ehesachen angesichts des vollständigen Bruchs mit dem bisherigen System der öffentlichen Ordnung zwangsläufig. Die Zuständigkeit der weltlichen Gewalt für die Ordnung der Ehe beruhte nicht allein darauf, daß die Herrscher in die Funktion der geistlichen Hoheitsgewalt eingetreten waren. Bei der Neufestlegung von geistlichem und weltlichem Ordnungsbereich wurde die Ehe in deutlicher Ablehnung mittelalterlicher Ordnungsvorstellungen dem weltlichen Bereich zugeordnet, der der selbständigen Verantwortung des Herrschers oblag. Die namentlich von *Luther* stark betonte „Weltlichkeit" der Ehe bedeutete freilich nicht die Freistellung des Gesetzgebers von den Elementen der Ehe, die man durch Rückgriff auf die Heilige Schrift als Bestandteil einer göttlich gestifteten Einrichtung bewertete[27]. Wegen dieser weitgehenden Bindung an die christliche Tradition stellte sich die eherechtliche Praxis in den protestantischen Territorien trotz der Abkehr vom Prinzip der absoluten Unauflöslichkeit allenfalls als Modifikation der mittelalterlichen Entwicklung dar, führte aber nicht zu einer Abschwächung der christlichen Elemente im Eherecht. Die partielle Rezeption des kanonischen Rechts in Ehesachen durch die Rechtspraxis der protestantischen Territorien, die spätere Kennzeichnung der Ehe als causa mixta, die stets übliche, später sogar als ehestiftender Vorgang beurteilte Einsegnung der Ehe durch einen Pfarrer und die Übertragung der Ehegerichtsbarkeit an Gerichte mit geistlichen und weltlichen Mitgliedern ließ die Affinität des Eherechts zur kirchlichen Tradition sehr deutlich hervortreten.

In katholischen Staaten war die absolute Vorordnung der kirchlichen Gesetzgebungsgewalt nicht lange unbestritten, sondern blieb Gegenstand theoretischer Diskussionen. In diesem Zusammenhang wurde —

---

[27] Zur Entwicklung des Eherechts in den protestantischen Staaten vgl. die Darstellungen bei *Emil Friedberg,* Das Recht der Eheschließung in seiner geschichtlichen Entwicklung. Leipzig 1865, S. 153-305; *Walther Köhler,* Die Anfänge des protestantischen Eherechtes, in: ZRG Kan. Abt. 30 (1941), S. 271 ff.; *Hartwig Dieterich,* Das protestantische Eherecht in Deutschland bis zur Mitte des 17. Jahrhunderts. München 1970, S. 32 ff. (über die Auffassung Luthers), 75 ff. (über die Auffassung der übrigen Reformatoren) und 170 ff. (über die spätere reformatorische Theologie); *Hans Gert Hesse,* Evangelisches Ehescheidungsrecht in Deutschland. Jur. Diss., Köln 1960; *Hans von Schubert,* Die evangelische Trauung, ihre geschichtliche Entwicklung und gegenwärtige Bedeutung, Berlin 1890.

namentlich von den gallikanischen Theoretikern — geltend gemacht, daß jedenfalls die Festlegung der Ehehindernisse und der Folgen der Eheschließung als spezifisch weltliche Angelegenheiten den Trägern der weltlichen Gewalt zukomme, wobei der schon im Mittelalter betonte Doppelcharakter der Ehe als Vertrag und als Sakrament den Ansatzpunkt für eine Aufteilung der Gesetzgebung abgab. In den absolut regierten Staaten war zudem die Praxis der behördlichen Eheverbote und der behördlichen Genehmigungserfordernisse weit verbreitet, so daß die vorbehaltlose Anwendung des kirchlichen Eheschließungsrechts keineswegs gewährleistet war[28].

Eine grundsätzliche und tiefgreifende Umwandlung im Verhältnis von Staat und Kirche auf dem Gebiet des Eherechts bahnte sich an, als die Staatstätigkeit in stärkerem Maße unter den Einfluß des aufklärerischen Denkens kam. Auch die Ehe wurde in das auf Vernünftigkeit ausgerichtete Zweckdenken einbezogen[29]. Dieses gab dem weltlichen Gesetzgeber einen neuartigen Maßstab an die Hand, der ihm als Anlaß und zur Rechtfertigung für ein Abweichen vom materiellen Bestand des überkommenen Eherechts diente. Das von der Aufklärung geprägte Naturrecht vermochte unverfügbare Wesenselemente der Ehe allenfalls in ihrer Eigenschaft als vertragliche Einigung und in ihrer Unentbehrlichkeit für die Versorgung unmündiger Kinder zu erkennen[30] und hat deshalb den utilitaristischen Tendenzen, die sich namentlich im Verlangen nach Erleichterung der Scheidung äußerten, kaum Schranken gezogen. Eine unter solchen Aspekten stehende staatliche Gesetzgebung mußte die Disharmonie von weltlichen und kirchlichen Anforderungen an die Ehe zum allgemeinen Bewußtsein bringen. In Deutschland ist jener neue Typus des weltlichen Eherechts vor allem durch die einschlägigen Bestimmungen des Preußischen Allgemeinen Landrechts[31], weniger deutlich durch das Ehepatent *Josephs II.* aus dem Jahre 1783 und durch das Österreichische Allgemeine Bürgerliche Gesetzbuch[32], in Erscheinung getreten.

---

[28] Vgl. *Dirk Blasius,* Ehescheidung in Deutschland. Göttingen 1987, S. 25; *Schwab,* Grundlagen (Anm. 14), S. 194 ff.

[29] Vgl. *Johann Heinrich Gottlob von Justi,* Die Grundfeste zu der Macht und Glückseeligkeit der Staaten. Bd. 1, Königsberg, Leipzig 1760, S. 206 ff.

[30] Vgl. z. B. *Christian Wolff,* Institutiones Juris Naturae et Gentium. Halle, Magdeburg 1750, § 856. — Zu den naturrechtlichen Theorien über die Ehe vgl. *Schwab,* Grundlagen (Anm. 14), S. 172 ff.; *Müller-Freienfels,* Ehe und Recht (Anm. 1), S. 20; *Heinz Hübner,* Eheschließung und allgemeine Wirkungen der Ehe als dogmatisches Problem, in: FamRZ 1962, S. 2 f.

[31] ALR II. Teil, 1. Titel 1. — Hierzu *Hugo Hauser,* Die geistigen Grundlagen des Eherechts an der Wende des 18. zum 19. Jahrhundert, Jur. Diss., Heidelberg 1940, S. 17 ff.

[32] Vgl. *Schwab,* Grundlagen (Anm. 14), S. 212 ff.; *Hauser,* Grundlagen (Anm. 31), S. 21 ff.

Der letzte Schritt, um die Ehe zu einem von kirchlichen Bedingungen unabhängigen und von kirchlicher Einflußnahme freien Rechtsverhältnis zu machen, war die Ausdehnung der staatlichen Direktion auf den Eheschließungsvorgang. Die Verstaatlichung erfolgte bereits dadurch, daß der Geistliche in den absolut regierten Staaten bei der Eheschließung an staatliches Recht und staatliche Weisung gebunden wurde, so daß er bei etwaiger Kollision den Willen des staatlichen Gesetzgebers zu vollziehen hatte[33]. Die Trauung vor weltlichen Instanzen[34] war aus konfessionellen Gründen als Form der Eheschließung seit Ende des 16. Jahrhunderts in Teilen der Niederlande zugelassen. Als die säkulare Alternative zum herkömmlichen kirchlichen Eheschließungsvorgang bot sich die Ziviltrauung an, seitdem sie in Frankreich im Zuge der Revolution eingeführt und dann als die ausschließliche Eheschließungsform in den Code civil übernommen worden war. In Deutschland war die Ziviltrauung in den rheinischen Gebieten, in denen französisches Recht galt, seit Beginn des 19. Jahrhunderts gebräuchlich. Sie entsprach, weil sie die Bürger von kirchlichem Einfluß unabhängiger machte, der Ideenwelt des Liberalismus. Die Paulskirchenversammlung sprach sich für sie aus. Die politische Entscheidung für die Ziviltrauung als die im ganzen Reich einheitlich und ausschließlich geltende Form der Eheschließung fiel im Zusammenhang mit der Konfrontation zwischen Staat und katholischer Kirche während des sogenannten Kulturkampfes. Sie wurde verwirklicht durch die Einführung eines Personenstandsgesetzes im Jahre 1875, welches vorsah, daß die Ehe durch die erklärte Übereinstimmung der Verlobten und die darauf folgende bestätigende Erklärung des Standesbeamten zustande komme. Bei Einführung des Bürgerlichen Gesetzbuches hielt der Gesetzgeber an jener Entscheidung fest, bemühte sich aber insofern den herkömmlichen Rechtsvorstellungen der katholischen Bevölkerung Rechnung zu tragen, als er nicht den Ausspruch des Standesbeamten, sondern die vor dem Standesbeamten

---

[33] Vgl. *Hans Liermann,* Die ordentliche und außerordentliche Form der Eheschließung in den verschiedenen Kirchenrechten, in: ders., Der Jurist und die Kirche. Ausgewählte kirchenrechtliche Aufsätze (= Jus Ecclesiasticum, Bd. 17). München 1973, S. 134; *Hesse,* Evangelisches Ehescheidungsrecht (Anm. 27), S. 116; *Schwab,* Grundlagen (Anm. 14), S. 244 f.

[34] Zur Geschichte der Zivilehe in Europa vgl. die Darstellungen bei *Hermann Conrad,* Die Grundlegung der modernen Zivilehe durch die französische Revolution, in: ZRG Germ. Abt. 67 (1950), S. 336–372; *ders.,* Zur Einführung der Zwangszivilehe in Preußen und im Reich (1874/75), in: Das deutsche Privatrecht in der Mitte des 20. Jahrhunderts. FS für Heinrich Lehmann. Bd. 1, Berlin 1956, S. 113–130; *ders.,* Der parlamentarische Kampf um die Zivilehe bei Einführung des BGB, in: Hist. Jb. 72 (1953), S. 474–493; *Stephan Buchholz,* Eherecht zwischen Staat und Kirche (= Ius Commune, Sonderheft 13), Frankfurt/M. 1981; *Friedrich Wilhelm Bosch,* Staatliches und kirchliches Eherecht — in Harmonie oder im Konflikt?, Bielefeld 1988, S. 13 ff.; *Mikat,* Ehe (Anm. 14), Sp. 821 ff.

erklärte Willensübereinstimmung der Verlobten als ehebegründenden Vorgang kennzeichnete.

Obwohl seither der Gesetzgeber in Deutschland die Hoheit über das Eherecht in vollem Umfang in Anspruch nimmt und dieses nach seinen rechtspolitischen Vorstellungen gestaltet, ist es in der Zeit unmittelbar nach Inkrafttreten des Bürgerlichen Gesetzbuches nicht zu einer evidenten Diskrepanz von staatlicher und kirchlicher Ehe in materieller Hinsicht gekommen. Das mag daran liegen, daß sich das deutsche bürgerliche Recht, was die Merkmale und die Folgen der Ehe betrifft, an der deutschen Rechtstradition orientiert hat, die ihrerseits von christlichen Ehevorstellungen beeinflußt war. Die mit der Eherechtstradition brechenden Tendenzen in den Ehelehren der Aufklärung, die die Eheauflösung zu erleichtern bestrebt waren, haben im deutschen bürgerlichen Recht keine Berücksichtigung oder gar Fortsetzung gefunden.

Die positive Einschätzung der Ehe in der bürgerlichen Gesellschaft hat durch das staatliche Monopol in der Ehegesetzgebung keine entscheidende Einbuße erfahren. Für die katholische Kirche war die Ausdehnung der staatlichen Gesetzgebung auf das gesamte Eherecht, namentlich auf die statusrechtliche Seite, kein Anlaß, ihrerseits den Anspruch auf die Regelungskompetenz preiszugeben. Schon die universalkirchliche Geltung des katholischen Kirchenrechts läßt es kaum zu, begrenzt für einen bestimmten nationalkirchlichen Bereich auf die kirchliche Kompetenz zu verzichten. Deshalb hat die katholische Kirche an dem Maßstab für die Kompetenzverteilung von Staat und Kirche, dem sie seit der Neuzeit folgt, festgehalten, nach welchem es dem staatlichen Gesetzgeber lediglich obliegt, die „effectus civiles" der Ehe festzulegen, während die Gesetzgebung über das Eheband der Kirche zukommt[35]. Die katholische Kirche nimmt es infolgedessen hin, daß der Bestand einer Ehe aus ihrer Sicht und aus der Sicht des Staates möglicherweise unterschiedlich beurteilt werden muß.

Für die protestantischen Kirchen war das vom Staat in Anspruch genommene Regelungsmonopol als solches kein Problem, weil sie kein eigenes, vom staatlichen Recht unabhängiges Statusrecht im Hinblick auf die Ehe entwickelt hatten. Doch hat die Ausschaltung kirchlicher Amtsträger aus dem für das Zustandekommen der Ehe notwendigen Vorgang zu Zweifelsfragen hinsichtlich der verbleibenden Bedeutung der kirchlichen Trauung Anlaß gegeben[36].

---

[35] C. 1059 CIC.
[36] Vgl. unten I 3.

3. Das Verhältnis von staatlichem und kirchlichem Eherecht im säkularen Staat der Gegenwart

Der historische Konflikt von Staat und katholischer Kirche wegen der Eherechtskompetenz hat keine förmliche Beendigung gefunden. Es ist deshalb dabei geblieben, daß beide Rechtsordnungen die statusrechtlichen Voraussetzungen der Ehe benennen und die Möglichkeit ihrer Beendigung regeln. Da die konstitutiven Merkmale einer Ehe und die Gründe ihrer Aufhebung in beiden Rechtsordnungen nicht völlig identisch sind, können unter Umständen Bestand und Fortbestand einer Ehe aus der Sicht des Staates und aus der Sicht der Kirche unterschiedlich beurteilt werden. Ehe gemäß staatlichem Recht und Ehe gemäß kirchlichem Recht sind selbständig zu beurteilende Rechtsverhältnisse[37].

Der Bestand einer Ehe gemäß kirchlichem Recht hat folglich keine unmittelbaren Rechtswirkungen im Bereich des staatlichen Rechts. Dessenungeachtet kann eine kirchliche Ehe wie andere Rechtsverhältnisse gemäß kirchlichem Recht in mittelbarer Weise für die Rechtsbeziehungen gemäß staatlichem Recht Bedeutung gewinnen, etwa wenn vertragliche Vereinbarungen einen direkten oder indirekten Bezug auf eine Ehe nach kirchlichem Recht haben[38].

Jene verbliebene Konkurrenz und die partielle Divergenz von staatlichem und kirchlichem Eherecht weisen auf Unterschiede in prinzipiellen Positionen hin, müssen aber nicht notwendigerweise das gegenwärtige Verhältnis von Staat und Kirche belasten. Es kommt darauf an, ob der Umstand, daß jener historische Konflikt ohne einen beiderseits akzeptierten Ausgleich geblieben ist, fortlaufende praktische Auswirkungen zeitigt. Man darf sich nicht damit begnügen, das Weiterwirken einer historischen Konfrontation zu registrieren. Man wird vielmehr von

---

[37] Vgl. *Joachim Gernhuber,* in: ders. / Dagmar Coester-Waltjen, Lehrbuch des Familienrechts. 4. Aufl., München 1994, S. 25; *Herbert Reichel,* Rezension, in: FamRZ 1992, S. 33 ff.; *Knut Wolfgang Nörr,* Bürgerliches Eheauflösungsrecht und Religion, in: JZ 1966, S. 546.

[38] Namentlich für vertragliche Verpflichtungen aus einem Arbeitsvertrag zwischen einer kirchlichen Einrichtung und ihren Beschäftigten kann der Bestand einer Ehe gemäß kirchlichem Recht entscheidend sein. Soweit solche Arbeitsverträge die Beachtung der kirchlichen Ordnung oder der kirchlichen Glaubens- und Sittenlehre zur Pflicht machen, kann das Bestehen oder der Fortbestand einer Ehe gemäß kirchlichem Recht ausschlaggebend für die Beurteilung der Frage sein, ob eine Pflichtverletzung erfolgt ist. Zu der umfangreichen Rechtsprechung hierzu vgl. BVerfGE 70, 138; BAG, in: KirchE 26, 142 (mit Hinweisen auf die bisherige arbeitsgerichtliche Rechtsprechung); *Reinhard Richardi,* Arbeitsrecht in der Kirche. 2. Aufl., München 1992, S. 73 ff.; vgl. in *diesem* Handbuch *Wolfgang Rüfner,* § 66 Individualrechtliche Aspekte des kirchlichen Dienst- und Arbeitsrechts.

dem grundsätzlichen Verhältnis her, das heute die Beziehungen zwischen Staat und Kirche bestimmt, analysieren müssen, ob wirklich in der Sache einander widersprechende Aussagen über denselben Regelungsgegenstand gemacht werden. Die Folgerung, das Nebeneinander von staatlichem und kirchlichem Recht über den gleichen Gegenstand, nämlich das Bestehen einer Ehe, führe notwendigerweise zu einer sachlichen Kollision, ist schon deshalb nicht zwingend, weil die Ehe ohnehin nicht im vollen Umfang als Produkt gesetzgeberischer Entscheidung zu begreifen ist. Die Konkurrenz besteht darum genauer gesagt darin, daß staatliches Recht und kirchliches Recht der dauernden Verbindung eines Mannes und einer Frau unter unterschiedlichen Voraussetzungen die besondere Dignität zusprechen, die mit dem Begriff „Ehe" verbunden ist.

Indem die katholische Kirche das Bestehen einer Ehe selbständig und ohne Rücksicht auf die Rechtslage nach staatlichem Recht beurteilt, greift sie nicht zwangsläufig in die Ordnungskompetenz des Staates ein. Bedenken in dieser Richtung könnten berechtigt sein, wenn das kirchliche Recht denselben Ordnungszweck verfolgen würde wie das staatliche Recht und auf dieselben Rechtsfolgen abzielte. Das ist allenfalls in begrenztem Maße der Fall. Im Hinblick auf Ordnungszweck und Rechtsfolgen haben staatliches und kirchliches Recht in jüngerer Vergangenheit eine selbständige Entwicklung genommen[39]. Das staatliche Eherecht der Gegenwart erweist sich als „verweltlichtes" Eherecht[40].

Für den Staat ist die Ehegesetzgebung ein Teil seiner allgemeinen politischen Ordnungsaufgabe[41]. Der Gesetzgeber trifft seine Entscheidungen für die Ehe und zur Ausgestaltung des Eherechts nicht unabhängig von seiner Verantwortung für die Ordnung zwischenmenschli-

---

[39] Vgl. *Peter Jäggi*, Das verweltlichte Eherecht. Freiburg / Schweiz 1955, S. 37 ff.; *Dietrich Pirson*, Das Auseinandertreten von kirchlichem und staatlichem Eheverständnis, in: Beginn und Ende der Ehe (= Motive — Texte — Materialien, Bd. 66) Heidelberg (erscheint demnächst).

[40] BVerfGE 31, 83; 36, 163.

[41] Der prinzipielle Unterschied von staatlichem und kirchlichem Eherecht im Hinblick auf die Zweckbestimmung der Ehe wird von *Ernst Wolf* (Grundgesetz und Eherecht, in: JZ 1973, S. 647-652) in sehr prononcierten Ausführungen hervorgehoben. Die Freistellung des Eherechts von außerrechtlichen Zwecken ist nach *Wolf* das entscheidende Ergebnis der „geschichtlichen Emanzipation des Eherechts vom Kirchenrecht". Folglich sieht *Wolf* in allen Bestrebungen, das Eherecht weltanschaulich geprägten Staatszielbestimmungen unterzuordnen, eine unsachgerechte Preisgabe jener geschichtlichen Errungenschaft. Die Warnung vor diesbezüglichen Tendenzen erscheint berechtigt; doch ist nicht einzusehen, weshalb das Eherecht in seinem materiellen Gehalt überhaupt nicht von Gesichtspunkten des Allgemeinwohls beeinflußt sein dürfte — was *Wolf* offenbar mit seiner These von der ausschließlich bürgerlich-rechtlichen Natur des Eherechts sagen will.

cher Beziehungen und für gesicherte Lebensverhältnisse des Einzelnen in der Gemeinschaft. Die Ehegesetzgebung ist nicht einfach als normative Umsetzung einer abstrakten Vorstellung von der Ehe zu begreifen. Sie ist nicht völlig zweckfrei, sondern trägt der sozialpolitischen Funktion der Ehe Rechnung und sucht dieser durch normative Absicherung eine gewisse Stabilität zu vermitteln. Unter diesem Aspekt ist die Ehe auch sinnvoller Gegenstand einer verfassungsrechtlichen Verbürgung, wie sie durch Art. 6 Abs. 1 GG erfolgt ist[42].

Obwohl der staatliche Gesetzgeber die säkulare Qualität seines Eherechts realisiert hat, sieht er keine Veranlassung, die ausschließliche Kompetenz für die Ordnung der Ehe schlechthin in Anspruch zu nehmen. Ausdruck dieser Erkenntnis ist § 1588 BGB mit der Aussage „Die kirchlichen Verpflichtungen in Ansehung der Ehe werden durch die Vorschriften dieses Abschnitts nicht berührt". Damit hat der Gesetzgeber den Anspruch auf die alleinige Hoheit über die Ehe als Ordnungselement des weltlichen Gemeinschaftslebens nicht abgeschwächt, wohl aber klargestellt, daß von seinen Rechtsvorschriften keine Gestaltungswirkung auf den Bereich des kirchlichen Rechts ausgeht.

Für das Eherecht der katholischen Kirche besteht insoweit eine andere Ausgangslage. In der sozialen Funktion der Ehe findet der Komplex der eherechtlichen Vorschriften keine vollständige Erklärung. Zwar ist die Ehelehre der katholischen Kirche vielfach anhand der vom Kirchenvater *Augustinus* entwickelten Lehre von den Ehezwecken (bona coniugalia), die gerade die soziale Bedeutung der Ehe hervortreten lassen, veranschaulicht worden. Auch das geltende Eherecht nimmt auf Ehezwecke Bezug[43]. Doch ergibt sich aus der Erwähnung solcher Zwecke im normativen Bereich nicht unbedingt, daß die eherechtliche Normierung ausschließlich auf die Realisierung jener Zwecke ausgerichtet ist[44]. Das kirchliche Eherecht selbst hat einen viel allgemeineren Zweck. Es erstreckt sich zwar auf die Statusfragen, aber unter einem anderen Aspekt als das weltliche Recht. Der kirchliche Gesetzgeber ist von der Absicht geleitet, die der göttlichen Stiftung der Ehe entsprechenden Merkmale einschließlich ihrer sakramentalen Qualität durch normative Festlegungen zu gewährleisten. Die einzelnen Vorschriften des kirchli-

---

[42] Vgl. *Dietrich Pirson,* in: BK. Zweitbearbeitung, Heidelberg 1976, Art. 6 Abs. 1, Rdnr. 7; ders., Das Verfassungsrecht als ehestabilisierendes Element, in: Gerhard Seifert (Hrsg.), Ehestabilisierende Faktoren. Hamburg 1990, S. 111-123.

[43] C. 1055 § 1 CIC.

[44] Vgl. *Hartmut Zapp,* Das kanonische Eherecht. 7. Aufl., Freiburg i. Br. 1988, S. 36 ff., der betont, daß die klassische Ehezwecklehre unzulänglich ist, um die vom kirchlichen Recht zu gewährleistenden Wesenseigenschaften der Ehe zu umschreiben.

§ 28 Staatliches und kirchliches Eherecht

chen Rechts stellen sich als Entfaltung dessen dar, was durch ius divinum im Hinblick auf die Ehe vorgegeben ist.

Angesichts eines derartig unterschiedlichen Ausgangspunktes für die Ehegesetzgebung ist es nicht überraschend, daß heute eine durchgängige Parallelität des staatlichen und des kirchlichen Rechts hinsichtlich der Gegenstände eherechtlicher Normierung nicht festzustellen ist. Die Schwerpunkte werden hier und dort anders gesetzt. Im staatlichen Recht der Gegenwart sind die Voraussetzungen der Ehe und die Eheschließungsform trotz der großen Bedeutung dieser Materie in der Geschichte des Eherechts relativ knapp geregelt. Es entspricht einer freiheitlichen Verfassungsordnung, daß der staatliche Gesetzgeber niemanden von der Eheschließung abhält und nicht durch materielle Bedingungen, z. B. Zeugungsfähigkeit, bestimmte Ehezwecke durchzusetzen sucht. Dagegen geben die Gesichtspunkte der Rechtssicherheit und Rechtsklarheit Anlaß zu ausführlicher gesetzgeberischer Tätigkeit. Vor allem die wirtschaftlichen und vermögensrechtlichen Folgen der Eheschließung bedürfen einer detaillierten Regulierung. Auch die Zulassung einer Eheauflösung macht eine exakte Festlegung von Bedingungen und Folgen notwendig. Demgegenüber sind die für die Ehe eigentümlichen persönlichen Beziehungen nur in geringem Umfang ein tauglicher Gegenstand staatlicher Gesetzgebung, so daß das Spezifische der Ehe als einer Form zwischenmenschlicher Gemeinschaft rechtlicher Gestaltung unzugänglich bleibt.

Im katholischen Kirchenrecht bietet sich hinsichtlich der Schwerpunkte gerade das umgekehrte Bild. Die Voraussetzungen einer gültigen Ehe einschließlich der Eheschließungsform stehen im Vordergrund. Regelungen über die materiellen Rechtsfolgen erscheinen von der kirchlichen Aufgabe her weniger dringlich. Das Verhältnis der Ehegatten zueinander kann durchaus Gegenstand von Rechtsvorschriften sein, weil das kirchliche Eherecht ganz anders als das staatliche Eherecht darauf abzielt, für die dem vorausgesetzten Eheverständnis entsprechende personale Gemeinschaft einen Maßstab zu liefern. Dagegen bleibt der im staatlichen Recht sehr umfangreiche Komplex von Rechtsvorschriften, der mit der Ehescheidung zusammenhängt, im kirchlichen Recht ohne Entsprechung, da dieses auf die ausnahmslose Unauflöslichkeit der wirksam zustande gekommenen Ehe festgelegt ist. Doch gewinnt gerade wegen der Unauflöslichkeit der Ehe die Nichtigkeitserklärung erhöhte Bedeutung, so daß den Gültigkeitsvoraussetzungen auch unter diesem Aspekt wiederum besondere Beachtung geschenkt werden muß.

Die Einsicht, daß staatliches und kirchliches Eherecht im Hinblick auf Regelungszweck und Regelungsgegenstand divergieren, kann dazu beitragen, die historische Konfrontation zwischen Staat und Kirche wegen der strittigen Eherechtskompetenz zu mindern. Denn im Hinblick auf den dargelegten Befund braucht die bloße Inanspruchnahme einer eherechtlichen Regelungsbefugnis von beiden Seiten nicht von vornherein als gegenseitiges Bestreiten der Kompetenz verstanden zu werden. Vielmehr behält das kirchliche Recht seinen eigenständigen Wert, wenn der Staat seiner sozialpolitischen Verantwortung durch seine eigene Gesetzgebung gerecht zu werden sucht und hierfür nicht das kirchliche Recht in Dienst stellt. Die Entlastung von der weltlichen Ordnungsaufgabe hat andererseits für das kirchliche Recht den vorteilhaften Effekt, daß die spezifischen Elemente des kirchlichen Engagements im Eherecht deutlicher in Erscheinung treten[45].

Das Verhältnis von Staat und evangelischer Kirche weist keine vergleichbare Konfrontation im Hinblick auf die rechtliche Ordnung der Ehe auf. Das liegt zweifellos daran, daß in den protestantischen Territorien angesichts des Fehlens einer diesbezüglichen innerkirchlichen Zuständigkeit eine eherechtliche Tradition nicht entstehen konnte. Die von der mittelalterlichen katholischen Ehelehre teilweise abweichende Auffassung über die Voraussetzungen und das Zustandekommen einer wirksamen Ehe fanden ihren Niederschlag in sogenannten Kirchenordnungen; deren Verbindlichkeit beruhte jedoch auf der Autorität der evangelischen Obrigkeit[46]. Es wurde folglich auch nicht als Bruch mit dem in den reformatorischen Kirchen überkommenen Rechtszustand empfunden, daß der Gesetzgeber bei Erlaß des Preußischen Allgemeinen Landrechts das Eherecht unter die Gegenstände des kodifizierten staatlichen Rechts aufnahm[47].

Soweit heute kirchliche Rechtsvorschriften auf die Ehe Bezug nehmen, wird ohne prinzipielle Bedenken der Bestand der Ehe gemäß staatlichem Recht zum Ausgangspunkt genommen. Regelungsgegenstand kirchlicher Vorschriften können daher nur die Folgen einer Ehe für den kirchlicher Gestaltung zugänglichen Bereich sein. Dazu gehören vor allem die Vorschriften, die sich auf den gottesdienstlichen Vorgang der Trauung beziehen. Weil somit dem kirchlichen Recht keine Aussage über die Wirksamkeit einer Ehe zu entnehmen ist, ist es unvermeidlich, daß das Bestehen einer Ehe nach staatlichem Recht als notwendige tatbestandsmäßige Voraussetzung für die kirchliche Trauung gilt. Das

---

[45] Vgl. *Duss-von-Werdt*, Theologie der Ehe (Anm. 10), S. 445 ff.
[46] Vgl. *Karla Sichelschmidt*, Recht aus christlicher Liebe oder obrigkeitlicher Gesetzesbefehl. Juristische Untersuchungen zu den evangelischen Kirchenordnungen des 16. Jahrhunderts (= Jus ecclesiasticum, Bd. 49), 2. Teil, 3. Kap. (erscheint demnächst).
[47] II 1 PreußALR.

§ 28 Staatliches und kirchliches Eherecht

hindert die evangelischen Kirchen jedoch nicht daran, die Vornahme einer kirchlichen Trauung auch von anderen, qualifizierteren Voraussetzungen abhängig zu machen. Soweit sie dies tun, entwickeln sie in mittelbarer Weise ein eigenständiges kirchliches Eherecht, das den Ehebegriff des staatlichen Rechts nicht abändert, aber für die Bemessung innerkirchlicher Folgen nicht in jedem Fall ausschlaggebend sein läßt. Zwar haben die evangelischen Kirchen davon abgesehen, eine normative Fixierung der zusätzlichen Voraussetzungen für eine kirchliche Trauung vorzunehmen. Doch haben sie deutlich gemacht, daß bei einer erneuten Verheiratung eines Geschiedenen die Vornahme einer kirchlichen Trauung nicht selbstverständlich ist und von einer individuellen Beurteilung der Situation abhängig gemacht werden muß. Wenn hinter dieser Praxis die Auffassung steht, daß eine kirchliche Trauung nur angezeigt ist, sofern die Erwartung besteht, daß eine Ehe im Sinne der christlichen Eheauffassung geführt wird, wäre es konsequent, wenn generell der vor dem Standesamt erklärte Konsens nicht unkritisch als Voraussetzung der Trauung hingenommen, sondern wenn erst nach einer Beurteilung der Eheschließungsabsicht in jedem Einzelfall über die Trauung entschieden würde. Denn die standesamtliche Trauung wird nicht von einer irgendwie qualifizierten Eheschließungsabsicht abhängig gemacht, sondern von der nicht weiter in Frage gestellten und auch nicht auf Ernsthaftigkeit überprüften Erklärung der Beteiligten, eine Ehe eingehen zu wollen[48].

Das vom Staat in Anspruch genommene Monopol für die Eherechtsgesetzgebung hat die evangelischen Kirchen zwar nicht in prinzipiellen Positionen beeinträchtigt. Doch versetzt die staatliche Ehegesetzgebung die evangelischen Kirchen in eine gewisse Verlegenheit, was die rechtliche Qualifizierung des Vorgangs der Trauung betrifft[49]. Weil die Ehe allein vor dem Standesbeamten geschlossen werden kann, und weil nach evangelischem Verständnis die kirchliche Ehe kein besonderes Rechtsverhältnis ist, scheint dem kirchlichen Handeln bei der Trauung jede konstitutive Bedeutung abzugehen. Konsequenterweise wird in den evangelischen Kirchen die kirchliche Trauung vielfach lediglich als

---

[48] *Dierk Müller-Gindullis,* in: Münchener Kommentar, 3. Aufl., München 1993, Rdnrn. 10 ff. zu § 33 EheG; vgl. *Ulrich Spellenberg,* Scheinehen, in: StAZ 1987, S. 33-44; *Michael Coester,* Probleme des Eheschließungsrechts in rechtsvergleichender Sicht, in: StAZ 1988, S. 122-129.

[49] Zu den kontroversen Auffassungen, die nach Einführung der obligatorischen Zivilehe über die Bedeutung der evangelischen Trauung geäußert wurden, vgl. *Rudolph Sohm,* Das Recht der Eheschließung. Weimar 1875, S. 284 ff.; *Kurt Dietrich Schmidt,* Die kirchliche Diskussion über die obligatorische Zivilehe im Jahrzehnt ihrer Einführung, in: Hans Dombois / Friedrich Karl Schumann (Hrsg.), Familienrechtsreform. Witten 1955, S. 89-107.

Gottesdienst aus Anlaß einer Eheschließung bewertet[50]. Ob es wirklich geboten ist, die innerkirchliche Wirkung der Trauung derart zu minimalisieren, kann bezweifelt werden[51]. Die Kirche begibt sich nicht in ein ihrer Rechtsgestaltung entzogenes Gebiet, wenn sie dem Akt der Eheschließung Bedeutung für die innerkirchliche Rechtslage zuerkennt. Die kirchliche Trauung ist ja für die Brautleute kein rein passiv hingenommenes Geschehen. Im Rahmen der Trauliturgie bekunden sie ihren Konsens und tauschen Ringe aus[52]. Ihre Erklärung, eine Ehe nach der christlichen Eheauffassung führen zu wollen, hat für die innerkirchlichen Beziehungen ein besonderes Gewicht, weil sie die Unverfügbarkeit der ehelichen Bindung in viel stärkerer Weise öffentlich bekundet, als es die Erklärung vor dem Standesamt vermag.

II. Kollisionsbereiche von staatlichem und kirchlichem Recht in der Gegenwart

Ungeachtet der in jüngerer Zeit gewachsenen Einsicht, daß ein Nebeneinander des staatlichen und des kirchlichen Eherechts wegen des unterschiedlichen Regelungszwecks toleriert werden kann, verbleiben einzelne Bereiche, in denen sachlich widersprechende Aussagen des staatlichen und des kirchlichen Rechts die hiervon Betroffenen in Loyalitätskonflikte bringen können, oder von einer Seite — in erster Linie von kirchlicher Seite — als Beeinträchtigung bei der Rechtsverwirklichung empfunden werden müssen.

Die Existenz solcher Kollisionsbereiche, in denen die beiderseits in Anspruch genommene Regelungskompetenz Relevanz für die Rechts-

---

[50] Vgl. z. B. „Kirchengesetz über die Trauung" der Ev.-Luth. Landeskirche Hannover vom 23. Jan. 1975 (KABl. S. 21): § 1: „(1) Die kirchliche Trauung ist ein besonderer Gottesdienst für Eheleute aus Anlaß ihrer Eheschließung. (2) Voraussetzung für die Trauung ist die rechtsgültige Eheschließung."

[51] Vgl. *Hanns Engelhardt,* Ehe, Eheschließung und Wiedertrauung Geschiedener in der evangelischen Kirche in Deutschland, in: ders. (Hrsg.), Die Kirchen und die Ehe. Frankfurt/M. 1984, S. 30-43 (34 f.); *Pirson,* Auseinandertreten (Anm. 39).

[52] Vgl. Agende für ev.-luth. Kirchen und Gemeinden. Hrsg. von der Kirchenleitung der VELKD. 4. Aufl., Bd. 3, Berlin und Hamburg 1979. An die Brautleute wird die Frage gerichtet: „Willst Du diese N geborene N, die Gott Dir anvertraut, als Deine Ehefrau lieben und ehren und die Ehe mit ihr nach Gottes Gebot und Verheißung führen, in guten wie in bösen Tagen, bis der Tod Euch scheidet?" Eine entsprechende Frage wird an die Braut gerichtet. Nachdem die Brautleute geantwortet haben: „Ja, mit Gottes Hilfe", spricht der Pfarrer: „Gebt Euch die Trauringe an die rechte Hand". Nach dem erfolgten Ringwechsel spricht der Pfarrer: „Reichet einander die Hand. Was Gott zusammengefügt hat, das soll der Mensch nicht scheiden."

praxis gewinnen kann, legt staatskirchenrechtliche Vorkehrungen oder Maßnahmen nahe, die darauf abzielen, die gegenseitigen Positionen, sei es durch staatliche Normierung, sei es durch Vereinbarung, abzugrenzen. Unter diesem Aspekt hat die eherechtliche Ordnung des staatlichen Rechts auch staatskirchenrechtliche Auswirkungen, namentlich das Eheschließungsrecht, die Verpflichtung zur ehelichen Lebensgemeinschaft, die Verpflichtung zur Kindererziehung und die Bedingungen und Folgen einer Auflösung der Ehe.

1. Eheschließung

Das staatliche Eherecht regelt den die Ehe begründenden Vorgang abschließend (§§ 1-39 EheG). Der Gesetzgeber kann dem Umstand, daß die Eheschließung durch kirchliche Organe aus der Geschichte her geläufig ist und von den Kirchen teilweise postuliert wird, in unterschiedlicher Weise Rechnung tragen[53]. Das in der Bundesrepublik geltende Eherecht folgt dem System der obligatorischen Zivilehe[54]. Die Ausschaltung der Kirche aus dem Vorgang des Zustandekommens der Ehe wird vielfach auf eine extrem säkulare Staatsauffassung und auf eine bewußt antikirchliche, speziell antikatholische Einstellung des Gesetzgebers zurückgeführt[55]. Zur Rechtfertigung der obligatorischen Zivilehe, namentlich zur Rechtfertigung ihrer Beibehaltung, wird neben dem Gesichtspunkt der umfassenden Verantwortung des Staates für die ordnungspolitische Aufgabe vor allem das Bedürfnis nach Rechtssicherheit, Rechtseinheitlichkeit und Rechtsklarheit auf dem Gebiet des Eherechts geltend gemacht[56]. Das staatliche Interesse daran, daß die Vor-

---

[53] Rechtsvergleichende Übersichten über Wesen und Verbreitung der denkbaren Systeme (obligatorische Kirchenehe, Notzivilehe, fakultative Zivilehe und obligatorische Zivilehe) finden sich bei *Adolf Bergmann*, Das Nebeneinander kirchlicher und weltlicher Eheschließung in christlichen Ländern, in: Dombois / Schumann (Hrsg.), Familienrechtsreform (Anm. 49), S. 108-119; *Paul Heinrich Neuhaus*, Staatliche und kirchliche Eheschließung in rechtsvergleichender Sicht, in: FamRZ 1955, S. 305-310; *Hans Dölle*, Familienrecht, Bd. 1, Karlsruhe 1964, S. 185 ff.; *Bosch*, Eherecht (Anm. 34), S. 69 ff.; Marriage and religion in Europe — Les effets civils du mariage religieux en Europe (= Universitá degli studi di Milano: Pubblicazioni di diritto ecclesiastico 8), Milano 1993.

[54] § 11 Abs. 1 EheG: „Eine Ehe kommt nur zustande, wenn die Eheschließung vor einem Standesbeamten stattgefunden hat."

[55] Vgl. *Carl Holböck*, Die Zivilehe. Innsbruck 1950, S. 60 ff., 70 ff.

[56] Vgl. *Erna Scheffler*, Ehe und Familie, in: Die Grundrechte. Hrsg. von Bettermann / Nipperdey / Scheuner. Bd. IV / 1, Berlin 1960, S. 282 f.; weitere Nachweise bei *Edgar Hoffmann / Walter Stephan*, Ehegesetz. 2. Aufl., München 1968, Rdnrn. 32 f. zu Einl. vor § 11. — Sofern die Wahrung der Glaubensfreiheit als leitender Gesichtspunkt genannt wird (z. B. *Thilo Ramm*, Grundgesetz und Eherecht [= Recht und Staat, H. 410 / 411], Tübingen 1972), bleibt ungeklärt,

aussetzungen für die Eheschließung durch ein verantwortliches Organ festgestellt werden, und daß der Vorgang der Eheschließung öffentlich beurkundet wird, kann nicht geleugnet werden. Ein Rückgriff auf kirchliche Organe wäre darum aus staatlicher Sicht problematisch, wenn die Besorgnis bestünde, daß sich kirchliche Amtsträger in ihrer Eheschließungspraxis im Kollisionsfall über das staatliche Recht hinwegsetzen, weil sie dem kirchlichen Recht verpflichtet sind. Andererseits würde der Staat jenes Interesse nicht gefährden und seine für ihn unverzichtbare Ordnungskompetenz nicht preisgeben, wenn er die Möglichkeit einräumt, daß auch dem Vorgang der kirchlichen Eheschließung rechtsbegründende Wirkung für die staatliche Rechtsordnung zukommt, sofern nur sichergestellt ist, daß die kirchlichen Amtsträger die im staatlichen Recht normierten Ehevoraussetzungen berücksichtigen[57]. Ein Übergang zum System der fakultativen Zivilehe wäre nicht ausgeschlossen. Durch entsprechende Ausgestaltung des Eheschließungsrechts könnte einer kirchlichen Eheschließung dieselbe rechtliche Wirkung wie einer standesamtlichen Eheschließung beigelegt werden, sofern die kirchliche Eheschließung nach Erteilung einer standesamtlichen Unbedenklichkeitserklärung erfolgt und der Vollzug der kirchlichen Eheschließung in bestimmter Form dem Standesamt angezeigt wird[58]. Auf diese Weise würde es vermieden, daß die Brautleute ihren Konsens zweimal bekunden müssen.

Bedenken gegen eine Abkehr vom staatlichen Eheschließungsmonopol werden verschiedentlich unter Hinweis auf Art. 6 Abs. 1 GG erhoben, weil diese Verfassungsbestimmung die Ehe dem Schutz des Staates unterstelle und damit eine staatliche Verantwortlichkeit begründe[59].

---

weshalb dieses Grundrecht durch ein Eheschließungsrecht nach dem Modell der fakultativen Zivilehe gefährdet sein sollte.

[57] Ähnlich *Müller-Freienfels*, Ehe (Anm. 1), S. 114 ff.; *Gernhuber*, Familienrecht (Anm. 37), S. 106 f.

[58] Vgl. *Joseph Listl*, Das Grundrecht der Religionsfreiheit in der Rechtsprechung der Gerichte der Bundesrepublik Deutschland. Berlin 1971, S. 304; *Paul Heinrich Neuhaus*, Zur Reform des deutschen formellen Eheschließungsrechts, in: FamRZ 1972, S. 65; *Gernhuber*, Familienrecht (Anm. 37), S. 106 f. Die teilweise geäußerte Besorgnis, das Gleichbehandlungsgebot würde eine unerträgliche Ausweitung der Eheschließungsbefugnis auf alle möglichen religiösen und weltanschaulichen Verbände erzwingen (so neuerdings *Friedrich Wilhelm Bosch*, Fragen des Eheschließungsrechts, in: ders. [Hrsg.], Neuere Entwicklungen im Familienrecht. Berlin 1990, S. 26 ff.) ist unbegründet. Eine Begrenzung auf Religionsgemeinschaften mit der „Gewähr der Dauer", die Körperschaften des öffentlichen Rechtes sind, oder nur auf solche, für die die Eheschließung nach Selbstverständnis und Wunsch von seiten der Gläubigen herkömmliche Praxis ist, wäre keine Verletzung des Gleichbehandlungsgebots.

[59] Vgl. *Scheffler*, Ehe und Familie (Anm. 56), S. 283; weitere Nachweise bei *Hoffmann / Stephan*, EheG (Anm. 56), Rdnrn. 18, 33 Einl. vor § 11. — Neuerdings

Die Verpflichtung des Staates, die Ehe zu schützen, zwingt den Gesetzgeber zwar, für ein Eheschließungsrecht zu sorgen, das eindeutige Rechtsverhältnisse im Eherecht entstehen läßt und jedermann den Zugang zur Ehe bei Vorliegen der gesetzlichen Voraussetzungen ermöglicht. Aber der Gesetzgeber behält Freiheit hinsichtlich der Modalitäten der Eheschließung. Bei entsprechender Ausgestaltung des Verfahrens würde die fakultative kirchliche Eheschließung die Erfüllung der staatlichen Schutzpflicht nicht gefährden[60].

Das staatliche Eherecht enthält eine ausdrückliche Bezugnahme auf die Praxis der kirchlichen Eheschließung, zwar nicht im Rahmen der Vorschriften über die Eheschließung selbst, wohl aber im Personenstandsrecht. Dort wird für kirchliche Amtsträger die Verpflichtung ausgesprochen, eine kirchliche Eheschließung erst nach erfolgter standesamtlicher Trauung vorzunehmen[61]. Auch diese Verbotsvorschrift verdankt ihre Entstehung der politischen Konfliktlage im Zusammenhang mit der Einführung der obligatorischen Zivilehe[62]. Ursprünglich war das Verbot mit einer Strafandrohung versehen. Durch eine Novelle des Personenstandsgesetzes aus dem Jahre 1953 wurde die Vorschrift jedoch als Ordnungswidrigkeit eingestuft — allerdings als Ordnungswidrigkeit, die insofern eine einmalige Besonderheit aufweist, als sie keine Androhung einer Geldbuße enthält. Infolgedessen ist jenes Verbot der sogenannten kirchlichen Voraustrauung faktisch unbewehrt. Aber auch seine rechtspolitische Notwendigkeit ist kaum einzusehen. Die Möglichkeit, daß es kirchliche Ehen gibt, die nicht gleichzeitig nach staatlichem Recht gültige Ehen sind, mag aus staatlicher Sicht unerwünscht sein, solange der Schein einer gültigen Ehe, der durch den Abschluß einer kirchlichen Ehe möglicherweise erzeugt wird, im Sozialleben eine rechtlich relevante Auswirkung haben kann. Heute wird man im Rechtsverkehr aber ohnehin nicht darauf vertrauen dürfen, daß

---

auch *Altana Filos-Patsantaras*, Die Eheschließung in Deutschland und Griechenland (= Konstanzer Schriften zur Rechtswissenschaft, Bd. 32), Konstanz 1990. — Kritisch hierzu *Reichel,* Rezension (Anm. 37), S. 33 ff.

[60] Ebenso *Hoffmann / Stephan,* EheG (Anm. 56). Rdnrn. 18, 20 Einl. vor § 11 m. w. N.; *Klaus G. Meyer-Teschendorf,* Standesamtliche Eheschließungsform und Grundgesetz, in: StAZ 1982, S. 325-331.

[61] § 67 Personenstandsgesetz i. d. F. v. 8. Aug. 1957 (BGBl. I, S. 1125): „Wer eine kirchliche Trauung oder die religiösen Feierlichkeiten einer Eheschließung vornimmt, ohne daß zuvor die Verlobten vor dem Standesamt erklärt haben, die Ehe miteinander eingehen zu wollen, begeht eine Ordnungswidrigkeit, es sei denn, daß einer der Verlobten lebensgefährlich erkrankt und ein Aufschub nicht möglich ist oder daß ein auf andere Weise nicht zu behebender schwerer sittlicher Notstand vorliegt, dessen Vorhandensein durch die zuständige Stelle der religiösen Körperschaft des öffentlichen Rechts bestätigt ist."

[62] Zur Entstehung des § 67 PStG und zu seinen mehrfachen Novellierungen vgl. *Bosch,* Eherecht (Anm. 34), S. 16 ff.

Personen, die in erkennbarer Weise eine Lebensgemeinschaft führen, in einer nach bürgerlichem Recht gültigen Ehe leben. Außerdem besteht in der Gegenwart kaum mehr ein Anreiz, für eine Lebensgemeinschaft die Form einer kirchlichen Ehe unter Verzicht auf eine Eheschließung zu wählen. Einmal ist das Zusammenleben in einer ehelichen Gemeinschaft ohne Eheschluß in weiten Kreisen üblich geworden und nicht mit einem gesellschaftlichen Odium behaftet; zum andern sind eventuelle Nachteile, die das Eingehen einer bürgerlichen Ehe mit sich bringt, weitgehend entfallen, seitdem die Verfassungswidrigkeit diesbezüglicher „Heiratswegfallklauseln" feststeht[63]. Personen, für die nach wie vor Nachteile solcher Art im Falle einer Eheschließung entstünden, etwa einzelne Rentenberechtigte[64], werden in den seltensten Fällen daran denken, eine kirchliche Ehe als Ersatz für eine bürgerliche Ehe zu wählen. Dies zu unterbinden, kann nicht Ziel des staatlichen Gesetzgebers sein. Das Bestreben, im gesellschaftlichen Bereich einen einheitlichen Ehebegriff durchzusetzen, ist kein berechtigterweise von staatlicher Seite zu verfolgendes Anliegen. Das Postulat eines Vorrangs der weltlichen Eheschließung vor der kirchlichen Eheschließung hat seinen prinzipiellen Charakter verloren.

Soweit überhaupt ein staatliches Interesse anzuerkennen ist, Unzuträglichkeiten zu vermeiden, die aus dem Nebeneinander einer kirchlichen und staatlichen Ehe folgen können, erscheint es angemessen, eine Koordination der beiderseitigen Eheschließungspraxis durch vertragliche Regelung anzustreben, schon deshalb weil auf diese Weise etwaige verfassungsrechtliche Zweifel an einer dirigierenden staatlichen Einflußnahme auf die Vornahme kirchlicher Amtshandlungen vermieden werden könnten. Das bestehende Kirchenvertragsrecht hat die Frage der Eheschließungsform nur indirekt zum Gegenstand gemacht. Das Reichskonkordat (Art. 26)[65] hat eine „umfassende spätere Regelung der eherechtlichen Fragen" immerhin vorbehalten. Es hat auf der Basis des bestehenden Verbots der kirchlichen Voraustrauung die Ausnahmemöglichkeit für den Fall der lebensgefährlichen Erkrankung um den Begriff des „schweren sittlichen Notstands" erweitert. Die heutige Fassung des § 67 PStG entspricht jener Konzession im Reichskonkordat. Die dort im Schlußprotokoll[66] enthaltene Definition des Begriffs „schwerer sittlicher Notstand" hat noch selbständige Bedeutung als Maßgabe für die

---

[63] BVerfGE 28, 324; 29, 1; 29, 57; 29, 71.

[64] Vgl. die Hinweise bei *Bosch,* Fragen des Eheschließungsrechts, in: ders., Neuere Entwicklungen (Anm. 58), S. 9 (23 ff.).

[65] Abgedr. bei *Joseph Listl,* Hrsg., Die Konkordate und Kirchenverträge in der Bundesrepublik Deutschland. Bd. 1, Berlin 1987, S. 49.

[66] Abgedr. ebd., S. 58.

Auslegung. Zweifelhaft könnte sein, inwieweit die katholische Kirche mit der Zustimmung zu jener Konkordatsbestimmung die vom System der obligatorischen Zivilehe geprägte Rechtslage anerkannt hat. Eine Loyalitätspflicht kann allenfalls die Verpflichtung zur Respektierung der bestehenden Rechtsordnung zum Inhalt haben, nicht aber eine Verpflichtung, auf kirchliche Postulate hinsichtlich der Gestaltung des Eheschließungsrechts zu verzichten[67].

2. Eheliche Lebensgemeinschaft

Die gegenseitige Verpflichtung der Ehegatten zur Lebensgemeinschaft ist Inhalt von im wesentlichen gleichlautenden Aussagen sowohl des staatlichen wie des kirchlichen Rechts[68]. Doch ist das Rechtsverhältnis der ehelichen Lebensgemeinschaft gemäß den beiden Rechtsordnungen in seinem materiellen Gehalt nicht dasselbe, denn hinsichtlich Qualität und Intensität der Lebensgemeinschaft gehen beide Rechtsordnungen von unterschiedlichen Voraussetzungen aus. Das staatliche Recht kann für die eheliche Lebensgemeinschaft nur Pflichten begründen, die innerhalb des limitierten Ordnungszwecks liegen, den der staatliche Gesetzgeber mit der Ordnung der Ehe verfolgen kann[69]. Die Bestimmbarkeit und vor allem die Erzwingbarkeit der einzelnen aus der generellen Verpflichtung folgenden Gebote und Verbote ist problematisch[70]. Den Ehegatten kann kein Verhalten auferlegt werden, das nur als Erfüllung einer religiös geprägten Vorstellung von der Ehe verstehbar wäre[71]. Die Lebensgemeinschaft nach Maßgabe der im staatlichen Recht enthaltenen Verpflichtung wird in vielen Fällen nicht dem Grad der tatsächlichen Gemeinschaft entsprechen. Der durch das kirchliche Recht begründeten Verpflichtung zur ehelichen Lebensgemeinschaft sind jene Grenzen nicht gesetzt, weil eben die Ehe nach der dem kirchlichen Recht zugrunde gelegten Auffassung neben der weltlichen auch eine religiöse Dimension aufweist[72]. Der kirchliche Gesetzgeber hat darum keine Veranlassung, die bekenntnisbezogenen Elemente in jener Materie auszusparen.

---

[67] Vgl. *Bosch,* Eherecht (Anm. 34), S. 21.
[68] § 1353 Abs. 1 BGB; c. 1135 CIC.
[69] Vgl. *Dölle,* Familienrecht (Anm. 53), S. 192.
[70] Vgl. *Hans-Martin Pawlowski,* Die Ehe als Problem des staatlichen Rechts, in: Europäisches Rechtsdenken, FS für Helmut Coing. München 1982, Bd. 1, S. 637-657.
[71] Vgl. BVerfGE 19, 226 (237); BGHZ 33, 145 = KirchE 5, 163.
[72] Vgl. *Hans Heimerl / Helmuth Pree,* Kirchenrecht. Allgemeine Normen und Eherecht. Wien, New York 1983, S. 163.

Obwohl die Verpflichtung zur ehelichen Lebensgemeinschaft, wie sie das staatliche Recht begründet, in ihrem positiven Gehalt bekenntnisindifferent ist, kann sie Auswirkungen für die religiösen Belange der Ehegatten nach sich ziehen und Kollisionen zu kirchlichen Verpflichtungen entstehen lassen. Denn die Pflicht zur ehelichen Lebensgemeinschaft kann, ohne daß sie religiös geprägte Verhaltensweisen vorschreibt, unter Umständen doch geeignet sein, einen Ehegatten bei der Entfaltung seiner Religiosität zu behindern. Die gebotene Rücksichtnahme auf den anderen Ehegatten und die gebotene Fürsorge können dazu zwingen, daß ein Ehegatte seine persönliche religiöse Überzeugung zurückstellen oder auch Verzichte hinsichtlich der Modalität der Religionsausübung hinnehmen muß. Da einerseits die Verpflichtung zur ehelichen Lebensgemeinschaft als charakteristisches Element der eherechtlichen Ordnung am verfassungsrechtlichen Schutz, den Art. 6 Abs. 1 GG gewährt, teilhat, andererseits das gesamte religionsbezogene Verhalten in umfassender Weise dem Schutz des Art. 4 GG unterfällt, muß im Falle eines Konflikts eine Konkordanz der scheinbar widersprechenden Verfassungsaussagen herbeigeführt werden. Dabei erscheint es sachgerecht, die Entscheidung, welches der beiden kollidierenden Rechtsgüter den Vorrang verdient, davon abhängig zu machen, welches der beiden bei einem Zurücktreten weniger stark betroffen würde. Im Rahmen der dabei anzustellenden Erwägungen kommt entscheidende Bedeutung der Feststellung zu, daß das staatliche Recht die eheliche Lebensgemeinschaft überhaupt nur partiell erfaßt. Folglich kann es nicht die richtige Lösung sein, im Interesse einer möglichst intensiven Lebensgemeinschaft den Verzicht auf religiöse Belange zu fordern. Die Rechtsprechung hat deshalb zu Recht betont, daß die Pflicht zur ehelichen Lebengemeinschaft gemäß staatlichem Recht der Entfaltung individueller religiöser Belange der einzelnen Ehegatten nicht im Wege stehen dürfe, sondern gerade die gegenseitige Rücksichtnahme auf die religiösen Gefühle des anderen Ehegatten gebiete[73]. Deshalb ist ein Ehegatte durch seine Bindung an die eheliche Lebensgemeinschaft nicht daran gehindert, in religiöser Hinsicht einen besonderen Weg zu gehen. Er kann sich sogar, ohne gegen seine Pflicht nach der staatlichen Rechtsordnung zu verstoßen, von der Glaubensgemeinschaft, der beide Ehegatten bisher angehörten, lossagen[74]. Die gebotene Rücksichtnahme bewirkt aber nicht nur, daß Ehegatten einander ein religiöses Eigenle-

---

[73] BGHZ 33, 145 (151) = KirchE 9, 163; BGHZ 38, 317 (323) = KirchE 6, 143; weitere Nachweise aus der Rechtsprechung bei *Listl,* Grundrecht (Anm. 58), S. 310, Fn. 34–36.

[74] Vgl. BVerfGE 17, 302; *Wolfram Müller-Freienfels,* Zur Scheidung wegen Glaubenswechsels, in: JZ 1964, S. 305 ff. und 344 ff.; *Nörr,* Eheauflösungsrecht (Anm. 37), S. 545 (548 f.).

ben konzedieren müssen. Sie gebietet auch, daß ein Ehegatte in der Art und Weise, wie er seine religiöse Überzeugung zum Ausdruck bringt, die religiösen Gefühle des anderen nicht verletzen darf[75].

Die eheliche Lebensgemeinschaft nach staatlichem Recht gewinnt eine gewisse Bedeutung auch für die Erfüllung der Beitragspflichten, die ein Ehegatte gegenüber seiner Religionsgemeinschaft hat. Denn die Fürsorge, die ein Ehegatte dem anderen angedeihen lassen muß, verpflichtet unter Umständen auch zur finanziellen Hilfe, damit der andere Ehegatte die Leistungen erbringen kann, die für ihn existentielle Bedeutung haben. Hierzu gehören dem Grundsatz nach auch die im Rahmen des Üblichen liegenden Beiträge, die die Religionsgemeinschaft von ihren Mitgliedern erbittet. Das früher geltende Kirchensteuerrecht folgte daher dem Prinzip, daß die Ehegatten gemeinsam die Kirchensteuern eines jeden der beiden Ehegatten schuldeten, und daß jeder Ehegatte für die Kirchensteuerschuld des anderen haftete. Das Bundesverfassungsgericht hat Regelungen dieser Art in ihrer Geltung für glaubensverschiedene Ehen als verfassungswidrig verworfen[76]. Angesichts der Bekenntnisindifferenz der ehelichen Lebensgemeinschaft könne bei Glaubensverschiedenheit die Leistung der Kirchensteuer des kirchenangehörigen Ehegatten keine gemeinsame Pflicht beider Ehegatten sein. Eine Verpflichtung, unmittelbar an die Religionsgemeinschaft des Ehegatten Steuern zu entrichten, sei unzulässig, weil niemandem Leistungen zugunsten einer Religionsgemeinschaft auferlegt werden dürften, der er selbst nicht angehört. Infolgedessen könne eine Beitragspflicht eines Kirchenmitglieds, das in einer glaubensverschiedenen Ehe lebt und selbst nicht erwerbstätig ist, nur diesem Kirchenmitglied selbst als persönliche Verpflichtung auferlegt werden und nur von dessen persönlichen Lebensumständen abhängig gemacht werden. Solche persönlichen Lebensumstände sind freilich durch die Art der Lebensführung mitbestimmt, zu der der alleinverdienende Ehegatte kraft seiner Verpflichtung zur ehelichen Lebensgemeinschaft dem nichterwerbstätigen Ehegatten Zugang verschafft[77].

Staatliches wie kirchliches Recht sehen die Aufhebung der Lebensgemeinschaft vor[78], also die Möglichkeit, daß ein Ehegatte von der Verpflichtung zur ehelichen Lebensgemeinschaft dispensiert wird. Da die Voraussetzungen hierfür in den beiden Rechtsordnungen nicht die glei-

---

[75] Zur Rechtsprechung im einzelnen vgl. *Listl,* Grundrecht (Anm. 58), S. 308.
[76] BVerfGE 19, 268.
[77] BVerfGE 19, 268 (282). Vgl. *v. Mangoldt / Klein / v. Campenhausen,* Art. 140 GG / Art. 137 WRV, Rdnr. 205 (Lit.). Ferner in *diesem* Handbuch *Heiner Marré,* § 37 Das kirchliche Besteuerungsrecht.
[78] § 1353 Abs. 2 BGB; cc. 1151 sqq. CIC.

chen sind, können Kollisionen entstehen. Es ist denkbar, daß der kirchlich gebundene Ehegatte an dem kirchlicher Ordnung entsprechenden Eheleben gehindert wird, wenn staatliches Recht dem Ehepartner das Getrenntleben gestattet. Dieser Möglichkeit kommt kaum praktische Bedeutung zu. Deutlicher und häufiger tritt das Divergieren des staatlichen und des kirchlichen Rechts im Hinblick auf die Aufhebung der Lebensgemeinschaft in Erscheinung, wenn Ehegatten, die die nach kirchlichem Recht zulässige Aufhebung der ehelichen Lebensgemeinschaft realisieren wollen, für dieses Vorhaben im bürgerlichen Recht jedoch keine Stütze finden. Denn das staatliche Recht läßt eine rechtmäßige Aufhebung einer Lebensgemeinschaft nur zu, wenn das Verlangen nach ehelicher Lebensgemeinschaft ein Mißbrauch wäre. Der Begriff des Mißbrauchs ist aber anhand der für das staatliche Recht maßgeblichen Wertentscheidungen zu interpretieren. Mißbräuchlich ist das Verlangen nach Herstellung der Lebensgemeinschaft nicht allein deshalb, weil der andere Ehegatte nach kirchlichem Recht zur Aufhebung der Lebensgemeinschaft berechtigt ist. Praktische Bedeutung hat das Recht auf Aufhebung der ehelichen Lebensgemeinschaft nach kirchlichem Recht vor allem deshalb, weil es auch für den Fall eines Ehebruchs durch den Ehegatten eingeräumt ist. Doch setzt ein katholischer Ehegatte, wenn er von dieser Möglichkeit Gebrauch machen will, dabei aber aus Glaubensgründen den Bestand der Ehe nicht in Frage stellen möchte, diesen gerade wegen des staatlichen Scheidungsrechts auf's Spiel. Denn die Möglichkeit einer Scheidung wird durch die Verweigerung der Lebensgemeinschaft erleichtert, weil bei dreijähriger Trennung das Scheitern der Ehe unwiderlegbar vermutet wird.

3. Elterliches Erziehungsrecht

Das kirchliche Eherecht zählt zu den Ehewirkungen auch das Recht und die Pflicht zur Erziehung der ehelichen Kinder[79]. Eine fast gleichlautende Aussage enthält die staatliche Rechtsordnung[80]. Doch ist im bürgerlichen Recht der Bundesrepublik das elterliche Erziehungsrecht nicht Bestandteil des Eherechts. Grundsätzliche Konflikte ergeben sich aus der von beiden Seiten in Anspruch genommenen Regelungskompetenz nicht[81]. Im Regelfall behindern die im staatlichen Recht genannten

---

[79] C. 1136 CIC; vgl. auch Ordnung des kirchlichen Lebens der VELKD, Abschn. II,2; Ordnung des kirchlichen Lebens der EKU, Art. 10,2; Art. 11,2.
[80] Art. 6 Abs. 2 GG; § 1626 BGB.
[81] Zum Recht der religiösen Erziehung vgl. in *diesem* Handbuch den Beitrag von *Matthias Jestaedt*, § 52 Das elterliche Erziehungsrecht im Hinblick auf Religion.

Voraussetzungen und Bedingungen des elterlichen Erziehungsrechts nicht die Ausübung des diesbezüglichen Rechts nach Maßgabe der kirchlichen Rechtsordnung. Denn das staatliche Recht der elterlichen Sorge beläßt den Eltern die Freiheit, die Erziehung ihrer Kinder nach eigenen Vorstellungen vorzunehmen; diese Freiheit ist auch durch Art. 6 Abs. 2 GG verfassungsrechtlich gesichert.

Die Grenzen, die der religiösen Erziehung wie der Erziehung im übrigen durch die im bürgerlichen Recht vorgesehene Mißbrauchskontrolle gezogen sind[82], wirken angesichts von Ziel und Inhalt christlicher Erziehung nicht als relevante Beeinträchtigung der Eltern bei der Erfüllung ihrer kirchlichen Verpflichtung zur Erziehung der Kinder.

Ein sachlicher Unterschied besteht hinsichtlich der Dauer des elterlichen Erziehungsrechts, weil die staatliche Rechtsordnung gerade im Hinblick auf die erzieherischen Entscheidungen in religiösen Angelegenheiten eine nach Lebensalter des Kindes gestufte zeitliche Begrenzung vorsieht[83]. Doch entfaltet die vom staatlichen Gesetzgeber dekretierte Beendigung des Erziehungsverhältnisses nur Wirkungen für die bürgerlichen Rechtsbeziehungen. Die Eltern sind nicht gehindert, entsprechend ihrer kirchlichen Verpflichtung weiterhin erzieherischen Einfluß auf die Kinder zu nehmen, freilich ohne Verbindlichkeit für den staatlichen Rechtsbereich. Das staatliche Recht behindert insoweit nicht die kirchliche Rechtsausübung.

Gravierender für die Realisierung der kirchlichen Pflichten kann sich die Vorschrift des bürgerlichen Rechts auswirken, die bei fehlender Einigung der Ehegatten über die Art der religiösen Erziehung eine Entscheidung des Vormundschaftsgerichts vorsieht[84]. Denn auf diese Weise kann unter Umständen ein Ehegatte weitgehend von der Einflußnahme auf die religiöse Erziehung ausgeschlossen werden. Aus der Sicht des staatlichen Gesetzgebers ist es jedoch unvermeidlich, daß im Falle eines sonst nicht behebbaren Konfliktes eine verbindliche Entscheidung getroffen wird. Der mit einer solchen Entscheidung verbundene Eingriff in die Freiheit der kirchlichen Rechtsausübung ist in seiner Wirkung begrenzt, weil der davon betroffene Ehegatte, der seiner Verpflichtung zur religiösen Erziehung nicht nachkommen kann, die Schwierigkeit in der Ausübung seines kirchlichen Rechts selbst mitverursacht hat, indem er eine Ehe eingegangen ist ohne vorherige Einigung über die Kindererziehung.

---

[82] § 1666 BGB.
[83] § 5 Gesetz über die religiöse Kindererziehung v. 15. Juli 1921 (RGBl. S. 939).
[84] § 2 ebd.

4. Auflösung der Ehe

Die im staatlichen Recht vorgesehene Möglichkeit, gültig geschlossene Ehen durch Scheidung aufzulösen[85], macht in besonders augenfälliger Weise sichtbar, daß staatliches und kirchliches Eherecht auch in materieller Hinsicht divergieren. Zwar hat auch der staatliche Gesetzgeber den Grundsatz der Unauflöslichkeit der Ehe als Intention dem Eherecht unterlegt[86]; er hat ihn aber nicht in der Weise strikt verwirklicht, daß keine Ausnahme zulässig wäre. Ein wesentlicher Teil des staatlichen Eherechts, nämlich die Regelung von Voraussetzungen, Verfahren und Folgen der Scheidung, bleibt deshalb im Kirchenrecht ohne Entsprechung. Ein materieller Widerspruch besteht im Hinblick auf die Möglichkeit der Scheidung vor allem im Verhältnis zwischen staatlichem und katholischem Kirchenrecht, während Ordnung und Praxis der evangelischen Kirchen, obwohl diese die Ehe als ein ihrem Wesen nach auf Lebenszeit angelegtes Rechtsverhältnis verstehen, mit der Scheidung als Möglichkeit rechnen und eine geschiedene Ehe unter keinen Umständen als eine bestehende Ehe behandeln.

Die unterschiedlichen Aussagen des staatlichen und des katholischen Kirchenrechts zur Auflösbarkeit der Ehe müssen nicht notwendigerweise zum Konfliktstoff werden, der die grundsätzliche Kontroverse über die Eherechtskompetenz noch verstärkt. Die sachliche Unvereinbarkeit der Aussagen über den Bestand einer Ehe ist nicht unbedingt Ausdruck einer Rivalität zweier unvereinbarer Ehevorstellungen. Der Unterschied beruht primär auf der Andersartigkeit der Ordnungsaufgabe, der Staat und Kirche durch ihr Eherecht jeweils gerecht zu werden suchen. Der staatliche Gesetzgeber sieht sich zur Zulassung einer Eheauflösung veranlaßt, weil er das Eherecht um der sozialen Funktion der Ehe willen seiner Hoheit unterstellt. Die Möglichkeit der Eheauflösung wird eröffnet, damit sozial funktionslos gewordene Ehen nicht aufrechterhalten werden müssen. Das kirchliche Eherecht ist demgegenüber nicht in jener Weise rational determiniert. Sobald man das kirchliche und staatliche Eherecht nicht in erster Linie als konkurrierende Rechtsnormen für eine in jeder Hinsicht identische Rechtsbeziehung versteht, sondern im staatlichen Recht den Versuch sieht, die Ehe in ein säkulares Ordnungsgefüge einzubeziehen, braucht man vom kirchlichen Standpunkt aus die abweichende Haltung des staatlichen Rechts zur Auflösbarkeit der Ehe nicht als Beeinträchtigung in prinzipiellen Belangen zu empfinden. Die dem kirchlichen Recht verpflichteten Ehegatten sind nicht gehindert, ihre Ehe als unauflösbare personale Beziehung zu verstehen.

---

[85] §§ 1564 ff. BGB.
[86] § 1353 Abs. 1 S. 1 BGB.

Auch wenn eine Ehe gemäß staatlichem Recht aufgelöst ist, bleibt die Bewertung dieser Beziehung als bestehende Ehe im Sinne des kirchlichen Rechts unbenommen.

Trotz jener Möglichkeit zur Entflechtung des Konflikts auf der theoretischen Ebene ist die bleibende Diskrepanz zwischen kirchlichem und staatlichem Recht im Zusammenhang mit der staatlichen Zulassung und der staatlichen Praxis der Ehescheidung geeignet, die Beziehungen zwischen Staat und Kirche zu belasten. Die Kirche hat ihr auf die staatliche Rechtsordnung nicht Rücksicht oder Bezug nehmendes Eherecht trotz der Entstehung eines säkularen staatlichen Eherechts bewußt beibehalten. Sie versteht ihr Eherecht nicht als einen auf die kircheninternen Beziehungen der Christen beschränkten Normenkomplex, sondern als Regelung, die das Verhalten der Christen umfassend und somit auch hinsichtlich der Wirkung der Ehe im gesellschaftlichen Bereich gestalten soll. Bei dieser Ausgangslage wirkt die durch das staatliche Recht eingeräumte Scheidungsmöglichkeit faktisch der Realisierung der christlichen Eheauffassung entgegen. Denn die Auflösung einer Ehe gemäß staatlichem Recht macht das kirchliche Rechtsverhältnis, obwohl sie dieses in seinem Bestand nicht berühren kann, zu einem Rechtsverhältnis ohne gesellschaftliche Relevanz. Wenn die personale Bindung an die Ehe nicht durch eine im staatlichen Recht abgesicherte Bindung ergänzt wird, ist der Fortbestand der kirchlichen Bindung praktisch bedeutungslos, sofern nur ein Partner die vom staatlichen Recht eröffnete Möglichkeit, sich von der Ehe zu lösen, ergreift. Weil das kirchliche Eherecht in dieser Weise darauf angewiesen ist, daß das staatliche Eherecht die personale Bindung an die Ehe sanktioniert, ist es konsequent, daß die Kirche auf eine möglichst enge Begrenzung der Scheidungsmöglichkeit dringt, nachdem eine solche vom staatlichen Recht grundsätzlich eröffnet worden ist. Die Kirche kann sich nicht auf den Standpunkt stellen, daß die Ehescheidungsgründe keiner Bewertung zu unterwerfen seien, weil sie die Ehescheidung ohnehin als unzulässigen Vorgang ansieht.

Das im Jahre 1977 veränderte Ehescheidungsrecht, das ein objektives Merkmal, nämlich das Scheitern der Ehe, zum maßgeblichen Tatbestandsmerkmal macht[87], hat ungeachtet seiner generellen Vorzüge jedenfalls für die Belange kirchlich gebundener Ehepartner eine ungünstige Auswirkung. Nach dem bis dahin geltenden Recht war die Scheidung davon abhängig, daß der Antragsgegner einen Verschuldenstatbestand verwirklicht hatte. Infolgedessen hatte es ein Ehegatte, der aus religiösen Gründen den Bestand der Ehe nicht gefährden wollte, in der Hand, eine Scheidung zu vermeiden.

---

[87] § 1565 Abs. 1 BGB.

Wenn nunmehr die Zulässigkeit der Ehescheidung ausschließlich nach dem objektiven Umstand des Scheiterns der Ehe beurteilt wird, muß sich das kirchliche Interesse darauf richten, daß der Begriff des Scheiterns zurückhaltend interpretiert wird, oder daß durch Ausnahmeklauseln auch in Fällen des Scheiterns eine Entscheidung zugunsten des Fortbestands der Ehe ermöglicht wird. Die Einseitigkeit des reformierten Scheidungsrechts, das die Entscheidung über ein Scheidungsbegehren allein vom Scheitern, das bei Fristablauf unwiderlegbar vermutet wird[88], abhängig macht, ist durch die Einfügung einer Härteklausel abgeschwächt worden[89]. Das geschah nicht, um eine Konzession an kirchliche Wünsche zur Erschwerung der Ehescheidung zu machen, sondern allein aus dem Bedürfnis, die Flexibilität zu vermehren, damit besonderen Situationen besser Rechnung getragen werden könne.

Im Zusammenhang mit der Auslegung der für die Scheidung maßgeblichen Begriffe des Scheiterns und der schweren Härte haben religiöse Belange der Beteiligten eine relativ geringfügige Rolle gespielt. Der Abkehr eines Ehegatten vom gemeinsamen Glauben wird jedenfalls nicht unmittelbar Bedeutung für die Zerrüttung der Ehe beigemessen. Andererseits steht die religiös motivierte Bindung eines Ehegatten an die Ehe der Annahme eines Scheiterns nicht im Wege. Denn dieses wird in der Praxis meist nicht nach der Einstellung der Ehegatten beurteilt, sondern nach Maßgabe der Zerrüttungsvermutung, die an den Fristablauf anknüpft, festgestellt. Bei der Beurteilung, ob die Scheidung eine schwere Härte darstellt, bleibt die religiös bedingte Einstellung der Ehegatten zur Ehe außer Betracht. Der Hinweis, daß ein Ehegatte die katholische Lehre von der Unauflöslichkeit sakramental geschlossener Ehen verinnerlicht hat oder aus sonstigen religiösen Motiven eine besondere Bindung an die Ehe empfindet, reicht nach der Praxis der Gerichte nicht aus, um die Anwendung der Härteklausel zu rechtfertigen[90]. Die Tendenz der Rechtsprechung, religiöse Motive in diesem Zusammenhang auszuklammern, ist kennzeichnend für jenes säkulare Verständnis der ehelichen Lebensgemeinschaft, wonach diese das religiöse Eigenleben der Ehegatten unberührt läßt. Das Interesse, sozial funktionslose Ehen auch als Rechtsverhältnis zu beenden, wird höher bewertet als individuelle religiöse Belange.

Anders als die Ehescheidung, die das kirchliche Recht für wirksame sakramentale Ehen nicht zulassen kann, ist die Auflösung einer Ehe

---

[88] § 1566 BGB.
[89] § 1568 BGB.
[90] Vgl. OLG Stuttgart, in: FamRZ 1991, S. 334 mit Anm. von *Friedrich Wilhelm Bosch* (dort weitere Hinweise auf die Rspr.); ferner die in FamRZ 1992, S. 568 abgedr. familiengerichtliche Entscheidung des AG Schorndorf.

§ 28 Staatliches und kirchliches Eherecht 817

wegen von Anfang an vorhandener rechtlicher Hinderungsgründe sowohl im staatlichen wie auch im kirchlichen Recht vorgesehen. Es ist auch eine gewisse Parallelität hinsichtlich der Gründe feststellbar, die die Beseitigung einer Ehe wegen von Anfang an bestehender Mängel gemäß staatlichem Recht und gemäß kirchlichem Recht rechtfertigen. Doch sieht das staatliche Recht in den meisten Fällen eine Aufhebung mit Wirkung für die Zukunft vor und nur in wenigen Fällen die rückwirkende Feststellung der Nichtigkeit [91]. Die Nichtigerklärung gemäß kirchlichem Recht wird in allen Fällen als rückwirkende Beseitigung des Ehebands verstanden [92]. Die Aufhebung einer Ehe wegen von Anfang an bestehender Mängel hat in der ehegerichtlichen Praxis des Staates eine relativ geringe Bedeutung; sie steht dagegen im Vordergrund der Praxis der kirchlichen Gerichte. Die Häufigkeit der einschlägigen gerichtlichen Verfahren ist nicht allein damit zu erklären, daß die Eheaufhebung die einzige Möglichkeit bietet, um von einer Ehe mit Wirkung für das kirchliche Recht loszukommen. Die Berufung auf die von Anfang an bestehende Unwirksamkeit liegt im Rahmen eines kirchlichen Eheverfahrens auch deshalb besonders nahe, weil nach kirchlichem Recht ein Mangel im Eheschließungswillen in einem viel weiteren Kreis von Fällen in Betracht zu ziehen ist. Denn die kirchliche Sicht vom Wesen der Ehe nimmt viel stärker die subjektive Seite des Ehekonsenses in Bezug. Während das staatliche Recht nur die formale Übereinstimmung des gegenseitigen Eheschließungswillens zur Voraussetzung für einen wirksamen Ehekonsens macht [93], verlangt das kirchliche Recht einen qualifizierten Willen, der auch die wesentlichen Merkmale einer Ehe nach kirchlicher Vorstellung einbezieht. Infolgedessen kann ein geheimer Vorbehalt bei der Bekundung des Ehekonsenses in einer erheblichen Anzahl von Fällen dessen Unwirksamkeit verursachen und die Aufhebung rechtfertigen. Der für ein konfliktsfreies Verhältnis von Staat und Kirche wünschenswerte Zustand, daß sich hinsichtlich des Bestands einer Ehe das Urteil von staatlicher und kirchlicher Seite decken, ist folglich auch wegen der unterschiedlichen Praxis in der Eheaufhebung nicht erreichbar. Im Unterschied zum Befund bei der Ehescheidungspraxis sind hinsichtlich der Aufhebung der Ehe die Fälle zahlreicher, in denen das kirchliche Recht die Eheauflösung abweichend vom staatlichen Recht zuläßt. Vor allem in den Fällen, in denen sich nachträglich herausstellt, daß der Konsens über die für eine Ehe we-

---

[91] §§ 16 ff., 28 ff. Ehegesetz v. 20. Febr. 1946 (ABl. Kontrollrat S. 77, 294).
[92] Vgl. *Heimerl / Pree,* Kirchenrecht (Anm. 72), S. 180 ff.; zu den Nichtigkeitsgründen des kirchlichen Rechts und zum Nichtigkeitsverfahren vgl. *Martha Wegan,* Ehescheidung. Auswege mit der Kirche. 2. Aufl., Graz, Wien, Köln 1982.
[93] Zur rechtlichen Zulässigkeit sog. Scheinehen vgl. *Spellenberg,* Scheinehen (Anm. 48), S. 33-44, *Coester,* Eheschließungsrecht (Anm. 48).

52 Handbuch, 2. A.

sentlichen Merkmale fehlte, ist die staatliche Praxis nicht in der Lage, durch Aufhebung der Ehe die Konformität mit der Rechtslage nach dem kirchlichen Recht herzustellen.

III. Der verfassungsrechtliche Schutz der kirchlichen Ehe

Der historische Konflikt zwischen Staat und Kirche in der Frage der Eherechtskompetenz hat keinen unmittelbaren Niederschlag im staatlichen Verfassungsrecht der Bundesrepublik gefunden. Das Verhältnis von kirchlichem und staatlichem Eherecht ist kein geläufiger oder typischer Gegenstand des Verfassungsrechts der westlichen Demokratien[94]. Doch läßt der im Grundgesetz klar ausgesprochene Vorrang des Verfassungsrechts die Frage entstehen, ob bestimmte Einzelvorschriften des Verfassungsrechts die Kirche in der Entfaltung und Realisierung eines eigenen Eherechts schützen oder behindern. Für eine einschlägige Prüfung kommen die verfassungsrechtlichen Gewährleistungen in Art. 140 GG in Verbindung mit Art. 137 Abs. 3 WRV sowie in Art. 4 und 6 GG in Betracht.

1. Selbstbestimmungsrecht der Kirchen
(Art. 140 GG i. V. m. Art. 137 Abs. 3 WRV)

Die Garantie des Selbstbestimmungsrechts der Kirchen erfaßt grundsätzlich das gesamte Handeln der Kirchen, das sich als Verwirklichung ihres Auftrags darstellt, folglich auch die Entfaltung und Praktizierung eigener Vorstellungen über die Ehe. Ob trotz jener verfassungsrechtlichen Garantie Recht und Praxis der kirchlichen Ehe staatlichen Einwirkungen ausgesetzt sein können, hängt davon ab, wie sich die Begrenzung des Selbstbestimmungsrechts durch das „für alle geltende Gesetz" auf dem Gebiete des Eherechts auswirkt.

Die vom Verfassungsrecht zugelassene Beschränkung der kirchlichen Selbstbestimmung kann nur das tatsächliche Handeln der Kirche beeinflussen; die bloße Rechtsetzung der Kirche, also auch ihre Ehegesetzgebung wird von dem „für allen geltenden Gesetz" nicht gelenkt oder begrenzt. Es gibt keine staatlichen Rechtsvorschriften, die unmittelbar den Vorgang der kirchlichen Rechtsetzung zum Gegenstand hätten. Auch die Publikation kirchlicher Rechtsvorschriften ist im Unterschied zur früheren Praxis des Placets keinen Beschränkungen unterworfen.

---

[94] Eine Ausnahme macht die belgische Verfassung von 1831, die dem Verbot der kirchlichen Voraustrauung Verfassungsrang verschafft hat (Art. 16 Abs. 2).

Infolgedessen wirkt das staatliche Recht nicht auf den Bestand von kirchlichen Rechtsvorschriften ein, die über Voraussetzungen oder Wirkungen der Ehe etwas anderes aussagen als eben jenes staatliche Eherecht. Zwar ist gelegentlich die Formulierung, wonach das Selbstbestimmungsrecht nur im Rahmen des „für alle geltenden Gesetzes" gewährleistet wird, als Ausdruck des gesetzgeberischen Bestrebens verstanden worden, staatliche und kirchliche Ordnung zu harmonisieren, um Kollisionsfreiheit in den rechtlichen Aussagen zu erzielen[95]. Doch hat sich gerade im Bereich des Eherechts eine sachliche Kollision von staatlichem und kirchlichem Recht als tolerabel erwiesen, weil die kirchlichen Rechtssätze für die Beurteilung der Rechtsverhältnisse gemäß staatlichem Recht nicht relevant sind[96]. Es besteht darum aus staatlicher Sicht kein Zwang, die Aussagen des staatlichen und des kirchlichen Rechts auszugleichen. Da die kirchliche Rechtsetzungsgewalt von einem staatlichen Akt der Übertragung oder Zulassung unabhängig ist[97], steht das Produkt kirchlicher Rechtsetzung, das kirchliche Eherecht, zunächst unvermittelt neben dem staatlichen Eherecht[98]. Ob den von der Kirche erlassenen Vorschriften überhaupt die Qualität von Recht zukommt, ist eine auf der Basis des staatlichen Rechts nicht zu entscheidende Frage.

Eine Einschränkung der kirchlichen Freiheit in Folge der Bindung an das „für alle geltende Gesetz" kann daher nur das Handeln zum Vollzug des kirchlichen Eherechts betreffen. Eine derart einschränkende Wirkung kann aber nur von Gesetzen ausgehen, die ihrerseits der verfassungsmäßigen Ordnung entsprechen. Diesem Erfordernis würden staatliche Gesetze nicht genügen, die darauf abzielen, den Vollzug kirchlichen Eherechts zu unterbinden, ohne daß sie durch einen bekenntnisindifferenten staatlichen Ordnungszweck gerechtfertigt wären, wobei es nicht darauf ankommt, ob die Unzulässigkeit einer derartigen, die kirchliche Freiheit beeinträchtigenden Rechtsvorschrift mit ihrer fehlenden Allgemeinheit begründet wird, oder mit dem Fehlen des für die Verhältnismäßigkeit erforderlichen berechtigten Zweckes[99].

---

[95] In diesem Sinne ist wohl die epochale Äußerung *Johannes Heckels,* Das staatskirchenrechtliche Schrifttum der Jahre 1930 und 1931, in: VerwArch. 37 (1932), S. 280 ff. (auszugsweise auch abgedr. in: ders., Das blinde, undeutliche Wort „Kirche". Gesammelte Aufsätze. Hrsg. von Siegfried Grundmann. Köln, Graz 1964, S. 590 ff.) zu verstehen.
[96] Vgl. z. B. die Problematik der Entscheidung des BayVerfGH, in: BayVGHE n. F. 20 II, 140 = KirchE 9, 210.
[97] Hierüber besteht heute weitgehende Übereinstimmung, vgl. *Josef Jurina,* Der Rechtsstatus der Kirchen und Religionsgemeinschaften im Bereich ihrer eigenen Angelegenheiten. Berlin 1972, S. 23 ff., 78 ff., 113 ff. (Lit.).
[98] Vgl. *Gernhuber,* Familienrecht (Anm. 37), S. 25.

Legt man diesen Maßstab zugrunde, wird man keinen Gesichtspunkt finden, der das Verbot einer kirchlichen Trauung ohne vorherige standesamtliche Trauung rechtfertigen könnte. Der Eingriff in das Selbstverwaltungsrecht wird nicht durch die auf den Zeitpunkt der kirchlichen Handlung abstellende Bedingung ausgelöst, sondern dadurch, daß wegen des Zwangs, die vorausgehende staatliche Eheschließung abzuwarten, eine kirchliche Handlung in bestimmten Fällen ganz unmöglich gemacht wird, nämlich in den Fällen, in denen die materiellen Voraussetzungen für eine staatliche Eheschließung nicht bestehen. Eine Rechtsvorschrift, die eine kirchliche Amtshandlung nur bei Vorliegen bestimmter Voraussetzungen zuläßt, ist eine spezielle und ausschließlich die Kirchen benachteiligende Rechtsvorschrift und darum keine verfassungsmäßige Beschränkung des Selbstbestimmungsrechts. Aber auch beim Blick auf die konkurrierenden Rechtsgüter und Rechtszwecke wird man zum Ergebnis kommen, daß kein den Eingriff rechtfertigender verfassungsrechtlich erheblicher Schutzzweck erkennbar ist. Wird das minimale staatliche Interesse an der die kirchliche Freiheit beeinträchtigenden Vorschrift in ein Verhältnis zum negativen Effekt gesetzt, den ein für bestimmte Fälle bestehendes Verbot kirchlicher Amtshandlungen bewirkt, so wird die Abwägung zugunsten des kirchlichen Interesses an der ungehinderten Realisierung ihres Eherechts ausfallen müssen.

2. Glaubensfreiheit
(Art. 4 Abs. 1 und 2 GG)

Da die Ehe eine Beziehung ist, die von jeher unter religiösen Aspekten, namentlich aus der Sicht des christlichen Glaubens, eine Bewertung erfahren hat, und da vom christlichen Glauben her bestimmte Bedingungen für das Eingehen einer Ehe aufgestellt werden und bestimmte Erwartungen für das Verhalten in der Ehe bestehen, stellt sich die Frage, inwieweit der verfassungsrechtliche Schutz des Glaubens auch der Realisierung religiös geprägter Vorstellungen von der Ehe zugute kommt. Seitdem sich — vor allem in Folge der Rechtsprechung des Bundesverfassungsgerichts[100] — eine extensive Auslegung der durch Art. 4 Abs. 1 und 2 GG gewährleisteten Rechte durchgesetzt hat, kann es keinem Zweifel mehr unterliegen, daß das Handeln des Einzelnen, durch das er christlichen Vorstellungen von der Ehe oder auch kirchlichen

---

[99] Zu den Anforderungen an ein die Religionsfreiheit zulässigerweise begrenzendes und für alle geltendes Gesetz vgl. *v. Mangoldt / Klein / v. Campenhausen*, Art. 140 GG / Art. 137 WRV, Rdnrn. 126 ff.; *Alexander Hollerbach*, Grundlagen des Staatskirchenrechts, in: HStR VI, 1989, § 138, Rdnrn. 117 ff.

[100] Vgl. *Alexander Hollerbach*, Das Staatskirchenrecht in der Rechtsprechung des Bundesverfassungsgerichts (II), in: AöR 106, 1981, S. 218-283 (223 ff.).

Geboten nachkommt, vom Tatbestand jenes Grundrechts erfaßt wird. Dieses schützt nicht nur das Handeln im kultischen Bereich, nicht nur gottesdienstliche oder verbale Bekenntnisakte, sondern begründet umfassend ein „Recht des Einzelnen, sein gesamtes Verhalten an den Lehren seines Glaubens auszurichten und seiner inneren Überzeugung gemäß zu handeln"[101]. Daher ist auch das Verhalten des Gläubigen in Bezug auf die Ehe, soweit es religiös motiviert ist, der grundrechtlichen Freiheit gemäß Art. 4 GG zuzuordnen.

Die Gewährleistung des Art. 4 GG schützt auch das Handeln der verfaßten Kirche, soweit es sich als Ausdruck des gemeinsamen Glaubens der Kirche darstellt. Darum ist die gottesdienstliche Handlung bei der Eheschließung oder bei der kirchlichen Trauung Ausübung der grundrechtlichen Freiheit durch die Kirche selbst.

Die einzelnen Gläubigen bleiben durch die Bindung an das staatliche Eherecht bei der Wahrnehmung ihrer religiös motivierten Pflichten in Bezug auf die Ehe weitgehend unbeeinträchtigt. Auch die Kirche selbst wird, abgesehen vom Verbot der Voraustrauung, am Vollzug von Amtshandlungen nicht gehindert. Der Umstand allein, daß der staatliche Gesetzgeber die Regelung der Ehe als seine Angelegenheit in Anspruch nimmt, bewirkt keinen Eingriff in grundrechtlich geschützte Positionen. Denn das Grundrecht aus Art. 4 GG schützt als Freiheitsrecht vor der Beeinträchtigung von Handlungsmöglichkeiten auf religiösem Gebiet, es wirkt aber nicht als Vorbehalt zugunsten der Kirche für einen bestimmten, von ihr in der Geschichte wahrgenommenen Regelungskomplex. Art. 4 GG entfaltet keine Wirkung als institutionelle Garantie, schützt auch nicht die sozialpolitische Bedeutung der kirchlichen Ehe, die dieser bei einem Eheschließungsrecht zukommen würde, das der kirchlichen Ehe ohne weiteres bürgerlichrechtliche Wirkung beimißt.

Eine Schranke für staatliches Handeln im herkömmlichen kirchlichen Wirkungsbereich der Eheschließung entsteht in begrenztem Umfang aufgrund der objektivrechtlichen Wirkung des Art. 4 GG, die den Staat zwingt, sein Handeln von religiösen Elementen freizuhalten. Hieraus ergeben sich Anforderungen an die Ausgestaltung des Aktes der standesamtlichen Eheschließung. Diese darf nicht — etwa durch eine vom säkularen Zweck der bürgerlichen Ehe nicht begründbare feierliche Form — den Charakter einer Ersatzhandlung für eine gottesdienstliche Feier erhalten[102].

---

[101] BVerfGE 24, 236; vgl. hierzu in *diesem* Handbuch *Joseph Listl,* § 14 Glaubens-, Bekenntnis- und Kirchenfreiheit.
[102] § 8 PStG sieht vor, daß die Eheschließung „in einer der Bedeutung der Ehe entsprechenden würdigen und feierlichen Weise vorgenommen werden" soll. —

Es ist wiederum das in § 67 PStG ausgesprochene Verbot der kirchlichen Voraustrauung, das die Frage nach einer verfassungsmäßigen Einschränkung der grundrechtlichen Freiheit aus Art. 4 GG aufwirft. Durch jenes Verbot wird die Kirche selbst an einer gottesdienstlichen Handlung gehindert, wenn die Voraussetzungen für eine staatliche Eheschließung nicht vorliegen, oder wenn diese noch nicht erfolgt ist. Die darin liegende Beeinträchtigung der Freiheit zu gottesdienstlichem Handeln wäre nur zu rechtfertigen, wenn sie zum Schutz eines in der konkreten Situation Vorrang beanspruchenden verfassungsmäßig geschützten Gutes erforderlich wäre. Es fehlt aber, ebenso wie im Hinblick auf die Beschränkung des kirchlichen Selbstbestimmungsrechts, an Gesichtspunkten, die bei einer Abwägung zuungunsten der Religionsfreiheit den Ausschlag geben könnten.

Das Verbot der Voraustrauung richtet sich nicht unmittelbar an den einzelnen Gläubigen. Doch hat es die notwendige Folge, daß demjenigen, der die standesamtliche Eheschließung nicht vollzogen hat, der Zugang zu einer ohne jenes Verbot möglichen kirchlichen Handlung unmöglich gemacht wird. Insofern ist er an einer vom Tatbestand des Art. 4 GG erfaßten Verhaltensweise gehindert. Zu einer unzulässigen Grundrechtsbeeinträchtigung kommt es aber nicht in dem regelmäßigen Fall, in dem die Behinderung lediglich darin liegt, daß er die standesamtliche Trauung, auf deren Vornahme das staatliche Recht einen Anspruch verleiht, vor dem kirchlichen Akt vorzunehmen gezwungen ist. Denn das Grundrecht aus Art. 4 GG enthält nicht das vorbehaltlose Recht zur Vornahme bestimmter Einzelakte in jeder beliebigen Situation; es gewährleistet das Recht, das Leben gemäß den im Gewissen verpflichtenden religiösen Vorstellungen und Geboten zu gestalten. Die ohne weiteres erfüllbare Bedingung der vorherigen standesamtlichen Eheschließung ist kein substantieller Eingriff in jenes Grundrecht. Gelegentlich wird geltend gemacht, der den noch nicht kirchlich getrauten Verlobten auferlegte Zwang, vor dem Standesamt zu erklären, daß sie eine Ehe eingehen wollen, zwinge diese zu einem ihr Gewissen belastenden Heucheln, weil ihnen ihre religiöse Überzeugung sage, daß jene Wirkung vor dem kirchlichen Akt noch gar nicht eintrete[103]. Diese Beurteilung der Gewissenslage beruht aber wiederum auf der Prämisse, daß staatliche Ehe und kirchliche Ehe ein und dasselbe Rechtsverhältnis seien. Die Gläubigen sind nicht gezwungen, etwas anderes zu erklären,

---

Kritisch hierzu *Müller-Freienfels,* Ehe und Recht (Anm. 1), S. 116; *Franz Massfeller / Werner Hoffmann,* PStG, Kommentar, Rdnr. 1 zu § 8.
[103] So *Eduard Eichmann / Klaus Mörsdorff,* Lehrbuch des Kirchenrechts. 11. Aufl., Bd. 2, Paderborn 1967, S. 147; vgl. auch *Holböck,* Zivilehe (Anm. 55), S. 84 ff., 100.

als das, was sie wirklich wollen, nämlich, daß sie den Eintritt der mit der bürgerlichen Ehe verbundenen Rechtsfolgen wünschen. Aus dem Umstand, daß die Verpflichtung zur ehelichen Lebensgemeinschaft bereits mit der standesamtlichen Eheschließung entsteht, ergibt sich ebenfalls kein Zwang zu einer gewissensbelastenden Lebensweise, weil das gemäß § 1353 BGB gebotene Verhalten nicht so exakt terminierbar ist, daß der Gläubige bereits in der Zeitspanne, die üblicherweise zwischen standesamtlicher und kirchlicher Trauung liegt, unbedingt zu einem gemäß kirchlichem Recht unzulässigen Verhalten veranlaßt wäre.

Anders zu beurteilen ist die Situation eines Gläubigen, der die Bedingungen für eine staatliche Eheschließung nicht erfüllt. Für ihn wirkt das Verbot der kirchlichen Voraustrauung als definitive Verhinderung des Empfangs einer kirchlichen Amtshandlung. Um dieser Wirkung willen ist das Gebot der kirchlichen Voraustrauung verfassungsrechtlich nicht zu rechtfertigen. Eine grundrechtliche Beeinträchtigung der Heiratswilligen kann sich freilich auch in einer anderen besonderen Situation ergeben. Die notwendige standesamtliche Voraustrauung macht es möglich, daß einer der Ehegatten nach erfolgter Eheschließung seine Weigerung zur kirchlichen Trauung zu erkennen gibt. Der Gläubige wäre dann zur ehelichen Lebensgemeinschaft und damit zu einem für ihn in religiöser Hinsicht unerlaubten Verhalten gezwungen. Der mögliche Eintritt einer solchen Situation allein macht das Gebot der standesamtlichen Voraustrauung nicht verfassungswidrig, sondern zwingt dazu, durch Auslegung der einschlägigen Vorschriften des bürgerlichen Rechts dem Gläubigen zur Behebung der grundrechtsverletzenden Situation zu verhelfen. Es erscheint freilich nicht ausreichend, daß man den Gläubigen, dessen Ehegatte eine zugesicherte kirchliche Eheschließung verweigert, von der Verpflichtung zur ehelichen Lebensgemeinschaft weitgehend freistellt. Eine Regelung, die im Einzelfall entweder zum Verzicht auf die Vorteile der Glaubensfreiheit oder auf die Vorteile der Ehe zwingt, kann nicht verfassungskonform sein. Den Gläubigen muß die Möglichkeit bleiben, die nachteilige Wirkung der staatlichen Voraustrauung, nämlich die Belastung mit den Pflichten eines Ehegatten nach weltlichem Recht, zu beseitigen, wenn die von ihm berechtigterweise erwartete kirchliche Eheschließung verweigert wird. Deswegen müßten je nach Lage des Falles im übrigen die Begriffe „arglistige Täuschung" (§ 33 EheG) oder „persönliche Eigenschaft des anderen Ehegatten" (§ 32 EheG) eine Auslegung erfahren, die die Aufhebung der Ehe in solchen Fällen möglich macht[104].

---

[104] Die Frage, ob Rechtsverhältnisse gemäß kirchlichem Recht eine persönliche Eigenschaft gemäß § 32 EheG begründen können, wird in der Rechtsprechung nicht einheitlich beurteilt, vgl. hierzu *Listl*, Grundrecht (Anm. 58), S. 304 ff.;

3. Institutionelle Garantie der Ehe
(Art. 6 Abs. 1 GG)

Die besondere Garantie zugunsten von Ehe und Familie in Art. 6 Abs. 1 GG hat keinen unmittelbaren staatskirchenrechtlichen Bezug. Sie ist nicht zu verstehen als Konzession an eine spezifisch christliche Gesellschaftsauffassung[105]. Durch Art. 6 Abs. 1 GG werden die Ehe und die Familie um ihrer sozialen Bedeutung willen dem besonderen verfassungsrechtlichen Schutz unterstellt. Doch gewinnt jener Verfassungsrechtssatz mittelbar eine gewisse Bedeutsamkeit für die dem kirchlichen Eherecht zugrundeliegende Eheauffassung.

Eine Verfassungsgarantie kann sich nicht auf eine unbestimmte, sogenannte offene und der künftigen Entwicklung anheimgegebene Größe beziehen. Gewährleistet wird nicht eine beliebige und auswechselbare Form der Geschlechtsgemeinschaft, sondern die durch die Rechtsentwicklung im Abendland entstandene und durch charakteristische Elemente inhaltlich eindeutig bestimmte Form der Ehe[106]. An der Entstehung einer im wesentlichen allgemein akzeptierten Auffassung von der Ehe hat die kirchliche Tradition in erheblichem Umfang mitgewirkt, so daß ungeachtet der heute bestehenden staatlichen Verfügungsgewalt über den materiellen Gehalt des Eherechts ein wesentlicher Teil der herkömmlichen christlichen Eheauffassung vom Verfassungsschutz mit umschlossen wird. So ist die durch kirchlichen Einfluß zustande gekommene Errungenschaft, daß nur ein einziger Typus der Geschlechtsgemeinschaft im Recht vorgesehen ist, durch Art. 6 Abs. 1 GG einer Abänderung entzogen[107]. Ebenso ist der Charakter der Ehe als einer grundsätzlich lebenslangen Gemeinschaft, deren Bestand nicht willkürlicher Disposition ausgesetzt ist, gegenüber pragmatischen Reformbestrebungen gesichert[108]. Indem das staatliche Eherecht auf diese Weise auf einen in wesentlichen Stücken der christlichen Tradition entsprechenden Typus der Ehe festgelegt ist, wird es der Kirche erheblich erleichtert, ihren eherechtlichen Vorschriften als zusätzliche Anforderung zu dem, was durch den weltlichen Bereich ohnehin geboten ist, Anerkennung zu verschaffen.

Nörr, Eheauflösungsrecht (Anm. 37), S. 548; *Müller-Gindullis*, in: Münchener Komm. (Anm. 48), Rdnr. 44 zu § 32 EheG, Rdnr. 6 zu § 33 EheG.

[105] Vgl. *Gernhuber*, Familienrecht (Anm. 37), S. 37 f.; *Nörr*, Eheauflösungsrecht (Anm. 37), S. 546.

[106] Vgl. BVerfGE 10, 66; 36, 163 f.

[107] Vgl. *Dölle*, Familienrecht (Anm. 53), S. 33; *Hermann von Mangoldt / Friedrich Klein*, Das Bonner Grundgesetz. 2. Aufl., Bd. 1, Berlin, Frankfurt / M. 1957, Art. 6, Anm. III 4.

[108] Vgl. *Paul Mikat*, Scheidungsrechtsreform in einer pluralistischen Gesellschaft, in: FamRZ 1970, S. 335 f.

§ 28 Staatliches und kirchliches Eherecht

Die Garantie des Art. 6 Abs. 1 GG sichert auch insofern ein wesentliches Element des kirchlichen Eherechts und der christlichen Eherechtstradition, als sie ein Eherecht gewährleistet, das den freien, an keine ständischen oder sonstigen Schranken gebundenen Zugang zur Ehe eröffnet [109]. Zwar divergieren hinsichtlich der Ehehindernisse staatliches und kirchliches Recht in einzelnen Punkten. Doch ist die Zulässigkeit von Ehehindernissen des staatlichen Rechts wegen des verfassungsrechtlichen Rangs der Eheschließungsfreiheit sehr stark eingeschränkt [110]. Infolgedessen bewirkt die Garantie des Art. 6 Abs. 1 GG, daß in der überwiegenden Zahl der Fälle die Gläubigen in ihrem von der kirchlichen Rechtsordnung zugebilligten Recht auf freie Eheschließung durch staatliches Recht nicht behindert werden können.

---

[109] Nach der Rspr. des BVerfG ist das Recht auf Eheschließung ein aus Art. 6 Abs. 1 GG abgeleitetes Grundrecht (BVerfGE 31, 67; 36, 161); vgl. hierzu auch *Wolfram Müller-Freienfels,* Zur Verfassungsmäßigkeit des Eheverbots wegen Ehebruchs, in: JZ 1974, S. 305-314.
[110] Vgl. BVerfGE 36, 163.

§ 29

Kirchliche Vereine in der staatlichen Rechtsordnung

Von Stefan Muckel

I. Aufgabe und gesellschaftliche Bedeutung kirchlicher Vereine

Kirchliche Vereine nehmen in der heutigen[1] Gesellschaftsordnung eine Vielzahl der unterschiedlichsten Aufgaben wahr. Besonders hervorzuheben ist ihre Arbeit im sozialen Bereich. Insoweit sind vor allem die Caritasverbände der katholischen Kirche und die Diakonischen Werke der evangelischen Kirche zu nennen, aber auch das Bischöfliche Hilfswerk Misereor e. V. und das Kolpingwerk e. V. Daneben erfüllen kirchliche Vereine häufig Aufgaben der Jugendarbeit[2] und Bildungsarbeit (z. B. die evangelischen Jugendbildungswerke und die Erwachsenenbildungswerke sowie auf katholischer Seite der Borromäusverein) und der Mission (vor allem die evangelischen Missionswerke, das internationale katholische Missionswerk Missio e. V. sowie das Bonifatiuswerk der deutschen Katholiken e. V.). Wie groß die gesellschaftliche Bedeutung des kirchlichen Vereinswesens ist, wird aber erst in vollem Maße deutlich, wenn man neben diesen überregional, ja teilweise global tätigen Vereinen auch die vielen Zusammenschlüsse auf der Ebene der Gemeinden und Bistümer, etwa als Trägervereine für Krankenhäuser, Schulen und soziale Dienste der verschiedensten Art, berücksichtigt. Nicht zuletzt aufgrund der Arbeit solcher Vereine sind die Kirchen zu institutionell fundierten Ordnungsmächten ersten Ranges und damit zu Mitträgern der gesellschaftlichen Ordnung neben dem Staat[3] geworden.

---

[1] Zur historischen Entwicklung des kirchlichen Vereinswesens vgl. *Günter Wasse*, Die Werke und Einrichtungen der evangelischen Kirche. Göttingen 1954, S. 5 f.; *Erwin Robert Bürgel*, Die Beziehung der katholischen Kirche zu ihren Vereinigungen im kirchlichen Recht und im Recht der Bundesrepublik Deutschland. Diss. Köln 1982, S. 7 ff. m. w. N.

[2] Vgl. den Überblick über die kirchlichen Jugendorganisationen von *Roman Bleistein / Martin Affolderbach*, Jugendorganisationen. II, III, in: StL[7] III, 1987, Sp. 258 ff.

[3] Vgl. *Wasse*, Die Werke und Einrichtungen (Anm. 1), S. 146; vgl. dazu auch *Alexander Hollerbach*, Grundlagen des Staatskirchenrechts, in: HStR VI, 1989, § 138, Rdnrn. 96, 104 m. w. N.

II. Rechtliche Grundlagen kirchlicher Vereine

1. Staatliches Recht

a) Verfassungsrecht

Von den Religionsgemeinschaften mit ihrem umfassenden religiösen Auftrag, deren freie Bildung durch Art. 4 Abs. 1 und 2 GG sowie Art. 140 GG i. V. m. Art. 137 Abs. 2 WRV garantiert ist[4], sind diejenigen Vereinigungen zu unterscheiden, welche hinsichtlich der Pflege des religiösen Lebens ihrer Mitglieder nur eine partielle Zielsetzung haben. Die Bildung und der Bestand solcher Zusammenschlüsse wird durch Art. 9 Abs. 1 und 2 GG gewährleistet, ihre Tätigkeit im einzelnen durch das jeweils sachlich einschlägige Grundrecht, vor allem also Art. 4 Abs. 1 und 2 GG[5].

Von besonderer Bedeutung für den Bestand und die Arbeit kirchlicher Vereine ist das kirchliche Selbstbestimmungsrecht aus Art. 140 GG i. V. m. Art. 137 Abs. 3 WRV. Es steht nicht nur der Kirche selbst, sondern — unabhängig von der Rechtsform — auch allen der Kirche zugehörigen Einrichtungen zu[6]. Das Selbstbestimmungsrecht aus Art. 140 GG i. V. m. Art. 137 Abs. 3 WRV räumt kirchlichen Vereinen im Vergleich mit anderen Vereinen eine Sonderstellung ein. Es gewährt ihnen einen Freiraum, der auch durch gesetzliche Vorgaben nicht ohne weiteres eingeschränkt werden kann[7].

b) Einfaches Recht

Einfach-rechtliche Vorgaben für die Errichtung und Arbeit kirchlicher Vereine finden sich vor allem in den §§ 21 ff. BGB. Daneben sind die jeweiligen Spezialvorschriften zu beachten, wenn eine kirchliche Personenvereinigung eine besondere Form des Zusammenschlusses wählt, etwa das GmbH-Gesetz[8].

---

[4] Vgl. BVerfGE 83, 341 (354 f., 362); *v. Mangoldt / Klein / v. Campenhausen*, Art. 140 GG / Art. 137 WRV, Rdnr. 17 m. w. N.

[5] *v. Mangoldt / Klein / Starck*, Art. 4 GG, Rdnr. 30; *v. Mangoldt / Klein / v. Campenhausen*, Art. 140 GG / Art. 137 WRV, Rdnr. 17 mit Fn. 4 m. w. N.; *Ingo v. Münch*, Grundgesetzkommentar. 3. Aufl., Bd. 1, München 1985, Art. 9, Rdnr. 61; *ders.*, BK, Art. 9, Rdnr. 22; *Rupert Scholz*, in Maunz / Dürig, Grundgesetz. Kommentar. Art. 9, Rdnr. 111.

[6] BVerfGE 46, 73 f. (85); 53, 366 (391); 70, 138 (162) m. w. N.; einschränkend: *Joachim Rottmann*, Sondervotum, in: BVerfGE 53, 408 (409 f.).

[7] Näher unten III.

[8] Zu den verschiedenen zivilrechtlichen Organisationsformen *Wasse*, Die Werke und Einrichtungen (Anm. 1), S. 77 mit Fn. 3.

§ 29 Kirchliche Vereine in der staatlichen Rechtsordnung

Auch das Vereinsgesetz vom 5. August 1964[9] findet auf kirchliche Vereine Anwendung. Zwar sind Religionsgemeinschaften und Weltanschauungsgemeinschaften nach § 2 Abs. 2 Nr. 3 vom Anwendungsbereich des Gesetzes ausgenommen. Nach dem klaren Wortlaut der Vorschrift gilt dies jedoch nicht für sonstige religiöse Vereinigungen. Auch kirchliche Vereine unterliegen daher dem Vereinsgesetz und können unter den Voraussetzungen des § 3 VereinsG verboten werden[10].

2. Kirchenrecht

a) Das Recht der katholischen Kirche

Der Codex Iuris Canonici von 1983 garantiert den Gläubigen in c. 215 das Recht, Vereinigungen zu bilden zum Zwecke der Karitas, der Frömmigkeit oder der Förderung christlicher Berufung in der Welt. C. 215 enthält eine allgemeine Gewährleistung, die den Gläubigen nicht nur das Recht einräumt, sich zu sogenannten kanonischen Vereinen im Sinne der cc. 298 ff. zusammenzuschließen, sondern ihnen auch das Recht gibt, andere Zusammenschlüsse mit einer der in c. 215 umschriebenen Zielsetzungen zu bilden (sogenannte freie Zusammenschlüsse)[11].

Das kanonische Recht kennt verschiedene Formen von Vereinen (cc. 298 ff. CIC / 1983). Zu unterscheiden sind der öffentliche Verein (von der kirchlichen Autorität errichtet, cc. 312 ff.) und der private Verein, der auf einer Gründungsvereinbarung von Gläubigen beruht (cc. 321 ff.). Der öffentliche kanonische Verein ist stets rechtsfähig im Sinne des kirchlichen Rechts (c. 313). Private Vereine sind regelmäßig nicht rechtsfähig (c. 310), ihnen kann aber durch Dekret der kirchlichen Autorität Rechtsfähigkeit verliehen werden (c. 322 § 1)[12]. In jedem Falle muß der Verein den in c. 298 § 1 CIC / 1983 genannten Zielen dienen:

---

[9] BGBl. I S. 593, zuletzt geänd. durch G v. 17.12.1990 (BGBl. I S. 2809).
[10] So auch *Karl-Heinz Seifert*, in: Das Deutsche Bundesrecht, I F 10, VereinsG § 2, Anm. 3; *Karlheinz Meyer*, in: Georg Erbs / Max Kohlhaas, Strafrechtliche Nebengesetze, V 52, VereinsG § 2, Anm. 3 c bb; *Gerhard Schnorr*, Öffentliches Vereinsrecht. Kommentar zum Vereinsgesetz. Köln u. a. 1965, § 2, Rdnr. 39. A. A.: *Bernhard Reichert / Franz J. Dannecker / Christian Kühr*, Handbuch des Vereins- und Verbandsrechts. 4. Aufl., Neuwied u. a. 1987, Rdnr. 2281.
[11] *Winfried Aymanns*, Kirchliche Vereinigungen. Paderborn 1988, S. 22.
[12] Die Verleihung und der Verlust der kirchlichen Rechtsfähigkeit berühren nicht die Stellung des Vereins im weltlichen Rechtskreis. Auch können Eingriffsbefugnisse, die den Kirchen nach kirchlichem Recht zustehen, die Stellung des Vereins nach weltlichem Recht nicht berühren. Will die Kirche mit Wirkung für das weltliche Recht gegen den Verein vorgehen, kann sie allein die kirchliche Anerkennung (dazu unten III 2 a) entziehen und dem Verein ggf. anschließend gerichtlich untersagen lassen, sich „katholisch" zu nennen.

ein Leben höherer Vollkommenheit zu pflegen, den amtlichen Gottesdienst bzw. die christliche Lehre zu fördern oder andere Apostolatswerke, d. h. Vorhaben zur Evangelisierung, Werke der Frömmigkeit oder der Karitas zu betreiben und die weltliche Ordnung mit christlichem Geist zu beleben[13].

b) Das Recht der evangelischen Kirche

Eine dem kanonischen Recht vergleichbare Kodifizierung des kirchlichen Rechts der Gruppen und Verbände besteht auf evangelischer Seite nicht. Die Kirchenverfassungen enthalten meist nur einzelne programmatische Vorschriften, die sich vor allem mit den Missions- und Diakonischen Werken befassen[14]. Aufgrund der historisch gewachsenen Eigenständigkeit[15] kirchlicher Vereine kennen die evangelischen Territorialkirchen regelmäßig keine allgemeinen Kirchengesetze über das Vereinswesen[16]. Die Rechtsbeziehungen zwischen der Kirche und den ihr nahestehenden Zusammenschlüssen regeln sich daher meist nach den für die jeweilige Gruppe geltenden kirchlichen Spezialvorschriften[17] — sofern keine kirchlichen Normen bestehen, nach der Vereinssatzung.

Gruppen mit mitgliedschaftlich-körperschaftlicher Struktur, bei denen die Vereinigung von Menschen gegenüber der Konzentration sachlicher Mittel im Vordergrund steht, werden im Recht der evangelischen Kirche mit dem Begriff „Werk" gekennzeichnet[18]. Als Beispiele können die Jugendwerke, Männerwerke, Missionswerke und die Diakonischen Werke[19] genannt werden. Die Werke werden zumeist ungeachtet ihrer Rechtsform als „Lebensäußerungen der Kirche" angesehen[20]. Soweit

---

[13] Zu den verschiedenen Kategorien kanonischer Vereine näher *Aymanns,* Kirchliche Vereinigungen (Anm. 11), S. 28 ff.; *Winfried Schulz,* Der neue Codex und die kirchlichen Vereine. Paderborn 1986, S. 40 ff.

[14] Vgl. etwa EKD: Art. 14 f. GO; Rheinland: Art. 211 ff. KirchO; Bayern: Art. 2, 37 ff. KirchVerf.; Westfalen: Art. 158 ff., 198 KirchO; Hannover: Art. 118 KirchVerf.; Nordelbische Ev.-Luth. Kirche: Art. 4, 43 ff., 60 ff. KirchVerf.; Kurhessen-Waldeck: Art. 86 ff. GO.

[15] Vgl. dazu *Wasse,* Die Werke und Einrichtungen (Anm. 1), S. 7.

[16] Vgl. aber das KirchG über die Organisation der Dienste und Werke der Nordelbischen Kirche (Werkegesetz) v. 14.1.1984 (GVOBl. S. 49).

[17] Vgl. z. B. Bayern: §§ 10 ff. MissionsG; zum Ganzen *Herbert Frost,* Strukturprobleme evangelischer Kirchenverfassung. Göttingen 1972, S. 416 f.

[18] Vgl. *Wasse,* Die Werke und Einrichtungen (Anm. 1), S. 14 f.

[19] Näher dazu *Hans Liermann,* Recht und Rechtsstellung des Diakonischen Werkes — Innere Mission und Hilfswerk — der Evangelischen Kirche in Deutschland, in: ZevKR 16 (1971), S. 130, 159 f.

[20] Vgl. etwa EKD: Art. 15 GO; Rheinland: Art. 211 Abs. 2 KirchO; Nordelbische Ev.-Luth. Kirche: Art. 4 KirchVerf.; dazu *Frost,* Strukturprobleme (Anm. 17), S. 120.

sich darüber hinaus Regelungen über „Vereine" finden, soll keine weitere kirchenrechtliche Kategorie geschaffen, sondern auf die als bürgerlich-rechtliche Vereine organisierten Gruppen abgestellt werden[21]. Solche Zusammenschlüsse sind als eingetragene Vereine nach staatlichem Recht rechtsfähig. Die Verleihung einer eigenen kirchlichen Rechtspersönlichkeit ist in den meisten Territorialkirchen nicht vorgesehen[22]. Sofern die Werke und Einrichtungen nach staatlichem Recht nicht rechtsfähig sind, ist Rechtsträger die verfaßte Kirche in Gestalt der Evangelischen Kirche in Deutschland, der einzelnen Landeskirchen und Gemeinden sowie ggf. weiterer Gemeinde- und Synodalverbände[23]. Derartig organisierte Verbände verfügen über kein eigenes Vermögen, sondern werden als Sondervermögen der Kirche geführt[24], z. B. die Männer-, Frauen- und Jugendwerke. Der größere Teil der Werke und Einrichtungen, insbesondere die Diakonischen Werke der evangelischen Landeskirchen und das Diakonische Werk der EKD sowie das Evangelische Missionswerk, ist — zumeist als eingetragener Verein — nach staatlichem Recht rechtsfähig und steht zur Kirche in einer durch Kirchengesetz oder Vereinssatzung festgeschriebenen Verbindung[25].

III. Bindungen kirchlicher Vereine an staatliches Recht

In den Satzungen kirchlicher Vereine finden sich häufig Bestimmungen, die der Amtskirche in Gestalt des Kirchenvorstandes, des Bischofs oder einer anderen Instanz einen entscheidenden Einfluß auf die Vereinsarbeit sichern. Satzungen enthalten z. B. Regelungen darüber, daß bestimmte Amtsträger der Kirche geborene Mitglieder des Vereins sind, daß eine Entscheidung über die Aufnahme sonstiger Personen in den Verein der Zustimmung einer bestimmten kirchlichen Stelle bedarf, daß bestimmte Rechtsgeschäfte, Satzungsänderungen und die Auflösung des Vereins kirchenamtlicher Zustimmung bedürfen und daß der Kirche

---

[21] Vgl. etwa Nordelbische Ev.-Luth. Kirche: Art. 60 lit. b KirchVerf.; Bayern: § 4 Abs. 3 Nr. 5 des Rechnungsprüfungsamtgesetzes; Westfalen: Nr. 1.1 der Ordnung der Männerarbeit der ev. Kirche v. 18.4.1979 (KABl. S. 114); ferner *Frost*, Strukturprobleme (Anm. 17), S. 417.

[22] Vgl. aber Hannover: Art. 116 KirchVerf.; Bayern: Art. 8 Abs. 3 KirchVerf.; grundlegend zur Rechtsfähigkeit von Personenverbänden und Sachinbegriffen *Dietrich Pirson*, Juristische Personen des kirchlichen Rechts, in: ZevKR 16 (1971), S. 1 ff.

[23] *Wasse*, Die Werke und Einrichtungen (Anm. 1), S. 72.

[24] *Wasse*, ebd., S. 65 ff., 75 f.

[25] Vgl. dazu im einzelnen *Wasse*, ebd., S. 77 ff.; *Albert Stein*, Evangelisches Kirchenrecht. 2. Aufl., Neuwied u. a. 1985, S. 157 ff.

weitgehende Kontrollrechte eingeräumt sind[26]. Weist die Vereinssatzung derartige Bestimmungen auf, so lehnen die Registergerichte bisweilen eine Eintragung des Vereins in das Vereinsregister mit der Begründung ab, der Verein sei in unzulässiger Weise fremdbestimmt; dies sei mit dem Grundsatz der Vereinsautonomie nicht vereinbar[27]. Die Lösung dieses Problems muß ansetzen bei den zivilrechtlichen Grundlagen des Verbots weitgehender Fremdbestimmung des Vereins (1.); sodann sind die Besonderheiten aufzuzeigen, die aufgrund des kirchlichen Selbstbestimmungsrechts aus Art. 140 GG i. V. m. Art. 137 Abs. 3 S. 1 WRV bei der Anwendung des staatlichen Vereinsrechts auf kirchliche Vereine zu beachten sind (2.).

1. Der Grundsatz der Vereinsautonomie

Der Grundsatz der Vereinsautonomie ist das elementare Strukturprinzip des staatlichen Vereinsrechts[28]. Er gibt dem Verein das Recht, seine Angelegenheiten selbst zu regeln und sich in freier Selbstbestimmung eine eigene Ordnung zu geben[29]. Kernpunkt der Vereinsautonomie ist danach die Satzungsautonomie[30]. Die Grundlage des in den §§ 21 ff. BGB nicht ausdrücklich festgelegten[31] Prinzips der Vereinsautonomie wird überwiegend in der Privatautonomie der Mitglieder des Vereins gesehen[32]. Der Erlaß der Satzung ist demgemäß ein privates Rechtsgeschäft der Vereinsgründer und gilt für die später eintretenden Mitglieder kraft privatrechtlicher Anerkennung, die mit dem Eintritt in den Verein verbunden ist[33]. Der rechtsgeschäftliche Charakter der Satzung

---

[26] Vgl. etwa die bei OLG Köln, in: NJW 1992, S. 1048, und LG Oldenburg, in: JZ 1992, S. 250, mitgeteilten Satzungsbestimmungen.

[27] Vgl. etwa die folgenden Entscheidungen bzw. die dort mitgeteilten Entscheidungen des Rechtspflegers: OLG Frankfurt, in: NJW 1983, S. 2576; OLG Stuttgart, in: OLGZ 1986, 257, aufgehoben durch BVerfGE 83, 341; BayObLG, in: NJW 1980, S. 1757; LG Bonn, in: Rpfleger 1991, S. 156, aufgehoben durch OLG Köln, in: NJW 1992, S. 1048; LG Schweinfurt, in: KirchE 19, 187; LG Aachen, in: DVBl. 1976, S. 914; LG Oldenburg, in: JZ 1992, S. 250.

[28] Zweifelnd *Martin Schockenhoff*, Vereinsautonomie und Autonomie kirchlicher Vereine, in: NJW 1992, S. 1013 (1015): eine befriedigende Fundierung dieses Grundsatzes sei nicht ersichtlich.

[29] *Claus Ott*, in: Kommentar zum Bürgerlichen Gesetzbuch. Reihe Alternativkommentare. Bd. 1, Neuwied u. a. 1987, § 25, Rdnr. 15.

[30] Vgl. *Werner Flume*, Allgemeiner Teil des Bürgerlichen Rechts. Bd. I/2, Berlin. u. a. 1983, S. 193.

[31] BVerfGE 83, 341 (358).

[32] *Helmut Coing*, in: Staudinger, Kommentar zum Bürgerlichen Gesetzbuch mit Einführungsgesetz und Nebengesetzen. 12. Aufl., Berlin 1980 ff., Vorbem. zu §§ 21–54, Rdnr. 38; *Erich Steffen*, in: BGB-RGRK, Bd. 1, 12. Aufl., Berlin u. a. 1982, vor § 21, Rdnr. 32; Ott, AK-BGB (Anm. 29), § 25, Rdnr. 15; zu abweichenden Ansichten vgl. Schockenhoff, Vereinsautonomie (Anm. 28), S. 1015.

§ 29 Kirchliche Vereine in der staatlichen Rechtsordnung 833

ermöglicht es den Vereinsmitgliedern nicht nur, in weitgehender Selbstbestimmung die Geschicke des Vereins zu steuern, sondern auch, Begrenzungen ihrer Gestaltungsmöglichkeiten festzuschreiben. Nicht jede Einflußnahme Dritter führt danach zu einer mit der Vereinsautonomie unvereinbaren Fremdbestimmung. Eine Bindung an Dritteinflüsse einzugehen ist Ausübung der Vereinsautonomie[34]. Derartige Bindungen dürfen andererseits nicht so weit gehen, daß dem Verein kein Freiraum für selbstbestimmte Entscheidungen verbleibt. Der Verein darf sich seiner Autonomie nicht vollständig begeben. Dies wäre mit der gerade durch die Autonomie geprägten Rechtsform des eingetragenen Vereins nicht vereinbar.

2. Privilegierung kirchlicher Vereine aufgrund des kirchlichen Selbstbestimmungsrechts

Für kirchliche Vereine gilt der Grundsatz der Vereinsautonomie nicht ohne Modifikationen. Das kirchliche Selbstbestimmungsrecht aus Art. 140 GG i. V. m. Art. 137 Abs. 3 S. 1 WRV räumt kirchlichen Vereinen eine Sonderstellung ein, die es ihnen erlaubt, sich in weitgehendem Maße Dritteinflüssen zu unterwerfen.

a) Vereine als Träger des kirchlichen Selbstbestimmungsrechts

Auf das kirchliche Selbstbestimmungsrecht kann ein Verein sich nur berufen, wenn er Träger dieses Rechts ist. Träger des kirchlichen Selbstbestimmungsrechts ist ein Verein, dessen Zweck darin besteht, „ein Stück des Auftrags der Kirche in dieser Welt wahrzunehmen und zu erfüllen"[35], und der von der Kirche als ihr zugeordnet anerkannt ist[36]. Eine kirchliche Zielsetzung allein reicht nicht aus. Der Verein

---

[33] *Coing,* in: Staudinger (Anm. 32), Vorbem. zu §§ 21-54, Rdnr. 38: „Unterwerfung".

[34] BVerfGE 83, 341 (359); KG, in: OLGZ 1974, 385 (387); *Wilhelm Dütz,* Tendenzaufsicht im Vereinsrecht, in: FS für Wilhelm Herschel zum 85. Geburtstag. München 1982, S. 55 (73 f.); *Bürgel,* Die Beziehung der katholischen Kirche (Anm. 1), S. 162; a. A. *Werner Flume,* Die Vereinsautonomie und ihre Wahrnehmung durch die Mitglieder hinsichtlich der Selbstverwaltung der Vereinsangelegenheiten und der Satzungsautonomie, in: Europäisches Rechtsdenken in Geschichte und Gegenwart. FS für Helmut Coing zum 70. Geburtstag. Bd. 2, München 1982, S. 97 (110); *ders.,* Vereinsautonomie und kirchliche oder religiöse Vereinigungsfreiheit und das Vereinsrecht, in: JZ 1992, S. 238 (239).

[35] BVerfGE 46, 73 (85 f.) m. w. N.; vgl. auch BVerfGE 70, 138 (162); OLG Köln, in: NJW 1992, S. 1048 (1049).

[36] Vgl. *v. Mangoldt / Klein / v. Campenhausen,* Art. 140 GG / Art. 137 WRV, Rdnr. 42.

leitet seine besondere verfassungsrechtliche Stellung vom Selbstbestimmungsrecht der Kirche ab; er ist nicht originär Träger des kirchlichen Selbstbestimmungsrechts. Entscheidend ist daher, ob die Kirche in der Arbeit des Vereins einen Beitrag zur Erfüllung ihres Auftrags sieht, nicht dagegen, ob der Verein sich mit den Zielen der Kirche identifiziert. Andernfalls könnte sich auch eine Vereinigung auf das kirchliche Selbstbestimmungsrecht berufen, die zwar einen kirchlichen Zweck, z. B. Karitas, verfolgt, im übrigen aber die Lehre der Kirche entschieden bekämpft[37]. Für die Kirche entstünde die Gefahr einer „Zerfaserung" ihrer Lehre dadurch, daß juristische Personen mit dem Anschein der Kirchennähe bestehen und in den Genuß weitgehender verfassungsrechtlich verbürgter Freiheiten kommen, obwohl sie wesentliche Teile der kirchlichen Lehre ablehnen. Daß auch solche Vereinigungen der Kirche zugeordnet sind, die in einzelnen Bereichen im Widerspruch zur Kirche stehende Aktionen unternehmen, kann zwar nicht a priori ausgeschlossen werden[38]. Es muß aber stets der Kirche überlassen sein, ob sie einen solchen Zusammenschluß als ihr zugeordnet betrachtet.

Häufig wird die erforderliche Anerkennung der Kirche ihren Ausdruck finden in einer kirchenrechtlich zulässigen organisatorischen oder institutionellen Verbindung mit dem Verein[39]. Ausreichend ist aber auch eine kirchenamtliche Erklärung, aus der sich unzweideutig ergibt, daß die Arbeit des Vereins kirchlichen Zielen entspricht und von der Kirche anerkannt wird[40]. In jedem Falle bedarf es für die Anerkennung eines Vereins durch die Kirche eines Mindestmaßes an Formalisierung[41]. Andernfalls ist für die mit der Frage befaßten und an eine kirchliche Anerkennung gebundenen[42] staatlichen Stellen, insbesondere die Registergerichte, die „Kirchlichkeit" des Vereins nicht hinreichend deutlich erkennbar. Auch schützt das Erfordernis einer gewissen Formalisierung

---

[37] Vgl. *Bürgel,* Die Beziehung der katholischen Kirche (Anm. 1), S. 190 f.

[38] Vgl. III. Arbeitskreis („Kirchlichkeit" der Verbände) des Studientages der Vollversammlung der Deutschen Bischofskonferenz am 21.9.1988, in: Katholische Verbände. Hrsg. vom Sekretariat der Deutschen Bischofskonferenz (= Arbeitshilfen, 61). Bonn 1988, S. 98.

[39] Vgl. LG Oldenburg, in: JZ 1992, S. 250 (252); *v. Mangoldt / Klein / v. Campenhausen,* Art. 140 GG / Art. 137 WRV, Rdnr. 42; *Bürgel,* Die Beziehung der katholischen Kirche (Anm. 1), S. 181 ff.

[40] Vgl. *Wasse,* Die Werke und Einrichtungen (Anm. 1), S. 97 f.; *Frost,* Strukturprobleme (Anm. 17), S. 417 f. Als Beispiel kann die Erklärung des Rates der EKD zum Gustav-Adolf-Werk aus dem Jahre 1946 dienen, abgedr. bei *Paul-Wilhelm Gennrich,* Das Gustav-Adolf-Werk der Evangelischen Kirche in Deutschland, in: Kirchl. Jb. 82 (1955), S. 310 (328).

[41] Vgl. *Hollerbach,* Grundlagen (Anm. 3), Rdnr. 121: „formalisierte" Zuordnung.

[42] Vgl. *v. Mangoldt / Klein / v. Campenhausen,* Art. 140 GG / Art. 137 WRV, Rdnr. 42.

die Kirche davor, daß der Verein gewissermaßen schleichend von ihr anerkannt wird, etwa infolge mehrmaliger finanzieller Zuwendungen.

Die Voraussetzungen für die Kennzeichnung eines Vereins als kirchlich — partielle Pflege des kirchlichen Auftrags und kirchliche Anerkennung — sind z. B. erfüllt bei den unter I genannten Zusammenschlüssen. Darüber hinaus sind im Bereich der katholischen Kirche alle öffentlichen Vereine im Sinne der cc. 301, 312 ff. CIC / 1983 als kirchliche Vereine anzusehen und diejenigen privaten Vereine, die gemäß c. 299 § 2 CIC / 1983 von der kirchlichen Autorität belobigt oder empfohlen sind, deren Statuten gemäß c. 299 § 3 CIC / 1983 von der zuständigen Autorität anerkannt sind oder denen gemäß c. 300 CIC / 1983 von der kirchlichen Autorität die Erlaubnis erteilt wurde, sich „katholisch" zu nennen. Auch die übrigen privaten Vereine, einschließlich der nach c. 215 CIC / 1983 zulässigen sogenannten freien Zusammenschlüsse[43], werden von einem kirchlichen Zweck getragen; ob sie kirchlich anerkannt sind (z. B. organisatorisch durch eine in der Satzung festgeschriebene Mitarbeit kirchlicher Amtsträger), ist im Einzelfall zu prüfen[44]. Auch die Werke der evangelischen Kirche[45] sind Träger des kirchlichen Selbstbestimmungsrechts und damit kirchliche Vereine. Ob daneben auch solche allein nach staatlichem Recht geordnete Zusammenschlüsse, die ihrer Zielsetzung nach der evangelischen Kirche nahe stehen, als kirchliche Vereine angesehen werden können, bedarf wiederum der näheren Prüfung im Einzelfall. Auch hier kann die erforderliche Anerkennung durch die Kirche in einer organisatorischen oder institutionellen Verzahnung ihren Niederschlag finden[46].

b) Auswirkungen des kirchlichen Selbstbestimmungsrechts im staatlichen Vereinsrecht

Die Voraussetzungen, unter denen kirchliche Vereine in das Vereinsregister eingetragen werden und im staatlichen Rechtskreis Rechtsfähigkeit erlangen können, ergeben sich aus den Normativbestimmungen der §§ 21 ff. BGB. Aus Art. 140 GG i. V. m. Art. 137 Abs. 4 WRV wird deutlich, daß religiöse Vereine keinen über die „allgemeinen Vorschriften des bürgerlichen Rechts" hinausgehenden Anspruch auf Erwerb der

---

[43] Vgl. dazu bereits oben II 2 a.
[44] Vgl. etwa BVerfGE 53, 366 (394 f.); OLG Köln, in: NJW 1992, S. 1048 (1049); LG Oldenburg, in: JZ 1992, S. 250 (252).
[45] Dazu oben II 2 b.
[46] Beispiel: Die Vereinssatzung sieht vor, daß der Kirchenvorstand eines seiner Mitglieder in den Vorstand des Vereins wählt, vgl. *Stein*, Evangelisches Kirchenrecht (Anm. 25), S. 158 f.

Rechtsfähigkeit haben[47]. Ein solcher Anspruch folgt auch nicht aus der religiösen Vereinigungsfreiheit. Sie gibt einer religiösen Vereinigung kein — über die Gewährleistungen des Art. 137 WRV hinausgehendes — Recht auf eine bestimmte Rechtsform[48]. Die Kirche und ihr nahe stehende Vereinigungen sind daher bei der Gründung von Vereinen, die gemäß § 21 BGB rechtsfähig sein sollen, im Grundsatz an das staatliche Vereinsrecht gebunden. Die Frage, wie weit diese Bindung geht, insbesondere ob für kirchliche Vereine das Verbot weitgehender Fremdbestimmung Geltung hat, ist mit Blick auf Art. 140 GG i. V. m. Art. 137 Abs. 3 S. 1 WRV zu beantworten. Die Bildung der Strukturen, deren sich die Kirche bei der Erfüllung ihres Heilsauftrags bedient, wird entscheidend durch ihr Selbstverständnis geprägt. Staatliche Reglementierungen der Organisationshoheit berühren daher das kirchliche Selbstbestimmungsrecht aus Art. 137 Abs. 3 S. 1 WRV.

Die Vereinsautonomie ist bei der Bildung kirchlicher Vereine jedoch nur dann zu beachten, wenn in ihr eine „Schranke des für alle geltenden Gesetzes" im Sinne des Art. 137 Abs. 3 S. 1 WRV gesehen werden kann[49]. Die Schrankenformel des Art. 137 Abs. 3 S. 1 WRV erfordert nach überwiegender Ansicht eine wertende Gegenüberstellung von kirchlicher Tätigkeit und einschränkendem Gesetz[50]. Die Schrankenklausel wird danach nicht isoliert gesehen, sondern zum Ansatzpunkt einer abwägenden Zuordnung *(Hesse)* der gegenläufigen Interessen gemacht: der kirchlichen Freiheit einerseits und des Rechtsgutes, welches in dem einschränkenden Gesetz seinen Niederschlag gefunden hat, andererseits[51]. Die Abwägung erfolgt nach dem Muster der vom Bundesverfassungsgericht für Einschränkungen der allgemeinen Meinungsfreiheit nach Art. 5 Abs. 1 und 2 GG entwickelten sogenannten Wechselwirkungstheorie[52]. Vereinsrechtliche Normen, die geeignet sind, das

---

[47] *v. Mangoldt / Klein / v. Campenhausen,* Art. 140 GG / Art. 137 WRV, Rdnr. 140. m. w. N.

[48] Vgl. BVerfGE 83, 341 (355); *v. Mangoldt / Klein / v. Campenhausen,* Art. 140 GG / Art. 137 WRV, Rdnr. 141.

[49] Vgl. *Schockenhoff,* Vereinsautonomie (Anm. 28), S. 1017.

[50] Vgl. näher *v. Mangoldt / Klein / v. Campenhausen,* Art. 140 GG / Art. 137 WRV, Rdnrn. 123 ff.

[51] Vgl. *Konrad Hesse,* Das Selbstbestimmungsrecht der Kirchen und Religionsgemeinschaften, in: HdbStKirchR[1] I, S. 434 ff.; *v. Mangoldt / Klein / v. Campenhausen,* Art. 140 GG / Art. 137 WRV, Rdnrn. 126 f.; *Klaus Machanek,* Satzungsänderungen bei privatrechtlichen Vereinen mit kirchlicher Zielsetzung — OLG Frankfurt, NJW 1983, 2576, in: JuS 1985, S. 440 (442), jeweils m. w. N.

[52] Vgl. BVerfGE 53, 366 (401); 72, 278 (289): „Wechselwirkung von Kirchenfreiheit und Schrankenzweck"; *Hollerbach,* Grundlagen (Anm. 3), Rdnr. 119; *Reinhold Zippelius,* in: BK, Art. 4, Rdnr. 90; zur Wechselwirkungstheorie grundlegend BVerfGE 7, 198 (208 f.).

§ 29 Kirchliche Vereine in der staatlichen Rechtsordnung   837

kirchliche Selbstbestimmungsrecht zu beschränken, müssen im Lichte des Selbstbestimmungsrechts ausgelegt und so in ihrer die kirchliche Freiheit begrenzenden Wirkung selbst wieder eingeschränkt werden. Das kirchliche Selbstbestimmungsrecht wird dabei ein um so größeres Gewicht haben, je mehr ein Bereich betroffen ist, in dem das religiöse Moment ausgeprägt hervortritt. Es wird eher einschränkbar sein an Punkten, in denen das religiöse Moment nur in geringem Maße beteiligt ist[53].

Diese Grundsätze führen zu einer nur eingeschränkten Geltung des staatlichen Vereinsrechts für kirchliche Vereine[54]. Ein „für alle geltendes Gesetz" im Sinne des Art. 137 Abs. 3 S. 1 WRV sind diejenigen Vorschriften des bürgerlichen Rechts, die die Beziehungen des Vereins nach außen regeln. Sie gelten im Interesse der Sicherheit und Klarheit des Rechtsverkehrs[55] auch für kirchliche Vereine. Der Verein muß z. B. gemäß § 26 BGB einen Vorstand haben. Eine Änderung des Vorstands oder Einschränkungen seiner Vertretungsmacht bedürfen der Eintragung in das Vereinsregister, §§ 67, 68, 70 BGB. Ist dem Verein gegenüber eine Willenserklärung abzugeben, so genügt die Abgabe einem Vorstandsmitglied gegenüber, § 28 Abs. 2 BGB. Der Verein haftet gemäß § 31 BGB für schadenstiftende Handlungen seiner Organe.

Bei der Ausgestaltung seiner inneren Angelegenheiten und der rechtlichen Beziehungen zur Kirche ist der Verein demgegenüber nicht an das staatliche Vereinsrecht gebunden[56]. Beide Aspekte werden wesent-

---

[53] Vgl. *Ulrich Scheuner*, Das System der Beziehungen von Staat und Kirchen im Grundgesetz. Zur Entwicklung des Staatskirchenrechts, in: HdbStKirchR¹ I, S. 82.

[54] Vgl. *v. Mangoldt / Klein / v. Campenhausen*, Art. 140 GG / Art. 137 WRV, Rdnr. 140, auch zum folgenden; *Flume*, Die Vereinsautonomie und ihre Wahrnehmung (Anm. 34), S. 109 f.; *Bürgel*, Die Beziehung der katholischen Kirche (Anm. 1), S. 206 ff.

[55] BVerfGE 83, 341 (358).

[56] Diese Sichtweise entspricht der jüngeren Rspr. Vgl. die — bereits mehrfach in Bezug genommene — Entscheidung des BVerfG v. 5.2.1991 zur islamischen Religionsgemeinschaft der Bahá'í, in: BVerfGE 83, 341, die, wie *Schockenhoff*, Vereinsautonomie (Anm. 28), S. 1013, mit Recht herausstellt, weitreichende Bedeutung für das kirchliche Vereinswesen hat. Vgl. ferner OLG Köln, in: NJW 1992, S. 1048 (1049 f.); LG Oldenburg, in: JZ 1992, S. 250 (251). Die Rspr. knüpft insoweit an die bereits früher vertretene Auffassung an, der Verein dürfe nicht so sehr unter Fremdeinfluß gestellt werden, daß er als nicht mehr vornehmlich von der Willensbildung und -betätigung seiner Mitglieder getragen angesehen werden könne (vgl. KG, in: OLGZ 1974, 385 [387]; BayObLG, in: NJW 1980, S. 1756 [1757]; LG Aachen, in: DVBl. 1976, S. 914 [915]; ferner *Wolfgang Rüfner*, Zur Bindung kirchlicher Vereine an die Amtskirche nach kanonischem und weltlichem Recht, in: Verantwortlichkeit und Freiheit. Die Verfassung als wertbestimmte Ordnung. FS für Willi Geiger zum 80. Geburtstag. Tübingen 1989, S. 620 [628 f.] m. w. N.), geht aber im Ergebnis über diese Ansicht hinaus.

lich durch das religiöse Selbstverständnis bestimmt[57]. Das spezifisch religiöse Verständnis, welches die Basis für die gesamte Vereinsarbeit bildet, schlägt sich notwendigerweise auch in der Struktur und Organisation des Vereins nieder[58]. Über die Ordnung der inneren Angelegenheiten und ihrer Beziehungen zur Kirche entscheiden Vereine, die Träger des kirchlichen Selbstbestimmungsrechts sind, daher selbständig auf der Grundlage des religiösen Selbstverständnisses ihrer Mitglieder. Dadurch, daß der Verein sich in die hierarchische Ordnung der Kirche einfügt oder sich ihr in gewissem Maße unterstellt, verläßt er nicht den Bereich autonomer Regelungsbefugnis[59]. Das für weltliche Vereine geltende Verbot übermäßigen Fremdeinflusses gilt folglich für kirchliche Vereine nicht, soweit Befugnisse kirchlicher Instanzen in Rede stehen[60]. Kirchliche Vereine dürfen sich in weitem Maße dem Einfluß kirchlicher Würdenträger oder kirchlicher Behörden unterwerfen[61].

Das Innenverhältnis oder die Beziehungen des Vereins zur Kirche betreffen etwa Regelungen über besondere Organe des Vereins (z. B. einen Verwaltungs- oder Beirat oder einen besonderen Ausschuß), besondere Verhaltenspflichten von Vereinsmitgliedern[62] und Vorschriften über Beginn und Ende der Mitgliedschaft im Verein[63]. So kann die Vereinsmitgliedschaft an die Zugehörigkeit zur Kirche gekoppelt werden. Bestimmte kirchliche Amtsträger können zu „geborenen" Vereinsmitgliedern bestimmt werden[64]. Einer kirchlichen Stelle kann das Recht eingeräumt werden, Vereinsmitglieder zu benennen. Der Verein kann ferner kirchlichen Stellen bestimmte Kontrollrechte[65] und weitgehende Mitwirkungsrechte bei der Aufstellung der Satzung, bei Satzungsänderungen[66] sowie bei der Auflösung des Vereins[67] einräumen. Für be-

---

[57] Anschaulich der Vortrag des Beschwerdeführers in: BVerfGE 83, 341 (349).
[58] BVerfGE 53, 366 (403).
[59] Vgl. BVerfGE 83, 341 (360); OLG Köln, in: NJW 1992, S. 1048 (1050); *Flume*, Die Vereinsautonomie und ihre Wahrnehmung (Anm. 34), S. 110.
[60] Vgl. *v. Mangoldt / Klein / v. Campenhausen*, Art. 140 GG / Art. 137 WRV, Rdnr. 140; *Axel v. Campenhausen*, Staatskirchenrechtliche Grundsatzfragen im Vereinsrecht. Bedeutung des Art. 137 Abs. 4 WRV im Rahmen des Art. 140 GG, in: Rpfleger 1989, S. 349 (351); im Ergebnis auch *Schockenhoff*, Vereinsautonomie (Anm. 28), S. 1018.
[61] Vgl. *Schockenhoff*, ebd.
[62] Vgl. LG Köln, in: KirchE 16, 58 (62 ff.), bestätigt durch OLG Köln, in: KirchE 16, 242.
[63] Vgl. OLG Köln, in: NJW 1992, S. 1048 (1050); *v. Campenhausen*, Staatskirchenrechtliche Grundsatzfragen (Anm. 60), S. 350 f.; *Reichert / Dannecker / Kühr*, Handbuch des Vereins- und Verbandsrechts (Anm. 10), Rdnr. 2157 m. w. N.
[64] OLG Köln, in: NJW 1992, S. 1048 (1050).
[65] Vgl. *Frost*, Strukturprobleme (Anm. 17), S. 417 f.
[66] Vgl. OLG Köln, in: NJW 1992, S. 1048 (1050) m. w. N.

stimmte Rechtsgeschäfte, etwa Grundstücksgeschäfte, die Aufnahme eines Darlehens oder die Anstellung von Mitarbeitern, kann die vorherige Zustimmung eines kirchlichen Gremiums vorgesehen werden[68]. Der Schutz Dritter wird in diesem Falle durch die Verpflichtung, Beschränkungen in der Vertretungsmacht des Vorstandes zur Eintragung in das Vereinsregister anzumelden (§§ 68, 70 BGB), hinreichend gewährleistet[69].

Die Grenze zulässiger Einflußnahme durch die Kirche ist erst dann erreicht, wenn der Verein seine körperschaftliche Struktur verliert, Selbstbestimmung und Selbstverwaltung nicht nur in einzelnen, näher bestimmten Angelegenheiten, sondern darüber hinaus in weitem Umfang ausgeschlossen werden und der Verein zur bloßen Verwaltungsstelle oder zu einem bloßen Sondervermögen wird[70]. Diese äußerste Grenze zulässiger Dritteinflüsse wird nur selten überschritten sein. Stets müssen alle Umstände des Einzelfalls berücksichtigt werden. Eine zu weitgehende Fremdbestimmung liegt nach der Rechtsprechung z. B. noch nicht vor, wenn eine in der Vereinssatzung ausdrücklich als übergeordnet bezeichnete kirchliche Instanz die Zuständigkeit des Vereins festlegt und selbst für die Entscheidung über den Ausschluß eines Vereinsmitgliedes zuständig ist, wenn zudem Satzungsänderungen ihrer Genehmigung bedürfen und sie das Recht hat, den Verein aufzulösen[71].

IV. Zusammenfassung

Kirchliche Vereine haben rechtlich eine „Doppelexistenz"[72] im staatlichen und im kirchlichen Recht. Im staatlichen Rechtskreis genießen sie aufgrund des kirchlichen Selbstbestimmungsrechts aus Art. 140 GG i. V. m. Art. 137 Abs. 3 WRV eine Sonderstellung, die es ihnen erlaubt, sich in weitgehendem Maße der Entscheidungsgewalt kirchlicher Stellen zu unterwerfen. Träger des kirchlichen Selbstbestimmungsrechts sind solche Vereine, die nicht nur einen kirchlichen Zweck verfolgen,

---

[67] Vgl. BayObLG, in: NJW 1980, S. 1756; OLG Köln, in: NJW 1992, S. 1048 (1050); LG Aachen, in: DVBl. 1976, S. 914.
[68] Vgl. OLG Köln, in: NJW 1992, S. 1048 (1050).
[69] OLG Köln, ebd.
[70] Vgl. BVerfGE 83, 341 (360); KG, in: OLGZ 1974, 385 (390) m. w. N.; BayObLG, in: NJW 1980, S. 1756 (1757).
[71] BVerfGE 83, 341 (343 ff., 360) für die islamische Religionsgemeinschaft der Bahá'í; vgl. auch die weitgehenden Rechte kirchlicher Stellen im Falle des OLG Köln, in: NJW 1992, S. 1048; ferner KG, in: OLGZ 1974, 385.
[72] *Bürgel*, Die Beziehung der katholischen Kirche (Anm. 1), S. 151.

sondern von der Kirche auch formal anerkannt sind. Diese Voraussetzung ist bei den nach kanonischem Recht geordneten Vereinen ebenso erfüllt wie bei den in Vereinsform organisierten Werken der evangelischen Kirche.

§ 30

Die Ordensgemeinschaften und ihre Angehörigen in der staatlichen Rechtsordnung

Von Joseph Listl

Vorbemerkung

1. Der vorliegende Beitrag behandelt ganz überwiegend die katholischen Ordensgemeinschaften und ihre Angehörigen. Der Grund hierfür liegt nicht nur darin, daß die Zahl der Ordensangehörigen der katholischen Kirche ungleich größer ist als die Zahl der Mitglieder der Bruderschaften und Kommunitäten in den evangelischen Landeskirchen, sondern vor allem auch darin, daß die katholische Kirche über ein in Jahrhunderten ausgebildetes und differenziertes kirchliches Ordensrecht verfügt, während die Bruderschaften und Kommunitäten in den evangelischen Kirchen keinen fest bestimmten rechtlichen Status besitzen.

2. Hieraus erklärt es sich auch, daß die Bestimmungen der staatlichen Rechtsordnung über die Ordensgemeinschaften und ihre Mitglieder nahezu ausschließlich die katholischen Orden betreffen. Im Unterschied zu den Konkordaten, in denen zahlreiche Bestimmungen zum Schutze der Ordensgemeinschaften und der Tätigkeit ihrer Mitglieder enthalten sind, finden die Bruderschaften und Kommunitäten in den evangelischen Kirchenverträgen keine Erwähnung. Auch die zum Ordensrecht ergangene verhältnismäßig umfangreiche Rechtsprechung der staatlichen Gerichte betrifft nahezu ausschließlich die katholischen Ordensgemeinschaften und deren Mitglieder.

3. Aus Gründen der religionsrechtlichen Parität finden jedoch *staatskirchenrechtlich* die Bestimmungen und die vertraglichen Abmachungen über die Ordensgemeinschaften und deren Mitglieder auch auf die in den evangelischen Kirchen bestehenden Bruderschaften und Kommunitäten und deren Mitglieder Anwendung. Staatskirchenrechtlich stehen den evangelischen Bruderschaften und Kommunitäten dieselben Rechte und Befugnisse zu wie den katholischen Orden. Sie sind, ebenso

wie die katholischen Ordensgemeinschaften, z. B. Träger des Grundrechts der Religionsfreiheit und des verfassungsrechtlichen Selbstbestimmungs-, Selbstordnungs- und Selbstverwaltungsrechts. Sie erwerben die Rechtsfähigkeit nach denselben Bestimmungen wie die katholischen Ordensgemeinschaften und verfügen über dieselbe Gründungs-, Niederlassungs- und Betätigungsfreiheit. Die den katholischen Orden in den Konkordaten verbürgte Garantie ihres Vermögens gilt ebenso auch für die evangelischen Kommunitäten und Bruderschaften.

I. Die Ordensgemeinschaften im innerkirchlichen Recht und im Staatskirchenrecht

1. Die Ordensgemeinschaften im innerkirchlichen Recht

a) Katholische Kirche

Den religiösen Orden kommt im Leben der katholischen Kirche und darüber hinaus für die gesamte gesellschaftliche und kulturelle Entwicklung in Staat und Gesellschaft von der Urkirche über die Spätantike und das Mittelalter bis zur Neuzeit eine große und kaum zu überschätzende Bedeutung zu. Dies gilt auch für die Gegenwart.[1]

Ordensgemeinschaften im weitesten Sinne des Wortes sind von der zuständigen kirchlichen Autorität kanonisch errichtete Vereinigungen von Männern oder Frauen, die sich im Dienste der Nachfolge Christi und der Kirche freiwillig in einer auf Dauer angelegten Lebensweise gemäß den jeweiligen Bestimmungen ihrer Gemeinschaft verbunden und zur Befolgung der evangelischen Räte verpflichtet haben (c. 573 CIC). Die kirchenamtliche Verpflichtung zu einem Leben der Armut (Verzicht auf persönliches Eigentum), der Keuschheit (Ehelosigkeit) und des Gehorsams sowie die Bindung des einzelnen Ordensmitglieds an seine Gemeinschaft kann gemäß den jeweiligen Bestimmungen der Statuten oder Konstitutionen entweder durch Ordensgelübde oder durch einen Eid oder eine andere qualifizierte Form eines religiösen Versprechens erfolgen.

Das frühere Ordensrecht, das im Kirchlichen Gesetzbuch (Codex Iuris Canonici) vom 27.5.1917 zusammengefaßt war, unterschied zwischen

---

[1] Zur geschichtlichen Entwicklung, gegenwärtigen Bedeutung und zur Vielfalt der Ordensgemeinschaften in der katholischen Kirche s. die umfassende Darstellung von *Max Heimbucher,* Die Orden und Kongregationen der katholischen Kirche. 5. Aufl. (= Nachdr. der 3., großenteils neubearb. Aufl. von 1933), Paderborn, München, Wien 1987, 2 Bde.; *Fairy von Lilienfeld,* Mönchtum II. Christlich, in: TRE, Bd. 23, 1994, S. 150-193; ferner *Karl Suso Frank / Friedrich Wulf / Bruno Primetshofer,* Art. Orden, in: StL[7] IV, 1988, Sp. 173-188.

Orden im engeren Sinn, Kongregationen, Genossenschaften mit gemeinsamem Leben ohne öffentliche Gelübde und Säkularinstituten. Das in der katholischen Kirche gegenwärtig geltende Ordensrecht ist in seinen Grundlagen enthalten im Codex Iuris Canonici vom 25.1.1983, der am 27.11.1983 in Kraft getreten ist. Der kirchenamtliche Oberbegriff für die Ordensgemeinschaften lautet nunmehr „Institute des geweihten Lebens" (Instituta vitae consecratae; vgl. cc. 573 ff.). Zu den Instituten des geweihten Lebens gehören die Ordensinstitute (cc. 607-709) und die Säkularinstitute (cc. 710-730), deren Mitglieder in der Welt, d. h. nicht in Gemeinschaft, leben, sich aber auf die evangelischen Räte verpflichtet haben. Ihnen stehen gegenüber die Gesellschaften des apostolischen Lebens, deren Mitglieder ohne kirchenamtliche Gelübde ein brüderliches Leben in Gemeinschaft führen. Sie haben sich zu ihrem Dienst durch eine Weihe verpflichtet (cc. 731-746).[2] Alle Ordensgemeinschaften (Institute des geweihten Lebens) und ebenso auch die Gemeinschaften des apostolischen Lebens besitzen im innerkirchlichen Bereich, d. h. im Bereich des kanonischen Rechts, mit ihrer Errichtung automatisch Rechtspersönlichkeit und haben den Rang einer „öffentlichen juristischen Person" gemäß c. 116 § 1.[3]

Dies gilt auch für die vom Heiligen Stuhl errichteten nationalen Vereinigungen der Höheren Ordensobern und -oberinnen. Derzeit sind in der *Vereinigung Deutscher Ordensobern* (VDO) 95 Höhere Obere der Priesterorden und -kongregationen mit Amtssitz in Deutschland zusam-

---

[2] Vgl. hierzu *Joseph Listl,* Die Ordensgemeinschaften in der kirchlichen Rechtsordnung, in: Anton Schneider (Hrsg.), Christus-Nachfolge. Ordensgemeinschaften im Bistum Augsburg. Augsburg 1992, S. 11 ff. Nach dem untechnischen deutschen Sprachgebrauch wird für die „Institute des geweihten Lebens" und die „Gemeinschaften des apostolischen Lebens" allgemein der Begriff „Ordensgemeinschaften" und für deren Angehörige der Begriff „Ordensleute" verwendet. Zur Stellung der Ordensgemeinschaften innerhalb der katholischen Gesamtkirche und insbesondere zur Tätigkeit der Ordensgemeinschaften in Deutschland s. in *diesem* Handbuch *Karl Eugen Schlief,* § 11 Die Organisationsstruktur der katholischen Kirche. III. Die religiösen Ordensgemeinschaften (mit aktuellen statistischen Angaben).

[3] Auf die kanonistische Typologie der verschiedenen Ordensgemeinschaften im früheren und gegenwärtigen Ordensrecht kann hier im einzelnen nicht eingegangen werden. Vgl. dazu *Bruno Primetshofer,* Ordensrecht auf der Grundlage des Codex Iuris Canonici 1983 unter Berücksichtigung des staatlichen Rechts der Bundesrepublik Deutschland, Österreichs und der Schweiz. 3. Aufl., Freiburg i. Br. 1988, S. 32 ff.; *ders.,* Die Religiosenverbände, in: HdbKathKR, S. 486 ff.; *Hubert Müller,* Grundfragen der Lebensgemeinschaften der evangelischen Räte, ebd., S. 476 ff.; *Rudolf Weigand,* Die Säkularinstitute, ebd., S. 511 ff.; *Hubert Socha,* Die Gesellschaften des apostolischen Lebens, ebd., S. 519 ff.; *Rudolf Henseler,* Ordensrecht (cc. 573-746; Stand: Juli 1992), in: Münsterischer Kommentar zum Codex Iuris Canonici unter besonderer Berücksichtigung der Rechtslage in Deutschland, Österreich und der Schweiz. Loseblattausg., Bd. 2, Essen 1985 ff.

mengeschlossen. Zur *Vereinigung der Ordensobern der Brüderorden und -kongregationen* (VOB) gehören 13 Höhere Obere und zur *Vereinigung der Ordensoberinnen Deutschlands* (VOD) 353 Höhere Oberinnen. Diese Ordensobern-Vereinigungen haben innerkirchlich den Rang einer „öffentlichen juristischen Person des päpstlichen Rechts". Die Vereinigungen VDO und VOB bestehen zivilrechtlich in der Rechtsform eines „eingetragenen Vereins". Ihr satzungsmäßiger Auftrag ist es u. a., „die Interessen der Ordensgemeinschaften gegenüber den kirchlichen oder staatlichen Behörden zu vertreten".

Von den übrigen katholischen bzw. kirchlichen Vereinigungen, wie z. B. dem Deutschen Caritasverband, unterscheiden sich die Ordensgemeinschaften dadurch, daß sich ihre Mitglieder zur Lebensweise nach den evangelischen Räten verpflichtet haben und dadurch eine spezifische Ausprägung und Erscheinungsform der verfaßten Kirche darstellen.[4] Dies zeigt auch ihre systematische Einordnung in den Gesamtzusammenhang des Codex Iuris Canonici. Während das allgemeine kirchliche Vereinswesen in Teil I „Die Gläubigen" des Buches II „Volk Gottes" in dem Unterabschnitt (Titel) V „Vereine von Gläubigen" (De Christifidelium consociationibus) in den cc. 298-329 geregelt ist, umfaßt das detailliert und umfassend kodifizierte Ordenswesen in den cc. 573-746 den gesamten Teil III „Institute des geweihten Lebens und Gesellschaften des apostolischen Lebens" (De institutis vitae consecratae et de societatibus vitae apostolicae) des Buches II des Codex Iuris Canonici, und zwar unmittelbar im Anschluß an den Teil II „Hierarchische Verfassung der Kirche" (De Ecclesiae constitutione hierarchica; cc. 330-572) dieses Buches.

b) Evangelische Kirche

Ungeachtet der Tatsache, daß in den evangelischen Kirchen allgemeine Regelungen über eine kirchenrechtliche Zuordnung von evangelischer Kirche, Bruderschaften, Kommunitäten und Orden fehlen, bestehen in Deutschland gegenwärtig etwa 20 Kommunitäten mit ungefähr 750 zölibatär lebenden Mitgliedern und 25 Bruder- und Schwesternschaften mit über 5.000 Mitgliedern, von denen allein dem Johanniterorden 3.000 Mitglieder und der Pfarrergebetsbruderschaft 1.000 Mitglieder angehören. Derzeit sind 25 Gemeinschaften in der „Konferenz evangelischer Kommunitäten" zusammengeschlossen.[5] Als Formen ei-

---

[4] Über die allgemeinen kirchlichen Vereine s. in *diesem* Handbuch *Stefan Muckel,* § 29 Kirchliche Vereine in der staatlichen Rechtsordnung.

[5] Statistische Angaben bei *Martin Daur,* Die Rechtsbeziehungen zwischen der evangelischen Kirche und den Kommunitäten, Bruderschaften und Orden, in:

ner rechtlichen Zuordnung dieser Vereinigungen zu einer Landeskirche kommen in Frage die unmittelbare verfassungsgesetzliche Anerkennung oder die Anerkennung aufgrund einer verfassungsgesetzlichen Ermächtigung. Weiter kann eine Errichtung durch Kirchengesetz oder durch Verordnung erfolgen, die allerdings bei frei entstandenen Zusammenschlüssen in der Praxis kaum denkbar ist, was jedoch die kirchlicherseits gewährte Freiheit nicht beschränkt. Schließlich kann das Verhältnis durch Vereinbarung oder Absprache oder die Mitgliedschaft in kirchlich anerkannten Verbänden geregelt oder durch faktische Zusammenarbeit bestimmt sein.[6]

2. Die Ordensgemeinschaften im Staatskirchenrecht

a) Träger des Grundrechts der Religionsfreiheit

Gemäß der obersten Interpretationsmaxime, die das Bundesverfassungsgericht zum Grundrecht der Religionsfreiheit in seiner individualrechtlichen und korporativen Erscheinungsform entwickelt hat, ist der Begriff der Religionsausübung in Art. 4 Abs. 2 GG gegenüber seinem historischen Inhalt extensiv auszulegen.[7] Träger dieses Grundrechts sind demnach nicht nur die Kirchen, Religions- und Weltanschauungsgemeinschaften, sondern auch Vereinigungen, die sich nicht die allseitige, sondern nur die partielle Pflege des religiösen oder weltanschauli-

---

ZevKR 36 (1991), S. 232; vgl. hierzu ferner die ausführlichen Angaben bei *Ingrid Reimer,* Art. Bruderschaften und Kommunitäten, in: EvStL³ I, Sp. 285-287. Über die theologisch-geistesgeschichtliche Entwicklung der Kommunitäten, Bruderschaften und Orden im Bereich der evangelischen Kirchen vgl. die grundlegende Darstellung von *Johannes Halkenhäuser,* Kirche und Kommunität. Ein Beitrag zur Geschichte und zum Auftrag der kommunitären Bewegung in den Kirchen der Reformation (= Konfessionskundliche und kontroverstheologische Studien. Hrsg. vom Johann-Adam-Möhler-Institut, Bd. 42). 2. Aufl., Paderborn 1985.

[6] *Daur,* Die Rechtsbeziehungen (Anm. 5), S. 238 f., m. w. N. *Daur* gelangt in seiner Untersuchung zu dem Ergebnis, die Kommunitäten und Bruderschaften seien im evangelischen Kirchenrecht nach wie vor „unbehaust" (S. 240). Dabei rechnet er „Erscheinungsformen der Diakonie wie die Diakonissenmutterhäuser und auch den Johanniterorden trotz einer zahlenmäßig imposanten Größe" nicht zu den Kommunitäten, Bruderschaften und Orden, „obwohl gerade die Mutterhäuser ein Jahrhundert lang das exemplarische Beispiel evangelischen Ordenslebens darstellten". Dies lege sich „auch deshalb nahe, weil ihre Stellung zur verfaßten Kirche inzwischen durch die Mitgliedschaft in Diakonischen Werken geklärt und gesichert" sei (S. 236). Auch *Reimer* weist darauf hin, daß die Bruderschaften und Kommunitäten, anders als die katholischen Orden, „keinen fest bestimmten Status innerhalb der evangelischen Kirchen" haben (Bruderschaften [Anm. 5], Sp. 286 f.).

[7] BVerfGE 24, 236 (246 f.). Vgl. hierzu im einzelnen in *diesem* Handbuch *Joseph Listl,* § 14 Glaubens-, Bekenntnis- und Kirchenfreiheit.

chen Lebens ihrer Mitglieder zum Ziel gesetzt haben. Voraussetzung dafür ist jedoch, daß der Zweck der jeweiligen Vereinigung gerade auf die Erreichung eines solchen Zieles gerichtet ist. „Das gilt", wie das Bundesverfassungsgericht wörtlich ausgeführt hat, „ohne weiteres für organisatorisch oder institutionell mit Kirchen verbundene Vereinigungen wie kirchliche Orden, deren Daseinszweck eine Intensivierung der gesamtkirchlichen Aufgaben enthält".[8] Religiöse Orden sind somit — ebenso wie die Kirchen und Religionsgemeinschaften selbst — unmittelbare Träger des Grundrechts der individuellen und korporativen Religionsfreiheit aus Art. 4 Abs. 1 und 2 GG.

b) Träger des verfassungsrechtlichen Selbstordnungs- und Selbstverwaltungsrechts

Wie das Bundesverfassungsgericht ferner überzeugend entschieden hat, kommt die den Religionsgemeinschaften in Art. 140 GG i. V. m. Art. 137 Abs. 3 WeimRV garantierte Freiheit, ihre Angelegenheiten selbständig innerhalb der Grenzen des für alle geltenden Gesetzes zu ordnen und zu verwalten, die sog. „Selbstordnungs- und -verwaltungsgarantie", nicht nur den verfaßten Kirchen und deren rechtlich selbständigen Teilen zugute, sondern allen der Kirche in bestimmter Weise zugeordneten Einrichtungen ohne Rücksicht auf ihre Rechtsform, „wenn sie nach kirchlichem Selbstverständnis ihrem Zweck oder ihrer Aufgabe entsprechend berufen sind, ein Stück des Auftrags der Kirche wahrzunehmen und zu erfüllen".[9] Zu diesen Einrichtungen gehören ohne weiteres kirchliche Orden. Bei ihnen ergibt sich ihre Teilhabe an der Verwirklichung des Auftrags der katholischen Kirche „schon aus ihrer Eigenschaft als kirchlicher Orden".[10] Somit steht auch den kirchlichen Orden das verfassungsrechtliche Selbstordnungs- und Selbstverwaltungsrecht aus Art. 140 GG i. V. m. Art. 137 Abs. 3 WeimRV zu.

---

[8] BVerfGE 24, 236 (246). Vgl. hierzu auch die Ausführungen in der sorgfältigen Arbeit von *Christian Schleithoff*, Innerkirchliche Gruppen als Träger der verfassungsmäßigen Rechte der Kirchen. Jur. Diss., München 1992, S. 67 ff. Hier ist allerdings auf S. 67 mit Fn. 74 der grundlegende Unterschied zwischen den religiösen Orden und den übrigen kirchlichen Vereinen, wie er für den Bereich der katholischen Kirche durch das Kirchliche Gesetzbuch (Codex Iuris Canonici) vorgegeben ist, offensichtlich nicht in voller Deutlichkeit erkannt.

[9] BVerfGE 70, 138 (162) mit Rückverweisung auf die einschlägige frühere Rechtsprechung.

[10] BVerfGE 70, 138 (163) mit Rückverweisungen auf die frühere einschlägige Rechtsprechung des Bundesverfassungsgerichts. Vgl. hierzu auch die zutreffenden Ausführungen bei *Schleithoff*, Innerkirchliche Gruppen (Anm. 8), S. 158 ff.

II. Rechtsstellung der Ordensgemeinschaften

1. Rechtsfähigkeit

Die Tatsache, daß ein Ordensverband in seiner Gesamtheit, eine Ordensprovinz oder ein einzelnes Ordenshaus (Kloster) nach dem kanonischen Recht im *innerkirchlichen* Bereich eine öffentliche juristische Person ist und damit für den Bereich des kanonischen Rechts Rechtsfähigkeit besitzt, hat in der Bundesrepublik Deutschland für die *staatliche* Rechtsordnung keine unmittelbare Auswirkung. Die Ordensgemeinschaften müssen vielmehr die Rechtsfähigkeit für den staatlichen Bereich nach Maßgabe der Bestimmungen des staatlichen Rechts erwerben.[11]

Wie in Art. 13 RK, Art. 2 Abs. 2 BayK und Art. V Abs. 1 BadK übereinstimmend festgestellt wird, bleiben die Orden und religiösen Genossenschaften bzw. religiösen Kongregationen Körperschaften des öffentlichen Rechts, soweit sie diese Rechte vor dem Inkrafttreten des Bayerischen bzw. des Badischen Konkordats oder des Reichskonkordats besaßen; die übrigen erlangen gemäß diesen Bestimmungen die Rechtsfähigkeit oder die Rechte einer öffentlichen Körperschaft nach den für alle Bürger oder Gesellschaften geltenden gesetzlichen Bestimmungen.[12]

Die in dieser Bestimmung zutage tretende Unterscheidung zwischen öffentlich-rechtlichen und privatrechtlichen Ordensgemeinschaften ist darin begründet, daß bis zum Inkrafttreten der Weimarer Reichsverfassung vom 11.8.1919 Ordensgemeinschaften auf dem Gebiete des Deutschen Reiches Rechtsfähigkeit nur Kraft besonderer staatlicher bzw. landesherrlicher Zulassung, Verleihung oder Genehmigung erwerben konnten. Der Weg, über das private staatliche Vereinsrecht Rechtsfähigkeit zu erlangen, war den geistlichen Gesellschaften, zu denen auch die Ordensgemeinschaften gerechnet wurden, durch Art. 84 EGBGB versperrt. Nach dieser erst durch Art. 137 Abs. 3 WeimRV außer Kraft gesetzten Bestimmung konnte eine geistliche Gesellschaft durch Eintragung ins Vereinsregister keine Rechtsfähigkeit erwerben. Ihre Eintragung wäre unzulässig und daher wirkungslos gewesen.[13]

---

[11] *Primetshofer*, Ordensrecht (Anm. 3), S. 42 f.
[12] Vgl. hierzu im einzelnen HdbBayStKirchR, S. 394. Wortlaut des Art. 13 RK bei *Joseph Listl* (Hrsg.), Die Konkordate und Kirchenverträge in der Bundesrepublik Deutschland. Textausgabe für Wissenschaft und Praxis, Bd. 1. Berlin 1987, S. 40 f.; des Art. 2 BayK ebd., S. 476, und des Art. V BadK ebd., S. 141; vgl. hierzu ferner *Achim Faber*, Die Ordensleute im Deutschen Reichskonkordat und in den Länderkonkordaten. Theol. Diss., Trier 1985, S. 37 ff.
[13] Vgl. hierzu die umfassende Darstellung von *Friedrich Giese*, Das katholische Ordenswesen nach dem geltenden preußischen Staatskirchenrecht, in: Annalen

Mit der staatlichen Genehmigung war die Verleihung der Korporationsrechte, d. h. die Zuerkennung des Rechtsstatus einer Körperschaft des öffentlichen Rechts, automatisch verbunden. Dies galt in gleicher Weise für das Königreich Preußen, das katholischen Ordensgemeinschaften Korporationsrechte nur in relativ sehr geringem Umfang verliehen hat,[14] wie für das Königreich Bayern. In Bayern wurde während des 19. Jahrhunderts eine große Anzahl von Ordensgemeinschaften und einzelnen Klöstern mit landesherrlicher Genehmigung als Körperschaften des öffentlichen Rechts errichtet.[15]

In Preußen wurde im Revolutionsjahr 1848 der katholischen Kirche das Recht der freien Errichtung von Ordensgemeinschaften zugestanden. Mit der kirchlichen Errichtung einer Ordensgemeinschaft oder einer Ordensniederlassung war jedoch die Verleihung der staatlichen Rechtsfähigkeit nicht verbunden, diese mußte vielmehr ausdrücklich beantragt werden.[16] In der Kulturkampfära wurden in Preußen durch das Gesetz vom 31.5.1875 betreffend die geistlichen Orden und ordensähnlichen Kongregationen alle katholischen Orden und Ordenskongregationen mit Ausnahme derjenigen Niederlassungen und anderen Kongregationen, die sich ausschließlich der Krankenpflege widmeten, vom Gebiet der preußischen Monarchie ausgeschlossen.[17]

Im Zuge des allmählichen Abbaus der Kulturkampfgesetzgebung wurden in Preußen durch Art. 5 des Gesetzes vom 29.4.1887 betreffend Abänderung der kirchenpolitischen Gesetze die 1875 vertriebenen Orden und ordensähnlichen Kongregationen wieder zugelassen.[18] Durch Gesetz vom 22.5.1888 erlangten in Preußen 17 Ordensniederlassungen auch wieder ihre früheren Korporationsrechte.[19]

---

des Deutschen Reichs, München 1908, S. 302 (= Sonderdr., München 1908, S. 45) m. w. N.

[14] *Karl Siepen,* Vermögensrecht der klösterlichen Verbände. Paderborn 1963, S. 259-261 mit Fn. 41, 47 und 54.

[15] *Siepen,* ebd., S. 262.

[16] *Siepen,* ebd., S. 260.

[17] Wortlaut dieses Gesetzes bei *Ernst Rudolf Huber / Wolfgang Huber* (Hrsg.), Staat und Kirche im 19. und 20. Jahrhundert. Dokumente zur Geschichte des deutschen Staatskirchenrechts. Bd. 2: Staat und Kirche im Zeitalter des Hochkonstitutionalismus und des Kulturkampfs 1848-1890. Berlin 1976, S. 659. Vgl. hierzu ferner *Heinrich Suso Mayer,* Die Klöster in Preußen. Die staatsrechtliche Stellung der Klöster und klösterlichen Genossenschaften nach dem in Preußen geltenden Recht. Paderborn 1927, S. 12.

[18] Wortlaut des Gesetzes bei *Huber / Huber,* Staat und Kirche (Anm. 17), S. 883 f.

[19] Ausführliche Angaben bei *Giese,* Das katholische Ordenswesen (Anm. 13), S. 41; ferner bei *Mayer,* Die Klöster (Anm. 17), S. 16. Nicht aufgehoben wurde das Jesuitengesetz, d. h. das Reichsgesetz betreffend den Orden der Gesellschaft Jesu vom 4.7.1872; Wortlaut mit weiteren einschlägigen Dokumenten bei *Huber /*

§ 30 Ordensgemeinschaften in der staatlichen Rechtsordnung 849

Die Mehrheit der übrigen deutschen Staaten folgte bei der Verleihung von Korporationsrechten an Ordensgemeinschaften dem preußischen Konzessionssystem, während sich Hessen, Oldenburg, Braunschweig und Elsaß-Lothringen im wesentlichen dem bayerischen System anschlossen, wonach der zugelassene Orden bzw. die genehmigte Niederlassung mit der Organisationsgenehmigung eo ipso auch juristische Person, d. h. Körperschaft des öffentlichen Rechts, wurden.[20]

Alle diesbezüglichen Beschränkungen, die der Erlangung der Rechtsfähigkeit bis dahin entgegenstanden, wurden durch Art. 124 und auch durch Art. 137 Abs. 3 WeimRV beseitigt. Art. 124 Abs. 1 Weim RV garantierte allen Deutschen das Recht, zu Zwecken, die den Strafgesetzen nicht zuwiderliefen, Vereine oder Gesellschaften zu bilden. Dieses Recht konnte nicht durch Vorbeugungsmaßnahmen beschränkt werden. Ausdrücklich erklärte Art. 124 Abs. 1 S. 3 WeimRV: „Für religiöse Vereine und Gesellschaften gelten dieselben Bestimmungen". Bereits in der Weimarer Zeit wurde jedoch die Auffassung herrschend, daß sich die Ordensgemeinschaften im Hinblick auf die Erlangung ihrer Rechtsfähigkeit und ihrer freien Betätigung abgesehen von Art. 124 Abs. 1 S. 3 WeimRV auch auf das Selbstbestimmungs- und Selbstordnungsrecht des Art. 137 Abs. 3 WeimRV berufen könnten.[21] Heute wird ihre Freiheit, wie *Friesenhahn* hervorhebt, „selbstverständlich durch Art. 4 Abs. 1 und 2 und durch Art. 9 Abs. 1 GG gewährleistet". Ebenso wie alle übrigen religiösen Vereine und Gesellschaften können religiöse Orden „Rechts- und Vermögensfähigkeit mit bürgerlicher Wirkung *grundsätzlich nur nach den Vorschriften des bürgerlichen Rechts* erwerben".[22] In der Tat ist die große Mehrzahl der Ordensgemeinschaften in der Rechtsform des eingetragenen Vereins verfaßt.

Dieser dezidierten Rechtsauffassung *Friesenhahns* widerspricht jedoch die kontinuierliche Rechtspraxis des Freistaates Bayern. In Bayern besitzen nicht nur, wie *Friesenhahn* anmerkt, seit alters — ebenso wie übrigens auch in einer Reihe von Fällen ausschließlich in der Krankenpflege und im Schuldienst tätige Brüderverbände und Schwesternge-

---

Huber, Staat und Kirche (Anm. 17), S. 547 ff. Die Aufhebung des Jesuitengesetzes erfolgte durch das Reichsgesetz vom 19.4.1917 betreffend die Aufhebung des Gesetzes über den Orden der Gesellschaft Jesu vom 4.7.1872; Wortlaut bei *Huber / Huber*, Staat und Kirche (Anm. 17), Bd. 3: Staat und Kirche von der Beilegung des Kulturkampfs bis zum Ende des Ersten Weltkriegs. Berlin 1983, S. 503.

20 Überblick bei *Siepen*, Vermögensrecht (Anm. 14), S. 263 f.
21 In diesem Sinne nachdrücklich *Mayer*, Die Klöster (Anm. 17), S. 39.
22 *Ernst Friesenhahn*, Die Kirchen und Religionsgemeinschaften als Körperschaften des öffentlichen Rechts, in: HdbStKirchR¹ I, S. 566 (Hervorhebung vom Verf.).

nossenschaften im ehemaligen Preußen sowie in Hessen und Baden — zahlreiche Ordensgenossenschaften und viele einzelne ältere Klöster die Rechtsform einer Körperschaft des öffentlichen Rechts.[23] Bayern verleiht diesen Rechtsstatus an Ordensgemeinschaften auch noch in der Gegenwart.[24] *Friesenhahn* erhebt gegen diese Praxis Bedenken. Er stellt im Hinblick auf den Wortlaut des Art. 2 Abs. 2 BayK und des Art. V Abs. 1 BadK, wonach Orden und religiöse Kongregationen die Rechte einer öffentlichen Körperschaft nach den für alle Bürger geltenden Bestimmungen erwerben können, fest, daß es solche Bestimmungen für den öffentlich-rechtlichen Status nicht gebe.[25]

Gegenüber diesen Bedenken wird die jahrzehntelange Praxis des Bayerischen Staatsministeriums für Unterricht, Kultus, Wissenschaft und Kunst in der Literatur unter Berufung auf grundsätzliche Ausführungen von *Ulrich Scheuner* und *Paul Mikat* mit der zutreffenden Überlegung gerechtfertigt, die für Kirchen und Religionsgemeinschaften als solche zur Erlangung der öffentlichen Körperschaftsrechte geltenden Verfahrensgrundsätze müßten auch für deren Untergliederungen und somit auch für die Orden und religiösen Genossenschaften, die im Codex Iuris Canonici vom 25.1.1983 als „Ordensinstitute" bzw. als „Gesellschaften des apostolischen Lebens" bezeichnet werden, Geltung besitzen.[26]

Abgesehen von der Rechtsform der Körperschaft des öffentlichen Rechts und des eingetragenen Vereins können sich Ordensgemeinschaften auch noch anderer Rechtsformen des privaten Rechts zur Verfolgung ihrer Ziele bedienen. Insbesondere geschieht dies für die Vermögensver-

---

[23] *Friesenhahn*, ebd,. S. 566 mit Fn. 62. Die zahlreichen Priesterverbände, Brüderverbände, Schwesternverbände und Einzelklöster, die in Deutschland — überwiegend in Bayern — den Rechtsstatus einer Körperschaft des öffentlichen Rechts besitzen, sind bei *Siepen*, Vermögensrecht (Anm. 14), S. 323-326, 331 und 333-338 nach dem Stand von 1963 im einzelnen erschöpfend aufgezählt. Ein „Verzeichnis der Ordensgemeinschaften und Klöster in Bayern und ihrer Rechtsformen" nach dem Stand von 1993 ist enthalten in: *Hans Heimerl* und *Helmuth Pree* unter Mitwirkung von *Bruno Primetshofer*, Handbuch des Vermögensrechts der katholischen Kirche unter besonderer Berücksichtigung der Rechtsverhältnisse in Bayern und Österreich. Regensburg 1993, S. 928-939.

[24] Vgl. hierzu HdbBayStKirchR, S. 395 mit Fn. 29. Über die diesbezügliche Praxis während der Weimarer Zeit vgl. die vorzügliche Darstellung von *Maximilian Utz*, Das Recht der katholischen Orden und Kongregationen in Bayern. Augsburg 1932, S. 55 ff.

[25] *Friesenhahn*, Die Kirchen (Anm. 22), S. 569 mit Fn. 69. Wortlaut des Art. 2 BayK bei *Listl*, Die Konkordate und Kirchenverträge (Anm. 12), S. 476, und des Art. V BadK ebd., S. 141.

[26] Zu dieser in Jahrzehnten zum Verfassungsgewohnheitsrecht gewordenen bayerischen Praxis vgl. im einzelnen HdbBayStKirchR, S. 396. Zustimmend *Siepen*, Vermögensrecht (Anm. 14), S. 305 f., 307. Diese Argumentation vermag zu überzeugen.

waltung. In Frage kommen hierfür im einzelnen die rechtsfähige Stiftung, die Gesellschaft mit beschränkter Haftung und die Aktiengesellschaft sowie Gesellschaftsformen, die das Handelsgesetzbuch bereitstellt. Hierbei ist jedoch anzumerken, daß es sich bei den von der staatlichen Rechtsordnung für die Ordensgemeinschaften zur Verfügung gestellten Rechtsformen im Hinblick auf die katholischen Ordensgemeinschaften um „Hilfskonstruktionen" handelt, die es den Ordensgemeinschaften ermöglichen, am bürgerlichen Rechtsverkehr teilzunehmen. Mit Ausnahme der Körperschaft des öffentlichen Rechts ist der gemäß den Bestimmungen des staatlichen Rechts existierende Rechtsträger nicht mit der dahinter stehenden Ordensgemeinschaft identisch. In einigen Fällen sind als Eigentümer von Klöstern oder von klösterlichen Krankenhäusern auch die jeweiligen Erzbischöflichen bzw. Bischöflichen Stühle im Grundbuch eingetragen.[27]

2. Gründungs- und Niederlassungsfreiheit. Vermögensgarantie. Selbstbestimmungsrecht

Zusätzlich zu der allgemeinen Garantie durch das Grundrecht der Religionsfreiheit des Art. 4 Abs. 1 und 2 GG und das kirchliche Selbstverwaltungs- und Selbstordnungsrecht sind den Ordensgemeinschaften das Recht der Gründungs- und Niederlassungsfreiheit, der Schutz ihres Eigentums, die freie Vermögensverwaltung und die Ordnung ihrer inneren Angelegenheiten auch konkordatsrechtlich zugesichert. Diese Besonderheit leitet sich historisch daraus her, daß während des 19. und auch bereits während des 18. Jahrhunderts die Ordensgemeinschaften vielfältigen Formen der Unterdrückung, der Säkularisierung und Entwidmung ihres Vermögens sowie zahlreichen Betätigungsverboten bis hin zur Vertreibung über die Staatsgrenzen ausgesetzt waren. In dieser Hinsicht bestimmt Art. 15 Abs. 1 RK, daß die Orden und religiösen Genossenschaften in bezug auf ihre Gründung, Niederlassung sowie die Zahl und die Eigenschaften ihrer Mitglieder in der Ordnung ihrer Angelegenheiten und in der Verwaltung ihres Vermögens seitens des Staates keiner besonderen Einschränkung unterliegen.[28] Diese Bestimmung des Reichskonkordats im Hinblick auf die Gründungs- und Niederlassungsfreiheit der Ordensgemeinschaften wurde

---

[27] Vgl. hierzu im einzelnen die detaillierten Angaben bei *Siepen*, ebd., S. 287, 290, 295, 299. Über die Inkongruenz der staatlichen Rechtsnormen und der einschlägigen Bestimmungen des kircheninternen kanonischen Ordensrechts vgl. die Angaben bei *Siepen*, ebd., S. 277 f.

[28] Wortlaut des Art. 15 RK bei *Listl*, Die Konkordate und Kirchenverträge (Anm. 12), S. 42 f.

den inhaltlich gleichlautenden Garantien des Art. 2 Abs. 1 BayK[29] und Art. V Abs. 1 mit Schlußprotokoll BadK[30] entnommen.

Während Art. 15 Abs. 1 RK im Hinblick auf den Eigentumsschutz der Ordensgemeinschaften sich auf die Feststellung beschränkt, daß sie in bezug auf die Verwaltung ihres Vermögens staatlicherseits keiner besonderen Beschränkung unterliegen und damit eine indirekte Garantie des Vermögens der Ordensgemeinschaften ausspricht, enthält Art. 10 § 3 BayK eine ausdrückliche Garantie der Widmung bzw. Nutzung der im kirchlichen Gebrauch stehenden staatlichen Gebäude und Grundstücke. Danach bleiben die staatlichen Gebäude und Grundstücke, die zur Zeit des Konkordatsabschlusses unmittelbar oder mittelbar Zwecken der Kirche einschließlich der Orden oder religiösen Kongregationen dienten, diesen Zwecken unter Berücksichtigung etwa bestehender Verträge überlassen.[31]

Diese Bestimmung findet sich ihrem Inhalt nach auch in Art. V Abs. 2 BadK, das darüber hinaus in Art. V Abs. 1 das Eigentum und die anderen Vermögensrechte der katholischen Kirche in Baden, ihrer öffentlich-rechtlichen Körperschaften, Stiftungen und Anstalten „sowie der Orden und religiösen Kongregationen" nach Maßgabe der Verfassung des Deutschen Reichs auch ausdrücklich unter den Schutz des Staates stellt.[32] Eine Garantie des Eigentums der Ordensgenossenschaften, Kongregationen und ähnlichen Vereinigungen ist auch in Art. 17 Abs. 1 NiedersK i. V. m. Ziff. 14 des Abschließenden Sitzungsprotokolls zu Art. 17 NiedersK enthalten.[33]

3. Betätigungsfreiheit

Wegen der vielfachen Behinderungen und Diskriminierungen, denen die religiösen Orden in Deutschland, zuletzt während der Kulturkampfzeit und während der Ära des Nationalsozialismus, ausgesetzt waren, hat die katholische Kirche stets großes Gewicht darauf gelegt, den Ordensgemeinschaften eine umfassende Freiheit ihrer Betätigung auch konkordatsrechtlich zu sichern. Diesbezüglich erklärt Art. 15 Abs. 1 RK, daß die Tätigkeit der Orden und religiösen Genossenschaften in der Seelsorge, im Unterricht, in der Krankenpflege und in der karitativen Arbeit staatlicherseits keiner besonderen Beschränkung unterliegt.[34]

---

[29] Wortlaut bei *Listl*, ebd., S. 476.
[30] Wortlaut bei *Listl*, ebd., S. 141 und 147.
[31] Wortlaut bei *Listl*, ebd., S. 495.
[32] Wortlaut bei *Listl*, ebd., S. 141.
[33] Wortlaut bei *Listl*, ebd., Bd. 2, S. 18 und 31.

Besonderen Behinderungen unterlagen die Ordensgemeinschaften, insbesondere während des 19. Jahrhunderts, bei ihrer Tätigkeit als Träger von Privatschulen. Bis in die Zeit nach dem Zweiten Weltkrieg waren die Ordensgemeinschaften im Bereich der katholischen Kirche nahezu die einzigen Träger von Privatschulen. Hieraus erklärt es sich, daß ihnen in Art. 25 Abs. 1 S. 1 RK im Rahmen der allgemeinen Gesetze und gesetzlichen Bedingungen ausdrücklich das Recht zur Gründung und Führung von Privatschulen garantiert wurde. Wiederum zum Schutz gegen Diskriminierungen wird in Art. 25 Abs. 1 S. 2 RK anerkannt, daß diese Privatschulen die gleichen Berechtigungen wie die staatlichen Schulen verleihen, soweit sie die lehrplanmäßigen Vorschriften für letztere erfüllen.[35] Nach Art. 9 § 1 BayK werden Orden und religiöse Kongregationen unter den allgemeinen gesetzlichen Bestimmungen zur Gründung und Führung von Privatschulen zugelassen. Die Zuerkennung von Berechtigungen an derartige Schulen erfolgt nach den für andere Privatschulen geltenden Grundsätzen.[36]

Den Schutz des Charakters öffentlicher Ordensschulen bezweckte die Bestimmung des Art. 9 § 2 BayK, wonach von Orden und religiösen Kongregationen geleitete Schulen, die bisher den Charakter öffentlicher Schulen hatten, diesen behalten, sofern sie die an gleichartige Schulen gestellten Anforderungen erfüllen. Unter den gleichen Bedingungen kann auch neuen Schulen von Orden und Kongregationen dieser Charakter durch die Bayerische Staatsregierung verliehen werden.[37] Im Schlußprotokoll zu Art. 24 RK wurde dieser Schutz gegen Diskriminierungen auch für die damals noch in der Trägerschaft von Ordensgemeinschaften stehenden Privatanstalten für die Ausbildung von Lehrern zugesichert.[38]

Den Schutz einzelner Ordensangehöriger gegen Diskriminierungen bezweckte auch die Bestimmung des Art. 5 § 7 BayK, wonach der Erwerb der Lehrbefähigung für Volksschulen, Mittelschulen und höhere Lehranstalten sowie die Übertragung eines Lehramtes für die Angehörigen von Orden und religiösen Kongregationen an keine anderen Bedin-

---

[34] Wortlaut bei *Listl*, ebd., Bd. 1, S. 42 f.
[35] Wortlaut bei *Listl*, ebd., S. 48.
[36] Wortlaut bei *Listl*, ebd., S. 491; über die Entstehungsgeschichte dieser Bestimmung s. *Faber*, Die Ordensleute (Anm. 12), S. 292. Über die Rechtsstellung der Freien Schulen in kirchlicher Trägerschaft s. in *diesem* Handbuch *Wolfgang Loschelder*, § 55 Kirchen als Schulträger.
[37] Wortlaut bei *Listl*, Die Konkordate und Kirchenverträge (Anm. 12), S. 491.
[38] Wortlaut bei *Listl*, ebd., S. 58. Dieser Bestimmung korrespondierte die inhaltlich gleichlautende Vereinbarung in Art. 5 § 5 BayK; Wortlaut bei *Listl*, ebd., S. 292. Art. 5 § 5 BayK wurde durch den Änderungsvertrag vom 7.10.1968 zu Art. 5 und 6 des Bayerischen Konkordats aufgehoben.

gungen geknüpft wird als für Laien.[39] Diese Bestimmung fand ihrem Inhalt nach später Aufnahme in die Regelung des Art. 25 Abs. 2 RK.[40]

4. Staatspolitische Sonderbestimmungen für Ordensangehörige

Nach Art. 6 RK sind Kleriker und Ordensleute frei von der Verpflichtung zur Übernahme öffentlicher Ämter und solcher Verpflichtungen, die nach den Vorschriften des kanonischen Rechts mit dem geistlichen Stand bzw. dem Ordensstand nicht vereinbar sind. Dies gilt insbesondere von dem Amt eines Schöffen, eines Geschworenen, eines Mitglieds der damals bestehenden Steuerausschüsse oder der Finanzgerichte.[41] Nach Art. 15 Abs. 2 RK müssen „Geistliche Ordensobere", die innerhalb des Deutschen Reiches ihren Amtssitz haben, die deutsche Staatsangehörigkeit besitzen. Jedoch steht Provinz- und anderen Oberen, deren Amtssitz außerhalb des deutschen Reichsgebietes liegt, auch wenn sie anderer Staatsangehörigkeit sind, das Visitationsrecht bezüglich ihrer in Deutschland liegenden Niederlassungen zu.[42] Diese Regelung deckt sich inhaltlich mit der Bestimmung des Art. 13 § 2 BayK.[43]

In Art. 15 Abs. 3 RK verpflichtet sich die katholische Kirche, dafür Sorge zu tragen, daß sich nach Möglichkeit die Grenzen der Ordensprovinzen mit der Reichsgrenze decken. Dadurch soll erreicht werden, daß die Unterstellung deutscher Niederlassungen unter ausländische Provinzialobere tunlichst entfällt.[44] Ferner enthält Art. 32 RK ein konditio-

---

[39] Wortlaut bei *Listl*, ebd., S. 293; später in Art. 4 § 6 BayK geregelt, vgl. hierzu bei *Listl*, ebd., S. 481.

[40] Wortlaut bei *Listl*, ebd., S. 48 f.

[41] Wortlaut bei *Listl*, ebd., S. 38. Die in § 11 Abs. 1 Nr. 2 WPflG enthaltene Wehrdienstbefreiung der Geistlichen ist eine Konkretisierung des Art. 6 RK. Diese Konkordatsbestimmung ist nach einem Erlaß des Bundesministers der Verteidigung vom 29.8.1989 (VR I 8 (1) Az. 24 — 05 — 04; nicht veröffentlicht) außerdem dahin zu interpretieren, daß katholische Ordensleute, obwohl sie nicht in § 11 Abs. 1 Nr. 1 bis 3 WPflG aufgeführt sind, durch die Ablegung der Ordensprofeß oder eine vergleichbare Bindung kraft Gesetzes vom Wehrdienst befreit sind, während in analoger Anwendung des § 12 Abs. 2 WPflG Wehrpflichtige, die zur Feststellung ihrer Eignung als Ordensbruder zur sog. Kandidatur zugelassen sind oder sich auf die Ablegung der Ordensgelübde vorbereiten, auf Antrag vom Wehrdienst zurückzustellen sind. Zur früheren Rechtslage s. *Faber*, Die Ordensleute (Anm. 12), S. 285 mit Anm. 1474.

[42] Wortlaut bei *Listl*, Die Konkordate und Kirchenverträge (Anm. 12), S. 43.

[43] Wortlaut bei *Listl*, ebd., S. 497 f. Unberührt bleibt jedoch das Recht der Ordenskleriker, ihre philosophisch-theologischen Studien an ihren eigenen ausländischen Hochschulen zurückzulegen, sofern diese Studien den Bestimmungen des Codex Iuris Canonici entsprechen. Vgl. ebd., S. 497 f.

[44] Wortlaut bei *Listl*, ebd., S. 43. Ausnahmen können im Einvernehmen mit der Reichsregierung zugelassen werden.

nales Verbot parteipolitischer Betätigung für katholische Geistliche und Ordensleute. Dieses Verbot ist jedoch, abgesehen davon, daß es heute gegen zentrale staatsbürgerliche Grundrechte der Ordensangehörigen verstößt, wegen Nichterfüllung der im Zusammenhang mit dieser Bestimmung von der Deutschen Reichsregierung gegebenen Zusicherungen niemals in Kraft getreten.[45]

5. Strafrechtlicher Schutz gegen den Mißbrauch des Ordenskleides

Gegen den Mißbrauch geistlicher Kleidung oder des Ordensgewandes durch Unbefugte wendet sich die Bestimmung des Art. 10 RK. Danach unterliegt der Gebrauch geistlicher Kleidung oder des Ordensgewandes durch Laien oder durch Geistliche oder Ordenspersonen, denen dieser Gebrauch durch die zuständige kirchliche Behörde durch endgültige, der Staatsbehörde amtlich bekanntgegebene Anordnung rechtskräftig verboten worden ist, staatlicherseits den gleichen Strafen wie der Mißbrauch der militärischen Uniform.[46]

III. Die Rechtsstellung der einzelnen Ordensangehörigen

1. Keine Beschränkung des rechtlichen Status des einzelnen Ordensangehörigen

Die Eingliederung eines Ordensangehörigen in seine Gemeinschaft erfolgt durch die Ablegung der kirchenamtlichen Gelübde (Ordensprofeß) oder eine andere rechtlich vorgeschriebene Bindung an das jeweilige Ordensinstitut. Das staatliche Recht bezeichnet Ordensangehörige mit Profeß oder vergleichbarer Bindung als „*satzungsmäßige* Mitglieder geistlicher Genossenschaften" (z. B. § 6 Abs. 1 Nr. 7 SGB V; § 5 Abs. 1 Nr. 3 SGB VI) und verwendet in einem erweiterten Sinn unter Einbeziehung der der Ablegung der Ordensprofeß vorausgehenden Zeit des sog. Postulats und/oder Noviziats den Begriff „Mitglieder geistlicher Genossenschaften" (z. B. § 1 S. 1 Nr. 4 SGB VI) mit zum Teil anderen Rechtsfolgen. Der gemäß dem kanonischen Recht und den Konstitutionen bzw. Statuten des jeweiligen Ordensinstituts erfolgende Akt der

---

[45] Wortlaut bei *Listl*, ebd., S. 53, mit weiteren Angaben in Fn. 29. Vgl. hierzu ferner *Joseph Listl*, Die Fortgeltung und die gegenwärtige staatskirchenrechtliche Bedeutung des Reichskonkordats vom 20. Juli 1933, in: FS für Louis Carlen zum 60. Geburtstag. Zürich 1989, S. 331 f., m. w. N.

[46] Wortlaut bei *Listl*, Die Konkordate und Kirchenverträge (Anm. 12), S. 39. Dieser Konkordatsbestimmung entsprechen die Strafbestimmungen des § 132 a Abs. 3 StGB bzw. § 126 Abs. 1 Nr. 2 OWiG.

Eingliederung hat nach dem staatlichen Recht der Bundesrepublik Deutschland keine unmittelbaren Auswirkungen auf die öffentlich-rechtliche und privatrechtliche Stellung des einzelnen Ordensangehörigen.[47] Alle früheren Beschränkungen der bürgerlich-rechtlichen Stellung der Ordensangehörigen, wie sie z. B. insbesondere auch im Preußischen Allgemeinen Landrecht bestanden, wurden durch das am 1. Januar 1900 in Kraft getretene Bürgerliche Gesetzbuch aufgehoben.[48] In der geltenden deutschen Rechtsordnung bestehen für die Angehörigen von Ordensgemeinschaften keine Beschränkungen der Vermögens-, Erb-, Testier-, Partei-, Prozeß-, Wechsel- und überhaupt der gesamten Rechts- und Handlungsfähigkeit.[49] Die Ordensprofeß hat nach den

---

[47] *Dominicus Michael Meier*, Die Rechtswirkungen der klösterlichen Profeß. Eine rechtsgeschichtliche Untersuchung der monastischen Profeß und ihrer Rechtswirkungen unter Berücksichtigung des Staatskirchenrechts (= Europäische Hochschulschriften. Reihe 23: Theologie, Bd. 486). Frankfurt am Main, Berlin, Bern, New York, Paris, Wien 1993, S. 449; *Primetshofer*, Ordensrecht (Anm. 3), S. 147 f.

[48] Das Preußische ALR enthielt in Übereinstimmung mit den Rechtsordnungen der übrigen deutschen und ausländischen Staaten die für die Einstellung der Aufklärungszeit typischen detaillierten Bestimmungen über den sog. „Klostertod" oder „bürgerlichen Tod" („mors civil"). Vgl. PreußALR II 11 § 1199: Nach abgelegtem Klostergelübde werden Mönche und Nonnen in Ansehung aller weltlichen Geschäfte als verstorben angesehen. § 1200: Sie sind unfähig, Eigentum oder andere Rechte zu erwerben, zu besitzen oder darüber zu verfügen. § 1201: Bei Erb- und anderen Anfällen treten diejenigen an ihre Stelle, denen ein solcher Anfall zukommen würde, wenn jene gar nicht mehr vorhanden wären. § 1203: Eltern sind nicht schuldig, ihren Kindern, welche das Klostergelübde abgelegt haben, etwas zu hinterlassen. Bei dieser Gesetzgebung handelt es sich um ein vom ordensfeindlichen Geist der Aufklärung inspiriertes sog. „Amortisationsgesetz", das den Erwerb von Vermögen der sog. „Toten Hand" verhindern sollte. Über die rechtliche Stellung der Ordensangehörigen in Deutschland vor 1900 vgl. *Siegfried von Hobe-Gelting*, Die Rechtsfähigkeit der Mitglieder religiöser Orden und ordensähnlicher Kongregationen nach kanonischem und deutschem Recht. Jur. Diss. Breslau 1903, S. 29 ff.; über den sog. „Klostertod" s. *Adalbert Erler*, Art. Klostertod, in: HRG II, 1978, Sp. 891-893, m. w. N. Über die von der katholischen Kirche stets abgelehnte Amortisationsgesetzgebung der Aufklärungszeit und des 19. Jahrhunderts s. *Joseph Listl*, Kirche und Staat in der neueren katholischen Kirchenrechtswissenschaft (= Staatskirchenrechtliche Abhandlungen, Bd. 7). Berlin 1978, S. 157 f., 194; ferner *Friedrich Merzbacher*, Art. Amortisationsgesetzgebung, in: HRG I, 1971, Sp. 148 ff., m. w. N.; *Godehard Josef Ebers*, Staat und Kirche im neuen Deutschland. München 1930, S. 95 ff., 394 ff.; *Wilhelm Kahl*, Die deutschen Amortisationsgesetze, Tübingen 1879.

[49] *Primetshofer*, Ordensrecht (Anm. 3), S. 147 f.; *Meier*, Die Rechtswirkungen (Anm. 47), S. 449 ff., m. w. N. Zur vermögensrechtlichen Stellung der Ordensangehörigen s. *Wolfgang Rüfner*, Zur vermögensrechtlichen Stellung der Ordensleute nach dem staatlichen Recht der Bundesrepublik Deutschland, in: ÖK 15 (1974), S. 50-66. *Rüfner* gelangt zu der Feststellung, daß das geltende deutsche Recht den Erfordernissen des klösterlichen Lebens gerecht werde. Es könne zwar nicht alle kirchenrechtlichen Verpflichtungen der Ordensleute als für die Welt rechtsverbindlich anerkennen, ermögliche aber zumindest immer Gestaltungen, die dem Armutsideal entsprechen (S. 66).

Bestimmungen der staatlichen Rechtsordnung der Bundesrepublik Deutschland unmittelbar nur innerkirchliche Bedeutung.[50] Wird z. B. ein Ordensangehöriger als Erbe eingesetzt, so unterliegt er der Erbschaftsteuer.[51] Ungeachtet dessen sind die vermögensrechtlichen Folgen, die die Ablegung der Ordensprofeß nach den Bestimmungen des kanonischen Rechts innerkirchlich nach sich zieht (Vermögensunfähigkeit), auch im bürgerlichen bzw. staatlichen Recht zu beachten, wenn sie dort als Vorfrage von Bedeutung sind. Dies trifft z. B. für das Sozialversicherungsrecht zu.

2. Tätigkeiten von Ordensangehörigen aufgrund von Gestellungsverträgen

Übernimmt ein Ordensangehöriger außerhalb der Einrichtungen des Ordensinstituts eine seelsorgerliche bzw. kirchliche, karitative oder

---

50 BFH, Urt. v. 11.5.1962 (55 / 61 U), in: KirchE 6, 83 (87 ff.); ebenso AG München (Nachlaßgericht), Beschl. v. 1.12.1989 (94 VI 11486 / 88), in: ArchKathKR 158 (1989), S. 565-570; Hinweis auch bei *Meier*, Die Rechtswirkungen (Anm. 47), S. 449. Danach werden die mit der Ordensprofeß übernommenen vermögensrechtlichen Verpflichtungen des Ordensangehörigen als Vertragsverhältnisse betrachtet, die auf ernstlichen Willenserklärungen beruhen. Die Ordensprofeß ist nach dem staatlichen Recht ein Vertrag, demzufolge alles, was dem Professen durch eigene Arbeit zufließt, gemäß c. 668 § 3 CIC / 1983 bzw. c. 580 § 2 CIC / 1917 dem Ordensinstitut zukommt.

Das von einem Ordensangehörigen abgelegte Armutsgelübde hat kirchen- und ordensrechtlich die Besitz- und Erwerbsunfähigkeit des einzelnen zur Folge. In der Ablegung dieses Gelübdes liegt die stillschweigende Übertragung von Nutzungsrechten an von ihm geschaffenen urheberrechtlich geschützten Werken auf die Ordensgemeinschaft. Eigene Nutzungsrechte stehen dem Ordensangehörigen bzw. seinen Erben nicht mehr zu. Vgl. hierzu BGH, Urt. v. 22.2.1974 (I ZR 128 / 72) in: KirchE 14, 21 ff. (Ordensschwester Berta Hummel); ebenso OLG Düsseldorf, Urt. v. 22.1.1991, in: GRUR 1991, S. 759 (Angehöriger des Jesuitenordens).

Aus der Besitz- und Erwerbsunfähigkeit folgt, wie der BFH durch Urteil vom 9.7.1965 (VI 174 / 63 U) entschieden hat, daß ein Angehöriger des Benediktinerordens nicht prämienbegünstigt sparen kann. Vgl. hierzu *Primetshofer*, Ordensrecht (Anm. 3), S. 147 f. Die in der Ordensprofeß enthaltene „renuntiatio bonorum", d. h. der Verzicht auf den Erwerb allen persönlichen Vermögens zugunsten des Ordensinstituts, und die darin zum Ausdruck gebrachte Willenserklärung sind nach dem genannten Beschluß des AG München vom 1.12.1989 als Testierwille zu bewerten. Näheres bei *Meier*, Die Rechtswirkungen (Anm. 47), S. 450 ff. Vgl. hierzu ferner *Rüfner*, Zur vermögensrechtlichen Stellung (Anm. 49), S. 50 ff.

Unterhaltsrechtlich steht dem Kind eines ohne Vergütungsanspruch arbeitenden Ordensangehörigen kein Anspruch gegen dessen Ordensgemeinschaft bzw. dessen Kloster zu. Vgl. hierzu OLG München, Urt. v. 6.3.1991 (15 U 4163 / 90 — nicht veröffentlicht); bestätigt durch BVerfG, Beschl. v. 21.1.1992 (1 BvR 517 / 91), in: NJW 1992, S. 2471. Dies muß auch für den Fall gelten, daß der betreffende Ordensangehörige während seiner Ordenszugehörigkeit aufgrund eines Gestellungsvertrages tätig war.

51 FG München, Urt. vom 25.4.1968 (IV 88 / 67), in: EFG 1968, 525 = KirchE 10, 68.

auch rein weltliche Tätigkeit, so kann diese Tätigkeit entweder auf der Grundlage eines *Gestellungsvertrags* zwischen dem Ordensverband und dem Dienstgeber oder auf der Grundlage eines zwischen diesem und dem Ordensmitglied *persönlich abgeschlossenen Dienst- oder Arbeitsvertrags* ausgeübt werden.[52] Der Einsatz von Ordensangehörigen im kirchlichen Bereich, z. B. in Pfarreien, diözesanen oder kirchlich-karitativen Einrichtungen, erfolgt in aller Regel auf der Grundlage von Gestellungsverträgen. Aus sozialversicherungsrechtlichen und steuerrechtlichen Gründen ist es erforderlich, eine aufgrund eines Gestellungsvertrages erfolgende Dienstleistung eindeutig und scharf von einem persönlichen Arbeitsverhältnis abzugrenzen. Wie das Bundessozialgericht hierzu ausgeführt hat, genügt es zur Annahme eines ein Beschäftigungsverhältnis ausschließenden Gestellungsvertrages bei einem Ordensangehörigen nicht, daß dieser mit Zustimmung, Genehmigung oder sonstwie mit Willen des Ordens bei einem Dritten (dem Dienstempfänger) tätig wird; vielmehr ist es erforderlich, daß für den Beginn und das Ende der Beschäftigung ausschließlich Vereinbarungen zwischen dem Orden und dem Dienstempfänger maßgebend sind.[53] Wie das Bundessozialgericht hierzu weiter ausgeführt hat, schließen sich Beschäftigungsverhältnis und Gestellungsverhältnis (Gestellungsvertrag) gegenseitig aus. Der entscheidende Unterschied besteht in der Person dessen, der über Beginn und Ende der Arbeitsleistung (Dienstleistung) bestimmt. Bei einem Beschäftigungsverhältnis liegt diese Bestimmung in der Hand des Arbeitnehmers (Beschäftigten) und des Arbeitgebers (Dienstempfängers), bei einem Gestellungsvertrag dagegen in der Hand des Gestellenden und des Dienstempfängers. Der Dienstleistende (Arbeitsleistende) ist danach im ersteren Falle Vereinbarungspartner, im letzteren Falle wird er zur Dienstleistung (Arbeitsleistung) zur Verfügung gestellt. Dementsprechend zahlt der Dienstempfänger im ersteren Falle dem Dienstleistenden (gegebenenfalls) als Gegenleistung ein Entgelt, im letzteren Falle dagegen dem Gestellenden (gegebenenfalls) eine Vergütung.[54]

---

[52] Vgl. hierzu *Primetshofer*, Ordensrecht (Anm. 3), S. 139.
[53] BSG, Urt. v. 19.5.1982 (11 RA 34/81), in: BSGE 53, 278 = KirchE 20, 45.
[54] BSG, ebd., in: KirchE 20, 48, unter Hinweis auf die frühere Entscheidung des Gerichts in BSGE 28, 208. Über das Wesen und das Verständnis von Gestellungsverträgen vgl. ferner BFH, Urt. v. 11.5.1962 (55/61 U), in: KirchE 6, 84; FG Karlsruhe, Urt. v. 26.9.1962 (I 231/61), in: KirchE 6, 141. Vgl. hierzu ferner die auf der Grundlage der angeführten Rechtsprechung erlassene Ordnung des Erzbistums Köln über die Gestellung von Ordensmitgliedern, in: ABl. des Erzbistums Köln 132 (1992), S. 193-197. Über die Rechtswirkungen von Gestellungsverträgen siehe auch HdbBayStKirchR, S. 397-401. Das der Ordensgemeinschaft bei der Gestellung von Ordensmitgliedern zufließende Gestellungsgeld ist nach § 4 Nr. 27a UStG umsatzsteuerfrei. Die Steuerbefreiung setzt voraus, daß

3. Sozialversicherungsrechtliche Stellung von Ordensangehörigen

a) Rentenversicherung und Nachversicherung ausgeschiedener Ordensangehöriger

Im Sozialstaat Bundesrepublik Deutschland bedürfen auch die Ordensangehörigen einer sozialen Sicherung, insbesondere einer Alterssicherung. In dieser Hinsicht ist durch das am 1.1.1992 als Art. 1 des Gesetzes zur Reform der gesetzlichen Rentenversicherung (Rentenreformgesetz 1992 — RRG 1992) vom 18.12.1989 in Kraft getretene Sechste Buch des Sozialgesetzbuches (SGB VI) eine Änderung erfolgt.[55]

Nach der früheren Rechtslage war die Versicherungsfreiheit von Ordensangehörigen in der gesetzlichen Rentenversicherung nicht positiv definiert, sondern ergab sich nur aus der Feststellung, von welcher „Einkommensgrenze" an die Versicherungspflicht einsetzte. Versicherungspflichtig waren „satzungsmäßige Mitglieder geistlicher Genossenschaften", „wenn sie persönlich neben dem freien Unterhalt Barbezüge von mehr als einem Achtel der für Monatsbezüge geltenden Beitragsbemessungsgrenze monatlich erhalten" (§ 2 Abs. 1 Nr. 7 AVG; § 1227 Abs. 1 S. 1 Nr. 5 RVO). Nachdem Ordensangehörige in aller Regel keine nennenswerten persönlichen Barbezüge erhalten und erhielten, waren sie — insoweit dies zutraf — nach den bis zum 31.12.1991 geltenden Bestimmungen des Angestelltenversicherungsgesetzes und der Reichsversicherungsordnung in der gesetzlichen Rentenversicherung versicherungsfrei.[56]

Mit Wirkung vom 1.1.1992 änderte sich der zur gesetzlichen Rentenversicherung versicherungspflichtige Personenkreis. Gemäß § 1 S. 1 Nr. 4 SGB VI sind nunmehr Mitglieder geistlicher Genossenschaften, Diakonissen und Angehörige ähnlicher Gemeinschaften während ihres Dienstes für die Gemeinschaft und während der Zeit ihrer außerschulischen Ausbildung grundsätzlich versicherungspflichtig. Nach § 5 Abs. 1 S. 1 Nr. 3 SGB VI sind jedoch satzungsmäßige Mitglieder geistlicher Genossenschaften, Diakonissen und Angehörige ähnlicher Gemeinschaften versicherungsfrei, wenn ihnen nach den Regeln der Gemeinschaft Anwartschaft auf die in der Gemeinschaft übliche Versorgung bei verminderter Erwerbsfähigkeit und im Alter gewährleistet und die Erfüllung der Gewährleistung gesichert ist. Indem § 1 S. 1 Nr. 4 SGB VI

---
die Personalgestellung für gemeinnützige, mildtätige, kirchliche oder schulische Zwecke erfolgt.
[55] BGBl. I S. 2261, ber. 1990 I S. 1337, zuletzt geänd. durch G vom 24.6.1993 (BGBl. I S. 1038).
[56] *Primetshofer*, Ordensrecht (Anm. 3), S. 148.

die Versicherungspflicht für Ordensangehörige anordnet, macht der staatliche Gesetzgeber grundsätzlich von seiner Zuständigkeit zur Regelung des Sozialversicherungsrechts Gebrauch, trägt aber gleichzeitig mit § 5 Abs. 1 S. 1 Nr. 3 SGB VI dem kirchlichen Selbstbestimmungsrecht dadurch Rechnung, daß die ordensinterne Vorsorge als ein Sicherungssystem anerkannt wird, das ausreichenden sozialen Schutz gewährt.

Um die Sicherung und Anerkennung dieser Gewährleistung einer ordensinternen Versorgung zu erreichen, haben die katholischen Orden in Deutschland das „Solidarwerk der katholischen Orden Deutschlands zur Sicherung der Altersversorgung in den Mitgliedsgemeinschaften der Vereinigung der Ordensoberinnen Deutschlands (VOD), der Vereinigung Deutscher Ordensobern (VDO) und der Vereinigung der Ordensobern der Brüderorden und -kongregationen Deutschlands (VOB)" gegründet.[57] Das Solidarwerk verfolgt nach § 2 der am 22.10.1993 revidierten Satzung den Zweck, die Voraussetzungen dafür zu schaffen, „daß seine Mitglieder ihre durch Abschluß des Profeßvertrages ihren eigenen satzungsmäßigen Mitgliedern gegenüber übernommenen Verpflichtungen, diese bei verminderter Arbeitsfähigkeit und im Alter zu versorgen, jederzeit erfüllen und dies den zuständigen staatlichen Behörden und den Sozialhilfeträgern gegenüber nachweisen können". Zu diesem Zweck verpflichtet sich das Solidarwerk gemäß § 13 Abs. 1 seiner Satzung zur Hilfeleistung gegenüber Mitgliedsgemeinschaften, die nicht mehr in der Lage sind, die Versorgung ihrer vermindert arbeitsfähigen und alten Mitglieder sicherzustellen. Die hierfür gegebenenfalls erforderlichen Geldmittel werden auf der Grundlage eines Umlageverfahrens von den Mitgliedsgemeinschaften erhoben. Mitglied des Solidarwerks kann unter bestimmten Voraussetzungen jede Ordensgemeinschaft werden, deren Höherer Oberer oder Höhere Oberin einer deutschen Ordensobernvereinigung (VOD, VDO, VOB) angehört.[58]

---

[57] Der abgekürzte Vereinsname lautet „Solidarwerk der katholischen Orden Deutschlands e. V.". Das Solidarwerk der katholischen Orden Deutschlands e. V. hat seinen Sitz in München. Die Eintragung ins Vereinsregister erfolgte am 11.12.1991 unter der Nr. VR 13729 beim Amtsgericht München. Die Vereinssatzung ist in ihrer Urfassung abgedruckt in: OK 33 (1992), S. 179-186. Vgl. hierzu ferner *Wolfgang Schumacher,* Kommentar zur Satzung des Solidarwerks der katholischen Orden Deutschlands, ebd., S. 187-198. Dem Solidarwerk gehören derzeit (Stand vom 1.1.1994) 317 Mitgliederorganisationen an, die 331 in Deutschland ansässige Ordensgeneralate, Provinzialate, Mutterhäuser, Priorate und selbständige Klöster repräsentieren. Vgl. hierzu auch bei *Meier,* Die Rechtswirkungen (Anm. 47), S. 462 f.; ferner *Heimerl / Pree / Primetshofer,* Handbuch des Vermögensrechts (Anm. 23), Rdnrn. 6 / 264 ff. (S. 727 f.).

[58] Angaben bei *Meier,* Die Rechtswirkungen (Anm. 47), S. 463 mit Fn. 182-184; ebenso bei *Heimerl / Pree / Primetshofer,* Handbuch des Vermögensrechts (Anm. 23), Rdnrn. 6 / 264 ff. (S. 727 f.).

Aus den obersten Grundsätzen des durch das Grundgesetz konstituierten Sozialstaats der Bundesrepublik Deutschland folgt, daß nichtversicherungspflichtige Mitglieder von Ordensgemeinschaften im Falle des Ausscheidens aus ihrer Gemeinschaft pflichtmäßig nachzuversichern sind.[59] Das Selbstbestimmungsrecht der Kirchen und Ordensgemeinschaften aus Art. 140 GG i. V. m. Art. 137 Abs. 3 WeimRV steht dieser Verpflichtung nicht entgegen.

Durch das am 1.1.1992 in Kraft getretene Rentenreformgesetz wurde auch die Nachversicherung ausgeschiedener Ordensangehöriger auf eine neue gesetzliche Grundlage gestellt. Gemäß § 8 Abs. 2 S. 1 Nr. 3 SGB VI werden Personen, die als satzungsmäßige Mitglieder geistlicher Genossenschaften, Diakonissen oder Angehörige ähnlicher Gemeinschaften versicherungsfrei waren oder von der Versicherungspflicht befreit worden sind, nachversichert, wenn sie ohne Anspruch oder Anwartschaft auf Versorgung aus der Beschäftigung ausgeschieden sind oder ihren Anspruch auf Versorgung verloren haben und Gründe für einen Aufschub der Beitragszahlung (§ 184 Abs. 2 SGB VI) nicht gegeben sind.

Bis zum 31.12.1991 bestand für alle ehemaligen Ordensleute, die ihre Ordensgemeinschaft verlassen hatten, Nachversicherungspflicht gemäß § 9 Abs. 5 i. V. m. § 124 Abs. 2 AVG bzw. gemäß § 1232 Abs. 5 i. V. m. § 1402 Abs. 2 RVO, und zwar für die gesamte Zeit ihrer satzungsmäßigen Mitgliedschaft im Ordensverband, d. h. von der ersten Ordensprofeß oder dem Beginn ihrer Bindung, frühestens jedoch vom 1.3.1957 an. Gemäß den seit dem 1.1.1992 geltenden Bestimmungen des § 8 Abs. 2 S. 1 Nr. 3 und S. 2 SGB VI erstreckt sich die Nachversicherungspflicht für die bis zu ihrem Ausscheiden aus der Ordensgemeinschaft versicherungsfreien Angehörigen auf die gesamte Zeit der Versicherungsfreiheit. Die nach dem früheren Recht geltende Regelung, daß eine Nachversicherung ausgeschiedener Ordensangehöriger frühestens vom 1.3.1957 an möglich war, wurde auch durch das neue Recht nicht geändert.

Die Höhe der Nachversicherung, die von der Ordensgemeinschaft für ausgeschiedene Ordensangehörige an den Rentenversicherungsträger zu zahlen ist, richtet sich nach dem jeweiligen beitragspflichtigen Einkommen. Liegt kein persönliches beitragspflichtiges Einkommen vor, wie dies bei Ordensangehörigen in aller Regel der Fall ist, erfolgt die Berechnung der Nachversicherungsbeiträge nach der gesetzlich festge-

---

[59] Über die Anfänge der Einführung der Nachversicherung von Ordensangehörigen während der fünfziger Jahre siehe die instruktive Darstellung von *Werner Böcker*, Die Nachversicherung von ausgeschiedenen Mitgliedern geistlicher Genossenschaften, Diakonissen, Schwestern vom Deutschen Roten Kreuz und Angehörigen ähnlicher Gemeinschaften in der sozialen Rentenversicherung. Jur. Diss., Köln 1962, S. 19 ff.

legten Mindestbeitragsbemessungsgrundlage. Nach der bis zum 31.12.1991 bestehenden Rechtslage wurde gemäß § 124 Abs. 2 AVG bzw. § 1402 Abs. 2 RVO bei Antragstellung bis zum 31.12.1991 nach dem Ausscheiden ein fiktives Monatseinkommen von 20 % der jeweiligen monatlichen Beitragsbemessungsgrenze zugrunde gelegt.

Nach der gemäß § 181 Abs. 3 i. V. m. § 278 Abs. 1 SGB VI seit dem 1.1.1992 bestehenden neuen Rechtslage sind dies 20 % der jeweiligen Beitragsbemessungsgrenze für die Zeiten der Ordensangehörigkeit bis zum 31.12.1976 und 40 % der jeweiligen Bezugsgröße vom 1.1.1977 an, zuzüglich einer prozentualen Dynamisierung der Beitragsbemessungsgrundlage im Verhältnis des Durchschnittsentgelts im Zahlungsjahr der Nachversicherung zum Durchschnittsentgelt des jeweiligen Nachversicherungsjahres (§ 181 Abs. 4 SGB VI). Gemäß § 181 Abs. 1 SGB VI kommt der zum Zahlungszeitpunkt geltende Beitragssatz in der gesetzlichen Rentenversicherung zur Anwendung. Dieser wird ebenso wie die Beitragsbemessungsgrenze, die Bezugsgröße und das Durchschnittsentgelt vom zuständigen Bundesministerium für Arbeit und Sozialordnung bzw. vom Deutschen Bundestag festgelegt.[60]

Die Nachversicherung ausgeschiedener Ordensangehöriger auf der Basis der Mindestbeitragsbemessungsgrundlage ist gesetzlich geregelt und der Höhe nach nicht beeinflußbar. Beitragspflichtige Einnahmen sind die Geld- und Sachwerte, die das Ordensmitglied persönlich erhält; diese sind bei allen Ordensmitgliedern gleich hoch, unabhängig von ihrer Position und ihrer Tätigkeit während ihrer Ordenszugehörigkeit und unabhängig von den Einkünften, die der Ordensgemeinschaft durch ihre Dienste zugeflossen sind.[61]

Gemäß § 181 Abs. 1 bis 3 SGB VI erfolgt die Berechnung der Beiträge nach den Vorschriften, die im Zeitpunkt der Zahlung der Beiträge für versicherungspflichtige Beschäftigte gelten. Beitragsbemessungsgrundlage sind die beitragspflichtigen Einnahmen aus der Beschäftigung im Nachversicherungszeitraum bis zur jeweiligen Beitragsbemessungsgrenze. Mindestbeitragsbemessungsgrundlage ist ein Betrag in Höhe von 40 % der jeweiligen Bezugsgröße, für Ausbildungszeiten die Hälfte dieses Betrages.[62] Entscheidend für den Eintritt eines Nachversicherungsfalles ist nicht die im kanonischen Recht geregelte, sondern die faktische Beendigung der Ordenszugehörigkeit. Die Nachversicherungs-

---

[60] Vgl. hierzu auch *Primetshofer*, Ordensrecht (Anm. 3), S. 197 m. w. N.

[61] SG Hamburg, Urt. v. 11.6.1974 (9 An 762/71), in: KirchE 14, 85–89; SG Duisburg, Urt. v. 22.3.1977 (S 13 [14] An 83/75), in: KirchE 16, 94.

[62] Einzelheiten mit Hinweisen auf die einschlägige Judikatur bei *Heimerl / Pree / Primetshofer*, Handbuch des Vermögensrechts (Anm. 23), Rdnrn. 6/269-282 (S. 729 f.).

beiträge sind gemäß § 181 Abs. 5 S. 1 SGB VI allein von der Ordensgemeinschaft zu tragen; das Ordensmitglied selbst hat keine Beiträge zu entrichten.[63]

b) Kranken-, Arbeitslosen- und Unfallversicherung

Nach den bis zum 31.12.1988 geltenden Bestimmungen bestand gemäß § 172 Abs. 1 Nr. 6 RVO für Mitglieder geistlicher Genossenschaften Versicherungsfreiheit in der gesetzlichen Krankenversicherung, „wenn sie sich aus überwiegend religiösen oder sittlichen Beweggründen mit Krankenpflege, Unterricht oder anderen gemeinnützigen Tätigkeiten beschäftigen und nicht mehr als freien Unterhalt oder ein geringes Entgelt beziehen, das nur zur Beschaffung der unmittelbaren Lebensbedürfnisse an Wohnung, Verpflegung, Kleidung und dergleichen ausreicht."[64] Nach der seit dem 1.1.1989 bestehenden Rechtslage sind gemäß § 6 Abs. 1 Nr. 7 SGB V *satzungsmäßige* Mitglieder geistlicher Genossenschaften, Diakonissen und ähnliche Personen, wenn sie sich aus überwiegend sittlichen oder religiösen Beweggründen mit Krankenpflege, Unterricht oder anderen gemeinnützigen Tätigkeiten beschäftigen und nicht mehr als freien Unterhalt oder ein geringfügiges Entgelt beziehen, das nur zur Beschaffung der unmittelbaren Lebensbedürfnisse an Wohnung, Verpflegung, Kleidung und dergleichen ausreicht, in der gesetzlichen Krankenversicherung versicherungsfrei. Die Ordensgemeinschaft hat aber die Möglichkeit, ihre Angehörigen gemäß § 9 Abs. 1 SGB V in der freiwilligen Krankenversicherung zu versichern. Von dieser Möglichkeit haben die meisten Ordensgemeinschaften Gebrauch gemacht. Die Ordensangehörigen sind daher in der Regel freiwillige Mitglieder der gesetzlichen Krankenversicherung.

Gemäß § 169 AFG sind die krankenversicherungsfreien Ordensangehörigen auch in der gesetzlichen Arbeitslosenversicherung versicherungsfrei. Die Versicherungsfreiheit in der gesetzlichen Unfallversicherung hängt demgegenüber gemäß § 541 Abs. 1 Nr. 3 RVO davon ab, daß nach den Satzungen bzw. Statuten der Gemeinschaft eine lebenslange Versorgung gewährleistet ist.

---

[63] BayLSG, Urt. v. 13.10.1970 (L 16 / An 115 / 69), in: KirchE 11, 337.
[64] Vgl. hierzu *Meier*, Die Rechtswirkungen (Anm. 47), S. 463 mit Fn. 185, m. w. N.

VI. Abschnitt

Die finanziellen Angelegenheiten der Kirchen im staatlichen Recht

§ 31

Förderung der Kirchen durch den Staat

Von Gerhard Robbers

I. Der Bestand staatlicher Förderung

1. In einem allgemeinen Sinne muß jede positive Aufnahme kirchlicher Bedürfnisse durch den Staat als Förderung erscheinen. Schon die Gewährleistung eines gesicherten rechtlichen Status etwa als privatrechtliche oder öffentlich-rechtliche Körperschaft mag hierher gerechnet werden. Dasselbe gilt für die Achtung und Wahrung religiös orientierter Grundrechte ebenso wie für die Institutionalisierung von Religionsunterricht an öffentlichen Schulen, für die Einrichtung theologischer Fakultäten an staatlichen Universitäten oder die Wahrung des christlichen Grundcharakters des öffentlichen Erziehungswesens. Von der Beteiligung der Kirchen in öffentlichen Gremien über ihre Berücksichtigung im Bauplanungsrecht und die Zuerkennung besonderer Freiräume im Arbeitsrecht spannt sich ein weiter Bogen zum Schutz religiöser Bedürfnisse durch Auskunftsverweigerungsrechte, durch strafrechtlichen Schutz religiöser Interessen, bis hin zu staatlicher Rechts- und Amtshilfe.

Die finanzielle Förderung kirchlicher Belange erweist sich so als bloßer Aspekt unter anderen im Geflecht vielfältiger positiver Beziehungen zwischen Staat und Religionsgemeinschaften. Die Kirchen sind dabei keineswegs bloß die Nehmenden. Ohne ihr Engagement wäre das Sozialstaatsprinzip auf vielen Gebieten bloße Worthülse, der Kulturauftrag des Staates insgesamt bliebe auch unter den heutigen Voraussetzungen weitgehend säkularer Gesellschaft ohne kirchliche Gegenwart auf weiten Strecken unerfüllt. Weniger Kirche würde hier unweigerlich mehr Staat bedeuten.

2. Die Vielfalt finanzieller Förderung der Kirchen durch den Staat macht Systematisierungen problematisch, verläßliche Schätzungen des Volumens nahezu unmöglich[1].

---

[1] Vgl. *Dietrich Pirson,* Die Förderung der Kirchen als Aufgabe des säkularen Staates, in: EssGespr. 28 (1994), S. 83 ff.; *Wolfgang Clement,* Politische Dimen-

a) Direkte Zuwendungen erhalten die Kirchen zunächst als Staatsleistungen, wie sie Art. 140 GG i. V. m. Art. 138 Abs. 1 WRV benennt[2]. Diese auf historischen Rechtstiteln beruhenden, heute vielfach auf neue staatskirchenvertragliche Grundlagen gestellten Leistungen werden vom Bund, den Ländern und von den Kommunen erbracht. Sie umfassen Dotationen, also Zuwendungen, die zur Bestreitung von Personalkosten und Sachausgaben für die allgemeine kirchliche Verwaltung dienen, daneben Pfarrbesoldungs- und Versorgungszuschüsse aufgrund von Gewohnheitsrecht zur Sicherstellung angemessener Bezüge, des weiteren Katasterzuschüsse, also ehemals in Kataster eingetragene Geld- und Naturalleistungen aufgrund unterschiedlicher Rechtstitel an kirchliche Rechtsträger, und endlich Baulasten staatlicher Verwaltungsträger für kirchliche Gebäude.

Staatsleistungen im Sinne des Art. 138 WRV sind dabei nicht lediglich die positiven Geldzahlungen und Naturalleistungen, die der Staat zu den sächlichen und persönlichen Kosten der Religionsgemeinschaften beiträgt. Zweck des Art. 138 WRV sollte es sein, die vermögensrechtliche Stellung der Kirchen, soweit sie auf dem früheren Zusammenhang mit dem Staat beruhte, bis zur Neuregelung der finanziellen Verhältnis-

---

sion und Praxis der staatlichen Förderung der Kirche, ebd., S. 41 ff.; *Heinz Dieter Hessler / Wolfgang Strauß*, Kirchliche Finanzwirtschaft. Bd. 1: Finanzbeziehungen und Haushaltsstrukturen in der evangelischen Kirche in der Bundesrepublik Deutschland, Berlin 1990; *Wolfgang Lienemann* (Hrsg.), Die Finanzen der Kirche, München 1989; *Jürgen Holz*, Das Wirtschafts- und Finanzsystem der Evangelischen Kirche in Deutschland, Diss. phil. TU Berlin 1979; *Klaus Blaschke / Heiner Marré*, Kirchliches Finanzwesen, in: EKL ³II, 1989, Sp. 1289 ff.; *Werner Hofmann / Knut Walf*, Kirchenvermögen, in: EvStL ³I, Sp. 1771 ff.; *Karl-Eugen Schlief*, Kirchliches Finanzwesen, in: StL ⁷III, 1987, Sp. 524 ff.; *Heiner Marré*, Die Kirchenfinanzierung in Kirche und Staat der Gegenwart. 3. Aufl., Essen 1991, S. 34 ff.; *Alexander Hollerbach*, Der verfassungsrechtliche Schutz kirchlicher Organisation, in: HStR VI, 1989, § 139, S. 587 ff.; *Heiner Marré*, Das Staat-Kirche-Verhältnis und die Kirchenfinanzierung im geeinten Deutschland, in: *Richard Puza / Abraham Kustermann* (Hrsg.), Die Kirchen und die deutsche Einheit (= Hohenheimer Protokolle, Bd. 37). Stuttgart 1991, S. 145 ff.

[2] Vgl. *Ulrich Scheuner*, Der Bestand staatlicher und kommunaler Leistungspflichten an die Kirchen, in: Diaconia et ius. Festg. für Heinrich Flatten. München u. a. 1973, S. 381 ff.; *Josef Isensee*, Staatsleistungen an die Kirchen und Religionsgemeinschaften, in: HdbStKirchR ¹II, S. 51 ff.; *Rudolf Smend*, Zum Rechtscharakter bayerischer Dotationsleistungen; in: ders., Kirchenrechtliche Gutachten in den Jahren 1946-1969. Tübingen 1972, S. 235 ff.; *Hans-Jochen Brauns*, Staatsleistungen an die Kirchen und ihre Ablösung, Berlin 1970; *Werner Hofmann*, Ablösung oder Anpassung der Kultusbaulast des Staates?, in: ZevKR 10 (1963 / 64), S. 369 ff.; *ders.*, Staatsleistungen, in: EvStL ³II, Sp. 3434 ff.; *Dietrich Bauer*, Finanzwissenschaftliche Rechtfertigungen der Kirchenfinanzen, in: Lienemann, Finanzen (Anm. 1), S. 371 ff.; *Thomas Pieter Wehdeking*, Die Kirchengutsgarantien und die Bestimmungen über Leistungen der öffentlichen Hand an die Religionsgesellschaften im Verfassungsrecht des Bundes und der Länder, München 1971.

se zwischen Staat und Kirche aufrechtzuerhalten. Entsprechend gehören auch einzelne Steuer- und Gebührenbefreiungen zu der gebotenen Unterstützung; sie bilden die herkömmlich sogenannten negativen Staatsleistungen[3].

b) Daneben treten nach 1919 neu begründete Leistungsverpflichtungen des Staates an die Religionsgemeinschaften. Sie werden von Art. 138 Abs. 1 WRV nicht erfaßt, wohl aber garantieren einige Landesverfassungen solche neu aufgenommenen Staatsleistungen[4].

c) Direkte Leistungen, aber auch bloße Freistellungen von anderenfalls die Kirchen treffenden Lasten sind begründet in staatlicher Kostentragungspflicht bei gemeinsamen Angelegenheiten von Staat und Kirchen. Hierzu zählen die Kosten für den Religionsunterricht an öffentlichen Schulen, für theologische Fakultäten an staatlichen Universitäten, für die Militär- und Anstaltsseelsorge. Im einzelnen finden sie ihre Ausgestaltung und Gewährleistung in zahlreichen staatskirchenvertraglichen Regelungen.

d) Eine weitere Kategorie unmittelbarer staatlicher Zuschüsse an die Kirchen bilden die Subventionen für kirchliche Aktivitäten im gesellschaftlichen Raum. Sie werden beispielsweise gezahlt für kirchliche Krankenhäuser und Behindertenwerkstätten, für Kindergärten, Privatschulen und Erwachsenenbildung, für Jugend- und Altenhilfe, kirchliche Hochschulen und für kirchliche Entwicklungshilfe und Denkmalpflege.

Hierher sind auch die negativen Subventionen zu rechnen, die in Steuer-, Gebühren- und Kostenbefreiungen bestehen. Von dem technischen Begriff der Staatsleistungen in Art. 138 Abs. 1 WRV unterscheidet das Bundesverfassungsgericht einzelne Lastenbefreiungen, die nicht in alten Rechtstiteln begründet sind[5]. Solche Subventionen gründen nicht in den besonderen Staat-Kirche-Beziehungen, sondern in der allgemeinen Gemeinwohlaufgabe des Staates. Sie betreffen die Kirchen grundsätzlich nicht anders als andere als gemeinnützig anerkannte Vereinigungen.

Personenvereinigungen, Körperschaften und Vermögensmassen, die unmittelbar und ausschließlich gemeinnützige, mildtätige oder kirchliche Zwecke verfolgen, unterliegen weder der Vermögen- noch der

---

[3] Vgl. BVerfGE 19, 1 (13) m. w. N.; *Karl-Eugen Schlief,* Staatsleistungen an die Kirchen, in: StL⁷V, 1989, Sp. 199 ff.; *Hanns-Rudolf Lipphardt,* Negative Staatsleistungen und Ablösungsvorbehalt, in: DVBl. 1975, S. 410 ff.
[4] Vgl. Art. 45 Rheinl.-PfalzVerf., Art. 145 Abs. 1 BayVerf., Art. 39 SaarVerf., Art. 7 Bad.-Württ. Verf.
[5] Vgl. BVerfGE 19, 1 (14 ff.).

Körperschaftsteuer. Zuwendungen an sie sind nicht der Erbschaftsteuer unterworfen. Grundbesitz, der dem Gottesdienst oder der Verwaltung einer öffentlich-rechtlichen Religionsgemeinschaft oder der religiösen Unterweisung gewidmet ist, bleibt von der Grundsteuer befreit. Dasselbe gilt für alle jüdischen Kultusgemeinden. Bei kirchlichen Veranstaltungen wird in der Regel keine Vergnügungssteuer erhoben. Spenden an die Kirchen sind steuerlich ebenso absetzbar wie die gezahlten Kirchensteuern. Religionsgemeinschaften sind von zahlreichen Gerichtskosten befreit[6], das Sammlungsrecht nimmt Religionsgemeinschaften von restriktiven Bestimmungen aus.

e) Von diesen aus allgemeinen Etatmitteln des Staates gespeisten Leistungen, die also von allen Bürgern ohne Rücksicht auf ihre religiösen Affinitäten getragen werden, sind diejenigen Mittel zu unterscheiden, die zwar vom Staat ermöglicht und in Teilen verwaltet werden, die aber ausschließlich auf Zahlungen der Mitglieder der Religionsgemeinschaften beruhen. Dies ist bei der Kirchensteuer der Fall, die nach den vom Staat geführten Steuerdaten erhoben wird[7]. Art. 140 GG i. V. m. Art. 137 Abs. 6 WRV räumt den Religionsgemeinschaften, die Körperschaften des öffentlichen Rechts sind, das Recht der Steuererhebung ein. Nach ständiger Rechtsprechung des Bundesverfassungsgerichts schließt dies die Verpflichtung des Staates ein, die Voraussetzungen für die Steuererhebung durch den Erlaß von Landesgesetzen zu schaffen, dabei die Möglichkeit einer zwangsweisen Beitreibung vorzusehen und in Rechtsetzung und Vollzug die Möglichkeit geordneter Verwaltung der Kirchensteuer sicherzustellen. Umgekehrt setzt die staatliche Beitrei-

---

[6] Vgl. *Friedrich Lappe / Manfred Bengel / Wolfgang Reimann,* Kostenordnung. 12. Aufl., München 1991, Anhang I, S. 939.

[7] Vgl. *Marré,* Kirchenfinanzierung (Anm. 1), S. 43 ff.; *Wolfgang Ockenfels / Bernd Kettern* (Hrsg.), Streitfall Kirchensteuer, Paderborn 1993; *Jörg Giloy / Walter König,* Kirchensteuerrecht in der Praxis, Neuwied 1993; *Hans-Jochen Luhmann,* Die Entwicklung der Einkommensteuer als Maßstabsteuer der Kirchensteuer in Deutschland, in: Lienemann, Finanzen (Anm. 1), S. 155 f.; *Christian Meyer,* Das geltende Kirchensteuerrecht im Bereich der Evangelischen Kirche in Deutschland, ebd., S. 173 ff.; *Ilona Riedel-Spangenberger,* Kirchenzugehörigkeit und Kirchensteuer, in: Trierer Theologische Zeitschrift 1993, S. 286 ff.; *Joseph Listl,* Das kirchliche Besteuerungsrecht in der neueren Rechtsprechung der Gerichte der Bundesrepublik Deutschland, in: Staat, Kirche, Wissenschaft in einer pluralistischen Gesellschaft. FS zum 65. Geburtstag von Paul Mikat. Berlin 1989, S. 579 ff.; *Hanns Engelhardt,* Die Kirchensteuer in den neuen Bundesländern, Köln 1991; *Christian Flämig,* Kirchensteuer, in: Handwörterbuch des Steuerrechts. 2. Aufl., Bd. 2, München u. Bonn 1981, S. 862 ff.; *Hollerbach,* Der verfassungsrechtliche Schutz (Anm. 1), S. 584 ff.; *Christian Smekal,* Das Kirchensteuersystem in der Bundesrepublik Deutschland und das österreichische Kirchenbeitragssystem im Vergleich — eine finanzwissenschaftliche Analyse, in: Claus Rinderer (Hrsg.), Finanzwissenschaftliche Aspekte von Religionsgemeinschaften. Baden-Baden 1989, S. 121 ff.

bung der Kirchensteuer voraus, daß die kirchliche Besteuerungsregelung die Mindestanforderungen einer rechtsstaatlichen Steuererhebung erfüllt[8]. Zahlungspflichtig sind ausschließlich Mitglieder der betroffenen Religionsgemeinschaften.

Die Kirchensteuererhebung gehört zu den gemeinsamen Angelegenheiten von Staat und Kirche, weil der Staat den Religionsgemeinschaften zur Beitreibung den Verwaltungszwang zur Verfügung stellt[9]. Sie knüpft vor allem an die Lohn- und Einkommensteuer an und beträgt hier je nach kirchlicher Festlegung sieben bis neun Prozent der staatlichen Steuerschuld aufgrund besonderer Bemessungsgrundlage. Die meisten Kirchensteuergesetze sehen Befreiungsmöglichkeiten aus sozialen Gründen und für Großzahler Kappungsgrenzen vor. Die Kirchensteuer kann darüber hinaus an die Vermögen- und an die Grundsteuer anknüpfen. Zunehmende Bedeutung hat in den letzten Jahren das als besondere Form der Kirchensteuer anzusehende Kirchgeld erlangt, das unabhängig von den Steuermerkmalen der Kirchenglieder erhoben wird.

Die Kirchensteuer zeichnet sich dadurch aus, daß den berechtigten Religionsgemeinschaften die abgabenrechtlichen Beitreibungsmöglichkeiten eröffnet sind. Die weithin übliche Einziehung der Kirchensteuer durch den Staat ist möglich, aber nicht notwendig. Sie wird mit mindestens kostendeckenden Abschlägen vom Gesamtvolumen der eingezogenen Kirchensteuer in Höhe von drei bis vier Prozent vergolten.

II. Das historische und internationale Umfeld

1. Die auch materielle Sorge weltlicher Gewalt für die kirchliche Existenz steht in langer Tradition. Das gegenwärtige Verhältnis ist geprägt von den großen Säkularisationen der Neuzeit, vor allem den Säkularisationen im Gefolge der Reformation einerseits und der Säkularisation auf Grund des Reichsdeputationshauptschlusses vom 25. 2. 1803 andererseits. Das zuvor wesentlich auf erheblichem Eigenvermögen basierende Finanzwesen der Kirche mußte radikal umgestellt werden. Im Gegenzug zu den Enteignungen hat der Staat umfangreiche Finanzierungsaufgaben gegenüber den Kirchen übernommen. Die Staatsleistungen im Sinne von Art. 138 Abs. 1 WRV resultieren im wesentlichen aus diesen Schuldtiteln. Aber auch die für Caritas und Diakonie, für das kirchliche Bildungswesen, für den Denkmalschutz

---

[8] Vgl. BVerfGE 19, 206 (217).
[9] Vgl. BVerfGE 73, 388 (399); 19, 206 (217 f.); 44, 37 (57).

kirchlicher Kulturgüter aufgewendeten Subventionen sind nicht zuletzt faktisch eine Folge der Bestimmungen des Reichsdeputationshauptschlusses. Was zuvor aus kircheneigenem Vermögen finanziert werden konnte, muß nun aus allgemeinen Mitteln ermöglicht werden.

Noch im 19. Jahrhundert war das Verhältnis von Staat und Kirchen in ihrer engen Verbindung geprägt von der Vorstellung auch finanzieller Fürsorge des Staates für die Kirchen. Der Staat hatte für die wirtschaftliche Existenz von Kirchengemeinden und ihrer Budgets Sorge zu tragen. Daraus resultierte eine umfassende staatliche Verantwortung für das Kirchenvermögen und das kirchliche Finanzwesen. Damit verbunden war ein engmaschiges Netz von Anordnungs-, Aufsichts- und Mitwirkungsbefugnissen staatlicher Behörden. Die betroffenen Kirchen waren so zwar weitgehend in ihrer wirtschaftlichen Existenz gesichert, verblieben aber auch in einer Abhängigkeit vom Staat, die bis zu staatlicher Bevormundung reichte.

Auf diesem Hintergrund bedeutete insbesondere die Einführung der Kirchensteuer in Preußen, Sachsen, Oldenburg, Lippe und Sachsen-Altenburg seit der ersten Hälfte des 19. Jahrhunderts[10] einen wesentlichen Schritt zur Entflechtung der engen Verbindung von Thron und Altar. Der staatliche Haushalt wurde von Zahlungsverpflichtungen gegenüber den Kirchen entlastet, indem die Kirchensteuer grundsätzlich als Beitrag nur der Mitglieder der jeweiligen Kirche und damit als Instrument der Eigenfinanzierung eingeführt wurde, die Kirchen gewannen ihrerseits stärkere Autonomie.

2. Im internationalen Vergleich erweist sich das deutsche System der Kirchenfinanzierung keineswegs als einzigartig[11], wenngleich es in besonderer Weise akzentuiert ist. Formen der Kirchensteuer mit unterschiedlicher Nähe zum allgemeinen staatlichen Steueraufkommen kennen Italien, Spanien, Dänemark, Schweden und einige Kantone der Schweiz. In Dänemark wird ein erheblicher Teil des kirchlichen Haushalts unmittelbar aus Staatsmitteln finanziert, die norwegischen registrierten Glaubensgemeinschaften erhalten jährliche Zuschüsse aus dem Staatshaushalt entsprechend der Zahl ihrer Mitglieder, dazu Subventionen für den Religionsunterricht.

---

[10] Vgl. *Wolfgang Huber*, Die Kirchensteuer als „wirtschaftliches Grundrecht". Zur Entwicklung des kirchlichen Finanzsystems in Deutschland zwischen 1803 und 1933, in: Lienemann, Finanzen (Anm. 1), S. 130 ff.; *Hollerbach*, Der verfassungsrechtliche Schutz (Anm. 1), S. 584; *Ernst Rudolf Huber / Wolfgang Huber*, Staat und Kirche im 19. und 20. Jahrhundert. Bd. III: Staat und Kirche von der Beilegung des Kulturkampfs bis zum Ende des Ersten Weltkriegs. Berlin 1983, S. V.

[11] Vgl. *Werner E. Pradel*, Kirche ohne Kirchenbeitrag, Wien 1981; *Marré*, Kirchenfinanzierung (Anm. 1), S. 16 ff.

Frankreich, die USA und die Niederlande verweisen die Religionsgemeinschaften zwar in erster Linie auf ein eigenes Spenden- und Kollektenaufkommen. Spenden sind aber auch hier wie im übrigen in zahlreichen anderen Staaten steuerlich absetzbar. In Frankreich trägt der Staat in erheblichem Maße zur Unterhaltung der Kirchengebäude bei und subventioniert die zahlreichen kirchlichen Privatschulen, abgesehen von der unmittelbaren Finanzierung der anerkannten Religionsgemeinschaften in Elsaß und Lothringen. In den Niederlanden werden Schulen in freier Trägerschaft subventioniert, immerhin 70% aller Schulen, wovon die meisten kirchlich getragen werden. Dazu erhalten Zuschüsse auch einige kirchliche Lehrstühle an staatlichen Universitäten, eine kirchliche theologische Hochschule und die katholische Universität Nijmwegen. Der österreichische Staat subventioniert den Personalaufwand der katholischen Privatschulen ebenso wie den des Religionsunterrichts an öffentlichen Schulen und fördert die Kirchen durch steuerliche Abzugsfähigkeit von Spenden und durch die Befreiungen der Kirchen von Grund-, Vermögen-, Körperschaft- und Gewerbesteuern.

III. Die verfassungsrechtliche Begründung staatlicher Förderung der Kirchen

1. Die staatskirchenrechtlichen Normen des Grundgesetzes schließen eine auch finanzielle Förderung von Religion und Religionsgemeinschaften nach der ständigen Rechtsprechung des Bundesverfassungsgerichts nicht aus. Dies folgt freilich nicht etwa aus einer allgemeinen Verpflichtung des Staates zu materieller Sorge für eine ausreichende kirchliche Finanzausstattung[12]. An der Förderung öffentlich-rechtlicher, gesellschaftlich relevanter Körperschaften, die keine Identifikation mit einer bestimmten Kirche oder Religionsgemeinschaft bedeutet, ist aber auch der weltanschaulich neutrale Kultur- und Sozialstaat verfassungsrechtlich nicht gehindert[13].

Dabei fällt bei der Rechtsprechung des Bundesverfassungsgerichts eine Akzentsetzung zu negativer Formulierung auf. Der Staat scheint zur Förderung der Kirchen zwar berechtigt; mit Aussagen über eine allgemeine staatliche Pflicht zur Förderung aus Verfassungsgrundsätzen hat sich das Gericht bisher aber zurückgehalten. Insofern knüpft die Rechtsprechung vornehmlich an Einzelbestimmungen der Verfassung an.

---

[12] Vgl. BVerfGE 44, 37 (56 f.).
[13] BVerfGE 44, 103 (104).

Deren Existenz erweist zunächst, daß finanzielle Förderung der Kirchen durch den Staat keineswegs einen Verstoß gegen das Verbot der Staatskirche gemäß Art. 140 GG i. V. m. Art. 137 Abs. 1 WRV bedeutet. Diese Norm verbietet den institutionellen Zugriff des Staates, nicht aber hindert sie dem Gebot weltanschaulicher Neutralität verpflichtete Finanzzuweisungen[14].

2. Die besondere Förderungswürdigkeit der Kirchen betont die Verfassung mit dem über den Schutz des Art. 14 Abs. 1 GG hinausgehenden Schutz des Eigentums und anderer Rechte der Religionsgemeinschaften und religiöser Vereine an ihren für Kultus-, Unterrichts- und Wohltätigkeitszwecke bestimmten Anstalten, Stiftungen und sonstigen Vermögen durch Art. 140 GG i. V. m. Art. 138 Abs. 2 WRV[15]. Geschützt sind alle kirchlichen Vermögensrechte; die Formulierung Eigentum und andere Rechte fungiert als Sammelbegriff. Das in dieser Bestimmung enthaltene verfassungsrechtliche Säkularisationsverbot schützt das Religionsgut vor jeder Beeinträchtigung der freien kirchlichen Verfügungsmacht und bewahrt es in seiner öffentlichen Funktion innerhalb des kirchlichen Bereiches[16]. Es handelt sich deshalb um eine Funktionsgarantie religiösen Zwecken gewidmeter Kirchengüter. Entsprechend betrifft sie in erster Linie die res sacrae, insbesondere also Kirchengebäude, Friedhöfe und Kultgegenstände, und gilt in einem abgestuften Maße geringeren Schutzes für Verwaltungsvermögen, das bei vollem Wertersatz einer Enteignung zugänglich bleibt.

3. Eine verfassungsrechtliche Gewährleistung staatlicher Förderung der Kirchen ist auch in der gegenüber Art. 138 Abs. 2 WRV spezielleren Norm des Art. 138 Abs. 1 WRV zu sehen. Die hier ins Auge gefaßte Ablösungsverpflichtung der Staatsleistungen nach Maßgabe bundesrechtlicher Grundsatzgesetzgebung hat sich mangels entsprechender gesetzgeberischer Initiative als faktische wie rechtliche Garantie der Staatsleistungen erwiesen. Da nach einhelliger Auffassung mit dem Begriff der Ablösung die Aufhebung der Staatsleistungen nur gegen Entschädigung gemeint ist[17], erweist sich auch diese Bestimmung als ein Anker der verfassungsrechtlichen Legitimität staatlicher Förderung der Kirchen.

---

[14] Vgl. *Isensee,* Staatsleistungen (Anm. 2), S. 81 f.

[15] Vgl. *v. Mangoldt / Klein / v. Campenhausen,* Art. 140 GG / Art. 138 WRV, Rdnr. 22; *Martin Haager,* Die Garantie der Vermögenswerte der Religionsgesellschaften und religiösen Vereine nach Art. 140 GG in Verbindung mit Art. 138 Abs. 2 WRV, Diss. iur. München 1968; *Martin Heckel,* Staat — Kirche — Kunst. Tübingen 1968, S. 242 ff.

[16] *v. Mangoldt / Klein / v. Campenhausen,* Art. 140 GG / Art. 138 WRV, Rdnrn. 30 ff.

[17] Vgl. *v. Mangoldt / Klein / v. Campenhausen,* Art. 140 GG / Art. 138 WRV, Rdnr. 15.

Mit der Ablösung der Staatsleistungen wäre eine Beendigung staatlicher Zahlungen nicht notwendig verbunden. Zwar könnte die Ablösung durch eine einmalige Leistung erfolgen mit der Konsequenz, daß die Religionsgemeinschaften danach in entsprechendem Umfang auf eigenes Wirtschaften angewiesen wären. Angesichts der Höhe solcher Ablösungssummen erscheint dieser Weg aber gänzlich unrealistisch. Unter praktischen Gesichtspunkten kommt lediglich eine Ablösung in Form wiederkehrender Rentenzahlungen in Betracht.

Die zulässige kirchenvertragsrechtliche, also in gegenseitigem Einvernehmen zwischen Staat und Religionsgemeinschaften erfolgende Umstellung und Ablösung konkreter Staatsleistungen hat in der Vergangenheit einen beide Möglichkeiten verbindenden Weg eingeschlagen. Gebäudenutzungen und Baulasten werden häufig durch einmalige Zahlungen beseitigt. Zuschüsse zur Besoldung kirchlicher Amtsträger dagegen werden als regelmäßige Leistungen belassen, wenngleich auf eine neue, überschaubare Grundlage gestellt.

4. Die verfassungsrechtliche Verankerung legitimer staatlicher Förderung der Kirchen durch den Staat ergibt sich auch in finanzieller Hinsicht aus Art. 7 Abs. 3 GG für die Gewährleistung des Religionsunterrichts an öffentlichen Schulen. Durch die Einbeziehung des Religionsunterrichts als ordentliches Lehrfach folgt die Verpflichtung des Staates, für den verfassungsrechtlichen Mindeststandard der Versorgung der Schulen mit Religionsunterricht auch in finanzieller Hinsicht Sorge zu tragen.

5. In nicht unerheblichem Maße haben die Kirchen Anteil an der staatlichen Förderung von Privatschulen auf der Grundlage der Garantie der Privatschulfreiheit durch Art. 7 Abs. 4 und 5 GG. In unterschiedlicher Ausgestaltung sehen die Privatschulgesetze der Länder finanzielle Zuschüsse zu Privatschulen vor. Gerade die Religions- und Weltanschauungsgemeinschaften sind Träger solcher Privatschulen, vielfach als Ersatzschulen für sonst erforderliche staatliche Schulen.

Das Bundesverfassungsgericht hat aus dem Zusammenhang von Privatschulfreiheit und staatlicher Schulaufsicht Leistungsansprüche von Privatschulträgern gefolgert. Es ist dem Staat zwar grundsätzlich unbenommen, die Genehmigung von Privatschulen als Ersatzschulen von bestimmten Qualitätsvoraussetzungen abhängig zu machen. Tut er dies, so muß er jedoch gleichzeitig dafür Sorge tragen, daß dadurch nicht die wirtschaftliche Leistungsfähigkeit der Schulträger überfordert und die grundsätzlich gewährleistete Veranstaltung privater Schulen unmöglich gemacht wird[18].

---
[18] Vgl. BVerfGE 75, 40 (62).

6. Eine zentrale, über religionsspezifische Begründungsstränge hinausreichende Legitimation staatlicher Förderung der Kirchen ergibt sich aus einem modernen Verständnis der Grundrechtsfunktionen. Je stärker der Staat sich der sozialen Sicherung und kulturellen Förderung der Bürger zuwendet, desto mehr tritt neben das Postulat grundrechtlicher Freiheitssicherung vor dem Staat die komplementäre Forderung nach grundrechtlicher Verbürgung der Teilhabe an staatlichen Leistungen[19]. Damit bestehen noch nicht einzelne einklagbare Leistungsansprüche in konkreter Form aus den Grundrechten. Dieser Zusammenhang begründet aber eine grundrechtlich spezifizierte und verankerte, in ihrer Konkretisierung deshalb über das allgemeine Sozialstaatspostulat hinausgehende mindestens objektivrechtliche Verpflichtung des Staates, im Rahmen des Möglichen Grundrechtsvoraussetzungen zu schaffen und zu gewährleisten. Es folgt daraus jedenfalls, daß staatliche Leistungen und deren Inanspruchnahme prinzipiell legitim sind.

Für den spezifischen Zusammenhang der Glaubensfreiheit bedeutet dies, daß die Norm des Art. 4 Abs. 1 und 2 GG auch verstanden werden muß als Gewährleistung positiver Religionsfreiheit[20]. Je stärker die Ausübung der Religionsfreiheit von Voraussetzungen abhängt, die vom Staat aufgerichtet werden, desto stärker besteht eine Verpflichtung des Staates, die Erfüllung dieser Voraussetzungen auch durch materielle Leistungen möglich zu machen, soll nicht staatliche Reglementierung letztlich in freiheitsvernichtende Grundrechtseingriffe umschlagen. In besonderer Weise gilt dies für die Bereiche der kostenintensiven Caritas und Diakonie und des Privatschulwesens.

Die Rechtsprechung des Bundesverfassungsgerichts zum Zusammenhang von Privatschulfreiheit, staatlicher Schulaufsicht und Leistungspflicht des Staates kann dabei allerdings nur in eingeschränktem Maße auf Diakonie und Caritas übertragen werden. Sie sind zwar als Teil der Glaubensfreiheit durch Art. 4 Abs. 1 und 2 GG geschützt, weil und soweit sie Teil der Glaubenslehre sind. Die auch und gerade die Kirchen begünstigenden Bestimmungen des Art. 7 Abs. 4 und 5 GG heben den Bereich der Privatschulfreiheit aber in besonderer Weise über die allgemeinen Grundsätze positiver Glaubensfreiheit hervor. Zum anderen besteht hinsichtlich der wesentlichen Tätigkeiten von Caritas und Diakonie keine dem Privatschulbereich entsprechende Genehmigungsvoraussetzung. Ein unmittelbar aus der Glaubensfreiheit folgender, der

---

[19] Vgl. BVerfGE 33, 303 (330 ff.); 43, 291 (313 f.); 35, 79 (115 f.); vgl. auch *Konrad Hesse*, Grundzüge des Verfassungsrechts der Bundesrepublik Deutschland. 18. Aufl., Heidelberg 1991, S. 123 f.; zurückhaltend *Hermann Weber*, Gelöste und ungelöste Probleme des Staatskirchenrechts, in: NJW 1983, S. 2544.

[20] Vgl. *Marré*, Kirchenfinanzierung (Anm. 1), S. 33.

Privatschulfinanzierung entsprechender Anspruch auf finanzielle Grundausstattung diakonischer Tätigkeit besteht daher nicht[21].

Andererseits kann nicht verkannt werden, daß durch umfassende staatliche Reglementierung des sozialen Bereiches besonders im Krankenhauswesen umfangreiche staatlich aufgestellte Finanzierungsbedarfe bestehen. Der Staat ist insoweit verpflichtet, dafür Sorge zu tragen, daß die Erfüllung dieser Voraussetzungen den kirchlichen Trägern von Diakonie und Caritas nicht unmöglich wird.

7. Die verfassungsrechtliche Begründung staatlicher Kirchenförderung kann bei der isolierten Analyse einzelner Leistungsnormen nicht stehenbleiben. Schon deren Auslegung — ob als Ausnahmebestimmung eng oder als Kristallisationspunkt allgemeiner Grundsätze eher weit — setzt die Einbettung in weitere Zusammenhänge voraus[22]. Hier nun zeigt sich, daß die Finanzleistungen des Staates an die Kirchen jenseits ihrer Verankerung in Einzelregelungen an der Entwicklung zum Leistungsstaat teilhaben[23]. Der Wandel im Verhältnis von Staat und Gesellschaft hat zwar nicht zu einer Identifizierung und Nivellierung beider geführt[24], der Staat besitzt heute jedoch eine ihm wesentliche Funktion in der Verteilung der materiellen Ressourcen. Dabei ist er zur Neutralität im Sinne der Nichtidentifikation und Nichtintervention und zur Gleichbehandlung verpflichtet. Wie die gesellschaftlichen Gruppen haben deshalb auch die Kirchen Anspruch auf finanzielle Zuweisungen durch den Staat. Blieben gerade die Kirchen aus dem Verteilungssystem ausgeschlossen, wäre dies ein Bruch der Neutralitätsverpflichtung, bedeutete Identifikation gerade mit den nicht- und antireligiösen Interessen, Diskriminierung religiöser Bedürfnisse also gegenüber den nichtreligiösen.

Mehr noch: Die ausdrückliche, besondere und ins Positive zielende Erwähnung der Kirchen und Religionsgemeinschaften in Art. 140 GG i. V. m. Art. 136-139, 141 WRV, die systematisch frühzeitige und damit in ihrer Bedeutung hervorgehobene Aufnahme der religiösen Bedürfnisse in Art. 4 GG und schon in der Präambel, ebenso wie die Einbettung religiöser Erziehung in Art. 7 GG heben die Kirchen auch verfassungs-

---

[21] Vgl. *Volker Neumann*, Rechtsgrundlagen der finanziellen Beziehungen zwischen Sozialstaat und Diakonie, in: Lienemann, Finanzen (Anm. 1), S. 275 ff.

[22] Vgl. *Wilhelm Kewenig*, Das Grundgesetz und die staatliche Förderung der Religionsgemeinschaften, in: EssGespr. 6 (1972), S. 14 ff.; für eine enge Auslegung *Erwin Fischer*, Trennung von Staat und Kirche. 3. Aufl., Frankfurt 1984, S. 181.

[23] Vgl. *Paul Mikat*, Staat, Kirchen und Religionsgemeinschaften, in: HdbVerfR, S. 1075.

[24] Vgl. *Konrad Hesse*, Bemerkungen zur heutigen Problematik und Tragweite der Unterscheidung von Staat und Gesellschaft, in: DÖV 1975, S. 437 ff.

rechtlich aus rein gesellschaftlichem Bezug heraus. Die Kirchen sind zwar auch, sie sind aber nicht bloß gesellschaftliche Gruppen neben anderen[25]. Daraus folgt zwar keine staatliche Verantwortung für die finanzielle Ausstattung der Kirchen, wohl aber eine Präferenzposition religiöser und weltanschaulicher Bedürfnisse vor partiellen säkularen Interessen, soweit der Staat materielle Verteilungsfunktionen wahrnimmt.

8. Diese Zusammenhänge haben ihren weiteren verfassungsrechtlichen Horizont in der Kulturstaatsverpflichtung des Grundgesetzes. Der Staat ist Kulturstaat und als solcher schafft und gewährleistet er die Rahmenbedingungen, in denen sich Kultur entfalten kann und weitergetragen wird. Der Staat ist selbst ein Stück Kultur und er lebt in stärkeren religiösen Bezügen, als dies heute gemeinhin bewußt ist. Der Staat würde sich seiner eigenen kulturellen Voraussetzungen berauben, wollte er diesen Bezügen keine Rechnung tragen. Staatliche Existenz ist aber in der Verfassung vorausgesetzt. Wenngleich diese Voraussetzungen seiner kulturellen Existenz nicht mit den Mitteln des Zwangs garantiert werden dürfen und können, bleibt es Aufgabe der Verfassung, ihre eigenen Voraussetzungen auch durch finanzielle Förderung der sie tragenden Kräfte zu wahren. Kirchenförderung ist deshalb heute Teil kulturstaatlicher Normalität, nicht etwa staatskirchenrechtliches Privileg[26]. Die allgemeine Kulturfunktion der Kirchen vermag staatliche Leistungen an sie in verschiedener Form zu rechtfertigen. Allerdings ist — ins Konkrete gewendet — der Bau von Kirchengebäuden nicht etwa allgemeine staatliche Kulturaufgabe. Entstehen durch kirchliche Bautätigkeit aber quasi als Nebenfolge Kulturdenkmäler von allgemeiner Bedeutung, so rechtfertigt dies staatlichen Schutz und staatliche Förderung[27].

Die Legitimität staatlicher Förderung der Kirchen folgt insbesondere auch aus dem Sozialstaatsprinzip des Grundgesetzes. Indem das Grundgesetz mit der Verpflichtung auf den Sozialstaat die Gegebenheiten der modernen technischen, wirtschaftlichen und sozialen Entwicklung in sich aufnimmt und Aufgaben normiert, die sich aus dieser Entwicklung ergeben[28], begründet es eine Sozialpflichtigkeit des Gemeinwesens, die auch durch leistende und verteilende Tätigkeit im Rahmen rechtsstaatlicher Gewährleistungen vollzogen wird. Ohne die diakonische und

---

[25] Vgl. *Alexander Hollerbach*, Die Kirchen unter dem Grundgesetz, in: VVDStRL 26 (1986), S. 87.
[26] Vgl. *Klaus G. Meyer-Teschendorf*, Staat und Kirchen im pluralistischen Gemeinwesen. Tübingen 1979, S. 142.
[27] Vgl. BVerfGE 19, 206 (223).
[28] Vgl. *Hesse*, Grundzüge (Anm. 19), S. 86.

karitative Tätigkeit der Kirchen, nicht zuletzt aber auch ohne die in diesem Zusammenhang häufig vergessene, in die Tiefen menschlicher Existenz vordringende Seelsorge der Kirchen könnte dieser Sozialpflichtigkeit nicht Genüge getan werden. Indem der Staat finanzielle Hilfen leistet, auch indem die Rechtsordnung die finanzielle Subsistenz dieser Dienste ermöglicht, wird ein Stück des Sozialauftrages in besonders freiheitsverpflichteter Weise wahrgenommen.

Endlich erweisen sich die Prinzipien der Neutralität und Toleranz als eigenständige Legitimationsquellen finanzieller Förderung der Kirchen. Religionsneutralität des Staates meint nicht ein striktes Betätigungsverbot auf religiösem Gebiet, so als wolle sie die Förderung religiöser Aktivitäten versagen. Vielmehr verweist der Grundsatz der Neutralität auf die Autonomie und die Eigengesetzlichkeit der konkurrierenden Sachbereiche und auf das generelle Gebot der Verfassung zu Freiheitlichkeit[29]. Er ermöglicht deshalb durchaus die Förderung von Religionsgemeinschaften. Toleranz erschöpft sich keineswegs in bloßem Gewährenlassen, in teilnahmslosem, letztlich desinteressiertem Hinnehmen fremden Tätigseins. Sie ist vielmehr positive Toleranz in der Aufnahme der in der Gemeinschaft bestehenden Bedürfnisse der Einzelnen und der Gruppen im pluralistischen Gemeinwesen. Positive Toleranz und positive Neutralität im pluralistischen System bedingt die Gewährleistung aller tatsächlich existenten Interessen und ihrer Repräsentation.

IV. Grundsätze der Ausgestaltung

1. Für die Ausgestaltung staatlicher Förderung der Kirchen hat das Bundesverfassungsgericht in einer Reihe von Entscheidungen Grundsätze entwickelt, die sich inzwischen zu einem recht geschlossenen Bild zusammenfügen.

Wenn der Gesetzgeber grundsätzlich Religions- und Weltanschauungsgemeinschaften als gemeinnützig anerkennt und demzufolge finanziell fördert, ist dies unter dem Gesichtspunkt des Art. 3 GG nicht zu beanstanden. Erforderlich ist allerdings, daß der Gesetzgeber nicht nach dem Inhalt der einzelnen Anschauungen differenziert[30]. Entsprechend steht das Instrument der Kirchensteuer zahlreichen Religionsgemeinschaften offen, auch Staatsleistungen sind im übrigen nicht auf die Großkirchen beschränkt[31].

---

[29] *Klaus Schlaich*, Neutralität als verfassungsrechtliches Prinzip. Tübingen 1972, S. 262; *Weber*, Probleme (Anm. 19), S. 2543.
[30] Vgl. BVerfGE 19, 1 (7); *Weber*, Probleme (Anm. 19), S. 2543.
[31] Vgl. *Axel Frhr. von Campenhausen*, Staatskirchenrecht. 2. Aufl., München 1983, S. 193.

Die sich aus dem allgemeinen Gleichheitssatz ergebenden Voraussetzungen können dabei nach den konkreten Sachzusammenhängen variieren. So ist der Größenunterschied zwischen einzelnen Religionsgemeinschaften als solcher nicht geeignet, Differenzierungen bei der Gebührenbefreiung zu rechtfertigen[32].

Auch die Berufung auf eventuell bestehende Traditionen muß sich jeweils vor den Normierungen des Grundgesetzes rechtfertigen. Bloßes Herkommen vermag Ungleichbehandlungen etwa zwischen Großkirchen und kleineren Religionsgemeinschaften nicht zu tragen[33]. Hat der Staat einzelnen Religionsgemeinschaften bestimmte Förderungen kirchenvertraglich zugesichert, wird dadurch nicht etwa ein sachlicher Grund für eine Benachteiligung anderer Religionsgemeinschaften begründet[34]. Vielmehr kann der Grundsatz der Parität und der weltanschaulichen Neutralität die sachliche Erstreckung solcher Förderungen auch auf Gemeinschaften erfordern, mit denen keine entsprechenden vertraglichen Beziehungen bestehen.

Andererseits zeigt schon die besondere Normierung der Stellung einzelner Religionsgemeinschaften als Körperschaften des öffentlichen Rechts in Art. 137 Abs. 5 WRV, daß eine Differenzierung im Blick auf diesen Status verfassungsrechtlich zulässig sein kann. So hat das Bundesverfassungsgericht die steuerrechtliche Besserstellung von Religionsgemeinschaften nicht beanstandet, die Körperschaften des öffentlichen Rechts sind. Zur Begründung hat es ausgeführt, daß in diesem Status die besondere Bedeutung solcher Religionsgemeinschaften für das öffentliche Leben und für die staatliche Rechtsordnung zum Ausdruck komme[35].

Soweit Staatsleistungen auf historischen Rechtstiteln beruhen, also insbesondere als Entschädigung für früher erlittene Säkularisierungen dienen, bedarf es schon wegen Art. 140 GG i. V. m. Art. 138 Abs. 1 WRV keiner Ausweitung auf andere Religionsgemeinschaften. Solche Leistungen haben ihren Grund in konkreten, je spezifischen und sachlich begründeten Rechtsbeziehungen zum Staat; ihre Erstreckung auf andere würde deshalb ihrerseits diese Religionsgemeinschaften bevorzugen.

Das Grundgesetz und insbesondere die staatskirchenrechtlichen Grundsätze der Neutralität und der Parität der Religionsgemeinschaften verlangen allerdings nicht, daß der Staat alle Religionsgemeinschaften schematisch gleichbehandelt; vielmehr sind Differenzierungen zu-

---

[32] Vgl. BVerfGE 17, 122 (131); 19, 1 (10).
[33] Vgl. BVerfGE 19, 1 (12).
[34] Vgl. BVerfGE 19, 1 (12).
[35] Vgl. BVerfGE 19, 129 (134).

lässig, die durch tatsächliche Verschiedenheiten der einzelnen Religionsgemeinschaften bedingt sind. Deshalb ist der Staat gerade bei Maßnahmen zulässiger positiver Religionspflege nicht gehalten, alle Gemeinschaften ohne jeden Unterschied zu fördern, wenn sachliche Gesichtspunkte für eine differenzierende Behandlung vorhanden sind. Zu den zulässigen Differenzierungskriterien bei der Gewährung staatlicher Vergünstigungen zählen die äußere Größe und Verbreitung einer Religionsgemeinschaft, der Grad ihrer öffentlichen Wirksamkeit, ihre kultur- und sozialpolitische Stellung in der Gesellschaft und auch ihr Status als Körperschaft des öffentlichen Rechts, weil und insofern dieser Status typischerweise eine besondere Bedeutung der betreffenden Gemeinschaft auch für die staatliche Rechtsordnung zum Ausdruck bringt[36].

2. Staatliche Förderung muß wie alles kirchenrelevante Handeln des Staates die Integrität des kirchlichen Selbstbestimmungsrechts wahren. Gemäß Art. 140 GG i. V. m. Art. 137 Abs. 3 WRV ordnen und verwalten die Religionsgemeinschaften ihre Angelegenheiten selbständig innerhalb der Schranken des für alle geltenden Gesetzes.

Dies muß auch die nach den Haushaltsordnungen grundsätzlich zulässige Rechnungsprüfung bei staatlich geförderten Privaten beachten. Unabhängig von der Rechtsform im einzelnen — etwa als Körperschaften des öffentlichen Rechts — sind kirchlich getragene Einrichtungen Private im Sinne der Haushaltsordnungen[37]. Sowohl das kirchliche Selbstbestimmungsrecht als auch das Grundrecht aus Art. 4 Abs. 1 und 2 GG können durch indirekte Beeinträchtigungen verletzt werden, etwa durch herabsetzende, insbesondere öffentliche Kritik, durch Bewertung der religiös-seelsorgerlichen Zwecksetzungen nicht nur, aber auch bei der Rechnungsprüfung. Staatliche Rechnungsprüfung kann dazu führen, daß Organisationsentscheidungen kirchlicher Einrichtungen durch staatliche Einflußnahme beeinträchtigt werden; faktisch würden unzulässige rechtsförmliche Aufsichts- und Entscheidungsrechte durch informales Verwaltungshandeln mit gleicher Wirkung ersetzt. Zudem könnten kirchliche Einrichtungen staatlichen Wirtschaftlichkeitsvorstellungen unterworfen werden, die religiöse Bezüge ignorieren könnten. Und endlich könnte die Personalhoheit der Kirchen beeinträchtigt werden insbesondere hinsichtlich der Qualifikationsvoraussetzungen des mit kirchlichen Aufgaben betrauten Personals[38].

---

36 Vgl. BVerwG, in: NVwZ 1991, S. 774; BVerwGE 61, 152 (163).
37 Vgl. *Walter Leisner*, Staatliche Rechnungsprüfung kirchlicher Einrichtungen. Berlin 1991, S. 30 ff.
38 Vgl. *Leisner*, ebd., S. 48; *Franz Spiegelhalter*, Der dritte Sozialpartner. Die Freie Wohlfahrtspflege — ihr finanzieller und ideeller Beitrag zum Sozialstaat. Freiburg 1990, S. 44 f.

Anderseits sind Lenkungsauflagen in den Vergabebestimmungen von Zuwendungsrichtlinien grundsätzlich unbedenklich. Der Staat ist nicht verpflichtet, den kirchlichen Stellen außerhalb spezialgesetzlicher Leistungsansprüche ohne jede Bedingung und ohne jede Verwendungsbindung finanzielle Zuwendungen zukommen zu lassen[39]. Auch hierbei jedoch ist neben den allgemeinen rechtsstaatlichen Anforderungen das kirchliche Selbstbestimmungsrecht Maßstab der Reichweite solcher Auflagen. Rechtlich unzulässige Einflußmöglichkeiten auf die Kirchen darf der Staat nicht durch Zuwendungen erkaufen, selbst wenn die Kirchen dazu bereit wären. Die Verpflichtung zu staatlicher Neutralität verbietet es gerade auch im Interesse des Staates, sich Einfluß auf kirchlich-religiöse Entscheidungen zu verschaffen.

Den legitimen staatlichen Bedürfnissen kann im Rahmen der Schrankenklausel des Art. 137 Abs. 3 WRV Rechnung getragen werden. Selbstbestimmung einerseits und das für alle geltende Gesetz als Schranke andererseits gewährleisten mit Rücksicht auf das zwingende Erfordernis friedlichen Zusammenlebens von Staat und Kirchen sowohl das selbständige Ordnen und Verwalten der eigenen Angelegenheiten durch die Kirchen als auch den staatlichen Schutz anderer für das Gemeinwesen bedeutsamer Rechtsgüter. Diese Wechselwirkung von Kirchenfreiheit und Schrankenzweck muß und kann durch entsprechende Güterabwägung mit Leben gefüllt werden[40].

Staatliche Rechnungsprüfung kann daher Willkür und Mißbrauch beanstanden ebenso wie schwerwiegendes und evidentes Fehlverhalten. Vergabebedingungen dürfen lediglich einen allgemeinen Zweckrahmen vorgeben[41]. Qualifikationsvoraussetzungen für Krankenhauspersonal im Rahmen staatlicher Krankenhausfinanzierung auch für kirchliche Krankenhäuser sind im Interesse der Volksgesundheit zulässig. Staatlich verordnete Buchführungspflichten kirchlicher Krankenhäuser sind zulässig, weil und soweit sie lediglich in einen Randbereich des kirchlichen Selbstbestimmungsrechts eingreifen und nur auf diese Weise das Krankenhausförderungsgesetz mit seinen Förderungsmaßnahmen nach einheitlichen Buchführungs- und Bilanzierungsgrundsätzen durchgeführt werden kann[42].

Werden kirchliche Sozialeinrichtungen gefördert, kann ihnen nicht auferlegt werden, auf ihre religiöse Ausrichtung denjenigen gegenüber

---

[39] Vgl. *Walter Leisner*, Die Lenkungsauflage. Stuttgart 1982, S. 76 ff.; *Neumann*, Rechtsgrundlagen (Anm. 21), S. 279.
[40] Vgl. BVerfGE 53, 355 (401 f.).
[41] Vgl. *Leisner*, Rechnungsprüfung (Anm. 37), S. 73.
[42] Vgl. BVerfG, in: KirchE 21, 316 (318).

zu verzichten, die als religiös Andersdenkende ihre Einrichtungen in Anspruch nehmen. Wohl aber müssen sie erhöhte Rücksichtnahme auf andere Überzeugungen üben, wenn andere Einrichtungen nicht zur Verfügung stehen. Notfalls ist der Staat verpflichtet, für ein ausreichendes Angebot an neutralen Einrichtungen Sorge zu tragen[43].

V. Die Legitimität finanzieller Förderung der Kirchen durch den Staat

Wenngleich verfassungsrechtlich legitimiert, sieht sich das staatlicher Förderung verbundene kirchliche Finanzsystem auch immer wieder grundsätzlich in Frage gestellt[44]. Verflechtungen zwischen Staat und Kirchen sind aus kirchlicher Sicht nur dann und nur solange verantwortbar, als die staatliche Ordnung selbst Legitimität in Anspruch nehmen kann. Die soziale, stets neu zu gewinnende Legitimität muß die verfassungsrechtliche Sicherung tragen, soll das System dauerhaften Bestand haben[45].

1. Die der staatlichen Förderung der Kirchen entgegengehaltene Kritik wird allerdings von vornherein dadurch ein Stück weit entschärft, daß adäquate Alternativen nicht in Sicht sind. Will Kirche in der Welt wirken, ist sie auf finanzielle Mittel angewiesen. Die Kirchen in der DDR, aber auch im Osten insgesamt ebenso wie in der Dritten Welt waren oder sind für ihre materielle Existenz auf die Hilfe der reichen Kirchen angewiesen. Eine reine Spendenwirtschaft würde wesentlich geringere Mittel in die Kassen der Kirchen fließen lassen. Die Nachteile sind offenkundig: Die sehr viel größere Unzuverlässigkeit des Eingangs von Mitteln, die höhere Konjunkturabhängigkeit und der geringere

---

[43] Vgl. BVerfGE 22, 180 (200 f.); *Weber*, Probleme (Anm. 19), S. 2545.

[44] Vgl. den Überblick bei *Christine Lienemann-Perrin*, Legitimation des kirchlichen Finanzsystems durch Begriff und Tradition der Volkskirche im Lichte publizistischer Meinungsbildung, in: Lienemann, Finanzen (Anm. 1), S. 413 ff.; *Hans Rotter*, Kirchenfinanzierung — theologisch betrachtet, in: Rinderer, Finanzwissenschaftliche Aspekte (Anm. 7), S. 201 ff.; *Alexander Hollerbach*, Kirchensteuer und Kirchenbeitrag, in: HdbKathKR, S. 897 ff.; kritisch *Gerhard Czermak*, Bewegung ins Staatskirchenrecht!, in: ZRP 1990, S. 475 ff.; *Edgar Baeger*, Kirchen und öffentliche Gelder, in: Vorgänge 86, 1987, S. 46 ff.; *Emil-Heinz Schmitz*, Die Kirche und das liebe Geld, Münster 1989; *Horst Herrmann*, Die Kirche und unser Geld, 1990.

[45] Vgl. Aufgaben der Kirche in Staat und Gesellschaft. Teil D: Die Finanzierung der kirchlichen Aufgaben, in: Gemeinsame Synode der Bistümer in der Bundesrepublik Deutschland. Offizielle Gesamtausgabe II. Freiburg, Basel, Wien 1977, S. 187 ff.; *Johannes Neumann*, Die Kirchenfinanzierung in der BRD, in: Theologische Quartalschrift 1976, S. 198 ff.

Grad der Aufgabenerfüllung. Zu Recht wird auf die Gefahr hingewiesen, in denen Kirchen in den USA stehen, wo dieses System besonders ausgeprägt ist. Hier besteht eine erhebliche Abhängigkeit von Großspendern bis in einzelne Sachbereiche hinein; die Verbindung zu staatlichen, demokratisch beeinflußbaren und im Neutralitätsgebot rechtlich gebundenen Zielvorgaben wird ersetzt und weit übertroffen durch die Abhängigkeit von einzelnen Spendern.

Ähnliche Nachteile belasten auch die andere Alternative zum heutigen System: die eigene Wirtschaftstätigkeit der Kirchen in größerem Maßstab. Über Jahrhunderte waren die Kirchen auf Grund ihres eigenen Reichtums finanziell weitgehend unabhängig. Unter den gegebenen Umständen würde dies aber die Unterwerfung der Kirchen unter Marktgesetze bedeuten, die Teilnahme am wirtschaftlichen Wettbewerb bis hin zur Verdrängung von Konkurrenten. Notwendig ginge mit diesem System eine noch geringere Transparenz des kirchlichen Finanzgebarens einher. Gerade hier wäre der Geruch der besitzenden Kirche zu fürchten.

2. Wenngleich sich das staatskirchenrechtliche System stets neu in und für die Gegenwart legitimieren muß, so hat doch auch die Tradition der Verhältnisse legitimatorische Kraft. Der Halt, den das Bewußtsein von Herkommen und Geschichte vermittelt, darf nicht unterschätzt werden. Die Identität einer staatlich verfaßten Gemeinschaft ermißt sich auch in ihren historischen Zusammenhängen. Es ist deshalb von nicht geringer Relevanz, daß die Kirchen in Deutschland, wenngleich mit Unterbrechungen, wechselnden Akzenten und unter steter Modifikation, von weltlicher Herrschaft gemeinhin Förderung erfahren haben. Die Staatsaufgabe der Förderung von Religionsgemeinschaften hat auch hierin ihren geschichtlichen Bezug. Konkrete historische Anknüpfungspunkte besitzen zumal die Staatsleistungen an die Kirchen. Der bloße Zeitablauf kann ein Dauerschuldverhältnis nicht zum Erliegen bringen. Der Staat kann sich seinen Verpflichtungen nicht allein deswegen entziehen, weil sie seit langer Zeit bestehen[46].

3. Es erscheint allerdings ohne weiteres einleuchtend, daß die staatliche Förderung der Kirchen nicht unerhebliche Abhängigkeiten schafft. Zu großen Teilen wird ihr Wirken gebunden an staatliche Leistungsbereitschaft, potentiell und druckvoll gekoppelt an die Erwartung kirchlichen Wohlverhaltens[47]. Staatliche Subventionierung kann mit offener oder versteckter Bestimmung der Zweckverwendung einhergehen, Verwendungsbindungen können hindern, alternative Zwecke anzustreben.

---

[46] Vgl. *von Campenhausen*, Staatskirchenrecht (Anm. 31), S. 197.
[47] Vgl. *Isensee*, Staatsleistungen (Anm. 2), S. 54 ff.

Nicht zuletzt besteht die Gefahr schleichender Abhängigkeit von staatlichen Zielvorstellungen. Nicht immer wird der Versuchung widerstanden werden können, Aufgaben wahrzunehmen, für die staatliche Förderung gegeben wird, eben weil dies der Fall ist[48].

In erheblichem Maße sind die Kirchen als Subventionsempfänger auch der staatlichen Kontrolle über Verwendung, über Wirtschaftlichkeit und Sparsamkeit der Mittelbewirtschaftung unterworfen. Nicht unterschätzt werden sollten trotz der Rechtsprechung des Bundesverfassungsgerichts zur Strukturfreiheit kirchlicher Krankenhäuser die mit dem System der Krankenhausfinanzierung einhergehenden Strukturanforderungen an kirchliche Krankenhäuser. Die verpflichtende Finanzierung aus Tagessätzen, die die Investitionskosten nicht berücksichtigen dürfen, bringt die kirchlichen Krankenhäuser mangels eigener Mittel in Institutionsabhängigkeit von staatlichen Krankenhausfinanzierungsmitteln.

Bei aller und steter Gefährdung im einzelnen ist das gegenwärtige System aber eher geprägt von gegenseitiger Eigenständigkeit und Freiheit, die die Verschränkung von Kirche und Staat in einzelnen Bereichen, in denen staatliche und kirchliche Aufgaben konvergieren, verantwortbar machen. Kirchliche Maßstäbe, Zielvorstellungen und Wertbindungen können auf diese Weise der Kooperation in die öffentliche Aufgabenerfüllung mit eingehen. Dies gilt im übrigen genauso für andere freie Interessenträger. Und umgekehrt kann ein gewisses Hinwirken auf rechtsstaatliche Finanzgestaltung gerade im Steuerwesen der Kirchen durchaus heilsam sein.

Durch staatliche Förderung sind die Kirchen in der Lage, Aufgaben wahrzunehmen, die sie unter anderen Umständen nicht bewältigen könnten. Sie erschließen sich durch staatliche Subventionierung erhebliche Geldquellen. Die Kritik am Sozialstaat und der mit ihm wachsenden Staatsquote am Volkseinkommen, die auf die Höhe nicht nur der Kirchensteuereinnahmen, sondern auch auf die Finanzierung von Diakonie und Caritas durchschlägt, und die bisweilen als Hypertrophie gebrandmarkt wird[49], trifft dabei allerdings auch die Kirchen. Die damit ermöglichte Ausweitung kirchlicher Tätigkeit ist aber nicht von vornherein negativ. Es kommt alles darauf an, ob im einzelnen angemessen gewichtet wird. Gewiß sind die Kirchen auf vielen Feldern im gegenwärtigen System auf das Fließen staatlicher Mittel angewiesen. Damit besteht eine Abhängigkeit von Konjunktur ebenso wie von staat-

---

[48] Vgl. *Josef Isensee,* Die Finanzquellen der Kirchen im deutschen Staatskirchenrecht, in: JuS 1980, S. 97.
[49] Vgl. *Luhmann,* Entwicklung (Anm. 7), S. 180.

lichen Zielvorstellungen. In der Tat sind die Kirchen in Deutschland auch durch ihr Finanzierungssystem eng mit der Industriegesellschaft verbunden[50].

Andererseits ist die staatliche Förderung mit ihren vielfältigen rechtlichen Sicherungen der Planbarkeit kirchlicher Arbeit überaus förderlich. In keiner der denkbaren Finanzierungsalternativen ist eine vergleichbare Verläßlichkeit des Mitteleinganges gegeben. Es kommt kirchlicher Arbeit entgegen, wenn dadurch auch die materielle Versorgung kirchlicher Mitarbeiter sichergestellt ist.

Staatliche Förderung im finanziellen Bereich, sei es mittels des staatlichen Kirchensteuereinzuges oder der Einbindung von Diakonie und Caritas in staatlich geregelte Finanzierungsmodelle, entlastet die kirchlichen Kräfte, die sonst für Mittelbeschaffung und Mittelbewirtschaftung in größerem Maße eingesetzt werden müßten. Nicht die Abhängigkeit von staatlicher Lenkung steht im Vordergrund des Systems, sondern die mit ihm verbundenen Möglichkeiten der Konzentration auf kirchliche propria.

Umgekehrt entlastet kirchliche Tätigkeit besonders im sozialen und kulturellen Bereich den Staat weithin von Aufgaben, die er ansonsten selbst erfüllen müßte. Dies besitzt nicht nur, aber auch finanzielle Aspekte: das religiös inspirierte Engagement vieler in diesem Bereich Tätiger läßt sich nicht kaufen, der letztlich stets inadäquate Ersatz auf dem bloß säkular geprägten Arbeitsmarkt wäre sehr viel teurer. Vor allem aber gilt, daß kirchliche Wirksamkeit wie die anderer freier Träger zu Pluralität und Freiheit beiträgt. Finanzielle Förderung der Kirchen bedeutet deshalb ein weites Stück Selbsterhaltung der Freiheitlichkeit und Pluralität staatlich verfaßter Gemeinschaft.

4. Spezifische Probleme birgt das System der Kirchensteuer[51]. Die Anbindung vor allem an die Lohn- und Einkommensteuer ist zwar auch unter kirchenspezifischen Gesichtspunkten in ihrer Berücksichtigung individueller Leistungsfähigkeit sachgerecht. Sie bindet die Kirchen aber indirekt auch an die staatlichen Steuerziele. Da diese Ziele nicht ausschließlich einnahmenorientiert sind, sondern auch sozial- und wirtschafts-, umwelt-, vermögens- und familienpolitische Aspekte beinhalten, können kirchenfremde Steuerziele die Kirchensteuer berühren und

---

[50] Vgl. *Gerhard Rau*, Ekklesiologie kirchlicher Haushaltspläne in Baden, in: Lienemann, Finanzen (Anm. 1), S. 339.

[51] Vgl. besonders *Marré*, Kirchenfinanzierung (Anm. 1), S. 46 ff.; *Karl Rahner*, Von der Unfähigkeit zur Armut, in: neues hochland 1972, S. 52 ff.; *Knut Walf*, Kirchensteuer als Existenzmittel, in: Concilium 1978, S. 429 ff.; *Wilhelm Steinmüller*, Kirchenrecht und Kirchensteuer, in: EssGespr. 4 (1973), S. 199 ff.

ihren eigentlichen kirchlichen Sinn gefährden, mindestens beeinträchtigen. Die Freibeträge staatlicher Lohn- und Einkommensteuer schlagen auch auf die Kirchensteuerpflicht durch, so daß nicht jedes Kirchenglied einen Beitrag leistet, obwohl es dies prinzipiell tun sollte. Durch die Akzessorietät zur Lohn- und Einkommensteuer sind im großen und ganzen auch nur die Erwerbstätigen steuerpflichtig, einzelne Gruppen wie Teile der Rentner und der Landwirte sind ganz oder weitgehend nicht erfaßt. Hier kann aber ein Kirchgeld helfen; alternative Finanzierungssysteme würden entsprechende Probleme nicht adäquater lösen können. Kirchensteuer stellt die Kirchen unabhängig auch in ihrem Verhältnis zum Staat, weil sie ihnen eine solide, verläßliche Finanzbasis verschafft, die verfassungsrechtlich garantiert und deshalb möglichen Pressionsversuchen des Staates weitgehend entzogen ist[52].

Anlaß zu kritischen Erwägungen gibt für viele der Zwangscharakter der Kirchensteuer. Zum einen wird hierzu gesagt, daß Zwang, staatlicher Zwang zumal, der Eigenart der Kirche widerspreche. Zum anderen verdränge die Automatik der Kirchensteuererhebung den Opfercharakter der Gabe; der Automatismus entfremde die Kirchenglieder von ihrer Kirche. Diese mehr auf religionspsychologischer als auf staatskirchenrechtlicher Ebene liegenden Einwände überschätzen aber den Einfluß des Verfahrens, in dem die erforderlichen Finanzmittel erbracht werden, auf das Zugehörigkeitsgefühl zur Gemeinschaft. Man wird zudem Zweifel haben können, ob kircheneigene Steuer- oder Abgabenverwaltung weiteren Raum für seelsorgerliches und geistliches Handeln ließe als das weithin geräuscharme Staatsinkasso[53]. Auch eine kircheneigene Finanzverwaltung könnte nicht auf moderne Datenverarbeitung verzichten und könnte sich kaum von dem jetzigen System unterscheiden in einer Zeit, in der ebenso lautlos Sozialversicherungs- und Gewerkschaftsbeiträge unmittelbar vom Lohn einbehalten, Rundfunkgebühren, Vereins- und Parteibeiträge oder Versicherungsprämien durch Einzugsermächtigungen und Daueraufträge gezahlt werden.

Man wird auch nicht ohne weiteres des Zwanges als letztem Mittel gegenüber nichtzahlungswilligen Gliedern der Kirche entraten können. Die rechtliche Alternative zum gegenwärtigen System — eine privatrechtliche Konstruktion der Mitgliederbeiträge — würde den Zwang lediglich auf den Weg zivilrechtlicher Klage und Vollstreckung verlagern und deshalb substantiell nichts ändern. Die eigentliche Alternative, gänzlich auf staatlichen Zwang zu verzichten und auf völlige Freiwilligkeit der Beiträge zu vertrauen, würde nicht nur die materielle

---
[52] Vgl. *Isensee,* Finanzquellen (Anm. 48), S. 100.
[53] Vgl. Hollerbach, Kirchen (Anm. 25), S. 88.

Subsistenz der Kirchen in Frage stellen; sie würde auch der Gefahr einer Entfremdung mancher Kirchenmitglieder Raum geben, die es als Ungerechtigkeit empfinden würden, wenn nur einige die Lasten tragen, während andere sich ohne weiteres der Lastentragung entziehen könnten.

Dem Einwand, die Kirchen seien abhängig von Beiträgen vieler eher distanzierter Mitglieder, und über die Verwendung der Beiträge von vielen nur nominell der Kirche Verbundenen entschieden wenige kirchlich Engagierte[54], sollte nicht mit dem Verzicht der Kirche auf Wirkungskraft begegnet werden, sondern mit dem Werben für größeres Engagement.

Die Bereitstellung staatlichen Zwanges bei der Beitreibung der Kirchensteuer ist im grundsätzlichen keineswegs etwas Besonderes. Jeder Vereinsbeitrag kann, gerichtlich tituliert, unter Zuhilfenahme staatlicher Zwangsmittel vollstreckt werden. Auf einer allgemeinen Ebene folgt dies aus dem Rechtsschutzanspruch gegenüber dem Staat. Das Instrument steuerrechtlicher Zwangsmittel hebt die Unterstützung der Kirchen insoweit nur in einem besonderen Verfahren hervor. Dies immerhin bedarf der Rechtfertigung. Dasselbe gilt für die Möglichkeit staatlicher Verwaltung der Kirchensteuer. In privatem Interesse wird der Staat zwar auch sonst in weitem Umfang tätig, dieser spezifische Dienst ist aber, wenngleich finanziell entgolten, nur den öffentlich-rechtlichen Religionsgemeinschaften zugänglich. Die Rechtfertigung findet sich darin, daß das religiöse Bedürfnis der Menschen und seine institutionelle Befriedigung mindestens ebenso fundamental ist wie die Sicherung von Freiheit und Frieden im staatlichen Zusammenleben und daß es wesentlicher ist als partikulare Einzelinteressen. Kirchensteuer ist damit — natürlich — nicht notwendig, aber sie ist legitim.

5. Im Sozialstaat ist staatliche Förderung der Kirchen systemadäquat. Vielfältige gesellschaftliche Initiativen, Gruppen und Verbände werden staatlich gefördert, im ganzen und wesentlichen nicht anders als die Kirchen. Der Staat ist nicht befugt, sich selbst inhaltlich reglementierend religiös oder kulturell zu betätigen, wohl aber darf er religiöse ebenso wie künstlerische, wissenschaftliche oder sportliche Betätigung fördern. Er tut dies in weitem Umfang; und es würde die Grundsätze von Gleichbehandlung und Neutralität verletzen, wollte er gerade religiöses Handeln von solcher Förderung ausschließen. Es gehört zu den Grundbedürfnissen der Menschen, in religiösen Zusammenhängen zu

---

[54] Vgl. *Kristian Hungar,* Wer zahlt die Kirchensteuer, in: Der Überblick 4 / 1982, S. 16 ff.; *Wolfgang Lienemann,* Reformkonzepte für kirchliche Finanzsysteme, in: ders., Finanzen (Anm. 1), S. 950.

leben. Dies zu ignorieren oder zu behindern, wäre unmenschlich[55]. Vor allem: Soweit der Staat die Erfüllung menschlicher Bedürfnisse fördert, darf er die transzendentale Dimension nicht ausschließen.

Deshalb liegt in der finanziellen Förderung durch den Staat gerade keine Verletzung der Neutralitätspflicht. Eine einseitige Bevorzugung der Kirchen vor anderen gesellschaftlichen Gruppen liegt in diesem System nicht begründet, auch steht es im wesentlichen allen Religions- und Weltanschauungsgemeinschaften offen. Deshalb kann ihm nicht mit Fug zum Vorwurf gemacht werden, weil und soweit aus allgemeinen Haushaltsmitteln gefördert werde, müßten auch solche Bürger zu den Mitteln beitragen, die der geförderten Einrichtung nicht angehörten, sie vielleicht ablehnten. Dies liegt nicht im staatskirchenrechtlichen, sondern im steuerstaatlich-demokratischen System begründet, das die Verwendung der Abgaben von den Individuen als Leistungsverpflichteten abkoppelt, bei der Förderung der Kirchen nicht anders als bei anderen Subventionen und sonstigen Leistungen.

6. So bleibt als kritischer Rest vielleicht ein Gefühl der Anrüchigkeit materiellen Wohlstandes überhaupt; das diffuse schlechte Gewissen des Reichtums. Nicht zuletzt eine Theologie der armen Kirche hat hier ihren praktischen Ort. Die persönlich hoch respektable Entscheidung zu materieller Armut würde, bezogen auf die Kirche als Institution, die Verurteilung zur Wirkungslosigkeit auf breiter Ebene bedeuten. Eine arme Kirche wäre eine Kirche der wenigen und eine Kirche für wenige. Sie wäre auf reine Spiritualität angewiesen und beschränkt; die der Kirche wesentlichen Bereiche von Diakonie und Caritas würden unter den Bedingungen heutiger ökonomischer Verhältnisse der Kirche weitestgehend verschlossen bleiben. In Frage gestellt wäre dazu der Charakter der Kirche als Volkskirche. Letztlich ist die Frage nach innerkirchlicher Legitimität der Entgegennahme staatlicher Förderung stets auch eine Frage danach, welche Art von Kirche man will.

Die Anrüchigkeit des materiellen Wohlstandes der deutschen Kirchen wird auch gebrandmarkt als Beteiligung an der Ausbeutung der Dritten Welt. Insofern gesagt werden kann, daß der westliche Wohlstand auf einer Ausbeutung anderer Staaten, insbesondere solcher der Dritten Welt beruhe, sei staatliche Förderung der Kirchen die Weitergabe und Entgegennahme solchen nach christlichen Maßstäben verwerflichen Reichtums. Dies allerdings wäre kein Spezifikum staatlicher Förderung der Kirchen. Jede Teilhabe an bestehendem Reichtum, sei es durch

---

[55] Vgl. *Hans Peter Bull,* Die Staatsaufgaben nach dem Grundgesetz. 2. Aufl., Kronberg / Ts. 1977, S. 209.

Spenden, sei es durch eigene Marktteilnahme oder eben durch Entgegennahme staatlicher Mittel, ist nur auf dem Hintergrund bestehender weltwirtschaftlicher Zusammenhänge denkbar.

§ 32

Die Verfassungsgarantie des kirchlichen Vermögens

Von Karl-Hermann Kästner

I. Bedeutung und Funktion der Kirchengutsgarantie

1. Der rechtliche Schutz des Kirchenvermögens

Zwischen den Kirchen und Religionsgemeinschaften[1] bestehen nach Größe, Tradition, rechtlicher Struktur und eigenem Selbstverständnis vielfältige Unterschiede. Insofern versteht es sich von selbst, daß auch ihre Vermögensverhältnisse untereinander deutlich differieren. Gleichgelagert ist freilich dem Grunde nach ihr Bedürfnis nach effektivem rechtlichem Schutz ihres Eigentums und ihrer sonstigen vermögenswerten Berechtigungen.

Dem wird unter dem Grundgesetz auf der Ebene „einfacher" Gesetze[2] und in einschlägigen Klauseln der Konkordate und Kirchenverträge[3] Rechnung getragen, nicht zuletzt aber auch durch Normen des Verfas-

---

[1] Kirchen und Religionsgemeinschaften, ihren Funktionen und ihrem Vermögen stehen — was die rechtlichen Bezüge angeht — von Verfassungs wegen die *weltanschaulichen* Vereinigungen, ihr Wirken sowie ihr Vermögen dem Grunde nach gleich (Art. 140 GG i. V. m. Art. 137 Abs. 7 WRV). Dies wird durchweg vorausgesetzt. Soweit im Text zur Vereinfachung nur die *religiösen* Bezüge der Kirchengutsgarantie und ihrer tatbestandlichen Voraussetzungen erwähnt werden, ist das Gesagte jeweils sinngemäß auf die weltanschauliche Sphäre zu übertragen. — Der traditionellen Terminologie entsprechend wird im übrigen in diesem Beitrag weiterhin von *Kirchengutsgarantie* gesprochen; dieser Begriff ist (ebenso wie die zusammenfassenden Termini *Kirchenvermögen* bzw. *Kirchengut*) im vorliegenden Kontext freilich nicht nur auf die Kirchen im engeren Sinne zu beziehen, sondern gleichermaßen auf alle Religions- und Weltanschauungsgemeinschaften.

[2] Als Beispiele seien hier genannt § 4 Nr. 2 GrdStVG, § 4 Abs. 2 Nr. 4 BLG und § 90 Abs. 2 Nr. 2 BauGB.

[3] Vgl. beispielsweise Art. 17 RK; Art. 2 Abs. 2 und Art. 10 §§ 3 und 4 BayK; Art. 18 und 19 BayKV; Art. 12 PfälzKV; Art. 4 Abs. 2 und Art. 5 PreußK; Art. 6 PreußKV; Art. V BadK; Art. III BadKV; Art. 18 NiedersKV; Art. 23 Schlesw.-Holst.KV; Art. 7 LippKV; Art. 8 HessKV; Art. 17 NiedersK; Art. 5 Abs. 1 HessErgV.

sungsrechts. Nach Maßgabe ihrer jeweiligen Qualität als selbständiges Rechtssubjekt und Grundrechtsträger kommt den Kirchen und Religionsgemeinschaften sowie ihren Unterverbänden, einzelnen Einrichtungen usw. einerseits die *allgemeine Eigentumsgarantie* des Art. 14 GG zugute. Aus historischen Wurzeln[4] sind im übrigen spezifische verfassungsrechtliche *Kirchengutsgarantien* in einigen Landesverfassungen[5] sowie im Grundgesetz hervorgegangen. Art. 138 Abs. 2 WRV besagt insofern: „Das Eigentum und andere Rechte der Religionsgesellschaften und religiösen Vereine an ihren für Kultus-, Unterrichts- und Wohltätigkeitszwecke bestimmten Anstalten, Stiftungen und sonstigen Vermögen werden gewährleistet." Zufolge der über Art. 140 GG erfolgten Inkorporation ist diese Gewährleistung vollgültiger Bestandteil der geltenden verfassungsrechtlichen Ordnung geworden[6].

2. Die Schutzfunktion der Kirchengutsgarantie

a) Der „funktionelle Sinn" der Kirchengutsgarantie

Das Religiöse bedarf zu seiner institutionellen Entfaltung eines angemessenen materiellen Substrats. Diese Erkenntnis lag — zieht man die historischen Entwicklungslinien des Staatskirchenrechts in Betracht — bereits (neben anderen Motiven) der obrigkeitlichen cura religionis zugrunde, sie mündete in die Ausgleichs- bzw. Surrogatansprüche der verschiedenen Säkularisationen, sie manifestierte sich in Verpflichtungen „weltlicher" Instanzen, zum Bestand und Unterhalt kirchlicher Gebäude und Einrichtungen beizutragen. Auch die geltende staatskirchenrechtliche Ordnung verschließt sich nicht der Erkenntnis, daß die Tragweite religiöser Freiheit (wie anderer Freiheitsrechte auch) letztlich ganz wesentlich von den materiellen Rahmenbedingungen ihrer Realisierbarkeit abhängt. Aus diesem Kontext erschließt sich der spezifische Gehalt der in Art. 140 GG i. V. m. Art. 138 Abs. 2 WRV enthaltenen Gewährleistung, welcher ihr einen gegenüber Art. 14 GG eigenständigen Schutzbereich vermittelt: *Die Kirchengutsgarantie bezweckt nicht im eigentlichen Sinne Eigentums- bzw. Vermögensschutz, sondern den Schutz der religiösen Funktion des Kirchengutes.*

---

[4] Zur historischen Entwicklung *Thomas Pieter Wehdeking,* Die Kirchengutsgarantien und die Bestimmungen über Leistungen der öffentlichen Hand an die Religionsgesellschaften im Verfassungsrecht des Bundes und der Länder. München 1971, S. 39 ff.

[5] Art. 146 BayVerf.; Art. 37 Abs. 1 BrandenbVerf.; Art. 44 Rheinl.-PfalzVerf.; Art. 38 SaarVerf.

[6] BVerfGE 19, 206 (219), 226 (236); 44, 59 (69); 53, 366 (400); 66, 1 (22); 70, 138 (167).

§ 32 Die Verfassungsgarantie des kirchlichen Vermögens

Grundlegend wirkte 1952 *Johannes Heckels* Erkenntnis, die verfassungsrechtliche Kirchengutsgarantie schütze „die öffentliche kirchliche Funktion des Kirchenguts" vor Beeinträchtigungen durch die weltliche Gewalt[7]; hieran knüpft prinzipiell zu Recht seither die ganz herrschende Auffassung an[8]. Doch gilt es zu beachten, daß sich die aktuelle Situation — kirchenpolitisch und staatskirchenrechtlich betrachtet — deutlich von der Lage anfangs der fünfziger Jahre unterscheidet. Dies hat den Begriff des *Öffentlichen* in seinem Bezug zum Wirken der Kirchen und Religionsgemeinschaften zwar nicht ohne weiteres obsolet werden lassen. Er bedarf aber in jedem Falle der Konkretisierung und Differenzierung im Verhältnis zur Sphäre staatlich-öffentlicher Funktionen; im übrigen gilt es, ihn bei einer Verwendung sorgfältig auf die aus ihm ableitbaren rechtlichen Folgerungen hin zu befragen. Im staatskirchenrechtlichen Kontext erscheint die Qualifikation „öffentlich" jedenfalls vielfältig problembeladen und insofern heikel; ihr gegenüber ist deshalb Vorsicht und tunlichst Verzicht angebracht[9].

In ihrer spezifisch staatskirchenrechtlichen Zweckbestimmung und Schutzrichtung korrespondiert die Kirchengutsgarantie aufs engste mit der *Gewährleistung des religiösen Selbstbestimmungsrechts* (Art. 140 GG i. V. m. Art. 137 Abs. 3 WRV)[10] sowie dem *Grundrecht auf Glaubens- und Bekenntnisfreiheit* (Art. 4 Abs. 1 und 2 GG)[11]. Denn: Soll sich die freiheitssichernde Intention des sozialen Rechtsstaats auf dem Felde des Religiösen nicht als leere Hülse erweisen, so muß nicht zuletzt das materielle Substrat religiöser Entfaltung gesichert werden. Insofern erwächst der Kirchengutsgarantie eine konstitutive Funktion im System der geltenden Staatskirchenverfassung.

---

[7] *Johannes Heckel*, Kirchengut und Staatsgewalt, in: Rechtsprobleme in Staat und Kirche. FS für Rudolf Smend zum 70. Geburtstag. Göttingen 1952, S. 103 ff. (130); vgl. ferner ebd., S. 128, 132 ff., 137 ff., 141, 142.

[8] Statt anderer *Konrad Hesse*, Das neue Bauplanungsrecht und die Kirchen, in: ZevKR 5 (1956), S. 62 ff. (69); *Werner Weber*, Zur staatskirchenrechtlichen Bedeutung des Rechts der öffentlichen Sachen, in: ZevKR 11 (1964/65), S. 111 ff. (122); *v. Mangoldt / Klein / v. Campenhausen*, Art. 140 GG / Art. 138 Abs. 2 WRV, Rdnr. 30; *Christoph Link*, Die Russisch-Orthodoxen Exilkirchen in Deutschland und ihr Kirchengut, in: ZevKR 23 (1978), S. 89 ff. (124); BVerwG, in: ZevKR 36 (1991), S. 56 ff. (60, 62, 68).

[9] So verfährt auch das BVerwG, in: ZevKR 36 (1991), S. 56 ff. (60), wenn es als Schutzgegenstände der Kirchengutsgarantie den „Bestand des Vermögens der Religionsgesellschaften und dessen widmungsgemäße Funktion bei der Erfüllung der von ihnen eigenständig gesetzten Aufgaben" bestimmt.

[10] Dazu auch *Hesse*, Bauplanungsrecht und Kirchen (Anm. 8), S. 70, 74, 75, 77; *Link*, Exilkirchen und ihr Kirchengut (Anm. 8), S. 123 f.; BVerwG, in: ZevKR 36 (1991), S. 56 ff (60).

[11] Soweit es um den Schutz der kirchlichen Verfügungsgewalt über Sachen zum Zwecke der Religionsausübung geht, ist die Kirchengutsgarantie lex specialis gegenüber dem Grundrecht auf Glaubens- und Bekenntnisfreiheit; BVerwG, in: ZevKR 36 (1991), S. 56 ff. (68). Im gleichen Sinne wohl das BVerfG, in: DVBl. 1992, S. 1020 ff. (1021), wenn es insoweit von „Konkretisierung" des Grundrechts spricht.

b) Verhältnis zur allgemeinen Eigentumsgarantie

In ihrer spezifischen Schutzrichtung statuiert die Kirchengutsgarantie nicht lediglich eine „verdoppelnde" Bekräftigung des Eigentumsschutzes, wie er in Art. 14 GG enthalten ist. In diese Richtung zielte freilich noch eine in der Weimarer Republik verbreitete Auslegung des Art. 138 Abs. 2 WRV; vor dem Hintergrund des Art. 153 Abs. 2 WRV, der die Möglichkeit einer Zulassung entschädigungsloser Enteignung durch einfaches Reichsgesetz vorsah, wurde die Kirchengutsgarantie im wesentlichen als ausdrückliches *Verbot entschädigungsloser Enteignung* aufgefaßt[12]. Eine solche Projektion der Kirchengutsgarantie auf den allgemeinen Eigentumsschutz trug bereits damals der Bedeutung des Art. 138 Abs. 2 WRV nicht hinreichend Rechnung; im Kontext der geltenden staatskirchenrechtlichen Ordnung erweist sie sich erst recht als unzutreffend[13].

Die Eigentumsgarantie des Art. 14 GG einerseits und die Kirchengutsgarantie des Art. 140 GG i. V. m. Art. 138 Abs. 2 WRV andererseits schließen sich gegenseitig nicht aus[14]; sie ergänzen vielmehr einander: Art. 14 GG statuiert einen von religiösen Bezügen vollständig unabhängigen Schutz des Eigentums im engeren Sinne und entsprechender vermögenswerter Rechte. Demgegenüber hat die Kirchengutsgarantie — die in ihrem Eigentumsbegriff mit Art. 14 GG an sich übereinstimmt[15] — nicht das Eigentum bzw. das Vermögen um seiner selbst willen im Auge, sondern sie schützt es speziell in seiner *religionsbezogenen* Funktion.

Eine scharfe Abschichtung und Trennung der Anwendungsbereiche beider verfassungsrechtlicher Gewährleistungen würde hiernach voraussetzen, daß die religiösen Bezüge des Vermögens von seinen „weltlichen" eindeutig zu scheiden wären[16]. Indes bereitet dies im Kontext des Art. 140 GG i. V. m. Art. 138 Abs. 2 WRV ähnliche Schwierigkeiten wie in anderen Bereichen des Staatskirchen-

---

[12] Statt anderer *Gerhard Anschütz*, Die Verfassung des Deutschen Reichs vom 11. August 1919. 14. Aufl., Berlin 1933, S. 654.

[13] Kritisch auch etwa *Hesse*, Bauplanungsrecht und Kirchen (Anm. 8), S. 68 ff.; *Siegfried Grundmann*, Art. „Säkularisation", in: EvStL³ II, Sp. 3032 ff. (3035); *Axel Frhr. von Campenhausen*, Eigentumsgarantie und Säkularisationsverbot im Grundgesetz, in: BayVBl. 1971, S. 336 ff. (336).

[14] *Ulrich Scheuner*, Der Bestand staatlicher und kommunaler Leistungspflichten an die Kirchen (Art. 138 Abs. 2 WRV), in: Diaconia et ius. Festg. für Heinrich Flatten zum 65. Geburtstag. München, Paderborn, Wien 1973, S. 381 ff. (387); *Theodor Maunz*, in: Maunz / Dürig u. a., Grundgesetz. Kommentar. München 1958 ff. (1973), Art. 140 GG / Art. 138 WRV, Rdnr. 10; BVerwG, in: ZevKR 36 (1991), S. 56 ff. (60).

[15] BVerfGE 18, 392 (398).

[16] Davon geht wohl *Wehdeking*, Kirchengutsgarantien (Anm. 4), S. 34 ff., aus.

rechts. Denn die Kirchen und Religionsgemeinschaften existieren und wirken innerhalb der säkularen Gesellschaft, in den Formen der staatlichen Rechtsordnung, und sie nehmen deren Gestaltungsmöglichkeiten in Anspruch; religiöse und „weltliche" Bezüge dieses Wirkens und gleichermaßen eben auch religionsbezogene und rein vermögensrechtliche Aspekte des Kirchenguts vermischen sich in komplexer Gemengelage. Allenfalls nach Maßgabe des konkreten Einzelfalles läßt sich deshalb feststellen, auf welche Blickrichtung (auf die allgemeine Eigentumsgarantie oder auf die Kirchengutsgarantie) es jeweils ankommt — oder ob gegebenenfalls beide verfassungsrechtlichen Gewährleistungen kumulativ von Belang sind.

Je schwächer die *Religionsbezüge* eines Vermögensbestandteils bzw. etwaiger Eingriffe in das Vermögen sich dem Grundgehalt nach darstellen, umso stärker verschiebt sich das Schutzbedürfnis und auch der materielle Schutzumfang von der Kirchengutsgarantie hin zum allgemeinen Eigentums- bzw. Vermögensschutz. Der Endpunkt dieser abgestuften „Skala" wäre dort erreicht, wo entweder ein Vermögensgegenstand keinerlei Bezug zu religiösem Wirken mehr aufwiese oder aber die Beeinträchtigung eines (an sich religionsbezogenen) Vermögensbestandteils als religiös völlig indifferent zu bewerten wäre; in diesem Falle hätte es beim Schutz aus Art. 14 GG sein Bewenden.

3. Konsequenzen der Kirchengutsgarantie

Die Verfassung „gewährleistet" das religionsbezogene Kirchenvermögen. Darin liegt für dieses im Rahmen der Reichweite der Kirchengutsgarantie eine verfassungsrechtliche Bestandszusage nach Inhalt und Umfang bekräftigt. Das bezieht sich auf die *Abwehr hoheitlicher oder privater Eingriffe* in das von der Kirchengutsgarantie erfaßte Vermögen und ebenso auf die Sicherstellung effektiver *Durchsetzbarkeit berechtigter Ansprüche,* soweit sie dem geschützten Kirchengut zuzurechnen sind. Hinzu kommt — in Ergänzung der bereits im religiösen Selbstbestimmungsrecht verankerten Sicherung — eine *Garantie der sachbezogenen Organisations- und Verwaltungsformen des Kirchenguts* (z. B. der kirchlichen Stiftungen).

Mit der Kirchengutsgarantie werden nicht nur religionsbezogene vermögenswerte Rechtspositionen gewährleistet, die unter der Weimarer Reichsverfassung bzw. unter dem Grundgesetz erworben wurden oder künftig erworben werden. Umfaßt werden vielmehr auch — und mit gleicher Nachhaltigkeit — fortbestehende Berechtigungen, soweit sie aus der Zeit vor 1919 stammen, dabei aus unterschiedlichsten rechtlichen bzw. politischen Zusammenhängen und Motivationen erwuchsen und sich in ganz verschiedener Rechtsgestalt (in Gesetzesform, als Einzelgewährung oder auf vertraglichem Wege, vermittels Rechtsnachfolge, Observanz, Ersitzung usw.) realisiert haben. Insbesondere das Vermögen der großen Kirchen besteht zu beträchtlichen Teilen aus dergestalt geschichtlich überkommener Substanz. Insofern ist es gerade in einer Zeit, welcher die historische Perspektive zunehmend fremd zu werden scheint, hochbedeutsam, daß die Verfassung auch altüberkommene Rechte in ihren Schutz einbezieht.

Je nach Sachbezug können diese, indem sie zum geschützten Kirchengut zählen und insofern nunmehr eine verfassungsrechtliche Qualifikation nach Maßgabe des Grundgesetzes genießen, nach geltendem Recht sogar „bestandsfester" sein, als sie es vor Inkrafttreten der Weimarer Reichsverfassung gewesen waren[17]. Auf keinen Fall aber dürfen sie ohne weiteres gegen tatsächlich oder vermeintlich widerstreitende Verfassungsprinzipien (wie etwa die Garantie der kommunalen Selbstverwaltung[18]) ausgespielt oder deshalb als obsolet betrachtet werden, weil sie in aktueller Betrachtung manchem nicht mehr als erforderlich, angemessen oder wünschenswert erscheinen mögen[19]. Die in Art. 140 GG i. V. m. Art. 138 Abs. 2 WRV statuierte Kirchengutsgarantie bekräftigt, daß für den Bestand der von ihr geschützten Vermögensrechte die objektiv bestehende *Rechtslage* maßgeblich ist. Insoweit kommt es folglich nicht auf kirchenpolitische Opportunitätserwägungen oder auf die Frage an, ob die von der Kirchengutsgarantie Begünstigten heute noch — materiell betrachtet — zur Erfüllung ihrer Aufgaben unbedingt auf einschlägige Rechte angewiesen sind. Deshalb verstieße es gegen die Verfassung, wollte man die Erfüllung bestehender religionsbezogener vermögenswerter Ansprüche aus der Erwägung heraus verweigern, die betreffende Kirche oder Religionsgemeinschaft könne sich hinreichende Einnahmen aus anderen Quellen (z. B. aus Kirchensteuermitteln[20]) beschaffen.

II. Schutzsubjekte der Kirchengutsgarantie

Art. 140 GG i. V. m. Art. 138 Abs. 2 WRV gewährleistet das religionsbezogene Vermögen „der Religionsgesellschaften und religiösen Vereine". Geschützt sind hiernach alle Kirchen und Religionsgemeinschaften, (mittelbar über sie) ihre unselbständigen Untergliederungen sowie (unmittelbar) sämtliche rechtlich selbständigen Einrichtungen (Körperschaften, Anstalten, Stiftungen, Vereine u. a.), welche der Pflege religiö-

---

[17] BVerwG, in: ZevKR 36 (1991), S. 56 ff. (62).
[18] Dazu BVerwG, in: ZevKR 24 (1979), S. 398 ff.
[19] BayVGH, in: ZevKR 19 (1974), S. 169 ff. (179).
[20] Vgl. dazu etwa BVerwGE 38, 76 (81); HessVGH, in: ZevKR 19 (1974), S. 166 ff. (168); BayVGH, ebd., S. 169 ff. (177 f.).

§ 32 Die Verfassungsgarantie des kirchlichen Vermögens

ser Zwecke dienen. Auf die konkrete Rechtsgestalt bzw. die Organisationsform kommt es nicht an, ebensowenig auf die Rechtsfähigkeit oder auf die Größe. Den religiösen Verbänden gleichgestellt sind gemäß Art. 140 GG i. V. m. Art. 137 Abs. 7 WRV Vereinigungen, die sich die Pflege einer *Weltanschauung* zur Aufgabe machen.

Die Kirchengutsgarantie kommt — trotz der Entstehungsgeschichte, die als solche in der Tat für einen Vorrang der *Kirchen* sprechen mag[21] — von Verfassungs wegen nicht nur den Kirchen oder denjenigen Religionsgemeinschaften zugute, welche den Status als Körperschaften des öffentlichen Rechts genießen (wiewohl sie *faktisch* vor allem für die Kirchen und deren Einrichtungen von Belang ist, da diese den weit überwiegenden Teil der in Betracht kommenden Vermögenswerte innehaben). Was die Rechtslage an sich anbelangt, so legt bereits der Wortlaut des Art. 140 GG i. V. m. Art. 138 Abs. 2 WRV einen Verzicht auf Differenzierungen zwischen den religiösen Verbänden nahe, wie sie früher noch vom koordinationsrechtlichen Standpunkt her befürwortet wurden[22]. Zwingend erfordert wird eine Erstreckung der Kirchengutsgarantie auf sämtliche religiösen Verbände und Weltanschauungsgemeinschaften durch ihren Bezug zur Religionsfreiheit und zur Gewährleistung des religiösen Selbstbestimmungsrechts sowie durch die Prinzipien der *Parität* und der religiösen bzw. weltanschaulichen *Neutralität* des Staates.

Der säkulare Verfassungsstaat der Gegenwart identifiziert sich in seiner Rechtsordnung nicht mit einer bestimmten religiösen bzw. weltanschaulichen Überzeugung oder ihrer institutionellen Ausprägung. Vielmehr tritt er auf der rechtlichen Ebene allen Kirchen sowie Religions- und Weltanschauungsgemeinschaften seines Hoheitsgebietes dem Grunde nach in gleicher Nähe bzw. Distanz gegenüber. Eine rechtliche Ungleichbehandlung ist hiernach nur dann zulässig, wenn sie sich aus dem jeweiligen Sachzusammenhang *materiell* rechtfertigt. Was die Kirchengutsgarantie anbelangt, so ergibt sich ein in diesem Sinne hinreichender Sachgrund weder aus der Tradition oder aus dem Alter der einzelnen Kirchen bzw. Religionsgemeinschaften noch aus ihrem Bekenntnis, ihrer Mitgliederzahl oder ihrem Aufgabenkreis. Die religiösen Verbände sind — wenngleich von der materiellen Ausgangslage her in *quantitativ* unterschiedlichem Ausmaß — im Prinzip allesamt gleichermaßen auf einen effektiven staatlichen Schutz ihres religionsbezogenen Vermögens angewiesen.

---

[21] So *Wehdeking*, Kirchengutsgarantien (Anm. 4), S. 59 ff.
[22] Vgl. insbes. J. *Heckel*, Kirchengut (Anm. 7), S. 132 ff.

III. Der Schutzbereich der Kirchengutsgarantie

1. Das „Kirchengut"

Die Verfassung erstreckt ihre Schutzgarantie auf „das Eigentum und andere Rechte der Religionsgesellschaften und religiösen Vereine an ihren für Kultus-, Unterrichts- und Wohltätigkeitszwecke bestimmten Anstalten, Stiftungen und sonstigen Vermögen". Diese Terminologie meint — ungeachtet der in ihr enthaltenen Aufzählung von Verwendungszwecken und rechtlichen Organisationsformen — das *gesamte Vermögen*[23], sofern es der noch zu erörternden[24] Zweckbestimmung dient. Erfaßt werden Sachen und Rechte ohne Rücksicht auf die konkreten Eigentumsverhältnisse. Maßgeblich für die Zurechnung zum Kirchengut ist vielmehr jeweils die Frage, ob die betreffende Kirche oder Religionsgemeinschaft über die fraglichen Schutzgegenstände *verfügen* kann.

Die Kirchengutsgarantie erfaßt demnach zunächst den Bereich der Güter, an welchen den Begünstigten *Eigentum* im engeren Sinne zusteht. Geschützt sind im übrigen *vermögenswerte Rechte* (des öffentlichen und des privaten Rechts), seien sie gegen den Staat, gegen sonstige Träger öffentlicher Verwaltung (wie beispielsweise Gemeinden[25]) oder gegen natürliche bzw. juristische Personen jeglicher Art gerichtet. Dabei handelt es sich (ohne Anspruch auf Vollständigkeit) beispielsweise um Rechte auf — positive oder negative — Staatsleistungen, um Nutzungsrechte an fremden Grundstücken oder Gebäuden, um Ansprüche gegenüber Stiftungen, Anstalten oder (kirchlichen bzw. „weltlichen") Fonds mit religiöser Zweckbestimmung oder auch um Ansprüche aus Baulasten oder Patronaten.

2. Religionsbezug der Kirchengutsgarantie

Art. 140 GG i. V. m. mit Art. 138 Abs. 2 WRV schützt nicht das Vermögen der Begünstigten schlechthin, sondern lediglich Vermögensbestandteile, wenn und soweit sie eine *religiöse Zweckbestimmung* aufweisen. Diese Beschränkung ist für die prinzipielle Anwendbarkeit der Kirchengutsgarantie und für ihre Tragweite im Einzelfall von

---

[23] So bereits unter der Weimarer Verfassung *Anschütz,* Die Verfassung (Anm. 12), S. 653. Für die aktuelle Rechtslage statt anderer *J. Heckel,* Kirchengut (Anm. 7), S. 130 f.; *Maunz,* in: Maunz / Dürig (Anm. 14), Rdnrn. 10, 12; *v. Mangoldt / Klein / v. Campenhausen,* Art. 140 GG / Art. 138 Abs. 2 WRV, Rdnrn. 23, 29.
[24] Vgl. unten III 2.
[25] Hierzu *Scheuner,* Leistungspflichten (Anm. 14), S. 387 f., 391 ff. m. w. N.

§ 32 Die Verfassungsgarantie des kirchlichen Vermögens   899

konstitutiver Bedeutung; denn sie konkretisiert, wie bereits erwähnt, die Abgrenzung zum Schutzbereich der allgemeinen Eigentumsgewährleistung aus Art. 14 GG. Hierbei kommt es dem Grunde nach für die Anwendbarkeit des Art. 140 GG i. V. m. Art. 138 Abs. 2 WRV nicht darauf an, ob ein Vermögensgegenstand einen unmittelbaren oder lediglich einen mittelbaren Bezug zum religiösen Wirken des Begünstigten aufweist [26]. Die Kirchengutsgarantie beschränkt sich nicht auf im engeren Sinne religionsbezogenes oder gar nur auf religiösen Zwecken *gewidmetes* Vermögen [27].

Was die Schlüsselfrage anbelangt, wer über den maßgeblichen Religionsbezug entscheidet, so ist zu differenzieren: *Der Sache nach* haben ausschließlich die betreffenden Kirchen oder Religionsgemeinschaften nach Maßgabe ihres religiösen Selbstbestimmungsrechts darüber zu befinden, ob bzw. inwieweit sie Vermögensgegenstände für ihr religiöses Wirken einsetzen [28]. Denn nur sie können ihre Aufgaben, ihre Bedürfnisse und deren erforderliche materielle Grundlagen definieren. Kommt es freilich zur *gerichtlichen Auseinandersetzung* und haben hierbei staatliche Gerichte die Tragweite der Kirchengutsgarantie zu konkretisieren, so obliegt es nach Maßgabe ihrer Prüfungs- und Entscheidungsbefugnis letztlich ihnen, die Frage *rechtsverbindlich* zu beantworten, inwieweit die tatbestandlichen Voraussetzungen auf Grund der im konkreten Fall gegebenen Sachlage als erfüllt anzusehen sind; das bezieht sich nicht zuletzt auf das Erfordernis der Religionsbezogenheit [29].

3. Schutz der verschiedenen Vermögensbestandteile

Aus der Maßgeblichkeit des jeweiligen religiösen Bezugs der Bestandteile des Kirchenguts folgt, daß im Falle einer unterschiedlichen Intensität des Religionsbezugs ein dementsprechend *abgestufter Schutz* aus Art. 140 GG i. V. m. Art. 138 Abs. 2 WRV besteht [30].

---

[26] Ganz h. M.; vgl. statt anderer *Paul Mikat*, Kirchen und Religionsgemeinschaften, in: Bettermann / Nipperdey / Scheuner (Hrsg.), Die Grundrechte. Bd. IV, 1. Halbbd. Berlin 1960, S. 111 ff. (220 f.). — Anders noch *Ernst Rudolf Huber*, Die Garantie der kirchlichen Vermögensrechte in der Weimarer Verfassung. Tübingen 1927, S. 40 ff.

[27] So aber *Maunz*, in: Maunz / Dürig (Anm. 14), Rdnr. 12.

[28] Insofern dem Grunde nach zutreffend *Hans-Peter Muus*, Kirchengut und öffentliche Sachen, in: ZevKR 11 (1964 / 65), S. 123 ff. (138), der allerdings im Hinblick auf eine Konkretisierung der Kirchengutsgarantie im Prozeß und auf die insoweit gegebene gerichtliche Entscheidungsfunktion nicht hinreichend differenziert.

[29] Vgl. auch unten IV 2.

[30] *Hesse*, Bauplanungsrecht und Kirchen (Anm. 8), S. 75; *Martin Heckel*, Staat — Kirche — Kunst. Tübingen 1968, S. 246 ff.; *v. Mangoldt / Klein / v. Campen-*

a) Res sacrae

Ganz strikt im Sinne eines Säkularisationsverbotes wirkt der Schutz der Kirchengutsgarantie für res sacrae[31]. Deren Widmung bzw. Entwidmung hat jeweils genuin religionsbezogene Qualität; sie ist insofern ausschließlich Angelegenheit der Kirchen bzw. Religionsgemeinschaften und Gegenstand ihres religiösen Selbstbestimmungsrechts. Demgemäß können auch nur die betreffenden religiösen Verbände selbst gegebenenfalls eine Entwidmung solcher Sachen vornehmen. Eine als res sacra gewidmete Sache darf im Lichte des Art. 140 GG i. V. m. Art. 138 Abs. 2 WRV nicht kurzerhand von einem Träger öffentlicher Gewalt für seine eigenen bzw. für andere von ihm als tunlich erachtete Zwecke vereinnahmt werden; ebensowenig wäre es hiernach Rechtens, wollte der Staat die Verfügungsbefugnis über eine zu religiösen Zwecken gewidmete Sache einem religiösen Verband ohne weiteres entziehen und auf ein anderes Subjekt übertragen — mag dies auch aus nachvollziehbaren Erwägungen von staatlicher Warte her angebracht erscheinen. Die öffentliche Gewalt wäre insoweit darauf beschränkt, gegebenenfalls mit einem Wunsch nach Entwidmung bzw. — sofern vorhanden[32] — mit einem diesbezüglichen Rechtsanspruch an die betreffende Kirche oder Religionsgemeinschaft heranzutreten[33]. Die Entscheidung, ob sie diesem Ansinnen stattgibt, obliegt letzterer nach Maßgabe ihres religiösen Selbstbestimmungsrechts unter Beachtung bestehender Rechtsbindungen.

Der in Art. 140 GG i. V. m. Art. 138 Abs. 2 WRV bekräftigte Schutz der Widmung von res sacrae verhindert bei ihnen nicht dem Grunde nach, aber vielfach im Ergebnis eine *Enteignung*. Dies folgt freilich nicht unmittelbar aus der Kirchengutsgarantie; denn die Widmung als

---

hausen, Art. 140 GG / Art. 138 Abs. 2 WRV, Rdnrn. 31 f.; *Link,* Exilkirchen und ihr Kirchengut (Anm. 8), S. 124. — Kritisch demgegenüber *Muus,* Kirchengut (Anm. 28), S. 135 ff.; wohl auch *Wehdeking,* Kirchengutsgarantien (Anm. 4), S. 36 f.

[31] Davon geht zu Recht ausdrücklich auch das BVerwG, in: ZevKR 36 (1991), S. 56 ff. (64), aus.

[32] Das Bestehen etwaiger Ansprüche auf kirchliche Vornahme einer Entwidmung wird weder durch die Qualität der res sacrae als öffentliche Sachen noch durch die Kirchengutsgarantie dem Grunde nach ausgeschlossen. Zutreffend *W. Weber,* Recht der öffentlichen Sachen (Anm. 8), S. 121.

[33] Reiches Anschauungsmaterial für eine solche Sach- und Streitlage bietet die jahrelange Auseinandersetzung um die Benutzung der St. Salvator-Kirche in München; vgl. zum historischen und kirchenrechtlichen Hintergrund *Hans Reis,* Die St. Salvator-Kirche in München aus der Sicht des orthodoxen Kirchenrechts sowie des bayerischen und griechischen Staatskirchenrechts, in: ZevKR 30 (1985), S. 186 ff.; zu den staatskirchenrechtlichen Fragen die vorerst letzte Entscheidung des BVerwG, in: ZevKR 36 (1991), S. 56 ff.

§ 32 Die Verfassungsgarantie des kirchlichen Vermögens

res sacra überlagert das privatrechtliche Eigentum lediglich, sie durchdringt es aber nicht. Prinzipiell ist deshalb eine *Enteignung unter Fortbestand der religiösen Widmung* denkbar; dem steht auch die Kirchengutsgarantie nicht entgegen[34]. Allerdings läßt Art. 14 Abs. 3 S. 1 GG eine Enteignung nur zum Wohle der Allgemeinheit zu. An dieser Voraussetzung wird es im Falle der Enteignung einer res sacra jedenfalls in den Fällen, in denen die Kirche oder Religionsgemeinschaft nicht von Rechts wegen zur Entwidmung gezwungen werden kann, typischerweise fehlen[35]; denn hier verbliebe die betreffende Sache auch nach einer Enteignung in ihrer Individualität (also ohne Austauschbarkeit) unter der *Verfügungsmacht* des betreffenden religiösen Verbandes und insofern weiterhin unter dem Schutz der Kirchengutsgarantie[36]. Eine dergestalt bloß formale Enteignung ohne Entziehbarkeit der kirchlichen Verfügungsbefugnis dürfte dem allgemeinen Wohl jedenfalls in der Regel schwerlich dienen.

b) Das Verwaltungs- und Finanzvermögen

Das übrige Vermögen der Kirchen und Religionsgemeinschaften unterfällt *nach Maßgabe seines Religionsbezuges* ebenfalls dem Schutz des Art. 140 GG i. V. m. Art. 138 Abs. 2 WRV[37]. Die Tragweite dieses Schutzes kann hier freilich nur in jedem Einzelfall gesondert bestimmt werden. Denn das Spektrum der Religionsbezogenheit reicht in diesem

---

[34] Dies folgt aus der erforderlichen Differenzierung zwischen Enteignung einerseits und Säkularisation andererseits; die Kirchengutsgarantie bezieht sich auf letzteren Tatbestand. Wie hier *Hesse*, Bauplanungsrecht und Kirchen (Anm. 8), S. 64 f., 69; *M. Heckel*, Staat — Kirche — Kunst (Anm. 30), S. 243; *Scheuner*, Leistungspflichten (Anm. 14), S. 386 f. — Anders (im Sinne eines absoluten Enteignungsverbotes für res sacrae) wohl *J. Heckel*, Kirchengut (Anm. 7), S. 137 f., 141 mit Fn. 118; *v. Mangoldt / Klein / v. Campenhausen*, Art. 140 GG / Art. 138 Abs. 2 WRV, Rdnr. 32.

[35] Ebenso im Ergebnis (freilich mit fragwürdiger Begründung) *Franz S. Schuller*, Das grundsätzliche Verhältnis von Staat und Kirche nach dem Reichskonkordat vom 20. Juli 1933, in: ArchKathKR 128 (1957), S. 13 ff., 346 ff. (349).

[36] Die prinzipielle Unabhängigkeit der Kirchengutsgarantie von der jeweiligen Eigentumslage und ihr Fortbestand auch nach einem Eigentumswechsel ist nach dem Prinzip der Einheit der Verfassung bereits bei der Anwendung des Art. 14 Abs. 3 S. 1 GG angemessen in Rechnung zu stellen. Hiernach verbietet es sich, Enteignungsakte zunächst isoliert von der Kirchengutsgarantie zu beurteilen und in einem zweiten Schritt dann die durch die Enteignung geschaffene neue Eigentumslage dem Fortbestand einer bereits vor der Enteignung vorgenommenen religiösen Widmung ohne weiteres entgegenzusetzen; so aber der Ansatz bei *Bernhard Schlink*, Neuere Entwicklungen im Recht der kirchlichen öffentlichen Sachen und der res sacrae, in: NVwZ 1987, S. 633 ff. (634, 638, 639).

[37] Anders *Maunz*, in: Maunz / Dürig (Anm. 14), Rdnr. 12, der die Kirchengutsgarantie nur auf religiösen Zwecken *gewidmete* Vermögensbestandteile erstrecken will.

Vermögensbereich von einer unmittelbaren (gegenständlichen) Benutzung zu religiösen Zwecken bis hin zur Funktion von Vermögensbestandteilen als bloße Einnahmequelle, deren Erträgnisse mehr oder minder direkt religiösen Zielen zugute kommen. Dieser Befund führt in der Regel dazu, daß Bestandteile des Verwaltungs- und (erst recht) des Finanzvermögens von Kirchen und Religionsgemeinschaften gegenständlich austauschbar sind. Soweit dies der Fall ist und die religiöse Funktion durch einen solchen Austausch nicht beeinträchtigt wird, bietet die *Kirchengutsgarantie* hiergegen keinen Schutz.

Eine *Enteignung* von Gegenständen des Verwaltungs- und Finanzvermögens der Kirchen und Religionsgemeinschaften wäre nur nach Maßgabe von Art. 14 Abs. 3 GG Rechtens. Sie dürfte deshalb — unbeschadet der sonstigen Rechtmäßigkeitsvoraussetzungen[38] — allenfalls gegen *angemessene Entschädigung* erfolgen. Bei der Bemessung der Entschädigung ist auch im Schutzbereich des Art. 14 Abs. 3 GG nach dem Grundsatz der Einheit der Verfassung der in Art. 140 GG i. V. m. Art. 138 Abs. 2 WRV geschützte Religionsbezug hinreichend in Rechnung zu stellen. Dies kann zum Erfordernis führen, die Entschädigung je nach der „Nähe" des betreffenden Vermögensgegenstandes zur religiösen Funktion der Höhe nach zu staffeln — bis hin zum Erfordernis vollen Ersatzes bei Vermögensbestandteilen, welche sich im Blick auf die religiösen Funktionen als für die betreffende Kirche oder Religionsgemeinschaft schlechterdings unverzichtbar darstellen.

4. Grenzen der Kirchengutsgarantie

Art. 140 GG i. V. m. Art. 138 Abs. 2 WRV schützt das Kirchengut in seiner religiösen Funktion (nur) nach Maßgabe seiner *vorhandenen* rechtlichen Qualität. Die Kirchengutsgarantie erzeugt einschlägige Berechtigungen nicht, sie setzt diese vielmehr nach Inhalt, Umfang und Bestandsfestigkeit voraus; insofern hat der verfassungsrechtliche Schutz *Verweisungscharakter*[39]. Deshalb bewahrt Art. 140 GG i. V. m. Art. 138 Abs. 2 WRV die Kirchen und Religionsgemeinschaften nicht davor, daß sich vermögenswerte Berechtigungen, die zum geschützten Kirchengut gehören, aus Rechtsgründen (!) inhaltlich verändern oder gar wegfallen[40]; die Vorschrift schützt ferner nicht vor Eingriffen in den

---

[38] Insbesondere ist die für eine rechtmäßige Enteignung erforderliche Funktion für das *Wohl der Allgemeinheit* unter Beachtung der religiösen Bezüge sorgfältig zu prüfen.
[39] Davon geht auch das BVerwG, in: ZevKR 36 (1991), S. 56 ff. (63, 65 f.), aus.
[40] Insoweit zutreffend BVerwGE 28, 179 (183).

§ 32 Die Verfassungsgarantie des kirchlichen Vermögens

gegenwärtigen Rechtszustand der einschlägigen Vermögensbestandteile, sofern die Kirchen bzw. Religionsgemeinschaften solche Eingriffe aus rechtlichen Gründen hinnehmen[41] oder aufgrund bestehender Rechtsbindungen selbst vornehmen müssen (z. B. eine res sacra zu entwidmen haben).

Verpflichtungen der letztgenannten Art können z. B. aus *vertraglichen Abmachungen* erwachsen, ferner aus der Bindung an das *„für alle geltende Gesetz"*, welcher die religiösen Verbände nach Maßgabe von Art. 140 GG i. V. m. Art. 137 Abs. 3 WRV auch in Bezug auf ihr Kirchengut und dessen Verwaltung unterworfen sind. Das „für alle geltende Gesetz" kennzeichnet dem Grunde nach die Grenze auch für Berechtigungen am geschützten religionsbezogenen Vermögen[42]. Sofern ein anwendbares Schrankengesetz auf die Verwaltung des Kirchenguts einwirkt, wird dies durch Art. 140 GG i. V. m. Art. 138 Abs. 2 WRV nicht ausgeschlossen. Allerdings ist bei der Entfaltung der Schrankenklausel eine *Abwägung* des religiösen Freiheitsanspruchs gegenüber den widerstreitenden staatlichen Ordnungszwecken geboten; im Rahmen dieser Abwägung muß die Bedeutung der Kirchengutsgarantie angemessen in Rechnung gestellt werden.

Soweit durch Art. 140 GG i. V. m. Art. 138 Abs. 2 WRV vermögenswerte Rechte geschützt sind, wird auf Grund des Verweisungscharakters der Vorschrift eine Prüfung im Einzelfall erforderlich, ob bzw. inwieweit einschlägige Rechte der Kirchen oder Religionsgemeinschaften (noch) bestehen. Solche Überlegungen sind bekanntlich vor allem im Kontext kommunaler Baulastverpflichtungen unter Verweis auf eine angeblich rechtsrelevante grundlegende Änderung der Verhältnisse, auf einen Wegfall der Geschäftsgrundlage bzw. auf die clausula rebus sic stantibus usw. angestellt worden[43]. Art. 140 GG i. V. m. Art. 138 Abs. 2 WRV schließt Erwägungen dieser Art nicht prinzipiell aus[44]; die Vorschrift bedeutet indes eine nachhaltige Mahnung und Verpflichtung

---

[41] Bei (an sich nicht bestandsfesten) Rechten von Kirchen oder Religionsgemeinschaften kann nach Maßgabe von Art. 140 GG i. V. m. Art. 138 Abs. 2 WRV eine Aufrechterhaltung des Status quo geboten sein, sofern unter Berücksichtigung der Erfordernisse für eine Weiterführung der religiösen Funktionen nach der gegebenen Sachlage eine Veränderung nicht zuzumuten ist; BVerwG, in: ZevKR 36 (1991), S. 56 ff. (66). Insofern kann die Kirchengutsgarantie in gewissem Sinne rechtsverstärkend bzw. rechtserhaltend wirken.

[42] Hierzu eingehend *M. Heckel,* Staat — Kirche — Kunst (Anm. 30), S. 245 ff. m. w. N.

[43] Dazu *Nikolaus Wiesenberger,* Kirchenbaulasten politischer Gemeinden und Gewohnheitsrecht. Berlin 1981, insbes. S. 188 ff. m. w. N.

[44] Zutreffend BVerwGE 38, 76 (81); HessVGH, in: ZevKR 19 (1974), S. 166 ff. (168); BayVGH, ebd., S. 169 ff. (178).

zu sorgfältiger Prüfung der Rechtslage. Es verstieße gegen Buchstaben und Geist der Kirchengutsgarantie, den Bestand vermögenswerter religionsbezogener Rechte vorschnell und leichtfertig in Zweifel zu ziehen.

IV. Rechtsschutzfragen

1. Rechtsweg

Als Bestandteil des geltenden Verfassungsrechts ist die Kirchengutsgarantie von Gerichten aller Gerichtsbarkeiten, sofern diese mit einschlägigen Sachverhalten befaßt werden, in den Entscheidungen zu entfalten und zu berücksichtigen (Art. 20 Abs. 3 GG). Ihr Inhalt ist hierbei nach dem Grundsatz der Einheit der Verfassung unter Beachtung des Gesamtzusammenhangs der staatskirchenrechtlichen Artikel und der übrigen verfassungsrechtlichen Regelungen zu konkretisieren.

Art. 140 GG i. V. m. Art. 138 Abs. 2 WRV wird nicht nur dort relevant, wo es unmittelbar um die *Abwehr* säkularisierender Staatseingriffe bzw. anderweitig in die religiöse Funktion des Kirchenvermögens eingreifender hoheitlicher Maßnahmen geht. Die Kirchengutsgarantie beansprucht vielmehr auch im Streit um religionsbezogene vermögenswerte *Ansprüche* von Kirchen bzw. Religionsgemeinschaften Beachtung; das ist gegenwärtig der Fall vor allem in Baulastprozessen, aber auch dort, wo „negative Staatsleistungen" (wie z. B. Steuervergünstigungen) im Streit stehen. Über den ordentlichen Rechtsweg[45] hinaus ist die Kirchengutsgarantie demgemäß in den verschiedensten Gerichtszweigen (vor allem auch in der Verwaltungsgerichtsbarkeit) von Belang. Maßgeblich für die Rechtswegfrage ist jeweils der Rechtscharakter des Streitgegenstandes und die nach geltendem Prozeßrecht hierfür bestehende Regelung[46].

Das Bundesverfassungsgericht geht davon aus, daß die über Art. 140 GG inkorporierten Rechte der Kirchen und Religionsgemeinschaften nicht unmittelbar verfassungsbeschwerdefähig seien[47]. Gerade im Blick auf die spezifische Schutzrichtung der Kirchengutsgarantie vermag diese Handhabung nicht zu überzeugen. Doch scheidet hiernach gegenwärtig jedenfalls für die Rechtspraxis die direkte Geltendmachung einer

---

[45] *Maunz*, in: Maunz / Dürig (Anm. 14), Rdnr. 14; *v. Mangoldt / Klein / v. Campenhausen*, Art. 140 GG / Art. 138 Abs. 2 WRV, Rdnr. 34.

[46] Spätestens seit Inkrafttreten von § 40 VwGO ist die vom BGH für vermögensrechtliche Ansprüche der Kirchen früher vertretene „Traditionstheorie" (BGHZ 9, 339) obsolet.

[47] BVerfGE 19, 129 (135), 206 (218); BVerfG, in: KirchE 18, 251 (252); st. Rspr.

§ 32 Die Verfassungsgarantie des kirchlichen Vermögens

Verletzung des Art. 140 GG i. V. m. Art. 138 Abs. 2 WRV im Wege der *Verfassungsbeschwerde* aus. Freilich wird bei Beeinträchtigungen des religionsbezogenen Kirchenguts in Anbetracht der engen Verknüpfung der Kirchengutsgarantie mit der Gewährleistung der Religionsfreiheit regelmäßig die Anrufung des Bundesverfassungsgerichts wegen Verletzung des Grundrechts aus Art. 4 Abs. 1 bzw. 2 GG zulässig sein[48]; soweit dies der Fall ist, zieht das Bundesverfassungsgericht die inkorporierten Artikel der Weimarer Verfassung als prüfungsrelevant heran[49]. Jedenfalls in diesem Rahmen genießt die Kirchengutsgarantie Schutz auch im Wege der Verfassungsbeschwerde.

2. Prüfungsreichweite der staatlichen Gerichte

Bei der Kirchengutsgarantie handelt es sich — wie bei den übrigen staatskirchenrechtlichen Normen der Verfassung — um eine Vorschrift des staatlichen Rechts, die von den staatlichen Gerichten im Rahmen der Rechtsanwendung inhaltlich zu entfalten und auf die zur Entscheidung stehenden Sachverhalte anzuwenden ist[50]. Dies bezieht sich auch auf die Grundsatzfrage, ob zu schützende vermögenswerte Berechtigungen im gegebenen Fall vorhanden sind bzw. wem sie zustehen[51], und es gilt ferner für das Tatbestandsmerkmal der *Religionsbezogenheit* der fraglichen Vermögensbestandteile. Mit Wirkung für den staatlichen Rechtskreis obliegt die Letztentscheidung darüber, inwieweit dieses tatbestandliche Erfordernis erfüllt ist, im Streitfalle dem erkennenden Gericht, nicht der betreffenden Kirche bzw. Religionsgemeinschaft.

Doch haben die staatlichen Gerichte bei der Klärung dieser Frage zu berücksichtigen, daß ihnen im Rahmen der Auslegung und Anwendung religionsbezogenen Rechts jegliche Sachkompetenz in Glaubensfragen abgeht. Ihre Prüfungs- und Entscheidungsbefugnis[52] wird sich deshalb letztlich auf die Beantwortung der Frage beschränken müssen, ob die Darlegung der betreffenden Kirche oder Religionsgemeinschaft, ein prozeßrelevanter Vermögensgegenstand weise religiöse Bezüge auf,

---

[48] Vgl. hierzu BVerfG, in: DVBl. 1992, S. 1020 ff. (1021).

[49] BVerfGE 42, 312 (326 ff.); 46, 73 (85, 96); 53, 366 (391); 57, 220 (241 f.); 70, 138 (162).

[50] Zur grundsätzlichen Problematik im religionsrechtlichen Kontext *Karl-Hermann Kästner,* „Säkulare" Staatlichkeit und religionsrechtliche Ordnung in der Bundesrepublik Deutschland, in: ZevKR 34 (1989), S. 260 ff.

[51] BVerfG, in: DVBl. 1992, S. 1020 ff. (1021). — Hierbei haben die staatlichen Gerichte auch einschlägiges Kirchenrecht anzuwenden; ebenso *Link,* Exilkirchen und ihr Kirchengut (Anm. 8), S. 125 ff.

[52] Dazu näher *Karl-Hermann Kästner,* Staatliche Justizhoheit und religiöse Freiheit. Tübingen 1991, S. 63 ff., 185 ff., 249 ff.

plausibel erscheint. Dabei hat das Gericht die im gerichtlichen Verfahren behauptete religiöse Zuordnung im Ansatz zugrunde zu legen; es hat diese allerdings daraufhin zu überprüfen, inwieweit sie mit den objektiven Sachgegebenheiten tatsächlich übereinstimmt. Bereits dem Grunde nach verwehrt ist hingegen dem Staat und seinen Organen eine Entscheidung darüber, ob die maßgebliche Zweckbestimmung aus „weltlicher" Sicht erforderlich bzw. legitim anmutet. Die Dinge liegen insofern im Bereich der Kirchengutsgarantie nicht anders als in sonstigen Sachzusammenhängen, in denen religiöse Entscheidungen im staatlichen Rechtskreis Relevanz entfalten.

§ 33

Die Vermögensverwaltung und das Stiftungsrecht im Bereich der evangelischen Kirche

Von Christian Meyer

I. Zum Kirchenvermögensrecht

Das staatskirchenrechtliche System offenbart einen wesentlichen kirchenpolitischen Grundzug im verfassungsrechtlichen und kirchenvertraglichen Schutz des Kirchenvermögens und in der daran anschließenden Praxis. Denn hier wird die Position des Staates zur kirchlichen Eigenständigkeit und ihrer Bedeutung im Rechtsleben sichtbar[1]. Den Zusammenhang zwischen Kirchenvermögen und Kirchenfreiheit unter dem Grundgesetz hat die Entscheidung des Bundesverfassungsgerichts zur Konkursunfähigkeit der öffentlich-rechtlichen Religionsgesellschaften eindrucksvoll dargelegt[2].

1. Begriff und Arten des Kirchenvermögens

a) Einteilung des Kirchenvermögens

Begriff und Arten des Kirchenvermögens in der evangelischen Kirche[3] lassen sich auf das allgemeine Kirchengut vor der Reformation und

---

[1] *Erich Ruppel / Jürgen Kaulitz*, Kirchenvertragsrecht. Eine Erläuterung des Staatskirchenrechts der neueren Kirchenverträge. Manuskript-Umdruck. Hrsg. vom Landeskirchenamt Hannover, 1991, S. 411.

[2] BVerfGE 66,1 ff. = ZevKR 29 (1984), S. 481 ff. = JZ 1984, S. 471 ff.

[3] Zum folgenden vgl. *Axel Frhr. v. Campenhausen*, Staatskirchenrecht. 2. Aufl., München 1983, S. 185 ff. (Lit.); *Otto Friedrich*, Einführung in das Kirchenrecht. Göttingen 1961, S. 385 ff.; *Hans Niens*, Kirchengut, Pfarrbesoldung und Baulast in der Evangelischen Landeskirche in Baden. Heidelberg 1991, S. 1 f.

Übersicht zum Kirchenvermögen und seiner Entstehung in den evangelischen Landeskirchen bei *Peter Landau*, Art. „Kirchengut", in: TRE, Bd. 18, 1989, S. 560-575; *Hans-Jürgen Becker*, Art. „Kirchengut", in: HRG II, 1978, Sp. 753-761; *Werner Hofmann*, Art. „Kirchenvermögen III", in: EvStL[3] I, Sp. 1771-1773 (Lit.); *Karl Dummler*, Art. „Finanzwesen der Evangelischen Kirche", in: EvSoz-

seine Geschichte zurückführen. Das Kirchenvermögen umfaßt alle Vermögenswerte jeglicher Art, die bestimmt sind, einem kirchlichen Zweck zu dienen. Verfassungsrechtlich ist diese *Zweckbestimmung entscheidend*; auf die Eigentumsverhältnisse kommt es nicht an. So gehört zum geschützten Kirchengut zum Beispiel auch ein Kirchengebäude, das im Eigentum des Staates oder einer Stadt steht, an dem aber der Kirche die öffentlich-rechtliche Nutzung zusteht.

Kirchliches Vermögen dient den finanziellen Aufwendungen, die die Kirchengemeinden und Landeskirchen zur Erfüllung des kirchlichen Auftrages leisten. Das betrifft sowohl Personalbedarf (z. B. Besoldung und Versorgung der Pastoren, Gemeindehelfer, Kirchenmusiker, Küster und anderer Mitarbeiter im Angestellten- oder Kirchenbeamtenverhältnis, ihre Aus-, Fort- und Weiterbildung) als auch Sachbedarf (z. B. Neubau und Instandhaltung gottesdienstlicher Gebäude, Gemeinderäume, Begegnungsstätten, Ämter und Verwaltung) ebenso wie Ausgaben für die gesamtkirchlichen Aufgaben, die Mission und die Hilfsdienste in Diakonie und Oekumene. Das kirchliche Vermögen unterliegt verschiedenen Einteilungen. Beim kirchlichen Träger kann zehrendes *Verwaltungsvermögen* und werbendes *Finanzvermögen* zu verwalten sein. Nach der Trägerschaft ausgerichtet ist *landeskirchliches* und *kirchengemeindliches* Kirchenvermögen zu unterscheiden. Abgesehen von landeskirchlichen Fonds und von landeskirchlicher Gläubigerstellung für Kirchensteuer und Staatsleistungen sind zumeist die Träger des Kirchenvermögens im örtlichen Bereich zu finden; den Landeskirchen obliegt die Aufsicht. In der Praxis alltäglicher Vermögensverwaltung für die Kirchengemeinden ist die Zweckbestimmung entscheidend für die Unterscheidung nach *Kirchen-, Pfarr-* und *sonstigem Vermögen* (z. B. Diakonie, Stiftung, Krankenhaus, Friedhof).

Kirchliches Verwaltungsvermögen sind alle Sachen und Rechte, die unmittelbar der Durchführung kirchlicher Aufgaben dienen. Dazu gehören z. B. Kirchengebäude, Altäre, vasa sacra, Glocken, Orgeln, Taufbecken, Abendmahlsgeräte, Pfarrhäuser, Friedhöfe, Predigerseminare, Studentenwohnheime, Akademien, Kindergärten, Schulen, Pflegeheime, Krankenhäuser, Museen, Archive, Bibliotheken, Fachhochschulen. Vom *kirchlichen Finanzvermögen* wird der Ertrag für kirchliche Aufgaben verwendet. Diesem Zweck dient die land- oder forstwirtschaftliche Nutzung der Grundstücke, z. B. des Pfarrpfründevermögens, aber auch

---

Lex[7], Sp. 410-412; *Siegfried Reicke*, Art. „Kirchengut", in: RGG[3] III, 1959, Sp. 1435 ff., 1438; *Rudolf Weeber*, Art. „Kirchenvermögen", in: EKL[1] II, 1958, Sp. 831 ff. (Lit.); *Christian Meyer*, Art. „Finanzwesen, kirchliches", in: EvStL[3] I, Sp. 893-898; *Hans Liermann*, Deutsches Evangelisches Kirchenrecht. Stuttgart 1933, S. 363 ff. (Lit.).

die Vergabe von Erbbaurechten ist hierher zu rechnen. Die Evangelische Kirche in Deutschland hat mit ihrer Ordnung für das kirchliche Haushalts-, Kassen- und Rechnungswesen den Gliedkirchen Richtlinien zur Rücklagenbildung gegeben. Eine Sicherung der kirchlichen Haushaltswirtschaft ist wegen schwankender Einnahmen geboten. Die Rücklagenpolitik hat zudem ihren Grund in der Vorsorge für nötige Investitionen (die nicht abgeschrieben werden können) und in der Verantwortung der Landeskirchen als große Arbeitgeber.

Damit umfaßt das Kirchenvermögen bewegliche und unbewegliche Sachen, Rechte an Sachen und auch Nutzungsrechte an fremdem Eigentum, angelegte Geldbestände sowie Ansprüche auf Geld-, Sach- und Dienstleistungen (wie Kirchensteuern, Gebühren, Staatsleistungen, Erfüllung von Baupflichten)[4].

b) Zum kirchlichen Verwaltungsvermögen

Organisationsrechtlich ist für das Kirchenvermögen bedeutsam, daß seine Verwaltung der kirchlichen Selbstordnung überlassen ist; sie unterliegt keinerlei staatlicher Aufsicht. Diese Freiheit sichert vor allem die verfassungsrechtlich geschützte Zweckbestimmung. Sie ist ein besonderes rechtliches Merkmal des Kirchenvermögens. Hinzu kommt die Sicherung seines Bestandes sowie seiner öffentlichen Funktion. Das Wesentliche wird auch durch den Begriff „Kirchengut" im Schrifttum zu Art. 138 Abs. 2 der Weimarer Reichsverfassung umfaßt. Darauf beziehen sich die Rechtsprechung und auch die von den Ländern mit den Landeskirchen geschlossenen Kirchenverträge.

aa) Besondere kirchliche Zweckbestimmung

Die Kirchen können (nach ihrem Selbstbestimmungsrecht als eigene innerkirchliche Angelegenheit) Gegenstände des Kirchenvermögens zu unmittelbar kultischen Zwecken bestimmen. Die Befugnis zu einer derartigen *Widmung* mit dinglicher Wirkung für das staatliche Recht

---

[4] Vgl. *Klaus Grüneklee*, Art. „Kirchliches Finanzwesen", in: Wörterbuch des Christentums. Hrsg. von Volker Drehsen u. a. Gütersloh und Zürich 1988, S. 643 f. Zu den Baulasten vgl. *Hartmut Böttcher*, Art. „Baulast" in: EvStL,³ I, Sp. 163-166, und *v. Mangoldt / Klein / v. Campenhausen*, Art. 140 GG / Art. 138 WRV, Rdnrn. 24-28, sowie *Christoph Link*, Rechtsprobleme kommunaler Kulturbaulasten, in: ÖArchKR 39 (1990), S. 205 ff., und die von *Hermann Weber*, Das Staatskirchenrecht in der Rechtsprechung des Bundesverwaltungsgerichts, in: Bürger — Richter — Staat. FS für Horst Sendler. München 1991, S. 552 ff., 568 f. angeführte Rechtsprechung; außerdem NWVerfGH, in: NVwZ 1982, S. 431 f.

haben die Religionsgesellschaften, die Körperschaft des öffentlichen Rechts sind, aufgrund ihres verfassungsrechtlichen Status nach Art. 140 GG i. V. m. Art. 137 Abs. 5 WRV[5]. Der Körperschaftsstatus ist nicht nur Recht und Angebot, sondern — da Gegenstand der modernen Kirchenverträge — für die Kirchen auch Verpflichtung, unter anderem zur sachgemäßen und bewährten rechtlichen Ordnung ihrer Angelegenheiten. Öffentlich-rechtliche Gestaltungen sind die gegebene Form bei öffentlichem und über den Mitgliederkreis hinaus wirkendem Auftreten der Kirchen und öffentlich-rechtlichen Religionsgesellschaften in ihren typischen Lebensäußerungen; dies gilt jedenfalls für Widmung und Nutzung von Kirchengut im Bereich des Kultus[6]. Der Staat verwehrt nicht etwa eine in diesem Rahmen ausgeübte öffentlich-rechtliche Betätigung der Kirchen; vielmehr akzeptiert er, daß die Kirchen kirchliches Recht setzen, öffentlich-rechtliche Gemeinden und Verbände gründen und verändern sowie deren rechtliche Vertretung regeln. Er respektiert, daß sie Kirchenvermögen zu Kultuszwecken widmen — und dies sämtlich mit Rechtswirkungen für den Bereich des staatlichen Rechts[7]. Die Widmung zur öffentlichen Sache ist einer der klassischen Fälle der aus dem Körperschaftsstatus fließenden Rechte[8]. Infolgedessen wird die kirchliche Sache durch die Widmung den Regeln des öffentlichen Sa-

---

[5] Diese Verfassungsbestimmungen haben nach *Werner Weber*, Zur staatskirchenrechtlichen Bedeutung der öffentlichen Sachen, in: ZevKR 11 (1964/65), S. 111 ff., 118 f., die alten landesrechtlichen Grundlagen, z. B. § 173 II 11, § 179 II 11 ALR, überlagert.

[6] Vgl. *Jörg Müller-Volbehr*, Körperschaftsstatus und Sachenrecht der Kirchen, in: ZevKR 33 (1988) S. 153 ff., 161-164.

[7] Vgl. *Ruppel / Kaulitz*, Kirchenvertragsrecht (Anm. 1), S. 202 f.; *Johann Frank* hat auf die Beziehung zwischen Körperschaftsstatus und Kirchenfreiheitsgarantie hingewiesen: Es geht darum, daß Rechte und Handeln der Kirchen angemessen berücksichtigt werden auf dem Hintergrund ihres öffentlichen Wirkens und ihrer Teilhabe an der Gemeinwohlverantwortung (*Johann Frank*, Kirchlicher Körperschaftsstatus und neuere staatliche Rechtsentwicklung, in: ZevKR 26 [1981], S. 51 ff., 76).

[8] Vgl. *Alexander Hollerbach*, Die Kirchen als Körperschaften des öffentlichen Rechts, in: EssGespr. 1 (1969), S. 46 ff., 59 f.; *Hermann Weber*, Die Religionsgemeinschaften als Körperschaften des öffentlichen Rechts. Berlin 1966, S. 124 und 130; *v. Campenhausen*, Staatskirchenrecht (Anm. 3), S. 139. A. A. *Dirk Ehlers*, Die gemeinsamen Angelegenheiten von Staat und Kirche, in: ZevKR 32 (1987), S. 158 ff., 160 ff.; *Bernhard Schlink*, Neuere Entwicklungen im Recht der kirchlichen öffentlichen Sachen und der res sacrae, in: NVwZ 1987, S. 633, dazu zutreffende Entgegnungen von *Joachim E. Christoph*, Amelungsborner Kolloquium über die Rechtslage kirchlicher Friedhöfe, in: ZevKR 32 (1987), S. 83 f., und *Eberhard Sperling*, Neue Akzente im Recht der kirchlichen Friedhöfe, in: ZevKR 33 (1988), S. 35 ff., 41 f., sowie *Alfred Endrös*, Finis rerum sacrarum 11.8.1919?, ebd., S. 285 ff., 296-301. Zum Streitstand um die res sacrae siehe auch die klärende Stellungnahme von *Otto Bachof*, Urteilsanmerkung und Nachtrag, in: JZ 1991, S. 621 ff.; im übrigen vgl. in *diesem* Handbuch *Dieter Schütz*, § 38 Res sacrae.

§ 33 Vermögensverwaltung in der evangelischen Kirche   911

chenrechts unterstellt⁹. Mit dem dinglichen Schutz werden private Zugriffe abgewehrt. Vor staatlicher Beeinträchtigung schützt die Kirchengutsgarantie nach Art. 140 GG i. V. m. Art. 138 Abs. 2 WRV.

Im einzelnen gilt folgendes:

Die kirchliche Widmung geschieht nach evangelischem Verständnis durch feierliche Indienststellung und Ingebrauchnahme¹⁰ einzelner Gegenstände des Verwaltungsvermögens für den kirchlichen Auftrag oder für einen besonderen kirchlichen Zweck. Klassische Fälle¹¹ sind Kirchengebäude, gottesdienstliche Geräte, Glocken, Friedhöfe. Die Widmung kann aber über dieses sogenannte Kultusvermögen hinaus jeden für den öffentlichen kirchlichen Dienst bestimmten Teil des Verwaltungsvermögens erfassen¹². Eine Widmung zu kultischen Zwecken kann auf einer Nutzungsgestattung eines nichtkirchlichen Eigentümers beruhen; seine Zustimmung ist erforderlich und kann stillschweigend erfolgen. Die zum Gebrauch überlassene Sache wird durch die Widmung mit einer öffentlich-rechtlichen Dienstbarkeit belastet¹³. Die durch agendarische Handlungen (beispielsweise für Gottesdienst, Verkündigung, Liturgie) gewidmeten Gegenstände sind dadurch dem Gebrauch für weltliche Zwecke entzogen; private Rechte sind von dem öffentlich-rechtlichen Widmungszweck überlagert. Die Gegenstände haben (in den herkömmlichen klassischen Fällen der Bestimmung für kultische

---

⁹ Hierzu allgemein siehe *Ulrich Häde*, Das Recht der öffentlichen Sachen, in: JuS 1993, S. 113 ff.; zu den kirchlichen öffentlichen Sachen vgl. die knappe Zusammenfassung für die Praxis bei *Ernst Pappermann / Rolf-Peter Löhr / Wolfgang Andriske*, Recht der öffentlichen Sachen. München 1987, S. 11 f. und 166 ff.; aus der älteren grundlegenden Lit. vgl. vor allem *Konrad Hesse*, Das neue Bauplanungsrecht und die Kirchen. Zur Auslegung des Art. 138 Abs. 2 RV, in: ZevKR 5 (1956), S. 62, 70 ff.; *Werner Weber*, Zur Bedeutung (Anm. 5), S. 114 ff. (dazu *Rudolf Smend*, Kirchenrechtstagungen 1964 in Heidelberg und Kiel, in: ZevKR 11 [1964/65], S. 141); beide zu *Johannes Heckel*, Kirchengut und Staatsgewalt, in: Rechtsprobleme in Staat und Kirche. FS für Rudolf Smend. Göttingen 1952, S. 103 ff., 137 ff.; vgl. ferner die Zusammenfassung bei *Martin Heckel*, Staat, Kirche, Kunst. Rechtsfragen kirchlicher Kulturdenkmäler. Tübingen 1968. S. 244 ff.
Zum Ganzen siehe jetzt *v. Mangoldt / Klein / v. Campenhausen*, Art. 140 GG / Art. 137 WRV, Rdnrn. 168 ff., und neuestens *Rainer Mainusch*, Das kirchliche öffentliche Sachenrecht, in: ZevKR 38 (1993), S. 26-84.
¹⁰ Siehe *Erik Wolf*, Ordnung der Kirche. Frankfurt/M. 1961, S. 540 mit Nachweisen und Beispielen. Zu Einweihungshandlungen von Kirche, Altar, Taufstein, Kanzel, Abendmahlsgerät, Orgel, Glocken, Gemeindehaus und Friedhof sowie Friedhofskapelle vgl. die neueren Formulare und Widmungstexte in: Agende für evangelisch-lutherische Kirchen und Gemeinden, Bd. IV, neubearb. Ausg., Hannover 1987, S. 106-193, und vgl. Agende für die Evangelische Kirche der Union, Bd. II, S. 228 f.
¹¹ Dem Herkommen nach oder aufgrund von §§ 170 ff. II 11 Preuß. ALR.
¹² *H. Weber*, Religionsgemeinschaften (Anm. 8), S. 124; *Siegfried Marx*, Staatskirchenrechtliche Bestimmungen zum Kirchenvermögens- und Stiftungsrecht im Bereich der katholischen Kirche, in: HdbStKirchR¹ II, S. 117 ff., 118 und 120; *Hofmann*, Kirchenvermögen (Anm. 3), Sp. 1772. Es ergeben sich allerdings für die verschiedenen Gegenstände Unterschiede in den Schutzwirkungen.
¹³ *Friedrich*, Kirchenrecht (Anm. 3), S. 388; *v. Mangoldt / Klein / v. Campenhausen*, Art. 140 GG / Art. 137 WRV, Rdnr. 169.

Zwecke als „*res sacrae*"[14]) die Eigenschaft einer öffentlichen Sache[15]; ihre besondere Qualifikation sichert die kirchliche Zweckbestimmung ab. Alle Befugnisse liegen beim kirchlichen Verwaltungsträger. Die Regeln des staatlichen Rechts der öffentlichen Sachen finden Anwendung. Nach der Rechtsprechung[16] ist der Schutz der res sacrae nicht absolut, wohl aber ausnahmslos gegen Enteignung, Rechtsverlust und Funktionsbeeinträchtigung, die ohne das Einverständnis der betreffenden Religionsgesellschaft geschähen (zu dem sie aber vielleicht verpflichtet werden könnte, soweit nicht die — auch privatrechtliche Religionsgemeinschaften schützende — Kirchengutsgarantie greift). Die öffentlich-rechtliche Wirkung der kirchlichen Widmung ist durch die Schranken des für alle geltenden Gesetzes begrenzt. Für nichtkultische Gegenstände des kirchlichen Verwaltungsvermögens ist daher die Nähe zum kirchlichen Auftrag und die Unentbehrlichkeit für die kirchliche Funktion ein mitentscheidender Gradmesser des Schutzes vor widmungswidriger Verwendung. Entwidmung durch die Kirche oder Untergang der Sache beenden die Zweckbindung[17].

bb) Rechtsverhältnisse beim Gebrauch der kirchlichen öffentlichen Sachen

Der Gebrauch der kirchlichen öffentlichen Sachen[18] wird für das staatliche Recht im Schrifttum teils dem privatrechtlichen Bereich zugeordnet[19], teils als prinzipiell öffentlich-rechtliches Handeln vermutet[20]. Die Rechtsprechung[21] sieht für Klagen gegen das verfassungs-

---

[14] Die Rechtsprechung verwendet diesen Begriff für die klassischen Fälle, vgl. zuletzt BVerwG, in: JZ 1991, S. 616 ff.; BVerfG, in: JZ 1984, S. 471 f., teilt in res sacrae und res circa sacra. Zu den res sacrae siehe in *diesem* Handbuch Dieter *Schütz*, § 38 Res sacrae.

[15] Der Schutz durch Art. 4 Abs. 2 und Art. 140 GG i. V. m. Art. 137 Abs. 3 WRV für ihr Kultusgut steht allen Religionsgesellschaften und Weltanschauungsgemeinschaften sowie den Kirchen zugeordneten Einrichtungen und Werken zu; öffentliches Sachenrecht kommt allerdings nur in den Widmungsfällen der öffentlich-rechtlichen Religionsgesellschaften und Weltanschauungsgemeinschaften zur Anwendung, vgl. *v. Mangoldt / Klein / v. Campenhausen,* Art. 140 GG / Art. 137 WRV, Rdnr. 168.

[16] Vgl. BVerwG (Anm. 14) auch in: ZevKR 36 (1991), S. 56 ff. (Anm. von *Rainer Mainusch*, S. 68 ff. [Lit.]).

[17] Dazu, daß die Wirkungen einer Widmung für den Bereich des staatlichen Rechts durch Hoheitsakt untergehen, vgl. BVerfG, in: NJW 1984, S. 968!

[18] Siehe hierzu *v. Mangoldt / Klein / v. Campenhausen,* Art. 140 GG / Art. 137 WRV, Rdnr. 174 m. w. N.

[19] *Müller-Volbehr,* Körperschaftsstatus (Anm. 6), S. 167 ff.

[20] Dies trifft zu bei widmungsgemäßem Gebrauch durch eine Körperschaft des öffentlichen Rechts, vgl. *Hans-Werner Laubinger,* Nachbarschutz gegen kirchliches Glockengeläut, in: VerwArch 83 (1992) S. 623 ff., 643 - 645. Die Rechtswegentscheidung wird auch mit der Widmung zur res sacra begründet, vgl. *Josef Isensee,* Rechtsschutz gegen Kirchenglocken, in: Rechtsvergleichung, Europarecht und Staatenintegration. Ged.Schr. für Léontin-Jean Constantinesco. Köln u. a. 1983, S. 301 ff., 317 f. Vgl. noch *Ehlers,* Gemeinsame Angelegenheiten (Anm. 8),

rechtlich und statusrechtlich bevorzugte liturgische *Glockenläuten* oder gegen das Schlagen der *Kirchturmuhr*[22] den Verwaltungsrechtsweg als gegeben an und beurteilt die Beschränkung nach dem Immissionsschutzgesetz. Einerseits wird auf eine innerkirchliche, aber als traditionelle Kulthandlung und öffentliches Wirken der Kirchen geschützte Angelegenheit erkannt, wofür die Verfassung den Kirchen mit dem Körperschaftsstatus des Art. 140 GG i. V. m. Art. 137 Abs. 5 WRV die Formen des öffentlichen Rechts bietet. Andererseits unterliegt die Auswirkung kirchlicher Lebensäußerung in den außerkirchlichen Bereich hinein auch den Abwägungen zur *Gefahrenabwehr*, also den Schranken des Selbstbestimmungsrechts.

Für Friedhöfe oder Kindergärten als rechtlich unselbständige Anstalten der Kirchengemeinden oder ihrer Verbände kommt es auf die öffentlich-rechtliche oder privatrechtliche *Ausgestaltung des Benutzungsverhältnisses* durch den kirchlichen Träger an. Für *kirchliche Friedhöfe*[23], die als eigene Aufgabe der evangelischen Kirchen[24] im

---

S. 168; *Ludwig Renck*, Fragen zur Korporationsqualität von Religionsgesellschaften, in: BayVBl. 1984, S. 708 ff., 712.

[21] BVerwGE 68, 62 = ZevKR 29 (1984), S. 492 ff. = BayVBl. 1984, S. 186 ff. (Anm. von *Eberhard Sperling*, ebd., S. 569 f.) = JZ 1984, S. 228, (dazu *Helmut Goerlich*, Res sacrae und Rechtsweg, ebd., S. 221 ff.) = NJW 1984, S. 989 (Anm. von *Wolfgang Schatzschneider*, ebd., S. 991); OLG Frankfurt / M., in: DVBl. 1985, S. 861 (dazu *Peter Müssig*, Kirchliches Glockengeläute und öffentlicher Rechtsweg, ebd., S. 837 [Lit.]); OVG Lüneburg, in: NVwZ 1991, S. 801.

[22] OVG Saarlouis, in: NVwZ 1992, S. 72 ff., aufgehoben durch BVerwG, in: DVBl. 1992, S. 1234 = NJW 1992, S. 2779 = ZevKR 38 (1993) S. 85 ff.; BVerwG, in: NJW 1994, S. 956, sieht die Abwehrklage gegen nichtsakrales Zeitschlagen von Kirchenglocken, weil dies nicht vom Widmungszweck umfaßt ist, als bürgerlichen Rechtsstreit an. Im übrigen vgl. den Rechtsprechungsbericht bei *Laubinger*, Nachbarschutz (Anm. 20), S. 623-659. Zu Schädlichkeit und Abwägung bei der Beurteilung von Immissionen vgl. *Hans D. Jarras*, Zum Kampf um Kirchturmuhren und nächtens betriebene Tankstellen, in: JZ 1993, S. 601 ff. Die mit der Benutzung einer im Baugebiet allgemein zulässigen kirchlichen Anlage (islamischer Betsaal, Koranschule) üblicherweise verbundenen Beeinträchtigungen haben die Nachbarn grundsätzlich hinzunehmen (BVerwG, in: DVBl. 1992, S. 1101 = NJW 1992, S. 2170 = ZevKR 38 [1993], S. 89 ff.). Zur Zumutbarkeit des Zeitschlagens der Kirchenglocken während der Nachtzeit vgl. Hamb. OVG, in: ZevKR 38 (1993), S. 483 (rkr.).

[23] Siehe den Bericht von *Christoph*, Kolloquium (Anm. 8), S. 83-87, und *Sperling*, Neue Akzente (Anm. 8), S. 35 ff., besonders S. 40-42. Dazu *Ludwig Renck*, Bekenntnisfreiheit und kirchliche Friedhöfe, in: DÖV 1992, S. 485 ff.
Für die Praxis sehr instruktiv sind die Friedhofsrichtlinien des Nordelbischen Kirchenamtes, in: GVBl. der NEK, Nr. 6/1992, S. 117 ff. Zum ganzen vgl. in *diesem Handbuch Hanns Engelhardt*, § 43 Bestattungswesen und Friedhofsrecht.

[24] *Rudolf Smend*, Kirchenrechtliche Gutachten in den Jahren 1946-1969 (= Jus Ecclesiasticum, Bd. 14). München 1972, S. 304 ff., 310 ff.; *Campenhausen*, Staatskirchenrecht (Anm. 3), S. 126 mit Anm. 60; OVG Lüneburg v. 27.10.1992 — 8 L 4451/91 — Bl. 14.

Vertragskirchenrecht bestätigt sind[25], besteht herkömmlich (nach der Ausgestaltung der Benutzungsordnung als Satzung und der kirchengesetzlich begründeteten Gebührenordnung) eine öffentlich-rechtliche Regelung. Bei Streitigkeiten ist der Rechtsweg zu den staatlichen Verwaltungsgerichten gegeben[26]. Ihre *Kindergärten* können die Kirchen als öffentlich-rechtliche Einrichtungen betreiben, wenn sie (neben den kirchenrechtlichen Parochial- und Kirchenmitgliedschaftsregelungen) die dienstrechtlichen Verhältnisse und die Benutzerbeziehung zu den Eltern der Kinder öffentlich-rechtlich gestalten[27]. Eine privatrechtliche Ausprägung ist allerdings durch das Bundesrecht nicht gehindert[28]. Entsprechendes gilt für Diakonie- und Sozialstationen und Beratungsstellen kirchlicher Träger. Differenziert zu sehen sind die Rechtsverhältnisse evangelischer Fachhochschulen[29].

2. Verfassungsrechtlicher Schutz des Kirchenvermögens

a) *Bestandsgarantie und Säkularisationsverbot*

Weitreichender als durch den Schutz des Art. 14 GG, der entschädigungslose Enteignung verbietet, werden durch die verfassungsrechtliche Garantie des Art. 140 GG i. V. m. Art. 138 Abs. 2 WRV — sogenannte *Kirchengutsgarantie* — „das Eigentum und andere Rechte der Religionsgesellschaften und religiösen Vereine an ihren für Kultus-, Unterrichts- und Wohltätigkeitszwecke bestimmten Anstalten, Stiftungen und sonstigen Vermögen" gewährleistet. Inhalt dieser *Bestandsgarantie* ist ein verfassungsrechtliches *Säkularisationsverbot*[30] zugunsten des

---

[25] Art. 13 Abs. 2 und Nr. 11 Buchst. a des Abschließenden Protokolls zum Nieders. ErgV, Art. 22 Abs. 2 Schlesw.-Holst. KV, Art. 27 Abs. 2 Rheinl.-Pfälz. KV.

[26] Staatlich anerkannte kirchliche öffentliche Gewalt nach *v. Mangoldt / Klein / v. Campenhausen*, Art. 140 GG / Art. 137 WRV, Rdnrn. 69 ff. und 253 mit Nachweisen, auch der abweichenden Meinungen. Siehe aber *Hermann Weber*, Benutzungszwang für Trauerhallen und Leichenkammern, in: ZevKR 33 (1988), S. 15 ff., 29-31 (Kirchen als beliehene Unternehmer); dagegen *Albrecht Achilles*, Urteilsanmerkung, in: ZevKR 34 (1989), S. 452 ff., 455 f.

[27] OVG Lüneburg, in: ZevKR 30 (1985), S. 426 ff.; *Müller-Volbehr*, Körperschaftsstatus (Anm. 6), S. 165 f. m. w. N.; *Axel Elgeti*, Rechtsprobleme bei Kindergärten in kirchlicher Trägerschaft, in: ZevKR 34 (1989), S. 144 ff., bes. S. 152 f. Ein Kriterium ist die Regelung der Elternbeiträge, vgl. dazu OVG NW, in: ZevKR 35 (1990), S. 338 ff., 340 f. Vgl. aber auch *Jörg Müller-Volbehr*, Rechtsweg gegen Hausverbot für kirchlichen Kindergarten, in: NVwZ 1987, S. 869, 873!

[28] BVerwG, in: NVwZ 1987, S. 677.

[29] Dazu *Dietrich Pirson*, Die kirchlichen Fachhochschulen als Gegenstand des Staatskirchenrechts, in: ZevKR 30 (1985), S. 1 ff., bes. S. 16-23.

[30] Im Anschluß an *Johannes Heckel*: *M. Heckel*, Staat, Kirche, Kunst (Anm. 9), S. 242-245 (Lit.); *Hesse*, Bauplanungsrecht (Anm. 9), S. 70 ff.; *Siegfried Grund-*

gesamten Kirchenvermögens, allerdings abgestuft nach dem Grad seiner öffentlichen Funktion im kirchlichen Organismus oder nach der Nähe zum unmittelbar kirchenspezifischen Zweck. So sind die res sacrae praktisch unantastbar. Denn die „Rechte" beziehen auch die traditionellen Grundsätze über res sacrae und öffentliche Sachen in die Bestandsgarantie ein. In diesem Sinne kann heute noch die Kurzformel aus der Weimarer Republik gelten: „Der Artikel 138 Absatz 2 garantiert Rechte aller Art an kirchlichen Zwecken gewidmetem Vermögen aller Art. Er schützt den gesamten Rechtsbestand der Religionsgesellschaften"[31]. Die Kirchengutsgarantie des Grundgesetzes ist auch Konkretisierung und verfassungsrechtlicher Maßstab für die Gewährleistung der freien Religionsausübung (Art. 4 Abs. 2 GG), indem sie verhindert, daß vorhandenes, für die Religionsausübung erforderliches Gut (z. B. ein Gotteshaus) einer Religionsgemeinschaft entzogen wird.

Die Kirchengutsgarantie ergänzt und sichert das Selbstbestimmungsrecht der Kirchen und ihre Freiheit der Vermögensverwaltung (Art. 140 GG i. V. m. Art. 137 Abs. 3 WRV) sowie den öffentlichen Status der Kirchen, der in Art. 140 GG i. V. m. Art. 137 Abs. 5 WRV umschrieben ist. Sie ist eine umfassende Bestandsgarantie für alle kirchlichen Stiftungen und Einrichtungen, und dies bedeutet für die Unabhängigkeit der Kirchen eine materielle Stütze (neben den Rechten aus Art. 140 GG i. V. m. Art. 137 Abs. 6 und Art. 138 Abs. 1 WRV).

b) Schranken der Kirchengutsgarantie

Das Kirchenvermögen wird nicht von den Normen des bürgerlichen Rechts oder des Polizei-, Bau- und Planungsrechts ausgenommen. Das für alle geltende Gesetz kann — wie schon erwähnt — der allgemeinen Gefahrenabwehr, dem Immissionsschutz, Denkmalschutz oder Naturschutz dienen.

Da die Kirchengutsgarantie das Selbstbestimmungsrecht der Kirchen im Interesse eines umfassenden Funktionsschutzes ergänzt, ist die in

---

mann, Art. „Säkularisation", in: EvStL³ II, Sp. 3032-3037; *Thomas-Pieter Wehdeking*, Die Kirchengutsgarantien und die Bestimmungen über Leistungen der öffentlichen Hand an die Religionsgesellschaften im Verfassungsrecht des Bundes und der Länder. München 1971, S. 28-67; *v. Mangoldt / Klein / v. Campenhausen*, Art. 140 GG/138 WRV, Rdnrn. 30-34; *Manfred Opitz*, Der Schutz von Kirchengut und Kirchenvermögen nach dem Bonner Grundgesetz. Diss. Göttingen, 1968, S. 43 und 47 (Lit.). Im einzelnen siehe in *diesem* Handbuch *Karl-Hermann Kästner*, § 32 Die Verfassungsgarantie des kirchlichen Vermögens.

[31] *Artur Breitfeld*, zitiert bei *Ruppel / Kaulitz*, Kirchenvertragsrecht (Anm. 1), S. 405. Die heutige Bedeutung des Art. 138 Abs. 2 WRV i. V. m. Art. 140 und Art. 4 Abs. 2 GG ist die Sicherung der notwendigen materiellen Voraussetzungen für die Ausübung der Religionsfreiheit. Dazu sowie zum folgenden vgl. BVerfG, in: DVBl. 1992, S. 1020 f. und 1023 = NJW 1992, S. 2812 ff.

Art. 140 GG i. V. m. Art. 137 Abs. 3 WRV angeordnete Bindung der Kirchen an das „für alle geltende Gesetz" auf den Anwendungsbereich des Art. 140 GG i. V. m. Art. 138 Abs. 2 WRV zu übertragen[32]. Die Begrenzung der Kirchengutsgarantie durch die allgemeine staatliche Rechtsordnung ist — wie beim Selbstbestimmungsrecht — im Lichte der Verfassungsgarantie ihrerseits einzuschränken. Zu fragen ist bei der Güterabwägung unter Berücksichtigung des Selbstverständnisses des kirchlichen Vermögensträgers, ob das Ziel des Eingriffs gegenüber den geschützten Funktionen gerechtfertigt ist. Je mehr es sich um einen klassischen Teil des Kirchenvermögens handelt, desto stärker müssen die Gründe für die Enteignung oder die Beeinträchtigung der Funktionsfähigkeit sein[33].

Diesen Schutz genießen alle[34] Religionsgesellschaften und die ihnen zugeordneten Anstalten, Stiftungen, Werke und Einrichtungen ohne Rücksicht auf ihre Rechtsform[35], ebenso Weltanschauungsgemeinschaften. Art. 140 GG i. V. m. Art. 138 Abs. 2 WRV verleiht ihnen einen Abwehranspruch dagegen, daß die Grundlagen ihres öffentlichen Wirkens durch Gefährdung ihres „Religionsgutes" beschnitten werden.

Die verfassungsrechtlichen Garantien des Kirchengutes kommen auch den Werken und Einrichtungen der Diakonie zugute. Über deren Anerkennung und institutionelle Verbindung zu den Landeskirchen entscheiden diese selbständig. Sie üben Einfluß auf Organisation und Verwaltung dieser Vereinigungen aus. Die diakonischen Werke und Einrichtungen sind somit Angelegenheiten der Landeskirchen; sie sind

---

[32] BVerwG, in: JZ 1991, S. 616 ff., 619 und Anm. von *Otto Bachof*, S. 621 f. Vgl. auch die von *H. Weber*, Rechtsprechung (Anm. 4), S. 553 ff., 558 f. angeführten Entscheidungen.

[33] BVerfGE 70, 138 ff. (167). Im einzelnen zur Abwägung *Werner Hoppe* und *Martin Beckmann*, Zur Berücksichtigung kirchlicher Belange in der Bauleitplanung, in: DVBl. 1992, S. 188 ff., 190 ff.

[34] BVerwG, in: JZ 1991, S. 616 ff. (618) = BVerwGE 87, 115 ff. (122 f.); *v. Campenhausen*, Staatskirchenrecht (Anm. 3), S. 187; *Peter Häberle*, Rezension, in: ZevKR 20 (1975), S. 430 ff., 434 ff.; *Christoph Link*, Die Russisch-Orthodoxen Exilkirchen in Deutschland und ihr Kirchengut, in: ZevKR 23 (1978), S. 89 ff., 128; *Hermann Weber*, Gelöste und ungelöste Probleme des Staatskirchenrechts, in: NJW 1983, S. 2541 ff., 2543; *Schlink*, Neuere Entwicklungen (Anm. 8), S. 638; a. A. *Wehdeking*, Kirchengutsgarantien (Anm. 30), S. 33, 59 ff.

[35] Vgl. die Klarstellung durch Art. 10 ErgV zum NiedersKV und die Rechtsprechung, bes. BVerfGE 46, 73 (85 f.); 53, 366 (402); 57, 220 (242); 70, 138 (162). Destinatäre der Kirchengutsgarantie sind also sämtliche Träger des Kirchenvermögens (von Religionsgut), einschl. der Vereinigungen des „Satelliten- und Trabantensystems" der verfaßten Kirche nach Maßgabe ihrer Teilhabe an Freiheit und Schranke des kirchlichen Selbstbestimmungsrechts. Vgl. zum folgenden *Peter von Tiling*, Die karitative Betätigung der Kirchen und Religionsgemeinschaften, in: HdbStKirchR[1] II, S. 401 ff., 413, und *Axel Frhr. v. Campenhausen*, Staat — Kirche — Diakonie. Hannover 1982, S. 24.

zur Kirche im Sinne des Art. 140 GG i. V. m. Art. 137 Abs. 3 und Art. 138 Abs. 2 WRV zu rechnen. An deren Garantien haben sie Anteil. Ihr Vermögen ist als Kirchengut geschützt.

c) Weitere Schutzvorschriften

In der Zwangsvollstreckung wird die kirchliche Zweckbestimmung der Widmung nicht beseitigt. Der kirchliche Eigentümer ist durch § 882a ZPO davor geschützt, daß die wesentlichen Teile des Verwaltungsvermögens etwa dem kirchlichen Zweck entzogen werden[36]. Da die Existenz einer öffentlich-rechtlichen Religionsgesellschaft vom Staat nicht vernichtet werden soll, sind die Kirchen konkursunfähig[37].

Die bundesrechtliche Kirchengutsgarantie ist auch in die Verfassungen der Länder aufgenommen, soweit sie eine Bestimmung zum Kirchenvermögen getroffen haben[38]. Im übrigen gelten für die großen Kirchen außerdem staatskirchenvertragliche Bestimmungen.

3. Vermögensrechtliche Bestimmungen der Kirchenverträge mit evangelischen Landeskirchen

Der Verfassungslage entsprechen die Gewährleistung des Kirchenguts und darüber hinausgehende Regelungen in den bestehenden Kirchenverträgen zwischen Ländern und evangelischen Landeskirchen[39].

Die unter dem Grundgesetz von den Bundesländern mit den evangelischen Landeskirchen geschlossenen Kirchenverträge verweisen ausdrücklich auf den Umfang der Garantie des Art. 140 GG i. V. m. Art. 138 Abs. 2 WRV, so daß die *Vertragsregelung* darin nicht ihre Grundlage hat und *als selbständige Gewährleistung* vom Bestand des

---

[36] Siehe hierzu *Helmut Goerlich*, Zwangsvollstreckung und Kirchengut, in: Ged.Schr. für Wolfgang Martens. Berlin, New York 1987, S. 559 ff.
[37] BVerfGE 66, 1 ff. = JZ 1984, S. 471 ff.
[38] Art. 5 Bad.-Württ.Verf., Art. 146 BayVerf., Art. 36 Abs. 2 und 37 Abs. 1 BrandenbVerf., Art. 9 Abs. 1 Meckl.-Vorp.Verf., Art. 22 NWVerf., Art. 44 Rheinl.-PfälzVerf., Art. 38 SaarVerf., Art. 32 Abs. 5 Sachs.-Anh.Verf., Art. 109 Abs. 4 SächsVerf., Art. 40 ThürVerf.; die Unterschiede im Wortlaut hindern nicht, sie in gleicher Weise wie Art. 138 Abs. 2 WRV heute zu interpretieren (vgl. dazu *Wehdeking*, Kirchengutsgarantien [Anm. 30], S. 141 ff., 162 und 203).
[39] Art. III BadKV, Art. 19 BayKV, Art. 12 PfälzKV, Art. 8 HessKV, Art. 18 NiedersKV und Art. 10 ErgV, Art. 7 LippKV, Art. 6 PreußKV, Art. 9 Rheinl.-Pfälz.KV, Art. 23 Schlesw.-Holst.KV, sämtl. abgedr. bei *Joseph Listl*, Die Konkordate und Kirchenverträge in der Bundesrepublik Deutschland. 2 Bde., Berlin 1987. Jüngste Vereinbarungen siehe in Art. 7 Meckl.-Vorp.KV, Art. 7 Sachs.-Anh.KV (GVBl. LSA 1994, S. 172 f.), Art. 8 SächsKV und Art. 8 ThürKV!
Zu den Unterschieden des Wortlauts vgl. *Opitz*, Schutz (Anm. 30), S. 116 f., und *Hesse*, Bauplanungsrecht (Anm. 9), S. 77, Fn. 51.

Art. 138 Abs. 2 WRV unabhängig ist. Auch die Schutzwirkung der Staatskirchenverträge geht mit der umfassenden Garantie der öffentlichen Funktion des Kirchengutes über Art. 14 GG hinaus und ist von etwaiger Änderung des Art. 14 GG unabhängig. Als landesgesetzliche Regelung richtet sich das Eingriffsverbot der Verträge an das Land, seine öffentlichen Institutionen und an die politischen Gemeinden. Die Verträge schließen Enteignungen von kirchlichem Grundbesitz (also insbesondere beim kirchlichen Finanzvermögen) nicht aus, sehen für derartige Fälle aber Klauseln über Schonung, Entgegenkommen, Rücksichtnahme und Vermeidung von Benachteiligungen vor[40].

Die neueren Kirchenverträge enthalten zum kirchlichen Vermögensrecht die aus dem Preußischen Kirchenvertrag von 1931 bekannten Klauseln zur Bildung der Verwaltungsorgane der kirchlichen Körperschaften öffentlichen Rechts und zur allgemeinen Gestaltung ihrer Geschäftsführung in einer neuen, der staatskirchenrechtlichen Entwicklung entsprechenden Begrenzung der Vorlagepflicht[41]. Kirchliche Gesetze, gesetzesvertretende Verordnungen und Satzungen, welche die *vermögensrechtliche Vertretung* der Kirchen, ihrer öffentlich-rechtlichen Verbände, Anstalten und Stiftungen betreffen, sind dem Staat vorzulegen. Er kann Einspruch erheben, wenn die Vorschriften eine geordnete Vertretung nicht gewährleisten. Die Landeskirchen sind aufgrund ihres öffentlich-rechtlichen Status in der Lage, ihre Vermögens-

---

[40] Vgl. Art. 8 Abs. 2 S. 1 HessKV, Art. 18 Abs. 2 S. 1 NiedersKV, Art. 9 Abs. 2 S. 1 Rheinl.-Pfälz.KV, Art. 23 Abs. 2 S. 1 Schl.-Holst.KV und Abschn. IX Ziff. 3 des Abschließenden Protokolls über Besprechungen zwischen Vertretern des Evangelischen Konsistoriums in Berlin (West), der Evangelischen Kirche in Berlin-Brandenburg und des Senats von Berlin über die Regelung gemeinsam interessierender Fragen vom 2.7.1970 . In den jüngsten Kirchenverträgen vgl. Art. 7 Abs. 2 Meckl.-Vorp.KV, Art. 8 Abs. 2 SächsKV, Art. 7 Abs. 2 und Schl. Prot. Sachs.-Anh.KV sowie Art. 8 Abs. 2 mit Schlußprotokoll ThürKV.

[41] Für den LippKV gilt die freiheitliche Entwicklung nicht: Art. 2 und 3 sehen auch die Vorlage von Rechtsvorschriften über die Ordnung der kirchlichen Vermögensverwaltung vor. Dies entspricht dem Landesrecht in Nordrhein-Westfalen (Art. 23 NWVerf. i. V. m. Art. 2 und 3 PreußKV). Sonst ist die Vorlagepflicht insoweit entfallen.

Vgl. Art. 10 und 23 Abs. 2 NiedersKV sowie Art. 6 ErgV, ferner Art. 3 HessKV, Art. 4 Rheinl.-Pfälz.KV, Art. 12 Schlesw.-Holst.KV.

Den Bestimmungen des Art. 6 Abs. 1 ErgV zum NiedersKV entspricht die in Abschn. VI am Ende und in Abschn. XIV des Abschließenden Protokolls für Berlin (Anm. 40) getroffene Vereinbarung (dazu *Roman Herzog*, Die Berliner Vereinbarung zwischen Staat und Kirchen, in: ZevKR 16 [1971], S. 268 ff.), mit der der Rahmen der Verfassung ausgefüllt, auf dem Boden des PreußKV weitergebaut und veraltete Rechtsbestimmungen aufgehoben werden sollen; dieser Zielsetzung folgt die Regelung über die Bekanntgabe (nicht Anerkennung) kirchlicher Vorschriften im Amtsblatt für Berlin. — Bei den jüngsten Kirchenverträgen vgl. Art. 8 Abs. 2 Meckl.-Vorp.KV, Art. 8 Abs. 4 mit Schlußprotokoll Sachs.-Anh.KV, Art. 9 Abs. 3 mit Schlußprotokoll SächsKV, Art. 7 Abs. 3 ThürKV.

angelegenheiten durch kirchliche (für ihren Bereich hoheitliche) Gesetzgebung zu ordnen[42]. Eine rechtliche Ordnung der rechtsgeschäftlichen Vertretung ist selbstverständliche Verpflichtung. Denn bei der Verwaltung ihres Vermögens nehmen die Kirchen am allgemeinen Rechtsverkehr teil. Dabei ist den Bedürfnissen nach Sicherheit und Klarheit im allgemeinen Rechtsleben zu entsprechen[43]. Die Anwendung der Vertragsbestimmung bedeutet nicht, daß der Staat kirchliche Angelegenheiten bestimmt oder ordnet. Kirchliche Verfassungsstrukturen werden nicht durch die Anforderungen an die Vertretungsregelung geformt. Den Kirchengemeinden ist auch als Trägern von Vermögensrechten das Recht, ihre verfassungsmäßige Vertretung selbst im Rahmen der landeskirchlichen Ordnung zu regeln, unbenommen. Sie haben als Körperschaften des öffentlichen Rechts die Fähigkeit, am Rechtsverkehr im Rahmen der staatlichen Rechtsordnung teilzunehmen[44]. Allerdings müssen hierfür die kirchliche Ordnung (Kirchenverfassung, Grundordnung, Kirchengemeindeordnung) und ihre Rechtsbegriffe zu dem notwendigen Zusammenspiel mit dem für alle geltenden Gesetz des staatlichen Rechts geeignet sein[45]. Mit der Vorlagepflicht wird es rechtstechnisch erleichtert, die kirchliche Regelung über die vermögensrechtliche Vertretung in das allgemeine Landesrecht einzufügen[46].

---

[42] OLG Hamburg, in: ZevKR 28 (1983), S. 290 ff. (Anm. von *Klaus Blaschke*).
[43] *Erich Ruppel*, Die Gemengelage von staatlichem und kirchlichem Recht und der kirchliche Rechtsbegriff, in: FS für Karl Michaelis zum 70. Geburtstag am 21. Dezember 1970. Göttingen 1972, S. 267 ff. und 275-277 in Auseinandersetzung mit *Dietrich Pirson*, Kirchliches Recht in der weltlichen Rechtsordnung, in: FS für Erich Ruppel zum 65. Geburtstag am 25. Januar 1968. Hannover, Berlin und Hamburg 1968, S. 277 ff., 288 ff.; *Josef Jurina*, Der Rechtsstatus der Kirchen und Religionsgemeinschaften im Bereich ihrer eigenen Angelegenheiten. Berlin 1972, S. 131.
[44] *Siegfried Grundmann*, Die Kirchengemeinde und das kirchliche Vermögensrecht, in: Staatsverfassung und Kirchenordnung. Festg. für Rudolf Smend zum 80. Geburtstag. Tübingen 1962, S. 309 ff., zit. nach *Siegfried Grundmann*, Abhandlungen zum Kirchenrecht. Köln, Wien 1969, S. 177 ff., 186 f.
Pirson, Kirchl. Recht (Anm. 43), S. 292, hebt Körperschaftsstatus und Selbstbestimmungsrecht hervor als die Grundlagen für die von den Kirchenverträgen vorausgesetzte, als den Anforderungen des staatlichen Rechts genügend vermutete Regelung der Vertretung im Rechtsverkehr. Dem entspricht die Fassung von Art. 6 ErgV zum NiedersKV, wonach der Staat die kirchlichen Vorschriften über vermögensrechtliche Vertretung kirchlicher Institutionen auf Antrag der Kirchen amtlich bekanntgibt — und zwar nur zum Zwecke der Information. Gleiches gilt von kirchlichen Vorschriften mit dem Rechtscharakter von Veräußerungsverboten. Dies bestätigt und bekräftigt, daß die genannten kirchlichen Bestimmungen in den Bereich des allgemeinen Rechtslebens hinein wirksam sind.
[45] *Grundmann*, Kirchengemeinde (Anm. 44), S. 189 f.
[46] „Die Rechtsstellung und Vertretung der evangelischen Landeskirchen im staatlichen Bereich" erörtert *Gerhard Scheffler*, in: NJW 1977, S. 740-745. Vgl. auch *Christian Meyer*, Staatskirchenrechtliche Bestimmungen zum Kirchenvermögens- und Stiftungsrecht im Bereich der evangelischen Kirche, in:

4. Kirchliches Vermögensrecht und kirchliche Selbstverwaltung

Mit den dargelegten verfassungsrechtlichen und kirchenvertraglichen Regelungen ist bereits die sachliche Entsprechung von Selbstbestimmungsrecht, Körperschaftsstatus und vermögensrechtlicher Sicherung der Kirchen angedeutet worden. Dieser wichtige Zusammenhang ist die staatskirchenrechtliche Grundlage der *Freiheit und Verantwortung*, die *für die landeskirchliche Praxis* in der selbständigen Verwaltung des Kirchenvermögens bestimmend sind[47].

a) Kirchenfreiheitsgarantie

Die kirchliche Vermögensverwaltung ist durch das Selbstbestimmungsrecht der kirchlichen Körperschaften (Art. 140 GG i. V. m. Art. 137 Abs. 3 WRV) unabhängig von staatlicher Vermögensaufsicht. Allein die zuständigen kirchlichen Stellen entscheiden über die Organisation und Verwendung der materiellen kirchlichen Mittel für Aufgaben und Zwecke des kirchlichen Auftrages[48]. Die selbständige Ordnung und Verwaltung ihrer vermögensrechtlichen Angelegenheiten haben die evangelischen Landeskirchen grundlegend in ihren verfassungsrechtlichen Kirchengesetzen (Kirchenverfassung, Grundordnung, Kirchengemeindeordnung, Kirchenkreisordnung) geregelt. Auch in diesen Bestimmungen schlägt sich nieder, daß sowohl die Landeskirche als auch die Kirchengemeinden „Kirche" sind, deren Aufgaben sich voneinander nicht trennen lassen. Landeskirche und Kirchengemeinden haben den gleichen Auftrag. Die Landeskirche und ihre kirchlichen Körperschaften (Untergliederungen) können Träger eigener Vermögensrechte sein. Ihr Zusammenwirken und die Balance der gemeinsamen Verantwortung sowie die Befugnisse von Pfarramt und Kirchenvorstand und deren gemeinsames Wirken bedingen die Notwendigkeit und Ausgestaltung von Aufsichtsrechten übergeordneter Ämter und Gremien (Kirchenkreisvorstand, Propsteivorstand, Bezirkskirchenausschuß, Dekanatssyn-

---

HdbStKirchR[1] II, S. 97 f. bei Anm. 13! Ergänzend noch folgender Hinweis: In der thüringischen Landeskirche werden die Pfarreipfründe durch den Landeskirchenrat, die ortskirchlichen Vermögen durch den Gemeindekirchenrat vertreten. In der Kirche Anhalts ist der Kirchengemeinderat die vermögensrechtliche Vertretung der Kirchengemeinden. In der Ev.-Luth. Landeskirche Sachsens ist es der Kirchenvorstand, für die Kirchenbezirke der Superintendent, für die Landeskirche das Landeskirchenamt.

47 BVerfG, in: JZ 1984, S. 471: C I 2 a der Entscheidungsgründe.
48 *M. Heckel*, Staat, Kirche, Kunst (Anm. 9), S. 239 f.; *Paul Mikat*, Kirchen und Religionsgemeinschaften, in: Bettermann / Nipperdey / Scheuner (Hrsg.), Die Grundrechte. Bd. IV/1, Berlin 1960, S. 219 ff.

odalvorstand, Landeskirchenamt, Oberkirchenrat, Landeskirchenrat) über die Kirchengemeinden. Damit besitzen die evangelischen Landeskirchen durch ihre Organisation und Rechtsordnung qualifizierte Instanzen und obrigkeitliche Mittel, ihrer Verpflichtung zu geordneter Verwaltung und Aufsicht wie andere Behörden im öffentlichen Bereich nachzukommen.

b) Träger des Kirchenvermögens

Die Verfassungsstruktur einer Landeskirche[49] sowie die Gliederung des kirchlichen Vermögens in Kirchen-, Pfarr- und sonstiges Zweckvermögen (z. B. für Diakonie, Krankenhaus, Friedhof, Stiftung) sind bestimmend dafür, wer jeweils Träger des Vermögens ist. Die finanzielle Selbständigkeit der evangelischen Landeskirchen (gestützt auf verfassungsrechtliche und zumeist kirchenvertraglich bekräftigte Garantien des Steuerrechts und der Staatsleistungen) ist das Ergebnis einer Entwicklung, in deren Verlauf sich die Abhängigkeit vom Staat nur allmählich lockerte und in der Regel nur das örtliche Kirchengut zur Aufrechterhaltung des Gemeindelebens verblieb[50]. Geldverwaltung, Haushalts-, Kassen- und Rechnungswesen sowie Eigentum und Verwaltung einzelner Vermögensmassen finden sich heute auf der landeskirchlichen Ebene wie im Bereich der Kirchenkreise und Kirchenbezirke (Mittelstufe) und selbstverständlich bei den Kirchengemeinden. Dezentralisierte Kirchensteuererhebung ist eher die Ausnahme, aber z. B. in der Rheinischen Kirche prägend. Die meisten anderen Landeskirchen haben das Landeskirchensteuersystem und zentrale Zuweisungen der Mittel an die kirchlichen Körperschaften eingeführt. Zentralistische Züge treten aber auch bei den landeskirchlich verwalteten Fonds (z. B. Unterländer Kirchenfonds in Baden) und bei den kirchlichen Versorgungskassen hervor. Wichtigste Träger des Kirchenvermögens sind jedoch nach wie vor allenthalben die Kirchengemeinden.

Sie sind Behörden im Sinne der Grundbuchordnung. So können sie öffentliche Urkunden über Eintragungsvoraussetzungen selbst errichten. Bei Teilungen einer Kirchengemeinde sind allerdings zur Vermögensauseinandersetzung mit Grundstücksübergang die §§ 873 und 925 BGB zu beachten; denn die Wirkungen der innerkirchlichen Maßnahme reichen über den dem Selbstbestimmungsrecht zuzuordnenden Wirkungskreis hinaus[51]. Anders ist es bei Unvollständigkeit des Grundbuches durch Rechtsvorgänge außerhalb des Grundbuches; hier kann das

---

[49] Vgl. *Herbert Frost*, Strukturprobleme evangelischer Kirchenverfassungen. Göttingen 1972, S. 99 und 360 ff.
[50] *Liermann*, Kirchenrecht (Anm. 3), S. 363 ff. (Lit.)
[51] OLG Hamm, in: ZevKR 27 (1982), S. 179, und BVerfG, ebd., S. 189 f.

Grundbuch gemäß § 22 GBO berichtigt werden. Das ist der Fall bei Zusammenschluß zweier Kirchengemeinden, deren Vermögen im Wege der Gesamtrechtsnachfolge auf die neue Kirchengemeinde übergeht. Dies gilt auch bei kirchengesetzlich angeordneter Rechtsnachfolge und Rechtsübertragung des Grundvermögens einer Kirchengemeinde[52].

Wesentlich beschränkter war die Stellung der Kirchengemeinden der östlichen Landeskirchen im allgemeinen Rechtsverkehr, bevor auch für sie das Bundesrecht galt. Sie konnten in „zivilrechtlichen Beziehungen" wie „Betriebe" am Rechtsverkehr teilnehmen (§ 11 ZGB). In ihrer Vermögensverwaltung waren sie behindert. „Erwerb des Eigentums aufgrund staatlicher Entscheidung", Ausschluß des Vorkaufsrechts, erzwungene Aufbauhypothek und staatliche Genehmigung der Annahme von Erbschaften und Schenkungen beschränkten auch das kirchliche Eigentum. Kommunale Baulastpflichten wurden häufig nicht erfüllt. Landwirtschaftliche Flächen konnten vielfach nur so ungünstig verpachtet werden, daß das Nutzungsentgelt allein die öffentlichen Lasten deckte. Für kirchliche Neubauten konnten Grundstücke nur im Tauschwege und ausnahmsweise erworben werden. Die Grundstücksverkehrsverordnung[53] räumte dem Staat in jedem Kauffall ein Vorerwerbsrecht ein. Anstelle eines Eigentumwechsels konnte daher oft nur eine Nutzungsvereinbarung unter den handelnden kirchlichen Rechtsträgern vorgesehen werden. Es gab keinen freien Grundstücksmarkt. Genehmigungsvorbehalte zugunsten des Staates umfaßten auch preisrechtliche und steuerliche Unbedenklichkeitserklärungen. Die Genehmigungsschwierigkeiten im Verkehr mit Grundstücken ließen sich für die Kirchen nur mildern, wenn nicht eine kirchliche juristische Person, sondern Privatpersonen als Beschenkte oder Erben eine Liegenschaft, die kirchlichen Zwecken dienen sollte, erwarben. Die kirchliche Praxis mußte hier wenige sich ihr bietende Gestaltungsmöglichkeiten zu nutzen suchen. Kirchliches Eigentum konnte als „andere Eigentumsform" einen gewissen Schutz genießen (z. B. Anwendung der Bestimmungen über Versicherungen auch auf Kirchen und ihre Einrichtungen). Hauptsächlich hat aber die gewissenhafte Verwaltung nach der bewährten kirchlichen Ordnung zur Erhaltung des Kirchengutes beigetragen.

Die östlichen Landeskirchen haben ihre Kirchengemeinden und deren Kirchenvorstände auch durch Pflichtaufgaben in der Verantwortlichkeit für das Kirchensteuerwesen als herkömmliche Träger und Sachverwalter des Kirchenvermögens kompetent gemacht. Den Kirchen war nur die Möglichkeit verblieben, lediglich als örtliche kirchenmitgliedschaftliche Abgabe nach ihrem eigenen Selbstverständnis Kirchensteuer zu erheben (die durch staatliche Anordnungen rechtlich gesehen zur Naturalobligation denaturiert war[54]). Weil die eigenen örtlichen

---

[52] OLG Hamburg, in: ZevKR 28 (1983), S. 290 (Anm. von *Klaus Blaschke*) = Rpfleger 1983, S. 373. Neuestens AG Bremen, Beschl. v. 19.5.1992 (115 VR 72-545). Vgl. auch zur Übertragung von Eigentum an einem Kirchengebäude durch Reichsgesetz BVerfG, in: NJW 1984, S. 968, und (zu BGH, in: NJW 1989, S. 1351) BVerfG, in: DVBl. 1992, S. 1020 ff.

[53] Vom 15.12.1977 (GBl. I 1978 Nr. 5 S. 73) mit Durchführungsbestimmungen v. 19.1.1978 (GBl. I Nr. 5 S. 77) und Anordnung zur GVVO v. 23.1.1978 (GBl. I Nr. 5 S. 79).

[54] Nachweise bei *Christian Meyer*, Die Kirchensteuer in den neuen Bundesländern, in: Finanzrundschau 1992, S. 44 f.

Kirchensteuereinnahmen für das laufend Nötige nicht ausreichen, waren die Kirchengemeinden immer wieder gezwungen, die Erhaltung von Kirchenvermögen hintanzustellen.

Selbständige *Träger des Kirchenvermögens* wurden die evangelischen *Kirchengemeinden* gegen Ende einer Entwicklung, die lange in den Bahnen des kanonischen Rechts verlief. Entscheidend war, daß die Kirchengemeinden Rechtspersönlichkeit erlangten und damit die Fähigkeit, Träger von Vermögensrechten zu sein[55]. Das kirchliche Vermögensrecht war auch im evangelischen Bereich anstaltlich geordnet und auf die Trägerschaft einzelner „Institute" aufgebaut. Die vielfach zersplitterten und rechtlich selbständig erhalten gebliebenen Vermögensmassen lassen in ihren Bezeichnungen die Zweckbestimmung erkennen. Das *örtliche Pfarrvermögen* (Pfründestiftung, Pfarre, Pfarrei, Pfarrpfründe, Pfarrwittum) ist mit seinen Nutzungen und Erträgen für den Unterhalt des Pfarrstelleninhabers bestimmt und auch als vermögensrechtliche Quelle der Versorgung geschaffen geworden. Das *örtliche Kirchenvermögen* ist als der mit einer bestimmten Kirche ständig verbundene Vermögenskomplex für die Zwecke und den laufenden Bedarf des gesamten örtlichen Kirchenwesens unmittelbar bestimmt, also z. B. insbesondere für die Unterhaltung des Kirchengebäudes, für Gottesdienst, Seelsorge und auch für den Unterhalt einzelner Kirchenbediensteter. Im einzelnen werden solche Vermögen, die oft zu Fonds zusammengeschlossen wurden und in Bayern als „Kirchenstiftung" zusammengefaßt sind, mit den Bezeichnungen Kirche, Kirchärar, Kirchlehen, Kirchenfonds, Kirchenpflege, Opferei oder Küsterei betitelt. Daneben bestand die Parochie, die „geistliche Kirchengemeinde", die erst spät zur rechtlichen Einheit mit der „vermögensrechtlichen Kirchengemeinde" verschmolz.

Die *Entwicklung* ist in *Bayern* einen besonderen Weg gegangen. Sie gelangte aber schließlich auch, wie es sich unter dem Preußischen Allgemeinen Landrecht ergab, zur rechtlichen Verselbständigung der Kirchengemeinde, die auch vermögensrechtsfähig sein konnte[56]. Dagegen wurde zum Beispiel in *Hannover* auch nach der Bildung von Kirchenvorständen aufgrund der Kirchenvorstands- und Synodalordnung die Verwaltung der einzelnen Kirchen und der Ortskirchenfonds

---

[55] Zum folgenden vgl. *Siegfried Grundmann*, Sacerdotium — Ministerium — Ecclesia Particularis, in: Für Kirche und Recht. FS für Johannes Heckel zum 70. Geburtstag. Köln, Graz 1959, S. 144 ff., zit. nach *Grundmann*, Abhandlungen (Anm. 44), S. 156 ff., und *ders.*, Kirchengemeinde (Anm. 44), S. 177 ff., ferner *Wilhelm Müller*, Zur Rechtsstellung der selbständigen örtlichen Kirchen- und Pfarrvermögen unter besonderer Berücksichtigung der Kirchen- und Pfründestiftungen der Evang.-Luth. Kirche in Bayern, in: ZevKR 8 (1961/62), S. 360 ff., sowie *Liermann*, Kirchenrecht (Anm. 3), bes. S. 380 ff.; *Karl Wagenmann*, Zur Selbstverwaltung in der Kirche, in: FS für Erich Ruppel (Anm. 43), S. 210 ff.

[56] Vgl. dazu *Grundmann*, Kirchengemeinde (Anm. 44), S. 184 f. und 179 f.

nicht auf die Kirchengemeinden, sondern auf die Kirchenvorsteher übertragen[57]. Der Übergang der ursprünglich selbständige juristische Personen bildenden Anstalten (Kirche, Pfarre, Pfarrwittum und Küsterei) in die Zuständigkeit der Kirchengemeinde vollzog sich kraft Gewohnheitsrechts; diese Vermögen derselben Kirchengemeinde werden jetzt nur noch als durch Zweckbestimmung gebundene Teile eines Vermögens angesehen[58].

In anderen Landeskirchen sind gleichfalls Entwicklungen festzustellen, die die überkommene Zersplitterung des ortskirchlichen Vermögensrechts überbrücken, nachdem durch die staatskirchenrechtliche Entwicklung, besonders durch die Stärkung des Selbstbestimmungsrechts der Weg dafür freigeworden ist[59]. In Preußen setzte sich die Praxis, das Fondsvermögen als der Kirchengemeinde gehörend zu behandeln, im vergangenen Jahrhundert durch. Jüngst wurde in der evangelischen Kirche von *Berlin-Brandenburg* die Zusammenlegung des als Sondervermögen geführten Pfründevermögens der Kirchengemeinden mit dem übrigen Vermögen beraten und die Verwendung über die Pfarrgehälter hinaus auch für die Bezüge anderer Mitarbeiter erörtert[60]. Zu anderen Landeskirchen kurz das Folgende: In *Braunschweig* ist der Übergang des Vermögens der örtlichen Kirchenstiftungen und Opfereien auf die örtlich zuständigen Kirchengemeinden festgestellt[61]. In *Sachsen* ist die Verwaltung der geistlichen Lehen (Pfarre, Diakonat, Kirchschule) von den Bezirkskirchenämtern auf die Kirchenvorstände übergegangen, ohne den Schutz durch das Stiftungsrecht zu verringern[62]. Rechtsfähige Stiftungen haben die selbständigen Vermögen in *Baden* (Pfarreivermögen) und *Württemberg* (Pfarreien unter zentraler Pfarrgutsverwaltung) sowie *Bayern* (ortskirchliche Stiftungen unter Verwaltung des Kirchenvor-

---

[57] *Wagenmann*, Selbstverwaltung (Anm. 55), S. 211 f. Die Entwicklung schildert anschaulich *Cord Cordes*, Geschichte der Kirchengemeinden der Ev.-luth. Landeskirche Hannovers 1848-1980. Hannover 1983, S. 14 ff., bes. S. 17.

[58] Das Pfarrvermögen ist noch echte Dotation; zum getrennten Grundbucheintrag vgl. § 15 Abs. 2 der Allg. Vfg. in: RMBl. 1935, S. 137.

[59] Nachweise bei *Axel Frhr. v. Campenhausen*, Anm. zum BGH-Beschl. v. 28.5.1963, in: ZevKR 11 (1964/65), S. 183 ff., sowie *Grundmann*, Kirchengemeinde (Anm. 44), S. 197, Fn. 72, und bei *Müller*, Rechtsstellung (Anm. 55), S. 361. Über die Kirchschaffneien in der Pfalz, vgl. *Heinz Theodor Schneider*, Die Staatsaufsicht über das Vermögensgebaren der Kirchen in der Pfalz. Diss. Freiburg 1951 (Maschr.-Schr.), S. 5 ff.

[60] Vgl. Gutachten des Kirchengerichts in Rspr. Beil. zu ABl.EKD, H. 4/1990, S. 27; s. aber auch die Kriterien im Vermögensgesetz der Evangelischen Kirche in Berlin-Brandenburg i. d. F. v. 20.12.1991 (KABl. S. 193).

[61] Durch Kirchenverordnung v. 8.8.1977 (KABl. S. 36) und v. 23.2.1987 (KABl. S. 64).

[62] § 40 Abs. 2 KGO 1983 (ABl. S. A 33); dazu *Heinrich Herzog*, Systematische Darstellung des Kirchenrechts der Ev.-Luth. Landeskirche Sachsens. Mit Nachtrag von *Wolfgang Hummitzsch*. Maschinenschr. vervielf. hrsg. vom Landeskirchenamt Dresden, Heft 2, 1987, S. 224 ff., 235 ff., und Nachtrag, S. 8. Zur rechtlichen Vertretung der geistlichen Lehen siehe neuestens § 40 Abs. 2 KGO i. d. F. des KirchG v. 3.11.1993 (ABl. S. A 143). Zu den geistlichen Lehen, die nach sächsischer Rechtsauffassung zugleich Subjekt und Objekt darstellen, vgl. *Carl Gottlieb von Weber*, Systematische Darstellung des im Königreich Sachsen geltenden Kirchenrechts. Bd. 2, Leipzig 1845, S. 229, 384 ff., und zu den Kirchschullehen OLG Dresden, in: ZevKR 2 (1950/51), S. 108 ff.

standes, Pfründestiftungen im zentralen Verband) aufrechterhalten. Aber auch in diesen Bereichen sind die formal selbständigen Vermögensträger praktische Bestandteile der Landeskirchen, und sie genießen mit diesen den verfassungsrechtlichen Vermögensschutz; schon die frühere Rechtsprechung hat die Gleichstellung bestätigt[63]. In *Mecklenburg* sind unter dem Druck der zur Verwaltungsvereinfachung zwingenden Verhältnisse die Ärare mit den Pfründevermögen in gemeinschaftliche Verwaltung für größere Bereiche zusammengeführt worden; die neue Finanzordnung gilt für die örtlichen Kirchen und selbständige kirchliche Stiftungen[64]. In *Thüringen* verwaltet der Landeskirchenrat die Pfarreipfründe, der Gemeindekirchenrat das gesamte ortskirchliche Vermögen[65]. In *Anhalt* verwaltet der Gemeindekirchenrat das Kirchen-, Pfarr- und sonstige Zweckvermögen[66].

Bei der *Verwaltung des Kirchenvermögens* sind allenthalben praktizierte *Grundsätze* einzuhalten, insbesondere z. B., daß Kirchenvermögen prinzipiell unveräußerlich ist, bei unumgänglicher Veräußerung ein kirchliches Interesse vorliegen und der Erlös wertbeständig wieder angelegt werden muß. Grundstücksverkäufe sind nur zum Verkehrswert zulässig, und der Erlös ist für Ersatzlanderwerb, nur ausnahmsweise für Baumaßnahmen zu verwenden. Entsprechende Bindungen gelten auch für Erträge des kirchlichen Vermögens (Zinsen für Pacht, Erbbaurechte, Entschädigungen, Einnahmen aus Holzeinschlägen u. a. m.). Erbschaften, Vermächtnisse, Schenkungen dürfen die kirchlichen Körperschaften nur annehmen, wenn keine dem Auftrag der Kirche entgegenstehende Zweckbestimmung oder Auflage damit verbunden und das anfallende Gut nicht überschuldet ist. Die Aufsicht wacht über die Einhaltung solcher Verwaltungsmaximen.

c) Kirchliche Aufsicht

Der von der Kirchenfreiheit geschützten selbständigen Verwaltung des Kirchenvermögens durch die Kirchengemeinden und anderen Träger entspricht eine eigenverantwortliche kirchliche Aufsicht. Sie muß intensiv und sachgemäß sein, d. h. den Aufgaben der Kirche sowie den kirchlichen Zwecken entsprechen. Neben der Visitation und abgesehen

---

[63] Vgl. LG Wiesbaden, in: ZevKR 7 (1959/60), S. 436, und RGZ 111, 134 ff. (145 f.) für Braunschweig; BayVGH, in: ZevKR 8 (1961/62), S. 214 für Bayern; anders für Baden BGH, in: ZevKR 11 (1964/65), S. 179, dagegen aber überzeugend mit Nachweisen *v. Campenhausen*, Urteilsanmerkung (Anm. 59), bes. S. 185-187.
[64] KABl. 1993, S. 46; § 59 KGO i. d. F. des KirchG v. 15.3.1992 (KABl. S. 68).
[65] Pfarrpfründeverwaltungsgesetz (Thür. KirchBl. 1931, S. 15) und KirchG über die Vermögens- und Finanzverwaltung der Kirchengemeinden (KABl. 1958, S. 265).
[66] §§ 3 und 15 der Kirchl. VerwaltungsO (KABl. 1975, S. 22).

von der Revision des gesamten Vermögens- und Rechnungswesens ist mit dem Genehmigungsvorbehalt ein wirksames Aufsichtsmittel gegeben. Die kirchlichen Instanzen bedienen sich dieser Möglichkeiten, um den Kirchengemeinden Hilfen zu sachgerechten Beschlüssen anzubieten und diese durchzusetzen. Die Anordnung der Genehmigungsbedürftigkeit bestimmter Maßnahmen findet sich in den Verfassungsgesetzen der Landeskirchen und der kirchlichen Körperschaften sowie in Vorschriften über die Vermögensverwaltung der kirchlichen Träger oder in haushaltsrechtlichen Bestimmungen[67]. Sie betreffen ganz verschiedene wichtige Gegenstände, und zum Teil stellen sie je nach Bedeutung auf die Zustimmung der kirchengemeindlichen Aufsicht in der Mittelstufe oder auf die Billigung durch landeskirchliche Organe ab[68].

Dem Schutz des Kirchenvermögens dient es, daß die Verwendung eines für besondere Zwecke bestimmten Vermögens oder seiner Erträge zu anderen, nicht bestimmungsgemäßen Zwecken von kirchenaufsichtlicher Zustimmung abhängig ist. Andere Beispiele für derartige Regelungen leuchten ohne weiteres ein. So können finanzielle Gründe maßgeblich sein für die Pflicht, Ortskirchensteuerbeschlüsse oder Friedhofsgebührenordnungen zur kirchenaufsichtlichen Genehmigung vorzulegen, weil auf eine möglichst ausgeglichene Belastung der Kirchenglieder zu achten ist. Ebenso werden oft Beschlüsse über die Feststellung des Haushalts, die Ausschreibung von Kollekten oder die Einführung, Änderung oder Aufhebung von Gebühren der Genehmigungspflicht unterworfen. Sämtliche Grundstücksgeschäfte kirchlicher Körperschaften (Erwerb, Veräußerung und dingliche Belastung, Einräumung von Nutzungsansprüchen, Erbbaurechten, Pacht- und Mietverhältnisse) stehen durchweg unter Genehmigungsvorbehalt. Das gleiche gilt für bestimmte Darlehensaufnahmen und weittragende grundsätzliche Beschlüsse zu Einrichtungen wie z. B. Friedhöfen, Kindergärten, Krankenhäusern, Schulen oder wirtschaftlichen Unternehmen bzw. Beteiligungen daran. Die Kontrolle, ob einschlägige Rechtsvorschriften eingehalten sind, ist oft mit ausschlaggebend für Genehmigungsvorbehalte bei Bauvorhaben der Kirchengemeinden (Neubau und Abbruch von Gebäuden), bei beschlußmäßigen Verfügungen, die Orgeln oder Glocken betreffen oder sich auf Baudenkmale oder Archivgut beziehen, schließlich bei Gegenständen, die geschichtlichen, Kunst- oder Denkmalswert haben. Für Personaleinstellungen und Stellenerrichtungen sowie Vergütungsfestsetzungen werden zumeist Verteilungsgesichtspunkte und Interesse an gleichmäßigem Gefüge die Mitspracherechte der landeskirchlichen Aufsicht begründen.

Der kirchenrechtliche *Genehmigungsvorhalt* entfaltet auch im staatlichen Recht Wirksamkeit. Er stellt ein *gesetzliches Verbot* im Sinne des

---

[67] Zum Beispiel § 105 KGO Bayern, § 50 KirchGemO Württemberg, § 66 KirchGemO Hannover, § 7 Kirchenvermögensverwaltungs- und Haushaltswirtschaftsgesetz der Ev. Kirche Baden (KVHG), § 28 Vermögensgesetz Berlin-Brandenburg, § 17 KirchG über die Vermögens- und Finanzverwaltung der Kirchengemeinden in Thüringen (KABl. 1958, S. 265).

[68] Zu den verschiedenen Aufsichtsfunktionen vgl. *Frost*, Strukturprobleme (Anm. 49), S. 207 ff., 352 ff. und 365 ff.

§ 134 BGB dar und *beschränkt die Vertretungsmacht* des Organs der kirchlichen Körperschaft[69]. Die kirchliche Rechtsvorschrift, die den Genehmigungsvorbehalt setzt, ist eine Norm des öffentlichen Rechts[70]. Damit ist seine Wirkung auch grundsätzlich über den kirchlichen Bereich hinaus im weltlichen Rechtsverkehr zu beachten[71]. Das wird in Art. 6 Abs. 1 S. 2 des Ergänzungsvertrages zum Niedersächsischen Kirchenvertrag bestätigt[72]. Diese Bestimmung erwähnt ausdrücklich die kirchlichen Vorschriften, die die Rechtswirksamkeit kirchlicher Rechtsakte von kirchenaufsichtlicher Genehmigung abhängig machen. Dadurch wird bekräftigt, daß die entsprechenden kirchlichen Vorschriften auch in den Bereich des allgemeinen Rechtslebens hinein rechtliche Wirkung auslösen. Überdies ist aus der Bestimmung ersichtlich, daß die Rechtsgültigkeit der betreffenden kirchlichen Vorschriften nicht von der Bekanntgabe in staatlichen Verkündungsblättern abhängig ist. Eine ordentliche Publikation für die evangelischen Landeskirchen ist bereits durch die kirchengesetzliche Form und Verkündung in kirchlichen Amtsblättern gegeben[73]. Im Hinblick auf Art. 140 GG i. V. m. Art. 137

---

[69] *Jochen Dittrich*, Die kirchenaufsichtliche Genehmigung in Vermögens- und Personalangelegenheiten, in: ZevKR 12 (1966/67), S. 100 ff., 194; *Werner Knüllig*, Kirchliche Genehmigungsvorbehalte und Veräußerungsverbote, in: ZevKR 12 (1966/67), S. 116 ff., 126 f.; ältere Nachweise bei *Ruppel/Kaulitz*, Kirchenvertragsrecht (Anm. 1), S. 239. Materialreich für die Praxis *Hans Zilles/Burkhard Kämper*, Kirchengemeinden als Körperschaften im Rechtsverkehr, in: NVwZ 1994, S. 109 ff.

[70] *Knüllig*, Genehmigungsvorbehalte (Anm. 69), S. 133.

[71] OLG Braunschweig, in: Nds. Rpfl. 1991, S. 273 = ZevKR 37 (1992), S. 205; LG Memmingen, in: NJW 1990, S. 2069. — Für Grundbucheintragungen ist der kirchenaufsichtliche Genehmigungsvermerk auf dem Beschluß (Protokollbuchauszug) ausreichend; er muß nicht auf die notarielle Urkunde gesetzt werden (LG Duisburg, in: ZevKR 37 [1992], S. 209).

[72] So auch *Knüllig*, Genehmigungsvorbehalte (Anm. 69), S. 134/135.

[73] Der Zweck der Bekanntgabe nach Art. 6 NiedersErgV ist die Unterrichtung. Dieses Ziel verfolgt auch die Protokollfeststellung zu Art. 6 Abs. 1, wonach vorbehalten bleibt, für die Bekanntgabe kirchlicher Vorschriften ein weiteres zentrales Amtsblatt zu bestimmen.
Die Regelung in Berlin entspricht der Lage in Niedersachsen, vgl. Anm. 41; dies ist auf dem Boden des PreußKV besonders interessant. — Mit der gleichen Klarheit ergibt sich die für Niedersachsen getroffene Feststellung aus anderen Kirchenverträgen nicht (vgl. *Dittrich*, Genehmigung [Anm. 69], S. 106). Doch ist Art. 6 des NiedersErgV vielleicht auch von daher zu verstehen, daß die darin enthaltene Klarstellung in Parallele zu der Regelung nach Art. 13 des NiedersK gegeben worden ist. Als gesetzliche Beschränkungen der Vertretungsmacht des Leitungsorgans einer kirchlichen Institution fallen die Genehmigungsvorbehalte auch unter die kirchlichen Vorschriften über die vermögensrechtliche Vertretung gemäß Art. 10 NiedersKV. Dementsprechende Bestimmungen treffen auch die Kirchenverträge der Länder Hessen, Rheinland-Pfalz, Sachsen und Schleswig-Holstein sowie der PreußKV (vgl. oben Anm. 39 und 41). Aus den dazu gehörenden Bestimmungen über das Inkrafttreten der kirchlichen Vorschriften (Art. 12 Abs. 3 Schl.-Holst. KV ; Schl. Prot. zu Art. 3 Abs. 2 HessKV; Schl. Prot. zu Art. 4 Abs. 2 Rheinl.-Pfälz.KV; Schl. Prot. zu Art. 2 Abs. 2 PreußKV; Schl. Prot. zu

Abs. 3 und 5 WRV dürfte eine gleiche Bedeutung der kirchlichen Vorschriften über Genehmigungsvorbehalte auch in anderen Bundesländern nicht zu bezweifeln sein.

Die Aufsicht erschöpft sich nicht in Genehmigungsfällen. *Weitere Aufsichtsmittel* werden im wesentlichen breit gefächert eingesetzt. Visitation, Beratung und Unterrichtung finden ständig statt. Durch eine Reihe von Ordnungsmaßnahmen kann sich die Aufsicht verstärkt durchsetzen.

Hierzu zählen die Überprüfung und erforderlichenfalls die Beanstandung von Beschlüssen und Handlungen sowie die aufsichtliche Anordnung oder die Ersatzvornahme, die Zwangsetatisierung, auch die Auflösung des Kirchenvorstandes. Als Anleitung und Hilfe können zu besonderen Gegenständen Richtlinien, auch solche der Evangelischen Kirche in Deutschland, angesehen werden (z. B. über die Verwaltung des kirchlichen Grundbesitzes[74] oder zum Flurbereinigungsverfahren[75]). Im übrigen sind in den Landeskirchen Rechts- und Verwaltungsvorschriften für die kirchlichen Körperschaften und für die von ihnen verwalteten rechtlich unselbständigen Einrichtungen und Stiftungen ergangen. Mit diesen Bestimmungen werden die Grundsätze über Bestandserhaltung und Zweckbestimmung, Wahrung und Sicherung des kirchlichen Vermögens durch wertbeständige Anlage von Veräußerungserlösen, Erwirtschaftung angemessener Erträge und allgemein Wirtschaftlichkeit und Rechnungslegung bei der Verwaltung des kirchlichen Vermögens verdeutlicht und eingeschärft. Dazu gehören Bestimmungen eigens für die Erbbaurechtsfragen, besondere Regelungen für die Orgelpflege und das Glockenwesen. Gesonderte Vorschriften bestehen für alle Maßnahmen hinsichtlich des ortskirchlichen Bauwesens, einschließlich der Gebäudeinstandsetzung und -unterhaltung. Hinweise und Arbeitshilfen werden zur Verpachtung von Landwirtschaft, Fischerei und Jagd, zur Vermietung von Räumen, für die sachgerechte Waldbewirtschaftung und bei Bodenabbau-Verträgen gegeben. Die aufsichtliche Beratung erstreckt sich auch auf Formen der Kapitalanlage. Als Träger öffentlicher Belange nach dem Baugesetzbuch werden die kirchlichen Grundbesitzer über Bau- und Bodenordnung, Straßen-, Wege-, Wasser- und Deichrecht sowie zum öffentlichen Abgabenrecht belehrt und zu sachgerechtem Handeln angehalten.

Die angeführten Gestaltungs- und Entscheidungshilfen werden schließlich durch das *Prüfungswesen*[76] wirksam ergänzt. Die Aufsicht

---

Art. 9 Abs. 3 SächsKV) ergibt sich nicht, daß zur Inkraftsetzung ein staatlicher Mitwirkungsakt erforderlich oder vereinbart wäre; vielmehr zeigt der Text, daß die Vertragspartner die Außenwirkung der kirchlichen Vorschriften voraussetzen und deshalb für den Fall einer schwebenden Entscheidung in der Sache die Zurückstellung des Inkrafttretens durch die Kirche vereinbaren.

[74] I. d. F. v. 11.10.1985 (ABl.EKD S. 431 ff.).

[75] Vom 17.1.1977 (ABl.EKD S. 113).

[76] Vgl. §§ 80 ff. Ordnung für das Haushalts-, Kassen- und Rechnungswesen der Ev. Kirche Berlin-Brandenburg (HKRO — KABl. 1991, S. 183), § 11 HaushaltsG und §§ 79 ff. Haushaltsordnung für kirchliche Körperschaften in der Konfödera-

hat spezifische Möglichkeiten. Abgesehen von der Kontrolle der Vermögensverwaltung durch das nach den Bestimmungen über das Haushalts-, Kassen- und Rechnungswesen für die Entlastung zuständige Organ finden durch Rechtsvorschrift geregelte (überörtliche) Prüfungen durch die Aufsicht statt. Dafür werden in der Regel unabhängige Prüfer und Prüfungsstellen eingesetzt. Die *Rechnungsprüfung* gilt der Haushaltsführung. Eine eventuelle *Ordnungsprüfung* richtet sich auf Organisation, Zweckmäßigkeit und Wirtschaftlichkeit der Vermögensverwaltung. Es können auch *betriebswirtschaftliche Prüfungen* der Einrichtungen und Sondervermögen vorgenommen werden, um die allgemein geltenden Grundsätze des Umgangs mit anvertrautem und zweckgebundenem Gut bei der Verwaltung und Verwendung kirchlicher Mittel einzuschärfen.

Eine anderweitige Überwachung ergibt sich auch aus der rechtlichen Verpflichtung zur *Rechnungslegung* über das gesamte von der kirchlichen Körperschaft durch ihr Vertretungsorgan verwaltete Vermögen. Jährlich können die Kirchenglieder eine auszulegende Ausfertigung der Jahresrechnung ihrer Kirchengemeinde einsehen; sie werden dazu eigens aufgefordert.

Damit wird die kirchengemeindliche Vermögensverwaltung umfassend beaufsichtigt. Im Einzelfall ist indessen noch nicht ausgeschlossen, daß die Vorlage von Abrechnungen auch bei der öffentlichen Hand, wenigstens die Einsichtnahme in Verwendungsnachweise oder aber auch die Duldung staatlicher Nachprüfung in Betracht kommen kann, wenn Zuschüsse, Förderungsmittel oder sonst Subventionen an kirchliche Träger gewährt worden sind. Der Hauptgrund wäre in der Unterstützung mit öffentlichen Mitteln, die dem staatlichen Haushaltsgrundsatz sparsamer und wirtschaftlicher Verwendung unterliegen, zu erblicken. Allerdings müßten Anhaltspunkte vorliegen, die zu einer derartigen (zusätzlichen) Maßnahme Anlaß geben. Eine auf die Ordnungsmäßigkeit beschränkte Kontrolle stellte keinen Eingriff in das kirchliche proprium der mitfinanzierten Maßnahme, etwa im Sinne der Fremdbestimmung durch Mitwirkung an Auswahl und Bestimmung des Förderungsobjektes dar. Andererseits kann die nachträgliche Kontrolle der Verwendung eines Zuschusses für den kirchlichen Träger Entlastung bringen und seine Organe in der Durchführung der Aufgabe vergewissern und bestätigen. Für die staatliche Aufsicht über Stiftungen des privaten Rechts wird dies erwogen. In einem derartigen Eingriff wäre keine Grund-

---

tion ev. Kirchen in Niedersachsen (KonfHOK — KABl. Hannover 1984, S. 53 und 55), §§ 88 ff. Kirchenvermögensverwaltungs- und Haushaltswirtschaftsgesetz der Ev. Landeskirche Baden (KVHG — KiGVBl. 1991, S. 161).

rechtsverletzung zu erblicken, sofern die Verhältnismäßigkeit gewahrt bleibt[77]. Das Verfassungsrecht, wonach das Selbstbestimmungsrecht kirchlicher Zuweisungsempfänger nicht durch weitreichende staatliche Eingriffe in die Freiheit der Vermögensverwaltung beschränkt ist, ist auch dann zu beachten, wenn nach Ermessen gewährte staatliche Förderungen angenommen werden. Deshalb darf nicht verlangt werden, eine Prüfung der Wirtschaftlichkeit zu vereinbaren, mit der die kirchlichen Ziele des Trägers, der diakonische Auftrag, tangiert werden. Kommt im Einzelfall — auch bei freien Trägern in der Diakonie — die Kontrolle über die bestimmungsgemäße Verwendung von Projektförderungsmitteln in Betracht, dann sollte die Vergabestelle geprüft werden; es könnten auch die Ergebnisse landeskirchlicher Rechnungsprüfung herangezogen werden.

II. Das Recht der kirchlichen Stiftungen

Kirchenvermögen ist in den evangelischen Landeskirchen in erheblichem Maße Stiftungsvermögen. Dem Verständnis der Reformation entsprechend sollten die überkommenen Stiftungen für den Gottesdienst gewidmete Güter bleiben. Der Augsburger Religionsfriede hatte die neuen Verhältnisse sanktioniert. Später wurden das Armenwesen und Wohltätigkeitsstiftungen auch kommunale Sache und unter staatliche Oberaufsicht gestellt. Der Begriff der kirchlichen Stiftungen wurde unklar[78]. Heute sind die kirchlichen Stiftungen in Deutschland umfassend gesichert durch Verfassung, Kirchenvertragsrecht und Landesgesetzgebung.

Kirchliche Stiftungen begegnen uns in verschiedenen Rechtsfiguren. Sie erscheinen im Rechtsleben als *öffentlich-rechtliche* und als *privatrechtliche Stiftungen*. Diese können jeweils *rechtsfähig, selbständig* sein, also im Rechtsverkehr mit eigener Rechtspersönlichkeit auftreten, *oder* sie sind *nichtrechtsfähig, unselbständig* (treuhänderische, fiduziarische Stiftungen) und benötigen zu rechtswirksamem Handeln einen rechtsfähigen Träger. Maßgeblich ist insoweit allein staatliches Recht. Dieses stellt die Formen für die Teilnahme am allgemeinen Rechtsver-

---

[77] Vgl. *Martin Schulte*, Staat und Stiftung. Heidelberg 1989, S. 85-101. Prinzipielle Positionen vgl. bei *Walter Leisner*, Staatliche Rechnungsprüfung Privater unter besonderer Berücksichtigung der Freien Wohlfahrtspflege. Berlin 1990, S. 20-76, 102.

[78] Vgl. als historische Streiflichter die Beispiele und Nachweise bei *Axel Frhr. v. Campenhausen*, Die kirchlichen Stiftungen in Vergangenheit und Gegenwart, in: Jahrbuch der Gesellschaft für Niedersächsische Kirchengeschichte Bd. 82 (1984), S. 113 ff., 125 ff., 140 ff.

kehr bereit. Für die zutreffende Charakterisierung und Einordnung sind unter anderem die Entstehung und das Erscheinungsbild der Stiftung aufschlußreich. Daran kann sich zeigen, ob z. B. private Belange vom Stifter verfolgt wurden oder ob z. B. ein eigenständiger Verwaltungsträger geschaffen werden sollte. Ob eine kirchliche oder eine weltliche Stiftung anzunehmen ist, richtet sich unter anderem hauptsächlich danach, ob die Stiftung überwiegend kirchlichen Aufgaben dient[79]. Beispiele für selbständige kirchliche Stiftungen öffentlichen Rechts bilden die Kultusstiftungen, die ortskirchlichen Stiftungen, die Württembergischen Pfarreien und die Pfründestiftungen. Als rechtliche Besonderheit stellen sich die geistlichen Lehen in der sächsischen Landeskirche dar; das Grundvermögen dieser rechtsfähigen Stiftungen dient ihrem Zweck nach der Nutzung durch geistliche Stelleninhaber. Rechtsfähige kirchliche Stiftungen des privaten Rechts sind die herkömmlichen Erziehungs-, Wohlfahrts- und Unterrichtsstiftungen. Unselbständige kirchliche Stiftungen sind typischerweise den Landeskirchen oder Kirchengemeinden eingegliedert, oder private Vereine oder rechtsfähige Stiftungen sind ihre Träger (in der Diakonie oder Missionsarbeit). Handelt es sich um eine innerkirchlich-organisatorisch abgesonderte Vermögensmasse, die der kirchlichen Vermögensverwaltung unterliegt, so spricht das für den öffentlich-rechtlichen Status. Schenkungen und andere zivilrechtliche Verfügungen, durch die der Kirche Vermögen zweckgebunden anvertraut wurde, haben regelmäßig eine privatrechtliche Stiftung ins Leben rufen wollen. — Kirchliche Stiftungen sind öffentliche Stiftungen; denn sie verfolgen öffentliche und gemeinnützige Zwecke[80].

Rechtsfähige Stiftungen der Religionsgesellschaften und religiösen Vereine stehen neben den Kirchen als Subjekte der verfassungsrechtlichen Garantie des Kirchenvermögens. Neben der Kirchengutsgarantie[81] ist der Grundsatz des Art. 140 GG i. V. m. Art. 137 Abs. 3 WRV auch für die Stiftungen der Kirchen maßgebend und bietet den der Kirche zuzuordnenden Stiftungen einen abgeleiteten Freiheitsstatus[82]. Dieser verfassungsrechtlichen Lage tragen die Stiftungsgesetze der Länder Rechnung[83]. Sie sind jeweils das „für alle geltende Gesetz" im Sinne

---

[79] Dazu unten II 2 a.
[80] § 1 Abs. 3 BayStiG sowie § 2 Abs. 3 und 5 Rheinl.-Pfälz.StiG
[81] Vgl. oben I 2 und in *diesem* Handbuch *Karl-Hermann Kästner*, § 32 Die Verfassungsgarantie des kirchlichen Vermögens.
[82] BVerfG 46, 73 (86) und 53, 366 (398).
[83] *Wilhelm-Albrecht Achilles*, Die Aufsicht über die kirchlichen Stiftungen der evangelischen Kirchen in der Bundesrepublik Deutschland. Tübingen 1986, S. 28 ff. und 130 ff. Zum folgenden vgl. *Axel Frhr. v. Campenhausen*, Kirchliche Stiftungen, in: Werner Seifart (Hrsg.), Handbuch des Stiftungsrechts. München

des Art. 137 Abs. 3 WRV. Eine Reihe der Landesgesetze enthält besondere Vorschriften über kirchliche Stiftungen. Danach ergeben sich — zum Teil auf Staatskirchenverträge zurückgehend — weitgehende Vorbehalte zugunsten der Landeskirchen. Diese haben ihre Regelungsfreiräume ausgefüllt.

1. Rechtsgrundlagen

a) Kirchenverträge und Stiftungsgesetze der Länder

In einigen Bundesländern bestanden jeweils bereits vor Erlaß des Landesstiftungsgesetzes *staatskirchenvertragliche Bestimmungen*, die besondere Vorschriften über das Zusammenwirken staatlicher und kirchlicher Stellen bei Errichtung, Verwaltung und Beaufsichtigung kirchlicher Stiftungen enthalten. Die entsprechenden Vereinbarungen des Niedersächsischen Kirchenvertrages sowie die kirchenvertraglichen Bestimmungen in Hessen, Rheinland-Pfalz und Schleswig-Holstein sind ähnlich. Es besteht die Übereinkunft, daß über die staatliche Mitwirkung bei der Bildung kirchlicher Anstalten und Stiftungen mit eigener Rechtspersönlichkeit gemeinsam mit den Kirchen Richtlinien festgelegt werden; diese sollen sich in Hessen und Schleswig-Holstein auch auf die Veränderung der Stiftungen und Anstalten erstrecken. Solche Richtlinien sind bisher nicht erlassen worden. In Niedersachsen aber sind die Bestimmungen des Loccumer Vertrages durch die Bestimmungen des Ergänzungsvertrages konkretisiert[84]. Im übrigen ist auf die Regelungen der Landesstiftungsgesetze zu verweisen.

1987, §§ 22 ff., S. 323 ff.; ferner *Harry Ebersbach*, Handbuch des deutschen Stiftungsrechts. Göttingen 1972, S. 339 ff.

[84] Fundstellen der Kirchenverträge vgl. bei *Achilles*, Aufsicht (Anm. 83), S. 294; wegen Textabdruck vgl. Anm. 39.
Art. 13 Abs. 2 Schlesw.-Holst. KV entspricht Art. 4 S. 2 HessKV; Art. 5 Abs. 2 Rheinl.-Pfälz. KV entspricht Art. 11 Abs. 2 NiedersKV. In Niedersachsen treten jedoch noch die Regelungen des Ergänzungsvertrages hinzu. Während nach Art. 11 Abs. 1 NiedersKV von 1955 bei Veränderung bestehender kirchlicher Anstalten und Stiftungen mit eigener Rechtspersönlichkeit die vorherige Mitteilung der Beschlüsse an die Landesregierung genügt, erfolgt nach Art. 11 Abs. 2 bei der Bildung kirchlicher Anstalten und Stiftungen mit eigener Rechtspersönlichkeit die staatliche Mitwirkung nach Richtlinien, die mit den Kirchen vereinbart werden. Dazu ist in Art. 7 ErgV bestimmt, daß die Errichtung öffentlich-rechtlicher kirchlicher Anstalten und Stiftungen i. S. von Art. 11 Abs. 2 des Vertrages von 1955 der Genehmigung der Landesregierung bedarf (Abs. 1), daß die Kirche vor Erteilung der staatlichen Genehmigung zur Errichtung kirchlicher Stiftungen des privaten Rechts gemäß § 80 BGB Gelegenheit zur Äußerung erhält (Abs. 2) und daß die Aufsicht über die kirchlichen Stiftungen des privaten Rechts von den Kirchenbehörden wahrgenommen wird, schließlich, daß Änderungen des Stiftungszwecks, die Auflösung oder Zusammenlegung mehrerer Stiftungen au-

§ 33 Vermögensverwaltung in der evangelischen Kirche   933

Stiftungsgesetze sind für fast sämtliche Bundesländer ergangen[85]. Sie konkretisieren die vertraglichen Regelungen, sofern solche vorliegen und soweit die Gesetze kirchliche Stiftungen erfassen[86]. Im wesentlichen fast übereinstimmend regeln die Landesstiftungsgesetze, daß *keine kirchliche Stiftung gegen den Willen der Kirche* entstehen kann, daß *für die Verwaltung die staatlichen Vorschriften* den kirchlichen Bestimmungen *subsidiär* sind und die *Aufsicht* und ihre Regelung zunächst *weitgehend den Kirchen überlassen* ist, deren *Einvernehmen* bei staatlichen Maßnahmen besonders in den Fällen der *Satzungsänderung*, Um-

---

ßer der kirchenaufsichtlichen auch der staatlichen Genehmigung bedürfen (Abs. 3). Das Abschließende Protokoll zum NiedersErgV (Nds. MBl. 1966, S. 1100) stellt in Nr. 7 zu Art. 7 Abs. 1 das Einverständnis darüber fest, daß nur besonders wichtige kirchliche Einrichtungen als öffentlich-rechtliche Stiftungen oder Anstalten errichtet werden sollen, und zwar aufgrund kirchengesetzlicher Regelung und mit Satzungen, durch die ihre Verfassung, ihre vermögensrechtliche Vertretung, ihr Verhältnis zur Landeskirche und die kirchliche Aufsicht näher geregelt sind (Art. 10 des Vertrages von 1955 bleibt unberührt). Eine entsprechende Klausel enthält das Schl. Prot. zu Art. 8 Abs. 3 Sachs.-Anh. KV. Die jüngsten Kirchenverträge unterwerfen die Errichtung öffentlich-rechtlicher kirchlicher Stiftungen ministerieller Genehmigung (vgl. Art. 9 Abs. 2 S. 2 SächsKV, Art. 8 Abs. 3 Sachs.-Anh. KV, Art. 7 Abs. 2 S. 2 ThürKV). Die kirchlichen Stiftungen des privaten Rechts definiert Nr. 8 des Abschließenden Protokolls zum NiedersErgV als „die überwiegend kirchlichen Zwecken gewidmeten Stiftungen, sofern sie nicht satzungsgemäß von einer Behörde des Landes, einer Gemeinde oder eines Gemeindeverbandes oder von einer anderen nichtkirchlichen Körperschaft des öffentlichen Rechts verwaltet werden".

Die Frage der Verbindlichkeit des PreußKV für Brandenburg, Vorpommern und die ehemalige Provinz Sachsen ist noch nicht abschließend geklärt (vgl. *Wolfgang Rüfner*, Deutsche Einheit im Staatskirchenrecht, in: EssGespr. 26 [1992] S. 64, und dazu *Hermann Weber*, ebd., S. 99); die Landesverfassungen von Sachsen und Brandenburg enthalten nicht die den Art. 23 NWVerf. und § 8 Bad.-Württ. Verf. entsprechenden Bestimmungen. Zusammenfassend *Joseph Listl*, Der Wiederaufbau der staatskirchenrechtlichen Ordnung in den neuen Ländern der Bundesrepublik Deutschland, in: Die personale Struktur des gesellschaftlichen Lebens. FS für Anton Rauscher. Berlin 1993, S. 413 ff., 422-424; eingehend *Johannes Depenbrock*, Fortgeltung der Staatskirchenverträge unter besonderer Berücksichtigung der Verträge mit den evangelischen Landeskirchen, in: ZevKR 38 (1993), S. 413 ff.

[85] In Hamburg gelten die stiftungsrechtlichen Vorschriften der §§ 6 bis 21 des Hamburgischen Ausführungsgesetzes zum Bürgerlichen Gesetzbuch (HambAGBGB — Text der Fassung v. 1.7.1958 [HambGVBl. I S. 196] bei *Ebersbach*, Handbuch [Anm. 83], S. 985).

[86] Vgl. § 20 Hess.StiG, §§ 41-46 Rheinl.-Pfälz.StiG, § 20 Nieders.StiG, § 18 Schlesw.-Holst.StiG sowie §§ 22 ff. Bad.-Württ.StiG, §§ 36 ff. BayStiG, § 2 Abs. 4 NWStiG, § 19 Saarl.StiG (Fundstellen bei *Achilles*, Aufsicht [Anm. 83], S. 292-294); Texte sämtlich abgedruckt bei *Seifart*, Hdb. StiftungsR (Anm. 83) im Anhang, wie auch das Berl.StiG und die Vorschriften für Hamburg (Anm. 85), die kirchliche Stiftungen nicht behandeln. Das Brem.StiG (GBl. 1989, S. 163) regelt die kirchlichen Stiftungen in § 16; dieses Stiftungsgesetz ist noch nicht berücksichtigt in dem umfassenden Überblick bei *Achilles*, S. 115-130. S. auch *v. Campenhausen*, Kirchl. Stiftungen (Anm. 83), § 24, Rdnrn. 1-4. Jüngste Regelung durch § 26 Meckl.-Vorp. StiG (GVOBl. 1993, S. 104).

wandlung oder *Zusammenlegung* mit anderen Stiftungen, erforderlich ist, um den staatskirchenrechtlichen Garantien des kirchlichen Vermögensrechts Rechnung zu tragen.

Die *Stiftungsgesetze von Hessen und Rheinland-Pfalz* gelten für rechtsfähige kirchliche Stiftungen und erwähnen besonders die ortskirchlichen Stiftungen und die Pfründestiftungen, die Stiftungen des öffentlichen Rechts sind. Sie entstehen in Hessen ohne staatliche Genehmigung durch kirchlichen Organisationsakt und erlangen nach dem Vorlageverfahren des Kirchenvertrages Rechtsfähigkeit im staatlichen Bereich durch Bekanntmachung der Stiftungsurkunde im Staatsanzeiger. Das gleiche Verfahren ist für die Umwandlung oder Aufhebung dieser Stiftungen maßgebend. Das *niedersächsische Stiftungsgesetz* gilt wie die *Stiftungsgesetze von Schleswig-Holstein, Berlin* (ohne Regelung für kirchliche Stiftungen), *Bremen* und *Saarland* (die beide die kirchlichen Stiftungen gleich behandeln) nur für rechtsfähige Stiftungen des bürgerlichen Rechts. *Niedersachsen* hat die kirchlichen Stiftungen in erster Linie kirchlicher Aufsicht unterstellt. Für kirchliche Stiftungen des öffentlichen Rechts[87] gelten die allgemeinen Grundsätze nach Maßgabe des Kirchenvertragsrechts und der verfassungsrechtlichen Schutzgarantien[88]. In *Schleswig-Holstein* gilt für weltliche Stiftungen des öffentlichen Rechts das Landesverwaltungsgesetz, für kirchliche Stiftungen des öffentlichen Rechts jedoch Staatskirchenrecht[89].

Das *baden-württembergische Stiftungsgesetz* und das *bayerische Stiftungsgesetz* sowie das *Stiftungsgesetz* für das Land *Mecklenburg-Vorpommern* gelten für rechtsfähige Stiftungen des bürgerlichen Rechts und des öffentlichen Rechts gleichermaßen; Verwaltung und Beaufsichtigung der kirchlichen Stiftungen sind den Religionsgesellschaften zu-

---

[87] Sie sind nach der Zweckbestimmung und der organisatorischen Zuordnung der Stiftung zur Kirche zu definieren, vgl. *Ebersbach*, Handbuch (Anm. 83), S. 249 f. Maßgeblich jetzt BVerfGE 46, 73 ff.

[88] Im Hinblick darauf und gemäß Art. 23 Abs. 2 des NiedersKV können Bestimmungen älterer Landesgesetze wie der §§ 216 und 217 der Neuen Landschaftsordnung für das Großherzogtum Braunschweig von 1832, Vorschriften des PreußALR von 1794 und § 75 des hannov. Landesverfassungsgesetzes von 1840 keine maßgebliche Bedeutung mehr haben (vgl. *Ebersbach*, Handbuch [Anm. 83], S. 540).

[89] § 46 des Allgemeinen Verwaltungsgesetzes für das Land Schleswig-Holstein (Landesverwaltungsgesetz) v. 18.4.1967 (GVBl. S. 131) definiert die rechtsfähige Stiftung des öffentlichen Rechts als eine auf einen Stiftungsakt gegründete, aufgrund öffentlichen Rechts errichtete oder anerkannte Verwaltungseinheit mit eigener Rechtspersönlichkeit, die mit einem Kapital- oder Sachbestand Aufgaben der öffentlichen Verwaltung erfüllt. Alle anderen Stiftungen sind solche privaten Rechts. Für kirchliche Stiftungen öffentlichen Rechts gilt daher als Landesrecht das Staatskirchenrecht (Schl.-Holst. KV und nach dessen Maßgabe preuß. Staatskirchenrecht — VO v. 10.1.1938, Preuß.GS S. 17).

§ 33 Vermögensverwaltung in der evangelischen Kirche   935

gewiesen, deren Vorschriften insoweit Vorrang haben. Ebenso stellt das *Stiftungsgesetz* in *Nordrhein-Westfalen* bei kirchlichen Stiftungen, die rechtsfähige Stiftungen des Privatrechts sind, auf die kirchliche Aufsicht ab. Für kirchliche Stiftungen des öffentlichen Rechts kommt es gegenüber noch praktizierten Eingriffsrechten des Staates nach landesrechtlich fortgeltenden Bestimmungen auf die verfassungsrechtliche Prüfung am Maßstab des Art. 140 GG i. V. m. Art. 137 Abs. 3 WRV an.

Zusammenfassend gesagt schreiben die genannten Landesstiftungsgesetze zum Stiftungsvermögen durchweg vor, daß durch Stiftungsgeschäft und Satzung das Nötige über das Stiftungsvermögen zu regeln ist, daß das Stiftungsvermögen ungeschmälert in seinem Bestand erhalten bleiben muß und daß Erträge für den Stiftungszweck einzusetzen sind. Dies gilt allenthalben auch für kirchliche Stiftungen.

Für die Länder *Brandenburg, Sachsen, Sachsen-Anhalt* und *Thüringen* gilt — soweit bundesrechtlich nicht geregelte Gegenstände betroffen sind — als *gemeinsames Landesstiftungsrecht* das Gesetz über die Bildung und Tätigkeit von Stiftungen[90]. Hiernach sind in den neuen Bundesländern auf privatrechtliche Stiftungen primär die §§ 80-88 BGB anzuwenden[91]. Für die kirchlichen Stiftungen in diesen Ländern sind die Vorschriften der §§ 26-29 des gemeinsamen Stiftungsgesetzes wichtig. Durch diese Bestimmungen werden die bestehenden kirchlichen Stiftungen unter Regelungen gestellt, die dem Recht der anderen oben erwähnten Landesstiftungsgesetze weitgehend entsprechen. Das gemeinsame Stiftungsgesetz beansprucht allerdings auch Geltung für nichtrechtsfähige Stiftungen.

In den neuen Bundesländern waren für rechtsfähige Stiftungen des Privatrechts auch Vorschriften des Bürgerlichen Gesetzbuches bis zum Inkrafttreten des Stiftungsgesetzes vom 13.9.1990 bestimmend. Denn sämtliche am 1.1.1976 bestehenden Stiftungen wurden trotz der Einführung des Zivilgesetzbuches hinsichtlich ihrer Rechtsstellung und des Stiftungszwecks nach dem bis dahin geltenden Recht beurteilt[92]. Für kirchliche Stiftungen bestanden keine besonde-

---

[90] Das Stiftungsgesetz v. 13.9.1990 (GBl. I Nr. 61, S. 1483) gilt fort gemäß Art. 9 Abs. 3 EVertr i. V. m. Art. 3 Nr. 5 der Vereinbarung v. 18.9.1990 i. V. m. Art. 1 des Zustimmungsgesetzes v. 23.9.1990 (BGBl. II S. 892, 1240, 885), im folgenden als gem. StiG bezeichnet. Als gemeinsames Landesrecht sind praktisch die Regelung des Stiftungsgenehmigungsverfahrens und der Stiftungsaufsicht sowie Bestimmungen zur Stiftungssatzung weiter in Geltung. Im gesamten Land Berlin gilt das Berl.StiG i. d. F. v. 10.11.1976 (GVBl. S. 2599). Vgl. zu dem gem. StiG *Klaus Neuhoff*, Das Stiftungsgesetz für die neuen Bundesländer, in: DtZ 1991, S. 435, und *Peter Rawert*, Das Stiftungsrecht der neuen Bundesländer, in: BB-Beilage 6 zu H. 6/1991, S. 13.
[91] Art. 231 § 3 Abs. 2 EGBGB i. d. F. der Anl. I Kap. III Sachgebiet B Abschn. II Nr. 1 EVertr i. V. m. Art. 1 des Zustimmungsgesetzes (BGBl. II S. 942).
[92] Vgl. § 9 Abs. 1 EGZGB v. 19.6.1975 (GBl. I Nr. 27, S. 517).

ren Bestimmungen. Hinsichtlich der Teilnahme am Rechtsverkehr galten sämtliche Stiftungen als „Betriebe"[93], für die jeweils die „für ihre Tätigkeit geltenden Rechtsvorschriften"[94] bestimmend waren. Auf diesem Umweg war die Möglichkeit erhalten geblieben, daß bei der Durchführung der Satzung, besonders für die Vertretung der Stiftungen, die allgemeinen Regeln[95] und vor allem bei unselbständigen und öffentlich-rechtlichen Stiftungen, die der Kirche zugehörig sind, die kirchliche Ordnung zur Geltung kommen und eingehalten werden konnte. Auf diese Weise konnten Willensbildung, Gestaltung der Leitungsstruktur und insbesondere Aufsicht hinsichtlich der zur Kirche gehörenden Stiftungen uneingeschränkt von den zuständigen kirchlichen Mitarbeitern wahrgenommen werden[96]. § 9 EGZGB unterschied nicht zwischen selbständigen und unselbständigen Stiftungen; die Vermögen der fiduziarischen kirchlichen Stiftungen gehörten aber dennoch weiter zum kirchlichen Vermögen der Rechtsträger, z. B. Grabpflegestiftungen, die in der sächsischen Landeskirche der Kirchenvorstand der Kirchengemeinde verwaltet. Die Kompetenz kirchlicher Stellen, kirchliche Stiftungen zu beaufsichtigen und bei ihrem Stiftungszweck festzuhalten, hat den kirchlichen Stiftungen faktisch Obhut geboten und mitgeholfen, ihre Erhaltung zu sichern[97].

b) Kirchliche Vorschriften

Mehrere Landeskirchen haben kirchliche Stiftungsgesetze erlassen. Sie betreffen das Gegenüber der kirchlichen Stiftungen zum Staat,

---

[93] Vgl. § 11 Abs. 3 ZGB; Erbschaftserwerb (§ 399 Abs. 1 S. 2 ZGB) oder Grundstückserwerb (§ 2 Abs. 1 Buchst. c GrundstücksverkehrsVO) waren für „Betriebe" genehmigungsbedürftig.

[94] Vgl. § 11 Abs. 1 ZGB.

[95] §§ 53 ff. ZGB und ergänzend §§ 164 ff. BGB.

[96] Zumal da den staatlichen Stellen für ein sachkundiges Eingreifen — wofür § 9 Abs. 2-4 EGZGB auch politisch motivierte Handhabe bot (vgl. § 2 ZGB) — das im Stiftungswesen versierte Personal fehlte. Starke Kontrollen einer umfassenden Fachaufsicht im Sozial- und Gesundheitswesen wurden allerdings auf das Gesetz über die örtlichen Volksvertretungen v. 4.7.1985 (GBl. I Nr. 18, S. 213), zuvor schon v. 12.7.1973 (GBl. I Nr. 32, S. 313), gestützt, wonach die medizinisch-soziale „Versorgung" durch Kompetenzen und Eingriffsmöglichkeiten ohne Rücksicht auf die kirchliche und rechtliche Stellung einer Einrichtung staatlicherseits zu sichern war. Desgleichen war in diesem Bereich (also gegenüber diakonischen Einrichtungen) massiver Einfluß durch das „Preisantragsverfahren" nach „Pflegekostensatzbestimmungen" möglich. Verf. verdankt diese Hinweise einer Studie, die das Konsistorium Magdeburg dem Verf. zur Einsicht überlassen hat (maschinenschr. Vervielf. 1988, Bl. 111-115).

[97] In Sachsen wurden gesetzliche Vorschriften über Sammelstiftungen und die Zusammenlegung von Stiftungen (GVBl. 1948, S. 137, und 1949, S. 657, abgedr. bei *Ebersbach*, Handbuch [Anm. 83], S. 1151 ff.) auf „Stiftungen, die unter der Verwaltung staatlich anerkannter Religionsgemeinschaften oder Klöster stehen", nicht angewandt. Kirchliche Stiftungen wurden auch „mit staatlicher Genehmigung entweder auf kirchliche Rechtsträger übergeleitet oder von diesen in treuhänderische Verwaltung übernommen" (*Herzog*, Systematische Darstellung [Anm. 62], Heft 2, S. 260).

§ 33 Vermögensverwaltung in der evangelischen Kirche   937

insbesondere die Regelung der Aufsicht über die kirchlichen Stiftungen; kaum berührt ist das Verhältnis zwischen der kirchlichen Stiftung und den Begünstigten. Die kirchlichen Stiftungsgesetze gelten nicht für nichtrechtsfähige Stiftungen.

Die landeskirchlichen Stiftungsgesetze bzw. Stiftungsaufsichtsgesetze[98] treffen in den meisten Fällen Bestimmungen zu folgenden Gegenständen:

Entstehung (Württemberg § 3) bzw. kirchliche Anerkennung (Bremen § 1, Hannover §§ 1 und 2, Lippe und Westfalen § 1, Mecklenburg § 2, Rheinland § 1) kirchlicher Stiftungen (eigens definiert für Baden § 2 und Bremen § 2),

Aufsichtsregelungen (Baden § 3, Bayern §§ 5 und 6, Bremen § 4, Hannover §§ 5 und 6, Westfalen und Lippe § 7, Mecklenburg §§ 4 und 5, Rheinland § 2, Württemberg § 4),

insbesondere Zuständigkeiten (Baden § 3, Bayern § 5, Bremen § 3, Hannover § 3, Lippe und Westfalen § 7, Rheinland § 2 Abs. 4, Württemberg § 4) und Beteiligung für die dem Diakonischen Werk angeschlossenen Stiftungen (Baden § 3 Abs. 3, Hannover § 7, Mecklenburg § 6, Lippe und Westfalen § 7 Abs. 2) sowie Kataloge der Aufsichtsmaßnahmen, Genehmigungs- und Anzeigepflichten (Baden §§ 9 und 10, Bayern §§ 3 und 7, Lippe und Westfalen § 9, Rheinland § 3), zum Teil mit ausdrücklichen Verweisungen auf die allgemeinen kirchlichen Bestimmungen zum Kirchenvermögensrecht (Baden §§ 6 und 7, Bayern § 8, Lippe und Westfalen § 5, Württemberg § 6).

Aus dem Bestand der landeskirchlichen Stiftungsgesetze ergibt sich, daß Staat und Kirchen im Rechtsleben der kirchlichen Stiftungen zusammenwirken, indem die landesrechtlichen und kirchlichen Regelungen zum Teil aufeinander bezogen sind, sich zum Teil ergänzen, insgesamt den Beteiligten den sachgemäß erforderlichen Wirkungsraum belassen. Auf das verfassungsrechtlich Gebotene wird Rücksicht genommen. Dies zeigt sich in den Bestimmungen zum Begriff der kirchlichen Stiftung. Das gleiche kann auch gesagt werden für das Gegenüber von landesrechtlichen Vorschriften, die als „für alle geltendes Gesetz"

---

[98] Kirchliche Stiftungs(aufsichts)gesetze (KiStiGe) der evang. Landeskirchen: *Baden*: KiGVBl. 1980, S. 53; *Bayern*: KABl. 1955, S. 36, zuletzt geändert: KABl. 1984, S. 350; *Bremen*: GVM 1991, Sp. 73; *Hannover*: KABl. 1974, S. 20; *Lippe*: KiGVOBl. Bd. 6, S. 235 (Anwendung des StiG Westfalen); *Mecklenburg*: KABl. 1992, S. 91 — mit Änderung: KABl. 1994, S. 4; *Rheinland*: KABl. 1979, S. 15; *Westfalen*: KABl. 1977, S. 145; *Württemberg*: ABl. Bd. 48, S. 388 (VO). Für die anderen Landeskirchen sind die Vorschriften des Kirchenverfassungs- und Kirchenvermögensrechts (vgl. Anm. 122) heranzuziehen, vgl. *Achilles*, Aufsicht (Anm. 83), S. 115-130 und 295 ff., sowie *Wilhelm-Albrecht Achilles*, Zur Aufsicht über kirchliche Stiftungen, in: ZevKR 33 (1988) S. 184 ff. Die östlichen Landeskirchen werden wohl ihrer Stiftungsaufsicht über §§ 13 und 14 gem. StiG hinausgehende Regelungen zugrunde legen und so präzisieren, daß die staatliche Aufsicht auch nicht nach §§ 26 Abs. 3, 28 Abs. 2 gem. StiG Zuständigkeit beanspruchen kann.

die Teilnahme der kirchlichen Stiftungen am allgemeinen Rechtsverkehr sichern, und eigenen Ordnungen der Landeskirchen, die die Aufsicht regeln.

2. „Kirchliche Stiftung"

Kirchliche Stiftungen genießen den Schutz der Grundrechte (Art. 19 Abs. 3 GG)[99], insbesondere aus Art. 4 GG die Freiheit der Religionsausübung. Diese sichert den Handlungsraum der Stiftungsorgane bis an die durch Stiftungszweck und Satzung gezogenen Grenzen. Kirchliche Stiftungen stehen außerdem unter dem Schutz des Selbstbestimmungsrechts der Kirchen und Religionsgesellschaften (Art. 140 GG i. V. m. Art. 137 Abs. 3 WRV). Denn der mit dieser Gewährleistung bezeichnete Freiraum wirkt auch zugunsten aller der Kirche in bestimmter Weise zugeordneter Einrichtungen ohne Rücksicht auf ihre Rechtsform, wenn sie nach kirchlichem Selbstverständnis ihrem Zweck oder ihrer Aufgabe nach entsprechend berufen sind, ein Stück des Auftrags der Kirche wahrzunehmen und zu erfüllen[100]. Kirchliche Stiftungen stehen grundsätzlich nicht unter ausschließlich staatlicher Hoheit. Die Landesgesetze berücksichtigen das weitgehend, soweit sie Regelungen über kirchliche Stiftungen enthalten; diesen ist dann auch die Begriffsbestimmung der kirchlichen Stiftung zu entnehmen.

Nach den Stiftungsgesetzen von Bremen, Mecklenburg-Vorpommern, Niedersachsen, dem Saarland[101] und nach dem für die östlichen Bundesländer gemeinsamen Landesstiftungsrecht[102] sowie unter Berücksichtigung der Rechtsprechung des Bundesverfassungsgerichts[103] sind sachlich gleich geregelte einheitliche Voraussetzungen zu erfüllen. Danach sind *kirchliche Stiftungen*

Stiftungen, die ausschließlich oder überwiegend dazu bestimmt sind, kirchliche Aufgaben zu erfüllen, und

1. von einer Kirche, ihren Verbänden oder Einrichtungen errichtet

oder

---

[99] BVerwGE 40, 347 ff.; BVerfGE 70, 138 (160 f.); *Seifart / Hof*, Hdb. StiftungsR, § 4 Rdnrn. 134 und 163; *Schulte*, Staat und Stiftung (Anm. 77), S. 52 ff.
[100] BVerfGE 24, 236 ff. (246 ff.); 46, 73 ff. (86 f.); 53, 366 (387 f., 392 f.); 70, 138 (162).
[101] In den StiGen vgl. Brem. § 16, Nieders. § 20, Saarl. § 19 und weitgehend auch Meckl.-Vorp. § 26 gegenüber Bay. Art. 36, Bad.-Württ. § 22, Hess. § 20, NW § 2 Abs. 4, Rheinl.-Pfälz. § 41; vgl. *Achilles*, Aufsicht (Anm. 83), S. 184 ff.
[102] § 26 gem. StiG (Anm. 90).
[103] BVerfGE 53, 366 ff. (391 ff.).

2. organisatorisch mit einer Kirche verbunden

oder

3. in der Stiftungssatzung der kirchlichen Aufsicht unterstellt sind

oder

4. ihre Zwecke nur sinnvoll in Verbindung mit einer Kirche, ihren Verbänden oder Einrichtungen erfüllen können.

Da nicht allein eine staatliche Sicht die Sachverhalte des kirchlichen Lebens erfassen und beurteilen kann, bedürfen kirchliche Stiftungen — neben der staatlichen Genehmigung — der Anerkennung durch die zuständige Kirchenbehörde. Ein religiöses Motiv des Stifters reicht allein nicht aus[104]. Die Anerkennung besagt auch, daß die Kirche die Stiftung in ihre Obhut nimmt. Dem entspricht es wiederum, daß das Land die Aufsicht über kirchliche Stiftungen kirchlichen Stellen überläßt. Damit sind für die Einordnung als kirchliche Stiftung sowohl staatliches Recht als auch das kirchliche Selbstverständnis entscheidend. Das entspricht dem partnerschaftlichen Verhältnis zwischen Staat und Kirche.

Im einzelnen sind, besonders hinsichtlich der privatrechtlichen Stiftungen, zwei Aspekte zu unterscheiden: Ein verfassungsrechtlicher und ein stiftungsgesetzlicher Begriff der kirchlichen Stiftung spiegeln die staatskirchenrechtliche Lage[105].

a) Zuordnungskriterien

Die Einordnung einer selbständigen privatrechtlichen Stiftung als zur Kirche gehörig und die Qualifizierung einer von der Stiftung getragenen diakonischen Einrichtung als „Angelegenheit" einer Landeskirche bewirken, daß die selbständige Ordnung und Verwaltung der Stiftung (und beispielsweise ihres Krankenhauses) innerhalb der Schranken des für alle geltenden Gesetzes verfassungskräftig garantiert ist (Art. 140 GG i. V. m. Art. 138 Abs. 2 und Art. 137 Abs. 3 WRV). Für die Zuordnung zur Kirche ist dabei bestimmend, daß die Stiftung einer Landeskirche bekenntnismäßig verbunden ist und daß der Stiftungszweck eine Aufgabe darstellt, die zum kirchlichen Auftrag gehört und die auch außerhalb der verfaßten Kirche — oft durch eine diakonische Einrichtung — erfüllt werden kann. Organisatorisch muß die Stiftung hinreichend

---

[104] BayVerfGH, in: BayVBl. 1985, S. 332 ff. (336 f.).
[105] Zum folgenden vgl. *v. Campenhausen*, Kirchl. Stiftungen (Anm. 83) § 23; *Achilles*, Aufsicht (Anm. 83), S. 143-180.

mit der betreffenden Kirche verknüpft sein; dafür kommen vielfältige Verflechtungen in Betracht[106]: Beteiligung der Landeskirche an der Errichtung der Stiftung; notwendige kirchliche Mitwirkung und Förderung, um die (von der Kirche übertragenen) Aufgaben zu erfüllen; kirchenamtliche Beteiligung an der Stiftungsverwaltung (Organmitglieder, Amtsträger); kirchliche Aufsicht; Mitgliedschaft im Diakonischen Werk, Träger einer Anstaltsgemeinde, Mittel, Herkunft und Heimfallklausel.

b) Abgrenzung von weltlicher Stiftung

Die gesetzliche Abgrenzung derjenigen Stiftungen, die vom Landesrecht kirchlicher Aufsicht zugewiesen werden, ist nach dem staatlichen Gesetz eine wichtige Funktion und Folge der Begriffsbestimmung für die „kirchliche Stiftung". Die Ausrichtung an der Zweckbestimmung, kirchlichen Aufgaben zu dienen, meint einen weiteren Bereich als die auf die Gottesdienst, Verkündigung und Kultus begrenzten „kirchlichen Zwecke" des Abgabenrechts. Vielmehr sind darüber hinaus sämtliche kirchliche Tätigkeiten erfaßt, also z. B. das Wirken in Erziehung, Unterricht, Wohlfahrtspflege, Bildung und Diakonie, in Vermögensverwaltung, Besoldung und Versorgung der Pfarrer usw. Der religiöse Zweck ist unter Berücksichtigung des kirchlichen Selbstverständnisses weit auszulegen[107], er ist nicht etwa deshalb zu verneinen, weil auch staatliche oder kommunale Einrichtungen die Aufgabe ebenfalls wahrnehmen[108].

Die kirchliche Stiftung zeigt sich zum anderen organisatorisch in der Nähe zum kirchlichen Auftrag[109]. Das ist bei satzungsmäßiger kommunaler Verwaltung nicht gegeben[110]. Eine rechtlich geordnete Bindung an

---

[106] Vgl. z. B. Stiftung Ev. Zentralpfarrkasse (KiGVBl. Baden 1981, S. 37, dazu *Niens*, Kirchengut [Anm. 3], S. 211 ff., zum Unterländer Ev. Kirchenfonds ebd. S. 71 ff.), Stiftung Ev. Versorgungsfonds Württemberg (ABl. Württ. Bd. 50, S. 304), Stiftung Altersversorgung der Pastoren und Kirchenbeamten in der Nordelbischen Ev.-luth. Kirche (KiGVOBl. 1983, S. 131).

[107] Zu Art. 36 BayStiG und den Problemen eines engeren Begriffs der kirchlichen Stiftung s. v. *Campenhausen*, Kirchl. Stiftungen (Anm. 83), § 23, Rdnrn. 12 und 13, *Achilles*, Aufsicht (Anm. 83), S. 184, sowie *Ludwig Renck*, Zur Problematik der Verwaltung religiöser Stiftungen durch die öffentliche Hand, in: DÖV 1990, S. 1047 ff.

[108] Beispiele einerseits für die Auslegung der „kirchlichen Aufgabe" und auch das mögliche Hineinwachsen in eine solche im Urt. des Nieders. OVG v. 16. 2. 1994 (13 L 8142/91), Bl. 12-14, und andererseits für eine säkularisierte Stiftung im Urt. des OVG Lüneburg, in: Nds. Rpfl. 1984, S. 127 f. = OVGE 37, 412 ff.

[109] Siehe vorher bei II 2 a. Vgl. auch Nieders. OVG (Anm. 108), Bl. 15!

[110] Vgl. BayVerfGH, in: BayVBl. 1985, S. 332 ff.; dazu *Renck*, Zur Problematik (Anm. 107), S. 1047 ff.

eine kirchliche Organisation ist erforderlich. Sie kann ausreichend sein, wenn der Stifterwille zu kirchlicher Verwaltung oder Beaufsichtigung geführt hat.

3. Teilnahme am allgemeinen Rechtsleben

Die „kirchliche Stiftung" als terminus technicus der landesrechtlichen Regelung kann verstanden werden als eine vom Staat bereitgestellte und von den Landeskirchen in Anspruch genommene Handlungsform kirchlicher Aktivitäten für den weltlichen Rechtsverkehr[111]. Die in der Stiftung rechtlich verselbständigte Funktionseinheit kirchlichen Wirkens soll und muß am allgemeinen Rechtsleben teilnehmen, um dem Stiftungszweck zu entsprechen. Bei Stiftungen des öffentlichen Rechts handeln die Kirchen allerdings im Rahmen der ihnen durch Art. 140 GG i. V. m. Art. 137 Abs. 3 und Abs. 5 WRV gewährleisteten Organisationsgewalt. Die Einordnung auch der öffentlich-rechtlichen kirchlichen Stiftungen in die staatliche Rechtsordnung ist zur Wahrung der Rechtseinheit und Rechtssicherheit — praktischer Fall: die vermögensrechtliche Vertretung — erforderlich. Insoweit stellen die entsprechenden Vorgaben in den süddeutschen Stiftungsgesetzen eine (als für alle geltendes Gesetz) zulässige Regelung dar. Für die kirchlichen Stiftungen des Privatrechts sind die vom Landesgesetzgeber jeweils gegenüber den Kirchen vorgezeichneten Strukturprinzipien ohnehin verfassungsrechtlich einwandfrei: Der Stifterwille ist maßgeblich, der Grundstock des Stiftungsvermögens muß erhalten bleiben, die Vermögenserträge dürfen nur dem Stiftungszweck entsprechend verwandt werden[112]; dies gilt für jedwede Stiftung.

Aus den genannten Prinzipien ergeben sich auch die Gründe für das unerläßliche Zusammenwirken von Staat und Kirchen bei der *Entstehung, Umwandlung und Aufhebung* von kirchlichen Stiftungen[113].

Für die Errichtung einer rechtsfähigen kirchlichen Stiftung ist ein staatlicher Hoheitsakt erforderlich[114]. Das Einvernehmen der Kirche muß vorliegen [115]. Die

---

[111] Vgl. zum folgenden statt vieler *Achilles*, Aufsicht (Anm. 83), S. 162 ff. mit Nachweisen.
[112] Vgl. in den StiGen der Länder: Bay. Art. 2 und Art. 10-12, Bad.-Württ. § 7, Berl. § 3, Brem. § 7, Hess. §§ 5 und 6, Meckl.-Vorp. § 10, Nieders. §§ 2 und 6, NW §§ 6-8, Rheinl.-Pfälz. §§ 3 und 13-15, Saarl. §§ 5 und 6, gem. StiG §§ 2 und 14, sowie im HambAGBGB § 7. Andererseits sind einige allg. Anforderungen bei kirchl. Stiftungen zurückgenommen: Vgl. in den StiGen der Länder: Bad.-Württ. § 25, Bay. Art. 37 Abs. 3 und Art. 39, Brem. § 16 Abs. 2, Meckl.-Vorp. § 26 Abs. 2, Nieders. § 20 Abs. 2, Rheinl.-Pfälz. § 44, Saarl. § 19 Abs. 2 sowie gem. StiG § 27.
[113] Vgl. im einzelnen *v. Campenhausen*, Kirchl. Stiftungen (Anm. 83), § 25.
[114] § 80 BGB und StiGe der Länder: Bad.-Württ. §§ 5 und 17, Bay. Art. 3-7, Berl. § 2, Brem. §§ 4 und 16 Abs. 2 S. 1, Meckl.-Vorp. § 7, Nieders. § 4, NW § 3,

einzelnen Voraussetzungen sind landesrechtlich bestimmt. Die nichtrechtsfähige kirchliche Stiftung entsteht durch innerkirchlichen Organisationsakt. Auch ihre Umwandlung berührt die staatliche Rechtsordnung nicht, während bei der rechtsfähigen kirchlichen Stiftung zur Umwandlung ein staatlicher Akt nötig und das Einvernehmen der zuständigen landeskirchlichen Stelle erforderlich sind[116]. Nach denselben Grundsätzen ist bei der Aufhebung zu verfahren.

Zur Klarheit des Rechtsverkehrs sind als Mindestanforderungen an die *Stiftungsverfassung* der kirchlichen Stiftung eindeutige Bestimmungen über Zweck, Sitz, Vermögensgrundlage sowie Art, Zusammensetzung und Befugnisse der Stiftungsorgane aufgegeben[117]. Für die *Stiftungsverwaltung* ist ergänzend auf die Grundsätze und Bestimmungen der Vermögensverwaltung in den Landeskirchen zu verweisen[118].

4. Aufsicht über kirchliche Stiftungen

Die Aufsicht über kirchliche Stiftungen ist staatlicherseits unter Beachtung der verfassungsrechtlich garantierten kirchlichen Selbstverwaltung konzipiert und in der kirchlichen Rechtsordnung mit Rücksicht auf die Selbstverwaltung der Stiftungen und auf die evangelische Freiheit der durch Stiftungen wirkenden Aktivitäten ausgestaltet[119]. Die Aufsicht ist vom Staat gewünscht und landesrechtlich durch die Stiftungsgesetze angeordnet. Vertraglich ist mit den Landeskirchen gemeinsam die Aufsicht über kirchliche Stiftungen lediglich in Niedersachsen durch Art. 7 Abs. 3 S. 1 des Ergänzungsvertrages zum Loccumer Vertrag und in Art. 8 Abs. 3 des am 20. 1. 1994 in Güstrow unterzeichneten Vertrages zwischen dem Land Mecklenburg-Vorpommern und den beiden evangelischen Kirchen des Landes geregelt. Die Länder haben sonst

---

Rheinl.-Pfälz. §§ 4, 10 und 42, Saarl. §§ 3 und 19 Abs. 2 S. 1, Schlesw.-Holst. §§ 2 und 18 Abs. 2 sowie gem. StiG § 27 Abs. 1.

[115] StiGe der Länder: Bad.-Württ. § 24, Bay. Art. 37, Brem. § 16 Abs. 2 S. 1, Hess. § 20 Abs. 2, Meckl.-Vorp. § 26 Abs. 1 S. 2, Nieders. § 20 Abs. 2, NW § 4 Abs. 3, Rheinl.-Pfälz. § 42, Saarl. § 19 Abs. 2 S. 1, Schlesw.-Holst. § 18 Abs. 2 sowie gem. StiG § 27 Abs. 1.

[116] StiGe der Länder: Bad.-Württ. § 26, Bay. Art. 17-19, Berl. § 5, Brem. §§ 9 und 16 Abs. 2 Nr. 4, Hess. § 20 Abs. 2, Meckl.-Vorp. § 26 Abs. 2 Nr. 2, NW § 13 Abs. 4, Rheinl.-Pfälz. § 43, Saarl. § 19 Abs. 2 Nr. 3, Schlesw.-Holst. §§ 6 und 18 Abs. 2 sowie gem. StiG § 27 Abs. 2.

[117] StiGe der Länder: Bad.-Württ. §§ 6 und 23, Bay. Art. 8 Abs. 2, Berl. § 3, Brem. §§ 5 und 16, Hess. § 4, Meckl.-Vorp. § 6, Nieders. § 5, NW § 5, Rheinl.-Pfälz. § 5 Abs. 2, Saarl. § 4, Schlesw.-Holst. § 3 und HambAGBGB § 6 sowie gem. StiG § 27 Abs. 3 S. 2.

[118] Vgl. oben I 4.

[119] Zum folgenden vgl. *v. Campenhausen*, Kirchl. Stiftungen (Anm. 83), § 28, *Achilles*, Aufsicht (Anm. 83) S. 207 ff., und *ders.*, Zur Aufsicht (Anm. 98), S. 192 ff. jeweils m. w. N.

in ihren Stiftungsgesetzen weitgehend auf die Ausübung staatlicher Aufsicht zugunsten einer geregelten und behördlich organisierten gleichwertigen, fachlich sachnäheren kirchlichen Aufsicht verzichtet [120]. Diese ist in aller Regel Rechtsaufsicht und wahrt die Einhaltung der staatlichen und kirchlichen Rechtsvorschriften (Stiftungsgesetze, Vermögensverwaltungsbestimmungen, Haushaltsordnungen) [121]. Die kirchliche Aufsicht kann auch gesamtkirchliche Erfordernisse zur Geltung bringen, zur Beförderung und Erfüllung des kirchlichen Auftrags kann sie auch Fachaufsicht sein. Der landeskirchliche Aufsichtsmaßstab sowie die Selbständigkeit und Verantwortung der Stiftung werden jedoch auch wesentlich durch Stifterwille, Satzung, Rechtscharakter der Stiftung und organisatorische Verbindung zur Landeskirche bestimmt. Die kirchliche Stiftungsaufsicht ist in kirchlichen Stiftungsgesetzen oder -verordnungen oder -aufsichtsgesetzen, die zum Teil auf Aufsichtsvorschriften der staatlichen Stiftungsgesetze verweisen, sowie in kirchlichen Verfassungsordnungen und Haushaltsbestimmungen geregelt [122].

a) Staatliche Aufsicht

In Berlin und Hamburg wird die staatliche Aufsicht über die kirchlichen Stiftungen in Anspruch genommen; in Baden-Württemberg kommt sie subsidiär zum Zuge, und dies muß auch für die östlichen Bundesländer gelten, solange und soweit die Landeskirchen dort nicht die ihnen zugestandene Aufsicht (§ 27 Abs. 3 des gemeinsamen Stiftungsgesetzes) durch ausreichende eigene Rechtsvorschriften geregelt haben, wie für

---

[120] StiGe der Länder: Bay. Art. 38 Abs. 1 und Art. 39, Brem. § 16 Abs. 2 Nr. 5, Hess. § 20 Abs. 4, Meckl.-Vorp. § 26 Abs. 2 Nr. 1 S. 2, Nieders. § 20 Abs. 2 S. 2, NW § 17, Saarl. § 19 Abs. 2 Nr. 4; bedingt nach Bad.-Württ.StiG §§ 25 Abs. 1 S. 2 und 28, Rheinl.-Pfälz.StiG § 45 Abs. 1 sowie gem. StiG § 27 Abs. 3 S. 1.

[121] StiGe der ev. Landeskirchen: Baden §§ 3, 6 und 7, Bayern Art. 6, Bremen §§ 4-6, Hannover §§ 4 und 5, Lippe und Westfalen § 7 Abs. 3, Mecklenburg §§ 4-6; Rheinland §§ 2-4, Württemberg §§ 4-6 und StiGe der Länder: Bad.-Württ. § 8 Abs. 1, Bay. Art. 23 Abs. 1, Berl. § 7 Abs. 2, Brem. § 11, Hess. § 10 Abs. 1, Nieders. § 10 Abs. 1, NW § 19 Abs. 1, Rheinl.-Pfälz. § 26, Saarl. § 10 Abs. 1, Schlesw.-Holst. § 8 und HambAGBGB § 8 Abs. 2 sowie gem. StiG § 18.

[122] Zu den landeskirchlichen StiGen vgl. Anm. 121. Beispiele zu den landeskirchlichen Verfassungs- und Vermögensverwaltungs- und Haushaltsordnungen vgl. bei *Achilles*, Aufsicht (Anm. 83), S. 295-299; ergänzend sei noch verwiesen auf § 32 Abs. 3 III Nr. 5 der Kirchenverfassung der Ev.-luth. Landeskirche Sachsens (ABl. 1990, S. A 5) und auf § 41 KGO der Ev.-Luth. Landeskirche Sachsens v. 13.4.1983 (ABl. S. A 33), zuletzt geändert durch KirchG v. 3.11.1993 (ABl. S. A 143), auf die Finanzordnung der Ev.-luth. Landeskirche Mecklenburgs (KABl. 1980, S. 17), die Kirchl. Verwaltungsordnung der Evang. Kirche Anhalts (KABl. 1975, S. 22) und das Kirchengesetz der Ev.-luth. Kirche in Thüringen über Vermögens- und Finanzverwaltung (ABl. 1958, S. 265).

die Mecklenburgische Landeskirche bereits geschehen. Die Aufsicht des Landes kann immer nur in den grundrechtlichen Schranken — die privatrechtlichen kirchlichen Stiftungen sind Träger der Grundrechte des Art. 4 GG[123] — und in den vom Staatskirchenrecht gezogenen Grenzen — die öffentlich-rechtlichen Stiftungen genießen das Selbstverwaltungsrecht — ausgeübt werden. Zu überwachen sind die Einhaltung des für alle geltenden Gesetzes und die Bindungen an allgemeine stiftungsrechtliche Grundsätze. Dabei muß die innerkirchliche freie Willensbildung erhalten bleiben. Die generelle Klausel lautet (im Niedersächsischen Stiftungsgesetz, übereinstimmend oder ähnlich in den Stiftungsgesetzen für Bremen, das Saarland und Hessen): „Die Aufsicht soll so gehandhabt werden, daß die Entschlußkraft und Verantwortungsfreudigkeit der Mitglieder der Stiftungsorgane nicht beeinträchtigt werden." Dementsprechend beziehend beziehen sich auch die Stiftungsgesetze in Hamburg und Berlin sowie das gemeinsame Stiftungsgesetz auf die allgemeinen einschlägigen Vorschriften über Bestandsschutz, Prüfungen, Rechnungslegung und Berichtspflicht. In den Stiftungsgesetzen der Länder Baden-Württemberg, Bayern, Nordrhein-Westfalen, Rheinland-Pfalz und Schleswig-Holstein sind weiterreichende Beschränkungen, insbesondere Kataloge von Genehmigungspflichten und -vorbehalten sowie — auch in Mecklenburg-Vorpommern — Anzeigepflichten festgelegt. Diese typischen Unterschiede haben auch Auswirkungen auf die kirchlichen Stiftungen und die landeskirchlichen Aufsichtsregelungen. Im übrigen ist das Nebeneinander von kirchlicher und staatlicher Aufsicht, wie es durch gleichartige Anordnungen oder durch Verweisung der kirchlichen Regelungen auf staatliche Vorschriften[124] oder Anknüpfung daran[125] zum Ausdruck kommt, für die Aufsichtsbefugnis unproblematisch. Soweit einzelne Landesgesetze im Umfang ihrer Aufsichtsbefugnisse die grundsätzlichen verfassungsrechtlichen Grenzen überschreiten, wäre die staatliche Praxis einzudämmen[126]. Angemessen erscheint auch die in Schleswig-Holstein vorgesehene Beteiligung kirchlicher Stellen zu einem Zusammenwirken bei staatlichen Aufsichtsmaßnahmen.

Gegenüber kirchlichen Stiftungen des öffentlichen Rechts kann die staatliche Aufsicht möglicherweise in die Eigenständigkeit kirchlicher Verwaltungsorganisation eingreifen. Die kirchenvertraglichen Vorlagepflichten dienen der Einordnung dieser Stiftungen in den allgemeinen

---

[123] BVerwGE 40, 347 (348 ff.)
[124] Art. 6 KiStiG Bayern, § 5 KiStiAufsG Hannover, §§ 5 und 6 KiStiAufsG Mecklenburg, § 4 Abs. 2 KiStiVO Württemberg.
[125] § 8 KiStiG Westfalen und § 2 Abs. 2 KiStiAufsG Rheinland.
[126] Einzelheiten siehe bei *Achilles*, Aufsicht (Anm. 83), S. 220 ff.

Rechtsverkehr. Hinsichtlich einer darüber hinausgehenden Kontrolle, wie sie sich aus dem Preußischen Kirchenvertrag oder den süddeutschen Stiftungsgesetzen herleiten läßt, ist verfassungsrechtlich Zurückhaltung geboten. Denn die Angelegenheiten der Landeskirchen sind nicht wie Teile der mittelbaren Staatsverwaltung zu behandeln.

Die kirchlichen Stiftungen des privaten Rechts sind zwar staatskirchenrechtlich Angelegenheit der Kirchen, aber nicht Teilorganisation der Verwaltung der verfaßten Kirche. Sie müssen die angebotene Rechtsform und die Ordnung des staatlichen Rechts einhalten, damit ein einheitlich sicherer Rechtsverkehr erhalten bleibt. Daß die dafür maßgeblichen staatlichen Bestimmungen eingehalten werden, überwacht die staatliche Aufsicht (in Berlin, Hamburg, Schleswig-Holstein) oder es ist nach Maßgabe landesgesetzlicher Regelung die landeskirchliche Aufsicht dafür zuständig. Der staatliche Begriff der kirchlichen Stiftung und ein bedingter Verzicht auf die staatliche Aufsicht korrespondieren so, daß immer eine Aufsicht gegeben ist und Aufsichtsfreiheit für kirchliche Stiftungen vermieden wird.

b) Kirchliche Aufsicht

Die nichtrechtsfähigen kirchlichen Stiftungen unterliegen nur mittelbar dadurch der kirchlichen Aufsicht, daß diese über ihren Rechtsträger in der Landeskirche geführt wird. Für die öffentlich-rechtlichen Stiftungen kann insoweit auf das allgemeine kirchliche Vermögensverwaltungsrecht und die haushaltsrechtlichen Regelungen verwiesen werden[127]. Dies gilt auch für die privatrechtlichen Stiftungen, bei denen allerdings nach dem Stifterwillen die kirchliche Aufsicht darauf gerichtet sein muß, daß der Stiftungszweck eingehalten wird. Ihre rechtsfähigen kirchlichen Stiftungen des öffentlichen Rechts beaufsichtigen die Landeskirchen allein nach ihren Ordnungen im Rahmen der von allgemeinem rechtsstaatlichem Verwaltungshandeln bestimmten Prinzipien[128].

Die von den Ländern weitgehend den Landeskirchen überlassene Aufsicht über die rechtsfähigen kirchlichen Stiftungen des Privatrechts nehmen die Landeskirchen sichtbar zunächst dadurch wahr, daß sie eigene spezielle Vorschriften erlassen haben. Das materielle Aufsichtsrecht ist in diesen Fällen das landeskirchliche Stiftungsaufsichtsrecht. Es handelt sich also nicht um eine Beleihung der Kirchen. Sie nehmen die Funktion aus eigenem Recht wahr. So sind die Landeskirchen bei

---

[127] Siehe oben I 4 c.
[128] Vgl. oben I 4 c und II 4.

60 Handbuch, 2. A.

der Regelung ihrer Obhut für die selbständigen privatrechtlichen kirchlichen Stiftungen lediglich an die Beschränkungen des für alle geltenden Gesetzes gebunden, im übrigen setzen sie kirchliches Recht und üben kirchliche Gewalt aus, auch wenn die Aufsicht mit auf die Einhaltung des geltenden staatlichen Stiftungsrechts ausgerichtet ist. Andererseits ist die kirchliche Regelung auch für das Land verbindlich. Die landeskirchlichen Maßnahmen der Stiftungsaufsicht wirken für den allgemeinen Rechtsverkehr[129].

Die Aufsichtsmittel sind die der kirchlichen Vermögensaufsicht (Rechtsaufsicht, Kontrolle, Schutz, Beratung). In den meisten landeskirchlichen Aufsichtsvorschriften ist vorgesehen, daß im Aufsichtswege getroffene Anordnungen im Wege der Ersatzvornahme durchgesetzt werden. Das äußerste wäre die Entziehung der kirchlichen Anerkennung; damit würde die Erzwingung durch die staatliche Aufsicht möglich.

Eine wirksame kirchliche Aufsicht ist den kirchlichen Stiftungen vonnöten und nützlich. So haben die Landeskirchen des Bundes Evangelischer Kirchen in der Zeit, als die Vorschriften des Einführungsgesetzes zum Zivilgesetzbuch den Stiftungen bedrohlich werden konnten, praktisch durch ihre kompetent und in geordneter Organisation ausgeübte Stiftungsaufsicht durchweg den kirchlichen Stiftungen Schutz und Hilfe geben können. Das notdürftig Bewahrte kann sich nun auch bei den östlichen Landeskirchen in der staatskirchenrechtlichen Ordnung und Freiheit unter dem Grundgesetz zu bestimmungsgemäßer Wirksamkeit entfalten. An staatlicher Förderung und Begünstigung von Stiftungen (z. B. durch Steuerbefreiungen, die auch für anderes Kirchenvermögen gelten) haben kirchliche Stiftungen teil.

---

[129] Vgl. oben I 4 b und c zu den kirchenaufsichtlichen Genehmigungsvorbehalten und zu den vermögensrechtlichen Vertretungen.

§ 34

Die Vermögensverwaltung und das Stiftungsrecht im Bereich der katholischen Kirche

Von Wolfgang Busch[1]

A. Das Kirchenvermögen aus der Sicht des kirchlichen und staatlichen Rechts

I. Der Begriff des Kirchenvermögens

Das Kirchenvermögen umfaßt irdische Güter, einerlei, ob es sich um körperliche Güter beweglicher (Gerätschaften, Bilder, Bücher) oder unbeweglicher Art (z. B. Grundstücke, Gebäude) oder ob es sich um unkörperliche Güter (Urheberrechte oder Forderungsrechte an Dritte auf geldwerte Leistungen) handelt. Gegenstand des Kirchenvermögens sind nicht nur jene Güter, die im Eigentum eines kirchlichen Rechtsträgers stehen, sondern auch solche Güter, an denen die Kirche geldwerte Rechte, seien sie dinglicher oder schuldrechtlicher Art, besitzt.[2] Bei der Kennzeichnung des Kirchenvermögens stellt das neue katholische Kirchenrecht des Codex Iuris Canonici vom 25.1.1983 auf die spezifische Zweckbestimmung der Vermögensstücke und den öffentlichen Charakter des kirchlichen Rechtsträgers ab.

Kirchenvermögen im Sinne des Kodex von 1983 ist die Gesamtheit der einer öffentlichen juristischen Person in der Kirche gehörenden oder zugeordneten geldwerten Rechte zur Bestreitung der Aufwendungen für

---

[1] Die nachstehende Abhandlung bildet die in vieler Hinsicht überarbeitete und erheblich erweiterte Neufassung des Beitrags „Staatskirchenrechtliche Bestimmungen zum Kirchenvermögens- und Stiftungsrecht im Bereich der katholischen Kirche", den Prof. Dr. *Siegfried Marx*, Frankfurt a. M., 1975 in Band II der ersten Auflage des Handbuchs des Staatskirchenrechts der Bundesrepublik Deutschland veröffentlicht hat.

[2] *Klaus Mörsdorf*, Lehrbuch des Kirchenrechts. 11. Aufl., Bd. 2, München, Paderborn, Wien 1967, S. 493 f.; *Josef Wenner*, Kirchliches Vermögensrecht. 3. Aufl., Paderborn 1940, S. 7; *Paul Mikat*, Kirchen und Religionsgemeinschaften, in: Bettermann / Nipperdey / Scheuner (Hrsg.), Die Grundrechte. Bd. IV / 1, Berlin 1960, S. 220 f.

die ordentliche Durchführung des Gottesdienstes, die Sicherstellung des angemessenen Unterhalts des Klerus und anderer Kirchenbediensteter sowie zur Finanzierung der Werke des Apostolats und der Caritas.[3] Öffentliche juristische Personen sind nach dem Kodex von 1983 solche, die im Rahmen einer kirchenamtlich vorgegebenen Zielsetzung „nomine Ecclesiae" handeln.[4] Auf das ihnen zugeordnete Vermögen findet das Vermögensrecht der Kirche primär Anwendung.

Nach dem Verständnis im staatlichen Rechtsbereich läßt sich das Kirchenvermögen entsprechend den allgemeinen Grundsätzen des Verwaltungsrechts unterteilen, und zwar in Verwaltungsvermögen und Finanzvermögen.[5] Unter kirchlichem Verwaltungsvermögen ist das Vermögen zu verstehen, das unmittelbar kirchlichen Zwecken dient, z. B. Kirchengebäude, Pfarrhäuser, kirchliche Verwaltungsgebäude, Glokken, Friedhöfe, Kelche, Monstranzen und Altäre. Eine Unterart des Verwaltungsvermögens bildet das eigentliche Kultusvermögen, insbesondere die res sacrae, z. B. Kirche, Kelch, Altar. Das Wirtschaftsvermögen, mag es sich um Haus- oder Ackervermögen oder Geldanlagen handeln, dient der Kirche nur mittelbar, nämlich mit seinen Erträgnissen.[6]

Von der *Zweckbestimmung* her unterscheiden sich im ortskirchlichen Bereich das Gotteshaus- und das Pfründevermögen. Das Gotteshausvermögen umfaßt neben dem Kirchengebäude, seiner Ausstattung und dem kultischen Zubehör als Verwaltungsvermögen auch Wirtschaftsvermögen, dessen Erträgnisse für gottesdienstliche Zwecke bestimmt sind. Das einem Kirchenamt jeweils zugeordnete Pfründegut dient mit seinen Einkünften dem Unterhalt der Amtsinhaber. Apostolischen und karitativen Aufgaben gewidmetes Ortskirchenvermögen findet sich außerhalb der Pfarrcaritas vor allem bei kirchlichen Wohlfahrtsanstalten, z. B. Krankenhäusern, Altenheimen, Waisenhäusern, soweit sie in ortskirchlicher Trägerschaft stehen. Vielfach müssen Kultus-, Besoldungs- und sonstige kirchliche Aufgaben zentral finanziert werden. Die erforderlichen Mittel werden teils vom Staat zur Verfügung gestellt, teils als

---

[3] *Winfried Schulz*, Grundfragen kirchlichen Vermögensrechts, in: HdbKathKR, S. 869; c. 1254 § 2 CIC / 1983; *Hans Heimerl / Helmuth Pree / Bruno Primetshofer*, Handbuch des Vermögensrechts der katholischen Kirche. Regensburg 1993, S. 56 f.

[4] *Schulz*, Grundfragen (Anm. 3), S. 867; vgl. auch c. 116 CIC / 1983; *Heimerl / Pree / Primetshofer*, Hdb. d. Vermögensrechts (Anm. 3), S. 94.

[5] *Ernst Forsthoff*, Lehrbuch des Verwaltungsrechts. 8. Aufl., Bd. 1, München und Berlin 1961, S. 326.

[6] Vgl. hierzu *Hubert Lenz*, Die Kirche und das weltliche Recht. Köln 1956, S. 249, 260; *Martin Heckel*, Staat, Kirche, Kunst. Rechtsfragen kirchlicher Kulturdenkmäler. Tübingen 1968, S. 184.

Kirchensteuer oder andere Abgaben erhoben. Sammelbecken der Finanzmittel sind heute weitgehend die Diözesen. Für überdiözesane kirchliche Aufgaben steht im Rahmen des durch Umlagen der (Erz-)-Diözesen finanzierten Haushalts des Verbandes der Diözesen Deutschlands ein überdiözesanes Vermögen zur Verfügung. Im überdiözesanen Bereich treten die unmittelbar gottesdienstlichen Zwecke zugunsten der apostolischen und karitativen Aufgaben in den Hintergrund.[7]

II. Der Schutz des Kirchenvermögens

Der Schutz des kirchlichen Vermögens hat seine Grundlage in der Kirchengutsgarantie des Art. 138 Abs. 2 WRV, der durch Art. 140 GG inkorporiert oder rezipiert worden ist. Während in der Weimarer Zeit davon ausgegangen wurde, daß Art. 138 Abs. 2 WRV lediglich einen Schutz gegen entschädigungslose Enteignung darstelle,[8] hat sich inzwischen die Auffassung durchgesetzt, daß diese Schutzbestimmung ein verfassungsrechtliches Säkularisationsverbot beinhaltet, das über die Eigentumsgarantie des Art. 14 GG in zweifacher Hinsicht hinausgeht: Geschützt wird das Religionsgut vor jeder Beeinträchtigung der freien kirchlichen Verfügungsmacht und zugleich auch in seiner öffentlichen Funktion im kirchlichen Organismus.[9] Im Unterschied hierzu schützt Art. 14 GG lediglich das privatrechtliche Verhältnis der Kirchen zu ihrem Vermögen. Das Säkularisationsverbot ist im Gegensatz zur Eigentumsgarantie des Art. 14 GG, die jede Art und jeden Bestandteil privaten Eigentums gleichmäßig betrifft, abgestuft nach dem Intensitätsgrad der Funktionsbezogenheit.[10] Art. 138 Abs. 2 WRV gilt nur für die res sacrae, also insbesondere Kirchengebäude und ihre Ausstattung, ausnahmslos. Sie können, falls nicht das Einverständnis der Religionsgemeinschaft vorliegt, nicht enteignet werden. Der Umfang des Schutzes des Verwaltungsvermögens ist hingegen an seiner Funktionstaug-

---

[7] *Schulz*, Grundfragen (Anm. 3), S. 871 f.

[8] *Gerhard Anschütz*, Die Verfassung des deutschen Reichs vom 11. August 1919. Nachdr. der 14. Aufl., Darmstadt 1960, Art. 138, Anm. 7.

[9] *Johannes Heckel*, Kirchengut und Staatsgewalt. Ein Beitrag zur Geschichte und Ordnung des heutigen gesamtdeutschen Staatskirchenrechts, in: Helmut Quaritsch / Hermann Weber (Hrsg.), Staat und Kirchen in der Bundesrepublik. Staatskirchenrechtliche Aufsätze 1950-1967. Bad Homburg v. d. H., Berlin, Zürich 1967, S. 66 ff.; *Axel Frhr. v. Campenhausen*, Staatskirchenrecht. 2. Aufl., München 1983, S. 191 f.

[10] *Siegfried Grundmann*, Säkularisation, in: EvStL³ II, Sp. 3032, 3035 f.; *Axel Frhr. v. Campenhausen*, Eigentumsgarantie und Säkularisationsverbot im Grundgesetz, in: BayVBl. 1971, S. 336 f.

lichkeit orientiert. Gegenstände des Verwaltungsvermögens, z. B. kirchliche Verwaltungsgebäude, sind vertretbar, d. h. sie können durch andere Gebäude von entsprechender Größe, Zweckmäßigkeit und Güte ersetzt werden, sofern die Funktionstauglichkeit gewährleistet ist. Eine Enteignung des kirchlichen Verwaltungsvermögens ist bei vollem Wertersatz möglich.

Bei dem übrigen kirchlichen Vermögen schwächt sich die Schutzfunktion des Art. 140 GG i. V. m. Art. 138 Abs. 1 WRV in dem Maße ab, in dem die Nähe zu spezifisch kirchlichen Funktionen abnimmt. Bei unmittelbar kirchlichen Zwecken dienendem Vermögen, wie dem der Pfründen und Kirchenstiftungen, ist die Angemessenheit der Entschädigung strenger zu beurteilen als bei kirchlichem Finanzvermögen, dessen Wirtschaftsertrag lediglich kirchlichen Zwecken zugute kommt.[11] Für das Finanzvermögen, das nicht oder in stark abgeschwächter Form durch Art. 138 Abs. 2 WRV geschützt ist, wird Art. 14 GG als allgemeine Eigentumsgarantie wirksam.[12] Gegen Eingriffe in die Rechte aus Art. 138 Abs. 2 WRV steht den Kirchen der ordentliche Rechtsweg offen.[13] Begünstigt sind die kirchlichen Rechtspersonen öffentlichen Rechts, die auch nach allgemeinem Kirchenrecht (CIC / 1983) den Status einer öffentlichen juristischen Person in der Kirche haben. Hierzu gehören die teilkirchlichen Verbände, z. B. die mit den Pfarreien (c. 515 § 3 CIC / 1983) identischen Kirchengemeinden, sowie diejenigen selbständigen Stiftungen und Anstalten, deren Vermögen mit Zustimmung der Kirche eine öffentlich-kirchliche Funktion besitzt. Rechte aus der Schutzvorschrift des Art. 138 Abs. 2 WRV können allerdings nur für die gesamtkirchliche Ordnung geltend gemacht werden.[14] Im Rahmen der kirchlichen Vereine sind solche Vereine geschützt, die mit ihrem Vermögen eine öffentlich-kirchliche Aufgabe wahrnehmen (cc. 313 ff. CIC / 1983), oder es ist Voraussetzung, daß die Kirche wenigstens die Tätigkeit des Vereins als kirchlichen Dienst anerkennt.[15]

Während das Kirchenvermögen dingliche und obligatorische Elemente erfaßt, kommen als *öffentliche Sachen* lediglich körperliche Gegenstände, nicht auch Rechte in Betracht. Der Sachbegriff ist jedoch weiter

---

[11] *v. Campenhausen,* Staatskirchenrecht (Anm. 9), S. 191 f.

[12] *Maunz,* in: Maunz / Dürig, Grundgesetz. Kommentar. Art. 140 GG / Art. 138 WRV, Rdnr. 12; *v. Mangoldt / Klein / v. Campenhausen,* Art. 140 GG / Art. 138 WRV, Rdnr. 33 m. w. N.

[13] BGHZ 9, 339; *Maunz,* in: Maunz / Dürig (Anm. 12), Art. 140 GG / Art. 138 WRV, Rdnr. 14.

[14] *J. Heckel,* Kirchengut (Anm. 9), S. 71 f.: Einer Kirchengemeinde stehen beispielsweise diese Rechte gegenüber einer Diözese nicht zu.

[15] *J. Heckel,* ebd., S. 70 f.

als der des bürgerlichen Rechts.¹⁶ Aufgrund ihrer Stellung als Körperschaft des öffentlichen Rechts haben die Kirchen die Befugnis, Sachen durch Widmung den Status einer öffentlichen Sache zu verleihen, und zwar mit der Wirkung, daß sie dann auch für die staatliche Rechtsordnung öffentliche Sachen sind.¹⁷ Diese Rechtslage beruht unmittelbar auf Verfassungsrecht. Einer zusätzlichen staatlichen Mitwirkung oder Anerkennung bedarf es nicht.¹⁸ Obwohl die kirchliche Widmung nicht in Ausübung staatlicher Gewalt erfolgt, kommt ihr eine Bestandskraft zu, die es rechtfertigt, sie in ihren Wirkungen einem staatlichen Verwaltungsakt gleichzustellen.¹⁹ Gleiches gilt für den actus contrarius der Entwidmung.²⁰ Steht eine Sache nicht im Eigentum der Religionsgemeinschaft, so ist Voraussetzung der Widmung — jedenfalls was die Wirkung nach staatlichem Recht angeht —, daß der Eigentümer zustimmt.²¹ Widmungsfähig sind nur die dem kirchlichen Dienst unmittelbar dienenden Sachen, die dem Verwaltungsvermögen der Kirchen angehören; insbesondere die res sacrae.²² Durch die Widmung wird das privatrechtliche Eigentum vom öffentlich-rechtlichen Widmungszweck überlagert. Der öffentliche Status der Sache schließt alle den Widmungszweck beeinträchtigenden rechtlichen Verfügungen und tatsächlichen Veränderungen aus. Es kann zwar privatrechtlich Eigentum

---

16 Vgl. *Forsthoff*, Verwaltungsrecht (Anm. 5), S. 327 f.

17 *Ernst Forsthoff*, Res sacrae, in: AöR 31 (1940), S. 209 f.; *Werner Weber*, Zur staatskirchenrechtlichen Bedeutung des Rechts der öffentlichen Sachen, in: ZevKR 11 (1964/65), S. 114 f.; *Hans-Peter Muus*, Kirchengut und öffentliche Sachen, ebd., S. 123 f.; *Hermann Weber*, Die Religionsgemeinschaften als Körperschaften des öffentlichen Rechts im System des Grundgesetzes. Berlin 1966, S. 124 f.; *v. Campenhausen*, Staatskirchenrecht (Anm. 9), S. 139; BayObLGZ 1967, 93 (99) = KirchE 9, 80 (87 f.); VGH München, in: ZevKR 33 (1988), S. 216 (220).

18 *v. Mangoldt / Klein / v. Campenhausen*, Art. 140 GG / Art. 137 WRV, Rdnr. 171 m. w. N.

19 VG München, in: BayVBl. 1985, S. 281 (282) = ZevKR 30 (1985), S. 226 (230); die Widmung verbindet sich vielfach mit gottesdienstlichen Handlungen in Form der Weihe, für die das katholische Kirchenrecht verschiedene Formen entwickelt hat, vgl. dazu *Heinrich J. F. Reinhardt*, Geweihte Stätten, in: HdbKathKR, S. 648 f.

20 VGH München, in: ZevKR 33 (1988), S. 216 (219); VG München, in: BayVBl. 1985, S. 281 (282) = ZevKR 30 (1985), S. 226 (230).

21 BayObLG, in: BayVBl. 1981, S. 438 (440) = KirchE 18, 358 (363); VGH München, in: ZevKR 30 (1985), S. 216 (220 f.); *Bernhard Schlink*, Neuere Entwicklungen im Recht der kirchlichen öffentlichen Sachen und der res sacrae, in: NVwZ 1987, S. 634; HdbBayStKirchR, S. 227.

22 *W. Weber*, Öffentliche Sachen (Anm. 17), S. 115; *M. Heckel*, Staat, Kirche, Kunst (Anm. 6), S. 243; *H. Weber*, Religionsgemeinschaften (Anm. 17), S. 124; *v. Campenhausen*, Staatskirchenrecht (Anm. 9), S. 139; *Muus*, Kirchengut (Anm. 17), S. 123 f.; *Hans Jürgen Papier*, Recht der öffentlichen Sachen. 2. Aufl., Berlin, New York 1984, S. 33 f.

erworben oder veräußert werden, aber die widmungsmäßige Zweckbindung bleibt unberührt.[23] Das Funktionsverhältnis der Statusbindung ist vom Staat mit dem gleichen Vorrang zu respektieren, der dem weltlichen öffentlichen Verwaltungsvermögen zukommt.

Die Ordnung und Verwaltung des Kirchenguts ist Bestandteil des kirchlichen Selbstbestimmungsrechts und unterliegt den Schranken der „für alle geltenden Gesetze". Hierzu gehört das Zivilrecht ebenso wie die Gesetze des öffentlichen Rechts, die die Grundlagen der für jedermann verbindlichen öffentlichen Ordnung konstituieren (z. B. Bauordnungs- und Planungsrecht usw.).[24] Die staatliche Gesetzgebung hat jedoch — und darin liegt die Rechtsbedeutung der Kirchengutsgarantie — die öffentliche Funktion und die Widmung des Kirchenvermögens angemessen zu berücksichtigen. Nur unter besonders einschränkenden Umständen können die Kirchen einem Anspruch auf Entwidmung ausgesetzt sein, der wegen des öffentlich-rechtlichen Charakters der Entwidmung im Wege der allgemeinen Leistungsklage vor den staatlichen Verwaltungsgerichten geltend zu machen ist.[25]

Die Landesverfassungen von Bayern, des Landes Rheinland-Pfalz und des Saarlandes[26] haben Vorschriften aufgenommen, die denen des Art. 138 Abs. 2 WRV vergleichbar sind. Auch in Konkordaten und Staatskirchenverträgen finden sich Kirchengutsverbürgungen, die sich an Art. 138 Abs. 2 WRV orientieren.[27]

---

[23] *v. Mangoldt / Klein / v. Campenhausen*, Art. 140 GG / Art. 137 WRV, Rdnr. 169 m. w. N. in Fn. 101-103.

[24] *M. Heckel*, Staat, Kirche, Kunst (Anm. 6), S. 244; *Muus*, Kirchengut (Anm. 17), S. 135. Zur Gesamtproblematik vgl. *Rainer Mainusch*, Das kirchliche öffentliche Sachenrecht, in: ZevKR 38 (1993), S. 26 f.

[25] VG München, in: BayVBl. 1985, S. 281 (283) = ZevKR 30 (1985), S. 226 (231 f.); *Konrad Hesse*, Das neue Bauplanungsrecht und die Kirchen, in: ZevKR 5 (1956), S. 62 f.; *Dirk Ehlers*, Die gemeinsamen Angelegenheiten von Staat und Kirche, in: ZevKR 32 (1987), S. 158 (166 u. 169); VGH München, in: ZevKR 33 (1988), S. 216 (226 f.).

[26] Art. 146 BayVerf., Art. 44 Rheinl.-PfalzVerf., Art. 38 SaarVerf.

[27] Art. 17 Abs. 1 RK; Art. 5 Abs. 1 PreußK; Art. V Abs. 1 und Schl. Prot. BadK; Art. 2 Abs. 2, 10 § 4 BayK; Art. 17 NiedersK; jeweils Art. 5 der Staatskirchenverträge der katholischen Bistümer mit Rheinland-Pfalz vom 18. 9. 1975 und dem Saarland vom 10. 2. 1977 sowie des Staatskirchenergänzungsvertrages mit Hessen vom 29. 3. 1974; sämtlich abgedr. bei *Joseph Listl* (Hrsg.), Die Konkordate und Kirchenverträge in der Bundesrepublik Deutschland. 2 Bde., Berlin 1987.

B. Grundsätzliche Probleme des Kirchenvermögensrechts in der Bundesrepublik Deutschland

I. Das staatliche Interesse am kirchlichen Vermögens- und Stiftungsrecht und seine Grenzen

Die katholische Kirche beansprucht für sich als Ganzes wie für ihre einzelnen Rechtsträger das angeborene Recht, frei und unabhängig von der staatlichen Gewalt irdische Güter zu den ihr eigenen Zwecken zu erwerben, zu besitzen und zu verwalten (c. 1254 § 1 CIC / 1983). Unbeschadet dieser grundsätzlichen Feststellung muß die kirchliche Vermögensverwaltung in den verschiedenen Staaten jedoch darauf bedacht sein, eine vom staatlichen Recht anerkannte Organisation aufzubauen und ihre Rechtsgeschäfte in einer für den staatlichen Bereich wirksamen Weise durchzuführen.[28] Vom Staat her gesehen sind die Kirchen, obschon mit besonderen Eigenarten ausgestattet, doch innerhalb des Staates existierende und eine „weltliche" Seite besitzende Organisationserscheinungen, die der Staat angesichts seiner Verantwortung für das weltliche Gemeinwesen nicht in jeder Hinsicht aus seinem Zuständigkeitsbereich entlassen kann, die er vielmehr in irgendeiner Form ins staatliche Recht einfügen muß.[29]

Die Bundesrepublik Deutschland hat diesen Erwägungen in Art. 140 GG i. V. m. Art. 137 Abs. 3 und 5 WRV entsprochen. Auch der Kodex von 1983 gewährt in c. 1290 im Hinblick auf die Teilnahme kirchlicher Rechtsträger am staatlichen Rechtsverkehr dem staatlichen Vertragsrecht den Vorrang, soweit dies nicht dem ius divinum widerspricht oder das kanonische Recht im Einzelfall etwas anderes bestimmt. Kaum ein Gebiet der kirchlichen Verwaltung berührt die staatlichen Interessen in einem so starken Maße, wie es bei der kirchlichen Vermögensverwaltung und dem kirchlichen Vermögensrecht der Fall ist.[30] Man wird heute nicht mehr, wie zur Zeit der Korrelatentheorie, von einem mehr oder minder umfassenden Aufsichtsrecht des Staates über die kirchliche Vermögensverwaltung ausgehen dürfen,[31] jedoch ist dem Staat unter

---

[28] *Mörsdorf,* Kirchenrecht (Anm. 2), S. 323, 493, 524; *v. Campenhausen,* Staatskirchenrecht (Anm. 9), S. 135 f.

[29] *Josef Jurina,* Der Rechtsstatus der Kirchen und Religionsgemeinschaften im Bereich ihrer eigenen Angelegenheiten. Berlin 1972, S. 19.

[30] *Godehard Josef Ebers,* Staat und Kirche im neuen Deutschland. München 1930, S. 359.

[31] *Konrad Hesse,* Staatskirchenrechtliche Voreiligkeiten?, in: ZevKR 6 (1957 / 58), S. 179; *Ulrich Scheuner,* Kirchen und Staat in der neueren Rechtsentwicklung, in: ZevKR 7 (1959 / 60), S. 268; *Mikat,* Kirchen (Anm. 2), S. 169; *Hermann*

dem Gesichtspunkt der Ordnung des Rechtsverkehrs ein Interesse an einer geordneten Vermögensverwaltung zuzugestehen. Eine Absicherung dieses Interesses findet sich vielfach in den Konkordaten und Staatskirchenverträgen.[32]

II. Staatliche und kirchliche Gesetzgebung im Bereich des Kirchenvermögensrechts

Für die Beantwortung der grundsätzlichen Frage der Rechtsetzung im Bereich des kirchlichen Vermögens- und insbesondere Vermögensverwaltungsrechts — die einzelnen Rechtsquellen werden später im Rahmen der Behandlung der länderbezogenen Partikularrechte erörtert — ist vorab allgemein die Stellung der Kirche im staatlichen Verfassungsrecht zu umschreiben. Nach dem Grundgesetz ist die Kirche eine Körperschaft des öffentlichen Rechts, und zwar eine solche eigener Art. Diese Rechtsstellung hat sie kraft staatlicher Anerkennung.[33] Die öffentlich-rechtliche Korporationsqualität des Art. 137 Abs. 5 WRV beinhaltet im Zusammenhang mit dem Selbstbestimmungsrecht gemäß Art. 137 Abs. 3 WRV einmal die Eigenständigkeit der Kirchen im Bereich ihrer eigenen Angelegenheiten und zum anderen Autonomie im Sinne einer verliehenen Rechtsetzungsmacht hinsichtlich der kirchlichen Regelungen, die im staatlichen Zuständigkeitsbereich eine unmittelbare Rechtswirkung entfalten.[34] Eigenständigkeit und Autonomie bilden somit keinen Gegensatz, sondern ergänzen einander.

Das im Rahmen der Autonomie gesetzte kirchliche Recht genießt staatliche Anerkennung. Es ist aufgrund des Körperschaftsstatus der Kirchen öffentliches Recht. Staatliche Behörden und Gerichte müssen dieses Recht anwenden. Es bindet ebenso jeden Teilnehmer am weltli-

---

Weber, Grundprobleme des Staatskirchenrechts. Bad Homburg v. d. H., Berlin, Zürich 1970, S. 59.

[32] Z. B. jeweils Art. 4 der in Anm. 27 aufgeführten Staatskirchenverträge betr. Rheinland-Pfalz und das Saarland und des Staatskirchenergänzungsvertrages in Hessen; § 8 der Anlage zu Art. 13 NiedersK.

[33] *Ernst Friesenhahn*, Die Kirchen und Religionsgemeinschaften als Körperschaften des öffentlichen Rechts, in: HdbStKirchR¹ I, S. 549 ff., 562, 576 f.; *Ulrich Scheuner*, Die staatskirchenrechtliche Tragweite des niedersächsischen Kirchenvertrages von Kloster Loccum, in: ZevKR 6 (1957/58), S. 1, 24; ders., Kirchen und Staat in der neueren deutschen Entwicklung, in: ZevKR 7 (1959/60), S. 258; *v. Campenhausen*, Staatskirchenrecht (Anm. 9), S. 95 f.; BVerfGE 18, 385 (386 f.), und 30, 415 (428).

[34] BVerfGE 18, 387 f., und 19, 266 f.; *H. Weber*, Religionsgemeinschaften (Anm. 17), S. 121; a. A. *Mikat*, Kirchen (Anm. 2), S. 173, der Autonomie nur hinsichtlich der kirchlichen Steuersatzungen annimmt.

chen Rechtsverkehr.³⁵ Ausgehend von diesen Voraussetzungen und unter Berücksichtigung dessen, daß das Kirchenvermögensrecht zu den eigenen Angelegenheiten der Kirche gehört und nur hinsichtlich bestimmter Gesichtspunkte — z. B. Regelung der Vertretung kirchlicher juristischer Personen, Genehmigungsvorbehalte für Rechtsgeschäfte mit Wirkung gegenüber Dritten — in die staatliche Mitwirkungssphäre reicht, liegt die Rechtsetzungsbefugnis grundsätzlich nicht bei dem Staat, sondern bei der Kirche. Sie hat das Recht, ihr Vermögensverwaltungsrecht eigenständig zu regeln. Voraussetzungen sind nur, daß die Vertretungsbefugnisse kirchlicher juristischer Personen ordnungsgemäß geregelt und bei sonstigen in den staatlichen Bereich hineinwirkenden Regelungen rechtsstaatliche Grundsätze beachtet werden und sie nicht im Widerspruch zum verfassungsmäßigen staatlichen Recht stehen.³⁶

Eine subsidiäre staatliche Rechtsetzungsbefugnis wird für den Fall bejaht, daß das für alle geltende Gesetz eine kirchenrechtliche Regelung fordert und die Kirche eine solche Regelung nicht erläßt.³⁷ Unbedenklich sind die kirchenvertraglichen Regelungen, in denen die Freiheit der kirchlichen Rechtsetzung, verbunden mit dem Hinweis auf die Notwendigkeit einer geordneten vermögensrechtlichen Vertretung, gewährleistet ist. Dies gilt auch für die Einräumung eines staatlichen Einspruchsrechtes, da es sich hier um eine freiwillige Vereinbarung zwischen Staat und Kirche handelt, die das kirchliche Selbstbestimmungsrecht nicht einengt.³⁸ Macht die Kirche von ihrer Autonomie Gebrauch und trifft sie etwaige Bestimmungen darüber, inwieweit ein kirchliches Vertretungsorgan in seiner Vertretungsmacht beschränkt ist, bedarf es hierzu aus der Sicht des staatlichen Rechts einer kirchlichen Satzung,³⁹ soweit

---

35 *v. Campenhausen*, Staatskirchenrecht (Anm. 9), S. 139 f.; *Werner Knüllig*, Kirchliche Genehmigungsvorbehalte und Veräußerungsverbote, in: ZevKR 12 (1966/67), S. 132 f.; *H. Weber*, Religionsgemeinschaften (Anm. 17), S. 121.

36 *Erich Ruppel*, Die Gemengelage von staatlichem und kirchlichem Recht und der kirchliche Rechtsbegriff, in: FS für Karl Michaelis. Göttingen 1972, S. 267 f., 275 ff.; *Mikat*, Kirchen (Anm. 2), S. 188; im Ergebnis auch *H. Weber*, Religionsgemeinschaften (Anm. 17), S. 121 f., und *Dietrich Pirson*, Kirchliches Recht in der weltlichen Rechtsordnung, in: FS für Erich Ruppel. Hannover, Berlin und Hamburg 1968, S. 288, 291 ff.

37 *Hanns Engelhardt*, Anm. zu VG Aachen, in: JZ 1972, S. 740; *Ebers*, Staat und Kirche (Anm. 30), S. 373 f., 388.

38 BVerfGE 18, 388; *Mikat*, Kirchen (Anm. 2), S. 181; vgl. auch Anm. 32.

39 Satzung im Sinne einer nach außen wirkenden Vorschrift einer öffentlich-rechtlichen Körperschaft, vgl. *Forsthoff*, Verwaltungsrecht (Anm. 5), S. 130 f.; *Mörsdorf*, Kirchenrecht (Anm. 2), S. 538, 540; *Clemens Heinrichsmeier*, Das kanonische Veräußerungsverbot im Recht der Bundesrepublik Deutschland. Amsterdam 1970, S. 129; *Mikat*, Kirchen (Anm. 2), S. 180. Zur kirchlichen Regelungskompetenz in Vermögensangelegenheiten vgl. auch OLG Hamburg, in: ZevKR 28 (1983), S. 290 f.

sich nicht derartige Zuständigkeitsregelungen und Beschränkungen in Einzelfällen durch ständige und allgemeine Übung gewohnheitsrechtlich begründen lassen.[40] Die kirchliche Satzung bedarf aufgrund der vorstehend dargestellten verfassungsrechtlichen Ermächtigung keiner zusätzlichen gesetzlichen Ermächtigung, sondern unterliegt lediglich dem Recht der staatlichen Erinnerung für den Fall der Nichterfüllung rechtsstaatlicher Mindestanforderungen.[41]

Zur kirchlichen Normsetzungsbefugnis gehört auch die *eigenständige Form der Bekanntmachung*.[42] Es genügt daher die Veröffentlichung kirchlicher Vorschriften in kirchlichen Amtsblättern. Die zusätzliche Publikation in staatlichen Verkündungsblättern dient der Rechtssicherheit, ist nicht Wirksamkeitsvoraussetzung. Auch bei gesetzlichen und staatskirchenrechtlichen Publikationsvorbehalten hat die Gültigkeit kirchlicher Vorschriften *nicht* die staatliche Publikation zur Voraussetzung.[43] Die staatliche Anerkennung der Gültigkeit allein kirchenamtlich publizierter Satzungen kann durch die Rechtspraxis belegt werden.[44]

---

[40] *Heinrichsmeier*, Veräußerungsverbot (Anm. 39), S. 131, 145.

[41] Vgl. *Ruppel*, Die Gemengelage (Anm. 36), S. 267 f., 275-277; *Jurina*, Der Rechtsstatus (Anm. 29), S. 131; *Mikat*, Kirchen (Anm. 2), S. 188. Über Art. 140 GG i. V. m. Art. 137 WRV hinaus bedarf es keiner staatlichen Mitwirkung oder Sanktion als Wirksamkeitsvoraussetzung kirchlicher Rechtsetzung, die den staatlichen Bereich tangiert; vgl. *Friesenhahn*, Kirchen (Anm. 33), S. 550 f., 565; *Konrad Hesse*, Das Selbstbestimmungsrecht der Kirchen und Religionsgemeinschaften, in: HdbStKirchR¹ I, S. 423; *Armin Pahlke*, Kirchen und Koalitionsrecht. Tübingen 1983, S. 241 f.; *Wilhelm-Albrecht Achilles*, Die Aufsicht über die kirchlichen Stiftungen der evangelischen Kirchen in der Bundesrepublik Deutschland. Tübingen 1986, S. 230 f.

[42] BVerwG, Beschl. v. 18.9.1989 — 8 B 32/89 (Lüneburg), in: NVwZ 1990, S. 359; OLG Braunschweig, in: NJW-RR 1992, S. 440 f.; vgl. Anm. 41; a. A. noch *Heinrichsmeier*, Veräußerungsverbot (Anm. 39), S. 131, 145; LG Rottweil, in: KirchE 4, 277; ferner *Gisela Lenz*, Die Rechtsbeziehungen zwischen dem Land Hessen und der katholischen Kirche unter besonderer Berücksichtigung der Bistumsverträge vom 9. März 1963 und 29. März 1974. Frankfurt/Main, Bern, New York 1987, S. 169; sehr weitgehend die Auffassung des OLG Zweibrücken, in: KirchE 8, 44, wonach kein allgemeiner Rechtssatz besteht, daß Einschränkungen organschaftlicher Vertretungsbefugnisse veröffentlicht werden müßten.

[43] Art. 13 NiedersK i. V. m. § 8 der Anlage und die neueren Staatskirchenverträge der Bistümer mit den Ländern Hessen, Rheinland-Pfalz und dem Saarland aus den Jahren 1974-1977, jeweils Art. 3 und 4 (Anm. 27), bestätigen die Eigenständigkeit kirchlicher Rechtsetzung im Bereich der kirchlichen Vermögensverwaltung. Die in den Verträgen vorgesehene, von den Kirchen akzeptierte Veröffentlichung der kirchlichen Vorschriften auch in den staatlichen Verkündungsblättern dient Interessen der Information und der Rechtssicherheit. Zur *Inkraftsetzung* ist ein staatlicher Mitwirkungsakt weder erforderlich noch in den staatskirchenvertraglichen Bestimmungen vereinbart; a. A. *Lenz*, Rechtsbeziehungen (Anm. 42), S. 169.

[44] Trotz ihrer unbestrittenen Geltung auch für den staatlichen Bereich wurde die ehemalige Satzung über die Verwaltung des katholischen Kirchenvermögens

III. Staatliche Aufsichtsrechte über die kirchliche Vermögensverwaltung

Die staatlichen Aufsichtsrechte — mag es sich um eine allgemeine Rechtsaufsicht, um das ersatzweise Eingreifen des Staates oder um die staatliche Genehmigung kirchlicher Verwaltungsvorgänge handeln — hatten ihren Ursprung vor allem in der aus dem Staatskirchentum teilweise bis heute nachwirkenden Auffassung, daß das Kirchenvermögen als öffentliches Zweckvermögen der Fürsorge des Staates bedürfe, und in der Korrelatentheorie.[45] Wie vorher dargestellt, kommt ein umfassendes Aufsichtsrecht des Staates gegenüber der Kirche heute nicht mehr in Betracht. Die sogenannten *Amortisationsgesetze* sind durch das Bundesgesetz zur Wiederherstellung der Gesetzeseinheit auf dem Gebiete des bürgerlichen Rechts vom 5.3.1953 für alle juristischen Personen mit Sitz im Inland aufgehoben worden.[46]

Zur Frage des Fortbestehens *staatlicher Einzelaufsichtsrechte* wird auf die Sonderdarstellung der einzelnen länderbezogenen Partikularrechte verwiesen. Aufsichts- und Kontrollrechte des Staates gegenüber den Kirchen ergeben sich aus den „für alle geltenden Gesetzen". Hierunter fallen insbesondere staatliche Vorschriften in den Bereichen Bauordnungs- und Bauplanungsrecht, Boden- und Grundstücksverkehrsrecht, Umwelt- und Katastrophenschutz, Friedhofswesen und Denkmalschutz.[47] Grundsätzlich bejaht wird auch eine als „Verfassungsaufsicht" bezeichnete allgemeine staatliche Kontrolle über die Einhaltung der für alle geltenden Gesetze, etwa in der Weise, daß der Staat Bedenken erheben kann, wenn die kirchliche Gesetzgebung oder Verwaltung aus seiner Sicht gegen staatliche Gesetze oder — soweit es sich um Wahrnehmung der Autonomie handelt — gegen rechtsstaatliche

---

in der Freien und Hansestadt Hamburg vom 28.2.1962 (KABl. für die Diözese Osnabrück 1962, S. 60) nicht im Hamburgischen Gesetz- und Verordnungsblatt veröffentlicht; vgl. *Heinrichsmeier*, Veräußerungsverbot (Anm. 39), S. 120 f. Die 1987 / 88 durch Promulgation in den Kirchlichen Amtsblättern erlassenen Kirchenvermögensverwaltungsgesetze der Bistümer in Niedersachsen wurden im Einvernehmen mit dem Nieders. Kultusministerium als geltendes Recht angewendet, obwohl ihre Veröffentlichung im Nieders. Ministerialblatt erst am 7.12.1989 nachfolgte; vgl. Schr. des Nieders. Kultusministers an das Kath. Büro Niedersachsen vom 13.4.1988.

[45] *Ebers*, Staat und Kirche (Anm. 30), S. 374 f.; *Sebastian Schröcker*, Die Verwaltung des Ortskirchen-Vermögens nach kirchlichem und staatlichem Recht. Paderborn 1935, S. 53.

[46] BGBl. 1953, S. 33 f.

[47] *Werner Weber*, „Allgemeines Gesetz" und „für alle geltendes Gesetz", in: FS für Ernst Rudolf Huber. Göttingen 1973, S. 181 ff.; *M. Heckel*, Staat, Kirche, Kunst (Anm. 6), S. 238, 241; *v. Mangoldt / Klein / v. Campenhausen*, Art. 140 GG / Art. 137 WRV, Rdnrn. 131 f.

Grundsätze verstößt.[48] Als Adressat dieser allgemeinen staatlichen Rechtsaufsicht kommen jedoch nur kirchliche Zentralstellen in Betracht.[49] Hinsichtlich des staatlichen Genehmigungsvorbehalts bei der Veräußerung von Gegenständen, die einen geschichtlichen, wissenschaftlichen oder Kunstwert haben, ist die Rechtslage zweifelhaft. Diese Bestimmung verstößt an sich gegen den Sinn der Schrankenformel. Sie wird damit gerechtfertigt, daß gerade die Kirche in besonders großem Maße Eigentümer derartiger Gegenstände ist und daß aus diesem Grunde eine besondere Regelung zulässig sein muß.[50] Als Ausnahmefall ist auch ein staatsaufsichtliches Eingreifen für den Fall zuzugestehen, daß eine kirchliche öffentlich-rechtliche juristische Person — aus welchem Grund auch immer — eines Vertretungsorgans ermangelt und die kirchliche Oberbehörde nicht innerhalb einer angemessenen Frist für Abhilfe sorgt. In diesem Falle muß es dem Staat gestattet sein, subsidiär ein Vertretungsorgan zu bestellen. Hier handelt es sich um ein vertretbares Element der Korrelatentheorie.

Abgesehen von den vorstehend geschilderten Fällen begegnen staatliche Einzelaufsichtsrechte dem Bedenken der Verfassungswidrigkeit. Eine gegenteilige Auffassung läßt sich auch nicht mit der Verantwortung, die der Staat auf dem Gebiete des Kirchensteuerwesens trägt, rechtfertigen.[51]

IV. Kirchliche Rechtsträger und staatliche Rechtsfähigkeit

Die katholische Kirche ist für den Bereich des Kirchenrechts eine „moralische Person" (c. 100 § 1 CIC / 1917, c. 113 § 1 CIC / 1983). Die Kirche ist jedoch gleichzeitig darauf angewiesen, für ihre Körperschaften, Stiftungen und Anstalten die Rechtsfähigkeit nach staatlichem Recht zu erlangen, damit diese im staatlichen Rechtsbereich handelnd auftreten können.

---

[48] *Achilles,* Die Aufsicht (Anm. 41), S. 178; *Friesenhahn,* Kirchen (Anm. 33), S. 578; *Konrad Hesse,* Der Rechtsschutz durch staatliche Gerichte im kirchlichen Bereich. Göttingen 1956, S. 78.

[49] *Achilles,* Die Aufsicht (Anm. 41), S. 178 f.; *Adalbert Erler,* Kirchenrecht. 5. Aufl., München 1983, S. 100 f.

[50] So im Ergebnis *Mörsdorf,* Kirchenrecht (Anm. 2), S. 537; a. A. *Ebers,* Staat und Kirche (Anm. 30), S. 383; *Heribert Emsbach,* Rechte und Pflichten des Kirchenvorstandes. 3. Aufl., Köln 1983, S. 85, und *Mikat,* Kirchen (Anm. 2), S. 189.

[51] Vgl. hierzu LG Dortmund, in: KirchE 5, 337 f.; OLG Celle, in: KirchE 3, 113; *Emsbach,* Kirchenvorstand (Anm. 50), S. 85; *Mikat,* Kirchen (Anm. 2), S. 189; *Mörsdorf,* Kirchenrecht (Anm. 2), S. 537.

§ 34 Vermögensverwaltung in der katholischen Kirche

Die katholische Kirche gehört zu den geborenen korporierten Religionsgesellschaften im Sinne des Art. 137 Abs. 5 WRV. Körperschaftsqualität hat nicht nur die höchste Organisationsgemeinschaft (Diözese oder Kirche), sondern haben auch deren Untergliederungen (Kirchengemeinden, Kirchengemeindeverbände sowie andere notwendige Institutionen).[52] Die Befugnis zur Errichtung, Aufhebung und Veränderung kirchlicher Körperschaften sowie Anstalten und Stiftungen öffentlichen Rechts folgt aus der in Art. 137 Abs. 3 WRV gewährleisteten kirchlichen Organisationsgewalt i. V. m. dem in Art. 137 Abs. 5 WRV garantierten Körperschaftsstatus. Organisationsakte der genannten Art gehören zu den eigenen Angelegenheiten der Kirche. Sie bedürfen jedoch der staatlichen Mitwirkung in Form der Anerkennung.[53] Nach dem Niedersächsischen Konkordat und den neueren Staatskirchenverträgen mit der katholischen Kirche ist die staatliche Mitwirkung auf das unerläßliche Maß, die Notifizierung, begrenzt.[54] Kirchliche Organisationsakte werden nach ihrer Veröffentlichung im Kirchlichen Amtsblatt regelmäßig auch im staatlichen Verkündungsblatt publiziert. Soweit die staatlichen Stiftungsgesetze nichts anderes vorsehen, dürften die Errichtung und Veränderung kirchlicher Stiftungen öffentlichen Rechts den gleichen Grundsätzen unterliegen. Die in den Konkordaten und Staatskirchenverträgen vorgesehenen Vereinbarungen über die Mitwirkung des Staates bei der Errichtung und Veränderung von Anstalten und Stiftungen öffentlichen Rechts sind bisher in keinem Bundesland zustande gekommen.[55]

---

[52] *v. Mangoldt / Klein / v. Campenhausen*, Art. 140 GG / Art. 137 WRV, Rdnr. 152; *Friesenhahn*, Kirchen (Anm. 33), S. 566 f.; *Alexander Hollerbach*, Der verfassungsrechtliche Schutz kirchlicher Organisation, in: HStR VI, 1989, § 139, Rdnrn. 13 f.; OVG Münster, in: NJW 1983, S. 2592; vgl. auch BGH, Urt. v. 24.11.1993 — XII ZR 51 / 92 — S. 4 (7).

[53] *v. Mangoldt / Klein / v. Campenhausen*, Art. 140 GG / Art. 137 WRV, Rdnr. 153; *Friesenhahn*, Kirchen (Anm. 33), S. 570; *Hollerbach*, Der verfassungsrechtliche Schutz (Anm. 52), Rdnr. 16. Ausgesprochen staatskirchenhoheitlich ausgerichtet ist die Vereinbarung über die staatliche Mitwirkung bei der Bildung und Veränderung katholischer Kirchengemeinden zwischen dem Land Nordrhein-Westfalen und den katholischen Bistümern vom 8. / 18. / 20. / 22. und 25.10.1960 (abgedr. bei *Listl*, Die Konkordate und Kirchenverträge [Anm. 27], Bd. 1, S. 247 ff.), insbes. §§ 1-8: Die Bildung und Veränderung von Kirchengemeinden bedarf der ausdrücklichen staatsbehördlichen Anerkennung.

[54] *Axel Frhr. v. Campenhausen*, Grenzprobleme staatlicher und kirchlicher Organisationsgewalt, in: ZevKR 14 (1968 / 69), S. 288 f.; Art. 12 NiedersK; Art. 2 der neueren Staatskirchenverträge in Hessen, Rheinland-Pfalz und dem Saarland (Anm. 27). Das Notifizierungsverfahren ist für die Wirksamkeit kirchlicher Organisationsakte nicht konstitutiv — vgl. *Lenz*, Rechtsbeziehungen (Anm. 42), S. 149-151.

[55] Gemäß den mit Art. 137 Abs. 5 WRV gegebenen Gestaltungsmöglichkeiten, können die Kirchen sich zur Erfüllung ihres Auftrags etwa der Organisations-

Als kirchliche juristische Personen mit staatlicher Rechtsfähigkeit sind insbesondere die Bistümer und Bischöflichen Stühle[56] (vertreten durch Diözesanbischof oder Generalvikar[57]), die Domkapitel[58] (vertreten durch den ersten Dignitär des Kapitels — Dompropst oder Domdekan —) und die Domkirchen (vertreten durch den Bischof[59]) zu nennen. Auf überdiözesaner Ebene stellt die nach kirchlichem Recht rechtsfähige *Deutsche Bischofskonferenz*[60] keine juristische Person im Sinne des staatlichen Rechts dar. Doch haben sich die Erzdiözesen und Diözesen der Bundesrepublik Deutschland durch Vertrag vom 4.3.1968[61] zu dem *Verband der Diözesen Deutschlands (VDD)* zusammengeschlossen. Dieser Verband ist eine Körperschaft des öffentlichen Rechts. Ihm obliegen Aufgaben im rechtlichen und wirtschaftlichen Bereich auf überdiözesaner Ebene. Der Verband wird durch den Vorsitzenden der Vollversammlung vertreten; Willenserklärungen verpflich-

---

form einer Stiftung des öffentlichen Rechts bedienen und aus eigenem Recht eine solche errichten, soweit nicht im Einzelfall kirchenvertragliche Beschränkungen bestehen. Vgl. *Johannes Heckel,* Kirchliche Autonomie und staatliches Stiftungsrecht in den Kirchengemeinden der evangelisch-lutherischen Landeskirchen in Bayern. Nördlingen 1932, S. 13; ferner *Werner Hofmann,* Die Rechtsstellung der kirchlichen Stiftungen unter besonderer Berücksichtigung ihres Verhältnisses zu Staat und Kirche, in: ZevKR 12 (1966/67), S. 324 f.; *Axel Frhr. v. Campenhausen,* Anm. zum Beschl. des BGH vom 28.5.1963 — V BLw 34/62 —, in: ZevKR 11 (1964/65), S. 184 f.; BVerfG, Beschl. v. 11.10.1977, in: BVerfGE 46, 73 (85); *Maunz,* in: Maunz/Dürig (Anm. 12), Art. 140 GG / Art. 137 WRV, Rdnr. 31.

[56] Die Bischöflichen Stühle sind neben den Bistümern als Körperschaften des öffentlichen Rechts anerkannt; vgl. § 28 KathKirchVermG v. 24.7.1924 (GS 1924, S. 585), Art. 13 RK, Art. 16 NiedersK, Art. 2 PreußK, Art. 1 der neueren Staatskirchenverträge (Anm. 27); *Schulz,* Grundfragen (Anm. 3), S. 875. Der Bischöfliche Stuhl gilt als Träger des überkommenen bischöflichen Verwaltungsvermögens, vgl. OLG Celle, in: KirchE 4, 116, das zwischen dem Bischöflichen Stuhl und der mensa episcopalis als der Pfründe des Bischofs unterscheidet; vgl. auch *Mörsdorf,* Kirchenrecht (Anm. 2), Bd. 1, 1964, S. 204, und *Heinrichsmeier,* Veräußerungsverbot (Anm. 39), S. 5 f., wonach Träger der vermögenswerten Rechte des Bischöflichen Stuhls die mensa episcopalis ist.

[57] RGZ 38, 326, und 168, 150; vgl. auch BayObLGZ 1973, 328 = DNotZ 1974, S. 226; OLG Hamm, in: Rpfleger 1974, S. 310: Der Bischof ist als Vertretungsorgan rechtlich selbständiger Träger von Kirchenvermögen auf Diözesanebene von den Beschränkungen des § 181 BGB frei. Dies gilt sinngemäß auch für die Vertretungsorgane ortskirchlicher Rechtsträger.

[58] Als Körperschaften öffentlichen Rechts konkordatär und staatskirchenvertraglich anerkannt, Rechtsquellen vgl. Anm. 56.

[59] OLG Celle, in: ZevKR 5 (1956), S. 313; *Heinrichsmeier,* Veräußerungsverbot (Anm. 39), S. 6 f.; Art. 13 RK.

[60] C. 449 § 3 CIC/1983; *Schulz,* Grundfragen (Anm. 3), S. 876.

[61] § 1 der Satzung des VDD i. d. F. v. 1.12.1976, in Kraft getreten am 1.1.1977, abgedr. in sämtlichen Amtsblättern der Diözesen Deutschlands, u. a. in: KAnz. für die Erzdiözese Köln 117 (1977), S. 11 f., und in ArchKathKR 145 (1976), S. 552-558; *Joseph Listl,* Der Verband der Diözesen Deutschlands, in: Stimmen der Zeit 195 (1977), S. 337-344.

§ 34 Vermögensverwaltung in der katholischen Kirche 961

ten den Verband, wenn sie der Vorsitzende der Vollversammlung schriftlich unter Beidrückung des Verbandssiegels abgibt. Als weiteren überdiözesanen Rechtsträger hat der Verband der Diözesen Deutschlands am 30.8.1976 die *Kirchliche Zusatzversorgungskasse* als rechtsfähige Anstalt des öffentlichen Rechts errichtet.[62] Die staatliche Mitwirkung erfolgte auf gesetzlicher Grundlage durch Genehmigung des Errichtungsaktes.[63] Gemäß der Kassensatzung[64] vertritt der Vorstand die Kirchliche Zusatzversorgungskasse gerichtlich und außergerichtlich. Erklärungen des Vorstandes sind für die Kasse verbindlich, wenn sie gemeinschaftlich von zwei Vorstandsmitgliedern oder einem Vorstandsmitglied und einem besonders Bevollmächtigten unterzeichnet und mit dem Dienstsiegel versehen sind. Bei Rechtsgeschäften mit den Vorstandsmitgliedern wird die Kasse durch den Vorsitzenden des Verwaltungsrates vertreten.

Die kirchlichen juristischen Personen *auf Ortsebene* werden im Rahmen der regionalen Darstellungen behandelt werden. Hinzuweisen ist jedoch auf die besondere Bedeutung der Kirchengemeinde, die im ehemals preußischen Rechtsbereich vornehmlich als Vermögensträger, im süddeutschen Raum als Steuerverband in Erscheinung tritt. Obwohl sie ursprünglich keine Rechtsfigur des Codex Iuris Canonici ist, hat die Kirchengemeinde über die Konkordate und Staatskirchenverträge in das kanonische Recht Eingang gefunden. Als Pfarrkirchengemeinde ist sie identisch mit der nach dem Codex Iuris Canonici vom 28.1.1983 rechtsfähigen Pfarrei (c. 515 § 3).[65] Auch innerhalb der Pfarrsprengel bestehen vielfach Kirchengemeinden. Sie sind Träger des ortskirchlichen Kult- und Verwaltungsvermögens in einem räumlich abgegrenzten Teilbezirk.[66]

---

[62] KAnz. Köln 116 (1976), S. 665.

[63] Vgl. Gesetz betr. die Errichtung einer „Kirchlichen Zusatzversorgungskasse des Verbandes der Diözesen Deutschlands" als rechtsfähige Anstalt des öffentlichen Rechts vom 15.7.1976 (GV NW S. 264); Errichtungsgenehmigung durch den Kultusminister des Landes Nordrhein-Westfalen am 29.9.1976 — IV B 2-06-43-3723/76 —.

[64] Satzung v. 30.8.1976, genehmigt durch den Kultusminister des Landes Nordrhein-Westfalen am 29.9.1976, Az. wie in Anm. 63, mit nachfolgenden Änderungen.

[65] Vgl. *Hubert Hack,* Die Pfarrei, in: HdbKathKR, S. 387. Die Pfarrei ist kirchenrechtlich eine öffentliche juristische Person, und zwar als nicht kollegiale Personengesamtheit (cc. 515 § 3, 115 § 2, 116 § 1 CIC/1983). Den Pfarreien kirchenrechtlich gleichgestellt sind die sog. Quasi-Pfarreien, in Deutschland unter den Namen Pfarrkuratie, Pfarrvikarie, Rektorat bekannt.

[66] Bekannt als Kuratie, Expositur und Filialkirchengemeinden (Tochtergemeinden); vgl. *Friedrich Fahr / Helmut Weber / Josef Binder* (Hrsg.), Ordnung für kirchliche Stiftungen. 13. Aufl., München 1988, S. 37, Fn. 2; *Hack,* Die Pfarrei (Anm. 65), S. 394.

Die Verwaltungsorgane der am öffentlich-rechtlichen Status teilnehmenden kirchlichen Rechtsträger können Erklärungen in eigenen Angelegenheiten mit Dienstsiegel als öffentliche Urkunden ausfertigen, die auch den Formerfordernissen des Grundbuchverkehrs (§ 29 GBO) Rechnung tragen.[67] Besonderheiten ergeben sich im innerkirchlichen Grundstücksverkehr. Bei der Errichtung, Umwandlung und Veränderung/Teilung kirchlicher Rechtsträger öffentlichen Rechts findet nicht nur unter den Voraussetzungen der Gesamtrechtsnachfolge, sondern auch in den Fällen der *kirchengesetzlich* angeordneten Einzelrechtsnachfolge eine Rechtsänderung am Grundvermögen außerhalb des Grundbuchs statt. Erforderlich ist lediglich eine Grundbuchberichtigung gemäß § 22 GBO. Im Rahmen ihrer verfassungsrechtlich geschützten Organisationsmacht kommt den Kirchen die Befugnis zu, die bürgerlich-rechtlichen Übertragungsvorschriften durch ein Kirchengesetz zu ersetzen, mit dem bestimmte Grundstücke von einer Körperschaft unmittelbar auf andere übertragen werden.[68]

Klösterliche Verbände sind im staatlichen Recht nicht ohne weiteres als Körperschaften öffentlichen Rechts anerkannt. Sie sind auf eine entsprechende Verleihung angewiesen. In der Regel besitzen sie Rechtsfähigkeit nur im Rahmen des Privatrechts.[69]

V. Die rechtliche Bedeutung kirchlicher Vertretungs- und Genehmigungsvorschriften im staatlichen Bereich

Nach dem preußischen Staatsgesetz über die Verwaltung des katholischen Kirchenvermögens (KathKirchVermG) von 1924 und den kirchen-

---

[67] Die hierzu erforderliche, analog zu verstehende Behördeneigenschaft kirchlicher Verwaltungsorgane ist anerkannt: OLG Braunschweig, in: KirchE 1, 286; LG Dortmund, in: KirchE 8, 212; *Joseph Wenner,* Kirchenvorstandsrecht. Paderborn 1953, S. 72; *Baumbach / Lauterbach / Albers / Hartmann,* ZPO. 51. Aufl., München 1993, § 445, Rdnr. 2; OLG Hamm, in: NJW-RR 1993, S. 1107.

[68] So OLG Hamburg, in: NJW 1983, S. 2572 = Rpfleger 1982, S. 373; AG Bremen, Beschl. v. 19.5.1992, Az. 115 VR 72-545. Die auflassungsfreie Einzelrechtsnachfolge unter kirchlichen Rechtsträgern beruht auf dem gem. Art. 140 GG i. V. m. 137 Abs. 3 und 5 WRV gesetzten Kirchenrecht. Die abweichend hierzu von der Notwendigkeit der Auflassung ausgehende Rechtsprechung bezieht sich auf kirchenhoheitliche Einzelakte, denen keine Gesetzesqualität zukommt; vgl. OLG Düsseldorf, in: NJW 1954, S. 1767; OLG Oldenburg, in: DNotZ 1972, S. 492; OLG Hamm, in: Rpfleger 1980, S. 148; bestätigt durch Nichtannahme der Verfassungsbeschwerde, BVerfG, in: NJW 1983, S. 2571.

[69] *Heinrichsmeier,* Veräußerungsverbot (Anm. 39), S. 15; *Karl Siepen,* Vermögensrecht der klösterlichen Verbände. Paderborn 1963, S. 78 f.; vgl. hierzu auch *Mikat,* Kirchen (Anm. 2), S. 154. Vgl. hierzu in *diesem* Handbuch *Joseph Listl,* § 30 Die Ordensgemeinschaften und ihre Angehörigen in der staatlichen Rechtsordnung.

§ 34 Vermögensverwaltung in der katholischen Kirche 963

gesetzlichen Vermögensverwaltungsvorschriften ist die Vertretung der ortskirchlichen Rechtsträger (Kirchengemeinde, Kirchenstiftung) und des ortskirchlichen Vermögens kollegialen Vertretungsorganen (z. B. Kirchenvorstand, Verwaltungsrat, Kirchenverwaltung, Kirchengemeinderat / Verwaltungsausschuß) übertragen. Gesetzlich ermächtigt sind zur formgerechten Wahrnehmung der Gesamtvertretungsbefugnis regelmäßig der Organvorsitzende und einige wenige Organmitglieder.[70] In Parallele zu den kommunalrechtlichen Regelungen verbinden sich auch im Bereich der kirchlichen Vermögensverwaltung mit dem Gesamtvertretungsvorbehalt Schriftlichkeits- und Signaturerfordernisse (z. B. Schriftform, eigenhändige Unterzeichnung und Beidrückung des Amtssiegels). Diese Form- und Zuständigkeitsvorschriften betreffen teilweise ausschließlich Verpflichtungserklärungen, teilweise je nach Partikularrecht Willenserklärungen jeder Art. Gelten die Form- und Zuständigkeitsvorschriften nur für Verpflichtungserklärungen,[71] so können die zu ihrer Abgabe erteilten Vollmachten ebenfalls nur unter Einhaltung der entsprechenden Form- und Mitwirkungserfordernisse wirksam erteilt werden, weil sonst der Schutzzweck der Form- und Zuständigkeitsvorschriften unterlaufen würde.[72] Aufgrund partikularrechtlicher Sonder-

---

[70] Vgl. die Darstellung des gesetzlichen und kirchlichen Partikularrechts in den einzelnen Bundesländern; von der organschaftlichen Außenvertretung, die je nach Partikularrecht durch einige wenige Organwalter erfolgen kann, sind die organinternen Beschlüsse zu unterscheiden, die durch die einfache Mehrheit der erschienenen stimmberechtigten Organmitglieder gefaßt werden. Vgl. zu den Zusammenhängen zwischen Beschlußfassung und Vertretung LAG Düsseldorf, Urt. v. 15.12.1989 — 10 Sa 1204/89 —; *Helmut Loggen*, Formen rechtlicher Mitwirkung in katholischen Kirchengemeinden. Die Zuordnung von Pfarrer, Vermögensverwaltungsorganen und Pfarrgemeinderat in den Pfarreien der Diözesen in der Bundesrepublik Deutschland und Berlin (West). Jur. Diss., Köln 1990, S. 112-326; BGH, in: MDR 1966, S. 669; BGH, in: NJW 1980, S. 117.

[71] Rechtsgeschäftliche Willenserklärungen, die auf die Eingehung einer privatrechtlichen oder öffentlich-rechtlichen Verpflichtung gerichtet sind. Erklärungen mit Verpflichtungen als Nebenwirkung zählen hierzu nicht. Vgl. *Norbert Salmon*, in: Friedrich Wilhelm von Loebell (Begr.), Gemeindeordnung Nordrhein-Westfalen. Kommentar. 4. Aufl., Wiesbaden 1985, § 56, Anm. 1; *Christoph Fritz*, Vertrauensschutz im Privatrechtsverkehr mit Gemeinden. Berlin 1983, S. 128 f.; Verpflichtungen werden zweiseitig durch Vertrag begründet, ausnahmsweise durch einseitiges Rechtsgeschäft (z. B. § 657 BGB). Zum Kreis der Verpflichtungserklärungen gehören nicht einseitige rechtsgestaltende Erklärungen wie Anfechtung, Rücktritt oder Kündigung; vgl. *Fritz*, ebd.; zur Frage der Kündigung OLG Hamm, in: KirchE 3, 413 (417), sowie BAG, in: AP Nr. 7 zu § 125 BGB, Bl. 319; *Walter Hamel*, Formen und Vertretungsmacht bei Rechtsgeschäften der öffentlichen Hand, in: DVBl. 1955, S. 796 (799), und *Otto Gönnewein*, Gemeinderecht. Tübingen 1963, S. 355; a. A. bezüglich Kündigung *Wenner*, Kirchenvorstandsrecht (Anm. 67), S. 74.

[72] *Siegfried Marx*, Das Kirchenvermögens- und Stiftungsrecht im Bereich der katholischen Kirche in der Bundesrepublik Deutschland und in Westberlin unter besonderer Berücksichtigung des Kirchenvermögensverwaltungsrechts, dargestellt am Staatskirchen- und Diözesanrecht. Jur. Diss., München 1974, S. 68;

61*

bestimmungen ist das in den Zuständigkeitsregelungen vorherrschende Gesamtvertretungsprinzip für bestimmte Bereiche aufgehoben, z. B. dann, wenn dem Organvorsitzenden die Geschäfte der laufenden Verwaltung übertragen sind oder die Vertretungszuständigkeit beim Pfründeinhaber / Pfründeverwalter liegt.

Die Tragweite der *Form- und Zuständigkeitsvorschriften* wird insbesondere bei Rechtsverstößen erkennbar. Der Schutzzweck der auch im Bereich der kirchlichen Vermögensverwaltung geltenden formgebundenen Vertretungsregelungen und die Gleichheit der Interessenlage rechtfertigen die Anwendung der für den Kommunalbereich entwickelten Rechtsgrundsätze. Ist eine Willenserklärung, insbesondere Verpflichtungserklärung, durch einen nicht vertretungsberechtigten Organwalter oder nicht von sämtlichen Organwaltern abgegeben worden, die nach dem Gesetz mitwirken müssen, so bindet sie die vertretene kirchliche Rechtsperson nicht. Die Rechtsfolgen beurteilen sich nach den §§ 177, 174 / 180 i. V. m. 177 BGB.[73] Der vertretene kirchliche Rechtsträger kann sich — wenn das zuständige kollegiale Vertretungsorgan der kirchlichen Rechtsperson nicht im voraus einverstanden war oder nachträglich genehmigt[74] — ohne Verstoß gegen § 242 BGB auf die fehlende Vertretungsmacht berufen, da die Grundsätze von Treu und Glauben wohl fehlende Förmlichkeiten, nicht aber fehlende Vertretungsmacht ersetzen können.[75] Handeln die vertretungsberechtigten Organwalter,

---

Emsbach, Kirchenvorstand (Anm. 50), S. 67; *Fritz,* Vertrauensschutz (Anm. 71), S. 145; vgl. auch LG Osnabrück, Urt. v. 14. 6.1982 — 2 O 229 / 92; OLG Köln, Urt. v. 21. 4.1993 — 13 U 240 / 92, bejaht die Wirksamkeit formloser Vollmachtserteilung an organfremde Dritte unter Berufung auf § 167 Abs. 2 BGB; unzulässig ist die Erteilung von Generalvollmachten, vgl. *Marx,* ebd., S. 68 f.; BGH, in: KirchE 1, 248, und 2, 409 f.; *Emsbach,* ebd., S. 67 f.

[73] *Hans J. Wolff / Otto Bachof / Rolf Stober,* Verwaltungsrecht II. 5. Aufl., München 1987, S. 109; BGH, in: NJW 1972, S. 940 f.; BGH, Urt. v. 20. 2.1979, in: NJW 1980, S. 115 f.; BGH, Urt. v. 16.11.1978, in: NJW 1980, S. 117 f.; BGH, in: NJW 1984, S. 606 f.; BGH, in: NJW 1985, S. 1778 f. (1780); BGH, in: NJW 1986, S. 2939 f.; BAG, in: NJW 1987, S. 1038 f.; vgl. auch BGH, in: NJW 1973, S. 1494 f.; OLG Hamm, in: KirchE 3, 413 f.; OLG Stuttgart, in: KirchE 9, 32 f.; LG Osnabrück, in: NJW 1985, S. 388 f.; LAG Frankfurt, Urt. v. 14. 1.1992 — 7 Sa 1599 / 90, S. 3 f. (10 f.).

[74] Vertretungsunzuständiges Handeln der Organwalter kann durch die Genehmigung der vertretenen Kirchengemeinde oder Kirchenstiftung geheilt werden. Die Genehmigung bedarf zu ihrer Wirksamkeit ebenfalls der Einhaltung der Form- und Zuständigkeitsvorschriften; vgl. OLG Hamm, in: KirchE 3, 417; OLG Celle, in: NJW 1955, S. 714; BGH, in: NJW 1984, S. 606 f. — Fristgebundene Erklärungen können nur innerhalb der gesetzlichen oder vertraglichen Ausschlußfrist wirksam genehmigt werden (z. B. Annahme einer Grundstücksofferte, außerordentliche Kündigung innerhalb der Zwei-Wochen-Frist); vgl. OLG Hamburg, Urt. v. 10. 7.1987, in: KirchE 25, 241 f. (243 f.); BAG, Urt. v. 26. 3.1986, in: NJW 1987, S. 1038 f.; LAG Frankfurt / Main, Urt. v. 14. 1.1992 — 7 Sa 1559 / 90, S. 10 f.

wird aber die rechtsgeschäftliche Erklärung formwidrig abgegeben, so ist umstritten, ob § 125 BGB mit der Folge der Nichtigkeit entsprechend anwendbar ist, oder ob das Formerfordernis als Einschränkung der Vertretungsmacht anzusehen ist.[76] Auch bei reinen Formverletzungen läßt die Rechtsprechung den Einwand aus § 242 BGB nur dann zu, wenn die Nichtigkeit der Willenserklärung für den Vertragspartner des öffentlichen Rechtsträgers zu einem schlechthin untragbaren Ergebnis führt.[77]

In der Regel greifen auch die Grundsätze der Duldungs- und Anscheinsvollmacht nicht ein, wenn Organwalter ihre Vertretungsmacht überschreiten oder formwidrig handeln.[78] Die Schutzwirkung der Form- und Zuständigkeitsvorschriften wäre sonst in Frage gestellt. Etwas anderes kann nur dann gelten, wenn das zuständige Vertretungsorgan die Vertretungshandlungen eines hierzu nicht berechtigten Dritten — der nicht Vertretungsorgan ist — duldet oder den Rechtsschein seiner Bevollmächtigung verursacht.[79] Verletzt der Organwalter Sorgfaltspflichten aus Sonderrechtsbeziehungen (z. B. culpa in contrahendo) oder deliktische Verkehrspflichten, kann eine Organhaftung des vertretenen Rechtsträgers nach den §§ 31, 89 BGB begründet sein. Während sich die Haftung für ein Verschulden bei Vertragsschluß auf das negative Interesse beschränkt,[80] umfaßt die Haftung auf deliktischer Grundla-

---

[75] BGHZ 6, 330 (333); OLG Zweibrücken, in: MDR 1966, S. 672 (673); BGH, in: NJW 1972, S. 940 (941); BGH, Urt. v. 20.9.1984, in: BGHZ 92, 164 f.; ebenso OLG Hamm, Urt. v. 12.6.1990 — 26 U 174/89; BGH, in: NJW 84, 607; *Hamel*, Formen und Vertretungsmacht (Anm. 7), S. 797; *Dietrich Reinicke*, Rechtsfolgen formwidrig abgeschlossener Verträge. Bad Homburg v. d. H. 1969, S. 145.

[76] Die Rechtsprechung sieht in den Formvorschriften eine Modifizierung der Vertretungsmacht. Zum Gesamtkomplex und zu abweichenden Auffassungen m. w. N. *Edzard Schmidt-Jortzig / Sönke Petersen*, Deliktische Haftung der Gemeinde für betrügerische Vertretungshandlungen ihres Bürgermeisters, in: JuS 1989, S. 28 f.

[77] *Reinicke*, Rechtsfolgen (Anm. 75), S. 137 f.; *Hamel*, Formen und Vertretungsmacht (Anm. 71), S. 799; BGHZ 21, 59 (65 f.); BGH, in: NJW 1973, S. 1494 (1495); BGH, in: NJW 1980, S. 117 f.; BGH, in: NJW 1984, S. 606 f.; *Lieselotte Günnicker*, Rechtliche Probleme der Formvorschriften kommunaler Außenvertretung. Berlin 1984, S. 167 f. Auch erhebliche Investitionen des Geschäftspartners reichen nicht aus. Ein Verstoß gegen die Treuepflicht wird angenommen bei Berufung auf fehlende kirchenaufsichtsbehördliche Genehmigung nach 25 Jahre langem faktischem Arbeitsverhältnis (LAG Frankfurt/Main, Urt. v. 14.1.1992 — 7 Sa 1559/90).

[78] BGHZ 21, 59 (65) = NJW 1956, S. 1355; BGHZ 40, 197 (204) = NJW 1964, S. 203; BGH, in: NJW 1972, S. 941; BGH, in: NJW 1984, S. 607; BGH, in: NJW 1985, S. 1780.

[79] BGH, in: NJW 1972, S. 941; BGH, in: NJW 1984, S. 607; BGH, in: NJW 1985, S. 1780.

[80] BGHZ 6, 330 (334) = NJW 1952, S. 1130; BGH, in: NJW 1972, S. 940, und NJW 1985, S. 1780; *Fritz*, Vertrauensschutz (Anm. 71), S. 366 f.; BGHZ 90, 164

ge, etwa bei sittenwidriger und betrügerischer Schädigung (z. B. Haftung aus den §§ 31, 89, 823 Abs. 2, 826 BGB, 263 StGB), auch den darüber hinausgehenden Vermögensschaden.[81] Eine Garantiehaftung des vertretungs*un*zuständigen Organwalters selbst aus § 179 Abs. 1 BGB scheitert vielfach am Ausschlußtatbestand des § 179 Abs. 3 BGB, wonach die Haftung entfällt, wenn der Geschäftsgegner den Mangel der Vertretungsmacht kannte oder kennen mußte.

Zuständigkeitsnormen im Bereich der kirchlichen Vermögensverwaltung werden regelmäßig in den kirchlichen und / oder staatlichen Verkündungsblättern veröffentlicht. Daß für öffentliche Körperschaften im Allgemeininteresse besondere Bestimmungen mit vertretungsbeschränkenden Wirkungen zur Anwendung kommen, gilt nach der neueren Rechtsprechung als allgemein bekannt. Es ist dem jeweiligen Verhandlungspartner hiernach ohne weiteres zuzumuten, sich notfalls durch Erkundigungen Klarheit darüber zu verschaffen, ob die öffentliche Körperschaft, mit der er zum Vertragsabschluß kommen will, dem Gesetz entsprechend vertreten ist.[82]

Eine weitere Wirksamkeitsvoraussetzung für die rechtsgeschäftlichen Erklärungen der ortskirchlichen Vertretungsorgane ist in den durch Staats- und Kirchengesetze vorbehaltenen Fällen die *kirchenaufsichtsbehördliche Außengenehmigung*. Sie ist eine Maßnahme der Kirchenvermögens- und Stiftungsaufsicht, die kirchenrechtlich den Diözesanbischöfen obliegt (cc. 1276, 1291-1295 CIC / 1983).[83] Auch soweit sie auf kirchlichen Vorschriften beruhen, sind Genehmigungsvorbehalte im

---

(175); BGH, in: NJW 1984, S. 607. Das für eine Einstandspflicht vorausgesetzte Verschulden wird darin gesehen, daß der handelnde Organwalter oder Beauftragte trotz besserer Möglichkeit der Kenntnis der Zuständigkeits- und Formvorschriften den Vertragspartner hierüber nicht aufklärt. Die Haftung für sonstige Beauftragte (Nichtorganwalter) beurteilt sich nach den §§ 278, 831 BGB. Der Geschäftspartner ist so zu stellen, als hätte er nicht auf die Wirksamkeit der ihm gegenüber abgegebenen Erklärungen vertraut.

[81] BGH, in: NJW 1980, S. 116; BGH, in: NJW 1986, S. 2939 f.; vgl. hierzu *Schmidt-Jortzig / Petersen,* Deliktische Haftung (Anm. 76).

[82] OLG Zweibrücken, Urt. v. 10.3.1966, in: MDR 1966, S. 672; OLG Celle, Urt. v. 27.10.1975 — 15 U 1 / 75, in: OLGZ 1976, 440 f.; LG Freiburg, Urt. v. 29.5.1987 — 5 O 503 / 86, in: KirchE 25, 201 f.; OLG Hamburg, in: BB 1959, S. 359; OLG Braunschweig, Beschl. v. 25.6.1991 — 2 W 19 / 91, in: Nds.Rpfl. 1991, S. 273 f. (274) = NJW-RR 1992, S. 440 f.; LG Hanau, Urt. v. 3.9.1992 — 7 O 709 / 92 (rechtskräftig); anders noch RGZ 104, 191 (194); differenzierend BGH, in: NJW 1990, S. 387 f.

[83] Anstelle des Diözesanbischofs handelt in der Regel der Generalvikar mit amtsgebundener stellvertretender Vollmacht (c. 479 § 1 CIC / 1983), für den Bereich des dem kanonischen Veräußerungsverbot unterliegenden Stammvermögens aufgrund Spezialmandats — c. 134 § 3 CIC / 1983. Vgl. *Heribert Schmitz,* Die „licentia" für Veräußerungen nach kanonischem Recht, in: Fides et ius. FS für Georg May zum 65. Geburtstag. Regensburg 1991, S. 197.

säkularen Rechtsverkehr wirksam.⁸⁴ Sie beinhalten ein gesetzliches Verbot im Sinne des § 134 BGB, welches die Vertretungsmacht der Organwalter nachgeordneter Rechtsträger einschränkt.⁸⁵ Genehmigungspflichtige kirchliche Rechtsakte sind bis zur Genehmigungserteilung schwebend unwirksam.⁸⁶ Die Genehmigung kann auch noch nachträglich mit Rückwirkung erteilt werden.⁸⁷ Schutzgut der Vertretungs- und Genehmigungsvorschriften ist das Kirchenvermögen. Ihr Zweck liegt — wie im staatlichen oder kommunalen Bereich — darin, die kirchliche Teilgliederung vor unbedachten, nicht im kirchlich-öffentlichen Interesse liegenden Rechtshandlungen ihrer Organe zu bewahren. Hinter dem Schutzcharakter auch der Genehmigungsvorbehalte müssen die Grundsätze von Treu und Glauben zurückstehen.⁸⁸ Wird gegen Genehmigungsvorschriften verstoßen, liegt vertretungs*un*zuständiges Handeln vor. Es gelten hinsichtlich der Rechtsfolgen die gleichen Grundsätze wie bei der Nichtbeachtung sonstiger Vertretungsvorschriften.⁸⁹

Kirchliche Aufsichtsbehörden sind bei der Wahrnehmung ihrer Genehmigungszuständigkeiten nicht auf eine Rechtmäßigkeitskontrolle beschränkt, sondern können im Genehmigungsverfahren eigene Zweck-

---

⁸⁴ Vgl. oben B II m. Anm.; OLG Hamm, in: MDR 1988, S. 860 = NJW-RR 1988, S. 467; OLG Hamburg, in: MDR 1988, S. 860 f.; *Wilhelm Ehret,* Anm. zum Urt. des LG Rottweil, in: NJW 1959, S. 1090 f.; *Hubert Knott,* Die Genehmigungspflicht bei Rechtsgeschäften der katholischen und der evangelischen Kirche, ihrer Gemeinden und Orden, in: Anlage zu den Mitteilungen Nr. 11 / 1963 der Rheinischen Notarkammer, S. 748 (753); OLG Braunschweig, Beschl. v. 25.6.1991, in: Rpfleger 1991, S. 453 = NJW-RR 1992, S. 440 f.; LG Memmingen, in: Rpfleger 1990, S. 70.
⁸⁵ *Knüllig,* Kirchliche Genehmigungsvorbehalte (Anm. 35), S. 129 f.; BayObLG, in: NJW-RR 1990, S. 476 f.; OLG Braunschweig, in: NJW-RR 1992, S. 440; OLG Hamm, in: NJW-RR 1993, S. 1106; ArbG Bochum, in: NJW-RR 1993, S. 1143.
⁸⁶ Vgl. die Urteile in Anm. 85; keinen Schwebezustand vertragende Rechtsgeschäfte sind bei Fehlen aufsichtsbehördlicher Genehmigung nichtig, vgl. BGHZ 11, 27 (37), und 37, 235; wegen weiterer Einzelheiten vgl. *Helmut Heinrichs,* in: Palandt, BGB. Komm., 52. Aufl., München 1993, § 134, Rdnrn. 12 f.
⁸⁷ Dies folgt nicht aus einer Analogie zu § 184 BGB, sondern aus dem Zweck des Genehmigungserfordernisses; so für behördliche Genehmigungen BGHZ 32, 389; BGH, in: NJW 1965, S. 41. Die §§ 182 f. BGB finden keine unmittelbare Anwendung, vgl. *Palandt-Heinrichs* (Anm. 86), § 182 BGB / Einführung, Rdnr. 6. Sind für die Vornahme des Rechtsgeschäfts gesetzliche oder vertragliche Ausschlußfristen zu wahren, ist die Genehmigung nur während der laufenden Frist möglich, vgl. *Palandt-Heinrichs,* § 184 BGB, Rdnr. 2.
⁸⁸ OLG Hamburg, in: BB 1959, S. 359; Beschl. OLG Braunschweig v. 25.6.1991, in: Rpfleger 1991, S. 452 f. = NJW-RR 1992, S. 440 f.
⁸⁹ Zum Gesamtkomplex: *Hans Zilles / Burkhard Kämper,* Kirchengemeinden als Körperschaften im Rechtsverkehr. Voraussetzungen und Funktionsstörungen rechtswirksamer Betätigung, in: NVwZ 13 (1994), S. 109-115.

mäßigkeitserwägungen einfließen lassen oder Verwaltungshandlungen der nachgeordneten kirchlichen Organe auf ihre Sachgerechtigkeit hin nachprüfen. Die gesamtkirchlichen Interessen im Einzelfall zu aktualisieren und ihnen Geltung zu verschaffen, ist unaufgebbar dem kirchlichen Gesamtverband im Rahmen seiner Leitungsgewalt als Aufgabe zugewiesen.[90] Anerkannt ist die Zuständigkeit der staatlichen Gerichte, kirchliche Aufsichtsakte auf die Einhaltung der für alle geltenden Gesetze hin nachzuprüfen.[91] Darüber hinausgehende Zuständigkeiten vereinbaren sich nicht mit dem kirchlichen Selbstbestimmungsrecht. So fällt nicht in die Kompetenz der Gerichte zu prüfen, ob kirchliche Aufsichtsmaßnahmen (z. B. die Erteilung der kirchenaufsichtsrechtlichen Genehmigung oder ihre Versagung) durch kirchliches Recht gedeckt sind oder ob das kirchliche Recht wirksam ist und zutreffend angewandt wurde.[92]

---

[90] Dies gilt uneingeschränkt für die Kirchengemeinden, vgl. *Jochen Dittrich,* Die kirchenaufsichtliche Genehmigung in Vermögens- und Personalangelegenheiten, in: ZevKR 12 (1966 / 67), S. 112 f.; *Knüllig,* Kirchliche Genehmigungsvorbehalte (Anm. 35), S. 122 f.; *Karl Wangenmann,* Zur Selbstverwaltung in der Kirche, in: FS für Erich Ruppel (Anm. 36), S. 210 f.; ebenso für die kirchlichen Stiftungen des öffentlichen Rechts, vgl. *Axel Frhr. v. Campenhausen,* Kirchenleitung, in: ZevKR 29 (1984), S. 32 f.; unterschiedlich die Rechtslage bei den kirchlichen Stiftungen des Privatrechts, denen ein besonderer Selbständigkeitsstatus zukommt. Die Prüfungsdichte bestimmt sich danach, welche Nähe der zu kontrollierende Vorgang zum Zentrum des Verkündigungsauftrages aufweist. Vgl. *Hans Zilles,* Stiftungsaufsicht über kirchliche Stiftungen (bürgerlichen Rechts) in Nordrhein-Westfalen. Zum StiftG NW vom 21. Juni 1977, in: ArchKathKR 150 (1981), S. 162; *Klaus Obermayer,* Weltliches Recht und Evangelisches Kirchenrecht, in: FS für Hans Liermann. Erlangen 1964, S. 144 f.; *Achilles,* Die Aufsicht (Anm. 41), S. 200 f. m. w. N.

[91] *Hesse,* Rechtsschutz (Anm. 48), S. 96, 129 f., 142; *Hartmut Johnsen,* Nachprüfbarkeit kirchlicher Rechtshandlungen durch staatliche Gerichte, Jur. Diss. Bonn 1956; *Ulrich Scheuner,* Grundlagen einer kirchlichen Verwaltungsgerichtsbarkeit, in: ZevKR 6 (1957 / 58), S. 358; *Axel Frhr. v. Campenhausen,* Staatliche Rechtsschutzpflicht und kirchliche Autonomie, in: ZevKR 17 (1972), S. 144; *Dirk Ehlers,* Staatlicher Rechtsschutz gegenüber den Religionsgemeinschaften in amts- und dienstrechtlichen Angelegenheiten, in: ZevKR 27 (1982), S. 285 f.; VGH Bremen, Urt. v. 30.12.1958, in: ZevKR 8 (1961 / 62), S. 415 f.; BSG, Urt. v. 29.3.1962, in: KirchE 6, 54 (61); VGH Bad.-Württ., Urt. v. 20.5.1980, in: DVBl. 1981, S. 31 (36). Bei der Wahrnehmung ihrer Vermögensaufsicht üben die Kirchen keine staatliche Hoheitsgewalt, sondern originäre Kirchengewalt aus; vgl. BVerfG, Beschl. v. 1.9.1980, in: ZevKR 27 (1982), S. 188 f.; *Willi Geiger,* Die Rechtsprechung des Bundesverfassungsgerichts zum kirchlichen Selbstbestimmungsrecht, in: ZevKR 26 (1981), S. 156 f.; *Klaus Obermayer,* Die Reform des Staatshaftungsrechts und die Kirchen, in: DVBl. 1979, S. 441 f.; *Achilles,* Die Aufsicht (Anm. 41), S. 226, 230 f., 259 f. Für Streitigkeiten über die staatliche Anerkennung kirchlicher Aufsichtsakte als öffentlich-rechtliche Rechtsakte sind die Verwaltungsgerichte zuständig, vgl. *Achilles,* ebd., S. 249 f.

[92] Vgl. *Achilles,* Die Aufsicht (Anm. 41), S. 244 f.; *v. Campenhausen,* Staatskirchenrecht (Anm. 9), S. 203 f., 218; *Siegfried Uibel,* Anm. zum Urt. des VGH Bad.-Württ. v. 20.5.1980 — IV 1140 / 77 —, in: DVBl. 1981, S. 37 f. Zu den Grundlagen

Auch kommt staatlicher Rechtsschutz nicht in Betracht, wenn kirchliche Untergliederungen (dazu gehören auch kirchliche Stiftungen öffentlichen Rechts) Ersatzansprüche aus fehlerhafter Aufsichtsführung gegen ihr Muttergemeinwesen geltend machen. Streitigkeiten dieser Art wurzeln derart tief im innerkirchlichen Organisationsrecht, daß das allgemeine Deliktsrecht nicht mehr als ein für alle geltendes Gesetz angesehen werden kann.[93] Die diözesanrechtlichen Genehmigungsvorschriften haben im kanonischen Veräußerungsverbot des Kodex von 1983 ihre gemeinrechtliche Grundlage. Das unter Genehmigungsvorbehalt gestellte Veräußerungsverbot des Codex Iuris Canonici beschränkt sich auf das sogenannte Stammvermögen und gilt ab einer bestimmten Wertgrenze, die von der Nationalen Bischofskonferenz festzulegen ist (c. 1291). Die von der Deutschen und der Berliner Bischofskonferenz erlassenen Ausführungs- und Wertgrenzenbestimmungen überlagern als höherrangiges Kirchenrecht die derzeitigen diözesanrechtlichen Genehmigungsvorschriften, soweit es sich um Rechtsgeschäfte handelt, die das Stammvermögen betreffen.[94]

C. Das Kirchenvermögens- und das Stiftungsrecht in seiner regionalen Ausprägung

I. Die Zersplitterung des Kirchenvermögens- und Stiftungsrechts

Die staatliche und kirchliche Rechtsetzung im Bereich der kirchlichen Vermögensverwaltung und des kirchlichen Stiftungswesens dürfte zu dem Teil des Staatskirchenrechts gehören, der am stärksten zersplittert ist. Obwohl nach dem Grundgesetz Landesrecht, spiegelt das Kirchenvermögensrecht die Landkarte Deutschlands vor 130 Jahren wieder. Die zwischenzeitlich auf staatskirchenvertraglicher oder konkordatärer

---

und Grenzen staatlicher Rechtsprechung in kirchlichen Angelegenheiten vgl. *Karl-Hermann Kästner*, Staatliche Justizhoheit und religiöse Freiheit. Über die Frage nach der staatlichen Kompetenz zur Rechtsschutzgewährung im Wirkungsbereich der Kirchen und Religionsgemeinschaften (= Jus ecclesiasticum, Bd. 41), Tübingen 1991.

[93] Dies gilt sinngemäß auch für Klagen gegen Maßnahmen der kirchenaufsichtsbehördlichen Zweckmäßigkeitskontrolle, vgl. *Achilles*, Die Aufsicht (Anm. 41), S. 251, 261 f.

[94] Sog. Partikularnormen, abgedr. bei *Heribert Schmitz / Franz Kalde*, Partikularnormen der deutschsprachigen Bischofskonferenzen, Metten 1990, und in: ArchKathKR 155 (1986), S. 484 ff. Stammvermögen ist die der Wahrnehmung kirchlicher Aufgaben dienende materielle Grundausstattung, die einer kirchlichen Rechtsperson mit dieser Zweckbindung ausdrücklich zugeordnet worden ist, vgl. *Schmitz*, Die „licentia" für Veräußerungen (Anm. 83), S. 190-192.

Grundlage erfolgte Angleichung von Rechtsvorschriften hat bisher nur regionale Bedeutung erlangt. Soweit das partikulare Kirchenrecht auf dem Gebiet der Vermögensverwaltung von den Vorschriften des 1983 in Kraft getretenen Kodex abweicht, ist seine Fortgeltung durch päpstliches Indult[95] sichergestellt. In den Diözesen, in denen die vermögensrechtliche Vertretung des ortskirchlichen Vermögens seit über 100 Jahren durch ein kollegiales Organ erfolgt, ist dieses Gewohnheitsrecht nach den cc. 5 § 1, 26, 28 CIC bestehengeblieben.[96]

II. Kirchenvermögens- und Stiftungsrecht in dem vorwiegend ehemals preußischen Rechtsbereich der alten Bundesländer

1. Grundsätzliches

Im preußischen Rechtsbereich beruhte die katholische kirchliche Vermögensverwaltung auf dem Gesetz über die Verwaltung des katholischen Kirchenvermögens vom 24.7.1924.[97] Obgleich gegen die Verfassungsmäßigkeit dieses Gesetzes bereits damals Bedenken bestanden, fanden sich die Bischöfe Preußens mit der neuen Gesetzgebung ab, um auf diese Weise die in dem aus der Kulturkampfära stammenden Gesetz über die Vermögensverwaltung der katholischen Kirchengemeinden vom 20.4.1875 enthaltenen Unzuträglichkeiten zu beseitigen.[98] Da das kirchliche Organisations- und das Vermögensverwaltungsrecht zu den eigenen (inneren) Angelegenheiten der Kirche gehören, ist das preußische Gesetz über die Verwaltung des katholischen Kirchenvermögens als verfassungswidrig anzusehen, weil es kirchliche Angelegenheiten selbst ordnet und somit in das Selbstbestimmungsrecht der Kirche eingreift.[99] Da jedoch das Gesetz, wenn auch — mindestens ursprüng-

---

[95] Mitgeteilt dem Apostolischen Nuntius am 12.1.1984, in allen Diözesan-Amtsblättern veröffentlicht, z. B. ABl. des Bistums Limburg 126 (1984), S. 1; ABl. des Erzbistums Köln 124 (1984), S. 142 f.

[96] Vgl. *Joseph Listl*, Die Rechtsnormen, in: HdbKathKR, S. 98; *Hubert Hack*, Die Pfarrei, ebd., S. 388.

[97] Preuß. GS 1924, S. 585 nebst der Ausführungsverordnung v. 24.10.1924 über die ständigen Staatsaufsichtsbehörden (GS 1924, S. 731) und der Anordnung des Ministers für Wissenschaft, Kunst und Volksbildung betr. die Veröffentlichung der Regelung der Rechtsgültigkeit der Beschlüsse der kirchlichen Verwaltungsorgane durch die Bischöflichen Behörden v. 20.2.1928 — sog. preußische Anordnung — (GS 1928, S. 12).

[98] Preuß. GS 1875, S. 241; *Wenner*, Kirchenvorstandsrecht (Anm. 67), S. 17 f.; *Ebers*, Staat und Kirche (Anm. 30), S. 366 f.

[99] *Ebers*, Staat und Kirche (Anm. 30), S. 263, 366 f.; *Schröcker*, Ortskirchenvermögen (Anm. 45), S. 180; *Mörsdorf*, Kirchenrecht (Anm. 2), S. 323; *Paul Mikat*, Das Verhältnis von Kirche und Staat in der Bundesrepublik. Berlin 1964, S. 5;

lich — nur ad maiora mala vitanda, inzwischen mehr als sechs Jahrzehnte von der Kirche angewandt wird, dürfte es, abgesehen von den staatlichen Mitwirkungs- und Aufsichtsrechten, als gewohnheitsrechtliche lex canonizata anzusehen sein.[100] Im ehemals preußischen Rechtsbereich sind drei Rechtsgeltungsgebiete zu unterscheiden, das Gebiet des gemeinen Rechts — kanonisches Recht in Verbindung mit rezipiertem römischem Recht —, das Gebiet des Preußischen Allgemeinen Landrechts vom 5.2.1794 und das auf dem linken Rheinufer und im rechtsrheinischen Gebiet um Düsseldorf eingeführte französische Recht.[101]

Als Rechtsträger des kircheneigenen Vermögens auf Ortsebene nimmt die staatskirchenrechtliche Praxis im Gegensatz zum kanonischen Recht überwiegend die Kirchengemeinde an.[102] Diese Auffassung ist derart allgemein nicht haltbar. Weder haben sich die Kirchenvermögensverwaltungsgesetze von 1875 und 1924 zu dieser Frage geäußert, noch wurde durch das Preußische Allgemeine Landrecht die Rechtsfähigkeit der bestehenden kirchlichen Institute berührt. Es kann sonach davon ausgegangen werden, daß die Kirchenstiftungen und Pfründestiftungen, sofern sie als Rechtspersonen entstanden, fortbestehen, und daß auch im Gebiet des Preußischen Allgemeinen Landrechts die kirchlichen Institute, die zur Zeit seines Inkrafttretens Rechtsfähigkeit besaßen, diese nicht verloren haben.[103]

2. Das Kirchenvermögensrecht — derzeitiger Stand der Rechtsentwicklung

a) Nordrhein-Westfalen

In Nordrhein-Westfalen ist das preußische Gesetz über die Verwaltung des katholischen Kirchenvermögens vom 24.7.1924 nach dem Grundsatz der Staatensukzession als Landesrecht in Kraft geblieben.[104]

---

ders., Kirchen (Anm. 2), S. 182; *Engelhardt*, Anm. zu VG Aachen (Anm. 37); LG Dortmund, in: KirchE 5, 338.

[100] *Mörsdorf*, Kirchenrecht (Anm. 2), S. 323; *Mikat*, Kirchen (Anm. 2), S. 182; *Emsbach*, Kirchenvorstand (Anm. 50), S. 9.

[101] *Wenner*, Kirchenvorstandsrecht (Anm. 67), S. 16 f.; *Friedrich v. Schilgen*, Das kirchliche Vermögensrecht und die Vermögensverwaltung in den katholischen Kirchengemeinden der gesamten preußischen Monarchie. Paderborn, Bd. 2 (1893): S. 5 f., Bd. 3 (1894): S. 5.

[102] *Mörsdorf*, Kirchenrecht (Anm. 2), S. 324.

[103] OLG Celle, in: ArchKathKR 112 (1932), S. 623 f.; OLG Hamm, in: KirchE 9, 314 f.; LG Paderborn, Beschl. v. 15.5.1968 — 3 T 20, 21, 22/68; a. A. LG Wiesbaden, in: KirchE 3, 72 f.; *v. Schilgen*, Vermögensrecht (Anm. 101), Bd. 1 (1891): S. 13, Bd. 3: S. 32 ff.; vgl. auch BGH, in: KirchE 3, 146.

[104] Preuß. GS S. 585, § 3, neugefaßt durch G v. 7.12.1948 (NW GVBl. 1949, S. 23), § 4, geänd. durch G v. 16.12.1969 (GV NW 1970, S. 22), §§ 4 und 5, geänd.

Es regelt die kirchliche Vermögensverwaltung in den in Nordrhein-Westfalen belegenen Gebietsanteilen der (Erz-)Bistümer Aachen, Essen, Köln, Münster und Paderborn. Zentrales Verwaltungsorgan auf ortskirchlicher Ebene ist der Kirchenvorstand.[105] Seine Rechte und Pflichten erstrecken sich auf das gesamte ortskirchliche Vermögen, ohne daß es darauf ankommt, wer dessen Rechtsträger ist. Neben dem Vermögen der Kirchengemeinde[106] gehören zum ortskirchlichen Vermögen die nach kanonischem und gemeinem Recht rechtsfähigen ortskirchlichen Vermögensfonds mit Stiftungscharakter, insbesondere die fabrica ecclesiae[107] (auch Kirche, Kirchenfabrik oder Kirchenstiftung genannt), die Pfründefonds[108] und sonstige ortskirchlichen Aufgaben dienende Stiftungen.[109] Soweit sie als integraler Bestandteil der kirchlichen Organisation am öffentlich-rechtlichen Status der Kirche teilhaben, sind sie auch nach staatlichem Recht rechtsfähige Stiftungen des öffentlichen Rechts.[110] Nicht rechtsfähige Vermögensfonds sind der Kirchengemeinde als Vermögensträger zugeordnet. Die Rechte der Pfründeinhaber (Pfarrer, Kaplan etc.) werden durch die Rechtsstellung des Kirchenvorstandes nicht berührt.[111] Verpflichtungserklärungen des Kirchenvorstandes binden die Kirchengemeinde und das ortskirchliche Vermögen,

---

durch G v. 13.7.1982 (GV NW 1982, S. 342); *Werner Weber,* Die Ablösung der Staatsleistungen an die Religionsgesellschaften. Stuttgart 1948, S. 19.

[105] Mit der Verwaltungszuständigkeit verbindet sich die organschaftliche Vertretungsmacht, vgl. § 1 KathKirchVermG.

[106] Körperschaft öffentlichen Rechts gem. Art. 140 GG i. V. m. Art. 137 Abs. 5 WRV; Kirchengemeinden sind auch die Filialkirchengemeinden, vgl. Anm. 66; *Wenner,* Kirchenvorstandsrecht (Anm. 67), S. 28.

[107] Vgl. oben Kap. A, Anm. 7.

[108] Vgl. Anm. 107.

[109] Soweit sie wie Kirchenstiftungen und Pfründefonds unter die Verwaltung amtskirchlicher Organe (Kirchenvorstand) gestellt sind oder nach Stiftungssatzung durch solche verwaltet werden sollen. Nicht hierzu gehören rechtsfähige Stiftungen, zu deren Verwaltung ein eigener, aus Geistlichen und/oder Laien zusammengesetzter Verwaltungskörper bestimmt ist, vgl. *Wenner,* Kirchliches Vermögensrecht (Anm. 2), S. 245 f.

[110] *Achilles,* Die Aufsicht (Anm. 41), S. 143; *v. Campenhausen,* Grenzprobleme (Anm. 54), S. 287; *Maunz,* in: Maunz/Dürig (Anm. 12), Art. 140 GG / Art. 137 WRV, Rdnr. 31; öffentlich-rechtlich sind hiernach die fabrica ecclesiae und die Pfründestiftung.

[111] Vgl. § 1 Abs. 3 KathKirchVermG. Die Zuständigkeitsregelung bezieht sich auf das mit der Pfründe fortgeltende nießbrauchsähnliche Nutzungsrecht des Pfründeinhabers gemäß c. 1473 CIC/1917. Der Pfründeinhaber darf das Pfründevermögen ohne Zustimmung des Kirchenvorstandes zum Zwecke der Nutzung verwalten, vermieten oder verpachten und die Erträge einziehen. Die Einkünfte werden mit dem Gehalt des Pfründeinhabers verrechnet. Überschüsse sind nach Anordnung der bischöflichen Behörde zu verwenden. Die Zuständigkeit zur rechtlichen Verfügung über das Pfründevermögen liegt beim Kirchenvorstand; vgl. *Emsbach,* Kirchenvorstand (Anm. 50), S. 53 f.

wenn sie vom Vorsitzenden des Kirchenvorstandes (Pfarrer) oder seinem Stellvertreter und zwei Mitgliedern schriftlich unter Beidrückung des Amtssiegels abgegeben werden. Hierdurch wird nach außen die Ordnungsmäßigkeit der Beschlußfassung festgestellt.[112] Abweichend von der gemeinrechtlichen Regelung des c. 532 CIC/1983 wird hiermit die Alleinvertretungsbefugnis des Pfarrers ausgeschlossen. Dem Kirchenvorstand gehören an der Pfarrer oder der von der bischöflichen Behörde mit der Leitung der Gemeinde betraute Geistliche als Vorsitzender, die von der Kirchengemeinde unmittelbar gewählten Mitglieder und sonstige aufgrund besonderen Rechtstitels Berechtigte.[113]

Im Interesse gemeinsamer örtlicher Aufgaben können Kirchengemeinden, unbeschadet ihres Fortbestehens, zu einem Zweckverband zusammengeschlossen werden. Dessen Verwaltungs- und Vertretungsorgan ist die Verbandsvertretung, die aus dem Vorsitzenden (ranghöchster Dechant oder Pfarrer) und je zwei Mitgliedern der einzelnen Kirchengemeinden besteht. Bestellt die Verbandsvertretung einen Ausschuß, vertritt dieser den Verband und das Verbandsvermögen nach Maßgabe der Beschlüsse der Verbandsvertretung. Es gelten die gleichen Außenvertretungsvorschriften wie für den Kirchenvorstand.[114]

Zu den kirchenbehördlichen Aufsichtsrechten gehören die Ersatzvornahme, die Auflösung des Kirchenvorstandes und die Bestellung eines Verwalters.[115] In einer Reihe von Fällen werden die Beschlüsse des Kirchenvorstandes erst durch die Genehmigung kirchlicher oder staatlicher Aufsichtsbehörden wirksam. Der in den Geschäftsanweisungen der ehemals preußischen, jetzt nordrhein-westfälischen Bistümer normierte Katalog außengenehmigungsbedürftiger Rechtsgeschäfte ist in der preußischen Anordnung vom 20.2.1928 öffentlich bekanntgemacht worden.[116] Die Genehmigungspflichtigkeit der ortskirchlichen Organbeschlüsse erstreckt sich einschlußweise auch auf die darauf fußenden Willenserklärungen. Zur Änderung der Wertgrenzen, bei deren Überschreitung Beschlüsse der Genehmigung bedürfen, haben einzelne Diözesen den Genehmigungskatalog durch ergänzende Geschäftsanweisungen novelliert.[117] Neben den Außengenehmigungsvorbehalten finden

---

[112] Vgl. § 14 KathKirchVermG.
[113] Vgl. § 2 KathKirchVermG.
[114] Errichtung des Kirchengemeindeverbandes durch die bischöfliche Behörde mit Zustimmung der betroffenen Kirchengemeinden; Genehmigung durch die Staatsbehörde. Willenserklärungen der Verbandsvertretung und des Ausschusses müssen, wenn sie verpflichten sollen, vom Vorsitzenden oder seinem Stellvertreter und zwei Mitgliedern unter Beidrückung des Verbandssiegels abgegeben werden. Vgl. §§ 22-27 KathKirchVermG.
[115] Vgl. §§ 17-19 KathKirchVermG.
[116] Preuß. GS 1928, S. 12; Art. 7.

sich in den Geschäftsanweisungen Innengenehmigungsbestimmungen, die vom Kirchenvorstand gegenüber der bischöflichen Behörde zu beachten sind, die Rechtsgültigkeit der Rechtsgeschäfte nach außen jedoch nicht beeinträchtigen.[118] Die gemäß dem preußischen Gesetz über die Verwaltung des katholischen Kirchenvermögens noch fortbestehenden staatlichen Eingriffs- und Mitwirkungsrechte werden von den staatlichen Behörden mit der gebotenen Zurückhaltung ausgeübt.[119]

b) Hessen, Rheinland-Pfalz und Saarland

Es haben Gebietsanteile in Hessen und Rheinland-Pfalz die Bistümer Mainz und Limburg, in Rheinland-Pfalz das Erzbistum Köln, in Hessen die (Erz-)Bistümer Fulda und Paderborn, in Rheinland-Pfalz und im Saarland die Bistümer Speyer und Trier. Die katholischen Bistümer haben mit den drei genannten Bundesländern Staatskirchenverträge abgeschlossen, die das Recht der katholischen Kirche anerkennen, die kirchliche Vermögensverwaltung eigenständig zu ordnen.[120] Während für die Gebietsanteile der Erzbistümer Köln und Paderborn das bisherige preußische Kirchenvermögensverwaltungsrecht — für den hessischen Anteil Paderborns nach Maßgabe des Hessischen Landesrechtsbereinigungsgesetzes vom 26.2.1962[121] — mangels kircheneigener Rechtsetzung fortbesteht,[122] haben die übrigen Bistümer in Hessen, Rheinland-Pfalz und dem Saarland (Fulda, Limburg, Mainz, Speyer und Trier)

---

[117] Veröffentlicht in GV NW 1980, S. 477, und in den Kirchlichen Amtsblättern, z. B. KABl. für die Erzdiözese Paderborn 122 (1979), S. 107 f.; KABl. für das Bistum Essen 22 (1979), S. 189; ABl. des Erzbistums Köln 119 (1979), S. 163 f.

[118] Vgl. preuß. Anordnung (Anm. 97), Art. 8; *Wenner,* Kirchenvorstandsrecht (Anm. 67), S. 146 f.; *Johannes Schlüter,* Rechtsgeschäfte der katholischen Kirchengemeinden in Preußen. Mönchengladbach 1929, S. 97 f.; *Emsbach,* Kirchenvorstand (Anm. 50), S. 101 f.

[119] Auskunft des Bischöfl. Generalvikariats Münster vom 31.12.1991.

[120] Vgl. jeweils Art. 3 und 4 der katholischen Staatskirchenverträge mit Rheinland-Pfalz, Saarland und des Staatskirchenergänzungsvertrages mit Hessen (Anm. 27).

[121] GVBl. Hessen 1962, S. 21 f., § 1 mit Anlage I zu diesem Gesetz (GVBl. Hessen 1962, S. 99).

[122] Fortgeltung als kirchliches Recht im rheinland-pfälzischen Anteil der Erzdiözese Köln, vgl. Erzbischöflicher Erlaß vom 25.11.1975, in: KAnz. für die Erzdiözese Köln 115 (1975), S. 646, sowie ebd. 116 (1976), S. 340, i. V. m. Art. 3 Abs. 2 des Staatskirchenvertrages mit Rheinland-Pfalz und § 2 des Ratifikationsgesetzes (abgedr. bei *Listl,* Die Konkordate und Kirchenverträge [Anm. 27], Bd. 2, S. 461 ff.); für den hessischen Anteil der Erzdiözese Paderborn gelten insbesondere die Zuständigkeitsnormen des KathKirchVermG als staatliches Recht weiter (u. a. § 1 Abs. 1 und 2, § 14), die übrigen Vorschriften werden als kirchliches Recht angewendet, ebenso die durch Hessisches Rechtsbereinigungsgesetz aufgehobene preuß. Anordnung (Anm. 97).

§ 34 Vermögensverwaltung in der katholischen Kirche

durch wesentlich gleichlautende Gesetze über die Verwaltung und Vertretung des Kirchenvermögens (KVVG)[123] die bis dahin fortgeltenden, in den einzelnen Landesteilen sehr unterschiedlichen staatlichen Vorschriften über die kirchliche Vermögensverwaltung abgelöst.[124] Die neu erlassenen Kirchenvermögensverwaltungsgesetze orientieren sich am Vorbild des preußischen Gesetzes über die Verwaltung des katholischen Kirchenvermögens von 1924. Der an die Stelle des Kirchenvorstandes getretene Verwaltungsrat hat die gleichen Aufgaben wie der Kirchenvorstand preußischen Rechts. Seine Zuständigkeiten erstrecken sich auch auf die ortskirchlichen Stiftungen,[125] insbesondere die fabrica ecclesiae / Kirchenstiftung und die Pfründestiftungen als Stiftungen öffentlichen Rechts. Die Rechte der Inhaber kirchlicher Stellen an dem zu ihrer Besoldung bestimmten Vermögen (Pfründegut) bleiben unberührt.[126] Der Verwaltungsrat besteht aus dem Pfarrer oder dem von der bischöflichen Behörde mit der Leitung der Vermögensverwaltung der Kirchengemeinde beauftragten Vorsitzenden[127] und weiteren Mitgliedern, die entweder vom Pfarrgemeinderat (in den Bistümern Limburg, Mainz und Trier) oder von den Mitgliedern der Kirchengemeinde unmittelbar (in den Bistümern Fulda und Speyer) gewählt werden.[128] Zur

---

[123] Gesetz über die Verwaltung und Vertretung des Kirchenvermögens (KVVG): *Fulda* v. 20.4.1979, in: KABl. 95 (1979), S. 43 ff. (StAnz. Hessen 1979, S. 1450); *Limburg* v. 23.11.1977, in: ABl. 119 (1977), S. 559 ff. (StAnz. Hessen 1977, S. 2426 f.; Rheinland-Pfalz 1977, S. 880), mit Änderungen v. 23.6. und 29.11.1986 bzw. 2.7. und 24.10.1991, in: ABl. 128 (1986), S. 133 und 166, bzw. 133 (1991), S. 114 und 126; *Mainz* v. 1.12.1978, in: KABl. 121 (1979), S. 1 ff. (StAnz. Hessen 1978, S. 2615), mit Änderungen v. 20.3.1980, in: KABl. 122 (1980), S. 27; *Speyer* v. 15.8.1979, in: OVB 72 (1979), S. 493 ff., mit Änderungen v. 11.8.1987, in: OVB 80 (1987), S. 142 f.; *Trier* v. 1.12.1978, in: KABl. 122 (1978), S. 215 ff., mit Änderungen v. 7.12.1987, in: KABl. 131 (1987), S. 219 f.

[124] Z. B. KathKirchVermG v. 24.7.1924 (GS S. 585) mit Änderungen und die Hessische Verordnung, die Verwaltung des Kirchenvermögens betreffend, vom 6.6.1832 (RegBl. S. 412) sowie die bayerische Kirchengemeindeordnung vom 24.9.1912 (GVBl. S. 911); vgl. die Ratifikationsgesetze zu den in Anm. 27 aufgeführten Staatskirchenverträgen katholischer Bistümer mit Hessen (§ 2), Rheinland-Pfalz (§ 2) und dem Saarland (§ 3); abgedr. bei *Listl*, Die Konkordate und Kirchenverträge (Anm. 27), Bd. 1, S. 764 f., sowie Bd. 2, S. 462 und 582 f.

[125] Vgl. Anm. 109.

[126] Vgl. Anm. 111; die über die Nutzungsverwaltung hinausgehende Zuständigkeit, über die Vermögensstücke der Pfründe rechtlich zu verfügen, verbleibt dem Verwaltungsrat; in der Diözese Speyer obliegt die Verwaltung der Pfründestiftungen dem Pfarrer und dem Verwaltungsrat gemeinsam gemäß bischöflicher Anordnung (OVB 78 [1985], S. 447 f.).

[127] § 3 Abs. 1 KVVG; in der Diözese Limburg kann der Pfarrer mit Zustimmung des Diözesanbischofs dem Pfarrgemeinderat gegenüber erklären, daß er für die laufende Amtsperiode dem Verwaltungsrat nicht angehören wolle, dies mit Wirkung auch für den Amtsnachfolger bis zum Ende der Amtszeit des Verwaltungsrates, der dann seinerseits einen Vorsitzenden aus seiner Mitte wählt — § 3 Abs. 2 KVVG Limburg i. d. F. v. 2.7.1991 (ABl. 133 [1991], S. 114).

rechtsgültigen Vertretung der Kirchengemeinde und des ortskirchlichen Vermögens ist es erforderlich, daß sämtliche Willenserklärungen (nicht nur die Verpflichtungserklärungen) vom Vorsitzenden oder seinem Stellvertreter und einem weiteren Mitglied des Verwaltungsrates unter Beidrückung des Siegels der Kirchengemeinde schriftlich abgegeben werden.[129] Die Vermögensverwaltungsgesetze enthalten weitgehend inhaltsgleiche Genehmigungstatbestände, bei deren Vorliegen Beschlüsse und Willenserklärungen des Verwaltungsrates zu ihrer Rechtswirksamkeit der Genehmigung des Bischöflichen Generalvikariats bedürfen.[130] Zu den Maßnahmen der kirchlichen Vermögensaufsicht gehören außerdem die Ersatzvornahme, das Einsichts- und Beanstandungsrecht und das Recht zur Verwalterbestellung.[131] Die Organe der zur Wahrnehmung gemeinsamer Aufgaben gebildeten Kirchengemeindeverbände sind die Verbandsvertretung (in Speyer Verwaltungsrat) mit Zuständigkeiten im Bereich Haushalt und Rechnungslegung und der Verbandsausschuß, der die Verbandsaufgaben nach außen wahrnimmt und den Kirchengemeindeverband im Rechtsverkehr vertritt. Die Verbandsvertretung besteht aus Mitgliedern der Verwaltungsräte der angeschlossenen Kirchengemeinden. Der Verbandsvertretungsvorsitzende wird vom Diözesanbischof aus der Mitte der Vorsitzenden der Verwaltungsräte bestimmt.[132] Der Verbandsausschuß besteht aus dem Vorsitzenden der Verbandsvertretung und drei von der Verbandsvertretung gewählten Mitgliedern. Für den Verbandsausschuß gelten die Zuständigkeits- und Formvorschriften über die Außenvertretung sinngemäß, desgleichen die Genehmigungsvorschriften.[133] Die Bestimmungen des staatlichen Stiftungsrechts bleiben unberührt.

c) Niedersachsen und Schleswig-Holstein

In Niedersachsen vollzog sich die Neuordnung des Kirchenvermögensverwaltungsrechts auf der Grundlage des Niedersächsischen Konkordats vom 28.2.1965.[134] Gemäß Art. 13 des Konkordats i. V. m. § 8 der

---

[128] Vgl. § 3 Abs. 1 der entsprechenden KVVG.
[129] Jeweils § 14 KVVG.
[130] § 17 KVVG.
[131] Vgl. §§ 18, 20–22 KVVG.
[132] Vgl. §§ 26–29 KVVG.
[133] Gemeinsam vertretungsbefugt sind der Verbandsausschußvorsitzende oder sein Stellvertreter und ein weiteres Verbandsausschußmitglied; erforderlich sind Schriftform und Beidrückung des Kirchengemeindeverbandssiegels.
[134] Mit Ratifikationsgesetz vom 1.7.1965, Konkordatsanlage sowie Abschließendem Sitzungsprotokoll vom 26.2.1965 abgedr. bei *Listl*, Die Konkordate und Kirchenverträge (Anm. 27), Bd. 2, S. 3 ff., dort auf S. 4 auch Abdruck des Ratifikationsvermerks aus den Acta Apostolicae Sedis.

§ 34 Vermögensverwaltung in der katholischen Kirche

Konkordatsanlage regeln die Bistümer in Niedersachsen das Kirchenvermögensverwaltungsrecht in eigener Zuständigkeit. Unter Berücksichtigung der vereinbarten Vorgaben des Konkordats — einheitliche Vertretungs- und Genehmigungsbestimmungen, Gesetzesvorlage bei der Landesregierung — haben die mit Gebietsanteilen in Niedersachsen belegenen (Erz-)Bistümer Fulda, Hildesheim, Osnabrück und Paderborn sowie das Bischöflich Münstersche Offizialat Vechta durch inhaltsgleiche Kirchengesetze [135] ein einheitliches Kirchenvermögensverwaltungsrecht geschaffen, das nach § 26 des Kirchenvermögensverwaltungsgesetzes der Diözese Osnabrück auch für deren Bistumsanteil in Schleswig-Holstein verbindlich ist. Die genannten Kirchengesetze setzen abweichende kirchliche Bestimmungen außer Kraft.[136] Die staatlichen Vorschriften über die kirchliche Vermögensverwaltung wurden durch das zeitlich nachfolgende Niedersächsische Rechtsvereinfachungsgesetz vom 10.9.1989 [137] aufgehoben, blieben jedoch ab Inkrafttreten der neuen kirchlichen Vermögensverwaltungsgesetze 1987/88 außer Anwendung.[138] Die neuen Kirchenvermögensverwaltungsgesetze folgen der Rechtssystematik des preußischen Gesetzes über die Verwaltung des katholischen Kirchenvermögens von 1924. Unter das Verwaltungs- und Vertretungsrecht des Kirchenvorstandes (Kirchenausschuß im Offizia-

---

[135] Kirchenvermögensverwaltungsgesetz (KVVG) v. 15.11.1987 für die Diözese Hildesheim (KAnz. S. 293 ff.), Osnabrück (KABl. S. 305 ff.), den niedersächsischen Anteil der Diözese Fulda (KABl. S. 93 ff.), für den Bereich der römischkatholischen Kirche im oldenburgischen Teil der Diözese Münster/Offizialat Vechta (KABl. Münster 122 [1988], S. 104 ff.), v. 10.12.1987 für den niedersächsischen Anteil des Erzbistums Paderborn (KABl. Paderborn 131 [1988], S. 5), sämtlich auch abgedr. in: Nieders. MBl. 1989, S. 1240 f. — Die römisch-katholische Kirche im oldenburgischen Teil der Diözese Münster ist Körperschaft des öffentlichen Rechts und wird durch das Bischöflich Münstersche Offizialat in Vechta vertreten — § 6 des Vertrages zur Regulierung der Diözesanangelegenheiten der katholischen Einwohner des Herzogtums Oldenburg v. 5.1.1830 (GBl. VI S. 545), vgl. § 25 KVVG Vechta.
[136] Vgl. die Schlußbestimmungen jeweils in § 26 KVVG Hildesheim, Osnabrück, Paderborn und Vechta.
[137] Vgl. Art. 19 Nr. 3, 4 und 5 Nieders. Rechtsvereinfachungsgesetz v. 19.9.1989 (Nds. GVBl. 1989, S. 351); in Kraft geblieben sind die §§ 1, 2, 3 Abs. 1 und § 4 Abs. 1 des Gesetzes für den Landesteil Oldenburg, betr. die Berechtigung der katholischen Kirche zur Erhebung von Steuern v. 28.4.1924 (Nds. GVBl. Sb. II S. 403) sowie § 1 S. 1 des Schaumburg-Lippischen Gesetzes über die rechtliche Stellung der katholischen Pfarrgemeinden vom 18.3.1911 (Nds. GVBl. Sb. III S. 129), mehrfach geänd., zuletzt am 10.2.1972 (Nds. GVBl. S. 109). § 1 S. 1 definiert für den staatlichen Rechtsbereich, abweichend vom kanonischen Recht, den Begriff der katholischen Pfarrgemeinde; vgl. auch Art. 13 NiedersK i. V. m. § 8 der Konkordatsanlage (Anm. 134).
[138] Nach einer Mitteilung des Nieders. Kultusministers an das Kath. Büro Niedersachsen v. 13.4.1988 sind sich die Konkordatspartner darüber einig, daß nach Erlaß der kirchlichen Vermögensverwaltungsbestimmungen nur noch kirchliches Recht angewendet wird (vgl. Anm. 44).

latsbezirk Vechta) fallen das Vermögen der Kirchengemeinden und die Vermögensstücke der unter die Verwaltung kirchlicher Organe gestellten rechtsfähigen Stiftungen, soweit deren Verwaltung und Vertretung nicht anderweitig geregelt ist.[139] In den Diözesen Hildesheim und Osnabrück sind die ortskirchlichen Zwecken gewidmeten Vermögensfonds rechtlich unselbständig und der Kirchengemeinde als Rechtsträger zugeordnet oder der zentralen Verwaltung des Bischöflichen Stuhls unterstellt. Dies gilt insbesondere für das Pfründegut.[140] Willenserklärungen des Kirchenvorstandes sind rechtsverbindlich, wenn sie vom Vorsitzenden oder seinem Stellvertreter und zwei Mitgliedern schriftlich unter Beidrückung des Amtssiegels des Kirchenvorstandes abgegeben werden. Im Rahmen der laufenden Geschäftsführung ist jedoch der Vorsitzende (Pfarrer) allein verwaltungs- und vertretungsbefugt, ohne an Formvorschriften gebunden zu sein.[141] Nach dem teilweise noch fortgeltenden Kirchensteuergesetz für den Landesteil Oldenburg vom 28.4.1924[142] sind die in den Kirchengemeinden des Offizialatsbezirks Vechta befindlichen Pfründen, zu denen auch die Küstereistellen gehören, sowie die Ortskirche (fabrica ecclesiae) rechtsfähige kirchliche Stiftungen des öffentlichen Rechts. Die Pfarreipfründe (Pastorat, Pfarrstelle, Pfarrfonds) wird vom Stelleninhaber (Pfarrer), alle übrigen Pfründen und die Ortskirchenstiftungen werden vom Kirchenprovisor verwaltet und vertreten.[143] Die zur Wahrnehmung und Förderung kirchlicher Zwecke bischöflich errichteten Kirchengemeindeverbände bilden eine Verbandsvertretung. Ihre Zusammensetzung wird durch bischöfliche Satzung bestimmt. Die Außenvertretungsregelung für Kirchengemeinden gilt entsprechend.[144] In den kirchengesetzlich genannten Fällen bedürfen zu ihrer Rechtswirksamkeit der kirchenaufsichtsbehördlichen Genehmigung die Willenserklärungen der Kirchenvorstände und der Verbandsvertretungen bzw. der für sie gesamtvertretungsberechtigt handelnden Personen.[145] Die kirchengesetzlich nicht erwähnten Rechtsakte der Stiftungsverwalter im Jurisdiktionsbezirk Vechta werden in den relevanten Fällen von der kirchlichen Rechtspraxis ebenfalls als geneh-

---

[139] Vgl. § 1 Abs. 2 KVVG.

[140] Mitteilungen der Bischöfl. Generalvikariate Hildesheim v. 12.9.1991 und Osnabrück v. 1.10.1991.

[141] § 15 Abs. 1 und 2 KVVG.

[142] Old. GBl., Bd. 43, S. 167; vgl. auch Anm. 137.

[143] Vgl. § 4 Abs. 1 des Oldenburgischen Kirchensteuergesetzes (Anm. 142).

[144] Vgl. §§ 21-24 KVVG, für die Geschäfte der laufenden Verwaltung ist der Vorsitzende des Verbandsvertretung allein, im übrigen nur gemeinsam mit zwei weiteren Mitgliedern der Verbandsvertretung vertretungsbefugt, zur Vertretung erforderlich ist außerdem die Schriftform und die Beidrückung des Amtssiegels.

[145] Vgl. § 16 KVVG; für Umsatzgeschäfte — Kauf-, Tausch-, Werkverträge — und Vergleiche liegt die Genehmigungsgrenze bei 10.000 DM.

migungspflichtig behandelt.[146] Zu den kirchengesetzlich vorbehaltenen Aufsichtsrechten gehören u. a. das Recht zur Ersatzvornahme und das Beanstandungsrecht.[147]

d) Hamburg

Die ehemals preußischen Gebiete Hamburgs gehören überwiegend zur Diözese Hildesheim, das althamburgische Gebiet zur Diözese Osnabrück.[148] Aufgrund der bischöflichen Urkunde über die Errichtung des Verbandes der römisch-katholischen Kirchengemeinden in der Freien und Hansestadt Hamburg (Bistum Osnabrück) vom 24. 9. 1962 mit Änderungen vom 15. 1. 1968[149] bilden die Kirchengemeinden im Hamburgischen Gebietsanteil der Diözese Osnabrück einen Verband mit eigener Rechtspersönlichkeit. Rechtsgrundlage für die Kirchenvermögensverwaltung dieses Verbandes und der verbandsangehörigen Kirchengemeinden sind das Kirchenvermögensverwaltungsgesetz (KVVG) der Diözese Osnabrück, für Hamburg in Kraft getreten am 1. 11. 1990,[150] die vom Diözesanbischof erlassene Satzung des Verbandes der römisch-katholischen Kirchengemeinden vom 24. 10. 1990[151] mit Geschäftsanweisung vom gleichen Tage[152] und das bischöfliche Gesetz über die Vermögensaufsicht über die Kirchengemeinden im Bistumsanteil Hamburg, in Kraft getreten am 1. 11. 1990.[153] Der Verband der römisch-katholischen Kirchengemeinden in Hamburg ist Steuerverband und Rechtsträger der überpfarrlichen kirchlichen und karitativen Einrichtungen. Die Angelegenheiten des Verbandes werden von der Verbandsvertretung wahrgenommen.[154] Die Verbandsvertretung bildet einen Vor-

---

[146] Bestätigt durch fernmündliche Mitteilung des Bischöflich-Münsterschen Offizialats.
[147] Vgl. §§ 17-19 KVVG.
[148] *Heinrichsmeier,* Veräußerungsverbot (Anm. 39), S. 118 f.
[149] Bischöfl. Urkunde v. 24. 9. 1962, Nr. 8534/62, kirchenamtlich zusammen mit der Satzung des Verbandes, der Geschäftsanweisung und dem bischöflichen Gesetz über die Vermögensaufsicht veröffentlicht 1991 (Druck: Lütcke u. Wulff, Hamburg).
[150] Vgl. § 26 Abs. 1 KVVG; durch den Hamburgischen Staat genehmigt am 15. 3. 1988 gem § 2 Abs. 2 des Gesetzes über die Verleihung der Rechte einer Körperschaft des öffentlichen Rechts an Religionsgesellschaften und Weltanschauungsvereinigungen v. 15. 10. 1973 (GVBl. Hamburg 1973, S. 434); kirchenamtliche Veröffentlichung vgl. Anm. 149.
[151] Zur kirchenamtlichen Veröffentlichung vgl. Anm. 149.
[152] Vgl. Art. 9 der Satzung; Anm. 149.
[153] Vgl. Anm. 149.
[154] Vgl. Art. 1 und 2 der Verbandssatzung; neben den fortbestehenden verbandsangehörigen Katholischen Kirchengemeinden ist der Verband Körperschaft des öffentlichen Rechts.

stand, der den Verbandsvorsitzenden berät, bei der Erledigung der laufenden Verwaltungsgeschäfte unterstützt und die Beschlüsse der Verbandsvertretung vorbereitet.[155] Die Zusammensetzung der Verbandsvertretung ergibt sich aus Art. 3 der Verbandssatzung. Vorsitzender des Verbandes ist in der Regel der Bischofsvikar für Hamburg. Rechtsverbindlich sind die Willenserklärungen der Verbandsvertretung, wenn sie vom Vorsitzenden oder seinem Stellvertreter und von zwei Verbandsvertretern schriftlich unter Beidrückung des Amtssiegels abgegeben werden. Alleinvertretungsbefugt ist der Verbandsvorsitzende im Rahmen der Geschäfte der laufenden Verwaltung. Die Verbandsvertretung kann dritte Personen bevollmächtigen. Hierzu bedarf es einer kirchenaufsichtlich bestätigten Legitimationsurkunde.[156] Im Rahmen der Vermögensaufsicht gelten die Außengenehmigungsvorbehalte des Kirchenvermögensverwaltungsgesetzes der Diözese Osnabrück mit einigen in der Verbandssatzung statuierten Abweichungen für Verbandserklärungen.[157] Organ der Vermögensaufsicht ist für den Verband das Bischöfliche Generalvikariat Osnabrück, für die verbandsangehörigen Kirchengemeinden der Bischofsvikar für Hamburg. Er erteilt seine Genehmigungen schriftlich unter Beidrückung des Amtssiegels.[158] In bestimmten Fällen obliegt für den Bereich der verbandsangehörigen Kirchengemeinden die Genehmigungsentscheidung dem Bischöflichen Generalvikariat Osnabrück.[159] Die Vermögensaufsicht des Bischofsvikars für Hamburg erstreckt sich auch auf das Haushalts-, Kassen- und Rechnungswesen der Kirchengemeinden.

Die zum Bistum Hildesheim gehörenden römisch-katholischen Kirchengemeinden in Hamburg bilden einen Kirchengemeindeverband auf der Grundlage der bischöflichen Errichtungsverordnung vom 1.4.1988.[160] Die Zusammensetzung der Verbandsvertretung bestimmt sich nach Art. 3 der bischöflichen Verbandssatzung vom gleichen Tage.[161] Für den Kirchengemeindeverband und die verbandsangehörigen

---

[155] Vgl. Art. 2 Abs. 2 der Verbandssatzung i. V. m. §§ 9-14 der Geschäftsanweisung.

[156] Vgl. Art. 4 Abs. 1-3 der Verbandssatzung.

[157] Vgl. Art. 6 der Verbandssatzung.

[158] Vgl. Art. 1 und 2 S. 1 des bischöflichen Gesetzes über die Vermögensaufsicht.

[159] Vgl. Art. 2 S. 2 des Vermögensaufsichtsgesetzes.

[160] Bischöfliche Verordnung über die Errichtung des Verbandes der römisch-katholischen Kirchengemeinden in der Freien und Hansestadt Hamburg (Bistum Hildesheim), abgedr. in: Amtlicher Anzeiger — Teil II des Hamburgischen Gesetz- und Verordnungsblattes 1988, S. 1454, und in: KAnz. für das Bistum Hildesheim 1988, S. 157 ff.

[161] Satzung des Verbandes der römisch-katholischen Kirchengemeinden in der Freien und Hansestadt Hamburg (Bistum Hildesheim), abgedr. in: Amtl. Anzeiger Hamburg (Anm. 160) 1988, S. 1454 f., und in: KAnz. Hildesheim 1988, S. 159 ff.

Kirchengemeinden finden die Vorschriften des Kirchenvermögensverwaltungsgesetzes der Diözese Hildesheim entsprechende Anwendung, soweit nicht in der Geschäftsanweisung für den Hamburger Kirchengemeindeverband der Diözese Hildesheim eine abweichende Regelung getroffen worden ist.[162]

e) Bremen

Das Gebiet des Landes Bremen gehört zum größten Teil zum Bistum Osnabrück, zum kleineren Teil zum Bistum Hildesheim.[163]

Die zur Diözese Osnabrück gehörenden Kirchengemeinden in Bremen sind durch Kirchengesetz des Bischofs von Osnabrück vom 25.10.1990[164] zu einem Gemeindeverband zusammengeschlossen worden. Maßgeblich für die Vermögensverwaltung des Verbandes und der angeschlossenen Kirchengemeinden ist das Kirchenvermögensverwaltungsgesetz der Diözese Osnabrück[165] und die bischöfliche Satzung des Katholischen Gemeindeverbandes in Bremen vom Oktober 1990.[166] Der „Katholische Gemeindeverband in Bremen — Diözese Osnabrück —" ist Rechtsnachfolger der „Katholischen Gemeinde zu Bremen". Er vertritt die verbandsangehörigen Kirchengemeinden in gemeinsamen rechtlichen und Vermögensangelegenheiten in der Öffentlichkeit und gegenüber staatlichen Stellen und ist Rechtsträger einer Vielzahl ortskirchlicher Einrichtungen.[167] An der Vermögensverwaltung des Kirchengemeindeverbandes sind beteiligt Verbandsvertretung, Verbandsvorstand und Verbandsvorsitzender. Die Zusammensetzung und Bildung von Verbandsvertretung und Vorstand ergeben sich aus den §§ 5-

---

[162] Vgl. KVVG Hildesheim, abgedr. in: Amtl. Anzeiger Hamburg (Anm. 160) 1987, S. 2461 f.; §§ 4 und 12 der bischöflichen Geschäftsanweisung für den Kirchengemeindeverband, abgedr. in: Amtl. Anzeiger Hamburg (Anm. 160) 1988, S. 1455 f., und in: KAnz. Hildesheim 1988, S. 162 ff., i. V. m. Art. 5 der Kirchengemeindesatzung: Verpflichtungserklärungen zu Lasten des Kirchengemeindeverbandes gibt der Verbandsvorsitzende mit zwei Mitgliedern der Verbandsvertretung gemeinsam ab unter Beidrückung des Amtssiegels, für die laufende Geschäftsführung ist er allein zuständig.

[163] Vgl. dazu in *diesem* Handbuch die Aufzählung der Gebietsanteile der einzelnen Bistümer bei *Karl Eugen Schlief,* § 11 Die Organisationsstruktur der katholischen Kirche, I 1 a.

[164] Kirchengesetz über die Errichtung des Katholischen Gemeindeverbandes in Bremen — Diözese Osnabrück — v. 25.10.1990, in Kraft getreten am 1.11.1990 (GBl. Bremen 1990, S. 455, und KABl. für die Diözese Osnabrück 1990, S. 117).

[165] Bekanntmachung für Bremen: GBl. Bremen 1988, S. 11 ff.

[166] Satzung des Katholischen Gemeindeverbandes in Bremen — Diözese Osnabrück — v. 25.10.1990, in Kraft getreten am 1.11.1990 (ABl. Bremen 1990, S. 383 f., und KABl. Osnabrück 1990, S. 119 ff.).

[167] Vgl. § 2 der Gemeindeverbandssatzung.

7 der bischöflichen Verbandssatzung. Der Diözesanbischof ernennt den Verbandsvorsitzenden, der gleichzeitig Vorsitzender der Verbandsvertretung und des Verbandsvorstandes ist. Für den Kirchengemeindeverband handelt rechtsverbindlich der Verbandsvorsitzende oder sein Stellvertreter und ein weiteres Verbandsvorstandsmitglied. Erforderlich ist die Schriftform und die Beidrückung des Verbands-Amtssiegels. Alleinvertretungsbefugt ist im Rahmen der Geschäfte der laufenden Verwaltung der Verbandsvorsitzende oder in seinem Auftrag der Geschäftsführer des Verbandes.[168] Für die verbandsangehörigen Kirchengemeinden sind maßgeblich die Genehmigungsvorbehalte und sonstigen Aufsichtsrechte des Kirchenvermögensverwaltungsgesetzes für die Diözese Osnabrück. Für den Katholischen Kirchengemeindeverband in Bremen gelten der Genehmigungskatalog und die sonstigen Aufsichtsbestimmungen der bischöflichen Verbandssatzung,[169] die denen des Kirchenvermögensverwaltungsgesetzes für die Diözese Osnabrück weitgehend entsprechen. Die Genehmigungsgrenze für Umsatzgeschäfte und Vergleiche liegt bei 200.000 DM. Der neuerrichtete Katholische Gemeindeverband in Bremen ist Vermögensnachfolger der „Katholischen Gemeinde zu Bremen", soweit nicht deren Grundvermögen durch Kirchengesetz vom 25.10.1990 nebst Anlage[170] den örtlichen Kirchengemeinden der Diözese Osnabrück in Bremen zugewiesen worden ist. Der Eigentumswechsel an den zugewiesenen Grundstücken vollzog sich außerhalb des Grundbuchs.[171]

Im Bremer Anteil des Bistums Hildesheim gilt auch für die dort bestehenden Kirchengemeindeverbände in Bremen und Bremerhaven neben den bischöflichen Verbandssatzungen[172] und Geschäftsanweisungen[173] das Kirchenvermögensverwaltungsgesetz der Diözese Hildesheim.[174]

---

[168] Vgl. § 9 der Gemeindeverbandssatzung.

[169] Vgl. § 16 der Gemeindeverbandssatzung.

[170] Anlage vom 25.10.1990 (GBl. Bremen 1990, S. 455 f., und KABl. Osnabrück 1990, S. 117 f.).

[171] Vgl. Anm. 68.

[172] Satzung für den Hildesheimer Gesamtverband katholischer Kirchengemeinden in Bremen v. 1.12.1943 mit Änderung v. 25.7.1977 (KAnz. Hildesheim 1977, S. 241); Neufassung der Satzung des Gesamtverbandes der katholischen Kirchengemeinden in Bremerhaven v. 22.12.1987 (KAnz. Hildesheim 1988, S. 33 f.).

[173] Bischöfliche Geschäftsanweisung des Hildesheimer Gesamtverbandes der katholischen Kirchengemeinden in Bremen v. 1.8.1977 (KAnz. Hildesheim 1977, S. 242 ff.); Neufassung der (bischöflichen) Geschäftsanweisung des Gesamtverbandes der katholischen Kirchengemeinden in Bremerhaven v. 22.12.1987 (KAnz. Hildesheim 1988, S. 35ff.).

[174] Bekanntmachung des KVVG der Diözese Hildesheim in GBl. Bremen 1988, S. 1 f.

§ 34 Vermögensverwaltung in der katholischen Kirche   983

f) Berlin

Das Bistum Berlin erstreckt sich auf den ehemaligen West- und Ostteil der Stadt (Bundesland) Berlin und hat darüber hinaus Gebietsanteile in den Bundesländern Brandenburg, Mecklenburg-Vorpommern und Sachsen-Anhalt. Hinsichtlich der kirchlichen Vermögensverwaltung gilt im ehemaligen Westberlin und dem übrigen Bistum Berlin nach wie vor unterschiedliches Recht, wenn auch die tragenden Rechtsgrundsätze in den beiden Rechtsbereichen überwiegend deckungsgleich sind.

aa) Berlin — ehemaliger Westteil

Grundlage der Neuordnung des Kirchenvermögensverwaltungsrechts im ehemaligen Westteil von Berlin ist das Abschließende Protokoll über Besprechungen zwischen Vertretern des Bischöflichen Ordinariats Berlin und des Senats von Berlin über die Regelung gemeinsam interessierender Fragen vom 2.7.1970.[175] Nach den getroffenen Vereinbarungen wurde das preußische Gesetz über die Verwaltung des katholischen Kirchenvermögens von 1924 und die preußische Anordnung vom 20.2.1928 durch Landesgesetz vom 21.12.1970[176] mit Ausnahme der Bestimmungen des § 15 Abs. 1 Nr. 5 und Abs. 2 aufgehoben, um den Weg für die kirchliche Rechtsetzung freizumachen. Das zwischenzeitlich für den ehemaligen Westteil der Stadt Berlin ergangene kirchliche Vermögensverwaltungsgesetz in der Fassung vom 1.8.1977, zuletzt geändert durch das Gesetz vom 26.1.1989,[177] wurde durch das Kirchengesetz über die Verwaltung des katholischen Kirchenvermögens im Bistum Berlin (KiVVG) vom 23.11.1990[178] abgelöst. Nach diesem Gesetz gibt es nur ein Vermögen der Kirchengemeinde, das vom Kirchenvorstand verwaltet und vertreten wird. Dem Kirchenvorstand gehören an der Pfarrer oder ein sonstiger vom Bischof beauftragter Geistlicher als Vorsitzender und unmittelbar gewählte Mitglieder, ferner Mitglieder kraft Amtes gemäß § 3 Abs. 1 KiVVG. Willenserklärungen binden die Kirchengemeinde, wenn sie der Vorsitzende oder sein Stellvertreter und zwei weitere Mitglieder schriftlich unter Beidrückung des Amtssiegels

---

[175] Abgedr. bei *Listl,* Die Konkordate und Kirchenverträge (Anm. 27), Bd. 1, S. 625 ff.; *Roman Herzog,* Die Berliner Vereinbarung zwischen Staat und Kirchen, in: ZevKR 16 (1971), S. 268-286.
[176] GVBl. Berlin 1970, S. 2075.
[177] Vgl. ABl. des Bischöflichen Ordinariats Berlin 49 (1977), S. 73 ff., bzw. 61 (1989), S. 37.
[178] ABl. Berlin 63 (1991), S. 4 ff.

der Kirchengemeinde abgeben. Die Geschäfte der laufenden Verwaltung führt der Vorsitzende mit Alleinvertretungsbefugnis aufgrund entsprechender Bevollmächtigung des Kirchenvorstandes, der sich im Einzelfall die Entscheidung vorbehalten kann.[179] Für eine Vielzahl von Beschlüssen und Willenserklärungen des Kirchenvorstandes bedarf es zur Rechtswirksamkeit der schriftlichen Genehmigung des Bischöflichen Ordinariats. Die Genehmigungsvorbehalte sind in einem umfassenden Katalog in § 19 KiVVG zusammengefaßt. Das Bischöfliche Ordinariat hat Einsichts-, Beanstandungs- und Eingriffsrechte nach Maßgabe der Standardregelungen des neueren kirchlichen Vermögensverwaltungsrechts.[180] Gegen die bischöfliche Auflösung des Kirchenvorstandes kann die Bischöfliche Schlichtungsstelle angerufen werden, die durch Beschluß endgültig entscheidet.[181] Nach den durch Dekret vom 12.2.1991 geänderten ergänzenden Richtlinien vom 5.12.1990 zum Gesetz über die Verwaltung des katholischen Kirchenvermögens[182] kann dem Vorsitzenden bzw. seinem Vertreter aufgrund eines kirchenaufsichtlich genehmigten Kirchenvorstandsbeschlusses für Geschäfte der laufenden Verwaltung alleinige Zeichnungsvollmacht bis zur Höhe von 10.000 DM erteilt werden.[183] Die Kirchengemeinden im ehemaligen Westteil des Bistums Berlin bilden gemäß den §§ 25-27 KiVVG eine Vertretung, die u. a. die Mitglieder des Kirchensteuerbeirats wählt. Die Vertretung ist überörtliches Organ der Kirchengemeinden. Sie besitzt keine eigene Rechtsfähigkeit. Ihr berichtet das Bischöfliche Ordinariat einmal jährlich über die Haushaltslage des Bistums.[184]

bb) Ehemaliger Ostteil des Bistums Berlin

Für die Bistumsanteile im Gebiet der ehemaligen DDR (heute in den Bundesländern Brandenburg, Mecklenburg-Vorpommern und Sachsen-Anhalt und im Ostteil der Stadt Berlin)[185] ist weiterhin verbindlich die bischöfliche „Ordnung der kirchlichen Vermögensverwaltung in den Kirchengemeinden" vom 10.4.1968 in der Fassung vom 1.2.1986.[186] Zu dem vom Kirchenvorstand verwalteten und vertretenen Vermögen der

---

[179] Vgl. § 18 KiVVG.
[180] Vgl. §§ 20 und 21 KiVVG.
[181] Vgl. § 21 Abs. 4 i. V. m. § 22 KiVVG.
[182] Vgl. ABl. Berlin 63 (1991), S. 13 bzw. 52.
[183] Vgl. § 3 Abs. 2 und 3 der ergänzenden Richtlinien (Anm. 182).
[184] Vgl. § 26 Abs. 1 KiVVG.
[185] Bestätigt durch schriftliche Mitteilung des Bistums Berlin v. 1.4.1992 — Z2 —.
[186] Veröffentlicht in den Amtlichen Mitteilungen für den Ostteil des Bistums Berlin, Oktober 1986, S. 2 f.

Kirchengemeinde gehören auch die unter die Verwaltung kirchlicher Organe gestellten ortskirchlichen Stiftungen. Der Kirchenvorstand besteht aus dem mit der Leitung der Gemeinde betrauten Geistlichen als Vorsitzendem, den unmittelbar gewählten Mitgliedern und den in der Pfarrseelsorge hauptamtlich tätigen Geistlichen.[187] Die Ordnung von 1968/1986 regelt die Außenvertretung und die Ordnungsmäßigkeit der Beschlußfassung des Kirchenvorstandes in Übereinstimmung mit § 14 KathKirchVermG.[188] Die als Mittel der Kirchenaufsicht vorgesehenen Außengenehmigungsvorbehalte entsprechen dem in der Anordnung von 1928 bekanntgegebenen Genehmigungskatalog der preußischen Bischöfe[189] mit der Maßgabe, daß die Wertgrenzen auf 5.000 DM angehoben sind. Weitere genehmigungs- wie auch anzeigepflichtige Beschlüsse des Kirchenvorstandes können in einer Geschäftsanweisung festgelegt werden.[190] Auch die sonstigen kirchenbehördlichen Aufsichtsrechte sind in Übereinstimmung mit dem preußischen Gesetz über die Verwaltung des katholischen Kirchenvermögens geregelt.[191] Die Bildung von Kirchengemeindeverbänden ist in der Ordnung von 1968/1986 nicht vorgesehen.

3. Das Stiftungsrecht — derzeitiger Stand der Rechtsentwicklung

a) Vorbemerkungen

Kennzeichnend für die Kirchlichkeit einer Stiftung ist ihre spezifische Zweckbestimmung, organisatorische Zuordnung zur Kirche und die kirchenamtliche Anerkennung.[192] Die meisten neueren staatlichen Stiftungsgesetze enthalten eine im wesentlichen übereinstimmende Begriffsbestimmung kirchlicher Stiftungen, die an die Vorgaben der kirchlichen Rechtsordnung anknüpft.[193] Kirchliche Stiftungen sind hiernach Stiftungen, die ausschließlich oder überwiegend dazu bestimmt sind, kirchliche Aufgaben zu erfüllen und a) von einer Kirche gegründet oder b) organisatorisch mit einer Kirche verbunden oder c) in der Stiftungssatzung der kirchlichen Aufsicht unterstellt oder d) deren Zwecke nur sinnvoll in Verbindung mit einer Kirche zu erfüllen sind.[194] Vorausset-

---
[187] Vgl. §§ 2-4 der Ordnung.
[188] Vgl. § 13 der Ordnung i. d. F. von 1986.
[189] Vgl. § 14 der Ordnung i. d. F. von 1986.
[190] Vgl. § 14 Abs. 2 der Ordnung i. d. F. von 1986.
[191] Vgl. §§ 15-17 der Ordnung i. d. F. von 1986.
[192] *Axel Frhr. v. Campenhausen*, Kirchliche Stiftungen, in: Handbuch des Stiftungsrechts. Hrsg. von Werner Seifart. München 1987, S. 325 f.
[193] BVerfG, Beschl. v. 11.10.1977, in: BVerfGE 46, 73 (84); *Achilles*, Die Aufsicht (Anm. 41), S. 151.
[194] Vgl. §§ 22 f. Bad.-Württ.StiG; Art. 36 f. BayStiG; § 20 Hess.StiG; § 20 Nieders. StiG; § 2 Abs. 4 NWStiG; §§ 41 f. Rheinl.-Pfälz.StiG; § 19 Saarl.StiG; § 18

zung für die Entstehung einer kirchlichen Stiftung des privaten Rechts ist das Vorliegen eines Stiftungsgeschäfts sowie die Erteilung der Stiftungsgenehmigung gemäß § 80 BGB in Verbindung mit den entsprechenden stiftungsrechtlichen Vorschriften der Länder. Kirchliche Stiftungen des öffentlichen Rechts werden regelmäßig durch einen kirchlichen Organisationsakt errichtet. Sie werden hierdurch dem kirchlichen Verwaltungsorganismus eingegliedert und mit kirchlich-öffentlichen Funktionen betraut.[195] Dem Errichtungsakt kann ein Kirchengesetz, ein sonstiger kirchlicher Hoheitsakt oder auch das Stiftungsgeschäft eines Privaten zugrunde liegen.[196] Mit dem innerkirchlichen Organisationsakt verbindet sich regelmäßig ein staatlicher Mitwirkungsakt, durch den die Anerkennung der öffentlich-rechtlichen Rechtsfähigkeit für die weltliche Rechtsordnung ausgesprochen wird.[197] Eine klare Zuordnung zum öffentlichen Recht weisen in der Praxis die Ortskirchen- und Pfründestiftungen sowie die ihnen von der Aufgabenstellung her verwandten überörtlichen Stiftungen aus.[198] Für die kirchlichen Stiftungen hat der Codex Iuris Canonici von 1983 in den cc. 1299 ff. Rahmenvorschriften geschaffen, die teilweise durch partikulare Rechtsnormen ausgefüllt werden müssen. Für das Stammvermögen kirchlicher Stiftungen, die öffentliche juristische Personen im Sinne des Kirchenrechts sind, gelten das kanonische Veräußerungsverbot und die zu seiner Konkretisierung erlassenen kirchlichen Genehmigungsvorschriften. Die hierfür maßgeblichen Wertgrenzen finden sich im Partikularnormenbeschluß der Deutschen Bischofskonferenz, in Kraft getreten am 1.8.1986, in der Fassung des Beschlusses vom September 1993.[199]

Schlesw.-Holst.StiG.; Fundstellen der Gesetze bei *Achilles,* Die Aufsicht (Anm. 41), S. 292-294; Texte der Gesetze abgedr. bei *Seifart* (Hrsg.), Hdb. d. Stiftungsrechts (Anm. 192), im Anhang.

[195] *Achilles,* Die Aufsicht (Anm. 41), S. 43; *Harry Ebersbach,* Handbuch des deutschen Stiftungsrechts. Göttingen 1972, S. 259; *Christoph Link,* „Arme Träger", in: ZevKR 29 (1984), S. 322 f.

[196] *Achilles,* Die Aufsicht (Anm. 41), S. 43; vgl. auch BayVerfGH, Entsch. v. 28.12.1984, in: BayVBl. 1985, S. 332 (333).

[197] Z. B. § 24 Bad.-Württ. StiG; Art. 4, 6 Abs. 2, S. 1 BayStiG; § 20 Abs. 2 Hess.StiG; §§ 4, 10 Abs. 1, 42 Rheinl.-Pfälz.StiG; *Achilles,* Die Aufsicht (Anm. 41), S. 44.

[198] *Achilles,* ebd., S. 44 f.; *Wilhelm Müller,* Zur Rechtsstellung der selbständigen örtlichen Kirchen- und Pfarrvermögen unter besonderer Berücksichtigung der Kirchen- und Pfründestiftungen in der Evang.-Luth. Kirche in Bayern, in: ZevKR 8 (1961/62), S. 361 f., 365 f.; *v. Campenhausen,* Anm. zum Beschl. des BGH vom 28.5.1963 (Anm. 55), S. 184 f.; BGHZ 39, 299 (301); LG Kassel, Beschl. v. 14.3.1969, in: ZevKR 15 (1970), S. 392 mit Anm. von *Werner Wölbing.*

[199] Vgl. Anm. 94.

b) Nordrhein-Westfalen

Das Stiftungsgesetz für das Land Nordrhein-Westfalen bezieht sich in erster Linie auf die rechtsfähigen Stiftungen des privaten Rechts. Im Rahmen der ihnen stiftungsgesetzlich überlassenen Stiftungsaufsicht haben die Diözesen in Nordrhein-Westfalen kirchliche Stiftungsordnungen[200] erlassen, in denen der im staatlichen Stiftungsgesetz vorgesehene, auf wenige Vorhaben eingeschränkte Genehmigungskatalog verankert ist. Auch bei der staatlichen Genehmigung, Zweckänderung, Aufhebung und Zusammenlegung kirchlicher Stiftungen ist das Selbstbestimmungsrecht gewahrt. Laut Stiftungsgesetz bedarf es hierzu der Zustimmung oder des Einvernehmens der zuständigen kirchlichen Stellen.[201] Für die kirchlichen Stiftungen des öffentlichen Rechts gilt, soweit sie unter die Verwaltung kirchlicher Organe gestellt sind, weiterhin das preußische Gesetz über die Verwaltung des katholischen Kirchenvermögens von 1924 nebst den dazu ergangenen Geschäftsanweisungen.[202] Für diese Stiftungen ist auf örtlicher Ebene der Kirchenvorstand zuständig. Sie unterliegen der bischöflichen Vermögensaufsicht. Die Verwaltung der überörtlichen Kirchenstiftungen des öffentlichen Rechts orientiert sich an den Stiftungssatzungen und dem allgemeinen Kirchenrecht (Codex Iuris Canonici von 1983).

c) Hessen, Rheinland-Pfalz und Saarland

Die Stiftungsgesetze in Hessen und Rheinland-Pfalz umfassen Stiftungen des bürgerlichen und öffentlichen Rechts, das Stiftungsrecht des Saarlandes nur die Stiftungen des privaten Rechts. Bestehende kirchliche Stiftungen des öffentlichen Rechts werden staatskirchenvertraglich in ihrer Rechtsstellung anerkannt.[203] Genehmigung, Zweckänderung, Umwandlung und Aufhebung kirchlicher Stiftungen bedürfen der kirchlichen Mitwirkung.[204] Ortskirchliche Stiftungen und Pfründestiftungen werden nach dem Hessischen Stiftungsgesetz rechtsfähig mit der Bekanntmachung der Stiftungsurkunde im Staats-Anzeiger.[205] Hiermit

---

[200] StiftO *Aachen*, in: KAnz. 48 (1978), S. 56 ff.; *Essen*, in: KABl. 21 (1978), S. 28 ff.; *Köln*, in: ABl. 118 (1978), S. 78 f.; *Münster*, in: KABl. 112 (1978), S. 65 f.; *Paderborn*, in: KABl. 121 (1978), S. 57 f.

[201] Vgl. § 13 Abs. 4 NWStiG; Freistellung von der staatlichen Stiftungsaufsicht, § 11 NWStiG.

[202] Vgl. Anm. 104 und 117; §§ 1 Abs. 2, 14 KathKirchVermG.

[203] Art. 1 Abs. 3 der Staatskirchenverträge mit Hessen, Rheinland-Pfalz und dem Saarland (Anm. 27).

[204] Vgl. § 20 Abs. 2 und 4 Hess.StiG; §§ 28, 42, 43 und 45 Rheinl.-Pfälz.StiG; § 19 Saarl.StiG.

[205] Vgl. § 20 Abs. 3 Hess.StiG.

tritt an die Stelle des Genehmigungs- ein Mitteilungsverfahren, das dem Verfahren bei der Neubildung von Kirchengemeinden entspricht. Die Stiftungsaufsicht obliegt nach den Stiftungsgesetzen den Kirchen.[206] Staatskirchenvertraglich ist ihnen darüber hinaus das Recht vorbehalten, die Verwaltung und Vertretung kirchlicher Stiftungen des öffentlichen Rechts eigenständig zu ordnen.[207] Die Kirchenvermögensverwaltungsgesetze der Bistümer Fulda, Limburg, Mainz, Speyer und Trier[208] erstrecken sich auf kirchliche Stiftungen des privaten und des öffentlichen Rechts, die unter die Verwaltung kirchlicher Organe gestellt sind. Die kirchlich verwalteten Stiftungen auf Ortsebene unterstehen der Verwaltungskompetenz der Verwaltungsräte und der bischöflichen Vermögensaufsicht. Die Verwaltung auch überörtlicher kirchlicher Stiftungen bestimmt sich nach der jeweiligen Stiftungssatzung und dem allgemeinen sowie partikularen Kirchenrecht. Werden sie von kirchlichen Organen verwaltet, unterliegen sie den Vermögensaufsichts- und Genehmigungsbestimmungen der Gesetze über die Verwaltung und Vertretung des Kirchenvermögens, soweit das allgemeine kirchliche Recht nichts anderes bestimmt. In den hessischen Gebietsanteilen des Erzbistums Paderborn gelten für die unter kirchliche Verwaltung gestellten Stiftungen weiterhin das preußische Gesetz über die Verwaltung des katholischen Kirchenvermögens von 1924 und die Genehmigungsbestimmungen der Geschäftsanweisung der preußischen Bischöfe von 1928. In den rheinland-pfälzischen Gebietsanteilen des Erzbistums Köln finden die gleichen Vorschriften als kirchliches Recht[209] Anwendung.

d) Niedersachsen und Schleswig-Holstein

Die Stiftungsgesetze in Niedersachsen und Schleswig-Holstein befassen sich ausschließlich mit den rechtsfähigen Stiftungen des bürgerlichen Rechts. Maßnahmen, wie z. B. Änderung des Stiftungszwecks, Zusammenlegung, Auflösung und Aufhebung der Stiftung, die kirchliche Stiftungen betreffen, bedürfen des Einvernehmens der zuständigen Kirchenbehörde.[210] Dies gilt nach dem schleswig-holsteinischen Stiftungsgesetz auch für sonstige Maßnahmen der staatlichen Stiftungsaufsicht.[211] Nach dem niedersächsischen Stiftungsgesetz obliegt den Kir-

---

[206] Vgl. Anm. 204.
[207] Vgl. Art. 3 und 4 der Staatskirchenverträge mit Hessen, Rheinland-Pfalz und dem Saarland (Anm. 27).
[208] Vgl. Anm. 123.
[209] Vgl. Anm. 122.
[210] Vgl. § 20 Abs. 2 Nieders.StiG; § 18 Abs. 2 Schlesw.-Holst.StiG.
[211] Vgl. § 18 Abs. 2 Schlesw.-Holst.StiG; *Achilles*, Die Aufsicht (Anm. 41), S. 129 f.

chen die alleinige Stiftungsaufsicht.[212] Die Bistümer Osnabrück und Hildesheim und das Bischöflich Münstersche Offizialat in Vechta haben für ihre Gebietsanteile in Niedersachsen im wesentlichen gleichlautende Stiftungsordnungen für rechtsfähige kirchliche Stiftungen des privaten Rechts erlassen, die die kirchliche Stiftungsaufsicht ausführlich regeln.[213] Unterschieden werden genehmigungspflichtige und anzeigepflichtige Rechtsgeschäfte. Der in § 9 Abs. 2 der Ordnungen ausgewiesene umfangreiche Genehmigungskatalog mit Außenwirkung enthält eine beispielhafte Aufzählung der Genehmigungstatbestände. Bedenklich ist wegen der tatbestandlichen Unschärfe die in § 9 Abs. 1 der Ordnungen vorangestellte Generalklausel, wonach alle Maßnahmen der Stiftungsorgane genehmigungspflichtig sind, die wesentliche Interessen einer Stiftung berühren. Stiftungsbehördliche Genehmigungen können nach den Stiftungsordnungen auch als Global- oder Generalgenehmigungen für bestimmte Arten von Rechtsgeschäften erteilt werden. Die unter Verwaltung kirchlicher Organe gestellten ortskirchlichen Stiftungen des öffentlichen Rechts unterliegen den Kirchenvermögensverwaltungsgesetzen der niedersächsischen Bistümer, soweit ihre Verwaltung und Vertretung durch kirchliche Vorschriften nicht anderweitig geregelt wird.[214] Die überörtlichen kirchlichen Stiftungen des öffentlichen Rechts fallen nach dem Recht der Kirchenvermögensverwaltungsgesetze unter den Begriff „sonstige kirchliche Rechtsträger". Für sie gelten das allgemeine oder partikulare Kirchenrecht und die jeweiligen Stiftungssatzungen.[215]

e) Hamburg

Das nur für privatrechtliche Stiftungen geltende Hamburgische Ausführungsgesetz zum Bürgerlichen Gesetzbuch[216] beläßt es auch für kirchliche Stiftungen bei der in § 8 Abs. 1 allgemein vorgesehenen staatlichen Stiftungsaufsicht, die im Hinblick auf das kirchliche Selbstbestimmungsrecht darauf beschränkt ist, die Einhaltung der für alle geltenden Gesetze zu überwachen. Für eine darüber hinausgehende staatliche Aufsichtsführung über kirchliche Stiftungen des öffentlichen Rechts liegen keine Anhaltspunkte vor. Die früher aus dem kirchlichen Korporationsstatus abgeleiteten staatlichen Aufsichtsrechte sind nach

---

212 Vgl. § 20 Abs. 2 S. 5 Nieders.StiG.
213 Vgl. Stiftungsordnung *Osnabruck,* in: KABl. 1983, S. 173 ff., *Offizialat Vechta,* in: KABl. Münster 117 (1983), S. 35 ff.
214 KVVG der katholischen Kirche in Niedersachsen (Anm. 135), § 1 Abs. 2.
215 Vgl. § 25 Abs. 2 KVVG.
216 Hamburgisches Ausführungsgesetz zum Bürgerlichen Gesetzbuch (HambAGBGB) i. d. F. v. 1.7.1958 (GVBl. S. 196).

dem gegenwärtigen Staatskirchenrecht weitgehend obsolet geworden.[217] Auf die unter die Verwaltung kirchlicher Organe gestellten Stiftungen im ortskirchlichen Bereich finden die Vermögensverwaltungsgesetze der Bistümer Hildesheim und Osnabrück Anwendung, soweit ihre Verwaltung und Vertretung nicht durch kirchliche Vorschriften anderweitig geregelt ist.

f) Bremen

Das Bremische Stiftungsgesetz[218] gilt für rechtsfähige Stiftungen des bürgerlichen Rechts, die ihren Sitz in der Freien Hansestadt Bremen haben. Bei der Genehmigung kirchlicher Stiftungen des privaten Rechts und anderen sie betreffenden stiftungsrechtlichen Maßnahmen wirken die Kirchen mit. An die Stelle der staatlichen Stiftungsaufsicht tritt die Aufsicht nach kirchlichem Recht durch die zuständige Kirchenbehörde.[219] Eine kirchliche Stiftungsaufsicht besteht nur für den ortskirchlichen Bereich nach Maßgabe der Vermögensverwaltungsgesetze der Bistümer Hildesheim und Osnabrück.

g) Berlin

Das sich auf rechtsfähige Stiftungen des bürgerlichen Rechts beziehende Berliner Stiftungsgesetz sieht keine Sonderregelungen für kirchliche Stiftungen vor. Grundsätzlich werden die Aufsichtsbestimmungen der §§ 17 ff. dieses Gesetzes auf die kirchlichen Stiftungen privaten Rechts angewendet.[220] Bei dem geringen Stiftungsbestand im Bistum Berlin treten staatliche Aufsichtsmaßnahmen kaum in Erscheinung. Sie unterliegen den Schranken, die sich aus dem Selbstbestimmungsrecht der Kirche ergeben.

III. Kirchenvermögens- und Stiftungsrecht im bayerischen Rechtsbereich

Im Gegensatz zum ehemals preußischen Rechtsbereich, in dem — ausgehend von evangelischen Rechtsverhältnissen — im Laufe des 19.

---

[217] Vgl. *Ebersbach*, Stiftungsrecht (Anm. 192), S. 475; *Hans Peter Ipsen*, Hamburgs Verfassung und Verwaltung, Hamburg 1956; *Achilles*, Die Aufsicht (Anm. 41), S. 119.
[218] Bremisches Stiftungsgesetz v. 7.3.1989 (Brem. GBl. S. 163).
[219] Vgl. § 16 Abs. 2 Brem.StiG.
[220] Vgl. *Achilles*, Die Aufsicht (Anm. 41), S. 117; dort zitiert: Auskunft des Senators für Justiz v. 1.7.1981 (Az. 3416/7 — II 1).

Jahrhunderts die Kirchengemeinde rechtlich zunehmend an Bedeutung gewann, steht im bayerischen — wie überhaupt im süddeutschen — Rechtsbereich die rechtsfähige Stiftung im Vordergrund.

Kirchliche Stiftungen sind nach dem Bayerischen Stiftungsgesetz vom 26.11.1954[221] Stiftungen, die überwiegend religiösen Zwecken der katholischen, der evangelisch-lutherischen und der evangelisch-reformierten Kirche gewidmet sind, sofern sie nicht satzungsgemäß von einer Behörde des Staates, einer Gemeinde oder eines Gemeindeverbandes zu verwalten sind. Gemäß Art. 37 Abs. 1 StiG besteht bei kirchlichen Stiftungen ein Rechtsanspruch auf staatliche Genehmigung, wenn die betreffende Kirche die Genehmigung beantragt und wenn die nachhaltige Verwirklichung des Stiftungszwecks aus dem Ertrag des Stiftungsvermögens gesichert erscheint oder von der betreffenden Kirche gewährleistet wird. Gegen diese Bestimmungen des Stiftungsgesetzes sind in der Literatur verfassungsmäßige Bedenken erhoben worden.[222] Soweit das Gesetz die kirchliche Stiftung hinsichtlich ihrer Errichtung und Aufhebung staatlichem Recht unterstellt, müssen die Bedenken als ausgeräumt angesehen werden. Mag auch die Befugnis zur Errichtung selbständiger Stiftungen des öffentlichen Rechts auf der im Körperschaftsstatus der Kirchen eingeschlossenen Hoheitsgewalt beruhen, für den staatlichen Bereich erlangen die kirchlichen Stiftungen ihre Rechtsstellung erst durch die staatliche Anerkennung.[223] Begründet erscheinen die verfassungsrechtlichen Bedenken, soweit sie sich darauf beziehen, daß Art. 36 StiG als kirchliche Stiftungen nur jene gelten läßt, die überwiegend religiösen Zwecken der Kirche gewidmet sind, und damit Stiftungen nicht berücksichtigt, die der Wohltätigkeit, dem Unterricht und der Erziehung dienen. Nach bayerischem Stiftungsrecht[224] ist der Erlaß allgemeiner Vorschriften über die Vertretung, Verwaltung und Beaufsichtigung kirchlicher Stiftungen Aufgabe der Kirche. Die bayerischen (Erz-)Bischöfe haben am 10.3.1988 je gleichlautend für den Bereich ihrer (Erz-)Diözese eine Ordnung für kirchliche Stiftungen (KiStiftO) erlassen,[225] die gemäß Art. 39 StiG im Amtsblatt des Kultusministeriums veröffentlicht worden ist. Sie tritt an die Stelle der bishe-

---

[221] Art. 36.
[222] *Hofmann*, Rechtsstellung (Anm. 55), S. 326; *Ebersbach*, Stiftungsrecht (Anm. 192), S. 432; *Siegfried Grundmann*, Staat und Kirche in Bayern, in: BayVBl. 1962, S. 38; *Müller*, Zur Rechtsstellung (Anm. 198), S. 370 f.
[223] Vgl. *Lenz*, Rechtsbeziehungen (Anm. 42), S. 153 f.; *Otto Voll/Johann Störle*, Neue kirchliche Ordnungen für Juristische Personen im Bereich der Katholischen Kirche in Bayern, in: BayVBl. 1991, S. 132 f.
[224] Vgl. Art. 38 und 39 StiG.
[225] Ordnung für kirchliche Stiftungen in den bayer. (Erz-)Diözesen, veröffentlicht 1988 in ABl. für das Erzbistum München und Freising, S. 274 ff.; Amtsblatt des Bayerischen Kultusministeriums (KWMBl.) I, S. 215.

rigen Stiftungsordnung vom 15.9.1959. Die kirchliche Stiftungsordnung unterscheidet Kirchenstiftungen[226] und Pfründestiftungen als Stiftungen öffentlichen Rechts sowie sonstige Stiftungen. Hinzu kommt als ortskirchlicher Vermögensträger die Kirchengemeinde. Die Kirchenstiftung ist Trägerin des sogenannten Gotteshausvermögens und hat die Aufgabe, für die Erfüllung der ortskirchlichen Bedürfnisse Sorge zu tragen. Die von der Kirchengemeinde gebildete Kirchenverwaltung vertritt die Kirchengemeinde und die Kirchenstiftung.[227] Die Kirchenverwaltung besteht aus dem Pfarrer oder Inhaber einer selbständigen Seelsorgestelle als Kirchenverwaltungsvorstand und den von den wahlberechtigten Gemeindegliedern gewählten Kirchenverwaltungsmitgliedern.[228] Die Kirchenverwaltung bestimmt für die Kassen- und Rechnungsführung in der Regel aus ihrer Mitte einen Kirchenpfleger, der den Weisungen des Kirchenverwaltungsvorstandes untersteht. Bestellung und Abberufung bedürfen der kirchenstiftungsaufsichtlichen Genehmigung. Ausfertigungen der Kirchenverwaltung werden grundsätzlich vom Kirchenverwaltungsvorstand unterzeichnet. Schriftliche Willenserklärungen, durch die eine Verpflichtung der Kirchengemeinde oder der Kirchenstiftung gegenüber Dritten begründet oder auf ein Recht verzichtet werden soll, sowie Ausfertigungen von Ermächtigungen (Vollmachten) bedürfen der Unterschrift des Kirchenverwaltungsvorstands (Pfarrers), des Kirchenpflegers und eines weiteren Kirchenverwaltungsmitgliedes sowie des Amtssiegels oder -stempels und müssen auf die zugrundeliegenden Beschlüsse Bezug nehmen. Die von Behörden, Gerichten oder Notariaten aufgenommenen Urkunden werden vom Kirchenverwaltungsvorstand unter Vorlage einer pfarramtlich beglaubigten Ausfertigung des entsprechenden und von allen Kirchenverwaltungsmitgliedern unterzeichneten Kirchenverwaltungsbeschlusses unterschrieben. Für sonstige Willenserklärungen der Kirchengemeinde und Kirchenstiftung genügen regelmäßig die Schriftform und die Unterzeichnung durch den Kirchenverwaltungsvorstand unter Angabe seiner Amtsbezeichnung. Dies gilt insbesondere für Geschäfte der laufenden Verwaltung, dringliche Anordnungen und unaufschiebbare Geschäfte.[229] Den Fortbestand der Pfründestiftungen (insbesondere Pfarrpfrün-

---

[226] Sie entspricht der kirchenrechtlichen fabrica ecclesiae, tritt auf als Kuratie-, Expositur- und Filialkirchenstiftung und wird bis zur Bildung einer eigenen Kirchenverwaltung von der zuständigen Pfarrkirchenverwaltung vertreten; vgl. auch Anm. 65 und 66.

[227] Vgl. Art. 9 und 20 KiStiftO, Art. 5 und 19 der Satzung für die gemeindlichen kirchlichen Steuerverbände in den bayer. (Erz-)Diözesen v. 10.3.1988, abgedr. in: ABl. München/Freising 1988, S. 307 f., KWMBl. I S. 223 (GStVS).

[228] Vgl. Art. 10 KiStiftO.

[229] Vgl. Art. 13 Abs. 2-4 und 20 Abs. 1-3 KiStiftO, Art. 19 GStVS.

de) sichert das von den bayerischen (Erz-)Bischöfen mit Billigung des Heiligen Stuhls erlassene Gesetz zur Neuordnung des Pfründewesens vom 20.6.1986 (KiPfrWG).[230] Die Pfründestiftung hat die Aufgabe, mit den Erträgnissen ihres Grundstockvermögens zur Besoldung der Geistlichen beizutragen. Der Pfründeinhaber vertritt die Pfründe (Alleinvertretungszuständigkeit). Der aus zwei Mitgliedern der Kirchenverwaltung bestehende Pfründeverwaltungsrat ist vor allen wichtigen Entscheidungen zu hören. Pfründeinhaber, die sich nicht der zentralen Pfründeverwaltung anschließen, sind verpflichtet, den gesamten Ertrag der Pfründe an die (Erz-)Diözese abzuführen, die dafür ihre Besoldung nach der Besoldungsordnung übernimmt. Neue Pfründestiftungen dürfen nicht mehr errichtet werden (§ 11 KiPfrWG). Hiermit wird den Vorgaben des c. 1272 CIC/1983 Rechnung getragen. Rechtsfähige kirchliche Vermögensträger sind außerdem die sonstigen Stiftungen. Sie können rechtsfähige Stiftungen des öffentlichen Rechts oder rechtsfähige wie auch nicht rechtsfähige Stiftungen des privaten Rechts sein.[231] Ihre organschaftliche Verwaltung und Vertretung bestimmt sich nach den jeweiligen Stiftungsurkunden und -satzungen (Art. 38 KiStiftO).

Die Kirchengemeinden[232] sind gemeindliche kirchliche Steuerverbände und Träger des Kirchengemeindevermögens, insbesondere der kirchlichen Friedhöfe. Für die Verwaltung und Vertretung der Kirchengemeinden gelten die gleichen Grundsätze wie für die Kirchenstiftungen.[233] Gesamtkirchengemeinden haben eine Gesamtkirchenverwaltung. Sie besteht aus den Pfarrern oder Stelleninhabern und je einem Kirchenverwaltungsmitglied der zusammengeschlossenen Kirchengemeinden.[234] Sowohl die kirchlichen Stiftungen als auch die Kirchengemeinden unterliegen der Stiftungsaufsicht, deren Wahrnehmung den (Erz-)-Bischöflichen Finanzkammern übertragen ist. Maßnahmen der Stiftungsaufsicht einschließlich der Ersatzvornahme und der einstweiligen Anordnung behandeln die Art. 42 f. KiStiftO. Rechtsgeschäfte und Maßnahmen der Stiftungsorgane von grundsätzlicher Bedeutung oder mit

---

[230] Gesetz der bayer. (Erz-)Bischöfe zur Neuordnung des Pfründewesens v. 20.6.1986, abgedr. in: ABl. München/Freising 1986, S. 292 f.; hat dem bayerischen Kultusministerium vorgelegen (KME v. 28.7.1986 — Nr. V/2 — K 5170-2/100 357).

[231] Vgl. *Voll/Störle*, Neue kirchliche Ordnungen (Anm. 223), S. 100.

[232] Körperschaften öffentlichen Rechts gem. Art. 140 GG i. V. m. Art. 137 Abs. 5 WRV, Art. 13 RK, Art. 143 Abs. 2 BayVerf. oder kraft Verleihung oder Anerkennung durch das bayer. Kultusministerium gem. Art. 4 Abs. 3 KirchStG v. 26.11.1954 (BayRS 2220-4-K), geändert durch G v. 20.12.1985 (GVBl. S. 816/BayRS 2220-4-K); vgl. auch Anm. 66.

[233] Vgl. Art. 9 und 20 KiStiftO, Art. 5 und 19 GStVS.

[234] Vgl. Art. 6 GStVS.

erheblichen Verpflichtungsfolgen bedürfen zu ihrer Rechtswirksamkeit der schriftlichen Genehmigung der kirchlichen Stiftungsaufsichtsbehörde, die erforderlichenfalls über das Vorliegen der Genehmigungstatbestände entscheidet. Eine nicht abschließende Aufzählung der unter Art. 44 Abs. 1 KiStiftO fallenden genehmigungspflichtigen Rechtsgeschäfte und Maßnahmen findet sich in Art. 44 Abs. 2 KiStiftO. Die Generalklausel des Art. 44 Abs. 1 KiStiftO ist unter dem Gesichtspunkt der Rechtssicherheit und Rechtsklarheit nicht unbedenklich. Von den genehmigungspflichtigen sind die anzeigepflichtigen Rechtshandlungen zu unterscheiden, die in Art. 46 KiStiftO aufgeführt sind. Gegen Bescheide der kirchlichen Stiftungsaufsichtsbehörde ist der Einspruch, gegen die Einspruchsentscheidung weitere Beschwerde an den Diözesanbischof zulässig, dessen Entscheidung unanfechtbar ist (Art. 47 KiStiftO).[235]

Auch einige staatliche Aufsichtsbefugnisse sind nach dem Bayerischen Stiftungsgesetz erhalten geblieben, und zwar hinsichtlich der Veräußerung oder wesentlichen Veränderung von Sachen, die einen besonderen wissenschaftlichen, geschichtlichen oder künstlerischen Wert haben. Die rechtliche Zulässigkeit dieser Staatsaufsicht ist zweifelhaft.[236] Da die Kirchenstiftungsordnung in Art. 45 ausdrücklich auf die Staatsaufsichtsbestimmungen hinweist, wird man davon ausgehen können, daß seitens der Kirche keine Bedenken gegen diese Bestimmungen bestehen.[237]

IV. Kirchenvermögens- und Stiftungsrecht im Rechtsbereich des Landes Baden-Württemberg

Im Land Baden-Württemberg ist die Freiheit der kirchlichen Vermögensverwaltung weitgehend gesichert. Staatskirchenrechtliche Grundlagen des kirchlichen Organisations-, Stiftungs- und Vermögensverwaltungsrechts sind für sämtliche Landesteile das Kirchensteuergesetz des Landes Baden-Württemberg (KiStiG) i. d. F. vom 15.6.1978 (GVBl. S. 370) und das Stiftungsgesetz für Baden-Württemberg vom 4.10.1977.[238] Das Recht der Religionsgemeinschaften, die Vermögens-

---

[235] Vgl. Art. 20 Abs. 3 GStVS.

[236] *Heinrichsmeier*, Veräußerungsverbot (Anm. 39), S. 90 f.; *Hofmann*, Rechtsstellung (Anm. 55), S. 333; *Ebersbach*, Stiftungsrecht (Anm. 192), S. 435. Zum bayerischen Stiftungsrecht wird verwiesen auf *Fahr/Weber/Binder*, Ordnung für kirchliche Stiftungen (Anm. 66).

[237] *Heinrichsmeier*, Veräußerungsverbot (Anm. 39), S. 91.

[238] GBl. Baden-Württemberg, S. 408, zuletzt geänd. durch Art. 29 VO v. 19.3.1985 (GBl. S. 71).

verwaltung und organschaftliche Vertretung für sich, ihre Unterverbände, Anstalten und Stiftungen durch Satzung zu ordnen und für die Verwaltung und Beaufsichtigung kirchlicher Stiftungen Vorschriften zu erlassen, wird vom staatlichen Gesetzgeber ausdrücklich anerkannt.

1. Baden

Der Jurisdiktionsbezirk der Erzdiözese Freiburg erstreckt sich auf den Landesteil Baden und den Freiburger Bistumsanteil in Hohenzollern. Bestimmungen kirchlichen Rechts über die Verwaltung und Vertretung des katholischen Kirchenvermögens enthalten die Satzung über die Verwaltung des katholischen Kirchenvermögens im Erzbistum Freiburg, badischen Anteils, vom 19.9.1958,[239] die Verordnung über die Verwaltung des örtlichen katholischen Kirchenvermögens im Erzbistum Freiburg, badischen Anteils, vom 31.12.1958[240] und die Verordnung zur Ergänzung des Rechts der Verwaltung des örtlichen katholischen Kirchenvermögens vom 20.5.1988.[241] Mit der zuletzt genannten Verordnung wurde die Satzung über die Verwaltung des katholischen Kirchenvermögens im Bistumsanteil Hohenzollern der Erzdiözese Freiburg vom 9.2.1970 aufgehoben und die Beschränkung der Kirchenvermögensverwaltungsvorschriften von 1958 auf den badischen Bistumsanteil beseitigt. Auf Ortskirchenebene werden unterschieden die Pfründe, der Kirchenfonds und die Kirchengemeinde. Pfründe und Kirchenfonds sind nach baden-württembergischem Stiftungsgesetz als Stiftungen öffentlichen Rechts anerkannt. Die Verwaltung und Vertretung einer Pfründe liegt bei dem Pfründeinhaber (Pfarrer, Kaplan). Die Verwaltung und Vertretung des Kirchenfonds liegt — soweit für die Vertretung keine Einschränkungen bestehen — bei dem Pfarrvorstand (Pfarrer, Pfarrverweser, Kurat).[242] Einschränkungen ergeben sich gemäß den §§ 2, 5, 7 und 20 der Verordnung über die Verwaltung des örtlichen Kirchenvermögens vom 31.12.1958. Nach diesen Vorschriften wirken die Stiftungsräte bei der Verwaltung und Vertretung des örtlichen Kirchenvermögens, das den Kirchenfonds und Kirchengemeinden zugeordnet ist, mit. Ausgaben außerhalb des Rahmens des Fondsvoranschlages bedürfen, wenn sie den Betrag von 1.000 DM übersteigen, der Zustimmung des Stiftungsrates. Wird die Zustimmung versagt, entscheidet die Erzbischöfliche Finanzkammer. Schriftstücke, welche die Übernahme von

---

239 ABl. der Erzdiözese Freiburg, S. 333; GBl. Bad.-Württ. 1959, S. 23.
240 ABl. Freiburg, S. 335; GBl. Bad.-Württ. 1959, S. 24.
241 ABl. Freiburg 1988, S. 360.
242 Vgl. die §§ 5 und 6 der Kirchenvermögensverwaltungssatzung v. 19.9.1958 (Anm. 239).

rechtsverbindlichen Verpflichtungen in sich schließen, bedürfen neben der Unterschrift des Pfarrvorstandes (Pfarrers, Pfarrverwesers, Kuraten) der Unterschrift zweier weiterer Stiftungsratsmitglieder und sind nach außen wirksam, wenn sie neben den Unterschriften das Dienstsiegel (oder Pfarrsiegel) aufweisen.[243] Dem Stiftungsrat gehören neben dem Pfarrer als Vorsitzendem und dem Vorsitzenden des Pfarrgemeinderates oder deren Stellvertreter weitere Mitglieder an, die der Pfarrgemeinderat aus seiner Mitte wählt.[244] Der Stiftungsrat nimmt seine Aufgaben in eigener Zuständigkeit wahr, er hat lediglich die pastoralen Richtlinien des Pfarrgemeinderates für die Haushalts-, Finanz- und Vermögensverwaltung zu berücksichtigen.[245] Die Hauptaufgaben der Kirchengemeinden liegen auf dem Gebiete des Kirchensteuerrechts. Für das Rechnungswesen der Kirchengemeinden ist vom örtlichen Stiftungsrat ein Kirchengemeinderechner und Kirchensteuererheber zu bestellen. Hinsichtlich der Verwaltung des Vermögens der Kirchengemeinde und ihrer Vertretung gelten die Ausführungen zur Verwaltung und Vertretung der Kirchenfonds entsprechend.[246] Die Bildung von Gesamtkirchengemeinden regelt § 20 der Kirchensteuerordnung.[247] Pfründe, Kirchenfonds und Kirchengemeinde unterliegen als ortskirchliche Rechtsträger der diözesanrechtlichen Vermögensaufsicht. Diese wird durch die Erzbischöfliche Finanzkammer als Gliederung des Erzbischöflichen Ordinariats ausgeübt. Die Rechtsgeschäfte und Rechtshandlungen, zu deren Rechtswirksamkeit die Genehmigung erforderlich ist, sind in § 10 der Verordnung vom 31.12.1958 aufgeführt.

Die Satzung vom 19.9.1958 enthält partikularrechtliche Bestimmungen über die Verwaltung und Vertretung des Kirchenvermögens auf Diözesanebene, die sich am allgemeinen Kirchenrecht orientieren. Das Vermögen des Metropolitankapitels wird vom Dompropst vertreten. Die Vertretung des Vermögens der Stadt- und Landkapitel obliegt den Dekanen.

---

[243] Vgl. § 20 der Kirchenvermögensverwaltungsverordnung v. 31.12.1958 (Anm. 240). Dieser Formvorschrift unterliegen auch Vollmachten. Beurkundet werden die Beschlüsse des Stiftungsrates durch Auszüge aus dem Sitzungsbuch, die der Vorsitzende beglaubigt, § 19 der Verordnung v. 31.12.1958.

[244] Vgl. § 9 Abs. 2 der (bischöflichen) Satzung der Pfarrgemeinderäte im Erzbistum Freiburg v. 20.10.1976, abgedr. in: ABl. Freiburg 1976, S. 447 ff. mit Änderungen.

[245] Vgl. § 9 Abs. 4 der Pfarrgemeinderatssatzung.

[246] Vgl. § 6 der Kirchenvermögensverwaltungssatzung v. 19.9.1958 und § 1 der Kirchenvermögensverwaltungsverordnung v. 31.12.1958.

[247] KiStO i. d. F. v. 25.7.1978, abgedr. in: ABl. Freiburg 1978, S. 407 ff. (410). Vertretungsorgan der Gesamtkirchengemeinde ist der Gesamtstiftungsrat. Die Kirchengemeinden sind Körperschaften des öffentlichen Rechts kraft Tradition oder durch staatliche Anerkennung, vgl. § 24 Abs. 1 und 3 KiStG.

2. Württemberg

Die Diözese Rottenburg-Stuttgart umfaßt den württembergischen Landesteil und Bistumsanteile in Hohenzollern. Zu den staatskirchenrechtlichen Grundlagen des Kirchenvermögensverwaltungsrechts gehört im württembergischen Landesteil außerdem das württembergische Gesetz über die Kirchen vom 3.3.1924 mit nachfolgenden Änderungen.[248] Den staatskirchenrechtlichen Vorgaben entspricht die sehr umfassend und eingehend konzipierte bischöfliche Ordnung für die Kirchengemeinden und ortskirchlichen Stiftungen in der Diözese Rottenburg (Kirchengemeindeordnung — KGO) vom 1.9.1972, zuletzt geändert am 25.4.1990.[249] Neben den Kirchengemeinden, die gemäß § 24 KiStG Körperschaften des öffentlichen Rechts sind,[250] bestehen auf ortskirchlicher Ebene die Pfründestiftungen und Kirchenpflegen als rechtsfähige Stiftungen öffentlichen Rechts. Hinzu kommen die in den Kirchengemeinden belegenen Stiftungen für besondere kirchliche Zwecke, die als rechtsfähige und nicht rechtsfähige Stiftungen des öffentlichen und des privaten Rechts in Erscheinung treten. Die Kirchenpflege ist identisch mit der Kirchenstiftung (fabrica ecclesiae).[251] Sie ist Rechtsträger der für die Pfarreien errichteten Kultgebäude (Pfarrkirchen und Kapellen) und der Vermögensfonds, die zur Deckung des Aufwands für Kult und Seelsorge bestimmt sind oder sonst den Kirchenpflegen zugewendet werden. Die Kirchengemeinden haben aufzukommen für die Bedürfnisse der Kirchenpflege, soweit deren Mittel nicht ausreichen und Dritte nicht einzutreten haben, und für den Unterhalt der Geistlichen nach bischöflicher Anordnung. In bürgerlichen Gemeinden mit mehreren Kirchengemeinden bilden die einzelnen Kirchengemeinden, unbeschadet ihres Fortbestehens, für die gemeinsamen Angelegenheiten zugleich eine Gesamtkirchengemeinde, die ebenfalls Körperschaft des öffentlichen Rechts ist.[252] Jeder Kirchengemein-

---

[248] RegBl. S. 93, ber. S. 482, zuletzt geänd. durch Art. 1 Nr. 12 des Gesetzes vom 30.5.1978 (GBl. S. 286).
[249] KABl. für die Diözese Rottenburg 1972, S. 153 ff., mit Änderungen v. 30.3.1973 (KABl. 1973, S. 267), 30.4.1980 (KABl. 1980, S. 416), 17.11.1986 (KABl. 1986, S. 856) und v. 25.4.1990 (KABl. 1990, S. 117 ff.), zusammengefaßt in einer Druckschrift des Bischöflichen Ordinariats Rottenburg, Rottenburger Druckerei GmbH, 8. Aufl. 1990.
[250] Ebenso nach § 2 Abs. 1 Württ. Kirchengesetz (KirchG); zu den Kirchengemeinden gehören auch die in Nebenorten der Pfarreien vom Bischof errichteten und staatlich anerkannten Tochtergemeinden, § 2 Abs. 2 KirchG, und die Gesamtkirchengemeinden, § 24 Abs. 3 KiStG.
[251] Vgl. *Heinrichsmeier*, Veräußerungsverbot (Anm. 39), S. 80.
[252] Vgl. § 24 Abs. 3 KiStG, § 5 KGO; mehrere Kirchengemeinden können zur Wahrnehmung gemeinsamer seelsorglicher Aufgaben außerdem einen Pfarrver-

de / Gesamtkirchengemeinde / Tochtergemeinde ist eine entsprechende Kirchenpflege zugeordnet. Die Verwaltung und Vertretung des Vermögens der Kirchengemeinden, der Kirchenpflegen und sonstigen Kirchenstiftungen obliegt dem Kirchengemeinderat. Dies gilt für die sonstigen kirchlichen Stiftungen nur insoweit, als deren Satzungen keine besonderen Vertretungsorgane vorsehen. Der Kirchengemeinderat ist nicht nur Vermögensverwaltungs- und Vertretungsorgan sowie Ortskirchensteuervertretung, sondern er nimmt auch darüber hinaus die Aufgaben wahr, die in anderen Diözesen den Pfarrgemeinderäten obliegen (§ 14 KGO). Er ist consilium pastorale gemäß c. 536 CIC / 1983. Dem Kirchengemeinderat gehören der Pfarrer, die weiteren für die Pfarrei bestellten Geistlichen und eine der Größe der Kirchengemeinde entsprechende Anzahl von unmittelbar gewählten Mitgliedern — aus denen vom Kirchengemeinderat der 2. Vorsitzende und dessen Stellvertreter zu wählen sind — an. Die Gesamtkirchengemeinden bilden einen Gesamtkirchengemeinderat. Für die Verwaltung des ortskirchlichen Vermögens bildet der Kirchengemeinderat einen Verwaltungsausschuß, der Gesamtkirchengemeinderat einen geschäftsführenden Ausschuß. Bestimmte Aufgaben von besonderer Tragweite bleiben jedoch dem Kirchengemeinderat vorbehalten und können vom Verwaltungsausschuß nur wahrgenommen werden, wenn sie ihm vom Kirchengemeinderat besonders übertragen werden. Die Zuständigkeiten des Gesamtkirchengemeinderats und des geschäftsführenden Ausschusses werden durch eine vom Gesamtkirchengemeinderat zu erlassende Ortssatzung voneinander abgegrenzt. Der Verwaltungsausschuß / geschäftsführende Ausschuß vertritt im Rahmen seiner Zuständigkeiten die Kirchengemeinde / Gesamtkirchengemeinde und die Kirchenpflege sowie sonstige ortskirchliche Stiftungen nach außen. Dem Verwaltungsausschuß gehören neben dem Pfarrer als Vorsitzendem und dem 2. Vorsitzenden des Kirchengemeinderates weitere vom Kirchengemeinderat aus seiner Mitte gewählte Mitglieder sowie mit beratender Stimme der Kirchenpfleger an. Urkunden, die rechtsgeschäftliche Erklärungen gegenüber Dritten enthalten, und Vollmachten werden namens der vom Kirchengemeinderat verwalteten ortskirchlichen Rechtspersonen für den Kirchengemeinderat oder den Verwaltungsausschuß vom Vorsitzenden oder seinem Stellvertreter sowie dem 2. Vorsitzenden oder seinem Stellvertreter unterzeichnet. Hierdurch wird Dritten gegenüber die Gesetzmäßigkeit der Beschlußfassung festgestellt. Entsprechendes gilt für die Gesamtkirchengemeinde (§ 48

---

band bilden, vgl. Vereinbarungsmuster für Pfarrverbände v. 16.8.1973 (KABl. 1974, S. 30 ff.); auch die Dekanate in der Diözese Rottenburg-Stuttgart sind Körperschaften des öffentlichen Rechts. Die staatliche Anerkennung erfolgte am 9.2.1981 (KABl. 1981, S. 73); Dekanatsordnung vom 20.5.1980 (KABl. 1980, S. 447 ff.).

§ 34 Vermögensverwaltung in der katholischen Kirche 999

KGO). Die laufenden Verwaltungsgeschäfte sowie die Kassen- und Rechnungsführung liegt in den Händen der Kirchenpfleger. Aus dem Bereich der Vermögens- und Finanzwirtschaftsgrundsätze ist die Vorschrift beachtlich, daß der Haushaltsplan für die Kirchengemeinde und die Kirchenpflege stets als einheitlicher zusammengefaßt und aufgestellt werden soll. Nicht zum Ortskirchenvermögen gehören nach der KGO das dem Unterhalt der Pfarrgeistlichen gewidmete Vermögen der Pfründestiftungen.[253] Vertreten werden die Pfründestiftungen vom jeweiligen Stelleninhaber, dem auch die Verwaltung und Verfügung über das Pfründevermögen unter Aufsicht und Anleitung des Diözesanverwaltungsrates zusteht (§ 10 KGO). Die ortskirchliche Vermögensverwaltung unterliegt einer abgestuften Vermögensaufsicht. In eingeschränktem Umfang besteht eine unmittelbare Aufsicht des Dekans (§ 85 KGO). Die Oberaufsicht führt in Angelegenheiten, die den seelsorgerlichen Bereich betreffen, das Bischöfliche Ordinariat, in Verwaltungsangelegenheiten der Diözesanverwaltungsrat und in gemischten Angelegenheiten das Bischöfliche Ordinariat, das nach Anhörung des Diözesanverwaltungsrates entscheidet (§ 88 KGO). Die Genehmigungsvorbehalte, die Außenwirkung haben, finden sich für das Bischöfliche Ordinariat in § 89 KGO und für den Diözesanverwaltungsrat in § 90 KGO sowie weiterhin über den gesamten Bereich der Kirchengemeindeordnung verstreut.[254] Der Diözesanverwaltungsrat hat in bestimmten Fällen das Recht der Ersatzvornahme. Gegen Entscheidungen und Verfügungen der unmittelbaren Aufsicht kann Beschwerde bei der Oberaufsichtsbehörde erhoben werden, gegen ihre Entscheidungen und Verfügungen der Diözesanbischof angerufen werden.

Die Aufsicht über kirchliche Stiftungen, die Zwecken des Gottesdienstes und der Verkündigung dienen, liegt in kirchlicher Hand.[255] Die getroffenen Maßnahmen sind der staatlichen Stiftungsbehörde mitzuteilen. Bei anderen kirchlichen Stiftungen werden die stiftungsaufsichtlichen Maßnahmen von der staatlichen Stiftungsbehörde getroffen, jedoch nur im Einvernehmen mit der Religionsgemeinschaft.[256] Die staatliche Stiftungsbehörde hat außerdem ein Auskunftsrecht bei kirchlichen Stiftungen, die nicht für Zwecke des Gottesdienstes und der Verkündigung bestimmt sind (§ 25 Abs. 3 StiG). Die bisher geltenden weitergehenden Vorschriften über die staatliche Beaufsichtigung kirchlicher Stiftungen sind aufgehoben.[257]

---

[253] Die örtlichen Pfründestiftungen sind wie die Kirchenpflegen rechtsfähige Stiftungen des öffentlichen Rechts gem. den §§ 22, 24, 29 StiG; ihre Neuerrichtung bedarf der staatlichen Mitwirkung in Form der Genehmigung.
[254] Vgl. insbesondere die §§ 69, 70, 74, 75, 76, 79, 81 und 84 KGO.
[255] Vgl. §§ 25, 26 StiG.
[256] Vgl. § 26 Abs. 1 StiG.

V. Kirchenvermögens- und Stiftungsrecht in den Jurisdiktionsbezirken der neuen Bundesländer — derzeitiger Stand der Rechtsentwicklung

1. Vorbemerkungen

Neben Teilen des Bistums Berlin sind in den neuen Bundesländern belegen das Bistum Dresden-Meißen, die Apostolische Administratur Görlitz und die von Apostolischen Administratoren geleiteten Bischöflichen Ämter Magdeburg, Schwerin und Erfurt-Meiningen. Die Jurisdiktionsbereiche der genannten Bischöflichen Ämter umfassen die in der ehemaligen DDR belegenen Teile der (Erz-)Diözesen Paderborn, Osnabrück, Fulda und Würzburg, für die eine förmliche Neuzirkumskription bisher nicht erfolgt ist. Durch die Ernennung von Apostolischen Administratoren wurde die Jurisdiktion der Ordinarien für ihre ehemals im Ostteil belegenen Jurisdiktionsbereiche suspendiert. Die Bischöflichen Ämter sind nicht nur Verwaltungssitz, sondern zugleich territoriale Sprengel.[258]

Mit dem Beitritt der ehemaligen DDR zur Bundesrepublik Deutschland am 3.10.1990 gilt das Grundgesetz mit den durch Art. 140 GG inkorporierten Art. 136 ff. der Weimarer Reichsverfassung für ganz Deutschland und damit auch für die neugeschaffenen Bundesländer Brandenburg, Mecklenburg-Vorpommern, Sachsen, Sachsen-Anhalt und Thüringen.[259] Der öffentlich-rechtliche Status der Kirchen in den neuen Bundesländern wird bestätigt durch das mit dem Einigungsvertrag vom 31.8.1990[260] in Kraft getretene Gesetz zur Regelung des Kirchensteuerwesens der ehemaligen DDR,[261] das nach Art. 9 Abs. 5 des Einigungsvertrages in den neuen Bundesländern als Landesrecht fortgilt. Nach § 2 dieses Kirchensteuergesetzes sind die in der ehemaligen DDR belegenen Jurisdiktionsbereiche der katholischen Kirche sowie deren Kirchengemeinden und Kirchengemeindeverbände Körperschaften des öffentlichen Rechts.

---

[257] Vgl. § 45 StiG.

[258] *Alexander Hollerbach*, Rechtsprobleme der Katholischen Kirche im geteilten Deutschland, in: Die Rechtsstellung der Kirchen im geteilten Deutschland. (Hrsg. von Gottfried Zieger.) Köln, Berlin, Bonn, München 1989, S. 129-133.

[259] *Rupert Scholz*, Der Auftrag der Kirchen im Prozeß der deutschen Einheit, in: EssGespr. 26 (1992), S. 14, 22; Art. 3 EVertr.

[260] BGBl. II 1990, S. 885 ff.

[261] EVertr., Anlage II, Kap. IV, Abschn. I, Ziff. 5 (BGBl. II 1990, S. 1194).

2. Bistum Dresden-Meißen

Das Bistum Dresden-Meißen erstreckt sich auf ganz Sachsen und das thüringische Gebiet um Gera, verfügt mithin über Gebietsanteile im Freistaat Sachsen und im Lande Thüringen. Für das Bistum Dresden-Meißen gilt weiterhin die kirchliche Ordnung der pfarramtlichen Vermögensverwaltung im Bistum Meißen (Runderlaß 181 / 1950, Fassung vom 7.3.1955), durch die das Statut für die Kirchenvorstände des Bistums Meißen von 1923 aufgehoben wird. Gegenstand der Vermögensverwaltungsordnung ist das als „pfarramtliches Vermögen" bezeichnete Vermögen der mit der Kirchengemeinde identischen Pfarrgemeinde einschließlich des Sondervermögens, das den Pfarrvikarien und Lokalkaplaneien zugeordnet ist. Die Verwaltung dieses ortskirchlichen Vermögens obliegt dem Pfarrer und dem Kirchenrat, dessen Mitglieder nach Vorschlag des Pfarrers und aufgrund von Ergänzungsvorschlägen bestehender Kirchenräte vom Bistumsordinarius (Bischof / Generalvikar) auf vier Jahre berufen werden. Der Vorsitzende des Kirchenrates ist der jeweilige Pfarrer oder dessen geistlicher Stellvertreter. Gesetzlicher Vertreter des Ortskirchenvermögens ist allein der Pfarrer oder, wenn die Pfarrei nicht besetzt ist, der Pfarrverwalter / Pfarradministrator.[262] Mit Genehmigung des Bistumsordinarius kann in besonderen Fällen eine andere Person mit der gesetzlichen Vertretung beauftragt werden. Die gemäß Abschnitt III / A der Vermögensverwaltungsordnung vorgeschriebenen Zweck- bzw. Pfarrsteuerverbände der an einem Ort bestehenden katholischen Pfarreien / Kirchengemeinden gibt es zur Zeit nicht.[263] Hinsichtlich der Genehmigungspflichtigkeit von Rechtsgeschäften im Rahmen der Vermögensaufsicht verweist die Vermögensverwaltungsordnung auf die staatliche Bekanntmachung über die Rechtsstellung der Pfarreien und der Pfarrsteuerverbände der römisch-katholischen Kirche in Sachsen vom 30.12.1931.[264] Die Bekanntmachung stellt beispielhaft aufgeführte Rechtsgeschäfte der Pfarrer, Pfarrverwalter und gesetzlichen Vertreter der Pfarrsteuerverbände (Kirchengemeindeverbände) ohne Wertgrenze unter Genehmigungsvorbehalt, verbunden mit der nicht unbedenklichen Generalklausel, daß zur Veräußerung und Belastung von Kirchengut und zu allen Entscheidungen, durch die Rechten entsagt wird oder durch die Verbindlichkeiten für die Kirche

---

[262] Vgl. Ziff. 2 Vermögensverwaltungsordnung mit Anlage 1; die hiernach wie bisher fortbestehenden Außenvertretungsverhältnisse wurden staatlich bekanntgemacht in der Sächsischen Staatszeitung v. 2.1.1932, Nr. 1, S. 5; kirchliche Bekanntmachung in KABl. Bistum Dresden 1932, V 2; c. 539 CIC/1983.
[263] Tel. Auskunft des Bischöflichen Ordinariats Dresden-Meißen.
[264] Bekanntgemacht in der Sächsischen Staatszeitung v. 2.1.1932, Nr. 1, S. 5; KABl. Dresden 1932, V 2.

übernommen werden, die Genehmigung des Bischofs oder Ordinariats erforderlich ist. Für die Bearbeitung anfallender Geschäfte untersteht dem Pfarrer und Kirchenrat ein Rendant (Rechnungsführer), dem durch Dienstanweisung Vollmachten erteilt werden können. Sofern dies für notwendig oder ratsam gehalten wird, können als pfarrliche Einrichtungen Rendanturen oder Rentämter eingerichtet werden.

3. Apostolische Administratur Görlitz

Die Apostolische Administratur Görlitz ist der westlich der Oder-Neiße-Grenze liegende Teil der ehemals deutschen Erzdiözese Breslau. Ihr Territorium liegt gänzlich auf ehemals preußischem Gebiet, heute zu etwa einem Drittel im Freistaat Sachsen und zu ungefähr zwei Dritteln im Bundesland Brandenburg.[265]

Zur DDR-Zeit von staatlicher Seite darauf hingewiesen, daß die Kirche ihre Angelegenheiten selbst zu ordnen habe, verzichtete die Apostolische Administratur Görlitz seit 1973 auf die Anwendung des auch als kirchliches Recht rezipierten preußischen Gesetzes über die Verwaltung des katholischen Kirchenvermögens von 1924. Es erging im Wege kirchlicher Rechtsetzung die Verordnung über die Verwaltung des Vermögens der katholischen Kirchengemeinden in der Apostolischen Administratur Görlitz vom 2.3.1970, geändert durch Dekret vom 23.11.1986,[266] in deren § 27 das preußische Gesetz von 1924 „hinsichtlich seiner kirchenrechtlichen Verbindlichkeit für die Apostolische Administratur Görlitz suspendiert" wird. Die dem Gesetz über die Verwaltung des katholischen Kirchenvermögens nachempfundene Verordnung wird auch heute noch unter der Herrschaft des Grundgesetzes weiterhin als kirchliches Recht mit Außenwirkung angewendet. Nach der Verordnung verwaltet und vertritt der Kirchenvorstand das Vermögen der Kirchengemeinde, dem auch die unter Verwaltung kirchlicher Organe gestellten örtlichen Stiftungen zugeordnet sind. Die Rechte der Pfründeinhaber bleiben unberührt. Der Kirchenvorstand besteht im wesentlichen aus dem Pfarrer oder dem vom Ordinariat mit der Leitung der Gemeinde betrauten Geistlichen als Vorsitzendem und unmittelbar gewählten Mitgliedern. Für die Verpflichtung der Kirchengemeinde und der vertretenen Vermögensstücke bedarf es der schriftlichen Willenserklärung des Vorsitzenden und zweier Mitglieder des Kirchenvorstandes

---

[265] Bestätigt durch Schreiben der Apostolischen Administratur Görlitz vom 28.11.1991, J.-Nr. 1298/91.
[266] Amtliche Mitteilungen der Apostolischen Administratur Görlitz 1986/12, Nr. 110, S. 2 f.

und der Beidrückung des Amtssiegels, wodurch auch nach außen die Ordnungsmäßigkeit der Beschlußfassung festgestellt wird.[267] Zur Wahrnehmung gemeinsamer finanzieller Aufgaben kann vom Ordinariat nach Zustimmung der betroffenen Kirchenvorstände der Zusammenschluß von Kirchengemeinden zu einem Kirchengemeindeverband angeordnet werden. Die Regelung der Verwaltung und Vertretung des Gemeindeverbandes und seines Vermögens orientiert sich an den nahezu gleichlautenden Bestimmungen des preußischen Gesetzes über die Verwaltung des katholischen Kirchenvermögens.[268] Für die kirchenaufsichtsbehördlichen Genehmigungsvorbehalte mit Außenwirkung gilt weiterhin die „Geschäftsanweisung über die Verwaltung des Vermögens in den Kirchengemeinden und Gemeindeverbänden der Diözese Breslau preußischen Anteils" vom 27.11.1928 (Art. 7).[269] In Kraft geblieben ist auch der Katalog der Innengenehmigungen nach Art. 8 der Geschäftsanweisung. Sonstige unmittelbare Eingriffsrechte des Ordinariats im Rahmen der Vermögensaufsicht ergeben sich aus den §§ 16 ff. der Verordnung. Aufsichts- und Kontrollrechte über das Kirchenvermögen in der Administratur werden staatlicherseits nicht in Anspruch genommen.

4. Bischöfliches Amt Magdeburg

Das Bischöfliche Amt Magdeburg umfaßt den Ostteil des Erzbistums Paderborn und erstreckt sich auf die ehemals preußische Provinz Sachsen sowie auf die ehemals anhaltinischen Gebiete, heute also auf das Gebiet des neuen Bundeslandes Sachsen-Anhalt.[270]

Rechtsgrundlage der kirchlichen Vermögensverwaltung im Jurisdiktionsbezirk des Bischöflichen Amtes Magdeburg ist nach wie vor das preußische Gesetz über die Verwaltung des katholischen Kirchenvermögens i. d. F. vom 24.7.1924 und die Geschäftsanweisung der preußischen Bischöfe vom 27.11.1928, die als rezipiertes Kirchenrecht weiterhin

---

[267] Vgl. § 14 der Vermögensverwaltungsordnung i. d. F. v. 23.11.1986, Anm. 266.

[268] Vgl. §§ 21-26 der Vermögensverwaltungsordnung; vgl. auch Anm. 114; Willenserklärungen verpflichten den Kirchengemeindeverband nur dann, wenn sie der Vorsitzende und zwei Mitglieder der Verbandsvertretung oder des von der Verbandsvertretung bestellten Ausschusses unter Beidrückung des Dienstsiegels schriftlich abgeben.

[269] Veröffentlicht im KABl. des Fürstbischöflichen Ordinariates in Breslau 1928, S. 136 f., ergänzt durch Weitergeltungsanordnung v. 2.3.1970 (Veröffentlichung nicht nachweisbar).

[270] Vgl. *Wolfgang Rüfner,* Deutsche Einheit im Staatskirchenrecht, in: Ess-Gespr. 26 (1992), S. 66; *Joseph Listl,* Die Bistumsgrenzen in Deutschland, in: Pax et iustitia. FS für Alfred Kostelecky. Berlin 1990, S. 233, 252.

angewendet werden.[271] Für eine förmliche Aufhebung des preußischen Gesetzes über die Verwaltung des katholischen Kirchenvermögens durch den ehemaligen DDR-Staat gibt es keine Hinweise. Die nach dem preußischen Gesetz gegebenen staatlichen Kontroll- und Aufsichtsrechte werden von staatlicher Seite nicht wahrgenommen.

5. Bischöfliches Amt Schwerin

Das Bischöfliche Amt Schwerin ist als territorialer Sprengel identisch mit dem Ostteil des Bistums Osnabrück und erstreckt sich über ganz Mecklenburg — heute Bundesland Mecklenburg-Vorpommern.[272]

Zur Rechtsangleichung an den Westteil des Bistums Osnabrück erließ der Apostolische Administrator unter gleichzeitiger Aufhebung entgegenstehender kirchlicher Vorschriften am 30.10.1990 das Kirchenvermögensverwaltungsgesetz für den Bereich des Bischöflichen Amtes Schwerin, das nach Veröffentlichung im Kirchlichen Amtsblatt am 15.11.1990 in Kraft trat.[273] Von wenigen geringfügigen Abweichungen abgesehen, stimmt dieses Gesetz mit dem Kirchenvermögensverwaltungsgesetz der Diözese Osnabrück überein, so daß auf die dort geltende Rechtslage verwiesen werden kann. Zum ortskirchlichen Vermögen gehören auch die unter die Verwaltung kirchlicher Organe gestellten Anstalten, Stiftungen und sonstigen kirchlichen Vermögensstücke, soweit deren Verwaltung und Vertretung nicht anderweitig geregelt sind.

6. Bischöfliches Amt Erfurt-Meiningen

Das Bischöfliche Amt Erfurt-Meiningen erstreckt sich auf die zum Bistum Fulda gehörenden alten thüringischen Fürstentümer und die ehemals preußischen Gebiete des heutigen Thüringen. Einbezogen sind auch die Teile Thüringens, die zum Bistum Würzburg gehören, d. h. die Gebiete südlich des Thüringer Waldes, insbesondere Sachsen-Meiningen. Sämtliche Gebietsanteile des Jurisdiktionsbezirkes sind im heutigen Bundesland Thüringen belegen.[274]

---

[271] Bestätigt durch tel. Auskunft des Bischöflichen Amtes Magdeburg.
[272] Vgl. Anm. 270.
[273] Veröffentlicht in: KABl. für die Diözese Osnabrück 1991 (unter der Zwischenüberschrift „Kirchliches Amtsblatt für das Bischöfliche Amt Schwerin"), S. 162 ff.; von der Aufhebung betroffen sind die Verfassungen der katholischen Gemeinden im Freistaate Mecklenburg/Schwerin und Mecklenburg/Strelitz, jeweils v. 17.11.1930, und die Ordnungen der kirchlichen Vermögensverwaltung in Mecklenburg v. 5.12.1971.
[274] Vgl. Anm. 270.

Für die im Jurisdiktionsbezirk des Bischöflichen Amtes Erfurt-Meiningen belegenen Gebiete des Bistums Fulda gilt das preußische Gesetz über die Verwaltung des katholischen Kirchenvermögens vom 24.7.1924 als kirchliches Recht mit Außenwirkung fort. Eine dahingehende Bestätigung findet sich in der Verordnung des Bischofs von Fulda vom 24.5.1962, die im Kirchlichen Amtsblatt Erfurt veröffentlicht worden ist.[275]

Für die kirchenaufsichtsbehördlichen Genehmigungsvorbehalte mit Außenwirkung ist weiterhin maßgeblich die Geschäftsanweisung für die Verwaltung des Vermögens in den Kirchengemeinden und Gemeindeverbänden der Diözese Fulda vom 28.10.1938, in Kraft getreten am 1.4.1939.[276] Sie stimmt im wesentlichen mit den Geschäftsanweisungen der ehemals preußischen Bistümer vom Jahre 1928 überein. Die Genehmigungsvorbehalte mit Außenwirkung finden sich in Art. 7, die Innengenehmigungsvorschriften in Art. 8 der Geschäftsanweisung.

Seit der Errichtung des Bischöflichen Amtes Erfurt-Meiningen im Jahre 1973 finden die gleichen Vorschriften im Wege der Rechtsangleichung auch für den Gebietsanteil Meiningen Anwendung.[277]

7. Gemeinsames Landesstiftungsrecht in den neuen Bundesländern

Für die Länder Brandenburg, Mecklenburg-Vorpommern, Sachsen, Sachsen-Anhalt und Thüringen besteht ein gemeinsames Landesstiftungsrecht. Es beruht auf dem Gesetz über die Bildung und Tätigkeit von Stiftungen vom 13.9.1990,[278] das gemäß Art. 9 Abs. 3 des Einigungsvertrages vom 31.8.1990 fortgilt.[279] Hinsichtlich der privatrechtlichen Stiftungen wird in dem vorgenannten Stiftungsrecht auf die Bestimmungen des BGB (§§ 80-88) verwiesen. Die Vorschriften über kirchliche Stiftungen (§§ 26-29 des Stiftungsgesetzes vom 13.9.1990) entsprechen weitgehend den Regelungen der Landesstiftungsgesetze der alten Bundesländer. Aufgrund des geringen Stiftungsbestandes der katholischen Kirche in den neuen Bundesländern hat das erwähnte Stiftungsrecht nur geringe Bedeutung. Für das Land Berlin gilt das Berliner Stiftungsgesetz i. d. F. vom 10.11.1976.[280]

---

[275] Vgl. KABl. Erfurt 1962, Stück 7, S. 3.
[276] Vgl. KABl. Fulda 1939, Stück IV, S. 19 f.
[277] Bestätigt durch schriftliche Auskunft v. 14.8.1992 des bis April 1990 amtierenden Bischofsvikars für Meiningen, Prälat Dieter Homer.
[278] GBl. I Nr. 61, S. 1483.
[279] Fortgeltung gemäß Art. 9 Abs. 3 EVertr. i. V. m. Art. 3 Nr. 5 der Vereinbarung v. 18.9.1990 i. V. m. Art. 1 des Zustimmungsgesetzes v. 23.9.1990 (BGBl. II S. 892, 1240, 885); in Mecklenburg-Vorpommern gilt inzwischen ein eigenes Stiftungsgesetz v. 24.2.1993 (GVBl. S. 104 f.) mit punktuellen Abweichungen.

D. Vertretungsorgane ortskirchlicher Rechtsträger und Pfarrgemeinderäte

Grundsätzlich ist davon auszugehen, daß Pfarrgemeinderat und Vertretungsorgan jeweils ihre eigenen Aufgabenbereiche haben und im Interesse der Gemeinde eine gute Zusammenarbeit pflegen sollen.

In den meisten Bistümern der Bundesrepublik Deutschland bilden die Empfehlungen der Vollversammlung der Deutschen Bischofskonferenz vom 22.-25.9.1969 betreffend Zusammenarbeit zwischen Kirchenvorständen und Pfarrgemeinderäten die Rechtsgrundlage. Dies bedeutet einmal eine personelle Verzahnung in dem Sinne, daß jeweils ein Mitglied des ortskirchlichen Vertretungsorgans — in der Regel der stellvertretende Vorsitzende — als Gast mit dem Recht der Meinungsäußerung an den Sitzungen des Pfarrgemeinderates und umgekehrt ein Mitglied des Pfarrgemeinderates — in der Regel der Vorsitzende oder zumindest ein Vorstandsmitglied — an den Sitzungen des ortskirchlichen Vertretungsorgans (Kirchenvorstand / Verwaltungsrat / Kirchenverwaltung) teilnimmt. Das Miteinander von ortskirchlichen Verwaltungsorganen und Pfarrgemeinderat regelt in vielen Bistümern die jeweilige bischöfliche Zusammenarbeitsverordnung. Hiernach hat der Pfarrgemeinderat ein Anhörungsrecht vor bestimmten Entscheidungen des ortskirchlichen Verwaltungsorgans, etwa bei der Festsetzung des Haushaltsplanes, der Grundsatzentscheidung über Neu- oder Umbauten, Grundsatzentscheidungen über Erwerb oder Veräußerung von Grundstückseigentum, Orgeln, Glocken usw.

Eine stärkere rechtliche Bindung findet sich im Erzbistum Freiburg und in den Bistümern Limburg, Mainz und Trier. Im Erzbistum Freiburg ist der Pfarrgemeinderat nicht nur die Ortskirchensteuervertretung, sondern gemäß § 9 Pfarrgemeinderatsordnung ist der Vorsitzende des Pfarrgemeinderates stellvertretender Vorsitzender des Stiftungsrates und der Pfarrgemeinderat wählt aus seiner Mitte die Wahlmitglieder des Stiftungsrates.[281] In den Bistümern Limburg, Mainz und Trier werden die Wahlmitglieder des ortskirchlichen Verwaltungsorgans (Verwaltungsrat) ebenfalls durch den Pfarrgemeinderat gewählt.

Noch weitergehend ist die Lösung des Bistums Rottenburg-Stuttgart. Dort ist der Kirchengemeinderat nicht nur ortskirchliche Steuervertretung und vermögensrechtliches Verwaltungs- und Vertretungsorgan, sondern er nimmt auch die Aufgaben des Pfarrgemeinderates wahr.

---

[280] GVBl. S. 2599.
[281] Vgl. § 9 der bischöflichen Pfarrgemeinderatssatzung (Anm. 244) i. V. m. den §§ 13 und 15 der Kirchensteuerordnung (Anm. 247).

E. Die Weiterentwicklung des Kirchenvermögens- und -verwaltungsrechts

Die von der Gemeinsamen Synode der Bistümer in der Bundesrepublik Deutschland in Rahmenordnungen niedergelegten Vorschläge zur Änderung der Kirchenvermögensverwaltung[282] konnten — abgesehen von einer stärkeren Einbindung der Pfarrgemeinderäte — bislang nicht verwirklicht werden. Änderungen im Bereich der Leitungsstrukturen brachte hingegen das neue Kirchenrecht des Codex Iuris Canonici von 1983 mit einer Neudefinition der Mitwirkungsrechte der an der Vermögensverwaltung beteiligten Konsultationsorgane des Diözesanbischofs. Domkapitel als Konsultorenkollegium und Diözesanvermögensverwaltungsrat haben hiernach ein Anhörungsrecht bei der Ernennung und Berufung des Ökonomen (c. 494 §§ 1 und 2)[283] und bei den Akten der (ordentlichen) Vermögensverwaltung, denen größere Bedeutung zukommt (c. 1277). Die Zustimmung beider Gremien ist gefordert bei der bischöflichen Erteilung von Veräußerungsgenehmigungen für die nachgeordneten öffentlichen juristischen Personen der Kirche, soweit das Stammvermögen betroffen ist, zur Veräußerung von Diözesanvermögen (c. 1292 § 1)[284] und — außer in den im allgemeinen Recht und in den Stiftungsurkunden genannten Fällen — bei der Vornahme außerordentlicher Vermögensverwaltungsakte. Ausführungsregelungen bleiben den Nationalen Bischofskonferenzen vorbehalten. Ihnen ist es überlassen, festzulegen, welche Akte als solche der außerordentlichen Verwaltung zu gelten haben (c. 1277 S. 2), ferner zu bestimmen, ab welcher Wertgrenze Veräußerungsakte nachgeordneter kirchlicher Rechtsträger zu ihrer Wirksamkeit der Genehmigung des Diözesanbischofs bedürfen (Untergrenze, cc. 1291 § 1, 1295, 1297) und ab welcher Wertgrenze Veräußerungen zusätzlich der Erlaubnis des Heiligen Stuhles bedürfen (Obergrenze — sog. Romgrenze —, c. 1292 § 2). Die Deutsche Bischofskonferenz hat von der ihr übertragenen Wertgrenzenkompetenz Gebrauch gemacht. Der Partikularnormenbeschluß, der am 1.8.1986 in

---

[282] Vgl. Synode. Amtliche Mitteilungen der Gemeinsamen Synode der Bistümer in der Bundesrepublik Deutschland, Jg. 1972, H. 2, S. 25 f., nebst Ergänzungsvorlage in Jg. 1973, H. 7, S. 13 f.; Jg. 1974, H. 1, S. 37 f. und H. 5, S. 1 f.

[283] Vgl. *Günter Etzel*, Der Diözesanvermögensverwaltungsrat. Würzburg 1994, insbesondere S. 74, 76 f.; der vom Diözesanbischof ernannte Diözesanökonom nimmt die diözesane Vermögensverwaltung besonders bei der Haushaltsführung wahr, in unmittelbarer Verantwortung gegenüber dem Bischof und seinen Weisungen bzw. dem Etatplan des Vermögensrates. Er ist nach Beendigung des Wirtschaftsjahres dem Diözesanvermögensverwaltungsrat Rechenschaft über die getätigten Einnahmen und Ausgaben schuldig.

[284] *Etzel*, ebd., S. 95 f. (Verwaltung und Formen des Beispruchs), S. 113 f. (Beispruchsaufgaben im laufenden Etatjahr).

Kraft getreten ist, wurde novelliert durch Beschluß vom September 1993.[285] Hiernach beginnt die Obergrenze / Romgrenze bei 10 Mio. DM. Soweit die Genehmigungsbedürftigkeit von Veräußerungen und veräußerungsähnlichen Rechtsgeschäften nachgeordneter öffentlich-rechtlicher Personen der Kirche von einer Wertgrenze abhängig ist, liegt diese bei 20.000 DM. Die Zustimmung von Konsultorenkollegium (Domkapitel / Kathedralkapitel) und Diözesan-Verwaltungsrat zu bischöflichen Genehmigungsakten ist erforderlich, wenn der Wert des genehmigungspflichtigen Rechtsgeschäfts 100.000 DM übersteigt.

Die Deutsche Bischofskonferenz hat zusätzlich gemäß Art. 8 Abs. 3 ihres Statuts den Diözesanbischöfen empfohlen, in Wahrnehmung ihrer Normsetzungskompetenz gemäß c. 1276 § 2 CIC / 1983 sowie zur Ausführung und zur Ergänzung der Partikularnormen Nr. 19 (Genehmigung von Veräußerungen) einheitliche, auch für das Nichtstammvermögen geltende Genehmigungsvorschriften zu erlassen und sie in der für die Rechtswirksamkeit im weltlichen Rechtsbereich erforderlichen Weise zu publizieren.[286] Sie hat hierzu als Anlage 4 ihres Beschlusses vom September 1993 einen einheitlichen Musterkatalog von Genehmigungsvorschriften vorgegeben.

Die Empfehlung der Deutschen Bischofskonferenz dient dem Zweck, im Bereich der kirchlichen Genehmigungsvorschriften zu einer Rechtsvereinheitlichung zu kommen, die den Interessen der Rechtsklarheit und Rechtssicherheit dient und eine bessere Durchsetzbarkeit der kirchlichen Vermögens- und Stiftungsaufsicht ermöglicht.

---

[285] Beschluß der Deutschen Bischofskonferenz auf der Herbstvollversammlung in Fulda vom 20.-23. September 1993 mit Anlagen 3 und 4. Dieser Beschluß wird in den Kirchlichen Amtsblättern der (Erz-)Diözesen und sehr wahrscheinlich auch im ArchKathKR veröffentlicht.

[286] Auf die zur Publikationsfrage abweichende Auffassung in *diesem* Beitrag wird hingewiesen (vgl. oben B II mit Anm. 42-44).

§ 35

Staatsleistungen an die Kirchen und Religionsgemeinschaften

Von Josef Isensee

A.. Zum historischen und teleologischen Verständnis der Verfassungsentscheidung über die Staatsleistungen

I. Staatsleistungen als Säkularisations-Ausgleich

Es gehört zu den Merkwürdigkeiten des Grundgesetzes, daß die Verfassung des Leistungsstaates Staatsleistungen nur in einer Randbestimmung erwähnt und sich nicht etwa auf die gegenwartsmächtige Wirksamkeit des Sozialstaates bezieht, sondern auf die Bewältigung von Verfassungsgeschichte: Rückstände versunkener Systeme des Staatskirchenrechts. Hier handelt es sich um Geld- oder Naturalleistungen, die der Staat aufgrund von Rechtspflichten, die vor dem Jahre 1919 begründet worden sind, den Kirchen und Religionsgemeinschaften zur Bestreitung ihrer Unterhaltsbedürfnisse erbringt. Sedes materiae ist die über Art. 140 GG fortgeschriebene Bestimmung des Art. 138 Abs. 1 WRV:

„Die auf Gesetz, Vertrag oder besonderen Rechtstiteln beruhenden Staatsleistungen an die Religionsgesellschaften werden durch die Landesgesetzgebung abgelöst. Die Grundsätze hierfür stellt das Reich auf."[1]

1. Rechtsbegründung aus der Geschichte

Die Staatsleistungen, deren rechtliches Schicksal der Verfassunggeber von Weimar geregelt hat, erfassen nicht alle vermögenswerten Zuwendungen des Staates an kirchliche Stellen, sondern nur solche, die zur Bestreitung des kirchlichen Unterhalts dienen, zumal des Aufwandes für den Kultus, und deren Rechtsgrundlagen sich aus den Vorwei-

---

[1] Eine Auswahl-Bibliographie zum Recht der Staatsleistungen ist diesem Beitrag als *Anhang* beigefügt.

marer Staat-Kirchen-Beziehungen herleiten[2]. Diese „Dotationen" fügen sich nicht in die heute üblichen Typologien der Leistungsverwaltung. Sie sperren sich gegen die Qualifikation als Subvention, Daseinsvorsorge oder soziale Sicherung. Am ehesten dürfen sie den staatlichen Ersatzleistungen im weitesten Sinne zugerechnet werden. Unter Vorbehalt jenes granum salis, das bei der typisierenden Beurteilung vielgestaltiger historischer Sachverhalte unentbehrlich ist, läßt sich nämlich hinter den heterogenen Rechtsgrundlagen eine gemeinsame Legitimation erkennen: Staatsleistungen bilden den Ausgleich für Säkularisationen.

Die Übernahme kirchlicher Unterhaltslasten durch den Staat kann nur vor dem geschichtlichen Hintergrund der neuzeitlichen Säkularisations-Vorgänge verstanden werden, wie sie insbesondere die Reformation, der Westfälische Friede, die Reformen Kaiser *Josephs II.* und der

---

[2] Im älteren Schrifttum finden sich aufschlußreiche Zusammenstellungen der erbrachten Staatsleistungen: *Johannes Niedner,* Die Ausgaben des preußischen Staats für die evangelische Landeskirche der älteren Provinzen. Stuttgart 1904 (Nachdr. Amsterdam 1963), bes. S. 4-20; *J. Schmitt,* Staat (Anh. 1), bes. S. 30-102; *ders.,* Ablösung / 1921 (Anh. 1), bes. S. 18-93, 123-170; *Breitfeld,* Auseinandersetzung (Anh. 1), S. 60-342.

Eine Gesamtübersicht über den gegenwärtigen Bestand an Staatsleistungen und ihren wirtschaftlichen Wert steht aus. Mit der Erstellung einer solchen Übersicht wären bereits die wesentlichen juristischen und wirtschaftswissenschaftlichen Schwierigkeiten der Ablösung gemeistert. Die juristischen Probleme liegen — abgesehen von der in abstracto umstrittenen Reichweite des Staatsleistungsbegriffs — darin, im Einzelfall die ablösungspflichtige und -fähige Leistung von den sonstigen Zuweisungen, insbesondere den Subventionen, abzugrenzen. Die wirtschaftliche Bewertung ist bei Natural- und Geldbedarfsleistungen, vor allem bei den „negativen" Staatsleistungen prekär.

Die Haushaltspläne geben nur begrenzten Aufschluß. Wenn der Haushaltsplan des Landes Nordrhein-Westfalen 1993 an Ausgaben für „Kirchen, Religionsgemeinschaften und Weltanschauungsvereinigungen" 48,8 Mio. DM vorsieht (Kapitel 0561), so umfaßt dieser Betrag auch Zuweisungen, die nicht Staatsleistungen im Rechtssinne sind (etwa neubegründete Leistungen und Subventionen). Auf der anderen Seite sind die negativen Staatsleistungen (Abgabenbefreiungen usw.) nicht in ihm enthalten. Echte Staatsleistungen innerhalb des Gesamtbetrages sind jedoch — ausweislich der Erläuterungen zu Titel 68411 und 68412 — die kirchenvertraglich zugesicherten Dotationen für die Evangelischen Landeskirchen (7,255 Mio. DM) sowie für die katholischen Erzdiözesen und Diözesen (9,363 Mio. DM); die Beihilfe zur Besoldung und Versorgung der Pfarrer, Bedarfszuschüsse kraft gewohnheitsrechtlicher Titel (7 Mio. DM für die evangelische, 11,8 Mio. DM für die katholische Kirche; persönliche und sächliche „Zuschüsse nach dem Kataster", die „in Auswirkung der Säkularisation" zu leisten sind (182.000 DM an die evangelische, 790.000 DM an die katholische Kirche). Dazu *Wolfgang Clement,* Politische Dimension und Praxis der staatlichen Förderung der Kirche, in: EssGespr. 28 (1994), S. 46 f.

Als Staatsleistungen ausgewiesen werden die kirchenvertraglich zugesagten jährlichen Pauschal-Dotationen, deren Höhe der Beamtenbesoldung angepaßt wird. So schuldet das Land Niedersachsen den Ev. Landeskirchen als Ausgangsgröße 7,70 Mio. DM (Art. 16 Abs. 1 S. 1 NiedersKV), den kath. Diözesen 3,25 Mio. DM (Art. 15 Abs. 1 NiedersK). S. auch unten Anm. 179.

§ 35 Staatsleistungen an die Kirchen und Religionsgemeinschaften   1011

Regensburger Reichsdeputationshauptschluß auslösten. Die weltliche Gewalt, die sich kirchliches Vermögen und geistliches Territorium einverleibte, übernahm die Gewähr für die finanzielle Ausstattung der Religionsgemeinschaften[3]. Die Verantwortung für die materiellen Erfordernisse des Kultus verstand sich von selbst für einen „christlichen" Staat[4]. Damit Staatsleistungen sich als Kategorie entwickeln konnten, bedurfte es einer verfassungshistorischen Voraussetzung: der Unterscheidung des staatlichen vom geistlichen Wirkungskreise. Bei der Errichtung des Kirchenregiments im Reformationszeitalter hatte die Sorge des Landesherrn für die Besoldung der Geistlichen und den Unterhalt der Gotteshäuser noch als Erfüllung eines genuin staatlichen Amtes gelten können[5]. Die Kirche mußte sich dem staatlichen Leistungsgeber gegenüber als Träger eigener Aufgaben verselbständigen und als Subjekt eigener ökonomischer Bedürfnisse Anerkennung verschaffen, ein Leistungsverhältnis zwischen Staat und Kirche sich rechtlich konstruieren, damit sie juristische Relevanz erreichen konnte[6].

Das Urbild der Begründung von Unterhaltslasten als Säkularisations-Folge findet sich in § 35 des Reichsdeputationshauptschlusses vom 25. Februar 1803: Die „Güter der fundirten Stifter, Abteyen und Klöster" werden zwar der „freien und vollen Disposition der respectiven Landesherrn" übertragen; deren Verfügungsfreiheit wird aber an bestimmte Verwendungszwecke gebunden: darunter die Bestreitung des Aufwandes für „Gottesdienst, Unterrichts- und andere gemeinnützige Anstalten". Überdies steht die Übertragung „unter dem bestimmten Vorbehalte der festen und bleibenden Ausstattung der Domkirchen, welche werden beibehalten werden, und der Pensionen für die aufgehobene Geistlich-

---

[3] Der historische Zusammenhang wird (bei unterschiedlicher Wertung der juristischen Konsequenzen) bejaht von *Johannes Baptist Sägmüller,* Der Rechtsanspruch der katholischen Kirche in Deutschland auf finanzielle Leistungen seitens des Staates, Freiburg i. Br. 1913; *J. Schmitt,* Staat (Anh. 1); *ders.,* Ablösung / 1921 (Anh. 1), bes. S. 37-88; *Duske,* Dotationspflicht (Anh. 1), S. 28-51; *Denkschrift* (Anh. 1), S. 24, 28-30; *Huber,* Garantie (Anh. 1), S. 1-6; *Hans Liermann,* Deutsches Evangelisches Kirchenrecht. Stuttgart 1933, S. 373 f.; *Godehard Josef Ebers,* Staat und Kirche im neuen Deutschland. München 1930, S. 247-249; *Adalbert Erler,* Kirchenrecht. 5. Aufl., München 1983, S. 107 f.; *Scheuner,* Bestand (Anh. 2), S. 383; *Axel Frhr. v. Campenhausen,* Staatskirchenrecht. 2. Aufl., München 1983, S. 27 ff.

[4] So übernahm nach *Robert v. Mohl* die württembergische Regierung „natürlich durch die Säkularisation die Verpflichtung für diejenigen Bedürfnisse der katholischen Kirche in W. zu sorgen, welche nicht durch eigene örtliche Stiftungen und sonstige Einnahmen gedeckt waren" (Das Staatsrecht des Königreiches Württemberg. 2. Aufl., Bd. 2, Tübingen 1840, S. 505).

[5] Dazu *Holstein,* Rechtsgrundlagen (Anh. 1), S. 165-175; *Johannes Heckel,* Kirchengut und Staatsgewalt, in: Rechtsprobleme in Staat und Kirche. FS für Rudolf Smend. Göttingen 1952, S. 113-116; auch *Niedner,* Ausgaben (Anm. 2), S. 22-28.

[6] Vgl. *Koellreutter,* Beiträge (Anh. 1), S. 13; s. aber *Holstein,* Rechtsgrundlagen (Anh. 1), S. 165-185.

keit". — Deutlicher noch kommt der Rechtsgedanke des Säkularisations-Ausgleichs im preußischen „Edikt über die Einziehung sämtlicher geistlicher Güter in der Monarchie" vom 30. Oktober 1810 (§ 4) zum Ausdruck. Der König, der die Säkularisierung verfügt, kündigt an: „Wir werden für hinreichende Belohnung der obersten geistlichen Behörden und mit dem Rathe derselben für reichliche Dotirung der Pfarreien, Schulen, milden Stiftungen und selbst derjenigen Klöster sorgen, welche sich mit der Erziehung der Jugend und der Krankenpflege beschäftigen und welche durch obige Vorschriften entweder an ihren bisherigen Einnahmen leiden oder deren durchaus neue Fundirung nötig erscheinen dürfte."

Die Kompensation für Säkularisationsverluste ist das typische Motiv für Zuwendungen des Staates, doch nicht das einzig mögliche. Es ist daher nicht konstitutiv für den rechtlichen Tatbestand der Staatsleistungen[7].

2. Legitimationsprobleme

Das System der Staatsleistungen birgt kirchenpolitischen Konfliktstoff, der sich in dem Zeitalter zwischen Reichsdeputationshauptschluß und Weimarer Reichsverfassung mehrfach entzündet:

Die Staatsdotationen geben der Kirche nicht jene relative finanzielle Autarkie zurück, die sie auf Grund ihres Besitzstandes vor der Säkularisation hatte. In dem Maße, in dem sie auf staatliche Alimentierung angewiesen ist, gerät sie in Abhängigkeit von der (wankelmütigen) Leistungsbereitschaft der öffentlichen Hand[8]. Nicht selten herrscht Rechtsunsicherheit. Während die kirchlichen Destinatare auf der Rechtspflicht des Staates zu ihrer angemessenen Dotierung bestehen, neigt der Staat dazu, seine Aufwendungen als Maßnahmen freiwilliger Fürsorge auszugeben und kraft seiner Souveränität Grundlage und Umfang seiner Leistungen selbst zu bestimmen (äußerstenfalls auch unter Bruch kirchenvertraglicher Zusagen). Noch heute schwelt die

---

[7] Beispiel für eine nicht säkularisierungsbedingte Staatsleistung sind die Nutzungsrechte des Bistums Dresden-Meißen und die Bau- und Unterhaltslast des Freistaates Sachsen für jene Baulichkeiten, die im 18. Jahrhundert der zum Katholizismus konvertierte Kurfürst von Sachsen auf eigenem Grund und Boden errichtete und der katholischen Geistlichkeit, die in geschlossener protestantischer Umgebung zu wirken hatte, zur Nutzung überließ: die Katholische Hofkirche (heute Kathedrale des Bistums Dresden-Meißen) und das als Amts- und Wohnsitz der Priester bestimmte „Geistliche Haus". Die Staatsleistung wurde durch förmliche Rechtstitel fundiert: eine Verfügung des Königs von Sachsen v. 28.7.1819 sowie ein königliches Mandat v. 16.2.1827. Als sich die Unterscheidung von Hof und Staat in finanzrechtlicher Hinsicht durchsetzte, gingen die Pflichten auf den Staat über (vgl. Art. 19 Verf. des Königreichs Sachsen von 1831).

[8] Kirchliche Kritik am Dotationssystem: *Sägmüller*, Rechtsanspruch (Anm. 3), S. 106.

juristische Kontroverse darüber, ob § 35 Reichsdeputationshauptschluß unmittelbare Leistungspflichten der Länder und korrespondierende Ansprüche der kirchlichen Korporationen begründe oder nicht[9]. Bereits eine Generation nach der Säkularisierung von 1803 erinnert *Joseph Görres* daran, daß der Schutz, den der Staat der Kirche gewähre — mithin die Sorge „für die würdige Ausstattung des Gottesdienstes und den Unterhalt der Diener des Altars" —, kein Akt der Wohltätigkeit sei: Denn die Kirche habe nicht als Bettlerin vor der Türe der Regierung angesprochen, um ein Almosen sie ersuchend; „sie fordert nur das Ihre, innerlich, was ihr von Gott und Rechtswegen zukommt, äußerlich aber in Geld und Gut nur den kleinsten Theil dessen, was man ihr genommen, und was man ihr wiederzugeben, schon durch die Gesetze gemeiner Rechtlichkeit und der Ehre verbunden, überdem noch durch feierliches Versprechen ihr angelobt"[10].

Görres beschreibt, wie gefährlich es für die Kirche ist, sich auf historische Rechtstitel zu verlassen, weil der Staat allzu leicht vergißt, wie er sich auf Kosten der Kirche bereichert hat, und, was er gestern als Ausgleichspflicht übernahm, heute als Gunsterweis ausgibt: „Wie Napoleon gethan, als er mit Preußen Frieden schließend, nicht diese oder jene Provinz genannt, die er ihm abgedrungen, sondern der Reihe nach jene ihm zugezählt, die er ihm wiedergegeben, so hat man von Seite derselben Regierung der Kirche gegenüber es neuerdings gehalten. Man hat dieser vorgehalten, was jene in den Rheinprovinzen für sie gethan; wie sie es gewesen, der sie den Wiederaufbau der Diöcesen zu verdanken habe; wie reichlich sie die Bischofssitze und die Domcapitel ausgestattet; wie sie für die Erziehung vorgesorgt; wie liberal sie in der Bewilligung von Feiertagen und Processionen gewesen, und mehr dergleichen. Das Alles ist lobenswerth und die Kirche wird es gern verdanken; denn die Regierung hätte auch weniger thun können, hätte sie gewissenlos von allen ihren Verbindlichkeiten und Verpflichtungen sich losgesagt. Aber Eines hat man doch dabei vergessen: daß es Kirchenprovinzen, geistliche Churfürstenthümer gewesen, an denen diese Liberalität sich ausgelassen, Länder, die um den geistlichen Landesherrn her einen reich dotirten Clerus besessen; in denen zahlreiche Erziehungsanstalten der Jugend, drei Universitäten der Pflege der Wissenschaften sich angenommen, und in denen man Feiertage und Processionen abhielt, so viel es der Kirche einzusetzen beliebt. Das

---

[9] Ein Anspruch oder doch eine objektive Leistungspflicht wird bejaht von: *Sägmüller*, Rechtsanspruch (Anm. 3), bes. S. 23-51; *J. Schmitt*, Staat (Anh. 1), S. 53-61; *Schott*, Rechtsgrundlagen (Anh. 1), S. 26-28; *Kress*, Staat (Anh. 1), insbes. S. 73-216; *Scheuner*, Bestand (Anh. 2), S. 383; *v. Campenhausen*, Staatskirchenrecht (Anm. 3), S. 31. — Dagegen *Niedner*, Ausgaben (Anm. 2), S. 153-160; *Huber*, Garantie (Anh. 1), S. 64-77; *Wehdeking*, Kirchengutsgarantien (Anh. 2), S. 46. — S. auch *Hermann Müssener*, Die finanziellen Ansprüche der katholischen Kirche an den preußischen Staat auf Grund der Bulle „De salute animarum" vom 16. Juli 1821. Mönchen-Gladbach 1926, bes. S. 55-57. — Zur gewohnheitsrechtlichen Ausbildung von Staatsleistungen aus dem evangelischen Kirchentum seit der Reformation: *Holstein*, Rechtsgrundlagen (Anh. 1), S. 161-187.

[10] Zitat: *Joseph v. Görres*, Athanasius. 2. Aufl., Regensburg 1838, S. 51 f.

Meiste davon hatten freilich die Franzosen zerstört, aber das, worauf das Alles ursprünglich sich erbaut, Grund und Boden, und seinen Ertrag, und die darauf haftenden Abgaben an die Regierung haben sie zurücklassen müssen, und man sollte denken, daß der, welcher in den Genuß dieser Erträglichkeiten eingetreten, auch zu den darauf haftenden Leistungen einfachhin verpflichtet ist; wenigstens würde die alte Eigenthümerin kein Bedenken tragen, auf diese Bedingung hin wieder in den alten Besitzstand einzutreten."[11]

Je mehr die allgemeine Erinnerung daran verblaßt, wie der Staat sich durch kirchlichen Besitz bereichert hat, und je weniger der moderne Staat sich noch als „christlicher Staat" zu begreifen vermag, desto leichter können die Staatsleistungen umgedeutet werden: vom Ausgleich vergangener Rechtsverluste zur Prämie auf gegenwärtiges Wohlverhalten. Der Staatsraison bietet sich die Chance, die wirtschaftliche Abhängigkeit zur politischen Abhängigkeit auszuweiten. Die „Temporaliensperre" läßt sich als Beugemittel erproben, um Staatstreue und Regimehörigkeit der Kirchen zu erzwingen[12].

Auf der anderen Seite finden die Grundlagen des Dotationswesens bei einer geschichtsblinden Generation kein Verständnis mehr. Vollends werden die Staatsleistungen dem Laizismus zum Stein des Anstoßes: Verfilzung von Staat und Religion, Privilegierung der Großkirchen, Ausschluß der kleinen und der nicht historisch etablierten Religionsgemeinschaften, Versteinerung überalterter Rechts- und Machtpositionen. Hier verbünden sich Trennungsdenken, Egalisierungsstreben, Fortschrittsglaube, Affekt gegen Institutionen und Unduldsamkeit gegen Tradition zu gemeinsamem Widerstand[13]. Dazu gesellt sich das etatisti-

---

[11] *Görres*, Athanasius (Anm. 10), S. 52.

[12] Exemplarisch ist die Temporaliensperre durch Preußen im Kulturkampf (Gesetz betreffend die Einstellung der Leistungen aus Staatsmitteln für die römisch-katholischen Bisthümer und Geistlichen v. 22.4.1875). Dazu *Ernst Rudolf Huber*, Deutsche Verfassungsgeschichte seit 1789. Bd. 4, Stuttgart, Berlin, Köln, Mainz 1969, S. 697-699, 734-736.

[13] Ausdruck der neo-laizistischen Tendenzen war das „FDP-Kirchenpapier" von 1973, das ein Auslaufen der Staatsleistungen und die Beseitigung der steuer- und gebührenrechtlichen „Sondervorteile" der Kirchen und Religionsgemeinschaften forderte (Freie Kirche im freien Staat, in: liberal 1973, S. 694 [697]). Vgl. aus damaliger Zeit auch: *Silke Gerigk-Groht / Ingrid Matthäus u. a.*, Trennung von Kirche und Staat. (Hrsg.: Deutsche Jungdemokraten, Landesverband NRW.) Typoskript, Düsseldorf 1973, S. 48 ff. — Mit beredtem Schweigen wird das Thema Staatsleistungen übergangen in den Verfassungsmodellen linker Kreise: im Entwurf der „Verfassung der Deutschen Demokratischen Republik" vom 4.4.1990, erstellt von der Arbeitsgruppe „Neue Verfassung der DDR" des Zentralen Runden Tisches (in: KritVj 1990, S. 167 ff.), sowie im „Verfassungsentwurf für den Bund deutscher Länder" vom 29.6.1991 (in: Eine Verfassung für Deutschland. Hrsg. von Bernd Guggenberger u. a., München, Wien 1991). — In der Gemeinsamen Verfassungskommission von Bundestag und Bundesrat unternahm der Abg. Dr. *Wolfgang Ullmann* (Bündnis 90 / Die Grünen) einen erfolglo-

sche Sparsamkeitsprinzip, das auf einen glimpflichen Erfolg hofft, wenn über die Kirche mit ihrem Guten Magen das Fasten verhängt wird.

II. Die zwiespältige Verfassungsentscheidung: Ablösungsauftrag und Bestandsgarantie

Die alte laizistische Forderung, daß für die Kirche keine öffentlichen Mittel aufgewendet werden sollten, erhob sich auch in der Weimarer Nationalversammlung[14]. Auf den ersten Blick scheint es, als habe diese Idee in dem Verfassungsauftrag, die Staatsleistungen abzulösen, einen Teilsieg errungen. Der zweite Blick lehrt, daß noch nicht einmal von einem Pyrrhussieg die Rede sein kann.

Die Initiative dazu, die Staatsleistungen in der Reichsverfassung zu regeln, geht vom kirchenfreundlichen Flügel der Konstituante aus[15], alarmiert von der Entwicklung einzelner Länder, in denen nach der Revolution kirchenfeindliche Regierungen dazu übergingen, die staatlichen Subsidien einzustellen. Da von den Ländern Gefahr droht, soll nunmehr das Reich die Garantie für den Fortbestand oder zumindest

---

sen, von der ganz überwiegenden Mehrheit der Kommission abgelehnten Vorstoß, den Art. 140 GG, „ein Relikt aus vordemokratischen Zeiten", auch wegen der Staatsleistungen, abzuschaffen (18. Sitzung am 4.3.1993, Sten. Ber., S. 9 f.; Kommissionsdrucksache Nr. 37, in: BT-Drucks. 12 / 6000, S. 106 ff.; Wortlaut des Antrags ebd., S. 149). Transformation der laizistischen Bestrebungen in die verfassungsrechtliche Exegese des Art. 138 Abs. 1 WRV (Art. 140 GG): *Brauns,* Staatsleistungen (Anh. 2); *Ulrich K. Preuß,* in: Grundgesetz-Alternativ-Kommentar. 2. Aufl., Neuwied 1989, Art. 140, Rdnrn. 60 ff.

[14] Die Forderung entspricht dem traditionellen Programm der Sozialdemokratie (Punkt 6 des Erfurter Programms von 1891). Das Postulat wurde in die Verfassungsberatungen eingebracht vom SPD-Abg. *Meerfeld* (Sten. Ber. d. NatVers., Bd. 336, S. 188). — Zur Stellung der politischen Parteien zum Problem der Staatsleistungen vor und in den Weimarer Verfassungsberatungen: *Karl Israël,* Geschichte des Reichskirchenrechts. Berlin 1922, insbes. S. 33-35, 47 f., 55 (Nachw. aus den Weimarer Materialien); *Brauns,* Staatsleistungen (Anh. 2), S. 36-40, 84-88.

[15] Bei der ersten Lesung der *Preuß*'schen Verfassungsvorlage forderten Zentrum und Rechtsparteien gemeinsam, die Staatsleistungen sollten, soweit sie durch Gesetz, Vertrag oder besondere Rechtstitel festgelegt seien, auf die Dauer erhalten bleiben oder es solle eine angemessene Entschädigung erfolgen (vgl. *Israël,* Geschichte [Anm. 14], S. 11). Die Initialzündung bewirkten die übereinstimmenden Anträge von *Gröber* (Zentrum) und Genossen sowie von *Kahl* (DVP) und Genossen: „Art. 30 b: Die Religionsgemeinschaften bleiben im Besitz der für ihre Kultus-, Unterrichts- und Wohltätigkeitszwecke bestimmten Anstalten, Stiftungen und Fonds. Dasselbe gilt für die auf Gesetz, Vertrag oder besonderen Rechtstiteln beruhenden Staatsleistungen, sofern nicht eine im Gesetz vorgesehene oder frei vereinbarte Ablösung erfolgt" (Anträge Nr. 91, 92: Sten. Ber. d. NatVers., Bd. 336, S. 175 f.).

den Schutz gegen entschädigungslose Beseitigung übernehmen[16]. Dieses Konzept setzt sich bei der Verfassunggebung durch. Die endgültige Fassung des Art. 138 Abs. 1 WRV weist zwar eine andere Akzentuierung auf als der erste Vorschlag — die ursprünglich vorgesehene bloße Ablösungs*möglichkeit* wird zur Ablösungs*pflicht* gesteigert[17] —; trotzdem bleibt die politische wie die redaktionelle Handschrift des Initiativantrags weiterhin zu erkennen[18].

Der ersatzlose Wegfall der Staatsleistungen wird nunmehr von Verfassung wegen ausgeschlossen. Auch eine Ablösung kann die wirtschaftliche Lebensfähigkeit der Kirchen nicht bedrohen[19]. Vor allem ist gewährleistet, daß bis zum Zeitpunkt der Ablösung der vorkonstitutionelle Besitzstand nicht angetastet wird; dieser Rechtssachverhalt wird eigens durch eine (vom Grundgesetz nicht rezipierte) Übergangsvorschrift — Art. 173 WRV — klargestellt[20].

Auf der anderen Seite macht sich die Weimarer Verfassung mit der Ablösungsdirektive auch das Programm zu eigen, daß die vermögensrechtliche Beziehung zwischen Staat und Kirche entflochten, die finanzielle Vorzugsstellung der Großkirchen abgebaut werde, und daß eine Flurbereinigung unter den überkommenen Rechtstiteln stattfinde[21]. Durch die staatskirchenrechtliche Motivation hindurch wirkt ein allgemeiner rechtsstaatlicher Impuls: das Unbehagen an einer traditionalen Grundlegung und das Drängen auf rationale Legitimation[22]. Die Distanzierung von Staat und Kirche soll jedoch nicht zum Kulturkampf führen; die Konkordanz-Maxime lautet: „keine gewaltsame Trennung, sondern schiedlich-friedliche Einigung"[23]. Der verfassungsmäßige End-

---

[16] Zu den zeitgeschichtlichen Hintergründen und Motiven: *Israël,* Geschichte (Anm. 14), S. 11 f., 14-20, 47, 55; *Brauns,* Staatsleistungen (Anh. 2), S. 39 f.

[17] Zugleich wurde im Unterschied zum Antrag *Gröber / Kahl* (Anm. 15) die Ablösungsdirektive vor die Kirchengutsgarantie gerückt.

[18] Die abschließende Fassung des Staatsleistungs-Artikels geht auf den Antrag von *Meerfeld* (SPD) und *Naumann* (DDP) zurück, den Exponenten des laizistischen Lagers in der Nationalversammlung (Antrag Nr. 96, Sten. Ber. d. NatVers., Bd. 336, S. 199).

[19] Darüber bestand Konsens in der Nationalversammlung. Vgl. *Israël,* Geschichte (Anm. 14), S. 33-35, 55 (Nachw.); *Denkschrift* (Anh. 1), S. 10-13.

[20] Wortlaut des Art. 173 WRV: „Bis zum Erlaß eines Reichsgesetzes gemäß Artikel 138 bleiben die bisherigen auf Gesetz, Vertrag oder besonderen Rechtstiteln beruhenden Staatsleistungen an die Religionsgesellschaften bestehen."

[21] Dazu *Israël,* Geschichte (Anm. 14), S. 12, 55; *ders.,* Reich (Anh. 1), S. 18-24; *Huber,* Garantie (Anh. 1), S. 4-6.

[22] Vgl. *Max Webers* Unterscheidung von „traditioneller" und „legaler" Legitimation, in: Wirtschaft und Gesellschaft. 1. Hbbd., Tübingen 1956, S. 157-178.

[23] So die Formulierung des Trennungsgedankens durch den Abg. *Meerfeld* (Sten. Ber. d. NatVers., Bd. 336, S. 188). Die ratio der Ablösungsdirektive gibt der Abg. *Naumann* treffend wieder: „Jene alten Verpflichtungen der Staaten, die

zustand besteht — nach *Naumanns* Wort in der Nationalversammlung — darin, daß „der Staat in Zukunft, nachdem einmal Inventur gemacht und Ablösung erfolgt ist, keine Mittel mehr für die Kirchen aufzuwenden hat"[24]. Diese Zukunft läßt allerdings noch nach einem dreiviertel Jahrhundert auf sich warten.

Der Weimarer Verfassunggeber sieht also davon ab, den gordischen Knoten der staatskirchenrechtlichen Verwicklungen mit revolutionärem Schwertstreich durchzuhauen. Er unterzieht sich aber auch nicht der Mühe, diesen geduldig zu entwirren. Vielmehr schiebt er diese Aufgabe dem Gesetzgeber zu und vertagt sie damit — wie es scheint, nachdem die Legislative auch unter erneuertem Verfassungsauftrag nicht zur Tat geschritten ist — ad Calendas Graecas. Die bisher einzigen ernsthaften Vorarbeiten wurden vom Reichsministerium des Innern unternommen: 1924 arbeitete es einen Referentenentwurf für ein Ablösungsgesetz aus. 1929 bat es die obersten Kirchenbehörden, Unterlagen bereitzustellen[25].

Unmittelbare Rechtswirkungen entfaltet dagegen der in Art. 138 Abs. 1 WRV angelegte Schutz der vorkonstitutionell begründeten Staatsleistungen. Da der Besitzstand nur unter den formellen und materiellen Bedingungen der Verfassungsdirektive umgestaltet werden darf, schirmt der Reformimperativ — List einer konservativen Vernunft — im Ergebnis den Status quo ab. Der Veränderungsauftrag erweist sich als Vehikel einer Veränderungssperre[26]. Der Ablösungsbefehl, den *Carl Schmitt* treffend als Prototyp eines „dilatorischen Formelkompromisses" (im Unterschied zu einem echten, aktuellen Sachkompromiß) analysiert hat[27], schafft eine Bestandsgarantie auf Widerruf zugunsten der geschichtlich gewordenen Staatsleistungen.

---

einst entstanden aus Säkularisationen etwa vom Rastatter Tage oder von den preußischen Kirchenentnahmen während der Freiheitskriege oder aus späteren Verschiebungen, sollen auf einen gerechten Ausgleichszustand gebracht werden" (Sten. Ber. d. NatVers., Bd. 328, S. 1654).

[24] Sten. Ber. d. NatVers., Bd. 336, S. 191.

[25] S. *W. Weber,* Ablösung (Anh. 2), S. 2 Fn. 5. — Schon bei den Verfassungsberatungen hatte sich der Abg. *Meerfeld* keine Illusion darüber gemacht, daß die Ablösung wegen der nötigen umfangreichen Vorarbeiten „nicht von heute auf morgen" erfolgen werde (Sten. Ber. d. NatVers., Bd. 336, S. 206).

[26] Analoge Rechtswirkungen entfalten die Verfassungstatbestände der Grundrechtsverwirkung (Art. 18 GG) und des Parteiverbots (Art. 21 Abs. 2 GG): Eingriffsermächtigungen, die ein exklusives, anspruchsvolles Verfahren vorsehen, erweisen sich in der Verfassungsrealität als Privileg und Garantie jener Zustände, die sie beseitigen sollen. Zur Schutzfunktion dieser Rechtsentzugstatbestände s. die Judikatur des BVerfG bei *Gerhard Leibholz / Hans Justus Rinck,* Grundgesetz. 7. Aufl., Köln, Stand 1993, Art. 18, Rdnr. 2; Art. 21, Rdnr. 13.

[27] *Carl Schmitt,* Verfassungslehre. 4. Aufl., Berlin 1928, S. 32-34.

B. Das Rechtsinstitut der Staatsleistung

I. Begriff

1. Objekt der Ablösung

a) Die Rechtsfigur der Staatsleistung ist in das geltende Verfassungsrecht eingetreten als Objekt der Ablösung. Von deren Funktion und Zweck her läßt sich der Begriff erfassen. Da die Ablösung ein Verfahren zur vermögensrechtlichen Neuordnung darstellt, kann sie sich nur auf vermögenswerte Positionen beziehen[28]. Folglich scheiden aus dem Blickfeld des Art. 138 Abs. 1 WRV die immateriellen Vorteile aus, wie sie die Kirchen auf Grund ihres Korporationsstatus (Dienstherrnfähigkeit, Vereidigungsrecht, Vollstreckungsschutz usw.) genießen[29].

b) Der Verfassungsauftrag, der auf eine Umgestaltung und Adaptierung des vorgefundenen staatskirchenrechtlichen Zustandes zielt, ergreift nur solche Vermögensrechte der Religionsgesellschaften, die in den Besonderheiten der vorkonstitutionellen Staat-Kirchen-Beziehungen gründen[30]. Nur diese bieten der Trennungsidee einen Ansatz. Außerhalb dieses Bereichs halten sich die Ansprüche, die sich aus der Teilnahme am allgemeinen privatrechtlichen Verkehr ergeben. Damit scheiden jedoch nicht alle privatrechtlichen Zuwendungen aus dem Zugriff der Ablösung aus. „Verwaltungsprivatrechtliche" Staatsleistungen sind möglich[31], nicht aber (im strengen Sinne) fiskalische[32]. Außerhalb der Reichweite des Art. 138 Abs. 1 WRV verbleiben Aufwendungen, die der Staat auf Grund eines — nichthoheitlichen — Patronats erbringt; hier unterscheidet er sich nicht von einem Privaten in entsprechender Rolle[33].

---

[28] *Denkschrift* (Anh. 1), S. 13; *Huber*, Garantie (Anh. 1), S. 61 (Anlehnung an § 241 BGB); *Zündorf*, Ablösung (Anh. 2), S. 34-36.

[29] Die Staatsleistungen folgen nicht aus dem Korporationsstatus (Art. 137 Abs. 5 WRV) der Kirchen. Vgl. *Brauns*, Staatsleistungen (Anh. 2), S. 99 f.

[30] S. *Berner*, Staatsleistungen (Anh. 1), S. 83; *Huber*, Rezension (Anh. 1), S. 150; *W. Weber*, Ablösung (Anh. 2), S. 47 f.; *Zündorf*, Ablösung (Anh. 2), S. 45-47.

[31] Nach *Berner* allerdings sollen sich die „historischen" Privatrechtstitel in öffentlich-rechtliche umgewandelt haben (Staatsleistungen [Anh. 1], S. 85).

[32] Vgl. *Huber*, Garantie (Anh. 1), S. 62 f.; *ders.*, Rezension (Anh. 1), S. 150; *Berner*, Staatsleistungen (Anh. 1), S. 83 f.; *Denkschrift* (Anh. 1), S. 16.

[33] Die Weimarer Verfassungsberatungen gingen davon aus, daß Art. 138 Abs. 1 WRV nicht in die (Privat-)Patronate eingreifen solle (Nachw.: *Israël*, Geschichte [Anm. 14], S. 41 f.). Vgl. auch: *Huber*, Garantie (Anh. 1), S. 63; *J. Heckel*, Rezension (Anh. 1), S. 862; *W. Weber*, Ablösung (Anh. 2), S. 48.

c) Einer Ablösung — mithin der Subsumtion unter den Begriff „Staatsleistung" — entziehen sich befristete Verpflichtungen, die sich durch Zeitablauf erledigen. Das gleiche gilt für einmalige Leistungen. Diese sind nicht abzulösen, sondern zu erfüllen[34] (etwa die Pflicht zur Realdotation durch Übereignung von Grundstücken[35]). Der Verfassungsbefehl, die vermögensrechtliche Verschränkung von Staat und Kirche zu beseitigen, ergreift nur Sukzessiv-Leistungsverhältnisse, die auf Dauer angelegt sind.

d) Kein Gegenstand einer künftigen Ablösung sind jene Agenden, die bereits durch aktuellen Verfassungsbefehl aufgehoben worden sind. So sind die Staatsfunktionen, die der vorkonstitutionellen Kirchenhoheit entstammen, mit der Gewährung des Selbstbestimmungsrechts der Kirchen (Art. 137 Abs. 3 WRV) entfallen, ohne daß es dazu noch eines gesetzgeberischen Zutuns bedürfte. Als Objekt einer Ablösungsgesetzgebung verblieben sind allerdings die administrativen Dienstleistungen, die mit der Ausübung des Staatskirchenregiments verbunden gewesen sind[36]. Denn die Emanzipation der Kirchen sollte nicht mit wirtschaftlichen Einbußen bezahlt werden.

e) Auf der anderen Seite will die Verfassung nicht die Förderung solcher Einrichtungen einstellen, die gerade vom geltenden Staatskirchenrecht konstituiert werden: Religionsunterricht, theologische Fakultäten, Militär- und Anstaltsseelsorge, Kirchensteuer[37]. Der Ablösungsauftrag beschränkt sich auf Pflichten, deren Grundlagen überwundenen und überholten staatskirchenrechtlichen Systemen entstammen. Nur hier hat die Anpassungsdirektive des Art. 138 Abs. 1 WRV Sinn.

---

[34] Allgemeine Meinung: RGZ 113, 349 (352); StGH, in: RGZ 118, Anh. S. 1 (15); *Berner*, Staatsleistungen (Anh. 1), S. 85; *Huber*, Garantie (Anh. 1), S. 59, 83 f., 103; *Denkschrift* (Anh. 1), S. 14; W. *Weber*, Ablösung (Anh. 2), S. 50 f.

[35] Beispiele für Pflichten zu Realdotationen: Art. IV Abs. 1, Art. V Abs. 1 BayK v. 5.6.1817; Art. 10 § 1 a BayK v. 29.3.1924. — Wenn die Realdotation als solche keine Leistung i. S. des Art. 138 Abs. 1 WRV ist, so können auch nicht die bis zu deren Erfüllung vorläufig gewährten Zahlungen unter die Ablösungspflicht fallen (so W. *Weber*, Ablösung [Anh. 2], S. 50 f.; a. A. *Huber*, Garantie [Anh. 1], S. 82-84). Der Anspruch auf die Interims-Geldleistungen steht aber unter dem Schutz des Art. 138 Abs. 2 WRV (Art. 140 GG), falls die tatbestandsmäßigen Verwendungszwecke vorliegen, und unter dem des Art. 14 GG. Die provisorischen Zahlungen fallen allerdings dann unter die Ablösungsnorm, wenn der Anspruch auf wiederkehrende Leistungen den auf „Fundierung" durch Novation ersetzt hat (so *Ridder*, Wiederaufbaupflichten [Anh. 2], S. 147).

[36] Aufschlußreiches Beispiel in RGZ 113, 349 (402 f.): Zur Doppelwirkung der staatlichen Kircheninspektion — als Eingriff in die kirchliche Selbstverwaltung und als Unterstützung der Kirche durch den Staat. Vgl. auch *Huber*, Garantie (Anh. 1), S. 105.

[37] Zutreffend: W. *Weber*, Ablösung (Anh. 2), S. 53, 56.

2. Abgrenzung zur Subvention

Damit ist im wesentlichen bereits die Begründung dafür vorweggenommen, daß die Subvention, wie sie sich im heutigen Wirtschafts- und Kulturverwaltungsrecht ausgebildet hat, keine Staatsleistung sein kann[38]. Diese zwei Rechtsfiguren müssen auseinandergehalten werden, zumal die Religionsgesellschaften Zuwendungen beiderlei Art bekommen. Subventionen nehmen sie etwa entgegen in ihrer Eigenschaft als Akteure der Sozial- und Jugendhilfe, der Privatschule, Erwachsenenbildung und Denkmalpflege, also im staatskirchenrechtlichen Aufgabenkreis der res mixtae[39].

Ein lediglich akzidentieller Unterschied liegt darin, daß Staatsleistungen eine dauerhafte Rechtspflicht der öffentlichen Hand voraussetzen, während die Subventionsvergabe häufig Ermessenssache ist und Subventionsbeziehungen zumeist befristet oder widerruflich sind[40]. Immerhin neigt auch die Subvention dazu, sich rechtlich zu verfestigen und zu verewigen. — Die wesentliche Besonderheit der beiden Rechtsfiguren läßt sich auch nicht mit der Unterscheidung erfassen, daß die Staatsleistung zur Bestreitung des Kulturaufwandes diene, die Subvention aber auf säkulare öffentliche Zwecke ausgerichtet sei[41]. Freilich trifft zu, daß die Staatsleistung einen Unterhaltsbeitrag zur Bestreitung kirchlicher Bedürfnisse darstellt[42] und sich nicht unmittelbar an den eigentlich staatlichen Aufgaben ausrichtet. Gleichwohl ist auch der religiös-kirchliche Bereich nicht schlechthin der Finanzhilfe im modernen Sinne versperrt[43].

Der eigentliche Unterschied liegt darin, daß die Staatsleistung sich aus einer in der Vergangenheit liegenden Rechtsgrundlage rechtfertigt, die Subvention dagegen aus einem künftig zu verwirklichenden öffentlichen Interesse[44]. Das eine Rechtsinstitut dient der Tilgung von Altlasten

---

[38] Die Staatsleistung wird gegen die Subvention abgegrenzt von: *Scheuner,* Bestand (Anh. 2), S. 391; *Brauns,* Staatsleistungen (Anh. 2), S. 101 f.; *Josef Isensee,* Die Finanzquellen der Kirchen im deutschen Staatskirchenrecht, in: JuS 1980, S. 96 ff.

[39] Die Förderung der Kirchen und Religionsgemeinschaften bei der Wahrnehmung säkular-gemeinnütziger Interessen sehen vor die Verfassungen des Freistaates Sachsen (Art. 110 Abs. 1) und des Landes Sachsen-Anhalt (Art. 32 Abs. 3). Aus der Literatur: *Martin Heckel,* Staat — Kirche — Kunst. Tübingen 1968, S. 179 ff.; *Roland Wegener,* Staat und Verbände im Sachbereich Wohlfahrtspflege. Berlin 1978, S. 279 ff.

[40] Dieser Unterschied wird überakzentuiert von *Brauns,* Staatsleistungen (Anh. 2), S. 101 f.

[41] Zu den säkularen Wirkungen kirchlichen Handelns für das staatliche Gemeinwohl: *Josef Isensee,* Verfassungsstaatliche Erwartungen an die Kirche, in: EssGespr. 25 (1991), S. 104 ff.

[42] Definition der Staatsleistung: RGZ 111, 134 (144). Vgl. auch *Lentz,* in: Geller / Kleinrahm / Fleck, Die Verfassung des Landes Nordrhein-Westfalen. 2. Aufl., Göttingen 1963, S. 164 f.

[43] Siehe unten G IV.

des Staates, das andere der Erfüllung heutiger Staatsaufgaben. Dort geht es um Entschädigung, hier um Förderung. Jene Zuwendung ist kausal legitimiert, diese final. Die Kirche erhält Staatsleistungen, weil sie für den Staat hat Opfer bringen müssen, Subventionen aber, damit sie Dienste erbringt, die dem staatlichen Gemeinwesen zugute kommen. Im ersten Falle hat die Kirche das Ihre längst vorgeleistet, im zweiten steht es noch aus.

Staatsleistung und Subvention sind keine konvertiblen Formen der Zuwendung. Letztere ist kein angemessenes Äquivalent für erstere, damit kein angemessenes Mittel für die von Verfassungs wegen vorgesehene Ablösung[45].

Die Staatsleistung bildet im Gegensatz zur Subvention kein Lenkungsmittel. Wenn die öffentliche Hand Zuschüsse zur Besoldung der Domgeistlichen gibt oder Gebäude zu gottesdienstlichen Zwecken bereitstellt, so sind damit nicht staatliche Verwaltungsziele bezeichnet, sondern kirchliche Unterhaltsbedürfnisse. Der Staat erhält nicht — wie bei der Subventionsvergabe — die Möglichkeit, die zweckgerechte Verwendung der Leistungen zu erzwingen und zu überwachen, weil die Zweckerfüllung außerhalb seines Interessen- und Pflichtenkreises liegt. Er ist daher nicht befugt, bei Dotationen haushaltsrechtliche Verwendungsnachweise zu fordern, wie sie bei Subventionen nach staatlichem Haushaltsrecht vorgesehen werden[46].

II. Arten

Der geschichtliche Wildwuchs der Staatsleistungen fügt sich in keine geschlossene Systematik.

---

[44] Zur Legitimation der Subvention allgemein: § 14 HGrG. Aus der Lit. dazu: *Hans Peter Ipsen,* Öffentliche Subventionierung Privater, in: DVBl. 1956, S. 462 f., 466, 504; *ders.,* Verwaltung durch Subventionen, in: VVDStRL 25 (1967), S. 281, 287; *Hans F. Zacher,* ebd., S. 317 ff. — Zur Legitimation von Zuschüssen an die Kirche aus öffentlichen Interessen: Art. 110 Abs. 1 SächsVerf. Vgl. auch *Isensee,* Finanzquellen (Anm. 38), S. 97; *Hermann Weber,* Die rechtliche Stellung der christlichen Kirchen im modernen demokratischen Staat, in: ZevKR 36 (1991), S. 263 f.

[45] Näher unten D II.

[46] Die haushaltsrechtlichen Verwendungsnachweise (vgl. § 26 Abs. 1 HGrG, § 44 Abs. 1 BHO) für Dotationen werden durch einzelne Kirchenverträge ausgeschlossen (vgl. Art. 16 Abs. 3 S. 3 NiedersKV; § 9 Abs. 1 S. 2 Anlage z. NiedersK; Schl.Prot. zu Art. 15 Abs. 5 Sachs.-Anh. KV). Derartige Vereinbarungen sind nur deklaratorisch. Haushaltskontrollen widersprechen dem Sinn der Dotation. (Vgl. *Duske,* Dotationspflicht [Anh. 1], S. 71-73; *Brauns,* Staatsleistungen [Anh. 2], S. 135).

1. Verwendungszwecke

Eine Typologie, die auf die kirchlichen Verwendungszwecke abstellt, weist folgende Arten der Leistungen auf:

— Leistungen für den persönlichen und sachlichen Bedarf der allgemeinen kirchlichen Verwaltung (Evangelische Oberkirchenräte, Konsistorien, Superintendenten, bischöfliche Stühle, Domkapitel, bischöfliche Anstalten);

— Leistungen für Ausbildung, Besoldung und Versorgung der Geistlichen sowie anderer Kirchenbeamter (Beispiele: Pfarrbesoldungszuschüsse, Stolgebührenentschädigungen, Dotationskapitalien für neu errichtete oder ungenügend dotierte Pfarrstellen);

— Aufwendungen für sonstige kirchliche Bedürfnisse: darunter Deckung des Gesamtbedarfs einzelner Kirchengemeinden und Stiftungen, vor allem von Domkirchen; subsidiäre Leistungen für die Gesamtbedürfnisse einer Landeskirche[47].

2. Rechtsform

Der Rechtsform nach können Staatsleistungen dem öffentlichen Recht oder dem (Verwaltungs-)Privatrecht angehören[48].

3. Natural- und Geldleistungen

Nach der Art der Aufwendungen lassen sich Natural- und Geldleistungen unterscheiden[49]. Das Bild wird heute von den Geldleistungen bestimmt. Sie ersetzen zunehmend die Rückstände des naturalwirtschaftlichen Zeitalters, die den traditionellen Vermögensbeziehungen zwischen Kirche und Staat die eigentümliche Buntheit verliehen haben: etwa Lieferung von Holz und Getreide aus Forstärar und Domänen, Stellung von Meßwein, Kerzen und sonstigen Gegenständen des gottesdienstlichen Bedarfs[50]. Naturalleistungen können sowohl Sach- als auch

---

[47] Die Typologie folgt den Gliederungen der *Denkschrift* (Anh. 1), S. 30-33, und *Breitfelds* (Auseinandersetzung [Anh. 1], S. 60-68). Weitere Übersichten nach dem Zweck bieten (teils auf ein Land, teils auf eine Kirche bezogen): *Niedner*, Ausgaben (Anm. 2), S. 4-20, 251-319; *Duske*, Dotationspflicht (Anh. 1), S. 81-117.

[48] Dazu: *J. Schmitt*, Ablösung (Anh. 1), S. 37; *Huber*, Garantie (Anh. 1), S. 61, 62 f.; *Müssener*, Ansprüche (Anm. 9), S. 57 f.; *W. Weber*, Ablösung (Anh. 2), S. 48.

[49] Dazu: RGZ 111, 134 (137); 113, 349 (398 f.); *Denkschrift* (Anh. 1), S. 37-48; *Berner*, Staatsleistungen (Anh. 1), S. 84; *W. Weber*, Ablösung (Anh. 2), S. 53-56.

[50] Zu den faktischen Ablösungen: *W. Weber*, Ablösung (Anh. 2), S. 53 f.

Dienstleistungen umfassen. Praktisch bedeutsam geblieben ist die Bereitstellung von Räumen für den Gottesdienst. Die Baulast für kirchlich genutzte Gebäude ist dagegen in ihrer praktischen Bedeutung eine Finanzierungsaufgabe für die öffentliche Hand, also eine Geldleistung[51].

4. Betrags- und Bedarfsleistungen — insbesondere Kirchenbaulasten

Zwei Typen der Leistungsbemessung sind zu unterscheiden: die „*Betrags*leistung", die nach Gegenstand, Umfang und Fälligkeit objektiv (unabhängig vom aktuellen Bedarf des Destinatars) festlegt, und die „*Bedarfs*leistung", die nach dem wechselnden Bedarf des Leistungsempfängers bemessen wird[52].

Typischer Fall der Bedarfsleistung ist die Kirchenbaulast, die Pflicht also, ein kirchliches Gebäude zu errichten, zu unterhalten, zu ändern und gegebenenfalls wiederherzustellen[53]. Inhalt und Umfang dieser Last folgen den wechselnden Bedürfnissen. Diese Dynamisierung umschreibt das Preußische Oberverwaltungsgericht in seinem Urteil vom 11. Dezember 1908: „Soll aber das Kirchengebäude für alle Zeiten dem Gottesdienste genügen können, so sind die Verbindlichkeiten, welche die zu seiner Unterhaltung Verpflichteten zu erfüllen haben, nach dem Maße der jeweiligen Bedürfnisse, nicht aber nach dem Maße der Bedürfnisse zu bestimmen, welche beim Erlasse des Gesetzes bestanden".[54] Die gottesdienstlichen Bedürfnisse erwachsen aus dem Selbstverständnis der Kirche. Mit der Liturgiereform des Zweiten Vatikanischen Konzils ergibt sich das Erfordernis, den Chorraum des katholischen Gotteshauses umzugestalten. Die Maßnahme wird von der Baulast gedeckt. Das

---

51 Vgl. *Nikolaus Wiesenberger*, Kirchenbaulasten politischer Gemeinden und Gewohnheitsrecht. Berlin 1981, S. 31 ff.; *Werner J. Schmitt*, Zur Rechtslage der staatlichen Kirchenbaulasten, in: ArchKathKR 152 (1983), S. 510 f. — Zum Schutz der Bauten durch Art. 138 Abs. 1 WRV (Art. 140 GG): *Helmut Lecheler*, Der Gegenstand der staatlichen Baulast nach dem gemeinen Recht, in: FS für Klaus Obermayer. München 1986, S. 217 (219); *Link*, Rechtsprobleme (Anh. 2), S. 208 f.

52 Dazu: *Denkschrift* (Anh. 1), S. 48-66; W. *Weber*, Ablösung (Anh. 2), S. 56-59. — Die Unterscheidung *Bedarfs*- und *Betrags*leistung hängt mit der (heute überholten) Distinktion zwischen Alimentation (Unterhalt) und Dotation (Ausstattung) zusammen — dazu *Duske*, Dotationspflicht (Anh. 1), S. 71-73.

53 Allgemein zum Recht der Kirchenbaulast: HdbBayStKirchR, S. 172 ff. (Nachw.); *Hartmut Böttcher*, Art und Rechtsgrund kommunaler Kirchenbaulasten, in: FS für Klaus Obermayer (Anm. 51), S. 155 ff.; *Siegfried Zängl*, Staatliche Baulast an Kultusgebäuden im Rechtskreis des gemeinen Rechts, in: BayVBl. 1988, S. 609 ff., 649 ff.

54 PreußOVG 53, 226 (229). Weitere Nachw. aus der älteren Rechtsprechung: W. J. *Schmitt*, Zur Rechtslage (Anm. 51), S. 512.

gilt auch für die Erweiterung kirchlicher Gebäude bei wachsendem seelsorgerischen Bedarf[55] oder für die Anpassung der Wohnungen an heutigen Standard (Zentralheizung). Die Baulast umschließt die Pflicht, ein ruiniertes Gebäude wiederherzustellen; so obliegt dem Land oder der Gemeinde die Pflicht, einen kriegszerstörten Sakralbau neu zu errichten[56]. Die Wiederaufbaupflicht umfaßt die wesentlichen Bestandteile und das für die heutige kirchliche Nutzung in der Hauptsache notwendige Zubehör (Altäre, Kirchengestühl, Glocken etc.), und zwar, soweit die Kirche darauf beharrt, in ihrer vormaligen Gestalt. Nicht dazu gerechnet wird allerdings „luxuriöses" Zubehör, soweit sich dieses im Einzelfall ausgrenzen läßt (Deckenstuck der Barockkirche)[57]. Doch hier tritt vielfach der Denkmalschutz auf den Plan, ein säkulares, öffentliches Interesse also, das die Kirchenbaulast teils unterfängt, teils ergänzt. Bei chronischem Schrumpfen oder bei endgültigem Wegfall des kirchlichen Bedarfs schrumpft oder endet die Baulast als Staatsleistung.

5. Positive und negative Staatsleistungen

Dem bürgerlichrechtlichen Begriff der Leistung, die in einem Tun oder Unterlassen bestehen kann (§ 241 BGB), entspricht die Unterscheidung zwischen „positiven" und „negativen" Staatsleistungen[58]. Hier

---

[55] Zutreffend *W. J. Schmitt*, Zur Rechtslage (Anm. 51), S. 512; vgl. auch PreußOTr., Urt. v. 29.9. und 14.10.1871, Bd. 66, 153 (179).

[56] Grundlegend HessVGH, in: KirchE 5, 341 (350 f.) m. w. N. Vgl. auch *Ridder*, Wiederaufbaupflichten (Anh. 2), S. 154 ff.

[57] Dazu *Lecheler*, Gegenstand (Anm. 51), S. 223 ff.; *Zängl*, Baulast (Anm. 53), S. 649 ff., 651 ff.

[58] Seit der richtungweisenden Entscheidung des RG v. 20.6.1925 (RGZ 111, 134–146) wird die Existenz der negativen Staatsleistungen von einer gefestigten Rechtsmeinung anerkannt: So RG, Beschl. v. 10.10.1927, in: Lammers-Simons, Bd. 1, S. 538 = JW 1927, S. 2852, und JW 1928, S. 64 (mit zust. Anm. von *Edgar Tatarin-Tarnheyden*, ebd.) = *W. Weber*, Ablösung (Anh. 2), S. 89 f.; RG, Beschl. v. 13.7.1931, in: Lammers-Simons, Bd. 4, S. 306 = *W. Weber*, Ablösung (Anh. 2), S. 90 f.; BVerfGE 19, 1 (13–16); BFHE 159, 207 (208 f.); *Gerhard Anschütz*, Die Verfassung des Deutschen Reichs vom 11. August 1919. 14. Aufl., Berlin 1933 (Nachdr. Darmstadt 1965), Art. 138, Anh. 2; *Berner*, Staatsleistungen (Anh. 1), S. 84; *Denkschrift* (Anh. 1), S. 37; *Duske*, Dotationspflicht (Anh. 1), S. 11; *J. Heckel*, Rezension (Anh. 1), S. 863; *Liermann*, Kirchenrecht (Anm. 3), S. 371; *W. Weber*, Ablösung (Anh. 2), S. 51–53; ders., Staatsleistungen (Anh. 2), Sp. 316; *Hollerbach*, Anmerkung (Anh. 2), in: JZ 1965, S. 614; *Zündorf*, Ablösung (Anh. 2), S. 47–50; *Wehdeking*, Kirchengutsgarantien (Anh. 2), S. 113; *Scheuner*, Bestand (Anh. 2), S. 386; *v. Campenhausen*, Staatskirchenrecht (Anm. 3), S. 196; *Lipphardt*, Staatsleistungen (Anh. 2), S. 410 ff.; *Paul Mikat*, Staat, Kirchen und Religionsgemeinschaften, in: HdbVerfR, S. 1084 f.; *Axer*, Steuervergünstigungen (Anh. 2), S. 467 ff.; *Peter Weides*, Die Religionsgemeinschaften im Steuerrecht, in: FS der Rechtswissenschaftlichen Fakultät zur 600-Jahr-Feier der Universität Köln. Köln usw. 1988, S. 915 f.; *Preuß*, in: GG-Alt.-Komm. (Anm. 13), Art. 140,

handelt es sich um Zuwendungen öffentlicher Mittel, dort um die Verschonung von öffentlichen Lasten, vornehmlich von Steuern und sonstigen Abgaben[59].

Ein Analogieschluß zu § 241 BGB reicht freilich nicht aus, um die hergebrachten Abgabenprivilegien dem Garantiebereich des Art. 138 Abs. 1 WRV zuzuordnen. Hier ist teleologische Auslegung geboten. Die Entlastung der Kirchen im Abgabenrecht hat vergleichbare Wirkungen für die Subsistenz der Kirchen wie die Zuwendung von Mitteln. Die wirtschaftliche Grundlage der Kirchen, die von Verfassungs wegen sichergestellt werden soll, hängt ab von den positiven wie den negativen Faktoren. Eine ersatzlose Beseitigung der Abgaben-Immunitäten könnte die gleiche Wirkung zeitigen wie eine Temporaliensperre. — Die negativen Staatsleistungen bedürften allerdings dann nicht des Schutzes durch die provisorische Bestandsgarantie des Art. 138 Abs. 1 WRV, wenn sie mit dem Korporationsstatus der Kirchen verbunden und deshalb bereits von Verfassungs wegen (Art. 137 Abs. 5 WRV) auf Dauer gewährleistet wären[60]. Diese Voraussetzung ist aber nicht erfüllt, weil die Qualität einer Körperschaft des öffentlichen Rechts nicht notwendig Abgabenbefreiungen einschließt. Der Korporationsstatus rechtfertigt eine finanzielle Vorzugsstellung[61], jedoch fordert er sie nicht.

Die Anerkennung einer negativen Staatsleistung setzt nach der Judikatur des Reichsgerichts voraus, daß die betreffende Exemtion „einen wesentlichen Teil derjenigen Unterstützung bildete, die der Staat der Kirche zur Bestreitung ihrer Bedürfnisse gewährte, und daß er, wenn sie nicht bestanden hätte, statt ihrer entsprechende Leistungen an die Kirche hätte machen müssen"[62]. Die negative Staatsleistung bestimmt sich nach dem Unterhaltsbedarf der Kirche, soweit dem Staat dafür die Verantwortung zugefallen ist[63]. Es genügt jedoch, daß der Alimenta-

---

Rdnr. 60. — Die Möglichkeit „negativer Staatsleistungen" wird verneint von: *Breitfeld*, Auseinandersetzung (Anh. 1), S. 38-40; *Huber*, Rezension (Anh. 1), S. 150; *Brauns*, Staatsleistungen (Anh. 2), S. 41-63.

59 Eine solche Übersicht über die Steuervergünstigungen (die freilich nicht alle negative Staatsleistungen sind) geben: *Axer*, Steuervergünstigungen (Anh. 2), S. 460 ff.; *Weides*, Religionsgemeinschaften (Anm. 58), S. 885 ff. Eine Analogie findet sich in RGZ 111, 134 (138). Kritik: W. *Weber*, Ablösung (Anh. 2), S. 51.

60 Die Frage ist umstritten — ablehnend: *Brauns*, Staatsleistungen (Anh. 2), S. 45 mit Nachw. — *Huber* bejaht für die Freistellung von Steuern, soweit ein Anspruch der Kirche zugrunde liegt, den Schutz des Art. 138 Abs. 2 oder Art. 153 Abs. 1 WRV (Rezension [Anh. 1], S. 150).

61 Vgl. *Hollerbach*, Anmerkung (Anh. 2), in: JZ 1965, S. 614; *Weides*, Religionsgemeinschaften (Anm. 58), S. 887 ff.

62 Zitat: RGZ 111, 134 (144). auch BVerfGE 19, 1 (13).

63 Vgl. *Denkschrift* (Anh. 1), S. 36; BVerfGE 19, 1 (13-16).

tionszweck ein Sekundärziel des Abgabenprivilegs bildet[64]. Ob diese Voraussetzung in concreto gegeben ist, erfordert individuelle Prüfung[65]. Dabei darf aber von der grundsätzlichen Vermutung ausgegangen werden, daß, wenn eine Vorweimarer Exemtion von einer Steuer oder sonstigen Abgabe besteht, diese organischer Bestandteil der zwischen Staat und Kirche bestehenden finanziellen Beziehungen ist und damit die richterrechtlich umschriebene Bedingung einer negativen Staatsleistung erfüllt[66].

Diesem Erfordernis kann auch eine steuerrechtliche Spendenvergünstigung genügen[67]. Unmittelbar kommt sie zwar nur dem Spender zugute; mittelbar aber auch dem Destinatar[68]. Die Abgabenverschonung speist eine der herkömmlich wichtigsten Finanzquellen der Kirchen.

III. Rechtsgrundlagen

1. Erfordernis eines Rechtstitels

Bestandsschutz und Ablösungsauftrag erfassen alle vorkonstitutionellen Leistungsangebote, ohne Rücksicht darauf, ob mit der Verpflichtung des staatlichen Leistungsträgers auch ein klagbarer Anspruch des kirchlichen Leistungsempfängers korrespondiert[69]. Entscheidend ist al-

---

[64] Zutreffend *Hollerbach*, Anmerkung (Anh. 2), in: JZ 1965, S. 614.

[65] Das RG (Anm. 58) bejaht die „Staatsleistungs"-Qualität bei landesrechtlichen Exemtionen von der Grundsteuer; so auch BFHE 20, 159, 207 [208]. Das BVerfG verneint sie bei der Exemtion der Gerichtsgebühren nach § 8 Abs. 1 Nr. 4 PreußGKG (BVerfGE 19, 1 [13-16]; ablehnende Anm.: *Hollerbach*, in: JZ 1965, S. 614 f.). Das BVerwG lehnt sie für Verwaltungsgebühren ab (KirchE 16, 140 [141 f.]) — Beispiele aus der Judikatur vor 1919 zu Steuerfreiheiten des geistlichen Grundbesitzes: PreußOVG, in: PrVBl. 30 (1909), S. 204 f.; AS 56, 164-169; 57, 145-148; 70, 186-193.

[66] Die Präsumtion wird für Steuer-Befreiungen formuliert von RG, Beschl. v. 10.10.1927 und v. 13.7.1931 (Anm. 58). Zustimmend: *Weides*, Religionsgemeinschaften (Anm. 58), S. 916. Die Vermutung wird auf Kosten- und Gebührenbefreiungen ausgedehnt von *Hollerbach*, Anmerkung (Anh. 2), in: JZ 1965, S. 615; insoweit ablehnend *Weides*, S. 916.

[67] Hier dürfte allerdings in concreto der Nachweis schwierig sein, daß die ratio der Erfüllung der kirchlichen Alimentationsbedürfnisse neben (oder hinter) der ratio der Förderung gemeinnütziger Ziele maßgebend ist. Spendenvergünstigungen werden als negative Staatsleistungen anerkannt durch *Axer*, Steuervergünstigungen (Anh. 2), S. 475 ff.; *v. Campenhausen*, Staatskirchenrecht (Anm. 3), S. 196. Ablehnend: *Lentz*, in: Geller / Kleinrahm / Fleck, Verfassung NW (Anm. 42), S. 165; *Zündorf*, Ablösung (Anh. 2), S. 35.

[68] Die verfassungsrechtliche Relevanz des Zusammenhangs des steuerlichen Spendenprivilegs mit dem Status des Empfängers wird vom BVerfG für die Parteienfinanzierung bejaht, vgl. BVerfGE 8, 51 (63-69).

lein das Vorhandensein eines rechtlichen Verpflichtungsgrundes. Wenn ein solcher gegeben ist, so ist es unerheblich, aus welchem Motiv — aus Gründen der ausgleichenden Gerechtigkeit oder aus solchen der Generosität — der Staat die Pflicht übernommen hat[70].

Art. 138 Abs. 1 WRV stellt auf „Gesetz, Vertrag oder besondere Rechtstitel" ab. Diese Formulierung folgt der archaischen Distinktion zwischen dem Gesetz als dem „allgemeinen" Rechtstitel und den „besonderen" Titeln, deren Unterfall — nicht deren nebengeordnete Kategorie, wie der mißverständliche Wortlaut nahelegt — der Vertrag ist[71]. Art. 138 Abs. 1 WRV ist daher zu lesen: „Die auf Gesetz oder auf besonderem Rechtstitel, insbesondere Vertrag, beruhenden Staatsleistungen...". — Die Abgrenzung der Rechtstitel im einzelnen hat keine praktische Bedeutung, weil die verfassungsrechtliche Behandlung im wesentlichen gleich ist. So bleibt es letztlich eine akademische Frage, ob eine landesherrliche Dotationszusage einen allgemeinen oder einen besonderen Titel bildet[72], ob konkordatär zugesicherte Leistungen, im Widerstreit der Vertrags- und der Legaltheorie, auf eine vertragliche oder auf eine gesetzliche Grundlage zurückgeführt werden.

2. Gesetz

Der Leistungstitel des „Gesetzes" ist als Gesetz im materiellen Sinne zu verstehen: als allgemein-verbindliche Rechtsnorm[73]. Dagegen spielt es keine Rolle, wie der Rechtssatz zustande gekommen ist: Es kann sich um ein förmliches Parlamentsgesetz, eine Rechtsverordnung oder eine Satzung handeln, um staatlich gesetztes Recht oder um Gewohnheitsrecht. Es macht auch keinen Unterschied, welcher staatsrechtlichen Ordnung das jeweilige „Gesetz" entstammt; es kann auf ein demokratisches, monarchisches oder feudales Entscheidungssystem zurückgehen. Wesentlich ist allerdings, daß die Norm überhaupt dem staatlichen Rechtskreis angehört. Kirchengesetze scheiden aus[74].

---

[69] So RGZ 111, 134 (144 f.); 113, 349 (365); *J. Schmitt*, Ablösung (Anh. 1), S. 37-61; *Huber*, Garantie (Anh. 1), S. 58, 93 f.; *Denkschrift* (Anh. 1), S. 13 f.; *Koellreutter*, Beiträge (Anh. 1), S. 18 f.; *W. Weber*, Ablösung (Anh. 2), S. 72.

[70] So zu gesetzlichen Rechtstiteln: RGZ 111, 134 (145); 113, 349 (365). — Übersicht über einschlägige Rechtstitel: HdbBayStKirchR, S. 157 ff.

[71] Grundlegend: *J. Heckel*, Rezension (Anh. 1), S. 861 f. Vgl. auch *Berner*, Staatsleistungen (Anh. 1), S. 85-88.

[72] Vgl. *Denkschrift* (Anh. 1), S. 26.

[73] Vgl. RGZ 113, 349 (351 f., 396); *Berner*, Staatsleistungen (Anh. 1), S. 86 f.; *J. Heckel*, Rezension (Anh. 1), S. 861 f.; *W. Weber*, Ablösung (Anh. 2), S. 68.

[74] So RGZ 113, 349 (351, 396); *Berner*, Staatsleistungen (Anh. 1), S. 86; *W. Weber*, Ablösung (Anh. 2), S. 67 f. (Nachw.).

Das Haushaltsgesetz bildet keine tragfähige Grundlage[75]. Das Budget vermag keine Rechtspflichten zu begründen, die über das staatliche Innenverhältnis von Legislative zu Exekutive hinauswirken. Überdies schafft der Etat wegen seiner begrenzten zeitlichen Reichweite (Grundsatz der Jährlichkeit) keine Dauerbeziehung, wie sie die Staatsleistung voraussetzt. Jedoch kann ein Haushaltsansatz dazu bestimmt sein, der Erfüllung einer anderweitig begründeten materiellen Leistungspflicht des Staates zu dienen. Wenn ein gleichartiger Ansatz periodisch wiederkehrt, so gilt die Vermutung, daß eine solche Leistungspflicht besteht.

3. Besondere Rechtstitel

Diese Vermutung läßt sich verallgemeinern: Wo — vom „Normaljahr" 1919 her gesehen — eine langwährende, stetige Leistungspraxis nachweisbar ist, beruht sie im Zweifel auf einem Rechtstitel: in dubio pro ecclesia[76]. Die tatsächliche Übung als solche stellt allerdings keine Grundlage dar[77]. Bei den Weimarer Verfassungsberatungen ist der Antrag, das (freilich juristisch mehrdeutige) „Herkommen" ausdrücklich unter die Rechtstitel des Art. 138 Abs. 1 aufzunehmen, abgelehnt worden[78]. Das Herkommen wirkt sich jedoch mittelbar aus: als Essentiale für die besonderen Rechtstitel des „rechtsbegründenden Herkommens" und der „unvordenklichen Verjährung"[79], vor allem als notwendige (wenn auch nicht hinreichende) Bedingung des Gewohnheitsrechts. Das Gewohnheitsrecht ist „Gesetz" im Sinne des Art. 138 Abs. 1 WRV[80]. Das gleiche gilt für seine örtlich begrenzte Erscheinungsform, die Observanz.

---

[75] Vgl. *Denkschrift* (Anh. 1), S. 23 f.; *Smend*, Rechtscharakter (Anh. 2), S. 235 f.; *Berner*, Staatsleistungen (Anh. 1), S. 85 f.

[76] Zur Problematik der Beweislast: *Berner*, Staatsleistungen (Anh. 1), S. 89; *Smend*, Rechtscharakter (Anh. 2), S. 236 f. — gegen *Huber*, Garantie (Anh. 1), S. 93. Zur Beweislastformel s. *Israël*, Reich (Anh. 1), S. 21.

[77] Vgl. RGZ 113, 349 (352); *J. Schmitt*, Ablösung (Anh. 1), S. 90-93; *Denkschrift* (Anh. 1), S. 26-30; *Berner*, Staatsleistungen (Anh. 1), S. 87; *W. Weber*, Ablösung (Anh. 2), S. 70 f.

[78] Nachw.: *Israël*, Geschichte (Anm. 14), S. 48, 59, 60. Kritische Würdigung der Verfassungsdebatte: *Berner*, Staatsleistungen (Anh. 1), S. 86 f.; *W. Weber*, Ablösung (Anh. 2), S. 70 f.

[79] Dazu insbesondere: *W. Weber*, Ablösung (Anh. 2), S. 80-84 (mit kritischer Analyse des verfehlten Klarstellungsvermerks in Art. 18 Abs. 2 Reichskonkordat). — Zum Gewohnheitsrecht als Titel für eine kommunale Kirchenbaulast vgl. VerfGH NW, in: DVBl. 1982, S. 1043 f.

[80] Vgl. RGZ 113, 349 (352, 396); *Berner*, Staatsleistungen (Anh. 1), S. 86 f.; *W. Weber*, Ablösung (Anh. 2), S. 67, 73 f. — Qualifikation des Gewohnheitsrechts als besonderer Rechtstitel: *Denkschrift* (Anh. 1), S. 26. — Zur Begründung einer Kirchenbaulast aus örtlichem Gewohnheitsrecht vgl. BVerwG, in: DVBl. 1979, S. 116 (118 f.).

Unter den besonderen Rechtstiteln, die unabhängig von den allgemeinverbindlichen Rechtsnormen Rechte und Pflichten zwischen bestimmten Personen begründen, wird der *Vertrag* eigens erwähnt. Die Skala der vertraglichen Leistungstitel reicht von den Konkordaten und Zirkumskriptionsbullen bis zu Vergleichen auf kommunaler Ebene[81]. Im übrigen ist der Formenreichtum der außergesetzlichen Rechtsgrundlagen unabsehbar: rechtsbegründendes Herkommen (Verjährung, Ersitzung), landesherrliches Privileg, Privatwillenserklärung, rechtskräftige Entscheidung, Inkorporation[82]. In keinem anderen Sektor der geltenden Rechtsordnung dürfte sich heute noch ein ähnlich farbiges Bild zeigen, das die deutsche Rechtskultur in ihrer historischen wie in ihrer territorialen Mannigfaltigkeit spiegelt.

Es erhebt sich die Frage, ob die *Säkularisationen* der Neuzeit — und zwar entweder die historischen Vorgänge als solche oder die einzelnen Säkularisationsnormen wie § 35 Reichsdeputationshauptschluß — nicht bereits selbst Rechtstitel im Sinne des Art. 138 Abs. 1 WRV darstellen[83]. An sich entspringt aus den Säkularisationen die eigentliche Rechtfertigung der bestehenden Staatsleistungen. Trotzdem bedarf es heute des Rückgangs auf diesen ersten Legitimationsursprung nicht mehr. Die Verfassung bezieht sich auf die einzelnen, näherliegenden Rechtstitel. Diese — gleich, ob ihnen deklaratorische oder konstitutive Bedeutung zukommt — bewirken (jedenfalls im Vergleich zur prima causa) Klarstellungen, Spezifikationen, Konkretisierungen und Novationen. Selbst dort, wo Leistungsbeziehungen in das geschichtliche Dunkel des „Unvordenklichen" zurückreichen, greifen konkrete Rechtstitel wie Gewohnheitsrecht oder rechtsbegründendes Herkommen ein und ersparen dem Juristen den „Gang zu den Müttern". — Immerhin tritt der geschichtliche Legitimationszusammenhang in dem bereits dargestellten Beweisprinzip zutage: daß im Regelfall der Aufwand, den der staatliche Säkularisations-Gewinner für Kultuszwecke erbringt, zu den Folgelasten der Säkularisation gehört und auf einer Rechtspflicht zum Ausgleich beruht[84].

---

[81] Dazu näher: *J. Schmitt,* Ablösung (Anh. 1), S. 6-17; *W. Weber,* Ablösung (Anh. 2), S. 75-79.

[82] Übersichten: *J. Schmitt,* Ablösung (Anh. 1), S. 61-93; *Denkschrift* (Anh. 1), S. 25; *J. Heckel,* Rezension (Anh. 1), S. 861 f.; *Berner,* Staatsleistungen (Anh. 1), S. 87 f.; *Giese,* Hess. Staatsleistungen (Anh. 1), S. 195-198; *W. Weber,* Ablösung (Anh. 2), S. 74-85.

[83] Bejahend: *Kress,* Staat (Anh. 1), S. 73-216; *Theodor Maunz,* in: Maunz / Dürig / Herzog, Grundgesetz. München, Stand: 1973, Art. 140 GG / Art. 138 WRV, Rdnr. 3. — Ablehnend *Huber,* Garantie (Anh. 1), S. 64-77 (Nachw.).

[84] Nach der *Denkschrift* (Anh. 1), S. 30, ist — jedenfalls bei staatlichen Dotationen für eine Landeskirche — nicht der Nachweis eines ausdrücklichen Rechtstitels erforderlich. Es soll die Feststellung genügen, „daß sie mit der früheren

C. Die Subjekte der Leistungsbeziehungen

I. Leistungsträger

1. Bund und Länder

Der Ablösungsauftrag ist auf „Staats"-Leistungen abgestellt, die von den Ländern zu erbringen sind. Ihnen fällt die eigentliche Durchführung zu.

Mögliche Staatsleistungen des Reiches haben nicht im Blickfeld des Weimarer Verfassunggebers gelegen[85]. Gleichwohl ist damit nicht ausgeschlossen, daß nunmehr auch der Bund als Leistungsträger in Betracht kommt[86]. Diese Rolle kann ihm vor allem im Bereich der negativen Leistungen zufallen, soweit er bei einer Verschiebung der Kompetenzordnung die Gesetzgebungshoheit für Abgabenbefreiungen übernommen hat[87]. Ein solcher Zuständigkeitswechsel (gleich, ob durch Verfassungsänderung oder durch Inanspruchnahme einer konkurrierenden Zuständigkeit ausgelöst) vollzieht sich nur im staatlichen Internum des Bund-Länder-Verhältnisses, ohne Wirkungen auf die Außenbeziehungen Staat-Kirche. Ablösungslast und Bestandsschutz des Kompetenzsubstrates hängen nicht vom jeweiligen staatlichen Kompetenzträger ab.

Für die Qualität der Staatsleistungen ist es unerheblich, ob sie aus allgemeinen Haushaltsmitteln gespeist werden oder aus einem selbständig verwalteten Zweckvermögen (Staatsnebenfonds)[88]. Auch wenn Bau-

---

organischen Eingliederung der Kirche in den Staat und mit dem Gesamtvorgang der Säkularisationen in Zusammenhang stehen und in diesen nach dem Geist und der Rechtsauffassung, aus denen heraus sie möglich geworden sind, ihren letzten Grund fanden".

[85] Vgl. *Denkschrift* (Anh. 1), S. 15; *W. Weber,* Ablösung (Anh. 2), S. 46. — Für die Zulässigkeit von Dotationen des Reichs: *Johannes Heckel,* Budgetäre Ausgabeninitiative im Reichstag zugunsten eines Reichskultusfonds, in: AöR 51 (1927), S. 435 f.; *Anschütz,* Verfassung (Anm. 58), Art. 138, Anm. 3.

[86] Das nehmen an: *Zündorf,* Ablösung (Anh. 2), S. 43-45; *Scheuner,* Bestand (Anh. 2), S. 387; *Maunz* (Anm. 83), Art. 140 GG / Art. 138 WRV, Rdnr. 4.

[87] Vgl. die nahezu umfassende Kompetenz des Bundes für die Steuergesetzgebung: Art. 105 GG. — Der Bund hat 1958 und 1961 Dotationspflichten für die in der BRD ansässigen kath. und ev. Kirchenverwaltungen der Oder-Neiße-Gebiete übernommen (Hinweise auf die unveröff. Abkommen: *Alexander Hollerbach,* Verträge zwischen Staat und Kirche in der Bundesrepublik Deutschland. Frankfurt / M. 1965, S. 28, 42 f.) — Text des Abkommens v. 27.6.1958 mit Anm. abgedr. bei *Joseph Listl* (Hrsg.), Die Konkordate und Kirchenverträge in der Bundesrepublik Deutschland. Bd. 1, Berlin 1987, S. 62 ff.

[88] So die herrschende Meinung: *J. Schmitt,* Ablösung (Anh. 1), S. 36; *Berner,* Staatsleistungen (Anh. 1), S. 84; *Denkschrift* (Anh. 1), S. 17; *Duske,* Dotations-

lasten oder Dotationen über einen Klosterfonds abgewickelt werden, bleibt der „Staat", der diese Einrichtung organisiert, der eigentliche, letztverpflichtete Leistungsträger.

2. Kommunale Gebietskörperschaften

Herkömmlich galten die Leistungen der kommunalen Gebietskörperschaften nicht als „Staats"-Leistungen[89]. Gegen diese enge Sicht des „Staatlichen" im Tatbestand des Art. 138 Abs. 1 WRV erheben sich heute Bedenken. Mochte noch in der Entstehungszeit der Weimarer Reichsverfassung die Entgegensetzung Staat-Gemeinde lebendig gewesen sein und die außerstaatliche Legitimation der Gemeinde als „gesellschaftliche" Selbstverwaltung nachgewirkt haben, so fand bereits unter der Herrschaft dieser Verfassung die Zuordnung und Angleichung an den Staat ihren Abschluß. Die Gemeinde ist seither — trotz der ihr verfassungskräftig gewährleisteten relativen Eigenständigkeit — eine staatshomogene Organisationseinheit geworden: mittelbare Staatsverwaltung. Das Grundgesetz geht von diesem Entwicklungsstand aus[90].

---

pflicht (Anh. 1), S. 9 f.; *W. Weber,* Ablösung (Anh. 2), S. 46. Gegenauffassung: *Breitfeld,* Auseinandersetzung (Anh. 1), S. 36, 342. — Zur haftungsrechtlichen Stellung der staatlichen Zweckvermögen (Kirchen-, Klosterfonds usw.): *J. Schmitt,* Staat (Anh. 1), S. 77-79.

[89] Vgl. RGZ 113, 349 (397); 125, 186 (189); BVerwGE 38, 76 (79); *Anschütz,* Verfassung (Anm. 58), Art. 138, Anm. 4; *Huber,* Garantie (Anh. 1), S. 62; *Berner,* Staatsleistungen (Anh. 1), S. 84; *Hans Glade,* Die verfassungsrechtliche Grundlage für die Staatsleistungen an die Religionsgesellschaften. Diss. Göttingen 1932, S. 11-13; *Hofmann,* Ablösung (Anh. 2), S. 369; *W. Weber,* Ablösung (Anh. 2), S. 46; *Wehdeking,* Kirchengutsgarantien (Anh. 2), S. 112 (Nachw.); *Wehrhahn,* Rechtsgutachten (Anh. 2), S. 142; *Ulrich Scheuner,* Fortfall gemeindlicher Kirchenbaulasten durch völlige Änderung der Verhältnisse?, in: ZevKR 14 (1969), S. 359 = ders., Schriften zum Staatskirchenrecht. Berlin 1973, S. 209; ders., Bestand (Anh. 2), S. 387; *Wiesenberger,* Kirchenbaulasten (Anm. 51), S. 162 ff.; *Alexander Hollerbach,* Der verfassungsrechtliche Schutz kirchlicher Organisation, in: HStR VI, 1989, § 139, Rdnr. 61; *Hermann Weber,* Das Staatskirchenrecht in der Rechtsprechung des Bundesverwaltungsgerichts, in: Bürger — Richter — Staat. FS für Horst Sendler, München 1991, S. 568 f.
Für die Erstreckung des Art. 138 Abs. 1 WRV auf die Gemeinden als Teile des Staatsorganismus: LVG Schwerin, Urt. v. 2.11.1923, zitiert bei *Glade,* S. 11. Die neuere Literatur rechnet überwiegend die kommunalen Leistungen dem Schutzbereich des Art. 138 Abs. 2 WRV zu. Nachw. unten Anm. 90-92.

[90] Richtungweisend in der Weimarer Lehre zur (mittelbar-)staatlichen Qualität der kommunalen Gebietskörperschaften: *Hans Peters,* Grenzen der kommunalen Selbstverwaltung in Preußen. Berlin 1926, S. 43, 56, 60, 126; *Rudolf Smend,* Verfassung und Verfassungsrecht (1928), in: ders., Staatsrechtliche Abhandlungen. 2. Aufl., Berlin 1968, S. 271 (Kommunen als „technische Hilfseinrichtungen des Staats"). Repräsentativ für die Rechtslage unter dem Grundgesetz: BVerfGE 73, 118 (191); 83, 37 (53 ff.). Zur Ortsbestimmung der Kommunen im staatlichen

Wenn die Gemeinde heute im Verhältnis zum Individuum als „öffentliche Gewalt" betrachtet und denselben rechts-"staatlichen", insbesondere grundrechtlichen Bindungen unterworfen wird wie Land und Bund, so läßt es sich nicht mehr begründen, daß sie von staatskirchenrechtlichen Bindungen freigestellt bleiben soll, obwohl sie längst als integraler Bestandteil der „weltlichen Gewalt" erkannt wird[91]. Die Auslegung des Art. 138 Abs. 1 WRV muß sich dem Wandel der Verfassungsstrukturen anpassen. Wenn das Grundgesetz auch die Weimarer Kirchenartikel nur über eine Verweisungsnorm rezipiert hat, so liefert es damit noch keinen Rechtfertigungsgrund für die Sklerosierung der Weimarer Interpretationsergebnisse[92].

Der in der Ablösungsdirektive verkörperte Distanzierungsgedanke gilt im Verhältnis zu den Kommunen ebenso wie im Verhältnis zum Bund (nicht zuletzt deshalb, weil die herkömmliche konfessionelle Homogenität der Gemeindebevölkerung sich längst aufgelöst hat). Auf der anderen Seite hängt die wirtschaftliche Grundlage der Kirchen nicht minder von den Leistungen der Gemeinden als von denen der Länder ab. Dem Bedürfnis der Destinatare nach umfassendem, effektivem Bestandsschutz kann nur Art. 138 Abs. 1 WRV genügen[93]. Die Kirchengutsgarantie des Art. 138 Abs. 2 WRV deckt den Schutzbereich jedenfalls nicht ab. Diese Schutznorm wird zwar von der herrschenden Rechtslehre auch auf Leistungsansprüche gegen die Gemeinden erstreckt[94]. Jedoch erfaßt Art. 138 Abs. 2 WRV nur Zuwendungen zu den eigens aufgeführten Zwecken und nur solche kommunalen Leistungen, auf die dem Empfänger ein Rechtsanspruch zusteht[95]; gerade die letzte-

---

Bereich *Matthias Jestaedt,* Demokratieprinzip und Kondominialverwaltung. Berlin 1993, S. 212 f., 524 ff. (Nachw.).

[91] Analoge Neubestimmung des Staatsbegriffs in Art. 7 Abs. 1 GG — Staat als „Inbegriff weltlicher, hoheitlicher Gewalt — unter Einschluß der Gemeinden": *Michael Kloepfer,* Staatliche Schulaufsicht und gemeindliche Schulhoheit, in: DÖV 1971, S. 837 ff.

[92] Richtunggebend: *Rudolf Smend,* Staat und Kirche nach dem Bonner Grundgesetz (1951), in: ders., Abhandlungen (Anm. 90), S. 411 ff.

[93] Bestandsschutz, der sich auf die jeweilige Landeshoheit beschränkt, geben die Regelungen des Landesverfassungsrechts, die expressis verbis auch die Leistungen der politischen Gemeinden gewährleisten (Art. 145 Abs. 1 BayVerf.; Art. 45 Rheinl.-PfalzVerf.; Art. 39 SaarVerf.; Art. 21 NWVerf.; Art. 37 Abs. 2 BrandenbVerf.). Diese Regelungen gelten neben Art. 140 GG weiter — unabhängig davon, ob ihre sachliche Reichweite über Art. 138 Abs. 1 WRV hinausgeht (so die h. M.) oder kongruent ist. Zu den Garantien der Landesverfassungen: *Wehdeking,* Kirchengutsgarantien (Anh. 2), S. 137 ff.

[94] Vgl. *J. Heckel,* Kirchengut (Anm. 5), S. 136; *Konrad Hesse,* Das neue Bauplanungsrecht und die Kirchen, in: ZevKR 5 (1956), S. 75; *Scheuner,* Fortfall (Anm. 89), S. 359; ders., Bestand (Anh. 2), S. 387; *Wehrhahn,* Rechtsgutachten (Anh. 2), S. 142.

§ 35 Staatsleistungen an die Kirchen und Religionsgemeinschaften   1033

re Voraussetzung ist häufig nicht vorhanden oder nur schwierig nachzuweisen. — Die Verfassungsgarantie der kommunalen Selbstverwaltung (Art. 28 Abs. 2 GG) steht der staatskirchenrechtlichen Garantie der kommunalen Leistungen nicht im Wege. Denn sie schützt die Gemeinde in ihrer administrativen und finanziellen Eigenständigkeit gegenüber der (unmittelbaren) Staatsgewalt; aber sie befreit nicht von Rechtsverbindlichkeiten gegenüber Dritten[96].

Die teleologische Auslegung gebietet daher, auch die Organisationen der mittelbaren Staatsverwaltung dem Ablösungsauftrag wie der Bestandsgarantie des Art. 138 Abs. 1 WRV zu unterwerfen. Die Auffassung hat sich im neueren Schrifttum des Staatskirchenrechts weithin durchgesetzt[97].

II. Leistungsempfänger

Art. 138 Abs. 1 WRV bezeichnet die Destinatare der Staatsleistungen mit dem umfassenden, paritätsgemäßen Terminus „Religionsgesellschaften". Gleichwohl beziehen tatsächlich nur die altrechtlichen Religionsgemeinschaften Zuwendungen. Die wesentlichen Leistungstitel stehen den beiden Großkirchen zu, welche die Säkularisationsopfer erbracht haben[98].

Empfänger sind allerdings nicht allein die Kirchen als Gesamtverbände, sondern auch ihre Gliedkörperschaften (Bistümer, Pfarrgemeinden)

---

[95] Dazu *Huber*, Garantie (Anh. 1), S. 57 f.; *Wehdeking*, Kirchengutsgarantien (Anh. 2), S. 126-132 (Nachw.). — Zur Rechtsunsicherheit im Bereich der kommunalen Leistungen: *Scheuner*, Bestand (Anh. 2), S. 391-396.

[96] Im Ergebnis auch VerfGH NW: die Weimarer Kirchenartikel, die kommunale Kirchenbaulasten absichern, schränken die Garantie der kommunalen Selbstverwaltung ein (DVBl. 1982, S. 1082 f.).

[97] Für die Einbeziehung der kommunalen Leistungen: *Josef Isensee*, Staatsleistungen an die Kirchen und Religionsgemeinschaften, in: HdbStKirchR[1] II, S. 69 ff.; *Lipphardt*, Negative Staatsleistungen (Anh. 2), S. 414 f. (zur Befreiung von kommunalen Abgaben); *v. Campenhausen*, Staatskirchenrecht (Anm. 3), S. 194; v. *Mangoldt / Klein / v. Campenhausen*, Art. 140 GG / Art. 138 WRV, Rdnr. 5; *Axer*, Steuervergünstigungen (Anh. 2), S. 469; *Link*, Rechtsprobleme (Anh. 2), S. 208 f.; *Alexander Hollerbach*, Rechtsbeziehungen zwischen kirchlicher und politischer Gemeinde, in: Ex aequo et bono. FS für Willibald M. Plöchl. Innsbruck 1977, S. 528 ff.; (anders jedoch *ders.*, Schutz (Anm. 89), Rdnr. 61); für die Einbeziehung der kommunalen Leistungen wohl auch *Maunz* (Anm. 83), Art. 140 GG / Art. 138 WRV, Rdnr. 4. — Offen: VerfGH NW, Urt. v. 16.4.1982, in: DVBl. 1982, S. 1043 (1044).

[98] Neben den Großkirchen werden als Destinatare genannt: die altkatholische und die altlutherische Kirche, die Israelische Synagogengemeinde, Freireligiöse Landesgemeinden und Deutsche Freigemeinden sowie die Methodistenkirche (*v. Campenhausen*, Staatskirchenrecht [Anm. 3], S. 193).

und sonstigen Institutionen (Anstalten, Stiftungen) sowie ihre einzelnen Amtswalter[99]. Ein Staatszuschuß zur Besoldung von Kirchenbeamten bleibt Leistung an die „Religionsgesellschaft", gleich, ob er der Kirche, der Pfarrei oder dem jeweiligen Pfarrer geschuldet wird.

D. Der Auftrag zur gesetzlichen Ablösung

I. Gegenstand und Wirkweise der Ablösung

Der vom Grundgesetz erneuerte Ablösungsauftrag erfaßt sämtliche Leistungspflichten, die bei Inkrafttreten der Weimarer Reichsverfassung (am 14. August 1919) wirksam gewesen sind[100] und im Geltungsbereich des Grundgesetzes fortbestehen. Damit scheiden drei Gruppen von Leistungspflichten aus dem Anwendungsbereich aus:

— solche, die bereits vor dem Stichtag erloschen waren (etwa infolge staatlicher Aufhebungsmaßnahmen)[101];

— solche, die nach dem Stichtag ihr Ende gefunden haben (insbesondere auf Grund wirksamer Ablösungsvereinbarungen)[102];

— solche, die erst nach dem Stichtag begründet worden sind[103].

Die Ablösbarkeit hängt nicht davon ab, ob die Leistung im „Normaljahr" 1919 tatsächlich bewirkt, sondern ob sie von Rechts wegen geschuldet wurde[104]. Abzulösen sind die Leistungspflichten, nicht die einzelnen Erfüllungshandlungen. Streng genommen sind also Gegenstand des Verfassungsauftrags nicht die Staatsleistungen als solche, sondern die Rechtstitel, die ihnen zugrunde liegen.

---

[99] So RGZ 111, 134 (145 f.); 129, 72 (77 f.); RG, Urt. v. 18.5.1926, in: JW 1927, S. 1254 (mit zust. Anm. von *Hermann Fürstenau*, ebd., S. 1255); *Denkschrift* (Anh. 1), S. 17 f.; *Berner*, Staatsleistungen (Anh. 1), S. 84; *W. Weber*, Ablösung (Anh. 2), S. 49 f.

[100] Dazu *Denkschrift* (Anh. 1), S. 18 f.; *Wehdeking*, Kirchengutsgarantien (Anh. 2), S. 115 f.

[101] Dazu RGZ 117, 27 (29-32); *Anschütz*, Verfassung (Anm. 58), Art. 138, Anm. 5.

[102] Zur Zulässigkeit vertraglicher Ablösungsmaßnahmen s. unten E II 4. — Zur Frage, ob die Länder im Interim 1945-1949 einseitig ablösen konnten: *W. Weber*, Ablösung (Anh. 2), S. 9-35; *Zündorf*, Ablösung (Anh. 2), S. 132-137.

[103] Vgl. *Wehdeking*, Kirchengutsgarantien (Anh. 2), S. 116. — Für die Ablösungspflicht auch der nach 1919 begründeten Leistungen: *Israël*, Reich (Anh. 1), S. 25 f.; *Berner*, Staatsleistungen (Anh. 1), S. 85. Siehe auch unten D I.

[104] Zutreffend für die Ablösbarkeit der praestanda, nicht der praestata: *J. Schmitt*, Ablösung (Anh. 1), S. 93 f.: *Denkschrift* (Anh. 1), S. 19; *W. Weber*, Ablösung (Anh. 2), S. 66. Abwegig dagegen *Breitfeld*, Auseinandersetzung (Anh. 1), S. 50-55.

§ 35 Staatsleistungen an die Kirchen und Religionsgemeinschaften   1035

Die Ablösung umfaßt zwei Rechtsvorgänge: die Aufhebung des bestehenden Leistungsverhältnisses und die Begründung der Ausgleichspflicht[105]. Darin unterscheidet sie sich grundlegend von Konfiskation, Enteignung und Sozialisierung. Die Ablösung bewirkt weder eine Rechtsminderung noch eine Verschiebung der Rechtszuständigkeit. Es geht allein um einen Austausch der Rechtsgrundlage; dabei wird der Kirche kein Opfer abverlangt. Die verfassungsgebotene Entflechtung der staatskirchenrechtlichen Beziehungen soll die wirtschaftliche Grundlage der Kirche erneuern, aber nicht schmälern. Der Verfassungsauftrag verhält sich gegenüber den kirchlichen Vermögensinteressen neutral[106]. Eine neue Säkularisation findet nicht statt.

Die Gewähr liegt darin, daß das Institut der Ablösung die Verschaffung des vollen Leistungs-Äquivalents einschließt. Ablösung ist „Hingabe einer Leistung an Erfüllungs Statt"[107]. Die verfassungsrechtliche Kompensationsfolge wird zutreffend vom Bayerischen Konkordat als Garantie von Ausgleichsleistungen umschrieben, „die entsprechend dem Inhalt und Umfange des Rechtsverhältnisses unter Berücksichtigung der Geldwertverhältnisse vollen Ersatz für das weggefallene Recht gewähren"[108].

Das Äquivalenzprinzip darf daher nicht durch Interessenabwägungen, wie sie Art. 14 Abs. 3 S. 3 GG für die Bemessung der Enteignungsentschädigung vorsieht, relativiert werden. Die Gegenleistung muß dem ökonomischen Wert entsprechen, den die Staatsleistung im Zeitpunkt ihrer Aufhebung (nicht im Zeitpunkt des vorbereitenden Grundsatzgesetzes) für den Empfänger hat. Die wirtschaftliche Betrachtungsweise, die bei der Abfindung bestimmend sein muß, schließt bloß nominelle Ersatzleistungen aus, die keine gleichwertige dauerhafte Vermögenssicherung gewährleisten. So verbietet sich die Abfindung durch einmalige Geldzuweisung in einer Phase des Währungsverfalls[109] oder die Ausstat-

---

[105] Dazu *Anschütz*, Verfassung (Anm. 58), Art. 138, Anm. 3; *Huber*, Garantie (Anh. 1), S. 58-61; *Berner*, Staatsleistungen (Anh. 1), S. 88; *W. Weber*, Ablösung (Anh. 2), S. 37-41.

[106] In der Weimarer Nationalversammlung bestand Konsens darüber, daß die Kirchen durch die Ablösung keinen Schaden erleiden sollten. Nachw.: *Israël*, Geschichte (Anm. 14), S. 33-35. Vgl. auch *J. Schmitt*, Ablösung (Anh. 1), S. 2 f.

[107] Zitat: *Huber*, Garantie (Anh. 1), S. 60.

[108] Art. 10 § 1 Abs. 2 BayK v. 29.3.1924. — Sachlich gleich die Formel „angemessener Ausgleich" in Art. 18 Abs. 3 RK. — Es wäre daher Verfassungsbruch, wenn ein Leistungsträger die Ablösung „durch die bisherigen Zahlungen als erfolgt" erklärte (so aber der Vorschlag von: *Gerigk-Groht / Matthäus*, Trennung [Anm. 13], S. 48, 49, 51).

[109] Die Gefahr einer solchen mißbräuchlichen Ablösung wurde bei den Weimarer Verfassungsberatungen gesehen — s. *Israël*, Geschichte (Anm. 14), S. 34 f. Vgl. auch *W. Weber*, Ablösung (Anh. 2), S. 40.

tung mit Grundstücken, wenn über diesen bereits das Damoklesschwert einer geplanten Sozialisierung oder Kommunalisierung schwebt.

II. Modalitäten der Abfindung

Die einzelnen Wege der Ablösung sind von der Verfassung nicht vorgezeichnet. Sie können auch nicht spekulativ abschließend ausgeführt werden[110]. Die Kirchenverträge, die seit der Geltung des Art. 138 Abs. 1 WRV Fragen der Staatsleistungen geregelt haben, zeigen brauchbare Möglichkeiten: Kapitalisierung der Naturalleistungen, Pauschalierung der zweckdifferenzierten einzelnen Zuweisungen, Zusammenfassung der Destinatare (Konzentration der dezentralisierten Empfangszuständigkeiten beim Gesamtverband)[111]. Die Staatsleistungen können aufgewogen werden in Geld, Wertpapieren, Grundstücken, beweglichen Sachen, Rentenberechtigungen.

Als Modell einer ausgewogenen Auseinandersetzung mag sich die Regelung des Niedersächsischen Evangelischen Kirchenvertrages empfehlen[112]: Das Land Niedersachsen zahlt an die Gesamtheit der Evangelischen Landeskirchen eine jährliche Globaldotation, die in ihrer Höhe laufend den Veränderungen der Besoldung der Landesbeamten anzupassen ist. Die Kirchen teilen den Anspruch durch Vereinbarung, die der Landesregierung anzuzeigen ist, untereinander auf. Das Land überträgt das Eigentum an staatlichen Gebäuden und Grundstücken, die ausschließlich evangelischen ortskirchenrechtlichen Zwecken gewidmet sind, den Kirchen oder, wenn darüber ein Einverständnis zwischen Kirchen und Kirchengemeinden hergestellt ist, den Kirchengemeinden. Auf der anderen Seite verzichten die Kirchen gegen eine einmalige Ausgleichszahlung auf alle Rechte, die sich auf die bisher kirchenrechtlichen Zwecken dienenden Gebäude und Grundstücke des Landes beziehen und stellen das Land von allen Verpflichtungen zu Geld- und Sachleistungen an die Kirchengemeinden, insbesondere von denen zur baulichen Unterhaltung von Gebäuden, frei.

Rechtliche Bedenken werden gegen eine Abfindung geltend gemacht, die in einer wiederkehrenden Leistung besteht, etwa in der Zahlung einer „ewigen" Rente: Die Ablösung dürfe nur durch einmaligen Erfüllungsakt erfolgen, weil sonst die verfassungsrechtlich angestrebte Distanzierung von Staat und Kirche nicht verwirklicht werde[113]. Diese

---

[110] Vorbereitende Untersuchungen zur Ablösung: *J. Schmitt*, Ablösung (Anh. 1), S. 107-181; *Breitfeld*, Auseinandersetzung (Anh. 1), S. 343-356. Zur Ablösung der Kultusbaulasten durch Zahlung einer laufenden Rente: *Hofmann*, Ablösung (Anh. 2), S. 369-381.

[111] Die Zulässigkeit dieser Zusammenfassung wird bejaht von: RGZ 113, 349 (359); *Breitfeld*, Auseinandersetzung (Anh. 1), S. 355 f.; *W. Weber*, Ablösung (Anh. 2), S. 49 f.

[112] Art. 16, 17 NiedersKV.

Rechtsmeinung ist nicht haltbar. Sie interpretiert ein Verfassungsprogramm ohne Rücksicht auf die wirtschaftlichen Bedingungen seiner Realisierung. Die Notwendigkeit, die Abfindung uno actu zu erbringen, dürfte auch unter normalen wirtschaftlichen Verhältnissen die Finanzkraft der Länder überfordern[114] und das Bedürfnis der Religionsgesellschaften nach dauerhafter finanzieller Sicherung vernachlässigen. Ein puristisches Trennungsideal kann in die Verfassung nicht hineingelesen werden, weil jeder Verfassungsauftrag auf Praktikabilität hin angelegt ist. Ein normativer Rigorismus, der sich über die Vollzugsbedingungen der Ablösungsdirektive hinwegsetzen will, verhindert von vornherein, daß sie jemals in die Tat umgesetzt wird. Immerhin bewirkt auch eine Ablösung durch wiederkehrende Leistungen ein Auseinanderrücken der Beteiligten.

In der Praxis zeigt sich die Tendenz, daß Staatsleistungen überlagert werden von Förderungsleistungen neuer Art, daß etwa altrechtliche Abgabenbefreiungen und Dotationen nunmehr paritätisch auf alle Religionsgemeinschaften oder auf alle gemeinnützigen Körperschaften ausgeweitet werden[115]. Hier werden heikle Legitimationsprobleme umgangen. Als pragmatische Lösung für ein Interim von unbegrenzter Dauer können die Kirchen zufrieden sein, solange die Stetigkeit der Leistungen gesichert ist und kein staatlicher Subventionsdirigismus droht. Doch die Subvention ist kein angemessener Ersatz für die Staatsleistung. Die Umwandlung der altrechtlichen in die moderne Form der Zuwendung ist kein tauglicher Weg zu einer verfassungsmäßigen Ablösung[116].

III. Zuständigkeit und Verfahren

1. Die Gesetzgebung der Länder

Die Durchführung der Ablösung obliegt den Ländern. Daß Art. 138 Abs. 1 S. 1 WRV die Aufgabe gerade der Landes-"Gesetzgebung" zuweist, bildet keine Besonderheit. Im demokratischen Rechtsstaat bedür-

---

[113] So *Huber*, Garantie (Anh. 1), S. 59 f. — Im gleichen Sinne: *Israël*, Reich (Anh. 1), S. 28; *Brauns*, Staatsleistungen (Anh. 2), S. 64-82 (Nachw.); *Preuß*, in: GG-Alt.-Komm. (Anm. 13), Art. 140, Rdnr. 62. Dagegen: *Berner*, Staatsleistungen (Anh. 1), S. 88; W. *Weber*, Ablösung (Anh. 2), S. 41-43; *Peter Häberle*, Rezension, in: AöR 97 (1972), S. 325.

[114] Vgl. *Clement*, Politische Dimension (Anm. 2), S. 47.

[115] Zur Ausweitung der Grundsteuerbefreiung für Dienstwohnungen: BFHE 102, 207 (209 f.).

[116] S. oben unter B I 2. An der in der 1. Aufl. dieses Handbuchs (vgl. Anm. 97) vertretenen abweichenden Auffassung (S. 62, 75) halte ich nicht fest.

fen rechtsgestaltende Eingriffe ohnehin der formell-gesetzlichen Grundlage (Art. 20 Abs. 3 GG). Der Verfassungsauftrag an die Legislative reicht hier nicht weiter als der allgemeine Vorbehalt des Gesetzes. Diesem wird noch Rechnung getragen, wenn das Ablösungsgesetz auf nähere Ausführung durch Rechtsverordnung, Verwaltungsakt und durch öffentlich-rechtlichen Vertrag (das dieser Materie besonders angemessene Rechtsinstitut!) angelegt ist. Bedingung ist aber, daß die untergesetzlichen Vollzugsakte sich auf eine hinreichend bestimmte Ermächtigung im Gesetz stützen können. Die Ablösung kann wie die Enteignung „durch Gesetz oder auf Grund eines Gesetzes" erfolgen, als Legal- oder als Administrativ-Ablösung[117]. Eine Legalablösung, die stark individualisierte Regelungen erfordert und Maßnahmecharakter aufweist, gerät ebensowenig in Konflikt mit dem Verbot von Einzelfallgesetzen (Art. 19 Abs. 1 GG) wie die Legalenteignung.

Der Ablösungsauftrag erstreckt sich auf sämtliche Vorweimarer Staatsleistungen. Gleichwohl braucht die — höchst komplizierte — Ausführung nicht in einem einzigen Vorgang zu erfolgen. Das Paritätsgebot verhindert bei jeder Gestaltung des Verfahrens, daß einzelne Destinatare bevorzugt oder benachteiligt werden. — Das Gesetz muß beide Aspekte der Ablösung regeln, die Aufhebung der bestehenden Pflicht sowie Art und Ausmaß der Entschädigung. Dieses Junktim liegt im Wesen der Ablösung; es bedarf daher keiner besonderen Formulierung, wie sie das Enteignungsrecht enthält (Art. 14 Abs. 3 S. 2 GG). — Der Finanzaufwand der Abfindung ist von den Hoheitsträgern aufzubringen, deren Leistungspflichten fortfallen. Es ist allerdings unbedenklich, wenn von nun an nur noch die Länder als Schuldner gegenüber den Religionsgesellschaften in Erscheinung treten, sie allein im Außenverhältnis die Ablösungslast übernehmen und sich im staatsinternen Verhältnis zu den übrigen ehemaligen Leistungsträgern Aufwendungsersatz vorbehalten.

Die Kompetenz der Länder erstreckt sich nur auf ihre eigenen Pflichten und die solcher Verwaltungssubjekte, die ihrer Hoheitsgewalt unterliegen (Staatsnebenfonds, kommunale Gebietskörperschaften). Nicht erfaßt werden die Leistungen des Bundes[118]. Wenn hier der Ablösungsauftrag nicht an einer Kompetenzlücke scheitern soll, muß dem Bund kraft Natur der Sache eine Vollkompetenz zur Ablösung seiner eigenen Pflichten zuerkannt werden.

---

[117] Vgl. auch *W. Weber,* Ablösung (Anh. 2), S. 45. — Dagegen für die alleinige Zulässigkeit der Legalablösung: *Huber,* Garantie (Anh. 1), S. 60.
[118] Die Möglichkeit, Bundes-(Reichs-)Leistungen durch Landesgesetz abzulösen, wird verneint von der *Denkschrift* (Anh. 1), S. 15; bejaht von *Zündorf,* Ablösung (Anh. 2), S. 43-45 (mit unhaltbarer Begründung).

2. Die Grundsätze des Bundes

Art. 138 Abs. 1 S. 2 WRV weist dem Reich die Aufgabe zu, die Grundsätze für die Ablösungsgesetzgebung der Länder aufzustellen. Da die Grundsätze ins Leere griffen, wenn die Ablösungsgesetze der Länder ihnen zuvorkämen, liegt der Kompetenzverteilung eine klare Zeitfolge zugrunde: Die Länder dürfen (und müssen) erst tätig werden, wenn das Grundsatzgesetz vorliegt. Die Ablösungsinitiative steht damit dem Zentralstaat zu. Die Veränderungssperre, die dem Erlaß der Grundsätze vorgeschaltet ist, war in Art. 173 WRV eigens ausformuliert worden, daß nämlich bis zum Erlaß des Reichsgesetzes die Staatsleistungen bestehen bleiben. Diese Regelung war aber nur deklaratorisch.

Dieses Ergebnis entspricht der gefestigten Weimarer Lehre[119]. Der Bonner Verfassunggeber konnte von ihr ausgehen und brauchte Art. 173 WRV nicht eigens zu rezipieren, um den Bund in die Funktion des Reiches einzuweisen[120]. — Wenn dem Fortfall der Weimarer Überleitungsbestimmung jedoch die Bedeutung zugemessen würde, daß nunmehr die Wartepflicht der Länder entfiele, so bräche der Weimarer Staatskirchenkompromiß an empfindlicher Stelle zu Lasten der Kirche[121]: Die Zuweisung der Initiativ- und Direktivgewalt an das Reich, dessen Finanzinteressen von der Ablösungsfrage kaum berührt wurden und das daher in der staatskirchenrechtlichen Auseinandersetzung als

---

[119] Die Veränderungssperre wird bereits aus Art. 138 Abs. 1 WRV abgeleitet, Art. 173 WRV nur als deklaratorisch („überflüssig") angesehen von: StGH, in: RGZ 128, Anhang S. 16 (S. 35: „authentische Interpretation"); *Anschütz,* Verfassung (Anm. 58), Art. 138, Anm. 3, 4; Art. 173, Anh. 1; *Berner,* Staatsleistungen (Anh. 1), S. 89; *Breitfeld,* Auseinandersetzung (Anh. 1), S. 53 - 55; *Israël,* Reich (Anh. 1), S. 30; *W. Weber,* Ablösung (Anh. 2), S. 18. Diese Rechtsauffassung entspricht der Entstehungsgeschichte — Nachw. s. *Israël,* Geschichte (Anm. 14), S. 47 f. Dagegen wird Art. 173 WRV eine bestimmte ergänzende Bedeutung zugesprochen von *Huber,* Garantie (Anh. 1), S. 94 - 96.

[120] Der fehlenden Rezeption des Art. 173 WRV wird kein Einfluß auf die Rechtslage zugesprochen von: *Adolf Süsterhenn / Hans Schäfer,* Kommentar der Verfassung für Rheinland-Pfalz. Koblenz 1950, Art. 45, Anm. 29; *Theodor Maunz,* Staatskirchenrechtliche Regelungen durch Bundesrecht, in: BayVBl. 1968, S. 3; *Scheuner,* Bestand (Anh. 2), S. 384; *Zündorf,* Ablösung (Anh. 2), S. 61 - 108; *Wehrhahn,* Rechtsgutachten (Anh. 2), S. 140; *Wehdeking,* Kirchengutsgarantien (Anh. 2), S. 125 f. (Nachw.); *v. Campenhausen,* Staatskirchenrecht (Anm. 3), S. 195 f.

[121] Bei den Beratungen des Grundgesetzes im Parlamentarischen Rat hatte der Vorschlag des Abg. *Süsterhenn* (CDU), durch eine Verweisungsnorm die Weimarer Kirchenartikel mit Ausnahme des Art. 138 Abs. 1 aufrechtzuerhalten, die Kritik des Abg. *Zinn* (SPD) auch wegen der Nichtaufnahme dieser Norm provoziert: Die Bestimmungen der Weimarer Verfassung über das Verhältnis von Kirche und Staat bildeten ein geschlossenes Ganzes, aus dem man nicht ein Stück herausnehmen könne, ohne etwas völlig Neues zu schaffen (Nachw.: JöR N. F. 1, S. 905).

neutral gelten durfte, hatte eine Kontrollinstanz über den Ländern geschaffen. Diese sollten bei der Abwicklung ihrer Schulden nicht allein Richter in eigener Sache sein. Die Reichskompetenz bot eine Gewähr für die Einheitlichkeit und Korrektheit des Verfahrens. Zugleich diente sie der Mäßigung und Zähmung der Ländermacht im Interesse der Destinatare. Die Kompetenz-Spaltung verkörperte somit in geradezu reiner Form die Idee vertikaler Gewaltenteilung, die Legitimationsidee des bundesstaatlichen Prinzips unter dem Grundgesetz geworden ist[122].

Die Fortdauer der Weimarer Kompetenzlage läßt sich auch nicht deshalb bezweifeln, weil das Grundgesetz eine allgemeine Grundsatzkompetenz in der Form der Art. 9, 10 WRV nicht kennt, sondern nur disparate einzelne Kompetenztitel. Denn die Ablösungsgrundsätze des Reiches bildeten schon im ursprünglichen Kontext einen Tatbestand sui generis. Die Verfassung erteilte hier nicht — wie in ihren Vorschriften über normale Reichszuständigkeiten — nur die Ermächtigung, sondern auch den Befehl zum Handeln.

Unter der Geltung des Grundgesetzes wäre es ein interpretatorischer Gewaltakt, wenn nunmehr die Bundes-Kompetenz in der Ablösungsfrage unter die Rahmenzuständigkeiten des Art. 75 GG gerechnet würde[123]. Die Folge wäre, daß der Bund an das besondere Regelungsbedürfnis nach Art. 72 Abs. 2 GG (Art. 75 Abs. 1 GG) gebunden wäre, obwohl mit dem Ablösungsauftrag ein solches Bedürfnis von vornherein feststeht, und daß die Sperre des Art. 138 Abs. 1 S. 2 WRV nunmehr entfallen müßte, weil die Länder gemäß Art. 72 Abs. 1 GG (Art. 75 Abs. 1 GG) so lange die volle gesetzgeberische Freiheit besäßen, bis der Bund das Grundsatzgesetz erlassen hätte[124]. Die Prämisse dieser Überlegungen trifft nicht zu: die Grundsatzkompetenz läßt sich nicht den Rahmenkompetenzen zuordnen, obwohl eine negative Gemeinsamkeit vorhanden ist: Es handelt sich nicht um Vollkompetenzen. Daß „Grundsatz" und „Rahmen" inkommensurable Begriffe des Verfassungsrechts sind, mag bereits die Ermächtigung zum Erlaß von „Rahmen"-Vorschriften über die allgemeinen „Grundsätze" des Hochschulwesens (Art. 75 Abs. 1 Nr. 1a GG) belegen. Während Rahmenvorschriften — ungeachtet ihrer Ausfüllungsfähigkeit und -bedürftigkeit — Rechte und Pflichten des Bürgers begründen können, ist das Grundsatzgesetz des Art. 138 Abs. 1 S. 2 WRV „non-self-executing". Die Grundsätze binden allein die Landesgesetzgeber,

---

[122] Dazu *Josef Isensee,* Subsidiaritätsprinzip und Verfassungsrecht. Berlin 1968, S. 95-99, 135-137, 237 (Nachw.).

[123] Übersicht: *Hans-Werner Rengeling,* Gesetzgebungszuständigkeit, in: HStR IV, 1990, § 100, Rdnrn. 282 ff. So aber *Werner Weber,* Mitwirkung des Bundes beim Abschluß von Länderkonkordaten, in: DÖV 1965, S. 45; *Preuß,* in: GG-Alt.-Komm. (Anm. 13), Art. 140, Rdnr. 65. Ablehnend: *v. Mangoldt / Klein / v. Campenhausen,* Art. 140 GG / Art. 138 WRV, Rdnr. 9.

[124] Die letztere Folge bejahen: *W. Weber,* Mitwirkung (Anm. 123), S. 45; *ders.,* Staatsleistungen (Anh. 2), Sp. 317; *Brauns,* Staatsleistungen (Anh. 2), S. 114-130; *Preuß,* in: GG-Alt.-Komm. (Anm. 13), Art. 140, Rdnr. 65. Dagegen: *v. Mangoldt / Klein / v. Campenhausen,* Art. 140 GG / Art. 138 WRV, Rdnr. 1.

§ 35 Staatsleistungen an die Kirchen und Religionsgemeinschaften   1041

ohne unmittelbar auf die abzulösenden Rechtsbeziehungen einzuwirken[125]. Der Zentralstaat übernimmt eine Koordinierungsaufgabe gegenüber den Ländern in einem Bereich, auf dem diesen im übrigen die ausschließliche Gesetzgebungshoheit zusteht. Hier liegt die Analogie zu den Richtlinien des Art. 65 S. 1 GG nahe. Wie diese sind die Grundsätze nur staatsintern verbindlich, auf Gegenstände von allgemeiner Bedeutung beschränkt und auf eine bestimmte Abstraktionshöhe verwiesen.

Im Ergebnis erweist sich die Funktion des Bundes in der Ablösung als Gegenbild einer Rahmenzuständigkeit: Sie gibt keine subsidiäre, sondern die primäre Kompetenz; keine konkurrierende, sondern die ausschließliche. Sie suspendiert nicht — wie Art. 72 Abs. 1 GG — das Gesetzgebungsrecht der Länder; sondern sie läßt es geradezu aufleben.

Im übrigen wäre es müßig, wollte man versuchen, die Grundsatzzuständigkeit aus dem Zusammenhang der verschiedenen „Grundsatz"-Regelungen zu interpretieren, die durch heterogene Verfassungsänderungen in das Grundgesetz gelangt sind[126]. Denn die staatskirchenrechtliche „Grundsatz"-Vorschrift, die älteste des Verfassungstextes, findet in ihren ambivalenten Bedeutungen — als Ermächtigung wie als Inpflichtnahme, als Initiativvorbehalt wie als Richtliniengewalt — kein Seitenstück im Grundgesetz. Sie läßt sich in keine Kompetenzschablone pressen.

Eine Ausnahme vom dualen Konzept der Grundsatzkompetenz des Bundes und der Ausführungskompetenz der Länder ist jedoch unvermeidlich. Soweit nämlich die abzulösenden Staatsleistungen nach allgemeinen Kompetenzregeln in die Zuständigkeit des Bundes fallen (eine ausschließliche oder eine von ihm absorbierte konkurrierende Zuständigkeit), kommt dem Bund für den Bereich auch die volle Regelungskompetenz zu. Das gilt vor allem für die negativen Staatsleistungen, zumal die Steuerbefreiungen, die durch Bundesgesetze vorgesehen werden[127]; ferner für solche Leistungen, die der Bund selber aufbringt.

---

[125] Vgl. *Burkhard Tiemann*, Die Grundsatzgesetzgebung des Bundes, in: BayVBl. 1971, S. 285 f.
[126] Art. 75 Nr. 1 a, 91 a Abs. 2 S. 2, 109 Abs. 3 GG. — Gegenüberstellung: *Tiemann*, Grundsatzgesetzgebung (Anm. 125), S. 285-290.
[127] Richtiger Ansatz bei *Lipphardt*, Negative Staatsleistungen (Anh. 2), der allerdings ohne Not auf eine ungeschriebene Kompetenz aus Sachzusammenhang oder Natur der Sache zurückgreift (S. 415).

3. Das „freundschaftliche Einvernehmen mit den Betroffenen"

Der Bund ist in die Konkordatsverpflichtung des Reiches eingetreten, vor der Ausarbeitung der für die Ablösung aufzustellenden Grundsätze rechtzeitig mit dem Heiligen Stuhl ein „freundschaftliches Einvernehmen" herbeizuführen[128]. Sinngemäß gilt diese Pflicht auch gegenüber den anderen Leistungsempfängern. Das Paritätsgebot wirkt im Ablösungsverfahren (wie auch bei den materiellen Ablöseregelungen) als eine Art Meistbegünstigungsklausel: Was der Bund einem Beteiligten einräumt, muß er auch den anderen zuerkennen[129].

Diese Konkordatspflicht gilt nicht für die Gesetze der Länder[130]. Dem Geist des heutigen Staatskirchenrechts entspricht allerdings auch hier ein procedere, das auf „schiedlich-friedliche Einigung" ausgeht. Zumindest muß den Betroffenen — gleich, ob eine Legal- oder eine Administrativ-Ablösung vorgesehen wird — rechtliches Gehör gegeben werden. Die Bundesgrundsätze könnten den Ländern vorschreiben, den Inhalt der Ablösungsgesetze mit den Destinataren abzustimmen. Einige Länder haben sich bereits kirchenvertraglich verpflichtet, eine Ablösung nicht ohne Zustimmung der Kirchen durchzuführen[131]. Das Land Brandenburg bestimmt sogar in seiner Verfassung, daß staatliche und kommunale Leistungen nur durch Vereinbarung abgelöst werden können (Art. 37 Abs. 2).

IV. Geltung der Verfassungsdirektive

Der Ablösungsauftrag gilt als objektives Verfassungsrecht, das die Gesetzgeber in Bund und Ländern bindet. Die Aktualität für die Länder ist allerdings aufschiebend bedingt durch den Erlaß der Bundesgrundsätze. Die Ablösungsinitiative liegt beim Bund. Diesem obliegt zwar die Pflicht, die Initiative zu ergreifen. Er bestimmt aber nach Ermessen über deren Zeitpunkt. Die Erfüllung des Verfassungsgebotes kann weder von den Ländern noch von den Religionsgesellschaften mit rechtli-

---

[128] Art. 18 Abs. 1 RK.

[129] Vgl. W. *Weber*, Ablösung (Anh. 2), S. 35, 45; *Scheuner*, Bestand (Anh. 2), S. 389.

[130] Siehe W. *Weber*, Mitwirkung (Anm. 123), S. 45. — Beispiel einer paritätsgemäßen Meistbegünstigungsklausel: Art. VI Vertrag des Landes Hessen mit den Kath. Bistümern in Hessen v. 9.3.1963.

[131] Schlesw.-Holst. KV Art. 18 Abs. 2 S. 2; HessKV Schl.Prot. zu Art. 5 Abs. 5; Rheinl.-Pfälz. KV Schl.Prot. zu Art. 6 Abs. 3. — Für die allgemeine Geltung der Pflicht zu vorheriger Absprache: *Scheuner*, Bestand (Anh. 2), S. 389.

chen Mitteln, etwa über eine Verfassungsklage, erzwungen werden. Die Ablösungsdirektive ist auf kein Sonderinteresse bezogen, aus dem sich eine verfassungsgeschützte, klagbare Rechtsposition ableiten ließe. Der Vollzug braucht keine Frist einzuhalten. Bei Nichtvollzug droht keine Sanktion.

Der Verfassungsauftrag ist aber auch nicht als Folge jahrzehntelanger Nichterfüllung obsolet geworden[132]. Ein derogierendes Gewohnheitsrecht hat sich nicht gebildet. Daß die Vorschrift weiterhin von der allgemeinen opinio iuris ac necessitatis getragen wird, erhellt daraus, daß das Grundgesetz nach jahrzehntelanger Stagnation den Auftrag erneuert hat. Überdies tragen die Kirchenverträge auch in der Bonner Verfassungsära der vorgesehenen Ablösung Rechnung[133].

Daß die Ablösung trotzdem nur Programm geblieben ist, erklärt sich zum einen daraus, daß sich mit ihr kein wirkmächtiges politisches Interesse verbündet hat; zum anderen, daß der verfassungsmäßig vorgezeichnete Weg sich als zu schwierig erwiesen hat. Die Rechtspraxis hat einen einfacheren gefunden und vielfach beschritten: die einvernehmliche Regelung unter den Beteiligten. Wenn diese Entwicklung stetig und folgerichtig fortschreitet, wird das Verfassungsziel der Vermögensentflechtung erfüllt werden, ohne daß der schwerfällige verfassungsrechtliche Mechanismus in Betrieb gesetzt werden muß, und der Verfassungsauftrag wird sich erledigt haben, weil sein Substrat beseitigt sein wird.

E. Der Bestandsschutz

Während die Verwirklichung des Ablösungsauftrags, der evolutionären Komponente der Staatsleistungs-Norm, auf sich warten läßt, hat die konservative Komponente aktuelle Geltung. Art. 138 Abs. 1 WRV (Art. 140 GG) gewährleistet in dreierlei Hinsicht den Besitzstand der Destinatare:

— als *dauerhafte Wertgarantie* der Staatsleistungen, die sich sogar (und erst recht) im Fall der Ablösung auswirkt dadurch, daß die Kompensation für die aufzuhebenden Rechte sichergestellt ist;

---

[132] Für die Fortgeltung: *Wehdeking*, Kirchengutsgarantien (Anh. 2), S. 220-230; *Brauns*, Staatsleistungen (Anh. 2), S. 137; *Scheuner*, Bestand (Anh. 2), S. 388 f.
[133] Beispielhaft sind die Regelungen in Art. 16 Abs. 2 NiedersKV und Art. 15 Abs. 2 NiedersK. Übersicht über die kirchenvertraglichen Verweisungen auf Art. 138 Abs. 1 WRV (Art. 140 GG): *Wehdeking*, Kirchengutsgarantien (Anh. 2), S. 227-229.

— als *vorläufige Status-quo-Garantie* bis zur Durchführung der verfassungsmäßig angeordneten Auseinandersetzung;

— als *authentische Klarstellung des Verfassunggebers,* daß die fortbestehenden vorkonstitutionellen Dotationen mit der Verfassung vereinbar sind.

Dieser dritte Aspekt bedarf vorweg der Erläuterung.

I. Authentische Feststellung über Verfassungsmäßigkeit und Fortbestehen

Wenn der Verfassunggeber die Vorweimarer Staatsleistungen zur Ablösung bestimmt, so setzt er deren Fortbestand voraus und schließt damit aus, daß sie mit Inkrafttreten der Weimarer oder Bonner Verfassung erloschen sind, weil sie anderen Verfassungsnormen widersprechen. Das Interpretationsgebot der praktischen Konkordanz aller Verfassungsbestimmungen verbietet, einzelne Bestandteile des Verfassungskompromisses polemisch gegeneinander auszuspielen. Daher ist es von vornherein durch Art. 138 Abs. 1 WRV (Art. 140 GG) ausgeschlossen, daß die Existenz der Staatsleistungen aus der Sicht der Grundrechte oder objektiver Verfassungsnormen in Frage gestellt werden kann[134].

So sind die Dotationen vor verfassungsrechtlichen Angriffen geschützt, die unter Berufung auf das Verbot der Staatskirche bzw. die weltanschauliche Neutralität (1), die Parität (2) oder auf die allgemeine Änderung der Verfassungslage (3) geführt werden könnten. Gleichwohl seien diese Gesichtspunkte näher geprüft.

1. Neutralität des Staates

Das Verbot der Staatskirche (Art. 137 Abs. 1 WRV / Art. 140 GG) bezieht sich auf institutionelle Verschränkungen, wie sie im landesherrlichen Summepiskopat der protestantischen Territorien bestanden haben[135], nicht aber auf Finanzzuweisungen der öffentlichen Hand. Auch ohne die Vorschrift des Art. 138 Abs. 1 WRV (Art. 140 GG) wäre der Fortbestand der Staatsleistungen nicht vom Verbot der Staatskirche berührt worden[136].

---

[134] Zutreffend BVerwG, in: DVBl. 1979, S. 116 (117).

[135] Dazu *Anschütz,* Verfassung (Anm. 58), Art. 137, Anh. 1; *Klaus Schlaich,* Neutralität als verfassungsrechtliches Prinzip. Tübingen 1972, S. 170-173; *v. Campenhausen,* Staatskirchenrecht (Anm. 3), S. 73-82.

[136] Gegenansicht: *Brauns,* Staatsleistungen (Anh. 2), S. 95-100.

Ebenso scheidet ein Konflikt mit dem Gebot der weltanschaulichen Neutralität des Staates aus, wie es in Art. 4 GG und in den staatskirchenrechtlichen Verbürgungen wirksam ist[137]. Die Staatsleistungen verwirklichen kein Engagement der öffentlichen Hand zugunsten bestimmter Konfessionen, sondern erfüllen vorkonstitutionell begründete Rechtspflichten. Die Neutralität des Staates wird durch die Aufbringung der Säkularisationslasten ebensowenig beeinträchtigt wie durch den fortdauernden Genuß der Säkularisationsvorteile. Der Umstand, daß staatliche Haushaltsmittel, die von der konfessionell inhomogenen Allgemeinheit aufgebracht werden, bestimmten Religionsgemeinschaften zufließen, begründet ebenfalls keine Neutralitätsverletzung[138]. Die Verfassung des modernen Subventions- und Umverteilungsstaates erlaubt (und legitimiert) erheblich empfindlichere Interventionen in die grundrechtlich geschützten, staatsneutralisierten Eigenbereiche der politischen Willensbildung in der Gesellschaft, der Wirtschaft und der Kultur[139]. Die Aufrechterhaltung der Dotationen verstößt ebensowenig gegen konfessionelle Neutralität, wie die Einführung der staatlichen Parteifinanzierung der parteipolitischen Neutralität widerspricht[140].

2. Rechtsgleichheit und konfessionelle Parität

Dagegen erlangt Art. 138 Abs. 1 WRV (Art. 140 GG) Bedeutung, um Angriffe von der Warte des *Gleichheitssatzes* und des *Paritätsgebotes* abzuwehren. Die Beschränkung der Staatsleistungen auf die „altrechtlichen" Religionsgesellschaften entspricht nicht abstrakten Egalitäts- und zeitgemäßen Paritätsvorstellungen. Hier stellt Art. 138 Abs. 1 WRV (Art. 140 GG) klar,

— daß die traditionellen Leistungen nicht wegen der historisch begründeten Ungleichheit eingestellt werden dürfen, sondern erst künftig gegen Abfindung aufzuheben sind[141];

---

[137] Zu diesem Gebot grundsätzlich: *Schlaich*, Neutralität (Anm. 135), insbes. S. 129-217.

[138] Zutreffend: BVerwGE 38, 76 (78 f., 80); *Scheuner*, Bestand (Anh. 2), S. 395 f.; *Maunz* (Anm. 83), Art. 140 GG / Art. 138 WRV, Rdnrn. 1, 5, 6; HdbBayStKirchR, S. 196; *Link*, Rechtsprobleme (Anh. 2), S. 212 f. — Verfehlt dagegen OVG Münster, Urt. v. 13.10.1969, in: ZevKR 15 (1970), S. 275 (278 ff.).

[139] Vgl. *Schlaich*, Neutralität (Anm. 135), S. 242 f., 250-256.

[140] Nachw. der BVerfG-Judikatur zur Parteienfinanzierung: *Leibholz / Rinck*, Grundgesetz (Anm. 26), Art. 21, Anm. 121 ff.

[141] Art. 138 Abs. 1 WRV (Art. 140 GG) wird als zulässiger Differenzierungsgrund sub specie des Art. 3 Abs. 1 GG anerkannt von BVerfGE 19, 1 (13-16); s. auch BVerwGE 38, 76 (80); *Hollerbach*, Anmerkung (Anh. 2), in: JZ 1965, S. 612-615; *Scheuner*, Bestand (Anh. 2), S. 395. — Unzutreffend: OVG Münster (Anm. 138), S. 276 ff.

— daß die Dotationen nicht nach Gleichbehandlungs- und Paritätsgesichtspunkten auch solchen Religionsgemeinschaften zuerkannt werden müssen, die sich auf keinen vorkonstitutionellen Rechtstitel berufen können[142]. Allerdings wird eine Ausweitung auch nicht verhindert[143].

3. Gesellschaftlicher Wandel — Wegfall der Geschäftsgrundlage?

Der Wegfall oder die Kündbarkeit von Leistungspflichten kann nicht auf Gründe gestützt werden, die der Verfassunggeber von Weimar oder Bonn selber geliefert oder die er, weil sie ihm vertraut gewesen sind, billigend in Kauf genommen hat: So hat es keinen Einfluß auf den Fortbestand der Staatsleistungen, daß nunmehr die *Kirchensteuer* die primäre Finanzierungsgrundlage bildet. Denn Art. 137 Abs. 6 WRV (Art. 140 GG) läßt erkennen, daß bis zur Ablösung Kirchensteuer und Staatsleistungen nebeneinander bestehen bleiben sollen[144]. Die Kirchensteuer ist schon deshalb kein möglicher Ersatz, weil sie vom Kirchenvolk aufgebracht wird (wenn auch von der Staatsverwaltung eingezogen), indes die Staatsleistungen der staatlich organisierten Allgemeinheit obliegen.

Desgleichen ergibt sich kein Einwand aus dem *allgemeinen Wandel* der staatskirchenrechtlichen Beziehungen — dem Auseinanderrücken von Staat und Kirche, dem Rückzug des Staates aus sakralen, dem der

---

[142] So einschlußweise BVerfGE 19, 1 (13, 16). Ebenso *Hollerbach*, Anmerkung (Anh. 2), in: JZ 1965, S. 614 (unzutreffend aber die These, für positive Staatsleistungen sei Ausweitung verboten). Zu Unrecht sieht BFHE 159, 207 (208 f.) „rechtsstaatliche Bedenken" gegen eine Grundsteuerbefreiung als negative Staatsleistung.
Kommunale Kirchenbaulasten, auch soweit sie nicht auf Art. 138 Abs. 1 WRV gestützt werden, verstoßen nicht gegen den Neutralitätsgrundsatz und das Paritätsgebot des Grundgesetzes (BVerwGE 38, 78 [80 f.]); BVerwG, in: KirchE 22, 38 [39 f.]).

[143] Dazu unten G.

[144] Die Staatsleistung ist keine subsidiäre Einnahmequelle gegenüber der heutigen Kirchensteuer. Das *RG* stellte bereits 1926 fest, der Staat habe sich von einer bei Inkrafttreten der WRV bestehenden Leistungspflicht aus eigener Machtvollkommenheit nicht dadurch befreien können, daß er einer Landeskirche das Besteuerungsrecht eingeräumt habe (RGZ 113, 349 [379]; ähnlich RGZ 125, 186 [190]). Der *StGH* lehnte 1929 ab, die Kirche als Ersatz für Staatsleistungen auf die Steuererhebung zu verweisen: Die Erhebung einer übermäßig hohen Steuer sei unzumutbar, da dies erfahrungsgemäß die Kirchenaustrittsbewegung fördere (in: RGZ 128, Anhang S. 16 [44]). Nach dem *BVerwG* liefert die heutige Kirchensteuer kein Argument gegen die Fortdauer kommunaler Leistungspflichten (BVerwGE 38, 76 [81] — entgegen OVG Münster [Anm. 138], S. 280 ff.). Vgl. auch *Eberhard Sperling*, Zum Fortbestand herkömmlicher Kirchenbaulasten der politischen Gemeinden, in: DÖV 1973, S. 270.

§ 35 Staatsleistungen an die Kirchen und Religionsgemeinschaften 1047

Kirche aus profanen Aufgaben[145]. Denn dieser Wandel ist von der Weimarer Reichsverfassung bejaht oder sogar bewirkt worden. — Im Jahre 1919 konnte der Verfassunggeber nicht mehr ohne weiteres voraussetzen, daß die Bevölkerung der leistungspflichtigen Gebietskörperschaften noch so konfessionell geschlossen war wie bei der Begründung der Pflichten und daß sie auch in Zukunft unverändert bleiben werde. Vollends durfte das der Verfassunggeber von 1949 nicht mehr erwarten, nachdem die Bevölkerungsbewegungen von Jahrzehnten, vor allem Flucht und Vertreibung nach 1945, die Gesellschaft neu durchmischt hatten. Schon deshalb ist der *Verlust der konfessionellen Homogenität* unerheblich — abgesehen davon, daß die Rechtspflichten einer Körperschaft nicht von der soziologischen Struktur des jeweiligen Mitgliederbestandes abhängen[146].

Da die Staatsleistungen auf dem Stand von 1919 eingefroren sind, bleiben nachträgliche Änderungen schon aus tatbestandlichen Gründen grundsätzlich irrelevant. Ohnehin hat nach Allgemeiner Rechtslehre der Fortfall des ursprünglichen Leistungszwecks oder der ursprünglich vorausgesetzten Rechtsverhältnisse nur geringen Einfluß auf den Bestand von Schuldverhältnissen[147]. Vollends minimiert ist dieser Einfluß im Geltungsbereich des Art. 138 Abs. 1 WRV (Art. 140 GG): Wenn die Zuwendung einen wesentlichen Teil der Unterstützung bildet, die der Staat der Kirche zur Bestreitung ihrer wirtschaftlichen Bedürfnisse gewährt, so greift die Veränderungssperre ein, solange die Bedürfnisse andauern. Auf die weiteren Ziele, die der öffentliche Geber — vielleicht sogar vorrangig — verfolgt hat, kommt es nicht an. Das Verfassungsrecht hält den vorgefundenen Vermögensstand vorläufig aufrecht, ob-

---

[145] Die Topoi „Veränderung der Verhältnisse" oder „Veränderung der Normsituation" werden unkritisch gegen kommunale Kirchenbaulasten ausgespielt: BVerwGE 28, 179 (183); OVG Münster, Urt. v. 14.2.1966, in: KirchE 8, 32–41; OVG Münster (Anm. 138), S. 280–282. — Zurückhaltender BVerwGE 38, 76 (81). — Zur nachträglichen „Unmöglichkeit" im Recht der Staatsleistungen zutreffend: *Zündorf,* Ablösung (Anh. 2), S. 121–126.
[146] Unzutreffend: BVerwGE 38, 76 (82 f.) — freilich bezogen auf die Kirchengutsgarantie des Art. 138 Abs. 2 WRV, nicht auf die anders gelagerte Norm des Art. 138 Abs. 1 WRV.
[147] So wird der Vorbehalt der clausula rebus sic stantibus an sich auch für öffentlich-rechtliche Verträge anerkannt. Wenn allerdings wegen der Änderung der bei Vertragsschluß vorausgesetzten Verhältnisse das Festhalten an einer Vertragspflicht unzumutbar wird, entbindet diese Klausel grundsätzlich nicht vom Vertrag im Ganzen; vielmehr ermöglicht sie in erster Linie die Anpassung an die neue Lage, allenfalls auch die Geldabfindung (vgl. BVerfGE 34, 216 [232 f.]). Für das heutige Gesetzesrecht gilt der Vorbehalt von vornherein nicht. Der gemeinrechtliche Satz „Cessante ratione legis cessat lex ipsa" hat im modernen Gesetzesstaat seine Kraft verloren (vgl. *Karl Larenz,* Methodenlehre der Rechtswissenschaft. 6. Aufl., Berlin, Heidelberg, New York 1991, S. 351; *Wolfgang Löwer,* Cessante ratione legis cessat ipsa lex. Berlin und New York 1989).

wohl dessen Gründe weitgehend überholt sind. Für die Adaptierung an die rechtlichen und gesellschaftlichen Verhältnisse der Gegenwart ist die Ablösung vorgesehen. Daneben bleibt wenig Raum für das sonstige Anpassungsinstrumentarium der Rechtsordnung, wie die clausula rebus sic stantibus oder den Fortfall der Geschäftsgrundlage[148].

Die Verwaltungsgerichte erkennen freilich der Änderung der Verhältnisse eine gewisse Relevanz zu für den Bestand kommunaler Baulasten, soweit diese nach traditioneller Auffassung auf die Kirchengutsgarantie (Art. 138 Abs. 2 WRV) gestützt werden[149]. Die Judikatur zu dieser Norm läßt sich nicht auf die Staatsleistungsgarantie des Art. 138 Abs. 1 WRV übertragen, weil diese auf das „Normaljahr" 1919 abstellt und so gewisse Distanz gewinnt zu späteren Entwicklungen. Immerhin: am ehesten mag der Wandel der Verhältnisse sich auf kommunale Leistungen auswirken, auch wenn diese dem Schutzbereich des Art. 138 Abs. 1 WRV zugeordnet werden. Die kommunale Rechtspflicht kann entfallen, wenn deren ortsgebundener Zweck sich auf Dauer erledigt, weil das Pfarrhaus, für das der Gemeinde die radizierte Baulast obliegt, nicht mehr der örtlichen Pfarrei dient, sondern von der Kirche umgewidmet wird für überörtliche Aufgaben, etwa solche der Diakonie, oder erwerbswirtschaftlich zur Vermietung genutzt wird. Mit der Kriegszerstörung eines Kirchengebäudes erledigt sich nicht die Baulast, vielmehr aktualisiert sie sich als Wiederaufbaupflicht[150].

II. Status-quo-Garantie auf Widerruf und vertragliche Ablösung

1. Art. 138 Abs. 1 WRV (Art. 140 GG) entfaltet seine aktuelle Wirkung als vorläufige Status-quo-Garantie. Diese Regelung ist nicht das einzige Provisorium des Verfassungsrechts, das sich als dauerhaft erweist. — Die Veränderungssperre, die der Ablösung vorgeschaltet ist, vermittelt den Destinataren ein verfassungskräftiges *subjektives Recht* auf Aufrechterhaltung der Leistungen, ohne Rücksicht darauf, ob der jeweilige Leistungstitel schon aus sich heraus einen Anspruch gewährt[151]. Die

---

[148] Diese Rechtsinstitute können bei Leistungspflichten eingreifen, die nicht der Ablösung unterliegen: etwa Pflichten auf einmalige Realdotation oder nach 1919 begründete Pflichten.

[149] Exemplarisch BVerwGE 38, 76 (81 ff.); BVerwG, in: KirchE 22, 38 (40); BVerwG, in: DVBl. 1979, S. 116 (117 f.). Die Anwendung der clausula rebus sic stantibus geht auch im Geltungsbereich der Kirchengutsgarantie zu weit. Kritik: *Scheuner*, Fortfall (Anm. 89), S. 353–361, und Bestand (Anh. 2), S. 391–396 mit Nachw.; vgl. auch *Huber*, Rezension (Anh. 1), S. 150 ; *Sperling*, Fortbestand (Anm. 144), S. 271 f.; *Mikat*, Staat (Anm. 58), S. 1086; HdbBayStKirchR, S. 166. Gleichwohl bleiben die kommunalen Leistungen eine verfassungsrechtlich relativ schwach geschützte Flanke des Leistungssystems, solange die herrschende Verfassungsinterpretation ihnen den Schutz der Staatsleistungsgarantie nicht zuerkennt.

[150] S. oben B II 4.

öffentlich- oder privatrechtliche Form der jeweiligen Leistungspflicht bleibt dadurch unverändert. Von der Rechtsform hängt die Zulässigkeit des ordentlichen oder des Verwaltungsrechtswegs ab. Die prozessuale Durchsetzbarkeit als solche ist nunmehr für alle Staatsleistungen im Rahmen des Art. 138 Abs. 1 WRV (Art. 140 GG) sichergestellt[152].

2. Der Bestandsschutz erfaßt die Staatsleistungen in ihrem vollen wirtschaftlichen Wert. Beitragsleistungen müssen den jeweiligen *Währungsverhältnissen* angepaßt und in Perioden der Geldentwertung „inflationsbereinigt" werden[153]. Die Pflicht zur Überlassung von Bauten für kirchlichen Wohn- und Verwaltungsbedarf entfällt nicht, wenn die Häuser im Kriege zerstört werden. Vielmehr ist der Staat von Verfassungs wegen gehalten, die Baulichkeiten wiederherzustellen[154].

3. Die Verfassungsgarantie schließt jede Form einer *„Temporaliensperre"* aus. Dem Leistungsschuldner ist es verwehrt, die Erfüllung seiner Pflichten von kirchlichem Wohlverhalten abhängig zu machen und sich deshalb auf Zurückbehaltungsrechte, Auflagen oder Bedingungen zu berufen. Der Versuch, die Staatsleistung als kirchenpolitisches Steuerungsinstrument zu handhaben, verletzt nicht nur die Garantie des Art. 138 Abs. 1 WRV (Art. 140 GG), sondern auch das Verbot kirchenregimentlicher Staatsfunktionen (Art. 137 Abs. 1 WRV / Art. 140 GG), das Selbstbestimmungsrecht der Religionsgesellschaften (Art. 137 Abs. 3 WRV / Art. 140 GG), die Religionsfreiheit (Art. 4 Abs. 1 GG) und das Willkürverbot (Art. 3 Abs. 1 GG).

4. Die Veränderungssperre hat die Länder nicht gehindert, Staatsleistungen im Wege der *Vereinbarung* mit den Kirchen abzulösen[155]. Die

---

[151] *Huber* unterscheidet zutreffend den Anspruch, der aus dem Rechtstitel, und das subjektive öffentliche Recht, das aus Art. 138 Abs. 1 WRV kommt (Garantie [Anh. 1], S. 94).

[152] Zu den Rechtsfragen: *Huber,* Garantie (Anh. 1), S. 61; *Müssener,* Ansprüche (Anm. 9), S. 58 f. Zur Zulässigkeit der Verfassungsbeschwerde s. unten III 2.

[153] Die Pflicht des Leistungsträgers, Inflationsverluste durch Aufwertung der geleisteten Beträge auszugleichen, wird allgemein anerkannt: StGH, in: RGZ 118, Anhang S. 1 (8-15), und in: RGZ 128, Anhang S. 16 (35, 37); RG, Urt. v. 18.5.1926, in: JW 1927, S. 1253 (1254); *Schott,* Rechtsgrundlagen (Anh. 1), S. 27, 54; *Peter Kahl,* Schlußwort (betreffend die Kontroverse Conrad-Mess), in: DJZ 28 (1923), S. 340; *Huber,* Garantie (Anh. 1), S. 72 f., 100, 101; *Ebers,* Staat (Anm. 3), S. 246-252; *Karl Loewenstein,* Die Rechtsgültigkeit der gesetzlichen Neuregelung der Biersteuerentschädigung, in: AöR 52 (1927), S. 242; *W. Weber,* Ablösung (Anh. 2), S. 40 f.

[154] Näher s. oben B II 4.

[155] Beispiele für kirchenvertragliche De-facto-Ablösungen: Art. 16, 17 NiedersKV; Art. 15, 16 NiedersK; Art. 5-7 HessKV; Art. I-IV Vertrag des Landes Hessen mit den Kath. Bistümern in Hessen v. 9.3.1963; Art. 18-20 Schlesw.-Holst. KV; Art. 13 Abs. 1 und 3 Sachs.-Anh. KV; Übersicht über vertragliche

Rechtspraxis versteht das Ablösungsverbot lediglich als Verbot einseitiger Ablösungsmaßnahmen[156]. Gegen dieses verfassungsrechtlich nicht vorgesehene procedere werden Bedenken erhoben: In der Ablösungsnorm seien Staatsinteressen verkörpert, die nicht zur Disposition der Vertragspartner stünden[157]. Jedoch kann dieser Einwand nicht den einzig gangbaren Weg versperren, den sich die Rechtspraxis gebahnt hat, um dem Verfassungsziel einer Erneuerung der fossilierten Vermögensbeziehungen näherzukommen. Die Destinatare können auf die Einhaltung von Formalien verzichten, die ihrem Schutz dienen[158]. Die vertraglichen Regelungen dürfen allerdings nicht das materiale Verfassungsgebot einer wertgerechten Abgeltung verletzen. Ein Kirchenvertrag kann die vom Grundgesetz erstrebte umfassende, gleichmäßige Bereinigung der Vermögensbeziehungen nicht ersetzen. Immerhin muß der staatliche Leistungsträger der Gleichbehandlung aller Destinatare dadurch Rechnung tragen, daß er, wenn er mit dem einen eine Ablösungsvereinbarung getroffen hat, sich den übrigen gegenüber zu entsprechenden Regelungen bereithält. Schließlich wird durch einvernehmliche Auseinandersetzung nicht die endgültige Entscheidung im regulären gesetzlichen Ablösungsverfahren vorweggenommen[159]. Das Ablösungsrecht ist auch gegenüber solchen Leistungsbeziehungen noch nicht verbraucht, die bereits vertraglich erneuert worden sind. Im Ergebnis blockiert also die Staatsleistungsnorm nicht die Rechtsentwicklung. Sie ermöglicht Evolution — allerdings nur durch Koordination und in schonendem Ausgleich.

Auseinandersetzungen: *W. Weber,* Ablösung (Anh. 2), S. 4-9; *Hofmann,* Ablösung (Anh. 2), S. 372-377.

[156] So die Äußerungen der Abg. *Heinze* und *Mumm* im Weimarer Verfassungsausschuß (Sten. Ber. d. NatVers., Bd. 336, S. 520). Auf derselben Linie: RGZ 113, 349 (350); *Israël,* Reich (Anh. 1), S. 30; *Hofmann,* Ablösung (Anh. 2), S. 370 f.; *Maunz,* Regelungen (Anm. 120), S. 3; *Maunz* (Anm. 83), Art. 140 GG / Art. 138 WRV, Rdnrn. 2, 9; *Helmut Quaritsch,* Kirchenvertrag und Staatsgesetz, in: FS für Friedrich Schack. Hamburg 1966, S. 127; *Wehdeking,* Kirchengutsgarantien (Anh. 2), S. 122-123 (mit Nachw.); *v. Mangoldt / Klein / v. Campenhausen,* Art. 140 GG / Art. 138 WRV, Rdnr. 9. Zurückhaltend: *Hollerbach,* Schutz (Anm. 89), § 139, Rdnr. 59.

[157] Vgl. *Huber,* Garantie (Anh. 1), S. 99 f.; *Anschütz,* Verfassung (Anm. 58), Art. 138, Anm. 4; *Koellreutter,* Beiträge (Anh. 1), S. 25 f.; *Zündorf,* Ablösung (Anh. 2), S. 78-83, 118.

[158] Daß die Destinatare nicht durch staatlichen Druck zur Annahme eines Vertragsdiktats, zur Unterwerfung unter einen „ungleichen Vertrag" genötigt werden können, ist durch die verfassungsrechtlichen Freiheitsgarantien und Koordinationsbedingungen des Staatskirchenrechts sichergestellt.

[159] Kirchenvertragliche Vermögensauseinandersetzungen werden häufig mit dem Vorbehalt verbunden, daß für die Ablösung nach Art. 138 Abs. 1 WRV (Art. 140 GG) die bisherige Rechtslage maßgebend sei. Siehe Art. 16 Abs. 2 NiedersKV; Art. 15 Abs. 2 NiedersK; Art. 18 Abs. 2 S. 1 Schlesw.-Holst. KV.

III. Verfassungsrechtlicher Bestandsschutz außerhalb des Art. 138 Abs. 1 WRV (Art. 140 GG)

1. Kirchengutsgarantie

Die Regelungsbereiche der Ablösungsvorschrift und der Kirchengutsgarantie (Art. 138 Abs. 2 WRV / Art. 140 GG) überschneiden sich — und zwar hinsichtlich solcher Staatsleistungen, die zwei Voraussetzungen erfüllen:

— daß der zugrunde liegende Rechtstitel dem Destinatar ein subjektives Recht einräumt und

— daß das Aufkommen Kultus-, Unterrichts- oder Wohltätigkeitszwecken gewidmet ist.

Während die Ablösungsvorschrift an diese Kriterien nicht gebunden ist, reicht die Kirchengutsgarantie über Staatsleistungen im technischen Sinne hinaus. Soweit die Normen konkurrieren, ist Art. 138 Abs. 2 subsidiär: Das allgemeine Säkularisierungsverbot, das Art. 138 Abs. 2 enthält[160], schützt einerseits nicht vor der Ablösung, bleibt andererseits aber an Schutzintensität hinter der vorläufigen Status-quo-Garantie zurück[161].

2. Eigentumsgrundrecht

Ähnlich löst sich auch die Normenkonkurrenz zwischen Art. 138 Abs. 1 WRV (Art. 140 GG) und Art. 14 GG. Das Eigentumsgrundrecht umfaßt an sich auch die Staatsleistungen; es bleibt aber subsidiär, soweit für diesen „Eigentums"-Typus auf Verfassungsebene Inhalt und Schranken gesondert konstituiert werden und ein spezifischer Beendigungsgrund vorgesehen ist[162].

Art. 14 GG tritt aber in Erscheinung, wenn der Bestandsschutz der Dotationen über die *Verfassungsbeschwerde* verteidigt werden soll. Da die Garantien des Art. 140 GG nicht zu den beschwerdefähigen Grundrechten und grundrechtsähnlichen Rechten gehören (arg. Art. 93 Abs. 1 Nr. 4a GG, § 90 Abs. 1 BVerfGG)[163], kommt als zulässige Rüge nur die

---

[160] Dazu *J. Heckel*, Kirchengut (Anm. 5), S. 129-143; *Hesse*, Bauplanungsrecht (Anm. 94), S. 67-77.
[161] Vgl. *Huber*, Garantie (Anh. 1), S. 56-58; *Wehdeking*, Kirchengutsgarantien (Anh. 2), S. 126-133; *Axer*, Steuervergünstigungen (Anh. 2), S. 481 ff.; *Link*, Rechtsprobleme (Anh. 2), S. 210 ff.
[162] Zu Art. 153 WRV: *Huber*, Garantie (Anh. 1), S. 56-58.
[163] So BVerfGE 19, 129 (135). — Der Grundrechtscharakter des Art. 138 Abs. 1 WRV wird abgelehnt von *Huber*, Garantie (Anh. 1), S. 99. Die Gegenposition

Verletzung des Eigentumsgrundrechts in Betracht. Wird diesem Zulässigkeitserfordernis genügt, so steht der Weg zu einer verfassungsgerichtlichen (Begründetheits-)Prüfung am Maßstab der staatskirchenrechtlichen Norm offen[164].

3. Landesverfassungsrechtliche Garantien

Den Bestimmungen der Landesverfassungen über die Staatsleistungen kommt angesichts der Regelung des Grundgesetzes keine besondere Bedeutung mehr zu[165]. Landesrechtliche Ablösungsdirektiven sind hinfällig geworden; und landesverfassungsrechtliche Bestandsgarantien vermögen nicht, die bundesrechtlich zu initiierende Ablösung zu verhindern (Art. 31 GG). Soweit die Landesverfassungen die Aufrechterhaltung der Staatsleistungen zusichern, verstärken sie den materiellen Schutz nur wenig über das Grundgesetz hinaus[166]. Immerhin verdoppeln sie den prozessualen Schutz, wenn sie den Zugang zur Staatsgerichtsbarkeit auf Landesebene eröffnen.

F. Die Rechtslage in den neuen Bundesländern

Die Wiedervereinigung Deutschlands bereitet der Spaltung der Staat-Kirchen-Beziehungen ein Ende. Mit dem Grundgesetz ist sein Staatsleistungsartikel auf dem Territorium der vormaligen DDR am 3. Oktober

---

begründet hinsichtlich Art. 138 Abs. 2 WRV (Art. 140 GG) *Wehdeking*, Kirchengutsgarantien (Anh. 2), S. 67-111.

[164] Das BVerfG hält sich allgemein die Möglichkeit offen, im Rahmen einer zulässig erhobenen Verfassungsbeschwerde auch die Verletzung objektiven Verfassungsrechts zu prüfen (Nachw.: *Gerhard Leibholz / Reinhard Rupprecht*, Bundesverfassungsgerichtsgesetz. Rechtsprechungskommentar. Köln 1968, § 90, Rdnr. 68; *Klaus Schlaich*, Das Bundesverfassungsgericht. 2. Aufl., München 1991, Rdnrn. 210-217). Der Verstoß gegen die Staatsleistungsgarantie muß aber nicht neben, sondern kann innerhalb der zulässig gerügten Beeinträchtigung des Eigentumsgrundrechts, dessen Ausprägung sie ist, geprüft werden.

[165] Gewährleistungen ohne Ablösungsvorbehalt: Art. 145 Abs. 1 BayVerf.; Art. 45 Rheinl.-PfalzVerf.; Art. 39 SaarVerf.; Art. 7 Bad.-Württ.Verf.; Art. 112 Abs. 1 SächsVerf. — Fakultative vertragliche Ablösung: Art. 21 NWVerf.; Art. 37 Abs. 2 BrandenbVerf. — Obligatorische gesetzliche Ablösung: Art. 52 HessVerf. — Darstellung des Landesverfassungsrechts und seiner Fortgeltung: *Wehdeking*, Kirchengutsgarantien (Anh. 2), S. 137-164, 204-230 (Nachw.). Zu den Landesverfassungen s. unten F II.

[166] Diese Feststellung steht unter der oben begründeten Prämisse, daß Art. 138 Abs. 1 WRV (Art. 140 GG) auch die kommunalen Leistungen abdeckt. Zum Bestandsschutz der kommunalen Dotationen durch Landesverfassungen s. oben Anm. 93.

1990 in Kraft getreten[167]. Gleichwohl stößt die praktische Anwendung auf Schwierigkeiten. Unklar ist oftmals, ob und wieweit das Substrat der grundgesetzlichen Gewährleistung, das Vorweimarer Leistungsrecht, die Zeit der sowjetischen Besatzung und des DDR-Sozialismus überstanden hat.

I. Sowjetische Besatzungszone und Deutsche Demokratische Republik

Die sowjetische Besatzungsmacht tastete das vorgefundene System der vermögensrechtlichen Beziehungen zwischen Staat und Kirche dem Grunde nach nicht an und sagte den Kirchen den Fortbestand der Staatsleistungen zu. Die Regelung des Art. 138 Abs. 1 WRV wurde mit anderen Bestimmungen des Weimarer Staatskirchenrechts von der SED in ihrem Musterentwurf einer Verfassung vom 14. November 1946 übernommen. Diesem Vorbild folgten die Verfassungsgesetze der fünf Länder in der sowjetischen Besatzungszone[168]. Auf derselben Linie hielt sich die (erste) Verfassung der DDR von 1949: „Die auf Gesetz, Vertrag oder besonderen Rechtstiteln beruhenden öffentlichen Leistungen an die Religionsgesellschaften werden durch Gesetz abgelöst" (Art. 45 Abs. 1). Im Unterschied zum Weimarer Vorbild bezog sie sich auf „öffentliche", nicht allein auf „staatliche" Leistungen, schloß also, anders als Art. 138 Abs. 1 WRV, schon dem Wortlaut nach auch Leistungen der Kommunen oder sonstiger öffentlich-rechtlicher Träger ein[169]. Nicht fortgeschrieben wurde der Vorbehalt eines Richtliniengesetzes des Reiches (Art. 138 Abs. 1 S. 2 WRV). Die (zweite) Verfassung der DDR von 1968/1974 sparte das Thema der Staatsleistungen aus. Damit leitete sie jedoch keine Wende in der Sache ein. So oder so kam den verfassungsrechtlichen Regelungen im totalitären System des Sozialismus keine rechtspraktische Bedeutung zu. Der politischen Führung in Partei und Staat war das Recht Instrument, nicht Richtmaß. Unter der Maxime sozialistischer Parteilichkeit konnte die Verfassung nicht in Normativität erwachsen[170].

---

[167] Dazu *Wolfgang Rüfner*, Deutsche Einheit im Staatskirchenrecht, in: Ess-Gespr. 26 (1992), S. 61 ff., 73 f.; *Holger Kremser*, Der Rechtsstatus der evangelischen Kirchen in der DDR und die neue Einheit der EKD. Tübingen 1993, S. 248 f.; *Joseph Listl*, Der Wiederaufbau der staatskirchenrechtlichen Ordnung in den neuen Ländern der Bundesrepublik Deutschland, in: Die personale Struktur des gesellschaftlichen Lebens. FS für Anton Rauscher. Berlin 1993, S. 413 ff.

[168] Vier Landesverfassungen sahen, wortidentisch mit der späteren DDR-Verfassung von 1949 (Art. 45 Abs. 1), die Ablösung durch Gesetz für „öffentliche" Leistungen vor, nämlich Art. 76 Verf. des Landes Thüringen v. 1946; Art. 92 Verf. der Provinz Sachsen-Anhalt v. 1947; Art. 89 Verf. des Landes Mecklenburg v. 1947; Art. 92 Verf. des Landes Sachsen v. 1947. Eine Variante enthielt die Verf. für die Mark Brandenburg v. 1947, wenn sie ein Gesetz zur „Aufhebung" der betreffenden „öffentlichen" Leistungen vorsah (Art. 65). Dazu *W. Weber*, Ablösung (Anh. 2), S. 13 ff.; *Erwin Jacobi*, Staat und Kirche nach der Verfassung der Deutschen Demokratischen Republik, in: ZevKR 1 (1951), S. 113 f.

[169] Dazu *Jacobi*, Staat und Kirche (Anm. 168), S. 129. Vgl. auch *W. Weber*, Ablösung (Anh. 2), S. 48 — zu den älteren Landesverfassungen der fünf Länder des DDR-Gebiets.

Die DDR erkannte nicht die rechtliche Verpflichtung an, die Staatsleistungen in Weimarer Verfassungstradition und in Erfüllung der einschlägigen Kirchenverträge zu prästieren[171]. Sie wies jedoch auch nicht förmlich alle Rechtspflichten von sich. Ein solches Vorgehen gegenüber der katholischen Kirche hätte die Frage des Konkordats aufgeworfen, das die DDR zwar nicht anwandte, aber in seiner Geltung auch nicht schlechthin bestritt[172]. Sie vermied die klare rechtliche Festlegung. Soweit sie Leistungen ruhen ließ, stornierte oder kürzte, berief sie sich — wie zuvor der NS-Staat bei entsprechenden Maßnahmen — auf Knappheit der Mittel. Den Kirchen war der Rechtsweg verschlossen, um ihre Ansprüche einzuklagen[173]. Was die DDR (oder zuvor die Länder der Sowjetischen Besatzungszone) leistete, geschah mehr oder weniger aus Kulanz. Immerhin: sie leistete. Anfänglich erbrachte sie Dotationen in hergebrachtem Umfang, 1952 erheblich vermindert, zu Beginn des Jahres 1953 überhaupt nicht, ab Juni 1953 — nach Proklamation des „Neuen Kurses" — doch wieder, wenn auch mit Abzügen[174].

Entscheidend ist, daß die DDR, als Einheitsstaat die einzig mögliche Schuldnerin, die überkommenen Staatsleistungen nicht abschaffte und daß die Kirchen auf ihren Rechtspositionen beharrten. Die alten Leistungspflichten wurden nicht förmlich aufgehoben, weder einseitig noch einvernehmlich. Abweichendes Gewohnheitsrecht konnte nicht entstehen. Eine desuetudo ergab sich nicht. Das Traditionskontinuum der Staatsleistungen dünnte in der Phase der DDR aus, riß jedoch nicht völlig ab[175].

---

[170] Es ist deshalb naiv, die Staatsleistungsgarantie der sozialistischen Verfassung wie die einer rechtsstaatlichen Verfassung zu behandeln und an ihr die DDR-Kirchenpolitik zu messen. So aber *Kremser,* Der Rechtsstatus (Anm. 167), S. 36 f.

[171] Zur Fortgeltung der Konkordate und Kirchenverträge: *W. Weber,* Ablösung (Anh. 2), S. 23 ff.; *Rüfner,* Deutsche Einheit (Anm. 167), S. 62 ff., 78 f.

[172] Dazu *Rüfner,* Deutsche Einheit (Anm. 167), S. 62 f.; *Listl,* Wiederaufbau (Anm. 167), S. 420 ff.; *Johannes Depenbrock,* Fortgeltung des Reichskonkordats und des Preußenkonkordats in den neuen Bundesländern, in: NVwZ 1992, S. 736 (738); *Axel Vulpius,* Zur Fortgeltung des Preußenkonkordats in den neuen Bundesländern, in: NVwZ 1994, S. 40.

[173] Oberstes Gericht der DDR in Zivilsachen: OGZ, Bd. II, 1954, S. 155 f. Dazu auch: *Siegfried Mampel,* Die sozialistische Verfassung der Deutschen Demokratischen Republik. 3. Aufl., Frankfurt a. M. 1972, S. 748.

[174] Vgl. *Mampel,* Verfassung (Anm. 173), S. 748. Die Zahlungen an die evangelische Kirche beliefen sich auf 12 Mio. Mark (vgl. *Rüfner,* Deutsche Einheit [Anm. 167], S. 73).

[175] Im Ergebnis auch *Rüfner,* Deutsche Einheit (Anm. 167), S. 74. S. auch die Hinweise bei *Depenbrock,* Fortgeltung (Anm. 172), S. 739.

II. Verfassungen der neuen Bundesländer

Obwohl die Staatsleistungen seit der Wiedervereinigung durch die Bundesverfassung rechtlich unterfangen werden, haben sich auch die Verfassungen der wiederhergestellten Länder des Themas angenommen. Vor ihrer rechtlichen steht die politische Bedeutung. Die Länder vollziehen freiwillig nach, was der Beitritt der DDR als verfassungsrechtliche Folge bewirkt hat und machen sich die staatskirchenrechtliche Vorgabe der Bundesverfassung zu eigen[176]. Zwei Modalitäten der Regelung lassen sich unterscheiden. Zum einen werden die Weimarer Kirchenartikel (mit ihnen Art. 138 Abs. 1) inkorporiert[177], zum anderen selbständige Garantien ausformuliert. Sachsen „gewährleistet" die Leistungen des Landes ohne Ablösungsklausel (Art. 112 Abs. 1)[178]. Brandenburg stellt die Ablösung der Leistungen des Landes und die der Träger der kommunalen Selbstverwaltung unter den Vorbehalt einer Vereinbarung mit dem kirchlichen Destinatar, die, soweit sie das Land betrifft, der Bestätigung durch Landesgesetz bedarf (Art. 37 Abs. 2).

Der Weg der vorläufigen pragmatischen Ablösung durch Kirchenvertrag dürfte allgemein gegangen werden. Das Land Sachsen-Anhalt findet in dem Vertrag mit den Evangelischen Landeskirchen vom 15. September 1993 eine exemplarische Regelung, indem es anstelle früher gewährter Dotationen für kirchenregimentliche Zwecke und Zuschüsse, für Zwecke der Pfarrbesoldung und -versorgung sowie anderer auf älteren Rechtstiteln beruhender Zahlungen einen „Gesamtzuschuß" vereinbart, der an die Entwicklung der Beamtenbesoldung angepaßt wird[179].

III. Rechtsschicksal einzelner Leistungstitel

Die bisherigen Leistungspflichten der DDR sind seit dem 1. Oktober 1990 auf die neuen Länder (einschließlich Berlin) übergegangen. Der Wandel vom Einheitsstaat zum Bundesstaat hat zur Auswechslung des staatlichen Schuldners geführt. Die kirchlichen Gläubiger können darauf rechnen, daß die Leistungen fortbestehen, und zwar wenigstens in

---

[176] Dazu *Josef Isensee*, Bedeutung und Grenzen der Landesverfassungen, in: SächsVBl. 1994, S. 28 (31).

[177] So Art. 109 Abs. 4 SächsVerf. v. 1992; Art. 9 Abs. 1 Meckl.-Vorp. Verf. v. 1993; Art. 32 Abs. 5 Sachs.-Anh. Verf. v. 1992; Art. 40 ThürVerf. v. 1993.

[178] Die Landesverfassung enthält also eine zweifache Garantie, die eigene nach Art. 112 Abs. 1 und die der Verweisung auf Art. 138 WRV (Art. 109 Abs. 4).

[179] Art. 13 Abs. 1 und 3 Sachs.-Anh. KV. Die pauschalierte Staatsleistung betrug 1991: 18,5 Mio. DM, 1992: 25,75 Mio. DM (Art. 13 Abs. 2). Ähnlich auch der Vertrag zwischen dem Land Mecklenburg-Vorpommern und der Evangelisch-Lutherischen Landeskirche Mecklenburg sowie der Pommerschen Evangelischen Kirche v. 20.1.1994 (Art. 12-16).

bisheriger, den neuen wirtschaftlichen Gegebenheiten angepaßter Höhe. Die restriktive Praxis der DDR markiert nur den Mindeststandard der Subsidien, der ohne weiteres als rechtlich fundiert behandelt werden darf. Es bleibt jedoch ein weites Feld diverser Leistungen, deren Fundierung unklar und umstritten ist, weil sie in der DDR-Zeit (unter Umständen auch schon in der NS-Zeit, zumal während des Krieges) von Staat oder Kommunen unzulänglich, verkürzt oder gar nicht erbracht wurden. Ein Erlöschen kraft Observanz („Entwöhnung") kommt nur in Betracht, wenn die kirchliche Seite die Rechtsauffassung der DDR teilte, daß kein aktueller Leistungsgrund mehr bestehe. Eine Aufhebung oder eine Ablösung von Rechtstiteln hätte des Einvernehmens zwischen Geber und Nehmer bedurft. Überdies müßte in solchen Fällen bewiesen werden, daß die Kirche wirklich aus freien Stücken zustimmte, nicht aber genötigt oder eingeschüchtert durch die staatliche Seite und nicht durch die repressiven Gesamtumstände des sowjetsozialistischen Systems. Die Vermutung spricht dafür, daß ein ungleicher Vertrag vorliegt. Die entsprechende Vermutung müßte auch widerlegt werden, damit ein wirksamer Rechtsverzicht oder der Tatbestand der Verwirkung angenommen werden darf.

Vielfach mag sich die Frage erheben, ob die numerische Schrumpfung der Kirchen im vormaligen Gebiet der DDR Auswirkungen auf den rechtlichen Bestand der Leistungspflichten habe, etwa unter dem Gesichtspunkt der clausula rebus sic stantibus. Im Grundsatz ist die Frage zu verneinen. Destinatare der Leistungen sind kirchliche Körperschaften, die als juristische Personen von den statistischen Schwankungen ihrer Mitgliederzahl unabhängig sind. Auch die Fusion kirchlicher Körperschaften berührt nicht den Bestand ihrer Rechte gegen Staat und Gemeinde. Die kommunale Baulast für ein Kirchengebäude wird nicht deshalb hinfällig, weil der Besuch des Gottesdienstes nachläßt oder weil die zuständige kirchliche Stelle den Raum zunehmend für außergottesdienstliche Veranstaltungen (Konzerte, Kunstausstellungen etc.) nutzt. Die Rechtslage kann sich jedoch anders darstellen, falls die öffentliche Hand ihre Leistung für eine spezifisch kirchliche Agende erbringt und diese — nicht nur vorübergehend — entfällt, wenn etwa eine Pfarrstelle, zu deren Gunsten eine Gemeinde einen Besoldungszuschuß oder die Unterhaltung des Pfarrhauses schuldet, aufgehoben wird oder auf Dauer unbesetzt bleibt. Hier greifen die Regeln über Zweckerreichung oder über den Fortfall der Geschäftsgrundlage ein[180].

---

[180] S. oben E II 4.

G. Begründung neuer Staatsleistungen

I. Verfassungsrechtliche Sperre?

Nach herrschender Rechtsmeinung ist die Einführung weiterer Dotationspflichten auch noch unter der Geltung des Art. 138 Abs. 1 WRV zulässig[181]. Dagegen erhebt sich vereinzelt Widerspruch: Aus der Ablösungsvorschrift folge das Verbot neuer Staatsleistungen, denn Art. 138 Abs. 1 WRV verfüge die „Institutsliquidation"[182]. Diese These setzt sich darüber hinweg, daß die Weimarer Reichsverfassung stets ausdrücklich zu erkennen gibt, in welchen Fällen sie eine hergebrachte Rechtseinrichtung nicht weiter dulden will[183], und daß der Text diese Absicht hinsichtlich der Staatsleistungen gerade nicht deutlich werden läßt[184]. Der Versuch, aus Art. 138 Abs. 1 WRV die Abschaffung der Dotation überhaupt zu deduzieren, überfordert diese Norm, weil sie ihrem Entscheidungsgehalt nach nur eine Überleitungsvorschrift bildet, welche die Abwicklung der übernommenen Schuldenmasse in der neuen Verfassungsära regelt.

Die Überleitungsvorschrift gibt keine Auskunft darüber, ob das Gemeinwesen künftig noch gleichartige Verbindlichkeiten eingehen darf. Die Antwort hängt von den Verfassungsnormen ab, welche die neue Ordnung konstituieren. Unter diesen Normen findet sich keine, die der öffentlichen Hand verwehrte, im Verhältnis zu den Religionsgemeinschaften oder zu anderen Rechtsträgern dauerhafte Leistungspflichten zu übernehmen[185].

---

[181] Repräsentativ für die h. M.: *Anschütz*, Verfassung (Anm. 58), Art. 138, Anm. 3; *J. Heckel*, Ausgabeninitiative (Anm. 85), S. 435; *Huber*, Garantie (Anh. 1), S. 5 f., 96 f.; *C. Schmitt*, Verfassungslehre (Anm. 27), S. 33; *Paul Schoen*, Das neue Verfassungsrecht der evangelischen Landeskirchen in Preußen. Berlin 1929, S. 28; *Ebers*, Staat (Anm. 3), S. 245; *August Roedel*, Das bayerische Kirchenrecht. München 1930, S. 8; *Ridder*, Wiederaufbaupflichten (Anh. 2), S. 151; *Scheuner*, Bestand (Anh. 2), S. 384 f.; *Mikat*, Staat (Anm. 58), S. 1086; *v. Mangoldt / Klein / v. Campenhausen*, Art. 140 GG / Art. 138 WRV, Rdnr. 19; HdbBayStKirchR, S. 196 ff.

[182] So die These *Brauns'* (Staatsleistungen [Anh. 2], S. 82 ff., 131 ff.) — in der Nachfolge der wesentlich behutsameren Rechtsmeinung *Israëls*, das Verbot, öffentliche Mittel für kirchliche Zwecke zu verwenden, bilde einen Programmsatz der WRV (Reich [Anh. 1], S. 19 ff.). Zustimmend *Preuß*, in: GG-Alt.-Komm. (Anm. 13), Art. 140, Rdnrn. 62 f.; *H. Weber*, Die rechtl. Stellung (Anm. 44), S. 263.

[183] Beispiele für „Institutsliquidationen" finden sich in Art. 109 Abs. 3 S. 2 (Adelsbezeichnungen); Art. 137 Abs. 1 (Staatskirche); Art. 147 Abs. 3 (Vorschulen); Art. 155 Abs. 2 S. 2 (Fideikommisse).

[184] Vgl. *Scheuner*, Bestand (Anh. 2), S. 384 f.

[185] So aber *Brauns*, Staatsleistungen (Anh. 2), S. 101 f., 134; *Preuß*, in: GG-Alt.-Komm. (Anm. 13), Art. 140, Rdnrn. 62 f.

II. Neue Unterhaltszuwendungen

Richtig ist freilich, daß das heutige Verfassungsrecht das staatliche Vorgehen ausschließt, das in früheren Epochen zur Begründung von Staatsleistungen geführt hat: die Säkularisation. Doch selbst dieses Verbot ergibt sich nicht aus dem Ablösungsauftrag (Art. 138 Abs. 1 WRV), sondern aus der Kirchengutsgarantie (Art. 138 Abs. 2 WRV), verbunden mit dem Eigentumsgrundrecht (Art. 14 GG), der korporativen Religionsfreiheit (Art. 4 Abs. 2 GG) und dem kirchlichen Selbstbestimmungsrecht (Art. 137 Abs. 3 WRV). Das Grundgesetz richtet sich gegen die Wiederkehr der historischen Ursache, nicht gegen die neue Zuwendung als solche, falls sie sich auf Gründe stützen kann, die dem heutigen Verfassungssystem entsprechen. Ein legitimer Grund ist gegeben, wenn der Staat Leistungen, die er den Kirchen aufgrund alter Rechtstitel zu erbringen hat, aus freien Stücken auch anderen Religionsgemeinschaften zuwendet, etwa Dotationen nach einer Meistbegünstigungsklausel oder Steuerbefreiungen nach allgemeinen tatbestandlichen Kriterien auf alle Gemeinschaften ausweitet, um so die historisch begründeten Unterschiede aufzufangen und auszugleichen. Die Ausweitung des Kreises der Destinatare und die Änderung des historischen Verteilungsschlüssels muß dem Gleichheitssatz Genüge tun und dem staatskirchenrechtlichen Prinzip der Parität Rechnung tragen. Die Maximen der Gleichheit und der Parität bestimmen nicht nur Reichweite und Höhe der Leistungen. Sie bilden auch deren Legitimationsgrund[186].

Auch neuartige Subsidien können heute begründet werden. Das Land Nordrhein-Westfalen verpflichtet sich erstmals durch Vertrag, den jüdischen Gemeinden seines Gebietes Dotationen zu erbringen[187]. Die Pflicht dient dem Ausgleich für die Vernichtung jüdischer Gemeinden und ihrer Einrichtungen durch den nationalsozialistischen Staat — einer Säkularisation diesseits des staatskirchenrechtlichen „Normaljahres" 1919. Die Dotationen, die ab 1995 jährlich 3,5 Mio. DM betragen werden (mit künftiger Anpassung an die Beamtengehälter), tragen auch dem neuen Unterhaltsbedarf der Gemeinden Rechnung, die heute zahlreiche Emigranten aus der ehemaligen Sowjetunion aufnehmen[188].

---

[186] Eine paritätische Ausweitung der positiven (nicht der negativen) Leistungen halten für unzulässig: *Hollerbach*, Anmerkung (Anh. 2), in: JZ 1965, S. 614; *Brauns*, Staatsleistungen (Anh. 2), S. 58, 80. — Anders dagegen *Scheuner*, Bestand (Anh. 2), S. 390.

[187] Vertrag des Landes Nordrhein-Westfalen mit dem Landesverband der Jüdischen Gemeinden von Nordrhein, dem Landesverband der Jüdischen Kultusgemeinden von Westfalen und der Synagogen-Gemeinde Köln v. 1.12.1992. Zu Inhalt und Ratio des Vertrages: *Clement*, Politische Dimension (Anm. 2), S. 47.

§ 35 Staatsleistungen an die Kirchen und Religionsgemeinschaften   1059

Auch hier handelt es sich um echte Staatsleistungen. Sie scheitern nicht an einer verfassungsrechtlichen Sperre aus Art. 138 Abs. 1 WRV („Institutsliquidation"), aber sie fallen auch nicht unter den Ablösungsauftrag und die Bestandsgewähr, weil der altrechtliche Titel fehlt. Dagegen werden sie unterfangen von der Kirchengutsgarantie des Art. 138 Abs. 2 WRV und dem Eigentumsgrundrecht, ohne daß sich damit ihr Inhalt änderte oder ihre vorgesehene Geltung verfassungsrechtlich verstetigte.

Das gleiche gilt für die paritätskonforme Ausweitung altrechtlicher Leistungen auf neue Destinatare.

III. Neue Ausgleichsleistungen

Unter der Ägide des Grundgesetzes können den Kirchen aus dem Eigentumsgrundrecht neue Kompensationsansprüche zuwachsen. Das ist für sie als freie Träger von Krankenhäusern der Fall, soweit ihnen das Gesetz die Deckung der Investitionskosten über die Pflegesätze verwehrt und dafür die staatliche Investitionsförderung zusagt[189]. Zu Unrecht wird diese von der politischen Praxis als Subvention qualifiziert und behandelt[190]. In Wahrheit handelt es sich um den Ausgleich für das gesetzlich oktroyierte Defizit. Die Rechtsgrundlage liegt im Eigentumsgrundrecht, dessen Anforderungen jedoch vom Gesetz verletzt werden, weil es nicht ein freiheitswahrendes Finanzierungsäquivalent gibt, sondern das kirchliche Krankenhaus der staatlichen Investitionslenkung unterwirft[191]. Desgleichen widerspricht der Regelungszustand den staatskirchenrechtlichen Garantien aus Art. 137 Abs. 3 WRV und Art. 138 Abs. 2 WRV (Art. 140 GG)[192].

Ausgleichspflichten sui generis könnten auch erstehen, wenn sich die Kirchen einmal aus ihren diakonischen Einrichtungen zurückziehen und diese der öffent-

---

[188] Vgl. *Clement*, Politische Dimension (Anm. 2), S. 47. — Weitere Dotationspflichten neuer Art ergeben sich aus: § 7 Vertrag des Landes NW mit dem Hl. Stuhle über die Errichtung des Bistums Essen v. 19.12.1956; Dotationsvereinbarungen für die ostdeutschen Kirchenverwaltungen (Anm. 87).

[189] Zur Rechtslage: *Otto Depenheuer*, Staatliche Finanzierung und Planung im Krankenhauswesen. Berlin 1986, S. 38 ff.; *Josef Isensee*, Verfassungsrechtliche Rahmenbedingungen einer Krankenhausreform, in: Robert Bosch Stiftung (Hrsg.), Krankenhausfinanzierung in Selbstverwaltung. T. II, Gerlingen 1990, S. 108 ff.

[190] Exemplarisch *Clement*, Politische Dimension (Anm. 2), S. 51 ff.

[191] Verfassungsrechtliche Kritik: *Walter Leisner*, Das kirchliche Krankenhaus im Staatskirchenrecht der Bundesrepublik Deutschland, in: EssGespr. 17 (1983), S. 23 ff.; *Depenheuer*, Staatliche Finanzierung (Anm. 189), S. 189 ff.; *Isensee*, Verfassungsrechtliche Rahmenbedingungen (Anm. 189), S. 124 ff.

[192] Vgl. *Depenheuer*, Staatliche Finanzierung (Anm. 189), S. 283 ff.

IV. Förderung säkularer Gemeinwohldienste der Kirche und Förderung der Religion

Der Verfassungsstaat der Gegenwart hat, seinen eigenen Zielen folgend, jenseits des Schutzbereichs von Art. 138 Abs. 1 WRV, ein reiches Repertoire an finanziellen Leistungen hervorgebracht, um Kirchen und Religionsgemeinschaften bei der Wahrnehmung von Aufgaben zu unterstützen, die auch in seinem säkularen Interesse liegen. Die Zuwendungen müssen der haushaltsrechtlichen Vorgabe genügen, daß der Bund oder das Land an der Erfüllung durch die nichtstaatlichen Stellen ein erhebliches Interesse hat, welches ohne die Zuwendungen nicht oder nicht im notwendigen Umfang befriedigt werden kann[193]. Das ist der Fall in den Konvergenzbereichen der Erziehung, der Kultur, der Wohlfahrtspflege. Die Kirche entlastet den Staat, indem sie Kindergärten und Altenheime unterhält, Erwachsenenbildung anbietet und Denkmalpflege leistet[194]. Staatliche Zuwendungen ermöglichen die freiheitliche, plurale und dezentrale Verwirklichung öffentlicher Aufgaben gemäß dem Prinzip der Subsidiarität des Staates[195]. Bei staatsentlastenden Tätigkeiten genießen kirchliche Körperschaften auch die Steuervergünstigungen der Gemeinnützigkeit[196].

Als gemeinnützig anerkannt ist im geltenden Steuerrecht aber auch die Förderung der Religion als solcher und die Förderung kirchlicher Zwecke[197]. Sie ist dem religiös und weltanschaulich neutralen, säkularen Staat nicht von Verfassungs wegen verwehrt. Wenn er hier steuerliche Verschonungssubventionen einräumt oder wenn er gar positive

---

[193] Vgl. §§ 14, 26 HGrG und § 23 BHO.

[194] S. oben B I 2.

[195] Dazu *Josef Isensee*, Gemeinwohl und Staatsaufgaben im Verfassungsstaat, in: HStR III, 1988, § 57, Rdnrn. 165 ff., 171 ff.; *Alexander Hollerbach*, Grundlagen des Staatskirchenrechts, in: HStR VI, 1989, § 138, Rdnrn. 103 f.

[196] Definition der gemeinnützigen und der mildtätigen Zwecke in §§ 52, 53 AO. Zur Legitimation der Steuervergünstigungen: *Josef Isensee*, Gemeinwohl und Bürgersinn im Steuerstaat des Grundgesetzes — Gemeinnützigkeit als Bewährungsprobe des Steuerrechts vor der Verfassung, in: FS für Günter Dürig. München 1990, S. 33 ff., 47 f., 59 f. Nach *Axer* stehen die Steuervorteile der Kirchen kraft ihrer Gemeinnützigkeit einschließlich der Spendenbegünstigung unter der Garantie des Art. 138 Abs. 1 WRV (Steuervergünstigungen [Anh. 2], S. 470 ff.). Vgl. auch *Lipphardt*, Negative Staatsleistungen (Anh. 2), S. 414; *Weides*, Religionsgemeinschaften (Anm. 58), S. 916.

[197] § 52 Abs. 2 Nr. 1 und § 54 AO. Dazu *Isensee*, Gemeinwohl und Bürgersinn (Anm. 196), S. 47 f., 62 ff.

§ 35 Staatsleistungen an die Kirchen und Religionsgemeinschaften   1061

Zuwendungen erbringt, identifiziert er sich nicht mit einer bestimmten Religion und Kirche. Aus der Freiheit der Religion folgt nicht ein Verbot der Religionsförderung, wie denn auch die Freiheit der Kunst nicht die Unzulässigkeit der staatlichen Kunstförderung bedeutet[198]. Im einen wie im anderen Falle greift der Staat nicht ein in die grundrechtlich geschützte Freiheit; er bietet vielmehr Hilfe zur Grundrechtsausübung. Die grundrechtlichen Probleme liegen weniger auf der Ebene der Freiheitsrechte als auf jener der Gleichheitsrechte[199]. Der Staat darf religiöse und kirchliche Tätigkeit nur nach verallgemeinerungsfähigen Kriterien fördern. Die Wahrung der Parität sichert seine Neutralität. Die Förderung trägt dazu bei, die realen Grundrechtsvoraussetzungen auf dem Gebiet der Religionsfreiheit zu sichern. Indirekt geht es auch um die Pflege der Voraussetzungen des verfassungsstaatlichen Systems der Freiheit überhaupt[200]. Denn dieses lebt aus geistigen Voraussetzungen, die der Staat aus Achtung vor der grundrechtlichen Freiheit nicht gewährleisten kann[201]. Aber er kann zu ihrer Erhaltung beitragen, dadurch, daß er die geistigen Mächte der Gesellschaft unterstützt, die, ihrerseits grundrechtsfähig und nicht neutral, die religiösen und sittlichen Grundlagen des Gemeinwesens beleben und wahren können. Die Förderung gründet auf der nicht erzwingbaren Erwartung, daß die Empfänger die religiösen und ethischen Dienste dem Gemeinwesen auch tatsächlich erbringen[202].

Die finanzielle Förderung neuer Art hat in ihrem Ausmaß und in ihren Wirkungen die historisch fundierten Staatsleistungen längst überflügelt

---

[198] *Hans Heinrich Rupp*, Förderung gesellschaftlicher Aktivitäten durch den Staat, in: EssGespr. 28 (1994), S. 5 (9 ff.); *Dietrich Pirson*, Die Förderung der Kirchen als Aufgabe des säkularen Staates, ebd., S. 83 ff. Zur Legitimation der Religionsförderung: *Peter Häberle*, Rezension, in: AöR 97 (1972), S. 326 ff. („grundrechtssanktionierende Staatsleistungen"); *Klaus G. Meyer-Teschendorf*, Staat und Kirche im pluralistischen Gemeinwesen. Tübingen 1979, S. 135 ff., 195 ff. — Ablehnung einer Religionsförderung: *Hans Peter Bull*, Die Staatsaufgaben nach dem Grundgesetz. Frankfurt a. M. 1973, S. 365; *Brauns*, Staatsleistungen (Anh. 2), S. 136, Fn. 15; *Preuß*, in: GG-Alt.-Komm. (Anm. 13), Art. 140, Rdnr. 63; *H. Weber*, Die rechtl. Stellung (Anm. 44), S. 262 f.

[199] Zur staatlichen Kunstförderung: *Wolfgang Knies*, Schranken der Kunstfreiheit als verfassungsrechtliches Problem. München 1967, S. 205 ff., 224 ff.; *Erhard Denninger*, Freiheit der Kunst, in: HStR VI, 1989, § 146, Rdnr. 34; *Josef Isensee*, Kunstfreiheit im Streit mit Persönlichkeitsschutz, in: Archiv für Presserecht 1993, S. 622.

[200] Dazu *Josef Isensee*, Grundrechtsvoraussetzungen und Verfassungserwartungen an die Grundrechtsausübung, in: HStR V, 1992, § 115, Rdnrn. 162, 261, 262 ff.

[201] Vgl. *Ernst-Wolfgang Böckenförde*, Die Entstehung des Staates als Vorgang der Säkularisation (1967), in: ders., Recht, Staat, Freiheit. Frankfurt a. M. 1991, S. 112.

[202] Dazu *Isensee*, Verfassungsstaatliche Erwartungen (Anm. 41), S. 123 ff.; *ders.*, Grundrechtsvoraussetzungen (Anm. 200), § 115, Rdnrn. 261, 263.

und zu einer Randerscheinung werden lassen, deren förmliche Ablösung schon deshalb für Staat wie Kirche wenig dringlich erscheint, weil sich die heutigen Leistungen trotz ihrer alten Rechtsgrundlagen zumeist auch im neuen Lichte der Freiheitsrechte funktionsbezogen umdeuten und als gemeinwohlgemäß rechtfertigen lassen. Die Vermögensbeziehungen zwischen Staat und Kirche entwickeln sich auch ohne Ablösungsprozedur von der historisch begründeten Ungleichheit fort zur Parität, von der traditionalen Begründung zur funktionalen aus den Zielen des gegenwärtigen Verfassungsstaates.

Anhang

Auswahl-Bibliographie zum Recht der Staatsleistungen

1. Schrifttum 1919-1945

Detlef Berner, Die Staatsleistungen an die Religionsgesellschaften, in: RuPrVBl. 51 (1930), S. 83-89; *Arthur Breitfeld,* Die vermögensrechtliche Auseinandersetzung zwischen Kirche und Staat in Preußen auf der Grundlage der Reichsverfassung, Breslau 1929; *Deutsches Evangelisches Kirchenbundesamt:* Denkschrift über den Umfang der Staatsleistungen der deutschen Länder an die evangelischen Kirchen bis zur Ablösung, Berlin 1928 (zit. *Denkschrift); Johannes Duske,* Die Dotationspflicht des preußischen Staates für die allgemeine Verwaltung der Evangelischen Kirche der altpreußischen Union, Berlin 1929; *Friedrich Giese,* Die hessischen Staatsleistungen zugunsten der evangelischen Landeskirche, in: VerwArch. 39 (1934), S. 189-227; *Johannes Heckel,* Rezension zu Breitfeld, Die vermögensrechtliche Auseinandersetzung ..., in: ZRG Kan.Abt. 50 (1930), S. 858-866; *Günther Holstein,* Über die Rechtsgrundlagen der Staatsleistungen an die evangelischen Landeskirchen Deutschlands, in: AöR 57 / N. F. 18 (1930), S. 161-187; *Ernst Rudolf Huber,* Die Garantie der kirchlichen Vermögensrechte in der Weimarer Verfassung, Tübingen 1927; *ders.,* Rezension zu Breitfeld, Die vermögensrechtliche Auseinandersetzung ..., in: AöR 57 / N. F. 18 (1930), S. 147-151; *Karl Israël,* Reich — Staat — Kirche, Berlin 1926; *Otto Koellreutter,* Die Beiträge des Staates zu den kirchlichen Verwaltungskosten, in: AöR 54 / N. F. 15 (1928), S. 1-33; *Josef Kress,* Ist der bayerische Staat zu den Leistungen an die Seelsorgegeistlichkeit rechtlich verpflichtet?, München 1931; *Josef Schmitt,* Staat und Kirche — Bürgerlich-rechtliche Beziehungen infolge von Säkularisation, Freiburg i. Br. 1919; *ders.,* Die Ablösung der Staatsleistungen an die Religionsgesellschaften, Freiburg i. Br. 1921; *ders.*, Die Ablösung der Staatsleistungen an die Kirchen, in: ArchKathKR 115 (1935), S. 3-52, 341-388; *August Schott,* Die Rechtsgrundlagen der Staatszuschüsse zur katholischen Kirche in Hessen, Mainz 1922.

2. Schrifttum nach 1945

Peter Axer, Die Steuervergünstigungen der Kirchen im Staat des Grundgesetzes, in: ArchKathKR 156 (1987), S. 460-485; *Hans-Jochen Brauns,* Staatsleistungen an die Kirchen und ihre Ablösung, Berlin 1970; *Werner Hofmann,* Ablösung oder Anpassung der Kultusbaulast des Staates?, in: ZevKR 10 (1963/64), S. 369-381; *Alexander Hollerbach,* Anm. zum Beschl. des BVerfG vom 28.4.1965 (1 BvR 346/61), in: JZ 1965, S. 612-615; *Christoph Link,* Rechtsprobleme kommunaler Kultusbaulasten, in: ÖArchKR 39 (1990), S. 205-221; *Hanns-Rudolf Lipphardt,* Negative Staatsleistungen und Ablösungsvorbehalt, in: DVBl. 1975, S. 410-416; *Helmut Ridder,* Staatliche Wiederaufbaupflichten gegenüber den Domkapiteln und bischöflichen Stühlen im ehemals preußischen Gebiet, in: AöR 80 (1955/56), S. 127-157; *Ulrich Scheuner,* Der Bestand staatlicher und kommunaler Leistungspflichten an die Kirchen, in: Diaconia et ius. Festg. für Heinrich Flatten. München, Paderborn, Wien 1973, S. 381-396; *Rudolf Smend,* Zum Rechtscharakter bayerischer Dotationsleistungen (Gutachten vom 13.4.1953), in: ders., Kirchenrechtliche Gutachten. München 1972, S. 235-244; *Werner Weber,* Die Ablösung der Staatsleistungen an die Religionsgesellschaften, Stuttgart 1948; *ders.,* Art. „Staatsleistungen an die Kirchen", in: RGG³ VI, 1962, Sp. 316-318; *Thomas-Dieter Wehdeking,* Die Kirchengutsgarantien und die Bestimmungen über Leistungen der öffentlichen Hand an die Religionsgesellschaften im Verfassungsrecht des Bundes und der Länder, München 1971; *Herbert Wehrhahn,* Rechtsgutachten über die Frage des rechtlichen Fortbestandes der 1833 begründeten Dotationsverpflichtung der Gemeinde Birresborn (Kreis Prüm) gegenüber der katholischen Kirchengemeinde Birresborn (Diözese Trier). Unveröff. Typoskript, Saarbrücken 1967; *Volker Zündorf,* Die Ablösung der Staatsleistungen an die Religionsgesellschaften unter dem Grundgesetz, Diss. Münster 1967.

§ 36

Steuer- und Gebührenbefreiungen der Kirchen

Von Gerhard Hammer*

A. Vorbemerkungen

1. Der Steuergesetzgeber fördert durch gesetzliche Vergünstigungen vielfältige Aktivitäten von verschiedenen Gemeinschaften, die den Staat in seiner sozialen Verantwortung entlasten oder bestimmte öffentliche Aufgaben erfüllen, die der Steuergesetzgeber als förderungswürdig betrachtet.[1] Zwar ist die Pflege der religiösen Interessen der Bürger als wesentliche Aufgabe der Kirchen nach der modernen Staatsauffassung unbestritten keine Aufgabe des Staates. Aber dennoch obliegt dem Kulturstaat im Rahmen seiner Grundrechtsaktivierung die Förderung auch des kirchlichen Wirkens. Aus dem Selbstverständnis der von der Verfassung anerkannten kirchlichen Körperschaften des öffentlichen Rechts leitet sich unmittelbar auch ein solches öffentliches Wirken der Kirchen ab.[2]

---

* Der Verfasser hat die Aufgabe übernommen, den ursprünglich an dieser Stelle vorgesehenen Beitrag von Herrn Professor Dr. *Peter Weides*, Universität Köln, der am 20.10.1991 unerwartet verstorben ist, fertigzustellen. Dabei konnte auf eine bereits vorliegende umfangreiche Materialsammlung und auf Vorarbeiten zurückgegriffen werden, die in diesem Beitrag verwertet worden sind. Auch konnte die Abhandlung von Herrn Prof. Dr. *Weides*, Die Religionsgemeinschaften im Steuerrecht, in: Festschrift der Rechtswissenschaftlichen Fakultät zur 600-Jahr-Feier der Universität zu Köln, C. Heymanns Verlag Köln, Berlin, Bonn, München 1988, S. 885-919, nahezu vollständig in den nachstehenden Beitrag übernommen werden.
Der Verfasser dankt der Ehefrau von Herrn Prof. Dr. Weides, Frau Dr. *Gudrun Willerscheid-Weides*, für die bereitwillige Zustimmung zur Verwertung dieser Unterlagen. Auch sei den Mitarbeitern von Herrn Prof. Dr. Weides für die Vorarbeiten und die Materialzusammenstellung gedankt, ohne die der vorgegebene Zeitrahmen nicht einzuhalten gewesen wäre.

[1] Vgl. auch allgemein zu Sozialzwecknormen: *Hugo von Wallis / Rolf Steinhardt*, Steuerbegünstigte Zwecke nach der Abgabenordnung. 5. Aufl. Herne, Berlin 1977, S. 15; *Klaus Tipke*, Steuerrecht. 11. Aufl., Köln 1987, S. 576 ff.

[2] Vgl. c. 1254 § 2 CIC / 1983 für die römisch-katholische Kirche; *Peter Weides*, Die Religionsgemeinschaften im Steuerrecht, in: FS der Rechtswissenschaftlichen

Die Pflege der religiösen Interessen und öffentliches Wirken durch Erfüllung öffentlicher Aufgaben sind also den kirchlichen Körperschaften öffentlichen Rechts genuin. Dabei dient der weitaus größte Teil der finanziellen Vorteile, die die Kirchen und Religionsgemeinschaften erhalten, diesen öffentlichen Aufgaben.

2. Steuern auf das Einkommen sollen jene Steuersubjekte belasten, deren Tätigkeit gerade auf die Erzielung von Einkommen, Gewinn bzw. Ertrag durch Teilnahme am allgemeinen wirtschaftlichen Verkehr gerichtet ist. Soweit die Kirchen nicht an der Herstellung von wirtschaftlichen Gütern und der Erbringung von wirtschaftlichen Dienstleistungen beteiligt sind, sind sie auch keine tauglichen Steuersubjekte.

Dies rechtfertigt die Befreiung von Steuern auf das Einkommen.[3] Verwendet eine Religionsgemeinschaft ihre Einnahmen und Vermögenswerte selbstlos für religiöse, mildtätige oder sonstige kirchliche Zwecke, so liegt darin eine Ausübung der kollektiven Religionsfreiheit nach Art. 4 Abs. 1 und 2 GG, die in der individuellen Glaubensfreiheit der Mitglieder wurzelt[4] und die verbandsmäßige Organisation und Betätigung gemäß dem religiösen Selbstverständnis gewährleistet.[5] Dieses Tun darf der religiös und weltanschaulich neutrale Staat nicht als Ausdruck der wirtschaftlichen Leistungsfähigkeit einer Religionsgemeinschaft bewerten und deshalb deren Einkommen und Vermögen nicht uneingeschränkt seiner Besteuerung unterwerfen. Dies wäre ein Eingriff des Steuerstaates in das religiöse Selbstverständnis und in die darin wurzelnde Betätigungsfreiheit zur selbstlosen Förderung religiöser Zwecke.[6]

3. Erscheinungsformen staatlicher Abgaben sind Steuern und Vorzugslasten, wie Gebühren und Beiträge, sowie Sonderabgaben. Die

---

Fakultät zur 600-Jahr-Feier der Universität zu Köln. Köln, Berlin, Bonn, München 1988, S. 889.

[3] Vgl. auch *Klaus Vogel,* Rechtfertigung der Steuern: Eine vergessene Vorfrage, in: Der Staat 25 (1986), S. 481 ff.; *ders.,* Der Finanz- und Steuerstaat, in: HStR I, 1987, § 27, Rdnrn. 64 ff.

[4] BVerfGE 42, 312 (332); *Joseph Listl,* Kirche und Staat in der neueren katholischen Kirchenrechtswissenschaft. Berlin 1978, S. 208 ff., insbes. S. 214; *ders.,* Glaubens-, Gewissens-, Bekenntnis- und Kirchenfreiheit, in: HdbStKirchR[1] I, S. 363 ff.; *ders.,* Das Grundrecht der Religionsfreiheit in der Rechtsprechung der Gerichte der Bundesrepublik Deutschland. Berlin 1971, S. 368 ff. m. w. N.; *Ulrich Scheuner,* Die Religionsfreiheit im Grundgesetz, in: ders., Schriften zum Staatskirchenrecht. Hrsg. von Joseph Listl. Berlin 1973, S. 33, 42 f. und 50 ff.

[5] Vgl. *Alfred Rinken,* Die karitative Betätigung der Kirchen und Religionsgemeinschaften. Staatskirchenrechtliche Grundfragen, in: HdbStKirchR[1] II, S. 345 (361 ff.).

[6] *Weides,* Religionsgemeinschaften (Anm. 2), S. 886.

Bedeutung der Abgabenbefreiungen für die kirchlichen Finanzen ist betragsmäßig zwar nicht quantifizierbar, ihre herausragende Bedeutung erhellt sich jedoch an einer Vielzahl von Aktivitäten, die sich allein aus den jährlichen Kirchensteuereinnahmen und der haushaltsgerechten Verwendung dieser Gelder bei den öffentlich-rechtlichen Religionsgemeinschaften ergeben.

B. Steuerbefreiung zugunsten der Kirchen

I. Religionsgesellschaften des öffentlichen Rechts

1. Öffentlicher Status als Anknüpfungsvoraussetzung

Das deutsche Steuerrecht übernimmt die im Grundgesetz der Bundesrepublik Deutschland normierte Differenzierung zwischen den Religionsgesellschaften, die den Status einer Körperschaft des öffentlichen Rechts besitzen, und denjenigen, die nach den Regeln des privaten Rechts mit oder ohne bürgerliche Rechtsfähigkeit leben. Die territorialen Großkirchen (die römisch-katholische Kirche und die evangelischen Landeskirchen) haben ihren überkommenen Status als Körperschaft des öffentlichen Rechts beibehalten. Kleinere Religionsgemeinschaften haben auf ihren Antrag hin die Rechtsstellung einer öffentlich-rechtlichen Körperschaft erworben. Religionsgemeinschaften, die nach privatem Recht organisiert sind, können diesen Status auf Antrag erwerben, wenn sie durch ihre Verfassung und die Zahl ihrer Mitglieder die Gewähr der Dauer bieten.[7]

Dabei stehen auch öffentlich-rechtliche Religionsgesellschaften in keiner institutionellen Verbindung zum Staat. Sie unterliegen insbesondere nicht einer besonderen Kirchenhoheit oder einer gesteigerten Fachaufsicht des Staates. Sie sind eigenständige Institutionen, die ihre öffentliche Rechtsstellung und öffentliche Wirksamkeit aus ihrem besonderen Auftrag herleiten und sich dadurch grundsätzlich sowohl vom Staat als auch von anderen gesellschaftlichen Gruppen unterscheiden.[8]

---

[7] *Ernst Friesenhahn*, Die Kirchen und Religionsgemeinschaften als Körperschaften des öffentlichen Rechts, in: HdbStKirchR[1] I, S. 555 f. und 571 ff.

[8] BVerfGE 18, 385 (386 f.); 55, 207 (230 f.); vgl. auch *Friesenhahn*, Kirchen als Körperschaften (Anm. 7), S. 545 ff.; *Alexander Hollerbach*, Die Kirchen als Körperschaften des öffentlichen Rechts, in: EssGespr. 1 (1969), S. 46 ff.; *Axel Frhr. v. Campenhausen / Joachim E. Christoph*, Amtliche Beglaubigungen der öffentlich-rechtlich korporierten Kirchen im weltlichen Recht, in: DVBl. 1987, S. 984 (988).

Dieser besondere öffentliche Status rechtfertigt auch besondere Steuervorteile, die den Religionsgesellschaften des privaten Rechts nicht zuteil werden. Dabei wird den öffentlich-rechtlichen Religionsgesellschaften bescheinigt, daß sie durch ihr loyales Mitwirken im Staatswesen „innerhalb des öffentlichen Lebens und demgemäß auch für die staatliche Rechtsordnung besondere Bedeutung besitzen".[9]

2. Steuern auf das Einkommen und den Bestand des Eigentums

a) Körperschaftssteuer[10]

Im deutschen Steuerrecht erfaßt die Einkommensteuer die Einkünfte natürlicher Personen und die Körperschaftssteuer die Einkünfte juristischer Personen. § 1 Abs. 1 KStG zählt diejenigen Körperschaften, Personenvereinigungen und Vermögensmassen abschließend auf, die der unbeschränkten Steuerpflicht unterliegen. Juristische Personen des öffentlichen Rechts gehören nicht dazu. Unterhält eine juristische Person des öffentlichen Rechts gemäß § 1 Abs. 1 Nr. 6 und § 4 KStG einen Betrieb gewerblicher Art, so ist sie insoweit unbeschränkt steuerpflichtig.[11] Dies gilt auch dann, wenn die Absicht fehlt, Gewinn zu erzielen, und wenn eine Beteiligung am allgemeinen wirtschaftlichen Verkehr unterbleibt.

Diese Steuerpflichtigkeit entspricht dem Grundsatz der Wettbewerbsneutralität des Steuerrechts, denn gewerbliche Betriebe von juristischen Personen des öffentlichen Rechts können mit privaten gewerblichen Unternehmen konkurrieren.[12] Im übrigen unterliegen juristische

---

[9] BVerfGE 19, 129 (134 f.): Steuerfreiheit im Hinblick auf die Umsatzsteuer; wiederholt zur Vergünstigung nach § 10 Abs. 1 Nr. 4 EStG: BVerfG, in: KirchE 17, 128 f. Die Bedeutung des Körperschaftsstatus und die damit verbundene Heraushebung betont die Entscheidung des Gerichts zur Konkursfähigkeit von Religionsgesellschaften des öffentlichen Rechts: BVerfGE 66, 1 (20 ff.); *Weides*, Religionsgemeinschaften (Anm. 2), S. 888 m. w. N.

[10] KStG 1984 i. d. F. vom 10.2.1984 (BGBl. I S. 217), zuletzt geänd. durch G über das BauGB vom 8.12.1986 (BGBl. I S. 2191).

[11] Wenngleich nach dem Urteil des BFH, in: BStBl. 1974 II, S. 391 (393), die juristische Person des öffentlichen Rechts Subjekt der Körperschaftssteuer für ihren gewerblichen Betrieb ist, so wird dieser für die Zwecke der Ermittlung des körperschaftssteuerpflichten Einkommens gewissermaßen verselbständigt, d. h. er wird materiell-rechtlich so behandelt, als ob er Steuersubjekt sei und eine steuerrechtliche Handlungsfähigkeit besitze, vgl. auch BT-Drucks. 7/4292, S. 20, I. Sp. zu § 51 — Allgemeines; *Tipke*, Steuerrecht (Anm. 1), S. 335.

[12] *Karl Heinrich Friauf*, Zur Rechtfertigung der Steuerprivilegien öffentlicher Unternehmen, in: Die Besteuerung öffentlicher Unternehmen. Hrsg.: Peter Friedrich / Peter Kupsch. Baden-Baden 1981, S. 60 f.; *Tipke*, Steuerrecht (Anm. 1), S. 335.

Personen des öffentlichen Rechts nach § 2 Nr. 2 KStG nur mit denjenigen Einkünften der Pflicht zur Zahlung von Körperschaftssteuern, „von denen ein Steuerabzug vorzunehmen ist".

Diese beschränkte Steuerpflicht betrifft diejenigen inländischen Kapitalerträge, bei denen nach § 43 EStG die Einkommensteuer durch einen Abzug vom Kapitalertrag (Kapitalertragssteuer) erhoben wird. Es wird folglich nur die „kapitalistische Betätigung der juristischen Personen des öffentlichen Rechts" besteuert.[13]

Diese Rechtsgrundsätze gelten für die öffentlich-rechtlich organisierten Religionsgesellschaften entsprechend. Alle Einkünfte einer Religionsgesellschaft des öffentlichen Rechts, die im Zusammenhang mit der kirchlich-religiösen Tätigkeit stehen, unterliegen nicht der Körperschaftssteuer. Diese persönliche Steuerbefreiung umfaßt den Bereich derjenigen Tätigkeiten, die die kirchliche Gesellschaft (societas ecclesialis) als Glaubens- und Heilsgemeinschaft betreffen, soweit sie mit Einnahmen verknüpft sind.[14]

So unterfallen der Körperschaftssteuer nicht diejenigen Beträge, die die Gläubigen beispielsweise der römisch-katholischen Kirche gemäß den cc. 1260, 1261 § 2 und 222 § 1 CIC für die Erfordernisse der Kirche zahlen, damit ihr die Mittel zur Verfügung stehen, die für den Gottesdienst, die Werke des Apostolats, der Caritas und für einen angemessenen Unterhalt der im Dienst der Kirchen stehenden Personen notwendig sind.

Zur Bestimmung derjenigen kirchlichen Tätigkeiten, für die die Steuerbefreiung des § 1 KStG gilt, kann im übrigen auch die Regelung des § 54 Abs. 2 AO[15] entsprechend herangezogen werden, die kirchliche Zwecke allgemein als steuerbegünstigte Zwecke definiert und beispielhaft typische Fälle derartiger Zwecke nennt.

Soweit öffentlich-rechtlich organisierte Religionsgesellschaften Betriebe unterhalten, die gleichfalls überwiegend kirchlichen Zwecken dienen, unterliegen die insoweit erzielten Einnahmen nach § 4 Abs. 5 KStG nicht der Körperschaftssteuer. Als Beispiel seien Konvikte und sonstige Schülerheime, Internate, Studentenheime, öffentliche Bildungseinrichtungen, Einrichtungen der Caritas genannt, die unmittelbar von einer öffentlich-rechtlichen Religionsgesellschaft betrieben und unterhalten werden.[16]

---

13 BFH, in: KirchE 8, 88 (89); *Tipke*, Steuerrecht (Anm. 1), S. 336.
14 *Weides*, Religionsgemeinschaften (Anm. 2), S. 892.
15 AO vom 16.3.1976 (BGBl. I S. 613, ber. 1977 I, S. 269), zuletzt geänd. durch G vom 27.1.1987 (BGBl. I S. 475).
16 *Weides*, Religionsgemeinschaften (Anm. 2), S. 892.

Betriebe gewerblicher Art im Sinne des Körperschaftssteuergesetzes, die einer öffentlich-rechtlichen Religionsgesellschaft gehören, unterliegen dagegen voll der staatlichen Körperschaftssteuer, auch wenn sie nicht der Gewinnerzielung dienen und auch nicht am wirtschaftlichen Verkehr teilnehmen. Als Beispiele sind zu nennen: Ermöglichung der Besteigung eines Kirchturmes gegen Entgelt,[17] Besichtigung einer kirchlichen Schatzkammer[18] oder eines kirchlichen Museums[19] gegen Entgelt.

b) Vermögenssteuer[20]

Das Vermögenssteuergesetz von 1985 bestimmt in § 1 Abs. 1 Nr. 2 — ähnlich wie § 1 KStG — diejenigen Subjekte abschließend, die unbeschränkt die Pflicht zur Zahlung der Vermögenssteuer trifft.

Juristische Personen des öffentlichen Rechts sind nur hinsichtlich ihrer Gewerbebetriebe zur Zahlung einer Vermögenssteuer verpflichtet. Entsprechendes gilt für die Religionsgesellschaften des öffentlichen Rechts. Sie sind grundsätzlich von der Vermögenssteuer befreit, und zwar aufgrund ihrer Rechtsform, soweit ihr Vermögen im Dienste kirchlicher Zwecke steht.

Nach § 3 Abs. 1 Nr. 4 Buchst. a VStG genießen Religionsgesellschaften des öffentlichen Rechts eine Befreiung von der Vermögenssteuer für ihnen gehörende Einrichtungen, die unmittelbar dem Unterricht, der Erziehung, der Bildung, der körperlichen Ertüchtigung, der Kranken-, Gesundheits-, Wohlfahrts- und Jugendpflege dienen. Dieser Steuervorteil wird ohne Rücksicht auf die Rechtsform der Einrichtung gewährt. Der Gesetzgeber geht davon aus, daß derartige Einrichtungen gemeinnützigen Zwecken dienen.[21]

c) Gewerbesteuer[22]

Gewerbesteuerpflichtig sind die öffentlich-rechtlich organisierten Religionsgesellschaften nur, wenn sie einen wirtschaftlichen Geschäftsbe-

---

[17] RFH, in: RStBl. 1938, S. 1189 f.
[18] RFH, in: RStBl. 1939, S. 910 ff.
[19] OFH, in: KirchE 1, 1 (7).
[20] VStG i. d. F. vom 14.3.1985 (BGBl. I S. 558), zuletzt geänd. durch G über Unternehmensbeteiligungsgesellschaften vom 17.12.1986 (BGBl. I S. 2488).
[21] VStR 1986 i. d. F. d. B. vom 22.1.1986 (BStBl. I, Sondernummer 2, Nr. 109 b). Bei diesen Einrichtungen kommt es auf die Beschränkungen der §§ 51 ff. AO nicht an.
[22] GewStG 1984 i. d. F. vom 14.5.1984 (BGBl. I S. 657), zuletzt geänd. durch G über Unternehmensbeteiligungsgesellschaften (Anm. 20).

§ 36 Steuer- und Gebührenbefreiungen der Kirchen 1071

trieb unterhalten, ausgenommen Land-und Forstwirtschaft (§ 3 Nr. 6 GewStG). Als Beispiele für Gewerbebetriebe, die von öffentlich-rechtlichen Religionsgemeinschaften betrieben werden und der Gewerbesteuer unterliegen, sind zu nennen: Brauereien, Spirituosen-Fabriken, Mühlen, Sägewerke, Verlage, Andenkengeschäfte, Hotels, Gaststätten, Zeitschriftenvertriebe, Devotionalienhandlungen, Pensionen, Gärtnereien, Steinmetzbetriebe, Schreinereien und sonstige Hauswerkstätten, die für Dritte gewerblich tätig werden.[23]

Betreiben Religionsgemeinschaften des öffentlichen Rechts in der Form eines Gewerbebetriebes Krankenhäuser, Altenheime, Altenwohnheime und Pflegeheime, so sind sie nach § 3 Nr. 20 Buchst. a GewStG[24] von der Gewerbesteuer befreit.[25] Der Gesetzgeber bewertet diese Form der Betätigung als ein gemeinnütziges Handeln.[26]

d) Erbschafts- und Schenkungssteuer[27]

Öffentlich-rechtliche Religionsgesellschaften sind nach § 13 Abs. 1 Nr. 16 Buchst. a ErbStG generell von der Erbschafts- und Schenkungssteuer befreit, wenn sie unentgeltliche Zuwendungen von Todes wegen oder unter Lebenden erhalten.[28]

e) Grundsteuer[29]

Nach § 3 Abs. 1 Nr. 4 GrStG ist der Grundbesitz derjenigen Religionsgesellschaften, die Körperschaften des öffentlichen Rechts sind, von der Grundsteuer befreit, soweit er „für Zwecke der religiösen Unterweisung, der Wissenschaft, des Unterrichts, der Erziehung oder für Zwecke der eigenen Verwaltung benutzt wird".

---

[23] *Helmut Ernst Mayer,* Grundlagen und Probleme der Klosterbesteuerung. Berlin 1959, S. 114.
[24] *Horst Stäuber,* in: Edgar Lenski / Wilhelm Steinberg, Kommentar zum Gewerbesteuergesetz. Köln 1973, § 3, Anm. 73; die Regelung ist lex specialis zu § 9 Nr. 6 GewStG (GewStR 1984 i. d. F. d. B. vom 18.12.1984 [BStBl. 1985 I, Sondernummer 1] zu § 3 GewStG).
[25] *Stäuber* (Anm. 24), § 3, Anm. 74.
[26] *Tipke,* Steuerrecht (Anm. 1), S. 422 i. V. m. S. 336 f.
[27] ErbStG vom 17.4.1974 (BGBl. I S. 933), zuletzt geänd. durch Steuerbereinigungsgesetz 1986 vom 19.12.1985 (BGBl. I S. 2436).
[28] RFH, in: RStBl. 1941, S. 892; *Max Troll,* Erbschaftssteuer- und Schenkungssteuergesetz. München 1981, § 13 (Stand d. Bearb. Mai 1988), Rdnr. 151.
[29] GrStG vom 7.8.1973 (BGBl. I S. 965), geänd. durch Einführungsgesetz zur AO vom 14.12.1976 (BGBl. I S. 3341), zuletzt geänd. durch Art. 12 des Standortsicherungsgesetzes vom 13.9.1993 (BGBl. I S. 1589).

Nach der Systematik des Grundsteuergesetzes wird derjenige Grundbesitz, der für steuerbegünstigte Zwecke genutzt wird und deshalb nach den §§ 3 und 4 GrStG von der Grundsteuer befreit ist, dennoch gemäß den §§ 5 und 6 GrStG mit der Grundsteuer belastet, soweit er als Wohnung oder land- und forstwirtschaftlich genutzt wird. Diese Ausnahme von der Grundsteuerbefreiung gilt nach § 3 Abs. 1 Nr. 5 GrStG nicht für Dienstwohnungen der Geistlichen und Kirchendiener derjenigen Religionsgesellschaften, die Körperschaften des öffentlichen Rechts sind, und der jüdischen Kultusgemeinden. Diese bleiben also von der Grundsteuer befreit. Das gilt auch hinsichtlich der neu eingefügten Nr. 6 für Grundbesitz der Religionsgesellschaften, der zu einem nach Kirchenrecht gesonderten Vermögen, insbesondere zu einem Stellenfonds gehört, dessen Erträge ausschließlich für die Besoldung und Versorgung der Geistlichen und Kirchendiener sowie ihrer Hinterbliebenen dienen.

Soweit nicht bereits eine Befreiung nach § 3 GrStG vorliegt, ist nach § 4 Nr. 1 GrStG derjenige Grundbesitz von der Grundsteuer befreit, „der dem Gottesdienst einer Religionsgesellschaft gewidmet ist, die Körperschaft des öffentlichen Rechts ist". Nach § 4 Nr. 2 GrStG gilt das gleiche für Bestattungsplätze.[30]

Alle diese Steuervorteile nach Maßgabe des Grundsteuergesetzes verkörpern objektive (sachliche) Steuerfreiheiten zugunsten der öffentlich-rechtlichen Religionsgesellschaften.[31]

f) Vermögensabgabe

Das Gesetz über den Lastenausgleich[32] bezweckt einen teilweisen Ausgleich der durch die Vertreibung und Zerstörung während der Kriegs- und Nachkriegszeit von Teilen der deutschen Bevölkerung erlittenen Schäden und Verluste sowie der Währungsschäden. Er wird durch Zahlung von Ausgleichsabgaben finanziert, insbesondere durch die Erhebung einer Vermögensabgabe.

Nach dem Gesetz über den Lastenausgleich vom 14.8.1952 in der Fassung vom 1.10.1969 sind die öffentlich-rechtlichen Religionsgesellschaften gemäß § 18 Abs. 1 Nr. 14 S. 1 von der Verpflichtung zur

---

[30] GrStR 1978, Abschn. 17 (BStBl. 1978 I, S. 553).

[31] Zur reichhaltigen Rechtsprechung zum Grundsteuerrecht: BFH, in: KirchE 3, 131 ff., 138 ff., 238 ff.; 4, 365 ff.; 5, 219 ff.; 7, 223 ff.; 8, 189 ff.; 12, 233 ff.; 13, 116 ff.; 17, 179 ff., 192 ff.; *Weides,* Religionsgemeinschaften (Anm. 2), S. 897.

[32] Gesetz über den Lastenausgleich (LAG) i. d. F. vom 1.10.1969 (BGBl. I S. 1909), zuletzt geänd. durch Haushaltsbegleitgesetz 1983 vom 20.12.1982 (BGBl. I S. 1857).

Zahlung der Vermögensabgabe befreit. Auch hierin liegt eine persönliche Steuerbefreiung der öffentlich-rechtlichen Religionsgemeinschaften.

3. Steuern auf die Verwendung von Einkommen

Das deutsche Steuerrecht kennt auch die Heranziehung der Eigentumsverwendung als besteuerbaren Gegenstand. Es bemißt dann die Fähigkeit, Steuern zu zahlen, nach der Verwendung des Einkommens oder der Eigentumsrechte an Vermögensgegenständen. Das Steuerrecht knüpft an Akte des Rechtsverkehrs und an Realakte an, die den Verbrauch und den Aufwand betreffen. Zu den Steuern auf die Verwendung von Einkommen gehören die Umsatzsteuer als allgemeine Verbrauchssteuer, Verkehrssteuern (Rechtsverkehrsaktsteuern) und spezielle Verbrauchssteuern (Realaktsteuern).[33]

a) Umsatzsteuer auf Verbrauch und Aufwand

Soweit öffentlich-rechtliche Religionsgesellschaften Teile ihrer Einkünfte und ihres Vermögens dazu verwenden, um als Nachfrager auf dem Markt aufzutreten und entgeltlich Gegenstände und sonstige Leistungen zu erwerben, so zahlen sie die einschlägigen Steuern auf die Einkommensverwendung als Elemente der insoweit geschuldeten Preise, ohne eine steuerliche Vergünstigung zu erhalten. Dies gilt vor allem für die allgemeine Verbrauchssteuer in Gestalt der Umsatzsteuer. Etwas anderes gilt nur dann, wenn öffentlich-rechtliche Religionsgesellschaften umsatzsteuerfreie Leistungen in Anspruch nehmen. Das ist beispielsweise der Fall, wenn eine geistliche Genossenschaft einer öffentlich-rechtlichen Religionsgesellschaft oder einer der ihr verbundenen Organisationen ihre Mitglieder zur Verwirklichung gemeinnütziger Zwecke zur Verfügung stellt (§ 4 Nr. 27 UStG).[34] Insofern schuldet die Genossenschaft keine Umsatzsteuer und die Religionsgesellschaft wird auch als Verbraucher nicht mit der Umsatzsteuer belastet.

b) Umsatzsteuerbefreiung für Lieferungen und Leistungen

Treten öffentlich-rechtliche Religionsgesellschaften als Anbieter von Lieferungen und Leistungen auf, so gilt im Rahmen des Körperschafts-

---

[33] *Tipke*, Steuerrecht (Anm. 1), S. 78 ff. und 438 ff.
[34] UStG 1980 vom 26.11.1979 (BGBl. I S. 1953), zuletzt geänd. durch G über Unternehmungsbeteiligungsgesellschaften (Anm. 20).

steuergesetzes folgende Rechtslage: Lieferungen und Leistungen juristischer Personen des öffentlichen Rechts gegen Entgelt unterliegen im Rahmen ihres Handlungsbereiches nicht der Umsatzsteuer, soweit die juristischen Personen nicht im Sinne von § 2 Absätze 1 und 2 KStG gewerblich oder beruflich tätig sind. Insofern ist für die öffentlichrechtliche Religionsgemeinschaft eine persönliche Steuerbefreiung (§ 2 Abs. 3 KStG)[35] gegeben.

Dazu rechnen zum Beispiel: Entgelte für kirchliche Handlungen, Kollekten, Spenden, Unkostenbeiträge für die Durchführung geistlicher Konzerte oder für die Darbietungen eines Kirchenchores. Dazu gehören auch Entgelte für die Abgabe von Speisen und Getränken und für die Bereitstellung von Unterkünften im unmittelbaren Zusammenhang mit der Durchführung kirchlicher Veranstaltungen, die von einer öffentlichrechtlichen Religionsgesellschaft in eigener Regie angeboten werden. Auch die Erhebung von Entgelten für kirchliche Vortragsveranstaltungen gehört zu denjenigen Leistungen, die eine öffentlich-rechtliche Religionsgesellschaft umsatzsteuerfrei erbringen kann.

Führt eine Religionsgemeinschaft des öffentlichen Rechts Vorträge, Kurse und andere Veranstaltungen wissenschaftlicher und belehrender Art durch, so sind die Einnahmen nach § 4 Nr. 22 Buchst. a UStG steuerfrei, wenn die Einnahmen überwiegend zur Deckung der Kosten verwendet werden.[36]

aa) Umsatzsteuer im Rahmen von Betrieben gewerblicher Art
Grundsätzliches

Nach § 2 Abs. 3 S. 1 UStG unterliegen juristische Personen des öffentlichen Rechts — und damit auch öffentlich-rechtliche Religionsgesellschaften —[37] nur im Rahmen ihrer Betriebe gewerblicher Art im Sinne von § 1 Abs. 1 Nr. 6 und § 4 KStG der Umsatzsteuer, ferner im Rahmen ihrer land- und forstwirtschaftlichen Betriebe.[38]

---

[35] Allgemeine Verwaltungsvorschrift zur Ausführung der Änderung der Umsatzsteuerrichtlinie 1985 (UStÄR 1988) vom 30.7.1987 (BStBl. I, Sondernummer 2/1987), Abschn. 23 Abs. 1 S. 1; BVerfGE 19, 129 ff.; BVerfG, in: KirchE 17, 128 f.; *Weides*, Religionsgemeinschaften (Anm. 2), S. 887 ff.

[36] *Helmut Schuhmann*, in: Rau/Dürrwächter/Flick/Geist, Kommentar zum Umsatzsteuergesetz. Köln 1979, § 4 Nr. 22 (Stand d. Bearb. Januar 1987), Rdnr. 8 (Kirchen); *Günter Teske*, in: Schüle/Teske/Wendt, Kommentar zur Umsatzsteuer. Stuttgart 1967, § 4 Nr. 27 (Stand d. Bearb. April 1982), Tz. 6, und § 4 Nr. 22, Tz. 24 (Religionsgemeinschaften) und Tz. 25.

[37] *Hans Ramme*, in: Rau/Dürrwächter/Flick/Geist (Anm. 36), § 2 Abs. 3 (Stand d. Bearb. Juli 1987), Rdnr. 7 (kirchliche Körperschaften); *Helmut Schuhmann*, in: Schüle/Teske/Wendt (Anm. 36), § 2 UStG (Stand d. Bearb. Februar 1988), Rdnr. 243; BFH, in: BStBl. 1975 II, S. 746 (748).

Eine derartige unternehmerische Tätigkeit, die der Umsatzsteuer unterliegt, ist anzunehmen, wenn z. B. ein Bischöflicher Stuhl durch Lieferungen oder Leistungen am allgemeinen Wirtschaftsleben teilnimmt und nachhaltig und gegen Entgelt Leistungen bewirkt, die auch Gegenstand privater Unternehmertätigkeit sein können, so im Falle der wirtschaftlichen Ausnutzung eines Verlagsrechts.[39]

Eine unternehmerische Tätigkeit ist auch dann gegeben, wenn eine Religionsgesellschaft Leistungen (Seminare, Kurse, geistliche Beratung) marktmäßig anbietet und gegen Entgelt erbringt. Eine derartige Besteuerung verstößt nicht gegen das Grundrecht auf Religionsfreiheit gemäß Art. 4 Abs. 2 GG.[40]

bb) Ermäßigter Steuersatz für Umsätze der kirchlichen Zweckbetriebe

Viele Tätigkeiten einer öffentlich-rechtlichen Religionsgesellschaft können die Anforderung für einen Betrieb gewerblicher Art erfüllen. Damit wären sie nicht mehr als typisch religiöse oder kirchliche Leistungen von der Umsatzsteuer befreit. Andererseits können diese Tätigkeiten aber unmittelbar und ausschließlich gemeinnützigen und kirchlichen Zwecken dienen, so daß es sich — in der Terminologie des Gemeinnützigkeitsrechts — um einen Zweckbetrieb handeln würde.

Nach der Systematik des Umsatzsteuerrechts ist dieser Betrieb zwar steuerpflichtig, jedoch unterliegen seine Umsätze nur einem um die Hälfte ermäßigten Steuersatz (§ 12 Abs. 2 Nr. 8 UStG).[41]

cc) Steuerbefreiung für Umsätze im Wohlfahrtsbereich

Öffentlich-rechtliche Religionsgesellschaften genießen als juristische Personen des öffentlichen Rechts Freiheit von der Umsatzsteuer nach § 4 Nr. 16 Buchst. a UStG für die mit dem Betrieb ihrer Krankenhäuser und anderer Einrichtungen einer ärztlichen Heilbehandlung sowie der Altenheime, Altenwohnheime und Pflegeheime verbundenen Umsätze.[42]

---

[38] Zum Betriebsbegriff: RFH, in: RStBl. 1939, S. 449; BFH, in: BStBl. 1956 III, S. 166 (167); 1961 III, S. 552; 1977 II, S. 813 (815).
[39] Sachverhalt nach FG Münster, in: KirchE 3, 195 ff.
[40] *Weides*, Religionsgemeinschaften (Anm. 2), S. 902.
[41] *Wilhelm Wendt*, in: Schüle / Teske / Wendt (Anm. 36), § 12 Abs. 2 Nr. 8 (Stand d. Bearb. Mai 1984), Rdnr. 52.
[42] *Müller*, in: Rau / Dürrwächter / Flick / Geist (Anm. 36), § 4 Nr. 16 (Stand d. Bearb. Oktober 1987), Rdnr. 33; *Teske*, in: Schüle / Teske / Wendt (Anm. 36), § 4

Insoweit vermutet der Gesetzgeber, daß ein gemeinnütziges und mildtätiges Handeln im Sinne der §§ 52 und 53 AO vorliegt.

c) Steuerfreiheit nach dem Rennwett- und Lotteriegesetz des Bundes[43] und nach den Vergnügungssteuergesetzen einzelner Länder[44]

Kirchliche Veranstaltungen, die nach ihrer Art der Besteuerung gemäß dem Rennwett- und Lotteriegesetz des Bundes oder dem Vergnügungssteuergesetz eines Landes unterliegen würden, sind von diesen Steuern befreit. Wären die Kirchen für derartige Veranstaltungen, wie z. B. die Durchführung einer Lotterie oder von Filmvorführungen oder Theateraufführungen, steuerpflichtig, so müßten sie die diesbezüglichen Preise für den Kauf des Lotterieloses oder einer Eintrittskarte entsprechend erhöhen.

Diese sachlichen Steuerbefreiungen kommen insofern denjenigen zugute, die über den Erwerb von Losen und Eintrittskarten einen kirchlichen, gemeinnützigen oder mildtätigen Zweck wirtschaftlich unterstützen wollen. Mittelbar werden dadurch auch die kirchlichen Veranstalter gefördert.

d) Steuer im Zusammenhang mit dem Grunderwerb[45]

Das Grunderwerbsteuergesetz sieht für den Erwerb von Grundstücken durch eine juristische Person des öffentlichen Rechts grundsätzlich keine Steuerbefreiung oder sonstigen steuerlichen Vorteile vor. Dagegen liegt ein Befreiungstatbestand vor, wenn Aufgaben von der einen auf die andere Körperschaft übergehen oder wenn Grenzänderungen vorgenommen werden.[46] § 4 Nr. 1 GrEStG dürfte daher insbesondere bei der

---

Nr. 16 (Stand d. Bearb. August 1981), Rdnr. 9 (Krankenhaus) und Rdnr. 51 (Altenheime, Altenwohnheime und Pflegeheime).

[43] RennwG vom 8.4.1922 (RGBl. I S. 393), zuletzt geänd. durch G vom 16.12.1986 (BGBl. I S. 2441), § 18 Nr. 2 lit. a.

[44] Vergnügungssteuerbefreiungen: VergnStG des Landes Niedersachsen i. d. F. vom 5.5.1972 (GVBl. S. 255), zuletzt geänd. durch G vom 5.12.1983 (GVBl. S. 281); VergnStG NW vom 14.12.1965 (GV S. 361), zuletzt geänd. durch G vom 14.6.1988 (GV S. 216), VergnStG Rh.-Pf. vom 29.11.1965 (GVBl. S. 251), zuletzt geänd. durch G vom 7.2.1983 (GVBl. S. 17); VergnStG Saarland i. d. F. d. B. vom 19.6.1984 (ABl. S. 649); Bek. der Neufassung des VergnStG Bremen vom 18.12.1984 (GBl. 1985, S. 7), zuletzt geänd. durch G zur Änderung des VergnStG vom 19.5.1987 (GBl. S. 182).

[45] GrEStG 1983 vom 17.12.1982 (BGBl. I S. 1777).

[46] Einführungserlaß zum GrEStG (1983) vom 21.12.1982 (BStBl. I S. 968), Nr. 4 zu § 4.

Änderung von Grenzen der Kirchengemeinden und Bistümer Bedeutung haben.

4. Steuervergünstigungen für kirchlich gebundene Organisationen

Religionsgemeinschaften des öffentlichen Rechts bedienen sich zur Verwirklichung ihrer Aufgaben in der Gesellschaft auch einzelner Organisationen des privaten Rechts, die in ihrem Auftrag und auch unter ihrer Einflußnahme in unterschiedlichen Bereichen tätig werden. Erfüllen Organisationen des privaten Rechts ausschließlich und unmittelbar kirchliche, gemeinnützige und mildtätige Zwecke, so gewähren diejenigen Gesetze, die die Besteuerung von Körperschaften, Personenvereinigungen und Vermögensmassen regeln, Steuerbefreiungen. Zu nennen sind vor allem das Einkommensteuergesetz, das Körperschaftssteuergesetz, das Vermögenssteuergesetz, das Gewerbesteuergesetz, das Erbschaftssteuer- und Schenkungssteuergesetz, das Grundsteuergesetz und das Umsatzsteuergesetz.[47]

Für die in diesen Einzelgesetzen normierten Befreiungstatbestände gelten besondere gesetzliche Erfordernisse zur Erfüllung von gemeinnützigen, mildtätigen und kirchlichen Zwecken, die in den §§ 51-68 AO bezeichnet werden.

Diesem Recht der steuerbegünstigten Zwecke liegt die Vorstellung des Gesetzgebers zugrunde, Organisationen, die ihre Einkünfte und Vermögenswerte freiwillig und selbstlos zur Förderung von Gemeinwohlaufgaben verwenden und dadurch ihre wirtschaftliche Leistungsfähigkeit herabsetzen, nicht noch mit Steuern auf diese Einkünfte und Vermögenswerte zu belasten.[48]

Die Vorschriften zur steuerrechtlichen Gemeinnützigkeit begünstigen kirchlich gebundene Organisationen ebenso wie Organisationen ohne eine kirchliche oder sonstige religiöse Bindung oder Zielsetzung.

a) *Steuervergünstigungen für kirchliche Zwecke*

§ 54 AO definiert Merkmale kirchlicher Zwecke, die für alle diejenigen Vorschriften des besonderen Steuerrechts gelten, in denen (privat-

---

[47] Vgl. § 44 c Abs. 1 S. 1 Nr. 1 EStG; § 2 Abs. 1 Nr. 12 VStG; § 3 Nr. 6 GewStG; § 13 Abs. 1 Nr. 16 Buchst. b ErbStG; § 3 Abs. 1 Nr. 3 Buchst. b GrdStG; § 12 Abs. 2 Nr. 8 UStG.
[48] *Rolf-Detlev Scholtz*, in: Karl Koch, Abgabenordnung 1977. 3. Aufl., Köln 1986, vor § 51, Rdnr. 5; *Tipke*, Steuerrecht (Anm. 1), S. 576 f.

rechtlichen) Organisationen Steuervergünstigungen für die Besorgung kirchlicher Zwecke eingeräumt werden. Nach § 54 Abs. 1 AO muß die Tätigkeit der Körperschaft darauf gerichtet sein, „eine Religionsgemeinschaft, die Körperschaft des öffentlichen Rechts ist, selbstlos zu fördern".

In § 54 Abs. 2 AO werden — beispielhaft — solche Tätigkeiten erwähnt, die kirchlichen Zwecken dienen, wie die Errichtung, die Ausschmückung und die Unterhaltung von Gotteshäusern und kirchlichen Gemeindehäusern, die Abhaltung von Gottesdiensten, die Ausbildung von Geistlichen, die Erteilung von Religionsunterricht, die Beerdigung und die Pflege des Andenkens der Toten, ferner die Verwaltung des Kirchenvermögens, die Besoldung der Geistlichen, Kirchenbeamten und Kirchendiener, die Alters- und Behindertenversorgung für diese Personen und die Versorgung ihrer Witwen und Waisen.

Der Staat fördert kirchliche Zwecke durch die Gewährung steuerrechtlicher Vergünstigungen ohne Rücksicht darauf, ob diese zugleich auch staatlichen Belangen dienen, so wie dies beispielsweise für kirchliche Tätigkeiten im Erziehungswesen, in der Krankenpflege, im Denkmalschutz oder in der kirchlichen Entwicklungshilfe zutrifft. Wie insbesondere in § 54 Abs. 2 AO genannte Beispiele zeigen, will der Staat kirchliche Zwecke für die Religionsfreiheit seiner Bürger um der Religionsgemeinschaften willen fördern. Beispielhaft werden nachfolgend solche Körperschaften genannt, die im Sinne des § 54 AO kirchliche Zwecke erfüllen:

Kirchenbauvereine, Dombauvereine, Paramentenvereine, Priesterseminare[49], Missionsgesellschaften, kirchliche Versorgungskassen[50], Vereine zur Ausrichtung von Kirchentagen[51], Orden und religiöse Genossenschaften[52].

b) Steuervergünstigungen für gemeinnützige Zwecke

§ 52 Abs. 1 S. 1 AO bewertet Tätigkeiten als gemeinnützig, die darauf gerichtet sind, die Allgemeinheit auf materiellem, geistigem oder sittlichem Gebiet selbstlos zu fördern. Diese Förderung darf nicht für einen

---

[49] *Klaus Tipke,* in: Tipke / Kruse, Kommunalabgabenrecht. Herne, Berlin 1989, § 54 (Stand d. Bearb. November 1986), Rdnr. 2.

[50] *Scholtz* (Anm. 48), § 54, Rdnr. 2; *Hans Spanner,* in: Hübschmann / Hepp / Spittaler, Kommentar zur AO und zur FGO. § 54 (Stand d. Bearb. August 1987), Rdnr. 6, a. E.

[51] OFD Düsseldorf, in: DB 1982, S. 1596 ff.; *Scholtz* (Anm. 48), § 54, Rdnr. 7.

[52] *Max Troll,* Besteuerung von Verein, Stiftung und Körperschaft des öffentlichen Rechts. Kommentar. 3. Aufl., München 1983, S. 489.

geschlossenen Kreis von Personen erfolgen. Auch darf der Kreis der Adressaten nicht dauernd nur klein sein.[53]

§ 52 Abs. 2 AO nennt exemplarisch etliche gemeinnützige Tätigkeiten. Nachfolgend werden nur diejenigen erwähnt, die für das gemeinnützige Handeln von kirchlich gebundenen Organisationen typisch sind: Förderung von Wissenschaft und Forschung, Bildung und Erziehung, Kunst und Kultur, der Religion, der Völkerverständigung, der Entwicklungshilfe und des Denkmalschutzes sowie Förderung der Jugendhilfe, der Altenhilfe, des öffentlichen Gesundheitswesens und des Wohlfahrtswesens.

c) Steuervergünstigungen für mildtätige Zwecke

§ 53 AO definiert Tätigkeiten, die mildtätige Zwecke verwirklichen. Eine Organisation erfüllt mildtätige Zwecke, wenn sie behinderte oder minderbemittelte Personen selbstlos unterstützt. Im Unterschied zu den Anforderungen an das gemeinnützige Handeln ist es zulässig, daß mildtätige Hilfen nur begrenzten Personengruppen gewährt werden. Mildtätigen Zwecken dienen vor allem die kirchlich gebundenen Einrichtungen der Wohlfahrtspflege, die die Voraussetzungen des § 66 AO erfüllen.

d) Kirchliche Wohlfahrtsverbände im Bereich der Steuervorteile für gemeinnützige und mildtätige Zwecke

Zu den Empfängern der Steuervergünstigungen für gemeinnützige und mildtätige Zwecke gehören vor allem die großen Wohlfahrtsverbände der Katholischen Kirche und der Evangelischen Kirche, nämlich der Deutsche Caritasverband und das Diakonische Werk der Evangelischen Kirche in Deutschland, die beide vielfältige Werke und Einrichtungen der Wohlfahrtspflege, der Kinder- und Jugenderziehung, der Altenpflege, der Krankenpflege und der Gesundheitsvorsorge zusammenfassen.[54]

Der besondere soziale Einsatz dieser beiden Verbände und ihrer zahlreichen Mitarbeiter erfüllt die gesetzlichen Merkmale der Gemeinnützigkeit und der Mildtätigkeit gemäß den §§ 52 und 53 AO.[55] Sie

---

[53] Vgl. *Paul Kirchhof,* Gemeinnützigkeit, in: StL[7] II, 1986, Sp. 846 ff.; *Scholtz* (Anm. 48), § 52, Rdnr. 14; FG Bremen; in: EFG 1983, Nr. 215, S. 194 (395) — Freimaurerloge.
[54] § 23 Nr. 1 und Nr. 2 UStDV 1980 vom 21.12.1979 (BGBl. I S. 2359), zuletzt geänd. durch VO vom 19.12.1985 (BGBl. I S. 2461).
[55] Vgl. *Weides,* Religionsgemeinschaften (Anm. 2), S. 906 ff.

erhalten Steuerbefreiung hinsichtlich der Körperschaftssteuer, der Vermögenssteuer, der Gewerbesteuer, der Erbschafts- und Schenkungssteuer sowie der Grundsteuer.

Beide Verbände sind hinsichtlich ihrer Leistungen der Wohlfahrtspflege von der Umsatzsteuer befreit, auch bezüglich der üblichen Naturalleistungen, wie Beherbergung und Beköstigung, die sie ihren Arbeitnehmern als Vergütung für geleistete Dienste erbringen.[56]

Steuerfreiheiten erhalten auch die rechtsfähigen Hilfskassen der kirchlich gebundenen Wohlfahrtsorganisationen.

Alle diese steuerlichen Vergünstigungen stehen gleichfalls auch den kirchlich nicht gebundenen Wohlfahrtsinstitutionen zu, die im Einklang mit den Erfordernissen der §§ 52, 53, 55-68 AO Leistungen der Wohlfahrtspflege erbringen.

e) Weitere Voraussetzungen

Die Steuerbefreiung für Tätigkeiten im Dienste kirchlicher, gemeinnütziger und mildtätiger Zwecke kann in Anspruch genommen werden, wenn gemäß den §§ 55-68 AO weitere gesetzliche Voraussetzungen gegeben sind.

So muß die Förderung oder Unterstützung nach den §§ 52-54 AO *selbstlos* geschehen. Um die Selbstlosigkeit zu sichern, müssen etliche Voraussetzungen erfüllt werden, die in § 55 Abs. 1 Nr. 1-4 AO festgelegt sind.[57]

Die Körperschaft muß *ausschließlich* gemeinnützige, mildtätige oder kirchliche Zwecke verfolgen. Dies ist gemäß § 56 AO gegeben, wenn sie entsprechend ihrer Satzung *nur* steuerbegünstigte Zwecke besorgt bzw. nach Maßgabe der §§ 64-68 AO einen Zweckbetrieb für den steuerbegünstigten Zweck unterhält.

Schließlich muß die einzelne Körperschaft gemäß § 57 Abs. 1 S. 1 AO *unmittelbar*, und zwar sie selbst, die steuerbegünstigten und in ihrer Satzung genau bestimmten Zwecke verwirklichen. Sie darf dazu auch Hilfspersonen einsetzen.[58]

§ 58 AO definiert diejenigen Tätigkeiten, die in steuerlicher Hinsicht unschädlich sind und deshalb auch nicht den Verlust der Steuerbegünstigung bewirken. Es handelt sich hierbei um zulässige Ausnahmen von

---

[56] § 4 Nr. 18 UStG, USTÄR 1988 (Anm. 35), Nr. 103, Abs. 5.
[57] *Joachim Lang*, Gemeinnützigkeitsabhängige Steuervergünstigungen, in: Steuer und Wirtschaft 1987, S. 221 (235 ff.).
[58] § 57 Abs. 1 S. 2 AO.

§ 36 Steuer- und Gebührenbefreiungen der Kirchen

den Erfordernissen der Selbstlosigkeit, Ausschließlichkeit und Unmittelbarkeit.

Die §§ 59-63 AO normieren Anforderungen an die formelle Gemeinnützigkeit. Die gesetzlichen Voraussetzungen für die Gewährung von Steuervergünstigungen müssen gemäß § 59 AO *formell* in der Satzung der Körperschaft festgelegt sein. Die tatsächliche Geschäftsführung muß nach den §§ 59 und 63 AO — materiell — den Aussagen der Satzung zum gemeinnützigen, mildtätigen oder kirchlichen Handeln entsprechen.

Zur Selbstlosigkeit gehört nach § 55 Abs. 1 Nr. 4 AO der Grundsatz der Vermögensbindung. Bei Auflösung oder Aufhebung der Körperschaft oder beim Wegfall des bisherigen Zwecks darf das Reinvermögen *nur* für steuerbegünstigte Zwecke verwendet werden.[59]

Diese Vermögensbindung muß nach § 61 AO in der Satzung besonders präzisiert werden. § 62 AO sieht Ausnahmen von der satzungsmäßigen Vermögensbindung vor, die insbesondere Religionsgesellschaften des öffentlichen Rechts und geistliche Genossenschaften (Orden, Kongregationen) begünstigen. Der Gesetzgeber geht davon aus, daß insoweit die Verwendung des Vermögens für gemeinnützige Zwecke gesichert ist und bleibt.

5. Steuervorteile für Leistungen Dritter zugunsten der Religionsgesellschaften des öffentlichen Rechts und der ihnen verbundenen privatrechtlichen Organisationen

Die nachfolgenden Erläuterungen beziehen sich auf Leistungen von natürlichen Personen und von Körperschaften im Sinne des Körperschaftsteuergesetzes.

a) Abzugsfähigkeit der gezahlten Kirchensteuer

Jeder, der als Mitglied einer Religionsgesellschaft des öffentlichen Rechts Kirchensteuer zahlt, kann die gezahlte Kirchensteuer gemäß § 10 Abs. 1 Nr. 4 EStG als Sonderausgabe von seinem steuerpflichtigen Einkommen abziehen.[60] Dadurch vermindert sich die Bemessungsgrundlage für seine Einkommensteuerschuld.

---

[59] AEAO, Nr. 6 zu § 55.
[60] Es werden nur deutsche Kirchensteuern zum Abzug zugelassen: BFH, in: KirchE 14, 293 f.; *Tipke,* Steuerrecht (Anm. 1), S. 312, sieht in der Beschränkung des Abzugs auf deutsche Kirchensteuern eine Verletzung des Art. 3 Abs. 1 GG.

Dieser Abzug ist gerechtfertigt, weil das steuerfreie Existenzminimum diese für die Mitglieder einer öffentlich-rechtlichen Religionsgemeinschaft notwendigen Ausgaben unberücksichtigt läßt.[61] Der Steuervorteil der Abzugsfähigkeit der gezahlten Kirchensteuer kommt mittelbar denjenigen Religionsgemeinschaften des öffentlichen Rechts zugute, die von ihren Mitgliedern Kirchensteuern erheben.[62]

b) Abzugsfähigkeit von Beiträgen

Beiträge der Mitglieder von Religionsgemeinschaften, die mindestens in einem Bundesland als Körperschaft des öffentlichen Rechts anerkannt sind, aber keine Kirchensteuer erheben, können wie die Kirchensteuer abgezogen werden. Der Steuerpflichtige muß über die geleisteten Beiträge eine Empfangsbestätigung der Religionsgemeinschaft vorlegen. Der Abzug ist aber nur bis zur Höhe der Kirchensteuer zulässig, die in dem betreffenden Land unter Berücksichtigung der Kinderermäßigung von den Religionsgemeinschaften des öffentlichen Rechts erhoben wird.

c) Abzugsfähigkeit der Spenden natürlicher Personen

Ausgaben für Religionsgesellschaften des öffentlichen Rechts bzw. für diesen verbundene Organisationen des privaten Rechts zur Förderung mildtätiger, kirchlicher, religiöser und wissenschaftlicher Zwecke, sind nach § 10 b Abs. 1 S. 1 EStG bis zur Höhe von insgesamt 5 v. H. des Gesamtbetrages der Einkünfte als Sonderausgaben abzugsfähig. Eine andere zulässige Höchstgrenze sind 2 v. T. der Summe der gesamten Umsätze und der im Kalenderjahr aufgewendeten Löhne und Gehälter, sofern ein Unternehmer derartige Sonderausgaben geltend machen will. Für wissenschaftliche, mildtätige und als besonders förderungswürdig anerkannte kulturelle Zwecke erhöht sich der Vom-Hundert-Satz von 5 auf 10.[63]

Der Begriff der abzugsfähigen Spende umfaßt Geldzuwendungen und nach § 10 b Abs. 3 S. 1 EStG auch die Zuwendung von Wirtschaftsgütern mit Ausnahme von Nutzungen und Leistungen.[64]

---

[61] *Tipke,* Steuerrecht (Anm. 1), S. 312.
[62] Die Kirchensteuer kann als Zuschlag zur Einkommensteuer und Lohnsteuer, zur Vermögensteuer und zu den Grundsteuermeßbeträgen (Zuschlagssystem) und in Ergänzung dazu als Kirchgeld nach kircheneigenem Steuertarif erhoben werden, *Tipke,* Steuerrecht (Anm. 1), S. 512; zur Verfassungsmäßigkeit der hamburgischen Kirchgeldregelung: BVerfGE 73, 388 ff. — Zur Kirchensteuer insgesamt vgl. in *diesem* Handbuch *Heiner Marré,* § 37 Das kirchliche Besteuerungsrecht.
[63] § 10 b Abs. 1 S. 1, 2 und 3 EStG.

Für die Auslegung der Begriffe gemeinnützige, mildtätige, kirchliche, religiöse und wissenschaftliche Zwecke im Sinne des § 10 b Abs. 1 EStG gelten nach § 48 Abs. 1 EStDV 1986 die §§ 51-68 AO.[65] Religiöse und wissenschaftliche Zwecke benötigen ebensowenig wie kirchliche und mildtätige Zwecke eine besondere Anerkennung durch die Bundesregierung oder andere Behörden, damit diesbezügliche Ausgaben als Sonderausgaben zugelassen werden können.[66]

Etwas anderes gilt für gemeinnützige Zwecke. Hier werden Ausgaben nur zum Steuerabzug zugelassen, wenn sie für solche gemeinnützigen Zwecke geleistet werden, die als besonders förderungswürdig anerkannt sind. Nach § 48 Abs. 2 EStDV bestimmt die Bundesregierung in einer allgemeinen Verwaltungsvorschrift, welche gemeinnützigen Zwecke besonders förderungswürdig sind. Sie hat u. a. folgende kirchlich gebundenen Organisationen als besonders förderungswürdig anerkannt: Den Deutschen Caritasverband und das Diakonische Werk der Evangelischen Kirche in Deutschland.[67]

Aufgrund § 48 Abs. 4 EStDV hat die Bundesregierung auch noch Zuwendungen an den Familienbund der Deutschen Katholiken e. V. als steuerbegünstigt anerkannt.[68]

d) Abzugsfähigkeit der Spenden von Körperschaften, Personenvereinigungen und Vermögensmassen

Körperschaften, Personenvereinigungen und Vermögensmassen, die unbeschränkt der Pflicht zur Zahlung von Körperschaftssteuer unterliegen, können gemäß § 9 Nr. 3 S. 1 KStG nach den insoweit für natürliche Personen geltenden Vorschriften des Einkommensteuerrechts Spenden für religiöse, kirchliche, mildtätige und wissenschaftliche Zwecke von ihren Einkünften abziehen.

---

[64] Vgl. auch *Michael Drasdo*, Die steuerliche Beurteilung von Geld- und Sachspenden zugunsten der caritativen Hilfsorganisationen als Ausgaben i. S. des § 10 b EStG, in: DStR 1987, S. 327 ff.

[65] Zur Verfassungsmäßigkeit des § 51 Abs. 1 Nr. 1 lit. a und b EStG im Hinblick auf die Anforderung des Art. 80 Abs. 1 S. 2 GG zweifelnd: *Hans Birkholz*, in: Lademann / Lenski / Brockhoff, Kommentar zum Einkommensteuergesetz, § 51 (Stand d. Bearb. April 1981), Rdnr. 11.

[66] Zur verfassungsrechtlichen Problematik im Falle des § 51 Abs. 1 Nr. 2 lit. c EStG s. *Tipke*, Steuerrecht (Anm. 1), S. 578.

[67] EStR 1984 vom 15. 4. 1985 (BStBl. I, Sondernummer 2 / 1985), Abschn. 111 Abs. 1 S. 3 i. d. F. der Allgemeinen Verwaltungsvorschrift über die Änderung der EStR 1984 (BStBl. I, Sondernummer 3 / 1987), Anl. 7, Nr. 8.

[68] EStR 1987 (Anm. 67), Abschn. 111 Abs. 2 Ziff. 2 b.

e) Steuerbegünstigte ehrenamtliche Tätigkeiten für Religionsgesellschaften des öffentlichen Rechts

Nebenberufliche und damit ehrenamtliche Tätigkeiten als Übungsleiter, Ausbilder, Erzieher bzw. vergleichbare Tätigkeiten oder für die Pflege alter, kranker oder behinderter Menschen im Dienst oder im Auftrage einer inländischen juristischen Person des öffentlichen Rechts, die gemeinnützige, mildtätige und kirchliche Zwecke im Sinne der § 52-54 AO fördert, werden in steuerlicher Hinsicht zweifach begünstigt. Aufwandsentschädigungen sind bis zur Höhe von insgesamt DM 2.400,— im Jahr nach § 3 Nr. 26 EStG steuerfrei.

Umsätze aus einer ehrenamtlichen Tätigkeit, die für eine juristische Person des öffentlichen Rechts ausgeübt wird, sind nach § 4 Nr. 26 UStG von der Umsatzsteuer befreit.

II. Religionsgemeinschaften des Privatrechts

Eine nicht unbedeutende Anzahl von Menschen gehört nicht den beiden Großkirchen, sondern anderen christlichen Kirchen, Gemeinschaften oder sonstigen Religionsgemeinschaften an, die in der Regel in der Rechtsform eines rechtsfähigen oder eines nicht rechtsfähigen Vereins organisiert sind. Denkbar ist aber auch der Zusammenschluß in der Form einer Gesellschaft des bürgerlichen Rechts gemäß den §§ 705-740 BGB, in der Form einer Genossenschaft nach dem Gesetz betreffend die Erwerbs- und Wirtschaftsgenossenschaften, aber auch in der Form einer Gesellschaft mit beschränkter Haftung oder in Gestalt einer Aktiengesellschaft.

1. Steuern auf das Einkommen

Der Gesetzgeber hat davon abgesehen, Religionsgemeinschaften des privaten Rechts als solche generell im Rahmen des Steuerrechts zu begünstigen, da sie in unterschiedlichen Rechtsformen als Subjekte des privaten Rechts auftreten können. Sie sind grundsätzlich Steuersubjekte der verschiedenen Steuergesetze. Damit ist aber nicht eine durchgehende Schlechterstellung im Steuerrecht im Verhältnis zu den Religionsgemeinschaften des öffentlichen Rechts verbunden.

Religionsgemeinschaften des privaten Rechts kommt zwar nicht § 54 AO zugute, der kirchliche Zwecke als Grund für die Gewährung von Steuervergünstigungen nur anerkennt, wenn eine selbstlose Förderung einer Religionsgemeinschaft des öffentlichen Rechts vorliegt. Sie haben aber die Möglichkeit, im Einklang mit den Erfordernissen für gemeinnützige Zwecke des § 52 und für mildtätige Zwecke des § 53 AO zu handeln und hierfür Steuerbefreiung hinsichtlich der Körperschaftssteuer, der Vermögenssteuer, der Erbschafts- und Schenkungssteuer, der Gewerbesteuer, der Grundsteuer und der Abgaben nach dem Gesetz über den Lastenausgleich zu erhalten.

§ 52 Abs. 2 Nr. 1 AO anerkennt ausdrücklich die Förderung der Religion als Förderung der Allgemeinheit im Sinne der steuerrechtlichen Gemeinnützigkeit. Allerdings darf das Handeln sich nicht nur auf den Kreis der Mitglieder der privatrechtlichen Religionsgesellschaft beschränken[69] oder abendländischer Kulturauffassung widersprechen (ordre public).[70]

2. Steuern auf die Verwendung von Einkommen

Das einschlägige Steuerrecht unterscheidet hinsichtlich der Frage, ob sie eine Begünstigung erhalten, nicht nach der Rechtsform, abgesehen von den oben erwähnten Besonderheiten im Recht der Umsatzsteuer. Deshalb kann auf die obigen Darlegungen zur Behandlung der öffentlich-rechtlichen Religionsgesellschaften im Recht der Steuern auf die Verwendung von Einkommen verwiesen werden.

3. Steuervorteile für Leistungen Dritter zugunsten einer Religionsgesellschaft des Privatrechts

Es gelten die oben unter B I 5 dargelegten Rechtsnormen gleichfalls für diejenigen Spenden, die natürliche Personen und Subjekte des Körperschaftssteuerrechts an Religionsgesellschaften leisten, die privatrechtlich organisiert sind. Neben dem kirchlichen wird auch der religiöse Spendenzweck begünstigt (§ 10 b Abs. 1 S. 1 EStG und § 9 Nr. 3 S. 1 KStG).

---

[69] Also keine Steuervergünstigung, wenn Ordensregeln die Religionsausübung auf den Kreis der Mitglieder beschränken: BFHE 127, 352 (355).
[70] BFH, in: BStBl. 1979 II, S. 482 (485); BVerfGE 12, 1 (4); *Tipke,* in: Tipke / Kruse (Anm. 49), § 54, Rdnr. 1; BFHE 55, 376 (379); zust. *Scholtz* (Anm. 48), § 52, Rdnr. 22 — Stichwort: Religion; vgl. auch *Spanner* (Anm. 50), § 52, Rdnr. 38: Kein Widerspruch zum ordre public.

C. Freiheit von Gerichts- und Verwaltungskosten

I. Kosten der Gerichtsbarkeit

Kirchen und sonstige Religionsgesellschaften genießen weitere finanzielle Vergünstigungen im Recht der Gerichtskosten. Die diesbezüglichen Regelungen gehören teils dem Bundesrecht, teils dem Landesrecht an.

1. Regelungen des Bundes

Aus dem Gerichtskostengesetz des Bundes in der Fassung der Bekanntmachung vom 15.12.1975 ergibt sich keine generelle Kostenfreiheit für Kirchen und sonstige Religionsgemeinschaften. Es läßt aber eine eventuell nach dem Verfassungsrecht für die Religionsgemeinschaften des öffentlichen Rechts bestehende Kostenfreiheit unberührt (§ 2 Abs. 2 S. 1 GKG).

2. Vorschriften der Länder

Im Einklang mit dem Gerichtskostengesetz des Bundes haben die Bundesländer in Landesgesetzen den Kirchen, sonstigen Religionsgemeinschaften und Weltanschauungsgemeinschaften, die die Rechtsstellung einer Körperschaft des öffentlichen Rechts haben, Gebührenfreiheit eingeräumt, soweit es die Gebühren angeht, die die ordentlichen Gerichte in Zivilsachen erheben. Diese Regelungen sind nicht einheitlich. Es sei daher auf die einschlägigen Landesjustizkostengesetze verwiesen.

Persönliche Gebührenbefreiungen bestehen in Baden-Württemberg[71], Berlin[72], Bremen[73], Hamburg[74], Hessen[75], Niedersachsen[76], Nordrhein-Westfalen[77], Saarland[78], Schleswig-Holstein[79].

---

[71] § 5 bad.-württ. LJKG i. d. F. vom 25.3.1975 (GBl. S. 261), zuletzt geänd. durch G vom 30.11.1987 (GBl. S. 534).

[72] § 1 des Berliner G über Gebührenbefreiung, Stundung und Erlaß von Kosten im Bereich der ordentlichen Gerichtsbarkeit vom 24.11.1970 (GVBl. S. 1934), teilw. aufgehoben durch G vom 6.4.1987 (GVBl. S. 1302).

[73] § 1 brem. JKostG i. d. F. vom 3.8.1961 (GBl. S. 183), zuletzt geänd. durch G vom 30.6.1987, Art. 1 (GBl. S. 208).

[74] § 11 des hamb. LJKG i. d. F. vom 11.2.1972 (GVBl. S. 35), zuletzt geänd. durch G vom 16.1.1989 (GVBl. S. 5).

[75] Art. 2 § 7 des hess. JKostG vom 15.5.1958 (GVBl. S. 60), zuletzt geänd. durch G über die Universitäten des Landes Hessen vom 12.5.1970 (GVBl. S. 324).

§ 36 Steuer- und Gebührenbefreiungen der Kirchen

Dabei sind die Kirchen und sonstigen Religionsgemeinschaften, soweit sie den Status einer Körperschaft des öffentlichen Rechts besitzen, von der Zahlung von Kosten und Gebühren befreit, die vor ordentlichen Gerichten, den Gerichten für Arbeitssachen und den Behörden der Justizverwaltungen anfallen.[80] In Berlin[81], Bremen[82] und Hessen[83] sind die Arbeitsgerichte und die Arbeitsgerichtsverwaltungen ausgespart.

Nordrhein-Westfalen hat die Arbeitsgerichte aus der Gebührenbefreiung nachträglich wieder herausgenommen[84]. Die Regelungen in Hamburg[85] und Schleswig-Holstein[86] lassen die Arbeitsgerichtsverwaltung unerwähnt.

Dagegen dürfte die freiwillige Gerichtsbarkeit mit Nennung der Zivilgerichte erfaßt sein, so daß es einer gesonderten Anführung wie in Baden-Württemberg[87] und in Hamburg[88] nicht bedurft hätte[89]. Lediglich wegen § 11 Abs. 3 KostO, wonach bundes- oder landesrechtliche Vorschriften, die nach dem 1.10.1957 in Kraft getreten sind und Gebührenfreiheit gewähren, nur dann auch Beurkundungs- und Beglaubigungsgebühren erfassen, wenn sie von diesen Gebühren ausdrücklich Befreiung erteilen, ist von den Beurkundungs- und Beglaubigungsgebühren in Baden-Württemberg[90], Berlin[91], Hamburg[92], Hessen[93], Nie-

---

[76] § 1 des nieders. G über Gebührenbefreiung, Stundung und Erlaß von Kosten in der Gerichtsbarkeit vom 10.4.1973 (GVBl. S. 111), zuletzt geänd. durch Art. 24 des G vom 19.9.1989 (GVBl. S. 345).

[77] § 1 des nordrh.-westf. G über Gebührenbefreiung, Stundung und Erlaß von Kosten im Bereich der ordentlichen Gerichtsbarkeit und der Arbeitsgerichtsbarkeit vom 21.10.1969 (GVBl. S. 725), zuletzt geänd. durch G vom 22.3.1977 (GVBl. S. 136).

[78] § 4 des saarl. LJKG vom 30.6.1971 (ABl. S. 473).

[79] § 1 des schlesw.-holst. G über Gebührenfreiheit, Stundung und Erlaß von Kosten im Bereich der Gerichtsbarkeit vom 23.12.1969 (GVBl. S. 251).

[80] Vgl. Anm. 71, 76 und 78.
[81] Vgl. Anm. 72.
[82] Vgl. Anm. 73.
[83] Vgl. Anm. 75.
[84] Durch das Änderungsgesetz vom 22.3.1977 (Anm. 77).
[85] Vgl. Anm. 74.
[86] Vgl. Anm. 79.
[87] Vgl. Anm. 71.
[88] Vgl. Anm. 74.
[89] Vgl. auch *Albert Höver*, Zu den Landesgesetzen über Gebührenbefreiung, Stundung und Erlaß von Kosten im Bereich der Gerichtsbarkeiten, in: nwJVBl. 1970, S. 121 f.
[90] Vgl. Anm. 71.
[91] Vgl. Anm. 72.
[92] Vgl. Anm. 74.
[93] Vgl. Anm. 75.

dersachsen[94], Nordrhein-Westfalen[95], Saarland[96] und Schleswig-Holstein[97] ausdrücklich Befreiung gewährt worden. Nur Bremen hat diese Lösung nicht gewählt[98]. Die erwähnten Regelungen enthalten auch Ausnahmen von den Gebühren der Gerichtsvollzieher. In Hessen ist diese Regelung unterblieben. Dafür ist sie in Bremen Bestandteil der allgemeinen persönlichen Befreiung[99].

Allen Regelungen gemeinsam ist, daß die Befreiung nicht für Strafsachen und das Verfahren nach dem Gesetz über Ordnungswidrigkeiten gilt. Ferner ist nur von Gebühren die Rede.

Eine Auslagenbefreiung besteht nicht, was in den Gesetzen der Länder Bremen[100] und Hessen [101] expressis verbis fixiert ist. Allerdings besteht in der Regel die Möglichkeit, die Kosten und damit auch die Auslagen aus sachlichen Gründen (öffentlicher Zweck) zu erlassen.

Die Gebührenbefreiungen persönlicher Art in den Bundesländern Baden-Württemberg[102], Hamburg[103], Niedersachsen[104], Saarland[105] und Schleswig-Holstein[106] sind, soweit sie die Arbeitsgerichtsbarkeit betreffen, unanwendbar. Der Bundesgesetzgeber hat in § 2 Abs. 3 S. 1 GKG bestimmt, daß vor den Gerichten für Arbeitssachen weder bundes- noch landesrechtliche Vorschriften über persönliche Kostenfreiheit Anwendung finden. Insoweit ist die Kompetenz der Länder verdrängt. Der Bund hat damit von seiner Kompetenz gemäß Art. 74 Nr. 1 i. V. m. Art. 72 GG Gebrauch gemacht. Deshalb ist die landesrechtliche Regel im Einzelfall gemäß Art. 31 GG derogiert[107].

Während die bisherigen Ausführungen die Religionsgesellschaften mit Körperschaftsstatus betroffen haben, bleibt noch ein Wort zu den kirchlich gebundenen Organisationen und den privaten Religionsgesellschaften zu sagen.

---

[94] Vgl. Anm. 76.
[95] Vgl. Anm. 77.
[96] Vgl. Anm. 78.
[97] Vgl. Anm. 79.
[98] Vgl. Anm. 73.
[99] Ebd.
[100] Ebd.
[101] Vgl. Anm. 75.
[102] Vgl. Anm. 71.
[103] Vgl. Anm. 74.
[104] Vgl. Anm. 76.
[105] Vgl. Anm. 78.
[106] Vgl. Anm. 79.
[107] LAG Bad.-Württ., in: Rpfleger 1981, S. 371.

§ 36 Steuer- und Gebührenbefreiungen der Kirchen

In Baden-Württemberg[108], Bremen[109] und Hessen[110] sind die freien Wohlfahrtsverbände — also auch der Deutsche Caritasverband e. V. und das Diakonische Werk der Evangelischen Kirche in Deutschland e. V. — den Religionsgesellschaften mit Körperschaftsstatus gleichgestellt. In Bremen gilt dies darüber hinaus — mit gewissen Ausnahmen — auch für die als mildtätig oder als gemeinnützig anerkannten Stiftungen[111] und in Hessen zusätzlich noch für die als mildtätig oder gemeinnützig anerkannten Vereine.[112] In Niedersachsen[113] sind der Allgemeine Hannoversche Klosterfonds, der Braunschweigische Vereinigte Kloster- und Studienfonds, die Braunschweig-Stiftung, der Domstrukturfonds Verden und der Hospitalfonds St. Benedikti in Lüneburg von der Zahlung der Gebühren befreit.

Daneben bestehen in der Mehrzahl der Bundesländer — nur Bremen und Hessen bleiben ausgenommen — Gebührenbefreiungsregelungen zugunsten von Körperschaften, Vereinigungen und Stiftungen, die gemeinnützigen oder mildtätigen Zwecken im Sinne des Steuerrechts dienen.[114] Hierunter sind vor allem die privatrechtlich organisierten Religionsgesellschaften zu subsumieren. Allerdings sind deren Befreiungen begrenzt. Die Exemtionen beziehen sich nur auf die Gebühr nach der Kostenordnung und in Justizverwaltungsangelegenheiten, außerdem noch auf die Beurkundungs- und Beglaubigungsgebühren.

Landesrechtliche Vorschriften über Kostenbefreiungen im Verfahren vor den Finanzgerichten bestehen nicht.[115]

Wegen § 2 Abs. 3 S. 1 GKG sind landesrechtliche Vorschriften über Kostenbefreiungen persönlicher Art in den Verfahren vor den Gerichten der Verwaltungsgerichtsbarkeit nicht anwendbar. Dagegen wäre eine landesrechtliche sachliche Befreiung gemäß § 2 Abs. 3 S. 2 GKG zwar im verwaltungsgerichtlichen Verfahren anwendbar, doch sind solche in den nachkonstitutionellen Landeskostengesetzen nicht ersichtlich. Es ist aber allgemein anerkannt, daß die Neuregelung, die an die Stelle des durch Art. 4 § 1 des Kostenrechtsänderungsgesetzes vom 20.8.1975

---

[108] Vgl. Anm. 71.
[109] Vgl. Anm. 73.
[110] Vgl. Anm. 75.
[111] Vgl. Anm. 73.
[112] Vgl. Anm. 75.
[113] Vgl. Anm. 76.
[114] Baden-Württemberg: § 5 Abs. 2 (Anm. 71); Berlin: § 1 Abs. 2 (Anm. 72); Hamburg: Art. 1 § 11 Abs. 2 (Anm. 74); Niedersachsen: § 1 Abs. 2 (Anm. 76); Nordrhein-Westfalen: § 1 Abs. 2 (Anm. 77); Saarland: § 4 Abs. 2 (Anm. 78) und Schleswig-Holstein: § 1 Abs. 2 (Anm. 79).
[115] Obschon diese Regelungen gemäß § 2 Abs. 2 S. 2 GKG Gültigkeit behielten.

aufgehobenen § 163 VwGO trat, die in dieser Vorschrift enthaltene Kostenfreiheit zugunsten der Kirchen und anderen Religionsgemeinschaften des öffentlichen Rechts nicht aufgehoben hat.[116]

Deshalb ist weiter die Rechtslage maßgebend, wie sie unter der Geltung des § 163 Abs. 2 VwGO bestanden hat. Danach blieb die den Kirchen und anderen Religionsgemeinschaften des öffentlichen Rechts durch Art. 140 GG gewährleistete Kostenfreiheit unberührt. Unter der Weimarer Verfassung waren aber die Kirchen in den Gebieten, in denen preußisches Recht galt, von der Zahlung von Gerichtskosten auch in verwaltungsgerichtlichen Verfahren befreit.[117] Gemäß § 8 Abs. 1 Nr. 4 des Preußischen Gerichtskostengesetzes vom 25.6.1895 (GS S. 203) sind Kirchen, Pfarreien, Kaplaneien, Vikarien und Küstereien insoweit, als ihre Einnahmen die etatmäßigen Ausgaben nicht übersteigen, von der Zahlung der Gerichtsgebühren befreit.

Aufgrund einer allgemeinen Verfügung vom 3.12.1897 im Preußischen Justizministerialblatt (S. 391) gilt dies auch für den Bischöflichen Stuhl. Dagegen besteht keine Gerichtsgebührenfreiheit für den Bereich des ehemaligen Landes Braunschweig sowie für Bayern.[118]

Aus dem Vorhergehenden ergibt sich bereits, daß sich die Ausführungen auf die alten Bundesländer beschränken. Hinsichtlich der neuen Bundesländer ist die Entwicklung im Fluß, so daß zum Zeitpunkt der Erstellung dieses Beitrages noch kein vollständiger Überblick über die Landeskostengesetze der neuen Bundesländer vorgelegt werden kann.

II. Verwaltungsgebühren

1. Regelungen des Bundes

Da die Behörden des Bundes kaum Verwaltungszuständigkeiten für die Religionsgemeinschaften besitzen, sieht das Kostenrecht des Bundes auch keine besondere Gebührenbefreiung vor. Lediglich im Bereich der Notarkosten hat der Bundesgesetzgeber seit 1.7.1989 eine Neuregelung der Kostenordnung geschaffen, nachdem bis dato die verfaßten Kirchen des öffentlichen Rechts eine allgemeine Gebührenermäßigung um 50 % genossen und sonstige kirchliche Vereinigungen und Stiftungen eine solche nur dann erlangen konnten, wenn der Justizminister des Landes

---

[116] OVG Lüneburg, in: NVwZ 1987, S. 704 f.; vgl. auch VGH Kassel, in: RdL 1976, S. 191 (193 f.).
[117] OVG Lüneburg (Anm. 116).
[118] BayObLG, in: KirchE 23, 189 (192).

§ 36 Steuer- und Gebührenbefreiungen der Kirchen

die Berechtigung festgestellt hat. Jetzt regelt § 144 Abs. 1 Nr. 3 KostO die Gebührenermäßigung für Kirchen und für ihre Körperschaften, Vereinigungen und Stiftungen in folgender Weise:

(1) Bei Geschäftswerten bis zu DM 50.000,— findet keine Gebührenermäßigung statt,

(2) bei Geschäftswerten von mehr als DM 50.000,— bis DM 200.000,— beträgt die Ermäßigung 30 %,

(3) bei Geschäftswerten von mehr als DM 200.000,— bis DM 500.000,— beträgt die Ermäßigung 40 %,

(4) bei Geschäftswerten von mehr als DM 500.000,— bis DM 2.000.000,— beträgt die Ermäßigung 50 %.

(5) bei allen über DM 2.000.000,— liegenden Geschäftswerten beträgt die Ermäßigung 60 %.

Der Anspruch auf Gebührenermäßigung bei kirchlichen Einrichtungen und Werken, die nicht Körperschaften des öffentlichen Rechts sind, muß durch einen Freistellungs- oder Körperschaftssteuerbescheid oder durch eine vorläufige Bescheinigung des Finanzamtes nachgewiesen werden. In jedem Fall muß aber dargelegt werden, daß nicht beabsichtigt ist, das Grundstück oder grundstücksgleiche Recht oder Teile davon an einen nicht begünstigten Dritten innerhalb von drei Jahren nach Beurkundung der Auflassung weiter zu veräußern. Falls dies dennoch geschieht, ist der in der Gebührenermäßigung Begünstigte verpflichtet, den Notar zu unterrichten. Auch darf die Angelegenheit nicht wirtschaftliche Unternehmen betreffen.

2. Vorschriften der Länder

Das Landesrecht begünstigt Religionsgemeinschaften des öffentlichen Rechts hinsichtlich der Verwaltungskosten wie folgt:

In Berlin[119], Bremen[120], Hamburg[121], Hessen[122], Niedersachsen[123], Nordrhein-Westfalen[124], Rheinland-Pfalz[125] und Schleswig-Holstein[126]

---

[119] § 2 Abs. 1 Nr. 3 der Berliner Verwaltungsgebührenordnung vom 27.6.1972 i. d. F. vom 13.11.1978 (GVBl. S. 2410), zuletzt geänd. durch VO vom 28.6.1988 (GVBl. S. 1050); § 2 Abs. 1 Nr. 3 der Pflanzenschutzgebührenordnung vom 25.11.1986 (GVBl. S. 2017); siehe auch § 2 Abs. 1 Nr. 3 der VO über die Erhebung von Gebühren im Umweltschutz vom 1.7.1988 (GVBl. S. 1132).
[120] § 7 Abs. 1 Nr. 3 des brem. Gebühren- und Beitragsgesetzes vom 16.7.1979 (GBl. S. 279).
[121] § 11 Abs. 1 S. 1 des hamb. GebG vom 5.3.1986 (GVBl. 37).
[122] § 3 Abs. 1 Nr. 2 des hess. VwKostG vom 11.7.1972 (GVBl. S. 235), zuletzt geänd. durch das 3. G zur Änderung des VwKostG vom 2.4.1981 (GVBl. S. 137).

bestehen persönliche Gebührenbefreiungen zugunsten der Kirchen und sonstigen Religionsgemeinschaften des öffentlichen Rechts. In Niedersachsen sind lediglich die Kirchen sowie ihre öffentlich-rechtlichen Verbände, Anstalten und Stiftungen begünstigt.[127] In Bremen[128] und Nordrhein-Westfalen[129] besteht die Restriktion, daß die Vornahme der Amtshandlung der Erfüllung kirchlicher[130], gemeinnütziger oder mildtätiger Aufgaben unmittelbar dienen muß.

In Rheinland-Pfalz gilt die persönliche Befreiung nur soweit, als sie keinen kirchlichen Geschäftsbetrieb bevorzugt.[131] Die Regelungen in Bremen[132], Hessen[133], Rheinland-Pfalz[134] und Schleswig-Holstein[135] se-

---

[123] § 2 Abs. 1 Nr. 3 des nieders. G über die Erhebung von Gebühren und Auslagen in der Verwaltung (Verwaltungskostengesetz) vom 7.5.1962 (GVBl. S. 43), zuletzt geänd. durch Art. V des G vom 2.7.1985 (GVBl. S. 207).

[124] § 8 Abs. 1 Nr. 5 des nordrh.-westf. GebG vom 23.11.1971 (GVBl. S. 354), zuletzt geänd. durch G vom 19.3.1985 (GVBl. S. 257).

[125] § 8 Abs. 1 Nr. 5 des rheinl.-pfälz. LGebG vom 3.12.1974 (GVBl. S. 578), geänd. durch G vom 5.5.1986 (GVBl. S. 103).

[126] § 8 Abs. 1 Nr. 7 des schlesw.-holst. VwKostG vom 17.1.1974 (GVBl. S. 37) i. d. F. vom 18.12.1978 (GVBl. 1979, S. 2).

[127] Vgl. Anm. 123.

[128] Vgl. Anm. 120.

[129] Vgl. Anm. 124.

[130] Streitpunkt ist demzufolge auch immer, ob die Amtshandlung unmittelbar der Förderung eines kirchlichen Zwecks i. S. des § 54 AO dient: Noch zu § 3 Ziff. 3 VwGebO NW vom 19.12.1961 (GVBl. S. 380): VG Köln, in: KirchE 6, 314 ff. — Errichtung eines kirchlich getragenen Kindergartens; VG Arnsberg, in: KirchE 8, 7 ff. — Neubau eines Schwesternerholungsheimes. Das Gericht verneinte das Vorliegen der Voraussetzungen für die Gebührenbefreiung (Bauscheingebühren); diese Entscheidung ist durch das OVG Münster aufgehoben worden, vgl. KirchE 10, 127 ff.; VG Düsseldorf, in: KirchE 10, 251 ff. — Baugenehmigung für Pfarrbücherei und Wohnungen für Pfarrer, Kaplan und Küster; zu § 8 Abs. 1 Nr. 5 GebG NW: VG Münster, in: KirchE 14, 1 ff. — Errichtung und Erweiterung von Krankenhäusern, Gebührenbefreiung abgelehnt; OVG Münster, in: KirchE 15, 29 ff. — Genehmigung des Einbaus einer Heizungsanlage in ein Schulgebäude — Gebührenbefreiung abgelehnt; VG Minden, in: KirchE 15, 103 ff. — Befreiung von der Baugenehmigungsgebühr (Pfarrhaus); VG Aachen, in: KirchE 15, 303 ff. — Befreiung von der Baugenehmigungsgebühr (Pfarrheim); BVerwG, in: KirchE 16, 140 ff. — Revisionsentscheidung zu OVG Münster, in: KirchE 15, 29 ff. — Die Entscheidung des OVG wurde bestätigt; VG Minden, in: KirchE 16, 262 ff. — Befreiung von Baugenehmigungsgebühren; OVG Münster, in: KirchE 17, 165 ff. zum gleichen Problem; ebenso OVG Münster, ebd., 167 ff., und OVG Münster, ebd., 170 ff. — wo das Gericht klarstellt, daß auch Einrichtungen wie eine Schwimmhalle oder eine Kegelbahn baugenehmigungsgebührenfrei sind, wenn sie Bestandteil eines Gebäudes sind, das seinerseits kirchlichen Zwecken dient.

[131] Vgl. Anm. 125.

[132] Vgl. Anm. 120.

[133] Vgl. Anm. 122.

[134] Vgl. Anm. 125.

[135] Vgl. Anm. 126.

hen vor, daß bestimmte Amtshandlungen (Handlungen bestimmter Einrichtungen) von der Gebührenfreiheit wiederum ausgenommen sind. In Baden-Württemberg[136] und Bayern[137] enthalten die allgemeinen gebühren- bzw. kostenrechtlichen Regelungen keine persönlichen Gebührenbefreiungen zugunsten der Kirchen und sonstigen Religionsgemeinschaften des öffentlichen Rechts.[138] In beiden Ländern sind jedoch — wie im Saarland[139] — in den jeweiligen Gesetzen Vorschriften enthalten, die es ermöglichen, für bestimmte Fälle auf dem Verordnungswege Gebührenbefreiung vorzusehen.[140]

Darüber hinaus enthalten die Gebührengesetze in Berlin[141], Bremen[142], Hessen[143], Rheinland-Pfalz[144], im Saarland[145] und in Schleswig-Holstein[146] Ausnahmen zugunsten von Körperschaften, Vereinigungen und Stiftungen, die gemeinnützigen, mildtätigen oder kirchlichen Zwecken im Sinne des Steuerrechts dienen. In Berlin muß die Amtshandlung diesen Zwecken unmittelbar dienen. Die bremische und die hessische Regelung sehen außerdem spezielle Befreiungen zugunsten der freien Wohlfahrtsverbände vor. Derartige Exemtionen beinhaltet auch die hamburgische Regelung.[147]

Auf diese Weise können in den genannten Bundesländern auch kirchlich gebundene Organisationen und private Religionsgemeinschaften in den Genuß von Gebührenbefreiungen gelangen.

---

[136] Bad.-württ. LGebG vom 21.3.1961 (GBl. S. 59), zuletzt geänd. durch Art. 1 VwVfG AnpG vom 4.7.1983 (GBl. S. 265).

[137] Bayer. KostG i. d. F. d. B. vom 25.6.1969 (GVBl. S. 165), zuletzt geänd. durch G vom 14.4.1980 (GVBl. S. 179).

[138] Vgl. auch BayObLG, in: KirchE 15, 8 (9).

[139] § 4 des Gesetzes über die Erhebung von Verwaltungs- und Benutzungsgebühren im Saarland vom 24.6.1964 (ABl. S. 629), zuletzt geänd. durch G vom 12.5.1982 (ABl. S. 534).

[140] *Baden-Württemberg:* § 7 LGebG; auf diese Weise sind die Kirchen und sonstigen Religionsgemeinschaften des öffentlichen Rechts eximiert: VOen des Kultusministers (GBl. 1962, S. 18, und 1963, S. 26 [Erweiterung auf kirchliche Stiftungen], und des Innenministers (GBl. 1962, S. 81 [Baugebühren], sowie GBl. 1987, S. 462, für „Amtshandlungen, die der unmittelbaren Erfüllung der den Kirchen auf dem Gebiet der Wortverkündigung, der Wohlfahrts- und Gesundheitspflege obliegenden Aufgaben dienen"). *Bayern:* Art. 7 KostG.

[141] Vgl. Anm. 119.

[142] Vgl. Anm. 120.

[143] Vgl. Anm. 122.

[144] Vgl. Anm. 125.

[145] Vgl. Anm. 139.

[146] Vgl. Anm. 126.

[147] § 11 Abs. 2 GebG i. V. m. § 2 der VO über die Freiheit von Verwaltungsgebühren in bestimmten Fällen vom 6.2.1987 (GVBl. S. 55).

Auch der Freistaat Sachsen hat am 15.4.1992 in § 4 Abs. 1 Ziff. 5 des Verwaltungskostengesetzes Kirchen und Religionsgemeinschaften, soweit sie die Rechtsstellung einer Körperschaft des öffentlichen Rechts haben, von der Zahlung der Verwaltungsgebühren befreit.

Während die Gebühren- und Kostengesetze der Länder die Gebührenfreiheit im Hinblick auf Amtshandlungen der Landesbehörden regeln, sind die Behörden der Gemeinden und Landkreise in Angelegenheiten ihrer Selbstverwaltung betreffenden Regelungen in den kommunalen Abgabengesetzen der Länder enthalten. Lediglich die kommunalen Abgabengesetze der Länder Niedersachsen[148], Nordrhein-Westfalen[149] und Schleswig-Holstein[150] enthalten ausdrückliche persönliche Befreiungen von den Verwaltungsgebühren, die im wesentlichen den Regelungen der Gebühren- bzw. Kostengesetze dieser Länder entsprechen.

In Hessen folgt diese Entsprechung daraus, daß in der Regelung über die Verwaltungsgebühren[151] auf die Befreiung im Verwaltungskostengesetz verwiesen ist. Gleiches gilt für das Saarland.[152] In Baden-Württemberg[153] und Rheinland-Pfalz[154] finden sich zwar auch solche Verweise, doch sind die relevanten Befreiungsvorschriften gerade ausgespart.

D. Freiheit von Beiträgen

Kirchliche Grundstücksanlieger sind nach einhelliger Auffassung in Rechtsprechung und Literatur[155] auch dann verpflichtet, Beiträge für

---

[148] § 4 Abs. 2 lit. b KAG i. d. F. vom 5.3.1986 (GVBl. S. 79).

[149] § 5 Abs. 6 Nr. 3 KAG vom 21.10.1969 (GVBl. S. 712), zuletzt geänd. durch G vom 30.4.1991 (GVBl. S. 214). Vgl. auch *Alois Dahmen,* in: Dahmen / Driehaus / Küffmann / Wiese, Kommentar zum Kommunalabgabengesetz für das Land Nordrhein-Westfalen. 3. Aufl. Herne, Berlin 1981, § 5, Rdnrn. 34 und 35.

[150] § 5 Abs. 6 Nr. 3 und Nr. 2 KAG i. d. F. vom 17.3.1978 (GVBl. S. 72), zuletzt geänd. am 18.12.1979 (GVBl. S. 526).

[151] KAG vom 17.3.1970 (GVBl. S. 225), zuletzt geänd. durch AO AnpG vom 21.12.1976 (GVBl. S. 532).

[152] § 5 Abs. 4 Nr. 2 des KAG i. d. F. vom 15.6.1985 (ABl. S. 729).

[153] § 8 Abs. 3 KAG i. d. F. vom 15.2.1982 (GBl. S. 57), zuletzt geänd. durch G vom 15.12.1986 (GBl. S. 465).

[154] § 38 KAG vom 5.5.1986 (GVBl. S. 103).

[155] OVG Münster, in: DÖV 1979, S. 182 (LS) = KStZ 1979, S. 73 ff.; dazu *Hans-Joachim Driehaus,* Das Straßenbaubeitragsrecht der Länder in der obergerichtlichen Rechtsprechung. 3. Aufl., Berlin 1982, Rdnr. 169 (mit einer Kirche bebautes Grundstück) und 170 (Friedhofsgrundstück); OVG Koblenz, Urteil vom 29.5.1984 — 6 A 96 / 83 —, wonach Kirchengrundstücke wie Wohngrundstücke zu behandeln sind; *Klaus Jürgen Kortmann / Heinz Bartels,* Die Heranziehung von Kirchengrundstücken zu Straßen- und Kanalbaubeiträgen, in: KStZ 1984, S. 22 ff.; BVerwG, in: VerwRspr. 31 (1980), S. 686 (690 f.); vgl. auch BVerwG, in:

den Bau und Ausbau von Straßen sowie Versorgungsleitungen zu entrichten, wenn ihre Grundstücke mit einer Kirche bebaut und als res sacrae praktisch nicht veräußerungsfähig sind.

Für den Bereich des Baugesetzbuches wird dies damit begründet, daß es dort keine allgemeine Beitragsfreiheit für öffentliche Sachen (Schulen, Verwaltungsgebäude etc.) gebe. Dort wird allerdings in der 2. Alternative von § 135 Abs. 5 die Möglichkeit eröffnet, bei Vorliegen einer unbilligen Härte die Beitragsschuld ganz oder teilweise zu erlassen. Gemäß der 1. Alternative von § 135 Abs. 5 BauGB besteht auch die Möglichkeit, den Erlaß des Beitrags bei Vorliegen eines öffentlichen Interesses auszusprechen. Dies ist etwa dann der Fall, wenn die Kirche die öffentliche Hand entlastet. Für den Bereich kirchlicher Friedhöfe hat dies das Bundesverwaltungsgericht[156] bejaht. Das gleiche muß demnach bei kirchlichen Kindergärten, Seniorenheimen, Behinderteneinrichtungen, Krankenhäusern, Sozial- und Gemeindeschwesternstationen oder Ehe-, Familien- und Suchtberatungsstellen gelten.[157]

Im Hinblick auf die Beitragserhebung nach dem Kommunalabgabenrecht ist umstritten, ob § 135 Abs. 5 BauGB analog angewendet werden kann.[158] Die Rechtsprechung[159] scheint diese Möglichkeit abzulehnen. Damit bleibt nur, wegen der Verbindung der Kommunalabgabengesetze zur Abgabenordnung (§§ 163 Abs. 1, 227 Abs. 2), ein Beitragserlaß aus individuellen — persönlichen wie sachlichen — Gründen. Der Gesichtspunkt des öffentlichen Interesses, der gerade bei kirchlichen Grundstücken von Bedeutung ist, bliebe bei Festigung dieser Rechtsprechung ohne Belang.[160] Die Landesgesetzgeber sind daher aufgerufen, diesem

---

VerwRspr. 23 (1972), S. 460 f.; die kritische Anmerkung von *Eberhard Sperling* zu BVerwG, VerwRspr. 31 (1980), S. 686 ff., in: KStZ 1979, S. 167 f.; *Hans-Joachim Driehaus*, Die Rechtsprechung des Bundesverwaltungsgerichts zum Erschließungs- und Erschließungsbeitragsrecht. 4. Aufl., Köln 1985, Rdnr. 394; die Rechtsprechung verfassungsrechtlich billigend: *v. Mangoldt / Klein / Starck*, Art. 4, Rdnr. 63.

[156] BVerwG, in: VerwRspr. 31 (1980), S. 686 (691 ff.).
[157] OVG Lüneburg, in: KStZ 1980, S. 150 (151) mit Anm. von *Klaus-Jürgen Kortmann*, ebd., S. 151 ff.
[158] *Klaus-Jürgen Kortmann*, Beitragserlaß und -ermäßigung für kirchliche Friedhöfe, in: KStZ 1982, S. 206 (208); *Eberhard Sperling*, Beitragserlaß und -ermäßigung für kirchliche Einrichtungen, die der Allgemeinheit dienen, in: KStZ 1983, S. 67 (69).
[159] OVG Lüneburg, in: KStZ 1981, S. 215; vgl. auch BayVGH, in: BayVBl. 1977, S. 405 (406); *Hans-Joachim Driehaus*, Erschließungs- und Ausbaubeiträge. 3. Aufl., München 1991, Anm. 1199.
[160] Einen interessanten Lösungsansatz bietet *Erich Sczepanski* an: Sachliche Unbilligkeit von Erschließungsbeiträgen im weitesten Sinn bei kirchlichen Grundstücken, in: KStZ 1985, S. 163 ff.; vgl. auch *ders.*, Persönlichkeit bei kirchlichen Grundstückseigentümern im Rahmen des Beitragsverfahrens für

Gedanken bei künftigen Novellierungen der Kommunalabgabengesetze Rechnung zu tragen.

E. Bestandsschutz der Abgabenfreiheiten

I. Steuerbefreiungen

Die Befreiung der Kirchen von verschiedenen Steuern, die der Staat den Kirchen gewährt, ist letztlich Ausfluß und Ausgleich für frühere Säkularisationen zu Lasten der Kirchen.[161] Nach Art. 140 GG i. V. m. Art. 138 Abs. 1 WRV wird der Fortbestand solcher Leistungen des Staates an die Kirchen verbürgt. Die Steuerbefreiungen der Kirchen werden demnach als negative Staatsleistungen angesehen.[162]

Erschließungsbeiträge im weitesten Sinn, in: KStZ 1987, S. 81 ff. Sein Ausgangspunkt ist ein verfassungsrechtlich vorgegebener Subsidiaritätsgrundsatz, der zu folgender Berücksichtigung bei der Bemessung der Beitragsleistungen führen soll. Im Normalfall sei der Beitrag eine öffentlich-rechtliche Vorzugslast für den wirtschaftlichen Vorteil, den der Eigentümer eines Grundstücks durch die den Beitrag auslösende (Bau-)Maßnahme (Erschließung, Straßenausbau, Wasseranschluß etc.) der Kommune erlangt habe. Da aber nun kirchliche Grundstücke in der Regel Einrichtungen trügen — zur manchmal schwierigen Bestimmung des Trägers und Eigentümers vgl. *Sczepanski,* in: KStZ 1987, S. 81 ff. —, die im öffentlichen Interesse liegende Leistungen erbrächten (Krankenhäuser, Kindergärten, Friedhöfe etc.) — Leistungen, die andernfalls die Kommunen selbst tragen müßten (Subsidiarität) —, und die Grundstücke deswegen auch nicht als Bau- oder Gewerbegrundstücke genutzt werden könnten, sei der durch die (Bau-)Maßnahme bewirkte wirtschaftliche Vorteil für die Kirchen oft geringer als normal, wenn nicht gleich null. Dieser Umstand solle im Rahmen der Prüfung der §§ 163 Abs. 1, 227 Abs. 1 AO Berücksichtigung finden. Er könne zu einer Beitragsermäßigung oder einem Beitragserlaß zwingen (sachlicher Billigkeitsgrund).

[161] *Hans-Rudolf Lipphardt,* Negative Staatsleistungen und Ablösungsvorbehalt, in: DVBl. 1975, S. 410 (412); BVerfGE 19, 1, 13 f.; OFHE (Gutachten) 54, 280 (283); BFH, in: KirchE 14, 270 (275); FG Düsseldorf, in: KirchE 15, 115 (116); Niedersächsisches FG, in: KirchE 11, 105 (107 f.); FG Rheinland-Pfalz, in: KirchE 13, 60 (66).

[162] *Theodor Maunz,* in: Maunz / Dürig / Herzog, Grundgesetz. Art. 140 GG / Art. 138 WRV (Stand d. Bearb. Dezember 1973), Rdnr. 7; *Bruno Schmidt-Bleibtreu / Franz Klein,* Kommentar zum Grundgesetz für die Bundesrepublik Deutschland. 6. Aufl. Neuwied, Darmstadt 1983, Art. 140, Rdnr. 6; *Paul Mikat,* Staat, Kirchen und Religionsgemeinschaften, in: HdbVerfR, S. 1083 f.; *Konrad Hesse,* Die Entwicklung des Staatskirchenrechts seit 1945, in: JöR N. F. 10 (1961), S. 3 (61); *Lipphardt,* Negative Staatsleistungen (Anm. 161), S. 410; *Ulrich Scheuner,* Der Bestand staatlicher und kommunaler Leistungspflichten an die Kirchen (Art. 138 Abs. 2 WRV), in: Kirche und Staat in der neueren Entwicklung. Hrsg. von Paul Mikat. Darmstadt 1980, S. 267 (274); für die parallelen landesverfassungsrechtlichen Bestimmungen: *Hubert Lentz,* in: Geller / Kleinrahm / Fleck, Die Verfassung des Landes Nordrhein-Westfalen. Kommentar. 2. Aufl,. Göttingen 1963, Art. 21, S. 164 f.; *Klaus Schlaich,* Staatskirchenrecht, in: Nordrhein-

II. Gerichts- und Verwaltungskosten

Dagegen ist umstritten, ob die Befreiung von den Gerichts- und Verwaltungskosten als negative Staatsleistung angesehen werden muß.[163] Das Bundesverfassungsgericht hat eine solche Zuordnung verneint.[164]

Allerdings ergeben sich aus einigen Kirchenverträgen Festschreibungen über (einzelne) Befreiungen. In den Vereinbarungen des Berliner Senats mit der Katholischen[165] und der Evangelischen Kirche[166] sind die Voraussetzungen für die Anwendung des alten § 8 Abs. 1 Nr. 4 PrGKG fixiert. Unter anderem ist den Kirchen dort bescheinigt, daß sie Körperschaften des öffentlichen Rechts sind. Die Befreiung knüpfte an den Körperschaftsstatus an, die Vereinbarungen sehen selbst aber keine Gebührenbefreiung vor.

In den Verträgen der Länder Hessen[167], Niedersachsen[168], Rheinland-Pfalz[169], Saarland[170] und Schleswig-Holstein[171] mit der Katholischen

---

westfälisches Staats- und Verwaltungsrecht. Hrsg. von Dieter Grimm und Hans-Jürgen Papier. Frankfurt / M. 1986, S. 729; *Michael Stolleis,* Staatskirchenrecht, in: Hessisches Staats- und Verwaltungsrecht. Hrsg. von Hans Meyer und Michael Stolleis. 2. Aufl., Frankfurt / M. 1986. S. 476; *Heinrich Korte / Bernd Rebe,* Verfassung und Verwaltung des Landes Niedersachsen. 2. Aufl., Göttingen 1986, S. 728 f.; *Axel Frhr. von Campenhausen,* in: Nawiasky / Leusser / Schweiger / Zacher, Die Verfassung des Freistaates Bayern. Loseblattausg. München, Art. 145 (Stand d. Bearb. August 1976), Rdnr. 5.

[163] BVerfGE 19, 1 (13 ff.); BVerwG, in: KirchE 16, 140 (141 f.); OVG Münster, in: KirchE 15, 29 (35 ff.); OVG Münster, in: OVGE 24, 294 (295 f.); VG Münster, in: KirchE 14, 1 (4); *Dieter Bollmann,* In welchem Umfang sind Kirchen in NRW von der Zahlung von Baugenehmigungsgebühren befreit, in: KStZ 1973, S. 69 (70); a. A. (die Entscheidung ist in diesem Punkt nicht klar) OVG Lüneburg, in: NVwZ 1987, S. 704 f.; VG Düsseldorf, in: KirchE 10, 251 (255 f.); *Alexander Hollerbach,* Anm. zu BVerfGE 19, 1 ff., in: JZ 1965, S. 612 (614); *Korte / Rebe,* Verfassung (Anm. 162); *Friedrich E. Schnapp,* Gebührenfreiheit der Kirchen im verwaltungsgerichtlichen Verfahren in den ehemals preußischen Ländern, in: ZevKR 14 (1968 / 69), S. 361 (363).

[164] BVerfGE 19, 1.

[165] Abschließendes Protokoll über Besprechungen zwischen Vertretern des Bischöflichen Ordinariats Berlin und des Senats von Berlin über die Regelung gemeinsam interessierender Fragen vom 2.7.1970, Abschn. VII, abgedr. bei *Joseph Listl* (Hrsg.), Die Konkordate und Kirchenverträge in der Bundesrepublik Deutschland. Bd. 1, Berlin 1987, S. 635.

[166] Abschließendes Protokoll über Besprechungen zwischen Vertretern des Evangelischen Konsistoriums in Berlin (West) der Evangelischen Kirche in Berlin-Brandenburg und des Senats von Berlin über die Regelung gemeinsam interessierender Fragen vom 2.7.1970, Abschn. VIII, abgedr. bei *Listl,* Konkordate und Kirchenverträge (Anm. 165), S. 686 f.; vgl. *Schnapp,* Gebührenfreiheit (Anm. 163), S. 364.

[167] Vertrag zwischen dem Land Hessen einerseits und den Bistümern Fulda, Limburg und Mainz sowie dem Erzbistum Paderborn andererseits zur Ergänzung

und der Evangelischen Kirche sind dagegen Regelungen über Gebührenbefreiungen enthalten. In der Regel sind die Kirchen und ihre öffentlich-rechtlichen Verbände, Anstalten und Stiftungen begünstigt. Die Befreiungen schreiben überwiegend den landesgesetzlichen Status quo vertraglich fest.[172] Die Länder können also die Gebührenpflicht der Kirchen nicht mehr gesetzlich anordnen, ohne die vertragliche Übereinkunft zu verletzen.

Darüber hinaus bewirken die Vereinbarungen in einigen Fällen auch konstitutiv Gebührenfreiheit, und zwar in den Fällen, in denen die Länderregelungen Gebührenfreiheit insgesamt oder nur zum Teil allein für das Land selbst vorsehen. Hier wird kraft Vereinbarung die Gebührenfreiheit in gleichem Umfang wie dem Land auch den Kirchen und ihren Institutionen zugestanden. Der erste Fall gilt für das Saarland[173], der zweite Fall für Rheinland-Pfalz.[174]

---

des Vertrages des Landes Hessen mit den Katholischen Bistümern in Hessen vom 9.3.1963 nebst Schlußprotokoll vom 29.3.1974, Art. 9, abgedr. bei *Listl*, Konkordate und Kirchenverträge (Anm. 165), S. 770; Vertrag des Landes Hessen mit den Evangelischen Landeskirchen in Hessen nebst Schlußprotokoll vom 18.2.1960, Art. 22, abgedr. ebd., S. 811.

[168] Konkordat zwischen dem Heiligen Stuhl und dem Lande Niedersachsen nebst Anlage vom 26.2.1965, Anlage: § 15, abgedr. bei *Listl*, Konkordate und Kirchenverträge (Anm. 165), Bd. 2, Berlin 1987, S. 28; Vertrag des Landes Niedersachsen mit den Evangelischen Landeskirchen in Niedersachsen vom 19.3.1955, Art. 15, abgedr. ebd., S. 115.

[169] Vertrag zwischen dem Land Rheinland-Pfalz und dem Erzbistum Köln sowie den Bistümern Limburg, Mainz, Speyer und Trier über Fragen der Rechtsstellung und Vermögensverwaltung der Katholischen Kirche nebst Schlußprotokoll vom 18.9.1975, Art. 9, abgedr. bei *Listl*, Konkordate und Kirchenverträge (Anm. 165), Bd. 2, S. 467; Vertrag des Landes Rheinland-Pfalz mit den Evangelischen Landeskirchen in Rheinland-Pfalz nebst Schlußprotokoll und Schriftwechsel vom 31.3.1962, Art. 26, abgedr. ebd., S. 496.

[170] Vertrag zwischen dem Saarland und den Bistümern Speyer und Trier über Fragen der Rechtsstellung der Bistümer Speyer und Trier und ihrer Vermögensverwaltung nebst Schlußprotokoll vom 10.2.1977, Art. 9, abgedr. bei *Listl*, Konkordate und Kirchenverträge (Anm. 165), Bd. 2, S. 597.

[171] Vertrag zwischen dem Land Schleswig-Holstein und den evangelischen Landeskirchen in Schleswig-Holstein vom 23.4.1957, Art. 17, abgedr. bei *Listl*, Konkordate und Kirchenverträge (Anm. 165), Bd. 2, S. 672.

[172] Vgl. die Regierungsbegründung zum hessischen Vertrag vom 29.3.1974 (Anm. 167), Art. 9, abgedr. bei *Listl*, Konkordate und Kirchenverträge (Anm. 165), Bd. 1, S. 780, und auch die Regierungsbegründungen zum Niedersächsischen Konkordat (Anm. 168) und zum Niedersächsischen Kirchenvertrag (Anm. 168), abgedr. bei *Listl*, Konkordate und Kirchenverträge (Anm. 165), Bd. 2, S. 65 (zu § 15 der Anlage) und S. 124 (zu Art. 15); s. ferner die Regierungsbegründung zum schleswig-holsteinischen Vertrag (Anm. 171), Art. 17, abgedr. bei *Listl*, Konkordate und Kirchenverträge (Anm. 165), Bd. 2, S. 687.

[173] Regierungsbegründung zum saarländischen Vertrag (Anm. 170), Art. 9, abgedr. bei *Listl*, Konkordate und Kirchenverträge (Anm. 165), Bd. 2, S. 604.

F. Schlußbemerkung

Neben den rechtlichen Faktoren sei abschließend darüber hinaus noch darauf hingewiesen, daß es im Interesse des Staates liegen muß, den großen Kirchen günstige Bedingungen für ihr Tätigwerden zu erhalten und weiter zu schaffen. So respektiert die Kirche nach Aussage des Präfekten der römischen Kongregation für die Glaubenslehre, Kardinal *Ratzinger,* den irdischen Staat als eine eigene Ordnung der geschichtlichen Zeit mit Rechten und Gesetzen, die sie anerkennt. Sie fordert daher das loyale Mitleben und Mitwirken mit dem irdischen Staat selbst da, wo er kein christlicher Staat ist. Indem sie so einerseits loyale Mitwirkung im Staatswesen und die Respektierung seiner Eigenart wie seiner Grenzen fordere, erziehe sie auch zu jenen Tugenden, die einen Staat gut werden lassen.[175]

Vor diesem Selbstverständnis wird deutlich, daß die Großkirchen für die Bundesrepublik Deutschland (und deren Untergliederungen) essentielle Einrichtungen sind, deren vielfältiges Wirken (sowohl institutionell als auch besonders durch ihre einzelnen Mitglieder, die ehrenamtlich tätig werden) diesem Staat zum Vorteil gereicht.

---

[174] Regierungsbegründungen zu den rheinland-pfälzischen Verträgen (Anm. 169), abgedr. bei *Listl,* Konkordate und Kirchenverträge (Anm. 165), Bd. 2, S. 473 (zu Art. 9 — kath. Kirche) und S. 514 f. (zu Art. 26 — ev. Kirche); ferner die Regierungsbegründung zum hessischen Vertrag vom 29.3.1974, Art. 9 (Anm. 172).
[175] Kardinal *Joseph Ratzinger,* in: Deutsche Tagespost vom 2.4.1992, S. 5.

§ 37

Das kirchliche Besteuerungsrecht

Von Heiner Marré

I. Einführung

1. Die Geschichte der Kirchenfinanzierung in Deutschland

Seit über tausend Jahren und über den Wechsel von politischen Verhältnissen, Verfassungen und Staatsformen hinweg trägt der Staat in Deutschland Mitsorge für die Finanzausstattung der Kirchen.

Seit über hundert Jahren geschieht das vor allem mit dem Instrument der Kirchensteuer.

Gewechselt haben nur die Gründe für diese staatliche Finanzierungsfürsorge. Am Anfang, als König *Pippin* und Kaiser *Karl der Große* als Entschädigung für die voraufgegangene pippinische bzw. karolingische Säkularisation von Kirchengut im 8. Jahrhundert den sogenannten Geistlichen Zehnt einführten, standen religiöse Motive eines mittelalterlich-christlichen Gemeinwesens. Es folgte die Sorge des Landesherrn für die Religion seiner Untertanen, die allerdings auch nicht immer uneigennützig war, wie etwa die — im Westfälischen Frieden von 1648 rechtlich sanktionierte — Säkularisation des evangelischen Kirchenguts nach dem Augsburger Religionsfrieden von 1555 zeigte, die die evangelischen Landeskirchen weitgehend zu „Rentnerinnen des Staates" machte. Zu Beginn des 19. Jahrhunderts rückte erneut (nach altem Muster) der Gedanke der Entschädigung für die Säkularisation des Kirchenguts in den Vordergrund. Die deutschen Fürsten, die sich Kirchengut angeeignet hatten, übernahmen als Kompensation die Pflicht, für den Finanzbedarf der Kirchen aufzukommen. Im Laufe des 19. Jahrhunderts machten sich die deutschen Staaten dann von dieser Pflicht weithin frei, indem sie diese durch die Einführung der Kirchensteuer auf die Kirchenmitglieder abwälzten. Sie gingen damit vom Prinzip der Fremdfinanzierung aus dem allgemeinen Staatsbudget über zur kirchlichen Eigenfinanzierung durch die Kirchenmitglieder und trugen damit zugleich und ungewollt zur Eigenständigkeit der Kirchen gegenüber dem Staat bei.

Heute dominiert — auch aus der Sicht des Bundesverfassungsgerichts[1] — die Idee des demokratischen Sozial- und Kulturstaates, der um des Gemeinwohls willen und in positiver Neutralität die Gruppen seiner pluralen Gesellschaft in vielfältiger Weise fördert, um ihre Freiheit zu sichern[2]. Dieser Idee folgend und in der Erwartung des Einsatzes der Kirchen für das Gemeinwohl — insbesondere für die Wertbildung, -findung und -vermittlung sowie als Träger eines umfassenden sozialen und kulturellen Dienstes — bietet der Staat mit der Kirchensteuer den Kirchen ein System der Finanzierung durch ihre eigenen Mitglieder an, bei dem er selbst lediglich Rechts- und (bezahlte) Verwaltungshilfe leistet[3].

---

[1] BVerfGE 44, 103.

[2] So die wichtigsten historischen Entwicklungslinien markant kennzeichnend: *Josef Isensee*, Die Finanzquellen der Kirchen im deutschen Staatskirchenrecht, in: JuS 1980, S. 94 ff. (95). Zur Geschichte des kirchlichen Abgabenwesens und speziell der Kirchensteuer s. ausführlich: *Friedrich Giese*, Deutsches Kirchensteuerrecht. Stuttgart 1910 (unv. Nachdr. Amsterdam 1965), S. 9 ff.; *Paul Mikat*, Grundfragen des Kirchensteuerrechts unter besonderer Berücksichtigung der Verhältnisse in Nordrhein-Westfalen, in: Ged.Schr. Hans Peters. Berlin, Heidelberg, New York 1967, S. 329 ff.; *Heiner Marré*, in: Heiner Marré / Paul Hoffacker, Das Kirchensteuerrecht im Land Nordrhein-Westfalen. Kommentar. Münster 1969, S. 11 ff.; *Hans Liermann*, Abgaben, Kirchliche, in: TRE, Bd. 1, 1977, S. 329 ff.; *Ernst Rudolf Huber / Wolfgang Huber* (Hrsg.), Staat und Kirche im 19. und 20. Jahrhundert, Dokumente zur Geschichte des deutschen Staatskirchenrechts. Bd. 3: Staat und Kirche von der Beilegung des Kulturkampfs bis zum Ende des Ersten Weltkriegs. Berlin 1983, S. 27-122; kürzere historische Überblicke bei *Wolfgang Pleister*, Kirchensteuer, in: Franz Klein (Hrsg.), Lexikon des Rechts. Steuer- und Finanzrecht. Neuwied 1986, S. 250 ff.; *Christoph Link*, Art. Kirchensteuer, in: EvStL[3] I, Sp. 1697 f.; *Axel Frhr. von Campenhausen*, Staatskirchenrecht. 2. Aufl., München 1983, S. 160 ff.; *v. Mangoldt / Klein / v. Campenhausen*, Art. 140 GG / Art. 137 WRV, Rdnrn. 183 ff.; *Alexander Hollerbach*, Der verfassungsrechtliche Schutz kirchlicher Organisation, in: HStR VI, 1989, § 139, Rdnr. 49; *Hanns Engelhardt*, Die Kirchensteuer in den neuen Bundesländern. Köln 1991, S. 1 f.

[3] Zur Förderung der Kirchen durch den Staat als durchlaufender Perspektive des deutschen Staatskirchenrechts und zur Kirchensteuer als eines Beispiels dieser staatlichen Kirchenförderung s. in *diesem* Handbuch *Gerhard Robbers*, § 31 Förderung der Kirchen durch den Staat; ferner: *Wilhelm Kewenig*, Das Grundgesetz und die staatliche Förderung der Religionsgemeinschaften, in: EssGespr. 6 (1972), S. 9 ff.; *Paul Kirchhof*, Die Einkommensteuer als Maßstab für die Kirchensteuer, in: DStZ 1986, S. 25 ff. (28); *Josef Isensee*, Verfassungsstaatliche Erwartungen an die Kirche, in: EssGespr. 25 (1991), S. 104 ff. (123); *Heiner Marré*, Die Kirchenfinanzierung in Kirche und Staat der Gegenwart. 3. Aufl., Essen 1991, S. 31 ff.; s. jüngst auch EssGespr. 28 (1994), mit den Beiträgen von *Hans Heinrich Rupp, Wolfgang Clement* und *Dietrich Pirson*. — Zur „anderen Seite der Medaille", nämlich der Verantwortung der Kirche für den Staat, s. EssGespr. 25 (1991), mit den Beiträgen von *Hans Maier, Martin Honecker* und *Josef Isensee*.

2. Die einheitliche Kirchenfinanzierung im geeinten Deutschland

Den vorläufigen zeitgeschichtlichen Schlußpunkt der skizzierten Entwicklung der Kirchenfinanzierung in Deutschland setzte das historische Ereignis der *deutschen Wiedervereinigung vom 3. Oktober 1990* mit dem Inkrafttreten des Grundgesetzes einschließlich der (Weimarer) Kirchenartikel und der Wiedereinführung der Kirchensteuer in den neuen Bundesländern Brandenburg, Mecklenburg-Vorpommern, Sachsen, Sachsen-Anhalt und Thüringen. Damit wurde dort nicht nur an eine alte gesamtdeutsche Verfassungstradition wieder angeknüpft, sondern auch eine einheitliche Kirchenfinanzierung im geeinten Deutschland wiederhergestellt.

Die in der ehemaligen Deutschen Demokratischen Republik (DDR) gelegenen evangelischen Landeskirchen und katholischen Kirchenbezirke entschlossen sich, die ihnen nunmehr durch die Verfassung (Art. 140 GG i. V. m. Art. 137 Abs. 6 WRV) gebotene rechtliche Möglichkeit der Kirchensteuererhebung wie die in Westdeutschland gelegenen Diözesen und Landeskirchen wahrzunehmen[4]. Dem folgend wurde in den Einigungsvertrag vom 31. August 1990[5] ein Kirchensteuergesetz aufgenommen, das gleichzeitig mit dem Einigungsvertrag in der DDR in Kraft trat[6]. Es gilt in den neuen Bundesländern, die für diese Materie inzwischen die Gesetzgebungszuständigkeit besitzen, als Landesrecht fort[7, 8].

---

[4] Zur vorausgegangenen Kirchenfinanzierung in der von der Ideologie des atheistischen Marxismus-Leninismus beherrschten ehemaligen DDR s. *Siegfried Mampel*, Die sozialistische Verfassung der Deutschen Demokratischen Republik. Kommentar. 2., völlig neubearb. u. erw. Aufl., Frankfurt a. M. 1982, Art. 39, Rdnr. 35; *Alexander Hollerbach*, Das Verhältnis von Kirche und Staat in der Deutschen Demokratischen Republik, in: HdbKathKR, S. 1072 ff. (1079 f.); *Link*, Art. Kirchensteuer (Anm. 2), Sp. 1703; *Engelhardt*, Kirchensteuer (Anm. 2), S. 1 f.; *Wolfgang Spliesgart*, Die Einführung der Kirchensteuer in den neuen Bundesländern, in: NVwZ 1992, S. 1155 ff.

[5] Vertrag zwischen der Bundesrepublik Deutschland und der Deutschen Demokratischen Republik über die Herstellung der Einheit Deutschlands vom 31.8.1990 (BGBl. II S. 889).

[6] Anl. II zum EVertr, Kap. IV: Geschäftsbereich des Bundesministers der Finanzen, Abschn. I Ziff. 5: „Mit Inkrafttreten dieses Vertrages tritt das folgende Kirchensteuergesetz der Deutschen Demokratischen Republik in Kraft." Der Wortlaut dieses Kirchensteuergesetzes ist abgedr. in BGBl. 1990 II, S. 1194 ff., und der Wortlaut der dazu durch die Bundesregierung gegebenen Unterrichtung in BT-Drucks. 11 / 7817 vom 10.9.1990, S. 126 ff. Beide Texte finden sich auch bei *Marré*, Kirchenfinanzierung (Anm. 3), S. 111 ff.

[7] Art. 9 Abs. 5 EVertr.

[8] Für Berlin gilt eine Sonderregelung (Art. 1 Abs. 2 EVertr, Prot. zum EVertr, Abschn. I Ziff. 5: zu Art. 9 Abs. 5), nach der „das in Berlin (West) geltende Kirchensteuerrecht mit Wirkung vom 1. Januar 1991 auf den Teil Berlins erstreckt wird, in dem es bisher nicht galt".

Der Effekt dieser Verfahrenswahl war der, daß den Kirchen auf dem Gebiet der ehemaligen DDR mit Wirksamwerden des Beitritts der DDR zur Bundesrepublik Deutschland am 3. Oktober 1990 eine einheitliche Rahmenordnung für die ab dem 1. Januar 1991 einsetzende Erhebung der Kirchensteuer als Zuschlag zur Einkommensteuer zur Verfügung stand, ohne daß hierfür zunächst noch Gesetzgebungsakte der erst im Aufbau begriffenen neuen Bundesländer erforderlich waren. Dieses Kirchensteuerrahmengesetz folgte westdeutschen Mustern[9]. Es übernahm „damit die jahrzehntelange praktische Bewährung dieses Kirchensteuerrechts. Die Rechtsprechung — bis hin zu der des Bundesverfassungsgerichts — hat dieses Recht in mehr als vier Jahrzehnten umfassend überprüft und seine Verfassungsmäßigkeit bestätigt"[10]. Über die kirchensteuerlichen Vorschriften im engeren Sinn hinaus stellen seine §§ 2 und 3 den Status der Kirchenbezirke als Körperschaften des öffentlichen Rechts klar und regeln die §§ 16 bis 18 die melderechtlichen Voraussetzungen der Kirchensteuererhebung.

3. Die europäische Einigung in ihrer Bedeutung für die Kirchensteuer in Deutschland

Neben der *deutschen* Einigung ist als zweiter epochaler Prozeß die Rechtsentwicklung in Richtung auf die *europäische Einheit* im Gange.

Hier stellt sich gegenüber Unitarisierungs- und Gleichschaltungstendenzen vor dem Hintergrund der rechtsdogmatisch noch zu erschließenden staats- und verfassungstheoretischen Grundsatzfrage nach der Erhaltung der kulturellen Identität und damit auch der Staat-Kirche-Ordnung der europäischen Einzelstaaten in einem vereinigten Europa[11] folgende weitere Frage: Welche konkreten Auswirkungen hat die europäische Rechtsentwicklung jetzt schon oder voraussehbar auf das deutsche Staat-Kirche-System und in ihm auf die Kirchenfinanzierung?

Allgemein ist dazu zu sagen: Europa steht an der Schwelle einer neuartigen Entwicklungsphase von der wirtschaftlichen zur politischen

---

[9] S. dazu *Marré*, Kirchenfinanzierung (Anm. 3), S. 15 ff.; *Rupert Scholz*, Der Auftrag der Kirchen im Prozeß der deutschen Einheit, und *Wolfgang Rüfner*, Deutsche Einheit im Staatskirchenrecht, beide in: EssGespr. 26 (1992), S. 22 f. u. 74 f.

[10] BT-Drucks. 11 / 7817 vom 10.9.1990, S. 126; abgedr. bei *Marré*, Kirchenfinanzierung (Anm. 3), S. 117.

[11] *Isensee*, Verfassungsstaatliche Erwartungen (Anm. 3), S. 108 Anm. 9; s. auch *v. Mangoldt / Klein / v. Campenhausen*, Vorwort (S. VII f.), und vor allem *Alexander Hollerbach*, Europa und das Staatskirchenrecht, in: ZevKR 35 (1990), S. 250 ff. (250 f., 281 ff.). S. jetzt auch *Gerhard Robbers*, Die Fortentwicklung des Europarechts und seine Auswirkungen auf die Beziehungen zwischen Staat und Kirche in der Bundesrepublik Deutschland, in: EssGespr. 27 (1993), S. 81 ff.

Gemeinschaft. Nach dem Vertrag über die Europäische Wirtschaftsgemeinschaft (EWG) vom 25. März 1957 konnte man noch davon ausgehen, daß die EWG keine Kompetenz für den Bereich der Religions- bzw. Kirchenpolitik, genauer für das Staatskirchenrecht habe. Dem Vertrag über die Europäische Union (EU), den die Regierungschefs der Mitgliedstaaten der Europäischen Gemeinschaft am 7. Februar 1992 in Maastricht unterzeichnet haben, werden dagegen auch zumindest mittelbare rechtliche Auswirkungen auf Religion, Kirche und Staatskirchenrecht zugesprochen.[12]

Im Blick auf die *besondere* staatskirchenrechtliche Materie des kirchlichen Besteuerungsrechts besteht Einigkeit darin, daß es zu direkten, unmittelbaren Auswirkungen des europäischen Gemeinschaftsrechts nur auf das staatliche Steuerrecht kommen und daß die Kirchensteuer nur indirekt, nur mittelbar betroffen sein kann. Wegen des akzessorischen Charakters, des Zuschlagcharakters der Kirchensteuer[13] wäre es theoretisch zwar denkbar, daß eine Harmonisierung der staatlichen Steuersätze bzw. eine Verschiebung im Verhältnis von direkten und indirekten Steuern auf die Kirchensteuer „durchschlägt". Das würde aber das Zuschlag-System der Kirchensteuer nicht prinzipiell beeinträchtigen. Denn die Kirchen könnten mit einer Veränderung des Kirchensteuer-Hebesatzes oder mit dem Instrument des Kirchgeldes finanziell „gegensteuern".

Nach den bisherigen Erfahrungen ist nicht zu erwarten, daß sich die in Art. 99 des EWG-Vertrages vorgeschriebene Harmonisierung der indirekten Steuern auf die Kirchensteuer negativ auswirkt. Sie wird zu einem höheren Hebesatz der Mehrwertsteuer führen und damit zwar den Anteil der Mehrwertsteuer am gesamten staatlichen Steueraufkommen erhöhen, aber das absolute Aufkommen der direkten Steuern, insbesondere der Einkommensteuer als der bedeutendsten Einnahmequelle der öffentlichen Haushalte und als der Maßstabsteuer der Kirchensteuer kaum mindern.

Anders als bei den indirekten Steuern enthält der EWG-Vertrag keine ausdrückliche und spezielle Regelung für eine Harmonisierung der direkten Steuern. Nimmt man an, daß zu der für das Funktionieren des Gemeinsamen Marktes notwendigen allgemeinen Rechtsangleichung nach den Art. 100 bis 102 des EWG-Vertrages auch der Erlaß einer

---

[12] Während *Hollerbach*, Europa (Anm. 11), S. 268, 275, vor dem Maastrichter Vertragswerk der Europäischen Gemeinschaft noch jede staatskirchenrechtliche Kompetenz absprach, hält *Robbers*, Europarecht (Anm. 11), S. 82, „nach Maastricht" solche Kompetenzen für gegeben. Zurückhaltend gegenüber dieser Auffassung: *Paul Kirchhof, Joseph H. Kaiser* und *Wolfgang Loschelder* in der Diskussion in: EssGespr. 27 (1993), S. 28, 105 f., 108 f.

[13] S. unter VI.

entsprechenden Richtlinie über die Harmonisierung der direkten Steuern gehört, so dürfte es dazu nicht zuletzt wegen der fiskalischen Auswirkungen von Steuerrechtsangleichungen, die die nationalen Finanzhoheiten der Mitgliedstaaten empfindlich treffen können, kaum kommen.

Für die Kirchensteuer ist in diesem Zusammenhang folgendes noch bemerkenswert: Da direkte Steuern, die von den wirtschaftlich Betroffenen unmittelbar erhoben werden, sich nicht so spürbar auf den innergemeinschaftlichen Warenverkehr auswirken wie indirekte Steuern, bleiben Steuern auf die Einkünfte natürlicher Personen bei den Angleichungsbestrebungen weitgehend ausgeklammert. Etwas anderes gilt allerdings für die von grenzüberschreitenden Gewerbetreibenden und Unternehmen zu zahlende Kapitalertrag- und Körperschaftssteuer[14].

4. Verwandte Kirchenfinanzierungssysteme in anderen europäischen Ländern

Die in Deutschland übliche Kirchenfinanzierung durch die Kirchensteuer ist in Europa nicht einmalig.

a) Schweiz

In der Schweiz, in der die Kantone für die Ordnung des Verhältnisses von Staat und Kirche zuständig sind, ist die Zahl der Kantone vervollständigt worden, in denen nicht nur die zahlenmäßig dominierende Kirche Kirchensteuern erhebt. So ist in drei überwiegend protestantischen Kantonen, nämlich in Zürich 1963, in Basel 1968 und in Schaffhausen 1972 im Wege einer Volksabstimmung und mit Zustimmung aller Parteien auch für die katholische Kirche der öffentlich-rechtliche Status und die Kirchensteuer eingeführt worden. Im Unterschied zu Deutschland mit seinem weithin herrschenden zentralisierten Diözesan- oder Landeskirchensteuersystem besteht in der Schweiz in der Regel das dezentralisierte Ortskirchensteuersystem mit den Kirchengemeinden als Steuergläubigern.

---

[14] Zum Vorstehenden s. *Thomas Oppermann*, Europarecht. München 1991, Rdnrn. 1039, 1051, 1086; *Hollerbach*, Europa (Anm. 11), S. 279 f.; *Robbers*, Europarecht (Anm. 11), S. 94 f.

b) Skandinavische Länder

Die skandinavischen Länder weisen sozusagen eine Engführung der Kirchensteuer auf: sie kann nur von der partiell noch mit dem Staat verbundenen und bevorzugten Hauptreligion des Landes erhoben werden, nämlich von der evangelisch-lutherischen Kirche, nicht aber von den kleinen Religionsgemeinschaften wie der katholischen. Man kennt also bisher nicht wie in Deutschland und der Schweiz vom Staat getrennte Religionsgemeinschaften, die trotzdem nach dem staatlichen Recht einen öffentlich-rechtlichen Sonderstatus und ein Besteuerungsrecht haben.

c) Österreich

Österreich ist das einzige Land, in dem das System des obligatorischen Kirchenbeitrags verwirklicht ist. Die Kirchen ziehen auf der Grundlage des staatlichen Kirchenbeitragsgesetzes vom 1. Mai 1939 nach Maßgabe kirchlicher Beitragsordnungen durch kirchliche Stellen als privatrechtlich zu qualifizierende Beiträge ein, mit denen sie ihren Finanzbedarf zum überwiegenden Teil decken. Der Staat leistet dabei nur insofern Hilfe, als ausstehende Beiträge ähnlich wie nicht gezahlte Vereinsbeiträge vor dem Zivilgericht eingeklagt und durch die staatliche Rechtspflege, z. B. den Gerichtsvollzieher, eingezogen werden können. Der (Verwaltungs-)Zwang, der latent, aber in der Regel nicht aktuell hinter der Kirchensteuer in Deutschland und der Schweiz steht, wird beim österreichischen Kirchenbeitrag in nicht wenigen Fällen durch Zivilklage und Gerichtsvollzieher manifest.

d) Spanien und Italien

Eine neue und andere steuerliche Lösung der Kirchenfinanzierung gibt es in Spanien und Italien. In Italien kann ab dem 1.1.1990 — ähnlich wie in Spanien vom 1.1.1988 an — jeder einkommen- bzw. lohnsteuerpflichtige italienische Staatsbürger — unabhängig davon, ob er Kirchenmitglied ist oder nicht — einen bestimmten Prozentsatz (zur Zeit 0,8 Prozent) seiner Einkommen- bzw. Lohnsteuer, die er ohnehin zahlen muß, entweder der Kirche zufließen lassen zur Finanzierung religiöser Bedürfnisse in Gestalt von Klerikerbesoldung, Bau und Erhaltung von Kultgebäuden oder karitativen Aufgaben oder aber dem Staat für soziale und humanitäre Zwecke belassen.

Hier fehlt sozusagen die für die Kirchensteuer kennzeichnende mitgliedschaftliche Komponente der Kirchenfinanzierung sowie die Verbindlichkeit einer Kirchensteuerzahlung, die die Gleichbehandlung der Kirchenmitglieder sichert. Im übrigen kann man in dieser Art der Kirchenfinanzierung eine verdeckte Form staatlicher Kirchen-Subventionierung sehen, denn der Staat verzichtet zugunsten der Kirchen auf einen Teil der ihm zustehenden Steuer.[15]

II. Der Begriff der Kirchensteuer

Die Kirchensteuer ist eine echte *Steuer* im Sinne der Terminologie des staatlichen Steuerrechts (§ 3 Abs. 1 S. 1 AO); kurz gesagt: eine nicht von einer Gegenleistung abhängige, notfalls im Wege des staatlichen Verwaltungszwangs beitreibbare kirchliche (Mitglieder-)Abgabe.[16] Durch ihren Steuercharakter hebt sich die Kirchensteuer von sonstigen Einnahmen der Kirchen ab, wie den (in Art. 140 GG i. V. m. Art. 138 Abs. 1 WRV geregelten, „auf Gesetz, Vertrag oder besonderen Rechtstiteln beruhenden) *Staatsleistungen*" an die Kirchen, wie den *Gebühren,* die Gegenleistungen für kirchliche Amtshandlungen darstellen (Stol-, Dispensgebühren etc.), und *Erträgen aus* kircheneigenem *Vermögen,* wie den *freiwilligen Zuwendungen* (in Form von Spenden, Kollekten, Sammlungen und erbrechtlichen Verfügungen) und wie den *staatlichen Subventionen* (als Zuschüssen des Staates für den Beitrag der Kirchen zur Realisierung des Sozial- und Kulturstaates, und zwar vom Kindergarten über Freie Schulen und Hochschulen, Erwachsenenbildung, Jugend- und Altenhilfe, Unterhaltung von Krankenhäusern bis hin zur Entwicklungshilfe).[17]

---

[15] Zu den verschiedenen Staat-Kirche-Modellen als Umfeldern der Kirchenfinanzierung und zur Ausgestaltung des kirchlichen Finanzwesens in Europa und den USA siehe im einzelnen und mit weiteren Literaturhinweisen: *Marré,* Kirchenfinanzierung (Anm. 3), S. 13-30. Vgl. neuerdings auch *Hartmut Böttcher,* Die Kirchen und ihr Geld, in: Nachrichten der Ev.-luth. Kirche in Bayern, 47. Jg. (1992), Nr. 12, S. 224 ff. (226). S. demnächst EssGespr., Bd. 29, zum Spezialthema „Die Neuordnung des Verhältnisses von Staat und Kirche in Mittel- und Osteuropa".

[16] *Heiner Marré,* Das kirchliche Besteuerungsrecht, in: HdbStKirchR¹ II, S. 6; *Pleister,* Kirchensteuer (Anm. 2), S. 250; *Link,* Art. Kirchensteuer (Anm. 2), Sp. 1695 f.; *Hollerbach,* Kirchl. Organisation (Anm. 2), Rdnr. 50; *Engelhardt,* Kirchensteuer (Anm. 2), S. 3 f.

[17] *Marré,* Kirchenfinanzierung (Anm. 3), S. 34 ff. (mit weiterführenden Literaturhinweisen); *Joseph Listl,* Art. Kirchenbeitrag, in: Katholisches Sozialexikon. 2. Aufl., Innsbruck, Graz 1980, Sp. 889 ff.; *Karl-Eugen Schlief,* Art. Kirchliches Finanzwesen, in: StL⁷ III, 1987, Sp. 524.

III. Die Rechtsquellen des Kirchensteuerrechts[18]

Als Rechtsquellen des Kirchensteuerrechts sind zu unterscheiden: *Staatliche* Rechtsquellen, die im Bundesverfassungsrecht liegen, nämlich in Art. 140 GG i. V. m. Art. 137 Abs. 6 WRV, im Landesverfassungsrecht[19] und im einfachen Landesrecht, nämlich in den Kirchensteuergesetzen der Bundesländer und in den dazu erlassenen staatlichen Durchführungsverordnungen. *Gemeinsame staatlich-kirchliche* Rechtsquellen des Kirchensteuerrechts finden sich in Staatskirchenverträgen auf Bundes- und Landesebene. *Kirchliche* Rechtsquellen bildet neben dem universalen das partikulare Kirchenrecht, nämlich die Kirchensteuerordnungen und Kirchensteuer-Hebesatzbeschlüsse der steuerberechtigten Religionsgemeinschaften.

---

[18] Neuere (Gesamt-)Darstellungen des geltenden Kirchensteuerrechts: *v. Campenhausen,* Staatskirchenrecht (Anm. 2), S. 159 ff.; *v. Mangoldt / Klein / v. Campenhausen,* Art. 140 GG / Art. 137 WRV, Rdnrn. 182 ff.; *Link,* Art. Kirchensteuer (Anm. 2), Sp. 1695 ff.; *Alexander Hollerbach,* Kirchensteuer und Kirchenbeitrag, in: HdbKathKR, S. 889 ff.; *Isensee,* Finanzquellen (Anm. 2), S. 98 ff.; *Jörg Giloy / Walter König,* Kirchensteuerrecht und Kirchensteuerpraxis in den Bundesländern. 2., überarb. Aufl., Stuttgart, Wiesbaden 1988 (in der noch die KiStGe der [alten] Bundesländer abgedruckt sind), und *dies.,* Kirchensteuerrecht in der Praxis, Neuwied 1993 (wo nur noch die Fundstellen des in den Bundesländern geltenden Kirchensteuerrechts zu finden sind); *Christian Meyer,* Das geltende Kirchensteuerrecht im Bereich der Evangelischen Kirche in Deutschland, in: Wolfgang Lienemann (Hrsg.), Die Finanzen der Kirche — Studien zu Struktur, Geschichte und Legitimation kirchlicher Ökonomie. München 1989, S. 173 ff.; *Engelhardt,* Kirchensteuer (Anm. 2); *Marré,* Besteuerungsrecht (Anm. 16), S. 5-50 (mit umfassenden Hinweisen auf Lit. u. Rspr. bis zum Jahre 1975).

[19] Die Landesverfassungen inkorporierten z. T. mit Art. 140 GG auch Art. 137 Abs. 6 WRV: s. Art. 5 Bad.-Württ. Verf. v. 11.11.1953 (GBl. S. 173) und Art. 22 NWVerf. v. 28.6.1950 (GVBl. S. 127). Die vor dem Inkrafttreten des GG v. 23.5.1949 (BGBl. S. 1) erlassenen Landesverfassungen übernahmen z. T. im wesentlichen den Wortlaut von Art. 137 Abs. 6 WRV: Art. 143 Abs. 3 BayVerf. v. 2.12.1946 (GVBl. S. 333), Art. 51 Abs. 3 HessVerf. v. 1.12.1946 (GVBl. S. 229), Art. 43 Abs. 3 Rheinl.-PfalzVerf. v. 18.5.1947 (VOBl. S. 209) und Art. 37 Abs. 3 SaarVerf. v. 15.12.1947 (ABl. S. 1077). Die übrigen Landesverfassungen der alten Bundesländer enthalten keine Regelung des Kirchensteuerrechts. — Die Entwürfe der Landesverfassungen der neuen mittel- und ostdeutschen Bundesländer sind abgedr. im Anh. zu *Peter Häberle,* Der Entwurf der Arbeitsgruppe „Neue Verfassung der DDR" des Runden Tisches (1990), in: JöR, N. F., 39 (1990), S. 319 ff. (387 ff.); s. ferner *dens.,* Die Verfassungsbewegung in den fünf neuen Bundesländern, in: JöR, N. F., 41 (1993), S. 69 ff. Der Landtag von Brandenburg hat am 14.4.1992 die Landesverfassung verabschiedet (GVBl. I S. 121), die von der Bevölkerung des Landes am 14.6.1992 durch Volksentscheid angenommen worden ist (vgl. GVBl. I S. 298). Art. 36 Abs. 4 BrandenbVerf. ermöglicht die Steuererhebung durch die Kirchen und Religionsgemeinschaften; Art. 109 Abs. 4 SächsVerf. vom 27.5.1992 (Sächs. GVBl. S. 243), Art. 32 Abs. 5 Sachs.-Anh. Verf. vom 16.7.1992 (Sachs.-Anh. GVBl. S. 610), Art. 9 Abs. 1 Meckl.-Vorp. Verf. vom 23.5.1993 (Meckl.-Vorp. GVBl. S. 372) und Art. 40 ThürVerf. vom 25.10.1993 (Thüring. GVBl. S. 625) inkorporieren die Weimarer Kirchenartikel und damit auch Art. 137 Abs. 6 WRV.

1. Das Verfassungsrecht des Bundes (Art. 140 GG i. V. m. Art. 137 Abs. 6 WRV) und der Bundesländer

a) Die Kirchensteuer als gemeinsame Angelegenheit von Staat und Kirche

Das Institut der Kirchensteuer ist — worauf das Bundesverfassungsgericht in seinen Kirchensteuerentscheidungen mehrfach hingewiesen hat[20] — im Gesamtzusammenhang der verfassungsrechtlichen Ordnung des Verhältnisses von Staat und Kirche zu sehen. Diese Ordnung wird durch die von Art. 140 GG inkorporierten Art. 136 ff. WRV bestimmt, die „vollgültiges Verfassungsrecht der Bundesrepublik geworden" sind und „gegenüber den anderen Artikeln des Grundgesetzes nicht etwa auf einer Stufe minderen Ranges" stehen.[21]

Die konkrete (einfach-)gesetzliche Ausgestaltung dieses verfassungsrechtlich garantierten kirchlichen Besteuerungsrechts in den Kirchensteuergesetzen der Bundesländer hat bei einigen Korrekturen in Randbereichen in ihren Grundlinien die (bundes-)verfassungsgerichtliche Prüfung bestanden.[22]

Gesetzgebung und Rechtsprechung der Zeit ab 1945 bis zur Gegenwart sahen und sehen die Kirchensteuer als eine *gemeinsame Sache von Staat und Kirche* an, die für ihre Normierung wie für ihre praktische Handhabung eine Kooperation staatlicher und kirchlicher Organe bei gleichzeitiger Wahrung gegenseitiger Unabhängigkeit voraussetzt. Sie leisteten damit am konkreten Beispiel der Kirchensteuer einen wesentlichen Beitrag zu einem neuen Staat-Kirche-Verständnis, das sich endgültig von der aus dem 19. Jahrhundert stammenden und in der Weima-

---

[20] BVerfGE 19, 206 (216, 220) und 253 (258).

[21] BVerfGE 19, 206 (219).

[22] BVerfGE 19, 201 (Verfassungswidrigkeit der Kirchensteuererhebung in sog. glaubensverschiedenen Ehen nach dem sog. Halbteilungs- und Haftungsgrundsatz); BVerfGE 20, 40 (Verfassungskonformität der Besteuerung sog. konfessionsverschiedener Ehen); BVerfGE 30, 415 (Zusammenhang von Kirchenmitgliedschaft und Kirchensteuerpflicht); BVerfGE 44, 37 (sog. Nachbesteuerung von aus der Kirche Ausgetretenen); BVerfGE 44, 103 (Verfassungsmäßigkeit des Kirchensteuerlohnabzugsverfahrens); BVerfGE 49, 375 (Verfassungsmäßigkeit der Eintragung der Religionszugehörigkeit auf der Lohnsteuerkarte). Siehe im einzelnen: *Alexander Hollerbach,* Das Staatskirchenrecht in der Rechtsprechung des Bundesverfassungsgerichts (II), in: AöR 106 (1981), S. 218 ff. (248 ff.); *Heiner Marré,* Die Entwicklung des Kirchensteuerrechts im Land Nordrhein-Westfalen, in: Verantwortlichkeit und Freiheit. FS für Willi Geiger zum 80. Geburtstag. Tübingen 1989, S. 655 ff. (666 ff.); *Joseph Listl,* Das kirchliche Besteuerungsrecht in der neueren Rechtsprechung der Gerichte der Bundesrepublik Deutschland, in: Staat, Kirche, Wissenschaft in einer pluralistischen Gesellschaft. FS zum 65. Geburtstag von Paul Mikat. Berlin 1989, S. 579 ff.

rer Republik noch fortwirkenden Vorstellung von einer staatskirchenhoheitlichen Subordination der Kirchen löste und hinfand zur *Kooperation* von Staat und Kirche und zur *Kirchenförderung* des dem Gemeinwohl und der Freiheit verpflichteten demokratischen Sozial- und Kulturstaates, der sich allgemein in positiver Neutralität um die in ihren Freiheitsrechten zu schützenden und zu aktivierenden Gruppen der pluralen Gesellschaft kümmert und im besonderen um die Kirchen als Institutionen ethischer Fundierung menschlichen Zusammenlebens und als Träger, Inspiratoren und Initiatoren kultureller und sozialer Dienste.[23]

b) Die Kirchensteuererhebung „nach Maßgabe der landesrechtlichen Bestimmungen"

Durch die bundesverfassungsrechtliche Garantie des kirchlichen Besteuerungsrechts in Art. 140 GG i. V. m. Art. 137 Abs. 6 WRV ist die Entscheidung über die Gewährung oder Versagung dieses Rechts der Disposition des Landesgesetzgebers entzogen. Die Formulierung „Die Religionsgesellschaften ... sind berechtigt, ... *nach Maßgabe der landesrechtlichen Bestimmungen* Steuern zu erheben" weist den Ländern gegenüber dem Bund die ausschließliche Gesetzgebungskompetenz in Kirchensteuersachen zu und enthält gleichzeitig einen an den Landesgesetzgeber gerichteten Regelungsauftrag mit der Verpflichtung, das kirchliche Besteuerungsrecht so auszugestalten, daß die Religionsgemeinschaften es auch realisieren können.[24] Wenn das Bundesverfassungsgericht[25] sagt, daß es dem Staat durch Art. 137 Abs. 6 WRV verwehrt sei, das überkommene Besteuerungsrecht abzuschaffen oder auszuhöhlen, daß er aber nicht gehindert sei, es zu ändern, insbesondere auch einzuschränken, und daß der Landesgesetzgeber sich auf die allgemeine Ermächtigung zur Erhebung von Kirchensteuern — unter bestimmten Genehmigungsvorbehalten — beschränken und die Einzel-

---

[23] Zur Kirchensteuer als gemeinsamer Angelegenheit von Staat und Kirche: BVerfGE 19, 206 (217) und 73, 388 (399), sowie umfassend *Marré*, Besteuerungsrecht (Anm. 16), S. 11 ff.; vgl. auch *Kirchhof*, Einkommensteuer (Anm. 3), S. 27 f.; *v. Mangoldt / Klein / v. Campenhausen*, Art. 140 GG / Art. 137 WRV, Rdnrn. 190 f.; *Listl*, Rechtsprechung (Anm. 22), S. 579 f.; zur Kirchenförderung s. oben Anm. 3.
[24] BVerfGE 19, 217. — Art. 140 GG i. V. m. Art. 137 Abs. 6 WRV geht als Spezialnorm Art. 105 Abs. 2 GG i. V. m. Art. 72 Abs. 2 GG vor, so daß dem Bundesgesetzgeber keine konkurrierende Gesetzgebungskompetenz über die Kirchensteuer zusteht. So zu Recht: *Giloy / König*, Kirchensteuerrecht / 1993 (Anm. 18), S. 6; *Link*, Art. Kirchensteuer (Anm. 2), Sp. 1696; *v. Mangoldt / Klein / v. Campenhausen*, Art. 140 GG / Art. 137 WRV, Rdnr. 195.
[25] BVerfGE 19, 218.

regelung des formellen und materiellen Kirchensteuerrechts den steuerberechtigten Religionsgemeinschaften innerhalb der Schranken des für alle geltenden Gesetzes überlassen, „die Kirchensteuererhebung aber auch selbst in allen Einzelheiten gesetzlich regeln" könne,[26] so stehen einer einseitigen staatlichen Normierung in zwei Bereichen rechtliche Schranken entgegen: zum einen etwa im Bereich des für die Kirchensteuer relevanten kirchlichen Mitgliedschafts-, Organisations- und Verwaltungsrechts die Schranken des kirchlichen Selbstbestimmungsrechts aus Art. 137 Abs. 3 WRV oder die der korporativen Religionsfreiheit aus Art. 4 GG, zum anderen staatskirchenvertragliche Schranken, soweit nämlich die neueren evangelischen Kirchenverträge und die Konkordate detailliertere Kirchensteuerregelungen enthalten. Im übrigen ist es von der Gemeinsamkeit der Sache her angemessen und bisher wohl auch bewährte (Rechts-)Praxis, daß solche Regelungen nicht ohne Beteiligung der von ihnen betroffenen Kirchen erfolgen.[27]

c) Die Kirchensteuererhebung
„auf Grund der bürgerlichen Steuerlisten"

Die weitere Formulierung in Art. 137 Abs. 6 WRV, daß die Religionsgemeinschaften berechtigt sind, *„auf Grund der bürgerlichen Steuerlisten"* Steuern zu erheben, meinte ursprünglich die Steuererhebung auf Grund der „amtlichen Zusammenstellungen der Ergebnisse der Veranlagung zu den Reichs-, Landes- und Gemeindesteuern".[28] Diese Steuerlisten werden aber schon lange nicht mehr geführt. Das mit dieser Formulierung verfassungsrechtlich umschriebene subjektive öffentliche Recht der Kirchen auf staatliche Informationshilfe bei der Kirchensteuererhebung ist nach dem Ausfall der Steuerlisten vom Staat zu kompensieren durch Bereitstellung anderer zur Realisierung des Besteuerungsrechts geeigneter Unterlagen. „Die Weitergabe von Meldedaten gilt als eine solche (verfassungs-gebotene) Leistung an Erfüllungs Statt: als zwischen Staat und Kirche stillschweigend vereinbarte (Teil-)Erfüllung des vom Verfassunggeber 1949 fortgeschriebenen Anspruchs der Kirchen auf Einsicht in die Steuerlisten."[29] Art. 137 Abs. 6 WRV erschließt

---

[26] BVerfGE 19, 258; vorsichtiger: BVerfGE 73, 399.
[27] *Marré,* Besteuerungsrecht (Anm. 16), S. 14 f.; *Link,* Art. Kirchensteuer (Anm. 2), Sp. 1696 f.; *v. Mangoldt / Klein / v. Campenhausen,* Art. 140 GG / Art. 137 WRV, Rdnrn. 187, 192.
[28] *Gerhard Anschütz,* Die Verfassung des Deutschen Reichs vom 11. August 1919. Unv. Nachdr. der 14. Aufl. von 1933, Darmstadt 1960, S. 649.
[29] *Klaus G. Meyer-Teschendorf,* Die Weitergabe von Meldedaten an die Kirchen. Verfassungskräftiger Anspruch der Kirchen auf meldebehördliche Informa-

den Kirchen jedenfalls ein Recht auf Meldedaten insoweit, als Meldeunterlagen zur Verwirklichung des kirchlichen Besteuerungsrechts erforderlich sind. Dieses durch die Verfassung den Kirchen zugesprochene Recht ist in den Meldegesetzen des Bundes und der Länder durch den Anspruch auf Meldedaten konkretisiert worden.

2. Staatskirchenverträge

Das bundes- und landesverfassungsrechtlich garantierte kirchliche Steuererhebungsrecht hat durch die — gemeinsame staatlich-kirchliche Rechtsquellen des Kirchensteuerrechts darstellenden — Staatskirchenverträge[30] auch den Charakter des vereinbarten Rechts und damit eine zusätzliche Stärkung und Sicherung erfahren. Das Verständnis des kirchlichen Besteuerungsrechts als einer gemeinsamen Angelegenheit von Staat und Kirche weist auf eine solche staatskirchenvertragliche Regelung als besonders sachangemessene Form der Rechtsgestaltung hin.

3. Das Kirchensteuerrecht der Bundesländer[31]

Der Landesgesetzgeber kann dem verfassungsrechtlichen Auftrag zur Regelung des kirchlichen Besteuerungsrechts unter Berücksichtigung des Charakters der Kirchensteuer als gemeinsamer Angelegenheit von Staat und Kirche entweder durch staatskirchenrechtliche Vereinbarungen nachkommen oder durch Rahmengesetze der Länder mit Kirchensteuerordnungen der Religionsgemeinschaften. In den in allen Bundesländern nach den Kirchensteuerentscheidungen des Bundesverfassungsgerichts von 1965 neu erlassenen oder neu gefaßten Kirchensteuergesetzen sind die Landesgesetzgeber — mit Ausnahme von Bayern — der zweiten Alternative des Bundesverfassungsgerichts nachgegangen, wonach der Landesgesetzgeber — auf Grund des in Art. 137 Abs. 1 und 3 WRV geregelten Verhältnisses von Staat und Kirche — sich auf die

---

tionshilfe?, in: EssGespr. 15 (1981), S. 9 ff. (22 ff.) sowie die ebd. auf den S. 59-83 abgedr. Diskussion über den Vortrag von *Meyer-Teschendorf.*

[30] Vgl. *Joseph Listl* (Hrsg.), Die Konkordate und Kirchenverträge in der Bundesrepublik Deutschland. 2 Bde., Berlin 1987. Nach der Einigung Deutschlands s. Evangelischer Kirchenvertrag Sachsen-Anhalt vom 15. 9. 1993 (ABl. EKD 1994, S. 24 ff.), §§ 14 f.

[31] Das Kirchensteuerrecht der (alten) Bundesländer ist abgedr. bei *Giloy / König,* Kirchensteuerrecht / 1988 (Anm. 18), S. 177 ff.; das der neuen Bundesländer bei *Engelhardt,* Kirchensteuer (Anm. 2), S. 101 ff.; *Marré,* Kirchenfinanzierung (Anm. 3), S. 111 ff. Siehe auch HdbBayStKirchR, S. 232 ff., vornehmlich zu dem in Bayern geltenden Kirchensteuerrecht.

allgemeine Ermächtigung zur Erhebung von Kirchensteuern — unter bestimmten Genehmigungsvorbehalten — beschränken und die Einzelregelung des formellen und materiellen Kirchensteuerrechts den steuerberechtigten Religionsgemeinschaften innerhalb der Schranke des für alle geltenden Gesetzes überlassen kann.[32] Die Länder haben das Kirchensteuerrecht in staatlichen Kirchensteuer-Rahmengesetzen geregelt, die — in unterschiedlichem Umfang — der Ausfüllung durch kirchliche Kirchensteuerordnungen fähig und bedürftig sind. Diese Rahmengesetze regeln nicht alles selber, sondern stecken nur noch den vom staatlichen Recht her notwendigen Rahmen ab für legislative Selbstbestimmung der Kirchen im Feld der Kirchensteuer. Das Kirchensteuerrecht wurde nunmehr ein Beispiel für ein durch die Kooperation von Staat und Kirche geschaffenes „staatlich-kirchliches Recht". Das die Kirchensteuer als eine gemeinsame Angelegenheit von Staat und Kirche Kennzeichnende liegt darin, daß das aufeinander angewiesene und sich ergänzende staatliche und kirchliche Recht die Realisierung des kirchlichen Besteuerungsrechts auf dem Wege eines notwendigen funktionellen Zusammenwirkens staatlicher und kirchlicher Organe beim Rechts- und Verwaltungsvollzug erreicht.

Wie für die Erhebung jeder öffentlichen Abgabe, so bedarf es auch für die Erhebung der Kirchensteuer der Grundlage des staatlichen Gesetzes. Ein staatliches Gesetz ist vor allem erforderlich für die rechtliche Zusage des Staates, er werde die von einer Kirche festgesetzten Geldleistungen bei Nichtzahlung für Rechnung und im Namen dieser Kirche durch seine Organe als Steuern im Wege des Verwaltungszwangs beitreiben. Diese Bereitstellung des unmittelbaren äußeren Zwangs zur Vollziehung der aus der Kirchenmitgliedschaft erwachsenden Geldleistungspflicht — an dem es den Kirchen fehlt — ist das Entscheidende der staatlichen Mitwirkung: Sie macht den kirchlichen Anspruch auf Geldleistung zu einem Anspruch auf Steuerzahlung. Bei der konkreten Ausgestaltung der Kirchensteuererhebung beschränkt sich der Staat im Rahmengesetz und in den dazu erlassenen Durchführungsvorschriften im wesentlichen auf Materien, die zwingend staatlich geregelt werden müssen und für die die Kirchen vor allem deshalb keine Regelungskompetenz besitzen, weil die Normadressaten nicht zu den kirchlicher Normierung Unterworfenen gehören. Der Staat legt z. B. fest, zu welchen staatlichen Maßstabsteuern die Kirchensteuern als Zuschläge erhoben werden können; er fixiert die Amtshilfepflicht von Landes- und Gemeindebehörden; er eröffnet für Rechtsmittel gegen die Heranziehung zur Kirchensteuer den Rechtsweg; er überträgt auf Antrag der Kirchen die Verwaltung der Kirchensteuer vom Einkommen

---

[32] BVerfGE 19, 258.

auf die Finanzämter, er verpflichtet die Arbeitgeber, deren Betriebstätten im Lande liegen, zur Einbehaltung und Abführung der Kirchenlohnsteuer.[33]

4. Die kirchenrechtlichen Grundlagen des kirchlichen Besteuerungsrechts; insbesondere die Steuerordnungen und Hebesatzbeschlüsse der Religionsgemeinschaften[34]

Die das staatliche Kirchensteuer-Rahmengesetz ausfüllenden Kirchensteuerordnungen und Hebesatzbeschlüsse der Kirchen sind als Normen des partikularen Kirchenrechts vor dem Hintergrund des *universalen Kirchenrechts* zu sehen. Wie für das weltliche Gemeinwesen gilt auch für die Kirchen der — letztlich naturrechtlich begründete — Grundsatz, daß jedes Mitglied einer Gemeinschaft zu deren Lasten beitragen muß, damit die gemeinsamen Aufgaben erfüllt werden können. Dementsprechend ist für die katholische Kirche in c. 222 § 1 CIC / 1983 weltweit die Grundpflicht der Gläubigen, die Kirche materiell zu unterstützen, und in c. 1260 das korrespondierende Forderungsrecht der Kirche statuiert worden. Darüber hinaus ist das Kirchensteuersystem dadurch universalrechtlich abgestützt worden, daß es konkordatär vereinbart wurde und daß Konkordate nach c. 3 „ohne die geringste Einschränkung durch entgegenstehende Vorschriften dieses Codex" fortgelten. Die universalrechtliche Fundierung liegt zum anderen darin, daß c. 1263 — in gewisser Weise dem Subsidiaritätsprinzip folgend — eine Bestimmung zugunsten eines partikularrechtlich festgelegten kirchlichen Beitrags- und Besteuerungssystems enthält, wie es in Österreich, in Deutschland und in der Schweiz gilt. Vergleichbare Grundsätze enthält auch das evangelische Kirchenrecht. Die prinzipielle theologische Legitimität der genannten Grundpflicht der Gläubigen und des entsprechenden Rechts der Kirchen kann im Blick auf Aussagen der Bibel und auf die Tradition der Kirchen sowie angesichts der umfassenden Aufgaben der Kirchen im religiösen, im missionarischen, im sozialkaritativen, im erzieherischen und im Bildungsbereich nicht bezweifelt werden.[35]

---

[33] *Marré,* Besteuerungsrecht (Anm. 16), S. 17 ff.; *ders.,* Entwicklung (Anm. 22), S. 658 f.

[34] Der beispielhafte Abdruck des Wortlauts der Kirchensteuerordnungen des Bistums Essen und der rheinischen und westfälischen Landeskirche sowie ein Verzeichnis mit den Fundstellen der Kirchensteuerordnungen aller in den alten Bundesländern gelegenen evangelischen Landeskirchen und katholischen (Erz-)-Diözesen finden sich bei *Marré,* Kirchenfinanzierung (Anm. 3), S. 106 ff.; ein Verzeichnis der Fundstellen der Kirchensteuerordnungen der in den neuen Bundesländern gelegenen evangelischen Landeskirchen und katholischen Kirchenbezirke, „soweit sie bei Redaktionsschluß vorlagen", bringt *Engelhardt,* Kirchensteuer (Anm. 2), S. 15 ff.

Das der Kirchenfinanzierung zugrundeliegende *partikulare Kirchenrecht* hängt maßgebend von der Art des Staat-Kirche-Verhältnisses des jeweiligen Landes ab. In Deutschland ist es Sache kirchlicher Selbstbestimmung nach Art. 140 GG i. V. m. Art. 137 Abs. 3 WRV, ob die Kirchen von der ihnen durch Art. 140 GG i. V. m. Art. 137 Abs. 6 WRV und durch die Kirchensteuergesetze der Bundesländer angebotenen rechtlichen Möglichkeit Gebrauch machen wollen, Kirchensteuer zu erheben. Tun sie das, so ist es außerdem Sache kirchlicher Selbstbestimmung, im Rahmen des staatlichen Kirchensteuergesetzes Hebesatzbeschlüsse zu erlassen und Kirchensteuerordnungen, die z. B. Vorschriften enthalten über Beginn und Ende der Kirchensteuerpflicht (vorbehaltlich des staatlichen Kirchenaustrittsrechts), über den Kirchensteuergläubiger, über die zur Erhebung kommenden Kirchensteuerarten, über Umfang und Verwendungszweck der Kirchensteuer, über Kirchensteuererlaß-(-stundungs-)Verfahren und kirchliches Rechtsbehelfsverfahren, über die zur Beschlußfassung über Höhe und Verwendungszweck der Kirchensteuer zuständigen kirchlichen Organe. In dem die Kirchensteuerordnung ergänzenden Kirchensteuer-(Hebesatz-)Beschluß wird die Höhe der nach der Kirchensteuerordnung zu erhebenden Kirchensteuerart(en) festgesetzt.[36]

Kirchensteuerordnungen und Kirchensteuer-Hebesatzbeschlüsse erwerben durch die staatliche Anerkennung bzw. Genehmigung und ihre Bekanntmachung in den kirchlichen Amtsblättern die Qualität von auch für den staatlichen Bereich verbindlichen Sätzen öffentlichen Rechts auf dem Gebiet der Kirchensteuer.[37]

---

[35] Dazu nach Promulgation des neuen Codex Iuris Canonici am 25.1.1983 eingehend *Hollerbach*, Kirchensteuer (Anm. 18), S. 889 ff.; *Heiner Marré*, Art. Kirchensteuer, in: StL⁷ III, 1987, Sp. 450; *ders.*, Das Staatskirchenrecht als Entstehungsgrund partikularen Kirchenrechts — dargestellt am Beispiel des Essener Diözesanrechts, in: Ministerium Iustitiae. FS für Heribert Heinemann. Essen 1985, S. 139 ff.; zur evangelischen Rechtslage: *Link*, Art. Kirchensteuer (Anm. 2), Sp. 1696; § 4 Abs. 2 KirchG der EKD über die Kirchenmitgliedschaft (ABl. EKD 1976, S. 389). S. ferner *Liermann*, Abgaben (Anm. 2), S. 329 f.

[36] *Marré*, Entwicklung (Anm. 22), S. 658 f.

[37] BVerfGE 19, 258 spricht von einem staatlichen „Genehmigungsvorbehalt". So auch die KiStGe der Länder mit Ausnahme derjenigen von Nordrhein-Westfalen (§ 16), Rheinland-Pfalz (§ 3), des Saarlandes (§ 17) und der neuen mittel- und ostdeutschen Länder (§ 6 Abs. 3), die die Formulierung „staatliche Anerkennung" benutzen. Das schleswig-holsteinische KiStG (§ 2) spricht bei der KiStO von einer Vorlagepflicht und bei den Hebesatzbeschlüssen von staatlicher Genehmigung. Das BayKiStG (Art. 16) sieht für die Kirchengrundsteuerordnungen — die den Umlagesatz für die Kirchengrundsteuer enthalten müssen — ebenfalls eine Vorlagepflicht vor; für die Kircheneinkommensteuer fehlt es, weil es keine entsprechende KiStO gibt, an einer einschlägigen Vorschrift. Zu den Voraussetzungen der Genehmigung bzw. Anerkennung und damit dem Umfang des staatlichen Prüfungsrechts im Rahmen des Genehmigungs- bzw. Anerken-

IV. Die (Kirchen-)Steuergläubiger

Wie nach Art. 137 Abs. 6 WRV den „Religionsgesellschaften, welche Körperschaften des öffentlichen Rechts sind" als Gesamtheiten das subjektive Besteuerungsrecht zusteht, so sprechen auch die meisten neuen Kirchensteuergesetze der Länder von einem Besteuerungsrecht der „Katholischen Kirche" und der „Evangelischen Kirche" bzw. „der Kirchen und anderen Religionsgemeinschaften, die Körperschaften öffentlichen Rechts sind". Im Rahmen dieser Kirchensteuergesetze bleibt es den Religionsgemeinschaften überlassen, durch ihre eigenen Kirchensteuerordnungen zu bestimmen, welche innerkirchlichen Körperschaften in concreto Kirchensteuergläubiger sein sollen.

Im Regelfall haben die Kirchen die Wahl, ob die Kirchengemeinden (Ortskirchensteuersystem) oder die katholischen Diözesen bzw. evangelischen Landeskirchen (Diözesan- bzw. Landeskirchensteuersystem) oder die Kirchengemeinden *und* die Diözesen bzw. Landeskirchen *nebeneinander* Gläubiger der Kirchensteuer sein sollen. Während bis in die Zeit nach 1945 das Ortskirchensteuersystem weithin vorherrschend war, ist es heute — für die Kirchensteuerart, die die Haupteinnahmequelle der Kirchen bildet, nämlich die Kircheneinkommensteuer — das Diözesan- bzw. Landeskirchensteuersystem. Es waren vor allem der Finanzausgleich zwischen den Kirchengemeinden, das Ansteigen des übergemeindlichen und gesamtkirchlichen Finanzbedarfs, die Notwendigkeit einer überregionalen kirchlichen Finanzplanung und die Rationalisierung der kirchlichen Finanzstruktur, die zu einem zentralisierten Kirchensteuersystem hinführten. Bei dem heute z. B. noch in den Evangelischen Kirchen im Rheinland und von Westfalen wegen ihrer stark vom Gemeindeprinzip geprägten presbyterial-synodalen Traditionen bestehenden Ortskirchensteuersystem haben sich durch weitgehende Koordinierung der Steuersätze und durch Übertragung ortskirchlicher Zuständigkeiten auf gemeindliche Gesamtverbände bzw. Kirchenkreise

---

nungsverfahrens s. im einzelnen *Marré*, Besteuerungsrecht (Anm. 16), S. 19-23. — S. ebd., S. 23 f., zum (staatlich-rechtlichen) Rechtscharakter der KiStOen und KiSt-Hebesatzbeschlüsse. Sie sind nicht Rechtsverordnungen der staatlichen Exekutive. Deshalb gilt für die KiStGe der Länder, die die Kirchen zum Erlaß dieser KiStOen und KiSt-Hebesatzbeschlüsse ermächtigen, auch nicht Art. 80 Abs. 1 S. 2 GG. Ihr Erlaß ist Rechtsetzung der kirchlichen Legislative, und zwar in einer Form, die den autonomen Satzungen vergleichbar ist, welche nicht von staatlichen Exekutivorganen, sondern meist von nichtstaatlichen Selbstverwaltungskörperschaften erlassen werden. Ebensowenig wie gegen Art. 80 Abs. 1 GG verstoßen die in den KiStGen enthaltenen allgemeinen staatlichen Ermächtigungsgrundlagen, die die Einzelregelungen des Kirchensteuerrechts den Kirchen überlassen gegen den im Steuerrecht geltenden Grundsatz der Tatbestandsmäßigkeit der Besteuerung. Dazu vor allem BVerfGE 19, 266 f. und 73, 400.

die Unterschiede zu dem heute dominanten Landeskirchensteuersystem weitgehend verwischt. Soweit Kirchgeld erhoben wird, sind allerdings nach wie vor die Kirchengemeinden Steuergläubiger.[38]

Von den kleinen Religionsgemeinschaften nehmen nur wenige das staatliche Angebot der Steuererhebung wahr und erlangen daher auch nur wenige den Status von Steuergläubigern. Es sind in fast allen alten Bundesländern nur die altkatholische Kirche und die jüdischen Kultus- oder Synagogengemeinden; vereinzelt auch freireligiöse Gemeinden sowie in Berlin die „Französische Kirche zu Berlin (Hugenottenkirche)", die allerdings ebenso wie die Jüdische Gemeinde Berlin die Steuer selbst verwaltet.[39] Dies zeigt, daß es sich bei der Kirchensteuer weder rechtlich (Art. 140 GG i. V. m. Art. 137 Abs. 6 und 7 WRV und z.B . § 15 KiStG NW) noch faktisch um ein Privileg der Großkirchen handelt.[40]

V. Die Kirchensteuerpflichtigen

1. Beginn und Ende der Kirchensteuerpflicht[41]

a) Beginn der Kirchensteuerpflicht

Voraussetzung für die Entstehung der Kirchensteuerpflicht ist die mitgliedschaftliche Zugehörigkeit zu einer steuererhebenden Kirche oder Religionsgemeinschaft. Es ist gerade das Besondere an der Kirchensteuer, daß sie ausschließlich von den Kirchenmitgliedern, also nicht von der staatlich verfaßten Allgemeinheit erbracht wird, daß sie also eine kircheneigene Finanzierungsform und keine Form der Staatsfinanzierung ist. Der staatliche Gesetzgeber geht von einem rechtlich-formalen Mitgliedschaftsbegriff aus: Personen, die Mitglieder einer Religionsgemeinschaft geworden und nicht nach staatlichem Recht aus ihr

---

[38] *Marré*, Besteuerungsrecht (Anm. 16), S. 26 f.; *Link*, Art. Kirchensteuer (Anm. 2), Sp. 1699 f.; zur Lage in den neuen Bundesländern s. *Engelhardt*, Kirchensteuer (Anm. 2), S. 20 ff.

[39] *Giloy/König*, Kirchensteuerrecht / 1993 (Anm. 18), S. 14 ff.; *v. Mangoldt/ Klein/v. Campenhausen*, Art. 140 GG / Art. 137 WRV, Rdnr. 193; zur Lage in den neuen Bundesländern s. *Engelhardt*, Kirchensteuer (Anm. 2), S. 23 f.

[40] So zu Recht *Hollerbach*, Kirchl. Organisation (Anm. 2), Rdnr. 51.

[41] Zur Kirchenmitgliedschaft als Voraussetzung der Kirchensteuerpflicht und zu Beginn und Ende dieser Kirchensteuerpflicht s. *Hollerbach*, Kirchensteuer (Anm. 18), S. 894 ff.; *Pleister*, Kirchensteuer (Anm. 2), S. 252 f.; *Link*, Art. Kirchensteuer (Anm. 2), Sp. 1700 ff.; *Giloy/König*, Kirchensteuerrecht / 1993 (Anm. 18), S. 23 ff.; *v. Mangoldt/Klein/v. Campenhausen*, Art. 140 GG / Art. 137 WRV, Rdnrn. 201 ff.; *Engelhardt*, Kirchensteuer (Anm. 2), S. 29 ff.; *Marré*, Kirchenfinanzierung (Anm. 3), S. 43 ff.; *Listl*, Rechtsprechung (Anm. 22), S. 582 ff.

ausgetreten sind, ist diese Mitgliedschaft — auch finanziell — zuzurechnen. Die Mitgliedschaft darf und kann sich nicht nach der Intensität der persönlichen Bindung an die Kirche bestimmen.

Dem Gebot staatlicher Neutralität entspricht es, daß nicht der Staat bestimmen kann, wer einer steuerberechtigten Kirche angehört. Die mitgliedschaftliche Zugehörigkeit zu einer Religionsgemeinschaft ordnet vielmehr diese selbständig nach Art. 140 GG i. V. m. Art. 137 Abs. 3 WRV als eigene Angelegenheit. Der Staat erkennt diese kirchenrechtlichen Mitgliedschaftsregelungen innerhalb der Schranken des für alle geltenden Gesetzes auch für den staatlichen Rechtsbereich als verbindlich an. Das hat das Bundesverfassungsgericht durch seinen Beschluß vom 31. März 1971[42] in Übereinstimmung mit der in der staatskirchenrechtlichen Literatur seit langem einhelligen Meinung bestätigt.

Die Kirchenmitgliedschaft ist keine Zwangsmitgliedschaft. Sie setzt nach der Ordnung der Kirchen die Taufe voraus und beruht insofern auf einer freien individuellen Willensentscheidung. Das gilt auch für die Kindertaufe, weil sie nur gespendet wird, wenn sie von den Eltern kraft ihrer Elternverantwortung begehrt wird. Die Eltern erklären kraft ihres grundrechtlich geschützten Elternrechts für das noch grundrechtsunmündige Kind den Beitritt zur Glaubensgemeinschaft. Der Wille der Eltern tritt ein für den noch nicht relevanten eigenen Willen des Kindes. Ein weiteres „Element der Freiwilligkeit" liegt darin, daß diese durch die Taufe begründete Mitgliedschaft durch den religionsmündig Gewordenen trotz der Möglichkeit des staatlich geregelten Kirchenaustritts aus freien Stücken aufrechterhalten wird.

An diesen Freiwilligkeitselementen hat auch die solidarische Pflicht zur Kirchensteuerzahlung Anteil. Die gelegentlich vorgenommene Identifizierung der Alternative Kirchensteuer oder Spenden mit der Alternative Zwang oder Freiwilligkeit hält der Wirklichkeit nicht stand. Wie ein Vergleich etwa des nordamerikanischen Spenden- und Kollektensystems mit dem Kirchensteuersystem zeigt, enthalten beide Möglichkeiten Elemente der Freiwilligkeit und beide sind nicht frei von Zwängen.[43]

Neben der Kirchenmitgliedschaft setzt die Kirchensteuerpflicht voraus, daß die Kirchenmitglieder ihren Wohnsitz oder gewöhnlichen Aufenthalt nach dem Landesrecht im Geltungsbereich der Kirchensteuerge-

---

[42] BVerfGE 30, 415 (auch zum Folgenden).
[43] Zu den vor- und außerrechtlichen Fragen der kirchenpolitischen oder innerkirchlichen Legitimität der Kirchensteuer wie z. B. der Alternative „Zwang oder Freiwilligkeit" s. *Meyer*, Ev. Kirchensteuerrecht (Anm. 18), S. 173 ff.; *Marré*, Kirchenfinanzierung (Anm. 3), S. 51 ff.

setze und nach den Kirchensteuerordnungen der Religionsgemeinschaften im Bereich des Kirchensteuergläubigers haben. Wohnsitz und gewöhnlicher Aufenthalt als räumliche Voraussetzungen der Kirchensteuerpflicht bestimmen sich nicht nach kirchlichem Recht, sondern nach staatlichem Steuerrecht.

b) Ende der Kirchensteuerpflicht

Die Kirchensteuerpflicht endet beim Tod des Steuerpflichtigen mit dem Ablauf des Sterbemonats, bei Aufgabe des Wohnsitzes oder des gewöhnlichen Aufenthaltes mit dem Ablauf des Monats, in dem der Wohnsitz oder der gewöhnliche Aufenthalt aufgegeben worden ist, und bei einem nach Maßgabe der geltenden staatlichen Vorschriften erklärten Kirchenaustritt spätestens mit dem Ablauf des auf die Austrittserklärung folgenden Kalendermonats.

Das Kirchenaustrittsrecht ist — im Gegensatz zum kirchlichen Mitgliedschaftsrecht — ein staatliches Institut. Der religiös neutrale Staat ist nach seinen Ordnungsvorstellungen gemäß Art. 4 GG nicht nur Garant der „positiven", sondern auch der „negativen" Glaubens- und Bekenntnisfreiheit und muß deshalb — weil zumindest die katholische Kirche auf Grund ihres Selbstverständnisses kein Aufkündigen der Kirchenmitgliedschaft kennt — den in seinem Gebiet lebenden Kirchenmitgliedern die Möglichkeit eines Kirchenaustritts mit Wirkung für seinen Rechtsbereich schaffen.

Art. 4 GG wird nicht verletzt, wenn die Kirchenmitglieder vor die Alternative gestellt werden, entweder Mitglieder der Kirche zu bleiben und damit auch den mitgliedschaftlichen Pflichten, wie z. B. der von den Kirchen als gerecht und sozial zumutbar in Anspruch genommenen Kirchensteuerpflicht, nachzukommen oder aber nach staatlichem Recht aus der Kirche auszutreten und damit zugleich bestimmte Folgen der Kirchenmitgliedschaft, wie die Kirchensteuerpflicht, zu beenden.[44] Im

---

[44] BFH, Beschl. v. 14.7.1972, in: KirchE 13, 19; *Listl*, Rechtsprechung (Anm. 22), S. 583. — S. auch die in Decisions and Reports (DR) der Europäischen Menschenrechtskommission S. 284 ff. in englischer und französischer Sprache veröffentlichte Entscheidung der Europäischen Menschenrechtskommission vom 4.12.1984 über den Antrag Nr. 10616/83 von Jean und Bertha Gottesmann zur Kirchensteuerpflicht in der Schweiz, die in ihrem Tenor lautet:
„Article 9 of the Convention: A requirement to pay a tax for belonging to a specific Church is not an interference with the exercise of freedom of religion where the law allows individuals to leave the Church.
The domestic authorities may require an express statement of an individual's desire to leave the Church.

§ 37 Das kirchliche Besteuerungsrecht

Gegenteil: Würde der Staat einem Kirchenmitglied helfen, seine gegenüber der Kirche bestehende Kirchensteuerpflicht nicht zu erfüllen, so würde er nicht nur die Kirchenartikel seiner Verfassung (speziell das Recht der Kirchen, von ihren Mitgliedern Steuern zu erheben) verletzen, sondern auch seine religiös-weltanschauliche Neutralität, weil er in das (intern gestörte) Verhältnis zwischen Kirche und Kirchenmitglied eingreifen würde.

Um das Gesagte zu verdeutlichen und auf das Kirchenaustrittsverfahren anzuwenden: Der staatlich geregelte Kirchenaustritt wirkt sich nur auf den staatlichen Bereich aus, läßt also die kraft Kirchenrechts bestehenden Bindungen, wonach es einen Austritt aus der Kirche theologisch und rechtlich nicht gibt, unberührt. Umgekehrt bedeutet etwa die Beschneidung der Gliedschaftsrechte in der Kirche durch kirchliche Sanktionen nicht die Befreiung von der Kirchensteuerpflicht.

Die Frage der Verfassungsmäßigkeit der — in den einzelnen Bundesländern unterschiedlichen — gesetzlichen Festlegung des Zeitpunktes der Beendigung der Kirchensteuerpflicht nach Erklärung des Kirchenaustritts war lange Zeit hindurch in Literatur und Rechtsprechung[45] lebhaft umstritten. Am weitesten ausgedehnt waren die Fristen in den Nachfolgestaaten des durch Kontrollratsgesetz Nr. 46 vom 25.2.1947 aufgelösten Landes Preußen[46], in denen das preußische Kirchenaustrittsgesetz vom 30.11.1920[47] fortgalt. § 1 Abs. 2 dieses Gesetzes ließ die rechtlichen Wirkungen der Austrittserklärung einen Monat nach dem Eingang der Erklärung eintreten. Bis dahin konnte die Erklärung zurückgenommen werden. § 2 Abs. 1 bestimmte: „Die Austrittserklärung bewirkt die dauernde Befreiung des Ausgetretenen von allen Leistungen, die auf der persönlichen Zugehörigkeit zu der Kirche oder Religionsgesellschaft beruhen. Die Befreiung tritt ein mit dem Ende des laufenden Steuerjahres, jedoch nicht vor Ablauf von drei Monaten nach Abgabe der Erklärung."

Article 9 de la Convention: L'obligation de payer un impôt au titre de l'appartenance à une Eglise déterminée n'est pas une ingérence dans l'exercice de la liberté de religion si le droit permet par ailleurs de se retirer de l'Eglise.
Les autorités nationales peuvent exiger une manifestation expresse de volonté de celui qui désire quitter un Eglise."
S. ferner die ebd., S. 42 ff., veröffentlichte parallele Entscheidung der Europäischen Menschenrechtskommission vom 14.5.1984 über den Antrag Nr. 9781/82 von E. und G. R. zum österreichischen Kirchenbeitrag.
[45] Zum inzwischen überholten Streitstand: *Marré*, Besteuerungsrecht (Anm. 16), S. 29 ff.; *Listl*, Rechtsprechung (Anm. 22), S. 587.
[46] *Theodor Maunz*, Deutsches Staatsrecht. 15. Aufl., München, Berlin 1966, S. 407.
[47] PrGS 1921, S. 119; SGV NW 222.

Das Bundesverfassungsgericht hat diesen Streit der Meinungen durch zwei Entscheidungen vom 8. Februar 1977[48] beendet, die Verfassungswidrigkeit der genannten Vorschriften festgestellt und dabei für alle Bundesländer maßgebende Aussagen gemacht. Es erklärte die einmonatige Überlegungsfrist des § 1 Abs. 2 des preußischen Kirchenaustrittsgesetzes für mit dem Grundgesetz unvereinbar. „Die Entscheidung in Glaubens-, Bekenntnis- und Gewissensfragen kommt nach Art. 4 Abs. 1 GG dem insoweit allein zuständigen Bürger zu ..." Es könne nicht Aufgabe des Staates sein, mit Hilfe einer Überlegungsfrist den Kirchen die Rücksprache mit dem Austrittswilligen zu ermöglichen mit dem Ziel, etwaige Mißverständnisse aufzuklären oder ihn seelsorglich zu betreuen.

Nach Auffassung des Bundesverfassungsgerichts geht ferner eine sogenannte Nach- oder Weiterbesteuerung über das verfassungsrechtlich zulässige Maß hinaus, die wie § 2 Abs. 1 des preußischen Kirchenaustrittsgesetzes einen aus der Kirche Ausgetretenen noch bis zum Ende des laufenden Steuerjahres, mindestens jedoch drei Monate nach Abgabe der Austrittserklärung zur Kirchensteuer heranzieht. Das Gericht hat aber unter dem Gesichtspunkt der Sicherung einer geordneten Verwaltung der Kirchensteuer eine Regelung als mit dem Grundgesetz „noch vereinbar" toleriert, wonach die Heranziehung eines aus der Kirche Ausgetretenen zur Kirchensteuer noch bis zum Ablauf des auf die Austrittserklärung folgenden Kalendermonats erfolgen kann.

Man sollte hier nicht Spekulationen darüber anstellen, ob und wie lange eine Steuererhebung von aus der Kirche Ausgetretenen noch eine zulässige Nachwirkung bisheriger Kirchenmitgliedschaft und ab wann sie eine unzulässige Kirchensteuererhebung von Nichtmitgliedern ist. Man sollte vielmehr der Wertung von *Alexander Hollerbach*[49] und *Joseph Listl*[50] folgen, nach der die Begründung der Entscheidung zur sogenannten Überlegungsfrist überzeugend ist, und daß die Entscheidung zur sogenannten Nach- oder Weiterbesteuerung einerseits die maßgebenden verfassungsrechtlichen Leitprinzipien ernst genommen und andererseits versucht hat, einen lebensfremden Rigorismus zu vermeiden, der etwa in der Koppelung des sofortigen Wirksamwerdens der Austrittserklärung an eine sofortige Beendigung der Steuerpflicht gelegen hätte.

Der nordrhein-westfälische Gesetzgeber z. B. hat aus diesen Bundesverfassungsgerichts-Entscheidungen die Konsequenzen gezogen. An die

---

[48] BVerfGE 44, 37 und 59; s. auch *Listl*, Rechtsprechung (Anm. 22), S. 587 ff.
[49] Rechtsprechung II (Anm. 22), S. 253 ff.
[50] Rechtsprechung (Anm. 22), S. 587 ff.

Stelle des preußischen Kirchenaustrittsgesetzes von 1920 hat er das Gesetz zur Regelung des Austritts aus Kirchen, Religionsgemeinschaften und Weltanschauungsgemeinschaften des öffentlichen Rechts (Kirchenaustrittsgesetz — KiAustrG) vom 26. Mai 1981[51] gesetzt. Nach § 4 Abs. 2 dieses Gesetzes wird die Austrittserklärung „mit dem Ablauf des Tages wirksam, an dem die Niederschrift der Austrittserklärung unterzeichnet worden oder an dem die schriftliche Erklärung bei dem Amtsgericht eingegangen ist". „Das Ende der Kirchensteuerpflicht als Folge des Kirchenaustritts" — so sagt § 4 Abs. 3 — „regelt das Gesetz über die Erhebung von Kirchensteuern im Lande Nordrhein-Westfalen in der jeweils geltenden Fassung." § 7 nimmt dann die entsprechende Änderung des nordrhein-westfälischen Kirchensteuergesetzes selbst vor, wonach § 3 Abs. 2 KiStG nunmehr lautet: „Die Kirchensteuerpflicht endet bei einem nach Maßgabe der geltenden staatlichen Vorschriften erklärten Kirchenaustritt mit dem Ablauf des Kalendermonats, der auf den Zeitpunkt des Wirksamwerdens des Kirchenaustritts folgt."[52]

c) Modifizierte Kirchenaustrittserklärungen

In Literatur und Rechtsprechung war längere Zeit auch die Frage umstritten, ob Kirchenaustrittserklärungen mit Zusätzen versehen werden dürfen, wonach man im ekklesiologischen und kirchenrechtlichen Sinne Mitglied seiner Kirche bleiben wolle. Das nordrhein-westfälische Kirchenaustrittsgesetz z. B. schiebt diesen sogenannten modifizierten Kirchenaustrittserklärungen einen Riegel vor, indem es in § 3 Abs. 4 bestimmt: „Die Austrittserklärung darf keine Vorbehalte, Bedingungen oder Zusätze enthalten." Das Bundesverfassungsgericht hat in zwei Nichtannahmebeschlüssen vom 28. August 1980[53] derartige Verbote von Zusätzen für gerechtfertigt erklärt. Die übereinstimmend formulierten Gründe lauten wörtlich: „Die angegriffenen Entscheidungen lassen eine Verletzung der Grundrechte des Beschwerdeführers aus Art. 4 Abs. 1 und 2 GG nicht erkennen. Die Möglichkeit, aus einer Kirche auszutreten, schränkt als solche die Religionsfreiheit nicht ein, sondern dient im Gegenteil gerade ihrer Verwirklichung. Das vom Beschwerdeführer angegriffene Verbot von Zusätzen zur Austrittserklärung ist gleichfalls nicht zu beanstanden: Es bezieht sich ausschließlich auf die Wirkungen

---

[51] GV NW S. 260.

[52] So wie in Nordrhein-Westfalen endet die Kirchensteuerpflicht in Berlin, Hessen, Schleswig-Holstein und den neuen Bundesländern; in den übrigen Bundesländern endet sie einen Monat früher mit dem Ende des Monats, in dem die Austrittserklärung wirksam geworden ist.

[53] Abgedr. bei *Hollerbach*, Rechtsprechung II (Anm. 22), S. 252.

des Kirchenaustritts im staatlichen Bereich und läßt eine etwa denkbare weitere Zugehörigkeit des Beschwerdeführers zu seiner Kirche im innerkirchlichen Bereich unberührt; ein Recht gegenüber der staatlichen Gewalt, von Staats wegen eine Erklärung des vom Beschwerdeführer beabsichtigten Inhalts entgegenzunehmen und eine Bescheinigung darüber auszustellen, er sei trotz seines Austritts aus der steuerberechtigten Körperschaft innerkirchlich noch Kirchenglied, läßt sich aus Art. 4 Abs. 1 und 2 GG nicht herleiten."

2. Ehegattenbesteuerung und kirchliche Besteuerung von in sogenannten glaubens- und konfessionsverschiedenen Ehen lebenden Eheleuten

„Die Anforderungen des besonderen Schutzes von Ehe und Familie durch Art. 6 GG sind für die Ehegattenbesteuerung im wesentlichen erfüllt." Die Ehe als umfassende Lebensgemeinschaft ist auch als wirtschaftliche Erwerbsgemeinschaft zu schützen, an der beide Ehegatten gleichwertig beteiligt sind. „Das Einkommen beider Partner ist deshalb für Zwecke der progressiven Besteuerung jedem hälftig zuzurechnen, mag auch nur einer der Ehegatten erwerbstätig, der andere im Haushalt berufstätig sein. Das Ehegattensplitting ist verfassungsrechtlich geboten und durch das Bundesverfassungsgericht veranlaßt."[54]

Eine kirchensteuerrechtliche Besonderheit gilt für die Besteuerung von in sogenannten glaubens- und konfessionsverschiedenen Ehen lebenden Eheleuten,[55] weil nur Kirchenmitglieder durch staatliches Gesetz verpflichtet werden dürfen, Kirchensteuern zu zahlen.

a) Glaubensverschiedene Ehen

Diesem sich durch die Kirchensteuerentscheidungen des Bundesverfassungsgerichts vom 14. Dezember 1965[56] hindurchziehenden Grund-

---

[54] So überzeugend *Kirchhof*, Einkommensteuer (Anm. 3), S. 33. Vgl. auch: *Klaus Tipke / Joachim Lang*, Steuerrecht. Ein systematischer Grundriß. 13., völlig überarb. Aufl., Köln 1991, S. 53 ff.

[55] Zur Besteuerung von in sog. glaubens- und konfessionsverschiedenen Ehen lebenden Eheleuten s. *Link*, Art. Kirchensteuer (Anm. 2), Sp. 1700 f.; *Listl*, Rechtsprechung (Anm. 22), S. 591 ff.; *v. Mangoldt / Klein / v. Campenhausen*, Art. 140 GG / Art. 137 WRV, Rdnrn. 205 f.; *Engelhardt*, Kirchensteuer (Anm. 2), S. 66 ff.; *Marré*, Kommentar (Anm. 2), S. 187 ff., und (zuletzt) Entwicklung (Anm. 22), S. 666 ff.

[56] BVerfGE 19, 268.

§ 37 Das kirchliche Besteuerungsrecht   1125

prinzip entsprechend haben die Kirchensteuergesetze der Bundesländer die Kirchensteuererhebung bei sogenannten glaubensverschiedenen Ehen (in denen nur ein Ehegatte einer steuererhebenden Religionsgemeinschaft angehört) neu geregelt. Sie beruht seitdem auf dem Prinzip der uneingeschränkten Individualbesteuerung: der nicht-kirchenangehörige Ehegatte ist von jeder Kirchensteuerpflicht freigestellt; der kirchenangehörige Ehegatte wird nur nach der in seiner Person gegebenen Steuerbemessungsgrundlage zur Kirchensteuer herangezogen. Wenn die Partner einer glaubensverschiedenen Ehe zur Einkommensteuer zusammenveranlagt werden, führt dies zu einer — in allen Bundesländern gleich geregelten — komplizierten Kircheneinkommensteuerermittlung über eine fiktive Einkommens- und Einkommensteuerberechnung.

Zu ungerechten Ergebnissen führt es z. B., wenn der höher verdienende Ehemann aus der Kirche ausgetreten ist und die gering oder gar nicht verdienende Ehefrau mit den Kindern in der Kirche bleibt und keine Kirchensteuer entrichtet. Um hier einen gewissen Ausgleich zu schaffen, hat das Bundesverfassungsgericht den Kirchen den Weg gewiesen, ein sog. besonderes Kirchgeld zu erheben, das nach einem typisierten Lebensführungsaufwand in der Höhe gestaffelt wird. In den alten Bundesländern wird dieses besondere Kirchgeld allerdings nur in Hessen, Rheinland-Pfalz und Schleswig-Holstein und außerdem in Berlin und Hamburg als Unterfall eines Kirchgeldes nach besonderem Tarif erhoben; auch in den neuen Bundesländern sehen die Kirchensteuerordnungen beider Kirchen diese Möglichkeit vor.[57]

Durch die Urteile des Bundesverfassungsgerichts vom 14. Dezember 1965 — zu denen noch der Beschluß des Bundesverfassungsgerichts vom 20. April 1966[58] zur Besteuerung sogenannter konfessionsverschiedener Ehen (in denen die Ehegatten verschiedenen steuererhebenden Religionsgemeinschaften angehören) getreten ist — wurde der für die Besteuerung glaubensverschiedener Ehen geltende Halbteilungsgrundsatz (wonach die Steuerschuld jedes Ehegatten nach der Hälfte des gemeinsamen Einkommens, des Lohnes oder der sonstigen Steuerbemessungsgrundlagen festgesetzt wurde) und der Haftungsgrundsatz (wonach jeder Ehegatte für die Steuerschuld des anderen haftete) insoweit für verfassungswidrig erklärt, als sie mit unausweichlichem Zwang ausgestattet sind.

---

[57] S. *Giloy / König*, Kirchensteuerrecht / 1993 (Anm. 18), S. 46 f.; *Listl*, Rechtsprechung (Anm. 22), S. 593 f.; *Engelhardt*, Kirchensteuer (Anm. 2), S. 55 ff., 68.

[58] BVerfGE 20, 40; s. auch BVerwG, Beschl. v. 30.8.1972 (Az. BVerwG VII B 8.72) und das ihm vorausgegangene Urteil des OVG Berlin v. 5.11.1971 (GeschZ OVG II B 56.69).

Paul Kirchhof[59] hat darauf aufmerksam gemacht, daß das Bundesverfassungsgericht — allerdings mit Blick auf das staatliche Einkommensteuerrecht — in seinen neueren Entscheidungen zur Ehegattenbesteuerung sein die Ehegatten isolierendes Verständnis der Ehe zugunsten einer Interpretation der Ehe als Leistungsfähigkeitsgemeinschaft aufgegeben habe. Und er knüpft an diese Entwicklung die Erwartung, daß sie zu einer Modifizierung der Regelung der Kirchensteuererhebung in glaubensverschiedenen Ehen führen könne.

Der Halbteilungsgrundsatz, d. h. die Zurechnung von jeweils der Hälfte des Einkommens zu jedem der beteiligten Ehegatten, der schon bisher für die konfessionsgleiche und — mit ausdrücklicher Billigung des Bundesverfassungsgerichts — für die konfessionsverschiedene Ehe praktiziert werde, müsse — trotz aller Unterschiede — auch für die glaubensverschiedene Ehe gelten. Denn auch sie sei von der durch Art. 6 GG geschützten Einkommens-, Aufwands- und Leistungsfähigkeitsgemeinschaft geprägt, die eine hälftige Zurechnung des Eheeinkommens auf jeden Ehegatten rechtfertige und fordere. Die Gleichwertigkeit der von den Ehepartnern eheintern aufzuteilenden Haus- und Berufsarbeit sei zudem vom Kirchensteuerrecht zu respektieren.

b) Konfessionsverschiedene Ehen

Im Unterschied zur glaubensverschiedenen Ehe haben die Kirchensteuergesetze der Länder bei der Kirchensteuererhebung bei sogenannten konfessionsverschiedenen Ehen den Halbteilungs- und den Haftungsgrundsatz beibehalten. Trotz gewisser Parallelen zwischen konfessions- und glaubensverschiedenen Ehen hat das Bundesverfassungsgericht in seinem Beschluß vom 20. April 1966 die Anwendung des Halbteilungs- und Haftungsgrundsatzes bei konfessionsverschiedenen Ehen für verfassungsrechtlich unbedenklich erklärt, sofern — wie inzwischen in den Kirchensteuergesetzen aller Bundesländer vorgesehen — die Möglichkeit der Wahl der getrennten Veranlagung zur Einkommensteuer besteht und damit der unausweichliche Zwang zur Kirchensteuerzahlung an eine fremde Religionsgemeinschaft ausgeräumt ist.

Obwohl diese Begründung problematisch sein mag,[60] spricht für die Verfassungsmäßigkeit des Halbteilungsgrundsatzes in konfessionsver-

---

[59] Ehe und Familie im staatlichen und kirchlichen Steuerrecht, in: EssGespr. 21 (1986), S. 117 ff. (143), und im Anschluß an *Kirchhof* auch *Hollerbach*, Kirchl. Organisation (Anm. 2), Rdnr. 54. Auf diese neue Diskussion geht *Engelhardt*, Kirchensteuer (Anm. 2), S. 72, noch nicht ein.

[60] S. dazu *Kirchhof*, Ehe und Familie (Anm. 59), S. 146; *Engelhardt*, Kirchensteuer (Anm. 2), S. 70 f.

schiedenen Ehen das zur glaubensverschiedenen Ehe als Leistungsfähigkeitsgemeinschaft Gesagte. Der Bundesfinanzhof vertritt nun in einem das bayerische Kirchensteuergesetz betreffenden Urteil vom 8. Mai 1991[61] die Auffassung, daß der Haftungsgrundatz (wonach jeder Ehegatte außer für seine eigene Steuerschuld auch für die des anderen Ehegatten, also als Gesamtschuldner, haftet) ebenso wie für die glaubensverschiedene Ehe auch für die konfessionsverschiedene Ehe verfassungsrechtlich bedenklich sei. Denn auch für sie gelte, daß der Staat einer Religionsgemeinschaft keine Hoheitsbefugnisse gegenüber Personen verleihen dürfe, die nicht ihr, sondern einer anderen Religionsgemeinschaft angehören.

Zur Frage der Verfassungskonformität der Gesamtschuldnerschaft und des Haftungsgrundsatzes bei der Besteuerung konfessionsverschiedener Ehen ist aber zunächst auf einen auch vom Bundesverfassungsgericht betonten Unterschied zwischen glaubens- und konfessionsverschiedenen Ehen im Sinne des Kirchensteuerrechts aufmerksam zu machen. Er liegt darin, daß bei konfessionsverschiedenen Ehen „beide Ehegatten der Kirchengewalt steuerberechtigter Religionsgemeinschaften unterworfen sind, in glaubensverschiedenen Ehen aber nur der eine von ihnen"[62], daß zwischen den Kirchensteuergläubigern bzw. zwischen den Religionsgemeinschaften, deren Mitglieder die konfessionsverschiedenen Ehegatten sind, Einverständnis über die Anwendung des Halbteilungsgrundsatzes besteht, zwei steuererhebende „Religionsgemeinschaften eine Steuergesamtgläubigerschaft bilden könnten, die dann nach pauschalierender Gerechtigkeit jährlich abgewickelt werden könnte"[63]. Die gesamtschuldnerische Heranziehung eines in konfessionsverschiedener Ehe lebenden Ehegatten nach dem Halbteilungsgrundsatz durch eine ihm fremde Kirche ist zumindest dann und insoweit zulässig, wenn sie im Einverständnis mit der eigenen Kirche dieses Ehegatten erfolgt. Ein solches Einverständnis der eigenen Kirche mit der Halbteilung und der gesamtschuldnerischen Haftung des eigenen Kirchenmitglieds ist eindeutig dann anzunehmen, wenn beide an der Steuererhebung beteiligten Kirchen in ihren Kirchensteuerordnungen durch eine eigene materielle kirchliche Parallelregelung die entsprechende Regelung des staatlichen Kirchensteuergesetzes zur Kirchen-

---

[61] BFH, Urt. v. 8.5.1991, in: ZevKR 37 (1992), S. 202 = NVwZ 1992, S. 303.
[62] BVerfGE 20, 40 (44).
[63] *Kirchhof*, Ehe und Familie (Anm. 59), S. 146, unter Hinweis auf das FG Nürnberg (EFG 1972, 602) und das FG München (Urt. v. 16.12.1984 — VII [XIII] 325 / 81 Ki), die für die konfessionsverschiedene Ehe ein Recht beider Kirchen anerkennen, das Steueraufkommen nach eigener Einschätzung untereinander aufzuteilen. S. auch *Engelhardt*, Kirchensteuer (Anm. 2), S. 71 f.; *v. Mangoldt / Klein / v. Campenhausen*, Art. 140 GG / Art. 137 WRV, Rdnr. 200.

steuererhebung in konfessionsverschiedenen Ehen expressis verbis statuieren,[64] wie das z. B. in Nordrhein-Westfalen, nicht aber in Bayern geschehen ist. Die konfessionsverschiedenen Eheleute müssen dann jeweils als Mitglieder ihrer Religionsgemeinschaft die von dieser getroffenen Regelungen gegen sich gelten lassen. Eine solche Regelung ist auch deshalb legitimiert, weil nur die Gegenseitigkeit im Verhältnis der Kirchen zueinander verbürgt, daß sich der Halbteilungsgrundsatz in konfessionsverschiedenen Ehen und die ihm korrespondierende Haftung im Ergebnis nicht zu Lasten einer Kirche auswirken.[65] Im Regelfall kann auch davon ausgegangen werden, daß die beiden kirchenangehörigen Ehegatten mit einer hälftigen Verteilung ihrer Kirchensteuer auf ihre beiden Kirchen einverstanden sind. Dies umso mehr, als diese Ehepartner bei Anwendung des Halbteilungsgrundsatzes in der Gesamtkirchensteuerbelastung finanziell nicht beschwert sind; denn der Kirchensteuerbetrag ist nicht höher, als wenn jeder Ehegatte Kirchensteuer in Höhe des vollen Hebesatzes an seine eigene Kirche zahlen müßte.

3. Die Familienbesteuerung

Das Stichwort von der Ehe als der durch Art. 6 GG geschützten Einkommens-, Aufwands- und Leistungsfähigkeitsgemeinschaft legt es nahe, hier die Erörterung einer im Mittelpunkt der aktuellen Steuerdiskussion stehenden *Grundsatzfrage* anzuschließen, nämlich die *einer gerechten Familienbesteuerung*. Sie gehört, da die Kirchensteuer als Zuschlag zur Einkommensteuer erhoben wird, in den Bereich gemeinsamer Anliegen staatlicher und kirchlicher Steuer,[66] deren konkrete Regelung immer wieder Schwierigkeiten bereitet.

Das Einkommensteuerreformgesetz vom 5. August 1974[67] brachte eine Neuregelung des sogenannten Familienlastenausgleichs in der Form, daß es die einkommensteuerliche Berücksichtigung von Kindern durch Kinderfreibeträge durch ein einkommensunabhängiges Kindergeld ersetzte. Damit drohte für Zuschlagsteuern zur Einkommensteuer wie die Kircheneinkommensteuer die unvertretbare Härte, daß Kinder nicht

---

[64] So überzeugend *Engelhardt*, Kirchensteuer (Anm. 2), S. 46 f., und *Christoph Link*, Zur Kirchensteuer in konfessionsverschiedener Ehe, in: ZevKR 37 (1992), S. 163 ff.; *Giloy / König*, Kirchensteuerrecht / 1993 (Anm. 18), S. 25 f., 63 f., die diese rechtliche Betrachtung für „gekünstelt" halten, meinen, daß der Kirchensteuergesetzgeber mit der Normierung des Halbteilungsgrundsatzes „in typisierender Betrachtung von einer einvernehmlichen Vorausverfügung beider Ehegatten" ausgegangen ist.
[65] *Link*, Konfessionsverschiedene Ehe (Anm. 64) S. 168.
[66] *Kirchhof*, Ehe und Familie (Anm. 59), S. 142, 147 ff.
[67] BGBl. I S. 1769.

mehr steuermindernd berücksichtigt wurden. Um das zu verhindern, wurde mit § 51 a eine Sondervorschrift für Annexsteuern als Korrektiv in das Einkommensteuerreformgesetz eingebaut, nach der vor Erhebung der Annexsteuer die festgesetzte Einkommensteuer und die Jahreslohnsteuer um bestimmte pauschalierte Abzugsbeträge für jedes Kind des Steuerpflichtigen zu kürzen sind.[68] Da Kirchensteuern „nach Maßgabe der landesrechtlichen Bestimmungen zu erheben" sind,[69] die Bundesvorschrift des § 51 a EStG also nicht unmittelbar für die Kirchensteuer galt, wurde § 51 a als „Mustervorschrift für die Landeskirchensteuergesetze" benutzt und in allen Bundesländern eine gleichlautende Regelung in die Kirchensteuergesetze aufgenommen, die z. B. in dem durch das Gesetz zur Änderung des Kirchensteuergesetzes des Landes Nordrhein-Westfalen vom 29. Oktober 1974[70] eingefügten § 4 Abs. 2 KiStG wie folgt lautet: „Vor Erhebung der Kirchensteuer nach Absatz 1 Nummer 1 Buchstabe a ist, soweit nach § 32 Abs. 4 bis 7 des Einkommensteuergesetzes bei den Steuerpflichtigen Kinder zu berücksichtigen sind, die festgesetzte Einkommensteuer und die Jahreslohnsteuer um die in § 51 a des Einkommensteuergesetzes in der jeweils geltenden Fassung genannten Beträge zu kürzen. Bei Ehegatten, die nach § 26 a des Einkommensteuergesetzes getrennt veranlagt werden oder bei denen die Lohnsteuer nach der Steuerklasse IV erhoben wird, werden die Kürzungsbeträge nach Satz 1 bei jedem Ehegatten je zur Hälfte berücksichtigt."

Die Wiedereinführung und Erhöhung der Kinderfreibeträge durch das Haushaltsbegleitgesetz 1983 vom 20. Dezember 1982[71] und das Steuersenkungsgesetz vom 26. Juni 1985[72] hätte an sich — so sollte man entstehungsgeschichtlich schlußfolgern — die Regelung des § 51 a entbehrlich gemacht. Der Gesetzgeber hat sie aber ebenso beibehalten wie im Steuerreformgesetz 1990 vom 25. Juli 1988[73], das allerdings die Abzugsbeträge auf die Hälfte reduzierte.

Daß § 51 a EStG gegenwärtig für die Kirchensteuer noch nicht überflüssig ist, kann aus den Beschlüssen des Bundesverfassungsgerichts vom 29. Mai und 12. Juni 1990[74] entnommen werden, durch die

---

[68] Hierzu detailliert: *Karl-Eugen Schlief*, in: Paul Kirchhof / Hartmut Söhn, Einkommensteuergesetz. Kommentar. § 51 a, Rdnrn. A 1 ff.
[69] S. oben unter III 1 b.
[70] GV NW S. 1066.
[71] BGBl. I S. 1857.
[72] BGBl. I S. 1153.
[73] BGBl. I S. 1093.
[74] BVerfGE 82, 60 ff., 198 ff. S. auch die Aussagen des BVerfG im Grundfreibetrag-Beschluß v. 25.9.1992 zum steuerlich zu verschonenden Existenzminimum: BVerfGE 87, 153 (169 ff.).

der staatliche Gesetzgeber beauftragt wird, Änderungen beim Familienlastenausgleich vorzunehmen, um die Familien steuerlich stärker zu entlasten. Eine der wesentlichen Aussagen des Bundesverfassungsgerichts ist die, daß die Mittel, die für den Lebensunterhalt von Kindern zur Gewährleistung des Existenzminimums erforderlich sind, bei der Beurteilung der steuerlichen Leistungsfähigkeit der Eltern außer Betracht bleiben müssen. Solange der erforderliche Betrag an Kinderentlastung noch nicht ermittelt und eine gerechte Familienbesteuerung durch den staatlichen Gesetzgeber also noch nicht verwirklicht ist, kann der § 51 a EStG für eine Übergangszeit eine gewisse Ausgleichsfunktion erfüllen, für den Bereich der Kirchensteuer zu mehr Steuergerechtigkeit führen.

Der § 51 a EStG ist, das bleibt in diesem Zusammenhang festzuhalten, ein Beispiel dafür, daß das (Einkommen-)Steuerrecht des Bundes zentrale faktische Bedeutung für das der Gesetzgebungskompetenz der Länder unterliegende Kirchensteuerrecht besitzt. § 51 a EStG hat zudem die Eigenart einer Verlegenheits- und Übergangslösung, die (auf Dauer) durch eine die Familie im staatlichen und kirchlichen Steuerrecht sachgerechter erfassende Familienbesteuerung überflüssig werden sollte.[75]

VI. Die Kirchensteuerarten

1. Die Kirchensteuern als Zuschläge zu staatlichen (Maßstab-)Steuern

Die Formulierung des Art. 137 Abs. 6 WRV, daß die Religionsgemeinschaften berechtigt sind, „auf Grund der bürgerlichen Steuerlisten" Steuern zu erheben, wurde vom Weimarer Verfassungsgeber mit dem ausdrücklichen Ziel gewählt, den Religionsgemeinschaften die Erhebung von *Zuschlagsteuern* zu bestimmten staatlichen oder kommunalen *Maßstabsteuern* zu ermöglichen. Regelmäßig können heute nach den Kirchensteuergesetzen der Länder die Kirchensteuern als Zuschlag zur Einkommensteuer und Lohnsteuer, als Zuschlag zur Vermögensteuer und als Zuschlag zu den Grundsteuermeßbeträgen erhoben werden.[76]

---

[75] *Schlief*, § 51 a (Anm. 68), Rdnr. A 26, unter Hinweis auf *Kirchhof*, Einkommensteuer (Anm. 3), S. 25 ff. (28, 34).

[76] Zu den Kirchensteuerarten s. *Marré*, Besteuerungsrecht (Anm. 16), S. 34 ff.; *Pleister*, Kirchensteuer (Anm. 2), S. 253 ff.; *Link*, Art. Kirchensteuer (Anm. 2), Sp. 1698 f.; *Listl*, Rechtsprechung (Anm. 22), S. 595 ff.; *v. Mangoldt / Klein / v. Campenhausen*, Art. 140 GG / Art. 137 WRV, Rdnr. 207; *Engelhardt*, Kirchensteuer (Anm. 2), S. 50 ff.; speziell zum Kirchgeld: BVerfGE 73, 388 ff. — Zur Gesetzgebungskompetenz der Bundesländer in Kirchensteuersachen s. oben unter III 1 b.

Von der Möglichkeit eines Kirchensteuer-Zuschlags zum Maßstab „Vermögensteuer" haben bisher nur einzelne jüdische Gemeinden, z. B. in Berlin und Frankfurt a. M., nicht aber die evangelische und die katholische Kirche Gebrauch gemacht. Die Kirchensteuer vom Grundbesitz hat ebenfalls keine große Bedeutung. Sie findet sich nicht in allen Kirchensteuergesetzen und wird auch nicht in allen Ländern, in denen sie als Kirchensteuerart rechtlich vorgesehen ist, tatsächlich erhoben.[77] Die Kirchen haben sich für die Kircheneinkommensteuer und deren wichtigste Spielart, die Kirchenlohnsteuer, als Haupteinnahmequelle entschieden.

2. Die Einkommensteuer als Maßstab der Kirchensteuer und das rechtsethische Prinzip der Besteuerung nach der wirtschaftlichen Leistungsfähigkeit

Der Zuschlagcharakter der *Kircheneinkommensteuer* hat nicht nur zur Folge, daß die Kirchensteuer jede Steigerung, sondern auch, daß sie jede Senkung der staatlichen Einkommensteuer mitmachen muß. Als problematisch wird es auch angesehen, wenn das Einkommensteuerrecht über den fiskalischen Zweck der Erzielung staatlicher Einnahmen hinaus interventionistische (gesellschafts- und wirtschaftsgestaltende) Zwecke verfolgt, die die Kirchen sich nicht zu eigen machen können oder wollen.

Trotz solcher und anderer Begleiterscheinungen und Probleme ist — insgesamt gesehen — das staatliche Einkommensteuergesetz eine durchaus geeignete und bewährte Grundlage für die Kirchensteuer. Für sie sprechen Gründe der Praktikabilität und der Sachgerechtigkeit sowie gleichgerichtete Grundsatzwertungen von Staat und Kirche.

Wenn die Kirchen im Rahmen der staatlichen Kirchensteuergesetze in ihren Kirchensteuerordnungen durch sogenannte dynamische Verweisung das Einkommensteuergesetz in seiner jeweiligen Fassung zur Bemessungsgrundlage für die Kirchenbesteuerung machen, dann entlasten sie sich davon, eine eigene steuerliche Bemessungsgrundlage zu entwickeln und gegenüber ihren steuerpflichtigen Mitgliedern zu vertreten. Das tun sie nach *Paul Kirchhof*[78] mit guten Gründen. Denn die

---

[77] Zur gegenwärtigen Erhebung der Kirchensteuer als Zuschlag zur Vermögensteuer und zu den Grundsteuermeßbeträgen s. *Giloy / König*, Kirchensteuerrecht / 1993 (Anm. 18), S. 43 ff., 166 ff.; *Engelhardt*, Kirchensteuer (Anm. 2), S. 53, 50.

[78] S. hierzu und zum Folgenden seine richtungsweisenden Überlegungen zur „Einkommensteuer als Maßstab für die Kirchensteuer" (Anm. 3), S. 25 ff. (34). — Zum Leistungsfähigkeitsprinzip als Fundamentalprinzip gerechter Besteuerung s. auch *Tipke / Lang*, Steuerrecht (Anm. 54), S. 57 ff., und BVerfGE 66, 214 (223):

staatliche Einkommensteuer besitzt in Zeiten rechtsstaatlicher Normalität die — dem Steuerzahler vertraute — Plausibilität einer nach dem Prinzip der wirtschaftlichen Leistungsfähigkeit und damit sachgerecht bemessenen Personensteuer. Ihre gesetzgeberische Weiterentwicklung stützt sich auf eine parlamentarische Mehrheit und Öffentlichkeit.

Die Allianz von Staats- und Kirchensteuer führt die Kirchen mit einer in der Sache liegenden Konsequenz dazu, sich der — von den staatlichen Kirchensteuergesetzen angebotenen — staatlichen Verwaltungshilfe zu bedienen. Die an die Einkommensteuerverwaltung gekoppelte staatliche Kirchensteuerverwaltung (einschließlich des Kirchensteuer-Lohnabzugsverfahrens) ist mit einem kostendeckenden Entgelt von 3 bis 4 % des Kirchensteueraufkommens erheblich billiger als eine kircheneigene Steuerverwaltung.

Der sich in der gemeinsamen Bemessungsgrundlage und Verwaltung zeigende Charakter der Kirchensteuer als gemeinsamer Angelegenheit von Staat und Kirche und als eines Beispiels zulässiger staatlicher Kirchenförderung sowie die vom Bundesverfassungsgericht[79] anerkannte Verpflichtung der staatlichen Gesetzgebung, eine kirchensteuerkonforme, eine für die Kirchensteuer als Zuschlagsteuer geeignete Maßstabsteuer anzubieten, führen zu einem Mitgestaltungsanspruch der Kirchen bei der Ausgestaltung der Maßstabsteuer in der Form, daß Einkommensteuer- und Kirchensteuerrecht aufeinander abzustimmen sind. Dieses Gebot gegenseitiger Abstimmung verpflichtet den Gesetzgeber verfahrensrechtlich, die Kirchen nicht lediglich wie Steuerschuldner zu behandeln und sie z. B. nur zusammen mit Verbänden zu „Hearings" einzuladen. Inhaltlich erfordert der Mitgestaltungsanspruch einen schonenden Ausgleich zwischen staatlichen und kirchlichen Anforderungen an die Einkommensteuer als Maßstabsteuer. Durch diese notwendige Kooperation von Staat und Kirche im Gesetzgebungsverfahren werden die Kirchen zugleich zu (Mit-)Garanten steuerlicher Sachgerechtigkeit.

Im Zentrum der (Mit-)Garantenstellung für eine gerechte staatliche Maßstabsteuer und kirchliche Zuschlagsteuer steht das rechtsethische Fundamentalprinzip der Besteuerung der individuellen Leistungsfähigkeit. Es hat seinen historischen Ursprung im Bereich der Kirchensteuer,[80] gehört heute zum traditionellen Bestand steuerrechtlichen Denkens und beruht auf gemeinsamen Grundsatzwertungen moderner Steuerleh-

---

„Es ist ein grundsätzliches Gebot der Steuergerechtigkeit, daß die Besteuerung nach der wirtschaftlichen Leistungsfähigkeit ausgerichtet wird."
[79] BVerfGE 19, 206 (217).
[80] S. die Belege bei *Kirchhof*, Einkommensteuer (Anm. 3), S. 28.

re und christlicher Sozialethik. Von einer solchen gemeinsamen Grundsatzwertung ist neben der steuerlichen Verschonung des existenznotwendigen Mindesteinkommens auch der progressive Verlauf des Steuersatzes der Einkommensteuer und der Kircheneinkommensteuer getragen. Das Einkommen ist ein Ausdruck steuerlicher Leistungsfähigkeit und damit für beide Steuern ein geeigneter Anknüpfungspunkt. Die zur Begründung der Steuerprogression herangezogene sogenannte Gleichopfertheorie, die davon ausgeht, daß der Wert, den bestimmte Geldbeträge für den Steuerpflichtigen haben, mit der Zunahme des Einkommens fällt und mit seiner Abnahme steigt, daß das Maß des zumutbaren Opfers überproportional mit der Höhe des Einkommens wächst, kann auch für die Kirchensteuer Geltung beanspruchen und im Prinzip auch ihre Progression rechtfertigen, weil ihr der Gedanke der Gleichmäßigkeit des Opfers, der sozialen Angemessenheit und der Steuergerechtigkeit zugrunde liegt. Dies wird auch von der christlichen Soziallehre bestätigt, nach der es der verteilenden Gerechtigkeit (iustitia distributiva) entspricht, daß nach dem Prinzip der Steuerprogression mit steigendem Wert des Steuerobjekts der Steuersatz überproportional steigt. Hier ist auch gegenüber der These, hohes Einkommen beruhe eben auf besonders großer individueller Leistung, darauf hinzuweisen, daß der Bezieher wachsender Einkommen auch zunehmend die Mitwirkung der Allgemeinheit (des „Marktes") am Entstehen seines Einkommens genutzt hat und deshalb dieser Allgemeinheit überproportional mehr „verdankt". Wer ein Buch schreibt, ein neues Produkt entwirft oder eine wissenschaftliche Erkenntnis hervorbringt, hat „seine" Leistung erbracht; ob sie zu großem Einkommen führt, hängt von der Bereitschaft des Marktes ab, diese Leistung nachzufragen. Einkommen ist nicht nur individuelle Leistung, sondern ebenso und mit wachsendem Einkommen zunehmend Marktleistung.

In den Bereich gemeinsamer Anliegen, gemeinsamer Grundsatzwertungen von Staat und Kirche gehört eine gerechte Ehe- und Familienbesteuerung. Verpflichtungen für den Lebensunterhalt von Kindern vermindern die finanzielle Leistungsfähigkeit der Unterhaltspflichtigen und müssen folglich bei der einkommensteuerlichen Bemessungsgrundlage zu angemessenen Abzügen führen. Dies hat das Bundesverfassungsgericht dem staatlichen Gesetzgeber mit aller Eindringlichkeit gesagt.[81]

In diesem Zusammenhang ist auch zu erwähnen, daß die *Kirchensteuer* bei der Einkommensteuerfestsetzung nach § 10 Abs. 1 Nr. 4 EStG von der Bemessungsgrundlage *als Sonderausgabe abgezogen wird*. Das ist

---

[81] S. oben unter V 2 und 3.

systemgerecht und notwendig, weil die Kirchensteuerzahlung unausweichlich[82] die finanzielle Leistungsfähigkeit des Kirchenmitglieds mindert. Die Abzugsfähigkeit der Kirchensteuer ist folglich kein Steuerprivileg der Kirchen, das der Gesetzgeber ohne weiteres zurücknehmen könnte.[83]

Nicht alle steuerpolitischen Ziele des staatlichen Einkommensteuerrechts stellen gemeinsame Anliegen von Staat und Kirche dar. Manche sind kirchenindifferent (etwa die Konjunktursteuerung). Zu Ungerechtigkeiten kann es durch das Zuschlagsystem etwa kommen, wenn Bezieher von Beamtenpensionen und von privaten Renten, nicht aber Bezieher von Sozialversicherungsrenten gleicher Höhe zur Kirchensteuer herangezogen werden.[84] Insgesamt gesehen wird man sich aber unter freiheitlich-demokratischen Verhältnissen fragen können, ob es nicht im Sinne der Kirchensteuer als einer gemeinsamen Angelegenheit von Staat und Kirche liege, wenn sie steuerliche Förderungs- und Belastungsmaßnahmen des Staates in der Regel durch Parallellaufen unterstützt, anstatt sie durch gegenläufige Tendenzen zu paralysieren.

Den Religionsgemeinschaften bleibt im übrigen innerhalb und trotz des Zuschlagsystems die Möglichkeit, *kirchenspezifische Gesichtspunkte* zu realisieren. Abgesehen davon, daß die Kirchensteuerprogression durch die Abzugsfähigkeit der Kirchensteuer als Sonderausgabe abgeschwächt wird, kann sie auch in gewissem Umfang gemildert werden durch Kirchensteuerhöchstbeträge, die absolut bestimmt werden können oder relativ, d. h. mit einem festen Hundertsatz des zu versteuernden Einkommensbetrages. Auch wo diese Kirchensteuerhöchstgrenzen in den Kirchensteuergesetzen der Länder nicht ausdrücklich vorgesehen sind, wird man ihre Einführung durch die Religionsgemeinschaften für zulässig halten können, weil diese Durchbrechung der strengen Akzessorietät der Kirchensteuer prinzipiell im Rahmen des Zuschlagsystems verbleibt. Das gleiche gilt für die Festsetzung von Mindestbeträgen der Kircheneinkommensteuer bei Kirchenmitgliedern, die sonst nur ganz

---

[82] Zur Möglichkeit des Kirchenaustritts s. oben unter V 1 b.

[83] *Hollerbach*, Kirchl. Organisation (Anm. 2), Rdnr. 50, unter Hinweis auf *Kirchhof*, Einkommensteuer (Anm. 3), S. 32.

[84] S. allerdings BVerfGE 54, 11 (26, 31), wonach „die unterschiedliche Besteuerung der Beamtenpensionen (§ 19 EStG) und der Renten aus der gesetzlichen Rentenversicherung sowie der Zusatzversorgung (§ 22 Nr. 1 Buchst. a EStG) ... jedenfalls in den Jahren 1969 und 1970 mit dem Gleichheitssatz (Art. 3 I GG) vereinbar" war, der Gesetzgeber aber verpflichtet wurde, eine Neuregelung in Angriff zu nehmen. Durch Beschl. v. 24.6.1992 (BVerfGE 86, 369) stellte das BVerfG im Anschluß an BVerfGE 54, 11, fest, daß die dem Gesetzgeber für die Angleichung der Vorschriften über die steuerliche Behandlung von Renten und Ruhegehältern zur Verfügung stehende Zeit noch nicht abgelaufen sei.

geringfügige Kirchensteuerzahlungen leisten. Im übrigen ist der Hebesatz der Kircheneinkommensteuer nicht starr und können andere Kirchensteuerarten eine gewisse Ausgleichsfunktion ausüben. Genannt seien hier schließlich die *Billigkeitsmaßnahmen* im Kirchensteuerrecht, die unbillige Härten ausgleichen und als Fälle der Herstellung der Gerechtigkeit im Einzelfall[85] im kirchlichen Raum eine alte Tradition haben bis zurück ins Mittelalter und zum christlichen Gedanken des ius aequum und seines Verhältnisses zum ius strictum.[86]

Durch die Akzessorietät der Kircheneinkommensteuer bleibt der Teil der Kirchenmitglieder kirchensteuerfrei, der keine staatliche Einkommensteuer zahlt. Wenn auch für einen Teil dieser Fälle sozialpolitische Gründe anzuführen sind, die legitimerweise auch bei der Kirchensteuer zu berücksichtigen sind, so sprechen andererseits Überlegungen zur kirchlichen Mitgliedschaft dafür, diese Gruppe der Kirchenmitglieder wenigstens mit einem Grundbeitrag zur Finanzierung der kirchlichen Aufgaben heranzuziehen. Dies könnte erreicht werden durch das in allen Kirchensteuergesetzen (mit festen oder gestaffelten Beträgen) vorgesehene *Kirchgeld,* das von der Bindung an die „bürgerlichen Steuerlisten" frei ist. Von der Einführung eines — in fast allen Kirchensteuergesetzen der Länder vorgesehen — *kircheneigenen Steuertarifs* haben die Kirchen bislang abgesehen; und zwar nicht nur deshalb, weil dadurch für die Kirchensteuerverwaltung Probleme auftreten könnten, sondern auch deshalb, weil gegenwärtig kaum ein völlig eigenständiger kircheneigener Steuertarif zu entwickeln ist, der besser an die individuelle Leistungsfähigkeit des Steuerpflichtigen anknüpft und der besser der Steuergerechtigkeit entspricht als die staatliche Einkommensteuer, mag diese auch manche Mängel aufweisen.

Kirchliche Überlegungen und Initiativen sollten deshalb weniger der Entwicklung eines kircheneigenen Steuertarifs gelten als vielmehr der Bildung einer „Koalition von Recht und Ethik" aus Steuerrechtlern, Finanzwissenschaftlern, Sozialethikern und Politikern, die sich um eine gerechtere Einkommensteuer und damit auch um einen gerechteren Maßstab für die Kirchensteuer bemühen.

---

[85] S. unten IX 2.
[86] S. *Erich Kaufmann,* Art. Billigkeit, in: HRG I, 1971, Sp. 431 ff.; *Paul Kirchhof,* Gesetz und Billigkeit im Abgabenrecht, in: Recht und Staat im sozialen Wandel. FS für Hans Ulrich Scupin zum 80. Geburtstag. Berlin 1983, S. 775.

VII. Verwaltung der Kirchensteuer

Die Verwaltung der Kirchensteuer ist prinzipiell Sache der Kirchen. Die Kirchensteuergesetze aller Bundesländer bieten den Kirchen jedoch die Möglichkeit an, die Verwaltung der Kirchensteuer auf die staatlichen Finanzämter oder — bei der Kirchensteuer vom Grundbesitz — auf die Kommunen zu übertragen. Die Kirchen haben dieses Angebot insbesondere für die Kircheneinkommensteuer angenommen. Nur in Bayern wird die Kircheneinkommensteuer durch kircheneigene Kirchensteuerämter verwaltet, die Kirchenlohnsteuer allerdings wie in den übrigen Bundesländern von den Arbeitgebern einbehalten und abgeführt.

Nach überwiegender, vom Bundesverfassungsgericht[87] inzwischen bestätigter Meinung[88] hält sich die in den Kirchensteuergesetzen der Länder und in Staatskirchenverträgen vorgesehene staatliche Kirchensteuerverwaltung einschließlich der — zusammen mit dem staatlichen Lohnsteuerabzug vorgenommenen — Einbehaltung und Abführung der Kirchenlohnsteuer durch die Arbeitgeber (sowie die Haftung des Arbeitgebers bei Nichterfüllung dieser Verpflichtungen) im Rahmen der Verfassung. „An der damit verbundenen Förderung öffentlich-rechtlicher, gesellschaftlich relevanter Körperschaften, die keine Identifikation mit einer bestimmten Kirche oder Religionsgemeinschaft bedeutet, ist auch der weltanschaulich neutrale Kultur- und Sozialstaat verfassungsrechtlich nicht gehindert."[89] Der bei dieser staatlichen Kirchenförderung herangezogene Arbeitgeber wird nicht auf kirchliche, sondern auf staatliche Anordnung hin tätig. Er leistet seine Dienste nicht unmittelbar den Kirchen, sondern dem Staat, der damit seinerseits seiner Verfassungspflicht nachkommt, den Kirchen die Steuererhebung „auf Grund der bürgerlichen Steuerlisten"[90] zu ermöglichen. Wie beim Lohnsteuerabzug wird der Arbeitgeber auch bei der Einbehaltung und Abführung der Kirchenlohnsteuer seiner kirchenangehörigen Arbeitnehmer als „Beauftragter des Steuerfiskus" und als „Hilfsorgan der staatlichen Finanzverwaltung" tätig. Es handelt sich dabei um eine

---

[87] BVerfGE 44, 103.

[88] S. *Marré*, Besteuerungsrecht (Anm. 16), S. 39 ff.; *ders.*, Entwicklung (Anm. 22), S. 659 f.; *Pleister*, Kirchensteuer (Anm. 2), S. 255 f.; *Giloy / König*, Kirchensteuerrecht / 1993 (Anm. 18), S. 126 f.; *Hollerbach*, Rechtsprechung II (Anm. 22), S. 218 ff. (256 ff.); *ders.*, Kirchl. Organisation (Anm. 2), Rdnr. 55; *v. Mangoldt / Klein / v. Campenhausen*, Art. 140 GG / Art. 137 WRV, Rdnrn. 209 ff.; *Listl*, Rechtsprechung (Anm. 22), S. 600 ff.

[89] BVerfGE 44, 103 (104); zur staatlichen Kirchenförderung im Rahmen der Kirchenfinanzierung s. oben I 1 und III 1 a.

[90] S. oben III 1 c.

zulässige Indienstnahme Privater für öffentliche Aufgaben, die verfassungsrechtlich als Berufsausübungsregelung zu beurteilen ist, die, wie es das Bundesverfassungsgericht formuliert, „— auch bei Unentgeltlichkeit — mit Art. 12, Art. 3 Abs. 1 und Art. 14 GG jedenfalls deshalb vereinbar ist, weil der Arbeitgeber dadurch nicht erheblich belastet wird und dabei im Rahmen seiner sozialstaatlich gebotenen Fürsorgepflicht zugleich seine Arbeitnehmer in der vereinfachten Erfüllung der ihnen obliegenden Kirchensteuerpflicht unterstützt". Diese vom Arbeitgeber geleisteten Dienste sind zudem religiös-weltanschaulich neutral, weil die Kirchensteuern nicht speziell einer bestimmten Religionsgemeinschaft zufließen, sondern verschiedenen, ja gemäß Art. 140 GG i. V. m. Art. 137 Abs. 5 bis 7 WRV virtuell allen Religions- und Weltanschauungsgemeinschaften, soweit bei ihnen die Voraussetzungen für das Besteuerungsrecht vorliegen und sie sich zur Steuererhebung entschlossen haben.

Voraussetzung für die Einbehaltung der Kirchenlohnsteuer durch den Arbeitgeber ist die — gesetzlich vorgesehene — Eintragung der Religionszugehörigkeit seines Arbeitnehmers auf der dem Arbeitgeber vorgelegten Lohnsteuerkarte. Sie verletzt keine Grundrechte des Arbeitnehmers, insbesondere nicht die durch Art. 4 Abs. 1 GG und durch Art. 140 GG i. V. m. Art. 136 Abs. 3 S. 1 WRV geschützte Freiheit, die religiöse Überzeugung zu verschweigen. Abgesehen davon, daß diese Eintragung nicht die religiöse Überzeugung des Arbeitnehmers betreffen muß, sondern die (damit nicht notwendig übereinstimmende) Tatsache seiner Mitgliedschaft in einer Religionsgemeinschaft, werden die genannten Freiheitsrechte von der Verfassung selbst eingeschränkt, und zwar allgemein durch Art. 136 Abs. 3 S. 2 WRV und speziell auf dem Gebiet des Kirchensteuerrechts durch die in Art. 140 GG i. V. m. Art. 137 Abs. 6 WRV enthaltene Garantie einer geordneten Besteuerung.[91]

---

[91] BVerfGE 49, 375. Die Eintragung der Konfessionszugehörigkeit des Arbeitnehmers (und seines Ehegatten) auf der Lohnsteuerkarte dient zudem der steuerlichen Lastengleichheit. „Der Gesetzgeber muß die Steuerehrlichkeit durch hinreichende, die steuerliche Belastungsgleichheit gewährleistende Kontrollmöglichkeiten abstützen." Im (Kirchensteuer-)Veranlagungsverfahren muß daher das in der Steuererklärung Deklarierte durch die Eintragung auf der Lohnsteuerkarte verifiziert werden. Vgl. BVerfG, Urt. v. 27.6.1991, in: BVerfGE 84, 239 ff. (273).

VIII. Rechtsbehelfe und Rechtsmittel gegen die Heranziehung zur Kirchensteuer[92]

Da das Kirchensteuerrecht als Teil des Staatskirchenrechts zum öffentlichen Recht gehört, Streitigkeiten im Bereich des Kirchensteuerrechts also „öffentlich-rechtliche Streitigkeiten", und zwar „nichtverfassungsrechtlicher Art", sind, unterliegen Kirchensteuerstreitfragen gemäß § 40 VwGO der Nachprüfung durch die staatlichen Verwaltungsgerichte, soweit sie nicht durch (Bundes- oder Landes-)Gesetz ausdrücklich anderen Gerichten zugewiesen sind, wie das in den Bundesländern Bayern, Hamburg, Nordrhein-Westfalen und Saarland durch die Eröffnung des Finanzrechtsweges geschehen ist. Aus der unterschiedlichen Rechtswegregelung ergeben sich unterschiedliche Verfahren. Das Vorverfahren beginnt beim Verwaltungsrechtsweg mit dem Widerspruch und beim Finanzrechtsweg mit dem Einspruch gegen die Heranziehung zur Kirchensteuer. Für die Entscheidung über die Rechtsbehelfe sind je nach Landesrecht kirchliche oder staatliche Stellen zuständig, letztere nach Anhörung der Kirche.

Im sich an das Rechtsbehelfsverfahren anschließenden Rechtsmittelverfahren kann beim Verwaltungsrechtsweg die Steuergläubigerin gemäß § 65 VwGO beigeladen werden, beim Finanzrechtsweg ist die Möglichkeit der Beiladung der für die Entscheidung über den Einspruch zuständigen kirchlichen Stelle gesetzlich festzulegen.[93] Wenn es auch vom Steuercharakter der Kirchensteuer her zweckmäßig erscheint, die Finanzgerichte entscheiden zu lassen, so bieten sich aufs Ganze gesehen wegen der häufig im Mittelpunkt der Verfahren stehenden staatskirchenrechtlichen Fragen doch wohl eher die Verwaltungsgerichte für die Entscheidung über Kirchensteuerstreitigkeiten an.

IX. Einzelfragen des Kirchensteuerrechts

1. Typisierende und pauschalierende (Kirchen-)Steuerverwaltung in Massenverfahren

Die folgenden drei Einzelfragen des Kirchensteuerrechts, nämlich die des Betriebstättenprinzips, der Zwölftelung der Kirchensteuer und der Pauschalierung der Kirchenlohnsteuer sind vor dem Hintergrund der

---

[92] Einzelheiten bei *Giloy / König*, Kirchensteuerrecht / 1993 (Anm. 18), S. 112 ff.; *Meyer*, Ev. Kirchensteuerrecht (Anm. 18), S. 195 f.; *v. Mangoldt / Klein / v. Campenhausen*, Art. 140 / Art. 137 WRV, Rdnr. 215; *Engelhardt*, Kirchensteuer (Anm. 2), S. 93 ff.

[93] So ist es z. B. geschehen in § 14 Abs. 5 KiStG NW.

typisierenden und pauschalierenden (Kirchen-)Steuerverwaltung in Massenverfahren zu sehen.[94]

Das Steuerrecht als Massenfallrecht erfaßt Vorgänge des Sozial- und Wirtschaftslebens, die sich tausendfach, millionenfach, eben massenhaft wiederholen. Um praktikabel zu sein, muß es deshalb zu gesetzlichen Typisierungen und Pauschalierungen greifen, bei denen die generelle Gleichmäßigkeit der Besteuerung der individuellen vorgeht. Nach der Rechtsprechung des Bundesverfassungsgerichts verstoßen solche Typisierungen und Pauschalierungen nicht nur nicht gegen den Gleichheitssatz, sie sind sogar ein notwendiger Bestandteil des Einkommensteuerrechts.[95] Der Gesetzgeber darf eine Bestimmung, die an Massenvorgänge des Wirtschaftslebens die gleichen steuerlichen Folgen knüpfen soll, weit fassen und Besonderheiten einzelner Gruppen vernachlässigen;[96] unbillige Härten können durch Billigkeitsmaßnahmen nach den §§ 163, 227 AO ausgeglichen werden.[97] Gesetzliche Typisierungen und Pauschalierungen verletzen jedoch den Gleichheitssatz, wenn sie sich dahin auswirken, daß ganze Gruppen von Steuerpflichtigen wesentlich stärker als andere belastet werden und dadurch in eine empfindlich ungünstigere Wettbewerbslage geraten.[98]

a) Das Betriebstättenprinzip

Das für eine praktikable Kirchensteuererhebung höchst bedeutsame Kirchensteuer-Lohnabzugsverfahren ist vor allem dadurch gekennzeichnet, daß die Arbeitgeber die Kirchenlohnsteuer nach dem sogenannten Betriebstättenprinzip[99] einbehalten. Danach wird jeder lohnsteuerpflichtige Arbeitnehmer entsprechend dem Religionsvermerk auf seiner Lohnsteuerkarte unabhängig von seinem Wohnsitz oder gewöhnlichen Aufenthalt im Sinne der Abgabenordnung am Ort der Betriebstätte im Sinne des Lohnsteuerrechts nach Maßgabe des für diesen Ort der Betriebstätte geltenden Kirchensteuerrechts, insbesondere in Höhe des dort geltenden Kirchensteuersatzes, besteuert. Fallen die Diözese

---

[94] Dazu s. *Heinrich Wilhelm Kruse*, Lehrbuch des Steuerrechts. Bd. 1: Allgemeiner Teil. München 1991, S. 49, und — grundlegend — *Josef Isensee*, Die typisierende Verwaltung. Gesetzesvollzug im Massenverfahren am Beispiel der typisierenden Betrachtungsweise des Steuerrechts, Berlin 1976.
[95] BVerfGE 29, 402 (412); 78, 214 (230 f.); 81, 108 (119); 82, 60 (91 ff.); 84, 239 ff. und 348 (363); 85, 264 ff. (317); 87, 153 (172).
[96] BVerfGE 34, 103 (115); 50, 57 (97).
[97] BVerfGE 32, 78 (86); 50, 57 (86).
[98] BVerfGE 21, 12 (27).
[99] S. *Meyer*, Ev. Kirchensteuerrecht (Anm. 18), S. 193; *Marré*, Kirchenfinanzierung (Anm. 3), S. 49 f.

oder Landeskirche, in der die Betriebstätte liegt und an die die Kirchensteuer nach dem Betriebstättenprinzip fließt, und die Wohnsitzdiözese oder -landeskirche, der gegenüber die Kirchensteuerpflicht besteht, auseinander, so steht der Wohnsitzdiözese oder -landeskirche gegenüber der Betriebstättendiözese oder -landeskirche ein Erstattungs- bzw. Ausgleichsanspruch zu, dessen Ermittlung und Erfüllung im Wege innerkirchlicher Vereinbarung zu regeln ist. Dies ist durch die von allen Diözesen und Landeskirchen beschlossenen Richtlinien zur Verrechnung der Kirchenlohnsteueranteile geschehen. Das in ihnen fixierte Verrechnungsverfahren wird auch „Clearingverfahren" genannt.

Ist der für den kirchensteuerpflichtigen Arbeitnehmer an seinem Wohnsitz geltende Kirchensteuerhebesatz niedriger als am Ort der Betriebstätte, dann hat er einen Erstattungsanspruch gegen seine Wohnsitzdiözese oder -landeskirche, ist der Steuersatz an seinem Wohnsitz höher als am Ort der Betriebstätte, dann hat er seiner Wohnsitzdiözese oder -landeskirche den Unterschiedsbetrag nachzuentrichten. Im Veranlagungsverfahren wird der entsprechende Ausgleich durch das Finanzamt herbeigeführt.

Die Notwendigkeit eines derartigen Ausgleichs wird dort vermieden, wo das örtlich zuständige Finanzamt — wie verschiedentlich vorgesehen — dem Arbeitgeber mit Zustimmung der Diözese oder der Landeskirche, in deren Gebiet der Arbeitgeber die Betriebstätte unterhält, die Genehmigung erteilt, die Kirchensteuer nach dem am Ort des Wohnsitzes oder gewöhnlichen Aufenthalts des Arbeitnehmers geltenden Kirchen-Steuersatz einzubehalten. In den verbleibenden Fällen, in denen Arbeitnehmern wegen der aus Vereinfachungsgründen mit der gesetzlichen Einführung des Betriebstättenprinzips verbundenen Typisierung und Pauschalierung eine höhere als die materiell-rechtlich geschuldete Kirchensteuer einbehalten wird, stellt dies eine nicht erhebliche, temporäre und daher zumutbare Belastung dar, falls die Erstattung gewährleistet ist,[100] denn es geht nur darum, daß Kirchensteuer durch den Arbeitgeber in Höhe von 9% statt in der geschuldeten Höhe von 8% der Einkommensteuer, also (bis zur Erstattung) um einen Prozentpunkt höher, einbehalten wird.

b) Die Zwölftelung der Kirchensteuer[101]

Bei Aufnahme in die Kirche und bei Kirchenaustritt im laufenden Steuerjahr wird von der staatlichen Finanzverwaltung eine sog. Zwölf-

---

[100] A. A. *Christoph Trzaskalik*, in: Kirchhof / Söhn (Anm. 68), § 41, Rdnrn. 6 f.
[101] *Giloy / König*, Kirchensteuerrecht / 1993 (Anm. 18), S. 73 ff.; *Engelhardt*, Kirchensteuer (Anm. 2), S. 79 ff.

telung der Kirchensteuer vorgenommen. Es wird die Jahreseinkommensteuer als Maßstabsteuer der Kirchensteuer bzw. die sich aus dieser Maßstabsteuer ergebende Jahreskirchensteuer gemäß der Zahl der Kalendermonate gezwölftelt und um die Zwölftel für die Kalendermonate gekürzt, in denen der Betroffene noch nicht oder nicht mehr Kirchenmitglied im Sinne des Kirchensteuerrechts war. Bei dieser Zwölftelung der Kirchensteuer besteht Streit über folgende Einzelfragen: Ist als Rechtsgrundlage eine Regelung durch staatliches Gesetz oder staatliche Rechtsverordnung notwendig oder reicht eine staatliche Verwaltungsanordnung aus? Wie ist es zu beurteilen, wenn außerordentlich hohe Einkünfte in einem Monat zufließen, in dem die Kirchensteuerpflicht noch nicht oder nicht mehr bestand? Der Streit spiegelt sich auch in einer divergierenden Rechtsprechung wider.[102] Der Bayerische Verwaltungsgerichtshof erklärte in einer am 4. Oktober 1988[103] ergangenen überzeugenden Entscheidung, daß der Normgeber verfassungsrechtlich nicht gehindert sei, aus Gründen der Verwaltungsvereinfachung typisierende und generalisierende Regelungen zu treffen. Führe die sog. Zwölftelungsregelung bei der Berechnung und Erhebung der Kircheneinkommensteuer zu ungewöhnlichen Härten im Einzelfall, könne unter Umständen nur eine hiervon abweichende Billigkeitsentscheidung verfassungskonform sein.

c) Die Pauschalierung der Kirchenlohnsteuer

Im Regelfall muß der Arbeitnehmer für Einkünfte aus nicht selbständiger Arbeit Lohnsteuer zahlen, die sich in ihrer Höhe an seiner Leistungsfähigkeit orientiert und damit auf seine persönlichen Verhältnisse Rücksicht nimmt.

In den §§ 40 bis 40 b EStG hat der Gesetzgeber für bestimmte Zuwendungen des Arbeitgebers an den Arbeitnehmer zur verfahrensmäßigen Vereinfachung der Lohnsteuererhebung eine pauschale Lohnsteuerzahlung (ohne Lohnsteuerkarte) zugelassen (z. B. bei Zuwendungen aus Anlaß von Betriebsveranstaltungen [§ 40 Abs. 2 S. 1], Erholungsbeihilfen [§ 40 Abs. 2 S. 2], bei kurzfristig beschäftigten Arbeitnehmern [§ 40 a Abs. 1 Sätze 1 und 2 Ziff. 1], bei in geringem Umfang und gegen geringen Arbeitslohn beschäftigten Arbeitnehmern [§ 40 a Abs. 2]). Wenn der Arbeitgeber in diesen Fällen die Pauschalierung der Lohnsteuer beantragt oder wählt, muß er die in der Person des Arbeit-

---

[102] S. *Listl*, Rechtsprechung (Anm. 22), S. 606 f.; s. ferner FG Münster, Urt. v. 1.10.1990, in: EFG 1991, 215; FG Köln, Urt. v. 19.2.1992 (Az. 11 K 3707/91).
[103] Veröff. in: BayVBl. 1989, S. 11; ähnlich auch BVerwG, Urt. v. 12.2.1988, in: NJW 1988, S. 1804.

nehmers entstandene pauschale Lohnsteuer übernehmen und wird damit Schuldner der pauschalen Lohnsteuer. Charakteristikum der pauschalen Lohnsteuer ist, daß die persönlichen steuerlichen Verhältnisse des einzelnen Arbeitnehmers zurücktreten (Entpersonalisierung).

Diese pauschale Lohnsteuer bildet in allen Bundesländern die Maßstabsteuer für die Erhebung einer pauschalen Kirchenlohnsteuer als Zuschlagsteuer, die der Arbeitgeber ebenfalls abzuführen hat. Dieses Verfahren wird als verfassungsrechtlich unbedenklich angesehen, da der Arbeitgeber sich dieser Verpflichtung jederzeit durch die Wahl des Regelbesteuerungsverfahrens, also der normalen, nicht pauschalierten Lohn- und Kirchenlohnsteuererhebung, entziehen kann.[104]

Bei der pauschalen Kirchenlohnsteuer wird der reguläre Kirchensteuererhebesatz in den einzelnen Bundesländern (auf sieben, sechs oder fünf Prozent) reduziert, um einen Ausgleich dafür zu schaffen, daß in die Pauschalierung auch Bezüge von Arbeitnehmern einbezogen werden, die keiner steuererhebenden Religionsgemeinschaft angehören. Die auf statistischen Erhebungen beruhende Höhe des Hebesatzes und Aufteilung des Gesamtaufkommens der pauschalierten Kirchenlohnsteuer auf die evangelische und die katholische Kirche beruht ebenso wie die Erhebung einer pauschalierten Kirchenlohnsteuer als solche auf rechtlichen Grundlagen, die der staatliche oder der kirchliche Normgeber geschaffen hat.

Nach dem Urteil des Bundesfinanzhofes vom 30. November 1989[105] kann der Arbeitgeber in den Fällen von der Erhebung einer pauschalierten Kirchenlohnsteuer absehen, in denen er gegenüber dem Finanzamt „in einer den Zwecken des Lohnsteuerabzugs gerecht werdenden Weise" den Einzelnachweis erbringt, daß ein Arbeitnehmer keiner steuererhebenden Religionsgemeinschaft angehört. Diese Möglichkeit steht in Widerspruch, mindestens aber in unaufhebbarer Spannung zu der mit

---

[104] BVerfG, Beschl. v. 17.2.1977, in: DÖV 1977, S. 448 f.; OVG Lüneburg, Urt. v. 17.7.1991, in: NVwZ 1992, S. 291; FG Köln, Urt. v. 9.9.1992 (Az. 11 K 2420/87), inhaltlich wiedergegeben in: NWB Nr. 7 v. 15.2.1993, S. 552 (Fach 1 S. 50); allgemein zur Pauschalierung der Kirchenlohnsteuer s. *Giloy / König*, Kirchensteuerrecht / 1993 (Anm. 18), S. 139 ff.; ferner mit zahlreichen weiteren Hinweisen auf Lit. und Rspr.: *Trzaskalik* (Anm. 100), § 40, Rdnrn. 18 ff.; *Christian Starck*, Rechtliche Grundlagen der Pauschalierung von Kirchenlohnsteuerforderungen, in: DStR 1989, S. 3 ff.; *Klaus J. Wagner*, Zur Kirchensteuer bei Pauschalierung der Lohnsteuer, in: FR 1990, S. 97 ff.; *v. Mangoldt / Klein / v. Campenhausen*, Art. 140 GG / Art. 137 WRV, Rdnr. 214; *Engelhardt*, Kirchensteuer (Anm. 2), S. 84 ff.

[105] Veröff. in: FR 1990, S. 122 = BStBl. II 1990, S. 993; a. A. FG Köln (Anm. 104); vgl. auch den durch das BFH-Urteil veranlaßten einheitlichen Erlaß der Bundesländer vom 10.9.1990 (BStBl. I S. 773) sowie vom 21.12.1990 (BStBl. I 1992, S. 45) sowie Abschn. 130 Abs. 4 der LStR 1992.

der Kirchenlohnsteuer-Pauschalierung intendierten Verfahrensvereinfachung.

2. Erlaß, Stundung und Niederschlagung der Kirchensteuer

Das Kirchensteuerrecht sieht die Möglichkeit vor, dem Steuerpflichtigen vor allem in wirtschaftlicher Notlage mit den Mitteln des Erlasses, der Stundung und der Niederschlagung der Kirchensteuer zu helfen.

Der Erlaß ist der vollständige oder teilweise Verzicht des Steuergläubigers auf den Anspruch aus dem Steuerschuldverhältnis (§§ 163, 227 AO). Durch die Stundung wird die Fälligkeit der geschuldeten Steuerleistung hinausgeschoben, wenn die Einziehung der Steuer bei Fälligkeit eine erhebliche Härte für den Schuldner bedeuten würde und der Steueranspruch durch die Stundung nicht gefährdet erscheint (§ 222 AO). Die Niederschlagung ist eine innerbehördliche Entschließung, den als uneinbringlich angesehenen Anspruch aus dem Steuerschuldverhältnis vorläufig nicht geltend zu machen (§ 261 AO).

Der Steuer-Erlaß ist nach den §§ 163 Abs. 1 S. 1, 227 Abs. 1 AO nur zulässig, wenn die Erhebung der Steuer nach Lage des Einzelfalls unbillig ist. Er korrigiert das Gesetz als Maßstab dafür, was allgemein gerecht ist, durch die Billigkeit als den Maßstab dafür, was im Einzelfall gerecht ist. Die Billigkeit ist also die Gerechtigkeit der Besteuerung des Einzelfalls.[106]

Die Herstellung der Einzelfall-Gerechtigkeit setzt entweder das Vorliegen sachlicher oder persönlicher Billigkeitsgründe voraus. Die letzteren ergeben sich aus der wirtschaftlichen Lage des Steuerschuldners. Die Einzelfall-Gerechtigkeit verlangt, daß diese wirtschaftlichen Möglichkeiten des Schuldners, seine individuelle Leistungsfähigkeit, berücksichtigt werden.

Zum Vorliegen solcher sachlicher und persönlicher Billigkeitsgründe im Bereich des staatlichen Steuerrechts gibt es eine umfassende Literatur und Rechtsprechung, die auch Relevanz für die Kirchensteuer hat; denn nach dem geltenden Kirchensteuerrecht finden die Vorschriften der Abgabenordnung und damit auch die Vorschriften über Erlaß, Stundung und Niederschlagung entsprechende Anwendung auf die Kirchensteuer.

Die Kirchen sind in der Regel selbst für Erlaß, Stundung und Niederschlagung von Kirchensteuern zuständig. Bei der außer in Bayern in

---

[106] S. hierzu die überzeugende Darstellung von *Kruse*, Steuerrecht (Anm. 94), S. 195 ff., sowie *Tipke / Lang,* Steuerrecht (Anm. 54), S. 724 ff.; zum Grundsätzlichen: *Kirchhof*, Billigkeit (Anm. 86), S. 775 ff.

allen Bundesländern praktizierten staatlichen Kirchensteuerverwaltung ist aber den Finanzämtern von den Kirchen die Befugnis übertragen worden, bei Erlaß und Stundung der Einkommensteuer gleichzeitig den entsprechenden Teil der Kirchensteuer zu erlassen oder zu stunden. Nach § 11 hess. KiStG und § 12 Abs. 2 KiStG der neuen Bundesländer bleibt jedoch das Recht der Kirchen unberührt, „die Kirchensteuer aus Billigkeitsgründen abweichend festzusetzen, zu stunden, ganz oder teilweise zu erlassen oder niederzuschlagen". Hierin kommt besonders deutlich der in den Kirchensteuergesetzen aller Bundesländer formulierte Wille des Gesetzgebers zum Ausdruck, kirchenspezifische Billigkeitsgründe zuzulassen.[107] Diese Anerkennung kirchenspezifischer Billigkeitsgründe bedeutet jedoch keine Zulassung von Steuervereinbarungen zwischen Kirche und Kirchenmitgliedern. Sie würden den Steuercharakter der Kirchensteuer denaturieren und die Steuergerechtigkeit verletzen.

Zuständige kirchliche Organe für Erlaß und Stundung der Kirchensteuer sind in der Regel überwiegend gewählte Beschlußgremien oder von diesen gebildete Erlaßausschüsse.[108]

X. Die Kirchensteuer-Beschlußgremien in den Diözesen und Landeskirchen

Die Kirchensteuergesetze der Bundesländer — außer denen von Baden-Württemberg und Bayern — verzichten darauf, die kirchlichen Organe zu bestimmen, die vor allem für die Festsetzung der Kirchensteuerhebesätze und die Beschlußfassung über den Haushaltsplan des Steuergläubigers, aber auch für Billigkeitsentscheidungen zuständig sind. Sie respektieren damit nicht nur ihren eigenen Rahmengesetzcharakter, sondern ebenso das kirchliche Selbstbestimmungsrecht nach Art. 140 GG i. V. m. Art. 137 Abs. 3 WRV, das auch die eigenständige Organisationsgewalt der Kirchen umfaßt.[109] Dies sei am Beispiel des Kirchensteuerrechts im Lande Nordrhein-Westfalen verdeutlicht.[110]

---

[107] S. auch *Meyer*, Ev. Kirchensteuerrecht (Anm. 18), S. 193 f. Zu Billigkeitsentscheidungen im Kirchensteuerrecht ausführlich: *Joachim Steinhauer*, Der Billigkeitsgedanke im modernen deutschen Steuerrecht. Köln, Remscheid 1968, S. 162 ff.; *Marré*, Kommentar (Anm. 2), S. 75, 78, 176, 207 ff., 243 f., 360.

[108] S. z. B. § 5 der Satzung des Kirchensteuerrates der Diözese Essen i. V. m. § 3 der Geschäftsordnung für die Ausschüsse des Kirchensteuerrates der Diözese Essen (beide abgedr. bei *Marré*, Kirchenfinanzierung [Anm. 3], S. 78, 80), wonach der überwiegend gewählte Kirchensteuerrat „die Erfüllung der Aufgabe ... einem aus seiner Mitte gewählten Erlaßausschuß übertragen" kann.

[109] Zu Umfang und Grenzen kirchlicher Selbstbestimmung im Bereich der Kirchensteuer s. *Marré*, Entwicklung (Anm. 22), S. 658.

In den in Nordrhein-Westfalen gelegenen evangelischen Landeskirchen ist es eine vom Kirchenverständnis begründete Tradition, daß die großenteils gewählten Presbyterien der Kirchengemeinden bzw. die ebenfalls überwiegend gewählten Landessynoden die Steuerarten und die Steuersätze bestimmen.

Auch in den katholischen Diözesen gab es für die Kirchensteuer von Anfang an mehrheitlich gewählte Beschlußgremien. Diese Tradition ist allerdings zu Beginn staatlich oktroyiert und erst im Laufe der Zeit kirchlich akzeptiert worden. Der preußische Staat führte — gemäß dem von ihm während des Kulturkampfes mit besonderer Schärfe vertretenen Prinzip der Kirchenhoheit — durch Gesetz vom 20. Juni 1875 über die Vermögensverwaltung in den katholischen Kirchengemeinden nach dem Vorbild des Staatskirchenrechts für die evangelische Kirche auch für die katholische Kirche die Institution der Kirchengemeinde als organisierter Gemeinschaft der zu einem Seelsorgebezirk gehörenden Kirchenmitglieder ein und bestimmte sie zur Trägerin des örtlichen Kirchenvermögens und des Steuerrechts. Als Organ der kirchengemeindlichen Vermögensverwaltung und des kirchengemeindlichen Steuerwesens wurden vor allem die Kirchenvorstände geschaffen, nach staatlichen Vorschriften gewählte Vertretungen der Gemeindemitglieder. Damit wurde ein dem kanonischen Recht völlig fremdes Prinzip in die kirchliche Verwaltung hineingetragen. Die katholische Kirche lehnte dieses Gesetz zunächst ab, weil sie in ihm einen unzulässigen Eingriff in ihre Freiheit erblickte und weil sie es nicht zulassen wollte, daß der Staat sich durch die Einführung der Kirchensteuer von den aus der Säkularisation herrührenden Zahlungsverpflichtungen freistellte und damit seine Wiedergutmachungspflicht auf die Kirchenmitglieder abwälzte. Die Kirchenvorstände blieben so lange für die Beschlußfassung über die Kirchensteuer zuständig, wie das Ortskirchensteuersystem bestand, nämlich in den im Lande Nordrhein-Westfalen gelegenen Diözesen bis 1950.

Demgegenüber sind die im Bereich der nordrhein-westfälischen Diözesen nach Einführung des Diözesankirchensteuersystems eingerichteten, überwiegend gewählten und den Namen „Kirchensteuerrat" tragenden diözesanen Beschlußgremien jüngeren Ursprungs. Beinahe zeitgleich mit dem Beginn des II. Vatikanischen Konzils (1962 bis 1965) wurden seit Anfang der sechziger Jahre nahezu in allen Diözesen der Bundesrepublik Deutschland Gremien gebildet, die unterschiedliche Namen tragen, mehrheitlich aus gewählten Kirchensteuerpflichtigen bestehen und die — zunächst beratend, später bestimmend — zuständig

---

110 Zum Folgenden s. *Marré*, ebd., S. 663 ff., und *ders.*, Kirchenfinanzierung (Anm. 3), S. 54 ff., 77 ff.

sind, über Höhe und Verwendung der Kirchensteuer zu beschließen. Es zeigt sich eine interessante Beeinflussung der Organstruktur der katholischen Kirche in der Bundesrepublik durch das Kirchensteuerwesen.[111] Gefördert wurde diese Entwicklung durch die Gemeinsame Synode der Bistümer in der Bundesrepublik (1971 bis 1975), die vor allem mit ihrem — theologisch vom Verständnis der Kirche als Volk Gottes ausgehenden — Beschluß „Verantwortung des ganzen Gottesvolkes für die Sendung der Kirche" die Mitverantwortung der Laien auch auf die finanziellen Angelegenheiten der Kirche erstreckte. Dieser Beschluß ordnet an: „Für die Aufgaben der kirchlichen Vermögens- und Finanzverwaltung besteht ein Finanzgremium, das unter Berücksichtigung der vom Diözesanpastoralrat beschlossenen pastoralen Grundsätze selbständig entscheidet. Es beschließt den Haushalt und überwacht seine Durchführung."

Die Art des Finanzgremiums, das den Haushalt beschließt, ist in den Bistümern unterschiedlich strukturiert. Im Bistum Essen z. B. gehören dem Kirchensteuerrat nach § 1 der Satzung des Kirchensteuerrates der Diözese Essen in der Fassung der Bekanntmachung vom 23. Februar 1978 der Generalvikar, der Finanzdezernent und ein Jurist aus dem Bischöflichen Generalvikariat an, ferner zwei — vom Priesterrat zu wählende — amtierende Pfarrer der Diözese Essen und zwanzig nicht im Dienst der Diözese Essen stehende Laien, von denen siebzehn durch die — von den Kirchenmitgliedern unmittelbar gewählten — Kirchenvorstände in der Diözese Essen gewählt und drei vom Diözesanbischof berufen werden.

Aufgabe des Kirchensteuerrates ist es nach § 5 der Kirchensteuerratssatzung, „1. den Haushaltsplan der Diözese Essen zu beschließen und seine Durchführung zu überwachen, 2. die Höhe der Kirchensteuer unter Berücksichtigung des kirchlichen Finanzbedarfs gemäß der Kirchensteuerordnung der Diözese Essen in der jeweils geltenden Fassung festzusetzen, 3. über Anträge auf Erlaß und Stundung der Kirchensteuer gemäß § 13 der Kirchensteuerordnung zu entscheiden".

---

[111] Zur innerkirchlichen Legitimität bzw. zur kirchenpolitischen Seite der Kirchensteuer s. *Liermann,* Abgaben (Anm. 2), S. 329 ff.; *Siegfried Marx,* Die Kirchensteuer und die Freiheit der Kirche. Festvortrag am 4.2.1978 vor der Philosophisch-Theologischen Hochschule Fulda. Verlag des Bischöfl. Ordinariats Limburg (auch abgedr. in einer Beil. zum OVB für das Bistum Speyer Nr. 11 v. 26.8.1992, hrsg. und verlegt vom Bischöfl. Ordinariat Speyer, Kleine Pfaffengasse 16, 67346 Speyer); *Meyer,* Ev. Kirchensteuerrecht (Anm. 18), S. 173 ff.; *Marré,* Kirchenfinanzierung (Anm. 3), S. 51 ff.; *Robbers,* Förderung (Anm. 3), Abschn. V; *Wolfgang Ockenfels / Bernd Kettern* (Hrsg.), Streitfall Kirchensteuer, Paderborn 1993.

Die Beschlüsse des Kirchensteuerrates über den Haushaltsplan und die Höhe der Kirchensteuer werden dem Bischof gemäß § 8 der Kirchensteuerratssatzung zur Unterzeichnung zugeleitet, der den Hebesatzbeschluß, nachdem er ihn unterzeichnet hat, den zuständigen staatlichen Organen — dem Kultus- und Finanzminister — zur Anerkennung vorlegt und ihn nach der staatlichen Anerkennung zusammen mit dem Haushaltsplan im Kirchlichen Amtsblatt für die Diözese Essen bekanntmacht.

Verzeichnis der Mitarbeiter des ersten Bandes

Badura, Peter, Dr., o. Professor für Öffentliches Recht, Rechts- und Staatsphilosophie an der Ludwig-Maximilians-Universität München; Am Rothenberg Süd 4, 82431 Kochel a. See.

Busch, Wolfgang, Justitiar des Bistums Fulda, Rechtsdirektor i. K.; Browerstraße 37, 36039 Fulda.

Frhr. v. Campenhausen, Axel, Dr., Präsident der Klosterkammer Hannover, Professor für Öffentliches Recht und Kirchenrecht an der Universität Göttingen, Staatssekretär a. D., Mitglied der Synode der EKD, Leiter des Kirchenrechtlichen Instituts der EKD, Göttingen; Oppenbornstraße 7, 30559 Hannover.

Frhr. v. Campenhausen, Otto, Präsident des Kirchenamtes der EKD, Landgerichtspräsident a. D.; Herrenhäuser Kirchweg 32, 30167 Hannover.

Hammer, Gerhard, Rechtsanwalt, Abteilungsleiter im Dezernat Finanzen des Bischöflichen Ordinariats Limburg; Scharfensteinstraße 5 f, 65343 Eltville.

Heckel, Martin, Dr., o. Professor des Öffentlichen Rechts und Kirchenrechts an der Universität Tübingen, Mitglied der Heidelberger Akademie der Wissenschaften; Lieschingstraße 3, 72076 Tübingen.

Herdegen, Matthias, Dr., Ordinarius für Staats- und Verwaltungsrecht, Völkerrecht und Europarecht an der Universität Konstanz; Postfach 55 60, 78434 Konstanz.

Hesse, Konrad, Dr., Dres. h. c., o. Professor für Staats-, Verwaltungs- und Kirchenrecht an der Universität Freiburg i. Br., Richter des Bundesverfassungsgerichts a. D.; Schloßweg 29, 79249 Merzhausen.

Hollerbach, Alexander, Dr., o. Professor für Rechts- und Staatsphilosophie, Geschichte der Rechtswissenschaft und Kirchenrecht an der Universität Freiburg i. Br., Mitglied der Heidelberger Akademie der Wissenschaften; Parkstraße 8, 79232 March-Hugstetten.

Isensee, Josef, Dr., o. Professor des Öffentlichen Rechts an der Universität Bonn, Mitglied der Nordrhein-Westfälischen Akademie der Wissenschaften; Juridicum der Universität Bonn, Adenauerallee 24-42, 53113 Bonn.

Jurina, Josef, Dr., Erzbischöflicher Oberrechtsdirektor; Keltenstraße 3, 79117 Freiburg i. Br.

Kästner, Karl-Hermann, Dr., o. Professor des Öffentlichen Rechts an der Universität Mannheim; Alt-Rathausstraße 5, 72511 Bingen (Hohenzollern).

Kirchhof, Paul, Dr., o. Professor des Öffentlichen Rechts an der Universität Heidelberg, Richter des Bundesverfassungsgerichts; Am Pferchelhang 33 / 1, 69118 Heidelberg.

Krüger, Hartmut, Dr., Professor des Öffentlichen Rechts an der Universität Köln; Sielsdorfer Straße 10, 50935 Köln (Lindenthal).

Landau, Peter, Dr., o. Professor für Kirchenrecht, Deutsche Rechtsgeschichte, Neuere Privatrechtsgeschichte, Bürgerliches Recht, Rechts- und Staatsphilosophie an der Ludwig-Maximilians-Universität München, Mitglied der Bayerischen Akademie der Wissenschaften, Präsident des Institute of Medieval Canon Law, Präsident der Iuris Canonici Medii Aevi Consociatio; Tsingtauer Straße 103, 81827 München.

Listl, Joseph, Dr., o. Professor des Kirchenrechts an der Universität Augsburg, Direktor des Instituts für Staatskirchenrecht der Diözesen Deutschlands, Bonn; Universitätsstraße 10, 86135 Augsburg; Lennéstraße 15, 53113 Bonn.

Lorenz, Dieter, Dr., o. Professor für Öffentliches Recht und Allgemeine Rechtslehre an der Universität Konstanz; Bohlstraße 21, 78465 Konstanz.

Maier, Hans, Dr. phil., o. Professor für christliche Weltanschauung, Religions- und Kulturtheorie an der Ludwig-Maximilians-Universität München, Dres. iur. h. c. (Univ. Tübingen, Bayreuth), Dres. phil. h. c. (Univ. Augsburg, Würzburg, Passau), Ehrensenator der Hochschulen für Musik in Würzburg und München, Dezember 1970 bis Oktober 1986 Bayerischer Staatsminister für Unterricht und Kultus, 1978 bis 1987 Mitglied des Bayerischen Landtags, 1976 bis 1988 Präsident des Zentralkomitees der deutschen Katholiken; Meichelbeckstraße 6, 81545 München.

Marré, Heiner, Dr., Justitiar des Bistums Essen, Honorarprofessor für Staatskirchenrecht und Kirchensteuerrecht an der Ruhr-Universität Bochum; Obere Schillerstraße 39, 45964 Gladbeck.

Meyer, Christian, Dr., Oberlandeskirchenrat; Ellernstraße 7, 30175 Hannover.

Mikat, Paul, Dr., Dr. h. c. mult., o. Professor der Rechte an der Ruhr-Universität Bochum, Minister a. D., Präsident der Görres-Gesellschaft zur Pflege der Wissenschaft, Mitglied der Nordrhein-Westfälischen Akademie der Wissenschaften und der Österreichischen Akademie der Wissenschaften; Erich-Hoepner-Straße 21, 40474 Düsseldorf.

Muckel, Stefan, Dr., Wiss. Assistent an der Universität Köln; Ottostraße 47, 50823 Köln.

Müller-Volbehr, Jörg, Dr., Professor des Öffentlichen Rechts an der Universität Marburg, Oberkirchenrat a. D.; Waxensteinstraße 16, 82194 Gröbenzell b. München.

Pirson, Dietrich, Dr. theol., Dr. iur., o. Professor des Öffentlichen Rechts an der Ludwig-Maximilians-Universität München; Brunnenanger 15, 82418 Seehausen b. Murnau.

Robbers, Gerhard, Dr., o. Professor für Öffentliches Recht, Kirchenrecht, Staatsphilosophie und Verfassungsgeschichte an der Universität Trier; Dagobertstraße 17, 54292 Trier.

Schlief, Karl Eugen, Dr., Justitiar des Bistums Münster; Finkenstraße 75, 48147 Münster.

Solte, Ernst-Lüder, Dr., Ministerialrat, Honorarprofessor an der Universität Tübingen; Am Waldeck 4, 72622 Nürtingen.

Weber, Hermann, Dr., Rechtsanwalt, Honorarprofessor an der Universität Frankfurt a. M., Schriftleiter der Zeitschriften „Neue Juristische Wochenschrift" und „Neue Zeitschrift für Verwaltungsrecht", Herausgeber der Zeitschrift „Juristische Schulung"; Buchenweg 16, 61118 Bad Vilbel.